D1673516

Weth · Thomae · Reichold (Hrsg.)
Arbeitsrecht im Krankenhaus

Arbeitsrecht im Krankenhaus

herausgegeben von

Prof. Dr. Stephan Weth
Universitätsprofessor, Saarbrücken

Dr. Heike Thomae
Rechtsanwältin, Fachanwältin für Medizinrecht, Dortmund

Prof. Dr. Hermann Reichold
Universitätsprofessor, Tübingen

bearbeitet von

Dr. Hans-Martin Bregger
Rechtsanwalt, Saarbrücken

Prof. Dr. Gerrit Manssen
Universitätsprofessor, Regensburg

Prof. Dr. Martin Rehborn
Rechtsanwalt, Fachanwalt für Medizinrecht, Dortmund

Prof. Dr. Hermann Reichold
Universitätsprofessor, Tübingen

Dr. Heike Thomae
Rechtsanwältin, Fachanwältin für Medizinrecht, Dortmund

Dr. Sigurd Wern
Richter am Landgericht, Saarbrücken

Prof. Dr. Stephan Weth
Universitätsprofessor, Saarbrücken

Dr. Wolfgang Zimmerling
Rechtsanwalt, Fachanwalt für Arbeitsrecht und Verwaltungsrecht, Saarbrücken

2. Auflage

2011

Verlag
Dr. Otto Schmidt
Köln

Bibliografische Information
der Deutschen Nationalbibliothek

Die Deutsche Nationalbibliothek verzeichnet diese
Publikation in der Deutschen Nationalbibliografie;
detaillierte bibliografische Daten sind im Internet
über http://dnb.d-nb.de abrufbar.

Verlag Dr. Otto Schmidt KG
Gustav-Heinemann-Ufer 58, 50968 Köln
Tel. 02 21/9 37 38-01, Fax 02 21/9 37 38-943
info@otto-schmidt.de
www.otto-schmidt.de

ISBN 978-3-504-42684-2

©2011 by Verlag Dr. Otto Schmidt KG, Köln

Das verwendete Papier ist aus chlorfrei gebleichten
Rohstoffen hergestellt, holz- und säurefrei, alterungs-
beständig und umweltfreundlich.

Einbandgestaltung: Jan P. Lichtenford, Mettmann
Satz: WMTP, Birkenau
Druck und Verarbeitung: Kösel, Krugzell
Printed in Germany

Vorwort zur zweiten Auflage

Die 2007 erschienene erste Auflage des Arbeitsrechts im Krankenhaus ist von Lesern und Kritik außerordentlich freundlich aufgenommen worden. Das hat uns ermuntert, nach vier Jahren eine zweite Auflage des Werkes vorzulegen. Die Neuauflage ist beredter Beleg für die im Vorwort der Erstauflage vertretene These, dass das Arbeitsrecht bedingt durch die schnelle Änderung der wirtschaftlichen Rahmenbedingungen, die übergroße Aktivität des Gesetzgebers und nicht zuletzt die steten Änderungen in der höchstrichterlichen Rechtsprechung in besonderem Maße dem Wandel unterworfen ist.

Es würde den Rahmen des Vorworts sprengen, wollte man auch nur auf alle wichtigen Änderungen eingehen, die die zweite Auflage im Vergleich zu ersten Auflage erfahren hat. Es seien daher beispielhaft nur einige wenige Punkte angesprochen:

Durch das Krankenhausfinanzierungsreformgesetz vom März 2009 wurden die gesetzlichen Vorgaben für die Finanzierung der Krankenhäuser erneut geändert. Dazu finden sich Ausführungen in Teil 1 D, der die Grundstrukturen der Krankenhausfinanzierung behandelt (Rz. 47a ff.). Durch die Unterzeichnung des Vertrages von Lissabon am 13.12.2007 ist das Recht der Europäischen Union „qualitativ auf eine neue Stufe gehoben worden" (Teil 1 E, Rz. 1), u. a. existiert mit dem Inkrafttreten der Charta der Grundrechte erstmals eine verbindliche, gemeinschaftsrechtliche Grundlage sozialer Rechte. Die sich aus dem Vertrag von Lissabon ergebenden Änderungen für das Arbeitsrecht des Krankenhauses finden sich in Teil 1 E. In Teil 3 B (Anbahnung von Arbeitsverhältnissen) war das neue Gendiagnostikgesetz vom 31.7.2009, in den Teilen 4 (Besonderheiten der kirchlichen Einrichtungen) und 11 (Betriebliche Mitbestimmung im Krankenhaus) die novellierte Mitarbeitervertretungsordnung (MAVO) von 2010 und in Teil 5 C (Oberärzte) die für die Praxis höchst wichtige Entscheidung des BAG vom 9.1.2009 (4 AZR 841/08) zu berücksichtigen. Die zahlreichen Änderungen in Teil 9, der sich mit der Eingruppierung von Ärzten befasst, sind der tariflichen Entwicklung geschuldet. Die nun in den Anhang aufgenommene Synopse der maßgebenden Tarifverträge schließlich soll es dem Leser ermöglichen, mit einem Blick Gemeinsamkeiten und Unterschiede von TVöD-K, TV-Ärzte/VKA, TV-L und TV-Ärzte zu erkennen.

Unser Ziel war und ist es, mit dem vorliegenden Werk der Praxis ein taugliches Hilfsmittel an die Hand zu geben und allen, die im Krankenhaus mit arbeitsrechtlichen Fallgestaltungen konfrontiert sind, Hilfestellung zu geben, um Probleme aufzuspüren, Fallen zu vermeiden und Lösungen zu finden.

Für Anregungen und Kritik sind wir dankbar.

Dortmund, Tübingen, Saarbrücken im Februar 2011

Heike Thomae   Hermann Reichold   Stephan Weth

Inhaltsübersicht

Inhaltsverzeichnis

Rz. Seite

Teil 5: Der ärztliche Dienst

Rz. Seite

Teil 13: Probleme des Outsourcings im Krankenhaus

Abkürzungsverzeichnis

a. F.	alte Fassung
ÄApprO	Approbationsordnung für Ärzte
ÄArbVtrG	Gesetz über befristete Arbeitsverträge mit Ärzten in der Weiterbildung
Abs.	Absatz
ACK	Arbeitskreis Christlicher Kirchen
AGG	Allgemeines Gleichbehandlungsgesetz
AGMAV	Arbeitsgemeinschaft der MitarbeiterInnenvertretungen
AG-KHG	Schleswig-Holsteinisches Gesetz zur Ausführung des Krankenhausfinanzierungsgesetzes
allg.M.	allgemeine Meinung
AMG	Arzneimittelgesetz
Amtsbl.	Amtsblatt
ApBetrO	Apothekenbetriebsordnung
ApoG	Apothekengesetz
ArbG	Arbeitsgericht
ArbGG	Arbeitsgerichtsgesetz
ArbSchG	Arbeitsschutzgesetz
ArbStättV	Arbeitsstättenverordnung
ArbZG	Arbeitszeitgesetz
ARK	Arbeitsrechtliche Kommission
ARRG	Arbeitsrechtsregelungsgesetz
Art.	Artikel
Ärzte-ZV	Zulassungsverordnung für Vertragsärzte
ArztR	Arztrecht (Zeitschrift)
ASiG	Arbeitssicherheitsgesetz
ATZG	Altersteilzeitgesetz
Aufl.	Auflage
AÜG	Arbeitnehmerüberlassungsgesetz
AVR	Arbeitsvertragsrichtlinien
BÄO	Bundesärzteordnung
BAT	Bundes-Angestelltentarifvertrag
BAT-KF	Bundes-Angestelltentarifvertrag in kirchlicher Fassung
BayKrG	Bayerisches Krankenhausgesetz
BbgKHEG	Brandenburgisches Krankenhausentwicklungsgesetz
BBiG	Berufsbildungsgesetz
Bd.	Band
BEEG	Bundeselterngeld- und Elternzeitgesetz
BetrVG	Betriebsverfassungsgesetz
BGB	Bürgerliches Gesetzbuch
BGBl.	Bundesgesetzblatt
BKV	Berufskrankheiten-Verordnung
BMV-Ä	Bundesmantelvertrag-Ärzte

BPersVG	Bundespersonalvertretungsgesetz
BPflV	Bundespflegesatzverordnung
BremKHG	Bremisches Krankenhausfinanzierungsgesetz
BSeuchG	Bundesseuchengesetz
BSG	Bundessozialgericht
BUrlG	Bundesurlaubsgesetz
BVerfG	Bundesverfassungsgericht
BVerfGE	Entscheidungen des Bundesverfassungsgerichts (Entscheidungssammlung)
BVerwG	Bundesverwaltungsgericht
BVerwGE	Entscheidungen des Bundesverwaltungsgerichts (Entscheidungssammlung)
bzw.	beziehungsweise
can./cc.	canon/canones
CIC	Codex Iuris Canonici
DÄBl.	Deutsches Ärzteblatt (Zeitschrift)
DCV	Deutscher Caritasverband
DiAG-MAV	Diözesane Arbeitsgemeinschaften der Mitarbeitervertretungen
DiVO	Dienstvertragsordnung
DKG	Deutsche Krankenhausgesellschaft
DOV	Die öffentliche Verwaltung (Zeitschrift)
DRG	Diagnosis Related Groups (Diagnoseorientiertes Fallpauschalensystem)
DVBl.	Deutsches Verwaltungsblatt (Zeitschrift)
DW	Diakonisches Werk
DW.EKD	Diakonisches Werk der Evangelischen Kirche in Deutschland
EBM	Einheitlicher Bewertungsmaßstab
EFZG	Entgeltfortzahlungsgesetz
EG/EGV	EG-Vertrag
EKD	Evangelische Kirche in Deutschland
Erl.	Erläuterung
EuGH	Gerichtshof der Europäischen Gemeinschaften
EuGRZ	Europäische GRUNDRECHTE-Zeitschrift
f.	folgende
FA	Fachanwalt Arbeitsrecht (Zeitschrift)
ff.	fortfolgende
FPÄndG	Fallpauschalenänderungsgesetz
FreizügG/EU	Freizügigkeitsgesetz/EU
f&w	führen und wirtschaften im Krankenhaus (Zeitschrift)
GBl.	Gesetzblatt
GefStoffV	Gefahrstoffverordnung

gem.	gemäß
GeschlKrG	Gesetz zur Bekämpfung der Geschlechtskrankheiten
GesR	GesundheitsRecht
GewO	Gewerbeordnung
GG	Gundgesetz
GKV	Gesetzliche Krankenversicherung
GOÄ	Gebührenordnung für Ärzte
GRCh	Charta der Grundrechte der Europäischen Union
GrO	Grundordnung des kirchlichen Dienstes im Rahmen kirchlicher Arbeitsverhältnisse
GV. NRW.	Gesetzes- und Verordnungsblatt für das Land Nordrhein-Westfalen
GVBl./GVOBl.	Gesetz- und Verordnungsblatt
h. M.	herrschende Meinung
Halbs.	Halbsatz
HebBO	Berufsordnung für Hebammen und Entbindungspfleger
HebG	Hebammengesetz
HeilPrG	Heilpraktikergesetz
HG	Hochschulgesetz
HKHG	Hessisches Krankenhausgesetz
HmbKHG	Hamburgerisches Krankenhausgesetz
HRG	Hochschulrahmengesetz
Hrsg.	Herausgeber
HSchulBG	Hochschulbauförderungsgesetz
i. d. F.	in der Fassung
i. V. m.	in Verbindung mit
IfSG	Infektionsschutzgesetz
InEK	Institut für das Entgeltsystem im Krankenhaus
JArbSchG	Jugendarbeitsschutzgesetz
KAGO	Kirchliche Arbeitsgerichtsordnung
KAO	Kirchliche Anstellungsordnung
KH	das Krankenhaus (Zeitschrift)
KHA	Der Krankenhausarzt (Zeitschrift)
KHEntgG	Krankenhausentgeltgesetz
KHG	Krankenhausfinanzierungsgesetz
KHG LSA	Gesetz des Landes Sachsen-Anhalt zum Bundesgesetz zur wirtschaftlichen Sicherung der Krankenhäuser und zur Regelung der Krankenhauspflegesätze
KHGG NRW	Krankenhausgestaltungsgesetz Nordrhein-Westfalen
KHNG	Krankenhausneuordnungsgesetz
KHR	Krankenhausrecht (Zeitschrift)
KODA	Kommission zur Ordnung des Arbeitsvertragsrechtes im kirchlichen Dienst
KrPflG	Krankenpflegegesetz

KRS	Krankenhaus-Rechtsprechung (Entscheidungssammlung)
ku	Krankenhaus Umschau (Zeitschrift)
KuR	Kirche & Recht (Zeitschrift)
KZVK	Kirchliche Zusatzversorgungskasse
LKHG	Landeskrankenhausgesetz
LKHG M-V	Landeskrankenhausgesetz für das Land Mecklenburg-Vorpommern
m. w. N.	mit weiteren Nachweisen
MAV	Mitarbeitervertretung
MAVO	Mitarbeitervertretungsordnung
MB	Marburger Bund (Gewerkschaft)
MBO-Ä	Muster-Berufsordnung für die deutschen Ärztinnen und Ärzte
MedGV	Medizingeräteverordnung
MedR	Medizinrecht (Zeitschrift)
MPB	Medizinproduktebeauftragter
MPBetreibV	Medizinproduktebetreiberverordnung
MPG	Medizinproduktegesetz
MPV	Medizinprodukteverantwortlicher
MTA	medizinisch-technischer Assistent
MuSchArbV	Verordnung zum Schutze der Mutter am Arbeitsplatz
MuSchG	Mutterschutzgesetz
MVG	Mitarbeitervertretungsgesetz
MVG.EKD	Kirchengesetz über Mitarbeitervertretungen in der evangelischen Kirche Deutschland
MVZ	Medizinisches Versorgungszentrum
NachwG	Nachweisgesetz
Nds. KHG	Niedersächsisches Gesetz zum Bundesgesetz zur wirtschaftlichen Sicherung der Krankenhäuser und zur Regelung der Krankenhauspflegesätze
NJW	Neue Juristische Wochenschrift (Zeitschrift)
Nr.	Nummer
NVwZ-RR	Neue Zeitschrift für Verwaltungsrecht – Rechtsprechungs-Report
NZS	Neue Zeitschrift für Sozialrecht
öAT	Zeitschrift für das öffentliche Arbeits- und Tarifrecht
OLGR	OLGReport
PflR	Zeitschrift für Rechtsfragen der stationären und ambulanten Pflege
PKR	Pflege- & Krankenhausrecht (Zeitschrift)
Psych-PV	Psychatrie-Personalverordnung
PsychThG	Psychotherapeutengesetz

RDG	Rechtsdepesche für das Gesundheitswesen (Zeitschrift)
rkr.	rechtskräftig
RL	Richtlinie
RöV	Röntgenverordnung
RPG	Recht und Politik im Gesundheitswesen (Zeitschrift)
RVO	Reichsversicherungsordnung
Rz.	Randzahl
RzK	Rechtsprechung zum Kündigungsrecht
S.	Seite
SächsKHG	Sächsisches Krankenhausgesetz
SchKG	Schwangerschaftskonfliktgesetz
SE	Europäische Gesellschaft (lat.: Societas Europaea)
SEBG	Gesetz über die Beteiligung der Arbeitnehmer in einer Europäischen Gesellschaft
SGB	Sozialgesetzbuch
SGb	Die Sozialgerichtsbarkeit (Zeitschrift)
SGG	Sozialgerichtsgesetz
SKHG	Saarländisches Krankenhausgesetz
sog.	sogenannt
SR	Sonderregelungen zum BAT
StGB	Strafgesetzbuch
StrSchV	Strahlenschutzverordnung
TdL	Tarifgemeinschaft deutscher Länder
ThürKHG	Thüringer Krankenhausgesetz
TV-Ärzte-KF	Tarifvertrag für Ärztinnen und Ärzte – Kirchliche Fassung
TV-L	Tarifvertrag für den öffentlichen Dienst der Länder
TVöD	Tarifvertrag für den öffentlichen Dienst
TVöD AT	TVöD Allgemeiner Teil
TVöD BT-K	TVöD Besonderer Teil Krankenhäuser
TVöD-K	Durchgeschriebene Fassung des TVöD für den Krankenhaus- und Pflegebereich
TVÜ	Tarifvertrag zur Überleitung
TzBFG	Teilzeit- und Befristungsgesetz
UA	Unterabsatz
UBWV	Unterrichtsblätter für die Bundeswehrverwaltung
VBL	Versorgungsanstalt des Bundes und der Länder
VDD	Verband der Diözesen Deutschlands
VerwG.EKD	Verwaltungsgericht für mitarbeitervertretungsrechtliche Streitigkeiten der Evangelischen Kirche in Deutschland
VG	Verwaltungsgericht
VGG.EKD	Kirchengesetz über das Verwaltungsgericht für mitarbeitervertretungsrechtliche Streitigkeiten der Evangelischen Kirche in Deutschland (Verwaltungsgerichtsgesetz)
vgl.	vergleiche

v. H.	vom Hundert
VKA	Verband Kommunaler Arbeitgeber
VSSR	Vierteljahresschrift für Sozialrecht
VVE	Vertrag über eine Verfassung für Europa
VwGO	Verwaltungsgerichtsordnung
WissZeitVG	Wissenschaftszeitvertragsgesetz
ZAR	Zeitschrift für Ausländerrecht und Ausländerpolitik
z. B.	zum Beispiel
ZDG	Zivildienstgesetz
ZESAR	Zeitschrift für europäisches Sozial- und Arbeitsrecht
ZevKR	Zeitschrift für evangelisches Kirchenrecht
ZfPR	Zeitschrift für Personalvertretungsrecht
ZfSH/SGB	Zeitschrift für Sozialhilfe und Sozialgesetzbuch
ZMV	Zeitschrift für die Praxis der Mitarbeitervertretung in den Einrichtungen der katholischen und evangelischen Kirche
ZPO	Zivilprozessordnung
ZTR	Zeitschrift für Tarifrecht
ZVK	Zusatzversorgungskasse

Literaturverzeichnis

Altvater/Hamer/Ohnesorg/Peiseler, Bundespersonalvertretungsgesetz (BPers-VG) mit Wahlordnung und ergänzenden Vorschriften, Kommentar für die Praxis, 6. Aufl. 2008
Altvater/Peiseler, Bundespersonalvertretungsgesetz, 5. Aufl. 2009
Andreas/Debong/Bruns, Handbuch Arztrecht in der Praxis, 2. Aufl. 2007
Anzinger/Koberski, Kommentar zum Arbeitszeitgesetz, 3. Aufl. 2009

Baeck/Deutsch, Arbeitzeitgesetz, Kommentar, 2. Aufl. 2004
Becker/Kingreen (Hrsg.), SGB V, Kommentar, 2. Aufl. 2010
Bepler/Böhle/Meerkamp/Stöhr, TVöD, Kommentar, Loseblatt
Beyer/Papenheim, Arbeitsrecht der Caritas, Loseblatt
Bleistein/Thiel, Kommentar zur Rahmenordnung für eine Mitarbeitervertretungsordnung (MAVO), 5. Aufl. 2006
Bredemeier/Neffke/Cerff/Weizenegger, TVöD/TV-L, 3. Aufl. 2007
Breier/Kiefer/Hoffmann/Dassau, Eingruppierung und Tätigkeitsmerkmale, Loseblatt
Brox/Rüthers/Henssler, Arbeitsrecht, 17. Aufl. 2007
Brox/Walker, Allgemeiner Teil des BGB, 34. Aufl. 2010
Buchner/Becker, MuSchG und BErzGG, 8. Aufl. 2008
Buschmann/Ulber, Arbeitszeitgesetz, Kommentar, 5. Aufl. 2007

Clemens/Scheuring/Steingen/Wiese, TV-L, Kommentar, Loseblatt
Cyran/Rotta, Apothekenbetriebsordnung, Kommentar, Loseblatt

Däubler (Hrsg.), Tarifvertragsgesetz mit Arbeitnehmer-Entsendegesetz, Kommentar, 2. Aufl. 2006
Däubler/Kittner/Klebe (Hrsg.), BetrVG – Betriebsverfassungsgesetz mit Wahlordnung und EBR-Gesetz, 12. Aufl. 2010 (zit. DKK/*Bearbeiter*)
Dauner-Lieb/Simon (Hrsg.), Kölner Kommentar zum Umwandlungsgesetz, 2009
Dietz/Bofinger/Geiser/Quaas/Söhnle, Krankenhausfinanzierungsgesetz, Bundespflegesatzverordnung und Folgerecht, Kommentar, Loseblatt (zit.: *Dietz/Bofinger*)
DKK siehe *Däubler/Kittner/Klebe*
Dütz, Arbeitsrecht, 11. Aufl. 2009

Edenfeld, Recht der Arbeitnehmermitbestimmung, 2. Aufl. 2005
Enneccerus/Nipperdey, Allgemeiner Teil des Bürgerlichen Rechts, Erster Halbbd., 15. Aufl. 1959
Erbs/Kohlhaas, Strafrechtliche Nebengesetze, Loseblatt
Erdle, Infektionsschutzgesetz, 3. Aufl. 2005
Erfurter Kommentar zum Arbeitsrecht, hrsg. von *Müller-Glöge/Preis/Schmidt*, 10. Aufl. 2010 (zit.: ErfK/*Bearbeiter*)
Erman, BGB, Kommentar, 12. Aufl. 2008

Etzel/Bader/Fischermeier/Friedrich/Griebeling/Lipke/Pfeiffer/Rost/Spilger/Vogt/Weigand/Wolff, Gemeinschaftskommentar zum Kündigungsschutzgesetz (KR) und zu sonstigen kündigungsschutzrechtlichen Vorschriften, 9. Aufl. 2009 (zit. KR/*Bearbeiter*)

Fey/Rehren, MVG.EKD, Kirchengesetz über Mitarbeitervertretungen in der Evangelischen Kirche in Deutschland, Loseblatt
Fiebig/Gallner/Griebeling/Mestwerdt/Nägele/Pfeiffer, Kündigungsschutzgesetz, 3. Aufl. 2007 (zit. *Fiebig*)
Fischer, StGB, 57. Aufl. 2010
Fitting/Engels/Schmidt/Trebinger/Linsenmaier, Betriebsverfassungsgesetz mit Wahlordnung, 25. Aufl. 2010 (zit. *Fitting*)
Frey/Coutelle/Beyer, MAVO – Kommentar zur Rahmenordnung für eine Mitarbeitervertretungsordnung, Loseblatt
Friauf/Höfling (Hrsg.), Berliner Kommentar zum Grundgesetz, Loseblatt
Fuchs/Reichold, Tarifvertragsrecht, 2. Aufl. 2006

Gaul, Das Arbeitsrecht der Betriebs- und Unternehmensspaltung, 2002
Geiß/Greiner, Arzthaftpflichtrecht, 6. Aufl. 2009
Giesen, Arzthaftungsrecht, 5. Aufl. 2007
GK-BetrVG siehe *Kraft/Wiese u. a.*
Glenski, Die Stellung der Ordensangehörigen in der Krankenversicherung, Diss. Köln, 2000

Häger/Reschke, Checkbuch Unternehmenskauf, 2. Aufl. 2002
Hammer, Kirchliches Arbeitsrecht, 2002
Hanau/Thüsing, Europarecht und das Arbeitsrecht der Kirchen, 2001
Handbuch des Staatskirchenrechts siehe *Listl/Pirson*
Handbuch des Staatsrechts siehe *Isensee/Kirchhof*
Hauck/Noftz (Hrsg.), Sozialgesetzbuch SGB V, Loseblatt
Henke/Berhanu/Mackenthun, Die Zukunft der Gemeinnützigkeit von Krankenhäusern unter besonderer Berücksichtigung freigemeinnütziger Krankenhäuser, 2004
Henssler/Willemsen/Kalb (Hrsg.), Arbeitsrecht, Kommentar, 4. Aufl. 2010 (zit. HWK/*Bearbeiter*)
Herberger/Martinek/Rüßmann/Weth, juris PraxisKommentar BGB, 3. Aufl. 2008 ff. (zit. jurisPK-BGB/*Bearbeiter*)
HK-AKM siehe *Rieger/Dahm/Steinhilper*
Hölters (Hrsg.), Handbuch des Unternehmens- und Beteiligungskaufs, 6. Aufl. 2005
v. Hoyningen-Huene/Linck, Kündigungsschutzgesetz, 14. Auf. 2007
Hromadka/Maschmann, Arbeitsrecht, Band 2, 4. Aufl. 2008
Huster/Kaltenborn (Hrsg.), Krankenhausrecht, 2010
HWK siehe *Henssler/Willemsen/Kalb*

Ilbertz/Widmaier, Bundespersonalvertretungsgesetz, 11. Aufl. 2008

Jarass/Pieroth, Grundgesetz für die Bundesrepublik Deutschland (GG), Kommentar, 10. Aufl. 2009

Jauernig, Bürgerliches Gesetzbuch (BGB), Kommentar, 13. Aufl. 2009

jurisPK siehe *Herberger/Martinek/Rüßmann/Weth*

Kallmeyer, Umwandlungsgesetz, 4. Aufl. 2010

Kasseler Kommentar Sozialversicherungsrecht, Loseblatt (zit. KassKomm-SGB/*Bearbeiter*)

Kempen/Zachert, Tarifvertragsgesetz (TVG), Kommentar für die Praxis, 4. Aufl. 2006

Kossens/von der Heide/Maaß, Praxiskommentar zum Behindertenrecht (SGB IX), 3. Aufl. 2009

KR siehe *Etzel/Bader u. a.*

Kraft/Wiese/Kreutz/Oetker/Raab/Weber/Franzen, Gemeinschaftskommentar zum Betriebsverfassungsgesetz, 9. Auf. 2010 (zit. GK-BetrVG/*Bearbeiter*)

Kuner, Der neue TVöD, 2006

Küttner, Personalbuch 2010, 17. Aufl. 2010

Lackner/Kühl, StGB, 26. Aufl. 2007

Lafontaine, Saarländisches Krankenhausgesetz – Kommentar zum SKHG, 2007

Laufs, Arztrecht, 6. Aufl. 2000

Laufs/Kern (Hrsg.), Handbuch des Arztrechts, 4. Aufl. 2010

Linnenkohl/Rauschenberg, Arbeitszeitgesetz, Handkommentar, 2. Aufl. 2004

Lipke, Befristung von Arbeitsverhältnissen im Wissenschaftsbetrieb der Hochschulen, Forschungseinrichtungen und in der ärztlichen Weiterbildung, 2003

Listl/Pirson (Hrsg.), Handbuch des Staatskirchenrechts der Bundesrepublik Deutschland, 2. Aufl. 1994/1995

Löwisch/Rieble, Tarifvertragsgesetz, 2. Aufl. 2004

Löwisch/Spinner, Kommentar zum Kündigungsschutzgesetz, 9. Aufl. 2004

Lührs, Die Zukunft der Arbeitsrechtlichen Kommissionen, 2010

Lutter, Umwandlungsgesetz (UmwG), Kommentar, 4. Aufl. 2009

Luxenburger, Das Liquidationsrecht der leitenden Krankenhausärzte, Diss. Saarbrücken, 1981

Mangoldt/Klein/Starck, GG, Kommentar zum Grundgesetz, Bd. 1, 6. Aufl. 2010; 5. Aufl. 2005

Martis/Winkhart, Arzthaftungsrecht, 3. Aufl. 2009

Maunz/Dürig, Grundgesetz, Loseblatt

Medicus, Allgemeiner Teil des BGB, 10. Aufl. 2010

Mehlinger, Grundlagen des Personalvertretungsrechts, 1996

Meinel/Heyn/Herms, TzBfG, 3. Aufl. 2009

Michalski, Arbeitsrecht, 7. Aufl. 2008

Ministerium für Gesundheit, Soziales, Frauen und Familie des Landes Nordrhein-Westfalen (Hrsg.), Krankenhausrecht in Wissenschaft und Praxis, Düsseldorfer Krankenhausrechtstag 2004 (Tagungsband)

Mösenfechtel/Perwitz-Passan/Wiertz, Kommentar zur Rahmenordnung für eine Mitarbeitervertretungsordnung, 1987

Müller/Preis, Arbeitsrecht im öffentlichen Dienst, 7. Aufl. 2009

v. Münch/Kunig, Grundgesetz-Kommentar, Bd. 2 (Art. 20–69), 5. Aufl. 2001

MünchArbR siehe Münchener Handbuch zum Arbeitsrecht

Münchener Handbuch zum Arbeitsrecht, hrsg. von Richardi/Wlotzke/Wißmann/Oetker, 3. Aufl. 2009 (zit. MünchArbR/*Bearbeiter*)

Münchener Kommentar zum Bürgerlichen Gesetzbuch, hrsg. von Rebmann/ Rixecker/Säcker, 4. Aufl. 2000 ff.; 5. Aufl. 2006 ff. (zit. MünchKommBGB/ *Bearbeiter*)

MünchKomm siehe Münchener Kommentar

Narr, Ärztliches Berufsrecht, Loseblatt

Neumann/Biebl, Arbeitszeitgesetz, Kommentar, 15. Aufl. 2008

Neumann/Pahlen/Majerski-Pahlen, Sozialgesetzbuch IX, 12. Aufl. 2010

Oppermann/Classen/Nettesheim, Europarecht, 4. Aufl. 2009

Palandt, BGB, Kommentar, 69. Aufl. 2010

Pielow, Gewerbeordnung, Kommentar, 2009

Pfeil/Pieck/Blume, Apothekenbetriebsordnung, Kommentar, Loseblatt

Preis, Arbeitsrecht, Individualarbeitsrecht, Lehrbuch für Studium und Praxis, 3. Aufl. 2009 (zit.: *Preis*, Individualarbeitsrecht)

Preis, Arbeitsrecht, Kollektivarbeitsrecht, Lehrbuch für Studium und Praxis, 2. Aufl. 2009 (zit.: *Preis*, Kollektivarbeitsrecht)

Preis, Grundfragen der Vertragsgestaltung im Arbeitsrecht, 1993 (zit.: *Preis*, Grundfragen)

Prütting, Krankenhausgestaltungsgesetz Nordrhein-Westfalen, Kommentar, 3. Aufl. 2008

Prütting/Wegen/Weinreich, BGB, Kommentar, 5. Aufl. 2010

Quaas, Wettbewerbsveränderungen im Krankenhaus – Neue Chefarztvertragsüberlegungen, Vortrag anlässlich des 10. VKD-/VDGH-Workshops für Führungskräfte im Krankenhaus 2002 in Bremen, abrufbar über die Internetseite des VDGH (www.vdgh.de) unter der Rubrik Veröffentlichungen/ Tagungsbände

Quaas/Zuck, Medizinrecht, 2. Aufl. 2008

Ratzel/Luxenburger (Hrsg.), Handbuch Medizinrecht, 2008

Reich, Bundespersonalvertretungsgesetz, Kommentar, 2001

Reichold, Arbeitsrecht, 3. Aufl. 2008

Richardi (Hrsg.), Betriebsverfassungsgesetz mit Wahlordnung, Kommentar, 12. Aufl. 2010

Richardi, Arbeitsrecht in der Kirche, 5. Aufl. 2009

Rieger, Verträge mit Ärzten in freier Praxis, 8. Aufl. 2009

Rieger, Lexikon des Arztrechts, 1. Aufl. 1984 und 2. Aufl. 2001

Rieger, Rechts- und Vertragsbeziehungen, in: Ambulantes Operieren, hrsg. von Graf-Baumann, Hirsch, Weisauer und Welter, 1994, S. 71 ff.

Rieger/Dahm/Steinhilper (Hrsg.), Heidelberger Kommentar Arztrecht Krankenhausrecht Medizinrecht, Loseblatt (zit.: HK-AKM/*Bearbeiter*)

Riesenhuber, Europäisches Arbeitsrecht, 2009

Rixen, Sozialrecht als öffentliches Wirtschaftsrecht, 2005

Rolfs, Studienkommentar Arbeitsrecht, 3. Aufl. 2010

Rose/Glorius-Rose, Unternehmen: Rechtsformen und Verbindungen, 3. Aufl. 2001

Sachs, Grundgesetz (GG), Kommentar, 5. Aufl. 2009

Schallen, Kommentar zur Zulassungsverordnung, 4. Aufl. 2006

Schaub, Arbeitsrechts-Handbuch, 13. Aufl. 2009

Schlegel/Voelzke, juris PraxisKommentar SGB V, 2008

Schliemann (Hrsg.), Das Arbeitsrecht im BGB, 2. Aufl. 2002

Schliemann/Meyer, Arbeitszeitrecht, 2. Aufl. 2002

Schmidt, EStG, 29. Aufl. 2010

Schmitt/Hörtnagl/Stratz, Umwandlungsgesetz (UmwG), Umwandlungssteuergesetz (UmwStG), 5. Aufl. 2009

Schneider, Infektionsschutzgesetz, 2001

Schüren (Hrsg.), Arbeitnehmerüberlassungsgesetz, Kommentar, 4. Aufl. 2010

Schwab/Weth (Hrsg.), ArbGG, Kommentar, 2. Aufl. 2008

Sölch/Ringleb, UStG, Loseblatt

Sponer/Steinherr, Tarifvertrag für den öffentlichen Dienst – TVöD, Loseblatt

Stahlhacke/Preis/Vossen, Kündigung und Kündigungsschutz im Arbeitsverhältnis, 10. Aufl. 2009

Staudinger, Kommentar zum Bürgerlichen Gesetzbuch, 13. Bearb. 1993 ff.; Neubearbeitung 2000 ff.

Streinz, Europarecht, 8. Aufl. 2008

Sudhoff, Unternehmensnachfolge, 5. Aufl. 2005

Szabados, Krankenhäuser als Leistungserbringer in der gesetzlichen Krankenversicherung, 2009

Tettinger/Wank, Gewerbeordnung, 7. Aufl. 2004

Thomae, Krankenhausplanungsrecht, 2006

Tschöpe (Hrsg.), Anwalts-Handbuch Arbeitsrecht, 6. Aufl. 2009

Tuschen/Quaas, Bundespflegesatzverordnung, Kommentar mit einer umfassenden Einführung in das Recht der Krankenhausfinanzierung, 5. Aufl. 2001

Tuschen/Trefz, Krankenhausentgeltgesetz, Kommentar mit einer umfassenden Einführung in die Vergütung stationärer Krankenhausleistungen, 2. Aufl. 2010

Uleer/Miebach/Patt, Abrechnung von Arzt- und Krankenhausleistungen, 3. Aufl. 2006

Weber/Erich/Hörchens/Oberthür, Handbuch zum Betriebsverfassungsrecht, 2. Aufl. 2003

Wenzel (Hrsg.), Handbuch des Fachanwalts Medizinrecht, 2. Aufl. 2009

Wern, Die arbeitsrechtliche Stellung des leitenden Krankenhausarztes, Diss. Saarbrücken, 2005

Wiedemann, Tarifvertragsgesetz, Kommentar, 7. Aufl. 2007

Wlotzke/Preis/Kreft, Betriebsverfassungsgesetz, Kommentar, 4. Aufl. 2009

Zöllner/Loritz/Hergenröder, Arbeitsrecht, 6. Aufl. 2008

Teil 1
Rechtliche Rahmenbedingungen der Krankenhausversorgung

A. Formen stationärer Versorgung

I. Der Krankenhausbegriff

Stationäre Versorgung setzt begriffsnotwendig die Leistungserbringung in einer Einrichtung voraus. Dabei kann es sich um ein Krankenhaus oder um eine andere geeignete Versorgungseinrichtung handeln. Sowohl das Recht der Krankenhausplanung und -finanzierung als auch das Sozialleistungsrecht gehen primär von der Versorgung im Krankenhaus aus. Um das Krankenhaus von anderen stationären Versorgungseinrichtungen abgrenzen zu können, muss es zunächst definiert werden. 1

Eine Definition des Begriffs „Krankenhaus" findet sich sowohl im KHG[1] als auch im SGB V.

1. § 2 Nr. 1 KHG

Nach § 2 Nr. 1 KHG sind Krankenhäuser Einrichtungen, in denen durch **ärztliche und pflegerische Hilfeleistung Krankheiten**, Leiden oder Körperschäden festgestellt, geheilt oder gelindert werden sollen oder Geburtshilfe geleistet wird und in denen die zu versorgenden **Personen untergebracht und verpflegt** werden können. 2

Nach der Rechtsprechung kommt es dabei nicht auf Art, Dauer und Stadium der Krankheit an, die in der Einrichtung behandelt werden soll. Unerheblich ist zudem, ob es sich um eine somatische oder psychische bzw. psychiatrische Erkrankung handelt. Auch Suchterkrankungen von einer gewissen Intensität stellen eine Krankheit dar[2]. 3

Mit dem Merkmal der **ärztlichen Behandlung durch diagnostische oder therapeutische Maßnahmen** unterscheidet sich das Krankenhaus von anderen stationären Einrichtungen wie z.B. Alten- und Pflegeheimen[3]. 4

2. § 107 Abs. 1 SGB V

Für den Bereich der **gesetzlichen Krankenversicherung** besteht in § 107 Abs. 1 SGB V eine gesetzliche Definition, die an den Krankenhausbegriff des § 2 Nr. 1 KHG anknüpft und ihn durch organisatorische und funktionelle Kriterien ergänzt. Danach sind Krankenhäuser i.S.d. SGB V Einrichtungen, 5

---

1 Krankenhausfinanzierungsgesetz (KHG) i.d.F. der Bekanntmachung v. 10.4.1991, BGBl. I, 886, zuletzt geändert durch Art. 1 des Gesetzes v. 17.3.2009, BGBl. I, 534.
2 BSG v. 18.6.1968 – 3 RK 63/66, BSGE 28, 114 (115).
3 Laufs/Kern/*Genzel/Degener-Hencke*, § 79 Rz. 24.

„die

1. der Krankenhausbehandlung oder Geburtshilfe dienen,

2. fachlich-medizinisch unter ständiger ärztlicher Leitung stehen, über ausreichende, ihrem Versorgungsauftrag entsprechende diagnostische und therapeutische Möglichkeiten verfügen und nach wissenschaftlich anerkannten Methoden arbeiten,

3. mit Hilfe von jederzeit verfügbarem ärztlichem, Pflege-, Funktions- und medizinisch-technischem Personal darauf eingerichtet sind, vorwiegend durch ärztliche und pflegerische Hilfeleistung Krankheiten der Patienten zu erkennen, zu heilen, ihre Verschlimmerung zu verhüten, Krankheitsbeschwerden zu lindern oder Geburtshilfe zu leisten,

und in denen

4. die Patienten untergebracht und verpflegt werden können."

Der durch das Gesetz zur Strukturreform im Gesundheitswesen[1] eingeführte § 107 Abs. 1 SGB V definiert insbesondere für das Leistungsrecht der gesetzlichen Krankenversicherung erstmals das Krankenhaus unter Berücksichtigung der allgemeinen Krankenhausdefinition des KHG und der Rechtsprechung des Bundessozialgerichts.

6   § 107 Abs. 1 SGB V bezweckt aber nicht die Einführung eines weiteren, neben dem in § 2 Nr. 1 KHG definierten Krankenhausbegriffs, vielmehr sollte dieser lediglich durch weitere organisatorische und fachliche Voraussetzungen konkretisiert werden[2]. Nach der Rechtsprechung des BSG soll durch die Aufnahme einer Klinik in den Krankenhausplan des Landes auch der Status als Krankenhaus i. S. d. §§ 107 ff., 118 SGB V feststehen, und zwar selbst dann, wenn es sich um eine Einrichtung handelt, die nur teilstationäre Krankenhausbehandlungen durchführt, z. B. in Tages- oder Nachtkliniken[3].

7   In § 107 Abs. 2 SGB V sind Vorsorge- oder Rehabilitationseinrichtungen definiert; zur Abgrenzung vgl. Rz. 8 ff. Durch die definitorische Trennung in verschiedenen Absätzen wird deutlich, dass Vorsorge- oder Rehabilitationseinrichtungen nicht Krankenhaus i. S. d. SGB V sein können. Diese sind von der Begriffsbestimmung des § 2 Nr. 1 KHG aber durchaus umfasst, was sich bereits aus der Regelung in § 5 Abs. 1 Nr. 7 KHG ergibt, wonach diese Einrichtungen nicht nach dem KHG gefördert werden. Würde § 2 Nr. 1 KHG Vorsorge- und Rehabilitationseinrichtungen nicht umfassen, so wäre die Regelung in § 5 Abs. 1 Nr. 7 KHG überflüssig. Im Ergebnis ist der Begriff des Krankenhauses i. S. d. SGB V also deutlich enger als der des § 2 Nr. 1 KHG[4].

---

1 Gesundheitsreformgesetz – GRG v. 20.12.1988, BGBl. I, 2477.
2 Vgl. amtliche Begründung, BT-Drucks. 11/2237, 196; differenzierte Darstellung und Diskussion bei: Hauck/Noftz/*Klückmann*, § 107 SGB V Rz. 2 f.
3 BSG v. 28.1.2009 – B 6 KA 61/07 R, BSGE 102, 219 = GesR 2009, 487.
4 *Kaltenborn*, GesR 2006, 538 (542); synoptische Darstellung des Krankenhausbegriffs in § 2 Nr. 1 KHG und in § 107 Abs. 1 SGB V bei: *Prütting*; KHGG NRW, B § 1 Rz. 11. Zum verfassungsrechtlichen Begriff (Art. 74 Abs. 1 Nr. 19a GG) vgl. Fr), Friauf/Höfling/ *Rehborn*, GG, Art. 74 Abs. 1 Nr. 19a Rz. 9 ff.

Da aber Vorsorge- und Rehabilitationseinrichtungen gem. § 5 Abs. 1 Nr. 7 KHG von der öffentlichen Förderung ausgenommen sind, hat die Legaldefinition des § 2 Nr. 1 KHG in ihrer Breite wenig praktische Bedeutung.

Der in § 30 GewO enthaltene Begriff der (Privat-)Krankenanstalt wird im Gesetz nicht definiert, das Gesetz benennt lediglich eine Reihe von Versagungskriterien. Unter Privatkrankenanstalten i.S.d. GewO werden privat betriebene Krankenhäuser verstanden[1], in welchen eine den jeweiligen Umständen genügende medizinische und pflegerische Versorgung gewährleistet ist (vgl. zu § 30 GewO Teil 1 B Rz. 43 ff.).

II. Abgrenzung zwischen Krankenhaus und Vorsorge- und Rehabilitationseinrichtung

Dennoch stellt sich die Frage nach der Abgrenzung des Krankenhauses zu einer reinen Vorsorge- und Rehabilitationseinrichtung.   8

Nach § 107 Abs. 2 SGB V sind **Vorsorge- und Rehabilitationseinrichtungen** i.S.d. SGB V Einrichtungen,

„die

1. der stationären Behandlung der Patienten dienen, um

   a) eine Schwächung der Gesundheit, die in absehbarer Zeit voraussichtlich zu einer Krankheit führen würde, zu beseitigen oder einer Gefährdung der gesundheitlichen Entwicklung eines Kindes entgegenzuwirken (Vorsorge) oder

   b) eine Krankheit zu heilen, ihre Verschlimmerung zu verhüten oder Krankheitsbeschwerden zu lindern oder im Anschluss an Krankenhausbehandlung den dabei erzielten Behandlungserfolg zu sichern oder zu festigen, auch mit dem Ziel, eine drohende Behinderung oder Pflegebedürftigkeit abzuwenden, zu beseitigen, zu mindern, auszugleichen, ihre Verschlimmerung zu verhüten oder ihre Folgen zu mildern (Rehabilitation), wobei Leistungen der aktivierenden Pflege nicht von den Krankenkassen übernommen werden dürfen,

2. fachlich-medizinisch unter ständiger ärztlicher Verantwortung und unter Mitwirkung von besonders geschultem Personal darauf eingerichtet sind, den Gesundheitszustand der Patienten nach einem ärztlichen Behandlungsplan vorwiegend durch Anwendung von Heilmitteln einschließlich Krankengymnastik, Bewegungstherapie, Sprachtherapie oder Arbeits- und Beschäftigungstherapie, ferner durch andere geeignete Hilfen, auch durch geistige seelische Einwirkungen, zu verbessern und den Patienten bei der Entwicklung eigener Abwehr- und Heilungskräfte zu helfen,

   und in denen

3. die Patienten untergebracht und verpflegt werden können."

Krankenhaus und Rehabilitationseinrichtung ist gemeinsam, dass in ihnen   9 Patienten stationär versorgt werden, um deren Krankheiten zu heilen, ihre Verschlimmerung zu verhüten oder Krankheitsbeschwerden zu lindern. Die Einrichtungen unterscheiden sich jedoch in ihren **Methoden, mit denen die von beiden verfolgten Ziele erreicht werden** sollen.

---

1 BVerwG v. 18.10.1984 – 1 C 36/83, BVerwGE 70, 201 (202).

10   Die **Rehabilitationseinrichtung** ist darauf ausgerichtet, den Gesundheitszustand des Patienten nach einem ärztlichen Behandlungsplan **vorwiegend
durch Anwendung von Heilmitteln** einschließlich Krankengymnastik und
Bewegungstherapie zu verbessern. Darüber hinaus besteht eine besondere rehabilitative Zielrichtung, da den Patienten bei der Entwicklung eigener Ab-
wehr- und Heilungskräfte geholfen werden soll[1]. Hierbei ist die pflegerische
Betreuung des Patienten der ärztlichen Behandlung gleichwertig nebengeord-
net.

11   **Krankenhäuser** dagegen müssen dafür eingerichtet sein, das gleiche **Ziel vorwiegend durch ärztliche Hilfeleistung** zu erreichen. Sie müssen im Gegensatz zu den Rehabilitationseinrichtungen über ausreichende diagnostische
Möglichkeiten verfügen[2]. Die Hilfeleistung im Krankenhaus steht unter
ärztlicher Letztverantwortung und unter nachgeordneter pflegerischer Assistenz. Bei einem Diagnose- oder Therapiekonflikt zwischen Arzt und Pflegepersonal hat der Arzt das Letztentscheidungsrecht.

III. Krankenhausbehandlung nach § 39 Abs. 1 SGB V

12   Der Versicherte hat einen Rechtsanspruch darauf, im Falle einer behand-
lungsbedürftigen Krankheit, die nicht vorrangig in der ambulanten vertragsärztlichen Versorgung behandelt werden kann[3], nach vorheriger Verordnung
durch den niedergelassenen Arzt und erneuter Prüfung durch den Krankenhausarzt (vgl. Teil 1 C Rz. 18), in einem zur Krankenhausbehandlung im
Rahmen seines Versorgungsauftrags zugelassenen (Plan-)Krankenhaus behandelt zu werden (vgl. § 27 Abs. 1 Satz 2 Nr. 5, § 39 Abs. 1, § 108 SGB V).
Die Krankenhausbehandlung wird gem. § 39 Abs. 1 Satz 1 SGB V in den Ver-
sorgungsformen vollstationär, teilstationär, vor- und nachstationär sowie
ambulant erbracht.

1. Voll- und teilstationäre Krankenhausbehandlung

13   Unter die klassische stationäre Behandlung fallen nur die vollstationäre und
die teilstationäre Krankenhausbehandlung. Wann eine Krankenhausbehandlung vollstationär und wann teilstationär erfolgt, ist gesetzlich nicht geregelt. Herkömmlich wird der stationären Behandlung das Pendant der ambulanten Behandlung gegenübergestellt[4].

14   Die **vollstationäre Behandlung** auf einer bettenführenden Abteilung bildet
den Regelfall der Krankenhausbehandlung, obwohl der Versicherte hierauf
nur dann Anspruch hat, wenn das Behandlungsziel **nicht durch andere sta-**

---

1 *Kamps/Kiesecker*, MedR 2002, 504; VGH BW v. 23.4.2002 – 9 S 2124/00, MedR 2003,
   107 (109).
2 Hauck/Noftz/*Klückmann*, § 107 SGB V Rz. 12; zur Abgrenzung in der Rechtsprechung: BSG v. 19.11.1997 – 3 RK 21/96, NZS 1998, 429; VGH BW v. 23.4.2002 – 9 S
   2124/00, MedR 2003, 107.
3 Es gilt der Grundsatz: „Ambulant vor stationär".
4 OLG Hamm v. 23.5.1986 – 20 U 327/85, NJW 1986, 2888 (2889).

tionäre oder ambulante Behandlung einschließlich häuslicher Krankenpflege erreicht werden kann, vgl. § 39 Abs. 1 Satz 2 SGB V. Die vollstationäre Aufnahme des Patienten ist grundsätzlich erforderlich, wenn er wegen eines erhöhten Pflegeaufwands bettlägerig ist oder nur so gewisse intensive Behandlungsmaßnahmen durchgeführt werden können. Die Patienten werden im Krankenhaus auch für die Nacht untergebracht und in die medizinisch-organisatorische Infrastruktur des Krankenhauses voll eingegliedert. Demnach ist die Behandlung dann **stationär**, wenn der Behandlungsplan des Krankenhausarztes in Vorausschau einen ununterbrochenen Aufenthalt des Patienten im Krankenhaus für mindestens einen **Tag und eine Nacht** vorsieht[1].

Durch die Eingliederung in den Krankenhausbetrieb ist dem Patienten die Ausübung seiner Erwerbstätigkeit nicht mehr möglich. **Erwerbstätigkeit und vollstationäre Behandlung schließen sich** somit gegenseitig **aus**. Wird dennoch in Absprache mit den Ärzten eine Tätigkeit aufgenommen, so handelt es sich hierbei in der Regel um eine in den Behandlungsplan eingegliederte Arbeitstherapie oder Belastungserprobung, vgl. § 42 SGB V.   15

Bei der **teilstationären Krankenhausbehandlung** ist der Umfang der Behandlung im Vergleich zur vollstationären Behandlung eingeschränkt. Der Patient ist aber derart behandlungsbedürftig, dass seine Aufnahme wegen der ständigen Rufbereitschaft eines Arztes, des geschulten Pflegepersonals und der apparativen Mindestausstattung im Krankenhaus erforderlich ist[2]. Die Behandlung kann gerade nicht im niedergelassenen ambulanten Sektor erbracht werden. Das gängigste Beispiel für die teilstationäre Krankenhausbehandlung ist der Aufenthalt in sog. Tages- oder Nachtkliniken, in denen der Patient sich entweder tagsüber oder nachts zur Behandlung im Krankenhaus aufhält, ansonsten aber in seiner häuslichen Umgebung verbleibt[3]. In der Praxis wird teilstationäre Behandlung insbesondere in den Bereichen Psychiatrie (gerade Kinder- und Jugendpsychiatrie) und Dialyse praktiziert.   16

Vergütet werden die voll- und teilstationäre Krankenhausbehandlung als stationäre Behandlungsformen nach dem KHG bzw. dem KHEntgG (Fallpauschalen), § 1 Abs. 1 KHEntgG.   17

2. Vor- und nachstationäre Krankenhausbehandlung

Die in § 115a SGB V geregelte vor- und nachstationäre Behandlung ist – was sich bereits aus dem Wortlaut ergibt – **keine stationäre Behandlungsform** und erfolgt entweder vor oder nach der stationären Behandlung.   18

---

1 BSG v. 28.2.2007 – B 3 KR 17/06, NZS 2007, 657 (658); BSG v. 17.3.2005 – B 3 KR 11/04 R, NZS 2006, 88 (90), GesR 2005, 357 (Ls.); OLG Hamm v. 23.5.1986 – 20 U 327/85, NJW 1986, 2888 (2889); BSG v. 4.3.2004 – B 3 KR 4/04 R, BSGE 92, 223 (229) = GesR 2004, 382 (384).
2 BT-Drucks. 12/3608, 82; *Breu/Neubauer*, KH 1999, 144; vgl. auch BSG v. 28.1.2009 – B 6 KA 61/07 R, BSGE 102, 219 = GesR 2009, 487.
3 Vgl. BSG v. 4.3.2004 – B 3 KR 4/03 R, BSGE 92, 223 (229 f.) = GesR 2004, 382 (384); *Tuschen/Trefz*, KHEntgG, Erl. § 1, S. 213; *Vreden*, KH 1998, 333 (334).

19 Sie soll vornehmlich die kostenintensive vollstationäre Krankenhausbehandlung durch die Möglichkeit der Erbringung diagnostischer und therapeutischer Maßnahmen außerhalb der stationären Behandlung minimieren, um so durch eine Reduzierung der Bettenauslastung das Krankenhaus von dem bestehenden Kostendruck zu entlasten[1].

20 Für die vor- und nachstationäre Krankenhausbehandlung wird der Versicherte nicht stationär aufgenommen, es wird **keine Unterkunft und Verpflegung** gewährt. Sie dient dazu, die Notwendigkeit einer **vollstationären Krankenhausbehandlung abzuklären bzw. vorzubereiten** (vorstationäre Behandlung, § 115a Abs. 1 Nr. 1 SGB V) oder im Anschluss an eine vollstationäre Krankenhausbehandlung den **Behandlungserfolg zu sichern bzw. zu festigen** (nachstationäre Krankenhausbehandlung, § 115a Abs. 1 Nr. 2 SGB V)[2]. Dabei ist zu beachten, dass die vorstationäre Behandlung grundsätzlich auf drei, die nachstationäre auf sieben Behandlungstage begrenzt ist, vgl. § 115a Abs. 2 SGB V. Wird eine ärztliche Behandlung außerhalb des Krankenhauses erforderlich, erfolgt diese durch die an der vertragsärztlichen Versorgung teilnehmenden Ärzte.

21 Die **Vergütung** vor- und nachstationärer Behandlung ist in § 115a Abs. 3 SGB V geregelt. Wie bei der stationären Versorgung wird eine pauschalierte Vergütung angestrebt[3], welche die erforderlichen ärztlichen und pflegerischen Leistungen, sowie die Arzneimittelversorgung deckt.

3. Ambulantes Operieren im Krankenhaus

22 Gemäß § 39 Abs. 1 Satz 1 SGB V kann die Krankenhausbehandlung auch ambulant erfolgen. Jedoch ist nicht jede ambulante Behandlung in einem Krankenhaus auch eine Krankenhausbehandlung i. S. d. § 39 SGB V[4]. Der Wortlaut des § 39 Abs. 1 Satz 1 SGB V nimmt allein auf das ambulante Operieren und die sonstigen stationsersetzenden Eingriffe i. S. d. § 115b SGB V Bezug. Die Frage, ob auch andere Formen der ambulanten Behandlung im Krankenhaus[5] der Krankenhausbehandlung i. S. d. § 39 SGB V zuzurechnen sind, wird uneinheitlich beantwortet. So sollen nach einer Ansicht, die auf die fehlende Einbeziehung des Krankenhauses, einzelner Einrichtungen oder einzelner Krankenhausärzte in das System der vertragsärztlichen Versorgung abstellt, beispielsweise auch Behandlungen im Krankenhaus aufgrund § 116b SGB V oder im Rahmen der integrierten Versorgung (§§ 140a ff. SGB V) Krankenhausbehandlungen i. S. d. § 39 SGB V sein[6]. Nach anderer Ansicht ist die ambulante Form der Krankenhausbehandlung auf das ambu-

---

1 Vgl. auch Huster/Kaltenborn/*Schrinner*, § 6 Rz. 41.
2 BT-Drucks. 12/3608, 102.
3 Nur in atypischen Fällen kann eine nicht pauschalierte Vergütung vereinbart werden. Vgl. Schlegel/Voelzke/*Köhler-Hohmann*, jurisPK-SGB V, § 115a Rz. 36.
4 Schlegel/Voelzke/*Wahl*, jurisPK-SGB V, § 39 Rz. 39.
5 Vgl. Rz. 29–32; vgl. auch die Übersicht bei *Degener-Hencke*, VSSR 2006, 93.
6 Vgl. Schlegel/Voelzke/*Wahl*, jurisPK-SGB V, § 39 Rz. 40.

lante Operieren und sonstige stationsersetzende Eingriffe des § 115b SGB V beschränkt[1].

Die Ermächtigung der Krankenhäuser zur Vornahme ambulanter Operatio- 23
nen ist mit Inkrafttreten des Gesundheitsstrukturgesetzes[2] zur Überwin-
dung der starren sektoralen Grenzen und vor allem in der Hoffnung auf Kosteneinsparungen erfolgt[3]. Wissenschaftliche und technische Fortschritte im
operativen Bereich lassen es zu, den Patienten zu operieren, ohne ihn stationär aufnehmen zu müssen.

Ein **Katalog ambulant durchführbarer Operationen** wurde unter Beteiligung 24
der in § 115b Abs. 1 SGB V Genannten vereinbart[4].

Die Krankenhausbehandlung beschränkt sich dabei nicht auf die diagnosti- 25
schen und therapeutischen Maßnahmen, welche am Operationstag durchgeführt werden. Mit umfasst sind **auch erforderliche präoperative Behandlungen** wie vorbereitende Untersuchungen oder aber die umfassende Aufklärung
über die anstehende Operation und die ihr anhaftenden Risiken **sowie post-
operative Behandlungen** der Nachsorge.

Bei der **Abgrenzung stationärer und ambulanter Krankenhausbehandlung** 26
hat der 3. Senat des BSG in seiner Entscheidung vom 4.3.2004[5] eine an das
Merkmal der **Aufenthaltsdauer** anknüpfende Definition entwickelt, nach
der eine stationäre Krankenhausbehandlung immer dann vorliegt, wenn sich
die Krankenhausbehandlung mindestens über einen Tag und eine Nacht erstreckt[6]. Entscheidend ist die vom Krankenhausarzt geplante Aufenthaltsdauer[7]. Ein Eingriff kann demnach nur dann „ambulant" erfolgen, wenn der
Patient die Nacht vor und die Nacht nach dem Eingriff nicht im Krankenhaus verbringen soll. Die Entscheidung, ob der Patient stationär aufgenommen wird, er also über Nacht verbleiben soll, trifft der Krankenhausarzt in
eigener Verantwortung. Es kann im Einzelfall aber vorkommen, dass der Patient zur ambulanten Operation in das Krankenhaus aufgenommen wird, der
Eingriff auch lege artis erfolgt, aber aufgrund eintretender Komplikationen
der Verbleib des Patienten über Nacht angezeigt ist. In diesen Fällen liegt eine einheitliche stationäre Krankenhausbehandlung vor[8]. Umgekehrt kann
eine stationäre Krankenhausaufnahme auch dann nicht mehr in eine ambu-

---

1 Hauck/Noftz/*Noftz*, § 39 SGB V Rz. 55.
2 Gesetz zur Sicherung und Strukturverbesserung der gesetzlichen Krankenversicherung – Gesundheitsstrukturgesetz v. 21.12.1992 (BGBl. I, 266), zuletzt geändert durch
Art. 205 der Verordnung v. 25.11.2003 (BGBl. I, 2304).
3 Vgl. BT-Drucks. 12/3608, 102. Nennenswerte Kosteneinsparungen haben sich indes
nicht eingestellt, vgl. *Udsching*, NZS 2003, 411.
4 Vgl. für den ärztlichen Bereich § 3 Satz 1 des am 4.12.2009 geschlossenen Vertrages,
www.kbv.de/rechtsquellen/2613.html (abgerufen am 16.12.2010).
5 BSG v. 4.3.2004 – B 3 KR 4/04 R, BSGE, 92, 223 = GesR 2004, 382.
6 BSG v. 4.3.2004 – B 3 KR 4/04 R, GesR 2004, 382 (384); ähnlich OLG Hamm v.
23.5.1986 – 20 U 327/85, NJW 1986, 2888 (2889).
7 BSG v. 28.2.2007 – B 3 KR 17/06 R, NZS 2007, 657 (658); BSG v. 17.3.2005 – B 3 KR
11/04 R, NZS 2006, 88 (90); GesR 2005, 357 (Ls.).
8 BSG v. 17.3.2005 – B 3 KR 11/04 R, NZS 2006, 88.

lante Behandlung umgedeutet werden, wenn der Patient eigenmächtig die Krankenhausbehandlung abbricht und die Einrichtung noch am selben Tag verlässt oder unmittelbar nach der Krankenhausaufnahme verstirbt[1].

27   Problematisch an der am Merkmal der Aufenthaltsdauer ausgerichteten Formel ist jedoch, dass sie kaum geeignet erscheint, die **teilstationäre Krankenhausbehandlung von der ambulanten Operation zu unterscheiden.** In beiden Fällen findet in der Regel keine „Übernachtung" statt[2]. Dem tritt das BSG mit der Überlegung entgegen, dass ein einziger Tagesaufenthalt noch keine teilstationäre Krankenhausleistung begründen könne, da sich diese regelmäßig über einen längeren Zeitraum erstrecken müsse, ohne dass eine ununterbrochene Anwesenheit des Patienten erforderlich sei[3]. Diese Rechtsprechung könnte die Gefahr in sich bergen, dass die Krankenhäuser durch eine herbeigeführte Übernachtung die im Grunde ambulante Krankenhausbehandlung zur stationären Leistung aufwerten. Der 3. Senat des BSG begegnet diesen Bedenken mit dem Hinweis auf die den Kassen eingeräumten umfangreichen Prüfungsrechte[4]. Trotz der mit dem Fallpauschalengesetz eingeführten Stichprobenregelung (§ 17c KHG) wird eine wirksame Erfassung etwaiger Unwirtschaftlichkeiten nur bedingt möglich sein[5]. Dennoch ist diese Rechtsprechung insgesamt zu begrüßen, da sie der Praxis eine Abgrenzungsschwierigkeiten weitgehend vermeidende Formel an die Hand gibt und handhabbar erscheint.

28   Grundsätze der **Vergütung** für das ambulante Operieren sind in § 115b SGB V selbst geregelt. Ferner enthält der AOP-Vertrag[6] neben dem Katalog der ambulant durchführbaren Operationen auch Bestimmungen zur Vergütung der erbrachten Leistungen.

4. Weitere Behandlungsmöglichkeiten im Krankenhaus

29   Abzugrenzen von der Krankenhausbehandlung durch ambulante Operationen i. S. d. § 115b SGB V sind insbesondere **ambulante Behandlungen durch Krankenhausärzte** aufgrund Ermächtigung nach § 116 SGB V. Diese sind keine Krankenhausbehandlung, sondern gehören zu den vertragsärztlichen Leistungen[7].

30   Weiterhin besteht die Möglichkeit der **ambulanten psychiatrischen und psychotherapeutischen Versorgung** der Versicherten in psychiatrischen Krankenhäusern, § 118 SGB V[8].

---

1 BSG v. 4.3.2004 – B 3 KR 4/04 R, GesR 2004, 382 (384).
2 *Dietz/Bofinger*, Bd. 2, § 1 KHEntgG, S. 17.
3 BSG v. 4.3.2004 – B 3 KR 4/03 R, BSGE 92, 223 (229 f.) = GesR 2005, 382 (384); der 6. Senat des BSG hat sich dieser Rechtsprechung mit Urt. v. 8.9.2004 – B 6 KA 14/03 R, GesR 2005, 39 ausdrücklich angeschlossen.
4 BSG v. 17.3.2005 – B 3 KR 11/04 R, GesR 2005, 357.
5 *Udsching*, NZS 2003, 411 (414).
6 Vgl. Fn. zu Rz. 24.
7 Ebenso: Schlegel/Voelzke/*Wahl*, juris-PK-SGB V, § 39 Rz. 39; vgl. auch Rz. 22.
8 Vgl. dazu BSG v. 28.1.2009 – B 6 KA 61/07 R, BSGE 102, 219 = GesR 2009, 487.

Zudem werden in Krankenhäusern **belegärztliche Leistungen** erbracht, § 121   31
SGB V (vgl. hierzu Teil 5 E).

Schließlich wurden mit dem Gesundheitsmodernisierungsgesetz zum   32
1.1.2004 erstmals folgende **neue Behandlungsmöglichkeiten** im Krankenhaus eingeführt: Die Ermächtigung der Krankenhäuser zur ambulanten Behandlung bei Unterversorgung (§ 116a SGB V), die Beteiligung an strukturierten Behandlungsprogrammen oder die Erbringung hochspezialisierter
Leistungen und Behandlung seltener Erkrankungen (§ 116b SGB V) sowie die
Teilnahme von Krankenhäusern an der integrierten Versorgung (§ 140b
Abs. 1 Nr. 2 SGB V)[1].

---

1 Vgl. zur Vertiefung: *Degener-Hencke*, NZS 2003, 629 (630 f.).

B. Unterschiedliche Trägerschaften und Rechtsformen der Krankenhäuser

I. Begriffe der Trägerschaft und Rechtsform

1. Trägerschaft der Krankenhäuser

1 Die Trägerschaft der Krankenhäuser bezeichnet die **übergeordnete Einheit, welche die tatsächliche Finanzierungslast des Krankenhauses trägt**, es also betreibt[1]. Der Begriff „Krankenhaus" meint dabei die bauliche und betriebliche Einrichtung als solche. Der Krankenhausträger ist verantwortlich für die wirtschaftliche Sicherung des Krankenhauses mit dem Ziel der bedarfsgerechten Versorgung der Bevölkerung.

2 Herkömmlich werden Krankenhäuser in **öffentlicher, freigemeinnütziger und privater Trägerschaft**[2] unterschieden. Auch die amtliche Begründung zu § 1 KHG geht von dieser historisch gewachsenen Dreiteilung aus[3].

3 Diese Einteilung ist jedoch nicht ganz schlüssig, da die den freigemeinnützigen Krankenhausträgern zugeordneten kirchlichen Träger grundsätzlich nach Art. 140 GG i.V.m. Art. 137 WRV Körperschaften des öffentlichen Rechts sind[4]. Dennoch soll auch im Folgenden die Einteilung in öffentliche, freigemeinnützige und private Trägerschaft zugrunde gelegt werden. Dies lässt sich damit begründen, dass die Zuordnung der kirchlichen Krankenhausträger zu den Freigemeinnützigen dem eigenen kirchlichen Selbstverständnis und dem gesetzgeberischen Willen entspricht, der in § 1 Abs. 2 Satz 2 KHG ausdrücklich freigemeinnützige und private Krankenhäuser bezeichnet (dazu näher Teil 4 Rz. 1 ff.).

2. Rechtsform der Krankenhäuser

4 Die Rechtsform (oder Betriebsform) bezeichnet in organisationsrechtlicher und betriebswirtschaftlicher Hinsicht die **öffentliche oder privatrechtliche Form, in der das Krankenhaus vom Krankenhausträger vorgehalten** wird[5].

5 Heute können sich alle drei Trägergruppen in der privatrechtlichen Rechtsform der Gesellschaft mit beschränkter Haftung (GmbH) organisieren. Dies gilt auch für die von der Kommune oder einem kommunalen Zweckverband beherrschten Krankenhäuser. Als GmbH oder gemeinnützige GmbH („kommunale Krankenhaus-GmbH") – und vereinzelt sogar als AG – geführte kommunale Krankenhäuser sind heute keine Seltenheit mehr. Auch sie ge-

---

1 *Genzel*, ArztR 1993, 109 (110); *Quaas/Zuck*, § 24 Rz. 62.
2 Zu deren unterschiedlichen Zielsystemen vgl. Huster/Kaltenborn/*Wasem/Walendzik/ Rotter*, § 1 Rz. 12 ff.
3 BT-Drucks. 9/570, 22 f.
4 *Dietz/Bofinger*, Bd. 1, § 1 KHG, S. 14; *Quaas/Zuck*, § 24 Fn. 190.
5 *Genzel*, ArztR 1993, 109 (110).

hören zu den öffentlichen Krankenhäusern, wenn ein öffentlicher (zumeist kommunaler) Träger an ihnen die Anteilsmehrheit hält[1].

II. Einzelne Krankenhausträger und deren Rechtsform

1. Krankenhäuser in freigemeinnütziger Trägerschaft

Freigemeinnützige Krankenhäuser sind konfessionell, karitativ, diakonisch,   6
weltanschaulich, humanitär, sozial und insbesondere durch die Merkmale der Freiwilligkeit und Gemeinnützigkeit geprägt[2]. Sie sind seit langem fester Bestandteil bei der Versorgung der Bevölkerung mit stationären Leistungen[3]. Exemplarisch seien katholische, evangelische sowie sonstige Religions- und Weltanschauungsgemeinschaften, die Arbeiterwohlfahrt oder das Deutsche Rote Kreuz genannt[4].

Durch das **Merkmal der Gemeinnützigkeit** werden die freigemeinnützigen   7
Krankenhäuser von den in privater Trägerschaft geführten erwerbswirtschaftlichen Krankenhäusern unterschieden. Freigemeinnützige Krankenhäuser verfolgen im Gegensatz zu den privaten Krankenhäusern mit dem Betrieb des Krankenhauses keine oder nicht in erster Linie erwerbswirtschaftliche Ziele. Ihre Träger verstehen „sich nicht nur als Leistungserbringer, sondern gleichzeitig ... als Fürsprecher von kranken und benachteiligten Menschen"[5].

Freigemeinnützige Krankenhäuser müssen sich einzeln und ohne finanzielle   8
Rückendeckung durch eine starke Konzernzentrale auf dem Markt behaupten. Zwar treten sie vermehrt zur besseren Durchsetzung ihrer Interessen – beispielsweise zwecks besserer Verhandlungsposition beim gemeinsamen Einkauf von Verbrauchsgütern – in einem „**Verband der freigemeinnützigen Krankenhäuser**" auf. Hierbei handelt es sich aber um eine reine Interessenvereinigung, bei der die rechtliche und wirtschaftliche Einheit der einzelnen freigemeinnützigen Häuser nicht angetastet wird[6].

In krankenhausfinanzierungsrechtlicher Hinsicht können freigemeinnützige   9
Krankenhäuser nicht auf *zusätzliche* Betriebs- und Investitionszuschüsse

---

1 Vgl. *Dietz/Bofinger*, Bd. 1, § 1 KHG, S. 14 f.; *Quaas/Zuck*, § 24 Rz. 62.
2 Gemeinnützigkeit wird auch häufig den Organisationen des sog. „Dritten Sektors" zugeordnet, in der Sozial- und Wirtschaftwissenschaft auch als „Non-Profit" bezeichnet.
3 Nach Angaben der Deutschen Krankenhausgesellschaft e. V. (DKG) belief sich deren Zahl im Jahre 2008 auf 673. Damit sind sie – nach DKG-Statistik – zwar Spitzenreiter mit 37,5 % aller Einrichtungen, erreichen aber nicht die hohe Bettenzahl der öffentlichen Krankenhausträger, die gut ⅓ höher liegt. Quelle: www.dkgev.de/media/file/ 7330.Foliensatz_Krankenhausstatistik_20100129.pdf (abgerufen am 16.12.2010). Hiervon teilweise abweichende Daten liefert das Statistische Bundesamt, Grunddaten der Krankenhäuser 2008, Fachserie 12, Reihe 6.1.1.
4 *Dietz/Bofinger*, Bd. 1, § 1 KHG, S. 15.
5 Huster/Kaltenborn/*Heinig/Schlüter*, § 16 B Rz 5.
6 Vgl. etwa den Internetauftritt des Verbandes freigemeinnütziger Krankenhäuser in Hamburg, www.die-freien-hh.de.

zurückgreifen, wie sie bislang verbreitet an Kliniken öffentlich-rechtlicher Träger gezahlt werden. Hierbei handelt es sich um sog. Verlust- oder Defizitausgleiche durch die staatlichen Träger[1]. Mit dieser zusätzlichen „Finanzierungsquelle"[2] beschäftigte sich das EuG in der Rs. Asklepios Kliniken/Kommission[3]. Das EuG nahm zur Zulässigkeit der öffentlichen Verlustausgleiche im Detail nicht Stellung und wies die zugrunde liegende Untätigkeitsklage ab. Damit steht jedoch nicht fest, dass die deutsche Praxis der Verlustausgleiche europarechtskonform ist. Sie könnte aufgrund mangelnder Transparenz und der fehlenden Verankerung der Zahlungen im Feststellungsbescheid über die Aufnahme in den Krankenhausplan als Verstoß gegen das europäische Beihilfeverbot gewertet werden[4].

10   Der Staat honoriert die Gemeinnützigkeit aber u. a. durch Steuervergünstigungen. Das **steuerrechtliche Gemeinnützigkeitsrecht** ist in §§ 51–68 Abgabenordnung (AO) geregelt. Grundsätzlich können keine natürlichen Personen oder Personenhandelsgesellschaften Steuervergünstigungen aus dem Gemeinnützigkeitsrecht beanspruchen. Für **freigemeinnützige Träger** kommen als zulässige Rechtsformen nach **§ 51 AO nur Körperschaften i. S. d. Körperschaftsteuergesetzes** in Betracht. Das sind insbesondere die Kapitalgesellschaften, also Aktiengesellschaften und die Gesellschaften mit beschränkter Haftung, sonstige juristische Personen des Privatrechts (eingetragene Vereine), Stiftungen sowie Betriebe gewerblicher Art von juristischen Personen des öffentlichen Rechts[5].

11   Der Krankenhausträger muss mit dem Betrieb des Krankenhauses **ausschließlich (§ 56 AO) und unmittelbar (§ 57 AO) gemeinnützige, mildtätige oder kirchliche Zwecke** i. S. d. §§ 52–54 AO verfolgen. Mit dem Betrieb eines Krankenhauses verfolgt der freigemeinnützige Träger grundsätzlich ein steuerbegünstigtes Ziel, denn er fördert **das öffentliche Gesundheitswesen**, das in **§ 52 Abs. 2 Nr. 3 AO** ausdrücklich als gemeinnütziger Zweck anerkannt ist. Eine Steuerbegünstigung aufgrund gemeinnütziger Zwecke scheidet jedoch aus, wenn andere Zwecke gleichrangig oder sogar überwiegend neben den steuerbegünstigten Zweck treten[6].

12   Die Förderung des Gesundheitswesens muss nicht nur ausschließlicher Zweck der Körperschaft sein, sondern sie muss ferner dem **Prinzip der „Selbstlosigkeit"** folgen. Dies ist nach § 55 AO immer dann der Fall, wenn dadurch nicht in erster Linie eigenwirtschaftliche Zwecke – z. B. gewerbliche oder sonstige Erwerbszwecke – verfolgt werden. Das bedeutet aber nicht, dass der Krankenhausträger nicht auch erwerbswirtschaftliche Betriebe un-

---

1 Vgl. *Kingreen*, GesR 2006, 193 (197); Huster/Kaltenborn/*Wernick*, § 16 C Rz. 26; *Makoski*, Kirchliche Krankenhäuser und staatliche Finanzierung, 2010, S. 81 ff.
2 *Kingreen*, GesR 2006, 193 (197).
3 EuG v. 11.7.2007 – T-167/04 (Rs. Asklepios Kliniken/Kommission), EuZW 2007, 505.
4 Vgl. *Bauckhage-Hoffer*, GesR 2009, 393 (397); *Szabados*, S. 141.
5 *Klaßmann*, Aktuelle Besteuerungsfragen für Krankenhäuser und Krankenhausträger, S. 14.
6 BFH v. 4.4.2007 – I R 76/05, BStBl. II 2007, 631 (634); vgl. BFH v. 23.10.1991 – I R 19/91, BStBl. II 1992, 62.

terhalten darf. Selbst wenn die wirtschaftlichen Aktivitäten eines Krankenhausträgers seine gemeinnützigen Aktivitäten übersteigen, rechtfertigt dies allein noch nicht die Annahme, die Körperschaft verfolge in erster Linie eigenwirtschaftliche Zwecke[1]. Sollen durch die Aktivitäten jedoch vorrangig oder nicht nur nebenbei eigene wirtschaftliche Interessen der Körperschaft oder die ihrer Mitglieder gefördert werden, dann sind die Aktivitäten nicht mehr selbstlos und somit definitionsgemäß nicht mehr gemeinnützig[2].

Der Umstand, dass im steuerbegünstigten Krankenhaus **Gewinne erwirtschaftet werden, steht der Gemeinnützigkeit prinzipiell nicht entgegen.** Dabei sind jedoch die weiteren Voraussetzungen des § 55 AO hinsichtlich der **Mittelverwendung** zu beachten, welche die ausschließliche Gemeinwohlbindung konkretisieren[3]. So haben Zuwendungen an Mitglieder und Gesellschafter der Körperschaft ebenso zu unterbleiben wie Parteienförderung (§ 55 Nr. 1 AO), Gesellschafter erhalten bei ihrem Ausscheiden aus der Gesellschaft oder bei Auflösung der Gesellschaft lediglich ihre Stammeinlage oder den Wert ihrer Sacheinlagen zurück (§ 55 Nr. 2 AO), die Körperschaft darf niemanden durch zweckfremde Ausgaben begünstigen und Vergütungen müssen stets verhältnismäßig sein (§ 55 Nr. 3 AO), das Vermögen der Körperschaft muss auch bei ihrer Auflösung zweckgebunden verwendet werden (§ 55 Nr. 4 AO) und die Körperschaft muss ihre Mittel grundsätzlich zeitnah für ihre steuerbegünstigten satzungsmäßigen Zwecke einsetzen (§ 55 Nr. 5 AO).   13

Zusätzlich zu den vorgenannten Aspekten setzt seit dem 1.1.2009 § 60 Abs. 1 Satz 2 AO[4] für die Anerkennung steuerbegünstigter Zwecke voraus, dass die Satzung (des Krankenhausträgers) die in der Anlage 1 zur AO bezeichneten Festlegungen enthält. Diese Voraussetzung gilt auch für Satzungsänderungen bestehender Gesellschaften, die nach dem 31.12.2008 wirksam werden[5]. Beabsichtigen die Gesellschafter eines Krankenhausträgers eine Änderung der Satzung, so sollten sie darauf achten, dass die geänderte Satzung den Vorgaben der Mustersatzung entspricht, um nicht die Anerkennung der steuerbegünstigten Zwecke zu gefährden[6].

Kann sich das Krankenhaus auf die Gemeinnützigkeit i. S. d. Steuerrechts berufen, sind **folgende Befreiungen** vorgesehen:

– § 5 Abs. 1 Nr. 9 KStG von der Körperschaftsteuer,

– § 3 Nr. 6 GewStG von der Gewerbesteuer und

– § 3 Abs. 1 Nr. 3 GrStG von der Grundsteuer.

---

1 BFH v. 4.4.2007 – I R 76/05, BStBl. II 2007, 631(634); BFH v. 15.7.1998 – I R 156/94, BStBl. II 2002, 162; vgl. auch *Tipke/Kruse*, § 55 AO Rz. 4.
2 Vgl. BFH v. 15.7.1998 – I R 156/94, BStBl. II 2002, 162 (163); BFH v. 23.10.1991 – I R 19/91, BStBl. II 1992, 62 (64).
3 Vgl. *Tipke*/Kruse, § 55 AO Rz. 8.
4 Eingefügt durch JStG 2009 v. 19.12.2009, BGBl. I, 2794.
5 Vgl. Art. 97 § 1f Abs. 2 EGAO, i. d. F. des Art. 11 des JStG v. 19.12.2008, BGBl. I, 2794 (2830).
6 Vgl. auch *Engelsing/Lüke*, NWB 2010, 118.

Zudem ermöglicht § 4 Nr. 18 lit. a UStG eine gemeinnützigkeitsbedingte Umsatzsteuerbefreiung, wenn der Krankenhausträger einem Wohlfahrtsverband als Mitglied angeschlossen ist[1].

14   Im Gemeinnützigkeitssteuerrecht ist es jedoch oftmals erforderlich, neben der Gemeinnützigkeit zusätzlich die **Voraussetzungen des „Zweckbetriebs"** nach §§ 65 ff. AO zu erfüllen, um nicht Gefahr zu laufen, die erlangten Steuervergünstigungen nachträglich wieder zu verlieren. Denn § 64 Abs. 1 AO bestimmt, dass die Steuervergünstigungen, die die Einzelsteuergesetze für wirtschaftliche Betätigungen im Hinblick auf den Status als gemeinnützige Körperschaft gewähren – so z. B. § 5 Abs. 1 Nr. 9 KStG und § 3 Nr. 6 GewStG – insoweit verloren gehen, als ein wirtschaftlicher Geschäftsbetrieb unterhalten wird, es sei denn, der wirtschaftliche Geschäftsbetrieb ist als Zweckbetrieb i. S. d. §§ 65–68 AO zu beurteilen.

15   Den **wirtschaftlichen Geschäftsbetrieb** definiert § 14 AO als selbständige nachhaltige Tätigkeit, durch die Einnahmen oder wirtschaftliche Vorteile erzielt werden und die über den Rahmen einer Vermögensverwaltung hinausgeht. Die Absicht, Gewinn zu erzielen, ist nicht erforderlich. Nach dieser Definition erfüllt praktisch *jede* wirtschaftliche Aktivität eines Krankenhausträgers die Voraussetzungen des wirtschaftlichen Geschäftsbetriebs[2]. Daher hat der Gesetzgeber ausdrücklich in § 67 AO normiert, wann speziell Krankenhäuser als Zweckbetriebe i. S. d. Steuerrechts gelten und hierzu zunächst danach unterschieden, ob **das Krankenhaus in den Anwendungsbereich des Krankenhausentgeltgesetzes (KHEntgG) bzw. der Bundespflegesatzverordnung (BPflV) fällt oder nicht**, § 67 Abs. 1 und 2 AO. Ist das KHEntgG oder die BPflV anwendbar, liegt ein Zweckbetrieb dann vor, wenn mindestens **40 % der jährlichen Belegungstage oder Berechnungstage** auf Patienten entfallen, bei denen nur **Entgelte für allgemeine Krankenhausleistungen** (§ 7 KHEntgG, § 10 BPflV) berechnet werden, § 67 Abs. 1 AO. Fällt ein Krankenhaus nicht in den Anwendungsbereich des KHEntgG oder der BPflV, so ist es nach § 67 Abs. 2 AO ein Zweckbetrieb, wenn mindestens 40 % der jährlichen Belegungstage oder Berechnungstage auf Patienten entfallen, bei denen für die Krankenhausleistung **kein höheres Entgelt als nach § 67 Abs. 1 AO** berechnet wird.

16   Entscheidendes Merkmal ist somit der prozentuale Anteil aller von einem Krankenhaus erbrachten Leistungen, der auf die **Teilnahme an der Versorgung der Bevölkerung mit allgemeinen Krankenhausleistungen** entfällt bzw. für den kein höheres Entgelt als für allgemeine Krankenhausleistungen gezahlt wird. Ein Krankenhaus verliert seine Eigenschaft als Zweckbetrieb,

---

1 § 4 Nr. 18 UStG ist keine allgemeine Steuerbefreiungsvorschrift für gemeinnützige und mildtätige Vereinigungen (vgl. m. w. N. Sölch/Ringleb/*Weymüller*, UStG, § 4 Nr. 18 Rz. 8). Eine gemeinnützigkeitsunabhängige Steuerbefreiung für Krankenhausbehandlungen regelt § 4 Nr. 14 lit. b UStG.
2 *Henke/Berhanu/Mackenthun*, S. 9; *Knorr/Klaßmann*, Die Besteuerung der Krankenhäuser, 3. Aufl., 2004, S. 143.

wenn mehr als 60 % der jährlichen Belegungstage oder Berechnungstage auf Patienten entfallen, die Wahlleistungen nach §§ 17, 19 KHEntgG in Anspruch nehmen.

Die Bedeutung des Zweckbetriebs i. S. d. AO reicht über die Steuerbegüns-   17
tigung gemeinnütziger, mildtätiger und kirchlicher Zwecke hinaus[1]. Das GewStG und das GrStG gewähren Steuerbefreiungen für Krankenhäuser, die den Anforderungen des § 67 AO genügen, unabhängig davon, ob die Einrichtungen im Übrigen den Anforderungen der §§ 51 ff. AO entsprechen[2]. Der Gesetzgeber honoriert im Ergebnis damit die grundsätzliche soziale Nützlichkeit des Krankenhausbetriebs. Die Steuervergünstigungen, die mit der Eigenschaft als Zweckbetrieb einhergehen, sind folglich nicht allein den gemeinnützigen Krankenhausträgern vorbehalten. Jedes Krankenhaus – also **auch jedes nicht gemeinnützige Krankenhaus** – kann mit Erreichen der vorgenannten 40 %-Grenze den Status des Zweckbetriebs erlangen. Dann kommen auch sie – ohne gemeinnützig i. S. d. §§ 52 und 55 ff. AO zu sein – in den Genuss der Befreiung von der Gewerbesteuer nach § 3 Nr. 20 lit. b GewStG i. V. m. § 67 AO und sind nach § 4 Abs. 6 GrStG i. V. m. § 67 AO nicht länger grundsteuerpflichtig.

Ohne an die Eigenschaft des Zweckbetriebs i. S. d. § 67 AO anzuknüpfen, befreit § 4 Nr. 14 lit. b Satz 2 aa UStG Leistungen der nach § 108 KHG zugelassenen Krankenhäuser von der Umsatzsteuer[3]. Eine Umsatzsteuerbefreiung für Krankenhausbehandlungen durch Einrichtungen des öffentlichen Rechts ordnet § 4 Nr. 14 lit. b Satz 1 UStG an. Das KStG sieht dagegen weder eine Steuerbefreiung für Zweckbetriebe nach § 67 AO noch eine allgemeine Steuerbefreiung für Krankenhäuser vor. Lediglich im Bereich der Körperschaftsteuer genießen gemeinnützige Krankenhäuser daher einen Steuervorteil gegenüber den nicht gemeinnützigen Einrichtungen[4].

a) Nicht kirchliche freigemeinnützige Krankenhausträger

Die – neben den kirchlichen Einrichtungen; vgl. dazu sogleich Rz. 20 ff. –   18
wichtigsten freigemeinnützigen Krankenhausträger haben sich in der „**Bundesarbeitsgemeinschaft der Freien Wohlfahrtspflege**" zusammengeschlos-

---

1 Vgl. *Henke/Berhanu/Mackenthun*, S. 9.
2 Vgl. § 3 Nr. 20 lit. b GewStG, § 4 Nr. 6 GrStG.
3 Gemäß Kurzinfo der OFD Münster v. 15.6.2009 – Umsatzsteuer Nr. 5/2009 (vgl. UR 2010, 80) können Krankenhäuser, deren Leistungen bis zum 31.8.2008 unter den Voraussetzungen des § 4 Nr. 16 lit. b UStG umsatzsteuerfrei waren, aus Billigkeitsgründen die entsprechenden Leistungen ab dem 1.1.2009 aufgrund von § 4 Nr. 14 lit. b UStG umsatzsteuerfrei erbringen, wenn sie nur deshalb nicht nach § 108 SGB V zugelassen sind, weil im Rahmen der gesetzlichen Krankenversicherung kein Bedarf besteht. Der erforderliche Nachweis wird durch einen entsprechenden Ablehnungsbescheid erbracht.
4 Vgl. auch – jedoch noch unter Zugrundelegung der Rechtslage vor Inkrafttreten des JStG 2009 v. 19.12.2008, BGBl. I, 2794, auf welches u. a. die nun maßgebliche Neufassung des UStG zurückgeht: *Henke/Berhanu/Mackenthun*, S. 9 ff.

sen[1]. Die freie Wohlfahrtspflege hat ihre Wurzeln in der jüdischen und christlichen Tradition. Die Arbeiterwohlfahrt ist unter dem Eindruck des Pauperismus als Selbsthilfe der Arbeiterschaft entstanden; sie ist heute eine Hilfsorganisation für alle sozial bedrängten und bedürftigen Menschen unabhängig von Herkunft und Konfession. Der Deutsche Paritätische Wohlfahrtsverband umfasst unterschiedliche und eigenständige Initiativen, Organisationen und Einrichtungen, die ein breites Spektrum sozialer Arbeit repräsentieren[2]. Er sieht sich in besonderem Maße der Idee der sozialen Gerechtigkeit verpflichtet. Neben der sozialen und humanitären Komponente ist aber auch die wirtschaftliche Bedeutung der Wohlfahrtsverbände in der Kranken-, Alten- und Behindertenpflege bemerkenswert. Nach Schätzungen arbeiten etwa 1,3 Millionen Menschen bei Einrichtungen der Freien Wohlfahrtspflege, deren Zahl sich seit 1970 verdreifacht haben soll[3].

19 **Ob und in welcher Form sie stationäre Versorgung** anbieten und leisten wollen, können sie **in freier Entscheidung selbst bestimmen.** Insbesondere können sie ihr Wirken an ihren sozialen, ethischen und humanistischen Idealen ausrichten und das Krankenhaus danach organisieren. Das Recht auf verbandsmäßigen Zusammenschluss – insbesondere mit anderen in kollektiver Trägerschaft – wird durch Art. 9 Abs. 1 GG gewährleistet[4].

b) Kirchliche Krankenhausträger

20 Kirchliche Krankenhausträger **nehmen unter den freigemeinnützigen Krankenhausträgern eine Sonderstellung** ein, die insbesondere durch die starke verfassungsrechtliche Grundrechtsposition zum Ausdruck kommt. Sie stellen eine tragende Säule bei der Versorgung der Bevölkerung mit stationären Leistungen dar, die historisch gewachsen und tief im Glauben verwurzelt ist. Das von kirchlichen Organisationen und Verbänden (Caritas, Diakonie, Innere Mission, kirchliche Orden oder Kongregationen, kirchliche Stiftungen) getragene kirchliche Krankenhauswesen folgt dem Impetus der christlichen Nächstenliebe, der sich in der Zuwendung zu den Schwachen und Kranken manifestiert und zum Kernbestand des christlichen Glaubens und zum Auftrag der Kirche gehört[5].

---

1 Der Deutsche Caritasverband, das Diakonische Werk, das Deutsche Rote Kreuz, die Arbeiterwohlfahrt, der Deutsche Paritätische Wohlfahrtsverband – Gesamtverband e. V., Zentralwohlfahrtsstelle der Juden in Deutschland.
2 www.der-paritaetische.de.
3 Gutachten des wissenschaftlichen Beirats beim Bundesministerium des Finanzen: „Die abgabenrechtliche Privilegierung gemeinnütziger Zwecke auf dem Prüfstand", August 2006, S. 11, Quelle: http://www.bundesfinanzministerium.de/nn_25412/DE/Wirtschaft__und__Verwaltung/Finanz__und__Wirtschaftspolitik/Wissenschaftlicher__Beirat/Gutachten__und__Stellungnahmen/Ausgewaehlte__Texte/0608081a3001.html, abgerufen am 16.12.2010.
4 Laufs/Kern/*Genzel/Degener-Hencke*, § 81 Rz. 10.
5 Vgl. etwa *Beyer/Papenheim*, Arbeitsrecht der Caritas, AT, § 1 Rz. 3.

Kirchen sind zwar grundsätzlich **nach Art. 140 GG i. V. m. Art. 137 Abs. 5**   21
WRV Körperschaften des öffentlichen Rechts, so dass insbesondere die in der
Rechtsform der Stiftung oder Anstalt des öffentlichen Rechts betriebenen
Krankenhäuser begrifflich den öffentlichen Krankenhausträgern zugeordnet
werden müssten[1]. Die Verleihung des Körperschaftsstatus verpflichtet die
Kirchen zur Rechtstreue, versetzt sie aber nicht in Abhängigkeit zum Staat.
Mit dem Körperschaftsstatus honoriert der Staat die dem Gemeinwohl und
letztlich dem Staat selbst dienende Arbeit der Religionsgemeinschaften, oh-
ne sie jedoch in ein staatliches Korsett einzuzwängen[2].

Anerkanntermaßen sind Kirchen juristische Personen i. S. d. Art. 19 Abs. 3   22
GG, die sich auf die durch Art. 4 Abs. 1 und 2 GG geschützte **Glaubens- und
Religionsfreiheit**, insbesondere die Religionsausübungsfreiheit berufen kön-
nen[3]. Das BVerfG hat die Grundrechtsfähigkeit kirchlicher Krankenhäuser –
unabhängig davon, ob sie in öffentlich-rechtlicher Form oder als juristische
Person des Privatrechts organisiert sind – ausdrücklich bejaht[4]. Das Recht
der freien Religionsausübung umfasst all das, was zum selbst definierten
Selbstverständnis der Kirchen zählt. Das BVerfG erkennt ausdrücklich das
Recht auf ungestörte karitative Betätigung an, das zum Kernbestand christlichen Grundverständnisses gehört[5]. Die institutionelle Garantie der Kirche
und das Recht auf korporative Religionsfreiheit werden flankierend durch
die staatskirchenrechtlichen Bestimmungen des Art. 140 GG i. V. m. den in-
korporierten Normen der Weimarer Reichsverfassung (WRV) geschützt[6]. Das
Recht auf Schutz des Eigentums folgt bei Kirchen aus Art. 140 GG i. V. m.
Art. 138 Abs. 2 WRV. Es gewährleistet den Religionsgesellschaften das für
Wohltätigkeitszwecke bestimmte Vermögen. Art. 138 Abs. 2 WRV schützt
daneben auch „andere Rechte", soweit diese dem Vermögen der Religionsgesellschaften mit entsprechender Zweckbestimmung zugehören. Der Schutz
der Kirchengutsgarantie ist auf das gesamte zu religiösen Zwecken bestimmte Vermögen der Religionsgesellschaften gerichtet, wozu auch Besitz- und
Nutzungsrechte an Immobilien zu zählen sind[7].

Staatliche Eingriffe in das kirchliche Selbstbestimmungsrecht auf ungestörten Betrieb eines karitativen Krankenhauses bedürfen zu ihrer Rechtfertigung dringender Gründe, die zum Schutz der Allgemeinheit zwingend erforderlich sein müssen[8] (dazu näher Teil 4 Rz. 42 ff.).

---

1 *Dietz/Bofinger*, Bd. 1, § 1 KHG, S. 14; *Quaas/Zuck*, § 24 Fn. 190.
2 Vgl. den Vortrag von *Weber/Hillgruber* anlässlich der kirchenrechtlichen Expertenta-
  gung v. 17.–19.11.2005 in Jena, zusammengefasst in DVBl. 2006, 558 (561); *Rüfner*,
  NZS, 1996, 49 (53).
3 BVerfG v. 25.3.1980 – 2 BvR 208/76, BVerfGE 53, 366 (386 f.).
4 BVerfG v. 28.4.1965 – 1 BvR 346/61, BVerfGE, 19, 1 (5).
5 BVerfG v. 16.10.1968 – 1 BvR 241/66, BVerfGE 24, 236 (247).
6 BVerfG v. 4.6.1985 – 2 BvR 1703, 1718/83 und 856/84, BVerfGE 70, 138 (167); Maunz/
  Dürig/*Herzog*, GG, Art. 4 Rz. 50.
7 BVerfG v. 13.10.1998 – 2 BvR 1275/96, BVerfGE 99, 100.
8 BVerfG v. 25.3.1980 – 2 BvR 208/76, BVerfGE 53, 366 (399).

2. Staatliche (öffentlich-rechtliche) Trägerschaft und Rechtsform

23 Staatliche Krankenhäuser sind solche, deren Träger **eine Körperschaft, Anstalt oder Stiftung des öffentlichen Rechts** ist, mithin der **Bund, das Land, die kommunale Gebietskörperschaft** (insbesondere Stadt, Landkreis, Bezirk, Zweckverband)[1].

a) Kommunale Krankenhäuser

24 Unter den staatlichen Trägern stellen die kommunalen Krankenhäuser die stärkste Gruppe dar. Die kommunalen Krankenhäuser werden von **Städten, Landkreisen, Gemeinden oder Gemeindeverbänden** getragen.

25 Die meisten kommunalen Krankenhäuser wirtschaften isoliert für sich. Sie werden nach wie vor häufig als **kommunaler Wirtschaftsbetrieb** neben anderen, ganz unterschiedlichen Betrieben der öffentlichen Daseinsvorsorge, wie z.B. den Abfallbetrieben oder der Energie- und Wasserversorgung, als Eigen- oder Regiebetrieb geführt.

26 **Regiebetriebe** sind nicht rechtsfähige, unselbständige Einrichtungen der jeweiligen Körperschaft, Anstalt oder Stiftung des öffentlichen Rechts. Typische Beispiele sind etwa die Schulen, Kindergärten oder Friedhöfe[2]. **Eigenbetriebe** sind ebenfalls ohne Rechtspersönlichkeit, dafür aber zumindest organisatorisch und wirtschaftlich selbständige Einrichtungen der jeweiligen Körperschaft, Anstalt oder Stiftung des öffentlichen Rechts. Solche finden sich häufig in der kommunalen Abfallwirtschaft, aber auch bei Krankenhäusern[3].

27 Etwa seit Mitte der 90er Jahre des letzten Jahrhunderts hat sich allmählich die Ansicht durchgesetzt, der Betrieb des kommunalen **Krankenhauses als Regiebetrieb sei nicht länger mit dem gesetzlichen Gestaltungsauftrag nach § 1 Abs. 1 KHG vereinbar**, nach welchem die Patientenversorgung mit „eigenverantwortlich wirtschaftenden Krankenhäusern" zu gewährleisten sei[4].

28 Insbesondere sei die **GmbH die für ein kommunales Krankenhaus geeignete Rechtsform**, um auf veränderte krankenhausrechtliche und wirtschaftliche Rahmenbedingungen schneller reagieren zu können[5]. Nach der Umwandlung in eine GmbH (vgl. zu den Umwandlungsmöglichkeiten Teil 12) könne für die Krankenhausleitung kreatives und erfolgreiches Management ange-

---

1 DKG-Krankenhausstatistik 2008: 32 % (571 von insgesamt 1721) der Allgemeinen Krankenhäuser sind in öffentlich-rechtlicher Trägerschaft. Damit ist nicht nur ihre Anzahl, sondern auch ihr Anteil an der Gesamtzahl der Allgemeinen Krankenhäuser in den vergangenen Jahren rückläufig. Quelle: www.dkgev.de/media/file/7330.Foliensatz_Krankenhausstatistik_20100129.pdf, abgerufen am 16.12.2010.
2 Hoppe/Uechtritz/*Hellermann*, Handbuch Kommunale Unternehmen, 2. Aufl. 2007, S. 140.
3 Hoppe/Uechtritz/*Hellermann*, Handbuch Kommunale Unternehmen, 2. Aufl. 2007, S. 144.
4 *Genzel*, MedR 1994, 83 (89).
5 Vgl. Huster/Kaltenborn/*Friedrich*, § 16 A Rz. 17.

worben werden, weil dann eine Vergütung außerhalb des BAT möglich sei. Auch werde der Einfluss des Gemeinderats auf das operative Geschäft des Krankenhauses eingedämmt, ohne dass die Gemeinde aber befürchten müsse, die Kontrolle über das Krankenhaus gänzlich aus der Hand zu geben[1]. Dafür böte das GmbH-Recht – hauptsächlich über den Gesellschaftsvertrag und den zu errichtenden Aufsichtsrat – hinreichende Kontrollinstrumente[2]. Überdies sei die Kreditbeschaffung einfacher und die Loslösung von den starren Regeln des öffentlichen Dienstrechts ein echter Vorteil. Durch die Umwandlung in eine GmbH sei zudem die wirtschaftliche Beteiligung privater Investoren möglich[3].

Die Praxis ist dem weitgehend gefolgt: Der Anteil in privatrechtlicher Form geführter Krankenhäuser an allen öffentlichen Krankenhäusern erhöhte sich von 30,8 % im Jahr 2003 auf 57,7 % im Jahr 2008[4].

Die **Rechtsform der Aktiengesellschaft (AG)** hat sich für kommunale Kran-   29
kenhäuser dagegen nicht durchsetzen können. Als nachteilig erweist sich das in weiten Teilen als ius cogens ausgestaltete Aktiengesetz (AktG), von dem nur in gesetzlich zugelassenen Fällen abgewichen werden darf. Außerdem ist der Vorstand der AG frei von Weisungen und von der Gemeinde kaum mehr zu kontrollieren. Diese Umstände mögen einige Landesgesetzgeber dazu erwogen haben, den Vorrang der GmbH gegenüber der AG als zulässige Rechtsform für kommunale Eigen- und Regiebetriebe zu normieren[5].

In verfassungsrechtlicher Hinsicht ist für die kommunalen Krankenhäuser   30
insbesondere die **kommunale Selbstverwaltungsgarantie nach Art. 28 Abs. 2 GG** von Bedeutung. Sie garantiert der Kommune grundrechtsähnliche Rechte. Die Kommunalverfassungsbeschwerde nach Art. 93 Abs. 1 Nr. 4b GG, § 91 BVerfGG ist statthaft, wenn die Gemeinde die Verletzung ihrer aus Art. 28 Abs. 2 GG folgenden kommunalen Selbstverwaltungsgarantie behauptet. Allerdings garantiert Art. 28 Abs. 2 GG die kommunale Selbstverwaltung nur „im Rahmen der Gesetze". Zu diesen Gesetzen zählt auch das nach Art. 74 Abs. 1 Nr. 19a GG zur konkurrierenden Gesetzgebung zählende Krankenhausfinanzierungsrecht[6].

Die kommunale Selbstverwaltungsgarantie im Bereich des Krankenhaus-   31
rechts könnte z.B. berührt sein, wenn die **Verletzung der gemeindlichen Organisationshoheit** zu besorgen ist.

---

1 *Quaas/Zuck*, § 24 Rz. 63.
2 Ausführlich *Altmeppen*, NJW 2003, 2561 (2562 ff.).
3 *Strohe/Meyer-Wyk/Köhler*, KH 2003, 882 (885); *Quaas/Zuck*, § 24 Rz. 63.
4 Statistisches Bundesamt, Grunddaten der Krankenhäuser 2008, Fachserie 12, Reihe 6.1.1.
5 In Baden-Württemberg, Nordrhein-Westfalen und Rheinland-Pfalz darf ein kommunales Unternehmen nur dann als AG geführt werden, „wenn der öffentliche Zweck nicht ebenso gut in einer anderen Rechtsform erfüllt wird oder erfüllt werden kann" (§ 103 Abs. 2 GemO BW, § 108 Abs. 4 GO NRW, § 87 Abs. 2 GemO Rh.-Pf.). In Sachsen-Anhalt besteht der generelle Vorrang des Eigenbetriebs oder der Anstalt des öffentlichen Rechts (§ 117 Abs. 1 Nr. 1 GO LSA); vgl. auch *Thier*, KH 2001, 875 (880 f.).
6 BVerwG v. 23.4.2001 – 3 B 15/01, NVwZ-RR 2001, 589 = ArztR 2002, 53.

32 **Beispiel**:

Gemäß § 70 der Kommunalverfassung Mecklenburg-Vorpommerns[1] darf die Gemeinde
nicht wirtschaftliche Unternehmen und Einrichtungen in einer Rechtsform des privaten
Rechts nur errichten, wenn die Einrichtung – bei Erfüllung weiterer Voraussetzungen –
unter wesentlicher Beteiligung Dritter geführt werden soll. In Verbindung mit § 68
Abs. 2 Nr. 2 KV M-V, der die Einrichtungen der Gesundheits- und Wohlfahrtspflege ausdrücklich nicht zu den wirtschaftlichen Unternehmen zählt, bedeutet dies im Ergebnis,
dass die Kommune eine private Rechtsform für das Krankenhaus nur wählen darf, wenn
sie gleichzeitig Anteile der Einrichtung an einen Dritten verkauft. Diese Vorschrift dürfte einer verfassungsrechtlichen Prüfung im Lichte des **Art. 28 Abs. 2 GG** wegen Verletzung der gemeindlichen **Organisationshoheit** und **Planungsautonomie** nur schwerlich
standhalten[2].

33 Als zweiter **Beispielsfall** mag in diesem Zusammenhang die richtungswei-
sende Entscheidung des BVerfG[3] zur **Klagebefugnis des nicht in den Krankenhausplan aufgenommenen Krankenhauses** dienen. Der Sicherstellungsauftrag hinsichtlich der bedarfsgerechten Versorgung der Bevölkerung mit
leistungsfähigen Krankenhäusern ist Aufgabe des Landes, das zu diesem
Zweck Krankenhauspläne aufstellt. Investitionsfördermittel sind aus dem
Landesetat bereitzustellen. In den Landeskrankenhausgesetzen wiederum
erklären die Länder die Sicherstellung der Krankenhausversorgung zu einer
kommunalen Aufgabe, die allerdings nur so weit und so lange besteht, als
diese Aufgabe nicht von nicht staatlichen Trägern erfüllt wird und die Ge-
meinde die erforderliche Finanzkraft besitzt[4]. Nach der Rechtsprechung des
BVerfG kann ein freigemeinnütziger oder ein privater Krankenhausträger
durch die Nichtaufnahme seines leistungsfähigen und bedarfsgerechten
Krankenhauses in den Krankenhausplan in seinem subjektiv-öffentlichen
Recht auf eine ermessensfehlerfreie Auswahlentscheidung verletzt sein[5].
Als konkurrierender Bewerber kann er die Planaufnahme eines anderen
Krankenhauses anfechten[6]. Der drittschützende Charakter der §§ 1, 8 KHG
ergibt sich im Lichte des Art. 12 Abs. 1 GG i. V. m. Art. 3 Abs. 1 GG[7]. Eine
Kommune – als öffentlich-rechtlicher Krankenhausträger – dürfte sich auf
eine entsprechende Auslegung der vorgenannten Normen des KHG mit Hin-
weis auf Art. 28 Abs. 2 GG berufen können[8]. Die Nichtberücksichtigung eines bedarfsgerechten und leistungsfähigen kommunalen Krankenhauses im
Krankenhausplan könnte eine Verletzung der kommunalen Selbstverwal-

---

1 KV M-V i. d. F. der Bekanntmachung v. 8.6.2004, GVOBl. M-V S. 205, zuletzt geändert
durch Art. 7 des Gesetzes v. 17.12.2009, GVOBl. M-V S. 687, 719.
2 Zutreffend *Thier*, KH 2001, 875 (882).
3 BVerfG v. 14.1.2004 – 1 BvR 506/03, GesR 2004, 85.
4 Exemplarisch § 1 Abs. 3 KHGG NRW.
5 Vgl. hierzu und im Folgenden unter Bezugnahme auf BVerfG v. 14.1.2004 – 1 BvR
506/03, GesR 2004, 85 und BVerfG v. 12.6.1990 – 1 BvR 355/86, BVerfGE 82, 209 (228):
Burgi, in: Krankenhausrecht in Wissenschaft und Praxis, S. 19 (38); vgl. auch OVG
NRW v. 8.1.2008 – 13 A 1572/07, juris, red. Ls. in GesR 2008, 215.
6 BVerfG v. 14.1.2004 – 1 BvR 506/03, GesR 2004, 85.
7 Vgl. *Quaas*, FS 10 Jahre AG Medizinrecht im DAV, 2008, 605 (608).
8 Vgl. *Burgi*, in: Krankenhausrecht in Wissenschaft und Praxis, S. 19 (39); vgl. *Her-
manns/Müller*, DVBl. 2004, 1348 (1349); *Kuhla*, NZS 2007, 567 (570).

tungsgarantie bedeuten, zu deren Kernbereich auch die Versorgung der Bevölkerung mit Krankenhausleitungen gehört[1].

b) Hochschulkliniken

Nach landesrechtlichen Vorschriften als Hochschulkliniken anerkannte   34
Krankenhäuser[2] sind gem. § 108 Nr. 1 SGB V zur Krankenhausbehandlung
der Versicherten zugelassen. Mit der Anerkennung als Hochschulklinik
nach landesrechtlichen Vorschriften wird gleichzeitig der Abschluss eines
sog. Versorgungsvertrags mit den Landesverbänden der Krankenkassen fingiert (vgl. § 109 Abs. 1 Satz 2 SGB V), der das Krankenhaus berechtigt und
verpflichtet, sich an der stationären Krankenhausbehandlung zu Lasten der
gesetzlichen Krankenversicherung zu beteiligen (vgl. § 109 Abs. 4 Satz 2
SGB V).

Die **Trägerschaft der Hochschulkliniken ist nicht einheitlich geregelt,** da das   35
Hochschulrecht – und somit als dessen Annex das Recht der Hochschulkliniken – in die Zuständigkeit der Länder fällt[3]. Jedenfalls lassen sich die Kliniken in der Regel dem Land zuordnen, woraus sich die höhere Finanzkraft
der Hochschulkliniken gegenüber den kommunalen Krankenhäusern erklärt. Die Frage der Trägerschaft ist bei den Universitäten des Landes Nordrhein-Westfalen aus haftungsrechtlichen Gesichtspunkten wegen der landesrechtlichen Gewährleistung für Verbindlichkeiten der Universitätskliniken[4]
letzten Endes nicht von überragender Bedeutung[5], jedoch erlangt die Fragestellung nach dem Träger **Bedeutung im Hinblick auf die (zivilrechtliche)
Passivlegitimation.**

Eine Besonderheit gilt für das Universitätsklinikum Mannheim; hierbei handelt es sich um die Medizinische Fakultät Mannheim der Ruprecht-Karls-Universität Heidelberg. Träger ist aber nicht die Universität, sondern die
Klinikum Mannheim GmbH, eine gemeinnützige Gesellschaft der Stadt
Mannheim.

Anfang 2006 hat der Hessische Landtag dem Verkauf des Universitätsklini-   36
kums Gießen und Marburg an die private Rhön-Klinikum AG zugestimmt.
Damit ist zum ersten Mal in der Historie der Bundesrepublik eine landeseigene Hochschulklinik an einen privaten Krankenhausinvestor verkauft
worden[6]. Die Gemeinden, die sich mehrheitlich finanziell in einer prekären

---

1 Huster/Kaltenborn/*Friedrich,* § 16 A Rz. 11.
2 Die Anknüpfung an die landesrechtliche Zulassung wurde mit Außerkrafttreten des
  Hochschulbauförderungsgesetzes erforderlich.
3 Vgl. etwa § 31 Abs. 1 Hochschulfreiheitsgesetz – HFG – NRW v. 31.10.2006, GV.
  NRW, 474.
4 Vgl. § 9 der Rechtsverordnung für die Universitätskliniken Aachen, Bonn, Düsseldorf,
  Essen, Köln und Münster [Universitätsklinikum-Verordnung NRW (UKVO)], GV
  2007, 744.
5 Vgl. BGH v. 17.12.1985 – VI ZR 178/84, BGHZ 96, 360 (364).
6 *Becker,* MedR 2006, 472; ausführliche Informationen zur rechtlichen Umsetzung bei:
  Hessisches Ministerium für Wissenschaft und Kunst, Privatisierung des Universitätsklinikums Gießen und Marburg – Landesrechtliche Regelungen mit Erläuterun-

Lage befinden, halten viele kleine Häuser der Akutversorgung vor, wohingegen die Universitätskliniken sog. Einrichtungen der Maximalversorgung mit einem breiten Disziplinenspiegel sind, in denen vorwiegend schwierige und komplizierte Krankheiten behandelt werden.

37 Viele Bundesländer sind mittlerweile dazu übergegangen, den Universitätskliniken den Status einer Anstalt des öffentlichen Rechts zu verleihen[1]. Hierdurch soll eine gewisse organisatorische, wirtschaftliche, rechtliche und verwaltungsmäßige Eigenständigkeit geschaffen werden, um dem jeweiligen Klinikum einen größeren eigenen Handlungsspielraum zu ermöglichen. Ein ebenfalls hohes Maß an Eigenständigkeit und die grundsätzliche Möglichkeit der Beteiligung privater Dritter schafft die Umwandlung der Universitätsklinik in eine GmbH[2].

38 Hochschulkliniken stehen unter dem **verfassungsrechtlichen Schutz des Art. 5 Abs. 3 Satz 1 GG**[3]. Das BVerfG hat zum Spannungsfeld der Freiheit des medizinischen Hochschullehrers bzw. der Hochschule und der Pflichten der Hochschule für die Krankenhausversorgung der Bevölkerung mehrfach betont, dass sich „Besonderheiten für die Organisation der Hochschulklinika daraus ergeben, dass diese neben Forschung und Lehre die Aufgabe der Krankenversorgung wahrnehmen"[4]. Daher seien gesetzliche Vorgaben zur strafferen, die Effizienz erhöhenden Organisationsstrukturen in Hochschulkliniken unbedenklich[5], jedoch dürfe die an größtmöglicher Effizienz ausgerichtete Strukturierung der Krankenversorgung einer Universitätsklinik „nicht dazu führen, dass dem Fachbereich Medizin (der Hochschule) der Einfluss auf Fragen, die Forschung und Lehre betreffen, genommen oder erheblich beschnitten wird"[6].

---

gen, 2006, Quelle: http://www.hessen.de (unter „Infomaterial" abrufbar, abgerufen am 18.5.2010).

1 So bspw. für die Hochschulkliniken in Dresden, Essen, Greifswald, Leipzig und München.

2 Die Möglichkeit einer Umwandlung in die Rechtsform der GmbH sieht § 25 des Universitätsmedizingesetzes (UMG) des Landes Rheinland-Pfalz v. 10.9.2008, GVBl. S. 205, vor. Die Errichtung oder die Umwandlung der Universitätskliniken in eine andere Rechtsform als die der Anstalt öffentlichen Rechts ermöglicht § 31a Abs. 2 Satz 3 HG NRW.

3 Vgl. § 31a Abs. 2 Satz 1 HG NRW: „Die Universitätskliniken sind Anstalten des öffentlichen Rechts mit eigener Rechtspersönlichkeit. [...]" und § 31a Abs. 1 Satz 5 HG NRW: „Es stellt sicher, dass die Mitglieder der Universität die ihnen durch Art. 5 Abs. 3 Satz 1 des Grundgesetzes und durch das Hochschulgesetz verbürgten Rechte wahrnehmen können.".

4 BVerfG v. 11.11.2002 – 1 BvR 2145/01, MedR 2003, 294 (295); vgl. auch BVerfG v. 27.11.2007 – 1 BvR 1736/07, GesR 2009, 95.

5 BVerfG v. 8.4.1981 – 1 BvR 608/79, NJW 1981, 1995.

6 BVerfG v. 2.7.2008 u. 1.2.2010 – 1 BvR 1165/08, juris.

c) Sonstige unmittelbare und mittelbare staatliche Krankenhäuser

aa) Bundeswehrkrankenhäuser

Zu den in öffentlich-rechtlicher Trägerschaft stehenden Krankenhäusern   39
zählen ebenfalls fünf der von dem Sanitätsdienst betriebenen Bundeswehrkrankenhäuser[1]. Die **Zeit- und Berufssoldaten** haben bei Krankheit Anspruch auf Fortzahlung der Bezüge und Heilfürsorge[2]. Sie sind **nicht in das
System der gesetzlichen Krankenversicherung eingebunden.** Die Heilfürsorge gewährt die Bundeswehr durch ihren Sanitätsdienst und die Bundeswehrkrankenhäuser Neben der stationären Behandlung von Soldaten sind die
Bundeswehrkrankenhäuser auch für die zivile Bevölkerung zugänglich, so
dass diese Einrichtungen wechselseitig militärische und zivile Aufgaben erfüllen[3].

bb) Krankenhäuser der Knappschaft

Die Bundesknappschaft war **Träger der** gesetzlichen Rentenversicherung,   40
Pflichtversicherung und **Krankenversicherung der im Bergbau beschäftigten
Arbeitnehmer.** Das knappschaftliche Sozialversicherungsrecht umfasst sowohl die Kranken- als auch die Rentenversicherung. Aus der Fusion der Bundesknappschaft mit der Bahnversicherungsanstalt und der Seekasse ist der
gemeinsame **Träger mit dem Namen „Deutsche Rentenversicherung Knappschaft-Bahn-See"** mit Wirkung zum 1.10.2005 hervorgegangen. Die knappschaftliche Krankenversicherung heißt indes kurz Knappschaft, für die im
Übrigen die Vorschriften der gesetzlichen Krankenversicherung (vgl. § 167
Satz 2 SGB V) gelten. Die Knappschaft versorgt ihre Mitglieder durch eigene
ambulante und stationäre Einrichtungen. Sie bedient sich dafür auch eigener
Knappschaftsärzte und -krankenhäuser. Da die ambulante ärztliche Versorgung aufgrund der kleinen Mitgliederzahlen nicht flächendeckend gewährleistet werden kann, wird sie von den Vertragsärzten der KV unterstützt.

Die Knappschaft führt vier Krankenhäuser in eigener Trägerschaft[4] in den   41
traditionellen ehemaligen Kohlerevieren im Ruhrgebiet und Saarland und
hält daneben Beteiligungen an sieben weiteren hauptsächlich aus Zusammenschlüssen mit anderen öffentlichen Trägern hervorgegangenen Kranken-

---

1 An den Standorten Berlin, Hamburg, Koblenz, Ulm und Westerstede.
2 Zum Anspruch auf unentgeltliche truppenärztliche Versorgung siehe z.B. § 30 Abs. 1
   Satz 2 Soldatengesetz (SG), § 69 Abs. 2 Bundesbesoldungsgesetz (BBesG).
3 Zur (Staats-)Haftung bei der Behandlung von Zivilpersonen in einem Bundeswehr-
   krankenhaus vgl. OLG Koblenz v. 9.4.2010 – 5 U 154/10, GesR 2010, 484.
4 Namentlich das gleichzeitig im Rang einer Universitätsklinik geführte Knappschaftskrankenhaus Bochum-Langendreer; ein auch den überörtlichen Bedarf befriedigendes
   Krankenhaus der Regelversorgung in Bottrop; in Püttlingen unterhält sie das Aka-
   demische Lehrkrankenhaus der Universität des Saarlandes und ein weiteres Krankenhaus in Sulzbach/Saarland, welches ein Krankenhaus der Grund- und Regelversorgung
   (mit Schwerpunktversorgung durch die Augenklinik) und Akademisches Lehrkrankenhaus ist.

hausgesellschaften mit beschränkter Haftung[1]. Die Knappschaft ist gem. § 167 Satz 2 i.V.m. § 4 Abs. 1 und 2 SGB V – wie jeder Träger der gesetzlichen Krankenversicherung – eine rechtsfähige Körperschaft des öffentlichen Rechts und besitzt somit Rechtspersönlichkeit. Sie kann unter ihrem Namen klagen und verklagt werden.

cc) Krankenhäuser der Träger der gesetzlichen Unfallversicherung

42 Die Kliniken der Berufsgenossenschaften (BG-Kliniken) versorgen primär, aber nicht ausschließlich, ihre **auf dem Weg von oder zur Arbeitsstätte** bzw. **während der versicherten Tätigkeit verunglückten Versicherten** in unfallmedizinischen Spezialkliniken der Maximalversorgung. Die BG-Kliniken decken ihre laufenden Betriebskosten, wie im sonstigen planungsrelevanten Krankenhausbereich auch, aus den Krankenhausentgelten. Sie werden jedoch bei der staatlichen Förderung zur Finanzierung der Investitionskosten nicht berücksichtigt, vgl. § 5 Abs. 1 Nr. 11 KHG. Als der unstreitig finanziell am besten aufgestellte Zweig der deutschen Sozialversicherung finanzieren die Berufsgenossenschaften ihre Investitionen im Krankenhausbereich selbst über einen Gemeinschaftsfonds. Derzeit unterhalten die Träger der gesetzlichen Unfallversicherung im Bundesgebiet sieben Unfallkrankenhäuser, zwei Kliniken für Berufskrankheiten, die BG-Kliniken Bergmannstrost (Erstversorgung und Weiterbehandlung) und das Berufsgenossenschaftliche Universitätsklinikum Bergmannsheil[2], die zwar allesamt in öffentlicher Trägerschaft stehen, deren Rechtsform hingegen unterschiedlich ausgestaltet ist[3], weshalb bei etwaiger Klageerhebung besonders genau auf die Passivlegitimation zu achten ist.

3. Private Krankenhäuser

43 Bei den privaten Krankenhausträgern handelt es sich um gewinnorientierte Unternehmen. Im Gegensatz zu freigemeinnützigen und öffentlich-rechtlichen Krankenhäusern **bedürfen Unternehmer von Privatkranken- und Privatentbindungsanstalten sowie von Privatnervenkliniken gem. § 30 Ge-**

---

1 Z.B. entstand die Bergmannsheil und Kinderklinik Buer gGmbH aus dem Zusammenschluss des Knappschaftskrankenhauses Bergmannsheil Buer und der Städt. Kinderklinik Gelsenkirchen; darüber hinaus: Medizinisches Zentrum Städte-Region Aachen GmbH, Kliniken Essen Mitte Evang. Huyssens-Stiftung/Knappschaft GmbH, Saarland-Heilstätten GmbH, die Krankenhaus-GmbH Landkreis Weilheim-Schongau und die Klinikum Vest GmbH (Knappschaftskrankenhaus Recklinghausen/Paracelsus-Klinik Marl) und die Klinikum Westfalen gGmbH (Knappschaftskrankenhaus Dortmund/Klinik Park Lünen-Brambauer).

2 Zusätzlich betreiben die Träger der gesetzlichen Unfallversicherung je eine Unfallbehandlungsstelle in Bremen und Berlin, die jeweils als Unfallambulanz und Rehazentrum dienen. Quelle: www.bg-kliniken.de.

3 Das Berufsgenossenschaftliche Unfallkrankenhaus Hamburg wird als eingetragener Verein betrieben, die Berufsgenossenschaftliche Unfallklinik Duisburg ist eine Gesellschaft mit beschränkter Haftung (GmbH).

werbeordnung (GewO)[1] **für den Betrieb ihrer Einrichtung eine gewerberecht-
liche Konzession.** Die Konzessionspflicht ist als präventives Verbot mit
Erlaubnisvorbehalt ausgestaltet. Jeder, der eine Privatkrankenanstalt zu betreiben beabsichtigt, muss vorab eine persönliche Erlaubnis, die an das Vorhalten bestimmter Räume und an eine bestimmte Betriebsart gebunden ist,
beantragen.

Die **Aufnahme in den Krankenhausplan** und die **Förderung nach dem Kran-**   44
kenhausfinanzierungsgesetz bedeutet **keine konkludente Erteilung** einer
Konzession nach § 30 GewO[2].

§ 30 GewO knüpft für die Erforderlichkeit der Konzession an den Begriff der   45
„Privatkrankenanstalten" an, ohne diese näher zu definieren. Mangels konkreter Bestimmung kann nicht von einer „Privatkrankenanstalt im gewerbe-
rechtlichen Sinne" ausgegangen werden[3].

Für die Frage, **wann das Merkmal „privat" i. S. d. § 30 GewO erfüllt ist**, sind
unterschiedliche Anknüpfungspunkte denkbar. Stellt man auf die Rechtsform ab (Gesellschaftsformen des Privatrechts, insbesondere GmbH, AG)
oder kommt es auf den Krankenhausträger an (kirchlicher, kommunaler
oder gewerblich-kommerzieller Träger)? Wäre die Rechtsform entscheidend,
müsste sowohl ein Haus der börsennotierten Rhön-Klinikum AG als auch
die kommunale Krankenhaus GmbH eine Konzession beantragen. Im Ergebnis besteht weitgehend Einigkeit darüber, dass eine kommunale Krankenhaus GmbH nicht konzessionspflichtig ist[4], selbst wenn sie die gewerbe-
rechtlich relevante Absicht verfolgt, Gewinne zu erzielen. Sie gilt nicht als
„Privatkrankenanstalt" i. S. d. GewO. Grundsätzlich gilt aber: **Wer ein Ge-**
werbe betreibt, wozu die Gewinnerzielungsabsicht als typisches Merkmal
gehört, ist konzessionspflichtig.

Diese Gewinnerzielungsabsicht fehlt typischerweise den **freigemeinnützi-**
gen (kirchlichen) Trägern (vgl. Teil 1 B Rz. 6 ff.), **so dass sie von der Konzessi-**
onspflicht nach der GewO befreit sind. Der Status der steuerrechtlichen
Gemeinnützigkeit allein reicht nicht, wenn der Krankenhausträger daneben
auch beabsichtigt, Gewinne zu erzielen. Das gilt selbst dann, wenn die Gewinne dem Krankenhaus unmittelbar und ausschließlich wieder zugutekommen. Zweifelhaft ist aber, ob die der polizeilichen Gefahrenabwehr
dienende Konzessionspflicht lediglich an den Merkmalen „Gewinnerzielungsabsicht" und „Gemeinnützigkeit" ausgerichtet werden darf[5]. Auch
von großen gemeinnützigen Krankenhäusern ohne Gewinnerzielungsabsicht

---

1 In der Fassung der Bekanntmachung v. 22.2.1999, BGBl. I, 202, zuletzt geändert durch
  Art. 4 Abs. 4 des Gesetzes v. 29.7.2009, BGBl. I, 2258.
2 VG Hannover v. 12.8.1997 – 7 A 5284/96, GewArch 1998, 29.
3 *Rehborn*, Arzt – Patient – Krankenhaus, 3. Aufl., 2000, S. 263.
4 Vgl. *Tettinger/Wank*, GewO, § 30 Rz. 20 ff.; *Pielow/Lente-Poertgen*, GewO, § 30
  Rz. 21.
5 VG Neustadt v. 11.5.1976 – 6 K 130/74, DVBl. 1976, 683 (684); *Tettinger/Wank*, § 30
  GewO Rz. 3.

können erhebliche Gefahren für Leib und Leben ausgehen, die der behördlichen Überprüfung unterliegen sollten[1].

46   Die **Zahl der Krankenhäuser in privater Trägerschaft** nimmt sukzessive zu. Im Jahre 1991 gab es 358 Krankenhäuser in privater Trägerschaft, im Jahr 2001 bereits 512[2]. Bis zum Jahr 2008 war ihre Zahl bereits auf 637 angestiegen. Lag der Anteil privat getragener Krankenhäuser bei Einführung der Statistik durch das Statistische Bundesamt im Jahre 1991 noch bei 14,8 %, erhöhte er sich bis 2004 auf 25,6 %. Zurückgegangen ist im gleichen Zeitraum der Anteil öffentlicher Krankenhäuser von 46 % auf 36 %. Im Jahr 2008 betrug der Anteil der Krankenhäuser in privater Trägerschaft ca. 30,6 %, während der Anteil der öffentlichen Träger nur noch bei 31,9 % lag. Der Anteil freigemeinnütziger Krankenhäuser verringerte sich von 1991 bis 2008 um 1,6 Prozentpunkte auf etwa 37,5 %.

47   Bedeutende private Krankenhausträger sind u. a. die Rhön-Klinikum AG, Fresenius AG[3], Asklepios Kliniken GmbH, Sana Kliniken GmbH & Co. KGaA, Damp Holding AG, Humaine Kliniken GmbH, MediClin AG, SRH Holding, Ameos Holding AG. Sie sind bundesweit, zumindest aber länderübergreifend tätig. Zunehmend erwerben die privaten Träger, die ursprünglich eher im Bereich von Rehabilitationseinrichtungen oder kleinen Fachkliniken tätig waren, auch größere Krankenhäuser[4]. Umgekehrt ist kein Fall bekannt, in dem ein öffentlicher oder freigemeinnütziger Krankenhausträger ein Krankenhaus übernommen hätte, das sich zuvor in privater Trägerschaft befand[5].

48   Gewerbliche Krankenhausträger streben neben dem Erwerb von öffentlichrechtlichen Krankenhäusern auch danach, die **Betriebsführung mittels eines sog. Managementvertrages** zu übernehmen. Diese Zusammenarbeit ist dank des Wissensvorsprungs infolge der auf das Krankenhauswesen ausgerichteten Spezialisierung der privaten Unternehmen häufig für beide Seiten von Erfolg gekrönt[6]. Sie hat für die privaten Unternehmen den nützlichen Nebeneffekt, bei einer späteren Verkaufsabsicht der Kommune Wettbewerbs-

---

1 So auch *Schober*, GewArch 1977, 115 (119).
2 Vgl. hierzu und im Folgenden Statistisches Bundesamt, Grunddaten der Krankenhäuser 2008, Fachserie 12, Reihe 6.1.1.
3 Die Fresenius AG hat im Jahr 2005 die HELIOS Kliniken GmbH übernommen. Der Zusammenschluss wurde von der Kommission der Europäischen Gemeinschaft mit Entscheidung vom 8.12.2005 (Fall Nr. COMP/M.4010-Fresenius/HELIOS) für mit dem Gemeinsamen Markt und mit dem EWR-Abkommen vereinbar erklärt.
4 So ist der Landesbetrieb Krankenhäuser in Hamburg (LBK Hamburg), eines der ehemals größten kommunalen Krankenhäuser Deutschlands, mehrheitlich mit Billigung des BKartA unter Auflage auf Asklepios übergegangen; die Universitätskliniken in Marburg und Gießen sind ebenfalls privatisiert und an die Rhön-Klinikum AG verkauft worden [Vgl. Hessisches Ministerium für Wissenschaft und Kunst, Privatisierung des Universitätsklinikums Gießen und Marburg – Landesrechtliche Regelungen mit Erläuterungen, 2006, Quelle: http://www.hessen.de (abrufbar unter „Infomaterial", abgerufen am 18.5.2010).
5 BKartA, Beschl. v. 23.3.2005 – B 10 – 109/04, Ziff. 31.
6 *Quaas*, KH 2001, 40 (42).

vorteile gegenüber Mitbewerbern ausspielen zu können[1]. Die Gewinne der kommerziellen Krankenhausträger erlauben es ihnen, in die Krankenhäuser und deren medizinische Ausstattung zu investieren. Technische Innovationen schaffen einen Wettbewerbsvorteil. Die Verpflichtung eines überregional oder sogar international anerkannten Spezialisten in der Fachabteilung des privaten Krankenhauses bewirkt ggf. weitere Patientenverlagerungen. In den öffentlich-rechtlichen Häusern ist oftmals ein Investitionsstau zu verzeichnen, da die Länder Investitionsmittel zunehmend spärlicher gewähren. Ohne notwendige Investitionen sind keine Qualitätssteigerungen möglich. Die Folge ist nicht selten die Stilllegung des unrentablen Krankenhausbetriebs oder der Verkauf an einen privaten Investor. Zwar schätzten die Krankenhäuser ihre finanzielle Situation im Jahr 2007 tendenziell besser ein als zu Beginn der DRG-Konvergenzphase[2], jedoch bleibt gerade für nicht voll ausgelastete Häuser die Lage oftmals problematisch[3]. Ferner haben private Träger Kostenvorteile bei den Personalausgaben dank moderater Haustarifverträge gegenüber den vergleichsweise üppiger ausgestatteten Tarifverträgen für das Krankenhauspersonal in öffentlichen Einrichtungen. Überdies unterliegen sie im Gegensatz zu den öffentlichen Trägern nicht dem Vergaberecht[4].

III. Trägerpluralität und Trägervielfalt

Im deutschen Krankenhauswesen besteht der Grundsatz der Trägerpluralität. Er ist Ausdruck und Ausfluss der pluralistischen und demokratischen Grundordnung unserer Gesellschaft mit Verfassungsrang[5] und nicht nur von den Planungsstellen nach den Landeskrankenhausgesetzen[6], sondern in gleicher Weise auch von den Krankenkassenverbänden beim Abschluss von Versorgungsverträgen nach § 109 SGB V zu beachten[7].   49

Die Berücksichtigung der **Vielfalt der Krankenhausträger kommt einfachgesetzlich insbesondere im KHG zum Ausdruck**[8]. § 2 Abs. 1 KHG bestimmt, dass bei der Durchführung des KHG die Vielfalt der Krankenhausträger zu beachten ist. Gemäß § 8 Abs. 2 Satz 2 KHG entscheidet bei notwendiger Auswahl zwischen mehreren Krankenhausträgern die zuständige Landesbehörde unter Berücksichtigung der öffentlichen Interessen und der Vielfalt der Krankenhausträger nach pflichtgemäßem Ermessen, welches Kranken-   50

---

1 *Quaas*, KH 2001, 40 (42); *Thier*, KH 2001, 875.
2 Vgl. *Buscher*, KH 2008, 27; dagegen schätzte die DKG die zu erwartende Finanzlage der Krankenhäuser deutlich negativer ein, vgl. KH 2008, 21].
3 Vgl. o. V., KH 2008, 453; *Mihm*, FAZ.NET, 16.2.2010, http://www.faz.net/-00saq9 (abgerufen am 16.12.2010).
4 BKartA, Beschl. v. 10.3.2005 – B10-123/04, Ziff. 175; vgl. auch Huster/*Kaltenborn/Weiner*, § 15 Rz. 3.
5 *Quaas/Zuck*, § 24 Rz. 64.
6 Vgl. allg. zur Krankenhausplanung: *Thomae*, Krankenhausplanungsrecht, 2006; Huster/Kaltenborn/*Stollmann*, § 4.
7 BSG v. 5.7.2000 – B 3 KR 20/99 R, BSGE 87, 25 ff.
8 Zu verfassungsrechtlichen Bedenken im Hinblick auf eine fehlende Gesetzgebungskompetenz des Bundes vgl. Friauf/Höfling/*Rehborn*, GG, Art. 74 Abs. 1 Nr. 19a Rz. 31.

haus den Zielen der Krankenhausplanung des Landes am besten gerecht wird[1]. Diese Bestimmung ist nicht etwa eine unverbindliche programmatische Formel, vielmehr unmittelbar anwendbares Recht[2]. Sie soll die Gleichrangigkeit der Trägergruppen sicherstellen: Sowohl bei der Bestimmung und Festsetzung der öffentlichen Fördergelder als auch bei der Aufnahme in den Krankenhausplan darf keine Trägergruppe ohne sachlichen Grund benachteiligt werden. Ein Krankenhausträger darf nur dann aufgrund seiner Zugehörigkeit zu einer bestimmten Trägergruppe benachteiligt werden, wenn dies zur Gewährleistung der Trägervielfalt erforderlich ist[3].

51 Nach der Rechtsprechung des BVerwG verbietet es der Grundsatz der Trägervielfalt, staatlichen oder kommunalen Krankenhäusern einen grundsätzlichen Vorrang vor gemeinnützigen oder privaten Krankenhäusern einzuräumen[4]. Vielmehr müssen die **Krankenhausträger gemessen an dem in dem betroffenen Versorgungsgebiet bestehenden Verhältnis berücksichtigt werden**[5]. Das kann sogar dazu führen, dass einem weniger leistungsfähigen privaten Krankenhaus der Vorzug vor einem leistungsfähigeren öffentlichen Krankenhaus zu geben ist[6]. Auch mögliche Strukturveränderungen in der Krankenhauslandschaft sind zu berücksichtigen[7]. Dabei darf aber nicht verkannt werden, dass trotz des Gebots der Trägervielfalt nur Krankenhäuser in den Krankenhausplan aufgenommen werden dürfen, die den Zielen der bedarfsgerechten Versorgung der Bevölkerung entsprechen, also leistungsfähig und bedarfsgerecht sind[8].

52 Der Grundsatz der Trägervielfalt bezweckt auch die Befriedigung der Bedürfnisse derjenigen, die der Krankenhausbehandlung bedürfen. Ihnen soll auch die Möglichkeit der Auswahl zwischen religiösen und weltanschaulich unterschiedlich geprägten Einrichtungen eröffnet werden[9].

53 Eine **subjektiv-rechtliche Dimension** hat die Trägerpluralität mit der grundlegenden Entscheidung des BVerfG vom 4.3.2004 erfahren[10], welche die **Auf-**

---

1 Nach verbreiteter Auffassung bezieht sich das in § 8 Abs. 2 Satz 2 KHG genannte „Ermessen" nicht auf die Rechtsfolgenseite. Vielmehr handele es sich um einen Beurteilungsspielraum in Bezug auf das Tatbestandsmerkmal „welches ... den Zielen der Krankenhausplanung des Landes am besten gerecht wird" [vgl. m. w. N.: *Kuhla*, NZS 2007, 567 (568); *Thier*, FS 10 Jahre AG Medizinrecht im DAV, 2008, 629 (634); Huster/Kaltenborn/*Stollmann*, § 4 Rz. 42 und 56].
2 *Dietz/Bofinger*, Bd. 1, § 1 KHG, S. 14; *Quaas/Zuck*, § 24 Rz. 66.
3 *Dietz/Bofinger*, Bd. 1, § 1 KHG, S. 16.
4 BVerwG v. 25.7.1985 – 3 C 25.84, BVerwGE 72, 38 (58); unter Hinweis auf die Rechtsprechung des BVerfG: BVerfG v. 4.3.2004 – 1 BvR 88/00, GesR 2004, 296 (296).
5 BVerwG v. 18.12.1986 – 3 C 67.85, NJW 1987, 2318 (2321); ein ausgewogenes Verhältnis zwischen den verschiedenen Krankenhausträgern fordert das KHG gerade nicht (vgl. m. w. N. *Dietz/Bofinger*, Bd. 1, § 1 KHG, S. 16).
6 BVerfG v. 4.3.2004 – 1 BvR 88/00, GesR 2004, 296; BVerwG v. 18.12.1986 – 3 C 67/85, NJW 1987, 2318 (2321); so auch: *Dietz/Bofinger*, Bd. 1, § 1 KHG, S. 16.
7 Vgl. BVerfG v. 4.3.2004 – 1 BvR 88/00, GesR 2004, 296 (299).
8 *Quaas*, NZS 1993, 102 (103).
9 BVerwG v. 13.5.2004 – 3 C 45.03, DVBl. 2004, 1435 (1439).
10 BVerfG v. 4.3.2004 – 1 BvR 88/00, GesR 2004, 296 = NJW 2004, 1648.

nahme eines privaten Krankenhausträgers in den Krankenhausplan zum Gegenstand hatte. Das BVerfG kritisierte, dass keine ausgewogene Gewichtung der Belange privater Krankenhausträger einschließlich ihrer Berufsfreiheit vorgenommen worden sei. Die Auslegung des § 8 KHG dahingehend, dass letztlich der Auslastung vorhandener Einrichtungen der Vorrang einzuräumen sei, auch wenn eine stärkere Berücksichtigung privater Träger möglich wäre, vernachlässige die Rechte des privaten Krankenhausträgers. Auch dann, wenn die Ausgewogenheit der Trägerstruktur nur langfristig zu verwirklichen sei, könne dies kein Argument dafür sein, den Aspekt der Trägervielfalt im Rahmen einer konkreten Auswahl zu Lasten eines geeigneten Bewerbers außer Acht zu lassen. Aus eben diesem Grund trage auch der Hinweis auf eventuelle Fehlinvestitionen bei öffentlichen und gemeinnützigen Trägern nicht, wenn das klagende Krankenhaus in den Plan Aufnahme fände. Andernfalls hätten hinzutretende Bewerber bei stagnierender Bettenzahl keine reelle Berufschance. Mit diesem Argument könnten sonst die zur Wahrung chancengerechter Berufswahlfreiheit eingeführten Kriterien der Leistungsfähigkeit und Wirtschaftlichkeit zugunsten der bestehenden Versorgungsstruktur, jedoch zu Lasten von Patienten und Kostenträgern ausgehebelt werden[1].

Mit seiner Entscheidung vom 14.1.2004[2] hat das BVerfG die **Konkurrenten-** 54 **klage im Bereich des Krankenhausplanungsrechts zugelassen**. Es wird unterlegen Krankenhausträgern zugebilligt, die Aufnahme des Konkurrenten in den Krankenhausplan mit Hilfe der Anfechtungsklage[3] aufzuschieben und für die eigene Berücksichtigung die Verpflichtungsklage zu erheben. Andernfalls würden vollendete Tatsachen geschaffen werden. Somit wurde erstmals die Klagebefugnis des unterlegenen Krankenhausträgers bejaht und die Vorschriften der §§ 1, 8 KHG subjektiv-öffentlich und drittschützend ausgelegt.

In der Entscheidung vom 4.3.2004 wird dem Grundsatz der Trägervielfalt der 55 subjektiv-öffentliche Gehalt zuerkannt, denn er vermittelt den Mitbewerbern einen Anspruch auf fehlerfreie Ausfüllung des Beurteilungsspielraums. § 8 Abs. 2 Satz 2 KHG ist nicht nur den Interessen der Allgemeinheit zu dienen bestimmt, sondern auch und gerade den Individualinteressen der betroffenen und Aufnahme begehrenden Krankenhausträger[4]. Jedenfalls kann seitdem jedes leistungsfähige Krankenhaus, dessen Rechte aus dem Gebot der Trägerpluralität nicht hinreichend gewürdigt erscheinen, eine (verdrängende) Konkurrentenklage mit dem Ziel verfolgen, anstelle des ausgewählten Krankenhauses berücksichtigt zu werden[5].

---

1 BVerfG v. 4.3.2004 – 1 BvR 88/00, GesR 2004, 296 = NJW 2004, 1648.
2 BVerfG v. 14.1.2004 – 1 BvR 506/03, NVwZ 2004, 718 = MedR 2004, 211.
3 Vgl. auch BVerwG v. 25.9.2008 – 3 C 35.07, GesR 2009, 27.
4 So auch *Seiler/Vollmöller*, DVBl. 2003, 235 (237); vgl. auch: *Dietz/Bofinger*, Bd. 1, § 8 KHG, S. 68d.
5 Zu weiteren Einzelheiten des Konkurrentenschutzes im Krankenhauswesen vgl. insb. *Rennert*, GesR 2008, 344.

56   Die Entscheidung wirft gleichzeitig ein Schlaglicht auf eine grundsätzliche Inkompatibilität der **Krankenhausplanung in den Stadtstaaten**. In der Entscheidung vom 4.3.2004 hatte die hamburgische Planungsbehörde dem „breitbasigen" kommunalen Krankenhaus zu Lasten des spezialisierten privaten Krankenhauses den Status des Plankrankenhauses verliehen. Problematisch ist daran, dass – anders als in den Flächenstaaten, in denen sich die öffentlichen Krankenhäuser regelmäßig in kommunalem Besitz befinden und nur die Universitätskliniken grundsätzlich dem Land gehören – die Stadtstaaten die Landeskrankenhausplanung, die Investitionskostenförderung sowie den Betrieb aller öffentlich-rechtlichen Krankenhäuser gleichzeitig und ohne weitere Kontrolle eigenständig verantworten. Hierbei werden Interessenskonflikte evoziert, da die Gefahr der Privilegierung eigener Kliniken und die Diskriminierung privater und freigemeinnütziger Häuser trotz des Neutralitätsgebots handgreiflich ist. Jedenfalls hat das BVerfG mit seiner Entscheidung dem Beschwerdeführer zu seinem Recht auf rechtliches Gehör nach Art. 19 Abs. 4 GG verholfen und mit der Anerkennung der Klagebefugnis und der zutreffenden Auslegung der §§ 1, 8 KHG als subjektiv-öffentliche Rechtsnormen zu Recht längst überfällige neue Maßstäbe im Krankenhausplanungs- und Finanzierungsrecht gesetzt[1].

---

1 Zur weiteren Problematik, wenn diese Behörde gleichzeitig auch noch die für die Krankenhausaufsicht zuständige Behörde ist, vgl. *Rehborn*, GesR 2009, 519 (526 f.).

C. Rechtsgrundlagen stationärer Versorgung

I. Gesetzgebungskompetenzen

Aus dem Recht des Gesundheitswesens sind dem Bundesgesetzgeber nur ei- 1
nige Teilbereiche zugeordnet. Für den öffentlichen Gesundheitsdienst sind
weitgehend die Länder zuständig. Die konkurrierende Gesetzgebungskompetenz besteht für die **wirtschaftliche Sicherung der Krankenhäuser und die
Regelung der Pflegesätze (Art. 74 Abs. 1 Nr. 19a GG)**[1]. Mit Einführung des
Art. 74 Abs. 1 Nr. 19a GG im Jahre 1969 ist dem Bund die Kompetenz für
das Preis- und Pflegesatzrecht im Krankenhaus eingeräumt worden. Indessen
stellt sie keine allumfassende Kompetenz über das gesamte Krankenhausrecht dar[2]. Die Verfassung zieht die Grenzen dort, wo es um die den Ländern
vorbehaltene Krankenhausplanung und Krankenhausorganisation geht. So
sind von Art. 74 Abs. 1 Nr. 19a GG beispielsweise gesetzliche Regelungen
zur Personalstruktur, zur Bestimmung der Vergütung des Krankenhauspersonals oder des Liquidationsrechts der Ärzte nicht gedeckt, sofern sie nicht
zur wirtschaftlichen Sicherung der Krankenhäuser erfolgen[3].

II. Sicherstellungsauftrag

Das Sozialstaatsprinzip nach Art. 20 Abs. 1 GG verpflichtet den Gesetzgeber 2
zur bedarfsgerechten Versorgung der Bevölkerung mit leistungsfähigen und
eigenverantwortlich wirtschaftenden Krankenhäusern. Der Staat unterliegt
im Rahmen der Daseinsvorsorge dem verfassungsrechtlichen Sicherstellungsauftrag. Der Bund und die Länder sind zur normativen Konkretisierung
des Sicherstellungsauftrags berufen. Bei der konkreten Ausgestaltung ist ihnen jedoch ein weiter Gestaltungsspielraum zuzugestehen. Dabei sind die
für die stationäre Versorgung bestehenden verfassungsrechtlichen Vorgaben
zu berücksichtigen[4]. Die wichtigsten Vorgaben sind

– die bedarfswirtschaftliche Ausrichtung der Krankenhausversorgung,

– die Anerkennung und der Schutz der Trägervielfalt,

– die Anwendung des Grundsatzes der Subsidiarität bei der Leistungserfül-
  lung,

---

1 Vgl. insbesondere den mit der „Föderalismusreform" geänderten Art. 74 Abs. 1 Nr. 19
  GG, der jetzt auch das Recht des Apothekenwesens und das Medizinprodukterecht
  ausdrücklich beinhaltet. Zur historischen Entwicklung der Vorschrift vgl. Friauf/Höf-
  ling/*Rehborn*, GG, Art. 74 Abs. 1 Nr. 19a Rz. 1 ff.
2 BT-Drucks. V/2861, Rz. 81, 82; BVerfG v. 7.2.1991 – 2 BvL 24/84, BVerfGE 83, 363
  (379); *Quaas/Zuck*, § 24 Rz. 22; umfassend Friauf/Höfling/*Rehborn*, GG, Art. 74
  Abs. 1 Nr. 19a Rz. 27.
3 *Quaas/Zuck*, § 24 Rz. 22; *Jarass/Pieroth*, Art. 74 GG Rz. 46; Friauf/Höfling/*Rehborn*,
  GG, Art. 74 Abs. 1 Nr. 19a Rz. 37.
4 Laufs/Kern/*Genzel/Degener-Hencke*, § 80 Rz. 3.

– die Beachtung der Grundrechte der Krankenhausträger, insbesondere der kirchlichen Einrichtungen[1].

III. Grundzüge der Krankenhausförderung und des Pflegesatzrechts

1. Prinzip der dualen Krankenhausfinanzierung

3 Der Bund hat am 29.6.1972 das Krankenhausfinanzierungsgesetz (KHG) erlassen[2]. Dessen Ziel ist die finanzielle Sicherung des Krankenhauswesens durch Implementierung des sog. **dualen Finanzierungssystems** durch die einerseits von der öffentlichen Hand geförderten notwendigen Investitionsmittel und andererseits mittels angemessen hoher und somit kostenadäquater – von den Sozialversicherungsträgern oder Selbstzahlern zu leistender – Pflegesätze. Die Investitionsförderung war zunächst gemeinsame Aufgabe von Bund und Ländern (Mischfinanzierung), ab 1984 jedoch allein den Ländern zugeordnet. Entsprechend dem in der Verfassung beschriebenen Kompetenzrahmen bestimmt § 1 Abs. 1 KHG folgerichtig als Zweck dieses Gesetzes die

„wirtschaftliche Sicherung der Krankenhäuser, um eine bedarfsgerechte Versorgung der Bevölkerung mit leistungsfähigen, eigenverantwortlich wirtschaftenden Krankenhäusern zu gewährleisten und zu sozial tragbaren Pflegesätzen beizutragen."

Die Sicherstellung der Versorgung mit bedarfsgerechten Krankenhäusern erfolgt gem. § 4 Nr. 1 KHG durch die Übernahme der Investitionskosten im Wege öffentlicher Förderung. Voraussetzung der Förderung ist nach § 8 Abs. 1 KHG die Aufnahme der Einrichtung in den Krankenhausplan eines Landes und bei Investitionen nach § 9 Abs. 1 Nr. 1 KHG in das Investitionsprogramm[3]. Für die Deckung der laufenden Betriebskosten sollen die Krankenhäuser nach § 4 Nr. 2 KHG leistungsgerechte Erlöse aus den Pflegesätze erhalten. Nach Maßgabe des KHG können die Pflegesätze auch Bestandteile zur Deckung von Investitionskosten enthalten.

2. Gesetzliche Grundlagen der Vergütung von Krankenhausleistungen

4 Gesetzliche Regelungen zur Bestimmung und Finanzierung der Krankenhausentgelte für die von Krankenhäusern erbrachten Leistungen hat der Bundesgesetzgeber im **Krankenhausentgeltgesetz** (KHEntgG)[4] und in der **Bundespflegesatzverordnung** (BPflV)[5] getroffen. Das KHEntgG ist maßgeb-

---

1 Diese verfassungsrechtlichen Vorgaben sind heute unstreitig; vgl. etwa *Quaas/Zuck*, § 24 Rz. 24; Laufs/Kern/*Genzel/Degener-Hencke*, § 80 Rz. 5.
2 BGBl. I, 1009, neugefasst durch Bekanntmachung v. 10.4.1991, BGBl. I, 886, zuletzt geändert durch Art. 1 des Gesetzes v. 17.3.2009, BGBl. I, 534.
3 Zur Zulässigkeit einer pauschalen (Bau-)Investitonsförderung, wie sie im KHGG NRW vorgesehen ist, vgl. *Stollmann*, GesR 2008, 348.
4 KHEntgG v. 23.4.2002, BGBl. I, 1412, 1422, zuletzt geändert durch Art. 8 des Gesetzes v. 22.12.2010, BGBl. I, 2309 (2318).
5 BPflV v. 26.9.1994, BGBl. I, 2750, zuletzt geändert durch Art. 10 des Gesetzes v. 22.12.2010, BGBl. I, 2309 (2319).

lich für die Vergütung der voll- und teilstationären Leistung in Krankenhäusern, die ihre Leistungen nach dem diagnose-orientierten Fallpauschalensystem (DRG) i. S. d. § 17b KHG abrechnen müssen. Die BPflV hat ihre Bedeutung zugunsten des KHEntgG weitgehend eingebüßt, da sie nur noch für die Abrechnung und Vergütung von Krankenhausleistungen in psychiatrischen Einrichtungen, Einrichtungen für Psychosomatik und für psychotherapeutische Medizin, deren Abbildung nach dem Fallpauschalensystem gegenwärtig als nicht opportun angesehen wird, herangezogen wird. Für den psychiatrischen Bereich haben die Vertragsparteien bei der Vereinbarung des Budgets und der Pflegesätze die Besonderheiten der psychiatrischen Krankenhausversorgung nach den Vorschriften der Psychiatrie-Personalverordnung[1] zu berücksichtigen (vgl. § 2 Abs. 1 Psych-PV).

IV. Grundzüge des Krankenhausplanungsrechts

1. Planung und Förderung nach Landeskrankenhausgesetzen

Die Ausgestaltung der Krankenhausplanung obliegt gem. § 6 Abs. 4 KHG   5
den Ländern, die zu diesem Zweck Krankenhaus- und Investitionspläne aufstellen müssen. Zur Erfüllung ihres Sicherstellungsauftrags haben alle Bundesländer entsprechende **Landeskrankenhausgesetze** erlassen[2]. In den meis-

---

1 Verordnung über Maßstäbe und Grundsätze für den Personalbedarf in der stationären Psychiatrie v. 18.12.1990, BGBl. I, 2930, zuletzt geändert durch Verordnung v. 26.9.1994, BGBl. I, 2750.
2 Landeskrankenhausgesetz Baden-Württemberg (LKHG) i. d. F. der Bekanntmachung v. 29.11.2007, GBl. 2008 S. 13; Bayerisches Krankenhausgesetz (BayKrG) i. d. F. der Bekanntmachung v. 28.3.2007, GVBl. S. 288, zuletzt geändert durch § 4 des Gesetzes v. 23.4.2008, GVBl. S. 139; Landeskrankenhausgesetz (LKG) Berlin i. d. F. v. 1.3.2001, GVBl. S. 110, zuletzt geändert durch Nr. 45 der Anlage des Gesetzes v. 22.11.2008, GVBl. S. 294; Gesetz zur Entwicklung der Krankenhäuser im Land Brandenburg (Brandenburgisches Krankenhausentwicklungsgesetz – BbgKHEG) v. 8.7.2009, GVBl. I S. 310; Bremisches Krankenhausfinanzierungsgesetz (BremKHG) i. d. F. der Bekanntmachung v. 15.7.2003, Brem.GBl. S. 341, geändert durch Gesetz v. 5.5.2009, Brem.GBl. S. 141; Hamburgisches Krankenhausgesetz (HmbKHG) v. 17.4.1991, HmbGVBl. S. 127, zuletzt geändert durch Gesetz v. 6.10.2006, HmbGVBl. S. 510; Gesetz zur Weiterentwicklung des Krankenhauswesens in Hessen (Hessisches Krankenhausgesetz 2002 – HKHG) v. 6.11.2002, GVBl. I S. 662, zuletzt geändert durch Art. 2 des Gesetzes v. 19.11.2008, GVBl. I S. 986; Landeskrankenhausgesetz für das Land Mecklenburg-Vorpommern (Landeskrankenhausgesetz – LKHG M-V) i. d. F. der Bekanntmachung v. 13.5.2002, GVOBl. M-V S. 262, zuletzt geändert durch Art. 2 des Gesetzes v. 15.10.2008, GVOBl. M-V S. 374; Niedersächsisches Gesetz zum Bundesgesetz zur wirtschaftlichen Sicherung der Krankenhäuser und zur Regelung der Krankenhauspflegesätze (Nds. KHG) i. d. F. der Bekanntmachung v. 12.11.1986, Nds. GVBl. S. 343, geändert durch Gesetz v. 19.12.1995, Nds. GVBl. S. 463; Krankenhausgestaltungsgesetz des Landes Nordrhein-Westfalen (KHGG NRW) v. 11.12.2007, GV. NRW. S. 702, 2008 S. 157, zuletzt geändert durch Gesetz v. 16.3.2010, GV. NRW. S. 184, welches zum 28.12.2007 das Krankenhausgesetz des Landes Nordrhein-Westfalen (KHG NRW) abgelöst hat; Landeskrankenhausgesetz Rheinland-Pfalz (LKG) v. 28.11.1986, GVBl. S. 342, zuletzt geändert durch § 18 des Gesetzes v. 7.3.2008, GVBl. S. 52; Saarländisches Krankenhausgesetz (SKHG) v. 13.7.2005, ABl. S. 1290, zuletzt geändert durch Gesetz v. 6.5.2009, ABl. S. 862; Gesetz zur Neuordnung des Krankenhauswesens –

ten Landeskrankenhausgesetzen wird der Sicherstellungsauftrag der Kommune bzw. des Landkreises zur ausreichenden und bedarfsgerechten stationären Versorgung der Bevölkerung gesetzlich normiert[1].

6　Die Länder stellen **Krankenhauspläne** auf, deren Natur vom BVerwG zu Recht als eine verwaltungsinterne Maßnahme ohne unmittelbare Rechtswirkungen nach außen qualifiziert wird[2]. Daran schließen sich die von der zuständigen Landesbehörde zu treffenden Entscheidungen über die Aufnahme oder Nichtaufnahme eines bestimmten Krankenhauses in den Plan an[3]. Für die Krankenhäuser ist die Aufnahme in den Krankenhausplan wegen des damit einhergehenden Anspruchs auf Förderung ihrer Investitionskosten von großer wirtschaftlicher Bedeutung[4].

7　Über die Aufnahme oder Nichtaufnahme in den Krankenhausplan ergeht ein als **Feststellungsbescheid** bezeichneter Verwaltungsakt, gegen den der Verwaltungsrechtsweg gegeben ist (§ 8 Abs. 1 KHG). Nach § 8 Abs. 2 KHG besteht allerdings kein Anspruch auf Aufnahme in den Krankenhausplan und in den Investitionsplan. Das BVerfG hat die Koppelung der staatlichen Förderung an die Aufnahme in den Krankenhausplan als verfassungsrechtlich unbedenklich angesehen[5].

8　Mit einer richtungsweisenden Entscheidung hat das BVerfG im Jahr 2004 einer Verfassungsbeschwerde stattgegeben, in der das Gericht die Streitfrage der **Zulässigkeit der Konkurrentenklage** zugunsten des bei der Krankenhausplanung unterlegenen Krankenhauses entschieden hat. Es betont darin, dass das „Gebot effektiven Rechtsschutzes daher nicht nur [verlangt], dass jeder Akt der Exekutive in tatsächlicher und rechtlicher Hinsicht der richterlichen Prüfung unterstellt ist, sondern die Gerichte müssen den betroffenen Grundrechten auch tatsächliche Wirksamkeit verschaffen. Vor diesem Hin-

---

Sächsisches Krankenhausgesetz – (SächsKHG) v. 19.8.1993, Sächs.GVBl. S. 675, zuletzt geändert durch Art. 49 des Gesetzes v. 29.1.2008, Sächs.GVBl. S. 138; Krankenhausgesetz Sachsen-Anhalt (KHG LSA) i.d.F. der Bekanntmachung v. 14.4.2005, GVBl. LSA S. 202, zuletzt geändert durch Art. 5 des Gesetzes v. 9.12.2009, GVBl. LSA S. 644; Gesetz zur Ausführung des Krankenhausfinanzierungsgesetzes (AG-KHG) Schleswig-Holstein v. 12.12.1986, GVOBl. Schl.-H. S. 302, zuletzt geändert durch Verordnung v. 12.10.2005, GVOBl. Schl.-H. S. 487; Thüringer Krankenhausgesetz (ThürKHG) i.d.F. der Bekanntmachung v. 30.4.2003, GVBl. S. 262.

1 Vgl. etwa § 1 Abs. 2 Satz 1 und 2 KHGG NRW, der den Sicherstellungsauftrag des Landes normiert und die Gemeinden und Gemeindeverbände zur Mitwirkung verpflichtet (Einzelheiten zum Sicherstellungsauftrag bei *Prütting*, KHGG NRW, B § 1 Rz. 35 ff.). § 1 Abs. 3 Satz 2 KHGG NRW dient der Durchführung des Sicherstellungsauftrags, indem die Gemeinden und Gemeindeverbände subsidiär zur Errichtung und zum Betrieb von Krankenhäusern verpflichtet werden. Vgl. zum Sicherstellungsauftrag der Kommunen auch § 3 Abs. 1 LKHG BW; § 1 Abs. 2 BbgKHEG.

2 BVerwG v. 25.7.1985 – 3 C 25.84, BVerwGE 72, 39 (45); so auch BVerfG v. 14.1.2004 – 1 BvR 506/03, GesR 2004, 85 (85).

3 Die zuständige Landesbehörde bestimmt dies nach Landesrecht; meist handelt es sich um die sog. Landesmittelverwaltungen, d.h. Bezirksregierungen, Regierungspräsidien etc.

4 Vgl. *Dietz/Bofinger*, Bd. 1, § 8 KHG, S. 63.

5 BVerfG v. 12.6.1990 – 1 BvR 355/86, NJW 1990, 2306 (2308).

tergrund sind irreparable Entscheidungen soweit wie möglich auszuschließen"[1]. Die Aufnahme eines konkurrierenden Bewerbers in den Krankenhausplan schränke nämlich die beruflichen Betätigungsmöglichkeiten für das nicht aufgenommene Krankenhaus derart ein, dass sie in ihren wirtschaftlichen Auswirkungen einer Berufszulassungsbeschränkung nahekämen[2]. Diese Rechtsprechung wird in der Literatur im Ergebnis zwar begrüßt, allerdings sei im Krankenhausplanungsrecht keine Fallgestaltung der klassischen Konkurrentenklage gegeben[3]. Es würden allenfalls faktische, jedoch keine rechtlichen Tatsachen geschaffen, die irreparabel seien. Die Planungsbehörde sei darin frei, das unterlegene Krankenhaus trotz Bedarfsüberhang und erfolgter Aufnahme des Konkurrenten ebenfalls zu berücksichtigen, ohne dabei das zuvor begünstigte Krankenhaus wieder aus dem Plan herausnehmen zu müssen[4].

Seit der vorgenannten Entscheidung des BVerfG aus dem Jahre 2004 beschäftigen Klagen konkurrierender Krankenhäuser gegen die Planaufnahme eines anderen Krankenhauses zunehmend die Gerichte. Auch in der Literatur werden verstärkt die verschiedenen Möglichkeiten einer Drittanfechtung bzw. einer Konkurrentenklage gegen die Aufnahme eines Krankenhauses in den Krankenhausplan diskutiert[5]. Die sog. offensive Konkurrentenklage eines Krankenhauses, das selbst die Aufnahme in den Krankenhausplan begehrt, wird nun – unter Hinweis auf die Entscheidung des BVerfG – grundsätzlich als zulässig erachtet[6]. In Bezug auf die sog. defensive Konkurrentenklage hat das BVerwG dagegen im Jahr 2008 entschieden, dass die Klage eines bereits im Krankenhausplan aufgenommenen Krankenhauses gegen die Planaufnahme eines Konkurrenten keinen Erfolg haben kann, wenn der Feststellungsbescheid an den neuen Konkurrenten keine verbindlichen Regelungen über die Planherausnahme der Einrichtung des Klägers enthält[7]. Das BVerfG hat die Auffassung des BVerwG bestätigt[8].

Mit der Aufnahme in den Krankenhausplan erwerben die Krankenhäuser das   9
Recht zur Leistungserbringung zu Lasten der gesetzlichen Krankenkassen[9]. Das Plankrankenhaus gilt gleichzeitig als „Vertragskrankenhaus", da nach § 109 Abs. 1 Satz 2 SGB V die Aufnahme in den Krankenhausplan als Abschluss eines Versorgungsvertrages mit den Krankenkassen gilt. Die Kran-

---

1 BVerfG v. 14.1.2004 – 1 BvR 506/03, GesR 2004, 85 (86) m. Anm. *Thomae* = DVBl. 2004, 431 (432) m. Anm. *Vollmöller*.
2 BVerfG v. 14.1.2004 – 1 BvR 506/03, GesR 2004, 85 (86) m. Anm. *Thomae* = DVBl. 2004, 431 (432) m. Anm. *Vollmöller*.
3 *Thomae*, S. 154.
4 *Thomae*, S. 153 und 154.
5 *Rennert*, GesR 2008, 344; *Szabados*, S. 161 ff.; Ratzel/Luxenburger/*Thomae*, § 29 Rz. 143 ff.
6 Vgl. u. a. Wenzel/*Quaas*, Kap. 12 Rz. 217.
7 BVerwG v. 25.9.2008 – 3 C 35.07, GesR 2009, 27 (30).
8 BVerfG v. 23.4.2009 – 1 BvR 3405/08, GesR 2009, 376.
9 Daneben ist der Vertrag nach § 109 Abs. 1 SGB V gleichfalls ein Normsetzungsvertrag, der auch für nicht unmittelbar am Vertrag beteiligte Dritte Gültigkeit beansprucht, etwa für Krankenkassen anderer Landesverbände, vgl. auch Schlegel/Voelzke/*Wahl*, jurisPK-SGB V, § 109 Rz. 50.

kenkassen wiederum können zur Erfüllung der ihnen gegenüber ihren Versicherten bestehenden Pflicht zur Bereitstellung von Krankenhausleistungen auf das Plankrankenhaus zurückgreifen.

10   Mit dieser Pflicht der Krankenkassen korrespondiert der **Anspruch** der gesetzlich Krankenversicherten **auf Krankenhausbehandlung** nach §§ 27 Abs. 1 Nr. 5, 39 Abs. 1 SGB V. Er umfasst im Rahmen des Versorgungsauftrags des Krankenhauses alle Leistungen, die im Einzelfall nach Art und Schwere der Krankheit für die medizinische Versorgung der Versicherten im Krankenhaus notwendig sind, insbesondere ärztliche Behandlung (§ 28 Abs. 1 SGB V), Krankenpflege, Versorgung mit Arznei-, Heil- und Hilfsmitteln, Unterkunft und Verpflegung (zur Frage des Kontrahierungszwangs vgl. unten Rz. 14).

2. Krankenhausplanung durch die Krankenkassen (§ 109 Abs. 1 Satz 1 SGB V)

11   Nach dem Numerus clausus der in § 108 SGB V bezeichneten Häuser dürfen die Krankenkassen Krankenhausleistungen außer von Plankrankenhäusern noch von nach landesrechtlichen Vorschriften als Hochschulkliniken anerkannten Krankenhäusern[1] und Krankenhäusern, die einen Versorgungsvertrag mit den Landesverbänden der Krankenkassen und den Verbänden der Ersatzkassen abgeschlossen haben, erbringen lassen. Während sich der Versorgungsvertrag der Hochschulkliniken aus der Anerkennung nach landesrechtlichen Vorschriften und bei den Plankrankenhäusern aus der Aufnahme in den Krankenhausplan nach § 8 Abs. 1 KHG ergibt[2] – man spricht deshalb auch mangels echten Vertrags von einem *fingierten Versorgungsvertrag*[3] – kommt der **öffentlich-rechtliche Versorgungsvertrag** nur durch tatsächliche schriftliche Vereinbarung zwischen den in § 108 Nr. 3 SGB V bezeichneten Vertragspartnern zustande. Ein öffentlich-rechtlicher Versorgungsvertrag nach § 109 Abs. 1 Satz 1 SGB V darf nur geschlossen werden, wenn das Krankenhaus die Gewähr für eine leistungsfähige und wirtschaftliche Krankenhausbehandlung bietet und für eine bedarfsgerechte Krankenhausbehandlung der Versicherten erforderlich ist (vgl. § 109 Abs. 3 SGB V). Krankenhäuser können sich zum Abschluss eines solchen Versorgungsvertrages bewerben. Die Landesverbände der Krankenkassen bzw. die Verbände der Ersatzkassen dürfen das Vertragsangebot des jeweiligen Krankenhauses nur gemeinsam ablehnen. Die Ablehnung des Vertragsangebots wird vom BSG als Verwaltungsakt qualifiziert[4]. Die Ablehnungsgründe, die den Kran-

---

1 Die Anknüpfung an die landesrechtliche Zulassung wurde mit Außerkrafttreten des Hochschulbauförderungsgesetzes erforderlich.
2 Die besondere Stellung der Hochschulmedizin folgt aus dem verfassungsrechtlichen Schutz der Forschung und Lehre gem. Art. 5 Abs. 3 GG; über §§ 108 Nr. 1, 109 Abs. 1 Satz 2, Abs. 4 SGB V werden die Hochschulkliniken nach Bundesrecht zur Krankenbehandlung von gesetzlich Krankenversicherten verpflichtet, vgl. *Thomae*, S. 53.
3 Vgl. auch Schlegel/Voelzke/*Wahl*, jurisPK-SGB V, § 109 Rz. 32.
4 BSG v. 29.5.1996 – 3 RK 23/95, BSGE 78, 233 (236); weitere zahlreiche Nachweise bei Schlegel/Voelzke/*Wahl*, jurisPK-SGB V, § 109 Rz. 84. Diese Auffassung stößt in der Literatur teilweise auf Widerspruch [vgl. u.a. Schlegel/Voelzke/*Wahl*, jurisPK-SGB V, § 109 Rz. 88; *Schuler-Harms*, VSSR 2005, 135 (147)].

kenkassen den Abschluss von Versorgungsverträgen mit Krankenhäusern verbieten, ergeben sich abschließend aus § 109 Abs. 3 Satz 1 SGB V. Gegen die abschlägige Entscheidung der Kostenträger kann das Krankenhaus Rechtsmittel einlegen.

Besonderes Augenmerk ist auf das **Kriterium der bedarfsgerechten Kranken-**   12
hausbehandlung zu richten. Nach der Rechtsprechung kommt der Abschluss eines Versorgungsvertrages nach § 109 SGB V nicht in Betracht, solange der bestehende Bedarf von Krankenhausbetten durch bereits bestehende Plankrankenhäuser gedeckt wird[1]. Reichen die Plankrankenhäuser zur Bedarfsdeckung aus, bleibt kein Raum für die Prüfung, ob der Bedarf durch das den Abschluss des Versorgungsvertrags beantragende Krankenhaus besser gedeckt werden könnte. Die unbestimmten Rechtsbegriffe wie „leistungsfähige und wirtschaftliche Krankenhausbehandlung" und „bedarfsgerechte Krankenhausbehandlung" seien einer vollumfänglichen Überprüfung durch die Sozialgerichte zugänglich. Das BSG definiert das Kriterium „bedarfsgerecht" dahingehend, ob in einer bestimmten Region die Nachfrage nach notwendigen stationären medizinischen Leistungen nicht durch bereits zugelassene Krankenhäuser befriedigt werden kann. Insoweit besteht hier ein Unterschied zu der Situation, in der ein Krankenhaus die Aufnahme in den Krankenhausplan begehrt. In diesem Fall ist ein Krankenhaus nicht erst dann bedarfsgerecht, wenn die von ihm angebotenen Betten zusätzlich zur Deckung eines im Einzugsbereich vorhandenen Bettenbedarfs notwendig sind, sondern bereits dann, wenn es neben oder anstelle eines anderen Krankenhauses geeignet wäre, den fiktiv vorhandenen Bedarf zu decken[2]. Dem Antrag des Krankenhauses auf Abschluss eines Versorgungsvertrages ist dann zu entsprechen, wenn die Versagungsgründe des § 109 Abs. 3 SGB V nicht vorliegen, also wenn andernfalls die bedarfsgerechte Krankenhausbehandlung der Versicherten nicht gewährleistet wäre und die Gewähr für eine leistungsfähige und wirtschaftliche Krankenhausbehandlung durch das vertragswillige Krankenhaus gegeben ist[3].

3. Inhalt und Bedeutung des Versorgungsauftrages

Der Inhalt und der Umfang des Versorgungsauftrags[4] eines Krankenhauses   13
ergeben sich bei den Plankrankenhäusern aus den **Festlegungen des Krankenhausplans** in Verbindung mit den Bescheiden zu seiner Durchführung so-

---

1 BSG v. 29.5.1996 – 3 RK 23/95, BSGE 78, 233 (243); BSG v. 19.11.1997 – 3 RK 21/96, NZS 1998, 427.
2 BVerfG v. 4.3.2004 – 1BvR 88/00, GesR 2004, 296 (298), vgl. auch LSG BW v. 7.7.2009 – L 11 KR 2751/07, juris, Rz. 47.
3 Vgl. dazu im Einzelnen BSG v. 28.7.2008 – B 1 KR 5/08 R, BSGE 101, 177 = GesR 2008, 641.
4 Dieser Begriff findet sich in krankenhausrechtlichen Vorschriften an verschiedenen Stellen, vgl. etwa § 109 Abs. 4 Satz 2 SGB V, wonach ein zugelassenes Krankenhaus „im Rahmen seines Versorgungsauftrages" zur Krankenhausbehandlung nach § 39 SGB V der Versicherten verpflichtet ist. Die Krankenkasse hat dem Krankenhausträger die notwendige Krankenhausbehandlung eines Versicherten „nur im Rahmen des Versorgungsauftrages" zu vergüten, vgl. § 8 Abs. 1 Satz 3 KHEntgG.

wie ergänzenden Vereinbarungen nach § 109 Abs. 1 Satz 4 und 5 SGB V (sog. plankonkretisierende und planmodifizierende Vereinbarungen)[1]. Aus der Entgeltvereinbarung nach § 11 KHEntgG bzw. der Pflegesatzvereinbarung nach § 17 BPflV ergibt sich nach zutreffender Rechtsprechung des BSG dagegen keine Einschränkung des Versorgungsauftrags[2]. In den Festlegungen des Krankenhausplans erfolgt keine konkrete Leistungsbestimmung des Krankenhauses im Detail, sondern lediglich eine Kennzeichnung hinsichtlich der Zuordnung zu einer besonderen Versorgungsstufe (Grund-, Regel- und Maximalversorgung) sowie die Unterteilung in Fachabteilungen mit Angabe der Bettenzahl und der Bezeichnung besonderer sachlich-apparativer Ausstattung[3]. Dabei ist die Planungsdichte in den einzelnen Bundesländern unterschiedlich ausgestaltet. Die Pläne einiger Bundesländer weisen neben der Versorgungsstufe des Krankenhauses lediglich die Gesamtanzahl der geförderten Betten sowie ihre Zuordnung zu den Fachabteilungen aus; beispielsweise: Innere Medizin (96 Betten), Chirurgie (90 Betten), HNO (5 Betten) sowie Gynäkologie und Geburtshilfe (34 Betten). In anderen Plänen werden die Fachabteilungen weitergehend unterteilt. Die Planungstiefe ist in den einzelnen Bundesländern sehr unterschiedlich; während in einem Land die Chirurgie als solche einschließlich aller Subdisziplinen geplant wird, erfolgt in einem anderen Land eine differenzierte Planung auch für die Subdisziplinen, beispielsweise durch Planung von Fachabteilungen für Gefäß- oder Thoraxchirurgie, Neurochirurgie, Viszeralchirurgie, Handchirurgie, Kinderchirurgie, Herzchirurgie, Abdominalchirurgie, Unfallchirurgie etc. Ähnliche Entwicklungen sind insbesondere im Bereich der Inneren Medizin zu verzeichnen. Rechtliche Bedenken an dieser von Land zu Land unterschiedlichen Vorgehensweise bestehen nicht, sofern die Vorgaben des jeweiligen Landesrechts im Einzelfall beachtet wurden.

V. Krankenhausbehandlung der gesetzlich Krankenversicherten

1. Konsequenzen der Zulassung als Vertragskrankenhaus

14   Mit Aufnahme in den Krankenhausplan oder dem Abschluss des Versorgungsvertrags sind die stationären Einrichtungen nach § 109 Abs. 4 Satz 2 SGB V zur Krankenhausbehandlung der gesetzlich Krankenversicherten im Rahmen ihres Versorgungsauftrages verpflichtet. Diese **Verpflichtung zur Krankenhausbehandlung** folgt für das Krankenhaus unmittelbar aus der Zulassung[4]. Mit der Zulassung wird das Krankenhaus – ähnlich dem nieder-

---

1 Differenziert zur Bestimmung des Versorgungsauftrags eines Krankenhauses: *Thomae*, FS 10 Jahre AG Medizinrecht im DAV, 2008, 645.
2 BSG v. 24.7.2003 – B 3 KR 28/02 R, GesR 2003, 382; *Thomae*, FS 10 Jahre AG Medizinrecht im DAV, 2008, 645 (649 f.); demgegenüber sehen LSG Berlin-Brandenburg v. 30.4.2009 – L 9 KR 149/08, juris, und OLG Hamm v. 23.6.2009 – I-9 U 150/08, GesR 2009, 657 (659 f.) die Abrechenbarkeit der einzelnen Krankenhausleistungen bzw. den Ausschluss einzelner Leistungen aus der Vergütung durch Entgeltvereinbarungen als nach § 11 KHEntgG vorgegeben an; hierzu kritisch – zu Recht – *Leber*, KH 2010, 50.
3 *Thomae*, S. 59; *Quaas/Zuck*, § 24 Rz. 77.
4 Hauck/Noftz/*Klückmann*, § 109 SGB V Rz. 41.

gelassenen Arzt durch seine Zulassung als Vertragsarzt – in ein öffentlich-rechtliches Sozialsystem einbezogen, das gesetzliche Rechte und Pflichten miteinander verbindet[1].

2. Der Krankenhausbehandlungsvertrag

a) Öffentlich-rechtliche oder zivilrechtliche Natur?

Der Rechtscharakter eines Krankenhausbehandlungsvertrages, jedenfalls 15 mit gesetzlich krankenversicherten Patienten, ist streitig. Insbesondere im Sozialrecht herrscht die Auffassung vor, es handele sich hierbei um eine öffentlich-rechtliche Sonderbeziehung. Vorzugswürdig erscheint allerdings die vornehmlich im Zivilrecht vertretene Auffassung, dass der Krankenhausbehandlungsvertrag einen zivilrechtlichen Vertrag darstelle, dessen Inhalte zu weiten Teilen öffentlich-rechtlich vorgegeben seien[2]. Praktische Bedeutung hat diese Frage insbesondere für die Passivlegitimation im Haftungsprozess; gäbe es keinen Vertrag, würde der Krankenhausträger auch nicht haftbar sein. Haftbar wären dann immer nur die Handelnden.

b) Verschiedene Ausprägungen des Krankenhausaufnahmevertrages

Beim Krankenhausaufnahmevertrag werden herkömmlicherweise drei typi- 16 sche Gestaltungsformen unterschieden[3]. Nach der Rechtsprechung des BGH werden sie wie folgt voneinander abgegrenzt:

– Beim **totalen Krankenhausaufnahmevertrag** verpflichtet sich der Krankenhausträger, alle für die stationäre Behandlung erforderlichen Leistungen einschließlich der ärztlichen Versorgung zu erbringen. Diese Vertragsgestaltung stellt den Regelfall dar[4].

– Beim **gespaltenen Krankenhausaufnahmevertrag (Arzt-Krankenhaus-Vertrag)** beschränkt sich der Vertrag mit dem Krankenhausträger auf die Unterbringung, Verpflegung und pflegerische Versorgung, während die ärztlichen Leistungen aufgrund eines besonderen Vertrages mit dem behandelnden Arzt erbracht werden. Typischer Fall des gespaltenen Vertrags ist die belegärztliche Versorgung (vgl. § 121 Abs. 2 SGB V und § 18 Abs. 1 KHEntgG; zu Belegärzten insgesamt Teil 5 E).

– Der Patient kann mit dem Krankenhaus eine **Wahlleistungsvereinbarung** treffen. Wahlleistungen sind über die allgemeinen Krankenhausleistungen hinausgehende Sonderleistungen, die gesondert zu vereinbaren und vom Patienten zu bezahlen sind. Zu den Wahlleistungen zählen die sog. wahlärztlichen Leistungen und die gesonderte Unterkunft. Nach § 17 Abs. 2 Satz 1 KHEntgG sind Wahlleistungen vor der Erbringung schriftlich zu

---

1 BT-Drucks. 11/2237, 198.
2 Vgl. hierzu im Einzelnen und differenzierend m.w.N. Huster/Kaltenborn/*Rehborn*, § 12 Rz 2 ff.
3 BGH v. 19.2.1998 – III ZR 169/97, NJW 1998, 1778 (1779); *Dietz/Bofinger*, Bd. 2, § 17 KHEntgG, S. 238.
4 Huster/Kaltenborn/*Rehborn*, § 12 Rz. 15; *Quaas/Zuck*, § 13 Rz. 10.

vereinbaren; der Patient ist vor Abschluss der Vereinbarung über die Entgelte der Wahlleistungen und deren Inhalt im Einzelnen zu unterrichten. Nach ständiger Rechtsprechung des BGH ist eine Wahlleistungsvereinbarung, die ohne hinreichende vorherige Unterrichtung des Patienten abgeschlossen worden ist, unwirksam[1]. Der Wahlarztvertrag mit dem liquidationsberechtigten Arzt – in der Regel mit dem Chefarzt – ist Voraussetzung für das Zustandekommen des sog. Arztzusatzvertrages[2]. Durch den privaten Arztzusatzvertrag verschafft sich der Patient einen zusätzlichen Schuldner für bestimmte ärztliche Leistungen, ohne den Krankenhausträger aus seiner Verpflichtung zu entlassen[3]. Denn das Krankenhaus bleibt weiterhin zur umfassenden Leistungserbringung einschließlich der ärztlichen verpflichtet. Daher wird diese Gestaltungsform auch als **totaler Krankenhausaufnahmevertrag mit Arztzusatzvertrag** bezeichnet[4].

c) Einheitliches Entgelt im Rahmen des Versorgungsauftrags

17 Mit der Verpflichtung zur Krankenhausbehandlung korrespondiert der Vergütungsanspruch des zugelassenen Krankenhauses nach Maßgabe der Vorschriften des KHG, des KHEntgG und der BPflV[5]. Rechtsgrundlage des **Vergütungsanspruchs des Krankenhauses** gegenüber den gesetzlichen Krankenkassen ist § 109 Abs. 4 Satz 3 SGB V in Verbindung mit den Pflegesatzvereinbarungen[6]. Voraussetzung dafür ist, dass die Krankenhausbehandlung „im Rahmen des Versorgungsauftrages" erbracht worden ist und Krankenhausbehandlungsbedürftigkeit bestand[7]. In § 8 Abs. 1 Satz 1 KHEntgG wird bestimmt, dass die Entgelte für allgemeine Krankenhausleistungen für alle Benutzer des Krankenhauses – also sowohl für gesetzlich und privat Krankenversicherte als auch für Selbstzahler – einheitlich zu berechnen sind. Dies gilt auch für die Behandlung ausländischer Mitbürger[8]. Auf Verlangen des Krankenhauses werden Leistungen für ausländische Patienten, die mit dem Ziel einer Krankenhausbehandlung in die Bundesrepublik Deutschland einreisen, nicht im Rahmen des Gesamtbetrages, sondern extrabudgetär vergütet, vgl. § 4 Abs. 4 KHEntgG. Bedeutsam ist dabei der Umstand, dass die Krankenhäuser ihre vertraglichen Ansprüche auf Vergütung der allgemeinen Krankenhausleistungen nicht gegenüber den Kassenpatienten geltend ma-

---

1 BGH v. 8.1.2004 – III ZR 375/02, GesR 2004, 139 = NJW 2004, 686 f.; BGH v. 22.7.2004
– III ZR 355/03, GesR 2004, 427 = NJW-RR 2004, 1428 f.
2 BGH v. 19.2.1998 – III ZR 169/97, NJW 1998, 1778 (1779); vgl. Huster/Kaltenborn/
Rehborn, § 12 Rz. 97 ff.
3 BGH v. 31.1.2006 – VI ZR 66/05, VersR 2006, 791; BGH v. 8.2.2000 – VI ZR 325/98,
VersR 2000, 1107.
4 BGH v. 19.2.1998 – III ZR 169/97, NJW 1998, 1778 (1779); Wannagat/*Mrozynski*, Gesetzliche Krankenversicherung, § 39 Rz. 18; Ratzel/Luxenburger/*Clausen*, § 17
Rz. 6 f.; Huster/Kaltenborn/*Rehborn*, § 12 Rz. 97.
5 BSG v. 17.5.2000 – B 3 KR 33/99 R, BSGE 86, 166 (168).
6 BSG v. 17.5.2000 – B 3 KR 33/99 R, BSGE 86, 166 (168); BSG v. 13.12.2001 – B 3 KR
11/01 R, Krankenhausrechtsprechung 01.039.
7 BSG v. 24.7.2003 – B 3 KR 28/02 R, GesR 2003, 382 (383).
8 Erleichtert werden grenzüberschreitende Behandlungen auch durch die Dienstleistungsfreiheit nach Art. 56 ff. AEUV.

chen können[1]. Diese richten sich ausschließlich und unmittelbar gegen die jeweilige Krankenkasse[2].

d) Art und Dauer der notwendigen Krankenhausbehandlung

Ob, in welcher Form und wie lange eine Krankenhausbehandlung notwendig ist, prüft das Krankenhaus in eigener Verantwortung (vgl. § 39 Abs. 1 Satz 2 SGB V). Das BSG spricht insoweit von der „**Schlüsselstellung**" des **Krankenhausarztes** bei ärztlichen Entscheidungen über die medizinische Notwendigkeit einer Krankenhausbehandlung und deren Dauer[3]. Er muss aus der Ex-ante-Sicht die Notwendigkeit der Krankenhausbehandlung beurteilen. Seine Entscheidung ist für die Krankenkassen bindend, es sei denn, der Krankenhausarzt hätte vorausschauend erkennen können, dass eine Krankenhausbehandlung nicht notwendig war, de lege artis folglich eine Fehlentscheidung getroffen wurde[4]. Maßgeblich ist der im Behandlungszeitpunkt verfügbare Wissens- und Kenntnisstand des verantwortlichen Krankenhausarztes[5]. Einer vorherigen Genehmigung oder Kostenübernahmeerklärung durch die Krankenkasse bedarf es nicht. Eine solche Erklärung ist für die Entstehung der Zahlungspflicht nicht konstitutiv, vielmehr hat sie den Charakter eines deklaratorischen Schuldanerkenntnisses im Zivilrecht[6].

18

VI. Zweiseitige Verträge nach § 112 SGB V

§ 112 SGB V ermächtigt die Landesverbände der Krankenkassen und die Verbände der Ersatzkassen auf der einen Seite und die Landeskrankenhausgesellschaft bzw. die Vereinigung der Krankenhausträger im Land auf der anderen Seite, Normsetzungsverträge abzuschließen. Diese **Sicherstellungsverträge** regeln sowohl verfahrensrechtliche als auch materiellrechtliche Aspekte der Krankenhausbehandlung. Der Gesetzgeber hat den Vertragsparteien insbesondere die Befugnis erteilt, durch Verträge sicherzustellen, dass

19

„1. die allgemeinen Bedingungen der Krankenhausbehandlung einschließlich der

    a) Aufnahme und Entlassung der Versicherten,

    b) Kostenübernahme, Abrechnung der Entgelte, Berichte und Bescheinigungen,

2. die Überprüfung der Notwendigkeit und Dauer der Krankenhausbehandlung [...],

---

1 Instruktiv *Thomae*, GesR 2003, 305.
2 BGH v. 26.11.1998 – III ZR 223/97, NJW 1999, 858; OLG Köln v. 21.3.2003 – 5 W 72/01, VersR 2004, 651 (652).
3 BSG v. 21.8.1996 – 3 RK 2/96, SozR 3-2500 § 39 Nr. 4, S. 19 f.; BSG v. 17.5.2000 – B 3 KR 33/99 R, BSGE 86, 166 (169); BSG v. 13.12.2001 – B 3 KR 11/01 R, BSGE 89, 104 (106).
4 BSG v. 17.5.2000 – B 3 KR 33/99 R, BSGE 86, 166 (169 f.); BSG v. 10.4.2008 – B 3 KR 19/05 R, BSGE 100, 164 (183). Die Entscheidung des Krankenhausarztes unterliegt der vollständigen gerichtlichen Überprüfbarkeit, BSG v. 10.4.2008 – B 3 KR 19/05 R, BSGE 100, 164 (183); BSG v. 25.9.2007 – B 1 KR 32/04 R, GesR 2008, 83 (87).
5 BSG v. 25.9.2007 – B 1 KR 32/04 R, GesR 2008, 83 (87).
6 BSG v. 17.5.2000 – B 3 KR 33/99 R, BSGE 86, 166 (170).

3. Verfahrens- und Prüfungsgrundsätze für Wirtschaftlichkeits- und Qualitätsprüfungen,

4. die soziale Betreuung und Beratung der Versicherten im Krankenhaus,

5. der nahtlose Übergang von der Krankenhausbehandlung zur Rehabilitation oder Pflege,

6. das Nähere über Voraussetzungen, Art und Umfang der medizinischen Maßnahmen zur Herbeiführung einer Schwangerschaft nach § 27a Abs. 1 SGB V"

einer Regelung zugeführt werden, § 112 Abs. 2 Satz 1 SGB V.

20 Im Schrifttum wird diese **Ermächtigung zur rechtsetzenden Vertragsgestaltung** nach § 112 Abs. 1 und 2 SGB V zum Teil kritisiert[1]. Vielfach wird moniert, dass Dritte in den Vertrag einbezogen würden, die nicht selbst Vertragspartner seien. Die Verträge sähen vor, dass private Vereinigungen, die keiner staatlichen Aufsicht unterstünden, ohne jede staatliche Mitwirkung oder Kontrolle Verträge schlössen, die für unbeteiligte und vielleicht sogar unwillige Dritte verbindlich würden. Solche – dem deutschen Rechtssystem fremde – Verträge zu Lasten Dritter seien verfassungsrechtlich bedenklich[2]. Im Unterschied zu den Verträgen zwischen der Kassenärztlichen Vereinigung und den Landesverbänden der Krankenkassen bzw. den Verbänden der Ersatzkassen seien die Krankenhäuser nicht in Zwangsmitgliedschaft unter dem Dach der Landeskrankenhausgesellschaft „verkammert". Mit der unmittelbaren Verbindlichkeitserklärung nach § 112 Abs. 2 Satz 2 SGB V beträfen die Verträge auch diejenigen Krankenhäuser, die nicht Mitglied der Landeskrankenhausgesellschaft seien. Die in der Literatur geäußerten Bedenken gegen diese Normsetzungsverträge im Sozialversicherungsrecht hat das BSG allerdings nicht geteilt. Im Gegenteil: Das BSG sieht in dem „Sicherstellungsvertrag" nach § 112 Abs. 1 und 2 SGB V noch Lücken, die es durch Rechtsfortbildung zu schließen versucht. In seiner Entscheidung vom 21.8.1996[3] erweitert das Gericht die unmittelbare Verbindlichkeit des „Sicherstellungsvertrages" – der nach dem Wortlaut des Gesetzes nur für die Krankenkassen und die zugelassenen Krankenhäuser des jeweiligen Bundeslandes gilt – sogar auf andere Landesverbände einer bundesunmittelbaren Krankenkasse, die nicht Vertragspartei des Sicherstellungsvertrages nach § 112 Abs. 1 SGB V war.

---

1 *Castendiek*, Der sozialversicherungsrechtliche Normsetzungsvertrag, 2000, S. 160; *Rüfner*, NJW 1989, 1001 (1005).
2 *Rüfner*, NJW 1989, 1001 (1006).
3 BSG v. 21.8.1996 – 3 RK 2/96, NZS 1997, 228 (229).

D. Grundstrukturen der Krankenhausfinanzierung

I. Allgemeines

1. Abriss zur geschichtlichen Entwicklung

Das Krankenhausfinanzierungsrecht in Deutschland kann auf eine lange Ge-   1
schichte zurückblicken. Die ersten Hospitäler in Deutschland waren Grün-
dungen von Klöstern oder Bischöfen[1]. Andere Häuser entstanden als Lepro-
sorien zur Behandlung von Leprakranken, als Pesthäuser oder als Anstalten
für Geisteskranke. Die Finanzierung der Häuser erfolgte zum einen über die
Träger, mit Einführung der **gesetzlichen Krankenversicherung** 1883/1884
vermehrt auch durch diese. Zwischen Krankenkassen und Krankenhäusern
wurden Verträge über Pflegesätze geschlossen, mit denen Investitionskosten,
Betriebskosten und die Verzinsung des Kapitals ermöglicht wurden[2].

Nach dem 2. Weltkrieg unterlagen die von den Kostenträgern an die Kran-   2
kenhäuser zu zahlenden Entgelte vielfachen dirigistischen Eingriffen des
Staates. Bis 1972 wurde die Diskussion um die Krankenhausfinanzierung
schwerpunktmäßig von der Frage dominiert, inwieweit eine Vollfinanzierung durch die gesetzlichen Krankenkassen stattzufinden habe. Der anhal-
tende Widerstand der Sozialversicherungsträger gegen eine Vollfinanzierung
führte zu einer erheblichen Unterdeckung insbesondere bei der Investitionskostenfinanzierung.

Der entscheidende Schritt zur Entwicklung eines modernen Krankenhaus-   3
finanzierungsrechts wurde durch eine Änderung des Grundgesetzes vom
12.5.1969 erreicht[3]. Dem Bund wurde die konkurrierende Gesetzgebungskompetenz für „die wirtschaftliche Sicherung der Krankenhäuser und die
Regelung der Krankenhauspflegesätze" übertragen (heute Art. 74 Abs. 1
Nr. 19a GG). Mit Gesetz vom 21.5.1969[4] wurde dem Bund die Möglichkeit
eröffnet, sich an der Finanzierung von Investitionen im Krankenhausbereich
zu beteiligen. Damit war der Weg zum Erlass des **Krankenhausfinanzierungsgesetzes** (KHG) vom 29.6.1972[5] frei. Eingeführt wurde das Prinzip der
dualen Finanzierung. Im Sinne des Gedankens der Daseinsvorsorge wird die
Verwaltung von Krankenhäusern als öffentliche Aufgabe verstanden, so dass
die entsprechenden Investitionskosten von der öffentlichen Hand zu tragen
sind. Die laufenden Betriebs- und Behandlungskosten werden hingegen über
Pflegesätze und somit von den Krankenkassen oder Benutzern finanziert.

Das seit 1972 grundsätzlich geltende Prinzip der dualistischen Kranken-   4
hausfinanzierung ist in der Folgezeit mehrfach modifiziert worden[6]. Bei der
Investitionskostenfinanzierung wurde die ursprüngliche Mitverantwortung

---

1 Vgl. hierzu und zum Weiteren *Tuschen/Trefz*, S. 18 ff.
2 *Tuschen/Trefz*, S. 19.
3 BGBl. I, 362.
4 BGBl. I, 359.
5 BGBl. I, 1009.
6 Ausführlich *Tuschen/Trefz*, S. 22 ff.

des Bundes außer für den Bereich der Hochschulkliniken wieder aufgehoben. Die Investitionsförderung ist deshalb heute alleine Sache der Länder und in den entsprechenden Landeskrankenhausgesetzen und Investitionsgesetzen der Länder verankert[1]. Im Pflegesatzrecht wurde das Selbstkostendeckungsprinzip jedenfalls in weiten Teilen modifiziert und später aufgehoben. Aufgrund verschiedener Kostendämpfungsgesetze wurden bestehende Budgets festgeschrieben bzw. lediglich um bestimmte Veränderungsraten fortgeschrieben. Schließlich wurde durch Erlass des **Krankenhausentgeltgesetzes** (KHEntgG) zum 23.4.2002[2] sowie durch entsprechende Änderungen im Krankenhausfinanzierungsgesetz für die überwiegende Zahl der Krankenhäuser ein pauschaliertes Entgeltsystem eingeführt (vgl. auch § 17b Abs. 2 KHG, sog. DRG-System; DRG = Diagnosis Related Groups).

5   Das Krankenhausfinanzierungsrecht hat damit eine doppelte Funktion erhalten, die sich auch in § 1 Abs. 1 KHG widerspiegelt. Auf der einen Seite soll die Versorgung der Bevölkerung mit leistungsfähigen eigenverantwortlich wirtschaftenden Krankenhäusern gesichert werden, gleichzeitig soll dies zu **sozial tragbaren Pflegesätzen** geschehen. Der Gesetzgeber versucht, zwischen beiden Polen einen Ausgleich herzustellen. Angesichts der Finanzprobleme der gesetzlichen Krankenkassen tendiert die Gesetzgebung aber stark dazu, Budgetzuwächse zu begrenzen. Dies zwingt die Krankenhäuser zu verstärkten Wirtschaftlichkeitsanstrengungen.

2. Verfassungsrechtliche Grundlagen der Krankenhausversorgung

6   Die Leistungen der stationären Krankenhausversorgung werden in Deutschland durch die jeweiligen Träger der Krankenhäuser erbracht. Im Grundsatz lassen sich drei Gruppen von Krankenhausträgern unterscheiden: Kommunale und staatliche Häuser, freigemeinnützige Krankenhäuser und private Krankenhäuser (s. auch § 1 Abs. 2 Satz 2 KHG)[3]. Den Staat trifft eine verfassungsrechtliche **Gewährleistungspflicht** für die Versorgung der Bevölkerung mit Krankenhausleistungen. Dies folgt einerseits aus dem Sozialstaatsprinzip (Art. 20 Abs. 1, 28 Abs. 1 GG), andererseits aus der staatlichen Schutzpflicht für Leben und körperliche Unversehrtheit, die ihre Grundlage in Art. 2 Abs. 2 Satz 1 GG findet[4]. Der Staat hat dafür Sorge zu tragen, dass in hinreichender Quantität und Qualität Leistungen der stationären Krankenhausversorgung vorhanden sind und angeboten werden.

7   Das wesentliche Instrument zur Umsetzung der staatlichen Gewährleistungsverantwortung ist die **Krankenhausplanung** (§ 6 KHG, dazu unten Rz. 13 ff.)[5]. Mit ihr nehmen die Länder die ihnen obliegende Gewährleis-

---

1 Die Landeskrankenhausgesetze sind in Teil 1 C in der ersten Fußnote zu Rz. 5 im Einzelnen aufgeführt.
2 BGBl. I, 1412.
3 Zu den kommunalen Häusern s. *Knorr*, KH 2003, 986.
4 Ausführlicher *Manssen*, Staatsrecht II, Grundrechte, 7. Aufl. 2010, Rz. 50 ff.
5 Siehe auch *Pitschas*, NZS 2003, 342 (343); *Stollmann*, NZS 2004, 351; *Stollmann/Hermanns*, DVBl. 2007, 475 (476).

tungspflicht wahr[1]. Vor allem ist die durch Verwaltungsakt zu vollziehende
Aufnahme in den Krankenhausplan[2] Voraussetzung für die Investitionsförderung (§ 8 Abs. 1 Satz 1 KHG).

Einen verfassungsrechtlichen Bestandsschutz bestimmter Krankenhäuser   8
gibt es nicht. Private Anbieter können sich beim Betrieb von Krankenhäusern zwar auf die Berufsfreiheit des Art. 12 Abs. 1 GG berufen[3]. Bei freigemeinnützigen Trägern kommt eine Berufung auf staatskirchenrechtliche
Garantien in Betracht[4]. Es handelt sich aber um eine autonome Entscheidung des jeweiligen Trägers, ob und in welchem Umfang ein Krankenhaus
betrieben werden soll. Dabei ist es denkbar, dass aufgrund der Wettbewerbssituation ein Träger den Entschluss fassen muss, den Betrieb einzustellen.
Krankenhäuser können auch insolvent werden und aus dem „Markt" ausscheiden[5]. Entsprechende Entwicklungen sind nicht per se verfassungs- oder
rechtswidrig, solange der Staat durch ein entsprechendes **Gewährleistungs-**
verwaltungsrecht für eine hinreichende Versorgung mit stationären Leistungen Sorge trägt.

3. Übersicht zur Vergütung der Krankenhausleistungen

Die in den Krankenhausplan des Landes aufgenommenen Krankenhäuser   9
haben einen grundsätzlichen Anspruch auf Investitionskostenfinanzierung
nach §§ 8, 9 KHG (vgl. unten Rz. 20). Die Finanzierung der **Betriebskosten**
erfolgt weitgehend über Pflegesätze nach der Bundespflegesatzverordnung
(dazu unten Rz. 21 ff.) sowie über Fallpauschalen nach dem Krankenhausentgeltgesetz (dazu Rz. 36 ff.). Die Finanzierung der Krankenhäuser erfolgt also
dualistisch, einerseits durch Investitionsmittel der Länder, andererseits im
Hinblick auf die Betriebskosten durch die Kostenträger. Eine Änderung dieses Systems ist ab 2012 geplant[6] und wohl auch im Hinblick auf das europäische Beihilfenrecht geboten[7]. Verstärkt wird die europarechtliche Problematik durch den Defizitausgleich, der – ohne ausdrückliche gesetzliche
Grundlage – von Seiten öffentlicher Träger zugunsten ihrer Häuser erfolgt[8].
Auch im Hinblick hierauf ist die Vereinbarkeit mit dem Europarecht noch
nicht geklärt.

Unterschieden wird zwischen vollstationärer und teilstationärer Behand-   9a
lung. Die vollstationäre unterscheidet sich von der teilstationären Krankenhausbehandlung im Wesentlichen dadurch, dass bei dieser der Patient im

---

1 Zu bundesstaatlichen Kompetenzfragen vgl. *Burgi/Maier*, DÖV 2000, 579.
2 Ausführlicher dazu *Dietz/Bofinger*, § 8 KHG S. 59 ff.
3 BVerfG v. 12.6.1990 – 1 BvR 355/86, BVerfGE 82, 209 (223) = NJW 2004, 1648 (1649).
  Allgemein von Mangoldt/Klein/Starck/*Manssen*, GG, Band 1, 6. Aufl. 2010, Art. 12
  Rz. 266 ff.
4 BVerfG v. 14.12.1983 – 2BvR 1268/81, NJW 1984, 970 f.
5 Vgl. dazu *Quaas* in: Krankenhausrecht in Wissenschaft und Praxis, S. 83 ff.
6 *Koenig/Paul*, EuZW 2009, 844.
7 *Koenig/Paul*, EuZW 2009, 844.
8 *Knütel/Schweda/Giersch*, EWS 2008, 497.

Krankenhaus übernachtet[1] (vgl. Teil 1 A). Zusätzlich zu den nach dem Krankenhausentgeltgesetz zu bestimmenden Fallpauschalen werden Zusatzentgelte, Zu- und Abschläge und Tagesentgelte vereinbart und abgerechnet (vgl. § 6 KHEntgG). Gesondert berechnen dürfen die Krankenhäuser somit wahlärztliche Leistungen (vgl. § 22 BPflV, § 17 KHEntgG).

10 Die Grenzen zwischen stationärer und ambulanter Versorgung werden in den letzten Jahren mehr und mehr durchlässig[2]. Die Krankenhäuser erhalten die Möglichkeit, sich im Bereich ambulanter Versorgung Einnahmequellen zu sichern[3]. So sind Krankenhäuser dazu ermächtigt, Patienten **vor- und nachstationär** zu behandeln (§ 115a SGB V)[4]. Bei der vorstationären Behandlung geht es um die Klärung oder Vorbereitung einer vollstationären Krankenhausbehandlung (§ 115a Abs. 1 Nr. 1 SGB V), bei der nachstationären Behandlung darum, im Anschluss an eine vollstationäre Krankenhausbehandlung den Behandlungserfolg zu sichern oder zu festigen (§ 115a Abs. 1 Nr. 2 SGB V). Im Unterschied zur teilstationären Behandlung erbringt das Krankenhaus keine Unterkunfts- und Verpflegungsleistungen[5]. Die Abrechnung erfolgt durch fachabteilungsbezogene Pauschalen pro Fall (§ 115a Abs. 3 SGB V)[6]. Verstärkte Bedeutung erlangt in jüngerer Zeit die Ermächtigung der Krankenhäuser zum **ambulanten Operieren** gem. § 115b SGB V. Hierbei erfolgt die Vergütung nach den Grundsätzen der Einzelleistungsvergütung gemäß dem Einheitlichen Bewertungsmaßstab[7]. Die Trennung der ambulanten und stationären Versorgung wird weiterhin durch Modelle der integrierten Versorgung überwunden (vgl. §§ 140a ff. SGB V). Die entsprechende Vergütung wird gesondert vereinbart (§ 140c SGB V)[8].

11 Mittlerweile ist auch vorgesehen, dass ein Krankenhaus als **medizinisches Versorgungszentrum** zugelassen werden kann (§ 95 Abs. 1 SGB V). Dies erfolgt in Anlehnung an die früheren Polikliniken in der DDR; Ziel ist eine „Versorgung aus einer Hand"[9]. Erforderlich ist eine Zulassung sowohl des Krankenhauses als auch des jeweils angestellten Arztes[10]. Weiterhin gibt es die Möglichkeit der ambulanten Behandlung durch Krankenhäuser bei Unterversorgung (§ 116a SGB V) sowie die Möglichkeit der Teilnahme an sog. strukturierten Behandlungsprogrammen (§ 116b Abs. 1 SGB V). Bei strukturierten Behandlungsprogrammen geht es um die Behandlung chronischer Er-

---

1 *Tuschen/Trefz*, S. 4.
2 Grundlegend zur Krankenhausbehandlungsbedürftigkeit BSG v. 25.9.2007 – GS 1/06, NJW 2008, 1980, mit Folgeentscheidungen BSG v. 10.4.2008 – B 3 KR 14/07 R, NJOZ 2009, 1310; BSG v. 10.4.2008 – B 3 KR 20/07 R, NZS 2009, 500; BSG v. 10.4.2008 – B 3 KR 19705 R, NZS 2009, 273.
3 Vgl. *Klein*, BayVBl, 2010, 132.
4 Ausführlicher *Kuhla*, NZS 2002, 462; Becker/Kingreen/*Becker*, SGB V, § 115a Rz. 6 ff.
5 *Kuhla*, NZS 2002, 462 (463).
6 Auch dazu *Kuhla*, NZS 2002, 462 (463 f.).
7 EBM, § 87 Abs. 2 SGB V.
8 Zur Finanzierung vgl. *Kuhlmann*, KH 2004, 607; Becker/Kingreen/*Huster*, SGB V, § 140c Rz. 1 ff.
9 *Degener-Hencke*, NZS 2003, 629 (630).
10 *Degener-Hencke*, NZS 2003, 629 (630).

krankungen durch ambulante Leistungserbringung der Krankenhäuser (vgl. § 137f SGB V)[1]. Schließlich können die Krankenhäuser aufgrund von Verträgen mit den Krankenkassen zur ambulanten Erbringung hochspezialisierter Leistungen ermächtigt werden (§ 116b Abs. 2 SGB V).

Gesondert finanziert werden seit 2005 die Kosten der **Ausbildung** (§ 17a   12
KHG). Hierzu zählen die Kosten, die für den Betrieb der mit den Krankenhäusern verbundenen Ausbildungsstätten anfallen, sowie die Ausbildungsvergütungen[2]. Damit sollte sichergestellt werden, dass ausbildende Krankenhäuser durch die Einführung des Fallpauschalensystems nicht benachteiligt werden. Das krankenhausindividuelle Ausbildungsbudget (§ 17a Abs. 3 KHG) darf nur zweckgebunden für die Ausbildung verwendet werden (§ 17a Abs. 7 KHG). Wettbewerbsneutralität im Verhältnis von ausbildenden und nicht ausbildenden Krankenhäusern wird entweder durch einen Ausgleichsfonds[3] (§ 17a Abs. 5 KHG) oder durch krankenhausindividuelle Zuschläge (§ 17a Abs. 9 KHG) erreicht[4].

II. Krankenhausplanung

1. Bedeutung der Krankenhausplanung

Von zentraler Bedeutung für die Finanzierung von Krankenhäusern ist die   13
Aufnahme in den jeweiligen Krankenhausplan des Landes[5]. Die Aufnahme in den Krankenhausplan ist zunächst Voraussetzung für die Gewährung von **Investitionsmitteln** (vgl. §§ 8, 9 KHG). Eine Investitionskostenfinanzierung durch die Länder findet nur für Häuser statt, die durch entsprechenden Feststellungsbescheid aufgenommen worden sind.

Die zweite wichtige Wirkung der Aufnahme in den Krankenhausplan besteht darin, dass ein Plankrankenhaus zur Krankenhausbehandlung zugelassen ist (§ 108 Nr. 2 SGB V)[6]. Die **Zulassung** ist Voraussetzung für die Vereinbarung eines Budgets mit den Verbänden der Krankenkassen. Gleichzeitig wird das Krankenhaus im Rahmen seines Versorgungsauftrages zur Krankenhausbehandlung verpflichtet (§ 109 Abs. 4 Satz 2 SGB V)[7].   14

Außer Plankrankenhäusern sind per Gesetz Hochschulkliniken zur Krankenhausbehandlung zugelassen (§ 108 Nr. 1 SGB V). Schließlich kann eine   15

---

1 Auch hierzu *Degener-Hencke*, NZS 2003, 629 (631).
2 Grundlegend zur Einbeziehung der Aufwendungen für auszubildendes Pflegepersonal bereits vor der Klarstellung durch das Krankenhausfinanzierungsreformgesetz (KHRG) vom 17.3.2009, BGBl. I, 534) BVerwG v. 20.11.2008 – 3 C 39.07, GesR 2009, 162; vgl. auch *Kraemer*, NZS 2009, 608 (610).
3 Umgesetzt in Baden-Württemberg, Bayern, Berlin, Bremen, Hessen, Niedersachsen, Nordrhein-Westfalen, Rheinland-Pfalz, Saarland, Schleswig-Holstein und Thüringen.
4 Rahmenvereinbarungen sind am 25.2.2009 auf Bundesebene abgeschlossen worden, siehe Huster/Kaltenborn/*Degener-Hencke*, § 5 Rz. 104.
5 Ausführlicher *Steiner*, DVBl. 1979, 866; zur Auswahlentscheidung siehe *Stollmann/Hermanns*, DVBl. 2007, 475.
6 Vgl. *Stollmann*, NZS 2004, 350 (355 f.).
7 Vgl. dazu *Quaas*, KH 2003, 28 (30 f.).

Zulassung durch Abschluss eines Versorgungsvertrags[1] mit den Landesverbänden der Krankenkassen und den Verbänden der Ersatzkassen erlangt werden (§§ 108 Nr. 3, 109 SGB V).

2. Vollzug der Krankenhausplanung

16   Der Krankenhausplan wird nach den Landeskrankenhausgesetzen der Länder aufgestellt. Mit ihm wird versucht, den prognostizierten Bedarf an stationären Krankenhausleistungen festzulegen. Üblicherweise werden Krankenhäuser mit bestimmten Abteilungen und bestimmten Planbetten in den Krankenhausplan aufgenommen[2]. Der Krankenhausplan selbst ist ein Verwaltungsinternum; er bereitet den rechtlich maßgeblichen **Feststellungsbescheid** vor[3]. Grundsätzlich sind zwei Stufen für die Auswahlentscheidung zu unterscheiden[4]. Zunächst muss das Krankenhaus die tatbestandlichen Voraussetzungen der §§ 8, 1 KHG erfüllen. Es muss somit bedarfsgerecht, leistungsfähig und wirtschaftlich sein[5]. Hierbei handelt es sich um gerichtlich voll überprüfbare Rechtsbegriffe.

17   Für die **Bedarfsgerechtigkeit** genügt es, wenn ein Krankenhaus neben anderen Krankenhäusern, die bereits in den Plan aufgenommen worden sind, in der Lage ist, einen objektiv vorhandenen Bedarf zu decken[6]. Der Bedarf wird anhand der sog. Hill-Burton-Formel ermittelt, welche die Faktoren Verweildauer, Krankenhäufigkeit und Bettennutzungsgrad zueinander ins Verhältnis setzt[7]. Keinesfalls darf die Aufnahme in den Krankenhausplan mit dem bloßen Hinweis darauf, dass die aufgenommenen Häuser für die Bedarfsdeckung ausreichen, abgelehnt werden[8]. Als **leistungsfähig** ist ein Krankenhaus dann anzusehen, wenn sein Angebot die Anforderungen erfüllt, die nach dem Stand der Erkenntnisse der medizinischen Wissenschaft an ein Krankenhaus der betreffenden Art zu stellen sind[9]. Darüber hinaus wird darauf abgestellt, ob die nach medizinischen Erkenntnissen erforderliche personelle, räumliche und medizinische Ausstattung vorhanden ist; von Bedeutung ist weiterhin die Zahl der hauptberuflichen und anderweitig beschäftigten Fachärzte und Fachkräfte im Verhältnis zur Bettenzahl[10]. Für

---

1 Zur Wirksamkeit eines Versorgungsvertrags BSG v. 21.2.2006 – B 1 KR 22/05 R, BeckRS 2006, 41513.

2 Zu den methodischen Fragen s. *Stapf-Finé/Polei*, KH 2002, 96.

3 BVerwG v. 16.6.1994 – 3 C 12.93, NJW 1995, 1628. Zu Fragen des Rechtsschutzes s. auch *Rasche* in: Krankenhausrecht in Wissenschaft und Praxis, S. 107 ff.

4 Siehe hierzu und zum Folgenden *Burgi* in: Krankenhausrecht in Wissenschaft und Praxis, S. 33 f. Vgl. auch *Steiner*, DVBl. 1979, 865 (866).

5 BVerfG v. 12.6.1990 – 1 BvR 355/86, BVerfGE 82, 209 (225 ff.); BVerwG v. 16.6.1994 – 3 C 12/93, NJW 1995, 1628 m. w. N.

6 Vgl. hierzu und zum Weiteren *Stollmann*, NZS 2004, 351 (352 ff.).

7 *Szabados*, S. 95.

8 BVerfG v. 4.3.2004 – 1BvR 88/00, NJW 2004, 1648 (1649).

9 BVerfG v. 12.6.1990 – 1 BvR 355/86, BVerfGE 82, 209 (226); Kritisch dazu: *Stollmann*, GesR 2004, 299 (300).

10 BVerfG v. 12.6.1990 – 1 BvR 355/86, BVerfGE 82, 209 (226) mit Verweis auf BVerwG v. 26.3.1981 – 3 C 134.79, BVerwGE 62, 86 (106 f.).

die **Wirtschaftlichkeit** war bislang die Kostengünstigkeit entscheidend. Das Merkmal der Kostengünstigkeit ist ein Vergleichsmerkmal. Es gewinnt an Bedeutung, wenn mehrere bedarfsgerechte und leistungsfähige Krankenhäuser in Betracht kommen, die insgesamt ein Überangebot erzeugen würden[1]. Bei Einführung des Fallpauschalensystems (gleicher Preis für gleiche Leistung) wurde diskutiert, ob der Wirtschaftlichkeit für die Aufnahme in den Krankenhausplan überhaupt noch Bedeutung zukommt[2]. Dies wurde vom BVerfG bejaht[3]. Eine Abwägung müsse weiterhin stattfinden, um neuen Krankenhäusern, die deutlich sparsamer wirtschaften als die bisherigen Plankrankenhäuser, die Aufnahme in den Krankenhausplan zu ermöglichen[4].

Auf der zweiten Stufe kommt es zu der Auswahl zwischen den grundsätz-   18 lich aufnahmefähigen Häusern gem. § 8 Abs. 2 Satz 2 KHG. Das Gesetz selbst spricht von einer „notwendigen" Auswahl. Die Entscheidung der zuständigen Behörde erfolgt nach pflichtgemäßem Ermessen durch Verwaltungsakt. Dabei sind Kriterien des öffentlichen Interesses und der Vielfalt der Krankenhausträger sowie die Ziele der Krankenhausplanung zu berücksichtigen. Hierbei besteht ein gerichtlich nur beschränkt überprüfbarer **Beurteilungsspielraum**[5]. Insbesondere muss das Vergleichsmerkmal der Kostengünstigkeit berücksichtigt werden[6]. Die Pflicht zur Berücksichtigung der Trägervielfalt (§ 1 Abs. 2 Satz 2 KHG) kann dazu führen, ein privat betriebenes Krankenhaus vorzuziehen, wenn in dem entsprechenden Land bereits überwiegend kommunale und staatliche Häuser im Krankenhausplan aufgenommen sind.

Die Unterscheidung von Krankenhausplan und Feststellungsbescheiden zur   19 Vollziehung des Krankenhausplanes führt nicht zu einer Verkürzung des **Rechtsschutzes**. Soweit die Bescheide zur Umsetzung des Krankenhausplanes durch die Verwaltungsgerichtsbarkeit korrigiert werden, ändert sich entsprechend auch der Krankenhausplan[7]. Im Grundsatz besteht die Möglichkeit des Konkurrentenschutzes, wenn sich ein Krankenhaus bei der durch Verwaltungsakt manifestierten Auswahlentscheidung benachteiligt fühlt[8]. Dies ist vom BVerfG im Hinblick auf die offensive (verdrängende) Konkurrentenklage, die darauf gerichtet ist, dass das eigene Haus statt eines

---

1 BVerfG v. 12.6.1990 – 1 BvR 355/86, BVerfGE 82, 209 (227).
2 *Szabados*, S. 98 f.; Huster/Kaltenborn/*Stollmann*, § 4 Rz. 55.
3 BVerfG v. 4.3.2004 – 1 BvR 88/00, NJW 2004, 1648 (1649).
4 Zustimmend *Lenz*, in: Lenz/Dettling/Kieser, Krankenhausrecht, 2007, S. 35; *Stollmann/Hermanns*, DVBl. 2009, 475 (479).
5 BVerfG v. 12.6.1990 – 1 BvR 355/86, BVerfGE 82, 209 (228); BVerwG v. 25.7.1985 – 3 C 25/84, NJW 1986, 796 (799).
6 BVerfG v. 12.6.1990 – 1 BvR 355/86, BVerfGE 82, 209 (227).
7 BVerfG v. 12.6.1990 – 1 BvR 355/86, BVerfGE 82, 209 (228) mit Verweis auf BVerwG v. 26.3.1981 – 3C 134.79, BVerwGE 62, 86 (97). Zu Rechtsschutzfragen s. auch *Stollmann*, NZS 2004, 350 (353 ff.).
8 Hierzu und zum Weiteren *Burgi* in: Krankenhausrecht in Wissenschaft und Praxis, S. 21 ff.; *Leimbach/Lorenz*, KH 2004, 166, Rechtsprechungsübersicht bei *Kraemer*, NZS 2009, 608.

konkurrierenden in den Krankenhausplan aufgenommen wird, grundsätzlich anerkannt worden[1]. Der entsprechende Anspruch auf Konkurrentenschutz und hinreichende gerichtliche Überprüfung der Auswahlentscheidungen der Verwaltung findet bei privaten Trägern seine Grundlage in der Berufsfreiheit des Art. 12 Abs. 1 GG. Auch die bislang noch strittige[2] Klagebefugnis bei defensiven (erhaltenden) Konkurrentenklagen, also einer Klage darauf, dass ein anderes Krankenhaus nicht in den Plan aufgenommen wird, wurde mittlerweile höchstrichterlich verneint[3]. Die Planaufnahme eines Krankenhauses berührt die Rechte eines anderen, bereits vorhandenen Plankrankenhauses nicht. Ein Plankrankenhauses hat keinen Anspruch darauf, dass die Planungsbehörde eine Überversorgung mit Krankenhäusern vermeidet[4].

3. Investitionsfinanzierung

20   Die Krankenhäuser, die in den Krankenhausplan des Landes aufgenommen worden waren, wurden lange Zeit dualistisch finanziert. Der laufende Betrieb wurde über Pflegesätze bzw. Fallpauschalen von den Kostenträgern finanziell abgesichert, für Investitionen in die Krankenhäuser waren die Länder zuständig. Aufgrund der Finanzprobleme in vielen Bundesländern führte dies zu einem erheblichen Investitionsstau[5]. Der ordnungspolitische Raum für die Krankenhausfinanzierung ist deshalb im Umbruch. Künftig sollen leistungsorientierte Investitionspauschalen eingeführt werden, die auf die Entgelte für die Krankenhausbehandlung bezogen sind (§ 10 KGH). Dazu werden analog zu DRG-Bewertungsrelationen Investitionsbewertungsrelationen entwickelt[6]. Die Höhe der Investitionspauschale für ein Krankenhaus wird dann dadurch ermittelt, dass die Investitionsbewertungsrelation der Fallpauschale mit dem Investitionsfallwert des Landes multipliziert wird. Ob und inwieweit diese Möglichkeit genutzt wird, entscheiden die Länder.

III. Vergütung der Krankenhausbehandlung durch Pflegesätze nach der Bundespflegesatzverordnung

1. Anwendungsbereich der Bundespflegesatzverordnung

21   Die Finanzierung des „laufenden Betriebes" von Krankenhäusern richtete sich bis zur Einführung eines Fallpauschalensystems durch das Krankenhausentgeltgesetz weitgehend nach den Regelungen der Bundespflegesatz-

---

1 BVerfG v. 14.1.2004 – 1 BvR 506/03, DVBl. 2004, 431.
2 In der Literatur wurde die Zulässigkeit einer solchen Klage überwiegend bejaht: *Burgi*, NZS 2005, 169 (174); *Seiler/Vollmöller*, DVBl. 2003, 235 (239); *Kuhla*, NZS 2007, 567 (572 f.); dagegen: Quaas/Zuck/*Quaas*, § 25 Rz. 385 ff.; *Dietz/Bofinger*, § 8 KHG S. 68e; vgl. auch *Szabados*, S. 169 ff.
3 BVerwG v. 25.9.2008 – 3 C 35.07, NVwZ 2009, 525; bestätigt durch BVerfG v. 23.4.2009 – 1 BvR 3405/08, NVwZ 2009, 977; dazu auch *Steiner*, NVwZ 2009, 486 (487).
4 BVerwG v. 25.9.2008 – 3 C 35.07, NVwZ 2009, 525 (529); siehe auch *Kraemer*, NZS 2009, 608 (608).
5 Huster/Kaltenborn/*Degener-Hencke*, § 5 Rz. 60 f.
6 *Tuschen/Trefz*, S. 67.

verordnung vom 26.9.1994[1]. Ausgenommen vom Anwendungsbereich der
Bundespflegesatzverordnung sind und waren Krankenhäuser gem. § 3 Satz 1
Nr. 2 bis 4 KHG, also Krankenhäuser im Straf- und Maßregelvollzug, Polizei-
krankenhäuser und Krankenhäuser der gesetzlichen Rentenversicherung
und der Träger der gesetzlichen Unfallversicherung. Mit der Einführung des
pauschalierten Entgeltsystems am 1.1.2004 (sog. DRG-System) fallen auch
alle diejenigen Häuser nicht mehr in den Anwendungsbereich der Bundespflegesatzverordnung, die unter das DRG-Vergütungssystem fallen[2]. Die
Einzelheiten ergeben sich insoweit aus § 17b KHG: Ausgenommen von der
Einführung des pauschalierten Entgeltsystems waren zunächst die **psychiatrischen Krankenhäuser** bzw. Abteilungen sowie Einrichtungen für Psychosomatik und psychotherapeutische Medizin. „Gemischte Krankenhäuser",
also solche Häuser, die neben einer oder mehreren psychiatrischen Abteilungen auch somatische Abteilungen vorhalten, fallen mit ihren psychiatrischen Abteilungen unter den Regelungsbereich der Bundespflegesatzverordnung, mit den übrigen Abteilungen unter das Krankenhausentgeltgesetz.
Die Einführung eines pauschalierten Entgeltsystems für psychiatrische und
psychosomatische Einrichtungen ist gesetzlich vorgesehen und erfolgt bis
zum Jahr 2013 (§ 17d KHG). Mit dem hierzu zu erwartenden Bundesgesetz
wird wohl auch die BPflV aufgehoben werden[3]. Derzeit prägen die Regelungen der BPflV aber immer noch das Grundverständnis des Krankenhausfinanzierungsrechts.

2. Grundzüge des Pflegesatzrechts nach der Bundespflegesatzverordnung

Nach dem Wegfall des Kostendeckungsprinzips zum 31.12.1992 ist maßgeb-   22
licher Bestimmungsfaktor für die Höhe des Budgets eines Krankenhauses
(bzw. einer Abteilung) die medizinische Leistungsgerechtigkeit. § 3 Abs. 1
Satz 3 BPflV drückt dies dahingehend aus, dass das Budget und die Pflegesätze **medizinisch leistungsgerecht** sein und dem Krankenhaus bei wirtschaftlicher Betriebsführung ermöglichen müssen, den **Versorgungsauftrag** zu erfüllen[4]. Das Gesetz liefert aber keine hinreichenden Anhaltspunkte dafür, wie
man ein medizinisch leistungsgerechtes Budget bestimmt. Die Budgets werden grundsätzlich für ein bestimmtes Kalenderjahr vereinbart. Dabei geht
man im Regelfall davon aus, dass das Budget des Vorjahres medizinisch leistungsgerecht war. Bei der Suche nach dem neuen medizinisch leistungs-
gerechten Budget sind deshalb trotz Abschaffung des Kostendeckungsprinzips die Kostenentwicklung im Bereich der Sach- und Personalkosten
mitbestimmende Faktoren. Bedeutung für die Bemessung des Budgets haben
weiterhin die Entwicklung der Verweildauer und die Belegungssituation (vgl.
§ 6 Abs. 1 BPflV). Zu berücksichtigen sind schließlich auch Änderungen im
medizinischen Leistungsangebot.

---

1 BGBl. I, 2750, zuletzt geändert durch Gesetz v. 24.7.2010, BGBl. I, 983.
2 Ausführlicher *Tuschen/Trefz*, S. 163 ff.
3 *Dietz/Bofinger*, Einleitung BPflV, S. 14.
4 Vgl. ausführlicher *Tuschen/Quaas*, S. 180 ff.; *Dietz/Bofinger*, § 3 BPflV, S. 44 ff.

23   Das Budget nach der Bundespflegesatzverordnung ist krankenhausindividu-
     ell zu vereinbaren. Unterschieden werden **Abteilungs- und Basispflegesatz**
     (§ 13 Abs. 1 BPflV). Der Abteilungspflegesatz vergütet die ärztlichen und
     pflegerischen Leistungen einer Abteilung; die Leistungen und Kosten von in
     Anspruch genommenen Funktionsbereichen (z. B. Labor) werden durch in-
     terne Leistungsverrechnung den einzelnen Abteilungen zugeordnet[1]. Der Ba-
     sispflegesatz deckt die übrigen Leistungen und Kosten für das gesamte Kran-
     kenhaus ab („Hotelkosten").

24   Grundsätzlich kann zur Ermittlung des Budgets und der Pflegesätze auf ei-
     nen **Krankenhausvergleich** zurückgegriffen werden (§ 5 BPflV)[2]. Der vom
     Verordnungsgeber angestrebte Krankenhausvergleich aufgrund einer Ver-
     einbarung zwischen der Deutschen Krankenhausgesellschaft oder den
     Bundesverbänden der Krankenhausträger und den Spitzenverbänden der
     Krankenkassen ist jedoch nicht zustande gekommen. Da ein Krankenhaus-
     vergleich darauf hinausläuft, „teuren" Krankenhäusern Budgetabzüge zuzu-
     muten, war die Erwartung, die Krankenhausseite sei in der Lage, Grundzüge
     eines solchen Krankenhausvergleichs zu vereinbaren, von vornherein ver-
     fehlt.

25   Eine gewisse Bedeutung bei der Budgetbemessung haben **Parteivergleiche**
     gem. § 5 Abs. 4 BPflV erlangt, die in der Regel auf entsprechende Unter-
     suchungen der Kostenträger zurückgehen (z. B. WldO-Clip-Vergleich)[3]. Pfle-
     gesätze sind jedoch nur schwer zu vergleichen, da die dahinter stehenden
     medizinischen Leistungen nur unzureichend abgebildet werden. Solche Par-
     teivergleiche sind deshalb über eine gewisse Indizwirkung für Budget- und
     Schiedsstellenverfahren nicht hinweggelangt.

3. Grundsatz der Beitragssatzstabilität

a) Medizinisch leistungsgerechtes Budget und Obergrenze

26   Für die jährliche Neuvereinbarung der Budgets ist der **Grundsatz der Bei-
     tragssatzstabilität** (§ 17 Abs. 1 Satz 3 KHG) von besonderer Bedeutung. Er ist
     für das Bundespflegesatzrecht in § 6 BPflV niedergelegt. Hierdurch wird der
     allgemeine Grundsatz des § 71 SGB V[4] für das Krankenhausfinanzierungs-
     recht spezialgesetzlich ausgeformt[5]. Grundsätzlich sind bei der Anwendung
     von § 6 BPflV zwei „Säulen" zu unterscheiden[6]. Zunächst ist ein **medizi-
     nisch leistungsgerechtes Budget** zu ermitteln („1. Säule"). Dieses Budget ist

---

1 *Dietz/Bofinger*, Einleitung BPflV, S. 10.
2 Ausführlicher dazu *Sieben/Litsch* (Hrsg.), Krankenhausbetriebsvergleich, 2000.
3 Vgl. *Litsch/Sahlmüller*, Die Methodik des leistungsorientierten WldO-Krankenhaus-
  vergleichs, in: Sieben/Litsch (Hrsg.), S. 51 ff.
4 Zum Verhältnis § 6 BPflV und § 71 SGB V: BVerwG v. 1.12.2005 – 3 B 75.05; *Kraemer*,
  NZS 2006, 578 (579).
5 Allgemein zum Grundsatz der Beitragssatzstabilität auch *Manssen*, ZfSH/SGB 2004,
  78 ff.
6 Grundlegend BVerwG v. 8.9.2005 – 3 C 41.04, NVwZ-RR 2006, 190 (192).

mit der sog. **Budgetobergrenze** („2. Säule") zu vergleichen[1]. Die Budgetobergrenze ergibt sich aus § 6 Abs. 1 Satz 4 BPflV. Soweit keine Ausnahmetatbestände vorliegen, darf das Vorjahresbudget maximal um die Veränderungsrate der beitragspflichtigen Einnahmen der Mitglieder der Krankenkassen
nach § 71 Abs. 3 Satz 1 i. V. m. § 71 Abs. 2 SGB V gesteigert werden. Die Veränderungsrate liegt in den letzten Jahren meist unterhalb der Entwicklung
der Personal- und Sachkosten. Damit ist es im Regelfall angezeigt, die Veränderungsrate zur teilweisen Abdeckung der Kostensteigerungen auszuschöpfen, es sei denn, dass sich aufgrund der in § 6 Abs. 1 Satz 2 BPflV genannten Tatbestände mögliche Abzugsbeträge ergeben, die dazu führen, dass
das medizinisch leistungsgerechte Budget unterhalb der Budgetobergrenze
liegt.

Soweit sich insofern jedoch keine relevanten Änderungen zeigen, führt die   27
Begrenzung der Zuwachsraten im Sinne der Beitragssatzstabilität dazu,
dass die Krankenhäuser versuchen müssen, Kostensteigerungen durch die
Aktivierung von **Wirtschaftlichkeitsreserven** aufzufangen. Eine solche Bud-
getdeckelung ist als gesetzgeberische Sofortmaßnahme akzeptabel, wenn
aufgrund der Kostenentwicklungen im Gesundheitswesen ein akuter Handlungsbedarf entsteht. Die mittlerweile seit 1993 in unterschiedlichem Umfang praktizierte Kostendeckelung[2] führt allerdings mittlerweile zu einer
teilweise verfassungswidrigen Unterfinanzierung. Auf dem Markt behaupten können sich vor allem solche Krankenhäuser, die in der Vergangenheit
vergleichsweise unwirtschaftliche Budgets mit den Kostenträgern vereinbaren konnten. Hingegen bekommen die Häuser mehr und mehr wirtschaftliche Schwierigkeiten, die schon in der Vergangenheit (also vor der Decke-
lungsphase) vergleichsweise „flache" Budgets hatten.

b) Ausnahmetatbestände

Die Möglichkeiten zur Erhöhung der Budgetobergrenze sind in § 6 Abs. 1   28
Satz 4 BPflV abschließend aufgeführt. Allgemein ist zu beachten, dass eine
Überschreitung des um die maßgebliche Rate veränderten Gesamtbetrages
erforderlich sein muss. Der Grundsatz der **Erforderlichkeit** ist nach der
Rechtsprechung des BVerwG dann gegeben, wenn und soweit aufgrund der
Erfüllung der nachfolgend genannten Ausdeckelungstatbestände Kosten ent-
stehen[3]. Wenn das Krankenhaus an anderer Stelle – z. B. durch die Verkür-
zung der Verweildauern – Einsparungen erzielt, ist dies irrelevant, solange
das medizinisch leistungsgerechte Budget die Erlösobergrenze übersteigt[4].
Als ersten Ausnahmetatbestand nennt das Gesetz Veränderungen der medi-

---

1 Vgl. auch *Tuschen/Quaas*, Erl. § 6 BPflV, S. 219.
2 Ausführlicher *Tuschen/Trefz*, S. 31 ff. zu den Strukturgesetzen 1993–2000.
3 BVerwG v. 8.9.2005 – 3 C 41.04, BVerwGE 124, 209 (216).
4 BVerwG v. 8.9.2005 – 3 C 41.04, BVerwGE 124, 209.

zinischen Leistungsstruktur oder der Fallzahlen (§ 6 Abs. 1 Satz 4 Nr. 1 BPflV)[1].

29 Ein zweiter Ausnahmetatbestand sind **zusätzliche Kapazitäten** für medizinische Leistungen aufgrund der Krankenhausplanung oder des Investitionsprogramms des Landes (§ 6 Abs. 1 Satz 4 Nr. 2 BPflV)[2]. Damit wird sichergestellt, dass etwa bei Neubauten eine Finanzierung der Betriebskosten sichergestellt ist. Zusätzliche Kapazitäten sind nicht nur Bettenkapazitäten, hierzu zählen auch z. B. neue Operationssäle. Die Kapazitätserweiterung muss ihren Grund in der Krankenhausplanung oder dem Investitionsprogramm des Landes finden; dies bedeutet, dass die entsprechende Planung des Landes die Schaffung der zusätzlichen Kapazitäten kausal verursacht haben muss. Trotz Abschaffung des Kostendeckungsprinzips ist bei der Berechnung eines Erhöhungsbetrages auf entsprechende Kalkulationen zurückzugreifen.

30 Von besonderer Bedeutung insbesondere für psychiatrische Abteilungen ist § 6 Abs. 1 Satz 4 Nr. 4 BPflV. Vorgaben der **Psychiatrie-Personalverordnung**[3] können eine Überschreitung der Budgetobergrenze rechtfertigen. Voraussetzung hierfür ist, dass die Zahl der bisher nach der Psychiatrie-Personalverordnung notwendigen Stellen feststellbar ist. Schließlich ist eine Erhöhung des um die maßgebliche Rate veränderten Gesamtbetrages wegen Ost-West-Anpassungen im TVöD und wegen strukturierter Behandlungsprogramme nach § 137g Abs. 1 Satz 1 SGB V möglich (§ 6 Abs. 1 Satz 4 Nr. 5 und 6 BPflV).

31 Die Bindung an den Grundsatz der Beitragssatzstabilität (§ 71 SGB V) kann dazu führen, dass die Personal- und Sachkosten stärker steigen als das Budget. Einen gewissen Ausgleich im Hinblick auf die Personalkosten bietet § 6 Abs. 2 BPflV, der einen teilweisen Ausgleich der Mehrkosten oberhalb der Budgetobergrenze zulässt.

c) Verbesserung der Arbeitszeitbedingungen

32 Nicht an ein Erforderlichkeitsmerkmal geknüpft ist die Erhöhung der Krankenhausbudgets zur Verbesserung der Arbeitszeitbedingungen gem. § 6 Abs. 3 BPflV[4] (bis 2009). Hiermit versucht der Gesetzgeber, die Vorgaben des EuGH zur Arbeitszeit in Krankenhäusern[5] budgetmäßig aufzufangen. Soweit die entsprechenden gesetzlichen Voraussetzungen vorliegen, kann ein zusätzlicher jährlicher Betrag bis zu 0,2 v. H. des Gesamtbetrages eingestellt werden. Vor allem sind die Krankenhäuser angehalten, bisherige **Bereitschaftsdienste** in Schichtdienste umzuwandeln. Voraussetzung für eine ent-

---

1 Zur früheren Rechtslage s. BVerwG v. 24.10.2002 – 3 C 38.01, NZS 2003, 476; dieser Ausnahmetatbestand ist schiedsstellenfähig, die frühere Regelung der BPflV war rechtswidrig, s. BVerwG v. 26.2.2009 – 3 C 8.08, GesR 2009, 313.

2 Auch dazu *Dietz/Bofinger*, § 6 BPflV S. 73 f.

3 Vom 18.12.1990, BGBl. I, 2930, zuletzt geändert durch VO v. 26.9.1994 (BGBl. I, 2750, 2764).

4 Ausführlicher *Manssen*, GesR 2004, 81.

5 Vgl. EuGH v. 9.9.2003 – Rs C-151/02, NJW 2003, 2971.

sprechende Budgetsteigerung ist, dass eine entsprechende schriftliche Vereinbarung des Krankenhauses mit der Arbeitnehmervertretung geschlossen wird, die eine Verbesserung der Arbeitszeitbedingungen zum Gegenstand hat (§ 6 Abs. 3 Satz 3 BPflV). Hierbei muss der Arbeitnehmervertretung ein subjektives Recht gegenüber dem Krankenhausträger auf die Realisierung bestimmter Personalmaßnahmen eingeräumt werden, die zu einer Erhöhung der Personalkosten führen[1]. Allgemeine Vereinbarungen ohne konkretisierten Inhalt genügen nicht.

4. Flexibles Budget

Die Bundespflegesatzverordnung geht von dem Grundgedanken aus, dass die   33
Budgets der Krankenhäuser prospektiv mit den Kostenträgern vereinbart werden (vgl. § 12 Abs. 1 BPflV)[2]. Die Abrechnung der einzelnen erbrachten Leistungen erfolgt mit den Krankenkassen oder Kostenträgern der jeweils behandelten Patienten. Eine **prospektive Vereinbarung** bringt es mit sich, dass am Jahresende die Summe der Gesamterlöse des Krankenhauses nicht mit dem übereinstimmt, was vorher vereinbart worden ist. Mit den Regelungen über das sog. flexible Budget will die Bundespflegesatzverordnung insoweit einen Interessenausgleich zwischen Krankenhaus und Kostenträgern erreichen. Soweit das Krankenhaus **Mehrerlöse** erzielt, werden Mehrerlöse bis zur Höhe von 5 v.H. zu 85 v.H. und Mehrerlöse von mehr als 5 v.H. zu 90 v.H. ausgeglichen, also im nächsten Budgetzeitraum an die Kostenträger zurückgeführt. Umgekehrt führen **Mindererlöse** zu einem Mindererlösausgleich des Krankenhauses im nächsten Budgetzeitraum von 20 v.H. (§ 12 Abs. 2 Satz 1 BPflV).

Die flexible Budgetierung bringt es mit sich, dass für jedes Krankenhaus zwi-   34
schen den Pflegesätzen mit und den Pflegesätzen ohne Ausgleiche zu unterscheiden ist. Von den Kostenträgern zu zahlen sind die **Pflegesätze mit Ausgleichen**. Soweit eine Pflegesatzvereinbarung erst unterjährig in Kraft tritt, werden zudem sog. **Zahlpflegesätze** vereinbart. Mit ihnen wird sichergestellt, dass die Änderungen, die sich erst aufgrund des neuen Budgets ergeben, prospektiv bis zum Ende des Budgetzeitraums umgesetzt werden.

5. Bindung an das Budget

Die Vertragsparteien sind grundsätzlich an das vereinbarte Budget gebunden   35
(§ 12 Abs. 3 Satz 1 BPflV). Lediglich dann, wenn es zu wesentlichen Änderungen der in der Vereinbarung zugrunde gelegten Annahmen kommt, kann das Budget für den laufenden Pflegesatzzeitraum neu vereinbart werden (§ 12 Abs. 3 Satz 2 BPflV). An das Vorliegen von „wesentlichen Änderungen" sind strenge Anforderungen zu stellen. Die Bestimmung des § 12 Abs. 3 BPflV ist die pflegesatzrechtliche Umsetzung des Grundsatzes des **Wegfalls der Ge-**

---

1 *Manssen*, GesR 2004, 81 (82).
2 Vgl. auch *Tuschen/Quaas*, S. 288 f.

schäftsgrundlage[1]. Es muss einer Partei unzumutbar sein, an der Vereinbarung festgehalten zu werden[2]. Zu beachten ist, dass die Neuvereinbarung nur während des laufenden Pflegesatzzeitraums erfolgen kann. Ist der Pflegesatzzeitraum abgelaufen, kommt eine Neuvereinbarung nicht mehr in Betracht.

IV. Finanzierung durch Fallpauschalen

1. Grundsätzliche Zielsetzungen der DRG-Einführung

36   Mit dem Fallpauschalengesetz vom 23.4.2002[3] wurde ein pauschaliertes Entgeltsystem in das Krankenhausfinanzierungsrecht eingefügt (sog. DRG-System). Damit werden, angelehnt an Vorbilder in Australien und den USA, mehrere Zielsetzungen verfolgt[4]. Im Grundsatz geht es darum, die Vergütung von Krankenhausleistungen stärker als bisher leistungsbezogen vorzunehmen. Es wird ein **landesweiter Basisfallwert** festgelegt, auf dessen Grundlage alle Krankenhäuser des Landes ihre Leistungen in Zukunft abrechnen sollen. Das konkrete Entgelt, das das Krankenhaus für eine Behandlung erhält, bestimmt sich aus einer Multiplikation des Landesbasisfallwertes mit der individuellen Fallschwere. Die Fallschwere wiederum wird von einem sog. Grouper[5] nach den Haupt- und Nebendiagnosen für den jeweiligen Behandlungsfall und den erbrachten Prozeduren ermittelt. Damit erhalten Krankenhäuser für die gleiche Behandlung das gleiche Entgelt[6].

37   Das Fallpauschalensystem ist deshalb grundsätzlich in der Lage eine **leistungsbezogene Vergütung** herzustellen. Der Wettbewerb zwischen den Krankenhäusern wird dadurch ermöglicht, dass sie für die gleiche Leistung das gleiche Geld bekommen. Leistungsfähige Häuser werden gestärkt aus diesem Wettbewerb hervorgehen, leistungsschwache und unwirtschaftliche Häuser werden entweder schließen, fusionieren oder grundlegende Strukturreformen durchführen müssen. Die Verweildauer der Patienten im Krankenhaus wird sich verringern, da die Krankenhäuser selber darauf achten werden, die Patienten nicht länger zu behalten, als es unbedingt erforderlich ist.

38   Das Fallpauschalensystem ist allerdings auch mit Risiken und Gefahren behaftet. Mit deutscher Gründlichkeit wurde das Ziel verfolgt, anders als in Australien und in den USA möglichst alle Krankenhausleistungen im DRG-System abzubilden; zudem war der anvisierte Zeithorizont wohl zu ehrgeizig[7]. Von besonderer Bedeutung für die Vergütung von Krankenhausleistungen sind die Codierrichtlinien und Kalkulationsvorgaben (vgl. § 17b KHG). Sie beeinflussen die für die Vergütung wesentliche Ermittlung der Fall-

---

1 *Tuschen/Quaas*, BPflV Erl. § 12, S. 308.
2 BVerwG v. 16.11.1995 – 3 C 32/94, NJW 1997, 816.
3 BGBl. I, 1412.
4 Vgl. auch *Pitschas*, NZS 2003, 341; *Tuschen/Trefz*, S. 104 ff.; *Strehl*, DÄBl. 2004, A 2584 ff.
5 Vgl. BSG v. 18.9.2008 – B 3 KR 15/07 R, NZS 2009, 500.
6 Siehe auch *Quaas*, KH 2003, 28.
7 Vgl. *Strehl*, DÄBl. 2004, A 2584 (2584).

schwere. Die Selbstverwaltungspartner haben zur Bewältigung der mit der DRG-Einführung notwendigen Aufgaben ein **DRG-Institut (InEK)** gegründet. Es wird auf gesetzlicher Grundlage durch einen DRG-Systemzuschlag finanziert (§ 17b Abs. 5 KHG) und ist die professionelle Arbeitseinheit für die Weiterentwicklung des deutschen DRG-Vergütungssystems[1].

2. Erste Schritte zur Einführung des DRG-Systems

Die unter den Anwendungsbereich des Krankenhausentgeltgesetzes fallenden Krankenhäuser konnten das neue DRG-System optional im Jahr 2003 einführen. Für das Jahr 2004 war die Einführung des Systems für alle erfassten Krankenhäuser verbindlich. Das DRG-System ist keine authentische Übernahme eines ausländischen Finanzierungsmodells. Es ist für die Anliegen der deutschen Gesetzgebung vielfältig ergänzt und modifiziert worden und damit ein „**lernendes System**". Dies ist dem Gesetzgeber bewusst, der bereits nach kurzer Zeit Änderungsgesetze erlassen hat[2]. In der sog. Einführungsphase der Jahre 2003 und 2004 erfolgte ein für das Krankenhaus **budgetneutraler Übergang** in das neue System (§ 3 Abs. 1 Satz 1 KHEntgG **a.F.**). Budgetneutralität bedeutete, dass die sich durch Einführung des neuen Systems andeutende Vergleichbarkeit der Häuser nicht zu Budgetabzügen aufgrund von Krankenhausvergleichen führen durften (§ 3 Abs. 1 Satz 2 KHEntgG **a.F.**). Im Grundsatz war für die Jahre 2003/2004 noch in entsprechender Anwendung von § 6 Abs. 1 BPflV ein Budget zu vereinbaren (vgl. § 3 Abs. 3 Satz 1 KHEntgG a.F.). Es wurden lediglich gewisse Bereinigungen vorgegeben, die sich aus dem neuen System ergaben. Insgesamt verfolgte der Gesetzgeber das Ziel, den Krankenhäusern das bisherige Budget im Großen und Ganzen zu belassen.

39

Wichtige Parameter für die Budgetvereinbarung eines Hauses sind die Summe der Bewertungsrelationen und der krankenhausindividuelle Basisfallwert. Die Summe der Bewertungsrelationen ergibt sich aus der Summe der individuellen Werte der zu erwartenden Leistungen. Teilt man das ermittelte Erlösbudget durch die Summe der Bewertungsrelationen ergibt sich der **krankenhausindividuelle Basisfallwert**, der Grundlage für die Abrechnung ist. Entgelte, die noch nicht vom DRG-Fallpauschalensystem erfasst werden, müssen gesondert vereinbart werden (§ 6 KHEntgG).

40

Da die Abrechnung nach dem neuen Fallpauschalenrecht mit erheblichen Ungewissheiten hinsichtlich der zu erwartenden Ist-Erlöse verbunden war, hatte der Gesetzgeber besondere Regelungen für den Erlösausgleich geschaffen (§ 3 Abs. 6 KHEntgG **a.F.**). So waren die Ausgleichssätze für Minder- und Mehrerlöse gegenüber der allgemeinen Regelung deutlich erhöht.

41

---

1 *Tuschen/Trefz*, S. 106.
2 Siehe etwa das Zweites Gesetz zur Änderung der Vorschriften zum diagnose-orientierten Fallpauschalensystem für Krankenhäuser und zur Änderung anderer Vorschriften (2. Fallpauschalenänderungsgesetz – 2. FPÄndG) v. 15.12.2004, BGBl. I, 3429.

3. Konvergenzphase

42 Ab dem 1.1.2005 begann die stufenweise Anpassung der Krankenhausbudgets an den zu vereinbarenden **Landesbasisfallwert (§ 17b Abs. 6 KHG)**.
Der Landesbasisfallwert (§ 10 Abs. 1 Satz 1 KHEntgG) kommt durch Vereinbarung auf Landesebene zwischen der Landeskrankenhausgesellschaft
einerseits und den Verbänden der Krankenkassen, den Verbänden der Ersatzkassen und dem Landesausschuss des Verbandes der privaten Krankenversicherung andererseits zustande. Der Landesbasisfallwert wird jährlich
angepasst. Hierbei besteht eine Bindung an die Veränderungsrate der beitragspflichtigen Einnahmen nach § 71 SGB V (§ 10 Abs. 4 KHEntgG).

43 Die sog. Konvergenzphase, in der sich die hausindividuellen Basisfallwerte
auf den Landesbasisfallwert zubewegten, war ursprünglich auf drei Jahre
angesetzt. Das Zweite Fallpauschaländerungsgesetz[1] hatte die Konvergenzphase um zwei Jahre bis zum Jahr 2009 verlängert. Dies geschah insbesondere vor dem Hintergrund des Schutzes teurerer Leistungsanbieter
(insbesondere Universitätskliniken) vor notwendig werdenden **Budgetabsen-
kungen**.

4. Finanzierung des Krankenhauses im Fallpauschalensystem nach dem Krankenhausfinanzierungsreformgesetz 2009 (KHRG)

44 Nach der Angleichung der Krankenhausbudgets an ein landeseinheitliches
Vergütungssystem wurden durch das Krankenhausfinanzierungsreformgesetz (KHRG)[2] vom März 2009 die gesetzlichen Vorgaben für die Finanzierung
der Krankenhäuser über Fallpauschalen erneut geändert. So zeigte sich in
der Vergangenheit eine ständige Tendenz zur Leistungsausweitung durch die
Krankenhäuser. Bei der Vereinbarung des Landesbasisfallwertes sind solche
Leistungsveränderungen nur in Höhe der geschätzten variablen Kosten zu
berücksichtigen (§ 10 Abs. 3 Nr. 4 KHEntgG). Als unzureichend hatte sich
bisher auch die strikte Bindung an die Veränderungsrate nach § 71 SGB V
(sog. Grundlohnrate) erwiesen. Gemäß § 10 Abs. 6 KHEntgG soll nunmehr
eine grundsätzliche strukturelle Änderung erfolgen. Das Statistische Bundesamt wird in Zukunft einen Orientierungswert entwickeln, der die Kos-
tenstrukturen und Entwicklungen berücksichtigt. Der Wert soll erstmals
zum 30.6.2010 ermittelt werden (§ 10 Abs. 6 KHEntgG).

45 Die in den Ländern vereinbarten Landesbasisfallwerte wichen teilweise um
bis zu 20 % voneinander ab. Dies ist letztlich unbefriedigend, da keine
Gründe erkennbar sind, die derartige Diskrepanzen rechtfertigen könnten.
Gemäß § 10 Abs. 8 und Abs. 9 KHEntgG ist deshalb für die Zukunft eine Angleichung der Landesbasisfallwerte vorgesehen[3]. Ob es in Zukunft zu einem
einheitlichen Basisfallwert, also einem rechnerisch abgeleiteten Bundes-

---

1 Vom 15.12.2004, BGBl. I, 3429.
2 Vom 17.3.2009, BGBl. I, 534.
3 Vgl. auch *Tuschen/Trefz*, S. 65.

basisfallwert kommen wird, ist derzeit noch nicht entschieden, wird jedoch gesetzlich angestrebt (§ 10 Abs. 13 KHEntgG).

Die Vereinbarung des Landesbasisfallwertes dient dazu, eine Berechnungs-   46
grundlage für die grundsätzliche Finanzierung medizinischer Leistungen auf Landesebene zu geben. Hiervon zu unterscheiden ist die Finanzierung auf der Krankenhausebene. Einzelheiten hierzu enthält § 4 KHEntgG. Zwischen dem Krankenhaus und den Vertragsparteien nach § 11 Abs. 1 KHEntgG werden mehrere „Budgets" vereinbart: Ein „Erlösbudget" für voll- und teilstationäre Leistungen (§ 4 KHEntgG), eine „Erlössumme" für krankenhausindividuell zu vereinbarende Entgelte (§ 6 Abs. 3 KHEntgG), weiterhin Entgelte für neue Untersuchungs- und Behandlungsmethoden (§ 6 Abs. 2 KHEntgG), Zusatzentgelte für die Behandlung von Blutern und diverse Zu- und Abschläge. Die darüber getroffenen Vereinbarungen bilden die Grundlage für die Finanzierung der vom Krankenhaus zu erbringenden Leistungen in einem Kalenderjahr.

V. Bedeutung der Schiedsstelle nach § 18a KHG für die Krankenhausfinanzierung

Die Bundespflegesatzverordnung und das Krankenhausentgeltgesetz gehen   47
im Grundsatz vom Vereinbarungsprinzip aus. Das Krankenhaus vereinbart mit den Sozialleistungsträgern Budget, Pflegesätze, die Summe der Bewertungsrelationen und den hausindividuellen Basisfallwert. Für den Fall, dass eine solche Vereinbarung nicht zustande kommt, hat der Gesetzgeber eine neutrale Instanz geschaffen: Die Schiedsstelle nach § 18a Abs. 1 KHG[1]. Sie besteht aus einem neutralen Vorsitzenden sowie aus Vertretern der Krankenhäuser und Krankenkassen in gleicher Zahl (§ 18a Abs. 2 Satz 1 und 2 KHG). Die Schiedsstellenmitglieder üben ihr Amt als Ehrenamt aus; sie sind an Weisungen nicht gebunden (§ 18a Abs. 3 Satz 1 und 2 KHG). Bei den Schiedsstellen handelt es sich nicht um Gerichte oder gerichtsähnliche Gebilde, sondern um Verwaltungsbehörden[2]. Die Rechtsaufsicht über die Schiedsstelle führt die zuständige Landesbehörde (§ 18a Abs. 5 KHG).

Die Schiedsstelle ist bei ihrer Entscheidung an die für die Vertragsparteien   48
geltenden Rechtsvorschriften gebunden (§ 13 Abs. 1 Satz 2 KHEntgG). Sie ist zudem nur dann zuständig, wenn dies vom Gesetz ausdrücklich angeordnet ist. Es gibt somit „schiedsstellenfähige" und „nicht schiedsstellenfähige" Sachverhalte. Ein nicht schiedsstellenfähiger Sachverhalt kann nur einvernehmlich zwischen den Vertragsparteien vereinbart werden. Nicht schiedsstellenfähig ist beispielsweise die mögliche Modifizierung des Erlösausgleiches gem. § 12 Abs. 2 Satz 3 BPflV. Weitere nicht schiedsstellenfähige Tatbestände ergeben sich aus § 19 Abs. 3 BPflV. Die Schiedsstellen sind auch

---

1 Ausführlich dazu *Manssen*, ZfSH/SGB 1997, 81.
2 Anders OVG NW v. 24.9.2002 – 13 A 2341/01, NVwZ-RR 2003, 283 „Streitschlichtungsgremium".

zur Festsetzung des Landesbasisfallwertes zuständig (§ 10 Abs. 10 Satz 4 KHEntgG).

49 Die Schiedsstellen haben bei ihrer Entscheidung ein weites Ermessen[1]. Sie können grundsätzlich solche Inhalte festsetzen, die die Vertragsparteien vereinbaren könnten. Sie sind allerdings verpflichtet, ihre Entscheidungen zu begründen. Dies ergibt sich bereits aus der Notwendigkeit der Überprüfung im Genehmigungsverfahren[2]. Die Entscheidungen der Schiedsstelle im Bereich des Krankenhausfinanzierungsrechts sind weitgehend genehmigungspflichtig (s. § 14 Abs. 1 KHEntgG und § 20 Abs. 1 BPflV). Streitigkeiten hinsichtlich der Rechtmäßigkeit der Entscheidung der Schiedsstelle werden deshalb indirekt dadurch geführt, dass die Genehmigung oder Nichtgenehmigung einer Schiedsstellenentscheidung durch die zuständige Genehmigungsbehörde vor dem VG beklagt wird (§ 40 VwGO). Ein Recht zu einer eigenen Entscheidung haben die Genehmigungsbehörden nicht[3].

---

1 BVerwG v. 6.11.2006 – 3 B 71.06.
2 Vgl. auch *Leber*, KH 2004, 288.
3 BVerwG v. 26.9.2002 – 3 C 491/01, NVwZ-RR 2003, 281 f.

E. Einfluss des europäischen Rechts
auf den Krankenhausbereich

I. Bedeutung des Europarechts

1. Europarecht nach dem Vertrag von Lissabon

Das Recht der Europäischen Union (EU) ist durch Unterzeichnung des „**Ver-** 1 **trags von Lissabon**"[1] am 13.12.2007 qualitativ auf eine neue Stufe gehoben worden. Das konstitutionelle Fundament des großen „Europa der 27" entstand nach dem Motto „trial and error": Nach langwieriger Vorarbeit des Europäischen Verfassungskonvents (2002/03) scheiterte der 2004 in Rom unterzeichnete Vertrag über eine Verfassung für Europa (VVE)[2]. Der VVE erlangte aufgrund gescheiterter Referenden in Frankreich und den Niederlanden keine Rechtskraft[3]. Stattdessen unterzeichneten alle 27 Regierungen am 13.12.2007 den Vertrag von Lissabon, der zwei Jahre später, am 1.12.2009, nach der allerletzten Ratifikation durch Tschechien in Kraft trat. Er übernimmt wesentliche Inhalte des VVE in veränderter Gestalt („verschleierte Verfassung"[4]. Im Unterschied zum VVE, der EUV und EGV in eine einzige „Verfassung" verschmelzen wollte, ist der Vertrag von Lissabon ein „Änderungsvertrag", der aus 55 Artikeln des geänderten **EUV** sowie 358 Artikeln des „Vertrags über die Arbeitsweise der Union" (**AEUV**, bisher EG-Vertrag) besteht. Laut Art. 1 Abs. 3 Satz 2 EUV haben beide Verträge ausdrücklich den gleichen rechtlichen Stellenwert, was klarstellen soll, dass der AEUV nicht von sekundärer Qualität ist[5]. In Art. 6 Abs. 1 EUV wird schließlich die Charta der Grundrechte den Verträgen rechtlich gleichgestellt, jedoch nicht in diese aufgenommen.

Befand sich mithin der „harte Kern" des Europarechts bisher im **EG-Vertrag** 2 (**EGV**), werden seine Inhalte künftig im AEUV und im EUV verankert sein. Die Union tritt an die Stelle der EG, deren Rechtsnachfolgerin sie ist (Art. 1 Abs. 3 Satz 3 EUV). Hinzu kommen die neuen EU-Grundrechte (Rz. 21). Im Folgenden wird die nunmehr geltende Zitierweise der Norm (z.B. Art. 19 Abs. 1 AEUV) mit der ehemaligen Zitierweise in einem Klammerzusatz kombiniert (z.B. ex-Art. 13 EG).

2. Besonderheiten des supranationalen Unionsrechts

Gegenüber der bislang völkerrechtlichen (intergouvernementalen) Struktur 3 des EUV zeichnet sich das neue **Unionsrecht** ebenso wie der alte **EGV** dadurch aus, dass

---

1 ABl. EU 2007 Nr. C 306/1.
2 ABl. EU 2004 Nr. C 310/1; dazu vgl. *Oppermann*, DVBl. 2004, 1264; 2003, 1165; 2003, 1; *v. Bogdandy*, JZ 2004, 53.
3 Vgl. nur *Mayer*, JuS 2010, 189.
4 So *Oppermann/Classen/Nettesheim*, § 2 Rz. 45.
5 Dazu *Streinz*, Rz. 63a.

- Entscheidungen auch **gegen** einzelne Mitgliedstaaten verbindlich getroffen werden können,

- europäisches Recht mit **vorrangiger Wirkung** vor dem nationalen Recht gesetzt werden kann und dass

- Rechtsnormen mit **unmittelbarer Wirkung** auch gegen Unionsbürger und deren Unternehmen durchgesetzt werden können.

4   **a)** Die Union ist nicht allein eine zwischenstaatliche Einrichtung, sondern ein „**Staatenverbund**"[1] mit staatsähnlichen Zügen und eigener Gerichtsbarkeit (EuG, EuGH). Soweit die Mitgliedstaaten einen Teil ihrer Hoheitsgewalt an sie abgetreten haben[2], steht die gemeinschaftliche Rechtsordnung über der nationalen und verdrängt diese insoweit[3]. Allerdings steht der Union weiterhin **keine „Kompetenz-Kompetenz"** zu[4]. Vielmehr bleiben die Mitgliedstaaten „Herren der Verträge", freilich nur in ihrer Gesamtheit. Die Union kann nach dem Prinzip der begrenzten Einzelermächtigung nur aufgrund der ausdrücklich in den Verträgen benannten Kompetenzen gesetzgeberisch tätig werden (Art. 5 Abs. 1 Satz 1, Abs. 2 EUV/ex-Art. 5 Abs. 1 EG). „Alle der Union nicht in den Verträgen übertragenen Zuständigkeiten verbleiben bei den Mitgliedstaaten" (Art. 5 Abs. 2 Satz 2 EUV). Für die Ausübung der Unionskompetenzen gelten das jetzt jeweils deutlicher ausformulierte sog. Subsidiaritätsprinzip (Art. 5 Abs. 1 Satz 2, Abs. 3 EUV/ex-Art. 5 Abs. 2 EG) und das Verhältnismäßigkeitsprinzip (Art. 5 Abs. 1 Satz 2, Abs. 4 EUV/ex-Art. 5 Abs. 3 EG)[5].

5   **b)** Kernbestand des Unionsrechts ist das **Primärrecht**, das bislang im EGV stand und jetzt in beiden Verträgen (EUV, AEUV) verankert ist (einschließlich seiner Anhänge, Zusatzprotokolle, Abkommen etc.). Soweit hier nicht nur Programmsätze, Kompetenzregeln und institutionelle Normen enthalten sind, sondern es sich um **materielle** Normen handelt, die das Verhalten von und zwischen Marktbürgern regeln, wirken diese **unmittelbar** und genießen uneingeschränkten **Vorrang** vor dem nationalen (auch: Verfassungs-)Recht[6]. Wichtigste Beispiele für arbeitsrechtliches Primärrecht sind die Garantie der Arbeitnehmerfreizügigkeit (Art. 45 AEUV/ex-Art. 39 EG, dazu Rz. 10 ff.) und das Gebot gleichen Entgelts für Frauen und Männer (Art. 157 AEUV/ex-Art. 141 EG, dazu Rz. 14 ff.).

---

1 BVerfG v. 12.10.1993 – 2 BvR 2134 u. 2159/92, BVerfGE 89, 155 = NJW 1993, 3047.
2 Vgl. Art. 23 GG, der für die deutsche Verfassung den Vorrang des Europarechts vorbehaltlich der unaufgebbaren Strukturprinzipien des GG anerkennt; das BVerfG hat in seinem Lissabon-Beschluss v. 30.6.2009 – 2 BvE 2/08 u. a., NJW 2009, 2267, maßgeblich auf das „Grundrecht" der Kläger aus Art. 38 GG auf einen Bundestag abgestellt, dessen Entscheidungsbefugnisse aus Gründen des Demokratieprinzips nicht völlig entleert werden dürfen; zum kritischen Echo vgl. Übersicht bei *Weber*, JZ 2010, 157.
3 *Oppermann/Classen/Nettesheim*, § 5 Rz. 10; § 11 Rz. 27 f.
4 Vgl. nur *v. Danwitz*, NJW 2005, 529.
5 *Streinz*, Rz. 167.
6 ErfK/*Wißmann*, Vorb. EG Rz. 3 ff.

c) Das **Sekundärrecht** („„abgeleitetes" Recht) in Form der **EG-Verordnung** gilt 6
ebenfalls „unmittelbar in jedem Mitgliedstaat" (Art. 288 Abs. 2 S. 2 AEUV/
ex-Art. 249 Abs. 2 EG) und verdrängt insoweit entgegenstehendes nationales
Recht. Bei der im Arbeitsrecht bedeutsameren **EG-Richtlinie** wird der Vorrang des europäischen Rechts zunächst durch das Umsetzungsverfahren in
den Mitgliedstaaten „aufgeschoben"; ihnen bleibt es überlassen, geeignete
Mittel und Wege zur Umsetzung der Ziele der Richtlinie zu finden (Art. 288
Abs. 3 AEUV/ex-Art. 249 Abs. 3 EG). Wird aber nach erfolgter bzw. bei fehlender Umsetzung nach Ablauf der Umsetzungsfrist festgestellt, dass die nationale Rechtspraxis nicht der europäischen Zielvorgabe[1] entspricht, so ist
auf Veranlassung der Kommission (Art. 258 AEUV/ex-Art. 226 EG, sog. Ver-
tragsverletzungsverfahren), durch den EuGH oder – bei direkter Anwendbarkeit der Richtlinie – auf Klage eines betroffenen Marktbürgers durch nationale Instanzen dem Vorrang des Europarechts Rechnung zu tragen.

Richtlinienwidriges nationales Recht bleibt also **vorläufig** anwendbar, es sei 7
denn, der Richtlinie können wegen ihrer „perfekten" Formulierung unmittelbar anwendbare Rechte zugunsten (nicht: Pflichten zu Lasten) von Marktbürgern entnommen werden (sog. **unmittelbare Wirkung** von Richtlinien)[2].
Öffentliche Arbeitgeber und damit auch z.B. **kommunale Kliniken** müssen
sich die unmittelbare Anwendbarkeit von Richtlinien stets entgegenhalten
lassen, weil sie staatlicher Aufsicht unterstehen und in besonderer Weise zu
rechtmäßigem (europarechtskonformem) Verhalten verpflichtet sind[3]. Mindestens besteht die Notwendigkeit richtlinienkonformer Auslegung des (unzureichend oder gar nicht umgesetzten) nationalen Rechts[4]. Diese Pflicht bezieht sich auf **jedwedes mitgliedstaatliche Recht**, also auch auf vorher
erlassenes Recht[5]. Der EuGH konnte daher die Norm des § 622 Abs. 2 Satz 2
BGB wegen Diskriminierung jüngerer Arbeitnehmer für unanwendbar erklären, weil eine richtlinienkonforme Auslegung nicht möglich war[6]. Daraus
folgt, dass auch zwischen **Privaten** eine „faktische" horizontale Wirkung
von Richtlinien anerkannt wird: ein nationales Gericht hat, so der EuGH,
bei der Anwendung innerstaatlicher Umsetzungsbestimmungen „so weit
wie möglich" zu einem richtlinienkonformen Ziel zu gelangen, z.B. „um
die Überschreitung der wöchentlichen Höchstarbeitszeit zu verhindern"[7].

---

1 Vgl. nur *Oppermann/Classen/Nettesheim*, § 10 Rz. 93, 101; *Riesenhuber*, § 1 Rz. 69 ff.
2 Vgl. *Oppermann/Classen/Nettesheim*, § 10 Rz. 111 ff.; *Streinz*, Rz. 444 ff.
3 ErfK/*Wißmann*, Vorb. EG Rz. 15, 16.
4 Dazu näher ErfK/*Wißmann*, Vorb. EG Rz. 26 f.; *Riesenhuber*, § 1 Rz. 72 f.
5 EuGH v. 13.11.1990 – Rs. C-206/89 („Marleasing"), Slg. 1990, I-4135.
6 EuGH v. 19.1.2010 – Rs. C-555/07 („Kücükdeveci"), NZA 2010, 85; dazu *Preis/Tem-ming*, NZA 2010, 185.
7 So bereits EuGH v. 5.10.2004 – Rs. C-397/01 etc. („Pfeiffer"), Slg. 2004, I-8835 = NJW 2004, 1145 (Tz. 119); ferner EuGH v. 4.7.2006 – Rs. C-212/04 („Adeneler"), Slg. 2006, I-6057 (Tz. 110); vgl. auch *Grundmann*, ZEuP 1996, 399 (412 ff.); *Konzen*, ZfA 2005, 189 (197 ff.); *Rapatinski*, RdA 2003, 328 (338); *Schlachter*, ZfA 2007, 249 (259 ff.); *Thü-sing*, ZIP 2004, 2301.

3. Bezug zum Krankenhausbereich

8 Für den nationalen Rechtsanwender bleibt es zwar grundsätzlich bei der Maßgeblichkeit „seiner" Gesetze und Tarifnormen. Zu beachten ist aber zunächst, dass hinter nationalem Recht sehr häufig harmonisiertes Recht steckt (z. B. § 613a BGB bzw. Normen des AGG), so dass dessen Interpretation europarechtlichen Kriterien folgen muss (vgl. Rz. 30 ff.). Zum Zweiten kann der **Anwendungsvorrang** des Gemeinschaftsrechts konkret beachtlich werden, wenn z. B. eine Regelung des BAT oder TVöD gegen das geschlechtsbezogene Diskriminierungsverbot beim Entgelt (Art. 157 AEUV/ex-Art. 141 EG) verstößt. Das bedeutet z. B., dass auch geringfügig beschäftigte Frauen in den Genuss einer tariflichen Sonderzuwendung kommen müssen[1]. Hierzu bedarf es keiner Änderung durch den Gesetzgeber oder die Tarifparteien; vielmehr hat jedes angerufene Gericht für sich die Gemeinschaftsrechtswidrigkeit zu berücksichtigen und, soweit der Verstoß nicht offenkundig ist, eine autoritative Klärung durch den EuGH im Wege der **Vorabentscheidung** (Art. 267 AEUV/ex-Art. 234 EG) herbeizuführen. Nach jüngerer EuGH-Rechtsprechung besteht aber für den Richter die Möglichkeit, trotz entgegenstehender nationaler Regelungen – ihnen ist der Richter ja verpflichtet – die europäische (Richtlinien-)Norm **direkt** anzuwenden, wenn grundlegende Prinzipien des Unionsrechts wie z. B. bei der Fristenregel des § 622 Abs. 2 Satz 2 BGB verletzt werden, wo die Berechnung der Kündigungsfrist gegen den primärrechtlichen Grundsatz der Altersgleichbehandlung verstößt[2].

II. Primärrechtliche Grundlagen europäischen Arbeitsrechts

9 Im Unionsrecht gehört das Recht der Arbeitsbedingungen zum Bereich der „Sozialvorschriften" (*droit social*). Für die **Sozialpolitik** besteht nach Art. 4 Abs. 2 lit. b AEUV eine **„geteilte Zuständigkeit"** der Union mit den Mitgliedstaaten, die näher ausgeführt wird in Art. 151 ff. AEUV (ex-Art. 136 ff. EG). Danach

> „können die Union und die Mitgliedstaaten in diesem Bereich gesetzgeberisch tätig werden und verbindliche Rechtsakte erlassen. Die Mitgliedstaaten nehmen ihre Zuständigkeit wahr, sofern und soweit die Union ihre Zuständigkeit nicht ausgeübt hat. Die Mitgliedstaaten nehmen ihre Zuständigkeit erneut wahr, sofern und soweit die Union entschieden hat, ihre Zuständigkeit nicht mehr auszuüben". (Art. 2 Abs. 2 AEUV)

Zu einem „Europa der einheitlichen Arbeitsbedingungen" wird es mangels umfassender Kompetenz der EU auch künftig nicht kommen. Seit dem Amsterdamer Vertrag von 1997 gibt es jedoch eine **europäische Sozialpolitik**: Die Union „unterstützt und ergänzt" laut Art. 153 Abs. 1 AEUV (ex-Art. 137 EG)

---

1 So EuGH v. 9.9.1999 – Rs. C-281/97 („Krüger"), Slg. 1999, I-5127 = NZA 1999, 1151: die Nichtzahlung der tariflichen Jahressonderzuwendung an geringfügig Beschäftigte betrifft deutlich mehr Frauen als Männer und diskriminiert diese daher mittelbar.
2 EuGH v. 19.1.2010 – Rs. C-555/07 („Kücükdevici"), NZA 2010, 85 (Ls. 2); vgl. auch *Preis/Temming*, NZA 2010, 185 (189 ff.), die betonen, dass der EuGH nur durch den Rückgriff auf „primäres" Unionsrecht zur unmittelbaren Anwendung *zwischen Privaten* gelangen konnte.

die Sozialpolitik der Mitgliedstaaten. Seitdem wurden erhebliche Fortschritte bei der Angleichung des Arbeitsrechts innerhalb der Union erzielt (unten Rz. 29 ff.). Primärrechtlicher Ausgangspunkt bleiben die Grundfreiheiten des EG-Vertrags, die nun im AEUV enthalten sind, sowie die Grundrechtscharta (**GRCh**), die durch Art. 6 Abs. 1 EUV seit dem 1.12.2009 Rechtsverbindlichkeit erlangt hat.

1. Arbeitnehmerfreizügigkeit

Mit der **Freizügigkeitsgarantie** (Art. 45 ff. AEUV/ex-Art. 39 ff. EG) wurde seit 1957 (Art. 48 a. F.) zunächst die Mobilität des Standortfaktors Arbeit gemäß liberalen Marktprinzipien gewährleistet. Sie soll bis heute in Spezifizierung des allgemeinen Diskriminierungsverbots (Art. 18 AEUV/ex-Art. 12 EG) die **Inländergleichbehandlung** ausländischer Arbeitskräfte innerhalb der EU sicherstellen (vgl. Art. 45 Abs. 2 AEUV/ex-Art. 39 Abs. 2 EG) und zielt damit nicht nur auf gleiche Arbeits-, sondern auch auf gleiche Aufenthaltsbedingungen (z.B. Wegfall der Arbeitserlaubnis)[1] und sonstige Begleitrechte, die soziale Sicherheit für sog. Wanderarbeitnehmer und ihre Familien eingeschlossen (vgl. Art. 48 AEUV/ex-Art. 42 EG und dazu ergangenes Sekundärrecht, z.B. EWG-VO 1408/71)[2].   10

a) Das **Diskriminierungsverbot** des Art. 45 Abs. 1 und 2 AEUV (ex-Art. 39 Abs. 1 und 2 EG) erfasst nicht nur offene (z.B. Ausländersperrklauseln der Sportverbände, die den Wettkampfeinsatz von Ausländern kontingentieren), sondern auch verdeckte (mittelbare) Diskriminierungen aus Gründen der Staatsangehörigkeit[3] (z.B. Befristung der Arbeitsverträge nur für Fremdsprachenlektoren, was in der Regel nur Ausländer trifft[4]; verspäteter Bewährungsaufstieg nach BAT aufgrund ausländischen Diploms). Streitig ist, ob hieraus nicht nur der Staat und seine Einrichtungen, sondern auch Private (Kollektivparteien, Arbeitgeber) verpflichtet sind[5].   11

Über den Wortlaut des Art. 45 Abs. 2 AEUV hinaus hat die Rechtsprechung des EuGH anhand des „Bosman"-Falls[6] das Diskriminierungsverbot zum **Beschränkungsverbot** ausgebaut[7]. Danach sind nationale Maßnahmen, die die   12

---

1 Zum Gleichlauf von Aufenthalts- und Arbeitserlaubnis vgl. § 1 AufenthG sowie MünchArbR/*Buchner*, § 29 Rz. 7 ff.

2 Dazu näher *Eichenhofer* in: Fuchs (Hrsg.), Europäisches Sozialrecht, 4. Aufl. 2005, S. 74 ff.

3 Ausführlich *Hanau* in: Hanau/Steinmeyer/Wank, Handbuch des europäischen Arbeits- und Sozialrechts, 2002, § 15 Rz. 148 ff.; ErfK/*Wißmann*, Art. 39 EG Rz. 45 ff.

4 EuGH v. 2.8.1993 – Rs. C-259, 331 u. 332/91 („Allue II"), Slg. 1993, I-4309; BAG v. 15.3.1995 – 7 AZR 737/94, EuZW 1995, 811.

5 Sehr weitgehend EuGH v. 6.6.2000 – Rs. C-281/98 („Angonese"), Slg. 2000, I-4139 = EuZW 2000, 468; vgl. dazu *Montag*, NJW 2001, 1613 (1615); *Röthel*, EuR 2001, 908; *Streinz/Leible*, EuZW 2000, 459.

6 EuGH v. 15.12.1995 – Rs. C-415/93 („Bosman"), Slg. 1995, I-4921 = NJW 1996, 505.

7 Hierzu *Hanau* in: Hanau/Steinmeyer/Wank, Handbuch des europäischen Arbeits- und Sozialrechts, 2002, § 15 Rz. 233 ff.; Grabitz/Hilf/*Randelzhofer/Forsthoff*, Das Recht der EU I, Art. 39 EGV Rz. 165 ff.

Arbeitnehmerfreizügigkeit behindern, bei unterschiedsloser Anwendung nur gerechtfertigt, wenn sie (1) in nicht diskriminierender Weise angewandt werden, (2) aus zwingenden Gründen des Allgemeinwohls gerechtfertigt sind sowie dazu (3) geeignet und (4) erforderlich erscheinen[1]. Weil die von Verein zu Verein üblichen Transferzahlungen den Marktzugang für Berufsfußballer unvertretbar beschränkten, lag im Fall „Bosman" ein Verstoß gegen Art. 39 Abs. 2 EG vor[2]. In der Regel enthalten gesetzliche, tarifliche und vertragliche Arbeitsbedingungen aber keinen Verstoß gegen die Freizügigkeit, sondern stellen „Aufenthaltsmodalitäten" dar, welche als Bestandteil der inländischen Sozialordnung hinzunehmen sind (keine „Marktzutrittsschranke")[3].

13   **b)** Der **Arbeitnehmerbegriff** des Art. 45 AEUV (ex-Art. 39 EG) ist autonom gemeinschaftsrechtlich und damit funktionell zu interpretieren. Der EuGH lässt jede weisungsgebundene und entgeltliche Arbeitsleistung für Dritte genügen; abzustellen ist auf das Erbringen von Leistungen, die einen „gewissen wirtschaftlichen Wert" haben[4]. Erfasst werden auch Beschäftigungsverhältnisse im öffentlichen Dienst und in den Kirchen, soweit nicht die eng auszulegende Ausnahme des Art. 45 Abs. 4 AEUV (ex-Art. 39 Abs. 4 EG) eingreift. Der EuGH hat eine solche Ausnahme („Beschäftigung in der öffentlichen Verwaltung") ausdrücklich abgelehnt für die Tätigkeit von Krankenpflegern und Krankenschwestern in öffentlichen Krankenhäusern, sogar wenn sie verbeamtet sind[5]. Die Bereichsausnahme für die **öffentliche Verwaltung** betrifft nur die Ausübung hoheitlicher Aufgaben im engeren Sinn, z. B. in der inneren Verwaltung, Justiz und Polizei etc. Die Beschäftigung aber z. B. in Daseinsvorsorge und Krankenpflege, Bildung, Wissenschaft und Kultur unterfällt den Anforderungen des Art. 45 AEUV, ganz gleichgültig, welcher Beschäftigungsstatus nach nationalem Recht vorliegt.

2. Entgeltgleichheit von Frau und Mann

14   Mit der Entgeltgleichheit für Frauen und Männer (Art. 157 AEUV/ex-Art. 141 EG) war zunächst liberale Wettbewerbsgleichheit, weniger sozialer Schutz gewollt (Art. 119 aF). Inzwischen hat sich durch EuGH-Rechtsprechung und EG-Rechtsetzung daraus eine Gleichstellungspolitik von großer gesellschaftlicher Tragweite entwickelt, die seit Amsterdam sogar zu einer grundlegenden **„Querschnittsklausel"** in Art. 8 AEUV (ex-Art. 3 Abs. 2 EG) ausgebaut wurde:

---

1 EuGH v. 30.11.1995 – Rs. C-55/94 („Gebhard"), Slg. 1995, I-4165 = NJW 1996, 579.
2 Bestätigt von EuGH v. 13.4.2000 – Rs. C-176/96 („Lehtonen"), Slg. 2000, I-2681 = EuZW 2000, 375 (Anm. *Röthel*) = NZA 2000, 645; EuGH v. 8.5.2003 – Rs. C-438/00 („Kolpak"), NZA 2003, 845.
3 Hierzu *Nettesheim*, NVwZ 1996, 342 (344); *Reichold*, ZEuP 1998, 434 (447 f.); Grabitz/Hilf/*Randelzhofer/Forsthoff*, Das Recht der EU I, Art. 39 EGV Rz. 167 ff. (178 ff.).
4 Calliess/Ruffert/*Brechmann*, EUV/EGV, 3. Aufl. 2007, Art. 39 EG Rz. 13; *Riesenhuber*, § 3 Rz. 9; ErfK/*Wißmann*, Art. 39 EG Rz. 7 ff.
5 EuGH v. 3.6.1986 – Rs. 307/84 („Kommission ./. Frankreich"), Slg. 1986, 1725.

„Bei allen ihren Tätigkeiten wirkt die Union darauf hin, Ungleichheiten zu beseitigen und die Gleichstellung von Männern und Frauen zu fördern."

a) Art. 157 AEUV verleiht Arbeitnehmern ein **subjektives Recht** auf gleiches   15 Entgelt bei gleicher, auch „gleichwertiger" Arbeit, auf das diese sich vor den innerstaatlichen Gerichten berufen können. Das Diskriminierungsverbot ist nicht nur für öffentliche Arbeitgeber verbindlich, sondern erstreckt sich auch auf Kollektivverträge und allgemeine Arbeitsbedingungen zwischen Privaten (sog. unmittelbare Drittwirkung)[1]. Der **Entgeltbegriff** des Art. 157 Abs. 2 AEUV (ex-Art. 141 Abs. 2 EG) ist sehr weit auszulegen und umfasst z.B. auch Leistungen einer Direktversicherung zum Zweck der betrieblichen Altersversorgung, nicht dagegen Leistungen aufgrund staatlicher Sozialversicherung[2]. Das Gleichheitsgebot in Bezug auf die **sonstigen Arbeitsbedingungen** ist nicht auf Art. 157 AEUV, sondern auf verschiedene **Richtlinien** zurückzuführen. Insbesondere die RL 76/207/EWG (umgesetzt im AGG, vgl. Rz. 18) hat z.B. zur Aufhebung des Verbots der Nachtarbeit von Frauen und zur Unwirksamkeit von Entlassungen oder Nichteinstellungen wegen Schwangerschaft[3] geführt (vgl. Rz. 30).

b) Sehr viel häufiger als die **unmittelbare** (offene) Diskriminierung begegnen   16 Fälle der **mittelbaren** (verdeckten) Diskriminierung, z.B. bei einer Nichtzahlung von Zusatzlohn an Teilzeit- oder geringfügig Beschäftigte[4]. Sie wird bejaht, wenn eine geschlechtsneutral gefasste Regelung tatsächlich erheblich mehr Frauen als Männer benachteiligt und nicht durch objektive Gründe gerechtfertigt werden kann, d.h. einem wirklichen Bedürfnis des Unternehmens dient und dafür geeignet und erforderlich erscheint (vgl. § 3 Abs. 2 AGG)[5]. Danach stellen Überstundenzuschläge für Teilzeitbeschäftigte, die im öffentlichen Dienst erst bei Überschreitung von 38,5 Wochenstunden einsetzen, keine geschlechtsbezogene Diskriminierung dar[6]. Dagegen war die bei Halbtageskräften früher im BAT vorgesehene Verdoppelung der zurückzulegenden Zeit bis zum Bewährungsaufstieg ebenso eine mittelbare Geschlechtsdiskriminierung[7] wie es die Nichtzahlung der Jahressonderzuwendung an geringfügig Beschäftigte ist[8].

---

1 Zu Art. 141 EG unbestritten, vgl. *Reichold*, ZEuP 1998, 434 (449).
2 ErfK/*Wißmann*, Art. 141 EG Rz. 4 f., 25 f.; *Wank* in: Hanau/Steinmeyer/Wank, Handbuch des europäischen Arbeits- und Sozialrechts, 2002, § 16 Rz. 175 ff.
3 EuGH v. 5.5.1994 – Rs. C-421/92 („Habermann-Beltermann"), Slg. 1994, I-1657 = NJW 1994, 2077; EuGH v. 3.2.2000 – Rs. C-207/98 („Mahlburg"), Slg. 2000, I-549 = NJW 2000, 1019.
4 Grundlegend EuGH v. 13.5.1986 – Rs. 170/84 („Bilka"), Slg. 1986, I-1607 = NZA 1986, 599.
5 Dazu z.B. Callicss/Ruffert/*Krebber*, EUV/EGV, 3. Aufl. 2007, Art. 141 EG Rz. 42 ff.; *Riesenhuber*, § 8 Rz. 29 ff.
6 EuGH v. 15.12.1994 – Rs. C-399/92 etc. („Helmig"), Slg. 1994, I-5727 = NZA 1995, 218; BAG v. 25.7.1996 – 6 AZR 138/94, NZA 1997, 774.
7 EuGH v. 7.2.1991 – Rs. C-184/89 („Nimz"), Slg. 1991, I-297; BAG v. 2.12.1992 – 4 AZR 152/92, NJW 1991, 2207.
8 EuGH v. 9.9.1999 – Rs. C-281/97 („Krüger"), Slg. 1999, I-5127 = NZA 1999, 1151.

3. Allgemeine Gleichbehandlung (Antidiskriminierung)

17 Das Verbot der ungleichen Behandlung aus Gründen der Staatsangehörigkeit (Art. 45 ff. AEUV/ex-Art. 39 ff. EG, vgl. Rz. 10 ff.), das eingangs des Lissabon-Vertrags in Art. 2 Abs. 2 EUV („Raum der Freiheit") zusammen mit den Grundfreiheiten seine für die Union konstitutive Bedeutung bekräftigt sieht, wird nicht nur ergänzt durch das Verbot der Geschlechtsdiskriminierung (Art. 8 und Art. 157 AEUV/ex-Art. 3 Abs. 2 und Art. 141 EG, oben Rz. 14 ff.), sondern seit Amsterdam 1997 auch durch das in **Art. 19 AEUV** (ex-Art. 13 EG) niedergelegte Verbot der Diskriminierung aus Gründen der Rasse, der ethnischen Herkunft, der Religion oder der Weltanschauung, einer Behinderung, des Alters oder der sexuellen Ausrichtung. Dessen Verstärkung durch Art. 10 AEUV als sog. Querschnittsaufgabe dürfte dem EuGH die umstrittene These erleichtert haben, den Gleichbehandlungsgrundsatz als „allgemeinen Grundsatz des Unionsrechts" in den Rang eines ungeschriebenen primärrechtlichen Verbots der (Alters-)Diskriminierung zu erheben[1]. Ähnlich wie bei Art. 18 AEUV (ex-Art. 12 EG) wird also von einem *unmittelbar geltenden* Gleichbehandlungsgebot auszugehen sein, obwohl erst durch die **verbindliche Wirkung von Art. 21 Abs. 1 GRCh** (über die Brücke des Art. 6 Abs. 1 EUV) die bisher frei erfundene These des EuGH nun erhärtet werden kann[2]. Das (umfassendere) Diskriminierungsverbot **(Art. 18 AEUV)** und die neue „Querschnittsaufgabe" Antidiskriminierung für alle Politikbereiche der Union **(Art. 10 AEUV)** sind in der Tat für das Konzept der *sozialen Eingliederung* (*social inclusion*) der Union im Bereich von **Beschäftigung und Beruf** so zentral, dass eine entsprechend homogene Rechtsprechung zumindest „politisch" geeignet scheint, die Chancengleichheit beim Zugang zum Arbeitsmarkt wesentlich zu verbessern[3]. Der schwache normative Gehalt der sozialen Grundrechte, der auch nach Inkrafttreten der Grundrechtscharta das Unionsrecht kennzeichnet, ermutigt den EuGH augenscheinlich zur freien Rechtsfortbildung[4].

18 Entsprechend sollte der erste Rechtsakt, die **RL 2000/43/EG vom 29.6.2000** zur Anwendung des Gleichbehandlungsgrundsatzes ohne Unterschied der Rasse oder der ethnischen Herkunft[5], den Schutz vor solchen Diskriminierungen insbesondere in Beschäftigung und Beruf gewährleisten. Für das Arbeitsrecht noch bedeutender ist die **RL 2000/78/EG vom 27.11.2000** zur Fest-

---

1 EuGH v. 19.1.2010 – Rs. C-555/07 („Kücükdevici"), NZA 2010, 85 (Tz. 21) unter Bestätigung des „Mangold"-Urteils EuGH v. 22.11.2005 – Rs. C-144/04, Slg. 2005-I, 9981 = NZA 2005, 1345 (Tz. 75, 78); zust. *Preis/Temming*, NZA 2010, 185; krit. dagegen *Krebber*, RdA 2009, 224 (230); *Preis*, NZA 2006, 401 (404 f.); *Reichold*, JZ 2006, 549; *Riesenhuber*, FS Adomeit, 2008, S. 631 (638 ff.); *Streinz/Herrmann*, RdA 2007, 165 (169).

2 Der EuGH weist in seinem „Kücükdevici"-Urteil v. 19.1.2010 – Rs. C-555/07, NZA 2010, 85 (Tz. 23) in der Tat darauf hin; zur verbleibenden Fragwürdigkeit zutr. *Krebber*, RdA 2009, 224 (235).

3 *Wendeling-Schröder*, NZA 2004, 1320.

4 *Krebber*, RdA 2009, 224 (231, 236).

5 ABl. Nr. L 180/22 v. 19.7.2000, umzusetzen durch die Mitgliedstaaten bis zum 19.7.2003.

legung eines allgemeinen Rahmens für die Verwirklichung der Gleichbehandlung in Beschäftigung und Beruf[1], die die vollständige Beseitigung jeder unmittelbaren oder mittelbaren Diskriminierung wegen des Geschlechts, der Religion, der Weltanschauung, einer Behinderung, des Alters oder der sexuellen Ausrichtung anstrebt. Sie sieht eine Reihe von Mechanismen vor, um die Effizienz der Gleichbehandlungsregeln sicherzustellen, z. B. Umkehr der Beweislast, Schutz gegen Belästigungen und Repressionen etc. Ähnlich verhält es sich mit der revidierten **Gleichbehandlungs-RL 2002/73/EG vom 23.9.2002**[2], die die Gleichstellung der Geschlechter in Beschäftigung und Beruf an RL 2000/78/EG anpasst, und mit der **Richtlinie 2004/113/EG vom 13.12.2004**[3], die die Gleichstellung der Geschlechter auch auf die Versorgung mit Gütern und Dienstleistungen ausdehnt und damit an RL 2000/43/EG anpasst.

Mit der **Umsetzung** der Gleichbehandlungs-Richtlinien befand sich Deutschland seit 2003 in Verzug (für Alters- und Behindertendiskriminierung galten längere Fristen) und wurde deshalb auch vom EuGH wegen Untätigkeit verurteilt[4]. Am 15.12.2004 war nach verschiedenen Anläufen endlich ein offizieller „Entwurf eines Gesetzes zur Umsetzung europäischer Antidiskriminierungsrichtlinien" durch die Regierungsfraktionen vorgelegt worden[5], der dann leicht modifiziert vom Bundestag am 17.6.2005 mit der Mehrheit der damaligen Regierungsfraktionen SPD/Die Grünen als „Antidiskriminierungsgesetz" (ADG) verabschiedet wurde. Das Gesetz konnte aufgrund der vorzeitig ausgerufenen Neuwahlen im September 2005 aber im Bundesrat nicht mehr abschließend behandelt werden. Erst nachdem sich die „Große Koalition" im November 2005 unter Kanzlerin Merkel konstituiert hatte, sind die legislativen Maßnahmen gegen die einzeln benannten Diskriminierungsakte im „Allgemeinen Gleichbehandlungsgesetz" (AGG)[6] endlich verabschiedet worden.   19

Das **„Allgemeine Gleichbehandlungsgesetz"** (AGG) hat die Regelungsbereiche Arbeits- und Zivilrecht, Beamten- und Sozialrecht **einheitlich** in einem besonderen Gesetz zusammengefasst. Die bisherigen Normen zum Verbot der Geschlechts- und Behindertendiskriminierung (insbesondere § 611a BGB) entfallen ebenso wie das Beschäftigtenschutzgesetz (BeschSchG). Eine   20

---

1 ABl. Nr. L 303/16 v. 2.12.2000, umzusetzen durch die Mitgliedstaaten bis zum 2.12.2003, vgl. dazu *Bauer*, NJW 2001, 2672; *Hailbronner*, ZAR 2001, 254; *Thüsing*, ZfA 2001, 397.
2 ABl. Nr. L 269/15 v. 5.10.2002; vgl. dazu *Hadeler*, NZA 2003, 77; *Rust*, NZA 2003, 72.
3 ABl. Nr. L 373/37 v. 21.12.2004.
4 EuGH v. 28.4.2005 – Rs. C-329/04, EuZW 2005, 444; dazu auch *Klumpp*, NZA 2005, 848 (849). Das Urteil bezog sich allein auf die Nichtumsetzung der RL 2000/43/EG.
5 BT-Drucks. 15/4538 v. 16.12.2004; vgl. dazu *Bauer/Thüsing/Schunder*, NZA 2005, 32; *Säcker*, BB-Special 6/2004, 16; *v. Steinau-Steinrück/Schneider/Wagner*, NZA 2005, 28.
6 Art. 1 des Gesetzes zur Umsetzung europäischer Richtlinien zur Verwirklichung des Grundsatzes der Gleichbehandlung v. 14.8.2006, BGBl. I, 1897, in Kraft getreten am 18.8.2006.

Antidiskriminierungsstelle des Bundes wurde eingerichtet (§§ 25 ff. AGG). Das Gesetz hält sich materiell eng an den Wortlaut der EG-Richtlinien und berücksichtigt je nach Diskriminierungsmerkmal mehr oder weniger strenge Rechtfertigungsgründe für Ungleichbehandlungen, insbesondere bei „wesentlichen und entscheidenden beruflichen Anforderungen" (§ 8 Abs. 1 AGG), bei Loyalitätsobliegenheiten wegen Religion oder Weltanschauung (§ 9 AGG) oder bei zulässiger unterschiedlicher Behandlung wegen des Alters (§ 10 AGG). Der Arbeitgeber wird verpflichtet, erforderliche Maßnahmen zum Schutz vor Benachteiligungen auch vorbeugend zu treffen (§ 12 Abs. 1 AGG). Informiert und schult er seine Beschäftigten in geeigneter Weise über die Diskriminierungsverbote, hat er seine Vorsorgepflichten grundsätzlich erfüllt (§ 12 Abs. 2 AGG). Doch muss er auch bei Verstößen durch Dritte (z.B. Lieferanten, Kunden) die im Einzelfall geeigneten Schutzmaßnahmen treffen (§ 12 Abs. 4 AGG). Kernstück der Rechte der Beschäftigten sind neben einem Leistungsverweigerungsrecht (§ 14 AGG) vor allem Ansprüche auf Entschädigung und Schadensersatz (§ 15 AGG). Während beim „Schadensersatz" nur materieller Vermögensschaden ersatzfähig ist, darf der Diskriminierte nach § 15 Abs. 2 AGG auch seinen immateriellen Schaden wegen Diskriminierung (bei Nichteinstellung in Höhe von bis zu drei Monatsgehältern) als „angemessene Entschädigung" fordern. Diese Ansprüche sind innerhalb einer kurzen Ausschlussfrist von **zwei Monaten** schriftlich geltend zu machen (§ 15 Abs. 4 AGG). Der Verstoß des Arbeitgebers gegen das Benachteiligungsverbot begründet aber keinen Anspruch auf Abschluss eines Arbeitsvertrags (§ 15 Abs. 6 AGG) – ein Kontrahierungszwang als Sanktion scheidet also aus.

4. Soziale Grundrechte

21 Grundrechte wurden bislang durch die Rechtsprechung des EuGH als allgemeine Rechtsgrundsätze des Gemeinschaftsrechts entwickelt[1]. Nach der Verabschiedung der „Charta der Grundrechte der EU" in Nizza am 7.12.2000 ließ sich lange nicht absehen, ob es nur bei der feierlichen Deklaration ohne rechtliche Verbindlichkeit bleiben würde[2]. Der VVE wollte die Charta mit einigen Modifikationen als Teil II übernehmen, der Vertrag von Lissabon erklärte schließlich durch Verweisung in Art. 6 Abs. 1 EUV die Charta der Grundrechte (**GRCh**) für „rechtlich gleichrangig" mit den „Verträgen", womit EUV und AEUV gemeint sind[3]. Zum Verhältnis der Charta zu den Unionsverträgen normiert Art. 6 Abs. 1 UAbs. 2 EUV:

> „Durch die Bestimmungen der Charta werden die in den Verträgen festgelegten Zuständigkeiten der Union in keiner Weise erweitert."

---

1 Vgl. EuGH v. 11.12.2007 – Rs. C-438/05 („Viking Line"), Slg. 2007, I-10779 (Tz. 44: Streikrecht als Grundrecht); EuGH v. 18.12.2007 – Rs. C-341/05 („Laval"), Slg. 2007, I-11767 (Tz. 91: Recht auf Durchführung einer kollektiven Maßnahme als Grundrecht); dazu ferner *Krebber*, RdA 2009, 224; *Riesenhuber*, § 2; *Streinz*, Rz. 412 ff.
2 *Tettinger*, NJW 2001, 1010; *Weiss*, AuR 2001, 374; *Zachert*, NZA 2001, 1041 (1046).
3 *Mayer*, JuS 2010, 189 (192); *Riesenhuber*, § 2 Rz. 15; *Streinz*, Rz. 758.

Mit dem Inkrafttreten der GRCh existiert erstmals eine **verbindliche**, genuin gemeinschaftsrechtliche Grundlage **sozialer Rechte**. Doch verändert sich dadurch nichts an der diffusen Gemengelage normativer Quellen, wie Art. 6 Abs. 2 und 3 EUV belegt. Betrachtet man zudem die auf Art. 51, 52 GRCh verweisenden Auslegungsregeln des Art. 6 Abs. 1 EUV zusammen mit Wirkungsbegrenzungen wie in Art. 27, 28 und 30 GRCh (Rz. 23), haben diese Normen nicht einmal die Kraft, einen Mindeststandard zu gewährleisten, sondern führen zu einem „automatischen Gleichlauf der grundrechtlichen Gewährleistung mit dem jeweils geltenden Sekundärrecht"[1]. Im Wesentlichen bleibt nur die Bekräftigung und Verweisung auf anderes Primärrecht einschließlich der EMRK[2]. Entscheidende Fragen wie hier offenzulassen, bedeutet zwangsläufig, dass sie vom EuGH wie im Fall „Mangold" (Rz. 17) oder „Viking" in freier Rechtsfortbildung beantwortet werden. Von normativen Grundlagen hat sich der Gerichtshof im Bereich der sozialen Grundrechte bereits jetzt **weitgehend gelöst**[3].

Herkömmliche **Freiheitsgrundrechte** mit Bezug zum Arbeitsrecht finden   22 sich in der GRCh in Art. 12 (Versammlungs-, Vereinigungs- und Koalitionsfreiheit), Art. 14 (Zugang zur beruflichen Aus- und Weiterbildung), Art. 15 (Berufsfreiheit, Recht zu arbeiten, Freizügigkeit), Art. 16 (Unternehmerische Freiheit), Art. 17 (Eigentumsrecht). Bei den **Gleichheitsrechten** fallen arbeitsrechtlich besonders das allgemeine, sehr breite Diskriminierungsverbot in Art. 21 und das spezielle Gleichstellungsgebot von Frauen und Männern in Art. 23 ins Gewicht (Rz. 17). Rechte älterer Menschen „auf Teilnahme am sozialen und kulturellen Leben" (Art. 25) werden ebenso anerkannt und geachtet wie der Anspruch von Menschen mit Behinderung auf soziale und berufliche Eingliederung (Art. 26).

Soziale Grundrechte sind vorrangig dem Kapitel „Solidarität" zu entneh-   23 men, können aber aufgrund der unterschiedlichen Interessenlage im Konvent ihren Kompromisscharakter nicht verbergen[4]. Sie sind großenteils nur Bekräftigung des geltenden Rechts, insbesondere beim Recht auf Unterrichtung und Anhörung (Art. 27 GRCh) sowie auf Kollektivverhandlungen und Kollektivmaßnahmen inkl. Streiks (Art. 28 GRCh); hier wird jeweils noch auf die Voraussetzungen nach „dem Unionsrecht und den einzelstaatlichen Rechtsvorschriften und Gepflogenheiten" (zusätzlich!) verwiesen. Deshalb können einerseits nicht Rechtsakte wie die RL 2002/14/EG zur Festlegung eines allgemeinen Rahmens für die Unterrichtung und Anhörung der Arbeitnehmer[5] jetzt Verfassungsbestandteil im Sinne primärrechtlicher Garantiefunktion werden, andererseits nicht Tarifabschlüsse und Arbeitskampf-

---

1 *Krebber*, RdA 2009, 224 (235); vgl. auch *Hanau*, NZA 2010, 1 (4 ff.).
2 *Everling*, GedS Heinze, 2005, S. 157 (174); krit. auch *Calliess*, EuZW 2001, 261 (264); *Riesenhuber*, § 2 Rz. 34.
3 Zutr. *Krebber*, RdA 2009, 224 (236).
4 Vgl. nur *Fuchs*, ZESAR 2004, 5 (12); *Hilf*, Beilage zu NJW 49/2000, S. 5 (6); *Tettinger*, NJW 2001, 1010 (1014); *Weber*, NJW 2000, 537 (540 f.).
5 Hierzu ausführlich *Reichold*, NZA 2003, 289.

maßnahmen plötzlich zum Inhalt des Primärrechts gemacht werden, sind doch Koalitions- und Arbeitskampfrecht ausdrücklich **kein** Gegenstand von EU-Kompetenzen (vgl. Art. 153 Abs. 5 AEUV/ex-Art. 137 Abs. 5 EG, vgl. Rz. 25)[1]. In ähnlicher Weise sind das Recht auf Zugang zu unentgeltlicher Arbeitsvermittlung (Art. 29), der Schutz vor ungerechtfertigter Entlassung (Art. 30), das Recht auf gerechte und angemessene Arbeitsbedingungen (inkl. Begrenzung der Höchstarbeitszeit, Art. 31), das Verbot der Kinderarbeit und der Schutz Jugendlicher am Arbeitsplatz (Art. 32) sowie der Mutter- und Elternschutz (Art. 33 Abs. 2) zu lesen und zu verstehen: als deklaratorische Bekräftigung geltenden Europarechts bzw. als (rechtlich folgenlose) Bezugnahme auf die (politische) Erklärung der „Gemeinschaftscharta der Sozialen Grundrechte" vom 9.12.1989. Ein über geltendes Primärrecht hinausweisender Garantiegehalt der sozialen Grundrechte muss daher – trotz der bekannten Eigendynamik gesetzten EG-Rechts – abgelehnt werden, zumal es auch keine europäische Verfassungsklage geben wird[2].

5. Sozialpolitik

24   So ergeben sich auch aus dem programmatischen Bekenntnis zu „sozialen Grundrechten" in Art. 151 AEUV (ex-Art. 136 EG) keine konkreteren arbeitsrechtlichen Kompetenzen und Rechte Einzelner. **Art. 153 AEUV** (ex-Art. 137 EG) enthält jedoch abgestufte **Kompetenzen** zur Arbeitsrechtsetzung durch **Richtlinien** (vgl. Rz. 9). Zusammen mit den folgenden prozeduralen Normen (Art. 154 bis 156 AEUV/ex-Art. 138 bis 140 EG), die mit der Anhörung der Sozialpartner und deren eigenständiger Rechtsetzungsbefugnis im „Sozialen Dialog" einem besonderen prozeduralen Subsidiaritätsprinzip folgen, gehen hiervon die wesentlichen Impulse zur Rechtsangleichung im europäischen Arbeitsrecht aus.

25   **a)** Mit **qualifizierter Mehrheit** können nach Art. 153 Abs. 1 und 2 EG (ex-*Art.* 137 Abs. 1 und 2 EG) nur Mindestvorschriften erlassen werden in Bezug auf

– den technischen und sozialen Arbeitsschutz,

– die Arbeitsbedingungen (ohne Kündigungsschutz und Arbeitsentgelt),

– die Unterrichtung und Anhörung der Arbeitnehmer (ohne Mitbestimmung und Koalitions- sowie Arbeitskampfrecht),

– die berufliche Eingliederung vom Arbeitsmarkt Ausgegrenzter und

– die Chancengleichheit von Männern und Frauen auf dem Arbeitsmarkt und ihre Gleichbehandlung am Arbeitsplatz.

Dieses Programm beschreibt gleichzeitig die bisherigen Schwerpunkte der Rechtsangleichung (dazu Rz. 30 ff.).

---

1 So auch *Everling*, GedS Heinze, 2005, S. 157 (172, 174).
2 *Riesenhuber*, § 2 Rz. 26.

b) Dagegen bedarf es nach **Art. 153 Abs. 2 UAbs. 3 AEUV** *(ex-Art. 137 Abs. 3*   26
EG) in sensiblen Bereichen wie der sozialen Sicherheit, dem Kündigungsschutz, der „Vertretung und kollektiven Wahrnehmung der Arbeitnehmer-
und Arbeitgeberinteressen, einschließlich der Mitbestimmung" und der Ar-
beitsförderung der **Einstimmigkeit** bei der Verabschiedung von Rechtsakten.
Auf dieser Grundlage wurde bisher keine Maßnahme verabschiedet, auch
nicht – wie eigentlich notwendig – die Richtlinie über die Beteiligung der
Arbeitnehmer in der Europäischen Aktiengesellschaft, die vielmehr auf
Art. 308 EG (Art. 352 AEUV – Kompetenzergänzungsklausel) gestützt wurde[1]. Ausgeschlossen von einer Vergemeinschaftung bleiben nach **Art. 153
Abs. 5 AEUV** (ex-Art. 137 Abs. 6 EG) ausdrücklich Maßnahmen, die „das Arbeitsentgelt, das Koalitionsrecht, das Streikrecht sowie das Aussperrungs-
recht" betreffen.

6. Beschäftigung

Das seit Amsterdam 1997 vorhandene Beschäftigungskapitel (Art. 145 bis   27
150 AEUV/ex-Art. 125 bis 130 EG) dient lediglich der Koordination der Be-
schäftigungspolitiken der Mitgliedstaaten und möchte keine neuen Kompetenzen der Gemeinschaft im Arbeits- oder Sozialrecht begründen. Beschäf-
tigungspolitik bleibt auch nach dem Vertrag von Lissabon eindeutig Sache
der Mitgliedstaaten:

„Die Union trägt zu einem hohen Beschäftigungsniveau bei, indem sie die
Zusammenarbeit zwischen den Mitgliedstaaten fördert und deren Maßnahmen in diesem Bereich unterstützt und erforderlichenfalls ergänzt. Hierbei wird die Zuständigkeit der Mitgliedstaaten geachtet" (Art. 147 Abs. 1
AEUV).

7. Öffentliche Gesundheit

Die aus **Art. 168 AEUV** (ex-Art. 152 EG) folgende begrenzte Mit-Zuständig-   28
keit[2] der Union für das Gesundheitswesen zielt vorrangig auf die **Gesund-
heitsprävention** und nicht auf die Krankenbehandlung. Arbeitsrechtliche
Maßnahmen sind damit von vorneherein nicht intendiert. Auch mittelbar
berührt dieser Titel nicht das Arbeitsrecht im Krankenhaus, weil die natio-
nal geprägten Strukturen des Krankenhauswesens laut Art. 168 Abs. 7 AEUV
(ex-Art. 152 Abs. 5 EG) ausdrücklich nicht tangiert werden sollen. Die Union strebt keine europäische Krankenhauspolitik an, sondern möchte vor allem grenzüberschreitende Gesundheitsgefahren frühzeitig erkennen und bekämpfen (inkl. Drogen- und Suchtprävention) sowie hohe Qualitäts- und
Sicherheitsstandards für Arzneimittel, Medizinprodukte, Blut und Blutderi-
vate sowie Organe und Substanzen menschlichen Ursprungs festlegen. Auf

---

1 Richtlinie 2001/86/EG des Rates v. 8.10.2001 zur Ergänzung des Statuts der Europäischen Gesellschaft hinsichtlich der Beteiligung der Arbeitnehmer (ABl. Nr. L 294/22);
  vgl. auch *Herfs-Röttgen*, NZA 2002, 358.
2 *Oppermann/Classen/Nettesheim*, § 35 Rz. 49 ff.

der Grundlage von Art. 114 AEUV (ex-Art. 95 EG) konnte im Juni 2010 eine politische Einigung über den Richtlinienvorschlag zur Ausübung von „Patientenrechten in der grenzüberschreitenden Gesundheitsversorgung" erzielt werden, nachdem eine solche am 1.12.2009 vorläufig gescheitert war. Die zweite Lesung im Europäischen Parlament steht noch aus.

III. Sekundärrechtliche Schwerpunkte

29 Auf die arbeitsrechtliche Praxis in den Krankenhäusern üben die meisten europäischen Richtlinien nur einen indirekten Einfluss aus (vgl. Rz. 8). Um diesen europäischen Einfluss zu identifizieren, werden im Folgenden die wichtigsten deutschen Rechtsquellen mit überwiegend europarechtlicher Prägung aufgezählt.

1. Arbeitsvertragsrecht

30 **a)** Das neue **AGG** (Rz. 20) hat mit dem 18.8.2006 die **§§ 611a, 611b, 612 Abs. 3 BGB** abgelöst, die vor allem die RL 75/117/EWG (Anwendung des Grundsatzes des gleichen Entgelts für Männer und Frauen), die RL 76/207/ EWG (*geändert* durch RL 2002/73/EG, Verwirklichung des Grundsatzes der Gleichbehandlung von Männern und Frauen hinsichtlich des Zugangs zur Beschäftigung, zur Berufsbildung und zum beruflichen Aufstieg sowie in Bezug auf die Arbeitsbedingungen), die RL 86/378/EWG (*geändert* durch RL 96/97/EG, Verwirklichung des Grundsatzes der Gleichbehandlung von Männern und Frauen bei den betrieblichen Systemen der sozialen Sicherheit) und die RL 97/80/EG (Beweislast bei Diskriminierung aufgrund des Geschlechts) in deutsches Recht umgesetzt hatten (vgl. Rz. 15). Gerade im **Krankenhausbereich** ist zu beachten, dass die (auch befristete!) Einstellung einer Schwangeren nicht mit dem Hinweis auf Vorschriften zum Schutz der werdenden Mutter abgelehnt werden darf. Dies gilt selbst dann, wenn für die Zeit der Schwangerschaft ein gesetzliches Beschäftigungsverbot besteht[1]. Der EuGH hat es auch nicht beanstandet, wenn sich eine Pflegekraft nur deshalb aus dem Erziehungsurlaub vorzeitig in den Stationsdienst zurückmeldet, um sich kurz darauf wegen neuerlicher Schwangerschaft den Anspruch auf Mutterschaftsgeld verschaffen zu können[2].

31 **b) § 613a BGB** setzt die RL 2001/23/EG (Wahrung von Ansprüchen der Arbeitnehmer beim Übergang von Unternehmen, Betrieben oder Betriebsteilen, *früher* RL 77/187/EWG) in deutsches Recht um. Der Betriebsübergang wird in Art. 1 Abs. 1 lit. b RL jetzt definiert als

---

1 EuGH v. 5.5.1994 – Rs. C-421/92 („Habermann-Beltermann"), Slg. 1994, I-1657 = NJW 1994, 2077; EuGH v. 3.2.2000 – Rs. C-207/98 („Mahlburg"), Slg. 2000, I-549 = NJW 2000, 1019 = NZA 2000, 255.
2 EuGH v. 27.2.2003 – Rs. C-320/01 („Busch"), Slg. 2003, I-2041 = NJW 2003, 1107; dazu krit. *Reichold*, JZ 2006, 549 (551); *Schulte Westenberg*, NJW 2003, 490; *Stürmer*, NZA 2001, 526.

„Übergang einer ihre Identität bewahrenden wirtschaftlichen Einheit im Sinne einer organisierten Zusammenfassung von Ressourcen zur Verfolgung einer wirtschaftlichen Haupt- oder Nebentätigkeit"[1].

Wenn Art. 6 und 7 dieser Richtlinie ein Übergangsmandat sowie Ansprüche auf Information und Konsultation der Arbeitnehmervertretung(en) normieren, so bedürfen diese Teile der Richtlinie gesonderter Umsetzung im BetrVG (jetzt § 21a BetrVG), PersVG bzw. den kirchlichen Mitarbeitervertretungsgesetzen[2]. Die individuelle Unterrichtungspflicht nach § 613a Abs. 5 BGB stellt insoweit eine Übererfüllung der Richtlinie dar, als nicht allein der Betriebsrat, sondern jeder einzelne vom Übergang betroffene Arbeitnehmer zu informieren ist[3].

c) Das **Nachweisgesetz** vom 20.7.1995 (NachwG) ist eine Umsetzung der RL   32
91/533/EWG über die Pflicht des Arbeitgebers zur Unterrichtung des Arbeitnehmers über die für seinen Arbeitsvertrag oder sein Arbeitsverhältnis geltenden Bedingungen. Daraus kann sich z.B. eine veränderte Beweislast in Eingruppierungsstreitigkeiten von Arbeitnehmern im öffentlichen Dienst ergeben, was aber nicht aus der Richtlinie selbst folgt, die sich zu Sanktionen bei Verletzung der Nachweispflicht nicht äußert, sondern dem nationalen Recht zu entnehmen ist[4].

d) Am 1.1.2001 trat das Gesetz über **Teilzeitarbeit und befristete Arbeitsver-**   33
träge (TzBfG) in Kraft[5]. Es ersetzt das Beschäftigungsförderungsgesetz (BeschFG) und vereint die Vorschriften zur Teilzeitförderung mit der Regelung der allgemeinen Befristung mit und ohne Sachgrund. Gleichzeitig dient es der Umsetzung der RL 97/81/EG des Rates vom 15.12.1997 zu der von UNICE, CEEP and EGB geschlossenen Rahmenvereinigung über **Teilzeit-arbeit**[6] wie auch der Umsetzung der RL 99/70/EG des Rates vom 28.6.1999 zu der EGB-UNICE-CEEP-Rahmenvereinbarung über **befristete Arbeitsver-träge**[7], die jeweils ein Diskriminierungsverbot von Teilzeit- gegenüber Vollzeitkräften bzw. von befristet gegenüber unbefristet Beschäftigten (z.B. in Bezug auf die Anrechnung der Betriebszugehörigkeit) enthält (§ 4 TzBfG). Wichtigste Neuerung ist die Einführung eines Anspruchs auf Teilzeitarbeit für Arbeitnehmer mit mehr als sechsmonatiger Betriebszugehörigkeit in Unternehmen mit mehr als 15 Arbeitnehmern, soweit dem nicht betriebliche

---

1 Vgl. EuGH v. 12.2.2009 – Rs. C-466/07 („Klarenberg"), NZA 2009, 251; EuGH v. 20.11.2003 – Rs. C-340/01 („Abler"), Slg. 2003, I-14023 = NZA 2003, 1385; EuGH v. 15.12.2005 – Rs. C-232, 233/04 („Güney-Görres"), NZA 2006, 29; Überblick und Kritik bei *Reichold*, JZ 2006, 549 (554 f.); *Riesenhuber*, § 24 Rz. 21 ff. (40).
2 Vgl. *Reichold*, ZTR 2000, 57, sowie Sonderregeln in § 13d MAVO (kath. Kirche).
3 Vgl. etwa *Franzen*, RdA 2002, 258; *Riesenhuber*, § 24 Rz. 87 ff.; *Willemsen/Lembke*, NJW 2002, 1159.
4 EuGH v. 14.12.1997 – Rs. C-253-258/96 („Kampelmann") – Slg. 1997, I-6907 = NZA 1998, 137; EuGH v. 8.2.2001 – Rs. C-350/99 („Schünemann"), Slg. 2001, I-1061 = NJW 2001, 955 = JZ 2001, 1025 (Anm. *Reichold*).
5 Vom 21.12.2000, BGBl. I, 1966; vgl. nur *Däubler*, ZIP 2001, 217; *Hromadka*, NJW 2001, 400.
6 ABl. Nr. L 14/9 v. 20.1.1998.
7 ABl. Nr. L 175/43 v. 10.7.1999.

Gründe entgegenstehen (§ 8 TzBfG). Insoweit hat der deutsche Gesetzgeber allerdings die Vorgaben aus Brüssel weit überschritten (dazu näher Teil 10 A Rz. 17 ff.).

34   **e) § 17 Abs. 2, 3 KSchG** war aufgrund der RL 75/129/EWG, die nach Änderungen neu in RL 98/59/EG[1] gefasst wurde (zur Angleichung der Rechtsvorschriften der Mitgliedstaaten über Massenentlassungen), vom deutschen Gesetzgeber geändert worden[2]. Doch müssten die Normen zur Massenentlassung erneut verändert werden, nachdem der EuGH am 27.1.2005 entschieden hat[3], dass eine Massenentlassungsanzeige nur dann wirksam gem. §§ 17, 18 KSchG erfolgt, wenn (1) das innerbetriebliche Konsultationsverfahren *beendet* wurde, und (2) die Anzeige *vor dem Ausspruch* der Kündigung erstattet wird. Nicht der Zeitpunkt der Kündigungserklärung war nach deutscher Rechtslage für die Anzeigepflicht bisher relevant, sondern der Zeitpunkt des *tatsächlichen* Ausscheidens. Daher muss auch nach Auffassung des BAG nunmehr die Massenentlassungsanzeige bereits vor dem Ausspruch der Kündigung nach Konsultation des Betriebsrats erfolgen[4].

35   **f) §§ 183 ff. SGB III** gewähren von der Insolvenz des Arbeitgebers betroffenen Arbeitnehmern unter bestimmten Voraussetzungen Insolvenzgeld und setzen damit die RL 80/987/EWG (Schutz der Arbeitnehmer bei Zahlungsunfähigkeit des Arbeitgebers) um. Die nicht vollständige Umsetzung durch Italien war Anlass für die „Francovich"-Urteile des EuGH[5]. Das Abstellen auf die „Eröffnung des Insolvenzverfahrens" in § 183 Abs. 1 Nr. 1 SGB III stieß beim EuGH auf Kritik[6], weil die RL zunächst vom Insolvenz*antrag* als dem Auslösetatbestand (nicht: vom Eröffnungsbeschluss) ausging. Doch wurde durch die Änderungs-RL 2002/74/EG[7] (Änderung Art. 3 und 4) die deutsche Rechtslage legitimiert.

2. Arbeitsschutzrecht

36   **a)** Das **Arbeitsschutzgesetz** vom 7.8.1996 (ArbSchG) dient der Umsetzung insbesondere der Rahmen-RL 89/391/EWG über die Durchführung von Maßnahmen zur Verbesserung der Sicherheit und des Gesundheitsschutzes der Arbeitnehmer bei der Arbeit[8]. Die meisten Einzel-Richtlinien der EG zum

---

1 ABl. Nr. L 225/16 vom 12.8.1998.
2 Dazu *Wißmann*, RdA 1988, 221.
3 EuGH v. 27.1.2005 – Rs. C-188/03 („Junk"), NJW 2005, 1099 = NZA 2005, 213; vgl. dazu *Bauer/Krieger/Powietzka*, DB 2005, 445 bzw. 1006; *Ferme/Lipinski*, ZIP 2005, 593; *Nicolai*, NZA 2005, 206; *Reichold*, ZESAR 2005, 474; *Riesenhuber/Domröse*, NZA 2005, 568.
4 BAG v. 23.3.2006 – 2 AZR 343/05, NZA 2006, 971= NJW 2006, 3161.
5 EuGH v. 19.11.1991 – verb. Rs. C-6/90 bis C-9/90, Slg. 1991, I-5357 sowie EuGH v. 9.11.1995 – Rs. C-479/93, Slg. 1995, I-3843.
6 EuGH v. 15.5.2003 – Rs. C-160/01 („Mau"), Slg. 2003, I-4791 = NJW 2003, 2371 = NZA 2003, 713.
7 Vom 23.9.2002, ABl. Nr. L 270/10; dazu *Grub*, DZWiR 2002, 327; *Peters-Lange*, ZIP 2003, 1877.
8 Vom 12.6.1989, ABl. Nr. L 183/1; näher *Riesenhuber*, § 13.

Arbeitsschutz sind umgesetzt in deutsche Verordnungen wie der **Arbeitsstätten-VO, Gefahrstoff-VO, Bildschirmarbeits-VO** etc[1].

b) Das **Arbeitszeitgesetz** vom 6.6.1994 (ArbZG) setzt die Vorgaben der **RL**   37
93/104/EG über bestimmte Aspekte der Arbeitszeitgestaltung in deutsches
Recht um[2]. Nach der Änderungs-RL 2000/34/EG erfolgte eine konsolidierte
Fassung in RL 2003/88/EG[3]. Ganz besondere Bedeutung für den **Kranken-**
hausdienst entfaltete die EuGH-Rechtsprechung seit 2000[4], nach der inzwischen feststeht, dass die EG-RL 93/104 den **Bereitschaftsdienst** bei persönlicher Anwesenheit im Klinikum als volle Arbeitszeit bewertet, so dass
eine längere Beschäftigung als täglich zehn Stunden im Grundsatz ausscheidet[5]. Mit dem Gesetz zu Reformen am Arbeitsmarkt vom 24.12.2003[6] hat
der deutsche Gesetzgeber das Arbeitszeitgesetz nachgebessert (dazu näher
Teil 10 A). Eine Korrektur des deutschen **Urlaubsrechts** veranlasste der
EuGH aufgrund seiner Auslegung des Art. 7 Abs. 1 ArbZRL, wonach der Urlaubsanspruch von Langzeiterkrankten nicht einfach verfallen darf, wenn
diese ihren Jahresurlaub krankheitsbedingt (wegen Verstreichen des Übertragungszeitraums) nicht in Anspruch nehmen können[7]. Das BAG leistete in
entsprechender „Auslegung" von § 7 Abs. 3 und 4 BUrlG dem EuGH Folge
und entschied, dass der Anspruch auf Abgeltung gesetzlichen Voll- oder Teilurlaubs *nicht* erlischt, wenn der Arbeitnehmer bis zum Ende des Urlaubsjahres bzw. des Übertragungszeitraums erkrankt und deshalb arbeitsunfähig
ist[8].

c) Im **Mutterschutzgesetz** sowie ergänzenden Verordnungen[9] wurde die RL   38
92/85/EWG über die Verbesserung der Sicherheit und des Gesundheitsschutzes von schwangeren und stillenden Arbeitnehmerinnen am Arbeitsplatz
umgesetzt.

d) Im **Jugendarbeitsschutzgesetz** wurde die RL 94/33/EG über den Jugend-   39
arbeitsschutz durch das Zweite Gesetz zur Änderung des JArbSchG vom
24.2.1997 umgesetzt.

---

1 Übersicht bei *Riesenhuber*, § 13 Rz. 4.
2 Vom 23.11.1993, ABl. Nr. L 307/18.
3 Vom 4.11.2003, ABl. Nr. L 299/9.
4 EuGH v. 3.10.2000 – Rs. C-303/98 („SIMAP"), Slg. 2000, I-7963 = NZA 2000, 1227;
   EuGH v. 9.9.2003 – Rs. C-151/02 („Jaeger"), Slg. 2003, I-8389 = NJW 2003, 2971; EuGH
   v. 5.10.2004 – Rs. C-397/01 etc. („Pfeiffer"), Slg. 2004, I-8835 = NJW 2004, 1145; dazu
   auch *Reichold*, JZ 2006, 549 (553).
5 Vgl. nur *Heinze*, ZTR 2002, 102; *Linnenkohl*, AuR 2002, 211; *Streckel* in: GedS Sonnenschein, 2002, S. 875; *Trägner*, NZA 2002, 126.
6 BGBl. I 2003, 3002.
7 EuGH v. 20.1.2009 – Rs. C-350/06 und 520/06 („Schultz-Hoff"), NZA 2009, 135; vgl.
   auch *Riesenhuber*, § 14 Rz. 50 f.
8 BAG v. 24.3.2009 – 9 AZR 983/07, NZA 2009, 538; dazu teils kritisch *Krieger/Arnold*,
   NZA 2009, 530.
9 Gesetz zur Änderung des Mutterschutzgesetzes, BGBl. 1996 I, S. 2110, geändert durch
   Gesetz v. 14.11.2003, BGBl. I, 2190.

40   e) Die RL 96/34/EG zu der von den Sozialpartnern (UNICE, CEEP und EGB)
     geschlossenen Rahmenvereinbarung über **Elternurlaub**[1] bedarf nach allge-
     meiner Meinung **keiner** Umsetzung. Hier wird unbezahlter Urlaub aus An-
     lass der Geburt oder Adoption eines Kindes für mindestens drei Monate vor-
     gesehen. Gleichfalls wird das Recht auf Fernbleiben vom Arbeitsplatz wegen
     höherer Gewalt aus dringenden familiären Gründen geregelt. Hier dürften ei-
     nerseits **§§ 15 ff. BEEG**, andererseits **§ 616 BGB** sowie diese Norm ausfüllen-
     de Tarifverträge von der Richtlinie tangiert sein[2].

3. Unterrichtung und Anhörung der Arbeitnehmer

41   Am 6.5.2009 wurde die ursprüngliche Richtlinie zum Recht des Europäi-
     schen Betriebsrates (RL 94/45/EG) durch die neue **Richtlinie 2009/38/EG** er-
     setzt[3]; die Umsetzung durch die Mitgliedstaaten soll bis zum 5.11.2011
     erfolgen. Ziel der Neufassung ist es, das Verfahren zur Unterrichtung und
     Anhörung der Arbeitnehmer über Europäische Betriebsräte zu verbessern,
     nachdem deren Zahl europaweit konstant zunimmt[4]. Nach wie vor werden
     dem Europäischen Betriebsrat, wie sich auch aus der deutschen Umsetzung,
     dem **EBRG** vom 28.10.1996 ergibt, jedoch nur Informations- und Konsul-
     tationsrechte, nicht aber Mitbestimmungsrechte i. S. d. BetrVG **bei länder-
     übergreifenden Sachverhalten** zugewiesen. Mehr als einen (ernsthaften)
     Meinungsaustausch und Dialog fordert die EU nicht, vgl. § 1 EBRG („Grenz-
     übergreifende Unterrichtung und Anhörung"). Der Arbeitgeber ist zur Ko-
     operation und Kostentragung verpflichtet, nicht aber dazu, den Vorschlägen
     der Arbeitnehmervertretung Folge zu leisten. Unterlässt die zentrale Leitung
     (Konzernleitung) aber jegliche Information und Konsultation, so muss die
     geplante Maßnahme (z. B. Betriebsschließung) so lange unterbleiben, bis die
     Unterrichtung der Arbeitnehmer nachgeholt worden ist[5]. Lehnt eine z. B. in
     der Schweiz liegende zentrale Leitung die Auskunftserteilung mangels Gel-
     tung des EU-Rechts ab, so trifft die Pflicht zur Auskunft die „fingierte" zen-
     trale Leitung z. B. in Deutschland, selbst wenn diese nur über die Schweizer
     Konzernzentrale erhältlich ist[6]. Auch im Krankenhausbereich sind grenz-
     überschreitende Konzerne z. B. in Grenznähe durchaus vorstellbar.

---

1 Vom 3.6.1996, ABl. Nr. L 145/4, geändert durch RL 97/75/EG v. 15.12.1997, ABl. Nr. L
   10/24, vgl. dazu *Röthel*, NZA 2000, 65.
2 Zur Neuregelung des BErzGG im BEEG vgl. Gesetz v. 5.12.2006, BGBl. I, 2748, ferner
   Riesenhuber, § 21 Rz. 25.
3 Richtlinie 2009/38/EG des Europäischen Parlaments und des Rates über die Einsetzung eines Europäischen Betriebsrats oder die Schaffung eines Verfahrens zur Unterrichtung und Anhörung der Arbeitnehmer in gemeinschaftsweit operierenden Unternehmen oder Unternehmensgruppen vom 6.5.2009, ABl. Nr. L 122/28; dazu näher
   Riesenhuber, § 28 Rz. 5; *Thüsing/Forst*, NZA 2009, 408.
4 In der EU gibt es etwa 820 Europäische Betriebsräte, die 14,5 Millionen Arbeitnehmer
   vertreten, vgl. *Giesen*, NZA 2009, 1174.
5 Zum „Renault"-Fall *Lorenz/Zumfelde*, RdA 1998, 168.
6 EuGH v. 13.1.2004 – Rs. C-440/00 („Kühne und Nagel"), Slg. 2004, I-787 = NZA 2004,
   160 = JZ 2004, 566 (Anm. *Kort*); vgl. ferner *Däubler*, BB 2004, 446; *Reichold*, JZ 2006,
   549 (555 f.).

Die Richtlinie 2002/14/EG des Rates **zur Festlegung eines allgemeinen Rah-**   42
mens für die Information und Anhörung der Arbeitnehmer in der Europäischen Gemeinschaft[1] bezweckt die Stärkung der Informations- und
Konsultationsrechte von Arbeitnehmern bei wichtigen Unternehmensent-
scheidungen, und zwar in *jedem* Unternehmen der Union mit mehr als 50
Beschäftigten oder in Betrieben mit mehr als 20 Arbeitnehmern[2]. Diese
Richtlinie musste vom deutschen Gesetzgeber bis zum 23.3.2005 umgesetzt
werden. Da die Informationsrechte durch das BetrVG bereits sehr weitrei-
chend geregelt sind, zeichnet sich in den europäischen Nachbarländern ein
größerer Handlungsbedarf ab als in Deutschland. Durch die Rahmen-RL
2002/14/EG wird erstmals eine Mindestharmonisierung im Sinne einer „europäischen Betriebsverfassung" ermöglicht.

4. Mitbestimmung der Arbeitnehmer

Unternehmen ist es aufgrund der Verordnung (EG) Nr. 2157/2001 des Rates   43
über das **Statut der Europäischen Gesellschaft** vom 8.10.2001 ab Herbst 2004
möglich, eine Europäische Aktiengesellschaft (SE) zu gründen. Gleichzeitig
mit dieser Verordnung wurde die Richtlinie 2001/86/EG zur Ergänzung des
Statuts der Europäischen Gesellschaft hinsichtlich der Beteiligung der
Arbeitnehmer verabschiedet. Damit erging erstmals eine Richtlinie, die
Mitbestimmungsrechte von Arbeitnehmern betrifft[3]. Sie setzt auf eine pro-
zedurale Lösung und favorisiert eine im Verhandlungsweg zwischen der Unternehmensführung und einem besonderen Gremium der Arbeitnehmer getroffene Mitbestimmungsregelung. Gleichzeitig werden Auffangregelungen
für den Fall des Scheiterns der Verhandlungslösung getroffen, die den jeweils
höchsten Mitbestimmungsstandard eines der Gründungsunternehmen sichern sollen[4]. Die Wahl der Gesellschaftsform einer „Euro-AG" ist grundsätzlich auch im Krankenhausbereich möglich; jedoch bedarf es hierzu eines
in Aktien zerlegten Grundkapitals und mindestens zweier in verschiedenen
Mitgliedstaaten agierender Gesellschaften (auch: Tochtergesellschaften)[5].
Grundsätzlich ist ihre Gründung daher hauptsächlich für europaweit arbeitende Aktiengesellschaften interessant. Unter bestimmten Umständen ist
es jedoch auch für eine GmbH möglich, durch die Bildung einer Holding-SE
eine Europäische Aktiengesellschaft (Art. 2 Abs. 2 SE-VO) zu gründen. Die
Gründung einer Tochter-SE ist nach Art. 2 Abs. 3 SE-VO nicht nur juristischen Personen des öffentlichen oder privaten Rechts mit Sitz in der Gemeinschaft möglich, sondern auch Personengesellschaften[6]. Die SE-Ergän-
zungs-RL lieferte die Blaupause für die **RL 2003/72/EG** vom 22.7.2003 zur

---

1 Vom 11.3.2002, ABl. Nr. L 80/29.
2 Dazu ausführlich *Reichold*, NZA 2003, 289; *Weiler*, AiB 2002, 265.
3 Näher MünchArbR/*Wißmann*, § 287 Rz. 4 ff.; *Riesenhuber*, § 29 Rz. 6 ff.
4 Die Kritik an dieser Regelung, dem sog. „Vorher-Nachher-Prinzip", überwiegt deutlich, vgl. nur *Fleischer*, AcP 204 (2004), 502 (535); *Henssler*, RdA 2005, 330 (333); *Hir-
   te*, NZG 2002, 1 (6); *Hopt*, EuZW 2002, 1; *Junker*, ZfA 2005, 211 (223); *Kübler*, FS Rai-
   ser, 2005, S. 247 (253).
5 *Thoma/Leuering*, NJW 2002, 1449 (1450).
6 *Bungert/Beier*, EWS 2002, 1 (7); *Thoma/Leuering*, NJW 2002, 1449 (1451).

Ergänzung des Statuts der Europäischen Genossenschaft hinsichtlich der Beteiligung der Arbeitnehmer und die **RL 2005/56/EG** über die Verschmelzung von Kapitalgesellschaften aus verschiedenen Mitgliedstaaten[1].

44   Das deutsche **Gesetz zur Einführung der Europäischen Gesellschaft** (SEEG) beinhaltet vor allem die gesellschafts- und arbeitsrechtlichen Grundlagen für die Bildung einer SE mit Sitz in Deutschland[2]. Die Eintragung einer SE in das Handelsregister ist erst dann möglich, wenn feststeht, ob und in welcher Form die Mitwirkungsrechte der Arbeitnehmer in der neuen Gesellschaft realisiert werden. Kommt es nicht zu einer Verhandlungslösung über die Beteiligung der Arbeitnehmer, so gelten die §§ 22 ff. SEBG (SE-Beteiligungsgesetz) mit der Folge, dass sowohl ein **SE-Betriebsrat** auf Unternehmensebene (mit Unterrichtungs- und Anhörungsrechten)[3] zu errichten ist als auch **Arbeitnehmervertreter** im Aufsichtsgremium nach Maßgabe des zuvor bestehenden höchsten Mitbestimmungsniveaus („importierte" Mitbestimmung) zu wählen sind (§§ 34 ff. SEBG). Die positive Entwicklung der SE vor allem in Deutschland[4] lässt den Schluss zu, dass vor allem die Verkleinerung des Aufsichtsrats (Beispiel Allianz SE, BASF SE, Fresenius SE, Porsche Automobil Holding SE), aber auch die „Zementierung" des Mitbestimmungsstatuts kraft § 35 SEBG deutliche Vorteile gegenüber dem nationalen MitbestG 1976 verspricht. Eine SE, die z. B. durch Umwandlung einer drittelparitätisch mitbestimmten Gesellschaft entstanden ist, unterliegt auch dann noch der drittelparitätischen Mitbestimmung, wenn sie nach ihrer Gründung infolge organischen Wachstums, des Zukaufs von Betriebsvermögen oder des Erwerbs von Tochtergesellschaften die Zahl von 2000 Arbeitnehmern überschreitet und deshalb als AG deutschen Rechts unter die qualifizierte Mitbestimmung nach dem MitbestG 1976 fiele[5].

---

1 Dazu näher *Riesenhuber*, § 30.
2 SEEG v. 22.12.2004, BGBl. I, 3675; vgl. auch BT-Drucks. 15/3405 i. d. F. BT-Drucks. 15/4053; dazu näher *Grobys*, NZA 2005, 84; *Kallmeyer*, ZIP 2004, 1442; *Nagel*, DB 2004, 1299.
3 Ein Europäischer Betriebsrat nach dem EBRG ist neben dem SE-Betriebsrat natürlich nicht zu bilden, weil beider Funktionen weitgehend identisch sind.
4 Vgl. dazu nur *Eidenmüller/Engert/Hornuf*, AG 2008, 721.
5 Ulmer/Habersack/Henssler/*Habersack*, Mitbestimmungsrecht, 2. Aufl. 2006, § 35 SEBG Rz. 14; *Habersack*, Konzern 2006, 105 (107 f.).

Teil 2
Organisationsstrukturen im Krankenhaus

A. Krankenhausleitung

I. Gesetzliche Vorgaben für die Leitungsstruktur

Seit dem Krankenhausneuordnungsgesetz (KHNG)[1] ist das bundesrechtliche 1
Krankenhausrecht nur noch auf Grundsatzvorschriften beschränkt. Die einzelne **Ausgestaltung obliegt den Ländern**[2]. Hierbei haben die Länder auch
Bestimmungen über die Leitungs- und Organisationsstrukturen – jedoch mit
unterschiedlicher Regelungstiefe – erlassen. Die Landeskrankenhausgesetze
(LKHG) erfassen dabei nur diejenigen Krankenhäuser, die nach dem Gesetz
zur wirtschaftlichen Sicherung der Krankenhäuser und zur Regelung der
Krankenhauspflegesätze (KHG) öffentlich gefördert werden[3]. Andere Krankenhäuser, die nicht in den Krankenhausplan aufgenommen werden, können sich jedwede zweckmäßige Krankenhausleitungsstruktur geben.

Gemeinsam ist allen Landeskrankenhausgesetzen, dass hinsichtlich der Lei- 2
tungsstruktur eines Krankenhauses eine berufsständisch gegliederte, **kollegiale Krankenhausleitung** gefordert wird, wobei jeweils für die kirchlichen
Träger Ausnahmen bestehen; zu der verfassungsrechtlich geschützten Autonomie kirchlicher Krankenhäuser ausführlich Teil 1 B Rz. 20 ff. bzw. Teil 4
Rz. 42 ff. Nach § 31 Abs. 1 Satz 1 u. 3 KHGG Nordrhein-Westfalen ist eine
Betriebsleitung zu bilden, an der eine Leitende Ärztin oder ein Leitender
Arzt, die Leitende Pflegekraft und die Leiterin oder der Leiter des Wirt-
schafts- und Verwaltungsdienstes zu beteiligen sind[4].

Aus beiden Bestimmungen wird deutlich, dass der Krankenhausleitung zwar 3
die **drei klassischen Funktionsbereiche des Ärztlichen Dienstes, des Pflegedienstes und des Verwaltungsdienstes** angehören sollen, die eigentliche Führung und Leitung des Krankenhauses aber durchaus einem anderen Organ
zugeordnet sein kann.

Dem **Krankenhausdirektorium bzw. der -leitung** obliegt die **laufende Be-** 4
triebsführung, also das eigentliche Tages- und Kerngeschäft. Zudem gehört
zu den Pflichten der Krankenhausleitung die Vollziehung der Beschlüsse des

---

1 Vom 20.12.1984, BGBl. I, 1716.
2 Vgl. die jeweils erlassenen Landeskrankenhausgesetze (LKHG); aufgeführt in der ersten Fußnote zu Teil 1 C Rz. 5.
3 Vgl. LAG BW v. 11.11.1998 – 3 Sa 30/98.
4 Ähnliche Regelungen finden sich auch in den LKHG anderer Länder: § 21 Abs. 2
SächsKHG, § 23 Abs. 1 BbgKHEG. Wiederum andere LKHG überantworten Fragen
zur Struktur und Organisation weitgehend dem Krankenhausträger: § 23 Abs. 2 LKG
Rheinland-Pfalz; § 28 ThürKHG.

Krankenhausträgers[1]. Die Krankenhausleitung soll bei ihrer Arbeit die Grundsätze der Leistungsfähigkeit, Sparsamkeit und Wirtschaftlichkeit beachten[2].

II. Gliederungsstruktur des Krankenhauses

5   Die **Arbeitsteilung** in deutschen Krankenhäusern erfolgt traditionell in **horizontaler und vertikaler Ausrichtung**. Davon gehen auch die Landeskrankenhausgesetze der Länder (LKHG) aus[3].

6   Horizontal sind Krankenhäuser in **drei verschiedene Funktionsbereiche**, den Ärztlich-therapeutischen Dienst, den Pflegerischen Dienst und den Verwaltungs- und Wirtschaftsdienst (sog. Trias oder „3-Säulen-Modell") gegliedert. Diese treten zum Patienten unmittelbar oder mittelbar wechselseitig in Beziehung.

7   Die **horizontale Arbeitsteilung** erstreckt sich auf die Zusammenarbeit unter Ärzten ebenso wie auf die Kooperation zwischen Ärzten und Pflegefachkräften[4].

8   Innerhalb eines jeden horizontalen Bereichs existiert zudem eine **vertikale Gliederung**, welche sich am **Maß der zu tragenden Verantwortung** orientiert. Es bestehen also grundsätzlich Weisungsrechte für den Vorgesetzten gegenüber nachgeordneten Mitarbeitern. Damit besteht zu jedem Geschäftsbereich eine sog. Anforderungspyramide, an deren Spitze der Ärztliche Direktor, die Pflegedienstleitung und der Verwaltungsdirektor stehen. Wird das Krankenhaus als GmbH geführt, ersetzt der Geschäftsführer oft den Verwaltungsdirektor. Diesen Spitzen nachgeordnet finden sich weitere Rangstufen, beispielsweise klassisch für den Bereich des Ärztlichen Dienstes die Leitenden Ärzte (Chefärzte), Oberärzte, nachgeordnete Fachärzte und Assistenzärzte.

9   Die einzelnen **Aufgaben- und Verantwortungsbereiche** werden durch organisatorische Regelungen wie **Dienstanordnung, Geschäftsordnung, Dienstanweisung oder Stellenbeschreibung** zugeordnet. Dies ist insbesondere im Hinblick auf ein mögliches Organisationsverschulden unter haftungsrechtlichen Gesichtspunkten geboten.

---

1 Je nach Trägerstruktur kann es sich dabei um einen Krankenhausausschuss des Kreistages oder des Stadtrates, den Kirchenvorstand, die Gesellschafterversammlung, den Aufsichts- oder Verwaltungsrat o.Ä. handeln.
2 § 23 Abs. 1 Satz 1 BbgKHEG, § 43 Abs. 3 LKHG M-V.
3 Vgl. etwa § 31 Abs. 1 KHGG NW, § 14 Abs. 3 HKHG, § 43 Abs. 1 LKHG M-V, §§ 17–19 SKHG.
4 *Rehborn*, Arzt – Patient – Krankenhaus, 3. Aufl., 2000, S. 164.

III. Allgemeine Organisationspflichten

Organisationspflichten sind Gefahrenabwendungspflichten im Kranken-   10
haus. Das Krankenhaus ist verpflichtet, geeignete Maßnahmen in **hygienischer, räumlich-baulicher, personeller und sächlicher** Hinsicht zu treffen,
damit eine sichere Krankenhausbehandlung gewährleistet ist. Im Vordergrund steht die Sicherstellung des reibungslosen Ablaufs der Krankenhausbehandlung und die notwendige Patientenaufklärung und Dokumentation.

Für die **krankenhausinterne Organisation** ist der **Krankenhausträger** verant-   11
wortlich. Da es sich bei den Trägern typischerweise um juristische Personen
handelt (Einzelheiten dazu im Teil 1 B Rz. 4 ff.), erfüllen die Träger ihre
Pflicht durch ihre Organe oder andere verfassungsmäßig berufene Vertreter,
so dass haftungsrechtlich eine Organhaftung i.S.d. §§ 31, 81 BGB gegeben
ist.

Es besteht die Verpflichtung, das Krankenhaus so zu organisieren, dass für jeden Aufgabenbereich ein verfassungsmäßiger Vertreter zuständig ist, der die
wesentlichen Entscheidungen selbst trifft. Die jeweiligen Zielvorgaben sollten in **Leit- und Führungsrichtlinien** vorgegeben werden, wobei die Ärzte in
eine Verantwortungsstruktur eingebunden werden sollten. In diesem Rahmen erfüllt die Krankenhausleitung Organisationspflichten des Krankenhausträgers.

Besonderes Augenmerk sollte die Krankenhausleitung auf eine **umfassende**   12
Dienstanweisung zur Patientenaufklärung legen. Medizinische Maßnahmen
dürfen nur mit Einwilligung des Patienten nach erfolgter ordnungsgemäßer
Aufklärung vorgenommen werden. Üblicherweise erfolgt die Aufklärung unter Verwendung eines Aufklärungsformulars. Die aufklärenden Ärzte müssen jedoch darauf hingewiesen werden, dass eine Übergabe dieses Merkblatts
an den Patienten nicht ausreicht. Es ist vielmehr ein nachhaltiges vertrau-
ensvolles Gespräch zwischen Arzt und Patient über den ärztlichen Befund,
die Art und Schwere des Eingriffs, den voraussichtlichen Verlauf und mögliche Folgen und Risiken des Eingriffs erforderlich[1].

Nachfolgend werden einige die Behandlung betreffende **Organisationspflicht-
verletzungen** vorgestellt, die in der Rechtsprechung diskutiert wurden.

Das Krankenhaus muss den sog. **Facharztstandard sicherstellen.** Wenn die   13
Behandlung von einem Arzt ohne abgeschlossene Facharztausbildung durch-
geführt wird, der nicht von einem Facharzt überwacht wird, begeht das
Krankenhaus einen Organisationsfehler[2].

Im Rahmen der Operation durch einen **nicht ausreichend qualifizierten As-**   14
sistenzarzt muss die ständige Eingriffsbereitschaft des die Operation beauf-

---

1 Vgl. BGH v. 8.1.1985 – VI ZR 15/85, NJW 1985, 1399.
2 *Martis/Winkhart*, A 123 f. m.w.N.

sichtigenden Chef- oder Oberarztes gegeben sein. Andernfalls liegt ein Behandlungsfehler in der Form einer Organisationspflichtverletzung vor[1].

15 Der Krankenhausträger hat die **Pflegekräfte** sorgfältig und fachadäquat **auszuwählen** und sie nach dem Grundsatz der vertikalen Arbeitsteilung Chefarzt – Assistenzarzt – Pflegekraft zu **überwachen**. Die Schaffung klarer Verantwortungsebenen ist zwingend notwendig. Die Anzahl des Pflegepersonals ist an die zu behandelnden Patienten anzupassen. So stellt es ein Organisationsverschulden des Krankenhausträgers dar, wenn 30–35 psychiatrischen Patienten auf der Station einer Nervenklinik lediglich eine Pflegekraft gegenübersteht und ein Patient einen Suizid begeht[2].

16 Der Krankenhausträger kann selbst für **Organisationsmängel des Belegarztes** haftbar sein, obwohl die Organisation der ärztlichen Behandlung und die Auswahl des nichtärztlichen Personals im Belegarztsystem grundsätzlich zu den Aufgaben des Belegarztes gehören[3]. Trotzdem muss der Krankenhausträger einschreiten, wenn sich abzeichnet, dass die pflegerische Kompetenz der vom Belegarzt mit Aufgaben betrauten Pflegekraft nicht ausreicht[4].

17 **Verschlechtert sich der Gesundheitszustand** des Patienten erheblich, muss geregelt sein, welche **Diagnose- und Therapiemaßnahmen** zu ergreifen sind. Hierzu muss sichergestellt sein, dass unverzüglich ein kompetenter Arzt hinzugezogen wird. Generell sind geeignete Vorkehrungen für medizinische Notfälle zu treffen, um innerhalb kürzester Zeit die richtigen medizinischen Schritte einzuleiten[5].

18 Daneben obliegt dem Krankenhausträger die Pflicht zur **Einhaltung des gegenwärtigen apparativen und hygienischen Standards**. Medizinische Geräte sind zu warten und zu kontrollieren, das Personal ist in deren sicherer Handhabung zu schulen und auszubilden[6].

19 Neuerdings mehren sich die Stimmen, die ein Qualitätsmanagement fordern. **Maßnahmen der internen und externen Qualitätssicherung** sollen das Ergebnis und den Erfolg der Krankenhausbehandlung erhöhen[7]. Fehlen solche Einrichtungen, begründet dies allerdings noch kein Organisationsverschulden[8].

---

1 *Martis/Winkhart*, A 370 f. m. w. N.
2 Vgl. *Martis/Winkhart*, G 1031 m. w. N.
3 *Rieger/Peikert*, Lexikon des Arztrechts, 805 Belegarzt, Rz. 34.
4 Weitere Beispiele bei *Martis/Winkhart*, G 1023.
5 *Martis/Winkhart*, G 1028 m. w. N.
6 *Martis/Winkhart*, B 142 m. w. N.
7 Die wesentlichen Informationen aus den Qualitätsberichten der zugelassenen Krankenhäuser sind abrufbar unter www.klinik-lotse.de; vgl. § 137 Abs. 3 Nr. 4 SGB V.; ausführlich *Pflüger*, Krankenhaushaftung und Organisationsverschulden, 2002, S. 262 ff.
8 *Deutsch/Spickhoff*, Medizinrecht, 6. Aufl. 2008, Rz. 389.

B. Verwaltung

I. Grundsätzliche Erwägungen zur Krankenhausverwaltung

Der Krankenhausverwaltung kommt innerhalb der Leitungsstruktur des
Krankenhauses eine besondere Rolle zu. Die Aufgaben des Verwaltungsleiters des Krankenhauses – auch als **Verwaltungsdirektor, Geschäftsführer
oder Krankenhausdirektor** bezeichnet – haben sich entsprechend der beachtlichen wirtschaftlichen Bedeutung des Gesamtunternehmens „Krankenhaus" zu einer anspruchs- und verantwortungsvollen Tätigkeit weiterent-
wickelt.

1

Es reicht heute nicht mehr aus, ein Krankenhaus nur noch zu verwalten[1].
Angesichts der in immer kürzeren Intervallen beschlossenen kurzatmigen
Reformen und Änderungen des Sozial- und Krankenhausrechts sowie der
fortschreitenden Innovationskraft der Medizin und Medizintechnik, sieht
sich das Krankenhaus einem extremen Anpassungs- und Kostendruck gegenüber, der die Erfüllung des Versorgungsauftrages innerhalb dieser Rahmenbedingungen erheblich erschwert. Der Krankenhausdirektor muss in dieser Situation die notwendigen wirtschaftlichen Veränderungsprozesse kraft seiner
Erfahrung und beruflichen Qualifikation – meist ist er Diplom-Volkswirt
oder Diplom-Kaufmann – steuern und gestalten. Von ihm wird also nicht
nur die bloße Organisation und Überwachung der Krankenhausverwaltung
erwartet, gefragt sind vielmehr **Führungs- und Managementqualitäten,** damit die wirtschaftlichen Weichen für den Erfolg des Krankenhauses richtig
gestellt werden[2].

2

Die Verwaltung im herkömmlichen Sinne ist lediglich ein – wenn auch
wichtiger – Aspekt unter vielen im modernen Krankenhausmanagement. § 1
Abs. 2 KHG postuliert die wirtschaftliche Sicherung des Krankenhauses als
Hauptzweck des Gesetzes, denn nur leistungsfähige und eigenverantwortlich wirtschaftende Krankenhäuser sind auch in der Lage, die bedarfsgerechte Krankenhausversorgung der Bevölkerung sicherzustellen. Dabei darf indessen nicht verkannt werden, dass der Verwaltungsdirektor und mit ihm
seine Kollegen in der Krankenhausbetriebsleitung nur insoweit die Geschicke des Krankenhauses lenken können, als der Krankenhausträger nicht
selbst seine Einflussmöglichkeiten auf die Lenkung des Krankenhauses geltend macht. Denn grundsätzlich ist der Verwaltungsdirektor an die **strategi-
schen Zielvorgaben des Krankenhausträgers** gebunden, ohne dessen finanziellen Einsatz das „Unternehmen" Krankenhaus nicht existieren könnte[3].

3

---

1 Die vor 100 Jahren in der Satzung eines Stiftungskrankenhauses bezeichneten Aufgaben des Verwaltungsdirektors gehören in ihrer Eindimensionalität längst vergangenen Zeiten an: „Der Rendant (vormalige Bezeichnung des Verwaltungsdirektors) führt
und verwaltet die Hospitalkasse. Seitens des Rendanten ist in jeder Vorstandssitzung
eine Übersicht des Vermögensstandes vorzulegen, welche zu den Akten genommen
wird."; vgl. *Hubertus Müller,* ku 1991, 761.
2 Zutreffend daher *Hoffmann,* ku 1991, 764.
3 Zur Haftung des Verwaltungsleiters bei Vertretung der Träger-GmbH ohne Vertretungsmacht vgl. BGH v. 2.2.2000 – VIII ZR 12/99, NJW 2000, 1407.

II. Der Verwaltungsdirektor als Teil des Krankenhausdirektoriums

4   Das Unterfangen, mit dem Betrieb des Krankenhauses zumindest ein aus-
geglichenes Wirtschaftsergebnis zu erzielen, idealerweise das Geschäftsjahr
sogar mit einem Gewinnüberschuss abzuschließen, kann freilich nicht allein von dem Verwaltungsdirektor bewerkstelligt werden. Aus diesem Grunde sehen nahezu alle Landeskrankenhausgesetze das Kollegialitätsprinzip
vor, nach dem die Betriebsleitung dem Krankenhausdirektor gemeinsam mit
dem Leiter des Ärztlichen Dienstes und dem Pflegedienstleiter obliegt[1]. Die
drei Säulen der Krankenhausbetriebsführung werden auch als **Krankenhausdirektorium** oder **Krankenhausbetriebsleitung** bezeichnet. Sie tragen als Gremium die Verantwortung für das Wohl und Wehe des Krankenhauses. Die
Leitung des Krankenhauses soll nach den Grundsätzen der Leistungsfähigkeit, Sparsamkeit und Wirtschaftlichkeit organisiert sein. Darüber hinaus
ist das Gremium dem Krankenhausträger gegenüber rechenschaftspflichtig.

5   Die Arbeitsteilung nach dem **Kollegialitätsprinzip** basiert auf Gleichberechtigung, Eigeninitiative, Selbstverantwortung sowie gegenseitigem Vertrauen.
Die drei Führungsebenen selbst sind wiederum hierarchisch-vertikal gegliedert, so dass dem Verwaltungsdirektor als Spitze der Krankenhausverwaltung der stellvertretende Direktor usw. nachfolgt[2]. Der jeweilige Be-
reichsleiter übt das fachliche Weisungsrecht über das seinem Fachbereich
zugeordnete Personal als Vorgesetzter aus.

6   Ob und wer innerhalb dieses Kollegiums entscheidenden **Einfluss auf das
operative Tagesgeschäft** haben soll, lassen die meisten Landeskrankenhausgesetze unentschieden oder überlassen es dem Krankenhausträger, die Aufgaben der Betriebsleitung und die Zuständigkeiten der Mitglieder zu regeln[3].

III. Aufgabenbereich der Krankenhausverwaltung

7   Der Krankenhausverwaltung und an seiner Spitze dem Verwaltungsdirektor
werden in der Praxis zumeist folgende Einzelaufgaben im Bereich des **Wirt-
schafts-**, **Verwaltungs- und** technischen Dienstes **zugewiesen:**

- der allgemeine Verwaltungsbereich,

- die Personalangelegenheiten,

- der Wirtschaftsdienst,

- die Rechnungsabteilung,

- das Finanzwesen,

---

1 Vgl. § 31 Abs. 1 KHGG NRW, § 21 Abs. 2 Satz 2 SächsKHG.
2 Laufs/Kern/*Genzel/Degener-Hencke*, § 85 Rz. 6.
3 Eher unüblich ist die Regelung des § 21 Abs. 2 Satz 3 SächsKHG, wonach der leitende
  Chefarzt Vorsitzender der Betriebsleitung ist.

– die Betriebsbuchhaltung und

– der technische Dienst[1].

Der Verwaltungsdirektor zeichnet für die **Planung, Organisation und Kon-** 8
trolle des gesamten Betriebsprozesses verantwortlich. Sie stellen das Wesen
jeder Betriebsführung dar, nach der mit analytischem und systematischem
Vorgehen die Planungsziele definiert, organisiert und deren Einhaltung überwacht werden.

IV. Konflikte innerhalb der Direktoriums

Konflikte zwischen Ärztlichem Dienst, Pflegendem Dienst und Verwal- 9
tungsdienst (Führungstrias) führen in der Praxis zu nicht unerheblichen Rei-
bungsverlusten. Das Gremium zieht bei der Verfolgung der gesteckten Ziele
nicht immer an einem Strang. Ihr Verhältnis zueinander ist gelegentlich geprägt durch gegenseitiges Misstrauen und Machtstreben: Es werden wichtige
Informationen zurückgehalten oder gemeinsam zu treffende Entscheidungen
eigenmächtig gefällt[2]. Sowohl der Ärztliche Direktor wie auch der Pflegedienstleiter fühlen sich bisweilen eher ihrem **Berufsstand** und den daraus resultierenden **Partikularinteressen** verpflichtet oder zeigen Desinteresse in
Sachen Krankenhausbetriebsführung[3]. Dabei ist es unerlässlich, dass alle
Direktoriumsmitglieder zusammenwirken. Ohne die Mitwirkung des ge-
schäftsführenden Pflegedienstleiters etwa bei der Budgetkontrolle oder anderen Controllingaufgaben sind die Bemühungen der anderen Funktionsspit-
zen vergebens[4].

Der Verwaltungsdirektor hingegen muss gelegentlich **unpopuläre wirtschaft-** 10
liche oder personelle Maßnahmen treffen, die den Hoheitsbereich der beiden
anderen Führungsbereiche berühren und für Missstimmung sorgen können.
Eine solche Situation dürfte gegeben sein, wenn die Krankenhausverwaltung
Budgetvorgaben, wie etwa Begrenzungen der Arzneimittelversorgung, beschließt, die unmittelbar die tägliche patientenbezogene Arbeit der ärztlichen Belegschaft und des Pflegepersonals betreffen. Dabei setzt die Krankenhausverwaltung regelmäßig nur die Vorgaben des Krankenhausträgers
oder sogar gemeinsam gefasste Entschlüsse der Krankenhausbetriebsleitung
um. Der Verwaltungsdirektor wird aufgrund der Nähe zum Krankenhausträger als dessen Sprachrohr und verlängerter Arm wahrgenommen. Wenn im
Falle der finanziellen Schieflage der Versorgungseinrichtung der Krankenhausträger personelle Konsequenzen in Erwägung zieht, trifft es zumeist den
Verwaltungsdirektor als ersten[5].

---

1 Vgl. *Heinz A. Müller,* ku 1988, 669 (670).
2 *Hoffmann,* ku 1991, 764 (771).
3 *Hubertus Müller,* ku 1991, 761 (763); *Heinz A. Müller,* ku 1988, 669 (670).
4 *Peil,* ku 1991, 774.
5 *Hubertus Müller,* ku 1991, 761 (763).

11 Es fragt sich, welche **Konfliktlösungsmechanismen** zur Verfügung stehen, um solchen Eskalationen begegnen zu können. Ratsam erscheint es, wenn der Krankenhausträger eine die Kompetenzen der einzelnen Direktoriumsmitglieder deutlich voneinander abgrenzende Geschäftsordnung erlässt. Allerdings können hier auch Dienstanweisungen, Dienstordnungen oder Stellenbeschreibungen Abhilfe schaffen. Wichtig ist dabei, dass nicht eine Führungsspitze weitreichende Managemententscheidungen „einsam" für und gegen die anderen Bereiche trifft, sondern die wesentlichen und alle betreffenden Angelegenheiten im Einvernehmen und Kompromiss beschlossen werden. Sollten trotz aller Anstrengungen und Vorkehrungen die schwelenden Konflikte nicht aufzulösen sein, ist ausnahmsweise die Möglichkeit in Betracht zu ziehen, zur Schlichtung des Streits zwischen den Mitgliedern der Krankenhausleitung den Krankenhausträger oder seine „Repräsentanten"[1] unmittelbar einzuschalten. Er vermag kraft seiner rechtlichen und wirtschaftlichen Stellung die streitige Maßnahme zu bestätigen oder aber zu verwerfen.

V. Das Verhältnis der Betriebsleitung zum Krankenhausträger

12 Die **Kompetenzen des Krankenhausträgers** einerseits und der Krankenhausbetriebsleitung andererseits sollten ebenfalls durch eine deutliche Grenzziehung voneinander getrennt werden[2]. Das eigentliche Tagesgeschäft sollte dem Direktorium vorbehalten bleiben. Entscheidungen, die mit dem laufenden Betrieb des Krankenhauses verknüpft sind (sog. operatives Geschäft), fallen somit in die Kompetenz der Betriebsleitung[3]. Der Krankenhausträger hat das Recht, die unternehmerische Strategie zu bestimmen. Er kann – ähnlich dem Aufsichtsrat einer Aktiengesellschaft – die Tätigkeit des Direktoriums überwachen und bei Fehlentwicklungen gegensteuern. Hierzu werden in der Praxis in der Regel als Aufsichtsorgan der Verwaltungsrat oder das Kuratorium gebildet[4]. Es ist zweckmäßig, wenn sich beide Gremien zur Regelung ihrer Rechtsbeziehungen eine Geschäftsordnung oder Satzung geben, in der etwa regelmäßige und umfassende Berichtspflichten niedergelegt werden.

13 Die Rechtsbeziehungen zwischen den vorgenannten Gremien sind ebenfalls von der Rechtsform des Krankenhauses und deren Ausgestaltung abhängig. Krankenhäuser, die als **Regie- oder Eigenbetriebe der Kommunen** ohne eigene Rechtspersönlichkeit (vgl. Teil 1 B Rz. 26) geführt werden, sind nicht nur wirtschaftlich, sondern vor allem rechtlich und organisatorisch vom Krankenhausträger abhängig. Als unselbständige Verwaltungseinheiten ist es ihnen nicht möglich, selbständig eine eigene Betriebsorganisation aufzubauen[5]. In dieser Betriebsform ist die Krankenhausleitung, teilweise noch als „Werksleitung" (eines kommunalen Eigen- oder Regiebetriebs) bezeichnet,

---

1 Z.B. der GmbH-Geschäftsführer, Aufsichts- oder Verwaltungsrat.
2 Laufs/Kern/*Genzel/Degener-Hencke*, § 85 Rz. 22.
3 *Hoffmann*, ku 1991, 764 (768).
4 *Hoffmann*, ku 1991, 764 (768).
5 *Altmeppen*, NJW 2003, 2561.

einschließlich der Krankenhausverwaltung eng verknüpft mit der Gemeindeverwaltung[1].

Wenn das Krankenhaus indes in der **Rechtsform der Gesellschaft mit beschränkter Haftung** (vgl. Teil 1 B Rz. 4 ff.) errichtet worden ist, bestimmen sich die Beziehungen zwischen Betriebsleitung und Krankenhausträger nach Maßgabe des Gesellschaftsvertrags. Der Geschäftsführer der GmbH muss nicht zwingend den klassischen Trias angehören, sondern kann auch aus einem alleinvertretungsberechtigten Hauptgeschäftsführer bestehen. Der Krankenhausträger wiederum kann seine Einflussmöglichkeiten und Kontrollrechte durch entsprechende Gestaltung des Gesellschaftsvertrages bzw. durch Errichtung eines Aufsichts- oder Verwaltungsrates geltend machen. 14

VI. Datenschutz und ärztliche Schweigepflicht im Krankenhaus

1. Rechtliche Grundlagen der ärztlichen Schweigepflicht

Die Krankenhausverwaltung gelangt zwangsläufig in den Besitz sensibler **Patientendaten**, die insbesondere **für die Abrechnung** der erbrachten Leistungen mit dem Kostenträger erhoben werden. Die Feststellung, dass der Krankenhausträger diese Daten Nichtberechtigten unter keinen Umständen weitergeben oder offenbaren darf, ist im Grunde eine Selbstverständlichkeit. Sowohl der Krankenhausarzt als auch die Krankenhausverwaltung werden durch bundes- und landesgesetzliche Regelungen zum Datenschutz verpflichtet. Ihre Zahl ist inzwischen Legion und selbst für den Fachmann nur noch schwer zu überblicken[2]. Im Folgenden wird der Schwerpunkt der Darstellung auf die praxisrelevante **strafrechtliche Schweigepflicht des Arztes nach § 203 StGB** gelegt. Der Arzt ist in dreifacher Hinsicht zur Verschwiegenheit verpflichtet. Neben der vorgenannten strafrechtlichen Vorschrift gebietet seine standesrechtliche Berufsordnung[3] und die Nebenpflicht des zivilrechtlichen Behandlungsvertrages die Verschwiegenheit über die ihm anlässlich seiner ärztlichen Tätigkeit anvertrauten oder bekannt gewordenen Geheimnisse. Dies gilt insbesondere für den im Krankenhaus tätigen Arzt, da die Gefahr des Zugriffs unberechtigter Dritter auf patientenbezogene Daten hier besonders groß ist. 15

---

1 § 14 Abs. 1 HKHG verweist auf das Hessische Eigenbetriebsgesetz, nach dessen § 2 Abs. 2 Satz 2 der Gemeindevorstand den Betriebsleiter des Krankenhauses bestimmt.

2 Nur um einige Wichtige zu nennen: Art. 2 Abs. 1 GG i. V. m. Art. 1 Abs. 1 GG, § 203 Abs. 1 Nr. 1 und Abs. 3 StGB, § 35 SGB I i. V. m. § 67 SGB X, § 4 BDSG, § 21 KHEntG, § 16 MelderechtsrahmenG, § 14 TransfusionsG, § 12 TransplantationsG, Landesdatenschutzgesetze, Landenkrankenhausgesetze (z.B. § 27 ThürKHG, § 33 SächsKHG, § 37 LKG Rh.-Pfalz), § 28 MeldeG NRW, § 3 Gesundheitsdatenschutzgesetz NRW, § 2 KrebsregisterG NRW.

3 Vgl. § 9 Musterberufsordnung für die deutschen Ärztinnen und Ärzte (§ 9 MBO-Ä 1997): „Ärztinnen und Ärzte haben über das, was ihnen in ihrer Eigenschaft als Ärztin oder Arzt anvertraut oder bekannt geworden ist – auch über den Tod der Patientin oder des Patienten hinaus – zu schweigen. Dazu gehören auch schriftliche Mitteilungen der Patientin oder des Patienten, Aufzeichnungen über Patientinnen und Patienten, Röntgenaufnahmen und sonstige Untersuchungsbefunde."

2. Umfang und Reichweite des Tatbestandes des § 203 Abs. 1 Nr. 1 StGB

16   Die **ärztliche Schweigepflicht gilt umfassend**. Wenn sich ein behandlungs-
bedürftiger Mensch in (krankenhaus-)ärztliche Behandlung begibt, muss und
darf er erwarten, dass alles, was der Arzt im Rahmen seiner Berufsausübung
über seine gesundheitliche Verfassung erfährt, geheim bleibt und nicht zur
Kenntnis Unberufener gelangt. Nur so kann zwischen Patient und Arzt jenes
Vertrauen entstehen, das zu den Grundvoraussetzungen ärztlichen Wirkens
zählt. Art. 2 Abs. 1 i. V. m. Art. 1 Abs. 1 GG gewährt dem Patienten den
Schutz seiner Privat- und Intimsphäre, dessen allgemeiner Wille Achtung
verdient, so höchstpersönliche Dinge wie die Beurteilung seines Gesundheitszustandes durch einen Arzt vor fremdem Einblick zu bewahren[1]. Verfassungsrechtlich bezeichnet das BVerfG diesen Schutzbereich als Grundrecht auf „informationelle Selbstbestimmung"[2].

17   Allen Ärzten obliegt – unabhängig davon, ob sie angestellt, beamtet, freibe-
ruflich, Laborärzte und Pathologen ohne Patientenkontakt, Truppenärzte,
Amtsärzte, Betriebs-, Musterungs- oder Gefängnisärzte sind – die in § 203
Abs. 1 Nr. 1 StGB kodifizierte Verschwiegenheitspflicht, die nicht nur das
Individualinteresse des Patienten schützt. **Schutzgut** der Vorschrift ist daneben das **allgemeine Vertrauen in die Verschwiegenheit der Angehörigen der
Heilberufe**, damit diese Berufsgruppe die im Interesse der Allgemeinheit liegenden Aufgaben erfüllen kann[3]. Gemäß § 203 Abs. 1 Nr. 1 StGB wird mit
Freiheitsstrafe bis zu einem Jahr oder mit Geldstrafe bestraft, wer unbefugt
ein fremdes Geheimnis, namentlich ein zum persönlichen Lebensbereich ge-
hörendes Geheimnis oder ein Betriebs- oder Geschäftsgeheimnis, offenbart,
das ihm als Arzt, Zahnarzt, Tierarzt, Apotheker oder Angehörigen eines anderen Heilberufs, der für die Berufsausübung oder die Führung der Berufsbezeichnung eine staatlich geregelte Ausbildung erfordert, anvertraut worden oder sonst bekannt geworden ist.

18   Der Umfang der ärztlichen Schweigepflicht ist von der Rechtsprechung konkretisiert worden. Unzweifelhaft umfasst sie die **Anamnese, die Therapie
und die Diagnose**, daneben aber auch die familiären Verhältnisse des Patienten. Der Arzt muss sogar über die Identität des Patienten schweigen und darüber, dass sich der Patient überhaupt bei ihm in Behandlung befunden hat.
Er kann sich bereits dann strafbar machen, wenn er Anhaltspunkte liefert,
die eine Identifizierung des Patienten ermöglichen[4].

a) Ärztliche Schweigepflicht im Verhältnis zur Krankenhausverwaltung

19   In rechtlicher Hinsicht ist umstritten, ob und unter welchen Voraussetzungen der Arzt die Patientenunterlagen zum Zwecke der Abwicklung der Ab-

---

1 Ständige Rspr. des BVerfG, zuletzt v. 6.6.2006 – 2 BvR 1349/05; BVerfG v. 8.3.1972 – 3
  BvR 28/71, BVerfGE 32, 373 (379); BVerfG v. 24.5.1977 – 2 BvR 988/75, BVerfGE 44,
  353 (372).
2 BVerfG v. 15.12.1983 – 1 BvR 209/83, u. a., BVerfGE 65, 1 (43).
3 Schönke/Schröder/*Lenckner*, StGB, 28. Aufl. 2010, § 203 Rz. 3.
4 BGH v. 20.2.1985 – 2 StR 561/84, ArztR 1985, 218 (219).

rechnung an die Krankenhausverwaltung übergeben darf. Aufgabe der Krankenhausverwaltung ist insbesondere die finanzielle Abwicklung der Patientenbehandlung. Die Verwaltungsangestellten nehmen dabei lediglich Aufgaben im Bereich der Organisation und Betriebsführung wahr und zählen damit nicht zu den berufsmäßig tätigen Gehilfen der Krankenhausärzte i. S. v. § 203 Abs. 3 StGB[1]. Der **Arzt ist gegenüber jedermann** – mit Ausnahme des begrenzten Personenkreises seiner berufsmäßig tätigen Gehilfen – **und damit grundsätzlich auch gegenüber der Krankenhausverwaltung zur Geheimhaltung verpflichtet.** Es ist heute unstreitig, dass die Schweigepflicht auch zwischen Ärzten untereinander besteht[2]. Daher kann erst recht nichts anderes im Verhältnis zur Krankenhausverwaltung gelten[3]. Die generelle Anweisung der Krankenhausverwaltung an die Ärzte, *sämtliche* Krankenunterlagen vorzulegen, ist jedenfalls rechtswidrig und darf vom Arzt unter strafrechtlichen Gesichtspunkten grundsätzlich nicht befolgt werden.

b) Rechtfertigung des Arztes?

Typischerweise erhält die Krankenhausverwaltung Kenntnis von den persönlichen Daten des Patienten und allen weiteren Informationen, die zur Leistungsabrechnung (z. B. Diagnose) erforderlich sind[4]. Den Patienten ist bewusst, dass ihre persönlichen Daten wie Name, Adresse, Geburtsdatum, Geschlecht, Versicherungsart mit Aufnahme in ein Krankenhaus erhoben und die Anamnese, Diagnose und Behandlung dokumentiert werden[5]. Daraus wird zum Teil die Ansicht hergeleitet, dass der Arzt bei Weiterleitung der Patientenunterlagen an die Krankenhausverwaltung aufgrund der **stillschweigenden** oder **konkludent erteilten Einwilligung** des Patienten ge

20

---

1 A. A. OLG Oldenburg v. 10.6.1982 – 2 Ws 204/82, NJW 1982, 2615 (2616), wonach die Mitglieder der Krankenhausverwaltung dem Kreis der §§ 53 Abs. 1 Nr. 3, 53a StPO aussageverweigerungsberechtigten ärztlichen Gehilfen zugeordnet werden, und LG Itzehoe v. 6.10.1992 – 1 S 81/92, NJW 1993, 794; Schönke/Schröder/*Lenckner*, StGB, 28. Aufl. 2010, § 203 Rz. 64, unterscheidet zwischen allgemeinen und den mit der Abrechnung vertrauten Verwaltungsangestellten. Letztere seien – um Widersprüche mit § 203 Abs. 1 Nr. 6 StGB zu vermeiden – den berufsmäßig tätigen Gehilfen nach § 203 StGB gleichzustellen.

2 BGH v. 11.12.1991 – VII ZR 4/91, NJW 1992, 737 (739); Laufs/Kern/*Schlund*, § 71 Rz. 1; *Debong*, ArztR 1991, 365 (366).

3 *Debong*, ArztR 1991, 365 (367).

4 Vgl. zu der sozialdatenrechtlichen Problematik, ob und in welchem Umfang die Krankenhäuser auf Verlangen der Krankenkassen Krankheitsunterlagen zum Zwecke der Überprüfung der Notwendigkeit der Krankenhausbehandlung übermitteln müssen: BSG v. 28.5.2003 – B 3 KR 10/02 R, SGb. 2003, 454 (455); BSG v. 23.7.2002 – B 3 KR 64/01 R, NJW 2003, 845 (846). Das BSG entschied zu dieser Frage, dass die Krankenhäuser mangels Rechtsgrundlage nicht verpflichtet werden könnten, den Kassen Krankheitsunterlagen zu übersenden. Eine solche Verpflichtung ergebe sich gerade nicht aus § 100 Abs. 1 Satz 1 Nr. 1, Satz 3 SGB X, da aus der Formulierung „Auskunft erteilen" nicht die „Herausgabe aller Behandlungsunterlagen" begründet werden könne. Zum Datenschutz im gesetzlichen Krankenversicherungsrecht generell BSG v. 10.12.2008 – B 6 KA 37/07 R, BSGE 102, 134 = GesR 2009, 305; *Engelmann*, GesR 2009, 449.

5 Vgl. etwa die Vorschrift des § 301 Abs. 1 SGB V.

rechtfertigt sei. Das VG Münster hat keine rechtlichen Bedenken gegen die ärztlicherseits zu führenden und anschließend an die Universitätsklinikverwaltung abzugebenden Dienstbücher, in denen die im Rahmen des Bereitschaftsdienstes anfallenden Tätigkeiten der ärztlichen Mitarbeiter protokolliert werden. Eine stillschweigende Einwilligung sei wirksam abgegeben, weil der Patient erfahrungsgemäß damit rechnen müsse, dass im Krankenhaus nicht nur der ihn behandelnde Arzt, sondern eine Vielzahl anderer Personen, wie etwa andere Ärzte oder eben auch die Klinikverwaltung Kenntnis über der ärztlichen Schweigepflicht unterliegende Informationen erlangten[1]. Das LAG Hamm arbeitet zunächst schulmäßig den Kern der ärztlichen Schweigepflicht heraus und stellt dabei fest, dass die Verwaltungsangestellten in der Krankenhausverwaltung nicht zu den berufsmäßig tätigen Gehilfen der im Krankenhaus tätigen Ärzte nach § 203 Abs. 3 StGB zu zählen seien. Dennoch sei die Krankenhausverwaltung zum Zwecke der Leistungsabrechnung oder zur tarifgerechten Bezahlung der angestellten Krankenhausärzte zur Einsichtnahme berechtigt. Das LSG Niedersachsen bemüht die Rechtsfigur der Pflichtenkollision. Der Arzt habe seine Pflicht zur Mitteilung gegenüber der krankenhausärztlichen Verrechnungsstelle zu erfüllen[2].

21   Nach anderer Ansicht ist der Krankenhausarzt keineswegs über die konkludente oder mutmaßliche Einwilligung des Patienten gerechtfertigt. Vielmehr sei die **ausdrückliche Zustimmung** der behandelten Personen für die Herausgabe der Krankheitsunterlagen **erforderlich**. Fehle es an der Zustimmung des Patienten, dürfe der Krankenhausarzt mit Blick auf die nach § 203 StGB strafbewehrte Verschwiegenheitspflicht keine Unterlagen an die Krankenhausverwaltung herausgeben[3]. Hierbei sei es unerheblich, ob der Krankenhausarzt beamtet ist und der Krankenhausträger als sein Dienstherr direkte Weisung zur Herausgabe der Unterlagen erteilt. Das Interesse des Patienten an der Geheimhaltung sei höher zu bewerten als das Abrechnungsinteresse der Krankenhausverwaltung[4].

22   Inzwischen dürfte die erstgenannte Ansicht kaum mehr vertretbar sein. Der BGH hat mittlerweile in mehreren Entscheidungen die **Höherrangigkeit des Patienteninteresses an der Geheimhaltung seiner Privat- und Intimsphäre** zum Ausdruck gebracht. Die Weitergabe von Behandlungsdaten ohne Zustimmung der behandelten Person an eine gewerbliche oder berufsständische Verrechnungsstelle zum Zwecke des Forderungseinzugs ist nach der Rechtsprechung des BGH unvereinbar mit § 203 Abs. 1 Nr. 1 StGB[5]. Der Kreis der Mitwisser um die Krankheitsdaten sei möglichst klein zu halten.

---

1 VG Münster v. 5.10.1983 – 4 K 1028/82, MedR 1984, 118 (119).
2 LSG Niedersachsen v. 7.11.1979 – L 5 Ka 4/74, NJW 1980, 1352.
3 So bereits deutlich OVG Lüneburg v. 29.7.1975 – II OVG A 78/73, NJW 1975, 2263 (2264).
4 OVG Lüneburg v. 29.7.1975 – II OVG A 78/73, NJW 1975, 2263 (2264).
5 BGH v. 23.6.1993 – VIII ZR 226/92, NJW 1993, 2371 (2372); zur speziellen Situation bei der Behandlung von GKV-Mitgliedern vgl. BSG v. 10.12.2008 – B 6 KA 37/07 R, BSGE 102, 134 = GesR 2009, 305; *Engelmann*, GesR 2009, 449.

Im niedergelassenen Bereich ist dem seine Praxis veräußernden Arzt grundsätzlich untersagt, dem Praxisübernehmer sämtliche Patientenunterlagen zur Verfügung zu stellen. Es gälten die gleichen Maßstäbe wie bei der Beauftragung von Verrechnungsstellen[1]. Zwar ist – soweit ersichtlich – noch keine Entscheidung des BGH zu der Frage der ärztlichen Schweigepflicht des Krankenhausarztes gegenüber der Krankenhausverwaltung ergangen. Allerdings hat der BGH deutlich gemacht, dass die Weitergabe der dem Arztgeheimnis unterliegenden Daten auch dann mit § 203 StGB unvereinbar ist, wenn der Empfänger der Information seinerseits ebenfalls zur Verschwiegenheit verpflichtet wäre[2]. Die ärztliche Schweigepflicht habe ausnahmsweise nur dann zurückzutreten, wenn überragende Interessen des Gemeinwohls oder vorrangige Belange Dritter dies gebieten und der Verhältnismäßigkeitsgrundsatz gewahrt ist.

3. Einbeziehung der Schweigepflicht in den Chefarztvertrag

In dem Arbeitsvertrag zwischen dem liquidationsberechtigten Chefarzt und   23
dem Krankenhaus können zur Vermeidung drohender Pflichtenkollisionen Fragen der ärztlichen Schweigepflicht berücksichtigt werden, die sich daraus ergeben können, dass der Chefarzt seine Honorarabrechnungen für Privatpatienten bzw. Wahlleistungspatienten an die Krankenhausverwaltung weiterleiten soll. Formulierungen wie „die Übermittlung der Honorarabrechnungen sollen entsprechend der ärztlichen Schweigepflicht erfolgen" und „unter Beachtung der ärztlichen Schweigepflicht und der Vorschriften des Datenschutzes" grenzen den Umfang der vom Arzt verlangten Leistung ab. Gleichzeitig bringt die Krankenhausverwaltung oder der Krankenhausträger zum Ausdruck, dass der Chefarzt aufgrund der bestehenden ärztlichen Schweigepflicht und des Datenschutzes im Einzelfall die Übergabe der angeforderten Unterlagen verweigern kann. Es obliegt dann dem Arzt, sich mit seinem Patienten abzusprechen, um die Zustimmung für die Weitergabe der für die Abrechnung benötigten Unterlagen einzuholen[3]. Die strafrechtlichen Klippen kann der Chefarzt umschiffen, indem er die weiterzuleitenden Patientendaten anonymisiert. Die **Anonymisierung** überdeckt alle strafrechtlich relevanten Probleme im Zusammenhang mit § 203 Abs. 1 Nr. 1 StGB und dem Datenschutz[4].

4. Schweigepflichten gegenüber öffentlichen und privaten Kostenträgern

Keinen rechtlichen Bedenken begegnen die Fälle, in denen der Arzt **gesetz-**   24
lich zur Mitteilung über seine Patienten verpflichtet wird. Nach § 301 Abs. 1 Nr. 3 SGB V hat das Krankenhaus der **Krankenkasse** auf deren Verlangen die medizinische Begründung für die Verlängerung des Krankenhausaufenthalts des Patienten darzutun. In diesen Fällen ist der Krankenhausarzt von seiner

---

1 BGH v. 11.12.1991 – VIII ZR 4/91, NJW 1992, 737 (739).
2 BGH v. 25.4.1991 – X ZR 50/99, BGHR 2001, 703.
3 Vgl. BAG v. 18.5.1999 – 9 AZR 682/98, NZA 1999, 1350 (1351).
4 *Bruns/Andreas/Debong*, ArztR 1999, 32 (37).

Schweigepflicht gesetzlich entbunden[1]. Indessen darf der Arzt nicht mehr offenbaren, als notwendig ist, um der gesetzlichen Begründungspflicht zu genügen.

25 Ganz anders verhält es sich, wenn private Krankenversicherungen oder sonstige **Privatversicherer mit der Bitte um Beantwortung medizinischer Fragen** an den Krankenhausarzt herantreten. Regelmäßig wird dabei zugesichert, der Patient und Versicherungsnehmer habe den Arzt bei Vertragsschluss ausdrücklich in schriftlicher Form von seiner Schweigepflicht entbunden. Hierbei ist äußerste Vorsicht geboten. Die formularmäßige Erklärung in den allgemeinen Versicherungsbedingungen, nach der der Arzt umfassend von seiner Schweigepflicht befreit wird, ist in der Regel unwirksam[2]. Die Tatsache, dass die Angehörigen eines Unternehmens der privaten Kranken-, Unfall- oder Lebensversicherung selbst Berufsgeheimnisträger nach § 203 Abs. 1 Nr. 6 StGB sind, lässt keine andere Sichtweise zu und auch die Schweigepflicht des Arztes nicht entfallen[3]. Dem Krankenhausarzt ist anzuraten, sich vom Patienten eine aktuelle Erklärung vorlegen zu lassen, die ihn für den konkreten Fall von der Schweigepflicht gegenüber Organen und Mitarbeitern des Krankenhausträgers gegebenenfalls entbindet.

---

1 Nach § 28 Abs. 2 Meldegesetz NRW muss das Krankenhaus ein Verzeichnis über die in das Krankenhaus aufgenommenen Personen führen und ggf. der Meldebehörde, der Polizei oder der Staatsanwaltschaft Auskunft erteilen.
2 *Bruns/Andreas/Debong*, ArztR 1999, 32 (35).
3 BGH v. 11.12.1991 – VIII ZR 4/91, NJW 1992, 737 (739).

C. Ärztlicher Dienst

Für den organisatorischen Aufbau der Leitungsspitze des Krankenhauses hat 1
sich ein Grundmuster herausgebildet, das eine als Krankenhausleitung oder
-direktorium bezeichnete kollegiale Führung vorsieht. In dieser sind die Leiter der „drei Säulen" des Krankenhausbetriebes, nämlich die Leitende Pflegekraft, die Leitung des Wirtschafts- und Verwaltungsbereichs und ein Leitender Arzt, meist als „Ärztlicher Direktor" bezeichnet, vertreten[1].

Aufgabe der **Krankenhausleitung** ist die kollegiale Führung des Kranken- 2
hausbetriebes im Hinblick auf Planung, Organisation, Durchführung und
Kontrolle der Betriebsabläufe, Finanzverwaltung, Rechnungswesen und Personalverwaltung. Im Innenverhältnis vertritt das einzelne Mitglied der Betriebsleitung, entsprechend der vertikalen und hierarchisch gegliederten
Aufbauorganisation, jeder der „drei Säulen", sein Aufgabengebiet selbständig. Gegenüber dem Krankenhausträger ist die Krankenhausleitung gemeinsam für die ihr zugestandenen Kompetenzen und Aufgaben sowie deren
Durchführung verantwortlich. Welche Aufgaben die Krankenhausleitung im
Einzelnen hat und wie weit ihre Kompetenzen reichen, hängt wesentlich
von der Aufgabenverteilung zwischen Krankenhausträger und Krankenhausleitung ab.

I. Organisation und fachlich-strukturelle Gliederung

Die **Ärzte im Krankenhaus** gewährleisten auf der Grundlage medizinisch- 3
wissenschaftlicher Grundsätze entsprechend dem allgemein anerkannten
Stand der medizinischen Erkenntnisse unter Berücksichtigung des medizinischen Fortschritts die gebotene ärztliche Versorgung und Patientenbe-
treuung. Dabei sind humane Behandlungsformen zu wählen und den betriebswirtschaftlichen Erfordernissen Rechnung zu tragen. Die gebotene
Leistungsfähigkeit und Wirtschaftlichkeit, wie sie vom Krankenhaus zu beachten sind (§ 70 SGB V), wirken auch auf das ärztliche Handeln im Krankenhaus ein. Die gebotene Patientenversorgung fordert ärztliche Leistungen
zur Bestimmung der Diagnose, zur Durchführung der Therapie, fachspezi-
fischer Hygiene und medizinischer Dokumentation. Die Organisation und
fachlich strukturelle Gliederung des Ärztlichen Dienstes im Krankenhaus
muss sicherstellen, dass jeder Patient seiner Krankheit gemäß individuell
ärztlich versorgt wird. Dies verlangt die Schaffung überschaubarer ärztlicher
Verantwortungsbereiche und die enge Zusammenarbeit aller an der Untersuchung und Behandlung beteiligten Ärzte. Die fachliche Gliederung des
Ärztlichen Dienstes muss auch gewährleisten, dass die in der medizinischen
Wissenschaft und Praxis neu gewonnenen gesicherten Erkenntnisse in Diag-

---

1 Die Bildung einer solchen Betriebsleitung ist in den Krankenhausgesetzen der Länder
 Baden-Württemberg, Hessen und Nordrhein-Westfalen (§ 31 Abs. 1 KHGG NRW) für
 die Krankenhausträger verpflichtend vorgesehen. Vgl. die Grundsätze für die Organisation der Krankenhausführung der Deutschen Krankenhausgesellschaft, in: das Krankenhaus 1992, 238; Laufs/Kern/*Genzel/Degener-Hencke*, § 85 Rz. 11 ff.

nostik und Therapie dem Krankenhauspatienten zugutekommen. Dies betrifft sowohl die Fort- und Weiterbildung als auch die Einarbeitung in neue diagnostische und therapeutische Verfahren[1]. Um einer umfassenden und optimalen medizinischen Versorgung der Patienten nachzukommen, wird der Ärztliche Dienst in verschiedene Fachbereiche/-abteilungen bzw. Institute aufgegliedert. Diese sind organisatorische, mit einer gewissen Selbständigkeit ausgestattete Einheiten mit abgegrenzter Kompetenz und Verantwortung[2].

4   Innerhalb des Krankenhauses haben die Ärzte, insbesondere die Leitenden Ärzte, bei der Erfüllung des Versorgungsauftrages des Krankenhausträgers eine gegenüber anderen im Krankenhaus tätigen Berufsgruppen hervorgehobene Position. Als Gründe hierfür können aus rechtlicher Sicht die **juristische Letztverantwortung** des Leitenden Arztes und sein Weisungsrecht angeführt werden, nicht nur gegenüber nachrangigen Ärzten, sondern auch in bestimmtem Umfang gegenüber dem Pflege- und medizinischen Hilfspersonal[3]. Dabei gliedert sich der Ärztliche Dienst traditionell in drei Rangstufen, die zugleich eine Folge der Spezialisierung und der Arbeitsteilung auf den verschiedenen Handlungsebenen sind. Dies sind neben dem Ärztlichen Direktor die Leitenden Ärzte (Chefärzte), die Oberärzte sowie die nachgeordneten Fach- bzw. Assistenzärzte, die sich noch in der Fortbildung zu einer Facharztqualifikation befinden. Bei Umrechnung des Krankenhauspersonals in Vollkräfte waren im Jahr 2008 im Bundesgebiet 128 117 ärztliche Vollkräfte tätig[4]. Neben dem Ärztlichen Dienst ist die Einbeziehung von weiterem nichtärztlichen Personal wie Pflegedienst, medizinisch-technischer Dienst, Funktionsdienst, Verwaltungsdienst etc. erforderlich. Ca. 20 % dieser Vollkraftstellen beziehen sich auf Krankenhausärzte[5]. Aufgrund der Relevanz der ärztlichen Leistungserbringung für die Erfüllung der Leistungspflicht des Krankenhausträgers nehmen Krankenhausärzte aber eine zentrale Position ein[6].

4a Die Einbindung der Krankenhausärzte in die Krankenhausorganisation erfolgt in aller Regel durch den Abschluss eines Arbeitsvertrages gem. § 611 BGB. Krankenhausärzte sind also grundsätzlich Arbeitnehmer[7], d.h., sie sind aufgrund eines privatrechtlichen Vertrages im Dienste des Krankenhausträgers zur Leistung weisungsgebundener fremdbestimmter Arbeit in persönlicher Abhängigkeit verpflichtet. Der Krankenhausarzt ist somit grundsätzlich angestellter Erfüllungsgehilfe des Krankenhausträgers, § 278

---

1 *Genzel/Siess*, Ärztliche Leitungs- und Organisationsstrukturen im modernen Krankenhaus, MedR 1999, 1 (5).
2 *Wern*, S. 5; Laufs/Kern/*Genzel/Degener-Hencke*, § 85 Rz. 28.
3 *Genzel/Siess*, Ärztliche Leitungs- und Organisationsstrukturen im modernen Krankenhaus, MedR 1999, 1 (7).
4 Statistisches Bundesamt, Grunddaten der Krankenhäuser 2008, Fachserie 12, Reihe 6.1.1.
5 Statistisches Bundesamt, Grunddaten der Krankenhäuser 2008, Fachserie 12, Reihe 6.1.1.
6 Ratzel/Luxenburger/*Köhler-Hohmann*, § 16 Rz. 2.
7 LAG Düsseldorf v. 23.7.2002 – 16 Sa 162/02, NZA-RR 2002, 567.

BGB. Zwar kann ein Erfüllungsgehilfe sowohl selbständig als auch angestellt tätig werden; die Versorgungsaufgabe des Krankenhauses und die entsprechende Organisationspflicht des Krankenhausträgers führen jedoch regelmäßig zur Anstellung des Krankenhausarztes, so dass eine möglichst enge Einbindung in die Arbeitsorganisation des Krankenhauses erfolgen kann[1]. Von den üblicherweise angestellten Krankenhausärzten abzugrenzen sind die verbeamteten Krankenhausärzte, die in einem besonderen Dienstverhältnis zu einer juristischen Person des öffentlichen Rechts stehen, z.B. der ärztliche Leiter einer Universitätsklinik[2]. Die Rechtsbeziehungen zum Krankenhausträger sind dann dem Beamtenrecht zuzuordnen. Die Tätigkeit von Krankenhausärzten in kirchlichen Einrichtungen verlangt die Einhaltung besonderer sog. Loyalitätsobliegenheiten, die sich aus der Sonderstellung der Kirchen ergibt (Art. 140 GG i.V.m. Art. 137 Abs. 3 WRV), nähere Einzelheiten hierzu in Teil 4. Unabhängig von der Qualifizierung des Krankenhausarztes als Arbeitnehmer oder Beamter ist in sämtlichen Fällen die Bindung des Arztes an das ärztliche Berufsrecht zu berücksichtigen.

II. Ärztlicher Direktor

Der Ärztliche Direktor als Mitglied der Krankenhausbetriebsleitung ist in aller Regel ein Leitender Abteilungsarzt (Chefarzt), dem weitere bestimmte und das gesamte Krankenhaus betreffende Aufgaben übertragen worden sind. Der Ärztliche Direktor hat in der Regel die Aufgabe eines medizinischen Koordinators, sachverständigen Ansprechpartners und Beraters des Krankenhausträgers in abteilungsübergreifenden medizinischen Fragen sowie die Rolle des obersten ärztlichen Schlichters des Krankenhauses[3]. Die Aufgaben bestehen in der Organisation und Beaufsichtigung des Ärztlichen Dienstes insgesamt und reichen von der Gewährleistung förderlichen Zusammenwirkens der Abteilungen, der Sicherstellung einer ausreichenden Hygiene, der Fachaufsicht über die technischen und pflegerischen Dienste und der Sicherung der Dokumentation bis hin zur Rücksichtnahme auf den Stellenplan und den Sachbedarf. Gegenüber den anderen Chefärzten und den ärztlicher Aufsicht unterstellten nichtärztlichen Mitarbeitern steht dem Ärztlichen Direktor im Rahmen seiner Aufgaben und der insoweit erlassenen Dienstordnung ein Weisungsrecht zu[4]. Die Berufung erfolgt in aller Regel auf bestimmte Zeit mit der Möglichkeit der Wiederberufung. Der Ärztliche Direktor übt sein Amt außerdem üblicherweise neben seiner übrigen Tätigkeit als Leitender Arzt einer Fachabteilung aus; seine Dienstaufgaben werden im Einzelnen durch eine Dienstordnung des Krankenhausträgers geregelt. Für seine Tätigkeit erhält der Ärztliche Direktor meist eine pauscha-

5

---

1 Ratzel/Luxenburger/*Köhler-Hohmann*, § 16 Rz. 4.
2 S. hierzu im Einzelnen Laufs/Kern/*Genzel/Degener-Hencke*, § 86 Rz. 3 ff.
3 Zur Rechtsstellung des Ärztlichen Direktors s. *Debong*, ArztR 1993, 141; *Wern*, S. 3 ff.; *Peris*, Die Rechtsbeziehung zwischen angestelltem Chefarzt und Krankenhausträger, 2000, S. 37 ff.; *Quaas/Zuck*, § 15 Rz. 29; Laufs/Kern/*Laufs*, § 85 Rz. 25 ff.
4 Laufs/Kern/*Laufs*, § 12 Rz. 6; Quaas/Zuck, § 15 Rz. 29; MünchArbR/*Richardi*, § 339 Rz. 11.

lierte Aufwandsentschädigung[1]. Dem Ärztlichen Direktor organisatorisch untergeordnet sind die weiteren Leitenden Ärzte (Chefärzte), wobei eine fachliche Weisungsbefugnis diesen gegenüber nicht besteht[2].

III. Leitender Arzt

6   Der Leitende Arzt einer Abteilung, eines Instituts oder eines Funktions-bereichs vertritt in seiner Fachabteilung bzw. seinem Funktionsbereich sein Fachgebiet medizinisch selbständig und ist dem Ärztlichen Direktor des Krankenhauses organisatorisch unmittelbar nachgeordnet. Er ist für Diag-nostik und Therapie bei allen Patienten seiner Abteilung oder seines Funk-tionsbereiches verantwortlich und trägt die Gesamtverantwortung für die ärztliche Versorgung der Patienten. In diagnostischer und therapeutischer Hinsicht ist er fachlich weisungsberechtigter Vorgesetzter mit Direktions-recht gegenüber dem ärztlichen und dem medizinisch-technischen Personal sowie in medizinischen Fragen gegenüber dem Pflegepersonal seiner Abtei-lung. Er ist für die Sicherstellung einer reibungslosen ärztlichen Versorgung seiner Abteilung verantwortlich. Bei größeren Abteilungen erfolgt häufig ei-ne Aufteilung der Leitung auf zwei Leitende Ärzte im sog. Teamarztmodell, auch bezeichnet als Kollegialarztsystem.

7   Nach dem nordrhein-westfälischen Krankenhausgestaltungsgesetz (KHGG NRW) hat der Träger eines Krankenhauses für jede Abteilung mindestens ei-nen Abteilungsarzt, der nicht weisungsgebunden ist, zu bestellen. Der Kran-kenhausträger trägt die Verantwortung für die Auswahl des Leitenden Arz-tes, der die Gesamtverantwortung der Abteilung trägt. Er hat daher den ärztlichen Leiter zu ernennen und dessen Aufgaben in Dienstverträgen bzw. Dienstanweisungen näher zu regeln (nähere Einzelheiten hierzu in Teil 5 A).

IV. Nachgeordneter Ärztlicher Dienst

8   Zum nachgeordneten Ärztlichen Dienst gehören Oberärzte und Assistenz-ärzte. Sie machen etwa 75 % der gesamten Ärzteschaft im Krankenhaus aus. Oberärzte sind ständige Vertreter des Leitenden Arztes oder mit bestimmten Versorgungsaufgaben in Eigenverantwortung betraut (vgl. hierzu im Einzel-nen Teil 5). Oberärzte sind wie die Leitenden Ärzte (Chefärzte) in der Regel ebenfalls Fachärzte. In größeren Krankenhausabteilungen, in denen mehrere Oberärzte beschäftigt sind, existiert als ständiger Vertreter des Chefarztes der sog. Leitende Oberarzt. Assistenzärzte sind Ärzte im Krankenhaus ohne besondere Entscheidungskompetenz, die gegenüber dem Patienten ärztliche Dienste erbringen dürfen, ohne jedoch über Diagnostik und Therapie letzt-veranwortlich zu entscheiden und anderen Ärzten gegenüber weisungs-berechtigt zu sein. Sie befinden sich in aller Regel in der Weiterbildung[3]. Der

---

1 Laufs/Kern/*Genzel/Degener-Hencke*, § 85 Rz. 27.
2 MünchArbR/*Richardi*, § 339 Rz. 11; *Quaas/Zuck*, § 15 Rz. 29; Wenzel/*Hörle/Stein-meister*, Kap. 13 Rz. 4.
3 Laufs/Kern/*Genzel/Degener-Hencke*, § 86 Rz. 32.

Assistenzarzt kann aber auch bereits Facharzt sein. Ist die Krankenhausabteilung in verschiedene Krankenhausstationen aufgeteilt, kann dem Assistenzarzt die Leitung und Beaufsichtigung einer Station übertragen werden. In einem solchen Fall wird er als „Stationsarzt" tätig. Zusammen mit den Oberärzten bilden die Assistenzärzte die Stationsleitung bzw. die Leitung von Funktionsdiensten[1].

Die Organisation und die Aufgaben- und Verantwortungszuordnung des 9
Ärztlichen Dienstes innerhalb des Krankenhauses auch in Abgrenzung zur Pflege und Krankenhausleitung erfolgen mit den **betrieblichen Gestaltungsmitteln** der Dienstordnung (bei kommunalen und freigemeinnützigen Krankenhäusern), der Dienstanweisung, der Stellenbeschreibung und insbesondere den Festlegungen in den Anstellungsverträgen. Eine solche innerbetriebliche Regelung ist bereits aus haftungsrechtlichen Gründen zwingend, da die Frage der Organisation und fachlichen Strukturierung des Ärztlichen Dienstes im Krankenhaus für dessen rechtliche Verantwortlichkeit grundlegend ist. Kommt der Krankenhausträger seiner Organisationsverantwortung nicht oder nur unzureichend nach, kommt eine Haftung unter dem Gesichtspunkt des Organisationsverschuldens in Betracht[2].

V. Sonstiges ärztliches Personal

Darüber hinaus existieren in der Krankenhausorganisation Belegärzte und 10
Konsiliarärzte. Diese zählen jedoch nicht zum eigentlichen Ärztlichen Dienst des Krankenhauses, weil sie in aller Regel nicht angestellt sind. Eine (Teilzeit-)Anstellung insbesondere niedergelassener Ärzte im Krankenhaus ist aufgrund des Vertragsarztrechtsänderungsgesetzes[3] zwar möglich. In den letzten Jahren sind aber aus verschiedenen Gründen neue Kooperationsformen entstanden. Zum einen sind Krankenhausabteilungen ausgegliedert worden (etwa bei radiologischen, pathologischen oder labormedizinischen Abteilungen), zum anderen kommen neben der Ausgliederung von Krankenhausabteilungen und der Übernahme der entsprechenden Aufgaben durch niedergelassene Ärzte vielfältige vertragliche Beziehungen in Form von Kooperations- und Leistungserbringungsverträgen in Betracht[4]. Die Entwicklung ist im Wesentlichen dadurch bedingt, dass Krankenhausträger durch Kooperationen mit niedergelassenen Ärzten Wettbewerbsvorteile gegenüber mit ihnen konkurrierenden anderen Krankenhausträgern suchen. Für den niedergelassenen Arzt steht in der Regel die Erschließung neuer Einkommensmöglichkeiten im Vordergrund. Neben ökonomischen Interessen stellen aber auch Effizienzsteigerung und Qualitätssicherung Motive für die Kooperation zwischen niedergelassenen Ärzten und Krankenhausträgern dar[5].

---

1 Wenzel/*Hörle*/*Steinmeister*, Kap. 13 Rz. 5.
2 *Quaas*/*Zuck*, § 15 Rz. 5; Laufs/Kern/*Genzel*/*Degener-Hencke*, § 101 Rz. 14.
3 Vom 22.12.2006, BGBl. I, 3439.
4 Schnapp/Wigge/*Wigge*, Handbuch des Vertragsarztrechts, 2. Aufl. 2006, § 56 Rz. 123.
5 Zur Zulässigkeit der Einbindung niedergelassener Ärzte siehe *Ratzel*, Kooperations-
   und Honorararztverträge – eine Standortbestimmung, GesR 2009, 561; *Quaas*, Der
   Honorararzt im Krankenhaus: Zukunfts- oder Auslaufmodell?, GesR 2009, 459; nach

11   Der Begriff des Konsiliararztes ist gesetzlich nicht definiert[1]. Unter einem Konsilium nach ärztlichem Sprachgebrauch versteht man die Beratung zweier oder mehrerer Ärzte nach vorangegangener Untersuchung des Patienten zur Stellung der Diagnose bzw. Festlegung des Heilplanes. Regelmäßig wird der Vertrag mit einem Arzt geschlossen, der nicht auf die gelegentliche Beratung der Krankenhausärzte beschränkt ist, sondern die Untersuchung und Mitbehandlung der Patienten einschließt. Seinen Ausgangspunkt hat das Konsiliararztverhältnis in § 2 Abs. 2 Satz 2 Nr. 2 KHEntgG/BPflV und dem Begriff der allgemeinen Krankenhausleistung. Mit dem Konsiliararztvertrag wird das Leistungsangebot des Krankenhausträgers personell ergänzt und fachlich erweitert. Dies kann quantitativ geschehen dergestalt, dass der Konsiliararzt Teilbereiche klassischer Klinikaufgaben, insbesondere die Durchführung von Operationen, übernimmt und wie ein angestellter Arzt für das Krankenhaus tätig wird. Das Krankenhaus kann aber sein Leistungsspektrum auch qualitativ erweitern, indem die Kooperation mit niedergelassenen Ärzten aus Fachgebieten gesucht und vereinbart wird, die im Krankenhaus selbst nicht vertreten sind.

12   Nachdem § 20 Abs. 2 Satz 2 Hs. 1 Ärzte-ZV die Tätigkeit des Vertragsarztes in oder die Zusammenarbeit mit einem zugelassenen Krankenhaus als zulässig ansieht, bestehen gegen eine quantitative Ausweitung des Leistungsspektrums des Krankenhauses durch Einschaltung niedergelassener Ärzte solange keine Bedenken, wie die zeitlichen Grenzen des § 20 Abs. 1 Ärzte-ZV eingehalten werden. Auch pflegesatzrechtlich sind die Leistungen des Konsiliararztes im Budget des Krankenhauses zu berücksichtigen. Es handelt sich bei den ärztlichen Leistungen des niedergelassenen Arztes um Drittleistungen i. S. d. § 2 Abs. 2 Satz 2 Nr. 2 KHEntgG/BPflV, die sowohl dem Versorgungsauftrag des Krankenhauses als auch seiner Leistungsfähigkeit entsprechen müssen. Dem folgt die Rechtsprechung, wonach ein Krankenhaus seine Leistungsfähigkeit auch unter Einbeziehung kooperierender Ärzte sicherstellen kann[2]. Die Grenze zulässiger Kooperation ist allerdings dann überschritten, wenn der niedergelassene Arzt Leistungen erbringt, die außerhalb des Versorgungsauftrages des Krankenhauses liegen. Vom Krankenhaus veranlasste Leistungen müssen stets als rechtlich zulässige Leistungen des Krankenhauses qualifizierbar sein. Nach § 8 Abs. 1 Satz 3 KHEntgG dürfen Entgelte für allgemeine Krankenhausleistungen nur im Rahmen des Versorgungsauftrages berechnet werden. Wird der Versorgungsauftrag des Kranken-

---

einem Urteil des LSG Sachsen vom 30.4.2008 (L 1 KR 103/07, GesR 2008, 548 m. Anm. *Schwarz*, GesR 2008, 608 = MedR 2009, 114 m. Anm. *Steinhilper)* dürfen Krankenhausträger operative Hauptleistungen nicht durch externe, nicht beim Krankenhaus angestellte Vertragsärzte erbringen lassen, es sei denn, es würde sich um belegärztliche Leistungen handeln. Wenige Tage, bevor das BSG über die Revision des Krankenhausträgers zu entscheiden hatte, nahm der Krankenhausträger nicht nur die Revision, sondern die gesamte Klage zurück. Damit ist das Urteil des LSG Sachsen rechtlich nicht mehr existent, gleichwohl nach wie vor Diskussionsgegenstand.

1 *Quaas/Zuck*, § 15 Rz. 100.

2 OVG Berlin, Urt. v. 26.6.1996 – 7 S 144.96, NVwZ-RR 1998, 41.

hauses durch die Leistungen des Konsiliararztes erweitert, dürfen solche Leistungen nicht vergütet oder im Budget berücksichtigt werden.

Zum Belegarzt und zu der seit dem 25.3.2009 durch § 121 Abs. 5 SGB V[1] eröffneten Möglichkeit, die Tätigkeit des Belegarztes über einen Honorarvertrag mit dem Krankenhaus zu vergüten, vgl. Teil 5 E.

---

1 Eingefügt durch das Krankenhausfinanzierungsreformgesetz (KHRG) v. 17.3.2009, BGBl. I, 534.

D. Pflegedienst

1 Medizinische Behandlung erfordert in vielfältiger Weise auch nichtärztliche Hilfeleistungen. In den Krankenhäusern gehört zur stationären Versorgung neben der ärztlichen Tätigkeit die Krankenpflege; der Krankenhausträger schuldet dem Patienten neben der ärztlichen Versorgung auch die erforderliche pflegerische Betreuung (vgl. § 2 Abs. 1 Satz 1 KHEntgG). In den deutschen Krankenhäusern arbeiteten im Jahr 2008 ca. 48 % und damit die meisten Beschäftigten des nichtärztlichen Personals im Pflegedienst[1].

I. Organisatorische Verantwortung des Krankenhausträgers

2 Es liegt in der organisatorischen Verantwortung des Krankenhausträgers, zu entscheiden, in welchem Umfang er nichtärztliches Personal zur notwendigen Betreuung der Patienten einsetzt. Gesetzliche Vorgaben hierüber bestehen nicht. Zwar wurde der Psychiatrie-Personalverordnung (Psych-PV), die für die unter die Bundespflegesatzverordnung fallenden psychiatrischen Krankenhäuser und psychiatrischen Abteilungen von Allgemeinkrankenhäusern gilt, die sog. Pflege-Personalregelung[2] nachgebildet. Sie enthielt ebenso wie die Psych-PV detaillierte Bemessungskriterien für den zu berücksichtigenden Personalbedarf des Pflegedienstes. Die Verordnung wurde jedoch durch das 2. GKV-Neuordnungsgesetz[3] ersatzlos aufgehoben. Grund hierfür war die zunehmende Loslösung von den Kosten und damit auch vom Personalbedarf des einzelnen Krankenhauses. Das für den stationären Bereich weiterentwickelte Vergütungssystem enthielt verstärkt wettbewerbliche Elemente, mit denen die Pflege-Personalregelung nur bedingt kompatibel war, da ihre Konzeption in einer Zeit erarbeitet wurde, als der Krankenhausvergütung noch das Selbstkostendeckungsprinzip zugrunde lag.

II. Pflegedienstleitung

3 Die Verantwortung für die **Personaleinsatzplanung** obliegt dem Krankenhausträger, der üblicherweise im Innenverhältnis bestimmte Aufgaben, Kompetenzen und Verantwortungen an Führungskräfte delegiert. Im Hinblick auf die Pflege im Krankenhaus erfolgt die Delegation an die **Pflegedienstleitung**, die wiederum Tätigkeiten der Personaleinsatzplanung an die Abteilungs- und/oder **Stationsleitung** delegiert. Die Stationsleitung hat in ihrer Führungsverantwortung einen kontrollierten Arbeitseinsatz ihrer nachgeordneten Arbeitskräfte zu gewährleisten[4].

---

1 Statistisches Bundesamt, Grunddaten der Krankenhäuser 2008, Fachserie 12, Reihe 6.1.1.

2 Art. 13 des Gesetzes v. 21.12.1992, BGBl. I, 2266, 2316.

3 Art. 13 des Gesetzes v. 23.6.1997, BGBl. I, 1520.

4 *Dieffenbach/Harms/Heßling-Hohl/Müller/Rosenthal/Ruser/Schmidt*, Managementhandbuch Pflege, F 1400, Rz. 3.

III. Krankenpflegegesetz

Am 1.1.2004 trat das neue Krankenpflegegesetz (KrPflG) in Kraft[1], welches   4
u. a. eine neue Berufsbezeichnung für Krankenpflegekräfte mit sich brachte.
Die neue Bezeichnung hat die Begriffe Krankenschwester bzw. Krankenpfleger abgelöst und bezeichnet die im Bereich der Krankenpflege Tätigen als
Gesundheits- und Krankenpfleger/in bzw. **Gesundheits- und Kinderkranken-
pfleger/in.** Das Führen dieser Berufsbezeichnungen ist erlaubnispflichtig, § 1
Abs. 1 KrPflG. § 23 Abs. 2 KrPflG sieht vor, dass Krankenschwestern/Kran-
kenpfleger bzw. Kinderkrankenschwestern/Kinderkrankenpfleger, die eine
Erlaubnis oder eine einer solchen Erlaubnis gleichgestellte staatliche Anerkennung besitzen, die Berufsbezeichnung weiterführen dürfen.

IV. Ausbildung und Prüfung

Die aufgrund des § 8 KrPflG ergangene **Ausbildungs- und Prüfungsverord-**   5
nung für die Berufe in der Krankenpflege[2] gliedert die Ausbildung in 2100
Theorie- und 2500 Praxisstunden. Die insgesamt dreijährige Ausbildung, die
aus theoretischem und praktischem Unterricht sowie einer praktischen
Ausbildung besteht, schließt mit der staatlichen Prüfung ab, § 4 Abs. 1
KrPflG. Der Unterricht wird gem. § 4 Abs. 2 Satz 1 KrPflG in an den Krankenhäusern angeschlossenen staatlich anerkannten Krankenpflegeschulen
vermittelt[3]. Die Ausbildung zum/zur Gesundheits- und Krankenpfleger/in
dauert drei Jahre und schließt mit einer staatlichen Prüfung ab, § 2 Abs. 1
Nr. 1 KrPflG. Für die Ausbildung findet das Berufsbildungsgesetz keine Anwendung, § 22 KrPflG[4].

V. Abgrenzung der ärztlichen Verantwortung

Die Organisation und fachlich-strukturelle Gliederung des Ärztlichen   6
Dienstes, die sicherstellen muss, dass jeder Patient individuell ärztlich versorgt wird, umfasst auch die ärztliche Verantwortung bei der Überwachung
von Pflegeleistungen. Die notwendige Abgrenzung der ärztlichen Gesamt-

---

1 Krankenpflegegesetz i.d.F. des Gesetzes über die Berufe in der Krankenpflege und zur
Änderung anderer Gesetze v. 16.7.2003, BGBl. I, 1442, zuletzt geändert durch Art. 7
des Gesetzes v. 24.7.2010 (BGBl. I, 983).
2 Ausbildungs- und Prüfungsverordnung für die Berufe in der Krankenpflege (KrPfl-
APrV), BGBl. I 2263, zuletzt geändert durch Art. 35 des Gesetzes v. 2.12.2007 (BGBl. I,
2686).
3 Vgl. auch § 2 Nr. 1a Krankenhausfinanzierungsgesetz i.d.F. der Bekanntmachung v.
10.4.1991 (BGBl. I, 886), zuletzt geändert durch Art. 1 des Gesetzes v. 17.3.2009
(BGBl. I, 534), der die mit den Krankenhäusern notwendigerweise verbundenen Ausbildungsstätten benennt, u.a. staatlich anerkannte Einrichtungen an Krankenhäusern
zur Ausbildung für die Berufe Gesundheits- und Krankenpflegerin/Gesundheits- und
Krankenpfleger, Gesundheits- und Kinderkrankenpflegerin/Gesundheits- und Kinderkrankenpfleger sowie Krankenpflegehelferin/Krankenpflegehelfer.
4 Zur Frage, ob dem Betriebsrat bei der Ausbildung von Krankenpflegern Mitbestimmungsrechte nach § 98 BetrVG zustehen, BAG v. 18.4.2000 – 1 ABR 28/99, KRS
00.113.

verantwortung zu den Aufgaben der Pflege unterscheidet auf der Grundlage des Berufsbilds der Krankenpflege nach § 3 Abs. 2 KrPflG zwischen Leistungen, die eigenverantwortlich vom Pflegedienst wahrzunehmen sind, und solchen Pflegediensten, die unterstützend und ergänzend für den Arzt bei der Durchführung diagnostischer und therapeutischer Maßnahmen erfolgen, sowie der Assistenz bei ärztlichen Verrichtungen[1].

7   Bei der Grund- und Funktionspflege sowie der pflegerischen Ergänzung des ärztlichen Behandlungskonzepts durch die Behandlungspflege erfüllt der Gesundheits- und Krankenpfleger originäre, nicht aus dem ärztlichen Tätigkeitsbereich abgeleitete Aufgaben und untersteht insoweit der Weisungs- und Überwachungsverantwortung der Pflegedienstleitung. In Bezug auf spezifische diagnostische und therapeutische Anforderungen an die Pflege hat der Arzt das Weisungsrecht[2]. Im Übrigen sind aufgrund der nicht immer möglichen Abgrenzung entstehende Kompetenzkonflikte im Wege enger Kooperation auszuräumen[3]. Dies kann im Rahmen einer Dienstordnung gewährleistet werden, die neben der Bestimmung der gemeinsamen Leistungsaufgaben die speziellen Verantwortungsbereiche von Arzt und Pflege regelt. Bei der Mitwirkung der Pflege im Rahmen eigenständiger Durchführung ärztlich veranlasster Maßnahmen stehen Probleme der fachlichen Kompetenz, insbesondere der Delegationsfähigkeit von Aufgaben, im Vordergrund[4].

VI. Kirchliche Krankenhauspflege

8   Angehörige des Pflegedienstes üben in aller Regel ihren Beruf als Arbeitnehmer eines Krankenhausträgers aus. Nicht selten finden sich jedoch im Bereich der Krankenpflege auch sog. **Gestellungsverträge**. Sie werden vornehmlich von Verbänden geschlossen, zu denen die Mitglieder sich zusammengeschlossen haben, um in der Krankenpflege tätig zu werden. Gestellungsträger sind insbesondere Orden und Säkularinstitute der römisch-katholischen Kirche sowie die Schwesternverbände der Evangelischen Kirche, aber auch die Schwesternschaften vom Deutschen bzw. Bayerischen Roten Kreuz. Sinn

---

1 Zur Verpflichtung des Pflegepersonals, bei Eintreten ernsthafter Komplikationen den zuständigen Arzt zu rufen, und zur eindeutigen Kompetenzüberschreitung einer Krankenschwester s. OLG Oldenburg v. 9.4.1996 – 5 U 158/95, KRS 96.063.
2 *Steffen*, Arzt und Krankenpflege: Konfliktfelder und Kompetenzen, MedR 1996, 265.
3 *Quaas/Zuck*, § 15 Rz. 6, Fn. 20 unter Hinweis auf das Positionspapier der „Konferenz der Fachberufe im Gesundheitswesen bei der BÄK „zur Kooperation zwischen Ärzten und Pflegeberufen" – DÄBl. 91 (1994), C-386; *Steffen*, Arzt und Krankenpflege: Konfliktfelder und Kompetenzen, MedR 1996, 265.
4 Besonders bedeutsam ist hier die Übertragung von ärztlichen Aufgaben im Bereich subkutaner, intramuskulärer und intravenöser Injektionen an das Pflegepersonal, s. dazu *Roßbruch*, Zur Problematik der Delegation ärztlicher Leistungen an das Pflegefachpersonal auf Allgemeinstationen unter besonderer Berücksichtigung zivilrechtlicher, arbeitsrechtlicher und versicherungsrechtlicher Aspekte, 2. Teil, PflR 2003, 139; *Jakobs*, Injektionen durch das Pflegepersonal, 2. Aufl. 1990; Laufs/Kern/*Genzel*/ *Degener-Hencke*, § 45 Rz. 8 unter Hinweis auf die Richtlinien und Empfehlungen der Institutionen und Fachverbände zu den Fragen der Übertragung von Aufgaben im diagnostischen und therapeutischen Bereich eines Pflegepersonals.

und Zweck eines solchen Gestellungsvertrages ist es, dem Krankenhausträger als Vertragspartner der karitativen Organisation Pflegepersonal zur Verfügung zu stellen, das wiederum in mitgliedschaftlicher Beziehung zur Organisation steht. Ob das Arbeitsrecht zwischen dem Krankenhausträger als Empfänger der Dienstleistung und dem Dienstleistenden selbst Anwendung findet, ist von der Begründung einer arbeitsrechtlichen Rechtsbeziehung zwischen den Vorgenannten abhängig. Die Begründung einer arbeitsrechtlichen Rechtsbeziehung hängt wiederum von der Gestaltung der Gestellung ab. Werden Mitglieder von Ordens- und Säkularinstituten der Katholischen Kirche, evangelische Diakonissen oder Rot-Kreuz-Schwestern in einer Einrichtung des Verbandes tätig, z.B. in einem kirchlichen Krankenhaus, kommt Arbeitsrecht nicht zur Anwendung, was darauf beruht, dass die Tätigkeit vorrangig durch die mitgliedschaftliche Beziehung des Dienstleistenden zu einer Organisation geprägt ist[1]. Eine arbeitnehmerähnliche Stellung i.S.d. § 5 Abs. 1 Satz 2 ArbGG kommt den Dienstleistenden ebenfalls nicht zu[2]. Auch wenn die Mitglieder kirchlicher Verbände nicht bei einer Institution ihres eigenen Verbandes, jedoch bei einer anderen kirchlichen Einrichtung tätig sind, weil sie in einem so engen Verhältnis zur Kirche stehen, dass sie mit der von ihnen gewählten Lebensform einen Stand der Kirche bilden, kommt Arbeitsrecht nicht zur Anwendung[3].

Der Gestellungsvertrag kann jedoch auch so gestaltet sein, dass er lediglich 9 Rahmenbedingungen für die Dienstleistung im Krankenhaus festlegt. In diesem Fall schließt das Pflegepersonal einen Arbeitsvertrag mit dem Krankenhausträger, so dass Arbeitsrecht uneingeschränkt zur Anwendung kommt[4].

VII. Arbeitsvertragliche Regelungen

Steht das Pflegepersonal in einem **Arbeitsverhältnis** zum Krankenhausträger, 10 richtet sich dessen Inhalt häufig nach tarifvertraglichen Vorschriften. Für Arbeitnehmer der in öffentlich-rechtlicher Form betriebenen Kranken- und Pflegeanstalten ist vor allem der TVöD einschlägig, für die Beschäftigten freigemeinnütziger Krankenhausträger gelten im Allgemeinen die Vertragsrichtlinien des Diakonischen Werkes der Evangelischen Kirche in Deutschland oder die Arbeitsvertragsrichtlinien des Deutschen Caritas-Verbandes. Was die Heilbehandlung und die pflegerische Tätigkeit erfordert, richtet sich primär nach den Bedürfnissen des Patienten. Diese Besonderheit prägt den Inhalt der Arbeitspflicht. Grundsätzlich hat der Arbeitgeber im Arbeitsverhältnis gegenüber dem Arbeitnehmer durch das Direktionsrecht die Leis-

---

1 MünchArbR/*Richardi*, § 328 Rz. 4; BAG v. 6.7.1995 – 5 AZB 9/93, KRS 95.127.
2 BAG v. 6.7.1995 – 5 AZB 9/93, KRS 95.127.
3 BAG v. 14.2.1978, AP Nr. 26 zu Art. 9 GG.
4 Ist eine Schwesternschaft vom Deutschen Roten Kreuz als Mitbetreiberin eines Krankenhauses anzusehen, so sind auch die bei der Schwesternschaft angestellten sog. Gastschwestern, die in diesem Krankenhaus beschäftigt sind, dem in diesem Krankenhaus bestehenden Betriebsrat betriebsverfassungsrechtlich zuzuordnen, BAG v. 14.12.1994 – 7 ABR 26/94, KRS 94.065. Zum beruflichen Status von Rote-Kreuz-Schwestern s. auch BAG v. 6.7.1995 – 5 AZB 9/93, KRS 95.127.

tungsbestimmungsbefugnis in den Grenzen der gesetzlichen Vorschriften, des jeweiligen Berufsbildes sowie der Vereinbarungen in dem Arbeitsvertrag. Der Umfang des Direktionsrechtes hinsichtlich der Art der zu erbringenden Tätigkeit bestimmt sich mithin nach dem jeweiligen Berufsbild und der vertraglichen Abrede. Damit sind Weisungen ausgeschlossen, die sich auf Tätigkeiten beziehen, die nicht zum Inhalt der arbeitsvertraglichen Pflichten des Arbeitnehmers gehören. So wäre etwa die Weisung, intravenöse Injektionen, Infusionen, Blutentnahmen etc. vorzunehmen, arbeitsvertraglich gegenstandslos, weil sie für den Arbeitnehmer unverbindlich ist. Ist der Arbeitnehmer arbeitsvertraglich nicht zur Leistung einer Tätigkeit verpflichtet, die über sein Berufsbild hinausgeht, kann ihn der Arbeitgeber hierzu nicht durch eine Weisung heranziehen[1]. Setzt die Tätigkeit des Arbeitnehmers besondere Fachkenntnis voraus, kann das Direktionsrecht inhaltlich und auf einzelne Merkmale der Tätigkeit beschränkt sein[2].

11   Auch die **Dauer und Lage der Arbeitszeit** ist weitgehend tarifvertraglich bzw. über die Vertragsrichtlinien des Diakonischen Werkes der Evangelischen Kirche in Deutschland oder die Arbeitsvertragsrichtlinien des Deutschen Caritas-Verbandes geregelt. Besonders bedeutsam ist ein funktionierender Bereitschaftsdienst, um auch in Notfällen eine umfassende ärztliche und nichtärztliche Versorgung des Patienten zu gewährleisten[3]. Dem trägt der öffentlich-rechtliche Arbeitsschutz Rechnung. Das Arbeitszeitgesetz umfasst auch das Pflegepersonal und die ihm gleichgestellten Arbeitnehmer in Krankenpflegeanstalten, enthält für sie aber eine besondere Regelung über die Ruhezeit (§ 5 Abs. 2 und 3 ArbZG). Nach § 7 Abs. 2 Nr. 3, Abs. 3 und 4 ArbZG kann in einem Tarifvertrag oder aufgrund eines Tarifvertrages in einer Betriebsvereinbarung bzw. in einer kircheneigenen Regelung von den Gesetzesbestimmungen über die werktägliche Arbeitszeit abgewichen werden. Sofern die Arbeiten nicht an Werktagen vorgenommen werden können, dürfen Arbeitnehmer in Krankenhäusern zur Behandlung, Pflege und Betreuung von Personen an Sonn- und Feiertagen in Abweichung von der gesetz-

---

1 Zur Zulässigkeit der Umsetzung einer Krankenschwester von der endoskopischen Abteilung in den allgemeinen Stationsdienst wegen Differenzen mit dem Chefarzt s. LAG Hamm v. 28.11.1996 – 17 Sa 1279/96, KRS 96.117.
2 *Roßbruch*, Zur Problematik der Delegation ärztlicher Leistungen an das Pflegefachpersonal auf Allgemeinstationen unter besonderer Berücksichtigung zivilrechtlicher, arbeitsrechtlicher und versicherungsrechtlicher Aspekte, PflR 2003, 139 ff.
3 Zur mangelnden Befugnis des Krankenhausträgers, nach Anlage 5 § 7 Abs. 3 AVR einseitig anzuordnen, dass ein Krankenpfleger bei Rufbereitschaft die Arbeit innerhalb von 20 Minuten nach Abruf aufzunehmen hat, s. BAG v. 31.1.2002 – 6 AZR 214/00, KRS 02.003. Danach würde es dem Wesen der Rufbereitschaft zuwiderlaufen, wenn der Arbeitgeber den Arbeitnehmer durch eine zeitliche Vorgabe von 20 Minuten zwischen Abruf und Arbeitsaufnahme zwingen könnte, sich in unmittelbarer Nähe des Arbeitsplatzes aufzuhalten, und ihm dadurch die Möglichkeit, seine Freizeit weitgehend selbst zu gestalten, nehmen würde. Dies käme der Anordnung zum Bereitschaftsdienst gleich. Wegezeiten im Umfang von 25 bis 30 Minuten seien nicht unüblich und deshalb vom Arbeitgeber auch bei Rufbereitschaft, die herkömmlicherweise überwiegend zu Hause geleistet wird, generell hinzunehmen.

lich angeordneten Sonn- und Feiertagsruhe beschäftigt werden (§ 10 Abs. 1 Nr. 3 ArbZG; vgl. dazu näher Teil 10 B).

VIII. Besondere Verhaltenspflichten

Der häufige enge körperliche Kontakt zwischen Pflegepersonal und Patien- 12
ten kann zu besonderen Verhaltenspflichten des Pflegedienstes führen. So hat das LAG Schleswig-Holstein die Anweisung eines Krankenhausträgers, sich des Tragens von Schmuck (insbesondere Finger- und Ohrringe sowie Armbanduhren und Nasenstecker) während der Ausübung des Pflegediens-tes zu enthalten, aus arbeitschutzrechtlichen Gründen für rechtmäßig erach-tet[1].

Auch die ordentliche Kündigung einer Krankenschwester wegen Annahme 13
einer Erbschaft eines von ihr betreuten Patienten unter Verstoß gegen das ar-beitsvertragliche Verbot, Belohnungen oder Geschenke ohne Zustimmung des Arbeitgebers anzunehmen, wurde vom BAG für zulässig erachtet[2].

---

1 LAG Schl.-Holst. v. 26.10.1995 – 4 Sa 467/95.
2 BAG v. 17.6.2003 – 2 AZR 62/02, KRS 03.091.

E. Funktionsdienste und staatlich anerkannte Gesundheitsberufe

1   In Anlehnung an das allgemeine Gesundheitsberufsrecht ist zwischen Heilberufen, Heilhilfsberufen (auch „medizinische Assistenzberufe" oder „nichtärztliche Heilberufe" oder „Medizinalfachberufe" genannt)[1] sowie Heilergänzungsberufen zu differenzieren. Alle vorgenannten Berufe lassen sich unter den Oberbegriff „Berufe des Gesundheitswesens"[2] fassen. Für die Heilhilfs- und Heilergänzungsberufe ist auch die Bezeichnung „Gesundheitsberufe" bzw. „Gesundheitsfachberufe"[3] üblich.

2   Heilberufe sind der Arzt- bzw. der Zahnarztberuf sowie der Beruf des (nichtärztlichen) Psychotherapeuten[4]. Aufgrund der akademischen Ausbildung wird üblicherweise auch der Apothekerberuf zu den Heilberufen gezählt[5].

3   Die Heilhilfsberufe sind durch das Fehlen einer akademisch-universitären Ausbildung gekennzeichnet. Nach allgemeinem Verständnis sind darunter alle Berufe zu verstehen, die an der Erbringung der (zahn-)ärztlichen Leistung mitwirken, wobei es nicht darauf ankommt, ob die Berufsausübung in abhängiger Stellung bei einem niedergelassenen (Vertrags-)Arzt oder in einem Krankenhaus oder freiberuflich erfolgt. Die Berufe, die den Arzt nur bei der im Rahmen seiner Tätigkeit am Patienten anfallenden Verwaltungsarbeit unterstützen, wie z.B. der medizinische Dokumentar oder die Arztsekretärin (sog. technisch-organisatorisches Unterstützungspersonal), fallen nicht hierunter[6]. Als Heilhilfsberufe gelten insbesondere Arzthelfer(in), Diätassistent(in), Ergo- und Physiotherapeut(in), Masseur(in), medizinische(r) Bademeister(in), Logopäd(inn)en und andere Sprachheiltherapeut(inn)en, medizinisch-technische(r) Assistent(in), pharmazeutisch-technische(r) Assistent(in), Rettungsassistent(in), Krankenpflegepersonal, medizinische(r) Fußpfleger(in) bzw. Podologen, Musiktherapeut(in) und Zahntechniker(in).

4   Bei den Heilergänzungsberufen, wozu insbesondere Augenoptiker(in), Orthopädiemechaniker(in) und Orthopädietechniker(in), Orthopädieschuhmacher(in) sowie Hörgerätakustiker(in) zählen[7], fehlt das Merkmal der Mitwirkung bei der Erbringung ärztlicher Leistungen[8]. Die Angehörigen der

---

1 HK-AKM/*Kiesecker*, Medizinische Assistenzberufe, Nr. 35201 Rz. 1.
2 So § 19 Abs. 2 Hamburgisches Gesundheitsdienstgesetz v. 18.7.2001 (HmbGVBl. S. 201); § 12 Brandenburgisches Gesundheitsdienstgesetz v. 23.4.2008 (GVBl I S. 95).
3 Begründung zum Thüringer Gesetz für die Weiterbildung in den Fachberufen des Gesundheits- und Sozialwesens, LT-Drucks. 3/2717, S. 9.
4 *Rixen*, S. 281.
5 *Rixen*, S. 281; Antwort der Bundesregierung auf eine kleine Anfrage aus dem Bundestag v. 10.8.1993, BT-Drucks. 12/5545.
6 HK-AKM/*Kiesecker*, Medizinische Assistenzberufe, Nr. 35201 Rz. 1.
7 HK-AKM/*Kiesecker*, Heilergänzungsberufe, Nr. 2380 Rz. 2.
8 *Rixen*, S. 281, der die Unterscheidung zwischen Heilhilfs- und Heilergänzungsberuf für wenig überzeugend hält, da die Tätigkeit beider Berufe auf die Effektuierung der (zahn-)ärztlichen Verordnung ausgerichtet ist und in diesem Sinne auch die Angehörigen der Heilergänzungsberufe helfen und die Tätigkeit des Arztes ergänzen.

Heilergänzungsberufe gehören wie die Vertragsärzte zu den Leistungserbringern in der vertragsärztlichen Versorgung, wenn sie über eine gesetzliche Zulassung gem. § 126 SGB V verfügen.

Unter dem Begriff Funktionsdienste versteht man herkömmlich die in den   5
Funktionsbereichen eines Krankenhauses eingeteilten Dienste. Als Funktionsbereiche werden die Abteilungen eines Krankenhauses definiert, die nicht allgemein der medizinischen und pflegerischen Versorgung der Patienten dienen, sondern in denen sog. Sekundärleistungen erbracht werden. Zu den Funktionsbereichen gehören typischerweise Röntgenabteilung, Endoskopie, Dialyse, Schmerzambulanz, Radiologie, Labor, Zentralsterilisation und Anästhesie.

Neben den Ärzten sind in den Funktionsbereichen auch Angehörige der   6
Heilergänzungsberufe tätig, also insbesondere Gesundheits- und Krankenpfleger mit entsprechender (landesrechtlich geregelter) Weiterbildung, beispielsweise für Intensivmedizin und Anästhesie oder für den Operationsdienst[1].

---

1 Vgl. Weiterbildungs- und Prüfungsordnung für die Heranbildung von Krankenschwestern, Krankenpfleger, Kinderkrankenschwestern und Kinderkrankenpfleger für Intensivmedizin und Anästhesie v. 15.1.1985 (GVBl. S. 919) in der zuletzt geänderten Fassung des Landes Berlin sowie Weiterbildungs- und Prüfungsordnung für die Heranbildung von Krankenschwestern, Krankenpfleger, Kinderkrankenschwestern und Kinderkrankenpfleger für den Operationsdienst v. 1.10.1985 (GVBl. S. 2244) in der zuletzt geänderten Fassung des Landes Berlin; Weiterbildungsgesetz Alten- und Krankenpflege v. 24.4.1990 (GV NW 1990, S. 270) Nordrhein-Westfalen.

F. Kommissionen

I. Hygienekommission

1 Jedes Krankenhaus hat die erforderlichen Maßnahmen zur Erkennung, Verhütung und Bekämpfung von Krankenhausinfektionen zu treffen. Die meisten Landeskrankenhausgesetze sehen die Verpflichtung der Krankenhäuser vor, Hygienekommissionen zu bilden, oder enthalten die Ermächtigung des zuständigen Ministeriums, durch Rechtsverordnung vorzuschreiben, welche organisatorischen Maßnahmen im Einzelnen vom Krankenhaus zu treffen sind[1]. Eine besondere Bedeutung kommt dabei den Hygienekommissionen zu, weil sie abteilungsübergreifend für einen einwandfreien hygienischen Zustand des gesamten Krankenhauses verantwortlich sind.

2 Der Hygienekommission gehören regelmäßig der Leitende Arzt, die Leitende Pflegekraft, der Leiter des Wirtschafts- und Verwaltungsdienstes, der Hygienebeauftragte sowie die Hygienefachkräfte des Krankenhauses an. Beteiligt werden können darüber hinaus der Krankenhaushygieniker, weitere Abteilungsärzte, der Krankenhausapotheker, der technische Leiter sowie Mitglieder der Personalvertretung des Krankenhauses[2].

3 Die Hygienekommission hat insbesondere

1. darauf hinzuwirken, dass Hygienepläne aufgestellt und fortgeschrieben werden, in denen insbesondere zu regeln ist, welche Vorgaben zur Erkennung, Verhütung und Bekämpfung von Krankenhausinfektionen unter Einbeziehung therapeutischer Maßnahmen einzuhalten sind,

2. die Einhaltung des Hygieneplans zu überwachen,

3. zu regeln, durch wen und innerhalb welcher Zeit bei Verdacht oder Vorliegen einer Krankenhausinfektion die Hygienefachkräfte, der Krankenhaushygieniker sowie der Hygienebeauftragte zu unterrichten sind,

4. bei der Planung von Baumaßnahmen, der Wiederbeschaffung von Anlagegütern und bei der Erstellung von Organisationsplänen, soweit dadurch Belange der Krankenhaushygiene betroffen sind, sowie bei der Organisation der Aus- und Fortbildung des Personals auf dem Gebiet der Hygiene mitzuwirken[3].

4 Auch die Bestellung eines Hygienebeauftragten im Krankenhaus sowie die notwendige Anzahl der Hygienefachkräfte wird in einigen Ländern durch Rechtsverordnung vorgegeben. Bei dem **Hygienebeauftragten** handelt es sich

---

1 § 30a LKHG BW; § 7 BbgKHEG; § 21 Abs. 2 LKG Berlin; § 6 Abs. 5 BremKHG; § 4 HambKHG; § 10 HKHG; § 5 LKHG M-V; § 6 KHGG NRW; § 32 LKG Rheinland-Pfalz; § 14a KHG LSA; § 11 SKHG; § 29 SächsKHG; § 22 ThürKHG. Zu den Landeskrankenhausgesetzen im Einzelnen s. Teil 1 C erste Fußnote zu Rz. 5.
2 Vgl. § 3 der nordrhein-westfälischen Krankenhaushygieneverordnung v. 9.12.2009, GV. NRW. S. 830.
3 § 3 der nordrhein-westfälischen Krankenhaushygieneverordnung v. 9.12.2009, GV.NRW. S. 830.

um einen im Krankenhaus tätigen Arzt, der über entsprechende Kenntnisse und Erfahrungen in Hygiene und Mikrobiologie verfügt und der an einer entsprechenden Fortbildung in der Krankenhaushygiene mit Erfolg teilgenommen hat. Der Hygienebeauftragte hat insbesondere bei der Einhaltung der Regeln der Hygiene- und Infektionsprävention in seinem Verantwortungsbereich mitzuwirken und dabei Verbesserungen der Hygienepläne und der Funktionsabläufe anzuregen sowie bei der Aus- und Fortbildung des Personals in der Krankenhaushygiene mitzuwirken[1].

Hygienefachkräfte sind Hygienefachschwestern bzw. Hygienefachpfleger, 5
die an einer besonderen Weiterbildung in der Krankenhaushygiene mit Erfolg teilgenommen haben. Sie haben insbesondere mit dem Krankenhaushygienebeauftragten bei der Überwachung der Krankenhaushygiene und krankenhaushygienischen Maßnahmen zusammenzuarbeiten, die Stationen und die sonstigen pflegerischen, diagnostischen, therapeutischen und versorgungstechnischen Bereiche zu besichtigen, die Ärzte, das Pflegepersonal und die Leiter des Wirtschafts- und Verwaltungsdienstes der entsprechenden Bereiche über Verdachtsfälle zu unterrichten, die Mitarbeiter über angeordnete Hygienemaßnahmen und deren Gründe zu unterrichten, die Hygiene-, Desinfektions- und Desinsektionsmaßnahmen zu überwachen, Arbeitspläne für pflegetechnische Maßnahmen nach hygienischen Gesichtspunkten zu erstellen und deren Einhaltung zu überwachen, bei epidemiologischen Untersuchungen mitzuwirken und bei der Fachaufsicht über die Sterilisation und Desinfektionsgeräte, über die Bettenzentrale und über die Krankenhausreinigung mitzuwirken[2].

Der Inhalt der nordrhein-westfälischen Rechtsverordnung hat auch für die 6
kirchlichen Krankenhäuser in Nordrhein-Westfalen Bedeutung, weil die von den Religionsgemeinschaften zu treffenden Regelungen den Zielen der Hygieneverordnung entsprechen und nicht hinter ihren Bestimmungen zurückbleiben dürfen[3].

II. Arzneimittelkommission

Neben den Hygienekommissionen sehen einige Landeskrankenhausgesetze 7
auch die Bildung von Arzneimittelkommissionen für jedes Krankenhaus vor[4]. Die Arzneimittelkommission hat die Aufgabe, die im Krankenhaus üblicherweise zu verwendenden Arzneimittel unter besonderer Berücksichtigung ihrer Qualität und Preiswürdigkeit sowie der Aufgabenstellung des Krankenhauses aufzulisten (Arzneimittelliste), die Ärzte in Fragen der Arzneimittelversorgung und bei Verdacht auf durch Arzneimittel verursachte

---

1 Vgl. § 5 der nordrhein-westfälischen Hygieneverordnung v. 9.12.2009, GV.NRW. S. 830.
2 § 4 der nordrhein-westfälischen Krankenhaushygieneverordnung v. 9.12.2009, GV.NRW. S. 830.
3 *Prütting*, KHGG NRW, § 6 Rz. 7.
4 § 8 BgbKHEG; § 6 LKHG M-V; § 24 LKG Rheinland-Pfalz; § 21 SKHG; § 22 SächsKHG; § 21 ThürKHG.

Erkrankungen zu informieren und zu beraten sowie durch Beratung an der Arzneimittelbevorratung für Großschadensereignisse mitzuwirken[1]. Die Arzneimittelliste ist von den Krankenhausärzten zu berücksichtigen. Außerdem hat die Arzneimittelkommission über alle im Krankenhaus zur Anwendung kommenden Arzneimittel, die nicht in der Arzneimittelliste enthalten sind, zu informieren.

8 Die Zusammensetzung der Arzneimittelkommission regelt der Krankenhausträger grundsätzlich in eigener Zuständigkeit. Einige Landeskrankenhausgesetze sehen als verantwortlichen Leiter in der Arzneimittelkommission einen Krankenhausapotheker oder einen in Arzneimittelfragen besonders erfahrenen Krankenhausarzt vor[2].

9 In manchen Krankenhäusern, insbesondere Universitätskliniken, existieren weitere – gesetzlich nicht vorgeschriebene – Kommissionen, wie z.B. für Ausbildung, Ethik, Forschung, Haushaltsstrukturen und Nachwuchs.

---

1 Vgl. Regelung zur Arzneimittelbevorratung bei Großschadensereignissen § 10 Abs. 3 KHGG NRW.
2 Vgl. § 21 Abs. 1 SKHG; § 21 Abs. 1 SächsKHG.

Teil 3
Arbeitsrechtliche Grundlagen

A. Rechtsgrundlagen der Arbeitsverhältnisse im Krankenhaus

I. Individualarbeitsrechtliche Grundlagen

Arbeitsverhältnisse im Krankenhaus werden wie alle anderen Arbeitsver- 1
hältnisse im individualarbeitsrechtlichen Bereich durch vertragliche und gesetzliche Grundlagen gleichermaßen bestimmt.

Bei der Beschäftigung von Mitarbeitern im Krankenhaus sind zunächst die Vor- 2
schriften zu beachten, die **Beschränkungen hinsichtlich der Ausübung von
Heil- und Heilhilfsberufen** enthalten. Neben § 2 Abs. 1 Bundesärzteordnung
(BÄO) trifft dies etwa auf § 4 Abs. 1 i. V. m. § 1 Gesetz über den Beruf der Hebamme und des Entbindungspflegers (HebG) und § 1 Abs. 1 Heilpraktikergesetz
(HeilPrG) zu. Diese Vorschriften enthalten sog. **Abschlussverbote**, weshalb ihre Verletzung zur Nichtigkeit des Arbeitsvertrages führt (s. dazu näher Teil 3 C
Rz. 11). Dem gegenüber stehen die Vorschriften, die nicht die Berufstätigkeit,
sondern das **Führen der Berufsbezeichnung** und die **Tätigkeit unter dieser Berufsbezeichnung** von einer **Erlaubnis** abhängig machen. Hierzu zählen etwa
die Tätigkeiten als (Kinder-)Krankenschwester (Gesundheits- und Kinderkran-
kenpflegerin bzw. Krankenpflegerin) und (Kinder-)Krankenpfleger (Ge-
sundheits- und Kinderkrankenpfleger bzw. Krankenpfleger) (vgl. § 1 Krankenpflegegesetz, KrPflG), Ergotherapeut (vgl. § 1 Abs. 1 Ergotherapeutengesetz,
ErgThG), Logopäde (vgl. § 1 Abs. 1 Logopädengesetz, LogopG), Podologe (vgl.
§ 1 Abs. 1 Podologengesetz, PodG), Diätassistent (vgl. § 1 Abs. 1 Diätassisten-
tengesetz, DiätAssG), Masseur und medizinischer Bademeister sowie Physiotherapeut (vgl. § 1 Abs. 1 Masseur- und Physiotherapeutengesetz, MPhG),
Psychotherapeut (vgl. § 1 Abs. 1 Psychotherapeutengesetz, PsychThG), medizinisch-technischer Assistent (vgl. § 1 Abs. 1 MTA-Gesetz, MTAG) und Or-
thoptist (vgl. § 1 Abs. 1 Orthoptistengesetz, OrthoptG).

Von maßgeblicher Bedeutung für die inhaltliche Ausgestaltung der Arbeits- 3
verhältnisse im Krankenhaus ist stets die **jeweilige arbeitsvertragliche Vereinbarung** zwischen Mitarbeiter und Krankenhausträger, die regelmäßig in der
Form eines **Formulararbeitsvertrages** erfolgt. Dann sind neben den allgemeinen gesetzlichen Verbotstatbeständen wie §§ 134, 138 BGB die Vorschriften
über die **AGB-Kontrolle** nach den §§ 305 ff. BGB zu beachten. Häufig finden
sich in Arbeitsverträgen im Krankenhausbereich auch **Verweisungen auf Re-
gelwerke** wie Tarifverträge (z. B. TVöD oder sonstige Bestimmungen des Krankenhausträgers (z. B. Richtlinien, Haus- und Betriebsordnungen)) mit der Folge, dass bei einer wirksamen Verweisung das Arbeitsverhältnis durch das
jeweilige Regelwerk inhaltlich mitbestimmt wird[1].

---

1 Zur Problematik bei der Inbezugnahme von entsprechenden Regelwerken eingehend
Wern, S. 57 ff., 67 ff. m. w. N.

4   Die **Regeln des ärztlichen Berufsrechts** spielen für das Arbeitsverhältnis der angestellten Ärzte keine unmittelbare Rolle. Aus der Musterberufsordnung für Ärzte (MBO-Ärzte) ergeben sich keine unmittelbaren Rechte oder Pflichten für Arzt und Krankenhausträger[1]. Dennoch können die Vorschriften mittelbar Bedeutung erlangen, weil sie etwa als Berufspflichten das definieren, was von einem gewissenhaft arbeitenden Arzt erwartet werden darf. Verstöße gegen berufsrechtliche Pflichten stellen daher regelmäßig Verstöße gegen die Pflicht zur ordnungsgemäßen Leistungserbringung dar. Dieselben Grundsätze gelten auch für die kodifizierten **Berufspflichten anderer Berufsgruppen** (vgl. etwa die Regelungen für Hebammen und Entbindungspfleger in den Landesgesetzen und -verordnungen).

5   Auch für die **Regelungen der Landeskrankenhausgesetze** gilt, dass hieraus keine unmittelbaren Rechte oder Pflichten der Vertragsparteien im Arbeitsverhältnis hergeleitet werden können[2].

6   Die **Vorschriften des Sozialrechts**, die die Krankenhäuser betreffen, sind nur in Ausnahmefällen für die Ausgestaltung und Durchführung der Arbeitsverhältnisse im Krankenhaus mitbestimmend. Solche **Ausnahmen** stellen etwa die Regelungen des Krankenhausentgeltgesetzes (KHEntgG) über die Wahlleistungsvereinbarung und die Kostenerstattung für liquidationsberechtigte Ärzte (s. dazu näher Teil 5 B Rz. 5 f.) sowie die Regelung über die Zulassung bzw. Ermächtigung zur Teilnahme an der vertragsärztlichen Versorgung (vgl. §§ 115b Abs. 2, 116 Satz 1 SGB V) (s. dazu näher Teil 5 A Rz. 49 ff.) dar.

7   Ansonsten gelten wie auch sonst die **allgemeinen arbeitsvertragsrechtlichen Regeln**. Die Vorschriften der §§ 611 ff. BGB finden deshalb bei Arbeitsverhältnissen im Krankenhaus ebenso Anwendung wie etwa die speziellen arbeitsrechtlichen Regelungen des NachwG, TzBfG, des BUrlG, EFZG und des KSchG sowie sonstige Regelungen, die auch im medizinischen Bereich außerhalb des Krankenhauses gelten wie etwa das Gesetz über befristete Arbeitsverhältnisse mit Ärzten in der Weiterbildung (ÄArbVtrG) oder das Schwangerschaftskonfliktgesetz (SchKG)[3]. In der **Anwendung** dieser Vorschriften können sich **Besonderheiten** ergeben, die sich aus der Tätigkeit im Krankenhaus ableiten. Beispielhaft soll hier nur auf die Regelung des § 14 Abs. 2 Nr. 2 ArbZG verwiesen werden.

---

1 Vgl. etwa BAG v. 16.6.1998 – 1 ABR 67/97, AP Nr. 92 zu § 87 BetrVG 1972 Lohngestaltung = NZA 1998, 1185; BAG v. 20.7.2004 – 9 AZR 570/03, AP Nr. 65 zu § 611 BGB Ärzte-Gehaltsansprüche = GesR 2005, 332; BGH v. 12.3.1987 – III ZR 31/86, MedR 1987, 241 (244); OLG Celle v. 21.6.1995 – 20 U 84/94, ArztR 1997, 212 (213) = NJW-RR 1996, 430 (431); Laufs/Kern/*Genzel/Degener-Hencke*, § 87 Rz. 61.
2 Vgl. etwa BAG v. 3.8.1983 – 5 AZR 306/81, AP Nr. 36 zu § 611 BGB Ärzte, Gehaltsansprüche = NJW 1984, 1420 (Hessisches Krankenhausgesetz); Laufs/Kern/*Genzel/Degener-Hencke*, § 87 Rz. 62; *Siegmund-Schultze*, ArztR 1984, 125 (126).
3 Zum Mitwirkungsverbot des § 12 Abs. 1 SchKG eingehend *Wern*, S. 15 ff. m.w.N.

II. Kollektivarbeitsrechtliche Grundlagen

Von den **Tarifverträgen**, die auf Arbeitsverhältnisse im Krankenhaus unmittelbar oder durch Bezugnahme Anwendung finden, sind vor allem zu nennen: der TVöD (früher: BAT) mit seinem besonderen Teil für Krankenhäuser (TVöD BT-K), der auch für die Deutsche Rentenversicherung Knappschaft-Bahn-See (KBS) gilt, der Tarifvertrag zur Zukunftssicherung der Krankenhäuser (TV-ZUSI), der Tarifvertrag zur Zukunftssicherung der Krankenhäuser der Länder (TV-ZUSI-L), der Tarifvertrag zwischen dem Marburger Bund und der Tarifgemeinschaft deutscher Länder (TdL) für angestellte Ärzte an Universitätskliniken (TV-L mit TV-L KR, Pflegedienst), der Tarifvertrag zwischen der TdL und dem Marburger Bund für Ärztinnen und Ärzte an Universitätskliniken (TV-Ärzte) sowie der Tarifvertrag zwischen dem Marburger Bund und der Vereinigung kommunaler Arbeitgeberverbände (VKA) für die Ärzte an kommunalen Krankenhäusern (TV-Ärzte/VKA). Gewisse Bedeutung haben noch der Bundesmanteltarifvertrag Nr. 10 für Arbeitnehmer in privaten Krankenanstalten zwischen dem Bundesverband deutscher Privatkliniken e.V. und der Gewerkschaft ver.di, der sich in der Nachwirkung nach § 4 Abs. 5 TVG befindet, und der DRK-Tarifvertrag West/Ost. Angesichts einer Tendenz zur Singularisierung steht zu erwarten, dass in der Zukunft von der Möglichkeit zum Abschluss von **Haustarifverträgen** verstärkt Gebrauch gemacht wird. Schon jetzt existieren im Bereich von Gesundheitskonzernen solche Haustarifverträge, die es in den jeweiligen Einrichtungen zu beachten gilt wie etwa den Tarifvertrag für Ärzte der Rhön-Klinikum AG (TV-Ärzte RKA) oder den Tarifvertrag für Ärztinnen und Ärzte an der Charité – Universitätsmedizin Berlin (TV-Ärzte-Charité) (dazu näher Teil 3 D Rz. 22 ff.). 8

Sonstige kollektivvertragliche Regelungen kommen meist in Form von **Betriebsvereinbarungen** vor, die häuserspezifisch ausgestaltet sind. Im Übrigen finden auch im kollektivarbeitsrechtlichen Bereich die **allgemeinen Regeln** Anwendung, die unter den besonderen Bedingungen des Krankenhauses zu betrachten sind. Als Beispiel mag hier der Verweis auf das Arbeitskampfrecht im Krankenhaus dienen[1]. 9

III. Arbeitssicherheitsrechtliche Grundlagen

Eine besondere Bedeutung im Krankenhaus kommt dem Arbeitssicherheitsrecht zu. Zu nennen sind hier vor allem das Medizinproduktegesetz (MPG) mit der Medizinprodukteverordnung (MPV), der Medizinprodukte-Sicherheitsplanverordnung (MPSV) und der Medizinproduktebetreiberverordnung (MPBetreibV), das Gesetz zur Verhütung und Bekämpfung von Infektionskrankheiten beim Menschen (Infektionsschutzgesetz – IfSG), das Gesetz zur Regelung des Transfusionswesens (Transfusionsgesetz – TFG) mit den Richt- 10

---

1 Vgl. dazu LAG Köln v. 12.12.2005 – 2 Ta 457/05, n.v.; ArbG Kiel v. 30.6.2006 – 1 Ga 11b/06, n.v.; ArbG Fulda v. 5.7.2006 – 1 Ga 4/06, n.v.; *Bruns*, ArztR 2006, 42 ff.; *Bohle*, KH 2006, 565 ff.

linien zur Gewinnung von Blut und Blutbestandteilen und zur Anwendung von Blutprodukten (Hämotherapie) gem. §§ 12 und 18 TFG, die Verordnung über den Schutz vor Schäden durch ionisierende Strahlen (Strahlenschutzverordnung – StrlSchV) mit den Richtlinien „Strahlenschutz in der Medizin" und „Ärztliche und zahnärztliche Stellen", die Verordnung über den Schutz vor Schäden durch Röntgenstrahlen (Röntgenverordnung – RöV) mit den Richtlinien „Fachkunde und Kenntnisse im Strahlenschutz bei dem Betrieb von Röntgeneinrichtungen in der Medizin oder Zahnmedizin" und „Ärztliche und zahnärztliche Stellen", die Verordnung über Sicherheit und Gesundheitsschutz bei Tätigkeiten mit biologischen Arbeitsstoffen (Biostoffverordnung – BioStoffV) und die Verordnung zum Schutz vor Gefahrenstoffen (Gefahrstoffverordnung – GefStoffV).

11 Auch die auf § 15 SGB VII basierenden **Unfallverhütungsvorschriften** sind im Arbeitsverhältnis zwischen Krankenhausträger und Mitarbeiter zu beachten. Besondere Erwähnung verdienen hier die Unfallverhütungsvorschriften der Berufsgenossenschaft für Gesundheitsdienst und Wohlfahrtspflege (BGW) für nichtstaatliche Einrichtungen im Gesundheitsdienst und der Wohlfahrtspflege (Berufsgenossenschaftliche Vorschriften für Sicherheit und Gesundheit bei der Arbeit – BGV). Erläuterungen zu den BGV finden sich in den Berufsgenossenschaftlichen Regeln für Sicherheit und Gesundheit bei der Arbeit (BGR), bei denen es sich um allgemein anerkannte Regeln für Sicherheit und Gesundheitsschutz handelt. Diese beschreiben den Stand des Arbeitsschutzes und dienen der praktischen Umsetzung von Forderungen aus den Berufsgenossenschaftlichen Vorschriften. Eine Haftung des Krankenhausträgers gegenüber dem Mitarbeiter kann bei **Verletzung der Unfallverhütungsvorschriften** nur sehr selten begründet werden. Denn insoweit gilt die **Privilegierung durch §§ 104, 105 SGB VII** (früher: §§ 636, 637 RVO), die nach Auffassung der Rechtsprechung zu einer Haftung des Arbeitgebers nur bei doppeltem Vorsatz hinsichtlich der Verletzungshandlung und des Verletzungserfolges führen. Selbst die vorsätzliche Verletzung der Unfallverhütungsvorschriften begründet daher noch keine Ausnahme von der Haftungsprivilegierung[1]. Dennoch sind die Unfallverhütungsvorschriften von erheblicher Bedeutung, da sie kraft öffentlicher Gewalt festgesetzte und für den Unternehmer bindende Weisungen enthalten, die er erkennen und ausführen muss[2]. Sie geben den Mindestinhalt der den Unternehmer treffenden Verkehrssicherungspflicht vor; der damit bezweckte Schutz gilt gleichermaßen für eigene Arbeitnehmer wie für betriebsfremde berechtigte Personen[3].

---

1 S. dazu nur BAG v. 10.10.2002 – 8 AZR 103/02, AP Nr. 1 zu § 104 SGB VII = NZA 2003, 436; BAG v. 19.8.2004 – 8 AZR 349/03, AP Nr. 4 zu § 104 SGB VII = VersR 2005, 1439; so bereits zum früheren Rechtszustand BAG v. 27.6.1975 – 3 AZR 457/74, AP Nr. 9 zu § 636 RVO = BB 1975, 1640; vgl. auch ErfK/*Rolfs*, § 104 SGB VII Rz. 12 m. w. N. zur Gegenauffassung.

2 BGH v. 29.11.1960 – VI ZR 35/60, VersR 1961, 160 (161); BGH v. 19.3.1963 – VI ZR 146/62, VersR 1963, 305 (307); OLG Karlsruhe v. 18.2.1987 – 7 U 97/85, VersR 1988, 1071; OLG Stuttgart v. 12.3.1999 – 2 U 74/98, NJW-RR 2000, 752 ff.

3 BGH v. 13.7.1965 – VI 73/64, VersR 1965, 1055; BGH v. 4.11.1966 – VI ZR 36/65, VersR 1967, 133 (134); OLG Stuttgart v. 12.3.1999 – 2 U 74/98, NJW-RR 2000, 752 ff.; MünchArbR/*Kohte*, § 290 Rz. 11.

Es handelt sich demnach um Pflichten, die der Krankenhausträger auch und gerade im Verhältnis zum Mitarbeiter zu beachten hat (dazu näher Teil 3 D Rz. 51 ff.).

Im Übrigen gelten die **allgemeinen Regelungen zur Arbeitssicherheit** wie et- 12
wa das Arbeitssicherheitsgesetz (ASiG), das Arbeitsschutzgesetz (ArbSchG) oder die Arbeitsstättenverordnung (ArbStättV). Zu beachten gilt es insoweit, dass die an den Krankenhausträger gerichteten Gebote und Verbote des öffentlich-rechtlichen Arbeitsschutz- und Unfallverhütungsrechts zum Schutz gegen Gefahren für Leben und Gesundheit der Beschäftigten dem Inhalt arbeitsvertraglicher Vereinbarungen nach § 134 BGB ebenso Schranken setzen wie arbeitsschutzwidrigen Weisungen des Krankenhausträgers[1].

IV. Besonderheiten in kirchlichen Einrichtungen

In kirchlichen Einrichtungen sind sowohl in individual- als auch kollektiv- 13
arbeitsrechtlicher Hinsicht einige Besonderheiten zu beachten.

Arbeitsverträge in kirchlichen Einrichtungen werden meist unter Bezugnah- 14
me auf **Allgemeine Arbeitsbedingungen der Kirchen** abgeschlossen. Das sind im katholischen Bereich überwiegend die Richtlinien für Arbeitsverträge in den Einrichtungen des Deutschen Caritasverbandes (AVR Caritas) und im evangelischen Bereich die Arbeitsvertragsrichtlinien des Diakonischen Werkes der Evangelischen Kirche in Deutschland (AVR Diakonisches Werk) mit den Arbeitsrechtsregelungen bestimmter Gliedkirchen (z.B. Arbeitsrechtsregelung Nr. 2/2003 für den Bereich des Diakonischen Werks der Evangelischen Landeskirche in Baden, AR-AVR), die Arbeitsrechtsregelungen/Arbeitsvertragsordnungen für Mitarbeiterinnen und Mitarbeiter (z.B. die Arbeitsrechtsregelung der Evangelischen Landeskirche in Baden vom 16.12.2005 – AR-M – und die Kirchlich-Diakonische Arbeitsvertragsordnung im Bereich der Evangelischen Kirche und des Diakonischen Werks in Hessen und Nassau – KDAVO) sowie der Bundes-Angestelltentarifvertrag in kirchlicher Fassung (BAT-KF).

Bei der Bestimmung der Rechte und Pflichten aus dem Arbeitsverhältnis, 15
insbesondere aber bei der Beurteilung von Kündigungsrechten, ist zu berücksichtigen, dass die Kirchen und ihre Einrichtungen zwar dem staatlichen Recht unterworfen sind, wenn sie wie jeder andere private Arbeitgeber Arbeitsverträge abschließen. Dennoch ist die Sonderstellung der Kirchen, wie sie insbesondere durch ihr **nach Art. 140 GG i. V. m. Art. 137 Abs. 3 WRV garantiertes Selbstbestimmungsrecht** abgesichert ist, für die Beurteilung dieser Sachverhalte von Bedeutung. In der arbeitsvertraglichen Praxis wird dies vor allem bei den sog. **Loyalitätsobliegenheiten** der kirchlichen Mitarbeiter bedeutsam. Hier gilt aber bei Tätigkeiten im Krankenhaus nichts anderes als

---

1 Eingehend MünchArbR/*Kohte*, § 291 Rz. 10 f.

in den übrigen kirchlichen Einrichtungen[1]. Auch in mitbestimmungsrechtlicher Hinsicht sind keine besonderen krankenhausspezifischen Rechtsgrundlagen zu beachten. Es gelten hier wie auch sonst die Regelungen der **Mitarbeitervertretungsordnungen** der katholischen Kirche (MAVO) und dem **Mitarbeitervertretungsgetz** der evangelischen Kirche (dazu näher Teil 4 Rz. 51 ff.).

---

1 Vgl. allgemein BVerfG v. 4.6.1985 – 2 BvR 1703/83, 2 BvR 1718/83, 2 BvR 856/84, BVerfGE 70, 138 (165) = AP Nr. 24 zu Art. 140 GG; BAG v. 25.4.1978 – 1 AZR 70/76, AP Nr. 2 zu Art. 140 GG = NJW 1978, 2116; MünchArbR/*Richardi*, § 328 Rz. 14 ff.

B. Anbahnung des Arbeitsverhältnisses

I. Allgemeines

Bei der Anbahnung von Arbeitsverträgen zwischen Krankenhausträger und ärztlichen bzw. nichtärztlichen Mitarbeitern finden die allgemeinen Vorschriften über die Vertragsanbahnung im Arbeitsrecht Anwendung[1]. Einschlägige Vorschrift ist nach nunmehr geltendem Recht **§ 311 Abs. 2, 3 BGB i. V. m. § 241 Abs. 2 BGB.** Allerdings kann insoweit auf die zur **früheren culpa in contrahendo (c. i. c.) entwickelten Grundsätze zurückgegriffen werden**[2]. 1

Das vorvertragliche Schuldverhältnis zwischen Krankenhausträger und Bewerber ist geprägt durch wechselseitige Rechte und Pflichten. Diese sind Gegenstand der nachfolgenden Ausführungen, wobei die Betonung auf die für Krankenhäuser relevanten Rechte und Pflichten liegt. Die vorvertraglichen Rechte und Pflichten gehören regelmäßig zu den (unselbständigen) **Nebenpflichten**, die auch **Schutzpflichten** genannt werden (zu den Ausnahmen bei Fallgestaltungen vorvertraglicher Bindungen s. unten Rz. 59 ff.). Diese unterscheiden sich von den sog. **Nebenleistungspflichten** (selbständige Nebenpflichten) im Wesentlichen dadurch, dass auf ihre Erfüllung kein (einklagbarer) Anspruch besteht. Ihre Nichterfüllung kann „lediglich" zu einem Anspruch auf Schadensersatz führen[3]. 2

Das vorvertragliche Schuldverhältnis endet mit dem Abbruch der Verhandlungen oder mit dem Abschluss des Vertrages[4]. Schadensersatzansprüche aufgrund vorvertraglichen Verschuldens können sich aber auch **nach Beendigung des vorvertraglichen Schuldverhältnisses** noch verwirklichen[5]. In Zweifelsfällen muss deshalb exakt abgegrenzt werden, in welchen Zeitraum das vorwerfbare Verhalten fällt. Auf den Schadenseintritt kommt es insoweit nicht an. 3

II. Pflichten des Krankenhausträgers

1. Stellenausschreibungen und Wahl der Einstellungskriterien

Der Stellenausschreibung als **Mittel der Anwerbung**[6] potentieller Mitarbeiter kommt in der Praxis nach wie vor eine herausragende Rolle zu. Im Be- 4

---

1 BAG v. 24.1.1974 – 3 AZR 488/72, AP Nr. 74 zu § 611 BGB Haftung des Arbeitnehmers = VersR 1974, 1137; ErfK/*Preis*, § 611 BGB Rz. 240.
2 ErfK/*Preis*, § 611 BGB Rz. 260.
3 MünchKommBGB/*Kramer*, § 241 BGB Rz. 18; Palandt/*Grüneberg*, Einl vor § 241 BGB Rz. 4; § 241 BGB Rz. 5, § 242 BGB Rz. 25.
4 Palandt/*Grüneberg*, § 311 BGB Rz. 25.
5 BAG v. 2.12.1976 – 3 AZR 401/75, AP Nr. 10 zu § 276 BGB Verschulden bei Vertragsabschluss = DB 1977, 451; ErfK/*Preis*, § 611 BGB Rz. 260.
6 Die Stellenausschreibung enthält noch kein Vertragsangebot; vgl. nur BAG v. 23.2.1988 – 1 ABR 82/86, AP Nr. 2 zu § 93 BetrVG = NZA 1988, 551; BAG v. 12.9.1984 – 4 AZR 373/82, n. v.; LAG Frankfurt v. 23.4.1993 – 9 Sa 752/92, EzBAT §§ 22, 23 BAT B e VergGr Ia Nr. 3; ArbG Bremen v. 1.6.1971 – 3 Ca 3100/71, DB 1972, 540. Die

reich der privaten Arbeitgeber besteht **keine rechtliche Verpflichtung zur Stellenausschreibung** (zu den mitbestimmungsrechtlichen Regelungen bei Bewerbungsverfahren s. näher unten Teil 11 Rz. 288, 292 ff., 299, 409, 574; zur Ausnahme im Rahmen des TzBfG s. unten Rz. 26 ff.). Mit Stellenausschreibungen oder anderen Mitteln der Anwerbung beginnt das Bewerbungs-/Einstellungsverfahren. In diesem Zusammenhang wird meist die Frage aufgeworfen, was ein privater Arbeitgeber als Einstellungskriterien formulieren und wie er diese im Rahmen eines Einstellungsverfahrens gewichten darf. Ausgehend vom Grundsatz der Vertragsfreiheit ist diese Fragestellung verfehlt. Trotz aller ausdrücklich normierten oder durch die Rechtsprechung der Arbeitsgerichte entwickelten Einschränkungen ist nach wie vor von dem **Grundsatz** auszugehen, dass der private Arbeitgeber – hier also der Krankenhausträger – die **Befugnis zur freien Auswahl aller Einstellungskriterien und zu deren Gewichtung** hat. Diese Rechtsmacht folgt aus der grundrechtlich geschützten Freiheit, die jeder private Arbeitgeber genießt[1]. Deshalb ist nicht entscheidend, was ein Arbeitgeber im Rahmen eines Bewerbungsverfahrens tun darf, sondern warum er es nicht sollte tun dürfen. Die Frage nach der Wirksamkeit einer bestimmten Einstellungspraxis muss also durch eine **Suche nach Verbotsnormen** und nicht nach Ermächtigungsgrundlagen geprägt sein.

5   Anderes gilt im **öffentlichen Dienst**. Für den öffentlichen Arbeitgeber bildet **Art. 33 Abs. 2 GG** von vornherein die Grenze dessen, was er zur Einstellungsvoraussetzung machen darf und wie die einzelnen Kriterien zu gewichten sind. Art. 33 Abs. 2 GG findet außer in Beamtenverhältnissen auch bei Angestellten und Arbeitern im öffentlichen Dienst Anwendung[2]. Die einschlägigen Gesetzesbegriffe der „Eignung", „Befähigung" und „fachlichen Leistung" sind in diesem Fall heranzuziehen und entsprechend der Stellung des Mitarbeiters im Krankenhaus auszulegen. Davon abgesehen bedürfen die Begriffe „Eignung", „Befähigung" und „fachliche Leistung" keiner „krankenhausspezifischen" Auslegung. Auf eine vertiefte Behandlung kann daher mit einem Verweis auf das Schrifttum zu Art. 33 Abs. 2 GG und die hierzu ergangene Rechtsprechung verzichtet werden.

a) Benachteiligungsverbote

6   Das **Allgemeine Gleichbehandlungsgesetz (AGG)** vom 14.8.2006[3] engt den Spielraum der Arbeitgeber bei der Auswahl der Einstellungskriterien und deren Gewichtung in wesentlichem Maße ein. Es findet auf **sämtliche Arbeit-**

Stellenausschreibung kann aber den Inhalt des späteren Arbeitsvertrages beeinflussen; vgl. LAG Frankfurt v. 13.1.1993 – 2 Sa 522/92, NZA 1994, 884.

1 Vgl. BAG v. 28.5.2009 – 8 AZR 536/08, AP Nr. 2 zu § 8 AGG; MünchArbR/*Richardi*, § 21 Rz. 7; *Joussen*, NJW 2003, 2857.

2 Stellv. für alle BVerwG v. 11.2.1981 – 6 P 44/79, BVerwGE 61, 325, 330 = DÖV 1981, 632; *Jarass/Pieroth*, Art. 33 GG Rz. 9; von Münch/*Kunig*, Art. 33 GG Rz. 20, jeweils m.w.N.

3 BGBl. I, 1897.

geber, also auch Krankenhausträger, unabhängig von der gewählten Rechtsform und der Anzahl der beschäftigten Mitarbeiter Anwendung. Mit dem
AGG sollen Benachteiligungen aus Gründen der Rasse oder wegen der ethnischen Herkunft, des Geschlechts, der Religion oder Weltanschauung, einer
Behinderung, des Alters oder der sexuellen Identität verhindert oder beseitigt
werden (§ 1 AGG). § 7 AGG formuliert insoweit ein arbeitsrechtliches **Benachteiligungsverbot.** Dass Benachteiligungen bei der Anbahnung des Arbeitsverhältnisses, insbesondere schon bei der Ausschreibung von Arbeitsplätzen verhindert werden sollen, ist durch § 2 Abs. 1 Nr. 1 und §§ 7, 11
AGG klargestellt. Der Schutzbereich des Gesetzes umfasst alle **Beschäftigten i. S. d. § 6 AGG.** Darunter fallen nicht nur Arbeitnehmer, Auszubildende und arbeitnehmerähnliche Personen, sondern auch alle Bewerber, Personen, deren Beschäftigungsverhältnis beendet ist, und Leiharbeitnehmer
(§ 6 Abs. 1, 2 Satz 2 AGG). Auch **Angestellte im öffentlichen Dienst** werden
hiervon erfasst[1]. Für Beamte gilt dagegen die Sonderregelung des § 24 AGG.
Das Gesetz ist durch den **Begriff der Benachteiligung** geprägt, der nach dem
Willen des Gesetzgebers von dem Begriff der Diskriminierung abzugrenzen
ist. Das unterscheidende Merkmal zwischen Benachteiligung und Diskriminierung soll darin liegen, dass Diskriminierung nur die rechtswidrige, sozial
verwerfliche Ungleichbehandlung erfasst. Damit soll, was schon bisher von
der praktischen Konsequenz völlig unstreitig war, durch die Begriffsbestimmung verdeutlicht werden, dass nicht jegliche Form der Ungleichbehandlung zugleich diskriminierenden Charakter hat, sondern auch Fälle der zulässigen unterschiedlichen Benachteiligung existieren[2].

Das **Gendiagnostikgesetz (GenDG)** vom 31.7.2009[3] enthält neben konkreten   6a
Verboten zur Erhebung genetischer Daten (näher dazu Rz. 34) auch ein besonderes arbeitsrechtliches Benachteiligungsverbot bei der Anbahnung von
Arbeitsverhältnissen in § 21 Abs. 1 GenDG. Danach darf der Arbeitgeber Beschäftigte bei der Begründung des Arbeitsverhältnisses nicht wegen ihrer
oder der genetischen Eigenschaften einer genetisch verwandten Person benachteiligen. Dies gilt auch, wenn sich Beschäftigte weigern, genetische Untersuchungen oder Analysen bei sich vornehmen zu lassen oder die Ergebnisse bereits vorgenommener genetischer Untersuchungen oder Analysen zu
offenbaren.

aa) Geschlecht

Bei der Frage, ob eine Benachteiligung wegen des Geschlechts vorliegt, ist   7
nunmehr ausschließlich auf das AGG abzustellen[4]. Mit der Einführung des
AGG sind die früher einschlägigen Vorschriften der §§ 611a, 611b BGB aufgehoben worden. Verbotsnorm ist jetzt § 7 AGG, in der Phase der Ausschreibung § 11 i. V. m. § 7 AGG. Wie im Rahmen des § 611a BGB ist auch im

---

1 Vgl. BT-Drucks. 16/1780, 34.
2 BT-Drucks. 16/1780, 30.
3 BGBl. I, 2529, ber. 3672.
4 BT-Drucks. 16/1780, 57.

Anwendungsbereich des AGG zwischen unmittelbarer und mittelbarer Benachteiligung zu unterscheiden. Die Begriffe sind gesetzlich in § 3 AGG bestimmt.

8 Eine **unmittelbare geschlechtsbezogene Benachteiligung** liegt danach vor, wenn eine Person wegen des Geschlechts eine weniger günstige Behandlung erfährt, als eine andere Person in einer vergleichbaren Situation erfährt, erfahren hat oder erfahren würde. Die durch die Vorschrift sanktionierte Zurücksetzung muss durch das Geschlecht des Bewerbers motiviert sein bzw. der Benachteiligende muss bei seiner Handlung hieran anknüpfen[1]. Es muss also eine entsprechende **Motivationsverknüpfung** vorliegen[2]. Hiervon sind auch geschlechtsneutrale Formulierungen erfasst, die sich nur auf einen Mann oder eine Frau beziehen können (**verdeckte Diskriminierung**)[3]. Die Benachteiligung kann auch in einem **Unterlassen** liegen[4]. Nach der Gesetzesbegründung genügt für die Annahme einer Benachteiligung bereits eine hinreichend konkrete Gefahr, dass eine Benachteiligung eintritt[5]. Bei bereits erfolgter Benachteiligung soll es einer Wiederholungsgefahr bedürfen, ansonsten einer ernsthaften Erstbegehungsgefahr[6]. Ob diese Auslegung, die sich offensichtlich auf eine Formulierung bezieht, die in früheren Entwürfen vorhanden war, mit dem aktuellen Wortlaut des § 3 Abs. 1 AGG vereinbar ist, ist fraglich[7]. Nach § 3 Abs. 1 Satz 2 AGG liegt eine unmittelbare Benachteiligung wegen des Geschlechts bei der Anbahnung des Arbeitsverhältnisses auch im Fall einer **ungünstigeren Behandlung einer Frau wegen Schwangerschaft und Mutterschaft** vor (s. dazu näher Rz. 46)[8].

9 Unmittelbare Benachteiligungen können sachlich gerechtfertigt sein. Entsprechende **Rechtfertigungsgründe** finden sich in den **§§ 8 ff. AGG**. Die bisherige Ausnahmeregelung des § 611a Abs. 1 Satz 2 BGB, wonach eine geschlechtsbezogene Differenzierung zulässig war, soweit eine Vereinbarung oder eine Maßnahme die Art der vom Arbeitnehmer auszuübenden Tätigkeit zum Gegenstand hatte und ein bestimmtes Geschlecht unverzichtbare Voraussetzung für diese Art der Tätigkeit war, ist durch den Rechtfertigungstatbestand des § 8 Abs. 1 AGG abgelöst. Eine Absenkung des Schutzniveaus ist damit nicht verbunden[9]. Eine unterschiedliche Behandlung wegen des Geschlechts ist danach zulässig, wenn die Geschlechtszugehörigkeit wegen der Art der auszuübenden Tätigkeit oder der Bedingungen ihrer Ausübung eine wesentliche und entscheidende berufliche Anforderung darstellt, sofern der Zweck rechtmäßig und die Anforderung angemessen ist. Das Vorliegen

---

1 BT-Drucks. 16/1780, 32.
2 *Maier-Reimer*, NJW 2006, 2577 (2579).
3 *Richardi*, NZA 2006, 881 (883).
4 BT-Drucks. 16/1780, 32.
5 BT-Drucks. 16/1780, 32.
6 BT-Drucks. 16/1780, 32.
7 Vgl. ErfK/*Schlachter*, § 3 AGG Rz. 3; *Maier-Reimer*, NJW 2006, 2577 (2578 f.).
8 Vgl. ErfK/*Schlachter*, § 3 AGG Rz. 4.
9 BAG v. 28.5.2009 – 8 AZR 536/08, AP Nr. 2 zu § 8 AGG.

eines sachlichen Grundes allein genügt nicht[1]. Der Arbeitgeber muss die **Geschlechtszugehörigkeit** bewusst zur **Voraussetzung der Leistung** des Arbeitnehmers erheben[2]. Die Geschlechtszugehörigkeit als berufliche Anforderung ist dann gerechtfertigt, wenn die Tätigkeit ohne dieses Merkmal bzw. ohne Fehlen dieses Merkmals entweder gar nicht oder nicht ordnungsgemäß durchgeführt werden kann und bezogen auf das Merkmal „Geschlecht" dieser Qualifikationsnachteil auf biologischen Gründen beruht[3]. Das Geschlecht muss eine prägende Bedeutung für die konkret auszuübende Tätigkeit haben[4]. Sozio-kulturelle Entwicklungen, aber auch Änderungen von normativen Grundlagen können bei dieser Prüfung nicht außer Acht gelassen werden. Beispielhaft für den medizinischen Bereich ist insoweit die **Abschaffung des sog. Hebammen-Monopols** durch das Gesetz über den Beruf der Hebamme und des Entbindungspflegers vom 4.6.1985[5]. Die Entscheidung des BAG, wonach die biologische Zugehörigkeit (eines Transsexuellen) zum männlichen Geschlecht mit den Anforderungen des Arbeitsplatzes als Arzthelferin unvereinbar sei[6], ist vor diesem Hintergrund kritisch zu betrachten. Erst recht können generelle Aussagen wie die fehlende Eignung von Frauen für Arbeitsplätze, auf denen schwere körperliche Arbeiten verrichtet werden, nicht zur Begründung des Rechtfertigungstatbestandes des § 8 AGG herangezogen werden[7].Im Einzelfall kann der Schutz der Intimsphäre einen Rechtfertigungstatbestand darstellen[8]. Das kann im Krankenhaus für den Pflegedienst Bedeutung erlangen. Nach einer Entscheidung des ArbG Bonn soll das weibliche Geschlecht aber keine wesentliche und entscheidende berufliche Voraussetzung für den Einsatz als Pflegekraft in einem Bereich sein, in dem zu 90 % Frauen gepflegt werden und auch der Bereich der Intimpflege betroffen ist, selbst wenn es zahlreiche Beschwerden über den Einsatz männlichen Personals gegeben hat, aber der Einsatz bei Patientinnen möglich ist, die die Pflege durch männliche Pfleger nicht abgelehnt haben[9].

Nach § 3 Abs. 2 AGG liegt eine **mittelbare geschlechtsbezogene Benachteiligung** vor, wenn dem Anschein nach neutrale Vorschriften, Kriterien oder Verfahren Personen wegen des Geschlechts gegenüber anderen Personen in   10

---

1 *Richardi*, NZA 2006, 881 (883); ErfK/*Schlachter*, § 8 AGG Rz. 4. So bereits vor Erlass des AGG BAG v. 12.11.1998 – 8 AZR 365/97, AP Nr. 16 zu § 611a BGB = NZA 1999, 371; BAG v. 27.4.2000 – 8 AZR 295/99, n. v.
2 Vgl. BAG v. 28.5.2009 – 8 AZR 536/08, AP Nr. 2 zu § 8 AGG; LAG Berlin v. 14.1.1998 – 8 Sa 118/97, NZA 1998, 312 f.; ErfK/*Schlachter*, § 8 AGG Rz. 2 ff.
3 BAG v. 28.5.2009 – 8 AZR 536/08, AP Nr. 2 zu § 8 AGG; vgl. auch ErfK/*Schlachter*, § 8 AGG Rz. 3.
4 BAG v. 28.5.2009 – 8 AZR 536/08, AP Nr. 2 zu § 8 AGG.
5 BGBl. I, 902.
6 BAG v. 21.2.1991 – 2 AZR 449/90, AP Nr. 35 zu § 123 BGB = NZA 1991, 719.
7 Vgl EuGH v. 1.2.2005 – Rs. C-203/03, EuGRZ 2005, 124 ff.; ErfK/*Schlachter*, § 8 AGG Rz. 1; für § 611a BGB a. F. LAG Köln v. 8.11.2000 – 3 Sa 974/00, LAGE § 611a BGB Nr. 4 = NZA-RR 2001, 232.
8 BAG v. 28.5.2009 – 8 AZR 536/08, AP Nr. 2 zu § 8 AGG; ErfK/*Schlachter*, § 8 AGG Rz. 3.
9 ArbG Bonn v. 31.3.2001 – 5 Ca 2781/00, PflR 2001, 318 ff. für § 611a BGB.

besonderer Weise benachteiligen können, es sei denn, diese Vorschriften, Kriterien oder Verfahren sind durch ein rechtmäßiges Ziel sachlich gerechtfertigt und die Mittel sind zur Erreichung dieses Ziels angemessen und erforderlich. Die Bestimmung einer mittelbaren Benachteiligung kann in der Praxis mit erheblichen Schwierigkeiten verbunden sein. Bei der Prüfung im Einzelfall ist wie bereits nach bisheriger Rechtslage zunächst eine sog. **Vergleichsgruppenbildung** durchzuführen[1]. Zu vergleichen ist die Gruppe der Personen, die durch Verwendung des überprüften Kriteriums belastet wird, mit der Gruppe derjenigen, die durch dessen Anwendung begünstigt bzw. nicht belastet wird[2]. Maßgeblich ist das prozentuale Verhältnis der Geschlechterverteilung in beiden Gruppen[3]. Dann ist zu prüfen, ob die Anteile der Geschlechter an den ermittelten Gruppen wesentlich voneinander abweichen[4]. Ist dies der Fall, wird eine **geschlechtsbedingte Benachteiligung vermutet**. Diese Vermutung kann der Arbeitgeber **widerlegen**[5]. Das geht nunmehr deutlich aus der Fassung des § 3 Abs. 2 AGG hervor. Nach bisheriger Auffassung des BAG ist diese Vermutung widerlegt, wenn die Maßnahme gerechtfertigt ist, weil die unterschiedliche Behandlung einem wirklichen Bedürfnis des Unternehmens dient, für die Erreichung der unternehmerischen Ziele geeignet und nach den Grundsätzen der Verhältnismäßigkeit erforderlich ist[6]. Dann liegt ein **objektiv rechtfertigender Grund** für die Benachteiligung vor mit der Folge, dass es schon tatbestandlich am Bestehen einer mittelbaren Benachteiligung fehlt[7]. Es besteht kein Grund, von diesen Grundsätzen abzurücken. Der Gesetzgeber hat vielmehr durch die gewählte Formulierung auf diese Grundsätze selbst zurückgegriffen. Das muss auch für die bislang anerkannten Kriterien gelten, die die mittelbare Benachteiligung auszuschließen vermögen. Ein objektiv rechtfertigender Grund ist z. B. eine bestimmte **Berufsausbildung**, wenn sie für die vorgesehene Arbeitsleistung erforderlich ist[8], was insbesondere bei den medizinischen Fachberufen im Krankenhaus von Bedeutung ist. Dass die Berufsausbildung ein tatbestandsausschließendes Kriterium darstellt, wird mittelbar durch die Vorschrift des § 8 Abs. 1 AGG bestätigt. Der dort geregelte Rechtfertigungs-

---

1 BT-Drucks. 16/1780, 32 f.; ErfK/*Schlachter*, § 3 AGG Rz. 7; *Richardi*, NZA 2006, 881 (883).

2 EuGH v. 13.5.1986 – 170/84, AP Nr. 10 zu Art. 119 EWG-Vertrag = NZA 1986, 599; BAG v. 12.11.1998 – 8 AZR 365/97, AP Nr. 16 zu § 611a BGB = NZA 1999, 371.

3 MünchKommBGB/*Thüsing*, § 3 AGG Rz. 33; *Richardi*, NZA 2006, 881 (883); zum früheren Recht vgl. BAG v. 5.3.1997 – 7 AZR 581/92, AP Nr. 123 zu § 37 BetrVG 1972 = NZA 1997, 1242; aA ErfK/*Schlachter*, § 3 AGG Rz. 8.

4 ErfK/*Schlachter*, 7. Aufl., § 611a BGB Rz. 15; MünchKommBGB/*Müller-Glöge*, 4. Aufl., § 611a BGB Rz. 32.

5 Vgl. MünchKommBGB/*Thüsing*, § 3 AGG Rz. 37; zur früheren Rechtslage BAG v. 12.11.1998 – 8 AZR 365/97, AP Nr. 16 zu § 611a BGB = NZA 1999, 371.

6 Vgl. bereits BAG v. 31.8.1978 – 3 AZR 313/77, AP Nr. 1 zu § 1 BetrAVG Gleichbehandlung – BB 1979, 890; BAG v. 14.10.1986 – 3 AZR 66/83, AP Nr. 11 zu Art. 119 EWG-Vertrag = NZA 1987, 445; BAG v. 23.1.1990 – 3 AZR 58/88, AP Nr. 7 zu § 1 BetrAVG Gleichberechtigung = NZA 1990, 778; BAG v. 2.12.1992 – 4 AZR 152/92, AP Nr. 28 zu § 23a BAT = NZA 1993, 367.

7 Vgl. BT-Drucks. 16/1780, 33; *Richardi*, NZA 2006, 881 (883).

8 EuGH v. 17.10.1989 – C-109/88, AP Nr. 19 zu Art. 119 EWG-Vertrag = NZA 1990, 772.

tatbestand für eine unterschiedliche Behandlung wegen beruflicher Anforderungen ist für die Fälle der mittelbaren Benachteiligung insoweit von Bedeutung, als die Rechtfertigung durch einen sachlichen Grund bei der mittelbaren Benachteiligung bereits zu den tatbestandlichen Voraussetzungen zählt[1]. Auch das Kriterium der **Flexibilität** wird als ein sachlicher Grund im vorbezeichneten Sinne angesehen[2]. Im Krankenhausbereich kann dieses Kriterium bedeutsam werden, wenn die vorgesehene Tätigkeit die Ableistung von Bereitschafts- und Rufbereitschaftsdiensten einschließt und es auf die Erreichbarkeit des Arbeitsplatzes in angemessener Zeit ankommt. Inwieweit das Kriterium der **Berufserfahrung** geeignet ist, eine mittelbare Benachteiligung zu rechtfertigen, ist nicht abschließend geklärt. Der EuGH bringt dieses Kriterium mittelbar zur Geltung, indem er ausführt, dass die Dauer der Betriebszugehörigkeit stets eine mittelbare Diskriminierung rechtfertigen könne, weil sie mit der Berufserfahrung einhergehe, die den Arbeitnehmer im Allgemeinen befähige, seine Arbeit besser zu verrichten[3]. Allerdings verlangt der EuGH für den Zusammenhang zwischen ausgeübter Tätigkeit und Erfahrung den Nachweis anhand objektiver Kriterien[4]. Ob dieser Auffassung gefolgt werden kann, ist fraglich. Jedenfalls wird man mit dem BAG davon ausgehen müssen, dass an den Nachweis unterschiedlichen Erfahrungswissens erhöhte Anforderungen gestellt werden müssen[5].

Die bisherige **Beweislastregelung** des § 611a Abs. 1 Satz 3 BGB ist durch die   11
Regelung des § 22 AGG ersetzt worden. Das Gesetz verlangt jetzt, dass derjenige, der die Benachteiligung geltend macht, Indizien beweist, die eine Benachteiligung wegen eines in § 1 AGG genannten Grundes vermuten lassen. Dann soll die andere Partei die Beweislast dafür tragen, dass kein Verstoß gegen die Bestimmungen zum Schutz vor Benachteiligung vorliegt.

bb) Schwerbehinderung und Behinderung

Das Allgemeine Gleichbehandlungsgesetz (AGG) hat das bisherige Diskri-   12
minierungsverbot des § 81 Abs. 2 Satz 2 Nr. 1 Satz 1 SGB IX a. F. abgelöst. § 81 Abs. 2 Satz 2 SGB IX verweist jetzt nur noch auf die Vorschriften des AGG. Das AGG stellt ausschließlich auf das Merkmal der Behinderung ab, so dass die frühere Unterscheidung in Diskriminierung von Schwerbehinderten nach § 81 Abs. 2 Satz 2 SGB IX a. F. und Behinderten nach Art. 3 Abs. 3 GG entfällt. Der **Begriff der Behinderung** in § 1 AGG entspricht den Definitionen in § 2 Abs. 1 Satz 1 SGB IX und § 3 des Gesetzes zur Gleichstellung behinderter Menschen (BGG)[6]. Danach sind Menschen behindert, wenn ihre körperliche Funktion, geistige Fähigkeit oder seelische Gesundheit mit ho-

---

1 BT-Drucks. 16/1780, 35.
2 Vgl. EuGH v. 17.10.1989 – C-109/88, AP Nr. 19 zu Art. 119 EWG-Vertrag = NZA 1990, 772.
3 EuGH v. 17.10.1989 – C-109/88, AP Nr. 19 zu Art. 119 EWG-Vertrag = NZA 1990, 772.
4 EuGH v. 7.2.1991 – C-184/89, AP Nr. 25 zu § 23a BAT = NJW 1991, 2207.
5 BAG v. 2.12.1992 – 4 AZR 152/92, AP Nr. 28 zu § 23a BAT = NZA 1993, 367.
6 BT-Drucks. 16/1780, 31.

her Wahrscheinlichkeit länger als sechs Monate von dem für das Lebensalter typischen Zustand abweichen und daher ihre Teilhabe am Leben in der Gesellschaft beeinträchtigt ist. Die Frage, ob eine Benachteiligung wegen einer Behinderung vorliegt, beantwortet sich nach den gleichen Kriterien wie bei einer Benachteiligung wegen des Geschlechts. Hier wie dort werden von den Verboten der §§ 7, 11 AGG **alle Formen einer unmittelbaren und mittelbaren Benachteiligung** behinderter Menschen bei der Vertragsanbahnung erfasst (zu den Begriffen der unmittelbaren und mittelbaren Benachteiligung s. näher oben Rz. 7 ff.). Der Regelungsgehalt des § 81 Abs. 2 Satz 2 Nr. 1 Satz 2 SGB IX, wonach eine Ausnahme vom Diskriminierungsverbot galt, soweit eine Vereinbarung oder eine Maßnahme die Art der von dem schwerbehinderten Beschäftigten auszuübenden Tätigkeit zum Gegenstand hatte und eine bestimmte körperliche Funktion, geistige Fähigkeit oder seelische Gesundheit wesentliche und entscheidende berufliche Anforderung für diese Tätigkeit war, wird jetzt von dem **Rechtfertigungstatbestand des § 8 Abs. 1 AGG** erfasst.

13   Durch die Einführung des AGG wird die **Prüfungspflicht des § 81 Abs. 1 SGB IX** nicht tangiert. Nach dieser Vorschrift muss der Arbeitgeber bei jeder Einstellung prüfen, ob die Besetzung der Stelle mit einem schwerbehinderten Menschen in Betracht kommt. Nach Auffassung des BAG ist dieser Pflicht aber schon Genüge getan, wenn der Arbeitgeber im Vorfeld der Einstellung mit der Arbeitsagentur Kontakt aufnimmt und von dort kein geeigneter schwerbehinderter Arbeitnehmer benannt wird[1]. Die **Schwerbehindertenvertretung** hat das Recht, an den Vorstellungsgesprächen mit Schwerbehinderten **teilzunehmen** und **Einsicht** in die entscheidungsrelevanten Teile der Bewerbungsunterlagen zu nehmen[2]. Den Arbeitgeber trifft gegenüber der Schwerbehindertenvertretung eine **Unterrichtungspflicht** im Hinblick auf Vermittlungsvorschläge der Arbeitsverwaltung bzw. Bewerbungen von Schwerbehinderten (§ 81 Abs. 1 Satz 4 SGB IX). Schwerbehinderte Bewerber haben aber das Recht, die Beteiligung der Schwerbehindertenvertretung abzulehnen. Diese Ablehnung hat ausdrücklich zu erfolgen (§ 81 Abs. 1 Satz 10 SGB IX). Ist die Schwerbehindertenvertretung oder eine in § 93 SGB IX genannte Vertretung mit der beabsichtigten Entscheidung des Arbeitgebers nicht einverstanden und erfüllt der Arbeitgeber seine Beschäftigungspflicht nicht, so muss der Arbeitgeber seine **Entscheidung mit der Schwerbehindertenvertretung erörtern** (§ 81 Abs. 1 Satz 7 SGB IX). Zu beachten ist noch, dass im **öffentlichen Dienst** schwerbehinderte Bewerber, deren fachliche Eignung nicht offensichtlich fehlt, zum Vorstellungsgespräch eingeladen werden müssen (§ 82 SGB IX). Weitere Einzelheiten müssen hier ausgespart bleiben (zur Informationspflicht eines schwerbehinderten Bewerbers s. näher unten Rz. 48).

---

1 Vgl. BAG v. 10.11.1992 – 1 ABR 21/92, AP Nr. 100 zu § 99 BetrVG 1972 = NZA 1993, 376; BAG v. 5.10.1995 – 2 AZR 923/94, AP Nr. 40 zu § 123 BGB = NZA 1996, 371; ebenso ErfK/*Rolfs*, § 81 SGB IX Rz. 1.
2 ErfK/*Rolfs*, § 81 SGB IX Rz. 2.

Zu den **Informationspflichten von behinderten Bewerbern** bei der Vertrags-   14
anbahnung s. näher unten Rz. 48.

cc) Alter

Das Allgemeine Gleichbehandlungsgesetz (AGG) verbietet auch ungerecht-   15
fertigte Benachteiligungen wegen des Alters (§§ 7, 11 i.V.m. § 1 AGG). Eine
eingehende Regelung, in welchen Fällen außerhalb des Anwendungsbereichs
der Vorschrift des § 8 AGG (Zulässige unterschiedliche Behandlung wegen
beruflicher Anforderungen) eine unterschiedliche Behandlung wegen des
Alters gerechtfertigt ist, enthält das Gesetz in § 10 AGG. § 10 Satz 1 AGG
bildet eine **Generalklausel**, wann eine Benachteiligung wegen des Alters gerechtfertigt ist. Das ist der Fall, wenn sie objektiv und angemessen und
durch ein legitimes Ziel gerechtfertigt ist; das angewandte Mittel muss dabei
angemessen und erforderlich sein (§ 10 Satz 2 AGG). Diese Generalklausel
gilt sowohl für einzelvertragliche wie auch kollektivvertragliche Regelungen. Nach der Gesetzesbegründung ist die Legitimität eines Ziels unter Berücksichtigung der fachlich-beruflichen Zusammenhänge aus Sicht des Arbeitgebers oder der Tarifvertragsparteien zu beurteilen[1]. § 10 Satz 3 AGG
nennt in einem Katalog Beispiele, die eine derartige unterschiedliche Behandlung einschließen. Auf Einzelheiten kann hier nicht eingegangen werden.

dd) Sonstige Merkmale

Neben den bereits genannten Merkmalen „Geschlecht", „Behinderung" und   16
„Alter" verbietet das Allgemeine Gleichstellungsgesetz (AGG) auch alle
nicht gerechtfertigten Benachteiligungen wegen der **Rasse**, der **ethnischen
Herkunft**, der **Religion**, der **Weltanschauung** oder der **sexuellen Identität** (§ 1
AGG). Nach der Konzeption des Gesetzes sollen für all diese Merkmale dieselben Grundsätze wie für die Benachteiligung wegen des Geschlechts gelten. Ob es aber tatsächlich in demselben Umfang wie bei dem Merkmal
„Geschlecht" Fälle der mittelbaren Benachteiligung auch bei den hier genannten Merkmalen geben kann, bleibt fraglich[2].

Das Merkmal der Rasse wird schon aufgrund der in dem Begriff selbst liegen-   17
den Problematik voraussichtlich gegenüber dem Begriff der ethnischen Herkunft in seiner praktischen Bedeutung zurücktreten. Dies gilt vor allem,
weil der Begriff der ethnischen Herkunft weit auszulegen ist. Nach der Gesetzesbegründung soll dieser Begriff nämlich Kriterien wie Rasse, Hautfarbe,
Abstammung, nationaler Ursprung oder Volkstum umfassen[3].

Die Benachteiligung wegen der Religion oder Weltanschauung und deren be-   18
sonderer Rechtfertigungstatbestand in § 9 AGG gehört zu den Besonderhei-

---

1 BT-Drucks. 16/1780, 36.
2 So richtig *Richardi*, NZA 2006, 881 (883).
3 BT-Drucks. 16/1780, 31.

ten von kirchlichen Einrichtungen und sonstigen Weltanschauungsgemeinschaften (vgl. dazu Teil 4 Rz. 57, 63 ff.).

19   Der Begriff der sexuellen Identität entspricht dem in § 75 BetrVG[1].

19a   Soweit das arbeitsrechtliche Benachteiligungsverbot des § 21 Abs. 1 GenDG auf genetische Eigenschaften abstellt, ist dieser Begriff in § 3 Nr. 4 GenDG legaldefiniert. Danach sind genetische Eigenschaften ererbte oder während der Befruchtung oder bis zur Geburt erworbene, vom Menschen stammende Erbinformationen. Hinsichtlich der Benachteiligungsformen und des Ursachenzusammenhangs kann wegen der Anlehnung des § 21 GenDG an § 7 AGG auf die Ausführungen zum AGG zurückgegriffen werden.

b) Bereitschaft zur Mitwirkung an einem Schwangerschaftsabbruch

20   Manche Stellenbesetzungen in Krankenhäusern werden von der Bereitschaft der Bewerber zur Mitwirkung an einem Schwangerschaftsabbruch abhängig gemacht. Das BVerwG hat in seinem Urteil vom 13.12.1991 für den Bereich des öffentlichen Dienstes die Auffassung vertreten, dass eine Gemeinde als Trägerin einer Frauenklinik berechtigt sei, von Bewerbern für eine Chefarztposition als Einstellungsvoraussetzung die Bereitschaft zur Durchführung von Schwangerschaftsabbrüchen im Rahmen der gesetzlichen Bestimmungen zu verlangen[2]. Im Bereich der privaten wie der öffentlichen Arbeitgeber hängt die Beantwortung der Frage, ob die Bereitschaft zur Mitwirkung an einem Schwangerschaftsabbruch zur Einstellungsvoraussetzung gemacht werden kann, vom **Verständnis der Norm des § 12 Schwangerschaftskonfliktgesetz (SchKG)**[3] ab. Diese Vorschrift hat den wortgleichen Art. 2 Abs. 1 des 5. Gesetzes zur Reform des Strafrechts (5. StrRG) mit Wirkung vom 1.10.1995 ersetzt[4]. Entscheidend ist die Frage, ob § 12 Abs. 1 SchKG eine Verbotsnorm im oben bezeichneten Sinne (s. dazu oben Rz. 4) darstellt.

21   Nach § 12 Abs. 1 SchKG ist niemand verpflichtet, an einem Schwangerschaftsabbruch mitzuwirken. § 12 Abs. 2 SchKG normiert eine Ausnahme von Abs. 1 für die Fälle, in denen die Mitwirkung notwendig ist, um von der Frau eine anders nicht abwendbare Gefahr des Todes oder einer schweren Gesundheitsschädigung abzuwenden. In diesen Fällen besteht eine mit der Sanktion eines **unechten Unterlassungsdelikts** (bei Bestehen einer Garantenpflicht i. S. d. § 13 StGB) oder des **§ 323c StGB** belegte Rechtspflicht zur Mitwirkung[5]. Von ihrem **persönlichen Anwendungsbereich** erfasst die Norm jeden, der mit der Beratung und sonstigen Mitwirkung an einer Abtreibung

---

1 BT-Drucks. 16/1780, 31.
2 BVerwG v. 13.12.1991 – 7 C 26/90, NJW 1992, 773 ff. = JZ 1992, 525 ff.; ebenso die Vorinstanz VGH Bay. v. 7.3.1990 – 3 B 89.01184, DVBl. 1990, 880 ff.
3 BGBl. I 1992, 1398.
4 BGBl. I 1992, 1050.
5 *Wern*, S. 15 f.

befasst ist[1]. Unter den **Begriff des Schwangerschaftsabbruchs** fällt die operative wie auch die medikamentöse Abtreibung[2]. Einer **Voruntersuchung**, die noch nicht im Hinblick auf einen Abbruch vorgenommen wird, mangelt es an der notwendigen **Zielgerichtetheit**. Dasselbe gilt für die **Nachuntersuchung**, da hier nicht eine ärztliche Handlung in Rede steht, die auf die Ermöglichung eines Abbruchs gerichtet bzw. Teil der Abbruchhandlung selbst ist, sondern die allgemeine Pflicht des Arztes zur Gesunderhaltung betrifft. Anderes gilt bei einer unmittelbar vor einem Schwangerschaftsabbruch notwendigen Untersuchung, die alleine der Schaffung der Voraussetzungen für einen Abbruch dient[3].

Der **Regelungsgehalt des § 12 Abs. 1 SchKG** ist umstritten. Der Streit entzündet sich vor allem an der Frage, ob eine **wirksame rechtsgeschäftliche Verpflichtung** zur Mitwirkung an einem Schwangerschaftsabbruch begründet werden kann. Ein Teil der Rechtsprechung und Literatur vertritt unter Berufung auf die Entstehungsgeschichte des Art. 2 Abs. 1 des 5. StrRG die Auffassung, dass die Norm einer vertraglichen Begründung einer Mitwirkungspflicht nicht entgegenstehe[4]. Teilweise wird auch aus der Systematik die grundsätzliche Möglichkeit einer vertraglichen Verpflichtung zur Mitwirkung an einem Schwangerschaftsabbruch abgeleitet[5]. Andere meinen, dass die vertragliche Vereinbarung einer Pflicht zur Mitwirkung an einem Schwangerschaftsabbruch stets nach § 134 BGB unwirksam sei, weil sie eine Verpflichtung zu rechtswidrigem Handeln enthalte[6]. An der letztgenannten Auffassung ist zwar richtig, dass der Schwangerschaftsabbruch trotz möglicher Straflosigkeit nach wie vor ein vom Staat nicht gebilligtes Unrecht darstellt[7]. Dennoch ist von der Wirksamkeit einer rechtsgeschäftlichen Verpflichtung zur Mitwirkung an einem Schwangerschaftsabbruch auszugehen.

22

---

1 *Esser*, Der Arzt im Abtreibungsstrafrecht, 1992, S. 87; *Maier*, NJW 1974, 1404 (1405); *Gitter/Wendling*, in: Sterilisation und Schwangerschaftsabbruch, 1980, S. 198 (204); *Harrer*, DRiZ 1990, 137 (138).
2 *Fischer*, § 218 StGB Rz. 5, 8; *Lackner/Kühl*, § 218 StGB Rz. 4.
3 *Wern*, S. 15.
4 *Harrer*, DRiZ 1990, 137 (140); ebenso VGH Bay. v. 7.3.1990 – 3 B 89.01184, DVBl. 1990, 880 (882).
5 *Maier*, NJW 1974, 1404 (1409); *Schneider*, DB 1977, 1702; *Gitter/Wendling*, in: Sterilisation und Schwangerschaftsabbruch, 1980, S. 198 (201).
6 BayObLG v. 26.4.1990 – RReg 3 St 78/89, NJW 1990, 2328 (2332); *Esser*, Der Arzt im Abtreibungsstrafrecht, 1992, S. 91; *Brießmann*, JR 1991, 397 (402); *Belling*, Ist die Rechtfertigungsthese zu § 218a StGB haltbar?, 1987, S. 145; unklar das BAG v. 20.12.1984 – 2 AZR 436/83, AP Nr. 27 zu § 611 BGB Direktionsrecht, das offensichtlich die Weigerungsklausel übersehen hat, wie *Brox*, AP Nr. 27 zu § 611 BGB Direktionsrecht zu Recht feststellt.
7 Ebenso *Keller*, in: Reiter/Keller (Hrsg.), Paragraph 218, Urteil und Urteilsbildung, 1993, S. 195 (210); *Rieger/Jansen*, Nr. 1280 Rz. 3; *Müller*, FamRZ 1990, 153 (155 f.); *Tröndle*, NJW 1995, 3009 (3012); a.A. VGH Bay. v. 7.3.1990 – 3 B 89.01184, DVBl. 1990, 880, der diesen Zusammenhang verkannt hat; a.A. auch *Narr*, Rz. 794.

23 Nach der Rechtsprechung des BVerfG[1] und nach inzwischen allgemeiner
    Auffassung[2] ist der Vertrag über die ärztliche Behandlung mit der Schwange-
    ren rechtswirksam. Die §§ 134, 138 BGB finden insoweit keine Anwen-
    dung[3]. Daraus folgt, dass Ärzte und Krankenhausträger sich gegenüber Pa-
    tientinnen rechtswirksam zur Vornahme eines Schwangerschaftsabbruchs
    verpflichten können, obwohl eine rechtswidrige Handlung im Mittelpunkt
    der vertraglichen Pflichten steht. Dies gilt selbstverständlich nur für die
    Mitwirkung an straflosen Schwangerschaftsabbrüchen, da nur bei diesen die
    Rechtmäßigkeitsfiktion des BVerfG eingreifen kann[4]. Damit ist zwar noch
    nicht gesagt, dass Ärzte und andere Mitarbeiter auch eine entsprechende
    Verpflichtung im (Innen-)Verhältnis zum Krankenhausträger wirksam be-
    gründen können. Schon aus praktischen Gründen wird man dies aber zu-
    lassen müssen, da die Krankenhausträger ihren Pflichten aus dem Be-
    handlungsvertrag mit der Patientin nur durch die angestellten Ärzte und
    nichtärztlichen Mitarbeiter nachkommen können[5]. Dieses Ergebnis wird
    auch durch eine am **Sinn und Zweck der Mitwirkungsklausel des § 12 Abs. 1
    SchKG** orientierte Auslegung gestützt. § 12 Abs. 1 SchKG bezweckt die je-
    derzeitige und unabdingbare Gewährleistung der Freiheit zur Verweigerung
    einer Mitwirkung an einem Schwangerschaftsabbruch[6]. Die Vereinbarung
    einer arbeitsvertraglichen Mitwirkungspflicht steht diesem Schutzzweck
    nicht entgegen, weil das Recht zur jederzeitigen Verweigerung der Mitwir-
    kung hierdurch nicht tangiert wird. § 12 Abs. 1 SchKG stellt nämlich nichts
    anderes dar als ein **(unabdingbares) Leistungsverweigerungsrecht**, das als
    Einrede erst dann wirkt, wenn sich der Betroffene hierauf beruft[7]. Eine **Anga-
    be von Gründen** ist zur wirksamen Ausübung des Leistungsverweigerungs-
    rechts nicht erforderlich[8].

24 Hieraus folgt, dass **Stellenausschreibungen**, die das Eingehen einer solchen
    Pflicht vorsehen, nicht gegen § 12 Abs. 1 SchKG verstoßen und somit **wirk-
    sam** sind[9]. Sie formulieren lediglich das als Einstellungsvoraussetzung, was

---

1 BVerfG v. 28.5.1993 – 2 BvF 2/90, 2 BvF 4/92, 2 BvF 5/92, BVerfGE 88, 203 (294) =
  NJW 1993, 1751.
2 BGH v. 28.3.1995 – VI ZR 356/93, BGHZ 129, 178 ff. = NJW 1995, 1609; OLG Oldenburg v. 21.5.1996 – 5 U 7/96, NJW 1996, 2432 (2433); OLG Zweibrücken v. 28.3.2000
  – 5 U 19/99, MedR 2000, 540; Palandt/*Ellenberger*, § 134 BGB Rz. 14.
3 *Kluth*, FamRZ 1993, 1382 (1389); ähnlich AG Schwäbisch-Gmünd v. 1.10.1999 – 1 C
  960/99, NJW-RR 2002, 905 („systemwidrige Bejahung der Rechtsgültigkeit eines Vertrages über ein rechtswidriges Verhalten").
4 BVerfG v. 28.5.1993 – 2 BvF 2/90, 2 BvF 4/92, 2 BvF 5/92, BVerfGE 88, 203 (294) =
  NJW 1993, 1751.
5 *Wern*, S. 22.
6 Vgl. BVerfG v. 28.5.1993 – 2 BvF 2/90, 2 BvF 4/92, 2 BvF 5/92, BVerfGE 88, 203 (294) =
  NJW 1993, 1751; VGH München v. 13.2.1987 – 4 CS 87.00444, NJW 1987, 1504; *Maier*, NJW 1974, 1404 (1405 f.); *Schneider*, DB 1977, 1702.
7 Eingehend *Wern*, S. 22 ff.
8 *Wern*, S. 24; *Ellwanger*, Schwangerschaftskonfliktgesetz, 1997, § 12 Rz. 3; *Narr*,
  Rz. 813; a. A. *Gitter/Wendling*, in: Sterilisation und Schwangerschaftsabbruch, 1980,
  S. 198 (201); *Harrer*, DRiZ 1990, 137 (139); *Maier*, NJW 1974, 1404 (1410); *Grupp*,
  NJW 1977, 329 (333).
9 Eingehend *Wern*, S. 15 ff., 25 ff. m. w. N.

auch arbeitsvertraglich wirksam vereinbart werden kann[1]. Darin liegt **keine Benachteiligung der Stellenbewerber**, die sich von vornherein durch ihre Verweigerung der Mitwirkung an Schwangerschaftsabbrüchen gegenüber anderen Bewerbern disqualifizieren. Der **Schutzzweck** des § 12 Abs. 1 SchKG ist **nicht berührt**, da der Mitarbeiter hier nicht vom Krankenhausträger zur Mitwirkung an einem Schwangerschaftsabbruch herangezogen wird. Er ist vielmehr völlig frei in der Entscheidung, ob er seine Weigerungshaltung durchsetzt, indem er auf eine Bewerbung verzichtet, oder seine Bereitschaft zur Mitwirkung an Schwangerschaftsabbrüchen durch eine Bewerbung unterstreicht[2].

c) Bereitschaft zur Mitwirkung bei anderen medizinischen Maßnahmen

Verlangt der Krankenhausträger vom Bewerber die Mitwirkung bei bestimm-   25
ten Maßnahmen wie etwa bei **reproduktionstechnischen Maßnahmen**, **Transplantationsmaßnahmen**, aber auch **Gentests**, stellt sich die Frage nach der rechtlichen Zulässigkeit solcher Einstellungsvoraussetzungen. Ein **spezielles Verbot existiert nicht**, so dass man überlegen könnte, ob in diesen Fällen nicht aus der **Gewissensfreiheit** des Einzelnen nach Art. 4 Abs. 1 GG die rechtliche Unzulässigkeit folgen könnte[3]. Ähnlich wie bei § 12 Abs. 1 SchKG wird man auch im Rahmen des Art. 4 Abs. 1 GG sagen müssen, dass sich die Gewissensfreiheit des Einzelnen im Anbahnungsverhältnis dadurch Raum verschaffen kann, dass der Einzelne die Übernahme solcher Tätigkeiten von vornherein ablehnen und auf eine Bewerbung verzichten kann. Der **Schutzbereich der Norm** ist daher durch die Formulierung solcher Einstellungskriterien überhaupt **nicht berührt**. Durch solche Einstellungskriterien wird auch die Gewissensfreiheit im späteren Arbeitsverhältnis nicht berührt. Denn es ist anerkannt, dass sich das Gewissen ständig neu formieren kann, so dass sich ein Arbeitnehmer, der sich zunächst bereitwillig auf eine solche Einstellungsvoraussetzung eingelassen hat, später aufgrund einer Änderung in seiner Haltung uneingeschränkt auf sein Gewissen berufen kann[4]. Ähnlich wie § 12 Abs. 1 SchKG kann sich die Gewissensfreiheit des Einzelnen nach Art. 4 Abs. 1 GG daher nur nach Eingehen des Arbeitsverhältnisses

---

1 BVerwG v. 13.12.1991 – 7 C 26/90, NJW 1992, 773 ff. = JZ 1992, 525 ff.; ebenso die Vorinstanz VGH Bay. v. 7.3.1990 – 3 B 89.01184, DVBl. 1990, 880 ff.
2 Eingehend *Wern*, S. 26 f.
3 Zur Gewissensfreiheit im Arbeitsverhältnis s. nur BAG v. 24.5.1989 – 2 AZR 285/88, AP Nr. 1 zu § 611 BGB Gewissensfreiheit = NZA 1990, 144; LAG Düsseldorf v. 7.8.1992 – 9 Sa 794/92, NZA 1993, 411 (412); LAG Frankfurt v. 20.12.1994 – 7 Sa 560/94, AP Nr. 18 zu § 611 BGB Abmahnung = LAGE § 611 BGB Abmahnung Nr. 41; ArbG Köln v. 18.4.1989 – 16 Ca 650/89, NZA 1991, 276; ArbG Frankfurt v. 15.12.1993 – 17 Ca 3587/93, ArbuR 1994, 314; *Kohte*, NZA 1989, 161 (163); *Kraft/Raab*, AP Nr. 1 zu § 611 BGB Gewissensfreiheit.
4 Vgl. BAG v. 20.12.1984 – 2 AZR 436/83, AP Nr. 27 zu § 611 BGB Direktionsrecht = NZA 1986, 21; BAG v. 24.5.1989 – 2 AZR 285/88, AP Nr. 1 zu § 611 BGB Gewissensfreiheit = NZA 1990, 144; LAG Frankfurt v. 20.12.1994 – 7 Sa 560/94, AP Nr. 18 zu § 611 BGB Abmahnung = LAGE § 611 BGB Abmahnung Nr. 41; LAG Düsseldorf v. 7.8.1992 – 9 Sa 794/92, NZA 1993, 411 (413); ArbG Köln v. 18.4.1989 – 16 Ca 650/89, NZA 1991, 276; *Brox*, AP Nr. 27 zu § 611 BGB Direktionsrecht.

in Form eines durch Einrede zu erhebenden **Leistungsverweigerungsrechts nach § 275 Abs. 3 BGB** auswirken[1]. Eine **Haftung des Arbeitnehmers** kann allenfalls nach § 311a Abs. 2 BGB begründet sein[2].

d) Teilzeitarbeit

26 Eine **besondere inhaltliche Einschränkung** bei Stellenausschreibungen enthält **§ 7 Abs. 1 TzBfG**. Dieser sieht vor, dass ein Arbeitgeber, der einen Arbeitsplatz öffentlich oder innerhalb des Betriebes ausschreibt, diesen als Teilzeitarbeitsplatz auszuschreiben hat, wenn sich der Arbeitsplatz hierfür eignet. Die **praktische Relevanz** der Vorschrift entscheidet sich an der Frage, wem die Beurteilung der Eignung als Teilzeitarbeitsplatz obliegt und welche Konsequenzen eine Verletzung der Norm hat. Höchstrichterliche Rechtsprechung liegt bislang nicht vor. In der Literatur sind die Auffassungen geteilt[3]. Richtigerweise dürfte zum einen davon auszugehen sein, dass die **Eignungsbeurteilung** ausschließlich dem Arbeitgeber zusteht und diese **unternehmerische Entscheidung** nur daraufhin untersucht werden kann, ob sie offensichtlich unsachlich, unvernünftig oder willkürlich ist[4]. Zum anderen ist nicht ersichtlich, dass eine **Verletzung der Ausschreibungspflicht** zu irgendwie gearteten Sanktionen führen soll[5]. Die Entscheidung des Gesetzgebers, auf die Aufnahme einer entsprechenden Sanktionsnorm in das TzBfG zu verzichten, lässt die berechtigte Frage nach dem Sinn der Vorschrift aufkommen.

e) Allgemeines Persönlichkeitsrecht

27 Dem allgemeinen Persönlichkeitsrecht i.S.d. **Art. 2 Abs. 1 i.V.m. Art. 1 Abs. 1 GG** kommt bei der Anbahnung eines Arbeitsverhältnisses als Schutzinstrument des Arbeitnehmers eine **herausragende Bedeutung** zu. Eine besondere Rolle spielt das allgemeine Persönlichkeitsrecht im Rahmen der Informationspflichten des Arbeitnehmers („Fragerecht des Arbeitgebers") (s. dazu näher unten Rz. 40 ff.). Aber auch außerhalb dieses Bereichs ergeben sich aus diesem besonders ausgestalteten Recht des Arbeitnehmers Grenzen für die Befugnisse des Arbeitgebers im vorvertraglichen Schuldverhältnis. Das gilt insbesondere für die Erhebung und Verwertung von persönlichen Daten sowie die Durchführung von ärztlichen Untersuchungen und sonstigen Tests zur Feststellung der Eignung des Bewerbers.

aa) Datenschutz allgemein

28 Ausprägung des allgemeinen Persönlichkeitsrechts ist das sog. **Recht auf informationelle Selbstbestimmung**. Danach hat jeder Einzelne das Recht,

---

1 MünchKommBGB/*Müller-Glöge*, § 611 BGB Rz. 1038; ErfK/*Preis*, § 611 BGB Rz. 687; *Henssler*, RdA 2002, 129 (131).
2 MünchKommBGB/*Müller-Glöge*, § 611 BGB Rz. 1038; ErfK/*Preis*, § 611 BGB Rz. 688.
3 ErfK/*Preis*, § 7 TzBfG Rz. 3 ff. m.w.N. zur Gegenmeinung.
4 ErfK/*Preis*, § 7 TzBfG Rz. 3 m.w.N.
5 ErfK/*Preis*, § 7 TzBfG Rz. 4 m.w.N.

grundsätzlich selbst über die Preisgabe und Verwendung seiner persönlichen Daten zu bestimmen[1]. Der Gesetzgeber gewährleistet einen **Mindestschutz** dieses Rechts durch die Regelungen des **Bundesdatenschutzgesetzes (BDSG)**[2], die auch im Rahmen des Arbeitsverhältnisses gelten (§ 27 BDSG). So fällt etwa die Beschaffung von Daten mittels Personalfragebögen unter die Datenerhebung i. S. d. BDSG[3]. Sollen die Daten verarbeitet werden, ist nach § 4 Abs. 1 und 2 BDSG die Einwilligung des Bewerbers einzuholen. Über diesen (kodifizierten) Mindestschutz hinausgehend bietet das Recht auf informationelle Selbstbestimmung einen **generellen Schutz** vor dem **Sammeln** und dem **Verwerten** persönlicher Daten[4] sowie vor deren **Aufbewahrung** und **Weitergabe**[5]. Hieraus leitet man auch einen **Anspruch auf Vernichtung** von (ausgefüllten) Personalfragebögen eines nicht eingestellten Arbeitnehmers nach **§ 1004 BGB analog** ab, wenn der Arbeitgeber kein überwiegendes Interesse an der Aufbewahrung geltend machen kann[6]. Ein solches Interesse des Arbeitgebers ist z. B. gegeben, wenn der Arbeitgeber wegen der Ablehnung des Bewerbers mit einem Rechtsstreit rechnen muss oder die Wiederholung der Bewerbung in absehbarer Zeit vereinbart ist[7]. Erhebliche rechtliche Bedenken bestehen aber gegen die Praxis von Arbeitgebern, erfolglosen Bewerbern in Ablehnungsschreiben mitzuteilen, dass die Bewerbungsunterlagen für mögliche frei werdende Stellen in der Zukunft behalten werden. Schweigt der Bewerber auf solche Briefe, reicht dies nicht für eine Vereinbarung im eben genannten Sinne aus. Aus den Umständen kann hier dem Schweigen des Bewerbers kein Erklärungswert beigemessen werden[8]. Bewerbungsschreiben mit den beigefügten Unterlagen sind daher grundsätzlich nach Abschluss des Bewerbungsverfahrens unverzüglich an den Bewerber zurückzugeben, gespeicherte Bewerberdaten zu löschen[9].

Engen rechtlichen Grenzen unterliegt auch die **Datenerhebung durch Einschaltung Dritter** wie etwa früherer Arbeitgeber. Nach § 4 Abs. 2 Satz 2 BDSG hängt ihre Zulässigkeit davon ab, dass eine Direkterhebung beim Bewerber mit unverhältnismäßigem Aufwand verbunden wäre oder keine Anhaltspunkte dafür bestehen, dass überwiegende schutzwürdige Interessen   29

---

1 S. nur BVerfG v. 15.12.1983 – 1 BvR 209/83, 1 BvR 269/83, 1 BvR 362/83, 1 BvR 420/83, 1 BvR 440/83, 1 BvR 484/83, BVerfGE 65, 1 (41 f.) = NJW 1984, 419; BVerfG v. 14.9.1989 – 2 BvR 1062/87, BVerfGE 80, 367 (373) = NJW 1990, 563; BVerfG v. 26.1.1993 – 1 BvL 38/92, 1 BvL 40/92, 1 BvL 43/92, BVerfGE 88, 87 (98) = NJW 1993, 1517.
2 ErfK/*Schmidt*, Art. 2 GG Rz. 67.
3 ErfK/*Preis*, § 611 BGB Rz. 242; zu Einzelheiten s. die einschlägige Literatur zum BDSG.
4 BAG v. 17.5.1983 – 1 AZR 1249/79, AP Nr. 11 zu § 75 BVersVG = NJW 1984, 824.
5 BAG v. 6.6.1984 – 5 AZR 286/81, AP Nr. 7 zu § 611 BGB Persönlichkeitsrecht = NZA 1984, 321; BAG v. 15.7.1987 – 5 AZR 215/86, AP Nr. 14 zu § 611 BGB Persönlichkeitsrecht = NZA 1988, 53.
6 BAG v. 6.6.1984 – 5 AZR 286/81, AP Nr. 7 zu § 611 BGB Persönlichkeitsrecht = NZA 1984, 321; ErfK/*Preis*, § 611 BGB Rz. 243.
7 ErfK/*Preis*, § 611 BGB Rz. 243.
8 Zur Erklärungswirkung von Schweigen s. nur BGH v. 19.9.2002 – V ZB 37/02, BGHZ 152, 63 ff. = NJW 2002, 3629; Palandt/*Ellenberger*, Einf vor § 116 BGB Rz. 7 ff.
9 Vgl. auch ErfK/*Schmidt*, Art. 2 GG Rz. 90; *Gola*, NJW 1996, 3312 (3316).

des Bewerbers beeinträchtigt werden. Sofern der Bewerber nicht mit einer Direkterhebung der Daten zu rechnen braucht, ist er zu informieren (§ 4 Abs. 3 BDSG). Das Recht auf informationelle Selbstbestimmung gebietet, dass der Krankenhausträger keine Daten bei Dritten erheben darf, bzgl. derer den Bewerber keine Informationspflicht trifft (s. dazu näher unten Rz. 40 ff.). Vor diesem Hintergrund ist die bisherige Rechtsprechung des BAG[1] zur Einholung von Auskünften bei früheren Arbeitgebern kritisch zu hinterfragen[2]. Eine uneingeschränkte Absage ist auch der Praxis von Arbeitgebern zu erteilen, die vor Einstellung eines Bewerbers dessen **private wirtschaftliche Situation** mittels Auskunfteien abzuklären versuchen. Ein Bezug der privaten wirtschaftlichen Situation eines Bewerbers zu einem Arbeitsplatz ist nicht gegeben[3]. Es sind lediglich vage Ängste und Vermutungen, die hinter der Einholung solcher Auskünfte stehen. Diese mögen zwar im Einzelfall nachvollziehbar sein, genießen aber nicht den Schutz des staatlichen Rechts. Die Schwelle für die Annahme eines berechtigten Interesses ist in diesem Zusammenhang erst dann erreicht, wenn **Vorstrafen** oder **anhängige Ermittlungsverfahren** im Raum stehen, die einen konkreten Bezug zum Arbeitsplatz haben[4]. Allerdings wird man selbst in diesen Fällen das Recht zur Auskunftseinholung bei Dritten in Zweifel ziehen müssen, da der Arbeitgeber diese Information grundsätzlich beim Arbeitnehmer und nicht bei Dritten einzuholen hat. Geht man nämlich mit der Rechtsprechung des BAG davon aus, dass sich die Auskunft ohnehin auf die Leistung und das Verhalten des Arbeitnehmers während des Arbeitsverhältnisses beschränken muss und denselben Erfordernissen wie ein Zeugnis unterliegt[5], so liegt nahe anzunehmen, dass der einfachere Weg der Informationsbeschaffung stets darin besteht, vom Bewerber die Vorlage eines Arbeitszeugnisses bzw. mündlich Auskunft zu verlangen. Zu beachten ist ohnehin, dass sogar Vorstrafen verschwiegen werden dürfen, wenn sie gem. § 51 BZRG nicht (mehr) in das polizeiliche Führungszeugnis aufzunehmen sind[6]. Wissen aus **allgemein zugänglichen Quellen** darf der Krankenhausträger aber uneingeschränkt berücksichtigen[7].

---

1 Vgl. BAG v. 25.10.1957 – 1 AZR 434/55, AP Nr. 1 zu § 630 BGB = BB 1958, 593; BAG v. 18.12.1984 – 3 AZR 389/83, AP Nr. 8 zu § 611 BGB Persönlichkeitsrecht = NZA 1985, 811.

2 Krit. gegenüber der Rspr. des BAG auch ArbG Stuttgart v. 1.2.2001 – 28 Ca 8988/00, NZA-RR 2002, 153 f.; *Schulz*, NZA 1990, 717.

3 Fraglich daher BAG v. 25.4.1980 – 7 AZR 322/78, n. v. (Frage nach eidesstattlicher Versicherung).

4 Vgl. BAG v. 5.12.1957 – 1 AZR 594/56, AP Nr. 2 zu § 123 BGB = MDR 1960, 353; BAG v. 20.5.1999 – 2 AZR 320/89, AP Nr. 50 zu § 123 BGB = NZA 1999, 975; LAG Düsseldorf v. 24.6.1988 – 2 Sa 431/88, ArbuR 1989, 185; ArbG Münster v. 28.7.1988 – 2 Ca 142/88, DB 1988, 2209; ErfK/*Preis*, § 611 BGB Rz. 281; *Raab*, RdA 1995, 36 ff.; für die Frage nach Lohnpfändungen oder Lohnabtretungen vgl. auch ErfK/*Preis*, § 611 BGB Rz. 280; *Zeller*, BB 1987, 1522 (1523).

5 BAG v. 25.10.1957 – 1 AZR 434/55, AP Nr. 1 zu § 630 BGB = BB 1958, 593; BAG v. 18.12.1984 – 3 AZR 389/83, AP Nr. 8 zu § 611 BGB Persönlichkeitsrecht = NZA 1985, 811; vgl. auch LAG Berlin v. 8.5.1989 – 9 Sa 21/89, LAGE § 242 BGB Nr. 2 = NZA 1989, 965.

6 ErfK/*Preis*, § 611 BGB Rz. 281.

7 MünchKommBGB/*Müller-Glöge*, § 611 BGB Rz. 627.

bb) Untersuchungen und sonstige Einstellungstests

Zum Datenschutz zählt auch die Datenerhebung durch körperliche Unter- 30
suchungen und sonstige Einstellungstests (§ 32 Abs. 1 BDSG). Bei manchen
Arbeitsplätzen besteht eine **gesetzliche Pflicht** zur Durchführung einer körperlichen Einstellungsuntersuchung. Solche Bestimmungen enthalten etwa
§ 32 Abs. 1 Jugendarbeitsschutzgesetz (JArbSchG), § 37 Röntgenverordnung
(RöV), § 60 Abs. 1 Strahlenschutzverordnung (StrlSchV), § 15 Abs. 2 Gefahrstoffverordnung (GefStoffV), § 15 Abs. 2 Biostoffverordnung (BioStoffV), Anhang VI Nr. 1 Gentechniksicherheitsverordnung (GenTSV) i. V. m. § 15
Abs. 2 BioStoffV. Ähnliche Pflichten enthalten etwa die Unfallverhütungsvorschriften der Berufsgenossenschaften, § 3 Abs. 4 TVöD (früher § 7 BAT)
bzw. die vergleichbaren Vorschriften in den AVR Caritas bzw. AVR Diakonisches Werk. Außerhalb des Anwendungsbereichs dieser Vorschriften gilt der
anerkannte Grundsatz, dass körperliche **Einstellungsuntersuchungen** nur
zulässig sind, wenn sich die Untersuchung auf die **gegenwärtige Eignung** des
Bewerbers für den zu besetzenden Arbeitsplatz bezieht[1]. Gegenwärtig in diesem Sinne bedeutet zum Zeitpunkt der Einstellung bzw. in absehbarer Zeit
danach[2]. Eine Untersuchung ist nach diesem Grundsatz jedenfalls dann zulässig, wenn sie zeigen soll, ob eine Krankheit die Eignung des Bewerbers für
die angestrebte Tätigkeit auf Dauer oder in periodisch wiederkehrenden Abständen erheblich beeinträchtigt oder aufhebt[3]. Die Grundsätze zur Informationspflicht des Bewerbers können hier herangezogen werden[4] (s. dazu näher
unten Rz. 44). Daher ist die Untersuchung im Hinblick auf eine bestehende
Alkohol- bzw. Drogenabhängigkeit zulässig. Eine Alkohol- bzw. Drogenabhängigkeit schränkt die Eignung des Bewerbers für die angestrebte Tätigkeit nämlich auf Dauer erheblich ein oder hebt sie sogar ganz auf[5]. Der Krankenhausträger ist berechtigt, einen **approbierten Arzt seiner Wahl** mit der
Untersuchung zu beauftragen[6]. Dieser unterliegt der **ärztlichen Schweigepflicht** (§ 203 Abs. 1 StGB, § 8 Abs. 1 ASiG)[7] und darf dem Arbeitgeber
grundsätzlich nur **Auskunft über die allgemeine Tauglichkeit**, nicht aber
über einzelne Untersuchungsergebnisse geben[8]. Die **Schweigepflichtentbin-
dungserklärung** des Bewerbers folgt allgemeinen Grundsätzen, kann also
auch **konkludent** durch die Bereitschaft zur Untersuchung erklärt werden[9].
Formularmäßige, pauschal gehaltene Schweigepflichtentbindungserklärungen ohne Einschränkungen, die dem Bewerber vom Krankenhausträger zur

---

1 ErfK/*Preis*, § 611 BGB Rz. 293.
2 ErfK/*Preis*, § 611 BGB Rz. 293.
3 BAG v. 7.6.1984 – 2 AZR 270/83, AP Nr. 26 zu § 123 BGB = NZA 1985, 57; ErfK/*Preis*,
§ 611 BGB Rz. 293.
4 Vgl. ErfK/*Preis*, § 611 BGB Rz. 293.
5 A. A. *Diller/Powietzka*, NZA 2001, 1227 (1228), die nur bei „besonderen Risikolagen"
solche Untersuchungen für zulässig halten; a. A. auch *Künzl*, BB 1993, 1581 (1583).
6 Vgl. MünchArbR/*Buchner*, § 30 Rz. 404; ErfK/*Preis*, § 611 BGB Rz. 296.
7 ErfK/*Preis*, § 611 BGB Rz. 296.
8 ErfK/*Preis*, § 611 BGG Rz. 296; *Heilmann*, AuA 1995, 157 (158); *Keller*, NZA 1988,
561 (563); *Zeller*, BB 1987, 2439 (2442).
9 Vgl. ErfK/*Preis*, § 611 BGB Rz. 296; *Fischer*, § 203 StGB Rz. 33; *Lackner/Kühl*, § 203
StGB Rz. 18; *Zeller*, BB 1987, 2439 (2442).

Unterschrift vor Durchführung der Untersuchung vorgelegt werden, sind danach unwirksam. Die Unwirksamkeit folgt mangels eines entsprechenden berechtigten Interesses einerseits aus einem Verstoß gegen § 307 Abs. 1 BGB, andererseits auch aus der Tatsache, dass dem Bewerber in solchen Fällen nur schwer die erforderliche Einsichts- und Urteilsfähigkeit zur Beurteilung der Tragweite seiner Erklärung zugesprochen werden kann[1]. Unabhängig von der Beurteilung der Zulässigkeit von Einstellungsuntersuchungen ist stets zu bedenken, dass kein Bewerber verpflichtet ist, Einstellungsuntersuchungen an sich durchführen zu lassen bzw. Schweigepflichtentbindungserklärungen abzugeben. Es gilt der **Grundsatz der Freiwilligkeit**[2]. Im vorliegenden Zusammenhang kann es daher nie um die Frage einer Untersuchungspflicht des Bewerbers, sondern ausschließlich um die Frage eines **Untersuchungsrechts des Krankenhausträgers nach erteilter Einwilligung** des Bewerbers gehen[3]. Allerdings wird zu Recht darauf hingewiesen, dass der Bewerber sich im Einzelfall zwar auf die fehlende Untersuchungspflicht berufen kann, dies aber in den allermeisten Fällen zur Nichteinstellung führen wird (zu den Rechtsfolgen bei der Weigerung an der Teilnahme an einer unzulässigen Einstellungsuntersuchung s. näher unten Rz. 57).

31   Im Zusammenhang mit körperlichen Einstellungsuntersuchungen stellt sich die Frage, ob der Bewerber verpflichtet ist, über die Untersuchung **hinausgehende körperliche Eingriffe** zu dulden. Gemeint sind damit etwa die Fälle, in denen die Einstellung vom Vorhandensein bestimmter **Impfungen** abhängig gemacht wird, diese aber bei dem jeweiligen Bewerber nicht vorliegen. Auch hier gilt, dass kein Bewerber verpflichtet ist, sich impfen zu lassen. Es besteht aber ein berechtigtes Verlangen des Krankenhausträgers nach dem Vorhandensein bestimmter Impfungen, soweit diese für die angestrebte Tätigkeit vor allem im Interesse des Patientenschutzes, aber auch im Eigeninteresse des Bewerbers erforderlich sind. Letzteres hängt wiederum von der Art der konkret auszuübenden Tätigkeit ab. Kein Unterschied macht es dabei, ob es sich um Bewerber auf unbefristete oder befristete Stellen handelt. Sogar bei **Bewerbern um berufsbegleitende Praktika** von nur wenigen Wochen wird man, auch wenn es sich bei diesen nicht notwendig um Arbeitnehmer bzw. Auszubildende i. S. d. BBiG handelt, von der Zulässigkeit dieser Maßnahme ausgehen müssen, da der zugrunde liegende arbeitsschutzrechtliche Gedanke bei jedem Mitarbeiter im Krankenhaus unabhängig von der Art und Dauer der Einstellung derselbe ist.

32   Bei **psychologischen Tests** gelten ähnliche Grundsätze wie für körperliche Einstellungsuntersuchungen. Diese sind zulässig, wenn sie mit Einwilligung

---

1 Vgl. dazu *Fischer*, vor § 32 StGB Rz. 3b; *Lackner/Kühl*, vor § 32 StGB Rz. 16, § 228 StGB Rz. 5 m. w. N.
2 Vgl. ArbG Stuttgart v. 21.1.1983 – 7 Ca 381/82, BB 1983, 1162 f.; teilweise anders ErfK/ *Preis*, § 611 BGB Rz. 294 f., der meint, dass in den gesetzlich angeordneten Untersuchungen nach §§ 32 ff. JArbSchG eine Ausnahme von dem Freiwilligkeitsgrundsatz normiert sei.
3 Zur Einwilligung in ärztliche Eingriffe s. nur *Lackner/Kühl*, § 228 StGB Rz. 14 m. w. N.; Laufs/Kern/*Ulsenheimer*, § 139 Rz. 42 ff.

des Bewerbers zu dem Zweck durchgeführt werden, die Eignung für den konkreten Arbeitsplatz festzustellen[1]. Reine IQ-Tests und Stressinterviews sind daher unzulässig[2]. Wie man bei körperlichen Untersuchungen die Hinzuziehung eines approbierten Arztes für erforderlich hält, so gilt hier, dass psychologische Tests von **diplomierten Psychologen** durchgeführt werden müssen[3].

Manche Arbeitgeber führen an handgeschriebenen Unterlagen **graphologische Tests** durch. Auch solche Gutachten sind unzulässig, sofern sie nicht konkret arbeitsplatzbezogen sind und mit Einwilligung des Bewerbers erfolgen[4]. Die Einwilligung kann nach den allgemeinen Grundsätzen auch konkludent erfolgen, liegt allerdings noch nicht in der **Übersendung eines handgeschriebenen Lebenslaufs**, auch wenn der Arbeitgeber auf einen handgeschriebenen Lebenslauf in der Stellenanzeige Wert gelegt hat[5]. Das gilt auch bei Bewerbern für Führungspositionen[6]. Man kann nicht davon ausgehen, dass irgendein Bewerber bei Einsenden eines handgeschriebenen Lebenslaufs notwendigerweise mit der Durchführung eines graphologischen Tests rechnen muss[7].

Die bislang ungeklärte Frage nach der Zulässigkeit von **DNA-Analysen (Genomanalysen)** im Bewerbungsverfahren hat der Gesetzgeber nunmehr durch Einführung des **Gendiagnostikgesetzes (GenDG)** vom 31.7.2009 einer Regelung zugeführt[8]. Nach § 19 GenDG darf der Arbeitgeber bei Beschäftigten weder vor noch nach Begründung des Arbeitsverhältnisses die Vornahme genetischer Untersuchungen oder Analysen verlangen oder die Mitteilung von Ergebnissen bereits vorgenommener genetischer Untersuchungen oder Analysen verlangen, solche Ergebnisse entgegennehmen oder verwenden. Für arbeitsschutzrechtliche Maßnahmen enthält § 20 GenDG eine Spezialregelung. Danach wird zwar das Verbot des § 19 GenDG grundsätzlich für arbeitsmedizinische Vorsorgemaßnahmen fortgeschrieben. Eine Ausnahme gilt aber für diagnostische genetische Untersuchungen durch Genproduktanalyse, soweit sie zur Feststellung genetischer Eigenschaften erforderlich sind, die für schwerwiegende gesundheitliche Erkrankungen oder schwerwiegende gesundheitliche Störungen, die bei einer Beschäftigung an einem bestimmten Arbeitsplatz oder mit einer bestimmten Tätigkeit entstehen

33

34

---

1 BAG v. 13.2.1964 – 2 AZR 286/63, AP Nr. 1 zu Art. 1 GG = BB 1964, 472; ErfK/*Preis*, § 611 BGB Rz. 309.

2 ErfK/*Preis*, § 611 BGB Rz. 309 f.

3 ErfK/*Preis*, § 611 BGB Rz. 309.

4 BAG v. 16.9.1982 – 2 AZR 228/80, AP Nr. 24 zu § 123 BGB = NJW 1984, 446; MünchKommBGB/*Müller-Glöge*, § 611 BGB Rz. 626; ErfK/*Preis*, § 611 BGB Rz. 303; MünchArbR/*Buchner*, § 30 Rz. 413 ff.

5 MünchArbR/*Buchner*, § 30 Rz. 417; *Fitting*, § 94 BetrVG Rz. 23; MünchKommBGB/ *Müller-Glöge*, § 611 BGB Rz. 626; ErfK/*Preis*, § 611 BGB Rz. 305; *Michel/Wiese*, NZA 1986, 505; *Grunewald*, NZA 1996, 15; a.A. ArbG München, Urt. v. 14.4.1975 – 26 Ca 1674/75, NJW 1975, 1908; *Heilmann*, AuA 1995, 157 (158).

6 A. A. ErfK/*Preis*, § 611 BGB Rz. 305; *Brox*, AP Nr. 24 zu § 123 BGB.

7 *Michel/Wiese*, NZA 1986, 505 (506).

8 BGBl. I, 2529, ber. 3672.

können, ursächlich oder mitursächlich sind (§ 20 Abs. 2 GenDG). Es bleibt jedoch bei einem Nachrang dieser genetischen Untersuchungen gegenüber anderen Untersuchungen des Arbeitsschutzes (§ 20 Abs. 2 Satz 2 GenDG).

2. Aufklärungspflichten

35   Eine **besondere gesetzliche Aufklärungspflicht** bei der Neubesetzung von Stellen statuiert **§ 7 Abs. 2 TzBfG**. Danach trifft den Krankenhausträger die Pflicht, einen Arbeitnehmer, der ihm den Wunsch nach einer Veränderung von Dauer und Lage seiner vertraglich vereinbarten Arbeitszeit angezeigt hat, über entsprechende Arbeitsplätze zu informieren, die im Betrieb oder Unternehmen besetzt werden sollen. Diese **Informationspflicht** ist **individualbezogen**, weshalb ein Verstoß gegen sie zu **Schadensersatzansprüchen nach § 280 Abs. 1 BGB** führen kann[1]. Das betrifft insbesondere die Fälle, in denen ein Arbeitnehmer seine Arbeitszeit verlängern möchte. Aber auch bei der Verkürzung von Arbeitszeiten kann ein Schaden entstanden sein, etwa wenn ein Arbeitnehmer deswegen jemanden zur Kinderbetreuung oder Pflege älterer Familienangehöriger anstellen muss und die Vergütung der Betreuung höher liegt als die Differenz zwischen Vollzeit- und Teilzeitvergütung[2]. In prozessualer Hinsicht wird man überlegen müssen, ob dem betroffenen Arbeitnehmer hinsichtlich des Nachweises, dass er die Stelle tatsächlich bekommen hätte, zumindest eine **Beweiserleichterung** dergestalt zugutekommt, dass der Krankenhausträger im Einzelnen Gründe vortragen und beweisen muss, die einer Einstellung entgegengestanden hätten[3].

36   Daneben besteht eine **allgemeine Aufklärungspflicht** des Krankenhausträgers bei der Vertragsanbahnung. Jeder Arbeitgeber hat den Bewerber über solche Umstände aufzuklären, die für den Entschluss des Bewerbes ersichtlich von entscheidender Bedeutung sein können und die sich nicht aus der Sachlage von selbst ergeben[4] Dazu gehören insbesondere alle Umstände, die zu einer vorzeitigen Beendigung des Arbeitsverhältnisses führen[5] oder die die Durchführung des Arbeitsvertrages vollständig in Frage stellen können[6], aber auch besonders gefährliche Eigenschaften des Vertragsgegenstands[7]. Bei Bewerbern auf Stellen in der Radiologie oder auf Stationen mit Kontakt zu hochinfektiösen Patienten muss der Krankenhausträger also auf die besonderen hiermit verbundenen Gefahren hinweisen. Dagegen wird man nicht verlangen können, dass bei Bewerbern auf die Stelle eines Krankenpflegers bzw. einer Krankenschwester noch einmal auf die **allgemein bekannten Risi-**

---

1 ErfK/*Preis*, § 7 TzBfG Rz. 8.
2 Vgl. ErfK/*Preis*, § 7 TzBfG Rz. 8.
3 A.A. ErfK/*Preis*, § 7 TzBfG Rz. 8; MünchArbR/*Schüren*, § 46 Rz. 41.
4 BAG v. 12.12.1957 – 2 AZR 574/55, AP Nr. 2 zu § 276 BGB Verschulden bei Vertragsabschluss = ArbuR 1959, 58; BAG v. 24.9.1974 – 3 AZR 589/73, AP Nr. 1 zu § 13 GmbHG = NJW 1975, 708; ErfK/*Preis*, § 611 BGB Rz. 261.
5 BAG v. 2.12.1976 – 3 AZR 401/75, AP Nr. 10 zu § 276 BGB Verschulden bei Vertragsabschluss = DB 1977, 451; LAG Frankfurt v. 27.3.2003 – 9 Sa 1211/01, n. v.
6 Vgl. BAG v. 17.7.1997 – 8 AZR 257/96, AP Nr. 2 zu § 16 BBiG = NZA 1997, 1224.
7 ErfK/*Preis*, § 611 BGB Rz. 261.

ken wie etwa das Risiko von Infektionen bei Patientenkontakten hingewiesen werden muss. Plant der Krankenhausträger konkret einen Betriebsübergang oder örtliche Versetzungen, von denen der Bewerber betroffen würde, ist auch hierüber aufzuklären[1]. Dasselbe gilt für Umstände, die einem wirksamen Vertragsabschluss entgegenstehen wie etwa Mitbestimmungserfordernisse (vgl. § 100 Abs. 1 Satz 2 BetrVG)[2]. Besteht Anlass zu Zweifeln, ob der Krankenhausträger in nächster Zeit seinen Vergütungspflichten nachkommen kann, so ist der Bewerber auch hierüber aufzuklären, sofern der Liquidationsengpass nicht als allgemein bekannt vorausgesetzt werden kann[3]. Von einer Unterrichtungspflicht des Krankenhausträgers kann aber nicht schon dann ausgegangen werden, wenn er eine Stelle seinen gesetzlichen Pflichten entsprechend geschlechtsneutral ausschreibt, aber dennoch überzeugt davon ist, dass eine Person des einen Geschlechts grundsätzlich geeigneter ist als eine Person des anderen Geschlechts[4].

Bei Bewerbern um die Stelle eines Chefarztes stellt sich die Frage, ob der Krankenhausträger ungefragt über die Rahmenbedingungen des ambulanten Operierens Auskunft geben muss (zur Ambulanz bei Chefärzten s. näher unten Teil 5 A). Das könnte man mit dem Argument verneinen, dass diese Problematik einen Bereich der Nebentätigkeit von Chefärzten betrifft, die nicht unmittelbar die Chefarztstelle als solche berührt. Dennoch wird man in diesem Fall von einer Aufklärungspflicht auszugehen haben, da gerade die Möglichkeit zur Erzielung von Einnahmen im Bereich der ambulanten Nebentätigkeit für Chefärzte erfahrungsgemäß von erheblicher Bedeutung ist und für Stellenbewerber die Rahmenbedingungen für die Ausübung einer ambulanten Nebentätigkeit im Krankenhaus nicht offensichtlich sind. 37

3. Erstattung von Bewerbungskosten

Nach h. M. hat der Bewerber **Anspruch auf Erstattung von Vorstellungskosten nach §§ 662, 670 BGB.** Erstattungsfähig sind alle Vorstellungskosten, die der Bewerber nach den Umständen für erforderlich halten durfte[5]. Insoweit kann auf die Grundsätze des **steuerlichen Reisekostenrechts** zurückgegriffen werden[6]. Den **Verdienstausfall** hat der Krankenhausträger in keinem Fall zu ersetzen, da es sich insoweit nicht um notwendige Aufwendungen i. S. d. 38

---

1 Vgl. ErfK/*Preis*, § 611 BGB Rz. 261.
2 ErfK/*Preis*, § 611 BGB Rz. 264.
3 Vgl. BAG v. 24.9.1974 – 3 AZR 589/73, AP Nr. 1 zu § 13 GmbHG = NJW 1975, 708; ErfK/*Preis*, § 611 BGB Rz. 263.
4 Vgl. LAG Düsseldorf v. 5.7.1991 – 15 Sa 540/91, LAGE § 276 BGB Verschulden bei Vertragsabschluss Nr. 1.
5 BAG v. 29.6.1988 – 5 AZR 433/87, NZA 1989, 468; ErfK/*Müller-Glöge*, § 629 BGB Rz. 14.
6 H.M.; vgl. LAG Nürnberg v. 25.7.1995 – 2 Sa 73/94, LAGE § 670 BGB Nr. 12; ArbG Berlin v. 25.6.1975 – 10 Ca 681/74, DB 1975, 1609; MünchKommBGB/*Henssler*, § 629 BGB Rz. 30; ErfK/*Müller-Glöge*, § 629 BGB Rz. 14; a. A. LAG München v. 30.5.1985 – 9 Sa 986/84, LAGE § 670 BGB Nr. 4; zu den steuerrechtlichen Grundlagen Schmidt/*Drenseck*, § 19 EStG Rz. 60.

§ 670 BGB handelt. Mit Rücksicht auf die Regelungen der §§ 629, 616 BGB ist davon ausgehen, dass der Bewerber gar keinen Verdienstausfall erleidet[1]. Voraussetzung des Erstattungsanspruchs ist, dass der potentielle Arbeitgeber den Bewerber **zur Vorstellung aufgefordert** hat[2]. Der potentielle Arbeitgeber muss nicht selbst die Aufforderung ausgesprochen haben. Es kann auch ein von ihm beauftragter Dritter wie etwa eine Personalvermittlungsgesellschaft tätig geworden sein[3]. Der **Begriff der Aufforderung** ist inhaltlich relativ weit gefasst. So genügt, dass der potentielle Arbeitgeber dem Bewerber anheim stellt, sich vorzustellen oder ihn zu einer bloß unverbindlichen Rücksprache bittet. Auch in diesen Fällen geht die „Einladung" auf den potentiellen Arbeitgeber zurück[4]. Insgesamt ist als ausreichend zu erachten, dass sich der Bewerber **mit Wissen und Wollen des potentiellen Arbeitgebers** vorstellt[5]. Die **Veröffentlichung eines Stellenangebots** reicht nach diesen Grundsätzen aber nicht aus, um einen Aufwendungsersatzanspruch zu begründen, weshalb die Kosten für die übersandten Unterlagen nicht erstattungsfähig sind[6]. Dagegen bleibt die Pflicht zur Erstattung der notwendigen Vorstellungskosten auch dann bestehen, wenn der potentielle Arbeitgeber den vereinbarten **Vorstellungstermin absagt.** Auf ein Verschulden des potentiellen Arbeitgebers kommt es nicht an, da der Pflichtengrund (hier: die Aufforderung zur Vorstellung...) **verschuldensunabhängig** zu beurteilen ist[7]. Bereits erstattete Vorstellungskosten können nur dann von einem Bewerber, der die Stelle nicht angetreten hat, zurückverlangt werden, wenn eine **ausdrückliche Rückzahlungsvereinbarung** getroffen worden ist[8]. Dem Krankenhausträger ist aufgrund dessen anzuraten, von Anfang an unmissverständlich klarzustellen, dass eine **Erstattung von Vorstellungskosten ausgeschlossen** ist. Ein solcher Ausschluss ist zulässig[9].

---

1 MünchKommBGB/*Henssler*, § 629 BGB Rz. 35; *Becker-Schaffner*, BlStSozArbR 1985, 161 (163); a. A. ErfK/*Müller-Glöge*, § 629 BGB Rz. 15; *Müller*, ZTR 1990, 237 (241).
2 BAG v. 14.2.1977 – 5 AZR 171/76, AP Nr. 8 zu § 196 BGB = DB 1977, 1193; BAG v. 29.6.1988 – 5 AZR 433/87, NZA 1989, 468; ErfK/*Müller-Glöge*, § 629 BGB Rz. 13; MünchKommBGB/*Henssler*, § 629 BGB Rz. 26; ErfK/*Preis*, § 611 BGB Rz. 244.
3 Vgl. BAG v. 29.6.1988 – 5 AZR 433/87, NZA 1989, 468; MünchKommBGB/*Henssler*, § 629 BGB Rz. 26.
4 H. M.; LAG Nürnberg v. 25.7.1995 – 2 Sa 73/94, LAGE § 670 BGB Nr. 12; ArbG Solingen v. 12.6.1991 – 4 Ca 509/91, ARSt 1992, 17 f.; MünchKommBGB/*Henssler*, § 629 BGB Rz. 27; ErfK/*Müller-Glöge*, § 629 BGB Rz. 13; *Becker-Schaffner*, BlStSozArbR 1985, 161; a. A. *Müller*, ZTR 1990, 237 (239).
5 LAG Nürnberg v. 25.7.1995 – 2 Sa 73/94, LAGE § 670 BGB Nr. 12; MünchKommBGB/ *Henssler*, § 629 BGB Rz. 27.
6 Vgl. bereits RAG v. 10.2.1932 – 391/31, ARS 14, 341 (343); ArbG Bremen v. 1.6.1971 – 3 Ca 3100/71, DB 1972, 540; MünchKommBGB/*Henssler*, § 629 BGB Rz. 28.
7 A.A. ArbG Solingen v. 12.5.1980 – 2 Ca 540/79, ARSt 1981, 29; ErfK/*Preis*, § 611 BGB Rz. 248.
8 MünchKommBGB/*Henssler*, § 629 BGB Rz. 37.
9 ArbG Solingen v. 12.6.1991 – 4 Ca 509/91, ARSt 1992, 17 f.; ArbG Kempten v. 12.4.1994 – 4 Ca 720/94, BB 1994, 1504; MünchKommBGB/*Henssler*, § 629 BGB Rz. 37.

4. Sonstige Pflichten

Zu den sonstigen (Schutz-)Pflichten des Krankenhausträgers im Anbah- 39
nungsverhältnis zählt die Pflicht, die Verhandlungen mit dem Bewerber so
zu führen, dass keine Erwartungen erweckt werden, die der Krankenhausträger nicht erfüllen kann[1]. Dazu gehört etwa das unbegründete Versprechen einer Dauerstelle mit dem Hinweis, dass die alte Arbeitsstelle ohne großes Risiko gekündigt werden könne[2], aber auch das unbegründete Versprechen
einer Lebensstellung oder bestimmter Aufstiegschancen[3]. In engem systematischen Zusammenhang hiermit steht die allgemeine Pflicht, den Abschluss des Arbeitsvertrages nicht zu verhindern[4]. Unberührt hiervon bleibt
das Recht, die Verhandlungen aus sachlichen Gründen abzubrechen[5].

III. Pflichten des Bewerbers

1. Informationspflichten

Den Bewerber treffen vor Abschluss des Arbeitsvertrages unterschiedliche 40
Informationspflichten. Diese korrespondieren unmittelbar mit entsprechenden Informationsrechten des Krankenhausträgers, die aus der grundrechtlich
gesicherten Vertrags- und Abschlussfreiheit des Arbeitgebers folgen[6] und die
meistens unter dem Stichwort **„Fragerechte des Arbeitgebers"** behandelt
werden. Der **Begriff der Informationspflicht** bringt im Gegensatz zu dem Begriff des Fragerechts aber besser auf den Punkt, dass der Bewerber grundsätzlich zur Erteilung der Information verpflichtet ist und nur dann die Information verweigern darf, wenn eine entsprechende Verbotsnorm existiert, auf
die er seine Weigerung stützen kann. Das BAG[7] wie auch der Gesetzgeber
(vgl. § 32 BDSG) verschieben diese Sichtweise, wenn vorrangig auf ein Fragerecht des Arbeitgebers abgestellt wird. Dadurch werden die Kriterien, die das
BAG heranzieht, aber nicht hinfällig. Sie lassen sich ebenso gut in den hier
vertretenen dogmatischen Ansatz eingliedern. Informationspflichten im vorbezeichneten Sinn sind von **Offenbarungspflichten** zu unterscheiden. Der **inhaltliche Unterschied** zwischen beiden Pflichten liegt darin, dass Informationspflichten (nur) die Verpflichtung zur wahrheitsgemäßen Beantwortung
bestimmter Fragen begründen, während Offenbarungspflichten zur (unge-

---

1 Vgl. BAG v. 7.6.1963 – 1 AZR 276/62, AP Nr. 4 zu § 276 BGB Verschulden bei Ver-
    tragsabschluss = NJW 1963, 1843; BAG v. 7.9.1995 – 8 AZR 695/94, ArbuR 1996, 30.
2 Vgl. BAG v. 7.6.1963 – 1 AZR 276/62, AP Nr. 4 zu § 276 BGB Verschulden bei Ver-
    tragsabschluss = NJW 1963, 1843; BAG v. 15.5.1974 – 5 AZR 393/73, AP Nr. 9 zu § 276
    BGB Verschulden bei Vertragsschluss = DB 1974, 2060; BAG v. 7.9.1995 – 8 AZR
    695/94, ArbuR 1996, 30; LAG Frankfurt v. 27.3.2003 – 9 Sa 1211/01, n. v.; ArbG Wies-
    baden v. 12.6.2001 – 8 Ca 3193/00, NZA-RR 2002, 349; ErfK/*Preis*, § 611 BGB
    Rz. 262.
3 MünchKommBGB/*Müller-Glöge*, § 611 BGB Rz. 628.
4 ErfK/*Preis*, § 611 BGB Rz. 264.
5 ErfK/*Preis*, § 611 BGB Rz. 262.
6 ErfK/*Preis*, § 611 BGB Rz. 271; *Raab*, RdA 1995, 36; *Braun*, MDR 2004, 64.
7 BAG v. 7.6.1984 – 2 AZR 270/83, AP Nr. 26 zu § 123 BGB = NZA 1985, 57; BAG v.
    11.11.1993 – 2 AZR 467/93, AP Nr. 38 zu § 123 BGB = NZA 1994, 407; BAG v.
    5.10.1995 – 2 AZR 923/94, AP Nr. 40 zu § 123 BGB = NZA 1996, 371.

fragten) Aufklärung über bestimmte Umstände verpflichten (zu den Offenbarungspflichten s. näher unten Rz. 51).

41 Die Informationspflichten werden vor allem durch das allgemeine Persönlichkeitsrecht des Bewerbers nach Art. 2 Abs. 1 i. V. m. Art. 1 Abs. 1 GG begrenzt (s. dazu bereits oben Rz. 27). Allgemein geht man davon aus, dass das
allgemeine Persönlichkeitsrecht dem Bewerber immer dann erlaubt, eine
Frage unbeantwortet zu lassen, wenn diese in keinem **Zweckzusammenhang
mit dem geplanten Arbeitsverhältnis** steht und der potentielle Arbeitgeber
daher kein **berechtigtes, billigenswertes und schutzwürdiges Interesse an der
Beantwortung** seiner Fragen im Hinblick auf das Arbeitsverhältnis hat[1]. Diese Auffassung hat der Gesetzgeber nunmehr durch § 32 Abs. 1 Satz 1 BDSG
bestätigen wollen[2]. Die Regelung legt fest, dass personenbezogene Daten zu
Beschäftigungszwecken erhoben, verarbeitet und genutzt werden dürfen,
wenn dies für die Entscheidung über die Begründung eines Beschäftigungsverhältnisses erforderlich ist. Durch die Vorschrift wollte der Gesetzgeber
die von der Rechtsprechung erarbeiteten Grundsätze des Datenschutzes im
Arbeitsverhältnis nicht ändern, sondern lediglich zusammenfassen[3]. Eine
Informationspflicht besteht danach, wenn die Beantwortung der Frage für
den angestrebten Arbeitsplatz und die zu verrichtende Tätigkeit von Bedeutung ist[4]. Dabei wird zu Recht darauf hingewiesen, dass eine Informationspflicht nicht nur bzgl. solcher Umstände besteht, die mit der Arbeit in unmittelbarem Zusammenhang stehen, sondern auch bzgl. solcher Umstände,
die der Arbeitgeber gleichwohl bei seiner Entscheidungsfindung berücksichtigen darf[5]. Im Einzelfall kommt es auf eine **Abwägung der wechselseitigen
Interessen** an, so dass keine allgemeinverbindlichen Aussagen gemacht werden können[6]. Bei der Abwägung ist entscheidend, ob das Interesse des Bewerbers, seine persönlichen Lebensumstände zum Schutz seines Persönlichkeitsrechts und zur Sicherung der Unverletzlichkeit seiner Individualsphäre
geheim zu halten, das Interesse des zukünftigen Arbeitgebers an der Information überwiegt[7]. Im Folgenden werden einige Gegenstände von Informationspflichten nach thematischen Schwerpunkten erörtert, die auch im Krankenhausbereich Bedeutung erlangen können.

a) Persönliche und fachliche Eignung

42 Eine Informationspflicht des Bewerbers besteht im Hinblick auf seinen **beruflichen Werdegang einschließlich etwaiger Ausbildungs- und Weiterbil-**

---

1 Vgl. BAG v. 7.6.1984 – 2 AZR 270/83, AP Nr. 26 zu § 123 BGB = NZA 1985, 57; BAG
   v. 5.10.1995 – 2 AZR 923/94, AP Nr. 40 zu § 123 BGB = NZA 1996, 371; ErfK/*Preis*,
   § 611 BGB Rz. 271.
2 Vgl. BT-Drs. 16/13657, 20 f.
3 Vgl. BT-Drs. 16/13657, 20.
4 Vgl. BAG v. 5.12.1957 – 1 AZR 594/56, AP Nr. 2 zu § 123 BGB = MDR 1960, 353;
   BAG v. 5.10.1995 – 2 AZR 923/94, AP Nr. 40 zu § 123 BGB = NZA 1996, 371; ErfK/
   Preis, § 611 BGB Rz. 271.
5 MünchArbR/*Buchner*, § 30 Rz. 56.
6 Vgl. BAG v. 5.10.1995 – 2 AZR 923/94, AP Nr. 40 zu § 123 BGB = NZA 1996, 371.
7 Vgl. BAG v. 5.10.1995 – 2 AZR 923/94, AP Nr. 40 zu § 123 BGB = NZA 1996, 371.

dungszeiten[1]. Bewerber um die Stelle eines Facharztes müssen daher über ihre fachärztlichen Weiterbildungszeiten nach den jeweiligen Weiterbildungsordnungen uneingeschränkt Auskunft geben. Dazu gehört auch die Informationspflicht über **längere Arbeitsfreistellungen** bei früheren Arbeitgebern[2], ohne dass der Grund für die längere Arbeitsfreistellung anzugeben ist. Die Frage, ob eine Informations- oder gar Offenbarungspflicht hinsichtlich des **Freistellungsgrundes** besteht, ist gesondert zu beurteilen.

Es wird behauptet, dass auch der **bisherige Verdienst** auf Nachfrage mitgeteilt werden müsse, wenn man dadurch Rückschlüsse auf die fachliche und persönliche Qualifikation des Bewerbers ziehen könne[3]. Diese Auffassung ist abzulehnen. Die Frage nach dem bisherigen Verdienst braucht nicht beantwortet zu werden. Dem Bewerber würde ansonsten die mit jedem neuen Arbeitsplatz verbundene Chance erheblich erschwert, wenn nicht gar genommen, seine Verdienstmöglichkeiten durch geschickte Verhandlung und gute Präsentation zu verbessern[4].

43

b) Gesundheitszustand/Genetische Eigenschaften

Auch die Informationspflicht bzgl. des Gesundheitszustandes ist durch das allgemeine Persönlichkeitsrecht des Bewerbers beschränkt. Die Frage nach einer bestehenden **Krankheit** muss nur beantwortet werden, wenn sie die Eignung des Bewerbers auf Dauer oder in periodisch wiederkehrenden Abständen erheblich beeinträchtigt oder aufhebt[5]. Eine Informationspflicht besteht auch, wenn aufgrund des Gesundheitszustandes des Bewerbers zum Zeitpunkt des Dienstantritts bzw. in absehbarer Zeit mit einer Arbeitsunfähigkeit zu rechnen ist[6]. Dieselben Grundsätze gelten für Fragen nach einer **Alkoholkrankheit**[7], einer **Drogensucht**[8] und einer **Medikamentenabhängig-**

44

---

1 Allg.M.; BAG v. 12.2.1970 – 2 AZR 184/69, AP Nr. 17 zu § 123 BGB = NJW 1970, 1565; BAG v. 7.9.1995 – 8 AZR 828/93, AP Nr. 24 zu § 242 BGB Auskunftspflicht = NZA 1996, 637; LAG Hamm v. 8.2.1995 – 18 Sa 2136/93, LAGE § 123 BGB Nr. 21; ErfK/*Preis*, § 611 BGB Rz. 273.
2 LAG Frankfurt v. 29.10.1980 – 8 Sa 99/80, ARSt 1981, 65 f. = AR-Blattei ES 640 Nr. 10; ErfK/*Preis*, § 611 BGB Rz. 273.
3 Vgl. BAG v. 19.5.1983 – 2 AZR 171/81, AP Nr. 25 zu § 123 BGB = BB 1984, 533; ErfK/*Preis*, § 611 BGB Rz. 279; MünchArbR/*Buchner*, § 30 Rz. 271.
4 Vgl. LAG Stuttgart v. 23.12.1980 – 6 Sa 64/80, AR-Blattei ES 640 Nr. 11; *Grunsky*, NJW 1980, 1616; *Moritz*, NZA 1987, 329 (333).
5 BAG v. 7.6.1984 – 2 AZR 270/83, AP Nr. 26 zu § 123 BGB = NZA 1985, 57; ErfK/*Preis*, § 611 BGB Rz. 282; *Braun*, MDR 2004, 64 (65); vgl. auch LAG Hamm v. 22.1.1999 – 5 Sa 702/98, n. v. (Schlafepilepsie).
6 BAG v. 7.6.1984 – 2 AZR 270/83, AP Nr. 26 zu § 123 BGB = NZA 1985, 57; ErfK/*Preis*, § 611 BGB Rz. 282; *Braun*, MDR 2004, 64 (65).
7 ErfK/*Preis*, § 611 BGB Rz. 282; *Künzl*, BB 1993, 1581 (1583); *Willemsen/Brune*, DB 1988, 2304; *Bengelsdorf*, NJW-RR 2004, 113 (118); *Braun*, MDR 2004, 64 (66); einschränkend MünchArbR/*Buchner*, § 30 Rz. 289, der für einfache Tätigkeiten eine Ausnahme von diesem Grundsatz annimmt.
8 ErfK/*Preis*, § 611 BGB Rz. 282; *Bengelsdorf*, NJW-RR 2004, 113 (118); einschränkend MünchArbR/*Buchner*, § 30 Rz. 289, der für einfache Tätigkeiten eine Ausnahme von diesem Grundsatz annimmt.

keit. Da eine **AIDS-Erkrankung** nach derzeitigem Wissensstand in absehbarer Zeit zur Arbeitsunfähigkeit führt, besteht auch diesbezüglich eine Informationspflicht des Bewerbers[1]. Das ist bei einer „bloßen" **HIV-Infizierung** anders. Hier besteht nur dann eine Informationspflicht, wenn **tätigkeitsbedingt** ein **erhöhtes Ansteckungsrisiko** für Dritte existiert[2]. Teilweise findet man die Formulierung, dass dies bei Berufen im Gesundheitsdienst der Fall sei[3]. Diese Formulierung ist zu ungenau. So wird man Angestellte in der Krankenhausverwaltung, aber auch Sekretärinnen von Leitenden Krankenhausärzten durchaus zum „Gesundheitsdienst" zählen dürfen. Aufgrund ihrer Tätigkeit besteht bei diesen aber kein Ansteckungsrisiko, so dass die Frage nach einer HIV-Infektion nicht beantwortet werden muss. Es kommt daher im gesamten Krankenhausbereich darauf an, ob die Ansteckungsgefahr in unmittelbarem Zusammenhang mit der Tätigkeit des Bewerbers im Einzelfall zu sehen ist. Es gilt hier nichts anderes als bei der Prognose, ob mit einer Arbeitsunfähigkeit zu rechnen ist. Auch die Frage, ob ein Arbeitnehmer arbeitsunfähig ist, ist nämlich stets anhand der vertraglich geschuldeten Tätigkeit zu beurteilen[4]. Es kommt deshalb nicht darauf an, ob der Bewerber später auch auf einem anderen Arbeitsplatz eingesetzt werden könnte. Ähnliche Grundsätze gelten für andere Krankheiten, bei denen eine Ansteckungsgefahr für Dritte, also insbesondere Patienten, besteht, wie dies bei ansteckenden **Hepatitis-Erkrankungen** der Fall ist. Auch hier wird man die Informationspflicht von der konkret auszuübenden Tätigkeit abhängig machen müssen, um Pauschalwertungen zu vermeiden.

45   Die Frage nach einer **genetischen Veranlagung ist bislang ohne Einschränkungen für unzulässig gehalten worden**[5]. Im Hinblick auf die Regelungen des **Gendiagnostikgesetzes** (**GenDG**) vom 31.7.2009 (insbesondere § 21 Abs. 1 GenDG, dazu Rz. 6) wird man zwar grundsätzlich von der Unzulässigkeit einer solchen Fragestellung ausgehen können. Allerdings ist mit Bezug auf § 20 GenDG, der diagnostische genetische Untersuchungen zu bestimmten Zwecken des Arbeitsschutzes zulässt, zu folgern, dass unter diesen Voraussetzungen auch eine Pflicht zur Information des Arbeitgebers über genetische Eigenschaften besteht. Die Sachlage ist hier nicht anders als bei der **Frage nach bestehenden Impfungen**, soweit diese für den konkreten Arbeitsplatz erforderlich sind (vgl. dazu auch oben Rz. 28 f.). Hierbei handelt es sich im Grunde nicht um Fragen nach dem Gesundheitszustand des Bewerbers. Bei diesen Fragen wie auch bei körperlichen Einstellungsuntersuchungen geht es darum, unter arbeitsmedizinischen Gesichtspunkten die Einstel-

---

1 ErfK/*Preis*, § 611 BGB Rz. 274; MünchArbR/*Buchner*, § 30 Rz. 287; *Heilmann*, BB 1989, 1413 (1414); *Richardi*, NZA 1988, 73 (74); *Braun*, MDR 2004, 64 (67).
2 ErfK/*Preis*, § 611 BGB Rz. 283; MünchArbR/*Buchner*, § 30 Rz. 288; *Ehrich*, DB 2000, 421 (423); *Keller*, NZA 1988, 561 (563); *Braun*, MDR 2004, 64 (67).
3 ErfK/*Preis*, § 611 BGB Rz. 283; MünchArbR/*Buchner*, § 30 Rz. 288; *Haesen*, RdA 1988, 161; *Keller*, NZA 1988, 561 (563); *Braun*, MDR 2004, 64 (67).
4 S. stellv. für alle ErfK/*Dörner*, § 3 EFZG Rz. 11, jeweils m.w.N. zur Rspr.
5 ErfK/*Preis*, § 611 BGB Rz. 282; MünchArbR/*Buchner*, § 41 Rz. 61; *Wiese*, RdA 1988, 217 (218).

lungsvoraussetzungen beim jeweiligen Bewerber zu überprüfen (zur Zulässigkeit körperlicher Einstellungsuntersuchungen s. näher oben Rz. 30 ff.).

c) Schwangerschaft und geschlechtsbezogene Informationen

Die Frage nach einer bestehenden Schwangerschaft ist zuletzt vom BAG wegen eines Verstoßes gegen § 611a BGB a. F. als unzulässig angesehen worden[1]. Dasselbe folgt jetzt aus § 3 Abs. 1 Satz 2 AGG, wonach eine unmittelbare Benachteiligung wegen des Geschlechts in Bezug auf § 2 Abs. 1 Nr. 1 bis 4 AGG auch im Fall einer ungünstigeren Behandlung einer Frau wegen Schwangerschaft oder Mutterschaft vorliegt[2]. Dieses Verbot gilt ohne Einschränkungen auch dann, wenn die Beschäftigung unter dem Aspekt des Gesundheitsschutzes für die Mutter und das ungeborene Kind problematisch erscheint, so etwa wenn eine Beschäftigung in der radiologischen Abteilung des Krankenhauses in Rede steht. Die Rechtsprechung des BAG akzeptiert bewusst die für den Arbeitgeber entstehenden Nachteile, wenn z. B. eine unbefristet eingestellte Bewerberin aus mutterschutzrechtlichen Gründen die Tätigkeit zunächst nicht ausüben kann[3]. Das Frageverbot gilt sogar, wenn eine Bewerberin befristet eingestellt worden ist, die Tätigkeit aber aus mutterschutzrechtlichen Gründen für einen wesentlichen Teil der vereinbarten Beschäftigungsdauer überhaupt nicht wird ausüben können[4]. Die Praxis wird sich mit diesen Vorgaben abfinden und auf ein **absolutes Verbot der Frage nach einer bestehenden Schwangerschaft** einrichten müssen. Deshalb muss man etwa für den Bereich des Krankenhauses davon ausgehen, dass selbst in Anbetracht des § 8 MuSchG bei einer Einstellung als Krankenschwester nicht nach einer bestehenden Schwangerschaft gefragt werden darf.

46

Sonstige geschlechtsbezogene Fragen sind nach den Grundsätzen zur Rechtfertigung geschlechtsbezogener Benachteiligungen zu beurteilen (s. dazu Rz. 7 ff.).

47

d) Schwerbehinderung und Behinderung

Fragen nach einer **Körperbehinderung** und nach der **Schwerbehinderteneigenschaft**, die bislang nach Art. 3 Abs. 3 GG bzw. § 81 Abs. 2 Nr. 1 SGB IX beurteilt wurden, sind nunmehr vor dem Hintergrund des Allgemeinen Gleichbehandlungsgesetzes (AGG) zu sehen[5]. Gegenüber der bisherigen Rechtslage ändert sich hierdurch nichts Wesentliches. Solche Fragen sind nur dann zulässig, wenn eine Rechtfertigung i. S. d. §§ 8 ff. AGG vorliegt[6].

48

---

1 BAG v. 6.2.2003 – 2 AZR 621/01, AP Nr. 21 zu § 611a BGB = NZA 2003, 848.
2 ErfK/*Preis*, § 611 BGB Rz. 274.
3 BAG v. 6.2.2003 – 2 AZR 621/01, AP Nr. 21 zu § 611a BGB = NZA 2003, 848.
4 EuGH v. 4.10.2001 – Rs. C-438/99, AP Nr. 3 zu EWG-Richtlinie Nr. 92/85 = NZA 2001, 1243; vgl. auch EuGH v. 3.2.2000 – Rs. C-207/98, AP Nr. 18 zu § 611a BGB = NZA 2000, 255.
5 ErfK/*Preis*, § 611 BGB Rz. 274.
6 ErfK/*Preis*, § 611 BGB Rz. 274 m. w. N.

Eine unterschiedliche Behandlung kann in diesen Fällen vor allem durch § 8 AGG gerechtfertigt sein, also wegen entsprechender beruflicher Anforderungen (s. dazu bereits oben Rz. 12 ff.).[1]

e) Konfessions-, Partei- und Gewerkschaftszugehörigkeit

49   Eine Informationspflicht bzgl. der Konfessionszugehörigkeit besteht nach allgemeiner Meinung nur in **Einrichtungen der Kirche**[2]. Diese Auffassung wird nunmehr auch von § 9 AGG getragen (s. dazu bereits näher oben Rz. 16, 18 sowie Teil 4 Rz. 63 ff.). Im Übrigen ist die Frage ebenso **unzulässig** wie die Frage nach einer Partei- und Gewerkschaftszugehörigkeit[3]. **Ausnahmen** sind insoweit nur bei **Tendenzbetrieben** denkbar[4], was allerdings im Krankenhausbereich keine Rolle spielen wird. Problematisch ist die **Frage nach einer Mitgliedschaft bei Scientology** oder ähnlichen Gruppierungen. Das AGG ebenso wie Art. 4 Abs. 1 GG können insoweit nicht bemüht werden, da Scientology keine Religions- oder Weltanschauungsgemeinschaft ist[5]. In der Literatur wird dennoch zur Zurückhaltung aufgefordert[6]. So wird man wegen der Ziele und Methoden der Scientology-Organisation von einer Informationspflicht ausgehen müssen, wenn die **Besetzung von Vertrauenspositionen** in Rede steht[7]. Darunter versteht man Führungspositionen sowie alle Arbeitsplätze, die Zugang zu unternehmensinternen Daten haben[8].

f) Frühere Beschäftigung bei demselben Krankenhausträger

50   Nach § 14 Abs. 2 Satz 2 TzBfG ist die kalendermäßige Befristung eines Arbeitsvertrages ohne Vorliegen eines sachlichen Grundes bis zur Dauer von zwei Jahren bei Erstanstellungen zulässig. Es ist anerkannt, dass jede Vorbeschäftigung bei demselben Arbeitgeber die Wirksamkeit der Befristung in Frage stellt[9]. Vor diesem Hintergrund ist eine Informationspflicht des Bewerbers hinsichtlich einer Vorbeschäftigung bei demselben Krankenhausträger anzunehmen[10].

---

1 ErfK/*Preis*, § 611 BGB Rz. 274; vgl. bereits BAG v. 7.6.1984 – 2 AZR 270/83, AP Nr. 26 zu § 123 BGB = NZA 1985, 57.

2 *Richardi*, § 6 Rz. 9.

3 ErfK/*Preis*, § 611 BGB Rz. 278; *Wohlgemuth*, ArbuR 1992, 46 (47); zur Frage nach der Gewerkschaftszugehörigkeit s. auch BAG v. 28.3.2000 – 1 ABR 16/99, AP Nr. 27 zu § 99 BetrVG 1972 Einstellung = NZA 2000, 1294; *Braun*, MDR 2004, 64 (65).

4 ErfK/*Preis*, § 611 BGB Rz. 278.

5 Vgl. zum Ausschluss des Art. 4 GG nur BAG v. 22.3.1995 – 5 AZB 21/94, AP Nr. 21 zu § 5 ArbGG 1979 = NZA 1995, 823; *Braun*, MDR 2004, 64 (67).

6 ErfK/*Preis*, § 611 BGB Rz. 274 m.w.N.

7 *Braun*, MDR 2004, 64 (67); vgl. aus der Rspr. auch LAG Berlin v. 11.6.1997 – 13 Sa 19/97, LAGE § 626 BGB Nr. 33a = NZA-RR 1997, 422.

8 Vgl. *Braun*, MDR 2004, 64 (67).

9 H. M.; MünchKommBGB/*Hesse*, § 14 TzBfG Rz. 79; *Meinel/Heyn/Herms*, § 14 TzBfG Rz. 76; *Schiefer*, DB 2000, 2118 (2122); *Braun*, MDR 2004, 64 (67); a.A. ErfK/*Müller-Glöge*, § 14 TzBfG Rz. 99.

10 Vgl. MünchKommBGB/*Hesse*, § 14 TzBfG Rz. 86; *Meinel/Heyn/Herms*, § 14 TzBfG Rz. 76; *Kliemt*, NZA 2001, 296 (298); *Braun*, MDR 2004, 64 (67).

2. Offenbarungspflichten

Offenbarungspflichten verpflichten den Bewerber, von sich aus den po-   51
tentiellen Arbeitgeber auf bestimmte Umstände hinzuweisen. Sie sind also
Teil der jeden Bewerber treffenden Aufklärungspflicht im vorvertraglichen
Schuldverhältnis. Eine Offenbarungspflicht besteht nur in **Ausnahmefällen**[1].
Sie scheidet von vornherein aus, wenn schon keine Informationspflicht besteht (argumentum a majore ad minus)[2]. Nach der Rechtsprechung des BAG
muss der Bewerber von sich aus nur auf solche Tatsachen hinweisen, deren
Mitteilung der potentielle Arbeitgeber nach Treu und Glauben erwarten
darf. Das ist der Fall, wenn die in Rede stehenden Umstände dem Arbeitnehmer die Erfüllung der arbeitsvertraglichen Leistungspflicht unmöglich
machen oder sonst für den in Betracht kommenden Arbeitsplatz von ausschlaggebender Bedeutung sind[3]. Der Bewerber muss also seinen **Gesundheitszustand** offenbaren, wenn er infolge einer bestehenden Krankheit nicht
in der Lage ist, seine Arbeit aufzunehmen[4]. Dasselbe gilt bei einem **unmittelbar bevorstehenden Heilverfahren**, wenn es um die Einstellung für ein
zweckgebundenes, befristetes Arbeitsverhältnis geht[5]. Dagegen wird man
heute nicht mehr davon ausgehen können, dass ein **Behinderter** diese Eigenschaft von sich aus offenbaren muss[6]. Ebenso wie die grundsätzliche Unzulässigkeit der Frage nach einer Schwerbehinderung oder Behinderung ergibt
sich dies aus dem AGG (s. dazu bereits oben Rz. 12 ff.). Die Annahme einer
Offenbarungspflicht würde die Wertung des Gesetzes konterkarieren. Die
damit verbundenen Nachteile für den Arbeitgeber sind vom Gesetzgeber offensichtlich billigend in Kauf genommen worden. Vergleichbares gilt für
schwangere Bewerberinnen. Hier besteht schon keine Informationspflicht (s.
dazu näher oben Rz. 46), so dass auch nicht von einer Offenbarungspflicht
ausgegangen werden kann.

IV. Rechtsfolgen bei Pflichtverstößen

1. Spezielle Sanktionen

Teilweise werden die Rechtsfolgen von Pflichtverstößen des Arbeitgebers ge-   52
gen Verbotstatbestände vom Gesetz speziell geregelt. Das Allgemeine
Gleichbehandlungsgesetz (AGG), das die früheren Vorschriften der §§ 611a
Abs. 2 und Abs. 3 BGB, § 81 Abs. 2 Satz 2 Nr. 2 und 3 SGB IX aufgehoben

---

1 ErfK/*Preis*, § 611 BGB Rz. 288; MünchArbR/*Buchner*, § 30 Rz. 355 f.
2 Vgl. ErfK/*Preis*, § 611 BGB Rz. 288.
3 BAG v. 21.2.1991 – 2 AZR 449/90, AP Nr. 35 zu § 123 BGB = NZA 1991, 719.
4 BAG v. 7.2.1964 – 1 AZR 251/63, AP Nr. 6 zu § 276 BGB Verschulden bei Vertragsabschluss = NJW 1964, 1197; ErfK/*Preis*, § 611 BGB Rz. 325; a.A. MünchKommBGB/
  Kramer, § 123 BGB Rz. 19 mit Verweis auf LAG Berlin v. 6.7.1973 – 3 Sa 48/73, BB
  1974, 510.
5 LAG Berlin v. 18.4.1978 – 3 Sa 115/77, BB 1979, 1145; ErfK/*Preis*, § 611 BGB Rz. 289.
6 A.A. ErfK/*Preis*, § 611 BGB Rz. 290; MünchArbR/*Buchner*, § 30 Rz. 357 sowie vor Erlass des AGG BAG v. 25.3.1976 – 2 AZR 136/75, AP Nr. 19 zu § 123 BGB = DB 1976,
  1240; BAG v. 1.8.1985 – 2 AZR 101/83, AP Nr. 30 zu § 123 BGB = NZA 1986, 635;
  BAG v. 5.10.1995 – 2 AZR 923/94, AP Nr. 40 zu § 123 BGB = NZA 1996, 371.

hat, enthält verschiedene Regelungen zu den Rechtsfolgen eines Verstoßes gegen die Benachteiligungsverbote. Zentrale Vorschrift ist insoweit **§ 15 AGG**. Danach steht dem Bewerber im Falle eines Verstoßes gegen das Benachteiligungsverbot zwar **kein Anspruch auf Einstellung** (§ 15 Abs. 6 AGG) zu, jedoch ggf. ein (verschuldensabhängiger) Anspruch auf Ersatz materieller Schäden (§ 15 Abs. 1 AGG) und ein (verschuldensunabhängiger) Anspruch auf eine angemessene **Entschädigung** in Geld für immaterielle Schäden (§ 15 Abs. 2 AGG)[1]. Aus dem Wortlaut der Vorschrift ergibt sich, dass der Anspruch auf Ersatz materieller Schäden wie auch der Entschädigungsanspruch an eine Verletzung des Benachteiligungsverbots gebunden ist, so dass **Verletzungen gegen die Ausschreibungspflicht des § 11 AGG** hiervon nicht erfasst werden. Die Verletzung des § 11 AGG gewinnt damit – vergleichbar mit dem früheren § 611b BGB – vor allem Bedeutung im Rahmen der Beweislastregelung des § 22 AGG (s. dazu oben Rz. 11)[2]. Nach § 15 Abs. 2 Satz 2 AGG darf die Entschädigung bei einer Nichteinstellung drei Monatsgehälter nicht übersteigen, wenn der oder die Beschäftigte auch bei benachteiligungsfreier Auswahl nicht eingestellt worden wäre. Im Übrigen ist die Höhe der Entschädigung durch den Begriff der Angemessenheit beschränkt. Wie nach bisherigem Recht richtet sich die Angemessenheit nach Art und Schwere der Beeinträchtigung, ihrer Nachhaltigkeit und Fortwirkung sowie den Beweggründen für die benachteiligende Handlung[3]. Wie bislang können nur solche Bewerber Anspruch auf Entschädigung geltend machen, die sich (**subjektiv**) **ernsthaft** beworben haben und die für die zu besetzende Stelle (**objektiv**) **geeignet** sind[4]. Ansonsten stand dem Entschädigungsanspruch der **Einwand des Rechtsmissbrauchs nach § 242 BGB** entgegen[5]. Bei der Anwendung von kollektivrechtlichen Vereinbarungen ist der Arbeitgeber nach § 15 Abs. 3 AGG nur dann zur Entschädigung verpflichtet, wenn er vorsätzlich oder grob fahrlässig gehandelt hat. § 15 Abs. 4 AGG bestimmt – wie früher § 611a Abs. 4 BGB – eine **Ausschlussfrist** zur schriftlichen Geltendmachung des Entschädigungsanspruchs. Die Frist beträgt zwei Monate, es sei denn, die Tarifvertragsparteien haben etwas anderes vereinbart. Die Frist beginnt im Falle einer Bewerbung oder eines beruflichen Aufstiegs mit dem Zugang der Ablehnung und in den sonstigen Fällen einer Benachteiligung zu dem Zeitpunkt, in dem der oder die Beschäftigte von der Benachteiligung Kenntnis er-

---

1 Vgl. BT-Drucks. 16/1780, 38; ErfK/*Schlachter*, § 15 AGG Rz. 4 f.; zu § 15 Abs. 2 AGG s. jetzt auch BAG v. 22.1.2009 – 8 AZR 906/07, AP Nr. 1 zu § 15 AGG = NZA 2009 945; zum früheren Rechtszustand s. etwa EuGH v. 22.4.1997 – C-180/95, AP Nr. 1 zu § 61b ArbGG 1979 = NZA 1997, 645.

2 BT-Drucks. 16/1780, 47; ErfK/*Schlachter*, § 11 AGG Rz. 2; zum früheren Recht BVerfG v. 16.11.1993 – 1 BvR 258/86, BVerfGE 89, 276 ff. = AP Nr. 9 zu § 611a BGB; BAG v. 27.4.2000 – 8 AZR 295/99, n. v.; BAG v. 5.2.2004 – 8 AZR 112/03, AP Nr. 23 zu § 611a BGB = NZA 2004, 540; LAG Düsseldorf v. 1.2.2002 – 9 Sa 1451/01, LAGE § 611a nF BGB Nr. 5 = NZA-RR 2002, 345.

3 Zum bisherigen Recht vgl. BAG v. 14.3.1989 – 8 AZR 447/87, AP Nr. AP Nr. 5 zu § 611a BGB = NZA 1990, 21.

4 ErfK/*Schlachter*, § 15 AGG Rz. 9; vor dem AGG BAG v. 12.11.1998 – 8 AZR 365/97, AP Nr. 16 zu § 611a BGB = NZA 1999, 371; BAG v. 27.4.2000 – 8 AZR 295/99, n. v.

5 ErfK/*Schlachter*, § 15 AGG Rz. 9.

langt. Der **Fristlauf** beginnt am Tag, nachdem die Ablehnung dem Bewerber zugegangen ist (§ 130, § 187 Abs. 1 BGB)[1].

Durch § 15 Abs. 5 AGG ist klargestellt, dass die sich aus sonstigen allgemeinen Rechtsvorschriften ergebenden Ansprüche gegen einen benachteiligenden Arbeitgeber unberührt bleiben[2].   53

Über **§ 21 Abs. 2 GenDG** finden bei einer Verletzung der §§ 19 ff. GenDG die Vorschriften der §§ 15, 22 AGG Anwendung. Ob die entsprechende Anwendung des § 15 Abs. 1, 2 AGG hier generell von einem Verschulden abhängig sein soll[3], erscheint angesichts der einschränkungslosen Verweisung zweifelhaft.   53a

2. Allgemeine Sanktionen

a) Rechtsfolgen bei Pflichtverstößen des Krankenhausträgers

Verstöße gegen Verbotsnormen im Anbahnungsverhältnis führen zur **Unwirksamkeit der Maßnahme nach § 134 BGB**. Für Verstöße gegen die Benachteiligungsverbote in Vereinbarungen ist diese allgemeine Rechtsfolge ausdrücklich in § 7 Abs. 2 AGG festgehalten. Sieht sich der Bewerber im Rahmen eines Vorstellungsgesprächs unzulässigen Fragen ausgesetzt, ist es ihm nicht nur unbenommen, die jeweilige Frage unbeantwortet zu lassen, also zu schweigen. Angesichts der Gefahr, die ein Schweigen auf bestimmte Fragen des Arbeitgebers mit sich bringen kann, gesteht man dem Bewerber in solchen Fällen zu, die Unwahrheit zu sagen (**„Recht zur Lüge"**)[4]. Der Arbeitgeber kann dann sein Vertragsangebot bzw. seine Vertragsannahme nicht nach § 123 BGB anfechten (s. dazu näher unten Teil 3 F Rz. 4)[5]. Allerdings wird vertreten, dass bei einem Verstoß gegen das Benachteiligungsverbot des § 19 i. V. m. § 21 GenDG der Bewerber keine gefälschten Unterlagen einreichen dürfe[6].   54

Daneben können bei schuldhaften Pflichtverstößen im Anbahnungsverhältnis auch **Schadensersatzansprüche des Bewerbers nach § 280 Abs. 1 Satz 1 BGB** bestehen. Aus § 311 Abs. 2, 3 i. V. m. § 241 Abs. 2 BGB folgt nämlich, dass es sich dabei um Verstöße gegen Pflichten aus einem Schuldverhältnis handelt[7]. Dasselbe gilt für Benachteiligungen i. S. d. AGG nach § 7 Abs. 3 AGG[8]. Als Schadensersatz kann der Bewerber verlangen, so gestellt zu werden, wie er ohne das schuldhafte Verhalten des Krankenhausträgers stän-   55

---

1 Palandt/*Weidenkaff*, § 15 AGG Rz. 8.
2 BT-Drucks. 16/1780, 38.
3 So ErfK/*Wank*, § 21 GenDG Rz. 7.
4 BAG v. 5.10.1995 – 2 AZR 923/94, AP Nr. 40 zu § 123 BGB = NZA 1996, 371; ErfK/*Schmidt*, Art. 2 GG Rz. 98; ErfK/*Preis*, § 611 BGB Rz. 286.
5 ErfK/*Preis*, § 611 BGB Rz. 2; MünchArbR/*Buchner*, § 30 Rz. 376 jeweils m. w. N. zur Rspr.
6 ErfK/*Wank*, § 19 GenDG Rz. 6.
7 Vgl. BT-Drucks. 14/6040, 135, 163.
8 Vgl. BT-Drucks. 16/1780, 34.

de[1]. Nach den allgemeinen Grundsätzen ist damit **keine Beschränkung auf das Erfüllungsinteresse** verbunden[2]. Vielmehr kann der Schadensersatz im Einzelfall das Erfüllungsinteresse (positives Interesse) übersteigen[3]. Ein **Anspruch auf Einstellung** besteht trotz Pflichtenverstoßes des Krankenhausträgers in den allermeisten Fällen nicht. Eine **Ausnahme** wird man nur für den Fall machen müssen, dass der Arbeitgeber den Bewerber nicht einstellt, obwohl er ihm zugesagt hat, ihn einzustellen, sofern bestimmte Voraussetzungen vorliegen und diese Voraussetzungen nunmehr gegeben sind[4]. Gänzlich anderes gilt für den öffentlichen Dienst, wo aus Art. 33 Abs. 2 GG ein Anspruch auf Einstellung folgen kann[5].

56 Sind die in § 253 Abs. 2 BGB genannten Rechtsgüter betroffen, folgt aus § 280 Abs. 1 BGB i. V. m. § 253 Abs. 2 BGB ein neben dem Schadensersatz bestehender **Anspruch auf Schmerzensgeld**. Verletzungen des allgemeinen Persönlichkeitsrechts fallen nicht hierunter[6]. Wegen **Verletzung des allgemeinen Persönlichkeitsrechts** können nur (deliktische) Schmerzensgeldansprüche aus § 823 i. V. m. Art. 1 Abs. 1, 2 Abs. 1 GG bestehen[7].

57 Fraglich ist, ob Schadensersatzansprüche bzw. deliktische Ansprüche gegeben sind, wenn die **Teilnahme an unzulässigen Einstellungstests** verlangt wird. Lehnt der Bewerber die Teilnahme an der nach § 134 BGB rechtswidrigen Maßnahme ab, so kann er einen Schadensersatzanspruch nach § 280 Abs. 1 BGB in Höhe des entgangenen Lohnes für die angestrebte Tätigkeit nur dann geltend machen, wenn er nachweisen kann, dass die Einstellung wegen des verweigerten Tests gescheitert ist. Dieser Nachweis dürfte kaum zu führen sein[8]. Schmerzensgeldansprüche scheitern in diesen Fällen daran, dass nicht ersichtlich ist, welche nachteiligen Folgen das Schmerzensgeld ausgleichen sollte, wenn der Bewerber die Teilnahme an dem Test (berechtigterweise) verweigert hat[9]. Sonstige Ansprüche sind ebenfalls nicht gegeben. Dem Bewerber fehlt daher eine rechtliche Handhabe, sich wirksam

---

1 Vgl. ErfK/*Preis*, § 611 BGB Rz. 267.
2 ErfK/*Preis*, § 611 BGB Rz. 267; zur früheren Rechtslage s. BAG v. 15.5.1974 – 5 AZR 393/73, AP Nr. 9 zu § 276 BGB Verschulden bei Vertragsabschluss = DB 1974, 2060.
3 BGH v. 9.10.1989 – II ZR 257/88, NJW-RR 1990, 229 (230) = BB 1990, 12; BAG v. 15.5.1974 – 5 AZR 393/73, AP Nr. 9 zu § 276 BGB Verschulden bei Vertragsabschluss = DB 1974, 2060.
4 Vgl. BAG v. 16.3.1989 – 2 AZR 325/88, AP Nr. 8 zu § 1 BeschFG 1985 = NZA 1989, 719; ErfK/*Preis*, § 611 BGB Rz. 268; a. A. der BGH, der einen Anspruch auf Vertragsschluss verneint, aber auf das Erfüllungsinteresse bejaht, vgl. BGH v. 29.1.1965 – V ZR 53/64, NJW 1965, 812 (814); BGH v. 24.6.1998 – XII ZR 126/96, NJW 1998, 2900 f.; BGH v. 6.4.2001 – V ZR 394/99, NJW 2001, 2875 ff.
5 Vgl. etwa BAG v. 2.12.1997 – 9 AZR 445/96, AP Nr. 40 zu Art. 33 Abs. 2 GG = NZA 1998, 884 m. w. N.; LAG Frankfurt v. 26.3.2001 – 13 Sa 335/99, NZA-RR 2001, 464 ff.; LAG Hamm v. 14.8.2003 – 11 Sa 1743/02, NZA-RR 2004, 335 f.; zur arbeitsrechtlichen Konkurrentenklage s. auch *Zimmerling*, ZTR 2000, 489.
6 S. nur Palandt/*Grüneberg*, § 253 BGB Rz. 10.
7 S. nur Palandt/*Grüneberg*, § 253 BGB Rz. 10.
8 Vgl. *Diller/Powietzka*, NZA 1227 (1228) für Drogenscreenings.
9 Vgl. *Diller/Powietzka*, NZA 1227 (1228) für Drogenscreenings.

gegen die Teilnahme an solchen Tests ohne Nachteile für das Einstellungsverfahren wehren zu können, wenn er nicht gerade die wenig realitätsnahe Möglichkeit der Manipulation des Tests wählt[1]. Werden entsprechende Untersuchungen ohne Einwilligung des Bewerbers durchgeführt, so kann dieser aus Deliktsrecht sowohl gegen die untersuchende Person, also etwa den untersuchenden Arzt oder Psychologen, wie auch gegen den Arbeitgeber Ansprüche auf Schmerzensgeld und Schadensersatz geltend machen[2]. Im Wege des Schadensersatzes kann der Bewerber insbesondere die Vernichtung der rechtswidrig eingeholten Gutachten verlangen[3]. Schadensersatzansprüche im Hinblick auf eine negative Einstellungsentscheidung werden sich allerdings nur in wenigen Fällen nachweisen lassen[4].

b) Rechtsfolgen bei Pflichtverstößen des Bewerbers

Auch der Krankenhausträger kann bei schuldhaften Pflichtverstößen des   58
Bewerbers im Anbahnungsverhältnis **Schadensersatzansprüche nach § 280
Abs. 1 BGB** geltend machen, so etwa wenn eine (berechtigte) Frage nach
dem Gesundheitszustand schuldhaft falsch beantwortet[5] worden ist. Im
Hinblick auf den ersatzfähigen Schaden finden die **allgemeinen Grundsätze**
Anwendung. Arbeitsrechtliche Besonderheiten gelten insofern, als dass nach
§ 619a BGB der Krankenhausträger abweichend von § 280 Abs. 1 BGB das
Vertretenmüssen des Bewerbers darlegen und beweisen muss[6]. Die Privilegierung des § 619a BGB ist aber nicht angezeigt, wenn es sich nicht um „betrieblich veranlasste Tätigkeiten" i.S.d. Grundsätze über den innerbetrieblichen Schadensausgleich handelt[7]. Man wird daher verlangen müssen, dass
der Bewerber bereits in das betriebliche Geschehen mit seinen spezifischen
Risiken integriert worden ist[8].

V. Formen vorvertraglicher Bindung

Zum Themenkomplex der Vertragsanbahnung gehören auch die bekannten   59
Formen vorvertraglicher Bindungen. Folgende Arten vorvertraglicher Bindung können unterschieden werden (zu Chefarztnachfolgevereinbarungen s.
näher unten Teil 5 A):

---

1 Vgl. *Diller/Powietzka*, NZA 1227 (1228) für Drogenscreenings; *Keller*, NZA 1988,
  561 (563).
2 S. nur MünchArbR/*Buchner*, 2. Aufl., § 41 Rz. 242.
3 Vgl. MünchArbR/*Buchner*, 2. Aufl., § 41 Rz. 242.
4 Vgl. MünchArbR/*Buchner*, § 30 Rz. 418.
5 Vgl. bereits BAG v. 7.2.1964 – 1 AZR 251/63, AP Nr. 6 zu § 276 BGB Verschulden bei
  Vertragsabschluss = NJW 1964, 1197.
6 Vgl. ErfK/*Preis*, § 619a BGB Rz. 3.
7 ErfK/*Preis*, § 619a BGB Rz. 4 m.w.N.; a.A. Palandt/*Weidenkaff*, § 619a BGB Rz. 3; offen BAG v. 18.7.2006 – 1 AZR 578/05, AP Nr. 15 zu § 850 ZPO.
8 HWK/*Krause*, § 619a BGB Rz. 25; vgl. auch BAG v. 24.1.1974 – 3 AZR 488/72, AP
  Nr. 74 zu § 611 BGB Haftung des Arbeitnehmers.

– Das Recht, durch einseitige Erklärung ein Arbeitsverhältnis zu begründen, wird auch als **Optionsrecht** bezeichnet[1]. Es kann in zwei Erscheinungsformen auftreten:

– Bei einem **Angebotsvertrag** wird dem Bewerber ein bindendes Vertragsangebot gemacht und es werden gleichzeitig die Bedingungen festgelegt, unter denen dieses Angebot angenommen werden kann[2].

– Bei einem **Hauptvertrag mit Optionsvorbehalt** wird der Arbeitsvertrag unter die aufschiebende Bedingung der Ausübung des Optionsrechts gestellt[3].

– Beide Fallgestaltungen sind von einem **Vorvertrag** zu unterscheiden. Durch einen Vorvertrag können sich beide Parteien zur Eingehung eines Arbeitsverhältnisses verpflichten. Die Begründung des Arbeitsverhältnisses erfordert dann im Gegensatz zu Optionsrechten noch eine **(vertragliche) Einigung zwischen Krankenhausträger und Bewerber**[4]. In der Praxis fällt die Unterscheidung zwischen Vorvertrag und Optionsrecht nicht immer leicht. Sie muss dann anhand von Indizien getroffen werden. Von praktischem Wert kann dabei die Frage sein, ob der Beginn der Arbeitsaufnahme und die Art der Beschäftigung bereits hinreichend genau festgelegt sind, was für das Vorliegen eines Optionsrechts spricht, oder ob noch arbeitsvertragliche Einzelheiten fixiert werden müssen, was für einen Vorvertrag spricht[5]. Entscheidend sind die Umstände des Einzelfalles[6].

60 Bei allen Formen vorvertraglicher Bindungen ist Vorsicht geboten, weil der Zeitpunkt des Dienstantritts in der Zukunft liegt und sich in der Zeit nach Eingehen der vorvertraglichen Bindung wesentliche Umstände ändern können. Es ist davon abzuraten, diesen Schwierigkeiten mit **Bezugnahmeklauseln auf erst noch zu vereinbarende Regelungen** zu begegnen, um so den Vertragsinhalt flexibel zu gestalten. Das BAG hat zwar für den Bereich des Chefarztvertragsrechts ausgeführt, dass ein Vertragsangebot dann zu den Bedingungen zu erfolgen habe, wie sie unter den gegebenen konkreten Umständen mit einem entsprechenden Arbeitnehmer getroffen zu werden pflegen[7]. Allerdings lassen sich diese Ausführungen nicht verallgemeinern und sind im Übrigen auch in der Sache angreifbar (s. dazu näher unten Teil 5 A Rz. 5 ff.). Liegt eine Bezugnahme im Einzelfall vor, so muss deren Inhalt

---

1 MünchArbR/*Buchner*, § 32 Rz. 8; allgemein zum Optionsrecht MünchKommBGB/*Kramer*, Vor § 145 BGB Rz. 57 ff.; Palandt/*Ellenberger*, Einf. vor § 145 BGB Rz. 23, jeweils m. w. N.

2 MünchArbR/*Buchner*, § 32 Rz. 8; vgl. auch ErfK/*Preis*, § 611 BGB Rz. 258.

3 MünchArbR/*Buchner*, § 32 Rz. 8; vgl. auch ErfK/*Preis*, § 611 BGB Rz. 258.

4 MünchArbR/*Buchner*, § 32 Rz. 7; ErfK/*Preis*, § 611 BGB Rz. 252; *Zöllner*, FS Floretta, 1983, S. 455 ff.

5 MünchArbR/*Buchner*, § 32 Rz. 9; *Zöllner*, FS Floretta, 1983, S. 455 (457 f.).

6 Vgl. BGH v. 26.3.1980 – VIII ZR 150/79, NJW 1980, 1577 (1578); Palandt/*Ellenberger*, Einf. vor § 145 BGB Rz. 23; ErfK/Preis, § 611 BGB Rz. 252 ff.

7 BAG v. 3.8.1961 – 2 AZR 117/60, AP Nr. 19 zu § 620 BGB Befristeter Arbeitsvertrag = DB 1961, 1262 mit zust. Anm. *Molitor*, AP Nr. 19 zu § 620 BGB Befristeter Arbeitsvertrag.

nach den allgemeinen Regeln bestimmt werden. Möglichen Schwierigkeiten kann durch einen **Rückgriff auf die Methode der ergänzenden Vertragsauslegung** begegnet werden (s. dazu näher unten Teil 5 A Rz. 7).

Bis zum Vertragsabschluss bleiben beide Parteien grundsätzlich an ihre getroffenen Vereinbarungen gebunden. Eine **Anfechtung wegen Irrtums über verkehrswesentliche Eigenschaften einer Person** nach § 119 Abs. 2 BGB kommt in Betracht, wenn der Krankenhausträger nachträglich begründete Zweifel an der Eignung des Bewerbers hat, sofern die Tatsachen, die Anlass zum Zweifel geben, bereits bei Eingehung der vorvertraglichen Bindung vorhanden waren. Treten diese Tatsachen erst später ein, so entfällt die Möglichkeit der Anfechtung. Ungeachtet dessen stellt sich aber die Frage, ob eine getroffene Vereinbarung gekündigt werden kann. Hier ist zu unterscheiden:

Optionsrechte sind als Gestaltungsrechte von vornherein **nicht „kündbar".** Die Möglichkeit einer Kündigung kommt also nur bei Vorverträgen in Betracht. Das LAG Hamm hat in einem Urteil vom 26.2.1985 die Auffassung vertreten, dass eine außerordentliche wie auch eine ordentliche Kündigung in diesen Fällen nach den Grundsätzen einer Kündigung vor Dienstantritt zu beurteilen seien[1]. Eine solche Kündigung vor Dienstantritt wird allgemein für zulässig erachtet[2]. Nach gefestigter Auffassung des BAG wird der Lauf der Kündigungsfrist bei der ordentlichen Kündigung vor Dienstantritt in der Regel mit Zugang der Kündigungserklärung in Gang gesetzt[3]. Der Auffassung des LAG Hamm kann aber nicht gefolgt werden. Eine **Kündigung eines Vorvertrages scheidet aus**, weil es sich bei einem Vorvertrag um **kein Dauerschuldverhältnis** handelt, sondern um eine **einmalige Leistungspflicht**, die auf den Abschluss eines Hauptvertrages gerichtet ist. Bei einer Kündigung vor Dienstantritt liegt hingegen ein Dauerschuldverhältnis vor, das nur noch nicht in Vollzug gesetzt ist[4]. Außer in den Fällen der Anfechtung wird die einseitige Beendigung eines arbeitsrechtlichen Vorvertrages daher nur bei Vorliegen eines (**vertraglichen oder gesetzlichen**) **Rücktrittsrechts** in Betracht kommen. Dabei ist als gesetzliches Rücktrittsrecht nach geänderter

---

1 LAG Hamm v. 26.2.1985 – 7 Sa 672/84, LAGE § 626 BGB Nr. 19.
2 Vgl. BAG v. 25.3.2004 – 2 AZR 324/03, AP Nr. 1 zu § 620 BGB Kündigung vor Dienstantritt = NZA 2004, 1089; BAG v. 9.2.2006 – 6 AZR 283/05, NZA 2006, 1207; ErfK/ *Müller-Glöge*, § 620 BGB Rz. 69.
3 Vgl. BAG v. 25.3.2004 – 2 AZR 324/03, AP Nr. 1 zu § 620 BGB Kündigung vor Dienstantritt = NZA 2004, 1089; BAG v. 9.2.2006 – 6 AZR 283/05, AP Nr. 56 zu § 4 KSchG 1969 = NZA 2006, 1207; zum Meinungsstand s. BAG v. 9.5.1985 – 2 AZR 372/84, AP Nr. 4 zu § 620 BGB = NZA 1986, 671; *Caesar*, NZA 1989, 251 ff.; *Berger-Delhey*, PersV 1990, 480 (481 f.); *Joussen*, NZA 2002, 1177 ff., jeweils m.w.N.
4 Vgl. BAG v. 27.7.2005 – 7 AZR 488/04, AP Nr. 2 zu § 308 BGB = NZA 2006, 539; ErfK/ *Preis*, § 611 BGB Rz. 259; so auch das LAG Hamm selbst in seinem (späteren) Urt. v. 29.10.1985 – 11 Sa 766/85, BB 1986, 667 (668); ebenso *Zöllner*, FS Floretta, 1983, S. 455 (463), der allerdings eine Ausnahme bei einem vertraglich vereinbarten Kündigungsrecht machen will. Bei der vertraglichen Vereinbarung eines „Kündigungsrechts" wird man aber vielmehr von einem vertraglichen Rücktrittsrecht ausgehen können; offen jetzt MünchArbR/*Buchner*, § 32 Rz. 11.

Gesetzeslage nunmehr auch § 313 Abs. 3 Satz 1 BGB zu nennen, der in Fortführung der Grundsätze über den Wegfall der Geschäftsgrundlage ein Rücktrittsrecht für die Fälle einer Störung der Geschäftsgrundlage (§ 313 Abs. 1 BGB) einräumt, wenn eine Vertragsanpassung nicht möglich oder einem Vertragspartner nicht zuzumuten ist[1]. Bei der Vereinbarung vertraglicher Rücktrittsrechte in Allgemeinen Vertragsbedingungen ist im Rahmen der Inhaltskontrolle nach den §§ 307 ff. BGB die Regelung des § 308 Nr. 3 BGB zu beachten[2].

---

1 Vgl. ErfK/*Preis*, § 611 BGB Rz. 259; *Zöllner*, FS Floretta, 1983, S. 455 (463 ff.).
2 BAG v. 27.7.2005 – 7 AZR 488/04, AP Nr. 2 zu § 308 BGB = NZA 2006, 539.

C. Begründung des Arbeitsverhältnisses

I. Abschluss des Arbeitsvertrages

1. Die Abschlussfreiheit und ihre Beschränkungen

Der Abschluss eines Arbeitsvertrages zwischen Krankenhausträger und Stellenbewerber stellt – wie auch im übrigen Arbeitsleben – die **wichtigste Form der Begründung von Arbeitsverhältnissen im Krankenhaus** dar. Der Vertragsschluss folgt den allgemeinen arbeitsrechtlichen Vorschriften. Danach gilt für beide Vertragsparteien gleichermaßen das grundgesetzlich geschützte **Prinzip der Vertragsfreiheit.** Dies äußert sich vor allem in der für beide Parteien garantierten Abschlussfreiheit, also der Rechtsmacht, frei entscheiden zu können, ob man ein Vertragsverhältnis mit dem jeweiligen Gegenüber begründet[1]. Allerdings ist die Abschlussfreiheit unterschiedlichen Beschränkungen unterworfen, meist in Form von Geboten zum Abschluss eines Arbeitsvertrages (Abschlussgebote) bzw. in Form von Verboten eines Vertragsabschlusses (Abschlussverbote). Abschlussgebote wie auch Abschlussverbote können sowohl gesetzlich wie auch vertraglich begründet sein.

a) Abschlussgebote

Gesetzliche Abschlussgebote betreffen weniger die Person des Arbeitnehmers. Eine unmittelbar wirkende gesetzliche Beschränkung der Abschlussfreiheit des Arbeitnehmers existiert hier nur im **Spannungs- und Verteidigungsfall**[2].

Ein echtes gesetzliches Gebot zum Abschluss eines Arbeitsvertrages besteht für den Arbeitgeber im Falle des **§ 91 Abs. 6 SGB IX.** Danach haben Schwerbehinderte nach Beendigung eines Streiks oder einer Aussperrung einen Anspruch auf Wiedereinstellung zu den alten Arbeitsvertragsbedingungen, sofern ihnen lediglich aus Anlass eines Streiks oder einer Aussperrung fristlos gekündigt worden ist. Allerdings ist der Anwendungsbereich der Vorschrift auf die Teilnahme an rechtswidrigen Arbeitskämpfen oder Kampfhandlungen beschränkt[3].

Eine ähnliche Struktur weist **§ 2 Abs. 5 ArbPlSchG** auf, wonach der Ausbildende die Übernahme eines Auszubildenden in ein Arbeitsverhältnis auf unbestimmte Zeit nach Beendigung des Berufsausbildungsverhältnisses nicht aus Anlass des Wehrdienstes ablehnen darf. Ist der Auszubildende aus Anlass des Wehrdienstes nicht übernommen worden, so steht ihm ein **gesetzlicher Wiedereinstellungsanspruch** zu[4]. Den Arbeitgeber trifft die Beweislast,

---

1 MünchKommBGB/*Müller-Glöge*, § 611 BGB Rz. 591; ErfK/*Preis*, § 611 BGB Rz. 311 Schaub/*Linck*, § 31 Rz. 2.
2 Zu diesen Ausnahmen MünchKommBGB/*Müller-Glöge*, § 611 BGB Rz. 591 f.
3 S. dazu näher MünchKommBGB/*Müller-Glöge*, § 611 BGB Rz. 597 unter Verweis auf BAG v. 21.4.1971 – GS 1/68, AP Nr. 43 zu Art. 9 GG Arbeitskampf = DB 1971, 1061.
4 ErfK/*Preis*, § 611 BGB Rz. 320.

dass die Übernahmeentscheidung unbeeinflusst war vom Wehrdienst des Auszubildenden (§ 2 Abs. 5 Satz 2 i. V. m. § 2 Abs. 2 Satz 3 ArbPlSchG).

5 Einen **gesetzlichen Einstellungsanspruch** kann es schließlich für Stellenbewerber im **öffentlichen Dienst** geben. Aus **Art. 33 Abs. 2 GG** wird ein Einstellungsanspruch abgeleitet, wenn jede andere Auswahlentscheidung ermessensfehlerhaft und damit rechtswidrig wäre[1]. Solche Fälle der **Ermessensreduzierung auf null** bilden aber die Ausnahme. Grundsätzlich hat der Bewerber lediglich einen Anspruch auf ermessensfehlerfreie Auswahlentscheidung[2].

6 **Tarifvertragliche Regelungen von Einstellungsansprüchen**, die grundsätzlich möglich sind[3], existieren derzeit soweit ersichtlich im Bereich der Krankenhäuser nicht. Demgegenüber sind **Abschlussgebote in Betriebsvereinbarungen** auch in Krankenhäusern durchaus denkbar. Zu erwähnen sind hier beispielsweise Regelungen in Betriebsvereinbarungen, die den Arbeitgeber verpflichten, bestimmte Arbeitnehmergruppen wie etwa ältere Arbeitnehmer zu beschäftigen. Es wird aber zu Recht darauf hingewiesen, dass mit solchen Regelungen meist kein individualrechtlicher Anspruch des Bewerbers verbunden sein soll[4]. Zur Bedeutung von Auswahlrichtlinien nach § 95 BetrVG s. näher Teil 11 Rz. 178, 288, 294.

7 Neben den gesetzlichen und kollektivvertraglichen gibt es auch bestimmte **vertragliche Abschlussgebote**. Hierzu zählen etwa die bereits behandelten **Arten vorvertraglicher Bindungen** (s. dazu näher oben Teil 3 B Rz. 59). Obwohl diese die Beteiligten im Hinblick auf den Vertragsschluss binden, schränken sie aber die Abschlussfreiheit der Parteien streng genommen nicht ein. Arbeitgeber und Arbeitnehmer machen hier von ihrer Abschlussfreiheit lediglich bereits im vorvertraglichen Stadium Gebrauch.

8 **Echte vertragliche Einschränkungen der Abschlussfreiheit** liegen dagegen bei bestimmten von der Rechtsprechung und Literatur anerkannten **Kündigungssachverhalten** vor, so z. B. wenn sich nach Ausspruch der Kündigung, aber noch vor Ablauf der Kündigungsfrist ergibt, dass die der Kündigung zugrunde liegende Prognose des Arbeitgebers fehlerhaft war und der Arbeitgeber mit Rücksicht auf die Wirksamkeit der Kündigung noch keine Disposition getroffen hat und ihm die unveränderte Fortsetzung des Arbeits-

---

1 Zum Einstellungsanspruch aus Art. 33 Abs. 2 GG s. nur BAG v. 9.11.1994 – 7 AZR 19/94, AP Nr. 33 zu Art. 33 Abs. 2 GG = NZA 1995, 781; BAG v. 28.1.1993 – 8 AZR 169/92, AP Nr. 3 zu Art. 13 Einigungsvertrag = NZA 1993, 1037; BAG v. 28.5.2002 – 9 AZR 751/00, AP Nr. 56 zu Art. 33 Abs. 2 GG = NZA 2003, 324; BAG v. 19.2.2003 – 7 AZR 67/02, AP Nr. 58 zu Art. 33 Abs. 2 GG = NZA 2003, 1271; MünchKommBGB/ *Müller-Glöge*, § 611 BGB Rz. 604 ff.; ErfK/*Preis*, § 611 BGB Rz. 319.
2 S. dazu näher Schaub/*Koch*, § 106 Rz. 45; von Münch/*Kunig*, Art. 33 GG Rz. 32 f., 34 „Konkurrentenklage"; Sachs/*Battis*, Art. 33 GG Rz. 19 ff.; *Zimmerling*, ZTR 2000, 489; eingehend *Zimmerling*, Arbeitsrechtliche Konkurrentenklage und Eingruppierungsklage im öffentlichen Dienst.
3 Vgl. dazu ErfK/*Preis*, § 611 BGB Rz. 321 ff.; MünchKommBGB/*Müller-Glöge*, § 611 BGB Rz. 607.
4 ErfK/*Preis*, § 611 BGB Rz. 321.

verhältnisses zumutbar ist[1]. Zu anderen Fällen von Wiedereinstellungs- bzw. Weiterbeschäftigungsansprüchen im Rahmen von Kündigungssachverhalten s. näher Teil 3 F Rz. 160 ff.).

Die h. M. erkennt einen **Wiedereinstellungsanspruch aus dem allgemeinen** 9 **Gleichbehandlungsgrundsatz (Art. 3 Abs. 1 GG)** in Fällen an, in denen ein Arbeitsverhältnis zum Zwecke der Teilnahme an einem Fortbildungs- oder Umschulungslehrgang beendet worden ist. Das Bestehen eines entsprechenden Anspruchs ist aber daran gebunden, dass die Maßnahme auf Veranlassung des Arbeitgebers durchgeführt worden ist und der Arbeitgeber bislang alle Arbeitnehmer nach Abschluss der Maßnahme wieder eingestellt hat[2].

b) Abschlussverbote

Gesetzliche Abschlussverbote, die zur Nichtigkeit des Arbeitsvertrages nach 10 § 134 BGB führen, existieren in Form der **Beschäftigungsverbote** für Kinder und Jugendliche nach den §§ 5, 7 JArbSchG[3]. Andere Beschäftigungsverbote begründen dagegen grundsätzlich kein Abschlussverbot. Beispielhaft sind hier zu nennen die Beschäftigungsverbote für Schwangere (vgl. § 3 MuSchG, § 4 MuSchArbV)[4]. Diese Überlegung wird dadurch gestützt, dass sich ansonsten die zum Schutz des Arbeitnehmers gedachten Regelungen zu dessen Nachteil auswirken würden[5]. Auch das Verbot der Beschäftigung von Ausländern aus Staaten außerhalb der EU ohne Aufenthaltserlaubnis (vgl. jetzt § 18 AufenthG) führt nicht zur Nichtigkeit des Arbeitsvertrages, stellt also kein Abschlussverbot dar[6]. Das Arbeitsverhältnis kann jedoch, wenn die Erlaubnis nicht erteilt wird, durch personenbedingte Kündigung beendet werden[7].

Ein **echtes Abschlussverbot** existiert aber mit **§ 2 BÄO**, wonach der Zugang 11 zum Arztberuf an das Vorliegen der Approbation oder einer Erlaubnis nach § 2 Abs. 2 BÄO gebunden ist. Die BÄO will im Interesse von Leben und Gesundheit der Bevölkerung eine unsachgemäße Behandlung von Patienten verhindern und verbietet deshalb die Berufsausübung ohne Approbation/Er-

---

1 BAG v. 27.2.1997 – 2 AZR 160/96, AP Nr. 1 zu § 1 KSchG 1969 Wiedereinstellung = NZA 1997, 757; ErfK/*Preis*, § 611 BGB Rz. 324.
2 Vgl. BAG v. 10.11.1977 – 3 AZR 329/76, AP Nr. 1 zu § 611 BGB Einstellungsanspruch = BB 1978, 257; ErfK/*Preis*, § 611 BGB Rz. 327; *Natzel*, AP Nr. 1 zu § 611 BGB Einstellungsanspruch.
3 Stellv. für alle ErfK/*Preis*, § 611 BGB Rz. 329.
4 S. nur ErfK/*Preis*, § 611 BGB Rz. 329; Palandt/*Ellenberger*, § 134 BGB Rz. 15 m. w. N.
5 ErfK/*Preis*, § 611 BGB Rz. 329.
6 Vgl. zur früheren Rechtslage BAG v. 16.12.1976 – 3 AZR 716/75, AP Nr. 4 zu § 19 AFG = NJW 1977, 1608; BAG v. 13.1.1977 – 2 AZR 423/75, AP Nr. 2 zu § 19 AFG = NJW 1977, 1023; BAG v. 19.1.1977 – 3 AZR 66/75, AP Nr. 3 zu § 19 AFG = BB 1977, 1201; LAG Frankfurt v. 26.5.1982 – 10 Sa 184/81, n.v.; vgl. auch MünchKommBGB/*Müller-Glöge*, § 611 BGB Rz. 614.
7 Vgl. BAG v. 7.2.1990 – 2 AZR 359/89, AP Nr. 14 zu § 1 KSchG 1969 Personenbedingte Kündigung = NZA 1991, 341; MünchKommBGB/*Müller-Glöge*, § 611 BGB Rz. 614.

laubnis. Eine Verbotsverletzung führt zur Nichtigkeit des Arbeitsvertrages[1]. Dieselben Überlegungen gelten für Arbeitsverträge über die Ausübung der Heilkunde durch Personen ohne Approbation, Erlaubnis oder sonstige Berechtigung nach den §§ 1, 2 HeilPrG[2]. Ein echtes gesetzliches Abschlussverbot existiert auch bei Hebammen und Entbindungspflegern (§ 4 Abs. 1 i. V. m. § 1 HebG).

12 Das BAG vertritt die Auffassung, dass ein **gesetzliches Abschlussverbot aus den Regelungen des Arbeitszeitrechts** folgt. Dieses führe zur Nichtigkeit eines Doppelarbeitsvertrages, wenn insgesamt eine ganz erhebliche Überschreitung der gesetzlich zulässigen Höchstarbeitszeit vorliege[3]. Das begegnet Bedenken. Richtig ist zwar, dass die arbeitszeitrechtlichen Vorschriften über Höchstgrenzen der Arbeitszeit Verbotsgesetze i. S. d. § 134 BGB darstellen. Allerdings wird man daraus nicht die (Gesamt-)Nichtigkeit des zweiten Arbeitsvertrages ableiten können. Auf die Zweifelsregelung des § 139 BGB, auf die insoweit zurückgegriffen wird[4], kann hier nicht abgestellt werden. § 139 BGB ist hier – wie auch in anderen arbeitsrechtlichen Fallkonstellationen – nicht anzuwenden. Andernfalls würde der Arbeitnehmer, der durch die Normen des Arbeitszeitrechts geschützt werden soll, noch mehr geschädigt[5]. Dem Schutzzweck der Normen lässt sich dadurch Genüge tun, dass nur die vertragliche Arbeitszeitregelung im zweiten Arbeitsvertrag als nichtig anzusehen ist, der Vertrag im Übrigen aber wirksam sein soll[6]. Damit wird auch die (unerwünschte) Konsequenz vermieden, in diesen Fällen zu einem faktischen Verbot eines Doppelarbeitsverhältnisses zu gelangen.

13 Aus **Betriebsvereinbarungen**, die bestimmte Beschäftigungsverbote enthalten, können schon deshalb keine Abschlussverbote folgen, weil der **personelle Anwendungsbereich** von Betriebsvereinbarungen Stellenbewerber **nicht erfasst** (zur Bedeutung von Auswahlrichtlinien s. näher Teil 11 Rz. 178, 288, 294)[7].

14 **Vertragliche Abschlussverbote** lassen sich **nicht wirksam** vereinbaren. Das gilt insbesondere für Wettbewerbsverbote, die an der Wirksamkeit des verbotswidrig abgeschlossenen Arbeitsvertrages nichts zu ändern vermögen[8].

---

1 BAG v. 3.11.2004 – 5 AZR 592/03, AP Nr. 25 zu § 134 BGB = BB 2005, 782.
2 Vgl. BAG v. 3.11.2004 – 5 AZR 592/03, AP Nr. 25 zu § 134 BGB = BB 2005, 782.
3 Vgl. BAG v. 19.6.1959 – 1 AZR 565/57, AP Nr. 1 zu § 611 BGB Doppelarbeitsverhältnis = NJW 1959, 2036; LAG Nürnberg v. 19.9.1995 – 2 Sa 429/94, AP Nr. 9 zu § 134 BGB = NZA 1996, 882 (beide noch zur AZO); vgl. auch BGH v. 28.1.1986 – VI ZR 151/84, NJW 1986, 1486 f.
4 Vgl. nur BAG v. 19.6.1959 – 1 AZR 565/57, AP Nr. 1 zu § 611 BGB Doppelarbeitsverhältnis = NJW 1959, 2036.
5 Zur selben Argumentation des BAG in anderem Zusammenhang s. etwa BAG v. 18.5.1983 – 5 AZR 114/81, n. v.
6 Vgl. Staudinger/*Sack*, § 134 BGB Rz. 201.
7 MünchKommBGB/*Müller-Glöge*, § 611 BGB Rz. 616; a. A. ErfK/*Preis*, § 611 BGB Rz. 330.
8 Vgl. ErfK/*Preis*, § 611 BGB Rz. 331.

c) Sonstige Beschränkungen der Abschlussfreiheit

Neben den gesetzlichen und (individual- bzw. kollektiv-)vertraglich begrün- 15
deten Abschlussgeboten und -verboten existieren noch weitere Beschränkungen der Abschlussfreiheit. Eine mittelbare gesetzliche Einschränkung
der Abschlussfreiheit auf Seiten des Bewerbers besteht z.B. durch die Verpflichtung, als Arbeitsloser jede von der Arbeitsvermittlung nachgewiesene
zumutbare Beschäftigung aufzunehmen (vgl. **§ 2 Abs. 5 Nr. 3 SGB III**)[1]. Einige Einschränkungen der Abschlussfreiheit auf Seiten des Arbeitgebers sind
bereits im Kapitel über die Vertragsanbahnung behandelt worden wie etwa
die **Benachteiligungsverbote**, die es dem Krankenhausträger verbieten, auf
bestimmte Kriterien bei der Stellenauswahl zurückzugreifen (s. dazu näher
oben Teil 3 B Rz. 6 ff.). Eine mittelbare gesetzliche Einschränkung der Abschlussfreiheit für den Arbeitgeber enthält **§ 71 SGB IX**, wonach private und
öffentliche Arbeitgeber mit einer bestimmten Anzahl von Arbeitsplätzen
i.S.d. § 73 SGB IX auf einer in der Vorschrift quotal näher festgelegten Anzahl von Arbeitsplätzen schwerbehinderte Menschen zu beschäftigen haben.
Ein individualrechtlicher Einstellungsanspruch eines schwerbehinderten Bewerbers ist damit nicht verbunden, da es sich „lediglich" um eine öffentlich-
rechtliche Verpflichtung des Arbeitgebers handelt, die durch Ausgleichs-
abgaben und Bußgelder sanktioniert ist (§§ 77, 156 Abs. 1 Nr. 1 SGB IX)[2].

2. Die Formfreiheit und ihre Beschränkungen

Neben der Abschlussfreiheit ist auch das Prinzip der Formfreiheit Auspra- 16
gung der Vertragsfreiheit beider Parteien. Formfreiheit bei Vertragsschluss
im Arbeitsrecht bedeutet, dass der Abschluss von Arbeitsverträgen an keine
besondere Form gebunden ist. Insbesondere existiert **kein allgemeines gesetzliches Schriftformerfordernis i.S.d. § 126 BGB**. Arbeitsverträge zwischen
Krankenhausträger und potentiellen Arbeitnehmern brauchen also grundsätzlich nicht schriftlich abgeschlossen zu werden. Einige gesetzliche Regelungen verpflichten den Krankenhausträger dennoch zur schriftlichen
Niederlegung bestimmter Vertragsbedingungen, so etwa **§ 2 Abs. 1 NachwG**,
§ 11 Abs. 1 AÜG, § 11 BBiG. Dabei handelt es sich aber um keine Formvorschriften i.S.d. § 126 BGB, weshalb man auch von **nicht-konstitutiven oder
deklaratorischen Formvorschriften** spricht. Eine Verletzung dieser Vorschriften führt nicht zur Unwirksamkeit des Arbeitsvertrages[3]. Dasselbe gilt für
eine Verletzung des **§ 14 Abs. 4 TzBfG**, wonach die Befristung eines Arbeitsvertrages zu ihrer Wirksamkeit der Schriftform bedarf. Zwar handelt es sich
hierbei um ein gesetzliches Schriftformerfordernis i.S.d. § 126 BGB, also ein

---

1 Zu diesen Ausnahmen MünchKommBGB/*Müller-Glöge*, § 611 BGB Rz. 591 f.
2 Vgl. ErfK/*Preis*, § 611 BGB Rz. 318; MünchKommBGB/*Müller-Glöge*, § 611 BGB
  Rz. 597.
3 Vgl. für das NachwG und zu den Folgen eines Verstoßes BAG v. 21.8.1997 – 5 AZR
  713/96, AP Nr. 1 zu 4 BBiG = NZA 1998, 37; ErfK/*Preis*, §§ 125–127 BGB Rz. 31, für
  das AÜG ErfK/*Wank*, § 11 AÜG Rz. 2 für das BBiG BAG v. 22.2.1972 – 2 AZR 205/71,
  AP Nr. 1 zu § 15 BBiG = BB 1972, 1191; BAG v. 21.8.1997 – 5 AZR 713/96, AP Nr. 1
  zu § 4 BBiG = NZA 1998, 37; ErfK/*Preis*, §§ 125–127 BGB Rz. 31.

konstitutives Schriftformerfordernis[1]. Allerdings betrifft dieses Schriftformerfordernis, wie sich bereits aus seinem Wortlaut ergibt, nicht den gesamten Arbeitsvertrag, sondern lediglich die Befristungsabrede. Ein Verstoß gegen § 14 Abs. 4 TzBfG führt daher „lediglich" zur **Unwirksamkeit der Befristung**, also zum Vorliegen eines unbefristeten Arbeitsverhältnisses gem. § 16 Satz 1 TzBfG[2]. Nur kurz erwähnt werden soll an dieser Stelle, dass auch beim Vertragsschluss die Schriftform durch die **elektronische Form nach § 126a BGB** ersetzt werden kann, wenn sich aus dem Gesetz nichts anderes ergibt (§ 126 Abs. 3 BGB). Von dieser Möglichkeit sollte aber schon deswegen in der Praxis kein Gebrauch gemacht werden, weil der Nachweis der wesentlichen Vertragsbedingungen durch die elektronische Form ausgeschlossen ist (§ 2 Abs. 1 Satz 3 NachwG). Die Wahl der elektronischen Form würde daher für den Krankenhausträger wegen Verletzung der Verpflichtungen aus dem NachwG zu erheblichen Nachteilen führen[3].

17 Sonstige Schriftformerfordernisse können allenfalls aus Tarifverträgen bzw. einzelvertraglichen Vereinbarungen folgen, dagegen nie aus einer Betriebsvereinbarung. Betriebsvereinbarungen können sich nämlich nur auf Arbeitnehmer beziehen, die bereits dem Betrieb angehören[4].

18 Ein **tarifvertragliches Schriftformerfordernis** enthält **§ 2 Abs. 1 TVöD (§ 4 Abs. 1 BAT a. F.)**. Diese Vorschrift bestimmt, dass der Arbeitsvertrag schriftlich abgeschlossen „wird". Wie bei § 4 Abs. 1 BAT a. F. wird dadurch aber **kein konstitutives Schriftformerfordernis** begründet[5].

19 Im öffentlichen Dienst ist weiterhin **§ 30 TVöD** zu berücksichtigen (vgl. auch die frühere Nr. 2 Abs. 1 der Sonderregelung zum BAT für Zeitangestellte, Angestellte für Aufgaben von begrenzter Dauer und für Aushilfsangestellte, SR 2y BAT a. F.), der nunmehr die Vorschriften des TzBfG weitgehend für anwendbar erklärt. Damit gilt § 14 Abs. 4 TzBfG mit den bereits geschilderten Konsequenzen (s. dazu oben Rz. 16 für § 14 Abs. 4 TzBfG)[6].

20 Bei **kirchlichen Arbeitsvertragsrichtlinien** ist zu beachten, dass diese – anders als Tarifverträge – nur kraft einzelvertraglicher Vereinbarung im Ar-

1 ErfK/*Preis*, §§ 125–127 BGB Rz. 31; ErfK/*Müller-Glöge*, § 14 TzBfG Rz. 122.
2 Vgl. BAG v. 22.10.2003 – 7 AZR 113/03, AP Nr. 6 zu § 14 TzBfG = NZA 2004, 1275; ErfK/*Müller-Glöge*, § 14 TzBfG Rz. 122.
3 Zu den Folgen der Verletzung des NachwG s. nur BAG v. 21.8.1997 – 5 AZR 713/96, AP Nr. 1 zu § 4 BBiG = NZA 1998, 37; MünchKommBGB/*Müller-Glöge*, § 611 BGB Rz. 669 ff.; ErfK/*Preis*, Einf. NachwG Rz. 11 ff.
4 LAG Saarbrücken v. 2.2.1966 – 1 Sa 60/65, NJW 1966, 2136 f.; ErfK/*Preis*, §§ 125–127 BGB Rz. 31.
5 *Sponer/Steinherr*, § 2 TVöD Rz. 393; zum früheren BAT s. nur BAG v. 7.5.1986 – 4 AZR 556/83, AP Nr. 12 zu § 4 BAT; BAG v. 26.8.1997 – 9 AZR 761/95, AP Nr. 137 zu § 611 BGB Lehrer, Dozenten = NZA 1998, 548; LAG Berlin v. 2.2.1998 – 9 Sa 114/97, NZA-RR 1998, 437 (440).
6 Anders nach früherem Recht, s. dazu nur BAG v. 15.3.1989 – 7 AZR 264/88, AP Nr. 126 zu § 620 BGB Befristeter Arbeitsvertrag = ZTR 1989, 446; BAG v. 20.2.1991 – 7 AZR 81/90, AP Nr. 137 zu § 620 BGB Befristeter Arbeitsvertrag = NZA 1992, 31.

beitsverhältnis Anwendung finden können[1]. Schon aus diesem Grund können die in den Vertragsrichtlinien der Kirchen enthaltenen Schriftformklauseln (vgl. § 7 Abs. 1 der Richtlinien für Arbeitsverträge in den Einrichtungen des Deutschen Caritasverbandes – AVR Caritas, § 4 Abs. 1 Bundesangestelltentarifvertrag in kirchlicher Fassung – BAT-KF – und § 5 Abs. 4 Arbeitsvertragsrichtlinien des Diakonischen Werks der Evangelischen Kirche in Deutschland – AVR Diakonisches Werk) regelmäßig für den Abschluss eines Arbeitsvertrages keine Wirkung entfalten. Sie können allenfalls als rechtsgeschäftliche Formerfordernisse vereinbart werden (s. dazu Rz. 21)[2].

Rechtsgeschäftliche Schriftformerfordernisse sind rechtlich zulässig[3], werden aber nur selten beim Abschluss eines Arbeitsvertrages eine Rolle spielen, da die Parteien das Schriftformerfordernis bereits vor dem Abschluss des eigentlichen Arbeitsvertrages vereinbaren müssen[4]. Letzteres wird grundsätzlich auf die Fälle von Vorverträgen beschränkt sein (s. dazu oben Teil 3 B Rz. 59). Eine **Wirksamkeitsgrenze** bildet in diesen Fällen nur **§ 309 Nr. 13 BGB**, aus dem folgt, dass in Formulararbeitsverträgen, also im Regelfall (s. dazu näher unten Rz. 27 ff.), die Vereinbarung einer strengeren Form als der Schriftform unzulässig ist[5]. Wie bei gesetzlichen und tarifvertraglichen Formvorschriften stellt sich auch bei individualrechtlich vereinbarten Formerfordernissen die Frage, ob die Regelung **konstitutive oder lediglich deklaratorische Wirkung** haben soll. Dies ist durch **Auslegung** zu ermitteln[6]. Bei **einzelvertraglichen Bezugnahmen auf Formvorschriften** wird die Auslegung – mangels entgegenstehender Anhaltspunkte im Einzelfall – im Regelfall dazu führen, dass die Vertragsparteien durch die Bezugnahme so gestellt sein wollen, als würden sie in den Anwendungsbereich der in Bezug genommenen Vorschriften fallen (s. dazu näher Rz. 72 ff. „Verweisungsklauseln"). Man wird deshalb grundsätzlich nicht davon ausgehen können, dass Formvorschriften, die in ihrem unmittelbaren Anwendungsbereich nur deklaratorische Wirkung entfalten, durch ihre Inbezugnahme eine konstitutive Wirkung gegeben werden soll. Im Übrigen findet die **Auslegungsregel des § 127 Abs. 1 BGB** Anwendung. Danach gelten für die Wahrung der durch Rechtsgeschäft vereinbarten Form im Zweifel die Regeln über die gesetzliche Schriftform (§ 126 BGB), die elektronische Form (§ 126a BGB) oder die Text-

　　　21

---

1 BAG v. 6.12.1990 – 6 AZR 159/89, AP Nr. 12 zu § 2 BeschFG 1985 = NZA 1991, 350; BAG v. 6.11.1996 – 5 AZR 334/95, AP Nr. 1 zu § 10a Caritasverband = NZA 1997, 778; BAG v. 11.6.1997 – 7 AZR 313/96, AP Nr. 1 zu § 19 AVR Caritasverband = NZA 1997, 1288.

2 Schaub/*Linck*, § 34 Rz. 56.

3 Stellv. für alle ErfK/*Preis*, §§ 125–127 BGB Rz. 37; Schaub/*Linck*, § 34 Rz. 65.

4 Anders in dem hier nicht zu behandelnden Fall der späteren Änderung von Arbeitsverträgen; vgl. etwa für die AVR Caritas und das dortige konstitutive Formerfordernis des § 7 Abs. 2 LAG Köln v. 26.7.2002 – 11 Ta 224/02, LAGE § 611 BGB 2002 Direktionsrecht Nr. 2.

5 ErfK/*Preis*, §§ 125–127 BGB Rz. 40; *Gotthardt*, ZIP 2002, 277 (284); so bereits *Kliemt*, Formerfordernisse im Arbeitsverhältnis, 1995, S. 431 f. für das AGBG.

6 S. nur LAG Düsseldorf v. 29.9.1966 – 7 Sa 245/66, DB 1966, 1695; ErfK/*Preis*, §§ 125–127 BGB Rz. 40.

form (§ 126b BGB) mit den Erleichterungen des § 127 Abs. 2, 3 BGB für die Schriftform und die elektronische Form.

22   Für die Praxis ist ungeachtet der vorstehenden Ausführungen schon allein aus Beweisgründen dringend der Abschluss eines schriftlichen Arbeitsvertrages anzuraten.

3. Die Inhaltsfreiheit und ihre Beschränkungen

23   Die vertragliche Inhaltsfreiheit bewirkt das Recht der Vertragspartner, den Inhalt des Arbeitsverhältnisses eigenverantwortlich zu bestimmen. Auch sie ist **Ausprägung der Vertragsfreiheit**, unterliegt aber im Unterschied zur Abschluss- und Formfreiheit den stärksten rechtlichen Beschränkungen. Nach der **Rechtsprechung des BVerfG**[1] ist nämlich überall dort, wo es an einem annähernden Kräftegleichgewicht der Beteiligten fehlt, mit den Mitteln des Vertragsrechts allein kein sachgerechter Ausgleich der Interessen zu gewährleisten. Der Gesetzgeber kann dann in die Vertragsfreiheit durch zwingendes Gesetzesrecht eingreifen. Selbst wenn er aber davon absieht, zwingendes Vertragsrecht für bestimmte Lebensbereiche oder für spezielle Vertragsformen zu schaffen, bedeutet das keineswegs, dass die Vertragspraxis dem freien Spiel der Kräfte unbegrenzt ausgesetzt ist. Vielmehr greifen dann ergänzend solche zivilrechtlichen Generalklauseln ein, die als Übermaßverbote wirken, vor allem die §§ 138, 242, 315 BGB, bei deren Konkretisierung und Anwendung die Grundrechte zu beachten sind[2].

24   Ausgehend von dieser Rechtsprechung kommt der **Inhaltskontrolle von Arbeitsverträgen** eine **besondere Bedeutung** zu.

a) Allgemeine Grundsätze zur Inhaltskontrolle von Arbeitsverträgen

25   Die Inhaltskontrolle wird allgemein als **Rechtskontrolle von Vertragsbedingungen** verstanden[3], ist also von der **Auslegung des Vertrages** und der **Billigkeitskontrolle nach § 315 BGB** zu unterscheiden[4]. Für die Inhaltskontrolle von Arbeitsverträgen stellt das geltende Recht **verschiedene Kontrollinstrumente** zur Verfügung.

---

1 BVerfG v. 7.2.1990 – 1 BvR 26/84, BVerfGE 81, 242 ff. = NZA 1990, 389 (Handelsvertreter-Entscheidung); weiterführend in BVerfG v. 19.10.1993 – 1 BvR 567/89, 1 BvR 1044/89, BVerfGE 89, 214 (233 f.) = NJW 1994, 36 (Bürgen-Entscheidung); BVerfG v. 5.8.1994 – 1 BvR 1402/89, NJW 1994, 2749; BVerfG v. 2.5.1996 – 1 BvR 696/96, NJW 1996, 2021.

2 BVerfG v. 7.2.1990 – 1 BvR 26/84, BVerfGE 81, 242 (254 ff.) = NZA 1990, 389.

3 Vgl. MünchArbR/*Richardi*, 2. Aufl., § 14 Rz. 47 ff.; *Hromadka*, FS Dieterich, 1999, S. 251; *Fastrich*, Richterliche Inhaltskontrolle im Privatrecht, 1992, S. 9 ff.; *Preis*, Grundfragen, S. 147 f.

4 Zur Abgrenzung von der Auslegung s. nur *Kötz*, NJW 1979, 785 (786); *Becker*, WM 1999, 709 (711); *Fastrich*, Richterliche Inhaltskontrolle im Privatrecht, 1992, S. 21; zur Abgrenzung von der Billigkeitskontrolle s. nur ErfK/*Preis*, §§ 305–310 BGB Rz. 5 MünchArbR/*Richardi*, 2. Aufl., § 14 Rz. 47 ff.; *Becker*, WM 1999, 709 (710); zu allem näher *Wern*, S. 42 f.

Zunächst sind die **zwingenden Gesetzesvorschriften** zu beachten, die der In- 26
haltsfreiheit Grenzen setzen. Zu nennen sind hier beispielhaft die Regelungen aus dem Kündigungsrecht (vgl. etwa § 622 Abs. 4, 5 BGB). Teilweise formuliert das Gesetz auch spezielle Verbote der Vertragsgestaltung wie im
Maßregelungsverbot des § 16 AGG oder den bereits erwähnten Benachtei-
ligungsverboten (vgl. dazu näher oben Teil 3 B Rz. 6 ff.). Besondere Bedeutung bei der Inhaltskontrolle von Arbeitsverträgen hat in der Vergangenheit
das **Verbot von Umgehungsgeschäften** gespielt, das einen allgemein anerkannten Rechtsgrundsatz darstellt[1]. Das BAG hat das Umgehungsverbot oftmals über die Fälle echter Gesetzesumgehung als Mittel zur Prüfung von unangemessen gestalteten Arbeitsvertragsbedingungen angewandt[2]. Mit der
Einführung einer gesetzlichen AGB-Kontrolle im Arbeitsrecht sollte diese
Rechtsprechung überholt sein und vom Umgehungsverbot sollten nur noch
die Fälle echter Gesetzesumgehung erfasst werden[3]. Eine weitere Schranke
der inhaltlichen Ausgestaltung des Arbeitsvertrages stellt § 138 BGB dar. Es
wird zu Recht darauf hingewiesen, dass die besondere Bedeutung der
Vorschrift nach geänderter Rechtslage in der **Prüfung von Entgeltabreden**
liegt, die der AGB-Kontrolle weitgehend entzogen sind (s. dazu näher unten
Rz. 27 ff.)[4]. Die **Verpflichtung zu einer AGB-Kontrolle** von Arbeitsverträgen
ergibt sich nach heutiger Rechtslage unmittelbar aus den §§ 305 ff. i. V. m.
§ 310 Abs. 4 BGB[5]. Bei der Arbeitsvertragsgestaltung in Krankenhäusern
muss der AGB-Kontrolle daher besondere Beachtung geschenkt werden.

b) AGB-Kontrolle von Arbeitsverträgen

Die Inhaltskontrolle nach den §§ 305 ff. BGB ist auf die Prüfung **Allgemeiner** 27
Geschäftsbedingungen (AGB) beschränkt. Nach § 305 Abs. 1 Satz 3 BGB liegen AGB von vornherein nicht vor, soweit die Vertragsbedingungen zwischen den Vertragsparteien im Einzelnen ausgehandelt worden sind. Davon
wird man beim Abschluss von Arbeitsverträgen in Krankenhäusern grundsätzlich nicht ausgehen können. **Aushandeln** bedeutet mehr als Verhandeln
über den Vertragsinhalt. Es ist erforderlich, dass der jeweilige Vertragspartner
den Kern der Klausel ernsthaft zur Disposition stellt und dem anderen Teil
die Möglichkeit einräumt, deren Inhalt zu beeinflussen, dem anderen also eine Gestaltungsfreiheit zur Wahrung von dessen Interessen zubilligt[6]. Es ge-

---

1 Vgl. heute speziell für das Arbeitsrecht §§ 306a, 310 Abs. 4 BGB.
2 Vgl. BAG v. 7.10.1982 – 2 AZR 455/80, AP Nr. 5 zu § 620 BGB Teilkündigung = SAE
  1983, 185; BAG v. 21.4.1993 – 7 AZR 297/92, AP Nr. 34 zu § 2 KSchG 1969 = NZA
  1994, 476; BAG v. 13.3.2003 – 6 AZR 557/01, AP Nr. 47 zu § 611 BGB Arzt-Krankenhaus-Vertrag = DB 2003, 1960.
3 ErfK/*Preis*, §§ 305–310 BGB Rz. 4; vgl. bereits zur alten Rechtslage ausführlich *Preis*,
  Grundfragen, S. 163 ff.; so jetzt auch BAG v. 12.1.2005 – 5 AZR 364/04, AP Nr. 1 zu
  § 308 BGB = NZA 2005, 465; BAG v. 7.12.2005 – 5 AZR 535/04, AP Nr. 4 zu § 12
  TzBfG = NZA 2006, 423.
4 ErfK/*Preis*, §§ 305–310 BGB Rz. 3, § 612 BGB Rz. 3.
5 Zusammenfassend *Wern*, S. 42 ff.
6 BGH v. 3.11.1999 – VIII ZR 269/98, BGHZ 143, 104 = NJW 2000, 1110; BGH v.
  17.2.2010 – VIII ZR 67/09, BGHZ 184, 259 = NJW 2010, 1131; BAG v. 27.7.2005 –
  7 AZR 486/04, AP Nr. 6 zu § 307 BGB = NZA 2006, 40; BAG v. 1.3.2006 – 5 AZR

nügt nicht allein, dass eine Wahlmöglichkeit zwischen mehreren vorformulierten Regelungen besteht oder der Formulartext zu Änderungen und Streichungen auffordert[1]. Allerdings kann eine vorformulierte Vertragsbedingung ausgehandelt sein, wenn sie der Verwender als eine von mehreren Alternativen anbietet, zwischen denen der Vertragspartner die Wahl hat[2]. Im **Regelfall** werden daher **AGB i. S. d. § 305 Abs. 1 BGB** vorliegen. Dies gilt umso mehr, als dass bereits der AGB-Charakter von Vertragsbedingungen zu bejahen ist, wenn sie für eine mehrfache Verwendung schriftlich aufgezeichnet oder in sonstiger Weise, etwa im Computer, gespeichert sind, wobei auch ein Speichern im Kopf genügt[3]. Der Verwender muss dabei die Vertragsbedingungen nicht einmal selbst formuliert haben[4], was insbesondere bei der Verwendung von Vertragsmustern der Fall ist, die von einem Arbeitgeber-, Berufs- oder Interessenverband zur Anwendung empfohlen werden[5]. Bei Arbeitsvertragsbedingungen (AVB) ist in besonderer Weise zu beachten, dass auch eine mündliche oder durch betriebliche Übung begründete Vertragsbedingung, die der Arbeitgeber für eine Vielzahl von Arbeitsverhältnissen verwendet, eine Allgemeine Geschäftsbedingung darstellt[6].

28   Da **Arbeitnehmer Verbraucher i. S. d. § 13 BGB** sind[7], stellen Arbeitsverträge zwischen Krankenhausträger und Arbeitnehmer **Verbraucherverträge i. S. d. § 310 Abs. 3 BGB** dar[8]. Für die Anwendbarkeit der maßgeblichen Vorschriften über die AGB-Kontrolle genügt es also, wenn die vorformulierten Vertragsbedingungen nur zur einmaligen Verwendung bestimmt sind, soweit der Klauselgegner auf ihren Inhalt keinen Einfluss nehmen konnte, wovon grundsätzlich auszugehen ist. Weitere Folge aus § 310 Abs. 3 BGB ist, dass die Vertragsbedingungen als vom Krankenhausträger gestellt gelten, es sei denn, dass sie durch den Arbeitnehmer in den Vertrag eingeführt worden sind, was sehr unwahrscheinlich ist.

29   Bei der Prüfung, ob AGB wirksam in den Vertrag einbezogen worden und damit zum Vertragsinhalt geworden sind (**Einbeziehungskontrolle**), ist zu

---

363/05, AP Nr. 3 zu § 308 BGB = NZA 2006, 746; Palandt/*Grüneberg*, § 305 BGB Rz. 21; ErfK/*Preis*, §§ 305–310 BGB Rz. 24.

1 BGH v. 5.5.1986 – II ZR 150/85, BGHZ 98, 24 (28) = NJW 1986, 2428; BGH v. 9.4.1987 – III ZR 84/86, NJW 1987, 2011 f.; Palandt/*Grüneberg*, § 305 BGB Rz. 19; *Hromadka*, NJW 2002, 2523 (2524).

2 BGH v. 6.12.2002 – V ZR 220/02, BGHZ 153, 148 = NJW 2003, 1313; ErfK/*Preis*, §§ 305–310 BGB Rz. 24.

3 Palandt/*Grüneberg*, § 305 BGB Rz. 8 m. w. N.; *Hromadka*, NJW 2002, 2523 (2524).

4 BGH v. 2.11.1983 – IV a ZR 86/82, NJW 1984, 360; ErfK/*Preis*, §§ 305–310 BGB Rz. 22; Palandt/*Grüneberg*, § 305 BGB Rz. 9.

5 Vgl. ErfK/*Preis*, §§ 305–310 BGB Rz. 22.

6 BAG v. 27.8.2008 – 5 AZR 820/07, AP Nr. 36 zu § 307 BGB = NZA 2009, 49; BAG v. 5.8.2009 – 10 AZR 483/08, AP Nr. 85 zu § 242 BGB Betriebliche Übung = NZA 2009, 1105.

7 BVerfG v. 23.11.2006 – 1 BvR 1909/06, NZA 2007, 85; BAG v. 25.5.2005 – 5 AZR 572/04, AP Nr. 1 zu § 310 BGB = NZA 2005, 1111; ErfK/*Preis*, §§ 305–310 BGB Rz. 23, § 611 BGB Rz. 182; Palandt/*Ellenberger*, § 13 BGB Rz. 3.

8 BVerfG v. 23.11.2006 – 1 BvR 1909/06, NZA 2007, 85; BAG v. 25.5.2005 – 5 AZR 572/04, AP Nr. 1 zu § 310 BGB = NZA 2005, 1111.

beachten, dass § 305 Abs. 2, 3 BGB, der die Einbeziehung von Allgemeinen Geschäftsbedingungen in den Vertrag regelt, bei Arbeitsverträgen keine Anwendung findet[1]. Die Einbeziehungskontrolle bei Arbeitsverträgen **beschränkt** sich auf die **Prüfung der §§ 305b, 305c Abs. 1 BGB.**

§ 305b BGB (Vorrang der Individualabrede) wirft bei Arbeitsverträgen im 30 Krankenhaus keine besonderen Probleme auf. Dagegen stellt sich im Rahmen der Prüfung des § 305c Abs. 1 BGB, der ein **Verbot für überraschende Klauseln** enthält, die Frage, ob eine **formularvertragliche Verweisung auf Vorschriften in Kollektivvereinbarungen oder sonstigen Regelwerken** zulässig ist. Diese Frage stellt sich immer dann, wenn auf die Vorschriften des TVöD, aber auch auf allgemeine Vertragsrichtlinien des Krankenhausträgers, dessen Satzungen und Dienstanweisungen oder in kirchlichen Einrichtungen auf kirchliche Vertragsrichtlinien verwiesen wird (zum besonderen Problem der Bezugnahmeklauseln auf erst noch zu vereinbarende Regelungen s. näher Teil 5 A Rz. 5 ff.). Regelmäßig handelt es sich bei diesen Klauseln um **dynamische Verweisungsklauseln**[2]. Solche Klauseln bewirken aber **keinen Verstoß gegen § 305c Abs. 1 BGB**, da sie weder ungewöhnlich sind, noch ihnen das erforderliche Überraschungsmoment innewohnt[3].

Im Rahmen der gerade erwähnten Verweisungsklauseln muss aber die **Un-** 31 **klarheitenregelung des § 305c Abs. 2 BGB** beachtet werden[4]. Damit ist bei Neuverträgen die frühere Rechtsprechung des BAG zur Auslegung einer dynamischen Verweisung auf einen Tarifvertrag als Gleichstellungsabrede als überholt anzusehen[5]. Ohne ausdrückliche Klarstellung im Wortlaut der Bezugnahmeklausel kann man heute auch nicht mehr ohne Weiteres davon ausgehen, dass ein Klauselwerk im Zweifel in seiner jeweiligen Fassung gilt, wie bei der Bezugnahme auf Tarifverträge früher angenommen wurde[6]. Eine dynamische Verweisung ist im Zweifel nur noch dann anzunehmen, wenn dies die für den Arbeitnehmer **günstigste Auslegung** darstellt[7]. Das BAG möchte von der Anwendung des § 305c Abs. 2 BGB bei der **Globalverwei-**

---

1 ErfK/*Preis*, §§ 305–310 BGB Rz. 26; Palandt/*Grüneberg*, § 310 BGB Rz. 51; *Wern*, S. 56; a.A. *Richardi*, NZA 2002, 1057 (1058 f.).

2 Vgl. BAG v. 9.6.2010 – 5 AZR 637/09; zur dynamischen Verweisung auf die AVR Diakonisches Werk vgl. BAG v. 12.12.1990 – 4 AZR 306/90, AP Nr. 1 zu § 12 AVR Diakonisches Werk = ZTR 1991, 199.

3 Eingehend *Wern*, S. 57 ff. m.w.N.; so jetzt auch BAG v. 24.9.2008 – 6 AZR 76/07, AP Nr. 11 zu § 305c BGB = NZA 2009, 154 m.w.N.

4 BAG v. 14.12.2005 – 4 AZR 536/04, AP Nr. 39 zu § 1 TVG Bezugnahme auf Tarifvertrag = NZA 2006, 607; ErfK/*Preis*, §§ 305–310 BGB Rz. 32; *Hromadka*, NJW 2002, 2523 (2526); vgl. auch BGH v. 4.7.1990 – VIII ZR 288/89, BGHZ 112, 65 (68 f.) = NJW 1990, 3016; BGH v. 21.11.1991 – I ZR 87/90, NJW 1992, 1098; BGH v. 11.3.1997 – X ZR 146/94, NJW 1997, 3434 ff.

5 Zusammenfassend BAG v. 18.4.2007 – 4 AZR 653/05, AP Nr. 54 zu § 1 TVG Bezugnahme auf Tarifvertrag = DB 2007, 2598 m.w.N.; ErfK/*Preis*, § 611 BGB Rz. 230.

6 BAG v. 14.12.2005 – 4 AZR 536/04, AP Nr. 39 zu § 1 TVG Bezugnahme auf Tarifvertrag = NZA 2006, 607; *Thüsing/Lambrich*, NZA 2002, 1361 (1366 f.); *Wern*, S. 60; zur früheren Rspr. des BAG s. etwa Urt. v. 20.3.1991 – 4 AZR 455/90, AP Nr. 20 zu § 4 TVG Tarifkonkurrenz = NZA 1991, 736.

7 *Thüsing/Lambrich*, NZA 2002, 1361 (1366); vgl. auch *Klebeck*, NZA 2006, 15 (18).

sung auf **Tarifwerke** ganz Abstand nehmen, da die Frage der Günstigkeit für den Arbeitnehmer nicht abstrakt und unabhängig von der jeweiligen Fallkonstellation beantwortet werden könne[1]. Die Unklarheitenregelung ist auch bei **sog. mittelbaren Verweisungen (Doppelverweisungen)** von Bedeutung. Hierunter versteht man die Fälle, bei denen das in Bezug genommene Klauselwerk selbst wiederum auf ein weiteres Klauselwerk verweist. Will der Krankenhausträger eine Doppelverweisung herbeiführen, so muss er dies vertraglich ausdrücklich klarstellen[2].

32   Den **Mittelpunkt der AGB-Kontrolle** von Arbeitsverträgen bilden die **§§ 307 ff. BGB.** Allerdings ist § 307 Abs. 3 BGB zu beachten, wonach die Vorschriften der §§ 307 Abs. 1, 2, 308, 309 BGB nur für Bestimmungen in AGB gelten, die von Rechtsvorschriften abweichende oder diese ergänzende Regelungen enthalten. Unter den **Begriff der Rechtsvorschriften** fallen dabei auch ungeschriebene Rechtsgrundsätze und Richterrecht[3]. Auch **Leistungsbeschreibungen und Entgeltregelungen** sind vorbehaltlich der Prüfung am Transparenzgebot (§ 307 Abs. 1 Satz 2 BGB) einer AGB-Kontrolle entzogen[4]. Kontrollfähig sind dagegen **leistungs- und gegenleistungsnahe Klauseln** wie etwa Änderungsvorbehalte[5], da diese den Inhalt der arbeitsvertraglichen Vergütung nicht unmittelbar regeln, sondern sich nur mittelbar auf die Entgelthöhe auswirken. Bei Arbeitsverträgen in Krankenhäusern, in denen oftmals **Bezugnahmeklauseln auf den TVöD bzw. TV-Ärzte/VKA und auf einzelne Vorschriften** enthalten sind, stellt sich die Frage, wie weit eine einzelvertragliche Bezugnahme auf tarifvertragliche Regelungen im Einzelfall gefasst sein muss. Die Frage ist dahingehend zu beantworten, dass die **Inbezugnahme einzelner Tarifklauseln** regelmäßig nicht ausreicht, um die Voraussetzungen des § 310 Abs. 4 Satz 3 BGB zu bejahen[6]. Dasselbe gilt, wenn ein branchenfremder Tarifvertrag in Bezug genommen wird[7], was im Krankenhaus die Ausnahme bleiben dürfte. Umgekehrt ist die **einzelvertragliche Bezugnahme auf einen abgeschlossenen Komplex** eines Tarifvertrages dann

---

1 BAG v. 24.9.2008 – 6 AZR 76/07, AP Nr. 11 zu § 305c BGB = NZA 2009, 154 m.w.N.
2 *Thüsing/Lambrich*, NZA 2002, 1361 (1367); *Wern*, S. 60.
3 BGH v. 10.12.1992 – I ZR 186/90, BGHZ 121, 13 (18) = NJW 1993, 721; Palandt/*Grüneberg*, § 307 BGB Rz. 64.
4 ErfK/*Preis*, §§ 305–310 BGB Rz. 34; Palandt/*Grüneberg*, § 307 BGB Rz. 57 ff., jeweils m.w.N.; aus den Gesetzesmaterialien zum Schuldrechtsmodernisierungsgesetz s. auch BT-Drucks. 14/7052, 188.
5 Für das Zivilrecht bereits BGH v. 9.5.2001 – IV ZR 121/00, BGHZ 147, 354 (357) = NJW 2001, 2014; BGH v. 15.7.1997 – XI ZR 269/96, BGHZ 136, 261 ff. = NJW 1997, 2752; BGH v. 18.5.1999 – XI ZR 219/98, BGHZ 141, 380 ff. = NJW 1999, 2276; BGH v. 19.10.1999 – XI ZR 8/99, NJW 2000, 651; so jetzt auch BAG v. 25.4.2007 – 5 AZR 627/06, AP Nr. 7 zu § 308 BGB = NZA 2007, 853; BAG v. 11.2.2009 – 10 AZR 222/08, NZA 2009, 428; *Hromadka*, NJW 2002, 2523 (2526).
6 Vgl. BAG v. 25.4.2007 – 10 AZR 634/06, AP Nr. 29 zu §§ 22, 23 BAT Zuwendungs-TV = NZA 2007, 875; ErfK/*Preis*, §§ 305–310 BGB Rz. 17 ff.; Palandt/*Grüneberg*, § 310 BGB Rz. 51; *Däubler*, NZA 2001, 1329 (1335); *Wern*, S. 64.
7 ErfK/*Preis*, §§ 305–310 BGB Rz. 18; *Richardi*, NZA 2002, 1057 (1062); *Thüsing/Lambrich*, NZA 2002, 1361 (1362); *Wern*, S. 64; vgl. auch BAG v. 25.4.2007 – 10 AZR 634/06, AP Nr. 29 zu §§ 22, 23 BAT Zuwendungs-TV = NZA 2007, 875.

ausreichend, wenn dieser Komplex in sich ausgewogen gestaltet ist[1]. Diese Grundsätze gelten nur für die Bezugnahme auf Tarifverträge, Betriebs- und Dienstvereinbarungen i. S. d. § 310 Abs. 4 Satz 3 BGB, also nicht bei der **Bezugnahme auf kirchliche Arbeitsvertragsrichtlinien**, da diese weder Tarifverträge noch Betriebs- oder Dienstvereinbarungen darstellen[2]. Soweit allerdings kirchliche Arbeitsvertragsrichtlinien Tarifvertragsregelungen ganz oder mit einem im Wesentlichen gleichen Inhalt übernehmen, ist nach dem oben Gesagten die Beschränkung nach § 310 Abs. 4 Satz 3 BGB zu beachten[3].

Bei der Prüfung der §§ 307 ff. BGB gehen die **besonderen Klauselverbote der** 33 **§§ 308, 309 BGB** der allgemeinen Inhaltskontrolle nach § 307 BGB vor[4]. Bei den besonderen Klauselverboten stellt sich stets die Frage, ob sie angesichts **der Besonderheiten des Arbeitsrechts (§ 310 Abs. 4 Satz 2 BGB)** zur Anwendung kommen können[5]. **Schwerpunkt** der Inhaltskontrolle arbeitsvertraglicher Klauseln ist daher **regelmäßig § 307 BGB**[6]. Hier gelten die bereits aus dem Zivilrecht bekannten Grundsätze, die für das Arbeitsverhältnis unter besonderer Berücksichtigung der Besonderheiten des Arbeitsrechts (§ 310 Abs. 4 Satz 2 BGB) zu konkretisieren sind. Es kann auf die **Kriterien** abgestellt werden, die bereits vor Inkrafttreten der §§ 305–310 BGB entwickelt und (teilweise) auch bereits von der Rechtsprechung anerkannt worden sind[7].

Steht nach der AGB-Kontrolle die **Unwirksamkeit der Vertragsklausel** fest, 34 so bleibt der Arbeitsvertrag im Übrigen wirksam **(§ 306 Abs. 1 BGB)**[8]. Vo-

---

1 Vgl. BAG v. 17.11.2005 – 6 AZR 160/05, AP Nr. 45 zu § 611 BGB Kirchendienst = NZA 2006, 872; ErfK/*Preis*, §§ 305–310 BGB Rz. 18; *Henssler*, RdA 2002, 129 (136); *Wern*, S. 64; a. A. *Thüsing/Lambrich*, NZA 2002, 1361 (1363).

2 Näher *Wern*, S. 65; so jetzt auch BAG v. 17.11.2005 – 6 AZR 160/05, AP Nr. 45 zu § 611 BGB Kirchendienst = NZA 2006, 872 m. w. N. auch zur Gegenmeinung; Palandt/*Grüneberg*, § 310 BGB Rz. 51; *Reichold/Ludwig*, AP Nr. 52 zu § 611 BGB Kirchendienst = NZA 2009, 1423; vgl. aber BAG v. 10.12.2008 – 4 AZR 801/07, AP Nr. 52 zu § 611 BGB Kirchendienst = NZA 2009, 1423; zur Rechtsnatur kirchlicher Arbeitsvertragsrichtlinien vgl. BAG v. 6.12.1990 – 6 AZR 159/89, AP Nr. 12 zu § 2 BeschFG 1985 = NZA 1991, 350; BAG v. 6.11.1996 – 5 AZR 334/95, AP Nr. 1 zu § 10a AVR Caritasverband = NZA 1997, 778; BAG v. 11.6.1997 – 7 AZR 313/96, AP Nr. 1 zu § 19 AVR Caritasverband = NZA 1997, 1288.

3 ErfK/*Preis*, § 611 BGB Rz. 147; *Wern*, S. 66 m. w. N.; vgl. auch BAG v. 17.11.2005 – 6 AZR 160/05, AP Nr. 45 zu § 611 BGB Kirchendienst = NZA 2006, 872; LAG Düsseldorf v. 2.12.2004 – 13 Sa 897/04, n. v.

4 Stellv. für alle ErfK/*Preis*, §§ 305–310 BGB Rz. 41; Palandt/*Grüneberg*, Vorbem. vor § 307 BGB Rz. 1.

5 ErfK/*Preis*, §§ 305–310 BGB Rz. 41; s. auch BAG v. 4.3.2004 – 8 AZR 196/03, AP Nr. 3 zu § 309 BGB = NZA 2004, 727.

6 Dazu näher ErfK/*Preis*, §§ 305–310 BGB Rz. 40 ff.; *Wern*, S. 66 f.

7 Zu diesen Kriterien im Einzelnen ErfK/*Preis*, §§ 305–310 BGB Rz. 45 ff. m. w. N.

8 ErfK/*Preis*, §§ 305–310 BGB Rz. 103; vgl. bereits vor Inkrafttreten der § 305 ff. BGB BAG v. 4.10.1978 – 5 AZR 886/77, AP Nr. 11 zu § 611 BGB Anwesenheitsprämie = NJW 1979, 2129; BAG v. 9.9.1981 – 5 AZR 1182/79, AP Nr. 117 zu Art. 3 GG = NJW 1982, 461.

raussetzung ist aber, dass nach Wegstreichen der unwirksamen Regelung ein aus sich heraus verständlicher Klauselrest verbleibt (sog. Blue-Pencil-test)[1]. Der unwirksame Teil des Vertrages wird durch die **gesetzlichen Vorschriften ersetzt (§ 306 Abs. 2 BGB)**. Stehen keine dispositiven Vorschriften zur Verfügung, welche die Lücke füllen können, kann auf das **Institut der ergänzenden Vertragsauslegung** zurückgegriffen werden[2]. Damit gilt auch im Arbeitsrecht nunmehr das **Verbot geltungserhaltender Reduktion**[3], und zwar auch für sog. Altverträge, also Arbeitsverträge, die vor dem 1.1.2002 abgeschlossen wurden[4].

35   Nachfolgend sollen einzelne für Arbeitsverhältnisse in Krankenhäusern relevante Vertragsklauseln erörtert werden.

c) Einzelne Vertragsklauseln

aa) Änderungsvorbehalte

36   Unter einem Änderungsvorbehalt versteht man die vertraglich geregelte Befugnis des Arbeitgebers, durch **einseitige Leistungsbestimmung** die dem Vorbehalt unterliegende Vertragsbedingung zu ändern. Häufig sind Änderungsvorbehalte hinsichtlich der Arbeitszeit, hinsichtlich des Arbeitsortes (s. dazu auch unter Rz. 69 „Versetzungsklauseln") und hinsichtlich des Entgeltes bzw. einzelner Entgeltbestandteile (s. dazu auch unter Rz. 46 „Anrechnungsvorbehalte", Rz. 56 „Freiwilligkeitsvorbehalte", Rz. 67 „Teilkündigungsklauseln", Rz. 76 f. „Widerrufsvorbehalte"). Die **Wirksamkeit von Änderungsvorbehalten** richtet sich nach den **§§ 307, § 308 Nr. 4 BGB**. Änderungsvorbehalte sind nur dann an § 308 Nr. 4 BGB zu messen, wenn sich der Änderungsvorbehalt auf die **Arbeitsvergütung bzw. Teile** davon bezieht[5]. Denn Gegenstand des § 308 Nr. 4 BGB ist die Leistung des Verwenders, also die Arbeitsvergütung. In allen anderen Fällen ist § 307 BGB geeigneter Prüfungsmaßstab. Im Einzelfall wird der **Abgrenzung** zwischen § 308 Nr. 4 BGB und § 307 BGB **keine entscheidende Bedeutung** zukommen, da § 308 Nr. 4

---

1 Vgl. BGH v. 18.4.1989 – X ZR 31/88, BGHZ 107, 185, 190 = NJW 1989, 3215; BAG v. 12.3.2008 – 10 AZR 152/07, AP Nr. 10 zu § 305 BGB = NZA 2008, 699; Palandt/*Grüneberg*, Vorbem. vor § 307 BGB Rz. 11; ErfK/*Preis*, §§ 305–310 BGB Rz. 103.
2 Vgl. BAG v. 14.1.2009 – 3 AZR 900/07, AP Nr. 41 zu § 611 BGB Ausbildungsbeihilfe = NZA 2009, 666; Palandt/*Grüneberg*, § 306 BGB Rz. 7; ErfK/*Preis*, §§ 305–310 BGB Rz. 104; *Henssler*, RdA 2002, 129 (137); *Lingemann*, NZA 2002, 181 (187); *Annuß*, BB 2002, 458 (462); *Wern*, S. 72.
3 BAG v. 4.3.2004 – 8 AZR 196/03, AP Nr. 3 zu § 309 BGB = NZA 2004, 727; ErfK/*Preis*, §§ 305–310 BGB Rz. 104; Palandt/*Grüneberg*, Vorbem. vor § 307 BGB Rz. 8; so auch bereits für arbeitsrechtliche Fragestellungen BGH v. 30.9.1998 – IV ZR 262/97, BGHZ 139, 333 ff. = VersR 1999, 210; BGH v. 23.6.1999 – IV ZR 136/98, BGHZ 142, 103 ff. = NZA 1999, 1164.
4 Vgl. BAG v. 19.12.2006 – 9 AZR 294/06, AP Nr. 21 zu § 611 BGB Sachbezüge = DB 2007, 1253; BAG v. 11.2.2009 – 10 AZR 222/08, NZA 2009, 428; anders BAG v. 12.1.2005 – 5 AZR 364/04, AP Nr. 1 zu § 308 BGB = NZA 2005, 465; Palandt/*Grüneberg*, § 308 BGB Rz. 24.
5 Vgl. ErfK/*Preis*, §§ 305–310 BGB Rz. 53; *Wern*, S. 310 f.

BGB den § 307 BGB konkretisiert, so dass die Wertungen des § 307 BGB auch bei § 308 Nr. 4 BGB herangezogen werden[1]. Sowohl bei der Prüfung des § 307 BGB als auch des § 308 Nr. 4 BGB ist zu beachten, dass die Frage der **Angemessenheit bzw. Zumutbarkeit** des Änderungsvorbehaltes streng von der Frage zu trennen ist, ob das Leistungsbestimmungsrecht im **Einzelfall zulässigerweise ausgeübt** worden ist. Die **AGB-Kontrolle** bezieht sich ausschließlich auf die erstgenannte Frage, während die **Ausübungskontrolle anhand des § 315 BGB** zu erfolgen hat[2].

Für die Prüfung von Änderungsvorbehalten in Arbeitsverträgen lassen sich folgende allgemeine Grundsätze aufstellen: 37

Zunächst ist zu beachten, dass die Klausel **formell wirksam** vereinbart ist,   38
also insbesondere dem **Transparenzgebot des § 307 Abs. 1 Satz 2 BGB** genügt[3]. Die Bestimmung muss nicht nur **klar und verständlich** sein, sondern auch die **Angemessenheit und Zumutbarkeit erkennen** lassen. Dazu gehört vor allem, dass die Voraussetzungen für die Ausübung des Leistungsbestimmungsrechts näher bezeichnet sind, also der sachliche Grund aus der Regelung selbst hervorgeht (**Angabe des Änderungsgrundes**)[4]. Der Arbeitnehmer muss erkennen können, unter welchen Voraussetzungen das Leistungsbestimmungsrecht ausgeübt werden kann[5]. Das BAG hat ferner ausgeführt, dass der „Grad der Störung" (wirtschaftliche Notlage des Unternehmens, negatives wirtschaftliches Ergebnis der Betriebsabteilung, nicht ausreichender Gewinn, Rückgang der bzw. Nichterreichen der erwarteten wirtschaftlichen Entwicklung, unterdurchschnittliche Leistung des Arbeitnehmers, schwerwiegende Pflichtverletzungen) konkretisiert werden müsse, wenn der Verwender hierauf abstellen wolle und nicht schon allgemein auf die wirtschaftliche Entwicklung, die Leistung oder das Verhalten des Arbeitnehmers gestützte Gründe nach dem Umfang des Änderungsvorbehalts ausreichen und nach der Vertragsregelung auch ausreichen sollen[6]. Für die Vertragspraxis lässt sich hieraus schlussfolgern, dass auf die **Voraussetzungen der Leis-**

1 So jetzt ausdrücklich für Widerrufsvorbehalte BAG v. 12.1.2005 – 5 AZR 364/04, AP Nr. 1 zu § 308 BGB = NZA 2005, 465; vgl. auch ErfK/*Preis*, §§ 305–310 BGB Rz. 53; *Gotthardt*, ZIP 2002, 277 (285).
2 BAG v. 12.1.2005 – 5 AZR 364/04, AP Nr. 1 zu § 308 BGB = NZA 2005, 465; ErfK/*Preis*, §§ 305–310 BGB Rz. 51; *Wern*, S. 311; so auch für das Zivilrecht die ständige Rspr. des BGH; s. nur BGH v. 26.11.1984 – VIII ZR 214/83, BGHZ 93, 29 (34) = NJW 1985, 623; BGH v. 6.3.1986 – III ZR 195/84, BGHZ 97, 212 ff. = NJW 1986, 1803.
3 ErfK/*Preis*, §§ 305–310 BGB Rz. 52; *Wern*, S. 311 f. (für Entwicklungsklauseln); vgl. jetzt auch für Widerrufsvorbehalte BAG v. 12.1.2005 – 5 AZR 364/04, AP Nr. 1 zu § 308 BGB = NZA 2005, 465. Dasselbe gilt, wenn man ausschließlich § 308 Nr. 4 BGB zur Anwendung bringt; s. dazu nur *Henssler*, RdA 2002, 129 (139).
4 ErfK/*Preis*, §§ 305–310 BGB Rz. 52; so für Widerrufsvorbehalte BAG v. 12.1.2005 – 5 AZR 364/04, AP Nr. 1 zu § 308 BGB = NZA 2005, 465.
5 So für Widerrufsvorbehalte BAG v. 12.1.2005 – 5 AZR 364/04, AP Nr. 1 zu § 308 BGB = NZA 2005, 465; ErfK/*Preis*, §§ 305–310 BGB Rz. 59.
6 BAG v. 12.1.2005 – 5 AZR 364/04, AP Nr. 1 zu § 308 BGB = NZA 2005, 465; einschränkend BAG v. 11.4.2006 – AP Nr. 17 zu § 307 BGB = NZA 2006, 1149.

tungsbestimmung gesteigerter Wert gelegt werden muss[1]. Die Klausel muss nach diesen Grundsätzen auch deutlich machen, zu welchen Maßnahmen der Krankenhausträger im Einzelnen befugt sein soll (**Reichweite der Eingriffsbefugnis**). Formulierungen, wonach der Krankenhausträger zur Vornahme von „sachlich gebotenen organisatorischen Änderungen" befugt sein soll, genügen diesen Anforderungen unter keinen Umständen[2].

39 Neben der formell-rechtlichen Problematik sind in **materieller Hinsicht** die Voraussetzungen zu überprüfen, die die §§ 307, 308 Nr. 4 BGB an die **Angemessenheit und Zumutbarkeit** der vertraglichen Regelung stellen. Schwerpunkt der Prüfung wird dabei nicht sein, ob überhaupt ein **hinreichender Grund** zur Vereinbarung des entsprechenden Änderungsvorbehalts besteht. Das BAG hat auch für den Anwendungsbereich der §§ 307, 308 Nr. 4 BGB seine bisherige Rechtsprechung zu Änderungsvorbehalten bestätigt, wonach davon auszugehen ist, dass der Arbeitgeber wegen der Ungewissheit der wirtschaftlichen Entwicklung des Unternehmens und der allgemeinen Entwicklung des Arbeitsverhältnisses ein anerkennenswertes Interesse an der flexiblen Ausgestaltung von Arbeitsbedingungen hat[3]. Der Schwerpunkt der Prüfung wird vielmehr darauf liegen, **welche Vertragsbedingungen** zulässigerweise unter einen Änderungsvorbehalt gestellt werden können.

40 Allgemein gilt hier, dass Änderungsvorbehalte immer dann unangemessen und unzumutbar i. S. d. §§ 307, 308 Nr. 4 BGB sind, wenn der Krankenhausträger zu **Änderungen von wesentlichen Vertragsbestandteilen** ermächtigt wird. Wesentliche Elemente eines Arbeitsvertrages sind dabei nicht nur dessen essentialia negotii, sondern alle Bestandteile, die aus der Sicht der Vertragsparteien und unter Berücksichtigung der gegenseitigen Interessen den Vertragsinhalt bestimmen und bei deren Änderung sich der Inhalt des Arbeitsverhältnisses, insbesondere das Verhältnis von Leistung von Gegenleistung, grundlegend ändern würde[4].

41 Klauseln, welche die **Art der vertraglichen Tätigkeit in ihrem Kern** unter einen Änderungsvorbehalt stellen, sind danach unwirksam. Von wesentlicher

---

1 Vgl. ErfK/*Preis*, §§ 305–310 BGB Rz. 52; Palandt/*Grüneberg*, § 308 BGB Rz. 23; für das Zivilrecht bereits in der Vergangenheit BGH v. 19.10.1999 – IX ZR 8/99, NJW 2000, 651 (652).
2 S. dazu *Wern*, S. 312.
3 BAG v. 12.1.2005 – 5 AZR 364/04, AP Nr. 1 zu § 308 BGB = NZA 2005, 465; zur früheren Rspr. vgl. BAG v. 28.5.1997 – 5 AZR 125/96, AP Nr. 36 zu § 611 BGB Arzt-Krankenhaus-Vertrag = NZA 1997, 1160.
4 Vgl. BAG v. 7.10.1982 – 2 AZR 455/80, AP Nr. 5 zu § 620 BGB Teilkündigung = BB 1983, 1791; BAG v. 31.1.1985 – 2 AZR 393/83, EzBAT § 8 BAT Direktionsrecht Nr. 3; BAG v. 21.4.1993 – 7 AZR 297/92, AP Nr. 34 zu § 2 KSchG 1969 = NZA 1994, 476; BAG v. 15.11.1995 – 2 AZR 521/95, AP Nr. 20 zu § 1 TVG Tarifverträge: Lufthansa = NZA 1996, 603; BAG v. 28.5.1997 – 5 AZR 125/96, AP Nr. 36 zu § 611 BGB Arzt-Krankenhaus-Vertrag = NZA 1997, 1160; KR/*Rost*, § 2 KSchG Rz. 48; ErfK/*Preis*, §§ 305–310 BGB Rz. 58; *Leuchten*, NZA 1994, 721 (724); *Hromadka*, AP Nr. 20 zu § 1 TVG Tarifverträge: Lufthansa; *ders.*, NZA 1996, 1 (13); *Zöllner*, NZA 1997, 121 (127 f.); eingehend am Beispiel des Chefarztvertrages *Wern*, S. 307 ff., 362.

Bedeutung ist bei solchen Klauseln die Frage, ob tatsächlich der Kern der Tätigkeit betroffen ist. Davon kann nicht gesprochen werden, wenn die Klausel nur dazu ermächtigt, dem Arbeitnehmer ggf. eine andere **gleichwertige Tätigkeit** zuzuweisen[1]. Anderes gilt selbstredend für den Fall, dass der Arbeitnehmer nach der beabsichtigten Änderung zu einem großen Teil Aufgaben wahrnehmen müsste, die vertraglich nicht vereinbart waren[2]. Entscheidend ist daher, ob eine **gewichtige Veränderung des Aufgabengebiets** eintreten könnte[3]. Die Möglichkeit zu einer **Änderung des Arbeitsumfangs** (quantitative Tätigkeitsänderung) führt aber noch nicht zwangsläufig zur Unwirksamkeit der Klausel. Entscheidend ist in diesen Fällen, ob die Möglichkeit zur Betrauung mit zusätzlichen Arbeiten (Nebenarbeiten) als solche unangemessen ist. Dies ist regelmäßig zu verneinen, da der Arbeitgeber schon qua Direktionsrecht den Arbeitnehmer im Rahmen des vertraglich und gesetzlich bestimmten Arbeitsumfangs mit der Erledigung von Nebenarbeiten betrauen darf[4]. Das schließt zwar nicht aus, dass die Ausübung des Direktionsrechts im Einzelfall unbillig sein kann, ändert aber nichts an der AGB-rechtlichen Zulässigkeit der Klausel. Nur wenn die Klausel ausdrücklich eine **qualitative Tätigkeitsänderung** eröffnet, kann anderes gelten.

Während Änderungsvorbehalte bzgl. des Arbeitsumfangs also in aller Regel   42
unter dem Aspekt der Tätigkeitsänderung unproblematisch sind, stellt sich die Frage, ob sie es auch unter dem **Aspekt der Änderung der Vergütung** sind. Grundsätzlich gehört auch die arbeitsvertraglich vereinbarte Vergütung zu den wesentlichen Bestandteilen des Arbeitsvertrages. Allerdings ist zu beachten, dass Änderungen im Arbeitsumfang, die zu Änderungen in der Vergütung führen, **keine unmittelbaren Eingriffe** in die arbeitsvertraglich vereinbarte Vergütung darstellen, sondern nur mittelbar wirken. Die Befugnis zu solchen mittelbaren Einschränkungen berührt die AGB-rechtliche Zulässigkeit dieser Klauseln nicht. Denn an dem Bestand des vereinbarten Rechts ändert sich hierdurch nichts[5]. Anderes kann deshalb nur gelten, wenn der Krankenhausträger ausdrücklich eine **Garantie über die Höhe der Vergütung** abgegeben, die Höhe der Vergütung also zum Vertragsinhalt gemacht hat[6].

Bei Vorbehalten, die den Krankenhausträger zu **(unmittelbaren) Eingriffen in**   43
die Vergütung oder Vergütungsbestandteile ermächtigen, liegt eine unangemessene bzw. unzumutbare Beeinträchtigung i. S. d. §§ 307, 308 Nr. 4 BGB vor, wenn die Teile der Vergütung, die den **Kern der Gegenleistung** ausmachen und so das Verhältnis zwischen Leistung und Gegenleistung bestimmen, Gegenstand des Vorbehalts sind (zur besonderen Problematik bei der

---

1 BAG v. 11.4.2006 – AP Nr. 17 zu § 307 BGB = NZA 2006, 1149; ErfK/*Preis*, §§ 305–310 BGB Rz. 55a.
2 Vgl. BAG v. 9.5.2006 – 9 AZR 424/05, AP Nr. 21 zu § 307 BGB = NZA 2007, 145.
3 Eingehend *Wern*, S. 314; vgl. auch ErfK/*Preis*, §§ 305–310 BGB Rz. 55a; ArbG Hameln v. 23.11.1998 – 3 Ca 156/98, DMW 2001, 283 f.
4 Vgl. zum Direktionsrecht ErfK/*Preis*, § 106 GewO Rz. 2 ff.
5 Vgl. *Wern*, S. 316 f. mit Verweis auf BAG v. 28.5.1997 – 5 AZR 125/96, AP Nr. 36 zu § 611 BGB Arzt-Krankenhaus-Vertrag = NZA 1997, 1160.
6 Vgl. *Wern*, S. 317 mit Verweis auf BAG v. 4.9.1985 – 5 AZR 13/84, n. v.

Einschränkung von Liquidationsrechten s. unten Teil 5 A Rz. 67)[1]. Deshalb sollen nach bisher h. M. auch **Lohn- und Gehaltszuschläge** wie etwa Nacht-, Sonn- und Feiertags- sowie sonstige Mehrarbeitszuschläge, die aus besonderem Grund gezahlt werden, vertraglichen Anpassungsregelungen zugänglich sein[2]. Für die Mehrarbeitsvergütung mag dies richtig sein, wenn nicht anderweitige Grenzen (insbesondere die aus Tarifverträgen) bestehen. Denn eine gesonderte Mehrarbeitsvergütung könnte auch zulässigerweise ganz ausgeschlossen werden (s. dazu näher unter „Mehrarbeitsvergütung"). Ansonsten sind aber gegenüber der h. M. **Einschränkungen erforderlich**. Macht der Vergütungszuschlag nämlich einen wesentlichen Teil der Gesamtvergütung aus, stellt er einen notwendigen Teil der Gegenleistungspflicht des Krankenhausträgers dar, also einen wesentlichen Teil im Austauschverhältnis zwischen Leistung und Gegenleistung mit der Folge, dass der darauf bezogene Änderungsvorbehalt AGB-rechtlich unwirksam ist. Schwierig ist die **Grenzziehung zwischen wesentlichen und unwesentlichen Vergütungszuschlägen**. Das BAG hatte für Widerrufsvorbehalte in der Vergangenheit entschieden, dass eine **widerrufliche Leistungszulage i. H. v. 19 bis 31 % des Tariflohns** zulässig sei[3]. Zuletzt hat es die Vereinbarung eines Widerrufsvorbehalts für zulässig erklärt, soweit der widerrufliche **Anteil am Gesamtverdienst unter 25 bis 30 %** liege und der **Tariflohn nicht unterschritten** werde[4]. Von diesen **Richtwerten** wird man auch für andere Änderungsvorbehalte auszugehen haben, was nicht darüber hinwegtäuschen darf, dass in jedem Einzelfall die Bedeutung des Vergütungsbestandteils gesondert zu überprüfen ist.

44   Bei Änderungsvorbehalten, welche die **Dauer der Arbeitszeit** zum Inhalt haben, ging das BAG bisher davon aus, dass diese unangemessen und unzumutbar sind[5]. Das BAG vertritt nunmehr die Auffassung, dass die Vereinbarung von Arbeit auf Abruf zulässig sei, sofern die einseitig vom Arbeit-

---

1 Vgl. BAG v. 21.4.1993 – 7 AZR 297/92, AP Nr. 34 zu § 2 KSchG 1969 = NZA 1994, 476; BAG v. 28.5.1997 – 5 AZR 125/96, AP Nr. 36 zu § 611 BGB Arzt-Krankenhaus-Vertrag = NZA 1997, 1160; ErfK/*Ascheid*, § 2 KSchG Rz. 18; KR/*Rost*, § 2 KSchG Rz. 54a; *Friedhofen/Weber*, NZA 1986, 145 (146); *Löwisch*, NZA 1988, 633 (640); *Gaul*, ZTR 1998, 245 (248); eingehend am Beispiel des Chefarztes *Wern*, S. 318 f.

2 Vgl. aus der Rspr. stellvertretend BAG v. 27.10.1978 – 5 AZR 273/77, AP Nr. 97 zu § 611 BGB Gratifikation = DB 1979, 752 für Weihnachtsgratifikationen; BAG v. 3.11.1987 – 8 AZR 316/81, AP Nr. 25 zu § 77 BetrVG 1972 = NZA 1988, 509 für Jubiläumsprämien; BAG v. 9.6.1965 – 1 AZR 388/64, AP Nr. 10 zu § 315 BGB = SAE 1966, 17; BAG v. 7.1.1971 – 5 AZR 92/70, AP Nr. 12 zu § 315 BGB = SAE 1972, 56; BAG v. 9.6.1967 – 3 AZR 352/66, AP Nr. 5 zu § 611 BGB Lohnzuschläge = SAE 1968, 42; BAG v. 30.8.1972 – 5 AZR 140/72, AP Nr. 6 zu § 611 BGB Lohnzuschläge = SAE 1974, 20; BAG v. 13.5.1987 – 5 AZR 125/86, AP Nr. 4 zu § 305 BGB Billigkeitskontrolle = NZA 1988, 95; für die Anpassung mittels Widerrufsvorbehalten auch Palandt/*Weidenkaff*, § 611 BGB Rz. 59.

3 BAG v. 13.5.1987 – 5 AZR 125/86, AP Nr. 4 zu § 305 BGB Billigkeitskontrolle = NZA 1988, 95; für die Heranziehung des Tarifentgelts als Kriterium auch *Hromadka*, FS Dieterich, 1999, S. 251 (271).

4 BAG v. 12.1.2005 – 5 AZR 364/04, AP Nr. 1 zu § 308 BGB = NZA 2005, 465; BAG v. 11.10.2006 – 5 AZR 721/05, AP Nr. 6 zu § 308 BGB = NZA 2007, 87.

5 Vgl. BAG v. 12.12.1984 – 7 AZR 509/83, AP Nr. 6 zu § 2 KSchG 1969 = NZA 1985, 321.

geber abrufbare Arbeit nicht mehr als 25 % der vereinbarten wöchentlichen Mindestarbeitszeit betrage[1]. Eine unangemessene Benachteiligung i. S. d. § 307 BGB liegt aber vor, wenn die Arbeitspflicht (oder ihr Ruhen) insgesamt nach Grund und Höhe einseitig dem Arbeitgeber überantwortet ist[2]. **Änderungsvorbehalte im Hinblick auf die Lage der Arbeitszeit** sind dagegen grundsätzlich wirksam[3].

Zu Änderungsvorbehalten bzgl. des Arbeitsortes s. unter Rz. 69 „Versetzungsklauseln"   45

bb) Anrechnungsvorbehalte

Anrechnungsvorbehalte spielen im Bereich von **übertariflichen Zulagen** eine   46
wesentliche Rolle, im Bereich von Krankenhäusern also immer dann, wenn tarifvertragliche Regelungen zur Anwendung kommen. Der Arbeitgeber will sich mit einer solchen Klausel vorbehalten, eine spätere Tariflohnerhöhung auf übertarifliche Leistungen anzurechnen[4]. Dabei liegt eine Tariflohnerhöhung auch bei einer rückwirkenden Erhöhung des Tariflohns um einen Pauschalbetrag vor[5]. Solche Klauseln sind **regelmäßig angemessen** i. S. d. §§ 307, 308 Nr. 4 BGB[6]. Dies begründet sich im Wesentlichen mit dem Zweck von übertariflichen Zulagen. Übertarifliche Zulagen sollen das für den Arbeitnehmer verfügbare Einkommen ohne Bindung an bestimmte Voraussetzungen erhöhen[7]. Wenn aber das Einkommen durch die erfolgte Tariflohnerhöhung angehoben wird, so wird die Zulage dadurch obsolet und kann ohne Einschränkungen für den Arbeitnehmer wegfallen. Umgekehrt folgt daraus, dass Anrechnungsvorbehalte **unwirksam** sind, die sich auf **Zulagen** beziehen, die **aus einem besonderen Grund** gewährt werden (z. B. Erschwerniszulagen), der auch nach erfolgter Tariflohnerhöhung bestehen bleibt[8]. Unter dem Gesichtspunkt der **Transparenz** solcher Regelungen kann der Hinweis, wonach eine bestimmte Leistung „übertariflich" gewährt werde, nicht mehr genügen. Erforderlich ist vielmehr die klare Formulierung, welchen Inhalt der Vorbehalt hat und auf welche Leistungen er sich bezieht[9].

---

1 BAG v. 7.12.2005 – 5 AZR 535/04, AP Nr. 4 zu § 12 TzBfg = NZA 2006, 423; zustimmend ErfK/*Preis*, §§ 305–310 BGB Rz. 56.
2 BAG v. 9.7.2008 – 5 AZR 810/07, AP Nr. 123 zu § 615 BGB = NZA 2008, 1407.
3 Stellv. für alle ErfK/*Preis*, §§ 305–310 BGB Rz. 55.
4 Stellv. für alle ErfK/*Preis*, §§ 305–310 BGB Rz. 64.
5 BAG v. 25.6.2002 – 3 AZR 167/01, AP Nr. 36 zu § 4 TVG Übertariflicher Lohn und Tariflohnerhöhung = NZA 2002, 1216; BAG v. 21.1.2003 – 1 AZR 125/02, AP Nr. 118 zu § 67 BetrVG 1972 Lohngestaltung; ErfK/*Preis*, §§ 305–310 BGB Rz. 64.
6 Vgl. BAG v. 1.3.2006 – 5 AZR 363/05, AP Nr. 3 zu § 308 BGB = NZA 2006, 746; ErfK/*Preis*, §§ 305–310 BGB Rz. 65.
7 BAG v. 26.5.1998 – 1 AZR 704/97, AP Nr. 98 zu § 87 BetrVG 1972 Lohngestaltung = NZA 1998, 1292; ErfK/*Preis*, §§ 305–310 BGB Rz. 66; *Hanau*, RdA 1999, 263 f.
8 ErfK/*Preis*, §§ 305–310 BGB Rz. 66, dort allerdings unter dem Aspekt der Ausübungskontrolle; a. A. BAG v. 23.3.1993 – 1 AZR 520/92, AP Nr. 47 zu § 87 BetrVG 1972 Lohngestaltung = NZA 1993, 806.
9 ErfK/*Preis*, §§ 305–310 BGB Rz. 65; a. A. BAG v. 27.8.2008 – 5 AZR 820/07, AP Nr. 36 zu § 307 BGB = NZA 2009, 49; BAG v. 1.3.2006 – 5 AZR 363/05, AP Nr. 3 zu § 308 BGB = NZA 2006, 746; so bereits früher BAG v. 8.12.1982 – 4 AZR 481/80, AP Nr. 15

cc) Ausschlussfristen

47   Ausschlussfristen (Verfallklauseln) sollen dem **Rechtsfrieden** und der **Rechtssicherheit** im Vertragsverhältnis dienen, indem sie das **Erlöschen der erfassten Ansprüche** für den Fall des Ablaufs der Frist bestimmen[1]. Ausschlussfristen sind in Arbeitsverhältnissen weit verbreitet, so dass schon unter diesem Gesichtspunkt **regelmäßig kein Verstoß gegen das Verbot überraschender Klauseln** nach § 305c BGB gegeben ist (zu diesem Verbot s. näher oben Rz. 30)[2]. Probleme können Regelungen über Ausschlussfristen aber i. R. d. § 307 BGB aufwerfen. Die Regelungen müssen danach **transparent** sein, also klar und verständlich den gewollten Inhalt der Klausel wiedergeben. Das kann insbesondere bei sog. **zweistufigen Ausschlussklauseln** im Einzelfall Probleme mit sich bringen. Als zweistufige Ausschlussklauseln versteht man Regelungen, bei denen der Anspruch nach erfolgloser Geltendmachung innerhalb einer bestimmten Frist gerichtlich verfolgt werden muss[3]. Hier muss dem Arbeitnehmer als Adressaten durch den Wortlaut der Klausel klargemacht werden, an welche Voraussetzungen der Lauf der Frist zur gerichtlichen Geltendmachung im Einzelfall gebunden ist und wann die Frist zu laufen beginnt[4].

48   Darüber hinaus dürfen Ausschlussfristen den Arbeitnehmer nicht **unangemessen benachteiligen (§ 307 Abs. 2 BGB)**. § 307 BGB ist bei allen Ausschlussfristen die einschlägige Prüfnorm. Zweistufige Ausschlussfristen sind daher nicht bereits wegen Verstoßes gegen das **Klauselverbot des § 309 Nr. 13 BGB** unwirksam. Das Schicksal der geltend gemachten Forderung wird hier „lediglich" mit der gerichtlichen Geltendmachung verknüpft, nicht dagegen die Erklärung des Arbeitnehmers gegenüber seinem Arbeitgeber an eine strengere Form als die Schriftform oder an besondere Zugangserfordernisse gebunden[5].

49   Die **Angemessenheit** von Ausschlussfristen hängt maßgeblich von deren Länge ab. Nach richtiger Auffassung sind Ausschlussfristen **unter drei Mo-**

---

zu § 4 TVG = BB 1983, 903; BAG v. 11.8.1992 – 1 AZR 279/90, AP Nr. 53 zu § 87 BetrVG 1972 Lohngestaltung = NZA 1993, 418.

1 Stellv. für alle ErfK/*Preis*, §§ 194–218 BGB Rz. 32 m. w. N.
2 BAG v. 25.5.2005 – 5 AZR 572/04, AP Nr. 1 zu § 310 BGB = NZA 2005, 1111; ErfK/*Preis*, §§ 194–218 BGB Rz. 44; *Henssler*, RdA 2002, 128 (137); vgl. auch BAG v. 31.8.2005 – 5 AZR 545/04, AP Nr. 8 zu § 6 ArbZG = NZA 2006, 324.
3 Stellv. für alle ErfK/*Preis*, §§ 194–218 BGB Rz. 63.
4 Vgl. BAG v. 25.5.2005 – 5 AZR 572/04, AP Nr. 1 zu § 310 BGB = NZA 2005, 1111; BAG v. 12.3.2008 – 10 AZR 152/07, AP Nr. 10 zu § 305 BGB = NZA 2008, 699.
5 LAG Berlin v. 10.10.2003 – 6 Sa 1058/03, LAGE § 309 BGB 2002 Nr. 5; ArbG Stralsund v. 27.4.2004 – 5 Ca 577/03, LAGE § 307 BGB 2002 Nr. 3 = DB 2004, 1368; ArbG Halle v. 20.11.2003 – 1 Ca 2046/03, NZA-RR 2004, 188 f.; ErfK/*Preis*, §§ 194–218 BGB Rz. 45; ebenso im Ergebnis BAG v. 12.3.2008 – 10 AZR 152/07, AP Nr. 10 zu § 305 BGB = NZA 2008, 699; a. A. ArbG Frankfurt v. 13.8.2003 – 2 Ca 5568/03, MDR 2004, 339 = NZA-RR 2004, 238; *Hümmerich*, NZA 2003, 753 (755); *Annuß*, BB 2002, 458 (463); *Däubler*, NZA 2001, 1329 (1336); *Lakies*, NZA 2004, 589; offengelassen in BAG v. 25.5.2005 – 5 AZR 572/04, AP Nr. 1 zu § 310 BGB = NZA 2005, 1111.

naten in jedem Fall unangemessen, was sowohl für die erste wie auch die zweite Stufe von Ausschlussfristen gilt[1]. Man wird deshalb davon ausgehen können, dass die Wirksamkeitsgrenze im Fall von zweistufigen Ausschlussfristen bei **3+3 Monaten** liegt[2].

Die Unangemessenheit von Ausschlussfristen kann auch aus deren **Einseitigkeit** folgen. Werden ausschließlich arbeitnehmerseitige Ansprüche von der Ausschlussfrist erfasst, liegt eine nicht zu rechtfertigende Ungleichbehandlung gegenüber dem Arbeitgeber vor[3]. 50

Unangemessen sind auch Klauseln, die den Beginn des Fristlaufs unabhängig von der **Kenntnis des Anspruchsinhabers** machen. Insoweit ist die gesetzliche Leitentscheidung zu berücksichtigen, dass nach den neuen Vorschriften über die Verjährung der Fristlauf ebenfalls an subjektive Voraussetzungen geknüpft wird (vgl. § 199 Abs. 1 BGB)[4]. 51

Schließlich ist davon auszugehen, dass solche Ausschlussfristen unzulässig sind, die auch alle Fälle vorsätzlichen Handelns durch den Arbeitgeber erfassen. Dies lässt sich der Entscheidung des Gesetzgebers in § 202 Abs. 1 BGB entnehmen, wonach die Verjährung bei Haftung wegen Vorsatzes nicht im Voraus durch Rechtsgeschäft erleichtert werden kann. Dieser nicht unmittelbar anwendbaren Regelung wird man auch für Ausschlussfristen einen gesetzlichen Leitbildcharakter zubilligen können, woraus ein Verstoß gegen § 307 Abs. 2 Nr. 1 BGB i.V.m. § 202 Abs. 1 BGB folgt[5]. Das BAG leitet dies jetzt aus § 134 BGB i.V.m. § 202 BGB ab[6]. **§ 309 Nr. 7 BGB** findet auf Ausschlussfristen keine Anwendung, da die Vorschrift die Haftung als solche betrifft, Ausschlussfristen dagegen die Haftung als solche nicht in Frage stellen[7]. 52

dd) Befristungen einzelner Arbeitsbedingungen

In der Rechtsprechung ist die Befristung einzelner Arbeitsbedingungen als ein Instrument zur Flexibilisierung von Arbeitsbedingungen im Grundsatz 53

---

1 BAG v. 25.5.2005 – 5 AZR 572/04, AP Nr. 1 zu § 310 BGB = NZA 2005, 1111; BAG v. 28.9.2005 – 5 AZR 52/05, AP Nr. 7 zu § 307 BGB = NZA 2006, 149; BAG v. 12.3.2008 – 10 AZR 152/07, AP Nr. 10 zu § 305 BGB = NZA 2008, 699; ErfK/*Preis*, §§ 194–218 BGB Rz. 46; Palandt/*Weidenkaff*, Einf. vor § 611 BGB Rz. 75c.
2 ErfK/*Preis*, §§ 194–218 BGB Rz. 46.
3 BAG v. 31.8.2005 – 5 AZR 545/04, AP Nr. 8 zu § 6 ArbZG = NZA 2006, 324; ErfK/ *Preis*, §§ 194–218 BGB Rz. 47; *Däubler*, NZA 2001, 1329; *Hümmerich/Holthausen*, NZA 2002, 173 (179); *Reichold*, ZTR 2002, 207; *Krause*, RdA 2004, 36 (47).
4 ErfK/*Preis*, §§ 194–218 BGB Rz. 47; *Henssler*, RdA 2002, 129 (138).
5 ArbG Stralsund v. 27.4.2004 – 5 Ca 577/03, LAGE § 307 BGB 2002 Nr. 3 = DB 2004, 1368; Palandt/*Weidenkaff*, Einf. vor § 611 BGB Rz. 75c; *Matthiessen/Shea*, DB 2004, 1366 ff.; vgl. zum Leitbildcharakter Palandt/*Ellenberger*, § 202 BGB Rz. 13.
6 BAG v. 28.9.2005 – 5 AZR 52/05, AP Nr. 7 zu § 307 BGB = NZA 2006, 149.
7 Vgl. BGH v. 25.5.2005 – 5 AZR 572/04, AP Nr. 1 zu § 310 BGB = NZA 2005, 1111; a.A. *Preis/Roloff*, RdA 2005, 144, 147.

anerkannt[1]. In der **Rechtsprechung des BAG** ist früher die Auffassung vertreten worden, dass solche Vertragsbedingungen eines die Befristung rechtfertigenden Sachgrundes bedürfen, die im Fall der unbefristeten Vereinbarung dem Änderungskündigungsschutz nach § 2 KSchG unterlägen, weil sie die Arbeitspflicht nach Inhalt und Umfang in einer Weise änderten, die sich unmittelbar auf die Vergütung auswirke und damit das Verhältnis von Leistung und Gegenleistung maßgeblich beeinflussten[2]. Hieran kann angesichts der Einführung des TzBfG und der AGB-Kontrolle in Arbeitsverträgen **nicht mehr festgehalten** werden. Die Befristung von einzelnen Arbeitsbedingungen ist von ihrem Wesen etwas anderes als die Befristung des gesamten Arbeitsvertrages. Im Gegensatz zu den vom TzBfG geregelten Fällen stellt die Befristung von Arbeitsbedingungen keine Möglichkeit der Beendigung von Arbeitsverhältnissen dar, sondern vielmehr eine Möglichkeit zu deren inhaltlicher Gestaltung. Die Befristung einzelner Arbeitsbedingungen stellt sich damit als Problem des Vertragsinhaltsschutzes und nicht des Bestandsschutzes dar[3]. Das bedeutet konkret, dass sich, wie nunmehr auch das BAG zugesteht, die **Zulässigkeit** solcher Klauseln allein nach den **§§ 307 ff. BGB** richtet[4]. Wie bei anderen Änderungsvorbehalten auch ist die Wirksamkeit der Klausel anhand der §§ 307, 308 Nr. 4 BGB zu beurteilen (s. dazu näher oben Rz. 36 ff. „Änderungsvorbehalte"). Dabei sind die **gegenseitigen Interessen umfassend zu würdigen**[5]. Der Aspekt des kündigungsrechtlichen Änderungsschutzes, wie er auch vom BAG in seiner Rechtsprechung betont wird, ist im Rahmen der vorzunehmenden Interessenabwägung zu berücksichtigen, kann aber nicht mehr der allein entscheidende Aspekt sein. Von der Fallgestaltung im Einzelfall ist abhängig, ob sich das Interesse des Arbeitgebers als Klauselverwender i. S. d. §§ 305 ff. BGB an der Befristung bestimmter Arbeitsbedingungen gegenüber dem Interesse des Arbeitnehmers durchsetzen kann. Das richtet sich im Wesentlichen danach, welche Bedeutung die Vertragsbedingung für den Inhalt des Arbeitsverhältnisses hat[6]. Auf die Grundsätze, die bei der Vereinbarung von Entwicklungsklauseln (s. dazu Teil 5 A Rz. 58 ff.) und Widerrufsvorbehalten (s. dazu Rz. 76 f.) gelten, kann hier zurückgegriffen werden. Die Befristung ist daher jedenfalls unwirksam, wenn sie in den Kernbereich des Verhältnisses von Leistung und Gegenleistung eingreift[7]. Von wesentlicher Bedeutung ist auch, ob die Befristungsabrede bereits im gestellten Arbeitsvertrag enthalten ist oder erst nachträglich vereinbart werden soll. Im bestehenden Arbeitsverhältnis befindet sich näm-

---

1 BAG v. 21.4.1993 – 7 AZR 297/92, AP Nr. 34 zu § 2 KSchG 1969 = NZA 1994, 476; BAG v. 23.1.2002 – 7 AZR 563/00, AP Nr. 12 zu § 1 BeschFG 1996 = NZA 2003, 104; LAG Sachsen-Anhalt v. 10.2.1995 – 2 Sa 888/94, ArztR 1998, 287 ff.
2 So BAG v. 23.1.2002 – 7 AZR 563/00, AP Nr. 12 zu § 1 BeschFG 1996 = NJW 2002, 3421; BAG v. 27.7.2005 – 7 AZR 486/04, AP Nr. 6 zu § 307 BGB = NZA 2006, 40.
3 KR/*Rost*, § 2 KSchG Rz. 54j; KR/*Lipke*, § 14 TzBfG Rz. 18.
4 BAG v. 27.7.2005 – 7 AZR 486/04, AP Nr. 6 zu § 307 BGB = NZA 2006, 40; BAG v. 8.8.2007 – 7 AZR 855/06, AP Nr. 41 zu § 14 TzBfG = NZA 2008, 229, ErfK/*Preis*, §§ 305–310 BGB Rz. 73.
5 BAG v. 8.8.2007 – 7 AZR 855/06, AP Nr. 41 zu § 14 TzBfG = NZA 2008, 229; ErfK/*Preis*, §§ 305–310 BGB Rz. 73; KR/*Lipke*, § 14 TzBfG Rz. 17 f.
6 So auch bereits *Löwisch*, ZfA 1986, 1, (7 f., 17).
7 *Wern*, S. 349 m.w.N.

lich der Arbeitnehmer in einer stärkeren Position als bei Begründung des Arbeitsverhältnisses[1]. Ist die Befristung im Einzelfall unangemessen, so bleibt der Vertrag nach § 306 Abs. 1 BGB im Übrigen wirksam mit der Folge, dass die Vertragsbedingung auf unbestimmte Zeit gilt[2]. Bei einer befristeten Erhöhung der Arbeitszeit finden die Grundsätze zur Inhaltskontrolle einer Vereinbarung von Arbeit auf Abruf keine Anwendung (vgl. dazu Rz. 44). Gegenstand der Inhaltskontrolle ist bei der Befristung einer Arbeitszeiterhöhung nicht – wie bei der Arbeit auf Abruf – die einseitige Festlegung des Umfangs der Arbeitsleistung des Arbeitnehmers durch den Arbeitgeber, sondern ausschließlich die Befristung des vertraglich vereinbarten zusätzlichen Arbeitsumfangs. Die unangemessene Benachteiligung des Arbeitnehmers muss sich gerade aus der vertraglich vereinbarten Befristung der Arbeitszeiterhöhung ergeben. Hierbei ist der Umfang der Arbeitszeiterhöhung nicht von ausschlaggebender Bedeutung[3].

ee) Bezugnahmeklauseln

Siehe dazu unter Rz. 72 ff. „Verweisungsklauseln".   54

ff) Entwicklungsklauseln

Siehe dazu näher unten Teil 5 A Rz. 58 ff.   55

gg) Freiwilligkeitsvorbehalte

Freiwilligkeitsvorbehalte sollen sicherstellen, dass Arbeitgeberleistungen   56
ohne Rechtsanspruch für die Zukunft erbracht und deshalb ohne Vornahme einer weiteren Rechtshandlung jederzeit eingestellt werden können[4]. Freiwilligkeitsvorbehalte stellen eine **Form von Änderungsvorbehalten** dar. Die zu den Änderungsvorbehalten **entwickelten Grundsätze** können mit den nachfolgenden Einschränkungen herangezogen werden (s. dazu unter Rz. 36 ff.).

Unter dem Aspekt der **Transparenz** ist zunächst darauf zu achten, dass die   57
Freiwilligkeit der Leistung ausdrücklich klargestellt ist und darauf hingewiesen wird, dass ein Rechtsanspruch für die Zukunft ausgeschlossen sein soll[5]. Dazu gehört auch, dass die Klausel sich nicht zu dem übrigen Vertrags-

1 ErfK/*Preis*, §§ 305–310 BGB Rz. 75.
2 ErfK/*Preis*, §§ 305–310 BGB Rz. 75; so bereits das BAG v. 13.6.1986 – 7 AZR 650/84, AP Nr. 19 zu § 2 KSchG 1969 = NZA 1987, 241.
3 BAG v. 8.8.2007 – 7 AZR 855/06, AP Nr. 41 zu § 14 TzBfG = NZA 2008, 229.
4 BAG v. 6.12.1995 – 10 AZR 198/95, AP Nr. 187 zu § 611 BGB Gratifikation = NZA 1996, 1027; BAG v. 5.7.1996 – 10 AZR 883/95, AP Nr. 193 zu § 611 BGB Gratifikation = NZA 1996, 1028; ErfK/*Preis*, §§ 305–310 BGB Rz. 68; MünchArbR/*Krause*, § 56 Rz. 6.
5 BAG v. 30.7.2008 – 10 AZR 606/07, AP Nr. 274 zu § 611 BGB Gratifikation = NZA 2008, 1173; BAG v. 18.3.2009 – 10 AZR 289/08, NZA 2009, 535; ErfK/*Preis*, §§ 305–310 BGB Rz. 52, 70; MünchArbR/*Richardi/Buchner*, § 33 Rz. 38.

werk in Widerspruch setzt. Wenn Sonderleistungen des Arbeitgebers (wie z. B. eine Weihnachtsgratifikation) in einem Formulararbeitsvertrag in Voraussetzungen und Höhe präzise formuliert werden, ist es in aller Regel widersprüchlich, diese dennoch an einen Freiwilligkeitsvorbehalt zu binden. Dies gilt insbesondere für Zahlungen, die gezielt das Verhalten des Arbeitnehmers steuern und seine Leistung beeinflussen wollen[1]. Die Klausel muss darüber hinaus in sich widerspruchsfrei sein. Das trifft auf eine Klausel, die eine Leistung „freiwillig und unter dem Vorbehalt jederzeitigen Widerrufs" gewährt, nicht zu[2]. Wesentlich für die **Prüfung der Angemessenheit und Zumutbarkeit** von Freiwilligkeitsvorbehalten i. R. d. §§ 307, 308 Nr. 4 BGB ist, dass hier die bei anderen Änderungsvorbehalten erforderliche Ausübungskontrolle nach § 315 BGB entfällt. Die einseitige Gestaltungsbefugnis des Krankenhausträgers unterliegt daher keinen weiteren Schranken[3]. Aus diesem Grund wird man der Gestaltungsmacht des Krankenhausträgers als Klauselverwender hier engere Grenzen setzen müssen als etwa im Bereich von Widerrufsvorbehalten. Daraus folgt a priori, dass Freiwilligkeitsvorbehalte immer dann unwirksam sind, wenn schon ein Widerrufsvorbehalt nicht wirksam vereinbart werden könnte. Darüber hinaus dürfen **lediglich Gratifikationen und ähnliche Jahressonderleistungen** unter einen Freiwilligkeitsvorbehalt gestellt werden, nicht dagegen Teile der laufenden Vergütung[4]. Auf die Höhe der Sonderzahlung kommt es anders als bei Widerrufsvorbehalten nicht an[5].

hh) Mehrarbeitsvergütung

58   Gerade in Arbeitsverträgen von Angestellten in herausgehobenen Positionen spielen Vertragsklauseln, mit denen **Ansprüche auf Mehrarbeitsvergütung beschränkt** oder sogar ganz **ausgeschlossen** werden, eine große Rolle (s. dazu näher Teil 5 A Rz. 38). Stehen einer solchen Vereinbarung nicht schon **(kollektiv-)rechtliche Hindernisse** entgegen, stellt sich die Frage nach der AGB-rechtlichen Wirksamkeit. Solche Klauseln sind aber der **Zumutbarkeits- bzw. Angemessenheitskontrolle nach den AGB-Vorschriften entzogen**, da es sich um Regelungen handelt, durch die das Verhältnis zwischen Leistung und arbeitsvertraglichem Entgelt unmittelbar bestimmt wird (s. dazu oben unter Rz. 32). Die Vertragsparteien vereinbaren hier, was Teil der zu erbringenden Leistung und ihrer Gegenleistung sein soll (Erbringung von Mehr-

---

1 BAG v. 30.7.2008 – 10 AZR 606/07, AP Nr. 274 zu § 611 BGB Gratifikation = NZA 2008, 1173 mwN.

2 BAG v. 30.7.2008 – 10 AZR 606/07, AP Nr. 274 zu § 611 BGB Gratifikation = NZA 2008, 1173; LAG Hamm v. 27.7.2005 – 6 Sa 29/05, NZA-RR 2006, 125 (126); ErfK/ *Preis*, §§ 305–310 BGB Rz. 70; vgl. auch BAG v. 20.1.2010 – 10 AZR 914/08, NZA 2010, 445 f.

3 So nun auch das BAG v. 30.7.2008 – 10 AZR 606/07, AP Nr. 274 zu § 611 BGB Gratifikation = NZA 2008, 1173.

4 BAG v. 25.4.2007 – 5 AZR 627/06, AP Nr. 7 zu § 308 BGB = NZA 2007, 853; BAG v. 30.7.2008 – 10 AZR 606/07, AP Nr. 274 zu § 611 BGB Gratifikation = NZA 2008, 1173; ErfK/*Preis*, §§ 305–310 BGB Rz. 70; MünchArbR/*Richardi/Buchner*, § 33 Rz. 38.

5 BAG v. 18.3.2009 – 10 AZR 289/08, NZA 2009, 535.

arbeit ohne gesonderte Vergütung, die ansonsten ggf. nach § 612 Abs. 1 BGB zu zahlen wäre)[1]. Lediglich das **Transparenzgebot** ist bei solchen Klauseln zu beachten (vgl. § 307 Abs. 3 Satz 2 BGB)[2]. In den **Grenzen des § 138 BGB** sind die Vertragsparteien deshalb frei darin, Ansprüche auf Mehrarbeitsvergütung zu beschränken bzw. ganz auszuschließen[3]. Ob die Grenzen des § 138 BGB überschritten sind, ist am Einzelfall zu beurteilen.

ii) Rückzahlungsklauseln

Rückzahlungsklauseln kommen in Arbeitsverträgen im Wesentlichen in **drei Varianten** vor: als Rückzahlungsverpflichtung bzgl. überzahlten Arbeitsentgelts, als Rückzahlungsverpflichtung bzgl. Sonderzahlungen und als Rückzahlungsverpflichtung bzgl. Ausbildungs- und Fortbildungskosten. Bei allen Rückzahlungsklauseln ist besonders darauf zu achten, dass sie klar und verständlich die Voraussetzungen der Rückzahlung definieren. Andersfalls sind sie bereits wegen Verstoßes gegen das Transparenzgebot des § 307 BGB unwirksam.

59

Bei **Rückzahlungsklauseln bzgl. überzahlten Arbeitsentgelts** ist § 309 Nr. 7b BGB zu beachten. Danach sind globale Haftungsfreizeichnungen unwirksam. Richtigerweise wird man deshalb davon ausgehen müssen, dass eine vollständige Risikoverlagerung auf den Arbeitnehmer in Allgemeinen Arbeitsbedingungen unwirksam ist[4]. Das folgt auch aus der Überlegung, dass ansonsten von dem gesetzlichen Leitbild des § 818 Abs. 3 BGB vollkommen abgewichen würde (vgl. § 307 Abs. 2 Nr. 2 BGB)[5]. Rückzahlungsklauseln für Fälle der groben Fahrlässigkeit auf Seiten des Arbeitnehmers bzw. eingeschränkt auf leichte Fahrlässigkeit des Arbeitgebers dürften aber mit AGB-Recht vereinbar sein[6].

60

Für **Rückzahlungsklauseln bzgl. Sonderzahlungen** (meist Weihnachts- und Urlaubsgratifikationen) stellt sich im Rahmen des § 307 BGB die Frage, wie lang ein Arbeitnehmer nach Zahlungserhalt zur Rückzahlung verpflichtet werden kann. Das BAG hatte dies in der Vergangenheit von der **Höhe** und dem **Zeitpunkt der vereinbarten Fälligkeit** der Leistung abhängig gemacht[7]. Es hat diese Grundsätze in seinem Urteil vom 28.4.2004 auch für die AGB-

61

---

1 Näher *Wern*, S. 232; a.A. ErfK/*Preis*, §§ 305–310 BGB Rz. 91.
2 Vgl. BAG v. 31.8.2005 – 5 AZR 545/04, AP Nr. 8 zu § 6 ArbZG = NZA 2006, 324.
3 Vgl. zu den Zulässigkeitsgrenzen aus der früheren Rspr. LAG Köln v. 20.12.2001 –
   6 Sa 965/01, LAGE § 612 BGB Nr. 8 = ArbuR 2002, 193; ArbG Berlin v. 31.10.1988 –
   30 Ca 214/88, EzA § 15 AZO Nr. 12 = DB 1989, 1423; ArbG Regensburg v. 7.3.1990 –
   6 Ca 2/90, EzA § 15 AZO Nr. 13.
4 ErfK/*Preis*, §§ 305–310 BGB Rz. 93.
5 ErfK/*Preis*, §§ 305–310 BGB Rz. 93.
6 ErfK/*Preis*, §§ 305–310 BGB Rz. 93.
7 BAG v. 21.5.2003 – 10 AZR 390/02, AP Nr. 250 zu § 611 BGB Gratifikation = NZA
   2003, 1032 m.w.N. zur älteren Rspr.

Kontrolle nach § 307 BGB bestätigt[1]. Danach ist bei der Gewährung einer
Jahresprämie von einem vollen Monatsgehalt eine Bindung des Arbeitnehmers zulässig, die diesen verpflichtet, über die der Auszahlung folgenden
drei Monate hinaus bis zum nächstzulässigen Kündigungstermin zu bleiben[2]. Der Arbeitnehmer muss also mit dem Ausspruch seiner Kündigung
auf den Ablauf dieser drei Monate warten. Beträgt die Höhe der Sonderzahlung weniger als ein Monatsgehalt, aber mehr als 100 Euro, so kann der
Arbeitnehmer nicht länger als drei Monate gebunden werden. Für die Gratifikationen, die am Jahresende fällig werden, bedeutet dies, dass der Arbeitnehmer nur bis zum Ablauf des 31.3. des Folgejahres gebunden werden kann,
also mit Ablauf des 31.3. ausscheiden darf[3]. Dabei ist unschädlich, wenn eine Weihnachtsgratifikation bereits im November ausgezahlt wird[4]. Maßstab
für die Beurteilung ist bei alledem das bei Auszahlung maßgebliche Monatsgehalt[5]. Bei Gratifikationen, die in Teilbeträgen gezahlt werden, ist nach dieser Rechtsprechung des BAG nicht auf die zugesagte Gesamtsumme und
den Auszahlungszeitpunkt des zweiten Teilbetrages abzustellen, sondern
auf die Fälligkeitszeitpunkte der beiden Teilleistungen. Die Teilleistungen
werden also nicht wie eine einheitliche Leistung behandelt[6].

62   Bei **Rückzahlungsklauseln bzgl. Ausbildungs- und Fortbildungskosten** richtet sich die Angemessenheitsprüfung ebenfalls nach der Generalklausel des
§ 307 BGB[7]. Es bestehen keine Bedenken, die von der **Rechtsprechung** in der
Vergangenheit entwickelten **Kriterien zur Zulässigkeit** solcher Rückzahlungsvereinbarungen im Rahmen der AGB-Kontrolle heranzuziehen[8]. Zu beachten ist in diesem Zusammenhang besonders, dass die AGB-Kontrolle bei
Individualvereinbarungen über die Rückzahlung von Ausbildungs- und Fortbildungskosten nicht durchzuführen ist. Allerdings werden in der Praxis
Formularklauseln den Regelfall darstellen (s. dazu bereits oben Rz. 27). Zu
beachten ist ferner, dass im **Berufsausbildungsverhältnis** ein **gesetzliches**

---

1 BAG v. 28.4.2004 – 10 AZR 356/03, AP Nr. 255 zu § 611 BGB Gratifikation = NZA
   2004, 924; bestätigt durch BAG v. 28.3.2007 – 10 AZR 261/06, AP Nr. 265 zu § 611
   BGB Gratifikation = NZA 2007, 687.
2 BAG v. 28.4.2004 – 10 AZR 356/03, AP Nr. 255 zu § 611 BGB Gratifikation = NZA
   2004, 924 m. w. N. zur älteren Rspr.
3 Zuletzt noch einmal bestätigt durch BAG v. 21.5.2003 – 10 AZR 390/02, AP Nr. 250
   zu § 611 BGB Gratifikation = NZA 2003, 1032.
4 BAG v. 15.3.1973 – 5 AZR 525/72, AP Nr. 78 zu § 611 BGB Gratifikation = NJW 1973,
   1247; BAG v. 21.5.2003 – 10 AZR 390/02, AP Nr. 250 zu § 611 BGB Gratifikation =
   NZA 2003, 1032.
5 BAG v. 21.5.2003 – 10 AZR 390/02, AP Nr. 250 zu § 611 BGB Gratifikation = NZA
   2003, 1032; BAG v. 28.4.2004 – 10 AZR 356/03, AP Nr. 255 zu § 611 BGB Gratifikation = NZA 2004, 924.
6 BAG v. 21.5.2003 – 10 AZR 390/02, AP Nr. 250 zu § 611 BGB Gratifikation = NZA
   2003, 1032.
7 BAG v. 23.1.2007 – 9 AZR 482/06, AP Nr. 38 zu § 611 BGB Ausbildungsbeihilfe;
   BAG v. 15.9.2009 – 3 AZR 173/08, NZA 2010, 342; ErfK/*Preis*, §§ 305–310 BGB Rz. 94;
   vgl. auch BAG v. 24.10.2002 – 6 AZR 632/00, AP Nr. 3 zu § 89 HGB = NZA 2003,
   668.
8 Vgl. ErfK/*Preis*, §§ 305–310 BGB Rz. 94.

Verbot von Rückzahlungsklauseln besteht (§ 12 Abs. 2 Nr. 1 BBiG), so dass es auf eine AGB-rechtliche Überprüfung nicht ankommt.

Nach den von der Rechtsprechung und Literatur weitgehend anerkannten 63 Grundsätzen bedürfen Rückzahlungsvereinbarungen bzgl. Ausbildungs- und Fortbildungskosten einer **ausdrücklichen Vereinbarung**. Der Arbeitnehmer muss **zu Beginn der Aus- oder Fortbildung** auf alle Folgen klar und unmissverständlich hingewiesen werden, die sich aus der Vereinbarung ergeben. Dies ergibt sich aus dem Transparenzgebot (§ 307 Abs. 1 Satz 2 BGB)[1].

Die **Angemessenheit** der Klausel hängt zunächst davon ab, ob der Arbeit- 64 geber ein **berechtigtes Interesse** an der Rückzahlungsvereinbarung geltend machen kann. Ein solches ist grundsätzlich gegeben, da der Arbeitgeber bei getätigten Investitionen in den Arbeitnehmer die berechtigte Erwartung hat, dass der Arbeitnehmer die erworbenen Kenntnisse und Fähigkeiten für eine gewisse Zeit dem Arbeitgeber zur Verfügung stellt[2]. Ferner muss der Arbeitnehmer mit der Aus- oder Fortbildung eine **angemessene geldwerte Gegenleistung** für die Rückzahlungsverpflichtung erhalten haben[3]. Diese kann insbesondere in einer Verbesserung der Chancen auf dem Arbeitsmarkt[4] oder der Schaffung von realistischen beruflichen Aufstiegsmöglichkeiten bestehen[5]. Eine angemessene Gegenleistung liegt deshalb nicht vor, wenn die Aus- oder Fortbildung ausschließlich für den Betrieb von Nutzen ist oder es sich nur um die Auffrischung oder Anpassung von vorhandenen Kenntnissen an vom Arbeitgeber veranlasste oder zu vertretende neue betriebliche Gegebenheiten handelt[6].

Inhaltlich ist die Angemessenheit der Klausel maßgeblich von der auferleg- 65 ten **Bindungsdauer** abhängig. Eine Lehrgangsdauer von bis zu einem Monat ohne Verpflichtung zur Arbeitsleistung darf höchstens eine Bindungsdauer

---

1 BAG v. 18.3.2008 – 9 AZR 186/07, AP Nr. 12 zu § 310 BGB = NZA 2008, 1004; BAG v. 15.9.2009 – 3 AZR 173/08, NZA 2010, 342; ErfK/*Preis*, §§ 305–310 BGB Rz. 94, § 611 BGB Rz. 554.
2 ErfK/*Preis*, § 611 BGB Rz. 437; vgl. auch BAG v. 14.1.2009 – 3 AZR 900/07, AP Nr. 41 zu § 611 BGB Ausbildungsbeihilfe = NZA 2009, 666.
3 BAG v. 14.1.2009 – 3 AZR 900/07, AP Nr. 41 zu § 611 BGB Ausbildungsbeihilfe = NZA 2009, 666; BAG v. 15.9.2009 – 3 AZR 173/08, NZA 2010, 342.
4 BAG v. 11.4.1990 – 5 AZR 308/89, AP Nr. 14 zu § 611 BGB Ausbildungsbeihilfe = NZA 1991, 178; BAG v. 19.2.2004 – 6 AZR 552/02, AP Nr. 33 zu § 611 BGB Ausbildungsbeihilfe = MDR 2004, 1244ErfK/*Preis* §§ 305–310 BGB Rz. 439.
5 BAG v. 18.8.1976 – 5 AZR 399/87, AP Nr. 3 zu § 611 BGB Ausbildungsbeihilfe = NJW 1977, 973; BAG v. 30.11.1994 – 5 AZR 715/93, AP Nr. 20 zu § 611 BGB Ausbildungsbeihilfe = NZA 1995, 727; BAG v. 21.11.2001 – 5 AZR 158/00, AP Nr. 31 zu § 611 BGB Ausbildungsbeihilfe = NZA 2002, 551; ErfK/*Preis*, § 611 BGB Rz. 439.
6 BAG v. 20.2.1975 – 5 AZR 240/79, AP Nr. 2 zu § 611 BGB Ausbildungsbeihilfe = BB 1975, 1206; BAG v. 18.8.1976 – 5 AZR 399/75, AP Nr. 3 zu § 611 BGB Ausbildungsbeihilfe = NJW 1977, 973; BAG v. 16.3.1994 – 5 AZR 339/92, AP Nr. 18 zu § 611 BGB Ausbildungsbeihilfe = NZA 1994, 937; BAG v. 30.11.1994 – 5 AZR 715/93, AP Nr. 20 zu § 611 BGB Ausbildungsbeihilfe = NZA 1995, 727; ErfK/*Preis*, § 611 BGB Rz. 439.

von sechs Monaten nach sich ziehen[1], ein Lehrgang von bis zu zwei Monaten eine einjährige Bindungsdauer[2], ein Lehrgang von drei bis vier Monaten eine Bindungsdauer von zwei Jahren[3], eine Lehrgangsdauer von sechs Monaten bis zu einem Jahr ohne Arbeitsverpflichtung grundsätzlich keine längere Bindung als drei Jahre[4] und bei einem mehr als zweijährigen Lehrgang ohne Arbeitsleistung eine Bindungsdauer von fünf Jahren[5]. Bei diesen Angaben handelt es sich um **Regelwerte**, von denen im Einzelfall nach unten oder oben abgewichen werden kann. Wendet der Arbeitgeber etwa erhebliche Mittel auf und bringt die Aus- oder Fortbildung dem Arbeitnehmer besondere Vorteile, kann im Einzelfall auch bei kürzerer Lehrgangsdauer eine längere Bindung gerechtfertigt sein. Umgekehrt gilt genau das Gleiche[6]. Die Angemessenheit der Klausel ist im Übrigen davon abhängig, dass sich die Rückzahlungspflicht für jedes Jahr der Betriebszugehörigkeit während der Bindungsdauer zeitanteilig mindert. Eine monatliche Staffelung ist allerdings nicht erforderlich[7]. Im Übrigen hält das BAG auch in seiner neueren Rechtsprechung daran fest, dass Rückzahlungsklauseln, die eine Rückzahlungspflicht auch für Fälle vorsehen, in denen die Beendigung des Arbeitsverhältnisses durch den Arbeitgeber veranlasst wurde, den Arbeitnehmer unangemessen benachteiligen[8]. Das BAG hat zuletzt die vorgenannten Grundsätze auch auf den Fall einer nach Abschluss der Schulungsmaßnahme getroffenen Rückzahlungsvereinbarung angewandt, in dem der Arbeitgeber die Arbeitsvergütung für die Zeit der Maßnahme einbehalten hatte[9].

---

1 BAG v. 5.12.2002 – 6 AZR 539/01, AP Nr. 32 zu § 611 BGB Ausbildungsbeihilfe = NZA 2003, 559; BAG v. 14.1.2009 – 3 AZR 900/07, AP Nr. 41 zu § 611 BGB Ausbildungsbeihilfe = NZA 2009, 666; BAG v. 15.9.2009 – 3 AZR 173/08, NZA 2010, 342; ErfK/*Preis*, § 611 BGB Rz. 441.
2 BAG v. 15.12.1993 – 5 AZR 279/93, AP Nr. 17 zu § 611 BGB Ausbildungsbeihilfe = NZA 1994, 835; BAG v. 14.1.2009 – 3 AZR 900/07, AP Nr. 41 zu § 611 BGB Ausbildungsbeihilfe = NZA 2009, 666; ErfK/*Preis*, § 611 BGB Rz. 441.
3 BAG v. 6.9.1995 – 5 AZR 241/94, AP Nr. 23 zu § 611 BGB Ausbildungsbeihilfe = NZA 1996, 314; BAG v. 14.1.2009 – 3 AZR 900/07, AP Nr. 41 zu § 611 BGB Ausbildungsbeihilfe = NZA 2009, 666; ErfK/*Preis*, § 611 BGB Rz. 441.
4 BAG v. 11.4.1984 – 5 AZR 430/82, AP Nr. 8 zu § 611 BGB Ausbildungsbeihilfe = NZA 1984, 288; BAG v. 23.4.1986 – 5 AZR 159/85, AP Nr. 10 zu § 611 BGB Ausbildungsbeihilfe = NZA 1986, 741; BAG v. 15.12.1993 – 5 AZR 279/93, AP Nr. 17 zu § 611 BGB Ausbildungsbeihilfe = NZA 1994, 835; BAG v. 14.1.2009 – 3 AZR 900/07, AP Nr. 41 zu § 611 BGB Ausbildungsbeihilfe = NZA 2009, 666; ErfK/*Preis*, § 611 BGB Rz. 441.
5 BAG v. 12.12.1979 – 5 AZR 1056/77, AP Nr. 4 zu § 611 BGB Ausbildungsbeihilfe = DB 1980, 1704; BAG v. 6.9.1995 – 5 AZR 174/94, AP Nr. 22 § 611 BGB Ausbildungsbeihilfe = NZA 1996, 437; BAG v. 6.9.1995 – 5 AZR 241/94, AP Nr. 23 zu § 611 BGB Ausbildungsbeihilfe = NZA 1996, 314; BAG v. 14.1.2009 – 3 AZR 900/07, AP Nr. 41 zu § 611 BGB Ausbildungsbeihilfe = NZA 2009, 666; ErfK/*Preis*, § 611 BGB Rz. 441.
6 Vgl. BAG v. 14.1.2009 – 3 AZR 900/07, AP Nr. 41 zu § 611 BGB Ausbildungsbeihilfe = NZA 2009, 666; ErfK/*Preis*, § 611 BGB Rz. 441.
7 BAG v. 23.4.1986 – 5 AZR 159/85, AP Nr. 10 zu § 611 BGB Ausbildungsbeihilfe = NZA 1986, 741; ErfK/*Preis*, § 611 BGB Rz. 443.
8 BAG v. 11.4.2006 – 9 AZR 610/05, AP Nr. 16 zu § 307 BGB = NZA 2006, 1042; BAG v. 23.1.2007 – 9 AZR 482/06, AP Nr. 38 zu § 611 BGB Ausbildungsbeihilfe.
9 BAG v. 15.9.2009 – 3 AZR 173/08, NZA 2010, 342.

Bei unwirksamen Rückzahlungsklauseln hat die Rechtsprechung in der Ver- 66
gangenheit oftmals die Klauseln auf ein zulässiges Maß zurückgeführt[1]. Das
BAG hat diese Rechtsprechung ausgehend vom **Verbot geltungserhaltender
Reduktion** (s. dazu bereits oben Rz. 33) aufgegeben. Das führt dazu, dass die
unwirksame Klausel nicht mit verändertem Inhalt als Rückzahlungsklausel
aufrechterhalten werden kann[2]. Das BAG hält aber im Einzelfall eine ergänzende Vertragsauslegung für möglich[3].

jj) Teilkündigungsklauseln

Unter einer Teilkündigung versteht man das Recht einer Vertragspartei, sich 67
unter Aufrechterhaltung des Arbeitsverhältnisses im Übrigen nur von einzelnen Rechten und Pflichten aus dem Arbeitsverhältnis durch Kündigung
zu lösen[4]. Teilkündigungen sind **grundsätzlich unzulässig**[5]. Anderes gilt nur,
wenn das **Recht zu einer Teilkündigung vertraglich vereinbart** worden ist,
wie dies in Arbeitsverträgen bisweilen geschieht. Dann handelt es sich jedoch nach zutreffender Auffassung nicht um eine Teilkündigung, sondern
um nichts anderes als einen **Widerrufsvorbehalt**[6]. Vereinbarte Teilkündi-
gungsrechte sind daher an den für Widerrufsvorbehalte entwickelten Grundsätzen zu messen.

kk) Überstundenvergütung

S. dazu näher unter Rz. 58 „Mehrarbeitsvergütung". 68

---

1 S. etwa BAG v. 11.4.1984 – 5 AZR 430/82, AP Nr. 8 zu § 611 BGB Ausbildungsbeihilfe
= NZA 1984, 288.
2 BAG v. 14.1.2009 – 3 AZR 900/07, AP Nr. 41 zu § 611 BGB Ausbildungsbeihilfe =
NZA 2009, 666; BAG v. 15.9.2009 – 3 AZR 173/08, NZA 2010, 342; a.A. ErfK/*Preis*,
§§ 305–310 BGB Rz. 94 m.w.N.
3 Vgl. BAG v. 14.1.2009 – 3 AZR 900/07, AP Nr. 41 zu § 611 BGB Ausbildungsbeihilfe
= NZA 2009, 666; BAG v. 15.9.2009 – 3 AZR 173/08, NZA 2010, 342; dagegen ErfK/
Preis, §§ 305–310 BGB Rz. 94.
4 BAG v. 7.10.1982 – 2 AZR 455/80, AP Nr. 5 zu § 620 BGB Teilkündigung = SAE 1983,
185; BAG v. 25.2.1988 – 2 AZR 346/87, NZA 1988, 769; BAG v. 14.11.1990 – 5 AZR
509/89, AP Nr. 25 zu § 611 BGB Arzt-Krankenhaus-Vertrag = NZA 1991, 377; BAG v.
13.3.2007 – 9 AZR 612/05, AP Nr. 71 zu § 611 BGB Direktionsrecht = NZA 2007, 563;
ErfK/*Müller-Glöge*, § 620 BGB Rz. 49.
5 Allg.M.; s. nur BAG v. 8.11.1957 – 1 AZR 123/56 = AP Nr. 2 zu § 242 BGB Betriebliche
Übung; BAG v. 2.9.1976 – 3 AZR 411/75, AP Nr. 8 zu § 611 BGB Arzt-Krankenhaus-
Vertrag; BAG v. 7.10.1982 – 2 AZR 455/80, AP Nr. 5 zu § 620 BGB Teilleistung = SAE
1983, 185; BAG v. 25.2.1988 – 2 AZR 346/87, NZA 1988, 769; BAG v. 14.11.1990 –
5 AZR 509/89, AP Nr. 25 zu § 611 BGB Arzt-Krankenhaus-Vertrag = NZA 1991, 377;
BAG v. 13.3.2007 – 9 AZR 612/05, AP Nr. 71 zu § 611 BGB Direktionsrecht = NZA
2007, 563; ErfK/*Müller-Glöge*, § 620 BGB Rz. 49.
6 Vgl. BAG v. 7.10.1982 – 2 AZR 455/80, AP Nr. 5 zu § 620 BGB Teilkündigung = SAE
1983, 185; BAG v. 25.2.1988 – 2 AZR 346/87, NZA 1988, 769; BAG v. 14.11.1990 –
5 AZR 509/89, AP Nr. 25 zu § 611 BGB Arzt-Krankenhaus-Vertrag = NZA 1991, 377;
ErfK/*Müller-Glöge*, § 620 BGB Rz. 50; näher für den Chefarztvertrag *Wern*, S. 345 ff.;
a.A. ErfK/*Preis*, §§ 305–310 BGB Rz. 63; anders auch zuletzt das BAG v. 13.3.2007 –
9 AZR 612/05, AP Nr. 71 zu § 611 BGB Direktionsrecht = NZA 2007, 563.

ll) Versetzungsklauseln/Umsetzungsklauseln

69 Klauseln, mit denen der Krankenhausträger sich das Recht einräumen lässt, den Arbeitsort des Arbeitnehmers neu zu bestimmen (vgl. auch § 106 GewO), stellen Änderungsvorbehalte im Sinne des oben Gesagten dar. Die für Änderungsvorbehalte dargestellten Grundsätze gelten entsprechend (s. dazu näher unter Rz. 36 ff. „Änderungsvorbehalte"). Solche Klauseln sind daher nicht in jedem Fall unwirksam. Vielmehr kommt es wie bei allen Änderungsvorbehalten neben der Transparenz der Regelung vor allem auf die tatsächliche Reichweite der vermittelten Eingriffsbefugnis und darauf an, wie die arbeitsvertragliche Vereinbarung ansonsten den Arbeitsort und die Arbeitstätigkeit des Arbeitnehmers bestimmt[1].

mm) Vertragsstrafenabreden

70 Vertragsstrafeversprechen müssen in Beachtung des **Transparenzgebotes** die vereinbarte Strafe wie auch den Tatbestand, der sie auslösen soll, klar und deutlich bezeichnen[2]. Im Übrigen sind Vertragsstrafeklauseln an der **Generalklausel des § 307 BGB** zu messen. Das BAG wie auch die h. M. in der Literatur gehen zu Recht davon aus, dass das Klauselverbot des **§ 309 Nr. 6 BGB** wegen der im **Arbeitsrecht geltenden Besonderheiten** (§ 310 Abs. 4 Satz 2 BGB) nicht herangezogen werden kann. Begründet wird dies insbesondere mit der **Regelung des § 888 Abs. 3 ZPO**, die es ausschließt, die Verpflichtung zur Arbeitsleistung zu vollstrecken. Vor diesem Hintergrund wird ein besonderes Bedürfnis nach der Vertragsstrafe als Sanktionsinstrument gesehen, um den Arbeitnehmer zur Erfüllung der vertraglichen Hauptpflicht anzuhalten[3].

71 Im Rahmen der Angemessenheitsprüfung nach § 307 BGB ist zunächst zu prüfen, ob ein **berechtigtes Interesse des Arbeitgebers** an der Sanktionierung bestimmter Verhaltensweisen besteht[4]. Das ist der Fall, wenn die Vertragsstrafe das Bedürfnis des Arbeitgebers sichert, eine arbeitsvertragswidrige und schuldhafte Nichtaufnahme oder Beendigung der Arbeitstätigkeit seitens des Arbeitnehmers zu vermeiden und die fristlose Beendigung des Arbeitsverhältnisses zu verhindern, bei der die Darlegung und der Beweis eines konkreten Schadens mit besonderen Schwierigkeiten verbunden wäre[5]. Darüber hinaus muss die vereinbarte Vertragsstrafe ihrer Höhe nach angemessen sein. Das BAG hat betont, dass die teilweise von Rechtsprechung und Literatur herangezogene Grenze in Höhe eines Monatsgehalts nicht als generelle

---

1 Vgl. BAG v. 25.8.2010 – 10 AZR 275/09, NZA 2010, 1355 m.w.N.
2 BAG v. 18.8.2005 – 8 AZR 65/05, AP Nr. 1 zu § 336 BGB = NZA 2006, 34; BAG v. 14.8.2007 – 8 AZR 973/06, AP Nr. 28 zu § 307 BGB = NZA 2008, 170; BAG v. 25.9.2008 – 8 AZR 717/07, AP Nr. 39 zu § 307 BGB = NZA 2009, 370.
3 H. M.; s. nur BAG v. 4.3.2004 – 8 AZR 196/03, AP Nr. 3 zu § 309 BGB = NZA 2004, 727; BAG v. 25.9.2008 – 8 AZR 717/07, AP Nr. 39 zu § 307 BGB = NZA 2009, 370; ErfK/*Preis*, §§ 305–310 BGB Rz. 97; ErfK/*Müller-Glöge*, §§ 339–345 BGB Rz. 14.
4 ErfK/*Preis*, §§ 305–310 BGB Rz. 98.
5 BAG v. 4.3.2004 – 8 AZR 196/03, AP Nr. 3 zu § 309 BGB = NZA 2004, 727; BAG v. 25.9.2008 – 8 AZR 717/07, AP Nr. 39 zu § 307 BGB = NZA 2009, 370.

Höchstgrenze tauge. § 307 Abs. 1 Satz 1 BGB und § 310 Abs. 3 Satz 3 BGB erforderten vielmehr eine Interessenabwägung im Einzelfall[1]. Bei dieser Interessenabwägung spielen insbesondere die Kündigungsfristen, die durch den Vertragsbruch vom Arbeitnehmer nicht beachtet wurden, eine bedeutsame Rolle[2]. Bei einer Kündigungsfrist von zwei Wochen wird deshalb eine Vertragsstrafe in Höhe eines Monatsverdienstes wegen Nichtantritts der Arbeit für unangemessen hoch gehalten. Die Vertragsstrafe darf in diesen Fällen grundsätzlich nicht höher sein als die **Höhe der Arbeitnehmerbezüge bis zum Ablauf der ordentlichen Kündigungsfrist**[3]. Eine darüber hinausgehende Vertragsstrafe lässt sich allenfalls rechtfertigen, wenn das Sanktionsinteresse des Arbeitgebers den Wert der Arbeitsleistung aufgrund besonderer Umstände typischerweise und generell übersteigt[4]. So kann auch einmal die Grenze eines Monatsverdienstes überschritten werden, wenn die Vertragsstrafe zur Sicherung einer längerfristigen Bindung dient[5]. Im Regelfall wird sich die Praxis aber auf Vertragsstrafen bis zu maximal einer Bruttomonatsvergütung einzustellen haben.

nn) Verweisungsklauseln

Vgl. zunächst Rz. 30 ff. Die Angemessenheit von Verweisungsklauseln (Bezugnahmeklauseln) richtet sich nach der **allgemeinen Vorschrift des § 307 BGB**. § 308 Nr. 4 BGB, welcher ein Verbot unzumutbarer Änderungsvorbehalte enthält, scheidet als Prüfungsmaßstab aus[6]. Besondere Probleme werfen **dynamische Verweisungen** deshalb auf, weil der Arbeitnehmer hier nachträgliche, für ihn ggf. nachteilige Änderungen des in Bezug genommenen Klauselwerkes unter Ausschaltung der Privatautonomie und ohne jegliche Einflussmöglichkeit gegen sich gelten lassen muss. Das BAG hat allerdings die Auffassung vertreten, dass Verweisungsklauseln, deren Regelungsgehalt sich auf die (dynamische) Verweisung als solche beschränkt, keiner uneingeschränkten Inhaltskontrolle unterliegen, da sie als solche nicht von Rechtsvorschriften abweichen könne, weil sie keinen eigenen kontrollfähigen Inhalt aufweise. Es finde daher nur eine Einbeziehungs- und Transparenzkontrolle statt[7]. Diese Feststellung begegnet Bedenken, weil fraglich ist, ob das BAG hinreichend zwischen Kontrolle der Bezugnahmeklausel und des Bezugnahmeobjekts unterscheidet[8]. Die Verweisungsklausel selbst

72

---

1 BAG v. 25.9.2008 – 8 AZR 717/07, AP Nr. 39 zu § 307 BGB = NZA 2009, 370 m.w.N.
2 BAG v. 4.3.2004 – 8 AZR 196/03, AP Nr. 3 zu § 309 BGB = NZA 2004, 727; so bereits LAG Sachsen v. 25.11.1997 – 9 Sa 731/97, LAGE § 339 BGB Nr. 12.
3 BAG v. 4.3.2004 – 8 AZR 196/03, AP Nr. 3 zu § 309 BGB = NZA 2004, 727.
4 BAG v. 4.3.2004 – 8 AZR 196/03, AP Nr. 3 zu § 309 BGB = NZA 2004, 727; BAG v. 18.12.2008 – 8 AZR 81/08, AP Nr. 4 zu § 309 BGB = DB 2009, 2269.
5 ArbG Frankfurt v. 20.9.1999 – 4 Ca 8495/97, NZA-RR 2000, 82; vgl. auch BAG v. 25.9.2008 – 8 AZR 717/07, AP Nr. 39 zu § 307 BGB = NZA 2009, 370; ErfK/*Müller-Glöge*, §§ 339–345 BGB Rz. 40.
6 Vgl. BGH v. 8.11.2001 – III ZR 14/01, BGHZ 149, 146 (155) = NJW 2002, 507; näher *Wern*, S. 67 f.
7 BAG v. 10.12.2008 – 4 AZR 801/07, AP Nr. 52 zu § 611 BGB Kirchendienst mit zust. Anm. *Reichold/Ludwig* = NZA 2009, 1423.
8 Vgl. dazu ErfK/*Preis*, §§ 305–310 BGB Rz. 80a.

unterliegt im Gegensatz zum Bezugnahmeobjekt stets einer uneinge-schränkten Kontrolle[1]. Es bedarf nämlich einer Überprüfung solcher Klau-seln, weil die Angemessenheit von Verweisungen gerade aus Sicht des Ar-beitnehmers als Klauselgegner nicht als selbstverständlich vorausgesetzt werden kann. Dabei geht es im Kern um die Frage, bei welchen Bezugnah-meklauseln die berechtigten Interessen des Arbeitnehmers ausreichend ge-schützt sind. Diese Fragestellung greift weiter als die Einbeziehungs- und Transparenzkontrolle.

73   Eine **dynamische Bezugnahme auf den gesamten TVöD oder einzelne seiner Regelungskomplexe** (s. dazu näher oben Rz. 30 f.) ist wirksam. Im Vorder-grund stehen hier der Wunsch der Vertragsparteien nach Vereinfachung[2] und das Interesse, die Rechtslage so zu gestalten, wie wenn der Tarifvertrag auf-grund § 4 Abs. 1 TVG zwischen den Vertragsparteien gälte[3]. Die Angemes-senheit solcher Klauseln folgt maßgeblich daraus, dass die Tarifvertragspar-teien, die durch gegenseitiges Aushandeln den Inhalt des Tarifvertrages bestimmen, gewährleisten, dass der Vertragsinhalt nicht einseitig festgelegt werden kann[4]. Allerdings setzt dies voraus, dass der Unklarheitenregel des § 305c BGB Genüge getan ist (s. dazu näher oben Rz. 30 f.). Fraglich bleibt, ob eine **ursprünglich dynamische Verweisung auf den BAT** in jedem Fall zu einer Ablösung durch den TVöD geführt hat. Das BAG hat nunmehr für den Bereich der chefärztlichen Vergütung entschieden, dass die Fälle, in denen der Wortlaut der Bezugnahmeklausel Raum für unterschiedliche Tarifwerke lässt, nicht über die Unklarheitenregel des § 305c Abs. 2 BGB zu lösen sind. Vielmehr habe die Auflösung der nach Vertragsschluss und bedingt durch ei-ne Tarifpluralität auf tariflicher Ebene eingetretenen Regelungspluralität durch ergänzende Vertragsauslegung zu erfolgen. Da die Arbeitsvertragspar-teien bei Fehlen besonderer Anhaltspunkte in der Regel an einer kontinuier-lichen Ersetzung der Vergütungsabrede interessiert seien, die ohne eine Um-stellung auf ein neues System erreicht werden könne, erfolge die weitere Vergütung grundsätzlich gemäß der Entgeltgruppe 15 Ü TVöD[5].

74   Ähnliche Überlegungen gelten für **dynamische Verweisungen** auf sog. **Ar-beitsordnungen des Krankenhausträgers**, die rechtlich gesehen in den meis-ten Fällen Betriebsvereinbarungen darstellen[6], und für **dynamische Verwei-**

---

1 Ebenso ErfK/*Preis*, §§ 305–310 BGB Rz. 12.
2 Zum Interesse der Vereinfachung s. nur BGH v. 21.6.1990 – VII ZR 308/89, BGHZ 11, 388 (391 f.) = NJW 1990, 3197; *Oetker*, JZ 2002, 337.
3 BAG v. 9.12.1981 – 4 AZR 312/79, AP Nr. 8 zu § 4 BAT = DB 1982, 1417; BAG v. 12.2.1992 – 5 AZR 566/90, AP Nr. 20 zu § 15 BAT = DB 1992, 1632; BAG v. 17.6.1993 – 6 AZR 318/92, n. v.
4 Eingehend *Wern*, S. 68 f.
5 BAG v. 9.6.2010 – 5 AZR 498/09 und 5 AZR 637/09.
6 Näher *Wern*, S. 70; zweifelnd ErfK/*Preis*, § 611 BGB Rz. 232; anders LAG Düsseldorf v. 25.8.2009 – 17 Sa 618/09, LAGE § 611 BGB 2002 Gratifikation Nr. 15, rkr., das Ver-weisungen auf Betriebsvereinbarungen lediglich deklaratorischen Charakter beimisst-Zur Rechtsnatur von Arbeitsordnungen als Betriebsvereinbarung s. nur BAG AP Nr. 9 zu § 59 BetrVG; LAG Saarbrücken v. 2.2.1966 – 1 Sa 60/65, NJW 1966, 2136 (2137); LAG Hamm v. 17.12.1980 – 12 TaBV 61/80, DB 1981, 1336.

sungen auf die Arbeitsvertragsrichtlinien (AVR) der Kirchen[1]. Soweit der 4. Senat des BAG eine Angemessenheitsprüfung von evangelischen AVR nach §§ 305 ff. BGB abgelehnt und nur eine Billigkeitskontrolle anhand der §§ 317, 319 BGB vorgenommen hat[2], steht diese Entscheidung nicht nur im Widerspruch zu der Rechtsprechung des 6. Senats[3], sondern ist auch in der Sache abzulehnen, weil kirchliche AVR allgemeine Geschäftsbedingungen i. S. d. §§ 305 ff. BGB darstellen (vgl. dazu Rz. 32 a. E.).

Anders ist es, wenn eine **dynamische Bezugnahme auf allgemeine Vertrags-** **bestimmungen des Krankenhausträgers** vorliegt wie etwa bei der Bezugnahme auf vom Krankenhausträger erlassene Satzungen, Dienstanweisungen und die Hausordnung in der jeweils gültigen Fassung[4]. Diese und ähnliche Klauseln begegnen bereits erheblichen Bedenken im Hinblick auf das **Transparenzgebot** des § 307 Abs. 1 Satz 2 BGB, wonach der Vertragspartner des Klauselverwenders sehen muss, worauf er sich mit der Zustimmung zu dem Klauselwerk einlässt[5]. Unabhängig von der Transparenzproblematik folgt die **Unangemessenheit** solcher Klauseln aber daraus, dass es sich um vom Krankenhausträger einseitig bestimmbare Vertragsrichtlinien handelt, auf deren Inhalt der Arbeitnehmer weder selbst noch über eine Interessenvertretung Einfluss nehmen kann[6].

oo) Widerrufsvorbehalte

Im Gegensatz zu Freiwilligkeitsvorbehalten stehen Widerrufsvorbehalte der Entstehung des Anspruchs nicht entgegen, sondern lassen nur seine Beseitigung durch einseitigen Gestaltungsakt des Arbeitgebers zu[7]. Sie stellen die **klassische Form von Änderungsvorbehalten** dar, so dass die oben dargestellten Grundsätze (s. unter Rz. 36 ff.) hier zu beachten sind. Für die Zulässigkeit von Widerrufsvorbehalten in Arbeitsverträgen ist also besonders auf Folgendes zu achten:

---

1 Näher *Wern*, S. 69 f.; vgl. für die AVR Caritasverband auch BAG v. 16.2.1989 – 6 AZR 325/87, ZTR 1989, 320; BAG v. 11.6.1997 – 7 AZR 313/96, AP Nr. 1 zu § 19 AVR Caritasverband = NZA 1997, 1288.

2 BAG v. 10.12.2008 – 4 AZR 801/07, AP Nr. 52 zu § 611 BGB Kirchendienst = NZA 2009, 1423; BAG v. 18.11.2009 – 4 AZR 493/08, AP Nr. 54 zu § 611 BGB Kirchendienst.

3 Vgl. BAG v. 17.11.2005 – 6 AZR 160/05, AP Nr. 45 zu § 611 BGB Kirchendienst = NZA 2006, 872; BAG v. 22.7.2010 – 6 AZR 847/07 und 6 AZR 170/08.

4 So etwa § 1 Abs. 2 der Beratungs- und Formulierungshilfe Chefarztvertrag der DKG, 8. Aufl. 2007.

5 Vgl. ErfK/*Preis*, §§ 305–310 BGB Rz. 44; Palandt/*Grüneberg*, § 307 BGB Rz. 16 ff., jeweils m. w. N.

6 Eingehend *Wern*, S. 70 ff.; vgl. jetzt auch BAG v. 11.2.2009 – 10 AZR 222/08, NZA 2009, 428.

7 Allg.M.; s. nur BAG v. 12.1.2005 – 5 AZR 364/04, AP Nr. 1 zu § 308 BGB = NZA 2005, 465; ErfK/*Preis*, §§ 305–310 BGB Rz. 57; *Zöllner*, NZA 1997, 121 (124).

77 Die entsprechende Klausel muss dem **Transparenzgebot** des § 307 Abs. 1
Satz 2 BGB genügen. Die Bestimmung muss klar und verständlich sein[1].
Deshalb ist eine Klausel, die eine Leistung „freiwillig und unter dem Vorbehalt jederzeitigen Widerrufs" gewährt, wegen Verstoßes gegen das Transparenzgebot unzulässig (s. dazu bereits oben Rz. 57)[2]. Die Klausel muss
ferner deutlich erkennen lassen, unter welchen Voraussetzungen (**Widerrufs-
grund**) und in welchem Umfang (**Reichweite der Eingriffsbefugnis**) die vor-
behaltenen Änderungen durchgeführt werden dürfen (s. dazu näher oben
Rz. 38). Die Zumutbarkeit des Widerrufsvorbehalts hängt nach **Auffassung
des BAG** insbesondere ab von der **Art und Höhe der Leistung**, die widerrufen
werden soll, von der **Höhe des verbleibenden Verdienstes** und der **Stellung
des Arbeitnehmers im Unternehmen**. Eingriffe in den Kernbereich des Arbeitsvertrages sollen wie nach bisheriger Rechtsprechung unzulässig sein.
Ein **Eingriff in den Kernbereich** des Arbeitsverhältnisses liegt aber nicht vor,
soweit der **widerrufliche Anteil am Gesamtverdienst unter 25 bis 30 %**
beträgt und der **Tariflohn nicht unterschritten** wird[3]. Bei **Lohn- und Ge-
haltszuschlägen** wie etwa Nacht-, Sonn- und Feiertags- wie auch sonstigen
Mehrarbeitszuschlägen wird man also grundsätzlich von der Wirksamkeit
entsprechender Widerrufsvorbehalte ausgehen müssen[4]. Anderes gilt selbstverständlich, wenn diese Rechte **tarifvertraglich abgesichert** sind. Im Übrigen ist auf die obigen Ausführungen zu Änderungsvorbehalten hinzuweisen
(s. dazu unter Rz. 36 ff.).

II. Besondere Formen der Begründung von Arbeitsverhältnissen

78 Neben dem Abschluss eines Arbeitsvertrages als klassischer Form sind noch
einige Sonderformen der Begründung von Arbeitsverhältnissen zu nennen.

79 Den praktisch wichtigsten Fall bildet der **Betriebsübergang nach § 613a
BGB**. Danach tritt der Übernehmer kraft Gesetzes in die bestehenden Arbeitsverhältnisse ein, wenn nicht die Arbeitnehmer von ihrem Widerspruchsrecht nach § 613a Abs. 6 BGB Gebrauch machen.

80 Eine **gesetzliche Fiktion** eines Arbeitsverhältnisses enthält **§ 10 Abs. 1 Satz 1
AÜG**. Danach gilt ein Arbeitsverhältnis zwischen Entleiher und Leiharbeitnehmer als zustande gekommen, wenn der Vertrag zwischen Verleiher und

---

1 BAG v. 12.1.2005 – 5 AZR 364/04, AP Nr. 1 zu § 308 BGB = NZA 2005, 465; BAG v.
11.10.2006 – 5 AZR 721/05, AP Nr. 6 zu § 308 BGB = NZA 2007, 87; ErfK/*Preis*,
§§ 305–310 BGB Rz. 60.
2 BAG v. 30.7.2008 – 10 AZR 606/07, AP Nr. 274 zu § 611 BGB Gratifikation = NZA
2008, 1173; LAG Hamm v. 27.7.2005 – 6 Sa 29/05, NZA-RR 2006, 125 (126); ErfK/
Preis, §§ 305–310 BGB Rz. 70; vgl. auch BAG v. 20.1.2010 – 10 AZR 914/08, NZA
2010, 445 f.
3 BAG v. 12.1.2005 – 5 AZR 364/04, AP Nr. 1 zu § 308 BGB = NZA 2005, 465; BAG v.
11.10.2006 – 5 AZR 721/05, AP Nr. 6 zu § 308 BGB = NZA 2007, 87.
4 So bereits BAG v. 30.8.1972 – 5 AZR 140/72, AP Nr. 6 zu § 611 BGB Lohnzuschläge =
SAE 1974, 20; BAG v. 7.1.1971 – 5 AZR 92/70, AP Nr. 12 zu § 315 BGB = SAE 1972,
56; BAG v. 2.9.1976 – 3 AZR 411/75, AP Nr. 8 zu § 611 BGB Arzt-Krankenhaus-Vertrag = SAE 1977, 293; vgl. auch *Wern*, S. 344.

Leiharbeitnehmer nach § 9 Nr. 1 AÜG unwirksam ist. Die Fiktion ist damit beschränkt auf die Fälle einer fehlenden Erlaubnis nach § 1 AÜG (vgl. § 9 Nr. 1 AÜG).

Auch nach **§ 24 BBiG** wird ein auf unbestimmte Zeit abgeschlossenes Arbeitsverhältnis fingiert, wenn Auszubildende im Anschluss an das Berufsausbildungsverhältnis beschäftigt werden, ohne dass hierüber etwas ausdrücklich vereinbart worden ist. 80a

Eine weitere **gesetzliche Fiktion** eines Arbeitsverhältnisses findet sich in **§ 78a BetrVG.** Danach gilt ein Arbeitsverhältnis als auf unbestimmte Zeit begründet, wenn ein Auszubildender, der Mitglied der Jugend- und Auszubildendenvertretung oder des Betriebsrates ist, innerhalb der letzten drei Monate vor dem Ende des Berufsausbildungsverhältnisses schriftlich vom Arbeitgeber seine Weiterbeschäftigung verlangt. Das BAG hat aber anerkannt, dass dem Arbeitgeber die Weiterbeschäftigung des Auszubildenden unzumutbar ist (vgl. § 78a Abs. 4 BetrVG), wenn ihm kein auf Dauer angelegter Arbeitsplatz zur Verfügung steht[1]. Im **öffentlichen Dienst** des Bundes gilt § 9 BPersVG, der eine entsprechende Vorschrift enthält. Einige Landespersonalvertretungsgesetze haben diese für ihren Bereich übernommen[2]. 81

---

1 BAG v. 24.7.1991 – 7 ABR 68/90, AP Nr. 23 zu § 78a BetrVG 1972 = NZA 1992, 174.
2 So z.B. Art. 9 Bayerisches Personalvertretungsgesetz (BayPVG); § 9 Sächsisches Personalvertretungsgesetz (SächsPersVG).

D. Pflichten des Arbeitgebers

I. Zahlung des Arbeitsentgelts

1. Vertragliche Hauptleistungspflicht

1 Die Zahlung des Arbeitsentgelts ist die **Hauptleistungspflicht** des Arbeitgebers. Sie ergibt sich aus dem Arbeitsvertrag und ist Gegenleistung für die Arbeitsleistung des Arbeitnehmers. Arbeitsleistung und Arbeitsentgelt stehen im sog. synallagmatischen Austauschverhältnis, vgl. §§ 611 Abs. 1, 320 BGB. Als **Arbeitsentgelt** kann „jeder als Gegenleistung für die geschuldeten Dienste bestimmte geldwerte Vorteil"[1] definiert werden. „Arbeitsentgelt" hat sich als Begriff in der Gesetzessprache durchgesetzt, synonym werden z.B. Lohn, Gehalt, Vergütung, Bezüge, Salär etc. verwendet[2]. Grundsätzlich wird es in **Geld**, und zwar in **Euro** gewährt, und ist damit „Geldschuld", vgl. § 107 Abs. 1 GewO[3]. Ausnahmsweise können aber auch andere geldwerte Vorteile als **Naturalvergütung** in den Grenzen des § 107 Abs. 2 GewO geschuldet sein, insbesondere als Sachleistungen (z.B. Dienstwagen, Werkswohnung), Rabatte oder Zuwendung von Rechten („Erwerbsobliegenheiten" wie das **Liquidationsrecht** der Leitenden Krankenhausärzte[4], dazu vgl. Rz. 27 sowie Teil 5 B). Nicht zum Arbeitsentgelt gehören dagegen Leistungen außerhalb des Austauschverhältnisses von Leistung und Gegenleistung (§ 320 BGB), z.B. Aufwendungsersatzansprüche oder Arbeitgeberdarlehen.

2 **Rechtsgrundlage** des Entgeltanspruchs ist der Arbeitsvertrag. Dieser regelt meist nur das „Ob" der Entgeltzahlung. Das „Wie" der Entgeltzahlung (insbesondere Höhe, Komponenten, Fälligkeit etc.) ergibt sich dagegen häufig aus anderen Rechtsquellen, insbesondere aus Tarifverträgen und anderen kollektiven Zusagen (sog. Entgeltbestimmungsfaktoren). Krankenhäuser in öffentlich-rechtlicher Trägerschaft sind regelmäßig tarifgebunden und verweisen in ihren Arbeitsverträgen auf die tariflichen Vergütungsbedingungen (näher Rz. 24). Die Vergütungshöhe unterliegt grundsätzlich **freier Vereinbarung**, doch darf im Falle beiderseitiger Tarifbindung die tarifliche Vergütung nicht unterschritten werden (vgl. § 4 Abs. 3 TVG). Auch ohne eine ausdrückliche Vereinbarung ist in der Regel der entsprechende Tariflohn zu zahlen, vgl. § 612 Abs. 2 BGB. Eine Inhaltskontrolle vorformulierter Verträge der Krankenhausträger findet zwar – auch bei Chefarztverträgen, soweit nicht im Einzelnen ausgehandelt – nach §§ 307 ff. BGB grundsätzlich statt, bezieht sich aber nicht auf die Hauptkonditionen der Vergütung (§ 307 Abs. 3 BGB)[5].

---

1 BAG v. 22.3.2001 – 8 AZR 536/00, ArztR 2002, 122; MünchArbR/*Krause*, § 54 Rz. 1.
2 ErfK/*Preis*, § 611 BGB Rz. 389; HWK/*Thüsing*, § 611 BGB Rz. 85.
3 *Reichold*, Arbeitsrecht, § 8 Rz. 5.
4 Näher dazu Laufs/Kern/*Genzel/Degener-Hencke*, § 87 Rz. 1 ff.; MünchArbR/*Richardi*, § 339 Rz. 35 ff.; *Wern*, S. 176 ff., insb. S. 194 f.
5 Zur Inhaltskontrolle von Chefarztverträgen vgl. *G. Reinecke*, NJW 2005, 3383 (3385); *Wern*, S. 50 ff.; ArbG Heilbronn v. 4.9.2008 – 7 Ca 214/08, ArztR 2009, 205.

2. Nachweispflicht

Das Arbeitsentgelt unterliegt der Nachweispflicht gem. § 2 Nr. 6 NachwG.   3
Nach dieser Norm sind

„die Zusammensetzung und Höhe des Arbeitsentgelts einschließlich der Zuschläge, der
Zulagen, Prämien und Sonderzahlungen sowie anderer Bestandteile des Arbeitsentgelts
und deren Fälligkeit"

spätestens einen Monat nach dem Beginn des Arbeitsverhältnisses vom Arbeitgeber schriftlich niederzulegen und dem Arbeitnehmer auszuhändigen.
Soweit die Pflichtangaben des § 2 NachwG im **Arbeitsvertrag** niedergelegt
sind, entfällt die Nachweisverpflichtung. Durch § 2 NachwG wird zwar ein
Schriftformerfordernis begründet. Doch führt dessen Nichtbeachtung nicht
zur Unwirksamkeit des Vertrags[1]. Verletzt der Arbeitgeber seine Dokumentationspflicht nach dem Nachweisgesetz, so ändert das nichts an der Wirksamkeit des Arbeitsverhältnisses. Doch muss er sich im Streitfall die Verletzung der Nachweispflicht als „Beweisvereitelung" zurechnen lassen. Der
Arbeitnehmer kann sich etwa auf eine ihm günstigere Entgeltvereinbarung
berufen; Zweifel gehen wegen der Nichtdokumentation dann zu Lasten des
beweispflichtigen Arbeitgebers[2]. Überdies muss der Arbeitgeber dem Arbeitnehmer bei Zahlung des Arbeitsentgelts auch eine **Abrechnung** in Textform
erteilen und angeben, wie sich dieses zusammensetzt, vgl. § 108 GewO.

3. Entgeltbemessung

Die Entgeltbemessung ist regelmäßig von zwei Faktoren abhängig: zum ei-   4
nen vom „Wert" der Arbeitsleistung für den Arbeitgeber (Schwierigkeitsgrad), zum anderen von einem Zeit-, Leistungs- oder Erfolgsfaktor (Rz. 6).
Grundsätzlich unterliegt die Entgeltbemessung der freien Disposition der
Parteien. Während in der Privatwirtschaft frei vereinbarte Vergütungsabre-
den häufiger begegnen, erfolgt die Entgeltbemessung im **öffentlichen Dienst**
regelmäßig durch Tarifvertrag („Eingruppierung", vgl. Rz. 7). Wegen der Bindung an das dem öffentlichen Dienst zugrunde liegende Haushaltsrecht und
wegen der Harmonisierung mit dem Dienstrecht der Beamten sollen im öffentlichen Dienst möglichst einheitliche Bedingungen gelten[3]. Im **Krankenhaus** gilt zudem das Gebot der „sparsamen Wirtschaftsführung" (§ 3 Abs. 1
Satz 3 BPflV), so dass auch bei Leitenden Krankenhausärzten wenig Spielraum für freie Vereinbarungen bleibt[4]. Unabhängig von der Rechtsform des
Trägers werden die Personalkosten im Krankenhaus maßgeblich durch die
Pflegesätze beeinflusst.

---

1 H.M., vgl. nur ErfK/*Preis*, Einf. NachwG Rz. 7 ff.; HWK/*Kliemt*, Vorb. NachwG
  Rz. 13 ff.
2 ErfK/*Preis*, Einf. NachwG Rz. 23 m. w. N.
3 MünchArbR/*Giesen*, § 326 Rz. 15; Laufs/Kern/*Genzel/Degener-Hencke*, § 86 Rz. 20.
4 Dazu näher Laufs/Kern/*Genzel/Degener-Hencke*, § 86 Rz. 23 ff. (25).

4. Entgeltarten

5   Beim Arbeitsentgelt unterscheidet man zwischen dem Entgelt im engeren
Sinne („laufendes Entgelt"), das als Gegenleistung für die **laufende Arbeit**
pro Arbeitsperiode (in der Regel monatlich) gewährt wird, und der **Sondervergütung** als Entgelt im weiteren Sinne, das der Arbeitgeber „zusätzlich zum
laufenden Arbeitsentgelt" erbringt (so § 4a Satz 1 EFZG), z.B. Gratifikationen, Urlaubsgelder oder Jahressonderzahlungen (vgl. § 20 TVöD-K, dazu
Rz. 21). Auch im öffentlichen Dienst ist diese Unterscheidung wegen der unterschiedlichen Bestandsfestigkeit der Entgeltarten von Bedeutung. Die Kürzung von Sondervergütungen war z.B. Anlass für die TdL (Tarifgemeinschaft
deutscher Länder), entsprechende Tarifverträge im Rahmen des BAT anno
2003 zu kündigen[1]. In der Privatwirtschaft wird Entgelt i.w.S. häufig nur
„freiwillig", d.h. ohne Rechtsanspruch auf Dauer (über die einmalige Leistung hinaus) gewährt[2].

6   Eine weitere Unterscheidung ist möglich nach der Art und Weise der Entgeltbemessung. So unterscheidet man zwischen „zeitabhängiger" Vergütung
und „leistungsabhängiger" Vergütung. Für Arbeitnehmer im Krankenhaus
ist das **Zeitentgelt** die Regel, das nach Zeitabschnitten bemessen wird (z.B.
monatliches „Tabellenentgelt", vgl. § 15 TVöD-K). Beim **Leistungsentgelt**
kommt es auf die Qualität oder Quantität der geleisteten Arbeit an, so dass
besonders gute Leistungen sich anders als beim Zeitentgelt in der Vergütung
widerspiegeln. Im öffentlichen Dienst gab es vor dem TVöD/TV-L praktisch
keine echte leistungsbezogene Vergütung[3]. Schwierig ist jeweils – außerhalb
von Umsatz- bzw. Verkaufszahlen – die Messbarkeit der Leistung. In § 18
Abs. 4 Satz 2 TVöD-K (VKA) wird deshalb eine **Leistungsprämie** z.B. an Zielvereinbarungen geknüpft. Diese werden definiert als

„eine freiwillige Abrede zwischen der Führungskraft und einzelnen Beschäftigten oder
Beschäftigtengruppen über objektivierbare Leistungsziele und die Bedingungen ihrer Erfüllung" (§ 18 Abs. 5 Satz 2 TVöD)[4].

Während die Leistungsprämie als Einmalzahlung gewährt wird, sollen „Leis-
tungszulagen" als zeitlich befristete, widerrufliche, in der Regel monatliche
Zahlungen auf der Basis einer betrieblich vereinbarten systematischen Leis-
tungsbewertung möglich sein. Die „Erfolgsprämie" als weitere Einmalzahlung wird dagegen nur in Bereichen sinnvoll einzusetzen sein, wo der Unter-
nehmenserfolg wie z.B. im öffentlichen Nahverkehr messbar ist, was bei
Krankenhäusern in der Regel nicht der Fall sein wird. Das im TVöD neu ermöglichte Leistungsentgelt wird in den drei genannten Varianten immer
„zusätzlich" (*on top*) zum Tabellenentgelt gewährt (§ 18 Abs. 2 TVöD), wäh-

---

1 Vgl. *Hock*, ZTR 2004, 229; *Slowik/Polte*, ZTR 2004, 2.
2 Zur Inhaltskontrolle vgl. näher BAG v. 30.7.2008 – 10 AZR 606/07, NZA 2008, 1173;
   ferner ErfK/*Preis*, §§ 305–310 BGB Rz. 68 ff.; *Lembke*, NJW 2010, 257; *Reichold*, Arbeitsrecht, § 8 Rz. 11.
3 *Schmidt-Rudloff* in: Bepler/Böhle/Meerkamp/Stöhr, TVöD-AT (Stand 2010), § 18
   (VKA) Rz. 1.
4 Dazu näher *Böhle/Poschke*, ZTR 2005, 286 (295 f.).

rend in der privaten Wirtschaft häufiger auch das Grundgehalt durch Leistungskomponenten variabel ausgestaltet ist (vgl. Rz. 28)[1].

5. Eingruppierung

Die Entgeltbemessung im Tarifvertrag erfolgt durch „Eingruppierung". Hierfür enthält der Tarifvertrag eine Art „Katalog", aus dem sich ersehen lässt, welcher **abstrakten Tätigkeit** (z. B. „Stationsschwester") welche Entgeltgruppe zugeordnet ist. Der Eingruppierungsvorgang besteht dann darin, die konkrete Tätigkeit des Arbeitnehmers unter eine der abstrakt beschriebenen Tätigkeiten der Vergütungsordnung zu subsumieren. Bei der Eingruppierung hat der Arbeitgeber kein Wahlrecht, sondern muss diese so wie im Tarifvertrag vorgesehen vollziehen (sog. Eingruppierungsautomatik)[2]. Bei einer irrtümlichen Eingruppierung in eine zu niedrige Vergütungsgruppe hat der Arbeitnehmer einen Anspruch auf rückwirkende Höhergruppierung. Umgekehrt muss der Arbeitnehmer den zu viel gezahlten Lohn erstatten, wenn er irrtümlich zu hoch eingruppiert worden war. Diese Rückerstattungspflicht gilt jedoch erst nach Wirksamwerden einer Änderungskündigung[3].

7

Im Verhältnis zum früheren BAT hat sich die Entgeltbemessung im neuen **TVöD-K bzw. TV-L** (dazu näher Rz. 22) grundlegend gewandelt. Maßgeblich ist nicht mehr das beamtenrechtliche Alimentationsprinzip, sondern die vertragliche Austauschbeziehung zwischen Arbeitgeber und Arbeitnehmer. Während in der Vergangenheit die Bezahlung an Alter, Familienstand und Zahl der Kinder geknüpft war, gilt nun das Prinzip der **leistungsorientierten** Bezahlung[4]. Die Eingruppierung erfolgt nach §§ 12, 12.1 sowie § 13 TVöD-K bzw. §§ 15, 16 TV-Ärzte/VKA. Ein vollständiges Eingruppierungsrecht des TVöD gibt es derzeit noch nicht, doch steht fest, dass das BAT-Bewertungsverfahren gem. § 22 Abs. 2 BAT beibehalten wird[5]. Die Ermittlung des Tabellenentgelts richtet sich nach § 15 TVöD-K in Verbindung mit den jeweiligen Anlagen C bis F. Für Ärztinnen und Ärzte gelten im VKA-Bereich §§ 18–20 TV-Ärzte (mit Anlage).

8

Die Eingruppierung erfolgt abhängig vom **Ausbildungsstand**. So gibt es vier Qualifikationsebenen: für Un-/Angelernte (Entgeltgruppe 1–4), für Beschäftigte mit dreijähriger Ausbildung (Entgeltgruppe 5–8), für Beschäftigte mit Fachhochschulabschluss bzw. Bachelor (Entgeltgruppen 9–12) und für Beschäftigte mit wissenschaftlichem Hochschulabschluss bzw. Master (Entgeltgruppen 13–15). Innerhalb dieser Qualifikationsebenen erfolgt die Entgeltbemessung **tätigkeitsbezogen**, d. h. abhängig von Faktoren wie z. B. Schwierigkeitsgrad der Arbeit, Höhe der Belastung, Maß der Verantwortung usw. Je schwieriger die Tätigkeit, desto höher die zugeordnete Entgeltgruppe.

9

---

1 Dazu näher MünchArbR/*Krause*, §§ 56–58.
2 MünchArbR/*Giesen*, § 326 Rz. 47 ff.
3 BAG v. 15.3.1991 – 2 AZR 582/90, NZA 1992, 120.
4 Vgl. nur MünchArbR/*Giesen*, § 326 Rz. 43; *Bredendiek/Fritz/Tewes*, ZTR 2005, 230 (233); *v. Hoyningen-Huene*, ZMV-Sonderheft 2006, 5 (8); *Rieger*, ZTR 2006, 402.
5 MünchArbR/*Giesen*, § 326 Rz. 45 ff.

10 Innerhalb jeder einzelnen Entgeltgruppe gibt es **fünf bis sechs Stufen**, vgl. § 16 Abs. 1 TVöD-K. Die Beschäftigten werden bei der Einstellung zunächst in Stufe 1 eingruppiert, sofern sie über keine Berufserfahrung verfügen, in Stufe 2, sofern eine Berufserfahrung von mindestens einem Jahr vorliegt, und in Stufe 3, sofern eine Berufserfahrung von mindestens drei Jahren vorliegt, vgl. § 16 Abs. 2 TVöD-K. Der spätere Aufstieg in die höheren Stufen ist abhängig von der Verweildauer in der jeweiligen Stufe, vgl. § 16 Abs. 3 TVöD-K. Je nach Leistung kann der Stufenaufstieg beschleunigt oder verlangsamt werden[1]. **Ärztinnen und Ärzte** werden je nach Qualifikation (Arzt – Facharzt – Oberarzt – leitender Oberarzt) in Entgeltgruppen I–IV und dort nach Stufenlaufzeit eingruppiert, vgl. §§ 18–20 TV-Ärzte/VKA. Vorzeitige Leistungsaufstiege sind möglich (§ 20 Abs. 2 TV-Ärzte/VKA).

6. Vergütung von Bereitschaftsdiensten, Überstunden, Mehrarbeit

11 **a) Abgrenzung.** Der neue TVöD (TV-L) hat die „Sonderformen" der Arbeit in §§ 7 bzw. 7.1 neu definiert und klarer als früher gegeneinander abgegrenzt, der TV-Ärzte/VKA regelt das analog in §§ 9, 10 für Ärztinnen und Ärzte:

– **Bereitschaftsdienste** sind zwar als Arbeitszeit i. S. d. ArbZG zu behandeln (vgl. Teil 10 A Rz. 6), was durch den EuGH mehrfach klargestellt wurde[2] und auch im ArbZG seit 2004 anerkannt ist. Doch werden sie „außerhalb der regelmäßigen Arbeitszeit" abgeleistet, was eine Aufenthaltsbeschränkung (z. B. im Klinikum), verbunden – falls erforderlich – mit der Pflicht zur unverzüglichen Aufnahme der vollen Arbeitstätigkeit, bedeutet[3]. Daher steht es den Parteien frei, für Arbeitszeiten **minderer Intensität** auch geringere Vergütungssätze vorzusehen[4].

– **Überstunden** bezeichnen demgegenüber solche Vollarbeitszeiten auf Anordnung des Arbeitgebers, die nach § 7 Abs. 7 TVöD „über die im Rahmen der regelmäßigen Arbeitszeit von Vollbeschäftigten für die Woche dienstplanmäßig bzw. betriebsüblich festgesetzten Arbeitsstunden **hinausgehen**", ohne bis zum Ende der folgenden Kalenderwoche ausgeglichen zu werden; besondere Regeln gelten bei Arbeitszeitkorridoren, Schichtplänen und Rahmenzeiten, vgl. § 7 Abs. 8 TVöD[5].

– **Mehrarbeit** wird im TVöD nur noch für **Teilzeitkräfte** als Rechtsbegriff verwendet, soweit diese „über die vereinbarte regelmäßige Arbeitszeit hinaus **bis zur regelmäßigen** wöchentlichen Arbeitszeit von Vollbeschäftigten" ihre Arbeitsstunden ableisten, vgl. § 7 Abs. 6 TVöD. Soweit eine

---

1 Näher zum leistungsorientierten Stufenaufstieg vgl. *Kuner*, Der neue TVöD, Rz. 267 ff.

2 EuGH v. 3.10.2000 – Rs. C-303/98 („SIMAP"), NZA 2000, 1227; EuGH v. 9.9.2003 – Rs. C-151/02 („Jaeger"), NJW 2003, 2971; EuGH v. 5.10.2004 – Rs. C-397/01 etc. („Pfeiffer"), NJW 2004, 1145.

3 BAG v. 25.4.2007 – 6 AZR 799/06, NZA 2007, 1108 (1109); ErfK/*Wank*, § 2 ArbZG Rz. 28.

4 H. M., vgl. nur *Baeck/Deutsch*, ArbZG, § 2 Rz. 46; ErfK/*Wank*, § 2 ArbZG Rz. 31; Mü-Arb/*Anzinger*, § 298 Rz. 38.

5 Dazu näher *Böhle/Poschke*, ZTR 2005, 286 (289).

Teilzeitkraft mehr Stunden als vereinbart leistet, handelt es sich also so lange um „Mehrarbeit", als die regelmäßige Wochenarbeitszeit nicht erreicht ist. Alles, was darüber hinausgeht und nicht ausgeglichen werden kann, ist als „Überstunden" zu werten.

Eine schwierige **Abgrenzungsfrage** betrifft die Bewertung und Vergütung solcher Arbeiten, die sich **nahtlos** an die regelmäßige Arbeitszeit anschließen (z.B. bei unvorhersehbar langem Operationsverlauf). Ist Bereitschaftsdienst im Anschluss an die Regelarbeitszeit angeordnet, stellt sich die Frage, ob die nahtlose Fortsetzung z.B. bei OP-Tätigkeit als „Bedarfsfall" eingeschätzt werden kann. Das LAG Schleswig-Holstein hat dies (zu § 15 Abs. 6a BAT) mit dem Argument bejaht, dass die Anordnung von Bereitschaftsdienst keiner Zäsur von einer „logischen Sekunde" zur Vollarbeit bedürfe; der Bereitschaftsdienst setze auch nicht voraus, dass nur unvorhersehbare Arbeiten anfallen und abgerufen werden dürften[1]. Dies wurde vom BAG bestätigt[2]. Kraft seines Weisungsrechts (§ 106 GewO) kann der Arbeitgeber grundsätzlich zwischen der Anordnung von Überstunden oder Bereitschaftsdienst wählen, soweit beachtet wird, dass im letzteren Fall die inaktiven Zeiten überwiegen müssen[3]. Anderes gilt bei Rufbereitschaft (Hintergrunddienst), weil hier eine Zäsur zwischen Vollarbeit und Ruhezeit zwingend ist (vgl. Rz. 19). 12

b) Bereitschaftsdienstvergütung. Auch wenn Bereitschaftsdienste arbeitsschutzrechtlich zur Arbeitszeit zählen, folgt daraus noch nichts für ihre Vergütung. Weder aus der RL 2003/88/EG noch aus der Rechtsprechung des EuGH hierzu folgt, dass sie wie sonstige Arbeitszeit vergütet werden müssten[4]. Vielmehr steht es den Arbeitsvertrags- und Tarifparteien frei, für Arbeitszeitformen minderer Intensität andere, in der Regel geringere Vergütungssätze zu bestimmen. Konkret hat das BAG eine Vereinbarung, in der für Bereitschaftsdienste nur **68 %** der regulären Vergütung versprochen wurde, als angemessen und daher wirksam bezeichnet[5]. Die Vergütung eines Bereitschaftsdienstes kann entweder durch Geldleistung oder durch Freizeitausgleich erfolgen. Arbeitgeber bzw. Tarifparteien haben diesbezüglich ein Wahl- bzw. Kombinationsrecht[6]. Nimmt ein Beschäftigter nicht nur die gewährte Freizeit, sondern vorbehaltlos auch die dafür gezahlte Vergütung in Anspruch, erklärt er damit konkludent seine Zustimmung zur Abgeltung 13

---

1 LAG Schl.-Holst. v. 25.7.2006 – 5 Sa 60/06; a.A. wohl BAG v. 26.11.1992 – 6 AZR 455/91, BAGE 72, 26 = ArztR 1993, 231 = NZA 1993, 659 zur Abgrenzung von Überstunden und Rufbereitschaft.
2 BAG v. 25.4.2007 – 6 AZR 799/06, BAGE 122, 225 = NZA 2007, 1108.
3 BAG v. 25.4.2007 – 6 AZR 799/06, NZA 2007, 1108 (1109); BAG v. 27.1.1994 – 6 AZR 465/93, AP Nr. 23 zu § 17 BAT = ArztR 1994, 261 = NZA 1994, 1003.
4 EuGH v. 1.12.2005 – Rs. C-14/04 („Dellas"), NZA 2006, 89; EuGH v. 9.9.2003 – Rs. C-151/02 („Jaeger"), Slg. 2003, I-8389 = NZA 2003, 1019.
5 BAG v. 28.1.2004 – 5 AZR 530/02, BAGE 109, 254 = NZA 2004, 656 = MedR 2004, 508.
6 LAG Köln v. 17.1.2006 – 9 Sa 1242/05.

der entsprechenden geleisteten Bereitschaftsdienste durch Freizeitausgleich. Eine Bindung für die Zukunft erfolgt für beide Seiten aber dadurch nicht[1].

14 Der **TVöD-K** enthält eine Sonderregelung für die Vergütung von Bereitschaftsdiensten in § 8.1 TVöD-K (i. V. m. Anlage G). Demzufolge ist die Vergütung abhängig von den „erfahrungsgemäß durchschnittlich anfallenden Arbeitsleistungen" pro Bereitschaftsdienst (Bewertung nach „Belastungsstufen I bis III"); die Bewertung als Arbeitszeit wurde angepasst an den TV-Ärzte/VKA des Marburger Bunds (§ 12 Abs. 1) und damit deutlich aufgewertet[2].

Beispiel:

Der im Bereitschaftsdienst der Stufe I (bis zu 25 %ige Arbeitsbelastung) eingesetzte Krankenpfleger A leistet in einem Kalendermonat elf Bereitschaftsdienste. Die geleisteten Bereitschaftsdienststunden werden zum Zwecke der Bezahlung jetzt grundsätzlich mit **60 % als Arbeitszeit** vergütet (s. Teil 10 C Rz. 9).

Grundlage für die Vergütung ist das monatliche Tabellenentgelt nach TVöD-K, von dem ein **prozentualer** Teilbetrag für den Bereitschaftsdienst fällig wird. Mit dem ermittelten Entgelt wird einheitlich sowohl die Zeit des Sich-Bereithaltens (inaktive Zeit) als auch die tatsächlich geleistete Arbeit (aktive Zeit) **pauschal** abgegolten[3]. Überstundenzuschläge nach § 8 TVöD werden demzufolge nicht gezahlt. Eine Abgeltung in Freizeit ist möglich. Zu den einzelnen Regelungen in den anderen Krankenhaustarifverträgen vgl. Teil 10 C.

15 **c) Überstundenvergütung**. Zur Zahlung einer Überstundenvergütung ist der Arbeitgeber nach § 611 BGB verpflichtet, wenn der Arbeitnehmer über die regelmäßige Arbeitszeit hinaus tätig geworden ist und die Überstunden vom Arbeitgeber entweder angeordnet, geduldet oder gebilligt worden sind oder aus anderen Gründen **notwendig** erscheinen[4]. Schweigt der Arbeitsvertrag, ist die übliche Überstundenentlohnung, mindestens aber der anteilige Stundenlohn zu bezahlen. Eine Formularklausel, wonach anfallende Überstunden lediglich mit dem Monatsentgelt abgegolten sind, verstößt wegen Unangemessenheit gegen § 307 BGB[5], ist aber auch zu unbestimmt[6]. Die Überstundenvergütung kann entweder durch Geldleistung oder Freizeitausgleich erfolgen. Zusätzlich zur üblichen Grundvergütung wird regelmäßig

1 BAG v. 17.12.2009 – 6 AZR 716/08, ZTR 2010, 197; vgl. auch BAG v. 19.11.2009 – 6 AZR 624/08, ZTR 2010, 195 (zu § 8.1 Abs. 7 Satz 1 TVöD-K).

2 *Reichold*, öAT 2010, 29 (31).

3 *Dannenberg* in: Bepler/Böhle/Meerkamp/Stöhr, TVöD-BT-K (Stand 2010), § 46 Rz. 3.

4 Dazu LAG Köln v. 30.7.2003 – 8 (3) Sa 220/03, PflR 2004, 366: Ordnet ein Krankenhausträger gegenüber der verantwortlichen Klinikleitung an, die Arbeitsorganisation so zu gestalten, dass keine Überstunden entstehen, die nicht durch Freizeit ausgeglichen werden können, so kann ein Klinikarzt gleichwohl Vergütung für Überstunden verlangen, selbst wenn diese nicht angeordnet waren, soweit sie als nicht aufschiebbare Tätigkeiten für die gebotene Versorgung der Patienten *notwendig* waren; vgl. auch Küttner/*B. Reinecke*, „Überstunden" Rz. 16.

5 So LAG Hamm v. 16.11.2004 – 19 Sa 1424/04, bestätigt von BAG v. 28.9.2005 – 5 AZR 52/05, BB 2006, 327 = NZA 2006, 149.

6 Küttner/*B. Reinecke*, „Überstunden" Rz. 12.

ein sog. **Überstundenzuschlag** gewährt, wenn er durch Arbeits- oder Tarifvertrag gesondert vereinbart worden ist. Die Überstundenzuschläge sind meist gestaffelt und prozentual abhängig von der Grundvergütung.

Nach § 8 Abs. 1 Satz 2 lit. a TVöD-K ist die Höhe des Überstundenzuschlags   16
(„**Zeitzuschlag**") abhängig von der Entgeltgruppe. Für die Entgeltgruppen 1–9 ist ein Zuschlag von 30 % des Tabellenentgelts vorgesehen, für die Entgeltgruppen 10–15 ein Zuschlag von 15 % (vgl. auch § 11 Abs. 1 Satz 2 lit.a, TV-Ärzte/VKA). Der Stundenlohn ergibt sich aus der Berechnungsformel des § 24 Abs. 3 Satz 3 TVöD-K. Auf Wunsch der Beschäftigten können, soweit ein Zeitkonto eingerichtet ist und die betrieblichen Verhältnisse es zulassen, die **Zeitzuschläge** entsprechend dem jeweiligen Prozentsatz einer Stunde in **Zeit** umgewandelt und ausgeglichen werden. Nach § 8 Abs. 1 Satz 5 TVöD-K kann sich der Arbeitnehmer auch dafür entscheiden, **Überstunden** als solche – im Maßstab 1:1 – seinem Zeitkonto zuführen zu lassen, so dass anstelle der Vergütung eine Zeitgutschrift erfolgt.

d) Mehrarbeitsvergütung. Mehrarbeit können nach § 7 Abs. 6 TVöD nur   17
Teilzeitkräfte leisten (Rz. 11). Aus § 6 Abs. 5 TVöD lässt sich folgern, dass eine Verpflichtung zur Mehrarbeit nur aufgrund arbeitsvertraglicher Regelung oder Zustimmung des Beschäftigten im Einzelfall besteht. Das Weisungsrecht des Arbeitgebers ist insoweit – entgegen der früheren Rechtslage nach BAT – durch den TVöD eingeschränkt[1]. Eine besondere Vergütungsregelung enthält der TVöD nicht, so dass auf § 8 Abs. 2 TVöD zurückzugreifen ist: danach erhält die Mehrarbeit leistende Teilzeitkraft nur dann, wenn ein Ausgleich im Zeitraum des § 6 Abs. 2 TVöD nicht möglich ist, für je eine Stunde Mehrarbeit 100 % seines regulären Tabellenentgelts (so auch § 11 Abs. 2 TV-Ärzte/VKA).

7. Rufbereitschaftsvergütung

Rufbereitschaft zählt arbeitsschutzrechtlich nicht zur „Arbeitszeit", son-   18
dern zur „Ruhezeit" (näher Teil 10 B Rz. 8, 12). Beim sog. Hintergrunddienst ist der Arzt nur verpflichtet, sich auf Anordnung des Arbeitgebers außerhalb seiner regelmäßigen Arbeitszeit an einem (dem Arbeitgeber anzuzeigenden) **Ort seiner Wahl** aufzuhalten, um auf Abruf (über „Piepser" oder „Handy") **alsbald** die Arbeit aufzunehmen[2]. Die Rufbereitschaft unterscheidet sich vom Bereitschaftsdienst also dadurch, dass sich der Mitarbeiter in der Zeit, für die sie angeordnet ist, nicht in der Einrichtung aufhalten muss, sondern seinen Aufenthaltsort selbst bestimmen kann. Rufbereitschaft kann aber nicht für dienstplanmäßig festgesetzte Arbeitsstunden angeordnet werden[3]. Das BAG hat weiter entschieden, dass eine knappe Zeitvorgabe von **20 Minuten**, innerhalb derer die Arbeitsaufnahme erfolgen müsse, mit Sinn und

---

1 *Kuner*, Der neue TVöD, Rz. 230.
2 BAG v. 9.10.2003 – 6 AZR 447/02, AP Nr. 47 zu § 15 BAT = NZA 2004, 390 (zu § 15 VI lit. b BAT); BAG v. 31.1.2002 – 6 AZR 214/00, ZTR 2002, 432.
3 BAG v. 9.10.2003 – 6 AZR 447/02, AP Nr. 47 zu § 15 BAT = NZA 2004, 390 (zu § 15 VI lit. b BAT).

Zweck der Rufbereitschaft nicht mehr vereinbar sei[1]. Erfolgt eine tatsächliche Arbeitsleistung während der Rufbereitschaft, so ist sie als Arbeitszeit mit den normalen vergütungsrechtlichen Folgen zu werten, doch kann auch hier pauschaliert werden[2].

19   Den Weg der Pauschalierung hat der **TVöD-K** in § 8 Abs. 2 in völlig neuer Weise[3] gewählt. „Rufbereitschaft", wie sie in § 7 Abs. 4 definiert – und durch § 7.1 Abs. 8 ergänzt (vgl. Teil 10 B Rz. 12) – wird, ist nicht dadurch ausgeschlossen, dass die Beschäftigten mit einem Mobiltelefon oder einem vergleichbaren technischen Hilfsmittel ausgestattet werden (§ 7 Abs. 4 Satz 2 TVöD-K bzw. § 10 Abs. 8 Satz 2 TV-Ärzte/VKA). Bei mindestens zwölfstündiger Dauer des Hintergrunddienstes wird eine **tägliche Pauschale** je Entgeltgruppe gezahlt, bei Beginn Montag bis Freitag das Zweifache, bei Beginn Samstag, Sonntag und Feiertage das Vierfache des tariflichen Stundenentgelts nach der Tabelle. Die Tarifparteien waren sich einig über die Bewertung folgenden **Beispiels**:

„Beginnt eine Wochenendrufbereitschaft am Freitag um 15.00 Uhr und endet am Montag um 7.00 Uhr, so erhalten Beschäftigte folgende Pauschalen: Zwei Stunden für Freitag, je vier Stunden für Samstag und Sonntag, keine Pauschale für Montag. Sie erhalten somit zehn Stundenentgelte." Dazu muss erklärt werden, dass (1) eine 64 Std. ununterbrochen andauernde Rufbereitschaft vorliegt, so dass eine nur „stundenweise" Rufbereitschaft nach Abs. 6 ausscheidet, (2) nicht auf Kalendertage, sondern auf 24-Std.-Zeiträume abzustellen ist, so dass für Freitag 15.00 Uhr bis Samstag 14.59 Uhr **zwei** Stundenentgelte, für Samstag ab 15.00 Uhr und für Sonntag ab 15.00 Uhr jeweils **vier** Stundenentgelte fällig werden. Für angebrochene Folgetage (hier: der Montag) ist grundsätzlich keine erneute Pauschale zu zahlen.

Zeiten der *tatsächlichen* Inanspruchnahme (aktive Zeit) werden einschließlich der erforderlichen Wegezeiten aber nicht von der Pauschalierung erfasst, sondern nach § 8 Abs. 3 Satz 4 TVöD **zusätzlich** zur Pauschale honoriert: jede einzelne Inanspruchnahme vor Ort wird hierbei auf eine volle Stunde aufgerundet und mit dem Entgelt für **Überstunden** (Rz. 16) ausbezahlt[4] (vgl. auch § 11 Abs. 3 Sätze 4, 5 TV-Ärzte/VKA). Seit 1.7.2008 wird die nur telefonische Inanspruchnahme vom frei gewählten Aufenthaltsort aus dagegen nach Einzeltätigkeiten erst zusammengerechnet, bevor aufgerundet wird[5]. Wird ein Arzt, der sich laut Dienstplan im Anschluss an die tägliche Arbeitszeit in Rufbereitschaft befindet, über das Ende der regelmäßigen Arbeitszeit hinaus **nahtlos** weiterbeschäftigt, kann aber nicht nach Rufbereitschaftskriterien, sondern nur nach Vollarbeitsregeln ggf. mit Überstundenzuschlägen abgerechnet werden[6].

---

1 BAG v. 31.1.2002 – 6 AZR 214/00, ZTR 2002, 432; ferner LAG Köln v. 13.8.2008 – 3 Sa 1453/07, ZTR 2009, 76 (15 Minuten erst recht zu eng für Rufbereitschaft).
2 *Anzinger*, FS Wißmann, 2005, S. 3 (7) m. w. N.
3 *Böhle/Poschke*, ZTR 2005, 286 (291).
4 BAG v. 24.9.2008 – 6 AZR 259/08, ZTR 2009, 22.
5 Anpassung an die Norm des § 8 Abs. 5 TV-L, vgl. Beispiele bei *Zetl*, ZMV 2008, 239 (241 f.).
6 BAG v. 9.10.2003 – 6 AZR 447/02, AP Nr. 47 zu § 15 BAT = NZA 2004, 390 (zu § 15 VI lit. b BAT).

8. Sondervergütungen

Neben dem monatlichen Grundgehalt werden häufig sog. **Sondervergütun-**   20
gen oder Gratifikationen als jährliche **Einmalzahlung** geleistet (Entgelt
i.w.S., vgl. Rz. 5). Es handelt sich dabei um Arbeitsentgelt, das „zusätzlich
zum laufenden Arbeitsentgelt" gewährt wird, vgl. Legaldefinition in § 4a
Satz 1 EFZG. In der Regel gibt es hierfür einen besonderen Anlass (z.B. Urlaubsgeld, Weihnachtsgratifikation, Jubiläumsprämie, so z.B. § 24 Abs. 2 TV-
Ärzte/VKA). Anspruchsgrundlage sind neben tariflichen Regelungen häufig
Betriebsvereinbarungen, Gesamtzusagen, betriebliche Übung oder Gleichbehandlung im Betrieb. Die dogmatische Behandlung einer Sondervergütung
richtet sich im Wesentlichen nach ihrer **Zwecksetzung**, von denen es typischerweise drei Arten gibt: Belohnung für die Arbeitsleistung, Honorierung
der Betriebszugehörigkeit bzw. -treue oder eine Kombination von beidem
(sog. **Mischcharakter**); Letzteres ist im Regelfall und im Zweifel der Auslegung zugrunde zu legen[1]. Als „freiwillige" Leistungen können Sondervergütungen z.B. im Krankheitsfall auch gekürzt werden (§ 4a EFZG setzt hier
Grenzen) oder – bei Betriebstreuezahlungen – bei Ausscheiden sogar zurück-
gefordert werden[2]. Doch unterliegen die in der Regel klauselförmig vereinbarten Vorbehalte seit 2002 einer Angemessenheitskontrolle nach §§ 307 ff.
BGB, insbesondere nach § 308 Nr. 4 BGB[3].

§ 20 TVöD-K (TV-L) sieht eine **„Jahressonderzahlung"** für alle Beschäftigten   21
vor, die am 1. Dezember im Arbeitsverhältnis stehen. Damit sollen Zuwendung (Weihnachtsgeld) und Urlaubsgeld ab dem Jahr 2007 in einer dynamischen Einmalzahlung zusammen gefasst werden[4]. Je nach Entgeltgruppe
beträgt die Sonderzahlung 90 (EG 1–8), 80 (EG 9–12) oder 60 % (EG 13–15)
des durchschnittlichen monatlichen Entgelts der Monate Juli, August und
September (Tarifgebiet West). Im TV-L finden sich in den oberen Entgeltgruppen modifizierte Werte. Die Jahressonderzahlung wird mit dem Tabellenentgelt des Monats November ausbezahlt. Der Anspruch vermindert sich
um 1/12 für jeden Kalendermonat, in dem kein Entgelt(fortzahlungs)an-
spruch des Beschäftigten bestand, mit Ausnahme von Wehr- und Zivildienstleistenden, die vor dem 1.12. wieder beschäftigt wurden, Zeiten des
Mutterschutzes und der Elternzeit (aber nur bis zum Ende des Kalenderjahres, in dem das Kind geboren ist).

9. Anwendbarkeit verschiedener Tarifverträge

a) TVöD bzw. TV-L. Da der früher allein maßgebliche BAT inzwischen durch   22
eine Mehrzahl neuer Tarifverträge ersetzt wurde, kann von inhaltlich **gleich-**

---

1 Vgl. nur Küttner/*Griese*, „Gratifikation" Rz. 1 ff.; *Reichold*, Arbeitsrecht, § 8 Rz. 9.
2 Zur BAG-Rspr. in Bezug auf Rückzahlungsklauseln vgl. nur Küttner/*Griese*, „Gratifikation" Rz. 20 ff.; ErfK/*Preis*, § 611 BGB Rz. 547 ff.
3 BAG v. 12.1.2005 – 5 AZR 364/04, NZA 2005, 465 = NJW 2005, 1820: Die Vertragsklausel in einem Formulararbeitsvertrag, nach der dem Arbeitgeber das Recht zustehen soll, „übertarifliche Lohnbestandteile jederzeit unbeschränkt zu widerrufen", ist
gem. § 308 Nr. 4 BGB unwirksam.
4 *Bredendiek/Fritz/Tewes*, ZTR 2005, 230 (235).

förmigen Arbeitsbedingungen im Krankenhausbereich **nicht mehr** die Rede sein. Es gibt seit 2005/06 unterschiedliche Arbeitsbedingungen je nach Krankenhausträger (Land, Kommune, kirchlicher oder privater Träger) und je nach beruflicher Stellung (ärztliches bzw. nichtärztliches Personal). Daraus resultiert ein **Anwendungsproblem**. Der erste Nachfolgetarif des BAT, der 2005 abgeschlossene „Tarifvertrag für den öffentlichen Dienst" für den Bund und die kommunalen Arbeitgeber (**TVöD** vom 13.9.2005)[1], enthält Sonderregelungen für den Krankenhausbereich und bezieht sich auf alle dort beschäftigten Arbeitnehmergruppen. In einer sog. durchgeschriebenen Fassung sind die Regelungen des TVöD-AT (Allg. Teil) und des TVöD BT-K (Besond. Teil Krankenhaus) in einem „**TVöD-K**" zusammengefasst worden, nach dessen Systematik hier zitiert wird. Zum zweiten Nachfolgetarif kam es nach einer Einigung im Mai 2006 mit dem „Tarifvertrag für den öffentlichen Dienst der Länder" (**TV-L** vom 12.10.2006), nachdem über dreijährige Verhandlungen zwischen der TdL einerseits und den Gewerkschaften ver.di und dbb Tarifunion andererseits sowie einer der längsten Streiks in der Geschichte des öffentlichen Dienstes vorausgegangen waren[2]. Wie beim TVöD wurde auch im TV-L das **Pflegepersonal** in Krankenhäusern (Universitätskliniken und Landeskrankenhäuser) in die allgemeine Entgelttabelle übergeleitet (sog. **Kr-Bereich**). Wettbewerbsverzerrungen zwischen den Krankenhausträgern im öffentlichen Dienst konnten vermieden werden. Schwieriger war die Tarifsituation in Bezug auf **Ärztinnen und Ärzte**, weil die Ärztegewerkschaft Marburger Bund (MB) eigenständige Tarifverträge mit VKA einerseits und TdL andererseits durchsetzen konnte. Allerdings sind z. B. die Eckpunktevereinbarungen der Länder mit ver.di einerseits und dem MB andererseits bezüglich der Ärztinnen und Ärzte an **Universitätskliniken**, die überwiegend Aufgaben in der Patientenversorgung wahrnehmen, weitgehend inhaltsgleich[3]. Inzwischen hat sich gezeigt, dass sich TVöD/TV-L teilweise an „bessere" Konditionen in den MB-Tarifverträgen für Ärzte angepasst haben, so dass von einer berufsbezogenen Konvergenz gesprochen werden kann[4].

23   **b) Tarifbindung bzw. -geltung.** Für die normative, d. h. gesetzesgleiche Wirkung eines Tarifvertrags erforderlich ist die *beiderseitige* Tarifgebundenheit von Arbeitgeber und Arbeitnehmer (§§ 3 Abs. 1, 4 Abs. 1 TVG), d. h. die Mitgliedschaft in den jeweiligen Verbänden. Arbeitgeber der **öffentlichen Hand** (z. B. Land oder Kommune) sind als Mitglied der abschließenden Tarifparteien TdL bzw. VKA stets tarifgebunden, Arbeitnehmer nur dann, wenn sie auch Mitglied der jeweiligen Gewerkschaft sind. Das ist in der Regel auch im Krankenhaus eine Minderheit der Beschäftigten. Für die Mehrheit der **nichtorganisierten** Arbeitnehmer wird jedoch regelmäßig durch Bezugnahmeklausel im Arbeitsvertrag die einheitliche Geltung der Tarifverträge (TVöD bzw. TV-L) sichergestellt[5].

---

1 Vgl. nur *Bredendiek/Fritz/Tewes*, ZTR 2005, 230; *Böhle/Poschke*, ZTR 2005, 286.
2 Vgl. nur *Rieger*, ZTR 2006, 402.
3 *Rieger*, ZTR 2006, 402 (407); vergütungsrechtliche Details bei *Kopf/Walger*, Arzt und Krankenhaus, 2007, 105 (107 ff.).
4 *Reichold*, öAT 2010, 29 (30 f.).
5 MünchArbR/*Giesen*, § 326 Rz. 4.

Die **Bezugnahmeklauseln** sichern die einheitliche Tarifgeltung, obwohl da-   24
mit keine normative, sondern nur eine **vertragliche** Bindung hergestellt
wird. Dadurch wird eine Gleichstellung von nichtorganisierten mit den tarifgebundenen Arbeitnehmern erreicht. Die für den Arbeitgeber jeweils gültige Tarifbindung wird damit auf alle Arbeitnehmer erstreckt, ohne dass
deren Mitgliedschaft in der Gewerkschaft noch überprüft werden müsste[1].
Bei fehlender Tarifbindung wirkt eine *ausdrücklich* vereinbarte Tarifver-
gütung allerdings **konstitutiv**, so dass die Entgeltvereinbarung nur durch einvernehmliche Vertragsänderung bzw. Änderungskündigung verändert werden kann. Schwierig ist ihre Auslegung durch die neue Tarifpluralität im
Krankenhaus nach Ablösung des BAT (Rz. 25). Soweit eine nur „kleine" dynamische Bezugnahmeklausel vorliegt, die eine Erstreckung auf TVöD bzw.
TV-L nicht trägt, ist durch **ergänzende** Auslegung zu bestimmen, welche
Nachfolgeregelung Anwendung findet. Im Zweifel ist anzunehmen, dass die
Parteien das Vergütungssystem gewählt hätten, das im Wege der „Tarifsuk-
zession" an die Stelle des BAT getreten ist (hier: TV-L)[2].

c) Tarifkonkurrenz bzw. -pluralität. Durch die erstmals 2006 ausgehandelten   25
arztspezifischen Tarifverträge des Marburger Bundes (MB) mit der TdL und
der VKA stellt sich die Frage der Auflösung von Tarifkonkurrenz bzw. Tarifpluralität in den Krankenhäusern von Ländern und Kommunen. **Tarifkonkurrenz** liegt vor, wenn auf ein und dasselbe Arbeitsverhältnis zwei
Tarifverträge normativ (d.h. kraft Tarifbindung, Rz. 23) einwirken (Regelungskonkurrenz von Individualnormen im Arbeitsverhältnis)[3]. Sie tritt nur
dann ein, wenn ein Arzt sowohl ver.di als auch MB angehörte (horizontale
Kollision bei Mehrfachmitgliedschaft). Die häufigere **Tarifpluralität** liegt dagegen vor, wenn innerhalb des Betriebs verschiedene Tarifverträge verschiedener Gewerkschaften gelten, für die Arbeitnehmer aber jeweils nur einer
dieser Tarifverträge kraft Tarifbindung gilt[4] – was im Krankenhaus bei den
Ärzten wohl in der Regel zu bejahen ist. Die Mehrfachmitgliedschaft tritt
eher selten auf. Sollten sich z.B. die Tarifverträge der TdL mit ver.di einerseits und MB andererseits inhaltlich unterscheiden, könnte es wegen des
vom BAG früher behaupteten „Prinzips der **Tarifeinheit**" zu der Verdrängung
eines Tarifs kommen, was im Zweifel für die Anwendung des mit der größeren DGB-Gewerkschaft ver.di abgeschlossenen Tarifs spräche[5]. Dem ist aber
schon aus Gründen der Koalitionsfreiheit (Art. 9 Abs. 3 GG) mit der h.M.
deutlich zu **widersprechen**[6]. Fälle der Tarifpluralität sind z.B. als Folge eines

---

1 Vgl. nur *Fuchs/Reichold*, Tarifvertragsrecht, Rz. 22, 198 ff.
2 BAG v. 19.5.2010 – 4 AZR 796/08, NZA 2010, 1183; BAG v. 16.12.2009 – 5 AZR
  888/08, NZA 2010, 401; LAG BW v. 20.11.2009 – 11 Sa 88/08, ZTR 2010, 156; zur
  Arztvergütung vgl. LAG Düsseldorf v. 23.10.2009 – 9 Sa 511/09; LAG MV v. 22.7.2008
  – 1 Sa 257/07 (ergänzende Auslegung führt zur Anwendung TV-Ärzte des MB).
3 Vgl. nur *Fuchs/Reichold*, Tarifvertragsrecht, Rz. 111; HWK/*Henssler*, § 4 TVG Rz. 39;
  Löwisch/Rieble, TVG, § 4 Rz. 115.
4 Vgl. nur *Däubler/Zwanziger*, TVG, § 4 Rz. 940; *Fuchs/Reichold*, Tarifvertragsrecht,
  Rz. 113; *Löwisch/Rieble*, TVG, § 4 Rz. 125.
5 So wohl *Buchner*, BB 2003, 2121.
6 Vgl. nur *Däubler/Zwanziger*, TVG, § 4 Rz. 943 ff.; *Fuchs/Reichold*, Tarifvertragsrecht,
  Rz. 115; HWK/*Henssler*, § 4 TVG Rz. 46; *Kempen/Zachert*, TVG, § 4 Rz. 156 ff.; *Lö-*

Betriebsübergangs (§ 613a Abs. 1 BGB) von der Rechtsprechung anerkannt worden, die verschiedene tarifliche Arbeitsbedingungen in einem Betrieb akzeptiert hat, ohne dort auf die Tarifeinheit zu drängen[1]. Solche Fälle können auch sonst leicht gelöst werden: Es kommt immer (nur) auf die Tarifbindung **im einzelnen Arbeitsverhältnis** an. Das TVG steht der gleichzeitigen Anwendung verschiedener Inhaltsnormen im Betrieb nicht entgegen (so zutreffend die h.M.), so dass im Krankenhaus je nach Organisationszugehörigkeit verschiedene Arbeitsbedingungen beachtlich sein können. Der 4. BAG-Senat hat auch eine Ärzteklage zum Anlass genommen, per Divergenzanfrage die Rechtsprechung entsprechend zu ändern[2]. Nach Zustimmung des 10. BAG-Senats gibt es **keine Tarifeinheit** bei Tarifpluralität im Betrieb mehr[3]. Nur bei echter **„Tarifkonkurrenz"** bedarf es der Entscheidung mit der Folge einer Verdrängung eines der konkurrierenden Tarifverträge: hier wird man wohl dem für die Ärzte **spezielleren MB-Tarif** den Vorrang geben müssen[4].

10. Kirchliche Entgeltregelungen

26   In Krankenhäusern, die von karitativen Einrichtungen der Kirche (meist in der Rechtsform des e.V., der gGmbH oder der Stiftung) gehalten werden, gelten keine Tarifverträge, sondern sog. **Arbeitsvertragsrichtlinien** (AVR). Das ist Konsequenz des sog. Dritten Wegs, der dem verfassungsrechtlichen Selbstverwaltungsrecht der Kirchen und ihrer Einrichtungen (Art. 140 GG i.V.m. Art. 137 Abs. 3 WRV) dadurch Rechnung trägt, dass diese in paritätisch besetzten Arbeitsrechtskommissionen **eigenständige** kollektive Regelungen setzen dürfen (dazu näher Teil 4 Rz. 91 ff.). Diese „AVR" gelten im einzelnen Arbeitsverhältnis jedoch nur dann, wenn sie durch Einzelvertrag, Gesamtzusage oder Einheitsregelung in das Arbeitsverhältnis kraft Bezugnahme einfließen; eine tarifgleiche (normative) Wirkung der „AVR" scheidet wegen ihres besonderen Zustandekommens in kirchlichen Kommissionen aus[5]. Gleichwohl war der BAT bis Mitte der 90er Jahre eine Art „Leitwährung" auch für den Bereich der verfassten Kirchen, der Caritas und der Diakonie. Wegen der Refinanzierung durch die öffentliche Hand legten die kirchlichen Einrichtungen auch Wert darauf, ein Tarifrecht „wesentlich gleichen Inhalts" zu haben. Das hat sich durch die veränderte Refinanzierung des Sozial- und Gesundheitswesens wesentlich geändert (dazu Teil 1 D Rz. 36 ff.). Die Vergütungen des TVöD/TV-L können schon aus ökonomi-

---

wisch/*Rieble*, TVG, § 4 Rz. 132 ff.; *Rieble*, BB 2003, 1227; *Rieble*, BB 2004, 885; *Wiedemann/Wank*, § 4 Rz. 277.
1 So z.B. BAG v. 31.8.2005 – 5 AZR 517/04, NZA 2006, 265: Durch das Unterlassen einer Vereinheitlichung der Arbeitsbedingungen nach Betriebsübergang verstößt der Arbeitgeber nicht gegen den Gleichbehandlungsgrundsatz.
2 BAG v. 27.1.2010 – 4 AZR 549/08 (A), NZA 2010, 645: TVöD verdrängt nicht BAT, soweit der klagende Arzt als MB-Mitglied daran weiter gebunden bleibt.
3 Vgl. BAG v. 7.7.2010 – 4 AZR 549/08, NZA 2010, 1068.
4 Für den Fall der Konkurrenz betrieblicher Normen, die jeweils nur einheitlich gelten können, müsste nach dem „repräsentativeren" TV im Klinikum entschieden werden.
5 St. Rspr., BAG v. 8.6.2005 – 4 AZR 412/04, ZTR 2006, 217; BAG v. 20.3.2002 – 4 AZR 101/01, BAGE 101, 9 = NZA 2002, 1402; ferner *Fuchs/Reichold*, Tarifvertragsrecht, Rz. 34, 37.

schen Gründen nicht ohne Weiteres 1:1 auf den kirchlichen Bereich übertragen werden[1]. So kommt es zunehmend zur **Modifikation** des TVöD/TV-L an den sensiblen Stellen der Vergütungs- und der Arbeitszeitregelungen. Für den Bereich der EKD hat z. B. *Fey* von der „größten Herausforderung der vergangenen 30 Jahre" gesprochen, der sich die 18 arbeitsrechtlichen Kommissionen und ein Tarifvertragsbereich innerhalb der EKD bei ihrer jeweiligen AVR-Reform ausgesetzt sehen[2]. Während im Bereich der EKD teils sehr eigenständige Lösungen gefunden wurden, konnten im katholischen Bereich großenteils nur modifizierte Übernahmeregelungen des TVöD diskutiert und beschlossen werden[3]. Wird ein kirchliches Krankenhaus **privatisiert**, kann der neue Haustarif (hier: Helios-TV) die vormaligen AVR nicht ablösen, vielmehr gilt das Günstigkeitsprinzip nach § 4 Abs. 3 TVG, soweit die AVR „in der jeweils gültigen Fassung" günstiger sind als der Haustarif[4].

11. Liquidationsrecht der Chefärzte

Die Praxis kennt verschiedene Vergütungsformen des Chefarztes[5]. Häufig wird neben einem Festgehalt (in Anlehnung an BAT/TVöD) zusätzlich ein sog. **Liquidationsrecht** für bestimmte ärztliche Leistungen eingeräumt, manchmal auch nur die ambulante Nebentätigkeit als solche zugelassen[6]. Das Liquidationsrecht im wahlärztlichen Bereich verschafft dem Chefarzt die Möglichkeit, besondere Einnahmen zu erzielen. Eine solches „Erwerbsrecht" kann der Krankenhausträger einräumen, muss es aber nicht. Es gibt kein dem Chefarzt zustehendes „originäres" Recht auf Privatliquidation[7]. Arbeitsrechtliche Vereinbarungsfreiheit und pflegesatzrechtliche Ausgestaltung sind beim chefärztlichen Liquidationsrecht streng voneinander zu trennen[8]. Ist eine solche Vereinbarung getroffen, handelt es sich um einen Vergütungsbestandteil, den der Krankenhausträger nicht in Geld, sondern in der Verschaffung weiterer Erwerbsmöglichkeiten schuldet (Naturalvergütung, vgl. Rz. 1)[9].

12. Entgeltveränderung (flexible Entgeltregelungen)

a) Grundlagen. Eine Flexibilisierung des Entgelts ist möglich durch entsprechende **Klauselvorbehalte** im Arbeitsvertrag (z. B. Änderungs-, Widerrufs-, Anrechnungsvorbehalte, ergebnisabhängige Variablen, dazu oben C

27

28

---

1 Dazu näher *Lührs*, Die Zukunft der Arbeitsrechtlichen Kommissionen, 2010, insb. S. 142 ff.; vgl. ferner *Grädler*, ZMV-Sonderheft 2006, 21; *v. Hoyningen-Huene* ZMV-Sonderheft 2006, 5.
2 *Fey*, ZMV-Sonderheft 2006, 27; Analyse bei *Lührs*, Die Zukunft der Arbeitsrechtlichen Kommissionen, 2010, insb. S. 185 ff.
3 Vgl. Auflistung bei *Grädler*, ZMV-Sonderheft 2006, 24.
4 LAG Düsseldorf v. 9.11.2009 – 16 Sa 582/09, ZTR 2010, 189.
5 Übersicht bei Laufs/Kern/*Genzel/Degener-Hencke*, § 86 Rz. 27 ff.
6 Vgl. BAG v. 22.3.2001 – 8 AZR 536/00, ArztR 2002, 122; ausführlich *Wern*, S. 175 ff.
7 Laufs/Kern/*Genzel/Degener-Hencke*, § 87 Rz. 1 ff.; *Wern*, S. 196.
8 *Wern*, S. 195.
9 Wegen weiterer Einzelfragen vgl. Teil 5 B (*Wern*) sowie *G. Reinecke*, NJW 2005, 3383 (3385 ff.).

Rz. 36 ff.)[1], die freilich im öffentlichen Dienst allenfalls im übertariflichen Bereich flexible Zusatzentgelte ermöglichen. Die Tarifverträge TVöD/TV-L selber sehen Vergütungsflexibilität nur im schmalen Bereich der zusätzlichen Leistungsentlohnung nach § 18 TVöD/TV-L vor (vgl. Rz. 6); ansonsten sorgen nur Zusatzdienste für in der Höhe schwankende Vergütungen (vgl. Rz. 11 ff.). Eine einseitige Entgeltveränderung „nach unten" (**Entgeltsenkung**) widerspricht dem Grundsatz der Vertragstreue und kann, falls der Arbeitnehmer nicht einwilligt, nur ausnahmsweise durch Änderungskündigung gem. § 2 KSchG erfolgen. Diese setzt eine anders nicht mehr behebbare **Notlage** voraus: Aufgrund eines Sanierungskonzepts muss dann vom Arbeitgeber nachvollziehbar dargelegt werden, dass die angestrebten Einsparungen im Personalbereich unumgänglich sind[2]. Das ist bislang ganz selten gelungen. Auch Schlechtleistungen berechtigen nicht zur Entgeltkürzung[3]. Eine Entgeltveränderung „nach oben" (**Entgelterhöhung**) wird wegen der Tarifbindung im öffentlichen Dienst nach Maßgabe der Tarifabschlüsse vom Arbeitgeber automatisch weitergegeben. Bei privaten Krankenhausträgern ohne Tarifbindung kommt es wesentlich auf die **Vertragsgestaltung** an, inwieweit Tariferhöhungen auch weitergegeben werden müssen. Eine „betriebliche Übung", d. h. eine gewohnheitsrechtliche Bindung an regelmäßige Tariflohnerhöhungen, wird von der Rechtsprechung in der Regel nicht anerkannt[4].

29 **b) Anpassungs- und Entwicklungsklauseln.** Anpassungsmaßnahmen des Arbeitgebers (Krankenhausträgers) ermöglichen die in **Chefarztverträgen** regelmäßig enthaltenen sog. Entwicklungsklauseln. Solche Ermächtigungen zu organisatorischen Veränderungen können sich bei ihrer Umsetzung erheblich auf die (Zusatz-)Einkünfte des Chefarztes auswirken und unterliegen seit 2002 der **Inhaltskontrolle.** Ein gutes Beispiel stellt § 17 Abs. 1 des Musters für einen Chefarztdienstvertrag der Arbeitsgemeinschaft für Arztrecht dar:

> „Der Krankenhausträger hat das Recht, sachlich gebotene organisatorische Änderungen im Einvernehmen mit dem Chefarzt/der Chefärztin und dem Leitenden Arzt des Krankenhauses vorzunehmen."[5]

Die zitierte Klausel erlaubt nicht – wie häufig in der Praxis angenommen – deutlich einseitige Maßnahmen des Arbeitgebers, sondern knüpft diese an das „Einvernehmen" mit dem betroffenen Chefarzt. Das geht rechtlich wei-

---

1 Vgl. nur ErfK/*Preis*, §§ 305–310 BGB Rz. 51 ff.; HWK/*Gotthardt*, Anh. §§ 305–310 BGB Rz. 17 ff.; *Reichold*, RdA 2002, 321 (332); *Reichold*, Arbeitsrecht, § 8 Rz. 10.
2 Vgl. nur ErfK/*Oetker*, § 2 KSchG Rz. 60 ff.; Küttner/*Eisemann*, „Änderungskündigung" Rz. 22 f. jeweils m. w. N.
3 Vgl. Küttner/*Griese*, „Arbeitsentgelt" Rz. 25.
4 Vgl. nur BAG v. 9.2.2005 – 5 AZR 284/04 (nv.): Bei einem nichttarifgebundenen Arbeitgeber kann eine betriebliche Übung der Erhöhung der Löhne und Gehälter entsprechend der Tarifentwicklung in einem bestimmten Tarifgebiet nur angenommen werden, wenn es deutliche Anhaltspunkte im Verhalten des Arbeitgebers dafür gibt, dass er auf Dauer die von den Tarifvertragsparteien ausgehandelten Tariflohnerhöhungen übernehmen will.
5 Aktuelle Fassung des Muster-Chefarztdienstvertrages 9. Aufl. 2009, vgl. „www.arztrecht.org"; ferner *Wern*, S. 309; *G. Reinecke*, NJW 2005, 3383 (3386).

ter als „Anhörung des" oder „im Benehmen mit" dem Chefarzt. Man kann darin ein **Zustimmungserfordernis** sehen, das freilich nur aus sachlichen Gründen verweigert werden darf[1]. Dem Krankenhausträger wird das ernsthafte Bemühen abverlangt, zu einer einvernehmlichen Einigung zu gelangen. Fraglich ist hier zunächst, ob bei verbleibenden Meinungsunterschieden letztlich der Wille des regelungsbefugten Arbeitgebers ausschlaggebend ist[2] oder ob dann die Maßnahme ganz zu unterbleiben hat[3]. Neben diesem formellen Aspekt muss die Ausübung des **organisatorischen Weisungsrechts** vor allem inhaltlich-materiellen Anforderungen der Inhalts- und Ausübungskontrolle nach §§ 305 ff., 315 BGB genügen. Das BAG hat bislang in ständiger Rechtsprechung die übliche Entwicklungsklausel für zulässig gehalten, „soweit die damit verbundene einseitige Änderung der Arbeitsbedingungen im Einzelfall zwingendes Kündigungsschutzrecht nicht umgeht und billigem Ermessen entspricht"[4]. So wurde in großzügiger Weise die Reduzierung von 100 auf 60 Betten bei Umstrukturierung einer Chirurgischen Abteilung als „sachlich gebotene" Maßnahme auch dann für zulässig gehalten, wenn sie dem betroffenen Chefarzt im Ergebnis eine Kürzung von ca. 40 % seiner Gesamteinkünfte (inkl. Nebentätigkeit) bescherte[5]. Doch wird sich nach h.M. die **Inhaltskontrolle** der Entwicklungsklausel in Zukunft des schärferen Instrumentariums der §§ 305 ff. BGB bedienen müssen. Zwar sind Preiskonditionen nicht kontrollfähig, doch zählen die einseitigen Leistungsbestimmungsrechte im Bereich der Hauptkonditionen zu den kontrollfähigen **Nebenabreden**[6]. Die vom BAG anhand § 308 Nr. 4 BGB (Änderungsvorbehalte müssen „zumutbar" sein) und § 307 Abs. 1 Satz 2 BGB (Transparenzgebot) bisher kontrollierten Vorbehaltsklauseln[7] legen den Schluss nahe,

(1) dass die Klausel eine zumindest stichwortartige **Zwecksetzung** enthalten muss, die über das „sachlich Gebotene" hinausgehen und die Handhabung einer Entwicklungsklausel bestimmbar und begründbar machen muss (z.B. bei „gesetzlich oder wissenschaftlich gebotenen" Strukturveränderungen etc.)[8], dass dabei

---

1 So *Debong*, ArztR 1999, 260 (261); *Diringer*, MedR 2003, 200 (202); *Siegmund-Schultze*, ArztR 1989, 265 (267); *Wern*, S. 323.
2 So BAG v. 13.3.2003 – 6 AZR 557/01, NZA 2004, 735 = DB 2003, 1960 zur „Benehmens"-Formel; *G. Reinecke*, NJW 2005, 3383 (3386) stellt diese wohl mit der „Einvernehmens"-Formel gleich.
3 So *Wern*, S. 323.
4 BAG v. 13.3.2003 – 6 AZR 557/01, NZA 2004, 735; BAG v. 28.5.1997 – 5 AZR 125/96, BAGE 86, 61 = NZA 1997, 1160; BAG v. 4.5.1983 – 5 AZR 389/80 – BAGE 42, 336.
5 BAG v. 28.5.1997 – 5 AZR 125/96, BAGE 86, 61 = NZA 1997, 1160; dazu krit. *Isenhardt*, FS Hanau, 1999, S. 221 (225); *Stoffels*, ZfA 1999, 49 (93); *Wern*, S. 321 f.; um geringere Gehaltsreduktionen ging es im Fall BAG v. 13.3.2003 – 6 AZR 557/01, NZA 2004, 735 (Rückgang 6 % der Einkünfte).
6 H. M., vgl. nur *Bergwitz*, ArbuR 2005, 217; ErfK/*Preis*, §§ 305–310 BGB Rz. 39.
7 BAG v. 1.3.2006 – 5 AZR 363/05, NZA 2006, 746; BAG v. 12.1.2005 – 5 AZR 364/04, NZA 2005, 465 = NJW 2005, 1820; vgl. ferner *Hanau/Hromadka*, NZA 2005, 73; *G. Reinecke*, NJW 2005, 3383 (3387).
8 So auch ArbG Heilbronn v. 4.9.2008 – 7 Ca 214/08, ArztR 2009, 205.

(2) auch die Berücksichtigung der „berechtigten Interessen" des Chefarztes in der Klausel ausdrücklich ihren Platz finden muss, und dass

(3) unverhältnismäßige Eingriffe in das vertraglich ausgehandelte Gleichgewicht von Leistung und Gegenleistung ausgeschlossen sein müssen. *Reinecke* schlägt dabei die vertragliche Festlegung eines mindestens verbleibenden Anteils (z.B. 70 %) des Gesamtverdienstes des Chefarztes vor, um die Entwicklungsklausel vor der Gesamtnichtigkeit (nach § 306 Abs. 2 BGB ist eine geltungserhaltende Reduktion unzulässig) zu bewahren[1].

II. Arbeitsentgelt ohne Arbeitsleistung

1. Grundsatz „Ohne Arbeit kein Lohn"

30 Entgeltansprüche des Arbeitnehmers knüpfen in der Regel an die Erbringung seiner Arbeitsleistung an. Dem Schuldrecht des BGB (§§ 326 Abs. 1 Satz 1, 614 Satz 1 BGB) liegt der Grundsatz „Ohne Arbeit kein Lohn" zugrunde. Wer z.B. an einem Montag nicht zur Arbeit kommt und dafür auch keine Entschuldigung (wie z.B. „Erkrankung") ins Feld führen kann, hat die **betriebsübliche Arbeitszeit versäumt.** Die geschuldete Arbeitsleistung ist dann nach allgemeinen BGB-Regeln unmöglich geworden – zumindest für diesen Zeitabschnitt. Man begründet das mit dem Fixschuldcharakter der Arbeitsleistung: die versäumte Arbeit ist wegen ihrer zeitlichen Fixierung auf den Tag, die Stunde etc. nicht mehr einfach nachholbar[2]. Der Arbeitgeber braucht also für die versäumten Arbeitszeiten kein Entgelt zu entrichten, vgl. § 326 Abs. 1 Satz 1 BGB[3]. Zu evtl. kündigungsrechtlichen Sanktionen vgl. Teil 3 F.

31 Von diesem vertragsrechtlichen Prinzip der gegenseitigen (synallagmatischen) Verknüpfung von Leistung und Gegenleistung (Rz. 1) ergeben sich im Arbeitsrecht aber zahlreiche **Ausnahmen,** die dem Charakter des Arbeitsrechts als **Sozialprivatrecht** Rechnung tragen. Zu unterscheiden sind dabei spezialgesetzlich vorgesehene, ausdrücklich geregelte Unterbrechungen der Arbeitspflicht wie z.B. bei **Krankheit** und **Urlaub** von den nicht vorsehbaren Unterbrechungen, den klassischen „Leistungsstörungen". Der Arbeitgeber schuldet in solchen gesetzlich oder tarifvertraglich vorgesehenen Fällen Zahlung des Arbeitsentgelts, obwohl der Beschäftigte seine Leistung nicht erbracht hat. Man spricht hier auch von **„Soziallohn",** dessen Zahlung dem Arbeitgeber kraft seiner Sozialverantwortung aus dem Arbeitsvertrag obliegt.

---

1 *G. Reinecke,* NJW 2005, 3383 (3388); ähnlich *Wern,* S. 326; nicht nachvollziehbar die komplette Ablehnung der Entwicklungsklauseln bei *Hümmerich/Bergwitz,* BB 2005, 997.

2 Ausnahmen sind aber im Rahmen flexibler Arbeitszeitsysteme denkbar, z.B. bei Führung von Arbeitszeitkonten mit entsprechenden Ausgleichsmöglichkeiten, vgl. §§ 6 Abs. 6, 7 i.V.m. 10 TVöD.

3 Vgl. nur *Reichold,* Arbeitsrecht, § 8 Rz. 42 ff.

2. Entgeltfortzahlung wegen Krankheit

a) Grundlage im EFZG. Die Entgeltfortzahlung im Krankheitsfall und bei   32
Schwangerschaft ist die praktisch wichtigste Durchbrechung der synallagmatischen Grundregel des Arbeitsvertragsrechts. Durch das **Entgeltfort-
zahlungsgesetz (EFZG)** vom 26.5.1994 wurden die früher verstreuten Regelungen vereinheitlicht. Nach § 3 Abs. 1 EFZG wird der Anspruch auf
Entgeltfortzahlung bis zur Dauer von sechs Wochen nur dann gewährt, wenn
der Arbeitnehmer „durch Arbeitsunfähigkeit infolge Krankheit an seiner
Arbeitsleistung verhindert (wird), ohne dass ihn ein Verschulden trifft". Zu
prüfen sind also[1]

- **Krankheit**, d. h. jeder regelwidrige körperliche oder geistige Zustand, der
  einer Heilbehandlung bedarf (nicht aber eine normal verlaufende Schwangerschaft);

- **Arbeitsunfähigkeit**, die auf der Krankheit beruht und den Arbeitnehmer
  objektiv außer Stande setzt, seiner Arbeitspflicht nachzukommen (so dass
  z.B. eine leichte Heiserkeit zwar den Rundfunksprecher arbeitsunfähig
  machen kann, nicht aber den Büroangestellten); das BAG kennt nur volle
  oder fehlende Arbeitsfähigkeit, nicht aber eine „Teil-Arbeitsunfähigkeit"
  dazwischen[2];

- **Kausalität**, d. h., dass die krankheitsbedingte Arbeitsunfähigkeit *die alleinige Ursache* der Arbeitsverhinderung gewesen sein muss. Wer sich in einem Sonderurlaub (ohne Entgeltfortzahlung) kraft Vereinbarung mit dem
  Arbeitgeber befindet (z.B. Weltreise), der kann bei einer in dieser Zeit auftretenden Erkrankung deshalb keine Krankenbezüge verlangen: allein der
  Sonderurlaub lässt seine Arbeitspflicht ruhen, so dass mangels Arbeitspflicht Arbeitsunfähigkeit wegen Krankheit nicht eintreten kann;

- **ohne Verschulden**, d. h., dass den Beschäftigten an der Arbeitsunfähigkeit
  kein Verschulden treffen darf. Zur richtigen Interpretation muss hier die
  sozialpolitische Absicht der Regelung gesehen werden, die es den Beschäftigten nicht untersagen will, krank zu werden, sondern die nur ganz
  gravierende Fälle der **Selbstgefährdung** im Sinne des sog. Verschuldens
  gegen sich selbst (das BAG verweist hier auf § 254 BGB, während besser
  von § 277 BGB auszugehen ist) ausschalten will. Die allgemeine zivilrechtliche Definition des § 276 BGB (Verantwortlichkeit des Schuld-
  ners) passt jedenfalls nicht auf § 3 EFZG[3]. Deswegen muss der Gesetzeswortlaut so verstanden werden, dass der Entgeltfortzahlungsanspruch
  nur dann besteht, wenn der Beschäftigte, wie es ein Gesetzentwurf von
  Henssler/Preis[4] formuliert,

---

1 Dazu näher ErfK/*Dörner*, § 3 EFZG Rz. 4 ff.; Küttner/*Griese*, „Entgeltfortzahlung"
  Rz. 6 ff.; *Reichold*, Arbeitsrecht, § 8 Rz. 63 ff.
2 Dafür plädiert z.B. *Boecken*, NZA 1999, 675 mit Verweis auf § 275 BGB und die Beschäftigungspflicht.
3 Ganz h. M., vgl. nur ErfK/*Dörner*, § 3 EFZG Rz. 23; *Reichold*, Arbeitsrecht, § 8 Rz. 64.
4 Im Auftrag der Bertelsmann-Stiftung haben die Kölner Professoren *Henssler* und *Preis*
  einen Diskussionsentwurf für ein „Arbeitsvertragsgesetz" (ArbVG 2006) erarbeitet,
  der unter www.ArbVG.de im Internet abgerufen und diskutiert werden kann.

„die krankheitsbedingte Arbeitsunfähigkeit nicht wissentlich oder durch besonders leichtfertiges Verhalten herbeigeführt hat" (§ 51 Abs. 1 Satz 1 ArbVGE 2006).

Arbeitnehmer müssen sich einerseits nicht wie „Gesundheitsapostel" benehmen, dürfen aber andererseits nicht durch besonders leichtfertiges oder sogar vorsätzliches Verhalten ihre Arbeitsfähigkeit beeinträchtigen[1].

33   **b) Regelung im TVöD/TV-L.** Das Recht der Entgeltfortzahlung darf einzelvertraglich nicht zuungunsten des Arbeitnehmers abgeändert werden, wohl aber tarifvertraglich (vgl. §§ 12, 4 Abs. 4 EFZG). Von dieser Möglichkeit macht auch der neue **TVöD/TV-L** in **§ 22** Gebrauch (vgl. auch § 23 TV-Ärzte/VKA). Der in § 22 Abs. 1 wiederholte Gesetzeswortlaut wird in einer Protokollerklärung in Bezug auf das Verschulden als „vorsätzliche oder grob fahrlässige Herbeiführung" der Arbeitsunfähigkeit konkretisiert, was der h. M. zum Verschuldensbegriff entspricht (Rz. 32). Die Bemessungsgrundlage für die EFZ wurde in § 21 TVöD/TV-L geregelt und im Vergleich zum BAT abgesenkt, weil Überstunden grundsätzlich nicht mehr berechnungsrelevant berücksichtigt werden (vgl. auch § 22 TV-Ärzte/VKA). Doch erhalten die Beschäftigten anschließend an die sechswöchige Entgeltfortzahlung einen **Krankengeldzuschuss**, der je nach Beschäftigungszeit jetzt längstens bis zum Ende der 39. Woche (früher längstens bis zur 26. Woche) das Krankengeld bis zur Höhe des Nettoentgelts **aufstockt**[2].

3. Entgeltfortzahlung im Urlaub

34   Entgelt ohne Arbeitsleistung erhält der Arbeitnehmer auch in den gesetzlich ausdrücklich geregelten Fällen des Erholungsurlaubs, des Bildungsurlaubs und der Feiertagsruhe, die von Zusatz- und Sonderurlaub abzugrenzen sind.

35   **a) Urlaubsentgelt (§§ 1, 11 BUrlG).** Redet man von Urlaub, meint man damit in der Regel den gesetzlichen Anspruch auf Erholungsurlaub, der bundeseinheitlich im **Bundesurlaubsgesetz** (BUrlG) geregelt wird. Der Entgeltanspruch im Erholungsurlaub ergibt sich schon aus der Eingangsnorm des § 1 BUrlG („Urlaubsanspruch"):

„Jeder Arbeitnehmer hat in jedem Kalenderjahr Anspruch auf **bezahlten** Erholungsurlaub."

Die Urlaubsvergütung beruht auf § 611 BGB und ist rechtlich **identisch** mit dem laufenden **Entgeltanspruch**, der für die Urlaubszeit weiter gewährt wird[3]. Für die Dauer des Urlaubs entsteht also kein neuer Entgeltanspruch. § 11 Abs. 1 BUrlG regelt die genaue Berechnung nach dem sog. **Referenzprin-**

---

1 So wird z. B. bei Arbeitsunfähigkeit, die auf alkoholbedingte Fahruntüchtigkeit oder andere gravierende Verkehrsverstöße zurückzuführen ist, in der Regel das „Verschulden" i. S. d. § 3 EFZG bejaht, vgl. ErfK/*Dörner*, § 3 EFZG Rz. 26; Küttner/*Griese*, „Entgeltfortzahlung" Rz. 10 jeweils m. w. N.
2 Vgl. näher *Guth* in: Bepler/Böhle/Meerkamp/Stöhr, TVöD-AT (Stand 2009), § 22 Rz. 1.
3 St. Rspr., vgl. BAG v. 22.1.2002 – 9 AZR 601/00, BAGE 100, 189 = NZA 2002, 1041; BAG v. 20.6.2000 – 9 AZR 405/99, NJW 2001, 460 = NZA 2001, 100.

zip (durchschnittlicher Arbeitsverdienst in den letzten 13 Wochen vor Urlaubsbeginn). Die **Höhe** des Anspruchs ergibt sich aus dem Zeit- und dem Geldfaktor. Mit dem **Zeitfaktor** errechnet sich die am jeweiligen Urlaubstag infolge der Freistellung ausfallende Arbeitszeit, für die das Urlaubsentgelt fortzuzahlen ist. Der **Geldfaktor** bemisst den für die Ausfallzeit zugrunde zu legenden Verdienst – allein dessen Bemessung ist in § 11 Abs. 1 BUrlG geregelt:

Gesamtarbeitsverdienst der letzten 13 Wochen vor Urlaubsbeginn (abzgl. der Überstundenvergütung), geteilt durch 78 Arbeitstage (**6-Werktage-Woche**)

= Urlaubsentgelt je Urlaubstag, multipliziert mit der Anzahl der Urlaubstage

= insgesamt zu zahlendes Urlaubsentgelt.

Bei der **5-Tage-Woche** ist der Gesamtarbeitsverdienst entsprechend durch 65 Arbeitstage zu teilen, um das Urlaubsentgelt für jeden individuell zustehenden Urlaubstag zu ermitteln[1]. Bei gleichmäßig verkürzter Arbeitszeit kann diese Formel ebenfalls angewendet werden.

Nach § 13 Abs. 1 BUrlG können die **Tarifvertragsparteien** zwar von den Bestimmungen des BUrlG auch zuungunsten der Arbeitnehmer abweichen. Ausgenommen sind aber §§ 1, 2 und § 3 Abs. 1 BUrlG. Dieses Verbot kann auch nicht durch einen mittelbaren Eingriff in die unabdingbaren Bestimmungen umgangen werden. „Bezahlt" ist der Erholungsurlaub nach § 1 aber nur, wenn der den Arbeitnehmern zustehende Lohnanspruch trotz Nichtleistung der Arbeit während des Urlaubs **unberührt** bleibt. Tarifverträge dürfen daher durch eine von § 11 BUrlG abweichende Berechnung der weiterzuzahlenden Vergütung nicht die in § 1 BUrlG bestehende Lohnfortzahlungspflicht mindern[2]. Die Tarifvertragsparteien sind zwar frei, jede ihnen als angemessen erscheinende Berechnungsmethode für das während des Urlaubs fortzuzahlende Entgelt zu vereinbaren. Die Methode muss aber **geeignet** sein, ein Urlaubsentgelt sicherzustellen, wie es der Arbeitnehmer bei Weiterarbeit ohne Freistellung voraussichtlich hätte erwarten können. Diese Befugnis wird durch Berechnungsvorschriften überschritten, welche zielgerichtet zum Zwecke der Kürzung des Entgelts solche Bestandteile aus der Berechnung herausnehmen, die ohne die urlaubsbedingte Freistellung regelmäßig angefallen und damit berücksichtigungspflichtig gewesen wären[3].   36

Die Entgeltfortzahlung kraft Urlaubs setzt die **Urlaubserteilung** des Arbeitgebers nach § 7 BUrlG voraus. Erst durch diese – als *„Urlaubsgewährung"* kenntlich zu machende – ausdrückliche Arbeitgebererklärung wird der Urlaub rechtlich festgelegt. Ein Selbstbeurlaubungsrecht des Arbeitnehmers besteht nicht. Er muss aber seiner „Obliegenheit" nachkommen und einen Urlaubsantrag stellen (§ 7 Abs. 1 Satz 1 BUrlG), um die vom Arbeitgeber als arbeitsvertragliche **Nebenpflicht** geschuldete Erfüllungshandlung („zeitliche   37

1 Vgl. näher Küttner/*Röller*, „Urlaubsentgelt" Rz. 9.
2 BAG v. 22.1.2002 – 9 AZR 601/00, BAGE 100, 189 = NZA 2002, 1041; BAG v. 12.1.1989 – 8 AZR 404/87, BAGE 61, 1 = NZA 1989, 758 unter Aufgabe von BAG v. 8.10.1981 – 6 AZR 296/79, AP Nr. 3 zu § 47 BAT.
3 So BAG v. 22.1.2002 – 9 AZR 601/00, BAGE 100, 189 = NZA 2002, 1041.

Festlegung des Urlaubs") auszulösen. Stellt der Arbeitnehmer keinen Antrag oder werden seine Urlaubswünsche aus anderen Gründen nicht erfüllt, so besteht wegen § 7 Abs. 3 BUrlG die Gefahr des **Verfalls** seines Anspruchs. Der Urlaubsanspruch ist nämlich streng an das Kalenderjahr gebunden und damit kraft Gesetzes **befristet**. Wird der Anspruch also nicht im laufenden Kalenderjahr (bzw. bei Vorliegen der Übertragungsvoraussetzungen bis 31.3. des Folgejahres) geltend gemacht, verfällt er. Das gilt aber laut EuGH nicht bei Arbeitsunfähigkeit, weil nach Art. 7 Abs. 1 ArbZRL der Urlaubsanspruch von Langzeiterkrankten nicht einfach verfallen darf, wenn diese ihren Jahresurlaub krankheitsbedingt (wegen Verstreichens des Übertragungszeitraums) nicht in Anspruch nehmen können[1]. Das BAG leistete in entsprechender „Auslegung" von § 7 Abs. 3 und 4 BUrlG dem EuGH Folge und entschied, dass der Anspruch auf Abgeltung gesetzlichen Voll- oder Teilurlaubs *nicht* erlischt, wenn der Arbeitnehmer bis zum Ende des Urlaubsjahres bzw. des Übertragungszeitraums erkrankt und deshalb arbeitsunfähig ist[2].

38   **TVöD/TV-L** ergänzen bzw. modifizieren das Bundesurlaubsgesetz in § 26 durch Vorschriften zur **Dauer**, zur **Übertragung** des Urlaubs auf das Folgejahr und zum **Teilurlaub**. Übereinstimmend in beiden Tarifwerken werden den Beschäftigten unter Zugrundelegung der **Fünf-Tage-Woche** als gesetzlich zulässige, den Mindestanspruch des Gesetzes (vgl. § 3 Abs. 1 BUrlG) übersteigende Besserstellung

– bis zum vollendeten 30. Lebensjahr 26 Arbeitstage,

– bis zum vollendeten 40. Lebensjahr 29 Arbeitstage,

– nach dem vollendeten 40. Lebensjahr 30 Arbeitstage (= sechs Wochen)

als Urlaubsanspruch gewährt. Der Urlaub vermindert sich entsprechend bei Teilzeit. Entsprechende Regelungen finden sich in § 27 TV-Ärzte/VKA.

Beispiel:

Eine 28jährige Krankenschwester arbeitet in Teilzeit mit **24 Stunden** bei regelmäßiger Verteilung ihrer wöchentlichen Arbeitszeit auf drei Tage in der Woche. Ihr Urlaubsanspruch beträgt demnach 3/5 von 26 Arbeitstagen = 15,6 Arbeitstage, die nach § 26 Abs. 1 Satz 5 TVöD bzw. nach § 26 Abs. 1 Satz 6 TV-L auf **16 Arbeitstage** aufgerundet werden[3].

Laut Protokollnotiz soll der Urlaub grundsätzlich zusammenhängend gewährt werden, wobei ein Urlaubsblock von zwei Wochen Dauer angestrebt werden soll.

39   **b) Urlaubsgeld.** Wichtig ist die begriffliche Unterscheidung zwischen dem gesetzlich gewährleisteten „Urlaubsentgelt" als fortzuzahlender Regelvergütung (Rz. 35 ff.) und dem „Urlaubsgeld", das als zusätzliche, über das Regelentgelt hinausgehende **freiwillige Leistung** des Arbeitgebers einer ausdrück-

---

1 EuGH v. 20.1.2009 – Rs. C-350/06 bzw. 520/06 („Schultz-Hoff"), NZA 2009, 135.
2 BAG v. 24.3.2009 – 9 AZR 983/07, NZA 2009, 538; dazu teils kritisch *Krieger/Arnold*, NZA 2009, 530.
3 Vgl. *Schick* in: Bepler/Böhle/Meerkamp/Stöhr, TVöD-AT (Stand 2009), § 26 Rz. 5.1.

lichen Vereinbarung bedarf. Als Sonderleistung mit Gratifikationscharakter können derartige Zusatzleistungen – ebenso wie sonstige nicht im BUrlG vorgesehene Leistungen – auch nicht mit dem eigentlichen tariflichen „Urlaubsentgelt" verrechnet oder auf es angerechnet werden[1]. **TVöD** bzw. **TV-L** sehen kein tarifliches „Urlaubsgeld" mehr vor, sondern haben es zusammen mit der Zuwendung in die einheitliche „Jahressonderzahlung" des § 20 TVöD/TV-L eingehen lassen (Rz. 21).

c) Zusatz- und Sonderurlaub. Nach § 27 TVöD bzw. TV-L kann für Wechsel- 40
schicht- oder Schichtarbeit, die auch im Krankenhaus anfallen kann (vgl. Teil 10 A Rz. 3), **Zusatzurlaub** bis zu insgesamt sechs Arbeitstagen im Kalenderjahr gewährt werden. In der durchgeschriebenen Fassung des **TVöD-K** regelt § 27 Abs. 3.1 überdies, dass bei einer Leistung von mindestens 150 Nachtarbeitsstunden ein Arbeitstag, von mindestens 300 Nachtarbeitsstunden zwei Arbeitstage, von mindestens 450 Nachtarbeitsstunden drei Arbeitstage und von mindestens 600 Nachtarbeitsstunden vier Arbeitstage als Zusatzurlaub fällig werden (vgl. auch § 28 Abs. 3 TV-Ärzte/VKA). Allerdings dürfen Erholungs- und Zusatzurlaub zusammengenommen im Jahr **35 Arbeitstage** (d. h. 7 Wochen) nicht überschreiten (vgl. aber Ausnahmen in § 27 Abs. 4 TVöD-K). Während des sog. **Gesamturlaubs**, bestehend aus Erholungs- und Zusatzurlaub, wird das Urlaubsentgelt wie oben Rz. 35 beschrieben fortgezahlt. **Anders** verhält es sich dagegen bei der Regelung des **Sonderurlaubs** nach § 28 TVöD/TV-L, die sinngemäß § 50 Abs. 2 BAT entspricht. Bei Vorliegen eines „wichtigen Grundes" kann nur „unter Verzicht auf die Fortzahlung des Entgelts" Sonderurlaub erlangt werden (vgl. auch § 29 TV-Ärzte/ VKA). Es handelt sich also um **unbezahlten Urlaub.** Damit ruht das Arbeitsverhältnis unter Suspendierung der Hauptleistungspflichten beider Parteien[2]. Zeiten eines Sonderurlaubs bleiben demnach bei den Stufenlaufzeiten sowie bei der Beschäftigungszeit **unberücksichtigt.** Einzelne Regelbeispiele für einen „wichtigen" Grund in der Person des Beschäftigten werden in § 28 TVöD nicht mehr aufgezählt, doch kann insoweit auf die alte Rechtsprechung zum BAT zurückgegriffen werden (anerkannt waren z. B. berufliche Aus- und Fortbildung, Maßnahmen der medizinischen Vorsorge und Rehabilitation, die Entsendung in öffentliche Ämter oder zwischenstaatliche Organisationen etc.)[3].

d) Bezahlte Freistellung für Bildungsurlaub. Viele, aber nicht alle Bundeslän- 41
der gewähren zum Zwecke der politischen Bildung und/oder beruflichen Weiterbildung ihren Arbeitnehmern sog. Bildungsurlaub als vom Arbeitgeber **bezahlte Freistellung** für bis zu fünf Arbeitstage im Kalenderjahr. Ein

---

1 BAG v. 22.1.2002 – 9 AZR 601/00, BAGE 100, 189 = NZA 2002, 1041; BAG v. 22.2.2000 – 9 AZR 107/99, BAGE 93, 376 = NZA 2001, 268.
2 Vgl. nur Küttner/*B. Reinecke,* „Urlaub, unbezahlter" Rz. 2.
3 Vgl. nur *Kuner,* Der neue TVöD, Rz. 335a; *Schick* in: Bepler/Böhle/Meerkamp/Stöhr, TVöD-AT (Stand 2009), § 28 Rz. 2 sowie BAG v. 8.5.2001 – 9 AZR 179/00, NZA 2002, 160 (Wahrnehmung des Amtes eines Oberbürgermeisters).

Bundesgesetz hierzu gibt es nicht[1]. Die Ländergesetze[2] ähneln einander insoweit, als die Freistellung nur für anerkannte Bildungsveranstaltungen von anerkannten Trägern der Weiterbildung ermöglicht wird. Auch die Bildungsfreistellung ist rechtlich davon abhängig, dass der Arbeitgeber den Bildungsurlaub durch eindeutige Erklärung **gewährt**. Die Mitteilung des Arbeitnehmers alleine, er beanspruche Bildungsurlaub, kann die Freistellung nicht auslösen (kein Selbstbeurlaubungsrecht). Eine vorbehaltlose Freistellung **zum Zweck der Weiterbildung** löst automatisch den Entgeltfortzahlungsanspruch aus.

42 Der neue **TVöD/TV-L** enthält in § 5 eine Rahmenregelung zur **Qualifizierung** der Beschäftigten. Freilich wird ausdrücklich betont (§ 5 Abs. 2 TVöD bzw. § 6 Abs. 2 TV-Ärzte/VKA), dass Qualifizierung ein „Angebot" darstelle, aus dem für die Beschäftigten **kein Anspruch** – mit Ausnahme des regelmäßig vorgesehenen Gesprächs mit der zuständigen Führungskraft, in dem der jeweilige individuelle Qualifizierungsbedarf festgestellt wird, vgl. § 5 Abs. 4 TVöD – abgeleitet werden kann. Vielmehr soll das tarifliche Angebot von den Betriebsparteien in Gestalt einer freiwilligen Betriebsvereinbarung wahrgenommen und näher ausgestaltet werden. Soweit allerdings der Arbeitgeber eine Qualifizierungsmaßnahme veranlasst, hat er grundsätzlich auch deren Kosten (inkl. Reisekosten) zu tragen, vgl. § 5 Abs. 5 Satz 1 TVöD.

43 **e) Feiertagsentgelt.** Für Arbeitszeit, die infolge eines gesetzlichen Feiertages ausfällt, hat der Arbeitgeber nach § 2 Abs. 1 EFZG dem Arbeitnehmer das Arbeitsentgelt zu zahlen, „das er ohne den Arbeitsausfall erhalten hätte". Die Höhe der fortzuzahlenden Vergütung richtet sich also nach dem **Entgeltausfallprinzip**. Neben der laufenden Grundvergütung sind auch Zulagen und Zuschläge zu zahlen, die bei tatsächlicher Arbeitsleistung entstanden wären. „Feiertag" ist ein jährlich wiederkehrender kirchlicher oder weltlicher Gedenktag (z.B. der 3.10. als einziger bundesgesetzlicher Feiertag), an dem nicht gearbeitet wird. Die Feiertage werden grundsätzlich von den Bundesländern (Art. 70 Abs. 1 GG) festgelegt und sind vorwiegend kirchlichen Ursprungs (vgl. Tabelle dtv-Arbeitsgesetze Nr. 18b).

4. Entgeltfortzahlung in Fällen des Betriebs- und Arbeitskampfrisikos

44 **a) Annahmeverzug (§ 615 BGB).** Versäumt der Arbeitnehmer die zeitlich fix geschuldete Arbeitsleistung, so kann er grundsätzlich nicht mehr nachleisten und verliert den Entgeltanspruch (Rz. 30). Doch sichert ihm **§ 615 Satz 1 BGB** den Entgeltanspruch trotz Nichtleistung, wenn nur wegen „Annahmeverzugs" des Arbeitgebers nicht gearbeitet werden konnte, d.h., dass dieser entweder nicht beschäftigen kann oder will. Annahmeverzug meint nach allgemeinem Schuldrecht (§§ 293 ff. BGB), dass der Gläubiger der Arbeits-

---

1 Vgl. aber § 37 Abs. 7 BetrVG, der jedem BR-Mitglied während seiner regelmäßigen Amtszeit Anspruch auf „bezahlte Freistellung für insgesamt drei Wochen zur Teilnahme an Schulungs- und Bildungsveranstaltungen" gewährt, dazu näher HWK/*Reichold*, § 37 BetrVG Rz. 31, 35 ff.
2 Vgl. Einzelheiten bei Küttner/*B. Reinecke*, „Bildungsurlaub" Rz. 2.

leistung (Arbeitgeber) „die ihm angebotene Leistung nicht annimmt". Allein die schlichte Nichtannahme der möglichen (vgl. § 297 BGB) Leistung genügt. Besondere Bedeutung erlangt der Annahmeverzug im **gekündigten Arbeitsverhältnis**: Erklärt das Arbeitsgericht die Kündigung für unwirksam, muss der Arbeitgeber das Entgelt für den Zeitraum zwischen Kündigung und dem (endgültigen) Urteil nachzahlen, soweit nicht trotz Kündigung weiter beschäftigt wurde.

Als Voraussetzungen des Annahmeverzugs sind zu prüfen 45

– im **ungekündigten** Arbeitsverhältnis (1) „Arbeitswilligkeit" durch Abgabe eines ordnungsgemäßen Angebots, d. h. persönlich (§ 613 BGB), zur rechten Zeit und am rechten Ort gemäß der Arbeitsaufgabe (= tatsächliches „vertragsgemäßes" Angebot, § 294 BGB), (2) „Arbeitsfähigkeit", was z. B. bei Krankheit im Sinne des EFZG ausscheidet (§ 297 BGB), (3) die „nackte Tatsache" der Nichtannahme, ohne dass den Arbeitgeber ein Verschulden treffen muss (§ 293 BGB);

– im **gekündigten** Arbeitsverhältnis (1) „Arbeitswilligkeit" durch Abgabe eines **wörtlichen** Angebots (§ 295 BGB), weil ja die Kündigung als eindeutige Ablehnung aufzufassen ist (es genügt jegliche Form des Protests gegen die Kündigung, z. B. als Klage), es sei denn, das Angebot sei wegen § 296 BGB **entbehrlich**: laut BAG muss der Arbeitgeber nämlich als Ausfluss seiner Beschäftigungspflicht (Rz. 52) dem gekündigten Arbeitnehmer einen funktionsfähigen Arbeitsplatz auch bei längerer, z. B. krankheitsbedingter Abwesenheit zur Verfügung stellen als „eine dem Kalender synchron laufende Daueraufgabe"[1], (2) „Arbeitsfähigkeit", die bei Krankheit durch Übersendung von Arbeitsunfähigkeitsbescheinigungen trotz Kündigung für den nachfolgenden Zeitraum feststeht, es sei denn, das Angebot ist wegen § 296 BGB entbehrlich (s. o.).

b) Betriebsrisiko. Auf ein Verschulden des Arbeitgebers am Arbeitsausfall 46 kommt es nach §§ 293 ff. BGB nicht an (z. B. Betriebsstörung wegen Stromausfalls, witterungsbedingter Arbeitsausfall). Vielmehr vertritt die h. M. zu Recht die Ansicht, dass auch Fälle betriebstechnisch begründeter Leistungsstörungen durch § 615 BGB der Risikosphäre des Arbeitgebers als „Substratsgefahr" zugewiesen sind[2]. Der Gesetzgeber hat sich dieser Lehre mit der Neufassung des § 615 Satz 3 BGB angeschlossen und damit die vom Reichsgericht entwickelte Lehre vom sog. Betriebsrisiko wieder deutlich an § 615 BGB angebunden[3]. Danach werden von § 615 Satz 3 BGB alle **Betriebsstörungen** erfasst, die auf ein Versagen der sachlichen oder persönlichen Mittel des Betriebes zurückzuführen sind, aber auch von außen auf die Betriebsmittel

---

1 BAG v. 21.1.1993 – 2 AZR 309/92, NJW 1993, 2637 (2639), sehr str.; zur Diskussion über die Entbehrlichkeit eines mündlichen Angebots vgl. nur HWK/*Krause*, § 615 BGB Rz. 37 ff.

2 Vgl. nur ErfK/*Preis*, § 615 BGB Rz. 126 ff.; HWK/*Krause*, § 615 Rz. 9 f., 112 ff. und *Reichold*, ZfA 2006, 223 ff. m. w. N. zur Betriebsrisiko-Lehre.

3 Dazu näher *Reichold*, ZfA 2006, 223 ff. m. w. N. zur historischen Betriebsrisiko-Lehre.

einwirkende Umstände, die sich für den Arbeitgeber als Fälle **höherer Gewalt** darstellen, bis hin zur Einstellung des Betriebes im Anschluss an eine behördliche Anordnung. Zu beachten ist aber wie im Fall des LAG Düsseldorf[1], wonach der Beschluss des Sportausschusses einer Stadt, die Sportplätze in der Zeit vom 24.12. bis zum 1.1. des Folgejahres zu schließen mit der Konsequenz, dass die Arbeitsleistung der dort beschäftigten Platzwarte unmöglich wird, dass die Regelung des § 615 BGB **dispositiv** ist und durch besondere tarifliche oder vertragliche Vereinbarung mit entsprechender Sondervergütung abbedungen werden kann.

47   Dabei ist das Betriebsrisiko vom sog. **Wirtschaftsrisiko** streng zu trennen, das es dem Arbeitgeber nahelegen könnte, z. B. wegen **marktbedingter Absatzprobleme** die Weiterproduktion einzustellen und den Lohn zu kürzen. Der Arbeitgeber darf solche Engpässe grundsätzlich als sein unternehmerisches Risiko nicht auf die Arbeitnehmer abwälzen (allenfalls Kurzarbeit beantragen oder betriebsbedingt kündigen). Das hat auch gar nichts mit „Unmöglichkeit" zu tun – die Arbeitsleistung bleibt ja möglich –, sondern mit der Einhaltung von Vertragspflichten: der Arbeitgeber kann mit Hinweis auf die schlechte Marktlage die Bezahlung seiner „Innengläubiger" (Arbeitnehmer) genauso wenig verweigern wie die Befriedigung seiner „Außengläubiger", also seiner Lieferanten etc., wenn diese ihre Leistung erbracht haben.

48   **c) Arbeitskampfrisiko.** Besonderheiten gelten aber für die **arbeitskampfbedingte** Unmöglichkeit der Arbeitsleistung, die von § 615 Satz 3 BGB wohl nicht erfasst werden. Schon das Reichsgericht formulierte in seiner berühmten „Kieler Straßenbahner-Entscheidung" (RGZ 106, 272), dass im mittelbar streikbetroffenen Unternehmen aus Gründen der Klassensolidarität der Lohn verweigert werden dürfe. Heute dominieren Wertungen des Arbeitskampfrechts die Risikotragung abweichend von der Gefahrtragung des Arbeitgebers nach § 615 BGB. **Streikbedingte** Betriebsstörungen geben dem betroffenen Arbeitgeber eines **mittelbar** betroffenen Unternehmens ein Recht zur Entgeltverweigerung, wenn

– ein Arbeitskampf stattfindet, dessen Fernwirkungen unmittelbar oder mittelbar zu einer Störung der **Kampfparität** führen können, weil auch die nur mittelbar betroffenen Arbeitnehmer an den umkämpften Tarifabschlüssen partizipieren, und

– die Beschäftigung entweder betriebstechnisch unmöglich („Betriebsrisiko") oder wirtschaftlich unzumutbar wird („Wirtschaftsrisiko", z.B. Zulieferer müsste auf Halde produzieren)[2].

5. Entgeltfortzahlung in Fällen der Arbeitsbefreiung

49   **a) „Vorübergehende Verhinderung".** Nach **§ 616 Satz 1 BGB** kann der Arbeitnehmer auch dann Entgeltzahlung verlangen, wenn er „für eine verhältnismäßig nicht erhebliche Zeit durch einen *in seiner Person liegenden Grund*

---

1 LAG Düsseldorf v. 5.6.2003 – 11 Sa 1464/02, LAGE § 615 BGB 2002 Nr. 1.
2 Dazu näher *Reichold*, JuS 1996, 1049 (1056 f.).

ohne sein Verschulden an der Dienstleistung verhindert wird." Damit wird
auf den Leistungsstörungstatbestand des § 275 Abs. 3 BGB verwiesen, der
nur **kraft Einrede** zu berücksichtigen ist („Unzumutbarkeit" der Leistung).
Abweichend von der Grundregel „Ohne Arbeit kein Lohn" (Rz. 30) wird hier
also die Gegenleistung bei von keiner Seite zu vertretender Unmöglichkeit
der Arbeitsleistung dem Arbeitgeber aufgelastet, weil er es zumindest **kurzfristig** hinnehmen muss, dass ein (einzelner) Arbeitnehmer aus (unverschuldeten!) persönlichen Gründen der Arbeit fernbleibt. Mit solcher aus
„persönlichen" Gründen verursachter kurzfristiger Abwesenheit **muss jeder
Arbeitgeber rechnen**. Einzelfälle belasten den Arbeitgeber weniger als mas-
senhaft auftretende „objektive" Störungen, die von § 616 BGB wegen des
Merkmals „in seiner Person liegenden Grund" gerade nicht erfasst werden.
Deshalb kann bei allgemeinen Verkehrshindernissen, z.B. wenn Eisglätte
oder ein Lawinenunglück den Antritt der Arbeit verhindern, nicht auf § 616
BGB zurückgegriffen werden. Entscheidend für die Abwägung ist jeweils, ob
die Verhinderung gerade auf den persönlichen Lebensumständen des Arbeitnehmers beruht, dann greift § 616 BGB, oder ob es sich um objektive Leis-
tungshindernisse handelt, die zur selben Zeit für mehrere Arbeitnehmer
gleichzeitig bestehen[1]. Das **Wegerisiko** trägt grundsätzlich der Arbeitnehmer, weil es zu seinen eigenen Schuldnerpflichten gehört, zum Betrieb als
dem „Erfüllungsort" (§ 269 BGB) zu gelangen; trifft ihn freilich ein individuelles Unglück (z.B. Reifenpanne), kann er sich ggf. dennoch auf § 616 BGB
berufen.

b) TVöD/TV-L. Meist regeln **Tarifverträge** die Einzelheiten dieses dispositi-   50
ven Anspruchs. Wie früher § 52 BAT gewähren jetzt auch TVöD und TV-L in
§ 29 (bzw. in § 30 TV-Ärzte/VKA) unter dem Stichwort „Arbeitsbefreiung"
für folgende Tatbestände einen **Anspruch** auf bezahlte Freistellung:

– Niederkunft der Ehefrau/der Lebenspartnerin: ein Arbeitstag,

– Tod der Ehegatten bzw. Lebenspartner, eines Kindes oder Elternteils: zwei
  Arbeitstage,

– Umzug aus dienstlichem oder betrieblichem Grund: ein Arbeitstag,

– 25- und 40-jähriges Arbeitsjubiläum: ein Arbeitstag,

– schwere Erkrankung nächster Angehöriger: bis zu vier Arbeitstage,

– ärztliche Behandlung (notwendig) während der Arbeitszeit.

Ausführlich werden darüber hinaus Freistellungen zur Erfüllung allgemeiner
staatsbürgerlicher Pflichten (§ 29 Abs. 2 TVöD) und „in sonstigen dringenden Fällen" geregelt: Der Arbeitgeber „kann" nach dieser Generalklausel
(§ 29 Abs. 3 TVöD) bis zu drei Arbeitstage Arbeitsbefreiung gewähren (z.B.
bei hohen religiösen Festlichkeiten oder anderen wichtigen Familienangele-
genheiten). Der Arbeitgeber hat also einen **Ermessensspielraum** bei der Frage, ob Freistellung gewährt werden kann oder nicht. Auch für gewerkschaftliche Verbandstagungen und andere Ausschüsse der Berufsbildung und des

---

1 Vgl. nur ErfK/*Dörner*, § 616 BGB Rz. 3; *Reichold*, Arbeitsrecht, § 8 Rz. 59.

Prüfungswesens kann Arbeitsbefreiung gewährt werden, vgl. § 29 Abs. 4, 5 TVöD.

III. Nebenpflichten des Arbeitgebers

1. Allgemeine Ausprägungen der Fürsorgepflicht

51   Der Mensch lebt nicht vom Geld allein. Der Arbeitnehmer auch nicht. Vielmehr bringt er seine **Persönlichkeit** in das Arbeitsverhältnis ein. Man spricht deshalb vom „personalen Gehalt" des Arbeitsverhältnisses[1]. Entsprechend werden dem Arbeitgeber sog. Schutz- und Förderungspflichten über die Entgeltzahlungspflicht hinaus als **Nebenpflichten** abverlangt. Früher sprach man von der „Fürsorgepflicht" des Arbeitgebers, die ihm als Sozialverantwortung aufgrund Arbeitsvertrags zukomme. Heute folgert man weniger sozialromantisch aus der mittelbaren Drittwirkung der Grundrechte eine Fülle von ausdrücklich **gesetzlich** festgelegten (z. B. nach dem Arbeitsschutzgesetz, nach dem Arbeitszeitgesetz – dazu Teil 10, nach dem Allgemeinen Gleichbehandlungsgesetz – dazu Teil 3 B Rz. 6 ff., nach dem Bundesdatenschutzgesetz oder nach dem Bundesurlaubsgesetz – dazu Rz. 37) oder zumindest im Arbeitsverhältnis angelegten **Leistungs- oder Verhaltenspflichten** des Arbeitgebers, die einklagbare Rechte begründen können. Das BGB sieht darüber hinaus als Rahmenregelung in § 241 Abs. 2 vor, dass das Arbeitsverhältnis „jeden Teil zur Rücksicht auf die Rechte, Rechtsgüter und Interessen des anderen Teils verpflichten" kann. Diese Rücksichtnahme-, Schutz- und Förderungspflichten sind auch ohne gesetzliche Konkretion **zwingender Bestandteil** des Arbeitsverhältnisses, die freilich einer Abwägung im Einzelfall nach dem Verhältnismäßigkeitsprinzip unterliegen[2]. Im Folgenden können nur die wichtigsten Beispiele aus der Rechtsprechung angesprochen werden.

52   **a) Beschäftigungspflicht.** Das BGB kennt in § 615 BGB zwar einen Entgeltanspruch trotz fehlender Beschäftigung an (Rz. 44), nicht aber einen Anspruch **auf (tatsächliche) Beschäftigung** nach Maßgabe des Vertrags. Anders als im Kauf- und im Werkvertragsrecht gibt es keine gesetzliche Abnahmeverpflichtung des „Käufers" von Arbeit. Das hat die BAG-Rechtsprechung mit Rücksicht auf das Persönlichkeitsrecht des Arbeitnehmers schon 1955 geändert. Seitdem wird nicht nur im ungekündigten, sondern auch im gekündigten Arbeitsverhältnis eine tatsächliche Beschäftigungspflicht des Arbeitgebers aus Arbeitsvertrag i. V. m. §§ 611, 613, 242 BGB (Drittwirkung von Art. 2 Abs. 1, Art. 1 Abs. 1 GG) richterrechtlich anerkannt[3]. Neben der Entgeltzahlungspflicht stellt die Beschäftigungspflicht die **wichtigste Schuldnerpflicht** des Arbeitgebers dar, die von *Preis* als der Arbeitspflicht korrespondierende (zweite) Hauptpflicht des Arbeitgebers dogmatisch eingeordnet wird[4], von der h. L. jedoch als (wesentlichste) **Neben(leistungs)pflicht** be-

---

1 *Wiese*, ZfA 1996, 439.
2 Vgl. nur MünchArbR/*Reichold*, § 83 Rz. 7 ff.
3 Vgl. zuletzt BAG GS v. 27.2.1985 – GS 1/84, BAGE 48, 122 = NJW 1985, 2968 = NZA 1985, 702.
4 ErfK/*Preis*, § 611 BGB Rz. 564.

zeichnet wird[1]. Wichtige Konsequenzen des Beschäftigungsanspruchs sind
sein Bestehen auch nach der Kündigung bis zum Beendigungstermin (Ausnahmen gelten aber bei berechtigter Suspendierung)[2] bzw. auch noch nach
Beendigung während des Kündigungsschutzprozesses, wenn die Klage erstinstanzlich erfolgreich war (Rz. 45). Das BAG hält auch einen Schadensersatzanspruch des Arbeitnehmers für möglich, wenn dieser nicht einen
„leidensgerechten Arbeitsplatz" durch Neuausübung des Weisungsrechts
zugewiesen erhält; der Arbeitgeber verstößt dadurch ggf. gegen § 241 Abs. 2
BGB[3].

b) Gesetzeskonforme Beschäftigung (insbesondere Arbeitsschutz). Der Ar- 53
beitnehmer hat Anspruch nicht nur auf vertragsgemäße, sondern erst recht
auf „gesetzeskonforme" Beschäftigung. Deshalb regeln eine Vielzahl von
Gesetzen **explizit** arbeitsvertragliche Nebenpflichten, z.B. die Pflicht zur Urlaubserteilung nach §§ 1, 7 BUrlG (Rz. 37), die Nachweispflicht und die Ab-
rechnungspflicht des Arbeitsentgelts nach § 108 GewO (Rz. 3). Fraglich ist
vor allem bei öffentlich-rechtlichen Schutzvorschriften, die den sozialen
oder technischen **Arbeitsschutz** verwirklichen, ob der Arbeitnehmer sich darauf auch *kraft Arbeitsvertrags* berufen und im Streitfall deswegen auch
seine Leistung verweigern kann[4]. Wenn **§ 618 Abs. 1 BGB** z.B. von der Beschaffenheit der **Räume** spricht, die der Arbeitgeber einzurichten und zu unterhalten hat, dann heißt das, dass sich der Arbeitgeber an die Standards der
„Arbeitsstättenverordnung (ArbStättVO)" halten muss – als **Vertragspflicht**
seinen Beschäftigten gegenüber[5]. Der Gesetzgeber hat über § 5 Abs. 1 Satz 1
ArbStättVO seit 2002 auch den einklagbaren **rauchfreien Arbeitsplatz** ermöglicht, weil die erforderlichen Maßnahmen zu treffen sind, „damit die
nicht rauchenden Beschäftigten in Arbeitsstätten *wirksam* vor den Gesundheitsgefahren durch Tabakrauch geschützt sind". Der 2007 eingefügte Satz 2
ermächtigt den Arbeitgeber, „soweit erforderlich" ein allgemeines oder auf
einzelne Arbeitsbereiche beschränktes **Rauchverbot** zu erlassen[6]. Privatrechtliche Wirkung entfalten aber nur solche Normen, die überhaupt geeigneter Gegenstand einer vertraglichen Vereinbarung sein könnten. Soweit
keine Sondervorschriften einschlägig sind, ist für die Beurteilung, was dem
Arbeitgeber an Schutzmaßnahmen **zumutbar** ist, auf § 4 ArbSchG abzustellen. Danach hat der Arbeitgeber die Arbeit so zu gestalten,

„dass eine Gefährdung für Leben und Gesundheit möglichst vermieden und die verbleibende Gefährdung möglichst gering gehalten wird" (§ 4 Nr. 1 ArbSchG).

---

1 MünchArbR/*Reichold*, § 84 Rz. 1, 8 m.w.N.
2 Dazu näher ErfK/*Preis*, § 611 BGB Rz. 567 ff.
3 BAG v. 19.5.2010 – 5 AZR 162/09, NZA 2010, 1119.
4 Zum Leistungsverweigerungsrecht nach § 273 Abs. 1 BGB wegen Vernachlässigung
   der Schutzpflichten des Arbeitgebers aus § 618 BGB vgl. näher ErfK/*Wank* § 618 BGB
   Rz. 25 ff.
5 Ganz h.M., vgl. nur ErfK/*Wank*, § 618 BGB Rz. 4 f., 23; MünchArbR/*Reichold*, § 85
   Rz. 5.
6 MünchArbR/*Reichold*, § 85 Rz. 10 ff.

54 **c) Diskriminierungsfreie Beschäftigung (AGG).** Der Beschäftigte hat auch Anspruch darauf, nicht „diskriminiert" zu werden. Das am 18.8.2006 in Kraft getretene **Allgemeine Gleichbehandlungsgesetz (AGG)**[1] möchte

> „Benachteiligungen aus Gründen der Rasse oder wegen der ethnischen Herkunft, des Geschlechts, der Religion oder Weltanschauung, einer Behinderung, des Alters oder der sexuellen Identität" (§ 1 AGG)

gerade auch im Bereich der **Beschäftigung** verhindern (§§ 6 ff. AGG)[2]. Daraus erwachsen besondere Pflichten für den Arbeitgeber. Er muss nicht nur die Diskriminierungsverbote im Betrieb durch Aushang o. Ä. bekannt machen (§ 12 Abs. 5 AGG), sondern vor allem auch **Organisationspflichten** beachten, die nicht nur Verstöße unterbinden (§ 12 Abs. 3 AGG), sondern diese auch präventiv verhindern sollen. Dazu gehören insbesondere **Schulungsmaßnahmen**, in der die Beschäftigten „in geeigneter Weise" auf die Unzulässigkeit und Verhinderung von Benachteiligungen i. S. d. §§ 1, 7 AGG hingewiesen werden sollen und mittels derer der Arbeitgeber seine Pflichten aus § 12 Abs. 1 AGG grundsätzlich erfüllt. Bereits bei der **Personalauswahl** muss der Arbeitgeber eine diskriminierungsfreie Bewerberauswahl sicherstellen[3].

55 **d) Vermögensfürsorge.** Der Arbeitgeber hat durch § 618 BGB eine gesetzliche Pflicht **nur** zum Schutz von Leib, Leben und Gesundheit des Arbeitnehmers. Doch gelten auch ohne Gesetz ähnliche Grundsätze zur **Vermögenssorge** des Arbeitgebers kraft Arbeitsvertrags (§ 241 Abs. 2 BGB)[4], insbesondere im Zusammenhang mit

– **der Einbringung von Arbeitnehmer-Eigentum** in den Betrieb: Nebenpflicht zur „verkehrsüblichen" Sicherung der notwendig bzw. üblicherweise eingebrachten Arbeitnehmersachen wie z. B. Kleidung, persönliches Werkzeug, Wertgegenstände. Soweit Fahrrad- oder Pkw-Stellplätze zur Verfügung gestellt werden (worauf kein Anspruch besteht), sind diese verkehrsüblich (nach deliktsrechtlichen Kriterien) zu sichern[5];

– **der Entgeltzahlung:** Nebenpflicht zur gesetzeskonformen Einbehaltung und Abführung von Lohnsteuern und Sozialversicherungsbeiträgen gegenüber den zuständigen Behörden; Erfüllung der gesetzlichen Drittschuldnerpflichten bei Lohnpfändungen;

– **dem Aufwendungsersatz** (§ 670 BGB analog): Nebenpflicht zur Erstattung solcher Aufwendungen, die der Arbeitnehmer in Erfüllung seiner Arbeits-

---

1 Vom 29.6.2006, BGBl. I, 1897.
2 Vgl. nur *Willemsen/Schweibert*, NJW 2006, 2583; *Schlachter*, ZESAR 2006, 391; *Richardi*, NZA 2006, 881; *Diller/Krieger/Arnold*, NZA 2006, 887; *Bauer/Evers*, NZA 2006, 893; *Grobys*, NZA 2006, 898. Dazu näher oben B Rz. 6 ff.
3 Zu den eigenständigen Sanktionen vgl. §§ 13 ff. AGG sowie *Willemsen/Schweibert* NJW 2006, 2583 (2588 ff.). Zum schillernden Begriff „Mobbing" vgl. ErfK/*Preis*, § 611 BGB Rz. 623; MünchArbR/*Reichold*, § 49 Rz. 41.
4 Einzelheiten bei ErfK/*Preis*, § 611 BGB Rz. 626 ff.; MünchArbR/*Reichold*, § 85 Rz. 15 ff.
5 Vgl. BAG v. 25.5.2000 – 8 AZR 518/99, BAGE 94, 381 = NJW 2000, 3369: Lackschäden an abgestellten Fahrzeugen durch Arbeiten eines Dritten auf dem Werksgelände sind dem Arbeitgeber nicht ohne Weiteres zuzurechnen.

aufgabe als erforderlich ansehen durfte (und die nicht durch das Arbeitsentgelt als abgegolten gelten können, z.B. Fahrt- und Reisekosten, Arbeitsmittel, Schutzkleidung);

– **den Eigenschäden des Arbeitnehmers**: Nebenpflicht zum Wertersatz entsprechend § 670 BGB auch für solche Vermögensschäden, die der Arbeitnehmer bei einer betrieblichen Tätigkeit erlitten hat (zu den Haftungsmaßstäben näher Teil 3 I);

– **der Freistellung des Arbeitnehmers von Haftungsansprüchen Dritter** (§§ 257, 670 BGB analog): Nebenpflicht zur Befreiung des Arbeitnehmers von deliktischen Ansprüchen Dritter in Bezug auf die Verrichtung seiner Arbeitsaufgabe. Wegen des Zusammenhangs mit dem innerbetrieblichen Schadensausgleich wird diese Frage näher in Teil 3 I behandelt.

e) Informationspflichten. Der Arbeitgeber ist dem Beschäftigten vom Bewerbungsgespräch über die Vertragsverhandlungen, sodann während des Arbeitsverhältnisses bis zu seinem Ende und zum Teil sogar darüber hinaus (Nachwirkungen des Arbeitsverhältnisses) zur **Aufklärung bzw. Auskunft** immer dann verpflichtet, wenn der Arbeitnehmer ein **berechtigtes** Interesse an einer Aufklärung geltend machen kann, z.B. weil diese zur Geltendmachung eines Leistungsanspruchs erforderlich ist[1]. Die Verpflichtung darf aber keine übermäßige Belastung des Vertragspartners darstellen. Der Inhalt dieser Nebenpflicht im Arbeitsverhältnis wird durch die besonders intensive persönliche Bindung der Vertragspartner geprägt (Rz. 51). Soweit die Aufklärungs- und Informationspflichten nicht gesetzlich wie z.B. im ArbSchG, BetrVG (§§ 81 ff.), GewO, NachwG, TzBfG etc. geregelt sind, folgen sie aus § 241 Abs. 2 BGB, soweit z.B. betriebliche Leistungen (insbesondere Altersversorgung) gewährt werden oder sozialrechtliche Folgen der Altersteilzeit oder eines Auflösungsvertrags im Raum stehen[2]. Doch ist zu beachten, dass der Arbeitgeber **keineswegs** allgemeine Rechts- oder Vermögensberatung schuldet. Auch für das Arbeitsverhältnis gilt, dass jeder Vertragspartner grundsätzlich selbst für die Wahrnehmung seiner Interessen zu sorgen hat, wobei die erkennbaren Informationsbedürfnisse des Arbeitnehmers einerseits und die Beratungsmöglichkeiten des Arbeitgebers andererseits stets zu beachten sind. So hat das BAG es auch zu Recht abgelehnt, wegen eines vom Arbeitgeber unterlassenen Hinweises nach § 2 Abs. 2 Satz 2 Nr. 3 SGB III (Pflicht des Arbeitnehmers, sich vor der Beendigung des Arbeitsverhältnisses unverzüglich bei der Agentur für Arbeit arbeitsuchend zu melden) dem Arbeitnehmer einen Schadensersatzanspruch zuzusprechen[3].

56

---

1 Vgl. BAG v. 1.12.2004 – 5 AZR 664/03, AP Nr. 38 zu § 242 BGB Auskunftspflicht = NZA 2005, 289: Hat eine Anzahl von außertariflichen Angestellten eine Gehaltserhöhung erhalten, kann der hiervon ausgenommene außertarifliche Angestellte vom Arbeitgeber Auskunft über die hierfür verwendeten Regeln verlangen.
2 Einzelheiten bei MünchArbR/*Reichold*, § 85 Rz. 46 ff.; Küttner/*Kreitner*, „Auskunftspflichten Arbeitgeber".
3 BAG v. 29.9.2005 – 8 AZR 571/04, NZA 2005, 1406.

2. Besondere Fürsorgepflichten des Krankenhausträgers aus Organisationsverantwortung?

57   Die umfassende Versorgung der Patienten im Krankenhaus wird durch ein Zusammenwirken von ärztlichem, pflegerischem und medizinisch-technischem Personal gewährleistet. Der reibungslose Ablauf dieser Kooperation stellt hohe Anforderungen an **Organisation** und **Arbeitsteilung** innerhalb des Krankenhauses. Eine gut geführte Klinik verlangt eine die verschiedenen Arbeitsgänge begleitende angemessene Organisation, für deren Planung, Durchführung und Kontrolle der **Krankenhausträger** bzw. dessen **Vertreter (Organe)** in Gestalt der ärztlichen Leitung, der Pflegedienstleitung und der Verwaltungsleitung verantwortlich zeichnen (näher Teil 2 A Rz. 10 ff.)[1]. Im Zusammenhang mit arbeitsvertraglichen Nebenpflichten stellt sich die Frage, ob diese **Organisationspflichten** (als klinische „Verkehrssicherungspflichten"), die als Bestandteil des Behandlungsvertrags die Patienten vor vermeidbarer Schädigung bewahren helfen sollen[2], auch in der Arbeitsbeziehung zwischen Krankenhaus und angestelltem Arzt bzw. Pfleger etc. zu Rechten des organisationsabhängigen Beschäftigten führen können. Zu fragen ist also, inwieweit mangelhafte Organisationsvorkehrungen nicht nur vom geschädigten Patienten, sondern auch vom übermüdeten Arzt rechtlich beanstandet werden können. Die Antwort ergibt sich aus den oben (Rz. 53) zum **Arbeitsschutz** dargelegten Grundsätzen. Organisationsmängeln kann der Arbeitnehmer nur dann wirksam entgegentreten, wenn damit **gesetzliche oder kollektivvertragliche Normen** missachtet werden, die konkret arbeitnehmerschützenden Charakter haben. Wenn z.B. Arbeitszeitregeln missachtet werden (dazu Teil 10), kann der Beschäftigte die gesetzeswidrige Arbeitsleistung verweigern. Andernfalls kann die Verletzung von Organisationspflichten, die als solche normativ nicht festgeschrieben sind, sich nur als **Reflex** zugunsten des Arbeitnehmers auswirken (bei Schädigungen von Patienten haftet er im Zweifel nicht mit *eigenem* Vermögen), nicht aber eigene Rechte auslösen.

---

1 Vgl. nur Laufs/Kern/*Genzel/Degener-Hencke*, § 85, insb. Rz. 11 ff. (zu den landesgesetzlichen Vorgaben für die Leitungsstruktur); ferner *Hart*, FS Laufs, 2005, S. 843; *Kern*, MedR 2000, 347; *Schliemann*, ZTR 2003, 61 f.; *Wern*, S. 107 ff.
2 Vgl. zur Entwicklung des Arztrechts *Spickhoff*, NJW 2006, 1630, insb. 1633 f.

E. Pflichten des Arbeitnehmers

I. Arbeitspflicht

1. Vertragliche Hauptleistungspflicht

Die Arbeitspflicht ist die **Hauptleistungspflicht** des Arbeitnehmers. Sie hat 1
ihre Rechtsgrundlage im Arbeitsvertrag (§ 611 BGB) und steht im synallagmatischen Verhältnis zur Entgeltzahlungspflicht des Arbeitgebers (vgl. Teil 3
D Rz. 1). Geschuldet wird das „Zur-Verfügung-Stellen" der Arbeitskraft,
nicht hingegen das Herbeiführen eines bestimmten Erfolges[1]. Konstitutiv
für die Abgrenzung zwischen dem freien Dienstvertrag und dem abhängigen
Arbeitsverhältnis ist das **Zeitmoment** bei Erbringung der Arbeitsleistung[2].
Wer als niedergelassener Arzt selbständig arbeitet, leistet nicht „abhängige"
Arbeit, sondern einzeln abgegrenzte ärztliche Dienstleistungen nach eigener
Planung („Arbeitssouveränität")[3]. Wer dagegen als Arzt im Krankenhaus arbeitet, ist Arbeitnehmer, weil er seine fachlich weisungsfreie (Rz. 7) ärztliche Tätigkeit nach Maßgabe des Versorgungsauftrags und auf Weisung der
ärztlichen Leitung dem Klinikum während einer bestimmten Arbeitszeit
(Vollzeit, Teilzeit) **dauerhaft** zur Verfügung stellt. Diese sachlich-organisatorische Abhängigkeit im Dauerschuldverhältnis reicht zur Bejahung der Arbeitnehmereigenschaft aus (ganz h. M.)[4].

Der Arbeitnehmer hat seine Arbeitsleistung „im Zweifel" **persönlich** zu er- 2
bringen (§ 613 Satz 1 BGB). Es handelt sich um eine materielle Auslegungsregel. Lässt das äußere Verhalten des Arbeitgebers darauf schließen (§§ 133,
157 BGB), dass er mit einer *nicht* persönlichen Leistungserbringung einverstanden ist, so hat dieser Wille Vorrang (Vorrang der Auslegung). Regelmäßig
ist jedoch eine Substituierung der Arbeitsleistung durch Dritte nicht möglich[5]. Dies gilt insbesondere für den sog. Schichttausch, der nur bei ausdrücklicher (oder konkludenter) Zustimmung des Arbeitgebers zulässig ist[6].
Da im Krankenhaus fast ausschließlich Schichtarbeit geleistet wird, ist dies
besonders wichtig. Die persönliche **ärztliche Leistungspflicht** ist strenger als
die anderer Arbeitnehmer. So dürfen Ärzte grundsätzlich keine ärztlichen
Leistungen auf Nichtärzte delegieren[7]. Sie sind regelmäßig nicht nur zur
persönlichen, sondern darüber hinaus zur *eigenhändigen* Leistung verpflichtet. Lediglich für untergeordnete Tätigkeiten dürfen Hilfspersonen eingesetzt werden[8]. Der „Kernbereich" des ärztlichen Handelns muss unangetastet bleiben.

---

1 HWK/*Thüsing*, § 611 BGB Rz. 285; MünchArbR/*Reichold*, § 36 Rz. 3.
2 MünchArbR/*Richardi*, § 3 Rz. 11.
3 *Reichold*, Arbeitsrecht, § 2 Rz. 16 f.
4 Vgl. nur ErfK/*Preis*, § 611 BGB Rz. 62; MünchArbR/*Richardi*, § 3 Rz. 12; § 8 Rz. 18.
5 MünchArbR/*Reichold*, § 36 Rz. 6.
6 Schaub/*Linck*, § 45 Rz. 1.
7 MünchArbR/*Richardi*, § 338 Rz. 4.
8 Laufs/Kern/*Kern*, § 45 Rz. 2, 5 ff.; differenzierend *Wern*, S. 87 f.

3   Besonderheiten gelten im Fall des Liquidationsrechts gegenüber Wahlleistungspatienten (näher dazu Teil 5 A und B)[1]. Der liquidationsberechtigte **Chefarzt** ist grundsätzlich zur persönlichen Betreuung des Patienten verpflichtet. Dessen berechtigte Erwartung geht dahin, dass der Chefarzt bei ihm auch solche Leistungen **höchstpersönlich** erbringt, die angesichts seiner Erkrankung auch von anderen, nachgeordneten Ärzten qualitativ ordnungsgemäß erbracht werden könnten[2]. Der Chefarzt muss durch seinen persönlichen Einsatz der wahlärztlichen Behandlung sein „Gepräge" geben und die Kernleistungen (z.B. Gehirnoperation beim Neurochirurgen, Durchführung und Überwachung der Anästhesie beim Anästhesisten) persönlich erbringen, was aber nicht bedeutet, dass er in jedem Einzelfall auch die gesamte Operation zwingend eigenhändig durchführen muss. Er genügt seiner persönlichen Leistungspflicht, wenn er die Entscheidung über das „Ob" und das „Wie" der Operation selbst getroffen hat und deren Vollzug überwacht bzw. während der Operation jederzeit erreichbar bleibt und eingreifen kann[3].

2. Allgemeine Inhalte der Arbeitsleistung

4   **a) Grundlagen.** Alle Beschäftigten im Krankenhaus sind verpflichtet, die *vertraglich geschuldete* Arbeitsleistung ordnungsgemäß zu erbringen. Der Arbeitsvertrag enthält nur die Rahmenbedingungen der Arbeitspflicht, insbesondere Ort, Art und Zeit der zu leistenden Arbeit[4]. Konkretisiert wird die Arbeitspflicht durch das sog. Weisungsrecht (§ 106 GewO, näher Rz. 6 ff.). Der Arbeitgeber kann dadurch **Detailregelungen** im Einzelfall treffen. Ein solches Instrument ist notwendig, da bei Abschluss eines Arbeitsvertrags die Einzelheiten des Arbeitsvollzugs im Einzelnen noch gar nicht feststehen bzw. feststehen können[5]. Daneben gelten Kollektivvereinbarungen (Tarifvertrag, Betriebsvereinbarung), die die einzelvertraglichen Regelungen ergänzen oder ersetzen (zur Frage der Tarifbindung vgl. Teil 3 D Rz. 2, 23 f.). Insbesondere für die nachgeordneten Krankenhausärzte und das Pflegepersonal sind die Tarif- und Betriebsnormen von besonderer Relevanz[6].

5   **b) Erfüllung des Behandlungsvertrags.** *Welche Art* von Tätigkeit ein Arbeitnehmer an *welchem Ort* und zu *welcher Zeit* erbringen muss, bestimmt den genauen Inhalt der Arbeitspflicht. Im Krankenhaus wird sie maßgeblich durch den **Behandlungsvertrag** zwischen Krankenhaus und Patient geprägt[7]. Die ärztliche und pflegerische Versorgung des Patienten ist aufgrund des (in

---

1 Laufs/Kern/*Kern*, § 45 Rz. 9; dazu näher *Wern*, S. 82 ff. m.w.N. zur Rspr.
2 BGH v. 19.2.1998 – III ZR 169/97, NJW 1998, 1778 (1779); vgl. ferner *Kubis*, NJW 1989, 1512 (1513); *Miebach/Patt*, NJW 2000, 3377 (3379 f.).
3 AG Hamburg v. 6.9.2000 – 18A C 292/99, MedR 2001, 47; vgl. ferner Laufs/Kern/*Genzel/Degener-Hencke*, § 87 Rz. 17; *Wern*, S. 85 f.
4 Vgl. nur MünchArbR/*Reichold*, § 36 Rz. 4, 14 ff.
5 Das Arbeitsverhältnis ist ein „nach vorne offener" Dauervertrag und basiert daher auf einem notwendig unvollständigen Pflichtenprogramm, dazu näher *Reichold*, RdA 2002, 321 (326) m.w.N.
6 *Quaas/Zuck*, § 15 Rz. 8.
7 MünchArbR/*Richardi*, § 338 Rz. 14.

der Regel „totalen") Krankenhausaufnahmevertrags[1] ordnungsgemäß (*lege artis*) zu gewährleisten. Das Krankenhaus muss als (alleiniger) Schuldner dementsprechend alle erforderlichen Leistungen für die stationäre Behandlung erbringen. Seine Beschäftigten werden als „Erfüllungsgehilfen" (§ 278 BGB) in die Vertragsbeziehung Krankenhaus – Patient eingeschaltet. Ihnen obliegen (je nach Tätigkeit) inhaltlich übereinstimmende Pflichten **aus Arbeitsvertrag gegenüber dem** Krankenhaus (näher Rz. 13 ff.). Maßgeblichen Einfluss auf den Inhalt der Arbeitspflicht haben neben dem Behandlungsvertrag die Organisationsstrukturen des Krankenhauses, seine öffentlich-rechtlichen Rahmenbedingungen (z. B. Haushaltsrecht), der ärztliche Heilauftrag sowie das ärztliche Berufs- und Standesrecht (Rz. 7)[2].

c) Weisungsrecht (§ 106 GewO). Das Weisungsrecht gibt dem Arbeitgeber   6
die Möglichkeit der einseitigen Leistungsbestimmung (vgl. §§ 106 GewO, 315 BGB). Ausgeübt wird es durch **Einzelweisung** (individuelle Weisung, z. B. in Bezug auf eine eilige Notversorgung) oder **Generalweisung** (generelle Weisung, § 106 Satz 2 GewO, z. B. in Bezug auf Rauchverbote etc.)[3]. Weisungsberechtigt sind in den Krankenhäusern in der Regel die Chefärzte (ärztliche Leitung), die Pflegedienst- und die Verwaltungsleitung (vgl. näher Teil 2). Das Weisungsrecht kann nach unten delegiert, aber nicht vollständig abgegeben werden. Soweit die Arbeitsaufgabe durch **vertragliche** Festlegung geregelt ist, verbleibt dem Arbeitgeber kein Spielraum für einseitige individuelle Anordnungen. Unzulässige Weisungen führen zu einem Leistungsverweigerungsrecht des Arbeitnehmers. Umgekehrt kann der Arbeitgeber (in der Regel nach Abmahnung) verhaltensbedingt kündigen, wenn eine zulässige Weisung nicht befolgt wird. Weisungen dienen heute in der Regel nur der „Grobsteuerung", weil gut qualifiziertes Personal keine *enge* fachliche Anleitung benötigt. Bei gehobenen Tätigkeiten verbleibt ohnehin ein erheblicher fachlicher Ausführungsspielraum (Rz. 7)[4]. Unverzichtbar ist aber die *sachlich-organisatorische* Steuerung in Fragen wie Arbeitsplatz- und Personalausstattung, Arbeitszeitregelung etc. (Organisationsmaßnahmen als Generalweisung)[5].

Das Weisungsrecht ist die schwächste Rechtsquelle des Arbeitsverhältnisses   7
und wird begrenzt durch **höherrangiges Recht**, insbesondere das Grundgesetz und die zwingenden Vorschriften einfacher Gesetze. Ein Verstoß führt hier zur Nichtigkeit (§§ 134, 138 BGB) und damit zum Leistungsverweigerungs-

---

1 Im Regelfall des totalen Krankenhausaufnahmevertrags schuldet der KH-Träger sämtliche erforderlichen medizinischen Leistungen, die durch Ärzte und Pflegekräfte als seine „Erfüllungsgehilfen" (§ 278 BGB) vollzogen werden, vgl. nur Laufs/Kern/*Genzel/Degener-Hencke*, § 89 Rz. 9.
2 Laufs/Kern/*Genzel/Degener-Hencke*, § 86 Rz. 21; *Quaas/Zuck*, § 12 Rz. 50 f.
3 Bei kollektiven Regelungen (d. h. generellen Weisungen) ist in der Regel das Mitbestimmungsrecht von Betriebs- bzw. Personalrat zu beachten, vgl. nur § 87 BetrVG sowie MünchArbR/*Reichold*, § 36 Rz. 21; § 49 Rz. 14 f.
4 MünchArbR/*Reichold*, § 36 Rz. 21.
5 *Reichold*, Arbeitsrecht, § 9 Rz. 3; zum Arbeitszeitmanagement vgl. *Schliemann*, ZTR 2003, 61.

recht des Arbeitnehmers. Weitere Grenzen ergeben sich aus Kollektivvereinbarungen (Tarifvertrag bzw. Betriebsvereinbarung, z.B. Auswahlrichtlinie
gem. § 95 BetrVG) und dem einzelnen Arbeitsvertrag. Im Krankenhaus besonders relevant ist die Begrenzung des Weisungsrechts durch das **ärztliche
Berufs- und Standesrecht**. So darf ein Arzt in seiner ärztlichen Tätigkeit keine Weisungen von Nichtärzten entgegennehmen (§ 2 Abs. 4 MBO-Ä 1997).
Die Weisungen eines Arztes hat er entgegenzunehmen, wird dadurch aber
nicht von seiner ärztlichen Letztverantwortung entbunden (§ 2 Abs. 1 Satz 2
MBO-Ä 1997)[1]. Der ärztliche Beruf ist „seiner Natur nach ein **freier Beruf**"
(§ 1 Abs. 2 BÄO). Dieser Grundsatz gilt nicht nur für freiberuflich tätige Ärzte (z.B. als niedergelassener Arzt), sondern ist auch im Rahmen eines Abhän-
gigkeitsverhältnisses (z.B. als Krankenhausarzt) zu beachten (§ 23 MBO-Ä,
vgl. Rz. 12 ff.)[2]. Im Rahmen seiner medizinisch-fachlichen Aufgaben bleibt
der Chefarzt völlig weisungsfrei[3], nicht dagegen im Bereich der arbeitstechnischen Organisation des Klinikums. Er gilt als „leitender Angestellter"
i.S.d. BetrVG nur dann, wenn seine Personalkompetenz für das gesamte Klinikum eine beachtliche unternehmerische Bedeutung hat[4].

8   Das Weisungsrecht unterliegt nach § 106 Satz 1 GewO („nach billigem Ermessen") ferner der **Billigkeitskontrolle**, womit auf § 315 Abs. 1 BGB verwiesen wird. Die Grenzen billigen Ermessens sind gewahrt, wenn der Arbeitgeber bei seiner Leistungsbestimmung nicht nur eigene, sondern auch
berechtigte Interessen des Arbeitnehmers „angemessen" berücksichtigt
hat[5]. Auf besonders geschützte Arbeitnehmergruppen (z.B. Schwangere,
Schwerbehinderte, Betriebsratsmitglieder) muss er Rücksicht nehmen[6]. Bei
dem Begriff „billiges Ermessen" handelt es sich um einen unbestimmten
Rechtsbegriff, der Raum lässt auch zur Berücksichtigung der „mittelbaren
Drittwirkung" der **Grundrechte**. Grundrechte des Arbeitnehmers z.B. aus
Art. 4 und 5 GG (Gewissens- bzw. Meinungsfreiheit) müssen vom Arbeitgeber bei der Leistungsbestimmung beachtet werden[7]. Verlangt der am bis-
herigen Arbeitsplatz personbedingt nicht mehr verwendbare Arbeitnehmer
die Zuweisung eines „leidensgerechten Arbeitsplatzes", so kann es die
Rücksichtnahmepflicht (§ 241 Abs. 2 BGB) gebieten, dass der Arbeitgeber

---

1 MünchArbR/*Richardi*, § 338 Rz. 3.
2 Laufs/Kern/*Laufs*, § 3 Rz. 11; *Quaas/Zuck*, § 12 Rz. 10.
3 Laufs/Kern/*Laufs*, § 12 Rz. 8; MünchArbR/*Richardi*, § 339 Rz. 19; ausführlich *Wern*,
   S. 9 ff.
4 Ablehnend für Chefarzt Geriatrie BAG v. 5.5.2010 – 7 ABR 97/08, NJW 2010, 2746;
   BAG v. 10.10.2007 – 7 ABR 61/06, ArztR 2008, 235; vgl. ferner *Diringer*, NZA 2003,
   890.
5 BAG v. 23.9.2004 – 6 AZR 567/03, AP Nr. 64 zu § 611 BGB Direktionsrecht = NZA
   2005, 359; BAG v. 13.3.2003 – 6 AZR 557/01, AP Nr. 47 zu § 611 BGB Arzt-Krankenhaus-Vertrag = NZA 2004, 735; BAG v. 7.12.2000 – 6 AZR 444/99, AP Nr. 61 zu § 611
   BGB Direktionsrecht = NZA 2001, 780.
6 § 106 Satz 3 GewO erwähnt ausdrücklich die Rücksichtnahmepflicht in Bezug auf
   „Behinderungen des Arbeitnehmers", was aber nur deklaratorisch gemeint ist, vgl.
   ErfK/*Preis*, § 106 GewO Rz. 22.
7 Zur Arbeitsverweigerung aus Gewissensgründen vgl. z.B. BAG v. 24.5.1989 – 2 AZR
   285/88, BAGE 62, 59 = NJW 1990, 203 = NZA 1990, 144; MünchArbR/*Reichold*, § 36
   Rz. 27.

von seinem Direktionsrecht **erneut** Gebrauch macht. Andernfalls kann dem
nicht beschäftigten Arbeitnehmer ein Schadensersatzanspruch zustehen[1].

Im Krankenhaus spielt die Drittwirkung der Grundrechte besonders bei   9
der Vornahme von **Schwangerschaftsabbrüchen** eine wichtige Rolle[2]. Laut
BVerfG darf grundsätzlich niemand (weder als Arzt noch als Hilfspersonal)
dazu verpflichtet werden, an einem Schwangerschaftsabbruch mitzuwirken[3]. Eine Ausnahme gilt nur dann, wenn sich die Schwangere in der Gefahr
des Todes oder einer schweren Gesundheitsschädigung befindet (vgl. § 12
SchKG[4]). Dies ändert aber nichts daran, dass sich jeder Arzt zur Mitwirkung
an Schwangerschaftsabbrüchen vertraglich wirksam verpflichten kann; nach
zutreffender h. M. steht der Wirksamkeit § 134 BGB nicht entgegen[5]. Die Regel des § 12 Abs. 1 SchKG soll grundsätzlich ein jederzeitiges Leistungsverweigerungsrecht ohne Angabe von Gründen ermöglichen – selbst dann,
wenn bei der Einstellung noch die Bereitschaft zur Durchführung von
Schwangerschaftsabbrüchen versichert worden war[6]. Umgekehrt kann es im
katholischen Krankenhaus einen wichtigen Grund zur fristlosen Kündigung
eines Chefarztes darstellen, wenn dieser – vom dort nicht erlaubten Schwangerschaftsabbruch ganz abgesehen – mit seinen Behandlungsmethoden (z. B.
„homologe Insemination") gegen tragende Grundsätze des geltenden Kirchenrechts verstößt[7]. Das gilt selbst dann, wenn es sich um Verstöße im Bereich der privat betriebenen Ambulanz in den Räumen und mit den Ressourcen des Krankenhauses handelt (vgl. näher Teil 4 Rz. 83).

Zum **Notfalldienst** darf ein Arzt dann nicht herangezogen werden, wenn ein   10
Gewissenskonflikt wegen fehlender fachlicher Eignung[8] oder Überlastung[9]
entgegensteht (Art. 2 GG verbürgt die Freiheit der ärztlichen Gewissensent-
scheidung). Der neue **TVöD** sieht dazu in § 3.1 Abs. 2 TVöD-K (= § 42 Abs. 2
TVöD BT-K) konkret vor, dass Ärztinnen und Ärzte am **Rettungsdienst** in
Notarztwagen und Hubschraubern teilnehmen sollen, soweit mindestens
ein klinisches Jahr absolviert ist und die Teilnahme am Rettungsdienst auch

---

1 BAG v. 19.5.2010 – 5 AZR 162/09, NJW 2010, 3112, 3113 f.
2 Vgl. BVerwG v. 13.12.1991 – 7 C 26/90, NJW 1992, 773 = JZ 1992, 525 sowie Münch-
  ArbR/*Richardi*, § 339 Rz. 22 ff.; *Wern*, S. 15 ff.; *Maier*, NJW 1979, 1404; *Kluth*, MedR
  1996, 546.
3 BVerfG v. 28.5.1993 – 2 BvF 2/90 u. a., BVerfGE 88, 203 (294): Mitwirkungsverwei-
  gerungsrecht unterfällt dem Schutzbereich des durch ärztliches Berufsrecht geprägten
  Persönlichkeitsrechts aus Art. 2 Abs. 1, 12 Abs. 1 GG.
4 § 12 SchKG v. 27.7.1992 (BGBl. I, 1398) lautet: „(1) Niemand ist verpflichtet, an einem
  Schwangerschaftsabbruch mitzuwirken. (2) Absatz 1 gilt nicht, wenn die Mitwirkung
  notwendig ist, um von der Frau eine anders nicht abwendbare Gefahr des Todes oder
  einer schweren Gesundheitsschädigung abzuwenden.".
5 Vgl. Nachw. bei *Wern*, S. 21.
6 So auch MünchArbR/*Richardi*, § 339 Rz. 24; *Wern*, S. 25; zu den kündigungsrechtlichen Konsequenzen der Weigerung vgl. Teil 3 F.
7 BAG v. 7.10.1993 – 2 AZR 226/93, NZA 1994, 443 = NJW 1994, 3032.
8 BVerwG v. 18.7.1967 – I C 9.66, BVerwGE 27, 303.
9 BVerwG v. 12.12.1972 – I C 30.69, BVerwGE 41, 261.

„zumutbar" ist[1]. Obwohl die Teilnahme am Rettungsdienst demnach zur Arbeitspflicht zählt, erhalten sie dennoch einen zusätzlichen „Einsatzzuschlag" i.H.v. 15,41 Euro pro Einsatz, der nicht zusatzversorgungspflichtig ist.

11   Der Arbeitgeber darf den Beschäftigten auch nicht zur **„Streikarbeit"**, d.h. zur Arbeit am Arbeitsplatz eines Streikenden zwingen. Die Solidarität mit den Streikenden ist verfassungsrechtlich geschützt (Art. 9 Abs. 3 GG)[2]. Die Grundrechte der Arbeitnehmer werden aber beschränkt durch kollidierende Grundrechte Dritter. Bei einem **Streik im Krankenhaus** kann der Arbeitgeber die Streikenden zur Versorgung von Notfallpatienten verpflichten bzw. den Streik sogar gänzlich verbieten, soweit Lebensgefahr für die Patienten besteht (Art. 2 Abs. 2 GG)[3]. Erstreckt sich der Streik nur auf nicht mit Notfallbehandlungen beschäftigte Arbeitnehmer, so kann der Krankenhausträger ggf. eine Verletzung des Rechts am eingerichteten und ausgeübten Gewerbebetrieb (§ 823 Abs. 1 BGB) geltend machen[4].

3. Besondere Inhalte der Arbeitsleistung bei Ärzten

12   **a) Berufsrechtliche Grundlagen.** Die Hauptleistungspflicht der Krankenhausärzte ist ganz grundsätzlich geprägt von ihrem ärztlichen Heilauftrag. Nach § 1 Abs. 1 BÄO dient der Arzt der Gesundheit des einzelnen Menschen und des ganzen Volkes. An diesem berufsrechtlichen Grundprinzip hat der Arzt sein gesamtes Handeln auszurichten[5], auch dann, wenn er wie im Krankenhaus abhängig beschäftigt wird. Er handelt auch da im medizinischen Bereich eigenverantwortlich und im Rahmen seiner berufsethisch begründeten Freiheit fachlich unabhängig[6]. Jede vertragliche Abschwächung dieser Eigenverantwortung ist genauso wie jede Weisung des Krankenhausträgers im Bereich von Diagnostik und Therapie berufsrechtlich und damit auch vertraglich unzulässig (§ 1 BÄO i.V.m. § 134 BGB)[7].

13   **b) Behandlungsvertragliche Pflichten i.e.S.** Für die Konkretisierung der ärztlichen Arbeitspflicht maßgeblich sind primär die Maßstäbe der medizinischen *„lege artis-Behandlung"*, die auch die **Qualität** der Behandlung als ordentliche Erfüllung des Vertrags i.S.d. §§ 276, 280 BGB (i.V.m. mit den Standards der Berufsordnung – MBO-Ä) sichern sollen (vgl. Rz. 5)[8]. Vorrangi-

---

1 Was z.B. bei Flugunverträglichkeit ausscheidet, vgl. *Dannenberg* in: Bepler/Böhle/Meerkamp/Stöhr, TVöD-BT-K (Stand 2009), § 42 Rz. 9.
2 MünchArbR/*Reichold*, § 36 Rz. 28.
3 Sachs/*Höfling*, GG, Art. 9 Rz. 133.
4 LAG Köln v. 12.12.2005 – 2 Ta 457/05, NZA 2006, 62.
5 *Quaas/Zuck*, § 12 Rz. 51.
6 LAG Düsseldorf v. 23.7.2002 – 16 Sa 162/02, AnwBl. 2002, 600 (601); Laufs/Kern/*Laufs*, § 3 Rz. 12.
7 Laufs/Kern/*Laufs*, § 12 Rz. 4; vgl. auch § 2 der Muster-Berufsordnung für die dt. Ärztinnen und Ärzte (MBO-Ä), die die allgemeinen ärztlichen Berufspflichten formuliert.
8 Einzelheiten bei Laufs/Kern, §§ 45 bis 73; vgl. ferner MünchArbR/*Richardi*, § 338 Rz. 15 ff.; *Quaas/Zuck*, § 12 Rz. 52.

ge Pflicht des Arztes ist die fachgerechte Untersuchung und Behandlung des Patienten. Laut § 1 Abs. 2 MBO-Ä besteht die Aufgabe der Ärztinnen und Ärzte darin,

„das Leben zu erhalten, die Gesundheit zu schützen und wiederherzustellen, Leiden zu lindern, Sterbenden Beistand zu leisten und an der Erhaltung der Lebensgrundlagen im Hinblick auf ihre Bedeutung für die Gesundheit der Menschen mitzuwirken".

Konkretisiert werden diese Pflichten u. a. durch § 14 MBO-Ä (Erhaltung des ungeborenen Lebens), § 16 MBO-Ä (Beistand für die Sterbenden) und § 26 MBO-Ä (Verpflichtung zur Teilnahme am Notfalldienst). Die ärztliche Untersuchungs- und Behandlungspflicht umfasst folgende Einzelpflichten:

– **Anamnese**[1]. Bei der Anamnese wird die Vorgeschichte des Erkrankten ermittelt. Sie erfolgt meist im Rahmen eines Gesprächs zwischen Arzt und Patient (sog. Eigenanamnese) bzw. Arzt und Angehörigen (sog. Familienanamnese). Die Anamnese ist unverzichtbare Voraussetzung einer Therapie und lässt häufig einen direkten Schluss auf die Art der Erkrankung zu. Eine nicht bzw. unvollständig oder falsch durchgeführte Anamnese stellt einen wesentlichen Behandlungsfehler dar. Neben der Eigen- und Familienanamnese unterscheidet man die Medikamentenanamnese, die Sozialanamnese, die Voll- und Teilanamnese sowie die Kurzanamnese.

– **Untersuchung**[2]. Die ärztliche Untersuchung ist Teil der Diagnostik und dient der Befundermittlung. Dem Arzt stehen hierfür unterschiedliche Methoden zur Verfügung. Man unterscheidet zwischen unmittelbarer Untersuchung (einfache Funktionsprüfungen) und mittelbarer Untersuchung (naturwissenschaftliche Untersuchungsmethoden). Daneben gibt es Vorsorge- und Früherkennungsuntersuchungen (z. B. Krebsvorsorge), den sog. *check-up* (d. h. eine umfassende ganzheitliche Untersuchung des Patienten) sowie den HIV-Test.

– **Diagnose**[3] meint das Feststellen bzw. Benennen der Krankheit (Ergebnis der Untersuchung). Der Arzt ist nach dem Behandlungsvertrag verpflichtet, eine Diagnose zu stellen und diese dem Patienten mitzuteilen. Ist eine Diagnose nicht gesichert, müssen weitere Untersuchungen vorgenommen werden. Sie muss außerdem ständig aktualisiert werden je nach Krankheitsverlauf (Pflicht zur Revision). Es gibt unterschiedliche Arten der Diagnose: Die Differentialdiagnose, kausale Diagnose, endgültige/vorläufige Diagnose und Einweisungsdiagnose/Entlassungsdiagnose. Von einer **Fehldiagnose** spricht man, wenn der Eingriff vorgenommen wird und sich die Diagnose dann als falsch oder unvollständig herausstellt. Fehlerhaft ist auch eine verspätete Diagnose.

– **Indikationsstellung**[4]. Eine Behandlung muss „indiziert", d. h. angezeigt sein. Welche Behandlung angezeigt ist, ergibt sich nach Abwägung der Chancen und Risiken. In die Abwägung einzustellen sind beispielsweise

---

1 Laufs/Kern/*Kern*, § 46 Rz. 1 ff.
2 Laufs/Kern/*Kern*, § 47 Rz. 1 ff.
3 Laufs/Kern/*Kern*, § 48 Rz. 1 ff.
4 Laufs/Kern/*Kern*, § 49 Rz. 1 ff.; MünchArbR/*Richardi*, § 338 Rz. 19.

die Gefährlichkeit der Behandlung, das Risiko und die Schwere des Eingriffs, die Erfolgsaussichten der Behandlung[1], die Beeinträchtigung der Lebensqualität durch die Erkrankung, der erstrebte Zweck der Heilbehandlung. Diese Kriterien müssen in einem angemessenen Verhältnis zueinander stehen.

– **Therapie**[2] ist die ärztliche Behandlung im eigentlichen Sinne. Sie umfasst alle Maßnahmen, die dem Heilauftrag entsprechend Krankheiten des Patienten zu verhüten, zu heilen oder zu lindern geeignet sind. Dabei wird von der Rechtsprechung das **weite ärztliche Ermessen** bei der Wahl der Therapie hervorgehoben, die freilich dem Stand der medizinischen Wissenschaft entsprechen und zur Erreichung des Behandlungsziels geeignet und erforderlich sein muss[3]. Zu beachten ist auch der Grundsatz der Behandlungsfreiheit. Der Arzt kann, von Notfällen abgesehen, die Behandlungsübernahme überhaupt **ablehnen** (§ 7 Abs. 2 MBO-Ä); wenn sie aber übernommen wird, hat sie rechtzeitig zu erfolgen. Begrenzt werden die ärztlichen Pflichten aber durch den Patientenwillen und sein Selbstbestimmungsrecht (Rz. 15)[4].

– **Kontrolle und Nachsorge**[5] sind zur Sicherstellung eines fach- und sachgerechten Heilungsprozesses unumgänglich. Die ärztliche Nachsorge umfasst die Kontrolle und Überwachung des Patienten, die Nachbehandlung und vor allem die Rehabilitation. Dazu gehören in der Regel auch Nachsorgeuntersuchungen und entsprechende Belehrungen des Patienten, insbesondere die auch haftungsrechtlich relevante sog. Sicherungsaufklärung[6].

14   **c) Ärztliche Dokumentationspflichten**[7] sichern die Feststellungen und getroffenen Maßnahmen in Bezug auf Anamnese, Diagnose und Therapie (Rz. 13) und stellen nach allgemeiner Ansicht einen unerlässlichen Bestandteil des Behandlungsvertrags[8] und damit der ärztlichen Arbeitspflicht im abhängigen Arbeitsverhältnis dar. Sie werden auch **berufsrechtlich** in § 10 MBO-Ä ausführlich geregelt. Der Zweck dieser Vertragspflicht besteht darin, einerseits die einzelnen Therapieschritte nachprüfbar festzuhalten und ande-

---

1 Vgl. aber OLG Stuttgart v. 16.4.2002 – 1 (14) U 71/2001, NJOZ 2002, 2415: Behandlungsvertrag über medizinisch nicht notwendige Leistungen (hier: Naturheilkundeverfahren) ist auch dann wirksam, wenn die Kasse dafür nicht eintritt.

2 Laufs/Kern/*Kern*, § 50 Rz. 1 ff.; MünchArbR/*Richardi*, § 338 Rz. 20.

3 *Spickhoff*, NJW 2006, 1630 (1633) m. w. N.

4 *Quaas/Zuck*, § 12 Rz. 65; vgl. auch § 7 Abs. 1 MBO-Ä: „Jede medizinische Behandlung hat unter Wahrung der Menschenwürde und unter Achtung der Persönlichkeit, des Willens und der Rechte der Patientinnen und Patienten, insbesondere des Selbstbestimmungsrechts, zu erfolgen.".

5 Laufs/Kern/*Kern*, § 54a Rz. 1 ff.; MünchArbR/*Richardi*, § 338 Rz. 23.

6 Vgl. BGH v. 16.11.2004 – VI ZR 328/03, NJW 2005, 427 = MedR 2005, 226; BGH v. 14.6.2005 – VI ZR 179/04, NJW 2005, 2614 (2616 f.); ferner MünchKommBGB/*Wagner*, § 823 Rz. 694 ff.

7 Laufs/Kern/*Schlund*, §§ 55, 56; MünchArbR/*Richardi*, § 338 Rz. 24 ff.; *Quaas/Zuck*, § 12 Rz. 68.

8 Vgl. nur BGH v. 27.6.1978 – VI ZR 183/76, BGHZ 72, 132 (137 f.) = NJW 1978, 2337; ferner MünchKommBGB/*Wagner*, § 823 Rz. 740.

rerseits für Arzt bzw. Patienten (insbesondere auch im Streitfall bei Haftungsprozessen) Rechenschaftslegung und Beweisführung zu ermöglichen. Wechselt der Patient den Arzt, so ist dieser zur Herausgabe der Unterlagen an den nachbehandelnden Arzt verpflichtet[1]. Umgekehrt besteht ein **Einsichtsrecht** des Patienten in seine Krankenunterlagen als Nebenleistungsanspruch aus dem Behandlungsvertrag (§ 10 Abs. 2 MBO-Ä)[2]; ausgenommen sind allerdings diejenigen Teile der Krankenakte, welche subjektive Eindrücke oder Wahrnehmungen des Arztes enthalten. Auf Verlangen sind den Patienten Kopien der Unterlagen gegen Erstattung der Kosten herauszugeben. Ärztliche Aufzeichnungen sind für die Dauer von **zehn Jahren** nach Abschluss der Behandlung aufzubewahren, soweit nicht nach speziellen gesetzlichen Vorschriften (z.B. RÖV, GeschlKrG, GefStoffV und JArbSchG) eine längere Aufbewahrungspflicht besteht, vgl. § 10 Abs. 3 MBO-Ä.

d) Ärztliche Aufklärungspflichten[3] sichern das Selbstbestimmungsrecht des   15
Patienten in Bezug auf ärztliche Maßnahmen an seiner Person. Dazu bestimmt § 8 MBO-Ä, dass Ärztinnen und Ärzte grundsätzlich zur Behandlung „der Einwilligung der Patientin oder des Patienten" bedürfen. Und: „Der Einwilligung hat grundsätzlich die erforderliche Aufklärung im persönlichen Gespräch vorauszugehen". Die Aufklärung hat so rechtzeitig zu erfolgen, dass der Patient das Für und Wider einer Maßnahme ohne Zeitdruck abwägen kann. Der Patient muss physisch und psychisch in der Lage sein, dem Gespräch zu folgen. Auch über die Dringlichkeit des ärztlichen Eingriffs ist aufzuklären. Je größer die **Risiken** für den Patienten sind, desto umfassendere Aufklärungspflichten obliegen dem Arzt insbesondere in Bezug auf alternative Behandlungsmethoden[4]. Während die sog. therapeutische Aufklärung vornehmlich der Information des Patienten dient, können Fehler bei der **Selbstbestimmungsaufklärung** („informed consent", d.h., der Patient muss wissen, worauf er sich einlässt und demgemäß den Eingriff auch ablehnen dürfen) und bei der damit zusammenhängenden **Risikoaufklärung** weitgehende Haftungsfolgen auslösen[5]. Gleichwohl kann vom Vorliegen eines Aufklärungsfehlers genauso wenig wie beim Behandlungsfehler schon ohne Weiteres auf den Erfolg einer Arzthaftungsklage geschlossen werden[6]. Besonders zu beachten sind die aus einer **Patientenverfügung** folgenden Erörterungspflichten des Arztes mit dem Betreuer des Patienten, vgl. § 1901b BGB[7].

---

1 BGH v. 23.11.1982 – VI ZR 222/79, BGHZ 85, 327 (329) = NJW 1983, 2627 f.
2 BGH v. 23.11.1982 – VI ZR 222/79, BGHZ 85, 327 (332) = NJW 1983, 2627 (2628).
3 Ausführlich hierzu Laufs/Kern/*Laufs*, §§ 57–64; ferner MünchArbR/*Richardi*, § 338 Rz. 27 f.; *Quaas/Zuck*, § 13 Rz. 82 ff.
4 Vgl. z.B. BGH v. 15.3.2005 – VI ZR 313/03, NJW 2005, 1718 = MedR 2005, 599; ferner MünchKommBGB/*Wagner*, § 823 Rz. 707 ff.; *Quaas/Zuck*, § 13 Rz. 90 m.w.N.
5 Vgl. nur MünchKommBGB/*Wagner*, § 823 Rz. 700 ff.; *Quaas/Zuck*, § 13 Rz. 93 ff.
6 Vgl. Einzelheiten in den Kommentaren zu § 823 BGB (Arzthaftung); zur neueren Entwicklung *Spickhoff*, NJW 2006, 1630 (1634 f.) m.w.N.
7 Näher *Höfling*, NJW 2009, 2849.

16   **e) Ausstellung ärztlicher Bescheinigungen (§ 3.1 Abs. 1 TVöD-K)**[1]. Mit einem Attest bescheinigt der Arzt dem Patienten z. B. die Arbeitsunfähigkeit
(zur Vorlage beim Arbeitgeber), die Unfähigkeit zur Teilnahme am Sport-
unterricht (zur Vorlage in der Schule) oder Art und Dauer der Erkrankung
(zur Vorlage bei Behörden, Versicherungen etc.). Mittels eines Rezepts ver-
ordnet der Arzt Arzneimittel. Bei der Verschreibung ist sowohl auf den Heil-
zweck als auch auf besondere Wünsche des Patienten Rücksicht zu nehmen.
Sie müssen vom Arzt eigenhändig unterschrieben werden. Der TVöD hat in
Fortführung der Nr. 3 SR 2c des BAT in § 3.1 TVöD-K (= § 4 Abs. 1 Satz 1 TV-
Ärzte/VKA) ausdrücklich geregelt, dass zu den

„Ärztinnen und Ärzten obliegenden ärztlichen Pflichten [es auch gehört], ärztliche Bescheinigungen auszustellen" (Abs. 1 Satz 1).

Die konkrete Regelung soll klarstellen, dass diese Tätigkeit nicht gesondert
vergütet wird, sondern mit dem tariflichen Entgelt abgegolten ist[2].

17   **f) Erstellung ärztlicher Gutachten (§ 3.1 Abs. 3 TVöD-K).** Der TVöD regelt
ferner ausdrücklich, dass

„die Erstellung von Gutachten, gutachtlichen Äußerungen und wissenschaftlichen Ausarbeitungen, die nicht von einem Dritten angefordert und vergütet werden",

ebenfalls zur von Ärztinnen und Ärzten geschuldeten Haupttätigkeit zählt
(§ 3.1 Abs. 3 TVöD-K = § 4 Abs. 3 TV-Ärzte/VKA). Klargestellt wird damit,
dass nur bei Anforderung durch den Krankenhausträger als Arbeitgeber die
gutachterliche Tätigkeit nicht extra entlohnt werden muss. Die Gutachtenerstellung unterscheidet sich von der Ausstellung ärztlicher Bescheinigungen (Rz. 16) dadurch, dass eine über die Erstellung einer ärztlichen Diagnose
hinausgehende Auseinandersetzung mit medizinischen Fragen auf wissenschaftlicher Grundlage erfolgt. Die ärztliche Diagnose (Rz. 13) enthält dagegen lediglich tatsächliche Angaben und beschränkt sich auf das Erkennen
und Feststellen eines medizinisch erheblichen Zustandes[3].

4. Art der Arbeitsleistung

18   **a) Fachliche Tätigkeit.** Unter der „Art" der geschuldeten Leistung ist die
Fachrichtung zu verstehen („*Was* ist zu leisten?"). Nach § 2 Nr. 5 NachwG
gehört eine kurze Stellen- oder Tätigkeitsbeschreibung zu den wesentlichen
Vertragsbedingungen, die schriftlich niederzulegen sind. Die Regelung der
Arbeitsaufgabe ist originär den Vertragsparteien zugewiesen, die damit das
Arbeitsverhältnis „charakterisieren"[4]. Im öffentlichen Dienst erfolgt dies
unter Bezugnahme auf tarifliche Eingruppierungsmerkmale bzw. die Nen-

---

1 Laufs/Kern/*Kern*, § 52 Rz. 1 ff.; MünchArbR/*Richardi*, § 338 Rz. 21 f.
2 *Dannenberg* in: Bepler/Böhle/Meerkamp/Stöhr, TVöD-BT-K (Stand 2010), § 42 Rz. 2, 3.
3 BAG v. 10.8.1989 – 6 AZR 784/87, ZTR 1990, 69 = ArztR 1990, 329; BAG v. 14.5.1987
  – 6 AZR 555/85, AP Nr. 46 zu § 611 BGB Ärzte, Gehaltsansprüche = NJW 1988, 1547.
4 Dazu näher HWK/*Thüsing*, § 611 BGB Rz. 289 m. w. N.

nung der Vergütungsgruppe. Die Beschäftigung darf auch im Krankenhaus nicht im Widerspruch zum Arbeitsvertrag bzw. zur Eingruppierung stehen (vgl. Teil 3 D Rz. 7). Ist die Tätigkeit **fachlich** bestimmt (z. B. Stationsschwester, Radiologieassistentin), so kann der Arbeitgeber jede Tätigkeit zuweisen, die sich innerhalb dieses Berufsbilds bewegt. Ist die Tätigkeit nach **allgemeinen** Merkmalen umschrieben (z. B. Verwaltungsangestellter im städtischen Krankenhaus), hat der Arbeitnehmer jede ihm zugewiesene Tätigkeit auszuführen, die sich innerhalb der Grenzen billigen Ermessens (§§ 106 Satz 1 GewO, 315 Abs. 1 BGB) und innerhalb des *„Sozialbilds"* bewegt[1]. Bei Überschreitung dieser Grenze liegt eine unzulässige Vertragsänderung vor. Je präziser die Tätigkeit im Arbeitsvertrag bestimmt ist, desto eingeschränkter sind die Einsatzmöglichkeiten des Arbeitnehmers.

b) Eine **Änderung der Tätigkeit** kann entweder durch einseitige Leistungsbestimmung (Weisungsrecht, vgl. Rz. 6) erfolgen, wenn die Tätigkeit im Arbeitsvertrag nur allgemein bestimmt ist, oder durch Vertragsänderung (§ 241 Abs. 1 BGB) bzw. Änderungskündigung (§ 2 KSchG), wenn die Tätigkeit konkret festgelegt ist. Der Arbeitsvertrag ist diesbezüglich auszulegen (§§ 133, 157 BGB). Voraussetzung einer Änderung durch **Weisungsrecht** ist, dass die neu zugewiesene Tätigkeit im Verhältnis zur alten *„gleichwertig"* ist[2]. Einem Arbeitnehmer im öffentlichen Dienst kann grundsätzlich jede Tätigkeit übertragen werden, die den Merkmalen seiner Entgeltgruppe und seinen Kräften und Fähigkeiten entspricht[3]. Das Gleiche gilt für den Widerruf einer Leitungsposition. So kann z. B. die Bestellung zum „stellvertretenden Pflegedienstleiter" in einem Krankenhaus im Wege des Direktionsrechts wirksam widerrufen werden, wenn die Einsatzmöglichkeiten nicht auf die Funktion eines stellvertretenden Pflegedienstleiters beschränkt sind[4]. Auch wer arbeitsvertraglich berechtigt ist, eine Krankenschwester bei Bedarf auf allen Krankenpflegestationen des Hauses einzusetzen, darf ihr dennoch keine Tätigkeiten einer **niedrigeren Vergütungsgruppe** übertragen, und zwar auch dann nicht, wenn er die der bisherigen Tätigkeit entsprechende höhere Vergütung weiter zahlt[5]. Eine Intensivkrankenschwester muss es sich daher nicht gefallen lassen, auf eine niedriger bewertete Stelle als „einfache Krankenschwester" ohne Zusatzqualifikationen oder werterhöhende Tätigkeiten „strafversetzt" zu werden[6].

19

---

1 HWK/*Lembke*, § 106 GewO Rz. 16 f.
2 BAG v. 19.5.2010 – 5 AZR 162/09, NJW 2010, 3112, 3114 (Rz. 37); ferner MünchArbR/ *Reichold*, § 36 Rz. 34 ff.
3 St. Rspr., vgl. BAG v. 23.11.2004 – 2 AZR 38/04, ZTR 2005, 375 = NZA 2005, 986; BAG v. 20.11.2003 – 8 AZR 608/02, PflR 2004, 443; BAG v. 30.8.1995 – 1 AZR 47/95, AP Nr. 44 zu § 611 BGB Direktionsrecht = NZA 1996, 440.
4 BAG v. 27.5.2004 – 6 AZR 192/03, PflR 2005, 448.
5 St. Rspr., vgl. BAG v. 20.11.2003 – 8 AZR 608/02, PflR 2004, 443 (Anm. *Roßbruch*); BAG v. 29.10.1997 – 5 AZR 455/96, ZTR 1998, 187; BAG v. 24.4.1996 – 5 AZR 1032/94, PersR 1997, 179; BAG v. 30.8.1995 – 1 AZR 47/95, AP Nr. 44 zu § 611 BGB Direktionsrecht.
6 BAG v. 20.11.2003 – 8 AZR 608/02, PflR 2004, 443 (Anm. *Roßbruch*).

20   Die Zuweisung einer anderen als der vertraglich geschuldeten Tätigkeit ist selbst dann nicht möglich, wenn der Arbeitnehmer **arbeitsunfähig erkrankt** ist. Zum Beispiel kann bei gebrochenem Arm keine „einarmig" auszuführende Tätigkeit zugewiesen werden[1]. Bei einem **Beschäftigungsverbot** wegen Schwangerschaft muss die zugewiesene Ersatztätigkeit zumutbar sein. Nicht zumutbar ist beispielsweise die Versetzung einer medizinisch-technischen Radiologieassistentin vom Nacht- in den Tagdienst, wenn dieser mit dem gleichzeitig stattfindenden Studium kollidiert[2]. Nicht zumutbar ist auch die Zuweisung einer Ersatztätigkeit an einem auswärtigen Arbeitsort nach Beginn des sechsten Schwangerschaftsmonats, wenn der auswärtige Arbeitsort erst nach mehrstündiger Bahn- oder Flugreise erreicht werden kann[3]. Zur krankheitsbedingten Neuzuweisung eines „leidensgerechten Arbeitsplatzes" nach § 106 Satz 1 GewO vgl. Rz. 8.

21   **c) Vertragliche Änderungsvorbehalte**[4]. Eine Erweiterung des Weisungsrechts durch vertragliche Änderungsklausel ist zwar rechtlich möglich, darf aber nicht das Gleichgewicht von Leistung und Gegenleistung (**Äquivalenz**) grundlegend stören. Eine Umgehung des gesetzlichen Vertragsinhaltsschutzes (durch § 2 KSchG – Änderungskündigung) soll durch Klauselvorbehalte nicht möglich sein. Änderungsvorbehalte z. B. in Form von **Versetzungsklauseln** bei der Tätigkeit oder Änderungsvorbehalte bei der Arbeitszeit (zu Entgeltvorbehalten und zur sog. Entwicklungsklausel in Chefarztverträgen vgl. Teil 3 D Rz. 28, 29) unterliegen daher einer Angemessenheitskontrolle (**Inhaltskontrolle**) nach §§ 310 Abs. 4, 307 ff. BGB sowie einer Ausübungskontrolle nach § 315 Abs. 3 BGB, weil sie in der Regel formularmäßig vereinbart, d. h. einseitig vom Arbeitgeber vorgegeben werden. Die Rechtsprechung geht dabei von der Leitlinie aus, dass Eingriffe in die Modalitäten der Arbeitsleistung umso eher hinzunehmen sind, als dabei die Entgeltsituation des Arbeitnehmers im Wesentlichen unangetastet bleibt. Die notwendige Flexibilität im Arbeitsvertrag muss vorrangig über das (erweiterte) Weisungsrecht und damit über die **Leistungsseite** (Arbeitspflicht) hergestellt werden. Die nachträgliche Absenkung der Gegenleistung kann dagegen nur „ultima ratio" der Flexibilisierung sein[5]. Daher sind sog. Versetzungsklauseln unproblematisch zulässig, solange sie die Zuweisung einer anderen **gleichwertigen** Tätigkeit ermöglichen[6].

---

1 LAG Hamm v. 20.7.1988 – 1 Sa 729/88, NZA 1989, 600 (gebrochener Arm).
2 BAG v. 15.11.2000 – 5 AZR 365/99, BAGE 96, 228 = NJW 2001, 1517.
3 BAG v. 21.4.1999 – 5 AZR 174/98, NZA 1999, 1044 (Entfernung München – Berlin-Tegel für schwangere Flugbegleiterin).
4 Dazu ausführlich ErfK/*Preis*, §§ 305–310 BGB Rz. 51 ff.; *Reichold*, RdA 2002, 321 (330 ff.).
5 Vgl. nur BAG v. 16.5.2002 – 2 AZR 292/01, NJW 2003, 1139 = NZA 2003, 147; BAG v. 1.7.1999 – 2 AZR 826/98, NJW 2000, 756 = NZA 1999, 1336; BAG v. 12.11.1998 – 2 AZR 91/98, BAGE 90, 182 = NZA 1999, 471, jeweils zur Änderungskündigung zum Zwecke der Lohnsenkung.
6 BAG v. 11.4.2006 – 9 AZR 557/05, NZA 2006, 3303; ferner ErfK/*Preis*, §§ 305–310 BGB Rz. 55 f.; *Reichold*, RdA 2002, 321 (330 f.).

d) Konkretisierung der Arbeitsaufgabe. Übt ein Arbeitnehmer dauerhaft eine   22
bestimmte Tätigkeit aus, so kann „Konkretisierung" mit der Folge eintreten, dass eine Änderung kraft Weisung nicht mehr möglich ist. Doch genügt
hierfür der bloße Zeitablauf nicht. Auch eine langjährige gleichförmige
Handhabung z. B. von Dienstbeginn und -ende (hier: 14jährige Übung eines
Kontrollschaffners) lässt das Weisungsrecht des Arbeitgebers nicht entfallen.
Das BAG erkennt im Bereich von Arbeitsleistung und Arbeitszeit **stillschweigende Konkretisierungen**, d. h. konkludente Vertragsergänzung oder
eine entsprechende betriebliche Übung, nur ganz ausnahmsweise an[1]. Die
maßgebliche Billigkeitsprüfung nach §§ 106 Satz 1 GewO, 315 Abs. 3 BGB
durch das BAG lässt nachvollziehbare wirtschaftliche Erwägungen des Arbeitgebers ausreichen, um auch langjährige Gewohnheiten ändern zu dürfen.
Aus der Rechtsprechung zu negativen Veränderungen der Arbeitszeitlage[2]
kann gefolgert werden, dass eine den Rahmen der vertraglichen Arbeitsaufgabe nicht überschreitende und sachlich nachvollziehbare Veränderung von
Arbeitsort, Arbeitszeitlage und Arbeitsinhalt gegenüber den Bestandsinteressen der Beschäftigten Vorrang genießt im Sinne notwendiger „Flexibilisierung", auch dann, wenn bislang über 30 Jahre keine Sonntagsarbeit angeordnet wurde[3]. Nur im Ausnahmefall, d. h., wenn das Verhalten des
Arbeitgebers den Schluss auf eine Vertragsänderung erlaubt, ist daher im Bereich der Arbeitsmodalitäten das Weisungsrecht des Arbeitgebers begrenzt
auf die „konkretisierte" Tätigkeit[4].

5. Ort der Arbeitsleistung

a) Arbeitsort ist der geographische Ort, an dem der Arbeitnehmer seine Leis-   23
tungspflicht zu erfüllen hat (*wo* ist zu leisten?)[5]. Er lässt sich regelmäßig
dem Arbeitsvertrag entnehmen. Nach § 2 Nr. 4 NachwG gehört der Arbeitsort zu den wesentlichen Vertragsbedingungen, die schriftlich niederzulegen
sind. Fehlt es an einer ausdrücklichen Bestimmung im Arbeitsvertrag, so bestimmt sich der Arbeitsort „aus der Natur des Schuldverhältnisses" (§ 269
Abs. 1 BGB). Die abhängig erbrachte Arbeitsleistung wird nämlich in der Regel als Kooperationsleistung im jeweiligen Beschäftigungsbetrieb (z. B. im
konkreten Krankenhaus) geschuldet, so dass der Arbeitnehmer eine „Bring-
schuld" erbringen muss. Im Betrieb fallen Leistungs- und Erfüllungsort der
Arbeitsleistung zusammen; dort ist auch der Gerichtsstand des Beschäftigten (§ 29 Abs. 1 ZPO: besonderer Gerichtsstand des Erfüllungsortes). Das
örtlich zuständige Arbeitsgericht ist zuständig für die Klagen beider Arbeitsvertragsparteien.

---

1 Vgl. BAG v. 7.12.2000 – 6 AZR 444/99, AP Nr. 61 zu § 611 BGB Direktionsrecht =
   NZA 2001, 780; ferner ErfK/*Preis*, § 611 BGB Rz. 229; *Hennige*, NZA 1999, 281 (286).
2 BAG v. 11.2.1998 – 5 AZR 472/97, AP Nr. 54 zu § 611 BGB Direktionsrecht = NJW
   1999, 669 = NZA 1998, 647 (Einteilung zu Nachtschichten kraft Direktionsrechts).
3 BAG v. 15.9.2009 – 9 AZR 757/08, NJW 2010, 394 = NZA 2009, 1333.
4 ErfK/*Preis*, § 106 GewO Rz. 11 ff.; MünchArbR/*Reichold*, § 36 Rz. 16 f.; HWK/
   Lembke, § 106 GewO Rz. 60 ff., insb. 65.
5 MünchArbR/*Reichold*, § 36 Rz. 46 ff.; *Reichold*, Arbeitsrecht, § 9 Rz. 10.

24   Ist der Arbeitsort vertraglich *konkret* bestimmt, so bedarf die **dauerhafte Änderung** des Arbeitsorts einer Änderungskündigung (§ 2 KSchG) bzw. eines Änderungsvertrags (§ 241 Abs. 2 BGB), soweit nicht besondere tarifliche Regeln bestehen (Rz. 25). Ist der Arbeitsort nur *generalisierend* umschrieben, so kann eine Änderung auch durch Ausübung des Weisungsrechts erfolgen. Es muss sich jedoch innerhalb der Grenzen billigen Ermessens (§ 106 Satz 1 GewO) bewegen (Rz. 8). Unproblematisch zulässig ist eine Umsetzung innerhalb eines Betriebs (z.B. innerhalb des Krankenhauses in ein anderes Gebäude oder eine andere Abteilung)[1]. Die Zulässigkeit einer Versetzung in einen anderen Betrieb am selben Ort (z.B. anderes Krankenhaus in der gleichen Stadt) hängt vom Einzelfall ab[2]. Überschritten wird die Grenze billigen Ermessens bei einer Ortsveränderung. Durch einen Versetzungsvorbehalt im Arbeitsvertrag kann das Weisungsrecht des Arbeitgebers aber erweitert werden (Rz. 21)[3]. Bei einer **Betriebsverlegung** kann der Arbeitgeber regelmäßig eine Versetzung vornehmen[4]. Arbeitet eine Person lange Zeit am gleichen Ort, so tritt **Konkretisierung** nur dann ein, wenn das Verhalten des Arbeitgebers auf eine entsprechende Vertragsänderung schließen lässt (Rz. 22)[5]. Ist die Tätigkeit ihrer Natur nach an **wechselnden Einsatzorten** zu erbringen (z.B. ambulanter Pflegedienst), so können die unterschiedlichen Arbeitsorte durch Weisungsrecht festgelegt werden, soweit billiges Ermessen gewahrt ist[6]. Je weiter der Arbeitsplatz entfernt ist, desto problematischer wird die Ausübung des Weisungsrechts[7]. Dabei sind auch Mitbestimmungsrechte des Betriebsrats zu beachten (§§ 95 Abs. 3, 99 BetrVG).

25   **b)** **§ 4 TVöD-K** enthält besondere tarifliche Bestimmungen zu

   – **„Versetzung"**, d.h. „Zuweisung einer **auf Dauer** bestimmten Beschäftigung bei einer anderen Dienststelle oder einem anderen Betrieb desselben Arbeitgebers unter Fortsetzung des bestehenden Arbeitsverhältnisses",

   – **„Abordnung"**, d.h. „Zuweisung einer **vorübergehenden** Beschäftigung bei einer anderen Dienststelle oder einem anderen Betrieb desselben oder eines anderen Arbeitgebers unter Fortsetzung des bestehenden Arbeitsverhältnisses",

   – **„Zuweisung"**, d.h. **„vorübergehende** Beschäftigung – unter Fortsetzung des bestehenden Arbeitsverhältnisses – bei einem **Dritten** im In- und Ausland, bei dem der TVöD-AT nicht zur Anwendung kommt",

   – **„Personalgestellung"**, d.h. **„auf Dauer** angelegte Beschäftigung – unter Fortsetzung des bestehenden Arbeitsverhältnisses – bei einem Dritten".

26   Für die Versetzung bzw. Abordnung bedarf es eines **dienstlichen** oder **betrieblichen** Grundes, womit in der Regel organisatorische Notwendigkeiten

---

1 „Platzwechsel", vgl. nur *Reichold*, Arbeitsrecht, § 9 Rz. 11.
2 Schaub/*Linck*, § 45 Rz. 17.
3 ErfK/*Preis*, § 106 GewO Rz. 10.
4 MünchArbR/*Reichold*, § 36 Rz. 57 f.
5 HWK/*Lembke*, § 106 GewO Rz. 75.
6 ErfK/*Preis*, § 106 GewO Rz. 17; HWK/*Thüsing*, § 611 BGB Rz. 334.
7 Schaub/*Linck*, § 45 Rz. 14; MünchArbR/*Reichold*, § 36 Rz. 50.

gemeint sind; jedoch können auch persönliche Gründe die Weiterbeschäftigung an einem anderen Ort bedingen, z.B. gesundheitsbedingte Leistungseinschränkungen[1]. Außerdem müssen die Beschäftigten vorher **gehört** werden, wenn eine Versetzung bzw. Abordnung für eine längere Zeit als drei Monate erfolgen soll. Die **Zuweisung** einer Tätigkeit bei einem „Dritten" außerhalb des öffentlichen Dienstes ist nur möglich, wenn der Arbeitnehmer zustimmt. Die Zustimmung kann aber nur aus „wichtigem Grund" verweigert werden, vgl. § 4 Abs. 2 Satz 2 TVöD-K. Vergleichbar ist dieses Widerspruchsrecht wohl mit dem aus § 613a Abs. 6 BGB vor Betriebsübergang insofern, als bei einer *objektiv* drohenden Verschlechterung der Arbeitsbedingungen keine Rechtsnachteile beim bisherigen Arbeitgeber erwachsen dürfen[2]. Das Instrument der **Personalgestellung** nach § 4 Abs. 3 TVöD-K soll die vielfach praktizierte „Privatisierung" durch Rechtsformänderung öffentlicher Unternehmen hin zur GmbH oder AG auf tarifliche Grundlagen stellen. Es **erweitert** das Weisungsrecht des öffentlichen Arbeitgebers, wenn geregelt ist, dass „auf Verlangen" des Arbeitgebers bei weiter bestehendem Arbeitsverhältnis die geschuldete Arbeitsleistung beim Dritten zu erbringen ist, sobald „Aufgaben der Beschäftigten zu einem Dritten verlagert" werden. Es handelt sich also nicht um einen Betriebsübergang, so dass auch das Widerspruchsrecht nach § 613a Abs. 6 BGB nicht greift[3].

6. Zeitliche Dauer und Lage der Arbeitsleistung

Die Bestimmung der „richtigen" Arbeitszeit ist besonders wichtig, weil es   27
ohne eine zeitbestimmte Arbeitsleistung keinen Arbeitsvertrag als Dauerschuldverhältnis gibt (Rz. 1). Dabei ist zu unterscheiden

– die individuelle **Dauer** (*wie viel Arbeit ist* pro Woche/Monat/Jahr zu leisten?) der Arbeitsleistung (sog. Arbeitsdeputat)

– von der **Lage** der Arbeitszeit (*wann genau* ist die Arbeit in Woche/Monat/Jahr zu leisten?)[4].

Die **Arbeitszeitdauer** meint den Umfang des sog. Arbeitszeitdeputats, dessen   28
Festlegung zu den „essentialia negotii" des Arbeitsvertrags (vgl. § 2 Abs. 1 Nr. 7 NachwG) gehört, weil die Höhe des Arbeitsentgelts vom Umfang der Beschäftigung, also der Voll- oder Teilzeit oder geringfügigen Beschäftigung (§ 8 SGB IV) in der Woche bzw. im Monat abhängt. Das **Arbeitszeitgesetz** (ArbZG) begrenzt die Vertragsfreiheit im öffentlichen Interesse des Arbeitnehmerschutzes nur **nach oben** (vgl. auch MuSchG, JArbSchG), ersetzt aber nicht die vertragliche Festlegung des jeweiligen Arbeitszeitdeputats und regelt auch nicht die Teilzeit (vgl. näher Teil 10 A).

---

1 *Perreng/Wendl* in: Bepler/Böhle/Meerkamp/Stöhr, TVöD-AT (Stand 2010), § 4 Rz. 2.
2 *Perreng/Wendl* in: Bepler/Böhle/Meerkamp/Stöhr, TVöD-AT (Stand 2010), § 4 Rz. 8a.
3 *Perreng/Wendl* in: Bepler/Böhle/Meerkamp/Stöhr, TVöD-AT (Stand 2010), § 4 Rz. 11.
4 Vgl. nur HWK/*Thüsing*, § 611 BGB Rz. 303; *Reichold*, Arbeitsrecht, § 9 Rz. 12.

29 Die genaue Festlegung (**Lage**) der konkreten Arbeitszeiten am Tag bzw. in der Woche macht die Arbeitspflicht erst zur sog. Fixschuld[1] (vgl. Teil 3 D Rz. 30). Hier geht es um den Beginn und das Ende der täglichen Arbeitszeit, um die Lage der Pausen und die Verteilung auf die Woche. In der Regel wird im Arbeitsvertrag Bezug genommen auf die „betriebsübliche Arbeitszeit", die der betrieblichen Mitbestimmung nach § 87 Abs. 1 Nr. 3 BetrVG unterliegt, weil die Verteilung der Arbeitszeit auf die Tage und die Woche typischerweise kollektiv geregelt wird. Ohne betriebliche oder vertragliche Regelung unterliegt die Lage der Arbeitszeit aber allein dem **Weisungsrecht** des Arbeitgebers nach § 106 GewO. Auch dabei sind selbstredend die Vorgaben des ArbZG, des MuSchG und des JArbSchG zu beachten. Gerade im Krankenhaus spielen Arbeitszeitfragen eine bedeutende Rolle (Bereitschaftsdienste, Nacht- und Wochenenddienste, Wechselschichten, Umkleidezeiten, Wegezeiten etc.), vgl. dazu näher Teil 10.

II. Befreiung von der Arbeitspflicht

1. Bezahlte Freistellung

30 Der Beschäftigte kann aus einer Vielzahl von Gründen von der Arbeitspflicht frei werden bzw. freigestellt werden. Maßgeblich ist für ihn dabei, ob er trotz des Fernbleibens von der Arbeit sein **Entgelt** fortgezahlt erhält (bezahlte Freistellung) oder ob es sich um eine unbezahlte Freistellung handelt. Als Regel gilt: Ohne Arbeit kein Lohn (vgl. Teil 3 D Rz. 30).

31 **a) Soziallohn bei gesetzlich vorgesehener Freistellung.** Dazu sind bereits unter Teil 3 D Rz. 30 ff. die gesetzlich vorgesehenen, ausdrücklich geregelten Fälle der Arbeitsbefreiung bei **Krankheit** oder Mutterschutz (EFZG, vgl. Teil 3 D Rz. 32, bzw. §§ 11 ff. MuSchG), **Urlaub** oder Bildungsurlaub (BUrlG, vgl. Teil 3 D Rz. 35 ff. bzw. 41) sowie **Feiertagsruhe** einschließlich der tariflichen Regelungen im TVöD bzw. TV-L oder TV-Ärzte/VKA genannt und erklärt worden. In diesen Fällen finden sich jeweils gesetzliche Regelungen zur Entgeltfortzahlung, die zum Teil tariflich ergänzt werden. Der Arbeitgeber schuldet in solchen gesetzlich oder tarifvertraglich vorgesehenen Fällen Zahlung des Arbeitsentgelts, obwohl der Beschäftigte seine Leistung nicht erbracht hat. Man spricht hier auch von „Soziallohn", dessen Zahlung dem Arbeitgeber kraft seiner Sozialverantwortung aus Arbeitsvertrag obliegt.

32 **b) Entgeltrisiko des Arbeitgebers, Arbeitsbefreiung.** Zu unterscheiden vom klassischen Soziallohn sind die Fälle nicht vorhersehbarer Arbeitsunterbrechungen, die in der Regel auf **Leistungsstörungen** beruhen und dem Arbeitgeber das Entgeltrisiko z.B. kraft §§ 615, 616 BGB auflasten. Dazu wurden unter Teil 3 D Rz. 44 ff. bereits die Fälle des Annahmeverzugs bzw. des Betriebsrisikos kraft § 615 BGB, des Arbeitskampfrisikos sowie der eigentlichen „Arbeitsbefreiung" kraft § 616 BGB i.V.m. Tarifvertrag (TVöD bzw. TV-L, vgl. Teil 3 D Rz. 50) bei vorübergehender Verhinderung aus persönli-

---

1 Vgl. nur MünchArbR/*Reichold*, § 36 Rz. 61; *Reichold*, Arbeitsrecht, § 8 Rz. 46.

chen Gründen genannt und erklärt. Zu beachten ist dabei, dass § 616 BGB durch Tarifvertrag abdingbar ist, so dass die Tarifparteien des **öffentlichen Dienstes** in § 29 Abs. 1 TVöD bzw. TV-L den Anspruch auf bezahlte Freistellung „nur" auf die genannten Anlässe **beschränken** durften. Auch § 29 Abs. 2 TVöD regelt die bezahlte Freistellung bei Erfüllung allgemeiner staatsbürgerlicher Pflichten abschließend. Bei den weiteren Tatbeständen der Norm (Abs. 3–5) besteht **Ermessensspielraum** des öffentlichen Arbeitgebers, der sich auch auf eine unbenannte „kurzfristige" Arbeitsbefreiung unter **Verzicht** auf das Entgelt bezieht, vgl. § 29 Abs. 3 Satz 2 TVöD (TV-L). Zu den danach „begründeten" Fällen können auch solche Anlässe gehören, für die nach § 29 Abs. 1 kein *Anspruch* auf Arbeitsbefreiung besteht (z.B. Umzug aus persönlichen Gründen).

c) Bezahlte Freistellung für Betriebs-/Personalräte. Im Interesse einer funk- 33
tionierenden Vertretung der Belegschaft haben Betriebs- bzw. Personalratsmitglieder einen Anspruch auf Arbeitsbefreiung für die Zeit ihrer erforderlichen Betriebs-/Personalratstätigkeit sowie für Schulungen und Bildungsveranstaltungen, vgl. nur § 37 Abs. 2, 6, 7 BetrVG. Bei Erfüllung der entsprechenden gesetzlichen Voraussetzungen (z.B. § 38 BetrVG) besteht sogar ein Anspruch auf **komplette** Freistellung eines oder mehrerer Belegschaftsvertreter unter Fortzahlung der Bezüge für Betriebs-/Personalratsaufgaben.

d) Freistellung nach Kündigung. Nach Ausspruch der Kündigung können 34
sich betroffene Arbeitnehmer auf § 629 BGB berufen und *angemessene Zeit* zur **Stellensuche** als Arbeitsbefreiung vom Noch-Arbeitgeber verlangen. Der Entgeltanspruch ergibt sich dann aus § 616 BGB[1]. Von diesem gesetzlichen Anspruch zu **unterscheiden** ist die allgemeine Freistellung von der Beschäftigung im gekündigten Arbeitsverhältnis, die sehr häufig bei qualifizierten Kräften vereinbart, ansonsten aber auch **einseitig** als „Suspendierung" ausgesprochen werden kann[2]. Unabhängig von der streitigen Frage nach einer Weiterbeschäftigungspflicht im gekündigten Arbeitsverhältnis besteht jedenfalls kein Zweifel daran, dass das vertragliche Entgelt bis zum Ende des Arbeitsverhältnisses kraft Vertrags **fortzuzahlen** ist[3].

2. Unbezahlte Freistellung (ruhendes Arbeitsverhältnis)

a) Sonderurlaub. Eine **einvernehmliche** Befreiung von der Arbeitspflicht 35
kann nach dem Grundsatz der Vertragsfreiheit in privatrechtlichen Arbeitsverhältnissen jederzeit erfolgen (§ 241 Abs. 1 BGB)[4]. Wesentlicher Inhalt bei der Gewährung unbezahlten Urlaubs ist das Einverständnis der Vertragsparteien, dass die sich aus dem Arbeitsvertrag ergebenden **Hauptpflichten**, d.h. Arbeitspflicht und Vergütung, für die Dauer der Freistellung nicht erfüllt

---

1 H. M., vgl. nur ErfK/*Müller-Glöge*, § 629 BGB Rz. 11 ff.
2 Zu den Voraussetzungen der Suspendierung von der Beschäftigung vgl. allgemein nur ErfK/*Preis*, § 611 BGB Rz. 567 ff.; HWK/*Thüsing*, § 611 BGB Rz. 172 ff.
3 H. M., vgl. nur ErfK/*Preis*, § 611 BGB Rz. 571; HWK/*Thüsing*, § 611 BGB Rz. 177.
4 MünchArbR/*Reichold*, § 37 Rz. 28.

werden müssen: das Arbeitsverhältnis **ruht**, Nebenpflichten bestehen weiter[1]. Dafür hat sich – auch im öffentlichen Dienst – der Begriff „Sonderurlaub" durchgesetzt, vgl. nur § 28 TVöD bzw. TV-L. Die Beschäftigten **können** danach „bei Vorliegen eines wichtigen Grundes unter Verzicht auf die Fortzahlung des Entgelts" Sonderurlaub erhalten. Der öffentliche Arbeitgeber ist damit anders als der private Arbeitgeber in seinem Ermessen bei Erteilung von Sonderurlaub **gebunden** (vgl. Teil 3 D Rz. 40). Auch in der Privatwirtschaft besteht kein Anspruch auf Gewährung von Sonderurlaub; nur in Ausnahmefällen wird man einen Befreiungsanspruch aus der Fürsorgepflicht des Arbeitgebers ableiten können (z.B. bei Fällen schwerwiegender Pflichtenkollision, vgl. § 275 Abs. 3 BGB, vgl. Teil 3 D Rz. 51)[2].

36 **b) Sabbatical**. Beispiel für eine einvernehmliche Befreiung von der Arbeitspflicht ist auch das sog. Sabbatical. Soweit es nur um einen unbezahlten Langzeiturlaub geht, ergeben sich keine Besonderheiten gegenüber dem Sonderurlaub (Rz. 35). Der Begriff steht jedoch für ein besonderes Modell des **bezahlten** Langzeiturlaubs und ist daher vom Sonderurlaub rechtsdogmatisch zu unterscheiden. Das Modell steht für eine recht junge Flexibilisierungsvariante im Rahmen der Arbeitszeitgestaltung[3]. Mit der Einführung des sog. **Blockmodells** bei der Altersteilzeit (§ 2 Abs. 2 Satz 1 ATG) hat der Gesetzgeber ein ähnliches Modell für den vorzeitigen Ausstieg aus der Erwerbsarbeit offeriert. Der Arbeitnehmer spart beim „Sabbatical" ohne Bezug zum Ruhestand über einen gewissen Zeitraum hinweg Arbeitszeit auf einem sog. **Langzeitkonto** an, um die angesparten Zeitguthaben schließlich für eine längere Freistellung von der Arbeitspflicht aufzuwenden (z.B. zu Fortbildungszwecken oder zu einer Weltreise etc.). Verbreitet wird das Ansparen durch die Umwandlung in ein **Teilzeitarbeitsverhältnis** erreicht, so dass dann durch Leistung von „Mehrarbeit" das Arbeitszeitkonto für die anschließende Freistellungsphase effektiv aufgefüllt werden kann. Möglich ist das „sabbatical" aber auch durch freiwilligen Lohnverzicht[4].

37 **c) Elternzeit**. Ein gesetzlicher Anwendungsfall des ruhenden Arbeitsverhältnisses ist neben den geschützten Arbeitsverhältnissen von Zivil- und Wehrdienstleistenden (§ 78 ZDG, §§ 1, 10 ArbPlSchG) vor allem die Elternzeit gem. § 15 BEEG. Dabei ergibt sich aus § 15 Abs. 1 BEEG, dass diese Rechtsfolge allein von der **einseitigen Erklärung** eines anspruchsberechtigten Elternteils abhängt. Zur Wirksamkeit der Freistellung bedarf es also keiner Gestaltungserklärung des Arbeitgebers. Vielmehr tritt mit der Anmeldung der Elternzeit der Befreiungstatbestand ein, sofern die gesetzlichen Voraussetzungen gegeben sind[5]. Anstelle der Vergütung aus dem Arbeitsvertrag soll das **Elterngeld** nach §§ 1 ff. BEEG auf der Grundlage öffentlichen Sozialrechts die Lebensgrundlagen sichern (der Rechtsweg ist zu den Sozialgerichten eröffnet, § 13 BEEG).

---

1 Einzelheiten bei Küttner/*Röller*, „Ruhen des Arbeitsverhältnisses" Rz. 1 ff.
2 ErfK/*Preis*, § 611 BGB Rz. 692 f.; MünchArbR/*Reichold*, § 37 Rz. 16 ff.
3 Dazu ausführlich *Necati* in: Preis (Hrsg.), Innovative Arbeitsformen, 2005, S. 257 ff.
4 Vgl. *Necati* in: Preis (Hrsg.), Innovative Arbeitsformen, S. 261 (BMW-Modell).
5 ErfK/*Dörner*, § 15 BEEG Rz. 2.

d) Suspendierung bei Streikteilnahme. Die Streikteilnahme erfolgt in der Re- 38
gel durch die individuelle Niederlegung der Arbeit aufgrund des Streikauf-
rufs der Gewerkschaft. Allein der gewerkschaftliche Streikbeschluss bewirkt
noch keine Suspendierung, vielmehr bedarf es hierzu der **individuellen**
Streikerklärung des Arbeitnehmers, die sich konkludent aus der aktiven
Teilnahme am Streik ergibt[1]. Das subjektive Streikrecht bedeutet rechtsdogmatisch ein „Gestaltungsrecht", das dem einzelnen Arbeitnehmer die einseitige Suspendierung seiner Arbeitspflicht aufgrund Art. 9 Abs. 3 GG ermöglicht. Als Rechtsfolge der Streikteilnahme entfällt der Entgeltanspruch:
Wer streikt, verzichtet bewusst auf sein Arbeitsentgelt[2]. Dieselbe Rechtsfolge ergibt sich auch bei der streikbedingten **Stilllegung** des Betriebs durch den
Arbeitgeber sowie bei einer **Aussperrung** durch den Arbeitgeber[3].

III. Nebenpflichten des Arbeitnehmers

1. Allgemeine Ausprägungen der „Treuepflicht"

a) Grundlagen. Neben der Arbeitspflicht schuldet der Arbeitnehmer eine 39
Vielzahl von Nebenpflichten, die man früher als „Treuepflichten" (als Gegenüber zur „Fürsorgepflicht", vgl. Teil 3 D Rz. 51) bezeichnete. Doch geht
es nicht um persönliche Treue, wie der Begriff suggerierte, sondern um **Vertragstreue** i. S. d. § 242 BGB. Wie in jedem Schuldverhältnis sind Arbeitnehmer vertraglich zur Förderung des Vertragszwecks verpflichtet und müssen
daher neben der Hauptpflicht aus dem Arbeitsvertrag (Arbeitspflicht, Rz. 1)
auch unselbständige **Nebenleistungspflichten** aus § 242 BGB beachten. Darüber hinaus sind sie nach § 241 Abs. 2 BGB zur „Rücksichtnahme auf die
Rechte, Rechtsgüter und Interessen des anderen Teils" angehalten, woraus
weitergehende selbständige **Neben- bzw. Schutzpflichten** des Arbeitnehmers
abgeleitet werden[4]. Die Unterscheidung zwischen Nebenleistungs- und
Schutzpflichten lässt sich nicht trennscharf durchführen. So können z.B. Informationspflichten sowohl der Hauptleistung wie auch dem sonstigen Ver-
mögensschutz zugeordnet werden. Im Folgenden erfolgt daher keine weitere
– dogmatisch mögliche – Unterscheidung innerhalb der Nebenpflichten.

Der Arbeitgeber hat nur insoweit einen Anspruch auf Rücksichtnahme und 40
Beachtung seiner Interessen, als diese **schutzwürdig** erscheinen. Ihre Beachtung muss nach dem Verhältnismäßigkeitsprinzip auch **erforderlich** sein.
Bei der Abwägung sind die schutzwürdigen Interessen der Arbeitnehmer
gleichermaßen zu berücksichtigen, so dass etwa im Hinblick auf Art. 5 GG
keineswegs von jedem Arzt im Klinikum gefordert werden kann, er müsse
z.B. kritische Äußerungen zur eigenen Arbeitsüberlast in der Öffentlichkeit

---

1 H. M., vgl. nur BAG v. 1.3.1995 – 1 AZR 786/94, BAGE 79, 230 = NZA 1995, 996;
  BAG v. 31.5.1988 – 1 AZR 589/86, BAGE 58, 320 = NJW 1989, 122; ferner
  MünchArbR/*Ricken*, § 203 Rz. 4 f.; *Reichold*, JuS 1996, 1049, jeweils m. w. N.
2 Zur str. Begründung vgl. näher *Reichold*, JuS 1996, 1049 (1053).
3 Vgl. nur *Reichold*, Arbeitsrecht, § 13 Rz. 8 f.
4 Vgl. nur MünchArbR/*Reichold*, § 47 Rz. 14 ff.; ErfK/*Preis*, § 611 BGB Rz. 707 ff.;
  HWK/*Thüsing*, § 611 BGB Rz. 347 f.

unterlassen[1]. Anders dürfte dagegen die rechtliche Beurteilung ausfallen, wenn sich ein Leitender Arzt in entsprechender Weise in der Öffentlichkeit äußert. Je weiter sich Nebenpflichten von der Hauptpflicht zur „richtigen Arbeit" entfernen, desto zurückhaltender sind ungeschriebene (außerdienstliche) Rücksichtspflichten des Arbeitnehmers anzuerkennen. Für leitende Angestellte gelten jedoch besondere Verhaltenspflichten. Weitere Besonderheiten gelten für die Loyalitätsobliegenheiten im **kirchlichen Krankenhaus**. Ein kirchlicher Arbeitgeber kann – anders als ein säkularer Arbeitgeber – von den Arbeitnehmern, die Funktionsträger in den Kirchen sind, die Einhaltung der wesentlichen kirchlichen Grundsätze verlangen. Ein kirchlicher Arbeitgeber handelt deshalb nicht treuwidrig i. S. v. § 242 BGB, wenn er einem Arbeitnehmer in der Probezeit kündigt, der die wesentlichen kirchlichen Grundsätze nicht lebt, akzeptiert und nicht bereit ist, sie einzuhalten. Dieser Arbeitnehmer erfüllt seine beruflichen Anforderungen nicht, wenn er z. B. im katholischen Bereich aufgrund seiner Wiederverheiratung (nach russisch-orthodoxem Ritus) gegen Can. 1085 CIC verstößt[2] (vgl. näher Teil 4 Rz. 56 ff.).

41 **b) Außerdienstliches Verhalten.** Der Arbeitnehmer ist in der Gestaltung seines außerdienstlichen Verhaltens grundsätzlich frei, d. h., er ist nicht verpflichtet, sein Privatleben bzw. seine Freizeit nach den Wünschen des Arbeitgebers auszurichten[3]. Es besteht keine Nebenpflicht aus Arbeitsvertrag, die Arbeitsfähigkeit und Leistungskraft zu erhalten oder ein gesundheits- und genesungsförderndes Verhalten an den Tag zu legen (auch Ärzte dürfen in ihrer Freizeit rauchen). Für **nicht hoheitlich** tätige Beschäftigte im öffentlichen Dienst gelten nach Ablösung des BAT (§ 8 Abs. 1 Satz 1 BAT) durch den TVöD bzw. TV-L keine weitergehenden vertraglichen Nebenpflichten mehr als für die Beschäftigten der Privatwirtschaft[4]. Die Freiheit der privaten Lebensführung ist grundrechtlich geschützt, so dass darin eingreifende **vertragliche Vereinbarungen** nur unter strengen Voraussetzungen zulässig sind[5]; insbesondere muss ein unmittelbarer Zusammenhang mit der zu erbringenden Arbeitsleistung die Freizeitbeschränkung (z. B. Skifahrverbot für Profi-Fußballer) rechtfertigen. Ausnahmsweise trifft den Arbeitnehmer jedoch die Nebenpflicht, ein bestimmtes Verhalten **vor Arbeitsantritt** zu unterlassen (z. B. Alkoholgenuss bei besonders verantwortlicher Tätigkeit). Die allgemeine Pflicht, eine berufliche Tätigkeit nüchtern auszuüben, strahlt insofern auf den zeitlichen Vorbereich aus (sog. leistungsnahe Vorauswirkung der Arbeitspflicht)[6].

---

1 Vgl. BAG v. 3.7.2003 – 2 AZR 235/02, BAGE 107, 36 = NJW 2004, 1547 („Whistleblowing" als Kündigungsgrund); ferner MünchArbR/*Reichold*, § 49 Rz. 16 f.; ErfK/*Preis*, § 611 BGB Rz. 709.
2 BAG v. 16.9.2004 – 2 AZR 447/03, AP § 611 BGB Kirchendienst Nr. 44 = ZMV 2005, 152; vgl. ferner BAG v. 22.5.2003 – 2 AZR 426/02, AP KSchG 1969 § 1 Wartezeit Nr. 18.
3 MünchArbR/*Reichold*, § 49 Rz. 45 f.; ErfK/*Preis*, § 611 BGB Rz. 730 ff.
4 BAG v. 10.9.2009 – 2 AZR 257/08, ZTR 2010, 143.
5 HWK/*Thüsing*, § 611 BGB Rz. 376; MünchArbR/*Reichold*, § 49 Rz. 48 f.
6 ErfK/*Preis*, § 611 BGB Rz. 732.

c) Anzeige- bzw. Auskunftspflichten. Arbeitnehmer sind verpflichtet, vo- 42
raussehbare Störungen des Betriebsablaufs (z. B. Arbeitsverhinderung durch
Krankheit, vgl. § 5 EFZG) oder erkennbar drohende Schäden (z. B. an medizinischen Geräten, an der körperlichen Unversehrtheit von Patienten) unverzüglich **anzuzeigen**, sofern sie mit der Arbeitsleistung in Zusammenhang
stehen, vom Arbeitnehmer alleine nicht behoben werden können und eine
Anzeige erforderlich und zumutbar ist. Durch **Verfehlungen von Kollegen**
ausgelöste Störungen oder Schäden sind jedenfalls anzeigepflichtig, wenn eine Aufsichtspflicht besteht, ohne Aufsichtspflicht nur dann, wenn erhebliche Schäden drohen (z. B. Gesundheitsschaden eines Patienten oder schwerer
Sachschaden). Maßgeblich für die Pflicht zur unaufgeforderten Aufklärung
ist jeweils der Zusammenhang mit der Arbeitsaufgabe des Arbeitnehmers
(Neben*leistungs*pflicht, § 242 BGB). Problematischer ist seine **Auskunftspflicht** über persönliche Verhältnisse; eine solche besteht nur, wenn ein Fragerecht des Arbeitgebers besteht, was wie bei der Anbahnung des Arbeitsverhältnisses (dazu Teil 3 B) nur nach Abwägung zwischen dem berechtigten
Interesse des Arbeitgebers und dem Persönlichkeitsschutz des Arbeitnehmers bejaht werden kann[1].

d) Wahrung der betrieblichen Ordnung. Allgemeine Verhaltenspflichten zur 43
Beachtung allgemeiner gesetzlicher wie auch besonderer betrieblicher Ord-
nungsregeln (z. B. Arbeitssicherheit, Hygiene, korrektes Verhalten nach
AGG etc.) schuldet der Arbeitnehmer als nebenvertragliche Pflicht kraft seines Arbeitsvertrags. Diskriminierendes Verhalten, insbesondere die **sexuelle
Belästigung** (vgl. §§ 3 Abs. 4, 7 Abs. 1, 12 Abs. 3 AGG), ist nicht nur vom Arbeitgeber zu unterbinden (vgl. Teil 3 D Rz. 54), sondern stellt gleichzeitig die
Verletzung einer Vertragspflicht des aktiv belästigenden Arbeitnehmers
selbst dar, vgl. § 7 Abs. 3 AGG. Zu beachten ist auch, dass Beschäftigte zwar
keinem absoluten, wohl aber einem relativen **Alkoholverbot** unterliegen,
d. h., dass die Arbeitsfähigkeit durch den Alkoholgenuss nicht beeinträchtigt
sein darf. Wann dies der Fall ist, hängt in erster Linie von der Art der Tätigkeit und dem Maß der Verantwortung ab, das der Arbeitnehmer trägt. Gerade Krankenhausbeschäftigte tragen ein hohes Maß an Verantwortung für die
Gesundheit der Patienten. Schon kleinste Unachtsamkeiten können schwerwiegende Folgen haben, so dass die Arbeitsfähigkeit schon bei kleinsten
Mengen Alkohol beeinträchtigt ist.

2. Besondere Ausprägungen der Nebenpflichten im Krankenhaus

a) Allgemeine Verschwiegenheitspflicht. Arbeitnehmer sind zur Verschwie- 44
genheit verpflichtet, wenn der Wille des Arbeitgebers zur Geheimhaltung erkennbar ist (§ 242 BGB). Betroffen sind insbesondere betriebliche Interna, die
nicht für Dritte bestimmt sind, d. h. Betriebs- und Geschäftsgeheimnisse[2].
Der Arbeitgeber muss aber ein **berechtigtes** Interesse an der Geheimhaltung

---

1 Zur Dogmatik und Struktur der Informationspflichten vgl. *Reichold*, FS Bauer, 2010,
   S. 843 ff.; MünchArbR/*Reichold*, § 49 Rz. 4 ff., jeweils m. w. N.
2 Vgl. nur ErfK/*Preis*, § 611 BGB Rz. 710 ff.; Küttner/*Kania*, „Verschwiegenheitspflicht"
   Rz. 2 ff.

haben. „Illegale" Geheimnisse, z.B. rechtswidrige medizinische Experimente, sind nicht schutzwürdig[1]. Eindeutig **rechtswidriges Verhalten** des Arbeitgebers darf unter Umständen auch angezeigt werden (sog. whistleblowing = verpfeifen)[2]. Mit einer nicht wissentlich unwahren oder falschen Anzeige einer Straftat verletzt der Arbeitnehmer in der Regel nicht seine Rücksichtnahmepflicht gegenüber dem Arbeitgeber. Spezialnormen z.B. im Arbeitsschutzrecht (§ 9 Abs. 2 ArbSchG) bestätigen ein Anzeigerecht zumindest bei erheblichen Gefahren bzw. Straftaten auch ohne Beschreitung des innerdienstlichen Beschwerdewegs[3]. In zeitlicher Hinsicht gilt die Verpflichtung grundsätzlich auch über die Beendigung des Arbeitsverhältnisses hinaus[4], sofern berechtigte Interessen des Arbeitnehmers nicht entgegenstehen. Als Sanktionen bei Verletzung der Verschwiegenheitspflicht kommen in Betracht Abmahnung und Kündigung, Schadensersatzansprüche nach § 826 BGB, Vertragsstrafe bzw. Strafbarkeit gem. § 17 UWG. Besondere **gesetzliche** Schweigepflichten gelten für Betriebsrats- bzw. Personalratsmitglieder (§ 79 Abs. 1 BetrVG, § 10 BPersVG), Mitglieder der Schwerbehindertenvertretung (§ 96 Abs. 7 SGB IX) und Auszubildende (§ 13 Nr. 6 BBiG).

45   Tariflich wird für den öffentlichen Dienst die Verschwiegenheitspflicht unter **§ 3 Abs. 1 TVöD** bzw. **§ 3 Abs. 2 TV-L** geregelt. Unter der Überschrift „Allgemeine Arbeitsbedingungen" wird die tradierte Geheimhaltung in der Bürgerinnen und Bürgern besonders verpflichteten öffentlichen Verwaltung herausgehoben:

> „Die Beschäftigten haben über Angelegenheiten, deren Geheimhaltung durch gesetzliche Vorschriften vorgesehen oder vom Arbeitgeber angeordnet ist, Verschwiegenheit zu wahren; dies gilt auch über die Beendigung des Arbeitsverhältnisses hinaus."

Im Krankenhaus bezieht sich diese Regelung auch auf die Einhaltung der ärztlichen Schweigepflicht und die allgemein geltenden Normen der Datenschutzgesetze, vgl. auch § 3 Abs. 1 TV-Ärzte/VKA.

46   **b) Ärztliche Schweigepflicht.** Neben den Verschwiegenheitspflichten, die alle Arbeitnehmer treffen, gilt für Ärzte die besondere ärztliche Schweigepflicht (§ 9 MBO-Ä 1997). Diese ist nicht nur Standespflicht, sondern gleichzeitig auch arbeitsvertragliche Nebenpflicht (§ 242 BGB). Das ärztliche Berufs- und Standesrecht wirkt auf den Arbeitsvertrag zwischen Arzt und Krankenhaus ein und prägt diesen (Rz. 7). Geschützt wird das Vertrauensverhältnis zwischen Arzt und Patient[5]. Ohne dieses wäre eine sinnvolle Behandlung nicht möglich. Von der Schweigepflicht erfasst sind alle Tatsachen, die dem Arzt in dieser Eigenschaft anvertraut und bekannt geworden

---

1 ErfK/*Preis*, § 611 BGB Rz. 713.
2 Dazu näher BAG v. 3.7.2003 – 2 AZR 235/02, BAGE 107, 36 = NJW 2004, 1547; ferner BVerfG v. 2.7.2001 – 1 BvR 2049/00, NJW 2001, 3474; ferner *Müller*, NZA 2002, 425; *Stein*, BB 2004, 1961.
3 Im Einzelnen str., vgl. ErfK/*Preis*, § 611 BGB Rz. 716; MünchArbR/*Reichold*, § 49 Rz. 11.
4 BGH v. 20.1.1981 – VI ZR 162/79, NJW 1981, 1089.
5 Ausführlich Laufs/Kern/*Schlund/Ulsenheimer*, §§ 65–73; ferner *Quaas/Zuck*, § 12 Rz. 62; MünchArbR/*Richardi*, § 338 Rz. 29.

sind. Dazu gehören auch schriftliche Mitteilungen der Patienten, Aufzeichnungen, Röntgenaufnahmen und sonstige Untersuchungsbefunde. Die ärztliche Schweigepflicht gilt gegenüber jedem Dritten, der außerhalb des Arzt-Patienten-Verhältnisses steht (auch gegenüber ärztlichen Kollegen)[1]. Insbesondere dem eigenen Ehegatten gegenüber darf der Arzt seine Schweigepflicht nicht brechen – mag die Belastung durch den ärztlichen Beruf auch noch so groß sein. Verpflichtet sind auch die Mitarbeiter des Arztes. Die ärztliche Verschwiegenheitspflicht gilt über den Tod hinaus; sie darf lediglich im vermuteten Einverständnis des verstorbenen Zeugen gebrochen werden. Nur der behandelnde Arzt kann entscheiden, ob seine Schweigepflicht zu wahren ist oder nicht[2].

Gesetzliche Offenbarungspflichten existieren in den Regelungen der §§ 6 ff. Infektionsschutzgesetz, § 7 Transplantationsgesetz, §§ 294 ff. SGB V, §§ 100 f. SGB X sowie des Fallpauschalengesetzes. Im allen anderen Fällen benötigt der Arzt eine ausdrückliche oder zumindest konkludente **Entbindung** von der Schweigepflicht durch den Patienten. Kann der Patient seinen Willen nicht mehr äußern, so müssen die Voraussetzungen einer mutmaßlichen Einwilligung vorliegen. Bei Gefährdung eines höherwertigen Rechtsguts darf der Arzt seine Schweigepflicht brechen. Behandeln mehrere Ärzte denselben Patienten gleichzeitig oder nacheinander, so sind die behandelnden Ärzte untereinander von der Schweigepflicht befreit. Das **Strafprozessrecht** schützt die ärztliche Schweigepflicht, indem es dem Arzt ein Zeugnisverweigerungsrecht zur Verfügung stellt (§ 53 Abs. 1 Nr. 3 StPO) und ein Beschlagnahmeverbot vorsieht (§ 97 StPO). Eine entsprechende Norm existiert auch im Zivilprozessrecht (§ 383 ZPO). Eine Schweigepflichtverletzung führt zur **Strafbarkeit** gem. § 203 StGB (näher Teil 2 B).   47

c) Verbot der Annahme von Schmiergeldern. Weitere Nebenpflicht ist das Verbot der Annahme von Schmiergeldern. Arbeitnehmer dürfen keine geldwerten Vorteile entgegennehmen, die ihre künftige Tätigkeit beeinflussen oder eine Tätigkeit in der Vergangenheit belohnen sollen. Der Arbeitnehmer soll seine Tätigkeit ausschließlich an den Interessen des Arbeitgebers ausrichten, nicht an denen eines Dritten (**Loyalitäts- und Rücksichtnahmepflicht**, vgl. § 241 Abs. 2 BGB). Die konkrete Tarifnorm des **§ 3 Abs. 2 TVöD** bzw. **§ 3 Abs. 3 TV-L** ist weiter gefasst als die allgemeinen strafrechtlichen Bestimmungen (Vorteilsannahme und Bestechlichkeit, vgl. §§ 331, 332 StGB), vgl. auch § 3 Abs. 2 TV-Ärzte/VKA: 48

„Die Beschäftigten dürfen von Dritten Belohnungen, Geschenke, Provisionen oder sonstige Vergünstigungen in Bezug auf ihre Tätigkeit nicht annehmen."

Ausnahmen sind nur mit Zustimmung des Arbeitgebers möglich. Etwaige Angebote sind dem Arbeitgeber unverzüglich anzuzeigen. Die im Geschäftsverkehr üblichen Aufmerksamkeiten wie z.B. kleine Weihnachtsgeschenke oder Jahreskalender dürfen jedoch angenommen werden[3]. Auch das BAG hat

---

1 *Quaas/Zuck*, § 12 Rz. 65; dazu näher oben Teil 2 B Rz. 15 ff.
2 BAG v. 23.2.2010 – 9 AZN 876/09, NJW 2010, 1222.
3 MünchArbR/*Reichold*, § 48 Rz. 52; Küttner/*Kania*, „Schmiergeld" Rz. 2.

bestätigt, dass lediglich kleinere Aufmerksamkeiten, die den Rahmen sozial üblicher Dankbarkeitsgesten nicht verlassen und deren Zurückweisung als Unhöflichkeit oder Pedanterie erschiene, keine Pflichtverletzung darstellen[1]. Doch kann z. B. die ungenehmigte Annahme einer **Erbschaft** durch eine ambulante Pflegekraft ohne weiteres die Kündigung rechtfertigen[2]. Dabei spielt keine Rolle, ob die Zuwendung auch subjektiv aus der Sicht des Zuwendenden und des Begünstigten in Bezug auf die dienstliche Tätigkeit erfolgte. Ausreichend ist, dass **objektiv** ein enger Zusammenhang zwischen dem Geschenk und der dienstlichen Tätigkeit besteht[3]. Problematisch sind außerdem Zuwendungen im Bereich der **Drittmittelforschung**[4] oder Zuwendungen der **Medizin- und Pharmaindustrie** an Ärzte öffentlicher Krankenhäuser (z. B. als Gegenleistung für die Absatzsteigerung eines bestimmten Medikaments)[5]. Für Aufsehen gesorgt hat in diesem Zusammenhang der sog. Herzklappenskandal[6].

49 Die Schmiergeldannahme führt in der Regel zur ordentlichen **Kündigung**. Eine Abmahnung ist nicht erforderlich. Je nach den Umständen des Einzelfalls, insbesondere bei einer Vertrauensstellung, ist auch die **fristlose** Kündigung nach § 626 BGB zulässig[7]. Die schuldrechtliche Vereinbarung (sog. Schmiergeldabrede) ist sittenwidrig gem. § 138 BGB, löst jedoch wegen § 817 Satz 2 BGB regelmäßig keine Bereicherungsansprüche aus. Daneben sind Unterlassungs- und Schadensersatzansprüche möglich (§§ 1004, 823 Abs. 1 u. 2, 826 BGB). Ob und in welcher Höhe ein Herausgabeanspruch des Arbeitgebers (nach § 667 BGB oder § 681 Abs. 2 BGB) besteht, ist im Einzelnen sehr streitig[8].

50 **d) Nebentätigkeit.** Zur Aufnahme einer Nebentätigkeit sind Arbeitnehmer regelmäßig **berechtigt**, egal ob die Tätigkeit außerhalb des Arbeitsverhältnisses bei dem gleichen oder bei einem anderen Arbeitgeber ausgeübt wird, unabhängig auch von Status (abhängig oder selbständig) und Bezahlung (entgeltlich oder unentgeltlich)[9]. Dies ergibt sich zum einen aus Art. 2, 12 Abs. 1 GG (Berufsfreiheit), zum anderen aus dem Grundsatz, dass jeder Arbeitnehmer nur die „versprochenen Dienste" schuldet und sein außerdienstliches Verhalten frei gestalten kann[10]. Unzulässig ist eine Nebentätigkeit aber, wenn dadurch gegen **zwingendes Gesetzesrecht** (z. B. Überschreitung der werktäglichen Höchstarbeitszeit, § 3 ArbZG; Erwerbstätigkeit während des Urlaubs, § 8 BUrlG) oder **Tarifrecht** verstoßen wird. Ein **vertragliches** Nebentätigkeitsverbot ist nur dann wirksam, wenn der Arbeitgeber hieran ein

---

1 BAG v. 17.6.2003 – 2 AZR 62/02, ZTR 2004, 25 = PflR 2004, 11.
2 BAG v. 17.6.2003 – 2 AZR 62/02, ZTR 2004, 25 = PflR 2004, 11.
3 LAG Hamm v. 22.11.2007 – 17 Sa 1119/07, PflR 2008, 166.
4 Vgl. *Dauster*, NStZ 1999, 63; *Lippert*, VersR 2000, 158; *Lüdersen*, JZ 1997, 112; ferner *Fischer*, StGB § 331 Rz. 27–27d.
5 *Pfeiffer*, NJW 1997, 782, *Bruns*, ArztR 1998, 237.
6 *Bruns*, ArztR 1998, 237; *Dieners/Lembeck*, PharmR 1999, 156.
7 BAG v. 15.11.1995 – 2 AZR 974/94, NJW 1996, 1556 = NZA 1996, 419.
8 Dazu näher MünchArbR/*Reichold*, § 48 Rz. 56.
9 ErfK/*Preis*, § 611 BGB Rz. 724; MünchArbR/*Reichold*, § 49 Rz. 50 ff.
10 Küttner/*Röller*, „Nebentätigkeit" Rz. 3.

berechtigtes Interesse hat, d. h., wenn die Nebentätigkeit die geschuldete Arbeitsleistung beeinträchtigt[1]. Ein **Genehmigungsvorbehalt** im Arbeitsvertrag ist dahingehend auszulegen, dass die Genehmigung erteilt werden muss, wenn die Nebentätigkeit Arbeitgeberinteressen nicht beeinträchtigt[2].

Die Tarifnorm des **§ 3 Abs. 3 TVöD** bzw. **§ 3 Abs. 4 TV-L** ermöglicht eine   51
Untersagung einer (entgeltlichen) Nebentätigkeit nur dann,

„wenn diese geeignet ist, die Erfüllung der arbeitsvertraglichen Pflichten der Beschäftigten oder berechtigte Interessen des Arbeitgebers zu beeinträchtigen".

Anzuzeigen sind alle entgeltlichen Nebentätigkeiten, wobei die Anzeige rechtzeitig und schriftlich erfolgen muss. Nach Beamtenrecht liegt eine Beeinträchtigung der Haupttätigkeit in der Regel nicht vor, wenn der zeitliche Umfang der Nebentätigkeit ⅕ **der wöchentlichen Arbeitszeit** nicht überschreitet[3]. Das wird auch für den TVöD als Richtschnur gelten können. Zur etwa gleichlautenden Norm des § 5 Abs. 2 AVR-Caritas hat das BAG entschieden, dass es dem in einem Krankenhaus beschäftigten Krankenpfleger nicht gestattet sei, eine Nebentätigkeit als **Leichenbestatter** auszuüben, weil dadurch berechtigte Interessen des Arbeitgebers erheblich beeinträchtigt würden[4]. Die Interessen des Krankenhauses seien auch beeinträchtigt, wenn sich Nebentätigkeiten seiner Mitarbeiter negativ auf die Wahrnehmung des Dienstgebers in der Öffentlichkeit auswirkten. Deshalb sei der Umstand, von einem Krankenpfleger versorgt zu werden, der sich nebenberuflich als Leichenbestatter betätigt, dazu geeignet, bei Patienten Irritationen hervorzurufen. Diese könnten den Eindruck gewinnen, von einem solchen Krankenpfleger nicht in der gebotenen Weise, d. h. ohne eindeutige Lösung des durch Haupt- und Nebentätigkeit entstandenen Zielkonflikts im Sinne der Erhaltung von Leben und Gesundheit behandelt zu werden. Entsprechende Befürchtungen könnten in der Öffentlichkeit entstehen.

e) Ärztliche Nebentätigkeit. Die bloße Einräumung des **Liquidationsrechts**   52
(Teil 3 D Rz. 27) muss nicht zugleich schon die Erteilung einer Nebentätigkeitserlaubnis bedeuten[5]. Es bedarf hierzu einer ausdrücklichen vertraglichen Vereinbarung, unabhängig davon, ob das Liquidationsrecht im Arbeitsvertrag als Teil der Vergütung (Teil 3 D Rz. 1, 27) oder eigenständig im Rahmen der Nebentätigkeitsgenehmigung eingeräumt wird. Bei **beamteten** Krankenhausärzten sind die gesondert abrechenbaren ärztlichen Leistungen, für die liquidiert wird, fast ausschließlich dem Nebentätigkeitsbereich zugeordnet, der einer beamtenrechtlichen Genehmigung bedarf[6]. Bei **privatrechtlich** angestellten Krankenhausärzten liegt eine Nebentätigkeit vor, wenn für

---

1 BAG v. 28.2.2002 – 6 AZR 357/01, ZTR 2002, 490 = PflR 2002, 362.
2 MünchArbR/*Reichold*, § 49 Rz. 57.
3 H. M. zu § 11 BAT, vgl. *Wendl* in: Bepler/Böhle/Meerkamp/Stöhr, TVöD-AT (Stand 2010), § 3 Rz. 8.
4 BAG v. 28.2.2002 – 6 AZR 357/01, AP Nr. 8 zu § 611 BGB Nebentätigkeit = ZTR 2002, 490.
5 MünchArbR/*Richardi*, § 339 Rz. 36; dazu näher Teil 5 B (*Wern*).
6 Laufs/Kern/*Genzel/Degener-Hencke*, § 87 Rz. 8.

nichtstationär erbrachte Leistungen, z.B. bei der **ambulanten** Versorgung durch den Chefarzt (sog. **Chefarztambulanz**), eigenständig abgerechnet wird. Dadurch werden eigene vertragliche Beziehungen zum Patienten begründet[1]. Das BAG geht in ständiger Rechtsprechung davon aus, dass sowohl private als auch öffentliche Träger eines Krankenhauses ihren angestellten Krankenhausärzten im Rahmen einer Nebentätigkeit wirksam ein eigenes Liquidationsrecht als Teil ihrer Vergütung zugestehen können, aber nicht müssen[2]. Die Nebentätigkeit kann auch aus Gründen des **Konkurrenzschutzes** wegen § 116 SGB V untersagt werden, wenn das Krankenhaus dieselben Leistungen erbringt, um die sich der Chefarzt bewirbt (dazu näher Teil 5 B)[3].

53   Als Annex zu der zugelassenen Nebentätigkeit von Chefärzten bestimmt **§ 3.1 Abs. 1 Satz 2 TVöD-K** (= § 4 Abs. 1 Satz 2 TV-Ärzte/VKA), dass nachgeordnete Ärztinnen und Ärzte vom Arbeitgeber auch verpflichtet werden können, „im Rahmen einer zugelassenen Nebentätigkeit" von Leitenden Ärzten oder für Belegärzte innerhalb der Einrichtung ärztlich tätig zu werden. Diese Regel ist im Krankenhausbereich allgemein üblich. Sie meint nicht eine „Nebentätigkeit" der verpflichteten Ärztinnen und Ärzte selbst, sondern deren (punktuelle) Haupttätigkeit für – juristisch gesehen – Dritte, die auf eigene Rechnung und nicht für den Krankenhausträger ihre ärztlichen Leistungen erbringen (Rz. 52). Ohne eine solche Regelung stünde nach der Vermutungsregel des § 613 Satz 2 BGB (vgl. Rz. 2) die Dienstleistung der nachgeordneten Ärztinnen und Ärzte alleine dem Krankenhaus zu[4].

54   Besondere ärztliche Pflichten zur **Nebentätigkeit** ergeben sich aus der **tarifvertraglichen** Regelung des **§ 3.1 Abs. 4 TVöD-K** (= § 4 Abs. 4 TV-Ärzte/VKA). Aufgrund dieser Norm können Ärztinnen und Ärzte vom Arbeitgeber verpflichtet werden, „als Nebentätigkeit Unterricht zu erteilen". Mit dieser Konkretion ist die Möglichkeit des Arbeitgebers wesentlich eingeschränkt worden, Ärzte durch einseitige **Weisung** zur Nebentätigkeit ohne besonderes Entgelt zu verpflichten. Denn jetzt können sonstige, tariflich nicht vorgesehene Nebentätigkeiten außerhalb der Unterrichtserteilung nur mehr **vertraglich** (durch Nebenabrede) vereinbart werden[5]. Da die Unterrichtserteilung als **Nebentätigkeit** außerhalb der Haupttätigkeit zu erfüllen ist, geschieht dies außerhalb der regelmäßigen wöchentlichen Arbeitszeit und wird **zusätzlich vergütet**[6]. § 4 Abs. 4 Satz 2 TV-Ärzte/VKA enthält dazu differenzierte Regelungen.

---

1 Dazu näher *Wern*, S. 234 ff.
2 LAG Hamm v. 18.6.1998 – 17 Sa 2414/97, KH 1999, 396 = ArztR 1999, 21; BAG v. 4.5.1983 – 5 AZR 389/80, BAGE 42, 336 = AP Nr. 12 zu § 611 BGB Arzt-Krankenhaus-Vertrag; BAG v. 9.1.1980 – 5 AZR 71/80, BAGE 32, 249 (264) = NJW 1980, 1912.
3 Dazu näher *Wern*, S. 237 ff.
4 *Dannenberg* in: Bepler/Böhle/Meerkamp/Stöhr, TVöD-BT-K (Stand 2010), § 42 Rz. 5.
5 *Dannenberg* in: Bepler/Böhle/Meerkamp/Stöhr, TVöD-BT-K (Stand 2010), § 42 Rz. 15.
6 *Dannenberg* in: Bepler/Böhle/Meerkamp/Stöhr, TVöD-BT-K (Stand 2010), § 42 Rz. 16.

IV. Durchsetzung von Haupt- und Nebenpflichten

Bei der **Durchsetzung der Hauptpflicht** (Arbeitspflicht) ist die Besonderheit 55
der fehlenden Vollstreckbarkeit zu beachten (§ 888 Abs. 3 ZPO). Der Arbeitgeber kann eine **Klage auf Erfüllung** der Arbeitspflicht zwar erheben, nicht
aber durchsetzen. Aus diesem Grund ist eine solche Klage wenig sinnvoll, es
sei denn, man strebt eine Klärung der Rechtslage an oder möchte den Arbeitnehmer auf seine Arbeitspflicht hinweisen. Jedenfalls liegt das Rechts-
schutzbedürfnis für eine Klage trotz fehlender Vollstreckbarkeit vor[1]. Auf
Antrag kann der Arbeitnehmer zur Zahlung einer pauschalierten **Entschädigung** nach § 61 Abs. 2 ArbGG verurteilt werden. Ebenso wenig wie die Herstellung des ehelichen Lebens (vgl. § 888 Abs. 3 ZPO) soll die Fortsetzung einer Arbeitsbeziehung von Gerichts wegen erzwungen werden können.
Daneben stehen dem Arbeitgeber bei Nichterfüllung **vielfältige Sanktions-
möglichkeiten** zur Verfügung wie z.B. Verweigerung der Entgeltzahlung
(§§ 614, 320, 326 Abs. 1 Satz 1 BGB), Schadensersatzansprüche (§§ 280 ff.
BGB), pauschalierte Entschädigung (ohne Schadensnachweis) nach Leis-
tungsklage auf Arbeitsleistung (§ 61 Abs. 2 ArbGG), in der Praxis aber vor allem Kündigung nach Abmahnung bzw. eine Vertragsstrafe[2].

Bei der **Durchsetzung von Nebenpflichten** ist danach zu unterscheiden, ob 56
es sich um eine selbständige Nebenpflicht (d.h. eine Pflicht, die eigenständig
eingeklagt werden kann) oder eine unselbständige Nebenpflicht (d.h. eine
Pflicht, die mit der Erbringung der geschuldeten Arbeitsleistung so eng zu-
sammenhängt, dass nur die für Nicht- und Schlechtleistung vorgesehenen
Sanktionen greifen) handelt[3]. Für die Verletzung selbständiger Nebenpflichten gibt es zum Teil eigenständige Sanktionsansprüche wie z.B. § 61 HGB
(Schadensersatzanspruch bei Verstoß gegen Wettbewerbsverbot) oder § 12
Abs. 3 AGG (Abmahnung, Umsetzung, Versetzung oder Kündigung bei Ver-
stoß gegen das Benachteiligungsverbot). Ansonsten wird in der Regel eine
Abmahnung oder Kündigung bzw. Schadensersatz je nach eingetretenem
Schaden als Sanktion eingreifen (wie bei Nicht- oder Schlechtleistung, dazu
näher Teil 3 F und I).

---

1 MünchArbR/*Reichold*, § 38 Rz. 1.
2 *Reichold*, Arbeitsrecht, § 9 Rz. 17.
3 Vgl. MünchArbR/*Reichold*, § 50 Rz. 1 ff.

F. Beendigung des Arbeitsverhältnisses

I. Überblick über die Beendigungsgründe

1   Es gibt zahlreiche Gründe ein Arbeitsverhältnis zu beenden. Dabei stellt die einseitige Loslösung durch Kündigung wohl den häufigsten Fall dar.

2   Als **Beendigungsgründe** kommen in Betracht:
   - Anfechtung
   - Kündigung, Ablauf eines befristeten Arbeitsverhältnisses
   - Eintritt einer auflösenden Bedingung
   - Aufhebungsvertrag
   - Auflösung durch das Arbeitsgericht (§§ 9, 10 KSchG)
   - Lossagung nach erfolgreichem Kündigungsschutzprozess (§ 12 KSchG)
   - Tod des Arbeitnehmers

3   **Keine Beendigungsgründe** sind in der Regel:
   - Tod des Arbeitgebers, da die Erben gem. § 1922 BGB in die bestehenden Arbeitsverhältnisse eintreten.
   - Ein rechtsgeschäftlicher Betriebsübergang (§ 613a BGB), da der neue Inhaber im Wege der Einzelrechtsnachfolge in die bei Betriebsübergang bestehenden Arbeitsverhältnisse eintritt.
   - Insolvenz des Arbeitgebers (vgl. insoweit § 113 InsO). Die Insolvenz des Arbeitgebers löst jedoch ein besonderes Kündigungsrecht des Insolvenzverwalters aus (§ 113 InsO).
   - Unmöglichkeit der Arbeitsleistung, da der Arbeitnehmer in diesen Fällen von der Arbeitspflicht frei wird (§ 275 Abs. 1–3 BGB).
   - Suspendierung von Hauptleistungspflichten (z.B. bei einem Streik).

II. Anfechtung des Arbeitsvertrages durch den Arbeitgeber

1. Allgemeines

4   Die Anfechtung des Arbeitsvertrages gibt den Parteien ein Instrument in die Hand, um Willensmängel geltend zu machen, die schon im Zeitpunkt des Vertragsschlusses vorgelegen haben. Die Anfechtung dient der Auflösung **eines fehlerhaft zustande gekommenen Arbeitsverhältnisses.** Sie steht selbständig neben der Kündigung, die darauf abzielt, ein **fehlerfrei zustande gekommenes Arbeitsverhältnis** zu beenden[1]. Die Anfechtung spielt in der Praxis eine Rolle, wenn der Arbeitnehmer beim Einstellungsgespräch zulässige Fragen des Arbeitgebers falsch beantwortet. Dies ist etwa der Fall, wenn

---

1 BAG v. 28.3.1974 – 2 AZR 92/73, AP Nr. 3 zu § 119 BGB = DB 1974, 1531.

eine Person als Krankenschwester eingestellt wird, weil sie wahrheitswidrig die Absolvierung einer Pflegeausbildung behauptet hat.

Die Anfechtung erfolgt durch eine Erklärung des Arbeitgebers (**Anfechtungs-** **erklärung**) gegenüber dem Arbeitnehmer (Anfechtungsgegner § 143 Abs. 1 BGB). Die Erklärung muss unmissverständlich zum Ausdruck bringen, dass die Willenserklärung des Arbeitgebers, die zum Abschluss des Arbeitsvertrages geführt hat, nicht gelten soll. Es ist nicht erforderlich, dass der Begriff Anfechtung verwendet wird.

Eine Anfechtung des Arbeitsvertrages ist nur dann möglich, wenn ein Anfechtungsgrund vorliegt. Als **Anfechtungsgrund** kommt ein Irrtum (Inhalts- oder Erklärungsirrtum, Eigenschaftsirrtum[1], §§ 119, 120 BGB) oder die Beeinflussung der Entschließungsfreiheit (arglistige Täuschung, Drohung, § 123 BGB) in Betracht[2]. Der Anfechtungsgrund des Irrtums spielt in der Praxis in Fällen eine Rolle, in denen der Arbeitgeber bei der Einstellung von einer bestimmten Berufsausbildung ausgeht, die der eingestellte Arbeitnehmer überhaupt nicht besitzt. Der Anfechtungsgrund der Täuschung wird vor allem im Rahmen der falschen Beantwortung von zulässigen Fragen im Bewerbungsgespräch diskutiert (vgl. dazu unten Rz. 10 ff.).

Die Anfechtung ist nur wirksam, wenn sie **fristgerecht** erklärt wird (§§ 121, 124 Abs. 2 BGB). Bei einem Irrtum muss die Anfechtung ohne schuldhaftes Zögern (unverzüglich), d.h. in der Regel innerhalb von 14 Tagen[3] erfolgen, nachdem der Anfechtungsberechtigte Kenntnis vom Anfechtungsgrund erlangt hat (§ 121 BGB). Bei Beeinflussung der Entscheidungsfreiheit muss die Anfechtung innerhalb eines Jahres erfolgen, beginnend mit dem Ende der Täuschungs- bzw. Zwangslage (§ 124 BGB).

Nach den Regeln des BGB bewirkt die Anfechtung die Nichtigkeit des Rechtsgeschäftes von Anfang an (Ex-tunc-Wirkung, § 142 Abs. 1 BGB). Wenn dies im Arbeitsrecht gelten würde, wäre es so, als sei nie ein wirksamer Arbeitsvertrag in der Welt gewesen. Die Ex-tunc-Wirkung bereitet im Arbeitsrecht bei in Vollzug gesetzten Arbeitsverhältnissen, also wenn etwa der Arbeitnehmer ein Jahr gearbeitet hat, bevor der Arbeitgeber vom Anfechtungsgrund erfährt, Schwierigkeiten bei der Rückabwicklung. Wie soll die schon verrichtete Arbeitsleistung zurückgegeben werden? Die Anfechtung wirkt daher im Arbeitsverhältnis grundsätzlich nur in die Zukunft. Ist das Arbeitsverhältnis vollzogen, besteht ein als gültig zu behandelndes **sog. fehlerhaftes Arbeitsverhältnis** (auch **faktisches Arbeitsverhältnis** genannt), von dem sich jede Seite nur für die **Zukunft** durch einseitige Erklärung lösen kann[4]. Für die **Vergangenheit** (also für den Zeitraum, in dem es trotz der ihm anhaftenden Mängel in Funktion war) wird dieses Arbeitsverhältnis **wie ein**

---

1 Eigenschaften des Arbeitnehmers können z.B. sein: Vorbildung, berufliche Fähigkeit, Gesundheitszustand, Zuverlässigkeit, Vertrauenswürdigkeit.
2 Palandt/*Ellenberger*, BGB, Einf v § 116 Rz. 19, 20.
3 jurisPK-BGB/*Gruber*, § 121 Rz. 11.
4 BAG v. 15.11.1957 – 1 AZR 189/57, AP Nr. 2 zu § 125 BGB.

fehlerfreies Arbeitsverhältnis behandelt[1]. Es darf daher jede Vertragspartei die ihr von der anderen Vertragspartei erbrachten Leistungen behalten. Der Arbeitnehmer muss daher den ihm vom Arbeitgeber gezahlten Lohn nicht zurückzahlen.

8a   Ausnahmen vom Grundsatz, dass die Nichtigkeit eines Arbeitsverhältnisses grundsätzlich keine rückwirkende Kraft hat, bestehen im Fall eines besonders schweren Mangels. Das BAG ging daher von der Nichtigkeit des Arbeitsvertrages ex tunc (also von Anfang an) in einem Fall aus, in dem der Arbeitsvertrag die Ausübung eines ärztlichen Berufes zum Gegenstand hatte, die erforderliche Approbation oder Erlaubnis nicht vorlag und auch nicht erteilt werden konnte[2]. In einem solch schwerwiegenden Fall bestehe kein faktisches Arbeitsverhältnis, so dass die erbrachten Leistungen nach Bereicherungsrecht rückabgewickelt werden[3]. Die Nichtigkeit eines solchen Vertrages folge aus § 134 BGB i. V. m. §§ 2, 10 Bundesärzteordnung (BÄO) und den §§ 1, 2, 5 Heilpraktikergesetz[4]. Die Arbeitsleistung sei schon nach ihrer Art rechts- und gesetzeswidrig und der Arbeitnehmer aus diesem Grunde nicht schutzwürdig gem. § 242 BGB.

9   Zudem lässt das BAG eine beschränkte Rückwirkung auch von dem Zeitpunkt an zu, in dem das vollzogene Arbeitsverhältnis wieder außer Funktion gesetzt worden ist und der Arbeitnehmer keine Leistung mehr erbringt[5]. Dies ist etwa der Fall, wenn der Arbeitnehmer infolge krankheitsbedingter Arbeitsunfähigkeit bis zur Anfechtung des Arbeitsvertrages nicht mehr gearbeitet hat.

2. Anfechtung wegen arglistiger Täuschung

10   **a)** Die Anfechtung wegen arglistiger Täuschung besitzt insbesondere Relevanz beim Fragerecht des Arbeitgebers im Rahmen von Vorstellungsgesprächen.

11   Eine Anfechtung wegen arglistiger Täuschung nach § 123 Abs. 1 BGB setzt vor allem eine widerrechtliche Täuschungshandlung voraus. Der Bewerber kann dadurch täuschen, dass er **offenbarungspflichtige Tatsachen verschweigt** (Unterlassen) oder **zulässige Fragen falsch beantwortet** (positives Tun)[6].

12   Was **offenbarungspflichtige Tatsachen** betrifft, muss der potentielle Arbeitnehmer nur solche Tatsachen offenbaren, die ihm die Erfüllung der arbeitsvertraglichen Leistungspflicht unmöglich machen oder sonst für den in Betracht kommenden Arbeitsplatz von ausschlaggebender Bedeutung sind[7].

---

1 BAG v. 3.11.2004 – 5 AZR 592/03, juris, Rz. 17.
2 BAG v. 3.11.2004 – 5 AZR 592/03, juris, Rz. 18.
3 BAG v. 3.11.2004 – 5 AZR 592/03, juris, Rz. 11, 18.
4 BAG v. 3.11.2004 – 5 AZR 592/03, juris, Rz. 11.
5 BAG v. 3.12.1998 – 2 AZR 754/97, AP Nr. 49 zu § 123 BGB = NZA 1999, 584, 585) unter Aufgabe der entgegenstehenden früheren Rechtsprechung.
6 *Preis*, Individualarbeitsrecht, § 23 I, S. 253.
7 BAG v. 21.2.1991 – 2 AZR 449/90, AP Nr. 35 zu § 123 BGB = NZA 1991, 719.

Eine Offenbarungspflicht wird nur in sehr seltenen Fällen angenommen; nicht jede nachteilige Tatsache muss dem Arbeitgeber offengelegt werden (z. B. besteht eine Offenbarungspflicht bei einer chronischen Krankheit, welche die Arbeitsleistung dauernd unmöglich macht).

Was das **Fragerecht des Arbeitgebers** betrifft, bereiten die Grenzen zwischen 13
zulässigen und unzulässigen Fragen oft Probleme. Hier ist abzuwägen zwischen den berechtigten, schutzwürdigen Interessen beider Vertragspartner. Der Arbeitgeber ist grundsätzlich daran interessiert, den Arbeitnehmer möglichst umfassend zu befragen, um herauszufinden, ob sich der Arbeitnehmer für den Arbeitsplatz eignet. Zulässig sind nur solche Fragen, die mit der in Aussicht genommenen Tätigkeit und deren Dauer im Zusammenhang stehen. Auch insoweit ist aber nicht jede Frage zulässig, es ist immer das Persönlichkeitsrecht des Arbeitnehmers zu beachten. Erst wenn das Interesse des Arbeitgebers an Beantwortung der Frage gewichtiger ist als das Persönlichkeitsrecht des Arbeitnehmers tritt Letzteres zurück. Bei einer **unzulässigen Frage** ist es nicht widerrechtlich, wenn der Arbeitnehmer nicht wahrheitsgemäß antwortet[1]. Er hat ein **„Recht zur Lüge"**. Eine Anfechtung des Arbeitsvertrages ist dann nicht möglich. Soweit eine Offenbarungspflicht des Arbeitnehmers besteht, ist selbstverständlich eine Frage immer zulässig.

b) Als **Beispiele zu Offenbarungspflichten und Fragerecht des Arbeitgebers** 14
lassen sich nennen:

- Schon aus dem Gedanken der Resozialisierung des Vorbestraften und der Vermeidung von Gewissenskonflikten ergibt sich, dass der Bewerber seine **Vorstrafen** nicht uneingeschränkt offenlegen muss.

- Vorstrafen, die Bezug zur angestrebten Tätigkeit haben und die sich am Arbeitsplatz wiederholen können, müssen auf die **Frage** des Arbeitgebers offengelegt werden[2]. So muss eine Krankenschwester nicht eine Vorstrafe wegen Straßenverkehrsdelikten, wohl aber eine solche wegen illegalen Medikamentenverkaufs oder Körperverletzung an Patienten offenbaren. Eine Einschränkung erfolgt jedoch nach § 53 Abs. 1 Bundeszentralregistergesetz (BZRG), wonach sich der Bewerber bei einer im Bundeszentralregister gelöschten Vorstrafe als straffrei bezeichnen darf[3].

- Die Frage des Arbeitgebers nach einer bestehenden **Schwangerschaft** ist generell unzulässig, da sie gegen das Diskriminierungsverbot aus § 7 AGG verstößt. Selbst bei einem befristeten Arbeitsvertrag oder beim Vorliegen einer gefährlichen Tätigkeit (z. B. Röntgenassistentin) ist die Frage unzulässig[4]. Erst nach Abschluss des Arbeitsvertrages kann und ggf. muss diese Frage gestellt werden.

---

1 BAG v. 7.6.1984 – 2 AZR 270/83, AP Nr. 26 zu § 123 BGB = NZA 1985, 57, 58.
2 St. Rspr. seit BAG v. 5.12.1957 – 1 AZR 594/56, AP Nr. 2 zu § 123 BGB = JZ 1958, 511.
3 BAG v. 5.12.1957 – 1 AZR 594/56, AP Nr. 2 zu § 123 BGB = JZ 1958, 511, 513.
4 BAG v. 6.2.2003 – 2 AZR 621/01, AP Nr. 71 zu § 2 KSchG = NZA 2003, 659, 662.

- Bezüglich einer etwaigen **Behinderung** ist eine **Offenbarungspflicht** des Bewerbers nur anzunehmen, wenn er die Arbeitsleistung aufgrund seiner Behinderung nicht erbringen kann[1] (vgl. § 8 Abs. 1 AGG).

  Die **Frage nach der Schwerbehinderung** des Bewerbers ist grundsätzlich unzulässig (vgl. §§ 1, 3, 7 AGG, § 81 Abs. 2 SGB IX). Etwas anderes gilt nur dann, wenn der Bewerber aufgrund der Schwerbehinderung die Anforderungen, die die angebotene Stelle zwingend stellt, nicht erbringen kann. Insoweit darf der Arbeitgeber fragen, ob der Arbeitnehmer eine Schwerbehinderung hat, die es ihm unmöglich macht, die Anforderungen, die die Stelle mit sich bringt, zu erfüllen (vgl. § 8 Abs. 1 AGG).

- Bezüglich des **Gesundheitszustandes** eines Bewerbers ist das Interesse des Arbeitgebers an der Eignung des Bewerbers mit dem Interesse des Bewerbers auf Wahrung seiner Intimsphäre sorgfältig abzuwägen. Dem Bewerber obliegt hinsichtlich einer zur Zeit des Bewerbungsgesprächs bestehenden und das Arbeitsverhältnis konkret gefährdenden Krankheit eine **Offenbarungspflicht**, wenn er im Zeitpunkt des Dienstantritts voraussichtlich krank oder zur Kur sein wird[2]. Eine eigenständige Offenbarungspflicht besteht auch, wenn der Bewerber wegen gesundheitlicher Mängel so stark in seiner Einsatzfähigkeit beeinträchtigt ist, dass er für die zu übernehmende Tätigkeit nicht mehr geeignet ist[3]. Schließlich muss der Bewerber auch eine bestehende ansteckende Krankheit offenbaren[4].

  Demnach muss ein Arzt oder Pfleger z. B. angeben, dass er Gelbsucht (Hepatitis B) hat, da diese Infektionskrankheit durch Blut übertragen wird und Blutkontakt gerade in Heilberufen (z. B. Arbeitsplätze in Operationssälen, medizinische und mikrobiologische Laboratorien, Endoskopie- und Dialyseeinheiten) nicht ausgeschlossen werden kann[5].

  Die **Frage nach dem Gesundheitszustand** ist zulässig, wenn die Krankheit die Eignung des Bewerbers für die Stelle dauerhaft oder erheblich beeinträchtigt oder aufhebt, den pünktlichen Arbeitseintritt zu verhindern droht oder eine ansteckende Krankheit vorliegt, bei der Patienten oder Kollegen gefährdet werden können, wenn sie im Zeitpunkt des Arbeitsantritts noch vorliegt[6].

- Die **Frage nach einer bereits ausgebrochenen Aids-Erkrankung** ist zulässig, da mit einer Heilung zurzeit noch nicht gerechnet werden kann und der Arbeitnehmer in absehbarer Zeit krankheitsbedingt ausfällt[7].

---

1 BAG v. 25.3.1976 – 2 AZR 136/75, AP Nr. 19 zu § 123 BGB = DB 1976, 1240; BAG v. 1.8.1985 – 2 AZR 101/83, AP Nr. 30 zu § 123 BGB = NZA 1986, 635; BAG v. 28.2.1991 – 2 AZR 515/90.
2 BAG v. 7.2.1964 – 1 AZR 251/63, AP Nr. 6 zu § 276 BGB Verschulden bei Vertragsschluss = NJW 1964, 1197.
3 BAG v. 28.3.1974 – 2 AZR 92/73, AP Nr. 3 zu § 119 BGB = DB 1974, 1531.
4 MünchArbR/*Buchner*, § 30 Rz. 285.
5 Vgl. *Nölling*, ArztR 2009, 200–205, zu den Rechten und Pflichten eines angestellten Arztes im Falle einer Hepatitisinfektion.
6 BAG v. 7.6.1984 – 2 AZR 270/83, AP Nr. 26 zu § 123 BGB = NZA 1985, 57.
7 ErfK/*Preis*, § 611 Rz. 274 m. w. N.; *Preis*, Individualarbeitsrecht, § 20 III S. 249.

Bei der **Frage nach einer Aids-Infektion** des Bewerbers wird differenziert. In der Regel ist die Frage unzulässig, da in diesem Stadium der Krankheit noch keine Minderung der Leistungsfähigkeit aufgrund von Krankheitssymptomen eintritt und bei normalem Sozial- und Arbeitskontakt keine Ansteckungsgefahr gegeben ist[1]. Dass die Krankheit irgendwann einmal zum Ausbruch kommt und der Arbeitnehmer außerstande sein wird zu arbeiten, kann aufgrund des medizinischen Fortschritts nicht für die Anbahnung des Arbeitsverhältnisses von Bedeutung sein.

Bei Angehörigen der Heilberufe und demnach auch beim Personal des Krankenhauses muss die Frage nach einer Infektion jedoch zugelassen werden, da aufgrund der beruflichen Tätigkeit eines infizierten Bewerbers eine besondere Gefahr für andere Personen, insbesondere Patienten, ausgeht[2]. Das Risiko einer Ansteckung durch Kontakt von Blut oder Nadelstichverletzungen kann im Bereich der Pflege nicht völlig ausgeschlossen werden. Abzulehnen ist die Auffassung, nach der die Frage auch bei Heilberufen unzulässig sei, da bei der Einhaltung der üblichen und vorgeschriebenen Sicherheits- und Hygieneregeln keine Übertragung der Krankheit zu befürchten sei[3].

Im Bereich des Gesundheitsdienstes muss also sowohl bei einer **Aids-Erkrankung** als auch bei einer **Aids-Infektion** eine **Offenbarungspflicht** und ein **Fragerecht** bejaht werden[4].

– Umstritten ist, ob eine **Offenbarungspflicht bei Alkoholkrankheit, Drogen- und Medikamentenmissbrauch** besteht. Im Schrifttum wird eine Offenbarungspflicht für diese Krankheiten verneint.

Die **Frage** nach der Krankheit wird jedoch für zulässig gehalten, so dass der Bewerber wahrheitsgemäß antworten muss[5]. Das Interesse des Arbeitgebers überwiegt das des Arbeitnehmers, insbesondere wegen der erheblichen Gefahren, die von alkoholisierten und drogen- bzw. medikamentenabhängigen Arbeitnehmern ausgehen können.

– Eine **Offenbarungspflicht bezüglich der Konfessionszugehörigkeit** besteht nicht.

Grundsätzlich ist auch die **Frage nach der Konfessionszugehörigkeit** unzulässig, da die Konfession Privatsache des Bewerbers ist. Ausnahmen gelten jedoch in Tendenzbetrieben und damit auch im Bereich kirchlich geführter Krankenhäuser. Das BVerfG hat insoweit klargestellt, dass die Kirchen aufgrund ihres Selbstbestimmungsrechts befugt sind, über die Rechtsform und die Art der Dienstleistungen, die sie anbieten, zu ent-

---

1 H.M. vgl. *Lichtenberg/Schücking*, NZA 1990, 41, 44 m.w.N.; *Preis*, Individualarbeitsrecht, § 20 III S. 249.
2 *Löwisch*, DB 1987, 936, 939 f.; *Richardi*, NZA 1988, 74, 75; *Wollenschläger/Kreßel*, AuR 1988, 198, 201.
3 *Lichtenberg/Schücking*, NZA 1990, 41, 44 m.w.N.
4 *Wollenschläger/Kreßel*, AuR 1988, 198, 201.
5 MünchArbR/*Buchner*, § 31 Rz. 18.

scheiden sowie die Kriterien für die Personenauswahl festzulegen[1]. Der kirchliche Arbeitgeber kann grundsätzlich die Einstellung eines Bewerbers von dessen Kirchenzugehörigkeit abhängig machen[2]. Insoweit bestimmt § 9 Abs. 1 AGG, dass eine unterschiedliche Behandlung wegen der Religion zulässig ist, wenn eine bestimmte Religion unter Beachtung des Selbstverständnisses der jeweiligen Religionsgemeinschaft im Hinblick auf ihr Selbstbestimmungsrecht oder nach der Art der Tätigkeit eine gerechtfertigte berufliche Anforderung darstellt. Wenn diese Voraussetzungen vorliegen, darf auch nach der Religionszugehörigkeit gefragt werden.

– Schließlich bestehen **Offenbarungspflichten** bezüglich einer nicht bestehenden **Aufenthalts- oder Arbeitserlaubnis**[3].

– **Fragen** nach dem beruflichen Werdegang, Schulabschluss, Prüfungen, Sprachkenntnissen sind zulässig[4]. Unzulässig sind dagegen etwa Fragen nach Heiratsabsichten und Familienplanung, da hierbei in die Privatsphäre des Bewerbers eingegriffen wird.

– Einer **transsexuellen Person**, deren Geschlechtsumwandlung nach §§ 8, 10 TSG noch nicht erfolgt ist, obliegt hinsichtlich ihres wahren Geschlechts bei einem Einstellungsgespräch grundsätzlich keine Offenbarungspflicht[5]. Wie aus § 5 TSG folgt, soll die transsexuelle Person vor einer grundlosen Aufdeckung der von ihr vorher geführten Vornamen geschützt werden. Eine Anfechtung wegen arglistiger Täuschung (gem. § 123 Abs. 1 BGB) scheidet daher mangels Rechtswidrigkeit des Verhaltens des Bewerbers aus. Allerdings geht das BAG von der Möglichkeit einer Anfechtung gem. § 119 Abs. 2 BGB (wegen Irrtums über persönliche Eigenschaften, die im Verkehr als wesentlich angesehen werden) aus. Nach dem Sinn und Zweck des § 119 Abs. 2 BGB ist bei der Bestimmung der Verkehrswesentlichkeit von dem konkreten Rechtsgeschäft auszugehen, hier also von der Einstellung als Arzthelferin. Dieser Eigenschaft genügte die Klägerin jedenfalls so lange (noch) nicht, als nicht ihre Geschlechtsumwandlung nach §§ 8, 10 TSG vollzogen war. Zu den verkehrswesentlichen Eigenschaften einer Person zählen nämlich in erster Linie die natürlichen Persönlichkeitsmerkmale als auch solche tatsächlichen und rechtlichen Verhältnisse, die infolge ihrer Beschaffenheit und vorausgesetzten Dauer nach den Anschauungen des Verkehrs Einfluss auf die Wertschätzung der Person in dem bestimmten Rechtsverhältnis ausüben. Gerade im Hinblick auf das Arzt-Patienten-Verhältnis ist es von erheblicher Bedeutung, ob der Patient bzw. die Patientin seinen/ihren In-

---

1 BVerfG v. 4.6.1985 – 2 BvR 1703/83, 2 BvR 1718/83, 2 BvR 856/84, AP Nr. 15 zu § 1 KSchG 1969 Verhaltensbedingte Kündigung = NJW 1986, 367.
2 *Richardi*, Arbeitsrecht in der Kirche, § 6 II Rz. 13.
3 MünchArbR/*Buchner*, § 30 Rz. 316.
4 BAG v. 12.2.1970 – 2 AZR 184/6, AP Nr. 17 zu § 123 BGB = NJW 1970, 1565; BAG v. 7.9.1995 – 8 AZR 828/93, AP Nr. 24 zu § 242 BGB Auskunftspflicht = NZA 1996, 637, 639; LAG Hamm v. 8.2.1995 – 18 Sa 2136/93, LAGE § 123 BGB Nr. 21.
5 BAG v. 21.2.1991 – 2 AZR 449/90, juris, Rz. 28.

timbereich dem Arzt in Gegenwart eines weiblichen oder männlichen Arzthelfers offenbart.

Siehe zu Informations- und Offenbarungspflichten auch den Teil 3 B Rz. 40 ff.

III. Kündigung

1. Allgemeines

Die Kündigung zielt darauf ab, ein zustande gekommenes Arbeitsverhältnis   15
zu beenden. Sie stellt die einseitige Loslösung vom Arbeitsvertrag dar. Der Arbeitgeber verliert den Anspruch auf die Arbeitsleistung und der Arbeitnehmer seinen Lohnanspruch.

Es ist zu unterscheiden zwischen der **ordentlichen Kündigung**, die nach Ab-   16
lauf einer Kündigungsfrist das Arbeitsverhältnis beendet, und der **außerordentlichen Kündigung**, die mit sofortiger Wirkung das Arbeitsverhältnis beendet.

a) Form der Kündigung

Die Kündigung erfolgt durch eine Erklärung des Kündigenden gegenüber der   17
anderen Arbeitsvertragspartei (Kündigungserklärung).

Nach § 623 BGB bedarf die Kündigung durch den Arbeitgeber als auch durch   18
den Arbeitnehmer der **Schriftform**. Erfolgt die Kündigung nicht schriftlich, ist sie nichtig (§ 125 Satz 1 BGB); eine Heilung ist nicht möglich. Die Kündigung muss dann vielmehr unter Beachtung der Schriftform wiederholt werden.

Aus der Kündigungserklärung muss für den Empfänger eindeutig hervor-   19
gehen, dass das Arbeitsverhältnis zu einem bestimmten Zeitpunkt beendet werden soll, das Wort „Kündigung" muss im Kündigungsschreiben nicht erscheinen.

Die Kündigung ist auch ohne Angabe des Kündigungsgrundes wirksam[1].   20
Dies gilt sowohl für die ordentliche Kündigung als auch für die außerordentliche Kündigung. Auf Verlangen muss bei der außerordentlichen Kündigung der Kündigungsgrund angegeben werden (§ 626 Abs. 2 Satz 2 BGB), bei der ordentlichen Kündigung gilt Gleiches, wenn das Kündigungsschutzgesetz Anwendung findet.

Beispiel für die Formulierung eines Kündigungsschreibens[2]:   21

Sehr geehrte(r) Frau/Herr...,

hiermit kündigen wir das mit Ihnen seit ... bestehende Arbeitsverhältnis ordentlich zum ..., vorsorglich zum nächst zulässigen Kündigungstermin. Bis zum Ablauf der Kün-

---

1 BAG v. 17.8.1972, AP Nr. 65 zu § 626 BGB.
2 Beispiel nach: *Bauer/Lingemann/Diller/Haußmann*, Anwalts-Formularbuch Arbeitsrecht, 3. Aufl. 2008, Muster 22.1.

digungsfrist stehen Ihnen für das laufende Jahr noch ... Urlaubstage zu. Diesen Urlaub erteilen wir Ihnen innerhalb der Kündigungsfrist, so dass Sie letztmals am ... zur Arbeit zu erscheinen brauchen.

Die Kündigungsgründe sind Ihnen bekannt/die Kündigung erfolgt aus folgenden Gründen: ...

oder, für den Fall einer betriebsbedingten Kündigung, sofern vom Arbeitgeber gewünscht:

Die Kündigung wird auf dringende betriebliche Erfordernisse gestützt. Sofern Sie die Klagefrist nach §§ 2, 4 KSchG verstreichen lassen und auch keinen Antrag auf nachtägliche Zulassung nach § 5 KSchG stellen, können Sie eine Abfindung i. H. v. ... Euro verlangen.

Der Betriebsrat hat der Kündigung zugestimmt/Bedenken geäußert/widersprochen; seine Stellungnahme fügen wir bei.

Wir weisen Sie auf Ihre Pflicht zur frühzeitigen Arbeitssuche nach § 38 SGB III hin. Sie sind verpflichtet, sich unverzüglich nach Erhalt dieser Kündigung bei der Agentur für Arbeit persönlich arbeitsuchend zu melden. Die Pflicht zur Meldung besteht unabhängig davon, ob der Fortbestand des Arbeitsverhältnisses gerichtlich geltend gemacht wird. Sofern dieses Arbeitsverhältnis noch länger als drei Monate besteht, ist eine Meldung drei Monate vor der Beendigung ausreichend. Weiterhin sind Sie verpflichtet, aktiv nach einer Beschäftigung zu suchen.

b) Kündigungsfristen

22   Unter der Kündigungsfrist versteht man den Zeitraum, der vom Zugang der Kündigung bis zu dem Tag reicht, mit dessen Ablauf das Arbeitsverhältnis endet[1]. Der Kündigungstermin ist der Tag, an dem die Kündigungsfrist abläuft und zu dem gekündigt wird[2].

aa) Gesetzliche Kündigungsfristen

23   § 622 Abs. 1 BGB gilt für **ordentliche Kündigungen** und sieht eine **Grundkündigungsfrist** von **vier Wochen** zum 15. oder zum Ende eines Kalendermonats vor. Bei steigender Beschäftigungsdauer verlängert sich die Kündigungsfrist bei **Kündigung durch den Arbeitgeber** stufenweise gem. § 622 Abs. 2 BGB auf bis zu sieben Monate zum Monatsende. Die Regelung des § 622 Abs. 2 Satz 2 BGB, nach der bei der Berechnung der Beschäftigungsdauer Zeiten, die vor der Vollendung des 25. Lebensjahres des Arbeitnehmers liegen, nicht berücksichtigt werden, verstößt gegen das Verbot der Diskriminierung wegen Alters in seiner Konkretisierung durch die Richtlinie 2000/78/EG[3]. Es obliegt daher dem nationalen Gericht, in einem Rechtsstreit zwischen Privaten die Beachtung des Verbots der Diskriminierung wegen des Alters in seiner Konkretisierung durch die Richtlinie 2000/78/EG zu gewährleisten, indem es erforderlichenfalls entgegenstehende Vorschriften des innerstaatlichen Rechts unangewendet lässt, unabhängig davon, ob es von seiner Befugnis Gebrauch macht, in den Fällen des Art. 267 Abs. 2

---

1 jurisPK-BGB/*Weth*, § 622 Rz. 1.
2 jurisPK-BGB/*Weth*, § 622 Rz. 1.
3 EuGH v. 19.1.2010 – Rs. C-555/07, NZA 2010, 85, Rz. 43.

AEUV den EuGH um eine Vorabentscheidung über die Auslegung dieses Verbots zu ersuchen. § 622 Abs. 2 Satz 2 BGB ist daher in einem Rechtsstreit vor deutschen Gerichten nicht mehr anzuwenden[1]. **Für den Arbeitnehmer** hingegen bleibt es bei der Grundkündigungsfrist. Die Grundkündigungsfrist ist grundsätzlich **unabdingbar.** Eine kürzere Kündigungsfrist erlaubt das Gesetz nur in den in § 622 Abs. 3 bis Abs. 5 BGB normierten Ausnahmefällen. So kann z.B. während einer vereinbarten Probezeit längstens jedoch für die Dauer von sechs Monaten das Arbeitsverhältnis mit einer Frist von zwei Wochen gekündigt werden (§ 622 Abs. 3 BGB). Vgl. auch unten Rz. 26.

Die **außerordentliche Kündigung** (§ 626 BGB) wird in der Regel fristlos ausgesprochen. Das Arbeitsverhältnis wird mit sofortiger Wirkung beendet. Jedoch kann der Arbeitgeber aus sozialen Erwägungen oder mangels Verfügbarkeit einer Ersatzkraft die außerordentliche Kündigung unter Gewährung einer sozialen Auslauffrist aussprechen[2].   24

bb) Gesetzliche Sonderregelungen

In zahlreichen Gesetzen sind abweichende Kündigungsfristen geregelt, um den Gegebenheiten des Einzelfalles Rechnung zu tragen. So beinhalten z.B. das Berufsbildungsgesetz (§ 22 BBiG), das Bundeselterngeld- und Elternzeitgesetz (§ 19 BEEG), die Insolvenzordnung (§ 113 InsO) und das Sozialgesetzbuch Neuntes Buch – Rehabilitation und Teilhabe behinderter Menschen (§ 86 SGB IX) Sonderregelungen.   25

cc) Tarifvertragliche Kündigungsfristen

Durch **Tarifvertrag** können vom Gesetz abweichende Kündigungsfristen bestimmt werden (§ 622 Abs. 4 BGB) und so die Besonderheiten einzelner Wirtschaftsbereiche oder Beschäftigungsgruppen berücksichtigt werden. Sowohl eine **Verkürzung** als auch eine **Verlängerung** der gesetzlichen Kündigungsfristen ist möglich.   26

Dabei gelten die tarifvertraglichen Regelungen unmittelbar und zwingend, wenn beide Parteien des Arbeitsvertrages tarifgebunden sind oder der Tarifvertrag allgemeinverbindlich und der Geltungsbereich des Tarifvertrages eröffnet ist. Des Weiteren besteht die Möglichkeit durch Bezugnahme im Einzelarbeitsvertrag tarifvertragliche Bestimmungen auch zwischen nicht tarifgebundenen Arbeitgebern und Arbeitnehmern in Geltung zu setzen (§ 622 Abs. 4 Satz 2 BGB).   27

Im öffentlichen Dienst gilt gem. § 34 Abs. 1 TVöD-AT: Bis zum Ende des sechsten Monats seit Beginn des Arbeitsverhältnisses gilt eine Kündigungsfrist von zwei Wochen zum Monatsende. Bei einer Beschäftigungsdauer bis   28

---

1 EuGH v. 19.1.2010 – Rs. C-555/07, NZA 2010, 85, Rz. 56; vgl. auch BVerfG v. 18.11.2008 – 1 BvL 4/08, juris, Rz. 12.
2 BAG v. 13.4.2000 – 2 AZR 259/99, DB 2000, 1819; BAG v. 6.2.1997 – 2 AZR 51/96, AuR 1997, 210; *Preis* in: Stahlhacke/Preis/Vossen, § 22 Rz. 526 m.w.N.

zu einem Jahr gilt eine Kündigungsfrist von einem Monat zum Monatsende und steigert sich mit wachsender Beschäftigungsdauer auf eine Kündigungsfrist von sechs Monaten zum Schluss eines Kalendervierteljahres bei einer Beschäftigungsdauer von mindestens zwölf Jahren.

dd) Einzelvertragliche Kündigungsfristen

29   Einzelvertraglich können die Kündigungsfristen zum Schutz des Arbeitnehmers **nicht verkürzt** werden. Ausnahmen bestehen jedoch bei vorübergehender Aushilfstätigkeit und in Kleinunternehmen, § 622 Abs. 5 BGB.

30   Einzelvertraglich vereinbarte **längere Kündigungsfristen** für Arbeitgeber und Arbeitnehmer sind nach dem Grundsatz der Vertragsfreiheit zulässig. Allerdings ist zu beachten, dass die Frist für Kündigungen durch den Arbeitnehmer nicht länger sein darf als für Kündigungen durch den Arbeitgeber (§ 622 Abs. 6 BGB). Schließlich sieht § 15 Abs. 4 TzBfG vor, dass ein Arbeitsverhältnis, das für die Lebenszeit einer Person oder für längere Zeit als fünf Jahre eingegangen wurde, von dem Arbeitnehmer nach dem Ablauf von fünf Jahren gekündigt werden kann. Die Kündigungsfrist beträgt sechs Monate. Daraus folgt für den Arbeitnehmer demnach eine höchstzulässige Bindungsdauer an den Arbeitsvertrag von fünfeinhalb Jahren.

2. Kündigungsverbote

31   Es gibt eine Reihe gesetzlicher Kündigungsverbote. Besteht ein solches gesetzliches Kündigungsverbot, kann eine Kündigung grundsätzlich nicht wirksam ausgesprochen werden.

a) Schwangere und Mütter kurz nach der Entbindung

32   Nach § 9 Abs. 1 MuSchG ist die Kündigung einer Frau während der Schwangerschaft oder bis zum Ablauf von vier Monaten nach der Entbindung unzulässig, wenn dem Arbeitgeber die Schwangerschaft oder Entbindung bekannt war oder diese ihm innerhalb von zwei Wochen nach Ausspruch der Kündigung mitgeteilt wird. Sowohl die ordentliche Kündigung als auch die außerordentliche Kündigung sind in dieser Zeit nicht möglich.

33   Allerdings kann in besonderen Fällen gem. § 9 Abs. 3 MuSchG die für Arbeitsschutz zuständige oberste Landesbehörde die Kündigung ausnahmsweise für zulässig erklären. Die Kündigung bedarf dann der schriftlichen Form und muss einen Kündigungsgrund angeben (§ 9 Abs. 3 Satz 2 MuSchG).

b) Arbeitnehmer in der Elternzeit

34   Das Bundeselterngeld- und Elternzeitgesetz (BEEG) ermöglicht den Arbeitnehmerinnen und Arbeitnehmern, sich in den ersten Lebensjahren ihrer Kinder intensiv um deren Betreuung zu kümmern, ohne einen Arbeitsplatzverlust befürchten zu müssen. Daher gilt für den Arbeitnehmer während der

Elternzeit gem. § 18 BEEG ebenfalls ein generelles Kündigungsverbot, von dem jedoch in begründeten Ausnahmefällen mit Erlaubnis der für Arbeitsschutz zuständigen obersten Landesbehörde abgewichen werden kann.

c) Organmitglieder und Wahlbewerber

Es besteht ein Kündigungsschutz für betriebsverfassungsrechtliche Funktionsträger.   35

aa) Betriebsrat

§ 15 Abs. 1 KSchG gewährleistet die störungsfreie Tätigkeit der **Betriebsratsmitglieder**. Sie sollen die Belange der Belegschaft gegenüber dem Arbeitgeber vertreten, ohne Beeinflussung seitens des Arbeitgebers befürchten zu müssen[1]. Daher sind die Betriebsratsmitglieder **während ihrer Tätigkeit** und **bis zu einem Jahr nach Beendigung der Betriebsratstätigkeit** nicht ordentlich kündbar. Eine außerordentliche Kündigung ist nur mit Zustimmung des Betriebsrates gem. § 103 BetrVG oder eine die Zustimmung ersetzende gerichtliche Entscheidung zulässig. Beendet eine gerichtliche Entscheidung die Mitgliedschaft in einem Betriebsrat, so besteht kein nachwirkender Kündigungsschutz (§ 15 Abs. 1 Satz 2 KSchG). Gegenüber Mitgliedern des Wahlvorstandes ist vom Zeitpunkt ihrer Bestellung an, bei Wahlbewerbern vom Zeitpunkt der Aufstellung des Wahlvorschlages an grundsätzlich die ordentliche Kündigung bis zu sechs Monaten nach Bekanntgabe des Wahlergebnisses unzulässig (§ 15 Abs. 3 Satz 2 KSchG). Der nachwirkende Kündigungsschutz gilt nicht in den in § 15 Abs. 3 Satz 2 letzter Halbsatz KSchG genannten Gründen. § 15 Abs. 2 KSchG erstreckt den für Betriebsratsmitglieder geltenden Schutz auch auf Mitglieder einer Personalvertretung.   36

bb) Mitarbeitervertretungsgesetz (MVG)

Für die **Mitarbeitervertreter im kirchlichen Bereich** bestehen ähnliche Regelungen. § 21 Abs. 2 des **Mitarbeitervertretungsgesetzes der EKD (MVG.EKD)**[2] erklärt die ordentliche Kündigung eines **Mitglieds der Mitarbeitervertretung** für unzulässig, die außerordentliche Kündigung bedarf der Zustimmung der Mitarbeitervertretung oder der Zustimmung des Ersatzmitgliedes, falls die Mitarbeitervertretung nur aus einer Person besteht.   37

Diese Regelungen gelten entsprechend für den Zeitraum von einem Jahr nach Beendigung der Amtszeit, es sei denn, dass die Amtszeit durch Beschluss nach § 17 MVG beendet wurde (§ 21 Abs. 2 Satz 3 MVG).   38

---

1 MünchArbR/*Berkowsky*, § 135 Rz. 4; ErfK/*Kiel*, § 15 KSchG Rz. 36.
2 Kirchengesetz über Mitarbeitervertretungen in der Evangelischen Kirche in Deutschland (Mitarbeitervertretungsgesetz der EKD – MVG.EKD i.d.F. der Bekanntmachung vom 15.1.2010, ABl. EKD S. 3; vgl. dazu *Richter*, Die Kündigung im Mitarbeitervertretungsgesetz der Evangelischen Kirche, 2. Aufl. 2009.

cc) Mitarbeitervertretungsordnung (MAVO)

39   **§ 19 Abs. 1 Satz 1 der Mitarbeitervertretungsordnung für die katholische Kirche (MAVO)** schützt die Mitglieder einer Mitarbeitervertretung ebenfalls vor einer ordentlichen Kündigung. Zulässig ist gegenüber diesem Personenkreis grundsätzlich nur eine außerordentliche Kündigung. Allerdings kann auch gegenüber Mitarbeitervertretern in den Fällen des Art. 5 Abs. 3–5 GrO eine ordentliche Kündigung ausgesprochen werden[1] (§ 19 Abs. 1 Satz 2 und Abs. 2 Satz 2 MAVO). Des Weiteren ist eine ordentliche Kündigung auch zulässig, wenn eine Einrichtung geschlossen wird (§ 19 Abs. 3 MAVO).

40   Diese Regelungen gelten entsprechend für den Zeitraum von einem Jahr nach Beendigung der Amtszeit, es sei denn, die Mitgliedschaft ist nach § 13c Nr. 2, 3 oder 5 MAVO erloschen (§ 19 Abs. 1 Satz 3 MAVO).

d) Betriebsübergang

41   **§ 613a Abs. 4 BGB** erklärt eine Kündigung, die aufgrund eines Betriebsüberganges durch den bisherigen Arbeitgeber oder dem neuen Inhaber gegenüber dem Arbeitnehmer ausgesprochen wird, für unwirksam. Eine Kündigung des Arbeitsverhältnisses aus anderen Gründen (z.B. aus betriebsbedingten Gründen) ist dagegen möglich[2].

42   § 613a BGB erfasst nur die Fälle des rechtsgeschäftlichen Betriebsübergangs. Über Einzelheiten der Frage, in welchen Fällen ein Betriebsübergang vorliegt, gibt es, trotz einer reichhaltigen Rechtsprechung, nach wie vor zahlreiche Unklarheiten. Im Grundsatz aber gilt Folgendes: „Ein Betriebsübergang i.S.d. § 613a BGB setzt die Wahrung der Identität einer auf gewisse Dauer angelegten, hinreichend strukturierten und selbständigen wirtschaftlichen Einheit voraus. Die Wahrung der Identität kann sich aus dem Übergang sachlicher und immaterieller Betriebsmittel, aber auch aus dem Übergang von Personal, Führungskräften, der Übernahme von Arbeitsorganisation und Betriebsmethoden herleiten. ... Dabei kommt es auf eine Gesamtwürdigung aller Umstände an. ... Die bloße Möglichkeit allein, den Betrieb selbst unverändert fortführen zu können, reicht nicht für die Annahme eines Betriebsübergangs, vielmehr muss der Betrieb auch tatsächlich weitergeführt werden. ... Keine unveränderte Fortführung liegt vor, wenn der neue Betreiber eine andere Leistung erbringt, den Betriebszweck ändert oder ein anderes Konzept verfolgt. ... Ebenso reicht eine bloße Funktionsnachfolge nicht aus, bei der nur die Tätigkeit ausgeübt oder die Funktion am Markt übernommen wird, ohne Übernahme der Betriebsmittel oder der Belegschaft. ... Nach der Rechtsprechung des Europäischen Gerichtshofs ist eine Gesamtabwägung vorzunehmen, bei der je nach Einzelfall folgende relevante Umstände in Betracht zu ziehen sind: die Art des Betriebes oder Unternehmens; der Über-

---

1 Dies ist der Fall, wenn ein Mitglied gegen Loyalitätsobliegenheiten verstößt, z.B. Kirchenaustritt, öffentliches Eintreten gegen tragende Grundsätze der katholischen Kirche, schwerwiegende persönliche sittliche Verfehlungen.
2 BAG v. 28.4.1988 – 2 AZR 623/86, AP Nr. 74 zu § 613a BGB = NZA 1989, 265, 266.

gang der materiellen Betriebsmittel wie Gebäude, Maschinen und bewegliche Güter sowie deren Wert und Bedeutung; der Wert der übernommenen immateriellen Betriebsmittel und der vorhandenen Organisation; die Weiterbeschäftigung der Hauptbelegschaft durch den neuen Inhaber, also des nach Zahl und Sachkunde wesentlichen Teils des Personals; der etwaige Übergang der Kundschaft und der Lieferantenbeziehungen; der Grad der Ähnlichkeit zwischen den vor und nach dem Übergang verrichteten Tätigkeiten; die Dauer einer eventuellen Unterbrechung dieser Tätigkeit. ... In der Entscheidung vom 12. Februar 2009 ... hat der Europäische Gerichtshof bestätigt, dass grundsätzlich die Organisation zu den Kriterien für die Bestimmung der Identität einer wirtschaftlichen Einheit gehört. ... Nach Art. 1 Abs. 1 Buchst. b RL 2001/23/EG wird die Identität einer wirtschaftlichen Einheit einerseits über das Merkmal der Organisation der übertragenen Einheit, andererseits über das Merkmal der Verfolgung ihrer wirtschaftlichen Tätigkeit definiert. ... Es sei für einen Betriebsübergang nicht erforderlich, dass der Übernehmer die konkrete Organisation der verschiedenen übertragenen Produktionsfaktoren beibehalte, sondern, dass die funktionelle Verknüpfung der Wechselbeziehung und gegenseitigen Ergänzung der Produktionsfaktoren beibehalten werde. Diese erlaube nämlich bereits dem Erwerber, die Produktionsfaktoren in ihrer Wechselbeziehung und gegenseitigen Ergänzung zu nutzen, selbst wenn sie nach der Übertragung in eine neue, andere Organisationsstruktur eingegliedert werden, um derselben oder einer gleichartigen wirtschaftlichen Tätigkeit nachzugehen. ..."[1]

Nach diesen Grundsätzen ist auch im Krankenhausbereich je nach Einzelfall   43
zu entscheiden, ob ein Betriebsübergang vorliegt[2].

Siehe zur Übernahme und Umwandlung von Krankenhäusern auch Teil 12 und zum Outsourcing Teil 13.

e) Tarifvertragliche Regelungen

§ 34 Abs. 2 TVöD-AT erklärt die Unzulässigkeit einer ordentlichen Kündi-   44
gung von Arbeitnehmern, für die die Regelungen des Tarifgebietes West Anwendung finden, nach einer Beschäftigungszeit von 15 Jahren, frühestens jedoch nach Vollendung des vierzigsten Lebensjahres. In diesem Zusammenhang wird unter Beschäftigungszeit die bei demselben Arbeitgeber in einem Arbeitsverhältnis zurückliegende Zeit verstanden, auch wenn sie unterbrochen wird (§ 34 Abs. 3 TVöD-AT). Wechseln Beschäftigte zwischen Arbeitgebern, die vom Geltungsbereich des TVöD-AT erfasst werden, werden die Zeiten bei dem alten Arbeitgeber als Beschäftigungszeit angerechnet, § 34

---

1 BAG v. 17.12.2009 – 8 AZR 1019/08, juris, Rz. 20 f.
2 Vgl. zu Betriebsübergang im Krankenhausbereich, BAG v. 15.11.1990 – 2 AZR 232/90; BAG v. 14.10.1982 – 2 AZR 811/79, AP Nr. 36 zu § 613a BGB; BAG v. 31.5.1990 – 2 AZR 13/90, ZTR 1991, 33; OVG Rh.-Pf. v. 29.5.1998 – 12 A 12950/97; BAG v. 4.6.1998 – 8 AZR 644/96, RzK I 5e Nr. 88; BAG v. 25.5.2000 – 8 AZR 416/99, AP Nr. 209 zu § 613a BGB = DB 2000, 1966, 1968.

Abs. 3 Satz 3 TVöD-AT. Dasselbe gilt bei einem Wechsel von einem anderen öffentlich-rechtlichen Arbeitgeber, § 34 Abs. 3 Satz 4 TVöD-AT.

45   Arbeitnehmer, die nach den bis zum 30.9.2005 geltenden Tarifregelungen unkündbar waren, behalten gem. § 34 Abs. 2 Satz 2 TVöD-AT dieses Privileg.

46   Allerdings sind Arbeitnehmer, die nach den geschilderten Vorschriften ordentlich unkündbar sind, außerordentlich kündbar.

f) Schwerbehinderte

47   Ein Schwerbehinderter, dessen Arbeitsverhältnis länger als sechs Monate besteht, kann grundsätzlich nur mit vorheriger Zustimmung des Integrationsamtes gekündigt werden (§ 85 SGB IX). Dies gilt sowohl für die ordentliche Kündigung als auch für die außerordentliche Kündigung.

g) Pflegezeitgesetz

47a   Ziel des Pflegezeitgesetzes ist es, Beschäftigten die Möglichkeit zu eröffnen, pflegebedürftige nahe Angehörige in häuslicher Umgebung zu pflegen (§ 1 PflegeZG). Während der Pflegezeit darf der Arbeitgeber das Beschäftigungsverhältnis nicht kündigen (§ 5 Abs. 1 PflegeZG). Allerdings kann in besonderen Fällen eine Kündigung von der für den Arbeitsschutz zuständigen obersten Landesbehörde oder der von ihr bestimmten Stelle ausnahmsweise für zulässig erklärt werden (§ 5 Abs. 2 PflegeZG).

3. Anwendbarkeit des Kündigungsschutzgesetzes

48   Das Kündigungsschutzgesetz bezweckt den Schutz des Arbeitnehmers vor sozialwidrigen Kündigungen. Der Anwendungsbereich des KSchG folgt aus den §§ 1, 23 KSchG.

49   Das KSchG findet Anwendung, wenn das **Arbeitsverhältnis länger als sechs Monate** besteht und **der Betrieb regelmäßig mehr als zehn Arbeitnehmer** (ausschließlich der zur Berufsausbildung Beschäftigten) **beschäftigt** (§§ 1 Abs. 1, 23 Abs. 1 Satz 2 KSchG), wobei für Arbeitnehmer, deren Arbeitsverhältnis vor dem 1.1.2004 begründet worden ist, der alte Schwellenwert von mehr als fünf Arbeitnehmern zu beachten ist.

a) Arbeitnehmer

50   Das KSchG findet nur auf **Arbeitnehmer** Anwendung (§ 1 KSchG). Arbeitnehmer sind nach allgemeiner Ansicht Personen, die aufgrund eines privatrechtlichen Vertrages im Dienste eines anderen zur fremdbestimmten Arbeit in persönlicher Abhängigkeit verpflichtet sind[1]. Es muss eine **persönliche**

---

1 *Hueck/Nipperdey*, LehrbArbR I, § 9 II.; *Dütz*, Rz. 29.

Abhängigkeit des Arbeitnehmers vom Arbeitgeber vorliegen. Die persönliche Abhängigkeit ist anzunehmen, wenn die Einbindung in eine fremde Arbeitsorganisation vorliegt (personelle und materielle Eingliederung in den Betrieb) und ein Weisungsrecht des Arbeitgebers bezüglich Inhalt, Durchführung, Zeit, Dauer und Ort der Tätigkeit gegeben ist[1]. Auch auf Arbeitnehmer in kirchlichen Arbeitsverhältnissen ist das KSchG anwendbar, da dessen Vorschriften zu den für alle geltenden Gesetzen zählen, die dem kirchlichen Selbstbestimmungsrecht Schranken ziehen[2].

Die **arbeitnehmerähnlichen Personen** fallen **nicht** unter den Anwendungsbereich des KSchG. Arbeitnehmerähnlich sind Personen, auf die mangels persönlicher Abhängigkeit die Merkmale des Arbeitnehmerbegriffs nicht zutreffen, die aber wegen ihrer wirtschaftlichen Unselbständigkeit und ihrer gesamten sozialen Stellung nach einem Arbeitnehmer vergleichbar sozial schutzbedürftig sind[3]. **51**

Auf **leitende Angestellte**, soweit sie zur selbständigen Einstellung oder Entlassung von Arbeitnehmern berechtigt sind, sind nach § 14 Abs. 2 KSchG **die Vorschriften des ersten Abschnitts des KSchG** (§§ 1 bis 14 KSchG) mit Ausnahme des § 3 KSchG anwendbar. **52**

aa) Leitender Krankenhausarzt (Chefarzt)

Problematisch ist die Frage, ob ein Chefarzt leitender Angestellter ist. Wichtig ist diese Frage, weil gem. § 14 Abs. 2 KSchG Geschäftsführer, Betriebsleiter und ähnlich leitende Angestellte, die zur selbständigen Einstellung oder Entlassung von Arbeitnehmern berechtigt sind, insoweit einen schwächeren Kündigungsschutz haben, als § 9 KSchG lediglich mit der Maßgabe Anwendung findet, dass der Antrag des Arbeitgebers auf Auflösung des Arbeitsverhältnisses keiner Begründung bedarf, d.h. konkret, wenn das Arbeitsgericht festgestellt hat, dass das Arbeitsverhältnis des Chefarztes nicht durch die Kündigung des Krankenhauses aufgelöst ist, die Kündigung also unwirksam ist, so hat das Arbeitsgericht auf Antrag des Arbeitgebers (Krankenhauses) das Arbeitsverhältnis aufzulösen, ohne dass der Antrag des Arbeitgebers einer Begründung bedarf (§ 14 Abs. 2 Satz 2 i.V.m. § 9 Abs. 1 Satz 2 KSchG). **53**

Eine allgemeingültige Legaldefinition für den leitenden Angestellten existiert nicht[4]. Die rechtliche Stellung des leitenden Angestellten wird durch den Umstand bestimmt, dass er zwar selbst in einem abhängigen Beschäftigungsverhältnis zu seinem Arbeitgeber steht, seine Aufgaben aber ganz oder überwiegend in der Wahrnehmung typischer Arbeitgeberfunktionen wie etwa der Personalplanung, Einstellung und Entlassung von Arbeitnehmern, **53a**

---

1 BAG v. 20.9.2000 – 5 AZR 61/99, AP Nr. 37 zu § 611 BGB = NZA 2001, 551, 553.
2 BVerfG v. 4.6.1985 – 2 BvR 1703/83, NJW 1986, 367–372; *Richardi*, Arbeitsrecht in der Kirche, § 7 Rz. 11.
3 jurisPK-BGB/*Hausch*, § 611 Rz. 19; BAG v. 26.9.2002 – 5 AZB 19/01, NZA 2002, 1412, 1415; BAG v. 17.1.2006 – 9 AZR 61/05, juris; BAG v. 8.5.2007 – 9 AZR 777/06, juris.
4 MünchArbR/*Richardi*, § 19 Rz. 5.

Entwicklung von Arbeitsabläufen bestehen[1]. Wenn auch in der Literatur betont werden mag, dass Chefärzte innerhalb des Klinikbetriebes sowohl von ihrer Tätigkeit, als auch im Hinblick auf die ihnen übertragene Verantwortung eine herausragende Stellung zukomme[2], so kann nach der Rechtsprechung des BAG nicht ohne weiteres zugleich die Position eines leitenden Angestellten angenommen werden[3].

53b   Neben § 14 Abs. 2 KSchG hat insbesondere § 5 Abs. 3 BetrVG Bedeutung für die Abgrenzung des leitenden Angestellten zu anderen Angestellten[4]. Bezüglich des Begriffs des leitenden Angestellten gilt für § 14 Abs. 2 KSchG das Gleiche wie für § 5 Abs. 3 Satz 2 Nr. 1 BetrVG[5], wobei § 5 Abs. 3 Satz 2 Nr. 1 BetrVG voraussetzt, dass der Angestellte zur selbständigen Einstellung und Entlassung von Arbeitnehmern befugt ist. Nach dem BAG liegen die Voraussetzungen des § 5 Abs. 3 Satz 2 Nr. 1 BetrVG, wonach Voraussetzung für einen leitenden Angestellten die Befugnis zur Einstellung und Entlassung von im Betrieb oder in der Betriebsabteilung beschäftigten Arbeitnehmern ist, nicht bei solchen Angestellten vor, deren Personalkompetenz nur von untergeordneter Bedeutung für den Betrieb und damit für das Unternehmen ist[6]. Danach genügt nicht jede Einstellungs- und Entlassungsbefugnis zur Einstufung als leitender Angestellter nach § 5 Abs. 3 Satz 2 Nr. 1 BetrVG und zur Herausnahme aus dem Anwendungsbereich des BetrVG. Die in § 5 Abs. 3 Satz 2 Nr. 1 BetrVG aufgeführte formale Befugnis könne den Status als leitender Angestellter nur begründen, wenn die dem Angestellten nachgeordneten Mitarbeiter auch ein für das Unternehmen bedeutsames Aufgabengebiet betreuen[7]. Die unternehmerische Bedeutung der Personalverantwortung kann zudem aus der Anzahl der Arbeitnehmer folgen, auf die sich die selbständige Einstellungs- und Entlassungsbefugnis bezieht[8]. Umfasst sie nur eine geringe Anzahl von Arbeitnehmern, so liegen die Voraussetzungen des § 5 Abs. 3 Satz 2 Nr. 1 BetrVG regelmäßig nicht vor[9]. Das BAG hat die Voraussetzungen des § 5 Abs. 3 Satz 2 Nr. 1 BetrVG beispielsweise in einem Fall verneint, in dem sich die Personalverantwortung des Chefarztes auf einen Oberarzt, drei Assistenzärzte, insgesamt auf nicht einmal 1 % der Gesamtbelegschaft, erstreckte und der Station auch gegenüber den anderen Stationen in dem Krankenhaus keine besondere Bedeutung zukam[10].

---

1 *Preis*, Individualarbeitsrecht, S. 87.
2 *Diringer*, NZA 2003, 890–894.
3 BAG v. 10.10.2007 – 7 ABR 61/06, NZA 2008, 664; BAG v. 16.4.2002 – 1 ABR 23/01, BAGE 101, 53; vgl. auch Hess. LAG v. 31.7.2008 – 9 Ta BV 267/07, juris.
4 MünchArbR/*Richardi*, § 19 Rz. 6.
5 MünchArbR/*Richardi*, § 19 Rz. 70.
6 BAG v. 10.10.2007 – 7 ABR 61/06, NZA 2008, 664; BAG v. 16.4.2002 – 1 ABR 23/01, juris.
7 BAG v. 16.4.2002 – 1 ABR 23/01, juris.
8 BAG v. 11.3.1982 – 6 AZR 136/79, AP Nr. 28 zu § 5 BetrVG 1972.
9 BAG v. 10.10.2007 – 7 ABR 61/06, NZA 2008, 664.
10 BAG v. 10.10.2007 – 7 ABR 61/06, NZA 2008, 664.

Neben den oben genannten Voraussetzungen müsste die Berechtigung zur 53c
selbständigen Einstellung und Entlassung von Angestellten sowohl im In-
nen- als auch im Außenverhältnis wirksam sein[1].

Es besteht keine Veranlassung, die selbständige Einstellungs- oder auch Ent- 53d
lassungsbefugnis in § 14 Abs. 2 KSchG abweichend von § 5 Abs. 3 Satz 2
Nr. 1 BetrVG zu interpretieren[2]. Demnach kann aus der Position eines Chefarztes nicht ohne weiteres auf die Eigenschaft als leitender Angestellter geschlossen werden, sondern es bedarf einer Betrachtung des tatsächlichen
Aufgabenbereichs des jeweiligen Chefarztes im Einzelfall[3]. Allgemein lässt
sich allerdings sagen, dass der Chefarzt bei Vorliegen der Voraussetzungen
des § 14 Abs. 2 KSchG, wenn er also zur selbständigen Einstellung und Entlassung berechtigt ist, zu den leitenden Angestellten gehört. Diese Voraussetzungen erfüllt der Chefarzt aber in der Regel nicht[4].

Eine Einzelfallbetrachtung hatte das BAG im Urteil vom 18.11.1999 vor- 54
genommen[5]. Im Arbeitsvertrag des klagenden Chefarztes war Folgendes geregelt: Die Krankenhausleitung stellt mit dem Chefarzt den Stellenplan für
die nachgeordneten Ärzte auf. Bei der Einstellung von nachgeordneten Ärzten ist die Zustimmung der Krankenhausleitung notwendig. Die arbeitsvertragliche Abwicklung der Einstellung obliegt dem Verwaltungsdirektor des
Krankenhauses. Zur Entlassung von nachgeordneten Ärzten aus fachlichen
Gründen bedarf es des Einvernehmens mit dem Chefarzt. Eine Rücksprache
mit dem Chefarzt ist erforderlich, wenn eine Entlassung nachgeordneter
Ärzte aus nichtfachlichen Gründen erfolgen soll.

Das BAG führt dazu aus, dass die Einstellungsbefugnis des Klägers auf die 55
Beurteilung der fachlichen Qualifikation beschränkt sei. Die arbeitsvertragliche Abwicklung der Einstellung obliege hingegen dem Verwaltungsdirektor des Krankenhauses. Auch setzte die Einstellung von nachgeordneten
Ärzten die vorherige Stellenfreigabe durch die Krankenhausleitung voraus.
Daher könne von einer Berechtigung zur „selbständigen" Einstellung i. S. d.
§ 14 Abs. 2 KSchG nicht die Rede sein, wenn diese nur intern, aber nicht
auch im Außenverhältnis bestehe[6]. Dass der Kläger mit kirchenaufsicht-
licher Genehmigung als Chefarzt zu einem leitenden Angestellten im Sinne
der Mitarbeiterverordnung (MAVO) bestimmt worden sei, ändere daran
nichts. Dadurch werde die selbständige Einstellungsbefugnis i. S. d. § 14
Abs. 2 KSchG nicht indiziert.

---

1 BAG v. 18.11.1999 – 2 AZR 903/98, AP Nr. 5 zu § 14 KSchG 1069 = NZA 2000, 427,
430.
2 BAG v. 18.11.1999 – 2 AZR 903/98, AP Nr. 5 zu §14 KSchG 1969; MünchArbR/*Richardi*, § 19 Rz. 70.
3 BAG v. 5.5.2010 – 7 ABR 97/08, ArbRB 2010, 305 = NZA 2010, 955.
4 Vgl. dazu *Wern*, S. 375 ff.
5 BAG v. 18.11.1999 – 2 AZR 903/98, AP Nr. 5 zu § 14 KSchG 1069 = NZA 2000, 427,
430.
6 Ebenso z. B. *v. Hoyningen-Huene/Linck*, Kündigungsschutzgesetz, § 14 Rz. 21; *Rum-
ler*, Der Kündigungsschutz leitender Angestellter, 1990, S. 31 f.; s. auch BGH v.
11.3.1982 – 6 AZR 136/79, AP Nr. 28 zu § 5 BetrVG 1972 = DB 1982, 1990.

Unabhängig davon, ob der Chefarzt als leitender Angestellter einzuordnen ist oder als Arbeitnehmer, unterfällt er jedenfalls dem KSchG).

bb) Nachgeordnete Ärzte

56   Alle dem Leitenden Krankenhausarzt untergeordneten Ärzte zählen zu den Arbeitnehmern[1].

cc) Gastärzte

57   Gastärzte stehen nicht in arbeitsvertraglichen Beziehungen zu dem Krankenhaus. Sie sind Ärzte, die zur Erweiterung oder Vertiefung ihrer beruflichen Fähigkeiten oder zur Erlernung einer besonderen medizinischen Technik unentgeltlich und nicht in hauptberuflicher Stellung an einer Klinik sind, um die von ihnen angestrebten Fähigkeiten zu erlernen[2].

dd) Belegärzte

58   Der Belegarzt ist ebenfalls kein Angestellter des Krankenhausträgers. Er ist weder Arbeitnehmer noch besteht ein arbeitnehmerähnliches Rechtsverhältnis[3].

59   Ein Arzt, der ausschließlich als Leiter der chirurgischen Fachabteilung eines Krankenhauses tätig ist und dessen gesamte berufliche Existenz auf dem Vertragsverhältnis mit dem Krankenhaus beruht, gehört nicht zur Gruppe der Belegärzte[4].

ee) Rote-Kreuz-Krankenschwestern/Ordensangehörige

60   Nach Ansicht des BAG sind **Rote-Kreuz-Krankenschwestern** weder Arbeitnehmerinnen noch arbeitnehmerähnliche Personen.

Arbeitnehmerähnliche Personen seien wegen ihrer fehlenden Eingliederung in eine betriebliche Organisation und im Wesentlichen freier Zeitbestimmung nicht im gleichen Maße persönlich abhängig wie Arbeitnehmer; an die Stelle der persönlichen Abhängigkeit und Weisungsgebundenheit trete das Merkmal der wirtschaftlichen Unselbständigkeit. Darüber hinaus müsse der wirtschaftlich Abhängige auch seiner gesamten sozialen Stellung nach einem Arbeitnehmer vergleichbar sozial schutzbedürftig sein[5]. Daran fehle es hier. Zwar ähnele die den Rote-Kreuz-Schwestern eingeräumte Rechtsstellung in vielen Punkten der Rechtsstellung von Krankenschwestern, die Arbeitnehmerinnen seien. Sie unterlägen wie diese dem Weisungsrecht, hät-

---

1 MünchArbR/*Richardi*, § 19 Rz. 28.
2 Laufs/Kern/*Laufs*, § 12 Rz. 14.
3 Laufs/Kern/*Degener-Hencke*, § 86 Rz. 57; OLG München v. 29.3.2007 – 21 W 1179/07, juris.
4 LSG Saarland v. 2.3.1972 – 3 LKa 1/71.
5 BAG v. 6.7.1995 – 5 AZB 9/93, NZA 1996, 33, 36.

ten vergleichbare Ansprüche auf monatliche Vergütung, Erholungsurlaub, Fortzahlung der Bezüge im Krankheitsfall und zusätzliches Ruhegeld. Ihnen stünden aber anders als den Arbeitnehmerinnen Mitgliedschaftsrechte zu, mit denen sie die Geschicke des Vereins und die Arbeitsorganisation beeinflussen könnten, z.B. das Recht der Wahl und Abwahl einer Oberin.

Auch bei den **Ordensangehörigen und evangelischen Diakonissen** fehlt die   61
Arbeitnehmereigenschaft, wenn sie in Einrichtungen ihren Dienst versehen, die von ihrer Gemeinschaft geführt werden, wenn sie also bei ihrem Orden bzw. ihrer Gemeinschaft tätig werden[1]. Ordensleute können jedoch dann Arbeitnehmer sein, wenn sie ihren Dienst nicht in einer von ihrer Gemeinschaft getragenen Einrichtung leisten[2]. Dem LAG Hamm[3] kann nicht zugestimmt werden, dass Ordensangehörige allein deshalb schon keine Arbeitnehmer seien, weil sie nicht um des Entgelts willen tätig seien, sondern aus religiösen und karitativen Gründen.

Werden Ordensangehörige für Dritte tätig, so ist zu unterscheiden: Besteht   62
nur ein Gestellungsvertrag zwischen dem Orden und dem Dritten, so entstehen keine arbeitsvertraglichen Beziehungen. Besteht dagegen ein Vertrag zwischen dem Dritten und dem Ordensangehörigen, entstehen zwischen den Parteien arbeitsvertragliche Beziehungen[4].

In der Literatur wird abweichend davon vertreten, dass ein Arbeitsverhältnis   63
auch dann begründet werde, wenn ein Gestellungsvertrag vorliege, der Betriebsinhaber aber ein Weisungsrecht gegenüber dem Ordensmitglied erhalte[5].

ff) Rettungsdienst

In einem Urteil hat sich das LAG Hamm mit der Frage auseinandergesetzt,   64
ob eine **nebenberufliche Teilnahme am Rettungsdienst ein Arbeitsverhältnis** begründet[6]. Vorliegend war die klagende Assistenzärztin bei einem Krankenhaus vollzeitbeschäftigt angestellt und arbeitete darüber hinaus im Rettungsdienst als Notärztin für die beklagte Stadt. Dies hat das LAG als freie Mitarbeitertätigkeit angesehen. Es liege kein Arbeitsverhältnis vor. Die Klägerin habe zwar ihre Tätigkeit als Notärztin auf dem von der Beklagten vorgegebenen Notarzt-Einsatzfahrzeug erbracht, aber allein aus diesem Grund bestünde noch keine für ein Arbeitsverhältnis typische persönliche Abhängigkeit. Des Weiteren sei die Klägerin hinsichtlich der Art und Weise der Ausübung ihrer Tätigkeit als Notärztin keinen weiteren Weisungen der Be-

---

1 ErfK/*Koch*, § 5 BetrVG Rz. 14.
2 So *Richardi*, Arbeitsrecht in der Kirche, § 5 II 2 Rz. 8.
3 LAG Hamm v. 9.9.1971 – 8 Sa 448/71, AP Nr. 3 zu § 611 BGB Ordensangehörige.
4 BAG v. 20.2.1986 – 6 ABR 5/85, AP Nr. 2 zu § 5 BetrVG 1972 Rotes Kreuz = NJW 1986, 2906; LSG Rh.-Pf. v. 29.1.2004 – L 1 AL 113/01, juris.
5 *Richardi*, Arbeitsrecht in der Kirche, § 5 II 2 Rz. 9; ablehnend BAG v. 22.4.1997 – 1 ABR 24/96, AP Nr. 5 zu § 5 BetrVG 1972 Rotes Kreuz = NZA 1997, 1297.
6 LAG Hamm v. 11.1.1999 – 17 Sa 1615/98, ArztR 1999, 277; vgl. auch LAG Hamm v. 6.9.2007 – 8 Sa 802/07, juris, Rz. 20.

klagten unterworfen gewesen. Auch sei die Klägerin bezüglich der zeitlichen Erbringung ihres Dienstes nicht von den Vorgaben der Beklagten abhängig gewesen. Ein Arbeitsverhältnis bestünde demnach nicht.

65   Auch sei die Klägerin keine arbeitnehmerähnliche Person, da sie von der Beklagten nicht wirtschaftlich abhängig sei. Die Vergütungszahlungen des Hauptarbeitgebers stellen ihre entscheidende Existenzgrundlage dar.

gg) Hebammen

66   Hebammen, die aufgrund eines sog. **„Beleghebammenvertrages"** in eigener Verantwortung die Einrichtungen eines Krankenhauses für ihre Tätigkeit nutzen und ihre Arbeitszeit ohne Mitspracherecht des Krankenhausträgers frei gestalten können, sind mangels einer zeit- und weisungsgebundenen Tätigkeit nicht als Arbeitnehmerinnen, sondern als freie Mitarbeiterinnen zu qualifizieren[1].

b) Beschäftigungszeit von sechs Monaten

67   Der allgemeine Kündigungsschutz greift erst ein, wenn der Arbeitnehmer sechs Monate ununterbrochen im selben Betrieb oder Unternehmen beschäftigt ist (§ 1 Abs. 1 KSchG). In diesen sechs Monaten soll der Arbeitgeber den Arbeitnehmer besser kennenlernen und seine Arbeit einschätzen. Danach erlangt der Arbeitnehmer eine geschützte Rechtsposition dergestalt, dass der Arbeitgeber ihn nur noch bei Vorliegen eines in § 1 KSchG genannten Kündigungsgrundes kündigen kann. Maßgebend für den Beginn der sechsmonatigen Wartezeit ist der Bestand des Arbeitsverhältnisses nicht die tatsächliche Aufnahme der Beschäftigung, so dass z.B. durch eine Erkrankung die Wartezeit nicht verlängert wird[2].

c) Anzahl der Beschäftigten

68   Das KSchG findet Anwendung auf Betriebe und Verwaltungen des privaten und öffentlichen Rechts (§ 23 Abs. 1 Satz 1 KSchG). Die Kündigungsschutzbestimmungen des ersten Abschnitts (§§ 1 bis 14 KSchG) sind nach der Neuregelung vom 1.1.2004 allerdings nur anwendbar, wenn im Betrieb oder in der Verwaltung in der Regel **mehr als zehn Arbeitnehmer** beschäftigt sind. Vor der Reform des Kündigungsschutzgesetzes galt ein Schwellenwert von fünf Arbeitnehmern. Für Arbeitnehmer, deren Arbeitsverhältnis vor dem 1.1.2004 begonnen hat, gilt aber eine Bestandsschutzregelung. Entscheidend ist hierbei der Zeitpunkt der Aufnahme der Arbeit, nicht der Zeitpunkt des Abschlusses des Arbeitsverhältnisses[3].

---

1 BAG v. 21.2.2007 – 5 AZB 52/06, NZA 2007, 699–700; BAG v. 26.6.1991 – 5 AZR 453/90, juris, Rz. 24, 30.
2 MünchArbR/*Berkowsky*, § 109 Rz. 60.
3 *Bader*, NZA 2004, 65, 67.

Bei der Frage, ob ein Arbeitsverhältnis dem Kündigungsschutz unterfällt ist   69
demnach wie folgt zu unterscheiden:

– Betriebe mit mehr als zehn Arbeitnehmern:

In Betrieben mit in der Regel mehr als zehn Arbeitnehmern genießen alle
Arbeitnehmer Kündigungsschutz. Das KSchG ist also anwendbar, wenn im
Betrieb mindestens 10,25 Arbeitnehmer beschäftigt sind. Diese Betriebe sind
nicht gem. § 23 Abs. 1 Satz 2, 3 KSchG vom Anwendungsbereich des Ersten
Abschnitts des KSchG ausgenommen.

– Betriebe mit bis zu zehn Arbeitnehmern:

In Betrieben mit bis zu zehn Arbeitnehmern ist wie folgt zu differenzieren:

Die Arbeitnehmer, deren Arbeitsverhältnis nach dem 1.1.2004 begonnen
hat, genießen keinen Kündigungsschutz (§ 23 Abs. 1 Satz 3 Halbs. 1 KSchG).
Die Arbeitnehmer, die ihr Arbeitsverhältnis vor dem 1.1.2004 aufgenommen
haben, genießen Kündigungsschutz, wenn die Anzahl dieser Arbeitnehmer
mindestens 5,25 beträgt (§ 23 Abs. 1 Satz 3 Halbs. 2 i. V. m. § 23 Abs. 1 Satz 2
KSchG). Mit dem erstmaligen Absinken der Zahl der „alten Arbeitnehmer"
auf fünf oder weniger geht der Kündigungsschutz (Bestandsschutz) unwider-
ruflich verloren. Auch für diese gilt dann nur noch der Schwellenwert von
10,25 Arbeitnehmern[1]. Der Bestandsschutz unterfällt keiner zeitlichen Begrenzung.

Grund für diese Regelung ist die in sog. Kleinbetrieben in der Regel bestehende enge Verbundenheit, die es rechtfertigt, dem Arbeitnehmer den Kündigungsschutz zu verweigern und den Arbeitgeber von den damit verbundenen Belastungen zu befreien[2].

Für die Feststellung der Zahl der in der Regel Beschäftigten i. S. d. § 23
KSchG kommt es grundsätzlich auf die Größenverhältnisse im Zeitpunkt
des Zugangs der Kündigung an[3]. Sind in diesem Zeitpunkt nicht mehr als
zehn Arbeitnehmer beschäftigt, so ist rückblickend auf die bisherige Be-
schäftigungsentwicklung und vorschauend auf die geplante Beschäftigungs-
entwicklung abzustellen[4].

Bei der Ermittlung der Anzahl der Beschäftigten werden die zur Berufsausbildung Beschäftigten nach § 23 KSchG nicht mitgezählt. Das Gleiche gilt für
arbeitnehmerähnliche Personen. Teilzeitbeschäftigte Arbeitnehmer mit einer regelmäßigen wöchentlichen Arbeitszeit von nicht mehr als 20 Stunden
sind mit 0,5, Arbeitnehmer mit nicht mehr als 30 Stunden mit 0,75 zu berücksichtigen.

---

1 *Willemsen/Annuß*, NJW 2004, 177, 184; *Bader*, NZA 2004, 65 (66 f.); *Löwisch*, BB
  2004, 154, 161; *Tschöpe*, MDR 2004, 193.
2 BAG v. 19.9.1990 – 2 AZR 487/89, AP Nr. 8 zu § 23 KSchG 1969 = NZA 1990, 724;
  BVerfG v. 27.1.1998 – 1 BvL 15/87, AP Nr. 17 zu § 23 KSchG 1969, NZA 1998, 470.
3 BAG v. 31.1.1991 – 2 AZR 356/90, AP Nr. 11 zu § 23 KSchG 1969 = NZA 1998, 470;
  zur genauen Berechnung im Falle langfristiger Erkrankung oder Ruhen des Arbeitsverhältnisses LAG Köln v. 22.5.2009 – 4 Sa 1024/08, NZA-RR 2009, 583–586.
4 BAG v. 31.1.1991 – 2 AZR 356/90, AP Nr. 11 zu § 23 KSchG 1969 = NZA 1998, 470.

Das KSchG ist also anwendbar, wenn 10,25 Arbeitnehmer im Betrieb beschäftigt sind.

70 **Beispiele:**

(1) Arbeiten in einem Betrieb 5 vollzeitbeschäftigte Arbeitnehmer, 6 Teilzeitkräfte mit einer wöchentlichen Arbeitszeit von jeweils 15 Stunden und 4 Teilzeitkräfte mit einer wöchentlichen Arbeitszeit von 25 Stunden, so ist das Kündigungsschutzgesetz anwendbar, da 11 Arbeitnehmer i. S. d. KSchG beschäftigt sind (5 × 1 = 5; 6 × 0,5 = 3; 4 × 0,75 = 3).

(2) Sind dagegen 6 Vollzeitbeschäftigte vorhanden und 8 Teilzeitbeschäftigte mit 15 Stunden pro Woche, ergibt sich eine Gesamtzahl von 10 Arbeitnehmern i. S. d. KSchG und eine Anwendung des KSchG ist ausgeschlossen (6 × 1 = 6; 8 × 0,5 = 4).

(3) Bei 6 Vollzeitbeschäftigten und 6 Teilzeitbeschäftigten, die über 20 Stunden, aber unter 30 Stunden pro Woche arbeiten, ist die erforderliche Anzahl von 10,5 Arbeitnehmern erreicht (6 × 1 = 6; 6 × 0,75 = 4,5).

4. Folgen der Nichtanwendbarkeit des Kündigungsschutzgesetzes

71 Findet das Kündigungsschutzgesetz aufgrund des Fehlens einer der oben genannten Voraussetzungen keine Anwendung, steht der Arbeitnehmer dennoch einer Kündigung nicht völlig schutzlos gegenüber. Eine Kündigung kann sittenwidrig (§ 138 Abs. 1 BGB) sein oder wegen Verstoßes gegen Treu und Glauben (§ 242 BGB) sowie wegen Verstoßes gegen ein Kündigungsverbot unwirksam sein.

72 **a)** Wird gekündigt, obwohl ein **Kündigungsverbot** besteht, so ist die Kündigung unwirksam.

73 **b)** Die **Sittenwidrigkeit der Kündigung** nach § 138 BGB liegt nach der ständigen Rechtsprechung des BAG vor, wenn sie auf einem verwerflichen Motiv des Kündigenden beruht, wie z. B. Rachsucht oder Vergeltung, oder wenn sie aus anderen Gründen gegen das Anstandsgefühl aller billig und gerecht Denkenden verstößt[1]. Dabei kann nur eine Gesamtwürdigung aller Umstände des Einzelfalles ergeben, ob eine Kündigung sittenwidrig und damit unwirksam ist[2].

74 **c)** Im Rahmen der Generalklauseln (§§ 138 und 242 BGB) ist zum Schutz des Arbeitnehmers vor einer sitten- und treuwidrigen Ausübung des Kündigungsrechtes des Arbeitgebers auch der **objektive Gehalt der Grundrechte** zu beachten[3].

---

1 Vgl. BAG v. 23.11.1961 – 2 AZR 301/61, AP Nr. 22 zu § 138 BGB, MDR 1962, 337; BAG v. 25.6.1964 – 2 AZR 135/63, AP Nr. 3 zu § 242 BGB = DB 1964, 1066 f.; BAG v. 19.7.1973 – 2 AZR 464/72, AP Nr. 31 zu § 138 BGB, DB 1973, 2307; BAG v. 2.4.1987 – 2 AZR 227/86, AP Nr. 1 zu § 612a BGB = NZA 1988, 18; BAG v. 28.4.1994 – 2 AZR 726/93, juris, Rz. 18.
2 BAG v. 12.10.1954 – 2 AZR 36/53, AP Nr. 5 zu § 3 KSchG; BAG v. 28.4.1994 – 2 AZR 726/93, juris, Rz. 18.
3 BVerfG v. 27.1.1998 – 1 BvL 15/87, AP Nr. 17 zu § 23 KSchG 1969 = NZA 1998, 470.

Art. 12 Abs. 1 GG gewährleistet die freie Wahl des Arbeitsplatzes. Allerdings   75
besteht kein Recht auf die Bereitstellung eines Arbeitsplatzes eigener Wahl
oder eine Bestandsgarantie für den einmal gewählten Arbeitsplatz[1]. Da
Art. 12 Abs. 1 GG sowohl die Interessen des Arbeitgebers schützt, nur Mitarbeiter zu beschäftigen, die seinen Vorstellungen entsprechen, als auch die
Interessen des Arbeitnehmers bezüglich der Erhaltung seines Arbeitsplatzes
wahrt, muss im Wege praktischer Konkordanz ein Ausgleich erzielt werden.
Eine Verletzung grundrechtlicher Schutzpflichten liegt nur vor, wenn von einem angemessenen Ausgleich nicht mehr gesprochen werden kann[2].

Die Kleinbetriebsklausel verletzt Art. 12 Abs. 1 GG nicht. Der Gesetzgeber   76
hat mit ihr einen Ausgleich zwischen den Belangen der Arbeitsvertragsparteien geschaffen, der der aus dieser Grundrechtsnorm abzuleitenden Schutzpflicht genügt. Allerdings darf der Arbeitnehmer – wenn das KSchG nicht
anwendbar ist – nicht schutzlos gestellt werden. Auch in diesem Fall der
Kündigung muss der Staat sich, um seinen Pflichten aus Art. 12 GG zu genügen, schützend vor den Arbeitnehmer stellen. Das geschieht dadurch, dass
die Gerichte diese Kündigungen daraufhin prüfen, ob sie willkürlich sind
oder nicht.

Ist im Fall der Kündigung unter mehreren Arbeitnehmern eine Auswahl zu   77
treffen, so hat der Arbeitgeber auch in Kleinbetrieben ein Mindestmaß sozialer Rücksichtnahme zu wahren[3]. Zwar sind damit nicht die Grundsätze des
KSchG über eine Sozialauswahl anwendbar, der Arbeitgeber muss aber auch
die sozialen Belange des betroffenen Arbeitnehmers berücksichtigen.

5. Kündigungsgründe nach dem Kündigungsschutzgesetz

Nach dem KSchG ist eine Kündigung sozial ungerechtfertigt und damit   78
rechtsunwirksam, wenn sie nicht durch **Gründe in der Person des Arbeitnehmers, im Verhalten des Arbeitnehmers** oder durch **dringende betriebliche
Erfordernisse**, die einer Weiterbeschäftigung des Arbeitnehmers in diesem
Betrieb entgegenstehen, gerechtfertigt ist (§ 1 Abs. 1 Satz 2 KSchG).

Die Kündigungsgründe müssen **im Zeitpunkt des Zugangs beim Empfänger   79
vorliegen**[4]. Später eintretende Veränderungen berühren die Wirksamkeit
nicht[5]. Unter gewissen Umständen können diese aber einen Wiedereinstellungsanspruch begründen.

---

1 BVerfG v. 27.1.1998 – 1 BvL 15/87, AP Nr. 17 zu § 23 KSchG 1969 = NZA 1998, 470;
  BVerfG v. 24.4.1991 – 1 BvR 1341/90, AP Nr. 70 zu Art. 12 GG = NJW 1991, 1667.
2 So in BVerfG v. 7.2.1990 – 1 BvR 26/84, AP Nr. 65 zu Art. 12 GG = NZA 1990,
  389–392; BVerfG v. 19.10.1993 – 1 BvR 567/89, AP Nr. 35 zu Art. 3 GG = DB 1993,
  2589, 2581.
3 BAG v. 21.2.2001 – 2 AZR 15/00, MDR 2001, 941–944.
4 BAG v. 10.10.1996 – 2 AZR 477/95, AP Nr. 81 zu § 1 KSchG 1969 = DB 1997, 279.
5 BAG v. 27.2.1997 – 2 AZR 160/96, AP Nr. 1 zu § 1 KSchG 1969 = NZA 1997, 757,
  760.

80 Das Kündigungsschutzgesetz unterscheidet personen-, verhaltens- und betriebsbedingte Gründe. Die Abgrenzung dieser drei Rechtfertigungsgründe lässt sich nach folgender Faustformel vornehmen:

– **Personenbedingte Gründe**: „Der Arbeitnehmer kann nicht vertragstreu sein, selbst wenn er wollte". Dem Arbeitnehmer fehlt also die für die ordnungsgemäße Erfüllung erforderliche persönliche, gesundheitliche und fachliche Qualifikation[1].

– **Verhaltensbedingte Gründe**: „Der Arbeitnehmer könnte, will aber nicht vertragsgetreu sein." Der Arbeitnehmer verletzt hier seine vertraglichen Pflichten trotz grundsätzlicher Eignung[2].

– **Betriebsbedingte Gründe**: „Im Betrieb des Arbeitgebers stehen zu wenig Arbeitsplätze zur Verfügung."

6. Personenbedingte Kündigung

81 Mit der personenbedingten Kündigung erhält der Arbeitgeber die Möglichkeit, **unabhängig von einem eventuellen Verschulden** des Arbeitnehmers das Arbeitsverhältnis aufzulösen, wenn dieser dauerhaft die persönlichen Eigenschaften und Fähigkeiten nicht oder nicht mehr besitzt, um die geschuldete Arbeitsleistung zu erbringen (z. B. Verlust der Arbeitserlaubnis, Arbeitsunfähigkeit etc.)[3].

a) Voraussetzungen

aa) Betriebliche Beeinträchtigung

82 Voraussetzung der personenbedingten Kündigung ist zunächst, dass durch die vorliegende Situation eine **erhebliche Beeinträchtigung betrieblicher oder vertraglicher Interessen** vorliegt. Es müssen konkrete Auswirkungen auf den Betrieb feststellbar sein, allein eine Gefahr für den Arbeitsablauf oder den Betriebsfrieden reicht im Normalfall nicht aus[4].

bb) Negative Prognose

83 Weiter ist eine **Negativprognose** erforderlich. Sie ist gegeben, wenn zum Zeitpunkt des Zugangs der Kündigung objektive Tatsachen vorliegen, die die Besorgnis weiterer Störungen im bisherigen Umfang rechtfertigen. Es ist also

---

1 *Preis* in: Stahlhacke/Preis/Vossen, Rz. 1218; *Brox/Rüthers/Henssler*, S. 172 Rz. 480.

2 *Hromadka/Maschmann*, Arbeitsrecht, Band 1, § 10 Rz. 177; *Brox/Rüthers/Henssler*, S. 174 Rz. 484.

3 BAG v. 20.5.1988 – 2 AZR 682/87, AP Nr. 9 zu § 1 KSchG 1969 Personenbedingte Kündigung = NZA 1989, 464, 467; BAG v. 21.5.1992 – 2 AZR 399/91, DB 1993, 1292–1293, bestätigend BAG v. 29.4.1999 – 2 AZR 431/98, NZA 1999, 978–981; BAG v. 28.1.2010 – 2 AZR 764/08, NZA 2010, 625, Rz. 12.

4 HWK/*Thies*, § 1 KSchG Rz. 94, 106; ErfK/*Oetker*, § 1 KSchG Rz. 103; *Preis*, Individualarbeitsrecht, § 64 I 2, S. 800.

zu fragen, ob der Arbeitnehmer in Zukunft seine Arbeitsleistung ganz oder teilweise erbringen kann[1].

cc) Vorrangige mildere Mittel

Des Weiteren gilt das **Ultima-Ratio-Prinzip**. Eine Kündigung ist sozial unge- 84
rechtfertigt, wenn mildere Mittel als die Kündigung zur Verfügung stehen. Das ist etwa der Fall, wenn eine Weiterbeschäftigung auf einem anderen Arbeitsplatz auch unter Änderungen der Arbeitsbedingungen oder nach einer Umschulung möglich ist[2].

Speziell vor einer krankheitsbedingten Kündigung ist bei dauernder Unfähig- 85
keit des Arbeitnehmers, die geschuldete Arbeitsleistung auf dem bisherigen Arbeitsplatz zu erbringen, eine Beschäftigung auf einem anderen geeigneten Arbeitsplatz in Betracht zu ziehen, um eine Kündigung zu vermeiden[3].

Für den Bereich der katholischen Kirche sieht Art. 5 Abs. 1 GrO vor, dass bei 86
Verstößen gegen Loyalitätsobliegenheiten vor Ausspruch einer Kündigung mit dem betroffenen kirchlichen Mitarbeiter ein Beratungsgespräch bzw. ein „klärendes Gespräch" zu führen ist. Daraus folgt, dass eine Kündigung die der Arbeitgeber unter Verstoß gegen eine solche bindende Norm ausspricht, gegen den Verhältnismäßigkeitsgrundsatz verstößt und deshalb sozialwidrig ist[4].

dd) Abmahnung

Das BAG fordert bei einer personenbedingten Kündigung dann eine **Abmah-** 87
nung als milderes Mittel, wenn die Kündigung wegen eines steuerbaren Verhaltens des Arbeitnehmers oder aus einem Grund in seiner Person ausgesprochen wurde, den er durch sein steuerbares Verhalten beseitigen kann. In der Regel wird aber ein steuerbares Verhalten des Arbeitnehmers nicht vorliegen, so dass eine Abmahnung nicht erforderlich ist.

ee) Interessenabwägung

Schließlich ist eine **konkrete Interessenabwägung** erforderlich. Es ist dabei 88
zu klären, ob das Interesse des Arbeitgebers am ungestörten betrieblichen Ablauf, das Interesse des Arbeitnehmers am Erhalt seines Arbeitsplatzes

---

1 HWK/*Thies*, § 1 KSchG Rz. 103; ErfK/*Oetker*, § 1 KSchG Rz. 104; *Preis*, Individualarbeitsrecht, § 64 I, S. 800.
2 ErfK/*Oetker*, § 1 KSchG Rz. 106; *Preis*, Individualarbeitsrecht, § 64 I, S. 800.
3 BAG v. 29.1.1997 – 2 AZR 9/96, AP Nr. 32 zu § 1 KSchG 1969 Krankheit = NZA 1997,
709, 711. BAG v. 24.11.2005 – 2 AZR 514/04 – EzA KSchG § 1 Krankheit Nr. 51;
BAG v. 19.4.2007 – 2 AZR 239/06, juris, Rz. 24.
4 BAG v. 16.9.1999 – 2 AZR 712/98, AP Nr. 20 zu § 1 KSchG 1969 Personenbedingte
Kündigung = NZA 2000, 208–213; BAG v. 25.4.1996 – 2 AZR 74/95, AP Nr. 18 zu § 1
KSchG 1969 Personenbedingte Kündigung = NZA 1996, 1201, 1203.

überwiegt[1]. Zu berücksichtigen ist dabei die Ursache der Einschränkung der Fähigkeiten (z. B. Arbeitsunfall, Alter etc.), die Dauer der Betriebszugehörigkeit und der bisherige Verlauf des Arbeitverhältnisses[2]. Wegen der erhöhten sozialen Schutzbedürftigkeit eines erkrankten Arbeitnehmers ist im Rahmen der Interessenabwägung ein strenger Maßstab anzulegen.

b) Einzelne personenbedingte Kündigungsgründe

aa) Krankheit

89   Der häufigste Anwendungsfall der personenbedingten Kündigung ist die **Krankheit des Arbeitnehmers**. Auch für die krankheitsbedingte Kündigung gelten prinzipiell die oben aufgeführten Prüfungskriterien.

90   Krankheit im medizinischen Sinne ist jeder regelwidrige körperliche oder geistige Zustand, der eine Heilbehandlung notwendig macht[3]. Arbeitsunfähigkeit liegt vor, wenn der Arbeitnehmer aufgrund von Krankheit seine Tätigkeit nicht mehr oder nur unter der Gefahr einer Verschlimmerung der Krankheit ausführen kann[4]. Arbeitsunfähigkeit liegt auch vor, wenn aufgrund eines bestimmten Krankheitszustandes, der für sich alleine noch keine Arbeitsunfähigkeit bedingt, absehbar ist, dass aus der Ausübung der Tätigkeit für die Gesundheit oder die Gesundung abträgliche Folgen erwachsen, die Arbeitsunfähigkeit unmittelbar hervorrufen.

91   Im Allgemeinen ist nicht bei jeder Krankheit eine Kündigung zulässig. Der Arbeitgeber ist vielmehr verpflichtet, jedenfalls für einen bestimmten Zeitraum **Krankheitszeiten** durch die Einstellung einer Vertretung, Durchführung von Über- oder Mehrarbeit oder organisatorische Umstellung **zu überbrücken**. Bei der Bemessung der zeitlichen Zumutbarkeitsgrenze ist der Grundsatz der Verhältnismäßigkeit insoweit zu beachten, als der Arbeitgeber bei einem langjährig beschäftigten Arbeitnehmer einen längeren Zeitraum für geeignete und zumutbare Überbrückungsmaßnahmen hinzunehmen hat als bei einem nur kurzfristig tätigen Arbeitnehmer[5].

Bei der **krankheitsbedingten Kündigung sind vier Unterfälle** zu unterscheiden[6]:

92   **(1)** Bei Vorliegen **häufiger Kurzerkrankungen** sind die betrieblichen Interessen erheblich beeinträchtigt, da der Arbeitgeber sich nicht auf die Situation vorbereiten kann. Des Weiteren liegt auch eine unzumutbare hohe wirtschaftliche Belastung des Arbeitgebers durch bereits gezahlte und künftig zu

---

1 BAG v. 25.10.1954 – 1 AZR 193/54, AP Nr. 6 zu § 1 KSchG 1951 = SAE 1955, 78;
  BAG v. 22.7.1982 – 2 AZR 30/81, AP Nr. 5 zu § 1 KSchG 1969 = DB 1983, 180 f.
2 HWK/*Thies*, § 1 KSchG Rz. 112; *Preis*, Individualarbeitsrecht, § 64 I, S. 801.
3 BAG v. 9.10.1985 – 5 AZR 415/82, AP Nr. 6 zu § 1 KSchG 1969 Krankheit = MDR
  1980, 788.
4 Vgl. BAG v. 25.6.1981 – 6 AZR 940/78, AP Nr. 52 zu § 616 BGB = DB 1981, 2638.
5 BAG v. 22.2.1980 – 7 AZR 295/78, AP Nr. 6 zu § 1 KSchG 1969 = MDR 1980, 788.
6 BAG v. 6.9.1989 – 2 AZR 224/89, NJW 1990, 2338, 2340 f.

erwartende Lohnfortzahlungskosten vor. Dies kann eine personenbedingte Kündigung sozial rechtfertigen[1]. Das BAG hat folgende Grundsätze zur Kündigung wegen häufiger Kurzerkrankungen entwickelt: „Es ist zunächst – erste Stufe – eine negative Gesundheitsprognose erforderlich. Es müssen, und zwar bezogen auf den Kündigungszeitpunkt, objektive Tatsachen vorliegen, die die Besorgnis weiterer Erkrankungen im bisherigen Umfang befürchten lassen. Häufige Kurzerkrankungen in der Vergangenheit können indiziell für eine entsprechende künftige Entwicklung des Krankheitsbildes sprechen. Dies gilt allerdings nicht, wenn die Krankheiten ausgeheilt sind. Die prognostizierten Fehlzeiten sind nur dann geeignet, eine krankheitsbedingte Kündigung sozial zu rechtfertigen, wenn sie auch zu einer erheblichen Beeinträchtigung der betrieblichen Interessen führen, was als Teil des Kündigungsgrundes – zweite Stufe – festzustellen ist. Dabei können neben Betriebsablaufstörungen auch wirtschaftliche Belastungen, etwa durch zu erwartende, einen Zeitraum von mehr als sechs Wochen pro Jahr übersteigende Entgeltfortzahlungskosten, zu einer derartigen Beeinträchtigung betrieblicher Interessen führen. Liegt eine solche erhebliche Beeinträchtigung der betrieblichen Interessen vor, so ist in einem dritten Prüfungsschritt im Rahmen der nach § 1 Abs. 2 Satz 1 KSchG gebotenen Interessenabwägung zu prüfen, ob diese Beeinträchtigungen vom Arbeitgeber billigerweise nicht mehr hingenommen werden müssen. Dabei ist u.a. zu berücksichtigen, ob die Erkrankungen auf betriebliche Ursachen zurückzuführen sind und ob und wie lange das Arbeitsverhältnis zwischen den Parteien zunächst ungestört verlaufen ist. Ferner sind das Alter, der Familienstand und die Unterhaltspflichten sowie ggf. eine Schwerbehinderung des Arbeitnehmers in die Abwägung einzubeziehen."[2]

(2) Auch eine **krankheitsbedingte Minderung der Leistungsfähigkeit** ist geeignet, einen personenbedingten Kündigungsgrund darzustellen, wenn sie zu einer erheblichen Beeinträchtigung der betrieblichen Interessen führt[3].   93

(3) Die **langanhaltende Erkrankung** eines Arbeitnehmers ist wirtschaftlich für den Arbeitgeber weit weniger belastend als beispielsweise häufige Kurzerkrankungen, da die Entgeltfortzahlung nach sechs Wochen endet und der Arbeitgeber sich besser darauf einstellen und seine Organisation danach ausrichten kann.   94

---

1 BAG v. 23.6.1983 – 2 AZR 15/82, AP Nr. 10 zu § 1 KSchG 1969 Krankheit = NJW 1984, 1836; BAG v. 15.2.1984 – 2 AZR 573/82, AP Nr. 14 zu § 1 KSchG 1969 Krankheit = NZA 1984, 86; BAG v. 12.12.1996 – 2 AZR 7/96, EzA KSchG § 1 Krankheit Nr. 41; BAG v. 20.1.2000 – 2 AZR 378/99, BAGE 93, 255; BAG v. 7.11.2002 – 2 AZR 599/01, AP Nr. 40 zu § 1 KSchG 1969 Krankheit = EzA KSchG § 1 Krankheit Nr. 50; BAG v. 10.11.2005 – 2 AZR 44/05, AP Nr. 41 zu § 1 KSchG 1969 Krankheit = EzA KSchG § 1 Krankheit Nr. 52; BAG v. 8.11.2007 – 2 AZR 292/06, juris, Rz. 26.
2 BAG v. 8.11.2007 – 2 AZR 292/06, juris, Rz. 16; BAG v. 10.12.2009 – 2 AZR 400/08, juris, Rz. A5 ff.; BAG v. 23.4.2008 – 2 AZR 1012/06, juris, Rz. 18.
3 BAG v. 29.9.1991 – 2 AZR 132/91, AP Nr. 28 zu § 1 KSchG 1969 Krankheit = NZA 1992, 1073.

95 Schwierigkeiten bereitet die Abgrenzung zwischen langanhaltender Erkrankung und dauernder Arbeitsunfähigkeit. Das BAG geht davon aus, dass die Ungewissheit der Wiederherstellung der Arbeitsfähigkeit einer dauernden Leistungsunfähigkeit dann gleichkommt, wenn in den nächsten 24 Monaten nicht mit einer anderen Prognose gerechnet werden kann[1]. Dabei ist auf den Zeitpunkt der Kündigung abzustellen.

95a Nach ständiger Rechtsprechung des BAG ist die ordentliche Kündigung des Arbeitsverhältnisses aus Anlass einer Langzeiterkrankung erst dann gerechtfertigt, „wenn eine negative Prognose hinsichtlich der voraussichtlichen Dauer der Arbeitsunfähigkeit vorliegt – erste Stufe –, eine darauf beruhende erhebliche Beeinträchtigung betrieblicher Interessen festzustellen ist – zweite Stufe – und eine Interessenabwägung ergibt, daß die betrieblichen Beeinträchtigungen zu einer billigerweise nicht mehr hinzunehmenden Belastung des Arbeitgebers führen – dritte Stufe."[2]

96 **(4)** Die **krankheitsbedingte dauernde Arbeitsunfähigkeit** kann ebenfalls einen personenbedingten Kündigungsgrund darstellen. Dabei entfällt nach Ansicht des BAG die Prüfung der Beeinträchtigung betrieblicher Interessen. Besteht keine anderweitige Verwendungsmöglichkeit oder Weiterbeschäftigungsmöglichkeit nach einer Umschulung, ist dem Arbeitgeber eine Weiterbeschäftigung nicht zumutbar[3]. Im Bereich der Alten- und Krankenpflege ist die Haupttätigkeit des Arbeitnehmers, insbesondere bei der Altenpflege, untrennbar mit der Erbringung schwerer körperlicher Arbeit verbunden, z. B. stützen, drehen und wenden hilfsbedürftiger Personen. Die Ausübung dieser Beschäftigung steht also unter der Voraussetzung, zu jeder Zeit und ohne auf die Hilfe anderer angewiesen zu sein derartige körperliche Tätigkeiten vornehmen zu können[4]. Wenn der Arbeitnehmer krankheitsbedingt zur Ausführung dieser Tätigkeiten nicht mehr in der Lage ist, insbesondere durch ein Bandscheibenleiden, und nicht nur eine Reduzierung der Leistungsfähigkeit vorliegt, stellt dies nach Auffassung des LAG Mecklenburg-Vorpommern einen Kündigungsgrund wegen krankheitsbedingter Leistungsunfähigkeit dar, da ein anderweitiger Einsatz für den Arbeitgeber nicht zumutbar sei und er sonst gezwungen sei, ein völlig neues Tätigkeitsfeld zu schaffen[5].

---

1 BAG v. 29.4.1999 – 2 AZR 431/98, AP Nr. 36 zu § 1 KSchG 1969 Krankheit = NZA 1999, 978.
2 BAG v. 29.4.1999 – 2 AZR 431/98, juris (LS); BAG v. 8.11.2007 – 2 AZR 425/06, juris, Rz. 13.
3 BAG v. 28.2.1990 – 2 AZR 401/89, AP Nr. 25 zu § 1 KSchG 1969 Krankheit = NJW 1990, 2953.
4 LAG M-V v. 13.5.2009 – 2 Sa 15/09, RDG 2009, 264–265.
5 LAG M-V v. 13.5.2009 – 2 Sa 15/09, RDG 2009, 264–265; zur Problematik der Einstufung eines Bandscheibenleidens als Berufskrankheit in dem Berufszweig der Pflege i. S. d. BKV: BSG v. 31.5.2005 – B 2 U 12/04 R, juris; LSG Berlin-Brandenburg v. 29.8.2005 – L 27 U 71/02, juris; LSG Saarland v. 14.12.2005 – L 2 U 187/03, juris; Bayr. LSG v. 12.3.2008 – L 2 U 354/07, juris.

bb) Aids-Infektion

Das BAG hat bisher eine Entscheidung zu dem Thema noch offengelassen, 97
ob die **Infektion** eines Arbeitnehmers mit der **Immunschwäche Aids** einen
personenbedingten Kündigungsgrund darstellen kann[1].

Die Literatur hat die 1989 vom BAG offengelassene Frage inzwischen dahin 98
beantwortet, dass allein eine Aidsinfektion nicht zum Verlust des Arbeitsplatzes führen darf[2]. Dank des medizinischen Fortschritts stehe heute fest,
dass bei normalen Kontakten am Arbeitsplatz eine Ansteckung weitgehend
ausgeschlossen sei. Vor Ausbruch der Krankheit kann in der Regel nicht angeführt werden, dass der betroffene früher oder später erkranken wird und
dann betriebliche Interessen beeinträchtigt sein werden. Vielmehr ist der Betroffene in dieser frühen Phase noch voll leistungsfähig und bemerkt die
Krankheit physisch noch nicht[3].

Für den Bereich der Gesundheitsberufe müssen jedoch Einschränkungen vor- 99
genommen werden. Wenn Gefahren für Dritte bestehen und das Risiko der
Ansteckung auch bei höchster Beachtung der Hygieneanforderungen nicht
ausgeschlossen werden kann, muss die Möglichkeit einer personenbedingten
Kündigung gegeben sein, sofern keine Weiterbeschäftigung auf einem anderen ungefährlicheren Arbeitsplatz besteht.

Nach **Ausbruch der Immunschwäche** ist eine Kündigung nach den Grund- 100
sätzen langandauernder Erkrankung oder häufiger Kurzerkrankungen möglich.

cc) Suchterkrankung

Auch **Trunk-, Medikamenten- oder Drogensucht** des Arbeitnehmers kann ei- 101
nen personenbedingten Kündigungsgrund darstellen. Dabei sind die Grundsätze der krankheitsbedingten Kündigung anwendbar, sofern der Sucht ein
medizinischer Krankheitswert zukommt[4]. Die körperliche und psychische
Abhängigkeit liegt vor, wenn es dem Patienten nicht mehr möglich ist, mit
eigener Willensanstrengung vom Alkohol, den Tabletten oder Drogen los-
zukommen[5].

Eine verhaltensbedingte Kündigung scheidet nach der Rechtsprechung des 102
BAG aus, da bei einem krankhaft alkoholabhängigen Arbeitnehmer kein
schuldhaftes vorwerfbares Verhalten vorliegt[6]. Ausnahmsweise ist jedoch eine verhaltensbedingte Kündigung einerseits möglich, wenn der Arbeitgeber

---

1 BAG v. 16.2.1989 – 2 AZR 347/88, AP Nr. 46 § 138 BGB = NZA 1989, 962, 964.
2 MünchArbR/*Berkowsky*, § 115 Rz. 82; *Lepke*, RdA 2000, 87, 91 m.w.N.
3 *Löwisch*, DB 1987, 936, 941.
4 BAG v. 9.4.1987 – 2 AZR 210/86, AP Nr. 18 zu § 1 KSchG 1969 Krankheit = NZA
  1987, 811; BAG v. 26.1.1995 – 2 AZR 649/94, NJW 1995, 1851–1854.
5 So für Alkohol BAG v. 1.6.1983 – 5 AZR 536/80, AP Nr. 52 zu § 1 LohnFG = NJW
  1983, 2659.
6 BAG v. 9.4.1987 – 2 AZR 210/86, AP Nr. 18 zu § 1 KSchG 1969 Krankheit = NZA
  1987, 811.

beweisen kann, dass der Arbeitnehmer die Alkoholsucht schuldhaft verursacht hat[1], was im Praktischen wohl kaum zu bewerkstelligen sein wird. Ist das Stadium der Abhängigkeit noch nicht erreicht, kommt bei einer Pflichtverletzung im Betrieb unter Alkoholeinfluss – regelmäßig nach erfolgloser Abmahnung – eine verhaltensbedingte Kündigung in Betracht[2].

103   Bei einer Kündigung wegen Trunk-, Drogen- oder Tablettensucht muss der Arbeitgeber dem Betroffenen Arbeitnehmer aus Verhältnismäßigkeitsgründen die Möglichkeit einer **Entziehungskur** einräumen. Kündigt der Arbeitgeber, ohne dem Arbeitnehmer die Möglichkeit zur Therapie zu geben, ist die Kündigung sozialwidrig[3].

104   Sofern der Arbeitnehmer zum Zeitpunkt der Kündigung nicht bereit ist, eine Therapie durchzuführen, rechtfertigt dies die Prognose, dass der Arbeitnehmer in absehbarer Zeit nicht geheilt wird, so dass eine nach Ausspruch der Kündigung durchgeführte Therapie keine rückwirkende Änderung der Prognose rechtfertigt[4]. Ein Wiedereinstellungsanspruch nach einer wirksamen krankheitsbedingten Kündigung kommt allenfalls dann in Betracht, wenn der Arbeitnehmer Tatsachen vorträgt, die eine positive Gesundheitsprognose begründen, das heißt erwarten lassen, dass die Alkoholkrankheit des Arbeitnehmers künftig nicht mehr zum Ausbruch kommt. Allerdings führt das BAG dazu aus, das bei Alkoholikern auch nach einer erfolgreich absolvierten Entziehungskur eine hohe Rückfallquote besteht, so dass eine positive Prognose nicht ohne weiteres begründet werden kann[5].

dd) Fehlende Eignung

105   Die fehlende Eignung für die vertraglich geschuldete Arbeitsleistung kann einen personenbedingten Kündigungsgrund darstellen. Eignungsmängel für die personenbedingte Kündigung sind aber nur solche, die nicht auf vertragswidrigem Verhalten beruhen und die vom Arbeitnehmer nicht oder nicht mehr steuerbar sind. Andernfalls würde eine verhaltensbedingte Kündigung in Betracht kommen.

105a Nach Auffassung des OVG Hamburg kann ein Epileptiker nicht als ungeeignet zur Ausübung des Berufs des Krankenpflegers eingestuft und ihm in der Folge versagt werden, die Berufsbezeichnung „Krankenpfleger" zu führen, wenn er seit mehr als drei Jahren keinen Anfall mehr erlitten hat und nach ärztlichem Urteil bei gleich bleibender Medikation auch anfallsfrei bleiben wird[6].

---

1 BAG v. 1.6.1983 – 5 AZR 536/80, AP Nr. 52 zu § 1 LohnFG = NJW 983, 2659.
2 BAG v. 26.1.1995 – 2 AZR 649/94, AP Nr. 34 zu § 1 KSchG 1969 = NZA 1995, 517.
3 Vgl. BAG v. 17.6.1999 – 2 AZR 639/98, AP Nr. 37 zu § 1 KSchG 1969 = NZA 1999, 1328.
4 BAG v. 9.4.1987 – 2 AZR 210/86, AP Nr. 18 zu § 1 KSchG 1969 = NZA 1987, 811.
5 BAG v. 17.6.1999 – 2 AZR 639/98, AP Nr. 37, 57 zu § 1 KSchG 1969 = NZA 1999, 1328.
6 OVG Hamburg v. 1.2.2002 – 4 Bf 139/00, juris.

Wenn ein Arbeitgeber von seinen Arbeitnehmern Kenntnisse der deutschen   105b
Schriftsprache verlangt, damit diese Arbeitsanweisungen verstehen und die
betrieblichen Aufgaben so gut wie möglich erledigen können, verfolgt der
Arbeitgeber ein gerechtfertigtes Ziel i. S. d. AGG. Ist der Arbeitnehmer nicht
in der Lage, die in deutscher Sprache abgefassten Arbeitsanweisungen zu
verstehen, kann das eine ordentliche Kündigung (aus personenbedingten
Gründen) rechtfertigen[1].

ee) Fehlende Arbeitserlaubnis

Fällt die Arbeitserlaubnis eines ausländischen Arbeitnehmers weg, der nicht   106
aus der EU ist, so ist auch dies ein in der Person liegender Kündigungsgrund,
da der Arbeitnehmer nicht beschäftigt werden darf.

ff) Familienverhältnisse

Familienverhältnisse (Eheschließung oder Ehescheidung) können außerhalb   107
kirchlicher Einrichtungen keinen personenbedingten Kündigungsgrund darstellen.

gg) Arbeitsverweigerung aus Gewissensgründen

Verweigert ein Arbeitnehmer aus Gewissensgründen die Arbeit (etwa ein   108
Arzt, der sich aus Gewissensgründen weigert, legale Abtreibungen vorzunehmen), kann ihm gekündigt werden, wenn eine anderweitige Beschäftigungsmöglichkeit nicht besteht[2].

7. Verhaltensbedingte Kündigung

In Abgrenzung zur personenbezogenen Kündigung kommt eine verhaltens-   109
bedingte Kündigung bei einer schuldhaften Pflichtverletzung des Arbeitnehmers in Betracht. Bei der Prüfung der verhaltensbedingten Kündigung ist auf
folgende Kriterien abzustellen:

a) Pflichtverletzung

Verhaltensbedingte Kündigungsgründe sind in erster Linie **Verletzungen ver-**   110
traglicher Haupt- oder Nebenpflichten durch den Arbeitnehmer. Wann eine
solche Verletzung vorliegt, wird nicht durch subjektive Einschätzungen des
Arbeitgebers bestimmt, sondern nur objektive, durch einen Dritten nachvollziehbare Vorfälle begründen eine Kündigung. Auch reicht die bloße Vermutung, es werde zu Vertragsbeeinträchtigungen kommen, nicht aus, es
muss eine objektive Beeinträchtigung vorliegen[3].

---

1 BAG v. 28.1.2010 – 2 AZR 764/08, NZA 2010, 625.
2 BAG v. 24.5.1989 – 2 AZR 285/88, AP Nr. 1 zu § 611 BGB.
3 BAG v. 21.5.1992 – AP Nr. 29 zu § 1 KSchG 1969 Verhaltensbedingte Kündigung.

111   **Verletzungen von Hauptpflichten** sind die Nichtleistung, die verspätete Arbeitsleistung und die Schlechtleistung. **Verletzungen von Nebenpflichten** sind z. B. die Verletzung allgemeiner Sorgfalts-, Obhuts-, Fürsorge-, Aufklärungs- und Anzeigepflichten.

Nachfolgend sollen einige der wichtigsten Pflichtverletzungen skizziert werden:

aa) Schlechtleistung

112   Die schuldhafte Schlechtleistung eines Arbeitnehmers stellt einen Grund zur verhaltensbedingten Kündigung dar. Allerdings darf in Abgrenzung zur personenbezogenen Kündigung die Schlechtleistung nicht auf fehlender Eignung beruhen, sondern muss auf fehlende Sorgfalt des Arbeitnehmers zurückzuführen sein[1]. Die fehlende Eignung stellt einen personenbedingten Kündigungsgrund dar.

113   Im Krankenhaus kann es beim Umgang mit dem Patienten zu unterschiedlichen Schlechtleistungen kommen. Als **Behandlungsfehler** kommen in Betracht:

– **Diagnosefehler** stellen eine Schlechtleistung dar, wenn es sich um einen fundamentalen Irrtum handelt, das heißt, wenn der Fehler im Rahmen einer Gesamtbetrachtung des Behandlungsgeschehens unter Berücksichtigung der konkreten Umstände aus objektiver ärztlicher Sicht bei Anlegung des für den Arzt geltenden Ausbildungs- und Wissensmaßstabes nicht mehr verständlich und verantwortbar erscheint[2]. Wird ein auf einem Röntgenbild erkennbarer Bruch übersehen, so stellt dies einen schwerwiegenden Diagnosefehler dar[3].

– **Fehler bei der Therapiewahl:** 1990 hat das OLG Düsseldorf entschieden, dass die Wahl einer Außenseitermethode (Küntscher-Marknagelung bei Oberarmschaftbruch) nur zulässig sei, wenn der Operateur über besondere Erfahrungen mit dieser Methode verfüge und die technische Ausstattung eine solche Vorgehensweise erlaube[4].

– **mangelhafte Aufklärung bzw. Einwilligung**

– **allgemeine Behandlungsfehler**

– **Fehler im Zusammenhang mit Operationen**

   – Daneben stellt die **Verletzung der Schweigepflicht**, die strafrechtlich in § 203 StGB normiert ist, eine Schlechtleistung dar und berechtigt den Arbeitgeber zur Kündigung.

---

1 LAG Hamm v. 29.2.1996 – 4 Sa 289/95, ARST 1996, 163.
2 OLG München v. 29.7.1999 – 1 U 5472/98, juris.
3 OLG München v. 25.2.2002 – 1 U 5866/99, juris.
4 OLG Düsseldorf v. 20.12.1990 – 8 U 110/89, NJW-RR 1991, 987, 989.

– Nach Auffassung des BAG ist es einem Assistenzarzt in der Fachausbildung nicht als grobe Fahrlässigkeit anzulasten, dass er sich den fachlichen Weisungen eines ihm vorgesetzten, höher qualifizierten und wesentlich erfahreneren Oberarztes nicht widersetzt hat[1].

bb) Arbeitsverweigerung

Der Arbeitnehmer verweigert seine Arbeit, wenn er seiner Leistungspflicht   114
nicht nachkommt. Fälle der Arbeitsverweigerung stellen z.B. Unpünktlichkeit, mehrfaches unentschuldigtes Fehlen oder eigenmächtiger Urlaubsantritt dar, darüber hinaus auch die Ablehnung der Ableistung von Überstunden oder die Weigerung aus Gewissensgründen.

Die Arbeitsverweigerung eines Arbeitnehmers ist nur dann kündigungs-   115
rechtlich relevant, wenn der Arbeitnehmer verpflichtet ist, die ihm zugewiesene Arbeit zu verrichten. Der Arbeitnehmer ist nicht verpflichtet, Leistungen zu erbringen, die nicht im Arbeitsvertrag stehen bzw. vom Weisungsrecht gedeckt sind. Daher dürfen Ärzte und Pflegepersonal beispielsweise der Anweisung, bei einem Patienten aktive Sterbehilfe zu leisten, nicht nachkommen, da diese gem. § 216 StGB in Deutschland mit Strafe bedroht ist. Demgegenüber dürfen Ärzte in Krankenhäusern oder Arztpraxen sowie medizinisches Hilfspersonal die Behandlung HIV-positiver Patienten bzw. Aidskranker nicht ablehnen. Eine Ablehnung stellt einen Verstoß gegen ihre vertragliche Hauptleistungspflicht dar[2].

Eine Rechtfertigung kann sich auch ergeben, wenn die Arbeitsverweigerung   116
des Arbeitnehmers auf der Nichteinhaltung von **Schutzmaßnahmen seitens des Arbeitgebers beruht (§ 618 BGB)**. Dann kann der Arbeitnehmer seine Arbeitsleistung gem. § 273 BGB zurückbehalten (etwa bei mangelhaften Röntgengeräten), da sowohl für ihn selbst als auch für Dritte (Patienten) Gefahren bestehen.

Ein Arbeitnehmer ist nach der Rechtsprechung des BAG nicht verpflichtet,   117
seine Dienste am zugewiesenen neuen Arbeitsplatz zu erbringen, solange der Arbeitgeber **betriebsverfassungsrechtlich pflichtwidrig** (z.B. unter Verletzung der Mitbestimmungsrechte des Betriebsrates gem. §§ 99 ff. BetrVG) auf der Durchführung der Versetzung besteht. Eine entsprechende Weigerung des Arbeitnehmers stellt keine Arbeitsverweigerung dar, die eine Kündigung rechtfertigen könnte[3]. Eine Versetzung liegt etwa vor, wenn die Umsetzung einer Altenpflegekraft für mehr als einen Monat von einer Station auf eine andere in einem in mehrere Stationen gegliederten Seniorenheim vorgesehen ist, wobei die einzelnen Stationen organisatorisch eigenständig

---

1 BAG v. 4.5.2006 – 8 AZR 311/05, juris, Rz. 30.
2 *Lepke*, RdA 2000, 87, 91 m.w.N.
3 BAG v. 3.9.1993 – 2 AZR 283/93, AP Nr. 33 zu § 2 KSchG 1969 = NZA 1994, 615–620;
   so auch schon LAG BW v. 1.10.1985 – 11 Sa 104/84, NZA 1985, 326, 327.

sind[1]. Demnach wäre die Arbeitsverweigerung in einem solchen Fall vor der Zustimmung eines bestehenden Betriebsrats kündigungsrechtlich irrelevant.

118   Die Arbeitsverweigerung aufgrund der Anordnung gesetzlich unzulässiger **Mehrarbeit** zieht keine negativen Konsequenzen nach sich[2]. Die Weigerung des Arbeitnehmers, auf zulässige Anordnung des Arbeitgebers Mehrarbeit zu leisten, ist demgegenüber sehr wohl geeignet, eine ordentliche verhaltensbedingte Kündigung des Arbeitsverhältnisses zu begründen[3].

119   Bei einer **beharrlichen Arbeitsverweigerung** ohne Rechtfertigungsgrund sind regelmäßig sogar die Voraussetzungen für eine außerordentliche Kündigung erfüllt[4]. Eine beharrliche Arbeitsverweigerung liegt vor, wenn der Arbeitnehmer die ihm übertragene Arbeit bewusst und nachhaltig nicht leistet[5]. Auch die einmalige Vertragsverletzung kann das Merkmal der Beharrlichkeit erfüllen, wenn daraus der nachhaltige Wille des Arbeitnehmers erkennbar wird, seine arbeitsvertraglichen Pflichten nicht erfüllen zu wollen[6].

120   So vertrat das BAG die Ansicht, dass das Verhalten eines Assistenzarztes, der das Krankenhaus trotz seines Bereitschaftsdienstes und obwohl er auf die arbeitsrechtlichen Konsequenzen hingewiesen wurde verließ, um sich an einer Demonstration oder einem Hungerstreik zu beteiligen, einen wichtigen Grund für eine fristlose Kündigung darstelle[7]. Das LAG Köln war der Auffassung, mehrtägiges unentschuldigtes Fehlen einer Pflegekraft in einem Krankenhaus könne einen wichtigen Kündigungsgrund i. S. v. § 626 Abs. 1 BGB darstellen, wenn dadurch die Versorgung der Patienten gefährdet werde, wovon im gewöhnlichen Fall ausgegangen werden könne[8].

121   Bei **eigenmächtigem Urlaubsantritt** des Arbeitnehmers liegt in der Regel ein wichtiger Grund vor, der den Arbeitgeber zu einer außerordentlichen fristlosen Kündigung berechtigt (ohne dass eine Abmahnung vorauszugehen hat)[9]. Der Arbeitgeber ist als Schuldner des Urlaubsanspruchs verpflichtet, die Urlaubswünsche des Arbeitnehmers zu berücksichtigen und den Urlaub für den von dem Arbeitnehmer angegebenen Termin festzusetzen, sofern keine dringenden betrieblichen Belange oder Urlaubs- oder Freistellungs-

---

1 BAG v. 29.10.2000 – 1 ABR 5/99, AP Nr. 36 zu § 95 BetrVG 1972 = BB 2000, 1784, 1786; so auch LAG München v. 29.1.2008 – Sa 1345/06, LAG Schleswig-Holstein v. 27.2.2007 – 5 TaBV 30/06, juris.
2 APS/*Dörner*, § 1 KSchG Rz. 283.
3 LAG Frankfurt v. 17.11.1998 – 9 Sa 386/98, juris.
4 BAG v. 12.7.1984 – 2 AZR 290/83, WE 2005, 22; BAG v. 6.2.1997 – 2 AZR 38/96, ArbuR 1997, 210; BAG v. 13.3.2008 – 2 AZR 88/07, juris.
5 BAG v. 31.1.1985 – 2 AZR 486/85, DB 1986, 179 m. w. N.
6 BAG v. 12.1.1956 – 2 AZR 117/54, AP Nr. 5 zu § 123 GewO = MDR 1956, 394.
7 BAG v. 16.12.1981 – 2 AZR 1102/78, juris.
8 LAG Köln v. 8.3.1996 – 11 Sa 1164/95, juris.
9 BAG v. 20.1.1994 – 2 AZR 521/93, AP Nr. 15 zu § 626 BGB = NJW 1994, 1894; ebenso LAG Hamm v. 27.8.2007 – 6 Sa 751/07, juris.

wünsche anderer entgegenstehen[1]. Meldet ein Arbeitnehmer den von ihm
gewünschten Urlaub rechtzeitig an, kann er von der entsprechenden Ur-
laubsgenehmigung ausgehen, wenn der Arbeitgeber ihm keine ablehnende
Entscheidung mitteilt[2]. Für die Mitteilung der entsprechenden ablehnenden
Entscheidung ist der Arbeitgeber darlegungs- und beweispflichtig. Erteilt der
Arbeitgeber den Urlaub ohne Angabe von Gründen nach Beantragung durch
den Arbeitnehmer nicht oder lehnt er ihn ohne ausreichenden Grund ab,
muss der Arbeitnehmer grundsätzlich gerichtliche Hilfe zur Durchsetzung
seines Urlaubsanspruches in Anspruch nehmen. Ein Recht des Arbeitnehmers, sich selbst zu beurlauben, ist angesichts des umfassenden Systems gerichtlichen Rechtsschutzes nach Ansicht des BAG grundsätzlich abzulehnen[3].

cc) Gewissensgründe

Fälle, in denen der Arbeitnehmer aus **Gewissensgründen** die Arbeit verwei-   122
gert, wurden bei den personenbezogenen Kündigungen angesprochen (s. oben
Rz. 108).

dd) Verletzung von betrieblichen Verhaltenspflichten

Auch die Verletzung betrieblicher Verhaltenspflichten ist kündigungsrecht-   123
lich relevant. Gerade im Bereich der Gesundheitsberufe ist der Verzicht auf
Alkohol während der Arbeitszeit unerlässlich, da von alkoholisierten Personen erhebliche Gefahren ausgehen. Ist das Stadium der Abhängigkeit noch
nicht erreicht, ist der Arbeitgeber befugt, eine verhaltensbedingte Kündigung
auszusprechen[4], wenn der Arbeitnehmer alkoholisiert seinen Dienst verrichtet.

ee) Strafanzeige gegen den Arbeitgeber

Eine Strafanzeige gegen den Arbeitgeber aufgrund von Missständen (z.B. Ver-   124
stoß gegen Schutzgesetze) berechtigt den Arbeitgeber grundsätzlich nicht
zum Ausspruch einer verhaltensbedingten Kündigung. Es soll dem Arbeitnehmer nämlich nicht zum Nachteil gereichen, wenn er seine staats-
bürgerlichen Pflichten erfüllt[5]. Ausnahmsweise allerdings kann in einer

---

1 *Gross* in: Tschöpe, Teil 2 C Rz. 47 ff.
2 LAG Berlin v. 30.7.1996 –12 Sa 53/96, juris.
3 BAG v. 20.1.1994 – 2 AZR 521/93, AP Nr. 115 zu § 626 BGB = NJW 1994, 1894.
4 BAG v. 26.1.1995 – 2 AZR 649/94, AP Nr. 34 zu § 1 KSchG 1969 Verhaltensbedingte
  Kündigung = NZA 1995, 517, 521; OVG Nordrhein-Westfalen v. 1.7.2004 – 13 B
  2436/03, juris, Rz. 13, zur Möglichkeit der Anordnung des Ruhens der ärztlichen Approbation im Falle einer bestehenden Alkoholproblematik und für den Fall, dass die
  Ungeeignetheit zur Ausübung des ärztlichen Berufs noch nicht endgültig festgestellt
  werden kann.
5 BVerfG v 2.7.2001 – 1 BvR 2049/00, NZA 2001, 888 ff.; BAG v, 3.7.2003 – 2 AZR
  235/02, juris, Rz. 27.

Strafanzeige gegen den Arbeitgeber bzw. einen seiner Repräsentanten eine erhebliche Verletzung einer arbeitsvertraglichen Nebenpflicht durch den Arbeitnehmer liegen, die den Arbeitgeber zum Ausspruch einer Kündigung rechtfertigen kann[1]. Dies ist insbesondere dann der Fall, wenn eine Anzeige des Arbeitnehmers aus Schädigungsabsicht bzw. aus Rache erfolgt oder die Anzeige wissentlich unwahre oder fahrlässig falsche Angaben enthält. Das Interesse des Arbeitnehmers an der Wahrnehmung staatsbürgerlicher Rechte muss dann gegenüber dem Kündigungsinteresse des Arbeitgebers zurücktreten, wenn die Strafanzeige wissentlich unwahre oder fahrlässig falsche Angaben enthält[2].

ff) Missbrauch von Kontrolleinrichtungen

125   Durch den Missbrauch von Kontrolleinrichtungen verletzt der Arbeitnehmer seine Leistungspflichten und setzt sich der Gefahr einer Kündigung aus (z.B. Arbeitszeitkontrolle).

gg) Tragen von Meinungsplaketten

126   Das Tragen von Meinungsplaketten ist in der Regel noch kein Kündigungsgrund. Allerdings kann Abweichendes gelten, wenn sich die Plakette des Arbeitnehmers gegen eine Grundeinstellung des Betriebes richtet. So dürfte z.B. das Tragen einer Plakette mit der Aufschrift „ich befürworte generelle Straflosigkeit der Abtreibung" in einem katholischen Krankenhaus eine Provokation darstellen. Sollte sich der Arbeitnehmer nach einem Hinweis nicht einsichtig zeigen, ist ein verhaltensbedingter Kündigungsgrund gegeben[3].

127   In diesem Sinne hat das ArbG Reutlingen mit Urteil vom 5.1.1993 entschieden, dass es in einem Krankenhaus, das zur religiösen Neutralität verpflichtet ist, erlaubt sei, einer Krankenschwester zu verbieten, für ihre religiösen Vorstellungen bei den Patienten des Krankenhauses zu werben. Hält sich diese nicht an das Verbot, rechtfertige dieses Verhalten die Kündigung der Krankenschwester, da sie sich nicht auf das Recht auf freie Religionsausübung (Art. 4 GG) berufen könne[4].

hh) Begehung von Straftaten

128   Die Begehung von Straftaten kann ebenfalls einen verhaltensbedingten Kündigungsgrund darstellen. Allerdings ist der Bezug zur jeweiligen Tätigkeit zu berücksichtigen. Außerbetriebliche Straftaten, die keinen Bezug zur Tätigkeit haben, sind regelmäßig bei der verhaltensbedingten Kündigung irrele-

---

1 HWK/*Quecke*, § 1 KSchG Rz. 219.
2 BAG v. 3.7.2003 – 2 AZR 235/02, juris, Rz. 27.
3 Vgl. dazu die Begründung BVerfG v. 4.6.1985 – 2 BvR 1718/83, NJW 1986, 367, 372.
4 ArbG Reutlingen v. 5.1.1993 – 1 Ca 378/92, BB 1993, 1012.

vant[1]. Dagegen rechtfertigen Straftaten im Betrieb insbesondere gegen den Arbeitgeber eine verhaltensbedingte Kündigung, oft sogar eine außerordentliche Kündigung[2].

Was rechtswidrige und vorsätzliche Handlungen des Arbeitnehmers, die sich unmittelbar gegen das Vermögen des Arbeitgebers richten, betrifft, so hat das BAG im Fall Emmely entschieden, dass diese Handlungen auch dann ein wichtiger Grund zur außerordentlichen Kündigung sein können, wenn die Pflichtverletzung Sachen von nur geringem Wert betrifft oder nur zu einem geringfügigen, möglicherweise gar keinem Schaden geführt hat. Da das Gesetz aber auch im Zusammenhang mit strafbaren Handlungen des Arbeitnehmers keine absoluten Kündigungsgründe kennt, bedarf es stets einer umfassenden, auf den Einzelfall bezogenen Prüfung und Interessenabwägung dahingehend, ob dem Kündigenden die Fortsetzung des Arbeitsverhältnisses trotz der eingetretenen Vertrauensstörung – zumindest bis zum Ablauf der Kündigungsfrist – zumutbar ist oder nicht. Hat das Arbeitsverhältnis über viele Jahre hinweg ungestört bestanden, bedarf es einer genaueren Prüfung, ob die dadurch verfestigte Vertrauensbeziehung der Vertragspartner durch eine erstmalige Enttäuschung des Vertrauens vollständig und unwiederbringliche zerstört werden konnte[3]. 128a

ii) Sexuelle Belästigung

Auch die sexuelle Belästigung stellt einen verhaltensbedingten Kündigungsgrund dar. Es ist insoweit das AGG (vgl. § 3 Abs. 4 AGG) zu berücksichtigen. 129

jj) Verstoß gegen Anzeige- und Nachweispflichten

Der Verstoß gegen Anzeige- und Nachweispflichten ist eine Pflichtverletzung, die den Arbeitgeber ebenfalls zur Kündigung berechtigen kann. Allerdings kommt regelmäßig nur eine ordentliche Kündigung in Betracht, da es sich hierbei nur um arbeitsrechtliche Nebenpflichten handelt[4]. Zum Beispiel die nicht unverzügliche Anzeige einer krankheitsbedingten Arbeitsunfähigkeit oder die nicht rechtzeitige Übersendung einer ärztlichen Arbeitsunfähigkeitsbescheinigung. 130

---

1 *Preis*, Individualarbeitsrecht, § 65 I, S. 843; LAG Schleswig-Holstein v. 6.1.2009 – 5 Sa 313/08 zu einem tätlichen Angriff auf einen Arbeitskollegen außerhalb der Arbeitszeit als Grund für eine außerordentliche Kündigung.
2 BAG v. 30.9.1993 – 2 AZR 188/93, EzA § 626 n. F. BGB Nr. 152.
3 BAG v. 10.6.2010 – 2 AZR 541/09, NZA 2010, 1227 LS.
4 BAG v. 7.12.1988 – 7 AZR 122/88, AP Nr. 26 zu § 1 KSchG 1969 Verhaltensbedingte Kündigung; BAG v. 15.1.1986 – 7 AZR 128/83, AP Nr. 93 zu § 626 BGB = NZA 1987, 83; BAG v. 17.1.1991 – 2 AZR 375/90, AP Nr. 25 zu § 1 KSchG 1969 Verhaltensbedingte Kündigung = NZA 1991, 557, 560; BAG v. 16.8.1991 – 2 AZR 604/90, AP Nr. 27 zu § 1 KSchG 1969 Verhaltensbedingte Kündigung = NZA 1993, 17, 20.

kk) Leichtfertige oder wissentlich falsche Behauptungen

131   Leichtfertige oder wissentlich falsche Behauptungen stellen ebenfalls einen verhaltensbedingten Kündigungsgrund dar. Darunter könne z. B. Äußerungen von Ärzten oder Pflegepersonal fallen, die Kollegen ohne Grund einer schlampigen Arbeitsweise oder ständiger Operationsverzögerungen bezichtigen[1].

ll) Verletzungen sonstiger Verhaltenspflichten

132   Eine verhaltensbedingte Kündigung kommt ebenfalls in Betracht bei Verletzung von Loyalitätspflichten, die insbesondere im kirchlichen Bereich und in einem öffentlichen Dienstverhältnis gegeben sind. Ein Chefarzt ist Verkündungsträger gem. Art. 5 Abs. 3 der Grundordnung der Katholischen Kirche und verstößt gegen wesentliche Grundsätze der katholischen Glaubens- und Sittenlehre, wenn er eine kirchenrechtlich ungültige zweite Ehe eingeht. Dieser Loyalitätsverstoß kann grundsätzlich die Kündigung rechtfertigen[2]. Eine Fortsetzung des Arbeitsverhältnisses kann dem Arbeitgeber aber gem. dem arbeitsrechtlichen Gleichbehandlungsgrundsatz zumutbar sein, wenn von Seiten des Arbeitgebers vergleichbare Verhaltensweisen bei vergleichbaren Arbeitnehmern toleriert werden[3].

b) Schuldhaftes Verhalten

133   In Abgrenzung zur personenbezogenen Kündigung kommt eine verhaltensbezogene Kündigung nur bei **schuldhaften** Pflichtverletzungen des Arbeitnehmers in Betracht[4].

134   Fälle des Gewissenskonflikts gehören in den Bereich der personenbedingten Kündigung, da es an der Vorwerfbarkeit fehlt[5].

c) Objektiver Kündigungsgrund

135   Bei der Wirksamkeit einer Kündigung ist immer darauf abzustellen, ob ein **besonnener und verständig urteilender Arbeitgeber** eine solche Kündigung vorgenommen hätte; der Standpunkt des jeweiligen Arbeitgebers spielt dagegen keine Rolle[6].

---

1 BAG v. 17.6.1998 – 2 AZR 599/97, juris; zum Problemfeld Mobbing im Krankenhaus BAG v. 25.10.2007 – 8 AZR 593/06, NZA 2008, 223–228.
2 LAG Düsseldorf v. 1.7.2010 – 5 Sa 996/09, ArbRB 2010, 300.
3 LAG Düsseldorf v. 1.7.2010 – 5 Sa 996/09, ArbRB 2010, 300.
4 So zu Recht KR/*Fischermeier*, § 626 BGB Rz. 139 m. w. N.; a. A. BAG v. 21.1.1999 – 2 AZR 665/98, AP Nr. 151 zu § 626 BGB = DB 1999, 1400, das im Einzelfall eine verhaltensbedingte Kündigung ohne Verschulden zulässt.
5 BAG v. 24.5.1989 – 2 AZR 285/88, AP Nr. 1 zu § 611 BGB Gewissensfreiheit = NZA 1990, 144, 147.
6 St. Rspr., vgl. BAG v. 21.5.1992 – 2 AZR 10/92, AP Nr. 29 zu § 1 KSchG 1969 Verhaltensbedingte Kündigung = NZA 199, 115, 117; BAG v. 13.3.1987 – 7 AZR 601/85, AP Nr. 18 zu § 1 KSchG 1969 Verhaltensbedingte Kündigung = NZA 1987, 518, 520.

d) Negative Zukunftsprognose

Die verhaltensbedingte Kündigung ist nicht dazu da, den Arbeitnehmer zu bestrafen. Sie dient vielmehr dazu, den Arbeitgeber vor weiteren Pflichtverletzungen des Arbeitnehmers zu schützen. Dabei ist zu berücksichtigen, ob zu befürchten ist (**Prognoseprinzip**), dass der Arbeitnehmer in Zukunft seiner Arbeitspflicht nicht nachkommen wird (**Wiederholungsgefahr**)[1]. Das in der Vergangenheit gezeigte Verhalten besitzt jedoch Aussagekraft für die Zukunft. So kann, worauf in der Literatur zu Recht hingewiesen wird[2], die Schwere der Pflichtverletzung die Fortführung des Arbeitsverhältnisses in der Zukunft ausschließen. Dann ist die Kündigung ebenso gerechtfertigt, wie wenn der Arbeitnehmer trotz Abmahnung sein vertragswidriges Verhalten nicht einstellt.

136

e) Abmahnung

Nach dem Ultima-Ratio-Prinzip stellt die Kündigung das äußerste Mittel des Arbeitgebers dar. Da sie dem Arbeitnehmer seine Existenzgrundlage entzieht, ist in der Regel zunächst der Ausspruch einer **Abmahnung** erforderlich[3]. Dem Arbeitnehmer wird dadurch die Möglichkeit gegeben, sein Verhalten in Zukunft zu ändern und sich vertragstreu zu verhalten.

137

Nach Ansicht des BAG handelt es sich bei der Abmahnung um die Ausübung eines arbeitsvertraglichen Gläubigerrechts durch den Arbeitgeber[4]. Als Gläubiger der Arbeitsleistung weist der Arbeitgeber den Arbeitnehmer als seinen Schuldner auf dessen vertragliche Pflichten hin und macht ihn auf die Verletzung dieser Pflichten aufmerksam (**Hinweis- und Dokumentationsfunktion**). Zugleich fordert er ihn für die Zukunft zu einem vertragstreuen Verhalten auf und kündigt individualrechtliche Konsequenzen für den Fall einer erneuten Pflichtverletzung an (**Warnfunktion**). Will der Arbeitgeber den Arbeitnehmer nur ermahnen, ohne die Kündigung als Konsequenz anzudrohen, so handelt es sich um eine bloße Verwarnung oder einen Verweis[5].

138

Die Abmahnung ist auch nach Einführung des § 623 BGB weiterhin **formlos möglich**, da dieser nur für Kündigungen gilt, sie sollte jedoch zu Beweiszwecken schriftlich abgefasst werden und zur Personalakte genommen werden[6].

139

Eine **rechtswidrige Abmahnung entfaltet keinerlei Wirkung**, eine darauf erfolgende Kündigung ist unwirksam. Eine Abmahnung ist rechtswidrig, wenn

140

---

1 BAG v. 21.11.1996 – 2 AZR 357/95, AP Nr. 36 zu § 1 KSchG 1969 = NZA 1997, 487, 491; BAG v. 17.1.1991 – 2 AZR 375/90, AP Nr. 25 zu § 1 KSchG 1969 Verhaltensbedingte Kündigung = NZA 1991, 557, 560.
2 *Preis* in Stahlhacke/Preis/Vossen, Rz. 1209.
3 St. Rspr., vgl. BAG v. 17.2.1994 – 2 AZR 616/93, AP Nr. 116 zu § 626 BGB = NZA 1994, 656, 658.
4 BAG v. 30.5.1996 – 6 AZR 537/95, AP Nr. 20 zu § 611 BGB Abmahnung = NZA 1997, 145, 148.
5 *Kranz*, DB 1998, 1464–1467.
6 APS/*Dörner*, § 1 KschG Rz. 366.

sie so, wie sie erfolgte, nicht hätte ausgesprochen werden dürfen oder gänzlich hätte unterbleiben müssen. Sie muss in einer für den Arbeitnehmer hinreichend deutlich erkennbaren Art und Weise erfolgen und den Hinweis enthalten, dass im Wiederholungsfall der Bestand des Arbeitsverhältnisses gefährdet ist[1]. Gegen eine **rechtswidrige Abmahnung** steht dem Arbeitnehmer das Recht zu, gem. §§ 1004, 242 BGB analog **die Entfernung der Abmahnung aus der Personalakte zu verlangen**[2]. Der Arbeitnehmer ist jedoch nicht dazu verpflichtet, etwas zu unternehmen. Er kann auch noch im Kündigungsschutzprozess geltend machen, dass die Abmahnung zu Unrecht erfolgt sei[3].

141   Die **Abmahnung unterliegt keiner Frist**. Allerdings kann sie im Einzelfall verwirkt sein[4]. Die Abmahnung unterliegt anders als die Kündigung **keiner Mitbestimmung durch den Betriebsrat**[5].

142   In folgenden Fällen ist eine **Abmahnung** regelmäßig **entbehrlich**:

(1) Bei **schwersten Verhaltensverstößen** ist häufig das Vertrauensverhältnis zwischen Arbeitgeber und Arbeitnehmer unwiederbringlich zerstört[6].

(2) Auch wenn eine **Verhaltensänderung des Arbeitnehmers nicht erwartet** werden kann oder **objektiv nicht möglich** ist, ist eine vorherige Abmahnung entbehrlich[7].

f) Sonstige vorrangige mildere Mittel

143   Abgesehen von der Abmahnung gibt es weitere Mittel, die vor einer verhaltensbedingten Kündigung in Betracht zu ziehen sind. Ist es aufgrund eines geeigneten freien Arbeitsplatzes dem Arbeitgeber möglich und zumutbar, den Arbeitnehmer zu versetzen, ist eine Kündigung unverhältnismäßig[8]. Allerdings ist eine **Versetzung** nur dann geeignet, wenn zu erwarten ist, dass sich der Arbeitnehmer an diesem Arbeitsplatz nicht mehr vertragswidrig verhalten wird[9]. Eine solche positive Erwartung wird in der Regel nur bei arbeitsplatzabhängigen Vertragsverletzungen begründet werden können.

---

1 BAG v. 17.2.1994 – 2 AZR 616/93, AP Nr. 116 zu § 626 BGB = NZA 1994, 656, 658.
2 St. Rspr., vgl. BAG v. 30.5.1996 – 6 AZR 537/95, AP Nr. 20 zu § 611 BGB Abmahnung = NZA 1997, 145, 148 m.w.N.
3 BAG v. 13.3.1987 – 7 AZR 601/85, AP Nr. 18 zu § 1 KSchG 1969 Verhaltensbedingte Kündigung = NZA 1987, 518.
4 BVerfG v. 16.10.1998 – 1 BvR 1685/92, juris; BAG v. 27.1.1988 – 5 AZR 604/86, juris, Rz. 18; BAG v. 18.11.1986 – 7 AZR 674/84, AP Nr. 17 zu § 1 KSchG 1969 Verhaltensbedingte Kündigung = NZA 1987, 418, 419.
5 Bzw. den anderen Organen wie Personalrat oder Mitarbeitervertretung.
6 BAG v. 10.2.1999 – 2 ABR 31/98, juris, Rz. 24; *Preis*, Individualarbeitsrecht, § 65 I, S. 846 ff.
7 BAG v. 19.4.2007 – 2 AZR 180/06, juris, Rz. 48; BAG v. 18.5.1994 – 2 AZR 626/93, AP Nr. 3 zu § 108 BPersVG = NZA 1995, 65, 67.
8 BAG v. 16.1.1997 – 2 AZR 98/96, juris; BAG v. 31.3.1993 – 2 AZR 492/92, AP Nr. 32 zu § 626 BGB Ausschlussfrist = NZA 1994, 409, 412; BAG v. 22.7.1982 – 2 AZR 30/81, AP Nr. 5 zu § 1 KSchG 1969 Verhaltensbedingte Kündigung = DB 1983, 180 f.
9 KR/*Griebeling*, § 1 KSchG Rz. 217 ff.

Möglich ist auch der Ausspruch einer **Änderungskündigung**, diese hat gene- 144
rell Vorrang vor der Beendigungskündigung. Doch auch hier muss die Erwartung dahingehend vorhanden sein, dass der Arbeitnehmer zukünftig keine
Pflichtverletzungen mehr begehen wird.

Im Bereich der katholischen Kirche muss gem. Art. 5 Abs. 1 GrO vor einer 145
Kündigung ein **klärendes Gespräch** mit dem betroffenen kirchlichen Mitarbeiter geführt werden, bei einem Verstoß ist eine Kündigung sozialwidrig[1].

g) Interessenabwägung

Die Interessenabwägung stellt den letzten Prüfungspunkt bei der verhaltens- 146
bedingten Kündigung dar. Sie bezweckt den Schutz des Arbeitnehmers durch
eine konkrete Gesamtbetrachtung seines Fehlverhaltens, so dass bei einem
Überwiegen seiner Interessen eine Kündigung sozialwidrig ist[2].

Auf der Seite des Arbeitnehmers sind hierbei vor allem Art, Schwere und 147
Häufigkeit des Fehlverhaltens zu berücksichtigen, wobei auch ein etwaiges
Mitverschulden des Arbeitgebers und das frühere Verhalten des Arbeitnehmers wertend heranzuziehen ist[3]. Schließlich muss auch dem früheren Verhalten des Arbeitnehmers, der Dauer der Betriebszugehörigkeit, den Unterhaltspflichten des Arbeitnehmers, seinem Lebensalter sowie der Aussicht,
einen neuen Arbeitsplatz zu finden, Beachtung geschenkt werden[4].

Seitens des Arbeitgebers ist vor allem die Wiederholungsgefahr zu betrach- 148
ten sowie die Auswirkungen, die durch das vertragswidrige Verhalten des
Arbeitnehmers zu beobachten sind; dabei können etwaige Betriebsbeein-
trächtigungen, Vermögensschäden, Rufschädigungen, Schutz der Belegschaft
und Ähnliches berücksichtigt werden[5]. Es ist nicht notwendig, dass sich die
Pflichtverletzung betrieblich negativ bemerkbar macht, allerdings kann dies
im Rahmen der Interessenabwägung berücksichtigt werden[6].

h) Darlegungs- und Beweislast

Der Arbeitgeber muss gem. § 1 Abs. 1 Satz 2, 4 KSchG die Tatsachen bewei- 149
sen, die die Kündigung bedingen. Daher muss er das Fehlverhalten des Ar-

---

1 BAG v. 16.9.1999 – 2 AZR 712/98, AP Nr. 20 zu § 1 KSchG 1969 Verhaltensbedingte
  Kündigung = NZA 2000, 208, 213; BAG v. 25.4.1996 – 2 AZR 74/95, AP Nr. 18 zu § 1
  KSchG Verhaltensbedingte Kündigung = NZA 1996, 1201, 1203.
2 BAG v. 26.3.2009 – 2 AZR 953/07, juris, Rz. 28; BAG v. 27.4.2006 – 2 AZR 415/05,
  AP BGB § 626 Nr. 203; KR/*Etzel*, 6. Aufl. 2002, § 1 KSchG Rz. 210 ff.
3 BAG v. 31.3.1993 – 2 AZR 492/92, AP Nr. 32 zu § 626 BGB Ausschlussfrist = NZA
  1994, 409, 412.
4 *Tschöpe* in: Tschöpe, Teil 3 E Rz. 189.
5 BAG v. 21.1.2001 – 2 AZR 325/00, juris, Rz. 17; LAG Hamm v. 30.5.1996 – 4 Sa
  2342/95, NZA 1997, 1056.
6 BAG v. 17.1.1991 – 2 AZR 375/90, AP Nr. 25 zu § 1 KSchG 1969 Verhaltensbedingte
  Kündigung = NZA 1991, 557, 560; BAG v. 17.3.1988 – 2 AZR 576/87, AP Nr. 99 zu
  § 626 BGB = NZA 1989, 261.

beitnehmers sowie die ordnungsgemäße Anhörung des Betriebsrates gem.
§ 102 BetrVG im Einzelnen darlegen und beweisen[1]. Auch für die Tatsachen,
die eine eventuelle früher erfolgte Abmahnung rechtfertigen, ist er beweispflichtig. Weiterhin muss er darlegen, weshalb eine Weiterbeschäftigung
nicht möglich oder zumutbar ist[2]. Der Arbeitnehmer hingegen ist für die
Tatsachen, die für ihn günstig sind, darlegungs- und beweispflichtig. Ihm obliegt die Darlegung, dass sein Verhalten gerechtfertigt ist[3].

8. Betriebsbedingte Kündigung

150   Mit der betriebsbedingten Kündigung steht dem Arbeitgeber ein Instrument
zur Verfügung, den Personalbestand dem veränderten Personalbedarf anzupassen. Eine betriebsbedingte Kündigung setzt voraus, dass **dringende
betriebliche Gründe zu einer Unternehmerentscheidung führen, die einen
Wegfall von Arbeitsplätzen zur Folge hat**[4]. Die Voraussetzungen einer betriebsbedingten Kündigung sind:

a) Außer- oder innerbetriebliche Ursachen

151   Die Gründe, die zu einer betriebsbedingten Kündigung führen können, werden in außerbetriebliche und innerbetriebliche Gründe unterteilt. **Außerbetriebliche Gründe** sind Auftragsmangel (z.B. Rückgang der Patientenzah-
len), Preisverfall, Umsatzrückgang, Haushaltseinsparungen oder Ähnliches[5].
Innerbetriebliche Gründe stellen Rationalisierungsmaßnahmen, Abbau von
Hierarchieebenen, Produktionseinschränkungen, Betriebsstilllegung und
Ähnliches dar[6].

152   Das Vorliegen der außer- und innerbetrieblichen Gründe führt allein noch
nicht zum Wegfall von Arbeitsplätzen. Vielmehr ist eine Unternehmerentscheidung notwendig, durch deren Umsetzung die Arbeitsplätze letztendlich
wegfallen.

b) Unternehmerentscheidung

153   Die Unternehmerentscheidung ist grundrechtlich geschützt durch Art. 12
Abs. 1 und Art. 14 Abs. 1 GG[7]. Sie stellt die Reaktion des Arbeitgebers auf
interne oder externe veränderte Gegebenheiten dar, mit denen er dem verrin-

---

1 BAG v. 16.3.2000 – 2 AZR 75/99, AP Nr. 114 zu § 102 BetrVG 1972 = NZA 2000, 1332,
  1335.
2 BAG. v. 13.8.1987 – 2 AZR 629/86, RzK I 5i Nr. 31.
3 BAG v. 12.7.1990 – 2 AZR 19/90.
4 St. Rspr. des BAG, vgl. BAG v. 26.9.1996 – 2 AZR 200/96, AP Nr. 80 zu § 1 KSchG
  1969 Betriebsbedingte Kündigung = NZA 1997, 202, 204 m.w.N.
5 St. Rspr. des BAG, vgl. BAG v. 7.12.1978 – 2 AZR 155/77, AP Nr. 6 zu § 1 KschG 1969
  Betriebsbedingte Kündigung = DB 1979, 650, 652.
6 St. Rspr. des BAG, vgl. BAG v. 7.12.1978 – 2 AZR 155/77, AP Nr. 6 zu § 1 KschG 1969
  Betriebsbedingte Kündigung = DB 1979, 650, 652.
7 *Hromadka/Maschmann*, Arbeitsrecht, Band 1, § 10 Rz. 194.

gerten Beschäftigungsbedarf Rechnung trägt. Reagiert der Arbeitgeber auf externe Faktoren, so ist seine Entscheidung kündigungsschutzrechtlich dahingehend überprüfbar, ob die externen Faktoren tatsächlich vorliegen und ob sie die Entscheidung des Arbeitgebers tragen (sog. Selbstbindung des Arbeitgebers)[1]. Das ist z. B. der Fall, wenn aufgrund zurückgegangenen Auftragsvolumens die vorhandene Arbeitsmenge abnimmt und der Arbeitgeber sich entscheidet, der daraus resultierenden Verringerung des Beschäftigungsbedürfnisses Rechnung zu tragen[2]. Nimmt der Arbeitgeber (auch aus Anlass außerbetrieblicher Gründe wie z. B. einem Auftragsrückgang) eine innerbetriebliche Organisationsentscheidung vor (etwa die Schließung einer Station eines Krankenhauses[3]), so ist die **Entscheidung** nur darauf zu **überprüfen, ob sie offenbar unvernünftig oder willkürlich ist;** es spielt keine Rolle, ob diese sachlich gerechtfertigt oder zweckmäßig ist[4].

Das BVerfG hat sich in seiner Entscheidung vom 1.2.2010 mit der Schließung einer Bettenstation befasst und ausgeführt, dass bei Schließung einer solchen Station innerhalb einer Universitätsklinik bzw. in einem gegenüber der Universität organisatorisch verselbständigten Universitätsklinikum die Wirkung von Art. 5 Abs. 3 Satz 1 GG beachtet werden muss[5]. Art. 5 Abs. 3 Satz 1 GG gewährleiste die Wissenschaft als einen grundsätzlich von Fremdbestimmung freien Bereich autonomer Verantwortung und basiere auf dem Gedanken, dass eine von gesellschaftlichen Nützlichkeits- und politischen Zweckmäßigkeitsvorstellungen freie Wissenschaft Staat und Gesellschaft im Ergebnis am besten diene[6]. Für Hochschullehrer, die im mit öffentlichen Mitteln eingerichteten und unterhaltenen Wissenschaftsbetrieb tätig seien, verwirkliche sich dieses Grundrecht vor allem auch durch die zur Wahrung der Wissenschaftsfreiheit erforderlichen Mitwirkungsrechte und Einflussmöglichkeiten innerhalb des organisierten Wissenschaftsbetriebes[7]. Wegen der engen und oft untrennbaren Verbindung der Tätigkeit des medizinischen Hochschullehrers mit der Krankenversorgung darf das Grundrecht der Wissenschaftsfreiheit nach Auffassung des BVerfG daher bei der Organisation der Krankenversorgung nicht gänzlich außer Betracht bleiben[8].

153a

---

1 BAG v. 24.10.1979 – 2 AZR 940/74, AP Nr. 8 zu § 1 KSchG 1969 Betriebsbedingte Kündigung = NJW 1981, 301, 302; BAG v. 15.6.1989 – 2 AZR 600/88, AP Nr. 45 zu § 1 KSchG 1969 Betriebsbedingte Kündigung = NZA 1990, 65, 66.
2 LAG Bremen v. 13.8.1999 – 3 (2) Sa 305/98.
3 BAG v. 4.6.1998 – 8 AZR 644/96, RzK I 5e Nr. 88; LAG Bremen v. 13.8.1999 – 3 (2) Sa 305/98.
4 BAG v. 26.9.1996 – 2 AZR 200/96, AP Nr. 80 zu § 1 KSchG 1969 Betriebsbedingte Kündigung = NZA 1997, 202, 204; BAG v. 30.4.1987 – 2 AZR 184/86, AP Nr. 42 zu § 1 KSchG 1969 Betriebsbedingte Kündigung = NZA 1987, 776, 778.
5 BVerfG v. 1.2.2010 – 1 BvR 1165/08, juris; BVerfG v. 27.11.2007 – 1 BvR 1736/07, NVwZ-RR 2008, 217–218.
6 BVerfG v. 1.2.2010 – 1 BvR 1165/08, juris, Rz. 24.
7 BVerfG v. 1.2.2010 – 1 BvR 1165/08, juris, Rz. 25.
8 BVerfG v. 1.2.2010 – 1 BvR 1165/08, juris, Rz. 26.

c) Wegfall von Arbeitsplätzen

154   Die Unternehmerentscheidung muss den **Wegfall von Arbeitsplätzen zur Folge** haben. Es ist nicht notwendig, dass konkrete Arbeitsplätze wegfallen, es reicht aus, dass durch die Entscheidung des Arbeitgebers ein Überschuss an Arbeitsplätzen entsteht[1]. Im Gegensatz zur nur eingeschränkten gerichtlichen Überprüfung der Unternehmerentscheidung ist das Gericht befugt, umfassend nachzuprüfen, ob durch die innerbetriebliche Umsetzung der Unternehmerentscheidung das Bedürfnis für die Weiterbeschäftigung des Arbeitnehmers entfallen ist[2].

d) Dringlichkeit des betrieblichen Erfordernisses

155   Gemäß § 1 Abs. 2 Satz 1 KSchG müssen die betrieblichen Erfordernisse dringend sein, also eine Kündigung im Interesse des Betriebes notwendig machen[3]. Durch das Merkmal der Dringlichkeit der betrieblichen Erfordernisse wird der **Grundsatz der Verhältnismäßigkeit** für den Bereich der betriebsbedingten Kündigung konkretisiert[4]. Die betrieblichen Erfordernisse sind dringend, wenn es dem Arbeitgeber nicht möglich ist, der bei Ausspruch der Kündigung bestehenden betrieblichen Lage durch andere Maßnahmen technischer, organisatorischer oder wirtschaftlicher Art zu entsprechen als durch eine Beendigungskündigung[5].

e) Mildere Mittel

aa) Weiterbeschäftigung auf einem anderen Arbeitsplatz

156   Die Möglichkeit einer anderweitigen Beschäftigung i. S. d. § 1 Abs. 2 KSchG setzt das Vorhandensein eines **freien vergleichbaren Arbeitsplatzes** bei demselben Arbeitgeber voraus[6]. **Frei sind alle Arbeitsplätze**, die zum Zeitpunkt der Kündigung unbesetzt sind[7]. Sofern der Arbeitgeber bei Ausspruch der Kündigung mit hinreichender Sicherheit vorhersehen kann, dass ein Arbeitsplatz bis zum Ablauf der Kündigungsfrist zur Verfügung stehen wird, ist ein derartiger Arbeitsplatz ebenfalls als frei anzusehen[8]. Nach Ansicht des BAG ist auch ein Arbeitsplatz, der in absehbarer Zeit nach Ablauf der Kündigungsfrist zur Verfügung steht, frei und damit als anderweitige Beschäfti-

---

1 BAG v. 23.8.1990 – 2 AZR 57/90, juris, Rz. 18, 19; BAG v. 30.5.1985 – 2 AZR 321/84, AP Nr. 24 zu § 1 KSchG 1969 Betriebsbedingte Kündigung = NZA 1986, 155, 156.
2 BAG v. 5.10.1995 – 2 AZR 269/95, AP Nr. 71 zu § 1 KSchG 1969 Betriebsbedingte Kündigung = NZA 1996, 531, 542.
3 BAG v. 20.2.1986 – 2 AZR 212/85, AP Nr. 11 zu § 1 KSchG 1969 Betriebsbedingte Kündigung = NZA 1986, 823, 824.
4 BAG v. 29.11.1990 – 2 AZR 282/90, juris.
5 BAG v. 7.12.1978 – 2 AZR 155/77, AP Nr. 6 zu § 1 KSchG 1969 Betriebsbedingte Kündigung = DB 1979, 650, 652; BAG v. 18.1.1990 – 2 AZR 183/89, NZA 1990, 734–736.
6 St. Rspr. des BAG, vgl. BAG v. 13.9.1973 – 2 AZR 601/72, AP Nr. 2 zu § 1 KSchG 1969 Betriebsbedingte Kündigung.
7 BAG v. 4.6.1998 – 8 AZR 644/96, RzK I 5e Nr. 88.
8 BAG v. 7.2.1991 – 2 AZR 205/90, AP Nr. 1 zu § 1 KSchG 1969 Betriebsbedingte Kündigung = NZA 1991, 806.

gungsmöglichkeit zu berücksichtigen, wenn die Überbrückung diese Zeitraums dem Arbeitgeber zumutbar ist, wobei die Zumutbarkeit für einen Zeitraum, den ein anderer Stellenbewerber zur Einarbeitung benötigt, bejaht wird[1]. Der Arbeitgeber ist demgegenüber nicht verpflichtet, einen neuen Arbeitsplatz für den Arbeitnehmer zu schaffen[2].

Vergleichbar ist ein Arbeitsplatz, wenn der Arbeitgeber aufgrund seines Weisungsrechts in der Lage ist, den Arbeitnehmer ohne Änderung der Arbeitsbedingungen auf einem anderen Arbeitsplatz weiterzubeschäftigen und der Arbeitsplatz in etwa die gleichen Anforderungen an den Arbeitnehmer stellt[3].   157

bb) Weiterbeschäftigung zu geänderten Arbeitsbedingungen

Ein milderes Mittel als die Beendigungskündigung ist nach § 1 Abs. 2 Satz 3 KSchG auch die Änderungskündigung. Diese bezweckt lediglich die Änderung der Arbeitsbedingungen, ohne dass der Arbeitnehmer seinen Arbeitsplatz verliert. Bei einer betriebsbedingten Änderungskündigung ist das Änderungsangebot des Arbeitgebers daran zu messen, ob dringende betriebliche Erfordernisse das Änderungsangebot bedingen und ob der Arbeitgeber sich bei einem an sich anerkennenswerten Anlass zur Änderungskündigung darauf beschränkt hat, nur solche Änderungen vorzuschlagen, die der Arbeitnehmer billigerweise hinnehmen muss[4]. Für eine Änderungskündigung, die ohne Änderung der sonstigen Arbeitsbedingungen lediglich das Ziel verfolgt, vertraglich geschuldete Bezüge (z.B. Provisionen) abzusenken, kann eine andauernd schlechte Ertragslage Anlass sein, wenn sie nicht anderweitig aufgefangen werden kann und durch die mit der Änderungskündigung angestrebte Senkung der Personalkosten die Stilllegung des Betriebes oder die Reduzierung seiner Belegschaft verhindert werden kann und soll[5]. Dabei ist der Arbeitgeber allerdings in der Regel nicht berechtigt, nur einzelnen Arbeitnehmern das Entgelt zu kürzen, wie z.B. allein nur Arbeitnehmern einer mit Verlust arbeitenden Abteilung[6].   158

cc) Weiterbeschäftigung nach Fortbildung und Umschulungsmaßnahmen

Ist eine Weiterbeschäftigung nach Fortbildung und Umschulungsmaßnahmen möglich, ist eine Kündigung ebenfalls sozial ungerechtfertigt, sofern der Arbeitnehmer sein Einverständnis zu den Maßnahmen gibt. Auf die Weiterbeschäftigung eines Arbeitnehmers nach zumutbaren Umschulungs- oder   159

---

1 BAG v. 15.12.1994 – 2 AZR 327/94, AP Nr. 67 zu § 1 KSchG 1969 Betriebsbedingte Kündigung = NZA 1995, 521, 527.
2 *Nägele* in: Tschöpe, Teil 3 D Rz. 233 m.w.N.
3 KR/*Griebeling*, § 1 KSchG Rz. 220; LAG Berlin v. 15.8.1997 – 4 Sa 69/97.
4 BAG v. 30.10.1987 – 7 AZR 659/86, RzK I 7a Nr. 8; BAG v. 20.3.1986 – 2 AZR 294/85, AP Nr. 14 zu § 1 KSchG 1969 = NZA 1986, 824, 826; BAG v. 21.4.2005 – 2 AZR 132/04, juris, Rz. 28.
5 BAG v. 30.10.1987 – 7 AZR 659/86, juris; BAG v. 20.3.1986 – 2 AZR 294/85, AP Nr. 14 zu § 1 KSchG 1969 = NZA 1986, 824, 826.
6 BAG v. 20.8.1998 – 2 AZR 84/98, AP Nr. 97 zu § 1 KSchG 1969 Betriebsbedingte Kündigung = NZA 1999, 255, 258.

Fortbildungsmaßnahmen kann der Arbeitgeber nicht verwiesen werden, wenn bei Ausspruch der Kündigung kein entsprechender anderweitiger Arbeitsplatz frei ist und auch nicht mit hinreichender Sicherheit voraussehbar ist, dass nach Abschluss der Maßnahmen eine Beschäftigungsmöglichkeit aufgrund der durch die Fortbildung oder Umschulung erworbenen Qualifikation besteht[1]. Dementsprechend ist z.B. eine Kündigung sozial ungerechtfertigt, sofern bei **Schließung einer Krankenhausstation** einige der verbleibenden Mitarbeiter des Pflegepersonals bereit sind, eine Zusatzausbildung/Fortbildung für den Intensivbereich zu absolvieren, wenn dafür Bedarf besteht und dieser voraussichtlich auch bei Beendigung dieser Maßnahme noch gegeben ist.

dd) Weiterbeschäftigungsmöglichkeit und Wiedereinstellung

160   Ergibt sich zwischen dem Ausspruch der Kündigung und dem Ablauf der Kündigungsfrist unvorhergesehen eine Weiterbeschäftigungsmöglichkeit, kann dem betriebsbedingt gekündigten Arbeitnehmer ein Wiedereinstellungsanspruch zustehen[2]. Das ist z.B. der Fall, wenn eine betriebsbedingte Kündigung auf der Prognose des Arbeitgebers beruht, er könne den Arbeitnehmer (wegen Betriebsstilllegung oder Ähnlichem) nicht mehr weiterbeschäftigen, und sich die Prognose noch während des Laufs der Kündigungsfrist als falsch erweist[3]. Entsteht die Möglichkeit zur Weiterbeschäftigung erst nach Ablauf der Kündigungsfrist, besteht kein Wiedereinstellungsanspruch[4]. Dieses gilt auch, wenn zu diesem Zeitpunkt noch ein Kündigungsschutzverfahren andauert[5].

161   Dem Wiedereinstellungsanspruch können berechtigte Interessen des Arbeitgebers entgegenstehen, wie z.B. dass der Arbeitgeber den in Betracht kommenden Arbeitsplatz wieder besetzt hat[6]. Allerdings kann sich der Arbeitgeber auf die Neubesetzung des Arbeitsplatzes nicht berufen, wenn hierdurch der Wiedereinstellungsanspruch treuwidrig vereitelt wird[7].

162   Bei der Auswahl des wieder einzustellenden Arbeitnehmers hat der Arbeitgeber soziale Gesichtspunkte (Alter, Betriebszugehörigkeit, Unterhalts-

---

1 BAG v. 7.2.1991 – 2 AZR 205/90, BAGE 67, 198, 208.
2 BAG v. 28.6.2000 – 7 AZR 904/98, AP Nr. 6 zu § 1 KSchG 1969 Wiedereinstellung = NZA 2000, 1097, 1102.
3 BAG v. 4.12.1997 – 2 AZR 140/97, AP Nr. 4 zu § 1 KSchG 1969 Wiedereinstellung = NZA 1998, 701, 705; BAG v. 27.2.1997 – 2 AZR 60/96, AP Nr. 1 zu § 1 KSchG 1969 Wiedereinstellung = NJW 1997, 2257, 2260.
4 BAG v. 6.8.1997 – 7 AZR 557/96, AP Nr. 2 zu § 1 KSchG 1969 Wiedereinstellung = NZA 1998, 254, 255; offengelassen von BAG v. 4.12.1997 – 2 AZR 140/97, AP Nr. 4 zu § 1 KSchG 1969 Wiedereinstellung = NZA 1998, 701, 705.
5 BAG v. 6.8.1997 – 7 AZR 557/96, AP Nr. 2 zu § 1 KSchG 1969 Wiedereinstellung = NZA 1998, 254, 255.
6 BAG v. 27.2.1997 – 2 AZR 160/96, AP Nr. 1 zu § 1 KSchG 1969 Wiedereinstellung = NJW 1997, 2257, 2260.
7 BAG v. 23.2.2000 – 7 AZR 891/98, AP Nr. 9 zu § 1 KSchG 1969 Wiedereinstellung = NZA 2000, 894, 897.

pflichten der Arbeitnehmer) und die Umstände des Einzelfalls zu berücksichtigen[1]. Ob ein Arbeitgeber verpflichtet ist, von sich aus einen Arbeitnehmer über eine sich unvorhergesehen ergebende Beschäftigungsmöglichkeit zu unterrichten, hängt von den Umständen des Einzelfalls ab[2]. Auch ein Abfindungsvergleich sowie ein nach Ausspruch der Kündigung geschlossener Aufhebungsvertrag können dem Wiedereinstellungsanspruch entgegenstehen[3]. Der Arbeitgeber kann ihn auch bei der Auswahl des wieder einzustellenden Arbeitnehmers berücksichtigen.

f) Sozialauswahl

Gemäß § 1 Abs. 3 Satz 1 KSchG ist eine Kündigung, die aus dringenden betrieblichen Erfordernissen i. S. d. Abs. 2 ausgesprochen wird, trotzdem sozial ungerechtfertigt, wenn der Arbeitgeber bei der Auswahl des Arbeitnehmers soziale Gesichtspunkte nicht oder nicht ausreichend berücksichtigt hat.   163

Zunächst ist zu prüfen, ob **vergleichbare Arbeitnehmer im Betrieb** vorhanden sind. Das ist der Fall, wenn die Arbeitnehmer von ihrer Tätigkeit her austauschbar sind. Das richtet sich in erster Linie nach arbeitsplatzbezogenen Merkmalen[4]. Es kommt darauf an, ob der Arbeitnehmer, dessen Arbeitsplatz weggefallen ist, die Funktion der anderen Arbeitnehmer wahrnehmen kann. Das ist der Fall, wenn der Arbeitnehmer aufgrund seiner Fähigkeiten und Ausbildung eine andersartige, aber gleichwertige Tätigkeit ausführen kann. Der Vergleich vollzieht sich insoweit auf derselben Ebene der Betriebshierarchie (sog. horizontale Vergleichbarkeit)[5]. Demnach ist keine Vergleichbarkeit gegeben, wenn eine Änderungskündigung oder eine Umschulung erforderlich wären[6].   164

Nach der Ermittlung der vergleichbaren Arbeitnehmer ist die soziale Schutzwürdigkeit **der von der Sozialauswahl betroffenen Arbeitnehmer zu bestimmen**[7]. Das Gesetz formuliert insoweit in § 1 Abs. 3 Satz 1 KSchG: 165

„Ist einem Arbeitnehmer aus dringenden betrieblichen Erfordernissen ... gekündigt worden, so ist die Kündigung trotzdem sozial ungerechtfertigt, wenn der Arbeitgeber bei der

---

1 BAG v. 28.6.2000 – 7 AZR 904/98, AP Nr. 6 zu § 1 KSchG 1969 Wiedereinstellung = NZA 2000, 1097, 1102; BAG v. 4.12.1997 – 2 AZR 140/97, AP Nr. 4 zu § 1 KSchG 1969 Wiedereinstellung = NZA 1998, 701–705.
2 BAG v. 28.6.2000 – 7 AZR 904/98, AP Nr. 6 zu § 1 KSchG 1969 Wiedereinstellung = NZA 2000, 1097, 1102.
3 BAG v. 28.6.2000 – 7 AZR 904/98, AP Nr. 6 zu § 1 KSchG 1969 Wiedereinstellung = NZA 2000, 1097, 1102; BAG v. 4.12.1997 – 2 AZR 140/97, AP Nr. 4 zu § 1 KSchG 1969 Wiedereinstellung = NZA 1998, 701, 705.
4 Allgemeine Meinung vgl. BAG v. 7.2.1985 – 2 AZR 91/94, AP Nr. 9 zu § 1 KSchG 1969 Soziale Auswahl = NZA 1986, 260, 262 m. w. N.
5 BAG v. 4.2.1993 – 2 AZR 462/92, juris; BAG v. 7.2.1985 – 2 AZR 91/84, AP Nr. 9 zu § 1 KSchG 1969 Soziale Auswahl = NZA 1986, 260, 262 m. w. N.
6 BAG v. 7.2.1985 – 2 AZR 91/84, AP Nr. 9 zu § 1 KSchG 1969 Soziale Auswahl = NZA 1986, 260, 262.
7 LAG Düsseldorf v. 21.3.1997 – 15 Sa 1019/96, LAGE § 1 KSchG Soziale Auswahl Nr. 22.

Auswahl des Arbeitnehmers **die Dauer der Betriebszugehörigkeit, das Lebensalter, die Unterhaltspflichten und die Schwerbehinderung** des Arbeitnehmers nicht ausreichend berücksichtigt hat."

166 Nach der Bestimmung der sozialen Schutzbedürftigkeit ist noch zu prüfen, ob **betriebliche Bedürfnisse der Auswahl nach sozialen Gesichtspunkten entgegenstehen**[1]. Für die Weiterbeschäftigung eines Arbeitnehmers mit speziellen Fertigkeiten und Kenntnissen besteht unter Umständen ein **betriebliches Interesse**, das der Sozialauswahl entgegensteht[2]. Ein berechtigtes betriebliches Bedürfnis kann auch in der Sicherung einer ausgewogenen Personalstruktur im Betrieb liegen.

9. Prüfungsschema zur ordentlichen Kündigung

167 Bei der Überprüfung der Wirksamkeit einer ordentlichen Kündigung sind folgenden Prüfungskriterien zu berücksichtigen:

a) Ordnungsgemäße Kündigungserklärung

168 Eine Kündigungserklärung ist gem. § 623 BGB nur wirksam, wenn sie schriftlich erfolgt. Eine Kündigung durch Fax oder E-Mail ist nicht wirksam. Die schriftliche Kündigung wird wirksam mit ihrem Zugang beim Empfänger. Die Erklärung muss inhaltlich bestimmt sein und damit zumindest sinngemäß die Auflösung des Arbeitsverhältnisses zum Ausdruck bringen. Die Kündigung ist grundsätzlich bedingungsfeindlich.

b) Ausschluss der ordentlichen Kündigung

169 Ist eine ordentliche Kündigung ausgeschlossen (etwa im Tarifvertrag), so kommt nur eine außerordentliche Kündigung in Betracht.

c) Zustimmungsbedürftigkeit

170 Vor jeder Kündigung eines Schwerbehinderten bzw. einer Kündigung, die das MuSchG betrifft, muss die Zustimmung der zuständigen Stellen eingeholt werden (vgl. §§ 9 MuSchG, 85 SGB IX). Gleiches gilt für die Eltern in Elternzeit (§ 18 BEEG) und Arbeitnehmer, die Pflegezeit in Anspruch nehmen (§ 5 PflegeZG).

d) Ordnungsgemäße Anhörung des Betriebsrats

171 Vor jeder Kündigung ist der Betriebsrat anzuhören, § 102 BetrVG. Eine Anhörung des betroffenen Arbeitnehmers ist nicht erforderlich[3]. Ebenfalls ist eine

---

1 LAG Düsseldorf v. 21.3.1997 – 15 Sa 1019/96, LAGE § 1 KSchG Soziale Auswahl Nr. 22.
2 BAG v. 5.5.1994 – 2 AZR 917/93, AP Nr. 23 zu § 1 KSchG Soziale Auswahl = NZA 1994, 1023.
3 BAG v. 18.9.1997 – 2 AZR 36/97, AP Nr. 138 zu § 626 BGB m. w. N.

Anhörung der Personalvertretung vor einer Kündigung notwendig (vgl. etwa § 79 Abs. 1 BPersVG). Auch im kirchlichen Bereich bedarf es vor einer Kündigung der Anhörung der Mitarbeitervertretungen (§ 42 MVG.EKD[1], § 30 MAVO).

Bei der Anhörung sind dem Betriebsrat **alle** Umstände mitzuteilen, die dieser   172
kennen muss, um eine Stellungnahme zu der beabsichtigten Kündigung abgeben zu können[2].

e) Anzeigebedürftigkeit

Gemäß § 17 Abs. 1 KSchG sind Massenentlassungen vom Arbeitgeber bei   173
der Agentur für Arbeit anzuzeigen[3]. Auch gegenüber dem Betriebsrat bestehen bei einer solchen Entlassung besondere Pflichten, § 17 Abs. 2 KSchG

f) Anwendbarkeit des Kündigungsschutzgesetzes (§§ 1 Abs. 1, 23 Abs. 1 KSchG)

Siehe hierzu Rz. 48 ff.   174

g) Einhaltung der Klagefrist

§ 4 Satz 1 KSchG sieht vor, dass ein Arbeitnehmer, der geltend machen will,   175
dass eine Kündigung sozial ungerechtfertigt ist, innerhalb von drei Wochen nach Zugang der Kündigung Klage beim Arbeitsgericht auf Feststellung erheben muss, dass das Arbeitsverhältnis durch die Kündigung nicht aufgelöst ist. Im Falle der Verhinderung wird durch § 5 Abs. 1 KSchG im Einzelfall die Klage auch noch verspätet zugelassen. Bei Nichteinhaltung der Klagefrist gilt die Kündigung als von Anfang an rechtswirksam (§ 7 KSchG).

Nur in ganz wenigen Ausnahmefällen muss die Frist des § 4 Abs. 1 KSchG   176
nicht eingehalten werden, so etwa bei fehlender Schriftform der Kündigung. Gleiches gilt, wenn ein Vertreter ohne Vertretungsmacht oder der falsche Arbeitgeber kündigt. In diesen Fällen gilt die dreiwöchige Klagefrist nicht. Sie findet nur bei einer dem Arbeitgeber zurechenbaren Kündigung Anwendung[4]. Eine ohne Billigung (Vollmacht) des Arbeitgebers ausgesprochene Kündigung ist dem Arbeitgeber erst durch eine nachträglich erteilte Genehmigung (§ 180 Satz 2 BGB) zurechenbar. Die dreiwöchige Klagefrist kann in diesem Fall frühestens mit Zugang der Genehmigung zu laufen beginnen[5].

---

1 Vgl. dazu Richter, Die Kündigung im Mitarbeitervertretungsgesetz der Evangelischen Kirche, 2. Aufl. 2009.
2 BAG v. 15.12.1994 – 2 AZR 327/94, AP Nr. 67 zu § 1 KSchG 1969 Betriebsbedingte Kündigung.
3 BAG v. 28.5.2009 – 8 AZR 273/08, juris.
4 BAG v. 26.3.2009 – 2 AZR 403/07, NZA 2009, 1146, Rz. 18 f.
5 BAG v. 26.3.2009 – 2 AZR 403/07, NZA 2009, 1146, Rz. 20.

176a   Ist die Kündigungsschutzklage rechtzeitig erhoben, kann der Arbeitnehmer bis zum Schluss der mündlichen Verhandlung erster Instanz zur Begründung der Unwirksamkeit der Kündigung weitere – bisher nicht vorgetragene – Unwirksamkeitsgründe geltend machen (§ 6 KSchG).

h) Soziale Rechtfertigung der Kündigung

177   Die Kündigung ist sozial gerechtfertigt, wenn ein wirksamer Kündigungsgrund vorliegt (vgl. § 1 KSchG), wenn sie also durch Gründe, die in der Person oder dem Verhalten des Arbeitnehmers liegen, gerechtfertigt ist oder wenn dringende betriebliche Gründe die Kündigung rechtfertigen.

i) Kündigungsfrist

178   Ist die Kündigungsfrist (vgl. § 622 BGB) nicht eingehalten, führt das nicht zur Unwirksamkeit der Kündigung; sie gilt vielmehr als zum nächstzulässigen Zeitpunkt ausgesprochen.

10. Außerordentliche Kündigung

a) Allgemeines

179   Gemäß **§ 626 Abs. 1 BGB** kann das Arbeitsverhältnis von jedem Vertragsteil **aus wichtigem Grund ohne Einhaltung einer Kündigungsfrist** gekündigt werden, wenn Tatsachen vorliegen, aufgrund derer dem Kündigenden unter Berücksichtigung aller Umstände des Einzelfalles und unter Abwägung der Interessen beider Vertragsteile die Fortsetzung des Arbeitsverhältnisses bis zum Ablauf der Kündigungsfrist oder bis zu der vereinbarten Beendigung des Dienstverhältnisses nicht zugemutet werden kann.

b) Prüfungsschema

180   Bei einer außerordentlichen Kündigung müssen folgende Punkte geprüft werden:

- Ordnungsgemäße Kündigungserklärung?
- Zustimmungsbedürftigkeit der Kündigung (§§ 9 MuSchG, 85 SGB IX, 18 BEEG, 5 PflegeZG)?
- Anhörung des Betriebsrats (§ 102 Abs. 1 BetrVG)?
- Einhalten der Klagefrist gem. §§ 13 Abs. 1 Satz 2, 4 Satz 1 KSchG?
- Vorliegen eines wichtigen Grundes i. S. v. § 626 Abs. 1 BGB?
- Einhalten der Kündigungserklärungsfrist des § 626 Abs. 2 BGB?
- Vorliegen eines bestimmten Sachverhalts, der ohne die besonderen Umstände des Einzelfalls an sich geeignet ist, einen wichtigen Grund darzustellen (1. Stufe der Prüfung des wichtigen Grundes)?

- Ist bei Berücksichtigung der konkreten Umstände des Einzelfalls und der Abwägung der Interessen beider Vertragsteile die konkrete Kündigung gerechtfertigt und somit verhältnismäßig (2. Stufe der Prüfung des wichtigen Grundes)?

- Vorrangige mildere Mittel?

- Interessenabwägung?

- Umdeutung in eine ordentliche Kündigung?

Im Folgenden sind nur die Punkte angesprochen, bei denen sich Abweichungen zur ordentlichen Kündigung ergeben.

aa) Wichtiger Grund i. S. d. § 626 Abs. 1 BGB

Da die außerordentliche Kündigung in der Regel **fristlos** und nur **ausnahmsweise mit einer Auslauffrist** versehen erfolgt, ist für sie Voraussetzung, dass ein wichtiger Grund vorliegt.   181

Das BAG prüft den wichtigen Grund **in zwei Schritten**[1]. Im **ersten Schritt**   182
wird geprüft, ob ein bestimmter Sachverhalt ohne die besonderen Umstände des Einzelfalls an sich geeignet ist, einen wichtigen Grund darzustellen[2]. Wird dies bejaht, so ist in einem **zweiten Schritt** zu prüfen, ob bei Berücksichtigung der konkreten Umstände des Einzelfalls und der Abwägung der Interessen beider Vertragsteile die konkrete Kündigung gerechtfertigt und damit verhältnismäßig ist[3], also ob eine Fortsetzung des Arbeitsverhältnisses bis zum Ablauf der Kündigungsfrist zumutbar ist oder nicht[4]. Im Rahmen dieses zweiten Schrittes ist das **Prognoseprinzip** zu berücksichtigen. Es besagt, dass die außerordentliche Kündigung nur auf solche Gründe gestützt werden kann, die sich **zukünftig konkret** nachteilig auf das Arbeitsverhältnis auswirken, d. h., es muss in Zukunft mit weiteren Störungen zu rechnen sein (sog. **Negativprognose**)[5]. Der wichtige Grund setzt grundsätzlich kein schuldhaftes Verhalten voraus. Beurteilungszeitpunkt der Rechtmäßigkeit der Kündigung ist auch bei außerordentlichen Kündigungen der Zugang der Erklärung.

bb) Ultima-Ratio-Prinzip

Die außerordentliche Kündigung ist nur dann verhältnismäßig und damit   183
zulässig, wenn sie die unausweichlich letzte Maßnahme (Ultima Ratio) für

---

1 St. Rspr., vgl. BAG v. 2.3.1989, AP Nr. 101 zu § 626 BGB; BAG v. 7.7.2005 – 2 AZR 581/04, BAGE 115, 195; BAG v. 27.4.2006 – 2 AZR 386/05, NJW 2006, 2939–2943; BAG v. 5.11.2009 – 2 AZR 609/08, juris, Rz. 12.
2 jurisPK-BGB/*Weth*, § 626 Rz. 5.
3 jurisPK-BGB/*Weth*, § 626 Rz. 5; LAG Hamm v. 28.11.2003 – 1 Sa 1024/03, juris; KR/*Fischermeier*, § 626 BGB Rz. 84.
4 jurisPK-BGB/*Weth*, § 626 Rz. 5; BAG v. 11.12.2003 – 2 AZR 36/03, D-spezial 2004 Nr. 8, 7–8.
5 BAG v. 21.11.1996 – 2 AZR 357/95, NJW 1997, 2195–2198.

den Kündigungsberechtigten ist. Wenn also alle anderen, nach den jeweiligen Umständen des konkreten Falles möglichen und angemessenen milderen Mittel – wie eine Abmahnung –, die geeignet sind, das in der bisherigen Form nicht mehr tragbare Arbeitsverhältnis fortzusetzen, erschöpft sind[1].

cc) Kündigungserklärungsfrist

184 § 626 Abs. 2 BGB legt fest, dass für den Ausspruch einer außerordentlichen Kündigung eine Zweiwochenfrist einzuhalten ist. Diese Ausschlussfrist ist von Amts wegen zu beachten[2]. Die Frist soll verhindern, dass alte Gründe nach Belieben zur außerordentlichen Kündigung eingesetzt werden können[3]. Ist die Frist abgelaufen hat der Kündigungsberechtigte sein Recht zur außerordentlichen Kündigung verwirkt[4], es bleibt ihm die ordentliche Kündigung.

185 Die Frist beginnt mit dem Zeitpunkt, in dem der Kündigungsberechtigte von den maßgeblichen Tatsachen Kenntnis erlangt[5]. Es kommt hierbei auf die sichere und möglichst vollständige Kenntnis des Kündigungssachverhalts an[6]. Der Kündigungsberechtigte kann mit der gebotenen Eile eigene Ermittlungen anstellen[7] und dabei dem Kündigungsgegner zunächst Gelegenheit zur Stellungnahme geben, wobei von einer einwöchigen Regelfrist auszugehen ist, die jedoch aus sachlichen Gründen verlängert werden kann[8].

dd) Interessenabwägung

186 Die Interessenabwägung muss die sofortige Unzumutbarkeit der Fortsetzung des Arbeitsverhältnisses ergeben. Sie darf nur aufgrund arbeitsvertraglich relevanter Umstände erfolgen. Im Rahmen der Interessenabwägung sind das Interesse des Kündigenden an der Auflösung und das Interesse des Kündigungsempfängers an der Aufrechterhaltung des Arbeitsverhältnisses gegenüberzustellen. Zu beachten sind in diesem Zusammenhang z. B.

- Art und Schwere der Vertragsstörung

- Folgen, insbesondere das Vorliegen betrieblicher und wirtschaftlicher Auswirkungen[9]

- Dauer des störungsfreien Verlaufs des Arbeitsverhältnisses

---

1 BAG v. 9.7.1998 – 2 AZR 201/98, EzA-SD 1998 Nr. 22, 6–9; jurisPK-BGB/*Weth*, § 626 Rz. 7.
2 jurisPK-BGB/*Weth*, § 626 Rz. 35.
3 Jauernig/*Mansel*, § 626 BGB Rz. 19.
4 BAG v. 18.11.1999 – 2 AZR 852/98, AP Nr. 160 zu § 626 BGB = NZA 2000, 381, 385.
5 BAG v. 31.3.1993 – 2 AZR 492/92, AP Nr. 32 zu § 626 BGB Ausschlussfrist = NZA 1994, 409.
6 LAG Düsseldorf v. 17.3.1998 – 16 Sa 632/96, MedR 1999, 39–43.
7 BAG v. 31.3.1993 – 2 AZR 492/92, AP Nr. 32 zu § 626 BGB Ausschlussfrist = NZA 1994, 409.
8 BAG v. 12.2.1973 – 2 AZR 116/72, AP Nr. 6 zu § 626 BGB Ausschlussfrist = DB 1973, 1258.
9 BAG v. 17.3.1988 – 2 AZR 576/87, AP Nr. 99 zu § 626 BGB = DB 1989, 329, 331.

- Betriebszugehörigkeit
- Alter des Arbeitnehmers
- Wiederholungsgefahr

11. Druckkündigung

a) Allgemeines

Unter Druckkündigung versteht man eine Kündigung, die der Arbeitgeber 187
gegenüber einem Arbeitnehmer nicht aus freiem Entschluss ausspricht, sondern weil ein Dritter auf den Arbeitgeber Druck ausübt. Bei besagtem Dritten kann es sich um einen Kunden, Lieferanten, staatliche Stellen oder die
Belegschaft selbst handeln[1]. Auch die Mittel des ausgeübten Drucks können
ganz verschiedenartig sein. In Betracht kommen vor allem Streik, Massenkündigung, Boykott, Auftragssperren oder auch die Drohung mit solchen Re-
pressalien[2].

Beispiel: 188
Der Lieferant einer Krankenhausküche, stellt die Krankenhausleitung vor die Alternative, einen Küchenmitarbeiter zu entlassen oder ihn als Lieferanten zu verlieren. Das Pflegepersonal einer Station im Krankenhaus begehrt die Entlassung des Pflegedienstleiters,
weil ein weiteres Zusammenarbeiten nicht mehr vorstellbar sei.

Man unterscheidet zwischen sog. „echten" und „unechten" Druckkündi-   189
gungen.

Von einer **„unechten" Druckkündigung** spricht man, wenn das Entlassungs-   190
verlangen durch eine in der Person oder dem Verhalten des Arbeitnehmers
liegende Ursache objektiv gerechtfertigt ist[3]. In diesen Fällen kann der Arbeitgeber dem Arbeitnehmer verhaltens- oder personenbedingt kündigen,
ohne dass es auf den ausgeübten Druck als solchen ankommt. Das von außen geäußerte Entlassungsverlangen stellt dabei lediglich den Anlass für die
Kündigung dar und ist im Rahmen der Interessenabwägung zu berücksichtigen, während der eigentliche Kündigungsgrund in der Sphäre des Arbeitnehmers liegt[4].

Um eine **„echte" Druckkündigung** handelt es sich dagegen, wenn der Arbeit- 191
geber den Arbeitnehmer ohne Vorliegen verhaltens- oder personenbedingter
Gründe allein wegen der Androhung von Nachteilen entlässt[5], das Entlas-

---

1 *Blaese*, DB 1988, 178, 178; BAG v. 25.10.2007 – 8 AZR 593/06 zum Problemkreis
  „Mobbing" durch den vorgesetzten Chefarzt und zum Anspruch gegenüber dem Vorgesetzten, gegenüber diesem Arzt die Kündigung auszusprechen, vgl. insbesondere
  Rz. 64 ff.
2 *Blaese*, DB 1988, 178, 178; HWK/*Sandmann*, § 626 BGB Rz. 339.
3 *Preis* in: Stahlhacke/Preis/Vossen, § 22 Rz. 695.
4 BAG v. 26.1.1962 – 2 AZR 244/61, AP Nr. 8 zu § 626 BGB= NJW 1962, 1413; BAG v.
  18.9.1975 – 2 AZR 311/74, AP Nr. 10 zu § 626 BGB; *Hromadka/Maschmann*, Arbeitsrecht, Band 1, § 10 Rz. 123.
5 *Hromadka/Maschmann*, Arbeitsrecht, Band 1, § 10 Rz. 123.

sungsverlangen also objektiv unbegründet ist[1]. Die Rechtsnatur einer solchen „echten" Druckkündigung ist in Rechtsprechung und Lehre umstritten. Manche Autoren[2] betrachten die Druckkündigung als Unterfall der personenbedingten Kündigung, da der Arbeitnehmer aufgrund der Reaktionen, die mit seiner Weiterbeschäftigung verbunden sind, für seine Tätigkeit nicht mehr als geeignet angesehen werden kann[3]. Andere[4] wiederum sehen die Druckkündigung als betriebsbedingte Kündigung an. Denn als betriebsbedingte Gründe werden im Allgemeinen jene angesehen, die von Person und Verhalten des Arbeitnehmers unabhängig sind und sich nur auf das Bedürfnis des Arbeitgebers nach Arbeitsleistung beziehen[5]. Für diese Einordnung spricht zumindest die Tatsache, dass die am Arbeitnehmer geäußerte Kritik unberechtigt ist und somit nicht als personen- oder verhaltensbedingter Kündigungsgrund in Frage kommt.

192 Nach Auffassung des BAG hingegen kann als Druckkündigung, je nach Sachlage, eine personen-, verhaltens- oder betriebsbedingte Kündigung in Betracht kommen[6]. Sie ist sowohl als außerordentliche als auch als ordentliche Kündigung denkbar. Entscheidend ist lediglich, dass ein Dritter unter Androhung von Nachteilen für den Arbeitgeber von diesem die Entlassung eines bestimmten Arbeitnehmers verlangt[7].

b) Zulässigkeitsvoraussetzungen einer Druckkündigung

193 Die Zulässigkeit einer „echten" Druckkündigung ist an strenge Voraussetzungen gebunden. Der Arbeitgeber muss den Druck anderer Arbeitnehmer oder Dritter im Rahmen des Zumutbaren hinnehmen und darf ihn nicht auf den Arbeitnehmer abwälzen[8]. So darf der Arbeitgeber beim Verlangen der Belegschaft auf Entlassung eines Arbeitnehmers diesem nicht ohne weiteres nachgeben. Er hat sich aufgrund seiner arbeitsvertraglichen Fürsorgepflicht vor den betroffenen Arbeitnehmer zu stellen und alles Zumutbare zu versuchen, um diejenigen, die den Druck ausüben, von ihrer Drohung abzubringen[9]. Nur wenn daraufhin weiter ein betriebsschädigendes Verhalten in Aussicht gestellt wird (z.B. Streik oder Massenkündigung) und dadurch schwere wirtschaftliche Schäden für den Arbeitgeber drohen, ist die Druckkündigung als Ultima Ratio zulässig. Einer vorherigen Anhörung des Arbeitnehmers

---

1 *Blaese*, DB 1988, 178, 178; *Preis* in: Stahlhacke/Preis/Vossen, § 22 Rz. 695.
2 *Preis*, Individualarbeitsrecht, § 64 V, S. 816; *Preis* in: Stahlhacke/Preis/Vossen, § 22 Rz. 695.
3 *Preis*, Individualarbeitsrecht, § 64 V, S. 818.
4 *Hromadka/Maschmann*, Arbeitsrecht, Band 1, § 10 Rz. 123; *Dütz*, Rz. 333; KR/*Fischermeier*, § 626 BGB Rz. 205.
5 KR/*Griebeling*, § 1 KSchG Rz. 514 ff.
6 BAG v. 19.6.1986 – 2 AZR 563/85, AP Nr. 33 zu § 1 KSchG; a.A. *Preis*, Individualarbeitsrecht, § 64 V, S. 817.
7 BAG v. 19.6.1986 – 2 AZR 563/85, AP Nr. 33 zu § 1 KSchG.
8 BAG v. 18.9.1975 – 2 AZR 311/74, AP Nr. 10 zu § 626 BGB; BAG v. 11.2.1960 – 5 AZR 210/58, AP Nr. 3 zu § 626 BGB.
9 BAG v. 4.10.1990 – 2 AZR 201/90, AP Nr. 12 zu § 626 BGB.

bedarf es im Gegensatz zur Verdachtskündigung[1] bei der Druckkündigung nicht[2].

Anzumerken bleibt, dass die Möglichkeit einer Druckkündigung dann von vornherein nicht besteht, wenn der Arbeitgeber den Druck eines Dritten selbst schuldhaft herbeigeführt hat[3].   194

Zur Frage, ob ein Arzt der durch den ihm vorgesetzten Chefarzt **gemobbt** worden ist, einen Anspruch gegen seinen Arbeitgeber hat, den Chefarzt zu kündigen, vgl. BAG v. 25.10.2007 – 8 AZR 593/06, juris.   194a

12. Verdachtskündigung

a) Allgemeines

Eine Verdachtskündigung ist eine Kündigung, die aufgrund des Verdachts einer strafbaren Handlung oder einer sonstigen schweren arbeitsvertraglichen Verfehlung ausgesprochen wird.   195

Beispiel: 196

Ein Arbeitnehmer wird verdächtigt, mehrere Diebstähle im Materiallager des Arbeitgebers unternommen zu haben. Ein Arbeitnehmer steht im Verdacht, das Arbeitszeiterfassungsgerät manipuliert zu haben.

Während bei einem erwiesenen Fehlverhalten das Institut der verhaltensbedingten Kündigung einschlägig ist (man spricht insoweit in Abgrenzung zur Verdachtskündigung von der **Tatkündigung**), handelt es sich bei einer Verdachtskündigung um eine personenbedingte Kündigung[4]. Anders als bei einer verhaltensbedingten Kündigung liegt nämlich bei einer Verdachtskündigung ein Verschulden des Arbeitnehmers an dem vertragswidrigen Verhalten gerade nicht nachweislich vor. Den Ausschlag, die Verdachtskündigung als personenbedingte Kündigung einzuordnen, gibt aber vor allem die Tatsache, dass durch den Tatverdacht die Eignung des Arbeitnehmers für die vertraglich geschuldete Arbeit entfällt, weil dieser nicht mehr das notwendige Vertrauen des Arbeitgebers für eine weitere Zusammenarbeit genießt[5].   197

Die Verdachtskündigung kann als außerordentliche Kündigung oder als ordentliche Kündigung ausgesprochen werden.   198

---

1 S. dazu Rz. 195 ff.
2 BAG v. 4.10.1990 – 2 AZR 201/90, AP Nr. 12 zu § 626 BGB.
3 BAG v. 26.1.1962 – 2 AZR 244/61, BAGE 12, 220, 231.
4 *Preis*, Individualarbeitsrecht, § 66 IV, S. 857.
5 *Preis*, Individualarbeitsrecht, § 66 IV, S. 857; *Schwerdtner*, Die Verdachtskündigung, Brennpunkte des Arbeitsrechts 2001, S. 243; LAG Baden-Württemberg v. 30.6.2009 – 22 Sa 5/09, juris, zur außerordentlichen Verdachtskündigung eines Sportmediziners wegen Dopingvorwürfen.

b) Zulässigkeitsvoraussetzungen einer Verdachtskündigung

199   In Anbetracht der Tatsache, dass es sich bei einer Verdachtskündigung um einen besonders schwerwiegenden Eingriff in die Interessen des Gekündigten handelt und mit ihr auch stets das Risiko eines unbegründeten Verdachts einhergeht, ist die Zulässigkeit einer Verdachtskündigung an besonders hohe Anforderungen geknüpft.

200   Zunächst ist erforderlich, dass die Tat, derer der Gekündigte verdächtigt wird, im Falle ihrer wirklichen Begehung eine Kündigung rechtfertigen würde. Das vermutete Fehlverhalten muss so schwerwiegend sein, dass eine Kündigung gerechtfertigt ist, wenn man den Verdacht als wahr unterstellt. In der Praxis werden vielfach folgende Fälle in diesem Kontext genannt: Verdacht von Straftaten, Schmiergeldzahlungen, Geheimnisverrat oder sexuelle Belästigung von Mitarbeitern[1].

201   Dieser Verdacht muss sich auf objektive, im Zeitpunkt der Kündigung vorliegende Tatsachen stützen lassen und dringend sein[2]. Die subjektive Wertung des Arbeitgebers ist unmaßgeblich[3]. Als objektive Tatsachen bezeichnet man solche Umstände, die allgemein einem Beweis zugänglich sind, wie beispielsweise fehlende Lagerbestände, Verletzungen bei anderen Arbeitnehmern, falsche Auskünfte oder Vorstrafen. Ein Verdacht ist dann dringend, wenn eine große Wahrscheinlichkeit für die Tatbegehung durch den Gekündigten vorliegt[4]. Anzumerken hierzu bleibt, dass allein die Einstellung der gegen einen Arbeitnehmer eingeleiteten staatsanwaltlichen Ermittlungen einen im Übrigen dringenden Tatverdacht nicht entkräftet[5].

202   Des Weiteren wird aufgrund des Ultima-Ratio-Prinzips von der kündigenden Person verlangt, dass sie **alle zumutbaren Anstrengungen zur Aufklärung des Sachverhaltes unternommen hat.** Dazu gehört insbesondere, dass der Gekündigte und andere daran beteiligte Personen angehört werden. Die **Anhörung des Arbeitnehmers** ist nach der Rechtsprechung Wirksamkeitsvoraussetzung der Verdachtskündigung; verletzt der Arbeitgeber diese Obliegenheit, so ist die Kündigung schon allein aus diesem Grunde unwirksam[6].

203   Während es für die Wirksamkeit der Tatkündigung auf die Sachlage zum Zeitpunkt des Zugangs der Kündigung ankommt, ist die Verdachtskündigung nur dann wirksam, wenn der dringende Tatverdacht im Falle einer Klage des Gekündigten bis zum Schluss der mündlichen Verhandlung nicht ausgeräumt werden kann. Die erkennenden Gerichte sind insofern bei der Überprüfung einer Verdachtskündigung gezwungen, dem Vorbringen, mit dem sich der Arbeitnehmer in der mündlichen Verhandlung gegen den Ver-

---

1 BAG v. 26.3.1992 – 2 AZR 519/91, AP Nr. 23 zu § 626 BGB.
2 BAG v. 14.9.1994 – 2 AZR 164/94, AP Nr. 24 zu § 626 BGB.
3 *Schwerdtner*, Die Verdachtskündigung, Brennpunkte des Arbeitsrechts 2001, S. 258.
4 BAG v. 12.8.1999 – 2 AZR 923/98, AP Nr. 28 zu § 626 BGB.
5 BAG v. 20.8.1997 – 2 AZR 620/96, AP Nr. 27 zu § 626 BGB.
6 BAG v. 13.9.1995 – 2 AZR 587/94, AP Nr. 25 zu § 626 BGB; BAG v. 26.9.2002 – 2 AZR 424/01, juris.

dacht verteidigen will, durch eine vollständige Klärung des Sachverhaltes nachzugehen[1].

Letztendlich darf nach einer umfassenden Abwägung der widerstreitenden   204
Interessen dem Kündigenden die Fortsetzung des Arbeitsverhältnisses aufgrund des dringenden Tatverdachts unzumutbar sein.

Liegen alle diese Voraussetzungen vor, so ist eine Verdachtskündigung be-   205
gründet.

Vgl. zur Verdachtskündigung eines Sportmediziners (bei einem Universi-   205a
tätsklinikum als geschäftsführender Oberarzt in der Abteilung Rehabilitative und Präventive Sportmedizin angestellt) LAG Baden-Württemberg v. 30.6.2009 – 22 Sa 5/09, juris.

c) Wiedereinstellungsanspruch

Wird eine Verdachtskündigung gegen einen Arbeitnehmer ausgesprochen, so   206
kann diesem unter Umständen ein Wiedereinstellungsanspruch zustehen. Ein solcher Anspruch auf Wiedereinstellung kommt in Betracht, wenn dem Arbeitnehmer wegen Verdachts einer strafbaren Handlung gekündigt worden ist und sich später seine Unschuld herausstellt oder zumindest nachträglich Umstände bekannt werden, die den bestehenden Verdacht beseitigen[2]. Dabei stellt das BAG jedoch strenge Anforderungen an einen Unschuldsnachweis. Die Einstellung der staatsanwaltlichen Ermittlungen vermögen dazu allein nicht zu genügen[3].

13. Änderungskündigung

a) Allgemeines

Mit der Änderungskündigung strebt der Kündigende eine Änderung der Ar-   207
beitsbedingungen zu seinen Gunsten an. Sie setzt sich zusammen aus einer Beendigungskündigung und dem Angebot auf Fortsetzung des Arbeitsverhältnisses zu geänderten Arbeitsbedingungen. Die Änderungskündigung dient in der Praxis dem Arbeitgeber häufig als probates Mittel, um solche Veränderungen der Arbeitsbedingungen zu erreichen, die ihm über die Ausübung seines Direktionsrechts aus § 106 GewO nicht möglich sind. Eine Änderungskündigung kann sowohl als ordentliche als auch als außerordentliche Kündigung ausgesprochen werden[4].

---

1 BAG v. 18.11.1999 – 2 AZR 743/98, AP Nr. 32 zu § 626 BGB.
2 BAG v. 14.12.1956 – 1 AZR 29/55, AP Nr. 3 zu § 611 BGB; BAG v. 4.6.1964 – 2 AZR 310/63, AP Nr. 13 zu § 626 BGB.
3 BAG v. 20.8.1997 – 2 AZR 620/96, AP Nr. 27 zu § 626 BGB.
4 *Hromadka/Maschmann*, Arbeitsrecht, Band 1, Rz. 379; BAG v. 2.3.2006 – 2 AZR 64/05, AP Nr. 84 zu § 2 KSchG 1969 = EzA KSchG § 2 Nr. 58; BAG v. 27.11.2008 – 2 AZR 757/07, NZA 2009, 481.

b) Zulässigkeitsvoraussetzungen einer Änderungskündigung

aa) Kündigung

208 Zunächst bedarf die Änderungskündigung als echte Kündigung einer wirksamen Kündigungserklärung. Vor Ausspruch der der Änderungskündigung ist der Betriebsrat gem. § 102 BetrVG anzuhören[1]. Dazu müssen ihm sowohl das Änderungsangebot als auch die Gründe für die Änderung und die Kündigungsfristen mitgeteilt werden[2]. Bezweckt die Änderungskündigung eine Versetzung i. S. d. § 95 Abs. 3 BetrVG, besitzt der Betriebsrat sogar ein Mitbestimmungsrecht nach § 99 BetrVG. Fehlt die Zustimmung des Betriebsrats nach § 99 BetrVG, führt dies allerdings nicht zur Unwirksamkeit der Änderungskündigung, da die Zustimmung lediglich für die tatsächliche Zuweisung des neuen Arbeitsverhältnisses erforderlich ist[3].

209 Darüber hinaus sind bei der Änderungskündigung auch die Vorschriften des Sonderkündigungsschutzes einzuhalten. Im Falle einer ordentlichen Änderungskündigung muss die Kündigung die Kündigungsfristen des § 622 Abs. 2 BGB einhalten und insbesondere, sofern das KSchG anwendbar ist, gem. § 1 Abs. 2 KSchG sozial gerechtfertigt sein. Die Änderung muss aus personen-, verhaltens- oder betriebsbedingten Gründen unbedingt erforderlich sein. Im Falle einer außerordentlichen Änderungskündigung muss es einen wichtigen Grund i. S. d. § 626 BGB für die sofortige Änderung der Arbeitsbedingungen geben.

210 Die Änderungskündigung darf schließlich nicht ausgeschlossen sein. Das Änderungsangebot selbst unterliegt ebenso wie die Kündigung dem Schriftformerfordernis des § 623 BGB[4].

bb) Änderungsangebot

211 Der Kündigende muss dem Kündigungsempfänger die Fortsetzung des Arbeitsverhältnisses zu geänderten Bedingungen anbieten, d. h., er muss ihm ein Angebot zum Abschluss eines Änderungsvertrages unterbreiten[5]. Dieses Angebot muss inhaltlich so bestimmt sein, dass es der Kündigungsempfänger mit einem schlichten „Ja" annehmen kann[6]. Der zu kündigenden Person muss das Änderungsangebot vor, spätestens aber zugleich mit der Kündigung unterbreitet werden. Jedenfalls kann das Änderungsangebot der Kündi-

---

1 BAG v. 10.3.1982 – 4 AZR 158/79, EzA § 2 KSchG Nr. 4; BAG v. 11.10.1989 – 2 AZR 61/89, EzA § 1 KSchG Nr. 64; BAG v. 21.4.2005 – 2 AZR 244/04, EzA § 2 KSchG Nr. 52.
2 BAG v. 30.11.1989 – 2 AZR 197/89, BB 1990, 704.
3 *Hromadka/Maschmann*, Arbeitsrecht, Band 1, Rz. 378.
4 *Dütz*, Rz. 408.
5 *Hromadka/Maschmann*, Arbeitsrecht, Band 1, Rz. 380; BAG v. 21.4.2005 – 2 AZR 244/04, NZA 2005, 1294–1298.
6 LAG Hamm v. 25.7.1986 – 16 Sa 2025/85, LAGE § 2 KSchG Nr. 4; LAG Rh.-Pf. v. 6.2.1987 – 6 Sa 372/86, LAGE § 2 KSchG Nr. 6.

gung nach richtiger Ansicht nicht nachfolgen[1], ansonsten könnte der Arbeitgeber die dem Arbeitnehmer in § 2 KSchG eingeräumte Überlegungsfrist beliebig verkürzen.

c) Reaktionsmöglichkeiten des Arbeitnehmers

Ist auf das in Rede stehende Arbeitsverhältnis das KSchG anwendbar (§§ 1, 23 KSchG), hat der Arbeitnehmer vier verschiedene Möglichkeiten auf eine Änderungskündigung zu reagieren: 212

(1) Er kann das Änderungsangebot annehmen. Dann gelten die veränderten Arbeitsbedingungen entsprechend. Die Rechte und Pflichten der Parteien ergeben sich von nun an aus dem neuen Arbeitsvertrag. Die Kündigung selbst wird gegenstandslos.

(2) Er kann das Änderungsangebot ablehnen und die Kündigung hinnehmen. In diesem Fall wirkt die Änderungskündigung als Beendigungskündigung und das Arbeitsverhältnis endet mit Ablauf der Kündigungsfrist.

(3) Er kann das Änderungsangebot ablehnen und gegen die Beendigungskündigung unter den Voraussetzungen des § 4 Satz 1 KSchG Kündigungsschutzklage erheben. Hier riskiert der Arbeitnehmer, dass er seinen Arbeitsplatz verliert, wenn die Kündigung wirksam ist.

(4) Schließlich kann der Arbeitnehmer nach § 2 KSchG das Angebot unter dem Vorbehalt annehmen, dass die Änderung der Arbeitsbedingungen nicht sozial ungerechtfertigt ist und die soziale Rechtfertigung mittels der sog. **Änderungsschutzklage** durch das Arbeitsgericht überprüfen lassen[2].

Diesen Vorbehalt muss der Arbeitnehmer dem Arbeitgeber gem. § 2 Satz 2 KSchG innerhalb der Kündigungsfrist, spätestens aber innerhalb von drei Wochen nach Zugang der Kündigung erklären. Daneben ist es notwendig, dass der Arbeitnehmer gem. § 4 Satz 1 und 2 KSchG innerhalb von drei Wochen seit Zugang der Kündigung Klage auf Feststellung erhebt, dass die Änderung sozial ungerechtfertigt oder aus anderen Gründen unwirksam ist. Ansonsten erlischt der Vorbehalt gem. § 7 Halbs. 2 KSchG.

Das Gericht prüft, wenn Kündigungsschutzklage erhoben ist, unabhängig davon, ob der Arbeitnehmer das Änderungsangebot abgelehnt oder unter Vorbehalt angenommen hat, die Rechtfertigung der Änderungskündigung in einem zweistufigen Verfahren: Zunächst stellt es sich die Frage, ob Person, Verhalten oder dringende betriebliche Bedürfnisse das Änderungsangebot bedingen. In einem zweiten Schritt wird untersucht, ob die vorgeschlagene Änderung vom Arbeitnehmer billigerweise hingenommen werden muss[3].

---

1 BAG v. 10.12.1975 – 4 AZR 41/75, AP Nr. 90 zu §§ 22, 23 BAT.
2 *Hromadka/Maschmann*, Arbeitsrecht, Band 1, § 10 Rz. 386.
3 BAG v. 15.3.1991 – 2 AZR 582/90, AP Nr. 28 zu § 2 KSchG; BAG v. 21.1.1993 – 2 AZR 330/92, EzA § 2 KSchG Nr. 18; BAG v. 26.1.1995 – 2 AZR 371/94, EzA § 2 KSchG Nr. 22.

IV. Befristung

1. Allgemeines

213   Ein befristeter Arbeitsvertrag ist gem. § 3 Abs. 1 Satz 2 Teilzeit- und Befristungsgesetz (TzBfG) ein Arbeitsvertrag, der für eine bestimmte Zeit abgeschlossen wurde. Die grundsätzliche Möglichkeit des Abschlusses befristeter Arbeitsverträge ergibt sich aus § 620 Abs. 3 BGB. Solche Verträge enden automatisch nach Ablauf der vereinbarten Zeit, ohne dass es einer Kündigung bedarf. Das hat für den Arbeitgeber den Vorteil, dass er sich von Arbeitnehmern zum vereinbarten Termin trennen kann, ohne dass die Wirksamkeitsvoraussetzungen einer Kündigung vorliegen müssen. Insbesondere finden die Vorschriften des Kündigungsschutzgesetzes auf befristete Arbeitsverträge keine Anwendung. Gleiches gilt für die Schutznormen zugunsten werdender Mütter, Schwerbehinderter, Betriebsratsmitglieder u. Ä.[1]

2. Befristung nach dem TzBfG

214   Nach § 620 Abs. 3 BGB findet das Teilzeit- und Befristungsgesetz Anwendung auf Arbeitsverträge, die für eine bestimmte Zeit abgeschlossen werden (= befristete Arbeitsverträge, § 3 Abs. 1 Satz 2 TzBfG). Man unterscheidet zwischen Arbeitsverträgen, deren Dauer kalendermäßig bestimmt ist (= **kalendermäßig befristeter Arbeitsvertrag**), und solchen, deren Dauer sich aus Art, Zweck oder Beschaffenheit der Arbeitsleistung ergibt (= **zweckbefristeter Arbeitsvertrag**).

215   Da der gesetzliche Kündigungsschutz bei der Beendigung des Arbeitsverhältnisses durch Befristung nicht eingreift, soll die hierdurch für den Arbeitnehmer entstehende Härte durch die Vorschriften des TzBfG abgemildert werden. Aus diesem Grund können die Regelungen des TzBfG in den allermeisten Fällen nicht zu Ungunsten des Arbeitnehmers abbedungen werden, § 22 Abs. 1 TzBfG. Es handelt sich insoweit um einseitig zwingendes Arbeitnehmerschutzrecht.

a) Befristung und Kündigung

216   Eine ordentliche Kündigung ist im befristeten Arbeitsverhältnis grundsätzlich ausgeschlossen. Etwas anderes gilt nur, wenn dies einzel- oder tarifvertraglich vereinbart wurde, § 15 Abs. 3 TzBfG.

217   Die außerordentliche Kündigung bleibt dagegen auch im befristeten Arbeitsverhältnis möglich und kann nicht vertraglich ausgeschlossen werden.

b) Schriftform

218   Die Vereinbarung der Befristung eines Arbeitsvertrages bedarf zu ihrer Wirksamkeit in jedem Fall der Schriftform, § 14 Abs. 4 TzBfG. Dieses Schrift-

---

1 *Preis* in: Stahlhacke/Preis/Vossen, § 3 Rz. 54.

formerfordernis gilt allerdings nur für die Befristungsabrede selbst, nicht für den Arbeitsvertrag im Übrigen[1]. Dessen Form bestimmt sich nach den allgemeinen Vorschriften. Zur Wahrung der Schriftform bedarf es bei der kalendermäßigen Befristung der schriftlichen Fixierung des Beendigungsdatums oder der Angabe der Laufzeit des Arbeitsvertrages[2]. Im Fall der Zweckbefristung muss der Befristungszweck schriftlich festgehalten werden, wohingegen der Sachgrund i.S.d. § 14 Abs. 1 TzBfG nicht der Schriftform unterliegt (Näheres hierzu unter Rz. 220)[3]. Regelmäßig werden Befristungszweck und Sachgrund aber übereinstimmen. Ist die Befristungsabrede nicht in schriftlicher Form getroffen worden, gilt der Vertrag als auf unbestimmte Zeit (unbefristet) geschlossen, § 16 Satz 1 TzBfG. Er kann in diesem Fall allerdings nach § 16 Satz 3 TzBfG auch vor dem vereinbarten Ende ordentlich gekündigt werden. Wichtig ist, dass die Befristungsabrede vor Aufnahme der Tätigkeit durch den Arbeitnehmer schriftlich erfolgt ist, da ansonsten mit Arbeitsaufnahme ein unbefristeter Arbeitsvertrag zustande gekommen ist[4]. Eine nachträgliche Befristung ist dann nur noch möglich, wenn ein sachlicher Grund für die Befristung vorliegt und die Parteien über die nachträgliche Befristung einig sind.

c) Kalendermäßige Befristung

Bei dem kalendermäßig befristeten Arbeitsvertrag bestimmt sich die Vertragsdauer nach dem Kalender, d.h., sie wird nach Tagen, Wochen, Monaten oder anderen Zeitabschnitten festgelegt. Der Arbeitsvertrag endet mit Ablauf dieses Zeitraums, §§ 620 Abs. 1, 3 BGB, 15 Abs. 1 TzBfG. Eine kalendermäßige Befristung ist unter folgenden Voraussetzungen möglich: 219

aa) Vorliegen eines sachlichen Grundes

Gemäß § 14 Abs. 1 Satz 1 TzBfG bedarf die kalendermäßige Befristung des Arbeitsverhältnisses in der Regel eines sachlichen Grundes. Wäre dies nicht der Fall, könnte der gesetzliche Kündigungsschutz in der Praxis durch nacheinander geschalteten Abschluss kurzzeitiger befristeter Arbeitsverträge umgangen werden (sog. Kettenbefristung). In § 14 Abs. 1 Satz 2 TzBfG werden typische Fälle sachlicher Befristungsgründe beispielhaft aufgezählt. Wie das Wort „insbesondere" verdeutlicht, handelt es sich hierbei nicht um eine abschließende Aufzählung. Dadurch bleibt es möglich, auch nicht genannte Tatbestände zur Rechtfertigung einer Befristung heranzuziehen. Diese können jedoch nach der Rechtsprechung des BAG nur dann einen sachlichen Grund darstellen, wenn verständige und verantwortungsbewusste Parteien   220

---

1 BAG v. 23.6.2004 – 7 AZR 636/03, NZA 2004, 1333; BAG v. 13.6.2007 – 7 AZR 700/06, BAGE 123, 109–121.
2 BAG v. 21.12.2005 – 7 AZR 541/04, NZA 2006, 321.
3 BAG v. 21.12.2005 – 7 AZR 541/04, NZA 2006, 321.
4 ErfK/*Müller-Glöge*, § 14 TzBfG Rz. 150; BAG v. 22.10.2003 – 7 AZR 113/03, NJW 2004, 3586.

unter den im Einzelfall gegebenen Umständen nicht anstelle des befristeten einen unbefristeten Arbeitsvertrag geschlossen hätten[1].

bb) Fehlen eines sachlichen Grundes

221 Eine ohne sachlichen Grund vereinbarte Befristung ist nur in Ausnahmefällen wirksam.

222 So ermöglicht § 14 Abs. 2 Satz 1 TzBfG die Befristung eines Arbeitsvertrages bis zu einer Höchstdauer von zwei Jahren ohne Sachgrund. Innerhalb der Gesamtdauer von zwei Jahren kann der befristete Vertrag maximal dreimal verlängert werden. Diese Möglichkeiten bestehen aber nicht, wenn mit demselben Arbeitgeber bereits zuvor ein befristetes oder unbefristetes Arbeitsverhältnis bestanden hat, so dass § 14 Abs. 2 Satz 1 TzBfG nur die Fälle echter Neueinstellungen betrifft.

223 Um Existenzgründungen und die Entstehung neuer Unternehmen zu fördern, ist die kalendermäßige Befristung eines Arbeitsvertrages in den ersten vier Jahren nach der Gründung eines Unternehmens ohne Vorliegen eines sachlichen Grundes bis zur Dauer von vier Jahren zulässig, § 14 Abs. 2a TzBfG. Überdies können in diesen Fällen befristete Arbeitsverhältnisse bis zu einer Gesamtdauer von vier Jahren mehrfach verlängert werden.

223a § 14 Abs. 3 TzBfG enthält Sonderbestimmungen für die Befristung von Arbeitnehmern, die das 52. Lebensjahr vollendet haben.

223b Bei befristeten Arbeitsverträgen können die Kirchen keine Sonderregeln für sich in Anspruch nehmen[2]. Die einseitig zwingenden Regelungen über den Abschluss eines sachgrundlos befristeten Arbeitsvertrags in § 14 Abs. 2, § 22 Abs. 1 TzBfG stellen ein allgemeines Gesetz i. S. v. Art. 140 GG i. V. m. Art. 137 Abs. 3 Satz 1 WRV dar, durch das der Gesetzgeber das Selbstverwaltungs- und Selbstbestimmungsrecht der Kirchen ausgestaltet hat[3].

cc) Folgen einer unwirksamen Befristung

224 Erfüllt eine Befristung nicht die gesetzlichen Voraussetzungen, gilt der befristete Arbeitsvertrag nach § 16 Satz 1 TzBfG als auf unbestimmte Zeit geschlossen. Er kann vom Arbeitgeber allerdings frühestens zum vereinbarten Ende ordentlich gekündigt werden, wenn nicht die Möglichkeit einer früheren ordentlichen Kündigung gem. § 15 Abs. 3 TzBfG gegeben ist oder lediglich ein Verstoß gegen das Schriftformerfordernis vorliegt (§ 16 Satz 2 TzBfG).

225 Der Arbeitnehmer muss die Unwirksamkeit einer Befristung innerhalb von drei Wochen nach dem vereinbarten Ende des Arbeitsverhältnis gerichtlich

---

1 BAG v. 26.8.1988 – 7 AZR 101/88, DB 1989, 1677.
2 BAG v. 25.3.2009 – 7 AZR 710/07, NZA 2009, 1417–1423.
3 BAG v. 25.3.2009 – 7 AZR 710/07, NZA 2009, 1417–1423.

geltend machen, § 17 TzBfG, § 7 KSchG. Tut er dies nicht, wird deren Wirksamkeit unwiderleglich vermutet, d.h., er kann sich nun nicht mehr mit Erfolg auf die Unwirksamkeit berufen.

Der Arbeitnehmer muss dazu Klage beim Arbeitsgericht erheben mit dem   226
Antrag festzustellen, dass das Arbeitsverhältnis aufgrund der Befristung
nicht beendet ist.

d) Zweckbefristung

Die Zweckbefristung ist vor allem dann sinnvoll, wenn zum Zeitpunkt des   227
Vertragsschlusses der Zeitpunkt des Wegfalls des Beschäftigungsbedürfnisses
noch nicht genau absehbar ist (Beispiel: Vertretung eines erkrankten Mitarbeiters).

Eine Zweckbefristung bedarf genau wie die kalendermäßige Befristung zu ih-   228
rer Wirksamkeit grundsätzlich eines sachlichen Grundes i.S.d. § 14 Abs. 1
TzBfG. Die Folgen einer unwirksamen Befristung entsprechen denen der kalendermäßigen Befristung (s.o. unter Rz. 224).

Der zweckbefristete Arbeitsvertrag endet mit Erreichung des Zwecks, für   229
den er eingegangen ist, § 15 Abs. 2 TzBfG. Dies gilt jedoch nur, wenn der Arbeitgeber dem Arbeitnehmer den Zeitpunkt der Zweckerreichung mindestens zwei Wochen vorher schriftlich mitgeteilt hat. Unterbleibt eine solche
Mitteilung zunächst und wird sie erst später nachgeholt, endet das Arbeitsverhältnis zwei Wochen nach ihrem Zugang beim Arbeitnehmer.

3. Befristung nach dem WissZeitVG

Nach § 2 Abs. 1 Satz 1 WissZeitVG[1] ist die Befristung von Arbeitsverträgen   229a
mit wissenschaftlichem nichtpromoviertem Personal an Einrichtungen des
Bildungswesens, die nach Landesrecht staatliche Hochschulen sind (§ 1
Abs. 1 Satz 1 WissZeitVG), an staatlich anerkannten Hochschulen (§ 4 Wiss-
ZeitVG) und an Forschungseinrichtungen (§ 5 WissZeitVG) bis zu einer
Dauer von sechs Jahren zulässig. Nach abgeschlossener Promotion (sog.
Post-doc-Phase) darf die Befristungsdauer sechs Jahre, im Bereich der
Medizin neun Jahre nicht übersteigen (§ 2 Abs. 1 Satz 2 WissZeitVG). Die
Möglichkeit der Befristung von bis zu neun Jahren gilt jedoch nur für wis-
senschaftliche Mitarbeiter der medizinischen Fachrichtungen (Medizin,
Zahnmedizin, Tiermedizin), nicht auch für andere in der medizinischen For-
schung tätigen wissenschaftlichen Mitarbeitern[2]. Nach dem WissZeitVG bedarf es für die Befristung keines Sachgrundes. Ein maßvoller Umgang mit befristeten Arbeitsverträgen werde – so die Literatur – durch die Festlegung

---

1 Gesetz über befristete Arbeitsverträge in der Wissenschaft (Wissenschaftszeitvertragsgesetz – WissZeitVG) v. 12.4.2007, BGBl. I, 506.
2 BAG v. 2.9.2009 – 7 AZR 291/08, juris.

von zeitlichen Befristungsgrenzen sichergestellt[1]. Die maximale Dauer einer befristeten Beschäftigung für wissenschaftliches Personal beträgt zwölf Jahre, im Bereich der Medizin 15 Jahre.

229b   Unter bestimmten Umständen (wenn nämlich die Beschäftigung überwiegend aus Mitteln Dritter finanziert wird) kann nach § 2 Abs. 2 Satz 2 WissZeitVG auch nichtwissenschaftliches Unterstützungspersonal (etwa Laborpersonal, Verwaltungsangestellte) nach dem WissZeitVG befristet beschäftigt werden[2].

229c   Das WissZeitVG lässt das Recht der Hochschulen, wissenschaftliches Personal in unbefristeten oder nach Maßgabe des TzBfG befristeten Arbeitsverhältnissen zu beschäftigen, unberührt (§ 1 Abs. 2 WissZeitVG).

4. Befristung von Ärzten in der Weiterbildung

229d   Das Gesetz über befristete Arbeitsverträge mit Ärzten in der Weiterbildung (s. dazu auch Teil 5 D Rz. 7 ff.) regelt die Befristung der Arbeitsverträge von approbierten Ärzten in der Weiterbildung. Das Gesetz ist in Krankenhäusern kommunaler, kirchlicher oder privater Träger anwendbar, nicht aber auf Weiterbildung an Universitäten oder Forschungseinrichtungen. Bei Letzteren greift das WissZeitVG[3]. Nach § 1 Abs. 1 des Gesetzes liegt ein die Befristung eines Arbeitsvertrages mit einem Arzt rechtfertigender sachlicher Grund vor, wenn die Beschäftigung des Arztes seiner zeitlich und inhaltlich strukturierten Weiterbildung zum Facharzt oder dem Erwerb einer Anerkennung für einen Schwerpunkt oder dem Erwerb einer Zusatzbezeichnung, eines Fachkundenachweises oder einer Bescheinigung über eine fakultative Weiterbildung dient[4].

5. Befristung nach dem Altersteilzeitgesetz

229e   § 8 Abs. 3 ATZG ermöglicht Altersteilzeitverträge[5].

V. Eintritt einer auflösenden Bedingung

1. Allgemeines

230   Arbeitsverhältnisse können nicht nur in befristeter Form, sondern auch unter einer auflösenden Bedingung gem. § 158 Abs. 2 BGB geschlossen werden (§ 21 TzBfG). Eine Bedingung ist das Gestaltungsmittel, mit dem die Parteien eines Rechtsgeschäftes künftige Ungewissheiten berücksichtigen können[6]. Bei einer Bedingung im Sinne des BGB handelt es sich um ein

---

1 MünchArbR/*Wank*, § 95 Rz. 208.
2 MünchArbR/*Wank*, § 95 Rz. 211.
3 MünchArbR/*Wank*, § 95 Rz. 213.
4 Zur Befristungsdauer vgl. BAG v. 13.6.2007 – 7 AZR 700/06, juris.
5 MünchArbR/*Wank*, § 95 Rz. 216.
6 *Medicus*, Allgemeiner Teil des BGB, Rz. 827.

zukünftiges ungewisses Ereignis, von dessen Eintritt oder Nichteintritt die Rechtsfolgen nach dem Willen desjenigen, der das Rechtsgeschäft vornimmt, abhängig sein sollen[1]. Bei dem Begriff der Bedingung unterscheidet man zwischen aufschiebenden und auflösenden Bedingungen. Bei der aufschiebenden Bedingung wird die Rechtsfolge eines Rechtsgeschäfts bis zum Eintritt eines bestimmten Ereignisses aufgeschoben, bei der auflösenden Bedingung tritt die Wirkung des Rechtsgeschäfts sofort ein, sie entfällt aber für den Fall, dass das zur Bedingung erhobene Ereignis in Zukunft eintritt[2].

Die auflösende Bedingung unterscheidet sich als Beendigungsgrund von ka-   231
lendermäßigen Befristung dadurch, dass ein bestimmter Endtermin gerade nicht feststeht. Bei der Zweckbefristung eines Arbeitsverhältnisses steht anders als bei der auflösenden Bedingung das Erreichen des Zwecks sicher fest, lediglich der Zeitpunkt der Zweckerreichung ist unsicher[3]. Ob also eine Zweckbefristung oder eine auflösende Bedingung vorliegt, entscheidet sich danach, ob der Arbeitgeber den Eintritt der Bedingung als gewiss oder ungewiss einschätzt.

Beispiel: 232

Der Arbeitsvertrag soll enden, wenn das Arbeitsgericht der Kündigungsschutzklage stattgibt. Das ist eine auflösende Bedingung, weil ungewiss ist, ob das Gericht der Klage stattgibt oder sie abweist. Soll der Arbeitsvertrag hingegen enden, wenn das Gericht entscheidet, handelt es sich um eine Befristung, weil sicher ist, dass das Arbeitgericht entscheiden wird.

Der auflösend bedingt geschlossene Arbeitsvertrag ist demnach eng mit dem   233
zweckbefristeten Arbeitsvertrag verwandt und bewirkt im Ergebnis eine starke Einschränkung des Kündigungsschutzes des Arbeitnehmers[4]. Aus diesem Grund wird in § 21 TzBfG bestimmt, dass für auflösend bedingte Arbeitsverträge weitgehend dieselben Vorschriften gelten wie für befristete Arbeitsverhältnisse.

2. Zulässigkeit auflösend bedingter Arbeitsverträge

Vereinbarungen über auflösende Bedingungen sind in Arbeitsverträgen gem.   234
§ 21 TzBfG zulässig[5]. Sie bedürfen allerdings gem. §§ 21, 14 Abs. 4 TzBfG zu ihrer Wirksamkeit der Schriftform.

Auflösend bedingte Arbeitsverträge sind nur dann zulässig, wenn ein sachli-   235
cher Grund für die Bedingung besteht (§ 21 TzBfG). Als Sachgründe kommen die in § 14 Abs. 1 TzBfG genannten Gründe in Betracht. Daneben sind weiterhin der Wunsch des Arbeitnehmers, die Erwerbsunfähigkeit des Arbeit-

---

1 *Brox/Walker*, Allgemeiner Teil des BGB, Rz. 481; MünchKommBGB/*Westermann*, § 158 Rz. 8.
2 MünchKommBGB/*Westermann*, § 158 Rz. 1.
3 *Preis*, Individualarbeitsrecht, § 70 VI, S. 934.
4 *Brox/Rüthers/Henssler*, Rz. 589.
5 BAG v. 4.12.2002 – 7 AZR 492/01, NZA 2003, 611.

nehmers, die Bewilligung einer Versorgungsrente oder einer Rente wegen Berufsunfähigkeit als Sachgründe denkbar.

236 Zu beachten ist, dass das unternehmerische Risiko kein sachlicher Grund für eine auflösende Bedingung ist, ansonsten könnte der Arbeitgeber das von ihm zu tragende Risiko der wirtschaftlichen und rechtlichen Entwicklung einseitig auf den Arbeitnehmer abwälzen. Eine Bedingung, wonach das Arbeitsverhältnis endet, sobald der Absatz zurückgeht oder Rohstoffknappheit eintritt, ist also unzulässig, denn allein der Arbeitgeber hat das Risiko dafür zu tragen, dass aufgrund wirtschaftlicher Umstände ein Überschuss an Arbeitskräften besteht.

237 Weiterhin darf eine Bedingung nicht gegen ein gesetzliches Verbot oder die guten Sitten (§§ 134, 138 BGB) verstoßen. So ist eine sog. Zölibatsklausel, die das Bestehen des Arbeitsverhältnis mit der Heirat des Arbeitnehmers enden lassen will, wegen eines Verstoßes gegen Art. 6 Abs. 1 GG, Art. 1 GG und Art. 2 GG unwirksam[1]. Ebenso unwirksam ist ein durch Schwangerschaft auflösend bedingter Arbeitsvertrag[2].

238 Das Bestehen eines Arbeitsvertrages von der Vorlage eines Gesundheitszeugnisses abhängig zu machen, ist zulässig, da der Arbeitgeber ein berechtigtes Interesse daran hat, dass zu Beginn der Beschäftigung die gesundheitliche Eignung der Arbeitnehmer für die zu verrichtende, vertraglich geschuldete Tätigkeit ärztlicherseits festgestellt wird[3].

239 Die Rechtsfolgen einer unzulässig vereinbarten auflösenden Bedingung sind dieselben wie bei einer unzulässigen Befristung (s. o. Rz. 224).

3. Erlöschen des Arbeitsverhältnisses nach Eintritt der auflösenden Bedingung

240 Gemäß §§ 21, 15 Abs. 2 TzBfG endet das auflösend bedingte Arbeitsverhältnis zwei Wochen, nachdem der Arbeitgeber den Arbeitnehmer über den Eintritt der auflösenden Bedingung unterrichtet hat. Eine ordentliche Kündigung des auflösend bedingt geschlossenen Arbeitsverhältnisses ist grundsätzlich nicht möglich, es sei denn, es wurde einzel- oder tarifvertraglich vereinbart (§ 15 Abs. 3 TzBfG). Ferner kann sich das auflösend bedingte Arbeitsverhältnis wie das befristete Arbeitsverhältnis gem. §§ 21, 15 Abs. 5 TzBfG kraft gesetzlicher Fiktion auf unbestimmte Zeit verlängern, wenn es mit Wissen des Arbeitgebers vom Eintritt der Bedingung fortgesetzt wird und der Arbeitgeber nicht unverzüglich widerspricht oder dem Arbeitnehmer den Bedingungseintritt mitteilt.

---

1 BAG v. 10.5.1957 – 1 AZR 479/55, juris.
2 LAG Düsseldorf v. 16.6.1976 – 3 Sa 898/75, DB 1977, 1196.
3 ArbG Marburg v. 11.5.2000 – 2 Ca 634/99, ZTR 2001, 76–77.

VI. Aufhebungsvertrag

1. Allgemeines

Arbeitgeber und Arbeitnehmer können das Arbeitsverhältnis jederzeit ein-   241
vernehmlich durch Aufhebungsvertrag (auch Auflösungsvertrag genannt,
vgl. § 623 BGB) beenden. Dies ergibt sich aus dem Grundsatz der Vertragsfreiheit, § 311 Abs. 1 BGB. Dabei sind sie weder an Kündigungsschutzbestimmungen noch an Kündigungsfristen gebunden. Insofern stellt der Auflösungsvertrag ein flexibles und in der Praxis bedeutsames Instrument zur
schnellen und risikofreien Beendigung von Arbeitsverträgen dar. Die Vorteile für den Arbeitgeber liegen vor allem darin, dass er das Arbeitsverhältnis
ohne Einhaltung einer Kündigungsfrist, ohne Rücksichtnahme auf allgemeinen und besonderen Kündigungsschutz, ohne Beteiligung des Betriebsrates
(§ 102 BetrVG) und ohne Einholung behördlicher Genehmigungen (z.B. § 9
MuSchG oder § 85 SGB IX) beenden kann. Der Arbeitgeber muss also die Beschränkungen, die für Kündigungen gelten, nicht beachten. Aber auch für
den Arbeitnehmer, der an einer schnellen Beendigung des Arbeitsverhältnisses interessiert ist, weil er beispielsweise kurzfristig ein anderes Vertragsangebot annehmen will, ist der Aufhebungsvertrag ein probates Mittel.

2. Abgrenzung

Abzugrenzen ist der Aufhebungsvertrag insbesondere von sog. **Abwicklungs-**   242
verträgen. Diese dienen nicht der Beendigung des Arbeitsverhältnisses, sondern regeln weitere Modalitäten der Vertragsauflösung nach Ausspruch einer
Kündigung, wie z.B. die Zahlung einer Entschädigung.

3. Form und Zustandekommen

Das Zustandekommen eines Aufhebungsvertrages bestimmt sich nach den   243
allgemeinen Regeln für Verträge, §§ 145 ff. BGB. Nach § 623 BGB unterliegt
der Aufhebungsvertrag der Schriftform, wobei die elektronische Form (Telefax, E-Mail) ausgeschlossen ist. Dieses **zwingende (konstitutive) Schriftformerfordernis** kann weder durch Arbeitsvertrag noch durch Betriebsvereinbarung oder Tarifvertrag abbedungen werden[1]. Die Voraussetzungen für die
Wahrung der Schriftform bei zweiseitigen Rechtsgeschäften ergeben sich aus
§ 126 Abs. 2 BGB, der bestimmt, dass die Unterzeichnung der Parteien auf
derselben Urkunde erfolgen muss bzw., wenn mehrere gleichlautende Urkunden vorliegen, auf der für die andere Partei bestimmten Urkunde. Die
Unterschriften müssen den Vertrag hierbei räumlich abschließen. Die Vertragsurkunde muss sowohl Angebot als auch Annahme enthalten. Ein
schriftliches Angebot und eine schriftliche Annahme in separaten Urkunden
genügt somit nicht[2]. Das Schriftformerfordernis des § 623 BGB erfasst neben

---

1 ErfK/*Müller-Glöge*, § 623 BGB Rz. 13; BAG v. 17.12.2009 – 6 AZR 242/09, juris,
  Rz. 25.
2 Staudinger/*Oetker*, § 623 BGB Rz. 60; BAG v. 17.12.2009 – 6 AZR 242/09, juris,
  Rz. 24.

der Einigung der Vertragsparteien über die Beendigung des Arbeitsverhältnisses auch sämtliche Nebenabreden wie die Vereinbarung einer Abfindung oder den Verzicht auf weitere Ansprüche[1]. Werden Nebenabreden nicht schriftlich niedergelegt und handelt es sich dabei um Abreden von so wesentlicher Bedeutung, dass die Parteien den Vertrag nicht ohne sie geschlossen hätten, ist nach § 139 BGB nicht nur die **Nebenabrede**, sondern der gesamte Aufhebungsvertrag nichtig[2]. Bei der Vereinbarung einer Abfindung zur Kompensation des Arbeitsplatzverlustes ist stets von einer wesentlichen Nebenabrede auszugehen[3]. Nachträge, die an eine bereits unterschriebene Vertragsurkunde angefügt werden, müssen ihrerseits nochmals selbständig unterschrieben werden. Ein wirksamer Abschluss **konkludenter Aufhebungsverträge** ist seit Einführung des Schriftformerfordernisses des § 623 BGB grundsätzlich nicht mehr möglich, da in jedem Fall die Voraussetzungen des § 126 Abs. 1, 2 BGB erfüllt sein müssen. Wird ein Arbeitnehmer mittels eines Dienstvertrages zum Organmitglied bestellt (z.B. ein Arbeitnehmer wird Geschäftsführer der ihn beschäftigenden GmbH), kann dieser Vertrag zwischen Arbeitnehmer und seinem Arbeitgeber einen konkludenten Aufhebungsvertrag bezüglich seines bisherigen Arbeitsverhältnisses enthalten. Die Schriftform des § 623 BGB ist allerdings nur gewahrt, wenn der Wille, das Arbeitsverhältnis zu beenden, aus der Urkunde entweder ausdrücklich hervorgeht oder zumindest in ihr angedeutet wird[4] (sog. Andeutungstheorie[5] des BGH).

244   Das Schriftformerfordernis der §§ 623, 126 BGB wird auch durch notarielle Beurkundung (§§ 126 Abs. 4 i.V.m. 128 BGB) oder durch Abschluss eines Prozessvergleichs nach den Vorschriften der Zivilprozessordnung gewahrt. Dies ist wichtig für den in der Praxis häufig vorkommenden Auflösungsvertrag im Rahmen eines Kündigungsschutzprozesses.

245   Als Rechtsfolge der Nichtbeachtung der Schriftform sieht § 623 BGB die Nichtigkeit des Aufhebungsvertrages vor. Eine Heilung des Formverstoßes ist nicht möglich. Der Aufhebungsvertrag muss in diesem Fall formgerecht neu abgeschlossen werden.

245a Auch ein **Vorvertrag**, der die Parteien zum Abschluss eines Aufhebungsvertrages verpflichtet, bedarf der Schriftform[6].

4. Wirkung

246   Der Aufhebungsvertrag beendet das Arbeitsverhältnis zu dem vereinbarten Termin. Ist kein Termin vereinbart, wird das Arbeitsverhältnis im Zweifel sofort aufgelöst.

---

1 ErfK/*Müller-Glöge*, § 623 BGB Rz. 13.
2 *Preis/Gotthardt*, NZA 2000, 348, 355.
3 *Caspers*, RdA 2001, 28, 33.
4 Staudinger/*Oetker*, § 623 BGB Rz. 65.
5 BGH v. 20.12.1974 – V ZR 132/73, WM 1975, 158–160.
6 BAG v. 17.12.2009 – 6 AZR 242/09, juris, Rz. 25.

Eine rückwirkende Auflösung kann jedenfalls dann wirksam vereinbart wer-   247
den, wenn das Arbeitsverhältnis bereits außer Vollzug gesetzt war. In diesem
Fall darf – ähnlich der eingeschränkten Rückwirkung der Anfechtung – die
Aufhebung zu dem Zeitpunkt der tatsächlichen Einstellung des Dauer-
schuldverhältnisses erfolgen[1].

Vereinbaren die Parteien im Aufhebungsvertrag einen zukünftigen Beendi-   248
gungszeitpunkt, bleibt die Möglichkeit einer außerordentlichen Kündigung
weiterhin erhalten. Der Ausspruch einer solchen lässt den Aufhebungsvertrag gegenstandslos werden[2]. Ist der Aufhebungsvertrag nicht auf die alsbaldige Beendigung, sondern auf die **befristete Fortsetzung eines Arbeitsverhältnisses** gerichtet, bedarf er zu seiner Wirksamkeit eines sachlichen Grundes
im Sinne des Befristungskontrollrechts[3], um eine Umgehung der gesetzlichen Befristungskontrolle auf diese Weise zu verhindern. Dies wird vor
allem dann anzunehmen sein, wenn der von den Parteien gewählte Been-
digungszeitpunkt die jeweilige Kündigungsfrist um ein Vielfaches überschreitet und es an weiteren Vereinbarungen im Zusammenhang mit der Beendigung des Arbeitsverhältnisses fehlt, wie sie im Aufhebungsvertrag
regelmäßig getroffen werden (Freistellungen, Urlaubsregelungen, ggf. auch
Abfindungen u. Ä.)[4]. In diesen Fällen kommt die zumindest analoge Anwendung des § 14 TzBfG in Betracht. Eine Befristung liegt allerdings dann
nicht vor, wenn die Auslauffrist die Kündigungsfrist nicht wesentlich überschreitet und die ansonsten üblichen Modalitäten eines Aufhebungsvertrages geregelt werden (Abfindung, Freistellung, Urlaubsregelung, Zeugniserteil-
lung)[5].

Bedingte Aufhebungsverträge, also solche, die die Beendigung des Arbeits-   249
verhältnisses von einem zukünftigen ungewissen Ereignis abhängig machen,
sind ebenfalls grundsätzlich unwirksam, wenn kein sachlicher Grund für
die Vereinbarung einer Bedingung vorliegt. Ansonsten könnte der gesetzliche Kündigungsschutz ohne weiteres umgangen werden, indem gleichzeitig
mit Begründung des Arbeitsverhältnisses ein bedingter Aufhebungsvertrag
geschlossen wird, der alle dem Arbeitgeber günstigen Beendigungsgründe
enthält. Bei Vorliegen der Voraussetzungen einer Massenentlassung i. S. v.
§§ 17, 18 KSchG ist die Beendigung des Arbeitsverhältnisses durch Aufhebungsvertrag so lange unwirksam, bis eine formgerechte Massenentlassungsanzeige bei der Agentur für Arbeit eingereicht und dessen Zustimmung eingeholt wird[6].

---

1 BAG v. 10.12.1998 – 8 AZR 324/97, AP Nr. 185 zu § 613a BGB; BAG v. 17.12.2009 –
   6 AZR 242/09, juris, Rz. 19.
2 BAG v. 29.1.1997 – 2 AZR 292/96, AP Nr. 131 zu § 626 BGB.
3 BAG v. 12.1.2000 – 7 AZR 48/99, AP Nr. 16 zu § 620 BGB Aufhebungsvertrag.
4 BAG v. 12.1.2000 – 7 AZR 48/99, AP Nr. 16 zu § 620 BGB Aufhebungsvertrag.
5 *Schmitt-Rolfes*, NZA–Beil. 2010, 81.
6 BAG v. 11.3.1999 – 2 AZR 461/98, AP Nr. 12 zu § 17 KSchG 1969.

5. Anfechtung

250   Die dem Aufhebungsvertrag zugrunde liegenden Willenserklärungen können wie jede andere Willenserklärung nach den allgemeinen Vorschriften der §§ 119 ff. BGB angefochten werden. Schließt eine schwangere Arbeitnehmerin in Unkenntnis der besonderen mutterschutzrechtlichen Vorschriften (§ 9 MuSchG) einen Aufhebungsvertrag, handelt es sich hierbei um einen Rechtsfolgenirrtum, der nicht zur Anfechtung nach § 119 BGB berechtigt[1]. Gleiches gilt für Irrtümer über das Bestehen oder den Inhalt anderer Kündigungsschutzvorschriften sowie über die steuer- und sozialversicherungsrechtlichen Folgen eines Aufhebungsvertrages. Eine Irrtumsanfechtung nach § 119 BGB scheidet auch in diesen Fällen aus[2].

251   Fraglich ist allerdings, ob nicht eine Anfechtung wegen arglistiger Täuschung durch Unterlassen nach § 123 Abs. 1 BGB in Betracht kommt, wenn der Arbeitgeber den Arbeitnehmer bei Abschluss des Aufhebungsvertrages nicht auf dessen rechtliche Folgen hinweist. Dies ist jedoch grundsätzlich abzulehnen, da eine Aufklärungspflicht über Rechtsfragen weder allgemein noch aufgrund der Fürsorgepflicht des Arbeitgebers besteht[3]. Es muss sich der Arbeitnehmer regelmäßig vor Abschluss des Aufhebungsvertrages selbst über die Folgen des Vertrages Klarheit verschaffen[4]. Etwas anderes gilt aber dann, wenn der Arbeitgeber im betrieblichen Interesse den Abschluss eines Aufhebungsvertrages vorschlägt und dabei den Eindruck erweckt, er werde bei vorzeitiger Beendigung des Arbeitsverhältnisses auch die Interessen des Arbeitnehmers wahren und ihn nicht ohne ausreichende Aufklärung erheblichen Risiken für den Bestand seines Arbeitsverhältnisses aussetzen[5]. In solchen besonderen Fallkonstellationen treffen den Arbeitgeber erhöhte Hinweis- und Aufklärungspflichten, so dass eine Anfechtung wegen arglistiger Täuschung gem. § 123 Abs. 1 BGB in Betracht kommt. Des Weiteren kommen Schadensersatzansprüche gegen den Arbeitgeber nach §§ 280, 241 Abs. 2 BGB in Betracht. In der Praxis empfiehlt es sich, den Arbeitnehmer darauf zu verweisen, sich beim Sozialversicherungsträger, dem Finanzamt bzw. der Agentur für Arbeit beraten zu lassen.

252   Die Drohung des Arbeitgebers mit einer ordentlichen oder außerordentlichen Kündigung für den Fall, dass der Arbeitnehmer keinen Aufhebungsvertrag abschließt, kann zu einer Anfechtungsmöglichkeit nach § 123 Abs. 1 BGB führen. Nach der Rechtsprechung des BAG ist dies aber nur dann der Fall, wenn ein verständiger Arbeitgeber eine Kündigung nicht ernsthaft in

---

1 BAG v. 16.2.1983 – 7 AZR 134/81, AP Nr. 22 zu § 123 BGB.
2 BAG v. 10.3.1988 – 8 AZR 420/85, AP Nr. 99 zu § 611 BGB Fürsorgepflicht.
3 BAG v. 3.7.1990 – 3 AZR 382/89, AP Nr. 24 zu § 1 BetrAVG = EzA BGB § 611 Aufhebungsvertrag Nr. 7; BAG v. 17.10.2000 – 3 AZR 605/99, juris, Rz. 19; BAG v. 11.12.2001 – 3 AZR 339/00, EzA § 611 BGB Fürsorgepflicht Nr 62.; *Dütz*, Arbeitsrecht, 9. Aufl. 2005, § 6 I, Rz. 267.
4 *Schmitt-Rolfes*, NZA-Beil. 2010, 81, 82.
5 BAG v. 22.4.2004 – 2 AZR 281/03, AP Nr. 27 zu § 620 BGB Aufhebungsvertrag.

Erwägung ziehen durfte[1]. Dabei ist nicht nur der tatsächliche subjektive Wissensstand des Arbeitgebers maßgeblich, sondern auch die Ergebnisse weiterer Ermittlungen, die ein verständiger Arbeitgeber durchgeführt hätte. Entscheidend ist somit der objektiv mögliche und damit ein hypothetischer Wissensstand des Arbeitgebers[2]. Hierbei ist unbeachtlich, ob sich die angedrohte Kündigung im Kündigungsschutzprozess als wirksam herausgestellt hätte. Die Widerrechtlichkeit der Drohung kann nicht durch eine dem Arbeitnehmer vom Arbeitgeber eingeräumte Bedenkzeit beseitigt werden[3].

6. Widerruf und Rücktritt

Die Parteien des Aufhebungsvertrages können sich vertraglich ein Rücktritts- oder Widerrufsrecht vorbehalten. Darüber hinaus sehen manche Tarifverträge die Möglichkeit des Rücktritts des Arbeitnehmers von Aufhebungsverträgen vor. Ein Aufhebungsvertrag ist allerdings nicht alleine deshalb unwirksam, weil der Arbeitgeber dem Arbeitnehmer weder eine Bedenkzeit noch ein Rücktritts- bzw. Widerrufsrecht eingeräumt und ihm auch das Thema des beabsichtigten Gesprächs nicht vorher mitgeteilt hat[4]. Ein Widerrufsrecht nach § 312 BGB besteht nicht.

253

Vereinbaren Arbeitgeber und Arbeitnehmer die Beendigung des Arbeitsverhältnisses gegen Zahlung einer Abfindung und kommt der Arbeitgeber mit der Zahlung in Verzug, stehen dem Arbeitnehmer die Rechte aus § 323 BGB zu, da es sich hierbei um einen gegenseitigen Vertrag handelt[5]. Ein vertraglicher Ausschluss dieses gesetzlichen Rücktrittsrechts kann nicht ohne weiteres angenommen werden, sondern es müssen regelmäßig besondere Anhaltspunkte im Aufhebungsvertrag vorliegen[6].

254

Ein Widerrufsrecht nach §§ 355, 312 BGB steht dem Arbeitnehmer auch dann nicht zu, wenn der Aufhebungsvertrag an seinem Arbeitsplatz oder im Bereich seiner Privatwohnung verhandelt worden ist. Obwohl der Arbeitnehmer Verbraucher i.S.v. § 13 BGB ist, handelt es sich beim Abschluss eines Aufhebungsvertrages nicht um ein Haustürgeschäft gem. § 312 BGB. Dies lässt sich aus der systematischen Stellung der Vorschrift sowie ihrem Sinn und Zweck herleiten. Aus der Stellung des § 312 BGB im Gesetz ergibt sich, dass er nur „besondere Vertriebsformen" erfasst, nicht jedoch Arbeitsverträge und arbeitsrechtliche Aufhebungsverträge, die keine Vertriebsgeschäfte darstellen. Auch der Sinn und Zweck der Norm, den Verbraucher vor Überraschungen aufgrund des ungewöhnlichen Verhandlungsortes zu schützen,

255

1 BAG v. 24.1.1985 – 2 AZR 317/84, AP Nr. 8 zu § 1 TVG Tarifverträge – Einzelhandel; BAG v. 30.9.1993 – 2 AZR 268/93, AP Nr. 37 zu § 123 BGB.
2 BAG v. 16.11.1979 – 2 AZR 1041/77, AP Nr. 21 zu § 123 BGB; ErfK/*Müller-Glöge*, § 620 BGB Rz. 11.
3 BAG v. 28.11.2007 – 6 AZR 1108/06, NZA 2008, 348–355.
4 BAG v. 30.9.1993 – 2 AZR 268/93, AP Nr. 37 zu § 123 BGB; BAG v. 14.2.1996 – 2 AZR 234/95, NZA 1996, 811–813.
5 *Schaub/Linck*, § 122 Rz. 37.
6 Str., vgl. *Schaub/Linck*, § 122 Rz. 37.

spricht gegen die Anwendung. So stellt der Arbeitsplatz und dort insbesondere das Büro des Chefs oder des Personalleiters den Ort dar, an dem typischerweise für das Arbeitsverhältnis wichtige Gespräche geführt werden. Aus den genannten Gründen ist die Anwendung der §§ 355, 312 BGB auf Aufhebungsverträge abzulehnen[1].

256   Einstweilen frei.

7. Inhaltskontrolle

257   Aufhebungsverträge unterliegen der AGB-Kontrolle, wenn sie vom Arbeitgeber vorformuliert und nicht individuell ausgehandelt werden. Zu beachten sind in diesem Zusammenhang jedoch die Vermutungen des § 310 Abs. 3 BGB. Diese sind auf den Aufhebungsvertrag anzuwenden, da der Arbeitnehmer Verbraucher i. S. v. § 13 BGB ist. Bei der AGB-Kontrolle sind nach § 310 Abs. 4 BGB die Besonderheiten des Arbeitsrechts angemessen zu berücksichtigen, denn unter „Arbeitsvertrag" im Sinne dieser Vorschrift sind auch die zur Beendigung eines Arbeitsverhältnisses führenden Verträge zu verstehen[2]. Die wesentlichen Punkte des Aufhebungsvertrages (**Hauptleistungspflichten**) wie die Beendigung des Arbeitsvertrages und eine etwaige Gegenleistung sind nach § 307 Abs. 3 BGB einer Inhaltskontrolle entzogen[3].

8. Sozialversicherungsrechtliche Folgen

258   Die Beendigung des Arbeitsverhältnisses durch Aufhebungsvertrag kann zu einer **Sperrzeit beim Bezug von Arbeitslosengeld** führen, da dies eine Lösung des Arbeitnehmers vom Beschäftigungsverhältnis i. S. d. § 144 Abs. 1 Nr. 1 SGB III darstellt. Voraussetzung für die Sperrzeit ist, dass für die Auflösung des Arbeitsverhältnisses ein wichtiger Grund besteht. Ein wichtiger Grund i. S. d. § 144 SGB III kann gegeben sein, wenn der Arbeitnehmer einen Aufhebungsvertrag schließt, weil ihm eine von seinem Verhalten unabhängige, rechtmäßige Arbeitgeberkündigung droht und er durch die einvernehmliche Beendigung Nachteile für sein Fortkommen vermeiden kann[4].

259   Der Anspruch auf Arbeitslosengeld ruht, wenn der Arbeitnehmer wegen der Beendigung des Arbeitsverhältnisses eine Abfindung, Entschädigung oder ähnliche Leistung erhalten oder zu beanspruchen hat und das Arbeitsverhältnis ohne eine der ordentlichen Kündigungsfrist entsprechende Frist beendet worden ist, § 143a SGB III. Der Anspruch ruht von dem Ende des Arbeitsverhältnisses an bis zu dem Tag, an dem es bei Einhaltung der Frist geendet hätte.

---

1 Vgl. zu diesem Themenkomplex: BAG v. 22.4.2004 – 2 AZR 281/03, AP Nr. 27 zu § 620 BGB Aufhebungsvertrag.
2 ErfK/*Müller-Glöge*, § 620 BGB Rz. 15.
3 ErfK/*Müller-Glöge*, § 620 BGB Rz. 15; *Schmitt-Rolfes*, NZA-Beil. 2010, 81, 82.
4 Niesel/Brand/*Kormonski*, § 144 Rz. 130.

G. Beschäftigungsverbote

I. Überblick

Beim Beschäftigungsverbot ist der tatsächliche Einsatz des Arbeitnehmers 1
auf einem Arbeitsplatz verboten[1]. Beschäftigungsverbote dienen regelmäßig
dem Schutz bestimmter Beschäftigungsgruppen wie z.B. Müttern, Kindern,
Jugendlichen, Schwerbehinderten etc. und damit dem Schutz des Arbeitnehmers[2]. Sie können aber auch den Schutz Dritter, insbesondere von Patienten,
bezwecken[3]. Beschäftigungsverbote finden sich u.a. im Mutterschutzgesetz,
im Jugendarbeitsschutzgesetz, in der Kinderarbeitsschutzverordnung, im Arbeitszeitgesetz und im Zuwanderungsgesetz[4].

Nach der Rechtsprechung des BAG kann nur von einem Beschäftigungsver- 1a
bot ausgegangen werden, wenn eine Rechtsnorm besteht, die dies klar und
deutlich zum Ausdruck bringt[5]. Die Voraussetzung für die Berufsausübung
müsse aus rechtsstaatlichen Gründen eindeutig geregelt sein. Unabhängig
davon, ob ein Eingriff in die Freiheit der Berufswahl oder der Berufsausübung
vorliege, bedürfe es einer vorhersehbaren und berechenbaren Grundlage
hinsichtlich Voraussetzungen und Folgen. Das Gebot der Rechtssicherheit
gebiete es, im Zweifel kein Beschäftigungsverbot anzunehmen[6]. Der Betroffene müsse eine derart einschneidend wirkende Rechtsnorm erkennen können, um sein Verhalten im Hinblick auf die angedrohte Rechtsfolge anpassen zu können[7].

1. Abgrenzung zu Abschlussverboten[8]

Abzugrenzen sind die Beschäftigungsverbote von den Abschlussverboten, 2
welche auf Gesetz, Tarifvertrag oder Betriebsvereinbarung beruhen können[9].
Abschlussverbote verbieten im Gegensatz zu Beschäftigungsverboten den
Abschluss eines Arbeitsvertrages und nicht nur bestimmte Beschäftigun-
gen[10]. Zu Abschlussverboten siehe Teil 3 C Rz. 10 ff.

Der jeweilige Charakter eines Verbots ist dem Gesetzestext meist nicht zu 3
entnehmen. Ob sich das Verbot gegen die Beschäftigung oder aber bereits

---

1 MünchArbR/*Buchner*, § 30 Rz. 28.
2 MünchArbR/*Buchner*, § 30 Rz. 46.
3 MünchArbR/*Buchner*, § 30 Rz. 47.
4 Gesetz zur Steuerung und Begrenzung der Zuwanderung und zur Regelung des Aufenthalts und der Integration von Unionsbürgern und Ausländern vom 30.7.2004
(BGBl. I 1950).
5 BAG v. 18.3.09 – 5 AZR 192/08, NJW 2009, 2907- 2909, Rz. 15.
6 BAG v. 18.3.09 – 5 AZR 192/08, NJW 2009, 2907- 2909, Rz. 15.
7 BAG v. 18.3.09 – 5 AZR 192/08, NJW 2009, 2907- 2909, Rz. 15.
8 Vgl. zur Abgrenzung der Beschäftigungsverbote von den Berufsverboten *Sträßner*,
PKR 2007, 48.
9 Schaub/*Linck*, § 34 Rz. 71.
10 Schaub/*Linck*, § 34 Rz. 71.

gegen den Abschluss des Arbeitsvertrages wendet, ist daher dem **Sinn und Zweck** des Gesetzes zu entnehmen[1]. Es muss aus diesem Grund ermittelt werden, mit welcher Interpretation des Gesetzestextes dessen Zweck besser erreicht werden kann[2]. Zweck der Abschlussverbote ist zumeist, den Arbeitnehmer vor den Gefahren des Arbeitsvertrages zu schützen[3]; daher sichern diese das gesetzgeberische Anliegen insbesondere dort besser, wo bereits der Vertragsschluss die zu schützenden Arbeitnehmer gefährden würde und wo eine Legalisierung der Beschäftigung, z. B. durch nachträgliche Genehmigung der Tätigkeit, nicht in Betracht kommt, wie z. B. beim **Verbot der Kinderarbeit** nach § 5 Abs. 1 JArbSchG[4] (s. u. Rz. 42 ff.).

2. Beschäftigungsverbote für Frauen

4 Früher existierten besondere Beschäftigungsverbote für Frauen, wie z. B. das Nachtarbeitszeitverbot in § 19 Arbeitszeitordnung. § 19 Abs. 1 AZO, lautete:

„Arbeiterinnen dürfen nicht in der Nachtzeit von zwanzig bis sechs Uhr und an den Tagen vor Sonn- und Feiertagen nicht nach siebzehn Uhr beschäftigt werden."

Diese Vorschrift wurde vom BVerfG für verfassungswidrig erklärt[5]. Die historische Norm[6] stieß selbst im Entscheidungsjahr 1992 auf nicht unerhebliche Zustimmung[7], die darin begründet lag, dass alleiniger Zweck des Nachtarbeitsverbots der Schutz der Frau sei. Daher seien solche Verbote für Frauen nicht als Benachteiligung gegenüber Arbeitern zu verstehen, sondern vielmehr als Begünstigung[8].

5 Das BVerfG hatte jedoch einen nicht rechtfertigungsfähigen Verstoß gegen den Gleichbehandlungsgrundsatz des Art. 3 Abs. 1 und Abs. 3 GG festgestellt, da keine zwingende Notwendigkeit für an das Geschlecht anknüpfende differenzierende Regelungen im Bereich der Nachtarbeit besteht. Es hat zur Begründung ausgeführt: Nach Art. 3 Abs. 3 GG dürfe niemand wegen seines Geschlechts benachteiligt werden. § 19 AZO behandele aber Arbeiterinnen „wegen" ihres Geschlechts ungleich; insbesondere für die Behauptung, Arbeiterinnen litten wegen ihrer weiblichen Konstitution stärker als männliche Arbeitnehmer unter Nachtarbeit, gäbe es in der arbeitsmedizi-

---

1 MünchArbR/*Buchner*, § 30 Rz. 49.
2 MünchArbR/*Buchner*, § 30 Rz. 49.
3 Schaub/*Linck*, § 34 Rz. 76.
4 MünchArbR/*Buchner*, § 30 Rz. 60.
5 BVerfG v. 28.1.1992 – 1 BvR 1025/82, 1 BvL 16/83, 1 BvL 10/91, AP Nr. 201 zu Art. 3 GG = NZA 1992, 270 = FamRZ 1992, 289.
6 Sie geht zurück auf die Novelle der Gewerbeordnung vom 1.6.1891 (RGBl S. 261) und erhielt die bis 1992 gültige Neufassung in § 19 der Arbeitszeitordnung von 1938 (RGBl I S. 466; zuletzt geändert durch Gesetz vom 10.3.1975 (BGBl. I S 685).
7 *Blanke/Diederich*, ArbuR 1992, 165, 166.
8 So argumentierte damals bspw. der Deutsche Gewerkschaftsbund, *Blanke/Diederich*, ArbuR 1992, 165, 166. Auch der BGH und die Mehrzahl der OLG hielten die Regelung für verfassungsgemäß.

nischen Forschung keine Anhaltspunkte. Nachtarbeit sei vielmehr grundsätzlich für jeden Menschen schädlich[1].

Auch die Annahme, Frauen seien auf ihrem nächtlichen Weg von und zu ih-   6
rer Arbeitsstelle besonderen Gefahren ausgesetzt, lehnte das BVerfG als Rechtfertigung für die geschlechtsspezifische Benachteiligung ab: Der Staat könne sich seiner Aufgabe, Frauen vor tätlichen Angriffen auf öffentlichen Straßen zu schützen, nicht dadurch entziehen, dass er sie durch Einschränkung ihrer Berufsfreiheit davon abhalte, nachts das Haus zu verlassen[2].

Der Verfassungsverstoß führte zur Unvereinbarkeit von § 19 AZO mit dem   7
GG[3]. Die Entscheidung des BVerfG hatte zur Folge, dass der Gesetzgeber 1994 ein Arbeitszeitgesetz[4] erlassen hat, in welches der dritte Abschnitt der AZO, der die Überschrift „Erhöhter Schutz für Frauen" trug, nicht übernommen wurde. Das heute geltende Arbeitszeitgesetz sieht daher auch nicht mehr das früher in § 19 Abs. 1 Alt. 2 AZO enthaltene Beschäftigungsverbot an Tagen vor Sonn- und Feiertagen nach 17 Uhr vor, keine besondere Höchstgrenze für die tägliche Arbeitszeit, wie dies nach § 17 AZO der Fall war, sowie keine Ruhepausen, wie sie in § 18 AZO geregelt waren.

II. Beschäftigungsverbote zum Schutz werdender und stillender Mütter

1. Überblick

Schwangerschaft, Geburt und Wochenbett belasten den mütterlichen Orga-   8
nismus erheblich. Für Zeiten der Schwangerschaft, die ersten Monate nach der Entbindung und nachfolgende Stillzeiten sind deshalb weitreichende Schutzvorschriften geboten[5]. Beschäftigungsverbote in diesem Bereich dienen sowohl dem Gesundheitsschutz der Mutter als auch dem ungeborenen Leben angesichts der Gefährdungen durch ungeeignete, körperlich schwere oder sonst gefährdende Erwerbsarbeit[6].

Solche Beschäftigungsverbote (vgl. dazu unten Rz. 10 ff.) sind vor allem im   9
Mutterschutzgesetz (MuSchG), welches für alle Arbeitnehmerinnen (gleichgültig ob Arbeiterinnen, Angestellte, Auszubildende oder Praktikantinnen) gilt[7], verankert. Neben dem MuSchG gewähren insbesondere die Verord-

---

1 BVerfG v. 28.1.1992 – 1 BvR 1025/82, 1 BvL 16/83, 1 BvL 10/91, AP Nr. 201 zu Art. 3 GG = NZA 1992, 270 (271) = FamRZ 1992, 289.
2 BVerfG v. 28.1.1992 – 1 BvR 1025/82, 1 BvL 16/83, 1 BvL 10/91, AP Nr. 201 zu Art. 3 GG = NZA 1992, 270, 272 = FamRZ 1992, 289, 290.
3 BVerfG v. 28.1.1992 – 1 BvR 1025/82, 1 BvL 16/83, 1 BvL 10/91, AP Nr. 201 zu Art. 3 GG = NZA 1992, 270, 272 = FamRZ 1992, 289, 290.
4 Vom 6.6.1994, BGBl. I, 1170, 1171.
5 *Buchner/Becker*, Vor §§ 3–8 MuSchG Rz. 4.
6 ErfK/*Schlachter*, § 3 MuSchG Rz. 1.
7 *Schaub/Linck*, § 166 Rz. 7.

nung zum Schutze der Mütter am Arbeitsplatz[1], die Strahlenschutzverordnung[2] und die Röntgenverordnung[3] sowie die Arbeitsstättenverordnung[4] für werdende und stillende Mütter zusätzlichen Schutz.

2. Einzelne Beschäftigungsverbote

a) Beschäftigungsverbot für werdende Mütter gem. § 3 MuSchG

10   Bei den Beschäftigungsverboten ist zwischen **individuellen** und **generellen** zu differenzieren[5]. **Individuelle Beschäftigungsverbote** stellen darauf ab, inwieweit für eine werdende Mutter bzw. Mutter individuell eine Beschäftigung nachteilig wirken würde und deshalb nicht zuzulassen ist[6]. Ein solches individuelles Beschäftigungsverbot ist in § 3 **Abs. 1** MuSchG enthalten. Danach dürfen werdende Mütter nicht beschäftigt werden, soweit nach *ärztlichem Zeugnis* Leben oder Gesundheit von Mutter oder Kind bei Fortdauer der Beschäftigung gefährdet ist. Dies bedeutet, dass für das Beschäftigungsverbot des MuSchG grundsätzlich nicht Voraussetzung ist, dass die Frau arbeitsunfähig erkrankt ist[7].

10a   Voraussetzung für das Beschäftigungsverbot nach § 3 Abs. 1 MuSchG ist ein ärztliches Zeugnis, wonach Leben oder Gesundheit von Mutter oder Kind bei Fortdauer der Beschäftigung gefährdet ist. Diesem Zeugnis des Arztes kommt ein hoher Beweiswert zu. Das BAG hat dazu ausgeführt: „Die Arbeitnehmerin genügt ihrer Darlegungslast zur Suspendierung der Arbeitspflicht und zur Begründung eines Anspruchs aus § 11 Abs. 1 MuSchG zunächst durch Vorlage dieser ärztlichen Bescheinigung über das Beschäftigungsverbot ... Der Arbeitgeber, der ein Beschäftigungsverbot nach § 3 Abs. 1 MuSchG anzweifelt, kann allerdings vom ausstellenden Arzt Auskunft über die Gründe verlangen, soweit diese nicht der Schweigepflicht unterliegen. Der Arzt hat dem Arbeitgeber sodann mitzuteilen, von welchen tatsächlichen Arbeitsbedingungen der Arbeitnehmerin er bei Erteilung seines Zeugnisses ausgegangen ist und ob krankheitsbedingte Arbeitsunfähigkeit vorgelegen hat ... Legt die Arbeitnehmerin trotz Aufforderung des Arbeitgebers keine entsprechende ärztliche Bescheinigung vor, ist der Beweiswert eines zunächst nicht näher begründeten ärztlichen Beschäftigungsverbotes erschüttert. Nur wenn der Arbeitgeber die tatsächlichen Gründe des Beschäftigungsverbotes kennt, kann er prüfen, ob er der Arbeitnehmerin andere zumutbare Arbeit zuweisen kann, die dem Beschäftigungsverbot

---

1 Vom 15.4.1997; wurde als Art. 1 der VO zur ergänzenden Umsetzung der EG-Mutterschutz-Richtlinie (Mutterschutzrichtlinienverordnung) verkündet.
2 Verordnung über den Schutz vor Schäden durch ionisierende Strahlen vom 20.7.2001, BGBl. I, 1714 (2002, 1459).
3 Verordnung über den Schutz vor Schäden durch Röntgenstrahlen vom 8.1.1987, BGBl. I, 114, neugefasst durch Bek. v. 30.4.2003; BGBl. I, 604.
4 Verordnung über Arbeitsstätten vom 12.8.2004, BGBl. I, 2179.
5 *Buchner/Becker*, Vor §§ 3–8 MuSchG Rz. 10.
6 *Buchner/Becker*, Vor §§ 3–8 MuSchG Rz. 16.
7 *Buchner/Becker*, Vor §§ 3–8 MuSchG Rz. 7; BAG v. 7.11.2007 – 5 AZR 883/06, juris, Rz. 17 zum Beweiswert der ärztlichen Bescheinigung nach § 3 Abs. 1 MuSchG.

nicht entgegensteht … Das Mutterschutzgesetz hindert den Arbeitgeber auch nicht, Umstände darzulegen, die ungeachtet der medizinischen Bewertung den Schluss zulassen, dass ein Beschäftigungsverbot auf unzutreffenden tatsächlichen Voraussetzunge beruht."[1]

Die Beschäftigungsverbote des MuSchG sind allerdings überwiegend als **generelle Beschäftigungsverbote** gefasst[2]. Sie gelten für werdende Mütter bzw. Mütter schlechthin ohne Rücksicht auf ihre körperliche und gesundheitliche Konstitution[3]. Voraussetzung dieser Verbote ist also nicht, dass die Frau bei Fortsetzung der verbotenen Tätigkeiten erkranken würde oder infolge solcher Fortsetzung bereits erkrankt ist[4].   11

Generelle Beschäftigungsverbote verbieten die Beschäftigung während der Schutzfristen vor und nach der Entbindung; über das Beschäftigungsverbot während der Schutzfrist vor der Entbindung kann die Arbeitnehmerin allerdings gem. § 3 **Abs. 2** MuSchG disponieren[5]. § 3 Abs. 2 MuSchG wird daher als **relatives Beschäftigungsverbot** angesehen[6]. Danach dürfen werdende Mütter in den letzten sechs Wochen vor der Entbindung beschäftigt werden, wenn sie sich ausdrücklich zur Arbeitsleistung bereit erklären. Es ist jedoch zu beachten, dass die Erklärung jederzeit widerrufen werden kann.   12

Schließlich dürfen Mütter bis zum Ablauf von acht Wochen nach der Entbindung nicht beschäftigt werden, § 6 Abs. 1 Satz 1 MuSchG. Diese Frist verlängert sich gem. § 6 Abs. 1 Satz 2 MuSchG auf zwölf Wochen bei Früh- und Mehrlingsgeburten, bei Frühgeburten zusätzlich um den Zeitraum, der nach § 3 Abs. 2 MuSchG nicht in Anspruch genommen werden konnte.   13

b) Weitere Beschäftigungsverbote gem. § 4 MuSchG

Die Beschäftigungsverbote des § 4 MuSchG sind für die Zeit **vor Beginn der Schutzfrist** des § 3 Abs. 2 MuSchG (s. oben Rz. 12) praktisch bedeutsam[7]. Gemäß **Abs. 1** der Vorschrift dürfen werdende Mütter nicht mit schweren körperlichen Arbeiten und nicht mit Arbeiten beschäftigt werden, bei denen sie schädlichen Einwirkungen von gesundheitsgefährdenden Stoffen oder Strahlen, von Staub, Gasen oder Dämpfen, von Hitze, Kälte oder Nässe, von Erschütterungen oder Lärm ausgesetzt sind.   14

Schwere körperliche Arbeiten sind solche, die die Körperkraft stark in Anspruch nehmen, anstrengende Körperhaltungen oder -stellungen bedingen oder bestimmte Körperteile oder Organe besonders belasten[8]. Zu beachten ist in diesem Zusammenhang auch die Verordnung zum Schutze der Mütter   15

---

1 BAG v. 7.11.2007 – 5 AZR 883/05, juris, Rz. 17.
2 MünchArbR/*Buchner*, § 30 Rz. 70.
3 *Buchner/Becker*, Vor §§ 3–8 MuSchG Rz. 6.
4 *Buchner/Becker*, Vor §§ 3–8 MuSchG Rz. 6.
5 ErfK/*Schlachter*, § 3 MuSchG Rz. 12.
6 *Buchner/Becker*, Vor §§ 3–8 MuSchG Rz. 11.
7 *Buchner/Becker*, § 4 MuSchG Rz. 8.
8 *Buchner/Becker*, § 4 MuSchG Rz. 11.

am Arbeitsplatz, die in ihrer Anlage 1 unter A 3 physikalische Schadfaktoren nennt, die zu Schädigungen des Fötus führen und/oder eine Lösung der Plazenta verursachen können, wie insbesondere

a. Stöße, Erschütterungen oder Bewegungen

b. Bewegungen schwerer Lasten von Hand, gefahrenträchtig insbesondere für den Rücken- und Lendenwirbelbereich

c. Lärm

d. ionisierende Strahlungen

e. nicht ionisierende Strahlungen

f. extreme Kälte und Hitze

g. Bewegungen und Körperhaltungen, sowohl innerhalb als auch außerhalb des Betriebs, geistige und körperliche Ermüdung und sonstige körperliche Belastungen, die mit der Tätigkeit der werdenden oder stillenden Mutter verbunden sind.

16   § 4 **Abs. 2** MuSchG konkretisiert die verbotenen Tätigkeiten aus Abs. 1. Danach dürfen werdende Mütter insbesondere nicht beschäftigt werden mit Arbeiten, bei denen regelmäßig Lasten von mehr als 5 kg Gewicht oder gelegentlich Lasten von mehr als 10 kg ohne mechanische Hilfsmittel von Hand gehoben, bewegt oder befördert werden (§ 4 Abs. 2 Nr. 1 MuSchG). Demzufolge scheiden Tätigkeiten im Krankenhaus, wie z. B. das Betten und Lagern pflegebedürftiger Patienten, als unzulässig aus.

17   Des Weiteren dürfen werdende Mütter nach Ablauf des fünften Schwangerschaftsmonats mit Arbeiten, bei denen sie **ständig stehen** müssen, soweit diese Beschäftigung vier Stunden täglich überschreitet, nicht beschäftigt werden (§ 4 Abs. 2 Nr. 2 MuSchG). Hierunter fällt z. B. das Assistieren einer OP-Schwester bei längeren Operationen.

18   Verboten sind außerdem Arbeiten, bei denen sich werdende Mütter häufig **erheblich strecken oder beugen** oder bei denen sie **dauernd hocken oder sich gebückt halten** müssen (§ 4 Abs. 2 Nr. 3 MuSchG), wie z. B. Bettenmachen.

19   Aus § 4 Abs. 2 Nr. 6 MuSchG ergibt sich das Verbot des direkten Kontaktes mit potentiell infektiösem Material, wie z. B. Blut und sonstigen Körpersekreten[1].

20   In § 4 Abs. 2 Nr. 8 MuSchG findet sich schließlich ein Verbot von **Tätigkeiten mit erhöhter Unfallgefährdung**, d. h. für Arbeiten, bei denen die werdenden Mütter der Gefahr ausgesetzt sind, auszugleiten, zu fallen oder abzustür-

---

1 BVerwG v. 27.5.1993 – 5 C 42/89, EzA § 4 MuSchG Nr. 4: mutterschutzrechtliches Beschäftigungsverbot bezüglich einer angestellten Zahnärztin wegen der Gefahr einer Infektion mit Aids- oder Hepatitisviren; BVerwG v. 26.4.2005 – 5 C 11/04. juris: mutterschutzrechtliches Beschäftigungsverbot bezüglich einer Erzieherin in einem Kindergarten wegen fehlender Mumpsantikörper.

zen. Dies ist z.B. der Fall bei Tätigkeiten in der Bäderabteilung und der Kontakt mit potentiell aggressiven Personen.

Aus alledem ergibt sich, dass werdende Mütter **grundsätzlich nicht einge-**   21
setzt werden dürfen: im OP-Bereich, im Anästhesie- und Aufwachbereich, auf Intensivstationen, auf Aufnahmestationen, auf Infektionsstationen, in Dialyseeinheiten, in der Onkologie und Strahlentherapie, in der Pathologie, in transfusionsmedizinischen Abteilungen und Blutbanken und in geschlossenen Abteilungen der Psychiatrie.

c) Verordnung zum Schutze der Mütter am Arbeitsplatz[1]

Durch diese wird das MuSchG ergänzt. Sie sieht in § 4 Abs. 1 MuSchV ein   22
Beschäftigungsverbot vor, wenn die individuelle Beurteilung der Tätigkeit der werdenden oder stillenden Mutter durch den Arbeitgeber ergibt, dass die Sicherheit oder Gesundheit von Mutter oder Kind durch die chemischen Gefahrstoffe, biologischen Arbeitsstoffe, physikalischen Schadfaktoren oder die Arbeitsbedingungen nach Anlage 2 dieser Verordnung gefährdet wird.

Nach § 5 Nr. 1–5 MuSchV dürfen werdende und stillende Mütter nicht be-   23
schäftigt werden, wenn sie bei der Ausübung ihrer Tätigkeit bestimmten Gefahrstoffen bzw. Gefahrstoffen in einer grenzwertüberschreitenden Art und Weise ausgesetzt wären. Näheres regelt die Gefahrstoffverordnung (§ 5 Abs. 2 MuSchV).

d) Strahlenschutzverordnung[2] und Röntgenverordnung[3]

Bei der Tätigkeit einer werdenden Mutter mit ionisierenden Strahlen sind   24
die Vorschriften der Röntgenverordnung (RöV) bzw. der Strahlenschutzverordnung (StrlSchV) zu beachten.

Der Anwendungsbereich der Röntgenverordnung ist auf Röntgeneinrichtun-   25
gen und Störstrahler beschränkt, bei denen die Energie beschleunigter Elektronen ein Megaelektronenvolt beträgt[4]. Kann dieser Wert überschritten werden oder werden andere Teilchen als Elektronen beschleunigt, ist die Strahlenschutzverordnung maßgeblich[5].

Die nach der Röntgenverordnung normierten Röntgeneinrichtungen werden   26
überwiegend im Bereich der Heilkunde und Zahnheilkunde eingesetzt[6]. Für werdende Mütter besteht hier nicht generell ein Beschäftigungsverbot, es

---

1 Vom 15.4.1997; wurde als Art. 1 der VO zur ergänzenden Umsetzung der EG-Mutterschutz-Richtlinie (Mutterschutzrichtlinienverordnung) verkündet.
2 Verordnung über den Schutz vor Schäden durch ionisierende Strahlen vom 20.7.2001, BGBl. I, 1714 (2002, 1459).
3 Verordnung über den Schutz vor Schäden durch Röntgenstrahlen vom 8.1.1987, BGBl. I, 114, neugefasst durch Bek. v. 30.4.2003, BGBl I 604.
4 *Wagner*, NVwZ 2002, 1426, 1427.
5 *Ewen/Holte*, Die neue Strahlenschutzverordnung, 2. Aufl. 2003, 20.
6 *Wagner*, NVwZ 2002, 1426, 1427.

muss vielmehr danach differenziert werden, in welchem Bereich der Einrichtung die Frau eingesetzt werden soll: Aus § 22 Abs. 1 Nr. 1 RöV geht hervor, dass die Tätigkeit einer Schwangeren im Überwachungsbereich durch die Röntgenverordnung nicht eingeschränkt wird.

27 Der Zutritt zu Kontrollbereichen ist schwangeren Frauen gem. § 22 Abs. 1 Nr. 2d RöV erlaubt, soweit der fachkundige Strahlenschutzverantwortliche oder der Strahlenschutzbeauftragte dies ausdrücklich gestattet und durch geeignete Überwachungsmaßnahmen sicherstellt, dass der besondere Dosisgrenzwert nach § 31a Abs. 4 Satz 2 RöV (Grenzwert der effektiven Dosis für das ungeborene Kind = 1 mSv[1]) eingehalten und dies dokumentiert wird. Voraussetzung ist allerdings zusätzlich, dass der Zutritt zur Durchführung oder Aufrechterhaltung der darin vorgesehenen Betriebsvorgänge oder bei Auszubildenden oder Studierenden zur Erreichung ihres Ausbildungszieles erfolgt.

28 Der Einsatz werdender Mütter im Anwendungsbereich der Strahlenschutzverordnung, deren „kleine Schwester" die Röntgenverordnung ist[2], folgt den gleichen Regeln (vgl. §§ 37 Abs. 1 Nr. 2d, 55 Abs. 4 Satz 2 StrlSchV). Zu erwähnen ist allerdings, dass nach § 37 Abs. 2 Nr. 1 StrlSchV der beruflich bedingte Aufenthalt im Sperrbereich für schwangere Frauen verboten ist.

e) Mehrarbeit, Nacht- und Sonntagsarbeit gem. § 8 MuSchG

29 Grundsätzlich dürfen werdende oder stillende Mütter nicht mit Mehrarbeit, nicht in der Nacht zwischen 20 und 6 Uhr und nicht an Sonn- und Feiertagen beschäftigt werden, § 8 Abs. 1 MuSchG. Mehrarbeit ist nach der Legaldefinition des § 8 Abs. 2 MuSchG jede Arbeit, die

1. von Frauen unter 18 Jahren über acht Stunden täglich oder 80 Stunden in der Doppelwoche,

2. von Frauen, die das 18. Lebensjahr vollendet haben, über achteinhalb Stunden täglich oder über 90 Stunden in der Doppelwoche

hinaus geleistet wird. Dabei werden in die Doppelwoche die Sonntage eingerechnet. Das Nachtarbeitsverbot des § 8 Abs. 1 MuSchG gilt für bestimmte Tätigkeiten (wie z.B. in Gast- und Schankwirtschaften oder als Künstlerinnen) von werdenden Müttern in den ersten vier Monaten der Schwangerschaft und für stillende Mütter nur eingeschränkt (vgl. § 8 Abs. 3 MuSchG).

30 Nach § 8 Abs. 4 MuSchG dürfen werdende oder stillende Mütter, abweichend von § 8 Abs. 1 MuSchG, u.a. in **Krankenhausanstalten**, Pflege- und Altenheimen an Sonn- und Feiertagen beschäftigt werden, wenn ihnen in jeder Woche einmal eine ununterbrochene Ruhezeit von mindestens 24 Stunden im Anschluss an eine Nachtruhe gewährt wird.

---

1 Millisievert.
2 *Wagner*, NVwZ 2002, 1426.

Schließlich kann in begründeten Einzelfällen die Aufsichtsbehörde nach § 8   31
Abs. 6 MuSchG Ausnahmen von den vorstehenden Vorschriften zulassen.

f) Arbeitsstättenverordnung[1]

Sie enthält kein Beschäftigungsverbot. § 6 Abs. 3 der Verordnung über Ar-   32
beitsstätten (ArbStättV) bestimmt aber, dass es schwangeren Frauen und stillenden Müttern möglich sein muss, sich während der Pausen und, soweit es
erforderlich ist, auch während der Arbeitszeit unter geeigneten Bedingungen
hinlegen und ausruhen zu können.

3. Folgen des Beschäftigungsverbots

Durch die Beschäftigungsverbote wird das Arbeitsverhältnis in seiner Wirk-   33
samkeit nicht berührt. Die Beschäftigungsverbote führen nur dazu, dass die
Arbeitnehmerin entweder überhaupt nicht mehr oder jedenfalls nicht mehr
wie bisher beschäftigt werden darf, so dass sie entweder freizustellen oder
umzusetzen ist[2].

Eine schwangere Frau, die aufgrund eines gesetzlichen Beschäftigungsver-   34
bots ihre vertraglich geschuldete Arbeitsleistung nicht erbringen darf, kann
dazu verpflichtet sein, vorübergehend, d. h. für die Zeit der Schwangerschaft,
eine andere, ihr zumutbare, vom Arbeitgeber zugewiesene Tätigkeit auszuüben[3]. Dabei muss die Zuweisung einer anderen Tätigkeit durch den Arbeitgeber billigem Ermessen (§ 315 BGB) entsprechen[4]. In diesem Rahmen
ist eine umfassende Interessenabwägung vorzunehmen. Einerseits hat die
Arbeitnehmerin durch zumutbare Veränderungen ihrer Tätigkeit daran mitzuwirken, die finanziell nicht unerheblichen Folgen eines Beschäftigungsverbots für den Arbeitgeber möglichst gering zu halten. Sie muss deshalb für
die absehbare Zeit bis zum Beginn der Mutterschutzfrist – mutterschutz-
rechtlich erlaubte und zumutbare – Tätigkeiten ausüben, zu denen sie im
Wege des Direktionsrechts des Arbeitgebers nicht angewiesen werden könnte[5]. Andererseits muss die angebotene Ersatzarbeit auf den besonderen Zustand der Schwangeren und deren persönliche Belange auch außerhalb der
unmittelbaren Arbeitsbeziehung Rücksicht nehmen. Dies kann im Einzelfall bedeuten, dass sogar eine aufgrund des Direktionsrechts des Arbeitgebers
an sich zulässige Zuweisung veränderter Arbeitsaufgaben für die schwangere
Arbeitnehmerin unzumutbar ist[6]. Um die Zumutbarkeit der zugewiesenen
Ersatztätigkeit ggf. im Rechtsstreit überprüfen zu können, muss die Zuweisung konkret erfolgen. Anderenfalls müsste im Rechtsstreit über ein nach-
zuholendes und deshalb hypothetisches Angebot befunden werden[7].

---

1 Verordnung über Arbeitsstätten vom 12.8.2004, BGBl. I, 2179.
2 MünchArbR/*Buchner*, § 30 Rz. 72.
3 BAG v. 15.11.2000 – 5 AZR 365/99, BB 2001, 527 = NJW 2001, 1517.
4 BAG v. 15.11.2000 – 5 AZR 365/99, BB 2001, 527, 528 = NJW 2001, 1517, 1518.
5 BAG v. 15.11.2000 – 5 AZR 365/99, BB 2001, 527, 528 = NJW 2001, 1517, 1518.
6 BAG v. 15.11.2000 – 5 AZR 365/99, BB 2001, 527, 528 = NJW 2001, 1517, 1518.
7 BAG v. 15.11.2000 – 5 AZR 365/99, BB 2001, 527, 528 = NJW 2001, 1517, 1518.

4. Folgen des Verstoßes gegen das Beschäftigungsverbot

35   Eine Nichtbeachtung der Beschäftigungsvorschriften und -verbote durch den
Arbeitgeber wird in den Fällen des § 21 Abs. 1 MuSchG als Ordnungswidrigkeit, unter Umständen sogar als Straftat gem. § 21 Abs. 3 und 4 MuSchG,
verfolgt[1]. Ferner haben die Gewerbeaufsichtsämter das Recht, Anordnungen,
verbunden mit der Androhung empfindlicher Zwangsgelder, zu erlassen[2].

III. Beschäftigungsverbote zum Schutz von Kindern und Jugendlichen

1. Überblick

36   Das Jugendarbeitsschutzgesetz (JArbSchG) hat die Aufgabe, Kinder und Jugendliche vor Überforderung, Überbeanspruchung und den Gefahren am Arbeitsplatz entsprechend ihrem Entwicklungsstand zu schützen, für ihre ärztliche Betreuung bei der Arbeit zu sorgen und ihnen ausreichende Freizeit zur
Erholung und Entfaltung ihrer Persönlichkeit sicherzustellen[3]. Ihre Gesundheit und Entwicklung soll nicht durch zu frühe, zu lange, zu schwere, zu gefährliche oder ungeeignete Arbeit gefährdet werden[4].

37   Der Geltungsbereich des JArbSchG bestimmt sich nach § 1 Abs. 1 JArbSchG.
Danach gilt dieses Gesetz für die Beschäftigung von Personen, die noch
nicht 18 Jahre alt sind,

1. in der Berufsausbildung,

2. als Arbeitnehmer oder Heimarbeiter,

3. mit sonstigen Dienstleistungen, die der Arbeitsleistung von Arbeitnehmern oder Heimarbeitern ähnlich sind,

4. in einem der Berufsausbildung ähnlichen Beschäftigungsverhältnis.

38   Das Gesetz unterscheidet in § 2 JArbSchG zwischen Kindern, Jugendlichen
und Jugendlichen, die der Vollzeitschulpflicht unterliegen.

39   **Kind** ist nach der Legaldefinition des § 2 Abs. 1 JArbSchG, wer noch nicht 15
Jahre alt ist. Kinder sind durch Schule und Schularbeiten ihrem Alter und
Entwicklungsstand entsprechend in der Regel voll in Anspruch genommen[5].
Zusätzliche Erwerbsarbeit hat in hohem Maße die Gefahr der Überlastung,
der Gesundheitsschädigung und des Versagens in der Schule zur Folge[6].

40   **Jugendlicher** ist gem. § 2 Abs. 2 JArbSchG, wer 15, aber noch nicht 18 Jahre
alt ist. Für Jugendliche ist der Schritt von der Schule in die Arbeitswelt der
Erwachsenen in der Regel völlig neu. Der Jugendarbeitsschutz soll ihnen
den Übergang von der Schule in die Arbeitswelt der Erwachsenen erleich-

---

1 *Reinders*, Bremer Ärzteblatt 5/89, 12, 16.
2 *Reinders*, Bremer Ärzteblatt 5/89, 12, 16.
3 *Zmarzlik/Anzinger*, JArbSchG, Einf. Rz. 1.
4 *Zmarzlik/Anzinger*, JArbSchG, Einf. Rz. 1.
5 *Zmarzlik/Anzinger*, JArbSchG, Einf. Rz. 3.
6 *Zmarzlik/Anzinger*, JArbSchG, Einf. Rz. 3.

tern[1]. Jugendliche stehen in der Entwicklung und haben noch nicht die Kräfte und Erfahrungen der Erwachsenen. Sie kennen die Gefahren des Arbeitslebens nicht und überschätzen oft ihre Kräfte[2]. Der Jugendarbeitsschutz soll sie daher vor Überforderung und vor den Gefahren des Arbeitslebens in besonderer Weise schützen[3]. Dies ist insbesondere bei der Tätigkeit von **Krankenpflegeschülern** und **Praktikanten** zu berücksichtigen.

Auf Jugendliche, die der Vollzeitschulpflicht unterliegen, finden die für Kinder geltenden Vorschriften Anwendung, § 2 Abs. 3 JArbSchG. 41

Zu beachten ist jedoch, dass das JArbSchG gem. § 1 Abs. 2 nicht für geringfügige Hilfeleistungen gilt, soweit sie gelegentlich erbracht werden, sowie für die Beschäftigung durch die Personenstandsberechtigten im Familienhaushalt.

2. Beschäftigungsverbote

a) Beschäftigung von Kindern

Die Beschäftigung von Kindern bis 15 Jahre (§ 2 Abs. 1 JArbSchG) und Jugendlichen, die der Vollzeitschulpflicht unterliegen (§ 2 Abs. 3 JArbSchG), ist nach § 5 Abs. 1 JArbSchG grundsätzlich verboten. Allerdings existieren Ausnahmen hiervon. Nach § 5 Abs. 2 JArbSchG gilt das Beschäftigungsverbot des § 5 Abs. 1 JArbSchG nicht für die Beschäftigung von Kindern zum Zwecke der Beschäftigungs- und Arbeitstherapie (§ 5 Abs. 2 Nr. 1 JArbSchG), im Rahmen eines Betriebspraktikums während der Vollzeitschulpflicht (§ 5 Abs. 2 Nr. 2 JArbSchG) sowie in Erfüllung einer richterlichen Weisung (§ 5 Abs. 2 Nr. 3 JArbSchG). 42

Das Verbot des § 5 Abs. 1 JArbSchG gilt ferner nicht für die Beschäftigung von Kindern über 13 Jahre mit Einwilligung des Personensorgeberechtigten, soweit die Beschäftigung leicht und für Kinder geeignet ist (§ 5 Abs. 3 Satz 1 JArbSchG). Eine allgemeine Umschreibung, wann diese Voraussetzung erfüllt ist, findet sich in § 5 Abs. 3 Satz 2 JArbSchG. Danach ist die Beschäftigung leicht, wenn sie aufgrund ihrer Beschaffenheit und der besonderen Bedingungen, unter denen sie ausgeführt wird, 43

1. die Sicherheit, Gesundheit und Entwicklung der Kinder,

2. ihren Schulbesuch, ihre Beteiligung an Maßnahmen zur Berufswahlvorbereitung oder Berufsausbildung, die von der zuständigen Stelle anerkannt sind, und

3. ihre Fähigkeit, dem Unterricht mit Nutzen zu folgen,

nicht nachteilig beeinflusst. Konkretisiert werden die zulässigen Tätigkeiten in der **Kinderarbeitsschutzverordnung** (KindArbSchV)[4].

---

1 *Zmarzlik/Anzinger*, JArbSchG, Einf. Rz. 4.
2 *Zmarzlik/Anzinger*, JArbSchG, Einf. Rz. 4.
3 *Zmarzlik/Anzinger*, JArbSchG, Einf. Rz. 4.
4 KindArbSchV vom 23.6.1998, BGBl. I, 1508.

44   Kinder, die der Vollzeitschulpflicht nicht mehr unterliegen, dürfen gem. § 7
      Satz 1 Nr. 1 JArbSchG im Berufsausbildungsverhältnis und gem. § 7 Satz 1
      Nr. 2 JArbSchG außerhalb eines Berufsausbildungsverhältnisses nur mit
      leichten und für sie geeigneten Tätigkeiten bis zu sieben Stunden täglich
      und 35 Stunden wöchentlich beschäftigt werden.

45   Ausnahmen sind jedoch auch kraft aufsichtsbehördlicher Genehmigung
      nach § 6 JArbSchG möglich. Dies betrifft insbesondere Theater- und Musik-
      aufführungen.

b) Beschäftigung von Jugendlichen

46   Für Jugendliche gilt nach § 8 Abs. 1 JArbSchG eine Höchstarbeitszeit von
      acht Stunden täglich und 40 Stunden wöchentlich, wobei Jugendliche nur an
      fünf Tagen in der Woche beschäftigt werden dürfen (§ 15 Satz 1 JArbSchG).
      Eine Beschäftigung darüber hinaus ist verboten.

47   Ausnahmen hiervon finden sich jedoch in § 8 Abs. 2, 2a und 3 JArbSchG.
      Wenn in Verbindung mit Feiertagen an Werktagen nicht gearbeitet wird, da-
      mit die Beschäftigten eine längere zusammenhängende Freizeit haben, so
      darf die ausfallende Arbeitszeit gem. § 8 Abs. 2 JArbSchG auf die Werktage
      von fünf zusammenhängenden, die Ausfalltage einschließenden Wochen
      nur dergestalt verteilt werden, dass die Wochenarbeitszeit im Durchschnitt
      dieser fünf Wochen 40 Stunden nicht überschreitet. Die tägliche Arbeitszeit
      darf hierbei achteinhalb Stunden nicht überschreiten.

48   Nach § 8 Abs. 2a JArbSchG können Jugendliche, wenn an einzelnen Werk-
      tagen die Arbeitszeit auf weniger als acht Stunden verkürzt ist, an den übri-
      gen Werktagen derselben Woche achteinhalb Stunden beschäftigt werden.

49   Nach § 9 Abs. 1 Satz 1 JArbSchG hat der Arbeitgeber den Jugendlichen für
      die Teilnahme am Berufsschulunterricht freizustellen. Der Arbeitgeber darf
      den Jugendlichen nach § 9 Abs. 1 Satz 2 JArbSchG nicht beschäftigen vor ei-
      nem vor 9 Uhr beginnenden Unterricht, an einem Berufsschultag mit mehr
      als fünf Unterrichtsstunden von mindestens 45 Minuten, einmal in der Wo-
      che, sowie in Berufsschulwochen mit einem planmäßigen Blockunterricht
      von mindestens 25 Stunden an mindestens fünf Tagen. Ferner ist die Berufs-
      schulzeit gem. § 9 Abs. 2 JArbSchG auf die Arbeitszeit anzurechnen.

50   Nach § 10 Abs. 1 JArbSchG hat der Arbeitgeber den Jugendlichen außerdem
      für die Teilnahme an Prüfungen und Ausbildungsmaßnahmen, die aufgrund
      öffentlich-rechtlicher oder vertraglicher Bestimmungen außerhalb der Aus-
      bildungsstätte durchzuführen sind, und an dem Arbeitstag, der der schriftli-
      chen Abschlussprüfung vorangeht, freizustellen.

3. Einhaltung verlängerter Ruhepausen

51   Um die Jugendlichen hinreichend zu schützen, sieht § 11 JArbSchG vor, dass
      Jugendlichen im Voraus feststehende Ruhepausen von angemessener Dauer

gewährt werden müssen. Insbesondere dürfen Jugendliche nicht länger als viereinhalb Stunden hintereinander ohne Ruhepause beschäftigt werden, § 11 Abs. 2 Satz 2 JArbSchG.

Nach § 12 JArbSchG darf bei der Beschäftigung Jugendlicher die Schichtzeit 52
(= Arbeitszeit unter Hinzurechnung der Ruhepausen, § 4 Abs. 2 JArbSchG) zehn Stunden, im Bergbau unter Tage acht Stunden, im Gaststättengewerbe, in der Landwirtschaft, in der Tierhaltung, auf Bau- und Montagestellen elf Stunden nicht überschreiten.

Nach Beendigung der täglichen Arbeitszeit dürfen Jugendliche nicht vor Ab- 53
lauf einer ununterbrochenen Freizeit von mindestens zwölf Stunden be-schäftigt werden, § 13 JArbSchG.

4. Nachtarbeitsverbot

Grundsätzlich dürfen Jugendliche gem. § 14 Abs. 1 JArbSchG nur in der Zeit 54
von 6 bis 20 Uhr beschäftigt werden. Jugendliche über 16 Jahre dürfen darü-ber hinaus auch länger beschäftigt werden, § 14 Abs. 2 JArbSchG. Insbeson-dere darf die Beschäftigung in mehrschichtigen Betrieben, wie z. B. in **Kran-kenhäusern**, bis 23 Uhr erfolgen, wenn der Jugendliche über 16 Jahre alt ist (§ 14 Abs. 2 Nr. 2 JArbSchG).

Allerdings dürfen Jugendliche an dem einem Berufsschultag unmittelbar vo- 55
rangehenden Tag auch nach § 14 Abs. 2 JArbSchG nicht nach 20 Uhr be-schäftigt werden, wenn der Berufsschulunterricht am Berufsschultag vor 9 Uhr beginnt, § 14 Abs. 4 JArbSchG.

5. Beschäftigungsverbot an Samstagen, Sonn- und Feiertagen

Grundsätzlich gilt ein Beschäftigungsverbot für Jugendliche an Samstagen, 56
Sonn- und Feiertagen, §§ 16 ff. JArbSchG.

Jedoch finden sich auch hier Ausnahmen, wie z. B. in § 16 Abs. 2 Satz 1 Nr. 1 57
JArbSchG für **Krankenanstalten** sowie Alten-, Pflege- und Kinderheime. Da-nach ist die Beschäftigung Jugendlicher an Samstagen in Krankenanstalten sowie Alten-, Pflege- und Kinderheimen zulässig. Dabei *sollen* allerdings mindestens zwei Samstage im Monat beschäftigungsfrei bleiben (§ 16 Abs. 2 Satz 2 JarbSchG).

Eine entsprechende Regelung findet sich in § 17 Abs. 2 Satz 1 Nr. 1 JArbSchG 58
für die Beschäftigung Jugendlicher an Sonntagen in **Krankenanstalten** sowie Alten-, Pflege- und Kinderheimen. Gemäß § 17 Abs. 2 Satz 2 JArbSchG *soll* jeder zweite Sonntag beschäftigungsfrei bleiben, mindestens zwei Sonntage im Monat *müssen* beschäftigungsfrei bleiben.

6. Beschäftigungsverbote bei gefährlichen Arbeiten (§ 22 JArbSchG)

59   Gemäß § 22 Abs. 1 JArbSchG ist die Beschäftigung von Jugendlichen mit den im Gesetz aufgezählten Arbeiten verboten. Es handelt sich hierbei um eine Vorschrift des technischen Arbeitsschutzes, der sich mit dem für Erwachsene weitgehend deckt[1].

60   In § 22 Abs. 1 JArbSchG sind als gefährliche Arbeiten u. a. aufgeführt:

– Arbeiten, die ihre physische und psychische Leistungsfähigkeit übersteigen (Nr. 1);

– Arbeiten bei besonderen Unfallgefahren (Nr. 3);

– Arbeiten mit schädlichen physikalischen Einwirkungen (Nr. 5);

– Arbeiten, bei denen die Jugendlichen schädlichen Einwirkungen von Gefahrstoffen im Sinne des ChemikalienG ausgesetzt sind (Nr. 6); gemeint sind damit insbesondere Stoffe und Zubereitungen, die giftig, gesundheitsschädlich, krebserregend, erbgutverändernd oder umweltgefährdend sind oder sonstige chronische schädigende Eigenschaften haben.

– Arbeiten, bei denen die Jugendlichen schädlichen Einwirkungen von biologischen Arbeitsstoffen ausgesetzt sind (Nr. 7). Erfasst wird hiervon insbesondere der Umgang mit Mikroorganismen und deren genetischen Veränderungen sowie Zellkulturen, die Infektionen, Allergien oder toxische Wirkungen hervorrufen können.

61   Zu beachten ist aber, dass gem. § 22 Abs. 2 Satz 1 JArbSchG das Beschäftigungsverbot des § 22 Abs. 1 Nr. 3–7 JArbSchG nicht für die Beschäftigung von Jugendlichen gilt, soweit dies zur Erreichung ihres Ausbildungsziels erforderlich ist, ihr Schutz durch die Aufsicht eines Fachkundigen gewährleistet ist und der Luftgrenzwert bei gefährlichen Stoffen unterschritten wird.

62   Hiervon existiert allerdings eine Gegenausnahme nach § 22 Abs. 2 Satz 2 JArbSchG bei absichtlichem Umgang mit den dort näher bezeichneten biologischen Arbeitsstoffen.

7. Beschäftigungsverbot bei Nichtvorliegen einer Erstuntersuchung (§ 32 JArbSchG)

63   Des Weiteren gestattet § 32 Abs. 1 JArbSchG die Beschäftigung eines Jugendlichen, der in das Berufsleben eintritt, nur, wenn er

1. innerhalb der letzten 14 Monate von einem Arzt untersucht worden ist (Erstuntersuchung) und

2. dem Arbeitgeber eine von diesem Arzt ausgestellte Bescheinigung vorliegt.

---

1 Schaub/*Vogelsang*, § 161 Rz. 35.

Hat der Jugendliche nach Ablauf von 14 Monaten nach Aufnahme der Be-   64
schäftigung die Bescheinigung nicht vorgelegt, so darf er bis zu ihrer Vorlage
nicht weiterbeschäftigt werden (§ 33 Abs. 3 JarbSchG).

8. Verbot der Beschäftigung durch bestimmte Personen (§ 25 JArbSchG)

Schließlich enthält § 25 JArbSchG noch spezielle Beschäftigungsverbote, die   65
Jugendliche vor unqualifizierten Arbeitgebern und Vorgesetzten schützen
sollen. Personen, die wegen eines Verbrechens zu einer Freiheitsstrafe von
mindestens zwei Jahren, wegen einer vorsätzlichen Straftat, die sie unter
Verletzung der ihnen als Arbeitgeber, Ausbildender oder Ausbilder obliegenden Verpflichtungen zum Nachteil von Kindern oder Jugendlichen begangen
haben, zu einer Freiheitsstrafe von mehr als drei Monaten oder wegen spezieller Straftaten nach dem StGB (insbesondere aus dem Sexualbereich), dem
Gesetz über den Verkehr mit Betäubungsmitteln oder Jugendschutzvor-
schriften rechtskräftig verurteilt worden sind, dürfen Jugendliche nicht beschäftigen sowie im Rahmen eines Arbeits- oder Berufsausbildungsverhältnisses nicht beaufsichtigen, nicht anweisen, nicht ausbilden und auch nicht
mit der Beaufsichtigung, Anweisung oder Ausbildung von Jugendlichen beauftragt werden[1].

Die persönliche Qualifikation verliert in gleicher Weise, wer mindestens   66
dreimal wegen Verstoßes gegen die Vorschriften des JArbSchG mit einer
Geldbuße belegt worden ist, § 25 Abs. 2 JArbSchG. Die genannten Beschäftigungsverbote gelten gem. § 25 Abs. 3 JArbSchG allerdings nicht für die Personensorgeberechtigten[2].

9. Behördliche Anordnungen und Ausnahmen (§ 27 JArbSchG)

Die Aufsichtsbehörde kann nach § 27 Abs. 1 Satz 1 JArbSchG in Einzelfällen   67
feststellen, ob eine Arbeit unter die Beschäftigungsverbote oder -beschrän-
kungen der §§ 22 bis 24 JArbSchG oder einer Rechtsverordnung nach § 26
JArbSchG fällt. Nach Satz 2 kann sie darüber hinaus in Einzelfällen die Beschäftigung Jugendlicher mit bestimmten Arbeiten über die Beschäftigungsverbote und -beschränkungen der §§ 22 bis 24 JArbSchG und einer Rechtsverordnung nach § 26 JArbSchG hinaus verbieten oder beschränken, wenn
diese Arbeiten mit Gefahren für Leben, Gesundheit oder für die körperliche
oder seelisch-geistige Entwicklung der Jugendlichen verbunden ist.

10. Folgen des Verstoßes gegen das Beschäftigungsverbot

Die Beschäftigungsverbote des JArbSchG richten sich zum Teil gegen jegli-   68
che Beschäftigung von Kindern und Jugendlichen, zum Teil beschränken sie

---

1 MünchArbR/*Buchner*, § 30 Rz. 66.
2 MünchArbR/*Buchner*, § 30 Rz. 66.

den Einsatz von Jugendlichen bezüglich des Inhalts der Tätigkeit und der Besetzung von Arbeitsplätzen[1].

69   Verstößt der Arbeitgeber gegen die in §§ 58 Abs. 1, 59 Abs. 1 JArbSchG aufgeführten Vorschriften, so begeht er eine Ordnungswidrigkeit oder im Falle des § 58 Abs. 5, 6 JArbSchG sogar eine Straftat[2].

70   Ein Arbeitsvertrag, der auf eine verbotene Tätigkeit gerichtet ist, ist nach § 134 BGB nichtig. Der Schutz der Kinder und Jugendlichen erfordert und rechtfertigt es nicht, den verbotswidrigen Arbeitsvertrag aufrechtzuerhalten und nur den tatsächlichen Einsatz zu verbieten[3]. Soweit trotz des Verbotes Arbeitsleistungen erbracht worden sind, können die Gegenleistung sowie die Erfüllung der Schutzpflichten nach den Grundsätzen, die für die Durchführung fehlerhafter Arbeitsverhältnisse entwickelt wurden, verlangt werden[4].

71   Ein Verstoß gegen § 25 JArbSchG soll nach allgemeiner Ansicht nicht zur Nichtigkeit des gesetzwidrig abgeschlossenen Arbeitsvertrages führen[5]. Allerdings wird beiden Vertragsteilen ein Recht zur fristlosen Kündigung zugestanden, dem Jugendlichen darüber hinaus ein Schadensersatzanspruch[6].

IV. Beschäftigungsverbote zum Schutz der Patienten

1. Überblick

72   Beschäftigungsverbote können auch dem Interesse dritter Personen oder der Allgemeinheit dienen[7]. Hervorzuheben ist im Bereich der Beschäftigung in einem Krankenhaus insbesondere der Schutz der Patienten vor ansteckenden Krankheiten des Krankenhauspersonals. Um diesem Gesundheitsschutz gerecht zu werden, sieht das Infektionsschutzgesetz (IfSG) vom 20.7.2000, welches das bislang geltende Bundesseuchengesetz (BSeuchG) ablöste, in § 31 IfSG sowie in § 42 Abs. 1 IfSG und § 42 Abs. 3 i. V. m. Abs. 1 IfSG Tätigkeits- und Beschäftigungsverbote vor.

2. Beschäftigungsverbote nach dem Infektionsschutzgesetz

73   a) **§ 31 IfSG** normiert ein **berufliches Tätigkeitsverbot**. Nach § 31 Satz 1 IfSG kann die zuständige Behörde Kranken, Krankheitsverdächtigen, Ansteckungsverdächtigen und Ausscheidern die Ausübung bestimmter beruflicher Tätigkeiten ganz oder teilweise untersagen. Dies gilt auch für sonstige Personen, die Krankheitserreger so in oder an sich tragen, dass im Einzelfall

---

1 MünchArbR/*Buchner*, § 30 Rz. 59.
2 MünchArbR/*Buchner*, § 30 Rz. 62.
3 MünchArbR/*Buchner*, § 30 Rz. 62.
4 MünchArbR/*Buchner*, § 30 Rz. 62.
5 MünchArbR/*Buchner*, § 30 Rz. 67.
6 MünchArbR/*Buchner*, § 30 Rz. 67.
7 *Sträßner*, Das Berufs- und Beschäftigungsverbot in der Pflege, PKR 2007, 48.

die Gefahr einer Weiterverbreitung besteht (§ 31 Satz 2 IfSG). Da Träger von Krankheitserregern anders als Ausscheider Krankheitserreger nicht fäkal-oral verbreiten, stellen sie keine Ansteckungsgefahr für die Allgemeinheit im Rahmen des üblichen sozialen Kontaktes dar[1]. Sie können jedoch im Einzelfall, aufgrund einer besonderen beruflichen Tätigkeit, Verletzungsgefahren ausgesetzt sein und infolge der Verletzung der Haut oder anderer Organe zu einer Ansteckungsquelle für andere Personen werden[2]. Gerade im Krankenhausbereich können derartige Verletzungen auftreten, die zu einer Ansteckung von Patienten führen können.

b) Ein weiteres **Tätigkeits- bzw. Beschäftigungsverbot** findet sich in § 42   74
Abs. 1 IfSG. Zweck ist, den Verbraucher vor Infektionen zu schützen, die über Lebensmittel verbreitet werden[3]. Dies kann beispielsweise in **Krankenhauskantinen** bzw. -küchen von Bedeutung sein. Nach § 42 Abs. 1 IfSG dürfen Personen mit den dort aufgeführten ansteckenden Krankheiten, wie z.B. Typhus, Cholera, Salmonellose, infizierten Wunden oder Hautkrankheiten, in bestimmten Bereichen der Lebensmittelherstellung und des Lebensmittelvertriebs nicht beschäftigt werden. Das Beschäftigungsverbot besteht kraft Gesetzes, wenn die tatbestandsmäßigen Voraussetzungen, also die entsprechenden Krankheiten, vorliegen[4].

Nicht unter § 42 Abs. 1 IfSG fallen jedoch Personen, die ausschließlich servieren (Bedienungspersonal), daher fallen auch Pflegekräfte, die in Krankenhäusern Essen verteilen, nicht unter diese Vorschrift[5].   75

c) Von § 42 IfSG zu unterscheiden ist die Vorschrift des § 43 IfSG, die vorsieht, dass Personen mit den in § 42 Abs. 1 IfSG genannten Tätigkeiten im Lebensmittelbereich erstmalig nur beschäftigt werden dürfen, wenn sie durch eine nicht mehr als drei Monate alte Bescheinigung des Gesundheitsamtes oder eines vom Gesundheitsamt beauftragten Arztes nachweisen, dass sie über die in § 42 Abs. 1 IfSG genannten Tätigkeitsverbote und über die Verpflichtungen nach den Abs. 2, 4 und 5 IfSG in mündlicher und schriftlicher Form vom Gesundheitsamt oder von einem durch das Gesundheitsamt beauftragten Arzt belehrt wurden und schriftlich erklärt haben, dass ihnen keine Tatsachen für ein Tätigkeitsverbot bei ihnen bekannt sind, § 43 Abs. 1 Satz 1 Nr. 1 und 2 IfSG.   76

Während das Beschäftigungsverbot des § 42 IfSG also an das tatsächliche Vorliegen der Krankheit anknüpft, dient das Beschäftigungsverbot des § 43 IfSG der präventiven Vorsorge; der Einstellungsbewerber muss erst den gesundheitlichen Nachweis erbringen, bevor er die Beschäftigung aufnehmen darf.   77

---

1 *Schneider*, Infektionsschutzgesetz, S. 82.
2 *Schneider*, Infektionsschutzgesetz, S. 82.
3 *Erdle*, Infektionsschutzgesetz, S. 103.
4 MünchArbR/*Buchner*, § 30 Rz. 93.
5 *Erdle*, Infektionsschutzgesetz, S. 104.

78 **d)** Bei §§ 42 und 43 IfSG handelt es sich um Verbotsgesetze. Dabei entspricht § 42 IfSG im Wesentlichen dem bisherigen § 17 Bundesseuchengesetz (BSeuchG)[1]. § 43 IfSG entspricht, abgesehen vom Wegfall der routinemäßigen Untersuchungspflicht, im Wesentlichen dem § 18 BSeuchG. Zweifelhaft war bereits bei diesen Vorschriften, ob nur die tatsächliche Beschäftigung oder bereits der Abschluss des Arbeitsvertrages verboten ist und wie sich ein Verstoß gegen das Verbot auf die Wirksamkeit des Arbeitsvertrages auswirkt[2].

79 Bei dieser Überlegung sollte zwischen dem Beschäftigungsverbot des § 42 IfSG und dem des § 43 IfSG differenziert werden.

80 Hat der Arbeitnehmer eine der in § 42 Abs. 1 IfSG aufgeführten Krankheiten, kann das Arbeitsverhältnis nicht durchgeführt werden, muss es normalerweise, wenn die Nichtigkeit verneint wird, durch Kündigung aufgelöst werden[3]. Dies gilt jedenfalls dann, wenn der Arbeitnehmer erst nach Abschluss des Arbeitsvertrages von der Krankheit befallen wird, wobei eine vorherige Umsetzungsmöglichkeit zu prüfen ist. Bei von Anfang an vorliegender Krankheit wird in der Literatur – bei Kenntnis des Arbeitnehmers – die Nichtigkeitsfolge in Betracht gezogen[4]. Dem ist jedoch nicht zu folgen. Der Arbeitsvertrag muss vielmehr auch in diesen Fällen angefochten bzw. gekündigt werden.

81 Wenn die Arbeitsvertragsparteien gegen die Verhaltensmaßregeln des § 43 IfSG verstoßen haben, geht es nur um ein Ordnungsverhalten; der Arbeitnehmer, der keine Krankheit hat, kann die Leistung durchaus erbringen, er wird nur im Interesse der präventiven Kontrolle zunächst von der Beschäftigung ausgeschlossen[5]. Er kann das Gesundheitszeugnis noch jederzeit beibringen. Die Nichtigkeit des Arbeitsvertrages erscheint für diesen Fall nicht dem Gesetzeszweck entsprechend[6].

V. Verbot der Beschäftigung von ausländischen Arbeitnehmern nach dem Zuwanderungsgesetz

1. Überblick

82 Das am 1.1.2005 in Kraft getretene Zuwanderungsgesetz dient der Umsetzung zahlreicher europäischer Richtlinien und regelt die Einreise, den Aufenthalt, die Erwerbstätigkeit und die Integration von Ausländern[7]. Es ist ein Artikelgesetz und umfasst als wichtigste Bestandteile das **Aufenthalts-**

---

1 *Erdle*, Infektionsschutzgesetz, S. 103.
2 MünchArbR/*Buchner*, § 30 Rz. 94.
3 MünchArbR/*Buchner*, § 30 Rz. 96.
4 MünchArbR/*Buchner*, § 30 Rz. 96.
5 MünchArbR/*Buchner*, § 30 Rz. 96.
6 MünchArbR/*Buchner*, § 30 Rz. 96.
7 Gesetz zur Steuerung und Begrenzung der Zuwanderung und zur Regelung des Aufenthalts und der Integration von Unionsbürgern und Ausländern vom 30.7.2004, BGBl. I, 1950; vgl. dazu *Bünte/Knödler*, NZA 2008, 743–750; *Offer*, BB 2007, Heft 50, S. I.

gesetz[1] (Art. 1 Zuwanderungsgesetz) und das **Freizügigkeitsgesetz**[2] (Art. 2 Zuwanderungsgesetz). Zudem enthält das Zuwanderungsgesetz Änderungen an insgesamt neun Gesetzen, u. a. dem Sozialgesetzbuch III (Art. 9 Zuwanderungsgesetz). Am 28.8.2007 trat die Reform des Zuwanderungsgesetzes in Kraft[3]. Kernpunkte der Reform waren die Umsetzung von elf aufenthalts- und asylrechtlichen Richtlinien der Europäischen Union, Regelungen zur Bekämpfung von Schein- und Zwangsehen, eine Stärkung der inneren Sicherheit, die Umsetzung staatsangehörigkeitsrechtlicher Beschlüsse der Innenministerkonferenz, die Erleichterung des Zuzugs von Firmengründern sowie vor allem Maßnahmen zur Förderung der Integration von legalen Zuwanderern. Weitere Änderungen brachte das Arbeitsmigrationssteuerungsgesetz[4] in Kraft getreten am 1.1.2009.

2. Inhalt des Beschäftigungsverbots

Bei der Beschäftigung von ausländischen Arbeitnehmern müssen **drei Kategorien** unterschieden werden: Für Ausländer, die nicht Bürger der EU sind, enthält das **Aufenthaltsgesetz** die maßgebenden Regelungen über die Beschäftigung in Deutschland. Die Beschäftigung von Angehörigen aus Staaten, die bereits am 30.4.2004 Mitglied der EU waren, richtet sich nach dem **Freizügigkeitsgesetz/EU**[5]. Für die Beschäftigung von Staatsangehörigen der am 1.5.2004 beigetretenen Mitgliedstaaten der EU (Tschechische Republik, Republik Estland, Republik Zypern, Republik Lettland, Republik Litauen, Republik Ungarn, Republik Malta, Republik Polen, Republik Slowenien und der Slowakischen Republik) und der mit Vertrag vom 25.4.2005 beigetretenen Mitgliedstaaten (Republik Bulgarien und Rumänien) ist § 284 SGB III einschlägig.

83

a) Arbeitnehmer aus Drittstaaten

Ausländische Arbeitnehmer, die nicht Unionsbürger sind, benötigen aus arbeitsmarktpolitischen Gründen grundsätzlich eine behördliche Genehmigung, um in der Bundesrepublik einer Beschäftigung nachgehen zu können[6]. In der Sprache des Verwaltungsrechts handelt es sich hierbei um ein „Verbot mit Erlaubnisvorbehalt"[7]. Eine solche behördliche Genehmigung kann in einem Aufenthaltstitel enthalten sein. Das Aufenthaltsgesetz unterscheidet zwei für die Beschäftigung von ausländischen Arbeitnehmern bedeutsame Aufenthaltstitel:

84

---

1 Gesetz über den Aufenthalt, die Erwerbstätigkeit und die Integration von Ausländern im Bundesgebiet; zuletzt geändert am 30.7.2009, BGBl. I, 2437.
2 Gesetz über die allgemeine Freizügigkeit von Unionsbürgern, zuletzt geändert am 26.2.2008, BGBl. I, 215; *Hailbronner* JZ 2010, 398–405.
3 Gesetz zur Umsetzung aufenthalts- und asylrechtlicher Richtlinien der Europäischen Union vom 19.8.2007, BGBl. I, 1970.
4 BGBl. I 2009, 2846.
5 MünchArbR/*Buchner*, § 29 Rz. 17.
6 *Marschner*, DB 2005, 499.
7 *Marschner*, DB 2005, 499.

- die im Ermessen stehende befristete **Aufenthaltserlaubnis** (§ 7 AufenthG)
- die grundsätzlich ohne Ermessensausübung zu erteilende unbefristete allgemeine oder besondere **Niederlassungserlaubnis** (§ 9 AufenthG)

85   Ein Aufenthaltstitel berechtigt Ausländer zum einen zur Einreise und zum Aufenthalt in das Bundesgebiet (§ 4 Abs. 1 AufenthG) und *kann* zum anderen zur Ausübung einer Erwerbstätigkeit berechtigen. Nach § 4 Abs. 2 AufenthG berechtigt ein Aufenthaltstitel dann zur Ausübung einer Erwerbstätigkeit, wenn es das Aufenthaltsgesetz bestimmt oder der Aufenthaltstitel die Ausübung ausdrücklich erlaubt.

86   Eine im Aufenthaltsgesetz vorgesehene Berechtigung ist beispielsweise in § 9 Abs. 1 Satz 2 AufenthG enthalten. Dort heißt es, dass die **Niederlassungserlaubnis** zur Ausübung einer Erwerbstätigkeit berechtigt. Folglich liegt mit dem Aufenthaltstitel der Niederlassungserlaubnis immer zugleich eine Berechtigung zur Erwerbstätigkeit vor. Eine **Aufenthaltserlaubnis** kann zu den in den Abschnitten 3–7 des Aufenthaltsgesetzes genannten Aufenthaltszwecken erteilt und ggf. verlängert werden[1].

87   Abschnitt 3 regelt den Aufenthalt zum Zweck der Ausbildung. Einem Ausländer kann zum Zweck der Studienbewerbung und des Studiums an einer staatlich oder staatlich anerkannten Hochschule oder vergleichbaren Ausbildungseinrichtung eine Aufenthaltserlaubnis erteilt werden (§ 16 Abs. 1 Satz 1 AufenthG). Diese Aufenthaltserlaubnis berechtigt nach § 16 Abs. 3 AufenthG zur Ausübung einer Beschäftigung, die insgesamt 90 Tage oder 180 halbe Tage im Jahr nicht überschreiten darf, sowie zur Ausübung studentischer Nebentätigkeiten. Diese Vorschrift ist beispielsweise für **Medizinstudenten** aus Drittstaaten von Bedeutung.

88   Abschnitt 4 des Aufenthaltsgesetzes (§§ 18–21) beschäftigt sich mit dem Aufenthalt zum Zweck der Erwerbstätigkeit. Gem. § 18 Abs. 1 AufenthG orientiert sich die Zulassung ausländischer Beschäftigter an den Erfordernissen des Wirtschaftsstandortes Deutschland unter Berücksichtigung der Verhältnisse auf dem Arbeitsmarkt und dem Erfordernis, die Arbeitslosigkeit wirksam zu bekämpfen. Nach § 18 Abs. 2 AufenthG kann einem Ausländer ein Aufenthaltstitel zur Ausübung einer Beschäftigung erteilt werden. § 18a AufenthG regelt die Aufenthaltserlaubnis für qualifizierte geduldete Ausländer zum Zweck der Beschäftigung, § 19 AufenthG die Niederlassungserlaubnis für Hochqualifizierte und § 20 AufenthG regelt die Aufenthaltserlaubnis zum Zweck der Forschung[2].

89   § 39 Abs. 1 AufenthG regelt allgemein, dass ein Aufenthaltstitel, der einem Ausländer die Ausübung einer Beschäftigung erlaubt, nur mit Zustimmung der Bundesagentur für Arbeit erteilt werden kann. Diese Zustimmung wird verwaltungsintern von der Ausländerbehörde eingeholt, so dass die behördli-

---

1 *Huber*, NVwZ 2005, 1, 2.
2 Vgl. dazu *Huber*, NVwZ 2009, 201.

che Genehmigung, die zum Aufenthalt einerseits und zur Aufnahme einer Erwerbstätigkeit andererseits berechtigt, nunmehr nach außen hin (aus Sicht des betroffenen Ausländers) von einer einzigen Stelle erteilt wird (sog. eingleisiges Verfahren)[1].

b) Unionsbürger

Angehörige von Staaten, die bereits am 30.4.2004 Mitglied der EU waren, können nach § 2 Abs. 2 Nr. 1 i. V. m. Abs. 1 FreizügG/EU zur Arbeitssuche oder Berufsausbildung in das Bundesgebiet einreisen und sich dort aufhalten. Visum oder Aufenthaltstitel sind nicht erforderlich (§ 2 Abs. 4 Satz 1 FreizügG/EU). Die Beschäftigungsaufnahme unterliegt keinen Beschränkungen; das Recht auf Zugang zu einer Beschäftigung folgt unmittelbar aus Art. 45 AEUV[2]. 90

c) Angehörige der Beitrittsstaaten

Aus § 284 Abs. 1 SGB III und dem Vertrag über den Beitritt zur Europäischen Union 2003[3] folgt, dass Staatsangehörige der zum 1.5.2004 beigetretenen neuen EU-Staaten mit Ausnahme von Malta und Zypern eine Beschäftigung nur mit **Genehmigung** der Bundesagentur für Arbeit ausüben dürfen und von Arbeitgebern nur beschäftigt werden dürfen, wenn sie eine solche Genehmigung besitzen (§ 284 Abs. 1. Satz 1 SGB III). Gem. § 284 Abs. 1 Satz 2 SGB III gilt Satz 1 für Bulgarien und Rumänien entsprechend. 91

Die Genehmigung wird befristet als **Arbeitserlaubnis-EU** erteilt, wenn nicht Anspruch auf eine unbefristete Erteilung als **Arbeitsberechtigung-EU** besteht (§ 284 Abs. 2 SGB III). Die Voraussetzungen für die Erteilung einer **Arbeitsberechtigung-EU** ergeben sich aus § 12a Arbeitsgenehmigungsverordnung (ArGV). 92

Gemäß § 284 Abs. 3 SGB III kann eine **Arbeitserlaubnis-EU** nach Maßgabe des § 39 Abs. 2 bis 4 und 6 AufenthG erteilt werden. Aus diesen Vorschriften des Aufenthaltsgesetzes ergeben sich die Voraussetzungen, unter welchen die Bundesagentur für Arbeit die Beschäftigung des ausländischen Arbeitnehmers genehmigen kann. Insbesondere dürfen sich durch die Beschäftigung keine nachteiligen Auswirkungen für den deutschen Arbeitsmarkt ergeben. Außerdem dürfen Ausländer nicht zu ungünstigeren Arbeitsbedingungen als vergleichbare deutsche Arbeitnehmer beschäftigt werden. 93

Aus § 39 Abs. 6 AufenthG ergibt sich, dass Arbeitnehmern aus den neuen Beitrittsstaaten bei der Beurteilung der Zustimmungsvoraussetzungen durch die Bundesagentur für Arbeit der Vorrang gegenüber zum Zweck der Beschäftigung einreisenden Staatsangehörigen aus Drittstaaten zu gewähren ist. 94

---

1 *Marschner*, DB 2005, 499.
2 MünchArbR/*Buchner*, § 29 Rz. 16.
3 Vom 16.4.2003 (BGBl. 2003 II, 1408).

3. Rechtsfolgen des Verstoßes

95 **a)** Aus § 404 Abs. 2 Nr. 4 SGB III folgt, dass eine Beschäftigung ohne eine aus dem Aufenthaltsgesetz oder dem Sozialgesetzbuch III folgende Arbeitserlaubnis für den Arbeitnehmer eine Ordnungswidrigkeit darstellt. Für den Arbeitgeber ergibt sich dies aus § 404 Abs. 2 Nr. 3 SGB III.

96 **b)** Das Beschäftigungsverbot für ausländische Arbeitnehmer ohne entsprechende Aufenthaltstitel führt nicht zur Nichtigkeit des Arbeitsvertrages, sondern lediglich zu einem absoluten Beschäftigungsverbot für den Arbeitgeber[1]. Daher ist für die rechtliche Beendigung eines solchen Arbeitsverhältnisses regelmäßig die außerordentliche oder ordentliche Kündigung erforderlich[2].

---

1 MünchArbR/*Buchner*, § 29 Rz. 35.
2 MünchArbR/*Buchner*, § 29 Rz. 35.

H. Gestellungsverträge

I. Begriff und Erscheinungsformen

Unter einem Gestellungsvertrag versteht man im Krankenhausbereich übli- 1
cherweise eine Vereinbarung zwischen einem Krankenhausträger und einem
Verband über die Überlassung von Verbandsangehörigen oder zusätzlich
eingestelltem Personal an den Krankenhausträger zu karitativen Zwecken[1].
Gestellungsverträge werden in der Praxis typischerweise mit Kirchen bzw.
kirchlichen Einrichtungen über die Erbringung von Pflegediensten abgeschlossen[2].

Gestellungsverträge im Krankenhaus können sich **in Form eines Rahmen-** 2
vertrages auf die Festlegung von Rahmenbedingungen beschränken und die
weitere Ausgestaltung einer arbeitsvertraglichen Vereinbarung zwischen der
gestellten Person und dem Krankenhausträger überlassen[3]. Demgegenüber
zeichnet sich der **typische Gestellungsvertrag (Gestellungsvertrag im eigentli-**
chen Sinn), wie z. B. der Mustervertrag des Verbandes der Diözesen Deutschlands, dadurch aus, dass der Verband als Gestellungsträger verpflichtet wird,
dem Krankenhausträger die für die Krankenpflege erforderlichen Personen
zur Verfügung zu stellen, ohne dass zwischen den Beteiligten ein Arbeitsvertrag abgeschlossen wird[4].

II. Rechtliche Einordnung und Abgrenzung

Gestellungsverträge in Form von Rahmenverträgen sind Tarifverträgen ver- 3
gleichbar, durch die die Arbeitsbedingungen der Arbeitnehmer bestimmt
werden. Bei dieser Vertragskonstruktion begründet die gestellte Person
durch den Abschluss eines Arbeitsvertrages ein **unmittelbares Arbeitsver-**
hältnis zum Krankenhausträger[5]. Arbeitsrecht findet hier uneingeschränkt

---

1 Vgl. BAG v. 4.7.1979 – 5 AZR 8/78, AP Nr. 10 zu § 611 BGB Rotes Kreuz = DB 1979,
  2282; BAG v. 20.2.1986 – 6 ABR 5/85, AP Nr. 2 zu § 5 BetrVG 1972 Rotes Kreuz; *May-*
  er-Maly, AP Nr. 10 zu § 611 BGB Rotes Kreuz; enger MünchArbR/*Richardi*, § 17
  Rz. 64, der offensichtlich die Überlassung von Nichtmitgliedern nicht unter den Begriff des Gestellungsvertrages fallen lassen will. Eingehend zu Gestellungsverträgen
  unter arbeitsrechtlichen Aspekten aus der neueren Lit. *Reichelt*, Die arbeitsrechtliche
  Stellung der Rote-Kreuz-Schwestern, 2000.
2 Zu den kirchenrechtlichen Voraussetzungen für den Abschluss von Gestellungsverträgen mit Orden s. auch *Glenski*, S. 21, 27 ff.
3 Vgl. MünchArbR/*Richardi*, § 17 Rz. 63; *Müllner*, Aufgespaltene Arbeitgeberstellung
  und Betriebsverfassungsgesetz, 1978, S. 43; vgl. auch *Molitor*, FS A. Hueck, 1959,
  S. 93 ff.
4 Vgl. BAG v. 4.7.1979 – 5 AZR 8/78, AP Nr. 10 zu § 611 BGB Rotes Kreuz = DB 1979,
  2282; MünchArbR/*Richardi*, § 17 Rz. 64; *Listl* in Handbuch des Staatskirchenrechts,
  § 30 II 2.
5 MünchArbR/*Richardi*, § 17 Rz. 63; *Listl* in Handbuch des Staatskirchenrechts, § 30 II 2;
  Müllner, Aufgespaltene Arbeitgeberstellung und Betriebsverfassungsgesetz, 1978,
  S. 43.

Anwendung[1]. Die Regelungen des Gestellungsvertrages zwischen Verband und Krankenhausträger können in diesem Arbeitsverhältnis nur kraft einzelvertraglicher Inbezugnahme wirken. Im Übrigen entfaltet der Inhalt des Gestellungsvertrages nur im Verhältnis zwischen Verband und Krankenhausträger rechtliche Wirkungen. Zwischen **Verband und Mitglied** besteht dagegen **kein Arbeitsverhältnis**, sondern lediglich die rechtliche Bindung aus dem Mitgliedschaftsverhältnis.

4   Beim **typischen Gestellungsvertrag** wird **zwischen Verband und gestellter Person kein Arbeitsverhältnis begründet**, und zwar unabhängig davon, ob die Arbeit in einer verbandseigenen oder verbandsfremden Einrichtung verrichtet wird[2]. Auch zwischen gestellter **Person und Krankenhausträger wird kein Arbeitsvertrag abgeschlossen**[3]; die **Tätigkeit erfolgt allein aufgrund der mitgliedschaftlichen Bindung** der gestellten Personen zum Verband[4]. Dennoch kann beim typischen Gestellungsvertrag im Einzelfall Arbeitsrecht zur Anwendung kommen. Das hängt davon ab, für welchen Krankenhausträger die gestellte Person tätig wird.

5   Wird die **Tätigkeit in einer verbandseigenen Einrichtung** ausgeübt, so finden die arbeitsrechtlichen Regeln keine Anwendung. Denn die Tätigkeit wird hier vorrangig durch die mitgliedschaftliche Beziehung der Dienstleistenden zu ihrer Organisation begründet[5]. Für **Mitglieder kirchlicher Verbände** ist die Anwendung des Arbeitsrechts auch dann ausgeschlossen, wenn sie für eine andere Einrichtung ihrer Kirche tätig werden[6]. Denn durch die Einheit des kirchlichen Dienstes bleibt ausschließlich das Recht der religiösen Gemeinschaft maßgebend[7].

---

1 MünchArbR/*Richardi*, § 340 Rz. 11, § 17 Rz. 43.
2 BAG v. 20.2.1986 – 6 ABR 5/85, AP Nr. 2 zu § 5 BetrVG 1972 Rotes Kreuz; OLG Hamburg v. 29.10.2007 – 11 W 27/07, DB 2007, 2762, 2764 f.; MünchArbR/*Richardi*, § 17 Rz. 64.
3 Allg. M.; BAG v. 3.6.1975 – 1 ABR 98/74, AP Nr. 1 zu § 5 BetrVG 1972 = BB 1975, 1388; BAG v. 20.2.1986 – 6 ABR 5/85, AP Nr. 2 zu § 5 BetrVG 1972 Rotes Kreuz; BAG v. 22.4.1997 – 1 ABR 74/96, AP Nr. 18 zu § 99 BetrVG 1972 Einstellung = NZA 1997, 1297; BVerwG v. 27.8.1997 – 6 P 7.95, AP Nr. 4 zu § 77 LPVG Hessen = ZTR 1988, 233; BVerwG v. 13.4.2004 – 6 PB 2/04, AP Nr. 30 zu § 72 LPVG NW = ZTR 2004, 383; LAG Düsseldorf v. 9.9.1971 – 8 Sa 448/71, DB 1972, 295 (296); OLG Hamburg v. 29.10.2007 – 11 W 27/07, DB 2007, 2762 ff.; MünchArbR/*Richardi*, § 17 Rz. 64; *Ofner*, ÖAKR 40 (1991), 70 (86); *Glenski*, S. 23; zur Arbeitsgenehmigungsfreiheit s. nur LSG Rheinland-Pfalz v. 29.1.2004 – L 1 AL 113/01, n. v.; *Glenski*, S. 34 f.; vgl. auch *Spallek*, ZAR 2000, 103 ff.
4 Vgl. BAG v. 6.7.1995 – 5 AZB 9/93, AP Nr. 22 zu § 5 ArbGG 1979 = NZA 1996, 33; BAG v. 22.4.1997 – 1 ABR 74/96, AP Nr. 18 zu § 99 BetrVG 1972 = NZA 1997, 1297; BVerwG v. 18.6.2002 – 6 P 12/01, AP Nr. 24 zu § 72 LPVG NW = ZTR 2003, 34; OLG Hamburg v. 29.10.2007 – 11 W 27/07, DB 2007, 2762 ff.
5 MünchArbR/*Richardi*, § 340 Rz. 8; vgl. auch BAG v. 3.6.1975 – 1 ABR 98/74, AP Nr. 1 zu § 5 BetrVG 1972 = BB 1975, 1388.
6 BAG v. 14.2.1978 – 1 AZR 280/77, AP Nr. 26 zu Art. 9 GG = NJW 1979, 1844; BAG v. 25.4.1978 – 1 AZR 70/76, AP Nr. 2 zu Art. 140 GG = NJW 1978, 2116; MünchArbR/*Richardi*, § 17 Rz. 35.
7 MünchArbR/*Richardi*, § 17 Rz. 35, § 340 Rz. 8; vgl. auch *Mayer-Maly*, AP Nr. 10 zu § 611 BGB Rotes Kreuz.

Wird die **Tätigkeit in einer verbandsfremden Einrichtung** ausgeübt, besteht   6
zwischen Krankenhausträger und gestellter Person auch ohne die Begründung
eines Arbeitsverhältnisses eine Rechtsbeziehung, auf die arbeitsrechtliche
Vorschriften Anwendung finden[1]. Dem Krankenhausträger werden nämlich
durch den typischen Gestellungsvertrag **arbeitsrechtliche Weisungsbefugnis-**
se eingeräumt, die eine **arbeitnehmertypische Einbindung** in die betriebliche
Organisation des Krankenhauses zur Folge haben[2]. Mit diesen **partiellen Ar-**
beitgeberfunktionen, die der Krankenhausträger aufgrund des Gestellungsvertrages wahrnimmt, gehen (arbeitsrechtliche) **Schutzpflichten** einher, die
mit entsprechenden (arbeitsrechtlichen) Schutzansprüchen auf Seiten des
gestellten Personals korrespondieren[3]. Umgekehrt folgt aus dem Vorstehenden, dass die Anwendung der arbeitsrechtlichen Regeln von einem Wei-
sungsverhältnis zwischen Krankenhausträger und gestellter Person abhängig
ist[4].

Von diesen Fällen sind die **sog. Gastschwestern** abzugrenzen, die **aufgrund**   6a
einer arbeitsvertraglichen Beziehung zum Verband tätig werden, ohne ein
Arbeitsverhältnis zum Krankenhausträger zu begründen[5]. Im Verhältnis
Gastschwester – Verband kommt daher wie bei anderen Arbeitnehmern
auch das staatliche Arbeitsrecht zur Anwendung, in kirchlichen Einrichtung
allerdings unter Berücksichtigung der kirchlichen Besonderheiten[6].

Im **Verhältnis zwischen Krankenhausträger und Verband** bestehen keine ar-   7
beitsrechtlichen Bindungen. Beim typischen Gestellungsvertrag handelt es
sich um einen **Dienstverschaffungsvertrag**[7]. Dieser unterscheidet sich von

---

1 Im Ergebnis ebenso MünchArbR/*Richardi*, § 17 Rz. 36, 65, § 340 Rz. 9; *Mayer-Maly*,
  AP Nr. 3 zu § 611 BGB Ordensangehörige; a.A. BAG v. 4.7.1979 – 5 AZR 8/78, AP
  Nr. 10 zu § 611 BGB Rotes Kreuz = DB 1979, 2282; *Glenski*, S. 23; zur Versicherungs-
  pflicht im Sozialrecht vgl. KassKomm-SGB VI/*Gürtner*, § 1 Rz. 28; *Tillmanns*, SGb
  1999, 450 ff.; zur versicherungsrechtlichen Stellung von Ordensangehörigen im Rahmen von Gestellungsverträgen eingehend *Glenski*, a.a.O., m.w.N.
2 So auch das BAG v. 22.4.1997 – 1 ABR 74/96, AP Nr. 18 zu § 99 BetrVG 1972 Einstellung = NZA 1997, 1297; vgl. auch BVerwG v. 18.6.2002 – 6 P 12/01, AP Nr. 24 zu
  § 72 LPVG NW = ZTR 2003, 34; BVerwG v. 27.8.1997 – 6 P 7.95, AP Nr. 4 zu § 77
  LPVG Hessen = ZTR 1998, 233; a.A. für Ordensleute *Glenski*, S. 24.
3 BVerwG v. 27.8.1997 – 6 P 7.95, AP Nr. 4 zu § 77 LPVG Hessen = ZTR 1998, 233;
  MünchArbR/*Richardi*, § 17 Rz. 36, 65; *Mayer-Maly*, AP Nr. 3 zu § 611 BGB Ordensangehörige; *Mayer-Maly*, AP Nr. 10 zu § 611 BGB Rotes Kreuz.
4 MünchArbR/*Richardi*, § 17 Rz. 65.
5 Vgl. dazu etwa BAG v. 4.7.1979 – 5 AZR 8/78, AP Nr. 10 zu § 611 BGB Rotes Kreuz =
  DB 1979, 2282; BAG v. 20.2.1986 – 6 ABR 5/85, AP Nr. 2 zu § 5 BetrVG 1972 Rotes
  Kreuz; BAG v. 14.12.1994 – 7 ABR 26/94, AP Nr. 3 zu § 5 BetrVG 1972 Rotes Kreuz =
  NZA 1995, 906; *Mayer-Maly*, AP Nr. 10 zu § 611 BGB Rotes Kreuz.
6 Vgl. nur BVerfG v. 4.6.1985 – 2 BvR 1703/83, 2 BvR 1718/83, 2 BvR 856/84, BVerfGE
  70, 138 (165) = AP Nr. 24 zu Art. 140 GG; BAG v. 25.4.1978 – 1 AZR 70/76, AP Nr. 2
  zu Art. 140 GG = NJW 1978, 2116; MünchArbR/*Richardi*, § 17 Rz. 36.
7 MünchKommBGB/*Müller-Glöge*, § 611 BGB Rz. 38; Schaub/*Vogelsang*, § 9 Rz. 30;
  a.A. *Sailer*, Die Stellung der Ordensangehörigen im staatlichen Sozialversicherungs-
  und Vermögensrecht, 1996, S. 224; *Glenski*, S. 22 f.; vgl. auch *Schulin*, VSSR 8 (1980),
  165 ff. (174 ff.); a.A. wohl auch BAG v. 4.7.1979 – 5 AZR 8/78, AP Nr. 10 zu § 611
  BGB Rotes Kreuz = DB 1979, 2282.

Dienst- oder Werkverträgen maßgeblich dadurch, dass der Dienstberechtigte die ihm überlassenen Personen nach eigenen Erfordernissen in seinem Betrieb einsetzen kann[1]. Im Verhältnis zwischen Krankenhausträger und Gestellungsträger haftet der Gestellungsträger nur für die ordnungsgemäße Vermittlung und Auswahl des Personals, nicht dagegen für ein Verschulden bei der Leistungserbringung nach § 278 BGB[2]. Gegenüber Dritten haftet der Gestellungsträger ausschließlich nach § 831 BGB[3].

III.   Gestellungsverträge und Arbeitnehmerüberlassung/-vermittlung

8   Gestellungsverträge in Krankenhäusern fallen grundsätzlich nicht unter die Regelungen des AÜG[4]. Teilweise wird dies allein damit begründet, dass es schon an der **Arbeitnehmereigenschaft** der gestellten Personen fehle[5]. Diese Argumentation greift aber nur dann, wenn man die Fälle, in denen – wie bei den sog. Gastschwestern (s. dazu oben Rz. 6a) – Arbeitsverträge zwischen Verband und gestellter Person bestehen, nicht unter den Begriff des Gestellungsvertrages fasst. Fasst man wie hier den Begriff des Gestellungsvertrages weiter, so lässt sich die fehlende Anwendbarkeit des AÜG damit begründen, dass bei Gestellungsverträgen nicht von der erforderlichen **Gewinnerzielungsabsicht** des Überlassenden i.S.d. § 1 Abs. 1 AÜG ausgegangen werden kann. Denn die Überlassung erfolgt hier zu unmittelbar gemeinnützigen und karitativen Zwecken[6]. Letzteres ist freilich davon abhängig, dass die erzielten Einnahmen die Aufwendungen nicht überschreiten[7].

9   Gestellungsverträge haben auch dann **keine Arbeitsvermittlung** zum Gegenstand, wenn die gestellten Personen einen Arbeitsvertrag mit dem Krankenhausträger abschließen. Die gestellten Personen sind **keine Arbeitsuchenden** i.S.d. Arbeitsförderungsrechts, weil sie ihren Lebensunterhalt durch den Verband beziehen und die von ihnen erbrachten Dienste karitativen Charakter haben[8].

---

1 MünchKommBGB/*Müller-Glöge*, § 611 BGB Rz. 36; Schaub/*Vogelsang*, § 9 Rz. 30.
2 Vgl. Schaub/*Vogelsang*, § 9 Rz. 31; MünchKommBGB/*Müller-Glöge*, § 611 BGB Rz. 36; vgl. auch BGH v. 9.3.1971 – VI ZR 138/69, AP Nr. 1 zu § 611 BGB Leiharbeitsverhältnis = NJW 1971, 1129; BGH v. 13.5.1975 – VI ZR 247/73, AP Nr. 1 zu § 12 AÜG = NJW 1975, 1695; OLG Celle v. 22.5.1996 – 20 U 15/95, NJW-RR 1997, 469 ff.
3 BGH v. 26.1.1995 – VII ZR 240/93, NJW-RR 1995, 659 f.; OLG Celle v. 22.5.1996 – 20 U 15/95, NJW-RR 1997, 469 ff.; Schaub/*Vogelsang*, § 9 Rz. 31.
4 Allg.M.; BAG v. 4.7.1979 – 5 AZR 8/78, AP Nr. 10 zu § 611 BGB Rotes Kreuz = DB 1979, 2282; BAG v. 1.6.1994 – 7 AZR 7/93, AP Nr. 11 zu § 10 AÜG = NZA 1995, 465; BVerwG v. 27.8.1997 – 6 P 7/95, AP Nr. 4 zu § 77 LPVG Hessen = ZTR 1998, 233; ErfK/*Wank*, § 1 AÜG Rz. 34.; Schüren/*Hamann*, § 1 AÜG Rz. 45 f.; Schaub/*Koch*, § 120 Rz. 24; *Thiel*, ZMV 2000, 162 (163); a.A. *Mayer-Maly*, AP Nr. 10 zu § 611 BGB Rotes Kreuz, der „einige Grundsätze des AÜG" entsprechend anwenden will.
5 BVerwG v. 3.9.1990 – 6 P 20/88, AP Nr. 2 zu § 4 BPersVG = PersV 1991, 80; BVerwG v. 27.8.1997 – 6 P 7/95, AP Nr. 4 zu § 77 LPVG Hessen = ZTR 1998, 233.
6 ErfK/*Wank*, § 1 AÜG Rz. 34.; Schüren/*Hamann*, § 1 AÜG Rz. 46; Schaub/*Koch*, § 120 Rz. 24; vgl. auch BAG v. 4.7.1979 – 5 AZR 8/78, AP Nr. 10 zu § 611 BGB Rotes Kreuz = DB 1979, 2282; *Mayer-Maly*, AP Nr. 10 zu § 611 BGB Rotes Kreuz; *Glenski*, S. 23.
7 So richtig ErfK/*Wank*, § 1 AÜG Rz. 34.
8 MünchArbR/*Richardi*, § 340 Rz. 10, 12; vgl. auch Schaub/*Vogelsang*, § 9 Rz. 30.

IV. Gestellungsverträge und betriebliche Mitbestimmung

Bei **Gestellungsverträgen in Form von Rahmenverträgen** ist in mitbestim-   10
mungsrechtlicher Hinsicht zu beachten, dass die gestellten Personen zwar
betriebsverfassungsrechtlich zur Belegschaft des jeweiligen Betriebs gehören,
da sie in einem Arbeitsverhältnis zu dem Krankenhausträger stehen. Im
Einzelfall können sie jedoch nach **§ 5 Abs. 2 Nr. 3 BetrVG** vom Anwendungsbereich des BetrVG ausgeschlossen sein[1]. Nach dieser Vorschrift *gelten*
Personen, deren Beschäftigung nicht in erster Linie ihrem Erwerb dient, sondern überwiegend durch Beweggründe karitativer oder religiöser Art bestimmt ist, nicht als Arbeitnehmer i. S. d. BetrVG. Das ist etwa bei **Ordensschwestern** der Fall[2]. § 5 Abs. 2 Nr. 3 BetrVG findet aber **keine Anwendung**
bei Krankenschwestern, die sich zu einem **weltlichen Schwesternverband
mit Gesellschaftscharakter** zusammengeschlossen haben wie z. B. die **Rot-
Kreuz-Schwestern**[3]. Denn für das Eingreifen des Ausschlusstatbestandes
kommt es nicht darauf an, dass die Organisation, der die betroffenen Personen angehören, einen karitativen Charakter hat, sondern vielmehr, wie
das Dienstverhältnis selbst ausgestaltet ist[4]. Bei den genannten Schwestern
ist das Dienstverhältnis aber so ausgestaltet, dass sie einem Erwerbsberuf
nachgehen, aus dessen Einkünften sie ihren eigenen Lebensunterhalt und
vielfach auch den ihrer Familie bestreiten[5]. Daran ändert sich auch nichts,
wenn eine Einrichtung des Gestellungsträgers mit der Einrichtung des Krankenhausträgers einen gemeinsamen Betrieb i. S. d. § 1 Abs. 2 BetrVG bildet[6].

Dieselben Grundsätze gelten für die Mitbestimmungsordnung nach **§ 3**   11
Abs. 1 Satz 2 MitbestG und nach **§ 4 Abs. 5 Nr. 1 BPersVG** für gestellte Personen mit Arbeitsverträgen im Geltungsbereich des BPersVG[7]. Anders ist
die Rechtslage aber im Anwendungsbereich des Drittelbeteiligungsgesetzes
(DrittelbG). **§ 3 Abs. 1 DrittelbG** nimmt im Gegensatz zu § 3 Abs. 1 Satz 2
MitbestG nämlich keinen Bezug auf § 5 Abs. 2 BetrVG, so dass gestellte Personen, die einen Arbeitsvertrag mit dem Krankenhausträger abgeschlossen
haben, als Arbeitnehmer i. S. d. DrittelbG anzusehen sind[8].

---

1 *Richardi*, § 5 BetrVG Rz. 177; *Fitting*, § 5 BetrVG Rz. 292; MünchArbR/*Richardi*,
  § 340 Rz. 14; *Glenski*, S. 36.
2 Richardi/*Richardi*, § 5 BetrVG Rz. 177; *Fitting*, § 5 BetrVG Rz. 292; ErfK/*Koch*, § 5
  BetrVG Rz. 14.
3 Richardi/*Richardi*, § 5 BetrVG Rz. 178; *Fitting*, § 5 Rz. 293; so wohl auch das BAG v.
  14.12.1994 – 7 ABR 26/94, AP Nr. 3 zu 5 BetrVG 1972 Rotes Kreuz = NZA 1995, 906,
  das in dieser Entscheidung § 5 Abs. 2 Nr. 3 BetrVG nicht einmal erwähnt; a. A. ArbG
  Marburg v. 22.12.2006 – 2 BV 4/06, DB 2007, 295 f.
4 Richardi/*Richardi*, § 5 BetrVG Rz. 178.
5 *Fitting*, § 5 BetrVG Rz. 293; a. A. ArbG Marburg v. 22.12.2006 – 2 BV 4/06, DB 2007,
  295 f.
6 Vgl. BAG v. 14.12.1994 – 7 ABR 26/94, AP Nr. 3 zu § 5 BetrVG 1972 Rotes Kreuz =
  NZA 1995, 906.
7 MünchArbR/*Richardi*, § 17 Rz. 66; *Glenski*, S. 36; a. A. BVerwG v. 27.8.1997 – 6 P
  7.95, AP Nr. 4 zu § 77 LPVG Hessen = ZTR 1988, 233.
8 Anders noch nach dem BetrVG 1952.

12 Bei den **typischen Gestellungsverträgen** ist dagegen zu beachten, dass es auf die eben genannten Ausschlusstatbestände des § 5 Abs. 2 Nr. 3 BetrVG, § 3 Abs. 1 Satz 2 MitbestG und § 4 Abs. 5 Nr. 1 BPersVG hier nicht ankommt, da die gestellten Personen **keine Arbeitnehmer im Sinne des BetrVG, MitbestG und BPersVG** sind[1]. Deshalb gilt im Anwendungsbereich des DrittelbG bei diesen Personen nichts Abweichendes. Eine Zurechnung dieser Personen unter dem Aspekt des Gemeinschaftsbetriebes kommt ebenfalls nicht in Betracht[2].

13 Die jeweilige **Mitbestimmungsordnung** bleibt dadurch aber **nicht völlig unbeachtlich**. Vielmehr ist anerkannt, dass bei typischen Gestellungsverträgen eine **Einstellung i. S. d. § 99 BetrVG** vorliegt, die das Mitbestimmungsrecht des Betriebsrats im Betrieb des Krankenhausträgers auslöst[3]. Die fehlende Arbeitnehmereigenschaft der gestellten Personen steht dem nicht entgegen. Eine Einstellung i. S. d. § 99 BetrVG liegt nämlich schon dann vor, wenn Personen in den Betrieb eingegliedert werden, um zusammen mit den dort schon beschäftigten Arbeitnehmern den arbeitstechnischen Zweck des Betriebs durch weisungsgebundene Tätigkeit zu verwirklichen[4]. Eine Beschränkung durch die Vorschrift des **§ 118 Abs. 1 Satz 1 BetrVG** findet grundsätzlich nicht statt, auch wenn es sich um einen Tendenzbetrieb i. S. d. § 118 Abs. 1 Nr. 1 BetrVG handelt[5]. Denn die gestellten Personen sind **regelmäßig keine Tendenzträger** im Sinne dieser Vorschrift. Das BAG weist insoweit zu Recht darauf hin, dass die im Rahmen typischer Gestellungsverträge eingesetzten Pflegekräfte regelmäßig keine Möglichkeit einer inhaltlich prägenden Einflussnahme auf die Tendenzverwirklichung haben[6]. Deshalb sind nach der zutreffenden Auffassung des LAG Niedersachsen auch Stationsleiterinnen und Leiterinnen der Funktionsbereiche keine Tendenzträger[7]. Anderes gilt aber im Bereich der Fortbildung, weil sich dort die fachliche Unterweisung und die der Tendenzverwirklichung dienende inhaltliche Unterweisung nicht voneinander trennen lassen[8].

---

1 Vgl. zu § 5 BetrVG nur BAG v. 3.6.1975 – 1 ABR 98/74, AP Nr. 1 zu § 5 BetrVG 1972 Rotes Kreuz = BB 1975, 1388; BAG v. 20.2.1986 – 6 ABR 5/85, AP Nr. 2 zu § 5 BetrVG 1972 Rotes Kreuz; BAG v. 6.7.1995 – 5 AZB 9/93, AP Nr. 22 zu § 5 ArbGG 1979 = NZA 1996, 33; BAG v. 22.4.1997 – 1 ABR 74/96, AP Nr. 18 zu § 99 BetrVG 1972 = NZA 1997, 1297; a.A. *Richardi*, § 5 BetrVG Rz. 111, 178; *Fitting*, § 5 BetrVG Rz. 294.
2 OLG Hamburg v. 29.10.2007 – 11 W 27/07, DB 2007, 2762, 2765.
3 BAG v. 22.4.1997 – 1 ABR 74/96, AP Nr. 18 zu § 99 BetrVG 1972 = NZA 1997, 1297 (auch für Krankenpflegeschülerinnen); *Richardi/Thüsing*, § 99 BetrVG Rz. 52; *Fitting*, § 99 BetrVG Rz. 33; für ein Mitbestimmungsrecht des Betriebsrats auch *Hunold*, NZA 1998, 1025 (1029).
4 St.Rspr.; BAG v. 22.4.1997 – 1 ABR 74/96, AP Nr. 18 zu § 99 BetrVG 1972 = NZA 1997, 1297 m. w. N.
5 BAG v. 22.4.1997 – 1 ABR 74/96, AP Nr. 18 zu § 99 BetrVG 1972 = NZA 1997, 1297; zu den Anforderungen an einen Tendenzbetrieb i. S. d. § 118 Abs. 1 Satz 1 BetrVG wegen karitativer Aufgabenerfüllung s. zuletzt BAG v. 15.3.2006 – 7 ABR 24/05, n. v.
6 BAG v. 18.4.1989 – 1 ABR 2/88, AP Nr. 34 zu § 87 BetrVG 1972 Arbeitszeit = NZA 1989, 807; BAG v. 22.4.1997 – 1 ABR 74/96, AP Nr. 18 zu § 99 BetrVG 1972 = NZA 1997, 1297.
7 LAG Niedersachsen v. 11.3.1998 – 15 TaBV 34/97, n. v.
8 LAG Niedersachsen v. 11.3.1998 – 15 TaBV 34/97, n. v.

In **Einrichtungen des öffentlichen Dienstes** ist zu beachten, dass der Ein-   14
stellungsbegriff des Personalvertretungsrechts von dem Einstellungsbegriff
i. S. d. § 99 BetrVG abweicht[1]. Der **personalvertretungsrechtliche Einstellungsbegriff** setzt im Gegensatz zum betriebsverfassungsrechtlichen Einstellungsbegriff voraus, dass die einzustellende Person nach Inhalt und Umfang
ihrer Tätigkeit als Mitarbeiter oder Beschäftigter i. S. d. Personalvertretungsrechts anzusehen ist[2]. Dennoch geht das BVerwG davon aus, dass der **Zweck
des Mitbestimmungsrechts bei Einstellungen** dafür spreche, es auf die Aufnahme der Tätigkeit im Rahmen typischer Gestellungsverträge zu erstrecken[3]. Anderes soll aber dann gelten, wenn Weisungsrechte aufgrund des
Gestellungsvertrages nicht bestehen[4].

In **kirchlichen Einrichtungen** kommt das BetrVG unabhängig von der Frage,   15
ob eine Rahmenvereinbarung oder eine typische Gestellung vorliegt, wegen
der Vorschrift des § 118 Abs. 2 BetrVG nicht zur Anwendung[5].

In **Einrichtungen der katholischen Kirche** ist zu beachten, dass im Gegensatz   16
zum staatlichen Recht die jeweilige Mitarbeitervertretungsordnung (MAVO)
der katholischen Kirche auch für gestellte Personen gilt. **Mitarbeiter i. S. d.
§ 3 Abs. 1 Rahmen-MAVO** ist nämlich jeder, der eine nichtselbständige Tätigkeit im Rahmen der Dienstgemeinschaft ausübt[6].

In **Einrichtungen der evangelischen Kirche** ist § 2 Abs. 3 Mitarbeitervertre-   17
tungsgesetz (MVG) zu beachten. Danach *gelten* Personen, die aufgrund von
Gestellungsverträgen beschäftigt sind, als Mitarbeiter und Mitarbeiterinnen
i. S. d. Kirchengesetzes; ihre rechtlichen Beziehungen zu der entsendenden
Stelle bleiben unberührt. Angehörige von kirchlichen oder diakonischen
Dienst- und Lebensgemeinschaften, die aufgrund von Gestellungsverträgen
in Dienststellen nach § 3 MVG arbeiten, *sind* Mitarbeiter oder Mitarbeiterinnen dieser Dienststellen, soweit sich aus den Ordnungen der Dienst- und
Lebensgemeinschaften nichts anderes ergibt. Nach zutreffender Auffassung
hat der kirchliche Gesetzgeber damit deutlich gemacht, dass er auch die im
Rahmen von typischen Gestellungsverträgen überlassenen Personen als Mitarbeiter i. S. d. MVG ansieht[7]. Bei Angehörigen von kirchlichen oder diakonischen Dienst- und Lebensgemeinschaften ist der **Autonomieanspruch der**

---

1 Vgl. nur BAG v. 22.4.1997 – 1 ABR 74/96, AP Nr. 18 zu § 99 BetrVG 1972 = NZA 1997,
   1297.
2 BVerwG v. 20.5.1992 – 6 P 4.90, PersR 1992, 405.
3 BVerwG v. 27.8.1997 – 6 P 7.95, AP Nr. 4 zu § 77 LPVG Hessen = ZTR 1988, 233;
   BVerwG v. 18.6.2002 – 6 P 12/01, AP Nr. 24 zu § 72 LPVG NW = ZTR 2003, 34
   m. w. N.
4 BVerwG v. 27.8.1997 – 6 P 7.95, AP Nr. 4 zu § 77 LPVG Hessen = ZTR 1988, 233
   m. w. N.
5 Vgl. zu § 118 Abs. 2 BetrVG und zur Frage der kirchlichen Einrichtung näher *Weth/
   Wern*, NZA 1998, 118 ff.
6 Schlichtungsstelle MAVO der Erzdiözese Köln v. 14.3.1986 – MAVO 1/85, NZA 1986,
   690 f.; Bischöfliche Schlichtungsstelle Münster v. 30.5.1994 – MAVO 2/94, PersR
   1994, 487 f.; MünchArbR/*Richardi*, § 331 Rz. 17; *Glenski*, S. 35.
7 VerwG EKD v. 25.4.1996 – 0124/11-95, NZA-RR 1998, 479 f.; VerwG EKD v. 5.8.1999
   – 0124/D4-99, n. v.

Gemeinschaft zu beachten, wie er in § 2 Abs. 3 MVG Ausdruck findet („ ... soweit sich aus den Ordnungen der Dienst- und Lebensgemeinschaften nichts anderes ergibt."). Das ist der Fall, wenn die Ordnung der Dienst- und Lebensgemeinschaft ausdrückliche oder stillschweigende, insbesondere nach ihrem Selbstverständnis implizite Regelungen enthält, die bei Arbeitnehmern der Dienststelle zu einem Mitbestimmungsrecht nach dem MVG führen können[1]. Diese Einschränkung stellt sich als **gegenständliche Einschränkung** dar. Eine **weitere Grenze** kann sich aus dem **jeweiligen Gegenstand der Mitbestimmung** ergeben[2]. Allerdings hat das VerwG EKD hiervon abweichend die **Wahlberechtigung und Wählbarkeit** von gestellten Personen zur Mitarbeitervertretung der Dienststelle abgelehnt[3]. Ob dies mit der Vorschrift des § 2 Abs. 3 MVG so zwanglos in Einklang gebracht werden kann, erscheint fraglich[4].

---

1 VerwG EKD v. 5.8.1999 – 0124/D4-99, n. v.
2 VerwG EKD v. 5.8.1999 – 0124/D4-99, n. v.
3 VerwG EKD v. 7.3.2002 – II-0124/F42-01, ZMV 2003, 127 ff.
4 Vgl. zu diesem Problemkreis auch *Thiel*, ZMV 1996, 302 ff.

I. Arbeitnehmerhaftung

I. Begriff der Arbeitnehmerhaftung

Der Begriff der Arbeitnehmerhaftung bezeichnet die Folgen von Pflicht- 1
verletzungen des Arbeitnehmers bei betrieblicher Tätigkeit. Dazu gehören
sowohl die Schlechtarbeit, z.B. mangelnde Arbeitsqualität, mangelhafte Beaufsichtigung oder Bedienung von Eigentum des Arbeitgebers und die Schädigung von Personen (Verletzung von Arbeitskollegen oder Dritten, z.B. Patienten) als auch die Vernachlässigung sonstiger mit der Arbeitsleistung im
Zusammenhang stehender Pflichten (z.B. Obhuts- oder Herausgabepflichten
bzgl. Material, gerätetechnischer Ausstattung oder Geld). Nicht vom Begriff
der Arbeitnehmerhaftung umfasst ist die Haftung für die vertragswidrige
Nichtleistung der Arbeit. Bei der schuldhaften Nichtleistung ist eine Vergütungspflicht des Arbeitgebers grundsätzlich (soweit nicht Sonderregelungen eingreifen) nach §§ 275, 326 Abs. 1 Satz 1 BGB ausgeschlossen.

II. Haftung gegenüber Arbeitskollegen

Verletzt ein Arbeitnehmer bei einer betrieblichen Tätigkeit Rechtsgüter ei- 2
nes Arbeitskollegen, ist zu unterscheiden, ob er diesem einen Personen- oder
einen Sachschaden zugefügt hat. Die Haftung für Personenschäden ist durch
§ 105 SGB VII abschließend gesetzlich geregelt. Gemäß § 105 Abs. 1 Satz 1
SGB VII sind Personen, die durch eine betriebliche Tätigkeit einen Arbeitsunfall von in der gesetzlichen Unfallversicherung Versicherten desselben Betriebes verursachen, diesen sowie deren Angehörigen und Hinterbliebenen
nach anderen gesetzlichen Vorschriften zum Ersatz des Personenschadens
nur verpflichtet, wenn sie den Arbeitsunfall vorsätzlich oder auf einem Weg
zur oder von der Arbeit herbeigeführt haben. Die Haftung des Arbeitnehmers
für durch betriebliche Tätigkeiten verursachte Personenschäden ist daher in
aller Regel ausgeschlossen.

Für einem Arbeitskollegen zugefügte Sachschäden haftet der Arbeitnehmer 3
so, wie er auch anderen außerhalb des Arbeitsverhältnisses stehenden Dritten gegenüber einstandspflichtig ist (vgl. dazu sogleich unter Rz. 18 f.).

Der Grundsatz der Einschränkung der Arbeitnehmerhaftung infolge betrieb- 3a
licher Veranlassung der schädigenden Handlung greift allerdings dann nicht,
wenn ein Vorgesetzter, der im Rahmen der ihm vom Arbeitgeber übertragenen Weisungsbefugnis seine ihm als Erfüllungsgehilfen des Arbeitgebers mit
übertragenen arbeitsvertraglichen Schutzpflichten gegenüber einem ihm unterstellten Arbeitnehmer verletzt. In einem solchen Fall kann sich der Vorgesetzte nicht auf eine Haftungsprivilegierung berufen[1]. In dem vom BAG
entschiedenen Fall verklagte ein Oberarzt seinen Arbeitgeber (Krankenhausträger) u.a. auf Zahlung von Schmerzensgeld mit der Begründung, er werde
von dem ihm vorgesetzten Chefarzt gemobbt, was zu einer psychischen Er-

---

1 BAG v. 25.10.2007 – 8 A ZR 593/06, NZA 2008, 223.

krankung des Klägers führte. Das BAG, das ein mobbinghaftes Verhalten des Chefarztes als erwiesen und die Verpflichtung des beklagten Arbeitgebers als gegeben ansah, die eigenen Arbeitnehmer vor Herabwürdigung und Missachtung beschützen, verneinte eine Haftungsprivilegierung zugunsten des schädigenden vorgesetzten Chefarztes. Im Rahmen des § 254 BGB sei bei allen betrieblich veranlassten Tätigkeiten dem Arbeitgeber seine Verantwortung für die Organisation seines Betriebs und die Gestaltung der Arbeitsbedingungen in rechtlicher und tatsächlicher Hinsicht zuzurechnen. Wolle man dem schädigenden vorgesetzten Chefarzt eine Haftungsprivilegierung einräumen, würde dies zu einem widersinnigen Ergebnis führen, da der Vorgesetzte dann nämlich wegen des vom Arbeitgeber zu tragenden Betriebsrisikos für Schäden, die er bei der Verrichtung betrieblicher Tätigkeiten verschuldet, nur in beschränktem Umfang haften würde. Da der beklagte Krankenhausträger als Arbeitgeber aber nach § 278 BGB das Verschulden des Vorgesetzten im gleichen Umfang wie sein eigenes Verschulden zu vertreten hätte, käme ihm letztlich die im Interesse des Arbeitnehmers geltende Haftungsprivilegierung selbst zugute. Daher führte in dem vom BAG entschiedenen Fall der schuldhafte Verstoß des Chefarztes gegen seine arbeitsvertraglichen Verpflichtungen nach allgemeinen zivilrechtlichen Haftungsregeln zu seiner vollen Haftung für alle dadurch verursachten Schäden, für die der beklagte Arbeitgeber einzustehen hat.

III. Grundsätze der Arbeitnehmerhaftung

4   Von der gesetzlichen Ausgangslage her gelten für die Haftung des Arbeitnehmers die zivilrechtlichen Regelungen des BGB. Danach würde der Arbeitnehmer gem. § 280 BGB unbeschränkt haften, wenn er eine Pflicht aus dem Arbeitsverhältnis verletzt und hierdurch einen Schaden verursacht.

5   Ebenso würde sich aus § 823 BGB eine Schadensersatzpflicht ergeben, wenn der Arbeitnehmer vorsätzlich oder fahrlässig Rechte des Arbeitgebers oder Dritter (insbesondere Leben, Körper, Gesundheit und Eigentum) widerrechtlich verletzt[1]. Dabei bedeutet Fahrlässigkeit jede Art von Fahrlässigkeit, so dass der Arbeitnehmer selbst für leichteste Fahrlässigkeit haften würde.

6   Die aus der Anwendung zivilrechtlicher Regelungen des BGB resultierende strenge Haftung wurde jedoch im Allgemeinen als zu streng empfunden, so dass die Rechtsprechung frühzeitig **Haftungserleichterungen** entwickelte und zur Begründung darauf verwies, dass auch dem sorgfältigen Arbeitnehmer Fehler unterlaufen, die zwar für sich genommen fahrlässig seien, mit denen aber aufgrund menschlicher Unzulänglichkeiten gerechnet werden müsse. Außerdem schaffe der Arbeitgeber ein betriebliches Risikopotential, die dieser durch sein Weisungsrecht gegenüber dem Arbeitnehmer festlege. Der Arbeitnehmer habe keine Möglichkeit, dem auszuweichen oder sich dagegen zu versichern. Hinzu komme, dass die volle Abwälzung des Haftungs-

---

1 BAG v. 4.6.1998 – 8 A ZR 786/96, NZA 1998, 1113; Küttner/*Griese*, „Arbeitnehmerhaftung" Rz. 9.

risikos auf den Arbeitnehmer für diesen die wirtschaftliche Existenzvernichtung bedeuten könne. Angesichts fehlender Äquivalenz zwischen Verdienst und Haftungsrisiko hat sich daher eine allgemeine Rechtsüberzeugung dahingehend gebildet, die Haftung des Arbeitnehmers – abweichend von der gesetzlichen Ausgangslage des BGB – zu modifizieren und erheblich abzumildern.

Während die Rechtsprechung zunächst davon ausging, dass eine Haftungs- 7
milderung nur bei **gefahrgeneigter Arbeit** zugunsten des Arbeitnehmers eingreifen könne, hat sich mittlerweile die Auffassung durchgesetzt, dass Haftungserleichterungen **bei jeder Art von Tätigkeit** eingreifen, da es sich als unmöglich erwiesen hat, gefahrgeneigte von nicht gefahrgeneigten Tätigkeiten abzugrenzen. Dieses Ergebnis ist durch die Entscheidungen des BGH[1], des Gemeinsamen Senats der Obersten Gerichtshöfe[2] und des Großen Senats des BAG[3] mittlerweile Konsens in der gesamten Gerichtsbarkeit. Die Haftungserleichterung kommt dem Arbeitnehmer nunmehr in allen Fällen zugute, in denen er bei einer betrieblichen Tätigkeit einen Schaden verursacht hat. Das BAG stützt sich dabei auf eine analoge Anwendung des § 254 BGB[4]. Der Arbeitgeber muss sich analog § 254 BGB die Betriebsgefahr seines Unternehmens zurechnen lassen. Kraft seiner Organisationsmacht kann er den arbeitstechnischen Zweck des Betriebs eigenverantwortlich bestimmen, die Betriebsorganisation nach seinen Plänen und Bedürfnissen gestalten und auf die Tätigkeit des Arbeitnehmers einwirken. Mit der Eingliederung in die Betriebsorganisation und den faktischen Gegebenheiten des Arbeitsprozesses wird die Berufsausübung des Arbeitnehmers gesteuert, der den vorgegebenen Arbeitsbedingungen in der Regel weder tatsächlich noch rechtlich ausweichen kann.

Voraussetzung einer Haftungserleichterung zugunsten des Arbeitnehmers, 8
von der einzel- oder kollektivvertraglich nicht abgewichen werden kann[5], ist der Eintritt des von ihm verursachten Schadens bei einer **betrieblichen Tätigkeit**. Ein lediglich räumlicher und zeitlicher Zusammenhang mit der Arbeit genügt nicht. Betrieblich ist eine Tätigkeit, die dem Arbeitnehmer, der einen Schaden verursacht, entweder ausdrücklich vom Betrieb oder für den Betrieb übertragen ist oder die er im Interesse des Betriebs ausführt, die in nahem Zusammenhang mit dem Betrieb und seinem betrieblichen Wirkungskreis steht und in diesem Sinne betriebsbezogen ist[6].

---

1 BGH v. 21.9.1993 – GmS – OGB 1/93, AP BGB § 611 Haftung des Arbeitnehmers Nr. 102.
2 Einstellungsverfügung vom 16.12.1993 – GmS – OGB 1/93, BB 1994, 431.
3 BAG v. 27.9.1994 – GS 1/89 (A), AP BGB § 611 Haftung des Arbeitnehmers Nr. 103.
4 ErfK/*Preis*, § 619a BGB Rz. 10.
5 BAG v. 7.9.1998 – 8 AZR 175/97, AP BGB § 611 Mankohaftung Nr. 2; BAG v. 2.12.1999 – 8 AZR 386/98, AP BGB § 611 Mankohaftung Nr. 3; BAG v. 5.2.2004 – 8 AZR 91/03, AP BGB § 611 Haftung des Arbeitnehmers Nr. 126.
6 BAG v. 9.8.1996 – 1 AZR 426/65, AP RVO § 637 Nr. 1; BAG v. 6.11.1974 – 5 AZR 22/74, AP RVO § 636 Nr. 8; BAG v. 18.4.2002 – 8 AZR 348/01, AP BGB § 611 Haftung des Arbeitnehmers Nr. 122.

9   Die **Verteilung des Schadens zwischen Arbeitnehmer und Arbeitgeber** ist anhand einer Abwägung zu ermitteln, für die maßgebliches Kriterium der **Grad
des Verschuldens** des Arbeitnehmers ist. Bei Vorsatz hat der Arbeitnehmer
den Schaden stets, bei grober Fahrlässigkeit in der Regel allein zu tragen. Bei
leichter Fahrlässigkeit trägt der Arbeitgeber den Schaden in voller Höhe. Bei
mittlerer Fahrlässigkeit ist der Schaden unter Berücksichtigung aller Umstände quotal zwischen Arbeitnehmer und Arbeitgeber zu verteilen[1].

10 **Vorsatz** ist dann anzunehmen, wenn der Arbeitnehmer nicht nur die Pflichtverletzung, sondern auch den Schaden in seiner konkreten Höhe zumindest
als möglich voraussieht und ihn für den Fall seines Eintritts billigend in
Kauf nimmt. Hält der Arbeitnehmer den Schadenseintritt für möglich, vertraut er aber darauf, der Schaden werde nicht eintreten, liegt nur grobe Fahrlässigkeit vor[2].

11 **Grobe Fahrlässigkeit** ist anzunehmen, wenn eine besonders schwerwiegende
und auch subjektiv unentschuldbare Pflichtverletzung vorliegt[3]. So handelt
beispielsweise ein Restaurantleiter im Zug grob fahrlässig, wenn er die mit
den Einnahmen gefüllte Kellnerbrieftasche unverschlossen im Restaurant-
wagen zurücklässt, um zu telefonieren[4].

12 Auch wenn der Arbeitnehmer bei grober Fahrlässigkeit, etwa Fahren im alkoholisierten Zustand, Unfallverursachung durch Handy-Telefonat während
der Fahrt[5] oder Überfahren einer Rotlichtampel, grundsätzlich den Schaden
allein zu tragen hat, ist eine Haftungserleichterung nicht generell ausgeschlossen. Sie kommt bei einem deutlichen Missverhältnis zwischen Verdienst und Höhe des Schadens in Betracht, wenn die Existenz des Arbeitnehmers bei voller Inanspruchnahme bedroht ist[6].

13 Liegt der Gesamtschaden nur geringfügig über dem Monatsgehalt, besteht
bei grob fahrlässiger Schadensverursachung für eine Haftungsbegrenzung
keine Veranlassung[7]. Ein **in hohem Maße grob fahrlässiges Verhalten** (Todes-
fall durch Vertauschen von Blutkonserven) führte jedoch in einem vom BAG
entschiedenen Fall zur **vollen Haftung einer Narkoseärztin**[8]. Eine in der Weiterbildung zur Ärztin für Anästhesie befindliche Krankenhausmitarbeiterin
hatte gleich mehrere Sicherheitsmaßnahmen missachtet, die ein Arzt bei ei-

---

1 BAG v. 24.11.1987 – 8 AZR 524/82, AP BGB § 611 Haftung des Arbeitnehmers Nr. 93;
  BAG v. 16.2.1995 – 8 AZR 493/93, AP BGB § 611 Haftung des Arbeitnehmers
  Nr. 106.
2 BAG v. 18.6.1970 – 1 AZR 520/69, BGB AP § 611 Haftung des Arbeitnehmers Nr. 57;
  BAG v. 18.4.2002 – 8 AZR 348/01, AP BGB § 611 Haftung des Arbeitnehmers
  Nr. 122.
3 BAG v. 23.3.1983 – 7 AZR 391/79, AP BGB § 611 Haftung des Arbeitnehmers Nr. 82;
  BAG v. 12.11.1998 – 8 AZR 221/97, AP BGB § 611 Haftung des Arbeitnehmers
  Nr. 117.
4 BAG v. 15.11.2001 – 8 AZR 95/01, NZA 2002, 612.
5 BAG v. 12.11.1998 – 8 ARZ 221/97, NZA 1999, 263.
6 BAG v. 12.10.1989 – 8 AZR 276/88, BB 1990, 65.
7 BAG v. 12.11.1998 – 8 AZR 221/97, NJW 1999, 966.
8 BAG v. 25.9.1997 – 8 AZR 288/96, NZA 1998, 310 = NJW 1998, 810.

ner Bluttransfusion zu beachten hat. Das BAG lehnte einer Haftungsmil-
derung nach den Grundsätzen der Arbeitnehmerhaftung ab und verurteilte
die Ärztin zur Erstattung von über 110 000 DM an ihren Arbeitgeber, die dieser an die Hinterbliebenen der bei der Bluttransfusion verstorbenen Patienten geleistet hatte. Zur Begründung verwies das BAG auf die im entschiedenen Fall vom Sachverständigen bejahte besonders grobe Fahrlässigkeit, mit
der die Ärztin gehandelt hatte.

Mittlere Fahrlässigkeit ist anzunehmen, wenn der Arbeitnehmer die im Ver-   14
kehr erforderliche Sorgfalt außer Acht gelassen hat, der rechtlich missbillig-
te Erfolg bei Anwendung der gebotenen Sorgfalt voraussehbar und vermeid-
bar gewesen wäre[1]. In dieser – praktisch wichtigsten – Fallgruppe ist der
Schaden zwischen Arbeitgeber und Arbeitnehmer zu teilen. Ob und ggf. in
welchem Umfang der Arbeitnehmer an den Schadensfolgen zu beteiligen ist,
richtet sich insbesondere in Ansehung von Schadensanlass und Schadensfol-
ge nach Billigkeits- und Zumutbarkeitsgesichtspunkten. Zu den Umständen, denen je nach Einzelfall ein unterschiedliches Gewicht beizumessen ist
und die im Hinblick auf die Vielfalt möglicher Schadensursachen nicht abschließend bezeichnet werden können, gehören die Höhe des Schadens, ein
vom Arbeitgeber einkalkuliertes oder durch Versicherung gedecktes Risiko,
die Stellung des Arbeitnehmers im Betrieb und die Höhe des Arbeitsentgelts,
in dem möglicherweise eine Risikoprämie enthalten ist[2].

Leichteste Fahrlässigkeit liegt dann vor, wenn es sich um geringfügige und   15
leicht entschuldbare Pflichtwidrigkeiten handelt, die jedem Arbeitnehmer
unterlaufen können. Die leichteste Fahrlässigkeit lässt die Haftung des Arbeitnehmers entfallen und ist in den Fällen des „typischen Abirrens" der
Arbeitsleistung zu bejahen, namentlich bei einfachem „Sich-Vergreifen",
„Sich-Versprechen" oder „Sich-Vertun"[3].

Der **persönliche Anwendungsbereich** der beschränkten Arbeitnehmerhaf-   16
tung ist in der Rechtsprechung noch nicht abschließend geklärt. Neben den
Stammbeschäftigten erfasst sie jedenfalls auch die Auszubildenden[4]. Der
BGH hat die Grundsätze der gefahrgeneigten Arbeit nicht auf den Geschäftsführer einer Innungskrankenkasse angewandt, weil er als leitender Angestellter seine Geschäftsführertätigkeit weitgehend eigenverantwortlich
gestalten könne[5]. Ob das BAG dieser Rechtsprechung folgt und einem leitenden Angestellten die Haftungsprivilegierung verwehren will, ist derzeit noch
offen. Mittlerweile scheint allerdings der BGH seine die Haftungsprivilegierung für leitende Angestellte gänzlich verneinende Rechtsprechung aufzuge-

1 ErfK/*Preis*, § 619a BGB Rz. 16.
2 BAG v. 24.11.1987 – 8 AZR 66/82, AP BGB § 611 Haftung des Arbeitnehmers Nr. 92;
  BAG v. 16.2.1995 – 8 AZR 493/93, AP BGB § 611 Haftung des Arbeitnehmers
  Nr. 106.
3 ErfK/*Preis*, § 619a BGB Rz. 17.
4 BAG v. 7.7.1970 – 1 AZR 507/69, AP BGB § 611 Haftung des Arbeitnehmers Nr. 59;
  BAG v. 18.4.2002 – 8 AZR 348/01, AP BGB § 611 Haftung des Arbeitnehmers
  Nr. 122.
5 BGH v. 14.2.1985 – IX ZR 145/83, VersR 1985, 693, 695 f.

ben, jedenfalls soweit nicht Geschäftsführer betroffen sind[1]. Freie Mitarbeiter und arbeitnehmerähnliche Personen, die nur wirtschaftlich, aber nicht persönlich abhängig sind, können sich auf das Haftungsprivileg nicht stützen[2].

17   Die Grundsätze über die Beschränkung der Arbeitnehmerhaftung gelangen auch dann zur Anwendung, wenn der Arbeitnehmer **Deckungsschutz durch eine Versicherung** beanspruchen kann[3]. Nur wenn zugunsten des Arbeitnehmers eine gesetzlich vorgeschriebene Pflichtversicherung eingreift, kann sich der Arbeitnehmer nicht auf eine Haftungsbeschränkung berufen, weil die Deckungspflicht des Pflichtversicherers den Arbeitnehmer vor der persönlichen Belastung mit unzumutbaren Verbindlichkeiten bewahrt[4].

IV. Haftung des Arbeitnehmers gegenüber Dritten

18   Die schuldhafte Schädigung von außerhalb des Arbeitsverhältnisses stehenden Personen (z. B. Patienten) bei der Arbeitsleistung verpflichtet den Arbeitnehmer im Außenverhältnis zum unbeschränkten Schadensersatz[5]. Der BGH lehnt es ab, dem Arbeitnehmer im Außenverhältnis zu dem geschädigten Dritten die Haftungserleichterungen zugutekommen zu lassen, da die Rechtsprechung zur eingeschränkten Haftung des Arbeitnehmers gegenüber dem Arbeitgeber auf spezifischen arbeitsvertraglichen Erwägungen beruht, die sich nicht auf das Außenverhältnis zu einem Dritten übertragen lassen. Soweit der Arbeitnehmer allerdings im Innenverhältnis zum Arbeitgeber nach den Grundsätzen des innerbetrieblichen Schadensausgleichs nicht haften würde, hat er einen **Freistellungsanspruch** gegen den Arbeitgeber. Dieser Freistellungsanspruch verpflichtet den Arbeitgeber, den Arbeitnehmer insoweit von der Schadensersatzforderung des Dritten freizustellen, wie der Schaden zwischen den Arbeitsvertragsparteien verteilt würde, wenn der Geschädigte nicht ein Dritter, sondern der Arbeitgeber selbst wäre[6].

19   Zu den Grundsätzen des innerbetrieblichen Schadensausgleichs gehört die **Obliegenheit des Arbeitgebers**, zumutbare und übliche Versicherungen abzuschließen oder den Arbeitnehmer so zu stellen, als seien solche abgeschlossen. Hierzu gehört der Abschluss einer **Arzthaftpflichtversicherung**. Kommen deshalb außenstehende Patienten zu Schaden und hätte die Haftpflichtversicherung diese Schäden gedeckt, so kann der vom Dritten in

---

1 BGH v. 25.6.2001 – II ZR 38/99, BGHZ 148, 167, 172.
2 ErfK/*Preis*, § 619a BGB Rz. 16.
3 BAG v. 25.9.1997 – 8 AZR 288/96, AP BGB § 611 Haftung des Arbeitnehmers Nr. 111.
4 BAG v. 25.9.1997 – 8 AZR 288/96, AP BGB § 611 Haftung des Arbeitnehmers Nr. 111.
5 BGH v. 19.9.1989 – VI ZR 349/88, AP BGB § 611 Haftung des Arbeitnehmers Nr. 99; BGH v. 21.12.1993 – VI ZR 103/93, AP BGB § 611 Haftung des Arbeitnehmers Nr. 104.
6 BAG v. 23.6.1988 – 8 AZR 300/85, AP BGB § 611 Haftung des Arbeitnehmers Nr. 94; BAG v. 11.8.1988 – 8 AZR 721/85, AP BGB § 611 Gefährdungshaftung des Arbeitgebers Nr. 7.

Anspruch genommene Arbeitnehmer diesen auf die Haftpflichtversicherung verweisen oder vom Arbeitgeber unter diesem Gesichtspunkt Freistellung von der Schadensersatzverpflichtung verlangen.

V. Darlegungs- und Beweislast

Die objektiven Voraussetzungen der Pflichtverletzung hat der Arbeitgeber nach § 619a BGB bzw. bei deliktischen Ansprüchen nach allgemeinen Grundsätzen darzulegen und im Bestreitensfall zu beweisen. Er trägt auch die Beweislast für das Maß des Verschuldens des Arbeitnehmers[1]. Dies gilt insbesondere auch für den Vorwurf grober Fahrlässigkeit[2]. Normzweck und Funktion des § 619a BGB ist es, die aus der Gesetzessystematik des § 280 BGB folgende Beweislastumkehr, nach der der Schuldner seine fehlende Verantwortlichkeit für die Pflichtverletzung zu beweisen hat, für den Bereich der Arbeitnehmerhaftung nicht durchgreifen zu lassen. Der Arbeitnehmer haftet – wie § 619a BGB klarstellt – bei Pflichtverletzung nur, wenn er diese zu vertreten hat; der Arbeitgeber muss nicht nur die Pflichtverletzung, sondern auch das Vertretenmüssen des Arbeitnehmers beweisen. Dem Arbeitnehmer obliegt es demgegenüber, darzulegen und ggf. zu beweisen, dass die Voraussetzungen der beschränkten Arbeitnehmerhaftung vorliegen, er den Schaden also bei einer betrieblichen Tätigkeit verursacht hat[3]. | 20

VI. Gesondert normierte Haftungsregelungen

Die Haftung des Arbeitnehmers ist im TVöD in Abkehr vom bisherigen Tarifrecht (§ 14 BAT/BAT-O mit Verweis auf entsprechende beamtenrechtliche Bestimmungen) nicht mehr normiert worden, so dass das allgemeine Arbeitsrecht nach den oben dargelegten Grundsätzen auch im Tarifrecht für den öffentlichen Dienst Anwendung findet. Die Tarifvorschrift verwies nur auf beamtenrechtliche Regelungen, die die Haftung im Innenverhältnis, also die Haftung zwischen dem Beamten seinem Dienstherrn, regeln. Die Frage, ob und nach welchen Vorschriften der Angestellte gegenüber Dritten haftet, war durch § 14 BAT/BAT-O nicht berührt. | 21

Weitere ausdrückliche Regelungen zur Haftung des Arbeitnehmers finden sich in § 5 Abs. 5 AVR Caritas. Danach haftet der Mitarbeiter dem Dienstgeber bei vorsätzlicher oder grob fahrlässiger Verletzung seiner Dienstpflichten für den dadurch entstandenen Schaden nach Maßgabe der gesetzlichen Bestimmungen. Beim Rettungsdienst im Notarztwagen oder Rettungshubschrauber ist der Mitarbeiter in Fällen, in denen kein grob fahrlässiges und kein vorsätzliches Handeln vorliegt, von etwaigen Haftungsansprüchen freizustellen. Gemäß § 3 Abs. 5 AVR Diakonie ist ein Mitarbeiter, der seine | 22

---

1 BAG v. 22.5.1997 – 8 AZR 562/95, NZA 1997, 1279.
2 BAG v. 13.3.1968 – 1 AZR 362/67, AP BGB § 611 Haftung des Arbeitnehmers Nr. 42.
3 BAG v. 18.4.2002 – 8 AZR 348/01, AP BGB § 611 Haftung des Arbeitnehmers Nr. 122.

Dienstpflichten verletzt, dem Dienstgeber nach Maßgabe der gesetzlichen Bestimmungen zum Ersatz des daraus entstehenden Schadens verpflichtet.

23 Eine Abweichung von den oben dargelegten Grundsätzen zur Arbeitnehmerhaftung ist mit den AVR-Regelungen nicht verbunden[1].

---

1 Dazu, dass die Grundsätze der Rechtsprechung zur Arbeitnehmerhaftung zwingendes Arbeitnehmerschutzrecht sind und weder einzel- noch kollektivrechtlich abbedungen werden können, vgl. BAG v. 17.9.1998 – 8 AZR 175/97, NZA 1999, 141. Zur Zulässigkeit richterlicher Kontrolle von Arbeitsvertragsrichtlinien der Kirchen und ihrer diakonischen und karitativen Verbände vgl. *Richardi*, Arbeitsrecht in der Kirche, § 15 Rz. 28 ff.

Teil 4
Besonderheiten in kirchlichen Einrichtungen

I. „Kirche" als Arbeitgeber

Von den Krankenhäusern in Deutschland werden gut ein Drittel von frei-ge-   1
meinnützigen Trägern betrieben, d. h., dass diese sich weder in' ausschließlich öffentlich-rechtlicher noch in ausschließlich privatrechtlicher Trägerschaft befinden (vgl. Teil 1 B). Innerhalb dieses Bereichs der sog. freien
Wohlfahrtspflege nehmen die im Deutschen Caritas-Verband (DCV) und im
Diakonischen Werk (DW-EKD) zusammengeschlossenen kirchlichen Träger
eine herausragende Stellung ein. Der – auch nur mittelbare – Bezug zur Kirche unterwirft die kirchlichen Krankenhäuser einem verfassungsrechtlich
begründeten (Art. 140 GG i. V. m. Art. 137 Abs. 3 WRV) Sonderregime insbesondere im kollektiv-arbeitsrechtlichen Bereich.

1. Rechtstatsachen kirchlicher Krankenhauspflege

Der Schwerpunkt **abhängiger Beschäftigung** bei den Kirchen liegt im Bereich   2
der Wohlfahrtspflege und hier in der stationären Krankenpflege. Rechtlich
gesehen gibt es aber nicht **den** Arbeitgeber Kirche, sondern eine **Vielzahl**
selbständiger kirchlicher Rechtsträger, die Krankenhäuser betreiben. Dabei
sind die Gliederungen der **verfassten Kirche** selbst (z. B. Kirchengemeinde,
Dekanat, Rz. 3 ff.) von den „freien", aber am kirchlichen Auftrag orientierten
Rechtsträgern **privaten Rechts** (z. B. e. V., GmbH, Rz. 15 ff.) zu unterscheiden.
Letztere sind – schon aus betriebswirtschaftlichen Gründen (Rz. 14) – die weit
überwiegenden Betreiber von kirchlichen Krankenhäusern. Diakonie (DW-
EKD) und Caritas (DCV) unterhielten im Jahr **2008** mit zusammen 829 meist
privatrechtlich organisierten Krankenhäusern nicht weniger Einrichtungen
als die öffentliche Hand[1].

2. Die verfasste Kirche als Arbeitgeber

a) Die verfasste Kirche in Deutschland besteht im **katholischen Bereich** aus   3
27 Diözesen (sieben Erzbistümer und 20 Bistümer) und im **evangelischen**
Bereich aus 24 Landeskirchen. Die unterste Organisationseinheit bildet jeweils die Kirchengemeinde (Pfarrei), darüber kommen als mittlere Einheiten
Dekanat, Kirchenkreis oder Kirchengemeindeverbände bzw. -zweckverbände
(auch) als Träger von Krankenhäusern in Betracht. Als Gliederungen der verfassten Kirche handelt es sich dabei jeweils um **Körperschaften des öffent-**
lichen Rechts nach Art. 140 GG i. V. m. Art. 137 Abs. 5 (insbesondere Satz 3)
WRV. Dieser Rechtsstatus kommt auch den Dachverbänden „Verband der

---

1 Laut der EKD-Statistik 2008 unterhielt die Diakonie **372** Krankenhäuser, während
die Caritas ca. **457** Krankenhäuser und Fachkliniken auswies. Statistische Differenzen
ergeben sich aus der Unterscheidung von „allgemeinen" Krankenhäusern und zusätzlich ausgewiesenen Fachkliniken.

Diözesen Deutschlands" (nicht aber der Deutschen Bischofskonferenz) und der EKD als Zusammenschluss der evangelischen Landeskirchen zu[1].

4   Die Verleihung der Rechte einer Körperschaft des öffentlichen Rechts gliedert die Religionsgemeinschaften[2] **nicht in den Staatsaufbau** ein, sondern bedeutet – in Anerkennung ihrer besonderen öffentlichen Bedeutung – lediglich die Zubilligung der Fähigkeit, **Träger öffentlicher Kompetenzen und Rechte** zu sein. Ihre wesentlichen Aufgaben, Befugnisse und Zuständigkeiten sind originäre und nicht vom Staat abgeleitete („Körperschaften öffentlichen Rechts sui generis")[3]. Religion ist eine nichtstaatliche, dennoch öffentliche Angelegenheit[4]. Der Körperschaftsstatus dient der Entfaltung der Religionsfreiheit, verbessert die Möglichkeiten der Glaubensverwirklichung und verleiht der Glaubensgemeinschaft eine Art „Gütesiegel"[5]. Ein „Zwang" zu einem öffentlich-rechtlichen Gesamtstatus als Religionsgemeinschaft lässt sich aus Art. 137 Abs. 5 WRV freilich nicht ableiten[6].

5   Neben der römisch-katholischen Kirche und den in der EKD zusammengefassten Lutherischen, Reformierten und Unierten Landeskirchen („geborene" **große Religionsgemeinschaften**) sind in den meisten Bundesländern als öffentlich-rechtliche Korporationen etwa die evangelischen Freikirchen (z.B. Methodisten, Baptisten), die Alt-Katholische Kirche, die orthodoxen Kirchen, die Neuapostolische Kirche, die Jüdischen Kultusgemeinden (insbesondere der Zentralrat der Juden in Deutschland)[7], die Gemeinschaft der Siebenten-Tags-Adventisten und die Christengemeinschaft („gekorene" **kleine Religionsgemeinschaften**) anerkannt[8]. Die inzwischen wohl drittgrößte Religionsgemeinschaft in Deutschland, der Islam, ist ausschließlich privat-

---

1 Ausführlich zur Struktur der Großkirchen *Schlief* bzw. *O. v. Campenhausen* in: Handbuch des Staatskirchenrechts I, §§ 11, 12. Innerhalb der EKD bestehen weitere zwischenkirchliche Zusammenschlüsse, insb. die VELKD (Vereinigte Evang.-Luth. Kirche Deutschlands) und die EKU (Evang. Kirche der Union).

2 Die Begriffe „Religionsgemeinschaft" (Art. 7 Abs. 3 Satz 2 GG) und „Religionsgesellschaft" (Art. 137, 138 WRV) sind bedeutungsgleich, vgl. BAG v. 24.7.1991 – 7 ABR 34/90, BAGE 68, 170 = NZA 1991, 977.

3 BVerfG v. 21.9.1976 – 2 BvR 350/75, BVerfGE 42, 312 (321); BVerfG v. 25.3.1980 – 2 BvR 208/76, BVerfGE 53, 366 (387); BVerfG v. 13.12.1983 – 2 BvL 13, 14, 15/82, BVerfGE 66, 1 (20). Neben der ausdrücklichen Gewährleistung des Steuererhebungsrechts (Art. 137 Abs. 6 WRV) zählt zum Kerngehalt kirchlicher Kompetenzen die Organisationsgewalt, die Dienstherrenfähigkeit (Rz. 7), die öffentlich-rechtliche Rechtsetzungsbefugnis, das Parochialrecht und die vermögensrechtliche Widmungsbefugnis, vgl. näher *P. Kirchhof* in: Handbuch des Staatskirchenrechts I, § 22 (S. 670 ff.); v. Mangoldt/Klein/Starck/*A. v. Campenhausen*, GG, Art. 137 WRV Rz. 236 ff.

4 *Robbers*, FS Heckel, 1999, S. 411 (416); *Wilms*, NJW 2003, 1083 ff., insb. 1087.

5 *Wilms*, NJW 2003, 1083 (1087) im Anschluss an BVerfG v. 19.12.2000 – 2 BvR 1500/97, BVerfGE 102, 370 = NJW 2001, 429.

6 Sachs/*Ehlers*, GG, Art. 140/Art. 137 WRV Rz. 22; *Hollerbach* in: Handbuch des Staatsrechts VI, § 138 Rz. 130.

7 Vgl. den Sonderfall „Adass Jisroel", BVerwG NJW 1998, 253; dazu auch *Weber*, NJW 1998, 197.

8 Vgl. auch BAG v 24.4.1997 – 2 AZR 268/96, NZA 1998, 145 (Mormonenkirche als Kirche des öffentlichen Rechts). Einzelheiten bei *Solte* in: Handbuch des Staatskirchenrechts I, § 13. Nur wenige der korporierten Religionsgemeinschaften nutzen das

rechtlich organisiert. Ihm mangelt es vorläufig an einem Mindestmaß von „Amtlichkeit" und damit jener Verfasstheit (Art. 137 Abs. 5 Satz 2 WRV), die eine Kooperation mit dem Staat erfordert[1].

Die **Offenheit des Körperschaftsstatus** für Religionsgemeinschaften und   6 Weltanschauungsvereinigungen (Art. 137 Abs. 7 WRV) eröffnet nicht die Befugnis, Hoheitsrechte für beliebige Ziele einzuräumen. Die Vereinigung muss daher grundsätzlich zur grundgesetzkonformen Wahrnehmung der Hoheitsrechte fähig und bereit, d. h. rechtstreu sein[2]. Im Zweifel ist eine Religionsgemeinschaft diesbezüglich aber nach ihrem **Verhalten**, nicht nach ihrem Glauben zu beurteilen[3]. Das BVerfG hat daher das BVerwG[4] in Bezug auf die Anerkennung der **Zeugen Jehovas** korrigiert. Der Grundsatz religiösweltanschaulicher Neutralität verwehre es dem Staat, Glaube und Lehre einer Religionsgemeinschaft *als solche* zu bewerten. Allein das religiöse Verbot der Teilnahme an staatlichen Wahlen rechtfertigt die Versagung des Körperschaftsstatus i. S. d. Art. 137 Abs. 5 Satz 2 WRV daher noch nicht[5]. Die Religionsgemeinschaft muss aber Gewähr dafür bieten, dass ihr künftiges Verhalten die in Art. 79 Abs. 3 GG umschriebenen fundamentalen Verfassungsprinzipien, die dem staatlichen Schutz anvertrauten Grundrechte Dritter sowie die Grundprinzipien des freiheitlichen Religions- und Staatskirchenrechts des GG nicht gefährdet[6].

b) Zu den hier maßgeblichen Kompetenzen der verfassten Kirchen zählt ihre   7 **Dienstherrenfähigkeit**[7]. Religiöse Körperschaften des öffentlichen Rechts können nach Art. 140 GG, Art. 137 Abs. 3 Satz 2 WRV ein ihrem kirchlichen Selbstverständnis entsprechendes Amts- und Dienstrecht begründen[8], müssen das aber nicht. Im Bundesbeamtenrecht (§ 135 Satz 2 BRRG) wird betont, dass es den Kirchen „überlassen" bleibe, ob sie die Rechtsverhältnisse ihrer Beamten und Seelsorger dem BRRG entsprechend regeln wollen oder nicht. Auf die „**Amtsverhältnisse**" der Geistlichen und Kirchenbeamten findet je-

---

Recht, öffentlich-rechtliche Dienstverhältnisse mit ihren Mitarbeitern zu begründen, vgl. *Solte*, ebd. S. 432.

1 OVG NW v. 2.12.2003 – 19 A 997/02, NWVBl 2004, 224 (n. rkr.); ferner *Hollerbach* in: Handbuch des Staatsrechts VI, § 138 Rz. 135; *Isensee*, FS Listl, 1999, S. 67 (86 f.); *Robbers*, FS Heckel, 1999, S. 411 f.; a. A. *Pieroth/Görisch*, JuS 2002, 937 (941).

2 *P. Kirchhof* in: Handbuch des Staatskirchenrechts I, § 22 (S. 683); *Robbers*, FS Heckel, 1999, S. 411 (413 f.).

3 BVerfG v. 19.12.2000 – 2 BvR 1500/97, BVerfGE 102, 370 = NJW 2001, 429.

4 BVerwG v. 26.6.1997 – 7 C 11/96, NJW 1997, 2396; vgl. ferner OLG Köln v. 16.9.1997 – 15 U 70/97, NJW 1998, 235; *Abel*, NJW 1999, 331; *Weber*, NJW 1998, 197 (199 f.).

5 BVerfG v. 19.12.2000 – 2 BvR 1500/97, BVerfGE 102, 370 (397 ff.) = NJW 2001, 429 (433); ferner *A. v. Campenhausen*, ZevKR 46 (2001), 165; *Görlich*, NVwZ 2001, 1369.

6 So BVerwG v. 23.2.2005 – 6 C 2.04, BVerwGE 123, 49 = NJW 2005, 2101 (Ls. 5) zum Anspruch des Spitzenverbands islamischer Organisationen aus Art. 7 Abs. 3 GG auf Abhaltung eines islamischen Religionsunterrichts an staatlichen Schulen.

7 v. Mangoldt/Klein/Starck/*A. v. Campenhausen*, GG, Art. 137 WRV Rz. 237 ff.; *Pirson* in: Handbuch des Staatskirchenrechts II, § 64 (S. 857 ff.); MünchArbR/*Richardi* § 327 Rz. 21.; Sachs/*Ehlers*, GG, Art. 140/Art. 137 WRV Rz. 10.

8 BVerfG v. 21.9.1976 – 2 BvR 350/75, BVerfGE 42, 312 (339); BVerfG v. 4.6.1985 – 2 BvR 1703, 1718/83 und 856/84, BVerfGE 70, 138 (164 f.).

denfalls mangels vertraglicher Begründung das Arbeitsrecht von vornherein keine Anwendung[1]. Das jeweilige (inner)kirchliche Amtsrecht[2] ist in vollem Umfang von den Kirchen selbst verantwortetes Recht ohne Bindung an staatliche Vorgaben. Wer z.B. als Priester tätig ist, erlangt diese Funktion durch das Sakrament der Weihe nach katholischem Kirchenrecht und nicht durch Vertragsschluss nach bürgerlichem Säkularrecht. Mit der Aufnahme in den Klerikerstand ist seine „Inkardination" (Eingliederung, can. 265 CIC) in eine Diözese oder einen klösterlichen Verband verbunden; seine Rechtsbeziehung zur Kirche folgt ausschließlich dem Kirchenrecht (CIC, z.B. can. 274 § 2 CIC – Dienstpflichten – und can. 281 §§ 1, 2 CIC – Vergütungspflichten)[3].

8   **c)** Nicht nur kirchliche Ämter, auch **sonstige Dienst- und Arbeitsverhältnisse** unterfallen dem Selbstbestimmungsrecht der Religionsgemeinschaften aus Art. 140 GG, Art. 137 Abs. 3 Satz 1 WRV. In Betracht kommen mitgliedschaftliche Dienst- und Treueverhältnisse (z.B. Ordensmitgliedschaft, Rz. 37), öffentlich-rechtliche Dienst- und Treueverhältnisse (z.B. Kirchenbeamte, evangelische Diakone) und privatrechtliche Arbeits- und Dienstverhältnisse nach staatlichem Recht (kirchliche Arbeitnehmer, Rz. 31 ff.). Ob „religionsgemeinschaftliche Dienstverhältnisse eigener Art"[4] von der verfassten Kirche kraft ihres Selbstbestimmungsrechts begründet werden könnten, ist eine theoretische Frage geblieben, die aber mit der h.M. abzulehnen ist[5]. Nicht einmal die im evangelischen Bereich üblichen Pfarrdienstverhältnisse (Angestelltenverhältnis) werden eigenständig kirchenrechtlich begründet, sondern folgen dem staatlichen Arbeitsrecht[6].

9   Werden keine verbandsrechtlichen oder öffentlich-rechtlichen Mitgliedschafts- bzw. Dienstverhältnisse begründet, verbleibt nur der Rückgriff auf **staatliches Arbeitsrecht**, wenn und soweit die Erbringung abhängiger Dienstleistung **aufgrund eines Vertrages** gewollt ist. Denn die Kirchen können Rechtsverhältnisse zu Dritten nicht unabhängig vom staatlichen Recht ordnen: Die Normen des Zivil- und Arbeitsrechts sind „für alle geltende Gesetze" (Art. 137 Abs. 3 Satz 1 WRV), an die auch die Kirchen gebunden sind[7]. Doch erlaubt es ihnen die Privatautonomie, ihr Selbstverständnis von Wesen

---

1 *Richardi*, Arbeitsrecht in der Kirche, § 1 Rz. 19–21 (auch zum kath. Diakonat als sakramentales Amt); MünchArbR/*Richardi* § 327 Rz. 22.
2 Zu den Einzelheiten des kirchlichen Amtsrechts vgl. *Pirson* in: Handbuch des Staatskirchenrechts II, § 64, insb. S. 850 ff. Das Amtsrecht der EKD ist weitgehend vereinheitlicht im Pfarrerdienstgesetz, während die katholische Kirche aufgrund der universalkirchlichen Regelungen der cc. (canones) 265 ff. CIC ihre Ämter nur an Kleriker verleiht. Angelegenheiten weltlicher Verwaltung werden in beiden großen Kirchen auch an Laien als Kirchenbeamte delegiert.
3 Schliemann/*Gehring/Thiele*, Arbeitsrecht im BGB, Anh. III zu § 630 Rz. 66.
4 Sachs/*Ehlers*, GG, Art. 140/Art. 137 WRV Rz. 10.
5 Ausführlich *Rüfner* in: Handbuch des Staatskirchenrechts II, § 65 (S. 878 ff.) mit Hinweis auf die notwendige Anerkennung kirchlicher Rechtssätze durch die staatliche Rechtsordnung, die hier fehlt.
6 Vgl. *Tröger*, FS Heckel, 1999, S. 307 (324 f.).
7 *Rüfner* in: Handbuch des Staatskirchenrechts II, § 65 (S. 880).

und Auftrag des kirchlichen Dienstes arbeitsvertraglich zu regeln und durchzusetzen. **Kirche wird Arbeitgeber in der Welt**, was eine im Einzelnen schwierige Abwägung zwischen staatlichem Arbeitsvertragsrecht und kirchlichem Selbstbestimmungsrecht erfordert (näher Rz. 51 ff.)[1].

d) Zwar nicht zu den verfasst kirchlichen Trägern, aber doch zu kirchlichen 10 Krankenhausträgern **öffentlichen Rechts** zählen vor allem **kirchliche Stiftungen**, denen der Korporationsstatus entweder historisch z.B. als sog. Anstaltsstiftung oder Wohltätigkeitsstiftung zugewachsen[2] und/oder durch das Landesrecht verliehen worden ist[3]. Nach bayerischem Landesrecht (Art. 1 Abs. 4 i.V.m. 21 Abs. 1 BayStG) müssen **kirchliche Stiftungen** z.B. ausschließlich oder überwiegend kirchlichen Zwecken der katholischen, der evangelisch-lutherischen oder der evangelisch-reformierten Kirche gewidmet und nach dem tatsächlichen oder mutmaßlichen Stifterwillen der Aufsicht der betreffenden Kirche unterstellt sein. Stiftungen öffentlichen Rechts kommt ebenso Dienstherrenfähigkeit zu wie der verfassten Kirche selbst; in der Regel unterstehen sie der Aufsicht der verfassten Kirche[4]. Der Bezeichnung „Stift" kommt aber keine indizielle Bedeutung für die Rechtsform der Einrichtung zu.

Die Rechtsform einer Körperschaft des öffentlichen Rechts haben in **Bayern** 11 auch Niederlassungen von **Orden und religiösen Kongregationen** nach Art. 182 der Bayerischen Verfassung i.V.m. Art. 2 Abs. 2 Satz 1 des Konkordats zwischen dem Heiligen Stuhl und dem Freistaat Bayern v. 29.3.1924[5]. Ein z.B. wie ein kommunaler Eigenbetrieb geführtes Krankenhaus ist rechtlich unselbständiger Teil des Ordens, der nicht erst nach § 118 Abs. 2 BetrVG (privatrechtlich organisierte Einrichtungen der Kirchen), sondern schon nach § 130 BetrVG (keine Anwendung auf „öffentlichen Dienst") aus dem Geltungsbereich des weltlichen Betriebsverfassungsrechts ausgenommen ist[6]. Die Ordensniederlassung ist nicht ausschließlich auf die mitgliedschaftliche Dienstleistung der Ordensmitglieder (Rz. 37) angewiesen, sondern kann auch weltliche Arbeitsverhältnisse begründen.

---

1 BVerfG v. 4.6.1985 – 2 BvR 1703, 1718/83 u. 856/84, BVerfGE 70, 138 (165) sowie *Richardi*, Arbeitsrecht in der Kirche, § 2 Rz. 25 ff.; MünchArbR/*Richardi*, § 327 Rz. 26 ff.
2 Vgl. *Brenner*, Diakonie im Sozialstaat, 2. Aufl. 1995, S. 36 ff.; *Kästner/Couzinet*, Der Rechtsstatus kirchlicher Stiftungen staatlichen Rechts des 19. Jh., 2008, S. 48 ff.
3 Vgl. § 80 Abs. 3 BGB i.V.m. z.B. mit §§ 22 ff., insb. 29 StiftG BW, vgl. dazu *Kästner/Couzinet*, Der Rechtsstatus kirchlicher Stiftungen staatlichen Rechts des 19. Jh., 2008, S. 48 ff., insb. zur Streitfrage der Kirchlichkeit der Stiftung Liebenau i.S.d. § 22 Nr. 1 StiftG BW (S. 85 ff.); dazu VGH BW v. 8.5.2009 – 1 S 2859/06, DÖV 2009, 1012 (Ls.).
4 Vgl. z.B. Art. 23 Abs. 1 BayStG bzw. § 25 Abs. 1 StiftG BW.
5 BAG v. 30.7.1987 – 6 ABR 78/85, BAGE 56, 1 = NJW 1988, 933; *Eberle*, Sozialstationen in kirchlicher Trägerschaft, 1993, S. 157 f.; Richardi/*Thüsing*, BetrVG, § 118 Rz. 193.
6 So BAGE 56, 1 für die Klosterbrauerei Andechs; vgl. auch *Dütz*, FS Stahlhacke, 1995, S. 101 (112 ff.).

12 e) Kirchlicher Dienst in der verfassten Kirche gilt allgemein als „**öffentlicher Dienst" im weiteren Sinne**[1]. Daraus erklären sich nicht nur häufig parallele beamtenrechtliche Strukturen in Staat und (insbesondere evangelischer) Kirche. Das führt auch zur weitgehenden Anlehnung an den BAT in Gestalt des **BAT-KF** oder der AVR (näher Rz. 98 ff.)[2]. Plausibel erscheint dieser Gleichklang dort, wo Kirche als Körperschaft des öffentlichen Rechts Mitarbeiter für ihre Verwaltung oder für kirchliche Arbeitsfelder (z. B. Kindergärten, Bildungs- und Beratungseinrichtungen, Jugend- und Sozialarbeit etc.) beschäftigt, für die ansonsten nur der öffentliche Dienst als Beschäftiger in Frage käme. Beamtenrecht oder BAT bleiben insoweit ein schlüssiges Referenzmodell[3].

13 f) Im **Krankenhausbereich** ist seit 1993/96 mit der Abkehr vom Kostendeckungsprinzip und der Einführung von Globalbudgets, Festbeträgen und Fallpauschalen aufgrund wirtschaftlicher Vergleichsbetrachtungen durch die KHG- und SGB-Reformen[4] eine neue, marktnähere Refinanzierung geschaffen worden, die das Referenzmodell „Öffentlicher Dienst" fragwürdig erscheinen lässt[5]. Die im Wettbewerb der Krankenhausträger stehenden kirchlichen Einrichtungen entfernen sich aufgrund der **marktnäheren Refinanzierung** von der Geschäftsgrundlage der steuerfinanzierten Kirche. Gleiches gilt prinzipiell für die öffentlich-rechtlichen Träger. Der auf ihnen lastende Wettbewerbsdruck schlägt auch auf die Arbeitsbedingungen ihrer Mitarbeiter durch. Geltende BAT-Tarife können häufig schon rein rechnerisch nicht mehr durch die restriktiven Vorgaben der Sozialversicherungsträger bezahlt werden. Daraus folgt die Notwendigkeit zur Festsetzung **eigenständiger** Vergütungs- und Beschäftigungsbedingungen, deren kirchenspezifische Regelung im Rahmen des sog. Dritten Wegs erfolgen kann (Rz. 91 ff., 108)[6], die aber auch zu Umstrukturierungen etwa im Wege der „Ausgründung" von Tochtergesellschaften oder zur Auslagerung auf Zeitarbeitsfirmen führt („**Outsourcing**", Rz. 21, 30a)[7].

14 Kliniken in kirchlich verfasster – nicht privatrechtlicher – Trägerschaft müssen schon deshalb aus dem kirchlichen Verwaltungszusammenhang herausgelöst und **rechtlich bzw. wirtschaftlich verselbständigt** sowie betriebswirtschaftlich selbstverantwortlich geführt werden, um dem gesetzlichen Auftrag des **§ 1 Abs. 1 KHG** gerecht zu werden. Diese Bindung an organisato-

---

1 *Hollerbach* in: Handbuch des Staatsrechts VI, § 139 Rz. 43. Versorgungsrechtlich (z. B. § 53 BeamtVG) wird die Kirche aber gerade nicht mit dem öffentlichen Dienst gleichgestellt, vgl. BVerwGE 72, 135.

2 *Rüfner* in: Handbuch des Staatskirchenrechts II, § 65 (S. 896 f.).

3 *Kleingünther*, ZevKR 43 (1998), S. 493 (500 f.).

4 Vgl. nur Laufs/Kern/*Genzel*, § 84 Rz. 20b–f; § 86 Rz. 96 ff. sowie oben Teil 1 D (*Manssen*).

5 Dazu umfassend *Lührs*, S. 142 ff.; vgl. auch *Hanau/Thüsing*, KuR 1999, 143 f.; *Kleingünther*, ZevKR 43 (1998), 493 (496, 500 ff.).

6 Analyse des Strukturwandels *bei Lührs*, S. 246 ff.; vgl. auch *Hammer*, S. 55 ff.; *Hammer*, ZMV 1999, 19 f. mit der Forderung nach Abschluss kirchengemäßer Tarifverträge; ähnlich *Schleitzer*, PersR 1998, 101 ff.

7 Vgl. dazu nur *Reichold*, FS Richardi, 2007, S. 943; *Thüsing* ebd., S. 989.

rische Vorgaben des Sozialstaats steht im Zeichen des Auftrags zur bedarfsgerechten Versorgung der Bevölkerung und dürfte als „Jedermann-Gesetz"
mit der Kirchenautonomie noch vereinbar sein[1]. Sie ändert aber nichts an
der Organisationsfreiheit der Kirche in Bezug auf ihre Arbeits- und Dienst-
verfassung (Rz. 7–9).

3. Kirchliche Einrichtungen privaten Rechts

a) Im Krankenhausbereich sind im Regelfall **privatrechtlich organisierte Trä-**   15
ger als Arbeitgeber tätig, was aber nichts an ihrem kirchlichen Auftrag ändern muss. Kirchlich getragene Krankenpflege gehört seit alters her (Rz. 44)
zu einer wesentlichen kirchlichen Grundfunktion: es handelt sich um
Caritas in Gestalt tätiger Nächstenliebe[2]. Die verselbständigte Organisationsform (z. B. e. V., GmbH) ändert grundsätzlich nichts an der **Zugehörigkeit**
zur Kirche und deren verfassungsrechtlicher Sonderstellung. Originär steht
das Selbstbestimmungsrecht des Art. 137 Abs. 3 Satz 1 WRV allerdings nur
den Religionsgemeinschaften selbst zu, **nicht ihren Werken und Einrichtun-**
gen[3]. Deshalb haben die Religionsgemeinschaften darüber zu entscheiden,
ob durch ihre Anerkennung die privatrechtliche Einrichtung in die Lage versetzt wird, die besonderen Rechte der verfassten Kirche ihrerseits auszuüben[4].

Rechtlich streng zu unterscheiden ist (1) die **Ob-Frage**, die auf die Zugehörig-   16
keit der privatrechtlich organisierten Einrichtung zu einer Religionsgemeinschaft zielt, von (2) der **Wie-Frage**, die in einem weiteren Schritt die Modifikationen des staatlichen Arbeitsrechts nach Maßgabe der Kirchenautonomie
im Einzelnen erörtert. Während die Ob-Frage eine Frage des Staatskirchenrechts ist (Rz. 22 ff.), ist die Wie-Frage den Grundsätzen zum kirchlichen Arbeitsrecht zu entnehmen (Rz. 51 ff.).

b) Kirchliche Krankenhäuser werden in der Regel von **juristischen Personen**   17
des Privatrechts betrieben. Betriebswirtschaftliche Steuerungsvorteile haben
zum Vorrang der (gemeinnützigen) **GmbH** vor dem (früher üblichen) **einge-**
tragenen Verein geführt[5]. Arbeitgeberfunktion üben im einen Fall die Geschäftsführer (§ 35 GmbHG), im anderen Fall der Vorstand (§ 26 BGB) aus.

---

1 *Depenheuer* in: Handbuch des Staatskirchenrechts II, § 60 (S. 783 f.); Laufs/Kern/*Gen-*
   zel, § 81 Rz. 28 ff.
2 BVerfG v. 25.3.1980 – 2 BvR 208/76, BVerfGE 53, 366 (393); BVerfG v. 16.10.1968 –
   1 BvR 241/66, 24, 236 (248 f.); *Depenheuer* in: Handbuch des Staatskirchenrechts II,
   § 60 (S. 762 f.).
3 BVerfG v. 4.6.1985 – 2 BvR 1703, 1718/83 und 856/84, BVerfGE 70, 138 (164); *Isensee*
   in: Handbuch des Staatskirchenrechts II, § 59 (S. 727); *Richardi*, Arbeitsrecht in der
   Kirche, § 3 Rz. 9; MünchArbR/*Richardi*, § 327 Rz. 29.
4 So zum Streitfall Stiftung Liebenau VGH Baden-Württemberg v. 8.5.2009 – 1 S
   2859/06, DÖV 2009, 1012 (Ls.); vgl. ferner Schliemann/*Gehring/Thiele*, Arbeitsrecht
   im BGB, Anh. III zu § 630 Rz. 65.
5 *Krämer*, ZevKR 41 (1996), 66 (67); *Winter/Adamek*, ZevKR 33 (1988), 441 f. Üblich
   ist die Einrichtung z. B. von „Caritas Trägergesellschaften mbH" als Betreibergesell-
   schaften.

Stiftungen des Privatrechts begegnen als Arbeitgeber (vgl. § 86 i.V.m. § 26 BGB) und Rechtsträger ebenfalls häufig[1], werden vermehrt aber für Holding-Konstruktionen als Dachorganisation verwendet (und sind als solche dann nicht mehr Arbeitgeber[2]). Ordensgemeinschaften sind ungeachtet ihrer kirchenrechtlichen Stellung für den weltlichen Bereich meist als e.V. oder Stiftung konstruiert. Ähnliches gilt für privatrechtlich organisierte Religionsgemeinschaften (Rz. 5), soweit diese als Krankenhausträger fungieren. Karitative **Aktiengesellschaften** als Träger kirchlicher Krankenhäuser sind zwar nicht üblich, aber als atypische gemeinnützige Aktiengesellschaften (Satzungsautonomie) durchaus denkbar[3].

18   **c)** Keine praktische Relevanz kommt **nicht rechtsfähigen** Zusammenschlüssen für den Krankenhausbereich zu (z.B. nicht eingetragener Verein, § 54 BGB). Soweit eine **Gesellschaft bürgerlichen Rechts** (GbR) Unternehmensträger-Funktion übernimmt, kann diese nach BGH-Rechtsprechung auch als GbR Arbeitgeberfunktionen übernehmen[4].

19   **d)** Die **Verbindung** privatrechtlich organisierter Krankenhausträger **zur verfassten Kirche** kommt in der Regel in Satzungsbestimmungen zum Ausdruck, die die Zugehörigkeit zur Kirche festlegen. In der Praxis maßgeblich ist der organisatorische Bezug zu den zwei **Spitzenverbänden der großen Kirchen** (zu den staatskirchenrechtlichen Voraussetzungen vgl. Rz. 22 ff.): zum katholischen deutschen Caritasverband (DCV) und zum Diakonischen Werk der EKD (DW-EKD)[5]. Beide Spitzenverbände, die unter sich rechtlich selbständige regionale Untergliederungen für die Diözesen bzw. Landeskirchen sammeln, erkennen die kirchliche Zugehörigkeit ihrer Mitglieder über den unmittelbaren oder mittelbaren Anschluss an[6]. Unbeschadet ihrer rechtlichen Selbständigkeit sind die beiden Spitzenverbände eng mit der verfass-

---

1 Vgl. BVerfG v. 11.10.1977 – 2 BvR 209/76, BVerfGE 46, 73 (75 ff.: Wilhelm-Anton-Hospital in Goch als rechtsfähige Stiftung privaten Rechts); BVerfG v. 17.2.1981 – 2 BvR 384/78, BVerfGE 57, 220 (231: Orthopädische Anstalten Volmarstein als Stiftung des privaten Rechts).
2 So z.B. die Unternehmensstruktur des Collegiums Augustinum (Schulen, Kliniken, Wohnstifte) oder der Stiftung Liebenau (Kliniken, Behinderteneinrichtungen etc.) mit einer Dachorganisation als Stiftung und gGmbHs als operativen Trägergesellschaften.
3 So z.B. die Agaplesion gAG-Gruppe, vgl. ZMV 2010, 81; ferner *Röhricht* in: GroßkommAktG, 4. Aufl. 2004, § 23 Rz. 86 i.V.m. 92.
4 BGH v. 29.1.2001 – II ZR 331/00, BGHZ 146, 341 = NJW 2001, 1056; bestätigt von BGH v. 18.2.2002 – II ZR 331/00 (endg. Entsch.), NJW 2002, 1207; dazu *K. Schmidt*, NJW 2001, 993; *Ulmer*, ZIP 2001, 585.
5 *Hammer*, S. 148 ff.; *Kessler*, Die Kirchen und das Arbeitsrecht, 1986, S. 27 f.; *Krämer*, ZevKR 41 (1996), 66 (81); ausführlich *Schmitz-Elsen* (kath.) und *v. Tiling* (evang.) in: Handbuch des Staatskirchenrechts II, §§ 61, 62 (S. 796 ff. bzw. 826 ff.).
6 Vgl. § 6 Satz 1 Satzung DW-EKD: *Mittelbar* angeschlossen sind „die Werke, Verbände und sonstigen Einrichtungen, die den gliedkirchlichen und freikirchlichen diakonischen Werken und den Fachverbänden angehören". *Unmittelbar* angeschlossen sind die Mitglieder, d.h. die EKD, die im Werk mitarbeitenden Freikirchen, die gliedkirchlichen und freikirchlichen Diakonischen Werke und überregional tätige diakonische Einrichtungen (§ 3 Abs. 1 Satzung DW-EKD).

ten Kirche verflochten; so besagt § 1 Abs. 1 der **DCV-Satzung**, dass es sich um eine „von den deutschen Bischöfen anerkannte institutionelle Zusammenfassung und Vertretung der katholischen Caritas in Deutschland" handelt.

Schwierigkeiten können bei **Kooperationsformen** eintreten, die Partner aus 20 verschiedenen kirchlichen Bereichen (z. B. ökumenische Trägerschaft)[1] oder aus dem weltlichen Bereich mit einem kirchlichen Partner (sog. Mischträgermodell)[2] zusammenführen. Eine Doppelmitgliedschaft einer ökumenischen Einrichtung in den kirchlichen Wohlfahrtsverbänden wird nicht zugelassen[3]. Die Arbeitgeberfunktion muss daher einem (z. B. katholischen oder evangelischen) kirchlichen Träger zuzuordnen sein: es gibt kein „Sowohl-als-auch", sondern nur ein „**Entweder-oder**". Bei der Kooperation von **weltlichen mit kirchlichen Trägern** kann ebenfalls nur entweder weltliches oder kirchliches Arbeitsrecht gelten[4]. Zu entscheiden ist damit ein Abgrenzungsproblem.

4. Abgrenzungsproblem

a) Die Antwort auf den verstärkten Kostendruck im Krankenhausbereich 21 wird häufig in **strukturellen Reformen** wie z. B. der Ausgliederung abtrennbarer Betriebsteile (z. B. Reinigung, Verpflegung, Wäscherei oder Werkstätten, sog. Outsourcing, vgl. Rz. 13) oder der Umstrukturierung großer Häuser in kleinere, rechtlich selbständige Einheiten (z. B. Stiftungs-Dach über Betriebs-GmbHs) bestehen. Ändert sich hierbei – auf welchem zivil- oder gesellschaftsrechtlichen Weg auch immer (z. B. § 25 HGB, §§ 132 ff. UmwG) – die (juristische) Person des Arbeitgebers, liegt für die betroffenen Arbeitnehmer ein **Betriebsübergang** nach § 613a BGB vor, der als für alle geltendes Gesetz auch auf kirchliche Einrichtungen in privatrechtlicher Organisationsform Anwendung findet[5]. Danach geht das Arbeitsverhältnis mit allen Rechten und Pflichten auf den neuen Arbeitgeber über. Doch nur soweit der neue Rechtsträger der Kirche zugeordnet ist, bleibt das arbeitsrechtliche Sonderregime der Kirchen verbindlich. Mit der rechtlichen Abspaltung kann also eine **Abspaltung von der Kirche** verbunden sein[6], nicht anders, als wenn

---

1 *Bleistein/Thiel*, MAVO, § 1 Rz. 81; zur Mitbestimmung in kirchlichen Gemeinschaftsbetrieben vgl. *Loritz*, GedS Heinze, 2005, S. 541.

2 *Krämer*, ZevKR 41 (1996), 66 (70 f.); *Thüsing*, ZTR 2002, 56; *Weth/Wern*, NZA 1998, 118.

3 *Bleistein/Thiel*, MAVO, § 1 Rz. 82; *Eberle*, Sozialstationen in kirchlicher Trägerschaft, 1993, S. 166; *Richardi*, Arbeitsrecht in der Kirche, § 5 Rz. 22.

4 Vgl. BAG v. 31.7.2002 – 7 ABR 12/01, BAGE 102, 74 = AP Nr. 70 zu § 118 BetrVG 1972 (Anm. *Thüsing*) = NZA 2002, 1409; vgl. auch *Hünlein*, ZTR 2002, 524; *Loritz*, GedS Heinze, 2005, S. 541 (548 f.).

5 *Richardi*, Arbeitsrecht in der Kirche, § 5 Rz. 17; ausführlich *Reichold*, FS Richardi, 2007, S. 943 ff. sowie *Krings*, Der Betriebsübergang gem. § 613a BGB im kirchlichen Arbeitsrecht, 2009; *v. Tiling*, Die Rechtsfolgen des Betriebsübergangs im Spannungsfeld von Kirchenfreiheit und staatlicher Arbeitsrechtsordnung, 2004.

6 *Richardi*, FS Bauer, 2010, S. 859; *Richardi*, ZMV 2005, 5 (7 ff.); *Joussen*, KuR 2009, 1; *Thüsing*, NZA 2002, 306 (308 f.).

kirchliche und weltliche Träger zusammen eine neue Betriebsgesellschaft gründen (Rz. 20).

22 **b)** Maßgeblich für die „**Ob-Frage**" (Rz. 16) nach der kirchlichen Zugehörigkeit einer privatrechtlichen Einrichtung ist ausschließlich ihre **staatskirchenrechtliche Zuordnung zu einer Religionsgemeinschaft** nach Art. 140 GG, 137 Abs. 3 WRV. Ausschlaggebend ist nicht etwa der Wortlaut eines einfachen Gesetzes wie in § 118 Abs. 2 BetrVG (hier werden kirchliche „karitative und erzieherische Einrichtungen unbeschadet deren Rechtsform"[1] vom weltlichen BetrVG ausgenommen). Unerheblich, wenn auch als Indiz maßgeblich, sind verbandliche Zuordnungen wie die zu den Spitzenverbänden DCV bzw. DW-EKD (Rz. 19), weil diese ihrerseits nur von den großen Religionsgemeinschaften abgeleitete Einrichtungen sind, nicht aber autoritative Vertreter der verfassten Kirche (Rz. 3 f.)[2]. Die Antwort ist den richterrechtlichen Maßstäben des BVerfG und des BAG zu entnehmen.

23 Das **BVerfG** hat 1977 in der sog. Goch-Entscheidung[3] die Rechtsmeinung des BAG[4] korrigiert, wonach es im Streitfall des Wilhelm-Anton-Hospitals zu Goch an einer ausreichenden organisatorischen Verbindung der Stiftung privaten Rechts zu der katholischen Kirche gefehlt habe. Das Hospital sei der Kirche zwar nicht inkorporiert, aber so zugeordnet, „dass es teilhat an der Verwirklichung eines Stückes Auftrag der Kirche im Geist katholischer Religiosität, im Einklang mit dem Bekenntnis der katholischen Kirche und in Verbindung mit den Amtsträgern der katholischen Kirche"[5]. Das ergebe sich z.B. aus der Betreuung der Kranken durch katholische Ordensschwestern, aus dem Bestätigungs- und Visitationsrecht der bischöflichen Behörde und der Zusammensetzung des Kuratoriums aus zwei Pfarrern und fünf katholischen Laien[6].

24 Daraus wurde vom **BAG** 1988 im Streitfall Kolping-Berufsbildungswerk gefolgert, dass (1) Identität in der Zwecksetzung der Einrichtung und (2) ein Mindestmaß an Einflussmöglichkeiten der Amtskirche auf die Einrichtung gegeben sein müssten[7], um die Zuordnung zur Amtskirche bejahen zu können. Die Durchsetzungsmöglichkeiten müssten nicht satzungsmäßig abgesichert sein. Im Einzelfall könnten personelle Verflechtungen zwischen den Führungsgremien der Einrichtung und Amtsinhabern der Kirche genügen[8].

---

1 Was nicht als abschließende Aufzählung, sondern als typische Regelbeispiele für kirchliche Einrichtungen zu verstehen sein soll, vgl. nur *Dütz*, FS Stahlhacke, 1995, S. 101 (104), str.
2 Vgl. BAG v. 30.4.1997 – 7 ABR 60/95, NZA 1997, 1240: Mitgliedschaft eines Christlichen Jugenddorfs im DW Westfalen begründet maßgeblichen Einfluss der Evangelischen Kirche von Westfalen.
3 BVerfG v. 11.10.1977 – 2 BvR 209/76, BVerfGE 46, 73 = NJW 1978, 581.
4 BAG v. 14.11.1975 – 1 ABR 12/75, AP Nr. 6 zu § 118 BetrVG 1972.
5 BVerfG v. 11.10.1977 – 2 BvR 209/76, BVerfGE 46, 73 (87).
6 BVerfG v. 11.10.1977 – 2 BvR 209/76, BVerfGE 46, 73 (91 ff.).
7 BAG v. 14.4.1988 – 6 ABR 36/86, BAGE 58, 92 = NJW 1988, 3283.
8 In BAGE 58, 92 wurde in formeller Hinsicht auf die Katholizität des Kolpingwerks nach katholischem Vereinsrecht und konkret auf die personelle Verflechtung zwi-

1991 bestätigte das BAG diese Kriterien im Streitfall des Evangelischen Presseverbands Nord, indem es (1) als materielles Kriterium auch die (rechtlich verselbständigte) Öffentlichkeitsarbeit der Kirche als Teil kirchlicher Mission genügen ließ und diese als kirchliche Wesensäußerung bejahte; (2) aus objektiv nachprüfbaren Zuordnungskriterien in der Vereinssatzung die programmatische Ausrichtung des Vereins auf und seine personelle Verzahnung mit der Amtskirche – als formelles Kriterium – erfüllt sah[1]. 1997 ließ das BAG im Streitfall Christliches Jugenddorf (CJD) neben dem materiellen Kriterium der Erziehung als religiöser Betätigung als formelles Kriterium die Mitgliedschaft im Diakonischen Werk der Evangelischen Kirche von Westfalen ausreichen[2]. Aus der Satzung des DW ergebe sich der maßgebliche Einfluss der Landeskirche. Auf das tatsächliche Maß der Einflussnahme oder Kontrolle des CJD durch die Amtskirche komme es nicht an (näher Rz. 30).

In der **Literatur** wird von einer Mindermeinung vertreten, dass die Zuordnungsfrage allein aufgrund des kirchlichen Selbstverständnisses zu entscheiden sei. Insbesondere *Richardi* unterstreicht, es sei nicht verfassungskonform, vereins-, gesellschafts- oder stiftungsrechtliche Kriterien heranzuziehen – eine Abgrenzung z. B. nach konzernrechtlichen Kriterien verfehle das Auslegungsziel[3]. Vielmehr müssten einerseits die Wahrnehmung einer kirchlichen Grundfunktion und andererseits die Anerkennung durch eine rechtmäßige kirchliche Autorität nach kircheneigenen Maßstäben genügen[4]. Dem wird von der Mehrheitsmeinung entgegengehalten, dass auf einen organisatorischen Einfluss der Amtskirche nach säkularen Maßstäben nicht völlig verzichtet werden könne; freilich bestehe **Unklarheit** über das zu fordernde Maß des amtskirchlichen Einflusses auf die Einrichtung[5]. Das Selbstverständnis der Kirche könne deshalb nicht allein entscheidend sein, weil dann der Rechtsverkehr häufig nicht klar erkennen könne, wem eine Einrichtung zugeordnet ist. Würde man ausschließlich auf das Selbstverständnis der Kirche abstellen, so könnte z. B. jeder katholische Bischof jedes Krankenhaus seiner Diözese auch gegen dessen Willen zur kirchlichen Einrichtung erklären[6].

c) Der **Meinungsstreit** ist mit dem BAG dahin zu entscheiden, dass sowohl **materielle** als auch **formelle Kriterien** für die Zuordnung einer privatrecht-

---

schen katholischen Priestern und Laien in den Führungsgremien des Kolping-Werks abgestellt.

1 BAG v. 24.7.1991 – 7 ABR 34/90, BAGE 68, 170 (177) = NZA 1991, 977.
2 BAG v. 30.4.1997 – 7 ABR 60/95, NZA 1997, 1240 (1241 f.).
3 *Richardi*, Arbeitsrecht in der Kirche, § 3 Rz. 13.
4 *Richardi*, Arbeitsrecht in der Kirche, § 3 Rz. 14–20; MünchArbR/*Richardi* § 327 Rz. 40 ff.; vgl. aber *Richardi*, ZMV 2005, 5 (6): Absicherung durch Satzung notwendig.
5 DKK/*Wedde*, § 118 BetrVG Rz. 107; ErfK/*Kania*, § 118 BetrVG Rz. 31–33; *Fitting*, § 118 BetrVG Rz. 60; GK-BetrVG/*Weber*, § 118 Rz. 223 ff.; *H. Weber*, NJW 1983, 2541 (2551 f.); *Weth/Wern*, NZA 1998, 118 (120 f.).
6 *Weth/Wern*, NZA 1998, 118 (121).

lichen Einrichtung zu einer Religionsgemeinschaft ausschlaggebend sind[1]. Den Kirchen kommt kein Interpretationsmonopol im Sinne einer „Kompetenz-Kompetenz" über die sie betreffenden Verfassungsregeln zu. Der Schutzbereich der Art. 140 GG, 137 Abs. 3 WRV ergibt sich vielmehr aus der Verfassung selbst und ist daher durch Auslegung zu ermitteln, wobei allerdings das Selbstverständnis der Religionsgemeinschaften mit zu berücksichtigen ist[2].

27 **aa)** Das trifft maßgeblich auf das **materielle Kriterium** der Zuordnung zum Auftrag der Kirche in dieser Welt zu. Die Einrichtung privaten Rechts muss sich wenigstens partiell als „Wesens- und Lebensäußerung der Kirche" darstellen[3]. Deshalb fordert für den katholischen Bereich die „Grundordnung des kirchlichen Dienstes im Rahmen kirchlicher Arbeitsverhältnisse" (GrO) seit 1994 von ihren Einrichtungen, dass diese „sich an der Glaubens- und Sittenlehre und an der Rechtsordnung der Kirche auszurichten haben" (Art. 1 Satz 2 GrO)[4]. Nach dem Selbstverständnis der großen Kirchen erfüllen das materielle Kriterium vor allem **karitative und erzieherische Einrichtungen** wie z.B. kirchliche Krankenhäuser[5] und Pflegeheime, Kindergärten, Sozialstationen und Bildungseinrichtungen sowie Hochschulen, die karitativen und diakonischen Werke, aber auch missionarische Werke wie Missio e.V., kirchliche Presseagenturen bzw. Rundfunksender und religionsspezifische Wissenschaftseinrichtungen der Kirchen[6].

28 **Ausgeschlossen** nach dem materiellen Kriterium sind dagegen **rein gewerbliche** Betätigungen wie z.B. Brauereien, Reinigungsbetriebe, Gaststätten oder Hotels, Buchverlage und Druckereien, bei denen ein spezifisch kirchlicher Zweck i.d.R. nicht gegeben ist[7]. Dies führt im Krankenhausbereich zu der Konsequenz, dass ausgegliederte „Service-GmbHs" ohne karitativ-diakonischen Auftrag (Rz. 21) eine kirchliche Grundfunktion **nicht (mehr) erfüllen**. Ob typische Wirtschaftsbetriebe wie Versicherungs- oder Bankunternehmen ausnahmsweise diese Funktion erfüllen, z.B. wenn sich ihre Geschäftsführung deutlich von kirchlichen Zwecken (z.B. sozial-karitative Unterstützungskasse, kirchliche Versorgungskasse, Bank für Dritte-Welt-Hilfe) leiten

---

1 BAG v. 5.12.2007 – 7 ABR 72/06, NZA 2008, 653; vgl. hierzu *Reichold*, NZA 2009, 1377 (1378 f.).

2 *Christoph*, ZevKR 34 (1989), 406 (425); *Ehlers*, ZevKR 32 (1987), 158 (162); GK-BetrVG/*Weber*, § 118 Rz. 223; Sachs/*Ehlers*, GG, Art. 140/137 WRV Rz. 6.

3 *Hollerbach* in: Handbuch des Staatsrechts VI, § 140 Rz. 20.

4 Abdruck in NJW 1994, 1394; vgl. ferner *Richardi*, NZA 1994, 19.

5 Vgl. BAG v. 31.7.2002 – 7 ABR 12/01, BAGE 102, 74 = AP Nr. 70 zu § 118 BetrVG 1972 (Anm. *Thüsing*) = NZA 2002, 1409: Krankenhaus auch dann (insgesamt) karitative Einrichtung, wenn beim Mischträgermodell der weltliche Teilhaber gleichzeitig einer gesetzlichen Versorgungsverpflichtung folgt.

6 Dazu *Dütz*, FS Stahlhacke, 1995, S. 101 (110 f.); Richardi/*Thüsing*, § 118 BetrVG Rz. 200 ff.; abl. für Behinderten-Tagesstätten und wissenschaftliche Einrichtungen DKK/*Wedde*, § 118 BetrVG Rz. 108.

7 *Dütz*, FS Stahlhacke, 1995, S. 101 (110); *Richardi*, Arbeitsrecht in der Kirche, § 3 Rz. 12.

lässt[1], ist im Zweifel ebenso zu verneinen. Privatrechtliche Organisation zu Erwerbszwecken muss außerhalb der kirchlichen Kernkompetenz eine Regelvermutung zugunsten weltlichen Rechts auslösen[2]. Anders fiele auch die Abgrenzung zur wirtschaftlichen Betätigung anderer sog. „Kirchen" sehr schwer, bei denen religiöse Lehren als Vorwand für die Verfolgung wirtschaftlicher Ziele dienen[3]. Kirchliche Vereine bedürfen daher im Zweifel einer **kirchenamtlichen Erklärung**, aus der sich unzweideutig die Identität ihrer Zielsetzung mit den Aufgaben der jeweiligen Religionsgemeinschaft ergibt[4]. Eine religiöse Vereinigung wie z.B. der CVJM, die Angehörigen aller Kirchen und christlichen Vereinigungen offensteht, ist schon materiell nicht mehr der Amtskirche zuzuordnen[5].

bb) Zum materiell-kirchlichen Auftrag der Einrichtung muss das **formelle** 29 Kriterium der **hinreichenden Zuordnung** zur Religionsgemeinschaft treten. Das BAG spricht von einem „Mindestmaß an Einflussmöglichkeiten der Kirche, um auf Dauer eine Übereinstimmung der religiösen Betätigung der Einrichtung mit kirchlichen Vorstellungen gewährleisten zu können"[6]. Diese Forderung ist mit Art. 140 GG, 137 Abs. 3 WRV vereinbar, weil dort die *Ordnung und Verwaltung* der religiösen Angelegenheiten vorausgesetzt wird; eine solche Ordnung und Verwaltung erfordert aber notwendig die Ausübung eines hinreichenden Einflusses[7]. Die hinreichende Zuordnung steht außer Frage, soweit gesellschafts-, vereins- oder stiftungsrechtliche Voraussetzungen des weltlichen Rechts der Amtskirche oder ihren Vertretern den notwendigen Einfluss sichern. Nach weltlichen Maßstäben wird auch die **vertragliche Bindung** eines freien Trägers an die Amtskirche für ausreichend gehalten werden können[8].

---

1 So hat BAG v. 23.10.2002 – 7 ABR 59/01, BAGE 103, 163 = AP Nr. 72 zu § 118 BetrVG 1972 = NZA 2004, 334 bei einer kath. Wohnungsbau-GmbH den karitativen Zweck für möglich gehalten.

2 Ähnlich *Isensee* in: Handbuch des Staatskirchenrechts II, § 59 (S. 721: mittelbarer karitativer Bezug genügt nicht).

3 So im Streitfall „Scientology Kirche Hamburg e.V.", vgl. BAG v. 22.3.1995 – 5 AZB 21/94, BAGE 79, 319 = NJW 1996, 143.

4 *Muckel* in: Handbuch des Staatskirchenrechts I, § 29 (S. 834); ferner ArbG Mönchengladbach v. 7.12.2001 – 4 BV 34/01, ZMV 2001, 244: kath. Pfadfinderschaft, die sich von der MAVO distanziert, unterfällt automatisch dem BetrVG; dazu *Thüsing*, NZA 2002, 306 (309). Auch das BAG hat in einer unveröff. Entscheidung – BAG 26.7.2001 – 6 AZR 350/00 – gemeint, dass die durch *Satzungsänderungen* deutlich gewordene Distanzierung eines Kolping-Berufsbildungswerks von der verfassten Kirche bzw. deren Bindegliedern in der Kolping-Familie und die Nichtanwendung der Grundordnung die Anwendbarkeit staatlichen Rechts begründete.

5 Vgl. OLG Frankfurt v. 22.5.1996 – 20 W 96/94, NJW-RR 1997, 482 (483) einerseits, OLG Köln v. 20.9.1991 – 2 Wx 64/90, NJW 1992, 1048 andererseits.

6 BAG v. 31.7.2002 – 7 ABR 12/01, BAGE 102, 74 = NZA 2002, 1409; BAG v. 30.4.1997 – 7 ABR 60/95, NZA 1997, 1240 (1241).

7 Zutr. *Weth/Wern*, NZA 1998, 118 (121); ähnlich *Hollerbach* in: Handbuch des Staatsrechts VI, § 138 Rz. 121; *Isensee* in: Handbuch des Staatskirchenrechts II, § 59 (S. 728); *Muckel* in: Handbuch des Staatskirchenrechts I, § 29 (S. 834 f.).

8 Allein eine „Förderungsverpflichtung" der katholischen Ausrichtung kann bei Übernahme eines katholischen Krankenhauses durch einen weltlichen Träger aber nicht

30 Strittig sind die Fallgestaltungen, in denen nach weltlichem Verbandsrecht ein ausreichender kirchlicher Einfluss auf den freien Träger nicht mehr gesichert erscheint, dieser jedoch für sich eine (materiell) kirchlich geprägte Tätigkeit reklamiert. Seine organisatorische Zuordnung kann nicht schon daran scheitern, dass kirchliche Vertreter in den Leitungsgremien überstimmt werden können[1]. Vielmehr geht es letztlich darum, dass die Kirche ein **Abweichen der Einrichtung vom kirchlichen Auftrag verhindert** und damit die religiöse Betätigung in Übereinstimmung mit der „Glaubens- und Sittenlehre und der Rechtsordnung"[2] der Religionsgemeinschaft sicherstellen kann[3]. Daher reicht *irgendeine* vereins- oder gesellschaftsrechtliche Beteiligung amtskirchlicher Vertreter aus, bei deren Austritt der „Entzug des kirchlichen Segens" und damit das Ende der Zuordnung festgestellt werden könnte. Ohne eine organisatorische und institutionelle Verzahnung des privaten Trägers mit der Amtskirche ist ein Mindestmaß an (amts)kirchlichem Einfluss aber nicht mehr gewährleistet[4]. Das BAG hat im Streitfall „CJD"[5] schon die **mittelbare** Zuordnung des Berufsbildungswerks zur Landeskirche, vermittelt über die Mitgliedschaft im Diakonischen Werk der Landeskirche, für ausreichend gehalten. Bestätigt wurde diese Einschätzung im Streitfall „Sophien- und Hufeland-Klinikum Weimar"[6], wo das „Mindestmaß an Einflussmöglichkeiten" für die Landeskirche in deren hinreichendem Einfluss auf das DW Thüringen gesehen wurde. Auch nach Zusammenführung eines kirchlichen und kommunalen Krankenhauses wie hier (**Mischträgermodell**, vgl. Rz. 20) reiche es aus, wenn sich die neue Gesellschaft satzungsmäßig auf das „kirchliche Proprium" verpflichtet und die Mitgliedschaft im DW der Landeskirche erwirbt. Anders dagegen der Fall des **Krupp-Krankenhauses** in Essen-Rüttenscheid, wo festgehalten wurde, dass nicht allein der Beitritt zum DW die Kirchlichkeit vermittele, sondern auch entsprechende Änderungen des Gesellschaftsvertrags der Evangelischen Kirche einen hinreichenden Einfluss auf die religiöse Tätigkeit im Krankenhaus ermöglichen müssten[7].

5. Insbesondere: Leiharbeit

30a Der Einsatz von Leiharbeitnehmern entspricht einer mittlerweile weit verbreiteten Praxis auch im Krankenhausbereich. Grund hierfür ist der große Kostendruck auch auf kirchliche Sozialunternehmen (Rz. 13). Die eigene Service-Gesellschaft außerhalb des Dritten Wegs ermöglicht erhebliche steu-

---

    ausreichen, vgl. LAG Hamm v. 14.3.2000 – 13 TaBV 116/99, NZA-RR 2000, 532 = ZMV 2001, 85; dazu *Thüsing*, NZA 2002, 306 (308).

1 Zutr. *Weth/Wern*, NZA 1998, 118 (121).

2 So Art. 1 Satz 2 GrO für den katholischen Bereich, vgl. NJW 1994, 1394.

3 So *Dütz*, FS Stahlhacke, 1995, S. 101 (105).

4 So auch BAG v. 26.7.2001 – 6 AZR 350/00 (n.v.) anhand eines Kolping-Berufsbildungswerks.

5 BAG v. 30.4.1997 – 7 ABR 60/95, NZA 1997, 1240 (1241).

6 BAG v. 31.7.2002 – 7 ABR 12/01, BAGE 102, 74 = AP Nr. 70 zu § 118 BetrVG 1972 (Anm. *Thüsing*) = NZA 2002, 1409; näher dazu *Hünlein*, ZTR 2002, 524.

7 BAG v. 5.12.2007 – 7 ABR 72/06, NZA 2008, 653; LAG Düsseldorf v. 17.3.2009 – 8 TaBV 76/08 (Rz. 78).

erliche Vorteile[1]. Die Zulässigkeit solchen Outsourcings kann am fehlenden Einverständnis der Mitarbeitervertretung (MAV) scheitern. Im staatlichen Bereich ist eine Beteiligung des Betriebsrats im Entleiherbetrieb gem. § 14 Abs. 3 AÜG i. V. m. § 99 BetrVG zwingend vorgeschrieben. In der katholischen Kirche hingegen steht der MAV wegen der Mitarbeiter/in-Definition in § 3 Abs. 1 Satz 2 MAVO kein Mitwirkungsrecht zu[2]. Doch stellt sich im Bereich der evangelischen Kirche wie im BetrVG die Frage der Zustimmungsbedürftigkeit wegen § 42 lit. a MVG (eingeschränkte Mitbestimmung bei „Einstellung") anders dar[3]. So hat der EKD-Kirchengerichtshof die **auf Dauer** angelegte Beschäftigung von Leiharbeitnehmern mit dem Kirchenarbeitsrecht nicht für vereinbar gehalten, weil sie dem kirchlichen Grundsatz des Leitbilds von der Dienstgemeinschaft widerspreche; daraus folge, dass die MAV ihre Zustimmung zum Einsatz einer Leiharbeitnehmerin dann berechtigterweise verweigere, wenn es sich um eine zweijährige Tätigkeit als Pflegehelferin im Behindertenbereich handele[4]. Bedient sich die kirchliche Einrichtung also dauerhaft Leiharbeitnehmern, deren Vertragsarbeitgeber nicht der Kirche zugeordnet sind, und hat dies eine „Substituierung" von Mitarbeitern zum Zweck, so gelten die Feststellungen des EKD-KGH in gleicher Weise für die katholische Kirche[5]. Dass Leiharbeit jedoch zulässig ist, wenn dadurch lediglich Überstunden abgebaut werden sollen, hat der EKD-KGH jüngst bestätigt[6]. Eine Ersetzung von Stammarbeitnehmern durch Leiharbeiter ist dann nicht anzunehmen.

II. Kirchliche Arbeitnehmer

1. Rechtstatsachen

Von den in den Einrichtungen der Freien Wohlfahrtspflege (Arbeiterwohl- 31 fahrt, DCV, Deutscher Paritätischer Wohlfahrtsverband, Deutsches Rotes Kreuz, DW-EKD, Zentralwohlfahrtsstelle der Juden) Beschäftigten entfallen auf Caritas (DCV) und Diakonie (DW-EKD) gut 70 %. Die Caritas hat zum 31.12.2006 eigenen Angaben zufolge 520 186 Mitarbeiter beschäftigt, davon 44 % Teilzeit- und hiervon wiederum 14,9 % geringfügig Beschäftigte. In der Diakonie wurden zu Beginn des Jahres 2006 436 228 Mitarbeiter gezählt, davon knapp 49 % Teilzeitbeschäftigte[7]. Im Bereich **Krankenhäuser und Heime** (stationäre Einrichtungen) werden in den Einrichtungen der Caritas 341 538 und in der Diakonie 274 781 hauptberufliche Mitarbeiter beschäftigt. Damit

---

1 Vgl. nur *Fries*, ZMV-Sonderheft 2009, 36 (37); *Joussen*, ZMV-Sonderheft 2007, S. 24 (26 f.).
2 KAGH v. 30.11.2006 – M 01/06, ZMV 2007, 79.
3 Vgl. auch *Baumann-Czichon*, AuR 2007, 362 f.; *Heinig*, ZevKR 2009, 62 (65); *Joussen*, ZMV-Sonderheft 2007, 24 (28 ff.); *Thüsing*, FS Richardi, 2007, S. 989 (996 ff.).
4 KGH.EKD v. 9.10.2006 – II-0124/M35-06, NZA 2007, 761 = ZMV 2007, 92.
5 So auch *Richardi*, FS Bauer, 2010, S. 859 (866).
6 KGH.EKD v. 2.4.2008 – II-0124/N72-07, ZMV 2009, 39.
7 Die Zahlen sind der jeweiligen Internet-Präsentation von DCV und DW-EKD entnommen; vgl. ferner *Lührs*, Die Zukunft der Arbeitsrechtlichen Kommissionen, 2010, S. 62, der für 2008 von insgesamt ca. 895 000 Beschäftigten in Caritas und Diakonie ausgeht.

bestätigt sich, dass der Schwerpunkt abhängiger Beschäftigung bei den Kirchen im Bereich der Krankenpflege und -hilfe liegt.

32   Freie Wohlfahrtspflege wird überwiegend durch kirchliche Beschäftigung geprägt und unterliegt überwiegend kirchlichem Arbeitsrecht. Bei der Personalentwicklung fällt besonders im katholischen Bereich ins Auge, dass in den fünfziger Jahren die **Ordensangehörigen** in der Krankenpflege die Laienmitarbeiter noch überwogen. Dieses Verhältnis kehrte sich seit den siebziger Jahren um. Heute ist der Anteil der Ordensangehörigen an der Gesamtzahl der hauptberuflichen Mitarbeiter im katholischen karitativen Bereich auf gut 4 % gesunken[1]. Die wichtigsten Personalressourcen aus dem geistlichen Bereich schwinden in beiden großen Kirchen drastisch.

33   Damit einher geht der Zug zur **Professionalisierung** im diakonischen Bereich, der mehr auf fachliche denn auf geistliche Qualitäten vertraut. Insofern ist unabweislich, dass sich Caritas und Diakonie des staatlichen Arbeitsrechts bedienen und insoweit wie sonstige Nachfrager auf dem Arbeitsmarkt auftreten. Kirche wird als verselbständigte Einrichtung privaten Rechts mehr und mehr wie ein „normaler" Arbeitgeber behandelt[2]. In ihren Einrichtungen und Diensten sind alle Berufsgruppen der sozialen Arbeit, Pflegeberufe, Ärzte, therapeutische Berufe, sonstige medizinische Assistenzberufe, Verwaltungsberufe, juristische Berufe und andere vertreten.

2. Arbeitnehmerbegriff

34   Trotz seiner zentralen Bedeutung ist der Begriff des Arbeitnehmers im Gesetz nicht definiert. Nach § 84 Abs. 1 Satz 2 HGB, der gesetzlichen Definition des Begriffs des Handelsvertreters, ist selbständig, „wer im Wesentlichen frei seine Tätigkeit gestalten und seine Arbeitszeit bestimmen kann". Hieraus kann im Umkehrschluss auf die Angestellteneigenschaft im Sinne des HGB geschlossen werden. Eine Legaldefinition des Arbeitnehmers wird dadurch aber nicht ersetzt. Deshalb ist die **richterrechtlich entwickelte Begriffsbestimmung** zugrunde zu legen, wonach Arbeitnehmer ist, „wer auf privatrechtlicher vertraglicher Grundlage im Dienste eines anderen zur Leistung von Arbeit verpflichtet ist"[3].

35   Die Arbeitnehmereigenschaft beruht auf drei wesentlichen Elementen:

(1) Verpflichtung zur Leistung von Arbeit

(2) darauf gerichteter privatrechtlicher Vertrag

(3) im Dienste eines anderen.

Diese richterrechtliche Definition gilt als **„allgemeines Gesetz"** auch für den kirchlichen Bereich und ermöglicht die Abgrenzung der kirchlichen Arbeitnehmer von anderweitigen Beschäftigungsverhältnissen.

---

1 Vgl. *Schmitz-Elsen* in: Handbuch des Staatskirchenrechts II, § 61 (S. 789).
2 Vgl. Analyse zur Beschäftigtenentwicklung bei *Lührs*, S. 62 ff., insb. S. 65 f.
3 Ausf. Nachw. bei ErfK/*Preis* § 611 BGB Rz. 35.

a) Verpflichtung zur Leistung von **Arbeit** grenzt den Arbeitsvertrag ab vom   36
Werkvertrag (§ 631 BGB). Der Werkunternehmer schuldet nur den Erfolg,
nicht aber die Arbeitsleistung. Hiermit werden auch **unentgeltliche Dienste**
ausgegrenzt, z. B. aufgrund ehrenamtlicher oder sonstiger freiwilliger Betätigung im Krankenhaus (z. B. Besuchsdienst, Krankenbetreuung etc.).

b) Nur wer aufgrund **privatrechtlichen** Vertrags Arbeit leistet, unterfällt dem   37
Arbeitsrecht. Damit werden sowohl Wehr- und Zivildienstleistende als auch
Helfer im freiwilligen sozialen Jahr ausgegrenzt, weil ihre Beschäftigung
durch besonderes öffentlich-rechtliches Gesetz geregelt ist. Geistliche und
kirchliche Beamte sowie Diakone leisten ihre Dienste aufgrund besonderen
kirchlichen Amtsrechts (Rz. 7) und nicht aufgrund weltlichen Arbeitsrechts.
Wer als **Ordensmitglied (Diakonisse)** in einer kirchlichen Einrichtung beschäftigt wird, leistet seine Dienste nicht als Arbeitnehmer, sondern aufgrund **verbandlicher Mitgliedschaft**[1]. Ordensleute stehen in einem so engen
Verhältnis zur Kirche, dass sie mit der von ihnen gewählten Lebensform einen besonderen Stand der Kirche bilden. Ähnlich sind **Rote-Kreuz-Schwestern** keine Arbeitnehmerinnen des Deutschen Roten Kreuzes; sie erbringen
ihre Tätigkeit als Mitglieder der Schwesternschaft des DRK auf verbands-
rechtlicher Grundlage[2].

c) Arbeitnehmer ist nur, wer seine Arbeit **im Dienste eines anderen** zu ver-   38
richten hat. Diese Tätigkeit wird vom BAG mit dem Begriff der „persönlichen Abhängigkeit" charakterisiert. Hier findet der Grundgedanke des § 84
Abs. 1 Satz 2 HGB Anwendung. Wesentliche Einzelkriterien sind die Weisungsgebundenheit des Arbeitnehmers hinsichtlich der Zeit, des Ortes, des
Inhaltes und der Art der Arbeitsdurchführung sowie der betrieblichen oder
organisatorischen Eingliederung[3]. Im Bereich des kirchlichen Krankenhauses ist für die Arbeitnehmereigenschaft die organisatorische Weisungsgebundenheit ausschlaggebend. Nach der h. M. ist auch der **Chefarzt**, der fachlich
seine Arbeit weisungsfrei verrichtet, abhängig von der Krankenhausorganisation, genauer von den Weisungen des Krankenhausträgers[4].

3. Die übergreifende kirchliche „Dienstgemeinschaft"

Die Besonderheit des kirchlichen Dienstes wird durch das Leitbild der   39
kirchlichen „Dienstgemeinschaft" verdeutlicht. Über die rechtliche Bedeutung dieses Begriffs herrscht lebhafter Streit (näher Rz. 51 ff.). Maßgeblich
soll hier vorerst die **persönliche** Bedeutung des Begriffs für die betriebliche
Zusammenarbeit sein. Bei aller Unterschiedlichkeit in Status und Aufgabe
von Geistlichen, Kirchenbeamten, Ordensleuten einerseits und kirchlichen
Arbeitnehmern andererseits soll damit der gemeinsame religiöse Auftrag der
kirchlichen Einrichtung betont werden („Einheit des kirchlichen Diens-

---

1 *Richardi*, Arbeitsrecht in der Kirche, § 5 Rz. 6 ff.; MünchArbR/*Richardi*, § 328 Rz. 4.
2 BAG v. 6.6.1995 – 5 AZB 9/93, BAGE 80, 256 = NZA 1996, 33.
3 Ausführlich ErfK/*Preis*, § 611 BGB Rz. 51 ff.
4 Vgl. BAG v. 28.5.1997 – 5 AZR 125/96, BAGE 86, 61 = NZA 1997, 1160 (Anpassungs-
   und Entwicklungsklausel in Chefarztverträgen zulässig).

tes")[1]. Praktische Bedeutung erhält der Begriff bei der Frage der **Leiharbeit** (Rz. 30a). Zu den sich daraus ergebenden Loyalitätspflichten vgl. Rz. 57 ff.

40   In der **katholischen Kirche** ist durch die GrO 1994 in Art. 1 Satz 1 eine Le-galdefinition der Dienstgemeinschaft formuliert worden, wonach „alle in ei-ner Einrichtung der katholischen Kirche Tätigen … durch ihre Arbeit ohne Rücksicht auf die arbeitsrechtliche Stellung gemeinsam dazu bei(tragen), dass die Einrichtung ihren Teil am Sendungsauftrag der Kirche erfüllen kann". In der Erklärung der Bischöfe wird hervorgehoben, dass unterschied-liche Interessen bei Arbeitgebern und Mitarbeitern unter Beachtung des Grundkonsenses aller über den kirchlichen Auftrag ausgeglichen werden sollten[2]. Die Präambel des Kirchengesetzes über die **Mitarbeitervertretungen der EKD** sagt aus:

> „Kirchlicher Dienst ist durch den Auftrag bestimmt, das Evangelium in Wort und Tat zu verkündigen. Alle Frauen und Männer, die beruflich in Kirche und Diakonie tätig sind, wirken als Mitarbeiterinnen und Mitarbeiter an der Erfüllung dieses Auftrages mit. Die gemeinsame Verantwortung für den Dienst der Kirche und ihrer Diakonie verbindet Dienststellenleitungen und Mitarbeiter wie Mitarbeiterinnen zu einer Dienstgemein-schaft und verpflichtet sie zu vertrauensvoller Zusammenarbeit."

41   Konkrete rechtliche Konsequenzen werden im **kollektiven Arbeitsrecht** sichtbar. Zum einen entspricht das auf der Bereitschaft zum Arbeitskampf beruhende antagonistische Tarifvertragssystem nicht dem Leitbild der kirch-lichen Dienstgemeinschaft und ihrer Gesamtverantwortung. Dem kirchli-chen Auftrag entsprechend werden kollektive Arbeitsvertragsnormen daher im sog. **Dritten Weg** durch paritätisch besetzte Kommissionen beschlossen (Rz. 91 ff.). Zum anderen stehen im kirchlichen Dienst nicht nur Angehörige der jeweiligen Kirche, sondern auch Christen anderer Kirchen und zu-nehmend auch Nichtchristen[3]. Sowohl nach MAVO (katholisch) wie auch nach MVG (evangelisch) wird daher allen Beschäftigten als Mitgliedern der Dienstgemeinschaft, unabhängig von Beschäftigten-Status und von Kirchen-mitgliedschaft, das **aktive Wahlrecht** zur Mitarbeitervertretung gewährt (zum passiven Wahlrecht vgl. § 8 MAVO bzw. § 10 MVG, Rz. 136, 140).

III. Der staatskirchenrechtliche Freiraum der Kirchen

42   Das kirchliche Selbstbestimmungsrecht gründet auf zwei verfassungsrecht-lichen Fundamenten: dem (grundrechtlichen) der freien Religionsausübung (Art. 4 Abs. 2 i. V. m. Art. 19 Abs. 3 GG) und dem (institutionellen) der Kir-chenautonomie (Art. 137 Abs. 3 WRV i. V. m. Art. 140 GG). Diese garantieren (1) individuelle und korporative, positive und negative Religions- und Welt-anschauungsfreiheit, (2) ein freies Religions- bzw. Kirchenwesen im welt-anschaulich neutralen Staat. Der Staat des Grundgesetzes erkennt Religion

---

1 Schliemann/*Gehring/Thiele*, Arbeitsrecht im BGB, Anh. III zu § 630 Rz. 50; *Hammer*, S. 174 ff.; *Richardi*, FS Rüfner, 2003, S. 727; *Richardi*, Arbeitsrecht in der Kirche, § 4 Rz. 16 ff.; *Thüsing*, FS Richardi, 2007, S. 989.
2 *Dütz*, NJW 1994, 1369 (1371).
3 Dazu *Jurina*, ZevKR 29 (1984), 171, 176.

und Kirche als schutzwürdige und für ihn selbst höchst bedeutsame Faktoren an[1]. Das Recht auf ungestörte Religionsausübung (Art. 4 Abs. 2 GG) überlagert sich mit dem Kernbereich des kirchlichen Selbstbestimmungsrechts (Art. 137 Abs. 3 GG)[2], wenn es um die Organisation des Arbeitsrechts in kirchlichen Einrichtungen geht (vgl. Rz. 9)[3]. Die Anwendung staatlich-säkularen Arbeitsrechts hebt nicht die Zugehörigkeit kirchlicher Arbeitsverhältnisse zu den „eigenen Angelegenheiten" der Kirche auf[4]. Die Verfassungsgarantie hält ihr die Chance offen, die Arbeitsverhältnisse der Eigenart des kirchlichen Dienstes anzupassen und ihrem Selbstverständnis gemäß zu gestalten. Demgemäß gibt es im kollektiven kirchlichen Arbeitsrecht anstelle des Tarif- und Arbeitskampfrechts ein kircheneigenes Arbeitsrechts-Regelungsverfahren (Rz. 91 ff.), anstelle des Personal- und Betriebsverfassungsrechts das kircheneigene Mitarbeitervertretungsrecht (Rz. 128 ff.). Im Individualarbeitsrecht dürfen die Kirchen ihren Arbeitsverträgen das besondere Leitbild einer kirchlichen „Dienstgemeinschaft" zugrunde legen (Rz. 51 ff.). Das besondere kirchliche Arbeitsrecht ist wesentlicher Bestandteil der kirchengemäßen Organisation und Verwaltung des Krankenhauses.

1. Krankenhauspflege als Religionsausübung

Den kirchlichen Krankenhausträgern bietet die **kollektive (korporative) Religionsfreiheit** nach Art. 4, 140 GG einen privilegierten Rechtsstatus. Das BVerfG hat im Streitfall „Krankenhausgesetz Nordrhein-Westfalen"[5] verdeutlicht, dass nach dem Selbstverständnis der katholischen und evangelischen Kirche die **Religionsausübung** „nicht nur den Bereich des Glaubens und des Gottesdienstes, sondern auch die Freiheit zur Entfaltung und Wirksamkeit in der Welt, wie es ihrer religiösen und diakonischen Aufgabe entspricht", umfasst. Hierzu gehöre insbesondere das **karitative Wirken**. Die tätige Nächstenliebe sei eine wesentliche Aufgabe für den Christen und werde von den großen Kirchen als kirchliche Grundfunktion verstanden (vgl. Rz. 27 f.)[6]. Insbesondere das kirchlich getragene Krankenhaus wird vom BVerfG als besonders prägender und traditioneller Bestandteil des kirchlichen Auftrags in der Welt angesehen.

43

Als eine der Botschaft Christi gemäße Aufgabe und Verpflichtung hat das **karitative Selbstverständnis** der Kirchen ihre Praxis von Anfang an geprägt[7]. Sie hat ihre Angehörigen nicht nur zur diakonischen Krankenpflege motiviert und ausgebildet, sondern auch entsprechende Einrichtungen geschaffen und ausgebaut. Im 19. Jahrhundert führte der kirchlich-karitative Aufbruch

44

---

1 *Hollerbach* in: Handbuch des Staatsrechts VI, § 138 Rz. 88; ähnlich *Hesse* in: Handbuch des Staatskirchenrechts I, § 17 (S. 525 f.).
2 Weiterführend zum Verhältnis von Art. 4 zu Art. 140 GG, insb. zu Art. 139 WRV, vgl. *Couzinet/Weiß*, ZevKR 2009, 34 (56).
3 Vgl. *A. v. Campenhausen* in: Handbuch des Staatsrechts VI, § 136 Rz. 62–64; *Isensee*, FS Obermayer, 1986, S. 203 (205 f.).
4 BVerfG v. 4.6.1985 – 2 BvR 1703, 1718/83 u. 856/84, BVerfGE 70, 138 (165).
5 BVerfG v. 25.3.1980 – 2 BvR 208/76, BVerfGE 53, 366.
6 BVerfG v. 25.3.1980 – 2 BvR 208/76, BVerfGE 53, 366 (393).
7 Vgl. *Depenheuer* in: Handbuch des Staatskirchenrechts II, § 60 (S. 764 ff.).

zu den Trägerformen, die heute zumindest im Namen moderner Einrichtungen noch von ihren Ursprüngen Zeugnis ablegen: Ordensgemeinschaften, Kirchenstiftungen, religiöse Anstalten. So standen die konfessionellen Krankenhäuser von Beginn an neben öffentlichen und privaten Einrichtungen und prägten das Bild eines **gemischten Krankenhauswesens** in Deutschland maßgeblich. Nach *Depenheuer* war es die christliche Kirche, die die Krankenpflege institutionell begründet hat und daher als die „älteste Krankenhauspflegerin des Abendlandes" gelten muss[1]. Dieser historischen Tatsache hat das BVerfG dogmatisch Rechnung getragen, als es 1980 einen staatlichen Eingriff in die Organisation der kirchlichen Krankenhäuser nicht ohne Weiteres zugelassen hat.

„Karitative, diakonische Betätigung in der Krankenpflege bedeutet Verwirklichung einer kirchlichen Aufgabe innerhalb des kirchlichen Gesamtauftrags; sie hat, ob vom Einzelnen oder im Rahmen des kirchlichen Krankenhauses geübt, danach einen **spezifisch-religiösen Inhalt**, der sich notwendigerweise auch in der Struktur und Organisation des Krankenhauses niederschlägt"[2].

2. Selbstverständnis kirchlicher Krankenhauspflege

45 Der vom BVerfG hervorgehobene Sonderstatus kirchlicher Krankenhäuser folgt nicht aus einer allgemeinen „öffentlichen Aufgabe", sondern aus der **„religiösen Ausrichtung"**, die keine sozialstaatlich motivierte Beschränkung des kirchlichen Auftrags auf die bloße Gesundheitsvorsorge oder Krankenfürsorge anerkennt. Ein staatlicher Gesetzgeber kann daher z. B. nicht die für richtig gehaltenen Strukturen ärztlicher Mitbestimmung auf kirchliche Krankenhausträger ausdehnen, ohne in deren eigenständige Willensbildung und Organisation einzugreifen. Den Religionsgemeinschaften und ihren Einrichtungen sind vielmehr von Verfassungs wegen **eigene Wege** offenzuhalten, auf denen sie die staatlicherseits für notwendig gehaltenen Strukturverbesserungen der Organisation ihrer Krankenhäuser unter Berücksichtigung ihrer besonderen kirchlichen Anliegen und ihres besonderen kirchlichen Selbstverständnisses verwirklichen können. Das BVerfG hat dieses **kirchliche Selbstverständnis** unter Respektierung der langen Tradition des christlichen Krankenhauswesens als eine staatlicherseits nicht anzutastende Eigengröße anerkannt. Allein die Kirchen sind in der Lage, ihren spezifischen Auftrag zur tätigen Nächstenliebe im Krankenhausbereich **organisatorisch** umzusetzen.

3. Kirchliches Selbstverständnis als Abwägungskriterium

46 Dennoch steht die Autonomie des kirchlichen Krankenhauses unter dem Vorbehalt des „für alle geltenden Gesetzes" (Art. 4, 140 GG i. V. m. Art. 137 Abs. 3 Satz 1 WRV). Daher müssen staatliche Regelungen, die die Organisation kirchlicher Krankenhäuser betreffen, jeweils in ihrer **Wechselwirkung**

---

1 *Depenheuer* in: Handbuch des Staatskirchenrechts II, § 60 (S. 766).
2 BVerfG v. 25.3.1980 – 2 BvR 208/76, BVerfGE 53, 366 (403) mit Verweis auf BVerfG v. 11.10.1977 – 2 BvR 209/76, BVerfGE 46, 73 (95 f.).

von Kirchenfreiheit einerseits und Schrankenzweck andererseits sorgfältig abgewogen werden. Kirchliche Krankenpflege öffnet sich staatlicher Regulierung in dem Maße, wie die Herleitung aus dem Religiösen schwächer wird[1]. Das durch lange Tradition gewachsene Selbstverständnis der Kirche wird damit zum tragenden Pfeiler ihrer verfassungsrechtlichen Position: Mit ihm steht und mit ihm fällt die Eigenständigkeit kirchlicher Krankenpflege[2].

Zum Kern vorbehaltlos gewährleisteter Religionsfreiheit zählen sicher das   47 karitative Engagement der Kirchen im Bereich der stationären Versorgung ebenso wie die Belange von Seelsorge und religiöser Einstellung des Personals. Dagegen unterfallen dem **„für alle geltenden Gesetz"** uneingeschränkt z.B. die staatlichen Vorschriften zur Qualitätssicherung der stationären Versorgung oder der Sicherstellung der medizinischen Leistungsfähigkeit der Einrichtung und des Personals, also religiös indifferente Rahmenbedingungen kirchlichen Handelns (z.B. auch Bau- und Hygienevorschriften). **Organisation und Verwaltung** des Krankenhauses bleiben aber prinzipiell Sache des kirchlichen Trägers, es sei denn, zwingende Gründe des Allgemeinwohls erforderten eine staatliche Normierung[3].

4. Reichweite des Selbstbestimmungsrechts im kirchlichen Arbeitsrecht

Aus der staatlichen Kompetenz, Zielbestimmungen für den Krankenhaus-   48 bereich festzulegen, ergibt sich nicht zwingend auch die Kompetenz, Wege und Methoden vorzuschreiben und das „Procedere" zu regeln. Der Caritas und der Diakonie müssen Freiheiten beim „Wie" der Krankenhausorganisation zukommen; ihnen müssen Möglichkeiten offenbleiben, Verfahren, Stil und Atmosphäre der **inneren Organisation und Personalführung** im Krankenhaus spezifisch zu prägen[4]. Deshalb müssen kirchliche Einrichtungen um ihres „Propriums" willen auch z.B. keine staatlichen Regelungen über Mitbestimmungsmodelle[5] oder Gewerkschaftsrechte[6] dulden.

Zu dem besonders eingriffsempfindlichen **Innenbereich** kirchlicher Einrich-   49 tungen gehört das Personalwesen, mithin auch die Anwendung des **staatlichen Arbeitsrechts** (Rz. 9). Bei seiner Anwendung muss eine Abwägung mit dem kirchlichen Selbstbestimmungsrecht kraft Verfassung erfolgen. Eine Rechtspraxis, bei der die vom kirchlichen Selbstverständnis her gebotene Verpflichtung der kirchlichen Arbeitnehmer „auf grundlegende Maximen kirchlichen Lebens" arbeitsrechtlich ohne Bedeutung bliebe, widerspräche

---

1 BVerfG v. 21.9.1976 – 2 BvR 350/75, BVerfGE 42, 312 (334).
2 *Depenheuer* in: Handbuch des Staatskirchenrechts II, § 60 (S. 769).
3 BVerfG v. 25.3.1980 – 2 BvR 208/76, BVerfGE 53, 366 (406: „… obliegt dem Staat größtmögliche Zurückhaltung"); *Depenheuer* in: Handbuch des Staatskirchenrechts II, § 60 (S. 785); *Isensee* in: Handbuch des Staatskirchenrechts II, § 59 (S. 732 f.).
4 *Isensee* in: Handbuch des Staatskirchenrechts II, § 59 (S. 732).
5 BVerfG v. 11.10.1977 – 2 BvR 209/76, BVerfGE 46, 73 (94 ff.); BVerfG v. 25.3.1980 – 2 BvR 208/76, 53, 366 (404 f.).
6 BVerfG v. 17.2.1981 – 2 BvR 384/78, BVerfGE 57, 220 (244 ff.); BVerfG v. 14.5.1986 – 2 BvL 19/84, BVerfGE 72, 278 (293 ff.).

laut BVerfG der Selbstbestimmungsgarantie des Art. 137 Abs. 3 Satz 1 WRV[1]. Auch beim Abschluss von Arbeitsverträgen können kirchliche Einrichtungen also ihre besondere religiöse Prägung zur Geltung bringen und ihre Arbeitnehmer z. B. auf **besondere Loyalitätsobliegenheiten und Verhaltensregeln** auch im außerdienstlichen Bereich verpflichten (näher Rz. 62 ff.). Denn für die Kirchen kann ihre Glaubwürdigkeit davon abhängen, dass ihre Arbeitnehmer die kirchliche Ordnung auch in ihrer Lebensführung respektieren. Damit wird, wie das BVerfG betont, die Rechtsstellung des kirchlichen Arbeitnehmers keineswegs „klerikalisiert"[2]. Arbeitsverhältnisse können und sollen keine Ersatzform für kirchliche Ordensgemeinschaften und Gesellschaften des apostolischen Lebens sein, die auf einer besonderen geistlichen Ausrichtung und Bindung ihrer Mitglieder beruhen. Es geht vielmehr um Inhalt, Umfang und Abstufung vertraglich begründeter Loyalitätsobliegenheiten, in deren Festlegung der Staat der Kirche bzw. der ihnen nahestehenden Einrichtungen und Werke nicht hineinzureden hat. Der Boden des Vertragsrechts wird dabei aber grundsätzlich nicht verlassen[3].

50   Aufgabe der **staatlichen Gerichtsbarkeit** bleibt es, im Einzelfall sicherzustellen, dass die kirchlichen Einrichtungen nicht „unannehmbare Anforderungen" an die Loyalität ihrer Arbeitnehmer stellen[4]. Dabei spielen nicht nur Grundprinzipien der Rechtsordnung wie das allgemeine Willkürverbot (Art. 3 Abs. 1 GG), der Begriff der „guten Sitten" (§ 138 Abs. 1 BGB) oder der „ordre public" (Art. 6 EGBGB) eine Rolle[5], sondern auch Fragen widersprüchlichen Verhaltens[6] oder der Selbstbindung des kirchlichen Arbeitgebers (Rz. 77). Auf der einzelvertraglichen Ebene sind auch Grundrechte der Mitarbeiter gegen die kirchliche Selbstverwaltung abzuwägen[7]. Schließlich können sozialstaatliche Grundstandards nicht außerhalb der Abwägung bleiben.

IV. Besonderheiten im Individualarbeitsrecht

1. Begriff der kirchlichen „Dienstgemeinschaft"

51   Die Kirchen verlangen von ihren Arbeitnehmern nicht nur die übliche Loyalitäts- und Treuepflicht aus Arbeitsvertrag (§§ 611, 242 BGB). Sie betrachten den kirchlichen Dienst nicht als Summe von Einzelleistungen, sondern als eine **Gesamtleistung von Dienstgebern und Dienstnehmern**, die beide der re-

---

1 BVerfG v. 4.6.1985 – 2 BvR 1703, 1718/83 und 856/84, BVerfGE 70, 138 (167).
2 BVerfG v. 4.6.1985 – 2 BvR 1703, 1718/83 und 856/84, BVerfGE 70, 138 (166).
3 Vgl. nur *Richardi*, Arbeitsrecht in der Kirche, § 4 Rz. 27–30.
4 BVerfG v. 4.6.1985 – 2 BvR 1703, 1718/83 und 856/84, BVerfGE 70, 138 (168).
5 Vgl. *Dütz*, NJW 1990, 2025 (2027); *Isensee*, FS Obermayer, 1986, S. 203 (212 f.); *Rüfner* in: Handbuch des Staatskirchenrechts II, § 66 (S. 903 f.).
6 LAG Niedersachsen v. 9.3.1989 – 14 Sa 1608/88, NJW 1990, 534.
7 BVerfG (Kammerbeschluss) v. 31.1.2001 – 1 BvR 619/92 = NZA 2001, 717; BVerfG v. 7.3.2002 – 1 BvR 1962/01 = NZA 2002, 609 = NJW 2002, 2771; ferner *Hanau/Kühling*, Selbstbestimmung der Kirchen und Bürgerrechte, 2004, passim, sowie *Däubler*, RdA 2003, 204; *Thüsing*, RdA 2003, 210 m. w. N.

ligiösen Grundlage und Zielrichtung verpflichtet sind[1]. Dieses Leitbild der kirchlichen „Dienstgemeinschaft" wird in Art. 1 Satz 1 GrO für den katholischen Bereich ausdrücklich legal definiert (Rz. 40). Trotz der konfessionellen Unterschiede im theologischen Amtsverständnis stimmen beide großen Kirchen in seiner Bedeutung für das kirchliche Arbeitsrecht im Wesentlichen überein[2]. Seine **sachliche Bedeutung** wurde vom BVerfG vor allem auf die Rechtfertigung besonderer Loyalitätspflichten für die dem kirchlichen Auftrag verpflichteten Mitarbeiter der Kirchen und ihrer Einrichtungen bezogen (Rz. 49)[3]. Dennoch ist fraglich, inwieweit das Leitbild der kirchlichen „Dienstgemeinschaft" mehr sein kann als eine **unverbindliche Formel** für die Besonderheit kirchlicher Arbeitsverhältnisse.

a) Die „Dienstgemeinschaft" bezeichnet jedenfalls **keinen Verband im**   52
Rechtssinne[4]. Mit diesem Leitbild wird auch nicht der Anspruch erhoben, das kirchliche Arbeitsverhältnis auf eine der Privatautonomie wesensfremde und kircheneigene Rechtsgrundlage zu stützen[5]. Vielmehr sind die Kirchen, soweit sie nicht in das Beamtenrecht ausweichen wollen, auf die Nutzung der Formen des weltlichen Arbeitsrechts angewiesen (Rz. 8). Der **Arbeitsvertrag** ist also das Instrument der Transformation kirchlicher Besonderheiten in den staatlichen Rechtskreis, nicht der Begriff der „Dienstgemeinschaft"[6].

b) Die „Dienstgemeinschaft" leugnet nach allgemeiner Ansicht auch nicht   53
die im kirchlichen Dienst vorhandenen **Interessengegensätze** (Rz. 40). Denn auch kirchliche Einrichtungen sind, unbeschadet ihres Selbstverständnisses, sehr reale gesellschaftliche Organisationen mit entsprechenden Über- und Unterordnungsverhältnissen[7]. Die Nutzung des staatlichen **Vertragsrechts** signalisiert zudem, dass auch die Kirchen von der ordnungspolitischen Notwendigkeit des Ausgleichs verschiedener Interessen bei der Gestaltung und Organisation ihrer Einrichtungen ausgehen. Sie befinden sich im Umfeld eines marktwirtschaftlich organisierten Arbeitslebens (Rz. 13) und müssen daher zu einem Ausgleich des kirchlichen Auftrags mit den weltlichen Zwän-

---

1 Vgl. nur *Rüfner* in: Handbuch des Staatskirchenrechts II, § 65 (S. 892).
2 *Richardi*, FS Rüfner, 2003, S. 727 (729 f.); *Richardi*, Arbeitsrecht in der Kirche, § 4 Rz. 10.
3 BVerfG v. 25.3.1980 – 2 BvR 208/76, BVerfGE 53, 366 (403 f.); BVerfG v. 4.6.1985 – 2 BvR 1703, 1718/83 und 856/84, BVerfGE 70, 138 (165 f.); Schliemann/*Gehring/Thiele*, Arbeitsrecht im BGB, Anh. III zu § 630, Rz. 52–56; *Hollerbach* in: Handbuch des Staatsrechts VI, § 139 Rz. 44; *Isensee*, FS Obermayer, 1986, S. 203 (210); *Richardi*, Arbeitsrecht in der Kirche, § 4 Rz. 7–9; *Rüfner* in: Handbuch des Staatskirchenrechts II, § 65 (S. 894 ff.).
4 H.M., vgl. nur Schliemann/*Gehring/Thiele*, Arbeitsrecht im BGB, Anh. III zu § 630 Rz. 51; *Richardi*, Arbeitsrecht in der Kirche, § 4 Rz. 18; zur Begriffsprägung vgl. auch *Lührs*, S. 115 ff.
5 Ausführlich *Hammer*, S. 174 ff.; *Rüfner* in: Handbuch des Staatskirchenrechts II, § 65 (S. 877 ff.).
6 *Richardi*, FS Rüfner, 2003, S. 727 (732 ff.); *Richardi*, Arbeitsrecht in der Kirche, § 4 Rz. 27; *Rüfner* in: Handbuch des Staatskirchenrechts II, § 65 (S. 881).
7 Zutr. *Gamillscheg*, FS Zeuner, 1994, S. 39 (41); *Hammer*, S. 176; *Kessler*, Die Kirchen und das Arbeitsrecht, 1986, S. 252.

gen des Marktgeschehens gelangen[1], um sich als „Kirche in der Welt" zu behaupten und ihrem Auftrag gerecht zu werden.

54   **c)** Schließlich kann mit dem Leitbild einer „Dienstgemeinschaft" auch nicht in Frage gestellt werden, dass es in kirchlichen Einrichtungen **unterschiedliche Dienste** gibt und geben muss, die zudem von Arbeitnehmern **unterschiedlicher religiöser Motivation und Kirchenzugehörigkeit** auch unterschiedlich wahrgenommen werden (Rz. 41)[2]. Aus diesem Grund hat sich die GrO im katholischen Bereich für die Statuierung unterschiedlicher Loyalitätsobliegenheiten kirchlicher Arbeitnehmer entschieden (Rz. 58)[3]. Katholische Mitarbeiter müssen sich andere Anforderungen an ihre Lebensführung gefallen lassen als nichtkatholische bzw. nichtchristliche Mitarbeiter. Damit bekennt sich kirchliche Personalpolitik zur Realitätsnähe und konterkariert das Leitbild einer homogenen „Dienstgemeinschaft". *Dütz* begründet diese Differenziertheit mit der Gefahr des Verlusts an **Glaubwürdigkeit:**

> „Wer ideelle Einstellungs- und Beschäftigungsanforderungen anspruchsvoll formuliert und verkündet, es aber dann geschehen lässt, dass sie weder bei der Einstellung praktisch befolgt werden können, noch von den Beschäftigten erfüllt werden, erhält und schützt die angesprochenen Werte nicht, sondern stellt sie durch eine solche bewusste Gefährdung erst recht in Frage"[4].

55   **d)** Der Begriff der Dienstgemeinschaft kann daher mangels hinreichend konkreter Rechtswirkung **nicht als (weltlicher) Rechtsbegriff** anerkannt werden[5], wenngleich sein Konzept seit 1952 mit juristischer Absicht geprägt worden ist[6]. Vielmehr handelt es sich, soweit eine Legaldefinition wie in Art. 1 Satz 1 GrO erfolgt, zwar um einen **kirchlichen Rechtsbegriff**[7]. Doch erlaubt er weder im kirchlichen Recht noch erst recht im staatlichen Recht deduzierbare rechtliche Folgerungen. Der Begriff der Dienstgemeinschaft erfüllt die Funktion eines „Abgrenzungsprinzips" von anderen Beschäftigungsverhältnissen[8]. Als **Programmsatz**[9] mag er die Bedeutung des kirchlichen Selbstverständnisses bei der Gestaltung kirchlicher Arbeitsverhältnisse formelhaft verdeutlichen. Doch ersetzt der Begriff nicht eigenständige Abwä-

---

1 *Hammer*, S. 77 ff.; ähnlich auch *Richardi*, FS Rüfner, 2003, S. 727 (731), der allerdings eine Unterordnung des kirchlichen Auftrags unter das marktwirtschaftliche System deutlich ablehnt.

2 Vgl. *Hammer*, S. 202 ff.; *Richardi*, Arbeitsrecht in der Kirche, § 4 Rz. 26.

3 Vgl. Begründung NJW 1994, 1396 f.; *Richardi*, FS Heckel, 1999, S. 219 (226 f.).

4 *Dütz*, NJW 1994, 1369 (1372); vgl. auch *Kessler*, FS Gitter, 1995, S. 461 (479 f.).

5 So aber z. B. *Rüthers*, NJW 1986, 356 (357); *Bleistein/Thiel*, MAVO, Präambel Rz. 31; wohl auch KGH.EKD v. 9.10.2006 – II-0124/M35-06, NZA 2007, 761 = ZMV 2007, 92; *Rüfner* in: Handbuch des Staatskirchenrechts II, § 65 (S. 895: „Rechtsgrundsatz").

6 Näher dazu *Lührs*, S. 125 ff.

7 *Richardi*, FS Heckel, 1999, S. 219 (223, 224).

8 Zutr. *Lührs*, S. 133.

9 Zutr. *A. Schneider*, Arbeitsrecht in den Kirchen, in: Evang. Staatslexikon I, 3. Aufl. 1987, Sp. 94.

gungsbemühungen bei der staatlichen Beurteilung kirchlichen Arbeitsrechts[1].

2. Dienstpflichten und Loyalitätsobliegenheiten

a) Wie jeder Arbeitnehmer ist auch ein kirchlicher Arbeitnehmer zur „Leistung der versprochenen Dienste" verpflichtet (§ 611 Abs. 1 BGB). Rechtsgrundlage seiner hier „**Dienstpflicht**" genannten Arbeitspflicht ist der Arbeitsvertrag mit der kirchlichen Einrichtung. Für ihren Inhalt ist zunächst und vor allem die vertraglich vereinbarte **fachliche Aufgabe** maßgebend. So macht es für die arbeitsrechtliche Beurteilung einen wesentlichen Unterschied, ob jemand als Chefarzt oder Verwaltungsleiter leitende Funktionen übernimmt oder als Pflege- oder Reinigungskraft nur untergeordnete Tätigkeiten. Soweit nicht spezifisch kirchliche Inhalte die Arbeitsaufgabe prägen, gelten z. B. für Fragen der Weisungsunterworfenheit oder der Schlechterfüllung die allgemeinen Maßstäbe des Arbeitsvertragsrechts.

b) Von dieser allgemeinen „Leistungspflicht" zu unterscheiden sind die **Loyalitätsobliegenheiten**, die sich nicht auf die Erbringung der zugesagten Dienste beziehen, sondern auf das allgemeine inner- und **außerdienstliche Verhalten** der kirchlichen Arbeitnehmer[2]. Ganz außerhalb besonderer kirchlicher Loyalitätsobliegenheiten kann kein Mitarbeiter der Kirche bleiben. Das unterscheidet deren Rechtsstellung grundsätzlich von anderen Arbeits- und Dienstverhältnissen, wo z. B. „unsittlicher Lebenswandel" für sich weder einen verhaltens- noch einen personenbedingten Kündigungsgrund darstellen kann[3]. Die Kirchen sind aber aufgrund ihrer besonderen verfassungsrechtlichen Stellung (Rz. 42, 49) befugt, ihren Arbeitnehmern besondere Obliegenheiten kraft Arbeitsvertrags aufzuerlegen. So ist z. B. „kirchenfeindliches Verhalten" grundsätzlich zu unterlassen (Rz. 58). Dennoch ist die viel zitierte „Anstreicher"-Entscheidung des BAG aus dem Jahre 1956 heute schon aus europarechtlichen Gründen nicht mehr haltbar[4]. Damals hatte es das BAG noch gebilligt, dass einem Anstreicher in einem katholischen Krankenhaus gekündigt werden konnte, weil er eine kirchlich ungültige Ehe geschlossen hatte. Das BVerfG hat 1985 gemeint, dass es alleine den Kirchen als Arbeitgeber obliege, diejenigen Grundsätze ihrer Glaubens- und Sittenlehre zu bestimmen, die ihren Arbeitnehmern als vertragliche Verhaltenspflichten aufzuerlegen seien. Gleichzeitig hat das BVerfG aber auch die Möglichkeit der Abstufung von Loyalitätsobliegenheiten angesprochen und

56

57

---

1 Vgl. BAG v. 5.12.2007 – 7 ABR 72/06, NZA 2008, 653 (OS 4: Zuordnung i. S. d. § 118 Abs. 2 BetrVG setzt nicht das Bestehen einer christlich motivierten Dienstgemeinschaft voraus).

2 Vgl. *Richardi*, Arbeitsrecht in der Kirche, § 6 Rz. 24.; MünchArbR/*Richardi*, § 328 Rz. 19; *Rüfner* in: Handbuch des Staatskirchenrechts II, § 66 (S. 907).

3 Vgl. nur ErfK/*Müller-Glöge*, § 626 BGB Rz. 82, 84; KR-*Etzel*, § 1 KSchG Rz. 454.

4 BAG v. 31.1.1956 – 3 AZR 67/54, BAGE 2, 279. Zu den Konsequenzen des Art. 4 Abs. 2 RL 2000/78/EG vgl. *Belling*, NZA 2004, 885; *Dill*, ZRP 2003, 318; *Hanau/Thüsing*, S. 27 ff.; *Joussen*, RdA 2003, 32; *Link* in: Erlanger GedS Blomeyer, 2004, S. 675; *Reichold*, NZA 2001, 1054.

damit den Kirchen letztlich eine Handlungspflicht überantwortet[1], der sie inzwischen auch nachgekommen sind. Auch Art. 4 Abs. 2 der europäischen **RL 2000/78/EG**[2] (dazu Teil 1 E Rz. 18), inzwischen umgesetzt durch **§ 9 AGG**, setzt voraus, dass besondere Verhaltenspflichten für kirchliche Arbeitnehmer nur dann zulässig sind, wenn sie eine „wesentliche, rechtmäßige und gerechtfertigte berufliche Anforderung angesichts des Ethos der Organisation" darstellen; insoweit fordert auch das AGG eine vernünftige Abwägung zwischen beruflicher Stellung und dem Grad der Loyalitätsobliegenheit[3].

58   **c) Im katholischen Bereich** wurde durch Art. 4 GrO folgende Loyalitätsabstufung vorgenommen:

> „(1) Von den **katholischen** Mitarbeiterinnen und Mitarbeitern wird erwartet, dass sie die Grundsätze der katholischen Glaubens- und Sittenlehre anerkennen und beachten. Insbesondere im pastoralen, katechetischen und erzieherischen Dienst sowie bei Mitarbeiterinnen und Mitarbeitern, die aufgrund einer Missio canonica tätig sind, ist das **persönliche Lebenszeugnis** im Sinne der Grundsätze der katholischen Glaubens- und Sittenlehre erforderlich. Das gilt auch für leitende Mitarbeiterinnen und Mitarbeiter."

> „(2) Von **nichtkatholischen christlichen** Mitarbeiterinnen und Mitarbeitern wird erwartet, dass sie die Wahrheiten und Werte des Evangeliums achten und dazu beitragen, sie in der Einrichtung zur Geltung zu bringen."

> „(3) **Nichtchristliche** Mitarbeiterinnen und Mitarbeiter haben kirchenfeindliches Verhalten zu unterlassen. Sie dürfen in ihrer persönlichen Lebensführung und in ihrem dienstlichen Verhalten die Glaubwürdigkeit der Kirche und der Einrichtung, in der sie beschäftigt sind, nicht gefährden."

59   Mit diesen **abgestuften Loyalitätsanforderungen** an kirchliche Arbeitnehmer wird anerkannt, dass nichtkatholische und erst recht nichtchristliche Arbeitnehmer schwächere „Förderungspflichten" zugunsten des kirchlichen Auftrags haben als katholische Mitarbeiter. Der pastorale, katechetische und erzieherische Dienst, aber auch andere leitende Tätigkeiten wie z.B. die **Chefarzt- und Managementtätigkeit** im katholischen Krankenhaus erfordern wegen ihrer Vorbildfunktion eine positive Einstellung zum kirchlichen Träger im Sinne eines „persönlichen Lebenszeugnisses". Diese Formulierung darf nicht dahin missverstanden werden, dass z.B. ausgesprochene Fachleute im kirchlichen Krankenhaus in den kirchlichen Verkündigungsdienst eintreten müssten. Vielmehr soll die nach Art. 3 Abs. 3 Satz 2 GrO grundsätzlich von allen Mitarbeitern zu fordernde „fachliche Tüchtigkeit, gewissenhafte Erfüllung der übertragenen Aufgaben und eine Zustimmung zu den Zielen der Einrichtung" bei diesem Personenkreis zu einer der Fachaufgabe adäquaten **aktiven Förderungspflicht** verdichtet werden[4]. Daher sind pastorale und

---

1 BVerfG v. 4.6.1985 – 2 BvR 1703, 1718/83 und 856/84, BVerfGE 70, 138 (165 f.); *Dütz*, NJW 1994, 1369.

2 Richtlinie 2000/78/EG des Rates zur Festlegung eines allgemeinen Rahmens für die Verwirklichung der Gleichbehandlung in Beschäftigung und Beruf vom 27.11.2000, ABl. Nr. L 303/16.

3 Dazu näher *Fischermeier*, FS Richardi, 2007, S. 875; *Schliemann* ebd., S. 959; *Reichold*, NZA 2001, 1054 (1059).

4 Ähnlich *Richardi*, NZA 1994, 19 (20).

katechetische Aufgaben **ausschließlich**, erzieherische und leitende Aufgaben **in der Regel** an Katholiken zu übertragen (Art. 3 Abs. 2 GrO).

Rechtsdogmatisch lassen sich die Loyalitätsobliegenheiten als die vertragliche Dienstpflicht **begleitende Nebenpflichten** nach § 241 Abs. 2 BGB begreifen[1], die je nach Arbeitsaufgabe und Religionszugehörigkeit auf einer gleitenden Skala von einer aktiven Förderungspflicht bis hin zur nur passiven Unterlassungspflicht reichen. Ihre Besonderheit besteht darin, dass sie nicht primär und unmittelbar die Erbringung der arbeitsvertraglich geschuldeten Dienstleistung betreffen – daher kein Fall der Neben*leistungs*pflicht nach § 242 BGB –, sondern Verhaltensweisen im Bereich der Nebenpflichten oder gar in der Privatsphäre. So wird § 241 Abs. 2 BGB durch die Wertungen des Staatskirchenrechts überlagert und ausgeformt. Als **Grund(neben)pflicht jeden Mitarbeiters** lässt sich die Unterlassung kirchenfeindlichen Verhaltens kennzeichnen[2]. Als wertendes Kriterium wird von beiden großen Kirchen die Sicherung der kirchlichen Glaubwürdigkeit auch in der persönlichen Lebensführung betont. Inwieweit die Verfehlung der so präzisierten Verhaltensanforderungen durch Kündigung zu sanktionieren ist, lässt sich nicht pauschal beantworten; das belegt schon die differenzierte Regelung des Art. 5 GrO bzw. § 5 EKD-Loyalitäts-RL (näher Rz. 75 ff.).

d) Im **evangelischen Bereich** besteht erst seit 2005 eine EKD-einheitliche Regelung. Die sog. **Loyalitäts-Richtlinie**[3] enthält in ihrem § 4 eine ähnlich abgestufte Regelung wie Art. 4 GrO. „Je nach Aufgabenbereich" wird den Mitarbeitern Verantwortung für die glaubwürdige Erfüllung kirchlicher bzw. diakonischer Aufgaben zugewiesen (§ 4 Abs. 1 EKD-RL). Sie haben sich loyal gegenüber der evangelischen Kirche zu verhalten. Sofern **evangelische** Mitarbeiter „in der Verkündigung, Seelsorge, Unterweisung oder Leitung tätig sind, wird eine inner- und außerdienstliche Lebensführung erwartet, die der übernommenen Verantwortung entspricht" (§ 4 Abs. 2 EKD-RL). Von **christlichen** Arbeitnehmern wird erwartet, „dass sie Schrift und Bekenntnis achten und für die christliche Prägung ihrer Einrichtung eintreten" (§ 4 Abs. 3 EKD-RL). Von **nichtchristlichen** Arbeitnehmern ist lediglich der kirchliche Auftrag zu beachten; die ihnen übertragenen Aufgaben sind „im Sinne der Kirche" zu erfüllen (§ 4 Abs. 4 EKD-RL). Ähnliche Regelungen sind bereits früher in den Landeskirchen in Kraft gesetzt worden. So ist z. B. in der bayerischen Landeskirche in 2000 eine Arbeitsrechtsregelung über die berufliche Mitarbeit (ARR Berufl. Mitarbeit)[4] in Kraft getreten, wonach von leitenden Mitarbeitern erwartet wird, „dass sie sich in besonderer Weise darum bemühen, innerhalb und außerhalb des Dienstes christlichen Grundsätzen gerecht

60

61

---

1 Dazu *näher Reichold*, FS Richardi, 2007, S. 943 (952 f.); ferner *v. Tiling*, Die Rechtsfolgen des Betriebsübergangs im Spannungsfeld von Kirchenfreiheit und staatlicher Arbeitsrechtsordnung, 2004, S. 113 f.
2 Vgl. auch MünchArbR/*Reichold*, § 49 Rz. 45 ff. (49).
3 Richtlinie des Rates der EKD nach Art. 9 lit. b Grundordnung über die Anforderungen der privatrechtlichen beruflichen Mitarbeit in der EKD und des Diakonischen Werkes der EKD vom 1.7.2005, ABl.EKD 2005, S. 413.
4 Vom 5.12.2000, KABl. 2001 S. 5; vgl. auch *Richardi*, FS Rüfner, 2003, S. 727 (728 f.); *Triebel*, ZMV 2001, 60. ff.

zu werden" (§ 6 Abs. 2 Satz 5). Dagegen haben nichtchristliche Mitarbeiter und Mitarbeiterinnen lediglich „den kirchlichen Auftrag zu beachten und sich loyal gegenüber der Evangelisch-Lutherischen Kirche in Bayern und ihrem Dienstgeber verhalten" (§ 6 Abs. 4).

3. Begründung des Arbeitsverhältnisses

62 a) Das Arbeitsverhältnis wird durch den Arbeitsvertrag begründet. Für den **Vertragsschluss** gelten die Bestimmungen des staatlichen Rechts, also insbesondere des BGB, die zu dem „für alle geltenden Gesetz" i. S. d. Art. 137 Abs. 3 WRV gehören[1].

63 b) Bei dem der Einstellung vorausgehenden **Bewerbungsgespräch** haben beide Parteien des „vorvertraglichen Schuldverhältnisses" besondere Verhaltenspflichten zu beachten. Während dem Arbeitgeber ein **Fragerecht** in Bezug auf die in Aussicht genommenen Arbeitsaufgaben zusteht, muss der Bewerber nur auf solche Fragen antworten, die mit der Arbeitsaufgabe zu tun haben und nicht unangemessen in seinen Intimbereich eingreifen; andernfalls hat er ein **„Recht auf Lüge"**[2]. Kennzeichnend für die Besonderheit des kirchlichen Arbeitsverhältnisses ist, dass hier die **Frage nach der Religionszugehörigkeit** anders als im säkularen Arbeitsrecht gestellt werden darf. Während es sich bei der religiösen Betätigung eines Arbeitnehmers sonst um eine die Arbeitsaufgabe nicht berührende Privatangelegenheit handelt (Drittwirkung des Art. 4 GG), berührt sie im kirchlichen Arbeitsverhältnis eine wesentliche Dimension vertraglicher Verhaltenspflichten (Rz. 60).

64 Für den **katholischen Bereich** ist durch Art. 3 Abs. 5 GrO kirchengesetzlich festgelegt, dass *vor Abschluss* des Arbeitsvertrages „durch Befragung und Aufklärung der Bewerberinnen und Bewerber sicherzustellen ist, dass sie die für sie nach dem Arbeitsvertrag geltenden Loyalitätsobliegenheiten (Art. 4) erfüllen." Nach Art. 3 Abs. 2 GrO kann der katholische Dienstgeber **pastorale, katechetische und in der Regel erzieherische und leitende Aufgaben** nur einer Person übertragen, die der katholischen Kirche angehört. Er muss grundsätzlich bei jeder Einstellung darauf achten, dass die Mitarbeiter die Eigenart des kirchlichen Dienstes bejahen und geeignet und befähigt sind, die vorgesehene Aufgabe so zu erfüllen, dass sie der Stellung der Einrichtung in der Kirche und der übertragenen Funktion auch gerecht werden (Art. 3 Abs. 1 GrO). In diesem Zusammenhang sind auch Fragen nach Beziehungen zu Sekten oder anderen religiösen Vereinigungen (z. B. Hare Krishna, Zeugen Jehovas, Universelles Leben etc.) oder auch sog. Psychosekten wie der Scientology-Organisation zulässig, weil die Glaubwürdigkeit der jeweiligen kirchlichen Einrichtung durch eine personelle Verflechtung mit anderen religiösen Vereinigungen oder sog. Sekten höchst gefährdet erschiene.

65 Auch im **evangelischen Bereich** haben die Dienstgeber durch entsprechende Fragen vor der Einstellung zu klären, ob Bewerber und Bewerberinnen den

---

1 *Richardi*, Arbeitsrecht in der Kirche, § 6 Rz. 12; MünchArbR/*Richardi*, § 327 Rz. 29.
2 ErfK/*Preis*, § 611 BGB Rz. 286; MünchArbR/*Buchner*, § 30 Rz. 65.

kirchlichen bzw. diakonischen Zielen der Einrichtung zustimmen und die besonderen Loyalitätsobliegenheiten erfüllen können und wollen (vgl. § 3 der EKD-Loyalitäts-RL). Auch hier ist die Frage nach der Religionszugehörigkeit Voraussetzung für die jeweilige Ausprägung der Loyalitätsobliegenheit, die sich je nach Religionszugehörigkeit des Bewerbers strikter oder weniger strikt am Bekenntnis der evangelischen Kirche orientiert (vgl. Rz. 61). Die Loyalitäts-RL der EKD betont, dass für den Dienst ungeeignet ist, wer aus der evangelischen Kirche ausgetreten ist, „ohne in eine andere Mitgliedskirche der Arbeitsgemeinschaft Christlicher Kirchen oder der Vereinigung Evangelischer Freikirchen übergetreten zu sein" (§ 3 Abs. 3 Satz 1)[1].

Besonders problematisch erscheint angesichts der Reichweite der außer-   66
dienstlichen Loyalitätsobliegenheiten, inwieweit der kirchliche Dienstgeber sein Fragerecht auch auf den **Intimbereich der persönlichen Lebensführung** erstrecken darf. Hier muss man differenzieren. Soweit wie in Art. 5 Abs. 2 GrO für den katholischen Bereich besonders schwerwiegende, zur Kündigung berechtigende Loyalitätsverstöße aufgezählt sind (Rz. 80), dürfen diese Tatbestände auch vor Einstellung zum Fragegegenstand werden. Hier hat das – für den katholischen Bereich durch Art. 3 Abs. 5 GrO ausdrücklich konkretisierte – kirchliche Selbstbestimmungsrecht Vorrang gegenüber dem Recht auf informationelle Selbstbestimmung des Bewerbers[2]. Wer also z.B. in einer nach katholischem Glaubens- und Rechtsverständnis ungültigen Ehe lebt, muss eine entsprechende Frage wahrheitsgemäß beantworten, jedenfalls dann, wenn er in einem pastoralen, katechetischen oder leitenden Amt in einer katholischen Einrichtung tätig sein möchte. Wird die Frage falsch beantwortet, hat der Dienstgeber das Anfechtungsrecht nach § 123 BGB. Die auch Einzelfallumstände berücksichtigende differenzierte Kündigungsregelung des Art. 5 GrO darf allerdings nicht umstandslos auf die Anfechtungsmöglichkeit nach § 123 BGB übertragen werden, weil es einen Unterschied ausmacht, ob schon die Einstellung unter falschen Voraussetzungen „erschlichen" wird, oder ob während des Vollzugs des Arbeitsverhältnisses auf Leistungs- bzw. Verhaltensmängel im Wege der Kündigung reagiert werden muss. Im Hinblick auf die Vorgaben der RL 2000/78/EG bzw. des AGG (Rz. 57) ist neuerdings zweifelhaft, ob z.B. die Frage nach der sexuellen Orientierung statthaft ist, nachdem eine Diskriminierung diesbezüglich **ausdrücklich** nicht mehr erlaubt ist, der kirchliche Arbeitgeber andererseits aber Homosexualität in der Regel als dem Ethos der Organisation widersprechend strikt ablehnt[3]. Bei der Auflösung dieser Normenkollision ist maßgeblich darauf abzustellen, ob aus der „gelebten" Homosexualität des Mitarbei-

---

1 Die ARR Berufl. Mitarbeit der Evang.-Luth. Kirche in Bayern verlangt in § 2 Abs. 4, dass vor Abschluss des Dienstvertrags „neben der fachlichen Befähigung zu prüfen (ist), ob Bewerber und Bewerberinnen den kirchlichen und diakonischen Zielen der Einrichtung zustimmen und die in § 6 genannten Loyalitätsverpflichtungen erfüllen können und wollen".
2 Vgl. BAG v. 24.4.1997 – 2 AZR 268/96, NZA 1998, 145 (148).
3 Für den Vorrang des kirchlichen Ethos plädieren *Joussen*, RdA 2003, 32 (38); *Thüsing*, JZ 2004, 172 (179); a.A. z.B. ErfK/*Schlachter*, § 9 AGG Rz. 4.

ters eine Beschädigung der kirchlichen Glaubwürdigkeit in der Öffentlichkeit droht oder nicht.

67 In entsprechender Anwendung des Art. 5 Abs. 4 GrO lassen sich allgemein nur solche Fragen zum Intimbereich der persönlichen Lebensführung rechtfertigen, die auf die **Wahrung der Glaubwürdigkeit der kirchlichen Einrichtung in Verbindung mit der übertragenen Aufgabe** zielen. Abgesehen von ihrer Religionszugehörigkeit wird man daher einer Reinigungskraft im kirchlichen Krankenhaus kaum weitere billigenswerte Fragen zur persönlichen Lebensführung stellen können. Sie steht in einer viel geringeren Nähe zum kirchlich-diakonischen Auftrag in der Krankenpflege als eine Stationsschwester oder ein Leitender Arzt im gleichen Klinikum. Auch im Übrigen wird man sich auf das Abfragen von die „religiöse Eignung" indizierenden bzw. ausschließenden Tatsachen (Rz. 64) beschränken müssen, weil sich gerade die sog. inneren Tatsachen der privaten Lebensgestaltung und des daraus folgenden „glaubwürdigen" Arbeitsvollzugs schwerlich in das Schema eines Fragebogens pressen und auch selten verifizieren bzw. falsifizieren lassen.

68 **c)** Wie beim Fragerecht werden auch andere vorvertragliche Verhaltenspflichten des kirchlichen Dienstgebers durch die Besonderheit des kirchlichen Arbeitsverhältnisses modifiziert. So gilt etwa das **Schwerbehindertenrecht des SGB IX** auch für kirchliche Arbeitgeber als „Jedermann-Gesetz", soweit Arbeitsplätze nach § 73 Abs. 1 SGB IX in Frage stehen, die nicht dem geistlichen Amt vorbehalten sind (vgl. § 73 Abs. 2 Nr. 2 SGB IX)[1]. Auch sonstige **Arbeitsschutzregelungen** sind von kirchlichen Einrichtungen einzuhalten, solange sie nicht das religiöse „Proprium" der kirchlichen Einrichtung antasten. Auch das europarechtliche Diskriminierungsverbot z.B. wegen des Geschlechts, das nach § 2 Abs. 1 Nr. 1 AGG schon vor der Einstellung greift, müssen kirchliche Einrichtungen gegen sich gelten lassen, solange nicht das Geschlecht für ihren spezifisch kirchlichen Auftrag eine „wesentliche und entscheidende berufliche Anforderung" bzw. eine unter Beachtung des religiösen Selbstverständnisses „gerechtfertigte berufliche Anforderung" darstellt (vgl. §§ 8 Abs. 1, 9 Abs. 1 AGG). Dies rechtfertigt es nicht nur, dass ein Frauenorden nur Frauen mit der Wahrnehmung von Arbeitsaufgaben betraut, die eine ständige persönliche Zusammenarbeit erfordern, sondern auch, dass z.B. eine kirchliche Beratungsstelle für Schwangerschaftsberatung grundsätzlich nur Frauen einstellt[2]. Dennoch wurde der Ausschluss einer muslimischen Bewerberin aus dem Auswahlverfahren zur Besetzung einer Sozialpädagogenstelle im Bereich der Diakonie erstinstanzlich für unzulässig gehalten (Verstoß gegen §§ 1, 7 AGG), zweitinstanzlich allerdings wegen fehlender objektiver Eignung gerechtfertigt[3]. Darin zeigt sich die Unklarheit bei der Auslegung des Kirchenprivilegs in der Fassung des § 9 Abs. 1, 2 AGG.

---

1 *Richardi*, Arbeitsrecht in der Kirche, § 8 Rz. 27–30.
2 Vgl. ErfK/*Schlachter*, § 8 AGG Rz. 1.
3 LAG Hamburg v. 29.10.2008 – 3 Sa 15/08, ZMV 2008, 332; ArbG Hamburg v. 4.12.2007 – 20 Ca 105/07, ZMV 2008, 158.

4. Kündigung und Kündigungsschutz

a) Die Verfassungsgarantie des kirchlichen Selbstbestimmungsrechts bedeu- 69
tet **keine Freistellung** vom staatlichen Kündigungs- und Kündigungsschutzrecht. Als sozialstaatliche Gewährleistung des Bestands- und Vertragsinhaltsschutzes im Arbeitsverhältnis ist insbesondere das **Kündigungsschutzgesetz
(KSchG)** ein „für alle geltendes Gesetz" (Art. 140 GG i. V. m. Art. 137 Abs. 3
Satz 1 WRV). Gleiches gilt für die kündigungsrelevanten Normen des BGB,
des Mutterschutzgesetzes (MuSchG), des SGB IX usw. Auch müssen **Befristungen** im kirchlichen Bereich nicht anders als im weltlichen Bereich u. a.
anhand des Teilzeit- und Befristungsgesetzes (TzBfG) rechtlich beurteilt werden, so dass auch im kirchlichen Dienst eine nach TzBfG nicht berechtigte
Befristung nicht zulässig ist (soweit nicht ohnehin AVR-Regeln vorrangig
sind)[1]. Die Einrichtung eines Sozialdienstes an einem Krankenhaus ist keine
spezifisch (nur) von kirchlichen Trägern wahrgenommene Aufgabe, so dass
die Ablehnung eines **Teilzeitanspruchs** aus Gründen des kirchlichen Selbstverständnisses insoweit ausscheidet[2].

b) Das kirchliche Selbstbestimmungsrecht **verbietet** jedoch bei der Anwen- 70
dung des Kündigungs- und Kündigungsschutzrechts die staatliche **Fremdbestimmung** über Wesen und Auftrag der Kirche[3]. Laut BVerfG ist bei der
Güterabwägung zwischen Kirchenautonomie einerseits und Kündigungsschutz andererseits dem **Selbstverständnis der Kirchen** ein besonderes Gewicht beizumessen[4]. Der Staat darf im Rahmen des Kündigungsprozesses
durch seine Richter der Kirche nicht vorschreiben,

– was die Glaubwürdigkeit der Kirche und ihrer Verkündigung erfordert,

– was „spezifisch kirchliche" Aufgaben sind,

– was eine „Nähe" zu diesen Aufgaben bedeutet,

– was die wesentlichen Grundsätze der Glaubens- und Sittenlehre sind,

– was als ggf. schwerer Verstoß gegen die kirchlichen Grundsätze zu werten
  ist[5].

Rechtsdogmatisch ist für die Kirchen und ihre Einrichtungen deshalb **kein** 71
Sonderkündigungsrecht etabliert worden. Vielmehr werden die allgemeinen
Grundsätze der verhaltens- und personenbedingten Kündigung kirchenspezi-
fisch **ergänzt**. Dadurch wird aber nicht die Struktur des staatlichen Kündigungsschutzes zur Disposition der Kirchen gestellt[6]. Vielmehr sind bei der
rechtlichen Beurteilung, ob das inner- oder außerdienstliche Verhalten eines
Arbeitnehmers einen Kündigungsgrund nach §§ 626 BGB, 1 KSchG darstellt,

---

1 BAG v. 12.5.1999 – 7 AZR 1/98 (n. v.).
2 BAG v. 18.5.2004 – 9 AZR 319/03, NZA 2005, 108.
3 BVerfG v. 4.6.1985 – 2 BvR 1703, 1718/83 und 856/84, BVerfGE 70, 138 (167).
4 BVerfG v. 4.6.1985 – 2 BvR 1703, 1718/83 und 856/84, BVerfGE 70, 138 (167); *Richardi*,
  Arbeitsrecht in der Kirche, § 7 Rz. 22 ff.; MünchArbR/*Richardi*, § 328 Rz. 22.
5 BVerfG v. 4.6.1985 – 2 BvR 1703, 1718/83 und 856/84, BVerfGE 70, 138 (168).
6 *Richardi*, Arbeitsrecht in der Kirche, § 7 Rz. 23 ff.; MünchArbR/*Richardi*, § 328
  Rz. 23 f.

(lediglich) die kirchlichen Vorgaben für die Rechtsanwendung bindend. Dem Arbeitsgericht obliegt es, „den Sachverhalt festzustellen und unter die kirchlicherseits vorgegebenen, arbeitsrechtlich abgesicherten Loyalitätsobliegenheiten zu subsumieren"[1].

72 Daraus kann eine **zweistufige Prüfung** des Arbeitsgerichts abgeleitet werden, das

(1) den streiterheblichen Tatbestand feststellt und diesen unter die vorgegebene kirchliche Rechtsauffassung in Bezug auf die kündigungsrelevante Handlung subsumiert, um sodann

(2) unter voller Beachtung der kirchlichen Rechtsauffassung die abschließende Interessenabwägung zwischen Arbeitgeber- und Arbeitnehmerstandpunkt vorzunehmen[2].

Dabei hat das Arbeitsgericht eigene Erwägungen und Bewertungen der kirchenspezifischen Kündigungsbegründung zu unterlassen, darf ansonsten aber nicht nur die allgemeinen (unspezifischen) kündigungsrechtlichen Erwägungen anstellen, sondern hat auch andere wesentliche Grundprinzipien der Rechtsordnung zur Anwendung zu bringen, so z. B. widersprüchliches Verhalten des kirchlichen Arbeitgebers festzustellen und zu bewerten (Rz. 50)[3]. *Dütz* ist daher zu folgen, dass es hiernach **keine absoluten Kündigungsgründe** gibt, die kirchenspezifischer Natur sind, weil sonst eine Abwägung zu berücksichtigender Arbeitnehmerinteressen im Einzelfall von vornherein abgeschnitten wäre[4].

73 **c)** Für eine Kündigung aus **nicht kirchenspezifischen Gründen** gelten die allgemeinen Grundsätze des Kündigungsrechts. Werden etwa kirchlicherseits die Haushaltsmittel eingeschränkt mit der Folge der Verminderung von Arbeitsplätzen, gilt für eine deshalb notwendige betriebsbedingte Kündigung nichts anderes als für die vergleichbaren Maßnahmen im öffentlichen Dienst[5]. Der Kirchengerichtshof der EKD (KGH.EKD) hat ausdrücklich bestätigt, dass dem kirchlichen Arbeitgeber grundsätzlich der gleiche unternehmerische Ermessensspielraum zusteht wie dem Arbeitgeber in der freien Wirtschaft. Deshalb rügte der KGH die Verweigerung der Zustimmung der MAV zur ordentlichen Kündigung einer Kirchenmusikerin mit der Begründung, dass auch der kirchliche Arbeitgeber zur Erfüllung seiner Aufgaben unter allen rechtlich zulässigen Gestaltungsmöglichkeiten diejenige wählen kann, die ihm am zweckmäßigsten erscheint. Da hiervon auch der wirt-

---

1 BVerfG v. 4.6.1985 – 2 BvR 1703, 1718/83 und 856/84, BVerfGE 70, 138 (168).
2 So z.B. *Czermak*, PersR 1995, 455 (459 f.); *Dütz*, NJW 1990, 2025 (2030); *H. Weber*, NJW 1986, 370 (371); zweifelnd *Kessler*, FS Gitter, 1995, S. 461 (475 f.); a. A. *Richardi*, Arbeitsrecht in der Kirche, § 7 Rz. 28; MünchArbR/*Richardi*, § 328 Rz. 24; vgl. auch EGMR v. 23.9.2010 (unten Rz. 133a), der den deutschen Arbeitsgerichten eine gründlichere Prüfung bei der Interessenabwägung abverlangt.
3 Beispiel in BAG v. 16.9.1999 – 2 AZR 712/98, NZA 2000, 208; vgl. auch *Rüfner* in: Handbuch des Staatskirchenrechts II, § 66, S. 918: „Die Abwägung kann kein bloßes Rechenexempel sein".
4 *Dütz*, NJW 1990, 2025 (2030); *Dütz*, NJW 1994, 1369 (1372).
5 Vgl. *Dütz*, NZA 1986, Beilage 1, 11 (14).

schaftliche Bereich erfasst sei, stelle der dauerhafte Wegfall der einzigen Stelle einer Kirchenmusikerin und deren Übernahme durch ehrenamtliche Kräfte ein dringendes betriebliches Erfordernis dar, welches die ordentliche Kündigung rechtfertige[1]. Bei der Frage nach der **Anwendbarkeit** des KSchG (§§ 1 Abs. 1, 23 Abs. 1 Satz 2 KSchG) ist allerdings zu beachten, dass der herkömmliche Betriebsbegriff nicht auf den liturgischen Dienst in öffentlich-rechtlich organisierten Gemeinden oder Gemeindeverbänden passt (Rz. 3). Maßgeblich für die Anwendbarkeit des ersten Abschnitts des KSchG ist hierfür der Begriff **„Verwaltung"**, der unter Umständen mehrere Dienststellen umfassen kann. Das BAG hat im Fall eines Kantors, der in einer Kirchengemeinde der Evangelischen Kirche im Rheinland beschäftigt war, entschieden, dass die Kirchengemeinde als solche alle wesentlichen Arbeitgeberfunktionen im sozialen und personellen Bereich erfüllt habe und damit als selbständige „Verwaltung" i. S. d. § 23 Abs. 1 Satz 2 KSchG zu betrachten sei. Damit entfiel der Kündigungsschutz, weil die Kirchengemeinde nicht mehr als die in § 23 Abs. 1 Satz 2 KSchG genannte Zahl von Arbeitnehmern beschäftigte. Eine „unternehmensübergreifende" Zurechnung des Kantors z. B. zum Verband evangelischer Kirchengemeinden im zuständigen Kirchenkreis oder Dekanat analog konzernrechtlicher Grundsätze wurde vom BAG ausdrücklich abgelehnt[2]. Wo die Bestimmungen des KSchG wie hier nicht greifen, sind kirchliche Arbeitnehmer immerhin noch durch die zivilrechtlichen Generalklauseln (§§ 138, 242 BGB) vor einer sitten- oder treuwidrigen Ausübung des Kündigungsrechts durch den Arbeitgeber geschützt[3]. Im Rahmen dieser Generalklauseln ist auch der objektive Gehalt der Grundrechte, insbesondere des Grundrechts aus Art. 12 Abs. 1 GG, zu beachten.

Staatliche Arbeitsgerichte haben darüber hinaus auch **kircheneigene Verfahrensregeln** im Rahmen ihrer Kündigungsbeurteilung zu beachten. Dies gilt insbesondere für Art. 5 Abs. 1 GrO wie auch für die kirchlichen Mitbestimmungsgesetze (vgl. §§ 30 Abs. 5, 31 Abs. 3 MAVO bzw. §§ 38 Abs. 1 Satz 2, 41, 42 lit. b MVG.EKD)[4].   74

d) Bei den **kirchenspezifischen Kündigungsgründen** haben die Arbeitsgerichte nach der BVerfG-Rechtsprechung die Maßstäbe der verfassten Kirchen für die Bewertung kirchenspezifischer Loyalitätsobliegenheiten zugrunde zu legen. Im **katholischen Bereich** hat Art. 5 GrO hierfür eine neue Grundlage geschaffen. Diese Regelung gilt als **Kirchengesetz** einheitlich für alle Diözesen, den Caritasverband sowie die anderen kirchlichen Verbände und Einrichtungen. Weil es hier um zwingende Prinzipien geht, konnte keine mitbestimm-   75

---

1 KGH.EKD v. 20.4.2009 – I – 1024/P59-08, ZMV 2009, 208; vgl. zum ähnlichen Fall einer Gleichstellungsbeauftragten in einer Stadt BAG v. 18.9.2008 – 2 AZR 560/07, NZA 2009, 142.
2 BAG v. 12.11.1998 – 2 AZR 459/97, NZA 1999, 590 = DB 1999, 965.
3 BAG v. 21.2.2001 – 2 AZR 579/99, BAGE 97, 141 = NZA 2001, 951: Abmahnung bei Nichtanwendbarkeit des KSchG nicht erforderlich (nebenberufl. Kirchenmusiker in evang. Kirchengemeinde).
4 BAG v. 21.2.2001 – 2 AZR 139/00, NZA 2001, 1136; BAG v. 16.9.1999 – 2 AZR 712/98, NZA 2000, 208; ferner *Richardi* NZA 1998, 113.

te Verfügung in einem KODA-Verfahren gewählt werden, sondern mussten sich die Diözesanbischöfe verbindlich darauf einigen[1].

76   **aa)** Unabhängig von der Anhörung und Mitberatung nach §§ 30, 31 MAVO wird in **Art. 5 Abs. 1 GrO** ein dem Verhältnismäßigkeitsprinzip entsprechendes **Verfahren** vorgeschrieben, das vor dem Ausspruch einer Kündigung grundsätzlich vom Dienstgeber einzuhalten ist:

> „Erfüllt eine Mitarbeiterin oder ein Mitarbeiter die Beschäftigungsanforderungen nicht mehr, so muss der Dienstgeber durch Beratung versuchen, dass die Mitarbeiterin oder der Mitarbeiter diesen Mangel auf Dauer beseitigt. Im konkreten Fall ist zu prüfen, ob schon ein solches klärendes Gespräch oder eine Abmahnung, ein formeller Verweis oder eine andere Maßnahme (z.B. Versetzung, Änderungskündigung) geeignet sind, dem Obliegenheitsverstoß zu begegnen. Als *letzte Maßnahme* kommt eine Kündigung in Betracht" (Hervorhebung d. Verf.).

77   Das BAG hat in seiner ersten Entscheidung zu Art. 5 Abs. 1 GrO festgestellt, dass sich aus der Unterlassung des „klärenden Gesprächs" die Sozialwidrigkeit der Kündigung ergeben könne, weil der Arbeitgeber, der die von ihm selbst aufgestellten Verfahrensregeln nicht beachtet, regelmäßig gegen den **Verhältnismäßigkeitsgrundsatz** verstößt[2]. Ob auch bei besonders gravierendem Fehlverhalten ein solches Beratungsgespräch noch kirchlicherseits zu veranlassen ist, soll nach dieser Auffassung des BAG unerheblich sein. Bei Art. 5 Abs. 1 GrO handele es sich nach Wortlaut und Systematik um eine Mussvorschrift, die nicht lediglich auf einen Teil der wegen Loyalitätsverstößen auszusprechenden Kündigungen beschränkt sei, sondern **jede Kündigung** umfasse. Wenn in Art. 5 Abs. 3 Satz 2 GrO „schwerwiegende Gründe des Einzelfalles" von einer Kündigung absehen lassen können, heiße das doch, dass jeglicher Kündigungsausspruch durch das der Einzelfallprüfung dienende Aufklärungsgespräch vorbereitet werden müsse. Ausnahmen seien nur bei schwerwiegendsten Pflichtverletzungen zu machen, bei denen der Versuch des Dienstgebers, durch Beratung des Mitarbeiters den Mangel auf Dauer zu beseitigen, von vornherein zwecklos erscheinen müsse (z.B. ein gestandener Mordversuch). Die vom BAG vertretene strikte Selbstbindung des Dienstgebers durch Art. 5 Abs. 1 GrO muss also vor dem Ausspruch jeder Kündigung beachtet werden, es sei denn, die grobe Missachtung kirchlicher Glaubens- und Rechtsnormen erscheint als unheilbar.

78   **bb) Ordentliche Kündigung.** Ob eine ordentliche Kündigung nach § 1 Abs. 1 KSchG sozial gerechtfertigt ist, wird in zwei Schritten geprüft.

(1) Zunächst ist zu fragen, ob es sich um einen **generell geeigneten Kündigungsgrund aus kirchlicher Sicht** handelt. Ein Loyalitätsverstoß ist in der Regel personen- oder verhaltensbedingt. Die Unterscheidung ist von Belang, weil eine **Abmahnung** nur bei verhaltensbedingten Kündigungsgründen für erforderlich gehalten wird. Jedoch lässt Art. 5 Abs. 1 GrO erkennen, dass die Unterscheidung im Bereich der Loyalitätsobliegenheiten kaum praktikabel

---

1 *Dütz*, NJW 1994, 1369 (1370 f.).
2 BAG v. 16.9.1999 – 2 AZR 712/98, NZA 2000, 208 (210); a.A. *Thüsing/Börschel*, NZA-RR 1999, 561 (563).

ist[1], weil nicht nur Abmahnung, sondern auch Versetzung oder Änderungskündigung als der Kündigung vorrangige Maßnahmen in Erwägung zu
ziehen sind (Rz. 76). Somit ist ein „religiöser Eignungsmangel" nach Art. 5
Abs. 1 GrO nicht anders zu behandeln als eine Verhaltenspflichtverletzung
im kirchlichen Arbeitsverhältnis; es ist jeweils im Einzelfall zu prüfen, welche Abhilfe angesichts des Charakters der Pflichtverletzung überhaupt noch
sinnvoll erscheint (falls der Verstoß nicht per se unheilbar ist). Eine Abmahnung ist nicht nur im Leistungsbereich, sondern auch im Vertrauensbereich
grundsätzlich angezeigt, wenn sich die Vertragswidrigkeit des Verhaltens
nicht geradezu aufdrängt (Rz. 86).

Art. 5 Abs. 2 GrO benennt ausdrücklich folgende **Loyalitätsverstöße** als re-   79
gelmäßig kündigungserhebliches Verhalten:

– Verletzungen der gem. Art. 3 und 4 GrO von einer Mitarbeiterin oder einem Mitarbeiter zu erfüllenden Obliegenheiten, insbesondere Kirchenaustritt, öffentliches Eintreten gegen tragende Grundsätze der katholischen Kirche (z.B. hinsichtlich der Abtreibung) und schwerwiegende
  persönliche sittliche Verfehlungen,

– Abschluss einer nach dem Glaubensverständnis und der Rechtsordnung
  der Kirche ungültigen Ehe,

– Handlungen, die kirchenrechtlich als eindeutige Distanzierung von der
  katholischen Kirche anzusehen sind, vor allem Abfall vom Glauben
  (Apostasie oder Häresie gem. can. 1364 § 1 i.V.m. can. 751 CIC), Veruneh-
  rung der heiligen Eucharistie (can. 1367 CIC), öffentliche Gotteslästerung
  und Hervorrufen von Hass und Verachtung gegen Religion und Kirche
  (can. 1369 CIC), Straftaten gegen die kirchlichen Autoritäten und die Freiheit der Kirche (insbesondere gem. den cc. 1373, 1374 CIC).

Nach **Art. 5 Abs. 3 GrO** sprechen diese ausdrücklich benannten kirchenspe-   80
zifischen Kündigungsgründe vor allem gegen die Weiterbeschäftigung von
pastoral, katechetisch oder leitend tätigen Mitarbeiterinnen und Mitarbeitern; das gilt auch für solche Mitarbeiter, die aufgrund einer Missio canonica
tätig sind. Allerdings kann von einer Kündigung „ausnahmsweise abgesehen
werden, wenn schwerwiegende Gründe des Einzelfalles diese als unangemessen erscheinen lassen." Deutlich sagt **Art. 5 Abs. 5 GrO**, dass jedenfalls
solche Mitarbeiter, die aus der katholischen Kirche **austreten**, nicht weiter
beschäftigt werden können. Außerdem wird hier betont, dass im Fall des
Abschlusses einer nach dem Glaubensverständnis und der Rechtsordnung
der Kirche **ungültigen Ehe** (Rz. 88) eine Weiterbeschäftigung zumindest dann
ausscheidet, „wenn sie unter öffentliches Ärgernis erregenden oder die Glaubwürdigkeit der Kirche beeinträchtigenden Umständen geschlossen wird (z.B.
nach böswilligem Verlassen von Ehepartner und Kindern)." Damit werden
kirchenspezifische **Unzumutbarkeiten** als nahezu absolute Kündigungsgründe benannt, die auch ohne schwerwiegendes Verschulden selbst bei nicht im
Verkündigungsdienst stehenden Kräften eine außerordentliche Kündigung

---

1 So auch *Rüfner* in: Handbuch des Staatskirchenrechts II, § 66 (S. 915).

nach § 626 BGB rechtfertigen. Das gilt insbesondere für den **Kirchenaustritt**. Da der kirchliche Arbeitnehmer hier niemals unter Druck steht (anders als etwa bei einer Heirat), sind entlastende Gegengründe zu seinen Gunsten schwerlich vorstellbar[1]. Wenn die Kirche trotz Kirchenaustritts das Arbeitsverhältnis nicht kündigt, macht sie sich unglaubwürdig; dem steht auch § 9 Abs. 2 AGG nicht entgegen[2]. Das erkennt die Rechtsprechung seit der Klarstellung durch das BVerfG[3] auch durchgängig an. Für den Bereich der evangelischen Kirche hat z. B. das LAG Rheinland-Pfalz entschieden[4], dass einer in der Erziehungsberatung beschäftigten Sozialpädagogin auch dann **außerordentlich** gekündigt werden kann, wenn sie erfolglos den Wiedereintritt versucht hat. Hier bedarf es auch keiner Abmahnung, weil es sich dem Arbeitnehmer aufdrängen muss, dass sein Kirchenaustritt nicht nur den Leistungs-, sondern vor allem den **Vertrauensbereich** empfindlich und unheilbar stört. Genauso wurde gegenüber einer Erzieherin in einer evangelischen Kindertagesstätte entschieden, die in der Öffentlichkeit werbend für eine „Universale Kirche" aufgetreten war[5].

81   Nicht ganz so eindeutig ist der Fall zu beurteilen, wenn ein **andersgläubiger Christ** aus seiner jeweiligen Kirche austritt. Hier ist die Einzelfallprüfung unabdingbar, weil die Weiterbeschäftigung nur bei einer grundsätzlichen Absage an den christlichen Glauben für den fremdkonfessionellen Arbeitgeber unzumutbar sein dürfte[6]. Erfolgt nämlich ein Übertritt in die Kirche des Dienstherrn, so bedeutet dies eine Identifikation mit Wesen und Auftrag dieser Kirche unter Bejahung der Loyalitätsanforderungen (Rz. 59), die Hinwendung und nicht Abwendung vom kirchlichen Auftrag bezweckt. Stellt die Kirche dagegen **konfessionslose** Mitarbeiter ein, so wäre es ein gravierender Verstoß gegen das Verbot widersprüchlichen Verhaltens, würde aus dieser Konfessionslosigkeit späterhin ein Kündigungsvorwurf abgeleitet[7].

82   (2) Danach ist zu fragen, ob der generell geeignete kirchenspezifische Kündigungsgrund auch nach einer **umfassenden Interessenabwägung im Einzelfall** aus der objektiven Sicht eines sozial verständigen Arbeitgebers die Kündigung rechtfertigt. Auch bei dieser Interessenabwägung bleibt das Arbeitsgericht an kirchliche Vorgaben gebunden (Rz. 72), hat diese aber nach eigenem richterlichem Ermessen für den jeweiligen Einzelfall umzusetzen. Die Vorgaben in Art. 5 Abs. 4 GrO können dabei nützlich sein. Danach ist eine **Differenzierung** sowohl nach dem **Verhalten** wie auch nach der **Stellung** des

---

1 *Richardi*, Arbeitsrecht in der Kirche, § 7 Rz. 71 ff.; MünchArbR/*Richardi*, § 328 Rz. 31 (Wegfall der Geschäftsgrundlage für eine Beschäftigung im kirchlichen Dienst); *Rüfner* in: Handbuch des Staatskirchenrechts II, § 66 (S. 918 f.).
2 So LAG Rheinland-Pfalz v. 2.7.2008 – 7 Sa 250/08, PflR 2008, 588.
3 BVerfG v. BVerfG v. 4.6.1985 – 2 BvR 1703, 1718/83 und 856/84, BVerfGE 70, 138.
4 LAG Rheinland-Pfalz v. 9.1.1997 – 11 Sa 428/96, NZA 1998, 149. Die Klägerin war nach BAT-KF schon ordentlich unkündbar, als ihr Kirchenaustritt erfolgte.
5 BAG v. 21.2.2001 – 2 AZR 139/00, NZA 2001, 1136 (bestätigt von BVerfG v. 7.3.2002 – 1 BvR 1962/01, NJW 2002, 2771).
6 *Rüfner* in: Handbuch des Staatskirchenrechts II § 66 (S. 919).
7 Ähnlich *Richardi*, Arbeitsrecht in der Kirche § 7 Rz. 76.

jeweiligen Arbeitnehmers geboten. Deutlich wird das auch in § 5 Abs. 1 der
EKD-Loyalitäts-Richtlinie.

Handelt es sich um **pastoral, katechetisch oder leitend tätige Mitarbeiter** 83
(einschließlich jener, die aufgrund einer Missio canonica tätig sind), so indi-
zieren Loyalitätsverstöße nach Art. 5 Abs. 2 GrO in aller Regel den Ausspruch auch einer **außerordentlichen** Kündigung (§ 626 Abs. 1 BGB). Selbst
für den Ausnahmefall, dass ganz besondere Entlastungsgründe vorgebracht
werden können, besteht jedenfalls kein Anspruch auf Weiterbeschäftigung
gerade im Verkündigungsbereich[1], sondern wird eine Änderungskündigung
notwendig sein. Die besondere Sanktionsbindung besteht z. B. für Diakone,
Religionslehrer, Gemeinde- und Pastoralreferenten, im kirchlichen Krankenhaus auch für Chefärzte und Verwaltungsleiter, nicht aber z. B. für den Leiter
der Krankenhausapotheken und labors. Auch die lediglich **erzieherisch** Tätigen sind von dieser gesteigerten Loyalität ausgenommen worden. Die besonders scharfe Sanktion soll auf den echten Verkündigungsbereich sowie die
kirchlichen Verantwortungsträger und Repräsentanten beschränkt bleiben,
weil hier in besonderer Weise der kirchliche Verkündigungsauftrag und die
Glaubwürdigkeit von Kirche und kirchlicher Einrichtung in Gefahr geraten[2].
So kann es grundsätzlich einen wichtigen Grund zur fristlosen Kündigung
eines **Chefarztes** in einem katholischen Krankenhaus darstellen, wenn dieser mit seinen Behandlungsmethoden („homologe Insemination") gegen tragende Grundsätze des geltenden Kirchenrechts verstößt[3]. Das gilt auch
dann, wenn es sich um Verstöße im Bereich der privat betriebenen Ambulanz in den Räumen und mit den Ressourcen des Krankenhauses handelt.
Dabei obliegt die Bewertung der kirchenrechtlichen Zulässigkeit einzelner
Methoden allein dem Lehramt der katholischen Kirche[4].

Für die **sonstigen kirchlichen Arbeitnehmer** bedeutet Art. 5 Abs. 3 GrO im 84
Umkehrschluss, dass eine Weiterbeschäftigung trotz eines festgestellten
Loyalitätsverstoßes nicht von vornherein ausscheidet, es sei denn, die nahezu absoluten Kündigungsgründe des Art. 5 Abs. 5 GrO sind einschlägig. Für
den hier regelmäßig zu erwägenden Fall einer **ordentlichen Kündigung** erlangen jetzt die Verhältnismäßigkeitsregeln nach Art. 5 Abs. 1 (Rz. 76 f.) und
die Kriterien nach **Art. 5 Abs. 4 GrO** besondere Bedeutung. Als Abwägungskriterien zu beachten sind

– das Ausmaß einer Gefährdung der Glaubwürdigkeit der kirchlichen Einrichtung,

– die Belastung der kirchlichen Dienstgemeinschaft,

– die Art der kirchlichen Einrichtung,

– der Charakter der übertragenen Aufgabe und ihre Nähe zum kirchlichen
  Verkündigungsauftrag,

---

1 So *Dütz*, NJW 1994, 1369 (1372); *Richardi*, Arbeitsrecht in der Kirche, § 7 Rz. 52 f.
2 Dazu ausführlich *Dütz*, NJW 1994, 1369 (1373).
3 BAG v. 7.10.1993 – 2 AZR 226/93, NZA 1994, 443 = NJW 1994, 3032.
4 BAG v. 7.10.1993 – 2 AZR 226/93, NZA 1994, 443 (446) = NJW 1994, 3032 (3034).

– die Stellung des Mitarbeiters in der Einrichtung sowie

– die Art und das Gewicht der Obliegenheitsverletzung.

85   Die von *Dütz* geforderte Beurteilung „wertorientierten Verhaltens"[1] wird
sich allerdings gerichtlicherseits kaum nachprüfen lassen, weil es dabei eher
um „innere" als um äußere Tatsachen geht, deren Überprüfung einer Beweisführung kaum zugänglich sind. Vielmehr hat die übliche Abwägung wie
bei verhaltensbedingten Kündigungen zu greifen, die bei spezifisch kirchlichen Kündigungsgründen in der Regel die vorgetragene Pflichtverletzung in
ihrem Verhältnis zur Gefährdung des kirchlichen Auftrags bewerten wird
(ähnlich wie beim Fragerecht, Rz. 67). Ist z. B. zwischen einem Chefarzt und
dem Träger eines katholischen Krankenhauses ungeklärt, inwieweit eine umstrittene Behandlungsmethode als kirchenrechtlich zulässig gilt oder nicht,
und wendet der Chefarzt diese Methode bereits vor der endgültigen Klärung
an, so ist eine **Abmahnung notwendig**, bevor gekündigt werden kann. Denn
auch ein Fehlverhalten im **Vertrauensbereich** und nicht nur eine Störung im
Leistungsbereich muss abgemahnt werden, wenn der Arbeitnehmer mit ver-
tretbaren Gründen annehmen konnte, sein Verhalten sei nicht vertragswidrig oder werde vom Arbeitgeber zumindest nicht als ein erhebliches, den Bestand des Arbeitsverhältnisses gefährdendes Verhalten angesehen[2].

86   **cc) Außerordentliche Kündigung.** Zwischen der ordentlichen und der außerordentlichen Kündigung nach § 626 Abs. 1 BGB bestehen hinsichtlich der
Kündigungsgründe nur graduelle Unterschiede. Kirchenrechtlich wird dieser
Unterschied vor allem an der **Stellung** der Arbeitnehmer festgemacht. Das
ergibt sich im katholischen Bereich eindeutig aus Art. 5 Abs. 3 Satz 1 GrO,
der die nach Art. 5 Abs. 2 ausdrücklich angeführten Loyalitätsverstöße für
den Kreis der pastoral, katechetisch oder leitend Tätigen (Rz. 84) zum Grund
für eine außerordentliche Kündigung macht. Daneben zählt aber auch die
Schwere der Verhaltenspflichtverletzung. Das BAG hat es auch für den Bereich der **Mormonenkirche** hingenommen, dass der Ehebruch, der dort von
einem leitenden Mitarbeiter begangen wurde, kirchlicherseits als absoluter
Kündigungsgrund behandelt wurde[3]. Maßgeblich sollte die Gefahr eines
Glaubwürdigkeitsverlustes durch das Bekanntwerden des Verhaltens des die
Mormonenkirche repräsentierenden Gekündigten in einer breiteren Öffent-
lichkeit sein.

87   Für den **katholischen Bereich** stellt Art. 5 Abs. 5 Satz 2 GrO fest, dass bei einer nach dem katholischen Glaubensverständnis und der katholischen
Rechtsordnung **ungültigen Ehe** eine außerordentliche Kündigung nur dann
angezeigt ist, „wenn sie unter öffentliches Ärgernis erregenden oder die
Glaubwürdigkeit der Kirche beeinträchtigenden Umständen geschlossen
wird (z. B. nach böswilligem Verlassen von Ehepartner und Kindern)."

---

1 *Dütz*, NJW 1994, 1369 (1373).
2 BAG v. 7.10.1993 – 2 AZR 226/93, NZA 1994, 443 (447) = NJW 1994, 3032.
3 BAG v. 24.4.1997 – 2 AZR 268/96, NZA 1998, 145.

Damit wird klargestellt, dass eine kirchenrechtlich ungültige Ehe **nicht**   87a
zwingend zur außerordentlichen Kündigung führen muss. Das gilt insbesondere für den nicht besonders herausgehobenen Personenkreis des Art. 5
Abs. 3 Satz 1 GrO. Gerade im Fall einer Wiederheirat muss es nicht notwendig zu einer dem kirchlichen Arbeitgeber unzumutbaren Loyalitätsbelastung
kommen, erst recht dann nicht, wenn eine kirchenfeindliche Handlung
ebenso ausscheidet wie eine die Außendarstellung der Kirche stark belastende Lebensführung. Auch unter kirchenrechtlichem Aspekt wird zunehmend
die enge Verstrickung von Schuld und Schicksal gesehen, die eine Wiederverheiratung z. B. aus Gründen der Fortsetzung häuslicher Gemeinschaft aus
Sorge um die Kinder fordern kann[1]. Der betroffene kirchliche Mitarbeiter
hat in solchen Fällen den Vorwurf schwerwiegender Loyalitätsverletzung
auszuräumen und die negativen Folgen seines Tuns möglichst gering zu halten. Der kirchliche Dienstherr muss seinerseits seine Bindung an das allgemeine Willkürverbot bzw. **Gleichbehandlungsgebot nach Art. 3 Abs. 1 GG**
beachten[2]. Daraus folgt einerseits die Notwendigkeit schnellen Reagierens
bei offenkundig gewordenen Verstößen gegen die Grundsätze der kirchlichen
Lebensführung, besonders beim durch Art. 5 Abs. 3 Satz 1 GrO besonders herausgehobenen Personenkreis; andererseits ist bei den „normalen" kirchlichen Mitarbeitern die Weiterbeschäftigungsmöglichkeit anhand des drohenden Schadens für die kirchliche Glaubwürdigkeit genau zu prüfen. Hier sind
besonders die Nähe zum kirchlichen Verkündigungsauftrag und die Stellung
in der Einrichtung zusammen mit der Art und vor allem der Offenkundig-
keit der kirchenfeindlichen Betätigung zu gewichten. Nach **Art. 5 Abs. 4**
Satz 2 GrO ist schließlich zu berücksichtigen, „ob eine Mitarbeiterin oder
ein Mitarbeiter die Lehre der Kirche bekämpft oder sie anerkennt, aber im
konkreten Fall versagt." Bezüglich des Rechtsinstituts der „eingetragenen
Lebenspartnerschaft" haben die deutschen Bischöfe in authentischer Interpretation der GrO festgelegt, dass Mitarbeiter im kirchlichen Dienst, die eine solche Partnerschaft eingehen, einen „schwerwiegenden Loyalitätsverstoß" i. S. v. Art. 5 Abs. 2 GrO begehen, „der die dort geregelten Rechtsfolgen
nach sich zieht". Der Grund hierfür liegt darin, dass die eingetragene Lebenspartnerschaft in einem diametralen Gegensatz zum Sakrament der Ehe
steht[3].

e) Die abgestufte Regelung im katholischen Bereich durch Art. 5 GrO wurde   88
auch im **evangelischen Bereich** durch § 5 der EKD-Loyalitäts-RL bzw. im Bereich der einzelnen Landeskirchen umgesetzt. So heißt es z. B. in der ARR
Berufl. Mitarbeit der bayerischen Landeskirche (Rz. 61), dass „die Umstände
des Einzelfalles (...), ehe eine Kündigung ausgesprochen wird, jeweils genau
zu prüfen und abzuwägen" seien. Hierzu gehörten „insbesondere Ausmaß
der Gefährdung der Glaubwürdigkeit der Kirche und ihrer Einrichtung, Belastung der Dienstgemeinschaft sowie Stellung und Aufgabe des Mitarbeiters oder der Mitarbeiterin" (§ 7 Abs. 2 Satz 2). Der Austritt aus der evangeli-

---

1 Zutreffend *Dütz*, NJW 1990, 2025 (2029).
2 *Rüfner* in: Handbuch des Staatskirchenrechts II, § 66 (S. 921 ff.).
3 MünchArbR/*Richardi*, § 328 Rz. 28; *Thüsing*, FS Rüfner, 2003, S. 901 (914 ff.).

schen Kirche wird jeweils ausdrücklich als Grund für eine außerordentliche Kündigung benannt (§ 7 Abs. 3, 5 bzw. § 5 Abs. 2 EKD-Loyalitäts-RL). Grobe Loyalitätspflichtverletzungen können auch bei MAV-Mitgliedern ohne Abmahnung zur außerordentlichen Kündigung führen[1].

5. Keine besondere Gerichtsbarkeit

89   Für Streitigkeiten aus dem **Individualarbeitsrecht** sind ausschließlich die **Arbeitsgerichte** zuständig (§ 2 Abs. 1 Nr. 3 ArbGG). Bedient sich die Kirche oder eine kirchliche Einrichtung der Privatautonomie zur Begründung von Arbeitsverhältnissen und nutzt nicht spezifisch kirchliches Dienstrecht, findet das **staatliche Arbeitsrecht** Anwendung. Macht dabei ein kirchlicher Arbeitnehmer geltend, eine Kündigung sei unwirksam, weil die Mitarbeitervertretung nicht ordnungsgemäß beteiligt worden sei, so hat das Arbeitsgericht auch dies zu überprüfen (Rz. 74)[2].

90   Im **katholischen Bereich** wird diese Rechtslage durch Art. 10 Abs. 1 GrO bestätigt, der besagt, dass die staatlichen Arbeitsgerichte für den gerichtlichen Rechtsschutz zuständig sind, „soweit die Arbeitsverhältnisse kirchlicher Mitarbeiterinnen und Mitarbeiter dem staatlichen Arbeitsrecht unterliegen". Grundsätzlich haben die Arbeitsgerichte wie alle staatlichen Gerichte im Bereich der eigenen Angelegenheiten der Kirche (nur) zu prüfen, ob ein **für alle geltendes Gesetz** verletzt worden ist[3]. Dennoch kann die Anwendung kirchlichen Rechts auch im Urteilsverfahren (§ 2 Abs. 5 ArbGG) vor dem staatlichen Arbeitsgericht als **Vorfrage** eine wichtige Rolle spielen. Zwar wird durch Art. 10 Abs. 2 GrO für Rechtsstreitigkeiten aus dem AVR- bzw. MAVO-Recht auf die kirchlichen Gerichte verwiesen. Diese sind aber nur zuständig, soweit Kollektivnormen den Streitgegenstand ausmachen. Bezieht sich der Streitgegenstand dagegen auf ein **einzelnes Arbeitsverhältnis** (z.B. Kündigungsschutz, Entgeltfortzahlung wegen Krankheit etc.), so hat das staatliche Arbeitsgericht im Rahmen seiner Urteilsfindung auch die richtige Anwendung des kirchlichen Rechts zu überprüfen, ohne insoweit ein kirchliches Gericht anrufen zu können[4].

---

1 KGH.EKD v. 29.5.2006 – II-0124/M22-06: Voraussetzungen des § 626 BGB schon gegeben, wenn MAV-Mitglied am Informationsplatz des Krankenhauses der Dienststelle auf die Frage nach den Zeiten des Gottesdienstes durch eine Mitarbeiterin, von der er jedenfalls wusste, dass sie früher auch als Patientin im Krankenhaus der Dienststelle war, wörtlich gesagt hat: „Wollen Sie sich das wirklich antun? Meinen Sie, das hilft Ihnen noch?".

2 BAG v. 10.12.1992 – 2 AZR 271/92, NZA 1993, 593 (594).

3 BAG v. 25.4.1989 – 1 ABR 88/87, BAGE 61, 376 (382); Schliemann/*Gehring*/*Thiele*, Arbeitsrecht im BGB, Anh. III zu § 630 BGB Rz. 270; *Richardi*, Arbeitsrecht in der Kirche, § 21 Rz. 1–3.

4 *Richardi*, Arbeitsrecht in der Kirche, § 21 Rz. 2.

V. Der „Dritte Weg" als kirchenspezifisches kollektives Arbeitsrecht[1]

Die Arbeitsverhältnisse der verfassten Kirche und ihrer Einrichtungen wer-   91
den weder durch einseitige Regelung der Kirchenleitung („Erster Weg") noch
durch Tarifverträge („Zweiter Weg")[2], sondern durch einen „Dritten Weg" in
Form eines kircheneigenen Regelungsverfahrens bestimmt. Auf der Grundlage besonderer Kirchengesetze (Arbeitsrechtsregelungsgesetze im evangelischen Bereich bzw. KODA-Ordnungen im katholischen Bereich) werden
durch eine paritätisch von Mitarbeiterseite einerseits und Dienstgeberseite
andererseits besetzte Kommission die Arbeitsvertragsbedingungen festgelegt. Im Falle der Nichteinigung werden Schlichtungs- bzw. Vermittlungs-
verfahren eingeleitet, die an die Stelle des Arbeitskampfs im weltlichen
Arbeitsrecht treten. Das Letztentscheidungsrecht liegt im evangelischen
Bereich meist bei einer paritätisch besetzten Schlichtungskommission, ausnahmsweise bei der Synode, im katholischen Bereich dagegen beim Bischof.
Dass die „Eigenart des kirchlichen Dienstes" den Tarifvertrag zu einem un-
geeigneten Regelungsinstrument mache, wie die ganz h.M. betont[3], und daher nur der sog. Dritte Weg ein kirchengemäßes kollektives Arbeitsrecht er-
mögliche, ist wichtigste Konsequenz der kirchlichen „Dienstgemeinschaft"
(Rz. 39) und bedarf besonderer verfassungsrechtlicher Begründung.

1. Verfassungsrechtliche Begründung

a) Der sog. Dritte Weg findet seine verfassungsrechtliche Grundlage in der   92
institutionsrechtlichen Kirchenautonomie (Art. 137 Abs. 3 WRV i.V.m.
Art. 140 GG, Rz. 42). Die Rechtsprechung des BVerfG hat dazu verdeutlicht,
dass der Vorbehalt des „für alle geltenden Gesetzes" durch eine sorgfältige
Abwägung von Kirchenfreiheit einerseits und Schranken ziehendem Gesetz
andererseits unter maßgeblicher Berücksichtigung des kirchlichen Selbstverständnisses zu konkretisieren sei (Rz. 46 ff.). Eine Rechtspraxis, die dem
kirchlichen Leitbild einer „Dienstgemeinschaft" keine grundlegende Bedeutung zumisst, widerspricht laut BVerfG der Selbstbestimmungsgarantie des
Art. 137 Abs. 3 Satz 1 WRV[4]. Ohne dass das BVerfG ausdrücklich zum TVG
als einem die Kirchenautonomie in unzulässiger Weise einschränkenden Gesetz Stellung genommen hätte, lässt sich mit der h.M. dennoch feststellen,
dass der im Tarifvertragssystem angelegte Antagonismus zwischen Kapital

---

1 Vgl. auch Teil 11 Rz. 314 ff.
2 Zur Ausnahme eines „kirchlichen" Tarifvertrags in der nordelbischen Evang. Kirche
   vgl. Rz. 109 sowie *Hammer*, S. 184 ff.; *Richardi*, Arbeitsrecht in der Kirche, § 13
   Rz. 10 ff.
3 Vgl. nur Schliemann/*Gehring/Thiele*, Arbeitsrecht im BGB, Anh. III zu § 630 BGB
   Rz. 73 bzw. 114 ff.; *Hollerbach* in: Handbuch des Staatsrechts VI, § 139 Rz. 48; *Jurina*,
   FS Listl, 1999, S. 519 (526 f.); *Pahlke*, NJW 1986, 350 (353); *Richardi*, Arbeitsrecht in
   der Kirche, § 12 Rz. 7; *Richardi*, RdA 1999, 112 (116 f.); *Thüsing*, RdA 1997, 163; kritisch aber *Bischoff/Hammer*, AuR 1995, 161 (167); *Gamillscheg*, FS Zeuner, 1994,
   S. 39; *Hammer*, S. 134 ff., 177 ff.
4 BVerfG v. 25.3.1980 – 2 BvR 208/76, BVerfGE 53, 366 (402 f.); BVerfG v. 4.6.1985 –
   2 BvR 1703, 1718/83 und 856/84, BVerfGE 70, 138 (167); *Richardi*, NZA 1998, 1305;
   Thüsing, RdA 1997, 163 (165).

und Arbeit mit dem Wesen der kirchlichen Dienstgemeinschaft unvereinbar ist. Die Dienstgemeinschaft der in der kirchlichen Einrichtung Tätigen ist so sehr durch das Miteinander im Dienste Gottes und seines Auftrags an die diakonische Einrichtung geprägt, dass die Gemeinsamkeit des Ziels und der Aufgabe es ausschließen, durch offenen Druck ggf. auch durch Arbeitskampf die Änderung der Arbeitsbedingungen erzwingen zu wollen[1]. Sie gäbe ihren Sendungsauftrag preis, wollte sie ihre Glaubensverkündigung und die Werke der Nächstenliebe unter den Vorbehalt wechselseitiger Druckausübung zur Wahrung der eigenen Vermögensinteressen stellen[2].

93 Mit der Ablehnung des Tarifvertragssystems und den entsprechenden Arbeitskampfformen wird den kirchlichen Mitarbeitern **nicht das Grundrecht der Koalitionsfreiheit** abgeschnitten. Allerdings muss die Koalitionsfreiheit nach Art. 9 Abs. 3 GG mit dem kirchlichen Selbstbestimmungsrecht nach Art. 140 GG in das Verhältnis praktischer Konkordanz gebracht werden[3]. Dem trägt Art. 6 GrO für den katholischen Bereich Rechnung, wenn er den Mitarbeiterinnen und Mitarbeitern des kirchlichen Dienstes ausdrücklich ihre individuelle Koalitionsfreiheit bestätigt, aber ebenso deutlich betont, dass die Koalitionsfreiheit diese nicht von der Pflicht entbindet, „ihre Arbeit als Beitrag zum Auftrag der Kirche zu leisten" (Art. 6 Abs. 1 Satz 3 GrO). Entscheidend ist aber für den katholischen Bereich die Formulierung des **Art. 7 Abs. 2 GrO**:

„Wegen der Einheit des kirchlichen Dienstes und der Dienstgemeinschaft als Strukturprinzip des kirchlichen Arbeitsrechts schließen kirchliche Dienstgeber keine Tarifverträge mit Gewerkschaften ab. Streik und Aussperrung scheiden ebenfalls aus."

94 Auch für den **evangelischen Bereich** gilt, dass es einen Arbeitskampf in der Kirche nicht geben kann:

„Jeder Mitarbeiter in der Kirche ist dem Auftrag verpflichtet, den der Herr der Kirche gegeben hat und gibt. Diesem Auftrag kann man sich nicht einfach entziehen, um seine Forderungen durchzusetzen. Ebenso wenig kann eine Kirchenleitung einen Mitarbeiter von der Erfüllung dieses Auftrages aussperren"[4].

Allerdings fehlt es an einer Grundlagenregelung wie in Art. 7 Abs. 2 GrO. Die Durchführung des „Dritten Wegs" ergibt sich aber aus den **Arbeitsrechtsregelungsgesetzen** der Landeskirchen und der Diakonie, die an das ARRG-EKD vom 10.11.1988[5] angelehnt sind und auf dem Leitbild der kirchlichen Dienstgemeinschaft beruhen (Rz. 109 ff.)[6].

---

1 *Thüsing*, RdA 1997, 163 (164); *Thüsing*, ZevKR 41 (1996), 52 (57).
2 Vgl. theologische Begründung bei *Grethlein*, ZevKR 37 (1992), 1 (7 ff.).
3 *Hesse* in: Handbuch des Staatskirchenrechts I, § 17 (S. 557); *Richardi*, Arbeitsrecht in der Kirche, § 9 Rz. 13–16.
4 So ein Schreiben des bayerischen Landesbischofs *Hanselmann* vom 30.6.1978 zum Erlass des ARRG v. 30.3.1977, ABl.EKD 1977, 79, zit. bei *Reichold*, Zweite Erlanger FS K. H. Schwab, 2000, S. 93 (94); dazu ferner *Grethlein/Spengler*, BB 1980, Beilage Nr. 10, S. 4 ff.
5 ARRG-EKD v. 10.11.1988, ABl.EKD 1988, S. 366.
6 Ausführlich dargestellt bei Schliemann/*Gehring/Thiele*, Arbeitsrecht im BGB, Anh. III zu § 630 BGB Rz. 77 ff.

b) Die **Kritik an der h. M.** entzündet sich vor allem daran, dass „das Verhält- 95
nis von Kirchenautonomie und Gesetzesvorbehalt auf den Kopf gestellt würde"[1], wenn sich das kirchliche Selbstverständnis gegenüber der vorbehaltlos
gewährten Koalitionsfreiheit auch da durchsetze, wo die Kirche kraft Arbeitsvertragsrechts wie ein normaler Arbeitgeber agiere[2]. Auch Theologen
haben kritisiert, dass der Versuch der Kirchen, einen theologisch begründeten Dritten Weg ohne die Konfliktlösungsmechanismen des weltlichen
Rechts beschreiten zu wollen, den sozialen Realitäten jedenfalls kirchlicher
Unternehmen wie z. B. den Krankenhäusern nicht gerecht werde[3]. Die Rede
von der Dienstgemeinschaft wäre nur berechtigt, handelte es sich um einen
kleinen Kreis von Gleichgesinnten, vergleichbar mehr einer Genossenschaft
als einer Belegschaft[4].

c) Stellungnahme: Den Kritikern ist zu entgegnen, dass sie die deutsche 96
staatskirchenrechtliche Besonderheit, wonach die Religionsfreiheit nicht auf
den Raum der Gesellschaft zu beschränken, sondern ihr auch in staatlichen
Institutionen Raum zu geben ist, nicht ernst genug nehmen. Diese Grundsatzentscheidung war 1919 bewusst getroffen worden: Deutschland verzichtete damals auf den französischen Weg, die Kirchen in das Privatrecht abzu-
drängen und sie im staatlichen Recht zu Vereinen herabzustufen[5]. Die
deutsche Verfassung hat damit zum Ausdruck gebracht, dass Religion und
Weltanschauung nicht nur Privatsache sind, sondern dass der Auftrag der
Kirchen auch in der Öffentlichkeit des demokratischen Staatslebens einen
Platz haben soll. Auf der Grundlage dieser Weichenstellung lässt sich ein
Vorrang des Tarifvertragssystems als Ausfluss von Art. 9 Abs. 3 GG **nicht
begründen.** Gewichtet man den besonderen öffentlichen Auftrag der Kirchen
so, wie es die Rechtsprechung des BVerfG tut, dann gebietet es der Respekt
vor der Kirchenautonomie, anstelle der tarifvertraglichen offenen Konflikt-
austragung ein kirchenspezifisches Arbeitsrechts-Regelungssystem anzuerkennen, das sich dem **wirtschaftsfriedlichen Leitbild** der Dienstgemeinschaft unterordnet. Das Tarifsystem ist keineswegs die ausschließliche
Form der nach Art. 9 Abs. 3 GG gewährleisteten „Förderung der Arbeits-
und Wirtschaftsbedingungen"[6]. Wie besonders *Richardi* zu Recht betont hat,
sind Tarifvertrag und Arbeitskampf Koalitionsmittel in einem marktwirtschaftlich organisierten Arbeitsleben. Der Staat kann aber die Kirchen nicht
dazu zwingen, auch bei Betätigung in privatrechtlicher Gestaltungsform sich
den marktwirtschaftlichen Funktionsbedingungen ganz und gar unterzuord-

---

1 So *Gamillscheg*, FS Zeuner, 1994, S. 39 (47).
2 Zur Kritik vgl. Däubler/Zwanziger, TVG, § 4 Rz. 1033 ff.; *Gamillscheg*, Kollektives
  Arbeitsrecht I, 1997, S. 1117 f.; *Hammer*, S. 328 ff.; *Kessler*, Die Kirchen und das Arbeitsrecht, 1986, S. 275 ff., 298 f.; *Kühling*, AuR 2001, 241; *Zeuner*, ZfA 1985, 127
  (134).
3 v. *Nell-Breuning*, AuR 1979, 1 (8); *Petzoldt*, Luth. Monatshefte 1999, 30 ff.
4 So *Gamillscheg*, FS Zeuner, 1994, S. 39 (47).
5 *Hesse* in: Handbuch des Staatskirchenrechts I, § 17 (S. 522 f.); *Hollerbach* in: Handbuch des Staatsrechts VI, § 138 Rz. 15 f., 28; *Link*, FAZ Nr. 180 v. 6.8.1998, S. 8.
6 BVerfG v. 1.3.1979 – 1 BvR 532, 533/77, 419/78 und 1 BvL 21/78, BVerfGE 50, 290
  (371); dazu *Pahlke*, NJW 1986, 350 (353); *Richardi*, Arbeitsrecht in der Kirche, § 10
  Rz. 32 ff.; MünchArbR/*Richardi*, § 329 Rz. 14.

nen[1]. Schon vom eigenen Selbstverständnis des kirchlichen Auftrages her kann es keine Aussperrung durch die Kirchen gegenüber ihren Mitarbeitern geben. Würde dennoch ein Streik zugelassen, so bestünde im kirchlichen Bereich **keine Parität** zwischen Arbeitgeber- und Arbeitnehmerseite. Dies ist aber Grundvoraussetzung für die Anerkennung des Arbeitskampfes aufgrund seiner Konnexität zum Tarifvertrag[2]. Die Kirche muss daher um ihrer Glaubwürdigkeit willen in der Lage sein, Interessenkonflikte mit ihren Mitarbeitern auch ohne offenen Arbeitskampf auszutragen. Macht der Staat ihr dies unmöglich, so trifft ein derartiges Gesetz die Kirche härter als den „Jedermann", weil sie gezwungen wird, ihren Auftrag den Funktionsvoraussetzungen der Tarifautonomie unterzuordnen[3]. Dies hat das ArbG Bielefeld kürzlich bestätigt, indem es der Gewerkschaft ver.di untersagte, in kirchlichen Einrichtungen zum Streik aufzurufen[4]. Die Gewerkschaft hat angekündigt, den Instanzenzug voll auszuschöpfen, was die Brisanz der Thematik verdeutlicht[5].

2. Einfach-gesetzliche Begründung

97 Erstmals im sog. Vorruhestandsgesetz vom 13.4.1984[6] wurde eine „Regelung der Kirchen" neben einem Tarifvertrag als mögliche Anspruchsvoraussetzung vom **staatlichen Gesetzgeber ausdrücklich benannt** (vgl. jetzt § 3 Abs. 1 Nr. 1 ATG). Inzwischen finden sich in § 21a Abs. 3 JArbSchG und in § 7 Abs. 4 ArbZG ähnliche gesetzliche Formulierungen:

„Die Kirchen und die öffentlich-rechtlichen Religionsgesellschaften können die in Abs. 1, 2 oder 2a genannten Abweichungen in ihren Regelungen vorsehen" (§ 7 Abs. 4 ArbZG).

Die Begründung der Bundesregierung hierzu betonte, dass damit die **Klarstellung** bezweckt sei, dass den Kirchen ebenso wie den Tarifpartnern aufgrund der Rechtsprechung des BVerfG eine eigenständige Regelungsbefugnis zukomme. Festgestellt wird weiter, dass nach der Rechtsprechung karitative und erzieherische Einrichtungen der Kirchen ebenfalls einzubeziehen seien[7]. Aus dieser Reaktion des Gesetzgebers wird gefolgert, dass jedenfalls seit 1984 der staatliche Gesetzgeber die kirchlichen Arbeitsrechtsregelungen als **Tarifverträgen adäquate Kollektivbestimmungen** für den Bereich der Kirchen

---

1 *Richardi*, Arbeitsrecht in der Kirche, § 10 Rz. 15–21; MünchArbR/*Richardi*, § 329 Rz. 14.

2 *Richardi*, NZA 2002, 929 (931 ff.); *Richardi*, Arbeitsrecht in der Kirche, § 10 Rz. 9 ff.; *Thüsing*, RdA 1997, 163 (164 f.).

3 So z. B. *Klostermann*, ZevKR 51 (2006), 169 (175 ff.); *Richardi*, NZA 2002, 929 (932 ff.), in Auseinandersetzung mit *Kühling*, AuR 2001, 241; vgl. ferner *Waldhoff*, GedS Heinze, 2005, S. 995 (1000 ff.).

4 ArbG Bielefeld v. 3.3.2010 – 3 Ca 2958/09.

5 Vgl. hierzu auch *Schliemann*, NJW-Editorial Heft 45/2009; *Hengsbach*, ZMV 2009, 286; *Robbers*, ZMV 2009, 287.

6 Das VorruhestandsG galt nur bis zum 31.12.1988 und ist inzwischen abgelöst worden durch das Altersteilzeitgesetz (ATG) vom 23.7.1996 (BGBl. I, 1078).

7 BT-Drucks. 10/2706, S. 19; vgl. ferner *Schliemann*/*Gehring*/*Thiele*, Arbeitsrecht im BGB, Anh. III zu § 630 BGB Rz. 153.

und ihrer Einrichtungen anerkennt[1]. Allerdings hat das BAG im Hinblick auf § 14 Abs. 2 Satz 3 TzBfG entschieden, dass hier eine verfassungskonforme Lückenschließung wegen der möglicherweise „vergessenen" Kirchenklausel nach Gesetzesentstehung und Sinn und Zweck der Regelung nicht in Betracht käme[2]. Damit hat das BAG auch der oben genannten verbreiteten Meinung vom Charakter kirchlicher Regelungen als „Tarifsurrogat" eine Absage erteilt. Die direkt betroffene EKD hat dagegen Verfassungsbeschwerde eingelegt, insbesondere um zu verhindern, dass das Kommissionsverfahren des „Dritten Wegs" durch das Urteil unangemessen diskreditiert werde[3]. In der Sache ist zu kritisieren, dass laut BAG nur die Streikdrohung das fehlende „materielle" Gleichgewicht zwischen Arbeitgeber- und Arbeitnehmerseite kompensieren können soll. Der 6. BAG-Senat hat das zutreffend anders gesehen, als er schon die paritätische Besetzung der Kommissionen und die Weisungsunabhängigkeit ihrer Mitglieder für hinreichend paritätsfördernd hielt (näher Rz. 104)[4].

3. Dogmatische Grundlagen der Arbeitsrechtsregelungen

a) Verhältnis zum TVG. Laut § 2 Abs. 1 TVG sind „einzelne Arbeitgeber" **tariffähig.** Darunter würden auch die Bistümer, die einzelnen Landeskirchen (Gliedkirchen) und ihre rechtlich verselbständigten Einrichtungen des privaten oder öffentlichen Rechts (Rz. 10, 15 ff.) fallen[5]. Der Tariffähigkeit stünde auch nicht entgegen, dass die Kirchen ihrerseits weder arbeitskampf- noch tarifwillig sind. Dass die Einigung auf einen Tarifvertrag ohne wechselseitige Androhung von Streik oder Aussperrung sich mit dem Auftrag der Kirche vereinbaren lässt, zeigen einerseits die „kirchlichen Tarifverträge" in der Nordelbischen und Berlin-Brandenburgischen Kirche (Rz. 109)[6], andererseits die im kirchlichen Bereich regelmäßig übernommenen **Tarifverträge des öffentlichen Dienstes** (Rz. 12). Bei der Übernahme des TVöD bzw. TV-L ist aber zu beachten, dass mangels Tarifgebundenheit des kirchlichen Arbeitgebers – er ist nicht Mitglied eines der Arbeitgeberverbände, die den TVöD/TV-L abgeschlossen haben – und mangels fachlicher Geltung des TVöD/TV-L für kirchliche Einrichtungen eine **normative** Geltung der Rechtsnormen des TVöD/TV-L (§ 4 Abs. 1 TVG) von vornherein **ausscheidet.** Die Übernahme

98

---

1 So *Dütz*, FS Schaub, 1995, S. 157 (171); Schliemann/*Gehring/Thiele*, Arbeitsrecht im BGB, Rz. 160; *Grethlein*, ZevKR 37 (1992), 1 (25); *v. Hoyningen-Huene*, RdA 2002, 65 (68 f.); *Thüsing*, ZevKR 41 (1996), 52 (64).
2 BAG v. 25.3.2009 – 7 AZR 710/07, NZA 2009, 1417; dazu krit. *Reichold*, NZA 2009, 1377 (1379 f.).
3 *Reichold*, NZA 2009, 1377 (1379).
4 BAG v. 17.11.2005 – 6 AZR 160/05, NZA 2006, 872 (874 – Rz. 24); ferner *Klostermann*, ZevKR 51 (2006), 169 (180 ff.).
5 *Thüsing*, ZevKR 41 (1996), 52 (55).
6 Dazu *Richardi*, Arbeitsrecht in der Kirche, § 13 Rz. 13 ff., 21; MünchArbR/*Richardi*, § 330 Rz. 2, der allerdings betont, dass dieser sog. „Zweite Weg" sich bei näherem Hinsehen als besondere Form eines kirchlichen Beteiligungsmodells entpuppt, das mit den Ordnungsgrundsätzen des Tarifvertragssystems unvereinbar erscheint; das Verbot von Arbeitskampfmaßnahmen kann erst dann wirken, wenn ein Tarifvertrag existiert, vgl. Rz. 109.

des öffentlichen Dienstrechts in den Kirchen und ihren Einrichtungen ist mit *Richardi* als **Notlösung** zu bezeichnen[1]. Auch eine Allgemeinverbindlicherklärung nach § 5 TVG, die eine **normative Ausdehnung** des TVöD/TV-L auf den kirchlichen Bereich bewirken könnte, wird von der h. M. zutreffend abgelehnt[2]: Der Staat kann als Außenstehender nicht auf diesem „Umweg" die Kirche mittelbar dazu zwingen, sich am Tarifvertragssystem und seinen Ergebnissen zu beteiligen. Kann der Staat nicht selbst den Inhalt kirchlicher Arbeitsrechtsregelungen festlegen, so kann er dies auch nicht auf dem Umweg über den Antrag einer Tarifvertragspartei auf Allgemeinverbindlicherklärung tun. Die Kirche ist vielmehr gehalten, ein ihrem Verfassungsstatus gemäßes „**Tarifsurrogat**" selbst zu schaffen. Mit den Verfahrensordnungen zur Ausgestaltung des Dritten Wegs hat sie dies auch umgesetzt (Rz. 109 ff.)

99   **b) Rechtsnormqualität kirchlicher Arbeitsrechtsregelungen (AVR)**. Umstritten sind der Geltungsgrund und die Rechts(norm)qualität der im Rahmen des Dritten Weges zustande gekommenen Arbeitsrechtsregelungen (geläufig z. B. als Arbeitsvertrags-Richtlinien – AVR, Dienstvertragsordnung – DiVO, Kirchliche Anstellungsordnung – KAO, BAT-KF etc.). Einig ist man sich lediglich darin, dass eine sinngemäße Anwendung des § 4 Abs. 1 TVG ausscheidet, weil der Dritte Weg der Kirchen und ihrer Einrichtungen ja gerade eine **Distanzierung** vom Tarifsystem bezweckt[3]. Das BAG betont in ständiger Rechtsprechung, dass kirchliche AVR auf kirchenrechtlichen Bestimmungen beruhten, die ohne Vereinbarung mit einer Gewerkschaft oder einem Zusammenschluss von Gewerkschaften als Tarifvertragspartei (§ 2 TVG) zustande gekommen seien. Es handele sich deshalb nicht um Tarifverträge, sondern um eigenständige Regelungen[4].

100   **aa)** Der **Geltungsgrund** der Arbeitsrechtsregelungen liegt in den kircheneigenen KODA-Ordnungen bzw. Arbeitsrechtsregelungsgesetzen (ARRG), die aufgrund Art. 137 Abs. 3 Satz 1 WRV als **Kirchengesetze** erlassen werden. Für den katholischen Bereich formuliert daher Art. 7 Abs. 1 Satz 1 GrO:

> „Das Verhandlungsgleichgewicht ihrer abhängig beschäftigten Mitarbeiterinnen und Mitarbeiter bei Abschluss und Gestaltung der Arbeitsverträge sichert die katholische Kirche durch das ihr verfassungsmäßig gewährleistete Recht, ein eigenes Arbeitsrechts-Regelungsverfahren zu schaffen."

Kirchliche Vorschriften über das Verfahren zur kollektiven Regelung von **Arbeitsverhältnissen** sind also „Kirchenrecht im eigentlichen Sinn"[5]. Gleiches

---

1 *Richardi*, Arbeitsrecht in der Kirche, § 10 Rz. 30, § 12 Rz. 19; *Richardi* in: Handbuch des Staatskirchenrechts II, § 67 (S. 937).

2 *Richardi*, Arbeitsrecht in der Kirche, § 10 Rz. 25–27; *Thüsing*, ZevKR 41 (1996), 52 (62 f.).

3 *Dütz*, FS Schaub, 1998, S. 157 (161); Schliemann/*Gehring*/*Thiele*, Arbeitsrecht im BGB, Anh. III zu § 630 BGB Rz. 161; *Richardi*, Arbeitsrecht in der Kirche, § 15 Rz. 3; MünchArbR/*Richardi*, § 330 Rz. 18.

4 Vgl. nur BAG v. 8.6.2005 – 4 AZR 412/04, ZTR 2006, 270 = ZMV 2006, 96; BAG v. 6.11.1996 – 5 AZR 334/95, BAGE 84, 282 (290) = NZA 1997, 778 (779 f.); ferner *Bepler*, KuR 2004, 139 ff.

5 *Dütz*, FS Schaub, 1998, S. 157 (158).

gilt für die Beschlüsse der kirchlichen Kommissionen und Ausschüsse im
Bereich der verfassten Kirche. Diese Verbindlichkeit des kirchlichen Dienstrechts bedeutet aber genauso wenig wie im öffentlichen Dienstrecht, dass es
zu einer „Verbeamtung" oder Klerikalisierung der Arbeitsverhältnisse in den
Kirchen kommt. Vielmehr wird dadurch für die staatliche Arbeitsvertragsordnung klargelegt, wie die den Kirchen verfassungsrechtlich ermöglichten Zonen der **Eigengestaltung** ausgefüllt werden (vgl. z. B. Rz. 75 ff. für
kirchenspezifische Kündigungsgründe)[1]. Rechtsdogmatisch verwandelt sich
Kirchenrecht in Vertragsrecht.

Bei den **rechtlich verselbständigten Einrichtungen** des DCV bzw. DW-EKD   101
(Rz. 15 ff.) stellt sich die Frage nach dem Geltungsgrund noch anders. Hier
bedarf es einer „doppelten" Transformation, weil begründet werden muss,
wie die kirchenrechtlichen Vorgaben der KODA-Ordnungen bzw. ARRG in
das private **Organisationsrecht** (Vereins- oder Gesellschaftsrecht) so einfließen, dass die Arbeitsverhältnisse den staatskirchenrechtlich erwünschten
Gleichklang mit den kirchlich verfassten Arbeitsverhältnissen aufweisen[2].
Hier geht es also nicht allein um die Frage nach der Transformation von Kirchenrecht in Arbeitsvertragsrecht (Rz. 100), sondern um die Frage nach der
Transformation von Kirchenrecht in weltliches Verbandsrecht *und* Arbeitsrecht. Dieser „Transport" erfolgt (1) über die satzungsmäßige Anerkennung
der Zugehörigkeit zur verfassten Kirche (Rz. 19), (2) über die kirchliche Bestätigung dieser Zuordnung[3], und (3) über die arbeitsvertragliche Bezugnahme der jeweils einschlägigen AVR im Einzelvertrag.

bb) Das BAG vertritt in ständiger Rechtsprechung, dass den AVR für das ein-   102
zelne Arbeitsverhältnis unmittelbar **keine normative Wirkung** zukomme;
vielmehr fänden diese nur kraft einzelvertraglicher Bezugnahme Anwendung auf das Arbeitsverhältnis[4]. Das BAG hat am 8.6.2005 ausdrücklich
klargestellt[5], dass den AVR deshalb kein „normativer Charakter" zukomme,
weil sich eine Befugnis zu in den staatlichen Raum hineinwirkender Normsetzung unabhängig von einem individualvertraglich zum Ausdruck gekommenen Umsetzungswillen aus dem kirchlichen Selbstverwaltungsrecht
nicht ergäbe. Ob etwas normativ gilt, so auch BAG-Richter *Bepler*, entschei-
de das allgemeine Gesetz, das aber in § 4 Abs. 1 TVG lediglich Tarifverträgen
und nicht kirchlichen AVR die normative Wirkung zuspreche[6]. Entscheiden
sich die Kirchen für eine privatrechtliche Ausgestaltung ihrer Rechtsverhältnisse, haben sie auch nur die Möglichkeiten des Privatrechts, um die ihnen

---

1 *Richardi*, Arbeitsrecht in der Kirche, § 12 Rz. 9.
2 Dazu *Christoph*, ZevKR 34 (1989), 406 (423 ff.); *Jürgens*, Die normative Tragweite,
  1991, insb. S. 146 ff.; *Winter/Adamek*, ZevKR 33 (1988), 441 (443 ff.).
3 Vgl. etwa § 5 Kirchengesetz DW-EKD: „Der Dienst im Diakonischen Werk gilt als
  kirchlicher Dienst im Sinne des Dienstrechts der EKD".
4 BAG v. 20.3.2002 – 4 AZR 101/01, AP Nr. 53 zu Art. 140 GG (Anm. *Richardi*) = NZA
  2002, 1402; BAG v. 28.1.1998 – 4 AZR 491/96, AP Nr. 11 zu § 12 AVR Caritasverband;
  BAG v. 6.11.1996 – 5 AZR 334/95, BAGE 84, 282 (286); BAG v. 26.7.1995 – 4 AZR
  318/94, AP Nr. 8 zu § 12 AVR Caritasverband.
5 BAG v. 8.6.2005 – 4 AZR 412/04, ZTR 2006, 270 = ZMV 2006, 96.
6 *Bepler*, KuR 2004, 139 (142).

in der Ausgestaltung weitgehend freigestellten kirchenarbeitsrechtlichen Bestimmungen im einzelnen Arbeitsverhältnis zur Geltung zu bringen. Dem wird im Schrifttum entgegengehalten, dass – jedenfalls – die vom BAG in einem zweiten Schritt vertretene Gleichstellung der AVR mit allgemeinen Arbeitsbedingungen und die daraus abgeleitete Befugnis zur Billigkeitskontrolle[1] nicht der verfassungsrechtlichen Gewährleistung des Dritten Wegs als eines Tarifsurrogats gerecht würden[2]. Schon die Normsetzungsbefugnis der Kirchen wird von einigen Stimmen **öffentlich-rechtlich** im Sinne einer staatskirchenrechtlichen Delegationstheorie begründet (insb. *Pahlke, Thüsing, v. Tiling*), von *Richardi* dagegen **privatrechtlich** im Sinne einer verbandsrechtlichen Mandatstheorie (unter Verweis auf *Bötticher*)[3]. *Gehring/Thiele* lassen ebenso wie *Dütz* die vereinzelten einfach-gesetzlichen Kirchenklauseln (Rz. 97) als „pars pro toto" einer staatlichen Anerkennung der AVR-Normqualität ausreichen[4].

103   **cc) Stellungnahme**: Die Frage der Rechtskontrolle von AVR (Rz. 104 f.) darf **nicht** mit der Frage der Normqualität kirchlicher Arbeitsrechtsregelungen verwechselt werden[5]. *Dütz* hat zutreffend herausgearbeitet, dass ohne „profanrechtliche Vermittlungen" die Kirchen nicht durch eigenes Recht auf die staatliche Arbeitsrechtsordnung **normativ** einwirken können[6]. Dem entspricht die bereits 1923 zu § 1 TVVO erstellte Analyse von *Alfred Hueck*, der die unmittelbare und zwingende Wirkung von „Normenverträgen" ohne besondere gesetzliche Anordnung (wie heute in § 4 Abs. 1 TVG, § 77 Abs. 4 Satz 1 BetrVG geschehen) für privatrechtsdogmatisch nicht begründbar hielt[7]. Weder die verfasste Kirche noch ihre verselbständigten Einrichtungen in Diakonie und Caritas können daher – unbeschadet ihrer staatskirchenrechtlichen Autonomie – die privatrechtlich gestalteten Arbeitsverhältnisse ihrer Mitarbeiter normativ kraft Kirchenrechts gestalten. Denn kirchenrechtliche Vorschriften zur Anwendung des ARRG-Verfahrens erreichen lediglich kirchliche Organe und Einrichtungen sowie Kirchenmitglieder, nicht aber die auf staatlichem Recht gegründeten Arbeitsverhältnisse kirchlicher Arbeitnehmer[8]. Auch der Versuch *Richardis*, die Rechtsgeltung über die Brücke des § 317 BGB als den Verbänden eingeräumtes „Dauergestaltungsrecht"

---

1 So noch BAG v. 24.9.1980 – 4 AZR 289/80, BAGE 34, 182 (184); BAG v. 17.4.1996 – 10 AZR 558/95, AP Nr. 24 zu § 611 BGB Kirchendienst = NZA 1997, 55 (56 f.); abweichend BAG v. 6.11.1996 – 5 AZR 334/95, BAGE 84, 282 (288 ff.).
2 Vgl. *Grethlein*, NZA 1986, Beilage 1 (S. 23); *Grethlein*, ZevKR 37 (1992), 1 (25); *Pahlke*, NJW 1986, 350 (355); *Richardi*, Arbeitsrecht in der Kirche, § 15 Rz. 3.; Münch-ArbR/*Richardi*, § 330 Rz. 18 ff.; *Schilberg*, ZevKR 41 (1996), 40 ff.; *Thüsing*, RdA 1997, 163 (165 ff.); *v. Tiling*, RdA 1979, 103 (122 f.).
3 Guter Überblick über die Diskussion bei *Schilberg*, ZevKR 41 (1996), 40 ff., und *Thüsing*, RdA 1997, 163 (165 ff.).
4 *Dütz*, FS Schaub, 1998, S. 157 (172); *Dütz*, FS Listl, 1999, S. 573 (583); Schliemann/ *Gehring/Thiele*, Arbeitsrecht im BGB, Anh. III zu § 630 BGB Rz. 166; ergebnisorientiert auch *Thüsing*, NZA 2002, 306 (311); Schaub/*Linck*, Arbeitsrechts-Handbuch, § 185 Rz. 8.
5 Zutr. *Schliemann*, FS Hanau, 1999, S. 577 (595 f.).
6 *Dütz*, FS Schaub, 1998, S. 157 (160).
7 *A. Hueck*, Normenverträge, Jherings Jahrbücher Bd. 73 (1923), 33 (insb. 85 ff.).
8 *Dütz*, FS Schaub, 1998, S. 157 (163 f.).

privatrechtsdogmatisch zu erklären[1], vermag nicht zu überzeugen. Schon die tatsächliche Ausgestaltung des Dritten Wegs (Rz. 111, 122) **widerlegt** die Behauptung eines verbandsautonomen Regelungsverfahrens. Auch rechtsdogmatisch ist *Alfred Hueck* bis heute nicht widerlegt, der die **Unmittelbarkeit** einer Regelung „von unten" nicht ohne Gesetzesbefehl bejahen wollte. Dem ist z. b. mit *Rieble* hinzuzufügen, dass Durchbrechungen des Relativitätsgrundsatzes im Schuldrecht einer staatlichen Ermächtigung wie in § 4 Abs. 1 TVG bedürfen[2]. Somit bleibt nur die **Geltung kraft staatlicher Ermächtigung**, wie sie aber schwerlich unmittelbar aus Art. 140 GG i. V. m. Art. 137 Abs. 3 WRV abgeleitet werden kann[3]. Die Normsetzungsbefugnis der Kirchen und ihrer Einrichtungen kann auch dann **nicht bejaht** werden[4], wenn sie ihren ARK-/KODA-Beschlüssen kirchengesetzlich eine „normative Wirkung" zusprechen[5].

c) Inhaltskontrolle der AVR. Das BAG wertete zunächst kirchliche Arbeits-   104
rechtsregelungen nicht anders als andere allgemeine Arbeitsbedingungen und unterzog sie ausdrücklich einer sog. **Billigkeitskontrolle**, weil ihnen anders als Tarifverträgen wegen der gestörten Vertragsparität keine materielle Richtigkeitsgewähr zukomme[6]. Später wurde entschieden, dass jedenfalls insoweit die **für Tarifverträge geltenden Maßstäbe** heranzuziehen seien, als tarifliche Regelungen von den Kirchen „ganz oder mit im Wesentlichen gleichen Inhalten" übernommen würden[7]. Dem schloss sich 1998 der 4. Senat an und verzichtete ebenfalls auf eine Inhaltskontrolle von AVR[8]. In beiden Fällen hatte die ARK Regelungen des BAT übernommen.

Zur neuen Rechtslage (vgl. §§ 305 ff. BGB) hat der 6. Senat des BAG bestä-   105
tigt, dass es sich bei **AVR-Normen** grundsätzlich um **allgemeine Geschäftsbedingungen i. S. d. §§ 305 ff. BGB** handelt[9]. Weil der Gesetzgeber kirchliche AVR bei der Neuregelung des AGB-Rechts in Kenntnis der BAG-Rechtsprechung nicht in die Formulierung des § 310 Abs. 4 Satz 1 BGB aufgenommen

---

1 *Richardi*, Arbeitsrecht in der Kirche, § 15 Rz. 67 ff. unter Verweis auf *Bötticher*, Gestaltungsrecht und Unterwerfung im Privatrecht (1964).

2 *Rieble*, Arbeitsmarkt und Wettbewerb, 1996, Rz. 1201, 1204; ähnlich *Dütz*, FS Schaub, 1998, S. 157 (165): „Das Interesse eines Dritten kann ... für sich allein ohne rechtliche Verfestigung nicht bewirken, dass eine gem. § 317 BGB herbeigeführte Rechtsgestaltung einer davon abweichenden Individualvereinbarung vorgeht"; *Zöllner/Loritz*, 5. Aufl., § 33 IV 1 (S. 374).

3 Zutreffend *Dütz*, FS Schaub, 1998, S. 157 (169 f.).

4 Verneinend auch Däubler/*Zwanziger*, TVG, § 4 Rz. 1040; *Hammer*, ZTR 2002, 302 (313 f.); *Hammer*, S. 423 ff.

5 So z. B. die evang.-luth. Kirche Bayern seit 1.4.2001 in § 3 Satz 1 ARRG (KABl. 2001, 159).

6 BAG v. 4.2.1976 – 5 AZR 83/75, BAGE 28, 14 (19 f.), dazu *Richardi*, Arbeitsrecht in der Kirche, § 15 Rz. 44 ff.; *Thüsing*, Anm. zu AP Nr. 24 zu § 611 BGB Kirchendienst.

7 BAG v. 6.11.1996 – 5 AZR 334/95, BAGE 84, 282 (Ls. 1) = AP Nr. 1 zu § 10a AVR Caritasverband = NZA 1997, 778.

8 BAG v. 28.1.1998 – 4 AZR 491/96, AP Nr. 11 zu § 12 AVR Caritasverband = NZA-RR 1998, 424.

9 BAG v. 17.11.2005 – 6 AZR 160/05, NZA 2006, 872; ferner v. *Hoyningen-Huene*, FS Richardi, 2007, S. 909 ff.

habe, müsse im Umkehrschluss gefolgert werden, dass die AVR grundsätzlich einer Überprüfung nach §§ 305 ff. BGB unterliegen müssten. Damit wurde einer Literaturmeinung widersprochen, die § 310 Abs. 4 Satz 1 BGB auch auf kirchliche Arbeitsrechtsregelungen (AVR) erstrecken wollte[1]. Dennoch hat der 6. Senat des BAG unter Rückgriff auf die Entstehungsgeschichte des § 310 Abs. 4 Satz 2 BGB es für richtig gehalten, kirchliche AVR **keiner strengeren Inhaltskontrolle** zu unterwerfen als Tarifverträge, weil es sich beim sog. Dritten Weg und den dort getroffenen Kommissionsbeschlüssen um „im Arbeitsrecht geltende Besonderheiten" handele, die bei der Inhaltskontrolle zu berücksichtigen seien. Damit bestätigt das BAG eine starke Meinung in der Literatur, wonach auch ein **strukturelles Gleichgewicht**, wie es durch paritätische Zusammensetzung und durch Weisungsunabhängigkeit bei den Rechtsetzungsgremien des Dritten Wegs gesichert erscheint, zu einer Richtigkeitsvermutung der ausgehandelten Normen führen kann. Die so hergestellte „Parität" wird durch die kirchengesetzliche Bindung an die Postulate der kirchlichen **Dienstgemeinschaft** (Rz. 39 ff.) gesichert[2]. Faktisch herrscht innerhalb der karitativen Einrichtungen ohnehin ein erheblicher Anpassungsdruck an konkurrierende weltliche „Sozialkonzerne"[3]. Auch das bischöfliche bzw. synodale Letztentscheidungsrecht (Rz. 113, 119) ändert nichts am grundsätzlich vorhandenen Verhandlungsgleichgewicht; denn die dort getroffene Entscheidung ist weder rechtstatsächlich noch rechtsdogmatisch als „Arbeitgeber"-Entscheidung anzusehen, sondern als Spruch eines kraft Kirchenrechts unabhängigen Dritten[4]. Freilich verweist das BAG nach wie vor auf die inhaltliche Anlehnung der AVR an die Tarifverträge des öffentlichen Dienstes, so dass nicht ohne weiteres feststeht, ob die Inhaltskontrolle von AVR in jedem Fall, d. h. auch bei eigenständigen kirchlichen Inhalten, als reine **Rechtskontrolle** wie bei Tarifverträgen zu handhaben ist. Insoweit setzte der 4. Senat des BAG[5] jüngst einen neuen Akzent, indem er den AGB-Charakter von AVR dem Aspekt der Leistungsbestimmung durch einen Dritten (gemeint ist die ARK) unterordnete und sich damit für eine „Billigkeitskontrolle" gem. §§ 317, 319 BGB entschied, mithin einen dem kirchlichen Kommissionsverfahren geschuldeten dogmatischen Sonderweg einschlug. Dass sich der 4. Senat durch diese Rechtsprechung in Widerspruch zu der des 6. Senats setzte, scheint evident[6]. Der 6. Senat hat am

---

1 So z.B. *Richardi*, NZA 2002, 1057 (1063); *Richardi*, Arbeitsrecht in der Kirche, § 15 Rz. 43; *Thüsing*, ZTR 2005, 507 (510).

2 H.M., vgl. *Dütz*, FS Listl, 1999, S. 573 (584 f.); Schliemann/*Gehring/Thiele*, Arbeitsrecht im BGB, Anh. III zu § 630 BGB Rz. 168; *Hanau/Thüsing*, KuR 1999, 143 (150 f.); *v. Hoyningen-Huene*, RdA 2002, 65 (68); *Jurina*, FS Listl, 1999, S. 519 (541 f.); *Richardi*, Arbeitsrecht in der Kirche, § 15 Rz. 19 ff.; MünchArbR/*Richardi*, § 327 Rz. 50 ff., 38; *Schliemann*, FS Hanau, 1999, S. 577 (596 f.); *Thüsing*, RdA 1997, 163 (169); *Thüsing*, ZTR 1999, 298 (300); a.A. aber *Deinert*, ZTR 2005, 461 (466 ff.); *Hammer*, S. 361 ff., 385.

3 Vgl. *Schliemann*, FS Hanau, 1999, S. 577 (597).

4 *Richardi*, Arbeitsrecht in der Kirche, § 15 Rz. 24 ff.; *Thüsing*, RdA 1997, 163 (169).

5 BAG v. 10.12.2008 – 4 AZR 801/07, AP BGB § 611 Kirchendienst Nr. 52 (Anm. *Reichold/Ludwig*).

6 Dazu näher *Reichold*, NZA 2009, 1377 (1381).

22.7.2010 als allein zuständiger Senat sich nunmehr für die AGB-Inhaltskontrolle entschieden[1].

d) Bezugnahmeklauseln. Die Kirchen und ihre Einrichtungen schließen aus-   106
schließlich Arbeitsverträge ab, die eine Bezugnahmeklausel auf die **„jeweils
geltende"** Arbeitsrechtsregelung (AVR, DiVO, KAO etc.) enthalten (sog. dynamische Verweisung)[2]. Wegen der fehlenden normativen Wirkung der AVR
sind sie **Wirksamkeitsvoraussetzung**, d. h. *konstitutiv* für die Transformation der kirchlichen Kollektivnormen in die Arbeitsverträge. Bezugnahmeklauseln sind auch in der Privatwirtschaft üblich, obwohl sie für „organisierte" Arbeitnehmer wegen der **normativen** Geltung (§§ 3 Abs. 1, 4 Abs. 1, 3
TVG) der Tarifnormen nicht benötigt würden, jedoch für die Mehrheit
„nicht organisierter" Mitarbeiter zur schuldrechtlich vereinbarten Gleichbehandlung kraft (konstitutiver) Bezugnahmeklausel führen. Im **kirchlichen
Bereich** haben die Klauseln dagegen eine andere Funktion: Entweder gelten
die AVR für alle Arbeitnehmer oder aber für keinen[3]. Eine Unterscheidung
nach Organisationszugehörigkeit ist dem Dritten Weg fremd. Vielmehr haben die Klauseln durchgängig *konstitutive* Wirkung. Der kirchliche Gesetzgeber ist dann nur bei gravierenden Änderungen des Bezugnahmeobjekts
(z. B. Abkoppelung einer ARK Diakonie von einer ARK Kirche)[4] zur Umstellung der Arbeitsverträge gezwungen. Die „dynamische" Verweisung ermöglicht im Wege der ergänzenden Vertragsauslegung die Bezugnahme auf die
„jeweils" speziell geltenden Tarif- oder AVR-Normen, was im Zweifel auch
zur Anwendung des TV-L anstelle des BAT führen kann[5]. Wechselt die
kirchliche Einrichtung kraft **Betriebsübergangs (§ 613a BGB)** in den säkularen Bereich über (z. B. Ausgründung und Übernahme durch weltliche
GmbH), bedarf es schon deshalb der Vertragsumstellung, weil auch eine
noch so „dynamische" Bezugnahmeklausel nicht den Übergang von AVR zu
Tarifverträgen abzudecken vermag. Ein Besitzstandsschutz durch die in
§ 613a Abs. 1 Satz 2 BGB festgeschriebene individualrechtliche Fortgeltung
von Tarifnormen scheitert an der fehlenden Normativkraft der AVR
(Rz. 103)[6], ergibt sich aber zumindest aus § 613a Abs. 1 Satz 1 BGB[7].

e) Modifikationen für privatrechtliche Einrichtungen. Fraglich ist, wie weit   107
sich kirchliche Einrichtungen privaten Rechts von den kirchengesetzlich

---

1 BAG v. 22.7.2010 – 6 AZR 847/07.
2 Beispiel in BAG v. 6.11.1996 – 5 AZR 334/95, BAGE 84, 282 (286 f.): „Nach § 2 des Arbeitsvertrags gelten für das Arbeitsverhältnis ‚die Richtlinien für Arbeitsverträge in
  den Einrichtungen des Deutschen Caritasverbandes (AVR) in ihrer jeweils geltenden
  Fassung'." Dazu, dass eine Bezugnahmeklausel auf den BAT-KF nicht nach Betriebsübergang auf die AVR-DW „umgedeutet" werden kann, vgl. BAG v. 20.3.2002 – 4 AZR
  101/01, AP Nr. 53 zu Art. 140 GG (Anm. *Richardi*) = NZA 2002, 1402.
3 *Hanau/Thüsing*, KuR 1999, 143 (155).
4 Dazu *Hanau/Thüsing*, KuR 1999, 143.
5 Vgl. z. B. LAG Rheinland-Pfalz v. 25.11.2009 – 8 Sa 463, 470, 471/09.
6 *Reichold*, ZMV-Sonderheft 2007, 14 (21 ff.); a. A. *Richardi*, FS Listl, 1999, S. 481 (488);
  Thüsing, ZTR 1999, 298 (302).
7 BAG v. 20.3.2002 – 4 AZR 101/01, AP Nr. 53 zu Art. 140 GG (Anm. *Richardi*) = NZA
  2002, 1402; *Reichold*, ZMV-Sonderheft 2007, 14 (21 ff.).

vorgesehenen AVR entfernen dürfen, ohne damit ihre Zuordnung zum kircheneigenen Regelungsverfahren zu verlieren. Für Dienststellen der verfassten Kirche ist die Anwendung des kirchlichen Arbeitsrechts kirchenaufsichtsrechtlich gesichert. Im Rahmen des **staatlichen Verbandsrechts** sind solche Maßnahmen dagegen nicht möglich. So sind z.B. die gliedkirchlichen Diakonischen Werke rechtlich unabhängig und in ihrer Satzungsgestaltung prinzipiell frei. Gleiches gilt für die einzelnen karitativen und diakonischen Träger. Ein einklagbarer Anspruch eines Mitarbeiters auf Anwendung des kirchlichen Arbeitsrechts besteht nur dann, wenn z.B. Dienstvereinbarungen die Anwendung der einschlägigen AVR vorsehen. Ansonsten verbleiben nur vereinsrechtliche Sanktionen bis hin zum Ausschluss aus dem karitativen oder diakonischen Verband[1]. Die Zuordnung zur Kirche kann nämlich nur der Arbeitgeber in Anspruch nehmen, der seine Mitarbeiter nach **kirchlichem Arbeitsrecht** behandelt[2].

108 Grundsätzlich kann nur eine **eindeutige Distanzierung** vom Dritten Weg z.B. durch Abschluss eines Haustarifvertrags mit einer Gewerkschaft zum Verlust der Inanspruchnahme des Arbeitsrechtsregelungsrechts führen. Auch die faktische Nichtanwendung von AVR dürfte ein starkes Indiz für das Fehlen des formalen Kriteriums „hinreichender Zuordnung" zur verfassten Kirche sein (Rz. 29 f.). Insoweit kann aber nicht jede „kreative" Strukturveränderung oder -modifikation der ARRG bereits zum Verlust des Kirchenprivilegs führen. Im Zweifel bedarf es des kirchenamtlich dokumentierten Ausschlusses aus den Strukturen des Dritten Wegs. Hingegen können privatautonom veranlasste Modifikationen einzelner AVR-Regeln – auch und gerade zuungunsten der Mitarbeiter – im einzelnen diakonischen Unternehmen keinesfalls als Merkmal des „Abfalls" von kirchlichen Strukturen gewertet werden. Im zunehmenden Wettbewerb der „Sozialkonzerne" können die auf dem BAT beruhenden AVR als „Leitwährung" nicht durchgängig mehr Akzeptanz beanspruchen (Rz. 13).

4. Das Recht des „Dritten Wegs" in der Evangelischen Kirche

109 **a)** Die Evangelische Kirche in Deutschland und ihre Diakonie beschäftigen zusammen ca. 650 000 Mitarbeiter[3]. Der Schwerpunkt der abhängigen Beschäftigung liegt im Bereich der Krankenpflege und -hilfe (Rz. 31). Im Bereich der EKD gibt es nicht *ein einziges* verbindliches Verfahren des Dritten Wegs, sondern eine Vielzahl von Gestaltungsvarianten in den Landeskirchen[4]. Die den Kirchen verfassungsrechtlich eingeräumte Autonomie (Rz. 42) erstreckt

---

1 Vgl. LG Stuttgart v. 6.8.2009 – 9 O 92/09; das Diakoniewerk Bethel/Berlin hatte für seine Einrichtung in Welzheim (BW) erstinstanzlich zunächst erfolgreich gegen den Ausschluss aus der württembergischen Diakonie geklagt. Im Berufungsverfahren vor dem OLG Stuttgart ergab sich eine Trennung im Wege eines Vergleichs.
2 BAG v. 26.7.2001 – 6 AZR 350/00 (n.v.); ferner *Richardi*, Arbeitsrecht in der Kirche, § 15 Rz. 75.
3 So die Statistik der EKD 2009 laut http://www.ekd.de/download/broschuere_2009_internet.pdf.
4 Ausführlich *Deinert*, ZTR 2005, 461 (462 ff.); *Fey*, ZMV 1997, 55 ff.; *Lührs*, S. 160 ff.

sich auch auf das **Verfahrenskonzept** für die Durchführung des Dritten Wegs. Zwar wird im Grundsatz das durch EKD-Richtlinie[1] den Gliedkirchen und Werken empfohlene **Kommissionsverfahren der Arbeitsrechtlichen Kommission (ARK)** mit einer durch Dienstgeber- und Dienstnehmervertreter paritätisch besetzten Kommission durchgeführt, deren Mitglieder formell unabhängig und an Weisungen nicht gebunden sind und deren Beschlüsse überwiegend einer qualifizierten Mehrheit bedürfen (vgl. § 12 Abs. 6 ARRG Württ.: es bedarf einer Mehrheit von 14 Stimmen bei 24 ARK-Mitgliedern). Allerdings existieren Abweichungen im Allgemeinen wie im Besonderen.

– In einer großen Gliedkirche (Nordelbische Kirche) werden **kirchengemäße Tarifverträge** unter Einbeziehung von Gewerkschaften abgeschlossen[2]. Dabei handelt es sich aber nicht um den sog. Zweiten Weg – das TVG wird nicht zur maßgeblichen Rechtsgrundlage –, sondern um eine besondere Variante des Dritten Wegs: dieses kirchengemäße Tarifsystem beruht auf Kirchengesetz und fußt auf der (schuldrechtlichen) Vereinbarung zwischen Anstellungsträgern und Gewerkschaften, während der Laufzeit der Grundlagentarifverträge auf Streik und Aussperrung zu verzichten. Diese „absolute" Friedenspflicht entsteht allerdings erst mit dem Abschluss eines Tarifvertrags[3]. Deshalb wurde der Ärztegewerkschaft Marburger Bund das Recht zuerkannt, die Ärzte eines evangelischen Krankenhauses in Hamburg zum Streik aufzurufen, weil insoweit der Arbeitskampf „nicht prinzipiell unzulässig" sei[4]. Dieses Urteil trägt der speziellen Situation der Nordelbischen Kirche Rechnung, wird aber von der Dienstgeberseite so nicht hingenommen.

– In den anderen Gliedkirchen wird das **Kommissionsverfahren** durch **18** Arbeitsrechtliche Kommissionen (ARKs) praktiziert, von denen (nur) die Kommissionen in Rheinland-Westfalen-Lippe, Bayern, Württemberg, Hessen-Nassau, Thüringen-Sachsen, Kurhessen-Waldeck und Baden noch **gemeinsam** für ihre Diakonie und die verfasste Kirche entscheiden; die elf anderen Kommissionen setzen dagegen ihre AVR getrennt für die verfasste Kirche einerseits bzw. für die Diakonie andererseits[5]. Wesentlich für **alle** Kommissionen ist ihre Aufgabenstellung in § 2 Abs. 2 ARRG-EKD:

„Die Arbeitsrechtliche Kommission hat die Aufgabe, Regelungen zu beschließen, die den Inhalt, den Abschluss und die Beendigung von Arbeitsverhältnissen betreffen."

---

1 „Richtlinie über das Verfahren zur Regelung der Arbeitsverhältnisse der Mitarbeiter im kirchlichen Dienst", ABl.EKD 1976, 389, vgl. dazu *Grethlein*, ZevKR 37 (1992), 1, 9 ff.; *Grethlein/Spengler*, BB 1980, Beilage 10 (S. 4 ff.); MünchArbR/*Richardi*, § 330 Rz. 3.
2 Eine weitere tarifliche Vereinbarung zwischen der Berlin-Brandenburgischen Evang. Kirche und ver.di/GEW wurde im Juni 2005 durch die Kirchenleitung gekündigt.
3 BAG v. 10.12.2002 – 1 AZR 96/02, NZA 2003, 734; ArbG Hamburg v. 11.6.2009 – 27 Ga 5/09.
4 ArbG Hamburg v. 27.8.2009 – 5 Ga 3/09, NZA-RR 2009, 655.
5 Die Auflistung der gemeinsamen Kommissionen erfolgt gereiht nach Größenzahlen der betroffenen Beschäftigten, vgl. dazu Daten im Einzelnen bei *Lührs*, S. 162 bzw. 269 ff. (Stand 2009).

In dieser Anlehnung an § 1 Abs. 1 TVG wird der Anspruch deutlich, dass die AVR „Tarifsurrogat" sein sollen. Entsprechend dem Muster des ARRG-EKD sind die gemeinsamen Kommissionen **doppelparitätisch** besetzt: Es stehen sich eine gleiche Anzahl von Dienstgeber- und Dienstnehmervertretern gegenüber, die wiederum je zur Hälfte aus Vertretern der verfassten Kirche und der Diakonie bestehen (§ 4 ARRG-EKD). Sie beschließen das für das Gebiet der Landeskirche *und* des ihr zugehörigen Diakonischen Werks und seiner Einrichtungen geltende Arbeitsrecht gemeinsam, was nicht ausschließt, dass unterschiedliche Ordnungen für verfasste Kirche einerseits und Diakonie andererseits beschlossen werden (so z.B. in Bayern und Württemberg)[1].

110 **b) Kommissionen der verfassten Kirche.** Von besonderer Bedeutung für die Ausgestaltung des Dritten Wegs als „Tarifsurrogat" sind neben der grundsätzlich **paritätischen** Zusammensetzung der ARK (in der Regel mit 16, mindestens mit acht Mitgliedern) die dabei vorgesehenen **Entsendungsprinzipien** für die Mitarbeitervertreter und die Frage, ob ein *anderen* kirchenleitenden Organen vorbehaltenes **Letztentscheidungsrecht** existiert.

111 Das ARRG-EKD geht in seinem § 5 von einem **Verbandsprinzip** bei der Entsendung der Mitarbeitervertreter aus, das allerdings eine Vertretungsquote von mindestens 20 % erfordert. Andernfalls werden die Kommissionsmitglieder von der **Gesamtmitarbeitervertretung** gestellt („Repräsentationsprinzip" statt Verbandsprinzip). Dass das Verbandsprinzip in den meisten Landeskirchen nicht greift, hängt mit dem – gewerkschaftspolitisch motivierten – Rückzug der Gewerkschaft ver.di aus den Verfahren des Dritten Wegs zusammen. Ohnehin ist der **Organisationsgrad** kirchlicher Arbeitnehmer gering[2]. Die landeskirchlichen ARRG haben aus diesem Grund entweder gar keine oder sehr niedrige Schwellenwerte für Mitarbeiterverbände vorgesehen (z.B. reichen in Bayern bereits 500 Mitglieder aus, um einen Verband zur Entsendung zu berechtigen) oder sich gleich für das „Repräsentationsprinzip" entschieden (z.B. in Württemberg, wo die Mitarbeitervertretungen ihre Vertreter in die ARK wählen) oder gemischte Lösungen vorgesehen[3]. Einer „verbandsrechtlichen" Legitimation des Dritten Wegs (Rz. 103) kann angesichts dieser Rechtstatsachen nur mit Zurückhaltung begegnet werden.

112 In den meisten ARRG wird die **Verbindlichkeit** der Beschlüsse der ARK oder des Schlichtungsausschusses vorgesehen, vgl. § 3 ARRG-EKD:

„Die Beschlüsse der Arbeitsrechtlichen Kommission nach § 2 Abs. 2 sind verbindlich. Es dürfen nur Arbeitsverträge abgeschlossen werden, die den auf diesen Beschlüssen und Entscheidungen beruhenden Regelungen entsprechen."

---

1 Vgl. Übersicht über die AVR-Modelle nach der Umstellung auf TVöD/TV-L bzw. ihrer Neufundierung bei *Lührs*, S. 166.
2 Nach *Beyer/Nutzinger*, Erwerbsarbeit und Dienstgemeinschaft, 1991, S. 266 soll der Organisationsgrad zwischen 3 und 5 % betragen, vgl. ferner aktuelle Darstellung bei *Lührs*, S. 232 ff.
3 Vgl. detaillierte Übersicht bei *Lührs*, S. 228 ff.

Seit 1999 wurde in einigen Landeskirchen die **normative** Wirkung der ARR festgeschrieben[1]. Die EKD-Richtlinie wie auch die ARRG der meisten Landeskirchen sehen dabei **keine** Letztentscheidung durch die Synode vor. Das Verfahren vor dem **Schlichtungsausschuss** (§ 14 ARRG-EKD) ersetzt als Mittel der Konfliktlösung den Arbeitskampf: die Entscheidungen des Ausschusses erfüllen die Funktion einer „Zwangsschlichtung"[2]. Die Beteiligten können sich, auch wenn das im Gesetz nicht ausdrücklich vorgesehen ist, vor dem Schlichtungsausschuss auch noch einigen. Kommt keine Einigung zustande, muss der Ausschuss in einem Akt kirchlicher Rechtssetzung entscheiden. Seine Entscheidungen sind verbindlich und müssen im Amtsblatt veröffentlicht werden (§ 14 Abs. 3 ARRG-EKD). Er hat nicht nur Schlichterfunktion, sondern übt in Rechtsfragen auch richterliche Gewalt aus (Rz. 127), ist aber als Organ von den Kirchengerichten der EKD streng zu trennen.

In einigen Gliedkirchen sind die Tatbestandsvoraussetzungen für **synodale** **Letztentscheidungen** so restriktiv formuliert[3], dass eine Anwendung kaum je relevant werden dürfte. Im Grunde sollen damit „haushaltsrechtliche Katastrophen" verhindert werden[4]. Das Paritätserfordernis im Sinne eines „strukturellen Gleichgewichts" zwischen Dienstgebern und Dienstnehmern wird damit aber nicht verletzt: Die Synodalentscheidung ist keine Letztentscheidung der Dienstgeber, sondern ist als Veto der Synode als des kirchengesetzlichen Repräsentanten des **Kirchenvolks** zu werten.   113

c) Diakonie. Neben den sieben **gemeinsamen** Kommissionen für Kirche *und*   114
Diakonie (Rz. 109) setzen inzwischen fünf Diakonie-Kommissionen (DW-EKD, DW-Berlin-Brandbg.-Oberlausitz, DW-Niedersachsen[5], DW-Sachsen, DW-Mecklenburg) eigenständige AVR für ihre Beschäftigten. Die Diakonischen Werke auf Landesebene haben als juristische Personen des **Privatrechts** (e. V.) ihrerseits meist die Geltung des ARRG ihrer Landeskirche durch Beschluss des zuständigen Organs übernommen und die Anwendung des kirchlichen Arbeitsrechts ihren Einrichtungen als **Mitgliedspflicht** auferlegt[6].

Das **bisherige Dilemma** bei einer horizontalen Verknüpfung mit der verfass-   115
ten Kirche (bei gemeinsamen Kommissionen) und gleichzeitig vertikaler

---

1 *Schliemann*, NZA 2000, 1311 (1312).
2 Schliemann/*Gehring/Thiele*, Arbeitsrecht im BGB, Anh. III zu § 630 BGB Rz. 100; *Lührs*, S. 69 f.; *Richardi*, Arbeitsrecht in der Kirche, § 14 Rz. 12.
3 Vgl. z. B. § 14 Abs. 1 Satz 1 ARRG Kurhessen-Waldeck: „... Einwendungen erheben, wenn die Regelungen die Grundordnung verletzen, insbesondere die Erfüllung des kirchlichen Auftrags gefährden." Weitere Details bei Schliemann/*Gehring/Thiele*, Arbeitsrecht im BGB, Anh. III zu § 630 BGB Rz. 80 f.
4 Schliemann/*Gehring/Thiele*, Arbeitsrecht im BGB, Anh. III zu § 630 BGB Rz. 81; ähnlich *Fey*, ZMV 1997, 55 (57).
5 Einzelfallanalyse zum Lohnkonflikt 2007 in Niedersachsen bei *Lührs*, S. 201 ff.
6 Vgl. nur *Christoph*, ZevKR 34 (1989), 406 (429 ff.); *Jürgens*, Die normative Tragweite, 1991, S. 138 ff. (Beispiel DW Rheinland); *Winter/Adamek*, ZevKR 33 (1988), 441 (444).

Verknüpfung mit der zentralen Kommission des **Diakonischen Werks der EKD** (ARK-DW-EKD) als ihrem Spitzenverband hat sich seit 2005 in viele verschiedene AVR-Modelle aufgelöst. Hatte z.B. in Württemberg die ARK zunächst beschlossen, dass für diakonische Einrichtungen generell die AVR des DW-EKD anzuwenden seien[1], so wurden die AVR zum 1.1.2009 nach langen und streitigen Verhandlungen in eine dynamische Verweisung auf den TVöD – mit betrieblichen Öffnungsklauseln – überführt[2]. In Baden und Bayern (seit 2007) dagegen gilt der Vorrang der von der ARK beschlossenen diakonischen AVR.

116   Einstweilen frei.

117   Eine besondere Lösung gibt es in **Niedersachsen** seit 1997, nachdem eine tarifliche Einigung zwischen ÖTV und EKD-Repräsentanten misslungen war, durch ein spezielles ARRG für die Diakonie im Bereich der Konföderation[3]. Wegen des niedrigen Organisationsgrads der diakonischen Mitarbeiter wurde das reine **Repräsentationsprinzip** verwirklicht (Entsendung von Vertretern der AGMAV). Die Vertreter der Dienstgeberseite werden von den Einrichtungen der Diakonie entsandt, die die AVR anwenden. Die Beschlüsse der ARK sind von der Zustimmung sowohl der Dienstgeber- wie auch der Dienstnehmerseite („Seitensitzungen") abhängig, die nach **getrennter Beratung** jeweils einer Zweidrittelmehrheit bedürfen („Bankabstimmung"). Damit wurde ein konfrontatives („vertragliches") Element in das Verfahren des Dritten Wegs eingezogen[4]. Seit dem 1.1.2004 gilt in Niedersachens Diakonie ein grundlegend reformiertes Tarifwerk, das den BAT nicht mehr als Leitlinie hat, der sog. „AVR-modern". Nach höchst konfliktären Auseinandersetzungen nach Art eines Tarifkonflikts konnte 2007 durch den Schlichtungsausschuss eine beachtliche Weiterentwicklung der AVR mit Entgelterhöhungen um 3 % beschlossen werden[5].

5. Die KODA-Regelung der katholischen Kirche

118   **a)** Als allgemeine kirchengesetzliche Grundlage für das Verfahren des Dritten Wegs in der katholischen Kirche trat 1994 neben die spezielleren KODA-Ordnungen die „Institutsgarantie" des **Art. 7 Abs. 1 GrO**, in der es heißt:

> „Das Verhandlungsgleichgewicht ihrer abhängig beschäftigten Mitarbeiterinnen und Mitarbeiter bei Abschluss und Gestaltung der Arbeitsverträge sichert die katholische Kirche durch das ihr verfassungsmäßig gewährleistete Recht, ein eigenes Arbeitsrechts-Regelungsverfahren zu schaffen. Rechtsnormen für den Inhalt der Arbeitsverhältnisse kommen zustande durch Beschlüsse von Kommissionen, die mit Vertretern der Dienstgeber und Vertretern der Mitarbeiter paritätisch besetzt sind. Die Beschlüsse dieser

---

1 *Winter/Adamek*, ZevKR 33 (1988), 441 (445).
2 Dazu näher *Lührs*, S. 190 ff.
3 Kirchengesetz der Konföderation evangelischer Kirchen in Niedersachsen zur Regelung des Arbeitsrechts für Einrichtungen der Diakonie (Arbeitsrechtsregelungsgesetz Diakonie – ARRGD), vom 3.11.1997, ABl. EKD 1997, 261; Abdruck mit Begründung bei *Steinbächer*, S. 243 ff.
4 Vgl. § 12 Abs. 1 ARRGD-Niedersachsen, dazu auch *Lührs*, S. 201 ff.
5 Dazu näher *Lührs*, S. 202 ff.

Kommissionen bedürfen der bischöflichen Inkraftsetzung für das jeweilige Bistum. Das Nähere, insbesondere die jeweiligen Zuständigkeiten, regeln die KODA-Ordnungen. Die Kommissionen sind an diese Grundordnung gebunden."

Die Grundordnung wurde als kirchenrechtliche Verlautbarung der deutschen Bischöfe verabschiedet und beruht auf deren Gesetzgebungsbefugnis (can. 391 CIC). Sie ist nicht von Diözese zu Diözese verschieden, sondern hat überall denselben Regelungsgehalt und ist deshalb **allgemeines Kirchenrecht** für den Gesamtbereich der katholischen Kirche in Deutschland (Rz. 75)[1]. Art. 7 Abs. 1 GrO enthält die Grundsatzentscheidung („Institutsgarantie") für das Verfahren der KODA-Ordnungen als von der Verfassung ermöglichte kirchengemäße Ausgestaltung eines kollektiven Arbeitsrechtsregelungsverfahrens (Rz. 93). Das **bischöfliche Letztentscheidungsrecht** für das jeweilige Bistum bezweckt keine Einbeziehung des Diözesanbischofs in Lohnkonflikte, sondern ist lediglich Konsequenz **kanonischen Rechts**: Der Bischof kann die Gestaltung des kirchlichen Dienstes nicht auf eine von ihm unabhängige Kommission übertragen. Seine Hirtenaufgabe, die umfassende Verantwortung für alle ihm anvertrauten Gläubigen wahrzunehmen (can. 381 CIC), bleibt davon unberührt[2]. Die h.M. sieht darin kein Paritätsproblem, weil der Bischof kraft Amtes nicht im Lager der Dienstgeber steht, sondern der gesamten Dienstgemeinschaft verpflichtet ist (Rz. 105). Er hat zudem nur ein Einspruchsrecht (§ 10 Zentral-KODA-Ordnung) und kein Gestaltungsrecht (Rz. 123)[3].

b) Das **KODA-Recht** ist seit 1999 **zweistufig** gestaltet und wesentlich vereinfacht worden[4]. Für die Beschlussfassung primär zuständig ist die

– für jedes Bistum oder mehrere Bistümer gebildete **Regional- oder Bistums-KODA**, so z.B. die Bayerische Regional-KODA für die Bistümer in Bayern oder die Regional-KODA Nord-Ost für die Bistümer in den neuen Bundesländern[5].

– Die neu strukturierte **Zentral-KODA** („Zentrale Kommission zur Ordnung des Arbeitsvertragsrechtes im kirchlichen Dienst") soll zur Sicherung der Einheit und Glaubwürdigkeit des kirchlichen Dienstes in *allen* Diözesen *und* in *allen* privatrechtlich verselbständigten Einrichtungen insbesondere des Caritasverbandes (DCV) einheitliches Arbeitsvertragsrecht für **ausgewählte Bereiche** (Rz. 121) ermöglichen[6]. Damit strebt man vor allem die bundeseinheitliche Ausfüllung von **Öffnungsklauseln** an, die in staatlichen Arbeitsgesetzen zugunsten der Tarifautonomie vorgese-

119

120

---

1 Vgl. nur *Dütz*, NJW 1994, 1369 (1370 f.); *Jurina*, FS Listl, 1999, S. 519 (532); *Richardi*, Arbeitsrecht in der Kirche, § 4 Rz. 32; *Richardi*, RdA 1999, 112 (115 f.); MünchArbR/ *Richardi*, § 330 Rz. 9.

2 Vgl. Begründung zur GrO in NJW 1994, 1395 (1398); *Jurina*, FS Listl, 1999, S. 519 (527).

3 *Richardi*, Arbeitsrecht in der Kirche, § 15 Rz. 24 ff.; *Thüsing*, ZTR 1999, 298 (299).

4 Zur Entstehungsgeschichte seit 1977 ausführlich *Jurina*, FS Listl, 1999, S. 519 ff.

5 Aktueller Überblick bei *Lührs*, S. 162; MünchArbR/*Richardi*, § 330 Rz. 11.

6 Vgl. nur *Jurina*, FS Listl, 1999, S. 519 (532 ff.); *Richardi*, NZA 1998, 1305 (1307 ff.); *Thüsing*, ZTR 1999, 298 (299).

hen sind (Rz. 97) und kirchlicherseits durch einheitliche KODA-Regelungen ausgefüllt werden sollen.

In Anlehnung an § 1 TVG geht es bei jeder KODA-Regelung um das Zustandekommen von Rechtsnormen über Inhalt, Abschluss und Beendigung von Arbeitsverhältnissen.

121   **aa) Kommissionen der verfassten Kirche.** Eine Zuständigkeit der Bistums-/ Regional-KODA ist seit 1999[1] nur noch gegeben, „solange und soweit die Zentral-KODA von ihrer Regelungsbefugnis keinen Gebrauch gemacht hat oder macht" (§ 3 Abs. 2 Zentral-KODA-Ordnung). Durch diese **„konkurrierende" Zuständigkeit** wird ermöglicht, dass die regionalen Kommissionen erst durch die *tatsächliche* Inanspruchnahme der Zentralkompetenz aus ihrer sonst bestehenden Regelungsbefugnis verdrängt werden[2]. Die **Beschlusskompetenz** der Zentral-KODA bezieht sich in abschließender Aufzählung nur auf

– die „Ausfüllung von Öffnungsklauseln in staatlichen Gesetzen" (§ 3 Abs. 1 Nr. 1 Zentral-KODA-Ordnung, vgl. Rz. 97),

– die „Fassung von Einbeziehungsabreden für Arbeitsverträge hinsichtlich der Loyalitätsobliegenheiten und der Nebenpflichten gemäß der Grundordnung für den kirchlichen Dienst" (§ 3 Abs. 1 Nr. 2 Zentral-KODA-Ordnung) sowie auf

– kirchenspezifische Regelungen

    (1) für die Befristung von Arbeitsverhältnissen,

    (2) soweit nicht bereits von Nr. 1 erfasst, Regelungen für den kirchlichen Arbeitszeitschutz, insbesondere für den liturgischen Dienst,

    (3) für Mehrfacharbeitsverhältnisse bei verschiedenen Dienstgebern,

    (4) für die Rechtsfolgen des Wechsels von einem Dienstgeber zu einem anderen Dienstgeber." (§ 3 Abs. 1 Nr. 3 Zentral-KODA-Ordnung)[3].

122   Die **Zusammensetzung** der KODA erfolgt auf regionaler wie auf zentraler Ebene **paritätisch** zwischen Dienstgeber- und Dienstnehmerseite. Zu beachten ist aber, dass die Entsendung der Vertreter der Mitarbeiterseite nicht dem Verbandsprinzip, sondern dem **Repräsentationsprinzip** folgt. Während einige Regional-KODA-Ordnungen die Wahl durch „Wahlmänner" (Wahlbeauftragte), nämlich die Mitglieder der Mitarbeitervertretungen vorsehen („mittelbare Urwahl"), ist als Regelvariante der Bistums-/Regional-KODA die Urwahl der Mitarbeitervertreter nach Gruppen festgelegt worden[4]. An-

---

1 Fundstellennachweise über das Inkrafttreten der Zentral-KODA in den deutschen Bistümern bei *Richardi*, Arbeitsrecht in der Kirche, § 14 Rz. 16.
2 *Richardi*, NZA 1998, 1305 (1308).
3 *Jurina*, FS Listl, 1999, S. 519 (533 f.); *Richardi*, Arbeitsrecht in der Kirche, § 14 Rz. 31; *Richardi*, NZA 1998, 1305 (1307 f.).
4 *Schliemann/Gehring/Thiele*, Arbeitsrecht im BGB, Anh. III zu § 630 BGB Rz. 133 ff. (mit Abdruck der Wahlordnung); *Jurina*, FS Listl, 1999, S. 519 (528 f., 530 f., 537); *MünchArbR/Richardi*, § 330 Rz. 13.

ders als im evangelischen Bereich setzen die KODA-Ordnungen also nahezu ausschließlich auf den Grundsatz der demokratisch legitimierten Repräsentation, was als Stärkung des Paritätsgedankens gewertet werden kann[1]. In die **Zentral-KODA** werden seit 1999 je 14 Vertreter der Dienstgeber und der Dienstnehmer entsandt. Die Vertreter der Mitarbeiterseite werden von den Mitarbeitervertretern der jeweils in einer Region[2] bestehenden Kommissionen aus ihrer Mitte gewählt. Hinzukommen je sieben vom Zentralrat des DCV entsandte Vertreter der Dienstgeber und von der Mitarbeiterseite der ARK DCV aus ihrer Mitte gewählte Vertreter der Mitarbeiter. Beschlüsse werden von einer Mehrheit von mindestens drei Vierteln der Gesamtzahl der 42 Mitglieder gefasst, so dass keine Entscheidung ohne die Vertreter des Caritasbereichs zustande kommen kann[3].

Die **Beschlüsse** der Bistums-/Regional-KODAs bedürfen schon nach Art. 7 Abs. 1 Satz 3 GrO der **Inkraftsetzung** durch den zuständigen Diözesanbischof. Eine entsprechende Regelung enthalten die novellierten KODA-Ordnungen. Für die neue Zentral-KODA sieht § 10 vor, dass ein hier gefasster Beschluss nach Ablauf von drei Monaten nach Eingang des Beschlusses vom jeweiligen Diözesanbischof **für seinen Bereich** in Kraft gesetzt wird (ggf. unter Aufhebung einer entgegenstehenden regionalen Regelung). Damit kann allerdings keine – kirchenrechtlich unmögliche – *Verpflichtung* des Bischofs zur Inkraftsetzung begründet werden. Die Formulierung soll allerdings ihren „appellativen Charakter" im Sinne einer politischen Selbstbindung der Diözesanbischöfe zum Ausdruck bringen[4]. Macht ein Bischof von seinem Einspruchsrecht innerhalb einer Frist von **acht Wochen** nach Zugang des Beschlusses Gebrauch, ist die Zentral-KODA ihrerseits zur erneuten Beratung der Angelegenheit verpflichtet. Ist dann nach erneuter Verhandlung und Beschlussfassung eine Inkraftsetzung durch alle Bischöfe nicht zu erreichen, sind (nur) diejenigen, die dem Beschluss nicht zustimmen können, gehalten, diesen als **„qualifizierte Empfehlung"** zu betrachten. Die zentralistischen Tendenzen zur Stärkung der Zentral-KODA haben sich auch insoweit durchgesetzt, als eine ausdrückliche Verankerung des **Letztentscheidungsrechts der Bischöfe** im Sinne einer Notstandsklausel in die letzte Fassung der Zentral-KODA nicht mehr aufgenommen wurde. Generell ist auch ein Beratungsrecht der Zentral-KODA-Beschlüsse in den regionalen Kommissionen nicht mehr vorgesehen[5]. Doch ändert sich dadurch nichts an der Bindung der Kommissionsbeschlüsse u. a. an die Rechtsvorschriften zur Haushaltssicherung (§ 3 Abs. 3 Bistums-/Regional-KODA- bzw. § 3 Abs. 4

123

---

1 Zur Ausnahme im Bereich der Bistümer Nordrhein-Westfalens (Verbandsprinzip) vgl. *Richardi*, Arbeitsrecht in der Kirche, § 14 Rz. 21.
2 Bayern und Nordrhein-Westfalen stellen je 3 Mitglieder, der Mittelraum (Fulda, Limburg, Mainz, Speyer, Trier), der Bereich Nord (Hamburg, Hildesheim, Osnabrück), Ost (Berlin, Erfurt, Dresden-Meißen, Görlitz, Magdeburg) und Südwest (Freiburg, Rottenburg-Stuttgart) stellen je 2 Mitglieder.
3 *Jurina*, FS Listl, 1999, S. 519 (532 f.).
4 *Jurina*, FS Listl, 1999, S. 519 (534).
5 Mit Ausnahme der bayerischen Regional-KODA, vgl. *Jurina*, FS Listl, 1999, S. 519 (535). Zur Struktur der Arbeitsrechtsregelungen im Bereich der bayerischen Regional-KODA vgl. *Eder*, ZTR 1999, 354.

Zentral-KODA-Ordnung). Keineswegs gilt der Satz „KODA-Recht bricht Haushaltsrecht"[1].

124 **bb) Caritas.** Die Bistums-/Regional-KODA ist nicht nur für die verfasste Kirche zuständig, sondern auch für ihre rechtlich verselbständigten Einrichtungen, insbesondere des Caritasverbandes (DCV, vgl. Rz. 19, 31). Die im DCV bereits seit 1968 erreichte bundesweite Rechtseinheit sollte aber durch KODA-Ordnungen unberührt bleiben, so dass in deren Einrichtungen die Verweisung ausschließlich auf die **AVR Caritas** zugelassen ist (§ 1 Abs. 3 Bistums-/Regional-KODA-Ordnung)[2]. Bereits die Novellierung der KODA-Ordnungen 1998 stellte klar, dass die Kompetenzen der ARK DCV denen einer Bistums-/Regional-KODA entsprechen. Deshalb wird in § 1 Abs. 3 der „Ordnung der Arbeitsrechtlichen Kommission des Deutschen Caritasverbandes" vom 17.10.2007 die Aufgabe der ARK als „Beschlussfassung von Rechtsnormen über Inhalt, Abschluss und Beendigung von Dienstverhältnissen" im Bereich des DCV beschrieben, „solange und soweit die Zentral-KODA von ihrer Regelungsbefugnis gem. § 3 Zentral-KODA-Ordnung keinen Gebrauch gemacht hat oder macht" (Rz. 121). Die **Kommission**, die zugleich Beschluss- und Verhandlungskommission ist, besteht aus je 28 Vertretern der Dienstgeber und der Dienstnehmer, § 2 Abs. 2, sowie aus dem Vorsitzenden und dem Geschäftsführer, die beide jedoch kein Stimmrecht haben. Ihre Beschlüsse bedürfen stets einer Mehrheit von drei Vierteln der Mitglieder, § 13 Abs. 1 Satz 1. Zum 1.1.2008 wurde dann eine „gemischte" Struktur aus einer zentralen und sechs regionalen Kommissionen (Bayern, BW, Mitte, Nord, NRW und Ost) eingeführt, wonach die zentrale Beschlusskommission nur noch einen „mittleren Wert" und Bandbreiten definiert, innerhalb derer die sechs regionalen Kommissionen Beschlüsse über die tatsächlichen Zahlenwerte jeweils für ihren regionalen Bereich fassen[3].

6. Kircheneigene Rechtskontrolle

125 Für Rechtsstreitigkeiten im Bereich der Arbeitsrechtsregelungsgesetze bzw. KODA-Ordnungen ist **staatlicher Rechtsschutz nicht gegeben.** Die Regelung des § 2a ArbGG (Beschlussverfahren) erwähnt in seiner enumerativen Aufzählung „kirchliche" kollektive Angelegenheiten nicht. Das wäre auch systemwidrig. Die den Dritten Weg konstituierenden Kirchengesetze und Verfahrensordnungen sind nämlich Ausdruck des den Kirchen verfassungsrechtlich eingeräumten Selbstverwaltungsrechts (Rz. 42) und staatlicher Überprüfung daher nicht zugänglich. Das BAG hat das Problem in einem anderen Zusammenhang aufgegriffen[4]. Zwar hätten die Kirchen, so das BAG, im Bereich kollektiver Streitigkeiten den Rechtsschutz noch nicht in ihr eigenes System des Gerichtsschutzes voll integriert. Die Schlichtungsstellen

---

1 *Richardi*, NZA 1998, 1305 (1309).
2 *Jurina*, FS Listl, 1999, S. 519 (529); *Richardi*, Arbeitsrecht in der Kirche, § 14 Rz. 26 ff.; MünchArbR/*Richardi*, § 330 Rz. 16 f.; *Thüsing*, ZTR 1999, 298 (299).
3 *Lührs*, S. 163 ff.
4 BAG v. 25.4.1989 – 1 ABR 88/87, BAGE 61, 376 (383 f.) = NJW 1990, 2082.

im Bereich der Mitarbeitervertretungsgesetze genügten aber rechtsstaatlichen Anforderungen[1].

Für die **katholische Kirche** bestimmt Art. 10 Abs. 2 GrO, dass „für Rechts-   126
streitigkeiten auf den Gebieten der kirchlichen Ordnungen für ein Arbeits-
vertrags- und des Mitarbeitervertretungsrechts ... für den gerichtlichen
Rechtsschutz unabhängige kirchliche Gerichte gebildet" werden. Eine entsprechende Ordnung, die „Kirchliche Arbeitsgerichtsordnung" (KAGO), ist
von der deutschen Bischofskonferenz verabschiedet worden und am 1.7.2005
in Kraft getreten[2], zunächst zeitlich befristet auf fünf Jahre. Am 1.7.2010 trat
die Ordnung in leicht überarbeiteter Form unbefristet in Kraft und kann
nunmehr als „dauerhaftes Instrument der Rechtsprechung im Bereich des
kollektiven kirchlichen Arbeitsrechts" qualifiziert werden[3]. Die Gerichtsbarkeit wird in erster Instanz auf Bistumsebene durch Kirchliche Arbeitsgerichte und in zweiter Instanz durch den Kirchlichen Arbeitsgerichtshof in
Bonn ausgeübt. Streitgegenstände sind Rechtsstreitigkeiten aus dem Bereich
der KODA-Ordnungen und der Mitarbeitervertretungsordnungen (MAVO).

Im **evangelischen Bereich** wird die Rechtskontrolle durch **Schlichtungsaus-**   127
schüsse nach Maßgabe der jeweils einschlägigen ARRGs wahrgenommen.
Sie haben den Charakter von Rechtsetzungsorganen („Regelungsfragen"),
sind aber gleichzeitig auch kirchliche Gerichte („Rechtsfragen")[4]. Nach § 14
ARRG-EKD (Rz. 112) hat der Schlichtungsausschuss „die allgemeinen
Grundsätze des gerichtlichen Verfahrens zu beachten." Der **Vorsitzende**
muss die Befähigung zum Richteramt oder zum höheren Verwaltungsdienst
haben. Nach § 13 Abs. 2 ARRG-EKD entscheidet er alleine typische Rechtsfragen wie

– die Bestellung von Vertretern durch Mitarbeitervertretungen,

– die Zahl der von den beruflichen Vereinigungen zu bestellenden Vertreter,

– die Erforderlichkeit von Schulungs- und Bildungsveranstaltungen.

VI. Das Mitarbeitervertretungsrecht der Kirchen[5]

Das staatliche Recht der unternehmerischen und betrieblichen Mitbestim-   128
mung (Mitbestimmungs-, Betriebsverfassungs- und Personalvertretungsrecht) gilt nicht für die Kirchen und ihre karitativen und erzieherischen
Einrichtungen. Vielmehr haben die Kirchen ein eigenes Mitarbeitervertretungsrecht geschaffen. Das geschah nicht aufgrund staatlicher Ermächtigung, sondern in Ausübung des verfassungsrechtlich garantierten Selbstbestimmungsrechts (Rz. 42, 48). Den Kirchen ist die Gestaltung ihrer
Mitbestimmungsordnung als „ihre Angelegenheit" (Art. 137 Abs. 3 Satz 1

---

1 Vgl. dazu auch Schliemann/*Gehring/Thiele*, Arbeitsrecht im BGB, Anh. III zu § 630
  BGB, Rz. 211; *Richardi*, Arbeitsrecht in der Kirche, § 22 Rz. 5.
2 Dazu näher *Richardi*, NJW 2005, 2744; vgl. auch Teil 11 Rz. 500 ff.
3 *Korta*, KuR 2010, 43 (55).
4 *Schliemann*, NZA 2000, 1311 (1312).
5 Vgl. dazu Teil 11 Rz. 314 ff.

WRV) garantiert, weil das „Wie" der Mitbestimmung sich entscheidend nach dem Selbstverständnis der Kirchen richtet. Das BVerfG hat im Streitfall Goch für das katholische Wilhelm-Anton-Hospital (rechtsfähige Stiftung privaten Rechts, vgl. Rz. 23) 1977 betont, dass sich das „spezifisch **Religiöse** karitativer Tätigkeit (...), das die Behandlung der Kranken durchdringt, sich im Geiste des Hauses, in der Rücksicht auf die im Patienten angelegten religiös-sittlichen Verantwortungen und Bedürfnisse, im Angebot sakramentaler Hilfe usw. notwendigerweise auch im Organisatorischen niederschlägt"[1]. Deshalb sei das BetrVG (als pars pro toto der anderen staatlichen Mitbestimmungsgesetze) kein für alle geltendes Gesetz i. S. d. Art. 137 Abs. 3 Satz 1 WRV[2], für die Kirchen und ihre Einrichtungen mithin unbeachtlich.

1. Die staatliche Gewährleistung kirchenspezifischer Betriebsverfassung

129 **a)** Die verfassungsrechtlich gebotene Bereichsausklammerung der Kirchen und ihrer Einrichtungen aus dem staatlichen Mitbestimmungsrecht ergibt sich für

– die verfasste Kirche selbst und ihre Einrichtungen **öffentlichen Rechts** aus § 130 BetrVG i. V. m. § 112 BPersVG, wonach ihnen die „selbständige Ordnung eines Personalvertretungsrechtes überlassen" bleibt[3];

– die **privatrechtlich** verselbständigten Einrichtungen der Kirchen aus § 118 Abs. 2 BetrVG (Betriebsverfassung) bzw. § 1 Abs. 3 Nr. 2 SprAuG (Sprecherausschüsse) und § 1 Abs. 4 Satz 2 MitbestG (Unternehmensmitbestimmung), wonach die Anwendung dieser Gesetze „auf Religionsgemeinschaften und ihre karitativen und erzieherischen Einrichtungen unbeschadet deren Rechtsform" ausgeschlossen ist.

130 **b)** Die Ausklammerung aus der betrieblichen (und unternehmerischen) Mitbestimmung nach BetrVG und SprAuG bzw. MitbestG hat entscheidende Bedeutung für die Mitbestimmungsordnung der der Kirche **hinreichend zugeordneten** (Rz. 26 ff.) karitativen und erzieherischen Einrichtungen, auf deren Rechtsform es dann nicht mehr ankommt. Wird also die **„Ob"-Frage** (Rz. 16, 22) der Zuordnung einer karitativen oder diakonischen Einrichtung zur verfassten Kirche nach staatskirchenrechtlichen Kriterien bejaht, so scheidet damit gleichzeitig die Anwendung des BetrVG/SprAuG/MitbestG komplett aus.

131 Die komplette Bereichsausnahme nach § 118 Abs. 2 BetrVG darf keinesfalls verwechselt werden mit der Eigenschaft als sog. **Tendenzunternehmen** i. S. d. § 118 Abs. 1 BetrVG[4]. Hier erfolgt eine nach der Relativklausel („*soweit die*

---

1 BVerfG v. 11.10.1977 – 1 BvR 96/77, BVerfGE 46, 73 (95 f. – Hervorh. i. Original); ähnlich BVerfG v. 25.3.1980 – 2 BvR 208/76, BVerfGE 53, 366 (403); näher *Richardi*, Arbeitsrecht in der Kirche, § 16 Rz. 15 ff. (44 ff.); MünchArbR/*Richardi*, § 330 Rz. 2, 5 f.
2 BVerfG v. 11.10.1977 – 1 BvR 96/77, BVerfGE 46, 73 (Leitsatz 2).
3 Gleichlautend i. d. R. die Landespersonalvertretungsgesetze, vgl. nur Art. 92 BayPVG.
4 Ausführlich MünchArbR/*Richardi*, § 331 Rz. 5 f.; *Richardi*, Arbeitsrecht in der Kirche, § 16 Rz. 25 ff.; zum Tendenzschutz gem. § 1 Abs. 4 Nr. 1 MitbestG vgl. OLG Dresden v. 15.4.2010 – 2 W 1174/09, MedR 2010, 492.

Eigenart des Unternehmens oder des Betriebs dem entgegensteht") zwar eingeschränkte Mitbestimmung (vgl. aber den in § 118 Abs. 1 Satz 2 BetrVG statuierten absoluten Tendenzschutz), die aber an der grundsätzlichen Anwendbarkeit des BetrVG nichts ändert. Das BVerfG hat demgegenüber im Streitfall Volmarstein betont, dass das Selbstverwaltungs- und Selbstbestimmungsrecht kirchlicher Einrichtungen (hier: diakonische Pflegeanstalt der Evangelischen Kirche Westfalen) einem „unantastbaren Freiheitsraum" entstammt, „der nicht etwa vom Staat zur Verfügung gestellt oder von ihm abgeleitet ist". Die Freiheit religiösen Wirkens erfordere „die zur Wahrnehmung dieser Aufgaben unerlässliche Freiheit der Bestimmung über Organisation, Normsetzung und Verwaltung"[1]. Eine Unterstellung kirchlicher Einrichtungen unter § 118 Abs. 1 BetrVG würde deren Mitbestimmungsordnung aber **staatlicher Fremdbestimmung** öffnen und daher einen Verfassungsverstoß bedeuten[2]. Kann dagegen eine nach materiellen *und* formellen Kriterien „hinreichende Zuordnung" (Rz. 26 ff.) einer Einrichtung zur verfassten Kirche **nicht bejaht** werden, so kann § 118 Abs. 2 BetrVG nicht zum Zuge kommen, wohl aber die Tendenzschutz-Regel des § 118 Abs. 1 BetrVG (Rz. 30).

c) Der **Betriebsübergang (§ 613a BGB)** eines Betriebs(teils) von der weltlichen   132
in die kirchliche Rechtsordnung oder umgekehrt (z.B. Ausgliederung einer Reinigungs-GmbH aus einem kirchlichen Krankenhaus, Rz. 21, 28) führt jeweils zu einem entsprechenden **Wechsel der Mitbestimmungsordnung**[3]. Für den Arbeitnehmer bleiben zwar die arbeitsvertraglichen Rechte erhalten (§ 613a Abs. 1 Satz 2 BGB, vgl. Rz. 106), nicht jedoch die jeweilige Struktur der Betriebsverfassung. Diese richtet sich allein nach der für den Betriebsinhaber relevanten Mitbestimmungsordnung. Das BAG hat daher 1982 zutreffend entschieden, dass das von einem Landkreis errichtete und betriebene Krankenhaus **mit der Übernahme** durch eine GmbH, deren alleiniger Gesellschafter der Johanniterorden ist, zu einer der evangelischen Kirche zuzuordnenden kirchlichen Einrichtung geworden ist, auf die das BetrVG keine Anwendung mehr findet. Die dennoch durchgeführte Wahl zum Betriebsrat war daher nichtig[4]. Ein sog. **Übergangsmandat** der bisher amtierenden Vertretung war vom **europäischen Recht** (Art. 6 Abs. 1 RL 2001/23/EG) gefordert und durch § 21a BetrVG für die Betriebsverfassung in deutsches Recht umgesetzt worden. Durch § 13d Abs. 4 MAVO ist jetzt sogar ein systemübergreifendes Übergangsmandat (BetrVG → MAVO) ermöglicht worden[5].

---

1 BVerfG v. 17.2.1981 – 2 BvR 384/78, BVerfGE 57, 220 (244).
2 So auch MünchArbR/*Richardi*, § 331 Rz. 2; *Richardi*, Arbeitsrecht in der Kirche, § 16 Rz. 33 f.
3 MünchArbR/*Richardi*, § 331 Rz. 7; *Richardi*, Arbeitsrecht in der Kirche, § 16 Rz. 64 f.; *Weth/Wern*, NZA 1998, 118 (122).
4 BAG v. 9.2.1982 – 1 ABR 36/80, BAGE 41, 5 (20).
5 Dazu näher *Thüsing*, KuR 2003, 23 (29 f.). Im MVG.EKD wurde zwar das einfache Übergangsmandat in § 7 Abs. 2, 3 geschaffen, nicht aber das systemübergreifende wie in § 13d Abs. 4 MAVO.

2. Die Europäisierung des Mitarbeitervertretungsrechts

133 Durch die Novellierung von MAVO (2007)[1] und MVG.EKD (2002/03) wurden nunmehr auch **EG-Richtlinien** arbeitsrechtlichen Inhalts teilweise in die kirchliche Mitbestimmungsordnung übernommen (z. B. Übergangsmandat, Rz. 132). Dabei bleibt umstritten, inwieweit die Vorgaben z. B. zum „sozialen Dialog" zwischen Arbeitgeber und Arbeitnehmervertretung auch für die kirchlichen Mitarbeitervertretungsgesetze maßgeblich sind[2]. Unstreitig gilt der **Anwendungsvorrang des EG-Rechts** nicht nur gegenüber einfachem nationalem Recht, sondern auch gegenüber nationalem Verfassungsrecht (hier: Art. 140 GG)[3]. Allerdings ist die EG-Richtlinie – von Interesse ist hier z. B. die Betriebsübergangs-RL 2001/23/EG[4] – für die Normadressaten nicht unmittelbar verbindlich, solange eine Umsetzung durch den nationalen Gesetzgeber nicht erfolgt ist (Art. 249 Abs. 3 EG). Daraus folgt ein **Geltungsproblem** für den kirchlichen Bereich: Das Mitarbeitervertretungsrecht ist einerseits Kirchenrecht, das aber andererseits eine Bindung auch im weltlichen Rechtskreis herbeiführt[5]. Auch wenn sich der staatliche Gesetzgeber bei der Umsetzung von EG-Richtlinien für die Kirchen und ihre Einrichtungen nicht zuständig hält, müssen sich diese im Ergebnis doch an die EG-Richtlinien als „für alle geltendes Gesetz" i. S. d. Art. 137 Abs. 3 Satz 1 WRV halten. Die MVG/MAVO-Regeln sind daher richtlinienkonform auszulegen. Der europäische Gesetzgeber kann kraft seiner Kompetenzen (z. B. Art. 153 Abs. 2 AEUV/ex-Art. 137 EG) auch kirchlichen Einrichtungen sozialstaatliches Rahmenrecht vorschreiben, die ähnlich wie im Arbeitszeitrecht auch beim sozialen Dialog als „Jedermann-Gesetz" die Kirchen nicht härter treffen als andere. Mit ihren Vorgaben zum „sozialen Dialog" hält sich die EG im Übrigen auch an die Rechtsprechung des BVerfG, weil ja keine bestimmte Organisationsstruktur im Sinne einer „Betriebsverfassung" vorgeschrieben wird und auch keine irgend geartete „Mitbestimmung" im Sinne eines positiven oder negativen Konsensprinzips. So gibt es z. B. bei der Rahmenrichtlinie 2002/14/EG zur Unterrichtung und Anhörung der Arbeitnehmer zwar explizit keine Kirchenklausel, doch gilt für kirchliche Einrichtungen jedenfalls die Tendenzschutzklausel in Art. 3 Abs. 2, die nur ein mitbestimmungsrechtliches Minimum in Gestalt der „Grundsätze und Ziele" der RL 2002/14/EG von Tendenzbetrieben – zu denen europarechtlich auch kirchliche Einrichtungen zählen – fordert[6].

133a Die Grundsatzfrage der „Bedrohung" des deutschen kirchlichen Arbeitsrechts durch das Europarecht kann spätestens seit Aufnahme der Amster-

---

1 Zur Novellierung der MAVO zum 22.11.2010 vgl. Teil 11 Rz. 319 ff.
2 Hierzu vgl. einerseits *Reichold*, ZTR 2000, 57 (61), andererseits *Hanau/Thüsing*, S. 41 ff.
3 Anerkannt in BVerfG v. 22.10.1986 – 2 BvR 197/83, BVerfGE 73, 339 (375); BVerfG v. 8.4.1987 – 2 BvR 687/85, BVerfGE 75, 223 (240); vgl. ferner *Jarass/Pieroth*, GG, Art. 23 Rz. 34.
4 Vgl. zu § 613a Abs. 5, 6 BGB nur *Franzen*, RdA 2002, 258; *Willemsen/Lembke*, NJW 2002, 1159.
5 MünchArbR/*Richardi*, § 331 Rz. 9; *Richardi*, Arbeitsrecht in der Kirche, § 17 Rz. 16 f.
6 Vgl. *Reichold*, NZA 2003, 289 (294).

damer Kirchenklausel in **Art. 17 AEUV** als geklärt gelten[1]. Denn diese Aufwertung der früheren Protokollnotiz, wonach die Union den in den Mitgliedstaaten bestehenden Status der Kirchen achtet und diesen nicht beeinträchtigt, befestigt als primärrechtliche Verstärkung das deutsche Kirchenprivileg. Davor stand die Europafestigkeit des kirchlichen Arbeitsrechts lebhaft zur Diskussion[2]. Auch das jüngste Urteil des EGMR stellt das System des in Deutschland geltenden kirchlichen Arbeitsrechts **nicht** in Frage[3]. Zwar sahen die Richter in der Kündigung eines katholischen Organisten und Chorleiters wegen Ehebruchs einen Verstoß gegen Artikel 8 der Konvention. Grund hierfür war jedoch die fehlende umfassende Abwägung durch die nationalen Gerichte. Diese hatten es versäumt, das schutzwürdige Interesse des Klägers auf Achtung seines Privatlebens in die Interessenabwägung einzubeziehen.

3. Überblick über das Mitarbeitervertretungsrecht der beiden großen Kirchen

Im Folgenden wird ein kurzer Überblick über die **Strukturen** der Mitarbeitervertretungsgesetze beider großen Kirchen gegeben. Eine weitgehende Rechtsvereinheitlichung im evangelischen Bereich wurde durch den Erlass des Mitarbeitervertretungsgesetzes der EKD (**MVG.EKD**) zum 1.1.1993 erreicht (Rz. 135 ff.)[4]. Wesentliche inhaltliche Veränderungen brachte das dritte Änderungsgesetz vom 7.11.2002[5]. Im katholischen Bereich gilt in den Diözesen inhaltlich übereinstimmend die Rahmenordnung für eine Mitarbeitervertretungsordnung (**MAVO**), die zuletzt durch die im VDD versammelten Diözesanbischöfe am 25.6.2007 novelliert wurde (Rz. 140 ff.)[6]. 134

a) MVG.EKD. Das „Kirchengesetz über Mitarbeitervertretungen in der EKD" (Mitarbeitervertretungsgesetz – MVG.EKD) vom 6.11.1992[7] wollte das Mitarbeitervertretungsrecht erstmals einheitlich „für die Mitarbeiter und Mitarbeiterinnen der Dienststellen kirchlicher Körperschaften, Anstalten und Stiftungen der **EKD**, der **Gliedkirchen** sowie ihrer Zusammenschlüsse und der **Einrichtungen der Diakonie"** (§ 1 Abs. 1 MVG.EKD) regeln. Die Kirchenverfassung der EKD schließt aber eine **unmittelbare Inkraftsetzung** des MVG.EKD für die Landeskirchen (Gliedkirchen) und für die Diakonie aus. Inzwischen haben die meisten Gliedkirchen das Gesetz übernommen. Je- 135

---

1 Vgl. hierzu *Fischermeier*, ZMV Sonderheft 2009, 7 ff.
2 Hierzu auch *Schliemann*, FS Richardi, 2007, S. 959; *Fischermeier*, FS Richardi, 2007, S. 875; *Richardi*, Arbeitsrecht in der Kirche, § 1 Rz. 331 ff.
3 EGMR v. 23.9.2010 – 1620/03, EuGRZ 2010, 571 („Schüth" – nrk).
4 Zur Vorgeschichte *Fey/Rehren*, Einl. K 8 ff.; *Richardi*, Arbeitsrecht in der Kirche, § 19 Rz. 1–7; *Richardi*, FS Kissel, 1994, S. 967 (971 ff.).
5 ABl. EKD 2002 S. 392; vgl. hierzu *Fey* ZMV 2003, 5. Das 4. MVG-Änderungsgesetz vom 6.11.2003 diente vor allem der Umsetzung des EKD-Kirchengerichtsgesetzes, vgl. hierzu *Fey*, ZMV 2004, 5; *Schliemann*, NJW 2005, 392 (395 f.).
6 Dazu *Bleistein/Thiel*, MAVO, Präambel Rz. 2.
7 ABl.EKD 1992, 445, zuletzt geändert durch Kirchengesetz v. 7.11.2002 (ABl.EKD 2002, 392) und v. 6.11.2003 (ABl.EKD 2003, 408) i.d.F. der Neubekanntmachung v. 1.1.2004 (ABl.EKD 2004, 7).

doch haben nicht alle ihre Gesetzgebungskompetenz diesbezüglich durch Übernahmeerklärung an die EKD abgetreten; so haben die Bremische Kirche und die Konföderation Evangelischer Kirchen in Niedersachsen durch eine Vielzahl von Abweichungen im Detail auf einen „Sonderweg" nicht verzichten wollen[1]. Eine wichtige Neuerung ist die **einheitliche Geltung für alle Einrichtungen der Diakonie**, die § 1 Abs. 2 MVG.EKD anordnet. Damit wurde die Konsequenz aus der staatskirchenrechtlichen Zuordnung der Diakonie zur verfassten Kirche gezogen (vgl. § 118 Abs. 2 BetrVG). Wie von *Richardi* betont worden war[2], reicht die Satzungsautonomie des DW-EKD nicht aus, um ein Repräsentationsmandat der MAV i.S.v. § 118 Abs. 2 BetrVG zu schaffen. Vielmehr muss kirchliches Recht von einem kirchlichen Gesetzgeber geschaffen werden, hier von der **Synode** der EKD.

136 **aa)** Die **Organisation** der MAV setzt auf der Ebene der Dienststelle (§ 3 MVG) an. Nach **§ 5 Abs. 1 Satz 1 MVG** sind in „Dienststellen, in denen die Zahl der wahlberechtigten Mitarbeiter und Mitarbeiterinnen in der Regel mindestens fünf beträgt, von denen mindestens drei wählbar sind, ... Mitarbeitervertretungen zu bilden". Dienststelle kann auch eine privatrechtlich organisierte Einrichtung der Diakonie sein. Für rechtlich selbständige Einrichtungen der Diakonie mit mehr als 2000 Mitarbeiter(inne)n können – abweichend von § 3 Abs. 2 Satz 1 MVG – durch Dienstvereinbarung eigenständige Teildienststellen gebildet werden (§ 3 Abs. 2 Satz 3 MVG). Streitig ist, ob die gemeinnützige GmbH *ohne Mitgliedschaft* im DW dem MVG unterfällt. Das kann mit Hinweis auf § 1 Abs. 3 MVG und auf die – hier maßgebliche – „hinreichende Zuordnung" nach Staatskirchenrecht (Rz. 26 ff.) bejaht werden[3]. Bestehen bei einer kirchlichen Körperschaft, Stiftung etc. oder bei einer Einrichtung der Diakonie mehrere Mitarbeitervertretungen, so ist auf Antrag (nicht: zwingend) eine **Gesamt-MAV** zu bilden (§ 6 MVG), die einem Gesamtbetriebsrat (§ 50 BetrVG) vergleichbare Aufgaben erfüllt. Damit nicht zu verwechseln ist die „Gemeinsame MAV" nach § 5 Abs. 2 MVG, die **mehrere** Dienststellen gemeinsam vertritt. Schließlich ist auch für diakonische **Holdingstrukturen** („Dienststellenverbund") durch § 6a MVG die Möglichkeit einer Gesamt-MAV vorgesehen[4].

137 Umstritten ist die sog. ACK-Klausel des § 10 Abs. 1 lit. b MVG, wonach **wählbar** nur „Glieder einer christlichen Kirche oder Gemeinschaft sind, die der Arbeitsgemeinschaft Christlicher Kirchen in Deutschland angeschlossen ist". Zum Kreis der ACK-Kirchen gehören z.B. **nicht** Christliche Wissenschaft, die Mormonen, die Neuapostolische Kirche, Jehovas Zeugen und die Scientology Kirche[5]. Zu beachten ist aber, dass auch eine Mitgliedschaft bei Kirchen mit *Gaststatus* bei der ACK der Wählbarkeit nicht entgegensteht.

---

1 *Fey/Rehren*, Einl. K 15 f.; MünchArbR/*Richardi*, § 331 Rz. 22; *Thüsing*, KuR 2003, 23 (40 f.).

2 *Richardi*, FS Kissel, 1994, S. 967 (974 f.); *Richardi*, Arbeitsrecht in der Kirche, § 18 Rz. 5–7; § 19 Rz. 5.

3 So auch *Fey/Rehren*, § 3 Rz. 2.

4 Dazu *Thüsing*, KuR 2003, 23 (42).

5 *Fey/Rehren*, § 10 Rz. 10.

Weil den Gliedkirchen diesbezüglich durch § 10 Abs. 1 lit. b zweiter Halbsatz Abweichungen vom ACK-Prinzip ermöglicht wurden, die in den östlichen Kirchen regelmäßig benötigt werden, ist hier ein kirchenpolitischer Kompromiss erreicht worden[1]. Die persönliche Rechtsstellung der Mitglieder der MAV ist durch §§ 19 ff. MVG weitgehend der der Personalvertretung angeglichen (z.B. § 21 MVG: Abordnungs- und Versetzungsverbot, Kündigungsschutz).

bb) Die **Mitwirkungsrechte** der MAV gliedert das MVG in drei formalisierte Verfahren unterschiedlicher Intensität (§ 37 MVG). Deren gesetzestechnische Gestaltung folgt nicht dem Modell des BetrVG, sondern dem des BPersVG[2]. Zu unterscheiden sind: 138

– Die **uneingeschränkte** Mitbestimmung nach § 38 MVG hat zur Folge, dass die in §§ 39, 40 MVG genannten personellen, sozialen und organisatorischen Maßnahmen (z.B. § 40 lit. d: „Beginn und Ende der täglichen Arbeitszeit und der Pausen sowie Verteilung der Arbeitszeit auf die einzelnen Wochentage") nur durchgeführt werden dürfen, wenn die MAV ihnen zugestimmt oder die Schlichtungsstelle die Zustimmung ersetzt hat (**positives** Konsensprinzip);

– Die **eingeschränkte** Mitbestimmung nach § 41 MVG hat zur Folge, dass die in §§ 42, 43 MVG genannten personellen Maßnahmen (z.B. § 42 lit. b: „ordentliche Kündigung nach Ablauf der Probezeit") durch die MAV nur **aus bestimmten Gründen** abgelehnt werden können. Im Interesse der unmittelbar Betroffenen soll die MAV z.B. die konkrete Einstellung nur auf ihre Rechtmäßigkeit und auf eventuelle Gefährdungen des Betriebsfriedens hin überprüfen können. Für die ordentliche **Kündigung** können nur Rechtsgründe zur Ablehnung führen (§ 41 Abs. 2 MVG). Diese Beteiligung nach MVG verleiht mehr Rechte als die Anhörung nach § 102 BetrVG. Die erhebliche Unschärfe des § 1 KSchG kann zu einem in das Mitbestimmungsverfahren vorverlagerten Kündigungsrechtsstreit mit bedeutender Blockadewirkung führen; denn die Kündigung darf nach § 41 Abs. 3 i.V.m. § 38 Abs. 1 MVG erst durchgeführt werden, wenn die Zustimmung erteilt oder ersetzt worden ist[3];

– Die **Mitberatung** nach § 45 MVG hat zur Folge, dass die in § 46 MVG genannten Maßnahmen (z.B. § 46 lit. a: „Auflösung, Einschränkung, Verlegung und Zusammenlegung von Dienststellen oder erheblichen Teilen von ihnen") unwirksam sind, wenn die beabsichtigte Maßnahme nicht **rechtzeitig** vor der Durchführung bekannt gegeben und auf Verlangen mit der MAV **erörtert** wurde. Wird trotz Widerspruchs der MAV nach Erörterung eine abweichende Maßnahme getroffen, ist diese durch die **Dienst-**

---

1 Diskussion bei *Fey/Rehren*, § 10 Rz. 12 ff.
2 *Kienitz*, NZA 1995, 1187; MünchArbR/*Richardi*, § 331 Rz. 26; *Richardi*, Arbeitsrecht in der Kirche, § 19 Rz. 25; *Richardi*, NZA 1998, 113 (114 f.).
3 *Richardi*, NZA 1998, 113 (115); zur Problematik der Unwirksamkeitsfolge bei Nichtbeteiligung nach § 38 Abs. 1 Satz 2 MVG vgl. *Kienitz*, NZA 1995, 1187 (1188 f.).

stellenleitung schriftlich zu begründen (§ 45 Abs. 1 Satz 8 MVG). Diese Ausgestaltung ist ein „Novum" des kirchlichen Gesetzgebers[1].

Auch das **Initiativrecht** nach § 47 MVG in allen Beteiligungsangelegenheiten ist eine eigenständige kirchliche Regelung und hat zur Folge, dass das **Kirchengericht** nach § 60 Abs. 7 Satz 1 MVG festzustellen hat, ob die Weigerung der Dienststellenleitung, die beantragte Maßnahme zu vollziehen, rechtswidrig (oder ermessensfehlerhaft) ist[2].

139   **cc)** Nach § 36 Abs. 1 MVG können zwischen MAV und Dienststellenleitung **Dienstvereinbarungen** abgeschlossen werden, die aber „Regelungen weder erweitern, einschränken noch ausschließen (dürfen), die auf **Rechtsvorschriften**, insbesondere Beschlüssen der ARK, Tarifverträgen und Entscheidungen des Schlichtungsausschusses nach dem ARRG oder allgemeinverbindlichen Richtlinien der Kirche beruhen" (§ 36 Abs. 1 Satz 2 MVG). Anders als in § 73 BPersVG und in der MAVO wird hierdurch „Vereinbarungsautonomie" gewährt, weil § 36 MVG keine Einschränkungen auf gesetzlich benannte Angelegenheiten enthält. Allerdings wird diese Autonomie stark relativiert durch § 36 Abs. 1 Sätze 2 und 3 MVG (der § 77 Abs. 3 BetrVG entspricht), weil höherrangige „Rechtsvorschriften" nicht erweitert, eingeschränkt oder ausgeschlossen werden dürfen (Satz 2), auch wenn sie „üblicherweise" im Bereich der Arbeitsbedingungen vereinbart werden (Satz 3), es sei denn, dass **Öffnungsklauseln** zur Ausfüllung durch Dienstvereinbarungen zugelassen sind. Ein Beispiel ist § 9h AVR-DW, der die Einzelregelungen bei Arbeitszeitflexibilisierung und der Einführung von Arbeitszeitkonten einer Dienstvereinbarung überlässt. Diese „gelten **unmittelbar** und können im Einzelfall nicht abbedungen werden" (§ 36 Abs. 3 MVG), so dass ihre normative Wirkung kirchengesetzlich festgeschrieben ist. Eine individualrechtliche Nachwirkung muss in der Dienstvereinbarung **ausdrücklich** geregelt sein (§ 36 Abs. 4 MVG), um ausnahmsweise Wirkung zu entfalten.

140   **b) MAVO.** Im katholischen Mitarbeitervertretungsrecht war die Eigenständigkeit des kirchlichen Arbeitsrechts weit fortgeschritten, als durch **Art. 8 GrO** 1993 bestätigt wurde, dass „zur Sicherung ihrer Selbstbestimmung in der Arbeitsorganisation kirchlicher Einrichtungen" die Mitarbeiterinnen und Mitarbeiter „nach Maßgabe kirchengesetzlicher Regelung Mitarbeitervertretungen (wählen), die an Entscheidungen des Dienstgebers beteiligt werden". Durch die Betonung der **kirchengesetzlichen** Fundierung der MAVO wurde verdeutlicht, dass diese nicht dem Beteiligungskonzept der KODA-Ordnungen unterliegt[3]. Auch wurde in Art. 8 Satz 3 GrO festgehalten, dass die MAVO-Gremien „an diese Grundordnung gebunden" sind. Die **Rahmenordnung** für eine MAVO selbst gilt nur für die Mitarbeiter des Dachverbands „Verband der Diözesen Deutschlands" (Rz. 3). Ansonsten erlässt der Ortsbischof für seine Diözese (can. 391 § 2 CIC) die jeweils novellierte Fas-

---

1 Vgl. *Kienitz*, NZA 1995, 1187 (1189).
2 Vgl. *Richardi*, Arbeitsrecht in der Kirche, § 19 Rz. 35.
3 Vgl. Begründung der GrO in NJW 1994, 1395 (1398).

sung der MAVO als Kirchengesetz[1]. Ebenso wie nach dem MVG.EKD werden auch nach § 1 Abs. 2 MAVO die privatrechtlich verselbständigten **Einrichtungen der Caritas** (DCV) etc. „unbeschadet ihrer Rechtsform" in den Geltungsbereich einbezogen[2]. Das BAG hat in seiner Entscheidung vom 10.12.1992 diese Zuordnung aufgrund Staatskirchenrechts bestätigt, als es aus Anlass einer außerordentlichen Kündigung um die Anwendung der MAVO im Krankenhaus einer gemeinnützigen Stiftung ging, die als karitative Einrichtung kirchenrechtlich dem Erzbischof von Paderborn zugeordnet war[3].

aa) Die **Organisation** der MAVO geht aus von dem Begriff der „Einrichtung", in der eine MAV zu wählen ist, wenn „in der Regel mindestens fünf wahlberechtigte Mitarbeiterinnen und Mitarbeiter beschäftigt werden, von denen mindestens drei wählbar sind" (§ 6 Abs. 1). Die „Einrichtung" hat wie der „Betriebs"-Begriff des BetrVG die Funktion, einer kirchlichen Handlungsorganisation die arbeitnehmernahe gemeinsame **Repräsentation** zu ermöglichen[4]. Die Klarstellung in § 1a Abs. 2 MAVO, wonach der „Rechtsträger regeln (kann), was als Einrichtung gilt", ist daher als Organisationsvorbehalt des kirchlichen Arbeitgebers zu verstehen, dessen Ausübung jedoch – nach Anhörung der betroffenen MAVs – der Genehmigung des Ordinarius (Generalvikar) bedarf[5]. Als besondere Formen der MAV sind neu durch § 1a MAVO **einrichtungsübergreifende** MAVs vorgesehen, die ähnlich wie nach § 6a MVG (Rz. 136) Holdingstrukturen abbilden sollen[6]. § 24 Abs. 2 MAVO ermöglicht eine „Gesamt-MAV" auch für die MAVs **verschiedener** Rechtsträger, soweit es zu einer gemeinsamen Dienstvereinbarung mit allen betroffenen Dienstgebern kommt und „dies der wirksamen und zweckmäßigen Interessenvertretung" dient. 141

Der repräsentierte Kreis von „Mitarbeiterinnen und Mitarbeitern" (§ 3 MAVO) umfasst nicht nur Arbeitnehmer, sondern auch Kirchenbeamte, Ordensangehörige und sonstige aufgrund eines – nicht notwendig entgeltlichen! – **„Beschäftigungsverhältnisses"** in der jeweiligen Einrichtung tätige Personen[7]. Ausgenommen ist nur der Kreis leitender Mitarbeiter sowie der Geistlichen im verfassten Bereich (§ 3 Abs. 2 MAVO). Im BAG-Fall vom 10.12.1992 wurde anerkannt, dass der MAVO-Begriff „sonstige Mitarbeiterin in leitender Stellung" nach kirchlichem Selbstverständnis auszulegen sei und daher auch eine in paritätischer Leitungsfunktion tätige Abteilungsärztin aus dem MAVO-Zuständigkeitsbereich ausgegrenzt werden könne (§§ 3 142

---

1 Nachw. bei *Richardi*, Arbeitsrecht in der Kirche, § 18 Rz. 3.
2 Dogmatische Begründung bei *Richardi*, Arbeitsrecht in der Kirche, § 18 Rz. 5 f.; vgl. auch *Bleistein*, FS Stahlhacke, 1995, S. 69 (73 ff.).
3 BAG v. 10.12.1992 – 2 AZR 271/92, NZA 1993, 593 (595) = AP Nr. 41 zu Art. 140 GG.
4 Vgl. nur *Joost*, Betrieb und Unternehmen als Grundbegriffe im Arbeitsrecht, 1988, S. 265; *Preis*, RdA 2000, 257 (278); Richardi/*Richardi*, BetrVG, § 1 Rz. 12, 20.
5 *Richardi*, Arbeitsrecht in der Kirche, § 18 Rz. 20; *Thüsing*, KuR 2003, 23 (25 f.).
6 Dazu näher *Thiel*, ZMV 2003, 157 f.; *Thüsing*, KuR 2003, 23 (26 f.).
7 Ausführlich *Bleistein*, FS Stahlhacke, 1995, S. 69 (76 f.); *Richardi*, Arbeitsrecht in der Kirche, § 18 Rz. 25 ff.; MünchArbR/*Richardi*, § 331 Rz. 12.

Abs. 2 Satz 2 i. V. m. Satz 1 Nr. 4 MAVO)[1]. Für die **Wählbarkeit** zur MAV wird seit der Novellierung von 1995 **nicht mehr** die Zugehörigkeit zur katholischen Kirche verlangt (§ 8 MAVO). Weil der Vorsitzende der MAV katholisch sein *soll* (§ 14 Abs. 1 Satz 2 MAVO), in der Diözese Fulda und in den bayerischen Diözesen katholisch sein *muss*, hat aber der Wahlausschuss zu prüfen, ob Wahlbewerber der katholischen Kirche angehören oder nicht[2]. Auch Teilzeitbeschäftigte können gewählt werden und erfahren eine besondere Berücksichtigung in § 15 Abs. 4 MAVO (ähnlich § 37 Abs. 3 BetrVG)[3]. Ansonsten gilt für ihre Rechtsstellung Ähnliches wie im MVG.EKD (Rz. 137)[4].

143 **bb)** Die **Mitwirkungsrechte** der MAVO sind anders aufgebaut und qualitativ schwächer ausgebildet als im evangelischen Bereich (Rz. 138). Neben einem allgemeinen Informationsrecht in allen die Dienstgemeinschaft betreffenden Angelegenheiten (§ 27 MAVO) und – **neu** – in wirtschaftlichen Angelegenheiten (insbesondere in Einrichtungen der Caritas, § 27a MAVO)[5] wird hier unterschieden nach den Verfahren

– der **Anhörung und Mitberatung** (§ 29 MAVO), das besonders ausgeformt wurde für die ordentliche (§ 30 MAVO) und die außerordentliche Kündigung (§ 31 MAVO) nach Ablauf der Probezeit. In dieser schwächsten Beteiligungsform ist die MAV nur zu der beabsichtigten Maßnahme anzuhören; falls Einwendungen erhoben werden, sind diese „mit dem Ziel der Verständigung" in einer gemeinsamen Sitzung zu beraten (§ 29 Abs. 3 Satz 3 MAVO). Für die ordentliche Kündigung werden zusätzlich besondere Einwendungsgründe benannt (§ 30 Abs. 3 MAVO), was allerdings lediglich zur Folge hat, dass der Dienstgeber der Kündigung eine Abschrift der Einwendungen der MAV beizufügen hat (§ 30 Abs. 4 MAVO). Wird das § 102 BetrVG vergleichbare streng formalisierte Verfahren nicht eingehalten, ist die Kündigung **unwirksam** (§ 30 Abs. 5 bzw. § 31 Abs. 3 MAVO). Bei außerordentlichen Kündigungen bedürfen Einwendungen der MAV des Einverständnisses des Betroffenen; eine Beratung der Einwendungen findet nicht statt[6];

– des **Vorschlagsrechts**, das einige der im Katalog des § 29 MAVO aufgezählten Maßnahmen (z. B. „Regelung der Ordnung in der Einrichtung (Haus- und Heimordnung)", § 29 Abs. 1 Nr. 3 bzw. § 32 Abs. 1 Nr. 3 MAVO) auf

---

1 BAG v. 10.12.1992 – 2 AZR 271/92, NZA 1993, 593 (596); vgl. auch *Bleistein/Thiel*, MAVO, § 3 Rz. 71; *Richardi*, Arbeitsrecht in der Kirche, § 18 Rz. 33.
2 *Bleistein/Thiel*, MAVO, § 8 Rz. 27 ff.; *Richardi*, Arbeitsrecht in der Kirche, § 18 Rz. 48.
3 Dazu näher *Thüsing*, KuR 2003, 23 (32 ff.).
4 Ausführlich *Richardi*, Arbeitsrecht in der Kirche, § 18 Rz. 72 ff.; MünchArbR/*Richardi*, § 331 Rz. 22 ff.
5 Hierzu *Blens*, ZMV 2004, 157; *Oxenknecht-Witzsch*, ZMV 2002, 262; *Thüsing*, KuR 2003, 23 (34 ff.).
6 Die Regelung des § 31 Abs. 1, 2 MAVO gilt als missglückt, weil Einwendungen erhoben werden können, ohne dass der Dienstgeber Gründe mitteilen muss, vgl. *Bleistein*, FS Stahlhacke, 1995, S. 69 (81); *Richardi*, NZA 1998, 113 (116).

Initiative der MAV hin einer Beratung „mit dem Ziel der Einigung" zuführt;

– der **Zustimmung**, das bei Einstellung und Anstellung (§ 34 MAVO), bei sonstigen persönlichen Angelegenheiten (§ 35 MAVO) und bei Angelegenheiten der Dienststelle (§ 36 MAVO) ein (eingeschränktes) **Mitbestimmungsrecht** ermöglicht. In den persönlichen Angelegenheiten der §§ 34, 35 MAVO kann die Zustimmung aber nur aus Rechtsgründen oder aus Gründen des Betriebsfriedens bzw. bei unsachlicher Bevorzugung/Benachteiligung verweigert werden. Nicht eingeschränkt auf bestimmte Ablehnungsgründe ist das Zustimmungsverfahren in den Angelegenheiten des § 36 MAVO (z. B. Nr. 1: „Änderung von Beginn und Ende der täglichen Arbeitszeit einschließlich der Pausen sowie der Verteilung der Arbeitszeit auf die einzelnen Wochentage"). Verweigert die MAV die Zustimmung, so kann der Dienstgeber in den Fällen der §§ 34, 35 das **Kirchliche Arbeitsgericht**, in den Fällen des § 36 die **Einigungsstelle** anrufen (§§ 33 Abs. 4 MAVO);

– des **Antragsrechts** nach § 37 MAVO, das für die Angelegenheiten der Dienststelle i. S. d. § 36 MAVO die Initiative der MAV eröffnet, die nicht nur wie beim Vorschlagsrecht des § 32 MAVO zu einer Beratung mit dem Dienstgeber, sondern auch zur Anrufung der Einigungsstelle führen kann (§ 37 Abs. 3 Satz 3 MAVO).

cc) Im Bereich der MAVO gibt es keine „Vereinbarungsautonomie", weil die   144
Dienstvereinbarung nur in den zustimmungspflichtigen Angelegenheiten der Dienststelle (§ 36 MAVO) als Mitbestimmungsform zugelassen sind. Dienstvereinbarungen „dürfen Rechtsnormen, insbesondere kirchlichen Arbeitsvertragsordnungen, nicht widersprechen" (§ 38 Abs. 3 Satz 1 MAVO). Nur soweit „eine Rechtsnorm den Abschluss ergänzender Dienstvereinbarungen ausdrücklich zulässt", können Arbeitsentgelte und sonstige Arbeitsbedingungen, die üblicherweise in den KODA-Regelungen enthalten sind, durch Dienstvereinbarung geregelt werden (§ 38 Abs. 1 Nr. 1 MAVO). Durch die MAVO-Novelle 2007 wurde der Katalog des § 38 Abs. 1 MAVO um die „Durchführung der Qualifizierung der Mitarbeiter und Mitarbeiterinnen" erweitert (§ 38 Abs. 1 Nr. 10 MAVO).

4. Kircheneigene Rechtskontrolle

a) Wie im Bereich der Arbeitsrechtsregelungen der Kirchen (Rz. 125) scheidet   145
auch für die Streitigkeiten im Bereich des Mitarbeitervertretungsrechts eine **staatliche** Gerichtsbarkeit aus. Kirchliche Streitsachen unterliegen nur insoweit staatlicher Rechtskontrolle, als die Schranken des für alle geltenden Gesetzes in Rede stehen[1]. Deshalb kann ein staatliches Arbeitsgericht nicht darüber entscheiden, wer zur kirchlichen MAV wählbar ist[2], ob deren Mit-

---

1 *Hollerbach* in: Handbuch des Staatsrechts VI, § 138 Rz. 149; *Neumann*, ZTR 1997, 241 (243); MünchArbR/*Richardi*, § 332 Rz. 5 ff.; *Richardi*, Arbeitsrecht in der Kirche, § 20 Rz. 1.
2 BAG v. 11.3.1986 – 1 ABR 26/84, BAGE 51, 238 = NJW 1986, 2592 = NZA 1986, 685.

glied Erstattung der ihm wegen eines Freistellungsanspruchs entstandenen Anwaltskosten verlangen kann[1] oder welche Mitbestimmungsrechte bei der Einstellung von Altenpflegeschülern der MAV einer diakonischen Einrichtung zustehen[2].

146 **b)** Dagegen können die Kirchen zur Sicherung einer richtigen Anwendung ihres Rechts eine **eigene kirchliche Gerichtsbarkeit** schaffen. Die Umsetzung des Auftrags in **Art. 10 Abs. 2 GrO** zur Schaffung kircheneigener Gerichte im katholischen Bereich ist, wie oben Rz. 126 erläutert, zum 1.7.2010 durch das unbefristete Inkrafttreten der Kirchlichen Arbeitsgerichtsordnung erfolgreich bewältigt worden. Im Mitarbeitervertretungsrecht gab es zuvor ein funktionierendes **Schlichtungswesen**, das jetzt durch die Arbeitsgerichtsordnung abgelöst worden ist. Die Gerichtsbarkeit der Evangelischen Kirche wurde durch Kirchengesetz vom 6.11.2003 neu geordnet[3] und gliedert sich nunmehr in den Verfassungsgerichtshof der EKD, in das Kirchengericht der EKD erster Instanz sowie den Kirchengerichtshof der EKD als Kirchengericht zweiter Instanz. Über Streitigkeiten aus der Anwendung des Mitarbeitervertretungsgesetzes entscheidet gem. § 5 Abs. 2 Nr. 2 KiGG.EKD das Kirchengericht der EKD, wobei die §§ 56 ff. MVG.EKD Anwendung finden. Dieses ersetzt nunmehr die Schlichtungsstellen für kirchengerichtliche Entscheidungen. Viele Gliedkirchen haben jedoch von der Möglichkeit des § 56 Satz 2 MVG.EKD Gebrauch gemacht, der es gestattet, die Bezeichnung der Kirchengerichte erster Instanz abweichend zu regeln[4].

---

1 BAG v. 9.9.1992 – 5 AZR 456/91, BAGE 71, 157 = NZA 1993, 597.
2 BAG v. 25.4.1989 – 1 ABR 88/87, BAGE 61, 376 = NJW 1990, 2082.
3 Hierzu *Schliemann*, NJW 2005, 392.
4 *Richardi, Arbeitsrecht* in der Kirche, § 22 Rz. 26.

Teil 5
Der ärztliche Dienst

A. Chefarzt

I. Begriff und Stellung

Chefärzte gehören nach der traditionellen Organisationsstruktur des Kran- 1
kenhauses zum ärztlichen Dienst (zur Organisationsstruktur des Krankenhauses s. näher oben Teil 2 C. Sie sind die **ärztlichen Leiter von
Krankenhausabteilungen**, die innerhalb dieser Abteilungen die ärztliche Gesamtverantwortung für die Patientenversorgung tragen und Vorgesetzte des
ärztlichen und nichtärztlichen Personals sind[1]. Neben dem Begriff des Chefarztes findet man fast ebenso häufig den Begriff des **Leitenden Krankenhausarztes**. Die synonyme Verwendung hat sich in Rechtsprechung und Literatur
durchgesetzt[2], obwohl der Begriff des Leitenden Krankenhausarztes mehr
auf die ausgeübte **Funktion** abstellt, der Begriff des Chefarztes dagegen mehr
eine **Dienstbezeichnung** darstellt[3].

Der Chefarzt ist dem **Ärztlichen Direktor** des Krankenhauses organisato- 2
risch **unmittelbar nachgeordnet**. Eine fachliche Weisungsabhängigkeit ist damit nicht verbunden. Gegenüber dem nachgeordneten ärztlichen Personal
seiner Abteilung steht ihm ein **Weisungsrecht** zu[4]. Gegenüber dem nichtärztlichen Personal seiner Abteilung ist er weisungsberechtigt, soweit Fragen der ärztlichen Behandlung betroffen sind[5]. Er ist notwendigerweise **Facharzt**. Als Fachärzte bezeichnet man diejenigen Ärzte, die eine aufgrund der
jeweiligen Weiterbildungsordnung erworbene Gebietsbezeichnung führen.
Eine ärztliche Tätigkeit darf also grundsätzlich nur auf dem jeweiligen Fachgebiet ausgeübt werden[6].

Nach weit überwiegender Auffassung in Rechtsprechung und Literatur sind 3
Chefärzte **Arbeitnehmer**[7] (vgl. dazu Teil 11 Rz. 85 f.). Sie werden aufgrund ei-

---

1 MünchArbR/*Richardi*, § 339 Rz. 12; ErfK/*Wank*, § 18 ArbZG Rz. 3; Laufs/Kern/*Gen-
   zel/Degener-Hencke*, § 85 Rz. 28 f., § 86 Rz. 23.
2 Vgl. BAG v. 24.4.1997 – 8 AZR 898/94, n.v.; OLG München v. 27.3.1975 – 1 U
   1190/74, NJW 1977, 2123; Laufs/Kern/*Laufs*, § 12 Rz. 8.
3 *Diederichsen*, Die Vergütung ärztlicher Leistungen im Krankenhaus, 1979, S. 6.
4 Stellv. für alle MünchArbR/*Richardi*, § 339 Rz. 12; Rieger/*Jansen*, Nr. 1280 Rz. 34.
5 Stellv. für alle Rieger/*Jansen*, Nr. 1280 Rz. 36.
6 Dazu eingehend Narr/*Hess/Schirmer*, Rz. W 1 ff.; Laufs/Kern/*Laufs*, § 11 Rz. 10 ff., jeweils m.w.N.
7 BAG v. 10.11.1955 – 2 AZR 591/54, AP Nr. 2 zu § 611 BGB Beschäftigungspflicht;
   BAG v. 27.7.1961 – 2 AZR 255/60, AP Nr. 24 zu § 611 BGB Ärzte, Gehaltsansprüche
   = NJW 1961, 2085; BAG v. 3.8.1961 – 2 AZR 117/60, AP Nr. 19 zu § 620 BGB Befristeter Arbeitsvertrag = DB 1961, 1262; BGH v. 26.2.1998 – III ZB 25/97, NJW 1998, 2745;
   BSG v. 29.9.1965 – 2 RU 169/63, BSGE 24, 29; BSG v. 23.10.1970 – 2 Ru 6/69, BSGE
   32, 38 = AP Nr. 28 zu § 611 BGB Ärzte, Gehaltsansprüche; Palandt/*Weidenkaff*, Einf.
   vor § 611 BGB Rz. 18; MünchArbR/*Richardi*, § 339 Rz. 2; Laufs/Kern/*Laufs*, § 12
   Rz. 8; Laufs/Kern/*Genzel/Degener-Hencke*, § 86 Rz. 23; eingehend *Wern*, S. 23 ff.

nes Arbeitsvertrages mit dem Krankenhausträger tätig. Diesen Vertrag bezeichnet man allgemein als **Chefarztvertrag.**

II. Vertragsabschluss und Chefarztnachfolgevereinbarungen

4   Arbeitsrechtliche Besonderheiten beim Abschluss von Chefarztverträgen sind grundsätzlich nicht zu beachten (zu den Problemen bei der Anbahnung von Arbeitsverträgen, insbesondere dem Problem der Bereitschaft zur Mitwirkung an Schwangerschaftsabbrüchen, s. Teil 3 B Rz. 20 ff.). Erwähnenswert sind im vorliegenden Zusammenhang aber die sog. **Chefarztnachfolgevereinbarungen.** Anlass solcher Vereinbarungen ist, dass der Krankenhausträger einen Arzt als (zukünftigen) Chefarzt an sich binden möchte, obwohl dieser Arzt noch anderweitig in festem ungekündigtem Anstellungsverhältnis steht oder der amtierende Chefarzt erst zu einem späteren Zeitpunkt aus den Diensten des Krankenhausträgers ausscheidet. Von (rechtlichem) Interesse sind dabei nur solche Nachfolgeregelungen, die rechtsverbindlich die Nachfolge des noch praktizierenden Chefarztes bestimmen. Unverbindliche Regelungen sind – was die Besetzung der Chefarztstelle angeht – bedeutungslos, da sie nur **Absichtserklärungen** enthalten und den Erklärungsempfänger nicht anders stellen als jeden sonstigen Bewerber um die Chefarztstelle. Eine Nachfolgeklausel muss deshalb zunächst unter dem Blickwinkel ihrer rechtlichen Verbindlichkeit betrachtet werden. Hier ist zwischen den **unterschiedlichen Arten vorvertraglicher Bindung** zu unterscheiden (s. dazu näher Teil 3 B Rz. 59).

5   Vorsicht geboten ist bei der Formulierung von Chefarztnachfolgevereinbarungen insbesondere deshalb, weil der Zeitpunkt des Dienstantritts in der Zukunft liegt und sich in der Zeit nach Eingehen der vorvertraglichen Bindung wesentliche Umstände ändern können. Die daraus resultierenden Schwierigkeiten sollten nicht dazu verleiten, den Vertragsinhalt durch **Bezugnahmeklauseln auf erst noch zu vereinbarende Regelungen** flexibel zu gestalten (zu Bezugnahmeklauseln s. näher Teil 3 C Rz. 54). Insoweit muss auch die Rechtsprechung des BAG kritisch hinterfragt werden.

6   Das **BAG** hat für eine Fallgestaltung, in der einem seit Jahren im Dienste eines Krankenhausträgers tätigen Chefarzt der Abschluss eines neuen Anstellungsvertrages nach noch zu vereinbarenden Richtlinien angeboten worden war, entschieden, dass dieses Angebot zu Bedingungen zu erfolgen habe, wie sie unter den gegebenen konkreten Umständen mit einem Chefarzt getroffen zu werden pflegen[1]. Dieses Urteil wurde in der **Literatur** teilweise dahingehend verstanden, dass ein Krankenhausträger ein Angebot über eine Verlängerung der Tätigkeit an einen bereits im selben Krankenhaus arbeitenden Chefarzt ausschließlich zu den „üblichen Bedingungen" unterbreiten könne[2]. Diese Sichtweise ist verkürzt und daher fehlerhaft.

---

1 BAG v. 3.8.1961 – 2 AZR 117/60, AP Nr. 19 zu § 620 BGB Befristeter Arbeitsvertrag = DB 1961, 1262.
2 Vgl. *Siegmund-Schultze*, ArztR 1992, 357 (358).

Wie bei jeder vorvertraglichen Regelung ist zunächst von entscheidender Be-   7
deutung, ob überhaupt eine **Verpflichtung zur Abgabe eines bestimmten Angebotes** besteht. Dann muss untersucht werden, ob der Inhalt der vorvertraglichen Bindung in der Verpflichtung des Krankenhausträgers besteht, den
Abschluss des (späteren) Chefarztvertrages zu bestimmten Vertragsbedingungen anzubieten. Ob eine entsprechende Verpflichtung besteht, beurteilt
sich nach dem (übereinstimmenden) Willen der Vertragsparteien (§ 133
BGB). Nur wenn dieser nicht eindeutig bestimmbar ist, ist die Vereinbarung
nach allgemeinen Regeln auszulegen[1]. Grundsätzlich wird man dahin kommen, dass der Inhalt eines späteren Angebotes allein durch die noch zu vereinbarenden Richtlinien bzw. Regelungen bestimmt werden soll. Liegen solche Richtlinien bzw. Regelungen nicht (mehr) vor, so ergibt sich das
Problem, dass die Bezugnahme ihren **Zweck verfehlt**. Dieses Problem lässt
sich aber nicht durch den Rückgriff auf die „üblichen Bedingungen" oder die
„unter den gegebenen konkreten Umständen zwischen Krankenhausträgern
und Chefärzten vereinbarten Vertragsbedingungen" lösen. Vielmehr kann
mit Hilfe der **ergänzenden Vertragsauslegung** die entstandene Vertragslücke
geschlossen werden[2]. Bei der Ermittlung des **hypothetischen Willens** der Beteiligten ist maßgebend, was Krankenhausträger und Chefarzt vereinbart
hätten, wenn sie gewusst hätten, dass die in Bezug genommenen Normen
zu dem ins Auge gefassten Zeitpunkt nicht vorliegen. Für die Ermittlung
dieses Willens ist auf den Zeitpunkt des Abschlusses der vorvertraglichen
Vereinbarung abzustellen und ein **individueller Maßstab** anzulegen. Zwar
wird man manchmal nicht umhinkommen, im Einzelfall Vertragsbedingungen mit in die Überlegungen einzubeziehen, die – wie die Beratungs- und
Formulierungshilfe der Deutschen Krankenhausgesellschaft (DKG)[3] – für eine Vielzahl von Chefarztverträgen Anwendung finden. Solche Überlegungen
können aber nur hilfsweise herangezogen werden. Denn die ergänzende Vertragsauslegung bedingt, dass man auf die **spezifische Situation der Parteien
bei Vertragsschluss** abstellt und einen pauschalen Rückgriff auf das „Übliche" ablehnt. Deshalb ist auch ein Rückgriff auf die von dem konkreten
Krankenhausträger üblicherweise verwendeten Vertragsbedingungen nur unter den gemachten Einschränkungen zulässig[4].

Hat sich ein Krankenhausträger durch eine Nachfolgevereinbarung ver-   8
pflichtet, so ist der Bewerber am günstigsten gestellt, wenn der Nachfolgezeitpunkt dem Datum nach festgelegt ist. Hier hat er die Gewissheit, dass er
aufgrund der Zusicherung zum genannten Zeitpunkt als Chefarzt übernom-

---

1 Vgl. allg. *Enneccerus/Nipperdey*, AT Bd. 2, § 137 IV 1; *Jahr*, JuS 1989, 249 (251).
2 *Wern*, S. 33 ff. Zur ergänzenden Vertragsauslegung vgl. BGH v. 25.6.1980 – VIII ZR
  260/79, BGHZ 77, 301 (304) = NJW 1980, 2347; BGH v. 6.7.1989 – III ZR 35/88, NJW-
  RR 1989, 1490; BAG v. 8.11.1972 – 4 AZR 15/72, AP Nr. 3 zu § 157 BGB = SAE 1974,
  216; Palandt/*Ellenberger*, § 157 BGB Rz. 3.
3 Beratungs- und Formulierungshilfe für die Erstellung eines Dienstvertrages sowie eines Nutzungsvertrages mit einem leitenden Abteilungsarzt (Chefarzt) der Deutschen
  Krankenhausgesellschaft (DKG), 8. Aufl., 2007.
4 *Wern*, S. 34.

men werden muss; er hat einen vertraglichen Anspruch auf die Stelle des Chefarztes. Daran ändert sich auch nichts, wenn der bisherige Chefarzt die Stelle noch besetzt hält. Im Interesse des Krankenhausträgers liegt es deshalb regelmäßig, den Nachfolgezeitpunkt offen zu halten. Das kann etwa durch die Formulierung geschehen, dass der Bewerber „nach Ausscheiden des gegenwärtigen Chefarztes" dessen Stelle erhalten soll[1].

9   Bis zum Eintritt des Nachfolgezeitpunkts bestimmen sich auch alle sonstigen Rechte und Pflichten des Bewerbers in erster Linie nach der jeweiligen Vereinbarung mit dem Krankenhausträger. Zur inhaltlichen Bestimmung der Rechte und Pflichten ist diese ggf. auszulegen. Führt die Auslegung nicht weiter, ist danach zu fragen, ob sich bestimmte Rechte und Pflichten aus dem Grundsatz von Treu und Glauben (§ 242 BGB) ergeben[2]. Allgemein gilt, dass sich der Krankenhausträger – wie natürlich auch der Bewerber – nach § 242 BGB so verhalten muss, dass die Erreichung des Zwecks der Nachfolgevereinbarung nicht treuwidrig verhindert oder erschwert, sondern gefördert wird. So ist der Krankenhausträger etwa bei Fehlen einer ausdrücklichen vertraglichen Regelung jedenfalls nach Treu und Glauben verpflichtet, den künftigen Chefarzt im Rahmen des Möglichen und Zumutbaren über die weitere Entwicklung zu unterrichten[3]. Der Chefarztnachfolger hat auch einen Anspruch auf Unterrichtung über die Beendigungsmodalitäten des Vertragsverhältnisses mit dem bisherigen Chefarzt, soweit sie für die Aufnahme seiner eigenen Chefarzttätigkeit von Belang sind[4]. Der Krankenhausträger ist jedoch – vorbehaltlich einer anders lautenden Vereinbarung – nicht gehindert, das Arbeitsverhältnis mit dem amtierenden Chefarzt über dessen Altersgrenze hinaus fortzusetzen[5].

10   Eine vorvertragliche Vereinbarung ist **grundsätzlich bindend**. Eine **Anfechtung** wegen Irrtums über verkehrswesentliche Eigenschaften einer Person nach § 119 Abs. 2 BGB kommt nur in Betracht, wenn der Krankenhausträger nachträglich begründete Zweifel an der Eignung des Chefarztes hat, sofern die Tatsachen, die Anlass zum Zweifel geben, bereits bei Vereinbarung der Nachfolgeklausel vorhanden waren. Treten diese Tatsachen erst später ein, so entfällt die Möglichkeit der Anfechtung. Die **Kündigung einer Chefarztnachfolgevereinbarung** ist nur bei einem Vorvertrag möglich[6], wenn ein vertragliches Kündigungsrecht oder ein gesetzliches Kündigungsrecht nach § 313 Abs. 1 BGB gegeben ist. Dabei handelt es sich streng genommen aber nicht um eine Kündigung, sondern um einen **Rücktritt vom Vertrag**, da ein Vorvertrag kein Dauerschuldverhältnis darstellt, sondern lediglich eine ein-

---

1 Vgl. LAG Hamm v. 9.11.1995 – 17 Sa 285/95, NZA 1996, 1280.
2 Palandt/*Grüneberg*, § 242 BGB Rz. 23.
3 BAG v. 2.9.1976 – 3 AZR 411/75, AP Nr. 2 zu § 611 BGB Arzt-Krankenhaus-Vertrag = SAE 1977, 293; *Wolf*, SAE 1977, 295 f.
4 Vgl. *Wolf*, SAE 1977, 295 f.
5 BAG v. 2.9.1976 – 3 AZR 411/75, AP Nr. 2 zu § 611 BGB Arzt-Krankenhaus-Vertrag = SAE 1977, 293.
6 Optionsrechte sind von vornherein als Gestaltungsrechte nicht „kündbar".

malige Leistungspflicht beinhaltet, die auf den Abschluss eines Hauptvertrages gerichtet ist[1] (s. dazu näher Teil 3 B Rz. 62).

III. Behandlungspflicht und Pflicht zur persönlichen Leistungserbringung

Die vertragliche Arbeitsleistung des Chefarztes i. S. d. § 611 Abs. 1 BGB be-   11
steht in der ordnungsgemäßen Erfüllung der sich aus dem jeweiligen Krankenhausaufnahmevertrag ergebenden ärztlichen Pflichten[2]. Das bedeutet für
den Chefarzt vor allem die Pflicht zur Behandlung des Patienten nach medizinischem Standard (**Behandlungspflicht**)[3]. Die Arbeitspflicht des Chefarztes
erstreckt sich personell auf alle Patienten, die ihm als Leiter der Fachabteilung zur Behandlung zugewiesen sind[4].

Im Zusammenhang mit der Behandlungspflicht des Chefarztes kommt der   12
Pflicht zur persönlichen Leistungserbringung eine zentrale Bedeutung zu.
Nach der **Auslegungsregel des § 613 Satz 1 BGB** kann die Arbeitsleistung
nämlich weder ganz noch teilweise durch einen Ersatzmann oder Gehilfen
erbracht werden[5]. Das bedeutet umgekehrt, dass der Arbeitnehmer im
Zweifel auch nicht verpflichtet ist, bei seiner Verhinderung einen Vertreter
zu stellen[6]. Der Charakter des § 613 Satz 1 BGB als Auslegungsregel schließt
die **grundsätzliche Möglichkeit einer ausdrücklichen oder stillschweigenden
(konkludenten) Abbedingung** der Vorschrift durch abweichende Vereinbarung ein. Es kann also grundsätzlich vereinbart werden, dass der Arbeitnehmer berechtigt oder sogar verpflichtet ist, zur Erfüllung seiner Arbeitsleistung Dritte heranzuziehen[7]. Im Rahmen von Chefarztverträgen bekommt
man die Problematik der persönlichen Leistungserbringung nur in den Griff,
wenn man streng zwischen der Vertretung des Chefarztes und der Delegation von Aufgaben durch den Chefarzt unterscheidet.

1. Vertretung des Chefarztes

Bei der Vertretung des Chefarztes übernimmt ein Dritter für den Chefarzt   13
dessen Aufgaben[8]. Die Vertretung des Chefarztes ist üblich bei der vorüber-

---

1 Vgl. LAG Hamm v. 29.10.1985 – 11 Sa 766/85, BB 1986, 667 (668); ErfK/*Preis*, § 611
  BGB Rz. 259; *Zöllner*, FS Floretta, 1983, S. 455 (463), a. A. noch das LAG Hamm in seinem Urt. v. 26.2.1985 – 7 Sa 672/84, LAGE § 626 BGB Nr. 19.
2 Vgl. MünchArbR/*Richardi*, § 339 Rz. 21, § 338 Rz. 15; *Andreas*, ArztR 2000, 4 (5).
3 Vgl. *Narr*, Rz. 854, 992; *Rieger*, Rz. 219; *Andreas*, ArztR 2000, 4 (5); zum medizinischen Standard s. nur BGH v. 29.11.1994 – VI ZR 189/93, NJW 1995, 776 (777);
  BGH v. 16.3.1999 – VI ZR 34/98, NJW 1999, 1778 (1779).
4 *Wern*, S. 76 f.; zu undifferenziert dagegen *Rieger*, Rz. 506; Rieger/*Jansen*, Nr. 1280
  Rz. 9.
5 Allg. M.; s. nur Schaub/*Linck*, § 45 Rz. 1; Palandt/*Weidenkaff*, § 613 BGB Rz. 1; ErfK/
  Preis, § 613 BGB Rz. 2; *Zöllner*/Loritz/Hergenröder, § 13 I.
6 Allg. M.; Schaub/*Linck*, § 45 Rz. 1; ErfK/*Preis*, § 613 BGB Rz. 2.
7 Allg. M.; vgl. nur ErfK/*Preis*, § 613 BGB Rz. 3; Schaub/*Linck*, § 45 Rz. 3.
8 S. dazu näher *Wern*, S. 78 ff.

gehenden Abwesenheit aufgrund von Krankheit, Urlaub oder beruflicher Fortbildung. Für die Zeit des Urlaubs und der Arbeitsunfähigkeit sowie sonstiger **Fälle der unverschuldeten Unmöglichkeit** der Arbeitsleistung bedarf es keiner Abbedingung des § 613 Satz 1 BGB, da im Falle des Urlaubs der Arbeitnehmer von der Arbeitspflicht freigestellt[1] und im Falle der Arbeitsunfähigkeit oder sonstiger Fälle unverschuldeter Unmöglichkeit nach § 275 Abs. 1 BGB von dieser Verpflichtung befreit wird[2]. Die Abbedingung hat deshalb nur für die Fälle Bedeutung, in denen die **Arbeitsleistung** des Chefarztes aus von ihm zu **vertretenden Gründen ausbleibt**, so etwa wenn er zu viele Patienten übernommen hat und in der Folge bei einzelnen dieser Patienten die Behandlung auf nachgeordnete Ärzte überträgt.

14   Eine **ausdrückliche Abbedingung** der persönlichen Leistungspflicht gegenüber dem Krankenhausträger dergestalt, dass der Chefarzt auch in solchen Fällen befugt ist, nachgeordnete Ärzte als Vertreter einzusetzen, begegnet aus arbeitsrechtlicher Sicht im Hinblick auf den dispositiven Charakter von § 613 Satz 1 BGB zwar keinen Bedenken. Sie ist jedoch praktisch die Ausnahme. Von größerer praktischer Bedeutung ist die Frage, inwieweit bei fehlender ausdrücklicher Abbedingung des § 613 Satz 1 BGB eine Vertretung des Chefarztes möglich ist.

15   Grundsätzlich ist eine stillschweigende (**konkludente) Abbedingung** der Regelung des § 613 Satz 1 BGB denkbar[3]. Sie wird aber regelmäßig verneint werden müssen. Denn dem Krankenhausträger kommt es in besonderer Weise darauf an, dass der Chefarzt höchstpersönlich bei der Patientenbehandlung und der Organisation seiner Abteilung tätig wird. Nur unter besonderen Umständen im Einzelfall wird man zu einer stillschweigenden Abbedingung der Pflicht zur persönlichen Leistungserbringung kommen können. Verbleiben Zweifel, so gilt ohnehin die Auslegungsregel des § 613 Satz 1 BGB[4].

2. Delegation von Aufgaben

16   Eine Delegation von Aufgaben liegt vor, wenn der Chefarzt sich zur Erbringung seiner Arbeitsleistung der Hilfe anderer bedient, einzelne seiner Aufgaben also auf Dritte überträgt[5]. Auch hier ist wie bei einer Vertretung des Chefarztes wiederum die ausdrückliche Abbedingung von der stillschweigenden Abbedingung des § 613 Satz 1 BGB zu unterscheiden.

17   Gegen die **ausdrückliche Abbedingung** des § 613 Satz 1 BGB gegenüber dem Krankenhausträger[6], also die Erlaubnis zur Hinzuziehung von Gehilfen,

---

1 Stellv. für alle BAG v. 13.5.1982 – 6 AZR 360/80, AP Nr. 4 zu § 7 BUrlG Übertragung = SAE 1983, 78; BAG v. 8.3.1984 – 6 AZR 600/82, NZA 1984, 197; BAG v. 25.1.1994 – 9 AZR 312/92, NZA 1994, 652; ErfK/*Dörner*, § 1 BUrlG Rz. 11, § 7 BUrlG Rz. 4.
2 Stellv. für alle ErfK/*Dörner*, § 3 EFZG Rz. 3.
3 Allg. M.; vgl. nur ErfK/*Preis*, § 613 BGB Rz. 3; Schaub/*Linck*, § 45 Rz. 3.
4 Eingehend *Wern*, S. 79 ff.
5 Eingehend *Wern*, S. 80 ff.
6 Zur Abbedingung im Verhältnis zum Patienten s. nur BGH v. 20.12.2007 – III ZR 244/07, BGHZ 175, 76 = NJW 2008, 987.

sprechen keine Bedenken. Von größerem Interesse ist aber die Frage, inwieweit die Heranziehung von Dritten zur Erbringung der Behandlungspflicht auf der Grundlage einer **stillschweigenden Vereinbarung** möglich ist.

Rechtsprechung und **Literatur** gehen davon aus, dass ein Arzt auch aufgrund eines Behandlungsvertrages mit dem Patienten nicht gehalten ist, sämtliche Behandlungsleistungen höchstpersönlich zu erbringen[1]. Allerdings stellt sich die Frage, wie weit die Delegation von Leistungen gehen kann. Dieses Problem wird in Rechtsprechung und Literatur vor allem im Hinblick auf die Vergütung von wahlärztlichen Leistungen kontrovers behandelt. Weitgehende Einigkeit besteht darüber, dass der Arzt bei einer wahlärztlichen Behandlung seiner persönlichen Leistungspflicht gegenüber dem Patienten nicht nachkommt, wenn er nicht einmal die Aufsicht über die Behandlung führt[2]. Im Übrigen ist strittig, was **notwendige Voraussetzung einer persönlichen Behandlung** durch den Chefarzt ist. Nach einem Teil der Rechtsprechung und Literatur soll es genügen, dass der Chefarzt die Oberaufsicht über die Behandlung des Patienten führt, indem er die grundlegenden Entscheidungen über Eingriffe und Therapien selbst trifft und deren Vollzug eigenverantwortlich überwacht[3]. Einzelne Stimmen verzichten sogar auf die Überwachung und halten die Erreichbarkeit des Chefarztes und die Möglichkeit der Kontaktaufnahme mit ihm für ausreichend[4]. Nach anderer Auffassung muss der Chefarzt über die Behandlungsaufsicht hinaus vom Einzelfall abhängige Behandlungsmaßnahmen selbst ausführen[5]. Danach muss der Chefarzt die Behandlung prägen, indem er die Kernleistungen der Behandlung höchstpersönlich erbringt und nur für Nebenleistungen Gehilfen heranzieht,

18

---

1 BGH v. 20.12.2007 – III ZR 244/07, BGHZ 175, 76 = NJW 2008, 987; OLG Hamm v. 26.9.1984 – 3 U 230/83, VersR 1986, 897; OLG Stuttgart v. 13.1.1994 – 14 U 48/92, MedR 1995, 320 (323); LG Bonn v. 20.6.1996 – 8 S 30/96, MedR 1997, 81 (82); *Narr*, Rz. 1016; *Siegmund-Schultze/Andreas*, ArztR 1977, 6 (7) und ArztR 1978, 272 f.; *Hahn*, NJW 1981, 1977 (1981); *Andreas*, ArztR 1988, 321 (322); *Narr*, MedR 1989, 215 (219); *Kubis*, NJW 1989, 1512 (1513); *Robbers/Wagener*, KH 1995, 562; *Biermann/Ulsenheimer/Weißauer*, MedR 2000, 107 (110); *Kuhla*, NJW 2000, 841 (842).
2 Vgl. BGH v. 20.12.2007 – III ZR 244/07, BGHZ 175, 76 = NJW 2008, 987; OLG Celle v. 22.3.1982 – 1 U 42/81, NJW 1982, 2129 (2130); LG Bonn v. 15.2.1995 – 5 S 210/94, ArztR 1996, 46 (48); LG Bonn v. 20.6.1996 – 8 S 30/96, MedR 1997, 81 (82); LG Tübingen v. 4.3.1998 – 8 O 15/97, MedR 1998, 473 (476); *Uleer/Miebach/Patt*, § 4 GOÄ Anm. 2.7; *Genzel*, MedR 1998, 474; *Narr*, MedR 1988, 2280 (2283); *Kubis*, NJW 1989, 1512 (1513); *Biermann/Ulsenheimer/Weißauer*, MedR 2000, 107 (110); *Luxenburger*, S. 232.
3 OLG Hamm v. 26.4.1995 – 3 U 97/94, NJW 1995, 2420 (2421); LG Berlin v. 11.10.1990 – 51 S 259/89, NJW-RR 1991, 765 (766); LG Bonn v. 20.6.1996 – 8 S 30/96, MedR 1997, 81 (82); *Tuschen/Quaas*, Erl. § 22 BPflV zu Abs. 3; *Kubis*, NJW 1989, 1512 (1513); *Robbers/Wagener*, KH 1995, 562; *Wienke/Sauerborn*, MedR 1997, 82 (83); *Kuhla*, NJW 2000, 841 (842).
4 AG Hamburg v. 6.9.2000 – 18A C 292/99, MedR 2001, 47 f. mit zust. Anm. *Meine*, MedR 2001, 49.
5 LG Braunschweig v. 22.12.1976 – 19 S 93/76, VersR 1978, 126 (127 f.); AG Charlottenburg v. 26.2.1998 – 13 C 497/97, r + s 1999, 35 (36); *Narr*, Rz. 1016; *Uleer/Miebach/Patt*, § 4 GOÄ Anm. 2.7, § 22 BPflV Anm. H 2.2; *Miebach/Patt*, NJW 2000, 3377 (3379); *Luxenburger*, S. 229 ff.

die unter seiner fachlichen Aufsicht nach fachlicher Weisung handeln[1]. Der letztgenannten Auffassung hat sich der BGH angeschlossen[2].

19   Diese **Grundsätze** zur persönlichen Leistungserbringung bei der wahlärztlichen Behandlung können **auf das Verhältnis zwischen Chefarzt und Krankenhausträger** aber **nicht übertragen** werden. Was ein Chefarzt im Rahmen des Arbeitsverhältnisses gegenüber dem Krankenhausträger an persönlicher Leistungserbringung schuldet, ist nicht deckungsgleich mit dem, was ein Patient, der ärztliche Wahlleistungen in Anspruch nimmt, als Leistung des liquidationsberechtigten Arztes erwartet. Der Krankenhausträger hat – anders als ein Wahlleistungspatient – kein Interesse daran, dass der Chefarzt jeder ärztlichen Behandlung sein „Gepräge" gibt. Dies wäre schon angesichts der üblichen Abteilungsgröße unmöglich. Die persönliche und eigenhändige Versorgung durch den Chefarzt muss deshalb von vornherein auf die Wahlleistungsnehmer und die Patienten beschränkt werden, bei denen die höchstpersönliche Behandlung durch ihn aus medizinischen Gründen erforderlich ist[3]. Bei den übrigen Patienten können die Behandlungsmaßnahmen delegiert werden, soweit der medizinische Standard gewahrt bleibt[4]. Es reicht also im Übrigen aus, wenn der Chefarzt im Sinne einer Oberaufsicht die grundlegenden Entscheidungen für die Behandlung in der jeweiligen Abteilung trifft, deren Vollzug überwacht und entsprechende Weisungen erteilt, demnach Leitungs- und Organisationsaufgaben gegenüber dem nachgeordneten Personal wahrnimmt[5]. Zur Leitung der Abteilung gehört dabei auch, dass er sich und die Ärzte seiner Abteilung nach dem neuesten Stand der Wissenschaft fortbildet und jederzeit in der Lage ist, in das Behandlungsgeschehen einzugreifen. Das beinhaltet, dass er sich vom Gesundheitszustand aller Patienten seiner Abteilung durch Einsichtnahme in die Behandlungsunterlagen und durch Visiten überzeugt. Der Chefarzt muss aber umso mehr in die eigentliche Behandlung eingreifen, je kleiner der Personalbestand der Abteilung oder je schwieriger das Krankheitsbild des Patienten ist.

20   Soweit man von der Möglichkeit zur Delegation einer Leistung durch ausdrückliche oder stillschweigende Abbedingung der Pflicht zur persönlichen Leistungserbringung im Einzelfall ausgeht, muss die Frage beantwortet werden, an wen der Chefarzt die Aufgaben delegieren darf (**Frage nach dem Dele-**

---

1 AG Charlottenburg v. 26.2.1998 – 13 C 497/97, r + s 1999, 35 (36 f.); *Narr*, Rz. 1016; *Uleer/Miebach/Patt*, § 4 GOÄ Anm. 2.7, § 22 BPflV Anm. H 2.2; *Jansen*, MedR 1999, 555; *Biermann/Ulsenheimer/Weißauer*, MedR 2000, 107 (110); *Miebach/Patt*, NJW 2000, 3377 (3379 f.).
2 BGH v. 20.12.2007 – III ZR 244/07, BGHZ 175, 76 = NJW 2008, 987.
3 *Wern*, S. 86 f.; zum Anspruch von Kassenpatienten auf persönliche Behandlung durch den Chefarzt aus medizinischen Gründen OLG Stuttgart, Urt. v. 3.12.1985 – 1a U 4/85, MedR 1986, 201.
4 *Wern*, S. 86 m. w. N.
5 *Wern*, S. 86; vgl. auch Laufs/Kern/*Genzel/Degener-Hencke*, § 82 Rz. 131, dort allerdings im Hinblick auf die Beziehung zum Wahlleistungspatienten.

gationsadressaten)[1]. Die Möglichkeit der Delegation wird man in erster Linie von der **Art der zu übertragenden Aufgabe** abhängig machen müssen[2], da eine eindeutige Bestimmung des ärztlichen Arbeitsfeldes durch das Gesetz nicht erfolgt ist[3]. Aufgaben, bei denen es wesentlich auf die **medizinisch-wissenschaftlichen Kenntnisse eines Arztes** ankommt, dürfen deshalb nicht auf das nichtärztliche Personal übertragen werden[4]. Besonders zu berücksichtigendes Kriterium im Einzelfall ist die **theoretische und praktische Gefährdungsmöglichkeit** des Patienten[5]; denn der Patient darf durch die Arbeitsteilung im Krankenhaus keine Nachteile in der Behandlung erleiden. Mit der Delegation von Aufgaben gehen Sorgfaltspflichten des Chefarztes einher, die sich in **Auswahl-, Instruktions-, Überwachungs- und Kontrollpflichten** einteilen lassen (s. dazu näher unten Rz. 40)[6].

3. Arbeitszeitrechtliche Schranken der Arbeitspflicht

Das **Arbeitszeitrecht der Leitenden Krankenhausärzte** ist von einigen Besonderheiten geprägt. Die Vorschriften des **Arbeitszeitgesetzes (ArbZG)** finden auf Chefärzte **keine Anwendung** (§ 18 Abs. 1 Nr. 1 ArbZG), unabhängig davon, ob das Krankenhaus in öffentlich-rechtlicher Form, privater Form oder als kirchliches Krankenhaus betrieben wird[7]. Auf die arbeitszeitrechtlichen Regelungen des TVöD bzw. des TV-Ärzte/VKA kann sich der Leitende Krankenhausarzt wegen der **Ausschlussklauseln des § 1 Abs. 2 lit. a TVöD und des § 1 Abs. 2 TV-Ärzte/VKA** ebenfalls nicht berufen, es sei denn, diese wären einzelvertraglich vereinbart worden. Mangels gesetzlicher bzw. tarifvertraglicher Bestimmungen ist deshalb allein das zwischen Krankenhausträger und Chefarzt vertraglich Vereinbarte maßgebend. Liegt keine ausdrückliche Regelung zur Arbeitszeit im Chefarztvertrag vor, ist das Vorliegen einer stillschweigenden Vereinbarung zu prüfen. Deren Inhalt lässt sich oftmals nur über die **betrieblichen Gewohnheiten** bestimmen[8].

21

---

1 Zur Frage der Delegation ärztlicher Leistungen vgl. jetzt eingehend *Spickhoff/Seibl*, MedR 2008, 463; *Bergmann*, MedR 2009, 1; *Andreas*, ArztR 2008, 144.

2 *Narr*, Rz. 890; *Narr*, MedR 1989, 215 (216 f.); vgl. auch *Heinze/Jung*, MedR 1985, 62 (67); *Genzel*, MedR 1995, 320.

3 *Wern*, S. 87 f.; ähnlich *Hahn*, NJW 1980, 1977 (1980).

4 *Narr*, Rz. 890, 1016; *Narr*, MedR 1989, 215 (216); *Rieger*, Rz. 892 ff.; *Rieger*, NJW 1979, 1937; *Peikert*, MedR 2000, 352 (355); vgl. auch LG Hannover v. 1.6.1977 – 11 S 53/76, NJW 1978, 1695; *Lüke/Walendy*, JZ 1977, 657.

5 *Hahn*, NJW 1980, 1977 (1981); *Spickhoff/Seibl*, MedR 2008, 463, 465; *Bergmann*, MedR 2009, 1 (8 f.); *Wern*, S. 88; vgl. auch MünchKommBGB/*Wagner*, § 823 BGB Rz. 719 m. w. N.; *Heinze/Jung*, MedR 1985, 62 (67).

6 MünchKommBGB/*Wagner*, § 823 BGB Rz. 719; *Hahn*, NJW 1980, 1977 (1983 ff.); *Spickhoff/Seibl*, MedR 2008, 463 (465 ff.); vgl. auch *Narr*, MedR 1989, 215 (217); *Peikert*, MedR 2000, 352 (356 f.); *Kistner*, Wahlbehandlung und direktes Liquidationsrecht des Chefarztes, 1990, S. 64.

7 *Anzinger/Koberski*, § 18 ArbZG Rz. 10.

8 BAG v. 21.12.1954 – 2 AZR 5/53, AP Nr. 2 zu § 611 BGB Lohnanspruch = SAE 1955, 221.

22 Trotz der Schwierigkeiten in der Bestimmung der arbeitszeitrechtlichen Schranken bei Chefärzten können **folgende Grundsätze** aufgestellt werden, die sich aus allgemeinen Rechtsgedanken ergeben:

23 Anders als die Ärzte des nachgeordneten Dienstes hat der Chefarzt zwar **keine regelmäßige Arbeitszeit** in Form einer Höchstarbeitszeit[1]. Ein Chefarzt kann also unter Umständen verpflichtet sein, in Abweichung von §§ 3, 4 ArbZG täglich mehr als zehn Stunden oder länger als neun Stunden ohne Ruhepause zu arbeiten. Trotz der Nichtanwendbarkeit des ArbZG und der tariflichen Schutzvorschriften sind der Pflicht zur Arbeitsleistung aber **arbeitszeitrechtliche (Höchst-)Grenzen** gesetzt[2]. Aus allgemeinen Rechtsgrundsätzen, insbesondere der allgemeinen Pflicht des Arbeitgebers nach **§ 618 Abs. 1 BGB**, das Leben und die Gesundheit des Arbeitnehmers zu schützen[3], aber auch aus den gesetzlichen **Grenzen des § 138 Abs. 1 BGB**[4] folgt, dass dem Chefarzt wie jedem Arbeitnehmer ausreichende Ruhezeiten während und nach seiner Arbeit verbleiben müssen. Ein Dauereinsatz ist danach unzulässig[5]. Darüber hinaus ist der Krankenhausträger zur **Einräumung ausreichender Freizeit** verpflichtet[6]. Diese Freistellungspflicht ist Teil der Fürsorgepflicht des Arbeitgebers[7]. Ein „**Mindestfreizeitanspruch**"[8] steht dem Chefarzt selbst dann zu, wenn nicht ausreichend Personal zur medizinischen Versorgung der Patienten vorhanden ist und unter medizinischen Gesichtspunkten ein Dauereinsatz des Chefarztes angezeigt wäre. Die **personelle Unterbesetzung** einer Klinik kann nicht durch eine dauerhafte übermäßige zeitliche Inanspruchnahme der Leitenden Krankenhausärzte kompensiert werden[9]. Das gilt selbst dann, wenn die Unterbesetzung, wie etwa bei Stellenvakanzen, nicht vom Krankenhausträger zu vertreten ist. Eine Klinik steht insofern nicht anders da als jeder andere Betrieb, der sogar ggf. geschlossen werden muss, wenn nicht genügend Personal vorhanden ist, um

---

1 Allg. M.; BAG v. 6.4.1981 – 9 Sa 4/81, AP Nr. 31 zu § 611 BGB Ärzte, Gehaltsansprüche; LAG Frankfurt v. 1.4.1981 – 8/9 Sa 1219/79, KH 1983, 544 (545); *Narr*, Rz. 1100; *Rieger*, Rz. 514; *Robbers/Wagener*, KH 1995, 338.

2 *Diringer*, MedR 2003, 200 (205); *Narr*, Rz. 1100; *Rieger*, Rz. 354; *Rieger*, MedR 1983, 222 (223); *Siegmund-Schultze*, ArztR 1984, 319; *Wern*, S. 93 f.; vgl. auch *Anzinger/Koberski*, § 18 ArbZG Rz. 1; *Hromadka*, FS Hanau, 1999, S. 211 (214).

3 Vgl. BAG v. 13.3.1967 – 2 AZR 133/66, AP Nr. 15 zu § 618 BGB = NJW 1967, 1631; *ErfK/Wank*, § 618 BGB Rz. 13.

4 *Diringer*, MedR 2003, 200 (205); *Wern*, S. 93 f.; vgl. auch *Debong*, ArztR 1996, 123 (124).

5 Vgl. ArbG Wilhelmshaven v. 21.12.1978 – 2 Ga 23/78, ArztR 1979, 320 (321); vgl. auch BAG v. 13.3.1967 – 2 AZR 133/66, AP Nr. 15 zu § 618 BGB = NJW 1967, 1631.

6 Vgl. BAG v. 26.11.1980 – 4 AZR 1181/78, AP Nr. 6 zu § 17 BAT = NJW 1981, 1331; BAG v. 24.2.1982 – 4 AZR 223/80, NJW 1982, 2140 (2141 f.).

7 ArbG Wilhelmshaven v. 21.12.1978 – 2 Ga 23/78, ArztR 1979, 320 (321); *Rieger*, Rz. 514; vgl. auch BAG v. 26.11.1980 – 4 AZR 1181/78, AP Nr. 6 zu § 17 BAT = NJW 1981, 1331; BAG v. 24.2.1982 – 4 AZR 223/80, NJW 1982, 2140 (2141); *Hromadka*, FS Hanau, 1999, S. 214.

8 ArbG Wilhelmshaven v. 21.12.1978 – 2 Ga 23/78, ArztR 1979, 320 (321); *Rieger*, Rz. 514.

9 Vgl. *Andreas*, ArztR 1979, 272 (273); *Andreas/Siegmund-Schultze*, KHA 1980, 945 (946); *Wern*, S. 94.

den Betrieb unter Einhaltung der gesetzlichen und vertraglichen Bestimmungen aufrechtzuerhalten[1].

Abgesehen von diesen Höchstgrenzen der zeitlichen Inanspruchnahme las-   24
sen sich die arbeitszeitrechtlichen Schranken der chefärztlichen Tätigkeit
nicht pauschal, sondern nur **einzelfallbezogen** ermitteln, wobei von wesentlicher Bedeutung auch die Gründe sind, aus denen der Chefarzt herangezogen werden soll. In **Notfällen** können Chefärzte in arbeitszeitrechtlicher
Hinsicht verstärkt herangezogen werden, so etwa, wenn die ordnungsgemäße medizinische Behandlung der Patienten dies erfordert, aber auch, wenn
zeitlich begrenzt personelle Engpässe in der Abteilung auftreten[2]. Das folgt
aus der jeden Arbeitnehmer treffenden **Schadensabwendungspflicht**, und
zwar sowohl im Hinblick auf die Arbeitszeit als auch im Hinblick auf die
Art der Arbeitsleistung[3]. Bei der Beurteilung der Frage, ob ein Notfall vorliegt, ist die **Verantwortlichkeit des Arbeitgebers** zu beachten[4]. Insbesondere
ist zu berücksichtigen, ob der Eintritt des „Notfalls" vorhersehbar war und
inwieweit ein Bemühen des Krankenhausträgers auf Abhilfe erkennbar wird.
Nach der zutreffenden Auffassung des BAG kann von einem Notfall nur
dann gesprochen werden, wenn dieser unabhängig vom Willen des Arbeitgebers eintritt und wenn dessen Folgen nicht auf andere Weise zu beseitigen
sind[5]. Hier sind **strenge Maßstäbe** anzulegen. Die überobligatorische Inanspruchnahme des Chefarztes kann deshalb **nicht allein auf wirtschaftliche
Gründe** gestützt werden[6], da es allein Aufgabe des Krankenhausträgers ist,
die sachlichen und personellen Voraussetzungen für eine ordnungsgemäße
Versorgung der Patienten zu schaffen, und dieses typische Arbeitgeberrisiko
nicht auf den Chefarzt abgewälzt werden kann[7]. Letzteres wäre z. B. der Fall,
wenn nach Ausscheiden eines Oberarztes zur Einsparung von Personalkosten die Stelle über Monate nicht ausgeschrieben würde[8]. Bevor ein Chefarzt
daher verstärkt herangezogen werden kann, muss der Krankenhausträger
alle ihm offenstehenden erfolgversprechenden Wege beschreiten, um dies zu
vermeiden. Im Übrigen endet die Schadensabwendungspflicht des Arbeitnehmers, wo sie **unzumutbar** wird[9], so dass auch in Notfällen die Heranziehung nicht zu einer dauerhaften Inanspruchnahme führen darf.

1 ArbG Wilhelmshaven v. 21.12.1978 – 2 Ga 23/78, ArztR 1979, 320 (321); *Wern*, S. 94.
2 *Wern*, S. 95 f.; vgl. auch *Jobs*, ArztR 1994, 259 (260).
3 Allg.M.; BAG v. 29.1.1960 – 1 AZR 200/58, AP Nr. 12 zu § 123 GewO = NJW 1960,
   1734; BAG v. 14.12.1961 – 5 AZR 180/61, AP Nr. 17 zu § 611 BGB Direktionsrecht =
   DB 1962, 375; BAG v. 3.12.1980 – 5 AZR 477/78, AP Nr. 4 zu § 615 BGB Böswilligkeit
   = DB 1981, 799; ErfK/*Preis*, § 611 BGB Rz. 276, 906; Schaub/*Linck*, § 45 Rz. 32; *Zöllner/Loritz/Hergenröder*, § 13 II 2 b.
4 *Dütz*, Rz. 155; *Wern*, S. 95; vgl. auch Schaub/*Linck*, § 45 Rz. 32.
5 BAG v. 3.12.1980 – 5 AZR 477/78, AP Nr. 4 zu § 615 BGB Böswilligkeit = DB 1981,
   799.
6 Vgl. BAG v. 24.2.1982 – 4 AZR 223/80, NJW 1982, 2140 (2143).
7 So für das Haftungsrecht OLG Stuttgart v. 20.8.1992 – 14 U 3/92, NJW 1993, 2384
   (2385 f.); OLG Hamm v. 16.9.1992 – 3 U 283/91, NJW 1993, 2387 (2388); ArbG Wilhelmshaven v. 21.12.1978 – 2 Ga 23/78, ArztR 1979, 320 (321).
8 Vgl. zu diesen Beispielen *Rieger*, Rz. 354; *Rieger*, MedR 1983, 222 (224).
9 *Zöllner/Loritz/Hergenröder*, § 13 II 2b; vgl. auch BAG v. 3.12.1980 – 5 AZR 477/78,
   AP Nr. 4 zu § 615 BGB Böswilligkeit = DB 1981, 799.

25 Von Bedeutung ist ferner, mit welcher **Intensität** die zeitliche Inanspruchnahme erfolgt, insbesondere welche Arten von Diensten ein Chefarzt in einem bestimmten Zeitrahmen wahrnehmen muss und wie diese Dienste in
der Klinik organisiert sind. Wichtige **Anhaltspunkte** können hier die **Regelungen des ArbZG** geben[1]. Mit dem ArbZG hat der Gesetzgeber nämlich allgemein zu erkennen gegeben, wann er die Gesundheit eines Arbeitnehmers
im Normalfall als gefährdet ansieht[2]. Überschreitet daher ein Chefarzt mit
einiger Regelmäßigkeit und in wesentlichem Umfang die Arbeitszeitgrenzen
dieses Gesetzes, so kann dies ein Indiz für seine übermäßige und deshalb unzulässige zeitliche Inanspruchnahme darstellen. Dabei ist jetzt auch zu beachten, dass die Ableistung von **Bereitschaftsdiensten** zur **Arbeitszeit** zu
rechnen ist (§ 7 Abs. 1 Nr. 1 lit. a, 4 lit. a ArbZG)[3].

IV. Bereitschaftsdienst und/oder Rufbereitschaftsdienst bei Chefärzten

26 Die Pflicht zur Teilnahme am Bereitschafts- und/oder Rufbereitschaftsdienst
wird im Chefarztvertragsrecht kontrovers diskutiert (zum Begriff des Bereitschaftsdienstes bzw. der Rufbereitschaft im Krankenhaus s. näher unten
Teil 10). Eine adäquate Problemlösung kann insoweit nur gelingen, wenn
man zwei Problemebenen streng voneinander trennt: die vertrags- und arbeitszeitrechtliche Ebene einerseits und die vergütungsrechtliche Ebene andererseits.

1. Pflicht zur Teilnahme am Bereitschaftsdienst unter vertrags- und arbeitszeitrechtlichen Gesichtspunkten

27 Die **Rechtsprechung** hat sich – soweit ersichtlich – bisher ausschließlich unter vergütungsrechtlichen Aspekten mit dem Problem des Bereitschaftsdienstes von Chefärzten auseinander gesetzt (s. dazu unten Rz. 31 ff.). In der
Literatur geht man überwiegend davon aus, dass ein Chefarzt grundsätzlich
nicht dienstplanmäßig am Bereitschaftsdienst des Krankenhauses teilnehmen müsse[4].

28 Weder Hinweise auf das **Berufsbild** noch auf die **Leitungsfunktion** des Chefarztes sind geeignet, dessen angebliche Befreiung von der Teilnahme am
Bereitschaftsdienst rechtlich abzusichern. Das Verbot der Heranziehung zu
solchen Diensten liegt nicht im **Wesen chefärztlicher Tätigkeit** und die
Ableistung von Bereitschaftsdiensten stellt keine den sonstigen spezifischen

---

1 Vgl. *Hromadka*, FS Hanau, 1999, S. 211 (214 f.).
2 *Hromadka*, FS Hanau, 1999, S. 211 (214 f.).
3 Vgl. auch EuGH v. 3.10.2000 – Rs. C-303/98, AP Nr. 2 zu EWG-Richtlinie Nr. 93/104
  = NZA 2000, 1227 („Simap"); EuGH v. 9.9.2003 – C-151/02, NZA 2003, 1019 = NJW
  2003, 2971 („Jaeger"); BAG v. 15.7.2009 – 5 AZR 867/08, AP Nr. 10 zu § 6 ArbZG =
  NZA 2009, 1366.
4 *Narr*, Rz. 1100; *Rieger*, Rz. 354; *Rieger*, MedR 1983, 222 (223 f.); *Andreas*, ArztR 1979,
  272 (273); *Siegmund-Schultze*, ArztR 1982, 176 und ArztR 1984, 319; *Debong*, ArztR
  1991, 173 (174); *Debong/Andreas*, ArztR 1998, 11 (13).

Tätigkeiten des Chefarztes untergeordnete Aufgabe dar, die von der Art der Tätigkeit mit der Leitungsbefugnis des Chefarztes rechtlich unvereinbar wäre[1]. Unrichtig ist auch, dass die Wahrnehmung des Bereitschaftsdienstes allein eine **Aufgabe des nachgeordneten ärztlichen Dienstes** sei. Das ist nur insoweit zutreffend, als der Bereitschaftsdienst in der Praxis traditionell ausschließlich von nachgeordneten Ärzten abgeleistet wird. Aus rechtlichen Gründen ist das Festhalten an der tradierten Form der Wahrnehmung ärztlicher Dienste aber nicht geboten. Es spricht deshalb zunächst nichts dagegen, den **Aufgabenkreis** des Chefarztes auf die **Ableistung von Bereitschaftsdiensten** zu **erstrecken**, soweit die Grenzen der zeitlichen Inanspruchnahme des Chefarztes eingehalten werden[2]. Gegenteiliges ergibt sich auch nicht aus zwei oftmals zitierten Entscheidungen des BGH[3]. Diese können schon deshalb nicht herangezogen werden, weil der BGH darin zur Frage der Wahrnehmung des Bereitschaftsdienstes in Krankenhäusern überhaupt keine Stellung bezogen und eine wesensmäßige Beschränkung des Bereitschaftsdienstes auf den nachgeordneten ärztlichen Dienst mit keinem Wort angesprochen hat[4]. Die Klausel, mit der eine Bereitschaftsdienstverpflichtung begründet werden soll, muss im Hinblick auf eine **AGB-Kontrolle nach den §§ 305 ff. BGB** eindeutig formuliert sein. Davon kann bei einer Klausel, die wie § 4 Abs. 2 Alt. 2 der Beratungs- und Formulierungshilfe DKG[5] davon spricht, dass der Chefarzt „erforderlichenfalls" an solchen Diensten teilnimmt, nicht ausgegangen werden. Dass Chefärzte trotz dieser Einschätzung **regelmäßig nicht Bereitschaftsdienste ableisten** müssen, ergibt sich aus folgenden Überlegungen:

Sofern Krankenhausträger und Chefarzt keine ausdrückliche vertragliche Regelung zur Ableistung von Bereitschaftsdiensten getroffen haben, ist danach zu fragen, ob eine entsprechende stillschweigende Abrede vorliegt. Das hängt davon ab, welche Aufgabenverteilung der Krankenhausträger unter den Angehörigen des ärztlichen Dienstes vorgenommen hat[6]. Aus dieser **im jeweiligen Krankenhaus üblichen Aufgabenwahrnehmung**, die sich auch allein aus der praktischen Handhabung ergeben kann[7], lässt sich ersehen, welche Arztgruppen Bereitschafts- und Rufbereitschaftsdienste ableisten. Nach **traditioneller Aufgabenverteilung** sind das beim Bereitschaftsdienst ausschließlich die Assistenzärzte[8]. Der Chefarzt muss nach dieser Aufgabenverteilung **keine planmäßigen Bereitschaftsdienste** leisten, da er grundsätzlich keine Aufgaben wahrnehmen muss, die in den Aufgabenbereich eines Assis-

29

---

1 *Wern*, S. 97 f.
2 Dazu eingehend *Wern*, S. 97 ff.
3 BGH v. 27.2.1952 – II ZR 78/51, BGHZ 5, 321 = NJW 1952, 658; BGH v. 8.5.1962 – VI ZR 270/61, NJW 1962, 1763 f.
4 *Wern*, S. 98.
5 Beratungs- und Formulierungshilfe Chefarztvertrag der DKG, 8. Aufl., 2007.
6 Vgl. BAG v. 19.12.1991 – 6 AZR 476/89, MedR 1994, 157 (158) = ZTR 1992, 331 (dort zur Bestimmung der Aufgaben eines Oberarztes).
7 Vgl. zur Bedeutung der praktischen Handhabung bei der Auslegung von Arbeitsverträgen BAG v. 24.10.1990 – 6 AZR 37/89, AP Nr. 7 zu § 3 BAT m. w. N. zur Rspr.
8 Vgl. BAG v. 19.12.1991 – 6 AZR 476/89, MedR 1994, 157 (158) = ZTR 1992, 331.

tenz- oder Stationsarztes fallen[1]. Der Krankenhausträger ist aber hierdurch nicht gehindert, eine **Neuregelung der Aufgabenverteilung** bei der Wahrnehmung von ärztlichen Diensten im Krankenhaus entweder bei Abschluss von Neuverträgen im Vertrag selbst oder bei bestehenden Arbeitsverhältnissen mit Hilfe des geeigneten arbeitsrechtlichen Instrumentariums vorzunehmen[2]. Dabei besteht auch grundsätzlich die Möglichkeit, die in der Aufgabenverteilung des Krankenhausträgers für den Chefarzt nicht vorgesehene Pflicht zur Teilnahme am Bereitschaftsdienst durch **stillschweigende Änderung des Chefarztvertrages** nachträglich zu vereinbaren, was auch durch eine **betriebliche Übung** geschehen kann[3]. Ob sich eine Verpflichtung zur Wahrnehmung von Bereitschaftsdiensten daneben aus einer **längeren widerspruchslosen Teilnahme** des Chefarztes am Bereitschaftsdienst ergeben kann, ist aber fraglich (s. dazu im Folgenden für die Rufbereitschaft). Grundsätzlich kann der Chefarzt daher nur in **Notfällen** ohne entsprechende vertragliche Vereinbarung zur Ableistung von Bereitschaftsdiensten verpflichtet sein[4]. Es gelten aber die **allgemeinen Grenzen der Arbeitspflicht** (s. dazu näher oben Rz. 21 ff., 24).

2. Pflicht zur Teilnahme am Rufbereitschaftsdienst unter vertrags- und arbeitszeitrechtlichen Gesichtspunkten

30 Mit der Frage, ob und inwieweit Chefärzte zur Ableistung von Rufbereitschaftsdiensten verpflichtet sind, hat sich das BAG in seinem Urteil vom 23.5.1984 beschäftigt. In dem dortigen Fall war die Pflicht zur Teilnahme an der ärztlichen Rufbereitschaft nicht ausdrücklich geregelt. Dennoch hat das BAG aus einer seit Vertragsbeginn praktizierten widerspruchslosen Teilnahme des Chefarztes am Rufbereitschaftsdienst eine entsprechende stillschweigende vertragliche Vereinbarung der Parteien entnommen[5]. Die Literatur meint mehrheitlich, aus diesem Urteil ableiten zu können, dass eine ständige Übung grundsätzlich den Schluss auf eine vertragliche Verpflichtung des Chefarztes zur Wahrnehmung von Rufbereitschaftsdiensten zulasse[6]. Diese Auffassung verkennt jedoch grundlegend die Umstände des vom BAG entschiedenen Falles. Das BAG konnte nämlich nur deshalb von der widerspruchslosen längerfristigen Teilnahme auf das Vorliegen einer entsprechenden (stillschweigenden) Vereinbarung schließen, weil die Teilnahme an der Rufbereitschaft durch die Chefärzte bei der dortigen Krankenhausträgerin üblich und auch von dem beklagten Chefarzt bei Vertragsbeginn

---

1 Vgl. für die Tätigkeit eines Oberarztes im Verhältnis zu Arbeiten, die Assistenzärzte verrichten, BAG v. 19.12.1991 – 6 AZR 476/89, MedR 1994, 157 (158) = ZTR 1992, 331.
2 *Wern*, S. 100 f.
3 BAG v. 26.3.1997 – 10 AZR 612/96, AP Nr. 50 zu § 242 BGB Betriebliche Übung = NZA 1997, 1007; BAG v. 4.5.1999 – 10 AZR 290/98, AP Nr. 55 zu § 242 BGB Betriebliche Übung = NZA 1999, 1162; Palandt/*Weidenkaff*, Einf. vor § 611 BGB Rz. 76.
4 Vgl. *Andreas/Siegmund-Schultze*, KHA 1980, 945 (946).
5 BAG v. 23.5.1984 – 5 AZR 476/81, n. v.
6 *Narr*, Rz. 1100; *Rieger*, Rz. 1528 i. V. m. Rz. 354; *Siegmund-Schultze*, ArztR 1984, 319 f.; *Debong/Andreas*, ArztR 1989, 129 (130); *Debong*, ArztR 1991, 173 (174).

erkannt und akzeptiert worden war[1]. Durch diese besondere Verteilung der
Aufgaben war die Pflicht des Chefarztes zur Teilnahme an der Rufbereitschaft bereits bei Vertragsbeginn als Teil seiner Arbeitspflicht festgelegt worden[2]. Es gilt insoweit nichts anderes als bei der Teilnahme des Chefarztes
am Bereitschaftsdienst (s. dazu näher oben Rz. 27). Das schließt die arbeitsvertragliche Möglichkeit der Begründung einer Verpflichtung zur Rufbereitschaft bei Beginn und nach Abschluss des Arbeitsverhältnisses ein. Dabei
kann die nachträgliche Begründung auch im Wege einer Änderung der Aufgabenverteilung erfolgen (s. dazu Rz. 27). Allerdings ist zu beachten, dass allein die widerspruchslose Teilnahme an der Rufbereitschaft durch einen
Chefarzt für die Annahme einer vertraglichen **Änderung kraft betrieblicher
Übung** nicht ausreicht. Unter einer betrieblichen Übung versteht man allgemein die ohne Vorliegen einer ausdrücklichen Vereinbarung über einen
längeren Zeitraum praktizierte, wissentlich vorgenommene tatsächliche Gestaltung von Arbeitsbedingungen zwischen Arbeitgeber und den Arbeitnehmern des Betriebs[3]. Daraus folgt, dass die (bisherige) betriebliche Übung
zur Ableistung von Rufbereitschaftsdiensten durch Chefärzte im Krankenhaus nicht abgeändert werden kann, wenn ein einzelner Chefarzt ständig zu
Rufbereitschaftsdiensten mit den Oberärzten herangezogen wird. Unabhängig davon, dass dann schon rein begrifflich nicht von einer „betrieblichen"
Übung gesprochen werden kann, wird durch die ständig abweichende Übung
des Chefarztes die ansonsten im Krankenhaus praktizierte betriebliche
Übung nämlich nicht geändert. Eine Änderung der betrieblichen Übung
durch eine **gegenläufige betriebliche Übung** setzt daher eine **grundlegende
Neuverteilung** der ärztlichen Aufgaben unter den Angehörigen des ärztlichen Dienstes durch den Krankenhausträger voraus. Im Übrigen muss eine
solche gegenläufige betriebliche Übung auch einer **AGB-Kontrolle nach den
§§ 305 ff. BGB** standhalten[4]. Dies schließt zwar nicht aus, dass zwischen
Chefarzt und Krankenhausträger im Einzelfall auch durch eine ständige
Übung des Chefarztes eine **stillschweigende Vereinbarung** über die Wahrnehmung von Rufbereitschaftsdiensten zustande kommt. Allerdings wird
dies auf Ausnahmen beschränkt sein, da der Krankenhausträger – vorbehaltlich besonderer Umstände des Einzelfalls – angesichts einer abweichenden
Übung im sonstigen Betrieb grundsätzlich nicht davon ausgehen kann und
darf, dass in dem entsprechenden Verhalten des Chefarztes ein stillschwei-
gendes Angebot bzw. eine stillschweigende Annahme eines Angebots des
Krankenhausträgers auf Abänderung des Chefarztvertrages liegt.

---

1 Anders, wenn eine andere ausdrückliche vertragliche Vereinbarung vorliegt; vgl. dazu
  LAG Hamm v. 2.2.1995 – 17 Sa 952/94, ArztR 1997, 6.
2 Vgl. LAG Hamm v. 2.2.1995 – 17 Sa 952/94, ArztR 1997, 6.
3 BAG v. 28.3.2000 –1 AZR 366/99, AP Nr. 83 zu § 77 BetrVG 1972 = NZA 2001, 49;
  ErfK/*Preis*, § 611 BGB Rz. 220; Palandt/*Weidenkaff*, Einf. vor § 611 BGB Rz. 76.
4 BAG v. 27.8.2008 – 5 AZR 820/07, AP Nr. 36 zu § 307 BGB = NZA 2009, 49; BAG v.
  5.8.2009 – 10 AZR 483/08, AP Nr. 85 zu § 242 BGB Betriebliche Übung = NZA 2009,
  1105.

3. Teilnahme am Bereitschaftsdienst und/oder Rufbereitschaftsdienst unter vergütungsrechtlichen Gesichtspunkten

31   Erbringt ein Chefarzt Bereitschafts- und/oder Rufbereitschaftsdienste, so ist fraglich, ob diese Leistungen durch den Krankenhausträger gesondert vergütet werden müssen. Es sind die Fälle der ausdrücklichen Regelung der Vergütung von den Fällen des Fehlens einer ausdrücklichen Vergütungsregelung und des Vergütungsausschlusses zu unterscheiden.

a) Vergütung von Bereitschafts- und/oder Rufbereitschaftsdiensten bei ausdrücklicher Vergütungsregelung

32   Existiert eine **ausdrückliche Vergütungsregelung** hinsichtlich der Ableistung von Bereitschafts- und/oder Rufbereitschaftsdiensten, so schuldet der Krankenhausträger für die geleisteten Dienste nach § 611 Abs. 1 BGB i.V.m. dem Arbeitsvertrag die **vereinbarte Vergütung**, bei fehlender Abrede über die Höhe der Vergütung nach § 612 Abs. 2 BGB die **übliche Vergütung**. Bei der Bestimmung der **Vergütungshöhe** im Rahmen des § 612 Abs. 2 BGB ist mangels anderer Anhaltspunkte im Einzelfall auf die tarifliche Vergütung abzustellen, die für den Oberarzt oder den Assistenzarzt gezahlt würde, an deren Stelle der Dienst verrichtet wird[1]. Neben der Heranziehung der **tariflichen Vergütung** kann im Einzelfall auch einmal die Heranziehung von in der Praxis teilweise anzutreffenden Pauschalvergütungen für Bereitschafts- und Rufbereitschaftsdienste in Betracht kommen. Zweck solcher **Pauschalvergütungen** ist es regelmäßig, eine ständige Überprüfung der tatsächlichen Inanspruchnahme des Arztes während des Bereitschafts- bzw. Rufbereitschaftsdienstes zu vermeiden. Die Heranziehung solcher Pauschalvergütungen stellt allerdings eine Frage des Einzelfalles dar[2]. Im Rahmen dieser Einzelfallprüfung ist darauf zu achten, ob die entsprechende Pauschalvergütung auch an dem betreffenden Ort die übliche Vergütung für Bereitschafts- bzw. Rufbereitschaftsdienste darstellt.

b) Vergütung von Bereitschafts- und/oder Rufbereitschaftsdiensten bei fehlender ausdrücklicher Vergütungsregelung

33   Leistet der Chefarzt Bereitschafts- und/oder Rufbereitschaftsdienste, ohne dass eine ausdrückliche Vergütungsregelung getroffen worden ist, so ist zunächst zu unterscheiden, ob eine **vertragliche Pflicht zur Übernahme** dieser Dienste wirksam vereinbart worden ist. Ist dies der Fall, so ist grundsätzlich davon auszugehen, dass die Ableistung der Dienste mit der vertraglich vereinbarten Vergütung abgegolten wird[3]. In diesen Fällen ist die Teilnahme am

---

1 ArbG Wilhelmshaven v. 26.3.1982 – 2 Ca 1013/80, MedR 1983, 234 (235); *Rieger*, Rz. 354; *Rieger*, MedR 1983, 222 (225); *Siegmund-Schultze*, ArztR 1984, 319 (321); *Wern*, S. 212.
2 Vgl. BGH v. 24.10.1989 – X ZR 58/88, NJW-RR 1990, 349; Palandt/*Weidenkaff*, § 612 BGB Rz. 8.
3 Ebenso *Narr*, Rz. 1100; vgl. auch *Siegmund-Schultze*, ArztR 1982, 176; 1984, 319 (321) für die turnusmäßige Teilnahme an der Rufbereitschaft; allgemein für zusätzliche Ar-

Bereitschafts- und/oder Rufbereitschaftsdienst **Teil der vertraglichen Arbeitsleistung** des Chefarztes. Liegt keine entsprechende Pflicht vor, so etwa wenn eine entsprechende Klausel gegen § 307 BGB verstößt (vgl. dazu oben Rz. 27 f.), stellt sich die Frage, ob der Chefarzt für **nicht geschuldete (überobligatorische) Dienste** einen **Vergütungsanspruch** erwerben kann. Der Chefarzt wird in diesen Fällen aktiv, weil er entweder konkret zur Erbringung dieser Dienste angewiesen wird oder weil die Verrichtung von Ruf- bzw. Bereitschaftsdienst erforderlich ist, um eine ordnungsgemäße Patientenversorgung zu gewährleisten und der Krankenhausträger dies stillschweigend duldet.

Die **Rechtsprechung des BAG** ist nur schwer einzuschätzen. Während nach   34
einem Urteil vom 17.3.1982[1] alles darauf hinzudeuten schien, dass über die vertraglichen Verpflichtungen hinaus erbrachte Bereitschafts- oder Rufbereitschaftsdienste keinen besonderen Vergütungsanspruch begründen können, scheint es nach einem Urteil vom 16.4.1986[2] offen zu sein, ob Vergütungsansprüche bestehen können. In der **Literatur** sind die Auffassungen zur Vergütungspflicht von vertraglich nicht geschuldeten Bereitschafts- und Rufbereitschaftsdiensten geteilt[3].

Richtigerweise ist dem Chefarzt ein **Vergütungsanspruch aus § 612 Abs. 1**   35
BGB analog zuzubilligen[4]. Eine analoge Anwendung des § 612 Abs. 1 BGB kommt deshalb in Betracht, weil die Vorschrift in ihrer unmittelbaren Anwendung nur den Fall erfasst, dass eine Dienstleistung vereinbart ist, deren Erbringung nur gegen eine Vergütung erwartet werden kann, eine Vergütungsabrede aber insoweit nicht getroffen worden ist[5]. Der Fall, dass im Rahmen eines Dienst- oder Arbeitsvertrages vertraglich nicht geschuldete, also überobligatorische Leistungen erbracht werden, ohne dass eine besondere Vergütung für diese Leistungen vereinbart ist, wird von § 612 Abs. 1 BGB nicht geregelt. In § 612 Abs. 1 BGB kommt aber das **allgemeine Prinzip** zum Ausdruck, dass die Inanspruchnahme einer Arbeitsleistung den Empfänger zur angemessenen Entlohnung verpflichtet, außer wenn er damit rechnen darf, die Leistung ohne besondere Vergütung behalten zu können[6]. Für eine **Anwendung des Bereicherungsrechts** ist kein Raum. Anders als in den Fäl-

---

beit des Chefarztes *Schmalenberg* in: Tschöpe, Anwalts-Handbuch Arbeitsrecht, Teil 2 A Rz. 368.
1 BAG v. 17.3.1982 – 5 AZR 1047/79, AP Nr. 33 zu § 612 BGB = NJW 1982, 2139.
2 BAG v. 16.4.1986 – 5 AZR 306/85, n. v.
3 ErfK/*Preis*, § 611 BGB Rz. 833; *Rieger*, Rz. 354; *Rieger*, MedR 1983, 222 (224); *Narr*, Rz. 1100; *Andreas*, ArztR 1979, 272 (274 f.); *Siegmund-Schultze*, ArztR 1984, 319 (321).
4 Eingehend *Wern*, S. 213 ff.
5 Allg. M.; BAG v. 19.7.1973 – 5 AZR 46/73, AP Nr. 19 zu § 611 BGB Faktisches Arbeitsverhältnis = NJW 1974, 380; BAG v. 28.9.1977 – 5 AZR 303/76, AP Nr. 29 zu § 612 BGB = NJW 1978, 165; BAG v. 11.10.2000 – 5 AZR 122/99, AP Nr. 20 zu § 611 BGB Arbeitszeit = NZA 2001, 458; BGH v. 23.2.1965 – VI ZR 281/63, AP Nr. 3 zu § 196 BGB = NJW 1965, 1224; MünchKommBGB/*Müller-Glöge*, § 612 BGB Rz. 1, 5; Palandt/*Weidenkaff*, § 612 BGB Rz. 1, 4; ErfK/*Preis*, § 612 BGB Rz. 1; von Hoyningen-Huene, AP Nr. 29 zu § 612 BGB; *Bernstein*, EzA § 612 BGB Nr. 20; *Sandmann*, SAE 1998, 152.
6 *Bydlinski*, FS Wilburg, 1965, S. 45 (78); *Wern*, S. 216.

len der ungerechtfertigten Bereicherung verlangt oder erwartet hier der Dienstherr von dem Dienstverpflichteten eine Leistung im Rahmen des Dienstvertrages, von der er redlicherweise nicht ausgehen kann, dass sie unentgeltlich erbracht wird[1]. Das Bereicherungsrecht bleibt aber in allen Fällen anwendbar, in denen der Dienstberechtigte die Leistung nicht bewusst für seine Zwecke in Anspruch genommen hat[2]. Für die analoge Anwendung des § 612 Abs. 1 BGB reicht eine **bewusste Inanspruchnahme der Dienste** durch den Krankenhausträger aus, die nicht ausdrücklich zu erfolgen braucht. Wie bei der Problematik der Vergütung für Überstunden ist auch hier davon auszugehen, dass § 612 Abs. 1 BGB immer anwendbar ist, wenn die **Dienste angeordnet** werden oder zur Erledigung der übertragenen Arbeit **notwendig** sind und darüber hinaus vom Arbeitgeber **gebilligt oder geduldet** werden[3]. Es genügt sogar, wenn sich die Anordnung **mittelbar** aus der Übertragung bestimmter Arbeiten ergibt[4]. **Im Zweifel** wird daher von einer bewussten Inanspruchnahme durch den Krankenhausträger auszugehen sein. Es ist nämlich in der Praxis schwer vorstellbar, dass ein Chefarzt Bereitschafts- oder Rufbereitschaftsdienste dem Krankenhausträger aufdrängen will. Anderes gilt in **Notfällen**, in denen der Chefarzt kraft seiner Treuepflicht zur Ableistung von Bereitschafts- und/oder Rufbereitschaftsdiensten verpflichtet ist (s. dazu oben Rz. 24, 28). Hier erbringt der Chefarzt zwar i. S. d. § 612 Abs. 1 BGB Leistungen über seinen eigentlichen Aufgabenkreis hinaus, die grundsätzlich nicht von der getroffenen Vergütungsabrede erfasst werden. Diese Leistungen sind aber den **Umständen** nach **unentgeltlich** zu erbringen[5]. Der unentgeltlichen Inanspruchnahme sind jedoch **Grenzen** gesetzt. Führt der unvorhergesehene Ausfall eines Arztes zu einer **planmäßigen Einteilung des Chefarztes** zum Bereitschafts- oder Rufbereitschaftsdienst, so sind diese Leistungen den Umständen nach nur gegen eine Vergütung zu erwarten[6]. Im Einzelfall stellt sich oftmals die Frage, wann von einer planmäßigen Inanspruchnahme des Chefarztes auszugehen ist. Die Angabe von absoluten und allgemeinverbindlichen Zeitspannen ist dabei nicht möglich. Eine Inanspruchnahme über **wenige Wochen** wird in der Regel keine Vergütungsansprüche begründen können, wenn nicht besondere Umstände hinzutreten. Auch wird der Chefarzt bei der Urlaubsvertretung für nachgeordnete Ärzte in der Regel keine Vergütung beanspruchen können. Dagegen stellt eine ununterbrochene Ableistung von Bereitschafts- oder Rufbereitschaftsdiensten über **mehrere Monate** hinweg ein wichtiges Indiz für die Annahme einer planmäßigen Inanspruchnahme dar. Erst recht ist von einer planmäßigen Inanspruchnahme bei einer jahrelangen Beanspruchung über die vertraglichen Verpflichtungen hinaus auszugehen[7]. Neben der Dauer der Inanspruchnah-

---

1 *Bydlinski*, AP Nr. 23 zu § 612 BGB; *Wern*, S. 216 f.
2 *Bydlinski*, FS Wilburg, 1965, S. 45 (72, 78); *Wern*, S. 217.
3 *Wern*, S. 217 f. m. w. N.
4 *Wern*, S. 218 m. w. N.
5 *Wern*, S. 225 m. w. N.
6 *Rieger*, Rz. 354; *Rieger*, MedR 1983, 222 (224); *Andreas*, ArztR 1979, 272 (274); *Siegmund-Schultze*, ArztR 1984, 319 (321); *Wern*, S. 225; offengelassen in BAG v. 16.4.1986 – 5 AZR 306/85, n. v.
7 *von Hoyningen-Huene*, AP Nr. 29 zu § 612 BGB; *Wern*, S. 226.

me kommt im Einzelfall auch der Frage entscheidende Bedeutung zu, ob der Krankenhausträger die **Inanspruchnahme des Chefarztes zu vertreten** hat, weil er seinen Arbeitgeberpflichten nicht ausreichend nachgekommen ist. Das ist etwa der Fall, wenn der Chefarzt alle Dienste des abwesenden Arztes wahrnehmen muss, obwohl auf seiner Abteilung noch andere zur Ableistung von Rufbereitschaft oder Bereitschaftsdienst qualifizierte Kräfte zur Verfügung stehen, oder wenn für den Krankenhausträger die Stellenvakanz absehbar gewesen ist[1]. **Personelle und wirtschaftliche Probleme** des Krankenhausträgers können nicht durch eine unentgeltliche Inanspruchnahme des Chefarztes gelöst werden. Sie stellen typische Arbeitgeberrisiken dar, die nicht auf den Arbeitnehmer abgewälzt werden dürfen[2].

Im Hinblick auf die Höhe der Vergütung wird im Rahmen des § 612 Abs. 2 BGB regelmäßig auf die tariflichen Vergütungsregelungen abzustellen sein, die für den Oberarzt oder den Assistenzarzt Anwendung fänden, an dessen Stelle der Chefarzt den Dienst verrichtet hat (s. dazu oben Rz. 32).   36

Der Krankenhausträger kann den Vergütungsanspruch des Chefarztes nicht durch **einseitig angeordnete Freistellung** von der Arbeit erfüllen. Eine solche Freistellung kann nur dann zur Erfüllung eines Anspruchs aus § 612 Abs. 1 BGB führen, wenn eine entsprechende **Ersetzungsbefugnis** arbeitsvertraglich vereinbart ist[3].   37

c) Vergütung von Bereitschafts- und/oder Rufbereitschaftsdiensten bei vertraglichem Vergütungsausschluss

Ein **vertraglich vereinbarter Vergütungsausschluss** kollidiert nicht mit § 612 Abs. 1 BGB, da die Norm von ihr abweichende Regelungen zulässt[4]. Dennoch wird die Auffassung vertreten, dass der Ausschluss unwirksam sei, wenn die zusätzliche Beanspruchung des Chefarztes durch Dienstbereitschaft im konkreten Fall ein solches Ausmaß erreiche, dass die Übernahme einer entsprechenden Verpflichtung im Anstellungsvertrag wegen Verstoßes gegen den Rechtsgedanken des § 306 BGB a. F. und die Menschenwürde und „wohl in den meisten Fällen zugleich wegen Sittenwidrigkeit nichtig" wäre[5]. Ungeachtet der Tatsache, dass diese Fallkonstellation absoluten Ausnahmecharakter haben dürfte, kommt **§ 138 BGB** erst dann in Betracht, wenn ein krasses Missverhältnis zwischen Leistung und Gegenleistung zu bejahen ist[6]. Davon wird man regelmäßig nicht ausgehen können[7]. Problematisch ist jedoch, ob die Ausschlussklausel einer **AGB-Kontrolle** nach den §§ 307 ff.   38

---

1 Zu dem letzten Aspekt s. auch BAG v. 4.10.1972 – 4 AZR 475/71, NJW 1973, 293.
2 *Rieger*, Rz. 354; *Rieger*, MedR 1983, 222 (224); *Wern*, S. 226 f.
3 BAG v. 18.9.2001 – 9 AZR 307/00, NZA 2002, 268.
4 *Wern*, S. 230 ff.
5 *Rieger*, Rz. 354; *Rieger*, MedR 1983, 222 (224).
6 Vgl. BAG v. 27.2.1985 – 7 AZR 552/82, AP Nr. 12 zu § 17 BAT = PersV 1991, 233; BAG v. 25.9.1986 – 6 AZR 175/84, n. v.; BAG v. 4.5.1994 – 4 AZR 445/93, AP Nr. 1 zu § 1 TVG Tarifverträge Arbeiterwohlfahrt = NZA 1994, 1035; vgl. auch allgemein Palandt/*Ellenberger*, § 138 BGB Rz. 34, 79.
7 Näher *Wern*, S. 231.

BGB standhält. Die hier in Rede stehenden Ausschlussklauseln enthalten aber eine Vergütungsregelung, die einer AGB-Kontrolle nach § 307 Abs. 3 Satz 1 BGB entzogen ist. Diese Klauseln begrenzen nämlich unmittelbar die Höhe der geschuldeten Vergütung und bilden so einen untrennbaren Teil der Vergütungsregelung als Inhalt der Gegenleistungspflicht im Arbeitsvertrag[1]. Ein ausreichender Schutz wird dadurch gewährleistet, dass die Zulässigkeit der Anordnung von Mehrarbeit anhand der gezeigten Kriterien überprüfbar ist (s. dazu Rz. 27 ff., 30) und die auch bei Entgeltabreden einschlägige Kontrolle nach § 307 Abs. 3 Satz 2 BGB durchgeführt wird.

V. Organisationspflicht

39   Die Organisation der Arbeit in der Krankenhausabteilung macht heute einen Großteil der chefärztlichen Tätigkeit aus[2]. Der **Organisationspflicht des Chefarztes**, bei der es sich streng genommen um eine **Vielzahl von Pflichten** handelt, kommt daher in der Praxis eine gegenüber früher gesteigerte Bedeutung zu. Von den Organisationspflichten können hier nur einige genannt werden:

40   Der Chefarzt ist für die Organisation eines ordnungsgemäßen Behandlungsablaufs in seiner Abteilung verantwortlich[3]. Dazu gehören insbesondere die Organisation des **Rufbereitschafts- und Bereitschaftsdienstes**[4], der **Urlaubs- und Krankheitsvertretung**[5] sowie die **Erstellung eines Operationsplans** nach medizinischen Notwendigkeiten[6], aber auch die Schaffung von **Regeln für Not- und Krisensituationen**. Dabei muss der Chefarzt organisatorisch sicherstellen, dass der medizinische Standard auch in Not- und Eilfällen gewahrt bleibt[7]. Zu seiner Organisationspflicht gehört es deshalb auch, den Krankenhausträger auf **Unterbesetzungen** aufmerksam zu machen und auf Abhilfe zu drängen[8]. Dasselbe gilt im Hinblick auf **Unzulänglichkeiten im Apparatebereich**[9]. Bei der Delegation von Leistungen trifft den Chefarzt zunächst die Pflicht zur ordnungsgemäßen Auswahl des nachgeordneten Personals (**Auswahlpflicht**)[10]. Vor dem Beginn der delegierten Behandlungsmaßnahme trifft

---

1 *Wern*, S. 232.m.w.N.
2 Eingehend zur Organisationspflicht von Chefärzten *Wern*, S. 107 ff.
3 Vgl. dazu OLG München v. 27.3.1975 – 1 U 1190/74, NJW 1977, 2123; *Deutsch*, Rz. 194.
4 MünchArbR/*Richardi*, § 339 Rz. 30; Laufs/Kern/*Genzel/Degener-Hencke*, § 86 Rz. 53; *Kern*, MedR 2000, 347 (350); vgl. dazu auch BGH v. 12.7.1994 – VI ZR 299/93, NJW 1994, 3008 (3009); BGH v. 3.2.1998 – VI ZR 356/96, MedR 1998, 514 (515 f.); OLG München v. 27.3.1975 – 1 U 1190/74, NJW 1977, 2123 (2124); *Narr*, Rz. 1100.
5 *Kern*, MedR 2000, 347 (350).
6 Vgl. *Giesen*, Rz. 169.
7 *Wern*, S. 109 m.w.N.
8 Laufs/Kern/*Laufs/Kern*, § 101 Rz. 32; *Laufs*, Rz. 533; *Rieger*, Rz. 525; *Kern*, MedR 2000, 347 (349).
9 Laufs/Kern/*Laufs/Kern*, § 101 Rz. 32; *Laufs*, Rz. 533; *Rieger*, Rz. 525; *Kern*, MedR 2000, 347 (349).
10 *Kern*, MedR 2000, 347 (349); vgl. auch *Hahn*, NJW 1981, 1977 (1983).

ihn eine **Instruktionspflicht**[1]. Deren Grad differiert je nach Art der Tätigkeit und der Qualifikation des Mitarbeiters[2]. Der Übertragung dieser Aufgaben auf gut geschulte und kontrollierte Oberärzte steht aber nichts im Wege[3]. Darüber hinaus ist der jeweilige Mitarbeiter entsprechend der Schwierigkeit der übertragenen Aufgabe und entsprechend seiner Qualifikation zu überwachen (**Überwachungspflicht**)[4]. Der Chefarzt muss insoweit geeignete Kontrollen vorsehen[5]. Dazu gehören regelmäßige Visiten und gezielte Überprüfungen durch seine Person bzw. durch seine Oberärzte[6]. Ein Chefarzt darf sich aber darauf verlassen, dass ein sorgfältig angeleiteter Mitarbeiter die ihm übertragenen Aufgaben mit der erforderlichen Sorgfalt ausführt[7]. Anderes gilt, wenn Besonderheiten vorliegen oder Unregelmäßigkeiten bekannt werden[8]. Nach Beendigung der Maßnahme trifft den Chefarzt eine **Kontrollpflicht**[9]. In unmittelbarem Zusammenhang mit dieser Kontrollpflicht steht die Pflicht, den Krankenhausträger auf etwaige Fehlleistungen und Pflichtverletzungen der nachgeordneten Mitarbeiter hinzuweisen[10].

Ferner muss der Chefarzt zumutbare organisatorische Vorkehrungen treffen und Kontrollen durchführen, um das mit dem Einsatz von medizinischen Hilfsmitteln verbundene Risiko auf ein Mindestmaß herabzusetzen. Das gilt für **medizinische Apparate** wie für sonstige **Hilfsmittel**[11]. Auch die **Krankenhaushygiene** in der jeweiligen Abteilung ist entsprechend zu organisieren[12].   41

---

1 Vgl. BGH v. 10.1.1984 – VI ZR 158/82, NJW 1984, 1400 (1402); OLG Koblenz v. 13.11.1990 – 3 U 1197/85, MedR 1992, 107 (110); *Hahn*, NJW 1981, 1977 (1984).

2 Vgl. für den Assistenzarzt BGH v. 10.2.1987 – VI ZR 68/86, NJW 1987, 1479 (1480) mit zust. Anm. *Deutsch*, NJW 1987, 1480.

3 *Wern*, S. 112 f.

4 Vgl. dazu BGH v. 10.2.1987 – VI ZR 68/86, NJW 1987, 1479 (1480); BGH v. 26.4.1988 – VI ZR 246/86, NJW 1988, 2298 (2300); *Narr*, Rz. 1016; *Rieger*, Rz. 317; *Deutsch*, NJW 1987, 1480; *Giesen*, JZ 1987, 879.

5 OLG Koblenz v. 13.11.1990 – 3 U 1197/85, MedR 1992, 107 (110 f.); *Laufs/Kern/ Laufs/Kern*, § 101 Rz. 34; *Laufs*, Rz. 533; *Geiß/Greiner*, B Rz. 30 m. w. N. zur Rspr.

6 Vgl. BGH v. 10.2.1987 – VI ZR 68/86, NJW 1987, 1479 (1480); BGH v. 10.3.1992 – VI ZR 64/91, NJW 1992, 1560; OLG Stuttgart v. 23.3.1989 – 14 U 41/87, MedR 1989, 251, 252; *Laufs/Kern/Laufs/Kern*, § 101 Rz. 34; *Laufs*, Rz. 533; *Bergmann*, VersR 1996, 810; *Büsken/Klüglich*, VersR 1994, 1141 (1147).

7 *Wern*, S. 113.

8 Vgl. dazu BGH v. 30.11.1982 – VI ZR 77/81, BGHZ 85, 393 (398) = NJW 1983, 1374 (1376 f.); *Hahn*, NJW 1981, 1977 (1984); *Wern*, S. 113.

9 *Hahn*, NJW 1981, 1977 (1984); *Wern*, S. 113 f.

10 Vgl. auch ArbG Karlsruhe v. 24.6.1998 – 9 Ca 653/97, ArztR 1999, 17 (19); *Debong*, ArztR 1999, 17.

11 BGH v. 11.10.1977 – VI ZR 110/75, NJW 1978, 584 f. (Überprüfung eines Narkosegeräts); BGH v. 11.12.1990 – VI ZR 151/90, NJW 1991, 1543 (1544) (Pflicht zur Beschaffung eines Präparats); BGH v. 1.2.1994 – VI ZR 65/93, NJW 1994, 1594 (1595) (Einsatz von Wärmflaschen aus Gummi in Inkubatoren); *Steffen/Dressler*, Arzthaftungsrecht, 10. Aufl. 2006, Rz. 212; *Bergmann*, VersR 1996, 810 (812 f.); *Pflüger*, MedR 2000, 6.

12 MünchKommBGB/*Wagner*, § 823 BGB Rz. 760, 493; *Büsken/Klüglich*, VersR 1994, 1141 (1144); aus der Rspr. s. etwa BGH v. 3.11.1981 – VI ZR 119/80, NJW 1982, 699 f.; BGH v. 9.5.1978 – VI ZR 81/77, NJW 1978, 1683; BGH v. 25.9.1990 – VI ZR 285/89, NJW 1991, 98 (99 f.); ausführlich *Geiß/Greiner*, B Rz. 19 m. w. N. zur Rspr.

Der Grad der Organisation muss der Versorgungsstufe, zu dem das jeweilige Krankenhaus gehört, entsprechen[1].

42 Zur Organisationspflicht gehört des Weiteren die Pflicht zur Gewährleistung eines **geordneten Dienstbetriebes**. Der Chefarzt muss deshalb auch außerhalb des ärztlichen Bereichs für die Beachtung der Hausordnung des Krankenhausträgers in der Abteilung sorgen. Von großer Bedeutung ist schließlich die Aufgabe, durch ausdrückliche Anordnungen und durch Überprüfungen zu gewährleisten, dass keine Gefährdung für Personal und Publikum eintritt[2].

43 Zur Organisationspflicht im weiteren Sinne gehört die meist arbeitsvertraglich näher definierte sog. **Pflicht zu wirtschaftlichem Handeln (Budgetverantwortung)**. Der Krankenhausträger ist mehr denn je starken wirtschaftlichen Zwängen unterworfen und muss deshalb den Chefarzt zu wirtschaftlichem Handeln anhalten. Unter der Ägide der DRGs haben die Krankenhausträger den Chefärzten weitere Pflichten auferlegt, die sie in die ihre Abteilung betreffende Leistungserfassung, Leistungsdokumentation und -steuerung nach dem DRG-System einbeziehen und auf diese Weise zu erhöhtem Kosten- und Folgekostenbewusstsein bei Ausübung ihrer ärztlichen Tätigkeit und bei der Wahrnehmung ihrer Leitungsaufgaben veranlassen sollen[3].

44 Zum Problemkreis der Budgetverantwortung gehören auch die sog. **Bonus-Malus-Regelungen**. Eine Bonus-Malus-Regelung zeichnet sich dadurch aus, dass der Chefarzt einen in der Höhe bestimmten Zuschlag zu seiner sonstigen Vergütung erhält, wenn er bestimmte Zielvorgaben (etwa das ihm vorgegebene Budget) einhält und ein in der Höhe bestimmter Abzug von seiner Vergütung erfolgt, wenn er die Zielvorgabe nicht erfüllt.

45 In der Literatur wird zu Recht vertreten, dass solche Bonus-Malus-Systeme regelmäßig gegen die in **§ 1 Abs. 2 BÄO** verankerte Unabhängigkeit ärztlicher Berufsausübung verstoßen und deshalb gem. **§ 134 BGB** unzulässig sind[4]. Für diese Auffassung spricht, dass der Chefarzt den Patienten entsprechend seinem Behandlungsauftrag ohne Rücksicht auf die durch ein internes Budget gesetzten Grenzen nach medizinischem Standard behandeln muss. Der Chefarzt wird in diesem Bereich durch seine **Therapiefreiheit** geschützt, die Ausfluss der ärztlichen Berufsfreiheit nach Art. 12 Abs. 1 GG und einfachgesetzlich in der nicht disponiblen Regelung des § 1 Abs. 2 BÄO ver-

---

1 OLG Bamberg v. 5.5.1997 – 4 U 170/96, VersR 1998, 1025 (1026); vgl. auch BGH v. 18.6.1985 – VI ZR 234/83, BGHZ 95, 63 (73) = NJW 1985, 2189; OLG Celle v. 14.9.1992 – 1 U 51/91, OLGR 1994, 20.
2 OLG Düsseldorf v. 6.12.1991 – 22 U 117/91, NJW 1992, 2972.
3 Vgl. *Quaas*, Wettbewerbsveränderungen im Krankenhaus, S. 10 f.; eingehend zum Zusammenhang zwischen arbeitsvertraglicher Pflicht zu wirtschaftlichem Handeln, Therapiefreiheit, Haftungsrecht und sozialrechtlichem Wirtschaftlichkeitsgebot *Wern*, S. 116 ff.
4 Vgl. *Debong/Andreas*, ArztR 1998, 11 (14).

ankert ist. Die Therapiefreiheit gewährleistet, dass der Chefarzt ohne rechtliche Nachteile die Behandlung seiner Patienten an dem medizinischen
Standard ausrichten kann, ohne sonstigen Beschränkungen zu unterliegen[1].
Damit ist eine Regelung unvereinbar, die die Möglichkeit einer Sanktion für
die Fälle eröffnet, in denen das interne Budget überschritten wird, der Chefarzt sich aber innerhalb seiner Therapiefreiheit bewegt[2].

Auch ein **reines Bonussystem** begegnet aufgrund der vorstehenden Erwägun-   46
gen Bedenken[3]. Solche Bonussysteme zeichnen sich dadurch aus, dass dem
Chefarzt ein Vergütungszuschlag gezahlt werden muss, wenn bestimmte
Zielvorgaben eingehalten werden. Zwar handelt es sich hier konstruktiv um
einen **Leistungsanreiz**, während Bonus-Malus-Regelungen eine Sanktion für
den Fall des Überschreitens des Budgets enthalten. Soweit aber der Arzt
durch solche Regelungen unmittelbar bzw. mittelbar in seiner Therapiefreiheit beschränkt werden kann, folgt daraus die Unzulässigkeit der Regelung.
Denn auch bei einer reinen Bonusregelung wird der Chefarzt, der im Rahmen seiner Therapiefreiheit handelt und infolgedessen Zielvorgaben nicht
einhält, rechtlich benachteiligt. Der rechtliche Nachteil besteht darin, dass
der Chefarzt auf einen Anspruch „verzichtet", der ihm zukäme, wenn er
entsprechend der Zielvereinbarung arbeiten würde. Die Behandlung im Rahmen der Therapiefreiheit führt also auch in diesem Fall dazu, dass er weniger Einnahmen hat. Der Chefarzt wird durch eine solche Regelung dazu be-
wogen, nicht mehr ausschließlich nach medizinischen, sondern auch bzw.
sogar nur noch nach wirtschaftlichen Gesichtspunkten zu behandeln. Darin
ist eine unzulässige mittelbare Beschränkung der Therapiefreiheit des § 1
Abs. 2 BÄO zu sehen. Dies gilt umso mehr, als dem Chefarzt grundsätzlich
keine ausreichenden vertraglichen Möglichkeiten eingeräumt werden, auf
die Wirtschaftlichkeit seiner Abteilung überhaupt kausal einzuwirken[4]. Es
bleibt auch in Zeiten, in denen allgemein von einem Sparzwang im Gesundheitswesen ausgegangen wird, allein Aufgabe des Krankenhausträgers, im
Rahmen der ihm zur Verfügung stehenden Mittel die Therapiefreiheit der
Ärzte und damit die Versorgung der Patienten zu gewährleisten. Sparzwänge
auf Seiten des Krankenhausträgers dürfen deshalb nicht zur Rechtfertigung
von Zielvereinbarungen herangezogen werden, durch die die Krankenhausärzte nicht mehr eigenverantwortlich therapieren können. Zielvereinbarungen bleiben damit nur insoweit möglich, als dadurch die Therapiefreiheit
des Chefarztes nicht berührt werden kann.

VI. Pflicht zur Mitwirkung bei der Krankenhausambulanz

Die ambulante Versorgung im Krankenhaus kann vom Krankenhausträger   47
(Krankenhausambulanz, Institutsambulanz) oder vom Chefarzt **(Chefarzt-**

---

1 Vgl. nur *Gitter*, Zum Privatliquidationsrecht der leitenden Krankenhausärzte, 1975,
 S. 13 f.
2 *Wern*, S. 134 f.
3 A. A. *Debong/Andreas*, ArztR 1998, 11 (14); *Diringer*, MedR 2003, 200 (206).
4 *Quaas*, Wettbewerbsveränderungen im Krankenhaus, S. 11.

ambulanz) wahrgenommen werden. Im ersten Fall wird der Chefarzt als **Erfüllungs- bzw. Verrichtungsgehilfe** des Krankenhausträgers tätig, während er bei der Chefarztambulanz in **eigene vertragliche Beziehungen** zum Patienten tritt[1]. Bei der Krankenhausambulanz stellt sich die Frage, inwieweit der Chefarzt zur Mitwirkung arbeitsrechtlich verpflichtet ist. Bedeutung hat diese Frage vor allem beim **ambulanten Operieren gem. § 115b SGB V. Die Pflicht zur Mitwirkung bei der ambulanten Behandlung der Patienten durch das Krankenhaus wird heute in den Chefarztverträgen meist als ein Teil der Dienstaufgaben des Chefarztes** vereinbart. Eine solche vertragliche **Vereinbarung** ist **erforderlich**, da sich die Behandlungspflicht des Chefarztes nur auf die ihm als Leiter einer Krankenhausabteilung zur Behandlung zugewiesenen Patienten bezieht[2], also auf die Erbringung von Krankenhausleistungen, nicht aber auf die Erbringung von vertragsärztlichen Leistungen durch das Krankenhaus nach den Vorschriften des SGB V. Liegt keine ausdrückliche Vereinbarung vor, stellt sich die Frage, ob der Chefarzt stillschweigend eine solche Pflicht übernommen hat oder ob der Krankenhausträger ihm diesen neuen Aufgabenbereich übertragen kann. Dies stellt ein allgemeines Problem von tätigkeits- bzw. umfangerweiternden Inhaltsänderungen in Arbeitsverhältnissen dar. Die allgemeinen Grundsätze finden insoweit Anwendung (zu Inhaltsänderungen im Rahmen chefarztvertraglicher Entwicklungsklauseln s. unten Rz. 58 ff.).

48 Inwieweit dem Chefarzt durch die Übertragung neuer Aufgaben im Rahmen der Krankenhausambulanz ein **Anspruch auf eine zusätzliche Vergütung** zusteht, ist nach den oben dargestellten Grundsätzen beim Bereitschafts- und Rufbereitschaftsdienst zu beurteilen (s. oben Rz. 31 ff.). Die meisten Chefarztverträge enthalten heute eine Klausel, wonach die Erbringung von Institutsleistungen im ambulanten Bereich **Dienstaufgabe** ist. In diesen Fällen besteht kein Anspruch auf gesonderte Vergütung. Liegt **keine ausdrückliche Vereinbarung** vor, stellt sich die Frage, ob die Mitwirkung am ambulanten Operieren im Rahmen der Krankenhausambulanz zu den Dienstaufgaben des Chefarztes zählt. Der Chefarztvertrag ist insoweit auszulegen. Hilft die **Auslegung** nicht weiter, wird man davon ausgehen müssen, dass eine (stillschweigende) **Erweiterung** des Aufgabenbereichs des Chefarztes durch den Krankenhausträger vorliegt. Diese ist dann auf ihre Zulässigkeit zu untersuchen. Ist die Erweiterung des ursprünglichen Aufgabenbereiches um die Tätigkeit des ambulanten Operierens im Rahmen der Krankenhausambulanz arbeitsvertraglich zulässig, so entfällt ein Anspruch auf Mehrarbeitsvergütung. In diesen Fällen gehört die Tätigkeit des ambulanten Operierens nämlich zum vertraglich vereinbarten Aufgabenbereich, der von der vertraglich vereinbarten Vergütung abgedeckt wird. Liegt dagegen eine unzulässige

---

1 Vgl. BGH v. 20.9.1988 – VI ZR 296/87, BGHZ 105, 189 = NJW 1989, 769; OLG Frankfurt v. 12.7.1993 – 14 U 206/91, NJW-RR 1993, 1248 (1249 f.); Palandt/*Weidenkaff*, Einf. vor § 611 BGB Rz. 19; *Narr*, Rz. 858; Laufs/Kern/*Laufs/Kern*, § 94 Rz. 17 ff.; *Andreas*, ArztR 1991, 335 (337).
2 Näher dazu *Wern*, S. 76 f.

Übertragung vor und nimmt der Krankenhausträger trotzdem die Leistungen des Chefarztes in Anspruch, so liegt Mehrarbeit vor, die zu vergüten ist[1].

VII. Arbeitsrechtliche Probleme der ambulanten Nebentätigkeit des Chefarztes (Chefarztambulanz)

Bei der **Chefarztambulanz** handelt es sich um eine typische **Nebentätigkeit**   49
des Chefarztes[2]. Arbeitsrechtliche Probleme können sich insbesondere dann ergeben, wenn Chefarzt und Krankenhausträger bei der ambulanten Versorgung von Kassenpatienten in Konkurrenz treten. Die Problematik dabei liegt heute vor allem im Bereich des **ambulanten Operierens**. Die Krankenhäuser sind nach § 115b Abs. 2 SGB V zur Durchführung von ambulanten Operationen und stationsersetzenden Maßnahmen i. S. d. Katalogs nach § 115b Abs. 1 Nr. 1 SGB V **zugelassen**. Nach § 116 Satz 1 SGB V i. V. m. § 98 Abs. 2 Nr. 11 SGB V, §§ 31, 31a Ärzte/ZahnärzteZV[3] können aber auch Krankenhausärzte mit abgeschlossener Weiterbildung mit Zustimmung des Krankenhausträgers vom Zulassungsausschuss (§ 96 SGB V) zur Teilnahme an der vertragsärztlichen Versorgung der Versicherten ermächtigt werden (**Chefarztermächtigung**). Die **Zustimmung des Krankenhausträgers** nach § 116 SGB V, die nach § 31a Abs. 2 Ärzte-/Zahnärzte-ZV schriftlich erteilt werden muss, hat zwar lediglich **kassenarztrechtliche Bedeutung**[4]. Sie beinhaltet jedoch gleichzeitig die **Erteilung der arbeitsrechtlichen Nebentätigkeitsgenehmigung**[5]. Für das arbeitsrechtliche Verhältnis zwischen Krankenhausträger und Chefarzt ist deshalb die Frage entscheidend, ob und in welchen Fällen der Chefarzt einen **Anspruch auf Erteilung** einer solchen Nebentätigkeitsgenehmigung hat. Besteht ein solcher Anspruch, so ist auch die Zustimmung nach § 116 SGB V zu erteilen.

Für die Problemlösung ist zunächst von dem Grundsatz auszugehen, dass   50
der Arbeitgeber die Ausübung einer Nebentätigkeit verbieten kann, sofern er ein **berechtigtes Interesse** an deren Unterlassung hat[6]. Das ist anerkanntermaßen der Fall, wenn die Nebentätigkeit geeignet ist, die geschuldete Arbeitsleistung zu **beeinträchtigen**[7], oder wenn der Arbeitnehmer durch die

---

1 *Wern*, S. 233 f.; a. A. *Rieger*, S. 71 (79 f.); *Andreas*, ArztR 1993, 77 (91 f.); *Andreas/Debong*, ArztR 1996, 15 (17).
2 LAG Hamm v. 28.2.1991 – 17 Sa 1617/90, KH 1992, 373 f.
3 Zulassungsverordnung für Vertragsärzte vom 28.5.1957, BGBl. I, 572, 608, zuletzt geändert Gesetz v. 28.5.2008, BGBl. I, S. 874; Zulassungsverordnung für Vertragszahnärzte v. 28.5.1957, BGBl. I, 582, zuletzt geändert durch Gesetz v. 2.12.2007, BGBl. I, S. 2686. § 31a Ärzte-ZV und § 31a Zahnärzte-ZV sind inhaltsgleich.
4 A.A. *Schallen*, § 31a Ärzte-ZV/Zahnärzte-ZV Rz. 572; Hauck/Noftz/*Hauck*, § 116 SGB V Rz. 25.
5 GK-SGB/*Jung*, § 116 SGB V Rz. 16; *Wern*, S. 236.
6 BAG v. 26.8.1976 – 2 AZR 377/75, AP Nr. 68 zu § 626 BGB = DB 1977, 544; LAG Hamm v. 18.6.1998 – 17 Sa 2414/97, KH 1999, 396.
7 BAG v. 3.12.1970 – 2 AZR 110/70, AP Nr. 60 zu § 626 BGB = BB 1971, 397; BAG v. 26.8.1976 – 2 AZR 377/75, AP Nr. 68 zu § 626 BGB = DB 1977, 544; BAG v. 6.9.1990 – 2 AZR 165/90, AP Nr. 47 zu § 615 BGB = NZA 1991, 221.

Nebentätigkeit in **Wettbewerb** zu seinem Arbeitgeber tritt[1]. Diese Grundsätze sind auch dann heranzuziehen, wenn die Nebentätigkeitsgenehmigung vertraglich unter einen **Zustimmungsvorbehalt** gestellt worden ist[2]. Die Zustimmung muss dann nach **billigem Ermessen** erteilt, darf also nur aus den vorgenannten Gründen versagt werden[3]. Der Krankenhausträger darf somit die Zustimmung nach § 116 SGB V verweigern, wenn durch die geplante Ausübung der ambulanten Nebentätigkeit die Bewältigung der Dienstaufgaben durch den Chefarzt beeinträchtigt würde. Ob aus Wettbewerbsgründen die Zustimmung versagt werden kann, ist anhand folgender Fallgruppen zu beurteilen.

1. Fallgruppe 1: Der Krankenhausträger nimmt an der ambulanten Versorgung teil; der Chefarzt möchte in der Zukunft daran teilnehmen

51   Unabhängig von einer Beeinträchtigung des Chefarztes in der Bewältigung seiner Dienstaufgaben kann der Krankenhausträger hier die Zustimmung nach § 116 SGB V unter dem **Aspekt des Konkurrenzschutzes** versagen, wenn er dieselben Leistungen erbringt, die der Chefarzt erbringen will[4]. Diese Auffassung steht im Einklang mit dem kassenarztrechtlichen Prinzip des **Vorrangs der Krankenhauszulassung** vor der Ermächtigung des Krankenhausarztes[5].

2. Fallgruppe 2: Der Krankenhausträger nimmt nicht an der ambulanten Versorgung teil; der Chefarzt möchte in der Zukunft daran teilnehmen

52   Anders als in der ersten Fallgruppe besteht hier – abgesehen von den Fällen der Beeinträchtigung der Arbeitskraft – **kein berechtigtes Interesse** des Krankenhausträgers an der Versagung der Nebentätigkeitsgenehmigung und an der Verweigerung der Zustimmung nach § 116 SGB V. Der Chefarzt tritt nämlich nicht in Wettbewerb zu dem Krankenhausträger. Er hat deshalb einen **Anspruch auf Erteilung** der Nebentätigkeitsgenehmigung und auf die **Zustimmung** nach § 116 SGB V. Auch dies steht mit dem Kassenarztrecht in Einklang. Denn nach der Rechtsprechung des BSG bleibt es dem Krankenhausträger überlassen, ob und vor allem welche ambulanten vertragsärztlichen Leistungen als Krankenhausleistungen angeboten werden[6]. Entscheidet sich der Krankenhausträger also gegen die Erbringung bestimmter ambulanter vertragsärztlicher Leistungen als Institutsleistung, so kann der Ermächtigung nach § 116 SGB V nicht der Nachrang der persönlichen Er-

1 Vgl. jetzt BAG v. 24.3.2010 – 10 AZR 66/09, NZA 2010, 693.
2 *Schmalenberg* in: Tschöpe, Anwalts-Handbuch Arbeitsrecht, Teil 2 A Rz. 225.
3 *Schmalenberg* in: Tschöpe, Anwalts-Handbuch Arbeitsrecht, Teil 2 A Rz. 225; vgl. auch LAG Hamm v. 28.9.1995 – 17 Sa 2267/94, NZA 1996, 723.
4 *Wern*, S. 237.
5 Dazu näher BSG v. 9.6.1999 – B 6 Ka 25/98 R, MedR 2000, 242 (243); KassKomm/*Hess*, § 115b SGB V Rz. 4; *Schallen*, § 31 Ärzte-ZV/Zahnärzte-ZV Rz. 539; *Dalichau/Grüner*, § 115b SGB V Bl. 8 (13); *Genzel*, MedR 1994, 83 (92); *Baur*, MedR 2000, 242.
6 Vgl. insoweit BSG v. 9.6.1999 – B 6 KA 25/98 R, MedR 2000, 242 (244); *Baur*, MedR 2000, 242.

mächtigung gegenüber der Krankenhauszulassung entgegengehalten werden[1]. Anderes gilt nur, wenn der Verzicht des Krankenhausträgers auf die Teilnahme an der ambulanten vertragsärztlichen Versorgung rechtsmissbräuchlich ist[2]. Das kann der Fall sein, wenn ein Krankenhaus bestimmte ambulante Operationen, die es bisher auf der Grundlage des § 115b Abs. 2 SGB V als Krankenhausleistungen angeboten hat, nunmehr aus dem den Kostenträgern übermittelten Leistungskatalog streicht, um einem Leitenden Krankenhausarzt für diese Leistungen eine Ermächtigung zu ermöglichen[3].

3. Fallgruppe 3: Der Krankenhausträger möchte in der Zukunft an der ambulanten Versorgung teilnehmen; der Chefarzt nimmt bereits daran teil

Sobald auf Seiten des Krankenhauses die Voraussetzungen nach § 115b Abs. 2 SGB V vorliegen, ist das Krankenhaus nach einer entsprechenden Mitteilung gem. § 115b Abs. 2 Satz 2 SGB V zur vertragsärztlichen Versorgung zugelassen. Damit entfällt das Bedürfnis für die Chefarztermächtigung nach § 116 SGB V, sofern die gleichen Leistungen betroffen sind. Die persönliche Ermächtigung des Chefarztes ist durch die Zulassungsgremien zu widerrufen (§ 95 Abs. 4 Satz 3 i. V. m. Abs. 6 Satz 1 SGB V)[4]. Dem Chefarzt steht in diesen Fällen regelmäßig **kein Anspruch** darauf zu, dass der Krankenhausträger die Mitteilung nach § 115b Abs. 2 Satz 2 SGB V unterlässt. Aus dem Arbeitsrecht ergibt sich zwar die Verpflichtung des Krankenhausträgers, die Ausübung der chefärztlichen Nebentätigkeit nicht zu behindern. Allerdings gilt dies nur, solange die Chefarztermächtigung nach den Regelungen des Vertragsarztrechts Bestand hat. Die durch die Zulassungsgremien erteilte Ermächtigung kann nachträglich gem. § 31 Abs. 8 Ärzte-ZV entfallen oder durch Befristung enden. Nach § 31a Abs. 3, § 31 Abs. 7 Ärzte-ZV sind Ermächtigungen von Krankenhausärzten zwingend zu befristen. Hieraus folgt, dass auch die dem Chefarzt gegenüber ausgesprochene Nebentätigkeitsgenehmigung nur für die Dauer dieser Befristung besteht. Nach Ablauf der Ermächtigung kann der Chefarzt demnach aus der Nebentätigkeitsgenehmigung keine Rechte mehr ableiten und hat dann auch keinen Unterlassungsanspruch mehr, der dem Träger verbieten könnte, nunmehr selbst an der vertragsärztlichen Versorgung teilzunehmen. Ein Unterlassungsanspruch ist also vom Bestand einer wirksamen kassenarztrechtlichen Ermächtigung abhängig. Gibt der Krankenhausträger indes während der Befristung gleichwohl eine Mitteilung nach § 115b Abs. 2 Satz 2 SGB V ab, mit der Folge, dass er öffentlich-rechtlich zur Durchführung ambulanter Operationen ermächtigt ist, so kann dem Chefarzt hieraus ein **Schadensersatzanspruch** wegen ei-

53

---

1 *Wern*, S. 238 f.; vgl. auch *Baur*, MedR 2000, 242.
2 *Wern*, S. 239 f.
3 BSG v. 9.6.1999 – B 6 Ka 25/98 R, MedR 2000, 242 (243); *Dalichau/Grüner*, § 116 SGB V, Bl. 14; vgl. auch BSG v. 7.10.1981 – 6 RKa 5/78, BSGE 52, 181 (187); BSG v. 2.10.1996 – 6 RKa 73/95, BSGE 79, 159 (164) = MedR 1997, 184; BSG v. 1.7.1998 – B 6 KA 43/97 R, BSGE 82, 216 (223 f.).
4 Vgl. dazu BSG v. 16.10.1991 – 6 RKa 37/90, ArztR 1992, 146; KassKomm/*Hess*, § 115b SGB V Rz. 4; *Rieger*, S. 71 (79).

ner arbeitsvertraglichen Pflichtverletzung aus § 280 Abs. 1 BGB zustehen[1]. Davon gänzlich unabhängig ist die Möglichkeit des Krankenhausträgers, die Nebentätigkeitsgenehmigung bzgl. der ambulanten Tätigkeit des Chefarztes unter einen **Widerrufsvorbehalt** zu stellen. Dies ist grundsätzlich möglich. Teilweise werden solche Widerrufsvorbehalte auch in Form von „Teilkündigungen" vereinbart. Die Bezeichnung schadet insoweit nicht. Sie macht aus diesen Widerrufsvorbehalten insbesondere keine (unzulässigen) „echten" Teilkündigungen[2]. Bei der Ausübung des Widerrufsrechts sind allerdings die **Grenzen billigen Ermessens** zu beachten (§ 315 BGB). Es ist also insbesondere zu untersuchen, welche nachteiligen Folgen der Widerruf für den Chefarzt hat[3].

VIII. Arbeitsrechtliche Haftung des Chefarztes

1. Grundsätzliche Anwendbarkeit der Regeln über die beschränkte Arbeitnehmerhaftung auf die Tätigkeit des Chefarztes

54   Die **Anwendbarkeit der Regeln über die beschränkte Arbeitnehmerhaftung** in Bezug auf **leitende Angestellte** ist nicht abschließend geklärt[4]. Teilweise ist die Nichtanwendbarkeit damit begründet worden, dass leitenden Angestellten allgemein eine herausgehobene Stellung mit einem besonderen Maß an Verantwortung zukomme und dies – auch unter Berücksichtigung ihres erhöhten Verdienstes – dazu führe, dass es ihnen eher zumutbar sei, das Schadensrisiko bei ihrer Tätigkeit zu beherrschen[5]. Dieser Auffassung kann jedenfalls für den Bereich des Chefarztvertragsrechts nicht gefolgt werden[6].

55   Den Chefarzt trifft zwar eine besondere Verantwortung als Leiter seiner Abteilung[7]. Das **Wesen der ärztlichen Tätigkeit** bringt es aber mit sich, dass er genauso wenig wie jeder andere Arbeitnehmer in der Lage ist, die Schadensrisiken in seiner Abteilung stets und in vollem Umfang zu kontrollieren[8]. Besonders das **arbeitsteilige System im Krankenhaus** birgt eigene Risiken, et-

---

1 Dazu eingehend *Wern*, S. 240 ff.
2 *Wern*, S. 345 f.; vgl. auch BAG v. 7.10.1982 – 2 AZR 455/80, AP Nr. 5 zu § 620 BGB Teilkündigung = SAE 1983, 185; BAG v. 25.2.1988 – 2 AZR 346/87, NZA 1988, 769; BAG v. 14.11.1990 – 5 AZR 509/89, AP Nr. 25 zu § 611 BGB Arzt-Krankenhaus-Vertrag = NZA 1991, 377; *Löwisch*, NZA 1988, 633; *Leuchten*, NZA 1994, 721 (724); *Gaul*, ZTR 1998, 245 (249); a. A. ErfK/*Preis*, §§ 305–310 BGB Rz. 63.
3 Dazu eingehend *Wern*, S. 345, 324 ff.
4 Ablehnend BGH v. 25.2.1969 – VI ZR 225/67, VersR 1969, 474 (477); BGH v. 7.10.1969 – VI ZR 223/67, AP Nr. 51 zu § 611 BGB Haftung des Arbeitnehmers; BGH v. 14.2.1985 – IX ZR 145/83, VersR 1985, 693 (695 f.) (insoweit nicht abgedruckt in BGHZ 94, 18); offengelassen durch BAG v. 11.11.1976 – 3 AZR 266/75, AP Nr. 80 zu § 611 BGB Haftung des Arbeitnehmers = NJW 1977, 598.
5 BVerwG v. 14.2.1968 – VI C 53.65, BVerwGE 29, 127 = AP Nr. 41 zu § 611 BGB Haftung des Arbeitnehmers; enger *Bieder*, DB 2008, 638.
6 Eingehend *Wern*, S. 273 ff.; ebenso *Heinze*, MedR 1983, 6 (8); *Fahrenhorst*, NZA 1991, 544 (545); *Büsken/Klüglich*, VersR 1994, 1141 (1150).
7 Vgl. dazu bereits BVerfG v. 7.11.1979 – 2 BvR 513/73, 2 BvR 558/74, BVerfGE 52, 303 (334) = NJW 1980, 1327.
8 *Heinze*, MedR 1983, 6 (8); *Büsken*, S. 185 f.

wa bei der Fehlübermittlung von Informationen oder der Abgrenzung von Leistungspflichten unterschiedlicher Arztgruppen bei der Behandlung eines Patienten. Mit der besonderen Stellung des Chefarztes ist also eine **komplexe und schwierige Tätigkeit mit gesteigerten Risiken** verbunden, die eine Anwendung der Regeln über die beschränkte Arbeitnehmerhaftung rechtfertigen[1]. Das Wesen der chefärztlichen Tätigkeit ist im Übrigen durch ihre **Fremdnützigkeit** und **Fremdbestimmtheit** gekennzeichnet. Der wirtschaftliche Nutzen der chefärztlichen Tätigkeit kommt in erster Linie dem Krankenhausträger zugute[2], und der Krankenhausträger bestimmt eigenverantwortlich den arbeitstechnischen Zweck des Krankenhausbetriebs, dessen Organisation und die Gestaltung der Arbeitsbedingungen[3]. Auch der in der Regel durch die **Liquidationseinnahmen** erhöhte Verdienst eines Chefarztes kann keinen Ausschluss der Haftungsbeschränkung rechtfertigen[4]. Das Gehalt des Chefarztes enthält gerade **keine „Risikoprämie"**. Es soll angemessene Gegenleistung für hoch qualifizierte Arbeit sein und die herausgehobene Stellung des Leitenden Arztes in der Abteilung dokumentieren. Das Einkommen muss im Übrigen zu den denkbaren Schäden ins Verhältnis gesetzt werden. Die Ausübung ärztlicher Tätigkeit bringt aufgrund ihrer Eigenart Risiken mit sich, die eine Schadensersatzverpflichtung in einer Höhe möglich erscheinen lassen, die die **wirtschaftliche Existenz** des Chefarztes bedroht[5]. Der Chefarzt genießt nach alledem die privilegierte Arbeitnehmerhaftung. Allerdings sollen nach einer neueren Entscheidung des BAG die Grundsätze der Einschränkung der Arbeitnehmerhaftung nicht eingreifen, wenn ein Chefarzt als Vorgesetzter im Rahmen der ihm vom Arbeitgeber übertragenen Weisungsbefugnis seine ihm als Erfüllungsgehilfen des Arbeitgebers mit übertragenen arbeitsvertraglichen Schutzpflichten gegenüber einem ihm unterstellten Arbeitnehmer verletzt, etwa beim Mobbing des Oberarztes durch den Chefarzt[6]. Das BAG hat diese Ansicht damit begründet, dass ansonsten der Vorgesetzte nur in beschränktem Umfang haften würde und so der Arbeitgeberin die Haftungsprivilegierung über § 278 BGB selbst zugutekäme. Die Entscheidung des BAG ist zu Recht kritisiert worden[7]. Sie weicht das Prinzip der strikten Trennung zwischen Haftung im Innen- und Außenverhältnis auf, wonach sich Arbeitnehmer wie auch Arbeitgeber im Außenverhältnis zum Geschädigten nicht auf die Haftungsprivilegierung berufen können[8].

Die Regeln über den innerbetrieblichen Schadensausgleich gelten unabhängig von der Art des der Behandlung zugrunde liegenden Krankenhausaufnah-   56

---

1 *Wern*, S. 274 mit Verweis auf BAG v. 27.9.1994 – GS 1/89, AP Nr. 103 zu § 611 BGB Haftung des Arbeitnehmers = NZA 1994, 1083.
2 Vgl. *Heinze*, MedR 1983, 6 (8 f.).
3 Vgl. *Fahrenhorst*, NZA 1991, 544 (548).
4 *Heinze*, MedR 1983, 6 (8); *Büsken*, S. 185.
5 *Büsken*, S. 187; *Fahrenhorst*, NZA 1991, 544 (545 f.).
6 BAG v. 25.10.2007 – 8 AZR 593/06, AP Nr. 6 zu § 611 BGB Mobbing = NZA 2008, 223.
7 Vgl. *Bieder*, DB 2008, 638.
8 Grundlegend BGH v. 19.9.1989 – VI ZR 349/88, BGHZ 108, 305; Palandt/*Weidenkaff*, § 611 BGB Rz. 159; *Bieder*, DB 2008, 638.

mevertrages[1]. Das ist allerdings nicht unstreitig. Ein Teil der Literatur meint, dass bei **Krankenhausaufnahmeverträgen mit Arztzusatzvertrag und gespaltenen Krankenhausaufnahmeverträgen** die Grundsätze über den innerbetrieblichen Schadensausgleich nicht zugunsten des selbstliquidierenden Arztes eingreifen könnten. Das wird vor allem mit der Privatliquidation des Chefarztes in diesen Fällen begründet[2]. Diese Auffassung vermag schon deshalb nicht zu überzeugen, weil heute auch bei Wahlleistungen nicht mehr selbstverständlich davon ausgegangen werden kann, dass dem Chefarzt überhaupt das Recht zur Selbstliquidation eingeräumt ist (vgl. dazu näher Teil 5 B Rz. 1). Aber auch wenn ein Liquidationsrecht besteht, trägt die Argumentation nicht. Zum einen hat der Krankenhausträger selbst ein erhebliches **Eigeninteresse** an der Einräumung des chefärztlichen Liquidationsrechts, da die Inanspruchnahme ärztlicher Wahlleistungen durch Patienten auch für ihn wirtschaftlich interessant ist und darüber hinaus dazu dient, Chefärzte zu gewinnen, die mit ihrer Qualifikation und ihrem Bekanntheitsgrad zum Ansehen des gesamten Krankenhauses beitragen[3]. Zum anderen wird ein Liquidationsrecht in erster Linie eingeräumt, weil Krankenhausträger und Chefarzt davon ausgehen, dass das üblicherweise gezahlte Festgehalt den Wert der Arbeitsleistung nicht ausreichend abgelten kann[4]. Schließlich ist der Chefarzt bei der Ausübung des Liquidationsrechts notwendig **an den Betrieb gebunden** und auch **nicht frei** in der Entscheidung, ob und wen er privatärztlich behandelt[5]. Chefärzte trifft nämlich in aller Regel eine **arbeitsvertragliche Pflicht zur Behandlung der Wahlleistungspatienten**[6]. Diese Pflicht besteht unabhängig von der Form des Krankenhausaufnahmevertrages[7].

56a   Bei der Geltendmachung des Freistellungsanspruchs durch den Chefarzt sind insbesondere etwaige Ausschlussfristen zu beachten. Das BAG hat insoweit festgestellt, dass der Anspruch auf Freistellung jedenfalls dann fällig wird, wenn der Arbeitnehmer im Außenverhältnis die Rechtsverteidigung gegen eine Verurteilung zum Schadensersatz einstellt[8].

---

1 Eingehend *Wern*, S. 273 ff.
2 *Annuß*, Die Haftung des Arbeitnehmers, 1998, S. 142 ff.; *Kistner*, Wahlbehandlung und direktes Liquidationsrecht des Chefarztes, 1990, S. 65; *Kistner*, MedR 1990, 51 (55); *Heinze*, MedR 1983, 6 (7 f.); *Tiedtke*, Arzt und Krankenhaus 1995, 339 (344 f.).
3 Vgl. OLG Köln v. 30.11.1994 – 13 U 110/94, VersR 1995, 1319; LAG Hamm v. 18.7.1991 – 17 Sa 827/91, LAGE § 615 BGB Nr. 29; LAG Hamm v. 18.6.1998 – 17 Sa 2414/97, ArztR 1999, 21 (Kurzwiedergabe); näher *Wern*, S. 281.
4 Vgl. BAG v. 4.5.1983 – 5 AZR 389/80, AP Nr. 12 zu § 611 BGB Arzt-Krankenhaus-Vertrag = NJW 1984, 686.
5 BAG v. 4.5.1983 – 5 AZR 389/80, AP Nr. 12 zu § 611 BGB Arzt-Krankenhaus-Vertrag = NJW 1984, 686; LAG Hamm v. 18.7.1991 – 17 Sa 827/91, LAGE § 615 BGB Nr. 29; *Luxenburger*, S. 104.
6 BAG v. 4.5.1983 – 5 AZR 389/80, AP Nr. 12 zu § 611 BGB Arzt-Krankenhaus-Vertrag = NJW 1984, 686; LAG Hamm v. 18.7.1991 – 17 Sa 827/91, LAGE § 615 BGB Nr. 29; *Narr*, Rz. 856; *Rieger*, Rz. 186, 506; *Rieger/Jansen*, Nr. 1280 Rz. 8; *Luxenburger*, S. 34 f., 39, 104; *Fahrenhorst*, NZA 1991, 544 (545); *Kuhla*, NJW 2000, 841.
7 S. nur *Wern*, S. 277 ff. m.w.N.
8 BAG v. 25.6.2009 – 8 AZR 236/08, AP Nr. 40 zu § 70 BAT = NZA-RR 2010, 224.

2. Haftungsumfang bei der Tätigkeit des Chefarztes

Der **Haftungsumfang** des Chefarztes richtet sich nach einer **Abwägung der** 57
Gesamtumstände des Einzelfalls i. S. d. § 254 BGB. Von besonderer Bedeutung ist dabei das Ausmaß des im Einzelfall vorliegenden **Verschuldens.**
Dabei spielt eine besondere Rolle, dass die Sorgfaltsanforderungen bei Chefärzten aufgrund ihrer Ausbildung und ihrer besonderen Stellung in der Hierarchie des Krankenhauses höher sind als bei nachgeordneten Ärzten. Die
besonderen Kenntnisse und Fähigkeiten lassen daher eher als bei anderen
Ärzten die Einstufung eines Fehlverhaltens als fahrlässig oder sogar grob
fahrlässig zu[1]. Bei den sonstigen Kriterien, die den Haftungsumfang bestimmen, spielen für die chefärztliche Tätigkeit insbesondere die Frage der
Gefahrgeneigtheit der Arbeit und die Frage der **Versicherbarkeit** des Risikos
eine wesentliche Rolle[2]. Auch die Einkommenshöhe des chefärztlichen Ge-
halts kann bei dieser Abwägung Berücksichtigung finden[3].

IX. Entwicklungsklauseln in Chefarztverträgen

Als **Entwicklungsklauseln** in Chefarztverträgen bezeichnet man Vertrags- 58
bestimmungen, die es dem Krankenhausträger ermöglichen sollen, durch
einseitige Leistungsbestimmung den Inhalt des Chefarztvertrages zu verändern. Ihr Zweck besteht in der **Erweiterung des allgemeinen Direktions-**
rechts des Arbeitgebers[4]. Unterschiede bestehen sowohl im Hinblick auf den
Inhalt als auch hinsichtlich der Art der Entwicklungsklausel. Im Hinblick
auf die Art der Entwicklungsklausel unterscheidet man Entwicklungsklauseln ohne Verhandlungspflicht (**einfache Entwicklungsklauseln**) von **Ent-**
wicklungsklauseln mit Verhandlungspflicht. Im Hinblick auf den Inhalt
sind bei Entwicklungsklauseln zwei Problemkreise streng zu trennen:

– die Frage nach der Zulässigkeit der Entwicklungsklausel und

– die Frage nach der zulässigen Ausübung des Leistungsbestimmungsrechts, also der Anpassung des Arbeitsvertrags.

---

1 *Wern,* S. 276 m. w. N.
2 Zu diesen Abwägungskriterien BAG v. 27.9.1994 – GS 1/89, AP Nr. 103 zu § 611 BGB
Haftung des Arbeitnehmers = NZA 1994, 1083; BAG v. 25.9.1997 – 8 AZR 288/96,
AP Nr. 111 zu § 611 BGB Haftung des Arbeitnehmers = NZA 1998, 310.
3 Vgl. BAG v. 27.9.1994 – GS 1/89, AP Nr. 103 zu § 611 BGB Haftung des Arbeitnehmers
= NZA 1994, 1083; *Otto/Schwarze,* Die Haftung des Arbeitnehmers, 3. Aufl. 1998,
Rz. 128; *Otto,* ArbuR 1995, 72 (74).
4 Vgl. BAG v. 28.5.1997 – 5 AZR 125/96, AP Nr. 36 zu § 611 BGB Arzt-Krankenhaus-
Vertrag = NZA 1997, 1160; BAG v. 13.3.2003 – 6 AZR 557/01, AP Nr. 47 zu § 611
BGB Arzt-Krankenhaus-Vertrag = DB 2003, 1960; a. A. ArbG Hagen v. 5.9.2006 – 5 Ca
2811/05, MedR 2007, 181 = GesR 2006, 554, das die Entwicklungsklausel als Wider-
rufsvorbehalt qualifiziert. *Popp,* AP Nr. 36 zu § 611 BGB Arzt-Krankenhaus-Vertrag
ArbG Paderborn v. 12.4.2006 – 3 Ca 2300/05, GesR 2007, 86.

59 Diese **Zweiteilung der Prüfung** von Änderungsvorbehalten, wie sie der ständigen Rechtsprechung des BGH entspricht[1], ist auch im Arbeitsrecht maßgeblich[2].

1. Zulässigkeit einfacher Entwicklungsklauseln

60 Bei der Prüfung der **Zulässigkeit von Entwicklungsklauseln** steht die Frage im Raum, ob der Inhalt der Entwicklungsklausel einer Rechtskontrolle standhält. Das **BAG** hat früher Entwicklungsklauseln ausschließlich unter dem Gesichtspunkt der Umgehung zwingenden Kündigungsschutzes betrachtet[3]. Die **Literatur** hat diesen Prüfungsmaßstab kritisiert, es jedoch außer Zweifel gelassen, dass eine Inhaltskontrolle stattfinden müsse[4]. Aufgrund der Gesetzesänderung durch das Schuldrechtsmodernisierungsgesetz, wonach nunmehr auch Arbeitsverträge einer AGB-Kontrolle nach den §§ 305 ff. BGB unterliegen, wird es die bisherige Kontroverse zwischen BAG und Literatur über die einschlägige Prüfnorm zukünftig allenfalls noch in Ausnahmefällen individuell ausgehandelter Vereinbarungen geben können. Für die hier in Rede stehenden Entwicklungsklauseln, bei denen es sich um Standardformulierungen handelt, ist dagegen auf die **§§ 305 ff. BGB als Prüfungsmaßstab** der Inhaltskontrolle abzustellen[5]. Die ältere Rechtsprechung des BAG wird hierdurch nicht obsolet. Vielmehr können die **früheren Grundsätze des BAG** auch zukünftig wichtige **(Abwägungs-)Elemente** im Rahmen der durchzuführenden Inhaltskontrolle darstellen. Eine Unterscheidung bei der Inhaltskontrolle zwischen Verträgen, die vor Inkrafttreten des Schuldrechtsmodernisierungsgesetzes abgeschlossen wurden, und solchen, die nach diesem Zeitpunkt abgeschlossen wurden, ist bei Entwicklungsklauseln wie auch bei anderen Klauseln abzulehnen (s. dazu Teil 3 C Rz. 34)[6].

61 Nicht abschließend geklärt ist, ob bei Entwicklungsklauseln auf das besondere Klauselverbot des **§ 308 Nr. 4 BGB** oder auf die allgemeine Vorschrift des **§ 307 BGB** abzustellen ist. Eine starke Meinung will die Vorschrift des § 308 Nr. 4 BGB anwenden[7]. Allerdings hat *Preis* zu Recht darauf hingewie-

---

1 BGH v. 26.11.1984 – VIII ZR 214/83, BGHZ 93, 29 (34) = NJW 1985, 623; BGH v. 6.3.1986 – III ZR 195/84, BGHZ 97, 212 = NJW 1986, 1803.

2 Vgl. BAG v. 12.5.2005 – 5 AZR 364/04, AP Nr. 1 zu § 308 BGB = NZA 2005, 465; ErfK/ *Preis*, §§ 305–310 BGB Rz. 51, 62; *Annuß*, BB 2002, 458 (462); *Sievers*, NZA 2002, 1182 (1183); zur Entwicklungsklausel *Reinecke*, NJW 2005, 3383, 3385.

3 BAG v. 7.10.1982 – 2 AZR 455/80, AP Nr. 5 zu § 620 BGB Teilkündigung = SAE 1983, 185; BAG v. 28.5.1997 – 5 AZR 125/96, AP Nr. 36 zu § 611 BGB Arzt-Krankenhaus-Vertrag = NZA 1997, 1160; BAG v. 13.3.2003 – 6 AZR 557/01, AP Nr. 47 zu § 611 BGB Arzt-Krankenhaus-Vertrag = DB 2003, 1960.

4 S. etwa *Hromadka*, RdA 1992, 234 (239); *Hromadka*, AP Nr. 20 zu § 1 TVG Tarifverträge: Lufthansa; *Zöllner*, NZA 1997, 121 (124 f.); *Stoffels*, ZfA 1999, 49 (93).

5 Vgl. jetzt BAG v. 12.5.2005 – 5 AZR 364/04, AP Nr. 1 zu § 308 BGB = NZA 2005, 465; BAG v. 11.4.2006 – 9 AZR 557/05, AP Nr. 17 zu § 307 BGB = NZA 2006, 1149; zur chefarztvertraglichen Entwicklungsklausel ArbG Heilbronn v. 4.9.2008 – 7 Ca 214/08, MedR 2009, 99.

6 Vgl. auch ArbG Heilbronn v. 4.9.2008 – 7 Ca 214/08, MedR 2009, 99.

7 ArbG Paderborn v. 12.4.2006 – 3 Ca 2300/05, GesR 2007, 86; ArbG Hagen v. 5.9.2006 – 5 Ca 2811/05, MedR 2007, 181 = GesR 2006, 554; ArbG Heilbronn v. 4.9.2008 –

sen, dass die Klausel bei Änderungsvorbehalten im Arbeitsrecht regelmäßig nicht eingreife, da sie sich ausweislich ihres Wortlauts bei Arbeitsverträgen nur auf Änderungen und Abweichungen hinsichtlich der Vergütungspflicht des Arbeitgebers beziehen könne; in Arbeitsverhältnissen sei die versprochene Leistung i. S. d. § 308 Nr. 4 BGB nämlich die Vergütungspflicht des Arbeitgebers[1]. Dem hat sich das BAG angeschlossen[2]. Entwicklungsklauseln sind daher grundsätzlich an der allgemeinen Vorschrift des § 307 BGB und nur dann an § 308 Nr. 4 BGB zu messen, wenn sich der Änderungsvorbehalt auf die Arbeitsvergütung bzw. Teile davon bezieht[3].

Bei chefarztvertraglichen Entwicklungsklauseln ist im Rahmen der **Ange-**   62
messenheitsprüfung von wesentlicher Bedeutung, ob die Klausel dem **Transparenzgebot** des § 307 Abs. 1 Satz 2 BGB genügt. Der Chefarzt muss der Klausel entnehmen können, auf welche Weise der Krankenhausträger sein (erweitertes) Direktionsrecht ausüben kann. Soweit die Entwicklungsklausel die von der Weisungsbefugnis des Krankenhausträgers erfassten Gegenstände im Einzelnen beschreibt, ergeben sich keine Probleme. Problematisch sind dagegen Klauseln, die dem Krankenhausträger das Recht zur Vornahme von Änderungen geben, die nicht näher bestimmt sind. In solchen Fällen ist dem Chefarzt als dem Klauselgegner überhaupt nicht ersichtlich, worauf er sich mit der Unterschrift unter eine solche Klausel einlässt. Solche Klauseln verstoßen daher gegen das Transparenzgebot des § 307 Abs. 1 Satz 2 BGB und sind bereits aus diesem Grunde unangemessen[4]. Zur Bestimmtheit solcher Klauseln, dürfte auch die Angabe gehören, welcher Anteil des Gesamtverdienstes dem Chefarzt nach Ausübung des erweiterten Direktionsrechts verbleiben muss[5]

Ungeachtet der Bestimmtheitsproblematik können Entwicklungsklauseln   63
nach § 307 Abs. 1 BGB unangemessen sein. Diese Frage ist mittels der im Rahmen des § 307 Abs. 1 Satz 1 BGB gebotenen **Interessenabwägung** zu beantworten. Dort ist zu prüfen, welches Interesse ein Krankenhausträger an der vertraglichen Vereinbarung einer Entwicklungsklausel im Chefarztvertrag haben kann (Prüfung des Sachgrundes) und ob dieses Interesse unter Berücksichtigung der Interessen des Chefarztes berechtigt ist[6].

---

7 Ca 214/08, MedR 2009, 99; *Henssler*, RdA 2002, 129 (138); *Reichold*, ZTR 2002, 202 (207); *Sievers*, NZA 2002, 1182 (1184); *Lingemann*, NZA 2002, 181 (190); *Diringer*, MedR 2003, 200 (202); *Däubler*, NZA 2001, 1329 (1336); *Reinecke*, NJW 2005, 3383, 3384.

1 ErfK/*Preis*, §§ 305–310 BGB Rz. 53; ebenso i. E. *Annuß*, BB 2002, 458 (462), *Gotthardt*, ZIP 2002, 277 (285).

2 BAG v. 7.12.2005 – 5 AZR 535/04, AP Nr. 8 zu § 310 BGB = NZA 2006, 423; vgl. auch BAG v. 11.4.2006 – 9 AZR 557/05, AP Nr. 17 zu § 307 BGB = NZA 2006, 1149.

3 *Wern*, S. 310 f.

4 *Wern*, S. 311 f. mit Beispielen aus der Vertragspraxis; vgl. auch ArbG Paderborn v. 12.4.2006 – 3 Ca 2300/05, GesR 2007, 86; ArbG Hagen v. 5.9.2006 – 5 Ca 2811/05, MedR 2007, 181 = GesR 2006, 554 mit Verweis auf *Hummerich/Bergwitz*, BB 2005, 997; ArbG Heilbronn v. 4.9.2008 – 7 Ca 214/08, MedR 2009, 99.

5 Vgl. *Reinecke*, NJW 2005, 3383, 3388.

6 *Wern*, S. 312, 67.

64 Im Hinblick auf die sich rasch verändernden Rahmenbedingungen in rechtlicher, wirtschaftlicher oder technischer Hinsicht hat der Krankenhausträger ein Interesse, den Inhalt des Chefarztvertrages schnell und problemlos anpassen zu können[1]. Für die Frage, wann dieses Interesse an der Aufnahme einer Entwicklungsklausel berechtigt ist, bedeutet dies zunächst, dass Entwicklungsklauseln inhaltlich an die **Veränderung von Rahmenbedingungen** geknüpft sein müssen, da sie ohne diese Einschränkung bereits mangels eines rechtserheblichen Interesses des Krankenhausträgers unwirksam sind[2]. Ungeachtet dessen hängt die Entscheidung, ob das evidente Interesse des Krankenhausträgers berechtigt ist, im Wesentlichen von der in der Klausel definierten **Reichweite der Eingriffsbefugnis** ab[3]. Bezieht sich etwa das Leistungsbestimmungsrecht von vornherein nur auf **organisatorische Änderungen**, durch die die Art der Tätigkeit und die Vergütung des Chefarztes nicht beeinflusst werden, so ist die Klausel wirksam. Anderes gilt aber, wenn durch das Leistungsbestimmungsrecht in vertragliche Positionen des Chefarztes eingegriffen werden kann. Dann ist die Wirksamkeit der Klausel davon abhängig, welche Elemente der arbeitsvertraglichen Vereinbarung vom Leistungsbestimmungsrecht umfasst sein sollen. Wäre der Krankenhausträger etwa befugt, die vertraglich ausgehandelte **Hauptleistungspflicht** einseitig zu verändern, so würde der Vertragsschluss seine Bedeutung als Interessenausgleich zwischen den Parteien völlig verlieren, weil das Verhältnis zwischen Leistung und Gegenleistung einseitig zugunsten des Krankenhausträgers verschoben werden könnte. Das kann von keinem Arbeitnehmer erwartet werden, da jeder Arbeitnehmer grundsätzlich auf den Bestand des Inhalts seiner Arbeitsleistung vertrauen darf. Das Hinzutreten oder der Wegfall einzelner, den Vertrag nicht wesentlich bestimmender Aufgaben ist aber nicht ausreichend, um zur Unwirksamkeit der Klausel zu kommen. Erforderlich ist vielmehr, dass die Befugnis zu einer gewichtigen Veränderung des Aufgabengebiets des Chefarztes gegenüber dem vertraglich vereinbarten Inhalt eingeräumt wird. Dennoch sollten Klauseln, die dem Krankenhausträger die Zusammenlegung von Abteilungen mit der gleichzeitigen Übertragung von weiteren Aufgaben auf den Chefarzt gestatten, unter den vorgenannten Aspekten stets kritisch betrachtet werden. Auch die Fälle, in denen der Krankenhausträger von dem hierarchisch gegliederten **Chefarztsystem** zu dem sog. **Teamarztmodell** übergeht, sind nach diesen Kriterien zu begutachten[4]. Allerdings wird allein in der Übertragung der ärztlichen Leitung auf ein Ärztekollegium in der Regel noch kein wesentlicher Eingriff in das Äquivalenzverhältnis der Parteien liegen.

65 Allgemein gilt, dass Entwicklungsklauseln, die Änderungsvorbehalte bezüglich **wesentlicher Vertragsbestandteile** enthalten, unzulässig sind[5]. Wesent-

---

1 BAG v. 28.5.1997 – 5 AZR 125/96, AP Nr. 36 zu § 611 BGB Arzt-Krankenhaus-Vertrag = NZA 1997, 1160; *Wern*, S. 312 f. m. w. N.; *Reinecke*, NZA 2005, 953, 959.
2 Vgl. *Reinecke*, NZA 2005, 953, 959; *Reinecke*, NJW 2005, 3383, 3387.
3 Eingehend *Wern*, S. 313 ff. m. w. N.
4 Vgl. *Debong*, ArztR 1999, 260 (263).
5 Vgl. BAG v. 28.5.1997 – 5 AZR 125/96, NZA 1997, 1160; BAG v. 21.4.1993 – 7 AZR 297/92, AP Nr. 34 zu § 2 KSchG 1969 = NZA 1994, 476; BAG v. 15.11.1995 – 2 AZR

liche Elemente eines Arbeitsvertrages sind dabei nicht nur dessen essentialia negotii, sondern alle Bestandteile, die aus der **Sicht der Vertragsparteien** und unter **Berücksichtigung der gegenseitigen Interessen** den Vertragsinhalt bestimmen und bei deren Änderung sich der Inhalt des Arbeitsverhältnisses, insbesondere das Verhältnis von Leistung und Gegenleistung, grundlegend ändern würde[1]. Die **Stellung des einzelnen Arbeitnehmers** in der betrieblichen Hierarchie und die **Höhe seiner Vergütung** bleiben bei dieser Prüfung außer Betracht[2]. Der Verdienst kann allenfalls bei der Einzelfallabwägung im Rahmen der Billigkeitsprüfung als ein Abwägungsgesichtspunkt eine Rolle spielen, wenn es um die Folgen der Anpassung für den Arbeitnehmer geht. Für die Frage der Zulässigkeit von Entwicklungsklauseln ist er unerheblich.

Nach diesen allgemeinen Grundsätzen lassen sich auch die Fälle der **Vergrö-** 66
ßerung und Verkleinerung von Abteilungen sowie der **Übertragung der Krankenhausambulanz** entscheiden. Hier ist zu beachten, dass der Chefarzt nicht für eine Abteilung mit einer bestimmten Größe, d. h. einer bestimmten Anzahl Betten eingestellt wird, sondern allein für eine bestimmte Abteilung. Die Größe der Abteilung ist also vorbehaltlich einer anders lautenden Regelung im Chefarztvertrag vertraglich nicht abgesichert[3]. Aus diesem Grund ist auch die Befugnis zur Übertragung der Verantwortung für ambulantes Operieren, wie es durch § 115b SGB V eingeführt worden ist, im Sinne einer Vergrößerung des Aufgabenbereichs zulässig. Meist wird in diesen Fällen ohnehin keine Erweiterung, sondern allenfalls eine Verlagerung von Aufgaben vorliegen, weil überwiegend Operationen, die bisher im Krankenhaus stationär erbracht wurden, in den ambulanten Bereich verlagert werden[4]. Anderes gilt aber, wenn sich durch die Übertragung der Verantwortung für ambulantes Operieren die Tätigkeit des Chefarztes wesentlich verändern kann. Es liegt dann eine Änderung im Tätigkeitsbereich vor, die nach den oben beschriebenen Grundsätzen zu behandeln ist.

Auch die Tatsache, dass die Verkleinerungen von Abteilungen, aber auch die 67
Einstellung weiterer leitender Ärzte auf derselben Abteilung vor allem bei liquidationsberechtigten Chefärzten zum **Wegfall von Liquidationseinnahmen** im wahlärztlichen Bereich führen kann, ist für die rechtliche Zulässigkeit solcher Klauseln ohne Belang (zum Liquidationsrecht s. Teil 5 B). An dem vertraglichen Bestand des Liquidationsrechts ändert sich nämlich durch solche Maßnahmen nichts[5]. Betroffen ist lediglich die Höhe der Liquidationseinnahmen. Die Höhe der Liquidationseinnahmen im wahlärztlichen Be-

---

521/95, AP Nr. 20 zu § 1 TVG Tarifverträge: Lufthansa = NZA 1996, 603; *von Hoyningen-Huene/Linck*, § 2 KSchG Rz. 20; *Siegmund-Schultze*, ArztR 1985, 265 (266 ff.); *Andreas/Debong*, ArztR 1996, 15; *Debong/Andreas*, ArztR 1998, 11 (14).

1 *Wern*, S. 321 m. w. N.; *Reinecke*, NJW 2005, 3383, 3388.
2 A. A. das BAG v. 28.5.1997 – 5 AZR 125/96, AP Nr. 36 zu § 611 BGB Arzt-Krankenhaus-Vertrag = NZA 1997, 1160.
3 BAG v. 15.1.1992 – 5 AZR 50/91, ArztR 1993, 148 (149); vgl. auch BAG v. 15.12.1976 – 5 AZR 600/75, AP Nr. 3 zu § 611 BGB Arzt-Krankenhaus-Vertrag = DB 1977, 680; *Debong*, ArztR 1999, 260 (262).
4 *Luxenburger*, FS 50 Jahre Saarländische Arbeitsgerichtsbarkeit, 1997, S. 265 (281).
5 BAG v. 15.1.1992 – 5 AZR 50/91, ArztR 1993, 148 (149).

reich stellt aber grundsätzlich keine vertraglich geschützte Position des Chefarztes dar[1]. Deshalb ist auch anerkannt, dass nur **unmittelbare Veränderungsbefugnisse** im Entgeltbereich zur Unzulässigkeit von Entwicklungsklauseln führen können, nicht aber nur mittelbare Einflussnahmemöglichkeiten[2]. **Liquidationsrechte für den wahlärztlichen Bereich** dürfen also grundsätzlich nicht zum Gegenstand von Entwicklungsklauseln gemacht werden, da sie nach dem Willen der Parteien in aller Regel wesentlicher Teil der Chefarztvergütung sind (s. dazu näher Teil 5 B Rz. 2 ff.)[3]. Das schließt nicht aus, dass die Ausübung des erweiterten Leistungsbestimmungsrechts auch bei mittelbaren Eingriffen wegen erheblicher Einschränkung der Liquidationseinnahmen im Einzelfall unzumutbar sein kann. Anderes gilt nur, wenn der Krankenhausträger ausdrücklich eine Garantie über die Höhe der Liquidationseinnahmen abgegeben hat[4].

2. Anpassung des Arbeitsvertrages aufgrund einfacher Entwicklungsklauseln

68 Die Anpassung des Arbeitsvertrages aufgrund von einfachen Entwicklungsklauseln geschieht im Wege der **Ausübung** des in der Entwicklungsklausel eingeräumten **Direktionsrechts**.

69 Dabei ist zunächst in **formeller Hinsicht** zu prüfen, ob der Chefarzt vor Ausübung des Direktionsrechts zu beteiligen ist. Der Chefarzt hat nur ein **Beteiligungsrecht**, wenn ein solches vereinbart worden ist[5]. Ist ein **Anhörungsrecht** vereinbart, ist dem Chefarzt vor der beabsichtigten Maßnahme Gelegenheit zur Stellungnahme zu geben, die der Krankenhausträger zur Kenntnis nehmen muss[6]. Bei einem **Beratungsrecht** muss der Krankenhausträger die geplante Maßnahme zusammen mit dem Chefarzt diskutieren. Ein Beratungsrecht ist insbesondere anzunehmen, wenn sich der Krankenhausträger mit dem Chefarzt ins „**Benehmen**" setzen muss[7]. Ein **echtes Mitbestimmungsrecht** räumt dem Chefarzt die Befugnis ein, die beabsichtigte Maßnahme zu verhindern. Von einem solchen Mitbestimmungsrecht ist auszugehen, wenn der Krankenhausträger Änderungen nur im Einverneh-

---

1 BAG v. 25.7.1990 – 5 AZR 394/89, NZA 1991, 16; BAG v. 31.1.1991 – 5 AZR 7/90, n. v.; BAG v. 15.1.1992 – 5 AZR 50/91, ArztR 1993, 148 (149 f.); *Andreas/Debong*, ArztR 1996, 15 (17). Vgl. auch BAG v. 4.5.1983 – 5 AZR 389/80, AP Nr. 12 zu § 611 BGB Arzt-Krankenhaus-Vertrag = NJW 1984, 686; BAG v. 4.9.1985 – 5 AZR 13/84, n. v.
2 BAG v. 28.5.1997 – 5 AZR 125/96, AP Nr. 36 zu § 611 BGB Arzt-Krankenhaus-Vertrag = NZA 1997, 1160; *Wern*, S. 321.
3 Vgl. nur ArbG Husum v. 7.4.1986 – 1 Ca 1107/85, ArztR 1987, 75 (76); *Andreas/Debong*, ArztR 1996, 15 (17).
4 Vgl. BAG v. 4.9.1985 – 5 AZR 13/84, n. v., wo dem Chefarzt ein Einkommen aus Liquidation und Nebentätigkeit von 80 000 DM garantiert war.
5 *Wern*, S. 322.
6 *Andreas/Debong*, ArztR 1996, 15; *Diringer*, MedR 2003, 200 (202).
7 BAG v. 15.12.1976 – 5 AZR 600/75, AP Nr. 3 zu § 611 BGB Arzt-Krankenhaus-Vertrag = DB 1977, 680; BAG v. 13.3.2003 – 6 AZR 557/01, AP Nr. 47 zu § 611 BGB Arzt-Krankenhaus-Vertrag = DB 2003, 1960; *Dahm/Lück*, MedR 1992, 1 (4); näher *Wern*, S. 322 f.

men mit dem Chefarzt soll treffen können[1]. Wird ein Beteiligungsrecht verletzt, ist mangels anderer Anhaltspunkte im Regelfall davon auszugehen, dass dies zur **Unwirksamkeit** der Maßnahme führt[2].

Neben diesen formellen Aspekten muss die Ausübung des Direktionsrechts 70 auch **materiell-rechtlichen Anforderungen** genügen. Zunächst ist dabei die Frage entscheidend, ob alle materiell-rechtlichen Voraussetzungen vorliegen, an welche die Ausübung des Direktionsrechts geknüpft ist. Das ist nur der Fall, wenn alle in der Entwicklungsklausel genannten Tatbestandsmerkmale gegeben sind[3].

Sind die Voraussetzungen zur Ausübung des Direktionsrechts gegeben, ist 71 bei einfachen Entwicklungsklauseln zu untersuchen, ob die Ausübung **billigem Ermessen** i. S. d. § 315 BGB entspricht[4]. Der Prüfung der **Zumutbarkeit der Vertragsänderung** kommt dabei gesteigerte Bedeutung zu. Unzumutbar ist etwa eine Neuorganisation oder Neustrukturierung der Krankenhausabteilung, die zum völligen Verlust eines vertraglich eingeräumten Rechts führt. Das Direktionsrecht des Arbeitgebers kann Rechte des Arbeitnehmers lediglich inhaltlich bestimmen, sie aber nicht aufheben. Selbst wenn sich der Krankenhausträger aus rechtlichen oder aus wirtschaftlichen Erwägungen[5] zu einer entsprechenden Maßnahme gezwungen sieht, ändert dies nichts an deren Unzulässigkeit. Auch das BAG hat anklingen lassen, dass von einem billigen Ermessen nicht mehr ausgegangen werden könne, wenn das vertraglich eingeräumte Liquidationsrecht des Chefarztes völlig ausgehöhlt würde[6]. Werden vermögenswerte Rechte nur zu einem mehr oder weniger großen Teil eingeschränkt, ist die Billigkeit der Maßnahme vor allem davon abhängig, ob die eintretenden Vermögenseinbußen dem Chefarzt zumutbar sind. Hierzu sollte auf die vom BAG favorisierte **Methode der Quantifizierung** zurückgegriffen werden. So hat das BAG etwa im Rahmen der Billigkeitsprüfung eines Widerrufs von chefarztvertraglichen Abgaberegelungen ausgeführt, dass die Maßnahme der Billigkeit entspreche, wenn dem Chefarzt zwischen 50 und 70 % seiner bisherigen Bruttohonorare jährlich verbleiben[7]. Gleichzeitig hat es als **Bezugsrahmen** die Zeit der letzten drei Jahre als Abrechnungszeitraum herangezogen[8]. Damit korrespondiert

---

1 *Wern*, S. 323.
2 *Wern*, S. 323.
3 *Wern*, S. 323 f. m. w. N.
4 BAG v. 7.9.1972 – 5 AZR 12/72, AP Nr. 2 zu 767 ZPO; BAG v. 15.12.1976 – 5 AZR 600/75, AP Nr. 3 zu § 611 BGB Arzt-Krankenhaus-Vertrag = DB 1977, 680; BAG v. 10.12.1992 – 2 AZR 269/92, AP Nr. 27 zu § 611 BGB Arzt-Krankenhaus-Vertrag = DB 1993, 1038; *Siegmund-Schultze*, ArztR 1989, 265; *Andreas/Debong*, ArztR 1996, 15; eingehend *Wern*, S. 324 ff.
5 BAG v. 15.1.1992 – 5 AZR 50/91, ArztR 1993, 148.
6 BAG v. 28.5.1997 – 5 AZR 125/96, AP Nr. 36 zu § 611 BGB Arzt-Krankenhaus-Vertrag = NZA 1997, 1160.
7 BAG v. 22.1.1997 – 5 AZR 441/95, AP Nr. 33 zu § 611 BGB Arzt-Krankenhaus-Vertrag = NZA 1997, 719; so auch BAG v. 20.1.1998 – 9 AZR 547/96, AP Nr. 37 zu § 611 BGB Arzt-Krankenhaus-Vertrag = NZA 1998, 1341.
8 BAG v. 22.1.1997 – 5 AZR 441/95, AP Nr. 33 zu § 611 BGB Arzt-Krankenhaus-Vertrag = NZA 1997, 719.

die neuere Rechtsprechung des BAG zur Kontrolle von Widerrufsvorbehalten, wonach diese zulässig sind, soweit der widerrufliche Anteil am Gesamtverdienst unter 25 bis 30 % liegt und der Tariflohn nicht unterschritten wird[1]. Deshalb wird gefordert, dass gerade bei jüngeren Chefärzten der verbleibende Anteil am Gesamtverdienst 70 % betragen müsse[2]. In seinem Urteil vom 13.3.2003 hat das BAG betont, dass die durch eine Entwicklungsklausel gedeckte Änderung des Aufgabengebietes eines Chefarztes in jedem Fall die Grenze billigen Ermessens wahre, wenn der damit verbundene Rückgang der Einkünfte aus Privatliquidation lediglich 6 % betrage[3]. Bei diesen Werten kann es sich aber immer nur um Regelwerte handeln, die bei nicht entgegenstehenden (außergewöhnlichen) Umständen über Billigkeit oder Unbilligkeit entscheiden können[4]. Entgegen der Auffassung des BAG[5] muss **Bezugsgröße** immer das bisherige Entgelt des jeweiligen Chefarztes sein[6].

3. Entwicklungsklauseln mit Neuverhandlungspflicht

72 Rechtliche Besonderheiten ergeben sich bei **Entwicklungsklauseln mit Neuverhandlungspflicht.** Solche Regelungen zeichnen sich dadurch aus, dass die Ausübung des Leistungsbestimmungsrechts unter tatbestandlich näher bestimmten Voraussetzungen zu einer Neuverhandlung über die Vertragsgrundlagen führen soll. Bei Chefarztverträgen wird man grundsätzlich von **einklagbaren zweiseitigen Neuverhandlungspflichten mit Einigungspflicht** ausgehen können[7]. Die eigentliche Besonderheit solcher Klauseln besteht darin, dass die Leistungsbestimmung des Krankenhausträgers nicht wie bei einfachen Entwicklungsklauseln an die Grenze des billigen Ermessens i. S. d. § 315 Abs. 1 BGB gebunden ist, sondern **§ 315 Abs. 1 BGB** durch die Vereinbarung der Neuverhandlungspflicht **abbedungen** wird[8]. Der Krankenhausträger soll also die Vertragsgrundlagen entsprechend der Entwicklungsklausel ändern dürfen, ohne dass die Wirksamkeit der Ausübung des Leistungsbestimmungsrechts in Frage gestellt wird. Als Ausgleich soll er zusammen mit dem Chefarzt unzumutbare Folgen dieser Leistungsbestimmung in gemeinsamen Verhandlungen auf ein zumutbares Maß zurückführen. Diese Verhandlungspflicht des Krankenhausträgers ist nicht auf die Pflicht zum Eintritt in Verhandlungen und zur Abgabe eines auf eine Einigung gerichteten Angebots oder einer entsprechenden Annahme beschränkt. Zum Ver-

---

1 BAG v. 12.1.2005 – 5 AZR 364/04, AP Nr. 1 zu § 308 BGB = NZA 2005, 465; dazu krit. *Prein/Lindmann*, AuR 2005, 229.
2 *Reinecke*, NJW 2005, 3383, 3388.
3 BAG v. 13.3.2003 – 6 AZR 557/01, AP Nr. 47 zu § 611 BGB Arzt-Krankenhaus-Vertrag = DB 2003, 1960.
4 *Wern*, S. 326 f.
5 BAG v. 28.5.1997 – 5 AZR 125/96, AP Nr. 36 zu § 611 BGB Arzt-Krankenhaus-Vertrag = NZA 1997, 1160.
6 Näher *Wern*, S. 327.
7 Eingehend *Wern*, S. 327 ff. m. w. N.
8 Eingehend *Wern*, S. 327 ff.

handlungsanspruch gehört auch die Pflicht, die Verhandlungen so zu führen, dass sie eine Einigung möglich machen (**Verhandlungsförderungspflicht**)[1].

Solche Klauseln halten mit den Einschränkungen, wie sie für einfache Ent-   73
wicklungsklauseln gemacht worden sind, einer **Inhaltskontrolle** stand[2]. Es
ist zwar richtig, dass solche Klauseln dem benachteiligten Vertragspartner
das Recht nehmen, die Ausübung des Leistungsbestimmungsrechts gerichtlich am Maßstab des § 315 Abs. 1 BGB überprüfen zu lassen. § 315 BGB
stellt jedoch kein zwingendes Recht, sondern lediglich eine Auslegungsregel
dar[3], kann also durch entsprechende Vereinbarung vertraglich abbedungen
werden.

Neuverhandlungspflichten bringen darüber hinaus besondere **prozessuale**   74
Probleme mit sich. Macht der Chefarzt mit seiner Klage unter Außeracht-las-
sung der bestehenden Verhandlungspflicht nach der Ausübung der Leistungsbestimmung durch den Krankenhausträger allein die **Unwirksamkeit**
der Leistungsbestimmung geltend, so muss das Arbeitsgericht die Klage ab-
weisen, wenn die materiellen Voraussetzungen der Entwicklungsklausel gegeben sind und die Ausübung der Leistungsbestimmung formell rechtmäßig
ist. Die Leistungsbestimmung ist dann nämlich wirksam; eine Prüfung anhand des § 315 Abs. 1 BGB findet nicht statt. Das Gericht wird der Klage des
Chefarztes gegen die Wirksamkeit der Leistungsbestimmung allerdings
stattgeben, wenn die Tatbestandsvoraussetzungen der Entwicklungsklausel
in formeller oder materieller Hinsicht nicht vorliegen. Diese Entscheidung
ist dem Gericht durch die Neuverhandlungsklausel nicht verwehrt.

Chefarzt und Krankenhausträger können auch auf **Erfüllung der Neuver-**   75
handlungspflicht, also auf Zustimmung zu einem Angebot auf Abschluss einer Vertragsänderung klagen[4]. Dieser Klageantrag wirft aber nicht unerhebliche Schwierigkeiten auf, da er in seiner Begründetheit voraussetzt, dass den
Klagegegner eine **Pflicht zur Zustimmung** trifft. Eine Zustimmungspflicht
besteht aber nur in dem seltenen Fall, in dem auch das Ergebnis der Verhandlungen inhaltlich diesem Antrag entsprechen müsste. Wegen dieser Schwierigkeit steht in diesen Fällen beiden Vertragspartnern das Recht zu, eine
Gestaltungsklage auf Anpassung des Vertrages nach §§ 315 Abs. 3 Satz 2,
319 Abs. 1 Satz 2 BGB analog zu erheben[5]. Die fehlende Einigung wird dann
durch die Gestaltungswirkung des Urteils gem. § 315 Abs. 3, § 319 Abs. 3

---

1 S. dazu nur *Horn*, AcP 181 (1981), S. 255 (283); eingehend *Wern*, S. 331.
2 Eingehend *Wern*, S. 332 ff.
3 S. dazu nur MünchKommBGB/*Gottwald*, § 315 BGB Rz. 15; Soergel/*Wolf*, § 315 BGB
  Rz. 1; Staudinger/*Mader*, § 315 BGB Rz. 16; Palandt/*Grüneberg*, § 315 BGB Rz. 5.
4 *Horn*, AcP 181 (1981), S. 255 (285); *Martinek*, AcP 198 (1998), S. 329 (342).
5 BGH v. 21.12.1977 – V ZR 179/75, WM 1978, 228 (229); BGH v. 24.2.1978 – V ZR
  194/75, WM 1978, 578; BGH v. 1.6.1994 – XII ZR 227/92, WM 1994, 1936 (1940) =
  NJW-RR 1994, 1163; MünchKommBGB/*Gottwald*, § 315 BGB Rz. 41; Soergel/*Wolf*,
  § 315 BGB Rz. 32, 55; Staudinger/*Mader*, § 315 BGB Rz. 95; *Horn*, AcP 1981 (1981),
  S. 255 (279 f., 285); *Steindorff*, BB 1983, 1127 (1131); *Martinek*, AcP 198 (1998), S. 329
  (342).

BGB ersetzt[1]. Dabei ist der Verzögerung i. S. d. § 315 Abs. 3 Satz 2 BGB das Scheitern der Verhandlungen über die Leistungsbestimmung gleichzusetzen[2]. Derjenige, der die Anpassung begehrt, trägt die Darlegungs- und Beweislast für das Vorliegen der Anpassungsvoraussetzungen[3]. Bei der letztgenannten Klage auf gerichtliche Anpassung stellt sich das Problem, dass mit deren rechtskräftiger Stattgabe zwar die Gestaltungswirkung in Form der Anpassung des Vertrages eintritt. Der aus dem Urteil begünstigte Vertragspartner kann hieraus aber nicht unmittelbar den anderen Vertragspartner in Anspruch nehmen. Wegen dieser Schwierigkeit ist demjenigen, der eine Vertragsanpassung verlangen kann, das Recht eingeräumt, auch unmittelbar auf Leistung zu klagen (**Direktklage**)[4]. Allerdings ist zu bedenken, dass die gerichtliche Festsetzung des Leistungsinhalts grundsätzlich nur **ex nunc** wirkt[5]. In diesen Fällen kann über die Regelungen des **Schuldnerverzugs** (§§ 280 Abs. 1 und 2, 286 BGB) zu einer einsichtigen Lösung gefunden werden[6]. Der **Verhandlungsanspruch**, der streng von dem erst mit der Anpassung entstehenden **Vergütungsanspruch** zu trennen ist, entsteht nämlich schon mit dem Vorliegen aller Voraussetzungen der Neuverhandlungsklausel und wird auch in diesem Zeitpunkt fällig[7]. Da der Schadensersatzanspruch aus § 280 Abs. 2 BGB aber grundsätzlich noch einer den Verzug begründenden Mahnung nach § 286 Abs. 1 BGB bedarf[8], ist den Vertragspartnern anzuraten, zunächst eine Frist zum Eintritt in Verhandlungen zu setzen. Sind die Parteien schon in Verhandlungen eingetreten, so kann auch eine Frist zur Herbeiführung einer Einigung eine für den Eintritt des Verzuges notwendige Mahnung darstellen. Einer Mahnung bedarf es nur dann nicht, wenn die Voraussetzungen des § 286 Abs. 2 BGB vorliegen, wobei hier der Vorschrift des § 286 Abs. 2 Nr. 3 BGB besondere Bedeutung zukommt[9].

---

1 Vgl. BGH v. 24.11.1995 – V ZR 174/94, NJW 1996, 1054 (1056) = WM 1996, 445.
2 Soergel/*Wolf*, § 315 BGB Rz. 32, 55; vgl. auch BGH v. 8.3.1973 – II ZR 134/71, BB 1973, 723 (724); BGH v. 30.3.1979 – V ZR 150/77, BGHZ 74, 341 (345).
3 S. nur *Steindorff*, BB 1983, 1127 (1129).
4 Allg. M.; BGH v. 31.10.1963 – VII ZR 285/61, BGHZ 40, 272 (280); BGH v. 24.11.1995 – V ZR 174/94, NJW 1996, 1054 (1056) = WM 1996, 445; BGH v. 7.4.2000 – V ZR 36/99, NJW 2000, 2986 f.; MünchKommBGB/*Gottwald*, § 315 BGB Rz. 41; Palandt/*Grüneberg*, § 315 BGB Rz. 17.
5 Vgl. BGH v. 19.6.1974 – VIII ZR 49/73, WM 1974, 775 (776); BGH v. 24.11.1995 – V ZR 174/94, NJW 1996, 1054 (1056) = WM 1996, 445; Soergel/*Wolf*, § 315 BGB Rz. 44; Staudinger/*Mader*, § 315 BGB Rz. 57.
6 Eingehend *Wern*, S. 339 f. m. w. N.
7 *Wern*, S. 339.
8 § 286 Abs. 3 BGB ist nicht einschlägig, da es sich um keine Geldforderung handelt.
9 Eingehend *Wern*, S. 340; zur Verjährung des Zahlungsanspruchs s. auch BGH v. 24.11.1995 – V ZR 174/94, NJW 1996, 1054 = WM 1996, 445; BGH v. 17.5.1971 – VIII ZR 16/70, MDR 1971, 836; BGH v. 14.7.1983 – VII ZR 306/82, NJW 1983, 2934 (2935); Palandt/*Grüneberg*, § 315 Rz. 17; Staudinger/*Mader*, § 315 BGB Rz. 55.

X. Der Chefarzt als leitender Angestellter i. S. d. BetrVG und KSchG

1. Der Chefarzt als leitender Angestellter i. S. d. BetrVG

Die Instanzgerichte und die Literatur gehen überwiegend davon aus, dass   76
Chefärzte keine leitenden Angestellten i.S.d. BetrVG sind (vgl. § 5 Abs. 3
Satz 1 BetrVG)[1]. Das BAG hat nunmehr in seiner Entscheidung vom 5.5.2010
die Auffassung vertreten, dass allein die formale Stellung als Chefarzt nicht
genüge, um ihn gemäß § 5 Abs. 3 Satz 2 Nr. 3 BetrVG als einen leitenden Angestellten anzusehen. Ein Chefarzt sei auch nicht bereits deshalb leitender
Angestellter, weil er regelmäßig frei und eigenverantwortlich Entscheidungen
etwa über die Einführung spezieller Untersuchungs-, Behandlungs- und The-
rapiemethoden fällen könne. Maßgeblich für die Qualifizierung als leitender
Angestellter sei vielmehr, ob der Chefarzt nach der konkreten Ausgestaltung
und Durchführung des Vertragsverhältnisses maßgeblichen Einfluss auf die
Unternehmensführung ausüben könne. Dafür sei erforderlich, dass er nach
dem Arbeitsvertrag und der tatsächlichen Stellung in der Klinik der Leitungs-
und Führungsebene zuzurechnen sei und unternehmens- oder betriebsleitende Entscheidungen entweder selbst treffe oder maßgeblich vorbereite. Ausdruck einer solchen Stellung könnten z.B. die selbständige Verwaltung eines
nicht unerheblichen Budgets oder die zwingende Mitsprache bei Investitions-
entscheidungen sein[2]. Diesen Ausführungen ist zum Teil zu widersprechen.
Denn Chefärzte nehmen schon von der ihnen vertraglich zugewiesenen Aufgabe maßgeblichen Einfluss auf betriebsleitende Entscheidungen und sind
auch ohne Weiteres der Leitungs- und Führungsebene zuzurechnen. Sie erfüllen deshalb regelmäßig den Tatbestand des § 5 Abs. 3 Satz 2 Nr. 3 BetrVG[3].

Chefärzte nehmen **Schlüsselpositionen** in der organisatorischen und medizi-   77
nischen Führung des Krankenhauses ein, die für den **Bestand und die Entwicklung des Krankenhauses** von erheblicher Bedeutung sind und in der deshalb nur solche Arbeitnehmer beschäftigt werden, die das **ungeteilte
Vertrauen** des Krankenhausträgers genießen[4]. Der Chefarzt gehört nach der
traditionellen Organisationsstruktur im Krankenhaus zur **obersten medizinischen Führungsebene**[5]. Seine Position zeichnet sich durch die uneingeschränkte ärztliche **Führungs- und Handlungsverantwortung** für die Patien-

---

1 LAG Stuttgart v. 13.2.1992 – 11 Sa 79/91, LAGE § 14 KSchG Nr. 2; LAG Erfurt v.
  6.7.2000 – 1 TaBV 16/99, LAGE § 5 BetrVG 1972 Nr. 22 = ArztR 2002, 101; ArbG Suhl
  v. 2.8.1996 – 7 Ca 226/96, ArztR 1997, 203; DKK/*Trümner*, § 5 BetrVG Rz. 248t; *Rieger*,
  Rz. 505, 511; *Rieger/Jansen*, Nr. 1280 Rz. 5; *Dahm/Lück*, MedR 1992, 1; *Kendel/Hen-
  nies*, ArztR 1993, 203 (207); *Debong/Andreas*, ArztR 1998, 11 (12); *Debong*, ArztR 2010,
  32, 33 f.; vgl. auch *Siegmund-Schultze*, ArztR 1992, 45 (47) und ArztR 1992, 357 (363).
2 BAG v. 5.5.2010 – 7 ABR 97/08, NZA 2010, 955.
3 Eingehend *Wern*, S. 367 ff.; ebenso i.E. LAG Köln v. 20.11.1990 – 9 Sa 452/90; ArbG
  Kempten v. 30.6.1999 – 4 Ca 477/99 L, ArztR 2000, 120 (122); MünchArbR/*Richardi*,
  § 339 Rz. 48; *Richardi/Richardi*, § 5 BetrVG Rz. 256; *Diringer*, MedR 2003, 200 (204)
  und MedR 2003, 890 (893 ff.).
4 Vgl. LAG Hannover v. 9.2.1954 – 2 Ta 87/83, DB 1954, 328; *Moll*, MedR 1997, 293
  (299); *Diringer*, MedR 2003, 890 (894); vgl. auch BAG v. 8.2.1977 – 1 ABR 22/76, AP
  Nr. 16 zu § 5 BetrVG 1972 = DB 1977, 1146.
5 Vgl. *Moll*, MedR 1997, 293 (299). Zur Berücksichtigung der Leitungsebene bei der Legaldefinition im Rahmen des § 5 Abs. 3 Nr. 3 BetrVG Richardi/*Richardi*, § 5 BetrVG Rz. 223.

tenversorgung in der jeweiligen Abteilung aus[1]. Er ist insofern auch alleiniger **Träger der Organisationsgewalt**. Diese arbeitsvertragliche Stellung erhält ihre besondere **unternehmensbezogene Bedeutung** im Hinblick auf die Eigenständigkeit und Bedeutung der einzelnen Krankenhausabteilungen für den Betrieb des Krankenhauses[2]. Die einzelnen Abteilungen prägen das Krankenhaus in seinem Bestand und seiner Entwicklung. Sie bestimmen die Qualität der medizinischen Versorgung, die für den wirtschaftlichen Erfolg des Krankenhauses maßgebend ist. Das gilt insbesondere für solche Abteilungen, von denen der Ruf eines Krankenhauses abhängt wie etwa der Chirurgischen Abteilung[3]. Aber auch hiervon abgesehen lässt sich heute kaum eine Krankenhausabteilung finden, die nicht von erheblicher Bedeutung für die Krankenversorgung und damit für den Bestand und die Entwicklung des Krankenhauses ist. Das gilt jedenfalls im Anwendungsbereich des KHG. Andernfalls wäre die Abteilung für die bedarfsgerechte Versorgung nicht erforderlich und könnte daher nicht in den Krankenhausplan aufgenommen werden[4]. Die Wahrnehmung dieser medizinischen Leitungsaufgabe stellt auch den **Schwerpunkt der Gesamttätigkeit** des Chefarztes dar[5]. Die **Weisungsfreiheit** des Chefarztes im medizinischen Bereich steht dem nicht entgegen[6]. Aus dem **Arbeitszeitrecht** und dessen Vorschrift des § 18 Abs. 1 Nr. 1 ArbZG, die ausdrücklich zwischen leitenden Angestellten und Chefärzten unterscheidet, ergibt sich nichts anderes. Die Differenzierung in § 18 Abs. 1 Nr. 1 ArbZG ist erforderlich, weil nur in privatrechtlich betriebenen Krankenhäusern, die dem BetrVG unterliegen, der Chefarzt in der Regel zu den leitenden Angestellten i. S. d. § 5 Abs. 3 BetrVG zählt, dagegen in öffentlich-rechtlich betriebenen Krankenhäusern, die dem BPersVG bzw. den einschlägigen Landespersonalvertretungsgesetzen unterliegen, Chefärzte regelmäßig nur dann zu der Gruppe der leitenden Angestellten gehören, wenn sie zugleich Leiter der Dienststelle oder Vertreter des Dienststellenleiters sind[7]. Diesen Besonderheiten muss § 18 ArbZG Rechnung tragen, da das ArbZG in öffentlich-rechtlichen und privaten Krankenhäusern gilt[8].

78   Selbst wenn man davon ausgeht, dass noch rechtliche Zweifel verbleiben, ob die Voraussetzungen des § 5 Abs. 3 Nr. 3 BetrVG vorliegen, so sind Leitende Krankenhausärzte jedenfalls nach der Vorschrift des § 5 Abs. 4 BetrVG als leitende Angestellte i. S. d. BetrVG anzusehen[9]. Nach der Vorschrift des **§ 5**

---

1 Richardi/*Richardi*, § 5 BetrVG Rz. 256; vgl. auch *Diringer*, MedR 2003, 890 (894).
2 *Wern*, S. 371; vgl. auch LAG Hamm v. 7.7.2006 – 10 TaBV 165/05, GesR 2006, 1125.
3 Vgl. LAG Hannover v. 9.2.1954 – 2 Ta 87/83, DB 1954, 328; *Diringer*, MedR 2003, 890 (894).
4 So zu Recht *Moll*, MedR 1997, 293 (296).
5 Zu dieser Voraussetzung des § 5 Abs. 3 BetrVG BAG v. 5.3.1974 – 1 ABR 19/73, AP Nr. 1 zu § 5 BetrVG 1972 = NJW 1974, 965; BAG v. 25.10.1989 – 7 ABR 60/88, AP Nr. 42 zu § 5 BetrVG 1972 = NZA 1990, 820; Richardi/*Richardi*, § 5 BetrVG Rz. 219; *Fitting*, § 5 BetrVG Rz. 375; DKK/*Trümner*, § 5 BetrVG Rz. 225.
6 *Richardi*, § 5 BetrVG Rz. 256; *Diringer*, MedR 2003, 890 (895).
7 *Anzinger/Koberski*, § 18 ArbZG Rz. 11; *Baeck/Deutsch*, § 18 ArbZG Rz. 19.
8 *Anzinger/Koberski*, § 18 ArbZG Rz. 10.
9 *Wern*, S. 374 f.; ebenso *Diringer*, MedR 2003, 890 (895). a. A. LAG Erfurt v. 6.7.2000 – 1 TaBV 16/99, LAGE § 5 BetrVG 1972 Nr. 22 = ArztR 2002, 101; a. A. *Debong*, ArzR 2010, 32 (34).

Abs. 4 Nr. 4 BetrVG ist nämlich **im Zweifel** derjenige leitender Angestellter i. S. d. BetrVG, der ein **regelmäßiges Jahresarbeitsentgelt** erhält, das das Dreifache der Bezugsgröße nach § 18 SGB IV überschreitet. Das trifft auf den Chefarzt zu[1]. Zu dem regelmäßigen Jahresarbeitsentgelt i. S. d. § 5 Abs. 4 BetrVG gehören nämlich nicht nur das Festgehalt eines Arbeitnehmers, sondern auch solche Gehaltsbestandteile, die innerhalb eines Jahres regelmäßig anfallen[2]. Hierzu zählen grundsätzlich auch die Einkünfte aus dem **Liquidationsrecht für den wahlärztlichen Bereich**[3]. Soweit das BAG in seiner Entscheidung vom 5.5.2010 die Auffassung vertreten hat, dass § 5 Abs. 4 Nr. 3 BetrVG nicht zur Anwendung gelange, weil ein entsprechender Zweifelsfall nicht vorliege[4], begegnet dies Bedenken. Denn auch der Chefarzt einer Klinik für Geriatrie wie in dem entschiedenen Fall ist nach seiner tatsächlichen Stellung der obersten medizinischen Führungsebene der Klinik zuzurechnen und erfüllt damit zumindest ein wesentliches Merkmal eines leitenden Angestellten i.S.d. Rechtsprechung des BAG.

Der Ausschluss des Anwendungsbereichs des BetrVG führt dazu, dass Leitende Krankenhausärzte unter das **Sprecherausschussgesetz (SprAuG)** fallen, sofern dessen Anwendungsbereich eröffnet ist, was in der Regel bei Krankenhäusern der Fall ist. Damit ist für Kündigungen § 31 Abs. 2 SprAuG zu beachten. Eine ohne Anhörung des Sprecherausschusses erfolgte Kündigung ist nach § 31 Abs. 2 Satz 3 SprAuG unwirksam[5].   79

2. Der Chefarzt als leitender Angestellter i. S. d. KSchG

Im Anwendungsbereich des KSchG stellt sich die Frage, ob der Chefarzt   80 leitender Angestellter i. S. d. **§ 14 Abs. 2 KSchG** ist. Das hätte zur Folge, dass ein **Kündigungseinspruch** beim Betriebsrat nach § 3 KSchG ausgeschlossen wäre und ein **Auflösungsantrag** des Krankenhausträgers in einem Kündigungsschutzverfahren nicht begründet werden müsste (vgl. § 14 Abs. 2 Satz 1, 2 KSchG). Mit der h.M. ist davon auszugehen, dass Chefärzte grundsätzlich keine leitenden Angestellten i. S. d. KSchG sind. Nach § 14 Abs. 2 KSchG sind nur diejenigen leitende Angestellte, die zur selbständigen Einstellung oder Entlassung von Arbeitnehmern berechtigt sind. Die **selbständige Einstellungs- und Entlassungsberechtigung** setzt voraus, dass der Angestellte im **Innen- und Außenverhältnis** zum Arbeitgeber zur selbständigen Einstellung oder Entlassung von Personal berechtigt ist[6]. Ein Chefarzt erfüllt diese Voraussetzungen regelmäßig nicht, da er nur ausnahmsweise das Recht zur selbständigen Einstellung oder Entlassung von

---

1 Vgl. dazu die Verordnung über maßgebende Rechengrößen der Sozialversicherung (SVBezGrV), die jedes Jahr für das folgende Kalenderjahr die Rechengrößen neu festlegt.
2 Richardi/*Richardi*, § 5 BetrVG Rz. 242; *Fitting*, § 5 BetrVG Rz. 187; DKK/*Trümner*, § 5 BetrVG Rz. 244, jeweils m. w. N.
3 *Wern*, S. 374 f.
4 BAG v. 5.5.2010 – 7 ABR 97/08, NZA 2010, 955.
5 S. nur *Fitting*, § 5 BetrVG Rz. 427.
6 BAG v. 27.9.2001 – 2 AZR 176/00, AP Nr. 6 zu § 14 KSchG 1969 = NZA 2002, 1277; ErfK/*Ascheid*, § 14 KSchG Rz. 12 m. w. N.

Personal hat[1]. Nach der Rechtsprechung des BAG fehlt es an einer selbständigen Einstellungsbefugnis des Chefarztes i. S. d. § 14 Abs. 2 KSchG, wenn
dieser für die Einstellung nachgeordneter Ärzte der vorherigen Zustimmung
und Stellenfreigabe der Krankenhausleitung bedarf und die Abwicklung und
Einstellung durch den Verwaltungsdirektor des Krankenhauses erfolgt. Damit reduziert sich nämlich die Einstellungsbefugnis auf die Beurteilung der
fachlichen Qualifikation[2]. Allerdings reicht auch die eingeräumte Berechtigung zur selbständigen Einstellung bzw. Entlassung nicht aus, wenn sie sich
nur auf einen einzelnen, für den Betrieb nicht wesentlichen und entbehr-
lichen Posten bezieht[3]; denn die Führungsposition des Angestellten muss
sich gerade auch in der Einstellungs- und Entlassungsberechtigung widerspiegeln[4]. Von einer selbständigen Einstellungs- und Entlassungsberechtigung i. S. d. § 14 Abs. 2 KSchG kann deshalb erst dann ausgegangen werden,
wenn sich die entsprechende Berechtigung auf eine **ins Gewicht fallende Anzahl von Personen** bezieht[5]. Die selbständige Einstellungs- und Entlassungsberechtigung wird dagegen nicht durch interne **Einstellungs- bzw. Entlas-
sungsrichtlinien** in Frage gestellt[6].

81   Wird ein Chefarzt zum Geschäftsführer einer Krankenhaus-GmbH gemacht,
so wird ihm grundsätzlich die Befugnis zur selbständigen Einstellung und
Entlassung zustehen[7]. Er wird damit zum leitenden Angestellten i. S. d. § 14
Abs. 2 KSchG. Dies gilt unabhängig davon, ob sein bisheriges Arbeitsverhältnis nur suspendiert oder endgültig beendet ist[8].

82   Obwohl der Chefarzt nicht zu den leitenden Angestellten i. S. d. § 14 Abs. 2
KSchG zählt, kann er nicht gem. § 3 KSchG beim Betriebsrat Einspruch ein-

---

1 Vgl. LAG Frankfurt v. 21.12.1989 – 12 Sa 568/89, ArztR 1994, 293 (296); LAG Stuttgart
  v. 13.2.1992 – 11 Sa 79/91, LAGE § 14 KSchG Nr. 2; LAG Nürnberg v. 13.10.1998 – 6
  (4) Sa 509/97, MedR 1999, 231 (232); *Wern*, S. 376 m. w. N.
2 BAG v. 18.11.1999 – 2 AZR 903/98, AP Nr. 5 zu § 14 KSchG 1969 = NZA 2000, 427;
  vgl. auch LAG Stuttgartv. 13.2.1992 – 11 Sa 79/91, LAGE § 14 KSchG Nr. 2.
3 So bereits BAG v. 27.7.1961 – 2 AZR 255/60, AP Nr. 24 zu § 611 BGB Ärzte, Gehaltsansprüche zu § 12c KSchG a. F.; vgl. auch LAG Stuttgart v. 13.2.1992 – 11 Sa 79/91,
  LAGE § 14 KSchG Nr. 2.
4 BAG v. 27.7.1961 – 2 AZR 255/60, AP Nr. 24 zu § 611 BGB Ärzte, Gehaltsansprüche
  zu § 12c KSchG a. F.
5 Etwas anders das BAG v. 28.9.1961 – 2 AZR 428/60, AP Nr. 1 zu § 1 KSchG Personenbedingte Kündigung = NJW 1962, 73 zu der identischen Frage im Rahmen des § 12c
  KSchG a. F. („nicht ganz geringe Zahl von Personen"); BAG v. 27.7.1961 – 2 AZR
  255/60, AP Nr. 24 zu § 611 BGB Ärzte, Gehaltsansprüche = NJW 1961, 2085; BAG v.
  11.3.1982 – 6 AZR 136/79, AP Nr. 28 zu § 5 BetrVG 1972 = BB 1982, 1729; LAG Stuttgart v. 13.2.1992 – 11 Sa 79/91, LAGE § 14 KSchG Nr. 2 („bedeutende Anzahl"); s. jetzt
  auch BAG v. 27.9.2001 – 2 AZR 176/00, AP Nr. 6 zu § 14 KSchG 1969 = NZA 2002,
  1277 („abgeschlossene Gruppe, die für das Unternehmen von wesentlicher Bedeutung
  ist").
6 *Wern*, S. 378 m. w. N.
7 *Jansen*, S. 65 (66); *Wern*, S. 378.
8 Vgl. zu diesem Problem nur BAG v. 9.5.1985 – 2 AZR 330/84, AP Nr. 3 zu § 5 ArbGG
  1979 = NZA 1986, 792; BAG v. 12.3.1987 – 2 AZR 336/86, AP Nr. 6 zu § 5 ArbGG
  1979 = NZA 1987, 845; BAG v. 20.10.1995 – 5 AZB 5/95, AP Nr. 36 zu § 2 ArbGG 1979
  = NZA 1996, 200; ErfK/*Preis*, § 611 BGB Rz. 137 f.

legen. Die Problematik, die sich daraus ergibt, dass der Begriff des leitenden Angestellten i.S.d. BetrVG nicht mit dem des KSchG identisch ist, stellt keine Besonderheit des Chefarztvertragsrechts dar. Sie ist nach allgemeiner Auffassung dahingehend zu lösen, dass **§ 3 KSchG** auf leitende Angestellte i.S.d. BetrVG **keine Anwendung** findet[1].

XI. Altersgrenzenvereinbarungen in Chefarztverträgen

Vertragliche Regelungen, die die Beendigung des Arbeitsverhältnisses an den Eintritt eines bestimmten Lebensalters beim Arbeitnehmer knüpfen (**Altersgrenzenvereinbarungen**), sind auch in Chefarztverträgen weit verbreitet. Durch § 21 TzBfG ist klargestellt, dass sich die Zulässigkeit von Altersgrenzenvereinbarungen nach den für die **Befristungskontrolle** entwickelten Regeln richtet[2]   83

Tarifvertraglich und betrieblich vereinbarte Altersgrenzenregelungen (**kollektivvertragliche Altersgrenzenvereinbarungen**) stellen regelmäßig auf die Altersgrenze in der gesetzlichen Rentenversicherung ab. Das Abstellen auf den Zeitpunkt des Erreichens des Regelrentenalters ist sachlich gerechtfertigt i.S.d. § 14 Abs. 1 Satz 1 TzBfG, wenn der Arbeitnehmer nach dem Vertragsinhalt und der Vertragsdauer eine Altersversorgung in der gesetzlichen Rentenversicherung erwerben kann oder bei Vertragsschluss bereits die für den Bezug einer Altersrente erforderliche rentenrechtliche Wartezeit erfüllt hat[3]. **Individualvertragliche Altersgrenzenvereinbarungen**, die eine Bezugnahme auf solche tarifvertraglichen Vorschriften enthalten, sind aus denselben Gründen zulässig[4]. Probleme werfen solche Klauseln auf, die die Beendigung an ein **jüngeres Lebensalter** binden. Eine Literaturmeinung verneint ausnahmslos die Zulässigkeit einer Altersgrenze in Chefarztverträgen, die auf einen Zeitpunkt vor dem Erreichen der gesetzlichen Regelaltersgrenze abstellt[5]. Andere Stimmen in der Literatur erwägen (spezifische) Altersgrenzen zumindest für Chirurgen[6].   84

Im Hinblick auf solche Vereinbarungen ist zunächst festzuhalten, dass diese nicht gegen **§ 41 Satz 2 SGB VI** verstoßen. Das BAG hat zu Recht betont, dass durch diese Vorschrift die Möglichkeit der Vereinbarung von Altersgrenzen auf der Grundlage von Gefahren-, Gesundheits- und Leistungsgesichtspunkten nicht berührt werde[7]. Da sich die Krankenhausträger darauf   85

---

1 KR/*Rost*, § 14 KSchG Rz. 35; ErfK/*Ascheid*, § 14 KSchG Rz. 18; *von Hoyningen-Huene*/*Linck*, § 14 KSchG Rz. 32a; eingehend *Wern*, S. 378 f.
2 Zum früheren Meinungsstreit vgl. die Nachweise bei *Wern*, S. 408.
3 BAG v. 18.6.2008 – 7 AZR 116/07, AP Nr. 48 zu § 14 TzBfG = NZA 2008, 1302; ErfK/*Müller-Glöge*, § 14 TzBfG Rz. 56, jeweils m.w.N.; zur älteren Rspr. und Lit. vgl. *Wern*, S. 408 f.
4 *Siegmund-Schultze*, ArztR 1980, 183 f.; *Wern*, S. 410.
5 *Siegmund-Schultze*, ArztR 1980, 183; *Boecken*, ArztR 2000, 60.
6 ErfK/*Müller-Glöge*, § 14 TzBfG Rz. 78; *Moll*, NJW 1994, 499 (501).
7 BAG v. 20.10.1993 – 7 AZR 135/93, AP Nr. 3 zu § 41 SGB VI = NZA 1994, 128; BAG v. 25.2.1998 – 7 AZR 641/96, NZA 1998, 715; BAG v. 11.3.1998 – 7 AZR 700/96, NZA 1998, 716 (717) (für den inhaltsgleichen § 41 Abs. 4 Satz 3 SGB VI); zustimmend *Moll*, NJW 1994, 499 (500 f.); *Boecken*, ArztR 2000, 60 (62, 65).

berufen, dass das Ausscheiden des Chefarztes zu einem Zeitpunkt vor Erreichen der gesetzlichen Regelaltersgrenze der Sicherung ordnungsgemäßer Berufsausübung dienen solle, indem der Gefahr altersbedingt nachlassender Leistungsfähigkeit des Arztes entgegengewirkt werde und dadurch Risiken für Leib und Leben des Patienten vermieden würden, führt dies zur Unanwendbarkeit von § 41 Satz 2 SGB VI[1].

86   Solche Klauseln sind aber **nach § 14 Abs. 1 TzBfG sachlich nicht gerechtfertigt**[2]. Die h. M. vertritt zwar für Altersgrenzenregelungen bei Bord- und Cockpitpersonal in Verkehrsflugzeugen eine andere Auffassung[3]. Allerdings lässt sich diese Argumentation auf Altersgrenzenvereinbarungen in Chefarztverträgen nicht übertragen. Chefärzte arbeiten stets in einem Team mit anderen Ärzten zusammen. Sie können bei der Erbringung ihrer Arbeitsleistung in den bereits aufgezeigten Grenzen sowohl Aufgaben delegieren als auch sich vertreten lassen (zur Vertretung und Delegation s. näher oben Rz. 13 ff.). An sie können deshalb im Hinblick auf deren Leistungsfähigkeit nicht dieselben Anforderungen gestellt werden wie an diejenigen, die ihre Aufgabe immer höchstpersönlich erfüllen müssen. Auch existieren für Chefärzte keine medizinischen Erfahrungswerte i. S. d. Rechtsprechung des BAG, nach denen sie überdurchschnittlichen psychischen und physischen Belastungen ausgesetzt sind, in deren Gefolge das Risiko altersbedingter Ausfallerscheinungen und unerwarteter Fehlreaktionen zunimmt[4]. Einen Grundsatz, dass Führungskräfte mit zunehmendem Alter in ihrer Leistungsfähigkeit nachlassen, gibt es nicht[5]. Es spricht vielmehr einiges dafür, dass ein Arzt mit zunehmendem Alter aufgrund seiner Erfahrung ein geringeres Risiko für den Patienten darstellt als ein am Anfang seines Berufslebens stehender Arzt[6]. Unabhängig davon ist zu bedenken, dass auch Chefärzte – wie Vertragsärzte – ein berechtigtes Interesse an der Erwirtschaftung von getätigten Investitionen und dem Aufbau einer angemessenen Altersicherung haben[7].

87   Altersgrenzen, die auf einen früheren Zeitpunkt als das gesetzliche Rentenalter abstellen, sind demnach unwirksam. Eine **Umdeutung** der nichtigen Altersgrenzenvereinbarung nach § 140 BGB in eine auf das Erreichen der Regelaltersgrenze dürfte in Anbetracht der Verweisung des § 21 TzBfG auf § 16 TzBfG heute nicht mehr in Betracht kommen[8].

---

1 *Boecken*, ArztR 2000, 60 (62); *Wern*, S. 410 f.
2 Eingehend *Wern*, S. 411 ff.; ebenso ArbG Osnabrück v. 29.4.2004 – 2 Ca 735/03, n.v.; *Boecken*, ArztR 2005, 60.
3 Vgl. jetzt BAG v. 17.6.2009 – 7 AZR 112/08, EzA Richtlinie 2000/78 EG-Vertrag 1999 Nr. 12 = RiW 2010, 76 m. w. N.; zur älteren Rspr. und Lit. vgl. *Wern*, S. 411.
4 *Boecken*, ArztR 2000, 60 (63); *Wern*, 413; zu der Rspr. des BAG s. nur BAG v. 12.2.1992 – 7 AZR 100/91, AP Nr. 5 zu § 620 BGB Altersgrenze = NZA 1993, 998; BAG v. 11.3.1998 – 7 AZR 700/96, NZA 1998, 716; BAG v. 20.2.2002 – 7 AZR 748/00, AP Nr. 18 zu § 620 BGB Altersgrenze = NZA 2002, 789.
5 Vgl. ErfK/*Müller-Glöge*, § 14 TzBfG Rz. 59.
6 *Boecken*, ArztR 2000, 60 (63); *Wern*, S. 413.
7 *Wern*, S. 414; vgl. zu diesem Gesichtspunkt allg. auch ErfK/*Rolfs*, § 41 SGB VI Rz. 17 f.; zur Rechtslage bei Vertragsärzten BVerfG v. 31.3.1998 – 1 BvR 2167/93, 1 BvR 2198/93, NZA 1998, 589 (590).
8 So richtig *Boecken*, ArztR 2001, 69; *Deboug*, ArztR 2006, 166; a. A. noch *Boecken*, ArztR 2000, 60 (65); *Wern*, S. 415.

B. Liquidationsrechte

I. Begriff und Formen

Als Liquidationsrecht (oder: Recht zur Privatliquidation) bezeichnet man all-   1
gemein das Recht von Krankenhausärzten, für bestimmte, persönlich erbrachte ärztliche Leistungen eine besondere Vergütung fordern zu können[1].
Mit dem Begriff des Liquidationsrechts verbindet man auch heute noch in
erster Linie das **klassische Liquidationsrecht** des Krankenhausarztes, das
neben einem Festgehalt vereinbart wird. In der Praxis sind es meist Leitende
Krankenhausärzte (Chefärzte; s. dazu näher Teil 5 A), seltener Oberärzte,
denen das Recht zur Privatliquidation eingeräumt wird. Liquidationsrechte
werden regelmäßig für die stationäre ärztliche Behandlung von Wahlleistungspatienten (sog. wahlärztliche Behandlung, dazu näher Rz. 2 ff.), für ambulante Tätigkeiten (dazu näher Rz. 24 ff.) und für gutachterliche Tätigkeiten eingeräumt (dazu näher Rz. 26 f.).

Ob die Zukunft im Krankenhaus ein Liquidationsrecht in der bisherigen
Form kennen und vor allem anwenden wird, ist ungewiss. Dies hängt nicht
nur von politischen Rahmenbedingungen, sondern auch von der Bereitschaft
von Krankenhausträgern ab, Ärzten in leitender Position Liquidationsrechte
einzuräumen. Die Deutsche Krankenhausgesellschaft (DKG) verfolgt beharrlich das Ziel einer Ablösung des Liquidationsrechts zugunsten einer **sog.**
Beteiligungsvergütung, bei der der Arzt „lediglich" an den Einnahmen des
Krankenhausträgers aus dessen eigener Liquidation für bestimmte ärztliche
Leistungen prozentual beteiligt wird[2]. Dies stellt ein im Rahmen der geltenden Privatautonomie zulässiges Unterfangen dar, weil ein dem Chefarzt originär zustehendes Liquidationsrecht nicht existiert. Umgekehrt gibt es aber
auch kein dem Krankenhausträger originär zustehendes Liquidationsrecht.
Soweit Autoren zur Stützung der DKG das Gegenteil behaupten[3], ist dies
dogmatisch nicht haltbar[4]. Solche politisch motivierten Haltungen stellen
einen bedauerlichen Rückfall in überwunden geglaubte Zeiten dar, in denen
Chefärzte ein originäres ärztliches Liquidationsrecht ebenso vehement ver-
fochten haben wie Krankenhausträger ein originäres Liquidationsrecht des
Krankenhausträgers. Auch die finanzgerichtliche Rechtsprechung legt eine
Abschaffung des Liquidationsrechts nicht nahe[5]. Die in diesem Zusammenhang oftmals herangezogene Entscheidung des BFH vom 5.10.2005[6] hat im
Hinblick auf die (steuer-)rechtliche Einordnung des Liquidationsrechts kei-
nerlei Neuerungen gebracht. Der BFH hat – wie bereits in seiner Entschei-

---

1 Vgl. MünchArbR/*Richardi*, § 339 Rz. 35; Laufs/Kern/*Genzel/Degener-Hencke*, § 87
   Rz. 1; näher *Luxenburger*, S. 1 (107); *Wern*, S. 176.
2 Vgl. § 8 Abs. 2 Beratungs- und Formulierungshilfe DKG, 8. Aufl.
3 So etwa *Notz/Beume/Lenz*, Der Krankenhausarzt in leitender Stellung, Deutsche
   Krankenhaus Verlagsgesellschaft mbH, S. 79.
4 Stellv. für die – bisher – allg.M. *Wern*, S. 1, 176 ff., 194 ff., 247 f. m.w.N. zur Rspr.
   und älteren Lit.; MünchArbR/*Richardi*, § 339 Rz. 36, 38; *Lafontaine*, § 16 SKHG
   Rz. 19; *Clausen*, MedR 2009, 655.
5 Ebenso *Clausen*, MedR 2009, 655 (658).
6 BFH v. 5.10.2005 – VI R 152/01, BFHE 211, 249 = DB 2005, 2666.

dung vom 23.7.1964[1] – für die steuerliche Veranlagung darauf abgestellt, ob das Liquidationsrecht im wahlärztlichen Bereich auf selbständiger oder unselbständiger Tätigkeit beruht. Die Grundsätze, die der BFH herangezogen hat, sind seit langem – auch in der Rechtsprechung des BAG – anerkannt[2].

II. Liquidationsrechte im wahlärztlichen Bereich

1. Begründung und Inhalt

2 Die Einräumung des Liquidationsrechts für die Erbringung wahlärztlicher Leistungen (auch als wahlärztliche Behandlung oder Wahlbehandlung bezeichnet, vgl. § 17 Abs. 3 KHEntgG) geschieht durch **arbeitsvertragliche Vereinbarung** zwischen Krankenhausarzt und Krankenhausträger. Es besteht für die Behandlung von stationären Patienten, die von dem Krankenhausarzt höchstpersönlich behandelt werden wollen und die meist als **Wahlleistungspatienten** bezeichnet werden.

3 Wahlleistungspatienten „erkaufen" sich durch die Zahlung einer gesonderten Vergütung einen Anspruch auf persönliche Betreuung durch einen Arzt ihres Vertrauens, der ihnen nach Stellung, Kenntnissen und Erfahrungen besonders qualifiziert erscheint. Damit erhalten sie die Gewähr, dass dieser Arzt bei ihnen auch solche Leistungen höchstpersönlich erbringt, die angesichts ihrer Erkrankung auch von anderen, nachgeordneten Ärzten qualitativ ordnungsgemäß erbracht werden könnten[3]. Wahlärztliche Leistungen können **im Rahmen aller bekannten Formen von Krankenhausaufnahmeverträgen** erbracht werden[4], also im Rahmen eines totalen Krankenhausaufnahmevertrages[5], eines totalen Krankenhausaufnahmevertrages mit Arztzusatzvertrag[6] und auch im Ausnahmefall eines gespaltenen Krankenhausaufnahmevertrages[7]. **Regelmäßig** liegt der Erbringung wahlärztlicher Leistungen aber ein **totaler Krankenhausaufnahmevertrag mit Arztzusatzvertrag** zugrunde[8].

---

1 BFH v. 23.7.1964 – V 8/62, HFR 1965, 347.
2 Vgl. nur BAG v. 22.3.2001 – 8 AZR 536/00, EzBAT § 8 BAT Schadensersatzpflicht des Arbeitgebers Nr. 31 = ArztR 2002, 122; s. auch MünchArbR/*Richardi*, § 339 Rz. 40.
3 Allg. M.; BAG v. 9.1.1980 – 5 AZR 71/78, AP Nr. 6 zu § 611 BGB Arzt-Krankenhaus-Vertrag = NJW 1980, 1912; BGH v. 18.6.1985 – VI ZR 234/83, BGHZ 95, 63 (69 f.) = NJW 1985, 2189; BGH v. 19.2.1998 – III ZR 169/97, NJW 1998, 1778 (1779); Laufs/Kern/*Genzel/Degener-Hencke*, § 87 Rz. 14; *Kuhla*, NJW 2000, 841 (843); *Miebach/Patt*, NJW 2000, 3377 (3378).
4 Eingehend *Wern*, S. 191 f. m. w. N.
5 Zu diesem Vertragstyp s. nur BGH v. 19.2.1998 – III ZR 169/97, NJW 1998, 1778 (1779); *Wern*, S. 174 f. m. w. N.
6 BAG v. 24.4.1997 – 8 AZR 898/94, n. v.; BGH v. 19.2.1998 – III ZR 169/97, NJW 1998, 1778; *Wern*, S. 180 m. w. N.
7 BAG v. 24.4.1997 – 8 AZR 898/94, n. v.; BGH v. 19.2.1998 – III ZR 169/97, NJW 1998, 1778 (1779); *Wern*, S. 180 f. m. w. N.
8 BGH v. 18.6.1985 – VI ZR 234/83, BGHZ 95, 63, 68 f. = NJW 1985, 2189; BGH v. 22.12.1992 – VI ZR 341/91, BGHZ 121, 107 (110 f.) = NJW 1993, 779; BGH v. 19.2.1998 – III ZR 169/97, NJW 1998, 1778 (1779); *Wern*, S. 192 f. m. w. N.

Das Liquidationsrecht im wahlärztlichen Bereich ist nicht an die Verein- 4
barung eines bestimmten Krankenhausaufnahmevertrages geknüpft. Auch
aus pflegesatzrechtlichen Vorgaben nach dem KHEntgG (vgl. § 17 KHEntgG)
folgen **keine unmittelbaren inhaltlichen Beschränkungen** des Liquidationsrechts. Die **Aufgabe der pflegesatzrechtlichen Regelungen** (speziell des § 17
Abs. 3 KHEntgG) besteht vielmehr darin, Vorgaben für die Abrechnungs-
fähigkeit von wahlärztlichen Leistungen zu treffen[1]. Daher können die pflegesatzrechtlichen Vorschriften nur für die Ausübung, also die Privatliquidation von ärztlichen Leistungen, nicht aber für die Begründung und den
Inhalt des Liquidationsrechts Bedeutung erlangen (dazu näher unten Rz. 5).
Welchen Inhalt das Liquidationsrecht im wahlärztlichen Bereich hat, hängt
allein von dem **Inhalt der jeweiligen arbeitsvertraglichen Vereinbarung** zwischen Krankenhausträger und Arzt ab. Es gibt deshalb auch keinen allgemeinen Grundsatz, dass es sich bei dem einzelvertraglich vereinbarten Liquidationsrecht stets um einen Teil der Vergütung des Arztes handelt[2]. Dennoch
wird man im **Regelfall** davon ausgehen können, dass das Liquidationsrecht
im wahlärztlichen Bereich seinem Inhalt nach eine **Erwerbsmöglichkeit**
darstellt, die **Teil der Vergütung** ist, welcher der Krankenhausträger dem liquidationsberechtigten Arzt als Gegenleistung für dessen Arbeit nach § 611
Abs. 1 BGB schuldet[3]. Der Grund für diese Annahme liegt im Wesentlichen
darin, dass die Parteien regelmäßig die Liquidationsbefugnis in der Überzeugung vereinbaren, dass ein Festgehalt allein den Wert der ärztlichen Leistung
des betreffenden Arztes nicht angemessen honorieren würde[4]. Das Wesen
des ärztlichen Liquidationsrechts zeichnet sich also nicht dadurch aus, dass
dem Arzt zusätzliche Einnahmen verschafft werden, sondern dadurch, dass
ihm eine entsprechende **Erwerbschance** sowie die hierzu erforderlichen **Rahmenbedingungen** gewährt werden[5](s. dazu auch unten Rz. 22).

2. Beschränkungen bei der Ausübung des Liquidationsrechts

a) Gesetzliche Beschränkungen

aa) Liquidationsrechte und Wahlleistungsvereinbarung

Die Vorschriften des Pflegesatzrechts haben zwar keinen Einfluss auf die ar- 5
beitsvertragliche Begründung und den Inhalt des Liquidationsrechts. Sie führen aber zu **mittelbaren Einschränkungen des Liquidationsrechts.** Liegen
nämlich die pflegesatzrechtlichen Voraussetzungen für eine Privatliquidation nicht vor, so hindert dies auch die Privatliquidation auf schuldrechtlicher

---

1 Dazu eingehend *Wern*, S. 185 ff. m. w. N.
2 BAG v. 22.3.2001 – 8 AZR 536/00, EzBAT § 8 BAT Schadensersatzpflicht des Arbeitgebers Nr. 31 = ArztR 2002, 122.
3 Allg. M.; BAG v. 9.1.1980 – 5 AZR 71/78, AP Nr. 6 zu § 611 BGB Arzt-Krankenhaus-
   Vertrag = NJW 1980, 1912; BAG v. 4.5.1983 – 5 AZR 389/80, AP Nr. 12 zu § 611 BGB
   Arzt-Krankenhaus-Vertrag = NJW 1984, 686; MünchArbR/*Richardi*, § 339 Rz. 36; eingehend *Wern*, S. 194 ff. m. w. N.
4 *Wern*, S. 195; vgl. auch BAG v. 22.3.2001 – 8 AZR 536/00, EzBAT § 8 BAT Schadensersatzpflicht des Arbeitgebers Nr. 31 = ArztR 2002, 122.
5 *Wern*, S. 154, 194 f. m. w. N.

Ebene gegenüber dem Patienten. Der BGH folgert dies zu Recht aus dem Zusammenhang zwischen Pflegesatzrecht und dem der Liquidation zugrunde liegenden Schuldverhältnis und wendet auf das rechtliche Verhältnis zwischen der pflegesatzrechtlichen **Wahlleistungsvereinbarung** und einem **Arztzusatzvertrag** die Vorschrift des **§ 139 BGB** an[1]. § 139 BGB findet nicht nur im Fall des totalen Krankenhausaufnahmevertrages mit Arztzusatzvertrag, sondern bei **allen Formen von Krankenhausaufnahmeverträgen** Anwendung, bei denen wahlärztliche Leistungen erbracht werden[2]. Im Übrigen haben die pflegesatzrechtlichen Vorschriften über die Wahlleistungsvereinbarung i. S. d. § 17 KHEntgG keinen rechtlichen Einfluss auf den der Liquidation zugrunde liegenden schuldrechtlichen Vertrag über die wahlärztliche Leistung. Dies gilt insbesondere für das nach **§ 17 Abs. 2 Satz 1 KHEntgG** vorgesehene **Schriftformerfordernis der Wahlleistungsvereinbarung**[3]. Dies schließt selbstverständlich die Unwirksamkeit der schuldrechtlichen Vereinbarung aus anderen Gründen nicht aus[4].

bb) Kostenerstattung

6   Die sog. Kostenerstattung folgt aus **§ 19 Abs. 2 KHEntgG**. Danach ist ein Krankenhausarzt, soweit er wahlärztliche Leistungen gesondert berechnen kann, verpflichtet, dem Krankenhaus die auf diese Wahlleistungen im Pflegesatzzeitraum entfallenden, nicht pflegesatzfähigen Kosten zu erstatten. Hintergrund dieser Regelung ist, dass der liquidationsberechtigte Arzt gegenüber dem Patienten auf der Grundlage der GOÄ auch den vollen Personal- und Sachkostenanteil des Krankenhausträgers für ärztliche Leistungen abrechnet und dieser Anteil deshalb nicht vom Krankenhausträger geltend gemacht werden kann (**Verbot doppelter Kostenrechnungen**)[5]. Zwar sieht **§ 6a Abs. 1 Satz 1 GOÄ** diesbezüglich eine **Honorarminderung der ärztlichen Gebühren** vor. Es ist aber anerkannt, dass ungeachtet dessen in den ärztlichen Gebühren des liquidierenden Arztes auch ein Teil der Kosten des Krankenhauses enthalten ist[6]. Aus diesem Grund soll der privat liquidierende Arzt dem Krankenhausträger zum **Ausgleich der Mindereinnahmen** verpflichtet sein, die dem Krankenhausträger durch die Liquidationstätigkeit entstehen[7]. Hierdurch soll in erster Linie die **wirtschaftliche Sicherung der Krankenhäuser** gewährleistet werden[8]. Diese Regelung über die Kostenerstattung liquidationsberechtigter Ärzte stößt auf **keine (verfassungs-)rechtlichen Beden-**

---

1 BGH v. 19.2.1998 – III ZR 169/97, BGHZ 138, 91 = NJW 1998, 1778.
2 Anderes gilt für einen gespaltenen Krankenhausaufnahmevertrag mit einem Belegarzt, s. dazu *Peris*, MedR 1998, 363 (365).
3 BGH v. 19.2.1998 – III ZR 169/97, BGHZ 138, 91 (98 f.) = NJW 1998, 1778; ebenso *Kuhla*, MedR 2002, 280; s. dazu näher *Wern*, S. 202 f., 205 f. m. w. N.
4 Dazu näher *Wern*, S. 203 m. w. N.
5 Vgl. dazu BAG v. 25.7.1990 – 5 AZR 394/89, NZA 1991, 16 mit Verweis auf BR-Drucks. 574/84, S. 1; AG Köln v. 21.10.1999 – 124 C 613/98, r + s 2000, 299; *Wern*, S. 139 f. m. w. N.
6 BAG v. 25.7.1990 – 5 AZR 394/89, NZA 1991, 16.
7 *Tuschen/Quaas*, Erl. § 24 BPflV vor Abs. 1; *Wern*, S. 140.
8 Vgl. Laufs/Kern/*Genzel/Degener-Hencke*, § 87 Rz. 40.

ken[1]. Ihrer Rechtsnatur nach stellt die Pflicht zur Kostenerstattung eine **gesetzliche Pflicht des Chefarztes** gegenüber dem Krankenhausträger dar, die **nicht abdingbar** ist[2]. Für die Verjährung des Kostenerstattungsanspruchs gelten die **Verjährungsregeln des BGB** (§ 197 BGB a.F[3]., § 195 BGB n. F.)[4].

Die Kostenerstattung stellt eine Form der Abgaben dar, die ein liquidations-   7
berechtigter Arzt im Krankenhaus üblicherweise zu erbringen hat. Das Gesetz kennt unterschiedliche Arten von Abgaben. **§ 16 Nr. 3 KHG** (früher auch § 7 Abs. 2 Nr. 5 BPflV) bezeichnet die vom liquidationsberechtigten Arzt insgesamt zu erbringenden Abgaben als **Nutzungsentgelt**. Nach der **Legaldefinition** dieser Vorschrift besteht das Nutzungsentgelt aus der Kostenerstattung und dem Vorteilsausgleich sowie diesen vergleichbaren Abgaben. Die Kostenerstattung ist aber die einzig gesetzlich angeordnete Form der Abgabe i.S.d. § 19 Abs. 2 KHEntgG dar, wie § 19 Abs. 5 KHEntgG klarstellt (zum Vorteilsausgleich s. näher unten Rz. 10 ff.).

Die **Höhe der Kostenerstattung** ergibt sich unmittelbar aus § 19 Abs. 2   8
KHEntgG. Dabei ist zwischen Verträgen zu unterscheiden, die vor dem 1.1.1993 abgeschlossen wurden (**Altverträge**), und solchen, bei denen die Liquidationsberechtigung auf einem mit dem Krankenhausträger nach dem 1.1.1993 abgeschlossenen Vertrag beruht (**Neuverträge**). Entscheidend für die Zuordnung ist allein der **Zeitpunkt der Einigung**, nicht der der Arbeitsaufnahme[5].

cc) Sonstige gesetzliche Pflichten des liquidationsberechtigten Arztes

Die Pflicht zur Kostenerstattung könnte in praxi oftmals an der fehlenden   9
Kenntnis des Krankenhausträgers über die tatsächliche Höhe der erzielten Honorareinnahmen des liquidationsberechtigten Arztes scheitern. Aus diesem Grund ordnet das Gesetz in **§ 17 Abs. 3 Satz 3 KHEntgG** die Pflicht des liquidationsberechtigten Arztes bzw. einer von ihm beauftragten Abrechnungsstelle an, dem Krankenhausträger umgehend die zur Ermittlung der nach § 19 Abs. 2 KHEntgG zu erstattenden Kosten jeweils erforderlichen Unterlagen einschließlich einer Auflistung aller erbrachten Leistungen vollständig zur Verfügung zu stellen. Eine Pflicht des Chefarztes, den Krankenhausträger vorab darüber zu informieren, dass eine externe Abrechnungsstelle mit der Einziehung der Liquidationseinnahmen beauftragt ist, besteht aber grundsätzlich nicht[6]. Nach **§ 17 Abs. 3 Satz 4 KHEntgG** ist der Arzt fer-

---

1 Eingehend *Wern*, S. 143 ff. m.w.N.

2 *Tuschen/Quaas*, Erl. § 24 BPflV zu Abs. 3; *Wern*, S. 145; vgl. auch *Lafontaine*, § 16 SKHG Rz. 38; a.A. Laufs/Kern/*Genzel/Degener-Hencke*, § 87 Rz. 49; *Debong*, ArztR 2006, 166.

3 Vgl. OVG NW v. 28.8.1980 – 12 A 1489/78, NJW 1981, 1328; VG Gelsenkirchen v. 29.11.1988 – 1 K 3959/87, ArztuR 1989, Nr. 5, 22; Palandt/*Heinrichs*, 61. Aufl., § 197 BGB Rz. 9.

4 *Wern*, S. 145.

5 *Tuschen/Quaas*, Erl. § 24 BPflV vor Abs. 1; *Andreas*, ArztR 1993, 77 (78 f.); *Debong/Andreas*, ArztR 1998, 11 (13 f.); *Wern*, S. 141.

6 *Wern*, S. 152; vgl. auch *Biermann/Ulsenheimer/Weißauer*, MedR 2000, 107 (109).

ner verpflichtet, dem Krankenhaus die Möglichkeit einzuräumen, die Rechnungslegung zu prüfen. Dabei sind die Grundsätze der ärztlichen Schweigepflicht zu beachten[1]. Dem trägt auch § 17 Abs. 3 Satz 6 KHEntgG Rechnung, wonach die Übermittlung von personenbezogenen Daten an eine beauftragte Abrechnungsstelle außerhalb des Krankenhauses der Einwilligung des betroffenen Patienten bedarf. Dasselbe muss für die Rechnungsprüfung durch externe Stellen gelten[2].

b) Vertragliche Beschränkungen

aa) Vorteilsausgleich

10   Der Vorteilsausgleich stellt ein **pauschales Entgelt** für die nicht exakt messbaren wirtschaftlichen Vorteile dar, die der liquidationsberechtigte Arzt durch die Bereitstellung der für die Ausübung seiner Liquidationstätigkeit erforderlichen Personal- und Sachmittel des Krankenhauses erhält[3]. Er findet eine **gesetzliche Erwähnung in § 16 Nr. 3 KHG**, ohne dass er zu einer gesetzlichen Pflicht ausgestaltet ist. Für die Zahlung eines Vorteilsausgleichs bedarf es daher stets einer **vertraglichen Vereinbarung**[4].

11   **Formularvertragliche Vorteilsausgleichsregelungen** sind nach den Vorschriften der §§ 307 ff. BGB einer **Inhaltskontrolle** zu unterziehen. Bei der Prüfung der Angemessenheit im Rahmen des § 307 Abs. 1 BGB ist zu fragen, ob der Krankenhausträger typischerweise ein gerechtfertigtes Interesse an der Vereinbarung der jeweiligen Vorteilsausgleichsregelung hat. Dabei sind die gegenseitigen Interessen in einer Einzelfallabwägung zu gewichten[5]. Die strengen Grenzen, wie sie das Beamtenrecht für beamtete Chefärzte vorsieht[6], gelten aufgrund der Vertragsautonomie der Parteien nicht[7]. Das BAG hat bereits vor der Einführung der §§ 307 ff. BGB im Zusammenhang mit der nachvertraglichen Anpassung von Abgaberegelungen zu Recht betont, dass eine völlige Aushöhlung des Liquidationsrechts rechtlich unzulässig ist[8].

---

1 Vgl. auch *Tuschen/Quaas*, Erl. § 22 BPflV zu Abs. 3; *Andreas*, ArztR 1993, 77 (78).
2 *Wern*, S. 152.
3 Vgl. BVerwG v. 31.1.1974 – II C 36.70, NJW 1974, 1440 (1443); BVerwG v. 5.11.1998 – 2 A 8/97, NVwZ-RR 1999, 454 = DVBl. 1999, 922; VGH München v. 4.12.1985 – 3 N 84 A.3237, DVBl. 1986, 1159 (1160 f.); VGH Mannheim v. 13.12.1993 – 4 S 1915/92, ArztR 1995, 101 (104); OVG Schleswig v. 27.7.1999 – 3 L 196/98, MedR 2000, 40 (43); *Tuschen/Quaas*, Erl. § 24 BPflV vor Abs. 1; Laufs/Kern/*Genzel/Degener-Hencke*, § 87 Rz. 31.
4 *Wern*, S. 146 f. m. w. N.; *Lafontaine*, § 16 SKHG Rz. 43 f.
5 Zu diesem Vorgehen und einzelnen Abwägungsgesichtspunkten eingehend *Wern*, S. 147 ff. m. w. N.
6 S. dazu Laufs/Kern/*Genzel/Degener-Hencke*, § 87 Rz. 41 ff.; ausführlich *Luxenburger*, S. 335 ff.; aus der jüngeren Rspr. der VG s. nur BVerwG v. 12.3.1987 – 2 C 10/83, ZBR 1987, 339 f.; BVerwG v. 2.9.1999 – 2 C 22/98, BVerwGE 109, 283 = NVwZ-RR 2000, 233; VGH Mannheim v. 13.12.1993 – 4 S 1915/92, ArztR 1995, 101; VG Sigmaringen v. 28.2.1991 – 4 K 620/90, MedR 1991, 354.
7 *Wern*, S. 148; a. A. *Narr*, Rz. 1042; *Siegmund-Schultze*, ArztR 1988, 207 (209); *Siegmund-Schultze*, ArztR 1990, 9 (11, 16); *Andreas*, ArztR 1993, 77 (80).
8 BAG v. 28.5.1997 – 5 AZR 125/96, AP Nr. 36 zu § 611 BGB Arzt-Krankenhaus-Vertrag = NZA 1997, 1160.

Die **Verjährung** von Ansprüchen auf Zahlung eines Vorteilsausgleichs rich-   12
tet sich wie die Verjährung von Kostenerstattungsansprüchen nunmehr nach
§ 195 BGB[1].

Die vorstehenden Grundsätze finden nicht nur auf klassische Vorteilsaus-   13
gleichsregelungen Anwendung, sondern auch auf dem Vorteilsausgleich **vergleichbare Abgaben**. Das Gesetz geht von der Existenz solcher Abgaben-
regelungen in § 16 Nr. 3 KHG und § 19 Abs. 5 KHEntgG aus.

bb) Pflicht zur Mitarbeiterbeteiligung

§ 29 Abs. 3 MBO-Ärzte[2] sieht ähnlich wie einige Landeskrankenhausges-   14
etze[3] vor, dass liquidationsberechtigte Ärzte, soweit sie andere Ärzte zu ärztlichen Verrichtungen bei Patienten heranziehen, denen gegenüber nur sie
einen Liquidationsanspruch haben, zur Beteiligung dieser Ärzte an den Honorareinnahmen verpflichtet sind. Aus diesen Vorschriften ergeben sich aber
weder für die Krankenhausträger noch für die Ärzte zivil- oder arbeitsrechtliche Direktansprüche[4]. **Grundlage der Mitarbeiterbeteiligung** kann im Verhältnis zwischen liquidationsberechtigtem Arzt und Krankenhausträger deshalb nur eine **arbeitsvertragliche Vereinbarung** sein[5].

Die **Höhe der Mitarbeiterbeteiligung** wird ermittelt, sofern keine abweichen-   15
de Regelung im Einzelfall besteht, indem man von den Brutto-Liquidations-
erlösen des liquidationsberechtigten Arztes zunächst das Nutzungsentgelt
(Kostenerstattung und ggf. Vorteilsausgleich) abzieht und von dem verbleibenden Betrag die jeweilige Beteiligungsquote ermittelt[6].

---

1 *Wern*, S. 150 m. w. N.
2 (Muster-)Berufsordnung für die deutschen Ärztinnen und Ärzte (MBO-Ärzte) aus
   dem Jahre 1997, abgedruckt in: DÄBl. 1997, A 2354 ff.
3 Etwa Baden-Württemberg, § 34 Landeskrankenhausgesetz (LKHG); Berlin, § 32 Abs. 2
   Nr. 4 Landeskrankenhausgesetz Berlin (LKG) in Verbindung mit der hierzu erlassenen
   Durchführungsverordnung; Hessen, § 14 Abs. 2 Gesetz zur Neuordnung des Krankenhauswesens in Hessen (Hessisches Krankenhausgesetz 1989 – HKHG) in Verbindung
   mit der hierzu erlassenen Durchführungsverordnungen (§ 14 Abs. 5 HKHG); Mecklenburg-Vorpommern, § 45 Abs. 2–4 Landeskrankenhausgesetz für das Land Mecklenburg-Vorpommern; Rheinland-Pfalz, § 27 Landeskrankenhausgesetz (LKG); Sachsen,
   vgl. § 24 Abs. 2 Gesetz zur Neuordnung des Krankenhauswesens (Sächsisches Krankenhausgesetz – SächsKHG).
4 Für die MBO-Ärzte vgl. BAG v. 16.6.1998 – 1 ABR 67/97, AP Nr. 92 zu § 87 BetrVG
   1972 Lohngestaltung = NZA 1998, 1185; BAG v. 20.7.2004 – 9 AZR 570/03, AP Nr. 65
   zu § 611 BGB Ärzte-Gehaltsansprüche = GesR 2005, 332; BGH v. 12.3.1987 – III ZR
   31/86, MedR 1987, 241 (244); OLG Celle v. 21.6.1995 – 20 U 84/94, ArztR 1997, 212
   (213) = NJW-RR 1996, 430 (431); *von Harbou/Scharpf*, NZA 2008, 333 (335 f.); *Wern*,
   S. 153 m. w. N. Für die Krankenhausgesetze vgl. nur BAG v. 3.8.1983 – 5 AZR 306/81,
   AP Nr. 36 zu § 611 BGB Ärzte, Gehaltsansprüche = NJW 1984, 1420 (Hessisches Krankenhausgesetz); *Lafontaine*, § 16 SKHG Rz. 50; *von Harbou/Scharpf*, NZA 2008, 333
   (335); *Wern*, S. 153 f. m. w. N.
5 *Wern*, S. 152 ff. m. w. N.; *von Harbou/Scharpf*, NZA 2008, 333 (336).
6 BAG v. 3.8.1983 – 5 AZR 306/81, AP Nr. 36 zu § 611 BGB Ärzte, Gehaltsansprüche =
   NJW 1984, 1420 (Hessisches Krankenhausgesetz); *Lippert*, NJW 1980, 1884 (1885); vgl.
   auch *Lafontaine*, § 16 SKHG Rz. 52.

16   Die Frage, welche Höhe die Mitarbeiterbeteiligung im Einzelfall bei einer **Inhaltskontrolle nach den §§ 307 ff.** **BGB** erreichen darf, bemisst sich nach denselben Grundsätzen wie für den Vorteilsausgleich (s. dazu oben Rz. 11)[1]. Für die Frage der arbeitsvertraglichen Zulässigkeit ist dabei unerheblich, ob die Beteiligung „angemessen" i. S. d. § 29 MBO-Ärzte ist[2].

17   Die Modalitäten der Mitarbeiterbeteiligung werden oftmals in **Poolregelungen/Poolordnungen** festgehalten. In manchen Ländern besteht sogar ein **gesetzlicher Zwang** der Krankenhäuser zur Einrichtung solcher Mitarbeiterpools[3]. Bei den Mitarbeiterpools handelt es sich um **Vermögensmassen ohne eigene Rechtspersönlichkeit,** die der Krankenhausträger **treuhänderisch verwaltet**[4]. Die Poolansprüche gegen den liquidationsberechtigten Arzt werden allein durch den Krankenhausträger geltend gemacht[5]. Dieser ist gegenüber dem liquidationsberechtigten Arzt aus einem Treuhandverhältnis zur Rechenschaft über die Verwendung der Poolmittel verpflichtet[6]. Die jeweilige Poolordnung muss stets zwischen Chefarzt und Krankenhausträger **einzelvertraglich vereinbart** werden[7]. Ihr Inhalt richtet sich grundsätzlich nach der Parteivereinbarung. **Rechtliche Grenzen** gelten im Rahmen der Inhaltskontrolle der §§ 307 ff. BGB und des § 138 BGB[8]. Aus diesen Beschränkungen folgt, dass der Krankenhausträger nicht allein über die Höhe der Beteiligungsvergütung bestimmen kann. Es muss auch sichergestellt sein, dass die Verteilung der Poolgelder billigem Ermessen entspricht[9]. In Ländern mit gesetzlicher Poolregelung muss sich die Poolordnung zudem nach den jeweiligen gesetzlichen Vorgaben richten, da sie ansonsten unwirksam ist[10]. Die Unwirksamkeit berührt aber die arbeitsvertragliche Verpflichtung des Arztes nicht, seine Abgabe an den Pool zu leisten[11].

18   Anders als die Ansprüche des Krankenhausträgers gegen den liquidationsberechtigten Arzt auf Erfüllung seiner Abgabenpflicht[12] fallen Ansprüche ge-

---

1 Eingehend *Wern*, S. 154 ff. m. w. N.
2 BAG v. 15.11.1989 – 5 AZR 626/88, MedR 1990, 291 (292); *Wern*, S. 156.
3 Etwa in Hessen § 14 Abs. 3 HKHG und Baden-Württemberg § 35 Abs. 3 LKHG.
4 BAG v. 3.8.1983 – 5 AZR 306/81, AP Nr. 36 zu § 611 BGB Ärzte, Gehaltsansprüche = NJW 1984, 1420 (Hessisches Krankenhausgesetz); BAG v. 24.1.1990 – 5 AZR 34/89, n. v. (Krankenhausgesetz Rheinland-Pfalz); BAG v. 16.6.1998 – 1 ABR 67/97, AP Nr. 92 zu § 87 BetrVG 1972 Lohngestaltung = NZA 1998, 1185; *Wern*, S. 157 m. w. N.
5 *Luxenburger*, S. 386; *Sandvoß/Andreas*, ArztR 1998, 153 (154); *Wern*, S. 157.
6 *Luxenburger*, S. 389 f.; *Wern*, S. 157 f.
7 *Wern*, S. 157; vgl. BAG v. 16.6.1998 – 1 ABR 67/97, AP Nr. 92 zu § 87 BetrVG 1972 Lohngestaltung = NZA 1998, 1185; *Siegmund-Schultze*, ArztR 1979, 93 (94).
8 Vgl. *Wern*, S. 158 f.
9 *Wern*, S. 159; vgl. auch BAG v. 3.8.1983 – 5 AZR 306/81, AP Nr. 36 zu § 611 BGB Ärzte, Gehaltsansprüche = NJW 1984, 1420 (Hessisches Krankenhausgesetz); BAG v. 24.1.1990 – 5 AZR 34/89, n. v.; LAG Frankfurt v. 31.8.1998 – 9 Sa 1488/97, ArztR 2000, 11.
10 LG Marburg v. 5.11.1980 – 1 O 102/80, DMW 1981, 440 f.
11 BAG v. 15.11.1989 – 5 AZR 626/88, MedR 1990, 291 (292) (für das Hessische Krankenhausgesetz); *Sandvoß/Andreas*, ArztR 1998, 153 (154), *Wern*, S. 157.
12 Auch für Ansprüche des Krankenhausträgers wegen überzahlter Anteile aus dem Liquidationspool, vgl. BAG v. 19.10.1983 – 5 AZR 64/81, AP Nr. 37 zu § 611 BGB Ärzte, Gehaltsansprüche = NJW 1984, 687.

gen den Krankenhausträger aus der Poolverwaltung nicht unter die üblichen tariflichen und vertraglich vereinbarten **Ausschlussklauseln** wie etwa § 37 Abs. 1 TVöD (§ 70 Abs. 1 BAT a. F.) oder § 23 Abs. 1 AVR Caritasverband, § 45 Abs. 2 AVR Diakonisches Werk[1].

Im Einzelfall können auch einmal **Direktansprüche zwischen liquidations-** **berechtigtem und nachgeordnetem Arzt** gegeben sein. Dies setzt allerdings eine entsprechend deutliche Vereinbarung voraus[2]. Denn der nachgeordnete Arzt steht mit dem liquidationsberechtigtem Arzt **grundsätzlich nicht in ei-** **nem vertraglichen Verhältnis**, aus dem heraus sich wechselseitige Rechte und Pflichten ergeben könnten[3]. Auch der Arbeitsvertrag des liquidations-berechtigten Arztes lässt sich in aller Regel nicht als Vertrag zugunsten der nachgeordneten Ärzte, also als **echter Vertrag zugunsten Dritter** auslegen[4].   19

Die **nachgeordneten Ärzte** haben ungeachtet der Existenz einer Poolregelung nur dann gegen den Krankenhausträger einen **Anspruch auf Mitarbeiterbe-** **teiligung**, wenn dies **(arbeits-)vertraglich vereinbart** ist[5]. Inhaltlich beschrän-ken sich die Ansprüche der nachgeordneten Mitarbeiter im Wesentlichen auf den Anspruch auf **Einziehung der Gelder** zugunsten des Pools und auf **anteilige Auszahlung** der eingegangenen Gelder, verbunden mit entspre-chenden **Auskunftsansprüchen**[6].   20

Auch **nichtärztliche Mitarbeiter** des Krankenhauses, die der liquidations-berechtigte Arzt bei der Ausübung seines Liquidationsrechts in Anspruch nimmt, können an den Liquidationseinnahmen beteiligt werden. Dies be-dingt allerdings die Vereinbarung einer entsprechenden Beteiligungspflicht[7]. Die öffentlich-rechtliche Pflicht zu einer entsprechenden Beteiligung kann sich aus dem jeweiligen Krankenhausgesetz ergeben[8].   21

---

1 BAG v. 24.1.1990 – 5 AZR 34/89, n. v.; *Wern*, S. 158.
2 Vgl. dazu OLG Celle v. 21.6.1995 – 20 U 84/94, ArzR 1997, 212 = NJW-RR 1996, 430 f.; OLG München v. 27.9.1995 – 15 U 6473/94, NJW-RR 1996, 561; *Sandvoß/Andreas*, ArztR 1998, 153 (154).
3 BAG v. 14.1.1981 – 5 AZR 853/78, AP Nr. 29 zu § 611 BGB Ärzte, Gehaltsansprüche; BAG v. 3.8.1983 – 5 AZR 306/81, AP Nr. 36 zu § 611 BGB Ärzte, Gehaltsansprüche = NJW 1984, 1420 (Hessisches Krankenhausgesetz).
4 Vgl. BAG v. 14.1.1981 – 5 AZR 853/78, AP Nr. 29 zu § 611 BGB Ärzte, Gehaltsansprü-che; zu weitgehend LAG Hamm v. 21.4.1982 – 12 Sa 196/82, n. v.; einschränkend aber LAG Hamm v. 17.2.2002 – 17 Sa 1772/99, ArzR 2000, 287 (Kurzwiedergabe).
5 BAG v. 3.8.1983 – 5 AZR 306/81, AP Nr. 36 zu § 611 BGB Ärzte, Gehaltsansprüche = NJW 1984, 1420 (Hessisches Krankenhausgesetz); BAG v. 24.1.1990 – 5 AZR 34/89, n. v.
6 BAG v. 3.8.1983 – 5 AZR 306/81, AP Nr. 36 zu § 611 BGB Ärzte, Gehaltsansprüche = NJW 1984, 1420 (Hessisches Krankenhausgesetz).
7 *Andreas*, ArztR 2000, 4 (10); *Wern*, S. 159; vgl. auch BAG v. 16.6.1998 – 1 ABR 67/97, AP Nr. 92 zu § 87 BetrVG 1972 Lohngestaltung = NZA 1998, 1185; BAG v. 28.9.2005 – 5 AZR 408/04, AP Nr. 66 zu § 611 BGB Ärzte, Gehaltsansprüche = DB 2006, 512 (zur Abrechnung der Beiträge zur Sozialversicherung).
8 So etwa § 16 Abs. 6 SKHG; vgl. dazu *Lafontaine*, § 16 SKHG Rz. 45.

3. Pflichten des Krankenhausträgers im Zusammenhang mit der Ausübung des Liquidationsrechts

22 Steht dem Arzt als Teil seiner Vergütung ein Recht zur Liquidation wahlärztlicher Leistungen zu, so muss der Krankenhausträger in Erfüllung seiner arbeitsvertraglichen Verpflichtungen gegenüber dem Krankenhausarzt die **Voraussetzungen** dafür schaffen, dass sich das **Liquidationsrecht zum Vergütungsanspruch konkretisieren** kann[1]. Den Krankenhausträger trifft deshalb die Pflicht, die Krankenhausaufnahmebedingungen so auszugestalten, dass dem Arzt die Möglichkeit zur Erbringung wahlärztlicher Leistungen eingeräumt wird. Der Krankenhausträger hat dabei zu gewährleisten, dass die entsprechenden schuld- und pflegesatzrechtlichen Vereinbarungen zustande kommen. Im Hinblick auf den Abschluss der pflegesatzrechtlichen Wahlleistungsvereinbarung hat der Krankenhausträger insbesondere das **Bündelungsprinzip** (vgl. § 17 Abs. 3 Satz 1 KHEntgG), das **Koppelungsverbot** (vgl. § 17 Abs. 4 Satz 1 KHEntgG) sowie die Einhaltung der **Schriftform** nach § 17 Abs. 2 Satz 1 KHEntgG zu beachten[2]. Den Krankenhausträger trifft darüber hinaus die **Unterrichtungspflicht** des § 17 Abs. 2 Satz 1 KHEntgG[3]. Welche Anforderungen an die Unterrichtung des Patienten zu stellen sind, hat der BGH im Einzelnen herausgearbeitet[4].

23 Nach dem Abschluss der schuld- und pflegesatzrechtlichen Vereinbarungen muss der Krankenhausträger dem Chefarzt die personellen und sachlichen Mittel zur Verfügung stellen, die dieser zur Behandlung der Wahlleistungspatienten benötigt. Den Krankenhausträger trifft ferner gegenüber den sonstigen beteiligten liquidationsberechtigten Ärzten die Pflicht, dafür Sorge zu tragen, dass diese von der Existenz der Wahlleistungsvereinbarungen mit den einzelnen Patienten erfahren[5]. Schließlich muss der Krankenhausträger die Voraussetzungen dafür schaffen, dass eine ordnungsgemäße Abrechnung der wahlärztlichen Leistungen erfolgen kann. Wenn er mit der Abrechnung nach § 17 Abs. 3 Satz 2 KHEntgG beauftragt ist, muss er die Vergütung nach Abzug der Kosten (s. dazu oben Rz. 6 ff., 10 ff.) an den liquidationsberechtigten Arzt weiterleiten[6].

---

1 Vgl. LAG München v. 13.7.2000 – 4 Sa 625/98, n. v.; *Luxenburger*, S. 75, 89.
2 Vgl. dazu näher *Wern*, S. 205 f. m. w. N.
3 Das gilt auch bei einer Notfallbehandlung. § 22 II BPflV 2003 bzw. § 17 II KHEntgG sehen keine Ausnahme von dem Erfordernis der Unterrichtung des Patienten vor; s. dazu nur *Haberstroh*, VersR 1999, 8 (14).
4 BGH v. 27.11.2003 – III ZR 37/03, BGHZ 157, 87 = NJW 2004, 684; BGH v. 8.1.2004 – III ZR 375/02, VersR 2004, 1007 = GesR 2004, 139; BGH v. 22.7.2004 – III ZR 355/03, VersR 2005, 120 = GesR 2004, 427; zu Einzelheiten s. *Wern*, S. 206 ff. m. w. N.
5 *Biermann/Ulsenheimer/Weißauer*, MedR 2000, 107 (109).
6 Zum Problem der Einschaltung einer Abrechnungsstelle s. etwa OLG Celle v. 2.3.1981 – 1 U 22/80, NJW 1982, 706; OLG München v. 28.7.1983 – 1 U 1459/83, NJW 1984, 1412; *Biermann/Ulsenheimer/Weißauer*, MedR 2000, 107 (109).

III. Liquidationsrechte im ambulanten Bereich

Bei der Beurteilung von Liquidationsrechten im ambulanten Bereich ist zwi-   24
schen der vom Krankenhausträger selbst getragenen Ambulanz (**Krankenhausambulanz oder Institutsambulanz**, vgl. § 115b Abs. 2 SGB V) und der
vom Leitenden Arzt getragenen Ambulanz (Chefarztambulanz) zu unterscheiden. In der Krankenhausambulanz kann ein **Liquidationsrecht** des Krankenhausarztes **nicht begründet** werden. Eine gesonderte Vereinbarung und
Berechnung von ärztlichen Leistungen durch den Arzt sieht das KHEntgG
nicht vor. Die Ärzte können in diesem Bereich nur an den Einnahmen des
Krankenhauses in Form einer **Beteiligungsvergütung** beteiligt werden[1].

Bei der Chefarztambulanz besteht hingegen die Möglichkeit zur privaten Li-   25
quidation gegenüber den Patienten. Liquidationsrechte in diesem Bereich
stellen sich aber nicht als Teil der vom Krankenhausträger geschuldeten Vergütung dar, sondern gehören unmittelbar zum Bereich der **Nebentätigkeit**
des Arztes. Die Beurteilung dieser Liquidationsrechte folgt daher den Grundsätzen über die Nebentätigkeit von Leitenden Krankenhausärzten im ambulanten Bereich (s. dazu näher Teil 5 A Rz. 49 ff.). Allerdings finden die oben
dargestellten Grundsätze über die Entrichtung von Abgaben in Form des
Vorteilsausgleichs oder vergleichbarer Abgaben entsprechende Anwendung[2].
Das gilt auch für die Pflicht zur Mitarbeiterbeteiligung, nicht aber für die
Kostenerstattung nach § 19 Abs. 2 KHEntgG, da diese Vorschrift ambulante
Leistungen nicht erfasst (vgl. § 17 i. V. m. § 1 KHEntgG). Bei der Beurteilung
der **Angemessenheit vertraglich bestimmter Abgaben** wie dem Vorteilsausgleich wird man aber berücksichtigen müssen, dass es sich bei Liquidationsrechten im ambulanten Bereich im Gegensatz zu den Liquidationsrechten
im wahlärztlichen stationären Bereich nicht um Teile der arbeitsvertraglich
geschuldeten Vergütung, sondern um eine Vergütung im Nebentätigkeitsbereich handelt. Man wird daher insbesondere im Rahmen der Interessenabwägung bei der Beurteilung der angemessenen Höhe der Abgabe einen
großzügigeren Maßstab anlegen können.

IV. Liquidationsrechte für gutachterliche Tätigkeiten

Solche Liquidationsrechte beinhalten die Befugnis des Chefarztes, für seine   26
Gutachtertätigkeit gesondert abzurechnen[3]. Für die rechtliche Beurteilung
von Liquidationsrechten bei gutachterlichen Tätigkeiten ist zu unterscheiden, ob Gutachtertätigkeiten zu den **dienstvertraglichen Verpflichtungen**
des Arztes gehören **oder** einer **Nebentätigkeit** zuzurechnen sind[4]. Die Grundsätze zum Liquidationsrecht im wahlärztlichen Bereich können auf die Liquidation bei der Erbringung von dienstvertraglich geschuldeten Gutachter-

---

1 *Wern*, S. 177 f.
2 Vgl. dazu auch BAG v. 19.8.1992 – 5 AZR 435/91, n. v.
3 Zu Fragen der Gutachtertätigkeit des Chefarztes näher *Andreas*, ArztR 1998, 209; vgl.
  auch Laufs/Kern/*Schlund*, § 122 Rz. 15 ff.
4 Vgl. dazu BAG v. 20.2.1997 – 6 AZR 808/95, n. v.; LAG Niedersachsen v. 3.5.1999 –
  11 Sa 2456/98, ArztR 2000, 23 f.

tätigkeiten übertragen werden (s. dazu oben Rz. 2 ff.) Das Gleiche gilt umgekehrt für die Gutachtertätigkeit als Nebentätigkeit. Hier gelten die Grundsätze zum Liquidationsrecht im ambulanten Bereich (s. dazu oben Rz. 24 f.). Überlässt ein Arzt ohne Wissen des Krankenhausträgers seinen nachgeordneten Ärzten die Erstellung von Gutachten, so haben diese gegen den Krankenhausträger keinen Anspruch auf eine Vergütung. Die Gutachtenerstellung erfolgt in einem solchen Fall abgeleitet aus einer Übertragung des Leitenden Arztes, so dass Vergütungsansprüche nur diesem gegenüber geltend gemacht werden können[1]. Diese Auffassung findet ihre Berechtigung auch darin, dass mit der Erstellung von Gutachten beauftragte Ärzte höchstpersönlich tätig werden müssen, eine Vertretung daher nicht in Betracht kommt. Dies ist jedem Gutachtenauftrag wesensimmanent (zur höchstpersönlichen Leistungspflicht von Leitenden Krankenhausärzten s. näher Teil 5 A Rz. 11 ff.).

27 Bei Gutachtertätigkeiten ist die Regelung des **§ 19 Abs. 3 KHEntgG** zu beachten, wonach für sonstige Fälle außer denen der wahlärztlichen Leistungen, in denen stationäre oder teilstationäre ärztliche Leistungen berechnet werden können, auch Kosten für diese Leistungen im Rahmen der Kostenerstattung ersetzt werden müssen[2].

V. Leistungsstörungen

1. Leistungsstörungen auf Seiten des Krankenhausträgers

28 Gehen dem liquidationsberechtigten Arzt aufgrund eines zurechenbaren Verhaltens des Krankenhausträgers Vergütungsansprüche aus der Ausübung seines Liquidationsrechts verloren, so beurteilen sich die Rechtsfolgen danach, ob das **Liquidationsrecht Teil der arbeitsvertraglichen Vergütung** ist wie regelmäßig im wahlärztlichen Bereich **oder** zum **Nebentätigkeitsbereich** gehört wie unter Umständen in der Chefarztambulanz[3].

29 Ist der Krankenhausträger nicht in der Lage, die Ausübung des Liquidationsrechts zu gewährleisten, liegt **Unmöglichkeit** vor und § 280 Abs. 1 BGB ist heranzuziehen. Liegt dagegen eine Leistungsverweigerung des Krankenhausträgers vor, so findet **§ 615 Satz 1 BGB** Anwendung. Auf ein Verschulden des Krankenhausträgers kommt es in diesem Fall nicht an[4].

30 Handelt es sich bei dem Liquidationsrecht nicht um einen Teil der arbeitsvertraglich geschuldeten Vergütung, kommt nur ein **Schadensersatzanspruch** in

---

1 LAG Niedersachsen v. 8.6.2000 – 16 Sa 182/99, ArztR 2001, 161 f. (Kurzwiedergabe).
2 Vgl. *Tuschen/Quaas*, Erl. § 24 BPflV zu Abs. 4.
3 Vgl. BAG v. 22.3.2001 – 8 AZR 536/00, EzBAT § 8 BAT Schadensersatzpflicht des Arbeitgebers Nr. 31 = ArztR 2002, 122; *Wern*, S. 260 ff. m. w. N.
4 Vgl. BAG v. 2.12.1999 – 8 AZR 849/98, n. v.; BAG v. 22.3.2001 – 8 AZR 536/00, EzBAT § 8 BAT Schadensersatzpflicht des Arbeitgebers Nr. 31 = ArztR 2002, 122; eingehend *Wern*, S. 260 ff. m. w. N., dort auch zur Schadensberechnung.

Betracht[1]. Dieser kann heute auf die Vorschrift des § 280 Abs. 1 BGB gestützt werden[2]. Beeinträchtigungen des Liquidationsrechts können auch durch die Anpassung und Änderung der vertraglichen Grundlagen entstehen. Dies kann etwa in Form der Ausübung von Leistungsbestimmungsrechten bei Entwicklungsklauseln (s. dazu näher Teil 5 A Rz. 58 ff.) und bei Widerrufsrechten der Fall sein. Besonderheiten gegenüber anderen Rechten bestehen aber nicht[3].

2. Leistungsstörungen auf Seiten des liquidationsberechtigten Arztes

Fragen des Leistungsstörungsrechts treten hier vor allem bei der Abführung   31
von Abgaben auf. Entgegen einer Literaturauffassung[4] ist die Pflicht zur Leistung von Abgaben grundsätzlich **nicht von dem tatsächlichen Eingang der Liquidationseinnahmen abhängig**. Eine **Ausnahme** gilt nur dann, wenn die Entstehung der Zahlungspflicht von dem tatsächlichen Eingang der Liquidationseinnahmen beim Arzt vertraglich abhängig gemacht wird[5]. Ansonsten gilt die Pflicht zur Abführung unabhängig davon, ob der Arzt tatsächlich Einnahmen erlangt. Das Risiko des tatsächlichen Erlöses aus der Liquidationstätigkeit fällt ausschließlich dem liquidierenden Arzt zu[6].

1 *Wern*, S. 260; zum alten Schuldrecht auch schon BAG v. 22.3.2001 – 8 AZR 536/00, EzBAT § 8 BAT Schadensersatzpflicht des Arbeitgebers Nr. 31 = ArztR 2002, 122.
2 Das BAG hatte noch auf einen Schadensersatzanspruch aus pVV Bezug nehmen müssen; BAG v. 22.3.2001 – 8 AZR 536/00, EzBAT § 8 BAT Schadensersatzpflicht des Arbeitgebers Nr. 31 = ArztR 2002, 122.
3 Zu diesen Fragen eingehend *Wern*, S. 307 ff. m. w. N.
4 *Rieger*, FS Narr, 1988, S. 172 (175 ff.).
5 Vgl. dazu *Rieger*, FS Narr, 1988, S. 172 (179 f.).
6 LG Saarbrücken v. 9.4.1987 – 6 O 321/85, Kurzwiedergabe bei *Rieger*, FS Narr, 1988, S. 172 (174 f.); *Wern*, S. 150 f.

C. Oberarzt

I. Begriff und Stellung

1 Der Oberarzt ist – anders als der Chefarzt – vom Anwendungsbereich der entsprechenden Tarifverträge bzw. der Richtlinien für Arbeitsverträge kirchlicher Krankenhäuser umfasst. Bislang war seine Stellung dort aber speziell nicht definiert. Insbesondere tauchte in der Vergangenheit dort auch nicht der Begriff des Oberarztes auf. Dies hat sich mittlerweile auch aufgrund des Abschlusses zahlreicher Tarifverträge mit dem Marburger Bund geändert.

1a 2006 haben die Tarifgemeinschaft deutscher Länder sowie die kommunalen Arbeitgeberverbände mit dem Marburger Bund Tarifverträge für Ärzte an Universitätskliniken bzw. an kommunalen Krankenhäusern, den sog. TV-Ärzte/TdL und den TV-Ärzte/VKA, abgeschlossen. Tarifrechtlich wird hier erstmals auf die Bezeichnung „Oberarzt" abgestellt. Gemäß § 12 TV-Ärzte/TdL ist Oberarzt derjenige Arzt, dem die medizinische Verantwortung für Teil- oder Funktionsbereiche der Klinik oder Abteilung vom Arbeitgeber übertragen worden ist. Oberarzt soll zum anderen auch derjenige Facharzt sein, der in einer durch den Arbeitgeber übertragenen Spezialfunktion, für die dieser eine erfolgreich abgeschlossene Schwerpunkt- oder Zusatzweiterbildung nach der Weiterbildungsordnung fordert, tätig ist. Mit Urteil vom 9.12.2009 hat das BAG festgestellt, dass es im Hinblick auf die Eingruppierung eines Oberarztes unerheblich sei, ob noch vor Abschluss des Tarifvertrages am 1.10.2006 ein Arzt mit Billigung des Krankenhausträgers als Oberarzt bezeichnet worden sei, entsprechende Visitenkarten erhalten habe oder eine Bezeichnung als Oberarzt auf Briefköpfen des Arbeitgebers mit dessen Billigung erfolgt sei[1]. Ebenso sei ohne Relevanz, ob entsprechende Bezeichnungen in Klinikveröffentlichungen oder an Türschildern von Seiten des Krankenhausträgers vorgenommen oder geduldet worden seien. Entscheidend sei vielmehr, ob die tatsächlichen Voraussetzungen, wie der Tarifvertrag sie vorsieht, vorliegen oder nicht. Demzufolge ist darauf abzustellen, ob einem Arzt die medizinische Verantwortung für Teil- oder Funktionsbereiche der Klinik oder Abteilung vom Arbeitgeber übertragen worden ist. Dabei versteht das BAG unter den vorgenannten Bereichen eine organisatorisch abgrenzbare Untergliederung, die zur Erfüllung eines medizinischen Zwecks auf Dauer mit Personen- und Sachmitteln ausgestattet ist. Die Übertragung der medizinischen Verantwortung umfasse ein Aufsichts- und ein eingeschränktes Weisungsrecht für das medizinische Personal in dem zugewiesenen Teilbereich. Für eine entsprechende Eingruppierung müssten dem Oberarzt nicht nur Assistenzärzte nachgeordnet, sondern zumeist auch mindestens ein Facharzt unterstellt sein. Darüber hinaus sei gefordert, dass der Oberarzt für den betreffenden Teilbereich die Alleinverantwortung trage. Dies gelte ungeachtet der ohnehin bestehenden Letztverantwortlichkeit des Chefarztes. Diese medizinische Verantwortung für einen Teilbereich müsse in eine dem Arbeitgeber zurechenbaren Weise übertragen worden sein. Aller-

---

1 BAG v. 9.12.2009 – 4 AZR 841/08.

dings kann sich ein Arbeitgeber nicht darauf zurückziehen, es fehle an einem formalen Akt der Ernennung zum Oberarzt, wenn er über einen längeren Zeitraum hinweg wissentlich duldet, dass der Arzt tatsächlich die medizinische Verantwortung für Teil- oder Funktionsbereiche der Klinik oder Abteilung ausübt.

Ob eine (Hochschul-)Ambulanz tatsächlich als Teilbereich der – stationären 1b – Klinik einer Hochschule angesehen werden kann, wie es das BAG in seinem Urteil vom 9.12.2009[1] festgestellt hat, ist zweifelhaft. Unbeschadet der Tatsache, dass das BAG nicht klärt, um welche Form der „Ambulanz" es sich eigentlich handelt (Hochschulambulanz im Sinne des § 117 SGB V oder Ermächtigungsambulanz gem. § 116 SGB V?), kann bereits begrifflich eine Ambulanz nicht Teil einer stationären Kliniken bzw. einer Abteilung sein, in der ausschließlich stationäre Leistungen erbracht werden. Da das BAG jedoch den „Teilbereich einer Klinik oder Abteilung" im tariflichen Sinne als einen Bereich definiert, der den Teil eines Ganzen umfasse, wobei Bezugspunkte die Klinik bzw. Abteilung sei, kann eine Ambulanz nach dieser Definition nicht Teil einer stationären Einheit sein. Es mag sich bei der Ambulanz zwar um eine räumlich oder sonst organisatorisch abgrenzbare Einheit handeln, diese ist aber aufgrund der vollkommen anders gestalteten Leistungserbringung nicht abteilbare Einheit innerhalb einer stationären Klinik oder Abteilung.

Im TV-Ärzte/VKA wird in § 16 lit. c der „Oberarzt" benannt, aber lediglich 1c in der dazugehörigen Protokollerklärung definiert. Diese Definition ist im Vergleich zu der des § 12 TV-Ärzte/TdL leicht verschärft, da es sich demnach um einen selbständigen Teil- oder Funktionsbereich der Klinik bzw. Abteilung handelt und die Verantwortung hierfür „ausdrücklich" vom Arbeitgeber übertragen worden sein muss. Mit dem Tarifmerkmal „ausdrückliche Übertragung" wollten die Tarifvertragsparteien eine stillschweigende, konkludente oder ggf. schleichende Übertragung der medizinischen Verantwortung nicht ausreichen lassen. Der Tarifinhalt kann nur so verstanden werden, dass eine klare Kompetenzzuweisung an den Krankenhausträger (Vorstand oder Geschäftsführer) beabsichtigt war und der entsprechende Willensakt eine deutlich erkennbare, äußere Gestalt annehmen muss[2]. Da § 12 TV-Ärzte/TdL keine „ausdrückliche" Übertragung der Verantwortung voraussetzt, sieht das BAG die tarifliche Anforderung der Übertragung der medizinischen Verantwortung als erfüllt an, wenn die vom Oberarzt nach dem Arbeitsvertrag auszuübende Tätigkeit in einer dem Arbeitgeber nach allgemeinen zivilrechtlichen Grundsätzen (Anscheins- und Duldungsvollmacht) zuzurechnenden Art und Weise übertragen worden ist[3].

---

1 BAG v. 9.12.2009 – 4 AZR 495/08.
2 LAG Nürnberg v. 22.1.2010 – 1 Sa 210/09; LAG Niedersachsen v. 11.12.2008 – 5 Sa 984/08 E.
3 BAG v. 9.12.2009 – 4 AZR 495/08.

1d   Anlage 2 der AVR-Caritas regelt weiterhin die Eingruppierung der Ärzte je nach Anzahl der ihnen unterstellten Ärzte, ohne den Begriff „Oberarzt" zu verwenden. Anlage 8a AVR/Diakonie benennt in § 1 (Eingruppierung von Ärztinnen und Ärzten) unter Entgeltgruppe A 3 als Oberarzt denjenigen Arzt, dem die medizinische Verantwortung für selbständige Teil- oder Funktionsbereiche der Klinik bzw. Abteilung vom Dienstgeber ausdrücklich übertragen worden ist. Funktionsbereiche sind nach der Anmerkung zur Entgeltgruppe A 3 wissenschaftlich anerkannte Spezialgebiete innerhalb eines ärztlichen Fachbereichs, z. B. Nephrologie, Handchirurgie, Neuroradiologie, Elektroencephalographie und Herzkatheterisierung.

1e   Einige Tarifverträge, die der Marburger Bund mit privaten Klinikkonzernen geschlossen hat, sehen vor, dass Oberarzt ist, wer eine entsprechende Dienstbezeichnung trägt[1].

II. Aufgabenbereich

2   Zunehmend üben neben den Chefärzten auch die Oberärzte ihre Tätigkeit als Lebensstellung aus und leisten dadurch einen wesentlichen Beitrag zur Qualität und Kontinuität der fachärztlichen Versorgung im Krankenhaus[2]. Zu den wesentlichen **Aufgaben** des Oberarztes gehört die Beratung und Beaufsichtigung der in seinem Bereich meist in der Weiterbildung tätigen Assistenzärzte. Sofern eine Delegation erfolgt, vertritt der Oberarzt bei allen Beratungs- und Kontrollfunktionen den Chefarzt. Oberärzte sind meistenteils Ärzte mit Gebiets- oder Teilgebietsbezeichnung (Fachärzte). Ausnahmen sind hiervon jedoch möglich, da sich die Übertragung von beschränkter ärztlicher Führungsverantwortung und weitgehend selbständiger Handlungsverantwortung nicht notwendigerweise nach einer abgeschlossenen Facharztausbildung richten muss.

3   Bei der vertraglichen und tatsächlichen Beschäftigung als Oberarzt und einer im Krankenhaus praktizierten **Trennung zwischen Oberarzt- und Assistenzarzttätigkeiten** besteht eine vertragliche Verpflichtung des Oberarztes nur dahingehend, auch die Tätigkeiten eines Oberarztes auszuüben. Fehlen anders lautende einzelvertragliche Regelungen, kann ein Oberarzt kraft Direktionsrecht nicht angewiesen werden, Bereitschafts- und Stationsdienste zu übernehmen, bei denen Assistenzarzttätigkeiten zu verrichten sind[3]. Zumindest wäre der Krankenhausträger verpflichtet, den Oberarzt im Bereitschaftsdienst und im Stationsdienst nur mit Oberarzt- und nicht mit Assistenzarzttätigkeiten zu beschäftigen.

---

1 Vgl. nur Protokollnotiz zu § 12 (Eingruppierung) Tarifvertrag für Ärztinnen und Ärzte in Einrichtungen der Sana-Kliniken AG (TV-Ärzte Sana) vom 22.4.2008; Protokollnotiz zu § 10 (Eingruppierung) Tarifvertrag für Ärzte der Rhön-Klinikum AG (TV-Ärzte RKA) vom 28.2.2008.
2 *Peris*, Die Rechtsbeziehung zwischen angestelltem Chefarzt und Krankenhausträger, 2002, S. 40 f.
3 BAG v. 19.12.1971 – 6 AZR 476/89, MedR 1994, 157.

Die Leitung von operativen Eingriffen und von Geburten durch einen Ober-   4
arzt an einer Universitätsfrauenklinik stellt einen Aufgabenbereich dar, der
für einen Oberarzt typisch ist[1]. Materiellrechtlich beurteilte das Bundesverwaltungsgericht die Rechtsstellung eines beamteten Oberarztes an einer
Universitätsklinik wie die eines jeden anderen Beamten auch, der grundsätzlich nicht unterwertig beschäftigt werden darf. Der beamtete Arzt hat einen
Anspruch darauf, „amtsgemäß", d. h. entsprechend seinem Amt im status-
rechtlichen und abstrakt-funktionellen Sinn beschäftigt zu werden. Die gy-
näkologischen Operationen und Geburtshilfen in der frauenärztlichen Praxis, insbesondere im Betrieb einer Frauenklinik, gehören zum amtsgemäßen
Aufgabenbereich eines Oberarztes. Das Bundesverwaltungsgericht hat dies
unter Verweis auf die Weiterbildungsordnung der Ärzte angenommen, in der
die operative Therapie sowie die Leitung normaler und regelwidriger Geburten einschließlich der operativen Geburtshilfe als wesentlicher Bestandteil
der Tätigkeit eines Frauenarztes betont werden.

III. Nebentätigkeit

Das LAG Hamm hatte sich mit der Frage des Bestehens eines **Anspruches**   5
auf Erteilung einer Nebentätigkeitserlaubnis zur ambulanten ärztlichen
Patientenversorgung mit eigenem Liquidationsrecht befasst[2]. Es entschied,
dass allein der Krankenhausträger aufgrund der ihm zustehenden Organisationsgewalt frei darüber entscheiden kann, ob er auch einem der nachgeordneten Ärzte eine den Chefärzten entsprechende Nebentätigkeitserlaubnis
erteilt, sofern keine anders lautenden vertraglichen Vereinbarungen getroffen worden sind. Eine Beschränkung dieser Entscheidungsfreiheit komme
nur dann in Betracht, wenn der Krankenhausträger einzelne Arbeitnehmer
gegenüber anderen Arbeitnehmern in vergleichbarer Lage ohne sachlichen
Differenzierungsgrund ungleich behandle. Nach Auffassung des LAG stand
dem klagenden Oberarzt jedoch der Anspruch zu, eine ambulante ärztliche
Versorgung von gesetzlich Krankenversicherten und Privatpatienten im
Wege der Nebentätigkeit außerhalb der Räume des Krankenhauses und außerhalb seiner Dienstzeit auszuüben. Dies ergebe sich aus der allgemeinen
individualrechtlichen Zulässigkeit von Nebentätigkeiten durch Beamte bzw.
Arbeitnehmer bei öffentlichen Dienstherren oder privaten Arbeitgebern.
Diese haben das Recht, ihre eigene Arbeitskraft im Wege einer Nebentätigkeit außerhalb ihrer Dienststelle zu verwerten, sofern dienstliche Interessen
des Dienstgebers nicht berührt werden.

IV. Beteiligung an Liquidationseinnahmen des Chefarztes

Vereinbarungen zwischen Chefärzten und Oberärzten (und anderen nach-   6
geordneten Ärzten) über die Beteiligung am Liquidationserlös des Chefarztes

---

1 BVerwG v. 1.6.1995 – 2 C 20.94, MedR 1996, 326.
2 LAG Hamm v. 18.6.1998 – 17 Sa 2414/97.

haben grundsätzlich keinen arbeitsvertraglichen Charakter[1], zumal wegen des sachlichen Zusammenhangs zwischen der Zuordnung eines Oberarztes zu einem bestimmten Chefarzt und der aus diesem Anlass getroffenen Abrede über die **Beteiligung an privaten Liquidationserlösen** der gemeinsame Wille von Chefarzt und Oberarzt auf eine entsprechende zeitliche Koppelung gerichtet sein wird[2]. Ein Anspruch auf Beteiligung an den Liquidationseinnahmen des Chefarztes besteht regelmäßig dann nicht, wenn der nachgeordnete Oberarzt seine Leistungen aufgrund des mit dem Krankenhausträger geschlossenen Arbeitsvertrages erbringt[3]. Es ist dann davon auszugehen, dass die mit dem Krankenhausträger vereinbarte Vergütung die Arbeitsleistung abgilt (§ 611 Abs. 1 BGB). Ansprüche des nachgeordneten Arztes gegen den Leitenden Arzt, gleich ob aus stillschweigender Vergütungsvereinbarung (§ 612 BGB) oder nach den Vorschriften über die ungerechtfertigte Bereicherung (§ 812 BGB) sind dann nicht gegeben, denn Grundlage der Leistungserbringung ist dann der Arbeitsvertrag des Oberarztes mit dem Krankenhausträger[4]. Die in § 29 Abs. 3 Satz der Muster-Berufsordnung verankerte berufsrechtliche Pflicht zur Gewährung einer angemessenen Vergütung an Ärzte, die zu ärztlichen Verrichtungen im Rahmen des Liquidationsrechts herangezogen werden, begründet für sich genommen auch keinen einklagbaren Anspruch. Nach höchstrichterlicher Rechtsprechung kann aus dem Standesrecht kein zivilrechtlicher Anspruch des ärztlichen Mitarbeiters gegen den Chefarzt hergeleitet werden[5]. Gleichwohl kann ein Verstoß berufsrechtlich geahndet werden[6].

7   Möglich sind jedoch konkrete vertragliche Absprachen zwischen dem Chefarzt und dem Oberarzt, auch wenn zwischen diesen Parteien kein Arbeitsverhältnis besteht. Die vertragliche Abrede kann schriftlich, mündlich oder stillschweigend durch konkludentes Handeln zustande kommen. Ob eine über mehrere Jahre lang erfolgte Beteiligung des nachgeordneten Arztes zu einem rechtsgeschäftlichen Verpflichtungsgrund führt, ist streitig[7].

8   Der Arbeitsvertrag zwischen Chefarzt und Krankenhausträger kann detaillierte Regelungen über Art und Höhe der Mitarbeiterbeteiligung enthalten. In einer solchen Abrede kann unter Umständen ein **Vertrag zugunsten Dritter** liegen, d.h. zugunsten der nachgeordneten Ärzte als begünstigte Dritte.

---

1 BAG v. 3.8.1983 – 5 AZR 306/81, ArztR 1984, 125; BAG v. 21.7.1993 – 5 AZR 550/92, ArztR 1994, 185.
2 OLG Celle v. 21.6.1995 – 20 U 84/94, NJW-RR 1996, 430.
3 BAG v. 14.1.1981 – 5 AZR 853/78, AP Nr. 29 zu § 611 BGB Ärzte, Gehaltsansprüche; BAG v. 3.8.1983 – 5 AZR 306/81, ArztR 1984, 125; BAG v. 20.7.2004 – 9 AZR 570/03, GesR 2005, 332.
4 BAG v. 20.7.2004 – 9 AZR 570/03, GesR 2005, 332.
5 BGH v. 12.3.1987 – III ZR 31/86, MedR 1987, 241; BAG v. 20.7.2004 – 9 AZR 570/03, GesR 2005, 332.
6 Urt. des Ärztlichen Berufsgerichts Niedersachsen v. 17.11.2004 – BG 17/02, ArztR 2005, 295, das einen Chefarzt zur Zahlung einer Geldbuße i.H.v. 4000 Euro verurteilte wegen unterlassener Mitarbeiterbeteiligung eines Assistenzarztes.
7 Dafür BAG v. 27.11.1991 – 5 AZR 36/91, ArztR 1992, 230; dagegen derselbe Senat des BAG v. 21.7.1993 – 5 AZR 550/92, ArztR 1994, 185.

Eine solche Verpflichtungserklärung des Chefarztes muss allerdings eindeutig sein, und es muss im Einzelfall stets geprüft werden, ob die Vereinbarung dem nachgeordneten Arzt wirklich einen einklagbaren Anspruch verschaffen soll oder ob es dazu noch weiterer konkreter Abmachungen zwischen Chefarzt und nachgeordnetem Arzt bedarf[1] (zur Mitarbeiterbeteiligung siehe auch Teil 5 D Rz. 43 ff.).

---

1 Huster/Kaltenborn/*Ricken*, § 11 Rz. 69; BAG v. 20.7.2004 – 9 AZR 570/03, GesR 2005, 332; *Sandvoß/Andreas*, ArztR 1998, 154; BAG v. 3.8.1983 – 5 AZR 306/81, ArztR 1984, 125.

D. Assistenzarzt

I. Vertragsinhalt

1 Das Beschäftigungsverhältnis des Assistenzarztes beruht auf einem Arbeitsvertrag. Voraussetzung für das **wirksame Zustandekommen** des Arbeitsvertrages ist die **Approbation**. Ein Arbeitsvertrag ist nichtig, wenn er die Ausübung des ärztlichen Berufes zum Gegenstand hat und die erforderliche Approbation oder Erlaubnis nicht vorliegt und auch nicht erteilt werden kann[1]. Vertragsinhalt ist die **Weiterbildung** des Assistenzarztes; bei Verletzung dieses Anspruches auf Weiterbildung macht sich der Arbeitgeber schadensersatzpflichtig[2].

2 Der Inhalt des Arbeitsvertrages wird entscheidend geprägt durch **kollektive Vereinbarungen** (Tarifverträge und Betriebsvereinbarungen), die die einzelvertraglichen Regelungen ergänzen und, soweit diese normative Wirkungen haben, ersetzen. Nach der neuen Rechtsprechung des BAG ist es durchaus möglich, dass in einem Krankenhaus verschiedene Tarifverträge Anwendung finden (Tarifpluralität)[3]. Zumindest einzelvertraglich werden diese in Bezug genommen[4]. Im Bereich der Krankenhäuser in Trägerschaft der Evangelischen Kirche gilt – mit geringen Modifikationen – der BAT (genannt BAT-KF), und zwar aufgrund der BAT-Anwendungsanordnung (BAT-AO)[5]. Für die Krankenhäuser in Trägerschaft der Katholischen Kirche finden sich in § 5 Abs. 3 und Abs. 5 Arbeitsvertragliche Richtlinien des Deutschen Caritasverbandes (AVR) besondere Vorschriften für den ärztlichen Dienst[6]. Soweit es um die Anwendung der AVR geht[7], können diese nach der Rechtsprechung nur durch einzelvertragliche Bezugnahme wirksam werden und sind deshalb auch abdingbar[8]. Darüber hinaus gibt es Arbeitsbedingungen für Angestellte des Deutschen Roten Kreuzes (DRK-TV)[9] sowie den Bundesmanteltarifvertrag für die Arbeitnehmer in Privatkrankenanstalten (s. im Übrigen Teil 9 A Rz. 26).

---

1 BAG v. 3.11.2004 – 5 AZR 592/03, DB 2005, 1334.
2 BAG v. 22.2.1990 – 8 AZR 584/88, NZA 1990, 845.
3 S. hierzu BAG v. 17.7.2010 – 4 AZR 549/08, juris; *Bayreuther*, NZA 2009, 935.
4 S. zur Gleichstellungsabrede BAG v. 19.3.2003 – 4 AZR 331/02, NZA 2003, 1207; BAG v. 1.12.2004 – 4 AZR 50/04, NZA 2005, 478.
5 So z. B. für den Bereich der Evangelischen Kirche im Rheinland, der Evangelischen Kirche von Westfalen und der Lippischen Landeskirche sowie ihrer Diakonischen Werke BAT-AO v. 26.6.1986, KABl. S. 183.
6 Ausführlich hierzu *Beyer/Pappenheim*, AT § 5 III.
7 Die AVR sind kein Tarifvertrag, s. BAG v. 23.1.2002 – 4 AZN 760/01, juris. Ob § 622 Abs. 4 Satz 1 BGB auf die AVR analog Anwendung findet, ist streitig; bejahend LAG Berlin-Brandenburg v. 23.2.2007 – 6 Sa 1847/06, juris; verneinend ErfK/*Müller-Glöge*, § 622 BGB Rz. 19.
8 S. zu diesen Rechtsfragen BAG v. 28.1.1998 – 4 AZR 491/96, NZA-RR 1998, 424.
9 Trotz Verweisung auf den BAT gelten Tariferhöhungen für den öffentlichen Dienst nicht automatisch auch für Angestellte, Arbeiter und Auszubildende des Deutschen Roten Kreuzes, s. hierzu LAG Mainz v. 13.5.2005 – 12 Sa 850/04, juris; LAG Niedersachsen v. 17.6.2005 – 3 Sa 193/05, juris.

Einstweilen frei.   3

Der TVöD enthält einen Besonderen Teil Krankenhäuser (BT-K). In den   4
§§ 40, 41 **TVöD BT-K** wird der Geltungsbereich, in § 42 TVöD BT-K werden
die allgemeinen Pflichten der Ärztinnen und Ärzte, in § 43 TVöD BT-K die
Nebentätigkeit von Ärztinnen und Ärzten, in §§ 45 bis 50 werden Bereitschaftsdienst, Rufbereitschaft, Bereitschaftsdienstentgelt, Sonderkündigungsrecht der Bereitschaftsdienst- und Rufbereitschaftsregelung, Wechselschichtarbeit, die Arbeit an Sonn- und Feiertagen und der Ausgleich für
Sonderformen der Arbeit geregelt. Weiterhin gibt es noch spezielle Regelungen in § 51 TVöD BT-K für die Eingruppierung der Ärztinnen und Ärzte und
in §§ 52 und 53 TVöD BT-K für Erholungsurlaub uns Zusatzurlaub.

Wichtig für Assistenzärzte ist die Regelung in § 44 TVöD BT-K. Hiernach ist   5
für Beschäftigte, die sich in Facharzt-, Schwerpunktweiterbildung oder Zusatzausbildung nach dem Gesetz über befristete Arbeitsverträge mit Ärzten
in der Weiterbildung (ÄArbVtrG)[1] befinden[2], ein Weiterbildungsplan aufzustellen, der unter Berücksichtigung des Standes der Weiterbildung die zu
vermittelnden Ziele und Inhalte der Weiterbildungsabschnitte sachlich und
zeitlich gegliedert festlegt. Ein Mitbestimmungsrecht des Personalrates oder
Betriebsrates bei der Weiterbildung der Assistenzärzte besteht nicht[3].

Können **Weiterbildungsziele** aus Gründen, die der Arbeitgeber zu vertreten   5a
hat, in der vereinbarten Dauer des Arbeitsverhältnisses nicht erreicht werden, so ist gem. § 44 Abs. 3 Satz 1 TVöD BT-K die Dauer des Arbeitsvertrages
entsprechend zu verlängern. Da gem. § 44 Abs. 3 Satz 2 TVöD BT-K die Regelungen des ÄArbVtrG hiervon unberührt bleiben, stellt sich die Frage, ob
im Falle des § 44 Abs. 3 Satz 1 TVöD BT-K dennoch die Achtjahresfrist des
§ 1 Abs. 3 Satz 1 ÄArbVtrG gilt. Ggf. ist gem. § 1 Abs. 5 ÄArbVtrG auf die
Sachbefristungsregelung in § 14 Abs. 1 TzBfG zurückzugreifen[4].

Gemäß Nr. 3 Abs. 2 SR 2c BAT sowie § 42 Abs. 2 TVöD BT-K gehört zu den   6
aus der Haupttätigkeit sich ergebenden Pflichten der (Assistenz-)Ärzte, am
Rettungsdienst in Notarztwagen und Hubschraubern teilzunehmen. Eine
entsprechende Regelung findet sich auch in § 5 Abs. 3 UA 4 AVR. Bei einer
Tätigkeit im Rettungsdienst sind die Ärzte privilegiert. Sie haften nur bei
Vorsatz und grober Fahrlässigkeit (Protokollnotiz Nr. 4 zu Nr. 3 SR 2c BAT,
Protokollnotiz Nr. 3 zu § 42 Abs. 2 TVöD BT-K; § 5 Abs. 5 Satz 2 AVR).

§ 41 TV-L enthält für die in Trägerschaft der Länder stehenden Krankenhäu-   6a
ser vergleichbare Regelungen. Entsprechendes gilt gem. § 19 TV-Ärzte. Dieser Tarifvertrag gilt gem. § 1 Abs. 1 TV-Ärzte für Ärztinnen und Ärzte ein-

---

1 Vom 15.5.1986, BGBl. I, 742, zuletzt geändert durch Gesetz v. 12.4.2007, BGBl. I, 506.
2 BAG v. 13.6.2007 – 7 AZR 700/06, ZTR 2008, 52; LAG Hamm v. 2.10.2008 – 17 Sa
  816/08, juris.
3 BVerwG v. 15.5.1991 – 6 P 10/89, ZTR 1992, 38.
4 *Lipke*, §§ 1, 2, 3 ÄArbVtrG Rz. 9 unter Bezugnahme auf BAG v. 21.2.2001 – 7 AZR
  98/00, ZTR 2001, 427.

schließlich Zahnärztinnen und Zahnärzte, die an der Universitätsklinik überwiegend Aufgaben der Patientenversorgung wahrnehmen[1].

6b Für den Bereich der öffentlichen Krankenhäuser ist weiter normiert, dass ein (Assistenz-)Arzt, der nach der Approbation noch nicht mindestens ein Jahr klinisch tätig war, grundsätzlich nicht zum Einsatz im Rettungsdienst heranzuziehen ist (Protokollnotiz Nr. 2 zu Nr. 3 SR 2c BAT sowie Protokollnotiz Nr. 1 zu § 42 Abs. 2 TVöD BT-K). Ob ein (Assistenz-)Arzt ab dem zweiten Jahr seiner klinischen Tätigkeit bereits in der Lage ist, für eine möglichst optimale Versorgung eines (Schwerst-)Verletzten vor Ort Sorge zu tragen, ist zu bezweifeln. Erst recht ist in Zweifel zu ziehen, dass ein (Assistenz-)Arzt bereits im ersten Ausbildungsjahr zur Teilnahme am notärztlichen Rettungsdienst herangezogen werden kann, wenn z.B. der Chefarzt bestätigt, dass er seit sechs Monaten klinisch tätig war und für den Einsatz im Rettungsdienst geeignet ist[2]. Die zivilrechtliche Judikatur verlangt bei einem (Assistenz-)Arzt im ersten und zweiten Jahr seiner Ausbildung eine permanente Überwachung durch einen erfahrenen Arzt (s. hierzu Rz. 19 ff.). Eine derartige permanente Überwachung ist beim Rettungsdiensteinsatz nicht möglich. Von daher ist zu fordern, dass ein (Assistenz-)Arzt frühestens im dritten Jahr seiner Ausbildung selbständig im Rettungsdienst eingesetzt werden darf.

II. Befristung des Arbeitsvertrages

7 Durch das Gesetz über befristete Arbeitsverträge mit Ärzten in der Weiterbildung (ÄArbVtrG)[3] wird die unproblematische Befristung des Arbeitsvertrages mit Assistenzärzten ermöglicht. Ein **sachlicher** die Befristung des Arbeitsvertrages **rechtfertigender Grund** ist die zeitlich und inhaltlich strukturierte Weiterbildung zum Facharzt oder der Erwerb einer Anerkennung für einen Schwerpunkt oder der Erwerb einer Zusatzbezeichnung, eines Fachkundenachweises oder einer Bescheinigung für eine fakultative Weiterbildung (vgl. § 1 Abs. 1 ÄArbVtrG). Die Befristung setzt nicht voraus, dass der Arzt ausschließlich zu seiner Weiterbildung beschäftigt wird. Es genügt, dass die befristete Beschäftigung diesen Zweck fördert[4]. Die Höchstdauer der Befristung beträgt gem. § 1 Abs. 3 Satz 1 ÄArbVtrG acht Jahre. Hierbei steht außer Frage, dass die Befristungsmöglichkeiten gem. § 14 Abs. 1 TzBfG durch das ÄArbVtrG nicht verdrängt werden[5]. Im Hinblick auf das **Schriftformerfordernis** gem. § 14 Abs. 4 TzBfG[6] hat dies zur Folge, dass der befriste-

---

1 LAG Niedersachsen v. 2.12.2009 – 15 Sa 1366/08, juris (für Klinische Chemiker ohne Medizinstudium).
2 S. hierzu *Böhm/Spiertz*, BAT, SR 2c Rz. 16.
3 BAG v. 13.6.2007 – 7 AZR 700/06, ZTR 2008, 52; LAG Hamm v. 2.10.2008 – 17 Sa 816/08, juris.
4 BAG v. 24.4.1996 – 7 AZR 428/95, ZTR 1996, 563.
5 LAG Köln v. 2.11.2000 – 5 Sa 770/00, LAGE § 1 BeschFG 1996 Nr. 30a; *Lipke*, § 1 ÄArbVrtG Rz. 7 ff. A. A. LAG Hamm v. 2.10.2008 – 17 Sa 816/08, juris.
6 S. hierzu LAG Hamm v. 9.5.2006 – 19 Sa 243/05, juris.

te Arbeitsvertrag vor Arbeitsantritt von beiden Vertragsparteien unterzeichnet sein muss[1]. Dass die Einstellung in ein befristetes Arbeitsverhältnis von einer betriebsärztlichen Einstellungsuntersuchung abhängig gemacht werden kann, steht außer Frage[2]. Die Vereinbarung eines Befristungsgrundes ist keine Nebenabrede i. S. d. § 2 Abs. 3 TVöD BT-K bzw. § 2 Abs. 3 TV-Ärzte/VKA und bedarf somit zu ihrer Wirksamkeit nicht der Schriftform[3].

Mit dem Problem der Befristung von Arbeitsverträgen mit Assistenzärzten   8
nach dem ÄArbVtrG hat sich die Literatur vielfach beschäftigt[4]. Grundsätzlich ist davon auszugehen, dass die **Weiterbildungszeit** mit der Befristung des Arbeitsvertrages kongruent sein muss[5]. Wird ein Arbeitsvertrag – ohne sachlichen Grund – kürzer befristet als die Dauer der angestrebten Weiterbildung, ist die Befristung als unwirksam zu betrachten[6]. Die Laufzeit eines weiteren befristeten Arbeitsvertrages kann kürzer bemessen sein als die Dauer der Weiterbildungsbefugnis des weiterbildenden Arztes, wenn bei Vertragsschluss absehbar ist, dass der weiterzubildende Arzt das Weiterbildungsziel innerhalb der in Aussicht genommenen Vertragslaufzeit erreichen wird[7]. Das BAG betont, dass die auf § 1 Abs. 1 ÄArbVtrG gestützte Befristung des Arbeitsvertrages mit einem Arzt in der Weiterbildung nicht nach § 1 Abs. 2 Halbs. 2 ÄArbVtrG in Form einer Zweckbefristung zulässig ist. Der Verstoß gegen § 1 Abs. 2 Halbs. 2 ÄArbVtrG hat ein unbefristetes Arbeitsverhältnis zur Folge[8]. Die Rechtsprechung hat weiterhin klargestellt, dass eine Verlängerung des befristeten Arbeitsvertrages nach § 1 Abs. 4 Nr. 3 ÄArbVtrG nicht eintritt, wenn der Arzt den Zweck der Beschäftigung bereits vor der vereinbarten Dauer des Arbeitsvertrages erreicht (teleologische Reduktion)[9]. Die höchstmögliche Befristung von acht Jahren gilt selbst dann, wenn die eingeräumte Zeitspanne für die Fortbildung zum Facharzt nicht ausreichend ist[10].

Gemäß § 1 Abs. 6 ÄArbVtrG gelten die Abs. 1 bis 5 nicht, wenn der Arbeits-   9
vertrag unter den **Anwendungsbereich des WissZeitVG**[11] fällt. Die Befris-

---

1 BAG v. 1.12.2004 – 7 AZR 198/04, NZA 2005, 575; BAG v. 16.3.2005 – 7 AZR 289/04, NZA 2005, 923; BAG v. 13.6.2007 – 7 AZR 700/06, ZTR 2008, 52; hierzu *Nadler/v. Medem*, NZA 2005, 1214.

2 LAG Berlin v. 9.7.2004 – 6 Sa 486/04, ArztR 2005, 96.

3 LAG Hamm v. 2.10.2008 – 17 Sa 816/08, juris.

4 *Schiller*, MedR 1995, 489; *Haage*, MedR 1998, 109; *Kuhla/Schleusener*, MedR 1999, 24; *Lipke*, § 1 ÄArbVtrG.

5 LAG Hamm v. 2.10.2008 – 17 Sa 816/08, juris. Die Befristungsregelung „für die Dauer der Weiterbildung bis zur Facharztanerkennung" ist eine Zweckbefristung, vgl. LAG Hannover v. 5.4.2001 – 14 Sa 1705/00, juris.

6 *Schiller*, MedR 1995, 489; a. A. LAG Berlin v. 22.4.1991 – 9 Sa 6/91, MedR 1991, 344.

7 BAG v. 13.6.2007 – 7 AZR 700/06, ZTR 2008, 52.

8 BAG v. 9.11.1994 – 7 AZR 243/94, ZTR 1996, 138; BAG v. 14.8.2002 – 7 AZR 266/01, MedR 2003, 306; LAG Niedersachsen v. 5.4.2001 – 14 Sa 1705/00, juris.

9 LAG Köln v. 22.2.1995 – 7 Sa 1204/94, juris; bestätigt durch BAG v. 24.4.1996 – 7 AZR 428/95, ZTR 1996, 563.

10 LAG Berlin v. 22.4.1991 – 9 Sa 6/91, NJW 1992, 2376.

11 Gesetz über befristete Arbeitsverträge in der Wissenschaft (Wissenschaftszeitvertragsgesetz – WissZeitVG) v. 12.4.2007, BGBl. I, 506.

tung der Arbeitsverträge von Assistenzärzten an den Universitätskliniken richtet sich nach §§ 1 ff. WissZeitVG[1]. Hiernach können Assistenzärzte sechs Jahre bis zur Promotion und danach weitere neun Jahre für eine Weiterqualifikation beschäftigt werden. Diese Weiterqualifikation kann die Facharztanerkennung oder die Habilitation sein[2]. Gemäß § 57f Abs. 2 HRG konnte bis zum 29.2.2008 jeder Arbeitsvertrag eines Assistenzarztes ohne Weiteres befristet werden[3]. An den Universitätskliniken kann der Assistenzarzt auch als Beamter beschäftigt werden. Die Literatur vertritt die Auffassung, dass Voraussetzung für die Ernennung zum Juniorprofessor die Facharztbefähigung ist, dass dennoch der Juniorprofessor gem. § 47 HRG in der Regel als Assistenzarzt arbeiten wird[4].

10   Früher enthielt die tarifvertragliche Regelung in SR 2y BAT für den öffentlichen Dienst[5] spezielle Vorschriften für Zeitangestellte, die auch für Ärzte mit befristeten Arbeitsverträgen galten. § 1 Abs. 2 WissZeitVG enthält jedoch eine „Tarifsperre". Hiernach ist den Tarifvertragsparteien grundsätzlich verwehrt, von den Befristungsregeln des WissZeitVG abzuweichen. Die Tarifsperre gilt dabei für bestehende und zukünftige Tarifverträge[6].

11–12   Einstweilen frei.

13   Die Beschäftigung des Assistenzarztes muss gem. § 1 Abs. 1 ÄArbVtrG seiner Weiterbildung „dienen". Damit stellt sich die Frage, ob bei einem Verstoß gegen § 44 Abs. 1 TVöD BT-K (fehlender Weiterbildungsplan trotz Initiative des Assistenzarztes) nachträglich der Befristungsgrund entfällt. Bei der Sachgrundprüfung gem. § 14 Abs. 1 TzBfG wurde „nach bisherigem Richterrecht"[7] ausschließlich auf den Zeitpunkt des Vertragsabschlusses abgestellt. Der „spätere" Wegfall des sachlichen Grundes schadete nicht[8]. Nach der Rechtsprechung kann lediglich in Ausnahmefällen bei wirksamen

---

1 S. hierzu *Preis*, WissZeitVG, 2008, § 1 Rz. 5, sowie ErfK/*Müller-Glöge*, § 3 ÄArbVtrG Rz. 2 ff.

2 S. hierzu *Reich*, HRG, 10. Aufl. 2007, § 57b Rz. 3; Hailbronner/Geis/*Waldeyer*, HRG, Stand: 2006, § 57b Rz. 2 ff.; Hartmer/Detmer/*Löwisch*/*Wertheimer*, Hochschulrecht, 2004, VII Rz. 181.

3 S. zur Verfassungsmäßigkeit dieser gesetzlichen Regelung BAG v. 22.6.2006 – 7 AZR 234/05, NZA 2007, 209, sowie BAG v. 11.7.2007 – 7 AZR 197/06, juris.

4 S. hierzu *Thieme*, Deutsches Hochschulrecht, 3. Aufl. 2004, Rz. 1095; *Becker*, Das Recht der Hochschulmedizin, 2005, S. 271.

5 Gleiches gilt für die Ärzte von Krankenhäusern der Evangelischen Kirche im Rheinland, der Evangelischen Kirche von Westfalen und der Lippischen Landeskirche sowie ihre Diakonischen Werke gemäß BAT-AO v. 26.6.1986, KABl. S. 183.

6 ErfK/*Müller-Glöge*, § 1 WissZeitG Rz. 18; *Preis*, WissZeitVG, 2008, § 1 Rz. 42. S. hierzu auch LAG Baden-Württemberg v. 16.7.2009 – 10 Sa 2/09, ZTR 2010, 95 m. Anm. *Rambach/Feldmann*.

7 So KR/*Lipke*, § 14 TzBfG Rz. 38.

8 So z. B. BAG v. 22.11.1995 – 7 AZR 252/95, ZTR 1996, 422; LAG Köln v. 22.12.1998 – 7 Sa 861/99, LAGE § 620 BGB Nr. 56; LAG Düsseldorf v. 15.2.2000 – 3 Sa 1781/99, NZA-RR 2000, 456; a.A. LAG Bremen v. 17.3.1995 – 4 Sa 195/94, AP Nr. 175 zu § 620 BGB Befristeter Arbeitsvertrag; *Gamillscheg*, AcP 1964, 392; *Kemff*, DB 1976, 1576.

Befristungen, deren sachlicher Grund später wegfällt, nur zugunsten des Arbeitnehmers geprüft werden, ob die von der Rechtsprechung entwickelten Grundsätze zum Rechtsmissbrauch und zum Erhalt des Vertrauensschutzes eine unbefristete Fortsetzung des Arbeitsverhältnisses zur Folge haben[1]. Zu denken ist allerdings an einen auf positive Vertragsverletzung gestützten Schadensersatzanspruch des Assistenzarztes gegen seinen Arbeitgeber wegen unzureichender Ausbildung aufgrund der Nichterstellung eines Weiterbildungsplans[2]. Die unzureichende Ausbildung kann grundsätzlich zu einem Schadensersatzanspruch des Auszubildenden führen[3].

III. Vergütung

In den öffentlichen Krankenhäusern richtet sich die Vergütung nach dem   14
BAT bzw. nunmehr dem **TVöD**, in den Krankenhäusern in Trägerschaft der
Evangelischen Kirche nach dem **BAT-KF** und in den Krankenhäusern in Trägerschaft des Caritas-Verbandes nach den **AVR** (ausführlich zur Eingruppierung des ärztlichen Personal siehe Teil 9 A Rz. 1 ff.). Jahrelang war – im Anwendungsbereich des BAT – streitig, ob die Ärzte im Praktikum einen Anspruch darauf haben, wie Assistenzärzte vergütet zu werden[4]. Nach Änderung der Bundesärzteordnung und Approbationsordnung für Ärzte mit Wirkung vom 1.10.2004 haben als Ärzte im Praktikum eingestellte Personen, die ab dem 1.10.2004 nach Erhalt ihrer Approbation weiter beschäftigt werden, bei entsprechender beidseitiger Tarifbindung ab diesem Zeitpunkt Anspruch auf eine Vergütung nach der Vergütungsgruppe IIa der Anlage 1a zu § 22 BAT bzw. BAT-O[5]. Weiter war streitig die Eingruppierung von ausländischen (Assistenz-)Ärzten[6] sowie die Anrechnung von in der früheren DDR absolvierten ärztlichen Tätigkeiten[7].

Die einschlägigen Tarifverträge für Ärzte enthalten – im Gegensatz zu § 12   14a
TV-L bzw. § 12 TVöD – eine Eingruppierungsregelung für Ärzte (siehe hierzu Teil 9 A Rz. 11 ff.). Assistenzärzte sind in der Vergütungsgruppe Ä 1 einzugruppieren. Gemäß dieser Vergütungsgruppe werden Ärzte „mit entsprechender Tätigkeit" eingruppiert. Die ärztliche Tätigkeit muss mindestens 50 % der Arbeitszeit betragen[8]. Gestritten wurde fast ausschließlich über die Stufenzuordnung. Hierbei war streitig, ob insoweit die Zeit als Arzt im Prak-

---

1 KR/*Lipke*, § 14 TzBfG Rz. 38.
2 Vgl. BAG v. 22.2.1990 – 8 AZR 584/88, NZA 1990, 845.
3 S. z.B. LAG Köln v. 30.10.1998 – 11 Sa 180/99, NZA 1999, 317; ArbG Bremerhaven v. 31.1.1991 – 1 Ca 708/89, EzB § 6 Abs. 1 Nr. 1 BBiG Nr. 35; ArbG Marburg v. 27.8.2004 – 2 Ca 572/03, EzB-VjA § 19 BBiG Nr. 34.
4 BAG v. 24.3.1993 – 4 AZR 265/92, MedR 1993, 352; BAG v. 25.9.1996 – 4 AZR 200/95, MedR 1997, 420; BAG v. 10.12.1997 – 4 AZR 39/96, ZTR 1998, 271.
5 LAG Berlin v. 27.7.2005 – 10 Sa 798/05, ZTR 2005, 639.
6 BAG v. 20.4.1983 – 4 AZR 375/80, NJW 1984, 2556; LAG München v. 14.6.1989 – 5 Sa 859/89, ZTR 1990, 156.
7 BAG v. 14.4.1999 – 4 AZR 215/98, NZA 1999, 1172.
8 LAG Niedersachsen v. 2.12.2009 – 15 Sa 1366/08, juris.

tikum (AiP) mitzuzählen ist oder nicht. Das BAG hat nunmehr judiziert, dass Ausbildungszeiten (als Arzt im Praktikum) bei der Stufenzuordnung nicht zu berücksichtigen sind[1].

15   Die Rechtsprechung hat mehrfach Fragen der **Liquidationsbefugnis der Assistenzärzte** entscheiden müssen. Verneint wurde die Liquidationsbefugnis für die Ausfüllung einer Todesbescheinigung (Bescheinigung i. S. v. Nr. 3 Abs. 1 Satz 1 SR 2c BAT)[2], bejaht wurde dies für die Durchführung der Neugeborenen-Erstuntersuchungen U1 und U2, wenn der Assistenzarzt vom Arbeitgeber eine entsprechende Genehmigung zur Durchführung der Untersuchung als Nebentätigkeit hat[3]. Der in einem öffentlichen Krankenhaus angestellte Assistenzarzt ist grundsätzlich bei den von der Polizei vorgeführten, der Trunkenheit verdächtigen Personen verpflichtet, die erforderliche Blutprobe zu entnehmen und den zugehörigen formularmäßigen Untersuchungsbericht zu erstellen, ohne dass er eine besondere Vergütung für diese Tätigkeit verlangen kann[4].

16   Weiter musste sich das BAG mit der Frage der Berechnung des Mutterschutzlohnes einer Assistenzärztin bei Wegfall des **Bereitschaftsdienstes** beschäftigen[5]. Die Rechtsprechung hat die Auffassung vertreten, dass ein angestellter Arzt, wenn er während der Rufbereitschaft zur Arbeitsleistung ins Krankenhaus gerufen wird, keinen Anspruch auf Ersatz von Fahrtkosten während der Rufbereitschaft hat, da die Erbringung der Rufbereitschaft und der dabei gelegentlich anfallenden tatsächlichen Arbeitsleistungen nach Nr. 8 Abs. 6 SR 2c BAT zur Hauptleistungspflicht des Arztes gehört[6]. Im Übrigen ist der angestellte Arzt nicht verpflichtet, seine Vergütungsmitteilung auf eine etwaige Überzahlung zu überprüfen. Nur dann, wenn er eine gegenüber sonst ungewöhnliche hohe Zahlung feststellt, deren Grund er sich nicht erklären kann, ist er verpflichtet, den Arbeitgeber zu konsultieren. Ansonsten verbleibt es für den Rückforderungsanspruch bei der Ausschlussfrist gem. § 70 BAT[7].

17   Wenn ein Assistenzarzt eine **Mehrarbeitsvergütung** geltend macht, muss er – ggf. durch Bestätigung des Chefarztes – nachweisen, dass die Leistung von Mehrarbeitsstunden notwendig war; nicht erforderlich ist, dass der Chefarzt die mitgeteilte Zahl der Mehrarbeitsstunden im Einzelnen überprüft hat. In diesem Fall kommt eine Schätzung der zu vergütenden Stunden gem. § 287

---

1 BAG v. 23.9.2009 – 4 AZR 382/08, ZTR 2010, 141; BAG v. 22.4.2010 – 6 AZR 620/08, juris, sowie BAG v. 22.4.2010 – 6 AZR 484/08, ZTR 2010, 414. S. hierzu *Rambach/Feldmann*, ZTR 2010, 124 sowie *Matthiessen*, MedR 2008, 492 (s. im Übrigen Teil 9 A Rz. 28 f.).
2 BAG v. 10.10.1984 – 5 AZR 302/82, AP Nr. 39 zu § 611 BGB Ärzte, Gehaltsansprüche.
3 BAG v. 11.12.1974 – 4 AZR 158/74, AP Nr. 1 zu § 11 BAT.
4 BAG v. 19.9.1969 – 3 AZR 460/68, AP Nr. 27 zu § 611 BGB Ärzte-Gehaltsansprüche.
5 BAG v. 25.5.1983 – 5 AZR 22/81, juris.
6 LAG Hamm v. 11.12.1987 – 17 Sa 1218/87, juris.
7 BAG v. 1.6.1995 – 6 AZR 912/94, ZTR 1996, 32.

Abs. 2 ZPO in Betracht[1]. Wenn der Arbeitnehmer nach Ableistung der Mehrarbeit ausscheidet, ohne dass die Mehrarbeit durch Freizeit ausgeglichen werden kann, ist sie durch Geld zu vergüten[2]. Bei der Berechnung des Aufschlags zur Urlaubsvergütung nach § 47 Abs. 2 UA 2 BAT werden nur die Vergütungen für Bereitschaftsdienste berücksichtigt, die im maßgeblichen Berechnungszeitraum des vorangegangenen Kalenderjahres dem Angestellten zugestanden haben. Unberücksichtigt bleiben Bereitschaftsdienste, die zwar in dem dem Urlaub vorangegangenen Jahr tatsächlich geleistet worden sind, aber wegen des bei der Abrechnung nach § 36 Abs. 2 UA 2 BAT zugrunde zu legenden Vorvormonatsprinzips erst im Laufe des Urlaubsjahres vergütet werden. Diese Bereitschaftsdienstvergütungen sind erst bei der Berechnung der Urlaubsvergütung des folgenden Urlaubsjahres zu berücksichtigen[3].

Die Rechtsprechung hat sich auch mit der Erstattung von **Aufwendungsersatz** eines Assistenzarztes beschäftigen müssen. Das ArbG Düsseldorf hat judiziert, dass ein Assistenzarzt, der der Einstellung eines Ermittlungsverfahrens wegen fahrlässiger Tötung durch Unterlassen gegen Zahlung eines Geldbetrages gem. § 153a StPO zustimmt, diesen Betrag nicht als Aufwendungs- oder Schadensersatz von seinem Arbeitgeber erstattet verlangen kann. Dies gelte auch dann, wenn der dem Assistenzarzt vorgesetzte Oberarzt keine Suche nach einem vergessenen Bauchtuch, sondern das Ende der Operation angeordnet habe[4]. 17a

IV. Grenzen des Direktionsrechtes

1. Einsatz in der Krankenversorgung

Der Assistenzarzt ist in einem Krankenhaus **unter Aufsicht, Weisung und Verantwortung** des Leitenden Arztes tätig[5]. Trotz der Weisungsunterworfenheit trifft den Assistenzarzt die Pflicht, sich ein eigenes Urteil über die Krankheit des Patienten und über die Wirksamkeit und Gefährlichkeit der vom Chefarzt angeordneten Maßnahmen zu bilden und Bedenken vorzutragen[6]. Zwar steht dem Arbeitgeber grundsätzlich die sog. Leitungs- oder Weisungsbefugnis bzw. das Direktionsrecht bei der Ausführung der Arbeit zu. Anweisungen des Chefarztes oder des vorgesetzten Arztes unterliegen im Rahmen des Direktionsrechtes aber einer Billigkeitskontrolle. Eine Leistungsbestimmung entspricht billigem Ermessen, wenn die wesentlichen 18

1 LAG Rostock v. 22.4.2004 – 1 Sa 358/03, juris; s. auch LAG Frankfurt/M. v. 29.10.1992 – 13 Sa 1362/91, ZTR 1993, 288.
2 BAG v. 25.7.1984 – 5 AZR 294/82, PersV 1986, 345.
3 BAG v. 13.2.1996 – 9 AZR 798/93, ZTR 1996, 470.
4 ArbG Düsseldorf v. 22.12.2009 – 7 Ca 8603/09, MedR 2010, 257.
5 Der angestellte Arzt unterliegt grundsätzlich dem Direktionsrecht des Arbeitgebers, das sich allerdings nicht auf den medizinisch-fachlichen Bereich erstreckt, s. hierzu ArbG Mainz v. 6.7.1995 – 5 Ca 283/05, ArbuR 1996, 146.
6 Laufs/Kern/*Laufs*, § 12 Rz. 11.

Umstände des Falles abgewogen und die beiderseitigen Interessen berücksichtigt worden sind[1].

19   Für die Berufsausübung der Assistenzärzte kommt der Rechtsprechung der Zivilgerichte bei **Arzthaftungsprozessen** eine hohe Bedeutung zu. Diese Rechtsprechung der Zivilgerichte hat auch der Assistenzarzt bei der Ausübung seiner ärztlichen Tätigkeit im Krankenhaus zu beachten. Mit der (möglichen) Einschränkung des Direktionsrechtes im Krankenhausbetrieb hat sich die Rechtsprechung der Arbeitsgerichte bislang nur wenig beschäftigt. So hat das BAG ausdrücklich die Frage offengelassen, ob ein Dialysepfleger sich aus medizinischen, ethischen oder rechtlichen Bedenken weigern kann, ein bestimmtes Medikament zu verwenden[2]. Hingegen hat das ArbG Koblenz ausdrücklich betont, dass die Delegation ärztlicher Tätigkeiten auf OP-Pflegepersonal nicht zulässig ist und der Arbeitgeber insoweit sein Direktionsrecht überschreitet[3].

20   Eine Auswertung der zivilgerichtlichen Judikatur zeigt, dass das Direktionsrecht in einem unmittelbaren Zusammenhang mit der Organisation im Krankenhaus steht. Hiernach kann dem Assistenzarzt auch die Durchführung einer schwierigen Operation übertragen werden, wenn er vom Chefarzt oder Oberarzt überwacht wird und/oder wenn durch organisatorische Maßnahmen sichergestellt wird, dass jederzeit ein erfahrener Arzt/Operateur eingreifen kann oder bei auftretenden Komplikationen zur Stelle ist. Grundsätzlich ist jedoch festzuhalten, dass ein unerfahrener Assistenzarzt nicht bei einer schwierigen Operation ohne ausreichende Unterstützung allein gelassen werden darf. Abgesehen von Notfällen wird man dem unerfahrenen Assistenzarzt insoweit auch ein Weigerungsrecht einräumen müssen. Etwas anderes gilt lediglich in Notfällen, in denen der Assistenzarzt nicht auf die Anordnung eines Oberarztes warten kann[4].

21   Nach der Rechtsprechung der Zivilgerichte ist zwar die Übertragung einer **selbständig durchzuführenden Operation** auf einen dafür noch nicht ausreichend qualifizierten Assistenzarzt ein Behandlungsfehler; unter dem rechtlichen Gesichtspunkt einer Verletzung der ärztlichen Aufklärungspflicht werden Ersatzansprüche dadurch jedoch nicht begründet. Demzufolge braucht der Patient nicht darüber aufgeklärt zu werden, dass der Operateur (Arzt in Facharztausbildung) eine derartige Operation vorher noch gar nicht oder eine etwa vergleichbare Operation erst einmal oder zweimal selbst durchgeführt hat[5]. Etwas anderes gilt allerdings, wenn dem Patienten eine Behandlung durch den Chefarzt verbindlich zugesagt wurde und statt des Chefarztes ein Assistenzarzt tätig wird[6].

---

1 So z.B. LAG Frankfurt/M. v. 20.5.2003 – 14 Sa 1695/02, juris.
2 BAG v. 10.3.1998 – 1 AZR 658/97, ZTR 1998, 570.
3 ArbG Koblenz v. 24.8.1993 – 3 Ca 713/93, juris.
4 Laufs/Kern/*Kern*, § 90 Rz. 32.
5 OLG Köln v. 6.8.1981 – 7 U 105/80, VersR 1982, 453.
6 OLG Köln v. 28.7.1983 – 1 U 1459/83, NJW 1984, 1412.

Die Tatsache, dass ein noch **unerfahrener Assistenzarzt** bei einer Operation   22
tätig wird, ist rechtlich unerheblich[1]. Dies gilt auch für das Legen eines Zen-
tralvenenkatheters[2]. Der noch unerfahrene Assistenzarzt muss insoweit sowohl die Diagnostik als auch das weitere Vorgehen mit dem Oberarzt oder
Chefarzt absprechen[3]. Auf die vom Facharzt angeordneten Maßnahmen darf
der Assistenzarzt vertrauen[4]. Erforderlich ist regelmäßig bei einem noch unerfahrenen Assistenzarzt die Beaufsichtigung durch den Oberarzt oder Chefarzt, wobei das Ausmaß der Beaufsichtigung sich ausrichtet am Ausmaß der
tatsächlich erworbenen theoretischen Kenntnisse und praktischen Erfahrung[5]. Demzufolge muss der Assistenzarzt bei Übertragung einer Operation
stets prüfen, ob er nach seinem Ausbildungsstand in der Lage ist, die ihm
übertragene Aufgabe regelgerecht durchzuführen[6]; gefordert werden „hinreichende Kenntnisse und ausreichende praktische Erfahrungen und Fertigkeiten als Arzt"[7]. Wenn der Assistenzarzt diese Kenntnis verneint, ist er nicht
nur berechtigt, sondern auch verpflichtet, die Operation – sofern es sich
nicht um einen Notfall handelt – abzulehnen. Insoweit besteht auch kein
Weisungsrecht des Oberarztes oder Chefarztes. Bei einer strafrechtlichen
Würdigung kommt es nämlich entscheidend auf die berufliche Erfahrung
des Arztes und seine subjektive Einschätzung an[8]. Ist einem Assistenzarzt
die Behandlung eines Patienten als dem verantwortlichen Arzt übertragen
worden und übernimmt er die ärztliche Versorgung des Patienten, so treffen
ihn die gleichen ärztlichen Sorgfaltspflichten, wie wenn er Facharzt wäre[9].

Die Tätigkeit eines **Berufsanfängers** ist stets mit Risiken verbunden. Dem-   23
zufolge muss der Chefarzt oder Oberarzt bei Einsatz eines Assistenzarztes
stets dessen Ausbildungsstand berücksichtigen, was eine mehr oder weniger
intensive Überwachung der Tätigkeit des Assistenzarztes impliziert. Andererseits ist der Assistenzarzt verpflichtet, bei auftretenden Komplikationen
einen erfahrenen Arzt herbeizurufen. Keinesfalls darf der Assistenzarzt im
Wege des Direktionsrechtes hinsichtlich seiner Fähigkeiten überfordert werden. In Rechtsprechung und Literatur wird die Auffassung vertreten, dass in
einem derartigen Fall der Assistenzarzt Bedenken gegen die übertragende Tätigkeit äußern müsse, selbst wenn er sich mit einem solchen Schritt „möglicherweise Schwierigkeiten für sein Fortkommen aussetzen sollte"[10].

---

1 BGH v. 14.3.1978 – VI ZR 213/76, NJW 1978, 1681.
2 OLG Oldenburg v. 16.5.1999 – 5 U 194/98, NJW-RR 1999, 1327.
3 OLG Köln v. 14.7.1993 – 27 U 138/93, NJW-RR 1993, 1440; OLG Zweibrücken v.
   27.2.2002 – 5 U 17/00, OLGReport Zweibrücken 2001, 315.
4 OLG Brandenburg v. 25.2.2010 – 12 U 60/09, juris.
5 OLG Düsseldorf v. 9.3.1995 – 8 U 100/93, NJW 1995, 1620 sowie OLG Hamm v.
   30.11.2005 – 3 U 61/05, juris.
6 OLG Düsseldorf v. 21.3.1991 – 8 U 55/89, NJW 1991, 2968.
7 OLG Koblenz v. 18.5.2006 – 5 U 330/02, NJW-RR 2006, 1172.
8 BGH v. 2.2.1979 – 2 StR 237/78, NJW 1979, 1258.
9 OLG Frankfurt v. 11.6.1990 – 1 U 58/89, juris.
10 BGH v. 27.9.1983 – VI ZR 230/81, NJW 1984, 655; Laufs/Kern/*Ulsenheimer*, § 140
   Rz. 50 ff.

24 Der BGH hat betont, von einer **Berufsanfängerin** müsse erwartet werden, dass bei einer unklaren Diagnose weitere Untersuchungen durchgeführt werden; dies gilt auch, wenn – bei Verdacht einer schweren und lebensbedrohenden Erkrankung – ihr die weitgehend eigenverantwortliche Betreuung des Patienten überlassen worden ist[1]. Wenn keine Komplikationen zu erwarten sind, kann – bei einer Geburt – die noch unerfahrene Assistenzärztin der Hebamme lediglich helfend zur Hand gehen. Sobald indes Komplikationen auftreten, muss sofort der Facharzt informiert und herbeigerufen werden[2]. Grundsätzlich kann der in der Ausbildung stehende Assistenzarzt darauf vertrauen, dass die für seinen Einsatz und dessen Organisation verantwortlichen Entscheidungsträger auch für den Fall von Komplikationen, mit denen zu rechnen ist und für deren Beherrschung, wie sie wissen müssen, seine Fähigkeiten nicht ausreichen, organisatorisch die erforderliche Vorsorge getroffen ist. Dies gilt jedoch dann nicht, wenn – für ihn erkennbar – Umstände hervortreten, die ein solches Vertrauen als nicht gerechtfertigt erscheinen lassen[3]. In diesem Fall muss sich – abgesehen von einer Notsituation – der Assistenzarzt weigern, die Operation durchzuführen.

25 Die Rechtsprechung macht weiter geltend, dass bei **Risikopatienten** der Facharzt selbst in einer apparativ nicht bestmöglich ausgestatteten Klinik (welche Klinik ist das schon?) die Ultraschalluntersuchungen vornehmen oder die Patientin an ein besser ausgestattetes Zentrum überweisen müsse. Es sei in dieser Situation nicht genügend, wenn eine Asstistenzärztin mit hinreichender Berufserfahrung die Untersuchungen vornehme[4]. Ob man allerdings in einem derartigen Fall vom Assistenzarzt wird fordern können, dass er die entsprechende Untersuchung ablehnt, erscheint zweifelhaft, ist jedoch im Hinblick auf eine etwaige strafrechtliche Verantwortung durchaus diskussionswürdig.

26 Mit der haftungsrechtlichen Frage der sog. „**Anfängeroperation**" hat sich die Rechtsprechung der Zivilgerichte vielfach beschäftigt. Hierbei ging es auch um die **persönliche Haftung des Assistenzarztes** wegen eines – möglichen – Kunstfehlers während einer Operation[5]. Nach der Rechtsprechung muss der Berufsanfänger den Gang der von ihm selbständig durchgeführten Operation auch bei sog. Routineeingriffen in den wesentlichen Punkten dokumentieren[6]. Bei der Operation durch einen Assistenzarzt werden stets gewisse Qualifikationsanforderungen gestellt[7]. Bei chirurgischen oder urologischen Eingriffen, die von einem Berufsanfänger vorgenommen werden, muss immer ein Facharzt assistieren[8]. Auch bei einer **Operation im dritten Ausbildungs-**

---

1 BGH v. 26.3.1988 – VI ZR 246/86, NJW 1988, 2290.
2 OLG Stuttgart v. 8.7.2003 – 1 U 104/02, OLGR 2004, 239.
3 BGH v. 12.7.1994 – VI ZR 299/93, NJW 1994, 3008; OLG Köln v. 25.9.1996 – 5 U 255/94, MedR 1997, 116.
4 LG Köln v. 1.7.1998 – 25 O 240/95, MDR 1999, 323.
5 OLG Zweibrücken v. 18.2.1997 – 5 U 3/96, VersR 1997, 833.
6 BGH v. 7.5.1985 – VI ZR 224/83, NJW 1982, 2193.
7 OLG Koblenz v. 13.6.1990 – 5 U 860/88, NJW 1991, 2967.
8 BGH v. 10.3.1992 – VI ZR 64/91, NJW 1992, 1560; OLG Hamm v. 30.11.2005 – 3 U 61/05, juris.

jahr ist eine Aufsicht durch den Facharzt erforderlich[1]. Die vom Assistenzarzt erstellte Diagnose und eingeleitete Therapie ist vom Chefarzt oder von
dem von ihm beauftragten ausgebildeten Facharzt alsbald zu überprüfen[2].
Wenn ein Oberarzt und Facharzt für Chirurgie bei einer Lymphknotenexstir-
pation im Halsbereich die Assistenz übernimmt und dem Assistenzarzt, der
diese Operation zum ersten Mal ausführt, die Operationsleitung überlässt,
hat er sich vor dem Eingriff darüber zu vergewissern, dass der Operateur die
erforderlichen Kenntnisse der Operationstechnik, der Operationsrisiken und
der Zweckvermeidung von Komplikationen zu beachtenden Regeln besitzt.
Im Rahmen der Operationsaufsicht hat der Oberarzt darüber hinaus jeden
Operationsschritt zu beobachten, zu verfolgen und ggf. korrigierend einzugreifen[3]. Hieraus ergibt sich auch zwingend, dass die Verantwortung, ob
(nach einer Kopfoperation) zu intubieren ist oder ob der Anästhesist zu rufen
ist, der anwesende Facharzt und nicht der Assistenzarzt trägt[4].

Eine **Intubationsnarkose** darf grundsätzlich nur von einem als Fachmann   27
ausgebildeten Anästhesisten oder – bei einem entsprechend fortgeschritte-
nen Ausbildungsstand – zumindest unter dessen unmittelbarer Aufsicht von
einem Assistenzarzt vorgenommen werden, wobei Blick- oder Rufkontakt
zwischen beiden bestehen muss[5]. Eine Anästhesistin, die kurz vor der Fach-
arztprüfung steht, handelt grob fahrlässig, wenn sie nach zwei vergeblichen
Intubationsversuchen statt den Oberarzt lediglich einen Assistenzarzt ruft[6].
Damit stellt sich nach dieser Rechtsprechung die Frage, ob es zulässig ist,
wenn in einem OP-Zentrum gleichzeitig in acht OP-Sälen operiert wird,
wobei in einem Saal der Chefarzt der Anästhesie, in einem anderen der
Oberarzt der Anästhesie und in 6 weiteren OP-Sälen jeweils ein in der Ausbildung zum Anästhesisten befindlicher Assistenzarzt tätig ist. Nach Auffassung der Krankenhäuser soll eine derartige Personalausstattung ausreichend
sein. Dies erscheint, zumindest bei Operationen in einem Universitätsklinikum, in welchem vielfach schwierige Fälle operiert werden, äußerst
zweifelhaft. Nach diesseitiger Auffassung wird insoweit das Direktionsrecht
missbraucht. An die haftungsrechtlichen und strafrechtlichen Folgen muss
nachdrücklich erinnert werden.

2. Tätigkeiten für den Chefarzt

a) Tarifrechtliche Regelung

Gemäß **Nr. 3 Abs. 1 Satz 2 SR 2c BAT** konnte der Arzt vom Arbeitgeber ver-   28
pflichtet werden, im Rahmen einer zugelassenen Nebentätigkeit des Leitenden Arztes oder für einen Belegarzt innerhalb des Anstaltsbereiches ärztlich
tätig zu werden. Die entsprechende Verpflichtung galt – aufgrund Verwei-

---

1 OLG Koblenz v. 13.6.1990 – 5 U 860/88, NJW 1991, 2967.
2 BGH v. 10.2.1987 – VI ZR 68/86, NJW 1987, 1479.
3 OLG Düsseldorf v. 16.9.1993 – 8 U 16/92, VersR 1994, 352.
4 OLG München v. 11.6.1992 – 1 U 2395/90, VersR 1994, 684.
5 BGH v. 15.6.1993 – VI ZR 175/92, NJW 1993, 2989; OLG Zweibrücken v. 7.10.1987 –
   2 U 16/86, MedR 1989, 96.
6 OLG Köln v. 9.11.1988 – 27 U 77/88, NJW 1990, 776.

sung – auch in Krankenhäusern in Trägerschaft der Evangelischen Kirche. Im Bereich der Krankenhäuser in Trägerschaft der Katholischen Kirche gilt gem. **§ 5 Abs. 3 UA 3 AVR** die Verpflichtung der Ärzte, auf Anordnung des Dienstgebers im Rahmen einer zugelassenen Nebentätigkeit des Leitenden Arztes oder für einen Belegarzt des Krankenhauses tätig zu werden. Erforderlich ist somit die Anordnung des Arbeitgebers bzw. Dienstgebers. Üblich wäre es, eine entsprechende Verpflichtung des angestellten Arztes arbeitsvertraglich als Nebenabrede zum Arbeitsvertrag (§ 4 Abs. 2 BAT) zu vereinbaren. Der angestellte Arzt konnte die Übernahme der Verpflichtung nicht verweigern[1]. Die Kommentarliteratur vertritt hierzu die Auffassung, dass diese Ausdehnung der Arbeitspflicht erfolgt, um den Leitenden Ärzten im Krankenhaus eine (Neben-)Beschäftigung auf eigene Rechnung zu ermöglichen, die ihnen regelmäßig durch Dienstvertrag gestattet wird. Hierbei besteht Einigkeit, dass die Mitarbeiter, die für den Leitenden Arzt oder Belegarzt tätig werden, hierdurch keinen Anspruch auf Vergütung gegenüber dem Arbeitgeber oder Dienstgeber erwerben[2]. Unabhängig von der Frage des Vergütungsanspruches des Assistenzarztes gegenüber dem Leitenden Arzt im Falle der Heranziehung zu einer derartigen Tätigkeit stellt sich die Frage der Grenzen des Direktionsrechtes.

28a Die Nr. 3 Abs. 1 Satz 2 SR 2c BAT vergleichbaren Bestimmungen befinden sich nunmehr in § 42 TVöD BT-K bzw. § 42 Abs. 9 und 10 TV-L. Im Übrigen vertritt das LAG Hamm die Auffassung, dass die Geltung des zwischen dem Marburger Bund und der Tarifgemeinschaft Deutscher Länder (TdL) abgeschlossenen Bundesangestelltentarifvertrages (BAT) für die Mitglieder des Marburger Bundes nicht dadurch berührt werde, dass ver.di und die dbb-Tarifunion für ihre Mitglieder mit dem TV-L und dem TVÜ-L neue Tarifverträge abgeschlossen haben, die unter anderem den BAT ersetzen[3].

b) Ambulante Behandlung sozialversicherter Patienten

29 Krankenhausärzte mit abgeschlossener Weiterbildung können gem. § 116 SGB V vom Zulassungsausschuss gem. § 96 SGB V zur Teilnahme an der vertragsärztlichen Versorgung der Versicherten ermächtigt werden. Es handelt sich hierbei um ein persönliches Recht des ermächtigten Arztes, **dem allerdings die Pflicht zur persönlichen Leistungserbringung gegenübersteht (vgl. § 32a Ärzte-ZV)**. In der Literatur wird insoweit die Frage diskutiert, ob die Verpflichtung zur persönlichen Leistungserbringung für den Bereich der Kranken- (und Unfall-)Versicherung bedeutet, dass der Krankenhausarzt alle Leistungen eigenhändig bzw. höchstpersönlich erbringen muss. Insoweit wird differenziert zwischen nicht delegierbaren ärztlichen Leistungen (wie z.B. Diagnose- und Therapieplanung) sowie delegierbaren ärztlichen Leistungen (wie z.B. Untersuchungen mit Hilfe bestimmter physikalischer oder

---

1 *Böhm/Spiertz*, BAT-SR 2c Rz. 13.
2 So z.B. *Beyer/Papenheim*, § 5 III Rz. 11.
3 LAG Hamm v. 8.1.2009 – 11 Sa 2136/07, juris. Das Revisionsverfahren wurde durch Vergleich erledigt, s. BAG v. 21.7.2010 – 4 AZR 199/09, n. v.

chemischer Prozesse, wie z. B. EKG)[1]. In arbeitsrechtlicher Sicht stellt sich somit die Frage, ob und inwieweit nicht delegierbare ärztliche Leistungen dennoch auf den nachgeordneten Assistenzarzt übertragen werden können, was einerseits Rückerstattungsansprüche zur Folge haben und andererseits den strafrechtlichen Tatbestand des Betruges erfüllen könnte. Nach diesseitiger Auffassung wird auch insoweit durch das Kassenarztrecht das Direktionsrecht Leitender Ärzte gegenüber den nachgeordneten Assistenzärzten eingeschränkt.

c) Gutachtenerstellung durch den Assistenzarzt

Gemäß Nr. 3 Abs. 3 zu SR 2c BAT, § 42 Abs. 3 TVöD BT-K sowie § 42 Abs. 11 TV-L gehört die Erstellung von Gutachten, gutachtlichen Äußerungen und wissenschaftlichen Ausarbeitungen, die nicht von einem Dritten angefordert und vergütet werden, zu den Ärztinnen und Ärzten obliegenden **Pflichten aus der Haupttätigkeit.** Demzufolge kann der insoweit beauftragte (Leitende) Arzt auch gem. Nr. 3 Abs. 1 Satz 2 SR 2c BAT, § 42 Abs. 1 Satz 2 TVöD BT-K sowie § 42 Abs. 11 TV-L den Assistenzarzt zur Mithilfe bei der Erstellung eines Gutachtens heranziehen[2]. 30

Die **Gerichte** bedienen sich notwendigerweise bei Arzthaftungsprozessen, Verkehrsunfällen, Rentenverfahren, Verfahren wegen Versetzung in den Ruhestand etc. sachverständiger Hilfe. Zum Sachverständigen wird häufig ein Klinikdirektor oder Chefarzt bestellt. Die Gerichte müssen sich immer wieder mit der Frage beschäftigen, ob und inwieweit dem bestellten Gutachter gestattet ist, bei der Erstellung des Gutachtens sich der Hilfe eines Assistenzarztes zu bedienen. Das **BVerwG** formuliert dahingehend, dass der gerichtlich bestellte Sachverständige bei der Vorbereitung und Abfassung eines schriftlichen Gutachtens sich wissenschaftlicher Mitarbeiter oder sonstiger geeigneter Hilfskräfte nur insoweit zu seiner Unterstützung bedienen darf, als seine persönliche Verantwortung für das Gutachten insgesamt uneingeschränkt gewahrt bleibt. Der Vermerk unter dem Gutachten „einverstanden" ist unzureichend[3]. Nach Auffassung des **BSG** ist ein Chefarzt nur dann als Gutachter anzusehen, wenn er in der Sache selbst – z.B. durch Untersuchungen oder auf andere Weise – tätig geworden ist und aus diesem Grunde die Ausführungen im Gutachten sowohl inhaltlich als auch vom Ergebnis her voll mitverantworten kann und dies auch geschieht. Allerdings wird dann einschränkend formuliert, es sei ausreichend, dass der beauftragte Gutachter die volle eigene Verantwortung für das vom Assistenzarzt entworfene Gutachten übernehme[4]. Der **BGH** hat dies dann akzeptiert, wenn der Direktor einer Klinik aufgrund persönlicher Untersuchung des zu begutachtenden 31

---

1 *Kuhla*, MedR 2003, 25, 27.
2 S. zu Nr. 3 Abs. 3 SR 2c BAT *Böhm/Spiertz*, BAT, SR 2c Rz. 19.
3 BVerwG v. 9.3.1984 – 8 C 97/83, MedR 1984, 191.
4 BSG v. 23.4.1987 – 2 BU 87/86, juris.

Patienten sowie eigener Urteilsbildung durch schriftlichen Vermerk sein Einverständnis mit dem Gutachten erklärt hat[1].

32   Dieser Rechtsprechung ist ohne Weiteres zu folgen, wenn der beauftragte Chefarzt oder Klinikdirektor den Patienten persönlich untersucht und aufgrund eigener Urteilsbildung und entsprechender Unterzeichnung unter dem Gutachten die volle Verantwortung für den Inhalt übernommen hat. Dass es hiernach nicht ausreichend ist, wenn der von dem Gericht bestellte Sachverständige das Gutachten nur mit **„einverstanden"** unterzeichnet, steht außer Frage[2]. Zuzustimmen ist auch dem VG Berlin, wonach der Gutachter das Gutachten durch einen Assistenzarzt abfassen lassen kann, wenn er alles Erforderliche getan hat, damit das **Gutachten als sein eigenes gewertet** werden kann[3]. Man kann insoweit auch eine Parallele ziehen zum Prüfungsrecht: Die Prüfungsleistung ist vom Prüfer selbst, unmittelbar und vollständig zur Kenntnis zu nehmen und aus eigener Sicht selbständig zu beurteilen[4]. Selbst wenn der Prüfer Klausuren durch einen (Korrektur-)Assistenten vorkorrigieren lässt, muss er die Korrekturen selbst durchsehen, um sich ein eigenes Urteil über den Inhalt der Arbeit und der Bewertung zu machen[5]. Vorliegend kann für die persönliche Erstellung eines Gutachtens nichts anderes gelten.

33   Arbeitsrechtlich stellt sich somit die Frage, ob der zum Gutachter bestellte Leitende Arzt die Erstellung des Gutachtens einschließlich der **Anamnese** und sonstigen Befunderhebung vollständig dem Assistenzarzt überlassen und sich lediglich auf die wahrheitswidrige Feststellung beschränken kann, er stimme dem Urteil aufgrund eigener Urteilsbildung zu. Hierbei steht außer Frage, dass die Anamnese ein wichtiger Teil der Begutachtung ist. Wenn bei der Anamnese Fehler unterlaufen, ist das Gutachten völlig unbrauchbar. Nichtsdestotrotz soll es zahlreiche vom Gericht bestellte Gutachter geben, die weder die zu begutachtende Person jemals gesehen noch die Untersuchungsergebnisse auf ihre Richtigkeit hin überprüft haben. Strafrechtlich gesehen wirkt der Assistenzarzt somit mit an einem Betrug. Hierzu ist er arbeitsrechtlich nicht verpflichtet. Dies gilt erst recht, wenn insoweit ein Vergütungsanspruch des Assistenzarztes gegenüber dem Leitenden Arzt für die erbrachte Tätigkeit nicht besteht[6]. Hingegen akzeptiert die Rechtsprechung die Rechnungsstellung für ein Gutachten durch den miterstellenden Ober- oder auch Assistenzarzt mit der Begründung, dies sei im Verfahren gem. § 106 SGG eine durchaus übliche und kostenrechtlich auch akzeptierte Praxis[7].

---

1 BGH v. 5.3.1963 – VI ZR 121/62, VersR 1963, 655. Ebenso OLG Nürnberg v. 18.6.2007 – 2 Ws 301/07, juris.

2 OLG Koblenz v. 15.2.1999 – 10 U 518/98, juris, sowie OLG Koblenz v. 22.2.2002 – 10 U 1213/01, NVwZ 2002, 315.

3 VG Berlin v. 10.6.1963 – VI A 32/62, juris.

4 BVerwG v. 29.9.1984 – 7 C 57.83, NVwZ 1985, 187.

5 Ausführlich hierzu *Zimmerling/Brehm*, Prüfungsrecht, 3. Aufl. 2007, Rz. 608 ff.

6 BAG v. 3.8.1983 – 5 AZR 306/81, AP Nr. 36 zu § 611 BGB Ärzte, Gehaltsansprüche; BAG v. 14.1.1981 – 5 AZR 853/78, AP Nr. 29 zu § 611 BGB Ärzte, Gehaltsansprüche.

7 BayLSG v. 9.1.2007 – L 16 R 133/02.Ko, juris.

3. Arbeitszeit

Auf die Arbeitszeit der Assistenzärzte findet das am 1.7.1994 in Kraft getre-   34
tene Arbeitszeitgesetz (ArbZG)[1] Anwendung. Die in diesem Gesetz nieder-
gelegten öffentlich-rechtlichen Arbeitszeit-Schutzvorschriften gehen vertraglichen Vereinbarungen vor[2]. Das ArbZG gilt für alle Krankenhausträger,
somit auch für die kirchlichen Krankenhausträger[3]. Das ArbZG regelt die
Höchstgrenzen der werktäglichen Arbeitszeit, die Mindestruhepausen, die
Mindestruhezeiten nach Beendigung der täglichen Arbeitszeit, Nacht- und
Schichtarbeit sowie Sonn- und Feiertagsarbeit (ausführlich hier Teil 10
Rz. 8 ff.)

Einstweilen frei.   35–38

§ 15 BAT hat bislang die Arbeitszeit in den öffentlichen Krankenhäusern ge-   39
regelt, damit auch den Bereitschaftsdienst und die Rufbereitschaft (vgl. § 15
Abs. 6 BAT). Das BAG hat judiziert, dass die **Stundenvergütung** nach § 34
Abs. 1 Satz 2 BAT nicht den Bereitschaftsdienst betrifft, den ein nicht voll-
beschäftigter Angestellter über die mit ihm vereinbarte durchschnittliche,
aber nicht über die regelmäßige Arbeitszeit hinaus leistet[4]. Wenn ein Assistenzarzt die Leistung von **Mehrarbeitsstunden** geltend macht, muss er nachweisen, dass diese Mehrarbeitsstunden notwendig waren. Insoweit ist es
ausreichend, wenn er eine entsprechende Bestätigung des Chefarztes vorlegt,
ohne dass vom Chefarzt verlangt wird, dass er die von ihm mitgeteilte Zahl
der Mehrarbeitsstunden im Einzelnen überprüft hat. In diesem Fall kommt
eine Schätzung der zu vergütenden Stunden entsprechend § 287 Abs. 2 ZPO
in Betracht. Mit Hilfe des Chefarztes muss der Assistenzarzt auf jeden Fall
nachweisen, dass die Mehrarbeit in Kenntnis der Vorgesetzten erfolgt ist.
Grundsätzlich muss auch der angestellte Assistenzarzt, der im Prozess von
seinem Arbeitgeber die Bezahlung von Überstunden fordert, beim Bestreiten
der Überstunden nicht nur deren genaue zeitliche Lage angeben, sondern
auch, ob und inwieweit eine Anordnung, Billigung oder Duldung des Arbeitgebers vorliegt oder aber, ob die Überstunden zur Erledigung der ihm obliegenden Arbeiten notwendig waren[5]. Soweit im Arbeitsvertrag Bezug genommen wird auf einen einschlägigen Tarifvertrag ist selbstverständlich auch
die dort normierte Ausschlussfrist zu beachten; nach der Rechtsprechung
findet keine Transparenzkontrolle der in Bezug genommenen tariflichen
Ausschlussfrist statt[6].

Einstweilen frei.   40–42

---

1 S. hierzu die Kommentierung von ErfK/*Wank*, § 2 ArbZG Rz. 2 sowie *Bruns*, ArztR
   2005, 326.
2 Schaub/*Linck*, § 45 Rz. 51.
3 Laufs/Kern/*Genzel/Degener-Hencke*, § 86 Rz. 37 ff.
4 BAG v. 21.11.1991 – 6 AZR 551/89, ArztR 1993, 45.
5 LAG Köln v. 7.9.1989 – 10 Sa 488/89, ArztR 1990, 329.
6 LAG München v. 1.8.2007 – 10 Sa 93/07, juris.

V. Mitarbeiterbeteiligung (Pool)

43 Bei der Behandlung von Patienten im Rahmen des dem Leitenden Arzt eingeräumten **Liquidationsrechtes** wird dieser von den nachgeordneten (Assistenz-)Ärzten unterstützt. Diese Ärzte haben kein eigenes Recht zur Liquidation. Um die nachgeordneten ärztlichen Mitarbeiter an dem Erlös für Leistungen, bei denen sie mitgewirkt haben, die sie aber nicht liquidieren können, zu beteiligen, sehen der Gesetzgeber, das Berufsrecht und mitunter die Vertragsparteien bestimmte Regelungen für eine Mitarbeiterbeteiligung vor. Unter dieser Mitarbeiterbeteiligung („**Pool**") wird somit die Beteiligung der nachgeordneten Ärzte am Liquidationserlös der Leitenden Ärzte verstanden, die diese aufgrund der ihnen vom Krankenhausträger erteilten Nebentätigkeitserlaubnis, ambulante Selbstzahler oder nach Maßgabe einer Ermächtigung Kassenpatienten zu behandeln und hierfür zu liquidieren, oder in sonstiger Weise (z.B. bei der Anfertigung von Gutachten im Nebentätigkeitsbereich) erzielen[1].

44 In einigen Bundesländern bestehen gesonderte gesetzliche Vorschriften zur Mitarbeiterbeteiligung[2]. Dies gilt beispielsweise für Baden-Württemberg, Hessen, Mecklenburg-Vorpommern, Rheinland-Pfalz und Sachsen[3] sowie Saarland[4]. Die **landesrechtlichen Regelungen** sind höchst unterschiedlich. Gemäß § 16 Abs. 5 SKHG sind nicht nur die nachgeordneten Ärzte, sondern auch die nichtärztlichen Mitarbeiter an den vom Leitenden Arzt erzielten Liquidationseinnahmen zu beteiligen. Gemäß § 16 Abs. 7 Satz 1 SKHG stellt der Krankenhausträger durch hausinterne Regelungen die angemessene Beteiligung nach § 16 Abs. 6 SKHG sicher (wie immer das geschieht), wobei gem. § 16 Abs. 8 SKHG die Erfüllung von bestehenden Verträgen des Krankenhausträgers mit liquidationsberechtigten Ärztinnen und Ärzten unberührt bleibt. Es heißt dann wörtlich wie folgt: „Der Krankenhausträger hat die rechtlichen Möglichkeiten einer Anpassung dieser Verträge auszuschöpfen." Auch im Saarland – ebenso wie in allen anderen Bundesländern – werden kirchliche Krankenhäuser von der gesetzlichen Poolpflicht ausgenommen. Dies beruht auf der Rechtsprechung des BVerfG, wonach sich das konfessionellen Krankenhausträgern durch Art. 140 GG/Art. 137 Abs. 3 Satz 1 WRV gewährleistete Selbstbestimmungsrecht auch auf die Mitarbeiterbeteiligung erstreckt[5].

44a Es bleibt abzuwarten, ob es den Krankenhausträgern gelingt, mit den Leitenden Ärzten in allen Fällen eine Vereinbarung dahingehend zu treffen, dass zumindest die nachgeordneten ärztlichen Mitarbeiter in angemessener Weise an den Privateinnahmen beteiligt werden. Soweit der Gesetzgeber – wie der saarländische Gesetzgeber – bestimmte **Abgabensätze** normiert (bis

---

1 S. hierzu Laufs/Kern/*Genzel/Degener-Hencke*, § 87 Rz. 604 ff.
2 S. hierzu *Münzel*, NJW 2001, 1752.
3 Nachweise insoweit bei Laufs/Kern/*Genzel/Degener-Hencke*, § 87 Rz. 62–71.
4 Saarländisches Krankenhausgesetz (SKHG) vom 13.7.2005, ABl. S. 1298, zuletzt geändert durch Gesetz v. 6.5.2009, ABl. S. 682.
5 BVerfG v. 23.3.1980 – 2 BvR 208/76, NJW 1980, 1895.

25 600 Euro Abgaben i. H. v. 10 %, von mehr als 25 600 Euro bis 127 800 Euro Abgaben i. H. v. 25 % und über 127 800 Euro Abgaben i. H. v. 40 %), stellt sich die Frage, ob diese Schwellenwerte unverändert bleiben (bis zu einer Anpassung durch den Gesetzgeber) oder ob insoweit eine jährliche Indizierung vorzunehmen ist. Letzteres mag zwar vernünftig sein, bedürfte jedoch wohl einer gesetzlichen Anordnung.

Ob Assistenzärzte aus dem **ärztlichen Berufsrecht** eine Beteiligung an Liqui-   45
dationseinnahmen einfordern können, erscheint durchaus zweifelhaft[1]. Unmittelbare vertragliche Beziehungen wird es insoweit in der Regel zwischen dem Leitenden Arzt und den nachgeordneten Ärzten nicht geben. Der Leitende Arzt ist insoweit auch nicht als Arbeitgeber der nachgeordneten Ärzte anzusehen[2]. Allerdings kann der Leitende Arzt aufgrund seines mit dem Krankenhausträger geschlossenen Vertrages durchaus verpflichtet sein, einen Anteil am Liquidationserlös an den nachgeordneten Arzt auszukehren und insoweit auch Auskunft zu erteilen[3]. Darüber hinaus bestimmt nunmehr § 42 Abs. 4 TV-L eine Beteiligung der Beschäftigten an den Poolgeldern, wobei die Beteiligung nach „transparenten Grundsätzen" zu erfolgen hat. Die Rechtsprechung verneint indes weiterhin einen Anspruch eines nachgeordneten Arztes auf Poolbeteiligung[4].

Die Deutsche Krankenhausgesellschaft (DKG) hat in dem von ihr heraus-   46
gegebenen „**Chefarztvertrag**" eine Formulierungshilfe für die Beteiligung der nachgeordneten ärztlichen Mitarbeiter an den Liquidationserlösen gegeben. Soweit mit einem Chefarzt ein neuer Arbeitsvertrag abgeschlossen wird, wird üblicherweise eine entsprechende Pool-Pflicht vereinbart. Bei bereits bestehenden Chefarztverträgen besteht häufig keine entsprechende Verpflichtung des Chefarztes und somit auch kein Anspruch des nachgeordneten Arztes auf Beteiligung an den Liquidationserlösen[5]. Werden von einem liquidationsberechtigten Chefarzt Geldbeträge an die nachgeordneten Mitarbeiter abgeführt, so handelt es sich um eine der Sozialversicherungspflicht unterliegende Vergütung[6].

Einstweilen frei.   47

---

1 So aber Ärztliches Berufsgericht Niedersachsen v. 17.11.2004 – BG 17/02, ArztR 2005, 295.
2 BAG v. 28.9.2005 – 5 AZR 408/04, DB 2006, 512.
3 BAG v. 8.4.1987 – 5 AZR 4/86, juris; LAG Baden-Württemberg v. 8.10.1987 – 9 Sa 77/87, juris.
4 LAG München v. 13.4.2010 – 6 Sa 986/09, juris; so bereits LAG Hamm v. 17.2.2000 – 17 Sa 1772/99, juris.
5 BAG v. 22.1.1997 – 5 AZR 441/95, MedR 1997, 324; BAG v. 20.1.1998 – 9 AZR 547/96, MedR 1998, 423; BAG v. 16.6.1998 – 1 ABR 67/97, MedR 1999, 37.
6 BAG v. 28.9.2005 – 5 AZR 408/04, ZTR 2006, 394; BayLSG v. 25.4.2006 – l 5 KR 4/05, juris.

VI. Arbeitsrechtliche Konsequenzen

1. Ärztlicher Kunstfehler und Kündigung

48   Es steht außer Frage, dass ein **ärztlicher Kunstfehler** Grund für eine ordentliche oder außerordentliche Kündigung eines Arztes sein kann. Dies gilt nicht nur bei Chef- oder Oberärzten[1], sondern auch bei Assistenzärzten[2]. Zumindest kann eine Abmahnung ausgesprochen werden, zumal nach der Rechtsprechung eine Abmahnung bereits dann zulässig ist, wenn objektiv ein Pflichtenverstoß gegeben ist; es kommt nicht darauf an, ob dieser dem Arbeitnehmer auch subjektiv vorwerfbar ist[3]. Die Rechtsprechung hat es allerdings auch für zulässig erachtet, dass aufgrund eines einzigen ärztlichen Fehlbefundes ein (teilweise) fachlich nicht hinreichend ausgewiesener Oberarzt eine Änderungskündigung mit dem Ziel der Fortsetzung der Tätigkeit als Assistenzarzt erhält[4].

2. Ärztlicher Kunstfehler und Schadensersatz

49   Darüber hinaus kann der Krankenhausträger, der von einem Patienten auf **Schadensersatz** in Anspruch genommen wird, beim behandelnden **Arzt Rückgriff** nehmen[5]. Unter Geltung des BAT war die Haftung des Arbeitnehmers gem. § 14 BAT i. V. m. beamtenrechtlichen Bestimmungen auf grobe Fahrlässigkeit und Vorsatz beschränkt. Eine vergleichbare Regelung enthalten § 3 Abs. 7 TV-L[6] und § 3 Abs. 7 TVöD[7, 8].

49a   Hierzu ist darauf hinzuweisen, dass bei der Bestimmung des Begriffes der groben Fahrlässigkeit im Rahmen der Arbeitnehmerhaftung nicht in jeder Hinsicht dieselben Maßstäbe anzulegen sind, wie bei der Bestimmung des „groben Behandlungsfehlers" im Arzthaftungsrecht. **Grobe Fahrlässigkeit** ist nur anzunehmen, wenn eine besonders schwerwiegende und subjektiv nicht zu entschuldigende Pflichtverletzung vorliegt. Grob fahrlässig handelt, wer die im Verkehr erforderliche Sorgfalt nach den gesamten Umständen in ungewöhnlich hohem Maße verletzt und unbeachtet lässt, was im jeweiligen Fall jedem hätte einleuchten müssen. Im Gegensatz zum rein objektiven

---

1 LAG Frankfurt/M. v. 10.12.1981 – 12 Sa 671/81, juris; LAG Saarland v. 11.8.2004 – 2 Sa 98/02, n. v.
2 LAG Düsseldorf v. 4.11.2005 – 9 Sa 993/05, MedR 2006, 220.
3 BAG v. 27.11.1985 – 5 AZR 101/84, AP Nr. 93 zu § 611 BGB Fürsorgepflicht; BAG v. 7.9.1988 – 5 AZR 625/87, NZA 1989, 272; ausführlich hierzu *Degel* in: 50 Jahre Saarländische Arbeitsgerichtsbarkeit 1947 bis 1997, 1997, S. 201, 209.
4 LAG Baden-Württemberg v. 18.2.1997 – 14 Sa 97/94, juris.
5 BAG v. 10.6.1969 – 1 AZR 339/68, NJW 1969, 2299; LAG Köln v. 12.1.2005 – 7 Sa 754/04, juris.
6 *Bredemeier/Neffke/Cerff/Weizenegger*, TVöD/TV-L, § 3 Rz. 19 ff.
7 S. hierzu LAG Mainz v. 14.1.2010 – 10 Sa 394/09, juris.
8 BAG v. 25.9.1997 – 8 AZR 288/96, NZA 1998, 310; sowie BAG v. 4.5.2006 – 8 AZR 311/05, NZA 2006, 1428; LAG Berlin v. 30.5.1983 – 9 Sa 21/83, VersR 1983, 937; LAG Köln v. 28.3.1988 – 5 Sa 106/88, LAGE § 611 BGB Arbeitnehmerhaftung Nr. 9; LAG Baden-Württemberg v. 16.11.1995 – 11 Sa 114/93, juris; LAG Köln v. 12.1.2005 – 7 Sa 754/04, juris.

Maßstab bei einfacher Fahrlässigkeit sind bei grober Fahrlässigkeit somit auch subjektive Umstände zu berücksichtigen; es kommt also darauf an, ob der Schädigende nach seinen individuellen Fähigkeiten die objektiv gebotene Sorgfalt erkennen und erbringen konnte[1].

Das LAG Baden-Württemberg hat einen grob fahrlässigen ärztlichen Behand-   49b
lungsfehler bei einem einer in der Ausbildung zur Fachärztin für Anästhesie befindlichen Assistenzärztin unterlaufenen Fehler bejaht, der schlechterdings einem Arzt nicht unterlaufen darf (z. B. Übertragung von Blut oder Blutkonserven von einer anderen Blutgruppe, als sie der Patient hat)[2]. Im Revisionsverfahren hat das BAG betont, dass die auch bei **grober Fahrlässigkeit** des Arbeitnehmers möglichen Haftungserleichterungen nicht bereits deshalb ausgeschlossen sind, weil der Arbeitnehmer freiwillig eine Berufshaftpflichtversicherung abgeschlossen hat, die auch im Falle grober Fahrlässigkeit für den Schaden eintritt. Im Einzelfall können indes Haftungserleichterung deshalb ausscheiden, weil der Arbeitnehmer mit besonders grober (gröbster) Fahrlässigkeit gehandelt hat[3].

Grundsätzlich darf ein Assistenzarzt auf die vom Facharzt angeordneten   49c
Maßnahmen vertrauen. Etwas anderes gilt nur dann, wenn aus für den Assistenzarzt erkennbaren Umständen sich ergibt, dass ein solches Vertrauen nicht gerechtfertigt erscheint. Der Assistenzarzt haftet daher nur bei einem allein von ihm zu verantwortenden Verhalten[4].

3. Ordentliche Kündigung

Verlässt ein Assistenzarzt seinen Arbeitsplatz im Krankenhaus trotz seines   50
Bereitschaftsdienstes und obwohl er auf die arbeitsrechtlichen Konsequenzen hingewiesen wurde, um sich an einer **Demonstration** bzw. an einem Hungerstreik zu beteiligen, so stellt dieses Verhalten einen wichtigen Grund für eine fristlose Kündigung dar[5]. Der Austritt aus der katholischen Kirche kann bei einem in einem katholischen Krankenhaus beschäftigten Assistenzarzt einen personenbedingten Grund i. S. d. § 1 Abs. 2 KSchG für eine ordentliche Kündigung darstellen[6].

Unproblematisch kann gekündigt werden die **Nebenabrede über die Bereit-**   51
schafsdienststufe (Nr. 8 Abs. 5 Satz 2 SR 2c BAT), die sich rechtlich als Teilkündigung darstellt; diese ist zwar fristgebunden, bedarf aber keiner Begründung[7].

---

1 LAG Köln v. 12.1.2005 – 7 Sa 754/04, juris, zu den Anforderungen an die Annahme grober Fahrlässigkeit bei einem in der Facharztausbildung befindlichen Assistenzarzt; bestätigt durch BAG v. 4.5.2006 – 8 AZR 311/05, NZA 2006, 1428.
2 LAG Baden-Württemberg v. 16.11.1995 – 11 Sa 114/93, juris.
3 BAG v. 25.9.1997 – 8 AZR 288/96, MedR 1998, 334. S. weiterhin BAG v. 4.5.2006 – 8 AZR 311/05, NZA 2006, 1428.
4 OLG Brandenburg v. 25.2.2010 – 12 U 60/09, juris.
5 BAG v. 16.12.1981 – 2 AZR 1102/78, juris.
6 BAG v. 12.12.1984 – 7 AZR 418/83, NJW 1985, 2781.
7 BAG v. 15.2.1990 – 6 AZR 386/88, ZTR 1990, 471; ebenso bereits LAG Niedersachsen v. 22.4.1982 – 8 Sa 1/82.

E. Belegarzt

I. Der Status des Belegarztes

1 Der Begriff des Belegarztes wird in § 23 BPflV sowie – wortgleich – in § 18 Abs. 1 KHEntgG definiert. Hiernach sind Belegärzte **„nicht am Krankenhaus angestellte Vertragsärzte**, die berechtigt sind, ihre Patienten (Belegpatienten) im Krankenhaus unter Inanspruchnahme der hierfür bereitgestellten Dienste, Einrichtungen und Mittel stationär oder teilstationär zu behandeln, ohne hierfür vom Krankenhaus eine Vergütung zu erhalten. Leistungen des Belegarztes sind

1) seine persönlichen Leistungen,

2) der ärztliche Bereitschaftsdienst für Belegpatienten,

3) die von ihm veranlassten Leistungen nachgeordneter Ärzte des Krankenhauses, die bei der Behandlung seiner Belegpatienten in demselben Fachgebiet wie der Belegarzt tätig werden,

4) die von ihm veranlassten Leistungen von Ärzten und ärztlich geleiteten Einrichtungen außerhalb des Krankenhauses."

Ein Krankenhausträger darf einen Belegarztvertrag in einem wegen Überversorgung gesperrten Planungsbereich mit einem dort nicht niedergelassenen Vertragsarzt nur abschließen, wenn sich kein geeigneter Vertragsarzt für die Tätigkeit findet[1]. Niedergelassene Vertragsärzte aus dem **Planungsbereich** sind im Verfahren des § 103 Abs. 7 SGB V auch dann klagebefugt, wenn sie sich nicht auf die Ausschreibung der Belegarztstelle beworben haben[2].

1a Die Einzelheiten der belegärztlichen Versorgung werden geregelt in den §§ 38 ff. BMV-Ä[3]. Eine **Belegarztanerkennung** kommt nur in Betracht, wenn dies im Einklang steht mit dem Krankenhausplan des betreffenden Bundeslandes[4]. Vertragsärzte, die in einem Medizinischen Versorgungszentrum (MVZ) tätig sind, können bei Vorliegen der Voraussetzungen nach § 39 ff. BMV-Ä ohne Weiteres die Anerkennung der zuständigen Kassenärztlichen Vereinigung erhalten, belegärztliche Leistungen i. S. d. § 121 SGB V zu erbringen[5]. Die Anerkennung als Belegarzt kann nicht ohne Vorlage – und somit auch nicht vor Abschluss – des Vertrages zwischen Krankenhaus und Belegarzt erteilt werden; anderenfalls würde eine unzulässige Belegarztanerkennung „auf Vorrat" erteilt[6].

---

1 LSG Nordrhein-Westfalen v. 14.11.2007 – L 10 KA 5/07, juris.
2 LSG Niedersachsen-Bremen v. 18.2.2009 – L 3 KA 28/08 ER, MedR 2009, 338.
3 Bundesmantelvertrag – Ärzte, Stand: 1.7.2010. S. zum Begriff des Belegarztes sowie zur Zulassung des Belegarztes LSG Baden-Württemberg v. 22.3.2000 – L 5 KA 3059/99, juris; OLG Stuttgart v. 31.1.2001 – 9 U 156/00, OLGR 2001, 447.
4 LSG Bayern v. 9.8.2006 – L 12 KA 268/04, KHR 2007, 70.
5 LSG Darmstadt v. 24.6.2009 – L 4 KA 17/08 mit Anm. *Walter*, jurisPR-MedizinR 4/2010 Anm. 2; LSG Hessen v. 24.6.2009 – L 4 KA 11/08, juris.
6 LSG Berlin-Brandenburg v. 27.1.2010 – L 7 KA 142/09, juris.

Die Rechtsprechung hat sich weiter mit der Frage beschäftigen müssen, 2
wann ein Belegarzt gem. § 39 Abs. 4 Nr. 3 BMV-Ä **nicht geeignet** ist. Erforderlich ist nämlich, dass dessen Wohnung und Praxis so nahe am Krankenhaus liegen, dass die unverzügliche und ordnungsgemäße Versorgung der
von ihm ambulant und stationär zu betreuenden Versicherten gewährleistet
ist. Nach Auffassung des LSG Schleswig-Holstein[1] ist eine Zeitspanne von
30 Minuten ausreichend, nach Auffassung des LSG Baden Württemberg ist
eine Fahrzeit von 40 Minuten zu lang[2]. Grundsätzlich ist davon auszugehen,
dass der Belegarzt „rund um die Uhr" zur ärztlichen Versorgung verpflichtet
ist[3].

Festzuhalten ist, dass der Belegarzt, obwohl er nicht beim Krankenhausträ- 3
ger angestellt ist, dennoch den nachgeordneten Ärzten des Krankenhauses
Anweisungen bei der Krankenversorgung erteilen kann. Letzteres wird bestätigt durch die Regelung in Nr. 3 Abs. 1 SR 2c BAT bzw. § 42 Abs. 1 Satz 2
TVöD BT-K. Der Belegarzt ist im Rahmen seiner ärztlichen Tätigkeit letzt-
verantwortlich. Soweit ihm ärztliche Mitarbeiter des Krankenhauses zugeordnet werden (z. B. im ärztlichen Bereitschaftsdienst), besitzt er auch die
Leitungskompetenz. In diesem Rahmen besteht auch eine Delegationsmög-
lichkeit[4].

Die Rechtsbeziehungen zwischen dem Belegarzt und dem Krankenhausträ- 4
ger werden durch den **Belegarztvertrag** begründet. Nach Rechtsprechung und
Literatur handelt es sich bei dem Belegarztvertrag um ein atypisches Dauerschuldverhältnis mit Elementen der Leihe, des Dienstverschaffungs- und
des Gesellschaftsvertrages[5]. Da der Belegarzt für die von ihm entfaltete
Tätigkeit keine Vergütung vom Krankenhausträger erhält, ist der Belegarztvertrag – eindeutig – kein Dienstvertrag i. S. d. § 611 BGB. Für Rechtsstreitigkeiten zwischen Krankenhausträger und Belegarzt ist die ordentliche Gerichtsbarkeit (§ 13 GVG) zuständig[6].

Für den Belegarztvertrag gibt es zahlreiche Musterverträge. In einem **Beleg-** 5
arztvertrag sollte Folgendes geregelt sein[7]:

1 LSG Schleswig-Holstein v. 23.11.1999 – L 6 KA 18/99, MedR 2000, 383.
2 LSG Baden-Württemberg v. 14.7.1999 – 23.11.1999 – L 5 KA 3006/98; MedR 2000,
385.
3 HK-AKM/*Peikert*, Arztrecht, Nr. 805, Rz. 13 ff.
4 Laufs/Kern/*Genzel/Degener-Hencke*, § 86 Rz. 57 ff.; HK-AKM/*Peikert*, Arztrecht,
Nr. 805, Rz. 20 ff.
5 BGH v. 28.2.1972 – III ZR 212/70, NJW 1972, 1128; OLG Hamm v. 4.12.1985 – 11 U
284/84, MedR 1989, 148; OLG Stuttgart v. 31.1.2001 – 9 U 156/00, OLGR 2001, 447;
Dolinski, Der Belegarzt, 1996, S. 12 ff.; *Eichholz*, Die Rechtsstellung des Belegarztes,
1973, S. 37 ff.; Laufs/Kern/*Laufs*, § 12 Rz. 13; HK-AKM/*Peikert*, Arztrecht, Nr. 805,
Rz. 20 ff.
6 S. z. B. OLG München v. 29.3.2007 – 21 W 1179/07, juris. Etwas anderes gilt natürlich
bei Vorliegen einer Schlichtungsvereinbarung, s. hierzu KG v. 22.3.2000 – 28 Sch
24/99, juris; OLG Frankfurt v. 4.9.2003 – 3 Sch 1/03, juris.
7 Laufs/Kern/*Genzel/Degener-Hencke*, § 86 Rz. 62. S. zum „unechten Belegarztvertrag"
Makoski, MedR 2009, 376, 382.

- Art und Umfang der Tätigkeit des Belegarztes

- die Stellung des Belegarztes und die Sicherung der Zusammenarbeit mit anderen Abteilungen und Einrichtungen des Krankenhauses

- gegenseitige Rechte und Pflichten (z.B. Zahl der Belegbetten und deren Nutzung, Verfügung über nichtbelegte Betten)

- das Wirtschaftlichkeitsgebot[1]

- Mitwirkungen an Qualitätssicherungsmaßnahmen

- das Nutzungsentgelt, insbesondere die Kostenerstattung

- die Vertretungsregelung

- Haftung und Versicherungsschutz

- der Umfang ambulanter Tätigkeit im Krankenhaus

- die Vertragsdauer (z.B. Kündigungsfrist)[2]

- eine Organisations- und Anpassungsklausel

6   Die Rechtsprechung hat keine Bedenken, bei **Unklarheiten im Belegarztvertrag** auf die von der Deutschen Krankenhausgesellschaft herausgegebenen Formulierungshilfen bzw. Vertragsmuster zurückzugreifen[3]. Dies gilt auch für die Kündigungsfrist, wenn der Belegarztvertrag insoweit keine Regelung enthält[4]. Auf den Belegarztvertrag findet § 626 Abs. 2 BGB Anwendung[5]. Im Einzelfall kann die fristlose Kündigung eines Belegarztvertrages berechtigt sein, wenn ein Belegarzt eine schwangere Patientin, der er am Vormittag eine Einweisung in das Krankenhaus gegeben hatte, in der Nacht untersucht, obwohl er zuvor eine geringe Menge Alkohol genossen hat[6]. Die Voraussetzungen für die Wirksamkeit einer fristlosen Kündigung des Belegarztvertrages hat die Rechtsprechung weiterhin bejaht, wenn der Belegarzt sich wiederholt ohne zwingende Notwendigkeit während laufender und von ihm anästhesiologisch zu betreuende Operationen aus dem Krankenhaus entfernt hat. Der Belegarzt konnte sich nicht damit entlasten, die Narkoseüberwachung einem Arzt im Praktikum übertragen zu haben[7].

7   Die Rechtsprechung hat des Weiteren klargestellt, dass die **Schließung der Belegabteilung** eines Krankenhauses nach Herausnahme aus dem Krankenhausplan den Krankenhausträger zur außerordentlichen Kündigung des Belegarztvertrages berechtigt. Der im Arbeitsrecht geltende Grundsatz, das Betriebseinstellung und Umstrukturierung keinen Grund für eine außer-

---

1 BSG v. 27.6.2001 – B 6 KA 43/00 R, juris; LSG Schleswig-Holstein v. 9.5.2006 – L 4 KA 21/03, juris.
2 BGH v. 20.7.2006 – III ZR 145/05, juris; OLG Hamm v. 22.1.2004 – 10 U 112/03, GesR 2004, 185; OLG Stuttgart v. 31.1.2001 – 9 U 156/00, juris.
3 BGH v. 26.2.1987 – III ZR 164/85, BGHR BGB § 626 Belegarzt Nr. 1; BGH v. 20.7.2006 – III ZR 145/05, juris.
4 BGH v. 20.7.2006 – III ZR 145/05, juris.
5 So OLG Saarbrücken v. 13.7.2010 – 4 U 496/09-142, n.v., für Beleghebamme.
6 OLG Celle v. 31.5.2001 – 11 U 182/00, juris.
7 OLG Frankfurt v. 4.10.1996 – 15 U 45/95, juris.

ordentliche Kündigung des Arbeitsverhältnisses darstellen, findet auf das Belegarztverhältnis keine Anwendung[1]. Obwohl der Belegarzt kein Arbeitnehmer ist, musste sich die Rechtsprechung mit der arbeitsrechtlichen Bestimmung des § 611a Abs. 1 Satz 2 BGB a.F. beschäftigen. Das ArbG Hamburg hielt die Unverzichtbarkeit des weiblichen Geschlechtes bei einer kleinen Belegarztklinik aus der besonderen betrieblichen Struktur in Verbindung mit der Erwartung und den Bedürfnissen der Patienten (ganz überwiegend Patientinnen und ganz überwiegend gynäkologische Operationen, Patientinnen mit mohammedanischem Glauben) für zulässig[2].

Es stellt sich weiter die Frage, wo – in der **Hierarchie des Krankenhauses** – der Belegarzt „einzuordnen" ist. Ausgehend von den „Richtlinien zur Aufklärung der Krankenhauspatienten über vorgesehene ärztliche Maßnahmen" der Deutschen Krankenhausgesellschaft[3] ergibt sich folgende Hierarchie: Der ärztliche Leiter – Chefärzte und Belegärzte – Leitende Abteilungsärzte – weitere Ärzte. Die Gleichstellung zwischen Chefärzten und Belegärzten macht durchaus Sinn, wenn es um die Ausnutzung der vorhandenen Betten geht. So ist eine Absprache sinnvoll und geboten, wenn es z.B. eine Hauptfachabteilung Gynäkologie gibt und auch ein niedergelassener Gynäkologe über einige Belegbetten verfügt.   8

Selbstverständlich kann es einem Krankenhausträger nicht verwehrt werden, bestimmte Vorstellungen über die **Ausgestaltung einer Belegabteilung** an seinem Krankenhaus zu äußern. Es muss ihm möglich sein, bei Verhandlungen mit Bewerbern um die Stelle eines Belegarztes seine Vorstellungen über die Ausgestaltung der Belegarztabteilung einzubringen und auch darzustellen. Von daher ist der Krankenhausträger auch nicht verpflichtet, einen Belegarztvertrag mit einem im Planungsbereich niedergelassenen Vertragsarzt abzuschließen; vielmehr kann er auch mit einem bisher im Planungsbereich nicht niedergelassenen geeigneten Arzt einen Belegarztvertrag schließen. Dieser erhält eine auf die Dauer der belegärztlichen Tätigkeit beschränkte Zulassung als Vertragsarzt[4].   9

Für die belegärztliche Tätigkeit eines Vertragsarztes gelten grundsätzlich die sich aus dem **Vertragsarztrecht** ergebenden Rechte und Pflichten gleichermaßen[5], somit auch das ärztliche Werbeverbot[6]. Die Tätigkeit eines Belegarztes und des Geschäftsführers der Komplementär-GmbH und Kommanditist der Krankenhausträgerin schließen sich nicht aus[7].   10

Nur der hauptberuflich tätige Krankenhausarzt, der an der Erfüllung der Krankenhausversorgung insgesamt teilnimmt, kann **ermächtigt** werden. Be-   11

---

1 OLG Hamm v. 22.1.2004 – 10 U 112/03, MedR 2005, 224.
2 ArbG Hamburg v. 10.4.2001 – 20 Ca 188/00, juris.
3 S. hierzu Laufs/Kern/*Laufs/Kern*, § 101 Rz. 44.
4 LSG Baden-Württemberg v. 22.3.2000 – L 5 KA 3059/99, juris.
5 BSG v. 12.12.2001 – B 6 KA 5/01 R, juris, sowie BSG v. 17.3.2010 – E 6 KA 3/09 R, juris.
6 VGH v. 10.11.1999 – I ZR 121/97, MedR 2000, 533.
7 OLG München v. 7.3.2001 – 3 U 4869/00, juris.

legärzte können keine Ermächtigung nach § 116 SGB V/§ 31a Ärzte-ZV erhalten[1]. Belegärzte können nach der jeweiligen Notfalldienstordnung von der Ableistung des Notfalldienstes befreit werden, sofern sie für ihre Belegpatienten den Notfalldienst allein ausüben und ihre Notfalldienstleistung für Sicherstellungszwecke nicht erforderlich ist[2].

12   Ferner wird die Frage der Haftung des Belegarztes im Rahmen einer **Fehlbelegungsprüfung** diskutiert[3].

II. Abrechnung des Belegarztes

13   Die **Leistungen der Belegärzte** sind keine Krankenhausleistungen und werden deshalb nicht über die Pflegesätze vergütet. Die Vergütung erfolgt aufgrund besonderer Vereinbarungen mit dem Patienten oder deren gesetzlichem Kostenträger. Der Umfang der belegärztlichen Leistungen ergibt sich aus § 29 Abs. 1 Satz 2 BPflV bzw. aus § 18 Abs. 1 KHEntgG. Hierzu gehört die persönliche Leistungserbringung durch den Belegarzt.

14   Der Patient schließt mit dem Krankenausträger und dem Belegarzt einen sog. **gespaltenen Krankenhausaufnahmevertrag**. Bei dem gespaltenen Krankenhausaufnahmevertrag ist der vereinbarungsgemäß handelnde Arzt (Belegarzt) nicht Gehilfe des Krankenhauses, sondern ausschließlicher Vertragspartner für seinen Bereich[4]. Insoweit kann von einer Einheit der Krankenhausbehandlung keine Rede sein. Die stationäre ärztliche Versorgung des Patienten wird dem Belegarzt zugeordnet, die übrige Versorgung dagegen dem Krankenhaus. Für die Erbringung ärztlicher Leistungen rechnet der Belegarzt bei **sozialversicherten Patienten** seine Leistungen als Teil der vertragsärztlichen Versorgung mit der Kassenärztlichen Vereinigung ab; bei **Privatpatienten und Selbstzahlern** rechnet der Belegarzt unmittelbar mit diesen seine Leistungen ab. Die Rechtsprechung musste sich mehrfach beschäftigen mit der Honorarminderungspflicht und dem Auslagenersatzanspruch eines niedergelassenen Arztes/Vertragsarztes bei privatärztlicher Behandlung eines stationären Patienten in seiner Praxis (Anwendbarkeit des § 6a GOÄ)[5].

15   Die Rechtsprechung hat die Abrechnungsmöglichkeiten des Belegarztes im **Bereitschaftsdienst** beschränkt auf die im ärztlichen Bereitschaftsdienst für Belegpatienten erbrachten Leistungen. Wenn der Belegarzt während des Bereitschaftsdienstes sonstige ärztliche Leistungen erbringt, kann er diese nicht als eigene Leistungen abrechnen. Dementsprechend kann auch der auf

---

1 LSG Nordrhein-Westfalen v. 13.1.1999 – L 11 KA 185/98, ArztR 2000, 202.
2 S. z. B. VG Koblenz v. 12.3.2001 – 4 K 2702/00.KO, ArztuR 2002, 96.
3 S. hierzu Stellungnahme des Fachausschusses „Recht und Verträge" der DKG vom 7.7.2004 – www.dkger.de.
4 Laufs/Kern/*Genzel/Degener-Hencke*, § 89 Rz. 12; HK-AKM/*Peikert*, Arztrecht, Nr. 805, Rz. 26 ff.
5 S. z. B. BGH v. 17.9.1998 – III ZR 222/97, MedR 1999, 139; BGH v. 13.6.2002 – III ZR 186/01, MedR 2002, 582.

dem Gebiet der Gynäkologie und Geburtshilfe tätige Belegarzt keine Leistungen abrechnen, die er für einen „gesunden" Neugeborenen erbracht hat[1], soweit diese ärztlichen Leistungen nicht im Zusammenhang mit der Geburt standen. Weiterhin können nach Auffassung der Rechtsprechung die Leistungen nach Nr. 1, 5, 28 und 7200 EBM von einem Frauen- und Belegarzt nicht bei einem Neugeborenen abgerechnet werden, auch wenn das Belegkrankenhaus keine Säuglingsstation hat[2].

Ein Belegarzt, der Leistungen (wie z. B. Laboruntersuchungen) selbst erbringt, die Gegenstand des von der Krankenkasse an das Krankenhaus gezahlten Pflegesatzes sind, kann diesbezügliche Kostenerstattungsansprüche nicht gegenüber der Kassenärztlichen Vereinigung, sondern allenfalls gegen den Krankenhausträger geltend machen. Mit dem Pflegesatz werden nämlich auch solche Leistungen abgegolten, mit deren Erbringung das Krankenhaus externe Leistungserbringer beauftragt[3].   15a

III. Haftung des Belegarztes

Von besonderer Bedeutung ist die Regelung des dem Belegarzt zukommenden Weisungsrechtes und die **Abgrenzung der Haftung.** So ist der Belegarzt im Rahmen der Ausübung seiner belegärztlichen Tätigkeit gegenüber dem nachgeordneten Mitarbeiter des Krankenhauses weisungsbefugt. Indes haftet der Träger des Belegkrankenhauses nicht für Güte und Fehlerfreiheit der Leistungen des zur Verfügung gestellten Personals, die dieses für den Belegarzt erbringt, sondern allein dafür, dass die von ihm gestellte Kraft für die vorgesehene Tätigkeit geeignet ist. Die Haftung des Trägers eines Belegkrankenhauses für Fehler der zur Verfügung gestellten Hebamme besteht nur so lange, wie die Hebamme eigenverantwortlich und ohne die Leitung des Belegarztes tätig wird. Sie endet mit der Übernahme der Behandlung durch den Belegarzt, als dessen Gehilfin gem. § 278 BGB bzw. § 831 BGB sie ab diesem Zeitpunkt tätig wird[4]. Der Arzt, der anstelle des eine Geburt betreuenden Belegarztes absprachegemäß die Geburt weiter leitet, ist als Vertreter des Belegarztes dessen Erfüllungs- und Verrichtungsgehilfe, auch wenn er selbst Belegarzt des Krankenhauses ist. Die Hebamme ist nach der Übernahme der Geburtsleitung durch den Arzt Erfüllungs- und Verrichtungsgehilfe des Belegarztes, zu dem die Gebärende vertragliche Beziehung hat, auch wenn ein anderer Belegarzt als dessen Vertreter tatsächlich tätig ist[5].   16

---

1 LSG Rheinland-Pfalz v. 21.2.2002 – L 5 KA 41/01, juris; bestätigt durch BSG v. 10.12.2003 – B 6 KA 43/02 R, GesR 2004, 281.
2 SG Marburg v. 29.3.2006 – S 12 KA 719/05, juris.
3 LSG Niedersachsen-Bremen v. 23.5.2007 – L 3 KA 268/04, juris.
4 BGH v. 14.2.1995 – VI ZR 272/93, NJW 1995, 1611; OLG Karlsruhe v. 16.5.2001 – 7 U 46/99, VersR 2003, 116; OLG Kobelnz v. 5.2.2009 – 5 U 854/08, VersR 2010, 356; Laufs/Kern/*Laufs/Kern*, § 104 Rz. 8; HK-AKM/*Peikert*, Arztrecht, Nr. 805, Rz. 33 ff.; jurisPK-BGB/*Matuche-Beckmann*, § 831 Rz. 46; *Müller*, MedR 1996, 208.
5 OLG Stuttgart v. 19.9.2000 – 14 U 65/99, MedR 2001, 311.

17   Die Rechtsprechung hat weiter betont, dass der Belegarzt weder **vertraglich gem. § 278 BGB** noch **deliktisch gem. § 831 BGB** für ein Fehlverhalten von Pflegekräften der Klinik bei der Erbringung allgemeiner pflegerischer Tätigkeiten gegenüber seinen Patienten während seiner Abwesenheit haftet. Eine Haftung des Belegarztes für **Fehler des Pflegepersonals** kann allenfalls dann in Betracht kommen, wenn diese Pflegekräfte im Rahmen der vom Belegarzt selbst geschuldeten ärztlichen Versorgung tätig geworden sind oder hätten tätig werden müssen[1]. Der Träger des Belegkrankenhauses schuldet nicht die Dienste des Belegarztes und haftet deshalb für dessen Fehlerhaftigkeit weder vertraglich noch deliktisch. Etwas anderes gilt allerdings bei einem Organisationsverschulden. So muss der Träger eines Belegkrankenhauses im Rahmen seiner Organisationspflicht gegen die Handhabung einschreiten, durch welche der Belegarzt dem Pflegepersonal des Belegkrankenhauses Aufgaben überlässt, die die pflegerische Kompetenz übersteigen[2].

18   Während der Belegarzt für sein **pflichtwidriges Tun oder Unterlassen** in vollem Umfang zu haften hat, haftet er nicht für das Fehlverhalten von Pflegekräften der Klinik bei der Erbringung allgemeiner pflegerischer Tätigkeiten gegenüber seinen Patienten während seiner Abwesenheit[3]. Soweit der Belegarzt andere Ärzte des Klinikträgers hinzuzieht, hat der Klinikträger die Gewähr für eine einwandfreie Tätigkeit dieser Ärzte zu übernehmen[4]. Bei der Auswahl des Vertreters während seiner Abwesenheit genügt der Nachweis, dass in der fraglichen Zeit kein weiteres – qualifizierteres – ärztliches Personal zur Verfügung stand[5]. Für **Organisationsverstöße im Klinikum** haftet der Klinikträger[6].

19   Ob die **Ausstattung eines Belegkrankenhauses** ausreicht, um die nach der Eingangsdiagnose zu erwartende ärztliche Behandlungsaufgabe bewältigen zu können, gehört zu der Entscheidungsbefugnis des Belegarztes; insoweit scheidet eine Haftung des Trägers des Belegkrankenhauses aus. Will der Geschädigte aus der Verletzung einer Organisationspflicht die Haftung des Trägers des Belegkrankenhauses herleiten, obliegt ihm die Beweislast dafür, dass die Verletzung der **Organisationspflicht** für seine Schädigung ursächlich wurde[7].

20   Der BGH hat sich nunmehr auch mit der (gesamtschuldnerischen) Haftung einer **Belegärztegemeinschaft** beschäftigt. Aus § 121 Abs. 1 SGB V ergibt sich, dass die belegärztliche Tätigkeit durch einen Einzel-Belegarzt ausgeübt werden kann, vorzugsweise jedoch durch mehrere Belegärzte gleicher Fachrichtung (kooperatives Belegarztwesen) ausgeübt werden soll. Damit trägt

---

1 OLG München v. 20.6.1996 – 1 U 4529/95, ArztR 1998, 17; OLG Düsseldorf v. 12.6.2008 – I 8 U 129/07, MedR 2009, 285, dazu HK-AKM/Peikert, Arztrecht, Nr. 805, Rz. 34 ff.
2 BGH v. 16.4.1996 – VI ZR 190/95, MedR 1996, 466.
3 OLG München v. 20.6.1996 – 1 U 4529/95, ArztR 1998, 17.
4 OLG Düsseldorf v. 17.12.1992 – 8 U 278/91, MedR 1993, 233.
5 OLG Zweibrücken v. 30.6.1998 – 5 U 26/95, juris.
6 HK-AKM/*Peikert*, Arztrecht, Nr. 805, Rz. 36.
7 OLG Karlsruhe v. 13.12.2004 – 7 U 122/03, ArztR 2005, 266.

§ 121 Abs. 1 SGB V der strukturellen Entwicklung Rechnung, die vom traditionellen Einzel-Belegarzt zunehmend zum kooperativen Belegarztwesen führt. Der BGH hat konsequenterweise die Voraussetzungen der Haftung einer ärztlichen Gemeinschaftspraxis auf das kooperative Belegarztwesen übertragen[1].

1 BGH v. 8.11.2005 – VI ZR 319/04, NJW 2006, 437; hierzu *Ackermann* in: jurisPR-BGB ZivilR, 9/2006 Nr. 2.

Teil 6
Pflegedienst

Die Krankenpflege ist Teil der Behandlung einer Krankheit, die stationär 1
durchgeführt wird. Gemäß § 39 Abs. 1 Satz 3 SGB V umfasst die Krankenhausbehandlung im Rahmen des Versorgungsauftrages des Krankenhauses
alle Leistungen, die im Einzelfall nach Art und Schwere der Krankheit für
die medizinische Versorgung der Versicherten im Krankenhaus notwendig
sind, wozu insbesondere neben der ärztlichen Behandlung die Krankenpflege
gehört. Zu den Angestellten im Pflegedienst eines Krankenhauses gehören
Gesundheits- und Krankenpfleger/innen bzw. Gesundheits- und Kinderkrankenpfleger/innen[1], Altenpflegehelfer/innen, die die Tätigkeiten von Krankenschwestern ausüben, Krankenpflegehelfer/innen, Pflegehelfer/innen, Wochenpfleger/innen, Hebammen/Entbindungspfleger sowie Schüler/innen.

I. Gesundheits- und Krankenpfleger/innen

Das Krankenpflegegesetz schützt die Berufsbezeichnung Gesundheits- und 1a
Krankenpflegerin/Gesundheits- und Krankenpfleger, Gesundheits- und Kinderkrankenpflegerin/Gesundheits- und Kinderkrankenpfleger[2]. Die Ausbildung zu den Krankenpflegeberufen ist seit 1957 bundeseinheitlich im Krankenpflegegesetz geregelt[3].

Gesundheits- und Krankenpfleger/innen dürfen die Berufsbezeichnung nur 2
mit Erlaubnis führen (§ 1 Abs. 1 KrPflG). Voraussetzung für die Erteilung der
Erlaubnis ist die Ableistung der gesetzlich vorgeschriebenen Ausbildungstätigkeit und das Bestehen einer staatlichen Prüfung (§ 2 Abs. 1 Nr. 1
KrPflG). Darüber hinaus darf sich der Antragsteller nicht eines Verhaltens
schuldig gemacht haben, aus dem sich die Unzuverlässigkeit zur Ausübung
des Berufs ergibt, und darf nicht in gesundheitlicher Hinsicht zur Ausübung
des Berufs ungeeignet sein. Bedeutungslos ist dabei die Staatsangehörigkeit
des Antragstellers, soweit er die gesetzlichen Anforderungen erfüllt.

Das Krankenpflegegesetz regelt ferner das Ausbildungsziel (§ 3), die Dauer 2a
und Struktur der Ausbildung (§ 4), die Voraussetzungen für den Zugang zur
Ausbildung (§ 5), die Anrechnung gleichwertiger Ausbildungen (§ 6) und ermächtigt das zuständige Bundesministerium, mit Zustimmung des Bundesrates eine Ausbildungs- und Prüfungsverordnung zu erlassen, wobei eine
Mindeststundenzahl von 4600 Stunden vorzusehen ist, von denen mindestens die Hälfte auf die praktische Ausbildung und nicht weniger als ein
Drittel auf den theoretischen und praktischen Unterricht fallen müssen (§ 8

---

1 Änderung der Berufsbezeichnung Krankenschwester/Krankenpfleger bzw. Kinderkrankenschwester/Kinderkrankenpfleger mit Gesetz über die Berufe in der Krankenpflege
(Krankenpflegegesetz – KrPflG) v. 16.7.2003, BGBl. I, 1442, zuletzt geändert durch Gesetz vom 24.7.2010, BGBl. I, 983.
2 BGBl. I, 2657.
3 Ratzel/Luxenburger/*Ratzel/Knüpper*, § 5 Rz. 364.

Abs. 1 Satz 1, 3). Weitere Bestimmungen betreffen die Ausgestaltung des Ausbildungsverhältnisses sowie das Erbringen von Dienstleistungen durch Staatsangehörige eines Vertragsstaats des Europäischen Wirtschaftsraums, die zur Ausübung des Berufs der Krankenschwester und des Krankenpflegers berechtigt sind (§ 19).

2b Die Ausbildungs- und Prüfungsverordnung für die Berufe in der Krankenpflege[1] beinhaltet Vorschriften zur Ausbildung und Prüfung und regelt in Anlage 1 die Inhalte des theoretischen und praktischen Unterrichts.

II. Krankenpflegehelfer/innen

3 Krankenpflegehelfer/innen arbeiten im Pflegeteam und assistieren dem Gesundheits- und Krankenpfleger bei dessen Aufgaben (z.B. Verbandswechsel), übernehmen aber auch Pflegetätigkeiten in Eigenverantwortung nach Rücksprache mit dem dreijährig ausgebildeten Pflegepersonal. Krankenpflegehelfer sind u. a. für das Umbetten, Hilfe bei der Nahrungsaufnahme, Toilettengang, Patientenbegleitung, Kontrolle von zu hohem Blutdruck, Puls und Temperatur, Körperpflege, Richten der Betten, Schreibarbeiten und Hygiene zuständig. Die einjährige Ausbildung zum/zur Krankenpflegehelfer/in soll die Kenntnisse, Fähigkeiten und Fertigkeiten für die Versorgung der Kranken sowie die damit verbundenen hauswirtschaftlichen und sonstigen Assistenzaufgaben in Stations-, Funktions- und sonstigen Bereichen des Gesundheitswesens vermitteln. Seit dem 1.1.2004 unterliegt die Ausbildung zum Krankenpflegehelfer landesgesetzlichen Bestimmungen. Das heißt, jedes Bundesland entscheidet, ob die Ausbildung angeboten wird und wie sie strukturiert ist. Die Ausbildung schließt nach einem Jahr mit einer staatlichen Prüfung ab.

III. Pflegehelfer/innen

4 Zu unterscheiden von den Krankenpflegehelfern sind die Pflegehelfer, bei denen es sich um ungeprüfte Pflegekräfte handelt[2].

IV. Stationshelfer/innen

5 Sog. Stationshelfer übernehmen insbesondere das Reinigen von Zimmern und Räumen (Krankenzimmer, Untersuchungsräume, Verbandszimmer, Baderäume etc.) im Pflegebereich sowie die Mithilfe bei im Pflegebereich anfallenden Verrichtungen (Besorgung von Bettschüsseln und Urinflaschen, Botengänge im Hause, Hilfe bei der Essensausgabe und in der Teeküche usw.), die aber nicht als Pflegedienst zu werten sind[3].

---

1 Ausbildungs- und Prüfungsverordnung für die Berufe in der Krankenpflege (KrPflAPrV) vom 10.11.2003, BGBl. I, 2263, zuletzt geändert durch Art. 35 des Gesetzes vom 2.12.2007, BGBl. I, 2686, 2755.
2 *Böhm/Spiertz/Sponer/Steinherr*, BAT, Kommentar Teil II Anl. 1b S. 28 Rz. 4.
3 *Böhm/Spiertz/Sponer/Steinherr*, BAT, Kommentar Teil II Anl. 1b S. 28 Rz. 5.

V. Stationsschwester

Unter den häufig verwendeten Begriff „Stationsschwester" fallen Pflegeper- 6
sonen, die dem Pflegedienst auf der Station vorstehen. Diese sind auch während ihrer Abwesenheit dafür verantwortlich, dass durch geeignete Anordnungen und Maßnahmen der gesamte Pflegedienst innerhalb einer Station
ordnungsgemäß durchgeführt werden kann. Die stellvertretende Stationsschwester ist nur für das Pflegepersonal und den Pflegedienst einer Schicht
verantwortlich[1]. Unter dem Begriff „Gruppenschwester" sind Personen zu
verstehen, die dem Pflegedienst einer Gruppe vorstehen.

VI. Pflegedienstleitung

Als „**Leitende Krankenschwestern**" bzw. „**Leitende Gesundheits- und Kran-** 7
kenpfleger/in" oder „**Pflegedienstleitung**" bezeichnet man Pflegepersonal,
das die Gesamtverantwortung für den Pflegedienst im Krankenhaus bzw. im
zugeteilten Pflegebereich hat. Leitungsfunktion haben nur diejenigen, die
die Gesamtverantwortung tragen, wenn ihnen gegenüber keine weitere Leitende Pflegekraft hinsichtlich des Pflegedienstes weisungsbefugt ist[2]. Leitende Pflegekräfte gehören nach den Vorgaben der meisten Landeskrankenhausgesetze den Betriebsleitungen der Krankenhäuser an[3].

Der Aufgabenbereich der **Pflegedienstleitung** umfasst insbesondere die Per- 8
sonalführung (z.B. Bewerbungsgespräche, Mitarbeitermotivation, Personalentwicklung, Überprüfung von Dienst- und Urlaubsplänen), Arbeitsorga-
nisation/Arbeitsabläufe, Organisationsentwicklung (z.B. Möglichkeiten zur
Kostensenkung, Überprüfung von Pflegestandards oder Dienstanweisungen),
Einteilung der Mitarbeiter in den Stationen, Schichten oder Teams durch
Rahmendienstpläne, Arbeitsvorbereitung und -einteilung sowie stichpro-
benartige Leistungskontrollen, strukturierte Weitergabe von Informationen
an die Geschäftsführung bzw. den Krankenhausträger, Qualitätssicherungs-
und Weiterentwicklung in der Pflege, Festlegung bzw. Erfüllung von Per-
sonalanhaltszahlen für verschiedene Arbeitsbereiche, Absicherung und Wahrung der Rechte der Einrichtung und der Mitarbeiter[4].

VII. Praktische Ausbildung

Mit dem neuen Krankenpflegegesetz vom 16.7.2003 hat der Gesetzgeber 9
festgelegt, dass die praktische Ausbildung an einem oder mehreren Krankenhäusern und ambulanten Pflegeeinrichtungen sowie weiteren an der Ausbil-

---

1 BAG v. 7.12.1983 – 4 AZR 415/81.
2 BAG v. 26.9.1968 – 5 AZR 6/68.
3 § 24 Abs. 1 BbgKHEG; § 14 Abs. 3 HKHG; § 43 Abs. 1 LKHG M-V; § 31 KHGG NRW;
   §§ 17, 18 und 19 SKHG; § 21 Abs. 1 SächsKHG; § 28 Abs. 2 ThürKHG. Zu den Landeskrankenhausgesetzen im Einzelnen s. Teil 1 C erste Fußnote zu Rz. 5.
4 *Dieffenbach/Harms/Heßling-Hohl/Müller/Rosenthal/Schmidt/Thiele*, Managementhandbuch Pflege, F 1600.

dung beteiligten, geeigneten Einrichtungen, insbesondere stationären Pflegeeinrichtungen oder Rehabilitationseinrichtungen, durchzuführen ist (§ 4 Abs. 2 Satz 3 KrPflG). Neu ist auch die Festlegung, dass die praktische Ausbildung von den Krankenhäusern durch **Praxisanleiter** und von den Krankenpflegeschulen durch **Praxisbegleitung** zu unterstützen ist (§ 4 Abs. 2 und 3 KrPflG). Sowohl **Mentoren** als auch Praxisanleiter übernehmen üblicherweise die Aufgaben der Praxisanleitung in den Krankenhäusern. Die Bezeichnung „Mentor/in" und „Praxisanleiter/in" werden im Sprachgebrauch häufig synonym verwendet, obgleich die jeweiligen Anforderungsprofile unterschiedlich sind[1]. Der Gesetzgeber hat durch das Krankenpflegegesetz nunmehr den Begriff „Praxisanleitung" einheitlich vorgegeben.

10   Die Qualifikationsanforderungen an Praxisanleiter im Bereich der Krankenpflegeausbildung ergeben sich aus der Ausbildungs- und Prüfungsverordnung für das Gesetz über die Berufe in der Krankenpflege (KrPflAPrV) vom 10.11.2003. Danach sind Personen mit einer Erlaubnis nach § 1 Abs. 1 Nr. 1 oder 2 Krankenpflegegesetz zur Praxisanleitung geeignet, die über eine Berufserfahrung von mindestens zwei Jahren sowie über eine berufspädagogische Zusatzqualifikation im Umfang von mindestens 200 Stunden verfügen. Gesamtaufgabe der Praxisanleitung ist es, die Schüler schrittweise an die eigenständige Wahrnehmung der beruflichen Aufgaben heranzuführen und die Verbindung mit der Schule zu gewährleisten (§ 2 Abs. 2 Satz 2 KrPflAPrV).

11   Im Gegensatz zur Praxisanleitung muss die **Praxisbegleitung** durch die Lehrkräfte der Schulen erfolgen. Gemäß § 2 Abs. 2 KrPflAPrV müssen die Schulen die Praxisbegleitung der Schülerinnen und Schüler in den Einrichtungen der praktischen Ausbildung nach § 4 Abs. 5 Satz 2 KrPflG sicherstellen.

12   Im Übrigen bestehen zahlreiche **Weiterbildungen** in der Pflege mit dem Ziel einer Qualifizierung. Die Weiterbildung endet meist mit einer Prüfung und führt zu einer neuen Berufsbezeichnung. Typische Weiterbildungen in der Pflege sind z.B. Fachkrankenschwester/pfleger für den Operationsdienst, Fachkrankenschwester/pfleger für Anästhesie-/Intensivpflege, Fachkrankenschwester/pfleger für Psychiatrie, Lehrer für Krankenpflege (Pflegepädagogik), Pflegedienstleitung, geprüfte Fachkraft für Leitung einer Pflege- und Funktionseinheit sowie geprüfte Fachkraft Gerontopsychiatrie.

---

1 DKG-Positionspapier zur Praxisanleitung und Praxisbegleitung auf der Grundlage des Krankenpflegegesetzes vom 16.7.2003, KH 2006, 456.

Teil 7
Verwaltungspersonal

Der Krankenhausverwaltung und damit dem dort tätigen Personal werden üblicherweise die **Bereiche** allgemeine Verwaltung (Sekretariat, Schreibdienst, Archiv, Versicherung, Wohnwirtschaft), Personalwesen (Planung, Stellenplan, Fortbildung, Verwaltung), Finanzwesen (Wirtschaftsplan, Beschaffungswesen, Rechnungsprüfung, Buchführung, Betriebsabrechnung, Statistik und Controlling), Patientenverwaltung (Aufnahme, Entlassung, Abrechnung der Krankenhausleistungen mit den zuständigen Kostenträgern und Selbstzahlern, Sozialdienst), betriebstechnischer Dienst (Bauwesen, Betriebsdienst, Hausdienst, Werkdienst, Hauswirtschaft) und Versorgung (Küche, Wäscherei, Näherei) zugewiesen. Dabei zeichnet für die Planung, Organisation und Kontrolle des gesamten Betriebsprozesses der Verwaltungsdirektor verantwortlich.

Das Verwaltungspersonal ist neben dem ärztlichen Dienst und dem Pflegedienst Teil des Gesamtbetriebes Krankenhaus. Im Hinblick auf die Zielsetzung des Krankenhauses, eine optimale Krankenversorgung zu gewährleisten, übt es eine **Hilfsfunktion** aus. Seine primäre Aufgabe ist es, die Einrichtung Krankenhaus in baulichen, technischen, personellen, materiellen, finanziellen und organisatorischen Erfordernissen bereitzustellen. Hauptziel ist es, Ärzten und Pflegekräften ein möglichst reibungsloses Arbeiten zu ermöglichen, was vornehmlich durch Unterstützung in Fragen der wirtschaftlichen Versorgung und des personellen Bedarfs, durch eine abgestimmte Planung und gut strukturierte Betriebsorganisation geschieht. Betrieblich gleichgewichtig erfolgt die Aufgabe der Einnahmensicherung als Aufgabe der Verwaltung, auch ökonomische Gesichtspunkte zu wahren.

Auch gegenüber dem **Patienten** spielt die Verwaltung eines Krankenhauses eine Rolle. Zu ihm hat die Verwaltung unmittelbare Beziehungen insbesondere in Erfüllung der Aufgaben der Patientenverwaltung, also bei der Aufnahme, Abrechnung etc. In diese Beziehung eingeschlossen sind die Angehörigen der Kranken oder Besucher; auch sie sind Partner der Verwaltung, wenn sie Zahlungen leisten, bei Sterbefällen vorsprechen oder eine Auskunft wünschen.

Schließlich sind auch die **Betriebsdienste** mit Pförtnern, Telefonisten, Poststelle, Aufsicht und die Hausdienste mit Hausmeister wie auch die Werkdienste mit Handwerkern und Facharbeitern zu aktivieren, so dass auch sie für das Krankenhaus werben, d. h. für das Öffentlichkeitsbild des Krankenhauses positiv tätig werden.

Das **Handeln der Verwaltung** und des dort tätigen Verwaltungspersonals ist gebunden an Recht und Gesetz und die vom Krankenhausträger vorgegebene finanzielle Ordnung. Die Krankenhausverwaltung richtet sich auf die Funktionsbereitschaft des Krankenhauses, auf einen Geschäftsablauf entsprechend verwaltungsrechtlichen und betriebswirtschaftlichen Grundsätzen sowie auf das betriebssoziologische Ziel des Gruppenausgleichs und der Pflege eines guten Betriebsklimas. Sie handelt im Auftrage des Krankenhausträgers auf der Grundlage öffentlichen und privaten Rechts und hat betriebsverwaltende wie auch betriebsgestaltende Aufgaben.

6   Im Einzelnen obliegt dem Verwaltungspersonal die Aufgabe, betriebliche Voraussetzungen für die medizinische und pflegerische Arbeit zu schaffen und zu erhalten, einen reibungslosen, verwaltungsmäßigen und technischen Betriebsablauf zu gewährleisten, für einen ökonomischen Einsatz von Gütern und Betriebsmitteln zu sorgen, die gesamte Finanzwirtschaft zu verantworten, die erforderlichen betriebsorganisatorischen und sozial-psychologischen Maßnahmen zu initiieren und im Rahmen der Geschäftsführung am betrieblichen Management teilzunehmen, zu planen, zu ordnen und zu koordinieren, für Informationen und Kommunikation zu sorgen und Entscheidungen vorzubereiten und zu vollziehen.

7   Innerhalb der Verwaltung wird zwischen den Ebenen Verwaltungsleitung (s. hierzu Teil 2 B), Abteilungsleitung und den einzelnen Sacharbeitern differenziert.

8   Im Rahmen der **Patientenverwaltung** obliegen dem Abteilungsleiter die Leitung der Patientenverwaltung und die Dienstaufsicht über die Aufgabenbereiche von Aufnahme, Entlassung und Abrechnung. Der Abteilungsleiter gewährleistet eine verwaltungsrechtliche und verwaltungstechnisch einwandfreie Sachbearbeitung entsprechend den gesetzlichen Bestimmungen, Gebühren-und Tarifordnungen sowie den vom Krankenhausträger wie auch vom Betrieb ergangenen Weisungen. Im Rahmen der Nutzung von EDV-Anlagen überwacht er auch die Einhaltung der Vorschriften und Weisungen zum Datenschutz und zur Datensicherung. Er gewährleistet eine betriebsorganisatorisch abgestimmte, sachnotwendige Bindung aller mit der Abteilung zusammenarbeitenden Leistungsstellen an die Erfordernisse der Abrechnung. Dazu überwacht und kontrolliert er die Sachbearbeitung und sorgt durch persönliche Kontakte mit den Leistungsstellen für eine vollständige Leistungserfassung und Leistungsmeldung. In Abstimmung mit der Verwaltungsleitung/Geschäftsführung führt er Maßnahmen der Anpassung an betriebliche oder gebührenrechtliche Änderungen durch.

9   Der **Sozialdienst** ist der Patientenverwaltung bzw. Krankenhausverwaltung insgesamt zugeordnet. Er wird auf Veranlassung von Ärzten und Schwestern oder auf Wunsch der Patienten und ihrer Angehörigen und aus eigener Initiative tätig. Sozialdienst und Patientenverwaltung arbeiten hauptsächlich in Fragen der Zahlungsverpflichtung aus Anlass der Krankenhausbehandlung und eventuell notwendig werdender Anträge auf Sozialleistungen zusammen.

10   Die **Personalsachbearbeiter** bearbeiten alle Personalangelegenheiten und schaffen und erhalten die grundlegenden personellen Voraussetzungen für die Funktionsfähigkeit aller Krankenhausbereiche. Der Personalabteilung

obliegen die Aufgabenbereiche Personalplanung, Führung des Stellenplans, berufliche Fortbildung, Personalverwaltung und Personalbetreuung.

Das **Finanzwesen** ermittelt die Höhe der zum kommenden Wirtschaftsjahr   11
zu erwartenden Einnahmen sowie den Bedarf an Finanzmitteln, sorgt für deren Veranschlagung und Bereitstellung und ist verantwortlich für die bestimmungsgemäße, sparsame und wirtschaftliche Verwendung. Sachbearbeiter arbeiten insbesondere in den Aufgabenbereichen Wirtschaftsplanung, Überwachung des Wirtschaftsplans, Buchführung und Kassenführung. Dem Finanzwesen angegliedert sind Betriebsabrechnung und Betriebsstatistik, häufig auch Controlling.

Im Rahmen der **allgemeinen Verwaltung** werden Aufgabengebiete gebündelt,   12
die den Gesamtbetrieb und nicht ausdrücklich einem anderen Sachgebiet zugewiesen sind. In aller Regel gehören hierzu die Aufgabenbereiche Sekretariat und Büroorganisation, Versicherungswesen, Wohnwirtschaft, Innenrevision und häufig auch das Zentralarchiv.

Die **Küche** gewährleistet die Beköstigung von Patienten und Krankenhaus-   13
personal, wobei das Personal der Küchenführung den verwaltungsmäßigen Teil der Verpflegungsfragen besorgt, also Lebensmitteleinkauf, Buchführung, Abrechnung und Lagerhaltung.

Teil 8
Funktionsdienste und staatlich anerkannte Gesundheitsberufe sowie medizinische Heilberufe

A. Krankenhausapotheker

I. Rechtsgrundlagen des Apothekenwesens

Der **Vertriebsweg für Arzneimittel** ist in der Bundesrepublik Deutschland fest vorgegeben; gem. § 43 Abs. 1 AMG[1] dürfen Arzneimittel – sofern sie nicht nach §§ 44, 45 Abs. 1 AMG ausnahmsweise für den Verkehr außerhalb der Apotheken freigegeben sind – berufs- oder gewerbsmäßig für den Endverbrauch nur in Apotheken oder mit besonderer Erlaubnis im Wege des Versandhandels in Verkehr gebracht werden. Deshalb ist auch der Vertriebsweg für Arzneimittel durch pharmazeutische Unternehmen und Großhändler gesetzlich detailliert geregelt, vgl. im Einzelnen § 47 AMG.

Wegen der Einzelheiten des Vertriebs verweist § 43 Abs. 1 Satz 1 2. Halbs. AMG auf das **Apothekengesetz**[2]. § 21 Abs. 1 Satz 1 ApoG beinhaltet zudem eine Ermächtigung des Bundesministeriums für Gesundheit und Soziale Sicherung, durch Rechtsverordnung eine **Apothekenbetriebsordnung** zu erlassen, um einen ordnungsgemäßen Betrieb der Apotheken, Zweigapotheken und Krankenhausapotheken zu gewährleisten und um die Qualität der dort herzustellenden und abzugebenden Arzneimittel sicherzustellen. Dem ist der Verordnungsgeber durch die Verordnung über den Betrieb von Apotheken[3] nachgekommen.

II. Krankenhausapotheken

Das Apothekengesetz sieht die Sicherstellung einer ordnungsgemäßen Arzneimittelversorgung der Bevölkerung primär durch öffentliche Apotheken, auch als Offizin-Apotheken bezeichnet, vor. Daneben erlaubt § 14 ApoG ausnahmsweise auch den Betrieb einer Krankenhausapotheke. Während dort die allgemeinen Regelungen enthalten sind, finden sich die weiteren Grundlagen in §§ 26 ff. ApBetrO.

---

1 Gesetz über den Verkehr mit Arzneimitteln (Arzneimittelgesetz – AMG) i. d. F. der Bekanntmachung v. 12.12.2005, BGBl. I, 3394, zuletzt geändert durch Gesetz v. 22.12.2010, BGBl. I, 2262, 2273.

2 Gesetz über das Apothekenwesen (Apothekengesetz – ApoG) i. d. F. der Bekanntmachung v. 15.10.1980, BGBl. I, 1993, zuletzt geändert durch Gesetz v. 28.5.2008, BGBl. I, 874.

3 Apothekenbetriebsordnung (ApBetrO) i. d. F. der Bekanntmachung v. 26.9.1995, BGBl. I, 1195, zuletzt geändert durch Verordnung v. 2.12.2008, BGBl. I, 2338.

§ 26 Abs. 1 ApBetrO definiert die Krankenhausapotheke wie folgt:

„Die Krankenhausapotheke ist die Funktionseinheit eines Krankenhauses, der die Sicherstellung der ordnungsgemäßen Versorgung von einem oder mehreren Krankenhäusern mit Arzneimitteln obliegt."

Bei der Krankenhausapotheke handelt es sich mithin um eine Sonderform einer Apotheke. Ihr Betrieb ist stets mit dem Betrieb eines Krankenhauses verbunden, was sich schon daraus ergibt, dass in § 14 Abs. 1 Satz 1 ApoG geregelt ist, dass die Erlaubnis zum Betrieb einer Krankenhausapotheke nur dem Träger eines Krankenhauses[1] zu erteilen ist. § 14 Abs. 1 Satz 1 ApoG, § 26 Abs. 1 ApBetrO ist also zweifelsfrei zu entnehmen, dass Krankenhausapotheken nicht als rechtlich selbständige Einheiten betrieben werden können, sondern stets als **„Funktionseinheit" eines Krankenhauses** und auch nur durch dessen Träger. Der Betrieb einer Krankenhausapotheke durch jemand anderen als den Krankenhausträger ist also schon nach den gesetzlichen Vorgaben ausgeschlossen; die Krankenhausapotheke ist eine Einrichtung des Trägers, der das Krankenhaus betreibt, an dem sie angesiedelt ist.

4   Die Vorschriften für den Betrieb öffentlicher Apotheken stimmen in weiten Bereichen mit denjenigen für den Betrieb von Krankenhausapotheken überein. Unterschiede ergeben sich insbesondere aber daraus, dass die öffentliche Apotheke zur Versorgung der gesamten Bevölkerung (§ 1 Abs. 1 ApoG) dient, die Krankenhausapotheke hingegen ausschließlich den speziellen Bedürfnissen eines Krankenhauses mit den vom Gesetzgeber im Einzelnen vorgegebenen Abgrenzungen.

III. Betriebserlaubnis

5   Die Erlaubnis zum Betrieb einer Krankenhausapotheke wird bei Vorliegen der Voraussetzungen des § 14 Abs. 1 Satz 1 ApoG dem Träger eines Krankenhauses erteilt.

Auf die Frage der Rechtsform des Krankenhausträgers[2] kommt es nicht an. Hat dieser nach § 14 Abs. 1 Satz 1 Nr. 1 ApoG einen Apotheker, der die Voraussetzungen nach § 2 Abs. 1 Nr. 1–4, 7 und 8 sowie Abs. 3 ApoG erfüllt, angestellt und nach § 14 Abs. 1 Satz 1 Nr. 2 ApoG die für die Krankenhausapotheke nach der ApBetrO vorgeschriebenen Räume nachgewiesen, steht ihm ein **Rechtsanspruch** auf Erteilung der Erlaubnis zum Betrieb der Krankenhausapotheke zu.

1. Krankenhaus

6   Das ApoG definiert den **Begriff** des Krankenhauses nicht selbst, verweist vielmehr in § 14 Abs. 8 Satz 1 ApoG auf § 2 Nr. 1 KHG (zum Begriff des Krankenhauses vgl. Teil 1 A Rz. 1 ff.). Gemäß § 14 Abs. 8 Satz 2 ApoG ste-

---

1 Vgl. dazu *Cyran/Roth*, ApBetrO, § 26 Rz. 6.
2 Vgl. dazu Pfeil/Pieck/Blume/*Brüggmann/Schütte*, ApBetrO, § 26 Rz. 1.

hen diesen Krankenhäusern hinsichtlich der Arzneimittelversorgung die
nach Landesrecht bestimmten Träger und Durchführenden des Rettungs-
dienstes (vgl. z.B. § 6 Abs. 1 RettG NRW), ferner Kur- und Spezialeinrichtungen, die der Gesundheitsvorsorge oder der medizinischen oder beruflichen
Rehabilitation i.S.d. § 14 Abs. 8 Satz 2 Nr. 2 ApoG dienen, gleich.

2. Anstellung eines Apothekers

Die Voraussetzungen, die der angestellte Apotheker einer Krankenhausapo-   7
theke gem. § 14 Abs. 1 Satz 1 Nr. 1 ApoG nachweisen muss, sind im Wesentlichen diejenigen, die auch für die Erlaubnis zum Betrieb einer öffentlichen Apotheke notwendig sind. Demzufolge muss der **Apotheker** nach § 2
Abs. 1 ApoG folgende **Voraussetzungen** erfüllen:

Nr. 1:   Besitz der deutschen Staatsangehörigkeit, Angehörigkeit eines EU-
         Mitgliedsstaates, eines anderen Vertragsstaates des Abkommens
         über den Europäischen Wirtschaftsraum oder Anerkennung als hei-
         matloser Ausländer;

Nr. 2:   Besitz der vollen Geschäftsfähigkeit i.S.d. §§ 104 ff. BGB;

Nr. 3:   Besitz einer deutschen Approbation als Apotheker;

Nr. 4:   Besitz der für den Betrieb einer Apotheke erforderlichen Zuverläs-
         keit. Gegen die Zuverlässigkeit sprechen nur solche Gründe, wie
         z.B. strafrechtliche oder schwere sittliche Verfehlungen oder gröbli-
         che/beharrliche Verstöße gegen das Arzneimittel- oder Apotheken-
         gesetz und den aufgrund dieser Gesetze erlassenen Rechtsvorschrif-
         ten, die den angestellten Apotheker für die Leitung einer Apotheke
         ungeeignet erscheinen lassen oder ihn als erwiesenermaßen unzu-
         verlässig ausweisen.

Nr. 7:   Gesundheitliche Eignung zur Führung einer Apotheke;

Nr. 8:   Mitteilung, ob und ggf. an welchem Ort er in einem anderen Mit-
         gliedstaat der Europäischen Union oder in einem anderen Vertrags-
         staat des europäischen Wirtschaftsraums eine oder mehrere Apothe-
         ken betreibt.

Darüber hinaus verlangt § 2 Abs. 3 ApoG (infolge der Verweisung in § 14   8
Abs. 1 Satz 1 Nr. 1 ApoG auch für Krankenhausapotheker), dass diejenigen
Apotheker, die nach Abschluss ihrer Berufsausbildung mehr als zwei Jahre
lang ununterbrochen keine pharmazeutische Tätigkeit ausgeübt haben, im
letzten Jahr vor der Antragstellung mindestens sechs Monate lang ununterbrochen in einer öffentlichen Apotheke oder Krankenhausapotheke in einem
Mitgliedstaat der Europäischen Union oder in einem Vertragsstaat des Ab-
kommens über den europäischen Wirtschaftsraum gearbeitet haben müssen,
um eine Betriebserlaubnis erhalten zu können.

3. Räumlichkeiten

9   § 14 Abs. 1 Nr. 2 ApoG schreibt schließlich vor, dass der Träger des Krankenhauses die nach der ApBetrO vorgeschriebenen Räume nachweisen muss.
Nach § 29 Abs. 1 Satz 2 ApBetrO sind die **Art, Beschaffenheit, Größe und
Zahl** der Räume sowie die Einrichtung der Krankenhausapotheke an der
nach § 28 Abs. 1 Satz 2 ApBetrO medizinisch zweckmäßigen und ausreichenden Versorgung des Krankenhauses mit Arzneimitteln unter Berücksichtigung von Größe, Art und Leistungsstruktur des Krankenhauses auszurichten. Dabei soll die Krankenhausapotheke gem. § 29 Abs. 2 ApBetrO
mindestens aus einer Offizin, zwei Laboratorien, einem Geschäftsraum und
einem Nebenraum bestehen. Sie muss über ausreichend Lagerraum, ferner
über einen Abzug mit Absaugvorrichtung verfügen. Eine Lagerung unterhalb
einer Temperatur von 20/C muss möglich sein. Die Grundfläche der Be-
triebsräume muss gem. § 29 Abs. 2 Satz 3 ApBetrO insgesamt mindestens
200 m² betragen. Daneben gelten zahlreiche weitere Vorschriften, insbesondere für die Einrichtung, vgl. im Einzelnen die Verweisung in § 26 Abs. 2 Ap-
BetrO auf die entsprechenden Normen der ApBetrO für den Betrieb öffentlicher Apotheken.

IV. Tätigkeitsbereiche der Krankenhausapotheke

1. Arzneimittelversorgung des Krankenhauses

10   Der Krankenhausapotheke obliegt – primär – die ordnungsgemäße Versorgung eines oder mehrerer Krankenhäuser, § 26 Abs. 1 ApBetrO.

a) Versorgungsauftrag

11   Für Apotheken gelten grundsätzlich feste Abgabepreise nach der Arzneimit-
telpreisverordnung[1]. § 1 Abs. 3 Nr. 1 AMPreisV nimmt Krankenhausapotheken von dieser **Preisbindung** aus. Wären Krankenhausapotheken befugt, uneingeschränkt die gesamte Bevölkerung zu versorgen, hätte das folglich eine
Störung des Preisgefüges zwischen öffentlichen Apotheken einerseits und
Krankenhausapotheken andererseits zur Folge. Um das zu verhindern[2], hat
der Gesetzgeber in § 14 Abs. 7 ApoG im Einzelnen exakt geregelt, **an wen
und ggf. zu welchen Zwecken Krankenhausapotheker Arzneimittel abgeben
dürfen.** Eine Abgabe darf gem. § 14 Abs. 7 Satz 2 ApoG erfolgen

– an die einzelnen Stationen und anderen Teileinheiten des Krankenhauses
 zur Versorgung von Patienten, die in dem Krankenhaus vollstationär, teilstationär, vor- oder nachstationär (§ 115a SGB V) behandelt, ambulant
 operiert oder im Rahmen sonstiger stationsersetzender Eingriffe (§ 115b
 SGB V) versorgt werden[3],

---

1 AMPreisV v. 14.11.1980, BGBl. I, 2147, zuletzt geändert durch Gesetz v. 22.12.2010,
  BGBl. I, 2262, 2274.
2 Vgl. BGH v. 12.10.1989 – I ZR 228/87, MDR 1990, 509.
3 Diese Einschränkung hat eine lange Tradition; so wurde z.B. in Wien und Umgebung
  schon im 18. Jh. „den barmherzigen Brüdern und Elisabethinerinnen gestattet, ihre ei-

– zur unmittelbaren Anwendung bei Patienten[1] an ermächtigte Ambulanzen des Krankenhauses, insbesondere an Hochschulambulanzen (§ 117 SGB V), psychiatrische Institutsambulanzen (§ 118 SGB V), Sozialpädiatrische Zentren (§ 119 SGB V) und ermächtigte Krankenhausärzte (§ 116 SGB V),

– an Patienten im Rahmen der ambulanten Behandlung im Krankenhaus, wenn das Krankenhaus hierzu ermächtigt (§ 116a SGB V) oder berechtigt ist (§§ 116b, 140b Abs. 4 Satz 3 SGB V),

– an Patienten bei deren Entlassung nach ambulanter oder stationärer Behandlung zur Überbrückung, wenn im unmittelbaren Anschluss an die Behandlung ein Wochenende oder ein Feiertag folgt (§ 14 Abs. 7 Satz 3 ApoG); ferner bei Vorliegen einer Verordnung häuslicher Krankenpflege (§ 92 Abs. 7 Satz 1 Nr. 3 SGB V) die zur Überbrückung für längstens drei Tage benötigten Arzneimittel,

– an Beschäftigte des Krankenhauses für deren unmittelbaren eigenen Bedarf (§ 14 Abs. 7 Satz 5 ApoG)[2],

– an Krankenhäuser, mit denen rechtswirksame Verträge (vgl. dazu im Einzelnen § 14 Abs. 3 u. 5 ApoG sowie unten Rz. 15 ff.) bestehen oder für deren Versorgung eine Genehmigung nach § 14 Abs. 5 Satz 3 ApoG erteilt worden ist (§ 14 Abs. 7 Satz 1 ApoG).

§ 14 Abs. 7 ApoG stellt klar, dass die Abgabe von Arzneimitteln „nur" im Rahmen der vorgenannten Regelungen zulässig ist. Das bedeutet im Umkehrschluss, dass dem Krankenhausapotheker alle **anderen Abgaben untersagt**[3] sind. Sie sind im Übrigen auch wettbewerbsrechtlich unzulässig[4]. Gegen die Regelungen des § 14 Abs. 7 ApoG (entsprechend § 14 Abs. 4 ApoG a. F.) wurden verschiedentlich verfassungsrechtliche und europarechtliche Bedenken erhoben, die das BVerfG[5] bzw. der EuGH[6] nicht geteilt haben.

12

---

genen Apotheken beyzubehalten, damit sie die in ihren Häusern befindlichen Kranken mit den nöthigen Medicamenten versehen können, jedoch dürfen sie selbe nicht anderweitig verkaufen", vgl. *von Hempel-Kürsinger*, Handbuch der Gesetzkunde im Sanitäts- und Medicinal-Gebiethe 1830, 36/37.

1 Zur Preisgestaltung bei der Abgabe an Versicherte vgl. §§ 129a, 300 Abs. 3 SGB V.

2 Zur steuerrechtlichen Behandlung vgl. BFH v. 27.8.2002 – VI R 63/97, GesR 2003, 125.

3 Fraglich ist allein, ob im Rahmen einer *Selbstzahler*-Ambulanz in entsprechender Anwendung von § 14 Abs. 7 Satz 2 ApoG auch die Abgabe an diese zur unmittelbaren Anwendung bei Patienten zulässig ist, insb. die Abgabe von Zytostatika.

4 KG v. 27.4.1995 – 25 U 659/95, KGR 1995, 146.

5 BVerfG v. 19.9.2002 – 1 BvR 1385/01, NJW 2002, 3693; vgl. auch OLG Stuttgart v. 28.10.1988 – 2 U 195/87, NJW-RR 1989, 1004.

6 Nach EuGH v. 11.9.2008 – Rs. C-141/07, GesR 2009, 99, sind diese Regelungen europarechtlich nicht zu beanstanden. Insbesondere sei es – aus Gründen des Gesundheitsschutzes – auch nicht geboten, die Versorgung eines Krankenhauses durch nicht in der Nähe liegende Apotheken zu ermöglichen.

b) Vorratshaltung

13 Um eine ordnungsgemäße **Arzneimittelversorgung** der Patienten des Krankenhauses **sicherzustellen**, sind die notwendigen Arzneimittel gem. § 30 ApBetrO in ausreichender Menge, d. h. mindestens für den durchschnittlichen Bedarf von zwei Wochen, vorrätig zu halten. Sie sind ferner aufzulisten (§ 30 ApBetrO).

2. Versorgung anderer Krankenhäuser

14 Während es früher meist üblich war, dass Krankenhäuser eine eigene Apotheke vorhielten[1], wird das heute von den einzelnen Krankenhausträgern immer kritischer hinterfragt. Hierfür sind verschiedene Gründe maßgeblich. Zum einen können die Krankenhausträger beim Einkauf der Arzneimittel unmittelbar beim Pharmahersteller umso günstigere Preise vereinbaren, je größer das **Nachfragevolumen** ist. Um dieses zu vergrößern, haben sich vielfach kleinere Krankenhäuser, aber auch Universitätskliniken oder Krankenhäuser der Maximalversorgung – meist in Form einer **Einkaufsgenossenschaft** – zusammengeschlossen, um gegenüber den Arzneimittelherstellern einheitlich und dadurch mit einer höheren Nachfrage mit dem Ziel günstigerer Preisgestaltung auftreten zu können. Zum anderen ist zu berücksichtigen, dass die Kosten der Arzneimittelversorgung des einzelnen Patienten, die im Regelfall durch die jeweilige DRG mit abgegolten sind, nicht nur die unmittelbaren Kosten des Einkaufs des Arzneimittels umfassen, vielmehr auch die „Handling"-Kosten, also insbesondere den Personalaufwand in der Krankenhausapotheke sowie die dafür erforderlichen Raumkosten und sonstige Verwaltungskosten. Ein wirtschaftlich rentabler Betrieb der Krankenhausapotheke als abgeschlossene Einheit[2] ist daher nur möglich, wenn eine Mindest-Umsatzmenge in der Apotheke erreicht wird. Belastbare Zahlen hierfür stehen nicht zur Verfügung.

15 Erreichen Krankenhausapotheken eine akzeptable **Umsatzgröße** nicht durch die Nachfrage im eigenen Haus einschließlich solcher Einheiten, die mitversorgt werden dürfen (§ 14 Abs. 7 Satz 2 bis 4 ApoG), wird der Betrieb der Apotheke unter betriebswirtschaftlichen Gesichtspunkten seitens des Krankenhausträgers kritisch zu hinterfragen sein. Er kann dadurch sichergestellt werden, dass die Krankenhausapotheke andere Krankenhäuser (sei es desselben Trägers, sei es eines anderen Trägers) mitversorgt (§ 14 Abs. 3, Abs. 7 Satz 1 ApoG). Ebenso ist aber denkbar, dass das Krankenhaus die eigene **Apotheke schließt**[3] **und durch** die **Krankenhausapotheke eines anderen Krankenhauses** desselben oder eines anderen Trägers (§ 14 Abs. 3, 5 ApoG) oder durch eine öffentliche Apotheke (§ 14 Abs. 4, 5 ApoG) **mitversorgt** wird.

16 Hierzu bedarf es des Abschlusses eines schriftlichen Vertrages, eines sog. **Versorgungsvertrages** (§ 14 Abs. 3, Abs. 4 Satz 1 ApoG), der zu seiner Rechts-

---

1 Vgl. z. B. *Cyran/Rotta*, ApBetrO, § 29 Rz. 1; *Wagener/Klöckner*, KH 1999, 180.
2 Vgl. dazu z. B. *Strehl/Sutter/Van Gemman*, ku 1998, 638.
3 Speziell dazu *Ebert*, ku 1998, 632.

wirksamkeit der Genehmigung der zuständigen Behörde bedarf (§ 14 Abs. 5 Satz 1 ApoG). Dies gilt nicht nur dann, wenn die Krankenhausapotheke Krankenhäuser anderer Träger versorgen soll, sondern auch, wenn es sich um weitere Krankenhäuser ihres Trägers handelt, vgl. § 14 Abs. 5 Satz 3 ApoG. Wer die für die Genehmigung zuständige Behörde ist, richtet sich nach Landesrecht; regelmäßig handelt es sich hierbei um die Kreise oder kreisfreien Städte. Innerhalb dieser sind im Allgemeinen die Amtsapotheker, ansässig regelmäßig bei den Gesundheitsämtern, zuständig. Auf die **Genehmigung** eines solchen Versorgungsvertrags besteht ein Rechtsanspruch (§ 14 Abs. 5 Satz 2 ApoG), wenn sichergestellt ist, dass der Vertrag die in § 14 Abs. 5 Satz 2 Nr. 1 bis 6 genannten Voraussetzungen erfüllt.

§ 14 Abs. 2 Satz 3 Nr. 1 ApoG in der bis zum 21.6.2005 gültigen Fassung sah   17
zudem vor, dass die Krankenhausapotheke einerseits und die zu versorgenden Krankenhäuser andererseits innerhalb desselben Kreises oder derselben kreisfreien Stadt oder in einander benachbarten Kreisen oder kreisfreien Städten liegen. Mit der Neufassung des § 14 ApoG durch Art. 1 des Gesetzes vom 15.6.2005[1] ist dieses Erfordernis[2] entfallen.

Unter wirtschaftlichen Gesichtspunkten ist zu beachten, dass die Arznei-   18
mittel-Belieferung des Krankenhauses eines *anderen* Trägers als desjenigen der Krankenhausapotheke **umsatzsteuerpflichtig** ist, da nur Krankenhausbehandlungen und ärztliche Heilbehandlungen sowie damit *eng* verbundene Umsätze (§ 4 Nr. 14 lit. b UStG[3]), was bei der Belieferung eines anderen Krankenhauses mit Medikamenten nach der Rechtsprechung nicht mehr der Fall sein soll[4].

Zwar kann der Träger der das Krankenhaus betreibenden Apotheke seinerseits die von ihm beim Einkauf der Arzneimittel – sei es unmittelbar vom Hersteller, sei es über den Großhandel – gezahlte Umsatzsteuer optieren. Die Umsatzsteuer, die vom Lieferanten in Rechnung gestellt wird, kann dann von der eigenen Umsatzsteuerschuld abgezogen werden. Typischerweise werden jedoch die Arzneimittel von der Krankenhausapotheke zu einem höheren Preis als dem Einkaufspreis abgegeben, um so Beschaffungskosten, Personalkosten, Lagerungskosten etc. zu decken. Daher verbleibt es auch im Fall der Optierung der Umsatzsteuer bei einem Differenzbetrag, welcher den Krankenhausträger belastet.

Geschäfte zwischen öffentlichen Apotheken einerseits und Krankenhaus-   19
apotheken andererseits, sog. **„Über-Kreuz-Geschäfte"**, sind grundsätzlich verboten; eine Ausnahme gilt jedoch für den Bereich der **Zytostatika**-Zube-

---

1 Gesetz zur Änderung des Apothekengesetzes vom 15.6.2005, BGBl. I, 1642.
2 Ob es nach der alten Fassung einer gemeinsamen Grenze bedurfte oder ob es darauf ankam, dass die Kreise bzw. kreisfreien Städte „eine unmittelbare räumliche Nähe zueinander aufweisen", war nicht abschließend geklärt; letztgenannter Auffassung VG Oldenburg v. 20.4.2005 – 7 A 3318/04, GesR 2005, 357.
3 Vgl. zur Handhabung das Einführungsschreiben des BMF v. 26.6.2009 (IV B 9 – S 7170/08/10009), BStBl. I 2009, 756.
4 BFH v. 18.10.1990 – V R 76/89, BStBl. II 1991, 268.

reitungen (§ 11 Abs. 3 ApoG)[1]. Der Inhaber einer Erlaubnis zum Betrieb einer Krankenhausapotheke darf die hergestellten anwendungsfertigen Zytostatika-Zubereitungen auf Anforderung an eine öffentliche Apotheke oder an eine andere Krankenhausapotheke abgeben. Eines Versorgungsvertrages gem. § 14 Abs. 5 ApoG bedarf es dazu nicht (§ 11 Abs. 3 Satz 3 ApoG). Zytostatika werden zur Behandlung von Krebs und Autoimmunerkrankungen eingesetzt; für die Zubereitung sind spezielle Herstellungsräume vorzuhalten und Sicherheitstechniken einzuhalten[2].

V. Belegschaft der Krankenhausapotheke

1. Leiter

20   Nach § 27 Abs. 1 ApBetrO ist der **Apothekenleiter** der vom Träger des Krankenhauses angestellte und mit der Leitung beauftragte Apotheker.

a) Rechtliche Stellung

21   Die **Anstellung** des Apothekers kann verschiedene Rechtsnaturen haben. Gewöhnlich handelt es sich bei der Anstellung des Krankenhausapothekers um ein Arbeitsverhältnis, das sich nach den §§ 611 ff. BGB richtet, oder um ein Beamtenverhältnis, auf das das einschlägige Beamtenrecht anwendbar ist. Bei der **inhaltlichen Gestaltung der Anstellung** müssen die unterschiedlichen Anforderungen berücksichtigt werden, die daraus resultieren, dass der Krankenhausapotheker einerseits Angestellter des Krankenhauses und somit wirtschaftlich, finanziell und rechtlich an das Krankenhaus gebunden ist, er andererseits aber die Krankenhausapotheke persönlich in eigener Verantwortung leitet. Demzufolge muss der **Anstellungsvertrag** zwischen Krankenhaus und Krankenhausapotheker so ausgestaltet werden, dass der Apotheker seinen Apothekenbetrieb selbständig und ohne Einmischung z.B. durch die Krankenhausleitung organisieren und betreiben kann. Andererseits ist das Krankenhaus für die generellen wirtschaftlichen Belange des Krankenhauses zuständig. Daher kann der Krankenhausträger im Rahmen seines Direktionsrechtes dem Apotheker Weisungen erteilen.

Die fachlich selbständige Stellung des Krankenhausapothekers darf über den Arbeitsvertrag hinaus nicht durch innerbetriebliche Weisungen oder die Organisationsstruktur beeinträchtigt werden.

b) Rechte und Pflichten

22   Dem Leiter der Krankenhausapotheke obliegen beim Betrieb der Krankenhausapotheke verschiedenste Pflichten:

23   – **Allgemeine Pflichten:** Er ist gem. § 27 Abs. 2 Satz 1 ApBetrO für den vorschriftsmäßigen Betrieb der Krankenhausapotheke verantwortlich. Ins-

---

1 Zur Preisgestaltung vgl. § 129 Abs. 5c SGB V i. V. m. § 129a SGB V.
2 Vgl. im Einzelnen *Barth*, Zytostatika-Herstellung in der Apotheke, 2003.

besondere aus den apotheken- und arzneimittelrechtlichen Vorschriften ergeben sich Pflichten z. B. zur ordnungsgemäßen Arzneimittelversorgung, zur Arzneimittelsicherheit (auch selbst hergestellter Arzneimittel) und zum Einsatz fachlich qualifizierten Apothekenpersonals. Im Rahmen dieser Pflicht und zur Wahrung der Interessen des Krankenhauses hat er den Krankenhausträger ggf. darauf aufmerksam zu machen, welche Maßnahmen ergriffen werden müssen, um (drohenden) Missständen zu begegnen. Sofern der Krankenhausträger keine Maßnahmen zur Sicherung eines ordnungsgemäßen Apothekenbetriebs ergreift, gehört es wegen der Verantwortlichkeit für den ordnungsgemäßen Betrieb zu den Pflichten des Apothekers, hier zu intervenieren, remonstrieren und mit allen geeigneten Mitteln Abhilfe zu schaffen, da ihn insoweit eine *persönliche* Verantwortlichkeit (vgl. unten Rz. 37) trifft. Letztes Mittel ist die Verständigung der zuständigen Behörden – in der Regel des Amtsapothekers. Obwohl im schlimmsten Fall der Zuwiderhandlung dem Krankenhausträger der Entzug der Betriebserlaubnis gem. § 4 Abs. 2 Satz 1 ApoG droht, handelt es sich bei dem Verhalten des Apothekers rechtlich nicht um einen Fall von Illoyalität, da die Mitteilung an die Behörde eine gesetzliche Pflicht ist[1].

– **Informations- und Beratungspflicht:** Nach § 27 Abs. 2 Satz 2 ApBetrO ob-   24
liegt dem Leiter der Krankenhausapotheke die Pflicht, die Ärzte des Krankenhauses über Arzneimittel zu informieren. Dazu kann er auch einen anderen Krankenhausapotheker beauftragen.

– **Prüfpflichten:** Der Leiter der Krankenhausapotheke oder ein von ihm   25
beauftragter Apotheker ist nach § 32 ApBetrO zur Prüfung der Arzneimittelvorräte verpflichtet. Die Überprüfung muss mindestens halbjährlich erfolgen. Schärfere Bestimmungen z. B. des Arzneimittelrechts müssen weiterhin beachtet werden.

– **Gremien:** Der leitende Krankenhausapotheker ist gem. § 27 Abs. 2 Satz 3   26
ApBetrO kraft Gesetz Mitglied der Arzneimittelkommission und somit verpflichtet, seine Rechte wahrzunehmen. Er sollte zudem in verschiedene Gremien eingebunden sein[2]. Beispiele hierfür sind: Hygienekommission, Konferenz der Abteilungsdirektoren, Einkaufskommission medizinischer Sachbedarf und Ethikkommission.

c) Vertretung

Der leitende Krankenhausapotheker kann sich gem. § 27 Abs. 2 i. V. m. § 2   27
Abs. 5 ApBetrO vertreten lassen. Zur Vertretung des Krankenhausapothekers sind wegen § 2 Abs. 6 Satz 4 ApBetrO **ausschließlich andere Apotheker** und nicht etwa auch Apothekerassistenten oder Pharmazieingenieure berechtigt, wie es etwa bei öffentlichen Apotheken nach § 2 Abs. 6 Satz 1–3 ApBetrO der Fall ist.

---

1 Pfeil/Pieck/Blume/*Brüggmann/Schütte*, ApBetrO, § 27 Rz. 2.
2 *Cyran/Rotta*, ApBetrO, § 27 Rz. 19 ff.

28   Sofern in der Krankenhausapotheke neben dem leitenden Apotheker nicht noch ein weiterer Apotheker beschäftigt wird, sollte möglichst früh mit einem anderen Apotheker eine **Absprache über die Vertretung** des Krankenhausapothekers getroffen werden. Ansonsten droht für den Ausfall des leitenden Krankenhausapothekers die Schließung der Krankenhausapotheke.

29   Während der Dauer der Vertretung hat der vertretende Apotheker die gleichen Rechte und Pflichten wie der vertretene Krankenhausapotheker[1].

30   Die zulässige **Vertretungsdauer** ist auf drei Monate begrenzt (§ 2 Abs. 5 Satz 2 ApBetrO). Ausnahmsweise kann die zuständige Behörde eine Vertretung über diese Zeit hinaus zulassen, wenn ein in der Person des Apothekers liegender wichtiger Grund (z. B. eine schwere Krankheit) gegeben ist.

d) Nebenberufliche Tätigkeit

31   Eine Nebentätigkeit ist gem. § 27 Abs. 4 i. V. m. § 2 Abs. 3 ApBetrO der zuständigen Behörde **anzuzeigen**. Hierdurch wird der Behörde die Möglichkeit gegeben, vorab zu überprüfen, ob durch die Nebentätigkeit die ordnungsgemäße und persönliche Leitung der Krankenhausapotheke beeinträchtigt werden kann. Letztendlich wird auch der Gefahr vorgebeugt, dass die zuständige Behörde nach § 4 Abs. 2 Satz 1 ApoG die Betriebserlaubnis mangels ordnungsgemäßer Leitung widerruft.

2. Personal

32   Da zur Versorgung eines Krankenhauses mit Ausnahme der Zustellung vom Krankenhausapotheker nur Personal eingesetzt werden darf, welches im Betrieb des Apothekers tätig ist, ist für den ordnungsgemäßen Betrieb einer Krankenhausapotheke eine **gründliche Planung des Personalbedarfs** erforderlich.

a) Pharmazeutisches Personal

33   Für den Betrieb der Krankenhausapotheke muss das entsprechende pharmazeutische Personal vorhanden sein. Grund hierfür ist, dass pharmazeutische Tätigkeiten, wie z. B. die Entwicklung, Herstellung, Prüfung und Abgabe von Arzneimitteln nur von pharmazeutischem Personal ausgeführt werden dürfen, sofern die ApBetrO nicht Ausnahmen zulässt.

Eine Aufzählung des pharmazeutischen Personals ist § 3 Abs. 3–6 ApBetrO zu entnehmen, der gem. § 28 Abs. 3 ApBetrO auch für die Krankenhausapotheke gilt.

Zu beachten ist hierbei, dass auch innerhalb der Gruppe des pharmazeutischen Personals gem. § 3 Abs. 5 ApBetrO **unterschiedliche Befugnisse** bestehen. So ist beispielsweise pharmazeutischen Assistenten die Abgabe von

---

1 *Cyran/Rotta*, ApBetrO, § 27 Rz. 22.

Arzneimitteln untersagt und die pharmazeutische Tätigkeit eines pharma-
zeutisch-technischen Assistenten von einem Apotheker zu beaufsichtigen.

b) Nichtpharmazeutisches Personal

Neben den pharmazeutischen Tätigkeiten gibt es in einer Krankenhausapo- 34
theke vielfältige Aufgaben, die nicht unbedingt von pharmazeutischem Personal ausgeführt werden müssen. Solche Tätigkeiten können von nichtphar-
mazeutischem Personal ausgeübt werden. Zum nichtpharmazeutischen
Personal gehören insbesondere die Apothekenhelfer, Apothekenfacharbeiter
und pharmazeutisch-kaufmännische Angestellte.

Das nichtpharmazeutische Personal ist aber **nicht auf rein nichtpharmazeutische Tätigkeiten beschränkt.** Im Rahmen der pharmazeutischen Tätigkeiten der ApBetrO unterstützt es das pharmazeutische Personal bei der Herstellung und Prüfung der Arzneimittel sowie durch Bedienung, Pflege und
Instandhaltung der Arbeitsgeräte, beim Abfüllen, Abpacken und bei der Vorbereitung der Arzneimittel zur Abgabe.

c) Personalbedarf

Das Personal einer Krankenhausapotheke wird **vom Träger des Krankenhau-** 35
ses finanziert. Um nicht den wirtschaftlichen Interessen des Krankenhausträgers den Vorrang vor den pharmazeutischen Notwendigkeiten zu geben,
hat der Gesetzgeber in § 28 Abs. 1 ApBetrO seine **Entscheidungs- und Orga-**
nisationsgewalt stark **eingegrenzt.** Ihm bleibt nur die Möglichkeit, das für
den ordnungsgemäßen Betrieb der Krankenhausapotheke notwendige Personal einzustellen, will er nicht seine Betriebserlaubnis nach § 4 Abs. 2
Satz 1 ApoG verlieren. Der Personalbedarf einer Krankenhausapotheke kann
sachgerecht nicht nur anhand einzelner Kriterien, wie beispielsweise der Be-
legung der Krankenhausbetten, beurteilt werden. Dies würde der unterschiedlichen Intensität der Anforderungen, die von den Patienten an die
Krankenhausapotheke gestellt werden, nicht gerecht. So bedarf z.B. ein Patient, der in der Dermatologie behandelt wird, wegen der Art seiner Erkrankung durchschnittlich mehr und aufwendiger herzustellender Medikamente
als der Patient, der im Krankenhaus ohrenärztlich behandelt wird.

Um den Personalbedarf einerseits den Bedürfnissen des Krankenhauses anzupassen, andererseits aber die kurzfristigen Schwankungen in der Anzahl
der zu versorgenden Patienten nicht zu einer unberechenbaren Größe zu machen, wird der Personalbedarf durch den Gesetzgeber von mehreren, dauerhaften Faktoren abhängig gemacht. Nach § 28 Abs. 1 Satz 2 ApBetrO ergibt
sich der Personalbedarf aus Art und Umfang einer medizinisch zweckmäßigen und ausreichenden Versorgung des Krankenhauses mit Arzneimitteln
unter Berücksichtigung von Größe, Art und Leistungsstruktur des Krankenhauses.

36   Sofern mehrere Krankenhäuser versorgt werden, muss bei der Ermittlung der Anforderungen an die Krankenhausapotheke das mitzuversorgende Krankenhaus nach § 28 Abs. 1 Satz 3 ApBetrO entsprechende Berücksichtigung finden.

Bei der Ermittlung des Personalbedarfs spielt daher **der gesamte Tätigkeitsbereich einer Krankenhausapotheke, ausgerichtet an den langfristigen Bedürfnissen des oder der zu versorgenden Krankenhäuser**, eine Rolle.

Welcher Zeit- bzw. Personalbedarf konkret für die anfallenden Tätigkeiten erforderlich ist, ist nicht genau fassbar und individuell unterschiedlich. Dennoch wurde anhand von Durchschnittswerten der ungefähre Zeitaufwand ermittelt, der eine Richtschnur bei der Ermittlung des Personalbedarfs bietet[1].

d) Verantwortlichkeit des Leiters

37   Gemäß § 28 Abs. 2 ApBetrO ist für den Einsatz des Apothekenpersonals der Leiter der Krankenhausapotheke verantwortlich. Unter dem Einsatz ist insbesondere zu verstehen, dass jeder Mitarbeiter nur dort tätig wird, wo die **einschlägigen Vorschriften, Ausbildung und Kenntnisse es zulassen.** Dabei hat der Krankenhausapotheker vertragliche Vereinbarungen zwischen dem Mitarbeiter und dem Krankenhaus zu berücksichtigen.

38   Dementsprechend darf der Träger des Krankenhauses nicht in die **Einsatzplanung** des Krankenhausapothekers eingreifen.

39   Von dem Einsatz ist aber die Einstellung zu unterscheiden. Diese ist vom Träger des Krankenhauses vorzunehmen, der entweder Arbeitgeber oder Dienstherr sowohl des Personals als auch des Leiters der Krankenhausapotheke ist. Wegen der persönlichen Verantwortung des Krankenhausapothekers für die Krankenhausapotheke ist es aber auch sinnvoll, den Krankenhausapotheker bei der Einstellung von Krankenhauspersonal so zu beteiligen, dass den rechtlichen und fachlichen Anforderungen an eine Krankenhausapotheke Rechnung getragen wird.

VI. Ordnungswidrigkeiten

40   Ordnungswidriges Handeln ist insbesondere in § 25 ApoG und § 34 ApBetrO geregelt. Im Zusammenhang mit der Krankenhausapotheke stehen im ApoG die unzulässige Abgabe (vgl. hierzu oben Rz. 11, 19) sowie die Versorgung durch Abgabe von Arzneimitteln ohne entsprechenden Versorgungsvertrag oder entsprechende Genehmigung (vgl. hierzu oben Rz. 15 ff.) im Vordergrund, § 25 Abs. 1 Nr. 3, 4 ApoG. Der Verstoß kann gem. § 25 Abs. 3 ApoG mit einer Geldbuße von bis zu 5000 Euro geahndet werden.

---

1 Vgl. näher Pfeil/Pieck/Blume/*Brüggmann/Schütte*, ApBetrO, § 28 Rz. 2.

In der ApBetrO ist u. a. in § 34 Nr. 4 ApBetrO ordnungswidriges Handeln des
Leiters einer Krankenhausapotheke geregelt. Vornehmlich werden Verstöße
gegen Vorsorgepflichten bei der Lagerung, Abgabe und Herstellung von Arzneimitteln sowie unzulängliche Überwachung/Beauftragung des pharmazeutischen Personals geahndet. Auch das pharmazeutische Personal ist gem.
§ 34 Nr. 3 ApBetrO insbesondere bei unsachgemäßer und nicht sorgfältiger
Herstellung bzw. Prüfung der Arzneimittel ordnungspflichtig.

B. Hebamme/Entbindungspfleger

1 Die Hebamme (die männliche Form der Berufsbezeichnung lautet „Entbindungspfleger") berät und betreut die werdende Mutter während der Schwangerschaft und leitet verantwortlich die normale Entbindung. In den ersten Tagen nach der Geburt versorgt sie die Wöchnerin und das Neugeborene. Bei allen Regelwidrigkeiten während der Schwangerschaft, Geburt und des Wochenbetts ist sie verpflichtet, einen Arzt hinzuzuziehen[1].

I. Rechtsgrundlagen

2 Rechtsgrundlage für die Berufsausübung ist das Hebammengesetz[2]. Die Berufsbezeichnung „Hebamme" bzw. „Entbindungspfleger" ist gem. § 25 HebG geschützt. Wer die Berufsbezeichnung „Hebamme" oder „Entbindungspfleger" führen will, bedarf der **Erlaubnis** (§ 1 Abs. 1 HebG). Die Erlaubnis ist auf Antrag zu erteilen, wenn neben der für den Beruf gebotenen körperlich-geistigen Fitness (§ 2 Abs. 1 Nr. 3 HebG) die Zuverlässigkeit des Antragstellers (§ 2 Abs. 1 Nr. 2 HebG) gegeben ist und dieser die gesetzlich vorgeschriebene Ausbildungszeit erfolgreich absolviert hat (§ 2 Abs. 1 Nr. 1 HebG). Rücknahme und Widerruf ermöglichen den Entzug der Erlaubnis bei ursprünglich fehlenden oder nachträglich fortfallenden Voraussetzungen für die Erteilung der Erlaubnis (§ 3 Abs. 1–3 HebG).

3 Die Berufsaufsicht üben die Gesundheitsämter aus[3]. Das Berufsrecht der Hebammen richtet sich nach den Berufsordnungen auf Landesebene. Hebamme ist kein Heilhilfsberuf, wie etwa die Arzthelferin, sondern vom gesetzlichen Leitbild her ein eigenständiger Medizinalberuf neben dem Arzt, was Art. 4 RL 80/155 EWG[4] verdeutlicht, der einen direkten Auftrag an die Mitgliedstaaten enthält, dafür Sorge zu tragen, dass Hebammen bestimmte Aufgaben in eigener Verantwortung durchführen dürfen (z.B. Betreuung während der Geburt und Überwachung des Fötus in der Gebärmutter mit Hilfe geeigneter klinischer und technischer Mittel, Durchführung von Normalgeburten bei Kopflage einschließlich – sofern erforderlich – des Scheidendammschnitts sowie im Dringlichkeitsfall von Steißgeburten. Die einzelnen Hebammen-Berufsordnungen betonen im Lichte der genannten EG-Richtlinie stärker die Eigenverantwortlichkeit von Hebammen[5].

---

1 HK-AKM/*Hespeler*, Hebamme, Nr. 2350, Rz. 1.
2 Gesetz über den Beruf der Hebamme und des Entbindungspflegers (Hebammengesetz – HebG) v. 4.6.1985, BGBl. I, 902, zuletzt geändert durch Art. 8 des Gesetzes vom 24.7.2010, BGBl. I, 983.
3 Ratzel/Luxenburger/*Ratzel/Knüpper*, § 5 Rz. 363.
4 Richtlinie 80/155 EWG des Rates vom 21.1.1980, ABl. Nr. L 33/1.
5 Ratzel/Luxenburger/*Ratzel/Knüpper*, § 5 Rz 363.

II. Ausbildung

Die Ausbildung zur Hebamme bzw. zum Entbindungspfleger dauert drei 4
Jahre. Sie besteht aus theoretischem und praktischem Unterricht sowie einer praktischen Ausbildung und endet mit einer staatlichen Prüfung. Die Ausbildung erfolgt an staatlich anerkannten Hebammenschulen an Krankenhäusern (§ 6 Abs. 1 HebG). Die Ausbildung soll dazu befähigen, Frauen während der Schwangerschaft, der Geburt und dem Wochenbett Rat zu erteilen und die notwendige Fürsorge zu gewähren, normale Geburten zu leiten, Komplikationen des Geburtsverlaufs frühzeitig zu erkennen, Neugeborene zu versorgen, den Wochenbettverlauf zu überwachen und eine Dokumentation über den Geburtsverlauf anzufertigen (§ 5 HebG). Berufszugangsvoraussetzung ist der Realschulabschluss oder eine gleichwertige Ausbildung sowie die Vollendung des 17. Lebensjahres. Liegt ein Hauptschulabschluss oder eine diesem gleichwertige Schulausbildung vor, so muss zusätzlich eine zweijährige Ausbildung an einer Pflegeschule oder eine erfolgreich abgeschlossene zweijährige Ausbildung nachgewiesen werden, ersatzweise die Erlaubnis zur Ausübung des Berufs der Krankenpflegehelferin oder des Krankenpflegehelfers (§ 7 Abs. 1 Nr. 1–3 HebG). Andere Ausbildungen können auf Antrag auf die Ausbildung zur Hebamme/zum Entbindungspfleger angerechnet werden (§ 8 HebG). Das Berufsbildungsgesetz findet auf die Ausbildung keine Anwendung (§ 26 HebG), da das Hebammengesetz auch Einzelheiten zum Ausbildungsverhältnis bestimmt. Der Träger der Ausbildung hat mit dem Schüler einen Ausbildungsvertrag zu schließen. In diesem Vertrag ist der zeitliche Ablauf der Ausbildung und eine Ausbildungsvergütung zugunsten des Schülers zu vereinbaren (§ 11 HebG). Der Träger wird verpflichtet, die Berufsausübung so durchzuführen, dass das Ausbildungsziel erreicht werden kann (§ 13 Abs. 1 Nr. 1 HebG). Die Schüler verpflichten sich im Gegenzug dazu, sich um das Erlernen der notwendigen Kenntnisse, Fähigkeiten und Fertigkeiten zu bemühen (§ 14 HebG).

III. Erlaubnisvorbehalt

Die Berufserlaubnis wird von der nach Landesrecht zuständigen Behörde erteilt (§ 24 Abs. 3 HebG). Die Voraussetzungen zur Erlaubniserteilung regelt 5
§ 2 Abs. 1 HebG. Für Angehörige der Mitgliedstaaten des Europäischen Wirtschaftsraumes und Drittstaatenangehörige ist die vorübergehende und/oder gelegentliche Tätigkeit als Hebamme oder Entbindungshelfer möglich. Die Tätigkeit ist in diesem Fall bei der zuständigen Behörde anzumelden (§ 1 Abs. 2 HebG). Weitere Regelungen zur Anerkennung ausländischer Berufsqualifikationen finden sich in den §§ 2 Abs. 2, 22, 22a, 22b HebG.

IV. Berufsordnung

Das Berufsrecht der Hebammen richtet sich nach Berufsordnungen auf Landesebene. Bereits der Vergleich zwischen ärztlicher Weiterbildungsordnung, dem Hebammengesetz sowie der Ausbildungs- und Prüfungsordnung für 6

Hebammen zeigt, dass es sich um zwei selbständige Heilberufe handelt. Die Berufsordnungen ähneln sich in wesentlichen Punkten und regeln übereinstimmend allgemeine Sorgfaltspflichten, die Dokumentationspflicht und die Fortbildungspflicht. Darüber hinaus wird die Verpflichtung zur Verschwiegenheit geregelt. Sie enthalten überdies Regelungen über verschreibungspflichtige Arzneimittel, die von Hebammen und Entbindungshelfern vorzuhalten und bei entsprechender Indikation zu verabreichen sind.

V. Aufgabenbereich

7 Sowohl das Bundes-Hebammengesetz, das als Regelung über die sog. Heilhilfsberufe nach Art. 74 Abs. 1 Nr. 19 GG ergangen ist, als auch die Hebammen- bzw. Heilhilfsberufsgesetze der Länder, die auf Grundlage der Ländergesetzgebungskompetenz für das allgemeine Heil(hilfs)berufsrecht als Teil des öffentlichen Gesundheitsrechts ergangen sind, sowie die auf der Grundlage der Ländergesetze ergangenen Berufsordnungen der Hebammen und Entbindungspfleger, die wiederum die fachlichen Standards des Bundes-Ausbildungsrechts für den Berufsalltag konkretisieren, benennen die Aufgabengebiete und Tätigkeitsprofile der Hebammen und Entbindungspfleger. Diese Regelungen beziehen sich primär auf die freiberuflich tätigen Hebammen und Entbindungspfleger, teilweise gelten dort geregelte Pflichten auch für Hebammen bzw. Entbindungspfleger in Krankenhäusern, was wiederum mangels tarifvertraglich oder anderweitig vorhandener Tätigkeitsbeschreibungen für die Gestaltung von Arbeitsverträgen mit Hebammen Bedeutung haben kann. So ist beispielsweise das Behandeln pathologischer Vorgänge bei Schwangeren, Gebärenden, Wöchnerinnen und Neugeborenen Ärzten vorbehalten (§ 3 Abs. 2 HebBO NRW)[1]. Andererseits sind Hebammen bzw. Entbindungspfleger ohne ärztliche Verordnung in begrenztem Umfang, nämlich bei engem zeitlichen Bezug zur Entbindung oder bei schwangerschaftsgefährdenden Notfällen, befugt, Arzneimittel anzuwenden (§ 4 HebBO NRW), was zumindest bei freiberuflich tätigen Hebammen und Entbindungspflegern voraussetzt, dass sie diese Medikamente vorhalten dürfen bzw. müssen[2]. So gilt das Gebot zur Vorhaltung entsprechender Arzneimittel auch für Hebammen (Entbindungspfleger) in Krankenhäusern[3]. Allerdings beruht die Beschränkung der Vorhaltepflicht auf freiberufliche Hebammen und Entbindungspfleger darauf, dass in Krankenhäusern aufgrund der dort vorhandenen Krankenhausapotheke oder der Belieferung durch eine Offizinapotheke Medikamente in der Regel verfügbar sind und im Übrigen der zuständige Krankenhausarzt mit Wirkung für das Krankenhaus die Be-

---

1 Berufsordnung für Hebammen und Entbindungspfleger (HebBO NRW) v. 4.5.2002, GV.NRW S. 202 f.

2 Vgl. hierzu etwa § 7 Abs. 1 der bremischen Berufsordnung für Hebammen und Entbindungspfleger i. d. F. von Art. 1 Nr. 4a der Änderungs-Verordnung v. 28.5.2003, BremGBl. S. 283, und § 4 Abs. 2 HebBOBbg v. 8.11.1995 BbgGVBl. II S. 702, zuletzt geändert durch Art. 6 des Gesetzes vom 11.6.2008, BbgGVBl. I S. 134.

3 Vgl. die entsprechende Vorhaltepflicht ohne Begrenzung auf freiberuflich tätige Hebammen (Entbindungspfleger) in § 2 Abs. 2 Thüringer Berufsordnung für Hebammen und Entbindungspfleger v. 24.11.1998, ThürGVBl. S. 417.

reitstellung etwaiger notwendiger Medikamente zu organisieren hat. Eine eigene – arbeitsvertraglich geregelte – Vorhaltungspflicht auch der im Krankenhaus tätigen Hebammen und Entbindungspfleger würde aber möglicherweise zusätzliche (Qualitäts-)Sicherheit bringen[1].

VI. Leistungserbringung im GKV-Bereich und Vergütung

Hebammen und Entbindungshelfer sind sog. „sonstige Leistungserbringer"   8
im Sinne des 8. Abschnitts des SGB V. Bis Ende 2006 regelte § 134 SGB V, dass durch Rechtsverordnung des Bundesministeriums für Gesundheit und Soziale Sicherung die Vergütungen für die – von der Leistungspflicht der GKV umfassten – Leistungen der freiberuflich tätigen Hebammen und Entbindungspfleger zu regeln sei. Die Vergütung wurde durch die Hebammenhilfe-Gebührenverordnung (HebGV) vom 28.10.1986[2] festgelegt. Die Regelung des § 134 SGB V wurde mit Wirkung zum 1.1.2007 aufgehoben[3]. Am 1.8.2007 wurde auch die **Hebammenhilfe-Gebührenverordnung außer Kraft gesetzt**[4].

Die Versorgung mit Hebammenhilfe im System der gesetzlichen Kranken-   9
kasse regelt nun § 134a SGB V[5]. Danach sind die abrechnungsfähigen Leistungen, die Betriebskostenpauschale bei Entbindungen in Geburtshäusern, die Höhe der Vergütung, die Qualitätssicherung sowie die Einzelheiten der Vergütungsabrechnung durch Vertrag zu regeln. Der Vertrag ist zwischen dem Spitzenverband Krankenkassen und den für die Wahrnehmung der wirtschaftlichen Interessen gebildeten maßgeblichen Berufsverbänden der Hebammen und den Verbänden der von Hebammen geleiteten Einrichtungen zu schließen (§ 134a Abs. 1 SGB V).

Gem. § 134a Abs. 2 Satz 2 SGB V können nur Hebammen und Entbindungs-   10
helfer als Leistungserbringer zugelassen werden, für die die Verträge nach § 134a Abs. 1 SGB V Rechtswirkung haben. Rechtswirkung entfalten die Verträge für alle Mitglieder der vertragschließenden Verbände. Hebammen und Entbindungspfleger, die keinem Berufsverband der Hebammen oder einem Verband der von Hebammen geleiteten Einrichtungen angehören, können einem Vertrag nach § 134a Abs. 1 SGB V beitreten und sind dann ebenfalls zulassungsberechtigt.

Mit Wirkung vom 1.8.2007 einigten sich die Vertragsparteien nach § 134a   11
Abs. 1 SGB V auf einen Vertrag über die Versorgung mit Hebammenhilfe[6].

---

1 *Rixen*, S. 460, Fn. 311.
2 BGBl. I, 1662, zuletzt geändert am 21.7.2004, BGBl. I, 1731.
3 Art. 5 des Gesetzes v. 15.12.2004, BGBl. I, 3429.
4 Bekanntmachung über das Inkrafttreten des Art. 5 Nr. 3 des Zweiten Fallpauschalenänderungsgesetzes und das Außerkrafttreten der Hebammenhilfe-Gebührenverordnung vom 6.12.2007, BGBl. I, 2876.
5 Eingeführt durch Art. 5 Nr. 2 v. 15.12.2004, BGBl. I, 3429 m.W.v. 1.1.2006, Abs. 3 m.W.v. 1.12.2006, Abs. 2 Satz 1 und 2 m.W.v. 1.1.2007.
6 Abzurufen unter www.gkv-spitzenverband.de.

Anlage 1 zu diesem Vertrag beinhaltet ein Leistungs- und Gebührenverzeichnis. Das Leistungsverzeichnis regelt auch erstattungsfähige Auslagen (§ 2 der Anlage 1 zur Hebammenvergütungsvereinbarung), Wegegeld (§ 3 der Anlage 1 zur Hebammenvergütungsvereinbarung) und Zuschläge (§ 5 der Anlage 1 zur Hebammenvergütungsvereinbarung). Mit in den Leistungskatalog wurden auch solche Hebammenleistungen aufgenommen, die nicht in einem Krankenhaus, sondern in einer von Hebammen geleiteten Einrichtung (sog. Geburtshäusern) erbracht werden. Nach der vormals geltenden HebGV konnten ohne vorherige Genehmigung durch die Krankenkassen nur Leistungen, die in Krankenhäusern erbracht wurden, über die gesetzlichen Krankenkassen abgerechnet werden[1].

12 Nachdem die HebGV außer Kraft gesetzt wurde, fehlt ein Gebührenmaßstab, nach dem sich privat erbrachte Hebammenhilfeleistungen berechnen lassen. Mangels gültiger Gebührenordnung für privat erbrachte Hebammenhilfeleistungen akzeptieren die meisten privaten Krankenversicherer jedoch nach wie vor die ehemals geltende HebGV bzw. das Gebührenverzeichnis des Vertrages vom 1.8.2007 mit entsprechenden Steigerungsfaktoren[2].

VII. Beleghebamme/Belegentbindungspfleger

13 Im Falle einer Tätigkeit als **Beleghebamme** bzw. Belegentbindungspfleger wird ähnlich wie beim Belegarzt zwischen Krankenhausträger und Beleghebamme/Entbindungspfleger ein Vertrag geschlossen, wonach die Beleghebamme/der Belegentbindungspfleger es allein oder gemeinsam mit anderen Beleghebammen/Belegentbindungspflegern übernehmen, Schwangere zu entbinden und Wöchnerinnen und ihre Neugeborenen zu betreuen. Im Rahmen eines solchen Vertrages steht die Beleghebamme/der Belegentbindungspfleger zum Krankenhausträger weder in einem Anstellungsverhältnis noch in einem arbeitnehmerähnlichen Verhältnis. Der Krankenhausträger stellt – je nach Vertragsgestaltung – grundsätzlich zur sachgemäßen Durchführung der Beleghebammentätigkeit die Standardausrüstung an Einrichtungsgegenständen, insbesondere an Apparaten und Instrumenten in erforderlichem Umfang zur Verfügung, ebenso andere benötigte Heil- und Hilfsmittel. Grundsätzlich rechnet die Beleghebamme die von ihr im Rahmen des Vertrages erbrachten Leistungen unmittelbar gegenüber dem zugunsten der Patientin und dem Neugeborenen eintretenden Zahlungspflichtigen ab. Die Leistungen der frei praktizierenden Beleghebamme/des Belegentbindungspflegers liegen somit grundsätzlich außerhalb der Zuständigkeit des Krankenhauses und beruhen auf einer selbständigen vertraglichen Abrede mit der Schwangeren[3]. Ebenso wie die Leistungen der Belegärzte gehören auch diejenigen der Beleghebammen/Entbindungspfleger nicht zu den Krankenhaus-

---

1 BSG, Urt. v. 9.10.2001 – B 1 KR 15/00 R, SozR 3-2200 § 197 Nr. 2.
2 Wenzel/*Zurstraßen/Kosch*, Kap. 9 Rz. 396, 397.
3 Zur Haftungsabgrenzung im Belegarzt- und Beleghebammensystem BGH v. 14.2.1995 – VI ZR 272/93, MedR 1995, 366; *Müller*, Die freiberufliche Hebamme als Erfüllungs- und Verrichtungsgehilfin eines Belegarztes, MedR 1996, 208.

leistungen i. S. d. § 2 Abs. 1 Satz 2 KHEntgG. Da sie nicht von den durch die Entgelte abgegoltenen Krankenhausleistungen umfasst sind, handelt es sich auch nicht um Leistungen, die vom Krankenhausträger zu erbringen wären[1].

---

1 BGH v. 14.2.1995 – VI ZR 272/93, MedR 1995, 366, 370.

C. Medizinische Hilfsberufe

1 Wie bereits oben in Teil 2 E dargelegt, werden unter dem Begriff **„medizinische Hilfsberufe"** die Berufe zusammengefasst, deren Angehörige bei der Erbringung ärztlicher Leistungen mitwirken[1]. Während die ärztlichen Heilberufe eigenverantwortlich am Patienten zur Heilung oder Linderung von Krankheiten tätig werden, ist die heilende oder lindernde Tätigkeit am Patienten medizinischen Hilfsberufen grundsätzlich nur auf Anordnung oder Verschreibung des Arztes aufgrund ärztlicher Diagnose erlaubt. Die selbständige Ausübung der Heilkunde ist den medizinischen Hilfsberufen grundsätzlich verboten, soweit sie eigenverantwortlich über das „Ob" und das „Wie" ihrer Tätigkeit entscheiden wollen, da nach § 2 Abs. 1 der BÄO, § 1 Abs. 1 PsychThG und § 1 Abs. 1 HeilprG derjenige der Erlaubnis bedarf, der selbständig die Heilkunde an Menschen unter der Bezeichnung „Arzt", „psychologischer Psychotherapeut", „Kinder- und Jugendpsychotherapeut" oder „Heilpraktiker" ausüben möchte.

2 Von den medizinischen Hilfsberufen abzugrenzen sind die **Heilergänzungsberufe** (vgl. hierzu Teil 2 E), die nicht an der Erbringung ärztlicher Leistungen mitwirken, sondern diese ergänzen. Hiervon zu unterscheiden sind wiederum die **sozialpflegerischen Berufe** (Altenpfleger(in), Heilerziehungspfleger(in), Heilpädagogen(innen), Erzieher(in), Sozialarbeiter(in) usw.), deren Tätigkeit, obwohl durchaus teilweise mit therapeutischen Inhalten versehen, vom Grundsatz her auf den gesunden Menschen ausgerichtet ist[2].

3 Als medizinische Hilfsberufe, die durch das Fehlen einer akademisch-universitären Ausbildung gekennzeichnet sind, gelten insbesondere Arzthelfer(in), Diätassistent(in), ernährungsmedizinische(r) Berater(in), Ergo- oder Physiotherapeut(in), Kardiotechniker(in), Kunsttherapeut(in), medizinische(r) Sektions- und Präparationsassistent(in), Orthopist(in)[3], Masseur(in), medizinische(r) Bademeister(in), Logopäde/Logopädin und andere Sprachheiltherapeuten, medizinisch-technische(r) Assistent(in), pharmazeutisch-technische(r) Assistent(in)[4], Rettungsassistent(in), Krankenpflegepersonal, medizinische(r) Fußpfleger(in) bzw. Podologe/Podologin[5], Musiktherapeut(in), Zahntechniker(in) und Zytologieassistent(in)[6].

4 Eine einheitliche Rechtsgrundlage für die medizinischen Hilfsberufe fehlt. Der Gesetzgeber hat für einige Angehörige der medizinischen Hilfsberufe jedoch Gesetze erlassen, die deren Berufsbezeichnungen schützen und das jeweilige Ausbildungsziel definieren[7]. Einige dieser Gesetze erlauben den An-

---

1 *Rixen*, S. 281; HK-AKM/*Kiesecker*, Medizinische Assistenzberufe, Nr. 3520, Rz. 1.
2 HK-AKM/*Kiesecker*, Medizinische Assistenzberufe, Nr. 3520, Rz. 1; Antwort der Bundesregierung auf eine Kleine Anfrage aus dem Bundestag vom 10.8.1993, BT-Drucks. 12/5545.
3 Vgl. hierzu Ratzel/Luxenburger/*Ratzel*/*Knüpper*, § 5 Rz. 376.
4 Vgl. hierzu Ratzel/Luxenburger/*Ratzel*/*Knüpper*, § 5 Rz. 377 ff.
5 Vgl. hierzu Ratzel/Luxenburger/*Ratzel*/*Knüpper*, § 5 Rz. 381 ff.
6 HK-AKM/*Kiesecker*, Medizinische Assistenzberufe, Nr. 3520, Rz. 1; *Rixen*, S. 282.
7 *Raps*, Neue gesetzliche Regelungen für nichtärztliche Heilberufe, NJW 1985, 2179.

gehörigen der medizinischen Hilfsberufe sogar, bestimmte Tätigkeiten unabhängig vom Arzt selbständig durchzuführen[1]. Dieser Grundsatz gilt auch, wenn Angehörige der medizinischen Hilfsberufe, wie z.B. Physiotherapeuten und Masseure, freiberuflich tätig sind und ihre Leistungen gegenüber GKV-Versicherten abgeben. Hierzu ist die Zulassung gem. § 124 Abs. 1 SGB V erforderlich. Der Vertragsarzt, dem die ärztliche Behandlung von Versicherten gem. § 15 Abs. 1 SGB V vorbehalten ist, entscheidet über das „Ob" der Tätigkeit eines Angehörigen der medizinischen Hilfsberufe, da beispielsweise die Abgabe eines Heilmittels nach § 73 Abs. 2 Nr. 7 SGB V ausdrücklich der vertragsärztlichen Verordnung bedarf. Die Durchführung der Behandlung selbst obliegt dann dem Angehörigen des medizinischen Hilfsberufs. Hierbei handelt es sich um eine eigenverantwortliche selbständige Tätigkeit außerhalb der ärztlichen Behandlung[2].

Die in eigener Durchführungsverantwortung erbrachten Leistungen der frei-   5
beruflich tätigen Angehörigen medizinischer Hilfsberufe sind von denjenigen Leistungen zu unterscheiden, die beispielsweise ein Masseur oder Physiotherapeut als **Angestellter** in einem Krankenhaus erbringt. Auch hier obliegt die Anordnungsverantwortung dem Arzt. Da die Leistungen dann aber auch unter seiner Aufsicht und Verantwortung erbracht werden, sind es ärztliche Leistungen, die allein ihm zugerechnet und die allein von ihm abgerechnet werden können. In einem Anstellungsverhältnis kommt also dem Krankenhausarzt neben der Anordnungsverantwortung auch die Durchführungsverantwortung zu[3].

Bei medizinisch-technischen Assistenten gilt allerdings, dass es bestimmte   6
medizinische Leistungen gibt, die Angehörige dieses Berufszweiges selbständig erbringen dürfen. Die in § 9 Abs. 1 MTA-Gesetz genannten medizinischen Tätigkeiten sind dem medizinisch-technischen Laboratoriumsassistenten, den medizinisch-technischen Radiologieassistenten bzw. den medizinisch-technischen Assistenten für Funktionsdiagnostik vorbehalten. Diese Leistungen dürfen zwar nur auf Anforderung eines Arztes ausgeübt werden, § 9 Abs. 3 MTA-Gesetz. Durch diese Formulierung wurde die frühere Rechtslage, wonach diese Tätigkeiten nur im Auftrag, d.h. unter Aufsicht und Verantwortung eines Arztes erbracht werden durften, aber erheblich verändert. MTAs können auch in gewerblichen Unternehmen selbständig die erlaubnispflichtigen Leistungen auf dem Gebiet der Humanmedizin erbringen[4]. Allerdings gehören medizinisch-technische Assistenten (anders als beispielsweise die Hebammen bzw. Entbindungspfleger) nicht zu den selbständigen Leistungserbringern in der vertragsärztlichen Versorgung. Das

---

1 Vgl. § 9 MTA-Gesetz (Gesetz über technische Assistenten in der Medizin v. 2.8.1993, BGBl. I S. 1402, geändert durch Art. 23 des Gesetzes vom 2.12.2007, BGBl. I, 2686, und § 4 HebG (Gesetz über den Beruf der Hebamme und des Entbindungspflegers v. 4.6.1985, BGBl. I, 902, zuletzt geändert durch Artikel 2 des Gesetzes vom 25.9.2009, BGBl. I, 3158.
2 BSG v. 22.11.1968 – 3 RK 47/66, BSGE 29, 27, 29; BSG v. 18.9.1973 – 6 RK 2/72, BSGE 36, 146, 149.
3 HK-AKM/*Kiesecker*, Medizinische Assistenzberufe, Nr. 3520, Rz. 8.
4 *Kamps*, Das neue MTA-Gesetz, ÄBl BW 1994, 266.

MTA-Gesetz gibt ihnen nicht die Befugnis zur selbständigen Ausübung der Heilkunde am Menschen, da über das „Ob" der Tätigkeit weiterhin der Arzt entscheidet, der die Leistung des medizinisch-technischen Assistenten anfordert. Eine Zulassung als Leistungserbringer nach § 124 Abs. 1 SGB V scheidet aus, da die Leistungen des medizinisch-technischen Assistenten keine Heilmittel i. S. v. § 73 Abs. 2 Nr. 7 SGB V sind. Leistungen der medizinisch-technischen Assistenten werden also nur vergütet, wenn der (Vertrags-)Arzt die Anordnungs- und Durchführungsverantwortung für die Leistung trägt. Dies ist nur dann der Fall, wenn der medizinisch technische Assistent bei einem (Vertrags-)Arzt oder im Krankenhaus angestellt ist und seine Tätigkeit unter Aufsicht und Verantwortung eines (Vertrags)Arztes erfolgt[1]. Die von einem angestellten Angehörigen des medizinischen Hilfsberufs durchgeführten Leistungen rechnet der Krankenhausträger über die allgemeinen Krankenhausleistungen gem. § 2 Abs. 1 Satz KHEntgG ab.

---

1 HK-AKM/*Kiesecker*, Medizinische Assistenzberufe, Nr. 3520, Rz. 11.

D. Medizinprodukteverantwortliche/-beauftragte, Hygienebeauftragte

I. Medizinprodukteverantwortliche/-beauftragte

Mit der fortschreitenden Technisierung im Krankenhausbereich gehen ge- 1
steigerte Anforderungen an die Verfahren zur Anwendung von Medizinprodukten, insbesondere an die Sicherheit der eingesetzten Geräte einher.
Der Gesetzgeber hat hierauf insbesondere mit dem Erlass des Medizin-
produktegesetzes (MPG), der Medizinprodukteverordnung (MPV), der Medizinprodukte-Sicherheitsplanverordnung (MPSV) und der Medizinproduktebetreiberverordnung (MPBetreibV) reagiert, die die früheren Vorschriften der
Medizingeräteverordnung (MedGV) abgelöst haben. Aus der Zeit der MedGV
sind aber noch einige termini technici in der Praxis erhalten geblieben. Zu
diesen zählen u. a. die Begriffe des **Geräteverantwortlichen** und des **Geräte-
beauftragten**. Diese werden heute meist synonym mit den Begriffen des
Medizinprodukteverantwortlichen (MPV) bzw. Medizinproduktebeauftragten (MPB) gebraucht. Bei diesen Personen handelt es sich um Mitarbeiter des
Krankenhausträgers, die über besondere Kenntnisse des Medizinprodukterechts verfügen und in diesem Bereich Arbeitsschutzaufgaben des Krankenhausträgers wahrnehmen. Der MPV und der MPB sind damit Teil der Ar-
beitsschutzorganisation des Krankenhauses.

1. Medizinprodukteverantwortliche (MPV)

a) Begriff

Es existiert nach derzeitiger Rechtslage **keine normierte Definition des Me-** 2
dizinprodukteverantwortlichen (MPV). Die Begriffsbestimmung muss daher
aus den in der Praxis ausgeübten Tätigkeiten von MPV gewonnen werden.

Als Medizinprodukteverantwortliche (MPV) bezeichnet man in der Kranken- 3
hauspraxis solche Personen, die vom Krankenhausträger bestimmt sind und
denen die Gesamtverantwortung für die Umsetzung und Einhaltung der Arbeitsschutzregeln, insbesondere des Medizinprodukterechts, im Umgang
und Betrieb von Medizinprodukten obliegt[1]. Es handelt sich bei dieser Beschreibung um eine **Funktionsbeschreibung**, nicht um die Beschreibung eines Berufsbildes. Durch die Übernahme der (Zusatz-)Funktion des MPV ändert sich am Berufsbild des jeweiligen Mitarbeiters nichts.

MPV werden zwar vom Krankenhausträger bestellt. Sie sind aber **keine Be-** 4
auftragten i. S. d. § 13 Abs. 1 Nr. 5 ArbSchG. Personen i. S. d. § 13 Abs. 1 Nr. 5
ArbSchG sind nur solche, deren spezielle Beauftragung nach § 13 Abs. 2
ArbSchG oder nach einer Verordnung zum ArbSchG (vgl. § 18 ArbSchG) oder
einer Unfallverhütungsvorschrift inhaltlich Arbeitgeberaufgaben i. S. d. §§ 3

---

1 Vgl. auch für die Praxis die Dienstanweisung für den Betrieb und den Umgang mit Medizinprodukten an der Medizinischen Fakultät der Martin-Luther-Universität Halle-
Wittenberg und ihrem Klinikum v. 29.8.2005, ABl. 2005, S. 19.

bis 12, 14 ArbSchG mit umfasst[1]. Das ist bei MPV nicht der Fall. Die Bestellung von MPV wird durch die Regelungen des ArbSchG nicht tangiert, wie auch aus § 1 Abs. 3 ArbSchG hervorgeht.

b) Aufgaben

5 Die nachfolgende Aufgabenbeschreibung darf nicht als abschließende Aufzählung betrachtet werden. Sie gibt nur den derzeit in der Praxis üblichen Aufgabenkatalog von MPV wieder[2].

6 Der MPV ist innerhalb der Einrichtung gegenüber dem Krankenhausträger als Betreiber i. S. d. MPBetreibV[3] für den Einsatz und Betrieb von Medizinprodukten verantwortlich. Er kann in seinem Verantwortungsbereich Medizinproduktebeauftragte (MPB) benennen und Aufgaben an diese delegieren. Er ist für die Sicherstellung der Einhaltung der Vorschriften des MPG und seiner Verordnungen anhand der vom Krankenhausträger vorgegebenen organisatorischen Abläufe zuständig. Er hat insbesondere die Inbetriebnahmevoraussetzungen für medizinisch-technische Geräte zu beachten und ist zuständig für die Sicherstellung der Teilnahme des MPB an der Ersteinweisung vor Inbetriebnahme durch den Hersteller bzw. Lieferanten[4], die Gewährleistung der Sachkunde der Anwender im Zuständigkeitsbereich des MPV und die Kontrolle der Einweisungen. Er hat ferner die Führung der dezentralen Medizinproduktebücher durch die MPB zu überwachen[5]. Weitere Aufgaben sind die Sicherstellung der Dokumentation aller notwendigen Maßnahmen gemäß der vom Betreiber vorgegebenen organisatorischen Abläufe, die Kontrolle und ggf. Veranlassung der fristgerechten Durchführung von Wartungs- und Prüfarbeiten, die Kontrolle der Korrektur des Bestandsverzeichnisses nach Umsetzung, Aussonderung oder Neuanschaffung von Medizinprodukten sowie die Meldung von Funktionsausfällen oder -störungen, die zu Personenschäden geführt haben oder hätten führen können, an den Krankenhausträger als Betreiber.

---

1 Vgl. nur MünchArbR/*Kohte*, § 290 Rz. 45.
2 Die vorliegende Darstellung orientiert sich an der detaillierten und aufschlussreichen Aufgabenbeschreibung in der Dienstanweisung für den Betrieb und den Umgang mit Medizinprodukten an der Medizinischen Fakultät der Martin-Luther-Universität Halle-Wittenberg und ihrem Klinikum v. 29.8.2005, ABl. 2005, S. 19.
3 Zur Betreibereigenschaft i. S. d. MPBetreibV s. nur BVerwG v. 16.12.2003 – 3 C 47/02, NZS 2004, 528 ff. = GesR 2004, 194; OVG Niedersachsen v. 17.9.2002 – 11 LC 150/02, GesR 2003, 90 (Leitsatz); *Erbs/Kohlhaas/Ambs*, Strafrechtliche Nebengesetze, § 2 MPBetreibV Rz. 1.
4 Zur Problematik der Einweisung nach § 5 MPBetreibV vgl. auch VG Freiburg v. 24.11.2003 – 1 K 1477/03, n. v.; *Lunkenheimer/Steinbach*, PKR 2002, 70 f.
5 Dezentrale Medizinproduktebücher enthalten die Daten und Angaben i. S. d. § 7 MPBetreibV für alle im Verantwortungsbereich des jeweiligen MPB betriebenen Medizinprodukte. Demgegenüber enthält das zentrale Medizinproduktebuch die Daten und Angaben für alle im Krankenhaus betriebenen Medizinprodukte. Die Aufteilung in zentrale und dezentrale Medizinproduktebücher ist nicht zwingend.

2. Medizinproduktebeauftragte (MPB)

a) Begriff

Der Begriff des MPB ist wie der Begriff des MPV **nicht normiert** (vgl. dazu   7
oben Rz. 2). In der Praxis bezeichnet man als MPB die Personen, die vom Betreiber bestimmte Bereiche übertragen bekommen haben, in denen sie für
die Umsetzung und Einhaltung der Arbeitsschutzregeln, insbesondere des
Medizinprodukterechts, im Umgang und Betrieb von Medizinprodukten verantwortlich sind. Der MPB übernimmt daher innerhalb seines Zuständig-
keitsbereiches die Aufgaben eines MPV, dem die Gesamtleitung und -verant-
wortung zukommt.

Wie bei MPV enthält die Definition des MPB eine **Funktionsbeschreibung**   8
und keine Beschreibung eines Berufsbildes. Durch die Übernahme der (Zu-
satz-)Funktion des MPB ändert sich am Berufsbild des jeweiligen Mitarbeiters nichts. Auch MPB sind **keine Beauftragten i. S. d. § 13 Abs. 1 Nr. 5
ArbSchG** (vgl. bereits oben für MPV Rz. 3 f.).

Der MPB darf nicht mit dem **Sicherheitsbeauftragten für Medizinprodukte**   9
i. S. d. § 30 MPG verwechselt werden. Der Sicherheitsbeauftragte für Medizinprodukte nach § 30 MPG ist durch den Verantwortlichen i. S. d. § 5 Satz 1
und 2 MPG zu bestimmen. Verantwortlicher i. S. d. § 5 Satz 1 und 2 MPG ist
aber nur der Hersteller oder sein Bevollmächtigter als Verantwortlicher für
das erstmalige Inverkehrbringen von Medizinprodukten, nicht aber der Krankenhausträger.

b) Aufgaben

Der nachfolgende Aufgabenkatalog orientiert sich an der derzeitigen Praxis   10
im Krankenhausbetrieb. Er ist nicht als abschließende Aufzählung zu begreifen[1].

Der MPB hat insbesondere an der Ersteinweisung vor Inbetriebnahme eines   11
Medizinproduktes durch den Hersteller bzw. durch den Lieferanten teilzunehmen, das dezentrale Medizinproduktebuch (dazu bereits oben Rz. 8) zu
führen, fortzuschreiben und die Möglichkeit des jederzeitigen Zugriffs durch
den Anwender sicherzustellen. In seinen Zuständigkeitsbereich fallen auch
die Sammlung und Aufbewahrung der Gebrauchsanweisungen sowie die Sicherstellung der Möglichkeit des jederzeitigen Zugriffs durch den Anwender,
bei Bedarf auch die Bereitstellung weiterer Exemplare der Gebrauchs-
anweisung, ferner die Veranlassung oder ggf. die Durchführung der vollumfänglichen Einweisung von Anwendern durch den Ersteingewiesenen, die
Dokumentierung der Einweisung und Aufbewahrung der Unterlagen, die
Überwachung der Inbetriebnahme von Neugeräten, die Sammlung von Da-

---

1 Die vorliegende Darstellung orientiert sich an der detaillierten und aufschlussreichen
  Aufgabenbeschreibung in der Dienstanweisung für den Betrieb und den Umgang mit
  Medizinprodukten an der Medizinischen Fakultät der Martin-Luther-Universität Hal-
  le-Wittenberg und ihrem Klinikum v. 29.8.2005, ABl. 2005, S. 19.

ten und Informationen zum Betrieb der Medizinprodukte, die Sicherstellung der Dokumentation und Meldung aller Funktionsstörungen und -ausfälle, die Dokumentation und Meldung von schwerwiegenden Vorkommnissen, die zu Personenschäden geführt haben oder hätten führen können, an den MPV. Der MPB ist zentraler Ansprechpartner des MPV und soll diesem die Informationen und Daten, die sich aus dem Betrieb der Medizinprodukte ergeben, übermitteln, insbesondere aber dem MPV Störungen, Mängel und Stilllegungen anzeigen.

II. Hygienebeauftragte

1. Begriff

12   Der Hygiene kommt im Krankenhaus nicht nur im Hinblick auf den **Patientenschutz** (Schutz vor iatrogenen und nosokomialen Infektionen)[1], sondern auch unter **arbeitsschutzrechtlichen Aspekten** (Gesundheitsschutz der Beschäftigten) eine herausragende Rolle zu. Die Aufrechterhaltung eines reibungslosen Krankenhausbetriebs bei gleichzeitiger Minimierung von Haftungsrisiken ist heute ohne ein umfassendes **Hygienemanagement** nicht mehr denkbar. Ein solches Hygienemanagement erfordert die **Delegation von Aufgaben** durch den Krankenhausträger, da dieser auch im Bereich der Krankenhaushygiene die sich aus Gesetzen und Verordnungen ergebenden Arbeitsschutzpflichten nicht höchstpersönlich erfüllen kann. Ein Delegationsadressat im vorbezeichneten Sinne ist der sog. Hygienebeauftragte.

13   Während lange Zeit gesetzliche Regelungen zu Hygienebeauftragten eine Ausnahmeerscheinung darstellten, haben nunmehr einige Bundesländer gesetzliche Vorschriften zu Hygienebeauftragten geschaffen[2]. Diese enthalten aber keine gesetzliche Definition eines Hygienebeauftragten, so dass zur Beschreibung der Stellung und der Aufgaben von Hygienebeauftragten im Krankenhaus nach wie vor auf die praktische Ausgestaltung dieser Tätigkeit im Krankenhausbetrieb abgestellt werden muss.

14   Als Hygienebeauftragte bezeichnet man im Krankenhaus üblicherweise Ärzte oder andere Führungskräfte (z.B. aus dem Pflegebereich), die über hinreichende Kenntnisse und Erfahrungen in Hygiene und Mikrobiologie mit einer qualifizierten Weiterbildung in diesem Bereich verfügen und die im Auftrag des Krankenhausträgers für die Sicherstellung und Durchsetzung von Hygienestandards und Infektionsprävention im Krankenhaus zuständig sind[3].

---

1 Zu den nosokomialen Infektionen s. § 2 Nr. 8 Infektionsschutzgesetz (IfSG); vgl. auch die allgemeinen Definitionen der Centers for Disease Control and Prevention (CDC-Definitionen).

2 Vgl. etwa die Regelungen in der Krankenhaushygiene-Verordnung Nordrhein-Westfalen, in der Sächsischen Krankenhaushygienerahmenverordnung in der Bremischen Krankenhaushygieneverordnung, in der Saarländischen Krankenhaushygieneverordnung und in der Krankenhausbetriebs-Verordnung von Berlin.

3 Vgl. dazu auch die Anlage zu Ziffer 5.3.5 der „Richtlinie für die Erkennung, Verhütung und Bekämpfung von Krankenhausinfektionen" des RKJ, Bundesgesundheitsblatt 22, S. 449 ff. und die Leitlinie „Hygienebeauftragte(r) in Pflegeeinrichtungen" der Deut-

Der Begriff des Hygienebeauftragten ist nach dieser Beschreibung als **Funk-** 15
tionsbezeichnung und nicht als Berufsbezeichnung zu verstehen. Durch die
Übernahme der (Zusatz-)Funktion des Hygienebeauftragten ändert sich am
Berufsbild des beauftragten Arztes, der beauftragten Pflegekraft etc. nichts.

Wenn auch Hygienebeauftragte in der Regel vom Krankenhausträger bestellt 16
werden, so sind sie **keine Beauftragten i. S. d. § 13 Abs. 1 Nr. 5 ArbSchG.** Personen i. S. d. § 13 Abs. 1 Nr. 5 ArbSchG sind nur solche, deren spezielle Beauftragung nach § 13 Abs. 2 ArbSchG oder nach einer Verordnung zum
ArbSchG (vgl. § 18 ArbSchG) oder einer Unfallverhütungsvorschrift inhaltlich Arbeitgeberaufgaben i. S. d. §§ 3 bis 12, 14 ArbSchG mit umfasst[1]. Das
ist bei Hygienebeauftragten nicht der Fall. Die Bestellung von Hygienebeauftragten wird durch die Regelungen des ArbSchG nicht tangiert, wie auch aus
§ 1 Abs. 3 ArbSchG hervorgeht (vgl. dazu bereits oben für Medizinprodukte-
verantwortliche/-beauftragte Rz. 4, 8).

2. Aufgaben

Der **Aufgabenkreis** des Hygienebeauftragten ist, wie sich bereits aus der 17
Funktionsbeschreibung ergibt, **offen.** Die nachfolgende Aufgabenbeschreibung kann daher nur wesentliche Aufgabenfelder beleuchten, ohne den Anspruch auf Vollständigkeit zu erheben[2].

Allgemein formuliert hat der Hygienebeauftragte zusammen mit den Hygie- 18
nefachkräften alle Maßnahmen zur Verhütung und Erkennung von Krankenhausinfektionen zu treffen. Dazu gehören u. a. die regelmäßige Begehung aller Bereiche des Krankenhauses, die Überwachung der Pflegetechniken und
anderer Arbeitsabläufe wie z. B. Desinfektions- und Sterilisationsmaßnah-
men sowie die Mitwirkung bei der Auswahl hygienerelevanter Verfahren
und Produkte. Zur Erkennung hygienischer Risiken muss der Hygienebeauftragte die Daten bezüglich nosokomialer Infektionen aufzeichnen, Infekti-
onsstatistiken erstellen und als Grundlage für epidemiologische Erkenntnisse auswerten sowie bei epidemiologischen Untersuchungen mitarbeiten.
Zur Erforschung von Infektionsketten und Infektionsursachen hat er mikrobiologische und andere Befunde zur Registrierung von Infektionen und anderen gesundheitsgefährdenden Gegebenheiten bei Patienten und deren Umgebung insbesondere aufgrund von Untersuchungen an Patienten, Personal
und Material auf mögliche Gesundheitsgefährdungen durch Infektionsrisi-
ken zu analysieren.

---

schen Gesellschaft für Krankenhaushygiene (DGKH) sowie die Stellungnahme der
DGKH zur Definition hygienebeauftragter Ärztinnen und Ärzte, abrufbar über die Internetseite der DGKH.
1 Vgl. nur MünchArbR/*Kohte*, § 290 Rz. 45.
2 Die Darstellung orientiert sich an den Kodifikationen zu den Aufgaben von Hygienebeauftragten in den entsprechenden Verordnungen der Bundesländer, insbesondere
der ausführlichen Regelung in der Krankenhaushygiene-Verordnung des Landes Nordrhein-Westfalen, sowie der Leitlinie „Hygienebeauftragte(r) in Pflegeeinrichtungen"
der Deutschen Gesellschaft für Krankenhaushygiene (DGKH).

19 Er muss die für die entsprechenden Bereiche Verantwortlichen unverzüglich über Verdachtsfälle unterrichten und in Zusammenarbeit mit dem Krankenhausträger, dem Ärztlichen Direktor und den jeweiligen Leitenden Krankenhausärzten ggf. die erforderlichen Gegenmaßnahmen einleiten, wozu insbesondere die Verbesserung von Funktionsabläufen gehört.

20 Darüber hinaus übt er in allen Fragen der Hygiene im Krankenhaus eine beratende Funktion aus. In dieser Funktion ist er auch Mitglied der Hygienekommission, wie sie mittlerweile in vielen Krankenhäusern existiert[1]. Die Beratung durch den Hygienebeauftragten betrifft sowohl bereichsspezifische Fragen wie die Planung bestimmter funktioneller und baulicher Maßnahmen als auch allgemeine Fragen der Infektionsgefährdung. Beschäftigte müssen von ihm über mögliche Infektionsgefährdungen und Gesundheitsbelastungen regelmäßig unterrichtet und über Maßnahmen zu deren Abwendung unterwiesen werden. Dazu gehört insbesondere die Unterweisung hinsichtlich des Hygieneplans (vgl. zur Unterrichtungspflicht § 4 Abs. 1 Unfallverhütungsvorschrift „Grundsätze der Prävention", BGV A 1). Auf die in Frage kommenden Maßnahmen zur Immunisierung wie Impfungen ist hinzuweisen.

21 Ferner kommt ihm die Aufgabe der Aus- und Fortbildung des Personals in der Krankenhaushygiene zu, so etwa die Durchführung von Mitarbeiterschulungen, aber auch die praktische Anleitung von in der Weiterbildung befindlichen Hygienebeauftragten.

22 Zu seinen wesentlichen Aufgaben zählt schließlich die gesamte Organisation der Hygiene im Krankenhaus. Durch die Organisation muss sichergestellt sein, dass die infektionspräventiven Maßnahmen bei allen Tätigkeiten im Krankenhaus beachtet werden. Dazu gehört insbesondere eine unmissverständliche Festlegung von Verantwortlichkeiten in hygienerelevanten Fragen (Organigramm). Auch der Erstellung, Fortschreibung und Überwachung von Hygieneplänen (vgl. § 36 Abs. 1 Infektionsschutzgesetz (IfSG), Nr. 4.1.2.3 der BG-Regel/Technische Regel für Biologische Arbeitsstoffe „Biologische Arbeitsstoffe im Gesundheitsdienst und in der Wohlfahrtspflege", TRBA 250)[2] sowie von Hygienerichtlinien, insbesondere unter Beachtung der Richtlinien des Robert-Koch-Instituts, kommen in diesem Zusammenhang eine gesteigerte Bedeutung zu. Hygieneplan und Hygienerichtlinien können dabei miteinander kombiniert werden.

---

1 In manchen Bundesländern ist die Bildung einer Hygienekommission sogar gesetzlich vorgeschrieben, vgl. etwa § 3 Krankenhaushygiene-Verordnung Nordrhein-Westfalen; § 5 Sächsische Krankenhaushygienerahmenverordnung; § 22 Thüringer Krankenhausgesetz; § 4 Bremische Krankenhaushygieneverordnung.
2 Früher: Unfallverhütungsvorschrift BGV C 8.

III. Arbeitsrechtliche Probleme

1. Bestellung zum Verantwortlichen/Beauftragten

Die hier behandelten Personengruppen werden in der Regel vom Kranken-   23
hausträger bestellt, für den sie Arbeitsschutzaufgaben wahrnehmen sollen.
Diese „Bestellung" ist arbeitsrechtlich nichts anderes als eine **Funktionsüber-
tragung**[1]. Denn der **Aufgabenkreis** des jeweiligen Mitarbeiters wird durch die
Bestellung zum Verantwortlichen/Beauftragten **erweitert**. Damit stellt sich
im Einzelfall das **Problem der Wirksamkeit** einer solchen Aufgabenübertra-
gung/-erweiterung. Dieses Problem lässt sich mit dem allgemeinen arbeitsrechtlichen Instrumentarium lösen. Danach gilt:

Die Pflicht des Mitarbeiters zur Übernahme von Aufgaben eines Verantwort-   24
lichen/Beauftragten kann sich bereits **aus dem Arbeitsvertrag** ergeben. Das
ist etwa der Fall, wenn der Arbeitsvertrag die Übernahme von Aufgaben eines Medizinprodukteverantwortlichen, Hygienebeauftragten etc. vorsieht
bzw. der Mitarbeiter speziell für die Durchführung von Aufgaben der Geräte-
sicherheit, Hygiene usw. eingestellt worden ist. Ähnliches gilt, wenn der
Mitarbeiter mit der **Übernahme der Aufgaben einverstanden** ist. Denn in einem solchen Fall lässt sich jedenfalls von einer **konkludenten Erweiterung**
der vertraglich vereinbarten Dienstpflichten ausgehen[2].

Ist die Wahrnehmung von Aufgaben eines Verantwortlichen/Beauftragten   25
nicht arbeitsvertraglich vereinbart, so ist entscheidend, ob der Krankenhausträger den Mitarbeiter qua arbeitgeberseitigem **Direktionsrecht** mit diesen
Aufgaben betrauen kann. Das arbeitgeberseitige Weisungsrecht berechtigt
den Krankenhausträger, die im Arbeitsvertrag umschriebene Leistungspflicht im Einzelnen nach Ort, Zeit und Art näher zu bestimmen[3]. Von diesem Weisungsrecht sind **wesensmäßige Veränderungen der arbeitsvertraglich vereinbarten Leistung** nicht erfasst[4]. Bei der Übertragung von Aufgaben
eines Verantwortlichen/Beauftragten ist die Frage, ob eine wesensmäßige
Veränderung der arbeitsvertraglich vereinbarten Leistungspflicht vorliegt,
vom Einzelfall abhängig. Tendenziell wird man aber sagen können, dass sich
bei der **Übertragung von Aufgaben eines Hygienebeauftragten** gerade in großen Einrichtungen **regelmäßig** eine solche **wesensmäßige Veränderung** des
Aufgabenbildes ergeben dürfte. Denn die Aufgaben eines Hygienebeauftragten sind bereits aufgrund ihres **Umfangs** und ihrer **Bedeutung** für den Krankenhausbetrieb bei Ausübung dieser Tätigkeit so **bestimmend**, dass die „nor-

---

1 A. A. für Sicherheitsbeauftragte MünchArbR/*Kohte*, § 292 Rz. 60 („zusätzlich zu ihrer
beruflichen Tätigkeit").
2 Vgl. dazu auch LAG Kiel v. 17.10.1994 – 4 Sa 412/94, n. v.
3 Vgl. dazu nur BAG v. 27.3.1980 – 2 AZR 506/78, AP Nr. 26 zu § 611 BGB Direktionsrecht = DB 1980, 1603; BAG v. 12.12.1989 – 7 AZR 509/83, AP Nr. 6 zu § 2 KSchG
1969 = NJW 1985, 2151; BAG v. 24.5.1989 – 2 AZR 285/88, AP Nr. 1 zu § 611 BGB Gewissensfreiheit = NZA 1990, 144; ErfK/*Preis*, § 106 GewO Rz. 2.
4 Vgl. ErfK/*Preis*, § 106 GewO Rz. 5; vgl. auch BAG v. 23.1.1992 – 6 AZR 87/90, AP
Nr. 39 zu § 611 BGB Direktionsrecht = NZA 1992, 795 (Übernahme eines Ehren-
amtes).

malen" Aufgaben eines Arztes oder einer Pflegekraft dahinter zurücktreten, zumindest aber nicht den Raum einnehmen, der die arbeitsvertragliche Vereinbarung vorsieht. Ausnahmen sind in den Fällen denkbar, in denen die Aufgabenerfüllung arbeitszeitmäßig nicht oder nur geringfügig ins Gewicht fällt, wie dies vereinzelt in kleineren Einrichtungen der Fall sein könnte.

26 Die gleichen Erwägungen gelten für den **Medizinprodukteverantwortlichen** in größeren Einrichtungen, in denen die Sicherheit einer Vielzahl von unterschiedlichen Medizinprodukten zu gewährleisten ist.

27 Dagegen wird man bei der Übertragung von Aufgaben eines **Medizinproduktebeauftragten** eher davon ausgehen können, dass sich aufgrund des in der Regel eng begrenzten Verantwortungsbereichs und des dadurch bedingten geringeren Umfangs der Beanspruchung grundsätzlich keine wesensmäßige Veränderung des Inhalts der Arbeitspflicht ergibt. Auch hier kann im Einzelfall Abweichendes gelten.

28 Ist der Krankenhausträger nicht befugt, die Aufgabenübertragung durch arbeitgeberseitige Weisung anzuordnen, so bleibt ihm außer einer **einverständlichen Änderung des Arbeitsvertrages** nur das Mittel der **Änderungskündigung**. Die Änderungskündigung zur Bestellung eines Verantwortlichen/Beauftragten dürfte in der Praxis allerdings auf Ausnahmefälle beschränkt sein, da die Übernahme des „Amtes" eines Hygienebeauftragten grundsätzlich im Einverständnis mit dem Mitarbeiter erfolgen wird.

2. Arbeitsrechtliche Stellung der Verantwortlichen/Beauftragten

29 Durch eine Reihe von Arbeitsschutzvorschriften wird die **Pflicht zur Zusammenarbeit** der für den Arbeitsschutz verantwortlichen Personen sichergestellt (z.B. §§ 9, 10, 11 ASiG, § 30 Abs. 3 StrSchV, § 24 Abs. 2 RöV, § 16 Abs. 2 Satz 1 ArbSchG). Im Arbeitsverhältnis zwischen dem Krankenhausträger und dem Verantwortlichen/Beauftragten bedeutet dieser Grundsatz der Kooperation insbesondere die gegenseitige **Information**, die wechselseitige **Beratung** und die sorgfältige **Prüfung von Anregungen** des jeweils anderen[1]. Dazu gehören auch das Recht der Verantwortlichen/Beauftragten, **Sicherheitsbedenken** bei allen zuständigen Stellen in der gehörigen Form zu erheben, sowie der Anspruch darauf, dass diese Bedenken so weit als möglich widerlegt werden[2]. Die Kooperation sollte darauf gerichtet sein, **gemeinsame Lösungsansätze** in Fragen des Arbeitsschutzes und der Unfallverhütung zu entwickeln, um Sicherheit und Gesundheitsschutz der Beschäf-

---

1 Vgl. nur MünchArbR/*Kohte*, § 290 Rz. 70.
2 BAG v. 14.12.1972 – 2 AZR 115/72, AP Nr. 8 zu § 1 KSchG Verhaltensbedingte Kündigung = DB 1973, 675.

tigten zu gewährleisten bzw. zu verbessern, wobei auch die **wirtschaftlichen Belange des Krankenhausträgers** angemessen zu berücksichtigen sind[1].

Zu der Kooperation gehört auch, dass der Verantwortliche/Beauftragte **Einsicht in die klinischen Unterlagen** nehmen[2] bzw. **Informationen von den Ärzten und dem Pflegepersonal** einholen darf, soweit dies für die Erfüllung seiner Aufgaben von Bedeutung ist. Die hierfür erforderlichen Unterlagen und Informationen müssen dem Verantwortlichen/Beauftragten durch den Krankenhausträger zugänglich gemacht werden. Auch hat der Krankenhausträger für eine **geeignete Organisation** zu sorgen und die **erforderlichen sachlichen und persönlichen Mittel** zur Verfügung zu stellen, damit die Verantwortlichen/Beauftragten ihren Aufgaben nachkommen können.   30

Der Verantwortliche/Beauftragte hat aufgrund seiner Stellung **kein eigenes Weisungsrecht gegenüber Ärzten und Pflegekräften**[3]. Er nimmt zwar Arbeitsschutzaufgaben für den Krankenhausträger wahr. Dies vermittelt ihm aber nicht ohne Weiteres die Stellung eines Vertreters des Krankenhausträgers mit fachlicher Weisungsbefugnis. Es bedarf daher im Einzelfall einer Ermächtigung durch den Krankenhausträger, wenn der Verantwortliche/Beauftragte (arbeitgeberseitige) Weisungen gegenüber Angestellten des Krankenhausträgers erteilen möchte. Anderes muss aber im Verhältnis zu den ihm ausdrücklich zugeordneten Mitarbeitern gelten wie z.B. den Hygienefachkräften oder den Medizinproduktebeauftragten. **Gegenüber den ihm zugeordneten Mitarbeitern** hat der Verantwortliche/Beauftragte ein aus seiner Stellung folgendes, vom Krankenhausträger abgeleitetes **fachliches Weisungsrecht** in allen Fragen, die seinen Aufgabenbereich betreffen. Diese Personen sind nämlich unmittelbar dem jeweiligen Funktionsbereich wie z.B. dem Bereich „Hygiene" zugeordnet und unterstehen dem Verantwortlichen/Beauftragten als verantwortlichem Leiter dieses Bereichs. Der Verantwortliche/Beauftragte braucht diese Personen als Delegationsadressaten, um seinen Aufgaben umfassend nachkommen zu können. Dies wäre ohne ein Weisungsrecht nicht durchführbar.   31

Der Verantwortliche/Beauftragte ist gegenüber dem Krankenhausträger **fachlich weisungsfrei**[4]. Andernfalls könnte der Verantwortliche/Beauftragte die ihm i.S.d. Patienten- und Mitarbeiterschutzes zukommenden Aufgaben nicht ordnungsgemäß erfüllen. Es bestünde nämlich die Gefahr, dass der Krankenhausträger den Arbeitsschutz durch fachliche Weisungen willkürlich beschränken würde. Die Etablierung von Verantwortlichen/Beauftragten soll aber gerade der **Kontrolle des Krankenhausträgers** und der **unabhängigen Beurteilung und Durchführung von Maßnahmen des Arbeitsschutzes** dienen. Dies bedeutet andererseits nicht, dass der Verantwortliche/Beauftragte völlig frei über die Durchführung solcher Maßnahmen entscheiden darf.   32

---

1 So allgemein MünchArbR/*Kohte*, § 290 Rz. 70.
2 S. dazu auch die gesetzliche Regelung in § 9 Sächsische Krankenhaushygienerahmenverordnung.
3 Ebenso für Sicherheitsbeauftragte MünchArbR/*Kohte*, § 292 Rz. 60.
4 Ebenso für das ASiG MünchArbR/*Kohte*, § 292 Rz. 54.

Schon aus dem Grundsatz der Kooperation zwischen den Partnern des Arbeitsschutzes im Krankenhaus wird man verlangen müssen, dass sich der Verantwortliche/Beauftragte vor der Durchführung von Maßnahmen des Arbeitsschutzes **mit dem Krankenhausträger abstimmen** muss. Keinen Bedenken begegnet allerdings die praktische Handhabe, dem Verantwortlichen/Beauftragten für die Durchführung von Maßnahmen eines vorher **festgelegten Maßnahmenkatalogs** freie Hand zu lassen. Es sollte in diesem Bereich eine klare Aufgabenzuweisung erfolgen, um einen reibungslosen Ablauf zu gewährleisten.

33 Durch die Stellung als Verantwortlicher/Beauftragter ist der jeweilige Mitarbeiter **arbeitsrechtlich nicht privilegiert**. Ein Diskriminierungsverbot wie bei Sicherheitsbeauftragten (vgl. § 22 Abs. 3 SGB VII) besteht nicht. Auch in kündigungsrechtlicher Hinsicht besteht kein besonderer Kündigungsschutz. Zu beachten ist aber, dass der Arbeitnehmer nur mittels Änderung seines Arbeitsvertrages aufgrund einer eigenen Änderungskündigung oder einer sonstigen vertraglichen Einigung mit dem Krankenhausträger seine „**Entpflichtung**" als Verantwortlicher/Beauftragter erreichen kann[1].

3. Freistellungsanspruch und Zusatzvergütung

34 Ein **Anspruch auf Freistellung** zur Durchführung der Aufgaben eines Verantwortlichen/Beauftragten ist zu bejahen, wenn ein solcher Anspruch **gesetzlich bestimmt** ist wie etwa in Sachsen für Hygienebeauftragten (vgl. § 3 Sächsische Krankenhaushygienerahmenverordnung). Ansonsten lässt sich ein Freistellungsanspruch der Verantwortlichen/Beauftragten **de lege lata nicht begründen**. Nach den oben genannten Grundsätzen muss diese Funktion nur ausgeübt werden, wenn sie Teil der arbeitsvertraglichen Dienstaufgaben ist. Für die Wahrnehmung von Dienstaufgaben kann aber kein Anspruch auf Freistellung bestehen. Umgekehrt bedeutet dies, dass die Aufgaben des Verantwortlichen/Beauftragten in der Dienstzeit zu verrichten sind, also die arbeitszeitmäßigen Grenzen der Inanspruchnahme des Mitarbeiters beachtet werden müssen.

35 Ein **Anspruch auf Mehrarbeitsvergütung** ist **vom Einzelfall abhängig**. Er kann von vornherein nicht bestehen, wenn die Übernahme der Aufgaben eines Verantwortlichen/Beauftragten zu den Dienstpflichten gehört bzw. geworden ist oder ein wirksamer Ausschluss einer Mehrarbeitsvergütung besteht[2]. Ein Anspruch auf Mehrarbeitsvergütung ist dagegen stets gegeben, wenn dies ausdrücklich vereinbart ist. Im Übrigen ist der Vergütungsanspruch davon abhängig, inwieweit von einer zulässigen Aufgabenübertragung auszugehen ist und ob der Krankenhausträger die Leistungen des Mitarbeiters in Anspruch nimmt. Dann kann ggf. ein Anspruch aus § 612 Abs. 1 BGB analog bestehen[3].

---

1 Vgl. LAG Kiel v. 17.10.1994 – 4 Sa 412/94, n. v. (zu Sicherheitsbeauftragten).
2 Zu den Grenzen eines solchen Ausschlusses vgl. ErfK/*Preis*, §§ 305–310 BGB Rz. 91 f.; *Wern*, S. 230 ff., jeweils m. w. N.
3 Zu diesen Fällen eingehend *Wern*, S. 211 ff., 232 ff. m. w. N.

4. Mitbestimmungsrechtliche Fragen

Während für Sicherheitsbeauftragte i. S. d. § 22 SGB VII und Betriebsärzte   36
bzw. Fachkräfte für Arbeitssicherheit i. S. d. § 9 Abs. 3 ASiG ausdrücklich
ein Mitbestimmungsrecht des Betriebs- bzw. Personalrats besteht, fehlen für
die hier behandelten Verantwortlichen/Beauftragten solche expliziten Regelungen.

Im Bereich des **BetrVG** gibt es **kein Mitbestimmungsrecht** des Betriebsrats   37
bei der Bestellung von Verantwortlichen/Beauftragten[1]. Ein solches Mitbestimmungsrecht lässt sich weder aus § 87 Abs. 1 Nr. 6 BetrVG noch aus § 89
Abs. 2 Satz 1 BetrVG ableiten. Personelle Einzelmaßnahmen werden von
§ 87 Abs. 1 Nr. 6 BetrVG nicht erfasst[2]. Ein Mitbestimmungsrecht des Betriebsrats kann daher nur hinsichtlich solcher Regelungen bestehen, die die
personelle Organisation dieser Personen betreffen wie z. B. die Festlegung
der Anzahl der Verantwortlichen/Beauftragten, die Auswahlkriterien sowie
die Zuteilung zu den einzelnen Betriebsbereichen[3]. Auch § 89 Abs. 2 Satz 1
BetrVG ist nicht einschlägig. Das dort geregelte Recht zur Hinzuziehung des
Betriebsrats besteht bei allen im Zusammenhang mit dem Arbeitsschutz
oder der Unfallverhütung stehenden Besichtigungen und Fragen und bei Un-
falluntersuchungen. Personelle Einzelmaßnahmen wie die Bestellung von
Verantwortlichen/Beauftragten lassen sich hierunter nicht subsumieren[4].

Abweichungen gelten aber im **Personalvertretungsrecht** des Bundes und der   38
Länder, in Einrichtungen des öffentlichen Dienstes. Hier besteht ein Mitbestimmungsrecht des Personalrats nach § 75 Abs. 3 Nr. 11 BPersVG sowie
den entsprechenden Landespersonalvertretungsgesetzen. Denn im Gegensatz zum BetrVG werden von dieser Vorschrift alle Maßnahmen des Arbeitsschutzes, also auch organisatorische und personelle Maßnahmen erfasst[5].

Mit denselben Argumenten lässt sich im **kirchlichen Bereich** ein Mitbestim-   39
mungsrecht der Mitarbeitervertretung nach § 36 Nr. 10 Rahmen-MAVO in
katholischen Einrichtungen und § 40 lit. b MVG in evangelischen Einrichtungen bejahen[6].

---

1 So auch GK-BetrVG/*Wiese*, § 87 Rz. 87.
2 BAG v. 10.4.1979 – 1 ABR 34/77, AP Nr. 1 zu § 82 BetrVG 1972 = NJW 1979, 2362.
3 GK-BetrVG/*Wiese*, § 87 Rz. 87.
4 OVG NW v. 15.12.1999 – 1 A 5101/97.PVL, ZTR 2000, 333 f. = PersV 2000, 453 zur inhaltsgleichen Vorschrift im Landespersonalvertretungsgesetz Nordrhein-Westfalen.
5 BVerwG v. 18.5.1994 – 6 P 27/92, AP Nr. 1 zu § 719 RVO = PersV 1995, 30; BVerwG
  v. 25.1.1995 – 6 P 19/93, BVerwGE 97, 316 (321) = AP Nr. 2 zu § 9 ASiG; OVG NW v.
  15.12.1999 – 1 A 5101/97.PVL, ZTR 2000, 333 f. = PersV 2000, 453 zum Landespersonalvertretungsgesetz Nordrhein-Westfalen; MünchArbR/*Kohte*, § 299 Rz. 66; jeweils m. w. N.
6 MünchArbR/*Kohte*, § 290 Rz. 68 f.

E. Technischer Dienst

1 Die heutige Medizin ist ohne moderne Medizintechnik und eine funktionale Gebäudeausstattung nicht mehr denkbar. Auch die Ansprüche in Bezug auf den Energieverbrauch und den Komfort eines Krankenhauses sind kontinuierlich gestiegen. Nicht zuletzt deshalb gehört ein Krankenhaus mit zu den komplexesten Gebäuden überhaupt. Seine spezielle Technik kann nur mit entsprechender Sachkunde betrieben werden, was in aller Regel der hauseigene **technische Dienst** übernimmt.

2 Der technische Dienst eines Krankenhauses sorgt für die **Sicherstellung** eines reibungslosen Betriebs der technischen Anlagen und Gebäude der gesamten Liegenschaft (Dampf- und Heizungsanlagensysteme, Lüftungs- und Klimaanlagen, insbesondere in den Operations-Einheiten und den Intensivbereichen sowie der zentralen Sterilgutversorgung, Wasserversorgungs-und Aufbereitungsanlagen, Bewegungsbad, allgemeine Sanitäranlagen, Kühl- und Brunnenanlagen, Regelungsanlagen, Druckluft und medizinische Gasanlagen, Elektroversorgungsanlagen, Telefon-und Aufzugsanlagen etc).

3 Ferner sorgt der technische Dienst für **Wartung und Instandhaltung** der technischen Anlagen sowie der Gebäude der gesamten Liegenschaft. Häufig erfolgt auch die Annahme von Störmeldungen sowie die Bearbeitung und Ausführung der eingehenden Reparaturaufträge mit dem hauseigenen Techniker- und Handwerkerteam bzw. mit Fremdfirmen. Neu-und Umbauprojekte sowie Sanierungsmaßnahmen werden in der Regel gemeinsam mit dem technischen Dienst beraten und ausgeführt.

4 Üblicherweise sind im Rahmen der technischen Dienste Elektroinstallateure, Gas- und Wasserinstallateure, Maler und Lackierer, Medizingerätetechniker sowie Nachrichtentechniker beschäftigt.

5 Die Mitarbeiter der **Medizintechnik** stellen die Funktionsfähigkeit und Einsatzbereitschaft aller medizinisch-technischen Produkte vom Blutdruckmessgerät bis zu den sog. Großgeräten wie Nierenlithotripter, Kernspintomographen und Herzkathetermessplatz sicher.

Teil 9
Eingruppierung

A. Eingruppierung der Ärzte

I. Überkommene Eingruppierungsregelungen

1. BAT

Der BAT enthielt eine dezidierte Regelung für die Eingruppierung der Ärzte. 1
Auch wenn der BAT zwischenzeitlich außer Kraft getreten ist bzw. durch
den TVöD sowie den TV-L mit Wirkung ab 1.10.2005 bzw. 1.10.2006 abgelöst worden ist, haben die Arbeitsgerichte immer noch in zahlreichen Ein-
gruppierungsprozessen auf der **Basis der überkommenen Eingruppierungsregelung des BAT** zu entscheiden[1]. Die Tarifvertragsparteien sind sich
darüber einig, dass die Grundsätze zur Eingruppierung aus § 22 BAT im
TVöD/TV-L weiter gelten[2]. Sofern unter Beachtung der Ausschlussfrist des
§ 70 BAT ein Höhergruppierungsantrag rechtzeitig – somit bis zum Außerkrafttreten des BAT – gestellt worden ist, kann weiterhin über die richtige
Eingruppierung nach dem BAT gestritten werden. Dass etwaige Vergütungsansprüche verjährt sind (vgl. § 195 BGB), ist insoweit unerheblich. Der **Anspruch auf richtige Eingruppierung** nach den tarifvertraglichen Bestimmungen verjährt nicht[3]. Im Übrigen kann die bisherige Rechtsprechung zur
Eingruppierung nach dem BAT auch zukünftig für diejenigen Regelungen im
TVöD bzw. TV-L herangezogen werden, die mit dem BAT vergleichbar sind.
Eine gerichtliche Klärung erfolgt im Wege der Eingruppierungsfeststellungs-
klage[4], die auch bei privaten Arbeitgebern zulässig ist[5].

Der BAT enthielt für die Eingruppierung der Ärzte folgende Regelungen:

Vergütungsgruppe IIa (Vergütungsgruppe II im Bereich BAT-VKA) 2

4. Ärzte[6]

7. Zahnärzte

---

1 S. z.B. LAG Hessen v. 17.11.2006 – 3 Sa 1074/05, juris; LAG Thüringen v. 15.2.2007 –
  3 Sa 5/07, juris; LAG Sachsen v. 25.1.2008 – 3 Sa 168/07, juris; LAG Baden-Württemberg v. 5.5.2009 – 22 Sa 53/08, juris.
2 *Müller-Uri*, ZTR 2010, 391.
3 BAG v. 28.6.1994 – 3 AZR 988/93, NZA 1995, 433.
4 *Germelmann/Matthes/Prütting/Müller-Glöge*, ArbGG, 7. Aufl. 2009, § 46 Rz. 106 ff.;
  Schwab/Weth/*Zimmerling*, § 46 ArbGG Rz. 121 ff.; *Zimmerling*, Arbeitsrechtliche
  Konkurrentenklage und Eingruppierungsklage im öffentlichen Dienst, 1999, Rz. 109 ff.;
  Bredemeier/Neffke, Eingruppierung in BAT und BAT-O, 2001, Rz. 185 ff.
5 BAG v. 14.6.1995 – 4 AZR 250/94, AP Nr. 7 zu § 12 AVR-Caritasverband; Schwab/
  Weth/*Zimmerling*, 2. Aufl. 2008, § 46 ArbGG Rz. 121 ff.; *Zimmerling*, Arbeitsrecht-
  liche Konkurrentenklage und Eingruppierungsklage im öffentlichen Dienst, 1999,
  Rz. 122 ff.
6 S. hierzu *Breier/Kiefer/Hoffmann/Dassau*, Eingruppierung und Tätigkeitsmerkmale,
  BAT, Stand: 3/10, S. 72 ff.

3 **Vergütungsgruppe Ib**

    7. Fachärzte mit entsprechender Tätigkeit[1].

    8. Ärzte in Anstalten und Heimen gemäß SR 2a und SR 2e III, die als ständige Vertreter des leitenden Arztes durch ausdrückliche Anordnung bestellt sind. (Hierzu Protokollnotiz Nr. 3)

    9. Ärzte in Anstalten und Heimen gemäß SR 2a und SR 2e III, die aufgrund ausdrücklicher Anordnung einem der nachstehenden Gebiete vorstehen und in nicht unerheblichem Umfange auf diesem Gebiet tätig sind: Anästhesie, Blutzentrale, Pathologie, Röntgenologie, Zentrallaboratorium. (Der Umfang der Tätigkeit ist nicht mehr unerheblich, wenn er etwa ein Viertel der gesamten Tätigkeit ausmacht.)

  10. Ärzte in Anstalten und Heimen gemäß SR 2a und SR 2e III, die aufgrund ausdrücklicher Anordnung einen selbständigen Funktionsbereich innerhalb einer Fachabteilung oder innerhalb eines Fachbereiches leiten und in nicht unerheblichem Umfange in diesem Funktionsbereich tätig sind. (Der Umfang der Tätigkeit ist nicht mehr unerheblich, wenn er etwa ein Viertel der gesamten Tätigkeit ausmacht.)

    (Hierzu Protokollnotiz Nr. 5)

  11. Ärzte außerhalb der Anstalten und Heime gemäß SR a und SR 2e III, denen mindestens zwei Ärzte oder Zahnärzte durch ausdrückliche Anordnung ständig unterstellt sind.

    (Hierzu Protokollnotiz Nr. 4)

  12. Ärzte als Leiter von Blutzentralen außerhalb der Anstalten und Heime gemäß SR 2a und SR 2e III.

  13. Ärzte nach fünfjähriger ärztlicher Tätigkeit.

  19. Fachzahnärzte mit entsprechender Tätigkeit.

  20. Zahnärzte in Anstalten und Heimen gemäß SR 2a und SR 2e III, die als ständige Vertreter des leitenden Zahnarztes durch ausdrücklich Anordnung ständig bestellt sind.

    (Hierzu Protokollnotiz Nr. 4)

  21. Zahnärzte außerhalb der Anstalten und Heime gemäß SR 2a und SR 2e III, denen mindestens zwei Zahnärzte durch ausdrückliche Anordnung unterstellt sind.

    (Hierzu Protokollnotiz Nr. 4)

  22. Zahnärzte nach fünfjähriger zahnärztlicher Tätigkeit.

---

1 S. hierzu *Breier/Kiefer/Hoffmann/Dassau*, Eingruppierung und Tätigkeitsmerkmale, BAT, Stand: 3/10, S. 68.7 ff.

Vergütungsgruppe Ia   4

4. Fachärzte mit entsprechender Tätigkeit nach achtjähriger ärztlicher Tätigkeit in Vergütungsgruppe Ib[1].

5. Ärzte in Anstalten und Heimen gemäß SR 2a und SR 2e III, die als ständige Vertreter des leitenden Arztes durch ausdrückliche Anordnung bestellt sind, wenn dem leitenden Arzt mindestens sechs Ärzte ständig unterstellt sind.

(Hierzu Protokollnotizen Nr. 3 und 4)

6. Ärzte in Anstalten und Heimen gemäß SR 2a und SR 2e III, die aufgrund ausdrücklicher Anordnung einem der nachstehenden Gebiete vorstehen und überwiegend auf diesem Gebiet tätig sind, nach vierjähriger Tätigkeit in Vergütungsgruppe Ib Fallgruppe 9: Anästhesie, Blutzentrale, Pathologie, Röntgenologie, Zentrallaboratorium.

7. Ärzte in Anstalten und Heimen gemäß SR 2a und SR 2e III, die aufgrund ausdrücklicher Anordnung einen selbständigen Funktionsbereich innerhalb einer Fachabteilung oder innerhalb eines Fachbereiches leiten und überwiegend in diesem Funktionsbereich tätig sind, nach vierjähriger Tätigkeit in Vergütungsgruppe Ib Fallgruppe 10.

(Hierzu Protokollnotiz Nr. 5)

8. Ärzte, denen mindestens fünf Ärzte oder Zahnärzte durch ausdrückliche Anordnung ständig unterstellt sind.

(Hierzu Protokollnotiz Nr. 4)

9. Ärzte als Leiter von Blutzentralen außerhalb der Anstalten und Heime gemäß SR 2a und SR 2e III nach vierjähriger Tätigkeit in Vergütungsgruppe Ib Fallgruppe 12.

13. Fachzahnärzte mit entsprechender Tätigkeit nach achtjähriger zahnärztlicher Tätigkeit in Vergütungsgruppe Ib.

14. Zahnärzte in Anstalten und Heimen gemäß SR 2a und SR 2e III, die als ständige Vertreter des leitenden Zahnarztes, durch ausdrückliche Anordnung bestellt sind, wenn dem leitenden Zahnarzt mindestens sechs Zahnärzte ständig unterstellt sind.

(Hierzu Protokollnotizen Nr. 3 und 4)

15. Zahnärzte, denen mindestens fünf Zahnärzte durch ausdrückliche Anordnung ständig unterstellt sind.

(Hierzu Protokollnotiz Nr. 4)

Vergütungsgruppe I   5

4. Ärzte in Anstalten und Heimen gemäß SR 2a und SR 2e III, die als ständige Vertreter des leitenden Arztes durch ausdrückliche Anordnung be-

---

1 S. hierzu *Breier/Kiefer/Hoffmann/Dassau*, Eingruppierung und Tätigkeitsmerkmale, BAT, Stand: 3/10, S. 64.2 ff.

stellt sind, wenn dem leitenden Arzt mindestens neun Ärzte unterstellt sind.

(Hierzu Protokollnotizen Nr. 3 und 4)

5. Apotheker als Leiter von Apotheken, denen mindestens fünf Apotheker durch ausdrückliche Anordnung ständig unterstellt sind[1].

(Hierzu Protokollnotiz Nr. 4)

6. Zahnärzte in Anstalten und Heimen gemäß SR 2a und SR 2e III, die als ständige Vertreter des leitenden Zahnarztes durch ausdrückliche Anordnung bestellt sind, wenn dem leitenden Zahnarzt mindestens neun Zahnärzte ständig unterstellt sind.

(Hierzu Protokollnotizen Nr. 3 und 4)

2. Arbeitsvertragsrichtlinien der Caritas (AVR)

6 Die AVR sind kein Tarifvertrag[2]. Streitig ist, ob § 622 Abs. 4 Satz 1 BGB auf kirchliche Arbeitsvertragsrichtlinien analog Anwendung finden[3]. Kirchliche Arbeitsvertragsrichtlinien unterliegen der Inhaltskontrolle gemäß § 305 ff. BGB[4]. Im Verhältnis zwischen einem normativ wirkenden Tarifvertrag und einer individualrechtlich vereinbarten Anwendung der AVR gilt nicht das Ablösungsprinzip, sondern das Günstigkeitsprinzip[5].

Nach der Anlage 2 zum AVR (Stand: 1.1.2009) gelten im Bereich des Caritasverbandes folgende Eingruppierungsregelungen für Ärzte:

7 **Vergütungsgruppe 1**

1. Ärzte, die als ständige Vertreter des leitenden Arztes durch ausdrückliche Anordnung bestellt sind, wenn dem leitenden Arzt mindestens neun Ärzte ständig unterstellt sind. [1, 2, 5]

2. Zahnärzte, die als ständige Vertreter des leitenden Zahnarztes durch ausdrückliche Anordnung bestellt sind, wenn dem leitenden Zahnarzt mindestens neun Zahnärzte ständig unterstellt sind. [1, 2, 5]

8 **Vergütungsgruppe 1a**

2. Ärzte, denen mindestens fünf Ärzte oder Zahnärzte durch ausdrückliche Anordnung ständig unterstellt sind. [1, 2]

3. Ärzte, die als ständige Vertreter des leitenden Arztes durch ausdrückliche Anordnung bestellt sind, wenn dem leitenden Arzt mindestens sechs Ärzte ständig unterstellt sind. [1, 2]

---

1 S. hierzu *Breier/Kiefer/Hoffmann/Dassau*, Eingruppierung und Tätigkeitsmerkmale, BAT, Stand: 3/10, S. 60.1.
2 BAG v. 23.1.2002 – 4 AZN 760/01, juris.
3 Bejahend LAG Berlin-Brandenburg v. 23.2.2007 – 6 Sa 1847/06, juris; verneinend ErfK/ *Müller-Glöge.* § 626 BGB Rz. 19.
4 LAG Köln v. 8.5.2006 – 14 (4) Sa 48/06, juris; *Thüsing*, ZTR 2005, 507.
5 LAG Düsseldorf v. 9.11.2009 – 16 Sa 582/09, juris.

4. Ärzte, die aufgrund ausdrücklicher Anweisung einem der nachstehenden Gebiete vorstehen und überwiegend auf diesem Gebiet tätig sind, nach vierjähriger Tätigkeit in der Vergütungsgruppe 1b Ziffer 4; Anästhesie, Blutzentrale, Pathologie, Röntgenologie, Zentrallaboratorium.[1]

5. Ärzte, die aufgrund ausdrücklicher Anordnung einen selbständigen Funktionsbereich innerhalb einer Fachabteilung oder innerhalb eines Fachbereichs leiten und überwiegend in diesem Funktionsbereich tätig sind, nach vierjähriger Tätigkeit in Vergütungsgruppe 1b Ziffer 5.[1, 6]

6. Fachärzte mit entsprechender Tätigkeit nach achtjähriger ärztlicher Tätigkeit in Vergütungsgruppe 1b.

7. Fachzahnärzte mit entsprechender Tätigkeit nach achtjähriger zahnärztlicher Tätigkeit in Vergütungsgruppe 1b.

15. Zahnärzte, denen mindestens fünf Zahnärzte durch ausdrückliche Anordnung ständig unterstellt sind.[1, 2]

16. Zahnärzte, die als ständige Vertreter des leitenden Zahnarztes durch ausdrückliche Anordnung bestellt sind, wenn dem leitenden Zahnarzt mindestens sechs Zahnärzte ständig unterstellt sind.[1, 2, 5]

Vergütungsgruppe 1b   9

3. Ärzte, die als ständige Vertreter des leitenden Arztes durch ausdrückliche Anordnung bestellt sind.[1, 5]

4. Ärzte, die aufgrund ausdrücklicher Anordnung einem der nachstehenden Gebiete vorstehen und in nicht unerheblichem Umfang auf diesem Gebiet tätig sind: Anästhesie, Blutzentrale, Pathologie, Röntgenologie, Zentrallaborattorium.[1, 7]

5. Ärzte, die aufgrund ausdrücklicher Anordnung einen selbständigen Funktionsbereich innerhalb einer Fachabteilung oder innerhalb eines Fachbereiches leiten und in nicht unerheblichem Umfange in diesem Funktionsbereich tätig sind.[1, 6, 7]

6. Ärzte nach fünfjähriger ärztlicher Tätigkeit.

7. Fachärzte mit entsprechender Tätigkeit.

8. Fachzahnärzte mit entsprechender Tätigkeit

18. Zahnärzte, die als ständige Vertreter des leitenden Zahnarztes durch ausdrückliche Anordnung bestellt sind.[1, 5]

19. Zahnärzte nach fünfjähriger zahnärztlicher Tätigkeit.

Vergütungsgruppe 2   10

2. Ärzte

17. Zahnärzte

II. Die Neuregelung in den Tarifverträgen

11 Die Eingruppierung der Ärzte und Oberärzte ist in den neuen Tarifverträgen nach gänzlich anderen Kriterien geregelt als im früheren BAT bzw. in den AVR. Vereinzelt kann man jedoch die bisherige Judikatur zur Interpretation der neuen tarifvertraglichen Vorschriften heranziehen.

12 Das neue Tarifrecht ist im Hinblick auf die Rechtsprechung des BAG aus dem Jahre 2010 geprägt von dem Ende der Tarifeinheit[1]. Demzufolge kann es nunmehr in einem Krankenhausbetrieb mehrere konkurrierende Tarifverträge geben.

1. Tarifvertrag für den öffentlichen Dienst der Länder (TV-L) vom 12.10.2006 in der Fassung des Änderungstarifvertrages Nr. 2 vom 1.3.2009

13 Gemäß § 41 Nr. 7 TV-L wird für die Ärzte § 12 TV-L wie folgt gefasst:

„§ 12
Eingruppierung

Die Beschäftigten sind entsprechend ihrer nicht nur vorübergehend und zeitlich mindestens zur Hälfte auszuübenden Tätigkeit wie folgt eingruppiert:

Entgeltgruppe	Bezeichnung
Ä 1	Ärztin/Arzt mit entsprechender Tätigkeit
Ä 2	Fachärztin/Facharzt mit entsprechender Tätigkeit
Ä 3	Oberärztin/Oberarzt Oberarzt ist derjenige Arzt, dem die medizinische Verantwortung für Teil- oder Funktionsbereiche der Klinik beziehungsweise Abteilung vom Arbeitgeber übertragen worden ist. Oberarzt ist ferner der Facharzt in einer durch den Arbeitgeber übertragenen Spezialfunktion, für die dieser eine erfolgreich abgeschlossene Schwerpunkt- oder Zusatzweiterbildung nach der Weiterbildungsordnung fordert.
Ä 4	Fachärztin/Facharzt, der/dem die ständige Vertretung des leitenden Arztes (Chefarzt) vom Arbeitgeber übertragen worden ist. (Protokollerklärung: Ständiger Vertreter ist nur der Arzt, der den leitenden Arzt in der Gesamtheit seiner Dienstaufgaben vertritt. Das Tätigkeitsmerkmal kann daher innerhalb einer Klinik nur von einer Ärztin/einem Arzt erfüllt werden)."

14 § 41 Nr. 11 TV-L enthält eine Sonderregelung hinsichtlich der Stufen der Entgelttabelle (Ergänzung zu § 16 TV-L). Diese Bestimmung hat folgenden Wortlaut:

---

1 BAG v. 27.1.2010 – 4 AZR 537/08 (A), juris; BAG v. 7.7.2010 – 4 AZR 549/08, juris; s. hierzu *Seel*, öAT 2010, 82; *Deinert*, jurisPR-ArbR 30/2010 Anm. 2; *Bayreuther*, NZA 2009, 935 ff.

„§ 16
Stufen der Entgelttabelle

(1) Die Entgeltgruppe Ä 1 umfasst fünf Stufen; die Entgeltgruppen Ä 2 bis Ä 4 umfassen drei Stufen. Die Beschäftigten erreichen die jeweils nächste Stufe nach den Zeiten ärztlicher (Ä 1), fachärztlicher (Ä 2), oberärztlicher (Ä 3) Tätigkeiten beziehungsweise der Tätigkeit als ständiger Vertreter des leitenden Arztes (Chefarztes), die in den Tabellen (Anlagen C und D) angegeben sind.

(2) Für die Anrechnung von Vorzeiten in ärztlicher Tätigkeit gilt Folgendes: Bei der Einstellung werden Zeiten mit einschlägiger Berufserfahrung als förderliche Zeiten für die Stufenzuordnung berücksichtigt. Zeiten von Berufserfahrung aus nicht ärztlicher Tätigkeit können berücksichtigt werden."

2. Tarifvertrag für Ärztinnen und Ärzte an Universitätskliniken (TV-Ärzte) vom 30.10.2006 in der Fassung des Änderungstarifvertrages Nr. 1 vom 27.8.2009

Die Eingruppierung wird in § 12 TV-Ärzte wie folgt geregelt[1]:   15

„§ 12
Eingruppierung

Ärzte sind entsprechend ihrer nicht nur vorübergehend und zeitlich mindestens zur Hälfte auszuübenden Tätigkeit wie folgt eingruppiert:

Entgeltgruppe	Bezeichnung
Ä 1	Ärztin/Arzt mit entsprechender Tätigkeit
Ä 2	Fachärztin/Facharzt mit entsprechender Tätigkeit
Ä 3	Oberärztin/Oberarzt Oberarzt ist derjenige Arzt, dem die medizinische Verantwortung für Teil- oder Funktionsbereiche der Klinik beziehungsweise Abteilung vom Arbeitgeber übertragen worden ist. Oberarzt ist ferner der Facharzt in einer durch den Arbeitgeber übertragenen Spezialfunktion, für die dieser eine erfolgreich abgeschlossene Schwerpunkt- oder Zusatzweiterbildung nach der Weiterbildungsordnung fordert.
Ä 4	Fachärztin/Facharzt, der/dem die ständige Vertretung des leitenden Arztes (Chefarzt) vom Arbeitgeber übertragen worden ist. (Protokollerklärung: Ständiger Vertreter ist nur der Arzt, der den leitenden Arzt in der Gesamtheit seiner Dienstaufgaben vertritt. Das Tätigkeitsmerkmal kann daher innerhalb einer Klinik nur von einer Ärztin/einem Arzt erfüllt werden)."

Von Bedeutung ist weiterhin § 5 des Tarifvertrages zur Überleitung der Ärz-   16
tin und Ärzte an Universitätskliniken (TVÜ-Ärzte) vom 30.10.2006[2]. Diese Bestimmung lautet wie folgt:

---

1 S. hierzu BAG v. 9.12.2009 – 4 AZR 630/08, juris; BAG v. 9.12.2009 – 4 AZR 827/08, juris; BAG v. 9.12.2009 – 4 AZR 568/08, juris; BAG v. 9.12.2009 – 4 AZR 841/08, juris.
2 S. hierzu *Clemens/Scheuring/Steingen/Wiese*, TV-L, § 12 TV-Ärzte, Stand: 4/08, sowie LAG Saarland v. 9.6.2010 – 1 (2) Sa 54/08, juris.

„§ 5
Stufenzuordnung der Ärzte.

[1]Die Ärzte werden derjenigen Stufe der Entgeltgruppe (§ 12 TV-Ärzte) zugeordnet, die sie erreicht hätten, wenn die Entgelttabelle für Ärztinnen und Ärzte bereits seit Beginn ihrer Zugehörigkeit zu der für sie maßgebenden Entgeltgruppe gegolten hätte. [2]Für die Stufenfindung bei der Überleitung zählen die Zeiten im jetzigen Arbeitsverhältnis zu demselben Arbeitgeber. [3]Für die Berücksichtigung von Vorzeiten ärztlicher Tätigkeit bei der Stufenfindung gilt § 16 Absatz 2 TV-Ärzte."

3. Durchgeschriebene Fassung des TVöD für den Dienstleistungsbereich Krankenhäuser im Bereich der Vereinigung der kommunalen Arbeitgeberverbände (TVöD-K) vom 1.8.2006 in der Fassung vom 1.1.2010

17 Dieser TVöD-K vereint den TVöD und den Besonderen Teil Krankenhäuser (BT-K) zum Stichtag 1.9.2009. Abschnitt III dieses Tarifvertrages betreffend Eingruppierung, Entgelt und sonstige Leistungen hat folgenden Wortlaut:

„**Abschnitt III**
Eingruppierung, Entgelt und sonstige Leistungen

Abschnitt III
Eingruppierung und Entgelt

§ 12
Eingruppierung

(Derzeit nicht belegt, wird im Zusammenhang mit der Entgeltordnung geregelt.)

§ 12.1[26]
Eingruppierung der Ärztinnen und Ärzte

(1) [1]Ärztinnen und Ärzte sind mit folgender besonderer Stufenzuordnung wie folgt eingruppiert:

a) Entgeltgruppe I:

Ärztinnen und Ärzte mit entsprechender Tätigkeit, und zwar in

Stufe 1: mit weniger als einjähriger ärztlicher Berufserfahrung,

Stufe 2: nach einjähriger ärztlicher Berufserfahrung,

Stufe 3: nach dreijähriger ärztlicher Berufserfahrung,

Stufe 4: nach fünfjähriger ärztlicher Berufserfahrung,

Stufe 5: nach neunjähriger ärztlicher Berufserfahrung;

b) Entgeltgruppe II:

Fachärztinnen und Fachärzte mit entsprechender Tätigkeit, und zwar in

Stufe 1: mit weniger als vierjähriger fachärztlicher Berufserfahrung,

Stufe 2: nach vierjähriger fachärztlicher Berufserfahrung,

Stufe 3: nach achtjähriger fachärztlicher Berufserfahrung,

Stufe 4: nach zwölfjähriger fachärztlicher Berufserfahrung.

[2]§ 17 bleibt im Übrigen unberührt.

Protokollerklärung zu Absatz 1:

Fachärztinnen und Fachärzte nach diesem Tarifvertrag sind auch Fachzahnärztinnen und Fachzahnärzte.

(2) [1]Bei Einstellung von Ärztinnen und Ärzten der Entgeltgruppe I werden Zeiten ärztlicher Berufserfahrung bei der Stufenzuordnung angerechnet. [2]Eine Tätigkeit als Arzt im Praktikum gilt als ärztliche Berufserfahrung. [3]Bei der Einstellung von Fachärztinnen und Fachärzten der Entgeltgruppe II werden Zeiten fachärztlicher Berufserfahrung in der Regel angerechnet. [4]Unabhängig davon kann der Arbeitgeber bei Neueinstellungen zur Deckung des Personalbedarfs Zeiten einer vorherigen beruflichen Tätigkeit ganz oder teilweise für die Stufenzuordnung berücksichtigen, wenn diese Tätigkeit für die vorgesehene Tätigkeit förderlich ist.

Protokollerklärung zu Absatz 2:

Zeiten ärztlicher Tätigkeit sind nur solche, die von einem gemäß § 10 BÄO oder einer vergleichbaren Qualifikation eines EU-Mitgliedstaates approbierten Beschäftigten geleistet worden sind.

(3) Fachärztinnen und Fachärzte, die als ständige Vertreter der/des leitenden Ärztin/Arztes (Chefärztin/Chefarzt) durch ausdrückliche Anordnung bestellt sind (Leitende Oberärztin/Leitender Oberarzt), erhalten für die Dauer der Bestellung eine Funktionszulage ab 1. Januar 2009 von monatlich 800,00 Euro.

Protokollerklärung zu Absatz 3:

[1]Leitende Oberärztin/leitender Oberarzt im Sinne des Tätigkeitsmerkmals ist nur die/der Ärztin/Arzt, der die/den leitende/n Ärztin/Arzt in der Gesamtheit seiner Dienstaufgaben vertritt. [2]Das Tätigkeitsmerkmal kann daher innerhalb einer Abteilung (Klinik) nur von einer/einem Ärztin/Arzt erfüllt werden.

(4) Ärztinnen und Ärzte, denen aufgrund ausdrücklicher Anordnung die medizinische Verantwortung für einen selbständigen Funktionsbereich innerhalb einer Fachabteilung oder eines Fachbereichs seit dem 1.9.2006 übertragen worden ist, erhalten für die Dauer der Anordnung eine Funktionszulage ab 1. Januar 2009 von monatlich 535,00 Euro.

Protokollerklärung zu Absatz 4:

Funktionsbereiche sind wissenschaftlich anerkannte Spezialgebiete innerhalb eines ärztlichen Fachgebietes, z.B. Kardiologie, Unfallchirurgie, Neuroradiologie, Intensivmedizin, oder sonstige vom Arbeitgeber ausdrücklich definierte Funktionsbereiche.

(5) [1]Die Funktionszulagen nach den Absätzen 3 und 4 sind dynamisch und entfallen mit dem Wegfall der Funktion. [2]Sind die Voraussetzungen für mehr als eine Funktionszulage erfüllt, besteht nur Anspruch auf eine Funktionszulage. Bei unterschiedlicher Höhe der Funktionszulagen wird die höhere gezahlt.

(6) Die Absätze 1 bis 5 finden auf Apothekerinnen/Apotheker und Tierärztinnen/Tierärzte keine Anwendung."

4. Tarifvertrag für Ärztinnen und Ärzte an kommunalen Krankenhäusern im Bereich der Vereinigung der kommunalen Arbeitgeberverbände (TV-Ärzte/VKA) vom 17.8.2006 in der Fassung vom 22.11.2006

18   Die Eingruppierung der Ärzte wird in § 16 wie folgt geregelt[1]:

„§ 16
Eingruppierung

Ärztinnen und Ärzte sind wie folgt eingruppiert:

a) Entgeltgruppe I:

Ärztin/Arzt mit entsprechender Tätigkeit.

b) Entgeltgruppe II:

Fachärztin/Facharzt mit entsprechender Tätigkeit.

Protokollerklärung zu Buchst. b:

Fachärztin/Facharzt ist diejenige Ärztin/derjenige Arzt, die/der aufgrund abgeschlossener Facharztweiterbildung in ihrem/seinem Fachgebiet tätig ist.

c) Entgeltgruppe III:

Oberärztin/Oberarzt

Protokollerklärung zu Buchst. c:

Oberärztin/Oberarzt ist diejenige Ärztin/derjenige Arzt, der/dem die medizinische Verantwortung für selbständige Teil- und Funktionsbereiche der Klinik bzw. Abteilung vom Arbeitgeber ausdrücklich übertragen worden ist.

d) Entgeltgruppe IV:

Leitende Oberärztin/Leitender Oberarzt, ist diejenige Ärztin/derjenige Arzt, der/dem die ständige Vertretung der leitenden Ärztin/des leitenden Arztes (Chefärztin/Chefarzt) vom Arbeitgeber ausdrücklich übertragen worden ist.

Protokollerklärung zu Buchst. d:

Leitender Oberärztin/Leitender Oberarzt ist nur diejenige Ärztin/derjenige Arzt, die/der die leitende Ärztin/den leitenden Arzt in der Gesamtheit ihrer/seiner Dienstaufgaben vertritt. Das Tätigkeitsmerkmal kann daher innerhalb einer Klinik in der Regel nur von einer Ärztin/einem Arzt erfüllt werden."

5. Tarifvertrag für Ärztinnen und Ärzte in den Einrichtungen der Vereinigung Berufsgenossenschaftlicher Kliniken (TV-Ärzte/VBGK) vom 2.12.2007

19   In diesem mit der Gewerkschaft Marburger Bund am 2.11.2007 schlussverhandelten und rückwirkend zum 1.1.2007 in Kraft gesetzten Tarifvertrag ist die Eingruppierung der Ärzte wie folgt geregelt[2]:

---

1 BAG v. 9.12.2009 – 4 AZR 836/08, ZTR 2010, 294; BAG v. 9.12.2009 – 4 AZR 495/08, NZA 2010, 895; BAG v. 9.12.2009 – 4 AZR 568/08, juris.
2 S. hierzu LAG Hamm v. 18.8.2009 – 12 Sa 585/09, juris.

„Entgeltgruppe	Bezeichnung
Ä 1	Arzt mit entsprechender Tätigkeit
Ä 2	Facharzt mit entsprechender Tätigkeit
Ä 3	Oberarzt
	Oberarzt ist derjenige Arzt, dem die medizinische Verantwortung für Teil- oder Funktionsbereiche der Klinik beziehungsweise Abteilung vom Arbeitgeber übertragen worden ist.
	Oberarzt ist ferner der Facharzt in einer durch den Arbeitgeber übertragenen Spezialfunktion, für die dieser eine erfolgreich abgeschlossene Schwerpunkt- oder Zusatzweiterbildung nach der Weiterbildungsverordnung fordert.
Ä 4	Facharzt, dem die ständige Vertretung des leitenden Arztes (Chefarzt) vom Arbeitgeber durch schriftliche Ernennung übertragen worden ist."

6. Tarifvertrag für Ärztinnen und Ärzte im KAH (TV-Ärzte KAH) vom 22.11.2006

Der Krankenhausarbeitgeberverband Hamburg e.V. (KAH) und der Marbur- 20
ger Bund haben hinsichtlich der Eingruppierung der Ärzte folgendes vereinbart[1]:

„Abschnitt III
Eingruppierung, Entgelt und sonstige Leistungen

§ 12
Eingruppierung

Ärzte sind entsprechend ihrer nicht nur vorübergehend und zeitlich mindestens zur
Hälfte auszuübenden Tätigkeit wie folgt eingruppiert:

Entgeltgruppe	Bezeichnung
Ä 1	Arzt, Zahnarzt
	Wissenschaftlicher Mitarbeiter
	Akademischer Mitarbeiter
Ä 2	Facharzt, Fachzahnarzt
	Wissenschaftlicher Mitarbeiter nach zehnjähriger Tätigkeit in Ä 1 Akademischer Mitarbeiter nach zehnjähriger Tätigkeit in Ä 1
	Ärzte, die überwiegend ein spezifisches ärztliches Arbeitsfeld erfüllen, z.B. Qualitätsmanager, OP-Manager, Medizin-Controller, DRG-Manager

---

1 S. hierzu LAG Hamburg v. 25.2.2009 – 5 Sa 47/08, juris (Eingruppierung eines psychologischen Psychotherapeuten); LAG Hamburg v. 10.12.2009 – 8 Sa 40/08, juris (Eingruppierung einer Oberärztin).

Entgeltgruppe	Bezeichnung
Ä 3	Oberarzt
	Oberarzt ist derjenige Arzt, dem die medizinische Verantwortung für Teil- oder Funktionsbereiche der Klinik beziehungsweise Abteilung vom Arbeitgeber übertragen worden ist.
	Facharzt in einer durch den Arbeitgeber übertragenen Spezialfunktion, für die dieser eine erfolgreich abgeschlossene Schwerpunkt- oder Zusatzweiterbildung zusätzlich zur Facharztweiterbildung fordert.
Ä 4	Facharzt, dem die ständige Vertretung des leitenden Arztes vom Arbeitgeber übertragen worden ist.
	(Protokollerklärung: Ständiger Vertreter ist nur der Arzt, der den leitenden Arzt in der Gesamtheit seiner Dienstaufgaben vertritt. Das Tätigkeitsmerkmal kann daher innerhalb einer Klinik nur von einem Arzt erfüllt werden)."

7. Tarifvertrag für Ärztinnen und Ärzte an der Charité – Universitätsmedizin Berlin (TV-Ärzte-Charité) vom 18.7.2007

21 Die ausführlichste Regelung hinsichtlich der Eingruppierung der Ärzte enthält der zwischen der Charité-Universitätsmedizin Berlin und dem Marburger Bund Landesverband Berlin-Brandenburg abgeschlossene Tarifvertrag. Dort wird in § 12 Folgendes geregelt[1]:

„**Abschnitt III**
Eingruppierung, Entgelt und sonstige Leistungen

§ 12
Eingruppierung

Ärzte sind entsprechend ihrer nicht nur vorübergehend und zeitlich mindestens zur Hälfte auszuübenden Tätigkeit wie folgt eingruppiert:

Entgeltgruppe	Bezeichnung
Ä 1	Arzt
Ä 2	Facharzt mit entsprechender Tätigkeit
	Protokollerklärung: Die Voraussetzungen für die Eingruppierung als Facharzt mit entsprechender Tätigkeit sind bei Vorliegen der Facharztanerkennung und überwiegender Tätigkeit in seinem Fachgebiet erfüllt. Weiterer Voraussetzungen bedarf es nicht.
Ä 3	Oberarzt
	Oberarzt ist derjenige Arzt, dem die medizinische Verantwortung für Teil- oder Funktionsbereiche der Klinik beziehungsweise Abteilung vom Arbeitgeber übertragen worden ist.

---

1 S. hierzu LAG Berlin-Brandenburg v. 29.10.2009 – 5 Sa 1048/09, juris.

Entgeltgruppe	Bezeichnung
	Oberarzt ist ferner der Facharzt in einer durch den Arbeitgeber übertragenden Spezialfunktion, für die dieser eine erfolgreich abgeschlossene Schwerpunkt- oder Zusatzweiterbildung nach der Weiterbildungsordnung fordert. **Protokollerklärung:** Die Tarifvertragsparteien stimmen darin überein, dass bei Erfüllung folgender Kriterien die Voraussetzungen für die Eingruppierung als Oberarzt vorliegen. Dabei gilt: Werden alle Kriterien der Kategorie A erfüllt, folgt daraus die Einstufung als Oberarzt. Werden nur drei von vier Kriterien der Kategorie A erfüllt, müssen für die Einstufung als Oberarzt zudem das B-Kriterium Organisationsverantwortung und ein weiteres Kriterium der Kategorie B erfüllt sein. Werden nur zwei Kriterien der Gruppe A erfüllt, müssen für die Einstufung als Oberarzt sämtliche Kriterien der Kategorie B erfüllt sein. **A-Kriterien:** – **fachliche Aufsicht über Assistenz- und Fachärzte:** Dieses Merkmal ist erfüllt, wenn die klinische Arbeit von Ärzten im direkten Verhältnis überwacht wird, deren Entscheidungen bestätigt oder korrigiert werden und inhaltliche Weisungen bezüglich der Patientenversorgung erteilt werden. Typische Tätigkeiten in diesem Sinne sind die Leitung von Visiten und die Korrektur der von den beaufsichtigten Ärzten verfassten Arztbriefe. – **Bereichsverantwortung:** Dieses Kriterium ist erfüllt, wenn zum Aufgabengebiet des Stelleninhabers die unmittelbare Verantwortung für einen abgegrenzten Bereich einer Klinik bzw. eines Institutes (z. B. Station, Ambulanz, Funktionsbereich etc.) gehört und der Stelleninhaber in diesem Bereich tätige Mitarbeiter anleitet und beaufsichtigt, sowie die Verantwortung für die in diesem Bereich im Tagesgeschäft getroffenen Entscheidungen trägt. – **Herausgehobene klinische Kompetenz:** Der Stelleninhaber betreut verantwortlich die schwierigen Fälle und/oder führt regelmäßig komplexere Prozeduren und Operationen in seiner Klinik durch. – **Wissenschaftliche Qualifikationen:** Der Stelleninhaber ist habilitiert oder hat nach der Promotion mindestens fünf Publikationen in peer-reviewed Journals als Erst- oder Letztautor veröffentlicht. **B-Kriterien:** – **Organisationsverantwortung:** Dieses Kriterium ist erfüllt, wenn der Stelleninhaber in seiner Klinik bzw. Institut administrative Aufgaben erfüllt, die – dies sind insbesondere die Freigabe von Bestellungen und MES-Anforderungen und die Einbindung in Maßnahmen zur Einhaltung von Teilbudgets oder

Entgeltgruppe	Bezeichnung
	– die organisatorischen Abläufe (Dienstpläne, Behandlungspfade, SOPs) gestalten. – **Ausbildungsfunktion:** Dieses Kriterium ist erfüllt, wenn der Stelleninhaber regelmäßig und in nicht unerheblichen zeitlichem Umfang Weiterbildungsassistenten unterweist und einen aktiven Beitrag zu deren Erfüllung der Weiterbildungsanforderungen der Ärztekammer leistet. – **Hintergrunddienst:** Dieses Kriterium ist erfüllt, wenn der Stelleninhaber regelmäßig mehrmals monatlich Hintergrunddienste versieht, bei denen er die medizinische Verantwortung für die Tätigkeit von im Vordergrund tätigen Ärzten trägt oder eine Bereitschaftsdienstgruppe aus mehreren Ärzten leitet. Weiterer Voraussetzungen bedarf es nicht.
Ä 4	Facharzt, dem die ständige Vertretung des leitenden Arztes (Chefarzt) vom Arbeitgeber übertragen worden ist. Protokollerklärung: Ständiger Vertreter ist nur der Arzt, der den leitenden Arzt in der Gesamtheit seiner Dienstaufgaben vertritt. Leiter eines selbständigen Arbeitsbereiches."

8. Tarifvertrag für Ärztinnen und Ärzte an den Hessischen Universitätskliniken (TV-Ärzte Hessen) vom 30.11.2006 in der Fassung des Änderungstarifvertrages Nr. 1 vom 3.7.2008

22 Auch in dem zwischen dem Land Hessen und dem Marburger Bund-Landesverband Hessen e.V. abgeschlossenen Tarifvertrag wird die Eingruppierung dezidiert mit zahlreichen Protokollnotizen geregelt. § 10 des Tarifvertrages hat folgenden Wortlaut:

„**Abschnitt III**
Eingruppierung und Entgelt

§ 10
Eingruppierung

(1) ¹Die Eingruppierung der Ärztinnen und Ärzte richtet sich nach den Tätigkeitsmerkmalen der folgenden Entgeltordnung:

Entgeltgruppe	Bezeichnung
Ä 1	Ärztin oder Arzt mit entsprechender Tätigkeit nach Erteilung der Approbation
Ä 2	Ärztin oder Arzt mit entsprechender Tätigkeit und dreijähriger ärztlicher Tätigkeit nach Erteilung der Approbation
Ä 3	Fachärztin oder Facharzt mit entsprechender Tätigkeit in ihrem oder seinem Fachgebiet

Entgeltgruppe	Bezeichnung
Ä 4	a) Fachärztin oder Facharzt mit fakultativer Weiterbildung, Schwerpunkt- oder Zusatzweiterbildung in ihrem oder seinem Fachgebiet und anschließender zweijähriger entsprechender Tätigkeit b) Fachärztin oder Facharzt mit entsprechender Tätigkeit in ihrem oder seinem Fachgebiet, für das in der Weiterbildungsordnung eine fakultative Weiterbildung, Schwerpunkt- oder Zusatzweiterbildung entweder nicht vorgesehen ist oder zwar vorgesehen, aber für die auszuübende Tätigkeit nicht erforderlich ist, nach vierjähriger fachärztlicher Tätigkeit. c) Fachärztin oder Facharzt mit entsprechender Tätigkeit in ihrem oder seinem Fachgebiet nach siebenjähriger fachärztlicher Tätigkeit. d) Fachärztin oder Facharzt mit Habilitation in ihrem oder seinem Fachgebiet und entsprechender Tätigkeit. e) Fachärztin oder Facharzt mit entsprechender Tätigkeit, der oder dem durch die ausdrückliche Anordnung des Arbeitgebers mindestens vier Ärztinnen und/oder Ärzte ständig unterstellt sind.
Ä 5	a) Fachärztin oder Facharzt mit fakultativer Weiterbildung, Schwerpunkt- oder Zusatzweiterbildung in ihrem oder seinem Fachgebiet und mit entsprechender Tätigkeit, der oder dem durch ausdrückliche Anordnung des Arbeitgebers die Leitung eines entsprechenden Funktionsbereiches oder einer vergleichbaren sonstigen Organisationseinheit übertragen worden ist oder mindestens fünf Ärztinnen und/oder Ärzte ständig unterstellt sind. b) Fachärztin oder Facharzt mit entsprechender Tätigkeit in ihrem oder seinem Fachgebiet, für das in der Weiterbildungsordnung eine fakultative Weiterbildung, Schwerpunkt- oder Zusatzweiterbildung entweder nicht vorgesehen ist oder zwar vorgesehen, aber für die auszuübende Tätigkeit nicht erforderlich ist, der oder dem durch ausdrückliche Anordnung des Arbeitgebers die Leitung einer größeren Organisationseinheit übertragen worden ist oder mindestens fünf Ärztinnen und/oder Ärzte ständig unterstellt sind.
Ä 6	Fachärztin oder Facharzt, die oder der durch ausdrückliche Anordnung des Arbeitgebers zur Ständigen Vertreterin oder zum Ständigen Vertreter der Leitenden Ärztin oder des Leitenden Arztes (Chefärztin oder Chefarzt) bestellt ist. **Protokollierung zu Ä 1 und Ä 2:** Die Erteilung einer Berufserlaubnis ist der Erteilung der Approbation gleichgestellt. Dies gilt auch für die beschränkte Erlaubnis gemäß § 10 Absatz 4 der Bundesärzteordnung in der Fassung der Bekanntmachung vom 16. April 1987 (BGBl. I S. 1218), zuletzt geändert durch Artikel 7 des Gesetzes vom 27. April 2002 (BGBl. I S. 1467). **Protokollnotiz zu Ä 4 a), Ä 5 a):** Soweit eine fakultative Weiterbildung, Schwerpunkt- oder Zusatzweiterbildung in einem Fachgebiet gefordert wird, setzt die Erfüllung dieser Anforderung den erfolgreichen Abschluss des Weiterbildungsgangs voraus.

Entgeltgruppe	Bezeichnung
	Protokollnotiz zu Ä 4 b), Ä 5 b): Eine fakultative Weiterbildung, Schwerpunkt- und Zusatzweiterbildung ist für die auszuübende Tätigkeit erforderlich, wenn zeitlich mindestens zur Hälfte Arbeitsvorgänge aus dem speziellen Teilgebiet anfallen, auf das sich der Weiterbildungsinhalt der fakultativen Weiterbildung, Schwerpunkt- oder Zusatzweiterbildung bezieht. **Protokollnotiz zu Ä 4 e), Ä 5 a), b):** 1. Bei der Feststellung der Zahl der ständig unterstellten Ärztinnen und/oder Ärzte sind nur Ärztinnen und/oder Ärzte zu berücksichtigen, die in der Krankenversorgung eingesetzt werden und in einem Arbeits- und Beamtenverhältnis zu demselben Arbeitgeber (Dienstherrn) stehen oder vom Universitätsklinikum eingestellt sind. Für die Feststellung der Zahl der ständig unterstellten Ärztinnen und/oder Ärzte ist es unschädlich, wenn im Organisations- und Stellenplan zur Besetzung ausgewiesene Stellen nicht besetzt sind. 2. Teilzeitbeschäftigte zählen bei der Feststellung der Zahl der ständig unterstellten Ärztinnen und/oder Ärzte entsprechend dem Verhältnis der mit ihnen im Arbeitsvertrag vereinbarten Wochenarbeitszeit zur durchschnittlichen regelmäßigen Wochenarbeitszeit eines Vollbeschäftigten. **Protokollnotiz zu Ä 5 a):** Funktionsbereiche sind wissenschaftlich anerkannte Spezialgebiete innerhalb eines ärztlichen Fachgebiets. **Protokollnotiz zu Ä 6:** Ständige Vertreterin oder Ständiger Vertreter ist nur die Ärztin oder der Arzt, die oder der die Leitende Ärztin oder den Leitenden Arzt (Chefärztin oder Chefarzt) in der Gesamtheit ihrer oder seiner Dienstaufgaben vertritt. Ist eine Ständige Vertreterin oder ein Ständiger Vertreter nicht bestellt, so gilt die Ärztin oder der Arzt als Ständige Vertreterin oder Ständiger Vertreter im Sinne des Satzes 1, die oder der zur Vertreterin oder zum Vertreter der Leitenden Ärztin oder des Leitenden Arztes (Chefärztin oder Chefarzt) der Klinik für die Gesamtheit der Dientaufgaben im Bereich der Krankenversorgung bestellt ist. Das Tätigkeitsmerkmal kann daher innerhalb eine Klinik nur von e i n e r Ärztin oder e i n e m Arzt erfüllt werden.

[2]Ärztinnen und Ärzte erhalten Entgelt nach der Entgeltgruppe, in der sie eingruppiert sind.

(2) [1]Ärztinnen und Ärzte sind in der Entgeltgruppe eingruppiert, deren Tätigkeitsmerkmalen die gesamte von ihnen nicht nur vorübergehend auszuübende Tätigkeit entspricht. [2]Die gesamte auszuübende Tätigkeit entspricht den Tätigkeitsmerkmalen einer Entgeltgruppe, wenn zeitlich mindestens zur Hälfte Arbeitsvorgänge anfallen, die für sich genommen die Anforderungen eines Tätigkeitsmerkmals oder mehrerer Tätigkeitsmerkmale dieser Entgeltgruppe erfüllen. [3]Kann die Erfüllung einer Anforderung in der Regel erst bei der Betrachtung mehrerer Arbeitsvorgänge festgestellt werden, sind diese Arbeitsvorgänge für die Feststellung, ob diese Anforderung erfüllt ist, insoweit zusammen zu beurteilen.

(3) Werden in einem Tätigkeitsmerkmal mehrere Anforderungen gestellt, gilt das in Absatz 2 Satz 2 bestimmte Maß, ebenfalls bezogen auf die gesamte auszuübende Tätigkeit, für jede Anforderung.

(4) Ist in einem Tätigkeitsmerkmal ein von Absatz 2 Satz 2 oder Absatz 3 abweichendes zeitliches Maß bestimmt, gilt dieses.

(5) Ist in einem Tätigkeitsmerkmal als Anforderung eine Voraussetzung in der Person der Ärztin oder des Arztes bestimmt, muss auch diese Anforderung erfüllt sein.

Protokollnotiz zu § 10 Absatz 2 bis 5:

[1]Arbeitsvorgänge sind Arbeitsleistungen (einschließlich Zusammenhangarbeiten), die, bezogen auf den Aufgabenkreis der Ärztin oder des Arztes, zu einem bei natürlicher Betrachtung abgrenzbaren Arbeitsergebnis führen. [2]Jeder einzelne Arbeitsvorgang ist als solcher zu bewerten und darf dabei hinsichtlich der Anforderungen zeitlich nicht aufgespalten werden.

(6) Die Entgeltgruppe der Ärztin oder des Arztes ist im Arbeitsvertrag anzugeben.

(7)[1]Bei der Einstellung werden für die Eingruppierung in die Entgeltgruppen Ä 1 bis Ä 3 Zeiten ärztlicher und fachärztlicher Tätigkeit berücksichtigt. [2]Abweichend von Satz 1 werden für die Eingruppierung in die Entgeltgruppen Ä 4 bis Ä 6 Zeiten einschlägiger fachärztlicher Tätigkeit grundsätzlich berücksichtigt. [3]Zeiten im Sinne der Sätze 1 und 2 werden berücksichtigt, soweit sie im Geltungsbereich des deutschen Medizinalrechts oder im EU-Bereich erbracht sind. [4]Zeiten ärztlicher und fachärztlicher Tätigkeit außerhalb des EU-Bereichs können nur berücksichtigt werden, soweit sie von der zuständigen Stelle als der inländischen ärztlichen Tätigkeit gleichwertig erkannt sind."

9. Tarifvertrag für Ärztinnen und Ärzte für die Vivantes Netzwerk für Gesundheit GmbH (TV-Ärzte Vivantes) vom 11.11.2008

Hingegen ist die zwischen dem Kommunalen Arbeitgeberverband Berlin und dem Marburger Bund Landesverband Berlin-Brandenburg abgeschlossene Eingruppierungsregelung kurz und bündig. § 16 lautet wie folgt: 23

„§ 16
Eingruppierung

Ärzte sind wie folgt eingruppiert:

a) Entgeltgruppe I:

   Arzt

b) Entgeltgruppe II:

   Facharzt mit entsprechender Tätigkeit

Protokollerklärung zu Buchst. b:

Facharzt ist derjenige Arzt, der aufgrund abgeschlossener Facharztweiterbildung in seinem Fachgebiet tätig ist.

c) Entgeltgruppe III:

   Oberarzt

Protokollerklärung zu Buchst. c:

Oberarzt ist derjenige Arzt, dem die medizinische Verantwortung für selbständige Teil- und Funktionsbereiche der Klinik bzw. Abteilung vom Arbeitgeber ausdrücklich übertragen worden ist.

d) Entgeltgruppe IV:

Leitender Oberarzt ist derjenige Arzt, dem die ständige Vertretung des leitenden Arztes (Chefarztes) vom Arbeitgeber ausdrücklich übertragen worden ist.

Protokollerklärung zu Buchst. d:

Leitender Oberarzt ist nur derjenige Arzt, der den leitenden Arzt in der Gesamtheit seiner Dienstaufgaben vertritt. Das Tätigkeitsmerkmal kann daher innerhalb einer Klinik in der Regel nur von einem Arzt erfüllt werden."

10. Tarifvertrag für Ärztinnen und Ärzte an Diakonischen Einrichtungen im Rheinland, Westfalen und Lippe (TV-Ärzte/Diakonie) vom 1.7.2007

24   Auch dieser Tarifvertrag enthält nur eine knappe Tätigkeitsbezeichnung für die Eingruppierung der Ärzte in § 11 TV-Ärzte/Diakonie. Diese Bestimmung hat folgenden Wortlaut:

„Ärzte sind entsprechend ihrer nicht nur vorübergehend und zeitlich mindestens zur Hälfte auszuübenden Tätigkeit wie folgt eingruppiert:

Entgeltgruppe	Bezeichnung
Ä 1	Ärztin/Arzt mit entsprechender Tätigkeit
Ä 2	Fachärztin/Facharzt mit entsprechender Tätigkeit
Ä 3	Oberärztin/Oberarzt **Protokollnotiz:** Oberarzt ist insbesondere derjenige Arzt, dem die medizinische Verantwortung für Teil- oder Funktionsbereiche der Klinik beziehungsweise Abteilung vom Arbeitgeber übertragen worden ist. Oberarzt ist ferner der Facharzt in einer durch den Arbeitgeber übertragenen Spezialfunktion, für die dieser eine erfolgreich abgeschlossene Schwerpunkt- oder Zusatzweiterbildung nach der Weiterbildungsordnung fordert.
Ä 4	Fachärztin/Facharzt, der/dem die ständige Vertretung des leitenden Arztes (Chefarzt) vom Arbeitgeber übertragen worden ist."

11. BAT-KF (Kirchliche Fassung) – Anlage 6 (TV-Ärzte-KF) vom 22.10.2007 in der Fassung vom 24.11.2010

25   Der TV-Ärzte-KF enthält folgende Eingruppierungsregelung[1]:

---

1 S. zur Überleitung der Vergütungsgruppen von Stations- und Oberärzten nach dem BAT-KF in die durch den TV-Ärzte-KF neu geschaffenen Entgeltgruppen/Entgeltstufen LAG Düsseldorf v. 30.6.2009 – 8 Sa 1711/08, juris.

„**§ 11**
Eingruppierung

Ärzte sind entsprechend ihrer nicht nur vorübergehend und zeitlich mindestens zur Hälfte auszuübenden Tätigkeit wie folgt eingruppiert:

Entgeltgruppe	Bezeichnung
Ä 1	Ärztin/Arzt mit entsprechender Tätigkeit
Ä 2	Fachärztin/Facharzt mit entsprechender Tätigkeit
Ä 3	Oberärztin/Oberarzt **Protokollerklärung:** Oberarzt ist insbesondere derjenige Arzt, dem die medizinische Verantwortung für Teil- oder Funktionsbereiche der Klinik beziehungsweise Abteilung vom Arbeitgeber übertragen worden ist. Oberarzt ist ferner der Facharzt in einer durch den Arbeitgeber übertragenden Spezialfunktion, für die dieser eine erfolgreich abgeschlossene Schwerpunkt- oder Zusatzweiterbildung nach der Weiterbildungsordnung fordert.
Ä 4	Fachärztin/Facharzt, der/dem die ständige Vertretung des leitenden Arztes (Chefarzt) vom Arbeitgeber übertragen worden ist."

12. TV-Ärzte HELIOS vom 14.12.2006

Dieser Eingruppierungstarifvertrag enthält insoweit folgende Regelung: 26

„Entgeltgruppe	Bezeichnung
Ä 1	Arzt mit entsprechender Tätigkeit nach Erteilung der Approbation
Ä 2	Facharzt ist derjenige Arzt, der aufgrund abgeschlossener Facharztweiterbildung in seinem Fachgebiet tätig ist.*
Ä 3	Oberarzt ist derjenige Arzt, dem die medizinische Verantwortung für selbständige Teil- oder Funktionsbereiche der Klinik bzw. Abteilung vom Arbeitgeber übertragen worden ist.
Ä 4	Chefarzt-Stellvertreter ist derjenige Leitende Oberarzt, dem die ständige Vertretung des Chefarztes (Leitenden Arztes) vom Arbeitgeber ausdrücklich übertragen worden ist. Chefarzt-Stellvertreter ist nur derjenige Arzt, der den Chefarzt in der Gesamtheit seiner Dienstaufgaben vertritt. Das Tätigkeitsmerkmal kann daher innerhalb einer Abteilung (Klinik bzw. Institut) nur von einem Arzt erfüllt werden.

* Zwischen den Tarifpartnern besteht Einigkeit, dass die Eingruppierung des Arztes in die Entgeltgruppe Ä 2 auch erfolgt, wenn der Arzt in einer Abteilung tätig ist, die nicht seiner originären Fachgebietsbezeichnung entspricht, sofern seine Tätigkeit in dieser Abteilung die abgeschlossene Facharztweiterbildung seines Fachgebietes voraussetzt und auf Anforderung des Arbeitgebers erfolgt (z.B. Tätigkeit eines Anästhesisten in der Ambulanz)."

III. Die Rechtsprechung zum Eingruppierungsrecht nach dem BAT

27 Eine Auswertung der Rechtsprechung zum Eingruppierungsrecht zeigt, dass
über die Eingruppierung der Ärzte fast ausschließlich bei den **öffentlichen
Krankenhäusern** gestritten wird. Es gibt nur ganz wenige veröffentlichte Ge-
richtsentscheidungen, die private Krankenhausträger betreffen[1]. Hierbei war
die Eingruppierung der Ärzte in Krankenhäuser in kirchlicher Trägerschaft
der Eingruppierung nach dem BAT nachgebildet. Der mit Wirkung vom
1.10.2005 in Kraft getretene TVöD-K steht hinsichtlich der Eingruppierung
der Ärzte dem früheren BAT wesentlich näher als die späteren mit dem Marburger Bund abgeschlossenen Tarifverträge. BAT und TVöD enthalten zum
Teil identische „Tatbestandsmerkmale". Insbesondere bei der Eingruppierung von Fachärzten stellen die Tarifverträge nach wie vor auf eine „entsprechende Tätigkeit" ab. Dies galt für die Eingruppierung in die Vergütungsgruppe BAT Ib und gilt für die Eingruppierung gem. § 12 TV-L bzw. § 12
TV-Ärzte (somit für den Bereich der Länder) und gem. § 51 Abs. 1 lit. c TVöD
BT-K bzw. § 16 TV-Ärzte/VKA (somit für den Bereich der Kommunen). Von
daher ist es gerechtfertigt, einen kurzen Überblick über die Rechtsprechung
zur Eingruppierung der Ärzte nach dem BAT zu geben.

1. Der Arzt im Praktikum (AiP)

28 Der Arzt im Praktikum spielte in der Vergangenheit in den Eingruppierungs-
prozessen eine große Rolle. Vielfach ging es um die Frage, ob die Zeit als
Arzt im Praktikum bei der Eingruppierung in die Vergütungsgruppe BAT Ib
Fallgruppe 13 (**Ärzte nach fünfjähriger ärztlicher Tätigkeit**) mit zu berücksichtigen ist. Das BAG und auch die Instanzgerichte haben mehrfach entschieden, dass die Tätigkeit als Arzt im Praktikum nicht als ärztliche Tätigkeit im Sinne der tarifvertraglichen Bestimmungen anzusehen war. Dies galt
selbst dann, wenn der Arzt im Praktikum auch Bereitschaftsdienste leisten
musste und wenn ihn im Zeugnis die Tätigkeit eines Assistenzarztes bescheinigt wurde[2]. Aufgrund einer Änderung der BÄO sowie der ÄApprO mit
Wirkung ab 1.10.2004 haben die Ärzte im Praktikum, die ab dem 1.10.2004
nach Erhalt ihrer Approbation weiter beschäftigt werden, nunmehr einen
Anspruch auf Eingruppierung in die Vergütungsgruppe BAT IIa, so dass ab

---

1 So z.B. BAG v. 12.6.2003 – 8 AZR 288/02, ZTR 2003, 619 betreffend die Eingruppierung eines approbierten Psychotherapeuten bei einer privaten Fachklinik; BAG v.
28.9.1994 – 4 AZR 727/93, MedR 1995, 203 betreffend die Eingruppierung eines Oberarztes bei einem in Trägerschaft der Caritas stehenden Krankenhaus; LAG Düsseldorf
v. 30.6.2009 – 8 Sa 1711/08, juris betreffend die Überleitung eines Stations- und Oberarztes eines von einem Mitglied im Diakonischen Werk die Evangelischen Kirchen
im Rheinland getragenen Krankenhauses.
2 BAG v. 25.9.1996 – 4 AZR 200/95, MedR 1997, 420; BAG v. 10.12.1997 – 4 AZR 39/96,
ZTR 1998, 271; LAG Schleswig-Holstein v. 12.10.1995 – 4 Sa 183/95, juris; LAG Hessen v. 6.12.1996 – 13 Sa 751/95, juris. S. hierzu *Breier/Kiefer/Hoffmann/Dassau*, Eingruppierung und Tätigkeitsmerkmale, BAT, Stand: 3/10, S. 68.12a.

1.10.2004 diese Tätigkeit als ärztliche Tätigkeit im Sinne des Tarifrechtes anzusehen ist[1] (s. hierzu Teil 5 D Rz. 14).

Die Bewertung der Tätigkeit eines Arztes im Praktikum war weiterhin von   29
Bedeutung für die Eingruppierung eines Oberarztes gemäß der Vergütungsgruppe BAT Ia Fallgruppe 8 (**Ärzte, denen mindestens fünf Ärzte** oder Zahnärzte durch **ausdrückliche Anordnung ständig unterstellt sind**). Auch insoweit stellte sich die Frage, ob der Arzt im Praktikum wie ein bereits
approbierter Arzt zu behandeln ist. Auch dies hat die Rechtsprechung verneint[2].

2. Der Begriff „Arzt" und die Wiedervereinigung Deutschlands

Als Folge der Wiedervereinigung Deutschlands musste sich die Rechtspre-   30
chung mehrfach mit der Anerkennung von **in der ehemaligen DDR erworbenen ärztlichen Qualifikationen** beschäftigen. Das BAG[3] hat seine Rechtsprechung wie folgt zusammengefasst:

„Nach der Rechtsprechung des Senats verwenden die Tarifvertragsparteien des BAT mit
dem Begriff Arzt einen Rechtsbegriff, der durch die gesetzlichen Regelungen des Medizinalrechts der Bundesrepublik Deutschland vorgegeben ist (u. a. Urt. v. 25.9.1996 – 4 AZR
200/95 – AP BAT 1975 §§ 22, 23 Nr. 218). Nach § 2a BÄrzteO darf die Berufsbezeichnung
‚Arzt' oder ‚Ärztin' nur führen, wer als Arzt approbiert oder nach § 2 Abs. 2, 3 oder 4 zur
Ausübung des ärztlichen Berufs befugt ist. Eine Approbation, die vor dem 3.10.1990 im
Beitrittsgebiet zur Ausübung des ärztlichen Berufs berechtigte, gilt als Approbation
i. S. d. BÄO, soweit sie – wie hier – vor dem 1.7.1988 erteilt und nicht eingeschränkt worden ist (§ 14 Abs. 1 BÄO i. d. F. der Anlage I Kapitel X Sachgebiet D Abschnitt II Nr. 1 des
Einigungsvertrags vom 31.8.1990 – Einigungsvertragsgesetz vom 23.9.1990 BGBl. II
S. 885). Von dieser beschränkten Anerkennung einer ärztlichen Tätigkeit in der ehemali-
gen DDR für die Erfüllung der tariflichen Voraussetzungen einer ärztlichen Tätigkeit ist
der Senat wiederholt ausgegangen (5.12.1990 – 4 AZR 285/90 – BAGE 66, 306 = AP BAT
1975 §§ 22, 23 Nr. 153; 14.4.1999 – 4 AZR 215/98 – BAGE 91, 177 = AP BAT-O §§ 22, 23
Nr. 12). Das gilt entsprechend auch für den Status als Facharzt im tariflichen Sinne. § 14
Abs. 1 Satz 3 BÄO bestimmt, dass sich die Berechtigung zur weiteren Führung einer im
Zusammenhang mit der Anerkennung als Facharzt verliehenen Bezeichnung durch den
Inhaber einer in Satz 2 genannten Approbation, die am Tage vor dem Wirksamwerden
des Beitritts eine solche Bezeichnung in den in Art. 3 des Einigungsvertrages genannten
Gebieten führen dürfen, nach Landesrecht richtet. Danach setzt der Status als Facharzt
unabhängig von den landesrechtlichen Vorschriften über die Weiterführung der Anerkennung als Facharzt die Approbation i. S. d. § 14 Abs. 1 Satz 2 BÄO voraus, die nicht vor
dem 3.10.1990 gegeben ist."

Die Landesarbeitsgerichte haben mehrfach judiziert, dass eine in der DDR   31
erworbenen Bezeichnung als Fach(zahn)arzt auch dann weiterhin anzuerkennen sei, wenn sie in der derzeitigen Weiterbildungsordnung nicht aufgeführt

---

1 LAG Berlin v. 27.7.2005 – 10 Sa 798/05, ZTR 2005, 639, bestätigt durch BAG v.
  8.11.2006 – 4 AZR 624/05, ZTR 2007, 375.
2 BAG v. 28.9.1994 – 4 AZR 727/93, MedR 1995, 203; ArbG Wuppertal v. 24.1.1990 – 6
  Ca 2793/89, juris.
3 BAG v. 6.8.2003 – 4 AZR 443/02, ZTR 2004, 150.

werde[1]. Die arbeitsvertraglich geschuldete Tätigkeit muss nicht nur einen Bezug zu der entsprechenden Fachrichtung haben, sondern gerade die in der Facharztausbildung erworbenen Fähigkeiten erfordern[2]. In vergleichbarer Weise wurde einer Klägerin gestattet, die in der DDR erworbene Bezeichnung „Facharzt für Sportmedizin" weiter zu führen, auch wenn dieser nicht in der Weiterbildungsordnung (von Hessen) aufgeführt war[3]. Nicht ausreichend für eine Eingruppierung in die Vergütungsgruppe BAT Ib Fallgruppe 7 BAT-O/VKA war allerdings eine Tätigkeit als „Arzt in Weiterbildung zum Facharzt für Chirurgie"[4].

32   Die Rechtsprechung hat allerdings auch die Eingruppierung von **Diplomchemikern** der Medizin als Leiter von Abteilungen oder Funktionsbereichen in Krankenhäusern nach dem Tätigkeitsmerkmal für Ärzte, Apotheker etc. beurteilt[5]. Selbst wenn man die Auffassung der Rechtsprechung akzeptiert, dass ärztliche Tätigkeit gemäß den Eingruppierungsbestimmungen des BAT nur solche im Sinne des inländischen Medizinalrechtes ist[6], so steht außer Frage, dass im Hinblick auf Art. 54 AEUV (ex-Art. 48 EG-Vertrag) und Art. 7 Abs. 1 und 4 der Verordnung (EWG) Nr. 1612/68 des Rates vom 15.10.1968 über die Freizügigkeit der Arbeitnehmer innerhalb der Gemeinschaft beim Bewährungsaufstieg auch die an einem öffentlichen Krankenhaus in einem EU-Land gelegenen Arbeitszeiten als Arzt zu berücksichtigen sind[7].

3. Der approbierte Psychotherapeut

33   Die Rechtsprechung musste sich mehrfach mit einer Eingruppierung approbierter Psychotherapeuten beschäftigen. Das BAG hat insoweit klargestellt, dass ohne anders lautenden ausdrücklichen tariflichen Hinweis approbierte Psychotherapeuten **nicht als „Ärzte"** in tariflichen Entgeltregelungen angesehen werden können[8]. Die Rechtsprechung geht von einer Tariflücke aus, die jedoch nicht im Wege der Analogie oder aufgrund des Gleichheitsgrundsatzes geschlossen werden kann[9].

---

1 LAG Thüringen v. 15.2.2007 – 3 Sa 5/07, juris unter Bezugnahme auf BVerfG v. 9.3.2000 – 1 BvR 1667/97, juris.
2 LAG Thüringen v. 15.2.2007 – 3 Sa 5/07, juris.
3 LAG Hessen v. 17.11.2006 – 3 Sa 1074/05.
4 BAG v. 14.4.1999 – 4 AZR 215/98, ZTR 1999, 413; *Breier/Kiefer/Hoffmann/Dassau*, Eingruppierung und Tätigkeitsmerkmale, BAT, Stand: 3/10, S. 68.12b.
5 LAG Mecklenburg-Vorpommern v. 30.1.1996 – 3 Sa 278/94 (n. v.); LAG Mecklenburg-Vorpommern v. 4.2.1999 – 1 Sa 111/98, juris.
6 BAG v. 20.4.1983 – 4 AZR 375/80, NJW 1984, 2656; LAG München v. 14.6.1989 – 5 Sa 859/89, ZTR 1990, 156.
7 EuGH v. 15.1.1998 – Rs. C-15/96, ZTR 1998, 122; vorgehend ArbG Hamburg v. 1.12.1995 – 3 Ca 230/95, ZTR 1996, 218.
8 BAG 12.6.2003 – 8 AZR 288/02, ZTR 2003, 619.
9 LAG Hamburg v. 21.10.2001 – 2 Sa 64/00, ZTR 2001, 418; LAG Hessen v. 4.9.2001 – 2/9 Sa 2093/00, ZTR 2002, 32. LAG Niedersachsen v. 19.12.2002 – 7 Sa 1143/01 E, juris; LAG Hessen v. 4.9.2001 – 2/9 Sa 2093/00, ZTR 2002, 32; s. hierzu *Breier/Kiefer/Hoffmann/Dassau*, Eingruppierung und Tätigkeitsmerkmale, BAT, Stand: 3/10, S. 68.10; LAG Hamburg v. 25.2.2009 – 5 Sa 47/08, juris.

4. Facharzt mit entsprechender Tätigkeit (Vergütungsgruppe Ib
Fallgruppe 7)

Der Begriff des „**Facharztes**" bereitet keine Probleme[1]. Ebenso wie der Begriff   34
des „Arztes" ist der Begriff des „Facharztes" nach Maßgabe des inländischen
staatlichen Medizinalrechts auszulegen und meint den Arzt, der nach den
Bestimmungen einer Facharztordnung durch entsprechende mehrjährige
Weiterbildung auf einem bestimmten medizinischen Fachgebiet besondere
Kenntnis erworben hat[2].

Vielfach gestritten wird hingegen in der Rechtsprechung über die „**entspre-**   35
chende Tätigkeit" des Facharztes. Das BAG[3] hat seine Rechtsprechung insoweit wie folgt zusammengefasst:

„Eine entsprechende Tätigkeit liegt nach der gefestigten Senatsrechtsprechung dann vor,
wenn die Tätigkeit des Angestellten sich auf die konkrete Fachrichtung der jeweiligen
Ausbildung bezieht (28.1.1998 – 4 AZR 164/96 – AP TVG § 1 Tarifverträge: DRK Nr. 6)
und die Tätigkeit die durch die Ausbildung erworbenen Fähigkeiten gerade erfordert (Senat 18.12.1996 – 4 AZR 319/95 – AP BAT 1975 §§ 22, 23 Nr. 221; 19.1.2000 – 4 AZR
837/98 – BAGE 93, 238 = AP BAT 1975 §§ 22, 23 Nr. 277). Nicht ausreichend ist es,
wenn die entsprechenden Kenntnisse des Angestellten für seinen Aufgabenbereich nützlich oder wünschenswert sind (21.10.1998 – 4 AZR 629/97 – BAGE 90, 53 = AP BAT 1975
§§ 22, 23 Nr. 258; 8.9.1999 – 4 AZR 688/98 – AP BAT 1975 §§ 22, 23 Nr. 271; 22.11.2000
– 4 AZR 608/99 – EzA ZPO § 554 Nr. 10). Die Tätigkeit entspricht vielmehr nur dann
der absolvierten Ausbildung, wenn die Ausbildung das adäquate und zur Ausübung der
geschuldeten Tätigkeit befähigende Mittel ist (28.1.1998 – 4 AZR 164/96 – AP TVG § 1
Tarifverträge: DRK Nr. 6; 11.11.1998 – 4 AZR 697/97 – AP BAT 1975 §§ 22, 23 Nr. 261).
Aus diesem Grunde müssen die Kenntnisse für die Erledigung der dem Angestellten
übertragenen Aufgaben erforderlich, dh. notwendig sein (23.5.1979 – 4 AZR 576/77 – AP
BAT 1975 §§ 22, 23 Nr. 24; 23.2.1994 – 4 AZR 217/93 – AP BAT 1975 §§ 22, 23 Nr. 176;
20.9.1995 – 4 AZR 413/94 – AP BAT 1975 §§ 22, 23 Nr. 205; 11.11.1998 – 4 AZR 697/97
– a.a.O.; 21.6.2000 – 4 AZR 389/99 – ZTR 2001, 125). Dies gilt insbesondere für die vergütungsrechtliche Bewertung der Tätigkeit eines Facharztes (vgl. 19.1.2000 – 4 AZR
837/98 – BAGE 93, 238 = AP BAT 1975 §§ 22, 23 Nr. 277). Bei dieser kommt es dabei darauf an, ob die dem Angestellten zugewiesenen Aufgaben nicht ohne die eine oder andere bestimmte Facharztqualifikation fachgerecht erfüllt werden können, wenn und weil
die allgemeine auf Grund der ärztlichen Ausbildung bis zur Approbation erworbene
Qualifikation, ggf. ergänzt durch allgemeine oder besondere Berufserfahrung, nicht genügt (Senat 19.1.2000 – 4 AZR 837/98 – a.a.O.)."

Das LAG Hessen hat nunmehr betont, die Voraussetzung „mit entsprechen-   36
der Tätigkeit" liege vor, wenn die Tätigkeit der Ausbildung des betreffenden
Angestellten entspricht. Die Tätigkeit muss die Fähigkeit erfordern, die ein
einschlägig ausgebildeter Angestellter hat. Nicht ausreichend ist es, wenn
die entsprechenden Kenntnisse des Angestellten für seinen Aufgabenbereich
lediglich nützlich oder erwünscht sind; sie müssen vielmehr zur Ausübung

---

1 Wie bereits erwähnt, gilt dies auch für die in der früheren DDR erworbenen Facharzt-
  bezeichnungen, s. z.B. LAG Hessen v. 17.11.2006 – 3 Sa 1074/05, juris; LAG Thüringen v. 15.2.2007 – 3 Sa 5/07, juris.
2 BAG v. 2.12.1987 – 4 AZR 431/87, ZTR 1988, 260; BAG v. 5.11.2003 – 4 AZR 632/02,
  ZTR 2004, 305.
3 BAG v. 5.11.2003 – 4 AZR 662/02, ZTR 2004, 305.

der Tätigkeit erforderlich sein (in Bezug auf eine Fachärztin für Sportmedizin)[1].

37 Klarzustellen ist, dass gem. § 22 Abs. 2 Unterabs. 2 BAT die gesamte auszuübende Tätigkeit dem Tätigkeitsmerksmerkmal einer Vergütungsgruppe entspricht, „wenn zeitlich mindestens zur Hälfte Arbeitsvorgänge" der höherwertigen Vergütungsgruppe anfallen (somit exakt 50 % der Arbeitszeit)[2]. Hiernach hat die Rechtsprechung die „entsprechende Tätigkeit eines Facharztes" verneint, wenn nach Erwerb der Facharztqualifikation die Tätigkeit des Klägers sich nicht maßgeblich geändert hat[3]. Eine Fachärztin für Allgemeinmedizin, die als Gutachterärztin beim Versorgungsamt tätig ist und nur einen geringen, jedenfalls unter 50 %igen Anteil der Arbeitszeit für eigene Untersuchungen verwendet, übt keine „entsprechende Tätigkeit" aus. Sie kann somit nicht gemäß BAT Ib, geschweige denn gemäß BAT Ia vergütet werden[4]. Erforderlich ist auch, dass die Tätigkeit des Facharztes auf dem eigenen Facharztgebiet erfolgen muss; die Tätigkeit eines Facharztes auf anderen Fachgebieten ist keine dem Facharzt „entsprechende Tätigkeit"[5].

5. Ärzte nach fünfjähriger ärztlicher Tätigkeit (Vergütungsgruppe Ib Fallgruppe 13)

38 Es wurde bereits darauf hingewiesen, dass die Zeit als Arzt im Praktikum nicht als ärztliche Tätigkeit im Sinne des Tarifrechtes zu werten ist (sofern diese Tätigkeit vor dem 30.9.2004 erfolgte)[6]. Die Rechtsprechung hat weiter klargestellt, dass das Merkmal „fünfjährige ärztliche Tätigkeit" im Sinne der Vergütungsgruppe BAT Ib Fallgruppe 13 nicht nur durch die Ausübung der Heilkunde i. S. v. § 2 Abs. 5 BÄO erfüllt, sondern auch durch die Weiterbildung als Arzt, sofern diese entsprechend der Weiterbildungsordnung der Ärztekammer erfolgt und neben der Vertiefung theoretischer Kenntnisse auch praktische Tätigkeit am Patienten beinhaltet[7]. Im Jahre 1983 hat das BAG noch judiziert, dass die Nichtberücksichtigung von ärztlichen Vordienstzeiten von Ausländern nicht gegen Art. 3 GG verstoße; zwar werden Ärzte aus der EU angehörigen Staaten gemäß den Bestimmungen der BÄO mit inländischen Ärzten gleichgestellt[8], indes ist im Hinblick auf Art. 54 AEUV (ex-Art. 48 EG-Vertrag) und Art. 7 Abs. 1 und 4 der Verordnung EWG

---

1 LAG Hessen v. 17.11.2006 – 3 Sa 1074/05, juris; im Ergebnis ebenso LAG Thüringen v. 15.2.2007 – 3 Sa 5/07, juris.
2 S. z. B. *Bredemeier/Neffke*, BAT/BAT-O, 2. Aufl. 2003, § 22 Rz. 26.
3 BAG v. 5.11.2003 – 4 AZR 632/02, ZTR 2004, 305.
4 LAG Baden-Württemberg v. 26.10.1999 – 10 Sa 3/99, ZTR 2000, 78; LAG Sachsen v. 29.5.2002 – 9 Sa 29/02, juris.
5 LAG Hessen v. 22.4.1997 – 9 Sa 1982/96, EzBAT §§ 22, 23 BAT B4 VergGr Ia Nr. 6.
6 S. z. B. BAG v. 25.9.1996 – 4 AZR 200/95, MedR 1997, 420; BAG v. 10.12.1997 – 4 AZR 39/96, ZTR 1998, 271; s. im Übrigen oben Rz. 28.
7 LAG Schleswig-Holstein v. 6.5.1992 – 5 Sa 31/92, ZTR 1992, 332.
8 BAG v. 20.4.1983 – 4 AZR 375/80, NJW 1984, 2656; LAG München v. 14.6.1989 – 5 Sa 859/89, ZTR 1990, 156.

Nr. 1612/68 des Rates vom 15.10.1968 über die Freizügigkeit der Arbeitnehmer innerhalb der Gemeinschaft eine Modifizierung geboten[1].

6. Die Eingruppierung (leitender) Oberärzte

Eine Eingruppierung in die Vergütungsgruppe Ia kommt in Betracht bei 39 Fachärzten mit **entsprechender Tätigkeit nach achtjähriger ärztlicher Tätigkeit in der Vergütungsgruppe BAT Ib** (BAT Ia Fallgruppe 4). Voraussetzung ist eine fachärztliche Tätigkeit in der Vergütungsgruppe BAT Ib. Ebenso wie in der Vergütungsgruppe BAT Ib Fallgruppe 7 ist nicht nur eine ärztliche Tätigkeit, sondern eine der Facharztqualifikation entsprechende Tätigkeit erforderlich[2]. Nach Auffassung des BAG muss die für eine Eingruppierung gemäß BAT Ia Fallgruppe 4 erforderliche achtjährige ärztliche Tätigkeit im Geltungsbereich des BAT abgeleistet worden sein, also bei einem öffentlichen Arbeitgeber, für den die Geltung des BAT in Betracht kommt[3]. Dass diese Rechtsprechung für EU-Angehörige aufgrund der Rechtsprechung des EuGH zu modifizieren ist, wurde bereits dargelegt (oben Rz. 32). Im Übrigen ist regelmäßig von der Erfüllung der zweiten Voraussetzung (entsprechende „Tätigkeit") auszugehen, da diese auch in der Vergütungsgruppe BAT Ib gefordert wird. Die Rechtsprechung hat vielfach betont, dass die Verleihung der Bezeichnung „(Titular)Oberarzt" für die Eingruppierung dieses Arztes nach dem BAT absolut unerheblich ist[4]. Ebenso ohne Bedeutung ist das Fehlen eines solchen Status oder Titels[5].

Die Rechtsprechung hat sich mit der Frage beschäftigen müssen, ob die Eingruppierung eines Facharztes in die Vergütungsgruppe BAT Ia Fallgruppe 4 möglich ist, wenn dieser **nicht in der Patientenversorgung, sondern ausschließlich in Forschung und Lehre eingesetzt ist**. Der Kläger war mit seiner Klage erfolgreich[6]. Hingegen wurde die Klage einer Fachärztin für Allgemeinmedizin, die als ärztliche Gutachterin im Sozialentschädigungsrecht und nach dem Schwerbehindertenrecht tätig war, abgewiesen, da sie zeitlich nicht mindestens zur Hälfte als Fachärztin mit entsprechender Tätigkeit tätig sei; es komme nämlich in der Vergütungsgruppe BAT Ia Fallgruppe 4 ebenso wenig wie in der Vergütungsgruppe BAT Ib Fallgruppe 7 nicht nur auf eine ärztliche Tätigkeit an, vielmehr sei eine der Facharztqualifikation entsprechende Tätigkeit erforderlich[7]. Gleiches gilt für eine Kinderärztin im

---

1 EuGH v. 15.1.1998 – Rs. C-15/96, ZTR 1998, 122; vorgehend ArbG Hamburg v. 1.12.1995 – 3 Ca 230/95, ZTR 1996, 218.
2 BAG v. 31.5.1989 – 4 AZR 108/89, ArztR 1990, 183.
3 BAG v. 2.12.1987 – 4 AZR 431/87, ZTR 1988, 260.
4 S. hierzu BAG v. 9.12.2009 – 4 AZR 841/08, juris; BAG v. 9.12.2009 – 4 AZR 568/08, juris, LAG Hamm v. 18.8.2009 – 12 Sa 585/09, juris; LAG Saarland v. 18.3.2009 – 2 Sa 144/07, juris; LAG Saarland v. 9.6.2010 – 1 (2) Sa 54/08, juris; s. weiterhin *Knörr*, ZTR 2009, 50, 51 m.w.N.
5 BAG v. 9.12.2009 – 4 AZR 568/08, juris.
6 LAG Berlin v. 10.7.1997 – 12 Sa 48/97, NJ 1997, 498.
7 LAG Baden-Württemberg v. 26.10.1999 – 10 Sa 3/99, ZTR 2000, 78; LAG Sachsen v. 29.5.2002 – 9 Sa 29/02, juris.

kinder- und jugendärztlichen Dienst[1]. Die Rechtsprechung hat anerkannt, dass ein fachärztlicher Leiter einer pädiatrischen Intensivpflegestation eines Zentrums der Kinderheilkunde gemäß der Vergütungsgruppe BAT Ia Fallgruppe 7 einzugruppieren ist[2].

41   Bei einer Eingruppierung in die Vergütungsgruppe BAT Ia Fallgruppe 8 (**Ärzte,** denen mindestens fünf Ärzte oder Zahnärzte **durch ausdrückliche Anordnung unterstellt** sind) ist es – ebenso wie bei einer Eingruppierung in die Vergütungsgruppe BAT Ia Fallgruppe 15 – erforderlich, dass der Kläger zu mehr als der Hälfte seiner Arbeitszeit in der Krankenversorgung tätig ist. Weiter ist erforderlich, dass die ständige Unterstellung einer bestimmten Anzahl anderer Angestellter durch ausdrückliche Anordnung durch das zuständige Organ des jeweiligen öffentlichen Arbeitgebers erfolgt ist[3]. **Nicht ausreichend ist die Unterstellung von Psychologen oder Diplompädagogen oder Oberärzten**[4]. Offen gelassen hat die Rechtsprechung die Frage, wie zu entscheiden ist, wenn nach dem Stellenplan die Stellen mit Ärzten zu besetzen sind, sie tatsächlich jedoch mit Psychologen oder Diplompädagogen besetzt sind[5].

42   Nach Auffassung des BAG kommt eine Eingruppierung gemäß der Vergütungsgruppe BAT Ia Fallgruppe 5 bei einem **Universitätsklinikum** nur dann in Betracht, wenn der Arzt als **ständiger Vertreter** des Leitenden Arztes der Klinik nicht hingegen des Leiters einer Abteilung der Klinik, bestellt wurde[6]. Erfolgreich war die Klage eines Fachtierarztes für Fleischhygiene und Schlachthofwesen, der als amtlicher Tierarzt im Sachgebiet Fleischhygiene eingesetzt wurde. Die Rechtsprechung bejahte eine entsprechende Tätigkeit eines Fachtierarztes im Sinne der Vergütungsgruppe BAT Ia Fallgruppe 8, wobei es nicht darauf ankomme, dass die Qualifikation zum Fachtierarzt notwendig sei, um die nach dem Inhalt des Arbeitsvertrages auszuübende Tätigkeit auch erbringen zu können[7].

7. Die Leitungsfunktion nach der Vergütungsgruppe I

43   Das BAG musste sich bereits mehrfach beschäftigen mit der Frage der Eingruppierung des **ständigen Vertreters des Leiters an der Universitätsklinik** (Vergütungsgruppe BAT I Fallgruppe 4). Das BAG hat eine entsprechende Eingruppierung mehrfach bejaht[8]. Entscheidend ist hierbei, ob der betreffende Arzt durch Beschluss des Klinikumvorstandes zum „ständigen" Vertreter des Leitenden Arztes oder nur zum sog. „Abwesenheitsvertreter" bestellt wurde.

---

1 LAG Mecklenburg-Vorpommern v. 17.8.1998 – 5 Sa 437/97, juris; insoweit bestätigt durch BAG v. 19.1.2000 – 4 AZR 897/98, NZA-RR 2001, 163.
2 LAG Hessen v. 19.1.1999 – 13 Sa 1293/97, ZTR 2000, 512.
3 BAG v. 25.10.1995 – 4 AZR 479/94, ZTR 1996, 266.
4 *Breier/Kiefer/Hoffmann/Dassau*, Eingruppierung und Tätigkeitsmerkmale, BAT, Stand: 3/10, S. 64.5.
5 BAG v. 31.5.1989 – 4 AZR 180/89, ZTR 1989, 353.
6 BAG v. 25.10.1995 – 4 AZR 479/94, ZTR 1996, 266.
7 LAG Niedersachsen v. 29.6.1999 – 7 Sa 2334/98 – E, juris.
8 BAG v. 14.8.1991 – 4 AZR 25/91, ZTR 1992, 111; BAG v. 21.10.1998 – 4 AZR 114/97, juris.

B. Die Eingruppierung der Ärzte nach neuem Tarifrecht

I. Die Eingruppierung der Oberärzte

1. Die tarifvertraglichen Regelungen

Der **BAT** enthielt für die Eingruppierung von Oberärzten **keine speziellen** 1
Regelungen; der Begriff Oberarzt war in der Anlage 1a zum BAT nicht vorhanden; der BAT sprach nur von Ärzten und Fachärzten (Anlage 1a zum BAT Vergütungsgruppe I Fallgruppe 4 sowie Vergütungsgruppe Ia Fallgruppe 4). Die neuen Tarifverträge (§ 16 TV-Ärzte/VKA, § 12 TV-Ärzte) enthalten hingegen für die Eingruppierung der Oberärzte in die Entgeltgruppe Ä 3 spezielle Regelungen. Diese Regelungen stimmen jedoch nur teilweise überein. Zur zeit wird keine Eingruppierungsfrage so heftig diskutiert wie die Frage der Eingruppierung der Oberärzte. Das BAG hat zwar am 9.12.2009 über die Eingruppierung von Oberärzten in mehreren Revisionsverfahren entschieden[1]. Zur zeit[2] sind aber beim BAG weitere 80 Revisionsverfahren betreffend die Eingruppierung von Oberärzten anhängig. Von daher ist es nicht verwunderlich, dass sich auch die Literatur ausführlich mit der Eingruppierung der Oberärzte gem. § 12 TV-Ärzte bzw. vergleichbaren Bestimmungen anderer Tarifverträge beschäftigt[3].

Es wurde bereits darauf hingewiesen, dass die Eingruppierungsmerkmale der 2
Oberärzte (in die Entgeltgruppe Ä 3) in den verschiedenen Tarifverträgen unterschiedlich geregelt sind. Gemäß der Protokollerklärung zu § 16 lit. c ist Oberarzt derjenige Arzt, dem die medizinische Verantwortung „für selbständige Teil- oder Funktionsbereiche" vom Arbeitgeber „ausdrücklich" übertragen worden ist. In § 12 TV-Ärzte ist weder die Rede von „selbständigen" Teil- oder Funktionsbereichen noch von einer „ausdrücklichen" Übertragung. Gem. § 41 Nr. 3 Ziffer 3 TV-Ärzte ist bei der Übertragung einer **„Sonderfunktion"** hingegen die **„ausdrückliche"** Anordnung des Arbeitgebers erforderlich, während insoweit der TV-Ärzte/VKA keine entsprechende Bestimmung enthält. Die Tarifverträge enthalten auch unterschiedliche Bestimmungen für die Eingruppierung in die Entgeltgruppe Ä 4. In vielen Tarifverträgen wird insoweit zum Ausdruck gebracht, dass die Funktion eines ständigen Vertreters des Leitenden Arztes (Chefarzt) nur von einem einzigen Arzt erfüllt werden kann[4]. Nach anderen tarifvertraglichen Bestimmungen kann das Tätigkeitsmerkmal eines leitenden Arztes innerhalb einer Klinik nur **„in der Regel" von einem Arzt erfüllt** werden[5]. Zum Teil ist auch die

---

1 BAG v. 9.12.2009 – 4 AZR 687/08, juris, BAG v. 9.12.2009 – 4 AZR 836/08, ZTR 2010, 294; BAG v. 9.12.2009 – 4 AZR 495/08, NZA 2010, 895; BAG v. 9.12.2009 – 4 AZR 841/08, juris; BAG v. 9.12.2009 – 4 AZR 827/08, juris; BAG v. 9.12.2009 – 4 AZR 827/08, juris; BAG v. 9.12.2009 – 4 AZR 638/08, juris. S. hierzu *Zimmerling*, öAT 2010, 99.

2 Stand: 1.9.2010.

3 Ausführlich hierzu *Clemens/Scheuring/Steingen/Wiese*, TV-L, Teil IIa, § 12 TV-Ärzte – Eingruppierung, Stand: 9/09, Rz. 39; *Anton*, ZTR 2008, 184; *Knörr*, ZTR 2009, 209.

4 So z.B. § 12 TV-L sowie § 12 TV-Ärzte.

5 So z.B. § 16 TV-Ärzte/VKA sowie § 16 TV-Ärzte Vivantis.

Übertragung der ständigen Vertretung des Chefarztes „durch schriftliche Ernennung" erforderlich[1]. Von daher ist die ergangene Rechtsprechung zum
Eingruppierungsrecht der Oberärzte nicht immer verallgemeinerungsfähig.
Zwischenzeitlich hat das BAG klargestellt, dass eine spätere ausdrückliche
Übertragung der medizinischen Verantwortung eines Oberarztes im Tarif-
sinne bei unveränderter Tätigkeit nicht auf die Zeit vor dem Übertragungsakt zurückwirkt[2].

2. Die Rechtsprechung des BAG zu § 16 TV-Ärzte/VKA und § 12 TV-Ärzte

3   In den **Revisionsverfahren**, die vom BAG am 9.12.2009 entschieden wurden,
waren die Arbeitgeber überwiegend erfolgreich. In drei Verfahren hat das
BAG das die Klage abweisende Urteil des LAG bestätigt[3]. In zwei Verfahren
hat das BAG der Revision des Beklagten gegen das der Klage stattgebende Urteil des LAG stattgegeben[4]. In einem weiteren Fall hat das BAG auf die Revision des Beklagten das Urteil des LAG aufgehoben und den Rechtsstreit zur
erneuten Entscheidung an das LAG zurückverwiesen[5]. In einem einzigen
Fall hat das BAG das der Klage stattgebende Urteil des LAG bestätigt[6].

4   Das BAG hat klargestellt, dass der **Titel** oder der **Status** eines Oberarztes/ei-
ner Oberärztin, soweit dieser vor Inkrafttreten der neuen Tarifverträge verliehen worden ist, für sich genommen keine tarifliche Bedeutung hat. Ein
Oberarzt kann sich daher auf den ihm verliehenen Status oder Titel im Eingruppierungsprozess nicht berufen. Ebenso ohne Bedeutung ist auch das
Fehlen eines solchen Status oder Titels[7]. Dies gilt selbst dann, wenn die „Ernennung" zum Oberarzt von einem dazu bevollmächtigten Chefarzt vorgenommen worden ist[8]. Insoweit besteht Einigkeit in der Rechtsprechung[9].

5   Eine Eingruppierung als Oberarzt kommt nur in Betracht bei **Übertragung**
der „medizinischen Verantwortung für Teil- oder Funktionsbereiche der Klinik bzw. Abteilung". Nach Auffassung des BAG ist hierbei der Begriff des
Funktionsbereiches von den Tarifvertragsparteien in dem Sinne gebraucht
worden, der den schon früher von ihnen als Tarifvertragspartei vereinbarten

---

1   So TV-Ärzte/VBGK.
2   BAG v. 25.8.2010 – 4 AZR 23/09, juris Rz. 36.
3   LAG Sachsen-Anhalt v. 17.6.2008 – 8 Sa 15/08 E, bestätigt durch das BAG v. 9.12.2009
    – 4 AZR 630/08, juris; LAG Rheinland-Pfalz v. 26.8.2008 – 3 Sa 768/07, juris, bestätigt
    durch das BAG v. 9.12.2009 – 4 AZR 836/08, juris; LAG Düsseldorf v. 8.8.2008 – 9 Sa
    1399/07, juris, bestätigt durch BAG v. 9.12.2009 – 4 AZR 841/08, juris.
4   LAG Mecklenburg-Vorpommern v. 18.7.2008 – 3 Sa 77/08, juris, aufgehoben durch
    BAG v. 9.12.2009 – 4 AZR 827/08. juris; LAG München v. 30.7.2008 – 11 Sa 1131/07,
    juris, aufgehoben durch BAG v. 9.12.2009 – 4 AZR 687/08, juris.
5   LAG Sachsen v. 26.5.2008 – 3 Sa 578/07, juris, aufgehoben und zurückverwiesen durch
    BAG v. 9.12.2009 – 4 AZR 568/08, juris.
6   LAG Sachsen v. 4.6.2008 – 9 Sa 658/07, juris, bestätigt durch BAG v. 9.12.2009 –
    4 AZR 495/08, juris.
7   BAG v. 9.12.2009 – 4 AZR 568/08, juris Rz. 68.
8   BAG v. 9.12.2009 – 4 AZR 841/08, juris Rz. 19.
9   S. weiterhin z.B. LAG Saarland v. 18.3.2009 – 2 Sa 144/07, juris; LAG Saarland v.
    9.6.2010 – 1 (2) Sa 54/08, juris, *Knörr*, ZTR 2009, 50, 51.

Regelungen der Vergütungsordnung zum BAT (Vergütungsgruppe Ib Fallgruppe 1 i.V.m. Protokollnotiz Nr. 5) zugrunde lag. Danach sind Funktionsbereiche medizinisch definiert, d.h., sie sind Untergliederungen eines Fachgebietes der Medizin, die wissenschaftlich anerkannte Spezialgebiete erfassen[1]. Der Begriff des **Teilbereichs** einer Klinik oder Abteilung ist dagegen tariflich nicht bestimmt und wird von den Tarifvertragsparteien nicht ausdrücklich näher bestimmt. Nach Auffassung des BAG ist der Teilbereich einer Klinik oder Abteilung im tariflichen Sinne regelmäßig eine organisatorisch abgrenzbare Einheit innerhalb einer übergeordneten Einrichtung einer Klinik oder Abteilung, der eine bestimmte Aufgabe mit eigener Zielsetzung sowie eigener medizinischer Verantwortungsstruktur zugewiesen ist und die über eine eigene räumliche, personelle und sachlich-technische Ausstattung verfügt[2]. Das BAG hat dies bejaht für die Gynäkologische Ambulanz der Abteilung Gynäkologie/Onkologie der Universitätsfrauenklinik[3] sowie für die Abteilung „Gynäkologische Poliklinik/Ambulanz"[4]; es hat dies offengelassen für den „OP-Bereich der HNO-Klinik"[5]. Die Nephrologie kann als Funktionsbereich angesehen werden; demzufolge kann ein nur kleiner fachlicher Ausschnitt aus diesem Bereich (Nierentransplantationszentrum) seinerseits nicht wieder ein Funktionsbereich sein[6]. Das BAG hat nunmehr auch klargestellt, dass Ärztinnen und Ärzte, die überwiegend Aufgaben in der Lehre und in der Ausbildung von Studenten erfüllen, und damit auch Ärzte, deren überwiegende Tätigkeit darin besteht, die Studenten an den sog. Phantom-Köpfen auszubilden, aus dem Geltungsbereich des TV-Ärzte ausscheiden[7].

In den meisten Fällen scheiterte indes das Eingruppierungsbegehren des Klä-   6
gers an der fehlenden **Reichweite der übertragenen Verantwortung.** Insoweit werden vom BAG hohe Anforderungen an die „medizinische" Verantwortung gestellt. Nicht ausreichend ist es, wenn dem Oberarzt lediglich die organisatorische und verwaltungstechnische Verantwortung für einen Teil-/Funktionsbereich obliegt[8]. Die medizinische Verantwortung muss sich in personeller Hinsicht auch auf Fachärzte beziehen und im Übrigen muss in organisatorischer Hinsicht eine Alleinverantwortung für den gesamten Bereich der Klinik oder Abteilung gegeben sein. Wenn somit in der betreffenden Abteilung kein nachgeordneter Facharzt vorhanden ist, kommt eine Eingruppierung in die Vergütungsgruppe Ä 3 nicht in Betracht[9]. Insoweit besteht kein Unterschied zwischen § 16 TV-Ärzte/VKA und § 12 TV-Ärzte.

---

1 BAG v. 9.12.2009 – 4 AZR 568/08, juris Rz. 27; BAG v. 9.12.2009 – 4 AZR 630/08, juris Rz. 35.
2 BAG v. 7.7.2010 – 4 AZR 862/08, juris Rz. 39.
3 BAG v. 9.12.2009 – 4 AZR 495/08, juris Rz. 40.
4 BAG v. 7.7.2010 – 4 AZR 862/08, juris Rz. 40.
5 BAG v. 9.12.2009 – 4 AZR 568/08, juris Rz. 33.
6 BAG v. 7.7.2010 – 4 AZR 893/08, juris Rz. 29.
7 BAG v. 20.10.2010 – 4 AZR 138/09, juris Rz. 20; BAG v. 7.7.2010 – 4 AZR 863/08, juris Rz. 25.
8 BAG v. 9.12.2009 – 4 AZR 568/08, juris Rz. 47.
9 BAG v. 9.12.2009 – 4 AZR 630/08, juris Rz. 26; BAG v. 9.12.2009 – 4 AZR 827/08, juris Rz. 18; BAG v. 9.12.2009 – 4 AZR 836/08, juris Rz. 26; BAG v. 7.7.2010 – 4 AZR 893/08, juris Rz. 43; BAG v. 7.7.2010 – 4 AZR 863/08, juris Rz. 27.

Weiterhin muss dem Oberarzt die alleinige Verantwortung für den Bereich übertragen worden sein. Wenn noch ein weiterer Oberarzt vorhanden ist, scheidet hiernach eine Eingruppierung in die Vergütungsgruppe Ä 3 aus[1].

7 Das BAG stellt allerdings auch klar, dass aus der Unterordnung unter einen Leitenden Arzt oder seinem ständigen Vertreter, die in der Entgeltgruppe Ä 4 eingruppiert sind, sich ergibt, dass die von dem Oberarzt wahrzunehmende Verantwortung **keine Allein- oder Letztverantwortung** sein kann. Auch insoweit entspreche die tarifliche Regelung der krankenhausinternen Organisations- und Verantwortungsstruktur; die medizinische Letztverantwortung liegt in der Regel bei dem Leitenden Arzt (Chefarzt) bzw. dem ständigen Vertreter, deren Weisungen der Oberarzt bei seiner Tätigkeit regelmäßig unterliegt[2].

8 Soweit es um die **Reichweite der Verantwortung des Oberarztes** geht, hat sich das BAG nicht mit der Frage zu beschäftigen brauchen, ob der – erforderliche – nachgeordnete **Facharzt in Vollzeit** beschäftigt werden muss oder ob eine Teilzeitbeschäftigung ausreicht, und auch nicht mit der Frage, ob es ausreichend ist, dass der nachgeordnete Facharzt nur in einem Teilgebiet des Teil- oder Funktionsbereiches tätig ist. Insoweit wird man im Hinblick auf die notwendige medizinische Verantwortung vernünftigerweise das Vorhandensein eines vollzeitbeschäftigten im gesamten Teil- oder Funktionsbereich eingesetzten Facharztes fordern müssen. Weiterhin ist erforderlich, dass diese Tätigkeit des Arztes **zeitlich mindestens zur Hälfte** seiner Arbeitszeit ausgeübt wird[3].

9 Das BAG betont weiterhin, dass sich die Eingruppierung eines Arztes ausschließlich nach der auszuübenden Tätigkeit richtet. Maßgeblich ist grundsätzlich nicht die tatsächlich ausgeübte Tätigkeit, sondern das, was nach dem Arbeitsvertrag die geschuldete Arbeit ist. Die **tatsächlich ausgeübte Tätigkeit** kann allerdings für die Auslegung des Arbeitsvertrages, insbesondere hinsichtlich der genauen Bestimmung der vertraglich geschuldeten Tätigkeit vor allem dann von Bedeutung sein, wenn der schriftliche Arbeitsvertrag hierzu keine oder wenige Angaben enthält[4]. Der Inhalt des Arbeitsverhältnisses, insbesondere der Umfang der Arbeitsverpflichtung, die Grenzen des Direktionsrechtes und die Notwendigkeit einer Vertragsänderung auf der einen Seite und die konkrete Organisation der Klinik durch den Arbeitgeber, insbesondere die Erkennbarkeit einer Bekanntmachung eventueller Beschränkungen der Personalhoheit der Klinikleitung, auf der anderen Seite können nur anhand der konkreten Umstände beurteilt werden. Hiernach sind vor allem folgende Faktoren von Bedeutung[5]:

---

1 BAG v. 9.12.2009 – 4 AZR 630/08, juris Rz. 24; BAG v. 9.12.2009 – 4 AZR 841/08, juris Rz. 30.

2 BAG v. 9.12.2009 – 4 AZR 630/08, juris Rz. 29; BAG v. 9.12.2009 – 4 AZR 495/08, juris Rz. 50; BAG v. 9.12.2009 – 4 AZR 687/08, juris Rz. 19.

3 LAG Saarland v. 9.6.2010 – 1 (2) Sa 54/08, juris.

4 BAG v. 9.12.2009 – 4 AZR 495/08, juris Rz. 58; BAG v. 9.12.2009 – 4 AZR 568/08, juris Rz. 66.

5 BAG v. 9.12.2009 – 4 AZR 495/08, juris Rz. 61 ff.; BAG v. 9.12.2009 – 4 AZR 568/08, juris Rz. 69 ff.

– Zuweisung eines Aufgabenbereiches durch die Klinikleitung im Wege des Direktionsrechtes. Die Zuweisung neuer Tätigkeiten durch die Klinikleitung war jedoch unter Geltung des BAT nur innerhalb einer Vergütungsgruppe möglich. Bei Übertragung höherwertiger Tätigkeiten durch die Klinikleitung muss diese zu einer entsprechenden Vertragsänderung ausdrücklich bevollmächtigt sein. Behauptet der Arbeitnehmer im Eingruppierungsprozess eine solche Bevollmächtigung, ist er nach allgemeinen Grundsätzen hierfür darlegungs- und beweispflichtig.

– Hatte die Klinikleitung keine entsprechende ausdrückliche Vollmacht, könnte die Zuweisung höherwertiger Tätigkeiten nach den Grundsätzen der Duldungs- und vor allem Anscheinsvollmacht zu bewerten sind. Hierfür ist von Bedeutung, ob der Arbeitgeber die bei Inkrafttreten des neuen Tarifvertrages in der Klinik vorgefundene Organisations- und Verantwortungsstruktur beanstandet hat. Wenn dies nicht geschieht, kann der Arbeitgeber später im Eingruppierungsprozess nicht mehr geltend machen, er habe von der Übertragung höherwertiger Tätigkeiten durch die Klinikleitung nichts gewusst und insbesondere keine Übertragung höherwertiger Tätigkeiten veranlasst.

Die Rechtsprechung der Instanzgerichte ist insoweit wesentlich zurückhaltender. Die Übertragung höherwertiger Tätigkeiten durch den Chefarzt der jeweiligen Klinik (Klinikleitung) auf den Oberarzt ersetzt nicht die **erforderliche Anordnung des Arbeitgebers**[1]. Die **ausdrückliche Übertragung** höherwertiger Tätigkeiten (z.B. aufgrund der Übertragung der medizinischen Verantwortung) liegt nur vor, wenn eine entsprechende Anordnung mit ausdrücklicher Zustimmung der für Personalangelegenheiten zuständigen Stelle erfolgt ist[2]. Nach Auffassung der Instanzgerichte kommt auch die Höhergruppierung eines „Titularoberarztes" in die Vergütungsgruppe Ä 3 wegen der Übertragung höherwertiger Tätigkeiten durch die Klinikleitung unter dem Aspekt einer Anscheins- oder Duldungsvollmacht nicht in Betracht[3]. Ausreichend sei allerdings eine mündliche Übertragung der Aufgaben[4] bzw. die wissentliche Duldung der Übertragung und Ausführung entsprechender höherwertiger Tätigkeiten durch den Arbeitgeber; dieser könne sich später nicht darauf berufen, diese Aufgabe nicht ausdrücklich übertragen zu haben[5]. Betont wird weiterhin, dass mit dem Tarifmerkmal „ausdrückliche Übertragung" die Tarifvertragsparteien eine stillschweigende, konkludente, ggf. schleichende Übertragung der medizinischen Verantwortung nicht ausreichen lassen wollten. Der Übertragungsakt des Arbeitgebers muss eine be-

10

---

1 LAG Hessen v. 8.10.2008 – 2 Sa 529/08, juris Rz. 36, 41; LAG Hessen v. 29.10.2008 – 2 Sa 36/08, juris Rz. 42; LAG Hessen v. 29.1.2010 – 19/2 Sa 613/09, juris, Rz. 61. Ebenso *Clemens/Scheuring/Steingen/Wiese*, TV-L, Teil IIa, Stand: 9/09, § 12 TV-Ärzte – Eingruppierung Rz. 61 ff.
2 LAG München v. 18.2.2009 – 10 Sa 847/08, juris Rz. 90. S. hierzu *Knörr*, ZTR 2009, 50, 54.
3 LAG Hessen v. 3.7.2009 – 3 Sa 1431/08, juris Rz. 47; LAG Hessen v. 18.9.2009 – 10/3 Sa 1290/08, juris Rz. 63; LAG Saarland v. 9.4.2008 – 1 Sa 143/07, juris.
4 LAG Saarland v. 9.4.2008 – 1 Sa 143/07, juris.
5 LAG Mecklenburg-Vorpommern v. 18.7.2008 – 3 Sa 77/08, juris Rz. 178.

sondere Verdeutlichung erfahren. Der Tarifinhalt könne nur so verstanden werden, dass eine klare Kompetenzzuweisung an die Krankenhausträger – Vorstand oder Geschäftsführer – beabsichtigt war und der entsprechende Willensakt eine deutlich erkennbare, äußere Gestalt annehmen muss[1].

11   Mit der Eingruppierung nach der Entgeltgruppe Ä 3 2. Fallgruppe TV-Ärzte hat sich das BAG nur marginal beschäftigt. So hat das BAG das Urteil des Berufungsgerichtes mit knappen Worten bestätigt, wonach die Tätigkeit als „Programm verantwortlicher Arzt" (PVA) der Mammographie-Screening-Einheit keine **Weiterbildung** nach der **Weiterbildungsordnung** fordert[2]. Gleiches gilt für die Tätigkeit eines Facharztes für Herzchirurgie[3].

In einer weiteren Entscheidung hat sich das BAG mit der Stufenzuordnung eines Oberarztes gemäß § 19 Abs. 1 lit. c TV-Ärzte/VKA beschäftigt. Nach Auffassung des BAG beginnt die erforderliche Zeit für das Erreichen der nächsten Stufe innerhalb derselben Entgeltgruppe nach § 19 Abs. 1 TV-Ärzte/VKA grundsätzlich nicht vor der Eingruppierung in diese Entgeltgruppe zu laufen. Weiter wird betont, dass die Tarifvertragsparteien davon abgesehen hätten, eine Vorbeschäftigung als Arzt, Facharzt oder Oberarzt auf die Stufenlaufzeit der Gruppe III anzurechnen[4].

3. Die Rechtsprechung der LAG zu § 16 TV-Ärzte/VKA und § 12 TV-Ärzte

a) Teil- und Funktionsbereich

12   Zahlreiche LAGs betonen, dass von einem **selbständigen Funktionsbereich** nur dann auszugehen ist, wenn eine abgrenzbare organisatorische Einheit innerhalb der Klinik vorliegt. Erforderlich ist insbesondere eine personelle und räumliche Eigenständigkeit mit eigenen sachlichen und personellen Mitteln[5]. Betont wird weiterhin, dass die Tarifvertragsparteien mit dem Tarifmerkmal „ausdrückliche Übertragung" eine stillschweigende, konkludente oder ggf. schleichende Übertragung der medizinischen Verantwortung nicht ausreichen lassen wollten. Der Übertragungsakt des Arbeitgebers muss eine besondere Verdeutlichung erfahren. Der Tarifinhalt könne nur so verstanden werden, dass eine klare Kompetenzzuweisung an die Krankenhausträger – Vorstand oder Geschäftsführer – beabsichtigt war und der entsprechende Willensakt eine deutliche erkennbare, äußere Gestalt annehmen muss[6]. Es muss sich um Bereiche handeln, die gerade kein wissenschaftlich anerkanntes Spezialgebiet darstellen, die der Arbeitgeber dennoch als eigenständigen Bereich organisiert und definiert hat; es muss sich um ein aus der Gesamtheit der jeweiligen Klinik herauslösbares Organisationselement mit eigenem Aufgabenkreis handeln, das strukturell in die Gesamtabläufe der Klinik ein-

---

1 LAG Nürnberg v. 22.1.2010 – 1 Sa 210/09, juris.
2 BAG v. 9.12.2009 – 4 AZR 827/08, juris Rz. 30; BAG, Urt. v. 9.12.2009 – 4 AZR 841/08, juris Rz. 31.
3 BAG v. 9.12.2009 – 4 AZR 841/08, juris Rz. 31.
4 BAG v. 16.12.2010 – 6 AZR 357/09, juris.
5 LAG München v. 13.4.2010 – 6 Sa 936/09, juris.
6 LAG Nürnberg v. 22.1.2010 – 1 Sa 210/09, juris.

gegliedert ist und dem reibungslosen Ablauf der in der jeweiligen Klinik anfallenden Arbeiten insgesamt dient[1]. Verneint wurde die Annahme eines
selbständigen Funktionsbereiches bei fehlendem eigenen ärztlichen Personal[2], weiterhin für eine Poliklinik, in der die Ärzte selbständig arbeiten
und allenfalls in Zweifelsfällen den Oberarzt aufgrund seiner Berufserfahrung um Rat fragen[3]. Hingegen wurde das Patientenmanagement als Teilbereich einer Klinik angesehen, wenn ausweislich des Organigramms dieser
Aufgabenbereich mit Personal ausgestattet und direkt der Werkleitung (eines kommunalen Eigenbetriebes) unterstellt ist[4]. Auch ein hämatologisches
Speziallabor wurde von der Rechtsprechung nicht als Funktions- oder Teilbereich angesehen[5]. Grundsätzlich ist erforderlich eine feste Ausstattung
mit Personal, Räumen und Sachmittel[6]. Im Bereich der Klinik für Psychiatrie und Psychotherapie sind Tagesklinik und Übergangsklinik nicht als ein-
heitlicher Teilbereich anzusehen[7].

Die Rechtsprechung hat weiterhin klargestellt, dass die Verwendung des Plu-   13
rals in der Protokollerklärung zu § 16 lit. c. TV-Ärzte/VKA „Teil- oder Funktionsbereiche" nicht dahingehend verstanden werden könne, dass sich die
medizinische Verantwortung auf mindestens zwei Bereiche beziehen müsse[8].
Mehrere Gerichte haben dahingehend judiziert, dass die Wahrnehmung von
Aufgaben im (medizinischen) Lehrbereich nicht als Teilbereich i. S. d. § 12 TV-
Ärzte anzusehen ist[9]. Gleiches gilt auch für die **Vertretung des Klinikdirek-
tors**, sofern sie nicht mehr als 50 % der Arbeitszeit umfasst[10].

b) Medizinische Verantwortung

Mit dem Begriff der „**medizinischen Verantwortung**" haben sich mehrere   14
LAG beschäftigt. Hiernach erfüllen die Aufgaben eines Arztes im Rahmen
des Arzneimittelgesetzes und des Transfusionsgesetzes nicht die Voraussetzungen der tariflich geforderten „medizinischen Verantwortung"[11]. Der
Begriff „medizinische Verantwortung" setzt zwar voraus, dass ärztliches
Personal nachgeordnet ist[12]; hingegen soll es ausreichend sein, wenn die
„medizinische Verantwortung" nur temporär übertragen worden ist[13]. Kon-

---

1 LAG Düsseldorf v. 1.10.2008 – 7 Sa 2080/07, juris Rz. 78 und 84.
2 LAG Köln v. 26.6.2009 – 10 Sa 1091/08, juris Rz. 55.
3 LAG Mecklenburg-Vorpommern v. 22.7.2009 – 2 Sa 262/08, juris Rz. 20.
4 LAG München v. 30.7.2008 – 11 Sa 1131/07, juris Rz. 115.
5 LAG Mecklenburg-Vorpommern v. 21.1.2009 – 3 Sa 190/08, juris Rz. 51.
6 LAG München v. 7.10.2009 – 5 Sa 813/08, juris Rz. 34.
7 LAG Saarland v. 9.6.2010 – 1 (2) Sa 54/08, juris.
8 LAG Sachsen v. 25.9.2009 – 3 Sa 594/04, juris Rz. 74.
9 LAG München v. 26.8.2008 – 4 Sa 328/08, juris Rz. 46, bestätigt durch BAG v.
  7.7.2010 – 4 AZR 863/08, juris; LAG Köln v. 15.12.2008 – 5 Sa 990/08, juris Rz. 44,
  bestätigt durch BAG v. 20.10.2010 – 4 AZR 138/09, juris.
10 LAG Köln v. 27.10.2008 – 5 Sa 843/08, juris Rz. 50, bestätigt durch BAG v. 25.8.2010
  – 4 AZR 23/09, juris.
11 LAG Hamm v. 6.6.2009 – 12 Sa 1596/08, juris Rz. 81.
12 LAG Rheinland-Pfalz v. 26.8.2008 – 3 Sa 768/07, juris Rz. 32 ff.
13 LAG Hamburg v. 23.9.2008 – H 2 Sa 112/08, juris Rz. 52.

siltätigkeiten sind allerdings nicht ausreichend, da es insoweit an der Gesamtverantwortung für den betreffenden Bereich fehlt[1]. Nicht erforderlich ist, dass dem Oberarzt die medizinische Verantwortung für mehrere Bereiche übertragen wurde[2].

15 In der Rechtsprechung der Instanzgerichte besteht Einigkeit, dass das Tarifmerkmal „medizinische Verantwortung" nur dann erfüllt ist, wenn der betreffende Oberarzt die Verantwortung für das von ihm geschuldete ärztliche Handeln eines Arztes mit abgeschlossener Facharztausbildung und darüber hinaus auch für das Handeln der ihm nachgeordneten Fach- und Assistenzärzte sowie des Pflegepersonals übernehmen muss[3]. Die medizinische Verantwortung des Oberarztes muss sich erkennbar deutlich aus derjenigen des Facharztes hervorheben[4]. Insoweit wird allerdings auch die Auffassung vertreten, dass diese Voraussetzung erfüllt ist, wenn der Oberarzt die Verantwortung für die Tätigkeit eines approbierten psychologischen Psychotherapeuten trägt[5].

c) Spezialfunktion gemäß § 12 TV-Ärzte

16 Soweit es um die Eingruppierung von Oberärzten an Universitätskliniken geht, hat die Rechtsprechung sich mehrfach mit dem Begriff der „Spezialfunktion" beschäftigen müssen. Verneint wurde das Vorliegen einer „Spezialfunktion" sowohl für die Tätigkeit in der Neonatologie und der Pädiatrischen Intensivstation (aufgrund der behaupteten stark spezialisierten Tätigkeit) als auch für den hiermit verbundenen Hintergrunddienst[6]. Gleiches gilt für die Erstellung von **CT-Untersuchungen** und deren Befundung[7]. Hingegen wurde die Leitung eines **Schlaflabors** als Ausübung einer übertragenen Spezialfunktion bejaht[8].

d) Der Gleichbehandlungsgrundsatz

17 In einem Eingruppierungsrechtsstreit beim LAG Saarland stellte sich die Frage der Gleichbehandlung der Oberärzte. Von den vier „Titularoberärzten" erfüllte der Dienstälteste unzweifelhaft die Voraussetzung für die Eingruppierung in die Vergütungsgruppe Ä 3. Nach den gerichtlichen Feststellungen waren den anderen drei „Titularoberärzten" vergleichbare Aufgaben übertragen. Es standen jedoch stellenplanmäßig nur zwei weitere Stellen der Vergütungsgruppe Ä 3 zur Verfügung, die nach dem Anciennitätsprinzip übertragen wurden. Obwohl dies tarifrechtlich unzulässig ist, wurde die mit einem Verstoß gegen den Gleichbehandlungsgrundsatz begründete Klage ab-

---

1 LAG Niedersachsen v. 18.11.2009 – 17 Sa 1565/08 E, juris.
2 LAG Hamburg v. 10.12.2009 – 8 Sa 40/08, juris.
3 S. z. B. LAG Saarland v. 8.7.2009 – 1 Sa 1/09, juris Rz. 166.
4 LAG Nürnberg v. 22.1.2010 – 1 Sa 210/09, juris.
5 LAG Hamm v. 9.6.2009 – 12 Sa 263/08, juris Rz. 90.
6 LAG Saarland v. 18.3.2009 – 2 Sa 144/07, juris Rz. 39 ff.
7 LAG Saarland v. 8.7.2009 – 1 Sa 1/09, juris Rz. 152.
8 LAG Mecklenburg-Vorpommern v. 10.12.2008 – 2 Sa 263/08, juris Rz. 22 ff.

gewiesen, da der Arbeitgeber sich insoweit nicht willkürlich verhalten habe[1].

Die Rechtsprechung hat betont, dass eine Ungleichbehandlung bereits beschäftigter und neu eingestellter Ärzte unzulässig ist[2].   18

II. Die Anrechnung von Zeiten als Arzt im Praktikum (AiP)

In den letzten Jahren mussten sich zahlreiche Arbeitsgerichte mit der Frage   19
der Anrechnung von Zeiten als Arzt im Praktikum (AiP) bei der **Stufenzuordnung** beschäftigen. Diese Frage ist in den Tarifverträgen unterschiedlich geregelt. In § 19 Abs. 2 Satz 2 TV-Ärzte/VKA haben die Tarifvertragsparteien geregelt, dass die Tätigkeit eines AiP als ärztliche Tätigkeit gilt.
§ 16 Abs. 2 Satz 1 TV-Ärzte enthält eine derartige Anrechnungsbestimmung
nicht. Die Rechtsprechung hat insoweit zunächst einmal klargestellt, dass
der Gleichbehandlungsgrundsatz keineswegs die unterschiedliche Anrechnung der AiP-Zeit bei der Stufenzuordnung verbietet[3]. Nach Auffassung des
BAG scheitert die Anrechnung der Tätigkeit als AiP als Zeit der Berufserfahrung aus nichtärztlicher Tätigkeit nach § 16 Abs. 2 Satz 2 TV-Ärzte bereits
daran, dass Ausbildungszeit nicht als Zeit der Berufserfahrung bewertet werden kann[4]. In der Rechtsprechung der Instanzgerichte war diese Frage umstritten[5]. Streitig war hierbei unter anderem die Frage, wie eine Tätigkeit in
der **Schweiz** als AiP zu werten ist. Ein AiP in der Schweiz wird wie ein Assistenzarzt bezahlt[6]. Auch die Literatur hat sich vielfach mit der Anrechnung der AiP-Zeiten beschäftigt und die Auffassung vertreten, dass Ausbildungszeiten keine Berufserfahrung begründen[7].

Ob die Rechtsprechung konsequent ist, kann man bezweifeln: Seit dem   20
1.10.2004 gibt es den AiP nicht mehr. Wurde das Vertragsverhältnis eines
AiP über den 1.10.2004 hinaus fortgesetzt, so hatte der AiP alsdann einen
Anspruch auf tarifgerechte Vergütung als Arzt (sofern Tarifgebundenheit der
Arbeitsvertragsparteien bestand). Er hatte somit ggf. einen Anspruch auf Ver-
gütung nach der Vergütungsgruppe BAT IIa, sofern er die Voraussetzung des
Tätigkeitsmerkmals „Ärzte" erfüllte[8]. Wenn man damit insoweit den frühe-
ren AiP einem Arzt gleichstellt, wäre die Anrechnung der AiP-Zeit bei der

---

1 LAG Saarland v. 18.3.2009 – 2 Sa 144/07, juris, Rz. 49 ff.
2 LAG Hamm v. 18.8.2009 – 12 Sa 585/09, juris.
3 BAG v. 22.4.2010 – 6 AZR 484/08, juris; BAG v. 22.4.2010 – 6 AZR 620/08, juris.
4 BAG v. 23.9.2009 – 4 AZR 382/08, ZTR 2010, 142; BAG v. 22.4.2010 – 6 AZR 620/08, juris; BAG v. 22.4.2010 – 6 AZR 484/08, ZTR 2010, 414.
5 Verneinend LAG Düsseldorf v. 16.4.2008 – 12 A 2237/07, juris; LAG Schleswig-Holstein v. 25.2.2009 – 6 Sa 379/08, juris; LAG München v. 22.4.2008 – 7 Sa 18/08, ZTR 2008, 436; LAG Mecklenburg-Vorpommern v. 15.9.2009 – 5 Sa 182/08, juris; LAG Baden-Württemberg v. 24.7.2008 – 11 Sa 16/08, ZTR 2008, 612. Bejahend LAG Rheinland-Pfalz v. 22.8.2008 – 9 Sa 114/08, ZTR 2008, 610; LAG Sachsen-Anhalt v. 24.4.2008 – 9 Sa 475/07 E, juris; LAG Köln v. 6.3.2009 – 10 Sa 405/08, juris.
6 S. insoweit ArbG Saarbrücken v. 21.7.2009 – 61 Ca 197/08, juris.
7 S. z.B. *Matthiessen*, MedR 2008, 492; *Rambach/Feldmann*, ZTR 2010, 124.
8 BAG v. 8.11.2006 – 4 AZR 624/05, ZTR 2007, 375.

Stufenzuordnung nur konsequent. Allerdings ist darauf hinzuweisen, dass auch nach der früheren Rechtsprechung des BAG die Ärzte im Praktikum nicht zu den „unterstellten Ärzten" im Sinne der Vergütungsgruppe 1a bzw. 1 der Anlage 2 zu den Richtlinien der Arbeitsverträge in den Einrichtungen des Deutschen Caritasverbandes (AVR) zählten und somit für die Eingruppierung der Fachärzte irrelevant waren[1] (s. hierzu Rz. 29). Nunmehr hat das BAG auch festgestellt, dass der öffentliche Arbeitgeber nicht treuwidrig handele, wenn er die Zeit als AiP nicht bei der Stufenzuordnung berücksichtige[2].

III. Exkurs: Der Chefarzt

21   Gem. § 3 lit. i BAT fand der BAT auf Leitende Ärzte (Chefärzte) keine Anwendung, wenn ihre Arbeitsbedingungen einzelvertraglich besonders vereinbart wurden[3]. Auch die neuen Tarifverträge finden auf Chefärzte keine Anwendung (siehe z. B. § 1 Abs. 2 Buchst. a TV-L/TVöD)[4]. Konsequenterweise gilt auch das tarifvertragliche Eingruppierungsrecht nicht für Chefärzte. Weder § 12 TV-L noch § 12 TV-Ärzte noch § 16 TV-Ärzte/VKA enthalten eine Eingruppierungsregelung für die Chefärzte. Dies lässt sich historisch damit erklären, dass die Chefärzte ihre Vergütung einschließlich des **Liquidationsrechtes** individuell ausgehandelt haben. In dem jeweiligen Arbeitsvertrag wurde individuell – wenn auch in Anlehnung an den einschlägigen Tarifvertrag – die Vergütung für die chefärztliche Tätigkeit innerhalb der Krankenhausorganisation ausgehandelt und vereinbart.

22   Viele Chefarztverträge enthalten eine Verweisung auf die Vergütung gemäß BAT Ib oder eine höhere Vergütungsstufe. Damit stellt sich die Frage, welchen Einfluss die Änderung des Tarifrechtes auf die Vergütung der Chefärzte in den Krankenhäusern des öffentlichen Dienstes hat[5]. Auszugehen ist hierbei von der vielfach im Rahmen der Vergütung verwendeten maßgeblichen Bezugnahmeklausel, die wie folgt lautet:

„Der Arzt erhält für seine Tätigkeit im dienstlichen Aufgabenbereich eine Vergütung entsprechend der Vergütungsgruppe Ib (Ia, I) BAT der Anlage 1a zum BAT in der jeweils gültigen Fassung[6]."

Das BAG hat nunmehr entschieden, dass eine arbeitsvertragliche Bezugnahmeklausel, wonach „für das Arbeitsverhältnis die Bestimmungen des Bundesangestelltentarifvertrages (BAT) in der jeweils gültigen Fassung" gelten, regelmäßig zunächst nicht die dem BAT nachfolgenden Tarifverträge für den öffentlichen Dienst erfasst. Eine durch den Wegfall der Dynamik entstehen-

---

1 BAG v. 28.9.1994 – 4 AZR 427/93, ZTR 1995, 122; *Berlit*, jurisPR-BVerwG 10/2005 Anm. 2.
2 BAG v. 22.4.2010 – 6 AZR 620/08, juris.
3 S. z. B. *Bredemeier/Neffke*, BAT/BAT-O, 12. Aufl. 2003, § 3 Rz. 16.
4 *Bredemeier/Neffke/Cerff/Weizenegger*, TVöD/TV-L, § 1 Rz. 13.
5 S. hierzu *Anton*, ZTR 2009, S. 2.
6 Ausführlich hierzu *Anton*, ZTR 2009, S. 2, 3 ff.; *Müller*, Arbeitsrecht Aktiv 2009, 169.

de **Regelungslücke** kann aber im Wege ergänzender **Vertragsauslegung** dahingehend geschlossen werden, dass die an die Stelle des BAT getretenen Tarifregelungen in Bezug genommen werden. Das ist von den verschiedenen Nachfolgeregelungen im Zweifel diejenige, die typischerweise geltend würde, wenn die ausgeübten Tätigkeiten innerhalb des öffentlichen Dienstes erbracht würden[1].

Zahlreiche Instanzgerichte haben sich mit der Auslegung einer individuellen 23 Abrede zur Chefarztvergütung unter entsprechender Bezugnahme auf den Tarifvertrag beschäftigen müssen. Das LAG Hessen vertritt insoweit die Auffassung, objektiv vorzugswürdig sei nach dem mit der Klausel typischerweise verfolgten Zweck, die feste Vergütung des Chefarztes entsprechend der Tarifentwicklung zu dynamisieren, keine der im TVöD BT-K oder TV-L ausgewiesenen Entgeltgruppen. Die Anwendung der Unklarheitenregelung gem. § 305c Abs. 2 BGB führe zur Maßgeblichkeit der für den Chefarzt günstigsten Auslegung, nämlich zur Bemessung seiner Grundvergütung nach der Entgeltgruppe IV (des TV-Ärzte/VKA), somit zu einer Vergütung wie ein leitender Oberarzt[2]. In vergleichbarer Weise hat auch das LAG Düsseldorf für den Bereich des BAT-KF judiziert. Ergäbe die Auslegung des Arbeitsvertrages, dass der Arbeitgeber dem Chefarzt unabhängig vom Vorliegen der Eingruppierungsvoraussetzungen eine Grundvergütung nach der obersten Vergütungsgruppe gewähren wollte, so hat der Chefarzt nunmehr einen Anspruch auf Zahlung einer Grundvergütung nach der für Ärzte geltenden obersten Entgeltgruppe Ä 4[3]. Dies entspricht auch der Rechtsprechung des LAG Schleswig-Holstein[4], des LAG Hamm[5], des LAG Berlin-Brandenburg[6] sowie des LAG Rheinland-Pfalz[7]. Demgegenüber vertritt das LAG Niedersachsen die Auffassung, dass die mit Außerkrafttreten des BAT zum 30.9.2005 entstandene Vertragslücke dahingehend zu schließen sei, dass an die Stelle der (dort vereinbarten) Vergütungsgruppe I BAT die Entgeltgruppe 15 TVöD/VKA trete[8].

Zusammenfassend wird man somit festhalten müssen, dass ein Chefarzt, 24 der mit seinem öffentlichen Arbeitgeber früher eine Vergütung gemäß der Vergütungsgruppe BAT I vereinbart hat, nunmehr einen Anspruch auf Vergütung nach der Vergütungsgruppe Ä 4 in § 12 TV-L, § 12 TV-Ärzte sowie § 16 TV-Ärzte/VKA (und den entsprechenden Bestimmungen in den übrigen Tarifverträgen) hat.

---

1 So BAG v. 19.5.2010 – 4 AZR 796/08, DB 2010, 1888.
2 LAG Hessen v. 22.5.2009 – 3 Sa 812/08, juris; LAG Hessen v. 26.2.2010 – 19/3 Sa 211/09, juris.
3 LAG Düsseldorf v. 23.10.2009 – 9 Sa 511/09, juris; LAG Düsseldorf v. 23.10.2009 – 9 Sa 595/09, juris.
4 LAG Schleswig-Holstein v. 20.1.2009 – 5 Sa 101/08, juris.
5 LAG Hamm v. 22.1.2009 – 16 Sa 1079/08, juris.
6 LAG Berlin-Brandenburg v. 19.1.2010 – 19 Sa 1681/09 u. a. juris.
7 LAG Rheinland-Pfalz v. 30.10.2009 – 9 Sa 119/09, juris.
8 LAG Niedersachsen v. 12.12.2008 – 16 Sa 901/08 E; LAG Niedersachsen v. 30.6.2009 – 13 Sa 1277/08 E, juris.

25   Unklar bleibt allerdings, wie die **Chefarztvergütung** an die neuen tarifver-
     traglichen Regeln anzupassen ist, wenn gemäß Arbeitsvertrag der Chefarzt
     eine Vergütung gemäß BAT Ia oder BAT Ib erhält. Derartige Chefarztverträge
     gibt es durchaus[1]. In der Literatur wird teilweise die Auffassung vertreten, es
     könne nicht angehen, dass der Chefarzt nicht mehr verdiene als ihm nach-
     geordnete Ärzte[2]. Insoweit wird verkannt, dass es keine arbeitsrechtliche
     Regel gibt, wonach einem Vorgesetzten stets eine höhere Vergütung ein-
     zuräumen sei als einem unterstellten Mitarbeiter (**„Abstandsgebot"**)[3]. Ent-
     scheidend ist letztendlich die Gesamtbetrachtung der chefärztlichen Ver-
     gütung einschließlich des ihm zustehenden Liquidationsrechtes.

---

1 Z. B. BVerwG v. 7.11.1975 – VII P 8.74, BVerwGE 49, 337 zur Frage der Mitbestimmung
  des Personalrates bei der Einstellung eines Chefarztes.
2 Vgl. *Müller*, Arzt und Krankenhaus 2008, 218.
3 Ein derartiges „Abstandsgebot" kann aber tarifvertraglich angeordnet werden und entfaltet nur insoweit Wirkung, vgl. BAG v. 6.6.2007 – 4 AZR 419/06, juris; s. hierzu *Anton*, ZTR 2009, 5.

C. Eingruppierung des nichtmedizinischen Personals nach BAT, BAT-KF und AVR

I. Die weitere Bedeutung der Eingruppierung nach BAT

Die Eingruppierung der nichtärztlichen Mitarbeiter eines Krankenhauses in 1 öffentlicher Trägerschaft richtet sich nach wie vor nach der Anlage 1a zum BAT (BL). Für das Verwaltungspersonal gilt die Anlage 1a Teil I und für Angestellte in medizinischen Hilfsberufen und in medizinisch-technischen Berufen die Anlage 1a Teil II D. Bis zum Inkrafttreten einer neuen Vergütungsordnung sind für die Eingruppierung des Krankenhauspersonals die Vergütungsgruppen des BAT/BAT-O maßgeblich[1]. Am 1.10.2005 ist der TVöD mit den **Überleitungstarifverträgen** Bund (TVÜ-Bund) und Gemeinden (TVÜ-VKA) in Kraft getreten. Für den Bereich der Länder ist der TV-L zum 1.10.2006 in Kraft getreten. In der Anlage 2 zum TVÜ-Bund sowie in der Anlage 1 zum TVÜ-VKA wird die Zuordnung der Vergütungs- und Lohngruppen sowie Entgeltgruppen für die am 30.9./1.10.2005 vorhandenen Beschäftigten für die Überleitung geregelt. Auszugehen ist stets von der **bislang gezahlten Vergütung nach BAT**.

Es gibt allerdings eine – klagbare – Ausnahme im neuen Tarifrecht, nämlich 2 die Entgeltgruppe 1 TVöD. Die Tätigkeitsmerkmale der Entgeltgruppe 1 ergeben sich aus der Anlage 3 TVöD/VKA. In dieser Entgeltgruppe sind eingruppiert:

„Beschäftigte mit einfachsten Tätigkeiten, z.B.

– Essens- und Getränkeausgeber/innen

– Garderobenpersonal

– Spülen und Gemüseputzen und sonstige Tätigkeiten im Haus- und Küchenbereich

– Reiniger/innen im Außenbereich wie Höfe, Wege, Grünanlagen, Parks

– Hausarbeiter/innen" (u.a.)[2]"

Demzufolge können im Krankenhausbereich Beschäftigte mit einfachsten Tätigkeiten eine Eingruppierung in die Entgeltgruppe 1 TVöD erstreiten.

II. Das Verwaltungspersonal

Ist der **Leitende Krankenpfleger** eines Krankenhauses (**Pflegedirektor**) zu- 3 gleich gleichberechtigtes Mitglied der Krankenhausleitung, besteht seine Tätigkeit aus zwei Arbeitsvorgängen, nämlich „Leitung der pflegesuchenden Funktionsbereiche" und „Leitung des Krankenhauses". Für seine Eingruppierung ist danach allein maßgebend, welche der beiden Tätigkeiten er über-

---

1 So ausdrücklich ArbG Berlin v. 26.11.2009 – 59 Ca 11436/09 – unter Bezugnahme auf ArbG Berlin v. 19.9.2009 – 33 Ca 9597/09, bestätigt durch LAG Berlin-Brandenburg v. 19.3.2010 – 13 Sa 2835/09, juris.
2 S. hierzu BAG v. 20.5.2009 – 4 AZR 315/08, NZA-RR 2010, 160.

wiegend auszuüben hat[1]. Auch die Leitung einer Krankenpflegeschule durch eine **Leitende Unterrichtsschwester** ist ein Arbeitsvorgang. Für alle zu dieser Leitungsaufgabe gehörenden Tätigkeiten gelten ausschließlich die besonderen tariflichen Tätigkeitsmerkmale für Krankenpflegepersonal aus der Anlage 1b der Vergütungsordnung zum BAT. Die Bestimmungen des Allgemeinen Teils der Vergütungsordnung kommen nach dem auch hier geltenden Spezialitätsprinzip nicht zur Anwendung[2].

4   Der **Leiter der stationären Patientenverwaltung** eines städtischen Krankenhauses hat einen Anspruch auf Eingruppierung in die Vergütungsgruppe IVb Fallgruppe 1a BAT; seine Tätigkeit hebt sich jedoch nicht durch besondere Schwierigkeit und Bedeutung aus dieser Vergütungsgruppe heraus[3]. Konsequenterweise ist die Tätigkeit eines Sachbearbeiters im Gebiet „ambulante Abrechnung" gemäß der Vergütungsgruppe BAT Vc zu bewerten, da diese Tätigkeit zwar gründliche und vielseitige Fachkenntnisse, jedoch keine selbständige Leistung erfordert[4].

5   Eine **Sachbearbeiterin im Bereich Pflegekosten und Entwöhnungsbehandlungen** eines psychiatrischen Krankenhauses, die zu 70 % ihrer Gesamtarbeitszeit mit den Arbeitsvorgängen Kostensicherung und Leistungsabrechnung beschäftigt ist, erfüllt in aller Regel die Tätigkeitsmerkmale der Vergütungsgruppe BAT Vc[5]. Eine **Hauswirtschaftsleiterin**, der die Leitung des zentralen Reinigungsdienstes eines psychiatrischen Krankenhauses übertragen ist, ist in die Vergütungsgruppe BAT Vb Fallgruppe 1c (VKA) eingruppiert[6]. Bei einem Knappschaftsangestellten, der in einem Pathologischen Institut als Verwaltungsangestellter beschäftigt war, kommt nach der Rechtsprechung nur eine Eingruppierung in die Vergütungsgruppe BAT VIb bzw. KnAT VIb in Betracht[7].

6   Die Rechtsprechung hat die Eingruppierung einer **Chefarztsekretärin** nach der Vergütungsgruppe BAT VIb in kirchlicher Fassung (BAT-KF) verneint[8]. Dementsprechend hat die Rechtsprechung auch die Eingruppierung einer **Schreibkraft** in der Inneren Abteilung eines Krankenhauses in Trägerschaft des Caritasverbandes nach der Vergütungsgruppe 7 in der Anlage 2 der AVR (entspricht BAT VII) verneint[9]. Dem entspricht die Eingruppierung einer Arztsekretärin in Städtischen Kliniken[10]. Da eine **Arzthelferin** allenfalls einen Anspruch auf Eingruppierung in die Vergütungsgruppe BAT VII hat[11], ist

---

1 BAG v. 24.9.1986 – 4 AZR 54/85, ZTR 1987, 25.
2 BAG v. 3.9.1986 – 4 AZR 355/85, ZTR 1987, 26.
3 LAG Köln v. 15.9.1999 – 3 Sa 650/99, EzBAT §§ 22, 23 BAT B1 VergGr IVb Nr. 24.
4 LAG Rheinland-Pfalz v. 23.7.1996 – 6 Sa 313/96, EzBAT §§ 22, 23 BAT B1 VergGr Vb Nr. 6.
5 BAG v. 18.3.1994 – 4 AZR 461/93, AP Nr. 178 zu §§ 22, 23 BAT 1975.
6 LAG Hessen v. 19.6.1998 – 7 Sa 1720/96, ZTR 1999, 219.
7 BAG v. 2.7.1980 – 4 AZR 558/78, juris.
8 BAG v. 25.10.1995 – 4 AZR 531/94, ZTR 1996, 268.
9 BAG v. 13.11.1996 – 4 AZR 290/95, juris.
10 LAG Hessen v. 12.1.1989 – 9 Sa 200/88, ZTR 1989, 271.
11 BAG v. 12.5.2004 – 4 AZR 338/03, ZTR 2005, 36.

es zwangsläufig, dass auch eine Angestellte im Krankenhaus mit Mischtätigkeit (teilweise Arzthelferin, teilweise Chefarztsekretärin) keinen Anspruch auf Vergütung nach der Vergütungsgruppe BAT VI hat[1]. Schließlich hat nach der Rechtsprechung auch eine Arzthelferin in der Röntgenabteilung eines Krankenhauses keinen Anspruch auf Eingruppierung in die Vergütungsgruppe BAT VIb[2].

Die Rechtsprechung hat auch die Eingruppierung eines **Koches** klären müssen, soweit dieser in der Küche eines Krankenhauses anstelle eines Diätassistenten mit Diätaufgaben betraut ist. Hiernach erbringt er „hochwertige" Arbeiten im Sinne der Lohngruppe 7 Fallgruppe 1 MTL II, soweit er Diätberatung macht und entsprechende Speisepläne zusammenstellt, nicht jedoch, soweit er Diätkost zubereitet[3].   7

III. Die Eingruppierung des Pflegepersonals

1. Der Krankenpfleger

Sofern ein Krankenpfleger als **Leiter des Krankenpflegebereiches** einerseits und als **Krankenpflegedirektor** andererseits tätig ist, besteht seine Tätigkeit aus zwei verschiedenen Arbeitsvorgängen. In diesem Fall ist zu quantifizieren, ob er überwiegend als Leitender Krankenpfleger oder als Krankenpflegedirektor eines Krankenhauses tätig ist. Überwiegt die zuerst genannte Tätigkeit, kommt nur eine Eingruppierung nach der Vergütungsgruppe BAT Kr X in Betracht, anderenfalls nach der Vergütungsgruppe BAT IIa (oder ggf. höher)[4].   8

Zwingende **subjektive Voraussetzung** für eine tarifliche Eingruppierung nach der Vergütungsgruppe BAT Kr IV und höher bildet die staatliche Erlaubnis zur Krankenpflege[5]. Hinsichtlich der Eingruppierung eines **Fachpflegers** für Psychiatrie in die Vergütungsgruppe BAT Kr VI Fallgruppe 13 hat das BAG neben der allgemeinen Ausbildung und Prüfung als Krankenpfleger eine abgeschlossene Zusatzausbildung für Sozialpsychiatrie als Schwerpunkt bzw. Hauptinhalt gefordert. Weiterhin erforderlich ist eine „**entsprechende Tätigkeit**"[6]. Eine einem Krankenpfleger bzw. einer Krankenschwester „entsprechende Tätigkeit" liegt vor, wenn eine nach Ausbildung und staatlicher Prüfung in der Krankenpflege tätige Person in Krankenhäusern, Heimen, ambulanten oder Privathäusern Kranke betreut, nach ärztlicher Anweisung Medikamente verteilt, bei operativen Eingriffen, Narkosen, Untersuchungen attestiert usw.[7]   9

---

1 LAG Niedersachsen v. 11.11.1981 – 5 Sa 48/81, juris.
2 BAG v. 13.11.1991 – 4 AZR 134/91, ArztR 1992, 289.
3 LAG Schleswig-Holstein v. 10.10.1990 – 5 Sa 255/90, ZTR 1991, 30.
4 BAG v. 24.9.1986 – 4 AZR 54/85, ZTR 1987, 25.
5 BAG v. 10.11.1982 – 4 AZR 109/80, AP Nr. 69 zu §§ 22, 23 BAT 1975.
6 BAG v. 3.9.1986 – 4 AZR 335/85, AP Nr. 124 zu §§ 22, 23 BAT 1975.
7 BAG v. 29.1.1992 – 4 AZR 255/91 (zitiert nach *Sonntag/Bauer*, Die Eingruppierung nach dem BAT, 2000, Rz. 714.).

10 Wenn das Arbeitsergebnis eines Klägers die **pflegerische Betreuung** der in seiner Station aufgenommenen (psychisch) kranken Personen ist, so ist dieses Arbeitsergebnis nicht weiter aufteilbar und es ist von einem einheitlichen Arbeitsergebnis auszugehen. Die Bestellung dieses Klägers zum stellvertretenden Leiter der Station ist von seiner pflegerischen Tätigkeit nicht zu trennen. Soweit die Stellvertretung tariflich gesondert bewertet ist, handelt es sich nach den tariflichen Vorschriften um die ständige Vertretung, die während der gesamten Dauer der Arbeitszeit auszuüben ist[1].

11 Die ständige Unterstellung mehrerer Stationen hat zur Bejahung des Tätigkeitsmerkmals in der Vergütungsgruppe BAT Kr VII Fallgruppe 8 nicht zur Voraussetzung, dass das Unterstellungsverhältnis für sämtliche Schichten rund um die Uhr vorhanden sein muss (zentrale Nachtwache)[2]. Im Zusammenhang mit der Eingruppierung eines Krankenhauspflegers in einer psychiatrischen Klinik für Kinder und Jugendliche hat das LAG Hamm festgestellt, dass eine **Begriffsbestimmung der Krankenpfleger** nicht möglich sei. Im Wege der Deduktion könne aus dem Krankenpflegegesetz sowie aus den Ausbildungs- und Prüfungsvorschriften für die Berufe der Krankenpflege entnommen werden, was zu den Tätigkeiten eines Krankenpflegers gehöre. Bei der Beantwortung der Frage, ob eine erzieherische oder eine pflegerische Maßnahme in Rede stehe, dürfe der kausalen Komponente, warum ein Kind oder ein Jugendlicher Aufnahme in der psychiatrische Einrichtung gefunden hat, kein entscheidendes Gewicht beigelegt werden, es müssten vielmehr vor allem finale Gesichtspunkte greifen, so dass von Bedeutung ist, mit welchem Ziel die einzelnen Maßnahmen durchgeführt werden[3].

12 Die Rechtsprechung hat weiterhin betont, dass die **Differenzierung bei der Eingruppierung und Vergütung** von Krankenpflegern in unterschiedlichen Einsatzbereichen sich im Rahmen des Gestaltungsspielraums der Tarifparteien halte[4]. Schließlich hat sich die Rechtsprechung mit der Eingruppierung eines als **Dauernachtwache** tätigen Krankenpflegers in einem Fachkrankenhaus für Psychiatrie beschäftigt[5] und judiziert, dass ein Krankenpflegehelfer, der die Tätigkeit eines Krankenpflegers ausübt, keinen Anspruch auf Vergütung wie ein Krankenpfleger hat, da es an subjektiven Eingruppierungsvoraussetzungen fehlt[6]. Examinierte Krankenpfleger können nach zweijähriger entsprechender Tätigkeit in der Vergütungsgruppe BAT Kr IV, Fallgruppe 1 in die Vergütungsgruppe BAT Kr V höhergruppiert werden. Der Begriff „entsprechende Tätigkeit" setzt eine aktive Tätigkeit voraus, die

---

1 BAG v. 6.2.1991 – 4 AZR 371/90, ZTR 1991, 295.
2 LAG Schleswig-Holstein v. 4.9.1990 – 2 Sa 247/90, ZTR 1991, 75, bestätigt durch BAG v. 24.4.1991 – 4 AZR 526/90, EzBAT §§ 22, 23 BATL VergGr Kr VIII Nr. 1; s. weiterhin BAG v. 24.4.1991 – 4 AZR 548/90, ZTR 1991, 380.
3 LAG Hamm v. 17.3.1988 – 4 Sa 1973/87, juris. Ob damit der BAT justiziabel wird, erscheint äußerst fragwürdig.
4 LAG Köln v. 14.12.2000 – 6 Sa 1068/00, ZTR 2001, 267.
5 BAG v. 9.8.1988 – 4 AZN 357/88, juris.
6 BAG v. 5.3.1997 – 4 AZR 392/95, ZTR 1997, 411.

zum **Berufsbild eines Krankenpflegers** zählt. Der Einsatz allein bei Kranken-
transporten gehört nicht hierzu[1].

2. Krankenschwester

Die Rechtsprechung hat klargestellt, dass eine Diplom-Medizinpädagogin   13
(Ausbildung in der früheren DDR), die gleichzeitig auch ausgebildete Krankenschwester ist, hinsichtlich der Eingruppierung nicht schlechter behan-
delt werden darf als eine „bloße" Diplom-Medizinpädagogin[2]. Sofern eine
Leitende Krankenschwester zur Betriebsleitung einer Klinik gehört, kommt
die Gewährung einer Funktionszulage in Betracht[3]. Die Eingruppierung von
Leitenden Krankenschwestern/Leitenden Krankenpflegern/Leitenden Heb-
ammen, die durch ausdrückliche schriftliche Anordnung zu Mitgliedern der
Krankenhausbetriebsleitung bestellt worden sind, ist in der Anlage 1b zum
BAT/VKA abschließend geregelt. Damit kommt eine Eingruppierung nach
den allgemeinen Merkmalen für den Verwaltungsdienst der Anlage 1a zum
BAT/VKA nicht in Betracht[4].

Der **tarifliche Begriff der Krankenschwester** entspricht dem öffentlichen   14
Medizinalrecht. Daher kann die tarifliche Mindestvergütung als Krankenschwester nur verlangen, wer über die entsprechende Erlaubnis nach dem
Krankenpflegegesetz verfügt[5]. Zur Eingruppierung einer Stationsschwester
in die Vergütungsgruppe BAT Kr VIII Fallgruppe 10 (BAT-O) hat das BAG betont, dass es sich bei der Tätigkeit einer Stationsschwester um eine leitende
Tätigkeit handele. Wenn die Leiterin einer Organisationseinheit selbst Aufgaben wahrnehme, die innerhalb des von ihr betreuten Bereichs anfielen, gehörten diese Tätigkeiten als Zusammenhangsarbeiten zu ihrer einheitlich
zu bewertenden Leitungstätigkeit. Als Pflegepersonen im tariflichen Sinne
können nur Angestellte berücksichtigt werden, die nach der Anlage 1b Abschnitt A BAT-O eingruppiert sind, also etwa Krankenschwestern und Krankenpfleger, nicht aber Stationshilfen[6]. Hängt die Eingruppierung einer Stationsschwester von der Zahl der ihr unterstellten Pflegepersonen ab, so sind
Erzieher nicht mitzuzählen, soweit die Tarifvertragsparteien nichts anderes
bestimmen[7].

Nicht jede **Frühgeborenenstation** ist eine Einheit für „Intensivmedizin" im   15
Sinne der Protokollerklärung Nr. 3 zu Abschnitt A der Anlage 1b zum BAT.
Bei Frühgeborenenstationen muss vielmehr zwischen der „nichtintensiven"
Frühgeborenenstation und der Neonatologischen oder Pädiatrischen Inten-
sivstation unterschieden werden. Es ist daher bei einer Frühgeborenenstati-

---

1 LAG Hessen v. 2.6.1992 – 6/9 Sa 1311/90, EzBAT §§ 22, 23 L VergGr Kr V1.
2 LAG Berlin-Brandenburg v. 19.3.2010 – 13 Sa 2835/09, juris.
3 LAG Baden-Württemberg v. 11.11.1998 – 3 Sa 30/98, juris.
4 BAG v. 23.11.1994 – 4 AZR 873/93, ZTR 1995, 219.
5 BAG v. 20.4.1983 – 4 AZR 416/80, AP Nr. 72 zu §§ 22, 23 BAT 1975.
6 BAG v. 15.2.2006 – 4 AZR 66/05, juris; s. insoweit auch LAG Mecklenburg-Vorpommern v. 23.11.2004 – 5 Sa 307/04, juris.
7 BAG v. 29.4.1992 – 4 AZR 458/91, ZTR 1992, 420.

on im Einzelfall zu prüfen, ob in ihr Intensivmedizin im Sinne der Protokollerklärung Nr. 3 gewährt wird[1].

3. Der Rettungsassistent

16 Nach Auffassung des BAG hat ein Rettungsassistent im Krankentransport keinen Anspruch auf Eingruppierung in die Vergütungsgruppe BAT VIb. Das BAG hat im konkreten Fall das Vorliegen einer Tätigkeit der **Notfallrettung** verneint, weil der Rettungsassistent im Wesentlichen für Krankentransporte zwischen verschiedenen Kliniken eines Universitätsklinikums zuständig war. Dies habe mit der Aufgabenstellung eines Rettungsassistenten am Notfallort bis zur Übernahme der Behandlung durch den Arzt nichts zu tun[2]. Bei der Eingruppierung eines Rettungsassistenten ist auch dessen Tätigkeit im Bereitschaftsdienst zu berücksichtigen[3]. Hierbei ging es um die Frage der Eingruppierung eines Rettungsassistenten bei kombinierter Tätigkeit in Leitstellen und in der Rettungswache[4]. Ausgehend von einer Eingruppierung in die Vergütungsgruppe BAT VIb kommt nach 6-jähriger Bewährung eine Höhergruppierung in die Vergütungsgruppe BAT Vc in Betracht[5].

17 Für den Bereich des Bayerischen Roten Kreuzes und des dortigen Tarifvertrages hat das LAG München betont, dass es nicht nur auf die Tätigkeit im Rettungsdienst als Fahrer eines Rettungswagens ankommt, sondern darüber hinaus auch auf die Ausweisung dieser Stelle im Stellenplan als die eines Rettungsassistenten[6].

4. Arzthelferin

18 Die Arzthelferin wird üblicherweise gemäß Tarifvertrag vom 5.8.1971 über die Eingruppierung der Angestellten in medizinischen Hilfsberufen und medizinisch-technischen Berufen in die Vergütungsgruppe VIb Fallgruppe 3 eingruppiert. Rechtsprechung und Literatur gehen davon aus, dass die Arzthelferin in der Regel **keine selbständigen Entscheidungen** trifft. Elektrokardiogramme mit allen Ableitungen sind ebenfalls als Routinearbeit und nicht als schwierige Tätigkeit im Sinne der Vergütungsgruppe VIb Fallgruppe 26 des Tarifvertrages vom 5.8.1971 anzusehen[7]. Hingegen wird anerkannt, dass die Durchführung von Sehtests unter Benutzung von Rosenstock-Testgeräten eine schwierige Aufgabe im Sinne des Tätigkeitsmerkmals der Ver-

---

1 BAG v. 10.7.1996 – 4 AZR 134/95, ZTR 1996, 557.
2 BAG v. 18.8.1999 – 4 AZR 605/98, ZTR 2000, 122.
3 BAG v. 29.11.2001 – 4 AZR 736/00, ZTR 2002, 327.
4 LAG Hamm v. 29.6.2000 – 4 Sa 2511/98, juris; s. hierzu auch die Revisionsentscheidung des BAG v. 29.11.2001 – 4 AZR 736/00, ZTR 2002, 327.
5 BAG v. 12.6.1996 – 43 AZR 1025/94, ZTR 1997, 29; BAG v. 16.4.1997 – 4 AZR 663/95, AP Nr. 225 zu §§ 22, 23 BAT 1975.
6 LAG München v. 9.1.2008 – 10 Sa 657/06, juris.
7 So *Breier/Kiefer/Hoffmann/Dassau*, Eingruppierung und Tätigkeitsmerkmale, BAT, Anlage 1a zum BAT (B/L) Teil II D, Stand: 3/10, S. 168.15 unter Bezugnahme auf LAG Schleswig-Holstein v. 1.6.1977 – 2 Sa 93/77.

gütungsgruppe VII Fallgruppe 9 des Teils II Abschnitt D der Anlage 1a zum BAT zur Arzthelferin darstellt[1].

5. Der Physiotherapeut (Krankengymnast)

Eine tarifvertragliche Regelung für die Eingruppierung des Physiothera-   19
peuten gibt es nicht. Die Literatur vertritt die Auffassung, dass insoweit eine bewusste Tariflücke besteht, die durch Anwendung der Tätigkeitsmerkmale für **Krankengymnasten** sachgemäß geschlossen werden kann[2].

6. Logopäden

Die Logopäden sind in den Vergütungsgruppen VIb Fallgruppe 21 und 22, Vc   20
Fallgruppe 19 und 20, Vb Fallgruppe 18 bis 20, Vergütungsgruppe IVb Fallgruppe 10 und 11 sowie Vergütungsgruppe IVa Fallgruppe IV eingruppiert. Mit dem Begriff der „schwierigen Aufgaben" im Sinne der Vergütungsgruppe VIb Fallgruppe 21 hat sich das BAG näher beschäftigt und hierbei bejaht, dass die **Stimmen- und Elektrotherapie** bei Stimmlippen-Lähmungen sowie die Behandlung geistig behinderter und im Bereich des zentralen Nervensystems geschädigter Kinder als „schwierige Aufgaben" im Sinne der tarifrechtlichen Vorschriften anzusehen ist[3].

IV. Die Techniker im Krankenhaus

Die **Pharmazieingenieure** in der Krankenhausapotheke sind keine tech-   21
nischen Angestellte nach dem „Tarifvertrag für Angestellte im technischen Beruf". Ihre Eingruppierung erfolgt gemäß dem Tarifvertrag für „Angestellte in medizinischen Hilfsberufen und medizinisch-technischen Berufen"[4].

Das Merkmal des „sonstigen Angestellten" im Sinne der Vergütungsgruppe   22
BAT IVb Fallgruppe 21 wird nicht erfüllt von **Medizintechnikern** ohne eine Fachhochschulausbildung oder gleichwertige Fähigkeiten[5]. Die Tätigkeit eines **Kardiotechnikers** erfüllt nach der Rechtsprechung auch dann nicht die Merkmale der Vergütungsgruppe BAT IVb, wenn sie von einem staatlich geprüften Techniker der Fachrichtung Medizin wahrgenommen wird[6]. Vergeb-

---

1 S. hierzu *Breier/Kiefer/Hoffmann/Dassau*, Eingruppierung und Tätigkeitsmerkmale, BAT, Anlage 1a zum BAT (B/L) Teil II D, Stand: 3/10, S. 168.16.
2 *Breier/Kiefer/Hoffmann/Dassau*, Eingruppierung und Tätigkeitsmerkmale, BAT, Anlage 1a zum BAT (B/L) Teil II D, Stand: 3/10, S. 168.24 unter Bezugnahme auf BAG v. 20.2.2008 – 4 AZR 53/07, ZTR 2008, 607.
3 BAG v. 14.8.1985 – 4 AZR 11/84, juris; hierzu *Breier/Kiefer/Hoffmann/Dassau*, Eingruppierung und Tätigkeitsmerkmale, BAT, Stand: 3/10, S. 168.24c.
4 BAG v. 25.9.1996 – 4 AZR 178/95, juris; BAG v. 25.9.1996 – 4 AZR 189/95, ZTR 1997, 326. S. hierzu *Breier/Kiefer/Hoffmann/Dassau*, Eingruppierung und Tätigkeitsmerkmale, BAT, Anlage 1a zum BAT (B/L) Teil II D, Stand: 3/10, S. 170.4.
5 BAG v. 26.3.1992 – 4 AZN 71/92, ZTR 1992, 292.
6 LAG Köln v. 13.9.1985 – 9 Sa 193/85, juris, bestätigt durch BAG v. 25.6.1986 – 4 AZR 670/85, juris.

lich war die Klage eines **Leiters der Elektrowerkstatt** eines Landeskrankenhauses, der als Meister in die Vergütungsgruppe BAT Vb Fallgruppe 29 eingruppiert werden wollte. Die insoweit erforderliche dreifache wesentliche Heraushebung aus der Vergütungsgruppe BAT Vc durch Umfang, Bedeutung und Selbständigkeit wurde verneint[1].

23   Das BAG hat sich weiterhin beschäftigt mit der Eingruppierung eines **Wartungs- und Sanitärhandwerkers im Gesundheitswesen**[2], mit einer Eingruppierung eines **Feinmechanikers im Gesundheitswesen**[3], mit der Eingruppierung eines **Elektrikers**[4] **und schließlich generell mit der Eingruppierung eines Arbeiters** im Gesundheitswesen[5]. Hierbei ging es immer wieder um die Auslegung des Begriffes zentrale „Spezialeinrichtungen bzw. Spezialanlagen" im Sinne der Lohngruppe 9 Fallgruppe 18. 1 für Arbeiter im Gesundheitswesen.

24   Die Instanzgerichte haben sich weiterhin beschäftigt mit der Eingruppierung eines Facharbeiters, der die Kälte- und Klimaanlagen für mehrere Operationssäle eines Krankenhauses zu bedienen hatte[6], mit der Eingruppierung eines Betriebselektrikers[7] und schließlich mit der Eingruppierung eines im Reparaturdienst (Reparatur von Krankenbetten, Nachttischen, Rollstühlen etc.) eines Krankenhauses eingesetzten Arbeitnehmers mit **Ausbildung eines Kfz-Mechanikers**[8].

25   Nach der Rechtsprechung des BAG verlangen die Vergütungsgruppen für „**medizinisch-technische Assistentinnen**" die Erfüllung von Aufgaben in dem Fachgebiet, in dem die Assistentin erfolgreich ausgebildet und für das sie die Berufsbezeichnung zu führen berechtigt ist. Eine medizinisch-technische Laboratoriumsassistentin, die in einem anderen Fachgebiet – z. B. der Radiologie – eingesetzt sei, erfülle nicht die Tätigkeitsmerkmale der Vergütungsgruppen für medizinisch-technische Assistenten, sondern sei in Vergütungsgruppen für medizinisch-technische Gehilfinnen der Anlage 1a zum BAT einzugruppieren[9].

V. Die sozialen Helfer

26   Nach Auffassung der Rechtsprechung hat eine Krankenhausseelsorgehelferin keinen Anspruch auf Eingruppierung in die – BAT IVa entsprechende – Vergütungsgruppe IVa nach § 27 des Tarifvertrages für kirchliche Mitarbeiter in der Evangelischen Kirche in Berlin-Brandenburg vom 27.4.1993

---

1 BAG v. 16.5.1979 – 4 AZR 607/77, AP Nr. 22 zu §§ 22, 23 BAT 1975.
2 BAG v. 16.4.1997 – 10 AZR 32/96, AP Nr. 5 zu § 21 NTArb.
3 BAG v. 23.4.1997 – 10 AZR 675/95, ZTR 1997, 461.
4 BAG v. 27.1.1988 – 4 AZR 532/87, ZTR 1988, 307.
5 BAG v. 18.12.1996 – 4 AZR 247/96, ZTR 1997, 323.
6 LAG Nürnberg v. 27.1.1994 – 8 (5) Sa 65/92, ZTR 1995, 336.
7 LAG Hamm v. 3.11.1994 – 12 Sa 1302/93, juris.
8 LAG Nürnberg v. 4.8.2004 – 4 Sa 252/03, juris.
9 BAG v. 22.3.2000 – 4 AZR 112/99, ZTR 2000, 416. S. hierzu *Breier/Kiefer/Hoffmann/ Dassau*, Eingruppierung und Tätigkeitsmerkmale, BAT, Stand: 3/10, S. 168.24g, S. 168.26.

(KMT)[1]. Bejaht wurde hingegen die Eingruppierung einer geprüften und staatlich anerkannten Psychagogin in die Vergütungsgruppe BAT IVa[2]. Die Rechtsprechung hat weiterhin verneint den Anspruch eines Diplomsozialpädagogen, der in einem Zentrum für Psychiatrie zusammen mit anderen Fachkräften psychisch kranke Rechtsbrecher betreut, auf eine Eingruppierung gemäß der Vergütungsgruppe BAT IVa (keine Heraushebung der „Bedeutung" aus der Vergütungsgruppe IVb Fallgruppe 16 BAT)[3]. Generell ist festzustellen, dass das Höhergruppierungsbegehren von Sozialpädagogen im Krankenhaus-Sozialdienst in die Vergütungsgruppe BAT IVa regelmäßig von der Rechtsprechung abgelehnt wird[4].

Die Voraussetzungen für die Eingruppierung in die Vergütungsgruppe BAT   27
IVa Fallgruppe 16 (Heraushebung der Tätigkeit „durch besondere Schwierigkeit ...") lassen sich nicht bereits deshalb bejahen, weil der Sozialarbeiter die Tätigkeit der psychosozialen Betreuung von Tumorpatienten entsprechend seiner fachlichen Ausbildung und beruflichen Wissenserweiterung fachgerecht ausübt[5]. Die Tatbestandsvoraussetzungen für die Eingruppierung in die Vergütungsgruppe BAT IVa Fallgruppe 16 hat die Rechtsprechung weiterhin verneint bei der Tätigkeit eines Sozialarbeiters in der begleitenden Fürsorge für Personen, die sich in der forensischen Abteilung eines psychiatrischen Krankenhauses befinden[6], und ganz generell bei der Tätigkeit im Sozialdienst eines Krankenhauses[7]. Soweit ersichtlich gibt es keine veröffentlichte Gerichtsentscheidung, die die Eingruppierung eines Sozialarbeiters im Krankenhausdienst in die Vergütungsgruppe BAT IVa bejaht.

Von daher ist es auch nicht weiter verwunderlich, dass die Rechtsprechung   28
festgestellt hat, dass ein Diplomsportlehrer in der Bewegungstherapie keine seiner Hochschulbildung entsprechende adäquate Tätigkeit ausübt und demzufolge auch keinen Anspruch auf die Eingruppierung in die Vergütungsgruppe IIa (Bund/Land) bzw. BAT II (VKA) hat[8]. Nach Auffassung der Rechtsprechung ist ein Erzieher in einem psychiatrischen Krankenhaus in der Vergütungsgruppe BAT Vc zutreffend eingruppiert[9]. Nach gefestigter Rechtsprechung des BAG haben Erzieher in einem Krankenhaus – auch bei Betreuung von über achtzehnjährigen Personen, z.B. in Einrichtungen für Behinderte i.S.d. § 53 SGB XII – keinen Anspruch auf Eingruppierung in die Vergütungsgruppe BAT Vc[10].

---

1 LAG Berlin v. 5.7.2002 – 2 Sa 621/02, juris; bestätigt durch BAG v. 27.8.2003 – 4 AZR 519/02, EzBAT §§ 22, 23 BAT-A Nr. 88.
2 BAG v. 23.11.1983 – 4 AZR 432/81, AP Nr. 81 zu §§ 22, 23 BAT 1975.
3 BAG v. 12.2.1997 – 4 AZR 324/95, ZTR 1997, 328.
4 BAG v. 8.2.1995 – 4 AZR 921/93, EzBAT §§ 22, 23 BAT F1 VergGR IVb Nr. 10/11; BAG v. 8.2.1995 – 4 AZR 122/93, ZTR 1995, 407.
5 LAG Düsseldorf v. 4.5.1993 – 16 Sa 181/93, ZTR 1993, 374.
6 LAG Baden-Württemberg v. 9.11.1994 – 9 Sa 22/94, EzBAT §§ 22, 23 BAT F1 VergGr IVb Nr. 18.
7 LAG Köln v. 28.10.1993 – 10 Sa 243/93, juris.
8 LAG Hessen v. 5.10.1993 – 7 Sa 1771/92, EzBAT §§ 22, 23 BAT D1 VergGr Vb Nr. 2.
9 BAG v. 29.1.1992 – 4 AZR 217/91, ZTR 1992, 200; s. weiterhin BAG v. 24.1.2001 – 4 AZR 8/00, ZTR 2001, 514.
10 BAG v. 6.3.1996 – 4 AZR 771/94, ZTR 1996, 464 zu § 39 BSHG.

D. Eingruppierung des nichtmedizinischen Personals
nach dem MTV Pro Seniore

1 Der MTV Pro Seniore enthält für Krankenpfleger keine Eingruppierungsmerkmale. Das BAG geht insoweit von einer Tariflücke aus, zu deren Schließung die Gerichte für Arbeitssachen nicht befugt seien[1]. Nach Auffassung der Rechtsprechung beinhaltet der MTV Pro Seniore keinen Verweis auf die **Eingruppierungsautomatik des § 22 BAT**, auch wenn einzelne Bestimmungen des Eingruppierungstarifvertrages des BAT in Bezug genommen werden[2]. Die Rechtsprechung hat weiterhin betont, dass Eingruppierungsmerkmale, die die Bewährung in einer Fallgruppe eines Tarifvertrages voraussetzen, nicht erfüllt sind, wenn hierfür Zeiten erforderlich sind, in denen der Tarifvertrag auf das Arbeitsverhältnis mangels Gewerkschaftsmitgliedschaft des Arbeitnehmers und auch aus sonstigen Gründen keine Anwendung fand[3]. Verlangt ein Tätigkeitsmerkmal die Bewährung in einer bestimmten Vergütungsgruppe und/oder bestimmten Fallgruppe, wird nach dem tariflichen Wortlaut die normative Geltung der entsprechenden Vergütungsordnung vorausgesetzt. Eine solchermaßen bestimmte Bewährungszeit kann daher erst mit dem Inkrafttreten der zugrunde liegenden Vergütungsordnung zu laufen beginnen[4].

2 Die Rechtsprechung hat sich mehrfach mit der Frage der Bewährung sowie den **Bewährungsaufstieg** beschäftigen müssen. Hiernach ist das Erfordernis einer Bewährung erfüllt, wenn der Angestellte während der vorgeschriebenen Bewährungszeit sich den in der ihm übertragenden Tätigkeit auftretenden Anforderungen der Ausgangsvergütungsgruppe gewachsen gezeigt hat. Der Angestellte muss keine herausragende Leistung erbringen. Es genügt die qualitative und quantitative Normalleistung, die nach den herkömmlichen Beurteilungssystemen mit „genügt den Anforderungen" zu bewerten wäre[5]. Eine Eingruppierung als Pflegehelfer kommt im Übrigen bereits dann in Betracht, wenn der Arbeitnehmer das vom Arbeitgeber aufgestellte Anforderungsprofil erfüllt und es dem Arbeitgeber nicht darauf ankommt, dass der Arbeitnehmer auch die förmlichen Voraussetzungen einer Ausbildung zum **Altenpflegehelfer** tatsächlich erfüllt[6]. Im Zusammenhang mit einem Betriebsübergang hat das BAG ausgeführt, dass die Beschäftigungszeit nicht unmittelbar aus § 613a Abs. 1 BGB auch gegen den Willen der Tarifvertragsparteien anzurechnen sei. § 613a Abs. 1 BGB enthalte keine allgemeinen Auslegungsgrundsätze, die bei der Auslegung des MTV Pro Seniore dahingehend heranzuziehen wären, dass etwa „im Zweifel" eine solche Anrechnung zu erfolgen habe[7]. Das BAG hat ferner klargestellt, dass für die Ein-

---

1 BAG v. 25.2.2009 – 4 AZR 964/07, AP Nr. 215 zu § 1 TVG Auslegung.
2 LAG Berlin-Brandenburg v. 7.1.2009 – 15 Sa 1717/09, juris; LAG Rheinland-Pfalz v. 2.2.2010 – 3 Sa 557/09, juris.
3 LAG Brandenburg v. 11.12.2008 – 14 Sa 1739/08, juris.
4 BAG v. 24.9.2008 – 4 AZR 510/07, juris.
5 BAG v. 2.7.2008 – 4 AZR 391/07, juris.
6 BAG v. 2.7.2008 – 4 AZR 439/07, AP Nr. 55 zu § 1 TVG.
7 BAG v. 9.4.2008 – 4 AZR 184/07, juris.

gruppierung der Tätigkeit als **Beschäftigungstherapeut** keine entsprechende
Ausbildung erforderlich ist, da das Tätigkeitsmerkmal allein an die Ausübung von Tätigkeiten anknüpfe[1]. Mehrere Landesarbeitsgerichte haben
schließlich festgestellt, dass das Inkrafttreten des MTV zwischen der Pro Seniore einerseits und ver.di andererseits nicht abhängig war vom Abschluss
neuer Arbeitsverträge mit allen Arbeitnehmern, da die Frage des Inkrafttre-
tens in § 27 MTV kalendarisch im Einzelnen bestimmt war[2].

---

1 BAG v. 9.4.2008 – 4 AZR 117/07, ZTR 2008, 672.
2 LAG Thüringen v. 6.3.2008 – 3 Sa 333/07, juris; LAG Rheinland-Pfalz v. 7.3.2008 –
   9 Sa 745/07, juris.

Teil 10
Arbeitszeitrecht im Krankenhaus

A. Überblick und Grundlagen

I. Arbeitszeit als Regelungsgegenstand

Dem Begriff „Arbeitszeit" kommt je nach Kontext **unterschiedliche** recht- 1
liche Bedeutung zu:

– Arbeitszeit i. S. d. **Arbeitszeitgesetzes (ArbZG)** ist nach § 2 Abs. 1 Satz 1
„die Zeit vom Beginn bis zum Ende der Arbeit ohne die Ruhepausen". Damit wird die Arbeitszeit für Zwecke des **öffentlich-rechtlichen Arbeitszeitschutzes** definiert: die Arbeitgeber werden gesetzlich zur Einhaltung
der im ArbZG gesetzten Regeln verpflichtet, die Überwachung erfolgt seitens der staatlichen Aufsichtsbehörden (unten Rz. 7 ff.).

– Arbeitszeit i. S. d. **Vertragsrechts** (Arbeitsvertrag, Betriebsvereinbarung,
Tarifvertrag) meint dagegen die *vertraglich geschuldete* individuelle Arbeitszeitdauer und -lage für jeden einzelnen Arbeitnehmer, d. h. sein individuelles **Arbeitszeitdeputat** (Arbeitszeitumfang: *wie viel Arbeit* pro Wo-
che/Monat/Jahr?) und die genaue **Lage** seiner Arbeitszeit (Arbeitszeitlage:
wann genau ist die Arbeit in Woche/Monat/Jahr zu leisten?). Die privatrechtlichen Rechtsquellen bestimmen das Verhältnis von Arbeitsleistung
und -entgelt, d. h. die **Hauptkonditionen** des Arbeitsvertrags (§ 611 BGB,
unten Rz. 30 ff. sowie Teil 3 E Rz. 1).

Das ArbZG setzt (zusammen mit anderen Schutzgesetzen, s. Skizze) für die 2
Vertragsgestaltung im **öffentlich-sozialstaatlichen Interesse** einen zeitlichen
Rahmen und ermöglicht innerhalb dieser Grenzen je nach privatrechtlicher
Vereinbarung flexible Arbeitszeitmodelle. In die „Arbeitszeit" i. S. d. ArbZG
fällt zwar in aller Regel auch die nach §§ 611, 612 BGB geschuldete und zu
vergütende vertragliche „Arbeitszeit"[1]. Doch ersetzt das ArbZG weder die
vertragliche Festlegung des **Umfangs** der Arbeitszeit (Vollzeit oder Teilzeit)
als Rechengröße für die Entgeltzahlung noch die Festlegung der Konditionen
für Abgeltung z. B. von **Mehrarbeit** (Überstunden, Rufbereitschaft, Bereitschaftsdienst etc.). Arbeitszeitfragen müssen demnach immer unterschieden
werden zwischen dem *arbeitsschutzrechtlichen*, die Arbeitsdauer und -lage
betreffenden Aspekt einerseits und ihrem *vertrags- und vergütungsrechtlichen*, die Vertrags- und Entgeltseite betreffenden Aspekt anderseits und
ggf. getrennt beurteilt werden[2].

---

1 Ausnahmsweise kann eine zu vergütende Dienstleistung nach §§ 611, 612 BGB aber
unter öffentlich-rechtlichem Gesundheitsschutzaspekt nicht „Arbeitszeit" sein wie
z. B. bei Rufbereitschaft und bei Umkleide- und Waschzeiten, vgl. BAG v. 11.10.2000
– 5 AZR 122/99, BAGE 96, 45 = NZA 2001, 458.
2 Vgl. z. B. BAG v. 28.1.2004 – 5 AZR 530/02, BB 2004, 1796 = NZA 2004, 656: Aus RL
93/104/EG und der EuGH-Rspr. folge nicht, dass Bereitschaftsdienst i. S. d. ArbZG
wie sonstige Arbeitszeit vergütet werden müsse. Die Arbeitsvertragsparteien sind da-

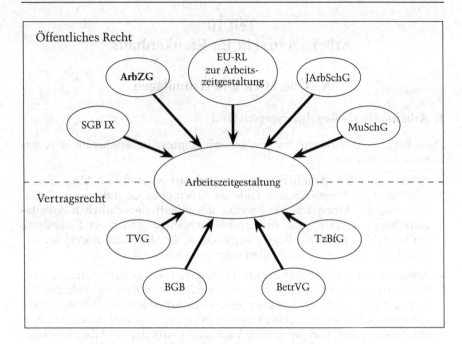

II. Besonderheiten im Krankenhaus

3   Eine krankenhausspezifische Besonderheit im Zusammenhang mit arbeitszeitrechtlichen Fragen ergibt sich daraus, dass es sich bei Krankenhäusern (nach der Terminologie der industriellen Arbeitszeitforschung) um sog. **Vollkonti-Betriebe**[1] handelt: Die Tatsache, dass die Patienten 24 Stunden am Tag und sieben Tage in der Woche versorgt werden müssen, erfordert eine 24-stündige „Betriebszeit", die in der Regel nach einem kontinuierlichen **Drei-Schicht-Modell** organisiert wird. Bereitschaftsdienste mit einer Arbeitsleistung von nicht mehr als 49 % ergänzen die Schichtdienste und kompensieren in der Regel die Personalengpässe im ärztlichen Dienst. Die Krankenpflege und -behandlung verträgt im Gegensatz zu den meisten Produktionszweigen aber keine absolut zwingende Regelung der Arbeitszeit, weil sich die Anforderungen an Pflege und Heilung in erster Linie nach den Bedürfnissen der Kranken und nicht nach denen des Klinikpersonals ausrichten müssen[2]. Deshalb sieht das ArbZG eine Fülle von Ausnahmeregelungen für den Bereich der Behandlung, Pflege und Betreuung von Personen vor (Rz. 5). Inzwischen existieren eine Fülle von Arbeitszeitmodellen speziell für den **Krankenhausbereich**. So hat z.B. eine Arbeitsgruppe im Auf-

---

her frei, für Bereitschaftsdienst und sog. Vollarbeit unterschiedliche Vergütungssätze vorzusehen, vgl. unten B Rz. 13.

1 Vgl. nur *Backes-Gellner*, Arbeitszeitmodelle, in: Backes-Gellner/Hölscher, Schichtmodelle für das Krankenhaus, 1999, S. 17 (19).

2 *Bitter/Heuwerth*, Krankenpflege- und Heilhilfspersonal, AR-Blattei SD 990.1 (1997), Rz. 67.

trag der Arbeits- und Sozialministerkonferenz und des Länderausschusses für Arbeitsschutz und Sicherheitstechnik (LASI) unter Beteiligung von Vertretern des Gesundheitsbereichs verschiedene vorbildliche Arbeitszeitmodelle für den Krankenhausbereich zusammengestellt, um den Krankenhäusern eine Hilfestellung bei der Einführung arbeitszeitgesetzkonformer Dienstmodelle zu geben[1]. Jede Klinik ist grundsätzlich selbst gefordert, ihre Arbeitsorganisation so zu gestalten, dass eine **rechtskonforme Gestaltung der Arbeitszeit** gewährleistet ist. Dazu muss sich jedes Krankenhaus mit seiner Arbeitsorganisation, den Arbeitsabläufen sowie dem Zusammenwirken der verschiedenen Organisationseinheiten sowie den Auswirkungen auf die Arbeitszeitgestaltung auseinander setzen. Die Gestaltung eines geeigneten Arbeitszeitmodells setzt immer eine Analyse des Tätigkeitsanfalls in der einzelnen Organisationseinheit voraus und bedingt Informationen über das Anforderungsprofil aller Organisationseinheiten, die zusammenwirken müssen[2].

Bis zum Inkrafttreten des **Arbeitszeitgesetzes** am 1.7.1994 war die Arbeits-   4 zeit (nur) des Pflegepersonals durch die „Verordnung über die Arbeitszeit in Krankenpflegeanstalten" (KrAZO) vom 13.2.1924[3] geregelt. Diese sah im Wesentlichen die Beschränkung der Höchstarbeitszeit auf zehn Stunden täglich und 60 Stunden wöchentlich vor. Weitere Regelungen konnte die „Anstaltsleitung" treffen. Für Ärzte galten nur der BAT mit seinen Sonderregelungen für Ärzte bzw. die Arbeitsvertragsrichtlinien (AVR) für die kirchlichen Krankenhäuser. Mit Erlass der Richtlinie 93/104/EG mussten auch Ärzte – mit Ausnahme der Chefärzte – in die nationale Arbeitszeitgesetzgebung einbezogen werden. Die Richtlinie wurde mit dem am 1.7.1994 in Kraft getretenen ArbZG umgesetzt. Seit dem Auslaufen der Übergangsregelungen für Ärzte und Pflegepersonal in Krankenhäusern am 1.1.1996 gilt das Arbeitszeitgesetz auch für diese Personengruppen in vollem Umfang[4].

Infolgedessen enthält das ArbZG für den Krankenhausbereich **Sonder-**   5 **regelungen** in § 5 Abs. 2 und 3, § 7 Abs. 2 Nr. 3, § 10 Abs. 1 Nr. 3 und § 14 Abs. 2 Nr. 2, die es erlauben, u. a. durch Verlängerung der täglichen Höchstarbeitszeit und Verkürzungen der Ruhezeit den besonderen Anforderungen eines Krankenhausbetriebes gerecht zu werden (näher B Rz. 8 ff.).

Große Bedeutung für den Krankenhausdienst entfaltete die **EuGH-Recht-**   6 **sprechung** seit 2000[5], nach der inzwischen feststeht, dass die EG-RL

---

1 LASI-Veröffentlichung LV 30 „Arbeitszeitgestaltung in Krankenhäusern", Neufassung 2009, abrufbar unter http://lasi.osha.de/docs/lv30.pdf; vgl. ferner Website www.diag-mav.de.
2 Zur Implementation neuer Arbeitszeitmodelle vgl. *Knauth/Hornberger*, Probleme und Wege der Einführung neuer Arbeitszeitmodelle, in: Wettbewerbsfähigkeit durch innovative Strukturen und Konzepte, FS Rühl, 1994, S. 133 ff.
3 RGBl. I S. 66, 154.
4 Mit Ausnahme der Chefärzte, leitenden Angestellten und der Dienststellenleiter, vgl. § 18 ArbZG sowie Teil 5 A Rz. 21 ff.
5 EuGH v. 3.10.2000 – Rs. C-303/98 („SIMAP"), Slg. 2000, I-7963 = NZA 2000, 1227; EuGH v. 9.9.2003 – Rs. C-151/02 („Jaeger"), Slg. 2003, I-8389 = NJW 2003, 2971; EuGH

2003/88/EG (früher: RL 93/104) den **Bereitschaftsdienst** bei persönlicher Anwesenheit im Klinikum als volle Arbeitszeit bewertet, so dass eine längere Beschäftigung als täglich zehn Stunden *inklusive* aller Bereitschaftsdienstzeiten dem gesetzlichen Grundsatz nach ausscheidet. Ausnahmen auf kollektivvertraglicher Grundlage bleiben aber möglich (vgl. B Rz. 20 ff.)[1]. Das hat auch Folgen für die höchstzulässige Wochenarbeitszeit. So entschied der EuGH in der Sache „Pfeiffer"[2], dass ein Tarifvertrag, der für Rettungssanitäter die Wochenarbeitszeit unter Berücksichtigung von Bereitschaftsdienstzeiten von 38,5 auf 49 Stunden erhöht, die wöchentliche Höchstarbeitszeit von 48 Stunden unzulässig überschreitet[3], was nur bei ausdrücklicher und freier Zustimmung des einzelnen Arbeitnehmers zulässig wäre (B Rz. 26 ff.), nicht dagegen bei der schlichten Verweisung des Arbeitsvertrags auf den die Überschreitung erlaubenden Tarifvertrag. Mit dem Gesetz zu Reformen am Arbeitsmarkt vom 24.12.2003[4] hat der deutsche Gesetzgeber das ArbZG entsprechend der EuGH-Rechtsprechung nachzubessern versucht (zu § 25 ArbZG vgl. Rz. 16). Das zur arbeitsschutzrechtlichen Einordnung des Bereitschaftsdienstes seitens der EU-Kommission eingeleitete Verfahren zur Änderung der Arbeitszeitrichtlinie[5] wurde vom Europäischen Parlament in der 2. Lesung des Richtlinienentwurfs am 17.12.2008 verworfen[6]. Doch wurde jetzt eine umfassende Überarbeitung durch eine Mitteilung der Kommission am 24.3.2010 angekündigt[7].

III. Gesetzliche Arbeitszeitregeln

1. Arbeitszeitgesetz (ArbZG)

7   **a)** Das gesetzliche Arbeitszeitrecht ist vorrangig **Arbeitsschutzrecht** und umfasst grundsätzlich vier Regelungsbereiche:

---

v. 5.10.2004 – Rs. C-397/01 bis C-403/01 („Pfeiffer"), Slg. 2004, I-8835 = NZA 2004, 1145; dazu näher ErfK/*Wank*, § 2 ArbZG Rz. 23 ff.; *Reichold*, JZ 2006, 549 (553); *Schliemann*, NZA 2006, 1009.

1 Vgl. nur *Anzinger*, FS Wißmann, 2005, S. 3 (10); *Heinze*, ZTR 2002, 102; *Linnenkohl*, AuR 2002, 211; *Schliemann*, NZA 2006, 1009; *Streckel*, GedS Sonnenschein, 2002, S. 875.

2 EuGH v. 5.10.2004 – Rs. C-397/01 bis C-403/01 („Pfeiffer"), Slg. 2004, I-8835 = NJW 2004, 3547 = NZA 2004, 1145.

3 Vgl. EuGH v. 5.10.2004 – Rs. C-397/01 bis C-403/01 („Pfeiffer"), Tz. 100: durchschnittliche Wochenarbeitszeit von 48 Stunden ist „besonders wichtige Regel des Sozialrechts der Gemeinschaft, die jedem Arbeitnehmer als ein zum Schutz seiner Sicherheit und seiner Gesundheit bestimmter Mindestanspruch zugute kommen muss".

4 BGBl. I, 3002 (3006); vgl. dazu *Boerner*, NJW 2004, 1559; *Reim*, DB 2004, 186.

5 Vgl. KOM(2004) 607 endg. bzw. KOM(2005) 246 endg.; ferner *Baeck/Lösler*, NZA 2005, 247 (248 f.); krit. *Abeln/Repey*, AuR 2005, 20. Inaktive Zeiten während des Bereitschaftsdienstes sollten demnach nicht mehr zur Arbeitszeit zählen.

6 Vgl. Pressemitteilung des EP vom 17.12.2008: Inaktive Zeiten während des Bereitschaftsdienstes könnten allerdings durch Tarifverträge, sonstige Vereinbarungen oder Rechts- und Verwaltungsvorschriften bei der Berechnung der wöchentlichen Höchstarbeitszeit „besonders gewichtet" werden, dazu auch *Reusch*, AiB 2009, 79.

7 KOM(2010) 106 endg. (Überarbeitung der ArbZ-Richtlinie).

– Vorschriften zur **Höchstdauer** der Arbeitszeit (pro Tag bzw. Woche),

– Vorschriften zur Festlegung der zeitlichen **Lage** der Arbeitszeit während des Tages,

– Vorschriften zur Regelung von **Pausen** während der Arbeitszeit und von **arbeitsfreien Ruhezeiten** nach Beendigung der täglichen Arbeit,

– Vorschriften zur **Arbeitsruhe** und ihren Ausnahmen an Sonntagen und gesetzlichen Feiertagen[1].

Im deutschen **Arbeitszeitgesetz** vom 1.7.1994[2] wurden diese Bereiche erstmals für alle Arbeitnehmergruppen einheitlich geregelt[3]. Zeitgleich wurde die europäische **Richtlinie** (RL) 93/104/EG des Rates vom 23.11.1993 über bestimmte Aspekte der Arbeitszeitgestaltung verabschiedet[4]. Nach der Änderungs-RL 2000/34/EG erfolgte eine konsolidierte Fassung in RL 2003/88/EG[5]. Zu den Einzelheiten des ArbZG unten B Rz. 1 ff.   8

Zwecke des ArbZG sind nach § 1   9

– Gewährleistung der Sicherheit und des Gesundheitsschutzes der Arbeitnehmer bei der Arbeitszeitgestaltung,

– Verbesserung der Rahmenbedingungen für flexible Arbeitszeiten,

– Schutz des Sonntags und der staatlich anerkannten Feiertage als Tage der Arbeitsruhe und der seelischen Erhebung der Arbeitnehmer[6].

Im Umkehrschluss können dem ArbZG aber nicht z.B. arbeitsmarktpolitische oder wettbewerbspolitische Zwecke unterstellt werden.

Doch sind **Kollisionen** zwischen dem Schutzcharakter des Gesetzes (Gesundheits- und Feiertagsschutz) und seinem Flexibilisierungsziel denkbar. Die flexible Verteilung der jeweiligen Arbeitszeitdeputate in der Planperiode (Woche, Monat, Jahr)[7] kann sowohl im Arbeitgeberinteresse (z.B. Anpassung der Arbeitszeit an saisonale Schwankungen) als auch im Arbeitnehmerinteresse (z.B. Anpassung der Arbeitszeit an familiäre Belange liegen. Werden dabei jedoch die auf arbeitswissenschaftlichen Erkenntnissen beruhenden und europarechtlich abgesicherten Höchstgrenzen zulässiger Arbeitszeit überschritten, muss im Zweifel dem (verfassungsrechtlich abgesicherten) Ge-   10

---

1 MünchArbR/*Anzinger*, § 297 Rz. 1.
2 Art. 1 des „Gesetzes zur Vereinheitlichung und Flexibilisierung des Arbeitszeitrechts" vom 6.6.1994 (Arbeitszeitrechtsgesetz – ArbZRG), BGBl. I, 1170.
3 Zur Geschichte vgl. *Reichold*, ZfA 1990, 5; *Tietje*, Grundfragen des Arbeitszeitrechts, 2001, S. 27 ff.
4 ABl. EG Nr. L 307/13.
5 Vom 4.11.2003, ABl. EG Nr. L 299/9.
6 Dazu näher MünchArbR/*Anzinger*, § 297 Rz. 8 ff.; *Baeck/Deutsch*, § 1 ArbZG Rz. 3 ff.; ErfK/*Wank*, § 1 ArbZG Rz. 7 f.
7 Grundlegend MünchArbR/*Schüren*, § 40 Rz. 2; *Reichold*, NZA 1998, 393.

sundheitsschutz des Arbeitnehmers der Vorrang vor flexibler Gestaltung (vgl. aber § 7 ArbZG) zukommen[1].

11 **b) Sachlich** gilt das ArbZG im Grundsatz (Ausnahmen vgl. §§ 18–21) für alle Beschäftigungsbereiche, also auch für den Krankenhausbereich und die dort Beschäftigten. Seine Normen dürfen als **zwingendes Recht** durch den Arbeitgeber nicht verletzt werden, auch dann nicht, wenn der Arbeitnehmer sich damit einverstanden erklärt. Den Arbeitgeber trifft im Gegenteil eine **Organisationspflicht aus § 618 BGB**, die aus Gründen des Gesundheitsschutzes höchstzulässige Arbeitszeit einschließlich dazu zählender Bereitschaftsdienste zu beachten und ihre Einhaltung zu gewährleisten (dazu B Rz. 65 ff.)[2]. Vertragliche Vereinbarungen, die gegen das ArbZG verstoßen, sind nichtig (§ 134 BGB), doch führt das nicht zur Gesamtnichtigkeit des Arbeitsvertrags, sondern nur zur Teilnichtigkeit der speziellen Arbeitszeitvereinbarung (§ 139 BGB); dem Arbeitnehmer steht insoweit ein Leistungsverweigerungsrecht zu, als die Grenzen des ArbZG überschritten sind[3].

12 **Kernvorschrift** ist § 3 ArbZG, wonach die werktägliche Arbeitszeit (d. h. Montag bis einschließlich Samstag) **acht Stunden** nicht überschreiten darf. Eine Verlängerung auf bis zu zehn Stunden ist möglich, wenn diese Verlängerung innerhalb eines Ausgleichszeitraums von sechs Monaten (oder 24 Wochen) auf durchschnittlich acht Stunden bei einer Sechstagewoche ausgeglichen wird – die wöchentliche Höchstarbeitszeit beträgt also **48 Stunden**. Damit ermöglicht § 3 Satz 2 ArbZG flexible Arbeitszeitmodelle mit unterschiedlichen Wochen- und Monatsarbeitszeiten (z. B. Gleitzeit, Arbeitszeitkonten etc.). Eine gesetzliche Mehrarbeitsregel gibt es nicht mehr. Ebenso wie die in § 7 ArbZG zugelassenen Ausnahmen von der Höchstgrenze werden entsprechende Regelungen den Tarifparteien überlassen (dazu B Rz. 18 ff.).

13 Nach dem Ende der täglichen Arbeitszeit soll nach § 5 Abs. 1 ArbZG eine ununterbrochene **Ruhezeit von mindestens elf Stunden** gewährt werden. Die Rechtsprechung des EuGH (Rz. 6) hat klargestellt, dass „Bereitschaftsdienste" – verstanden als Dienste bei persönlicher Anwesenheit am Arbeitsplatz – unabhängig von einer tatsächlichen Inanspruchnahme nicht mehr in die Ruhezeit fallen dürfen, wohl aber Zeiten der „Rufbereitschaft" – verstanden als jederzeitige Abrufbarkeit ohne Anwesenheit am Arbeitsplatz –, solange nicht eine tatsächliche Inanspruchnahme erfolgt (sog. Hintergrunddienst)[4]. Die besondere Ausnahmeregel für Krankenhäuser in § 5 Abs. 3 ArbZG wurde dementsprechend beschränkt auf „Kürzungen der Ruhezeit durch Inan-

---

1 Wie hier MünchArbR/*Anzinger*, § 297 Rz. 9; *Schliemann/Meyer*, Rz. 41; auf den Einzelfall stellen ab *Baeck/Deutsch*, § 1 ArbZG Rz. 10; ErfK/*Wank*, § 1 ArbZG Rz. 9; *Junker*, ZfA 1998, 105 (106).

2 Deutlich BAG v. 16.3.2004 – 9 AZR 93/03, BAGE 110, 60 = NZA 2004, 927: Katholische Krankenhausstiftung kann nicht durch „Hausvertrag" von ArbZG-Normen abweichen.

3 Vgl. nur *Baeck/Deutsch*, Einf. ArbZG Rz. 53 f.; *Reichold*, Arbeitsrecht, § 7 Rz. 41.

4 *Baeck/Deutsch*, § 5 ArbZG Rz. 7; ErfK/*Wank*, § 5 ArbZG Rz. 3; HWK/*Gäntgen*, § 2 ArbZG Rz. 6.

spruchnahmen während der Rufbereitschaft"; der bislang enthaltene Begriff „Bereitschaftsdienst" wurde gestrichen (dazu B Rz. 11 f., 37)[1].

Die Einordnung des Bereitschaftsdienstes als Arbeitszeit hat auch Folgen für   14
die **Nachtarbeit** (§ 2 Abs. 3–5 i. V. m. § 6 ArbZG). Bereitschaftsdienst leisten-de Ärzte und Mitarbeiter von Funktionsdiensten werden jetzt als Nacht-arbeitnehmer angesehen, wenn sie an mindestens 48 Tagen im Kalenderjahr – Faustregel: „durchschnittlich einmal in der Woche Nachtarbeit" – mindes-tens zwei Stunden zwischen 23 und 7 Uhr Nachtdienste leisten (dazu B Rz. 14 ff.). Sie können dann die besonderen Rechte aus § 6 ArbZG geltend machen (z. B. angemessene Zusatzfreizeit oder Nachtzuschläge, vgl. § 6 Abs. 5, arbeitsmedizinische Untersuchung, vgl. § 6 Abs. 3). Das Nacht-arbeitsverbot für Frauen in § 19 AZO war von EuGH[2] bzw. BVerfG[3] als ver-fassungswidrige Ungleichbehandlung der Frauen beurteilt worden, so dass § 6 ArbZG inzwischen eine geschlechtsneutral formulierte Schutzvorschrift darstellt (dazu B Rz. 44 ff.).

Abweichungen von der Höchstarbeitszeit bei Tag und bei Nacht können   15
kraft **Tarifvertrags** oder darauf beruhender **Betriebs- oder Dienstvereinba-rungen** erreicht werden, „wenn in die Arbeitszeit regelmäßig und in erheb-lichem Umfang Arbeitsbereitschaft oder Bereitschaftsdienst fällt", vgl. § 7 Abs. 1 Nr. 1 und 4 ArbZG (dazu B Rz. 20 ff.). Der Ausgleichszeitraum, inner-halb dessen die wöchentliche Höchstarbeitszeit im Durchschnitt erreicht werden muss, kann dann nach § 7 Abs. 8 ArbZG auf bis zu ein Jahr verlän-gert werden. Eine Verlängerung ohne Ausgleich kann nach § 7 Abs. 2a i. V. m. Abs. 7 ArbZG nur bei individueller schriftlicher Einwilligung des Ar-beitnehmers vereinbart werden, soweit durch besondere Regelungen sicher-gestellt wird, dass die Gesundheit des Personals nicht gefährdet wird (sog. Opt-out-Regel, dazu B Rz. 26 ff.)[4]. Sind solche Regelungen nach § 7 Abs. 2a ArbZG tariflich vorgesehen, können im Geltungsbereich des Tarifvertrags auch nicht tarifgebundene Krankenhäuser davon Gebrauch machen, vgl. § 7 Abs. 3 ArbZG. Ob sämtliche dieser seit dem 1.1.2004 neu vorgesehenen Ver-längerungsmöglichkeiten auch europarechtskonform sind, wird allerdings zu Recht bezweifelt[5]. Der gemeinsame Vorstoß von Ministerrat und EU-Kommission, die in der Arbeitszeitrichtlinie 2003/88/EG vorgesehene sog. Opt-out-Regel beizubehalten[6], wurde vom Europäischen Parlament am 17.12.2008 verworfen (vgl. Rz. 6).

---

1 Art. 4b Nr. 1 des Gesetzes zu Reformen am Arbeitsmarkt vom 24.12.2003, BGBl. I, 3002 (3005), dazu auch *Baeck/Lösler*, NZA 2005, 247 (248); *Schliemann*, NZA 2006, 1009 (1010).
2 EuGH v. 25.7.1991 – Rs. C-345/89 („Stoeckel"), Slg. 1991-I, 4047 = DB 1991, 2194.
3 BVerfG v. 28.1.1992 – 1 BvR 1025/82 u. a., BVerfGE 85, 191 = NZA 1992, 270.
4 Beispiele bei *Schlottfeldt*, KU-Sonderheft „Arbeitszeit im Krankenhaus" 2004, S. 4 (5).
5 Vor allem wegen nicht limitierter Ausgleichszeiträume, vgl. Bedenken bei *Busch-mann*, AuR 2004, 1 (4 f.); *Linnenkohl/Rauschenberg*, § 7 ArbZG Rz. 65; *Schliemann*, NZA 2004, 513 (517).
6 Vgl. KOM(2004) 607 endg.

16   **c)** Um die rechtlichen Veränderungen auch im Krankenhausbereich angemessen bewältigen zu können, sah § 25 ArbZG zunächst eine **Übergangsfrist**
bis Ende 2005 vor. Im Rahmen des Fünften Gesetzes zur Änderung des Dritten Buches Sozialgesetzbuch und anderer Gesetze wurde die – europarechtlich umstrittene – Regelung um ein Jahr verlängert[1]. Bis zum 31.12.2006
sollten damit bereits bestehende oder nachwirkende Tarifverträge, die abweichende Regelungen i. S. d. § 7 oder § 12 ArbZG enthalten, auch dann
wirksam bleiben, wenn sie zu Lasten der Beschäftigten von den gesetzlichen
Grenzen abweichen[2]. Für Krankenhäuser in öffentlich-rechtlicher Trägerschaft (z. B. kommunale und Universitätskliniken) waren nach h. M. die europäischen Regelungen direkt anwendbar, § 25 ArbZG entfalte insoweit keine Wirkung und die Bestimmungen des BAT waren deshalb, soweit sie gegen
europäisches Recht verstießen, unwirksam[3]. Außerdem hat das BAG in
wörtlicher und europarechtskonformer Auslegung des § 25 Satz 1 ArbZG
entschieden, dass zu dem dort genannten gesetzlichen Höchstrahmen, von
denen Alttarifverträge noch bis Ende 2006 abweichen durften, *nicht die in
§§ 3 Satz 2, 7 Abs. 8 ArbZG normierte Grenze der höchstzulässigen Arbeitszeit* gehörte. Die Vorschrift dahin zu verstehen, dass sie auch die Überschreitung der 48-Stunden-Grenze zuließe, würde nämlich **dem Gemein-
schaftsrecht widersprechen** (vgl. Rz. 6)[4]. Damit galt die 48-Stunden-Grenze
einschränkungslos für alle (auch Alt-)Tarifverträge[5].

Seit dem 1.1.2007 sind Tarifverträge, die gegen das ArbZG verstoßen, unwirksam.

2. Teilzeit- und Befristungsgesetz (TzBfG)

17   **a)** Durch das **Teilzeit- und Befristungsgesetz** vom 21.12.2000[6] hat der Gesetzgeber zwei wichtige Teilbereiche der Vertragsgestaltung geregelt:

– die Teilzeitbeschäftigung soll durch das Gesetz stärker gefördert werden,

– die Zulässigkeit befristeter Arbeitsverträge soll durch das Gesetz eindeutig geregelt werden, vgl. § 1 TzBfG.

Für die **Arbeitszeitgestaltung** (i. S. d. Vertragsrechts) maßgeblich ist in unse-
rem Zusammenhang nur der Bereich der **Teilzeit**. Die Befristung wirkt sich
nämlich nicht auf Dauer (Arbeitszeitumfang, Rz. 1) bzw. Lage der Arbeits-

---

1 Vom 22.12.2005, BGBl. I, 3676.
2 Zur Europarechtswidrigkeit von § 25 ArbZG n. F. vgl. *Bauer/Krieger*, BB 2004, 549
 (550); *Boerner*, NJW 2004, 1559 (1562); *Buschmann*, AuR 2004, 1 (5); *Linnenkohl/Rau-
 schenberg*, § 25 ArbZG Rz. 2.2; *Litschen*, ZTR 2004, 119; *Matthiesen/Shea*, DB 2005,
 105 (106); *Schliemann*, NZA 2004, 513 (518); *Wahlers*, ZTR 2004, 446; ferner *Walger/
 Hurlebaus*, KU-Sonderheft „Arbeitszeit im Krankenhaus" 2004, S. 8 f.
3 H. M., vgl. nur *Bauer/Krieger*, BB 2004, 549 (550 f.); *Boerner*, NJW 2004, 1559 (1562);
 Buschmann, AuR 2004, 1 (5); *Reim*, DB 2004, 186 (190); *Schliemann*, NZA 2004, 513
 (518).
4 BAG v. 24.1.2006 – 1 ABR 6/05, NZA 2006, 862 = DB 2006, 1161 = ZTR 2006, 371.
5 So auch *Litschen*, ZTR 2006, 182 (183).
6 BGBl. I, 1966.

zeit aus, sondern betrifft die verabredete **Gesamtdauer** des Arbeitsverhältnisses und erlaubt ausnahmsweise eine Beendigung des Arbeitsvertrags **ohne Kündigung**, vgl. § 15 TzBfG. Die Befristung von Arbeitsverträgen ist daher im Zusammenhang mit der Begründung bzw. Beendigung des Arbeitsverhältnisses zu erläutern (vgl. oben Teil 3 C und F).

Der Begriff der **Teilzeitarbeit** ist in § 2 Abs. 1 TzBfG legal definiert. Danach 18 ist jeder Arbeitnehmer teilzeitbeschäftigt, „dessen regelmäßige *Wochenarbeitszeit* kürzer ist als die eines vergleichbaren vollzeitbeschäftigten Arbeitnehmers", d.h. dass jeder nicht in Vollzeit arbeitende Beschäftigte als Teilzeitkraft gilt, auch bei nur **geringfügiger** Beschäftigung i.S.d. § 8 Abs. 1 Nr. 1 SGB IV, so § 2 Abs. 2 TzBfG. In Deutschland wird Teilzeitarbeit in erster Linie von **Frauen**, genauer: von verheirateten Frauen und Müttern ausgeübt[1]. Auch im Krankenhausbereich wird zur Vereinbarkeit von Familie und Beruf häufig nicht nur klassische Teilzeit im Sinne einer verkürzten Tagesarbeitszeit gewählt, sondern auch spezifische Teilzeit im Sinne der Beschränkung auf bestimmte Schichten (z.B. Nachtschicht, Wochenenddienste etc.).

b) Kern des TzBfG ist das **Diskriminierungsverbot** nach § 4 Abs. 1: Teilzeit- 19 kräfte dürfen wegen ihres beschränkten Deputats nicht schlechter behandelt werden als vergleichbare Vollzeitkräfte, „es sei denn, dass *sachliche* Gründe eine unterschiedliche Behandlung rechtfertigen". Eine Ungleichbehandlung *allein* wegen des unterschiedlichen Umfangs der Arbeitszeit ist somit unzulässig; es müssen vielmehr andere Kriterien für eine Differenzierung herangezogen werden, z.B. unterschiedliche Leistungs-, Verantwortungs- oder Qualifikationsanforderungen. Nach Ansicht des BAG liegt keine Ungleichbehandlung vor, wenn Teilzeitkräfte aufgrund eines **Schichtplans** im Krankenhaus ebenso häufig wie Vollzeitkräfte zu Wochenenddiensten eingeteilt werden, da die Einteilung zum **Wochenenddienst** ausschließlich die *Lage* der Arbeitszeit beträfe, nicht jedoch ihre *Dauer*[2]. Anders verhält es sich dagegen, wenn durch eine Schichtplanregelung die Teilzeitkräfte ständig am Samstag, die Vollzeitbeschäftigten dagegen nur jeden zweiten Samstag eingeteilt werden und damit ein **ungleiches Verhältnis** von Wochenenddiensten einerseits und normalen Diensten andererseits entsteht[3]. Auch beim Aufstieg in eine höhere Vergütungsgruppe kann eine Verlängerung der Bewährungszeit für Teilzeitbeschäftigte nur dann rechtens sein, wenn dies aufgrund des wesentlich höheren Erfahrungswissens von Vollzeitkräften ganz ausnahmsweise gerechtfertigt erscheint[4]. Für das **Entgelt** ist zusätzlich § 4 Abs. 1 Satz 2 TzBfG zu beachten, wonach der **Pro-rata-temporis**-Grundsatz gilt: einer Teilzeitkraft ist das Arbeitsentgelt mindestens in dem Umfang zu gewähren, der

---

1 Zahlen bei *Meng* in: Preis (Hrsg.), Innovative Arbeitsformen, 2005, S. 279 (283 f.); Küttner/*Reinecke*, Teilzeitbeschäftigung Rz. 2.
2 BAG v. 1.12.1994 – 6 AZR 501/94, BAGE 78, 369 = NZA 1995, 590.
3 BAG v. 24.4.1997 – 2 AZR 352/96, BAGE 85, 358 = NZA 1997, 1047 = NJW 1998, 179; ferner ErfK/*Preis*, § 4 TzBfG Rz. 29.
4 BAG v. 15.5.1997 – 6 AZR 40/96, BAGE 86, 1 = NZA 1997, 1355.

dem Verhältnis seiner Arbeitszeit zu der einer vergleichbaren Vollzeitkraft entspricht. Wird z. B. durch Tarifvertrag allen Arbeitnehmern die Weihnachtsgratifikation um 500 Euro gekürzt, bewirkt diese *formale* Gleichbehandlung eine *tatsächliche* Ungleichbehandlung der schlechter verdienenden Teilzeitkräfte[1]. Diese Regelung wäre daher unwirksam und müsste ersetzt werden durch eine *anteilige*, d. h. *proportionale* Kürzung um z. B. 20 % der Jahressonderzahlung. Auch beim Arbeitsentgelt darf aber aus sachlichen Gründen differenziert werden, weil Satz 2 lediglich das allgemeine Benachteiligungsverbot des Satzes 1 konkretisiert[2]. Ausnahmen von dem Pro-rata-temporis-Grundsatz können z. B. auch bei einer Wechselschichtzulage oder einer Jubiläumszuwendung gemacht werden, soweit nicht nur eine bestimmte Arbeitsleistung entgolten werden soll, sondern auch andere Zwecke wie z. B. Belohnung der Betriebstreue oder Ausgleich für eine besondere Belastung verfolgt werden. So können **Überstundenzuschläge**, die erst ab Überschreiten der Vollzeitgrenze (z. B. 38,5 Wochenstunden) fällig werden, in der Regel nur Vollzeitkräften zugutekommen, weil Teilzeitkräfte diese Grenze kaum jemals erreichen. EuGH und BAG haben darin aber keine unzulässige Diskriminierung der Teilzeit erkennen können[3].

20   Da in der Regel überwiegend Frauen Teilzeitarbeit leisten, kann über § 4 Abs. 1 TzBfG hinaus auch eine **mittelbare Geschlechtsdiskriminierung** nach § 3 Abs. 2 AGG vorliegen, wenn die nachteilige Regel für Teilzeitkräfte im Krankenhaus wesentlich mehr Frauen als Männer betrifft. Der Arbeitgeber muss in diesem Fall beweisen, dass die Differenzierung einem wirklichen Bedürfnis des Unternehmens dient und für die Erreichung des Ziels angemessen und erforderlich ist. So stellt z. B. ein Tarifvertrag, von dessen persönlichem Geltungsbereich nur *„nicht* vollbeschäftigte Reinigungskräfte"* ausgeschlossen sind, bei entsprechender Frauenquote sowohl eine Teilzeit- als auch eine mittelbare Geschlechtsdiskriminierung dar[4] (vgl. Teil 1 E Rz. 16).

21   **Rechtsfolge** der unzulässigen (nicht gerechtfertigten) Diskriminierung von Teilzeitkräften ist die **Unwirksamkeit** der Regelung, § 134 BGB. Der Arbeitsvertrag ist insoweit teilweise nichtig (§ 139 BGB, vgl. Rz. 11). Ein Verschulden des Arbeitgebers ist nicht erforderlich. Die benachteiligte Teilzeitkraft hat Anspruch auf Gleichbehandlung z. B. in Form einer Nachzahlung der verweigerten anteiligen Sonderzahlung.

---

1 BAG v. 24.5.2000 – 10 AZR 629/99, NZA 2001, 216.
2 BAG v. 11.12.2003 – 6 AZR 64/03, BAGE 109, 110 = NZA 2004, 723; BAG v. 5.11.2003 – 5 AZR 8/03, NZA 2005, 222.
3 EuGH v. 15.12.1994 – Rs. C-399/92 etc. („Helmig"), Slg. 1994, I-5727 = NZA 1995, 218; BAG v. 16.6.2004 – 5 AZR 448/03, ZTR 2004, 526; BAG v. 5.11.2003 – 5 AZR 8/03, NZA 2005, 222; BAG v. 25.7.1996 – 6 AZR 138/94, NZA 1997, 774.
4 BAG v. 15.10.2003 – 4 AZR 606/02, BAGE 108, 123 = NZA 2004, 551; vgl. ferner EuGH v. 9.9.1999 – Rs. C-281/97 („Krüger"), Slg. 1999, I-5127 = NZA 1999, 115 sowie *Meng* in: Preis (Hrsg.), Innovative Arbeitsformen, 2005, S. 279 (291).

c) Zur **Förderung** der Teilzeitarbeit sieht das TzBfG folgende Maßnahmen   22
vor:

– Ausschreibung und Information der Arbeitnehmer bzw. des Betriebs- oder
  Personalrats über geeignete Teilzeitarbeitsplätze (§ 7);

– Anspruch auf **Verringerung** (§ 8) bzw. **Verlängerung** (§ 9) der Arbeitszeit;

– Teilhabe an Maßnahmen der Aus- und Weiterbildung (§ 10);

– Kündigungsverbot für den Fall, dass der Wechsel von einem Vollzeit- in
  ein Teilzeitarbeitsverhältnis oder umgekehrt verweigert wird (§ 11).

Besonders umstritten ist der **Teilzeitanspruch** nach § 8 TzBfG, der von je-   23
dem Arbeitnehmer (auch von leitenden Angestellten) erhoben werden kann,
soweit das Arbeitsverhältnis länger als sechs Monate (ununterbrochen) besteht und der Arbeitgeber (das Unternehmen) mehr als 15 Beschäftigte hat
(Abs. 1, 7)[1]. Einer besonderen Begründung für den Reduzierungswunsch bedarf es nicht. Auch Teilzeitbeschäftigte können einen Anspruch auf weitere
Verringerung geltend machen. Nach der Konzeption des Gesetzes sollen die
Parteien die bestehende Arbeitszeitregelung möglichst **einvernehmlich** ändern (Abs. 3)[2]. Das Verringerungsbegehren des Arbeitnehmers *muss* den **Umfang** der Verringerung enthalten und *soll* die gewünschte Verteilung (Lage)
der reduzierten Arbeitszeit angeben[3]; es ist spätestens drei Monate vor Beginn der Arbeitszeitreduzierung geltend zu machen (Abs. 2). Eine bestimmte
Form ist nicht gesetzlich gefordert, jedoch ist Schriftform schon aus Beweisgründen dringend zu empfehlen. Ein **verspätet** gestellter Anspruch ist nicht
unwirksam, vielmehr verschiebt sich dann der frühestmögliche Vollzug der
verringerten Arbeitszeit entsprechend nach hinten (Fristberechnung ab
Zugang beim Arbeitgeber, vgl. § 130 BGB)[4]. Das Gesetz sieht keine Mindest-
oder Höchstgrenze für die Reduzierung vor, so dass man grundsätzlich die
bisherige Arbeitszeit sowohl *um* eine Stunde als auch *auf* eine Stunde re-
duzieren kann[5]. Über die proportionale Verkürzung der Arbeitszeit hinaus
kann der Arbeitnehmer auch verlangen, in einer Viertagewoche statt in einer
Fünftagewoche zu arbeiten[6].

Soweit keine einvernehmliche Lösung erreicht wird, hat der Arbeitgeber der   24
Verringerung nach § 8 Abs. 4 TzBfG zuzustimmen, soweit **betriebliche
Gründe** nicht entgegenstehen. Nach der Rechtsprechung genügen hierfür

---

1 Einzelheiten bei *Meng* in: Preis (Hrsg.), Innovative Arbeitsformen, 2005, S. 279 (301 f.);
  vgl. auch den § 8 TzBfG angepassten Verringerungsanspruch nach § 15 Abs. 5 bis 7
  BEEG für Arbeitnehmer in Elternzeit, dazu auch BAG v. 19.4.2005 – 9 AZR 233/04,
  NZA 2005, 1354.
2 ErfK/*Preis*, § 8 TzBfG Rz. 11; Küttner/*Reinecke*, Teilzeitbeschäftigung Rz. 24.
3 Laut BAG v. 24.6.2008 – 9 AZR 514/07, NZA 2008, 1289 kann der Arbeitnehmer seinen Verteilungswunsch nicht mehr ändern, nachdem der Arbeitgeber sein Angebot
  auf Verringerung und Verteilung der Arbeitszeit nach § 8 Abs. 5 Satz 1 TzBfG abgelehnt hat.
4 BAG v. 20.7.2004 – 9 AZR 626/03, BAGE 111, 260 = NZA 2004, 1090; BAG v.
  14.10.2003 – 9 AZR 636/02, BAGE 108, 103 = NZA 2004, 975.
5 ErfK/*Preis*, § 8 TzBfG Rz. 12; *Rolfs*, StudKomm ArbR, § 8 TzBfG Rz. 2.
6 BAG v. 18.8.2009 – 9 AZR 517/08, NZA 2009, 1207.

„rationale, nachvollziehbare Gründe", die an den Arbeitgeber keine unzumutbaren Anforderungen stellen, jedoch wegen Abs. 4 Satz 2 (Regelbeispiele) **hinreichend gewichtig** sein müssen[1]. Ob diese Voraussetzungen, für die der Arbeitgeber darlegungs- und beweispflichtig ist, erfüllt sind, ist regelmäßig im Rahmen einer **dreistufigen Prüfung** zu ermitteln[2]:

– Der Arbeitgeber hat zunächst sein **Organisationskonzept** darzulegen, das der für betrieblich erforderlich gehaltenen Arbeitszeitregelung zugrunde liegt;

– dieses ist darauf zu überprüfen, ob die danach erforderliche Arbeitszeitregelung **tatsächlich** der gewünschten Änderung der Arbeitszeit entgegensteht;

– schließlich ist zu prüfen, ob das Gewicht der entgegenstehenden betrieblichen Gründe **so erheblich** ist, dass die Erfüllung des Arbeitszeitwunsches zu einer **wesentlichen Beeinträchtigung** der Arbeitsorganisation, des Arbeitsablaufs, der Sicherung des Betriebs oder zu einer unverhältnismäßigen wirtschaftlichen Belastung des Betriebs führen würde.

25 **Beispiele** für vom BAG anerkannte nachvollziehbare betriebliche Gründe, die einem Teilzeitwunsch entgegenstehen können, sind

– pädagogische Organisationskonzepte bei Kindergartengruppen oder bei heilpädagogischen Betreuungseinrichtungen, die eine durchgängige tägliche Anwesenheit erfordern[3],

– Betriebsvereinbarungen zu (zwingend) kollektiven Schichtsystemen[4],

– Konzepte der Team- oder Gruppenarbeit[5].

26 Der Arbeitgeber muss seine Entscheidung über die Verringerung der Arbeitszeit und ihre Verteilung dem Arbeitnehmer spätestens **einen Monat** vor dem gewünschten Beginn der Verringerung schriftlich mitteilen (Abs. 5 Satz 1). Versäumt er dies und kommt es nicht anders zur Einigung, ordnet das Gesetz eine **Verringerung kraft Gesetzes** an, vgl. Abs. 5 Sätze 2 und 3. Die Fiktion gilt dann auch für die gewünschte Verteilung der Arbeitszeit. Ob dem verringerten Umfang betriebliche Gründe entgegenstehen, ist dann unerheblich. Jedoch kann bezüglich der Lage der Arbeitszeit („Verteilung") der Arbeitgeber wegen Abs. 5 Satz 4 einen **Änderungsvorbehalt** geltend machen und erheblich überwiegende betriebliche Gründe für eine Veränderung der

1 BAG v. 13.10.2009 – 9 AZR 910/08, ZTR 2010, 210; BAG v. 27.4.2004 – 9 AZR 522/03, NZA 2004, 1225.
2 BAG v. 18.2.2003 – 9 AZR 164/02, BAGE 105, 107 = NZA 2003, 1392.
3 BAG v. 19.8.2003 – 9 AZR 542/02, AP Nr. 4 zu § 8 TzBfG = ZTR 2004, 542; BAG v. 18.3.2003 – 9 AZR 126/02, BAGE 105, 248 = ZTR 2004, 143.
4 BAG v. 18.8.2009 – 9 AZR 517/08, NZA 2009, 1207; BAG v. 16.12.2008 – 9 AZR 893/07, NZA 2009, 565; BAG v. 16.3.2004 – 9 AZR 323/03, BAGE 110, 45 = NZA 2004, 1047, wo aber in concreto der Verteilungswunsch der Klägerin mit der kollektiven Schichtenregelung nicht kollidierte; vgl. ferner Küttner/*Reinecke*, Teilzeitbeschäftigung Rz. 37, 41.
5 Weit. Nachw. bei ErfK/*Preis*, § 8 TzBfG Rz. 27 ff.; *Rolfs*, StudKomm ArbR, § 8 TzBfG Rz. 4.

Arbeitszeit*lage* (nicht: des *Umfangs*) nach Ankündigung auch gegen den Willen des Arbeitnehmers geltend machen und durchsetzen[1]. Eine Übertragung des Rechtsgedankens des Abs. 5 Satz 4 auf vertragliche Vereinbarungen über die Lage der Arbeitszeit außerhalb von Abs. 3 Satz 2 ist jedoch ausgeschlossen[2].

Über die Verringerung der **Gegenleistung** sagt § 8 TzBfG unmittelbar nichts   27
aus. Auch ohne ausdrückliche Vereinbarung ist jedoch davon auszugehen, dass sich das Entgelt des Anspruchstellers im entsprechenden Umfang seiner Arbeitszeitverringerung „pro rata temporis" reduziert. Nicht erfasst von der „automatischen" Entgeltreduzierung werden aber erfolgsabhängige Zahlungen und unteilbare Leistungen (z. B. Dienstwagennutzung), so dass diesbezüglich ausdrückliche Vereinbarungen sinnvoll erscheinen.

d) **Arbeit auf Abruf** liegt nach der Legaldefinition des § 12 Abs. 1 Satz 1   28
TzBfG vor, wenn der Arbeitnehmer „seine Arbeitsleistung entsprechend dem Arbeitsanfall" zu erbringen hat. Die Norm setzt **Mindestanforderungen** für entsprechende flexible Vereinbarungen, die das einseitige Weisungsrecht des Arbeitgebers (§ 106 GewO, unten Rz. 44) insbesondere durch die **Ankündigungsfrist** des Abs. 2 (mindestens vier Tage im Voraus muss Arbeit angefordert werden) beschränken. Doch muss tatsächlich eine Arbeits*pflicht* auf Abruf vereinbart worden sein („zu erbringen *hat*"), so dass sog. Bedarfsarbeitsverhältnisse, bei denen der Arbeitnehmer zur Arbeit berechtigt, aber nicht verpflichtet ist, nicht unter § 12 TzBfG fallen[3]. Grundsätzlich muss die **Dauer** der wöchentlichen und täglichen Arbeitszeit vertraglich festgelegt werden; andernfalls gilt eine (Mindest-)Arbeitszeit von **zehn Stunden in der Woche** bzw. eine tägliche Arbeitszeit von „mindestens drei aufeinander folgenden Stunden" als vereinbart (Abs. 1 Sätze 3 und 4), so dass der säumige Arbeitgeber jedenfalls das entsprechende (Mindest-)Entgelt mangels Vereinbarung und Abruf nach § 615 Satz 1 BGB zu zahlen hat. Das BAG hat jetzt eine über die vereinbarte wöchentliche Mindestarbeitszeit (z. B. 30 Std.) hinausgehende **weitere Abrufarbeit** von bis zu 25 % (z. B. 30 + 7,5 Std.) ausdrücklich zugunsten des Flexibilitätsinteresses des Arbeitgebers zugelassen[4].

3. Sonstige arbeitszeitrelevante Gesetze

Das öffentlich-rechtliche Arbeitszeitschutzrecht beschränkt sich nicht allei-   29
ne auf das Arbeitszeitgesetz. Trotz der seit langem angestrebten Normenvereinfachung regeln eine Vielzahl weiterer Gesetze und Rechtsverordnungen für bestimmte Arbeitnehmergruppen den öffentlich-rechtlichen Arbeitszeitschutz wie z. B. im Seemannsgesetz in § 87 die Arbeitszeit des Krankenpfle-

---

1 Zum Problem vgl. nur Küttner/*Reinecke*, Teilzeitbeschäftigung Rz. 45 ff.
2 BAG v. 17.7.2007 – 9 AZR 819/06, NZA 2008, 118.
3 BAG v. 16.4.2003 – 7 AZR 187/02, BAGE 106, 70 = NJW 2003, 3649 = NZA 2004, 40; ferner *Rolfs*, StudKomm ArbR, § 12 TzBfG Rz. 2.
4 BAG v. 7.12.2005 – 5 AZR 535/04, NZA 2006, 423 = BB 2006, 829; ferner *Stamm*, RdA 2006, 288 (293 ff.); *Zundel*, NJW 2006, 2304 (2305 f.).

gepersonals auf Seeschiffen[1]. Für den regelmäßigen Krankenhausbereich erwähnenswert sind im Folgenden noch das **Mutterschutzgesetz** (MuSchG), das **Jugendarbeitsschutzgesetz** (JArbSchG) sowie der besondere arbeitszeitrechtliche Schutz **Schwerbehinderter** im SGB IX (vgl. Schaubild Rz. 2, näher B Rz. 68 ff.).

IV. Vertragliche Arbeitszeitregeln

1. Tarifvertrag

30 **a)** Arbeitszeitnormen gehören neben Lohn- und Gehaltsregelungen zum „tarifvertraglichen Urgestein"[2]. Tarifverträge enthalten in der Regel Bestimmungen über die regelmäßige **wöchentliche Arbeitszeitdauer** von z. B. 38,5 Stunden (vgl. § 6 Abs. 1 Satz 1 lit. b TVöD) und deren Vergütung, über die Modalitäten von Wechselschichtarbeit, Mehrarbeit oder Überstunden bzw. von flexiblen Gleitzeit- oder Arbeitszeitkontensystemen, vor allem über verschiedene Arbeitszeitformen wie Arbeitsbereitschaft, Bereitschaftsdienst oder Rufbereitschaft (vgl. § 7 TVöD), jeweils mit Vergütungs- bzw. Freizeitausgleichsregeln. Die Regelung der materiellen Arbeitsbedingungen mit der Hauptkondition „Arbeitsleistung pro Zeiteinheit gegen Arbeitsentgelt" (Rz. 2) ist den Koalitionen durch Art. 9 Abs. 3 GG grundsätzlich zur eigenverantwortlichen Gestaltung per Tarifvertrag überantwortet[3].

31 Als **Inhaltsnormen** nach § 1 Abs. 1 TVG bestimmen tarifliche Arbeitszeitregeln die **Dauer** der regelmäßigen individuellen Wochenarbeitszeit (Rz. 35): mit der „in der Zeit" (pro Woche) geschuldeten Arbeitsleistung wird nicht nur das arbeitsvertragliche Synallagma, d. h. das Verhältnis von Leistung und Gegenleistung festgelegt, sondern auch die Höchstarbeitszeit (bei Vollzeitarbeitsverhältnissen). **Normativ**, d. h. unmittelbar und zwingend gelten solche Inhaltsnormen nur für **beiderseits** Tarifgebundene, vgl. § 4 Abs. 1 TVG. Tarifgebunden ist der Arbeitgeber entweder kraft Mitgliedschaft in einem Verband (z. B. in der Vereinigung kommunaler Arbeitgeber – VKA –, der Tarifgemeinschaft deutscher Länder – TdL – oder in einem tariffähigen Verband der Privatkrankenanstalten) oder kraft eigenen Abschlusses eines Haustarifvertrags, vgl. § 3 Abs. 1 TVG. Auf der anderen Seite tarifgebunden sind einzelne Arbeitnehmer, wenn sie ihrerseits einer Gewerkschaft (z. B. Marburger Bund oder ver.di) angehören, die den betreffenden Tarifvertrag mit der Arbeitgeberseite abgeschlossen hat[4].

32 Für die Arbeitgeber der **öffentlichen Hand** (z. B. Land oder Kommune) besteht stets Tarifgebundenheit. Soweit ihre Arbeitnehmer nicht organisiert sind (diese also nicht tarifgebunden sind), wird durch **Bezugnahmeklausel** im Arbeitsvertrag die einheitliche Geltung der Tarifverträge (TVöD bzw. TV-L) si-

---

1 Vgl. Textabdruck bei *Baeck/Deutsch*, ArbZG Anhang C 8.
2 Wiedemann/*Wiedemann*, § 1 TVG Rz. 319.
3 BVerfG v. 24.4.1996 – 1 BvR 712/86, BVerfGE 94, 268 (283) = NJW 1997, 513.
4 Vgl. nur *Schliemann*, ZTR 2003, 61 (65).

chergestellt[1]. Wegen der Bindung an das dem öffentlichen Dienst zugrunde liegende Haushaltsrecht und wegen der Harmonisierung mit dem Dienstrecht der Beamten sollen im öffentlichen Dienst weitgehend einheitliche Arbeitsbedingungen gelten. Die Bezugnahmeklauseln sichern die einheitliche Tarifgeltung, obwohl damit keine normative, sondern nur eine **vertragliche** Bindung hergestellt wird. Dadurch wird eine **Gleichstellung** von nicht organisierten mit den tarifgebundenen Arbeitnehmern erreicht. Die für den Arbeitgeber jeweils gültige Tarifbindung wird damit auf alle Arbeitnehmer erstreckt, ohne dass deren Mitgliedschaft in der Gewerkschaft noch überprüft werden müsste[2].

Nach den schwierigen Verhandlungen und langwierigen **Arbeitskampfmaß-** 33
nahmen der Gewerkschaften ver.di einerseits und des Marburger Bunds (MB) andererseits, die 2005/2006 zu jeweils getrennten Tarifverträgen mit den kommunalen Arbeitgebern (VKA) in Gestalt des **TVöD** einerseits und den Ländern (TdL) in Gestalt des **TV-L** andererseits führten[3], kann von inhaltlich **gleichförmigen** Arbeitsbedingungen im Krankenhausbereich **weniger denn je** die Rede sein. Es gibt jetzt unterschiedliche Arbeitsbedingungen je nach Krankenhausträger (Land bzw. Kommune) und je nach beruflicher Stellung (ärztliches bzw. nichtärztliches Personal). Allerdings sind z. B. die Eckpunktevereinbarungen der Länder mit ver.di einerseits und dem MB andererseits bezüglich der **Ärztinnen und Ärzte an Universitätskliniken,** die überwiegend Aufgaben in der Patientenversorgung wahrnehmen, weitgehend inhaltsgleich (vgl. Abschnitt C)[4].

Durch die erstmals in 2006 ausgehandelten **arztspezifischen Tarifverträge** 34
des Marburger Bundes (MB) mit der TdL und der VKA stellt sich die Frage der Auflösung von Tarifkonkurrenz bzw. Tarifpluralität in den Krankenhäusern von Ländern und Kommunen. **Tarifkonkurrenz** liegt vor, wenn auf ein und dasselbe Arbeitsverhältnis zwei Tarifverträge **normativ** (d. h. kraft Tarifbindung) einwirken (Regelungskonkurrenz von Individualnormen im Arbeitsverhältnis)[5], was nur dann eintritt, wenn ein Arzt sowohl ver.di als auch MB angehörte (horizontale Kollision bei Mehrfach-Mitgliedschaft). **Tarifpluralität** liegt dagegen vor, wenn innerhalb des Betriebs verschiedene Tarifverträge verschiedener Gewerkschaften gelten, für die Arbeitnehmer aber jeweils nur einer dieser Tarifverträge kraft Tarifbindung gilt[6] – was im Krankenhaus bei den Ärzten in der Regel zu bejahen wäre. Sollten sich die Tarifverträge der TdL mit ver.di einerseits und MB andererseits inhaltlich unter-

---

1 MünchArbR/*Giesen*, § 326 Rz. 4.
2 Vgl. nur *Fuchs/Reichold*, Tarifvertragsrecht, Rz. 22, 198 ff.
3 Hierzu vgl. nur *Rieger*, ZTR 2006, 402 (zum TV-L, der zum 1.11.2006 in Kraft trat) und *Böhle/Poschke*, ZTR 2005, 286; *Bredendiek/Fritz/Tewes*, ZTR 2005, 230 (zum TVöD, der zum 1.10.2005 in Kraft trat).
4 *Reichold*, öAT 2010, 29 (30 f.); *Köpf/Walger*, Arzt und Krankenhaus 2007, 135 (137 ff.).
5 Vgl. nur *Fuchs/Reichold*, Tarifvertragsrecht, Rz. 111; HWK/*Henssler*, § 4 TVG Rz. 46; *Löwisch/Rieble*, § 4 TVG Rz. 115.
6 Vgl. nur *Däubler/Zwanziger*, § 4 TVG Rz. 940; *Fuchs/Reichold*, Tarifvertragsrecht, Rz. 113; *Löwisch/Rieble*, § 4 TVG Rz. 125.

scheiden, konnte es wegen des bislang vom BAG vertretenen Prinzips der **Tarifeinheit** zu der Verdrängung eines Tarifs kommen, was im Zweifel für die Anwendung des mit der größeren DGB-Gewerkschaft ver.di abgeschlossenen Tarifs gesprochen hätte[1]. Mit Urteil vom 7.7.2010 gab das BAG diese Rechtsprechung jedoch ausdrücklich auf. Wie schon zuvor die h.L.[2] sieht der 4. Senat hierin nunmehr einen **Verstoß gegen die Koalitionsfreiheit** (Art. 9 Abs. 3 GG). Sind die Arbeitsvertragsparteien nach §§ 3,4 TVG an bestehende Tarifverträge gebunden, können diese im Falle einer Tarifpluralität nicht mehr durch richterliche Rechtsfortbildung verdrängt werden, da es insoweit an einer planwidrigen Regelungslücke fehlt[3]. Demzufolge können im Krankenhaus je nach Organisationszugehörigkeit verschiedene Arbeitsbedingungen beachtlich sein (in der Praxis aber wohl selten relevant); entscheidend ist die **Tarifbindung im jeweiligen Arbeitsverhältnis.** Nur bei echter „Tarifkonkurrenz" bedarf es der Entscheidung mit der Folge einer Verdrängung eines der konkurrierenden Tarifverträge: hier wird man wohl dem für die Ärzte **spezielleren MB-Tarif** den Vorrang geben müssen[4].

35 **b)** Tarifverträge regeln in der Regel nicht exakt die Lage, sondern nur die **Dauer** der regelmäßigen wöchentlichen Arbeitszeit (Rz. 30 f.). Auch tarifgebundene Vertragsparteien können nach dem Günstigkeitsprinzip (§ 4 Abs. 3 TVG) aber **vom Tarifvertrag abweichen,** wenn dies für den Arbeitnehmer günstiger ist. Das ist unstreitig dann der Fall, wenn der Arbeitnehmer weniger zu arbeiten braucht als tariflich vorgesehen (z. B. 30 statt 38,5 Stunden). Umstritten ist dagegen, ob eine individualvertragliche **Verlängerung** der tariflich vorgesehenen Arbeitszeit, die mit einem Mehrverdienst verbunden ist, als günstigere Regelung anzusehen ist. Hier hat sich die richtige **Vergleichsmethode** zu bewähren, die die Frage nach dem Maßstab der Günstigkeit – ist weniger Arbeit „günstiger" als mehr Geld? – im Wege der praktischen Konkordanz zwischen Privatautonomie (Art. 2, 12 GG) und Tarifautonomie (Art. 9 Abs. 3 GG) zu bestimmen hat. Soweit tarifliche Arbeitszeitregelungen (weit) unterhalb des nach dem ArbZG zulässigen Maximalniveaus angesiedelt sind (z. B. 38,5 Stunden statt zulässiger 48 Stunden in der Woche), wird man in einem **objektiv-individuellen Zwei-Stufen-Modell** zuerst die „objektive" Günstigkeit oder zumindest synallagmatische „Neutralität" der Vereinbarung von mehr Arbeitszeit prüfen, um sodann die individuelle Option für mehr Geld statt mehr Freizeit als wirksame (ernsthafte)

1 So wohl *Buchner*, BB 2003, 2121.
2 Vgl. nur Däubler/*Zwanziger*, § 4 TVG Rz. 943 ff.; *Fuchs/Reichold*, Tarifvertragsrecht, Rz. 115; HWK/*Henssler*, § 4 TVG Rz. 57; *Kempen/Zachert*, § 4 TVG Rz. 156 ff.; *Löwisch/Rieble*, § 4 TVG Rz. 132 ff.; *Rieble*, BB 2003, 1227; *Rieble*, BB 2004, 885; Wiedemann/*Wank*, § 4 TVG Rz. 277.
3 BAG v. 7.7.2010 – 4 AZR 549/08, NZA 2010, 1068; schon BAG v. 31.8.2005 – 5 AZR 517/04, NZA 2006, 265 erkannte Fälle der Tarifpluralität als Folge eines Betriebsübergangs an.
4 Was auch für den Fall der Konkurrenz betrieblicher Normen, die jeweils nur einheitlich gelten können, den Ausschlag zugunsten der Betriebsnormen des MB-TV geben würde, dazu näher Rz. 37.

freiwillige „Günstigkeits"-Vereinbarung des Arbeitnehmers anerkennen zu können[1].

c) Eine andere Frage ist es, inwieweit **Tarifverträge vom ArbZG abweichen** 36
dürfen (vgl. Rz. 5, 15). Das grundsätzlich einseitig zwingende ArbZG darf
nur in den im Gesetz **ausdrücklich vorgesehenen** Fällen des § 7 (Arbeitszeitverlängerung) und § 12 (Ausnahmen von der Sonntagsruhe) durch Tarifverträge erweitert werden. Insoweit handelt es sich um **tarifdispositive Normen**
im ArbZG[2]. Der Gesetzgeber hat damit die Tarifvertragsparteien ohne staatlichen Genehmigungsvorbehalt in die Lage versetzt, aufgrund ihrer Sachnähe und Branchenkenntnis **eigenständig** – soweit der Ermächtigungsrahmen reicht – das ArbZG abzuändern und damit partiell **Staatsaufgaben** zu
übernehmen[3]. Der unabweisliche Gesundheitsschutz ist durch die engen
Grenzen der Ermächtigung gewährleistet, deren Einhaltung überdies richterlicher Überprüfung unterliegt. Verfassungsrechtliche Bedenken gegen diese
Ermächtigung der Tarifparteien bestehen nicht, weil der Gesetzgeber auf das
Verhandlungsgleichgewicht der Tarifvertragsparteien auch unter dem Gesichtspunkt des Arbeitnehmerschutzes vertrauen durfte. Zudem müssen
sich die Tarifvertragspartner überhaupt einig werden, andernfalls eine erwei-
ternde Regelung unterbleibt (vgl. auch Rz. 42)[4].

Die von den ArbZG-Normen abweichenden tariflichen Regelungen z.B. 37
nach § 7 Abs. 1, 2 und 2a ArbZG können, müssen aber nicht zwingend
Betriebsnormen sein[5]. Betriebliche Normen gelten auch dann normativ,
wenn nur der Arbeitgeber tarifgebunden ist, vgl. § 3 Abs. 2 TVG. Der Gesetzgeber ist erkennbar davon ausgegangen, dass den Arbeitszeitschutz ändernde
Tarifnormen solche auch Außenseiter einbeziehende „Betriebsnormen" sein
sollten (vgl. § 7 Abs. 3 Satz 1 ArbZG). Doch muss für jeden Einzelfall geprüft
werden, ob die jeweilige Tarifnorm aus technisch-organisatorischen Gründen einer **betriebseinheitlichen** Geltung bedarf, was z.B. auf die Regelung
der Lage der Nachtzeit oder auf Schichtdauer- bzw. Schichtplanregelungen
zutrifft[6]. Häufiger werden daher **Inhaltsnormen** vorliegen (Rz. 31), weil der

---

1 MünchArbR/*Reichold*, § 36 Rz. 84; ErfK/*Franzen*, § 4 TVG Rz. 39; HWK/*Henssler*,
   § 4 TVG Rz. 37; *Löwisch/Rieble*, § 4 TVG Rz. 318; *Reichold*, ZfA 1998, 237 (251 ff.);
   Walker, ZfA 1996, 353 (377); a.A. *Däubler/Deinert*, § 4 TVG Rz. 689 (objektive Theorie vom „verständigen" Arbeitnehmer); *Kempen/Zachert*, § 4 TVG Rz. 321 ff.; *Wiede-
   mann/Wank*, § 4 TVG Rz. 498; wohl auch (obiter) BAG v. 17.4.2002 – 5 AZR 644/00,
   NZA 2002, 1340.
2 Vgl. *Baeck/Deutsch*, § 7 ArbZG Rz. 17; ErfK/*Wank*, § 7 ArbZG Rz. 1 f.; *Löwisch/Rie-
   ble*, § 1 TVG Rz. 333.
3 Dazu krit. *Richardi*, FS Konzen, 2006, S. 791 (801 f.).
4 Dazu ErfK/*Wank*, § 7 ArbZG Rz. 2; *Linnenkohl/Rauschenberg*, § 7 ArbZG Rz. 3;
   Schliemann, FS Schaub, 1998, S. 675 (685).
5 So auch *Schliemann*, FS Schaub, 1998, S. 675 (689 ff.). Regelmäßig für Betriebsnorm-
   charakter plädieren z.B. *Baeck/Deutsch*, § 7 ArbZG Rz. 23; MünchArbR/*Anzinger*,
   § 298 Rz. 73; *Neumann/Biebl*, § 7 ArbZG Rz. 3; zum Auslegungsproblem vgl. *Fuchs/
   Reichold*, Tarifvertragsrecht, Rz. 82 ff.; *Löwisch/Rieble*, § 1 TVG Rz. 118 ff.
6 *Schliemann*, FS Schaub, 1998, S. 675 (691).

Schutz des ArbZG primär die Ausgestaltung des individuellen Arbeitsverhältnisses betrifft[1]. Ein Beispiel dafür findet sich z.B. in § 7.1 TVöD-K (entspricht § 45 Abs. 2 TVöD BT-K: Verlängerung der täglichen Arbeitszeit bei Leistung von Bereitschaftsdiensten: Inhaltsnorm). Kommt es zur Anwendung **zweier Tarifverträge** in einem Krankenhaus (Rz. 34), so kann es bei der notwendig einheitlichen Geltung kollektiver Arbeitszeitregelungen (Betriebsnormen) zur Verdrängung eines Tarifvertrags kommen: der Arbeitgeber kann ja betriebseinheitlich nur eine (kollektive) Arbeitszeitregelung durchführen. Der Vorrang kommt dann nach wohl h.L. dem Tarifvertrag mit der **stärksten mitgliedschaftlichen Legitimation** zu[2].

2. Betriebs- und Dienstvereinbarung

38   **a)** Betriebs- und Dienstvereinbarungen zur Arbeitszeit enthalten in der Regel Bestimmungen zur **Lage der wöchentlichen bzw. täglichen Arbeitszeit,** zur Lage der Pausen und zu besonderen Dienstformen oder Arbeitszeitmodellen (deutlich jetzt in § 92a Abs. 1 Satz 2 BetrVG). **Betriebs-** bzw. **Personalrat** sind aufgrund ihrer gesetzlichen Befugnisse nach § 87 Abs. 1 Nr. 2, 3 BetrVG bzw. § 75 Abs. 3 Nr. 1 BPersVG bedeutende Akteure von Arbeitszeitflexibilität, weil sie die **variable Arbeitszeitverteilung** im Krankenhaus zusammen mit der Krankenhausleitung im Rahmen der gesetzlichen und tariflichen Rahmenvorgaben **konkret festlegen.** Zur flexiblen Größe wird der genaue Zeitpunkt der Leistungserbringung am Tag, in der Woche, im Monat (d.h. in der Planperiode), also die **Lage** der Arbeitszeit, d.h. nach § 87 Abs. 1 Nr. 2 BetrVG „Beginn und Ende der täglichen Arbeitszeit einschließlich der Pausen sowie Verteilung der Arbeitszeit auf die einzelnen Wochentage". Dagegen bleiben die *durchschnittliche* Dauer der individuellen Arbeitszeit (z.B. 38,5 Wochenstunden), wie sie in Arbeits- oder Tarifvertrag festgelegt sind, und das darauf bezogene Entgelt in der Regel konstant[3], soweit man auf den Durchschnitt im Ausgleichszeitraum von z.B. einem Jahr (vgl. § 6 Abs. 2 Satz 1 TVöD) abstellt.

39   Das Mitbestimmungsrecht nach **§ 87 Abs. 1 Nr. 2 BetrVG** umfasst sämtliche mit der **Lage und Verteilung** der Arbeitszeit verbundenen Fragen. Es dient dem Zweck, die Interessen der Arbeitnehmer an der Lage ihrer Arbeitszeit und damit zugleich ihrer freien und für die Gestaltung des Privatlebens nutzbaren Zeit zur Geltung zu bringen[4]. Der Mitbestimmung **entzogen** ist

---

1 So auch *Buschmann*, FS Wißmann, 2005, S. 251 (264); *Schliemann*, FS Schaub, 1998, S. 675 (691).
2 So z.B. *Däubler/Zwanziger*, § 4 TVG Rz. 935; *Löwisch/Rieble*, § 4 TVG Rz. 151; *Wiedemann/Wank*, § 4 TVG Rz. 295, jeweils m.w.N.
3 Vgl. nur *Baeck/Deutsch*, Einf. ArbZG Rz. 73; *Fitting*, § 87 BetrVG Rz. 112 ff.; *Reichold*, NZA 1998, 393; *Reichold*, FS Wiese, 1998, S. 407; *Richardi/Richardi*, § 87 BetrVG Rz. 287 ff.; *Schüren*, FS Gitter, 1995, S. 901; MünchArbR/*Reichold*, § 36 Rz. 97.
4 BAG v. 26.10.2004 – 1 ABR 31/03, NZA 2005, 538; BAG v. 28.5.2002 – 1 ABR 40/01, NZA 2003, 1352.

dagegen die Dauer der individuellen Arbeitszeit[1], soweit es nicht nach § 87 Abs. 1 Nr. 3 BetrVG um den Ausnahmetatbestand der „vorübergehenden Verkürzung oder Verlängerung der betriebsüblichen Arbeitszeit" geht. Damit sind mitbestimmungspflichtig die Einführung, der Abbau und die Ausgestaltung **sämtlicher kollektiver Arbeitszeitsysteme** wie z. B. Gleitzeit, rollierende Systeme, Schichtarbeit, Ruf- und Bereitschaftsdienst sowie weitere flexible Systeme mit „atmender" Arbeitszeitplanung[2].

b) Betriebs- und Dienstvereinbarungen **gelten unmittelbar und zwingend** für   40
alle Beschäftigten eines Betriebs bzw. einer Dienststelle, die vom jeweiligen persönlichen Geltungsbereich erfasst werden (vgl. § 77 Abs. 4 Satz 1 BetrVG bzw. § 73 BPersVG). Auf die Mitgliedschaft in der Gewerkschaft kommt es – anders als bei Inhaltsnormen des Tarifvertrags – nicht an. Durch § 77 Abs. 4 BetrVG wird klargestellt, dass Betriebsvereinbarungen unabhängig vom Willen der einzelnen Arbeitnehmer gesetzesgleiche Wirkung auf den Inhalt der Arbeitsverhältnisse entfalten[3]. Nicht ausgeschlossen werden aber abweichende individuelle Arbeitszeitregeln zugunsten einzelner Arbeitnehmer z. B. wegen besonderer persönlicher Einschränkungen (Verkehrsverbindungen o. Ä.). Denn Betriebsvereinbarungen nach § 87 Abs. 1 Nr. 2, 3 BetrVG beziehen sich in der Regel nur auf **kollektive und generelle Regelungen**, die sich abstrakt auf den ganzen Betrieb oder auf Gruppen von Arbeitnehmern beziehen, nicht aber auf Maßnahmen in Bezug auf einzelne Arbeitnehmer[4].

Nach § 77 Abs. 1 Satz 1 BetrVG hat der Arbeitgeber Betriebsvereinbarungen   41
im Betrieb auch **durchzuführen**. Hierauf hat der Betriebsrat einen **eigenen Anspruch**[5]. Eine im Betrieb vertretene Gewerkschaft kann den Arbeitgeber bei groben Verstößen gegen die Durchführungspflicht auch nach § 23 Abs. 3 Satz 1 BetrVG auf deren Erfüllung in Anspruch nehmen. Voraussetzung ist allerdings die Wirksamkeit der Betriebsvereinbarung, insbesondere ihre Vereinbarkeit mit der Regelungssperre des § 77 Abs. 3 Satz 1 BetrVG (**Tarifvorrang**). Auch im Anwendungsbereich des § 87 Abs. 1 BetrVG (erzwingbare Mitbestimmung), in der die Regelungssperre nach Ansicht des BAG nicht greift[6], darf nach dem Eingangssatz des § 87 Abs. 1 BetrVG keine **zwingende tarifliche** Regelung bestehen, an die der Arbeitgeber gebunden ist. Etwas anderes gilt freilich nach § 77 Abs. 3 Satz 2 BetrVG dann, wenn der Tarifvertrag

---

1 H.M., vgl. nur BAG v. 22.7.2003 – 1 ABR 28/02, AP Nr. 108 zu § 87 BetrVG 1972 Arbeitszeit = NZA 2004, 507 sowie *Baeck/Deutsch*, Einf. ArbZG Rz. 71 f.; *Buschmann*, FS Wißmann, 2005, S. 251 (258); *Fitting*, § 87 ArbZG Rz. 103 f.
2 Einzelheiten bei *Baeck/Deutsch*, Einf. ArbZG Rz. 78 ff.; GK-BetrVG/*Wiese*, § 87 Rz. 315 ff.
3 Vgl. nur Richardi/*Richardi*, § 77 BetrVG Rz. 132.
4 H.M., vgl. nur ErfK/*Kania*, § 87 BetrVG Rz. 6; *Fitting*, § 87 BetrVG Rz. 14 ff., 134; GK-BetrVG/*Wiese* § 87 Rz. 20 ff.; HWK/*Clemenz*, § 87 BetrVG Rz. 3 ff.
5 Vgl. nur BAG v. 29.4.2004 – 1 ABR 30/02, BAG 110, 252 = NZA 2004, 670; BAG v. 21.1.2003 – 1 ABR 9/02, NZA 2003, 1097.
6 Vgl. nur BAG v. 29.4.2004 – 1 ABR 30/02, BAGE 110, 252 = NZA 2004, 670; BAG v. 29.10.2002 – 1 AZR 573/01, BAGE 103, 187 = NZA 2003, 393; ferner *Fitting*, § 77 BetrVG Rz. 109 ff. m. w. N.

den Abschluss **ergänzender** Betriebsvereinbarungen ausdrücklich zulässt. Gerade diese Möglichkeit ist im ArbZG (§§ 7, 12) vorgesehen (Rz. 42).

42 **c)** Neben Tarifverträgen (Rz. 36) kann auch „auf Grund eines Tarifvertrags in einer Betriebs- oder Dienstvereinbarung" nach Maßgabe von § 7 Abs. 1, 2, 2a bzw. § 12 Satz 1 ArbZG von den grundsätzlich zwingenden Regelungen des Arbeitszeitgesetzes abgewichen werden. Abweichungen sind jedoch nur in dem Rahmen zulässig, innerhalb dessen das ArbZG entsprechende **Öffnungs-klauseln** vorsieht. Die Tarifvertragsparteien bestimmen nicht nur das „Ob", sondern auch das „Wie" der Abweichung. Betriebsvereinbarungen stehen also unter dem **doppelten Vorrang** des öffnenden Gesetzes und des öffnenden Tarifs. Sehr weitgehend bestimmt z.B. § 6 Abs. 4 TVöD, dass in „dringenden betrieblichen Gründen" auf der Grundlage einer Betriebs-/Dienstverein-barung im Rahmen des § 7 Abs. 1, 2 und des § 12 ArbZG „von den Vorschrif-ten des ArbZG abgewichen werden" kann. Fragwürdig und verfassungsrecht-lich bedenklich ist diese großzügige **Ermächtigung** (vgl. Rz. 36) wegen der an sich beschränkten Kompetenz der Betriebspartner[1], die nach § 87 Abs. 1 Nr. 2, 3 BetrVG grundsätzlich kein Mitbestimmungsrecht über die Dauer der Arbeitszeit geltend machen können (Rz. 39). Dem muss aber entgegen-gehalten werden, dass die Ermächtigung kraft ArbZG die Betriebsparteien zu einer lediglich **freiwilligen**, durch Einigungsstelle nicht erzwingbaren Be-triebsvereinbarung ermächtigt[2]. Der Tatbestand des § 87 Abs. 1 Nr. 2 BetrVG ist nicht betroffen. Soweit die Tarifparteien eine **Öffnungsklausel** nach Maß-gabe des ArbZG vorsehen, muss diese aber restriktiv ausgelegt und von den Tarifparteien ggf. kontrolliert werden. Jedenfalls kann durch eine das ArbZG ergänzende Betriebsvereinbarung ebenso wenig wie durch einen das ArbZG ergänzenden Tarifvertrag die Dauer der individualvertraglich geschuldeten Arbeitspflicht ausgestaltet werden; es geht vielmehr jeweils nur um die Er-setzung bzw. Anpassung einer **öffentlich-rechtlichen** Arbeitsschutznorm im Interesse der Subsidiarität und Sachnähe[3].

3. Arbeitsvertrag und Weisung

43 **a) Umfang (Arbeitszeitdauer).** Der Arbeitsvertrag (§ 611 BGB) ist nicht nur Rechtsgrund für das Arbeitsverhältnis insgesamt, sondern auch Bestim-mungsgrund für Art und Umfang der Arbeitsleistung. Es ist allein Sache der Arbeitsvertragsparteien, den **zeitlichen Umfang** der Arbeits- und Beschäfti-gungspflicht, d.h. Arbeitszeitdauer bzw. -deputat (Rz. 1), festzulegen[4]. Der Arbeitnehmer schuldet nicht einen bestimmten Arbeitserfolg, sondern eine bestimmte Arbeitsleistung während einer bestimmten Zeit. Nach § 2 Abs. 1 Nr. 7 NachwG gehört die „vereinbarte Arbeitszeit" daher zu den schriftlich

---

1 Vgl. auch Bedenken bei *Buschmann*, FS Wißmann, 2005, S. 251 (265); ErfK/*Wank*, § 7 ArbZG Rz. 3; a.A. aber *Schliemann*, FS Schaub, 1998, S. 675 (693).
2 So auch *Buschmann*, FS Wißmann, 2005, S. 251 (266); *Schliemann/Meyer*, Rz. 511; a.A. *Linnenkohl/Rauschenberg*, § 7 ArbZG Rz. 6; *Neumann/Biebl*, § 7 ArbZG Rz. 5.
3 *Schliemann*, FS Schaub, 1998, S. 675 (693).
4 MünchArbR/*Reichold*, § 36 Rz. 59, 80; *Richardi*, ZfA 1990, 211 (231 ff.); *Schliemann*, ZTR 2003, 61 (65); HWK/*Thüsing*, § 611 BGB Rz. 304 f.

niederzulegenden Arbeitsbedingungen[1]. Wird eine Vollzeitbeschäftigung vereinbart, sind die zwingenden Grenzen des ArbZG zu beachten; bei Teilzeitbeschäftigung i. S. d. § 3 TzBfG müssen zusätzlich die Normen des TzBfG beachtet werden, so dass z. B. bei Arbeit auf Abruf nach § 12 Abs. 1 TzBfG auch ohne Festlegung eine wöchentliche Arbeitszeit von zehn Stunden in Teilen von mindestens drei Stunden täglich als vereinbart gilt (Rz. 28). Der Arbeitsvertrag enthält regelmäßig keine Bestimmungen über die Lage der Arbeitszeit, doch kann im Einzelfall z. B. bei Einigung über die Lage der Teilzeit (vgl. § 8 TzBfG) oder bei Einstellung ausdrücklich als Nachtschwester auch die genaue Lage der Arbeitszeit vereinbart werden.

b) **Lage.** Das im Arbeitsvertrag enthaltene **Weisungsrecht** des Arbeitgebers   44
nach § 106 GewO (auch „Direktionsrecht" genannt) ist hinsichtlich der **genauen Lage** der Arbeitszeit das „Herzstück des Arbeitsverhältnisses"[2] und ein maßgebliches Flexibilisierungsinstrument[3]. Die **Dauer** der Arbeitszeit (sog. Arbeitszeitdeputat, Rz. 43) kann dagegen als „essentiale" des Arbeitsverhältnisses nicht einseitig, sondern nur **vertraglich** bestimmt werden. Das Weisungsrecht wird auch bei der Festlegung der Lage verdrängt durch entweder einzelvertragliche (Rz. 43) oder kollektivvertragliche, insbesondere betriebliche Arbeitszeitregelungen (Rz. 38). Doch ist zu beachten, dass anders als die Dauer der Arbeitszeit sich die Regelung ihrer Lage (insbesondere im Krankenhausbereich) sachnotwendig einer individuellen Festlegung weitgehend entzieht, weil der einzelne Arbeitnehmer in die **kollektive Arbeitsorganisation** (z. B. Schichtdienst) fest eingebunden ist und seine Arbeitszeiten diesbezüglich sich nach den betrieblichen Anforderungen richten müssen. Deshalb kompensiert hier entweder das Mitbestimmungsrecht des Betriebs- oder Personalrats (Rz. 38 f.) oder das Weisungsrecht nach § 106 GewO die funktionelle Überforderung des Einzelvertrags.

Mangels anderweitiger arbeitsvertraglicher Regelungen ist der Arbeitgeber   45
im Rahmen seines Weisungsrechts (§ 106 GewO) befugt, die Lage der Arbeitszeit (im Rahmen der vertraglich bestimmten Dauer) einseitig festzulegen und ggf. wieder zu ändern. Diese Festlegung hat nach § 106 Satz 1 GewO nach **billigem Ermessen** (§ 315 Abs. 3 BGB) zu erfolgen, soweit hierüber keine vertraglichen oder kollektivrechtlichen Vereinbarungen getroffen sind (vgl. auch Teil 3 E Rz. 6 ff.). Die Grenzen billigen Ermessens sind gewahrt, wenn der Arbeitgeber bei der Bestimmung der Arbeitszeit nicht nur eigene, sondern auch berechtigte Interessen des Arbeitnehmers angemessen berücksichtigt hat[4]. Wird z. B. eine Altenpflegerin zunächst ausschließlich

---

1 Vgl. dazu EuGH v. 8.2.2001 – Rs. C-350/99 („Schünemann"), Slg. 2001-I, 1061 = NJW 2001, 1255 = NZA 2001, 381 = JZ 2001, 1025 (Anm. *Reichold*).
2 *Schliemann*, ZTR 2003, 61 (64).
3 BAG v. 7.12.2005 – 5 AZR 535/04, NZA 2006, 423 (Tz. 44): Vom Arbeitgeber abrufbare, über Mindestarbeitszeit hinausgehende Arbeitsleistung des Arbeitnehmers darf nicht mehr als 25 % der vereinbarten wöchentlichen Mindestarbeitszeit betragen; ferner *Reichold*, RdA 2002, 321 (329 f.); *Stamm*, RdA 2006, 288 (293 ff.); *Zundel*, NJW 2006, 2304 (2305 f.).
4 BAG v. 15.9.2009 – 9 AZR 757/08, AP Nr. 7 zu § 106 GewO = NZA 2009, 1333; BAG v. 23.9.2004 – 6 AZR 567/03, AP Nr. 64 zu § 611 BGB Direktionsrecht = NZA 2005,

im Nachtdienst im Sieben-Tage-Rhythmus beschäftigt und hat sie nach Rückkehr aus der Elternzeit aufgrund zwischenzeitlicher Neuorganisation nur noch die Möglichkeit, den Nachtdienst im Zwei-Tage-Rhythmus abzuleisten, entspricht diese Ausübung des Weisungsrechts billigem Ermessen auch dann, wenn schutzwürdige familiäre Belange der Betroffenen entgegenstehen[1]. Bei der Festlegung der Höchstwegezeit bei **Rufbereitschaft** (Hintergrunddienst, vgl. B Rz. 12) hat der Arbeitgeber insbesondere die Arbeitnehmerinteressen an der freien Wahl seines Aufenthaltsortes ausreichend zu wahren; eine Höchstdauer zwischen Abruf und Arbeitsaufnahme von 45 Minuten wahrt die Grenzen billigen Ermessens[2].

46   Auch eine langjährige gleichförmige Handhabung von Dienstbeginn und -ende (z.B. 14jährige Übung eines Kontrollschaffners) lässt das Weisungsrecht des Arbeitgebers nicht entfallen. Das BAG erkennt im Bereich der Arbeitszeit eine **stillschweigende Konkretisierung**, d.h. stillschweigende Vertragsergänzung oder eine entsprechende betriebliche Übung, nur ganz ausnahmsweise an[3]. Die maßgebliche Billigkeitsprüfung nach §§ 106 Satz 1 GewO, 315 Abs. 3 BGB durch das BAG lässt nachvollziehbare wirtschaftliche Erwägungen des Arbeitgebers ausreichen, um auch langjährige Gewohnheiten ändern zu dürfen[4]. Aus der BAG-Rspr. zu negativen Veränderungen der Arbeitszeitlage[5] kann gefolgert werden, dass eine den Rahmen der vertraglichen Arbeitsaufgabe nicht überschreitende und sachlich nachvollziehbare Veränderung von Arbeitsort, Arbeitszeitlage und Arbeitsinhalt gegenüber den Bestandsinteressen der Beschäftigten Vorrang genießt im Sinne notwendiger „Flexibilisierung"[6].

47   **c) Änderungsklauseln.** Fraglich ist die rechtliche Qualifikation von sog. **Änderungs- oder Vorbehaltsklauseln**, weil damit – je nach Tragweite der Veränderung von Arbeitskonditionen – ja sowohl Weisungsrechte (Arbeitszeitlage) als auch Vertragsänderungen (Arbeitszeitdauer) zugunsten des Arbeitgebers im Voraus ausbedungen sein könnten[7].

359; BAG v. 13.3.2003 – 6 AZR 557/01, AP Nr. 47 zu § 611 BGB Arzt-Krankenhaus-Vertrag = NZA 2004, 735; BAG v. 7.12.2000 – 6 AZR 444/99, AP Nr. 61 zu § 611 BGB Direktionsrecht = NZA 2001, 780.

1 BAG v. 23.9.2004 – 6 AZR 567/03, DB 2005, 559 = NZA 2005, 359 = ZTR 2005, 208.

2 ArbG Marburg v. 4.11.2003 – 2 Ca 212/03, DB 2004, 1563. Auch die Übertragung von Rufbereitschaftsdiensten auf einzelne Arbeitnehmer kann bei objektiv-sachlicher Notwendigkeit auf § 106 GewO gestützt werden, so LAG Köln v. 16.4.2008 – 7 Sa 1520/07, ZTR 2009, 77.

3 Vgl. BAG v. 7.12.2000 – 6 AZR 444/99, AP Nr. 61 zu § 611 BGB Direktionsrecht = NZA 2001, 780; ferner ErfK/*Preis*, § 611 BGB Rz. 270; *Hennige*, NZA 1999, 281 (286).

4 Vgl. BAG v. 15.9.2009 – 9 AZR 757/08, AP Nr. 7 zu § 106 GewO = NZA 2009, 1333: Hat ein Arbeitnehmer 30 Jahre lang nur werktags gearbeitet, kann der Arbeitgeber diesen kraft seines Weisungsrechts trotzdem zu Sonn- und Feiertagsarbeit verpflichten.

5 Vgl. noch BAG v. 11.2.1998 – 5 AZR 472/97, AP Nr. 54 zu § 611 BGB Direktionsrecht = NJW 1999, 669 = NZA 1998, 647 (Einteilung zu Nachtschichten kraft Direktionsrechts).

6 ErfK/*Preis*, § 611 BGB Rz. 816; MünchArbR/*Reichold*, § 36 Rz. 95; HWK/*Thüsing*, § 611 BGB Rz. 310 ff.

7 Dazu näher *Hromadka*, RdA 1992, 234 (238); *Preis*, GrundfragenS. 156 ff.; *Reichold*, RdA 2002, 321 (330).

Beispiel:

„Die zeitliche Lage der Arbeitszeit wird gemäß den jeweiligen betrieblichen Notwendigkeiten von der Geschäftsleitung unter Berücksichtigung der Interessen der Mitarbeiter festgelegt".

Bei solch „antizipierten" Weisungsrechten bzw. Vertragsänderungen, deren Formulierung auch der Inhaltskontrolle nach §§ 307, 310 Abs. 4 BGB standhalten muss, prüft das BAG nach Maßgabe der sog. Kernbereichstheorie, ob die neuen Konditionen z. B. der Arbeitszeit das ursprünglich vereinbarte „Synallagma" (d. h. die Relation zwischen Leistung und Gegenleistung) wesentlich verändern. Ist das zu bejahen (z. B. bei Arbeitszeitverlängerung ohne Lohnausgleich), scheidet eine einseitige Änderung aus und bedarf es einer Änderungskündigung nach § 2 KSchG[1]. Demgegenüber wurde eine sog. Entwicklungs- und Anpassungsklausel eines Krankenhausträgers auch dann für zulässig gehalten, wenn sie dem betroffenen Chefarzt im Ergebnis kraft Umstrukturierung seiner Station eine Kürzung von ca. 40 % seiner Gesamteinkünfte (inkl. Nebentätigkeit) bescherte[2]. Auch die „Entwicklungsklauseln" in Chefarztverträgen prüft das BAG danach, ob die daraus folgenden einseitigen Änderungen zu einer grundlegenden Störung des Verhältnisses von Leistung und Gegenleistung führen („Kernbereichstheorie") und ob sie billigem Ermessen im Einzelfall entsprechen (§ 315 Abs. 3 BGB)[3]. Doch wird unter Anwendung von §§ 308 Nr. 4, 307 BGB zu fordern sein, dass überhaupt nur – aufgrund vertretbarer Bedarfsprognosen ermittelte – sachlich objektiv gebotene („erforderliche") organisatorische Änderungen die Arbeitsbedingungen der betroffenen Ärzte im Einzelfall auch ohne deren Einverständnis verschlechtern dürfen (vgl. näher Teil 5 A Rz. 58 ff.).

---

1 BAG v. 14.11.1990 – 5 AZR 509/89, BAGE 66, 214 = NJW 1991, 2370; BAG v. 12.12.1984 – 7 AZR 509/83, BAGE 47, 314 = NJW 1985, 2151; BAG v. 7.10.1982 – 2 AZR 455/80, BAGE 40, 199 = AP Nr. 5 zu § 620 BGB Teilkündigung; ferner Münch-ArbR/*Reichold*, § 36 Rz. 24; *Hromadka*, FS Dieterich, 1999, S. 251 (264).
2 BAG v. 28.5.1997 – 5 AZR 125/96, BAGE 86, 61 = NZA 1997, 1160; dazu krit. *Isenhardt*, FS Hanau, 1999, S. 221 (225); *Rieble*, NZA 2000, Sonderbeilage zu Heft 3, S. 34 (39); um geringere Gehaltsreduktionen ging es im Fall BAG v. 13.3.2003 – 6 AZR 557/01, AP Nr. 47 zu § 611 BGB Arzt-Krankenhaus-Vertrag = NZA 2004, 735 (Rückgang 6 % der Einkünfte).
3 St. Rspr., zuletzt BAG v. 13.3.2003 – 6 AZR 557/01, NZA 2004, 735; dazu krit. *Hümmerich/Bergwitz*, BB 2005, 997, die allerdings unzutreffend von einem Verstoß der Entwicklungsklausel gegen § 307 BGB (Angemessenheitskontrolle) ausgehen.

B. Arbeitszeitschutz

I. Geltungsbereich des ArbZG

1. Räumlicher Geltungsbereich

1   Für das ArbZG als Teil des öffentlichen Rechts gilt das sog. **Territorialprinzip**, d.h., die Vorschriften gelten für alle Arbeitnehmer, die auf dem Gebiet der Bundesrepublik Deutschland beschäftigt werden. Die ArbZG-Normen sind auch für alle ausländischen Arbeitnehmer verbindlich, unabhängig davon, ob diese ihren Wohnsitz in der BRD haben oder nicht[1]. **Anknüpfungspunkt** ist der Ort, an dem der Arbeitnehmer die Arbeitsleistung tatsächlich erbringt, unerheblich ist daher auch, wo der Arbeitgeber seinen Sitz hat. Das ArbZG findet immer dann Anwendung, wenn die Arbeitsleistung **innerhalb Deutschlands** erbracht wird.

2. Persönlicher Geltungsbereich

2   Das ArbZG gilt für **alle Arbeitnehmer** über 18 Jahre. Arbeitnehmer sind nach der Legaldefinition des § 2 Abs. 2 ArbZG „Arbeitnehmer und Angestellte sowie die zu ihrer Berufsbildung Beschäftigten". Damit lehnt sich das ArbZG an die Definition des Betriebsverfassungsgesetzes (vgl. § 5 Abs. 1 BetrVG) an[2], fasst den Begriff aber dadurch weiter, dass „Berufsausbildung" durch „Berufsbildung" ersetzt wird. Unter diesen Oberbegriff fallen nicht nur Auszubildende wie bei § 5 Abs. 1 BetrVG, sondern auch **Volontäre, Praktikanten und alle übrigen Personen**, für die nicht die Arbeitsleistung, sondern ausschließlich die Berufsbildung Vertragszweck ist[3]. Entgegen dem ersten Anschein handelt es sich bei § 2 Abs. 2 ArbZG auch nicht um eine echte Legaldefinition, sondern um eine **Verweisung** auf den allgemeinen arbeitsrechtlichen Begriff des Arbeitnehmers[4]. Nach ständiger Rechtsprechung ist Arbeitnehmer, wer aufgrund eines privatrechtlichen Vertrags im Dienste eines anderen zur Leistung weisungsgebundener, fremdbestimmter Arbeit in persönlicher Abhängigkeit verpflichtet ist[5]. **Studenten**, die im Rahmen ihres Studiums ein vorgeschriebenes Praktikum ableisten (z.B. Pflegepraktikum gem. § 6 ÄAppO oder Famulatur gem. § 7 ÄAppO), sind nur dann Arbeitnehmer, wenn sie während des Praktikums auch in einer privatrechtlichen Vertragsbeziehung zum Betriebsinhaber stehen[6].

---

1   H.M., vgl. nur *Baeck/Deutsch*, § 18 ArbZG Rz. 13; HWK/*Gäntgen*, § 1 ArbZG Rz. 6; *Anzinger/Koberski*, § 3 ArbZG Rz. 6.

2   Hierauf verweist ausdrücklich die Gesetzesbegründung, vgl. BT-Drucks. 12/5888 v. 13.10.1993, S. 23.

3   ErfK/*Wank*, § 2 ArbZG Rz. 9; HWK/*Gäntgen*, § 2 ArbZG Rz. 11; *Linnenkohl/Rauschenberg*, § 2 ArbZG Rz. 22.

4   H.M., vgl. nur *Baeck/Deutsch*, § 2 ArbZG Rz. 86; ErfK/*Wank*, § 2 ArbZG Rz. 3; *Schliemann/Meyer*, Rz. 106.

5   H.M., vgl. nur BAG v. 12.12.2001 – 5 AZR 253/00, AP Nr. 111 zu § 611 BGB Abhängigkeit = NZA 2002, 2411; ferner ErfK/*Preis*, § 611 BGB Rz. 45 ff.; *Reichold*, Arbeitsrecht, § 2 Rz. 8 ff. jeweils m.w.N.

6   BAG v. 30.10.1991 – 7 ABR 11/91, NZA 1992, 808.

Chefärzte sind nach h. M. zwar Arbeitnehmer, aber vom persönlichen Gel-   3
tungsbereich des ArbZG **ausgenommen**, vgl. § 18 Abs. 1 Nr. 1 ArbZG. Als
Chefarzt wird in der Regel der ärztliche Leiter einer Krankenhausabteilung
bezeichnet, der innerhalb dieser Abteilung die ärztliche Gesamtverantwortung für die Patientenversorgung trägt und Vorgesetzter des ärztlichen und
nichtärztlichen Personals seiner Abteilung ist[1]. Zu seiner arbeitszeitrechtlichen Verantwortung vgl. Rz. 67 sowie Teil 5 A Rz. 39 ff. Vom ArbZG
erfasst werden dagegen alle anderen Ärzte im Krankenhaus. **Angehörige
geistlicher Orden** oder sonstiger Gemeinschaften, die eine karitative oder religiöse Tätigkeit ausüben, sind ebenfalls **keine Arbeitnehmer**. Dies gilt z. B.
für Mitglieder einer DRK-Schwesternschaft auch dann, wenn sie aufgrund
eines Gestellungsvertrages in einem von Dritten betriebenen Krankenhaus
tätig sind[2].

3. Sachlicher Geltungsbereich

Beim sachlichen Geltungsbereich geht es um die Frage der **Ausnahme** gewis-   4
ser Beschäftigungsbereiche vom ArbZG (vgl. A Rz. 29). Zu nennen sind hier
der liturgische Bereich der Kirchen (§ 18 Abs. 1 Nr. 4 ArbZG), der nur den
engen Bereich der Verkündigung umfasst (nicht den Bereich kirchlicher
Heilfürsorge)[3], der Bereich der Kauffahrteischiffe und der Binnenschifffahrt
(§ 18 Abs. 3, § 21 ArbZG) sowie der Bereich der Luftfahrt (§ 20 ArbZG) und
des Fahrpersonals im Straßenverkehr (§ 1 FahrpersonalG).

II. Begriffsbestimmungen

Das ArbZG definiert (neben dem Arbeitnehmer) in § 2 die wichtigsten ar-   5
beitszeitrechtlichen Begriffe **Arbeitszeit, Nachtzeit, Nachtarbeit** und **Nachtarbeitnehmer**, ohne sich dabei genau an den Begriffsbestimmungen von
Art. 2 RL 2003/88/EG zu orientieren. Für weitere relevante Begriffe wie z. B.
Arbeitsbereitschaft, Bereitschaftsdienst, Rufbereitschaft oder Wechselschicht enthält das Gesetz keine Legaldefinitionen.

1. Arbeitszeit (§ 2 Abs. 1 ArbZG)

a) In § 2 Abs. 1 Satz 1 Halbs. 1 ArbZG wird **Arbeitszeit** als „die Zeit vom   6
Beginn bis zum Ende der Arbeit ohne die Ruhepausen" legal definiert. Diese
Definition gilt nur für die Arbeitszeit unter arbeitsschutzrechtlichem
Aspekt und ist nicht zu verwechseln mit dem Arbeitszeitbegriff unter
vertraglichem bzw. vergütungsrechtlichem Aspekt (vgl. Rz. 1 f. sowie
Rz. 30 ff.). Die aus der AZO übernommene Formulierung meint einen mate-

---

1 Vgl. *Debong*, Das Arbeitszeitgesetz – Umsetzung im Arbeitsbereich des Chefarztes,
   ArztR 1996, 123; ErfK/*Wank*, § 18 ArbZG Rz. 3; Laufs/Kern/*Laufs*, § 12 Rz. 8; Münch-
   ArbR/*Richardi*, § 339 Rz. 12.
2 St. Rspr., vgl. BAG v. 6.7.1995 – 5 AZB 9/93, BAGE 80, 256 = NZA 1996, 33; BAG v.
   20.2.1986 – 6 ABR 5/85, AP Nr. 2 zu § 5 BetrVG 1972 Rotes Kreuz = NJW 1986, 2906.
3 Vgl. *Baeck/Deutsch*, § 18 ArbZG Rz. 25.

riellen und nicht rein formalen Begriff der **„Arbeitsleistung"**. Europarechtlich konkretisiert wird er durch Art. 2 Abs. 1 RL 2003/88, wonach

> „jede Zeitspanne, während der ein Arbeitnehmer gemäß den einzelstaatlichen Rechts-
> vorschriften und/oder Gepflogenheiten arbeitet, dem Arbeitgeber zur Verfügung steht
> und seine Tätigkeit ausübt oder Aufgaben wahrnimmt",

zur Arbeitszeit i. S. d. Arbeitszeitschutzes zählt[1]. **Sinn und Zweck** der Schutz-
norm ist demnach die klare Abgrenzung von Arbeitszeit als „Fremdbestimmung" kraft weisungsabhängiger Dienstleistung einerseits und von „Selbstbestimmung" kraft eigenverantwortlicher Freizeitgestaltung andererseits.
„Arbeitszeit" liegt deshalb dem EuGH folgend immer **schon dann** vor, wenn
sich der Arbeitnehmer an einem vom Arbeitgeber bestimmten Ort aufzuhalten und sich zu dessen Verfügung zu halten hat, um ggf. sofort seine Leistungen erbringen zu können[2]. Damit ist klargestellt, dass es keineswegs
„produktive" Leistungen sein müssen, die der Arbeitnehmer während seiner
Arbeitszeit erbringt, sondern dass auch **„Bereitschaft"** als Zur-Verfügung-
Stehen zur Arbeitszeit zählt. Insoweit ist die ständige Rechtsprechung des
EuGH zu den *Bereitschaftsdiensten* im Krankenhaus konsequent, wenn sie
diese ungeschmälert der Arbeitszeit auch dann zuschlägt, wenn in der Regel
inaktive Zeiten anfallen[3]. Der Ausgleich für geringere Arbeitsintensität erfolgt dann über die Vergütung (vgl. Rz. 13).

7   **Nicht** zur Arbeitszeit i. S. d. § 2 Abs. 1 ArbZG zählen dagegen die **Wegezeiten**, d. h. die Zeiten für die Fahrt zwischen Wohnung und Arbeitsstätte, weil
diese der privaten Sphäre und damit der „Ruhezeit" zuzuordnen sind[4]. Auch
Wasch- und Umkleidezeiten zählen in der Regel nicht zur Arbeitszeit im
Sinne des ArbZG, soweit sie nicht ausnahmsweise wie z. B. bei Modeschau-
en schon Bestandteil der geschuldeten Arbeitsleistung sind; auch die auffäl-
lige „IKEA"-Kleidung dient allein einem fremden und nicht einem eigenen
Bedürfnis des Arbeitnehmers, so dass das Umkleiden Arbeitszeit ist[5]. Sofern
die Dienstkleidung aber zu Hause angelegt und auf dem Weg zur Arbeitsstätte getragen werden kann, ohne hierdurch besondere Aufmerksamkeit zu er-
regen, handelt es sich nicht um Arbeitszeit i. S. d. § 2 Abs. 1 ArbZG[6]. Frag-

---

1 Ähnlich *Baeck/Deutsch*, § 2 ArbZG Rz. 4, 6 ff.; ErfK/*Wank*, § 2 ArbZG Rz. 28.
2 So HWK/*Gäntgen*, § 2 ArbZG Rz. 4.
3 Zuletzt EuGH v. 11.1.2007 – Rs. C-437/05, FA 2007, 175; EuGH v. 1.12.2005 – Rs.
  C-14/04 („Dellas"), NZA 2006, 89, Tz. 46 bis 48; weit. Nachw. s. Rz. 6; ebenso BAG
  v. 16.3.2004 – 9 AZR 93/03, NZA 2004, 927; BAG v. 15.7.2009 – 5 AZR 867/08, NZA
  2009, 1366; BAG v. 16.12.2009 – 5 AZR 157/09, NJW-Spezial 2010, 180; zur alten Gesetzeslage nach §§ 5 Abs. 3, 7 Abs. 2 Nr. 1 ArbZG vgl. noch BAG v. 18.2.2003 – 1 ABR
  2/02, BAGE 105, 32 = NZA 2003, 742 = RdA 2004, 246 mit krit. Anm. *Wank*.
4 Ganz h. M., vgl. nur *Baeck/Deutsch*, § 2 ArbZG Rz. 9, 71; *Buschmann/Ulber*, § 2
  ArbZG Rz. 7; ErfK/*Wank*, § 2 ArbZG Rz. 16; HWK/*Gäntgen*, § 2 ArbZG Rz. 8; Mün-
  chArbR/*Anzinger*, § 298 Rz. 11 ff.; *Neumann/Biebl*, § 2 ArbZG Rz. 14; *Schliemann/
  Meyer*, Rz. 74.
5 BAG v. 10.11.2009 – 1 ABR 54/08, DB 2010, 454; BAG v. 11.10.2000 – 5 AZR 122/99,
  BAGE 96, 45 = NZA 2001, 458; ErfK/*Wank*, § 2 ArbZG Rz. 16; *Schliemann/Meyer*,
  Rz. 69.
6 BAG v. 10.11.2009 – 1 ABR 54/08, DB 2010, 454.

lich ist dabei jeweils, wann der „Beginn" der Arbeit vorliegt. Schreibt z. B. ein **Krankenhaus** den Krankenschwestern vor, dass die unentgeltlich zur Verfügung gestellte und gereinigte Dienstkleidung vor Dienstbeginn in einem bestimmten Raum anzulegen und nach Dienstende dort abzulegen ist, so gehört das Umkleidezimmer zur Arbeitsstelle; dort beginnt und endet demnach auch die Arbeitszeit. Solche Umkleidezeiten gehörten nach Ansicht des BAG laut § 15 Abs. 7 BAT[1] zur Arbeitszeit i. S. d. ArbZG und des Tarifrechts[2]. Von der gesetzlichen Arbeitszeit sind auch **Vor- und Nacharbeiten** wie z. B. bei Materialausgabe durch den Arbeitgeber oder beim Säubern des Arbeitsplatzes erfasst. Umstritten ist weiter die schutzrechtliche Behandlung von **Reisezeiten**. Hier kann nur dann, wenn das Reisen zur arbeitsvertraglichen Hauptpflicht zählt (z. B. Busfahrer, Reiseleiter) oder wenn trotz der Reisetätigkeit Arbeitsaufgaben erledigt werden, von Arbeitszeit i. S. d. ArbZG ausgegangen werden[3]. Dabei ist immer darauf zu achten, dass die Vergütung solcher Reisezeiten keinen Rückschluss auf die schutzrechtliche Behandlung nach dem öffentlich-rechtlichem Gesundheitsschutzaspekt zulässt. Auch **Rufbereitschaft** („Hintergrunddienst") gilt nicht als Arbeitszeit, dazu näher Rz. 12.

b) Arbeitszeitformen. Neben der in § 2 Abs. 1 ArbZG enthaltenen Begriffs- 8
bestimmung kennt das ArbZG weitere grundlegende Begriffe, die aber nicht näher definiert werden. Hierzu zählen vor allem die verschiedenen Arbeitszeitformen wie Arbeitsbereitschaft, Bereitschaftsdienst einerseits (vgl. § 7 Abs. 1 Nr. 1 lit. a ArbZG) und Rufbereitschaft andererseits (vgl. § 5 Abs. 3, § 7 Abs. 2 Nr. 1 ArbZG), die zwischen Vollarbeit und Ruhezeit (Freizeit) in einem **Stufenverhältnis** stehen und sich hinsichtlich der **Arbeitsintensität** unterscheiden:

Vollarbeit Arbeitsbereitschaft } **Arbeitszeit** Bereitschaftsdienst	Intensität ↓
Rufbereitschaft } **Ruhezeit** Freizeit	Intensität ↑

---

1 Eine entsprechende Regelung findet sich im TVöD/TV-L nicht mehr, vgl. § 6 TVöD/ TV-L.

2 BAG v. 28.7.1994 – 6 AZR 220/94, BAGE 77, 285 = NZA 1995, 437; *Schliemann/ Meyer*, Rz. 71.

3 BAG v. 11.7.2006 – 9 AZR 519/05, NZA 2007, 155: Reisezeit grundsätzlich nicht Arbeitszeit; ferner *Baeck/Deutsch*, § 2 ArbZG Rz. 73 ff.; *ErfK/Wank*, § 2 ArbZG Rz. 17; *Neumann/Biebl*, § 2 ArbZG Rz. 15; *Hunold*, NZA-Beilage 1/2006, S. 38 (39 f.); vgl. auch § 6 Abs. 11 Satz 1, 2 TV-L: „Bei Dienstreisen gilt nur die Zeit der dienstlichen Inanspruchnahme am auswärtigen Geschäftsort als Arbeitszeit. Für jeden Tag einschließlich der Reisetage wird jedoch mindestens die auf ihn entfallende regelmäßige, durchschnittliche oder dienstplanmäßige Arbeitszeit berücksichtigt, wenn diese bei Nichtberücksichtigung der Reisezeit nicht erreicht würde".

9 Wie oben skizziert finden sich zwischen den Eckpunkten der Arbeitszeit, also „Vollarbeit", d. h. volle Erbringung der geschuldeten Arbeitsleistung einerseits und „Ruhezeit", d. h. Freizeit zwischen den Diensten (vgl. § 5 ArbZG, Rz. 36) andererseits in der betrieblichen Praxis verschiedene Formen **minderer Arbeitsintensität**. Dabei ist arbeitszeitrechtlich nur von Bedeutung, inwieweit die Zeiten minderer Arbeitsintensität vom **Grad der Inanspruchnahme** her der Vollarbeit so weit angenähert sind, dass die Beanspruchungsgrenze von maximal zehn Stunden täglich (§ 3 ArbZG) auch da notwendig und angemessen erscheint[1]. Durch die EuGH-Rechtsprechung und die demgemäß seit 2004 veränderte deutsche Gesetzeslage ist klargestellt worden (oben A Rz. 6, 13), dass die weniger intensiven Arbeitszeitformen „Arbeitsbereitschaft" und „Bereitschaftsdienst" arbeitsschutzrechtlich gleichwohl **Arbeitszeit** sind, dass aber für den Fall, dass sie *regelmäßig* und *in erheblichem Umfang* vorkommen, eine tarifliche bzw. betriebliche **Verlängerung** der Höchstarbeitszeit erfolgen kann, vgl. nur § 7 Abs. 1 Nr. 1 lit. a bzw. Nr. 4 lit. a, § 7 Abs. 2a ArbZG (dazu näher Rz. 20 ff.).

10 **Arbeitsbereitschaft** wird von der h. M. als „Zeit der wachen Achtsamkeit im Zustand der Entspannung"[2] definiert, doch besteht Einigkeit, dass diese Leerformel eine Abgrenzung in den schwierigen Fällen kaum erleichtert[3]. Zur Abgrenzung zwischen „Vollarbeit" und „Arbeitsbereitschaft" muss daher zusätzlich auf die **Intensität der Belastung** des Arbeitnehmers abgestellt werden, wie bereits *Fechner* vorgeschlagen hatte[4]. So leistet der Pförtner während des Tagdienstes im Publikumsverkehr auch dann Vollarbeit, wenn er nicht ständig beansprucht wird. Arbeitsbereitschaft liegt dagegen vor, wenn mangels Öffnung ein Publikumsverkehr ausbleibt und nur noch Überwachungs- und Kontrolltätigkeiten gefordert sind[5]. Für die Abgrenzung entscheidend ist also vor allem die Häufigkeit der Inanspruchnahme während der Arbeitsbereitschaft und ihre Dauer, der Einfluss auf den Lebensrhythmus, die Regelmäßigkeit von Unterbrechungen und der danach mögliche Entspannungsgrad[6].

11 **Bereitschaftsdienst** lag nach früherer BAG-Rechtsprechung vor, wenn sich der Arbeitnehmer, ohne dass von ihm wache Aufmerksamkeit gefordert wurde, für Zwecke des Betriebs an einer bestimmten Stelle innerhalb oder

---

1 So die zutr. Aussage der „Beanspruchungstheorie", vgl. *Baeck/Deutsch*, § 2 ArbZG Rz. 35; ErfK/*Wank*, § 2 ArbZG Rz. 21; *Fechner*, Probleme der Arbeitsbereitschaft, 1963, S. 58 f.; MünchArbR/*Anzinger*, § 298 Rz. 32 f.

2 BAG v. 9.3.2005 – 5 AZR 385/02, NZA 2005, 1016; BAG v. 10.1.1991 – 6 AZR 352/89, NZA 1991, 516; BAG v. 5.5.1988 – 6 AZR 658/85, AP Nr. 1 zu § 3 AZO Kr; zur älteren Rspr. vgl. *Anzinger*, FS Wißmann, 2005, S. 3 (5), der auch von „geistiger" Arbeitsbereitschaft spricht.

3 Vgl. etwa *Baeck/Deutsch*, § 2 ArbZG Rz. 33; ErfK/*Wank*, § 2 ArbZG Rz. 21.

4 *Fechner*, Probleme der Arbeitsbereitschaft, 1963, S. 55 ff.

5 Vgl. Beispiele bei *Baeck/Deutsch*, § 2 ArbZG Rz. 38.

6 Vgl. auch BVerwG v. 19.1.1988 – 1 C 11/85, NZA 1988, 881: „Die Zuordnung eines bestimmten Bereitschaftsdienstes zur Arbeit oder zur Ruhezeit i. S. d. Arbeitszeitordnung hängt davon ab, in welchem Maße dieser Dienst in seiner konkreten Ausprägung den Betroffenen bindet und belastet".

außerhalb des Betriebs aufzuhalten hatte, damit er erforderlichenfalls seine volle Arbeitstätigkeit unverzüglich aufnehmen konnte[1]. Außer in der **räumlichen Beschränkung** wurde der Arbeitnehmer durch den Bereitschaftsdienst also in der Regel nicht beansprucht, so dass im Krankenhaus auch Ruhezeiten in zur Verfügung stehenden Betten verbracht werden konnten[2]. Aus diesem Grund wurde in der Vergangenheit auch nur die tatsächliche Inanspruchnahme während des Bereitschaftsdienstes („aktive Zeiten") zur Arbeitszeit gezählt[3] – so wie bei der Rufbereitschaft (Rz. 12). Seit der Novellierung des ArbZG zum 1.1.2004 zählt der Bereitschaftsdienst jedoch **in vollem Umfang** zur Arbeitszeit. Zwar kommt dies im Gesetzestext nicht explizit zum Ausdruck, doch stellt die Neufassung jetzt den Bereitschaftsdienst der *Arbeitsbereitschaft* und nicht mehr der *Rufbereitschaft* gleich, vgl. § 7 Abs. 1 Nr. 1 lit. a bzw. Nr. 4 lit. a bzw. § 7 Abs. 2a (oben A Rz. 13)[4]. Bereitschaftsdienst zählt allerdings nach den europarechtlichen Vorgaben (oben A Rz. 6) nur dann zur Arbeitszeit, wenn die **Anwesenheit am Arbeitsort** angeordnet ist, der Arzt also z.B. **im Klinikum** den Bereitschaftsdienst abzuleisten hat und nirgends sonst[5]. Umgekehrt scheidet ein Bereitschaftsdienst dann aus, wenn sich der Arzt an einem selbst gewählten Ort aufhalten darf[6]. Offen ist, ob Bereitschaftsdienst (und damit Arbeitszeit) vorliegt, wenn der Arbeitgeber eine Höchstzeit für die Aufnahme der Tätigkeit am von ihm bestimmten Ort (z.B. im Klinikum) vorschreibt (vgl. Rz. 12). Der Bereitschaftsdienst darf in der tariflichen Praxis den Mitarbeiter im Krankenhaus höchstens mit 49 % der Vollzeitbeanspruchung belasten (näher unter C).

Der **TVöD-K** regelt in § 7.1 Abs. 1 (entspricht § 45 Abs. 1 TVöD BT-K) den Bereitschaftsdienst wie folgt:

„Bereitschaftsdienst leisten die Beschäftigten, die sich auf Anordnung des Arbeitgebers außerhalb der regelmäßigen Arbeitszeit an einer vom Arbeitgeber bestimmten Stelle aufhalten, um im Bedarfsfall die Arbeit aufzunehmen. Der Arbeitgeber darf Bereitschaftsdienst nur anordnen, wenn zu erwarten ist, dass zwar Arbeit anfällt, erfahrungsgemäß aber die Zeit ohne Arbeitsleistung überwiegt."

Rufbereitschaft zählt dagegen nicht zur „Arbeitszeit", sondern zur „Ruhezeit" (vgl. § 5 Abs. 3 ArbZG). Beim sog. Hintergrunddienst ist der Arzt nur verpflichtet, sich auf Anordnung des Arbeitgebers außerhalb seiner regelmäßigen Arbeitszeit an einem (dem Arbeitgeber anzuzeigenden) **Ort seiner Wahl** aufzuhalten, um auf Abruf (über „Piepser" oder „Handy") alsbald die

12

---

1 BAG v. 18.2.2003 – 1 ABR 2/02, BAGE 105, 32 = NZA 2003, 742 = RdA 2004, 246 mit krit. Anm. *Wank*; BAG v. 10.1.1991 – 6 AZR 352/89, NZA 1991, 516; *Anzinger*, FS Wißmann, 2005, S. 3 (6); *Baeck/Deutsch*, § 2 ArbZG Rz. 41; ErfK/*Wank*, § 2 ArbZG Rz. 28; HWK/*Gäntgen*, § 2 ArbZG Rz. 5; *Schliemann/Meyer*, Rz. 61.
2 *Baeck/Deutsch*, § 2 ArbZG Rz. 41; ErfK/*Wank*, § 2 ArbZG Rz. 29; *Küttner/Reinecke*, Bereitschaftsdienst Rz. 1.
3 *Schliemann*, NZA 2006, 1009 (1010); *Schliemann/Meyer*, Rz. 65.
4 Vgl. nur *Baeck/Deutsch*, § 2 ArbZG Rz. 43; *Boerner*, NJW 2004, 1559 (1560).
5 BAG v. 23.6.2010 – 10 AZR 543/09, NZA 2010, 1081; *Baeck/Lösler*, NZA 2005, 247 (248); *Schliemann*, NZA 2006, 1009 (1013).
6 So auch *Morawietz*, ArztR 2009, 317.

Arbeit aufzunehmen[1]. Maßgeblich für die Abgrenzung ist weder das Ausmaß der während des Dienstes anfallenden Arbeitsleistung noch die vom Arbeitnehmer selbst gewählte Beschränkung seines Aufenthalts, sondern die sich aus der **Anordnung des Arbeitgebers** ergebende Aufenthaltsbeschränkung[2]. Die Rufbereitschaft unterscheidet sich vom Bereitschaftsdienst dadurch, dass sich der Mitarbeiter in der Zeit, für die sie angeordnet ist, nicht in der Einrichtung aufhalten muss, sondern seinen Aufenthaltsort selbst bestimmen kann. Das BAG hat hierzu entschieden, dass eine knappe Zeitvorgabe von **20 Minuten**, innerhalb derer die Arbeitsaufnahme erfolgen müsse, mit Sinn und Zweck der Rufbereitschaft nicht mehr vereinbar sei[3]. Verlange z.B. die Patientenversorgung eine derart zeitnahe Arbeitsaufnahme, müssten entweder genügend Arbeitnehmer aktiv arbeiten oder in Bereitschaft sein. Andererseits verlangt die Rufbereitschaft **jederzeitige Erreichbarkeit** und ggf. „**alsbaldige**" Arbeitsaufnahme; eine Anfahrtszeit von mehr als einer Stunde nach Abruf muss der Arbeitgeber nicht mehr akzeptieren[4]. Wird der Arbeitnehmer während der Rufbereitschaft tatsächlich zur Arbeitsleistung herangezogen, wird die **Freizeit unterbrochen**. Seine tatsächliche Arbeitsleistung ist als Arbeitszeit mit den normalen vergütungsrechtlichen Folgen zu werten, doch kann auch hier pauschaliert werden[5].

Der **TVöD-K** regelt in § 7.1 Abs. 8 (entspricht § 45 Abs. 8 TVöD BT-K) die Rufbereitschaft wie folgt:

> „Der Arbeitgeber darf Rufbereitschaft nur anordnen, wenn erfahrungsgemäß lediglich in Ausnahmefällen Arbeit anfällt. Durch tatsächliche Arbeitsleistung innerhalb der Rufbereitschaft kann die tägliche Höchstarbeitszeit von zehn Stunden (§ 3 ArbZG) überschritten werden (§ 7 ArbZG)."

13   **c)** Unabhängig von der arbeitszeitrechtlichen Bewertung von Arbeitsbereitschaft, Bereitschaftsdienst und Rufbereitschaft ist die Frage ihrer **Vergütungspflicht**. Weder aus der RL 2003/88/EG noch aus der Rechtsprechung des EuGH hierzu folgt, dass z.B. Bereitschaftsdienste wie sonstige Arbeitszeit vergütet werden müssten[6]. Vielmehr steht es den Arbeitsvertrags- und Tarifparteien frei, für Arbeitszeitformen minderer Intensität andere, in der Regel geringere Vergütungssätze vorzusehen[7]. Konkret hat das BAG eine Vereinbarung, in der für Bereitschaftsdienste nur **68 %** der regulären Vergü-

---

1 BAG v. 31.1.2002 – 6 AZR 214/00, ZTR 2002, 432; BAG v. 19.12.1991 – 6 AZR 592/89, AP Nr. 1 zu § 67 BMT-G II; BVerwG v. 19.1.1988 – 1 C 11.85, NZA 1988, 881; BAG v. 3.12.1986 – 4 AZR 7/86, AP Nr. 1 zu § 30 MTB II.

2 BAG v. 31.5.2001 – 6 AZR 171/00, ZTR 2002, 173; BAG v. 4.8.1988 – 6 AZR 48/86, Ez-BAT SR 2a BAT Rufbereitschaft Nr. 4.

3 BAG v. 31.1.2002 – 6 AZR 214/00, ZTR 2002, 432; ebenso LAG Köln v. 13.8.2008 – 3 Sa 1453/07, ZTR 2009, 76, wonach derartige Dienste als Bereitschaftsdienste zu qualifizieren und zu vergüten seien.

4 ArbG Marburg v. 4.11.2003 – 2 Ca 212/03, DB 2004, 1563.

5 *Anzinger*, FS Wißmann, 2005, S. 3 (7) m.w.N.

6 EuGH v. 1.12.2005 – Rs. C-14/04 („Dellas"), NZA 2006, 89; EuGH v. 9.9.2003 – Rs. C-151/02 („Jaeger"), Slg. 2003, I-8389 = NZA 2003, 1019.

7 H.M., vgl. *Baeck/Deutsch*, § 2 ArbZG Rz. 46; ErfK/*Wank*, § 2 ArbZG Rz. 14; MüArb/*Anzinger*, § 298 Rz. 38; Küttner/*Reinecke*, Bereitschaftsdienst Rz. 7; *Schliemann/Meyer*, Rz. 60.

tung versprochen wurde, als angemessen und daher wirksam bezeichnet[1]. Bereitschaftsdienste können je nach Belastungsstufe **unterschiedlich vergütet** werden (vgl. § 8.1 TVöD-K – entspricht § 46 TVöD BT-K, dazu Teil 3 D Rz. 14). Doch muss die Vergütungsvereinbarung nicht nur die Heranziehung zur Vollarbeit, sondern auch den Verlust an Freizeit im Übrigen angemessen berücksichtigen. Der Arbeitnehmer erwirbt jedoch keinen höheren Entgeltanspruch, wenn er unter **Verstoß** gegen die Arbeitszeit-RL 2003/88/EG oder das Arbeitszeitgesetz eingesetzt worden ist[2]. Es besteht auch keine Pflicht, einem **Chefarzt** mit Liquidationsrecht die Bereitschaftsdienst-Pauschale zu bezahlen, die von den nachgeordneten Ärzten verlangt werden kann[3].

2. Nachtarbeit, Nachtarbeitnehmer, Wechselschicht (§ 2 Abs. 3–5 ArbZG)

a) Nachtarbeit ist jede Arbeit, „die mehr als zwei Stunden der Nachtzeit umfasst" (§ 2 Abs. 4 ArbZG). Zeiten bis zu zwei Stunden in der Nachtzeit stellen also noch keine Nachtarbeit dar. Nach dem Willen des Gesetzgebers sollte nicht jede nur geringfügige Nachtarbeit in den Schutzbereich des § 6 ArbZG kommen. Zur **Nachtzeit** i. S. d. ArbZG gehört die „Zeit von 23 bis 6 Uhr" (§ 2 Abs. 3 ArbZG). Diese Regelung steht im Einklang mit Art. 2 Nr. 3 der ArbZ-RL 2003/88/EG, wonach Nachtzeit jede Zeitspanne „von mindestens sieben Stunden" darstellt, sofern sie „auf jeden Fall die Zeitspanne zwischen 24 und 5 Uhr umfasst". Zu beachten ist, dass nach § 7 Abs. 1 Nr. 5 ArbZG kraft Tarifvertrags oder einer zugelassenen Betriebsvereinbarung der **Beginn** des siebenstündigen Zeitraums **variabel** auf die Zeit zwischen 22 und 24 Uhr festgelegt werden kann. Damit kann zwar die **Lage**, nicht aber die **Dauer** der Nachtzeit variabel gestellt werden[4] (vgl. aber § 7 Abs. 5 TVöD/ TV-L, dazu näher Rz. 49). | 14

b) Nicht jeder Arbeitnehmer, der Nachtarbeit i. S. d. ArbZG leistet, ist auch **Nachtarbeitnehmer**, wie sich aus § 2 Abs. 5 ArbZG ergibt[5]. Dessen Bestimmung ist wichtig für die zentrale Schutznorm des § 6 ArbZG (Rz. 44 ff.). Auch Bereitschaftsdienst leistende Ärzte können z. B. Nachtarbeitnehmer sein (vgl. A Rz. 14), wenn sie | 15

– entweder „normalerweise Nachtarbeit in **Wechselschicht** zu leisten haben"

– oder Nachtarbeit „an mindestens **48 Tagen** im Kalenderjahr leisten".

Die erste Alternative stellt nach ihrem Wortlaut auf eine **Soll-**, die zweite Alternative auf eine **Ist-**Betrachtung ab. Wer laut Schichtplan (Rz. 16) „normalerweise" und regelmäßig auch Nachtschicht arbeitet, kann demnach so-

---

1 BAG v. 28.1.2004 – 5 AZR 530/02, BAGE 109, 254 = NZA 2004, 656 = MedR 2004, 508.
2 BAG v. 14.10.2004 – 6 AZR 535/03, ZTR 2005, 144; BAG v. 28.1.2004 – 5 AZR 530/02, BAGE 109, 254 = NZA 2004, 656; BAG v. 5.6.2003 – 6 AZR 114/02, BAGE 106, 252 = NZA 2004, 164.
3 BAG v. 31.5.2001 – 6 AZR 171/00, ZTR 2002, 173; dazu näher Teil 5 A Rz. 31 ff.
4 Ausführlich *Schliemann/Meyer*, Rz. 148 ff.
5 Den Vorgaben von Art. 2 Nr. 4 der RL 2003/88/EG wurde dabei Rechnung getragen.

gleich die Rechte aus § 6 ArbZG geltend machen. Wer dagegen an 30 Arbeitstagen Nachtarbeit geleistet hat, kann diese nicht geltend machen, solange nicht der 48. Nachtdienst im gleichen Jahr angetreten worden ist. Fraglich ist, ob dem Gesetzgeber dieser Unterschied für die Anspruchsberechtigung bewusst war. Der Meinungsstreit ist m. E. dahin zu entscheiden, dass der Nachtarbeitnehmerstatus auch in der Alt. 2 anzuerkennen ist, wenn mit Sicherheit davon ausgegangen werden kann, dass der betreffende Arbeitnehmer – z. B. wegen entsprechender Vorjahresdienste – im laufenden Kalenderjahr Nachtarbeit im erforderlichen Umfang leisten wird[1]. Wer nur als Ersatzmann in einer Nachtschicht arbeitet oder geringfügig und nicht „normalerweise" in der Nacht eingesetzt wird, ist daher kein Nachtarbeitnehmer.

16   **c)** Der Begriff „**Wechselschicht**" ist gesetzlich nicht definiert. Gleiches gilt für den Begriff „Schicht" oder „Schichtarbeit". Doch kann hier auf Art. 2 Nr. 5 RL 2003/88/EG zurückgegriffen werden. **Schichtarbeit** ist danach

> „jede Form der Arbeitsgestaltung kontinuierlicher oder nicht kontinuierlicher Art mit Belegschaften, bei der Arbeitnehmer nach einem bestimmten Zeitplan, auch im Rotationsturnus, sukzessive an den gleichen Arbeitsstellen eingesetzt werden, so dass sie ihre Arbeit innerhalb eines Tages oder Wochen umfassenden Zeitraums zu unterschiedlichen Zeiten verrichten müssen".

Schichtarbeit ist immer notwendig, wenn wie im **Krankenhaus** (A Rz. 3) die „Betriebszeit" die persönliche „Arbeitszeit" übersteigt und die Arbeitnehmer des Betriebs nicht alle gleichzeitig arbeiten können, sondern sich **sukzessive** bei der Arbeitsleistung auch zu ungewöhnlichen Zeiten abwechseln müssen. Dafür ist ein **Schichtplan** mit der Einteilung der Schichten und der ggf. erfolgenden Rotation nötig (z. B. 3 Wochen Normalschicht, 1 Woche Spätschicht)[2]. Die tarifliche **Mindestzeitspanne** von 13 Stunden zwischen dem Beginn der frühesten und dem Ende der spätesten Schicht nach § 7 Abs. 2 TVöD-AT muss nicht an demselben Wochentag, sondern kann auch an **unterschiedlichen** Wochentagen erreicht werden[3]. Bei der „Wechselschicht" lösen sich die Arbeitnehmer nicht nur regelmäßig ab, sondern **rotieren** auch in der Schichtfolge, z. B. **1. Woche Frühschicht – 2. Woche Spätschicht – 3. Woche Nachtschicht**[4]. Der regelmäßige Wechsel der Schichten macht die besondere Schutzwürdigkeit der Wechselschichtler aus und begründet die Rechte aus § 6 ArbZG. Wer dagegen ausschließlich in der Nachtschicht arbeitet, wird zwar nicht kraft § 2 Abs. 5 Nr. 1 ArbZG, aber nach Zahl seiner Einsätze kraft § 2 Abs. 5 *Nr. 2* ArbZG zum Nachtarbeitnehmer.

---

1 Wie hier ErfK/*Wank*, § 2 ArbZG Rz. 19; HWK/*Gäntgen*, § 2 ArbZG Rz. 14; *Neumann/ Biebl*, § 2 ArbZG Rz. 30; a. A. *Baeck/Deutsch* § 2 ArbZG Rz. 113; *Junker*, ZfA 1998, 105 (110 f.); *Schliemann/Meyer*, Rz. 170.
2 BAG v. 23.6.2010 – 10 AZR 548/09, ZTR 2010, 523, wonach die Verteilung der Arbeitszeiten nicht zwingend in einem verkörperten Plan erfolgen muss; BAG v. 2.10.1996 – 10 AZR 232/96, NZA 1997, 504; BAG v. 18.7.1990 – 4 AZR 295/89, NZA 1991, 23.
3 BAG v. 21.10.2009 – 10 AZR 70/09, NZA 2010, 349.
4 Weitere Beispiele bei *Schliemann/Meyer*, Rz. 162 ff.

Der **TVöD-K** regelt in § 7 Abs. 1 Satz 1 (entspricht § 48 Abs. 2 TVöD BT-K) die Wechselschichtarbeit wie folgt:

„Wechselschichtarbeit ist die Arbeit nach einem Schichtplan/Dienstplan, der einen **regelmäßigen Wechsel** der täglichen Arbeitszeit in Wechselschichten vorsieht, bei denen die/der Beschäftigte längstens nach Ablauf eines Monats erneut zu mindestens zwei Nachtschichten herangezogen wird."

III. Werktägliche Arbeitszeit

Um der europarechtlichen Neubewertung des Bereitschaftsdienstes als Arbeitszeit gerecht zu werden, hat der Gesetzgeber zum 1.1.2004 ein **abgestuftes Regelungsmodell** eingeführt[1], das die höchstzulässige werktägliche Arbeitszeit unter Berücksichtigung von Arbeitsbereitschaft und Rufbereitschaft schutzrechtlich reguliert, ohne dabei die flexibleren Gestaltungsmöglichkeiten durch die Tarifvertragsparteien bzw. die Betriebs- und Dienststellenpartner (im Folgenden: Betriebsparteien) unangemessen einzuschränken.   17

1. Gesetzliche Regelarbeitszeit (§ 3 ArbZG)

Nach § 3 Satz 1 ArbZG beträgt die Regelarbeitszeit pro Werktag **acht Stunden**. Daraus ergibt sich – mittelbar und ohne gesetzliche Regelung – aufgrund von sechs Werktagen pro Woche (Montag bis Samstag) eine wöchentliche Höchstarbeitszeit von **48 Stunden**. Eine bedeutende gesetzliche Flexibilisierung enthält die Vorschrift des § 3 Satz 2 ArbZG, wonach eine Ausdehnung auf zehn Stunden pro Werktag möglich ist, „wenn innerhalb von sechs Kalendermonaten oder innerhalb von 24 Wochen im Durchschnitt acht Stunden werktäglich nicht überschritten werden". Damit kann in Zeiten besonderer Arbeitsintensität die Wochenarbeitszeit auf **bis zu 60 Stunden** (6 × 10 = 60) ohne besondere Regelung oder Rechtfertigung kraft Gesetzes erhöht werden, soweit ein entsprechender Ausgleich im sog. **Ausgleichszeitraum** von sechs Monaten oder 24 Wochen hergestellt wird[2]. Der Arbeitgeber hat bezüglich der alternativen Länge des Ausgleichszeitraums ein Wahlrecht, doch bedarf dessen Ausübung – wie überhaupt die Einrichtung und Durchführung flexibler Arbeitszeitsysteme (oben A Rz. 38 ff.) – der betrieblichen Mitbestimmung[3]. Der Ausgleichszeitraum kann – für jeden Arbeitnehmer individuell – aber ohne gestaltende Maßnahme auch durch jede **tatsächliche** Leistung von täglich mehr als acht Stunden kraft Gesetzes in Gang gesetzt   18

---

1 BT-Drucks. 15/1587, 30; ferner *Baeck/Deutsch*, § 7 ArbZG Rz. 3; *Schliemann*, NZA 2004, 513 (516 f.).

2 Die EG-RL 2003/88/EG (früher 93/104/EG) sieht in Art. 16 lit. b nur einen Ausgleichszeitraum bis zu *vier Monaten* vor, weshalb § 3 Satz 2 ArbZG mehrheitlich für europarechtswidrig gehalten wird, vgl. *Buschmann/Ulber*, § 3 ArbZG Rz. 12; *ErfK/Wank*, § 3 ArbZG Rz. 8; *Kohte*, FS Wißmann, 2005, S. 331 (335 f.); *Schliemann*, NZA 2004, 513 (516); a.A. *Baeck/Deutsch*, § 3 ArbZG Rz. 8; *Linnenkohl/Rauschenberg*, § 3 ArbZG Rz. 8; *Neumann/Biebl*, § 3 ArbZG Rz. 2.

3 H.M., vgl. nur *Baeck/Deutsch*, § 3 ArbZG Rz. 37; *ErfK/Wank*, § 3 ArbZG Rz. 15; *Junker*, ZfA 1988, 105 (113); *Schliemann/Meyer*, Rz. 211, 219 ff.

werden[1]. Mit der Norm des § 3 Satz 2 ArbZG ist eine gesetzliche Grundlage für sämtliche **Gleitzeitsysteme mit Zeitausgleich** geschaffen worden; der Arbeitnehmer kann (nach Maßgabe der betrieblichen Vorgaben) selbst bestimmen, ob und wann er intensiver bis zu 60 Stunden arbeiten will und wann er dann entsprechend „kürzer" treten, d. h. ausgleichen will:

Beispiel „qualifizierte Gleitzeit":

Die wöchentliche Arbeitszeit beträgt 40 Stunden, gearbeitet wird an fünf Tagen, die Bandbreite liegt zwischen 7 und 18.30 Uhr. Kernarbeitszeiten sind die Zeiten von 9 bis 12 und von 13.30 bis 15.30 Uhr. Die feste Mittagspause ist auf die Zeit von 12.30 bis 13 Uhr festgelegt. Die Mitarbeiter dürfen höchstens zehn Stunden täglich arbeiten, so dass **höchstens** 5 × 10 = 50 Stunden in der Woche erreicht werden können. Die Differenz zur durchschnittlichen Wochenarbeitszeit von 40 Stunden soll für jeden Kalendermonat ermittelt werden und darf zwölf Stunden nicht überschreiten. Bis zum Ende des nächsten Kalendermonats soll sie wieder ausgeglichen werden. Der gesetzliche Rahmen wird damit – zulässigerweise – bei weitem nicht ausgeschöpft.

19 Allein die Anwendung des **ArbZG** erlaubt ohne kollektivvertragliche Modifikationen also bereits Wochenarbeitszeiten **von bis zu 60 Stunden**, wenn die werktägliche Höchstarbeitszeit von **zehn Stunden** (Montag bis Samstag) ausgeschöpft wird[2]. Allerdings erlaubt § 3 ArbZG keine Modifikationen, soweit die Arbeitszeit in erheblichem Umfang aus Bereitschaftsdienst besteht. Ohne kollektivvertragliche Ausnahmeregeln lassen sich demnach die früher üblichen **ärztlichen** Bereitschaftsdienste nicht mehr aufrechterhalten (Rz. 20 ff.). Zu beachten ist immer, dass die Höchstarbeitszeit im benannten Ausgleichszeitraum nicht mehr als **durchschnittlich** 48 Stunden pro Woche betragen darf[3]. Die früher in der AZO vorgesehene Mehrarbeit ist durch die Ausgleichsmethode des § 3 Satz 2 ArbZG obsolet geworden. Arbeitszeitüberschreitungen sind jetzt nicht „Mehrarbeit", sondern ausgleichspflichtige „Überarbeit"[4]. Es bleibt den Tarifparteien überlassen, von welcher Stunde an Arbeit als **vergütungspflichtige „Mehrarbeit"** gelten soll und welche Art von Ausgleich (in Freizeit oder in Geld) dafür zu gewähren ist (dazu Teil 3 D Rz. 11 ff.)[5].

---

1 Vgl. mit Beispielen *Schliemann/Meyer*, Rz. 212 ff.; ferner HWK/*Gäntgen*, § 3 ArbZG Rz. 6.
2 A.A. *Baeck/Deutsch*, § 3 ArbZG Rz. 48, die bei Sonntagsarbeit von einer maximalen 70-Std.-Woche ausgehen, was aber auf einer Fehlinterpretation von § 11 Abs. 2 Halbs. 2 ArbZG beruht, vgl. *Linnenkohl/Rauschenberg*, § 3 ArbZG Rz. 9; *Schliemann/Meyer*, Rz. 193; vgl. auch HWK/*Gäntgen*, § 3 ArbZG Rz. 9, 10.
3 EuGH v. 9.9.2003 – Rs. C-151/02 („Jaeger"), Slg. 2003, I-8389 = NJW 2003, 2971; BAG v. 24.1.2006 – 1 ABR 6/05, NZA 2006, 862; BAG v. 28.1.2004 – 5 AZR 503/02, AP Nr. 18 zu § 1 TVG Tarifverträge: DRK = ZTR 2004, 413.
4 So *Linnenkohl/Rauschenberg*, § 3 ArbZG Rz. 15.
5 ErfK/*Wank*, § 3 ArbZG Rz. 3.

**2. Kollektivvertragliche Verlängerung mit Zeitausgleich
(§ 7 Abs. 1, 2 ArbZG)**

a) § 7 Abs. 1 Nr. 1 lit. a ArbZG. Die für den **Krankenhausbereich** erhebliche 20
Norm ermöglicht eine **Erhöhung** der werktäglichen Arbeitszeit auf **mehr als
zehn Stunden,**

– wenn eine solche Regelung „in einem Tarifvertrag oder aufgrund eines
   Tarifvertrags in einer Betriebs- oder Dienstvereinbarung" (im Folgenden:
   Kollektivvertrag) nach den Regeln des Tarif- bzw. Betriebsverfassungs-/
   Personalvertretungsrechts getroffen worden ist (dazu Rz. 36 f., 42);

– wenn in die Arbeitszeit „regelmäßig und in erheblichem Umfang Arbeitsbereitschaft oder Bereitschaftsdienst" fällt (dazu Rz. 21);

– wenn nach § 7 Abs. 8 Satz 1 ArbZG die wöchentliche Höchstarbeitszeit
   (einschließlich der Zeiten von Arbeitsbereitschaft und Bereitschaftsdienst) von **48 Stunden** in einem Ausgleichszeitraum von **zwölf Monaten**
   erreicht wird[1]. Die Ableistung von Bereitschaftsdiensten neben dem
   regulären Dienst führt damit zu einem massiven Zeitausgleichsproblem.
   Die generelle Ermöglichung des langen Ausgleichszeitraums dürfte mit
   Art. 19 Abs. 1, 2 RL 2003/88/EG aber kaum vereinbar sein, weil die Einschränkung, wonach die „allgemeinen Grundsätze der Sicherheit und des
   Gesundheitsschutzes der Arbeitnehmer" gewahrt bleiben müssen, im Gesetz nicht verankert worden ist[2];

– wird die Arbeitszeit werktäglich auf **mehr als zwölf Stunden** verlängert,
   muss zudem § 7 Abs. 9 ArbZG beachtet werden, wonach dann „im unmittelbaren Anschluss an die Beendigung der Arbeitszeit eine Ruhezeit
   von mindestens elf Stunden" gewährt werden muss. Hinsichtlich der Lage und Beschaffenheit der **Ruhezeit** (Rz. 36 ff.) hat der EuGH im Fall
   „Jaeger" klargestellt[3], dass eine Arbeitsperiode regelmäßig von einer Ru-
   heperiode abgelöst wird, um sich auch **tatsächlich** ausruhen zu können.
   Das sei umso dringlicher, wenn die regelmäßige Arbeitszeit durch Bereitschaftsdienste schon verlängert worden ist (dazu näher Rz. 22).

„**Regelmäßig**" fallen Arbeitsbereitschaft oder Bereitschaftsdienst an, wenn 21
sich Vollarbeit und Bereitschaft nicht nur ausnahmsweise, sondern in bestimmten Zeitabständen abwechseln und mit einer gewissen – mehr oder
minder großen – Regelhaftigkeit anfallen[4]. Für die Frage, ob Bereitschaftsdienst „**in erheblichem Umfang**" anfällt, ist das Verhältnis von Bereitschaft

---

1 BAG v. 24.1.2006 – 1 ABR 6/05, NZA 2006, 862 (865, Tz. 27); *Baeck/Deutsch,* § 7
   ArbZG Rz. 57 f.; ErfK/*Wank,* § 7 ArbZG Rz. 5; *Bermig,* BB 2004, 101 (104); *Schliemann,* NZA 2004, 513 (517).
2 So auch *Boerner,* NJW 2004, 1559 (1560); *Buschmann/Ulber,* § 7 ArbZG Rz. 10a; ErfK/
   Wank, § 7 ArbZG Rz. 28; *Kohte,* FS Wißmann, 2005, S. 331 (337); *Schliemann,* NZA
   2004, 513 (517).
3 EuGH v. 9.9.2003 – Rs. C-151/02 („Jaeger"), Slg. 2003, I-8389 = NJW 2003, 2971
   (Tz. 95).
4 H.M., vgl. *Baeck/Deutsch,* § 7 ArbZG Rz. 49; ErfK/*Wank,* § 7 ArbZG Rz. 4; HWK/
   Gäntgen, § 7 ArbZG Rz. 4; *Neumann/Biebl,* § 7 ArbZG Rz. 18; *Schliemann/Meyer,*
   Rz. 526.

und Vollarbeit entscheidend[1]. Der Anteil ist sicher dann erheblich, wenn er den Anteil der Vollarbeit überwiegt. Eine feste, für alle Fälle verbindliche zahlenmäßige **Untergrenze** kann kaum bestimmt werden, weil je nach Branche und Dienstleistung unterschiedliche Grenzwerte vorgegeben werden können[2]. Diskutiert werden in der Literatur Werte des Mindestanteils der Bereitschaft von 25 %[3] bzw. 30 %[4] bis hin zu 50 %[5]. Die Rechtsprechung des BAG bestätigt die Mehrheitsmeinung, wenn sie bei einer Arbeitszeit von elf Stunden einen Anteil der Arbeitsbereitschaft von drei Stunden (= 27 %) bei Rettungsdiensten als erheblich i. S. v. § 7 Abs. 1 Nr. 1 lit. a ArbZG einstuft[6]. Unabhängig von der Dauer der Verlängerung dürfen insgesamt jedoch nicht mehr als zehn Stunden planmäßiger Vollarbeit vorgesehen werden, weil durch die Anordnung von (fiktiven) Bereitschaftsdiensten nicht die Grundnorm des § 3 Satz 2 ArbZG ausgehebelt werden darf.

22 Eine **gesetzliche Obergrenze** für kollektivvertragliche Verlängerungsoptionen ist ausdrücklich nicht vorgesehen, ergibt sich aber aus der „werktäglichen" Arbeitszeit und aus der EuGH-Rechtsprechung zur Ruhezeit (Rz. 20). Unter Einbeziehung von Bereitschaftsdiensten kann ein „individueller Werktag" des Arbeitnehmers[7] unter Ausschöpfung aller kollektivvertraglichen Möglichkeiten **höchstens 24 Stunden** betragen[8]. Davon geht auch die Regelung des § 7.1 Abs. 3 Satz 4 TVöD-K (entspricht § 45 Abs. 3 Satz 4 TVöD BT-K) aus, wonach – aufgrund entsprechender Betriebs-/Dienstvereinbarung – die tägliche Arbeitszeit ausschließlich der Pausen maximal 24 Stunden betragen darf. Übersehen wurden dabei aber die zu gewährenden Ruhepausen (§ 4 ArbZG) von mindestens 0,75 Stunden, so dass korrigierend von einem Maximalarbeitstag von 23,25 Stunden auszugehen ist (näher Rz. 43). Auch nach § 7 Abs. 9 ArbZG muss spätestens nach 24 Stunden eine **ununterbrochene** Ruhezeit einsetzen (Rz. 38). Innerhalb der auf maximal 24 Stunden verlängerten Gesamtarbeitszeit dürfen nur maximal zehn Stunden Vollarbeit eingeplant sein, so dass 24-Stunden-Dienste **nur zulässig** sind, soweit sie

---

1 Zum Begriff des Bereitschaftsdienstes und zur Frage, ob dieser sich aus inaktiven Zeiten und Zeiten der Inanspruchnahme zusammensetzt, *Schlottfeld*, ZESAR 2010, 411.
2 *Baeck/Deutsch*, § 7 ArbZG Rz. 51.
3 *Baeck/Deutsch*, § 7 ArbZG Rz. 53; *Schlottfeldt*, ZESAR 2004, 160 (163).
4 *ErfK/Wank*, § 7 ArbZG Rz. 6; *HWK/Gäntgen*, § 7 ArbZG Rz. 4; *Neumann/Biebl*, § 7 ArbZG Rz. 18.
5 *Buschmann/Ulber*, § 7 ArbZG Rz. 8.
6 BAG v. 24.1.2006 – 1 ABR 6/05, NZA 2006, 862 (865 – Tz. 24).
7 Dazu, dass es dem ArbZG nicht um objektive Kalendertage, sondern um „individuelle" Werktage des jeweiligen Arbeitnehmers ab dem Beginn seiner Arbeit geht, vgl. nur *Baeck/Deutsch*, § 3 ArbZG Rz. 16; *ErfK/Wank*, § 3 ArbZG Rz. 2; *Schliemann/Meyer*, Rz. 179.
8 Str., wie hier *Anzinger/Koberski*, § 7 ArbZG Rz. 25; *Baeck/Deutsch*, § 7 ArbZG Rz. 55; *HWK/Gäntgen*, § 7 ArbZG Rz. 4; *Schliemann/Meyer*, Rz. 529; *Schlottfeldt*, ZESAR 2004, 160 (163); a. A. *Buschmann/Ulber*, § 7 ArbZG Rz. 9; *Linnenkohl/Rauschenberg*, § 7 ArbZG Rz. 34; *Neumann/Biebl*, § 7 ArbZG Rz. 19: wegen § 5 ArbZG nur 24 minus 10 bzw. 11 = 14 bzw. 13 Maximalstunden. Die Ruhezeit muss aber nicht am gleichen Werktag gewährt werden, vgl. Rz. 36.

mindestens 14 Stunden Bereitschaftsdienst enthalten[1]. Zu den weiteren tariflichen Anforderungen nach § 7.1 Abs. 3 TVöD-K vgl. Rz. 27.

b) § 7 Abs. 2 Nr. 3 ArbZG. Die für den **Krankenhausbereich** ebenfalls erheb-   23
liche Norm setzt nicht das Vorkommen von Bereitschaftsdiensten voraus.
Sie ermöglicht vielmehr eine „**Anpassung**" der täglichen Vollarbeit entsprechend den krankenhausspezifischen Eigenarten „bei der Behandlung, Pflege
und Betreuung von Personen",

– wenn eine solche Regelung „in einem Tarifvertrag oder aufgrund eines Tarifvertrags in einer Betriebs- oder Dienstvereinbarung" nach den Regeln
  des Tarif- bzw. Betriebsverfassungs-/Personalvertretungsrechts getroffen
  worden ist (dazu oben A Rz. 36 f., 42);

– wenn „der Gesundheitsschutz der Arbeitnehmer durch einen entsprechenden Zeitausgleich gewährleistet wird", was bedeutet, dass im Kollektivvertrag *selbst* die erforderlichen Zeitausgleichsregelungen (und nur solche!) enthalten sein müssen;

– wobei äußerstenfalls nach § 7 Abs. 8 Satz 1 ArbZG die wöchentliche
  Höchstarbeitszeit (einschließlich der Zeiten von Arbeitsbereitschaft und
  Bereitschaftsdienst) von **48 Stunden** in einem Ausgleichszeitraum von
  zwölf Monaten erreicht werden muss;

– wird die Arbeitszeit werktäglich auf **mehr als zwölf Stunden** verlängert,
  muss zudem § 7 Abs. 9 ArbZG beachtet werden, wonach dann „im unmittelbaren Anschluss an die Beendigung der Arbeitszeit eine Ruhezeit
  von mindestens elf Stunden" gewährt werden muss.

Der Begriff „**Anpassung**" ist weder im Gesetz noch in den Materialien näher   24
definiert. Als Tatbestandsmerkmal muss er aber justiziabel, d. h. gerichtlich
überprüfbar sein[2]. So wird sich seine Auslegung angesichts der sonstigen
Verlängerungsmöglichkeiten eher strikt auf **geringfügige Abweichungen** beschränken und krankenhausspezifische Besonderheiten beachten müssen,
die z. B. vorliegen, wenn Arbeitszeiten trotz der Möglichkeiten gem. § 7
Abs. 1 ArbZG aufgrund von **Notfällen** im Einzelfall noch weiter ausgedehnt
werden müssen. Maßstab muss dabei immer die optimale „Rund um die
Uhr"-Betreuung der Patienten sein. In der Praxis dürfte diese Option gegenüber der nach § 7 Abs. 1 ArbZG aber im Hintergrund stehen.

c) § 7 Abs. 2 Nr. 4 ArbZG. Die Anpassungsoptionen für öffentlich-rechtliche   25
Anstalten und Betriebe könnten zwar auch entsprechend organisierte Kliniken **kraft Rechtsform** betreffen, werden aber von der **spezielleren** Norm der
Nr. 3 (Rz. 23) verdrängt. Gemeint sind in Nr. 4 nicht krankenhausspezifische
Anpassungsoptionen, sondern beamtendienstrechtlich veranlasste Anpassungsoptionen[3], die im Krankenhaus keine Rolle spielen.

---

1 *Schlottfeldt*, ZESAR 2004, 160 (163).
2 Vgl. auch *Buschmann*, FS Wißmann, 2005, S. 251 (263); *Linnenkohl/Rauschenberg*,
  § 7 ArbZG Rz. 53; *Schliemann/Meyer*, Rz. 558.
3 Vgl. nur *Anzinger/Koberski*, § 7 ArbZG Rz. 62; ErfK/*Wank*, § 7 ArbZG Rz. 17.

3. Kollektivvertragliche Verlängerung ohne Zeitausgleich mit Einwilligung des Arbeitnehmers (§ 7 Abs. 2a i. V. m. Abs. 7 ArbZG)

26   Die dritte, für den **Krankenhausbereich** ebenfalls erhebliche Flexibilisierungsstufe des Arbeitszeitgesetzes ermöglicht die weitestgehenden Regelungen, weil ein **Zeitausgleich nicht stattfinden muss.** Nach den seit 1.1.2004 neuen Regeln des § 7 Abs. 2a i. V. m. Abs. 7 ArbZG ist es möglich, „die werktägliche Arbeitszeit auch ohne Ausgleich über acht Stunden zu verlängern",

- wenn eine solche Regelung „in einem Tarifvertrag oder aufgrund eines Tarifvertrags in einer Betriebs- oder Dienstvereinbarung" nach den Regeln des Tarif- bzw. Betriebsverfassungs-/Personalvertretungsrechts getroffen worden ist (dazu oben A Rz. 36 f., 42);

- wenn in die Arbeitszeit „regelmäßig und in erheblichem Umfang Arbeitsbereitschaft oder Bereitschaftsdienst" fällt (dazu Rz. 21);

- wenn „durch besondere Regelungen sichergestellt wird, dass die Gesundheit der Arbeitnehmer nicht gefährdet wird" (dazu Rz. 27)

- und wenn schließlich der betroffene Arbeitnehmer nach Abs. 7 Satz 1 zusätzlich **schriftlich eingewilligt** hat (§ 7 Abs. 7 Satz 1 ArbZG, dazu Rz. 28);

- wird die Arbeitszeit werktäglich auf **mehr als zwölf Stunden** verlängert, muss wiederum § 7 Abs. 9 ArbZG beachtet werden, wonach dann „im unmittelbaren Anschluss an die Beendigung der Arbeitszeit eine Ruhezeit von mindestens elf Stunden" gewährt werden muss (dazu näher Rz. 22).

27   **a) Gesundheitsschutz.** Mit § 7 Abs. 2a ArbZG nutzte der Gesetzgeber die sog. **Opt-out**-Regelung von Art. 22 Abs. 1 RL 2003/88/EG, wonach die Mitgliedstaaten unter besonderen Voraussetzungen von der durchschnittlichen wöchentlichen Höchstarbeitszeit von 48 Stunden (Art. 6 lit. b) abweichen dürfen. Dass diese Lösung umstritten ist und die Novellierung der ArbZ-Richtlinie 2003/88/EG bislang verhindert hat[1], ändert nichts an der derzeitigen Gesetzeslage, die vom deutschen Gesetzgeber auch mit der gebotenen Flexibilität im Bereich der medizinischen Versorgung und Pflege begründet wurde[2]. Die Nutzung dieser Option fordert aber ausdrücklich **besondere Regelungen** zum Gesundheitsschutz, weil ohne Zeitausgleich besondere Gesundheitsrisiken bestehen. Dementsprechend regelt jetzt z. B. § 7.1 Abs. 3 Satz 1 **TVöD-K** (entspricht § 45 Abs. 3 Satz 1 TVöD BT-K), dass nur unter den Voraussetzungen

- einer Prüfung alternativer Arbeitszeitmodelle,

- einer Belastungsanalyse gem. § 5 ArbSchG[3] und

---

1 Hierzu näher *Schliemann*, NZA 2006, 1009 (1013).
2 BT-Drucks. 15/1587 v. 25.9.2003, S. 34.
3 Nach BAG v. 12.8.2008 – 9 AZR 1117/06, NZA 2009, 102 haben Arbeitnehmer gem. § 5 ArbSchG i. V. m. § 618 Abs. 1 BGB einen bürgerlich-rechtlichen Anspruch auf die Durchführung einer Belastungsanalyse.

– ggf. daraus resultierender Maßnahmen zur Gewährleistung des Gesundheitsschutzes

aufgrund einer Betriebs-/Dienstvereinbarung von den Regelungen des ArbZG im Rahmen des § 7 ArbZG abgewichen werden kann. Diese Modalitäten gelten auch für Verlängerungen nach § 7 Abs. 1 Nr. 1 lit. a ArbZG (Rz. 20), um diese europarechtskonform auszugestalten. Damit haben sich die Tarifparteien des öffentlichen Dienstes auf die Formulierung allgemeiner **Verfahrensgrundsätze** beschränkt und die nähere Ausgestaltung des Gesundheitsschutzes den Betriebsparteien überlassen, was vom Gesetzgeber wegen deren Sachnähe für zulässig und sinnvoll gehalten wird (vgl. oben A Rz. 42)[1]. Zusätzlich wurde für die Variante Abs. 2a von den Tarifparteien in § 7.1 Abs. 4 TVöD-K (entspricht § 45 Abs. 4 TVöD BT-K) festgelegt, dass eine Verlängerung *ohne Ausgleich* bei Bereitschaftsdiensten mit schwacher Belastung (Stufe I) nur zu maximal 58 Std. wöchentlicher Durchschnittsarbeitszeit und bei Bereitschaftsdiensten mit starker Belastung (Stufen II/III) nur zu maximal 54 Std. wöchentlicher Durchschnittsarbeitszeit führen darf[2].

b) Einwilligungsvorbehalt (§ 7 Abs. 7 ArbZG). Die Verlängerung der wöchentlichen Arbeitszeit nach § 7 Abs. 2a ArbZG kann nicht alleine aufgrund einer tarifvertraglichen Regelung erreicht werden. Vielmehr ist zusätzlich die **individuelle, schriftliche Einwilligung** des Arbeitnehmers hierzu erforderlich. Nach Art. 22 Abs. 1 lit. a der ArbZ-RL 2003/88/EG (sog. Opt-out-Regelung) muss sich der Arbeitnehmer zur entsprechenden Arbeitszeitverlängerung bereit erklärt haben. „Einwilligung" bedeutet, dass der Arbeitgeber die Zustimmung des Arbeitnehmers zur Arbeitszeitverlängerung **vor deren Einführung** einholen muss (vgl. § 183 BGB)[3]. Eine nachträgliche Zustimmung (Genehmigung, § 184 Abs. 1 BGB) scheidet ebenso aus wie – wegen des Schriftformerfordernisses, § 126 Abs. 1 BGB – eine „konkludente" Erteilung durch die tatsächliche Arbeitsaufnahme. Die Voraussetzung der **individuellen** Zustimmung bedeutet, dass diese weder durch eine kollektivrechtliche Regelung noch durch eine arbeitsvertragliche Bezugnahmeklausel ersetzt werden kann[4]. 28

In der Praxis sollte daher eine entsprechende Anlage zum Arbeitsvertrag aufgenommen werden: 29

---

1 Vgl. *Baeck/Deutsch*, § 7 ArbZG Rz. 116; *Dannenberg* in: Bepler/Böhle/Meerkamp/Stöhr, TVöD-BT-K (Stand 2009), § 45 Rz. 37; *Reim*, DB 2004, 186.

2 Hierzu *Dannenberg* in: Bepler/Böhle/Meerkamp/Stöhr, TVöD-BT-K (Stand 2009), § 45 Rz. 41 ff., 44.

3 *Baeck/Deutsch*, § 7 ArbZG Rz. 144; *Linnenkohl/Rauschenberg*, § 7 ArbZG Rz. 66; *Reim*, BB 2004, 186 (188).

4 EuGH v. 5.10.2003 – Rs. C-397 bis C-403/01 („Pfeiffer"), BB 2004, 2353 (Anm. *Meinel*) = NJW 2004, 3547 = NZA 2004, 3547; BAG v. 18.2.2003 – 1 ABR 2/02, BAGE 105, 32 = NZA 2003, 742.

Muster

Anlage zum Arbeitsvertrag vom ...

Vereinbarung über die Verlängerung der Arbeitszeit ohne Zeitausgleich gem. § 7 Abs. 7 Satz 1 ArbZG

1. Unter Bezugnahme auf [Vorschrift des einschlägigen TV] erklärt Arbeitnehmer XY seine Zustimmung zu der Verlängerung der werktäglichen Arbeitszeit auch ohne Zeitausgleich auf über **acht Stunden** pro Werktag bzw. **48 Stunden** pro Woche. Eine Kopie der Tarifregelung wird dieser Vereinbarung beigefügt.

2. Arbeitnehmer XY kann diese Zustimmung zur Arbeitszeitverlängerung gegenüber dem Arbeitgeber jederzeit ohne Begründung widerrufen. Der Widerruf wird wirksam mit einer Frist von **sechs Monaten**. Er bedarf der Schriftform. Im Fall des Widerrufs bleiben die übrigen arbeitsvertraglichen Regelungen unberührt.

[Ort], den [Datum]

[Unterschrift Arbeitgeber]   [Unterschrift Arbeitnehmer]

30   Weitere Wirksamkeitsvoraussetzung ist die **Freiwilligkeit** der Einwilligung des Arbeitnehmers in die Arbeitszeitverlängerung. Zwar wird diese Voraussetzung im Gesetzestext nicht explizit erwähnt, doch ergibt sich das Freiwilligkeitsprinzip unzweifelhaft aus der Gesetzesbegründung[1]. Freiwilligkeit liegt nur dann vor, wenn der Betroffene **ohne jeglichen Zwang oder Druck** eine autonome Entscheidung treffen kann. Das kann zuweilen gerade bei jüngeren Ärzten bzw. Pflegekräften, die sich noch in der Ausbildung oder in Abhängigkeitsverhältnissen befinden, praktisch recht schwierig sein. Problematisch dürfte auch die in Großbritannien verbreitete Praxis sein, die Opt-out-Vereinbarung bereits bei der Unterzeichnung des Arbeitsvertrags vorzulegen. Die möglicherweise beeinträchtigte Wahlfreiheit des Arbeitnehmers soll durch die **Widerrufsmöglichkeit** nach § 7 Abs. 7 Satz 2 ArbZG kompensiert werden. Die Widerrufsfrist von sechs Monaten[2] bedeutet, dass dessen Wirkung erst nach sechs Monaten eintritt, um dem Arbeitgeber die notwendigen organisatorischen Maßnahmen zu ermöglichen[3]. Das Widerrufsrecht selbst ist dagegen nicht befristet, so dass auch nach längerem Arbeitsvollzug noch widerrufen werden kann[4].

31   Der Wahlfreiheit des Arbeitnehmers dient auch das **Benachteiligungsverbot** nach § 7 Abs. 7 Satz 3 ArbZG für den Fall, dass keine Einwilligung erklärt oder die Einwilligung widerrufen wurde. Als Benachteiligung ist jede den Arbeitnehmer rechtlich oder faktisch zurücksetzende Maßnahme zu werten, die sich auf die Verweigerung zurückführen lässt (vgl. § 612a BGB), wie z.B. Benachteiligung bei der beruflichen Entwicklung (Beförderungen, Fortbil-

---

1 BT-Drucks. 15/1587, 31.
2 Die ursprünglich auf einen Monat bemessene Frist wurde im Laufe des Vermittlungsverfahrens auf sechs Monate verlängert (Beschlussempfehlung des Vermittlungsausschusses, BT-Drucks. 15/2245 v. 16.12.2003, S. 2).
3 BT-Drucks. 15/1587, 31. Die Frist verzögert zwar die Umsetzung des Widerrufs, doch lässt sich dies nicht als Verstoß gegen das Freiwilligkeitsgebot der ArbZ-RL deuten, so auch ErfK/*Wank*, § 7 ArbZG Rz. 26.
4 *Baeck/Deutsch*, § 7 ArbZG Rz. 147.

dungen, Verlängerung befristeter Arbeitsverträge), disziplinarische Maßnahmen (Abmahnung, Versetzung auf einen geringer qualifizierten und/oder vergüteten Arbeitsplatz, Kündigung), genereller Ausschluss von Überstunden. Doch kann nach Widerruf auch eine Versetzung in eine andere Abteilung durchaus **sachlich geboten** sein, wenn der Arbeitnehmer aufgrund der nun reduzierten Arbeitszeit nicht mehr im Rahmen des mit dem Betriebsrat vereinbarten Schichtplans eingesetzt werden kann[1].

c) Schließlich muss der Arbeitgeber gem. § 16 Abs. 2 Satz 1 Halbs. 2 ArbZG   32
ein **Verzeichnis der Arbeitnehmer** führen, die in eine Verlängerung der Arbeitszeit eingewilligt haben, und muss die **Aufsichtsbehörden** auf Ersuchen nach § 17 Abs. 4 Satz 1 ArbZG unterrichten.

4. Übernahme abweichender tariflicher Regelungen (§ 7 Abs. 3 ArbZG)

Nicht tarifgebundenen Krankenhäusern im weltlichen Bereich gestattet § 7   33
Abs. 3 ArbZG die **Übernahme** der gem. § 7 Abs. 1, 2 oder 2a ArbZG vom Gesetz abweichenden tarifvertraglichen Regelungen durch **eigene Kollektivvereinbarungen** unter der Voraussetzung, dass sich das betreffende Krankenhaus im Geltungsbereich dieses Tarifvertrages befindet. Das bedeutet, dass der Tarifvertrag fachlich, räumlich und zeitlich auf den nicht tarifgebundenen Betrieb anwendbar wäre, wenn eine Tarifbindung i.S.d. § 3 TVG bestünde[2]. Damit wird der sonst kraft § 77 Abs. 3 BetrVG geltende Tarifvorrang für nicht tarifgebundene Kliniken vom Gesetzgeber außer Kraft gesetzt[3]. Zu unterscheiden ist

– Satz 1, der die „**Direktübernahme**" einer abweichenden tariflichen Regel meint und dabei voraussetzt, dass diese abweichenden Regeln **unverändert** übernommen werden,

– von Satz 2, der die kraft tariflicher **Öffnungsklausel** ermöglichten Betriebs-/Dienstvereinbarungen auch den nicht tarifgebundenen Betrieben ermöglicht.

Die Übernahme der abweichenden tariflichen Arbeitszeitregelungen hat   34
durch **freiwillige** Betriebs- oder Dienstvereinbarung zu erfolgen. Ein Einigungsstellenverfahren nach § 76 Abs. 5 BetrVG ist daher nicht möglich. Die Umsetzung der Öffnungsklausel in der Kollektivvereinbarung unterliegt einer **doppelten Rechtskontrolle** anhand des öffnenden Gesetzes und des öffnenden Tarifs (vgl. oben A Rz. 42). Soweit ein Betriebs- oder Personalrat vorhanden ist, scheidet eine einzelvertragliche Übernahme aus. Nur wenn Betriebsparteien nicht existieren, kann die Übernahme der tariflichen Ab-

---

1 Vgl. näher *Baeck/Deutsch*, § 7 ArbZG Rz. 148.
2 Vgl. nur *Anzinger/Koberski*, § 7 ArbZG Rz. 75; ErfK/*Wank*, § 7 ArbZG Rz. 19, die zutr. auch den zeitlichen Geltungsbereich (ohne Nachwirkung nach § 4 Abs. 5 TVG) eng auslegen; a.A. *Baeck/Deutsch* § 7 ArbZG Rz. 126; *Linnenkohl/Rauschenberg*, § 7 ArbZG Rz. 13; *Neumann/Biebl*, § 7 ArbZG Rz. 45.
3 Vgl. die verfassungsrechtlichen Bedenken bei *Linnenkohl/Rauschenberg*, § 7 ArbZG Rz. 18 ff.; krit. ferner *Erasmy*, NZA 1994, 1105 (1111); HWK/*Gäntgen*, § 7 ArbZG Rz. 12.

weichungen nach Satz 1 durch „schriftliche Vereinbarung zwischen dem Arbeitgeber und dem Arbeitnehmer" erfolgen. Eine Inhaltskontrolle nach §§ 307, 310 BGB ist dann möglich. Die Schriftform soll den Aufsichtsbehörden ihre Arbeit nach § 17 Abs. 1 ArbZG erleichtern[1]. Die Übernahme nach Satz 2 ist an die Existenz eines Betriebs- oder Personalrats gebunden und kann nicht im Wege einer Einzelvereinbarung umgesetzt werden[2].

5. Abweichende kirchliche Regelungen (§ 7 Abs. 4 ArbZG)

35   Mit Ausnahme des liturgischen Bereichs (Rz. 4) sind auch **kirchliche Arbeitnehmer** dem Arbeitszeitschutz unterworfen. Nach § 7 Abs. 4 ArbZG können deshalb auch die Kirchen „in ihren Regelungen" die sonst durch Kollektivvereinbarungen ermöglichten Arbeitszeitverlängerungen des § 7 Abs. 1, 2 oder 2a ArbZG vorsehen. Mit dieser kirchenspezifischen Öffnungsklausel wollte der Gesetzgeber dem Selbstverwaltungsrecht der verfassten Kirche und ihrer rechtlich selbständigen Einrichtungen Rechnung tragen. Ihm war bewusst, dass der Schwerpunkt abhängiger Beschäftigung bei den Kirchen im Bereich der Wohlfahrtspflege, insbesondere im Bereich der **stationären Krankenpflege** liegt (näher Teil 4 Rz. 2 ff.). Er wollte den karitativen und erzieherischen Einrichtungen der Kirche (meist in der Rechtsform des e. V., der gGmbH oder der Stiftung) und damit auch den kirchlichen Krankenhäusern die gleichen Optionen einräumen wie entsprechenden Einrichtungen des weltlichen Rechts[3]. Damit wird den Arbeitsrechtsregelungen des sog. **Dritten Wegs** (AVR bzw. KODA-/ARRG-Normen, vgl. Teil 4 Rz. 91 ff.) trotz ihrer nicht-normativen Wirkung[4] eine ähnliche Funktion wie den Tarifverträgen zugewiesen, was wegen ihrer – partiell staatsvertretenden – Aufgabe im Arbeitszeitschutz (vgl. oben A Rz. 36) neue Verfassungsfragen aufwirft. Voraussetzung für diese tarifgleiche Wirkung ist jedenfalls, dass die kirchliche Regelung im **kirchenrechtlich legitimierten** Verfahren zustande kommt[5]. Schließt z. B. das Kuratorium einer Katholischen Krankenhausstiftung mit der Mitarbeitervertretung einen „Hausvertrag", ist das jedenfalls dann keine Regelung i. S. v. § 7 Abs. 4 ArbZG, wenn die kirchenrechtliche Mitarbeitervertretungsordnung keine Delegation der Regelungsbefugnis für Abweichungen i. S. v. § 7 Abs. 4 ArbZG enthält[6]. Die Öffnungsklausel muss den kirchlichen Arbeitsrechtsordnungen gemäß in einer KODA-Kommission (kath.) oder einer ARK (evang.) wirksam beschlossen worden sein, um davon i. S. d. § 7 Abs. 4 ArbZG Gebrauch machen zu können. Außerdem müssen die Arbeitsverträge hierauf **Bezug** nehmen, um eine wirksame Arbeitszeitmodifikation zu ermöglichen (näher Teil 4 Rz. 106)[7].

---

1 *Baeck/Deutsch*, § 7 ArbZG Rz. 122.
2 So auch *Baeck/Deutsch*, § 7 ArbZG Rz. 128.
3 BT-Drucks. 12/5888, 28; ferner *Baeck/Deutsch*, § 7 ArbZG Rz. 133 ff.; HWK/*Gäntgen*, § 7 ArbZG Rz. 16, 16a; *Schliemann*, FS Schaub, 1998, S. 675 (696 f.).
4 St. Rspr., zuletzt BAG v. 8.6.2005 – 4 AZR 412/04, ZTR 2006, 217; ferner *Fuchs/Reichold*, Tarifvertragsrecht, Rz. 34.
5 BAG v. 16.3.2004 – 9 AZR 93/03, BAGE 110, 60 = NZA 2004, 927 = ZMV 2004, 251.
6 So der Fall des BAG v. 16.3.2004 – 9 AZR 93/03, BAGE 110, 60.
7 Vgl. hierzu *Fuchs/Reichold*, Tarifvertragsrecht, Rz. 37.

IV. Ruhezeiten und Ruhepausen

1. Ruhezeit (§ 5 ArbZG)

a) Gesetzliche Regel. Nach § 5 Abs. 1 ArbZG müssen die Arbeitnehmer 36
„nach Beendigung der täglichen Arbeitszeit eine ununterbrochene **Ruhezeit von mindestens elf Stunden** haben". Eine gesetzliche Definition der Ruhezeit enthält das ArbZG nicht. In der Arbeitszeit-RL 2003/88/EG wird sie definiert als „jede Zeitspanne außerhalb der Arbeitszeit" (Art. 2 Nr. 2). Damit ist die Ruhezeit als Komplementärbegriff zur Arbeitszeit festgelegt (vgl. Rz. 8). Nichts anderes meint die h. M., wonach Ruhezeit die **arbeitsfreie Zeit** ist, in welcher der Arbeitnehmer zu keiner Arbeitsleistung herangezogen werden darf[1]. Zur Ruhezeit zählen damit alle Zeiten, die nicht Arbeitszeit sind, z. B. Wegezeiten beim Weg zur Arbeit, Wasch- und Umkleidezeiten sowie die Rufbereitschaft (vgl. Rz. 7). Die Ruhezeit kann auch dadurch eingehalten werden, dass der Arbeitgeber den Arbeitnehmer von seiner Arbeitspflicht freistellt (Freizeitausgleich)[2]. Zwischenformen zwischen Arbeits- und Ruhezeit kennt das ArbZG nicht[3]. Auch Zeiten der **Rufbereitschaft** („Hintergrunddienst", Rz. 12) sind – anders als Bereitschaftsdienste (Rz. 11) – Ruhezeiten, solange der Arbeitnehmer nicht tatsächlich zur Arbeitsleistung herangezogen wird. Wird allerdings die Ruhezeit durch tatsächliche Arbeitsaufnahme unterbrochen, so ist nach Beendigung der Arbeit die Ruhezeit in vollem Umfang, also mit elf Stunden, **erneut einzuhalten**[4]. Unterbrechungen widersprechen dem Zweck der Ruhezeit: der Arbeitnehmer soll sich insbesondere durch Essen und Schlaf von den Belastungen der Arbeit erholen.

b) Gesetzliche Verkürzung (§ 5 Abs. 2, 3 ArbZG). Gerade für „Krankenhäu- 37
ser und andere Einrichtungen zur Behandlung, Pflege und Betreuung von Personen" sieht das ArbZG zwei **gesetzliche Ausnahmeregelungen** zur Verkürzung der Ruhezeit vor, die auch ohne tarifliche Vorkehrungen greifen:

– Nach **§ 5 Abs. 2** kann die Ruhezeit „um bis zu eine Stunde verkürzt werden, wenn jede Verkürzung der Ruhezeit innerhalb eines Kalendermonats oder innerhalb von vier Wochen durch Verlängerung einer anderen Ruhezeit auf mindestens zwölf Stunden ausgeglichen wird". Hierdurch muss jede – auch minutenweise (str.) – Verkürzung der Ruhezeit relativ zügig kompensiert werden.

---

1 H.M., vgl. BAG v. 22.7.2010 – 6 AZR 78/09, NZA 2010, 1194; *Baeck/Deutsch*, § 5 ArbZG Rz. 7; ErfK/*Wank*, § 5 ArbZG Rz. 1; enger MünchArbR/*Anzinger*, § 299 Rz. 1; *Neumann/Biebl*, § 5 ArbZG Rz. 2: Zeit zwischen zwei Arbeitsschichten.
2 BAG v. 22.7.2010 – 6 AZR 78/09, NZA 2010, 1194.
3 *Baeck/Deutsch*, § 5 ArbZG Rz. 8.
4 H.M., vgl. *Anzinger/Koberski*, § 5 ArbZG Rz. 12; *Baeck/Deutsch*, § 5 ArbZG Rz. 13; ErfK/*Wank*, § 5 ArbZG Rz. 4; *Neumann/Biebl*, § 5 ArbZG Rz. 4; *Schliemann/Meyer*, Rz. 335.

– Nach **§ 5 Abs. 3** wird die für Ärzte und Pflegepersonal missliche Rechtslage bei Unterbrechung der Ruhezeit (Rz. 36) dadurch krankenhausspezi-
fisch modifiziert, dass „Kürzungen der Ruhezeit durch Inanspruch-
nahmen während der Rufbereitschaft, die nicht mehr als die Hälfte der
Ruhezeit betragen, zu anderen Zeiten ausgeglichen werden". Durch diese
Regelung muss ein Tagesdienst auch nach Rufbereitschaften mit Inanspruchnahme dennoch geleistet werden, wenn dem Krankenhauspersonal
mindestens 5,5 Stunden ununterbrochener Ruhezeit verblieben war[1]. Anders als in § 5 Abs. 2 ArbZG unterlässt es das Gesetz, den Ausgleichszeitraum näher zu bestimmen. Doch ist der Ausgleich sobald als möglich zu
gewähren (z. B. durch freie Tage), sofern nicht betriebliche Gründe entgegenstehen. Somit ist das Schema oben Rz. 36 zu Lasten des **Krankenhauspersonals** nach den Vorgaben des § 5 Abs. 3 ArbZG wie folgt abzu-
wandeln:

Arbeitszeit Ende ↘   ↗ trotz Inanspruchnahme ↘
Ruhezeit   ↘ Rufbereitschaft ↗   **md. 5,5 Std. Ruhe**   ↘ Vollarbeit (Tagesschicht)

38 **c) Kollektivvertragliche Kürzung (§ 7 Abs. 1 Nr. 3, Abs. 2 Nr. 1 und 3, Abs. 2a
ArbZG)**. Kürzungen bzw. Anpassungen der gesetzlichen Ruhezeit an die besonderen Erfordernisse des Krankenhausdienstes aufgrund tariflicher **Öffnungsklauseln** stoßen an die bereits oben Rz. 22 betonte **24-Stunden-Ober-
grenze** nach der EuGH-Judikatur: spätestens nach 24 Stunden (10 Std.
Vollarbeit, 14 Std. Bereitschaftsdienst) muss eine **ununterbrochene** Ruhezeit
einsetzen, vgl. § 7 Abs. 9 ArbZG. Die früher übliche Kombination von Tag-
diensten mit Bereitschaftsdiensten, die zu 32,5- oder gar 48-Stunden-Diens-
ten führen konnte, wurde vom BAG schon mit klaren Worten anno 1982[2]
als Verstoß gegen den Gesundheitsschutz gebrandmarkt. Sie ist trotz weit-
hin abweichender Praktiken[3] auch kollektivvertraglich nicht mehr zu rechtfertigen (auch nicht über § 25 ArbZG, vgl. A Rz. 16).

---

1 H.M., vgl. *Baeck/Deutsch*, § 5 ArbZG Rz. 43; HWK/*Gäntgen*, § 5 Rz. 4; *Neumann/
Biebl*, § 5 ArbZG Rz. 8.
2 Vgl. BAG v. 24.2.1982 – 4 AZR 223/80, BAGE 38, 69 = AP Nr. 7 zu § 17 BAT = NJW
1982, 2140: „Eine Tarifnorm, die dem Arbeitnehmer ein die allgemeine menschliche
Leistungsfähigkeit und die Zumutbarkeit überschreitendes Arbeitspensum abverlangt,
kann wegen Verstoßes gegen den Rechtsgedanken des § 306 BGB (a. F.) und die Menschenwürde (Art. 1 Abs. 1 GG) unwirksam sein. Dies trifft für die die Arbeitszeit und
den ärztlichen Bereitschaftsdienst regelnden Bestimmungen der SR 2c zum BAT insoweit zu, als danach ein angestellter Arzt auch dann wieder zum allgemeinen Tagesdienst im Krankenhaus heranzuziehen ist, wenn ihm nach einem an den Tagesdienst
anschließenden werktäglichen Bereitschaftsdienst in der Zeit zwischen 21 Uhr und
dem Beginn der nachfolgenden allgemeinen Tagesarbeitszeit keine ununterbrochene
Ruhezeit von mindestens sechs Stunden zur Verfügung stand"; vgl. auch *Anzinger*,
FS Wißmann, 2005, S. 3.
3 Vgl. Hinweise bei *Schliemann*, ZTR 2003, 61 (68 f.).

2. Ruhepausen (§ 4 ArbZG)

a) Gesetzliche Regel. Ruhepausen unterscheiden sich von der Ruhezeit (§ 5   39
ArbZG) durch ihre **Lage:** sie sind als „Unterbrechung" der Arbeitszeit **während** der regelmäßigen Arbeitszeit zu gewähren. Dauert die tägliche Arbeitszeit nicht länger als **sechs** Stunden, muss eine Ruhepause aber nicht eingehalten werden. Die Regel des § 4 Satz 1 ArbZG verlangt, dass die Arbeit

„durch im Voraus feststehende Ruhepausen von **mindestens 30 Minuten** bei einer Arbeitszeit von mehr als sechs bis zu neun Stunden und **45 Minuten** bei einer Arbeitszeit
von mehr als neun Stunden insgesamt zu unterbrechen"

ist. Damit wurde Art. 4 ArbZ-RL 2003/88/EG umgesetzt, der eine Ruhepause für mehr als sechsstündige Arbeitszeit-Deputate vorschreibt. Die Ruhepausen müssen im Voraus feststehen und können in Zeitabschnitte von
jeweils mindestens 15 Minuten aufgeteilt werden, vgl. § 4 Satz 2 ArbZG.
Kleinere Pauseneinheiten (sog. Kurzpausen) dürfen nicht gebildet werden[1].
Zudem erlaubt das Gesetz in § 4 Satz 3 ArbZG nicht, dass Arbeitnehmer **länger als sechs Stunden ohne Ruhepausen** beschäftigt werden.

Ruhepausen sind demnach vorgesehene „Unterbrechungen der Arbeitszeit   40
von bestimmter Dauer, die der **Erholung** dienen"[2]. Sie können ihren Zweck
nur erfüllen, wenn (spätestens) zu Beginn der Arbeitsunterbrechung auch
deren **Dauer** feststeht, so dass z.B. Be- und Entladezeiten für Kraftfahrer
keine Ruhepause darstellen, wenn und soweit diese dabei trotz Freistellung
von ihrer Tätigkeit jederzeit und umgehend einem Arbeitsaufruf Folge leisten müssen[3]. Gleiches gilt für Mitarbeiter der Rettungs- und Notarztfahr-
zeuge während der Pause in der Rettungswache bzw. am Standort des Fahr-
zeugs, wenn sich diese dort einsatzbereit halten müssen, um bei Alarm die
Pause sofort unterbrechen zu können[4]. Deshalb können auch inaktive Zeiten der Arbeitsbereitschaft bzw. des Bereitschaftsdienstes wegen des ständigen „Zur-Verfügung-Stehens" (Rz. 6) keine Ruhepausen darstellen[5]. Anderes
gilt dagegen für Zeiten der Rufbereitschaft, die ja auch als Ruhezeit gelten
können (Rz. 36)[6]. Dass die Ruhepause **„im Voraus"** feststehen muss, soll sicherstellen, dass sich der Arbeitnehmer auf die Pause einrichten und sie damit auch wirklich zur Erholung nutzen kann, erfordert aber **nicht** ihre **zeitlich exakte** Festlegung[7]. Eine rahmenmäßige Fixierung genügt, so dass es
ausreicht, wenn z.B. der Krankenhausträger für Pflegekräfte auf der Intensivstation lediglich anordnet, dass nach spätestens sechs Stunden eine Pause
einzulegen sei, im Übrigen aber den Pflegekräften die einvernehmliche

---

1 Vgl. nur *Baeck/Deutsch*, § 4 ArbZG Rz. 3; *Schliemann/Meyer*, Rz. 297.
2 St. Rspr., vgl. BAG v. 13.10.2009 – 9 AZR 139/08, ZTR 2010, 79; BAG v. 22.7.2003 –
   1 ABR 28/02, BAGE 107, 78 = NZA 2004, 507.
3 BAG v. 29.10.2002 – 1 AZR 603/01, BAGE 103, 197 = NZA 2003, 1212.
4 BAG v. 22.7.2003 – 1 ABR 28/02, BAGE 107, 78 = NZA 2004, 507.
5 BAG v. 16.12.2009 – 5 AZR 157/09, NJW-Spezial 2010, 180.
6 H.M., vgl. nur *Baeck/Deutsch*, § 4 ArbZG Rz. 11; *ErfK/Wank*, § 4 ArbZG Rz. 1.
7 So auch *Baeck/Deutsch*, § 4 ArbZG Rz. 24; *ErfK/Wank*, § 4 ArbZG Rz. 4; *Schliemann/
   Meyer*, Rz. 298, 303 f.

Durchführung ihrer Pausen von zweimal 15 oder einmal 30 Minuten selbst überlassen bleibt (bei Schichtdauer von z. B. 8,5 Std.)[1].

41   **b) Keine Vergütung.** Ruhepausen sind weder arbeitszeitrechtlich noch vertragsrechtlich als Arbeitszeit zu werten und dementsprechend grundsätzlich nicht zu vergüten. Jedoch sind abweichende **tarifliche** oder einzelvertragliche Regelungen zugunsten des Arbeitnehmers zulässig[2]. So regelt z. B. § 6 Abs. 1 Satz 2 TVöD-AT, dass (nur) bei Wechselschichtarbeit (Rz. 16) die gesetzlich vorgeschriebenen Pausen in die Arbeitszeit einzurechnen, d. h. vergütungspflichtig sind. Freilich gilt gerade diese arbeitnehmerfreundliche Regel **nicht für das Krankenhauspersonal** nach § 6 Abs. 1 TVöD-K (entspricht § 48 Abs. 1 TVöD BT-K), weil anderes aufgrund der schwierigen Konkurrenzsituation mit privaten Krankenhäusern nicht vertretbar sei[3].

42   **c) Mitbestimmung.** Nach § 87 Abs. 1 Nr. 2 BetrVG hat der Betriebsrat hinsichtlich Beginn und Ende der Arbeitszeit *einschließlich der Pausen* ein Mitbestimmungsrecht. Damit ist nicht nur die Lage, sondern auch die **Dauer** der Pause mitbestimmungspflichtig, weil ja nicht die Arbeitszeit als solche, sondern nur deren Unterbrechung dem Betriebsrat zur Mitbestimmung überlassen ist[4]. Der rechtliche Charakter von (Arbeits-)Zeiten steht aber nicht zur Disposition der Betriebsparteien. Der Begriff der Ruhepause selbst ist den Betriebsparteien in § 87 Abs. 1 Nr. 2 BetrVG vorgegeben[5]. Er hat denselben Inhalt wie der Begriff der Ruhepause in § 4 ArbZG. Näheres zur Mitbestimmung vgl. oben A Rz. 38 ff.

43   **d) Kollektivvertragliche Abweichungen.** Nach § 7 Abs. 1 Nr. 2 ArbZG kann durch Kollektivvereinbarungen in „Schichtbetrieben", d. h. auch in Krankenhäusern, abweichend von § 4 Satz 2 ArbZG auch auf **Kurzpausen** „von angemessener Dauer" ausgewichen werden, so dass die (moderate) Unterschreitung des 15-Minuten-Gebots insoweit zulässig wird. Auch durch § 7 Abs. 2 Nr. 3 ArbZG lässt sich eine generelle „Anpassung" der Pausenregelungen entsprechend den krankenhausspezifischen Eigenarten „bei der Behandlung, Pflege und Betreuung von Personen" rechtfertigen (zu den Auslegungsfragen vgl. Rz. 23). Zu beachten ist aber, dass nicht die Pause als solche entfallen darf, sondern nur eine andere Stückelung möglich wird. Aus diesem Grund ist die Regelung in § 7.1 Abs. 3 Satz 4 TVöD-K (entspricht § 45 Abs. 3 Satz 4 TVöD BT-K), wonach die tägliche Arbeitszeit *ausschließlich der Pausen* maximal 24 Stunden betragen darf, wohl nicht exakt anwendbar (vgl. Rz. 22), weil die Ruhepausen von mindestens 0,75 Stunden ja nicht am Ende liegen dürfen, so dass in korrigierender Auslegung nur eine

---

1 Solange diese Pausen auch tatsächlich abgesprochen und durchgeführt wurden, was vom Arbeitgeber gewährleistet werden muss, vgl. Beispiele bei *Schliemann/Meyer*, Rz. 298 f.
2 *Baeck/Deutsch*, § 4 ArbZG Rz. 26.
3 *Dannenberg* in: Bepler/Böhle/Meerkamp/Stöhr, TVöD-BT-K (Stand 2009), § 48 Rz. 1.
4 Vgl. nur *Baeck/Deutsch*, § 4 ArbZG Rz. 39; *Fitting*, § 87 BetrVG Rz. 118 m. w. N.
5 BAG v. 22.7.2003 – 1 ABR 28/02, BAGE 107, 78 = NZA 2004, 507.

Maximalarbeitszeit (einschl. Bereitschaftsdienst) von **23,25 Stunden** möglich ist[1].

V. Nacht- und Schichtarbeit (§ 6 ArbZG)

1. Menschengerechte Gestaltung (Abs. 1)

Mit den Regelungen zur Nachtarbeit im ArbZG wird einem Auftrag des BVerfG entsprochen, das mit Urteil vom 28.1.1992[2] das ausschließlich für Arbeiterinnen bestimmte Nachtarbeitsverbot des § 19 AZO für verfassungswidrig erklärt hatte. Nachtarbeit kann nämlich für **jeden Menschen schädliche Auswirkungen** wie z.B. Schlaflosigkeit, Appetitstörungen, erhöhte Nervosität und Reizbarkeit haben und generell zur Herabsetzung der allgemeinen Leistungsfähigkeit führen[3]. Statt eines generellen Verbots der Nachtarbeit hat der Gesetzgeber **geschlechtsneutrale Schutzvorschriften** für alle Nachtarbeitnehmer in allen Wirtschaftszweigen normiert, um insbesondere dem Recht auf körperliche Unversehrtheit (Art. 2 Abs. 2 Satz 1 GG) Genüge zu tun. Nach § 6 Abs. 1 ArbZG muss die Arbeitszeit der Nacht- und Schichtarbeitnehmer nunmehr den „gesicherten arbeitswissenschaftlichen Erkenntnissen über die menschengerechte Gestaltung der Arbeit" entsprechen. Nachtarbeit leisten alle Arbeitnehmer, deren Arbeitszeit in der Regel mehr als zwei Stunden der Nachtzeit umfasst, vgl. § 2 Abs. 4, 5 ArbZG (oben Rz. 15 f.). Die Verpflichtung des Arbeitgebers zur „menschengerechten Gestaltung der Nacht- und Schichtarbeit" ist eine lex imperfecta, weil ihre Nichtbeachtung weder straf- noch bußgeldbewehrt ist[4]. Der Arbeitgeber hat aber jedenfalls die **gesicherten**, d.h. methodisch allgemein anerkannten „herrschenden" Standards des (Nacht-)Arbeitsschutzes zu beachten und zu gewährleisten[5], andernfalls die Aufsichtsbehörden anzurufen sind, die z.B. nach § 17 Abs. 2 ArbZG die erforderlichen Maßnahmen anordnen können. Ein **individuelles Leistungsverweigerungsrecht** der Mitarbeiter bei (behaupteter) Nichtbeachtung solcher Standards kann dem Gesetzeswortlaut[6] nach h.M. aber **nicht** entnommen werden (anders als nach § 618 BGB, vgl. Teil 3 D Rz. 53).

44

---

1 So zutr. *Dannenberg* in: Bepler/Böhle/Meerkamp/Stöhr, TVöD-BT-K (Stand 2009), § 45 Rz. 32.

2 BVerfG v. 28.1.1992 – 1 BvR 1025/82, 1 BvL 16/83, 1 BvL 10/91, BVerfGE 85, 191 = NZA 1992, 270.

3 Vgl. Nachw. bei ErfK/*Wank*, § 6 ArbZG Rz. 1.

4 Vgl. *Baeck/Deutsch*, § 6 ArbZG Rz. 25 ff.; ErfK/*Wank*, § 6 ArbZG Rz. 3; *Junker*, ZfA 1998, 105 (120 f.); *Schliemann/Meyer*, Rz. 406 ff.

5 Zu neueren Studien über „gesicherte" arbeitswissenschaftliche Erkenntnisse vgl. *Baeck/Deutsch*, § 6 ArbZG Rz. 19 ff.; *Schliemann/Meyer*, Rz. 402 ff. Der Begriff ist kaum justiziabel, vgl. BAG v. 11.2.1998 – 5 AZR 472/97, NZA 1998, 647: „Es gibt keine gesicherten arbeitsmedizinischen Erkenntnisse darüber, ob eine kurze oder längere Schichtfolge die Gesundheit der Arbeitnehmer stärker beeinträchtigt".

6 Vgl. § 6 Abs. 1 ArbZG: „Die Arbeitszeit der Nacht- und Schichtarbeitnehmer *ist* nach den gesicherten arbeitswissenschaftlichen Erkenntnissen ... *festzulegen*"; zutr. *Junker*, ZfA 1998, 105 (120).

2. Höchstzulässige Nachtarbeitszeit (Abs. 2)

45 Grundsätzlich gilt auch für Nachtarbeitnehmer die regelmäßige werktägliche Arbeitszeit von **acht Stunden**, vgl. § 6 Abs. 2 Satz 1 ArbZG. Sie kann auf bis zu zehn Stunden aber aus Gründen des Gesundheitsschutzes nur bei einem **verkürzten** Ausgleichszeitraum von **einem Monat** bzw. von vier Wochen verlängert werden, d. h., dass anders als für den Normalmitarbeiter nach § 3 Satz 2 ArbZG (Rz. 18) der Ausgleich auf den erforderlichen **Acht-Stunden-Durchschnitt** innerhalb eines Vier-Wochen-Zeitraums erfolgen muss, vgl. § 6 Abs. 2 Satz 2 ArbZG. In Zeiten, in denen der Arbeitnehmer nicht zur Nachtarbeit herangezogen wird, gilt der übliche längere Ausgleichszeitraum von sechs Monaten, § 6 Abs. 2 Satz 3 ArbZG. Bei unregelmäßiger Nachtarbeit können also unterschiedliche Ausgleichszeiträume gelten, wobei streitig ist, wann ein längerer Zeitraum i. S. d. Satz 3 vorliegt[1].

3. Arbeitsmedizinische Untersuchung (Abs. 3)

46 Um der besonderen Gefährdung durch Nachtarbeit vorzubeugen, ist der Nachtarbeitnehmer **berechtigt**, aber nicht verpflichtet, sich auf Kosten des Arbeitgebers arbeitsmedizinisch untersuchen zu lassen. Der Anspruch muss vom Mitarbeiter geltend gemacht werden. Solange dann eine Bekanntgabe der Untersuchungsergebnisse nicht erfolgt ist, darf er die Nachtbeschäftigung verweigern. Es besteht jedoch **kein** objektives **Beschäftigungsverbot**[2]. Grundsätzlich hat der Arbeitgeber die Untersuchungskosten zu tragen, Satz 3, soweit ihm nicht kostenlose Untersuchungen durch Betriebsärzte zur Verfügung stehen. Nimmt der Mitarbeiter dann solche Dienste nicht wahr, sondern lässt die Untersuchung durch einen Arzt seiner Wahl durchführen, kann er vom Arbeitgeber die Erstattung nicht verlangen[3].

4. Umsetzungsanspruch (Abs. 4)

47 Dem Nachtarbeitnehmer wird ein Anspruch auf Umsetzung auf einen **Tagesarbeitsplatz** eingeräumt, wenn einer der drei abschließend benannten Umsetzungsgründe vorliegt:

– arbeitsmedizinisch festgestellte **konkrete**, d. h. hinreichend wahrscheinliche Gesundheitsgefährdung bei weiterer Verrichtung der Nachtarbeit,

– Betreuungspflicht für ein **Kind unter zwölf** Jahren, das nicht von einer anderen im gleichen Haushalt lebenden (nicht zwingend verwandten) Person betreut werden kann,

---

1 Zutr. ErfK/*Wank*, § 6 ArbZG Rz. 6, der wegen des Schutzzwecks nur bei mehrmonatiger (ununterbrochener) Nichtleistung von Nachtarbeit den langen Ausgleichszeitaum für anwendbar hält; a. A. *Baeck/Deutsch*, § 6 ArbZG Rz. 38.

2 Str., wie hier *Baeck/Deutsch*, § 6 ArbZG Rz. 42; ErfK/*Wank*, § 6 ArbZG Rz. 7; *Buschmann/Ulber*, § 6 ArbZG Rz. 15; a. A. *Linnenkohl/Rauschenberg*, § 6 ArbZG Rz. 58; *Neumann/Biebl*, § 6 ArbZG Rz. 14.

3 H. M., vgl. nur *Baeck/Deutsch*, § 6 ArbZG Rz. 46; ErfK/*Wank*, § 6 ArbZG Rz. 8.

– Versorgungspflicht für einen **schwerpflegebedürftigen Angehörigen**, der nicht von einer anderen im gleichen Haushalt lebenden (nicht zwingend verwandten) Person versorgt werden kann; als Schwerpflegebedürftige gelten Angehörige der Pflegestufen II und III[1].

Der Arbeitnehmer hat es in der Hand, (1) **ob** überhaupt, und wenn ja, (2) zu welchem Zeitpunkt er die Umsetzung in den Tagdienst, d. h. in den Dienst außerhalb der Nachtzeit, beanspruchen will. Dieser Tagesarbeitsplatz muss einerseits für ihn von der Arbeitsaufgabe her **geeignet**, andererseits bereits **vorhanden** und **frei** sein. Der Arbeitgeber ist nicht verpflichtet, für ihn einen Arbeitsplatz neu zu schaffen. Ein Umsetzungsanspruch entfällt auch dann, wenn **dringende betriebliche Erfordernisse** entgegenstehen. Dabei ist fraglich, ob hier eine Analogie zu § 1 Abs. 2 KSchG angemessen erscheint. Sinnvoller erscheint es wegen des Gesundheitsschutz-Anliegens der Norm, anhand einer einfachen **Interessenabwägung** beider Seiten die Zumutbarkeit der Umsetzung für den Arbeitgeber festzustellen, so dass es z. B. einerseits auf die Schwere der Gesundheitsgefährdung und andererseits auf die Mühelosigkeit des Arbeitskräfteaustauschs im Verhältnis zueinander ankommt[2]. Will der Arbeitgeber dem Umsetzungsverlangen nicht entsprechen, so hat er den Betriebs- oder Personalrat deshalb anzuhören, vgl. Sätze 2 und 3. Die Anhörung ist also **Wirksamkeitsvoraussetzung** für die Ablehnung des Versetzungsverlangens[3].

5. Tarifliche Ausgleichsregelungen (Abs. 5) und Abweichungen

Tarifverträge sehen in der Regel Ausgleichsmodalitäten für die Erschwernisse der Nachtarbeit vor. Nach § 6 Abs. 5 ArbZG hat der Arbeitgeber, soweit keine tarifvertraglichen Ausgleichsregelungen bestehen, dem Nachtarbeitnehmer für die während der Nachtzeit geleisteten Arbeitsstunden eine angemessene Zahl bezahlter freier Tage oder einen angemessenen Zuschlag auf das ihm hierfür zustehende Bruttoarbeitsentgelt zu gewähren. Dieser nur allgemein geregelte Anspruch kann durch einzelvertragliche Vereinbarung näher ausgestaltet werden[4]. Die Angemessenheit beurteilt sich nach den mit der ungünstigen Arbeitszeit verbundenen Erschwernissen. Üblicherweise wird diesbezüglich auf Tarifverträge zurückgegriffen, wobei sich die branchenüblichen Sätze auch danach richten, ob Nachtarbeit zum typischen Berufsbild gehört. Dies ist im **Krankenhaus-Schichtbetrieb** der Fall und wird dort schon bei den „Sonderformen" der Arbeit, also z. B. beim Entgelt für den Bereitschaftsdienst je nach Belastungsstufe berücksichtigt (vgl. § 8.1 TVöD-K, dazu näher Teil 3 D Rz. 14). Für die eigentliche **Nachtarbeit** enthalten § 7 TVöD-AT bzw. TV-L eine Sonderregel, wonach „Nachtarbeit ... die

48

---

1 Str., wie hier *Baeck/Deutsch*, § 6 ArbZG Rz. 71; *Schliemann/Meyer*, Rz. 460; a. A. ErfK/*Wank*, § 6 ArbZG Rz. 11: Pflegestufen I bis III.
2 Hierzu näher *Baeck/Deutsch*, § 6 ArbZG Rz. 61; ErfK/*Wank*, § 6 ArbZG Rz. 12.
3 H. M., vgl. nur ErfK/*Wank*, § 6 ArbZG Rz. 13; *Neumann/Biebl*, § 6 ArbZG Rz. 23; a. A. *Baeck/Deutsch*, § 6 ArbZG Rz. 62.
4 BAG v. 15.7.2009 – 5 AZR 867/08, ZTR 2010, 35: Eine vertragliche Vereinbarung kann insbesondere in Allgemeinen Geschäftsbedingungen des Arbeitgebers getroffen werden.

Arbeit zwischen 21 Uhr und 6 Uhr" ist, vgl. § 7 Abs. 5 TVöD-AT. Die TV-Parteien des öffentlichen Dienstes haben damit den **Beginn** der Nachtarbeit von 20 Uhr nach dem BAT auf 21 Uhr hinausgeschoben[1]. Sie weichen damit aber noch immer von der gesetzlichen Regelung der Nachtarbeit ab („Zeit von 23 bis 6 Uhr", vgl. § 2 Abs. 3 ArbZG, oben Rz. 14), was nur durch § 7 Abs. 2 Nr. 3 (bzw. Nr. 4) ArbZG, nicht aber durch § 7 Abs. 1 Nr. 5 ArbZG zugelassen wird. Die notwendigen **Ausgleichsregelungen** dazu finden sich für den **Krankenhausbereich** in § 8 Abs. 1 Satz 2 lit. b TVöD-K (entspricht § 50 lit. a TVöD BT-K). Abweichend vom TVöD-AT beträgt der **Zeitzuschlag** für Nachtarbeit nicht 20 % des auf eine Stunde entfallenden Anteils des Tabellenentgelts (vgl. auch Teil 3 D Rz. 16), sondern **1,28 Euro** je Stunde. Zudem besteht noch ein Anspruch auf **Zusatzurlaub** für Nachtarbeit, die nicht zugleich Wechselschicht- oder Schichtarbeit ist, vgl. § 27 Abs. 3.1 TVöD-K (entspricht § 53 TVöD BT-K).

6. Benachteiligungsverbot (Abs. 6)

49   Die Norm des § 6 Abs. 6 ArbZG konkretisiert lediglich den allgemeinen arbeitsrechtlichen Gleichbehandlungsgrundsatz. Der Arbeitgeber hat sicherzustellen, dass sich aus der Nachtarbeit keine **beruflichen Nachteile** ergeben. Nachtarbeitnehmer sollen in gleicher Weise die Möglichkeiten beruflicher Weiterbildung und sonstiger aufstiegsfördernder Maßnahmen nutzen können wie die übrigen Mitarbeiter, so dass z. B. auch vorübergehende Umsetzungsmaßnahmen in den Tagdienst zugunsten der Weiterbildung des Nachtarbeitnehmers verlangt werden können.

VI. Sonn- und Feiertagsruhe (§§ 9 ff. ArbZG)

1. Grundsatz der Arbeitsruhe (§ 9 ArbZG)

50   a) **Einführung.** Der 3. Abschnitt des ArbZG ist geprägt vom grundsätzlichen **Verbot** der Beschäftigung von Arbeitnehmern an Sonn- und Feiertagen: „Arbeitnehmer dürfen an Sonn- und gesetzlichen Feiertagen von 0 bis 24 Uhr nicht beschäftigt werden", vgl. § 9 Abs. 1 ArbZG. Dieses Beschäftigungsverbot entspricht der verfassungsrechtlichen Gewährleistung der Sonntagsruhe und der gesetzlichen Feiertagsruhe in Art. 140 GG i. V. m. Art. 139 WRV. Die Zielbestimmungsnorm des § 1 Nr. 2 ArbZG verdeutlicht, dass der einfache Gesetzgeber die ursprünglich religiös motivierte **institutionelle Garantie** des Sonntags „als Tage der Arbeitsruhe und der seelischen Erhebung der Arbeitnehmer" für Zwecke des Arbeitsschutzes in sozusagen **profaner** Weise übernommen hat[2]. Das Beschäftigungsverbot war bis 1993 in der GewO-Norm des § 105b verankert, die seit 1895 die allgemeine, öffentlich-rechtlich kontrollierte Sonntagsruhe zunächst in Industrie und Handwerk angeordnet hat-

---

1 *Goodson* in: Bepler/Böhle/Meerkamp/Stöhr, TVöD-AT (Stand 2009), § 7 Rz. 25.
2 Vgl. nur ErfK/*Wank*, § 1 ArbZG Rz. 7; MünchArbR/*Anzinger*, § 301 Rz. 2; *Richardi*, Grenzen industrieller Sonntagsarbeit, 1988, S. 20 ff.; *Schliemann/Meyer*, Rz. 581 jeweils m. w. N.

te[1]. Das EU-Gemeinschaftsrecht fordert dagegen **keine Sonntagsruhe**[2]. Ihre durchgängige Gewährleistung stieß immer auf großen Widerstand in der Wirtschaft. Die Spannung zwischen dem Gesundheits- und Feiertagsschutz des Arbeitszeitgesetzes und seinem Flexibilisierungsziel in § 1 Nr. 1 ist seit Erlass des ArbZG 1994 offenkundig (vgl. oben A Rz. 10). Nicht nur die verschärfte internationale Wettbewerbssituation kann einen erhöhten Bedarf an Sonn- und Feiertagsarbeit auslösen und besondere Ausnahmebewilligungen z. B. nach § 13 ArbZG veranlassen. Seit jeher gibt es eine große Zahl von gesetzlichen **Ausnahmeregelungen**, die wie in **§ 10 ArbZG** typische Fälle von Sonn- und Feiertagsbeschäftigung gerade auch „in Krankenhäusern und anderen Einrichtungen zur Behandlung, Pflege und Betreuung von Personen" (§ 10 Abs. 1 Nr. 3 ArbZG, Rz. 52) aus Gründen der notwendigen Aufrechterhaltung von Infrastruktur und Daseinsvorsorge für zulässig erklären. Statistisch gesehen arbeiten **mindestens 10 %** Arbeitnehmer regelmäßig an Sonn- und Feiertagen, was dem Durchschnitt in den 15 „alten" EU-Mitgliedstaaten etwa entspricht[3].

b) Umfang des Beschäftigungsverbots. Die Norm des § 9 Abs. 1 ArbZG verbietet nicht nur die Beschäftigung in Vollarbeit, sondern **jede** Art der abhängigen Beschäftigung an Kalendersonntagen bzw. Kalenderfeiertagen für jeweils 24 Stunden. Da es sich um **zwingendes** öffentliches Recht handelt, darf der Arbeitgeber die Sonntagsarbeit weder **dulden** noch darf der Arbeitnehmer auf die ihm zustehende Arbeitsruhe **verzichten**[4]. Bei Feiertagen kommt es im Hinblick auf die vom **Bundesland** abhängige Feiertagsregelung[5] auf den Ort der Beschäftigung an. Folgt auf den Sonntag ein Feiertag, beträgt die Dauer des Beschäftigungsverbots insgesamt **48 Stunden**. Von dem strikten Zeitrahmen des Verbots kann in mehrschichtigen Betrieben mit regelmäßiger Tag- und Nachtschicht abgewichen werden: Beginn oder Ende der Sonn- und Feiertagsruhe dürfen um bis zu sechs Stunden vor- oder zurückverlegt werden, wenn der Betrieb ab Beginn der Ruhezeit für 24 Stunden **völlig ruht**, vgl. § 9 Abs. 2 ArbZG[6]. Zulässig ist also nur die Verlegung, nicht die Verkürzung der 24-stündigen Sonn- und Feiertagsruhe[7]. Wird z. B. die Sonntagsruhe um sechs Stunden vorverlegt, so beginnt sie am Samstag um 18 Uhr und endet am Sonntag um 18 Uhr. Außerdem gestattet § 9 Abs. 3 ArbZG in Übereinstimmung mit dem **Sonntagsfahrverbot** nach § 30 Abs. 3 StVO, dass Kraftfahrer und Beifahrer die Sonntagsruhe um bis zu zwei Stunden vorverlegen dürfen (Fahrverbot 0–22 Uhr).

51

---

1 Zur mühevollen Reform der Sonntagsruhe in der GewO 1890 vgl. näher *Reichold*, ZfA 1990, 5 (28 f.); ferner *Baeck/Deutsch*, § 9 ArbZG Rz. 5.
2 *Baeck/Deutsch*, Vor §§ 9–13 ArbZG Rz. 7.
3 Vgl. Angaben bei *Baeck/Deutsch*, Vor §§ 9–13 ArbZG Rz. 4.
4 BAG v. 24.2.2005 – 2 AZR 211/04, NZA 2005, 759 = NJW 2005, 3447; ErfK/*Wank*, § 9 ArbZG Rz. 1; HWK/*Gäntgen*, § 9 ArbZG Rz. 2.
5 Vgl. Übersicht bei *Baeck/Deutsch*, § 9 ArbZG Rz. 8.
6 Gemeint ist damit nach h. M. die objektive Betriebsruhe für den gesamten Betrieb, vgl. *Baeck/Deutsch*, § 9 ArbZG Rz. 24; ErfK/*Wank*, § 9 ArbZG Rz. 6.
7 ErfK/*Wank*, § 9 ArbZG Rz. 4.

2. Ausnahme: Sonn- und Feiertagsbeschäftigung (§ 10 ArbZG)

52   **a) Gesetzliche Regel.** Die Beschäftigung von Arbeitnehmern ist **kraft Geset-zes** in den Fällen des § 10 ArbZG zulässig. Der Unternehmer hat daher vor Inanspruchnahme einer der Ausnahmetatbestände **selbständig** zu prüfen, ob die Zulässigkeitsvoraussetzungen für eine Sonn- und Feiertagsbeschäftigung gegeben sind. Anders als in den Fällen des § 13 Abs. 3–5 bedarf es hierzu kei-ner Ausnahmegenehmigung durch die Aufsichtsbehörde, doch kann ihre Einschaltung eine zweifelhafte Rechtslage durch Verwaltungsakt klären hel-fen[1]. Dem Arbeitgeber wird dadurch das Risiko einer ordnungswidrigkeits- und strafrechtlichen Verantwortung (§§ 19, 20 ArbZG) abgenommen. Die Ausnahmetatbestände des § 10 ArbZG stehen allesamt unter dem **Vor-behalt**, dass die Arbeiten nicht (nur) an Werktagen vorgenommen werden können. Der Arbeitgeber darf den Mitarbeiter also nur zu solchen Arbeiten heranziehen, die nach der Natur des Betriebs weder einen Aufschub noch ei-ne Unterbrechung gestatten (z. B. im Krankenhaus die Beschäftigung des für den Sonntagsdienst notwendigen Ärzte- und Pflegepersonals, nicht aber des Verwaltungspersonals). Die Präsenz des Arbeitnehmers am Arbeitsplatz muss wirklich **notwendig** sein und hängt entscheidend von der Dringlich-keit des jeweiligen Ausnahmetatbestands ab[2]. Dass die Funktionsfähigkeit der öffentlichen Ordnung (vgl. Nr. 1, 2) sowie von elementarer Infrastruktur und Daseinsvorsorge (vgl. Nr. 3, 4, 8, 10, 11, 14) einen höheren Stellenwert haben kann als sonstige Unterhaltungs- und Freizeitinteressen sowie ein-fache betriebswirtschaftliche Individualinteressen, liegt auf der Hand und schränkt die Beschäftigungsmöglichkeiten ggf. ein.

53   **b) Krankenpflege und Betreuung (§ 10 Abs. 1 Nr. 3).** Bis zum Inkrafttreten des ArbZG waren „Krankenhäuser und andere Einrichtungen zur Behand-lung, Pflege und Betreuung von Personen" nicht von der Vorläuferregel des § 105b GewO erfasst, sondern von der „Verordnung über die Arbeitszeit in Krankenpflegeanstalten" (KrAZO) vom 13.2.1924[3] (oben A Rz. 4). Von der Nr. 3 wird jetzt nicht nur die **stationäre** Versorgung und Pflege in medizi-nischen Einrichtungen (vgl. § 107 Abs. 1 SGB V) erfasst, sondern auch die rein pflegerische Versorgung, die **ambulant** erfolgt, z. B. in Tageskliniken, Arztpraxen, physiotherapeutischen Einrichtungen, Dialysekliniken und ähnliche Einrichtungen. Erfasst werden auch Rehabilitations- sowie Vorsor-ge- und Nachsorgekliniken, Kurheime, Sanatorien, Kinder- und Jugendhei-me, Sozialstationen und Obdachloseneinrichtungen[4]. Für reine **Wohnheime**, in denen kein Betreuungspersonal anwesend ist oder als Bereitschaftsdienst zur Verfügung steht, sondern bei denen es primär um Bewirtung und Beher-

---

1 Vgl. § 13 Abs. 3 Nr. 1 ArbZG, ferner *Baeck/Deutsch*, § 10 ArbZG Rz. 3; ErfK/*Wank*, § 10 ArbZG Rz. 1; *Schliemann/Meyer*, Rz. 605.
2 Vgl. *Baeck/Deutsch*, § 10 ArbZG Rz. 9 ff.; *Schliemann/Meyer*, Rz. 609 f. jeweils m. w. N.
3 RGBl. I S. 66.
4 BT-Drucks. 12/5888, 29; ferner *Baeck/Deutsch*, § 10 ArbZG Rz. 30; *Neumann/Biebl*, § 10 ArbZG Rz. 10; *Schliemann/Meyer*, Rz. 352 ff.

bergung geht, kommt allenfalls die Ausnahme Nr. 4 in Betracht[1]. **Zulässig sind sämtliche unaufschiebbaren Pflege-, Versorgungs- und Heilbehandlungsmaßnahmen** zur Betreuung der untergebrachten Personen. Naturgemäß sind diese Tätigkeiten im Krankenhaus nicht auf einen Minimalstandard beschränkt, sondern umfassen alle nach Art der Einrichtung **üblichen Maßnahmen** mit allen üblichen Qualitätsstandards[2].

3. Gesetzliche Ausgleichsmaßnahmen (§ 11 ArbZG)

a) Beschäftigungsfreie Sonntage. Nach § 11 Abs. 1 ArbZG müssen auch bei 54
erlaubter Sonntagsbeschäftigung dennoch **mindestens 15 Sonntage** im Jahr beschäftigungsfrei bleiben, d.h., dass jedem Sonntagsarbeitnehmer (individuell) diese Mindestanzahl beschäftigungsfreier Sonntage gesichert werden muss. Der ganze Betrieb muss deshalb nicht sonntags ruhen[3]. Die Mindestanzahl muss *„im Jahr"* gewährt werden, d.h. im Beschäftigungsjahr, das mit dem ersten Sonntagsdienst (individuell) anläuft, so dass z.B. bei erstmaliger Sonntagsarbeit am 6.5.2007 spätestens zum 4.5.2008 die 15 freien Sonntage gewährt sein müssen[4]. Auf **Feiertage** findet Abs. 1 keine analoge Anwendung, so dass hierzu eine Freistellung als Ausgleichsmaßnahme nicht geschuldet ist.

b) Arbeitszeitregeln. Ansonsten gelten nach § 11 Abs. 2 ArbZG die aus Grün- 55
den des Gesundheitsschutzes notwendigen **allgemeinen Arbeitszeitregeln** der §§ 3–8 ArbZG auch am Sonntag, so dass grundsätzlich nur acht oder – bei Ausgleich – zehn Stunden zu arbeiten sind, vgl. § 3 ArbZG (Rz. 18 ff.). Aus § 11 Abs. 2 i.V.m. § 3 ArbZG folgt auch, dass die durchschnittliche Wochenarbeitszeit von **48 bzw. 60 Stunden durch Sonntagsarbeit** nicht überschritten werden darf[5]. Wird an allen sechs Werktagen die Maximalzeit von zehn Stunden gearbeitet, ist die Höchstgrenze von **60 Stunden** erreicht (vgl. Rz. 18) und eine Sonntagsbeschäftigung nach § 11 Abs. 2 ArbZG nicht mehr möglich. Allerdings kann der Arbeitnehmer an **sieben Tagen** in der Woche eingesetzt werden, wenn weder die tägliche Höchstarbeitszeit von zehn Stunden noch die insgesamt 60 Stunden pro Woche überschritten werden.

c) Ersatzruhetag, Mindestruhezeit. Schließlich muss dem Arbeitnehmer für 56
Sonntagsarbeit ein **Ersatzruhetag** „innerhalb eines den Beschäftigungstag einschließenden Zeitraums von zwei Wochen" gewährt werden, vgl. § 11 Abs. 3 Satz 1 ArbZG. Hier wird auch der auf einen Werktag fallende **Feiertag** als Anspruchstatbestand berücksichtigt, vgl. Satz 2 (Ausgleichszeitraum acht Wochen). Nach dem Wortlaut der Norm kommt als (individueller) Er-

---

1 *Baeck/Deutsch*, § 10 ArbZG Rz. 30.
2 Vgl. nur *Baeck/Deutsch*, § 10 ArbZG Rz. 31; *Schliemann/Meyer*, Rz. 617.
3 H.M., vgl. nur *Baeck/Deutsch*, § 11 ArbZG Rz. 8; *ErfK/Wank*, § 11 ArbZG Rz. 1; *Junker*, ZfA 1998, 105 (127); a.A. *Buschmann/Ulber*, § 11 ArbZG Rz. 2.
4 H.M., vgl. *Baeck/Deutsch*, § 11 ArbZG Rz. 9; *ErfK/Wank*, § 11 ArbZG Rz. 1; *HWK/Gäntgen*, § 11 ArbZG Rz. 2; *Junker*, ZfA 1998, 105 (127).
5 Str., wie hier *Buschmann/Ulber*, § 11 ArbZG Rz. 5; *Schliemann/Meyer*, Rz. 689; a.A. *Baeck/Deutsch*, § 11 ArbZG Rz. 14; *HWK/Gäntgen*, § 11 ArbZG Rz. 3.

satzruhetag **jeder Werktag**, also auch ein ohnehin arbeitsfreier Samstag oder ein schichtplanmäßig freier sonstiger Werktag in Betracht. Eine bezahlte Freistellung an einem Beschäftigungstag kann nicht verlangt werden[1]. Vielmehr geht es um die Sicherstellung überhaupt eines freien Tags in der Woche. Der Ersatzruhetag kann im Vorhinein vergeben werden. Ist dem Arbeitgeber die Gewährung des Ersatzruhetags dauerhaft **unmöglich**, weil sein nur sonntags beschäftigter Arbeitnehmer an den Werktagen bei einem anderen Unternehmen arbeitet, so liegt ein personenbedingter Kündigungsgrund vor[2]. Schließlich verlangt § 11 Abs. 4 ArbZG die zusammenhängende Gewährung von Ersatzruhetag und Ruhezeit nach § 5 ArbZG, so dass insgesamt eine **Mindestruhezeit von 35 Stunden** sicherzustellen ist. Soweit technische oder arbeitsorganisatorische Gründe dieser Mindestruhezeit entgegenstehen, kann diese **ausnahmsweise** auf bis zu 24 Stunden verkürzt werden, so dass z.B. der übliche Schichtwechsel von der Spätschicht am Samstag (Ende 22 Uhr) auf die Frühschicht am Montag (Beginn 6 Uhr) trotz der nur 32-stündigen Ruhezeit möglich bleibt[3].

4. Abweichende tarifliche Regelungen (§ 12 ArbZG)

57 **a) Weitergehende tarifliche Ausgleichsregeln.** Ähnlich wie aufgrund der Ermächtigung durch § 7 ArbZG (Rz. 20 ff.) werden auch durch § 12 ArbZG den Tarif- bzw. Betriebsparteien **Abweichungen** vom gesetzlichen Modell der Sonntagsbeschäftigung gestattet. Damit wird der verfassungsrechtliche Schutz der Sonn- und Feiertagsruhe aber nicht nach der sog. Wesentlichkeitstheorie in Frage gestellt[4]. § 12 ArbZG stellt den Sonn- und Feiertagsschutz substantiell nicht in Frage[5], sondern erlaubt in klar bestimmten Fällen den Tarifvertragsparteien aufgrund ihrer Sachnähe und Branchenkenntnis (näher oben A Rz. 36 f.) – und nur soweit der Ermächtigungsrahmen reicht – eine Modifikation der Ausgleichsregeln des § 11 ArbZG. Speziell im **Krankenhausbereich** kann damit

– eine Reduzierung der beschäftigungsfreien Sonntage auf mindestens **zehn** statt 15 erfolgen, vgl. § 12 Nr. 1 ArbZG,

– der Wegfall von Ersatzruhetagen für auf Werktage fallende Feiertage und/ oder der Ausgleichszeitraum abweichend von § 11 Abs. 3 ArbZG frei vereinbart werden, vgl. § 12 Nr. 2 ArbZG (vgl. Rz. 58),

– bei vollkontinuierlichem Schichtbetrieb (d.h. Betriebszeit von **168 Wochenstunden**) die Arbeitszeit auf bis zu **zwölf Stunden** verlängert werden, wenn dadurch mehr beschäftigungsfreie Sonntage ermöglicht werden, vgl. § 12 Nr. 4 ArbZG.

---

1 BAG v. 23.3.2006 – 6 AZR 497/05, AP Nr. 3 zu § 11 ArbZG; BAG v. 12.12.2001 – 5 AZR 294/00, BAGE 100, 124; BAG v. 27.1.1994 – 6 AZR 597/93, ZTR 1995, 117; *Baeck/Deutsch*, § 11 ArbZG Rz. 18; ErfK/*Wank*, § 11 ArbZG Rz. 3; HWK/*Gäntgen*, § 11 ArbZG Rz. 5.

2 BAG v. 24.2.2005 – 2 AZR 211/04, NZA 2005, 759 = NJW 2005, 3447.

3 Vgl. *Baeck/Deutsch*, § 11 ArbZG Rz. 31; HWK/*Gäntgen*, § 11 ArbZG Rz. 7.

4 So aber *Buschmann/Ulber*, § 12 ArbZG Rz. 1; *Kuhr*, DB 1994, 2186 (2188).

5 H.M., vgl. *Baeck/Deutsch*, § 12 ArbZG Rz. 4; *Schliemann/Meyer*, Rz. 709 f.

b) § 6.1 TVöD-K. Der TVöD-K enthält in § 6.1 (entspricht § 49 TVöD BT-K)   58
**eine krankenhausspezifische Regelung für die Arbeit an Sonn- und Feier-
tagen.** Darin wird der Ausgleich für geleistete Feiertagsarbeit (Abs. 1), die
Verminderung der regelmäßigen Wochenarbeitszeit um in den Dienstplan
fallende Wochenfeiertage (Abs. 2) und die Gewährung freier Tage für regelmäßige Sonn- und Feiertagsarbeit (Abs. 3) geregelt. Soweit kein regelmäßiger
Wechselschicht- bzw. Schichtdienst vorliegt (dazu Abs. 2), soll nach § 6.1
Abs. 1 TVöD-K die Feiertagsarbeit **vorrangig** durch bezahlte Freistellung
(Freizeitausgleich) an einem anderen Werktag, d. h. einem regulären Arbeits-
tag, ausgeglichen werden. Der Freizeitausgleich soll möglichst schon bis
zum Ende des nächsten Kalendermonats erfolgen, ansonsten bis zum Ende
des dritten hierauf folgenden Kalendermonats (Abweichung gem. § 12 Satz 1
Nr. 2 ArbZG). Er hat in *demselben zeitlichen* Umfang zu erfolgen, wie am
gesetzlichen Feiertag Arbeit geleistet wurde, was ebenfalls eine zugelassene
Verschlechterung gegenüber der gesetzlichen Regel des § 11 Abs. 3 Satz 2
ArbZG darstellt[1]. Nur für den Fall, dass der Freizeitausgleich aus *betrieblichen* Gründen nicht gewährt werden kann, steht den Beschäftigten nach
Abs. 1 Satz 2 eine **Ausgleichszahlung** für jede am Feiertag geleistete Arbeits-
stunde i. H. v. 100 % des auf eine Stunde entfallenden Anteils des monatlichen Entgelts in der individuellen Entgeltgruppe und –stufe der Entgelttabelle zu. Auch hiermit wird von der Öffnungsklausel des § 12 Satz 1 Nr. 2
ArbZG Gebrauch gemacht. Die Ausgleichszahlung wird laut Protokollerklärung zu § 8 Abs. 1 Satz 2 lit. d TVöD-AT auf einen **Zuschlag von 135 %** limi-
tiert[2].

Für Beschäftigte, die regelmäßig an sieben Tagen in der Woche nach einem   59
Dienstplan **Wechselschicht- oder Schichtdienst** (dazu Rz. 16) im Krankenhaus leisten, verringert sich nach § 6.1 Abs. 2 TVöD-K die regelmäßige Wochenarbeitszeit um **ein Fünftel**, wenn sie an einem gesetzlichen Feiertag, der
auf einen Werktag fällt, entweder Arbeitsleistung zu erbringen haben, oder
nicht wegen des Feiertags, sondern dienstplanmäßig nicht zur Arbeit eingeteilt sind und deswegen an anderen Tagen der Woche ihre regelmäßige Arbeitszeit erbringen müssen[3]. Da sich hiermit die regelmäßige Arbeitszeit
vermindert, nicht aber das Entgelt, handelt es sich hier um eine **bezahlte** Ar-
beitszeitverkürzung[4]; ein zusätzlicher Freizeitausgleich scheidet daher aus
(Satz 2).

---

1 *Dannenberg* in: Bepler/Böhle/Meerkamp/Stöhr, TVöD-BT-K (Stand 2009), § 49 Rz. 4.
2 *Dannenberg* in: Bepler/Böhle/Meerkamp/Stöhr, TVöD-BT-K (Stand 2009), § 49 Rz. 7.
3 Nach LAG Nürnberg v. 26.8.2009 – 3 Sa 625/08 findet eine Verminderung der regelmäßigen Arbeitszeit um die auf einen Wochenfeiertag entfallenden Arbeitsstunden
  nicht statt, wenn der Wochenfeiertag nach Dienstplan ohnehin frei ist. In diesem Fall
  fielen durch den Wochenfeiertag keine Stunden aus, die nachgearbeitet werden müssten; ebenso LAG Düsseldorf v. 13.3.2009 – 10 Sa 95/09; LAG München v. 13.12.2007
  – 2 Sa 590/07, ZMV 2008, 334.
4 *Dannenberg* in: Bepler/Böhle/Meerkamp/Stöhr, TVöD-BT-K (Stand 2009), § 49 Rz. 13.

60 Beschäftigte, die **regelmäßig** an Sonn- und Feiertagen arbeiten müssen, erhalten nach § 6.1 Abs. 3 TVöD-K „innerhalb von zwei Wochen zwei arbeitsfreie Tage", von denen einer auf einen Sonntag fallen soll. Diese Regelung ergänzt § 6 Abs. 5 TVöD, wonach im Rahmen begründeter dienstlicher Notwendigkeiten Sonn- und Feiertagsarbeit geleistet werden muss. Damit wird Sonntagsbeschäftigung zulässigerweise aufgrund der gesetzlichen Norm des § 10 Abs. 1 Nr. 3 ArbZG angeordnet[1]. Inhaltlich wird erreicht, dass auch bei regelmäßiger Sonn- und Feiertagsarbeit innerhalb von zwei Wochen **höchstens** an zwölf Tagen gearbeitet werden darf. Mit den damit tariflich zu gewährenden mindestens 26 arbeitsfreien Sonntagen im Jahr ist § 6.1 Abs. 3 TVöD-K günstiger als die gesetzliche Regel des § 11 Abs. 1 ArbZG (Rz. 54). Allerdings handelt es sich um eine Soll-Regel, so dass in besonders begründeten Fällen davon zu Ungunsten der Beschäftigten abgewichen werden darf. Doch darf die die gesetzliche Mindestregel von 15 beschäftigungsfreien Sonntagen keinesfalls unterschritten werden, weil eine Öffnungsklausel i.S.d. § 12 Satz 1 Nr. 1 ArbZG nicht vorliegt[2].

61 **c) Tarifliche Zuschläge.** Sonn- und Feiertagsarbeit ist von Gesetzes wegen **nicht** zuschlagspflichtig. Die entsprechende Regelung zur Nachtarbeit (§ 6 Abs. 5 ArbZG, vgl. Rz. 48) begründet über die Verweisung in § 11 Abs. 2 ArbZG keine Zuschläge für Sonntagsarbeit, solange diese nicht in der Nacht geleistet wird[3]. Regelmäßig werden Zuschläge für Sonn- und Feiertagsarbeit aber **tariflich** vorgesehen. So sieht z.B. § 8 Abs. 1 Satz 1 lit. c TVöD/TV-L für **Sonntagsarbeit** Zeitzuschläge von 25 % je Stunde des auf eine Stunde anfallenden Anteils des Tabellenentgelts der Stufe 3 der jeweiligen Entgeltgruppe.

VII. Durchführung des Arbeitszeitschutzes

1. Pflichten des Arbeitgebers (§ 16 ArbZG)

62 **a) Aushangpflichten.** Der Arbeitgeber ist nach § 16 Abs. 1 ArbZG dazu verpflichtet, einen Abdruck des ArbZG sowie der aufgrund dieses Gesetzes erlassenen, für den Betrieb geltenden Rechtsverordnungen, Tarifverträge und Betriebsvereinbarungen an geeigneter Stelle zur Einsichtnahme auszulegen und auszuhängen. Damit soll den Arbeitnehmern die Möglichkeit gegeben werden, die für sie geltenden Schutzbestimmungen kennen zu lernen[4]. Betriebe, die regelmäßig **mehr als drei Jugendliche** beschäftigen, haben außerdem gem. § 48 JArbSchG für einen Aushang über Beginn und Ende der regelmäßigen täglichen Arbeitszeit und der Pausen der Jugendlichen an geeigneter Stelle zu sorgen. **Geeignete Stellen** im Betrieb sind z.B. „schwarze Bretter", Aufenthalts- oder Pausenräume, da sich die Beschäftigten dort in Ruhe mit den Vorschriften vertraut machen können, ohne sich vom Arbeit-

---

1 *Dannenberg* in: Bepler/Böhle/Meerkamp/Stöhr, TVöD-BT-K (Stand 2009), § 49 Rz. 17.
2 *Dannenberg* in: Bepler/Böhle/Meerkamp/Stöhr, TVöD-BT-K (Stand 2009), § 49 Rz. 19.
3 BAG v. 11.1.2006 – 5 AZR 97/05, NZA 2006, 372 = ZTR 2006, 278.
4 BT-Drucks. 12/5888, 31.

nehmer beobachtet fühlen zu müssen; **ungeeignet** wäre aus diesem Grund
z.B. eine Auslegung im Büro des Vorgesetzten oder im Personalbüro[1]. Die
Verletzung der Aushangpflichten kann als Ordnungswidrigkeit mit Geldbuße bis zu 2500 Euro geahndet werden (vgl. § 22 Abs. 1 Nr. 8 i.V.m. Abs. 2
ArbZG).

b) Nachweispflichten. Um die Einhaltung der (Höchst-)Arbeitszeit zu über-   63
wachen, sieht das ArbZG eine ausdrückliche Verpflichtung des Arbeitgebers
vor, die über die werktägliche Arbeitszeit des § 3 Satz 1 ArbZG **hinausgehende Arbeitszeit** der Arbeitnehmer aufzuzeichnen, vgl. § 16 Abs. 2 ArbZG. Seit
dem 1.1.2004 ist der Arbeitgeber darüber hinaus verpflichtet, ein Verzeichnis
der Arbeitnehmer zu führen, die einer **Verlängerung der Arbeitszeit** nach § 7
Abs. 7 ArbZG zugestimmt haben (vgl. Rz. 28 ff.). Diese Aufzeichnungen sind
mindestens zwei Jahre aufzubewahren, vgl. Satz 2, damit auch für länger zurückliegende Zeiträume jederzeit eine Kontrollmöglichkeit bei Überschrei-
tungen des Achtstundentags gegeben ist. Auch Sonn- und Feiertagsarbeiten
sind als Überschreitung des § 3 ArbZG aufzeichnungspflichtig[2]. Die Aufzeichnungen sollen Beginn und Ende der Arbeitszeit der **einzelnen** Arbeitnehmer dokumentieren, die summarische Erfassung der Gesamtarbeitszeit
genügt daher nicht[3]. Von dem Versuch, sich einer Feststellung von Arbeitszeitüberschreitungen dadurch zu entziehen, dass die Dokumentations- und
Aufzeichnungspflichten nicht erfüllt werden, ist dringend abzuraten, da die
Nichtaufzeichnung gem. § 22 Abs. 1 Nr. 9 ArbZG ebenso bußgeldbewehrt
ist. Auch der erstmalig festgestellte Verstoß ist eine Ordnungswidrigkeit, die
mit einer Geldbuße geahndet werden kann. Fortwährende, sich „beharrlich
wiederholende" Verstöße sind nicht nur bußgeld-, sondern auch strafbe-
wehrt, vgl. § 23 ArbZG, so dass die anfängliche Geldbuße zu nicht überschaubaren Weiterungen führen kann.

In welcher **Form** das Verzeichnis geführt wird (z.B. als Datei oder in Schrift-   64
form), schreibt das Gesetz nicht vor. Als Arbeitszeitnachweise kommen
daher z.B. Stempeluhrkarten, Lohnlisten, Stundenzettel oder Arbeitszeit-
karteien in Betracht. Eigendokumentation durch die Beschäftigten bzw.
Delegation auf sie selbst ist ebenfalls zulässig, was besonders bei der sog.
Vertrauensarbeitszeit von Bedeutung ist. **Gespeicherte Daten** müssen der
Aufsichtsbehörde jederzeit zugänglich gemacht werden können. Zu beachten ist bei den **Einwilligungen** nach § 7 Abs. 7 ArbZG, dass diese selbst in
schriftlicher Form vorliegen müssen (vgl. Muster Rz. 29).

---

1 H.M., vgl. nur ErfK/*Wank*, § 16 ArbZG Rz. 1; HWK/*Gäntgen*, § 16 ArbZG Rz. 3; *Neu-
  mann/Biebl*, § 16 ArbZG Rz. 1.
2 H.M., vgl. *Baeck/Deutsch*, § 16 ArbZG Rz. 23; ErfK/*Wank*, § 16 ArbZG Rz. 4; *Neu-
  mann/Biebl*, § 16 ArbZG Rz. 5.
3 Str., wie hier ErfK/*Wank*, § 16 ArbZG Rz. 6; *Schliemann/Meyer*, Rz. 882; a.A. *Neu-
  mann/Biebl*, § 16 ArbZG Rz. 5.

2. Verantwortliche Personen

65 **a) Verpflichtet** zur Einhaltung und Überwachung der Arbeitszeiten der Beschäftigten im Krankenhaus ist nach dem Gesetzeswortlaut des § 16 ArbZG zunächst **ausschließlich der Arbeitgeber.** Ebenso handelt nach § 22 Abs. 1 ArbZG ordnungswidrig, „wer als Arbeitgeber..." gegen die verschiedenen Pflichten des ArbZG vorsätzlich oder fahrlässig verstößt. Jeder, der als Arbeitgeber auf welcher funktionellen Ebene auch immer für Einhaltung und Organisation der Arbeitszeiten verantwortlich ist, kann arbeitsschutzrechtlich zur Rechenschaft gezogen werden, wenn er durch sein Handeln oder Unterlassen schuldhaft die Schutznormen des ArbZG verletzt[1]. Die Gewerbeaufsichtsämter (vgl. § 17 ArbZG) können bei entsprechenden Verstößen **Bußgelder** bis zur Höhe von 15 000 Euro verhängen, vgl. § 22 Abs. 2 ArbZG.

66 **b)** Bei **juristischen Personen** sind zunächst die Mitglieder der vertretungsberechtigten Organe ordnungswidrigkeits- bzw. strafrechtlich verantwortlich, d.h. die Mitglieder des Vorstands oder der Geschäftsführung. Bei Personengesellschaften sind die vertretungsberechtigten Gesellschafter verantwortlich. Der auf den ersten Blick enge Kreis der Verantwortlichen wird durch § 9 Abs. 2 OWiG bzw. § 14 Abs. 1 StGB auf **jeden Vertreter bzw. Beauftragten** des Arbeitgebers mit eigenem Verantwortungsbereich in der Betriebsorganisation erweitert[2]. Diese Vorschriften tragen dem Umstand Rechnung, dass die den Arbeitgeber betreffenden Pflichten im komplexen Wirtschaftsleben von ihm alleine nicht mehr erfüllt werden können. Die entsprechenden Aufgaben werden in der Regel auf Mitarbeiter oder Dritte delegiert. Soweit die Aufgabenwahrnehmung nicht in eigener Verantwortlichkeit des Arbeitgebers erfolgt, treffen den Arbeitgeber stets **Überwachungs- und Aufsichtspflichten.** Die Verwaltung muss stets gewährleisten, dass durch eine engmaschige Kontrolle die Einhaltung des Arbeitszeitgesetzes gewährleistet ist (sog. Organisationspflichten, vgl. Teil 2 A Rz. 10 ff. sowie Teil 3 D Rz. 53, 57).

67 **c)** Im Rahmen der **Klinikorganisation** können daher mehrere Personen in der rechtlichen Verantwortung stehen. Vorrangig steht der **Krankenhausträger** selbst hinsichtlich der Arbeitszeitorganisation in Gestalt der ihm zugehörigen Organmitglieder in der Verantwortung. Darunter folgt häufig die Dreiteilung der Leitungsverantwortung zwischen **Verwaltungsleitung, ärztlicher Leitung** und **Pflegedienstleistung** (näher dazu Teil 2). Ab dieser Leitungsebene setzt die Vertreter- bzw. Beauftragtenhaftung ein, die durch vertragliche Absprachen im Einzelnen konkretisiert werden kann. Insbesondere dem **Chefarzt** obliegt die Führung und die fachliche Leitung seiner Abteilung. Er ist für die Einhaltung und Organisation der Dienste in seinem Bereich verantwortlich (näher Teil 5 A Rz. 39 ff.). Zu seinen **Organisationspflichten** gehört insbesondere die Regelung der Bereitschaftsdienste und Rufbereitschaften, der Urlaubs- und Krankheitsvertretung sowie der Operationspläne etc.

---

1 Vgl. nur *Schliemann*, ZTR 2003, 61 (62).
2 Dazu näher *Baeck/Deutsch*, § 22 ArbZG Rz. 13 ff.; ErfK/*Wank*, § 22 ArbZG Rz. 1; HWK/*Gäntgen* § 23 ArbZG Rz. 5.

in seiner Abteilung. Zur ordnungsgemäßen Erfüllung dieser Pflicht hat er bei der Verteilung der Dienste auf die einzelnen Mitarbeiter die einschlägigen Regelungen des ArbZG bzw. der ergänzenden kollektivvertraglichen Regelungen zu beachten[1]. Sollte der Chefarzt hier wiederum die Organisation der Dienste auf einen **Oberarzt** delegiert haben, so wäre dieser ggf. ebenfalls in der Pflicht. Dennoch wäre der Chefarzt im Wege der Aufsichtspflichtverletzung heranzuziehen. Die tatsächlich (am Patienten) tätigen Ärzte können dagegen **nicht** zur Verantwortung gezogen werden. Diese sind nicht zur Organisation der Dienste verpflichtet und somit nicht Vertreter bzw. Beauftragte des „Arbeitgebers" (Rz. 66).

VIII. Arbeitszeitschutz besonderer Personengruppen

1. Jugendliche (JArbSchG)

Personen unter 18 Jahren sind vom Anwendungsbereich des ArbZG ausgenommen. Die Höchstgrenzen für deren Beschäftigung sind vielmehr dem Jugendarbeitsschutzgesetz zu entnehmen, vgl. § 18 Abs. 2 ArbZG. Die Beschäftigung von **Kindern** (bis 14 Jahre, vgl. § 2 Abs. 1 JArbSchG) ist grundsätzlich verboten, jedoch sieht das Gesetz zahlreiche Ausnahmen vor, vgl. §§ 5–7 JArbSchG. Die Arbeitszeitregelungen des JArbSchG für **Jugendliche**, d. h. Menschen von 15 bis 18 Jahren (vgl. § 2 Abs. 2 JArbSchG), sind gegenüber dem ArbZG **enger**: Jugendliche dürfen nicht mehr als acht Stunden täglich und nicht mehr als 40 Stunden wöchentlich beschäftigt werden, vgl. § 8 Abs. 1 JArbSchG. Eine Erhöhung der täglichen Arbeitszeit auf 8,5 Stunden ist gestattet, wenn in Verbindung mit Feiertagen an Werktagen nicht gearbeitet wird, um eine längere zusammenhängende Freizeit zu ermöglichen, vgl. § 8 Abs. 2 JArbSchG.

68

Die **Mindestruhepausen** sind im Vergleich zum ArbZG verlängert. Bei einer Arbeitszeit ab 4,5 Stunden muss eine Ruhepause von 30 Minuten, bei einer Arbeitszeit von mehr als sechs Stunden eine solche von 60 Minuten gewährt werden (§ 11 JArbSchG). An Stelle einer Mindestruhezeit von elf Stunden (§ 5 Abs. 1 ArbZG) tritt eine Mindestfreizeit von zwölf Stunden (§ 13 JArbSchG). Weiterhin sieht das Gesetz für Jugendliche grundsätzlich ein **Verbot der Nachtarbeit** (Beschäftigung nur in der Zeit von 6 bis 20 Uhr, vgl. § 14 Abs. 1 JArbSchG), eine Fünftagewoche (§ 15 JArbSchG) sowie ein Verbot der Beschäftigung an Samstagen und Sonntagen (§§ 16, 17 JArbSchG) vor. Jedoch gibt es für jede dieser drei Vorschriften eine Reihe von Ausnahmemöglichkeiten, insbesondere ist Samstags- und Sonntagsarbeit ausnahmsweise erlaubt auch in „Krankenanstalten sowie in Alten-, Pflege- und Kinderheimen" (vgl. § 16 Abs. 2 Nr. 1 und § 17 Abs. 2 Nr. 1 JArbSchG).

69

---

1 Einzelheiten bei *Schliemann*, ZTR 2003, 61; *Ernst*, Arzthaftung bei Überschreitung der gesetzlichen Arbeitszeit, Diss. Jena 2004, passim; *Wern*, S. 107 ff.

2. Mütter (MuSchG)

70   Für werdende und stillende Mütter, die in einem Beschäftigungsverhältnis
stehen, enthält das **Mutterschutzgesetz** besondere arbeitszeitrechtliche Bestimmungen, um sie vor Gefahren, schädlichen Einwirkungen und Überforderung am Arbeitsplatz zu schützen. Neben dem Anspruch auf Stillpausen
(§ 7 MuSchG) normiert § 8 Abs. 1 MuSchG ein **Verbot der Nachtarbeit** zwischen 20 und 6 Uhr, ein **Verbot der Mehrarbeit**, d. h. von Arbeitszeiten von
mehr als 8,5 Stunden pro Tag bzw. 90 Stunden pro Doppelwoche (§ 8 Abs. 2
MuSchG) und ein **Verbot der Sonn- und Feiertagsarbeit**. Ausnahmsweise
kann letztere erlaubt werden, wenn u. a. *„in Krankenpflegeanstalten"* den
werdenden oder stillenden Müttern in jeder Woche einmal eine ununterbrochene Ruhezeit von mindestens 24 Stunden im Anschluss an eine Nachtruhe gewährt wird (§ 8 Abs. 4 MuSchG). Das Nachtarbeitsverbot dient dem
besonderen Gesundheitsschutz werdender bzw. stillender Mütter und ist
mit dem EU-Gemeinschaftsrecht vereinbar, obwohl Frauen damit von der
Nachtarbeit vorübergehend ausgeschlossen werden[1].

3. Schwerbehinderte (SGB IX)

71   Schwerbehinderte Beschäftigte und ihnen Gleichgestellte sind gem. § 124
SGB IX auf ihr Verlangen hin von **Mehrarbeit freizustellen**. Dabei ist nach
der Rechtsprechung des BAG jede über acht Stunden hinausgehende werktägliche Arbeitszeit Mehrarbeit i. S. d. § 124 SGB IX[2]. Daher überschreitet die
Einteilung eines schwerbehinderten Pflegers im Dialysezentrum zur **Rufbereitschaft** im Anschluss an seine dienstplanmäßig zu leistende Arbeitszeit, die bereits nahezu acht Stunden betragen hat, die Grenzen billigen
Ermessens, weil selbst bei Rufbereitschaft die bis zum Erreichen der gesetzlichen Arbeitszeit verbleibenden Minuten keinen sinnvollen Abruf seiner
Leistung mehr ermöglichten[3].

72   Anders als § 8 Abs. 1 MuSchG stellt die Vorschrift des § 124 SGB IX **kein
Verbot** der Mehrarbeit dar. Der schwerbehinderte Arbeitnehmer soll gegen
seinen Willen aber nicht zusätzlich belastet werden. Deshalb ist es ihm
überlassen, ob er von seinem Anspruch auf Freistellung von Mehrarbeit
Gebrauch macht oder nicht. Verlangt er die Freistellung, kann er die werktägliche Arbeitsleistung über acht Stunden hinaus verweigern, wenn der Arbeitgeber diesem Anspruch nicht freiwillig nachkommt. Für **Nachtarbeit** besteht im SGB IX keine der Mehrarbeit entsprechende Regelung. Aus der
besonderen Fürsorgepflicht der Arbeitgeber gegenüber schwerbehinderten
Beschäftigten (§ 81 Abs. 4 SGB IX) kann sich jedoch im Einzelfall die **Unzumutbarkeit** von Nachtarbeit ergeben. Die Norm begründet einen einklag-

---

1 EuGH v. 25.7.1991 – C-345/89 („Stöckel"), Slg. 1991, I-4047 = EuZW 1991, 666; vgl.
   auch BVerfG v. 28.1.1992 – 1 BvR 1025/82, 1 BvL 16/83, 1 BvL 10/91, BVerfGE 85,
   191 = NZA 1992, 270.
2 BAG v. 3.12.2002 – 9 AZR 462/01, BAGE 104, 73 = ZTR 2003, 516; BAG v. 21.11.2006
   – 9 AZR 176/06, NZA 2007, 446.
3 Im konkreten Fall waren schon 7 Std. 42 Minuten verbraucht, vgl. LAG Hamm v.
   30.3.2006 – 8 Sa 1992/04, ArbuR 2006, 293.

baren Anspruch auf behinderungsgerechte Gestaltung der Arbeitszeit, soweit dessen Erfüllung für den Arbeitgeber nicht unzumutbar oder mit unverhältnismäßigen Aufwendungen verbunden ist. Hieraus kann sich die Pflicht des Arbeitgebers ergeben, einen schwerbehinderten Arbeitnehmer nicht zur Nachtarbeit einzuteilen und dessen Arbeitszeit auf die Fünftagewoche zu beschränken[1].

---

1 BAG v. 3.12.2002 – 9 AZR 462/01, BAGE 104, 73 = ZTR 2003, 516 = NZA 2004, 1219; vgl. auch ErfK/*Rolfs*, § 81 SGB IX Rz. 10.

C. Tarifliche Arbeitszeitregelungen im Krankenhausbereich

I. Tarifpluralität seit 2006

1. Krankenhaus-Tarifverträge (TVöD, TV-L)

1   Das Jahr 2006 war ein Meilenstein in der Entwicklung der Arbeitsbedingungen für Beschäftigte im Krankenhaussektor. Galt bis Ende 2005 in der Mehrzahl der Kliniken fast einheitlich der Bundesangestelltentarifvertrag (**BAT**) mit seinen Sonderregelungen für Ärzte in Krankenhäusern (SR 2c BAT) und der Sonderregelung für Pflegekräfte (SR 2a BAT), hat das Jahr 2006 nach teils spektakulären Arbeitskampf-Aktionen von Ärzten und Pflegepersonal eine ungewohnte Vielzahl von Tarifverträgen für den Krankenhausbereich hervorgebracht. Der erste Nachfolgetarif des BAT, der 2005 abgeschlossene „Tarifvertrag für den öffentlichen Dienst" für den Bund und die kommunalen Arbeitgeber (**TVöD** vom 13.9.2005)[1], enthält Sonderregelungen für den Krankenhausbereich und bezieht sich auf alle dort beschäftigten Arbeitnehmergruppen. In einer sog. durchgeschriebenen Fassung sind die Regelungen des TVöD-AT und des TVöD BT-K in einem **„TVöD-K"** zusammengefasst worden, nach dessen Systematik hier zitiert wird. Zum zweiten Nachfolgetarif kam es nach einer Einigung im Mai 2006 mit dem „Tarifvertrag für den öffentlichen Dienst der Länder" (**TV-L** vom 12.10.2006), nachdem über dreijährige Verhandlungen zwischen der TdL einerseits und den Gewerkschaften ver.di und dbb Tarifunion andererseits sowie einer der längsten Streiks in der Geschichte des öffentlichen Dienstes vorausgegangen waren[2]. Besonders aufwendig gestaltete sich die Suche nach tragfähigen Lösungen bei der **Arbeitszeit**. Durch die sog. Meistbegünstigungsklausel im TVöD hatte sich die Gewerkschaft ver.di einer flexibleren Lösung der Arbeitszeitfrage auf Länderebene zunächst verschlossen[3]. So musste Neuland betreten und für jedes einzelne Bundesland im Tarifgebiet West eine **länderspezifische Wochenarbeitszeit** festgesetzt werden[4]. Wie beim TVöD wurde auch im TV-L das **Pflegepersonal** in Krankenhäusern (Universitätskliniken und Landeskrankenhäuser) in die allgemeine Entgelttabelle übergeleitet (sog. **Kr-Bereich**). Wettbewerbsverzerrungen zwischen den Krankenhausträgern im öffentlichen Dienst konnten trotz der Tarifpluralität aber vermieden werden. Für **Ärztinnen und Ärzte** wurde die durchschnittliche regelmäßige Wochenarbeitszeit einheitlich auf 42 Stunden festgesetzt. Im Grundsatz kann es aber zu unterschiedlichen Arbeitsbedingungen je nach **Krankenhausträger** (Land, Kommune, kirchlicher oder privater Träger) und je nach **beruflicher Stellung** (ärztliches bzw. nichtärztliches Personal) kommen. Hinzu treten neue Tarifverträge mit den großen **privaten** Klinikbetreibern wie z. B. der Helios-Grup-

---

1 Vgl. dazu z. B. *Bredendiek/Fritz/Tewes*, ZTR 2005, 230; *Böhle/Poschke*, ZTR 2005, 286; *Litschen*, ZTR 2007, 230.
2 Vgl. dazu *Rieger*, ZTR 2006, 402.
3 Dazu näher *Rieble/Klebeck*, RdA 2006, 65; *Rieger*, ZTR 2006, 402 (403).
4 Im Ergebnis liegen die Arbeitszeiten in den Ländern vorläufig zwischen 38,6 und 40 Stunden; abzuwarten bleibt, inwieweit die Kommunen kraft „Meistbegünstigung" ebenfalls längere Arbeitszeiten wie im TV-L erstreiten können.

pe, die auf den Strukturen des TVöD aufbauen und diese auch bei den privaten Klinikbetreibern fortsetzen[1].

2. Ärzte-Tarifverträge (TV-Ärzte)

Schwieriger war die Tarifsituation in Bezug auf **Ärztinnen und Ärzte**, weil   2
die Ärztegewerkschaft Marburger Bund (MB) eigenständige Tarifverträge mit
VKA einerseits und TdL andererseits durchsetzen konnte. Nach massiven
Ärztestreiks im Frühjahr 2006 gelang es dem MB, zunächst einen „Tarifvertrag für Ärztinnen und Ärzte an kommunalen Krankenhäusern" im Bereich
der VKA (**TV-Ärzte/VKA** vom 17.8.2006) abzuschließen. Der weitere
Abschluss mit der TdL, ein „Tarifvertrag für Ärztinnen und Ärzte an
Universitätskliniken" (**TV-Ärzte** vom 30.10.2006), konnte fristgerecht am
1.11.2006 in Kraft treten. Als Eckpunkte wurden eine Wochenarbeitszeit
von 42 Stunden festgelegt, die durch Ableistung von Bereitschaftsdiensten
verlängert werden kann, sowie das Recht auf die Wahl einer 38,5-stündigen
Wochenarbeitszeit mit entsprechend vermindertem Entgelt. In nur noch
zwei Bereitschaftsstufen können maximal 58 bzw. 54 Wochenstunden angeordnet werden[2].

3. Einheitliche Bedingungen trotz Tarifpluralität

Die lebhaft diskutierte Frage der Tarifpluralität stellt sich im Kranken-   3
hausbereich weiterhin mehr in der Theorie als in der Praxis[3]. Denn die verschiedenen Tarifparteien haben sich in den verschiedenen Bereichen (TdL
bzw. VKA) auf weitgehend vergleichbare Mantelbedingungen geeinigt. So
entspricht dem TVöD meist auch die Parallelregel im TV-L. Soweit es um
die speziellen Arbeitsbedingungen von Ärztinnen und Ärzten geht, ist der
inhaltliche Gleichklang im Bereich VKA einerseits und im Bereich TdL
andererseits ebenfalls groß. Im Ergebnis werden die Krankenhausträger bei
Ärztinnen und Ärzten nicht nach (je verschiedener) Gewerkschaftszugehörigkeit differenzieren müssen. Im Zweifel setzen sich die Ärzte-Tarifverträge nach dem **Spezialitätsprinzip** durch. Zu den Einzelheiten vgl. oben A
Rz. 33 ff.

II. TVöD-K (TV-L)

1. Regelmäßige Arbeitszeit (§ 6)

a) **TVöD.** Die regelmäßige Arbeitszeit ausschließlich der Pausen beträgt im   4
TVöD-K **38,5** (West) bzw. **40 Stunden** (Ost), für Beschäftigte der Mitglieder
des Kommunalen Arbeitgeberverbandes Baden-Württemberg aber **39 Stunden pro Woche** und kann auf **fünf Tage**, bei notwendigen betrieblichen/

---

1 Vgl. FAZ Nr. 15 v. 18.1.2007, S. 9 zum Konzerntarif zwischen ver.di und der Helios
  Kliniken GmbH.
2 Dazu näher *Köpf/Walger*, Arzt und Krankenhaus 2007, 135 (138).
3 *Reichold*, öAT 2010, 29 (30 f.); *Rieger*, ZTR 2006, 402 (408).

dienstlichen Gründen auch auf sechs Tage verteilt werden (§ 6 Abs. 1 Satz 1 lit. b, Satz 1.1 i. V. m. Satz 3 TVöD-K). Der **Ausgleichszeitraum**, innerhalb dessen die durchschnittliche Arbeitszeit von 48 Stunden pro Woche erreicht werden muss, beträgt in Abweichung von § 3 ArbZG **ein Jahr** (§ 6 Abs. 2 TVöD-K). Die durchschnittliche **tägliche** Arbeitszeit ist im TVöD nicht explizit geregelt, so dass im „Nomalfall", d. h. außerhalb der Sonderarbeitsformen (Bereitschaftsdienst, Rufbereitschaft) die Regelarbeitszeit des § 3 ArbZG mit **acht Stunden** zur Anwendung kommt. Anders als die bisherigen Regelungen in § 15 BAT ermöglicht § 6 TVöD-K die flexiblere Anpassung der Arbeitszeit an unterschiedliche Bedürfnisse, insbesondere die mögliche Verteilung auf **sechs** Tage, den langen Ausgleichszeitraum von **einem Jahr** (bei Schicht- und Wechselschichtarbeit auch länger), die Zulassung von Abweichungen gem. §§ 7, 12 ArbZG aus dringenden betrieblichen Gründen (vgl. Rz. 8 ff.), die optionale Einrichtung von Rahmenzeiten oder Arbeitskorridoren (vgl. Rz. 10 f.).

5 **b) Abweichungen im TV-L.** Aufgrund der besonders schwierigen Verhandlungslage (Rz. 1) im Bereich der TdL wurde wegen der gekündigten Arbeitszeitbestimmungen in § 6 Abs. 1 lit. a TV-L für jedes Bundesland im Tarifgebiet West auf der Grundlage der festgestellten tatsächlichen durchschnittlichen wöchentlichen Arbeitszeit im Februar 2006 (d. h. tariflich und arbeitsvertraglich vereinbarte Arbeitszeit) von den Tarifvertragsparteien jeweils neue Wochenarbeitszeiten errechnet. Ab November 2006 erhöhte sich die Arbeitszeit um die doppelte Differenz zwischen bestehender tariflicher und tatsächlicher Arbeitszeit, aber nicht mehr als 0,4 Stunden für den zweiten Teil der Differenz. Betrug die tatsächliche Arbeitszeit in einem Land z. B. 39,1 Stunden, ergeben sich neu 39,5 Stunden (Differenz 39,1 zu 38,5 = 0,6 plus 0,4 – Verdoppelung begrenzt). Daraus ergaben sich folgende Länderwerte:

Baden-Württemberg	39 Std. 30 Min.
Bayern	40 Std. 06 Min.
Bremen	39 Std. 12 Min.
Hamburg	39 Std. 00 Min.
Niedersachsen	39 Std. 48 Min.
Nordrhein-Westfalen	39 Std. 50 Min.
Rheinland-Pfalz	39 Std. 00 Min.
Saarland	39 Std. 30 Min.
Schleswig-Holstein	38 Std. 42 Min.

6 Im Tarifgebiet Ost beträgt die regelmäßige wöchentliche Arbeitszeit einheitlich 40 Std., § 6 Abs. 1 lit. c TV-L.

Für besonders **belastete Berufsgruppen** in den Ländern wurde die wöchentliche Arbeitszeit aber auf **38,5 Stunden** festgesetzt. Darunter fallen nach § 6 Abs. 1 lit. b TV-L u. a.

– Beschäftigte, die ständig Wechselschicht- oder Schichtarbeit leisten,

– Beschäftigte an Universitätskliniken, Landeskrankenhäusern, sonstigen Krankenhäusern und psychiatrischen Einrichtungen (ohne Ärztinnen und Ärzte),

– Beschäftigte in Einrichtungen für schwerbehinderte Menschen (Schulen, Heime) und in heilpädagogischen Einrichtungen.

Für **Ärztinnen und Ärzte** an Universitätskliniken wurde eine regelmäßige 7 wöchentliche Arbeitszeit (ausschließlich der Pausen) im Tarifgebiet Ost und West von **einheitlich 42 Stunden** vereinbart, um den entsprechenden Abschlüssen des MB mit der TdL nachzueifern (Rz. 19).

2. Erweiterung durch Bereitschaftsdienste (§ 7.1 TVöD-K)

a) Im Zusammenhang mit Bereitschaftsdienst und Rufbereitschaft enthält 8 der TVöD-K ein **dreistufiges Modell**, nach dem von der durchschnittlichen werktäglichen Arbeitszeit von acht Stunden in folgenden Konstellationen nach oben abgewichen werden kann:

– Im **Grundmodell** kann die tägliche Arbeitszeit auf bis zu **13 Stunden** (Bereitschaftsdienststufen II und III) bzw. **16 Stunden** (Bereitschaftsdienststufe I) **verlängert** werden, wenn in erheblichem Umfang Bereitschaftsdienst anfällt (vgl. oben B Rz. 11, 20 ff.). Im Ausgleichszeitraum darf die durchschnittliche wöchentliche Arbeitszeit von 48 Stunden nicht überschritten werden (§ 7.1 Abs. 2 TVöD-K, entspricht § 45 Abs. 2 TVöD BT-K). Voraussetzung ist, dass mindestens die acht Stunden überschreitende Arbeitszeit aus Bereitschaftsdienst besteht. Die gesetzlich vorgeschriebenen Pausen (oben B Rz. 39) dürfen diese Arbeitszeit **nicht** verlängern, so dass mindestens 45 Minuten Ruhepause abzuziehen sind[1].

– Im **Öffnungsmodell** kann die tägliche Arbeitszeit aufgrund einer Betriebs- oder Dienstvereinbarung auf bis zu **24 Stunden** verlängert werden, wenn in erheblichem Umfang Bereitschaftsdienst anfällt (oben B Rz. 11, 20 ff.). Im Ausgleichszeitraum darf die durchschnittliche wöchentliche Arbeitszeit 48 Stunden nicht überschreiten (§ 7.1 Abs. 3 i.V.m. Abs. 5 TVöD-K, entspricht § 45 Abs. 3 i.V.m. Abs. 5 TVöD BT-K). Hierzu müssen zuvor alternative Arbeitszeitmodelle geprüft, eine Belastungsanalyse nach § 5 ArbSchG erstellt und ggf. daraus resultierende Maßnahmen zur Gewährleistung des Gesundheitsschutzes ergriffen worden sein. Entgegen dem Wortlaut von § 7.1 Abs. 3 Satz 4 TVöD-K kann die verlängerte Arbeitszeit aber höchstens 23,25 Stunden betragen (oben B Rz. 22, 43).

– Im **Opt-out-Modell** kann die durchschnittliche wöchentliche Arbeitszeit auf bis zu **54 Stunden** (Bereitschaftsdienststufen II und III) bzw. **58 Stunden** (Bereitschaftsdienststufe I) ohne Ausgleich verlängert werden (vgl. oben B Rz. 11, 26 ff.). Dazu muss nicht nur eine Betriebs- oder Dienstver-

---

1 *Dannenberg* in: Bepler/Böhle/Meerkamp/Stöhr, TVöD-BT-K (Stand 2009), § 45 Rz. 30.

einbarung mit den Kautelen des Öffnungsmodells abgeschlossen werden, sondern zusätzlich eine schriftliche Einwilligung jedes einzelnen Beschäftigten nach § 7 Abs. 7 ArbZG vorliegen (§ 7.1 Abs. 4 TVöD-K, entspricht § 45 Abs. 4 TVöD BT).

9 **b)** Der Umfang der möglichen Verlängerung der täglichen Arbeitszeit ist von den in § 8.1 Abs. 1 lit. a TVöD-K (entspricht § 46 TVöD BT-K) geregelten **Belastungsstufen** des Bereitschaftsdienstes, d. h. dem durchschnittlichen Grad der Inanspruchnahme mit Arbeitsleistung innerhalb des Bereitschaftsdienstes, abhängig:

Stufe	Arbeitsleistung innerhalb des Bereitschaftsdienstes	Bewertung als Arbeitszeit
I	0–25 %	60 %
II	mehr als 25–40 %	75 %
III	mehr als 40–49 %	90 %

Sind die Bereitschaftsdienste der Stufe I zugeordnet, so kann die tägliche Arbeitszeit gem. § 7.1 Abs. 2 lit. a TVöD-K auf bis zu 16 Stunden verlängert werden; sind die Bereitschaftsdienste dagegen den Stufen II oder III zugeordnet, so kann gem. § 7.1 Abs. 2 lit. b TVöD-K die tägliche Arbeitszeit auf bis zu 13 Stunden verlängert werden.

Beispiel:

Bei einem Dienstbeginn um 7 Uhr und einer Arbeitsbelastung bis zu 25 % muss die Arbeitszeit (einschließlich Bereitschaftsdienst) spätestens um 23 Uhr enden. Es dürfen dabei höchstens acht Stunden Vollarbeit geleistet werden und es muss mindestens eine dreiviertel Stunde Ruhepause eingeplant werden (vgl. § 4 Satz 1 ArbZG).

3. Arbeitszeitkonten (§§ 6, 10)

10 **a) Flexiblere Arbeitszeitrahmen (§ 6 Abs. 6, 7).** Erstmals für den Bereich des öffentlichen Dienstes wird durch §§ 6, 10 TVöD bzw. TV-L die Einrichtung von Arbeitszeitkonten **tariflich** geregelt. Sie ergänzen die tariflichen Optionen eines wöchentlichen Arbeitszeitkorridors (§ 6 Abs. 6) oder einer täglichen Rahmenzeit (§ 6 Abs. 7)[1], können aber auch unabhängig davon eingeführt werden. Die Erfahrung mit sog. Gleitzeitmodellen im öffentlichen Dienst (vgl. Beispiel B Rz. 18) erleichterte diesen Schritt[2]. Mit dem Erfassen der geleisteten Arbeitszeiten in den flexiblen Gleitspannen waren bereits Plus- bzw. Minussalden angesammelt worden, deren Ab- oder Aufbau über Monate hinweg aber enge Grenzen gesetzt waren[3]. Der TVöD ermöglicht durch die Einrichtung eines sog. **Arbeitszeitkorridors** (§ 6 Abs. 6) von bis zu 45 Stunden in der Woche oder – alternativ – eines täglichen **Arbeitszeitrahmens** von bis zu zwölf Stunden (zwischen 6 und 20 Uhr, vgl. § 6 Abs. 7) sehr

---

1 Vgl. *Böhle/Poschke*, ZTR 2005, 286 (289, 291).
2 Laut Protokollerklärung zu § 10 bleiben bestehende Gleitzeitregelungen unberührt.
3 Dazu näher *Necati/Suhre* in: Preis (Hrsg.), Innovative Arbeitsformen, 2005, S. 161 ff.; *Reichold*, NZA 1998, 393 (395 ff.); *Seifert*, WSI-Mitteilungen 1996, 442.

viel flexiblere Einsatzmöglichkeiten als bisher. Beide Instrumente bedürfen einer Betriebs- oder Dienstvereinbarung zu ihrer Einführung. Solange die vereinbarten Obergrenzen des Korridors bzw. des Rahmens nicht überschritten sind, fallen zudem Überstunden nicht an (§ 7 Abs. 8 lit. a). Bei diesen Flexibilisierungsmodellen ist immer zu beachten, dass sich an der *durchschnittlichen* Wochenarbeitszeit genauso wenig ändert wie am *regelmäßigen* Entgelt. Lediglich der konkrete Arbeitseinsatz am Tag und in der Woche **(Lage der Arbeitszeit)** kann besser an stark schwankende saisonale Arbeitsbelastungen (z. B. Jahresabschlussarbeiten) angepasst werden. Wird z. B. für das Jahresende die Höchstzeit von 45 Wochenstunden für drei Monate beschlossen, so muss im maßgeblichen Ausgleichszeitraum von **einem Jahr** (§ 6 Abs. 2 Satz 1) die Regelarbeitszeit von 38,5 Stunden z. B. dadurch erreicht werden, dass zeitweise nur 32 Stunden wöchentlich gearbeitet wird[1].

b) Führung von Arbeitszeitkonten (§ 10). Soweit Korridor bzw. Rahmen nach   11 § 6 eingerichtet werden (Rz. 10), **muss** für die davon betroffenen Arbeitnehmer ein Arbeitszeitkonto eingerichtet werden. Ansonsten können z. B. für fortgeführte Gleitzeitsysteme oder andere Modelle Arbeitszeitkonten nach § 10 Abs. 1 durch Betriebs- oder Dienstvereinbarung freiwillig eingeführt werden. Die Vereinbarung muss regeln, ob das Arbeitszeitkonto in der gesamten Dienststelle oder nur in Teilen davon zur Anwendung kommt; einzelne Beschäftigte können nicht ausgenommen werden (Abs. 2). Gebucht werden können dann Zeitguthaben oder Zeitschulden bei Anwendung des Ausgleichszeitraums, nicht ausgeglichene Überstunden und Mehrarbeitsstunden, im Verhältnis 1:1 in Arbeitszeit umgewandelte (faktorisierte) Zeitzuschläge oder Rufbereitschafts- und Bereitschaftsdienstentgelte. Betont wird damit die den Beschäftigten eingeräumte **Zeitsouveränität** als Ausgleich der Mehrbelastung infolge Flexibilisierung (Abs. 3)[2]. Weiter müssen geregelt sein die höchstmögliche Zeitschuld (bis zu 40 Stunden) und das höchstzulässige Zeitguthaben (bis zu einem Vielfachen von 40 Stunden), die innerhalb eines bestimmten Zeitraums anfallen dürfen, die Fristen für den Abbau von Zeitschuld bzw. Zeitguthaben, die Berechtigung des Arbeitgebers, den Abbau von Zeitguthaben zu bestimmten Zeiten (z. B. an sog. Brückentagen) vorzusehen, die Folgen des kurzfristigen Widerrufs eines genehmigten Freizeitausgleichs (Abs. 5). Wenn der Beschäftigte während eines Freizeitausgleichs vom Konto arbeitsunfähig erkrankt und dies dem Arbeitgeber unverzüglich nachweist, tritt die ursprünglich geplante Minderung des Zeitguthabens *nicht* ein (Abs. 4). Schließlich können auch **Langzeitkonten** vereinbart werden, wobei bei Insolvenzfähigkeit des Arbeitgebers eine Regelung zur Insolvenzsicherung getroffen werden muss (Abs. 6, vgl. § 7d SGB IV). Solche Konten haben den Zweck, dem Beschäftigten eine längere zusammenhängende „Auszeit" zu ermöglichen (z. B. Sabbatical, vgl. Teil 3 E Rz. 36).

---

1 Vgl. *Welkoborsky* in: Bepler/Böhle/Meerkamp/Stöhr, TVöD-AT (Stand 2009), § 6 Rz. 27.
2 *Welkoborsky* in: Bepler/Böhle/Meerkamp/Stöhr, TVöD-AT (Stand 2009), § 10 Rz. 14.

III. TV-Ärzte

1. TV-Ärzte (VKA)

12   **a) Geltungsbereich.** Der Geltungsbereich dieses Tarifvertrages erstreckt sich auf alle Ärztinnen und Ärzte, die in kommunalen Krankenhäusern, medizinischen Instituten von Krankenhäusern oder in sonstigen Einrichtungen und Heimen beschäftigt sind, einschließlich der Mediziner, die an kommunalen psychiatrischen Kliniken und Krankenhäusern tätig sind.

13   **b) Durchschnittliche Wochenarbeitszeit.** Die – im Jahresdurchschnitt zu erreichende – Regelarbeitszeit beträgt im gesamten Bundesgebiet einheitlich **40 Stunden** (§ 7 Abs. 1). Für die Berechnung des Durchschnitts der regelmäßigen Arbeitszeit ist ein Zeitraum von einem Jahr zugrunde zu legen (§ 7 Abs. 2 Satz 1).

14   **c) Tägliche Höchstarbeitszeit.** Der TV-Ärzte/VKA ermöglicht die Ausdehnung der täglichen Arbeitszeit **im Schichtdienst** auf bis zu **zwölf Stunden** Vollarbeit ausschließlich der Pausen (§ 7 Abs. 5 Satz 1). Die Definition der Schichtarbeit in § 9 Abs. 2 als

„die Arbeit nach einem Schichtplan, der einen regelmäßigen Wechsel des Beginns der täglichen Arbeitszeit um mindestens zwei Stunden in Zeitabschnitten von längstens einem Monat vorsieht, und die innerhalb einer Zeitspanne von mindestens 13 Stunden geleistet wird",

entspricht der des § 7 Abs. 2 TVöD-K (B Rz. 16). Im Sinne des Gesundheitsschutzes regelt der TV-Ärzte/VKA jedoch abweichend vom TVöD-K, dass „in unmittelbarer Folge" nicht mehr als **vier** zwölf Stunden Vollarbeit enthaltende Schichten und „innerhalb von zwei Kalenderwochen" nicht mehr als **acht** solcher Schichten geleistet werden dürfen (§ 7 Abs. 5 Satz 2). Außerdem dürfen solche Schichten nicht mit Bereitschaftsdienst verbunden werden (§ 7 Abs. 5 Satz 3).

15   **d) Bereitschaftsdienst.** Der TV-Ärzte/VKA sieht ebenso wie der TVöD-K **drei** **Bereitschaftsdienststufen** vor (§ 12 Abs. 1):

Stufe	Arbeitsleistung innerhalb des Bereitschaftsdienstes	Bewertung als Arbeitszeit
I	0–25 %	60 %
II	mehr als 25–40 %	75 %
III	mehr als 40–49 %	90 %

Die Zuweisung zu diesen Stufen erfolgt durch schriftliche Nebenabrede zum Arbeitsvertrag. Diese Nebenabrede ist mit einer Frist von drei Monaten zum Kalenderhalbjahr kündbar (§ 12 Abs. 1 Satz 3). Alternativ zur Bezahlung nach den Entgeltstufen des § 12 Abs. 2 kann die errechnete Arbeitszeit vom Arbeitgeber auch durch entsprechende Freizeit bis zum Ende des dritten Kalendermonats ausgeglichen werden (§ 12 Abs. 4). Angesichts der Personalkapazität vernichtenden und Entgelt senkenden Effekte des Freizeitausgleichs wird das nur dort geschehen, wo Vertrags- und/oder gesetzliche Höchstarbeitszeit anders nicht eingehalten werden können.

e) 24-Stunden-Schichten. Im Rahmen von § 7 ArbZG kann unter Beachtung   16
der aus dem TVöD-K bekannten „Prüfungs-Trias" für über das Grundmodell
hinausgehende Dienste (Rz. 8), also der Prüfung alternativer Arbeitszeitmodelle, der Belastungsanalyse gem. § 5 ArbSchG und ggf. daraus resultierender
Maßnahmen zur Gewährleistung des Gesundheitsschutzes, die tägliche Arbeitszeit auf bis zu **24 Stunden** in den Bereitschaftsdienststufen I und II (§ 10
Abs. 2) bzw. auf bis zu **18 Stunden** in Stufe III (§ 10 Abs. 3) verlängert werden, *sofern in diesen Diensten maximal acht Stunden Vollarbeit enthalten
sind.* Diese Klarstellung angesichts des weniger eindeutig formulierten § 7.1
Abs. 3 Satz 3, 4 TVöD-K erschien den Tarifparteien wegen der unklaren
Rechtslage notwendig (vgl. näher B Rz. 21). Auch in Stufe III sind 24-Stun-
den-Dienste möglich, sofern darüber eine Betriebs- oder Dienstvereinbarung
abgeschlossen wird (§ 10 Abs. 3 Satz 2). Bei Ableistung ausschließlich von
Bereitschaftsdiensten an Samstagen sowie Sonn- und Feiertagen dürfen (ohne Beachtung der „Prüfungs-Trias" und ohne Vorliegen einer Betriebs- bzw.
Dienstvereinbarung) an diesen Tagen ebenfalls bis zu 24 Stunden geleistet
werden, wenn dadurch für den einzelnen Arzt mehr Wochenenden bzw. Feiertage frei sind (§ 10 Abs. 4). Mit diesen recht großzügigen Öffnungen sollte
vorsichtig umgegangen werden, ist doch zu erwarten, dass von den Behörden
künftig verstärkt geprüft werden wird, ob der auf dem Papier geregelte **Beginn** des Bereitschaftsdienstes tatsächlich realistisch, also z.B. mit einer
deutlich absinkenden durchschnittlichen Belastung (um mindestens 30 %)
verbunden ist oder nicht. In der Regel wird dies im „normalen" Kranken-
hausalltag wohl kaum vor 20 Uhr der Fall sein, was bei der Dienstplangestal-
tung in jedem Fall zu beachten ist.

f) Opt-out bis jahresdurchschnittlich 60 Stunden pro Woche. Ausschließlich   17
durch Bereitschaftsdienst kann auch auf Basis dieses Tarifvertrags die gesetzliche 48-Stunden-Woche auf individuell freiwilliger Basis (§ 7 Abs. 7 ArbZG,
vgl. B Rz. 26 ff.) in allen drei Stufen um bis zu jahresdurchschnittlich zehn
Stunden pro Woche überschritten werden, so dass im Jahresschnitt bis zu
60 Stunden Arbeitszeit pro Woche und nicht durch Freizeit ausgeglichene
Bereitschaftsdienstzeiten geleistet werden dürfen (§ 10 Abs. 5). Damit geht
der TV-Ärzte/VKA deutlich über den TVöD-K hinaus, der in den Stufen II
und III lediglich bis zu 54 Stunden pro Woche zulässt (Rz. 8). § 10 Abs. 5
Satz 3 ermöglicht durch Tarifverträge auf Landesebene „in begründeten Einzelfällen" sogar eine durchschnittliche wöchentliche Höchstarbeitszeit von
bis zu 66 Stunden. Hiervon haben bereits einige Landesverbände des Marburger Bundes Gebrauch gemacht (vgl. z.B. § 3 Abs. 4 VorschaltTV MB-Berlin/
Vivantes: bis zu 64 Stunden/Woche; § 7 Abs. 5 TV MB-Hamburg/KH-Arb-
GebVerband Hamburg: bis zu 64 Stunden/Woche).

2. TV-Ärzte (TdL)

18   **a) Geltungsbereich.** Der arztspezifische Tarifvertrag von Marburger Bund und der Tarifgemeinschaft deutscher Länder (TdL) gilt für **Ärzte an Universitätskliniken**, die überwiegend Aufgaben in der Patientenversorgung wahrnehmen (§ 1 TV-Ärzte). Hierzu gehören auch Mediziner, die in sog. ärztlichen Service-Bereichen (z.B. Pathologie, Labor, Krankenhaushygiene) in der Patientenversorgung eingesetzt werden. Keine Anwendung findet der Tarifvertrag auf Chefärztinnen und Chefärzte, soweit deren Arbeitsbedingungen einzelvertraglich festgelegt sind.

19   **b) Regelmäßige wöchentliche Arbeitzeit.** Die regelmäßige wöchentliche Arbeitszeit beträgt einheitlich für das gesamte Bundesgebiet **42 Stunden** (§ 6 Abs. 1). Der Ausgleichszeitraum zur Ermittlung der durchschnittlichen Arbeitszeit beträgt ein Jahr[1].

20   **c) Tägliche Höchstarbeitszeit.** § 7 Abs. 3 TV-Ärzte ermöglicht im Schichtdienst eine tägliche Höchstarbeitszeit von **zwölf Stunden**, wobei in unmittelbarer Folge nicht mehr als vier Schichten abgeleistet werden dürfen und in zwei Kalenderwochen die Anzahl der Schichten auf acht begrenzt ist. Die Regelung entspricht der Regelung des TV-Ärzte/VKA, vgl. Rz. 14. Auch hier dürfen die Schichten nicht mit Bereitschaftsdienst kombiniert werden (§ 7 Abs. 3 Satz 3).

21   **d) Bereitschaftsdienst.** Entgegen dem TVöD-K und dem TV-Ärzte/VKA (drei Stufen) sieht der TV-Ärzte nur **zwei** verschiedene Stufen des Bereitschaftsdienstes vor (§ 9 Abs. 2 TV-Ärzte):

Stufe	Arbeitsleistung innerhalb des Bereitschaftsdienstes	Bewertung als Arbeitszeit
I	0–25 %	60 %
II	mehr als 25–49 %	95 %

Die wöchentliche Höchstarbeitszeit ist im Zusammenhang mit Bereitschaftsdienst in der Stufe I bis zu maximal 58 Stunden zulässig, in der Stufe II bis zu maximal 54 Stunden (§ 7 Abs. 5 TV-Ärzte). Durch einen **Landes-TV** mit dem MB kann in begründeten Einzelfällen auch eine Höchstarbeitszeit von bis zu 66 Stunden vereinbart werden. Wie auch für die Verlängerung der wöchentlichen Höchstarbeitszeit von 48 auf 54 bzw. 58 Stunden ist hierfür aber die persönliche Zustimmung (Opt-out) des einzelnen Arztes zwingend erforderlich (vgl. Rz. 17).

---

1 Bei den ArbZ-Regelungen hat ver.di den TV-L in Bezug auf die Ärzte nachträglich im Sinne des MB-Tarifs ergänzt, vgl. oben Rz. 7.

IV. Synopse der arbeitszeitrechtlichen Bestimmungen der wichtigsten Tarifverträge

22

	TVöD-K (West/Ost)		TV-Ärzte/VKA		TV-Ärzte		AVR Caritas Anlage 5a	
Regelmäßige Arbeitszeit	§ 6 I lit. b : 38,5/40 Std./Wo (39 Std./Wo für Beschäftigte Kommunaler Arbeitgeberverbände BW)		§ 7 I: 40 Std./Wo.		§ 6 I: 42 Std./Wo.		§ 1 I: 38,5 Std./ Wo	
Tageshöchstarbeitszeit (ohne BD)	§ 6 IV: 12 Std.		§ 7 V 1: 12 Std.		§ 7 III 1: 12 Std.		§ 8 VIII: 12 Std. (aber nur mit DV)	
Ausgleichs-Zeitraum	§ 6 II 1: 1 Jahr		§ 7 II 1: 1 Jahr		§ 6 II 1: 1 Jahr		§ 1 II 1: Regel: 13 Wo. Mit DV: 52 Wo.	
Anzahl der BD-Stufen	§ 8.1 I: 4 Stufen		§ 12 I: 3 Stufen		§ 9 II: 2 Stufen		§ 9 I: 4 Stufen wie TVöD-K	

Anzahl der BD-Stufen Detail:

		AL	AZ		AL	AZ		AL	AZ
	A	0–10 vH	15 vH	I	< 10–25 vH	60 vH	I	< 10–25 vH	60 vH
	B	< 10–25 vH	25 vH	II	< 25–40 vH	75 vH			
	C	< 25–40 vH	40 vH	III	< 40–49 vH	90 vH	II	< 25–49 vH	95 vH
	D	< 40–49 vH	55 vH						

	TVöD-K (West/Ost)	TV-Ärzte/VKA	TV-Ärzte	AVR Caritas Anlage 5a
Tageshöchstarbeitszeit (mit BD) vgl. § 7 I Nr. 1, 4, II Nr. 3 ArbZG	§ 7.1: BD-Stufe I: bis zu 24 Std. (8 Std. VA + 16 Std. BD) BD-Stufen II + III: bis zu 21 Std. (8 Std. VA + 13 Std. BD)	§ 10 II: BD-Stufen I+II: bis zu 24 Std. (8 Std. VA + 16 Std. BD) § 10 III: BD-Stufe III: bis zu 18 Std. (8 Std. VA + 16 Std. BD) mit BV. bis zu 24 Std.	§ 7 IV 3: bis zu 24 Std. (8 Std. VA + 16 Std. BD)	§ 8 III, IV: wie TVöD-K; aber zwingend BV erforderlich!
Wochenhöchstarbeitszeit ohne Ausgleich vgl. § 7 IIa ArbZG	§ 7.1 IV: BD-Stufe I: max. 58 Std./Wo. BD-Stufen II + III: max. 54 Std./Wo.	§ 10 V: max. 60 Std./Wo (mit TV auf Landesebene max. 66 Std./ Wo.)	§ 7 V: BD-Stufe I: max. 58 Std./Wo. BD-Stufe II: max. 54 Std./Wo.	§ 8 V a: wie TVöD-K

Teil 11
Betriebliche Mitbestimmung im Krankenhaus

I. Allgemeines

Im Bereich des Arbeits- und Wirtschaftsrechts versteht man unter Mitbe- 1
stimmung die Teilhabe der Belegschaft an der Entscheidungsfindung, die im
Wege der repräsentativen Beteiligung der Belegschaft in bestimmten Institutionen erfolgt[1]. Das System der Mitbestimmung gliedert sich in zwei Kategorien. Zum einen in die **Mitbestimmung auf der Unternehmensebene**, die –
um mit einem Schlagwort zu sprechen – die Beteiligung an der Leitung des
Unternehmens (z. B. im Aufsichtsrat) ist. Zum anderen in die **Mitbestimmung auf der betrieblichen Ebene**, bei der der Gesetzgeber dem Arbeitgeber
ein Organ gegenüberstellt, welches die Arbeitnehmerinteressen wahrnimmt,
etwa den Betriebsrat.

Mitbestimmungs- und Mitwirkungsrechte der Arbeitnehmer in einem Be- 2
trieb sind unterschiedlich geregelt. In privatrechtlichen Organisationsfor-
men gilt das Betriebsverfassungsrecht (vgl. unten Rz. 78 ff.), wohingegen bei
öffentlich-rechtlichen Krankenhäusern das Personalvertretungsrecht die
Mitbestimmung regelt (vgl. unten Rz. 3 ff.). In den Einrichtungen der Evangelischen und Katholischen Kirche gelten wiederum andere Regelungen (vgl.
Rz. 314 ff.). Für die evangelischen Krankenhausträger findet u. a. das Kirchengesetz über die Mitarbeitervertretung in der Evangelischen Kirche in
Deutschland (Mitarbeitervertretungsgesetz der EKD – MVG.EKD) Anwendung (vgl. im Einzelnen Rz. 521 ff.). Das entsprechende Regelungswerk der
katholischen Einrichtungen ist die „Rahmenordnung für eine Mitarbeitervertretungsordnung" (MAVO) (vgl. unten Rz. 319 ff.).

II. Staatlicher Krankenhausträger

1. Geltungsbereich des Bundespersonalvertretungsgesetzes und der Landespersonalvertretungsgesetze

Während das Betriebsverfassungsgesetz in Betrieben mit privatrechtlicher 3
Organisationsform Anwendung findet, gilt bei öffentlich-rechtlichen Orga-
nisationsformen das Personalvertretungsrecht, entweder das Bundespersonalvertretungsgesetz (BPersVG) oder das betreffende Landespersonalvertretungsgesetz (LPersVG). Das Personalvertretungsrecht ist somit einschlägig,
sobald **juristische Personen des öffentlichen Rechts** (Bund, Bundesländer,
kommunale Gebietskörperschaften, Körperschaften, Anstalten oder Stiftungen des öffentlichen Rechts) Träger des Krankenhauses sind; sein Anwendungsbereich erstreckt sich also etwa auf Landeskrankenanstalten, Universitätskliniken und auf von Städten und Landkreisen als Eigenbetriebe geführte
Krankenhäuser[2], sog. öffentlich-rechtliche Krankenhäuser.

---

1 *Alpmann/Brockhaus*, Fachlexikon Recht, 2. Aufl., S. 910.
2 *Brenner*, Arzt und Recht, 1983, E II, S. 327.

3a Betreibt eine juristische Person des öffentlichen Rechts ein Krankenhaus in einer privatrechtlichen Rechtsform, so finden die Vorschriften des Betriebsverfassungsgesetzes Anwendung. Für die Einschlägigkeit entweder des PersVG oder des BetrVG kommt es ausschließlich auf die Rechtsform der Einrichtung an, nicht aber auf ihre Funktion. Es obliegt der Organisationsfreiheit der öffentlichen Hand, für welche Rechtsform sie sich bei Einrichtungen entscheidet, die sowohl öffentlich-rechtlich als auch privatrechtlich betrieben werden können[1].

4 Das Organ der Beteiligung ist der **Personalrat**, der dem Betriebsrat in privatrechtlichen Betrieben entspricht[2]. Er wird in den jeweiligen Dienststellen errichtet, sofern dort in der Regel mindestens fünf Wahlberechtigte beschäftigt sind, von denen drei wählbar sind. Anders als bei den Betriebsräten ist die Errichtung von Personalräten allerdings Pflicht (§ 12 BPersVG).

5 Der **persönliche Geltungsbereich des BPersVG** ergibt sich aus § 4 BPersVG, der bestimmt, wer unter den Begriff des **Beschäftigten im öffentlichen Dienst** im Sinne des BPersVG fällt. Dies sind soweit hier interessierend Beamte und Arbeitnehmer einschließlich der zu ihrer Berufsausbildung Beschäftigten (vgl. § 4 BPersVG)[3]. Der Gesetzgeber hat den Begriff „Beschäftigte" somit als Oberbegriff für die einzelnen, in den Dienststellen tätigen Gruppen gewählt[4], wobei jedoch zu beachten ist, dass in den Landespersonalvertretungsgesetzen zum Teil andere Oberbegriffe zu finden sind. § 4 BPersVG lässt sich zudem entnehmen, wer Beamter (§ 4 Abs. 2 BPersVG) und Arbeitnehmer (§ 4 Abs. 3 BPersVG) im Sinne dieses Gesetzes ist. Wer Beamter ist, das bestimmt sich nämlich nach den Beamtengesetzen. Arbeitnehmer sind Beschäftigte, die nach dem für die Dienststelle maßgebenden Tarifvertrag oder nach der Dienstordnung Arbeitnehmer sind oder als übertarifliche Arbeitnehmer beschäftigt werden. Als Arbeitnehmer gelten auch Beschäftigte, die sich in einer beruflichen Ausbildung befinden.

6 Gemäß § 4 Abs. 5 Nr. 1 BPersVG gelten solche Personen nicht als Beschäftigte, deren Beschäftigung überwiegend durch karitative oder religiöse Motive motiviert ist. Das Personalvertretungsrecht findet somit keine Anwendung auf Religionsgemeinschaften und ihre Einrichtungen. Den kirchlichen Krankenhausträgern obliegt daher die selbständige Ordnung eines Personalvertretungsrechts. Nach Rechtsprechung des BAG[5] und des BVerwG[6] gehören hierhin auch **Rote-Kreuz-Schwestern**, die somit vom persönlichen Geltungsbereich des BPersVG ausgenommen sind, und zwar unabhängig davon, ob sie in einem DRK-Krankenhaus oder in einem anderen Krankenhaus beschäftigt sind. Hintergrund dieser Rechtsprechung ist die Auffassung, dass

---

1 BVerwG v. 9.12.1980 – 6 P23/79, PersV 1981, 506–509; *Altvater/Peiseler*, BPersVG, § 1 Rz. 15.
2 *Edenfeld*, § 11 I, Rz. 314.
3 *Edenfeld*, § 11 I, Rz. 314; *Müller*, Arbeitsrecht im öffentlichen Dienst, Rz. 196.
4 *Ilbertz/Widmaier*, BPersVG, § 4 Rz. 2; *Altvater/Peiseler*, BPersVG, § 4 Rz. 2.
5 Vgl. nur BAG v. 6.7.1995 – 5 AZB 9/93, AP Nr. 22 zu § 5 ArbGG 1979.
6 Vgl. nur BVerwG v. 29.4.1966 – VII P 16.64-, PersV 66, 131.

die umfassende Mitgliedschaft in einem Schwesternverband die Begründung eines Arbeitsverhältnisses ausschließt.

Entscheidendes Kriterium für die **Beschäftigteneigenschaft** ist die Unselb- 7
ständigkeit der Tätigkeit bzw. die Weisungsabhängigkeit[1]. Für die Beantwortung der Frage, ob eine Person eine selbständige oder unselbständige Tätigkeit in einer Dienststelle ausübt, kommt es nicht auf den Wortlaut des Dienstvertrages, sondern auf die tatsächlichen Umstände an[2].

2. Organe der Personalvertretung

a) Personalvertretung

Nach § 12 Abs. 1 BPersVG sind Personalvertretungen in allen Dienststellen 8
zu bilden, in denen in der Regel fünf Wahlberechtigte beschäftigt sind, von denen wiederum drei wählbar sein müssen. Die nicht planmäßig und nicht ständig tätigen Personen werden nicht zu den in der Regel Beschäftigten gezählt. Ihre Zugehörigkeit ist nur vorübergehender Art[3].

Wahlberechtigt sind Beschäftigte, die am Wahltag das 18. Lebensjahr bereits 9
vollendet haben, es sei denn, dass sie infolge Richterspruchs das Recht, in öffentlichen Angelegenheiten zu wählen oder zu stimmen, nicht besitzen (§ 13 Abs. 1 Satz 1 BPersVG). **Wählbar** sind alle wahlberechtigten Beschäftigten, die sechs Monate dem Geschäftsbereich ihrer obersten Dienstbehörde angehören und darüber hinaus seit einem Jahr in öffentlichen Verwaltungen oder von diesen geführten Betrieben beschäftigt sind (§ 14 Abs. 1 Satz 1 BPersVG)[4].

Hinsichtlich Wahl, Zusammensetzung und Geschäftsführung lassen sich 10
bei der Organisation des Betriebs- und des Personalrats Parallelen feststellen[5]. Eine Besonderheit des Personalvertretungsrechts stellt allerdings das **sog. Gruppenprinzip** dar, das die Beschäftigten in Arbeitnehmer und Beamte einteilt (§§ 5, 17, 19 BPersVG)[6]. Jede dieser Gruppen muss gem. § 32 Abs. 1 Satz 2 BPersVG im Personalrat durch mindestens ein Mitglied vertreten sein; ebenso finden sie bei der Beschlussfassung im Personalrat besondere Berücksichtigung.

b) Personalversammlung

Die Personalversammlung (§§ 48–52 BPersVG) hat als Organ der Personal- 11
vertretung die Aufgabe, im Sinne innerbetrieblicher Demokratie für Information und freie Meinungsäußerung zu sorgen. Allerdings hat sie keine rechtliche Möglichkeit, den Personalrat zu einem bestimmten Vorgehen

---

1 *Ilbertz/Widmaier*, BPersVG, § 4 Rz. 4.
2 *Ilbertz/Widmaier*, BPersVG, § 4 Rz. 4; *Mehlinger*, § 3, S. 10.
3 *Ilbertz/Widmaier*, BPersVG, § 12 Rz. 6.
4 *Müller*, Arbeitsrecht im öffentlichen Dienst, Rz. 217.
5 *Edenfeld*, Rz. 317.
6 *Edenfeld*, Rz. 317; *Mehlinger*, § 3, S. 18.

oder Beschluss zu zwingen. Es ist ihr nicht möglich, einzelne Mitglieder oder gar den gesamten Personalrat durch Misstrauensvotum zum Rücktritt zu veranlassen[1].

12   Das Gesetz differenziert zwischen verschiedenen Arten von Personalver-sammlungen: Die Vollversammlung im Gegensatz zur Teilversammlung so-wie die ordentliche Versammlung in Abgrenzung zur außerordentlichen. Die Regel stellt die **ordentliche Personalversammlung** dar, die als **Vollversamm-lung**, an der alle Beschäftigten teilnehmen, während der Arbeitszeit stattfin-det. Eine solche ordentliche Personalversammlung hat der Personalrat gem. § 49 Abs. 1 BPersVG zwingend einmal in jedem Kalenderhalbjahr durch-zuführen, wobei ein vollständiger Tätigkeitsbericht über die Arbeit des Per-sonalrats vorzulegen ist. Sollten die dienstlichen Verhältnisse eine gemein-same Versammlung aller Beschäftigten jedoch nicht zulassen, so können ausnahmsweise **Teilversammlungen** stattfinden (§ 48 Abs. 2 BPersVG). Die-se können z. B. dann erforderlich sein, wenn Teile der Dienststelle geogra-phisch zu weit voneinander entfernt sind oder wenn eine Unterbrechung der Arbeit in der gesamten Dienststelle nicht mit öffentlichen Interessen zu ver-einbaren ist[2]. **Im öffentlich-rechtlichen Krankenhaus** werden lediglich Teil-versammlungen in Betracht kommen, da die ordnungsgemäße Krankenhaus-versorgung eine Vollversammlung ausschließt.

13   § 49 Abs. 2 BPersVG sieht die Möglichkeit einer **außerordentlichen Personal-versammlung** vor, die aus aktuellem Anlass vom Personalrat einberufen werden kann. Ein aktueller Anlass liegt hierbei vor, wenn eine unverzügli-che Versammlung dringend geboten scheint, weil besondere Angelegenhei-ten mit den Beschäftigten schnellstmöglich erörtert werden müssen. Eine nächste ordentliche Versammlung kann in solchen Fällen nicht abgewartet werden[3]. Auf Wunsch des Leiters der Dienststelle oder eines Viertels der wahlberechtigten Beschäftigten ist der Personalrat sogar verpflichtet, eine derartige außerordentliche Versammlung einzuberufen.

c) Interessenvertretung besonderer Mitarbeitergruppen

14   Ein weiteres besonderes Vertretungsorgan des Personalvertretungsrechts ist die **Jugend- und Auszubildendenvertretung** (§§ 57–64 BPersVG). Sie befasst sich mit der Interessenvertretung der Beschäftigten, die das 18. Lebensjahr noch nicht vollendet haben, und der Beschäftigten, die sich in einer berufli-chen Ausbildung befinden und das 25. Lebensjahr noch nicht vollendet haben[4]. Allerdings ist diese Vertretung kein selbständiges Organ, sondern vielmehr eine zusätzliche Repräsentation der entsprechenden Beschäftigten-gruppe, die dafür Sorge zu tragen hat, dass die besonderen Interessen der ju-gendlichen Beschäftigten und Auszubildenden in die Personalvertretung ein-gebracht und berücksichtigt werden.

---

1 *Altvater/Peiseler*, BPersVG, vor § 48 Rz. 1.
2 *Altvater/Peiseler*, BPersVG, § 48 Rz. 5; *Ilbertz/Widmaier*, BPersVG, § 48 Rz. 18.
3 *Altvater/Peiseler*, BPersVG, § 49 Rz. 2; *Reich*, BPersVG, § 49 Rz. 2.
4 *Müller*, Arbeitsrecht im öffentlichen Dienst, Rz. 290.

Schließlich existiert noch eine weitere besondere **Vertretung**, nämlich die   15
der Schwerbehinderten (§§ 94 ff. SGB IX). Ihre Aufgabe ist es, die Eingliederung der Schwerbehinderten in den Betrieb bzw. die Dienststelle voran-
zutreiben, die Interessen der Schwerbehinderten zu vertreten und ihnen
auch beratend zur Seite zu stehen (§ 95 Abs. 1 SGB IX). Auch diese Vertretung ist nicht selbständig, sondern arbeitet eng mit der Personalvertretung
als zusätzliche Vertretung zusammen[1]. Die Wahl der Schwerbehindertenvertretung setzt allerdings, anders als dies bei der Vertretung der Jugend und
Auszubildenden der Fall ist, nicht voraus, dass in der Dienststelle eine Personalvertretung gebildet ist.

3. Überblick über die Beteiligungsrechte

a) Informationsrechte

Das Informationsrecht des Personalrats ist in § 68 Abs. 2 BPersVG und in   16
den einzelnen Landespersonalvertretungsgesetzen geregelt; es stellt die
schwächste Form der Beteiligung dar. Die Erforderlichkeit eines solchen
Rechts auf Information ergibt sich zwingend aus der Aufgabe der Personalvertretung, die Interessen der Beschäftigten wahrzunehmen. Nur ausreichende Information kann eine effektive Zusammenarbeit mit der Dienststelle gewährleisten[2].

Der **Umfang**, in welchem der Personalrat zu unterrichten ist, ist im Einzel-   17
fall abhängig von dem Zweck der jeweiligen Information. Grundsätzlich ist
die Wahrnehmung des Rechts auf Information aufgabenbezogen, d.h., ausschließlich hinsichtlich der ihr zugewiesenen Aufgaben tritt die Personalvertretung als gleichberechtigter Partner gegenüber der Dienststelle auf und
insoweit dürfen ihr diesbezügliche Informationen auch nicht vorenthalten
werden. Der Personalrat ist laut BPersVG **umfassend** zu informieren (§ 68
Abs. 2 Satz 1 BPersVG), d.h., ihm stehen sämtliche Informationen zu, über
die auch der Dienststellenleiter verfügt[3]. Zudem stellen das BPersVG und
auch einige Landespersonalvertretungsgesetze auf den Aspekt der Erforderlichkeit der Unterlagen ab, wobei hierunter nicht zu verstehen ist, dass ein
gewisses Ermessen des Dienststellenleiters besteht. Vielmehr ist gemeint,
dass alle Unterlagen zur Verfügung gestellt werden müssen, die auch die Leitung der Dienststelle zu ihrer Entscheidung heranziehen konnte[4].

Was den **Zeitpunkt der Unterrichtung** angeht, so finden sich in den einzel-   18
nen Personalvertretungsgesetzen ebenso unterschiedliche Formulierungen.
Überwiegend – und so auch im BPersVG – wird gefordert, dass der Personalrat **rechtzeitig** zu informieren ist. Dies setzt zumindest voraus, dass auf die
Maßnahme überhaupt noch wirksam und effektiv Einfluss genommen werden kann[5]. Darüber hinaus wird man aus dem Grundsatz der vertrauensvol-

---

1 *Müller*, Arbeitsrecht im öffentlichen Dienst, Rz. 292.
2 *Mehlinger*, § 5 VI, S. 56, 57.
3 *Altvater/Peiseler*, BPersVG, § 68 Rz. 22.
4 *Mehlinger*, § 5 VI, S. 58.
5 *Altvater/Peiseler*, BPersVG, § 68 Rz. 26.

len Zusammenarbeit herleiten können, dass die Personalvertretung zum frühestmöglichen Zeitpunkt zu benachrichtigen ist[1]. Die Vorlage der Informationen hat generell unaufgefordert zu erfolgen, der Personalrat kann durch ausdrückliches Verlangen das Bedürfnis nach Information jedoch auch deutlich machen[2]. Gemäß § 68 Abs. 2 Satz 3 BPersVG dürfen indes Personalakten eines Beschäftigten nur mit dessen Zustimmung vom Personalrat eingesehen werden und dienstliche Beurteilungen sind nach Satz 4 auf Verlangen des Beschäftigten der Personalvertretung bekannt zu machen.

b) Anhörungs- und Beratungsrechte

19 In bestimmten Fällen hat der Personalrat ein über die bloße Information hinausgehendes Anhörungs- und Beratungsrecht. Die Verletzung der Anhörungsrechte führt nicht dazu, dass die ohne Anhörung durchgeführte Maßnahme unwirksam oder anfechtbar ist. Eine Ausnahme gilt für **Kündigungen**. Eine ohne Anhörung des Personalrats erfolgte Kündigung ist unwirksam[3]. Die zuständige Personalvertretung ist also vor jeder Kündigung anzuhören[4] (vgl. für die außerordentliche Kündigung § 79 Abs. 3 BPersVG), d.h., sie hat Gelegenheit zur Stellungnahme, nachdem der Dienststellenleiter die betroffene Person, die Art der Kündigung, den Kündigungstermin und die Kündigungsgründe dem Personalrat mitgeteilt hat[5]. Hat der Personalrat dann Bedenken gegen die Kündigung, so hat er diese unter Angabe von Gründen dem Dienststellenleiter schriftlich mitzuteilen (bei der außerordentlichen Kündigung binnen drei Arbeitstagen, § 79 Abs. 3 BPersVG). Der Arbeitgeber soll sich mit den Einwänden des Personalrats auseinandersetzen und die Kündigung dahingehend nochmals überdenken. Ansonsten haben die Bedenken allerdings keinen Einfluss auf die Wirksamkeit der Kündigung[6]. Wird die Anhörung selbst jedoch gar nicht oder nicht ordnungsgemäß durchgeführt, so ist die Kündigung unwirksam (§ 79 Abs. 4 BPersVG).

20 Weitere Fälle, in denen die Personalvertretung anzuhören ist, sind in § 78 Abs. 3 bis 5 BPersVG geregelt. Demnach ist der Personalrat vor der **Weiterleitung von Personalanforderungen zum Haushaltsvorschlag** sowie bei der Personalplanung anzuhören. Die Stellungnahme ist hierbei der übergeordneten Dienststelle vorzulegen. Gleiches gilt für **Neu-, Um- und Erweiterungsbauten von Diensträumen** (§ 78 Abs. 4 BPersVG). Schließlich ergibt sich ein Anhörungsrecht auch **vor grundlegenden Änderungen von Arbeitsverfahren und Arbeitsabläufen** (§ 78 Abs. 5 BPersVG)[7].

---

1 *Mehlinger*, § 5 VI, S. 58.
2 *Reich*, BPersVG, § 68 Rz. 11.
3 Vgl. MünchArbR/*Germelmann*, § 142, Rz. 1.
4 MünchArbR/*Germelmann*, § 125, Rz. 1.
5 *Müller*, Arbeitsrecht im öffentlichen Dienst, Rz. 283; *Altvater/Peiseler*, BPersVG, § 79 Rz. 11.
6 *Müller*, Arbeitsrecht im öffentlichen Dienst, Rz. 283.
7 *Müller*, Arbeitsrecht im öffentlichen Dienst, Rz. 285.

c) Mitwirkungsrechte

Steht der Personalvertretung ein Mitwirkungsrecht (§§ 72, 78, 79 BPersVG)   21
zu, hat sie noch nicht das Recht der Mitentscheidung[1]. Der Dienststellenleiter muss sich zwar mit der Personalvertretung beraten und ihre Argumente
zur Kenntnis nehmen. Letztlich wird die Entscheidung jedoch vom Dienststellenleiter getroffen oder, wenn die übergeordnete Dienststelle angerufen
worden und der Instanzenzug durchlaufen ist, von der obersten Dienstbehörde. Allerdings soll auch sichergestellt werden, dass die Personalvertretung
nicht nur formal angehört wird, sondern dass ihre Ansichten auch tatsächlich in die Entscheidungen miteinbezogen werden[2]. Die **Fälle der Mitwirkungsrechte** sind ausdrücklich in § 78 BPersVG, der durch § 79 BPersVG
ergänzt wird, genannt[3]. Demnach wirkt der Personalrat z.B. mit bei der Vorbereitung von Verwaltungsanordnungen, Auflösung, Verlegung oder Zusammenlegung von Dienststellen (§ 78 Abs. 1 BPersVG) oder auch bei der ordentlichen Kündigung durch den Arbeitgeber (§ 79 Abs. 1 Satz 1 BPersVG)[4].

Das **Verfahren der Mitwirkung** ist in § 72 BPersVG geregelt. Dabei wird zu-   22
nächst eine Maßnahme auf örtlicher Ebene erörtert, wobei diese als gebilligt
gilt, wenn der Personalrat entweder zustimmt oder sich nicht innerhalb
einer Frist von zehn Arbeitstagen äußert (§ 72 Abs. 2 Satz 1 BPersVG)[5].
Kommt es hierbei nicht zu einer Einigung zwischen Dienststellenleitung
und Personalrat, kann der Personalrat die Angelegenheit der nächsthöheren
Dienststelle vorlegen (§ 72 Abs. 4 Satz 1 BPersVG)[6]. Im Gegensatz zur Vorgehensweise beim Mitbestimmungsverfahren entscheidet jedoch nicht die
Einigungsstelle[7]. Kommt es auf oberster Ebene nicht zu einer Einigung, entscheidet ausschließlich und endgültig die oberste Dienstbehörde (§ 72 Abs. 4
Satz 2 BPersVG).

d) Mitbestimmungsrechte

Mehr Mitsprache wird der Personalvertretung im Rahmen der Mitbestim-   23
mung (§§ 69, 70, 75, 76, 77 BPersVG) eingeräumt, d.h. hier kann eine Maßnahme nur mit Zustimmung des Personalrats vorgenommen werden. Dabei
unterscheidet man **drei Arten** von Mitbestimmungsrechten: Die gleichberechtigte Mitbestimmung, die beschränkte Mitbestimmung und die Mitbestimmung in Personalangelegenheiten der Beamten.

Im Rahmen der **gleichberechtigten** oder **vollen Mitbestimmung** kann der   24
Personalrat nach freiem, eigenem Ermessen über die Verweigerung der Zustimmung entscheiden[8]. Dies erfolgt in den Fällen des § 75 BPersVG, also in

---

1 *Müller*, Arbeitsrecht im öffentlichen Dienst, Rz. 256.
2 *Ilbertz/Widmaier*, BPersVG, § 78 Rz. 2.
3 *Altvater/Peiseler*, BPersVG, § 78 Rz. 1.
4 *Brenner*, Arzt und Recht, 1983, E II, S. 331.
5 *Edenfeld*, § 11 II, Rz. 325.
6 *Altvater/Peiseler*, BPersVG, § 72 Rz. 14.
7 *Edenfeld*, § 11 II, Rz. 325.
8 *Michalski*, Arbeitsrecht, Rz. 1182.

personalen und sozialen Angelegenheiten. Hierunter fällt etwa die Mitbestimmung bei Einstellungen, Versetzungen zu einer anderen Dienststelle oder der Übertragung einer höher oder niedriger zu bewertenden Tätigkeit[1]. Ein Beteiligungsrecht der Personalvertretung nach § 75 Abs. 1 Nr. 2 BPersVG bei Überleitung und Eingruppierung der Beschäftigten in den TVöD besteht nicht, da dem Arbeitgeber insofern keinerlei Beurteilungsspielraum zusteht[2]. Bei zukünftigen Eingruppierungen und Umgruppierungen in den TVöD greift der Mitbestimmungstatbestand des § 75 Abs. 3 BPersVG ein[3]. Fehlt eine gesetzliche oder tarifliche Regelung, hat der Personalrat ferner mitzubestimmen bei Angelegenheiten wie Beginn und Ende der Arbeitszeit, einschließlich der Pausen, Lohngestaltung innerhalb der Dienststelle oder bei Maßnahmen zur Vermeidung von Dienst- und Arbeitsunfällen (§ 75 Abs. 3 BPersVG). Ein Mitbestimmungsrecht nach § 75 Abs. 4 BPersVG besteht hinsichtlich der Grundsätze für die Aufstellung der Dienstpläne, wenn für Gruppen von Beschäftigten **Rufbereitschaft** außerhalb der regelmäßigen Arbeitszeit eingerichtet wird[4].

25 Dem gegenüber stehen die Fälle der **beschränkten Mitbestimmung**, bei denen der Personalrat seine Zustimmung nur aus bestimmten, im Gesetz ausdrücklich genannten Gründen verweigern darf (§§ 77 Abs. 2, 79 Abs. 1 BPersVG). Man spricht insoweit vom **sog. Versagungskatalog**[5]. Andere Gründe, die nicht dort genannt werden, rechtfertigen somit auch nicht die Zustimmungsverweigerung.

26 Gemäß § 79 Abs. 1 BPersVG wirkt der Personalrat bei der **ordentlichen Kündigung durch den Arbeitgeber** mit. Er kann gegen eine Kündigung Einwendungen erheben, wenn er etwa der Ansicht ist, dass bei der Auswahl des zu kündigenden Arbeitnehmers soziale Gesichtspunkte nicht ordnungsgemäß berücksichtigt worden sind (§ 79 Abs. 1 Satz 3 Nr. 1), oder wenn eine Auswahlrichtlinie nach § 76 Abs. 2 Nr. 8 BPersVG besteht und diese nicht beachtet worden ist (§ 79 Abs. 1 Satz 3 Nr. 2 BPersVG)[6]. Eine weitere Einwendungsbegründung kann sich daraus ergeben, dass der zu kündigende Arbeitnehmer an einem anderen Arbeitsplatz in derselben Dienststelle oder in einer anderen Dienststelle desselben Verwaltungszweiges an demselben Dienstort einschließlich seines Einzugsgebietes weiterbeschäftigt werden kann (§ 79 Abs. 1 Satz 3 Nr. 3) oder die Weiterbeschäftigung des Arbeitnehmers nach zumutbaren Umschulungs- oder Fortbildungsmaßnahmen oder unter geänderten Vertragsbedingungen, mit denen sich der Arbeitnehmer einverstanden erklärt hat, ermöglicht werden kann (§ 79 Abs. 1 Satz 3 Nr. 4 und Nr. 5)[7]. Diese Vorschrift ist vergleichbar mit § 102 BetrVG, denn verweigert der Personalrat aus einem der möglichen Gründe seine Zustimmung, so

---

1 Ausführlich hierzu s. etwa *Schneider*, UBWV 2005, S. 176 (178 f.).
2 Str., vgl. *Kallenberg*, ZfPR 2007, 20 f.
3 *Kallenberg*, ZfPR 2007, 20, 22.
4 BAG v. 23.1.2001 – 1 ABR 36/00, NZA 2001, 741–743.
5 *Müller*, Arbeitsrecht im öffentlichen Dienst, Rz. 260.
6 *Altvater/Peiseler*, BPersVG, § 79 Rz. 23.
7 *Reich*, BPersVG, § 79 Rz. 7 und 8.

kann der Dienstherr trotzdem wirksam kündigen[1]. Nur bei nicht oder nicht
ordnungsgemäßer Beteiligung des Personalrats ist die ordentliche Kündigung
– ebenso wie die außerordentliche Kündigung – unwirksam (§ 79 Abs. 4
BPersVG)[2].

In den **Fällen des § 75 Abs.** 1 BPersVG finden sich die entsprechenden Ver-   27
sagensgründe in § 77 Abs. 2 BPersVG. Der Personalrat kann in einem Fall
des § 75 Abs. 1 BPersVG seine Zustimmung dann verweigern, wenn die
Maßnahme gegen ein Gesetz, eine Verordnung, eine Bestimmung im Tarifvertrag, eine gerichtliche Entscheidung, den Frauenförderplan oder eine Ver-
waltungsanordnung oder gegen eine Richtlinie i. S. d. § 76 Abs. 2 Nr. 8
BPersVG verstößt (§ 77 Abs. 2 Nr. 1 BPersVG). Es findet hier inhaltlich also
eine Art Rechtsaufsicht statt[3]. Weiterhin kann die Zustimmung gem. § 77
Abs. 2 Nr. 2 BPersVG verweigert werden, wenn die begründete Besorgnis
gegeben ist, dass durch die Maßnahme der betroffene Beschäftigte benachteiligt wird, ohne dass dies aus dienstlichen oder persönlichen Gründen gerechtfertigt ist. Zudem braucht der Personalrat auch dann nicht zuzustimmen, wenn der Beschäftigte den Frieden in der Dienststelle stört (§ 77 Abs. 2
Nr. 3 BPersVG)[4].

Ob ein solcher Grund nach § 77 Abs. 2 BPersVG im konkreten Einzelfall   28
vorliegt, entscheidet letztlich im Streitfalle die Einigungsstelle gem. § 69
Abs. 4 BPersVG.

Schließlich besteht eine **beschränkte Mitbestimmung in Personalangelegen-**   29
heiten der Beamten gem. § 76 BPersVG. Auch hier ist die Ablehnung der Zustimmung nur aus den Gründen des § 77 Abs. 2 BPersVG möglich. Bei der
Frage, ob der Grund auch gegeben ist, gibt die Einigungsstelle hier allerdings
nur eine Empfehlung ab (§ 69 Abs. 4 Satz 3 BPersVG), die endgültige Entscheidung trifft der Dienstherr, d. h. die oberste Dienstbehörde bzw. das
oberste Organ der Anstalt, Körperschaft oder Stiftung[5].

Das **Verfahren der Mitbestimmung** ist in § 69 BPersVG geregelt. Gemäß § 69   30
Abs. 2 Satz 1 BPersVG unterrichtet der Dienststellenleiter zunächst den Personalrat von der Maßnahme und beantragt Zustimmung[6]. Gemäß § 70
BPersVG ist jedoch in den Angelegenheiten, die der Mitbestimmung unterliegen auch ein **Initiativantrag der Personalvertretung** möglich. Der Personalrat ist somit nicht auf bloße Reaktion beschränkt. Anschließend werden
die einzelnen Gesichtspunkte gemeinsam erörtert, um so eine möglichst
weit reichende Verständigung zu erzielen[7].

---

1 *Michalski*, Arbeitsrecht, Rz. 1183.
2 *Altvater/Peiseler*, BPersVG, § 79, Rz. 43; *Müller*, Arbeitsrecht im öffentlichen Dienst,
  Rz. 284.
3 *Reich*, BPersVG, § 77 Rz. 4.
4 *Reich*, BPersVG, § 77 Rz. 6.
5 *Altvater/Peiseler*, BPersVG, § 69 Rz. 39; *Michalski*, Arbeitsrecht, Rz. 1184.
6 *Edenfeld*, Rz. 324; *Altvater/Peiseler*, BPersVG, § 69 Rz. 12.
7 *Edenfeld*, Rz. 324.

31 Die Zustimmung ist innerhalb von **zehn Arbeitstagen** zu erteilen, wobei diese Frist in dringenden Fällen auf drei Arbeitstage gekürzt werden kann. Äußert sich der Personalrat innerhalb dieser Frist nicht, gilt die Maßnahme als gebilligt (§ 69 Abs. 2 Satz 5 BPersVG). Die Verweigerung der Zustimmung hingegen hat dem Dienststellenleiter schriftlich unter Angabe von Gründen zuzugehen[1].

32 Werden sich Dienststellenleitung und Personalrat nicht einig, d. h., **verweigert der Personalrat seine Zustimmung**, können gem. § 69 Abs. 3 Satz 1 BPersVG beide Seiten die Angelegenheit binnen sechs Arbeitstagen der nächsthöheren Dienststelle vorlegen[2]. Kann auch zwischen Stufenvertretung und übergeordneter Dienststelle keine Einigung erreicht werden, können Bezirkspersonalrat und die übergeordnete Dienststelle die oberste Dienstbehörde anrufen. Erzielt diese in Zusammenarbeit mit dem Hauptpersonalrat auch keine Zustimmung, dann ist die endgültige Entscheidung Aufgabe der Einigungsstelle[3].

33 Gemäß § 69 Abs. 1 BPersVG kann eine Maßnahme, die der Mitbestimmung des Personalrats bedarf, auch nur mit dessen Zustimmung erfolgen. Welche **Rechtsfolgen** jedoch an eine **Verletzung des Mitbestimmungsrechts** geknüpft werden, legt das Gesetz nicht fest. Nach h.M. ist eine solche mitbestimmungswidrige Maßnahme grundsätzlich unwirksam, es sei denn, es handelt sich um einen Verwaltungsakt oder eine andere Form hoheitlichen Handelns[4], denn hier besteht ein besonderer Bestandsschutz. Grundsätzlich ist ein Verwaltungsakt nämlich selbst dann wirksam, wenn er rechtswidrig zustande gekommen ist. Nichtig ist er nur in Ausnahmefällen, d. h. bei besonders schwerwiegenden und offenkundigen Fehlern. Dies dürfte im Rahmen der Mitbestimmung jedoch generell nicht zu bejahen sein. Der rechtswidrige VA ist dagegen zwar wirksam, aber anfechtbar.

34 In jedem Fall aber ist der Dienststellenleiter verpflichtet, eine gesetzeswidrig vollzogene Maßnahme **rückgängig** zu machen, sofern das tatsächlich und rechtlich möglich ist. Gegebenenfalls ist das Mitwirkungsverfahren nachzuholen[5].

35 Aber auch bei einer privatrechtlichen Maßnahme tritt nicht zwingend immer die Unwirksamkeit als Folge des Mangels bei der Mitbestimmung ein. Es sind auch immer die Interessen der Betroffenen zu berücksichtigen. So ist z.B. ein Arbeitsvertrag, der ohne die Zustimmung des Personalrats zustande gekommen ist, nicht unwirksam, da sonst der Arbeitnehmer unangemessen beeinträchtigt werden würde. Der Arbeitnehmer darf ohne Zustimmung des Personalrats zwar nicht beschäftigt werden. Er erhält aber dennoch das Ar-

---

1 *Altvater/Peiseler*, BPersVG, § 69, Rz. 20; *Schulte*, ArbRB 2006, 48 (49).
2 *Edenfeld*, Rz. 324.
3 *Reich*, BPersVG, § 69 Rz. 15.
4 *Altvater/Peiseler*, BPersVG, § 69 Rz. 48.
5 *Reich*, BPersVG, § 69 Rz. 1.

beitsentgelt[1]. Anders beurteilt die Rechtsprechung die Auswirkungen fehlerhafter Mitbestimmung jedoch z.B. in Fällen von Höher- oder Rückgruppierung. Hier ist die Zustimmung Wirksamkeitsvoraussetzung.

4. Grundlage der Zusammenarbeit zwischen Dienststelle und Personalrat

a) Grundsatz der vertrauensvollen Zusammenarbeit

§ 2 Abs. 1 BPcrsVG beinhaltet eine Generalklausel, die die Zusammenarbeit zwischen Personalrat und Dienststelle grundlegend regelt. Danach arbeiten Dienststelle und Personalvertretung unter Beachtung der Gesetze und Tarifverträge vertrauensvoll und im Zusammenwirken mit den in der Dienststelle vertretenen Gewerkschaften und Arbeitgebervereinigungen zum Wohle der Beschäftigten und zur Erfüllung der der Dienststelle obliegenden Aufgaben zusammen. Man spricht insoweit vom **Grundsatz der vertrauensvollen Zusammenarbeit**. Hier zeigt sich, dass das Verhältnis zwischen Dienststelle und Personalvertretung von umfangreicher Kooperation geprägt ist[2], wobei es sich dabei nicht um einen bloßen Programmsatz handelt. Die Generalklausel ist vielmehr verbindlich und gilt im gesamten Personalvertretungsrecht[3]. Die im Gesetz genannten Ziele der vertrauensvollen Zusammenarbeit, nämlich das Wohl der Dienststelle und ihrer Beschäftigten und die Erfüllung der der Dienststelle obliegenden Aufgaben, sind abschließend und stehen gleichrangig nebeneinander[4].

36

Konkretisiert wird der Grundsatz der vertrauensvollen Zusammenarbeit des § 2 Abs. 1 BPersVG durch die §§ 66–68 BPersVG. Gemäß § 66 Abs. 1 BPersVG soll **mindestens einmal im Monat** ein **Gespräch zwischen Dienststelle und Personalvertretung** stattfinden, was konkret zur Verwirklichung des Gebots der vertrauensvollen Zusammenarbeit beiträgt[5]. In diesen Gesprächen werden die für die Dienststelle und ihre Beschäftigten wichtigen Angelegenheiten besprochen und es findet ein Informations- und Meinungsaustausch statt[6]. Gemäß § 66 Abs. 1 Satz 3 BPersVG soll im Rahmen von strittigen Fragen aber auch ein ernsthafter Versuch der Einigung stattfinden. Darüber hinaus haben beide Seiten alles zu unterlassen, was geeignet ist, den **Betriebsfrieden** zu beeinträchtigen. Differenzen, die allein im Rahmen der bestehenden Beteiligungsrechte des Personalrats entstehen, sind jedoch noch nicht als Störung des Betriebsfriedens einzustufen[7].

37

---

1 BAG v. 2.7.1980 – 5 AZR 56/79, AP Nr. 5 zu § 101 BetrVG 1972. In der Lit. sind die Folgen einer ohne Beteiligung des Personalrats vorgenommenen Einstellung bzgl. des Arbeitsvertrags umstritten. Die Lösung des BAG berücksichtigt jedoch angemessen die Interessenlage, d.h. die Interessen der Beschäftigten an der ordnungsgemäßen Personalvertretung einerseits und die Interessen des Arbeitnehmers andererseits.
2 *Edenfeld*, Rz. 316.
3 *Reich*, BPersVG, § 2 Rz. 1; OVG NW, PersV 1971, S. 272; *Altvater/Peiseler*, BPersVG, § 2 Rz. 2.
4 *Reich*, BPersVG, § 2 Rz. 1.
5 *Reich*, BPersVG, § 66 Rz. 1.
6 *Mehlinger*, § 5 VI, S. 60.
7 *Altvater/Peiseler*, BPersVG, § 66 Rz. 11.

38   § 67 Abs. 1 Satz 1 BPersVG regelt die gegenseitige und gegenüber Außenstehenden bestehende **Überwachungs- und Kontrollfunktion**. Diese begründet die Verpflichtung beider Seiten, d. h. sowohl der Personalvertretung als auch des Dienststellenleiters, dafür zu sorgen, dass alle Beschäftigten der Dienststelle nach Recht und Billigkeit behandelt werden[1]. Dabei ist gerade das **Gebot der Gleichbehandlung**[2] zu beachten, d. h., eine unterschiedliche Behandlung von Personen wegen ihrer Abstammung, Religion, Nationalität, Herkunft, politischen oder gewerkschaftlichen Betätigung oder Einstellung oder wegen ihres Geschlechtes hat zu unterbleiben. Gleichzeitig werden Personalvertretung und Dienststelle zu **parteipolitischer Neutralität** verpflichtet (§ 67 Abs. 1 Satz 3 BPersVG)[3].

39   Die **allgemeinen Aufgaben** der Personalvertretung werden schließlich in § 68 Abs. 1 BPersVG enumerativ, aber nicht abschließend aufgezählt. So hat sie etwa Maßnahmen zu beantragen, die der Dienststelle und ihren Angehörigen dienen (Nr. 1) und darüber zu wachen, dass die zugunsten der Beschäftigten geltenden Gesetze, Verordnungen, Tarifverträge, Dienstvereinbarungen und Verwaltungsanordnungen durchgeführt werden (Nr. 2). Außerdem haben die Beschäftigten die Möglichkeit, dem Personalrat unabhängig vom üblichen Dienstweg Beschwerden und Anregungen vorzubringen (Nr. 3). Der Personalrat kann dann in berechtigten Fällen die Angelegenheiten an den Leiter der Dienststelle weiterleiten[4]. Zudem hat der Personalrat die Aufgabe, die Eingliederung und berufliche Entwicklung Schwerbehinderter und sonstiger schutzbedürftiger, insbesondere älterer Personen zu fördern (Nr. 4). Diesbezüglich hat er dann auch entsprechende Maßnahmen zu beantragen (Nr. 5). In gleicher Weise stellt die Eingliederung ausländischer Beschäftigter eine wichtige Aufgabe dar (Nr. 6), wobei darauf zu achten ist, dass der Gleichbehandlungsgrundsatz nicht verletzt wird. Dazu gehört z. B. auch, dass ausländische Beschäftigte in wichtigen Angelegenheiten vom öffentlichen Arbeitgeber in ihrer Landessprache benachrichtigt werden[5]. Schließlich hat der Personalrat auch mit der Jugend- und Auszubildendenvertretung zusammenzuarbeiten (Nr. 7).

b) Dienstvereinbarung

40   Die Dienstvereinbarung als eine mögliche **Rechtsquelle des öffentlichen Dienstes** weist grundsätzlich große Ähnlichkeit mit der Betriebsvereinbarung auf, allerdings ist sie anders als die Betriebsvereinbarung nur dann zulässig, wenn das Gesetz dies ausdrücklich bestimmt (§ 73 BPersVG)[6]. Sie

---

1 *Müller*, Arbeitsrecht im öffentlichen Dienst, Rz. 243; *Altvater/Peiseler*, BPersVG, § 67 Rz. 2.
2 Dies ergibt sich aus Art. 3 GG und dem arbeitsrechtlichen Gleichbehandlungsgrundsatz.
3 *Müller*, Arbeitsrecht im öffentlichen Dienst, Rz. 244.
4 *Altvater/Peiseler*, BPersVG, § 68 Rz. 15.
5 *Altvater/Peiseler*, BPersVG, § 68 Rz. 20.
6 *Michalski*, Arbeitsrecht, Rz. 1187.

ist ein **Vertrag zwischen Dienststelle und Personalrat**[1], allerdings mit der Besonderheit, dass die dortigen Regelungen unmittelbar und zwingend gelten. Diese **normative Wirkung** ist zwar nicht ausdrücklich im BPersVG geregelt, aber insoweit kann § 77 Abs. 4 BetrVG entsprechend herangezogen werden[2]. Die **Zulässigkeit einer Dienstvereinbarung** ergibt sich aus den Tatbeständen, die nach § 75 Abs. 3 und § 76 Abs. 2 BPersVG der Mitbestimmung unterliegen. Es handelt sich um Angelegenheiten mit kollektivrechtlichem Bezug, also um Dinge des gesamten Betriebes[3]. Durch Abschluss einer Dienstvereinbarung erübrigt sich die Beteiligung des Personalrats in einer Vielzahl von Einzelfällen mit gleichem Sachgegenstand, d.h. also, die Mitbestimmung wird hier zur Vereinfachung vorweggenommen und ist damit auch abgegolten[4].

Die Möglichkeit, Dienstvereinbarungen abzuschließen, steht weiterhin unter dem **Vorbehalt**, dass keine abschließenden gesetzlichen oder tarifvertraglichen Regelungen bestehen (§ 75 Abs. 3 Satz 1 und § 76 Abs. 2 Satz 1 BPersVG). Außerdem können Normen, die den Inhalt von Arbeitsverhältnissen ordnen, die üblicherweise durch Tarifvertrag geregelt werden, nicht Gegenstand einer Dienstvereinbarung sein, es sei denn, der Tarifvertrag lässt dies zu (tarifliche Öffnungsklausel)[5]. Sieht der Tarifvertrag dabei nicht ausdrücklich vor, dass schlechtere Bedingungen in der Dienstvereinbarung festgelegt werden können, so dürfen nur günstigere Regelungen durch die Dienstvereinbarung getroffen werden[6].   41

Die Dienstvereinbarungen werden durch Dienststelle und Personalrat gemeinsam beschlossen, d.h., es muss eine Einigung zwischen dem Leiter der Dienststelle und dem Personalrat zustande kommen[7]. Weiterhin ist die Vereinbarung auch nur dann wirksam, wenn sie **schriftlich** niedergelegt und von beiden Vertragspartnern **unterzeichnet** ist, es sei denn, sie beruht auf einem Spruch der Einigungsstelle. Anschließend ist sie **bekannt zu machen** (§ 73 Abs. 1 Satz 2 BPersVG).   42

Die Dienstvereinbarung kann von jeder Seite **gekündigt** werden. Ist eine Kündigungsfrist festgeschrieben worden, so ist eine außerordentliche Kündigung nur bei Vorliegen eines wichtigen Grundes möglich[8].   43

Nach Ablauf einer Dienstvereinbarung gelten die Regelungen des § 75 Abs. 3 Nr. 1–6 und 11–17 BPersVG so lange weiter, bis sie durch eine andere Regelung ersetzt werden[9]. Man spricht von **sog. Nachwirkung** der Dienstverein-   44

---

1 *Altvater/Peiseler*, BPersVG, § 73 Rz. 1.
2 *Müller*, Arbeitsrecht im öffentlichen Dienst, Rz. 248.
3 *Altvater/Peiseler*, BPersVG, § 75 Rz. 69.
4 *Edenfeld*, Rz. 329.
5 *Müller*, Arbeitsrecht im öffentlichen Dienst, Rz. 27.
6 *Altvater/Peiseler*, BPersVG, § 73 Rz. 3.
7 *Reich*, BPersVG, § 73 Rz. 2.
8 *Müller*, Arbeitsrecht im öffentlichen Dienst, Rz. 252.
9 *Altvater/Peiseler*, BPersVG, § 73 Rz. 19.

barung. Diese ist zwar im Gesetz nicht ausdrücklich vorgesehen, eine entsprechende Anwendung von § 77 Abs. 6 BetrVG ergibt sich jedoch aus Sinn und Zweck der Dienstvereinbarung.

c) Einigungsstelle

45   Kommt es zu Meinungsverschiedenheiten zwischen der Dienstbehörde und der Personalvertretung, so muss es eine unabhängige Stelle[1] geben, die dann eine Entscheidung herbeiführt. Dies leistet die **sog. Einigungsstelle** (§ 71 BPersVG), die bei der obersten Dienstbehörde gebildet wird, entweder als Dauereinrichtung oder im konkreten Bedarfsfall[2]. Die Einigungsstelle kann in allen Angelegenheiten, die der Mitbestimmung der Personalvertretung unterliegen, eingeschaltet werden, wenn sie von der zuständigen Personalvertretung oder der obersten Dienstbehörde angerufen wird[3].

46   Gemäß § 71 Abs. 1 Satz 2 besteht die Einigungsstelle aus **sieben Mitgliedern**: Aus je drei Beisitzern, die von der obersten Dienstbehörde und der zuständigen Personalvertretung bestellt werden, und einem unparteiischen Vorsitzenden, auf dessen Person sich beide Seiten einigen[4].

47   Die **Entscheidung der Einigungsstelle**, die durch schriftlichen Beschluss erfolgt, ist für die Beteiligten bindend. Sie ersetzt damit die Entschließung der Personalvertretung, die die gleiche Materie auch nur noch mit dem Ziel einer anderslautenden Dienstvereinbarung erneut aufgreifen darf[5]. Die Bindungswirkung für die beteiligten Dienststellen führt dazu, dass diese die Entscheidung zu vollziehen haben, als ob sie Anweisung von der obersten Dienstbehörde erhalten hätten[6]. Eine gerichtliche Überprüfung der Entscheidung ist jedoch nicht ausgeschlossen.

5. Rechtsstellung der Personalratsmitglieder

48   Die allgemeine Rechtsstellung der Personalratsmitglieder ist in wesentlichen Grundzügen in § 46 BPersVG geregelt. Diese Vorschrift dient dem Grundsatz, dass für die Mitglieder des Personalrats aus ihrer Tätigkeit generell weder Vor- noch Nachteile entstehen dürfen[7]. Dieser Grundsatz findet sich auch in § 8 BPersVG, der ein Benachteiligungs- und Begünstigungsverbot enthält[8].

---

1 *Edenfeld*, Rz. 326.
2 § 71 BPersVG lässt dies offen.
3 *Altvater/Peiseler*, BPersVG, § 71 Rz. 1.
4 *Reich*, BPersVG, § 71 Rz. 2; *Altvater/Peiseler*, BPersVG, § 71 Rz. 6.
5 *Reich*, BPersVG, § 71 Rz. 13.
6 *Reich*, BPersVG, § 71 Rz. 13.
7 *Altvater/Peiseler*, BPersVG, § 46 Rz. 1.
8 *Edenfeld*, Rz. 317.

a) Ehrenamtliche Tätigkeit

Die Mitglieder des Personalrats führen ihr Amt gem. § 46 Abs. 1 BPersVG   49
unentgeltlich als Ehrenamt. Nach Rechtsprechung des BVerwG[1] und des
BAG[2] stellt die Personalratstätigkeit eines Personalratsmitglieds, das sein
Amt unentgeltlich als Ehrenamt ausübt, keine/n in Erfüllung des Arbeitsvertrags geleistete/n Dienst bzw. Arbeit dar. Andernfalls wären sowohl die
Vorschrift des § 46 Abs. 2 Satz 1 BPersVG als auch die §§ 35 Satz 1 und 46
Abs. 3 BPersVG überflüssig. Diese gehen übereinstimmend davon aus, dass
die für die Personalratstätigkeit aufgewendete Zeit keine Arbeitszeit ist und
regeln die dadurch entstehenden Folgen hinsichtlich des Arbeitsverdienstes
und der erforderlichen Freistellung von der Arbeit. Das Verbot der Vergütung
der Tätigkeit des Personalrats richtet sich dabei nicht nur gegen den Dienstherrn und den Arbeitgeber, sondern auch gegen die Beschäftigten und die
Gewerkschaften[3].

b) Arbeitsbefreiung und Freizeitausgleich

Versäumnis von Arbeitszeit, die zur ordnungsgemäßen Durchführung der   50
Aufgaben des Personalrates erforderlich ist, hat gem. § 46 Abs. 2 Satz 1
BPersVG keine Minderung des Arbeitsentgeltes zur Folge. Hier zeigt sich
das bereits erwähnte **Benachteiligungsverbot des § 8 BPersVG**[4]. Werden die
Personalratsmitglieder durch die Erfüllung ihrer Aufgaben über die regel-
mäßige Arbeitszeit hinaus beansprucht, so ist ihnen gem. § 46 Abs. 2 Satz 2
BPersVG in entsprechendem Umfang Dienstbefreiung zu gewähren. Dieser
Anspruch auf Freizeitausgleich ist spätestens bis zum Ende der Amtszeit des
betreffenden Personalratsmitglieds geltend zu machen[5].

c) Freistellung

Nach § 46 Abs. 3 Satz 1 BPersVG sind Mitglieder des Personalrats auch **von**   51
ihrer dienstlichen Tätigkeit freizustellen, wenn und soweit es nach Umfang
und Art der Dienststelle zur ordnungsgemäßen Durchführung ihrer Aufgaben erforderlich ist. Hierbei handelt es sich jedoch nicht um Arbeitsbefreiung aus konkretem Anlass, sondern um eine generelle Freistellung von der
dienstlichen Tätigkeit[6]. Sie dient dazu, dass die außerhalb von Sitzungen der
Personalvertretung anfallenden Geschäfte ordnungsgemäß wahrgenommen
werden. Dadurch soll eine wirksame Erfüllung der dem Personalrat zustehenden Aufgaben und Befugnisse sichergestellt werden[7]. Bei diesem Arbeitsanfall handelt es sich um die **laufenden Geschäfte**, die sich auf die Vorberei-

---

1 BVerwG v. 7.10.1964 – VI C 70.62, BVerwGE 19, 279 = AP Nr. 4 zu § 42 PersVG =
  PersV 1965, 61.
2 BAG v. 7.2.1985 – 6 AZR 370/82, AP Nr. 48 zu § 37 BetrVG 1972 (zu dem inhaltlich
  entsprechenden § 37 Abs. 3 BetrVG).
3 *Altvater/Peiseler*, BPersVG, 4. Aufl., § 46 Rz. 9.
4 *Reich*, BPersVG, § 46 Rz. 2.
5 OVG Rheinland-Pfalz v. 24.1.1990 – 2 A 94/89, DÖD 1990, 222–223.
6 *Altvater/Peiseler*, BPersVG, § 46 Rz. 7.
7 BVerwG v. 26.10.1977 – VII P 23.76, PersV 1979, 112.

tung und Durchführung der vom Personalrat zu fassenden oder gefassten Beschlüsse beziehen[1]. Es geht somit um regelmäßig anfallende Tätigkeiten, die in gewissem Umfang vorhersehbar sind.

52   Die tatsächlich freizustellenden Personalratsmitglieder wählt der Personalrat grundsätzlich nach seinem Ermessen aus, allerdings hat er dabei die in § 46 Abs. 3 Satz 2–5 BPersVG festgehaltenen Regeln für die Reihenfolge der freizustellenden Personalratsmitglieder zu beachten. Demnach soll der Personalrat bei seiner Auswahl zunächst die nach § 32 Abs. 1 BPersVG gewählten Vorstandsmitglieder, dann die nach § 33 BPersVG gewählten Ergänzungsmitglieder und schließlich weitere Mitglieder berücksichtigen. Erfolgen weitere Freistellungen, so sind die auf die einzelnen Wahlvorschlaglisten entfallenen Stimmen im Wege des Höchstzahlverfahrens zu beachten gem. § 46 Abs. 3 Satz 3 BPersVG[2].

d) Teilnahme an Schulungsveranstaltungen

53   Die Mitglieder des Personalrats sind gem. § 46 Abs. 6 BPersVG unter Fortzahlung der Bezüge auch für die **Teilnahme an Schulungs- und Bildungsveranstaltungen** vom Dienst freizustellen, soweit diese Kenntnisse vermitteln, die für die Tätigkeit im Personalrat **erforderlich** sind. Dies ist dann der Fall, wenn sie für die Arbeit in dem betreffenden Personalrat benötigt werden und das zu entsendende Mitglied ihrer bedarf[3]. Eine personalvertretungsrechtliche Grundschulung fällt dabei stets unter § 46 Abs. 6 BPersVG[4].

54   Unbeschadet des § 46 Abs. 6 BPersVG hat jedes Mitglied des Personalrats während seiner regelmäßigen Amtszeit Anspruch auf Freistellung vom Dienst unter Fortzahlung der Bezüge für insgesamt drei Wochen zur Teilnahme an Schulungs- und Bildungsveranstaltungen, die von der **Bundeszentrale für politische Bildung** als **geeignet** anerkannt sind (§ 46 Abs. 7 Satz 1 BPersVG).

e) Schutzvorschriften

55   § 47 BPersVG regelt den Schutz der Personalratsmitglieder bei außerordentlicher Kündigung, Versetzung und Abordnung. Es ist zu beachten, dass die **ordentliche Kündigung** eines Mitglieds der Personalvertretung – ebenso wie die eines Betriebsratsmitglieds – grundsätzlich ausgeschlossen ist (§ 15 Abs. 2 KSchG).

56   Die **außerordentliche Kündigung** von Mitgliedern des Personalrats, die in einem privatrechtlichen Arbeitsverhältnis stehen, bedarf gem. § 47 Abs. 1 Satz 1 BPersVG der **Zustimmung des Personalrats**. Verweigert dieser seine Zustimmung oder äußert er sich nicht innerhalb von drei Arbeitstagen nach

---

1 BVerwG v. 7.11.1969 – VII P 3.69, PersV 1971, 15 = BVerwGE 34, 180 (187).
2 *Reich*, BPersVG, § 46 Rz. 4 und 6.
3 BVerwG v. 27.4.1979 – 6 P 45/78, PersV 1980, 19–26.
4 BVerwG v. 27.4.1979 – 6 P 45/78, PersV 1980, 19–26.

Eingang des Antrags, so kann das Verwaltungsgericht die Zustimmung auf Antrag des Dienststellenleiters ersetzen, wenn die außerordentliche Kündigung unter Berücksichtigung aller Umstände gerechtfertigt ist (§ 47 Abs. 1 Satz 2 BPersVG)[1]. Maßgebend für die Entscheidung des Gerichts ist demzufolge, ob eine wirksame außerordentliche Kündigung i.S.d. § 626 Abs. 1 BGB vorliegt. Gemäß § 626 Abs. 1 BGB kann ein Dienstverhältnis von jedem Vertragsteil aus wichtigem Grund ohne Einhaltung einer Frist gekündigt werden, wenn Tatsachen vorliegen, aufgrund derer dem Kündigenden unter Berücksichtigung aller Umstände des Einzelfalls und unter Abwägung der Interessen beider Vertragsteile die Fortsetzung des Dienstverhältnisses nicht zumutbar ist. Die Zustimmung der Personalvertretung bzw. ihre rechtskräftige Ersetzung hat dem Arbeitgeber vor Ausspruch der außerordentlichen Kündigung vorzuliegen, andernfalls ist die Kündigung unwirksam[2].

Mitglieder des Personalrats dürfen gem. § 47 Abs. 2 Satz 1 BPersVG außerdem gegen ihren Willen nur **versetzt** oder **abgeordnet** werden, wenn dies auch unter Berücksichtigung der Mitgliedschaft im Personalrat **aus wichtigen dienstlichen Gründen unvermeidbar** ist. Unter einer **Versetzung** versteht man die dauerhafte Übertragung eines neuen Amtes in einer neuen Dienststelle[3]. Als Versetzung im Sinne des Satzes 1 gilt auch die mit einem Wechsel des Dienstortes verbundene **Umsetzung**, also die Übertragung eines neuen Amtes in derselben Dienststelle, die mit einem Wechsel des Dienstortes verbunden ist[4]. Bei der **Abordnung** handelt es sich um eine zeitweise Übertragung eines neuen Amtes[5].

57

Die Versetzung oder Abordnung von Mitgliedern des Personalrats bedarf gem. § 47 Abs. 2 Satz 3 BPersVG ebenfalls der **Zustimmung des Personalrats**. Anders als bei einer fristlosen Kündigung kann eine fehlende Zustimmung nicht durch Gerichtsentscheidung ersetzt werden[6]. Zweck dieser Regelung ist es, den Verlust des personalvertretungsrechtlichen Amtes als Folge einer dienstrechtlichen Maßnahme zu verhindern und die ungestörte und kontinuierliche Ausübung des Amtes sicherzustellen[7].

58

§ 47 Abs. 3 BPersVG nimmt **Beamte im Vorbereitungsdienst** und **Beschäftigte in entsprechender Berufsausbildung** vom Schutz des § 47 Abs. 1 und 2 BPersVG sowie von den Kündigungsschutzbestimmungen der §§ 15, 16 KSchG aus. Der Grund hierfür liegt darin, dass diese Beschäftigten ihre Tätigkeit bei einer Dienststelle nur vorübergehend und nur so lange ausüben, wie es ihre jeweilige Ausbildung erfordert[8]. Wird ein Beamter im Vorbereitungsdienst jedoch abgeordnet oder versetzt, ohne dass dies auf seine Ausbil-

59

---

1 *Altvater/Peiseler*, BPersVG, § 47 Rz. 19.
2 *Altvater/Peiseler*, BPersVG, § 47 Rz. 16.
3 *Reich*, BPersVG, § 47 Rz. 4.
4 *Altvater/Peiseler*, BPersVG, § 47 Rz. 26.
5 *Reich*, BPersVG, § 47 Rz. 4.
6 *Altvater/Peiseler*, BPersVG, § 47 Rz. 30.
7 *Ilbertz/Widmaier*, BPersVG, § 46 Rz. 44.
8 *Ilbertz/Widmaier*, BPersVG, § 47 Rz. 51.

dungssituation zurückzuführen ist, kann darin eine unzulässige Maßnahme zu sehen sein, die den Personalrat in seiner Arbeit behindert[1].

f) Schweigepflicht

60   § 10 BPersVG verpflichtet alle Personen, die Aufgaben oder Befugnisse nach dem BPersVG wahrnehmen oder wahrgenommen haben, über die ihnen dabei bekannt gewordenen Angelegenheiten und Tatsachen Stillschweigen zu bewahren. Dies dient dem Persönlichkeitsschutz der Beschäftigten und korrespondiert bei Mitgliedern der Personalvertretungen unmittelbar mit deren Informationsanspruch[2]. Die Vorschrift bezieht sich auf die Wahrnehmung von Aufgaben und Befugnissen, was tatbestandlich zu einer **umfassenden Schweigepflicht** führt[3].

61   **Keine Schweigepflicht** besteht nach § 10 Abs. 2 BPersVG für Angelegenheiten und Tatsachen, die **offenkundig** sind oder ihrer Bedeutung nach **keiner Geheimhaltung bedürfen**. Offenkundig ist die Tatsache dann, wenn sie öffentlich bekannt gemacht worden oder schon allgemein bekannt – oder zumindest erkennbar – ist[4]. Eine **Schweigepflicht besteht ferner nicht** für Personalratsmitglieder gegenüber den übrigen Mitgliedern der Vertretung[5], für Personalratsmitgliedern gegenüber Ersatzmitgliedern[6], soweit diese ein ordentliches Mitglied bei der amtlichen Erörterung vertreten, Personalratsmitglieder aller Stufen gegenüber dem zuständigen Gesamtpersonalrat[7], für Jugend- und Auszubildendenvertretern gegenüber den übrigen Mitgliedern der Vertretung[8], für Personalratsmitglieder gegenüber ihrer Gewerkschaft, wenn sie dieser lediglich mitteilen, welche allgemein interessierenden Fragen sozialer und organisatorischer Art in der Personalratssitzung angestanden und wie sie sich hierzu verhalten haben[9].

62   **Verletzungen der Schweigepflicht** können neben einer Strafbarkeit und der Pflicht zum Schadensersatz nach § 823 Abs. 2 BGB als grobe Pflichtverletzungen auch zum Ausschluss aus dem Vertretungsorgan gem. § 28 BPersVG führen[10].

6. Geschäftsführung

63   Der gewählte Personalrat ist grundsätzlich nur als Gremium handlungsfähig. Damit er nach außen tätig werden kann, muss er eine gewisse **Organisationsstruktur** vorweisen. Vorgaben hierzu finden sich in den Personalver-

---

1 *Altvater/Peiseler*, BPersVG, 4. Aufl., § 47 Rz. 24.
2 *Altvater/Peiseler*, BPersVG, § 10 Rz. 1.
3 *Reich*, BPersVG, § 10 Rz. 5.
4 *Reich*, BPersVG, § 10 Rz. 5.
5 *Ilbertz/Widmaier*, BPersVG, § 10 Rz. 17a.
6 *Ilbertz/Widmaier*, BPersVG, § 10 Rz. 17b.
7 *Ilbertz/Widmaier*, BPersVG, § 10 Rz. 17d.
8 *Ilbertz/Widmaier*, BPersVG, § 10 Rz. 17e.
9 *Ilbertz/Widmaier*, BPersVG, § 10 Rz. 17 f.
10 *Reich*, BPersVG, § 10 Rz. 3.

tretungsgesetzen in den Regelungen der Geschäftsführung. Es geht dort vor allem um die Bildung des Vorstandes, die Bestimmung des Vorsitzenden, die Aufgaben des Vorstandes sowie um Ausschüsse und Sitzungen des Personalrats[1].

a) Vorsitz und Vorstand

Gemäß § 32 Abs. 1 Satz 1 BPersVG bildet der Personalrat aus seiner Mitte   64
den **Vorstand**. Diesem muss ein Mitglied jeder im Personalrat vertretenen Gruppe angehören (§ 32 Abs. 1 Satz 2 BPersVG). Hier zeigt sich das im gesamten Personalvertretungsrecht geltende **Gruppenprinzip**. Die Vertreter jeder Gruppe wählen das auf sie entfallende Vorstandsmitglied (§ 32 Abs. 1 Satz 3 BPersVG). Die Wahl der Vorstandsmitglieder ist eine Rechtspflicht der Gruppenvertreter, so dass die Weigerung, an der Wahl der Vorstandsmitglieder teilzunehmen, ein Pflichtverstoß i. S. d. § 28 BPersVG sein kann, der zum Ausschluss aus dem Vertretungsorgan führt[2]. Der Vorstand führt gem. § 32 Abs. 1 Satz 3 BPersVG die laufenden Geschäfte, also solche Angelegenheiten, die die technische, organisatorische und büromäßige Arbeit zur Vorbereitung und Durchführung der von der Personalvertretung zu fassenden oder bereits gefassten Beschlüsse betreffen[3]. Die laufende Geschäftsführung umfasst somit alle Angelegenheiten, die keine Entscheidung der Personalvertretung mehr erforderlich machen. Es geht um Vorbereitung und Durchführung der gefassten oder noch zu fassenden Beschlüsse, nicht um Beschlussfassung anstelle des Plenums[4].

Nach § 32 Abs. 2 Satz 1 BPersVG gehört die **Wahl des Vorsitzenden** zur Ge-   65
schäftsführung, nicht mehr zur Personalratswahl[5]. Der Vorsitzende wird nicht vom Vorstand, sondern von der gesamten Personalvertretung gewählt. Erforderlich ist hier die einfache Mehrheit der Stimmen der anwesenden Mitglieder, denn die Bestimmung des Vorsitzenden ist keine Wahl im eigentlichen Sinne, sondern ein Geschäftsführungsakt, der in Form eines Beschlusses zu fassen ist und wie alle Beschlüsse der Regelung des § 37 BPersVG unterliegen[6]. Der Personalrat bestimmt zugleich die **Vertretung des Vorsitzenden** durch seine Stellvertreter (§ 32 Abs. 2 Satz 2 BPersVG). Dabei sind gem. § 32 Abs. 2 Satz 3 BPersVG die Gruppen zu berücksichtigen, denen der Vorsitzende nicht angehört, es sei denn dass die Vertreter dieser Gruppe darauf verzichten. Nach § 32 Abs. 3 Satz 1 BPersVG vertritt der Vorsitzende den Personalrat im Rahmen der von diesem gefassten Beschlüsse. In Angelegenheiten, die nur eine Gruppe betreffen, findet die Vertretung durch den Vorsitzenden und, falls er nicht selbst dieser Gruppe angehört, einem der Gruppe angehörenden Vorstandsmitglied statt (§ 32 Abs. 3 Satz 2 BPersVG).

---

1 *Mehlinger*, S. 26.
2 BVerwG v. 15.12.1961 – VII P 3.61, BVerwGE 13, 242 = PersV 1962, 65.
3 *Ilbertz/Widmaier*, BPersVG, § 32 Rz. 33.
4 BVerwG v. 18.3.1981 – VI P 85/78, PersV 1982, 237.
5 *Ilbertz/Widmaier*, BPersVG, § 32 Rz. 14.
6 *Altvater/Peiseler*, BPersVG, § 32 Rz. 3.

66   Der Vorsitzende einer Personalvertretung ist aber nicht ihr Vorgesetzter, sondern er vertritt sie vielmehr lediglich in der Erklärung, nicht in der Willensbildung[1]. Die Beschlussfassung ist ein Akt interner Willensbildung. Zur Rechtserheblichkeit gegenüber Dritten bedarf sie daher einer besonderen Erklärung. Diese wird eben durch den Vorsitzenden abgegeben.

b) Sitzungen

67   § 34 BPersVG enthält Einzelheiten in Bezug auf die konstituierende Sitzung, die weiteren Sitzungen und das Teilnahmerecht. § 34 Abs. 1 BPersVG sichert die rechtzeitige Durchführung der Vorstandswahlen spätestens nach sechs Arbeitstagen; in Abs. 2 und 3 werden die Modalitäten der Vorbereitung und der Anberaumung der Personalratssitzungen festgelegt, während die Voraussetzungen für die Teilnahme des Dienststellenleiters in Abs. 4 geregelt sind.

68   Die **konstituierende Sitzung** der Personalvertretung, in der der Vorstand gem. § 32 Abs. 1 und Abs. 2 BPersVG gebildet wird, wird vom Wahlvorstand einberufen[2]. Die weiteren Sitzungen (**Arbeitssitzungen**) beruft der Vorsitzende der Personalvertretung gem. § 34 Abs. 2 und 3 BPersVG ein. Das Gesetz regelt aber nicht, in welchem zeitlichen Abstand die Sitzungen stattzufinden haben. Dies hat daher grundsätzlich der Vorsitzende der Personalvertretung nach pflichtgemäßem Ermessen entsprechend der Zahl und der Dringlichkeit der anfallenden Geschäftsvorgänge zu entscheiden[3]. Eine gesetzliche Verpflichtung des Vorsitzenden zur Anberaumung einer Sitzung besteht nur insoweit, als auf Antrag der in Abs. 3 genannten Personen eine Sitzung der Personalvertretung stattfinden muss. Außerdem hat der Vorsitzende stets dann eine Sitzung anzuberaumen, wenn dies zur Behandlung fristgebundener Angelegenheiten erforderlich ist[4]. Unterlässt der Vorsitzende die Anberaumung einer notwendigen Sitzung, steht der Personalvertretung ein **Selbstversammlungsrecht** zu.

69   Die **Tagesordnung** hat ebenfalls der Vorsitzende festzusetzen. Dabei muss sie so klar gefasst sein, dass sich jedes Personalratsmitglied ein Bild von den zur Beratung anstehenden Fragen machen kann[5]. Der Vorsitzende der Personalvertretung **leitet auch die Sitzungen**. Dazu gehören die Öffnung und Schließung der Sitzung, die Feststellung der Beschlussfähigkeit, die Erteilung und der Entzug des Wortes, die Vornahme und Auswertung der Abstimmungen und die Verantwortung für den gesetzesmäßigen Inhalt der Erörterung, für die Anwesenheitsliste und für die Niederschrift[6]. Der Verhandlungsleiter übt auch das Hausrecht aus. Grundsätzlich haben alle ordentlichen Mitglieder der Personalvertretung eine Ladung zur Sitzung durch

---

1 BVerwG v. 21.7.1982 – VI P 14/79, PersV 1983, 316; *Ilbertz/Widmaier*, BPersVG, § 32 Rz. 23; *Altvater/Peiseler*, BPersVG, § 32 Rz. 16.
2 *Ilbertz/Widmaier*, BPersVG, § 34 Rz. 3.
3 *Ilbertz/Widmaier*, BPersVG, § 34 Rz. 18.
4 *Altvater/Peiseler*, BPersVG, § 34 Rz. 4.
5 *Ilbertz/Widmaier*, BPersVG, § 34 Rz. 21.
6 *Ilbertz/Widmaier*, BPersVG, § 34 Rz. 23; *Altvater/Peiseler*, BPersVG, § 34 Rz. 9.

den Vorsitzenden zu erhalten. Ein Ersatzmitglied darf nur geladen werden, wenn ein ordentliches Mitglied tatsächlich verhindert ist[1].

Zur Sicherung der guten Zusammenarbeit mit der Personalvertretung besteht ein **Teilnahmerecht des Dienststellenleiters** an solchen Sitzungen, die er beantragt oder zu denen die Personalvertretung ihn ausdrücklich eingeladen hat (§ 34 Abs. 4 BPersVG)[2].   70

Aus § 36 BPersVG folgt das **Teilnahmerecht von Gewerkschaftsvertretern.** Danach kann auf Antrag von einem Viertel der Mitglieder oder der Mehrheit einer Gruppe des Personalrats ein Beauftragter einer im Personalrat vertretenen Gewerkschaft an den Sitzungen beratend teilnehmen. Auch in diesem Fall sind der Termin der Sitzung und die Tagesordnung der Gewerkschaft rechtzeitig mitzuteilen.   71

Die **Beschlüsse des Personalrats** werden gem. § 37 Abs. 1 Satz 1 BPersVG mit einfacher Stimmenmehrheit der anwesenden Mitglieder gefasst. Stimmenthaltung gilt als Ablehnung. Bei Stimmengleichheit ist ein Antrag abgelehnt (§ 37 Abs. 1 Satz 2 BPersVG). Der Personalrat ist nur beschlussfähig, wenn mindestens die Hälfte seiner Mitglieder anwesend ist; eine Stellvertretung durch Ersatzmitglieder ist gleichwohl zulässig (§ 37 Abs. 2 BPersVG). Wirksame Beschlüsse können nur in einer ordnungsgemäß einberufenen Sitzung der Personalvertretung gefasst werden, zu der alle Mitglieder unter Übersendung der Tagesordnung geladen worden sind[3].   72

Über jede Verhandlung des Personalrats ist gem. § 41 Abs. 1 Satz 1 BPersVG eine **Niederschrift** aufzunehmen, die mindestens den Wortlaut der Beschlüsse und die Stimmenmehrheit, mit der sie gefasst worden sind, enthält. Die Niederschrift ist von dem Vorsitzenden und einem weiteren Mitglied zu unterzeichnen (§ 41 Abs. 1 Satz 2 BPersVG). Weiterhin ist der Niederschrift eine Anwesenheitsliste beizufügen, in die sich jeder Teilnehmer eigenhändig einzutragen hat (§ 41 Abs. 1 Satz 3 BPersVG). Einwendungen gegen die Niederschrift sind unverzüglich schriftlich zu erheben und der Niederschrift beizufügen (§ 41 Abs. 2 Satz 2 BPersVG). Ziel dieser Regelung ist es, den Arbeitsablauf und die Geschäftsführung für Personalvertretungen zu erleichtern. Gleichzeitig sollen spätere Meinungsverschiedenheiten durch beweiskräftige Unterlagen schneller geklärt werden können[4].   73

c) Geschäftsordnung

Nach § 42 BPersVG können sonstige Bestimmungen über die Geschäftsführung in einer Geschäftsordnung getroffen werden, die der Personalrat mit der Mehrheit der Stimmen seiner Mitglieder beschließt. Inhalt der Geschäftsordnung sind Richtlinien für den internen Geschäftsbetrieb, d.h. für die Art   74

---

1 *Ilbertz/Widmaier*, BPersVG, § 34 Rz. 26.
2 *Reich*, BPersVG, § 34 Rz. 7.
3 *Ilbertz/Widmaier*, BPersVG, § 37 Rz. 4.
4 *Ilbertz/Widmaier*, BPersVG, § 41 Rz. 1.

und Weise der Geschäftsführung, z. B. Arbeitsverteilungsplan, Mitzeichnung durch mehrere Sachbearbeiter, Schriftverkehr, Dienststunden der Personalvertretung, Vorbereitung, Einberufung und Durchführung der Personalversammlungen, Form und Einbringung von Anträgen, Behandlung von Dringlichkeitsanträgen, Bildung von Ausschüssen und Ähnliches[1]. Es soll so eine optimale Arbeitsorganisation ermöglicht werden[2]. Die Veröffentlichung der Geschäftsordnung ist nicht erforderlich, aber zulässig. Die Geschäftsordnung bindet die einzelnen Personalratsmitglieder und insbesondere den Vorsitzenden und den Vorstand[3].

d) Sprechstunden

75   Der Personalrat kann gem. § 43 Satz 1 BPersVG Sprechstunden während der Arbeitszeit einrichten. Dies eröffnet ihm die Möglichkeit, einen genauen Einblick in die Probleme, Interessen und Ansichten der Beschäftigten zu bekommen; gleichzeitig haben die Angehörigen der Dienststelle eine Anlaufstelle für Beschwerden und Anregungen[4]. Zeit und Ort der Sprechstunde bestimmt der Personalrat im Einvernehmen mit dem Leiter der Dienststelle (§ 43 Satz 2 BPersVG). Zu beachten ist, dass diese Vorschrift nicht für Stufenvertretungen nach § 54 BPersVG und den Gesamtpersonalrat nach § 56 BPersVG gilt[5].

e) Kosten und Beitragsverbot

76   Die durch die Tätigkeit des Personalrats entstehenden **Kosten** trägt die Dienststelle nach § 44 Abs. 1 Satz 1 BPersVG. Mitglieder des Personalrats erhalten bei Reisen, die zur Erfüllung ihrer Aufgaben notwendig sind, Reisekostenvergütung nach dem Bundesreisekostengesetz. Reisen von Personalratsmitgliedern bedürfen keiner Genehmigung des Dienststellenleiters, denn die Personalvertretung ist ein unabhängiges und dem Dienststellenleiter nicht unterstelltes Organ, auf dessen Amtsführung er keinen Einfluss hat[6]. Voraussetzung für die Kostentragungspflicht der Dienststelle ist zum einen, dass die Kosten **durch Personalratstätigkeiten entstanden** sind, und zum anderen müssen sie **notwendig** sein. Die Rechtsprechung stellt zudem im Hinblick auf den Grundsatz der Verhältnismäßigkeit darauf ab, ob die Kosten auch **angemessen** sind[7]. Für Sitzungen, Sprechstunden und die laufende Geschäftsführung hat die Dienststelle gem. § 44 Abs. 2 BPersVG in erforderlichem Umfang **Räume**, den **Geschäftsbedarf** und **Büropersonal** zur Verfügung zu stellen. Nach § 44 Abs. 3 BPersVG werden dem Personalrat

---

1 *Ilbertz/Widmaier*, BPersVG, § 42 Rz. 3.
2 *Mehlinger*, § 4 III, S. 33.
3 *Altvater/Peiseler*, BPersVG, § 42 Rz. 4.
4 *Altvater/Peiseler*, BPersVG, § 43 Rz. 1.
5 *Ilbertz/Widmaier*, BPersVG, § 43 Rz. 1.
6 *Ilbertz/Widmaier*, BPersVG, § 44 Rz. 11.
7 *Altvater/Peiseler*, BPersVG, § 44 Rz. 4; BVerwG v. 18.6.1991 – 6 P 3.90, PersR 91, 341.

schließlich in allen Dienststellen geeignete **Plätze für Bekanntmachungen und Anschläge** zur Verfügung gestellt[1].

Der Personalrat darf für seine Zwecke von den Beschäftigten keine **Beiträge**   77
erheben oder annehmen (§ 45 BPersVG). Mit dieser Vorschrift, die auch für
Stufenvertretungen nach § 54 BPersVG, für den Gesamtpersonalrat nach
§ 56 BPersVG und für Sondervertretungen nach §§ 62, 65 BPersVG gilt, soll
die Unabhängigkeit der Personalvertretung sichergestellt werden[2]. Auch
sonstige Leistungen irgendwelcher Art dürfen ebenfalls von der Personalvertretung nicht entgegengenommen werden – auch dann nicht, wenn die Leistung auf freiwilliger Basis gewährt wird. Das Verbot der Annahme richtet
sich an die Personalvertretung und ihre Mitglieder. „Für seine Zwecke" bedeutet, dass die Personalvertretung zur ordnungsgemäßen Durchführung ihrer Aufgaben weder einmalige noch laufende Beiträge fordern oder entgegennehmen darf[3]. Darunter fallen auch das Verbot, sich außerdienstlichen
wirtschaftlichen Interessen der Beschäftigten zu widmen, sowie das Verbot,
Sammlungen für andere Zwecke, die in keinem unmittelbaren Zusammenhang mit der Aufgabenerfüllung der Personalvertretung stehen, durchzuführen.

III. Privater Krankenhausträger

1. Geltungsbereich des BetrVG

a) Räumlich

Das Betriebsverfassungsgesetz gilt für alle Betriebe, die in Deutschland ihren   78
Sitz haben, ungeachtet der Staatsangehörigkeit von Arbeitgeber und Arbeitnehmer (**Territorialitätsprinzip**)[4]. Auf Niederlassungen deutscher Unternehmen im Ausland ist es nicht anwendbar[5]. Fallen Niederlassungen eines ausländischen Unternehmens in Deutschland unter den Betriebsbegriff i. S. d.
§§ 1, 4 BetrVG, findet das BetrVG ebenfalls Anwendung[6].

b) Sachlich

Gemäß § 1 BetrVG gilt das Betriebsverfassungsgesetz prinzipiell für alle **pri-**   79
vatwirtschaftlichen Betriebe. Nach herrschender Meinung in Rechtsprechung und Literatur versteht man unter einem **Betrieb** eine organisatorische
Einheit, innerhalb derer der Unternehmer allein oder zusammen mit seinen

---

1 *Reich*, BPersVG, § 44 Rz. 5.
2 *Ilbertz/Widmaier*, BPersVG, § 45 Rz. 1.
3 *Ilbertz/Widmaier*, BPersVG, § 45 Rz. 4.
4 BAG v. 7.12.1989 – 2 AZR 228/89, AP Nr. 27 zu Inter. Privatrecht, Arbeitsrecht; BAG
   v. 22.3.2000 – 7 ABR 34/98, BB 2000, 2098 (2099), BAG v. 21.8.2007 – 3 AZR 269/06,
   AP Nr. 60 zu § 1 BetrAVG Gleichbehandlung, Rz. 17.
5 BAG v. 10.9.1985 – 1 ABR 28/83, AP Nr. 3 zu § 117 BetrVG 1972.
6 BAG v. 9.11.1977 – 5 AZR 132/76, BB 1978, 403–404, BAG v. 22.3.2000 – 7 ABR 34/98,
   BB 2000, 2098 (2099); *Preis* in Wlotzke/Preis/Kreft, BetrVG, § 1 Rz. 9.

Mitarbeitern mit Hilfe sächlicher und immaterieller Mittel bestimmte arbeitstechnische Zwecke fortgesetzt verfolgt[1]. Während der Betrieb somit einem arbeitstechnischen Zweck dient, verfolgt das **Unternehmen** einen wirtschaftlichen Zweck[2]. Ein privatrechtlicher Betrieb liegt vor, wenn der Inhaber des Betriebes dem Privatrecht zuzuordnen ist. Das BetrVG findet keine Anwendung auf Verwaltungen des Bundes, der Länder, der Gemeinden und sonstiger Körperschaften, Anstalten und Stiftungen des öffentlichen Rechts, § 130 BetrVG. Hier gelten die Personalvertretungsgesetze des Bundes und der Länder. Die Abgrenzung bestimmt sich allein danach, ob der Rechtsträger des Betriebes dem privaten oder dem öffentlichen Recht zuzuordnen ist. Führt die Stadt S das **städtische Krankenhaus** beispielsweise in der Rechtsform einer Aktiengesellschaft, findet das BetrVG grundsätzlich Anwendung, da es sich bei der Aktiengesellschaft um eine juristische Person des Privatrechts handelt. Für bestimmte privatrechtliche Betriebe gilt der oben dargelegte Grundsatz jedoch nicht, sondern es gelten gesetzliche Sonderregelungen:

aa) Religionsgemeinschaften

80 Da die katholische und die evangelische Kirche öffentlich-rechtlich organisierte Körperschaften (sog. verfasste Kirchen) sind, fallen **kirchliche Krankenhäuser** schon nach § 130 BetrVG aus dem Anwendungsbereich des BetrVG heraus. Betreiben die öffentlich-rechtlichen Kirchen ein Krankenhaus allerdings in privatrechtlicher Rechtsform, ist § 130 BetrVG nicht einschlägig. Dennoch findet auch hier das Betriebsverfassungsgesetz keine Anwendung. § 118 Abs. 2 BetrVG nimmt Religionsgemeinschaften und ihre karitativen und erzieherischen Einrichtungen, gleich in welcher Rechtsform sie betrieben werden, vom Anwendungsbereich des BetrVG aus. Der Ausschluss des staatlichen Mitbestimmungsrechts bei karitativen und erzieherischen Einrichtungen ist allerdings nur dann gerechtfertigt, wenn diese der Religionsgemeinschaft zugeordnet sind. Das ist der Fall, wenn eine verwaltungsmäßige Verflechtung zwischen der Religionsgemeinschaft und „ihrer" Einrichtung besteht; es muss eine institutionelle Verbindung zwischen der Religionsgemeinschaft und der Einrichtung bestehen. Die Religionsgemeinschaft muss über ein Mindestmaß an Einflussmöglichkeiten verfügen, um auf Dauer eine Übereinstimmung der religiösen Betätigung der Einrichtung mit ihren Vorstellungen gewährleisten zu können[3]. Die Norm des § 118 Abs. 2 BetrVG erfasst nach alldem nur die nicht öffentlich-rechtlich organisierten Kirchen, sowie die karitativen und erzieherischen Einrichtungen der öffentlich-rechtlichen Kirchen, die privatrechtlich organisiert sind[4]. Hierzu

---

1 St. Rspr., vgl. nur BAG v. 3.12.1954 – 1 ABR 7/54, AP Nr. 1 zu § 88 BetrVG; BAG v. 14.9.1988 – 7 ABR 10/87, NZA 1989, 190–192; BAG v. 22.6.2005 – 7 ABR 57/04, AP Nr. 23 zu § 1 BetrVG 1972 Gemeinsamer Betrieb; *Fitting*, § 1 BetrVG Rz. 63; Richardi/*Richardi*, § 1 BetrVG Rz. 17.
2 BAG v. 3.12.1954 – 1 ABR 7/54, AP Nr. 1 Zu § 88 BetrVG.
3 BAG v. 5.12.2007 – 7 ABR 72/06, NZA 2008, 653–660, Rz. 29 ff.
4 *Preis*, Kollektivarbeitsrecht, § 147, S. 489.

zählen insbesondere Krankenhäuser, Pflege- und Altersheime u. Ä. Betreibt die katholische Kirche somit ein Krankenhaus in der Rechtsform einer Aktiengesellschaft, findet das BetrVG nach § 118 Abs. 2 BetrVG keine Anwendung. Betreibt sie es in öffentlich-rechtlicher Organisationsform, ist das BetrVG schon aufgrund von § 130 BetrVG nicht anwendbar.

bb) Tendenzbetriebe

Auf Unternehmen und Betriebe, die einem der in § 118 Abs. 1 Satz 1 Nr. 1   81
und 2 BetrVG genannten Zwecke dienen (Tendenzbetriebe), sind die Vorschriften des BetrVG nur anwendbar, soweit die Eigenart des Betriebes oder des Unternehmens nicht entgegensteht. Hiermit wird dem Umstand Rechnung getragen, dass die genannten Betriebe sich in einer grundrechtlich geschützten Freiheitssphäre bewegen, in die der Staat nicht ohne Weiteres reglementierend eingreifen darf[1]. Hervorzuheben sind in diesem Zusammenhang insbesondere Unternehmen, die einem karitativen Zweck dienen. Karitativ ist eine freiwillige Tätigkeit im Dienste Hilfsbedürftiger, insbesondere körperlich, seelisch oder geistig leidender Menschen[2], die jedoch nicht völlig uneigennützig zu sein braucht[3]. Zwar dürfen grundsätzlich kostendeckende Einnahmen erzielt werden, jedoch darf die Tätigkeit nicht mit Gewinnerzielungsabsicht erfolgen[4]. Unter den Begriff der karitativen Einrichtungen fallen insbesondere **Krankenhäuser, jedoch nicht kommerziell betriebene Luxuskliniken**[5]. Auch Krankenhäuser, Altenheime, Sanatorien und Dialysezentren in privater Trägerschaft können karitativen Zwecken dienen, wenn sie ohne Gewinnerzielungsabsicht betrieben werden[6]. Unternehmen mit karitativer Bestimmung sind beispielsweise das Deutsche Rote Kreuz, Wohlfahrts- und Fürsorgeverbände, die Deutsche Krebshilfe und die Arbeiterwohlfahrt[7]. Soweit es sich bei den Betrieben um Einrichtungen von Religionsgemeinschaften handelt, gilt vorrangig § 118 Abs. 2 BetrVG (z.B. konfessionelle Krankenhäuser).

c) Personell

Die Regelungen des BetrVG erfassen grundsätzlich alle **Arbeitnehmer** eines   82
Betriebes, also **Arbeiter** und **Angestellte** einschließlich der zu ihrer **Berufsausbildung Beschäftigten**. Arbeitnehmer ist nach dem allgemeinen arbeitsrechtlichen Begriff, wer aufgrund eines privatrechtlichen Vertrages im Dienste eines anderen zur Leistung fremdbestimmter Dienste in persönli-

---

1 *Fitting*, § 118 BetrVG Rz. 2.
2 *Fitting*, § 118 BetrVG Rz. 18.
3 BAG v. 7.4.1981 – 1 ABR 83/78, AP Nr. 16 zu § 118 BetrVG; BAG v. 22.11.1995 – 7 ABR 12/95, NZA 1996, 1056–1058.
4 BAG v. 29.6.1988 – 7 ABR 15/87, AP Nr. 37 zu § 118 BetrVG; BAG v. 22.11.1995 – 7 ABR 12/95, NZA 1996, 1056–1058.
5 *Fitting*, § 118 BetrVG Rz. 18.
6 BAG v. 24.5.1995 – 7 ABR 48/94, NZA 1996, 444–446.
7 MünchArbR/*Matthes*, § 272 Rz. 13.

cher Abhängigkeit verpflichtet ist[1]. Der dem BetrVG zugrunde liegende Arbeitnehmerbegriff ist jedoch nicht vollständig mit dem des allgemeinen Arbeitsrechts identisch, vgl. § 5 BetrVG[2]. So zählen zu den Arbeitnehmern i.S.d. § 5 Abs. 1 Satz 2 BetrVG auch **Heimarbeiter**. Als Arbeitnehmer gelten ferner Beamte, Soldaten sowie Arbeitnehmer des öffentlichen Dienstes einschließlich der zu ihrer Berufsausbildung Beschäftigten, die in Betrieben privatrechtlich organisierter Unternehmen tätig sind, § 5 Abs. 1 Satz 3 BetrVG. Während § 5 Abs. 1 BetrVG den allgemeinen Arbeitnehmerbegriff ausdehnt, erfährt er durch § 5 Abs. 2 BetrVG eine Einschränkung. Die dort genannten Personengruppen gelten nicht als Arbeitnehmer im Sinne des BetrVG. Zu den Personen, deren Beschäftigung nicht in erster Linie ihrem Erwerb dient, sondern vorwiegend durch Beweggründe karitativer oder religiöser Art bestimmt ist (§ 5 Abs. 2 Nr. 3 BetrVG), zählen vor allem **Mönche, Ordensschwestern und Diakonissen**[3]. Nach der Rechtsprechung des BAG zählen auch **Rote-Kreuz-Schwestern** nicht zu den Arbeitnehmern, weil sie nicht aufgrund eines Arbeitsvertrages, sondern aufgrund ihrer Mitgliedschaft für den Verband die Arbeitsleistung erbringen[4]. Ohne Belang ist es hierbei, ob sie in einem Krankenhaus des DRK oder aufgrund eines Gestellungsvertrages im Krankenhaus eines Dritten beschäftigt sind[5]. Ist dagegen eine Schwesternschaft des DRK Mitbetreiberin eines Krankenhauses, sind auch die bei der Schwesternschaft (und nicht bei dem Krankenhausträger) angestellten und in diesem Krankenhaus beschäftigten sog. Gastschwestern zum dortigen Betriebsrat wahlberechtigt[6]. Nicht unter § 5 Abs. 2 Nr. 3 BetrVG fallen alle anderen Krankenschwestern (Caritas-Verband, Innere Mission, Bund freier Schwestern, Arbeiterwohlfahrt), da diese einem echten Erwerbsberuf nachgehen[7]. Sie sind also Arbeitnehmerinnen im Sinne des allgemeinen Arbeitsrechts und des BetrVG.

83 Nach § 5 Abs. 3 BetrVG findet das BetrVG keine Anwendung auf **leitende Angestellte**, soweit nicht ausdrücklich etwas anderes bestimmt ist. Wer als leitender Angestellter anzusehen ist, bestimmen § 5 Abs. 3 Satz 2 und Abs. 4 BetrVG, wobei es sich bei letzterem nur um eine Zweifelsregelung mit Indizwirkung handelt. Leitender Angestellter i.S.d. § 5 Abs. 3 Satz 2 BetrVG ist, wer

– zur selbständigen Einstellung und Entlassung von Arbeitnehmern berechtigt ist (Nr. 1),

– Generalvollmacht oder Prokura hat und die Prokura auch im Verhältnis zum Arbeitgeber nicht unbedeutend ist (Nr. 2),

---

1 St. Rspr. des BAG, vgl. Urt. v. 3.5.1989 – 5 AZR 158/88 = BB 1990, 779–780; BAG v. 12.12.2001 – 5 AZR 253/00, NZA 2002, 787–789 = DB 2002, 1610–1611.
2 *Fitting*, § 5 BetrVG Rz. 14.
3 *Fitting*, § 5 BetrVG Rz. 292; Richardi/*Richardi*, § 5 BetrVG Rz. 177.
4 BAG v. 22.4.1997 – 1 ABR 74/96, AP Nr. 18 zu § 99 BetrVG 1972 Einstellung = NZA 1997, 1297–1301.
5 BAG v. 3.6.1975 – 1 ABR 98/74, AP Nr. 1 zu § 5 BetrVG; BAG v. 22.4.1997 – 1 ABR 74/96, AP Nr. 18 zu § 99 BetrVG 1972 Einstellung = NZA 1997, 1297–1301.
6 BAG v. 14.12.1994 – 7 ABR 26/94, AP Nr. 3 zu § 5 BetrVG 1972 Rotes Kreuz.
7 *Fitting*, § 5 BetrVG Rz. 293.

– regelmäßig bedeutende Aufgaben für den Bestand und die Entwicklung des Unternehmens oder eines Betriebes wahrnimmt und dabei Entscheidungsfreiheit von bedeutendem Umfang genießt (Nr. 3).

Die genannten Aufgaben und Berechtigungen muss der Angestellte tatsächlich im Betrieb oder Unternehmen wahrnehmen. Die tatsächliche Wahrnehmung alleine reicht jedoch nicht aus. Darüber hinaus müssen ihm diese Aufgaben und Berechtigungen gerade durch den Arbeitsvertrag übertragen worden sein[1]. Zwar fallen leitende Angestellte unter den allgemeinen Arbeitnehmerbegriff, sie nehmen aber auch Arbeitgeberfunktionen im Verhältnis zu den anderen Angestellten wahr, weswegen sie prinzipiell nicht vom betriebsverfassungsrechtlichen Arbeitnehmerbegriff umfasst werden.   84

Ob ein **Chefarzt** zu den leitenden Angestellten i. S. v. § 5 Abs. 3 BetrVG zu zählen ist, ist in Rechtsprechung und Literatur umstritten[2] (vgl. dazu auch oben Teil 5 A Rz. 3). Dass ein Chefarzt eine Prokura oder Generalvollmacht i. S. d. § 5 Abs. 3 Nr. 2 BetrVG hat, dürfte in der Praxis kaum vorkommen[3]. Auch eine Berechtigung zur selbständigen Einstellung und Entlassung von Arbeitnehmern (Nr. 1) ist in keinem bekannten Vertragsmuster für Chefarztdienstverträge enthalten[4]. Sollte dies dennoch der Fall sein, wäre er als leitender Angestellter i. S. v. § 5 Abs. 3 Nr. 1 BetrVG anzusehen[5]. Voraussetzung hierfür ist allerdings, dass der Chefarzt im Innenverhältnis zu seinem Arbeitgeber eigenverantwortlich über Einstellungen und Entlassungen entscheiden kann **und** befugt ist, diese im Außenverhältnis vorzunehmen[6].   85

Umstritten ist weiterhin, ob der Chefarzt typische Unternehmeraufgaben mit erheblichem eigenem Entscheidungsspielraum i. S. d. § 5 Abs. 3 Nr. 3 BetrVG wahrnimmt. Eine Ansicht bejaht dies, wenn er in seiner Klinik bzw. Fachabteilung die uneingeschränkte ärztliche Führungs- und Handlungsverantwortung für die Patientenversorgung hat[7] und ihm das Recht zusteht, auf wichtige, sein Aufgabengebiet betreffende Entscheidungen Einfluss zu nehmen[8]. Hierzu ist zu sagen, dass der Chefarzt in seiner Abteilung grundsätzlich nur im Bereich der Diagnostik und Therapie die Alleinverantwortung trägt[9]. Diese sich in erster Linie aus dem Berufsrecht ergebende Verantwortung kommt jedoch allen Ärzten zu und ist daher als Abgrenzungskriterium ungeeignet[10]. Es kommt somit entscheidend auf die Einflussnahmemöglich-   86

---

1 *Fitting*, § 5 BetrVG Rz. 329 ff.; Richardi/*Richardi*, § 5 BetrVG Rz. 197 ff.
2 Zusammenfassend: LAG Thüringen v. 6.7.2000 – 1 TaBV 16/99, ArztR 2002, S. 101–105 m. w. N.
3 Vgl. *Dahm/Lück*, MedR 1992, 1, 3.
4 *Dahm/Lück*, MedR 1992, 1, 3.
5 Laufs/Kern/*Laufs*, § 12 Rz. 8.
6 BAG v. 18.11.1999 – 2 AZR 903/98, NZA 2000, 427–430; BAG v. 11.3.1982 – 6 AZR 136/79, AP Nr. 28 zu § 5 BetrVG 1972.
7 Richardi/*Richardi*, § 5 BetrVG Rz. 256.
8 OLG Köln v. 20.11.1990 – 9 Sa 452/90.
9 *Dahm/Lück*, MedR 1992, 1, 4.
10 *Dahm/Lück*, MedR 1992, 1, 4.

keit des Chefarztes auf weitere unternehmerische Entscheidungen an, die in jedem Einzelfall gesondert zu untersuchen ist. Häufig stehen den Chefärzten in diesen Bereichen jedoch lediglich Anhörungsrechte zu, die keine Form echter Mitbestimmung darstellen[1]. Die letztendliche Entscheidungsbefugnis verbleibt insoweit beim Krankenhausträger. Solange die Befugnisse des Chefarztes im Innen- und Außenverhältnis nicht darüber hinausreichen, ist er kein leitender Angestellter im Sinne des BetrVG[2].

87 Der **ärztliche Direktor** ist als Mitglied der Betriebsleitung des Krankenhauses nach allgemeiner Ansicht leitender Angestellter im Sinne des BetrVG[3].

Zur Wahrung ihrer Interessen gegenüber dem Arbeitgeber können leitende Angestellte **Sprecherausschüsse** nach dem Sprecherausschussgesetz bilden.

2. Organe der Betriebsverfassung

a) Betriebsrat

88 Der Betriebsrat ist das zentrale Organ der Betriebsverfassung. Er ist nach h. M. Repräsentant der Belegschaft, ihr gesetzlicher Interessenvertreter[4]. Der Betriebsrat handelt in eigenem Namen, übt aber hierbei die ihm zustehenden betrieblichen Beteiligungsrechte im Interesse der Belegschaft aus.

b) Gesamtbetriebsrat

89 Bestehen in einem Unternehmen mehrere Betriebsräte, so **muss** ein Gesamtbetriebsrat errichtet werden, § 47 Abs. 1 BetrVG. Betreibt ein Rechtsträger also **mehrere Krankenhäuser**, in denen jeweils Betriebsräte bestehen, ist zwingend ein Gesamtbetriebsrat zu errichten. Dieser wird nicht von den Arbeitnehmern gewählt, sondern seine Mitglieder werden gem. § 47 Abs. 2 BetrVG von den einzelnen Betriebsräten entsandt. Der Gesamtbetriebsrat ist nach § 50 Abs. 1 Satz 1 BetrVG zuständig für Angelegenheiten, die das Gesamtunternehmen betreffen und über die Regelungskompetenz der einzelnen Betriebsräte hinausgehen (**Angelegenheiten überbetrieblicher Natur**). Eine überbetriebliche Regelung muss allerdings zwingend erforderlich sein[5]. Seine Zuständigkeit umfasst auch nicht betriebsratsfähige Betriebe eines Unternehmens, nicht jedoch solche, die zwar grundsätzlich betriebsratsfähig sind, in denen aber kein Betriebsrat besteht[6]. Ein einzelner Betriebsrat kann den Gesamtbetriebsrat nach § 50 Abs. 2 Satz 1 BetrVG beauftragen, eine Angelegenheit für ihn zu behandeln und sich so die eventuell vorhandene größere Verhandlungsstärke zunutze machen. Da in den Fällen der Beauftragung das Erfordernis der zwingenden überbetrieblichen Regelung wegfällt, kann sich der Gesamtbetriebsrat hier auch mit Themen beschäftigen, deren

---

1 *Dahm/Lück*, MedR 1992, 1, 4.
2 LAG Hamm v. 10.10.2008 – 10 TaBV 24/08, juris Rz. 73.
3 Richardi/*Richardi*, § 5 BetrVG Rz. 256.
4 *Fitting*, § 1 BetrVG Rz. 188.
5 BAG v. 26.1.1993 – 1 AZR 303/92, AP Nr. 102 zu § 99 BetrVG 1972.
6 BAG v. 16.8.1983 – 1 AZR 546/81, AP Nr. 5 zu § 50 BetrVG.

Regelung auf Unternehmensebene sinnvoll und zweckmäßig, aber nicht zwingend ist[1]. Der Gesamtbetriebsrat ist den einzelnen Betriebsräten nicht übergeordnet, § 50 Abs. 1 Satz 2 BetrVG.

c) Konzernbetriebsrat

Für einen Konzern i. S. d. § 18 Abs. 1 AktG **kann** durch Beschlüsse der einzel-   90
nen Gesamtbetriebsräte ein Konzernbetriebsrat errichtet werden, § 54 Abs. 1
Satz 1 BetrVG. Im Gegensatz zu § 47 Abs. 1 BetrVG, der die Errichtung von
Gesamtbetriebsräten bei Vorliegen der Voraussetzungen zwingend vorschreibt, überlässt § 54 BetrVG die Entscheidung zur Errichtung eines Konzernbetriebsrates den Gesamtbetriebsräten.

Für die Zuständigkeit des Konzernbetriebsrates, die in § 58 BetrVG geregelt   91
wird, gilt das zum Gesamtbetriebsrat Gesagte sinngemäß. Insbesondere ist
der Konzernbetriebsrat den Gesamtbetriebsräten nicht übergeordnet, § 58
Abs. 1 Satz 2 BetrVG.

d) Jugend- und Auszubildendenvertretung

In Betrieben mit in der Regel mindestens fünf Arbeitnehmern, die das 18.   92
Lebensjahr noch nicht vollendet haben (= jugendliche Arbeitnehmer) oder
die zu ihrer Berufsausbildung beschäftigt sind und das 25. Lebensjahr noch
nicht vollendet haben, werden Jugend- und Auszubildendenvertretungen gewählt, § 60 Abs. 1 BetrVG. Die zuvor genannten Arbeitnehmergruppen sind
gem. § 61 Abs. 1 BetrVG auch wahlberechtigt. Wählbar sind alle Arbeitnehmer des Betriebes, die das 25. Lebensjahr noch nicht vollendet haben und
keine Mitglieder des Betriebsrates sind, § 61 Abs. 2 BetrVG. Die Jugend- und
Auszubildendenvertretungen sind Interessenvertreter der in § 60 Abs. 1
BetrVG genannten Arbeitnehmer und haben grundsätzlich die allgemeinen
Aufgaben des § 70 Abs. 1 BetrVG zu erfüllen. Hierzu stehen ihnen allerdings
keine eigenen Beteiligungsrechte gegenüber dem Arbeitgeber zu, sondern sie
wirken über den Betriebsrat, an dessen Sitzungen ihnen nach § 67 BetrVG
Teilnahmerechte zustehen, an der Erfüllung ihrer betriebsverfassungsrechtlichen Aufgaben mit. Der Betriebsrat bleibt der Interessenvertreter aller Arbeitnehmer, auch der jugendlichen Arbeitnehmer und der Auszubildenden
und übt die Beteiligungsrechte gegenüber dem Arbeitgeber aus[2].

e) Einigungsstelle

Die Einigungsstelle ist eine Einrichtung zur Beilegung von Meinungsver-   93
schiedenheiten zwischen Arbeitgeber und Betriebsrat, § 76 Abs. 1 BetrVG.
Sie ist grundsätzlich kein ständiges Organ, sondern bei Bedarf zu bilden[3].
Die Einrichtung einer ständigen Einigungsstelle ist allerdings durch Be-

---

1 *Fitting*, § 50 BetrVG Rz. 62; Richardi/*Annuß*, § 50 BetrVG Rz. 53.
2 BAG v. 21.1.1982 – 6 ABR 17/79, AP Nr. 1 zu § 70 BetrVG 1972.
3 *Fitting*, § 76 BetrVG Rz. 7.

triebsvereinbarung möglich, § 76 Abs. 1 Satz 2 BetrVG. Die Einigungsstelle besteht laut § 76 Abs. 2 BetrVG aus einer bestimmten Anzahl von Beisitzern, die zu gleichen Teilen vom Arbeitgeber und vom Betriebsrat bestellt werden. Geleitet wird sie von einem unparteiischen Vorsitzenden, auf dessen Person sich beide Seiten einigen müssen. Kommt eine diesbezügliche Einigung nicht zustande, bestellt das Arbeitsgericht den Vorsitzenden in einem speziellen Beschlussverfahren nach den §§ 98, 80 bis 84 ArbGG, falls nicht die Einigungsstelle offensichtlich unzuständig ist[1]. Das Arbeitsgericht entscheidet ebenfalls, wenn die Parteien sich nicht über die Anzahl der Beisitzer einigen können, § 76 Abs. 1 Satz 2 und 3 BetrVG. Für die Verfahrenseinleitung muss danach unterschieden werden, welche Wirkung die Entscheidung der Einigungsstelle haben wird:

– In den Fällen, in denen der Spruch der Einigungsstelle die Einigung zwischen Arbeitgeber und Betriebsrat ersetzt und somit für beide Seiten verbindlich ist, wird sie nach § 76 Abs. 5 Satz 1 BetrVG auf Antrag einer Seite tätig. Dies sind Fälle, in denen dem Betriebsrat ein zwingendes betriebliches Mitbestimmungsrecht zusteht, wie z. B. in sozialen Angelegenheiten nach § 87 Abs. 1, 2 BetrVG[2].

– Im Übrigen wird die Einigungsstelle nur tätig, wenn beide Seiten dies beantragen oder eine Seite mit dem Antrag der anderen einverstanden ist, § 76 Abs. 6 Satz 1 BetrVG. In diesem sog. **freiwilligen Einigungsstellenverfahren** bindet der Spruch der Einigungsstelle Arbeitgeber und Betriebsrat nur, wenn beide sich ihm im Voraus unterworfen oder ihn nachträglich angenommen haben, § 76 Abs. 6 Satz 2 BetrVG. Er hat dann dieselbe Rechtswirkung, als hätten sich beide Seiten ohne Einschaltung der Einigungsstelle auf ihn geeinigt[3].

94 Das Verfahren vor der Einigungsstelle ist in § 76 BetrVG nicht abschließend geregelt, sondern kann durch Betriebsvereinbarung präzisiert werden, § 76 Abs. 4 BetrVG[4]. Im Übrigen bestimmt die Einigungsstelle ihr Verfahren selbst, wobei sie an anerkannte und elementare rechtsstaatliche Verfahrensgrundsätze gebunden ist[5]. So hat der Vorsitzende der Einigungsstelle Termin und Ort der Sitzung festzulegen sowie Beisitzer, ggf. Betriebspartner und andere Personen wie Zeugen oder Sachverständige zu den Sitzungen einzuladen, die Sitzung zu leiten und sonstige verfahrensleitende Maßnahmen zu treffen[6]. Der Spruch der Einigungsstelle ergeht gem. § 76 Abs. 3 Satz 2 BetrVG nach mündlicher Beratung mit Stimmenmehrheit. Weitere Einzelheiten zur Beschlussfassung regelt § 76 Abs. 3 BetrVG. Die Kosten der Einigungsstelle hat der Arbeitgeber zu tragen, § 76a Abs. 1 BetrVG.

---

1 *Fitting*, § 76 BetrVG Rz. 21.
2 *Fitting*, § 76 BetrVG Rz. 68 m. w. N.; Richardi/*Richardi*, § 76 BetrVG Rz. 8 ff.
3 BAG v. 22.1.1980 – 1 ABR 48/77, AP Nr. 3 zu § 87 BetrVG 1972.
4 *Fitting*, § 76 BetrVG Rz. 37; Richardi/*Richardi*, § 76 BetrVG Rz. 83.
5 BAG v. 18.4.1989 – 1 ABR 2/88, AP Nr. 34 zu § 87 BetrVG 1972 Arbeitszeit; BAG v. 18.1.1994 – 1 ABR 43/93, AP Nr. 51 zu § 76 BetrVG 1972.
6 *Fitting*, § 76 BetrVG Rz. 37a.

f) Wirtschaftsausschuss

In Unternehmen mit in der Regel mehr als 100 ständig beschäftigten Ar- 95
beitnehmern muss ein Wirtschaftsausschuss gebildet werden, § 106 Abs. 1
Satz 1 BetrVG. Dieser berät in monatlichen Sitzungen wirtschaftliche Angelegenheiten mit dem Unternehmer oder seinem Vertreter und informiert
den Betriebsrat unverzüglich über das Ergebnis der Beratungen, §§ 106 Abs. 1
Satz 2, 108 Abs. 1, 4 BetrVG. Hierzu hat der Unternehmer den Wirtschaftsausschuss unter Vorlage der erforderlichen Unterlagen umfassend und rechtzeitig über die wirtschaftlichen Angelegenheiten des Unternehmens zu
unterrichten, § 106 Abs. 2 BetrVG. Was zu den wirtschaftlichen Angelegenheiten zu zählen ist, bestimmt § 106 Abs. 3 BetrVG. Bestellung und Zusammensetzung des Wirtschaftsausschusses regelt § 107 BetrVG. Er besteht aus
drei bis sieben unternehmensinternen Mitgliedern, die vom Betriebsrat für
die Dauer ihrer Amtszeit bestimmt werden, wobei auch leitende Angestellte
zu Mitgliedern bestimmt werden können. Bei Meinungsverschiedenheiten
über den konkreten Umfang der Auskunftspflicht des Unternehmers kann
nach § 109 BetrVG die Einigungsstelle angerufen werden, deren Spruch die
Einigung zwischen Arbeitgeber und Betriebsrat ersetzt.

g) Sprecherausschuss

Das BetrVG findet prinzipiell keine Anwendung auf leitende Angestellte (§ 5 96
Abs. 3 BetrVG), die somit auch durch den Betriebsrat nicht repräsentiert
werden[1]. Aus diesem Grund besteht neben dem Betriebsrat eine weitere eigene Arbeitnehmervertretung, die die Interessen der leitenden Angestellten
wahrnimmt: der Sprecherausschuss der leitenden Angestellten. Einzelheiten
zum Recht der Sprecherausschüsse finden sich im Sprecherausschussgesetz
(SprAuG), das Ähnlichkeiten zu den Vorschriften des BetrVG über die Interessenvertretung aufweist. In Betrieben der Privatwirtschaft, in denen in der
Regel mindestens zehn leitende Angestellte beschäftigt sind, werden Sprecherausschüsse gewählt, wenn die Mehrheit der leitenden Angestellten dafür stimmt, §§ 1 Abs. 1, 3; 7 Abs. 2 Satz 4 SprAuG. Wie das BetrVG findet
auch das SprAuG keine Anwendung auf öffentlich-rechtliche Betriebe sowie
Religionsgemeinschaften und ihre karitativen und erzieherischen Einrichtungen, § 1 Abs. 3 SprAuG. Der Sprecherausschuss als Repräsentativorgan
der leitenden Angestellten hat **keine erzwingbaren Mitbestimmungsrechte,
sondern** lediglich Unterrichtungs-, Anhörungs- und Beratungsrechte (**sog.
Mitwirkungsrechte**)[2]. Er kann mit dem Arbeitgeber Richtlinien über den Inhalt, den Abschluss oder die Beendigung von Arbeitsverhältnissen der leitenden Angestellten vereinbaren, die jedoch nur dann unmittelbar und zwingend geltend, wenn dies zwischen Arbeitgeber und Sprecherausschuss
abgesprochen ist, § 28 SprAuG[3]. Das Verhältnis zwischen Betriebsrat und
Sprecherausschuss bestimmt sich nach § 2 SprAuG. Beabsichtigen Arbeit-

---

1 *Fitting*, § 5 BetrVG Rz. 314; Richardi/*Richardi*, § 5 BetrVG Rz. 186.
2 *Fitting*, § 5 BetrVG Rz. 418 ff.; Richardi/*Richardi*, § 5 BetrVG Rz. 279 ff.
3 *Fitting*, § 5 BetrVG Rz. 419; Richardi/*Richardi*, § 5 BetrVG Rz. 287 ff.

geber und Betriebsrat den Abschluss einer Betriebsvereinbarung oder einer sonstigen Vereinbarung, die die rechtlichen Interessen der leitenden Angestellten berührt, hat der Arbeitgeber den Sprecherausschuss hierzu rechtzeitig anzuhören, § 2 Abs. 1 Satz 2 SprAuG. Außerdem soll nach § 2 Abs. 2 Satz 3 BetrVG einmal im Jahr eine gemeinsame Sitzung von Betriebsrat und Sprecherausschuss stattfinden.

97 Der **ärztliche Direktor** ist als Mitglied der Betriebsleitung des Krankenhauses nach allgemeiner Ansicht leitender Angestellter im Sinne des BetrVG[1]. Ob der **Chefarzt** leitender Angestellter ist, ist in Rechtsprechung und Schrifttum umstritten. Siehe dazu die Ausführungen unter Rz. 85 f.

h) Betriebsversammlung

98 Die Betriebsversammlung dient dem Informationsaustausch zwischen Betriebsrat und Belegschaft[2]. Sie besteht aus allen Arbeitnehmern eines Betriebes und wird von dem Vorsitzenden des Betriebsrates geleitet, § 42 Abs. 1 BetrVG. An den nichtöffentlichen Sitzungen haben neben allen Arbeitnehmern des Betriebes auch die Arbeitgeberseite und im Betrieb vertretene Gewerkschaften ein Teilnahmerecht[3]. Gemäß § 43 Abs. 1 BetrVG hat der Betriebsrat einmal in jedem Kalendervierteljahr eine Betriebsversammlung einzuberufen (**ordentliche Betriebsversammlung**), auf der er Rechenschaft über seine Tätigkeit abzulegen hat[4]. Die Arbeitnehmer können dem Betriebsrat Anträge unterbreiten, zu seinen Beschlüssen Stellung nehmen und jede Angelegenheit behandeln, die den Betrieb oder seine Arbeitnehmer unmittelbar betreffen, § 45 BetrVG[5]. Der Arbeitgeber, der zu den Betriebsversammlungen einzuladen ist, hat mindestens einmal im Kalenderjahr über das Personal- und Sozialwesen einschließlich des Stands der Gleichstellung von Männern und Frauen im Betrieb sowie der Integration der im Betrieb beschäftigten Ausländer, über die wirtschaftliche Lage und Entwicklung des Betriebes sowie über den betrieblichen Umweltschutz zu berichten, § 43 Abs. 2 BetrVG. Die ordentliche Betriebsversammlung findet gem. § 44 BetrVG grundsätzlich während der Arbeitszeit statt, wobei den Arbeitnehmern weder Unkosten noch Verdienstausfall entstehen.

99 **Außerordentliche Betriebsversammlungen** können vom Betriebsrat einberufen werden und finden grundsätzlich außerhalb der Arbeitszeit statt. Sie sind einzuberufen, wenn der Arbeitgeber oder ein Viertel der wahlberechtigten Arbeitnehmer dies verlangt, § 43 Abs. 3 BetrVG. Betriebsversammlungen, die auf Wunsch des Arbeitgebers oder in seinem Einvernehmen während der Arbeitszeit stattfinden, berechtigen ihn nicht, das Arbeitsentgelt der Arbeitnehmer zu mindern, § 44 Abs. 2 Satz 2 BetrVG.

---

1 Richardi/*Richardi*, § 5 BetrVG Rz. 256.
2 *Fitting*, § 42 BetrVG Rz. 7; Richardi/*Richardi*/*Annuß*, Vor § 42 BetrVG Rz. 1.
3 Richardi/*Richardi*/*Annuß*, § 42 BetrVG Rz. 8.
4 Richardi/*Richardi*/*Annuß*, Vor § 42 BetrVG Rz. 1.
5 *Fitting*, § 42 BetrVG Rz. 38, 40.

3. Zusammensetzung des Betriebsrates

Die Zahl der Betriebsratsmitglieder ergibt sich aus § 9 BetrVG. Sie ist abhän- 100
gig von der Anzahl der wahlberechtigten Arbeitnehmer in einem Betrieb. In
Betrieben mit mindestens fünf (nur dann besteht Betriebsratsfähigkeit, § 1
Abs. 1 BetrVG) und höchstens 20 wahlberechtigten Arbeitnehmern besteht
der Betriebsrat aus nur einer Person. Bei jeder weiteren Größenstufe erhöht
sich die Mitgliederzahl um zwei, was immer zu einer ungeraden Anzahl an
Betriebsratsmitgliedern führt. Dadurch sollen Pattsituationen bei Abstimmungen vermieden werden.

§ 15 BetrVG regelt die Zusammensetzung des Betriebsrates. Nach § 15 101
Abs. 1 BetrVG soll sich der Betriebsrat möglichst aus Arbeitnehmern der
einzelnen Organisationsbereiche und der verschiedenen Beschäftigungsarten
der im Betrieb tätigen Arbeitnehmer zusammensetzen. Hierbei handelt es
sich um eine Sollvorschrift mit nicht zwingendem Charakter, deren
Nichtbeachtung eine Wahlanfechtung nach § 19 BetrVG nicht rechtfertigen
kann[1].

Demgegenüber stellt § 15 Abs. 2 BetrVG eine wesentliche Wahlvorschrift 102
dar, deren Verletzung zur Wahlanfechtung berechtigt. Nach § 15 Abs. 2
BetrVG muss das Geschlecht, das in der Belegschaft in der Minderheit ist,
mindestens entsprechend seinem zahlenmäßigen Verhältnis im Betriebsrat
vertreten sein, wenn dieser aus mindestens drei Mitgliedern besteht[2]. Wie
die einzelnen Sitze auf die Geschlechter zu verteilen sind, bestimmt die
WahlO, insbesondere § 5 WahlO.

4. Einige kurze Bemerkungen zur Wahl des Betriebsrates

a) Wahlberechtigung und Wählbarkeit

Wahlberechtigt sind gem. § 7 Satz 1 BetrVG grundsätzlich alle Arbeitnehmer 103
des Betriebes, die am Wahltag, d. h. am letzten Tag der Stimmabgabe, das 18.
Lebensjahr vollendet haben. Gemäß § 7 Satz 2 BetrVG sind Arbeitnehmer,
die zur Arbeitsleistung überlassen werden, dann wahlberechtigt, wenn sie
länger als drei Monate im Betrieb eingesetzt werden. Die Wahlberechtigung
steht gleichermaßen Arbeitern und Angestellten einschließlich der zu ihrer
Berufsausbildung Beschäftigten zu, unabhängig davon, ob sie im Betrieb, im
Außendienst oder mit Telearbeit beschäftigt werden, § 5 Abs. 1 Satz 1
BetrVG. Ebenfalls wahlberechtigt sind die in Heimarbeit Beschäftigten, die
in der Hauptsache für den Betrieb arbeiten, unabhängig davon, ob sie eine
Arbeitertätigkeit oder eine Angestelltentätigkeit verrichten, § 5 Abs. 1 Satz 2
BetrVG[3]. Für die Wahlberechtigung kommt es allein auf den rechtlichen Be-
stand des Arbeitsverhältnisses an, so dass auch Arbeitnehmer, die krank
oder beurlaubt sind, Wehr- oder Ersatzdienst ableisten[4] oder sich in Mutter-

---

1 *Fitting*, § 15 BetrVG Rz. 2; Richardi/*Thüsing*, § 15 BetrVG Rz. 20.
2 *Fitting*, § 15 BetrVG Rz. 3; Richardi/*Thüsing*, § 15 BetrVG Rz. 23.
3 MünchArbR/*Joost*, § 216 Rz. 31.
4 BAG v. 29.3.1974 – 1 ABR 27/73, AP Nr. 2 zu § 19 BetrVG 1972.

schafts- oder Erziehungsurlaub befinden, wahlberechtigt sind[1]. Sie haben die Möglichkeit der Briefwahl[2]. Gekündigte Arbeitnehmer sind wahlberechtigt, solange die Kündigungsfrist noch nicht abgelaufen ist, sie bleiben auch wahlberechtigt, wenn sie für die Dauer des Kündigungsschutzprozesses weiterbeschäftigt werden[3]. Zu den Wahlberechtigten zählen auch Teilzeitkräfte[4], Aushilfen und die zu ihrer Berufsausbildung Beschäftigten. Ausgenommen von der Wahlberechtigung sind allerdings die leitenden Angestellten i. S. d. § 5 Abs. 3 BetrVG, da diese ggf. einen Sprecherausschuss wählen[5].

104   **Wählbar** sind gem. § 8 Abs. 1 Satz 1 BetrVG alle nach §§ 7, 5 BetrVG Wahlberechtigten, die sechs Monate dem Betrieb angehören oder als in Heimarbeit Beschäftigte in der Hauptsache für den Betrieb gearbeitet haben. Für die Wählbarkeit von ausländischen Arbeitnehmern gelten keine Besonderheiten[6]. Sie sind wählbar, wenn sie die gewöhnlichen Voraussetzungen erfüllen. Wählbar bleiben Arbeitnehmer auch während der Zeit, in der sie ihren Wehrdienst oder Zivildienst ableisten, da sie ihre Betriebszugehörigkeit behalten[7]. Nach dem Willen des Gesetzgebers sind nun auch die durch die Neuregelung des § 5 Abs. 1 Satz 3 BetrVG unter den Begriff der Arbeitnehmer i. S. d. Betriebsverfassungsgesetzes fallenden Beamten und Arbeitnehmer des öffentlichen Dienstes aktiv und passiv wahlberechtigt[8]. Keine ausdrückliche Regelung findet sich bezüglich der Wahlberechtigung und der Wählbarkeit von Soldaten[9].

105   Umstritten ist die Wählbarkeit von gekündigten Arbeitnehmern. Die h. M. geht auch bei Fehlen des aktiven Wahlrechts von der Wählbarkeit aus, wenn der gekündigte Arbeitnehmer Kündigungsschutzklage erhoben hat, ohne dass es auf seine tatsächliche Weiterbeschäftigung ankommt[10]. Die h. M. begründet dies damit, dass andernfalls der Arbeitgeber die Möglichkeit hätte, durch den Ausspruch unberechtigter Kündigungen gegenüber unliebsamen Wahlbewerbern Einfluss auf die Zusammensetzung des Betriebsrats zu nehmen[11].

---

1 *Hromadka/Maschmann*, § 16 Rz. 131.
2 MünchArbR/*Joost*, § 216 Rz. 57.
3 BAG v. 14.5.1997 – 7 ABR 26/96, AP Nr. 6 zu § 8 BetrVG 1972.
4 BAG v. 29.1.1992 – 7 ABR 27/91, AP Nr. 1 zu § 7 BetrVG 1972.
5 *Hromadka/Maschmann*, § 16 Rz. 131.
6 MünchArbR/*Joost*, Band 2, § 216 Rz. 73.
7 MünchArbR/*Joost*, Band 2, § 216 Rz. 70.
8 Begründung des Regierungsentwurfs, BT-Drucks. 16/11608, S. 21; ebenso *Thüsing*, BB 2009, 2036 f.; a. A. *Löwisch*, welcher sich gegen eine Wahlberechtigung und Wählbarkeit der Beamten und Arbeitnehmer des öffentlichen Dienstes ausspricht, BB 2009, 2316.
9 Begründung des Regierungsentwurfs, BT-Drucks. 16/11608, S. 21.
10 BAG v. 14.5.1997 – 7 ABR 26/96, AP Nr. 6 zu § 8 BetrVG 1972 = NZA 1997, 1245; BAG v. 10.11.2004 – 7 ABR 12/04, NZA 2005, 707–708; Richardi/*Thüsing*, § 8 BetrVG Rz. 14. m. w. N.; *Fitting*, § 8 BetrVG Rz. 18.
11 BAG v. 14.5.1997 – 7 ABR 26/96, AP Nr. 6 zu § 8 BetrVG 1972 = NZA 1997, 1245; BAG v. 10.11.2004 – 7 ABR 12/04, NZA 2005, 707–708.

b) Zeitpunkt der Betriebsratswahlen

Die regelmäßigen Betriebsratswahlen finden alle vier Jahre in der Zeit vom   106
1. März bis 31. Mai statt, § 13 Abs. 1 Satz 1 BetrVG. Die nächsten regelmäßigen Betriebsratswahlen sind im Jahr 2014.

c) Wahlanfechtung

Die Wahl kann gem. § 19 Abs. 1 BetrVG beim Arbeitsgericht angefochten   107
werden, wenn gegen wesentliche Vorschriften über das Wahlrecht, die Wählbarkeit oder das Wahlverfahren verstoßen worden ist und eine Berichtigung
nicht erfolgt ist. Die Anfechtbarkeit setzt allerdings voraus, dass das Wahlergebnis durch den Verstoß überhaupt geändert oder beeinflusst werden
konnte. Die Anfechtung hat keine Rückwirkung, die Wahl muss aber wiederholt werden[1].

Zur Anfechtung berechtigt sind gem. § 19 Abs. 2 Satz 1 BetrVG mindestens   108
drei Wahlberechtigte, eine im Betrieb vertretene Gewerkschaft oder der Arbeitgeber. Die Wahlanfechtung ist nach § 19 Abs. 2 Satz 2 BetrVG nur binnen einer Frist von zwei Wochen, vom Tage der Bekanntgabe des Wahlergebnisses an gerechnet, zulässig.

5. Geschäftsführung des Betriebsrates

a) Der Betriebsratsvorsitzende und sein Stellvertreter

Der Betriebsrat wählt aus seiner Mitte den Vorsitzenden und dessen Stellver-   109
treter, § 26 Abs. 1 BetrVG. Die Wahl des Vorsitzenden und seines Stellvertreters ist eine Pflicht, deren Unterlassung zur Auflösung des Betriebsrates
nach § 23 BetrVG führen kann[2]. Solange kein Vorsitzender gewählt ist, kann
der Arbeitgeber eine Verhandlung mit dem Betriebsrat ablehnen[3]. Grund
hierfür ist, dass der Betriebsrat noch nicht konstituiert und damit noch nicht
funktionsfähig ist[4]. Vor der Konstituierung des Betriebsrats besteht daher
beispielsweise keine Anhörungspflicht des Arbeitgebers nach § 102 Abs. 1
BetrVG. Den Arbeitgeber trifft auch grundsätzlich keine Pflicht, mit dem
Ausspruch der Kündigung eines Arbeitnehmers zu warten, bis der Betriebsrat sich konstituiert hat[5].

Nach § 26 Abs. 2 Satz 1 BetrVG **vertritt der Vorsitzende** des Betriebsrates   110
oder im Falle seiner Verhinderung sein Stellvertreter den Betriebsrat im Rahmen der von ihm gefassten Beschlüsse. Der Vorsitzende kann nicht an Stelle
des Betriebsrates eine Entscheidung treffen. Er ist nämlich nicht Vertreter
im Willen, sondern vielmehr nur **Vertreter in der Erklärung**, die er im Na-

---

1 *Brunhöber*, Das bringt das neue Betriebsverfassungsgesetz, 2002, S. 108.
2 Richardi/*Thüsing*, § 26 BetrVG Rz. 1.
3 BAG v. 23.8.1984 – 6 AZR 520/82, AP Nr. 36 zu § 102 BetrVG 1972.
4 Richardi/*Thüsing*, § 26 BetrVG Rz. 1.
5 BAG v. 23.8.1984 – 6 AZR 520/82, AP Nr. 36 zu § 102 BetrVG 1972; BAG v. 28.10.1992
– 10 ABR 75/91, NZA 1993, 420–421; LAG Hamm v. 20.5.1999 – 4 Sa 1989/98, juris.

men des Betriebsrates abgeben und entgegennehmen darf[1]. Der Aufgabenbereich des Vorsitzenden innerhalb des Betriebsrates umfasst neben der Einberufung der Sitzungen, der Festsetzung der Tagesordnung und der Leitung der Verhandlung (§ 29 Abs. 2 Satz 1 und 2 BetrVG) auch die Vorbereitung der Entscheidungen des Betriebsrates[2]. Der Vorsitzende des Betriebsrates ist kraft Gesetzes befugt, die Beschlüsse des Betriebsrates auszuführen[3]. Er braucht seine Vertretungsbefugnis nicht nachzuweisen. Der Arbeitgeber ist nicht zur Nachprüfung verpflichtet, ob der Vorsitzende sich im Rahmen eines Beschlusses hält. Da der Vorsitzende den Betriebsrat aber nur im Rahmen der von diesem gefassten Beschlüsse vertritt, kann der Arbeitgeber den Nachweis verlangen, dass ein solcher Beschluss gefasst worden ist[4].

111   Nach § 26 Abs. 2 Satz 2 BetrVG ist der Vorsitzende des Betriebsrates oder im Falle seiner Verhinderung sein Stellvertreter **zur Entgegennahme von Erklärungen**, die dem Betriebsrat gegenüber abzugeben sind, berechtigt. Das gilt nicht nur für rechtsgeschäftliche Erklärungen, sondern für alle Mitteilungen und Erklärungen, die dem Betriebsrat gegenüber abzugeben sind[5]. Besondere Bedeutung hat dies vor allem für die Bestimmungen, die eine Fristbegrenzung für die Ausübung eines Mitbestimmungsrechts davon abhängig machen, dass der Betriebsrat ordnungsgemäß unterrichtet wurde, wie z. B. bei der Einstellung, Versetzung, Ein- oder Umgruppierung von Arbeitnehmern nach §§ 99 Abs. 2, 100 Abs. 2 BetrVG und für die Beteiligung bei Kündigungen nach § 102 Abs. 2 BetrVG[6]. In diesen Fällen ist nur der Vorsitzende oder im Falle seiner Verhinderung sein Stellvertreter zur Entgegennahme der Mitteilung oder Erklärung berechtigt, nicht aber ein anderes Betriebsratsmitglied[7].

b) Der Betriebsausschuss und weitere Ausschüsse

112   Der Betriebsrat hat gem. § 27 Abs. 1 Satz 1 BetrVG einen **Betriebsausschuss** zu bilden, d. h., es ist Pflicht des Betriebsrates, wenn die Voraussetzungen dafür vorliegen. Wird entgegen dem Gesetz kein Betriebsausschuss gebildet, so liegt darin in der Regel eine grobe Pflichtverletzung des Betriebsrates i. S. d. § 23 BetrVG, die zur Auflösung des Betriebsrates durch das Arbeitsgericht berechtigt[8]. Die Bildung eines Betriebsausschusses setzt gem. § 27 Abs. 1 Satz 1 BetrVG voraus, dass der Betriebsrat neun oder mehr Mitglieder hat.

---

1 BAG v. 28.2.1958 – 1 AZR 491/56, AP Nr. 1 zu § 14 AZO; BAG v. 26.9.1963 – 2 AZR 220/63, AP Nr. 2 zu § 70 PersVG Kündigung; BAG v. 17.2.1981 – 1 AZR 290/78, AP Nr. 11 zu § 112 BetrVG 1972.
2 Richardi/*Thüsing*, § 26 BetrVG Rz. 35.
3 Richardi/*Thüsing*, § 26 BetrVG Rz. 37.
4 BAG v. 17.2.1981 – 1 AZR 290/78, AP Nr. 11 zu § 112 BetrVG 1972; Richardi/*Thüsing*, § 26 BetrVG Rz. 37.
5 Richardi/*Thüsing*, § 26 BetrVG Rz. 40.
6 Richardi/*Thüsing*, § 26 BetrVG Rz. 40.
7 BAG v. 28.2.1974 – 2 AZR 455/73 und BAG v. 4.8.1975 – 2 AZR 266/74, AP Nr. 2 und 4 zu § 102 BetrVG 1972.
8 Richardi/*Thüsing*, § 27 BetrVG Rz. 5.

Aufgabe des Betriebsausschusses ist gem. § 27 Abs. 2 Satz 1 BetrVG **das Füh-**   113
ren der laufenden Geschäfte des Betriebsrats. Was „laufende Geschäfte"
meint, ist gesetzlich nicht normiert und daher umstritten. Die überwiegende Meinung geht jedoch dahin, die Tätigkeit des Betriebsausschusses auf
eine nur nach innen wirkende Geschäftsführungsbefugnis zu beschränken,
also auf rein technische und verwaltungsmäßige Aufgaben, wie die Entgegennahme von Erklärungen des Arbeitgebers und der Arbeitnehmer des
Betriebes, die Vorbereitung der Betriebsratssitzungen, die Führung des
Schriftwechsels nach Maßgabe der Beschlüsse des Betriebsrates und die Abhaltung der Sprechstunden[1]. Der Betriebsausschuss soll deshalb von allen
Aufgaben ausgeschlossen sein, bei denen es um eine Willensbildung geht,
vor allem von jeder Ausübung der dem Betriebsrat zustehenden Mitwir-
kungs- und Mitbestimmungsrechte[2].

Weitere Ausschüsse sind der **Gesamtbetriebsausschuss** (§ 51 Abs. 1 Satz 2   114
BetrVG) und der **Konzernbetriebsausschuss** (§ 59 Abs. 1 BetrVG). Der Gesamtbetriebsrat hat einen Gesamtbetriebsausschuss zu bilden, der die laufenden Geschäfte führt, wenn dem Gesamtbetriebsrat mindestens neun
Mitglieder angehören, § 51 Abs. 1 Satz 2 BetrVG. Gleiches gilt für den Konzernbetriebsrat gem. § 59 Abs. 1 BetrVG. Die Jugend- und Auszubildendenvertretung kann dagegen keinen besonderen **Jugend- und Auszubildenden-**
ausschuss bilden (§ 65 Abs. 1 BetrVG).

Der Betriebsrat kann weitere Ausschüsse in Betrieben von mehr als 100 Ar-   115
beitnehmern nach § 28 BetrVG bilden, und, sofern ein Betriebsausschuss
existiert, ihnen bestimmte Aufgaben auch zur selbständigen Erledigung
übertragen[3]. Entsprechendes gilt für den Gesamtbetriebsrat (§ 51 BetrVG),
den Konzernbetriebsrat (§ 59 BetrVG), die Jugend- und Auszubildendenvertretung (§ 65 Abs. 1 BetrVG), die Gesamt-Jugend- und Auszubildendenver-
tung (§ 73 Abs. 2 BetrVG), sowie die Konzern-Jugend- und Auszubildendenvertretung (§ 73b Abs. 2 BetrVG)[4].

c) Sitzungen des Betriebsrates

Der Betriebsrat fällt seine Entscheidungen und fasst seine Beschlüsse als   116
Kollektivorgan in regelmäßigen und besonderen Sitzungen[5]. Eine Sitzung
liegt vor, wenn sich die Mitglieder des Betriebsrats unter der Leitung der den
Vorsitz führenden Person nach ordnungsgemäßer Einberufung zusammen-
finden, um gemeinsam zu beraten und ggf. zu beschließen[6]. Die Sitzungen
des Betriebsrats finden in der Regel während der Arbeitszeit statt, § 30 Satz 1

---

1 *Fitting,* § 27 BetrVG Rz. 67 ff.; GK-BetrVG/*Wiese,* § 27 Rz. 72 f. ErfK/*Koch,* § 27
  BetrVG Rz. 5.
2 Vgl. nur *Fitting,* § 27 BetrVG Rz. 67; a. A. Richardi/*Thüsing,* § 27 BetrVG Rz. 49, 50.
3 Richardi/*Thüsing,* § 27 BetrVG Rz. 72.
4 Richardi/*Thüsing,* § 27 BetrVG Rz. 72.
5 MünchArbR/*Joost,* § 219 Rz. 1.
6 BAG v. 23.8.1984 – 6 AZR 520/82, AP Nr. 36 zu § 102 BetrVG 1972 mit Anm. *Richar-*
  di, NZA 1985, 566.

BetrVG. Der Betriebsrat hat gem. § 30 Satz 2 BetrVG bei der Ansetzung von Betriebsratssitzungen auf die betrieblichen Notwendigkeiten Rücksicht zu nehmen. Der Arbeitgeber ist vom Zeitpunkt der Sitzung vorher zu verständigen, § 30 Satz 3 BetrVG. Die Sitzungen des Betriebsrats sind nicht öffentlich, § 30 Satz 4 BetrVG.

117   Die Sitzungen **beruft** gem. § 29 Abs. 2 Satz 1 BetrVG **der Vorsitzende** des Betriebsrats **ein**. Er setzt die Tagesordnung fest und leitet die Verhandlung, § 29 Abs. 2 Satz 2 BetrVG. Der Vorsitzende hat die Mitglieder des Betriebsrats zu den Sitzungen rechtzeitig unter Mitteilung der Tagesordnung zu laden, § 29 Abs. 2 Satz 3 BetrVG. Dies gilt gem. § 29 Abs. 2 Satz 4 BetrVG auch für die Schwerbehindertenvertretung sowie für die Jugend- und Auszubildendenvertreter, soweit sie ein Recht auf Teilnahme an der Betriebsratssitzung haben. Kann ein Mitglied des Betriebsrats oder der Jugend- und Auszubildendenvertretung an der Sitzung nicht teilnehmen, so soll es dies unter Angabe der Gründe unverzüglich dem Vorsitzenden mitteilen, § 29 Abs. 2 Satz 5 BetrVG. Der Vorsitzende hat nach § 29 Abs. 2 Satz 6 BetrVG für ein verhindertes Betriebsratsmitglied oder für einen verhinderten Jugend- und Auszubildendenvertreter das Ersatzmitglied zu laden.

118   Gemäß § 29 Abs. 3 BetrVG hat der Vorsitzende eine Sitzung einzuberufen und den Gegenstand, dessen Beratung beantragt ist, auf die Tagesordnung zu setzen, wenn dies ein Viertel der Mitglieder des Betriebsrats oder der Arbeitgeber beantragt.

119   **Teilnahmebefugt** sind stets alle **Betriebsratsmitglieder**. Die **Ersatzmitglieder** sind dagegen nur dann teilnahmeberechtigt, wenn der Vertretungsfall eingetreten ist[1].

120   Der **Arbeitgeber** nimmt an den Sitzungen, die auf sein Verlangen anberaumt sind, und an den Sitzungen, zu denen er ausdrücklich eingeladen ist, teil, § 29 Abs. 4 Satz 1 BetrVG. Er kann einen Vertreter der Vereinigung der Arbeitgeber, der er angehört, hinzuziehen, § 29 Abs. 4 Satz 2 BetrVG.

121   Die **Jugend- und Auszubildendenvertretung** kann nach § 67 Abs. 1 BetrVG zu allen Sitzungen des Betriebsrats einen von ihr zu bestimmenden Vertreter entsenden. Gleiches gilt für die **Schwerbehindertenvertretung**. Sie kann nach **§ 95 Abs. 4** SGB IX an allen Sitzungen des Betriebsrats und seiner Ausschüsse teilnehmen[2].

122   Der Betriebsrat kann gem. § 2 Abs. 2 Satz 2 SprAuG dem gesamten **Sprecherausschuss** oder einzelnen seiner Mitglieder das Recht einräumen, an Sitzungen des Betriebsrats teilzunehmen. Entsprechendes gilt gem. § 20 Abs. 4 SprAuG für den **Unternehmensausschuss** bzw. dessen einzelne Mitglieder. Über die Teilnahmebefugnis in diesen Fällen entscheidet der Betriebsrat durch Beschluss[3].

---

1 MünchArbR/Joost, § 219 Rz. 17.
2 BAG v. 21.4.1993 – 7 ABR 44/92, AP Nr. 4 zu § 25 SchwbG 1986 = NZA 1994, 43 ff.
3 MünchArbR/Joost, § 219 Rz. 21.

Gewerkschaften haben kein eigenes Recht, an den Sitzungen des Betriebsrats teilzunehmen, und zwar selbst dann nicht, wenn sie im Betrieb oder im Betriebsrat vertreten sind[1]. Aus Gründen des Minderheitenschutzes sieht § 31 BetrVG aber vor, dass auf Antrag von einem Viertel der Mitglieder des Betriebsrats ein Beauftragter einer im Betriebsrat vertretenen **Gewerkschaft** an den Sitzungen beratend teilnehmen kann. Darüber hinaus kann der Betriebsrat in seiner Geschäftsordnung regeln, dass den im Betriebsrat vertretenen Gewerkschaften ein generelles Teilnahmerecht an den Betriebsratssitzungen zusteht[2].   123

Die **Beschlüsse des Betriebsrats** werden, soweit in diesem Gesetz nichts anderes bestimmt ist, mit der Mehrheit der Stimmen der anwesenden Mitglieder gefasst, § 33 Abs. 1 Satz 1 BetrVG. Bei Stimmengleichheit ist ein Antrag abgelehnt, § 33 Abs. 1 Satz 2 BetrVG. Der Betriebsrat ist nur beschlussfähig, wenn mindestens die Hälfte der Betriebsratsmitglieder an der Beschlussfassung teilnimmt; Stellvertretung durch Ersatzmitglieder ist zulässig, § 33 Abs. 2 BetrVG. Nimmt die Jugend- und Auszubildendenvertretung an der Beschlussfassung teil, so werden die Stimmen der Jugend- und Auszubildendenvertreter bei der Feststellung der Stimmenmehrheit gem. § 33 Abs. 3 BetrVG mitgezählt.   124

Über jede Verhandlung des Betriebsrats ist gem. § 34 Abs. 1 Satz 1 BetrVG eine **Niederschrift** aufzunehmen, die mindestens den Wortlaut der Beschlüsse und die Stimmenmehrheit, mit der sie gefasst sind, enthält.   125

d) Geschäftsordnung

Nach § 36 BetrVG sollen sonstige Bestimmungen über die Geschäftsführung in einer schriftlichen Geschäftsordnung getroffen werden, die der Betriebsrat mit der (absoluten) Mehrheit der Stimmen seiner Mitglieder beschließt. Die Geschäftsordnung enthält statutarisches Recht; jedoch bindet sie nur die Mitglieder des Betriebsrates, nicht aber den Betriebsrat[3]. Der Betriebsrat kann nämlich die Geschäftsordnung jederzeit durch einen Beschluss, welcher der absoluten Mehrheit bedarf, aufheben oder von ihr abweichen[4]. Die Bestimmungen sind insbesondere für den Vorsitzenden verbindlich; er kann sich nicht selbst von ihrer Einhaltung lossagen[5].   126

e) Kosten des Betriebsrates und Umlageverbot

Die durch die Tätigkeit des Betriebsrats entstehenden sachlichen und persönlichen Kosten trägt gem. § 40 Abs. 1 BetrVG der Arbeitgeber. Für die Sitzungen, die Sprechstunden und die laufende Geschäftsführung hat der Arbeitgeber in erforderlichem Umfang Räume, sachliche Mittel, Informations-   127

---

1 MünchArbR/*Joost*, § 219 Rz. 22.
2 BAG v. 28.2.1990 – 7 ABR 22/89, AP Nr. 1 zu § 31 BetrVG 1972.
3 Richardi/*Thüsing*, § 36 BetrVG Rz. 12.
4 Richardi/*Thüsing*, § 36 BetrVG Rz. 13.
5 Richardi/*Thüsing*, § 36 BetrVG Rz. 12.

und Kommunikationstechnik sowie Büropersonal zur Verfügung zu stellen, § 40 Abs. 2 BetrVG. Damit der Arbeitgeber die Kosten zu tragen hat, müssen diese durch die Tätigkeit des Betriebsrates entstanden sein[1]. Die Tätigkeit, durch die die Kosten entstanden sind, muss sich innerhalb der dem Betriebsrat vom Gesetz zugewiesenen Aufgaben halten und damit der Erfüllung seiner Amtsobliegenheiten dienen[2]. Schließlich müssen die Kosten für die Erfüllung der Betriebsratsaufgaben notwendig und zur ordnungsgemäßen Erfüllung seiner Aufgaben vertretbar sein[3].

128   Die Erhebung und Leistung von Beiträgen der Arbeitnehmer für Zwecke des Betriebsrats ist gem. § 41 BetrVG unzulässig. Dabei macht es keinen Unterschied, ob die Beiträge freiwillig gegeben werden oder nicht[4]. Sammlungen für andere Zwecke als die des Betriebsrates werden durch § 41 BetrVG zwar nicht ausdrücklich verboten, sie sind jedoch bereits deshalb unzulässig, weil der Betriebsrat durch sie seinen Aufgabenbereich und seine Zuständigkeit überschreitet[5]. Die Erhebung von Gewerkschaftsbeiträgen durch den Betriebsrat ist unzulässig, da sie nicht zu seinen Aufgaben gehört und mit dem Gebot gewerkschaftsneutraler Amtsführung nicht vereinbar ist[6].

6. Rechtsstellung der Betriebsratsmitglieder

a) Ehrenamtliche Tätigkeit

129   Die Mitglieder des Betriebsrats führen ihr Amt unentgeltlich als Ehrenamt, § 37 Abs. 1 BetrVG. Sie dürfen wegen ihrer Tätigkeit nicht benachteiligt oder begünstigt werden. Der ehrenamtliche Charakter und die Unentgeltlichkeit der Amtsführung sollen die innere Unabhängigkeit gewährleisten und damit zugleich sicherstellen, dass das Betriebsratsmitglied nicht aus der Gruppe herausgelöst wird, der es angehört; nur dann ist nämlich gewährleistet, dass die Repräsentation der Belegschaft durch den Betriebsrat funktionieren und dieser seine Integrationsaufgaben erfüllen kann[7]. Nach § 37 BetrVG darf dem Betriebsratsmitglied für die Wahrnehmung des Amtes weder eine unmittelbare noch ein mittelbare oder versteckte Vergütung zufließen[8]. Keinen unzulässigen Vorteil stellt aber die Gewährung eines bezahlten Freizeitausgleiches an ein Betriebsratsmitglied dar, das aus betriebsbedingten Gründen notwendige Betriebsratsarbeit außerhalb seiner Arbeitszeit ausübt (§ 37 Abs. 3 BetrVG) oder aus solchen Gründen an Schulungsveranstaltungen teilnehmen (§ 37 Abs. 6 i. V. m. Abs. 3 BetrVG)[9]. Gleiches gilt für den Fall, in

---

1 Richardi/*Thüsing*, § 40 BetrVG Rz. 4.
2 Richardi/*Thüsing*, § 40 BetrVG Rz. 5.
3 BAG v. 20.10.1999 – 7 ABR 25/98, AP Nr. 67 zu § 40 BetrVG 1972 = NZA 2000, 556–558.
4 Richardi/*Thüsing*, § 41 BetrVG Rz. 2.
5 Richardi/*Thüsing*, § 41 BetrVG Rz. 7.
6 *Fitting*, § 41 BetrVG Rz. 10; GK-BetrVG/*Wiese*, § 41 Rz. 6; Richardi/*Thüsing*, § 41 BetrVG Rz. 7.
7 Richardi/*Thüsing*, § 37 BetrVG Rz. 2.
8 *Fitting*, § 37 BetrVG Rz. 8; Richardi/*Thüsing*, § 37 BetrVG Rz. 7.
9 *Fitting*, § 37 BetrVG Rz. 9.

dem das Betriebsratsmitglied wegen seiner Amtspflichten seine bisherige Tätigkeit nicht mehr ausüben kann und eine minder entlohnte Arbeit übernehmen muss; dann hat der Arbeitgeber die Lohndifferenz zu zahlen[1]. Darüber hinaus ist der Arbeitgeber verpflichtet, wenn ein Betriebsratsmitglied regelmäßig über die vertraglich geschuldete Arbeitsleistung hinaus zu weiteren Arbeitseinsätzen herangezogen wird, während der Teilnahme an Betriebsratsschulungen das Entgelt auch für die ausgefallenen zusätzlichen Arbeitseinsätze fortzuzahlen[2].

b) Arbeitsbefreiung und Freizeitausgleich

Nach § 37 Abs. 2 BetrVG sind Mitglieder des Betriebsrats von ihrer beruflichen Tätigkeit ohne Minderung des Arbeitsentgelts zu befreien, wenn und soweit es nach Umfang und Art des Betriebs zur ordnungsgemäßen Durchführung ihrer Aufgaben erforderlich ist. Voraussetzung für die Arbeitsbefreiung ist also, dass Geschäfte wahrgenommen werden, die zu den Amtsobliegenheiten eines Betriebsratsmitglieds gehören[3]. Zu den Amtsobliegenheiten zählen vor allem die Teilnahme an den Sitzungen des Betriebsrats, des Betriebsausschusses und der sonstigen Ausschüsse des Betriebsrats sowie an Betriebsrats- und Abteilungsversammlungen[4]. Nicht zu den Aufgaben des Betriebsrats gehört dagegen z.B. die gerichtliche Vertretung eines Arbeitnehmers[5], die Beratung von Arbeitnehmern in sozialversicherungsrechtlichen oder steuerrechtlichen Fragen[6], die Teilnahme an Tarifverhandlungen[7], die Vorbereitung einer Betriebsratswahl, da diese Aufgabe dem Wahlvorstand obliegt[8]. | 130

Für die **Erforderlichkeit der Arbeitsbefreiung** gilt weder ein rein objektiver noch ein rein subjektiver Maßstab eines einzelnen Betriebsratsmitglieds. Entscheidend ist vielmehr, dass das Betriebsratsmitglied bei gewissenhafter Überlegung und bei vernünftiger Würdigung aller Umstände die Arbeitsversäumnis für notwendig halten durfte, um den gestellten Aufgaben gerecht zu werden[9]. | 131

Zum Ausgleich für Betriebsratstätigkeit, die aus betriebsbedingten Gründen außerhalb der Arbeitszeit durchzuführen ist, hat das Betriebsratsmitglied Anspruch auf entsprechende Arbeitsbefreiung unter Fortzahlung des Ar- | 132

1 RAG v. 30.4.1928, BenshSlg. 2, 211; BAG v. 21.4.1983 – 6 AZR 407/80, AP Nr. 43 zu § 37 BetrVG 1972; *Fitting*, § 37 BetrVG Rz. 9; Richardi/*Thüsing*, § 37 BetrVG Rz. 7.
2 BAG v. 3.12.1997 – 7 AZR 490/93, AP Nr. 124 zu § 37 BetrVG 1972.
3 Richardi/*Thüsing*, § 37 BetrVG Rz. 15.
4 Richardi/*Thüsing*, § 37 BetrVG Rz. 16.
5 BAG v. 9.10.1970 – 1 ABR 18/69, AP Nr. 4 zu § 63 BetrVG 1952; BAG v. 19.5.1983 – 6 AZR 290/81, AP Nr. 44 zu § 37 BetrVG 1972; BAG v. 31.8.1994 – 7 AZR 893/93, AP Nr. 98 zu § 37 BetrVG 1972 = NZA 1995, 225–228.
6 LAG Köln v. 30.6.2000 – 11 (12) TaBV 18/00, AuA 2000, 602 = NZA-RR 2001, 255; BAG v. 11.12.1973 – 1 ABR 37/73, AP Nr. 5 zu § 80 BetrVG 1972.
7 Vgl. RAG v. 7.5.1930, BenshSlg. 9, 342.
8 BAG v. 10.11.1954 – 1 AZR 99/54, AP Nr. 2 zu § 37 BetrVG 1952.
9 BAG v. 6.8.1981 – 6 AZR 1086/79, AP Nr. 40 zu § 37 BetrVG 1972.

beitsentgelts (§ 37 Abs. 3 Satz 1 BetrVG). Insoweit besteht ein Verbot der Minderung des Arbeitsentgelts. Betriebsbedingte Gründe liegen auch vor, wenn die Betriebsratstätigkeit wegen der unterschiedlichen Arbeitszeiten der Betriebsratsmitglieder nicht innerhalb der persönlichen Arbeitszeit erfolgen kann (§ 37 Abs. 3 Satz 2 BetrVG). Die Arbeitsbefreiung ist vor Ablauf eines Monats zu gewähren; ist dies aus betriebsbedingten Gründen nicht möglich, so ist die aufgewendete Zeit wie Mehrarbeit zu vergüten (§ 37 Abs. 3 Satz 3 BetrVG). Die Arbeitsbefreiung nach § 37 Abs. 3 Satz 1 BetrVG muss den gleichen Umfang haben, wie Freizeit aufgewendet wurde, um die Betriebsratsaufgaben außerhalb der Arbeitszeit zu erfüllen. Daraus, dass bei Unmöglichkeit einer Arbeitsbefreiung die aufgewendete Zeit wie Mehrarbeit zu vergüten ist, kann nicht geschlossen werden, dass die Arbeitsbefreiung sich um einen Freizeitzuschlag erhöht, wie er beim Anliefern von Mehrarbeit üblich ist[1].

c) Vollständige Arbeitsfreistellung

133   Von ihrer beruflichen Tätigkeit sind gem. § 38 Abs. 1 Satz 1 BetrVG mindestens freizustellen in Betrieben mit in der Regel

200– 500 Arbeitnehmern	ein Betriebsratsmitglied,
501– 900 Arbeitnehmern	2 Betriebsratsmitglieder,
901– 1 500 Arbeitnehmern	3 Betriebsratsmitglieder,
1 501– 2 000 Arbeitnehmern	4 Betriebsratsmitglieder,
2 001– 3 000 Arbeitnehmern	5 Betriebsratsmitglieder,
3 001– 4 000 Arbeitnehmern	6 Betriebsratsmitglieder,
4 001– 5 000 Arbeitnehmern	7 Betriebsratsmitglieder,
5 001– 6 000 Arbeitnehmern	8 Betriebsratsmitglieder,
6 001– 7 000 Arbeitnehmern	9 Betriebsratsmitglieder,
7 001– 8 000 Arbeitnehmern	10 Betriebsratsmitglieder,
8 001– 9 000 Arbeitnehmern	11 Betriebsratsmitglieder,
9 001–10 000 Arbeitnehmern	12 Betriebsratsmitglieder.

134   In Betrieben mit über 10 000 Arbeitnehmern ist für je angefangene weitere 2000 Arbeitnehmer ein weiteres Betriebsratsmitglied freizustellen (§ 38 Abs. 1 Satz 2 BetrVG). Freistellungen können gem. § 38 Abs. 1 Satz 3 BetrVG auch in Form von Teilfreistellungen erfolgen. Diese dürfen zusammengenommen nicht den Umfang der Freistellungen nach den Sätzen 1 und 2 überschreiten (§ 38 Abs. 1 Satz 4 BetrVG). Durch Tarifvertrag oder Betriebsvereinbarung können gem. § 38 Abs. 1 Satz 5 BetrVG anderweitige Regelungen über die Freistellung vereinbart werden.

135   Der Umfang von Freistellungen wird durch die Arbeitszeit eines vollbeschäftigten Arbeitnehmers bestimmt[2]. Die freizustellenden Betriebsratsmitglieder werden nach Beratung mit dem Arbeitgeber vom Betriebsrat aus seiner

---

1 BAG v. 19.7.1977 – 1 AZR 376/74, AP Nr. 29 zu § 37 BetrVG 1972.
2 Richardi/*Thüsing*, § 38 BetrVG Rz. 14.

Mitte in geheimer Wahl und nach den Grundsätzen der Verhältniswahl gewählt (§ 38 Abs. 2 Satz 1 BetrVG). Der Betriebsrat hat gem. § 38 Abs. 2 Satz 3 BetrVG die Namen der Freizustellenden dem Arbeitgeber bekannt zu geben. Hält der Arbeitgeber eine Freistellung für sachlich nicht vertretbar, so kann er nach § 38 Abs. 2 Satz 4 BetrVG innerhalb einer Frist von zwei Wochen nach der Bekanntgabe die Einigungsstelle anrufen. Der Spruch der Einigungsstelle ersetzt die Einigung zwischen Arbeitgeber und Betriebsrat (§ 38 Abs. 2 Satz 5 BetrVG). Bestätigt die Einigungsstelle die Bedenken des Arbeitgebers, so hat sie bei der Bestimmung eines anderen freizustellenden Betriebsratsmitglieds auch den Minderheitenschutz im Sinne des Satzes 1 zu beachten (§ 38 Abs. 2 Satz 6 BetrVG). Ruft der Arbeitgeber die Einigungsstelle nicht an, so gilt sein Einverständnis mit den Freistellungen nach Ablauf der zweiwöchigen Frist als erteilt (§ 38 Abs. 2 Satz 7 BetrVG).

Freigestellte Betriebsratsmitglieder dürfen von inner- und außerbetrieblichen Maßnahmen der Berufsbildung nicht ausgeschlossen werden (§ 38 Abs. 4 Satz 1 BetrVG). Innerhalb eines Jahres nach Beendigung der Freistellung eines Betriebsratsmitglieds ist diesem im Rahmen der Möglichkeiten des Betriebs Gelegenheit zu geben, eine wegen der Freistellung unterbliebene betriebsübliche berufliche Entwicklung nachzuholen (§ 38 Abs. 4 Satz 2 BetrVG). Für Mitglieder des Betriebsrats, die drei volle aufeinanderfolgende Amtszeiten freigestellt waren, erhöht sich der Zeitraum nach Satz 2 auf zwei Jahre (§ 38 Abs. 4 Satz 2 BetrVG). **136**

d) Teilnahme an Schulungs- und Bildungsveranstaltungen

Die Abs. 2 und 3 des § 37 BetrVG gelten entsprechend für die Teilnahme an Schulungs- und Bildungsveranstaltungen, soweit diese Kenntnisse vermitteln, die für die Arbeit des Betriebsrats erforderlich sind (§ 37 Abs. 6 Satz 1 BetrVG). **137**

Unbeschadet der Vorschrift des § 37 Abs. 6 BetrVG hat jedes Mitglied des Betriebsrats während seiner regelmäßigen Amtszeit Anspruch auf bezahlte Freistellung für insgesamt drei Wochen zur Teilnahme an Schulungs- und Bildungsveranstaltungen, die von der zuständigen obersten Arbeitsbehörde des Landes nach Beratung mit den Spitzenorganisationen der Gewerkschaften und der Arbeitgeberverbände als geeignet anerkannt sind (§ 37 Abs. 7 Satz 1 BetrVG). **138**

e) Schutzvorschriften

aa) Allgemeiner Schutz

Die Mitglieder des Betriebsrats, des Gesamtbetriebsrats, des Konzernbetriebsrats, der Jugend- und Auszubildendenvertretung, der Gesamt-Jugend- und Auszubildendenvertretung, der Konzern-Jugend- und Auszubildendenvertretung, des Wirtschaftsausschusses, der Bordvertretung, des Seebetriebsrats, der in § 3 Abs. 1 BetrVG genannten Vertretungen der Arbeitnehmer, der Einigungsstelle, einer tariflichen Schlichtungsstelle (§ 76 Abs. 8 BetrVG) **139** und einer betrieblichen Beschwerdestelle (§ 86 BetrVG) sowie Auskunftspersonen (§ 80 Abs. 2 Satz 3 BetrVG) dürfen in der Ausübung ihrer Tätigkeit nicht gestört oder behindert werden, § 78 Satz 1 BetrVG. Sie dürfen wegen ihrer Tätigkeit nicht benachteiligt oder begünstigt werden; dies gilt auch für ihre berufliche Entwicklung, § 78 Satz 2 BetrVG.

bb) Entgelt- und Tätigkeitsschutz

140   Das Arbeitsentgelt von Mitgliedern des Betriebsrats darf einschließlich eines Zeitraums von einem Jahr nach Beendigung der Amtszeit nicht geringer bemessen werden als das Arbeitsentgelt vergleichbarer Arbeitnehmer mit betriebsüblicher beruflicher Entwicklung, § 37 Abs. 4 Satz 1 BetrVG[1]. Dies gilt gem. § 37 Abs. 4 Satz 2 BetrVG auch für allgemeine Zuwendungen des Arbeitgebers.

141   Darüber hinaus verpflichtet § 78 Satz 2 BetrVG den Arbeitgeber nach der ständigen Rechtsprechung des BAG über das in dieser Norm enthaltene Benachteiligungsverbot hinaus, dem Betriebsratsmitglied eine berufliche Entwicklung zukommen zu lassen, wie sie ohne Freistellung verlaufen wäre[2]. Das dient dem Schutz der inneren Unabhängigkeit und soll bei freigestellten Betriebsratsmitgliedern deren Bereitschaft fördern, sich für die Erledigung von Betriebsratsaufgaben von ihrer beruflichen Tätigkeit freistellen zu lassen[3]. Auf entsprechende Maßnahmen des Arbeitgebers hat das Betriebsratsmitglied einen unmittelbaren Anspruch[4].

142   Soweit nicht zwingende betriebliche Notwendigkeiten entgegenstehen, dürfen Mitglieder des Betriebsrats einschließlich eines Zeitraums von einem Jahr nach Beendigung der Amtszeit nur mit Tätigkeiten beschäftigt werden, die den Tätigkeiten der in Abs. 4 genannten Arbeitnehmer gleichwertig sind, § 37 Abs. 5 BetrVG. Vergleichbar in diesem Sinne sind nur solche Arbeitnehmer, die im Zeitpunkt der Wahl eine im Wesentlichen gleich qualifizierte Tätigkeit wie das freigestellte Betriebsratmitglied ausgeübt haben[5].

cc) Besonderer Kündigungsschutz

143   Der besondere Kündigungsschutz der Betriebsratsmitglieder und sonstiger Funktionsträger ergibt sich aus § 15 KSchG. Nach § 15 KSchG ist nur eine außerordentliche Kündigung aus wichtigem Grund zulässig, während eine ordentliche Kündigung wegen der besonderen Stellung der Betriebsverfassungsorgane lediglich bei Stilllegung des Betriebes oder unter erschwerten

---

1 Vgl. BAG v. 17.8.2005 – 7 AZR 528/04, AP Nr. 142 zu § 37 BetrVG 1972.
2 BAG v. 15.1.1992 – 7 AZR 194/91, AP BetrVG 1972 § 37 Nr. 84; st. Rspr.; BAG v. 29.9.1999 – 7 AZR 378/98, nicht amtlich veröffentlicht, juris.
3 BAG v. 15.1.1992 – 7 AZR 194/91, AP BetrVG 1972 § 37 Nr. 84; st. Rspr.; BAG v. 29.9.1999 – 7 AZR 378/98, nicht amtlich veröffentlicht, juris.
4 BAG v. 15.1.1992 – 7 AZR 194/91, AP Nr. 84 zu § 37 BetrVG 1972; st. Rspr.; BAG v. 29.9.1999 – 7 AZR 378/98, nicht amtlich veröffentlicht, juris.
5 BAG v. 6.8.1981 – 6 AZR 527/78, nicht amtlich veröffentlicht, juris.

Voraussetzungen bei Stilllegung einer Betriebsabteilung erfolgen kann (§ 15 Abs. 4 und 5 KSchG)[1]. Fristlos kann einem Betriebsratsmitglied nach § 15 KSchG, § 626 BGB nur gekündigt werden, wenn dem Arbeitgeber bei einem vergleichbaren Nichtbetriebsratsmitglied dessen Weiterbeschäftigung bis zum Ablauf der einschlägigen ordentlichen Kündigungsfrist unzumutbar wäre[2]. Nach ständiger Rechtsprechung ist bei der Zumutbarkeitsprüfung nach § 15 Abs. 1 Satz 1 KSchG, § 626 Abs. 1 BGB auf die (fiktive) Kündigungsfrist abzustellen, die ohne den besonderen Kündigungsschutz bei einer ordentlichen Kündigung gelten würde[3]. Auch einem Betriebsratsmitglied, das vor Ablauf der Amtszeit des gesamten Betriebsrats sein Amt niedergelegt hat, kommt der nachwirkende Kündigungsschutz des § 15 Abs. 1 Satz 2 Halbs. 2 KSchG zu[4].

Die außerordentliche Kündigung von Mitgliedern des Betriebsrats, der Jugend- und Auszubildendenvertretung, der Bordvertretung und des Seebetriebsrats, des Wahlvorstands sowie von Wahlbewerbern bedarf gem. § 103 Abs. 1 BetrVG der **Zustimmung des Betriebsrats**. Verweigert der Betriebsrat seine Zustimmung, so kann das Arbeitsgericht sie auf Antrag des Arbeitgebers ersetzen, wenn die außerordentliche Kündigung unter Berücksichtigung aller Umstände gerechtfertigt ist, § 103 Abs. 2 Satz 1 BetrVG. In dem Verfahren vor dem Arbeitsgericht ist der betroffene Arbeitnehmer Beteiligter, § 103 Abs. 2 Satz 2 BetrVG. Nur ein zulässiger Zustimmungsersetzungsantrag nach § 103 Abs. 2 BetrVG wahrt die Ausschlussfrist des § 626 Abs. 2 BGB[5]. Ein vor der Zustimmungsverweigerung des Betriebsrats gestellter Zustimmungsersetzungsantrag ist unzulässig und wird auch nicht dadurch zulässig, dass nachträglich die Zustimmung des Betriebsrats zu der beabsichtigten Kündigung beantragt wird[6].

dd) Übernahme von Auszubildenden

Beabsichtigt der Arbeitgeber, einen Auszubildenden, der Mitglied der Jugend- und Auszubildendenvertretung, des Betriebsrats, der Bordvertretung oder des Seebetriebsrats ist, nach Beendigung des Berufsausbildungsverhältnisses nicht in ein Arbeitsverhältnis auf unbestimmte Zeit zu übernehmen, so hat er dies drei Monate vor Beendigung des Berufsausbildungsverhältnisses dem Auszubildenden schriftlich mitzuteilen, § 78a Abs. 1 BetrVG.

144

145

---

1 Richardi/*Thüsing*, § 103 BetrVG Rz. 1.
2 BAG v. 15.3.2001 – 2 AZR 624/99, NZA-RR 2002, 20.
3 BAG v. 18.2.1993 – 2 AZR 526/92, AP Nr. 35 zu § 15 KSchG 1969.
4 BAG v. 23.4.1981 – 2 AZR 1112/78, nicht amtlich veröffentlicht, juris.
5 BAG v. 24.10.1996 – 2 AZR 3/96, AP Nr. 32 zu § 103 BetrVG 1972 = NZA 1997, 371;
   BAG v. 7.5.1986 – 2 ABR 27/85, AP Nr. 18 zu § 103 BetrVG 1972 = BAGE 52, 50.
6 BAG v. 24.10.1996 – 2 AZR 3/96, AP Nr. 32 zu § 103 BetrVG 1972 = NZA 1997, 371;
   BAG v. 7.5.1986 – 2 ABR 27/85, AP Nr. 18 zu § 103 BetrVG 1972 = BAGE 52, 50.

146 Verlangt ein in § 78a Abs. 1 BetrVG genannter Auszubildender innerhalb der letzten drei Monate vor Beendigung des Berufsausbildungsverhältnisses schriftlich vom Arbeitgeber die Weiterbeschäftigung, so gilt zwischen Auszubildendem und Arbeitgeber im Anschluss an das Berufsausbildungsverhältnis ein Arbeitsverhältnis auf unbestimmte Zeit als begründet, § 78a Abs. 2 Satz 1 BetrVG. Auf dieses Arbeitsverhältnis ist insbesondere § 37 Abs. 4 und 5 entsprechend anzuwenden, § 78a Abs. 2 Satz 2 BetrVG. Durch das Übernahmeverlangen eines gem. § 78a BetrVG geschützten Auszubildenden kann kraft Gesetzes nur ein unbefristetes Arbeitsverhältnis entstehen. Die Begründung eines befristeten Arbeitsverhältnisses bedarf stets einer dahingehenden vertraglichen Vereinbarung[1]. Ist dem Arbeitgeber unter Berücksichtigung aller Umstände die Weiterbeschäftigung nicht zumutbar, muss er dies in einem arbeitsgerichtlichen Verfahren nach § 78a Abs. 4 BetrVG geltend machen[2].

147 Für die Feststellung der Unzumutbarkeit einer Weiterbeschäftigung i. S. d. § 78a Abs. 4 BetrVG ist nach ständiger Rechtsprechung des BAG auf den Zeitpunkt der Beendigung des Berufsausbildungsverhältnisses abzustellen[3]. Die Weiterbeschäftigung ist dem Arbeitgeber grundsätzlich dann unzumutbar, wenn zu diesem Zeitpunkt im Ausbildungsbetrieb kein freier Arbeitsplatz vorhanden ist, auf dem der Auszubildende mit seiner durch die Ausbildung erworbenen Qualifikation beschäftigt werden kann[4].

148 Der Arbeitgeber muss die Unzumutbarkeit der Weiterbeschäftigung spätestens bis zum Ablauf von zwei Wochen nach Beendigung des Berufsausbildungsverhältnisses geltend machen. Er kann beim Arbeitsgericht beantragen,

1. festzustellen, dass ein Arbeitsverhältnis nach Abs. 2 oder 3 nicht begründet wird, oder

2. das bereits nach Abs. 2 oder 3 begründete Arbeitsverhältnis aufzulösen,

wenn Tatsachen vorliegen, aufgrund derer dem Arbeitgeber unter Berücksichtigung aller Umstände die Weiterbeschäftigung nicht zugemutet werden kann. Der Feststellungsantrag des Arbeitgebers nach Nr. 1 des § 78a Abs. 4 Satz 1 BetrVG zielt ebenso wie der Auflösungsantrag nach Nr. 2 dieser Vorschrift auf eine rechtsgestaltende gerichtliche Entscheidung, die ihre Wirkung erst mit ihrer Rechtskraft für die Zukunft entfaltet[5].

149 In dem Verfahren vor dem Arbeitsgericht sind der Betriebsrat, die Bordvertretung, der Seebetriebsrat, bei Mitgliedern der Jugend- und Auszubildendenvertretung auch diese Beteiligte, § 78a Abs. 4 Satz 2 BetrVG.

---

1 BAG v. 24.7.1991 – 7 ABR 68/90, AP Nr. 23 zu § 78a BetrVG 1972 = BAGE 68, 187.
2 BAG v. 25.5.1988 – 7 AZR 627/87, BetrR 1989, 15 = AiB 1989, 81; vgl. BAG v. 13.11.1987 – 7 AZR 246/87, AP Nr. 18 zu § 78a BetrVG 1972 = BAGE 57, 21.
3 BAG v. 28.6.2000 – 7 ABR 57/98, ZTR 2001, 139.
4 BAG v. 28.6.2000 – 7 ABR 57/98, ZTR 2001, 139.
5 BAG v. 29.11.1989 – 7 ABR 67/88, AP Nr. 20 zu § 78a BetrVG 1972 = NZA 1991, 233.

§ 78a Abs. 2 bis 4 BetrVG finden gem. § 78a Abs. 5 BetrVG unabhängig da-   150
von Anwendung, ob der Arbeitgeber seiner Mitteilungspflicht nach Abs. 1
nachgekommen ist.

f) Geheimhaltungspflicht

Die Mitglieder und Ersatzmitglieder des Betriebsrats sind gem. § 79 Abs. 1   151
Satz 1 BetrVG verpflichtet, Betriebs- oder Geschäftsgeheimnisse, die ihnen
wegen ihrer Zugehörigkeit zum Betriebsrat bekannt geworden und vom Arbeitgeber ausdrücklich als geheimhaltungsbedürftig bezeichnet worden sind,
nicht zu offenbaren und nicht zu verwerten. Dies gilt auch nach dem Ausscheiden aus dem Betriebsrat, § 79 Abs. 1 Satz 2 BetrVG. Die Verpflichtung
gilt nicht gegenüber Mitgliedern des Betriebsrats, § 79 Abs. 1 Satz 3 BetrVG.
Sie gilt ferner nicht gegenüber dem Gesamtbetriebsrat, dem Konzernbetriebsrat, der Bordvertretung, dem Seebetriebsrat und den Arbeitnehmerver-
tretern im Aufsichtsrat sowie im Verfahren vor der Einigungsstelle, der tariflichen Schlichtungsstelle (§ 76 Abs. 8 BetrVG) oder einer betrieblichen
Beschwerdestelle (§ 86 BetrVG), § 79 Abs. 1 Satz 4 BetrVG.

Der Bruch der Verschwiegenheitspflicht stellt eine Verletzung des Amtes   152
dar. Bei grober Pflichtverletzung eines Betriebsratsmitglieds ist sogar eine
Amtsenthebung nach § 23 Abs. 1 BetrVG möglich[1]. In schweren Fällen kann
die Verletzung der Geheimhaltungspflicht zur außerordentlichen Kündigung
berechtigen[2]. § 79 BetrVG stellt darüber hinaus ein Schutzgesetz i. S. d. § 823
Abs. 2 BGB dar[3]. Der Arbeitgeber kann bei Bruch der Geheimhaltung einen
Schadensersatzanspruch geltend machen[4]. Daneben kommt aber auch ein
Anspruch aus § 280 Abs. 1 Satz 1 i. V. m. § 241 Abs. 2 BGB (positiver Forde-
rungsverletzung) in Betracht[5].

Aus strafrechtlicher Sicht sind Zuwiderhandlungen gegen § 79 BetrVG mit   153
Freiheitsstrafe bis zu einem Jahr oder mit Geldstrafe bedroht; aus § 120
Abs. 1 und 3 BetrVG ergibt sich eine Straferhöhung für den Fall, dass der Täter gegen Entgelt oder in der Absicht handelt, sich oder einen anderen zu
bereichern oder einen anderen zu schädigen, oder unbefugt ein fremdes Geheimnis, namentlich ein Betriebs- oder Geschäftsgeheimnis, zu dessen Geheimhaltung er gem. § 120 Abs. 1 oder 2 BetrVG verpflichtet ist, verwertet.
Erforderlich für die Strafverfolgung ist aber gem. § 120 Abs. 5 BetrVG ein
Strafantrag. Der Täter kann sich daneben unter Umständen auch noch gem.
§§ 17 und 18 UWG strafbar machen.

---

1 Richardi/*Thüsing*, § 79 BetrVG Rz. 36.
2 Richardi/*Thüsing*, § 79 BetrVG Rz. 37.
3 Richardi/*Thüsing*, § 79 BetrVG Rz. 38.
4 Richardi/*Thüsing*, § 79 BetrVG Rz. 38.
5 Richardi/*Thüsing*, § 79 BetrVG Rz. 38.

7. Grundlagen der Zusammenarbeit von Arbeitgeber und Betriebsrat

a) Grundprinzipien des Betriebsverfassungsrechts

154 Die Zusammenarbeit zwischen Arbeitgeber und Betriebsrat wird von einigen Grundprinzipien des Betriebsverfassungsrechts bestimmt, die für das Verständnis des Rechts der Mitbestimmung von essentieller Bedeutung sind.

aa) Gebot der vertrauensvollen Zusammenarbeit (§ 2 Abs. 1 BetrVG)

155 Die Leitmaxime des Betriebsverfassungsrechts ist das Gebot der vertrauensvollen Zusammenarbeit, das in § 2 Abs. 1 BetrVG positivrechtlich verankert ist und das im BetrVG zahlreiche Konkretisierungen erfährt. Bei § 2 Abs. 1 BetrVG handelt es sich nach h. M. um eine mit § 242 BGB vergleichbare Generalklausel[1], die auf alle betriebsverfassungsrechtlichen Rechte und Pflichten von Arbeitgeber und Betriebsrat einwirkt.

156 Ob aus dem Grundsatz vertrauensvoller Zusammenarbeit unmittelbar Rechte und Pflichten für die Betriebsparteien begründet werden können, ist umstritten[2]. Dies ist lediglich im Ausnahmefall und nur für Verhaltens- und Nebenpflichten[3] anzunehmen. Eine Erweiterung oder Beschränkung gesetzlich bestehender Mitbestimmungsrechte über die Generalklausel des § 2 Abs. 1 BetrVG soll hingegen nicht möglich sein[4]. Schwere Verstöße gegen das Kooperationsprinzip stellen in der Regel auch einen groben Verstoß i. S. v. § 23 Abs. 3 Satz 1 BetrVG dar mit der Folge, dass dem Arbeitgeber im arbeitsgerichtlichen Verfahren eine Handlung, Duldung oder Unterlassung aufgegeben werden kann[5].

157 **Beispiele für Verstöße des Arbeitgebers gegen § 2 Abs. 1 BetrVG[6]:**

Öffnen der an den Betriebsrat gerichteten Post durch den Arbeitgeber[7], betriebsöffentliche Bekanntmachung krankheits- oder tätigkeitsbedingter „Fehlzeiten" des Betriebsrats[8].

Beispiel für Verstöße des Betriebsrats gegen § 2 Abs. 1 BetrVG[9]:

Ansetzung einer außerordentlichen Betriebsversammlung ohne Berücksichtigung der betrieblichen Interessen[10].

158 Trotz des eindeutigen Wortlauts des § 2 Abs. 1 BetrVG erfasst der Grundsatz der vertrauensvollen Zusammenarbeit alle Organe der Betriebsverfassung,

---

1 BAG v. 5.2.1971 – 1 ABR 24/70, AP Nr. 6 zu § 61 BetrVG 1952.
2 *Clemenz* in: Tschöpe, Teil 4 A Rz. 332.
3 Zum Beispiel die Pflicht zur gegenseitigen Rücksichtnahme und Legalität; *Fitting*, § 2 BetrVG Rz. 23.
4 Vgl. statt vieler *Clemenz* in: Tschöpe, Teil 4 A Rz. 332; BAG v. 21.4.1983 – 6 ABR 70/82, AP Nr. 20 zu § 40 BetrVG 1972.
5 LAG Düsseldorf v. 26.11.1993 – 17 TaBV 71/93, juris.
6 *Clemenz* in: Tschöpe, Teil 4 A Rz. 334 m. w. N.
7 ArbG Wesel v. 23.1.1992 – 2 BV 51/91, AiB 1993, 43–45.
8 LAG Niedersachsen v. 9.3.1990 – 3 TaBV 38/89, ArbuR 1991, 153.
9 *Clemenz* in: Tschöpe, Teil 4 A Rz. 335 m. w. N.
10 ArbG Krefeld v. 6.2.1995 – 4 BV 34/94, NZA 1995, 803–805.

z. B. den Gesamt- und Konzernbetriebsrat, die Jugend- und Auszubildendenvertretung oder die Schwerbehindertenvertretung[1]. Darüber hinaus gilt der
Grundsatz auch für die einzelnen Arbeitnehmer als Mitglieder dieser Gremien, soweit sie betriebsverfassungsrechtliche Aufgaben wahrnehmen[2].

bb) Arbeitskampfverbot (§ 74 Abs. 2 Satz 1 BetrVG)

Gemäß § 74 Abs. 2 Satz 1 BetrVG sind Maßnahmen des Arbeitskampfes zwi-   159
schen Arbeitgeber und Arbeitnehmer unzulässig. Diese Norm, die eine Konkretisierung des Gebots der vertrauensvollen Zusammenarbeit darstellt, verbietet es den Betriebspartnern, sich zur Durchsetzung ihrer Ziele der Mittel
des Arbeitskampfes zu bedienen. So ist es dem Betriebsrat weder erlaubt,
zum Streik aufzurufen, noch darf der Arbeitgeber wegen Meinungsverschiedenheiten über Mitbestimmungsrechte Arbeitnehmer aussperren[3]. Von § 74
Abs. 2 Satz 1 BetrVG werden aber auch alle anderen Maßnahmen des Arbeitskampfes wie die Betriebsbesetzung, die Arbeitsverlangsamung oder der
Boykott erfasst[4]. Ziel der Regelung ist es, dem in § 2 Abs. 1 BetrVG nieder-
gelegten Prinzip der Kooperation Rechnung zu tragen und den Betriebsfrieden zu erhalten. Betriebsverfassungsrechtliche Meinungsverschiedenheiten
sollen durch Verhandlungen (§ 74 Abs. 1 Satz 2 BetrVG), durch das Verfahren
vor der Einigungsstelle (§ 76 BetrVG) oder vor den Arbeitsgerichten beigelegt
werden[5].

Das Arbeitskampfverbot richtet sich an Arbeitgeber und Betriebsrat als Kol-   160
lektivorgan, darüber hinaus aber auch an die einzelnen Betriebsratsmitglieder[6]. Insbesondere Arbeitgeber und Betriebsratsmitglieder werden von dem
Verbot jedoch nur in ihrer betriebsverfassungsrechtlichen Funktion erfasst.
So darf der Arbeitgeber an einem Arbeitskampf der Tarifpartner zur Durchsetzung tariflicher Ziele ohne Weiteres teilnehmen, § 74 Abs. 2 Satz 1 Halbs.
2 BetrVG. Umgekehrt dürfen auch die Betriebsratsmitglieder nicht gehindert
sein, an rechtmäßigen Arbeitskämpfen teilzunehmen oder für ihre Gewerkschaft im Betrieb tätig zu werden[7]. Dies ergibt sich aus § 74 Abs. 3 BetrVG,
wobei hier strikt zwischen der Rechtsstellung als Arbeitnehmer und derjenigen als Betriebsratsmitglied zu unterscheiden ist. Infolgedessen hat ein Betriebsratsmitglied, das als Arbeitnehmer an einem Arbeitskampf teilnimmt,
jeden Hinweis auf seine Amtsstellung zu unterlassen[8].

Auch hat sich der Betriebsrat in Arbeitskämpfen der Tarifvertragsparteien   161
uneingeschränkt neutral zu verhalten, also jeglichen Unterstützungshand-
lungen zu enthalten[9].

---

1 MünchArbR/*v. Hoyningen-Huene*, § 214 Rz. 5.
2 BAG v. 26.11.1974 – 1 ABR 16/74, AP Nr. 6 zu § 20 BetrVG 1972.
3 *Preis*, Kollektivarbeitsrecht, § 146 II, S. 441.
4 *Clemenz* in: Tschöpe, Teil 4 A Rz. 338.
5 MünchArbR/*v. Hoyningen-Huene*, § 214 Rz. 10.
6 MünchArbR/*v. Hoyningen-Huene*, § 214 Rz. 10 und 11.
7 *Fitting*, § 74 BetrVG Rz. 16.
8 GK-BetrVG/*Kreutz*, § 74 Rz. 66.
9 BVerfG v. 26.5.1970 – 2 BvR 311/67, BVerfGE 28, 314–324.

162 Ein Verstoß gegen das Arbeitskampfverbot begründet einen selbständigen, von § 23 Abs. 1 BetrVG unabhängigen Unterlassungsanspruch nach § 74 Abs. 2 Satz 2 BetrVG[1].

cc) Betriebsverfassungsrechtliche Friedenspflicht (§ 74 Abs. 2 Satz 2 BetrVG)

163 Die betriebsverfassungsrechtliche Friedenspflicht stellt eine weitere Konkretisierung des Kooperationsprinzips dar und untersagt alle Betätigungen von Arbeitgeber und Betriebsrat, durch die ein geordneter Arbeitsablauf oder der Frieden im Betrieb beeinträchtigt wird[2]. Adressaten der Friedenspflicht sind wie schon beim Arbeitskampfverbot der Arbeitgeber, der Betriebsrat als Kollektivorgan und die einzelnen Betriebsratsmitglieder in ihrer amtlichen Stellung.

164 Verboten sind Betätigungen, die aufgrund konkreter Anhaltspunkte mit hoher Wahrscheinlichkeit zu einer Beeinträchtigung des Arbeitsablaufs oder des Betriebsfriedens führen[3]. Unter **Arbeitsablauf** versteht man die organisatorische, räumliche und zeitliche Gestaltung des Arbeitsprozesses im Zusammenwirken von Menschen und Betriebsmitteln[4]. Dieser Prozess darf nicht durch rechtswidrige Aktionen der Betriebspartner unterbrochen werden, wobei die Rechtswidrigkeit einer Aktion dann entfällt, wenn der Betriebsrat lediglich seine ihm nach dem Betriebsverfassungsrecht zustehenden Befugnisse ausübt. Der Begriff **Betriebsfrieden** bezeichnet das störungsfreie Zusammenleben von Arbeitgeber einerseits und Betriebsrat sowie den Arbeitnehmern des Betriebs andererseits, aber auch zwischen den Arbeitnehmern[5]. Dieser wird beispielsweise gestört durch Verbreitung wahrheitswidriger oder hetzerischer Behauptungen über den anderen Betriebspartner[6] oder die Verlagerung der Auseinandersetzungen in die Medien, wenn dadurch die Gegenseite gezielt unter Druck gesetzt werden soll[7].

165 § 74 Abs. 2 Satz 2 BetrVG begründet einen eigenständigen, neben § 23 Abs. 1 und 3 BetrVG bestehenden Unterlassungsanspruch bei Verstößen gegen die Friedenspflicht[8].

dd) Verbot der parteipolitischen Betätigung (§ 74 Abs. 2 Satz 3 BetrVG)

166 Das in § 74 Abs. 2 Satz 3 BetrVG geregelte Verbot der parteipolitischen Betätigung ist ein Ausfluss der betriebsverfassungsrechtlichen Friedenspflicht und verpflichtet die Betriebspartner im spannungsreichen Feld politischer

---

1 BAG v. 22.7.1980 – 6 ABR 5/78, AP Nr. 3 zu § 74 BetrVG 1972.
2 *Fitting*, § 74 BetrVG Rz. 27.
3 *Fitting*, § 74 BetrVG Rz. 29.
4 *Fitting*, § 74 BetrVG Rz. 30.
5 ErfK/*Kania*, § 74 BetrVG Rz. 20.
6 LAG Köln v. 16.11.1990 – 12 TaBV 57/90, ArbuR 1991, 121.
7 BAG v. 22.7.1980 – 6 ABR 5/78, AP Nr. 3 zu § 74 BetrVG 1972.
8 BAG v. 22.7.1980 – 6 ABR 5/78, AP Nr. 3 zu § 74 BetrVG 1972.

Meinungsäußerung zu absoluter Neutralität[1]. Anders jedoch als die Friedenspflicht gilt das Verbot parteipolitischer Betätigung ohne Rücksicht darauf, ob im Einzelfall eine konkrete Gefährdung des Betriebsfriedens oder des Arbeitsablaufs zu befürchten ist, also absolut und abstrakt[2].

Umstritten ist, ob neben der parteipolitischen Betätigung, also der Betäti-   167
gung für oder gegen eine politische Partei i. S. v. Art. 21 GG, § 2 Abs. 1 PartG, auch sonstige politische Betätigungen vom Verbot des § 74 Abs. 2 Satz 3 BetrVG erfasst sind. Eine Ansicht geht davon aus, die Meinungsfreiheit des Art. 5 Abs. 1 GG gebiete es, den § 74 Abs. 2 Satz 3 BetrVG restriktiv auszulegen und seinen Anwendungsbereich somit nicht über den konkreten Wortlaut hinaus auf allgemeine politische Betätigungen auszudehnen[3]. Auf der anderen Seite leitet die h. M. aus § 74 Abs. 2 Satz 3 BetrVG **nicht nur das Verbot parteipolitischer, sondern jeder allgemeinen politischen Betätigung** her, soweit sie nicht nach § 74 Abs. 2 Satz 3 Halbs. 2 BetrVG erlaubt ist. Nur so kann der Sinn und Zweck der Vorschrift, den Betrieb aus Meinungsstreitigkeiten einzelner Gruppen im Interesse notwendiger Zusammenarbeit herauszuhalten, erreicht werden[4]. Für eine solche Ausdehnung der Vorschrift spricht auch, dass sich parteipolitische und allgemeinpolitische Betätigungen kaum voneinander trennen lassen und dass § 74 Abs. 2 Satz 3 Halbs. 2 BetrVG ausdrücklich nur politische Betätigung mit unmittelbarem Betriebsbezug zulässt, sodass im Umkehrschluss jegliche andere politische Betätigung unzulässig ist[5]. Der h. M. ist somit zu folgen.

Adressaten des Verbots sind neben Arbeitgeber und Betriebsrat auch die ein-   168
zelnen Betriebsratsmitglieder, wenn deren parteipolitische Betätigung in unmittelbarem Zusammenhang mit der Tätigkeit des Betriebsrates steht. An die einzelnen Arbeitnehmer richtet sich § 74 Abs. 2 Satz 3 BetrVG hingegen nicht.

Beispiele für Verstöße gegen § 74 Abs. 2 Satz 3 BetrVG: 169

Anbringen von Plakaten, Tragen von Ansteckplaketten, Veranlassung von Abstimmungen[6].

Auch bei einem Verstoß gegen das Verbot der parteipolitischen Betätigung   170
folgt aus § 74 Abs. 2 Satz 3 BetrVG ein eigenständiger, unabhängig von § 23 Abs. 1 und 3 BetrVG bestehender Unterlassungsanspruch[7].

ee) Grundsätze für die Behandlung von Betriebsangehörigen (§ 75 BetrVG)

Neben den Regelungen über die Beziehung zwischen Arbeitgeber und Be-   171
triebsrat enthält das BetrVG auch Grundsätze für die Behandlung von Be-

---

1 *Preis*, Kollektivarbeitsrecht, § 146 III, S. 442.
2 BAG v. 21.2.1978 – 1 ABR 54/76, AP Nr. 1 zu § 74 BetrVG 1972.
3 *Fitting*, § 74 BetrVG Rz. 50.
4 BAG v. 12.6.1986 – 6 ABR 67/84, AP Nr. 5 zu § 74 BetrVG 1972.
5 MünchArbR/*v. Hoyningen-Huene*, § 214 Rz. 26.
6 *Clemenz* in: Tschöpe, Teil 4 A Rz. 348 mit weiteren Beispielen.
7 BAG v. 22.7.1980 – 6 ABR 5/78, AP Nr. 3 zu § 74 BetrVG 1972.

triebsangehörigen. So verpflichtet § 75 Abs. 1 Satz 1 BetrVG die Betriebspartner darüber zu wachen, dass alle im Betrieb tätigen Personen nach den **Grundsätzen von Recht und Billigkeit** behandelt werden. Hierzu gehört zunächst, dass das geltende Recht, namentlich Arbeits- und Arbeitsschutzrecht, im Betrieb beachtet wird[1]. Der unbestimmte Rechtsbegriff der Billigkeit dient der Durchsetzung der Einzelfallgerechtigkeit und wird vom BAG zur Inhalts- und Billigkeitskontrolle von Betriebsvereinbarungen und Sozialplänen genutzt[2].

172   Konkretisiert werden die Grundsätze von Recht und Billigkeit durch das **Gleichbehandlungsgebot** des § 75 Abs. 1 Satz 1 Halbs. 2 BetrVG, wonach alle im Betrieb tätigen Arbeitnehmer grundsätzlich gleich zu behandeln sind. Dieser Gleichbehandlungsgrundsatz verpflichtet die Betriebspartner, vergleichbare Sachverhalte gleich zu behandeln[3], wenn nicht sachliche Gründe für die Ungleichbehandlung vorliegen. Verboten ist somit lediglich die willkürliche Differenzierung bei einer Maßnahme mit kollektivem Charakter (Willkürverbot). Die Bevorzugung einzelner Arbeitnehmer bei echten Einzelfallentscheidungen bleibt somit möglich, da es insofern am kollektiven Charakter der Maßnahme fehlt[4]. Die in § 75 Abs. 1 Satz 1 Halbs. 2 BetrVG genannten **absoluten Differenzierungsverbote** verbieten es darüber hinaus, die dort genannten Merkmale für eine Ungleichbehandlung heranzuziehen.

173   Schließlich müssen Arbeitgeber und Betriebsrat nach § 75 Abs. 2 BetrVG die **freie Entfaltung der Persönlichkeit der im Betrieb beschäftigten Arbeitnehmer schützen und fördern und ihre Selbständigkeit und Eigeninitiative fördern.** Diese Vorschrift dient in erster Linie als Auslegungs- und Wertungskriterium bei Maßnahmen des Arbeitgebers, die die Persönlichkeitsrechte der Arbeitnehmer betreffen, beispielsweise beim Erlass von Ordnungsvorschriften oder bei der Einführung von technischen Kontrolleinrichtungen[5]. In diesen Fällen muss auch der Betriebsrat bei der Ausübung seiner Mitbestimmungsrechte (im Beispiel § 87 Abs. 1 Nr. 1 und 6 BetrVG) die Persönlichkeitsrechte der Arbeitnehmer angemessen berücksichtigen[6].

174   Verstößt der Arbeitgeber gegen die Pflichten aus § 75 BetrVG, kann der Betriebsrat Feststellungs- und Unterlassungsansprüche im arbeitsgerichtlichen Beschlussverfahren gem. §§ 2a Abs. 1 Nr. 1, Abs. 2, 80 ff. ArbGG geltend machen. Bei groben Verstößen des Arbeitgebers kann das Arbeitsgericht (in diesem Fall auch von einer im Betrieb vertretenen Gewerkschaft) nach § 23 Abs. 3 BetrVG angerufen werden.

---

1 *Clemenz* in: Tschöpe, Teil 4 A Rz. 356.
2 BAG v. 11.6.1975 – 5 AZR 217/74, AP Nr. 1 zu § 77 BetrVG 1972 Auslegung; BAG v. 23.8.1988 – 1 AZR 284/87, AP Nr. 46 zu § 112 BetrVG 1972; ablehnend *Clemenz* in: Tschöpe, Teil 4 A Rz. 358.
3 Im Umkehrschluss muss Ungleiches auch ungleich behandelt werden.
4 MünchArbR/*v. Hoyningen-Huene*, 2. Aufl., Band 3, § 301 Rz. 77.
5 MünchArbR/*v. Hoyningen-Huene*, § 214 Rz. 37.
6 *Preis*, Kollektivarbeitsrecht, § 146 IV, S. 447.

Als weitere Konsequenz eines Verstoßes gegen § 75 BetrVG kommt ein de-   175
liktischer Schadensersatzanspruch des einzelnen Arbeitnehmers in Betracht,
da es sich bei dieser Vorschrift nach h. M. um ein Schutzgesetz i. S. d. § 823
Abs. 2 BGB handelt[1]. Außerdem stellt § 75 BetrVG ein Verbotsgesetz i. S. v.
§ 134 BGB dar, was zur Folge hat, dass Vereinbarungen zwischen Arbeitgeber
und Betriebsrat, die gegen diese Norm verstoßen, nichtig sind[2].

b) Betriebsvereinbarung

aa) Rechtsnatur und Arten

Die Betriebsvereinbarung ist das klassische Instrument der Beteiligung des   176
Betriebsrates an der Gestaltung der betrieblichen Ordnung. Das Betriebsverfassungsgesetz enthält allerdings keine Definition der Betriebsvereinbarung.
Ihre Rechtsnatur ist daher umstritten. Überwiegend wird sie jedoch als **privatrechtlicher kollektiver Normenvertrag** angesehen, der zwischen Arbeitgeber und Betriebsrat abgeschlossen wird und kraft staatlicher Ermächtigung
unmittelbar und zwingend die betrieblichen Arbeitsverhältnisse normativ
gestaltet[3]. Durch Betriebsvereinbarungen können grundsätzlich alle Arbeitsbedingungen geregelt werden, gleichgültig, ob es sich um materielle oder formelle Arbeitsbedingungen handelt[4].

Bei den Arten von Betriebsvereinbarungen unterscheidet man zwischen **er-**   177
zwingbaren und **freiwilligen Betriebsvereinbarungen**[5]. Erzwingbare Betriebsvereinbarungen sind solche, deren Abschluss von einer Partei – u. U. durch
Anrufung der Einigungsstelle – auch gegen den Willen der anderen Partei erreicht werden kann[6]. Können Betriebsvereinbarungen dagegen nur bei über-
einstimmendem Willen beider Betriebspartner zustande kommen, handelt
es sich um freiwillige Betriebsvereinbarungen[7].

Erzwingbare Betriebsvereinbarungen können grundsätzlich in den Angele-   178
genheiten abgeschlossen werden, in denen der Betriebsrat ein echtes Mitbestimmungsrecht hat, wie z. B. in sozialen Angelegenheiten i. S. v. § 87 Abs. 1
BetrVG (Ausnahme: Nr. 5 und 9, soweit es um Einzelmaßnahmen geht), bei

---

1 BAG v. 5.4.1984 – 2 AZR 513/82, DB 1985, 602–603; *Fitting*, § 75 BetrVG Rz. 177; *Clemenz* in: Tschöpe, Teil 4 A Rz. 372; a. A. MünchArbR/*v. Hoyningen-Huene*, § 214
  Rz. 40.
2 MünchArbR/*v. Hoyningen-Huene*, § 214 Rz. 40.
3 BAG v. 18.2.2003 – 1 ABR 17/02, AP Nr. 11 zu § 77 BetrVG 1972 Betriebsvereinbarung
  = NZA 2004, 336–341; BAG v. 13.2.2007 – 1 AZR 184/06, AP Nr. 17 zu § 47 BetrVG
  1972; *Fitting*, § 77 BetrVG Rz. 13; Richardi/*Richardi*, § 77 BetrVG Rz. 24 ff.; *Walter-
  mann*, NZA 1995, 1179.
4 BAG v. 9.4.1991 – 1 AZR 406/90, AP Nr. 1 zu § 77 BetrVG 1972 Tarifvorbehalt; BAG
  v. 6.8.1991 – 1 AZR 3/90, AP Nr. 52 zu § 77 BetrVG 1972; BAG v. 19.10.2005 – 7 AZR
  32/05, BB 2006, 1747–1750; BAG v. 12.12.2006 – 1 AZR 96/06, AP Nr. 94 zu § 77
  BetrVG 1972; *Weber/Erich/Hörchens/Oberthür*, Teil F Rz. 6; *Fitting*, § 77 BetrVG
  Rz. 46 m. w. N.
5 *Weber/Erich/Hörchens/Oberthür*, Teil F Rz. 9.
6 *Weber/Erich/Hörchens/Oberthür*, Teil F Rz. 9.
7 *Weber/Erich/Hörchens/Oberthür*, Teil F Rz. 9.

der Aufstellung eines Sozialplanes (§ 112 Abs. 1, 4 und 5 BetrVG), soweit dessen Erzwingbarkeit nicht nach § 112a BetrVG entfällt, bei der Einführung von Personalfragebogen (§ 94 BetrVG), bei personellen Auswahlrichtlinien i. S. v. § 95 BetrVG (in Betrieben mit bis zu 500 Arbeitnehmern allerdings nur, wenn der Arbeitgeber sie einführen will) sowie bei der Vereinbarung von Sprechstunden des Betriebsrates hinsichtlich Zeit und Ort (§ 39 Abs. 1 BetrVG)[1].

179 **Freiwillige Betriebsvereinbarungen** können dagegen insbesondere in folgenden Angelegenheiten abgeschlossen werden: bei weiteren sozialen Angelegenheiten i. S. v. § 88 BetrVG, bei der Aufstellung eines Sozialplans in den Fällen des § 112a BetrVG, bei der Vereinbarung der Zustimmungspflicht des Betriebsrates hinsichtlich Kündigungen (§ 102 Abs. 6 BetrVG), bei der Einrichtung einer ständigen Einigungsstelle und der Regelung der Einzelheiten ihres Verfahrens (§ 76 Abs. 1 Satz 2, Abs. 4 BetrVG), bei der anderweitigen Regelung der Freistellung von Betriebsratsmitgliedern (§ 38 Abs. 1 Satz 3 BetrVG) sowie bei Vereinbarungen über die dem Betriebsrat zur Verfügung zu stellenden Geschäftsräume, sachlichen Mittel oder Bürokräfte (§ 40 Abs. 2 BetrVG)[2].

180 Die Betriebsvereinbarung wirkt gem. § 77 Abs. 4 BetrVG **unmittelbar und zwingend** gegenüber den Arbeitnehmern des Betriebes und gestaltet deren Arbeitsverhältnisse somit normativ[3]. In dieser normativen Wirkung ähnelt die Betriebsvereinbarung dem Tarifvertrag. Die **unmittelbare Wirkung** der Betriebsvereinbarung besteht darin, dass sie jedes Arbeitsverhältnis in ihrem Geltungsbereich erfasst und automatisch gestaltet, ohne dass es auf Billigung oder Kenntnis der Parteien des Individualarbeitsvertrages ankommt[4]. Daneben gilt die Betriebsvereinbarung auch **zwingend**, was zur Folge hat, dass zuungunsten eines Arbeitnehmers nicht einzelvertraglich von ihr abgewichen werden kann. Selbst ein Verzicht auf durch die Betriebsvereinbarung eingeräumte Rechte ist nach § 77 Abs. 4 Satz 2 BetrVG nur mit Zustimmung des Betriebsrates möglich. Zwar wird das **Günstigkeitsprinzip** im Betriebsverfassungsgesetz anders als im Tarifrecht[5] nicht ausdrücklich geregelt; dennoch geht die ganz h. M.[6] davon aus, dass Bestimmungen in einer Betriebsvereinbarung nur einseitig zwingend sind und zugunsten der Arbeitnehmer dispositiven Charakter haben. Das bedeutet, dass eine **einzelvertragliche Regelung**, die für den Arbeitnehmer objektiv günstiger ist, nicht durch eine ungünstigere Betriebsvereinbarung verdrängt wird. Dies gilt sowohl für arbeitsvertragliche Vereinbarungen nach Inkrafttreten einer Betriebsvereinbarung als auch für solche, die schon vorher bestanden haben. Ungünstigere arbeitsvertragliche Regelungen (hierzu zählen auch Gesamtzusagen und Einheits-

---

1 *Weber/Erich/Hörchens/Oberthür*, Teil F Rz. 10.
2 *Weber/Erich/Hörchens/Oberthür*, Teil F Rz. 11.
3 *Preis*, Kollektivarbeitsrecht, § 152 I, S. 573; *Fitting*, § 77 BetrVG Rz. 13; Richardi/*Richardi*, § 77 BetrVG Rz. 26 ff.
4 BAG v. 16.9.1986 – GS 1/82, AP Nr. 17 zu § 77 BetrVG 1972.
5 Vgl. dort in § 4 Abs. 3 TVG.
6 Vgl. nur BAG v. 16.9.1986 – GS 1/82, AP Nr. 17 zu § 77 BetrVG 1972.

regelungen) dagegen werden von einer späteren günstigeren Betriebsvereinbarung verdrängt, so dass sie nach deren Ablauf wieder aufleben[1].

Für die Frage, wann eine Betriebsvereinbarung günstiger ist als eine **arbeits-**   181
vertragliche Einheitsregelung, Gesamtzusage oder betriebliche Übung, ist
nach der Rechtsprechung des BAG ein **kollektiver Günstigkeitsvergleich** an-
zustellen, da die genannten Rechtsinstitute keinen rein individuellen Charakter haben, sondern ebenfalls kollektive Elemente aufweisen[2]. Kollektiver
Günstigkeitsvergleich bedeutet, dass die durch Einheitsregelung, Gesamtzusage oder betriebliche Übung begründeten vertraglichen Ansprüche dann
von einer nachfolgenden Betriebsvereinbarung beschränkt werden können,
wenn die Neuregelung insgesamt bei kollektiver Betrachtung nicht ungüns-
tiger ist. Ob die Betriebsvereinbarung für den einzelnen Arbeitnehmer günstiger ist oder nicht, spielt insoweit keine Rolle. Zu fragen ist lediglich, ob
die Gesamtheit der Leistungen, die der Arbeitgeber gewährt, nach der Neuregelung nicht geringer ist als davor. (Für arbeitsvertragliche Regelungen, die
keinen kollektiven Bezug haben, bleibt es beim **individuellen Günstigkeits-**
vergleich. Es kommt also (nur) darauf an, was für den einzelnen Arbeitnehmer günstiger ist.)

Wie sich aus dem Begriff „Vereinbarungen" in § 77 Abs. 1 Satz 1 BetrVG er-   182
gibt, können die Betriebspartner neben den Betriebsvereinbarungen auch
weitere formlose Vereinbarungen treffen, die sog. **Regelungsabreden**, denen
allerdings keine normative Wirkung zukommt.

Obwohl den **Sozialplänen** nach dem Wortlaut des § 112 Abs. 1 Satz 3 BetrVG   183
nur die „Wirkung einer Betriebsvereinbarung" zukommt, handelt es sich
hierbei um echte Betriebsvereinbarungen im Sinne des BetrVG[3].

bb) Zustandekommen der Betriebsvereinbarungen

Betriebsvereinbarungen können zunächst durch einen gemeinsamen Be-   184
schluss von Betriebsrat und Arbeitgeber nach § 77 Abs. 2 BetrVG zustande
kommen. Dies bedeutet jedoch nicht, dass Arbeitgeber und Betriebsrat im
Rahmen einer gemeinsamen Sitzung einen Beschluss fällen müssen, sondern es bedarf wie beim Vertragsschluss lediglich zweier übereinstimmender
Willenserklärungen der Betriebspartner[4].

Des Weiteren können Betriebsvereinbarungen auch auf einem Spruch der   185
Einigungsstelle (§ 77 Abs. 1 und 2 i.V.m. § 76 Abs. 5 und 6 BetrVG) beruhen. Dies gilt ohne Weiteres in den Fällen, in denen dem Betriebsrat ein echtes Mitbestimmungsrecht zusteht (erzwingbares Einigungsstellenverfahren
nach § 76 Abs. 5 BetrVG). In Angelegenheiten der freiwilligen Mitbestimmung bedarf der Spruch der vorherigen Unterwerfung der Betriebspartner

---

1 *Preis*, Kollektivarbeitsrecht, § 152 I, S. 575.
2 BAG v. 16.9.1986 – GS 1/82, AP Nr. 17 zu § 77 BetrVG 1972.
3 BAG v. 24.3.1981 – 1 AZR 578/78, juris; BAG v. 18.12.1990 – 1 ABR 37/90, AP Nr. 85
   zu § 99 BetrVG 1972.
4 Richardi/*Richardi*, § 77 BetrVG Rz. 30.

oder der nachträglichen Annahme, § 76 Abs. 6 Satz 2 BetrVG. Hierzu ist auf Seiten des Betriebsrats ein ordnungsgemäß gefasster Beschluss nötig. Die bloße Hinnahme des Spruchs der Einigungsstelle durch die Betriebspartner ist für eine Annahme nicht ausreichend[1].

186　Die Betriebsvereinbarung bedarf zu ihrer Wirksamkeit zwingend der **Schriftform**, § 77 Abs. 2 Satz 1 BetrVG. Eine ohne Beachtung dieser Form geschlossene Betriebsvereinbarung ist gem. § 125 Satz 1 BGB nichtig. Insbesondere kann die Schriftform nicht durch die elektronische Form ersetzt werden, da § 126 Abs. 3 BGB auf Betriebsvereinbarungen keine Anwendung findet[2]. Zur Einhaltung der Schriftform muss die Betriebsvereinbarung die Unterschriften des Arbeitgebers und des Betriebsratsvorsitzenden bzw. deren bevollmächtigter Vertreter auf derselben Urkunde aufweisen[3]. Weder genügt der Austausch einseitig unterzeichneter Ausfertigungen, noch die Unterschrift auf einer Fotokopie der von der anderen Seite unterzeichneten Urkunde[4]. Betriebsvereinbarungen, die auf einem Spruch der Einigungsstelle beruhen, werden von deren Vorsitzendem unterzeichnet (§ 76 Abs. 3 Satz 4 BetrVG) und bedürfen insoweit nicht der Unterschrift von Betriebsrat und Arbeitgeber (§ 77 Abs. 2 Satz 2 BetrVG).

187　Nach § 77 Abs. 2 Satz 3 BetrVG hat der Arbeitgeber die Betriebsvereinbarung so auszulegen (oder in ähnlicher Weise zugänglich zu machen), dass alle Arbeitnehmer des Betriebes in der Lage sind, sich von ihrem Inhalt in Kenntnis zu setzen. Die Bekanntmachung kann insbesondere durch Aushängung am „Schwarzen Brett" erfolgen[5].

cc) Geltungsbereich der Betriebsvereinbarung

188　Die Betriebsvereinbarung gilt **räumlich** für den Betrieb, dessen Betriebsrat sie abgeschlossen hat.

189　Der **persönliche** Geltungsbereich einer Betriebsvereinbarung erstreckt sich grundsätzlich auf alle Arbeitnehmer des Betriebes i. S. v. § 5 Abs. 1 BetrVG, nicht jedoch auf die in § 5 Abs. 2 BetrVG bezeichneten Personen und leitende Angestellte i. S. v. § 5 Abs. 3 und 4 BetrVG[6]. Erfasst werden auch solche Arbeitnehmer, die erst nach Abschluss der Betriebsvereinbarung in den Betrieb eingetreten sind[7]. Der persönliche Geltungsbereich kann auf bestimmte Abteilungen oder Arbeitnehmergruppen beschränkt werden, wenn der Gleichbehandlungsgrundsatz nicht entgegensteht[8].

---

1 MünchArbR/*Matthes*, § 239 Rz. 11; *Weber/Erich/Hörchens/Oberthür*, Teil F Rz. 26.
2 Richardi/*Richardi*, § 77 BetrVG Rz. 33.
3 BAG v. 14.2.1978 – 1 AZR 154/76, AP Nr. 60 zu Art. 9 GG Arbeitskampf; BAG v. 21.8.1990 – 3 AZR 422/89, AP Nr. 19 zu § 6 BetrAVG; *Fitting*, § 77 BetrVG Rz. 21; *Weber/Erich/Hörchens/Oberthür*, Teil F Rz. 27.
4 *Fitting*, § 77 BetrVG Rz. 21 mit weiteren Einzelheiten.
5 *Weber/Erich/Hörchens/Oberthür*, Teil F Rz. 30; MünchArbR/*Matthes*, § 239 Rz. 17.
6 Richardi/*Richardi*, § 77 BetrVG Rz. 73.
7 BAG v. 5.9.1960 – 1 AZR 509/57, AP Nr. 4 zu § 399 BGB.
8 *Fitting*, § 77 BetrVG Rz. 35.

Arbeitnehmer, die bei Abschluss der Betriebsvereinbarung schon aus dem   190
Betrieb ausgeschieden sind, werden vom Geltungsbereich nicht mehr erfasst, da sie nicht mehr zur Belegschaft gehören und den Betriebspartnern somit auch keine Regelungskompetenz zukommt. Etwas anderes gilt unter
Umständen für Sozialplanregelungen bei Betriebsänderungen, die auch Leistungen für solche Arbeitnehmer vorsehen können, die bei Abschluss des Sozialplans schon wegen der Betriebsänderung aus dem Betrieb ausgeschieden
sind[1].

Den **zeitlichen Geltungsbereich** der Betriebsvereinbarung legen die Betriebs-   191
partner grundsätzlich selbst fest[2]. Diese können ihre Regelung auch rückwirkend in Kraft setzen[3]. Rückwirkung liegt nur vor, wenn die Betriebsvereinbarung zu einem Zeitpunkt vor ihrem Abschluss in Kraft treten soll[4],
nicht jedoch, wenn ein bereits abgeschlossener Tatbestand mit Rechtswirkung für die Zukunft geregelt wird, z. B. wenn in der Betriebsvereinbarung
bestimmt wird, dass der bereits entstandene Anspruch auf Lohn gestundet
oder zu einem Teil erlassen wird. Man spricht dann von sog. unechter Rückwirkung[5]. Eine Rückwirkung kommt nur dann in Frage, wenn sie sich auf
Rechte und Pflichten bezieht, die bei Abschluss der Betriebsvereinbarung
noch erfüllt werden können[6]. Dies ist z. B. der Fall bei Betriebsnormen, die
rückwirkend in Kraft gesetzt werden sollen. Gleiches gilt für sog. Abschlussnormen; Vorschriften über die Begründung des Arbeitsverhältnisses können
nicht bereits entstandene Arbeitsverhältnisse erfassen[7]. Des Weiteren ist zu
berücksichtigen, dass die rückwirkende Betriebsvereinbarung nur diejenigen
Arbeitnehmer erfassen kann, die noch unter die personelle Reichweite der
Betriebsautonomie fallen[8].

Soweit aber eine Rückwirkung zulässig ist, wird sie durch das BetrVG nicht   192
ausgeschlossen. Rückwirkende Regelungen sind aber nicht unbeschränkt
zulässig. Die Betriebspartner müssen die Schranken beachten, die sich aus
dem Grundsatz des Vertrauensschutzes ergeben[9]. Bei der Rückwirkung zu
Lasten der Arbeitnehmer können insbesondere die Grundsätze herangezogen
werden, die das BVerfG für die Rückwirkung belastender Gesetze entwickelt
hat[10]. Eine Änderung der Rechtslage zum Nachteil des Arbeitnehmers muss
vorhersehbar und messbar sein[11]. Soll eine belastende Betriebsvereinbarung

---

1 BAG v. 6.8.1997 – 10 AZR 66/97, AP Nr. 116 zu § 112 BetrVG 1972; BAG v. 28.6.2005
   – 1 AZR 213/04, AP Nr. 25 zu § 77 BetrVG 1972.
2 Richardi/*Richardi*, § 77 BetrVG Rz. 128; *Fitting*, § 77 BetrVG Rz. 40.
3 BAG v. 19.9.1995 – 1 AZR 208/95, AP Nr. 61 zu § 77 BetrVG 1972; Richardi/*Richardi*, § 77 BetrVG Rz. 128; *Fitting*, § 77 BetrVG Rz. 41.
4 Richardi/*Richardi*, § 77 BetrVG Rz. 129.
5 Richardi/*Richardi*, § 77 BetrVG Rz. 129.
6 *Fitting*, § 77 BetrVG Rz. 42; Richardi/*Richardi*, § 77 BetrVG Rz. 129.
7 Richardi/*Richardi*, § 77 BetrVG Rz. 129; *Fitting*, § 77 BetrVG Rz. 42.
8 Richardi/*Richardi*, § 77 BetrVG Rz. 128; *Fitting*, § 77 BetrVG Rz. 41.
9 Richardi/*Richardi*, § 77 BetrVG Rz. 130; *Fitting*, § 77 BetrVG Rz. 43.
10 Richardi/*Richardi*, § 77 BetrVG Rz. 130; *Richardi*, Kollektivgewalt, S. 432 f.
11 BVerfG v. 19.12.1961 – 2 BvL 6/59, BVerfGE 13, 261 (272); BVerfG v. 31.3.1965 – 2 BvL
   17/63, BVerfGE 18, 429; BVerfG v. 16.11.1965 – 2 BvL 8/64, AP Nr. 4 zu Art. 20 GG
   = BVerfGE 19, 187.

rückwirkend in Kraft treten, so muss das in ihr deutlich zum Ausdruck gebracht werden[1].

193 Eine die Arbeitnehmer belastende Betriebsvereinbarung kann sich ausnahmsweise rückwirkende Kraft beilegen, wenn die betroffenen Arbeitnehmer mit einer rückwirkend belastenden Regelung rechnen mussten und sich hierauf einstellen konnten[2]. Dabei macht es keinen Unterschied, ob die Betriebsvereinbarung von den Betriebspartnern abgeschlossen wird oder durch Spruch der Einigungsstelle zustande kommt[3].

194 Ein die Rückwirkung ausschließender Vertrauensschutz liegt dann nicht vor, wenn die bisher bestehende Betriebsvereinbarung vom Arbeitgeber gekündigt worden oder abgelaufen ist und die neue erst nach langwierigen Verhandlungen abgeschlossen und ihre Rückwirkung auf den Zeitpunkt des Endes der bisherigen Betriebsvereinbarung beigelegt wird[4]. Das gilt insbesondere dann, wenn die Arbeitnehmer über die Verhandlungen der Betriebspartner unterrichtet worden sind.

dd) Gegenstand der Betriebsvereinbarung

195 Betriebsvereinbarungen können – vorbehaltlich der Schranken der §§ 77 Abs. 3, 87 Abs. 1 Eingangssatz BetrVG – alles regeln, was in den Aufgabenbereich des Betriebsrates fällt, also dessen funktioneller Zuständigkeit unterliegt[5].

196 In die Zuständigkeit des Betriebsrates fallen zunächst Regelungen über Inhalt, Abschluss und Beendigung von Arbeitsverhältnissen (sog. **Inhaltsnormen**). In diesem Bereich wirkt die Betriebsvereinbarung normativ, d. h., sie gestaltet die Arbeitsverhältnisse der Arbeitnehmer des Betriebes unmittelbar und zwingend.

197 Ferner können in der Betriebsvereinbarung **betriebliche und betriebsverfassungsrechtliche Fragen** geregelt werden. Betriebliche Fragen betreffen die Gesamtheit oder Gruppen der Arbeitnehmer des Betriebes, ohne dass insoweit einem einzelnen Arbeitnehmer ein Anspruch oder Leistungsverweigerungsrecht eingeräumt werden soll[6]. Hierzu gehören insbesondere Regelungen zur Ordnung des Betriebes und des Verhaltens der Arbeitnehmer im Betrieb (§ 87 Abs. 1 Nr. 1 BetrVG), zur Einführung und Anwendung technischer Überwachungseinrichtungen (§ 87 Abs. 1 Nr. 6 BetrVG) oder zur Verhütung von Arbeitsunfällen und Berufskrankheiten (§ 87 Abs. 1 Nr. 7 BetrVG). Regelungen betrieblicher Fragen haben zwar nur mittelbare Wir-

---

1 BAG v. 19.9.1995 – 1 AZR 208/95, AP Nr. 61 zu § 77 BetrVG 1972.
2 BAG v. 19.9.1995 – 1 AZR 208/95, AP Nr. 61 zu § 77 BetrVG 1972.
3 BAG v. 19.9.1995 – 1 AZR 208/95, AP Nr. 61 zu § 77 BetrVG 1972.
4 BAG v. 8.3.1977 – 1 ABR 33/75, AP Nr. 1 zu § 87 BetrVG 1972 Auszahlung = BAGE 29, 40 ff.
5 MünchArbR/*Matthes*, Band 2, § 239 Rz. 2.
6 Richardi/*Richardi*, § 77 BetrVG Rz. 52; *Fitting*, § 77 BetrVG Rz. 47.

kung für die einzelnen Arbeitsverhältnisse, aber dennoch normativen Charakter[1]. Betriebsverfassungsrechtliche Fragen sind solche, die die Rechtsstellung der Organe des Betriebes zueinander betreffen. Soweit keine zwingenden gesetzlichen (insbesondere betriebsverfassungsrechtlichen) Vorschriften entgegenstehen, können diese in Betriebsvereinbarungen geregelt werden. Zu den betriebsverfassungsrechtlichen Bestimmungen gehören z.B. Vereinbarungen über die Freistellung bestimmter Betriebsratsmitglieder gem. § 38 Abs. 1 Satz 3 BetrVG, über die Abhaltung von Sprechstunden während der Arbeitszeit gem. § 39 BetrVG, über die Durchführung von Betriebs- und Abteilungsversammlungen gem. § 44 Abs. 2 BetrVG, Vereinbarungen, die die Mitbestimmung und Mitwirkung des Betriebsrates konkretisieren oder, soweit im Gesetz zugelassen wird, seine Beteiligungsbefugnisse erweitern und verstärken gem. § 102 Abs. 6 BetrVG[2].

Schuldrechtliche Abreden, die alleine Arbeitgeber und Betriebsrat verpflichten, ohne unmittelbare Wirkung für die Belegschaft zu entfalten, können ebenso Teil einer Betriebsvereinbarung sein[3].   198

ee) Grenzen der Regelungsmacht

Die Betriebspartner können durch Betriebsvereinbarung grundsätzlich alles   199
regeln, was im Rahmen ihrer funktionellen Zuständigkeit liegt. Diese Kompetenz steht ihnen allerdings nicht uneingeschränkt zu. Schranken ergeben sich zum einen aus vorrangigen Gesetzen und Tarifverträgen (Tarifvorrang nach § 77 Abs. 3 BetrVG), zum anderen im Bereich verschlechternder Betriebsvereinbarungen aus Grundsätzen der Verhältnismäßigkeit und des Vertrauensschutzes und beim individuellen Persönlichkeitsschutz des einzelnen Arbeitnehmers.

Betriebsvereinbarungen dürfen nicht gegen **zwingendes staatliches Recht**   200
verstoßen. Hierzu zählen sowohl Gesetze, als auch Verordnungen und öffentlich-rechtliche Unfallverhütungsvorschriften der Berufsgenossenschaften. Hierbei ist jedoch zu beachten, dass die meisten staatlichen Regelungen lediglich zuungunsten der Arbeitnehmer einseitig zwingend sind. Abweichungen zugunsten der Arbeitnehmer sind daher in der Regel auch durch Betriebsvereinbarungen möglich. Wenn jedoch Dritt- oder Allgemeininteressen vom Schutzbereich der Regelung erfasst sind, ist sie zweiseitig zwingend, so dass jegliche Abweichung auch zugunsten der Arbeitnehmer verwehrt bleibt. Hierzu zählen beispielsweise §§ 134, 138 BGB, §§ 6 Abs. 1, 8 Abs. 1 MuSchG oder auch die in § 75 BetrVG genannten Grundsätze wie Gleichbehandlung und Persönlichkeitsschutz[4]. Lässt das Gesetz abweichende Regelungen nur durch Tarifvertrag zu (sog. tarifdispositives Recht, z.B. § 622 Abs. 4 Satz 1 BGB, § 13 Abs. 1 Satz 1 BUrlG, § 4 Abs. 4 EFZG), kann hiervon

---

1 *Fitting*, § 77 BetrVG Rz. 47.
2 Richardi/*Richardi*, § 77 BetrVG Rz. 56; *Fitting*, § 77 BetrVG Rz. 48.
3 Richardi/*Richardi*, § 77 BetrVG Rz. 59; *Fitting*, § 77 BetrVG Rz. 50.
4 *Weber/Ehrich/Hörchens/Oberthür*, Teil F VIII. Rz. 92.

nicht zuungunsten der Arbeitnehmer durch Betriebsvereinbarung abgewichen werden[1].

201 Des Weiteren dürfen Betriebsvereinbarungen nicht gegen **zwingende tarifvertragliche Regelungen** verstoßen, die als höherrangige Normen grundsätzlich vorgehen. Verstöße gegen diesen Grundsatz führen zur Nichtigkeit. Ein späterer Tarifvertrag kann eine zunächst wirksame Betriebsvereinbarung nachträglich nichtig machen[2]. Das folgt aus § 77 Abs. 3 BetrVG, der den Abschluss von Betriebsvereinbarungen über Arbeitsentgelte[3] und sonstige Arbeitsbedingungen[4], die durch Tarifvertrag geregelt sind oder üblicherweise geregelt werden, untersagt. Zulässig sind Betriebsvereinbarungen somit nur, wenn eine tarifliche Regelung dieser Arbeitsbedingung nicht einmal üblich ist oder wenn der Tarifvertrag eine Öffnungsklausel enthält, die den Abschluss ergänzender Betriebsvereinbarungen ausdrücklich zulässt (§ 77 Abs. 3 Satz 2 BetrVG). Sinn und Zweck der Vorschrift ist die Gewährleistung der durch Art. 9 Abs. 3 GG garantierten Funktionsfähigkeit der Tarifautonomie: Die Tarifvertragsparteien sind für die Regelung kollektiver Arbeitsbedingungen vorrangig zuständig mit der Folge, dass die Regelungsbefugnis der Betriebspartner insoweit verdrängt wird[5]. Hierdurch soll verhindert werden, dass ein Konkurrenzverhältnis zwischen Tarifvertragsparteien und Betriebspartnern entsteht, welches zu einem Bedeutungsverlust der Koalitionen führen könnte. Ohne ausdrückliche Öffnungsklausel im Tarifvertrag können Betriebsvereinbarungen also nur zur Regelung solcher Arbeitsentgelte und sonstiger Arbeitsbedingungen geschlossen werden, die weder durch Tarifvertrag geregelt sind noch üblicherweise geregelt werden.

202 Durch Tarifvertrag geregelt ist eine Angelegenheit, wenn ein gegenwärtig in Kraft befindlicher Tarifvertrag diese Angelegenheit regelt und der Betrieb in den räumlichen, fachlichen und persönlichen Geltungsbereich des Tarifvertrages fällt[6]. Ob eine tarifliche Regelung auch Betriebsvereinbarungen über nicht geregelte Angelegenheiten entgegensteht (sog. Negativregelung), ist durch Auslegung zu ermitteln.

203 Üblicherweise geregelt wird eine Angelegenheit, wenn zwar gegenwärtig eine tarifliche Regelung nicht besteht (etwa weil ein gekündigter Tarifvertrag lediglich nachwirkt) die bisherige Tarifpraxis und das Verhalten der Tarifparteien aber erkennen lässt, dass die Angelegenheit demnächst wieder durch Tarifvertrag geregelt werden soll[7]; nicht jedoch, wenn die Tarifvertragspartei-

---

1 MünchArbR/*Matthes*, Band 2, § 238 Rz. 71.
2 BAG v. 26.2.1986 – 4 AZR 535/84, AP Nr. 12 zu § 4 TVG Ordnungsprinzip.
3 Hierunter versteht man jede in Geld zahlbare Vergütung oder Sachleistung des Arbeitgebers.
4 Dies sind alle Regelungen, die Gegenstand von Inhaltsnormen eines Tarifvertrags sein können, also sowohl formelle als auch materielle Arbeitsbedingungen. Nicht gesperrt sind Abschlussnormen, betriebliche und betriebsverfassungsrechtliche Normen.
5 BAG v. 24.2.1987 – 1 ABR 18/85, AP Nr. 21 zu § 77 BetrVG 1972.
6 BAG v. 27.1.1987 – 1 ABR 66/85, AP Nr. 42 zu § 99 BetrVG 1972; MünchArbR/*Matthes*, § 238 Rz. 63 und 64.
7 MünchArbR/*Matthes*, § 238 Rz. 63.

en lediglich beabsichtigen, in Zukunft eine bestimmte Angelegenheit zu regeln, ohne dass diese schon Gegenstand eines früheren Tarifvertrags war[1]. Die Sperrwirkung des § 77 Abs. 3 BetrVG hängt hierbei nicht davon ab, ob der Arbeitgeber tarifgebunden ist oder nicht[2].

Abweichend vom soeben Dargestellten kann im Rahmen der Angelegenheiten des § 87 Abs. 1 BetrVG auch dann eine Betriebsvereinbarung geschlossen werden, wenn es um eine Angelegenheit geht, die üblicherweise in Tarifverträgen geregelt wird. Das ist nicht unumstritten, wird von der h. M. und von der Rechtsprechung aber mit folgenden Gründen angenommen: Die in § 87 Abs. 1 BetrVG geregelten zwingenden Mitbestimmungsrechte sollen den Schutz der Arbeitnehmer vor einseitigen Bestimmungsrechten des Arbeitgebers und vor dessen Übermacht bei vertraglichen Vereinbarungen gewährleisten[3]. Dieses Schutzes bedarf der Arbeitnehmer aber nur dann nicht mehr, wenn bereits tarifliche oder gesetzliche Regelungen bestehen, die diesem Schutzzweck genügen. Dagegen erzeugt eine tarifliche Regelung, die bloß üblich ist, für den Betrieb keine Bindungswirkung und kann somit den erforderlichen Schutz gerade nicht entfalten[4]. 204

ff) Geltungsdauer und Beendigungsgründe

Eine Betriebsvereinbarung endet grundsätzlich mit Ablauf der Zeit, für die sie eingegangen ist. Eine solche Befristung kann von den Betriebspartnern vereinbart werden, ohne dass hierfür weitere Voraussetzungen vorliegen müssen. Neben der eben genannten **Zeitbefristung** ist auch die Vereinbarung einer **Zweckbefristung** möglich, wobei die Betriebsvereinbarung dann mit Erreichung des verfolgten Zwecks endet. Die Betriebspartner können eine Betriebsvereinbarung auch einvernehmlich durch **Auflösungsvertrag** beenden. Dieser bedarf der in § 77 Abs. 2 Satz 1 BetrVG vorgesehenen Schriftform, da die Betriebsvereinbarung nicht durch eine bloß formlose Absprache beseitigt werden kann[5]. 205

Eine Betriebsvereinbarung endet weiterhin, wenn sie durch eine neue, denselben Regelungsgegenstand betreffende, ersetzt wird. Dieser als **Ablösungsprinzip**[6] bezeichnete Grundsatz gilt auch, wenn die Regelungen einer älteren Betriebsvereinbarung nur teilweise ersetzt werden. In diesen Fällen tritt die ältere Betriebsvereinbarung nur insoweit außer Kraft, als der Regelungsgegenstand der neuen Betriebsvereinbarung identisch ist[7]. 206

Eine Betriebsvereinbarung kann nach § 77 Abs. 5 BetrVG mit einer Frist von drei Monaten ordentlich **gekündigt** werden. Dies gilt sowohl für freiwillige Betriebsvereinbarungen, als auch für erzwingbare und solche, die auf einem 207

---

1 *Fitting*, § 77 BetrVG Rz. 91.
2 BAG v. 24.1.1996 – 1 AZR 597/95, AP Nr. 8 zu § 77 BetrVG 1972 Tarifvorbehalt.
3 MünchArbR/*Matthes*, § 238 Rz. 67.
4 BAG v. 3.12.1991 – GS 2/90, AP Nr. 51 zu § 87 BetrVG 1972 Lohngestaltung.
5 BAG v. 27.6.1985 – 6 AZR 392/81, AP Nr. 14 zu § 77 BetrVG 1972.
6 BAG v. 25.3.1971 – 2 AZR 185/70, AP Nr. 5 zu § 57 BetrVG.
7 BAG v. 16.9.1986 – GS 1/82, AP Nr. 17 zu § 77 BetrVG 1972.

Spruch der Einigungsstelle beruhen[1]. § 77 Abs. 5 BetrVG stellt allerdings kein zwingendes Recht dar, so dass die Kündigungsfrist in der Betriebsvereinbarung selbst verlängert oder verkürzt oder die ordentliche Kündigung ganz ausgeschlossen werden kann. Ein solcher Ausschluss der ordentlichen Kündigung muss allerdings eindeutig vereinbart werden[2]. Bei einer Betriebsvereinbarung, die einen einmaligen Tatbestand regelt, scheidet eine Kündigung grundsätzlich aus, da dies dem Zweck der Betriebsvereinbarung, also der Regelung eines konkreten Einzelsachverhaltes, zuwiderlaufen würde[3]. Wenn in der Betriebsvereinbarung nichts Abweichendes geregelt wurde, bedarf ihre ordentliche Kündigung keines sachlichen Grundes[4]. Insbesondere kennt das BetrVG keinen Kündigungsschutz[5].

208 Neben der ordentlichen Kündigung besteht auch die Möglichkeit einer **außerordentlichen Kündigung** von Betriebsvereinbarungen bei Vorliegen eines wichtigen Grundes. Ein solcher ist anzunehmen, wenn im Einzelfall Umstände vorliegen, die dem kündigenden Betriebspartner das Festhalten an der getroffenen Regelung selbst bis zum Ablauf der Kündigungsfrist unzumutbar machen. Die Annahme eines wichtigen Grundes ist nach der Rechtsprechung des BAG an strenge Voraussetzungen geknüpft[6]. Die außerordentliche Kündigung ist nicht abdingbar[7].

209 Wird die Kündigung mit dem Angebot auf Abschluss einer neuen Betriebsvereinbarung unter veränderten Bedingungen verbunden, handelt es sich um eine **Änderungskündigung**. Akzeptiert der andere Betriebspartner das Änderungsangebot nicht, hat die Änderungskündigung die Wirkung einer regulären Kündigung.

210 Die **Kündigungserklärungen** bedürfen sowohl bei der ordentlichen als auch bei der außerordentlichen Kündigung keiner Form, können also auch mündlich erfolgen. Etwas anderes gilt nur, wenn die Einhaltung einer bestimmten Form in der Betriebsvereinbarung festgelegt wurde. Auch die Änderungskündigung bedarf grundsätzlich keiner Form. Wird das Änderungsangebot des kündigenden Betriebspartners jedoch angenommen, bedarf die neue Betriebsvereinbarung zu ihrer Wirksamkeit der Formerfordernisse des § 77 Abs. 2 BetrVG.

211 Die **Teilkündigung** einer Betriebsvereinbarung ist prinzipiell ausgeschlossen, es sei denn, sie wurde ausdrücklich vereinbart oder sie betrifft sachlich

---

1 MünchArbR/*Matthes*, § 239, Rz. 38; *Fitting*, § 77 BetrVG Rz. 144.
2 BAG v. 17.1.1995 – 1 ABR 29/94, AP Nr. 7 zu § 77 BetrVG 1972 Nachwirkung.
3 BAG v. 10.8.1994 – 10 ABR 61/93, AP Nr. 86 zu § 112 BetrVG 1972; BAG v. 26.4.1990 – 6 AZR 278/88, AP Nr. 4 zu § 77 BetrVG 1972 Nachwirkung.
4 BAG v. 26.4.1990 – 6 AZR 278/88, AP Nr. 4 zu § 77 BetrVG 1972 Nachwirkung; *Fitting*, § 77 BetrVG Rz. 146.
5 BAG v. 26.4.1990 – 6 AZR 278/88, AP Nr. 4 zu § 77 BetrVG 1972 Nachwirkung; *Fitting*, § 77 BetrVG Rz. 146; Richardi/*Thüsing*, § 77 BetrVG Rz. 200; MünchArbR/*Matthes*, § 239 Rz. 41.
6 BAGE 4, 232, 238 ff.
7 BAG v. 17.1.1995 – 1 ABR 29/94, AP Nr. 7 zu § 77 BetrVG 1972 Nachwirkung.

unabhängige, selbständige Teilkomplexe der Vereinbarung[1]. Von der Teil-kündigung ist allerdings die Ausübung eines dem Arbeitgeber in der Betriebsvereinbarung eingeräumten **Widerrufsvorbehalts** bezüglich bestimmter Teilkomplexe zu unterscheiden. Dessen Ausübung lässt die Betriebsvereinbarung als solche unberührt[2].

Im **Insolvenzverfahren** sind die Sonderregelungen des § 120 InsO zu beachten. Hiernach können Betriebsvereinbarungen, die die Insolvenzmasse belasten, mit dreimonatiger Frist gekündigt werden, auch wenn eine längere Frist vereinbart war.   212

Wird ein **Betrieb endgültig stillgelegt**, enden alle in dem Betrieb geltenden   213
Betriebsvereinbarungen, soweit sie gegenstandslos werden[3]. Dies gilt jedoch nicht für solche, die für ebendiesen Fall abgeschlossen wurden, also insbesondere Sozialpläne.

Welche Auswirkungen der Ablauf einer Betriebsvereinbarung im Verhältnis   214
Arbeitgeber/Betriebsrat auf die Einzelarbeitsverhältnisse hat, regelt § 77 Abs. 6 BetrVG. Hiernach gelten ihre Regelungen in Angelegenheiten der erzwingbaren Mitbestimmung, also dann, wenn ein Spruch der Einigungsstelle die Einigung zwischen Arbeitgeber und Betriebsrat ersetzen kann, weiter, bis sie durch eine andere Abmachung ersetzt werden. Diese als **Nachwirkung** bezeichnete Konstruktion bedeutet, dass die Normen der Betriebsvereinbarung ihre unmittelbare Wirkung behalten, während ihre zwingende Wirkung in jedem Fall mit Beendigung der Betriebsvereinbarung zu Ende geht, so dass sie durch jede andere Regelung (auch individualvertraglicher Art) auch zuungunsten der Arbeitnehmer verändert werden kann. Nachwirken kann eine Betriebsvereinbarung dann, wenn ihre zeitliche Geltung als solche beendet ist, also beispielsweise nach einer Kündigung oder nach Ablauf einer Befristung, nicht jedoch, wenn sie nur für einen bestimmten Zweck geschlossen und dieser Zweck erreicht wurde[4]. Die Nachwirkung nach § 77 Abs. 6 BetrVG tritt nur bei sog. erzwingbaren Betriebsvereinbarungen ein.

gg) Verzicht

§ 77 Abs. 4 Satz 2 BetrVG lässt den Verzicht eines Arbeitnehmers auf Rech-   215
te, die ihm durch Betriebsvereinbarung gewährt werden, nur mit Zustimmung des Betriebsrates zu. Ein ohne dessen Zustimmung erklärter Verzicht ist rechtsunwirksam. Auf die Zustimmung des Betriebsrates finden die §§ 182 ff. BGB Anwendung, so dass sie durch vorherige Einwilligung oder nachträgliche Genehmigung erklärt werden kann. Sie setzt aber in jedem Fall einen ordnungsgemäßen Beschluss des Betriebsrates voraus. Das Ver-

---

1 BAG v. 19.3.1957 – 3 AZR 249/54, DB 1958, 367; BAG v. 6.1.2007 – 1 AZR 826/06, AP
  Nr. 35 zu § 77 BetrVG 1972; *Fitting*, § 77 BetrVG Rz. 153.
2 *Fitting*, § 77 BetrVG Rz. 153.
3 MünchArbR/*Matthes*, § 239, Rz. 47.
4 BAG v. 17.1.1995 – 1 AZR 784/94, juris.

zichtsverbot umfasst alle Rechte des Arbeitnehmers aufgrund einer Betriebsvereinbarung, also sowohl Ansprüche als auch sonstige Rechte wie z.B. Leis-
tungsverweigerungsrechte. Ein Verzicht kann insbesondere in einer sog.
Ausgleichsquittung liegen, in der Arbeitgeber und Arbeitnehmer bei Beendigung des Arbeitsverhältnisses erklären, keine Ansprüche mehr gegeneinander zu haben. Bestehen dennoch Rechte des Arbeitnehmers aufgrund einer
Betriebsvereinbarung, muss der Betriebsrat der Ausgleichsquittung zustimmen.

216 Auch der Verzicht, der im Rahmen eines Vergleichs oder Prozessvergleichs
erklärt wird, bedarf der Zustimmung des Betriebsrates. Das Verzichtsverbot
erfasst nicht nur bestehende, sondern auch beendete Arbeitsverhältnisse, soweit Rechte auf einer Betriebsvereinbarung beruhen. Somit können auch
ausgeschiedene Arbeitnehmer nur mit Zustimmung des Betriebsrates auf
Rechte aus einem Sozialplan verzichten.

8. Allgemeine Aufgaben des Betriebsrates

217 Der Betriebsrat als **Repräsentant der gesamten Belegschaft** hat im weitesten
Sinne die Aufgabe, die Interessen der Arbeitnehmer des Betriebes zu wahren
und wahrzunehmen. Zu diesem Zweck konkretisiert § 80 Abs. 1 BetrVG
nicht abschließend einzelne dem Betriebsrat zugewiesene Schutzaufträge
und Förderungspflichten[1]. Zur ordnungsgemäßen Erfüllung seiner Aufgaben
werden ihm Informationsrechte gegenüber dem Arbeitgeber eingeräumt
(Abs. 2) sowie Regelungen über die Hinzuziehung von Auskunftspersonen
(Abs. 2 Satz 3) und Sachverständigen (Abs. 3) getroffen.

a) Überwachungsaufgaben

218 Nach § 80 Abs. 1 Nr. 1 BetrVG hat der Betriebsrat die Einhaltung der geltenden Rechtsvorschriften zu überwachen. Zu den nach Nr. 1 zu überwachen-
den Vorschriften zählt grundsätzlich das gesamte normative Recht, soweit
es **zugunsten der Arbeitnehmer** gilt. Hierbei beschränkt sich die Überwachungsaufgabe des Betriebsrates nicht auf die allgemeinen Arbeitnehmer-
schutzgesetze (z.B. KSchG, EFZG, BUrlG, ArbSchG), sondern umfasst alle
Rechtsvorschriften, die zumindest auch den Schutz des Arbeitnehmers bezwecken. Zu diesen Schutzgesetzen zählen insbesondere auch das Bundesdatenschutzgesetz, die Gesetze aus dem Bereich der Sozialversicherung und
die Unfallverhütungsvorschriften, nicht jedoch die Vorschriften des Lohn-
steuerrechts[2]. Des Weiteren hat der Betriebsrat darüber zu wachen, dass die
zugunsten der Arbeitnehmer geltenden Bestimmungen eines Tarifvertrags
oder einer Betriebsvereinbarung ordnungsgemäß durchgeführt werden. Auf
die Einhaltung einzelvertraglicher Abreden zwischen Arbeitgeber und Arbeitnehmer bezieht sich die Überwachungspflicht des Betriebsrates jedoch

---

1 *Fitting*, § 80 BetrVG Rz. 1.
2 BAG v. 11.12.1973 – 1 ABR 37/73, AP Nr. 5 zu § 80 BetrVG 1972; Richardi/*Thüsing*,
 § 80 BetrVG Rz. 6 ff.; MünchArbR/*Matthes*, § 236 Rz. 6.

nicht[1]. Das gilt aber nur, wenn es sich tatsächlich um eine individualrechtliche Vereinbarung ohne kollektiven Bezug handelt, nicht jedoch bei einer Gesamtzusage, arbeitsvertraglichen Einheitsregelung oder betrieblichen Übung. Bei solchen Maßnahmen mit kollektivem Charakter hat der Arbeitgeber vielmehr den arbeitsvertraglichen Gleichbehandlungsgrundsatz zu beachten, dessen Einhaltung vom Betriebsrat nach § 80 Abs. 1 Nr. 1 BetrVG zu überwachen ist.

Zur Wahrnehmung seiner Überwachungsaufgabe hat der Betriebsrat zwar gewisse innerbetriebliche Kontrollrechte, er wird hierdurch jedoch nicht zu einem dem Arbeitgeber übergeordneten Kontrollorgan[2]. Seine Aufgabe i. S. d. § 80 Abs. 1 BetrVG besteht darin, die Durchführung des Rechts im Betrieb zu beobachten und sich für die Einhaltung der Vorschriften einzusetzen. Hierzu ist er nicht nur berechtigt, sondern auch verpflichtet[3]. Zu diesem Zweck stehen dem Betriebsrat nach § 80 Abs. 2 BetrVG umfassende Informationsrechte zu, insbesondere auch das Recht, die Arbeitnehmer an ihrem Arbeitsplatz aufzusuchen[4]. Die Durchführung der Überwachungsaufgabe im Einzelfall erfordert keinen konkreten Verdacht eines Verstoßes gegen die in Frage kommenden Rechtsvorschriften. Sie wird jedoch begrenzt und konkretisiert durch das Gebot der vertrauensvollen Zusammenarbeit.   219

Kommt der Betriebsrat zu dem Ergebnis, dass der Arbeitgeber eine zugunsten des Arbeitnehmers geltende Rechtsvorschrift fehlerhaft anwendet, hat er den Arbeitgeber hierauf aufmerksam zu machen und auf Abhilfe zu drängen[5]. Ein einklagbarer Anspruch des Betriebsrats auf Einhaltung oder ordnungsgemäße Durchführung einer Rechtsvorschrift besteht jedoch nicht. Auch kann er die Rechte des einzelnen Arbeitnehmers aus einer solchen Vorschrift nicht im Wege der Prozessstandschaft vor Gericht geltend machen.   220

Eine Sonderstellung nimmt jedoch die Überwachung der Durchführung von Betriebsvereinbarungen ein. Gemäß § 77 Abs. 1 Satz 1 BetrVG in Verbindung mit der jeweiligen Betriebsvereinbarung kann der Betriebsrat die ordnungsgemäße Erfüllung der Betriebsvereinbarung verlangen und ggf. gerichtlich durchsetzen. Dieser Anspruch beinhaltet jedoch nicht die Befugnis des Betriebsrates, vom Arbeitgeber aus eigenem Recht die Erfüllung von Ansprüchen der Arbeitnehmer aus der Betriebsvereinbarung zu verlangen[6].   221

Auch steht dem Betriebsrat kein Selbstdurchführungsrecht der in § 80 Abs. 1 Nr. 1 BetrVG genannten Rechtsvorschriften zu, da er nach § 77 Abs. 1 Satz 2 BetrVG nicht in die Leitung des Betriebes eingreifen darf.   222

---

1 Richardi/*Thüsing*, § 80 BetrVG Rz. 14; *Fitting*, § 80 BetrVG Rz. 12.
2 BAG v. 11.7.1972 – 1 ABR 2/72, AP Nr. 1 zu § 80 BetrVG 1972.
3 MünchArbR/*Matthes*, § 236 Rz. 10.
4 *Fitting*, § 80 BetrVG Rz. 17; MünchArbR/*Matthes*, § 236 Rz. 10.
5 BAG v. 10.6.1986 – 1 ABR 59/84, AP Nr. 26 zu § 80 BetrVG 1992.
6 BAG v. 17.10.1989 – 1 ABR 75/88, AP Nr. 53 zu § 112 BetrVG 1972.

b) Antragsrechte

223 Eine weitere Aufgabe des Betriebsrates besteht darin, Maßnahmen, die dem Betrieb und der Belegschaft dienen (§ 80 Abs. 1 Nr. 2 BetrVG), sowie Maßnahmen zur Bekämpfung von Rassismus und Fremdenfeindlichkeit im Betrieb (§ 80 Abs. 1 Nr. 7 Halbs. 2 BetrVG) beim Arbeitgeber zu beantragen. Die Vorschriften geben dem Betriebsrat somit ein **Initiativrecht**, von sich aus in den genannten Bereichen tätig zu werden[1].

224 Entgegen dem Wortlaut des § 80 Abs. 1 Nr. 2 BetrVG genügt es, wenn die Maßnahme dem Betrieb *oder* der Belegschaft dient[2]. Unter Belegschaft versteht man die Gesamtheit der Arbeitnehmer des Betriebs. Somit steht dem Betriebsrat in allen die Arbeitnehmer betreffenden Angelegenheiten sozialer, wirtschaftlicher oder personeller Art ein Antragsrecht zu. Voraussetzung ist allerdings, dass diese Angelegenheiten einen konkreten Bezug zum Betrieb aufweisen, was jedoch in einem weiten Sinn zu verstehen ist.

225 „Beantragen" i. S. v. § 80 BetrVG meint nicht die Stellung eines formellen Antrags an den Arbeitgeber, sondern vielmehr die Unterbreitung von Anregungen[3]. Aufgrund des Gebots der vertrauensvollen Zusammenarbeit aus § 2 Abs. 1 BetrVG ist der Arbeitgeber gehalten, sich mit den Anregungen des Betriebsrats ernsthaft zu beschäftigen und sie ggf. mit diesem zu erörtern[4].

9. Überblick über die Beteiligungsrechte des BetrVG

226 Die Beteiligungsrechte des Betriebsrates lassen sich nach der Intensität der Mitwirkungsbefugnisse sowie danach unterscheiden, auf welchem Gebiet die Beteiligung erfolgt. Gestaffelt nach ihrer Intensität kennt das BetrVG folgende Arten von Beteiligungsrechten: Informationsrechte, Anhörungsrechte, Initiativrechte, Beratungsrechte, Widerspruchsrechte, Zustimmungsverweigerungsrechte, Mitbestimmungsrechte. Beteiligungsrechte bestehen in sozialen, personellen und wirtschaftlichen Angelegenheiten.

a) Informationsrechte

227 Stehen dem Betriebsrat Informationsrechte (= Unterrichtungsrechte) zu, so hat der Arbeitgeber ihn über die betreffende Angelegenheit rechtzeitig und umfassend zu unterrichten. Rechtzeitig bedeutet, dass der Betriebsrat in jedem Fall vor der endgültigen Entscheidung und Umsetzung der Maßnahme durch den Arbeitgeber zu informieren ist[5]. Dem Betriebsrat ist genügend Zeit zur vollständigen Information und ggf. Beratung zu geben. Hierzu sind ihm die vollständigen Unterlagen zumindest in Abschrift zur Verfügung zu stellen[6], so dass sie ohne Anwesenheit des Arbeitgebers ausgewertet werden

---

1 MünchArbR/*Matthes*, § 236 Rz. 18.
2 Richardi/*Thüsing*, § 80 BetrVG Rz. 22.
3 MünchArbR/*Matthes*, § 236 Rz. 19.
4 *Fitting*, § 80 BetrVG Rz. 18.
5 *Fitting*, § 80 BetrVG Rz. 55.
6 ErfK/*Kania*, § 80 BetrVG Rz. 24.

können[1]. Der Betriebsrat ist jedenfalls berechtigt, sich Notizen zu machen. Ob ihm auch die Befugnis zusteht, die Unterlagen zu kopieren, ist umstritten, wird von der h. M. aber bejaht[2].

Eine weitergehende Pflicht des Arbeitgebers, wie etwa die Beratung der Angelegenheit mit dem Betriebsrat, folgt aus dem Informationsrecht nicht. Allerdings bestehen Informationsrechte häufig im Vorfeld weitergehender Beteiligungsrechte, zu deren ordnungsgemäßer Ausübung eine umfassende Unterrichtung erforderlich ist. Unterlässt der Arbeitgeber die Unterrichtung, kann dies in den Fällen des § 121 BetrVG zu einem Bußgeld führen. Im Übrigen besteht die Möglichkeit der gerichtlichen Durchsetzung des Informationsrechts gem. § 23 Abs. 3 BetrVG.   228

Im Einzelnen kennt das BetrVG folgende Informationsrechte: 229

– Allgemeines Informationsrecht zur Durchführung der Aufgaben des Betriebsrates (§ 80 Abs. 2 BetrVG)

– Information über die Behandlung der Beschwerde eines Arbeitnehmers (§ 85 Abs. 3 BetrVG)

– Information über die Planung von Neu-, Um- und Erweiterungsbauten betrieblicher Räume, von technischen Anlagen, von Arbeitsverfahren und Arbeitsabläufen sowie der Arbeitsplätze (§ 90 Abs. 1 BetrVG)

– Information über die Personalplanung (§ 92 Abs. 1 BetrVG)

– Information über personelle Einzelmaßnahmen wie Einstellung, Eingruppierung, Umgruppierung und Versetzung (§ 99 Abs. 1 BetrVG) sowie über vorläufige personelle Maßnahmen (§ 100 Abs. 1 BetrVG)

– Information vor Ausspruch einer Kündigung (§ 102 Abs. 1 BetrVG)

– Information vor der beabsichtigten Einstellung oder personellen Veränderung eines leitenden Angestellten (§ 105 BetrVG)

– Information über wirtschaftliche Angelegenheiten (erfolgt vermittelt durch den Wirtschaftsausschuss, § 106 Abs. 1 Satz 2 BetrVG)

– Information über geplante Betriebsänderungen (§ 111 Abs. 1 BetrVG)

b) Anhörungsrechte

Anhörungsrechte zeichnen sich dadurch aus, dass der Arbeitgeber den Betriebsrat zu einer bestimmten Angelegenheit **„anhören"**, d. h. ihm **Gelegenheit zur Stellungnahme geben muss.** Dazu gehört auch, das Vorbringen des Betriebsrats zur Kenntnis zu nehmen und sich damit auseinanderzusetzen. Das wichtigste Anhörungsrecht ist in § 102 Abs. 1 BetrVG geregelt, wonach der Betriebsrat vor jeder Kündigung zu hören ist. Eine unterlassene Anhörung macht die Kündigung unwirksam.   230

---

1 BAG v. 20.11.1984 – 1 ABR 64/82, NZA 1984, 432.
2 BAG v. 15.6.1976 – 1 ABR 116/74, DB 1976, 1773; BAG v. 20.11.1984 – 1 ABR 64/82, NZA 1984, 432; *Fitting*, § 80 Rz. 69; *Richardi/Thüsing*, § 80 BetrVG Rz. 67.

231 Zu den Anhörungsrechten gehören auch die Vorschlagsrechte. Hier kann der Betriebsrat von sich aus aktiv werden und an den Arbeitgeber herantreten kann. Der Arbeitgeber muss sich dann mit den Vorschlägen des Betriebsrates auseinandersetzen. Vorschlagsrechte finden sich in:

– § 92 Abs. 2 BetrVG: Vorschläge für die Einführung einer Personalplanung

– § 92 Abs. 3 i. V. m. § 80 Abs. 1 Nr. 2a und 2b BetrVG: Vorschläge für Maßnahmen zur Förderung der Gleichstellung von Männern und Frauen

– § 92a Abs. 1 BetrVG: Vorschläge zur Sicherung und Förderung der Beschäftigung

– § 96 Abs. 2 Satz 3 BetrVG: Vorschläge zur Förderung der Berufsbildung

– § 98 Abs. 3 BetrVG: Vorschläge für die Teilnahme an Maßnahmen zur beruflichen Bildung

c) Beratungsrechte

232 Stehen dem Betriebsrat Beratungsrechte zu, so muss **der Arbeitgeber den Verhandlungsgegenstand zusammen mit dem Betriebsrat erörtern**. Dies setzt naturgemäß voraus, dass er den Betriebsrat zunächst umfassend informiert und nach seiner Meinung fragt. Die letztliche Entscheidungsbefugnis verbleibt aber auch in diesem Fall voll und ganz beim Arbeitgeber. Beratungsrechte finden sich in:

– § 89 Abs. 1 BetrVG: Beratung im Bereich des Arbeitsschutzes

– § 90 Abs. 2 BetrVG: Planung der Arbeitsstätte, des Arbeitsverfahrens und der Arbeitsplätze

– § 92 Abs. 1 Satz 2 BetrVG: Beratung über Maßnahmen der Personalplanung

– § 92a Abs. 2 BetrVG: Beratung im Bereich der Beschäftigungssicherung

– § 96 Abs. 1 BetrVG: Beratung über die Förderung der Berufsbildung

– § 97 Abs. 1 BetrVG: Beratung über Maßnahmen und Einrichtungen der Berufsbildung

– § 106 Abs. 1 BetrVG: Beratung über wirtschaftliche Angelegenheiten mit dem Wirtschaftsausschuss

– § 111 BetrVG: Beratung bei Betriebsänderungen

d) Widerspruchsrechte

233 Auch wenn dem Betriebsrat Widerspruchsrechte eingeräumt sind, entscheidet der Arbeitgeber grundsätzlich alleine. Durch seinen Widerspruch kann der Betriebsrat die Entscheidung des Arbeitgebers nicht gänzlich zu Fall bringen, sondern lediglich schwächere Rechtsfolgen auslösen. So macht der Widerspruch des Betriebsrates nach § 102 Abs. 3 BetrVG eine Kündigung des Arbeitgebers nicht unwirksam, sondern führt auf Antrag des gekündigten

Arbeitnehmers zu einer Weiterbeschäftigungspflicht während des Kündigungsschutzprozesses, vgl. § 102 Abs. 5 BetrVG.

e) Zustimmungsverweigerungsrechte

Übt der Betriebsrat sein Zustimmungsverweigerungsrecht aus, ist der Arbeitgeber am Handeln gehindert. Auf dieser Stufe der Beteiligung kann der Betriebsrat also erstmals Maßnahmen des Arbeitgebers gänzlich verhindern. Der Betriebsrat ist in dieser Entscheidung aber nicht frei, sondern darf seine Zustimmung nur aus den vom Gesetz genannten Gründen verweigern. Tut er dies zu Unrecht, kann die Zustimmung auf Antrag des Arbeitgebers vom Arbeitsgericht ersetzt werden. Das wichtigste Zustimmungsverweigerungsrecht steht dem Betriebsrat bei personellen Einzelmaßnahmen nach § 99 BetrVG zu.

234

f) Mitbestimmungsrechte

Die Mitbestimmungsrechte stellen die höchste Stufe der Beteiligung des Betriebsrates dar. Wie bei den Zustimmungsverweigerungsrechten hängt auch hier die Wirksamkeit der Maßnahme des Arbeitgebers von der Zustimmung des Betriebsrates ab. Der Unterschied besteht darin, dass der Betriebsrat im Rahmen der Mitbestimmungsrechte nicht an vom Gesetz vorgegebene Gründe gebunden ist, sondern eine freie Entscheidung nach billigem Ermessen trifft. Er steht somit als gleichberechtigter Partner neben dem Arbeitgeber. Aus diesem Grund kann die Entscheidung des Betriebsrates nicht durch das Arbeitsgericht ersetzt werden. Vielmehr besteht die Möglichkeit, die Einigungsstelle anzurufen, wenn eine Einigung zwischen den Betriebspartnern nicht zustande kommt. Der Spruch der Einigungsstelle ersetzt dann die Einigung zwischen Arbeitgeber und Betriebsrat.

235

Beispiele:

236

– § 87 BetrVG: Mitbestimmung in sozialen Angelegenheiten

– § 98 Abs. 1 BetrVG: Mitbestimmung bei der Durchführung betrieblicher Bildungsmaßnahmen

– § 94 Abs. 1, 2 BetrVG: Mitbestimmung bei Personalfragebögen und Beurteilungsgrundsätzen

– § 95 Abs. 1, 2 BetrVG: Mitbestimmung über Auswahlrichtlinien

– § 102 Abs. 6 BetrVG: Mitbestimmung bei Kündigungen, wenn dies in einer Betriebsvereinbarung festgelegt ist.

10. Mitbestimmung in sozialen Angelegenheiten

a) Zwingende Mitbestimmung

Ein erzwingbares Mitbestimmungsrecht des Betriebsrates in sozialen Angelegenheiten besteht in den Fällen des § 87 Abs. 1 BetrVG. Hierbei handelt es sich um die zentrale Beteiligungsvorschrift des Betriebsverfassungsrechts. Wegen der überragenden Bedeutung in der Praxis spricht man deshalb auch

237

vom „Herzstück", der „Urzelle" oder dem „Kernbereich" der Mitbestimmung.

238   Zwingende Mitbestimmung bedeutet, dass sich Arbeitgeber und Betriebsrat bei der Entscheidung als gleichberechtigte Partner gegenüberstehen. Es handelt sich also um eine Form der echten Mitbestimmung, bei der der Arbeitgeber eine Maßnahme nicht durchführen kann, ohne sich zuvor mit dem Betriebsrat hierüber verständigt zu haben. Sollte eine Einigung zwischen den Betriebspartnern nicht zustande kommen, entscheidet die Einigungsstelle, deren Spruch die Einigung ersetzt, § 87 Abs. 2 BetrVG. Dem Betriebsrat steht außerdem ein Initiativrecht zu, d. h., er kann von sich aus Vorschläge machen und mit diesen an den Arbeitgeber herantreten[1]. Das Initiativrecht des Betriebsrats ist aufgrund des Zwecks des Mitbestimmungsrechts ausgeschlossen, wenn dem Mitbestimmungsrecht eine Schutz- und Abwehrfunktion zugunsten der Arbeitnehmer zukommt. Kein Initiativrecht besteht daher bei einem Verlangen des Betriebsrats nach der Anordnung von Überstunden nach § 87 Abs. 1 Nr. 3 BetrVG[2] oder nach der Einführung eines Leistungslohnsystems nach § 87 Abs. 1 Nr. 11 BetrVG[3] oder der Installation von technischen Überwachungseinrichtungen, § 87 Abs. 1 Nr. 6 BetrVG[4].

239   Laut § 87 Abs. 1 Satz 1 BetrVG steht dem Betriebsrat das Mitbestimmungsrecht nur zu, „soweit eine gesetzliche oder tarifliche Regelung nicht besteht." Denn in diesen Fällen haben die Betriebspartner keinen Entscheidungsspielraum, der durch eine Betriebsvereinbarung ausgefüllt werden könnte. Dies gilt allerdings nur dann, wenn die gesetzliche oder tarifliche Regelung dem Arbeitgeber auch tatsächlich jeglichen Regelungsspielraum nimmt. Ergeben sich dagegen mehrere Handlungsalternativen, so besteht in diesem Rahmen auch ein Mitbestimmungsrecht des Betriebsrates. Ein Mitbestimmungsrecht besteht selbstverständlich auch, soweit es sich nicht um eine zwingende, sondern um eine dispositive gesetzliche Regelung handelt[5].

240   Unter einer gesetzlichen Regelung versteht man alle zwingenden Rechtsnormen, also sowohl Gesetze im formellen als auch im materiellen Sinn[6]. Hierzu zählen formelle Gesetze, Rechtsverordnungen, Satzungen und Dienstordnungen einer öffentlich-rechtlichen Körperschaft[7], aber auch auf einem

---

1 BAG v. 14.11.1974 – 1 ABR 65/73, BB 1975, 420; zu § 87 Abs. 1 Nr. 10 BetrVG vgl. BAG v. 10.8.1994 – 7 ABR 35/93, NZA 1995, 796–798; zu § 87 Abs. 1 Nr. 3 vgl. BAG. v. 26.10.2004 – 1 ABR 31/03 (A), AP Nr. 113 zu § 87 BetrVG 1972 Arbeitszeit = NZA 2005, 538–542.
2 MünchArbR/*Matthes*, § 238 Rz. 38; Richardi/*Richardi*, § 87 BetrVG Rz. 72.
3 BAG v. 13.9.1983 – 1 ABR 32/81, AP Nr. 3 zu § 87 BetrVG 1972 Prämie; MünchArbR/ *Matthes*, § 238 Rz. 38; Richardi/*Richardi*, § 87 BetrVG Rz. 73, a. A. BAG v. 14.11.1974 – 1 ABR 65/73, AP Nr. 1 zu § 87 BetrVG 1972.
4 Richardi/*Richardi*, § 87 BetrVG Rz. 72.
5 BAG v. 13.3.1973 – 1 ABR 16/73, ArbuR 1973, 153.
6 BAG v. 29.3.1977 – 1 ABR 123/74, NJW 1977, 1654.
7 BAG v. 25.5.1982 – 1 AZR 1073/79, DB 1982, 2712.

Gesetz beruhende Verwaltungsakte, soweit sie dem Arbeitgeber keinen Entscheidungsspielraum belassen[1].

Das Mitbestimmungsrecht ist ebenfalls ausgeschlossen, soweit eine zwin- 241
gende und abschließende tarifliche Regelung besteht, da eine solche den
Schutz der Arbeitnehmer in der Regel hinreichend sicherstellen wird. Ob die
Regelung des Tarifvertrags abschließend sein soll, muss durch Auslegung ermittelt werden; seine zwingende Wirkung entfällt jedenfalls bei Vorhandensein einer Öffnungsklausel.

Die Sperrwirkung des § 87 Abs. 1 BetrVG setzt voraus, dass der Tarifvertrag 242
die Angelegenheit mit bindender Wirkung für den Arbeitgeber regelt[2]. Hierfür genügt es nach herrschender Meinung, wenn lediglich der Arbeitgeber tarifgebunden ist[3]. Dies ist der Fall, wenn er selbst Partei des Tarifvertrages
oder Mitglied einer Tarifvertragspartei (§ 3 Abs. 1 TVG) oder der Tarifvertrag
für allgemeinverbindlich erklärt worden ist (§ 5 Abs. 1 TVG). Auf die Tarifbindung der Arbeitnehmer soll es dagegen nicht ankommen.

Der Tarifvorrang besteht nicht, wenn der Tarifvertrag beendet ist und ledig- 243
lich nachwirkt. In diesem Zeitraum kann also von dem Mitbestimmungsrecht des § 87 BetrVG Gebrauch gemacht werden. Dies gilt auch dann, wenn
es sich um eine Angelegenheit handelt, die gem. § 77 Abs. 3 BetrVG üblicherweise tarifvertraglich geregelt wird, da § 87 Abs. 1 BetrVG als speziellere
Norm vorgeht[4].

b) Die Mitbestimmungsrechte des § 87 BetrVG im Einzelnen

**aa) Fragen der Ordnung des Betriebes und des Verhaltens der Arbeitnehmer
im Betrieb (§ 87 Abs. 1 Nr. 1 BetrVG)**

Dem Betriebsrat steht ein Mitbestimmungsrecht zu in Fragen der Ordnung 244
des Betriebes und des Verhaltens der Arbeitnehmer im Betrieb. Hierdurch
soll die gleichberechtigte Beteiligung der Arbeitnehmer an der gesamten Gestaltung des Zusammenlebens im Betrieb gewährleistet werden[5]. Nach der
Rechtsprechung des BAG ist mitbestimmungspflichtig nur das sog. **Ordnungsverhalten**, d.h. Maßnahmen, welche die äußere Ordnung des Betriebs,
das Zusammenwirken und das Verhalten der Arbeitnehmer im Betrieb re-

---

1 BAGv. 26.5.1985 – 1 ABR 9/87, NZA 1988, 811; BAG v. 9.7.1991 – 1 ABR 57/90,
   NZA 1992, 126–130, der Leitsatz der Entscheidung lautet: „Macht die Genehmigungsbehörde dem Betreiber einer kerntechnischen Anlage zur Auflage, dass nur Personen
   eingestellt oder weiterbeschäftigt werden dürfen, die einer Sicherheitsüberprüfung
   durch die Genehmigungsbehörde unterzogen worden sind, so kann der Betriebsrat
   nicht verlangen, dass solche Sicherheitsüberprüfungen unterbleiben, solange er diesen
   nicht zugestimmt hat."; *Fitting*, § 87 BetrVG Rz. 31.
2 *Richardi/Richardi*, § 87 BetrVG Rz. 153.
3 Str. BAG v. 24.2.1987 – 1 ABR 18/85, NZA 1987, 639; *Fitting*, § 87 BetrVG Rz. 42;
   ErfK/*Kania* § 87 BetrVG Rz. 15; a.A. GK-BetrVG/*Wiese*, § 87 Rz. 67 f.
4 BAG v. 24.2.1987 – 1 ABR 18/85, NZA 1987, 639.
5 *Richardi/Richardi*, § 87 BetrVG Rz. 174; *Fitting*, § 87 BetrVG Rz. 63.

geln[1]. Mitbestimmungsfrei ist demgegenüber das **Arbeitsverhalten**, also Regelungen des Arbeitgebers, die die Erbringung der vom Arbeitnehmer geschuldeten Arbeitsleistung betreffen[2]. Hierunter fallen insbesondere Weisungen zur Ausführung der Arbeit, seien sie generell oder individuell.

245 Mitbestimmungspflichtig sind beispielsweise[3]: Vorschriften über Torkontrollen[4]; Parkordnungen[5]; Kleiderordnungen[6]; Alkohol- und Rauchverbote[7]; Nutzung von Gemeinschaftsräumen wie beispielsweise Wasch- und Umkleideräume[8]; die Einführung von Namensschildern[9]; die Einführung und Ausgestaltung einer einheitlichen Arbeitskleidung[10]. Das Mitbestimmungsrecht besteht jedoch nicht, wenn für die Erbringung der Arbeitsleistung eine bestimmte Dienstbekleidung notwendig ist[11]. Die Verpflichtung, überhaupt Schutzkleidung zu tragen, gehört folglich zu dem mitbestimmungsfreien Arbeitsverhalten[12]. Von einer solchen „arbeitsnotwendigen Maßnahme" ist auszugehen, wenn der Arbeitnehmer seine Arbeitspflicht ohne die Beachtung der Anordnung nicht ordnungsgemäß erbringen kann[13].

bb) Beginn und Lage der täglichen Arbeitszeit einschließlich der Pausen sowie Verteilung der Arbeitszeit auf die einzelnen Wochentage (§ 87 Abs. 1 Nr. 2 BetrVG)

246 Das Mitbestimmungsrechrecht nach § 87 Abs. 1 Nr. 2 BetrVG erstreckt sich nach weit verbreiteter Ansicht lediglich auf die zeitliche Lage, nicht aber auf die Dauer der geschuldeten Arbeitszeit[14]. Ein Mitbestimmungsrecht über

---

1 BAG v. 24.3.1981 – 1 ABR 32/78, AP Nr. 2 zu § 87 BetrVG 1972 Arbeitssicherheit; BAG v. 25.1.2000 – 1 ABR 3/99, NZA 2000, 665 (666).

2 BAG v. 11.6.2002 – 1 ABR 46/01, AP Nr. 38 zu § 87 BetrVG 1972 Ordnung des Betriebes; Richardi/*Richardi*, § 87 BetrVG Rz. 177.

3 Weitere Nachweise in *Fitting*, § 87 BetrVG Rz. 71.

4 BAG v. 26.5.1988 – 1 ABR 9/87, AP Nr. 14 zu 87 BetrVG 1972 Ordnung des Betriebes; BAG v. 27.1.2004 – 1 ABR 7/03, AP Nr. 40 zu § 87 BetrVG 1972 Überwachung.

5 LAG Hamm v. 11.6.1986 – 12 TaBV 16/86, NZA 1987, 35–35.

6 BAG v. 1.12.1992 – 1 AZR 260/92, AP Nr. 20 zu § 87 BetrVG 1972 Ordnung des Betriebes.

7 BAG v. 23.9.1986 – 1 AZR 83/85, AP Nr. 20 zu § 75 BPersVG; BAG v. 19.1.1999 – 1 AZR 499/98, AP Nr. 28 zu § 87 BetrVG 1972 Ordnung des Betriebes.

8 Richardi/*Richardi*, § 87 BetrVG Rz. 185.

9 BAG v. 11.6.2002 – 1 ABR 46/01, NZA 2002, 1299–1300.

10 Richardi/*Richardi*, § 87 BetrVG Rz. 188; vgl. auch BAG v. 13.2.2007 – 1 ABR 18/06, juris, Rz. 9 ff.

11 BAG v. 15.12.1961 – 1 ABR 3/60, BAGE 12, 124.

12 OVG NRW v. 12.3.2003 – 1 A5764/00.PVL, juris Rz. 21 ff.

13 BAG v. 15.12.1961 – 1 ABR 3/60, BAGE 12, 124 [127].

14 BAG v. 13.10.1987 – 1 ABR 10/86, AP Nr. 24 zu § 87 BetrVG 1972 Arbeitszeit = DB 1988, 341–345; BAG v. 25.7.1989 – 1 ABR 46/88, AP Nr. 38 zu § 87 BetrVG 1972 Arbeitszeit = NZA 1989, 979–981; BAG v. 22.7.2003 – 1 ABR 28/02, AP Nr. 108 zu § 87 BetrVG 1972 Arbeitszeit = DB 2004, 766–768; Richardi/*Richardi*, § 87 BetrVG Rz. 262; a. A. DKK/*Klebe*, § 87 BetrVG Rz. 73.

die wöchentliche Arbeitszeit kann § 87 Abs. 1 Nr. 2 BetrVG demnach nicht einräumen[1], wohl aber ein solches über die Dauer der täglichen Arbeitszeit[2]. Die Frage, ob der Arbeitnehmer aufgrund seines Arbeitsvertrages verpflichtet ist, Mehrarbeit, Überstunden, Bereitschaftsdienst oder Rufbereitschaft zu leisten, ist nicht von der in § 87 Abs. 1 Nr. 2 BetrVG geregelten Materie umfasst[3]. Im Einzelnen hat der Betriebsrat über Beginn und Ende der täglichen Arbeitszeiten mitzubestimmen. Dies beinhaltet die Frage, wann die tägliche Arbeitszeit beginnt, wann und wie lange sie durch Pausen unterbrochen wird und wann sie endet[4]. Zum Mitbestimmungsrecht gehört weiterhin nicht nur die Frage, ob in einem Betrieb überhaupt in mehreren Schichten gearbeitet werden soll und wann jeweils die einzelnen Schichten beginnen und enden sollen; es umfasst auch die Erstellung des Schicht- oder Dienstplanes von Ärzten und Pflegepersonal selbst[5]. Im Falle einseitiger Dienstplanaufstellung folgt aus 3 87 Abs. 1 Nr. 2 BetrVG ein Unterlassungsanspruch des Betriebsrats gegen den Arbeitgeber[6].

Weitere praxisrelevante mitbestimmungspflichtige Tatbestände sind die Erstellung von Bereitschaftsdienstplänen (insoweit hat der Betriebsrat über Beginn und Ende von Bereitschaftsdiensten und deren Verteilung auf die Wochentage ein Mitbestimmungsrecht)[7], Rufbereitschaftspläne[8], Flexibilisierung der Arbeitszeit durch die Schaffung von Gleitzeitregelungen und Abrufarbeit, sowie die Einführung sog. Rolliersysteme[9]. 247

Bezüglich der Verteilung der Arbeitszeit auf die einzelnen Wochentage ist vor allem das Mitbestimmungsrecht des Betriebsrates bei der Verteilung der Arbeitszeit auf bisher arbeitsfreie Wochentage und Einführung von Samstags- bzw. Sonn- und Feiertagsarbeit – soweit gesetzlich gestattet – erwähnenswert[10]. 248

---

1 BAG v. 13.10.1987 – 1 ABR 10/86, AP Nr. 24 zu § 87 BetrVG 1972 Arbeitszeit = DB 1988, 341–345; BAG v. 25.7.1989 – 1 ABR 46/88, AP Nr. 38 zu § 87 BetrVG 1972 Arbeitszeit = NZA 1989, 979–981; BAG v. 22.7.2003 – 1 ABR 28/02, AP Nr. 108 zu § 87 BetrVG 1972 Arbeitszeit = DB 2004, 766–768.
2 BAG v. 13.10.1987 – 1 ABR 10/86, AP Nr. 24 zu § 87 BetrVG 1972 Arbeitszeit = DB 1988, 341–345; LAG Hamm v. 26.2.2007 – 10 TaBVGa 7/07, juris, Rz. 109.
3 ArbG Ludwigshafen v. 23.10.2007 – 6 BVGa 2/07, juris, Rz. 34.
4 Richardi/*Richardi*, § 87 BetrVG Rz. 273.
5 BAG v. 18.4.1989 – 1 ABR 2/88, AP Nr. 34 zu § 87 BetrVG 1972 Arbeitszeit = NZA 1989, 807–812; LAG Hamm v. 26.2.2007 – 10 TaBVGa 7/07, juris, Rz. 109.
6 LAG Köln v. 12.8.2004 – 6 TaBV 42/04, juris, Rz. 32.
7 Richardi/*Richardi*, § 87 BetrVG Rz. 303.
8 BAG v. 21.12.1982 – 1 ABR 14/81, AP Nr. 9 zu § 87 BetrVG 1972 Arbeitsrecht = DB 1983, 611–613.
9 BAG v. 25.7.1989 – 1 ABR 46/88, AP Nr. 38 zu § 87 BetrVG 1972 = NZA 1989, 979–981.
10 Zur Feiertagsarbeit vgl. BAG v. 27.4.2004 – 1 ABR 5/03, AP Nr. 56 zu § 81 ArbGG.

cc) Vorübergehende Verkürzung oder Verlängerung der betriebsüblichen Arbeitszeit (§ 87 Abs. 1 Nr. 3 BetrVG)

249 Mitbestimmungspflichtig ist die vorübergehende Verkürzung (Kurzarbeit[1]) oder Verlängerung (Überstunden[2]) der betriebsüblichen Arbeitszeit. Die Einführung von Überstunden kann durch ausdrückliche Anordnung, aber auch durch bloßes Dulden (Entgegennahme und Bezahlung) erfolgen[3]. Ein von § 87 Abs. 1 Nr. 3 BetrVG vorausgesetzter kollektiver Tatbestand kann auch schon dann vorliegen, wenn **nur ein einzelner Arbeitnehmer** zu Überstunden herangezogen wird[4]. Denn auch in diesem Fall muss entschieden werden, ob überhaupt Überstunden geleistet werden (und ob damit die betriebliche „Normal"arbeitszeit überschritten wird), wann sie zu leisten sind und welcher Arbeitnehmer zu den Überstunden heranzuziehen ist. Da diese Regelungsprobleme unabhängig von der Person und den individuellen Wünschen eines einzelnen Arbeitnehmers bestehen, haben sie einen kollektiven Bezug und sind daher mitbestimmungspflichtig[5]. Auch die Anordnung von Überstunden in einem Teilzeitarbeitsverhältnis ist mitbestimmungspflichtig[6].

250 § 87 Abs. 1 Nr. 3 BetrVG setzt voraus, dass **nur vorübergehend** vom regulären Zeitvolumen abgewichen wird. Eine solche Abweichung darf lediglich einen überschaubaren Zeitraum betreffen und nicht von Dauer sein[7].

251 Das Mitbestimmungsrecht nach Nr. 3 besteht auch dann, wenn der Arbeitgeber die Arbeitszeit für einen oder mehrere Arbeitnehmer aus dringenden, nicht vorhersehbaren betrieblichen Gründen ändern will. Eine einseitige Anordnung von Überstunden kommt nur in **Notfällen** in Betracht (Brand, Überschwemmungen, Explosionsgefahr). In diesen Fällen muss der Arbeitgeber die Zustimmung des Betriebsrats unverzüglich nachholen[8].

252 Die Ausübung des Mitbestimmungsrechts kann für jeden Einzelfall erfolgen. Möglich ist auch der Abschluss einer Betriebsvereinbarung oder Regelungsabrede[9]. Für die Anordnung von Kurzarbeit ist eine Betriebsvereinbarung jedoch zwingend erforderlich, da anderenfalls der Inhalt des Arbeitsverhältnis-

---

1 BAG v. 5.3.1974 – 1 ABR 28/73, AP Nr. 1 zu § 87 BetrVG 1972 Kurzarbeit.
2 BAG v. 12.1.1988 – 1 ABR 54/86, AP Nr. 8 zu § 81 ArbGG 1979; BAG v. 13.3.2001 – 1 ABR 33/00, AP Nr. 87 zu § 87 BetrVG 1972 Arbeitszeit = NZA 2001, 976 (977).
3 BAG v. 27.11.1990 – 1 ABR 77/89, AP Nr. 41 zu § 87 BetrVG 1972 Arbeitszeit.
4 BAG v. 10.6.1986 – 1 ABR 61/84, AP Nr. 18 zu § 87 BetrVG 1972 Arbeitszeit; vgl. auch BAG v. 16.7.1991 – 1 ABR 69/90, juris, Rz. 38.
5 BAG v. 10.6.1986 – 1 ABR 61/84, AP Nr. 18 zu § 87 BetrVG 1972 Arbeitszeit.; BAG v. 16.7.1991 – 1 ABR 69/90, juris, Rz. 38.
6 BAG v. 16.7.1991 – 1 ABR 69/90, AP Nr. 44 zu § 87 BetrVG Arbeitszeit 1972; BAG v. 23.7.1996 – 1 ABR 13/96, juris, Rz. 19.
7 BAG v. 27.1.1998 – 1 ABR 35/97, AP Nr. 14 zu § 87 BetrVG 1972 Sozialeinrichtung; BAG v. 3.6.2003 – 1 AZR 349/02, juris, Rz. 45.
8 BAG v. 19.2.1991 – 1 ABR 31/90, AP Nr. 42 zu § 87 BetrVG 1972 Arbeitszeit; BAG v. 17.11.1998 – 1 ABR 12/98, juris, Rz. 39; *Fitting*, § 87 BetrVG Rz. 135.
9 *Fitting*, § 87 BetrVG Rz. 139.

ses nicht normativ gestaltet wird[1] und bei Fehlen einer tarif- oder einzelvertraglichen Rechtsgrundlage die Arbeitnehmer zur Ableistung von Kurzarbeit nicht verpflichtet sind[2].

Das Mitbestimmungsrecht des Betriebsrats erstreckt sich sowohl auf das Ob   253
als auch auf das Wie der Veränderung der betriebsüblichen Arbeitszeit[3]. Er
hat somit auch darüber mitzubestimmen, ob ein Bereitschaftsdienst[4] außerhalb der regulären Arbeitszeit eingeführt wird. Denn hierbei handelt es sich nach der Rechtsprechung des BAG um eine vorsorgliche Regelung zur Leistung von Überstunden[5].

Nach h. M. steht dem Betriebsrat bei der Einführung von Überstunden oder   254
Kurzarbeit ein **Initiativrecht** zu, d. h., er kann ihre Einführung verlangen und
ggf. über einen Spruch der Einigungsstelle erzwingen[6].

Kein Mitbestimmungsrecht besteht beim Abbau von Überstunden oder bei   255
der Rückkehr von Kurzarbeit zur betriebsüblichen Arbeitszeit[7].

Das Mitbestimmungsrecht des Betriebsrats nach § 87 Abs. 1 Nr. 3 BetrVG   255a
ist nicht nach § 118 Abs. 1 BetrVG grundsätzlich deshalb ausgeschlossen,
weil der Arbeitgeber karitativen Zwecken dient und deswegen als sog. Tendenzbetrieb anzusehen ist. Ein Ausschluss kommt vielmehr erst dann in Betracht, wenn es sich um eine tendenzbezogene Maßnahme handelt, bei der die Beteiligung des Betriebsrats an der Entscheidung die Tendenzverwirklichung ernsthaft beeinträchtigen kann. Die Frage nach der vorübergehenden Verlängerung der betriebsüblichen Arbeitszeit stellt sich grundsätzlich in jedem Betrieb und ist daher nicht tendenzspezifisch. Das Mitbestimmungsrecht entfällt nur dort, wo tendenzbedingte Gründe für die Anordnung ausschlaggebend sind[8].

dd) Zeit, Ort und Art der Auszahlung der Arbeitsentgelte
(§ 87 Abs. 1 Nr. 4 BetrVG)

Das Mitbestimmungsrecht nach § 87 Abs. 1 Nr. 4 BetrVG umfasst alle Mo-   256
dalitäten der Auszahlung des Arbeitsentgelts mit Ausnahme der Höhe der
Vergütung selbst[9]. Mit dem Begriff Arbeitsentgelt ist – unabhängig von der
gewählten Bezeichnung – die vom Arbeitgeber zu erbringende Vergütungsleistung gemeint. Hierzu gehören neben Lohn und Gehalt auch Provisionen,

---

1 BAG v. 14.2.1991 – 2 AZR 415/90, AP Nr. 4 zu § 615 BGB Kurzarbeit.
2 *Fitting*, § 87 BetrVG Rz. 139.
3 *Hromadka/Maschmann*, § 16 Rz. 451.
4 BAG v. 29.2.2000 – 1 ABR 15/99, AP Nr. 81 zu § 87 BetrVG 1972 Arbeitszeit.
5 BAG v. 29.2.2000 – 1 ABR 15/99, AP Nr. 81 zu § 87 BetrVG 1972 Arbeitszeit.
6 BAG v. 4.3.1986 – 1 ABR 15/84, AP Nr. 3 zu § 87 BetrVG 1972 Kurzarbeit.
7 BAG v. 21.11.1978 – 1 ABR 67/76, AP Nr. 2 zu § 87 BetrVG 1972 Arbeitszeit.
8 BAG v. 4.12.1990 – 1 ABR 3/90, juris, Rz. 15.
9 *Fitting*, § 87 BetrVG Rz. 179; Richardi/*Richardi*, § 87 BetrVG Rz. 413.

Gewinnbeteiligungen, Gratifikationen, Sozialzulagen, Kindergelder und zusätzliche Urlaubsvergütungen[1].

257 Die **Zeit der Auszahlung** bezieht sich einerseits auf den Zeitpunkt der Zahlung und andererseits auf den Zeitabschnitt, für den die Vergütung gezahlt wird, ob also beispielsweise eine monatliche oder wöchentliche Auszahlung vorgenommen wird[2].

258 Der **Ort der Auszahlung** kennzeichnet den räumlichen Punkt, an dem der Arbeitnehmer die Zahlung in Empfang nimmt[3]. Demgemäß fallen hierunter die Fragen, ob in der Dienststelle oder einer anderen Stelle gezahlt wird, ggf. in welchem Raum, ob das Entgelt an der Kasse abzuholen oder an die Wohnadresse des Arbeitnehmers zu überweisen ist[4].

259 Die **Art der Auszahlung** meint schließlich die übrigen Umstände der Auszahlung. Von einigem Gewicht ist hierbei die Frage, ob eine Barauszahlung oder eine Überweisung auf ein Bankkonto des Arbeitnehmers vorgenommen werden soll. Im Fall einer Überweisung des Arbeitsentgelts unterliegt auch die Frage, wem die dabei notwendig entstehenden Kosten aufzuerlegen sind, der Mitbestimmung des Betriebsrates[5].

ee) Urlaubsgrundsätze und Festlegung des Urlaubs (§ 87 Abs. 1 Nr. 5 BetrVG)

260 § 87 Abs. 1 Nr. 5 BetrVG regelt abschließend drei Tatbestände der betriebsratlichen Mitbestimmung bei Urlaubssachverhalten. Erfasst werden die Aufstellung allgemeiner Urlaubsgrundsätze, der Urlaubsplan und die zeitliche Lage des Urlaubs für einzelne Arbeitnehmer, mit denen der Arbeitgeber keine einverständliche Regelung erzielen konnte. Nicht erfasst wird hingegen die Dauer des Urlaubs. Hierfür bieten die Bestimmungen des BUrlG, der geltenden Tarifverträge bzw. des Arbeitsvertrages eine ausreichende Grundlage[6].

261 Unter **allgemeinen Urlaubsgrundsätzen** sind die Richtlinien zu verstehen, nach denen dem einzelnen Arbeitnehmer vom Arbeitgeber im Einzelfall Urlaub zu gewähren ist bzw. nicht gewährt werden darf. Dazu gehören etwa Regelungen über geteilten oder ungeteilten Urlaub, über die Verteilung des Urlaubs innerhalb des Kalenderjahres, Regelungen über den Ausgleich paralleler Urlaubswünsche, die Aufstellung von Prioritätskriterien, Regelungen

---

1 BAG v. 25.4.1989 – 1 ABR 91/87, AP Nr. 3 zu § 98 ArbGG 1979 = DB 1989, 1928–1929.
2 BAG v. 26.1.1983 – 4 AZR 206/80, BAGE 41, 297–307.
3 BAG v. 26.1.1983 – 4 AZR 206/80, BAGE 41, 297–307; *Fitting*, § 87 BetrVG Rz. 184.
4 BAG v. 26.1.1983 – 4 AZR 206/80, BAGE 41, 297–307.
5 BAG v. 8.3.1977 – 1 ABR 33/75, AP Nr. 1 zu § 87 BetrVG 1972 Auszahlung = DB 1977, 1464–1466.
6 Vgl. BAG v. 18.6.1974 – 1 ABR 25/73, AP Nr. 1 zu § 87 BetrVG 1972 Urlaub = DB 1974, 2263.

über eine Urlaubssperre wegen erhöhten Krankheitsausfalls oder Regelungen der Urlaubsvertretung[1], ein Verfahren zu Festlegung des Urlaubs durch Auslegung von Urlaubslisten[2] oder eine einheitliche Gewährung von Urlaub durch Betriebsferien[3].

Der **Urlaubsplan** setzt die zeitliche Reihenfolge fest, in der den einzelnen Arbeitnehmern Urlaub erteilt wird[4]. Bei der Festsetzung der zeitlichen Lage des Urlaubs für einzelne Arbeitnehmers sieht § 87 Abs. 1 Nr. 5 BetrVG eine Mitbestimmung des Betriebsrates nur für den Fall einer Streitigkeit zwischen Arbeitgeber und -nehmer hierüber vor. Dies ist oftmals der Fall, wenn einer Urlaubsgewährung dringende, unaufschiebbare betriebliche Bedürfnisse entgegenstehen.   262

ff) Technische Überwachungseinrichtungen (§ 87 Abs. 1 Nr. 6 BetrVG)

Der Betriebsrat hat mitzubestimmen bei der Einführung und Anwendung von technischen Einrichtungen, die dazu bestimmt sind, das Verhalten oder die Leistung der Arbeitnehmer zu überwachen. Dieses Mitbestimmungsrecht dient dem Schutz der Persönlichkeitsrechte der Arbeitnehmer vor Eingriffen mittels anonymer Kontrolleinrichtungen. Es muss sich hierbei um eine **technische** Überwachung handeln. Hierfür ist erforderlich und ausreichend, dass das Verhalten oder die Leistung des Arbeitnehmers zumindest teilweise durch eine technische Einrichtung der menschlichen Wahrnehmung zugänglich gemacht wird[5]. Unerheblich ist, ob es sich um eine optische (z.B. Fotografie, Filmaufnahme), akustische (z.B. Abhöranlage, Tonbandaufnahme) oder sonstige (Stechuhr, Zeitstempler) Kontrolleinrichtung handelt. Mitbestimmungspflichtig ist auch der Einsatz von **EDV-Anlagen**, wenn aufgrund vorhandener Programme Verhaltens- und Leistungsdaten ermittelt und aufgezeichnet werden, die bestimmten Arbeitnehmern zugeordnet werden können[6]. Hierbei genügt es auch, wenn die gesammelten Daten erst in Verbindung mit weiteren Erkenntnissen (z.B. aus einem mit dem Arbeitnehmer geführten Gespräch) eine solche Beurteilung ermöglichen[7]. Eine Überwachung durch Personen (Vorgesetzte, Privatdetektive) unterfällt § 87 Abs. 1 Nr. 6 BetrVG nicht.   263

Nicht mitbestimmungspflichtig i.S.d. § 87 Abs. 1 Nr. 6 BetrVG sind technische Einrichtungen, die lediglich den Lauf oder die Ausnutzung einer Maschine oder sonstige technische Vorgänge kontrollieren, ohne dass daraus   264

---

1 BAG v. 18.6.1974 – 1 ABR 25/73, AP Nr. 1 zu § 87 BetrVG 1972 Urlaub = DB 1974, 2263; BAG v. 28.5.2002 – 1 ABR 37/01, AP Nr. 10 zu § 87 BetrVG 1972 Urlaub; Richardi/*Richardi*, § 87 BetrVG Rz. 443.
2 Richardi/*Richardi*, § 87 BetrVG Rz. 444.
3 BAG v. 28.7.1981 – 1 ABR 79/79, AP Nr. 2 zu § 87 BetrVG 1972 = DB 1981, 2621–2623.
4 Richardi/*Richardi*, § 87 BetrVG Rz. 448.
5 *Fitting*, § 87 BetrVG Rz. 225.
6 BAG v. 6.12.1983 – 1 ABR 43/81, AP Nr. 7 zu § 87 BetrVG 1972 Überwachung.
7 BAG v. 11.3.1986 – 1 ABR 12/84, AP Nr. 14 zu § 87 BetrVG 1972 Überwachung.

Rückschlüsse auf das Verhalten oder die Leistung des Arbeitnehmers gezogen werden können[1]. Es besteht auch kein Mitbestimmungsrecht, wenn der Arbeitgeber gesetzlich zur Verwendung der Kontrolleinrichtung verpflichtet ist (z. B. Fahrtenschreiber in Bussen) und keine zusätzlichen Auswertungen vornimmt[2].

265 Eine technische Einrichtung ist dann zur Überwachung bestimmt, wenn sie objektiv dazu geeignet ist, das Verhalten oder die Leistung der Arbeitnehmer zu überwachen[3]. Ob der Arbeitgeber eine Überwachung auch tatsächlich bezweckt, spielt dagegen keine Rolle[4].

266 Das Mitbestimmungsrecht besteht sowohl bei der Einführung als auch bei der Anwendung von technischen Überwachungseinrichtungen. Unter Einführung versteht man hierbei auch alle Maßnahmen zur Vorbereitung der geplanten Anwendung, also Festlegung von Ort, Zeitraum und Gegenstand der Überwachung[5]. Anwendung meint die allgemeine Handhabung der eingeführten Kontrolleinrichtung, z. B. die Art und Weise, wie sie verwendet werden soll[6].

267 Führt der Arbeitgeber ohne Zustimmung des Betriebsrats technische Überwachungseinrichtungen ein, so kann dieser ihre Beseitigung verlangen und im arbeitsgerichtlichen Beschlussverfahren – ggf. im Wege der einstweiligen Verfügung – durchsetzen[7].

gg) Regelungen über die Verhütung von Arbeitsunfällen und Berufskrankheiten sowie über den Gesundheitsschutz (§ 87 Abs. 1 Nr. 7 BetrVG)

268 Das Mitbestimmungsrecht nach § 87 Abs. 1 Nr. 7 BetrVG umfasst nur diejenigen Regelungen, die der Arbeitgeber zur Ausfüllung von Arbeitsschutzvorschriften zu treffen hat. Das Vorhandensein solcher ausfüllungsbedürftiger Rahmenvorschriften ist Voraussetzung für ein Mitbestimmungsrecht[8]. Auszufüllende gesetzliche Vorschriften i. S. v. § 87 Abs. 1 Nr. 7 BetrVG finden sich beispielsweise im ArbSchG, ASiG, in der PSA-Benutzungsverordnung, Lastenhandhabungsverordnung, Bildschirmarbeitsverordnung etc.

269 Gegenstand des Mitbestimmungsrechts stellen zunächst Regelungen über die **Verhütung von Arbeitsunfällen** dar. Der Begriff des Arbeitsunfalls ist in § 8 SGB VII legaldefiniert.

---

1 BAG v. 9.9.1975 – 1 ABR 20/74, AP Nr. 2 zu § 87 BetrVG 1972 Überwachung.
2 BAG v. 10.7.1979 – 1 ABR 50/78, P Nr. 3 zu § 87 BetrVG 1972 Überwachung.
3 BAG v. 23.4.1985 – 1 ABR 2/82, AP Nr. 12 zu § 87 BetrVG 1972 Überwachung.
4 *Fitting*, § 87 BetrVG Rz. 226.
5 *Fitting*, § 87 BetrVG Rz. 248.
6 *Fitting*, § 87 BetrVG Rz. 249.
7 *Fitting*, § 87 BetrVG Rz. 256.
8 BAG v. 28.7.1981 – 1 ABR 65/79, AP Nr. 3 zu § 87 BetrVG 1972 Arbeitssicherheit = DB 1982, 386–387; BAG v. 26.8.1997 – 1 ABR 16/97, AP Nr. 74 zu § 87 BetrVG 1972 Arbeitszeit.

Unter **Berufskrankheiten** versteht man solche, die durch Rechtsverordnung   270
der Bundesregierung als Berufskrankheiten bezeichnet werden und die der
Versicherte infolge der versicherten Tätigkeit erleidet (§ 9 Abs. 1 SGB VII).

Der Begriff des **Gesundheitsschutzes** ist gesetzlich nicht definiert, stimmt   271
aber mit dem in § 1 Abs. 1 ArbSchG überein[1]. Betroffen sind alle Maßnahmen, die dazu dienen, die physische und psychische Integrität des Arbeitnehmers zu erhalten, der arbeitsbedingten Beeinträchtigungen ausgesetzt ist,
die zu medizinisch feststellbaren Verletzungen oder Erkrankungen führen
oder führen können[2].

Die Auswahl von Schutzkleidung für Beschäftigte eines Krankenhauses soll   271a
nach Auffassung des VGH Baden-Württemberg der Mitbestimmung nach
§ 87 Abs. 1 Nr. 7 BetrVG unterliegen. Die im Krankenhaus zu tragende
Schutzkleidung diene nicht nur der allgemeinen, in jeder Dienststelle und in
jedem Betrieb zu wahrenden Hygiene oder dem Schutz der Kleidung vor Ver-
schmutzung, sondern in einem Krankenhaus weitergehend dem Schutz der
Beschäftigten vor den im Betrieb eines Krankenhauses typischen Gesundheitsgefahren[3]. Dieser vorrangigen, für die Erfüllung des Mitbestimmungs-
tatbestandes erforderlichen Zweckbestimmung stehe es nicht entgegen,
wenn die Dienststelle daneben auch andere Zwecke, so z. B. die Erzielung eines je nach Status und Aufgabenstellung einheitlichen Erscheinungsbildes
der Beschäftigten verfolge[4].

hh) Form, Ausgestaltung und Verwaltung von Sozialeinrichtungen
(§ 87 Abs. 1 Nr. 8 BetrVG)

Nach § 87 Abs. 1 Nr. 8 BetrVG hat der Betriebsrat bei Form, Ausgestaltung   272
und Verwaltung von Sozialeinrichtungen mitzubestimmen. Voraussetzung
eines Mitbestimmungsrechts ist der Umstand, dass die Sozialeinrichtung in
ihrem Wirkungsbereich auf den Betrieb, das Unternehmen oder den Konzern
beschränkt ist[5]. Sozialeinrichtungen i. S. d. Nr. 8 sind Einrichtungen, die
vom Arbeitgeber errichtet sind, um den Belegschaftsmitgliedern und ihren
Angehörigen Sozialleistungen zukommen zu lassen[6]. Erforderlich ist hierzu
ein gewisses Maß an Verwaltungsbedürftigkeit. Die Rechtsprechung spricht
von einem zweckgebundenen Sondervermögen, mit einer abgrenzbaren, auf
Dauer gerichteten Organisation, die der Verwaltung bedarf[7].

---

1 BAG v. 8.6.2004 – 1 ABR 13/03, AP Nr. 13 zu § 87 BetrVG 1972 Gesundheitsschutz =
  DB 2004, 2274–2276; *Fitting*, § 87 BetrVG Rz. 262.
2 MünchArbR/*Wlotzke*, § 206 Rz. 35; *Fitting*, § 87 BetrVG Rz. 262.
3 VGH BW v. 27.9.1994 – PL 15 S 2844/93, PersR 1995, 214.
4 VGH BW v. 27.9.1994 – PL 15 S 2844/93, PersR 1995, 214.
5 Vgl. dazu BAG v. 10.2.2009 – 1 ABR 94/07, NZA 2009, 562–565, Rz. 29.
6 *Richardi*/*Richardi*, § 87 BetrVG Rz. 602.
7 BAG v. 12.6.1975 – 3 ABR 66/74, AP Nr. 3 zu § 87 BetrVG 1972 Altersversorgung =
  BB 1975, 1065; *Richardi*/*Richardi*, § 87 BetrVG Rz. 603.

273   Ein **Liquidationspool**, bei dem ein Krankenhausträger mit seinen Chefärzten
      vereinbart, dass diese zur privaten Liquidation berechtigt sein sollen, jedoch
      Teile des Liquidationserlöses in einen Fonds abführen müssen, an dem nach-
      geordnete Ärzte zu beteiligen sind, stellt keine Sozialeinrichtung i. S. d. § 87
      Abs. 1 Nr. 8 BetrVG dar. Denn für das Leistungsprogramm einer Sozialein-
      richtung scheiden solche Bestandteile des Arbeitsentgelts aus, die unmittel-
      bar im Austauschverhältnis zur Arbeitsleistung stehen[1]. Insoweit fehlen der
      Charakter einer Sozialleistung und damit ein wesentliches Merkmal der
      Sozialeinrichtung[2]. Beispiele für Sozialeinrichtrichtungen sind Kantinen
      und Werksküchen[3], Unterstützungs- und Pensionskassen[4], Betriebskinder-
      gärten[5] etc.

ii) Werkswohnungen (§ 87 Abs. 1 Nr. 9 BetrVG)

274   Die Vorschrift des § 87 Abs. 1 Nr. 9 BetrVG bezieht sich nur auf **Werkmiet-
      wohnungen** (§ 576 BGB), also solche, die mit Rücksicht auf das Arbeitsver-
      hältnis an Arbeitnehmer vermietet werden. Nicht mitbestimmungspflichtig
      sind dagegen **Werkdienstwohnungen** (§ 576b BGB). Dabei handelt es sich um
      Wohnraum, der dem Arbeitnehmer im Rahmen seines Arbeitsverhältnisses
      aus dienstlichen Gründen überlassen wird (z. B. an Hausmeister oder Pfört-
      ner).

275   Das Mitbestimmungsrecht bezieht sich nicht auf die Entscheidung des Ar-
      beitgebers, überhaupt Wohnräume zur Verfügung zu stellen[6]. Mitbestim-
      mungspflichtig sind dagegen die **Zuweisung** und **Kündigung** einer Werkmiet-
      wohnung. Insofern ist der Betriebsrat in jedem Einzelfall zu beteiligen[7]. Des
      Weiteren ist der Betriebsrat bei der allgemeinen Festlegung der **Nutzungs-
      bedingungen** zu beteiligen. Hierzu gehören die Modalitäten der Nutzung der
      Wohnräume, wie sie üblicherweise in Mietverträgen festgelegt werden[8].
      Zwar ist die Beteiligung des Betriebsrats keine Wirksamkeitsvoraussetzung
      für den Abschluss eines Mietvertrags; eine Kündigung ist hingegen nur mit
      Zustimmung des Betriebsrats rechtswirksam[9].

---

1 BAG v. 16.6.1998 – 1 ABR 67/97, AP Nr. 92 zu § 87 BetrVG 1972 Lohngestaltung =
   NZA 1998, 1185–1187; *Fitting*, § 87 BetrVG Rz. 335.
2 BAG v. 16.6.1998 – 1 ABR 67/97, AP Nr. 92 zu § 87 BetrVG 1972 Lohngestaltung =
   NZA 1998, 1185–1187.
3 BAG v. 15.9.1987 – 1 ABR 31/86, AP Nr. 9 zu § 87 BetrVG 1972 Sozialeinrichtung =
   NZA 1988, 104–105; BAG v. 11.7.2000 – 1 AZR 551/99, juris, Rz. 25.
4 BAG v. 26.4.1988 – 3 AZR 168/86, AP Nr. 16 zu § 87 BetrVG 1972 Altersversorgung =
   BB 1988, 2249–2251.
5 BAG v. 22.10.1981 – 6 ABR 69/79, AP Nr. 10 zu § 76 BetrVG 1972 = DB 1982,
   811–812.
6 Richardi/*Richardi*, § 87 BetrVG Rz. 698 f.
7 Richardi/*Richardi*, § 87 BetrVG Rz. 701.
8 Richardi/*Richardi*, § 87 BetrVG Rz. 707.
9 Richardi/*Richardi*, § 87 BetrVG Rz. 724, 725.

jj) Fragen der betrieblichen Lohngestaltung, insbesondere die Aufstellung von Entlohnungsgrundsätzen und die Einführung und Anwendung von neuen Entlohnungsmethoden sowie deren Änderung (§ 87 Abs. 1 Nr. 10 BetrVG)

Das Gesetz ordnet in § 87 Abs. 1 Nr. 10 BetrVG an, dass der Betriebsrat ein   276
Mitbestimmungsrecht hat in „Fragen der betrieblichen Lohngestaltung, insbesondere die Aufstellung von Entlohnungsgrundsätzen und die Einführung und Anwendung von neuen Entlohnungsmethoden sowie deren Änderung".
Dem Betriebsrat kommt also bei der Gestaltung des Arbeitsentgelts ein umfassendes Mitbestimmungsrecht zu[1], welches der **Wahrung der innerbetrieblichen Lohngerechtigkeit** dient. Der Lohnbegriff ist dabei im weitesten Sinne zu verstehen, d. h., es werden nicht nur unmittelbar leistungsbezogene Entgelte hierunter verstanden, sondern alle vermögenswerten Arbeitgeberleistungen[2]. Eine Gestaltung des Lohnes i. S. d. § 87 Abs. 1 Nr. 10 BetrVG setzt immer voraus, dass es sich um allgemeine Regelungen handelt, die die gesamte Entlohnung für den Betrieb, für Betriebsabteilungen oder Gruppen von Arbeitnehmern festlegen. Zu beachten ist auch, dass für den Fall, dass für Teile der Belegschaft verschiedenartige Entgeltsysteme existieren, die durch Unterschiede der Tätigkeit bedingt sind, sich das Mitbestimmungsrecht nicht auf das Verhältnis der einzelnen Entgeltsysteme zueinander erstreckt[3]. Das Mitbestimmungsrecht betrifft nicht die Höhe des Lohns, sondern nur die Maßstäbe der Lohn- und Gehaltsfindung. Ein Mitbestimmungsrecht des Betriebsrats ist nicht gegeben, wenn der Arbeitgeber mit Arbeitnehmern individualrechtliche Vergütungsvereinbarungen trifft[4], auch im Bereich der Entgeltabreden besteht selbstverständlich Arbeitsvertragsfreiheit.

Unter **Entlohnungsgrundsätzen** versteht man das System, nach dem das   277
Arbeitsentgelt bezahlt wird, z. B. Zeitlohn, Akkordlohn. Die **Entlohnungsmethoden** sind die technischen Verfahren, mit denen das System der Entlohnung durchgeführt wird, also Arbeitsbewertungsmethoden wie etwa Refa oder MTM-System[5].

Das Mitbestimmungsrecht des Betriebsrats ist ausgeschlossen, wenn eine   278
abschließende gesetzliche oder tarifliche Regelung vorliegt, was häufig, gerade im Hinblick auf die tariflichen Entgeltregelungen, der Fall ist. Darüber hinaus hat der Betriebsrat über dieses Recht der Mitbestimmung auch nicht die Möglichkeit, freiwillige Leistungen des Arbeitgebers zu erzwingen[6].

Vereinbart ein Krankenhausträger mit seinen Chefärzten, dass diese zur pri-   279
vaten Liquidation berechtigt sein sollen, jedoch Teile des **Liquidationserlö-**

---

1 Richardi/*Richardi*, § 87 BetrVG Rz. 728.
2 Richardi/*Richardi*, § 87 BetrVG Rz. 734.
3 BAG v. 19.9.1995 – 1 ABR 20/95, NZA 1996, 484 ff.
4 LAG Hamm v. 12.6.2001 – 13 TaBV 135/00.
5 *Brox/Rüthers/Henssler*, Rz. 951.
6 BAG v. 18.11.2003 – 1 AZR 604/02, NZA 2004, 803 ff.

ses in einen Fonds abführen müssen, an dem nachgeordnete Ärzte zu beteiligen sind, so gilt für das Mitbestimmungsrecht des Betriebsrats nach § 87 Abs. 1 Nr. 10 BetrVG Folgendes: Ist diese Regelung von dem Krankenhausträger veranlasst, um den nachgeordneten Ärzten zusätzliche Vergütung zu verschaffen, so handelt es sich bei den Regeln, nach denen die Fondsmittel verteilt werden, um mitbestimmungspflichtige Entlohnungsgrundsätze. Entspricht die Regelung jedoch lediglich dem Interesse der Chefärzte, standesrechtlichen Obliegenheiten zu genügen, so handelt es sich nicht um Entlohnung i. S. d. § 87 Abs. 1 Nr. 10 BetrVG. Werden Einzelheiten der Verteilungsgrundsätze mit den Chefärzten abschließend vertraglich geregelt, so spricht der erste Anschein für die erste Alternative[1]. Vgl. dazu auch das Mitbestimmungsrecht nach Nr. 8.

kk) Festsetzung der Akkord- und Prämiensätze und vergleichbarer leistungsbezogener Entgelte, einschließlich der Geldfaktoren (§ 87 Abs. 1 Nr. 11 BetrVG)

280   Des Weiteren hat der Betriebsrat ein Mitbestimmungsrecht bei der Festsetzung der Akkord- und Prämiensätze und vergleichbarer leistungsbezogener Entgelte einschließlich der Geldfaktoren. Diese Vorschrift steht in engem Zusammenhang mit dem Mitbestimmungsrecht nach § 87 Abs. 1 Nr. 10 BetrVG, bezweckt aber hier vor allem den Schutz der Arbeitnehmer vor den besonderen Belastungen, die bei leistungsbezogenen Tätigkeiten entstehen. Unter leistungsbezogenen Entgelten sind die Regelungen zu verstehen, bei denen das Entgelt unmittelbar von der Leistung abhängt[2]. Der Arbeitnehmer muss bei leistungsbezogenen Entgelten das Ergebnis seiner Arbeit unmittelbar beeinflussen können[3]. Weiterhin muss die Leistung hier auch quantifizierbar sein[4]. Beim Akkordlohn unterliegen der Zeit- und der Geldfaktor der Mitbestimmung, beim Prämienlohn ist der Betriebsrat im Hinblick auf die Festlegung aller Faktoren, die für die Ermittlung und Berechnung des Prämienlohns von Bedeutung sind, etwa auf den Prämienausgangslohn, die Leistungsstufen oder auch den höchsten Prämienlohn zu beteiligen[5]. Gemeinsam ist Akkord- und Prämienlohn, dass eine Leistung des Arbeitnehmers gemessen und mit einer Bezugsleistung verglichen wird und der so ermittelte Leistungsgrad die Höhe des Leistungsentgelts bestimmt[6]. Vom Akkordlohn unterscheidet sich der Prämienlohn dadurch, dass für die Entlohnung eine andere Bezugsgröße als die Arbeitsmenge gewählt wird[7].

---

1 BAG v. 16.6.1998 – 1 ABR 67/97, NZA 1998, 1185 ff.; vgl. auch v. *Harbou/Scharpf*, NZA 2008, 333 (337) zur Vergütung im Krankenhaus durch Mitarbeiterbeteiligung.
2 *Fitting*, § 87 BetrVG Rz. 498.
3 *Fitting*, § 87 BetrVG Rz. 501.
4 Richardi/*Richardi*, § 87 BetrVG Rz. 879.
5 *Fitting*, § 87 BetrVG Rz. 527; Richardi/*Richardi*, § 87 BetrVG Rz. 902.
6 Richardi/*Richardi*, § 87 BetrVG Rz. 883.
7 *Fitting*, § 87 BetrVG Rz. 523.

ll) Grundsätze über das betriebliche Vorschlagswesen (§ 87 Abs. 1 Nr. 12 BetrVG)

Zweck dieser Vorschrift ist die gerechte Bewertung der Vorschläge sowie die   281
Förderung der Persönlichkeit der Arbeitnehmer dadurch, dass diese bei der
Arbeitsgestaltung mitwirken können[1]. Das Verfahren und die Bewertungs-
maßstäbe bei Verbesserungsvorschlägen der Arbeitnehmer sind mitbestimmungspflichtig, nicht dagegen die Frage, ob ein Vorschlag umgesetzt wird.
Die Vorschläge brauchen nicht technischer Art zu sein. Sie können den Betriebsablauf in jeder Hinsicht, etwa auch auf organisatorischem Gebiet, verbessern oder vereinfachen[2].

mm) Grundsätze über die Durchführung von Gruppenarbeit (§ 87 Abs. 1 Nr. 13 BetrVG)

Die Frage, **ob** Gruppenarbeit überhaupt eingeführt wird, ist eine rein unter-   282
nehmerische Entscheidung, der Mitbestimmung unterliegen lediglich die
Grundsätze, **wie** diese durchgeführt werden soll.

Gruppenarbeit im Sinne der Vorschrift liegt vor, „wenn im Rahmen des be-   283
trieblichen Arbeitsablaufs eine Gruppe von Arbeitnehmern eine ihr übertragene Gesamtaufgabe im Wesentlichen eigenverantwortlich erledigt" (Legaldefinition). Die Beschränkung der Mitbestimmung auf die Grundsätze
gewährleistet, dass Einzelmaßnahmen hiervon nicht erfasst werden[3].

c) Freiwillige Mitbestimmung

Arbeitgeber und Betriebsrat können auch soziale Angelegenheiten regeln,   284
die nicht zum Katalog des § 87 BetrVG gehören. Da sie sich hierbei aber auf
dem Gebiet der freiwilligen Mitbestimmung bewegen, ist das Erzwingen einer Einigung nicht möglich. Die Betriebspartner können zwar einvernehmlich die Einigungsstelle anrufen; deren Spruch ist aber nur dann bindend,
wenn beide Betriebspartner sich ihm unterwerfen.

11. Mitbestimmung über die Gestaltung von Arbeitsplatz, Arbeitsablauf und Arbeitsumgebung

Mitwirkungsrechte stehen dem Betriebsrat auch im Bereich technisch-orga-   285
nisatorischer Angelegenheiten zu (§§ 90 f. BetrVG). Hierbei geht es in erster
Linie um die äußeren Arbeitsbedingungen, also die Gestaltung des Arbeitsplatzes und der Arbeitsabläufe. Der Arbeitgeber hat den Betriebsrat gem.
§ 90 BetrVG über die Planung von Neu-, Um- und Erweiterungsbauten, von
Fabrikations-, Verwaltungs- und sonstigen betrieblichen Räumen, von technischen Anlagen, von Arbeitsverfahren und Arbeitsabläufen oder von Ar-

---

1 *Brox/Rüthers/Henssler*, Rz. 953.
2 Richardi/*Richardi*, § 87 BetrVG Rz. 926.
3 Richardi/*Richardi*, § 87 BetrVG Rz. 956.

beitsplätzen zu unterrichten und die Auswirkungen dieser Maßnahmen auf die Arbeitnehmer zu beraten. Durch diese frühzeitige Einbeziehung des Betriebsrates soll gewährleistet werden, dass die Bedürfnisse der Arbeitnehmer hinreichend berücksichtigt werden, vgl. § 90 Abs. 2 BetrVG. Allerdings ist der Arbeitgeber nicht gezwungen, den Vorschlägen des Betriebsrates zu folgen. Dieser kann nur versuchen, mit den ihm zustehenden Mitteln Druck auf den Arbeitgeber auszuüben.

286 Das erzwingbare Mitbestimmungsrecht des § 91 BetrVG steht dem Betriebsrat zu, wenn eine **Veränderung** der Arbeitsplätze, des Arbeitsablaufs oder der Arbeitsumgebung erfolgt, die in offensichtlichem Widerspruch zu gesicherten arbeitswissenschaftlichen Erkenntnissen stehen und die Arbeitnehmer in besonderer Weise unzumutbar belasten. In diesem Fall kann der Betriebsrat angemessene Maßnahmen zur Abwendung, Milderung oder zum Ausgleich der Belastungen verlangen. Inwieweit Lohnzuschläge (z.B. Erschwerniszulagen) geeignete Ausgleichsmaßnahmen darstellen können oder ob die Maßnahme die Belastung unmittelbar verringern muss, ist umstritten[1]. Kommt eine Einigung nicht zustande, entscheidet nach § 91 Satz 2 BetrVG die Einigungsstelle. Stehen den Maßnahmen bereits gesetzliche Arbeitsschutzvorschriften entgegen, geht das Mitbestimmungsrecht des § 87 Abs. 1 Nr. 7 BetrVG vor.

12. Mitbestimmung in personellen Angelegenheiten

287 Die personellen Angelegenheiten, für die das BetrVG Beteiligungsrechte vorsieht, untergliedern sich in allgemeine personelle Angelegenheiten (§§ 92–95 BetrVG), Angelegenheiten der Berufsbildung (§§ 96–98 BetrVG) und personelle Einzelmaßnahmen (§§ 99–105 BetrVG), unter denen die Kündigung (§ 102 BetrVG) einen besonderen Stellenwert genießt.

a) Allgemeine personelle Angelegenheiten

288 Die allgemeinen personellen Angelegenheiten betreffen meist das Vorfeld personeller Einzelmaßnahmen. Die Beteiligungsrechte in diesem Bereich wurden eingeführt, damit der Betriebsrat von solchen Einzelmaßnahmen des Arbeitgebers nicht überrascht wird, sondern so früh wie möglich an personellen Grundentscheidungen des Arbeitgebers beteiligt wird. Im Einzelnen gehören zu den allgemeinen personellen Angelegenheiten die Personalplanung (§ 92 BetrVG), die Beschäftigungssicherung (§ 92a BetrVG), die Stellenausschreibung (§ 93 BetrVG), die Personalfragebögen, die Beurteilungsgrundsätze (§ 94 BetrVG) und die Auswahlrichtlinien (§ 95 BetrVG).

289 Die Mitbestimmung über die Personalplanung dient dazu, den Betriebsrat möglichst frühzeitig über die derzeitige personelle Lage und die zukünftige

---

1 Zusätzliches Arbeitsentgelt als Ausgleich gänzlich ablehnend: Richardi/*Richardi/Annuß*, § 91 BetrVG Rz. 23; nur wenn keine andere Ausgleichsmöglichkeit besteht: *Fitting*, § 90 BetrVG Rz. 21.

personelle Entwicklung des Betriebs zu informieren und mit ihm über die Maßnahmen sowie die Vorsorge zur Vermeidung von Härten für die Arbeitnehmer zu beraten[1]. Aus dieser Zielsetzung ergibt sich die Definition der **Personalplanung** als jede Planung, die sich auf den gegenwärtigen und künftigen Personalbedarf in quantitativer und qualitativer Hinsicht, auf dessen Deckung im weiteren Sinne und auf den abstrakten Einsatz der personellen Kapazität bezieht[2]. Dazu gehören jedenfalls die Personalbedarfsplanung, die Personaldeckungsplanung (Personalbeschaffung, Personalabbau), die Personalentwicklungsplanung und die Personaleinsatzplanung[3].

Ob der Arbeitgeber eine Personalplanung i.S.v. § 92 BetrVG vornimmt, ist ihm selbst überlassen. Der Betriebsrat kann ihn hierzu nicht zwingen. Sobald der Arbeitgeber aber eine Personalplanung betreibt, stehen dem Betriebsrat Unterrichtungs- und Beratungsrechte zu.   290

§ 92a BetrVG gewährt dem Betriebsrat ein Initiativrecht im Bereich der **Beschäftigungssicherung**, wobei die im Gesetz erwähnten Beteiligungsgegenstände nicht abschließend sind. Die vom Betriebsrat gemachten Vorschläge hat der Arbeitgeber mit diesem zu beraten.   291

Gemäß § 93 BetrVG kann der Betriebsrat verlangen, dass bei einer neu zu besetzenden Stelle eine **Ausschreibung** innerhalb des Betriebes erfolgt. Zweck dieser Regelung ist es, den innerbetrieblichen Arbeitsmarkt zu erschließen und im Betrieb selbst vorhandene Möglichkeiten des Personaleinsatzes zu aktivieren[4]. Dabei steht dem Betriebsrat allerdings kein Mitbestimmungsrecht hinsichtlich Form und Inhalt der Stellenausschreibung zu[5]. Er kann lediglich die Stellenausschreibung selbst verlangen. Als Konsequenz der Nichtdurchführung der internen Stellenausschreibung kann der Betriebsrat nach § 99 Abs. 2 Nr. 5 BetrVG seine Zustimmung zur Einstellung eines externen Bewerbers verweigern.   292

Im Bereich von **Personalfragebögen** steht dem Betriebsrat gem. § 94 BetrVG ein echtes Mitbestimmungsrecht zu (vom Gesetz Zustimmung genannt). Können sich Arbeitgeber und Betriebsrat über den Inhalt der Fragebögen nicht einigen, entscheidet die Einigungsstelle, deren Spruch die Einigung ersetzt, § 94 Abs. 1 Satz 2, 3 BetrVG. Entsprechendes gilt nach § 94 Abs. 2 BetrVG für persönliche Angaben in schriftlichen Arbeitsverträgen, die allgemein für den Betrieb verwendet werden sollen, sowie für die **Aufstellung von allgemeinen Beurteilungsgrundsätzen**. Die Anwendung der Beurteilungsgrundsätze im Einzelfall unterliegt der Mitbestimmung des Betriebsrates jedoch nicht. Allgemeine Beurteilungsgrundsätze i.S.d. § 94 BetrVG sind Regelungen, die die Bewertung des Verhaltens oder der Leistung der Ar-   293

---

1 BT-Drucks. VI/1786, 50.
2 BAG v. 6.11.1990 – 1 ABR 60/89, NZA 1991, 358; *Fitting*, § 92 BetrVG Rz. 9.
3 Ganz h.M., vgl. nur BAG v. 6.11.1990 – 1 ABR 60/89, NZA 1991, 358 m.w.N.
4 BAG v. 23.2.1988 – 1 ABR 82/86, NZA 1988, 551.
5 BAG v. 31.5.1983 – 1 ABR 6/80, AP Nr. 2 zu § 95 BetrVG 1972; a.A. *Fitting*, § 93 BetrVG Rz. 6.

beitnehmer objektivieren oder vereinheitlichen und an Kriterien ausrichten sollen, die für die Beurteilung jeweils erheblich sind. Mit solchen Grundsätzen soll ein einheitliches Vorgehen bei der Beurteilung und ein Bewerten nach einheitlichen Maßstäben ermöglicht und so erreicht werden, dass die Beurteilungsergebnisse untereinander vergleichbar sind[1].

294 Ebenso wie bei den Personalfragebögen steht dem Betriebsrat auch bei **Auswahlrichtlinien** i.S.v. § 95 BetrVG ein echtes Mitbestimmungsrecht zu. Hierbei handelt es sich um allgemeine Grundsätze darüber, welche Gesichtspunkte der Arbeitgeber bei Einstellungen, Versetzungen, Umgruppierungen und Kündigungen zu beachten hat[2]. In Betrieben mit mehr als 500 Arbeitnehmern steht dem Betriebsrat ein Initiativrecht zur Einführung von Auswahlrichtlinien zu, § 95 Abs. 2 BetrVG. Ansonsten entscheidet der Arbeitgeber alleine über deren Einführung.

b) Berufsbildung

295 § 96 BetrVG konstituiert zunächst die allgemeine Pflicht von Arbeitgeber und Betriebsrat, die Berufsbildung der Arbeitnehmer zu fördern. In diesem Rahmen stehen dem Betriebsrat Initiativ- und Beratungsrechte zu. Auf Verlangen des Betriebsrats hat der Arbeitgeber den Berufsbildungsbedarf zu ermitteln. Des Weiteren sollen die Betriebspartner gemeinsam darauf hinwirken, dass den Arbeitnehmern die Teilnahme an betrieblichen und außerbetrieblichen Maßnahmen der Berufsbildung unter Berücksichtigung betrieblicher Belange ermöglicht wird.

296 § 97 BetrVG betrifft betriebliche Maßnahmen und Einrichtungen der Berufsbildung sowie die Teilnahme an außerbetrieblichen Berufsbildungsmaßnahmen. Ein echtes Mitbestimmungsrecht steht dem Betriebsrat zu, wenn durch Maßnahmen des Arbeitgebers die Qualifikationsanforderungen für bestimmte Tätigkeitsfelder erhöht werden, § 97 Abs. 2 BetrVG.

297 Bei Durchführung der Maßnahmen der betrieblichen Berufsbildung steht dem Betriebsrat nach § 98 BetrVG ein Mitbestimmungsrecht zu. Weitere Beteiligungsrechte stehen ihm hinsichtlich der Person des Ausbilders zu, § 98 Abs. 2 BetrVG.

c) Personelle Einzelmaßnahmen

298 Beteiligungsrechte des Betriebsrates nach §§ 99 ff. BetrVG bestehen nur in Unternehmen mit in der Regel mehr als 20 wahlberechtigten Arbeitnehmern, wobei auch die Teilzeitbeschäftigten voll mitgezählt werden, § 99 Abs. 1 Satz 1 BetrVG. Nach § 99 Abs. 1 BetrVG steht dem Betriebsrat ein Beteiligungsrecht bei vier Arten personeller Einzelmaßnahmen zu:

---

1 LAG Düsseldorf v. 6.3.2009 – 9 TaBV 347/08, juris, Rz. 45.
2 BAG v. 27.10.1992 – 1 ABR 4/92, NZA 1993, 607; BAG v. 31.5.2005 – 1 ABR 22/04, juris, Rz. 30.

– Eine **Einstellung** liegt vor, wenn Personen in den Betrieb eingegliedert werden, um zusammen mit den dort schon beschäftigten Arbeitnehmern den arbeitstechnischen Zweck des Betriebes durch weisungsgebundene Tätigkeit zu verwirklichen[1]. Auf den Abschluss des Arbeitsverhältnisses soll es nach umstrittener Rechtsprechung des BAG hierbei nicht ankommen, sondern alleine auf die tatsächliche Eingliederung in den Betrieb[2].

– **Eingruppierung** ist die erste Festlegung der für die Entlohnung des Arbeitnehmers maßgebenden Lohn- bzw. Gehaltsgruppe gemäß dem vertraglich vorgesehenen Tätigkeitsbereich, die meist auf einem Tarifvertrag oder einer Betriebsvereinbarung beruht[3].

– **Umgruppierung** bedeutet Überführung eines Arbeitnehmers in eine andere Lohn- oder Gehaltsgruppe[4].

– **Versetzung** ist in § 95 Abs. 3 Satz 1 BetrVG definiert als Zuweisung eines anderen Arbeitsbereichs, die voraussichtlich die Dauer von einem Monat überschreitet oder die mit einer erheblichen Änderung der Umstände verbunden ist, unter denen die Arbeit zu leisten ist. Unter Arbeitsbereich versteht man den Arbeitsplatz sowohl in räumlicher als auch in technischer und organisatorischer Hinsicht[5].

Bevor der Arbeitgeber eine dieser personellen Einzelmaßnahmen vornimmt, hat er den Betriebsrat hierüber zu unterrichten, ihm die erforderlichen Bewerbungsunterlagen vorzulegen und Auskunft über die Person der Beteiligten und die Auswirkungen der geplanten Maßnahme auf den Betrieb zu geben. Bei geplanten Einstellungen umfasst diese Informationspflicht sämtliche Bewerber, nicht nur die in die engere Wahl kommenden[6].

Der Betriebsrat kann sich dann entscheiden, ob er der geplanten Maßnahme zustimmt oder aus einem der in § 99 Abs. 2 Nr. 1 bis 6 BetrVG genannten Gründe die Zustimmung verweigert. Seine Zustimmungsverweigerung hat er dem Arbeitgeber unter Angabe von Gründen innerhalb von einer Woche nach seiner Unterrichtung durch den Arbeitgeber mitzuteilen. Anderenfalls gilt die Zustimmung als erteilt, § 99 Abs. 3 BetrVG.

Verweigert der Betriebsrat seine Zustimmung, darf der Arbeitgeber die geplante Maßnahme nicht durchführen. Eine Ausnahme von diesem Grundsatz enthält § 100 BetrVG bei dringend erforderlichen Maßnahmen. Nimmt der Arbeitgeber die Maßnahme dennoch vor, kann der Betriebsrat nach § 101

299

300

301

---

1 BAG v. 28.4.1998 – 1 ABR 63/97, NZA 1998, 1352.
2 BAG v. 28.4.1998 – 1 ABR 63/97, NZA 1998, 1352; a. A. *Fitting*, § 99 BetrVG Rz. 31; GK-BetrVG/*Kraft*, § 99 Rz. 21.
3 BAG v. 23.5.2003 – 1 ABR 35/02, NZA 2004, 800; vgl. auch BAG v. 26.10.2004 – 1 ABR 37/03, juris, Rz. 42.
4 BAG v. 6.8.2002 – 1 ABR 49/07, NZA 2003, 386–389.
5 BAG v. 23.11.1993 – 1 ABR 38/93, NZA 1994, 718; BAG v. 17.6.2008 – 1 ABR 38/07, juris, Rz. 21.
6 BAG v. 10.11.1992 – 1 ABR 21/92, NZA 1993, 376; BAG v. 14.12.2004 – 1 ABR 55/03, juris Rz. 33.

BetrVG beim Arbeitsgericht beantragen, dem Arbeitgeber aufzugeben, die Maßnahme rückgängig zu machen. Will dagegen der Arbeitgeber trotz fehlender Zustimmung des Betriebsrates die Maßnahme durchführen, muss er beim Arbeitsgericht die Ersetzung der Zustimmung beantragen, § 99 Abs. 4 BetrVG.

d) Kündigung

302 Eines der in der Praxis bedeutsamsten Beteiligungsrechte steht dem Betriebsrat bei Kündigungen des Arbeitgebers zu. Gemäß § 102 Abs. 1 BetrVG ist der Betriebsrat vor jeder arbeitgeberseitigen Kündigung zu hören. Dabei spielt es, anders als im Rahmen des § 99 BetrVG, für die Anwendung des § 102 BetrVG keine Rolle, ob das Unternehmen in der Regel mehr als 20 Arbeitnehmer beschäftigt oder nicht. Der Begriff Kündigung im Sinne dieser Vorschrift umfasst sowohl die außerordentliche als auch die ordentliche Beendigungs- sowie Änderungskündigung, unabhängig davon, ob sie innerhalb der Probezeit erfolgt oder das KSchG anwendbar ist[1]. Andere Beendigungstatbestände wie Anfechtung, Aufhebungsvertrag oder Zeitablauf bei Befristung werden dagegen nicht von dem Beteiligungsrecht des § 102 BetrVG erfasst[2].

303 Die Anhörung des Betriebsrats muss zwingend **vor Ausspruch** der Kündigung erfolgen, kann also nicht nachgeholt werden. Eine wirksame Anhörung setzt voraus, dass der Arbeitgeber den Betriebsrat über die Personalien des zu kündigenden Arbeitnehmers (Name, Alter, Familienstand, Zahl der Kinder, Stellung im Betrieb, Dauer der Betriebszugehörigkeit), die Art der Kündigung (außerordentliche oder ordentliche Beendigungs- oder Änderungskündigung), den Kündigungstermin und die Kündigungsfrist sowie die Gründe, auf die die Kündigung gestützt werden soll, informiert. Erforderlich und ausreichend ist es in diesem Zusammenhang, wenn der Arbeitgeber dem Betriebsrat die Gründe mitteilt, die nach seiner **subjektiven Sicht** die Kündigung rechtfertigen und für seinen Kündigungsentschluss maßgebend sind (sog. **subjektive Determinierung**)[3]. Kündigt der Arbeitgeber fristlos und hilfsweise ordentlich, muss er zu beiden Kündigungen den Betriebsrat anhören.

304 Eine ohne Beachtung dieser Voraussetzungen ausgesprochene Kündigung ist gem. § 102 Abs. 1 Satz 3 BetrVG unwirksam. Das gilt sowohl dann, wenn eine Anhörung nicht stattgefunden hat, als auch im Falle einer verspäteten oder fehlerhaften Anhörung. Eine Heilung durch nachträgliche Anhörung gibt es nicht[4]. Die fehlerhafte Anhörung des Betriebsrates ist nur dann unbeachtlich, wenn der Mangel des Anhörungsverfahrens für den Arbeitgeber unvermeidlich war, also alleine in der Einflusssphäre des Betriebsrates liegt.

---

1 *Fitting*, § 102 BetrVG Rz. 5.
2 *Fitting*, § 102 BetrVG Rz. 15.
3 Richardi/*Richardi/Thüsing*, § 102 BetrVG Rz. 63.
4 BAG v. 28.9.1978 – 2 AZR 2/77, NJW 1979, 2421.

Der Arbeitgeber darf erst kündigen, wenn das Anhörungsverfahren beendet   305
ist. Das **Anhörungsverfahren endet**

– durch Fristablauf:

  Die Frist beträgt eine Woche bei der ordentlichen Kündigung und drei Tage bei der außerordentlichen Kündigung, § 102 Abs. 2 BetrVG. Erklärt sich
  der Betriebsrat innerhalb dieser Frist nicht, gilt seine Zustimmung als erteilt.

– durch vorzeitige abschließende Stellungnahme:

  Eine solche abschließende Stellungnahme liegt insbesondere in der Zustimmung zur Kündigung, aber auch in der Äußerung von Bedenken oder
  dem Widerspruch gegen die Kündigung. Auch in den letztgenannten Fällen ist das Anhörungsverfahren nach § 102 BetrVG ordnungsgemäß beendet mit der Folge, dass der Arbeitnehmer nun die Kündigung aussprechen
  kann.

Die Möglichkeit des Widerspruchs des Betriebsrates gegen die Kündigung be-   306
steht sowohl im Falle der ordentlichen wie auch der außerordentlichen Kündigung. Allerdings zeigt der Widerspruch je nach Art der Kündigung unterschiedliche Konsequenzen: Widerspricht der Betriebsrat der ordentlichen
Kündigung fristgemäß wegen eines der in § 102 Abs. 3 Nr. 1 bis 5 BetrVG
genannten Gründe, hat der gekündigte Arbeitnehmer einen vorläufigen Weiterbeschäftigungsanspruch, wenn er nach § 4 KSchG rechtzeitig Kündigungsschutzklage erhoben hat. Im Falle des Widerspruchs gegen eine außerordentliche Kündigung besteht ein solcher Weiterbeschäftigungsanspruch
nicht.

13. Mitbestimmung in wirtschaftlichen Angelegenheiten

Was zu den wirtschaftlichen Angelegenheiten eines Unternehmens gehört,   307
verdeutlicht die beispielhafte Aufzählung in § 106 Abs. 3 BetrVG. Die Vorschrift zählt zu den wirtschaftlichen Angelegenheiten:

– die wirtschaftliche und finanzielle Lage des Unternehmens

– die Produktions- und Absatzlage

– das Produktions- und Investitionsprogramm

– Rationalisierungsvorhaben

– Fabrikations- und Arbeitsmethoden, insbesondere die Einführung neuer
  Arbeitsmethoden

– Fragen des betrieblichen Umweltschutzes

– die Einschränkung oder Stilllegung von Betrieben oder von Betriebsteilen

– die Verlegung von Betrieben oder Betriebsteilen

– den Zusammenschluss oder die Spaltung von Unternehmen oder Betrieben

- die Änderung der Betriebsorganisation oder des Betriebszwecks

- die Übernahme des Unternehmens, wenn hiermit der Erwerb der Kontrolle verbunden ist, sowie

- sonstige Vorgänge und Vorhaben, welche die Interessen der Arbeitnehmer des Unternehmens wesentlich berühren können.

308 Die wirtschaftlichen Angelegenheiten gehören grundsätzlich zu den freien unternehmerischen Entscheidungen. Daher sind die Beteiligungsrechte in diesem Bereich schwächer ausgeprägt als in personellen oder sozialen Angelegenheiten. Dennoch sieht das BetrVG auch im wirtschaftlichen Bereich Beteiligungsrechte vor, die von zwei Organen wahrgenommen werden:

309 Der **Wirtschaftsausschuss** ist in allen Unternehmen mit in der Regel mehr als 100 ständig beschäftigten Arbeitnehmern zu bilden, § 106 Abs. 1 Satz 1 BetrVG. Seine Aufgabe besteht darin, wirtschaftliche Angelegenheiten mit dem Unternehmer zu beraten und den Betriebsrat zu informieren.

310 Dem **Betriebsrat** stehen bei **Betriebsänderungen** Informations-, Beratungs-, und Mitbestimmungsrechte gemäß den §§ 111–113 BetrVG zu, wenn das Unternehmen in der Regel mehr als 20 wahlberechtigte Arbeitnehmer beschäftigt. Was unter einer Betriebsänderung zu verstehen ist, regelt § 111 Satz 2 Nr. 1–5 BetrVG, dessen Katalog nach h.M. abschließend ist[1]. Nach dieser Vorschrift gelten als Betriebsänderungen:

- die Einschränkung und Stilllegung des ganzen Betriebs oder von wesentlichen Betriebsteilen

- die Verlegung des ganzen Betriebs oder von wesentlichen Betriebsteilen

- die Zusammenlegung oder Spaltung von Betrieben

- grundlegende Änderungen der Betriebsorganisation, des Betriebszwecks oder der Betriebsanlagen

- die Einführung grundlegend neuer Arbeitsmethoden und Fertigungsverfahren.

311 Die Beteiligungsrechte der §§ 111–113 BetrVG setzen voraus, dass die geplante Betriebsänderung erhebliche Nachteile für die Belegschaft oder erhebliche Teile der Belegschaft zur Folge haben kann, was aber bei Vorliegen eines der Katalogtatbestände des § 111 BetrVG nach Rechtsprechung des BAG immer der Fall ist[2]. Liegen die Voraussetzungen vor, hat der Unternehmer den Betriebsrat über die geplante Betriebsänderung rechtzeitig und umfassend zu informieren und sie mit ihm zu beraten, § 111 Abs. 1 BetrVG. „Geplant" ist die Betriebsänderung hierbei nicht erst nach endgültiger Entscheidung, sondern schon bei konkreten Überlegungen in diese Richtung[3]. Die

---

1 Richardi/*Richardi/Annuß*, § 111 BetrVG Rz. 41 m.w.N.; a.A. *Fitting*, § 111 BetrVG Rz. 44 m.w.N.
2 BAG v. 17.8.1982 – 1 ABR 40/80, NJW 1983, 1870; BAG v. 18.3.2008 – 1 ABR 77/06, AP Nr. 66 zu § 111 BertrVG 1972 = NZA 2008, 957–960.
3 BAG v. 28.10.1992 – 10 ABR 75/91, NZA 1993, 420.

Letztentscheidung über die Betriebsänderung steht aber alleine dem Unternehmer zu.

Im Falle einer Betriebsänderung können Unternehmer und Betriebsrat einen 312
Interessenausgleich nach § 112 Abs. 1 Satz 1 BetrVG vereinbaren. Hierunter versteht man die Einigung über die Frage, ob und wie die geplante Betriebsänderung durchzuführen ist. Des Weiteren ist bei jeder Betriebsänderung ein **Sozialplan** aufzustellen (Ausnahmen: § 112a BetrVG). Dabei handelt es sich um die Einigung zwischen Arbeitgeber und Betriebsrat über den Ausgleich oder die Milderung wirtschaftlicher Nachteile, die den Arbeitnehmern infolge der geplanten Betriebsänderungen entstehen. Meist handelt es sich hierbei um einmalige Abfindungen oder laufende Ausgleichszahlungen. Die Aufstellung des Sozialplans ist – anders als der Interessenausgleich – grundsätzlich erzwingbar, § 112 Abs. 4 BetrVG, was die eindeutige Trennung der Regelungsgegenstände von Interessenausgleich und Sozialplan erfordert.

Führt der Arbeitgeber eine Betriebsänderung ohne Interessenausgleich oder 313
abweichend von einem vereinbarten Interessenausgleich durch, kann den Arbeitnehmern ein **Anspruch auf Nachteilsausgleich** nach § 113 BetrVG zustehen. So können Arbeitnehmer, die infolge der Abweichung von dem Interessenausgleich entlassen werden, beim Arbeitsgericht Klage auf Zahlung von Abfindungen entsprechend § 10 KSchG erheben. Andere wirtschaftliche Nachteile (z.B. Lohnausgleich bei geringerem Arbeitsverdienst nach Umsetzung, erhöhte Fahrtkosten nach Versetzung) hat der Unternehmer bis zu einem Zeitraum von zwölf Monaten auszugleichen, § 113 Abs. 2 BetrVG.

IV. Kirchlicher Krankenhausträger[1]

Zu Recht hat *Richardi* darauf hingewiesen, dass die Ausklammerung der Religionsgemeinschaften und ihrer karitativen Einrichtungen aus dem Geltungsbereich des staatlichen Betriebsverfassungs- und Personalvertretungsrechts (§ 118 Abs. 2 BetrVG, § 1 Abs. 3 Nr. 2 SprAuG, § 112 BPersVG, § 1 Abs. 4 Satz 2 MitbestG, § 81 Abs. 2 BetrVG 1952) von der staatskirchenrechtlichen Ordnung des Grundgesetzes gefordert wird. Durch diese Ausklammerung entspricht der Gesetzgeber dem Grundrecht der freien Religionsausübung (Art. 4 Abs. 2 GG) und der Verfassungsgarantie des kirchlichen Selbstbestimmungsrechts (Art. 140 GG i.V.m. Art. 137 Abs. 3 WRV)[2]. Von dieser **verfassungsrechtlichen Gewährleistung des kirchlichen Selbstbestimmungsrechts** wird auch das Recht erfasst, das Mitarbeitervertretungsrecht autonom zu regeln[3]. 314

---

1 Vgl. dazu Teil 4 Rz. 91 ff., 128 ff.
2 *Richardi*, Arbeitsrecht in der Kirche, § 16 Rz. 15.
3 St. Rspr., vgl. BVerfG v. 11.10.1977 – 2 BvR 209/76, AP Nr. 1 zu Art. 140 GG = NJW 1978, 581–583; BVerfG v. 17.2.1981 – 2 BvR 384/78, AP Nr. 9 zu Art. 140 GG = NJW 1981, 1829–1831; BVerfG v. 4.6.1985 – 2 BvR 1703/83, 2 BvR 1718/83, 2 BvR 856/84, AP Nr. 24 zu Art. 140 GG = NJW 1986, 367–372; BAG v. 24.7.1991 – 7 ABR 34/90, AP Nr. 48 zu § 118 BetrVG 1972 = NZA 1991, 977–979; vgl. dazu auch *Dütz*, NZA 2008, 1383.

315   Sowohl die katholische als auch die evangelische Kirche haben von diesem
      Recht Gebrauch gemacht. Die einheitliche Geltung des Mitarbeitervertre-
      tungsrechts unabhängig vom jeweiligen Anstellungsträger (etwa die ein-
      zelnen Diözesen oder Gliedkirchen) wird dadurch gesichert, dass in den
      Mitarbeitervertretungsgesetzen beider Kirchen verbindliche Vorgaben hin-
      sichtlich des personellen und sachlichen Geltungsbereichs gemacht werden.
      Bei der Übernahme dieser Regelungen durch die Gliedkirchen bzw. die Di-
      özesen sind Abweichungen nur in begrenzten Ausnahmefällen vorgesehen.
      Sowohl das Beteiligungsmodell der evangelischen Kirche als auch das der ka-
      tholischen Kirche gehen von dem Gedanken aus, dass jede Arbeitsleistung
      dazu dienen soll, den kirchlichen Auftrag in der Welt zu verwirklichen.

316   Die Beteiligung der Mitarbeiter in den katholischen Einrichtungen beruht
      auf der **Rahmen**ordnung für eine **Mitarbeitervertretungsordnung (Rahmen-
      MAVO)**. Danach wurden in den 27 Diözesen Deutschlands eigene Mitarbei-
      tervertretungsordnungen geschaffen, die in speziellen Punkten von dieser
      abweichen.

317   Die evangelische Kirche hat sich mit dem **„Kirchengesetz über Mitarbeiter-
      vertretungen in der Evangelischen Kirche in Deutschland" (Mitarbeiterver-
      tretungsgesetz der EKD-MVG.EKD)**[1] eine eigenständige Regelung gegeben,
      deren Übernahme durch die Gliedkirchen vorgesehen wurde. Das MVG re-
      gelt das Mitarbeitervertretungsrecht einheitlich für die Dienststellen der
      verfassten Kirche und für die Einrichtungen der Diakonie.

318   Bei **Streitigkeiten**, bei denen es ausschließlich um die Anwendung kirchli-
      cher Mitarbeitervertretungsrechte geht, ist die Zuständigkeit staatlicher Ge-
      richte zumindest dann ausgeschlossen, wenn über solche Streitigkeiten eine
      Schlichtungsstelle entscheidet, die den Mindestanforderungen an ein Ge-
      richt entspricht[2]. In diesem Bereich ist allein die Kirche zur Rechtsetzung
      und zur Kontrolle des von ihr gesetzten Rechtes befugt, so dass die Mitarbei-
      tervertretungsordnungen auch nicht mit einer Normenkontrolle nach § 47
      VwGO angegriffen werden können[3]. Bei Streitigkeiten aus der Anwendung
      von kirchlichem Mitarbeitervertretungsrecht handelt es sich um personal-
      vertretungsrechtliche Streitigkeiten im Bereich der Kirche, für die staatliche
      Gerichte nicht zuständig sind. Ebenso wenig wie der Staat befugt ist, in in-
      nerkirchliche Angelegenheiten einzugreifen, können die Kirchen ohne Er-
      mächtigung seitens des Staates die Zuständigkeit staatlicher Gerichte be-
      gründen[4]. Zu beachten ist jedoch, dass die Arbeitsgerichte befugt sind, im
      Kündigungsschutzverfahren die Frage nach einer ordnungsgemäßen Betei-
      ligung der Mitarbeitervertretung anhand der einschlägigen kirchenrecht-

---

1 ABl. EKD 2010, S. 3.
2 Vgl. BAG v. 9.9.1992 – 5 AZR 456/91, AP Nr. 40 zu Art. 140 GG = NZA 1993, 597;
  BAG v. 25.4.1989 – 1 ABR 88/87, AP Nr. 34 zu Art: 140 GG = NJW 1989, 2284–2285
  m. w. N.; BVerfG v. 9.12.2008 – 2 BvR 717/08, NJW 2009, 1195–1197; für einen generellen Ausschluss OVG Schleswig-Holstein v. 12.4.1996 – 12 L 7/95, AP Nr. 1 zu § 22
  MitarbeitervertragungsG-EK Schleswig Holstein.
3 VGH München v. 22.4.1998 – 7 N 97.1698, NVwZ 1999, 785.
4 OVG Schleswig-Holstein v. 2.12.1994 – 11 L 10/93, juris.

lichen Mitarbeitervertretungsgesetze zu überprüfen und das Ergebnis dieser Inzidentprüfung der arbeitsgerichtlichen Entscheidung zugrunde zu legen[1]. Schließlich ist anzumerken, dass mit der in einem Arbeitsvertrag mit einem kirchlichen Arbeitgeber vereinbarten Verpflichtung, bei Meinungsverschiedenheiten aus dem Vertrag zunächst eine kirchliche Schlichtungsstelle anzurufen, keine prozessual beachtliche Einwendung begründet wird, mit der die staatliche Gerichtsbarkeit ausgeschlossen ist[2].

V. Katholische Kirche als Krankenhausträger[3]

1. Geltungsbereich der Mitarbeitervertretungsordnung

a) Räumlich

Die Rahmenordnung für eine Mitarbeitervertretungsordnung (MAVO)[4] gilt unmittelbar nur für die Mitarbeiter des Verbandes der Diözesen Deutschlands, dem Zusammenschluss der deutschen Diözesen. Die Rahmenordnungen sind also keine für die einzelnen Diözesen verbindlichen Rechtsnormen. Sie stellen nur den übereinstimmenden Beschluss der Deutschen Bischofskonferenz dar und sprechen die Empfehlung aus, eine Umsetzung in ein Kirchengesetz vorzunehmen[5]. Jede von den einzelnen Ortsbischöfen erlassene MAVO gilt in der sie betreffenden Diözese (Territorialitätsprinzip). Der Ortsbischof ist der Gesetzgeber in seiner Diözese. Aus diesem Grunde hat es bei der Umsetzung der Rahmenordnungen in diözesanes Recht von jeher diözesane Abweichungen gegeben. Die inhaltlichen Abweichungen sind allerdings im Bereich der Mitwirkungsrechte sehr gering. Sie beziehen sich im Wesentlichen auf das Wahlverfahren und die Kompetenzen der Arbeitsgemeinschaften der Mitarbeitervertretungen[6]. Das Mitarbeitervertretungsrecht in der katholischen Kirche stellt damit zwar kein gemeines, wohl aber inhaltlich ein allgemeines Recht dar[7].   319

§ 1 Abs. 3 Satz 1 der MAVO ordnet für Einrichtungen von mehrdiözesanen oder überdiözesanen Rechtsträgern an, dass die MAVO der Diözese anzuwenden ist, in der sich der Sitz der Hauptniederlassung (Hauptsitz) befindet. Unter mehrdiözesanen Rechtsträgern versteht man in diesem Zusammenhang solche, die in mehreren, aber nicht in allen Diözesen im Gebiet der Deutschen Bischofskonferenz Einrichtungen unterhalten[8]. Demgegenüber   320

---

1 Vgl. BAG v. 26.7.1995 – 2 AZR 578/94, AP Nr. 20 zu § 611 BGB Kirchendienst = NZA 1995, 1197–1200 m.w.N.; *Walter Klar*, Das kirchliche Selbstbestimmungsrecht und die kündigungsrechtliche Relevanz kirchenspezifischer Loyalitätsobliegenheiten im Rahmen von kirchlichen Arbeitsverhältnissen (Diss. 1993, 110); *Listl*, Staatliche und kirchliche Gerichtsbarkeit, DÖV 1989, 409 (412).
2 BAG v. 18.5.1999 – 9 AZR 682/98, AP Nr. 1 zu § 4 ArbGG 1979 = NZA 1999, 1350 m.w.N.
3 Vgl. dazu Teil 4 Rz. 91 ff., 128 ff.
4 Rahmenordnung für eine MAVO in der Fassung vom 22.11.2010.
5 *Bartels* in: Hammer, S. 439.
6 *Bartels* in: Hammer, S. 440.
7 *Richardi*, Arbeitsrecht in der Kirche, § 18 Rz. 4.
8 *Bleistein/Thiel*, MAVO, § 1 Rz. 7.

unterhalten überdiözesane Rechtsträger im gesamten Konferenzgebiet Einrichtungen[1]. Abweichend von Satz 1 des § 1 Abs. 3 MAVO kann gem. § 1 Abs. 3 Satz 2 MAVO auf Antrag des Rechtsträgers der Diözesanbischof des Hauptsitzes des Trägers im Einvernehmen mit den anderen Diözesanbischöfen, in deren Diözese der Rechtsträger tätig ist, bestimmen, dass in den einzelnen Einrichtungen des Rechtsträgers die Mitarbeitervertretungsordnung derjenigen Diözese angewendet wird, in der die einzelne Einrichtung ihren Sitz hat[2]. Ein solches Vorgehen fördert vor allen Dingen die Rechtseinheit in der Diözese.

b) Sachlich

321 In sachlicher Hinsicht bezieht sich der Geltungsbereich der MAVO gem. § 1 Abs. 1 MAVO auf:

– **Dienststellen**: Unter den Begriff der Dienststelle fallen beispielsweise Kirchenbehörden wie z.B. Ordinariate oder Verwaltungsstellen und Betriebe wie Friedhöfe oder Nachrichtenagenturen.

– **Einrichtungen**: Krankenhäuser, Altenheime und Bildungswerke sind Einrichtungen i.S.d. § 1 Rahmenordnung-MAVO[3]. Das tatsächliche Maß der Einflussnahme durch die Amtskirche ist ohne Bedeutung für die Bewertung als kirchliche Einrichtung[4].

– **Sonstige selbständig geführte Stellen**: Hierzu sind beispielsweise Hilfswerke, Priesterseminare oder kirchliche Zusatzversorgungskassen zu nennen[5].

322 Die in § 1 Abs. 1 MAVO genannten Dienststellen, Einrichtungen und sonstigen selbständig geführten Stellen werden in dem auf § 1 Abs. 1 folgenden Normen einheitlich als **Einrichtungen** bezeichnet. § 1a Abs. 2 MAVO überträgt den Rechtsträgern das Recht zu regeln, was als Einrichtung gilt, wobei eine Genehmigung des Ordinarius (bischöflicher Generalvikar) erfolgen muss. Sowohl gegen die Genehmigung des Ordinarius als auch gegen die Verweigerung der Genehmigung gibt es nach der MAVO keinen Rechtsbehelf[6]. Auch das Kirchliche Arbeitsgericht ist nach § 2 Abs. 2 KAGO nicht zuständig[7].

c) Persönlich

323 Vom persönlichen Geltungsbereich der MAVO sind sowohl die Dienstgeber als auch die Mitarbeiter erfasst.

---

1 *Bleistein/Thiel*, MAVO, § 1 Rz. 7.
2 *Bleistein/Thiel*, MAVO, § 1 Rz. 10.
3 *Bleistein/Thiel*, MAVO, § 1 Rz. 4.
4 BAG v. 30.4.1997 – 7 ABR 60/95, AP Nr. 60 zu § 118 BetrVG 1972 = NZA 1997, 1240 = ZMV 1997, 291.
5 Vgl. die Ausführungen bei *Bleistein/Thiel*, MAVO, § 1 Rz. 4.
6 *Bleistein/Thiel*, MAVO, § 1a Rz. 20.
7 *Bleistein/Thiel*, MAVO, § 1a Rz. 20.

aa) Dienstgeber ist gem. § 2 Abs. 1 MAVO der **Rechtsträger der Einrichtung,**   324
mithin also eine juristische Person. Zu den Rechtsträgern, die der MAVO
unterfallen, zählen zunächst nach § 1 Abs. 1 Nr. 1–5 MAVO die Diözese
(Nr. 1), die Kirchengemeinde und die Kirchenstiftung (Nr. 2), die Verbände
der Kirchengemeinden (Nr. 3), die Diözesancaritasverbände und ihre Untergliederungen (Nr. 4), soweit sie öffentliche juristische Personen des kanonischen Rechts sind, und die sonstigen öffentlichen juristischen Personen
des kanonischen Rechts (Nr. 5).

Ob es sich bei den genannten Rechtsträgern um **öffentliche juristische Per-**   325
sonen des kanonischen Rechts handelt, bestimmt sich nach can. 116 § 1
CIC. Danach sind öffentliche juristische Personen Gesamtheiten von Personen oder Sachen, die von der zuständigen kirchlichen Autorität errichtet
werden, damit sie innerhalb der für sie festgesetzten Grenzen nach Maßgabe
der Rechtsvorschriften im Namen der Kirche die ihnen im Hinblick auf das
öffentliche Wohl übertragene eigene Aufgabe erfüllen. Die übrigen juristischen Personen sind privater Natur.

Zu den von can. 116 § 1 CIC erfassten öffentlichen juristischen Personen des   326
kanonischen Rechts zählen beispielsweise auch die **Orden,** die von § 1
Abs. 1 Nr. 4 MAVO erfasst werden[1]. Die **päpstlichen Orden,** die im Unterschied zu den anderen Orden ausschließlich der Gewalt des Heiligen Stuhls
unterstehen (can. 593 CIC)[2], unterliegen ebenfalls der MAVO. Denn die
MAVO regelt lediglich den Bereich der Mitarbeitervertretung in den von den
Orden betriebenen Einrichtungen, also einen Teil des sog. Außenbereichs
des Ordens[3]. Der Innenbereich des Ordens, der der Ordensautonomie überlassen ist (can. 586 CIC), wird also von der MAVO nicht berührt[4].

§ 1 Abs. 2 MAVO erweitert den Kreis der oben genannten Rechtsträger um   327
sonstige kirchliche Rechtsträger und ihre Einrichtungen sowie den Verband
der Diözesen Deutschlands, den Deutschen Caritasverband und die anderen
mehrdiözesanen und überdiözesanen Rechtsträger unbeschadet ihrer Rechts-
reform. Typische Trägerformen der sonstigen kirchlichen und karitativen
Einrichtungen in diesem Sinne sind beispielsweise die GmbH, der eingetragene Verein, die eingetragene Genossenschaft und die Stiftung des privaten Rechts[5]. Sie sind gehalten, die Mitarbeitervertretungsordnung für
ihren Bereich rechtsverbindlich zu übernehmen. Das bedeutet, dass dem jeweiligen Bischof für die rechtlich verselbständigten kirchlichen Einrichtungen Rechtsetzungsgewalt zukommt[6].

---

1 MünchArbR/*Richardi*, § 331 Rz. 13.
2 *Bleistein/Thiel*, MAVO, § 1 Rz. 24.
3 MünchArbR/*Richardi*, § 331 Rz. 14.
4 *Richardi*, NZA 1998, 113 (115).
5 BAG v. 10.12.1992 – 2 AZR 271/92, AP Nr. 41 zu Art. 140 GG = NZA 1993, 593–596;
   Kirchlicher Arbeitsgerichtshof v. 27.2.2009 – M 13/08, ZMV 2009, 153–156.
6 So BAG v. 10.12.1992 – 2 AZR 271/92, AP Nr. 41 zu Art. 140 GG = NZA 1993,
   593–596; *Bleistein/Thiel*, MAVO, § 1 Rz. 34; *Richardi*, Arbeitsrecht in der Kirche,
   § 18 Rz. 5 m.w.N.

328 **Für den Dienstgeber handelt** gem. § 2 Abs. 2 Satz 1 MAVO **dessen vertretungsberechtigtes Organ** oder die von ihm bestellte Leitung. Von der Möglichkeit der Bestellung einer Leitung wird in der Praxis auch oft Gebrauch gemacht, da die Organe zumeist ehrenamtlich besetzt sind und nur von Zeit zu Zeit tagen, mithin nicht in allen Angelegenheiten selbst entscheiden können[1]. Der Dienstgeber kann auch eine Mitarbeiterin oder einen Mitarbeiter in leitender Stellung schriftlich beauftragen, ihn zu vertreten, § 2 Abs. 2 Satz 2 MAVO. Durch die Beauftragung erlangt der leitende Mitarbeiter Verhandlungsvollmacht[2]. Bezüglich dieser umfassenden Vertretungsmöglichkeit weicht die MAVO von der Regelung im BPersVG, das in § 7 Abs. 1, 2 BPersVG eine Vertretung des Dienststellenleiters nur bei dessen Verhinderung durch den ständigen Vertreter zulässt[3], ab.

329 Für die **einzelnen Krankenhäuser** bedeutet dies, dass Dienstgeber i. S. d. § 2 Abs. 1 MAVO nicht das Krankenhaus selbst, sondern der dahinterstehende Rechtsträger ist.

330 **bb) Mitarbeiter** im Sinne der MAVO sind alle Personen, die bei einem Dienstgeber aufgrund eines Dienst- oder Arbeitsverhältnisses, als Ordensmitglied an einem Arbeitsplatz in einer Einrichtung der eigenen Gemeinschaft, aufgrund eines Gestellungsvertrages oder zu ihrer Ausbildung tätig sind, § 3 Abs. 1 MAVO. Das Beschäftigungsverhältnis kann öffentlich-rechtlicher, rein kirchenrechtlicher oder privatrechtlicher Natur sein[4]. Daher beschränkt sich der Begriff des Mitarbeiters nicht auf die Arbeitnehmer. Vielmehr werden auch die Personen berücksichtigt, die wie beispielsweise Rote-Kreuz-Schwestern oder Ordensangehörige (vgl. dazu auch oben Rz. 82 ff.) regelmäßig wegen § 5 Abs. 2 Nr. 3 BetrVG keine Arbeitnehmer im betriebsverfassungsrechtlichen Sinne sind[5], da sie nicht in erster Linie aus Erwerbszwecken arbeiten, sondern ihre Beschäftigung durch Beweggründe karitativer oder religiöser Art bestimmt ist. Gerade diese Personen prägen den kirchlichen Charakter einer Einrichtung[6].

331 Leiharbeitnehmer besitzen gem. § 3 Abs. 1 Satz 2 MAVO keinen Mitarbeiterstatus.

332 Aus Gründen eines möglichen Interessenwiderstreits zur Mitarbeitervertretung, nimmt die MAVO darüber hinaus alle Beschäftigten, die in irgendeiner Weise Direktionsrechte ausüben, gem. § 3 Abs. 2 Nr. 1–6 MAVO vom Mitarbeiterbegriff aus[7]. Namentlich sind dies:

---

1 *Schulze Froning*, Kirchliche Mitarbeitervertretungsregelungen, Diss. Münster 2002, S. 31; *Frey/Coutelle/Beyer*, MAVO, § 2 Rz. 3 f.
2 *Bleistein/Thiel*, MAVO, § 2 Rz. 23.
3 *Bleistein/Thiel*, MAVO, § 2 Rz. 24.
4 *Bleistein/Thiel*, MAVO, § 3 Rz. 1.
5 BAG v. 3.6.1975 – 1 ABR 98/74, AP Nr. 1 zu § 5 BetrVG = SAE 1976, 204–207.
6 MünchArb/*Richardi*, § 331 Rz. 17.
7 *Schulze Froning*, Kirchliche Mitarbeitervertretungsregelungen, S. 28; *Bartels* in: Hammer, S. 441.

1. die Mitglieder eines Organs, das zur gesetzlichen Vertretung berufen ist,

2. Leiterinnen und Leiter von Einrichtungen i. S. d. § 1 MAVO

3. Mitarbeiterinnen und Mitarbeiter, die zur selbständigen Entscheidung über Einstellungen, Anstellungen oder Kündigungen befugt sind,

4. sonstige Mitarbeiterinnen und Mitarbeiter in leitender Stellung,

5. Geistliche einschließlich Ordensgeistliche im Bereich des § 1 Abs. 1 Nr. 2 und 3 MAVO, für den Fall, dass sie in Kirchengemeinden, Kirchenstiftungen und Kirchengemeindeverbänden beschäftigt sind. Im Übrigen drückt § 3 Abs. 3 MAVO aus, dass die besondere Stellung der Geistlichen gegenüber dem Diözesanbischof und die der Ordensleute gegenüber den Ordensoberen durch diese Ordnung nicht berührt werden und eine Mitwirkung in den persönlichen Angelegenheiten nicht stattfindet.

6. Personen, deren Beschäftigung oder Ausbildung überwiegend ihrer Heilung, Wiedereingewöhnung, beruflichen und sozialen Rehabilitation oder Erziehung dient.

Besonders problematisch ist in diesem Zusammenhang der Begriff des „Mit-   333
arbeiters in leitender Stellung" gem. § 3 Abs. 2 Nr. 4 MAVO. Der Rechtsträger könnte geneigt sein, bestimmten Mitarbeitern durch die Verleihung der Bezeichnung als „leitend" das Wahlrecht zur Mitarbeitervertretung zu entziehen und sie durch Zuweisung „höherer" Aufgabengebiete aus dem Kreis der Mitarbeiter hervorzuheben und auf seine Seite zu ziehen[1]. Aus diesem Grunde hat die MAVO zur Beantwortung der Frage, welcher Mitarbeiter als Mitarbeiter in leitender Stellung anzusehen ist, ein gesondertes Verfahren vorgeschaltet.

Nach § 3 Abs. 2 Satz 2 MAVO entscheidet der Dienstgeber unter der Betei-   334
ligung der Mitarbeitervertretung (§ 29 Abs. 1 Nr. 18 MAVO), wer Mitarbeiter in leitender Stellung gem. § 3 Abs. 2 Nr. 4 bzw. zu selbständigen Entscheidungen i. S. d. § 3 Abs. 2 Nr. 3 MAVO befugt ist. Handelt es sich bei dem Dienstgeber um einen Rechtsträger i. S. v. § 1 Abs. 1 MAVO, so ist die Genehmigung des Ordinarius (bischöflicher Generalvikar) erforderlich. Die Entscheidung ist abschließend der Mitarbeitervertretung schriftlich mitzuteilen (§ 3 Abs. 2 Satz 4 MAVO). Eine Bekanntgabe der Herausnahmeentscheidung an den betroffenen Mitarbeiter ist nicht erforderlich[2]. Regelmäßig sind **Chefärzte** und **Verwaltungsleiter katholischer Krankenhäuser** als leitende Personen in diesem Sinne zu betrachten[3], sie können also mit kirchenrechtlicher Genehmigung aus dem Recht der Mitarbeitervertretungsordnung ausgenommen werden (Exemtion)[4].

---

1 *Bartels* in: Hammer, S. 442.
2 BAG v. 26.7.1995 – 2 AZR 578/94, AP Nr. 20 zu § 611 BGB Kirchendienst = NZA 1995, 1197.
3 *Dütz*, NJW 1994, 1369 (1373).
4 Vgl. dazu BAG v. 18.11.1999 – 2 AZR 903/98, AP Nr. 5 zu § 14 KSchG 1969 = NZA 2000, 427 (429); BAG v. 26.7.1995 – 2 AZR 578/94, AP Nr. 20 zu § 611 BGB Kirchendienst = NZA 1995, 1197; LAG Niedersachsen v. 18.12.2001 – 12 Sa 694/01, juris.

335 Weiterhin sind solche Personen vom Mitarbeiterbegriff auszunehmen, die im Allgemeinen als sog. „freie Mitarbeiter" bezeichnet werden. Sie sind nicht wie die anderen, von § 3 Abs. 1 MAVO genannten Personen, in die arbeitsteilige Organisation eingegliedert[1], sondern werden aufgrund eines freien Dienst- oder Werkvertrages für den Dienstgeber tätig[2]. Schließlich gehören auch nicht solche Personen dem Kreis der Mitarbeiter an, die aufgrund staatlicher Zuweisung für den Dienstgeber tätig sind. Demnach sind Zivildienstleistende, deren Rechte und Pflichten im Zivildienstgesetz (ZDG) geregelt sind, keine Mitarbeiter im Sinne der MAVO[3].

2. Einrichtungen der Mitarbeitervertretungsordnung

a) Mitarbeitervertretung

336 Die Mitarbeitervertretung (MAV) ist das wichtigste Organ der MAVO. Sie ist gem. § 5 MAVO das von den wahlberechtigten Mitarbeiterinnen und Mitarbeitern gewählte Organ, das die ihm nach dieser Ordnung zustehenden Aufgaben und Verantwortungen wahrnimmt. Die MAV ist nicht an die Aufträge und Weisungen ihrer Wähler gebunden[4]. Sie nimmt ihre Aufgaben vielmehr eigenverantwortlich in dem durch die MAVO abgegrenzten Bereich wahr. Die MAVO bestimmt, dass in jeder Einrichtung vom Träger und den Mitarbeitern sicherzustellen ist, dass eine Mitarbeitervertretung gebildet wird, § 1a MAVO, soweit die Voraussetzungen dafür vorliegen, die sich aus den §§ 6 ff. MAVO ergeben.

b) Gesamtmitarbeitervertretung

337 Neben der Mitarbeitervertretung bestehen eine Reihe weiterer Institutionen im Bereich des Mitarbeitervertretungsrechts. § 24 MAVO sieht für den Fall, dass bei einem Dienstgeber mehrere Mitarbeitervertretungen bestehen, vor, dass eine Gesamtmitarbeitervertretung im Einvernehmen zwischen Dienstgeber und allen Mitarbeitervertretungen gebildet werden kann. Dabei entsendet jede Mitarbeitervertretung ein Mitglied in die Gesamtmitarbeitervertretung, § 24 Abs. 3 Satz 1 MAVO. Schließlich wählen die Sprecher der Jugendlichen und Auszubildenden und die Vertrauensperson der Schwerbehinderten der beteiligten Mitarbeitervertretungen aus ihrer Mitte je eine Vertreterin oder einen Vertreter und je eine Ersatzvertreterin oder einen Ersatzvertreter in die Gesamtmitarbeitervertretung, § 24 Abs. 3 Satz 2 MAVO. § 24 Abs. 4 MAVO regelt die Zuständigkeit der Gesamtmitarbeitervertretung in Abgrenzung zur Mitwirkung der Mitarbeitervertretung. Danach wirkt die Gesamtmitarbeitervertretung bei den Angelegenheiten i. S. d.

---

1 *Richardi*, Arbeitsrecht in der Kirche, § 18 Rz. 27.
2 Ebenso *Bartels* in: Hammer, S. 442; *Bleistein/Thiel*, MAVO, § 3 Rz. 44.
3 Ebenso *Richardi*, Arbeitsrecht in der Kirche, § 18 Rz. 28; *Frey/Coutelle/Beyer*, MAVO, § 3 Rz. 19; *Bartels* in: Hammer, S. 441.
4 *Bleistein/Thiel*, MAVO, § 1a Rz. 6.

§§ 26–38 dann mit, wenn Mitarbeiter aus dem Zuständigkeitsbereich mehrerer Mitarbeitervertretungen betroffen sind, § 24 Abs. 4 MAVO.

In § 24 Abs. 6 MAVO findet sich schließlich der Hinweis, dass im Übrigen   338
für die Gesamtmitarbeitervertretung die Bestimmungen der MAVO sinngemäß gelten, mit Ausnahme des § 15 Abs. 3 MAVO, der die Freistellung von Mitarbeitern behandelt.

c) Mitarbeiterversammlung

Die Mitarbeiterversammlung ist die Versammlung aller Mitarbeiterinnen   339
und Mitarbeiter, § 4 MAVO. Für den Fall, dass nach den dienstlichen Verhältnissen eine gemeinsame Versammlung aller Mitarbeiter nicht stattfinden kann, ist auch eine Teilversammlung zulässig. Die Mitarbeiterversammlungen sind nicht öffentlich, § 21 Abs. 1 Satz 1 MAVO. Eine Mitarbeiterversammlung hat zwingend mindestens einmal im Jahr stattzufinden, § 21 Abs. 2 Satz 1 MAVO. Die Einberufung und Leitung obliegt gem. § 21 Abs. 1 Satz 2 MAVO dem Vorsitzenden der Mitarbeitervertretung. Bei der Einberufung ist zu beachten, dass die Einladung unter Angabe der Tagesordnung mindestens eine Woche vor dem Termin durch Aushang oder in sonst geeigneter Weise, die den Mitarbeitern die Möglichkeit der Kenntnisnahme gibt, zu erfolgen hat. Daneben muss gem. § 21 Abs. 3 Satz 1 MAVO eine Mitarbeiterversammlung einberufen werden, wenn ein Drittel der wahlberechtigten Mitarbeiter es verlangt, wobei die Einberufungsfrist dann zwei Wochen beträgt unter Angabe der Tagesordnung. Schließlich kann auch der Dienstgeber aus besonderem Grunde die Einberufung verlangen, § 21 Abs. 3 Satz 2 MAVO. In diesem Fall ist in der Tagesordnung der Grund der Einberufung anzugeben. An dieser Versammlung nimmt der Dienstgeber dann auch teil, § 21 Abs. 3 Satz 3 MAVO.

Die Mitarbeiterversammlung befasst sich mit allen Angelegenheiten, die zur   340
Zuständigkeit der Mitarbeitervertretung gehören, § 22 Abs. 1 Satz 1 MAVO. In diesem Rahmen hat die Mitarbeitervertretung die Pflicht, der Mitarbeiterversammlung Bericht zu erstatten, § 22 Abs. 1 Satz 2 MAVO. Die Mitarbeiterversammlung kann gem. § 22 Abs. 1 Satz 3 MAVO der Mitarbeitervertretung Anträge unterbreiten und zu den Beschlüssen der Mitabeitervertretung Stellung nehmen. Ihre stärkste Waffe ist jedoch abweichend vom staatlichen Mitbestimmungsrecht das Recht, der Mitarbeitervertretung das **Misstrauen auszusprechen**, was mindestens die Hälfte der wahlberechtigten Mitarbeiter in einer Mitarbeiterversammlung erfordert. Die Folge ist eine Neuwahl, § 13 Abs. 3 Nr. 5 MAVO.

Bedeutsam ist, dass die ordnungsgemäß einberufene Mitarbeiterversamm-   341
lung ohne Rücksicht auf die Zahl der erschienenen Mitglieder beschlussfähig ist, § 22 Abs. 3 Satz 1 MAVO. Es ist damit nicht notwendig, dass eine gewisse Anzahl an Mitarbeitern anwesend ist. Die Beschlüsse bedürfen der einfachen Mehrheit aller anwesenden Mitarbeiter, § 22 Abs. 3 Satz 2 MAVO. Gemäß § 22 Abs. 3 Satz 3 MAVO gelten Anträge der Mitarbeiterversamm-

lung bei Stimmengleichheit als abgelehnt. Anträge und Beschlüsse sind in einer Niederschrift festzuhalten.

d) Arbeitsgemeinschaft der Mitarbeitervertretungen

342 Die Mitarbeitervertretungen bilden **Diözesane Arbeitsgemeinschaften der Mitarbeitervertretungen** (DiAG-MAV), § 25 Abs. 1 MAVO. Sie besitzen keine Entsprechungen im Bereich der staatlichen Mitbestimmung. Im Gegensatz zur Mitarbeitervertretung, die Beteiligungsrechte besitzt, sind sie grundsätzlich nur **Informations- und Beratungseinrichtungen**[1]. Organe der Arbeitsgemeinschaft sind gem. § 25 Abs. 3 MAVO die Mitgliederversammlung und der Vorstand. Zusammensetzung der Mitgliederversammlung und Wahl des Vorstandes werden in Sonderbestimmungen geregelt.

343 Die Arbeitsgemeinschaft kann sich gem. § 25 Abs. 5 Satz 1 MAVO mit Arbeitsgemeinschaften anderer (Erz-)Diözesen zu einer **Bundesarbeitsgemeinschaft** der Mitgliedervertretungen (BAG-MAV) zusammenschließen.

e) Sprecher der Jugendlichen und der Auszubildenden

344 Wie im Bereich der staatlichen Mitbestimmung gibt es auch im Bereich der MAVO Sprecher der Jugendlichen und Auszubildenden. Gemäß § 48 Satz 1 MAVO werden in Einrichtungen, bei denen Mitarbeitervertretungen gebildet sind und denen in der Regel mindestens fünf Mitarbeiter unter 18 Jahren (Jugendliche) oder zu ihrer Berufsausbildung Beschäftigte, die das 25. Lebensjahr noch nicht vollendet haben (Auszubildende), angehören, von diesen die Sprecher der Jugendlichen und der Auszubildenden gewählt. Als Sprecher können Mitarbeiter vom vollendeten 16. Lebensjahr bis zum vollendeten 26. Lebensjahr gewählt werden, § 48 Satz 2 MAVO. Die **Anzahl der Sprecher** richtet sich nach der Anzahl der Jugendlichen und Auszubildenden in der Einrichtung.

345 Die **Mitwirkungsrechte** der Sprecher der Jugendlichen und Auszubildenden sind dergestalt, dass sie grundsätzlich ein Teilnahmerecht an den Sitzungen der Mitarbeitervertretung haben, § 51 Abs. 1 Satz 1 MAVO. Soweit Angelegenheiten der Jugendlichen und Auszubildenden beraten werden, kommt ein Antragsrecht hinzu, § 51 Abs. 1 Satz 2 Nr. 1 MAVO. Auf ihren Antrag hat der Vorsitzende der Mitarbeitervertretung eine Sitzung in angemessener Frist einzuberufen und den Gegenstand, dessen Beratung beantragt wird, auf die Tagesordnung zu setzen. Schließlich haben sie in solchen Fällen ein Stimmrecht und das Recht, zu Besprechungen mit dem Dienstgeber einen Sprecher der Jugendlichen und Auszubildenden zu entsenden, § 51 Abs. 1 Satz 2 Nr. 2 und 3 MAVO.

---

1 MünchArbR/*Richardi*, 2. Aufl., Band 2, § 196 Rz. 32.

f) Vertrauensperson der Schwerbehinderten

Ähnlich wie die Mitwirkung der Sprecher der Jugendlichen und Auszubil-   346
denden ist die **Mitwirkung** der Vertrauensperson der Schwerbehinderten ausgestaltet. Nach § 52 Abs. 1 Satz 1 MAVO nimmt die Vertrauensperson der
Schwerbehinderten, die in Einrichtungen mit wenigstens fünf beschäftigten
Schwerbehinderten gewählt wird, an den Sitzungen der Mitarbeitervertretung teil. Die Vertrauensperson hat, soweit Angelegenheiten der Schwerbehinderten beraten werden, ein Antragsrecht, ein Stimmrecht, das Recht,
an Besprechungen bei dem Dienstgeber teilzunehmen, § 52 Abs. 1 Satz 2
Nr. 1–3 MAVO. Daneben besitzt sich auch das Recht, mindestens einmal im
Kalenderjahr eine Versammlung der Schwerbehinderten durchzuführen, § 52
Abs. 3 MAVO. Aufgrund der Schaffung eines Stimmrechts geht die MAVO
über die Mitwirkung im staatlichen Bereich hinaus[1]. Vor jeder Einstellung,
Versetzung, Eingruppierung oder Kündigung ist die Vertrauensperson gem.
§ 52 Abs. 2 Satz 1 MAVO zu unterrichten und anzuhören. Eine Verletzung
der Anhörungspflicht der Vertrauensperson bleibt allerdings ohne rechtliche
Konsequenzen[2]. Die **Bildung** der Schwerbehindertenvertretung wird in der
MAVO nicht geregelt. Insofern gelten §§ 94–100 SGB IX. Bezüglich der
Rechtsstellung der Vertrauensperson der Schwerbehinderten gelten die
§§ 15–20 entsprechend, § 52 Abs. 5 MAVO.

3. Wahl der Mitarbeitervertretung

a) Wahlberechtigung und Wählbarkeit

§ 6 Abs. 1 MAVO knüpft die Bildung einer Mitarbeitervertretung an zwei Vo-   347
raussetzungen: In der Einrichtung müssen in der Regel **mindestens fünf aktiv wahlberechtigte Mitarbeiter** beschäftigt werden, von denen **drei wählbar**
i. S. v. § 8 MAVO sind.

Aktiv wahlberechtigt ist, wer am Wahltag das 18. Lebensjahr vollendet hat   348
und seit mindestens sechs Monaten ohne Unterbrechung in einer Einrichtung desselben Dienstgebers tätig ist, § 7 Abs. 1 MAVO.

Das passive Wahlrecht hat, wer am Wahltag seit mindestens einem Jahr oh-   349
ne Unterbrechung im kirchlichen Dienst steht und davon mindestens seit
sechs Monaten in einer Einrichtung desselben Dienstgebers tätig ist, § 8
Abs. 1 MAVO. Von diesen Erfordernissen wird abgesehen, wenn die Mitarbeitervertretung für eine neue Einrichtung gebildet wird[3]. **Nicht wählbar**
sind Mitarbeiter, die zu selbständigen Entscheidungen in Personalangelegenheiten befugt sind, soweit diese Entscheidungen nicht Einstellungen,
Anstellungen und Kündigungen betreffen, § 8 Abs. 2 MAVO. Wer die letztgenannten Befugnisse hat, gilt nicht als Mitarbeiter (§ 43 Abs. 2 Nr. 3 MAVO).

---

1 *Richardi*, Arbeitsrecht in der Kirche, § 18 Rz. 103.
2 *Bleistein/Thiel*, MAVO, § 52 Rz. 12.
3 *Richardi*, Arbeitsrecht in der Kirche, § 18 Rz. 51.

b) Wahlanfechtung und Wahlnichtigkeit, § 12 MAVO

350   Wegen eines Verstoßes gegen Vorschriften, welche die Vorbereitung und Durchführung der Wahlen zur Mitarbeitervertretung regeln (§§ 6–11c MAVO), ist jeder wahlberechtigte Mitarbeiter und auch der Dienstgeber zur Anfechtung befugt. Die Anfechtungserklärung, welche schriftlich innerhalb einer Frist von einer Woche nach Bekanntgabe des Wahlergebnisses erfolgen muss, ist dem Wahlausschuss bzw. im Falle des vereinfachten Wahlverfahrens i.S.d. §§ 11a ff. MAVO dem Wahlleiter zuzuleiten. Hält dieser die **Anfechtung für begründet**, so steht entweder fest, dass das Wahlergebnis zu korrigieren ist oder dass die gewählten Mitarbeiter keine Mitglieder der Mitarbeitervertretung mehr sind[1]. Gegen die Entscheidung des Wahlausschusses ist die Klage beim Kirchlichen Arbeitsgericht innerhalb eine Ausschlussfrist von zwei Wochen nach Bekanntgabe der Entscheidung zulässig, § 12 Abs. 3 MAVO. Eine begründete Anfechtung **wirkt** nur **ex nunc:** Wird die Wahl für ungültig erklärt, bleiben die von der MAV gefassten Beschlüsse wirksam, § 12 Abs. 4 MAVO.

4. Zusammensetzung und Amtszeit der Mitarbeitervertretung

a) Anzahl der Mitglieder und Zusammensetzung

351   Die Zahl der Mitglieder der MAV bestimmt sich nach der **Zahl der wahlberechtigten Mitarbeiter**, die an dem Tag, bis zu dem Wahlvorschläge eingereicht werden können, in einer Einrichtung beschäftigt sind, § 6 Abs. 2 und Abs. 5 MAVO[2].

352   Im Gegensatz zu dem staatlichen Betriebsverfassungs- und Personalvertretungsrecht (§ 10 BetrVG bzw. § 17 BPersVG) verlangt die MAVO nicht, dass die Mitarbeitervertretung das **zahlenmäßige Verhältnis** von Arbeitern und Angestellten widerspiegeln muss. Ein **Gruppenschutz**, der bei Organisation und Geschäftsführung von Betriebs- oder Personalrat besteht, wäre mit dem Gedanken der kirchlichen Dienstgemeinschaft nicht vereinbar[3].

b) Reguläre Amtszeit

353   Die vierjährige Amtszeit beginnt mit dem Tag der Wahl oder, sofern zu diesem Zeitpunkt noch eine Mitarbeitervertretung besteht, mit Ablauf der Amtszeit der vorigen Mitarbeitervertretung. Vorbehaltlich abweichender Festlegung durch Diözesanregelung[4] finden die Wahlen zur Mitarbeiterver-

---

1 *Bleistein/Thiel*, MAVO, § 12 Rz. 42.
2 Im Unterschied zum Mitarbeitervertretungsrecht der katholischen Kirche ist für das staatliche Betriebsverfassungs- und Personalvertretungsrecht der Tag des Erlasses des Wahlausschreibens maßgeblich (vgl. *Richardi*, Arbeitsrecht in der Kirche, § 18 Rz. 40; Richardi/*Thüsing*, § 9 BetrVG Rz. 13; BAG v. 12.10.1976 – 1 ABR 1/76, BAGE 28, 203 = AP Nr. 1 zu § 8 BetrVG 1972 = DB 1977, 356 = BB 1977, 243).
3 *Richardi*, Arbeitsrecht in der Kirche, § 18 Rz. 43.
4 Vgl. § 13 Abs. 1 MAVO-Osnabrück: dort ist der Zeitraum vom 1. März bis zum 31. Mai einheitlich festgelegt.

tretung alle vier Jahre in der Zeit vom 1. März bis 30. Juni statt, § 13 Abs. 1 MAVO. Der einheitliche Wahlzeitraum von vier Monaten erlaubt eine flexible Vorbereitung und Durchführung der Wahlen und soll zugleich der Beachtung angemessener verwaltungsmäßiger Anforderungen (z.B. Schulung der Mitarbeiter des Wahlausschusses) dienen[1].

c) Neuwahl außerhalb des einheitlichen Wahlzeitraums

Außerhalb des einheitlichen Wahlzeitraums findet eine **Neuwahl** statt, wenn eine der in § 13 Abs. 3 MAVO genannten Fallkonstellationen vorliegt: 354

(1) Die Zahl der wahlberechtigten Mitarbeiter ist nach der Hälfte der Amtszeit um mindestens fünfzig gestiegen oder gesunken.

(2) Die Gesamtzahl der Mitglieder der MAV ist trotz Eintretens sämtlicher Ersatzmitglieder um mehr als die Hälfte der ursprünglich vorhandenen Mitgliederzahl gesunken.

(3) Die MAV hat mit der Mehrheit ihrer Mitglieder den Rücktritt beschlossen.

(4) Eine Wahlanfechtung war erfolgreich.

(5) Die Mitarbeiterversammlung hat der MAV gem. § 22 Abs. 2 MAVO das Vertrauen ausgesprochen.

(6) Die MAV ist wegen grober Vernachlässigung oder Verletzung ihrer Verpflichtungen durch rechtskräftige Entscheidung der kirchlichen Gerichte für Arbeitssachen aufgelöst worden.

Darüber hinaus kann die Amtszeit auch **aus anderen Gründen** (z.B. Schließung der Einrichtung, Zusammenlegung von Einrichtungen, etc.) vorzeitig abgebrochen werden[2].   355

d) Erlöschen der Mitgliedschaft des einzelnen Mitglieds der Mitarbeitervertretung

Regelmäßig endet die Mitgliedschaft des einzelnen Mitglieds mit Ablauf der Amtszeit der Mitarbeitervertretung, § 13c Nr. 1 MAVO. Als **weitere Gründe** für das Erlöschen der Mitgliedschaft des einzelnen Mitglieds werden in § 13c Nr. 2 bis 4 genannt: die Amtsniederlegung (Nr. 2), das Ausscheiden aus der Einrichtung oder der Eintritt in die Freistellungsphase eines nach dem Blockmodell vereinbarten Altersteilzeitarbeitsverhältnisses (Nr. 3) und die rechtskräftige Entscheidung der kirchlichen Gerichte für Arbeitssachen, die den Verlust der Wählbarkeit oder eine grobe Vernachlässigung oder Verletzung der Befugnisse und Pflichten als Mitglied der Mitarbeitervertretung festgestellt hat (Nr. 4).   356

---

1 *Bleistein/Thiel*, MAVO, § 13 Rz. 9.
2 *Bleistein/Thiel*, MAVO, § 13 Rz. 23.

e) Ersatzmitglieder

357   Bei vorzeitigem Ausscheiden eines Mitglieds der Mitarbeitervertretung tritt der Mitarbeiter an dessen Stelle, der bei den Mitarbeitervertretungswahlen die nächstniedrigere Stimmenanzahl erreicht hat, § 13b Abs. 1 i.V.m. § 11 Abs. 6 MAVO. Ist die Verhinderung des Mitglieds nur zeitweilig, tritt das nächstberechtigte Ersatzmitglied bloß für die Dauer der Verhinderung ein, § 13b Abs. 2 MAVO. Wird einem Mitglied die Ausübung des Dienstes untersagt, so ruht dessen Mitgliedschaft in der Mitarbeitervertretung für diese Zeit, § 13b Abs. 3 MAVO. Für die Dauer des Ruhens tritt das nächstberechtigte Ersatzmitglied ein.

5. Geschäftsführung der Mitarbeitervertretung

a) Vorsitz in der Mitarbeitervertretung

358   § 14 Abs. 1 MAVO sieht vor, dass die mehrgliedrige MAV bei ihrem ersten Zusammentreten, welches von dem Vorsitzenden des Wahlausschusses innerhalb einer Woche nach der Wahl einzuberufen ist, mit einfacher Mehrheit aus den Mitgliedern ihren **Vorsitzenden** bestimmt. Dieser vertritt die Mitarbeitervertretung im Rahmen der von ihr gefassten Beschlüsse. Die Vorschrift des § 14 Abs. 1 Satz 2 MAVO, welche vorsieht, dass der Vorsitzende der MAV katholisch sein soll, ist als Ordnungsvorschrift zu verstehen. Mangels zwingender Regelung über die Religionszugehörigkeit ist die MAV auch dann gültig konstituiert, wenn kein katholisches Mitglied zu ihrem Vorsitzenden gewählt wurde[1]. Für den Fall der Verhinderung des Vorsitzenden, aber auch um die Vielzahl von Aufgaben der MAV bewältigen zu können, empfiehlt es sich, einen **stellvertretenden Vorsitzenden** zu wählen, auch wenn dies in § 14 Abs. 1 Satz 3 MAVO nicht zwingend vorgeschrieben ist[2].

359   Mit Zweidrittelmehrheit der Mitglieder kann dem Vorsitzenden das **Vertrauen entzogen** werden; für diesen Fall ist eine Neuwahl des Vorsitzenden vorgesehen, § 14 Abs. 2 MAVO.

b) Ausschüsse

360   Im Unterschied zu § 27 BetrVG, der die Bildung eines Betriebsausschusses zwingend vorsieht, wenn der Betriebsrat mindestens neun Mitglieder hat, stellt § 14 Abs. 10 Satz 1 MAVO die Bildung von Ausschüssen zum Zwecke der besseren Aufgabenverteilung in das Belieben der Mitarbeitervertretung. Eine MAV mit mehr als drei Mitgliedern kann aus ihrer Mitte Ausschüsse bilden, denen selbst **mindestens drei Mitglieder** angehören müssen. Dies führt praktisch dazu, dass nur in großen Mitarbeitervertretungen von der Möglichkeit zur Bildung von Ausschüssen Gebrauch gemacht wird[3].

---

1 Zwingende Vorschriften finden sich in den MAVO-Fassungen der bayerischen Diözesen und der Diözese Fulda.
2 *Bleistein/Thiel*, MAVO, § 14 Rz. 10.
3 *Bleistein/Thiel*, MAVO, § 14 Rz. 85.

Mit einer qualifizierten Mehrheit von drei Vierteln der Mitglieder der MAV   361
können den Ausschüssen gem. § 14 Abs. 10 Satz 2 MAVO Aufgaben zur **selbständigen Erledigung übertragen** werden. Dies gilt nicht für die ausdrücklich
genannten Beteiligungsfälle, wie die Anhörung und Mitberatung vor der
dienstgeberseitigen Kündigung i. S. d. §§ 30, 31 MAVO, die Beteiligung beim
Abschluss und bei der Kündigung von Dienstvereinbarungen. Die Übertragung wird widerrufen, wenn die Mehrheit der Mitglieder einen entsprechenden Beschluss fasst, § 14 Abs. 10 Satz 3 MAVO. Damit der Dienstgeber weiß,
unter welchen Voraussetzungen er die MAV wirksam an seinen Maßnahmen
beteiligen kann, sind ihm Übertragung und Widerruf von Aufgaben eines
Ausschusses gem. § 14 Abs. 10 Satz 5 MAVO schriftlich anzuzeigen[1].

c) Sitzungen der Mitarbeitervertretung

Sitzungen der MAV sind **nicht öffentlich**. Ein Verstoß gegen die Nichtöffent-   362
lichkeit kann zur Unwirksamkeit der Beschlussfassung der MAV führen,
wenn eine Beeinflussung durch nicht berechtigte Teilnehmer nicht auszuschließen ist[2]. In Betracht kommt aber eine Unterbrechung der Sitzung,
wenn die MAV einen Gast informell hören will. Nach der Anhörung ist die
Sitzung ohne ihn fortzusetzen.

Die Sitzungen werden regelmäßig **während der Arbeitszeit** in der Einrich-   363
tung abgehalten, § 14 Abs. 4 MAVO. In Krankenhäusern ist wegen des
Schicht- und Nachtdienstes nicht zu umgehen, dass Mitglieder der MAV regelmäßig außerhalb ihrer Dienststunden an Sitzungen teilnehmen müssen[3].
Gemäß § 15 Abs. 4 MAVO hat das betroffene Mitglied einen Anspruch auf
Freizeitausgleich. Die Mitarbeitervertretung hat bei Anberaumung und Dauer der Sitzung dienstliche Erfordernisse zu berücksichtigen. Eine Unterrichtung des Dienstgebers ist unverzichtbar, denn dieser muss die Möglichkeit
haben, den Arbeitsablauf der Einrichtung entsprechend einzurichten und unter Umständen für Vertretung sorgen.

In der Regel erfolgt die **Einberufung der Sitzungen durch den Vorsitzenden**,   364
welcher auch die Sitzung leitet, § 14 Abs. 3 MAVO. Mit der Einberufung ist
die Tagesordnung bekannt zu geben. Die MAV selbst kann durch ihre Geschäftsordnung festlegen, in welcher Form und mit welchen Fristen die Sitzungen einberufen werden[4]. Der Vorsitzende muss eine Sitzung einberufen,
wenn die Mehrheit der MAV-Mitglieder (§ 14 Abs. 3 Satz 2) oder der Dienstgeber (§ 39 Abs. 1 Satz 2) dies verlangen.

Auf Antrag des Sprechers der Jugendlichen und Auszubildenden oder der   365
Vertrauensperson der Schwerbehinderten muss ebenfalls die Einberufung einer Sitzung mit einem bestimmten Beratungsgegenstand erfolgen. Handelt

---

1 *Bleistein/Thiel*, MAVO, § 14 Rz. 89.
2 *Bernards*, Die Schlichtungsstelle im Mitarbeitervertretungsrecht der katholischen Kirche, 1991, S. 55.
3 *Bleistein/Thiel*, MAVO, § 14 Rz. 46.
4 *Bleistein/Thiel*, MAVO, § 14 Rz. 35.

es sich um eine gemeinsame Sitzung mit Dienstgeber und MAV zum Zwecke der Förderung einer vertrauensvollen Zusammenarbeit, lädt – unter Angabe des Grundes und nach einvernehmlicher Terminabstimmung mit der MAV – ausnahmsweise der Dienstgeber ein, § 39 Abs. 1 MAVO.

366   Der Vorsitzende der MAV legt die **Tagesordnung** fest. Der Inhalt der Tagesordnung ist wesentlich durch Anträge der MAV-Mitglieder, des Dienstgebers oder der Interessenvertretungen vorgegeben. Den Mitgliedern der MAV ist durch eine die Beratungsgegenstände exakt bezeichnende Tagesordnung ein genaues Bild darüber zu geben, was zur Beratung und Beschlussfassung in der Sitzung ansteht, damit eine entsprechende Vorbereitung erfolgen kann[1]. Nur bei Kenntnis der Tagesordnung hat ein verhindertes Mitglied die Möglichkeit, die MAV schon vorher über seine Auffassung zu unterrichten und seine Argumente durch ein anderes Mitglied vorbringen zu lassen. Im Hinblick auf den Zweck der Vorschrift des § 14 Abs. 3 MAVO leistet der Tagesordnungspunkt „Verschiedenes" nichts. Wird unter diesem Tagesordnungspunkt beraten, kann die MAV daher nur dann wirksame Beschlüsse fassen, wenn sie vollzählig versammelt ist und kein Mitglied der Beschlussfassung widerspricht[2].

367   Eine – auch kurzfristige – Ergänzung der Tagesordnung ist vorzunehmen, wenn sich dieses als sinnvoll und zweckmäßig erweist[3]. Bei Änderungen oder Ergänzungen der Tagesordnung muss der Vorsitzende grundsätzlich dafür Sorge tragen, dass die eingeladenen Teilnehmer Zeit zur Vorbereitung haben[4].

368   Die Entscheidung darüber, ob, in welchem Umfange und in welcher Weise bereits vor der Sitzung eine **Unterrichtung über bestimmte Punkte** erfolgt, steht im pflichtgemäßen Ermessen des Vorsitzenden. Wird eine Vorabinformation erteilt, so muss sichergestellt sein, dass sie allen Mitgliedern in gleichem Umfange zuteil wird[5].

369   Als Kollegialorgan übt die Mitarbeitervertretung ihre Beteiligungsrechte durch Beschluss aus. Zur **Beschlussfähigkeit** ist die Anwesenheit von mehr als der Hälfte ihrer Mitglieder erforderlich, § 14 Abs. 5 Satz 1 MAVO. Zur **Beschlussfassung** bedarf es der Mehrheit der anwesenden Mitglieder, § 14 Abs. 5 Satz 2 MAVO. Eine Stimmenthaltung hat als Ablehnung zu gelten[6]. Wenn aufgrund des Gegenstandes der Beratung der Sprecher der Jugendlichen und Auszubildenden (§ 51 Abs. 1 Satz 2 Nr. 2 MAVO) oder die Vertrauensperson der Schwerbehinderten (§ 52 Abs. 1 Satz 2 Nr. 2 MAVO) an

---

1 BVerwG v. 29.8.1975 – VII P 12.74, PersV 1976, 388.
2 BAG v. 28.10.1992 – 7 ABR 14/92, AP Nr. 4 zu § 29 BetrVG 1972 = BB 1993, 580 = DB 1993, 840 = NZA 1993, 466.
3 *Bleistein/Thiel*, MAVO, § 14 Rz. 37.
4 *Bleistein/Thiel*, MAVO, § 14 Rz. 36.
5 BVerwG v. 29.8.1975 – VII P 12.74, PersV 1976, 388.
6 *Mösenfechtel/Perwitz-Passan/Wiertz*, Kommentar zur Rahmenordnung, § 14 Anm. 7.

der Abstimmung zu beteiligen sind, werden auch deren Stimmen bei der Feststellung der Stimmenmehrheit berücksichtigt[1].

Es ist in das Ermessen der MAV gestellt, ob sie durch eine entsprechende Re-   370
gelung in ihrer Geschäftsordnung ermöglichen will, dass Beschlüsse auch im **Umlaufverfahren** gefasst werden können. Wenn sie die MAV des Umlauf-verfahrens bedient, verlangt § 14 Abs. 9 Satz 1 MAVO, dass alle Mitarbeiter-vertreter den Beschluss einstimmig fassen.

§ 14 Abs. 6 MAVO schreibt vor, dass über jede Sitzung eine Niederschrift   371
(Protokoll) mit folgendem **Mindestinhalt** zu fertigen ist:

– Tagesordnungspunkte der Sitzung

– die Namen der An- und Abwesenden

– Ort und Zeitangabe der Sitzung

– Wortlaut der Beschlüsse mit dem Abstimmungsergebnis; evtl. Wahlergeb-nisse mit Stimmverhältnissen

– Ort, Datum und Unterschrift des Sitzungsleiters

Die Aufnahme von Beschlüssen der MAV in die Niederschrift dient dem   372
Nachweis der Ordnungsmäßigkeit der Beschlussfassung; sie ist aber keine Wirksamkeitsvoraussetzung[2]. Die Niederschrift ist den Mitgliedern der MAV **zuzuleiten**, damit diese Kritik äußern können bzw. das Protokoll in der folgenden MAV-Sitzung genehmigen können. Der Dienstgeber, die Ver-trauensleute der Schwerbehinderten und der Zivildienstleistenden und der Sprecher der Jugendlichen und Auszubildenden erhalten die Niederschrift im Auszug, soweit sie an der Sitzung teilgenommen haben.

d) Geschäftsordnung

Die MAV ist berechtigt, eine Geschäftsordnung zu beschließen, in welcher   373
Einzelheiten der Geschäftsführung geregelt werden, § 14 Abs. 8 MAVO. Da-zu gehören etwa Regelungen über die Ordnung der MAV-Sitzungen, Vor-schriften über die Ladung, ihre Form und Frist, die Mitteilung der Tagesord-nung, über die Abstimmung, über die Koordination der Arbeit der MAV und der von ihr gebildeten Ausschüsse[3]. Soweit die MAV von ihrem Recht, eine Geschäftsordnung zu beschließen, Gebrauch gemacht hat und sich auf bestimmte Regeln festgelegt hat, darf sich auch der Dienstgeber auf diese Regeln verlassen[4]. Durch die Geschäftsordnung dürfen zwingende Bestim-mungen der MAVO nicht geändert werden, vgl. § 55 MAVO. Die Geschäfts-ordnung muss schriftlich abgefasst und vom Vorsitzenden der MAV unter-

---

1 *Bleistein/Thiel*, MAVO, § 14 Rz. 57.
2 BAG v. 8.2.1977 – 1 ABR 82/74, AP Nr. 10 zu § 80 BetrVG 1972 = EzA § 70 BetrVG 1972 Nr. 1 = ArbuR 1977, 121 = BB 1977, 647 = DB 1977, 914.
3 Vgl. die beispielhafte Aufzählung bei *Richardi*, § 36 BetrVG Rz. 4 und bei *Löwisch*, § 36 BetrVG Rz. 1.
4 *Bleistein/Thiel*, MAVO, § 14 Rz. 77.

schrieben werden. In der Sitzungsniederschrift ist der Inhalt der Geschäftsordnung festzuhalten und auch das Abstimmungsverhältnis zu nennen.

e) Sprechstunden

374 Zur Erfüllung ihrer Aufgaben kann die MAV nach Absprache mit dem Dienstgeber **während der Arbeitszeit** Sprechstunden einrichten. Die Häufigkeit der Sprechstunden muss die MAV nach den sachlichen Bedürfnissen festsetzen[1]. Die Mitarbeiter dürfen von dem Besuch der Sprechstunde nicht abgehalten werden, da die MAV ansonsten an der Erfüllung ihrer Aufgaben i. S. d. § 18 Abs. 1 MAVO gehindert wäre. Vor dem Besuch der Sprechstunde sollte der einzelne Mitarbeiter jedoch seinem Vorgesetzten das Verlassen des Arbeitsplatzes anzeigen. **Zweck** der Sprechstunden ist es, den Mitarbeiter in dienstlichen Angelegenheiten sachkundig zu beraten, durch den persönlichen Kontakt unmittelbar Information zu erhalten und im Fall der Beschwerde bei dem Dienstgeber auf die Beseitigung von Missständen hinwirken zu können.

f) Kosten

375 Ebenso wie im Betriebsverfassungs- und Personalvertretungsrecht (§ 40 BetrVG, §§ 44, 100 Abs. 3 PersVG) gilt auch im kirchlichen Mitarbeitervertretungsrecht, dass von den Mitarbeitern keine Umlagen für die Amtstätigkeit der MAV erhoben werden dürfen[2].

376 § 17 Abs. 1 MAVO enthält die allgemeine Regelung über die Kostentragung für die Tätigkeit der MAV und einzelner ihrer Mitglieder. Zu tragen sind nur die tatsächlich entstandenen Kosten, wenn sie objektiv den Aufgaben der MAV dienen, im konkreten Fall zur ordnungsgemäßen Durchführung der Aufgaben erforderlich, verhältnismäßig und damit notwendig sind. Zudem müssen die Kosten nachgewiesen werden. Für regelmäßig wiederkehrende Kosten der MAV kann der Dienstgeber einen festen Pauschalbetrag als Vorschuss gewähren und sich am Ende des Gewährungszeitraumes von der MAV Rechnung legen lassen[3]. Da die MAV dem Grundsatz wirtschaftlicher und sparsamer Verwaltung von Haushaltsmitteln unterliegt, ist sie verpflichtet, die Kosten im Rahmen ihrer Tätigkeit möglichst niedrig zu halten[4].

377 § 17 Abs. 2 MAVO sieht vor, dass der Dienstgeber für Sitzungen, Sprechstunden und laufende Geschäftsführung unter Berücksichtigung der bei ihm vorhandenen Gegebenheiten **sachliche und personelle Hilfen** zur Verfügung

---

1 *Bleistein/Thiel*, MAVO, § 14 Rz. 41 f.
2 *Richardi*, Arbeitsrecht in der Kirche, § 18 Rz. 70.
3 LAG Köln v. 13.9.1984 – 10 Sa 583/84, DB 1985, 394.
4 OVG NW v. 9.8.1989 – CB 12/88, NVwZ 1990, 497 = NJW 1990, 852 = PersV 1992, 178: Kostenerstattungspflicht der Dienststelle für Videofilmausleihe für Personalversammlung bei Beachtung des Grundsatzes der sparsamen Verwendung öffentlicher Mittel.

stellt. § 17 Abs. 2 MAVO ist keine Konkretisierung der in Abs. 1 enthalten-
den Kostentragungspflicht. Vielmehr handelt es sich um eine Sonderregelung, die dem Dienstgeber in Person eine Pflicht auferlegt und die in ihrer
Rechtswirkung die Anwendung von Abs. 1 ausschließt[1].

Bei den **sachlichen Hilfen** handelt es sich etwa um die Nutzungsüberlassung   378
von Räumen für Sitzungen, Sprechstunden und laufende Geschäftsführung,
um die Überlassung von technischer Ausrüstung und einschlägiger Literatur[2]. Zu den **personellen Hilfen** gehört insbesondere die Zurverfügungstel-
lung von Personal für die Erledigung von Büroarbeiten und Verwaltung.
Praktisch erteilt der Dienstgeber dem betroffenen Arbeitnehmer eine Weisung zur Arbeitsleistung bei der MAV[3].

6. Rechtsstellung der Mitglieder der Mitarbeitervertretung

a) Ehrenamtliche Tätigkeit

Gemäß § 15 Abs. 1 MAVO ist das Amt eines Mitgliedes der MAV ein Ehren-   379
amt, welches unentgeltlich ausgeübt wird. Hierdurch wird die **innere Unabhängigkeit** der Mitglieder der MAV geschützt[4]. Das Mitglied soll durch die
Amtsführung keine Vorteile erlangen; ihm sollen ebenfalls keine Nachteile
entstehen. Die Rechte und Pflichten aus dem Beschäftigungsverhältnis ändern sich nicht[5].

b) Freistellung und Freizeitausgleich

Zur ordnungsgemäßen Durchführung ihrer Aufgaben sind die Mitglieder der   380
MAV im notwendigen Umfang von der dienstlichen Tätigkeit **freizustellen**,
§ 15 Abs. 2 MAVO. Die Freistellung ist ein Sonderfall der Arbeitsbefreiung,
die keine Zustimmung des Dienstgebers voraussetzt. Das Mitglied der MAV
muss sich allerdings vor Verlassen des Arbeitsplatzes ordnungsgemäß abmelden[6]. Unerheblich ist, ob die Tätigkeit in der Dienststelle oder außerhalb
zu verrichten ist[7].

Seit ihrer Novellierung im Jahre 1985 sieht die MAVO in § 15 Abs. 3 für gro-   381
ße Einrichtungen (mehr als 300 wahlberechtigte Mitarbeiter) eine **Freistel-
lungsregel** vor. Die Freistellung i. S. d. Abs. 3 wird nicht vom Mitglied in eigener Verantwortung fallweise und kurzfristig in Anspruch genommen,
sondern generell vom Dienstgeber auf Antrag der MAV **personenbezogen**

---

1 So das BAG zu der entsprechenden Regelung in § 40 BetrVG: BAG v. 21.4.1983 –
   6 ABR 70/82, BAGE 42, 259 = AP Nr. 20 zu § 40 BetrVG 1972 = DB 1984, 240 = BB
   1984, 469.
2 *Bleistein/Thiel*, MAVO, § 17 Rz. 35 f. mit weiteren Beispielen.
3 *Bleistein/Thiel*, MAVO, § 17 Rz. 63.
4 *Bleistein/Thiel*, MAVO § 15 Rz. 3.
5 *Richardi*, Arbeitsrecht in der Kirche, § 18 Rz. 72.
6 BAG v. 15.7.1992 – 7 AZR 466/91, BAGE 71, 14 = AP Nr. 9 zu § 611 = BB 1992, 2512
   = DB 1993, 438; BAG v. 15.3.1995 – 7 AZR 643/94, BAGE 79, 263 = AP Nr. 105 zu
   § 37 BetrVG 1972 = DB 1995, 1514 = BB 1995, 1744.
7 *Bleistein/Thiel*, MAVO, § 15 Rz. 14.

und für die Dauer einer Amtszeit gewährt. Hierdurch soll sichergestellt werden, dass die außerhalb von Sitzungen anfallenden Geschäfte der MAV sachgemäß wahrgenommen werden. Grundsätzlich soll die Freistellung jeweils für die Hälfte der durchschnittlichen regelmäßigen Arbeitszeit eines vergleichbaren Vollbeschäftigten erfolgen, damit das freigestellte Mitglied mit seiner Arbeit vertraut bleibt, § 15 Abs. 3 Satz 1 MAVO. Das Freistellungskontingent kann durch Vereinbarung mit dem Dienstgeber auf mehr oder weniger Mitarbeitervertreter verteilt werden. Da gesetzessystematisch nicht gewollt ist, den Mitarbeitervertreter vollständig von der Arbeitsleistung freizustellen, empfiehlt es sich, bei der grundsätzlich möglichen Freistellung von Teilzeitbeschäftigten das Freistellungskontingent auf mehrere Personen aufzuteilen[1]. Es ist unzulässig, eine größere Einrichtung zur Vermeidung der Freistellungspflicht aufzuteilen, weil dies eine bewusste Umgehung der Verbotsnorm des § 48 MAVO darstellt[2].

382   Der Dienstgeber ist verpflichtet, den Mitarbeiter während der Freistellung für die Tätigkeit der MAV nicht zu benachteiligen (vgl. § 18 Abs. 1 MAVO). Er muss den Mitarbeiter so stellen, wie er stehen würde, wenn er seinen arbeitsvertraglichen Leistungspflichten in vollem Umfange nachkommen würde. Ein Mitglied der Mitarbeitervertretung, das von seiner dienstlichen Tätigkeit freigestellt ist, hat daher Anspruch auf vollen Nachteilsausgleich nach Maßgabe seiner arbeitsvertraglichen Leistungspflichten unter Einschluss von Zuschlägen für Nacht- und Wochenenddienst[3]. Nach Beendigung der Freistellung ist dem Mitarbeiter im Rahmen der Möglichkeiten der Einrichtung, Gelegenheit zu geben, eine wegen der Freistellung unterbliebene einrichtungsübliche berufliche Entwicklung nachzuholen (§ 15 Abs. 3a MAVO).

383   Wenn Sitzungen und andere von der MAV festgelegte Termine regelmäßig außerhalb der Arbeitszeit eines Mitglieds der Mitarbeitervertretung stattfinden, so ist dem Mitglied auf Antrag entsprechender Freizeitausgleich zu erteilen, § 15 Abs. 4 MAVO.

c) Teilnahme an Schulungsveranstaltungen

384   Auf Antrag ist den Mitgliedern der MAV während ihrer Amtszeit bis zu insgesamt drei Wochen **Arbeitsbefreiung und Fortzahlung der Bezüge** für die Teilnahme an Schulungsveranstaltungen zu gewähren, § 16 Abs. 1 MAVO. Der Anspruch besteht nur, wenn die Schulung die für die Arbeit in der MAV erforderlichen Kenntnisse vermittelt, von der Diözese oder dem Diözesancaritasverband als geeignet anerkannt ist und dringende dienstliche oder betriebliche Erfordernisse nicht entgegenstehen. **Erforderlich** sind solche Kenntnisse, die entsprechend der Situation in der Einrichtung einen unmittelbaren Bezug zur Tätigkeit der MAV dergestalt aufweisen, dass das betreffende Mitglied ohne diese Kenntnisse seine derzeitigen oder demnächst an-

---

1 *Bleistein/Thiel*, MAVO, § 15 Rz. 34.
2 Schlichtungsstelle der Erzdiözese Köln, Beschl. v. 14.1.1997 – MAVO 17/96, ZMV 1997, 85.
3 ArbG Oldenburg v. 5.5.1994 – 5 Ca 824/93, KirchE 32, 155 = Bibliothek BAG.

fallenden Aufgaben mitarbeitervertretungsrechtlicher Art nicht sachgerecht ausüben könnte. Dies ist vom Standpunkt eines vernünftigen Dritten aus zu beurteilen. Kenntnisse, die für die Arbeit der Mitarbeitervertretung nur verwertbar und nützlich sind, erfüllen diese Voraussetzungen nicht[1]. Wird durch die Teilnahme an der Schuldungsveranstaltung Freizeit eingesetzt, besteht kein Anspruch auf Freizeitausgleich[2].

Die Regelung des § 16 Abs. 1 MAVO unterscheidet sich von den Regelungen   385 des § 37 Abs. 6 und 7 BetrVG bzw. des § 46 Abs. 6 und 7 BPersVG, welche einen zeitlich nicht begrenzten Anspruch auf Teilnahme an Schulungs- und Bildungsveranstaltungen zur Erlangung der für die Betriebs- oder Personalratstätigkeit erforderlichen Kenntnisse einräumen. Daneben haben Betriebs- oder Personalräte Anspruch auf bezahlte Freistellung, um an Schulungsveranstaltungen teilzunehmen, die von der Diözese oder dem Diözesancaritasverband als geeignet anerkannt wurden[3].

d) Schutzvorschriften

aa) Versetzungs- und Abordnungsschutz

Voraussetzung für jede Versetzung oder Abordnung eines Mitarbeiters ist, dass   386 der Dienstgeber zu der Maßnahme durch Ausgestaltung des zugrunde liegenden Arbeitsvertrages berechtigt ist (vgl. § 9 AVR, § 11 KAVO, § 12 BAT). Führt der Dienstgeber bei arbeitsvertraglich eingeräumter Berechtigung eine solche Maßnahme gegenüber einem MAV-Mitglied durch, so können Versetzung und Abordnung die Folge haben, dass die Mitgliedschaft in der MAV erlischt (vgl. §§ 7 Abs. 2, 8 Abs. 1 und 13c Nr. 3 MAVO). Eine solche Maßnahme betrifft die Rechte des einzelnen MAV-Mitglieds. Daher sieht § 18 Abs. 2 MAVO vor, dass die Mitglieder der Mitarbeitervertretung gegen ihren Willen in eine andere Einrichtung nur versetzt oder abgeordnet werden können, wenn dies auch unter Berücksichtigung dieser Mitgliedschaft aus wichtigen dienstlichen Gründen unvermeidbar ist und die Mitarbeitervertretung zustimmt bzw. die Zustimmung der Mitarbeitervertretung durch die Schlichtungsstelle ersetzt wird. Während die **Versetzung** als Maßnahme des Dienstgebers dem Mitarbeiter auf Dauer eine andere Tätigkeit in einer anderen Dienststelle (desselben Dienstgebers oder eines anderen Dienstgebers) zuweist, ist die **Abordnung** zu einer anderen Dienststelle vorübergehender Natur. Nicht von § 18 Abs. 2 MAVO erfasst wird die Umsetzung innerhalb der Einrichtung oder Dienststelle an einen anderen Arbeitsplatz.

Wegen der Gehorsamspflicht von Geistlichen und Ordensangehörigen können   387 sich diese gegenüber Weisungen des Bischofs bzw. ihres Ordensoberen nicht auf den Versetzungsschutz nach § 18 Abs. 2 MAVO berufen[4].

---

1 BAG v. 14.9.1997 – 7 ABR 27/94, AP Nr. 99 zu § 37 BetrVG 1972 = DB 1995, 634 = BB 1995, 201 = NZA 1995, 381.
2 *Richardi*, Arbeitsrecht in der Kirche, § 18 Rz. 82; *Bleistein/Thiel*, MAVO, § 16 Rz. 52.
3 *Richardi*, Arbeitsrecht in der Kirche, § 18 Rz. 80.
4 *Bleistein/Thiel*, MAVO, § 3 Rz. 91; *Richardi*, Arbeitsrecht in der Kirche, § 18 Rz. 84 (Fn. 77) m. w. N.

bb) Besonderer Kündigungsschutz

388   Damit die Mitarbeitervertreter ihre Aufgaben ohne Angst vor einer drohenden Entlassung ungestört wahrnehmen können, besteht für MAV-Mitglieder
unter der Voraussetzung, dass ihre Probezeit bereits abgelaufen ist, ein besonderer Kündigungsschutz[1]. Dieser gilt ebenfalls für den Sprecher der Jugendlichen und Auszubildenden (§ 51 Abs. 2 Satz 1 MAVO), die Vertrauensperson der Schwerbehinderten (§ 52 Abs. 5 MAVO) sowie für Mitglieder des
Wahlausschusses und für Wahlbewerber (§ 19 Abs. 2 MAVO). Gegenüber
dem genannten Personenkreis ist grundsätzlich nur eine **außerordentliche
Kündigung** möglich. Die Weiterbeschäftigung bis zum Ablauf der Kündigungsfrist muss für den Dienstgeber unzumutbar sein, § 626 Abs. 1 BGB.
Dies bejaht das BAG bei einer kirchlichen Einrichtung auch dann, wenn ein
Mitarbeiter keine hinreichende Gewähr mehr dafür bietet, dass er der arbeitsvertraglich übernommenen Verpflichtung zur Loyalität gegenüber der
Kirche nachkommt, etwa weil der Mitarbeiter in der Öffentlichkeit werbend
für eine andere Glaubensgemeinschaft auftritt und von den Glaubenssätzen
der Kirche erheblich abweichende Lehren verbreitet[2].

389   **Ausnahmsweise** kommt auch eine **ordentliche Kündigung** in Betracht, wenn
eine Einrichtung geschlossen wird (§ 19 Abs. 3 MAVO) oder wenn eine Verletzung der in Art. 5 Abs. 3–5 GrO genannten Loyalitätsobliegenheiten (Eintreten gegen tragende Grundsätze der katholischen Kirche, schwerwiegende
persönliche sittliche Verfehlungen, Eingehung einer nach dem Glaubensverständnis ungültigen Ehe, Häresie und öffentliche Gotteslästerung bei pastoral, katechetisch oder leitend tätigen Mitarbeitern[3]; der Austritt aus der katholischen Kirche bei allen Mitarbeitern) durch das MAV-Mitglied vorliegt.
Die MAVO gewährt insoweit für Mitarbeitervertreter keinen den §§ 103
BetrVG, 15 KSchG vergleichbaren Schutz. Das BAG erkennt an, dass die ordentliche Kündigung gegenüber einem MAV-Mitglied mit einem Verstoß des
katholischen Mitarbeiters gegen die Verpflichtung begründet werden kann,
seine persönliche Lebensführung nach der Glaubens- und Sittenlehre sowie
den übrigen Normen der katholischen Kirche einzurichten[4].

390   Der besondere Kündigungsschutz wirkt für Mitglieder der MAV – entsprechend auch für den Sprecher der Jugendlichen und Auszubildenden und die
Vertrauensperson der Schwerbehinderten – nach Beendigung der Amtszeit

---

1 *Bleistein/Thiel*, MAVO, § 19 Rz. 14.
2 BAG v. 21.2.2001 – 2 AZR 139/00, NVwZ 2001, 1453 = AP Nr. 29 zu § 611 BGB = ZIP
2001, 1825 = NZA 2001, 1136.
3 Bei nicht pastoral, katechetisch oder leitend tätigen Mitarbeitern hängt die Möglichkeit einer Weiterbeschäftigung gem. Art. 5 Abs. 3 GrO von den Einzelfallumständen
ab, insbesondere vom Ausmaß einer Gefährdung der Glaubwürdigkeit der Kirche,
von der Belastung der kirchlichen Dienstgemeinschaft und dem Charakter der übertragenen Aufgabe. ArbG Essen v. 22.8.1985 – 3 Ca 2138/85, KirchE 23, 171 = Bibliothek BAG: Die kirchlich ungültige Eheschließung einer langjährigen Mitarbeiterin,
die nur entfernt am Verkündigungsdienst der Kirche teilnimmt, rechtfertigt nur eine
ordentliche, nicht eine außerordentliche Kündigung.
4 BAG v. 16.9.1999 – 2 AZR 712/98, AP Nr. 1 zu Art. 4 GrO kath Kirche = NZA 2000,
208 = DB 2000, 147.

für einen Zeitraum von einem Jahr nach, § 19 Abs. 1 Satz 3 MAVO. Im Unterschied zu einem Betriebsratsmitglied, das nach Niederlegung seines Amtes grundsätzlich den nachwirkenden Kündigungsschutzes genießt (§ 15 Abs. 1 Satz 2 KSchG)[1], können die Mitglieder der MAV nicht von dem nachwirkenden Kündigungsschutz profitieren, wenn die Mitgliedschaft infolge einer rechtskräftigen Entscheidung der kirchlichen Gerichte für Arbeitssachen oder der Amtsniederlegung erloschen ist, § 19 Abs. 1 Satz 3 i. V. m. § 13c Nr. 2 und 4 MAVO.

Für Mitglieder des Wahlausschusses sowie für Wahlbewerber gilt die Nach-   391
wirkung für die Dauer von sechs Monaten ab Bekanntgabe des Wahlergebnisses, § 19 Abs. 2 Satz 1 MAVO.

Sowohl die außerordentliche als auch die ordentliche Kündigung des Mit-   392
arbeitervertreters berühren das individualvertragliche Arbeitsverhältnis und sind damit einer **Kontrolle durch die staatlichen Arbeitsgerichte** zugänglich. Dabei geht der Schutz vor der ordentlichen Kündigung nach § 19 Abs. 1 MAVO dem allgemeinen Kündigungsschutz i. S. d. § 1 KSchG vor[2].

cc) Übernahme von Auszubildenden

Mitarbeitervertreter oder Sprecher der Jugendlichen und der Auszubilden-   393
den, die sich in einem Berufsausbildungsverhältnis befinden, können von dem besonderen Kündigungsschutz des § 19 Abs. 1 MAVO nicht profitieren, da ihr Ausbildungsverhältnis gem. § 21 Abs. 1 BBiG endet, ohne dass es einer Kündigung bedarf. Damit der Auszubildende nicht aufgrund seiner Tätigkeit als MAV-Mitglied bzw. als Sprecher der Jugendlichen und Auszubildenden fürchten muss, dass der Dienstgeber nach der Ausbildung die Übernahme in ein unbefristetes Arbeitsverhältnis ablehnen wird, ist in § 18 Abs. 4 MAVO entsprechend dem Vorbild der § 78a BetrVG und §§ 9, 107 Satz 2 BPersVG ein **Übernahmerecht** vorgesehen[3]. Voraussetzung für eine Weiterbeschäftigung ist, dass der Auszubildende die Berufsausbildung erfolgreich abgeschlossen hat und dass er spätestens **einen Monat** vor Beendigung des Ausbildungsverhältnisses einen **schriftlichen Antrag** auf Weiterbeschäftigung gestellt hat. Der Dienstgeber kann die Weiterbeschäftigung ablehnen. Beschäftigt der Dienstgeber gleichzeitig andere Auszubildende weiter, bedarf die **Ablehnung** des Antrages durch den Dienstgeber der Zustimmung der Mitarbeitervertretung bzw. der Ersetzung der Zustimmung durch die Schlichtungsstelle. Die Zustimmung kann nur verweigert werden, wenn der durch Tatsachen begründete Verdacht besteht, dass die Ablehnung wegen der Tätigkeit als Sprecher der Jugendlichen oder als MAV-Mitglied erfolgt ist. Im Unterschied zu der Regelung des § 78a BetrVG, der zufolge bereits mit dem Verlangen des Auszubildenden ein unbefristetes Arbeitsver-

---

1 BAG v. 5.7.1979 – 2 AZR 521/77, BB 1979, 1769 = DB 1979, 2327 = AP Nr. 6 zu § 15 KSchG = SAE 1980, 322.
2 *Bleistein/Thiel*, MAVO, § 19 Rz. 48.
3 *Richardi*, Arbeitsrecht in der Kirche, § 18 Rz. 90 f.

hältnis begründet wird, räumt § 18 Abs. 4 MAVO dem Auszubildenden damit nur unter sehr engen Voraussetzungen ein Gestaltungsrecht ein. § 18 Abs. 4 MAVO erfasst weder die in der Ausbildung befindlichen Mitglieder des Wahlausschusses noch Wahlbewerber, welche nicht zum Zuge gekommen sind[1].

e) Schweigepflicht

394 Die Mitglieder der (Gesamt-)Mitarbeitervertretung, die Vertreter der Schwerbehinderten und der Jugendlichen (§§ 51, 52 MAVO) und der Dienstgeber[2] haben über dienstliche Angelegenheiten oder Tatsachen, die ihnen aufgrund ihrer Zugehörigkeit zur Mitarbeitervertretung bekannt geworden sind und Verschwiegenheit erfordern, Stillschweigen zu bewahren, § 20 MAVO. Wie im Personalvertretungsrecht (§§ 10, 101 Abs. 2 BPersVG) bezieht sich die Schweigepflicht somit auch auf Vorgänge innerhalb der Mitarbeitervertretung[3]. Die Schweigepflicht dient der Schaffung bzw. Erhaltung eines Vertrauensverhältnisses zwischen Dienstgeber, Mitarbeiterschaft und MAV und fördert so den für die gegenseitige Information notwendigen Austausch von Tatsachen.

7. Grundlagen der Zusammenarbeit zwischen Arbeitgeber und Mitarbeitervertretung

a) Gedanke der Dienstgemeinschaft als Grundsatz für die Zusammenarbeit

395 Zur Dienstgemeinschaft zählen alle, die den Auftrag der Einrichtung, in der sie tätig sind, erfüllen und so an der Sendung der Kirche mitwirken[4]. Dies gilt unabhängig von der Verschiedenheit der Dienste und ihrer rechtlichen Organisation, Art. 1 GrO. Der Gedanke der Dienstgemeinschaft, welcher bestehenden Interessengegensätzen im Verhältnis von Dienststellenleitung und weisungsabhängigen Mitarbeitern übergeordnet ist, wird von der MAVO an verschiedenen Stellen aufgenommen: Ausdrücklich erwähnt wird die Dienstgemeinschaft **als maßgebendes Strukturelement** des kirchlichen Dienstes in der Präambel. Dienstgeber und Mitarbeiter sollen bereit sein zu vertrauensvoller Zusammenarbeit und gemeinsam Verantwortung für die Gestaltung des Dienstes tragen. Gemäß § 26 Abs. 1 MAVO verpflichtet der kirchliche Dienst Mitarbeitervertretung und Dienstgeber in besonderer Weise, sich bei der Erfüllung der Aufgaben gegenseitig zu unterstützen. Dies bedeutet, dass im Alltag der Dienstgemeinschaft Dienstgeber und Mitarbeitervertretung bei allen Erklärungen, Maßnahmen und Entscheidungen gegenseitige Ehrlichkeit und Offenheit walten lassen[5]. Diese Pflicht zur ver-

---

1 *Bleistein/Thiel*, MAVO, § 18 Rz. 52.
2 *Bleistein/Thiel*, MAVO, § 20 Rz. 20.
3 *Richardi*, Arbeitsrecht in der Kirche, § 18 Rz. 93.
4 *Bleistein/Thiel*, MAVO, Präambel, Rz. 21.
5 BAG v. 22.5.1959 – 1 ABR 2/59, AP Nr. 3 zu § 2 BetrVG 1952 = BB 1959, 848 = SAE 1959, 178.

trauensvollen Zusammenarbeit richtet sich an die Mitarbeitervertretung als Organ und an ihre einzelnen Mitglieder[1]. Eine Verletzung erfordert nicht zwingend ein schuldhaftes Verhalten des Dienstgebers. Für einen groben Verstoß gegen den Grundsatz vertrauensvoller Zusammenarbeit ist aber erforderlich, dass die Beziehungen zur MAV in ihrer Gesamtheit betroffen werden[2].

Vorgesehen ist, dass Dienstgeber und Mitarbeitervertretung mindestens einmal jährlich zu einer **gemeinsamen Sitzung** zusammenkommen, § 39 Abs. 1 Satz 1 MAVO. Auf besonderen Wunsch eines der beiden Beteiligten können darüber hinaus gemeinsame Sitzungen stattfinden.   396

b) Das kircheneigene Arbeitsrechtsregelungsverfahren

Das Verhandlungsgleichgewicht des Dienstgebers und der abhängig beschäf-   397
tigten Mitarbeiterinnen und Mitarbeiter bei Abschluss und Gestaltung der Arbeitsverträge wird durch ein kircheneigenes Arbeitsrechtsregelungsverfahren unter Mitwirkung der arbeitsrechtlichen Kommissionen gesichert, Art. 7 GrO.

Das KODA-Recht regelt das Zustandekommen von Rechtsnormen über In-   398
halt, Abschluss und Beendigung von Arbeitsverhältnissen mit Rechtsträgern im Geltungsbereich des Art. 2 GrO[3]. Es ist zweistufig ausgestaltet: Gemäß der Bistums/Regional-KODA ist für die Beschlussfassung primär die für jedes Bistum oder mehrere Bistümer gebildete „Kommission zur Ordnung des Diözesanen Arbeitsvertragsrechtes" zuständig[4]. Die Regelungen der Regional-KODA sind für einen Träger, der dem Zuständigkeitsbereich dieser Regional-KODA unterliegt, bindend[5]. Die Übernahme der KODA-Regelung kann auch durch die tatsächliche Anwendung in der Einrichtung erfolgen, ohne dass eine Übernahme durch Satzung oder durch Beschluss des Vorstandes oder der Mitgliederversammlung erfolgt[6]. Neben der Bistums-/Regional-KODA besteht die am 1.1.1999 in Kraft gesetzte „Ordnung zur Mitwirkung bei der Gestaltung des Arbeitsvertragsrechtes durch eine Kommission

---

1 BAG v. 21.2.1978 – 1 ABR 54/76, EzA § 74 BetrVG 1972 Nr. 4 = BB 1978, 1116 = DB 1978, 1547.
2 Die Schlichtungsstelle der Erzdiözese Köln, Beschl. v. 21.9.1996 – MAVO 7/95 und Beschl. v. 5.11.1996 – MAVO 15/96 verneint das Vorliegen eines groben Verstoßes gegen den Grundsatz vertrauensvoller Zusammenarbeit für den Fall der Aufforderung des Dienstgebers an einen MAV-Vertreter, schriftliche Aufzeichnungen zum Nachweis seiner Tätigkeit vorzulegen, und für den Fall der Veröffentlichung einer Sitzungsniederschrift durch den Dienstgeber aus billigenswerten Gründen.
3 *Richardi*, Arbeitsrecht in der Kirche, § 14 Rz. 17.
4 Für den Bereich der Caritas ist dies die „Arbeitsrechtliche Kommission des Deutschen Caritasverbandes".
5 So Schlichtungsstelle der Erzdiözese Köln, Beschl. v. 29.9.1994 – MAVO 3/94-KODA, ZMV 1994, 293 zu dem von einer kirchlichen Einrichtung geäußerten Wunsch, aus dem Geltungsbereich der KODA-Ordnungen deswegen auszuscheiden, weil sie zu „teuer" seien.
6 Schlichtungsstelle Osnabrück, Beschl. v. 18.3.1996, n. v.

für den überdiözesanen Bereich" (Zentral-KODA), die um der Einheit und Glaubwürdigkeit des kirchlichen Dienstes willen in allen Diözesen und für alle der Kirche zugeordneten Einrichtungen einheitliche arbeitsvertragliche Regelungen erreichen soll.

399   Die KODA-Ordnungen sehen eine paritätische Besetzung der arbeitsrechtlichen Kommissionen vor und regeln die jeweiligen Zuständigkeiten. Die arbeitsrechtlichen Kommissionen dienen dem Ausgleich unterschiedlicher Interessen bei Dienstgebern und Mitarbeitern unter Beachtung des Grundkonsenses aller über den kirchlichen Auftrag[1]. Erfolgt keine Einigung, kann jede Seite die Schlichtungsstelle anrufen, welche eine abschließende Entscheidung trifft, ohne dass die andere Seite zustimmen muss. Dies unterscheidet das kirchliche Arbeitsrechtsregelungsverfahren von der Tarifautonomie. Die Gewerkschaften haben keine Möglichkeit, einseitig eine Regelung herbeizuführen, wenn der Arbeitgeber den Abschluss eines Tarifvertrages über einen bestimmten Gegenstand ablehnt[2]. Aus diesem Grund erlaubt die staatliche Arbeitsrechtsordnung – anders als die kirchliche – den Arbeitskampf.

400   Da die umfassende Verantwortung des Diözesanbischofs unberührt bleiben soll, bedürfen die Beschlüsse der Kommissionen (Arbeitsvertragsordnungen oder Arbeitsvertragsrichtlinien) der bischöflichen Inkraftsetzung für das jeweilige Bistum, Art. 7 Abs. 1 Satz 3 GrO.

401   Umstritten ist, ob Arbeitsvertragsordnungen **Rechtsnormqualität** haben und damit kollektives Arbeitsrecht für den kirchlichen Bereich schaffen. Das BAG hat eine unmittelbare normative Wirkung der Arbeitsvertragsrichtlinien des Caritasverbandes verneint und vertreten, dass deren Inhalte erst kraft einzelvertraglicher Übernahme auf die Arbeitsverhältnisse einwirken[3]. Da der Gesetzgeber jedoch in § 21a Abs. 3 JArbSchG und § 7 Abs. 4 ArbZG die kirchengesetzlichen Regelungen den tariflichen Regelungen durch ausdrücklichen Verweis gleichstellt, verdient die Auffassung den Vorzug, dass Arbeitsvertragsordnungen ebenso wie Tarifnormen nach dem TVG unmittelbare und zwingende Wirkung auf die einzelnen Arbeitsverhältnisse entfalten. Eine Gleichstellung von Tarifnormen und Arbeitsvertragsordnungen bzw. Arbeitsvertragsrichtlinien ist auch im Hinblick auf Art. 140 GG i.V.m. Art. 137 Abs. 3 WRV zu befürworten[4].

---

1 *Dütz/Richardi*, Anmerkungen zur Neuregelung des Arbeitsrechts der katholischen Kirche in Deutschland, NJW 1994, 1394 (1398).
2 *Dütz/Richardi*, Anmerkungen zur Neuregelung des Arbeitsrechts der katholischen Kirche in Deutschland, NJW 1994, 1394 (1398).
3 BAG v. 14.6.1995 – 4 AZR 250/94, AP Nr. 7 zu § 12 AVR Caritasverband = DB 1995, 2613 = NZA-RR 1996, 70 = ZTR 1996, 69; BAG v. 6.11.1996 – 5 AZR 334/95, AP Nr. 28 zu § 611 BGB = BAGE 84, 282 = NZA 1997, 778 = MDR 1997, 657; BAG v. 20.3.2002 – 4 AZR 101/01, NZA 2002, 1402–1406.
4 LAG Berlin v. 3.5.1984 – 7 Sa 8/84, AP Nr. 19 zu Art. 140 GG = KirchE 22, 84; LAG Niedersachsen v. 24.9.1986 – 2 Sa 1207/86, LAGE § 7 AZO Nr. 2.

c) Betriebs- und Dienstvereinbarung

Wie Betriebsvereinbarungen nach § 77 Abs. 4 Satz 1 BetrVG bzw. Dienstver-   402
einbarungen nach § 73 BPersVG wirken die **von Dienstgeber und Mitarbei-**
tervertretung gem. § 38 Abs. 4 MAVO abgeschlossenen Dienstvereinbarungen unmittelbar und zwingend auf die Arbeitsverhältnisse der Mitarbeiter
(vgl. § 38 Abs. 3a MAVO), wenn sie persönlich, räumlich und zeitlich vom
Geltungsbereich der Dienstvereinbarung erfasst werden.

Der Katalog des § 38 Abs. 1 Nr. 1–15 MAVO zählt **abschließend** die Tat-   403
bestände auf, in denen der Abschluss einer Dienstvereinbarung zulässig ist.
Dienstvereinbarungen sind **unzulässig**, wenn eine kirchliche Arbeitsvertragsordnung oder eine sonstige kirchliche Regelung mit Rechtsnormcharakter
Anwendung findet, sofern diese nicht den Abschluss von Dienstvereinbarungen ausdrücklich zulässt, § 38 Abs. 1 Nr. 1 MAVO. Das „Günstigkeitsprinzip" gilt in diesem Fall nicht[1]. Gemäß § 38 Abs. 3 Satz 2 MAVO wird eine
bereits bestehende Dienstvereinbarung mit Inkrafttreten der kirchlichen
Rechtsnorm unwirksam.

8. Grundsätze der Arbeit der Mitarbeitervertretung und allgemeine Aufgaben

Als Leitfaden der MAV-Arbeit nennt § 26 Abs. 1 MAVO die Verpflichtung   404
zur **vertrauensvollen Zusammenarbeit.** Die Verpflichtung zur Kooperation,
welche sich auch an das einzelne MAV-Mitglied richtet, erstreckt sich auf alle Bereiche der Dienstgemeinschaft[2]. Verletzt ein Mitglied den Grundsatz
der vertrauensvollen Zusammenarbeit, so stellt dies eine Amtspflichtver-
letzung dar, die zum Erlöschen der Mitgliedschaft in der Mitarbeitervertretung durch Urteil des Kirchlichen Arbeitsgerichts führen kann, § 13c Nr. 5
MAVO.

Auch der **Dienstgeber** ist dem Grundsatz der vertrauensvollen Zusam-   405
menarbeit verpflichtet, so dass die MAV bei **einer groben Verletzung** dieses
Grundsatzes durch den Dienstgeber in den Fällen des § 2 Abs. 2 KAGO das
Kirchliche Arbeitsgericht anrufen kann[3]. Nur im Falle eines objektiv
schwerwiegenden Verstoßes, der zu einer erheblichen Belastung der Zusammenarbeit mit der MAV führt, liegen die Voraussetzungen für einen solchen
Beschluss der Schlichtungsstelle vor[4].

Zugleich hat die MAV darauf zu achten, dass alle Mitarbeiter nach **Recht**   406
und Billigkeit behandelt werden, § 26 Abs. 1 Satz 2 MAVO. Insbesondere ist
der **Gleichbehandlungsgrundsatz** zu beachten. Dies gilt sowohl für eigene

---

1 *Bleistein/Thiel*, MAVO, § 38 Rz. 52.
2 BAG v. 21.2.1978 – 1 ABR 54/76, DB 1978, 1547 = BB 1978, 1116 = AP Nr. 1 zu § 74
   BetrVG 1972 = EzA § 74 BetrVG 1972 Nr. 14.
3 *Bleistein/Thiel*, MAVO, § 13c Rz. 3.
4 Schlichtungsstelle Köln, Beschl. v. 5.11.1996 – MAVO 15/96, ZMV 1997, 309; Schlichtungsstelle Köln, Beschl. v. 21.9.1995 – MAVO 7/95, ZMV 1996, 95.

Maßnahmen und Entscheidungen der MAV als auch für Maßnahmen des Dienstgebers.

407 Die in § 26 Abs. 3 Nr. 1–9 MAVO **abschließend** festgelegten **allgemeinen Aufgaben** hat die MAV unabhängig davon zu erfüllen, ob ihr ein besonderes Beteiligungsrecht eingeräumt worden ist. Als allgemeine Aufgaben werden in § 26 Abs. 3 MAVO genannt:

1. Anregung von Maßnahmen, die der Einrichtung und den Mitarbeitern dienen.

2. Entgegennahme von Anregungen und Beschwerden der Mitarbeiter und Hinwirken auf ihre Erledigung.

3. Förderung der Eingliederung und der beruflichen Entwicklung schwerbehinderter und schutzbedürftiger Mitarbeiter.

4. Förderung der Eingliederung ausländischer Mitarbeiter in die Einrichtung.

5. Anregung von Maßnahmen zur beruflichen Förderung schwerbehinderter Mitarbeiter.

6. Zusammenarbeit mit dem Sprecher der Jugendlichen und Auszubildenden zur Förderung der Belange jugendlicher Mitarbeiter.

7. Durchführung der Vorschriften über Arbeitsschutz, Unfallverhütung und Gesundheitsförderung in der Einrichtung.

8. Hinwirken auf frauen- und familienfreundliche Arbeitsbedingungen.

9. Benennung der Mitglieder der Mitarbeiterseite in den Kommissionen zur Behandlung von Beschwerden gegen Leistungsbeurteilungen und zur Kontrolle des Systems der Leistungsfeststellung und -bezahlung, soweit dies in einer kirchlichen Arbeitsvertragsordnung vorgesehen ist.

408 Der MAV wird im Bereich ihrer allgemeinen Aufgaben ein **Initiativrecht** gewährt. Sie kann von sich aus an den Dienstgeber herantreten und ihn um Informationen bitten, ohne auf ein Tätigwerden des Dienstgebers angewiesen zu sein[1].

9. Überblick über die Informations- und Beteiligungsrechte

a) Informationsrechte

409 Zum Zwecke der vertrauensvollen Zusammenarbeit von Dienstgeber und MAV besteht eine **gegenseitige Informationspflicht** über alle Angelegenheiten, die die Dienstgemeinschaft betreffen, § 27 Abs. 1 Satz 1 MAVO. Auf Antrag eines Partners hat eine **Aussprache** über konkrete Fragen stattzufinden, § 27 Abs. 1 Satz 2 MAVO. Gemäß § 27 Abs. 2 MAVO ist der Dienstgeber **vor** Durchführung der dort beispielhaft aufgeführten Maßnahmen **gezwungen**, die MAV zu informieren, damit diese ihre Einwendungen und Anregungen vorbringen kann. Zu den genannten Maßnahmen gehören vom Dienstgeber

---

1 *Bleistein/Thiel*, MAVO, § 26 Rz. 61.

beabsichtigte Stellenausschreibungen, Änderungen und Ergänzungen des Stellenplanes, während der Probezeit ausgesprochene Kündigungen und die Behandlung der von der MAV vorgetragenen Anregungen und Beschwerden sowie die Einrichtung von Langzeitkonten und deren Inhalt.

Auf Verlangen sind der MAV die zur Durchführung ihrer Aufgaben erforder-   410
lichen Unterlagen **vorzulegen**, § 26 Abs. 2 Satz 1 MAVO. Dies gilt für die Wahrnehmung sämtlicher Aufgaben, die der Mitarbeitervertretung obliegen und insbesondere für die Angelegenheiten, in denen die MAV formell zu beteiligen ist. Soweit es sich um Personalakten handelt, ist hierfür die schriftliche Zustimmung des betreffenden Mitarbeiters erforderlich, § 26 Abs. 2 Satz 2 MAVO.

Vorlegen bedeutet, dass **Einblick** in die Unterlagen gewährt wird. Ein An-   411
spruch auf Aushändigung der geforderten Unterlagen besteht nicht, auch wenn dies im Einzelfall sinnvoll sein kann, damit sich die MAV ein zuverlässiges Bild macht. Die MAV ist jedoch berechtigt, sich aus den vorgelegten Unterlagen schriftliche Aufzeichnungen zu machen[1].

Auch wenn im Unterschied zu § 80 Abs. 2 Satz 2 BetrVG ein allgemein be-   412
stehendes Einblicks- oder Vorlagerecht für **Bruttolohn- und Gehaltslisten** in der MAVO nicht vorgesehen ist, rechtfertigt sich das Verlangen, Einsicht in die Bruttolohnlisten und Bruttogehaltslisten gewährt zu bekommen, aus dem Auftrag der Mitarbeitervertretung, darüber zu wachen, dass alle Angehörigen der Dienststelle nach Recht und Billigkeit behandelt werden und dass die zugunsten der Beschäftigten geltenden Rechtsvorschriften durchgeführt werden[2].

b) Anhörung und Mitberatungsrechte

§ 29 Abs. 1 Nr. 1–20 MAVO nennt **abschließend** die Fälle, in denen der MAV   413
ein Anhörungs- und Mitberatungsrecht zusteht. Solche Fälle sind beispielsweise die Änderung der täglichen Arbeitszeit, die Durchführung beruflicher Fortbildungsmaßnahmen, Schließung, Einschränkung, Verlegung oder Zusammenlegung von Einrichtungen oder grundlegende Änderungen von Arbeitsmethoden.

Bei dem Anhörungs- und Mitberatungsrecht handelt es sich nicht um ein   414
Mitbestimmungsrecht, sondern um ein **Mitwirkungsrecht**, denn die MAV wird nur an der Entscheidungsfindung des Dienstgebers, nicht aber an der Entscheidung selbst beteiligt[3]. Während der Betriebsrat in Betrieben, in denen das BetrVG gilt, in Fragen der Ordnung der Einrichtung (beispielsweise Erlass von Rauch- oder Alkoholverboten, Telefonkontrolle) ein echtes Mit-

---

1 *Bleistein/Thiel*, MAVO § 26 Rz. 230; *Richardi*, Arbeitsrecht in der Kirche, § 18 Rz. 111.
2 So BVerwG v. 27.2.1985 – 6 P 9/84, ZBR 1985, 173 = DVBl. 1985, 748 = PersR 1985, 124 zum wortgleichen § 68 Abs. 2 BPersVG; Schlichtungsstelle Essen, Beschl. v. 15.1.1993 – 5/92, ZMV 1993, 177.
3 *Richardi*, Arbeitsrecht in der Kirche, § 18 Rz. 115.

bestimmungsrecht nach § 87 Abs. 1 Nr. 1 BetrVG hat, steht der Mitarbeitervertretung nach der MAVO nur ein Anhörungs- und Mitberatungsrecht zu, das wesentlich schwächere Wirkung hat[1].

415   Das Recht auf Anhörung und Mitberatung ist **vierstufig** ausgestaltet[2]:

(1) Zunächst hat der Dienstgeber die MAV über die geplante Maßnahme ordnungsgemäß zu unterrichten.

(2) Sofern die MAV innerhalb einer Frist von einer Woche nach Kenntniserlangung keine Einwendungen erhebt, gilt die beabsichtigte Maßnahme oder Entscheidung als nicht beanstandet. Sind die Informationen des Dienstgebers nicht ausreichend, muss die MAV auf die unvollständige Unterrichtung unter genauer Angabe der fehlenden Tatsachen hinweisen. Ergänzt der Arbeitgeber seine Unterrichtung, setzt er damit eine neue Wochenfrist in Lauf[3]. Auf Antrag der MAV kann der Dienstgeber eine Fristverlängerung um eine weitere Woche bewilligen, § 29 Abs. 3 Satz 2 MAVO.

(3) Erhebt die MAV Einwendungen, so sind diese in einer gemeinsamen Sitzung von Dienstgeber und MAV mit dem Ziel der Verständigung zu beraten, § 29 Abs. 3 Satz 3 MAVO. Die Einwendungen können wirksam schriftlich oder mündlich beim Dienstgeber vorgetragen werden. Anders als das Anhörungsrecht des Betriebsrates (z.B. bei Kündigungen gem. § 102 BetrVG) gewährt § 29 MAVO nicht nur ein Recht zur Stellungnahme, sondern auch ein Beratungsrecht.

(4) Führt die Beratung zu keiner Einigung, hat der Dienstgeber das Letztentscheidungsrecht. Will er den Einwendungen nicht Rechnung tragen, so hat er dies der MAV schriftlich mitzuteilen, § 29 Abs. 4 MAVO. Die Entscheidung des Dienstgebers ist bindend und kann nicht über ein Verfahren vor der Einigungsstelle nach § 45 MAVO überprüft werden[4].

416   Gemäß § 29 Abs. 5 MAVO kann der Dienstgeber bei Maßnahmen oder Entscheidungen bis zu einer endgültigen Entscheidung vorläufige Notentscheidungen treffen. Voraussetzung hierfür ist, dass es sich um eine Maßnahme handelt, die gem. § 29 Abs. 1 der Anhörung und Mitberatung bedarf und die der Natur der Sache nach keinen Aufschub duldet. Ob eine Maßnahme eilbedürftig in diesem Sinne ist, entscheidet sich nach **objektiven** Maßstäben[5].

c) Vorschlagsrechte

417   Ebenfalls als Mitwirkungsrecht ausgestaltet ist das in § 32 MAVO geregelte Vorschlagsrecht. Dadurch wird die MAV in die Lage versetzt, unabhängig von einer Initiative des Dienstgebers den Anstoß zur Regelung der in § 32

---

1 *Weth/Wern*, NZA 1998, 118 (120 f.).
2 Zu Einzelheiten s. *Bleistein/Thiel*, MAVO, § 29 Rz. 91 ff.
3 BAG v. 28.1.1986 – 1 ABR 10/84, BAGE 51, 42 = DB 1986, 1077 = NZA 1986, 490 = BB 1986, 1778.
4 *Bleistein/Thiel*, MAVO, § 29 Rz. 106.
5 *Bleistein/Thiel*, MAVO, § 29 Rz. 107 f.

Abs. 1 Nr. 1–12 MAVO abschließend genannten Angelegenheiten zu geben. Das Vorschlagsrecht betrifft – ähnlich wie das Anhörungs- und Mitberatungsrecht – etwa Maßnahmen innerbetrieblicher Information und Zusammenarbeit, Änderungen der täglichen Arbeitszeit, Regelungen der Haus- und Heimordnungen, Durchführung beruflicher Fortbildungsmaßnahmen, Maßnahmen zur Hebung der Arbeitsleistung und grundlegende Änderungen von Arbeitsmethoden.

Stimmt der Dienstgeber dem Vorschlag der MAV zu, gilt der Vorschlag als   418
verbindliche Abrede zwischen Dienstgeber und MAV[1]. Will der Dienstgeber
den Vorschlag nicht aufgreifen, hat er zu einer gemeinsamen Sitzung mit der
MAV einzuladen, in welcher über den Vorschlag mit dem Ziel der Einigung
zu beraten ist, § 32 Abs. 2 Satz 1 MAVO. Gelingt die Einigung nicht, kann
der Dienstgeber den Vorschlag ablehnen. Zu einer wirksamen Ablehnung bedarf es einer schriftlichen Mitteilung an die MAV. Die Neuregelungen der
MAVO von 1985 und 1995 sehen einen Begründungszwang für die Ablehnung eines Vorschlags der Mitarbeitervertretung nicht vor.

d) Zustimmungsrechte

Für die gem. § 33 Abs. 1 MAVO der Mitbestimmung unterliegenden Maß-   419
nahmen (Einstellung und Anstellung, persönliche Angelegenheiten i. S. d.
§ 35 MAVO und Angelegenheiten der Dienststelle i. S. d. § 36 MAVO, Abordnung oder Versetzung von Mitarbeitervertretern gem. § 18 Abs. 2 MAVO)
sowie die Ablehnung des Antrags auf Weiterbeschäftigung eines Auszubildenden durch den Dienstgeber, § 18 Abs. 4 MAVO, ist die vorherige Zustimmung der MAV eine Wirksamkeitsvoraussetzung. Bei Nichtbeteiligung oder
bei abschließend verweigerter Zustimmung ist die vom Dienstgeber getroffene Maßnahme grundsätzlich unwirksam[2].

Die Zustimmung gilt als erteilt, wenn die MAV nicht binnen einer Woche   420
nach Eingang des Antrages bei ihr Einwendungen erhebt, § 33 Abs. 3 Satz 2
MAVO. Die Wochenfrist beginnt aber nur, wenn die MAV ordnungsgemäß
unterrichtet wurde. Dazu müssen ihr alle Umstände mitgeteilt sein, die für
eine Beurteilung der beabsichtigten Maßnahme wesentlich sind[3].

Das Zustimmungsrecht ist abgestuft: Bei Einstellung und Anstellung sowie   421
bei sonstigen persönlichen Angelegenheiten kann die MAV die Zustimmung
nur aus den in §§ 34 Abs. 2, 35 Abs. 2 MAVO genannten Gründen verweigern. Im Falle der Einstellung kann die MAV die Zustimmung daher nur verweigern, wenn die Maßnahme gegen geltendes Recht verstößt oder wenn
durch Tatsachen der Verdacht begründet wird, dass der Bewerber durch sein

---

1 *Bleistein/Thiel*, MAVO, § 32 Rz. 25.
2 So für das Personalvertretungsrecht: BAG v. 1.7.1970 – 4 AZR 351/69, AP Nr. 11 zu
§ 71 PersVG = DB 1970, 1984.
3 Schlichtungsstelle Limburg, Beschl. v. 13.11.1995 – MAVO 9/95, DiAG-MAV; Gemeinsames Kirchliches Arbeitsgericht Hamburg v. 30.4.2008 – I MAVO 25/07, ZMV
2008, 261 (262).

Verhalten den Arbeitsfrieden in der Einrichtung in unzuträglicher Weise stören wird. In Angelegenheiten der Dienststelle i. S. d. § 36 MAVO ist das Zustimmungsverweigerungsrecht nicht an bestimmte Gründe gebunden.

422   Verweigert die MAV die Zustimmung, so kann der Dienstgeber gem. § 33 Abs. 4 i. V. m. §§ 45 Abs. 1, 47 Abs. 3 MAVO die Einigungsstelle anrufen, welche im Einigungsverfahren verbindlich entscheidet. In den Fällen des begrenzten Zustimmungsrechts (§§ 34, 35 MAVO) kann der Dienstgeber das Kirchliche Arbeitsgericht anrufen, um die verweigerte Zustimmung der Mitarbeitervertretung ersetzen zu lassen[1].

423   Das Zustimmungsrecht entfällt auch dann nicht, wenn es sich bei der Maßnahme um einen Eilfall handelt. Hält der Dienstgeber die Entscheidung für eilbedürftig, kann er die Frist, innerhalb derer die MAV Einwendungen erheben muss, auf drei Tage verkürzen. Unter Angabe der Gründe ist bei Einstellungen auch eine Verkürzung der Frist bis zu 24 Stunden möglich, § 33 Abs. 2 Satz 4 MAVO. Der Dienstgeber ist aber gem. § 33 Abs. 5 MAVO befugt, in Angelegenheiten, die keinen Aufschub dulden, bis zur endgültigen Entscheidung vorläufige Regelungen zu treffen. Voraussetzung ist, dass der Dienstgeber die MAV von der vorläufigen Maßnahme unterrichtet, sie ihr gegenüber begründet und zugleich das Mitbestimmungsverfahren einleitet.

e) Antragsrechte

424   Das Antragsrecht als besonders weitgehendes Mitbestimmungsrecht ist der MAV in den in § 37 Abs. 1 Nr. 1–12 MAVO abschließend genannten Angelegenheiten eingeräumt, soweit nicht eine kirchliche Arbeitsvertragsordnung oder eine sonstige kirchliche gesetzliche Regelung Anwendung findet. Zu den in § 37 Abs. 1 MAVO genannten Angelegenheiten gehören beispielsweise Änderungen der täglichen Arbeitszeit und die Verteilung der Arbeitszeit auf einzelne Wochentage, Festlegung der Richtlinien zur Urlaubsregelung, Durchführung von Veranstaltungen für Mitarbeiter, Inhalt des Personalfragebogens und Maßnahmen zur Verhütung von Arbeitsunfällen.

425   Der Antrag ist beim Dienstgeber mündlich oder schriftlich anzubringen. In ihm ist anzugeben, wie sich die MAV die von ihr beantragte Regelung im Einzelnen vorstellt[2].

426   Die MAV hat einen Rechtsanspruch darauf, dass der Dienstgeber die von ihr genannten Angelegenheiten, die unter den Katalog des § 37 Abs. 1 MAVO fallen, in gemeinsamer Sitzung berät[3]. Stimmt der Dienstgeber dem Vorschlag der MAV zu, kann er entweder eine Regelungsabrede treffen oder auch – falls es sich um eine Maßnahme nach § 38 MAVO handelt – eine Dienstvereinbarung abschließen.

---

1 *Richardi*, Arbeitsrecht in der Kirche, § 18 Rz. 117.
2 *Bleistein/Thiel*, MAVO, § 37 Rz. 9.
3 *Bleistein/Thiel*, MAVO, § 37 Rz. 2.

Erfolgt keine Einigung, kann die MAV – im Unterschied zum Vorschlags- 427
recht nach § 32 MAVO – durch Anrufung der Einigungsstelle eine Regelung
auch gegen den Willen des Dienstgebers erzwingen, § 37 Abs. 3 S. 3 MAVO[1].
Auf Antrag legt die Einigungsstelle durch Beschluss verbindlich Art und
Umfang der beantragten Maßnahme fest, § 47 Abs. 3 Satz 1 und 2 MAVO.
Der Dienstgeber kann aber durch den Beschluss nur insoweit gebunden
werden, als für die Maßnahme finanzielle Deckung in seinen Haushalts-,
Wirtschafts- und Finanzierungsplänen ausgewiesen ist, § 47 Abs. 3 Satz 3
MAVO.

Im Rahmen dieser Verfahren könnte die MAV bei der Einigungsstelle sogar 428
beantragen, über eine von ihr ausformulierte, vom Dienstgeber aber abge-
lehnte Dienstvereinbarung zu entscheiden[2].

10. Beteiligung der MAV in personellen Angelegenheiten

a) Einstellung und Anstellung

Sofern es sich nicht um geringfügige Tätigkeiten i. S. d. § 8 Abs. 1 Nr. 2 429
SGB IV handelt, bedarf die Einstellung und Anstellung von Mitarbeitern der
Zustimmung der Mitarbeitervertretung, §§ 34 Abs. 1, 33 Abs. 1 MAVO. Eine
Einstellung i. S. d. § 34 Abs. 1 MAVO liegt vor, wenn die tatsächliche Eingliederung der Person in die Dienstgemeinschaft erfolgt, damit sie mit den dort
schon tätigen Mitarbeitern den Zweck der Einrichtung durch ihre Tätigkeit
verwirklichen kann[3]. Dazu gehört auch die Beschäftigung von nur kurzfristig als Aushilfe tätigen Personen[4]. Auch die Beschäftigung von Personen, die
dem Dienstgeber zur Arbeitsleistung überlassen werden i. S. d. Arbeitnehmer-
überlassungsgesetzes bedarf der Zustimmung der Mitarbeitervertretung
(§ 34 Abs. 1 Satz 2 MAVO). Als zustimmungspflichtige Einstellung anzusehen ist auch die Verlängerung eines befristeten Arbeitsverhältnisses sowie
die Umwandlung eines zunächst befristet abgeschlossenen Arbeitsverhältnisses in einen Dauerarbeitsvertrag[5].

Der Begriff der **Anstellung** stammt aus dem Beamtenrecht. Anstellung be- 430
deutet die Ernennung eines Mitarbeiters unter Verleihung eines Amtes, das
in der Besoldungsordnung aufgeführt ist. Unstreitig kann die Kirche als öf-

---

1 *Richardi*, Arbeitsrecht in der Kirche, § 18 Rz. 117.
2 Schlichtungsstelle Köln, Beschl. v. 7.5.1990 – MAVO 6/90, n. v.; Schlichtungsstelle
  Köln, Beschl. v. 6.12.1996 – MAVO 15/96, n. v.
3 Schlichtungsstelle Münster, Entscheidung v. 30.5.1994 – SchliV-DAVO 2/94, PersR
  1994, 487; Schlichtungsstelle der Erzdiözese Köln, Beschl. v. 22.11.1993 – MAVO 6/93,
  ZMV 1994, 36.
4 Schlichtungsstelle Münster, Entscheidung v. 30.5.1994 – SchliV-DAVO 2/94, PersR
  1994, 487; so auch BAG v. 15.12.1992 – 1 ABR 39/92, ZTR 1993, 256.
5 Schlichtungsstelle Münster, Entscheidung v. 30.8.1993 – SchliV MAVO 8/93, ZMV
  1994, 254; Schlichtungsstelle Münster, Beschl. v. 10.3.1999 – SchliV MAVO 10/98,
  ZTR 1999, 287.

fentlich-rechtliche Körperschaft in ihrem Bereich Beamtenverhältnisse begründen[1].

431   Der Umfang der Unterrichtungspflicht bei Ein- und Anstellungen bezieht sich nur auf die Person des Einzustellenden, nicht aber auf alle anderen (internen und externen) Mitbewerber[2].

432   Da Einstellung und Anstellung Fälle des begrenzten Zustimmungsrechts darstellen, kann eine Zustimmungsverweigerung nur auf die in § 34 Abs. 2 MAVO genannten Verweigerungsgründe gestützt werden. Fehlt ein Verweigerungsgrund, gilt die Zustimmung als erteilt[3].

433   Ein solcher Grund ist gegeben, wenn die Einstellung oder Anstellung gegen ein Gesetz, eine Rechtsverordnung, kircheneigene Ordnungen oder sonstiges geltendes Recht verstößt (§ 34 Abs. 2 Nr. 1 MAVO). Dafür reicht es aber nicht aus, dass der Dienstgeber von seiner bisherigen Übung, bei gleicher Qualifikation der Bewerber den hausinternen Bewerber zu bevorzugen, abweicht[4].

434   Ein Verweigerungsgrund besteht ebenfalls, wenn durch bestimmte Tatsachen der Verdacht begründet wird, dass der Bewerber durch ein Verhalten den Arbeitsfrieden in der Einrichtung stören wird (§ 34 Abs. 2 Nr. 2 MAVO). Dass möglicherweise andere Mitarbeiter durch die Einstellung einen Nachteil erleiden, genügt als Verweigerungsgrund nicht.

b) Sonstige personelle Einzelmaßnahmen

435   Die personellen Einzelmaßnahmen während des Beschäftigungsverhältnisses, die der Zustimmung der MAV bedürfen, sind in § 35 Abs. 1 Nr. 1–10 MAVO abschließend aufgezählt. Die MAV kann die Zustimmung nur verweigern, wenn die Maßnahme entweder gegen Gesetz, kircheneigene Ordnungen, Dienstvereinbarung oder sonstiges Recht verstößt oder wenn durch bestimmte Tatsachen der Verdacht begründet wird, dass durch die Maßnahme der Mitarbeiter ohne sachliche Gründe bevorzugt oder benachteiligt werden soll, § 35 Abs. 2 MAVO.

436   Indem eine Beteiligung der MAV an **Eingruppierung**, Höhergruppierung und Rückgruppierung von Mitarbeitern (§ 35 Abs. 1 Nr. 1–3) vorgesehen wird, soll präventiv die Beachtung der Lohn- oder Gehaltsgruppen und damit die Richtigkeit einer nach kollektiven Kriterien festgelegten Entlohnung gesi-

---

1 *Bleistein/Thiel*, MAVO, § 34 Rz. 39; *Richardi*, Arbeitsrecht in der Kirche, § 18 Rz. 132.
2 Gutachten der Zentralen Gutachterstelle beim Verband der Diözesen Deutschland vom 24.8.1995 zur Auslegung des § 34 MAVO.
3 Schlichtungsstelle Münster, Beschl. v. 25.3.1991, NZA 1991, 652 = AP Nr. 38 zu § 140 GG.
4 Schlichtungsstelle Münster, Beschl. v. 25.3.1991, NZA 1991, 652 = AP Nr. 38 zu Art. 140 GG.

chert werden[1]. Auch die Beibehaltung der bisherigen Eingruppierung bedarf als neue personelle Einzelmaßnahme der Zustimmung nach § 35 Abs. 1 Nr. 1 MAVO, wenn ein zuvor befristetes Beschäftigungsverhältnis unbefristet fortgesetzt wird[2].

Als weitere Fälle der begrenzten Zustimmung sind die nicht nur vorüber-   437
gehende Übertragung einer höheren oder niedriger zu bewertenden Tätigkeit und die **Versetzung** oder **Abordnung** von mehr als drei Monaten an eine andere Einrichtung zu nennen, § 35 Abs. 1 Nr. 4 und 5 MAVO. Der Begriff der Abordnung bedeutet die vorübergehende Zuweisung eines Arbeitsbereiches in einer anderen Einrichtung desselben Dienstherren unter Aufrechterhaltung des Beschäftigungsverhältnisses zur abordnenden Dienststelle. Im Unterschied dazu ist die Versetzung die dauernde Zuweisung eines anderen Arbeitsplatzes in einer anderen Einrichtung[3]. Eine Versetzung liegt auch dann vor, wenn dem Arbeitnehmer ein anderer Arbeitsort zugewiesen wird, ohne dass sich seine Arbeitsaufgabe ändert oder er in eine andere organisatorische Einheit eingegliedert wird[4]. Ausgenommen von der Zustimmungspflicht bei Versetzung und Abordnung sind von vornherein Mitarbeiter für pastorale Dienste oder religiöser Unterweisung, die zu ihrer Tätigkeit der ausdrücklichen bischöflichen Sendung bedürfen, § 35 Abs. 1 Nr. 5 a. E. MAVO.

Ebenfalls der Zustimmung der MAV bedürfen auch Maßnahmen wie Ver-   438
sagen und Widerruf der **Genehmigung einer Nebentätigkeit, Weiterbeschäftigung über die Altersgrenze hinaus** und Hinausschieben des Eintritts in den Ruhestand wegen Erreichens der Altersgrenze sowie Anordnungen, welche die **Freiheit in der Wahl der Wohnung** beschränken, mit Ausnahme der Dienstwohnung, die ein Mitarbeiter kraft Amtes beziehen muss, sowie die Auswahl der Ärztin oder des Arztes zur Beurteilung der Leistungsfähigkeit der Mitarbeiterin oder des Mitarbeiters, § 35 Abs. 1 Nr. 6–10 MAVO.

Das Erfordernis der Zustimmung der MAV bedeutet, dass eine solche per-   439
sonelle Einzelmaßnahme dem Mitarbeiter gegenüber erst wirksam wird, wenn die Zustimmung der MAV vorliegt. Das Mitbestimmungsrecht der MAV darf nicht dadurch unterlaufen werden, dass der Dienstgeber mit seinem Mitarbeiter eine vertragliche Regelung des streitigen Zustimmungstatbestandes trifft[5].

---

1 *Richardi*, Arbeitsrecht in der Kirche, § 18 Rz. 134 und Rz. 136.
2 Schlichtungsstelle Münster, Beschl. v. 10.3.1999 – SchliV MAVO 10/98, ZTR 1999, 287.
3 *Bleistein/Thiel*, MAVO, § 35 Rz. 56.
4 BAG v. 18.2.1986 – 1 ABR 27/84, AP Nr. 33 zu § 99 BetrVG 1972 = DB 1986, 1523 = BAGE 51, 151 = NZA 1986, 616; BAG v. 14.11.1989 – 1 ABR 87/88, NZA 1990, 357–359.
5 BAG v. 26.1.1988 – 1 AZR 531/86, AP Nr. 50 zu § 99 BetrVG 1972 = BB 1988, 1327 = DB 1988, 1167 = NZA 1988, 476; BVerwG v. 4.8.1988, AP Nr. 3 zu § 87 LPVG Berlin = PersV 1989, 266 = RiA 1989, 51; Schlichtungsstelle Köln, Beschl. v. 2.12.1991 – MA-VO 9/91, ZMV 1993, 31.

c) Kündigung

aa) Allgemeines

440 §§ 30, 31 MAVO begründen ein **Anhörungs- und Mitberatungsrecht** der
     MAV bei ordentlichen und außerordentlichen Kündigungen, also eine ver-
     gleichsweise schwache Form der Beteiligung (vgl. die in § 28 Abs. 1 MAVO
     genannten Beteiligungsformen).

441 Eine Kündigung des Dienstgebers ist unwirksam, wenn er sie ohne Einhal-
     tung des ordnungsgemäßen Beteiligungsverfahrens ausspricht (§§ 30 Abs. 5,
     31 Abs. 3 MAVO)[1]. Die ordnungsgemäße Beteiligung der MAV ist von den
     staatlichen Arbeitsgerichten zu überprüfen[2].

442 Dabei muss die MAV selbst funktionsfähig sein, damit das Beteiligungsrecht
     nicht insgesamt entfällt. Dies soll nach dem BAG sogar dann gelten, wenn
     der von der Kündigung betroffene Mitarbeiter der einzige Mitarbeitervertre-
     ter des Betriebes ist und er aufgrund dieser Selbstbetroffenheit von der Ab-
     stimmung ausgeschlossen ist[3].

443 Im Zuge der Neufassung des KSchG vom 1.1.2004 normieren die §§ 4 Satz 1,
     7 Halbs. 1, 13 Abs. 1 Satz 2 KSchG eine einheitliche dreiwöchige Klagefrist
     für alle Betriebe und fast alle Unwirksamkeitsgründe. Demnach muss auch
     die Unwirksamkeit einer Kündigung nach §§ 30 Abs. 5, 31 Abs. 3 MAVO
     wegen Nichteinhaltung des Anhörungs- und Mitberatungsrecht der MAV in-
     nerhalb der dreiwöchigen Klagefrist geltend gemacht werden[4]. Im Kündi-
     gungsrechtsstreit ist der Dienstgeber an die von ihm getroffene Auswahl der
     Kündigungsgründe gebunden. Er kann zur Rechtfertigung der Kündigung
     keine Gründe nachschieben, die er nicht der MAV im Anhörungs- und Bera-
     tungsverfahren mitgeteilt hat[5].

444 Die Anhörungspflicht gilt auch bei einer Änderungskündigung und bei einer
     – zulässigerweise vereinbarten – ordentlichen Kündigung in einem befriste-
     ten Arbeitsverhältnis[6].

bb) Ordentliche Kündigung, § 30 MAVO

445 Das der ordentlichen Kündigung vorangehende **Anhörungs- und Beratungs-
     verfahren** beginnt mit der **schriftlichen Mitteilung** der Kündigungsabsicht
     und der Kündigungsgründe durch den Dienstgeber, § 30 Abs. 1 MAVO. Eine
     nur mündliche Information der MAV stellt daher keine ordnungsgemäße
     Mitteilung dar. Die Nichteinhaltung der Formvorschrift hinsichtlich eines

---

1 BAG v. 16.9.1999 – 2 AZR 712/98, AP Nr. 1 zu Art. 4 GrO kath Kirche = NZA 2000,
  208 = DB 2000, 147.
2 LAG Düsseldorf v. 15.1.1991 – 16 Sa 1416/90, Bibliothek BAG = NZA 1991, 600 = LA-
  GE § 611 Kirchliche Arbeitnehmer Nr. 4.
3 BAG v. 26.8.1981 – 7 AZR 550/79, BAGE 36, 72 = DB 1981, 2627 = BB 1982, 738.
4 *Bleistein/Thiel*, MAVO, § 31 Rz. 25.
5 *Richardi*, Arbeitsrecht in der Kirche, § 18 Rz. 140.
6 *Bleistein*, FS für Stahlhacke, 1995, S. 69 (79).

von mehreren Kündigungsgründen hat die Folge, dass sich der Arbeitgeber auf diesen Kündigungsgrund zur Rechtfertigung seiner Kündigung nicht berufen kann. Eine ausreichende Unterrichtung liegt nur dann vor, wenn der Dienstgeber der MAV die Person des für die Entlassung vorgesehenen Arbeitnehmers, die Art der Kündigung, den Kündigungstermin und die Kündigungsgründe benennt[1]. Dabei sind die **Kündigungsgründe so genau und umfassend darzulegen**, dass die MAV ohne zusätzliche eigene Nachforschungen in der Lage ist, die Stichhaltigkeit der Kündigungsgründe zu prüfen und sich über ihre Stellungnahme schlüssig zu werden[2]. Der Dienstgeber muss zweifelsfrei kenntlich machen, auf welche Tatsachenkomplexe er die Kündigung zu stützen beabsichtigt. Ist bei einem von mehreren Kündigungsgründen dieses Erfordernis nicht erfüllt, fehlt es insoweit an einer ordnungsgemäßen, für die Wirksamkeit der Kündigung unabdingbaren Anhörung[3]. Nicht mitgeteilte Kündigungsgründe kann der Dienstgeber im Kündigungsrechtsstreit nicht nachschieben.

Auch wenn § 30 Abs. 1 MAVO dies nicht ausdrücklich erwähnt, ist die Vorschrift dahin auszulegen, dass allein der Vorsitzende bzw. bei dessen Verhinderung sein Stellvertreter dafür zuständig ist, die schriftliche Mitteilung über die Kündigungsabsicht entgegenzunehmen. Die Entgegennahme der Mitteilung des Dienstgebers durch ein hierzu nicht ermächtigtes Mitglied leitet das Verfahren nicht ein[4]. Ein Fehler bei der Beteiligung der MAV liegt zudem dann vor, wenn auf der Seite des Arbeitgebers nicht die nach der MAVO zuständige Person das Beteiligungsverfahren eingeleitet hat[5]. 446

Die MAV kann gegen die Kündigung innerhalb einer **Frist von einer Woche** nach ordnungsgemäßer Unterrichtung **Einwendungen** erheben. Dies muss unter Einhaltung der Schriftform und unter Angabe von Gründen erfolgen, § 30 Abs. 2 MAVO. Erhebt die MAV innerhalb dieser Frist keine Einwendungen oder hält sie nicht die hierfür vorgesehene Form ein, so gilt dies als Zustimmung zur Kündigung. 447

Einwendungen der MAV können sich auf die in § 30 Abs. 3 Nr. 1–5 MAVO genannten Gründe beziehen, welche mit den in § 102 Abs. 3 BetrVG genann- 448

---

1 BAG v. 28.2.1974 – 2 AZR 455/73, AP Nr. 2 zu § 102 BetrVG 1972 = BAGE 26, 27 = BB 1974, 836 = MDR 1974, 786; BAG v. 16.9.1993 – 2 AZR 267/93, AP Nr. 62 zu § 102 BetrVG 1972 = NZA 1994, 311–315.
2 Zur Beteiligung nach dem MVG: LAG Köln v. 18.1.1995 – 8 Sa 1167/94, Bibliothek BAG = KirchE Bd. 33, 8 = PersR 1995, 313 = AP Nr. 1 zu § 42d MVG-EK Rheinland.
3 LAG Köln v. 28.10.1992 – 7 Sa 692/92, Bibliothek BAG = LAGE § 611 BGB kirchliche Arbeitnehmer Nr. 7 = KirchE Bd. 30, 384.
4 Zum gleichlautenden § 30 Abs. 1 BischMAVO Berlin: BAG v. 16.10.1991 – 2 AZR 156/91, EzA § 10 BetrVG 1972 Nr. 83 = KirchE Bd. 29, 345.
5 LAG Niedersachsen v. 8.11.1989 – 7 (14) Sa 195/89, Bibliothek BAG = KirchE 27, 314 verneint ein ordnungsgemäßes Beteiligungsverfahren für den Fall der Kündigung durch einen Diözesan-Caritasgeschäftsführer, welchem satzungsgemäß die „laufende Verbandsgeschäftsführung" obliegt. Die Befugnis zur „laufenden Verbandsgeschäftsführung" schließe nur dann die Befugnis zur Kündigung von Mitarbeitern ein, wenn eine dahingehende betriebliche Übung besteht.

ten Gründen im Wesentlichen vergleichbar sind. Zu diesen Einwendungen gehört,

– dass die Kündigung gegen Rechtsvorschriften verstößt (Nr. 1),

– dass der Dienstgeber die Sozialauswahl nicht ausreichend berücksichtigt hat (Nr. 2),

– dass der zu kündigende Mitarbeiter an einem anderen Arbeitsplatz in einer Einrichtung desselben Dienstgebers weiter beschäftigt werden kann (Nr. 3),

– dass die Weiterbeschäftigung des Mitarbeiters nach zumutbaren Umschulungs- oder Fortbildungsmaßnahmen möglich ist (Nr. 4) oder

– dass die Weiterbeschäftigung unter geänderten Vertragsbedingungen möglich ist und der Mitarbeiter sein Einverständnis hierzu erklärt hat (Nr. 5).

449   Die in § 30 Abs. 3 Nr. 1–5 MAVO genannten Einwendungen bedürfen der Schriftform und der Angabe konkreter, auf den Einzelfall bezogener Gründe. Kündigt der Dienstgeber, obwohl die MAV Einwendungen der in § 30 Abs. 3 MAVO genannten Art erhoben hat, so ist er verpflichtet, dem betroffenen Mitarbeiter mit der Kündigung eine Abschrift der Einwendungen der MAV zuzuleiten. Dies hat zur Folge, dass dem Arbeitnehmer in einer Angelegenheit, die die MAV üblicherweise besser überblicken kann als er, die Darlegungs- und Beweislast im Kündigungsrechtsstreit erleichtert wird[1].

450   Bringt die MAV Einwendungen vor und hält der Dienstgeber trotzdem an der Kündigungsabsicht fest, muss der Dienstgeber eine gemeinsame Sitzung mit der MAV einberufen, um dort die Einwendungen mit dem Ziele der Verständigung beraten, § 30 Abs. 2 Satz 3 und 4 MAVO.

451   Anders als § 102 Abs. 5 BetrVG und § 79 Abs. 2 BPersVG kennt die MAVO **keine Weiterbeschäftigungspflicht** für den Fall, dass die MAV Einwendungen gegen die ordentliche Kündigung geltend macht und der Arbeitnehmer Kündigungsschutzklage erhebt.

452   Zusätzlich zu den Kündigungsgründen, die jeden Arbeitgeber zur Kündigung des Arbeitsverhältnisses berechtigen, wie etwa die Verletzung von Leistungstreuepflichten, stellen bei den kirchlichen Einrichtungen auch **Verletzungen der Loyalitätsobliegenheit** einen **Kündigungsgrund** dar. Hierbei geht es nicht nur um das dienstliche, sondern auch um das außerdienstliche Verhalten, denn die Erfüllung kirchlicher Aufgaben verträgt keine scharfe Trennung von dienstlicher Loyalität und außerdienstlicher Ungebundenheit[2]. Anerkannt ist, dass die Kirchen in ihren Einrichtungen die von ihrem Verkündigungsauftrag her gebotenen Voraussetzungen für eine Loyalitätspflicht

---

1 *Richardi*, NZA 1998, 113 (116).
2 BAG v. 25.4.1978 – 1 AZR 70/76, BAGE 30, 247 = NJW 1978, 2116 = DB 1978, 2175 = AP Nr. 2 zu Art. 140 GG; BAG v. 16.9.2004 – 2 AZR 447/03, AP Nr. 44 zu § 611 BGB Kirchendienst = ZMV 2005, 152–155.

ihrer Arbeitnehmer festlegen können[1]. Gemäß Art. 4 Abs. 1 GrO erwartet die katholische Kirche von katholischen Mitarbeitern, dass sie die Grundsätze der katholischen Glaubens- und Sittenlehre anerkennen und beachten. Von nichtkatholischen christlichen Mitarbeitern wird erwartet, dass sie die Wahrheiten und Werte des Evangeliums achten und dazu beitragen, sie in der Einrichtung zur Geltung zu bringen (Art. 4 Abs. 2 GrO), und nichtchristliche Mitarbeiter müssen bereit sein, die ihnen übertragenen Aufgaben im Sinne der Kirche zu erfüllen (Art. 4 Abs. 3 GrO). Alle Mitarbeiter haben kirchenfeindliches Verhalten zu unterlassen. Die Mitarbeiter sind an diese Vorgaben gebunden, wenn nicht ihre Anwendung im konkreten Fall im Widerspruch zu den Grundprinzipien der Rechtsordnung steht. Art. 5 Abs. 2 GrO enthält einen differenziert gefassten Katalog mit Regelbeispielen eines Loyalitätsverstoßes, den die Kirche für eine Kündigung aus kirchenspezifischen Gründen als schwerwiegend ansieht: Fehlende Anerkennung der katholischen Glaubens- und Sittenlehre, insbesondere durch Kirchenaustritt, öffentliches Eintreten gegen tragende Grundsätze der katholischen Kirche, schwerwiegende persönliche Verfehlungen, Abschluss einer nach dem Glaubensverständnis der Kirche ungültigen Ehe[2] und Handlungen, die kirchenrechtlich als eindeutige Distanzierung von der katholischen Kirche[3] anzusehen sind. Für pastoral, katechetisch oder leitend tätige Mitarbeiter sowie für Mitarbeiter, die aufgrund einer Missio canonica tätig sind, stellt das in Art. 5 Abs. 2 GrO genannte Verhalten generell einen Kündigungsgrund dar, Art. 5 Abs. 3 GrO. Bei den sonstigen Mitarbeitern hängt gem. Art. 5 Abs. 4 GrO die Möglichkeit einer Weiterbeschäftigung von den Einzelumständen ab, insbesondere von der Art der übertragenen Aufgabe und inwieweit durch das Verhalten die Glaubwürdigkeit der Kirche und der kirchlichen Einrichtung

---

1 BVerfG v. 4.6.1985 – 2 BvR 1703/83, BVerfGE 70, 138 = BB 1985, 1600 = DÖV 1985, 975 = AP Nr. 24 zu Art. 140 GG; BAG v. 18.11.1986 – 7 AZR 274/85, AP Nr. 35 zu Art. 140 GG; BAG v. 7.10.1993 – 2 AZR 226/93, BAGE 74, 325 = AP Nr. 114 zu § 626 BGB = NZA 1994, 443 = NJW 1994, 3032; BAG v. 16.9.2004 – 2 AZR 447/03, AP Nr. 44 zu § 611 BGB Kirchendienst = ZMV 2005, 152–155.

2 Standesamtliche Eheschließung mit einem nicht laisierten katholischen Priester: BAG v. 4.3.1980 – 1 AZR 125/78, BAGE 33, 14 = NJW 1980, 2211; Wiederheirat eines geschiedenen Mitarbeiters: BAG v. 14.10.1980 – 1 AZR 1274/79, BAGE 34, 195 = AP Nr. 7 zu Art. 140 GG = NJW 1981, 1228; BAG v. 16.9.2004 – 2 AZR 447/03, AP Nr. 44 zu § 6111 BGB Kirchendienst = ZMV 2005, 152–155; Eheschließung mit einem geschiedenen Mann: BAG v. 31.10.1984 – 7 AZR 232/83, BAGE 47, 144 = AP Nr. 20 zu Art. 140 GG = MDR 1985, 521.

3 Kündigung eines Assistenzarztes wegen des Kirchenaustritts: BAG v. 12.12.1984 – 7 AZR 418/83, BAGE 47, 292 = BB 1985, 1265 = NJW 1985, 2781 = AP Nr. 21 zu Art. 140 GG; Verschweigen des Kirchenaustritts bei Einstellung: BAG v. 4.3.1980 – 1 AZR 1151/78, BB 1980, 1639 = AP Nr. 4 zu Art. 140 GG; Kündigung eines Buchhalters wegen des Kirchenaustritts; Berücksichtigung der Nähe zu spezifisch kirchlichen Aufgaben: BAG v. 23.3.1984 – 7 AZR 249/81, BAGE 45, 250 = NZA 1984, 287 = NJW 1984, 2596; das BVerfG hebt das Urteil wegen Verletzung des kirchlichen Selbstbestimmungsrechts auf: BVerfG v. 4.6.1985 – 2 BvR 1703/83, BVerfGE 70, 138 = BB 1985, 1600 = JZ 1986, 131 = NJW 1986, 367: Kündigung wegen Kirchenaustritts siehe auch: LAG Brandenburg v. 13.11.2003 – 2 Sa 410/03, LAGE § 611 BGB 2002 Kirchliche Arbeitnehmer Nr. 2; VGH Baden-Württemberg v. 26.5.2003 – 9 S 1077/02, NZA-RR 2003, 629–632.

gefährdet wird bzw. welche Belastungen für die Dienstgemeinschaft entstehen.

452a In Ausübung ihres verfassungsrechtlich garantierten Selbstbestimmungsrechts durften die Kirchen bisher frei entscheiden, ob sie die Religionszugehörigkeit des Bewerbers als erforderliches Einstellungskriterium voraussetzen. Eine solche Differenzierung könnte nun aufgrund der Vorschriften des § 9 AGG, welcher der Umsetzung der Gleichbehandlungsrahmenrichtlinie 2000/78/EG dient, als unzulässig anzusehen sein. So geht etwa das ArbG Hamburg[1] davon aus, dass § 9 AGG dahin richtlinienkonform auszulegen ist, dass kirchliche Arbeitgeber alleine im sog. verkündungsnahen Bereich befugt sein sollen, eine bestimmte Religionszugehörigkeit als Einstellungskriterium zu wählen. Es bleibt abzuwarten, wie die höchstrichterliche Rechtsprechung diese Frage entscheiden wird.

cc) Außerordentliche Kündigung, § 31 MAVO

453 Der frühere Unterschied zur ordentlichen Kündigung wurde von der Neufassung des § 31 Abs. 1 MAVO beseitigt. Der Dienstgeber hat nun auch vor einer außerordentlichen Kündigung schriftlich die Absicht der Kündigung und die Gründe hierzu mitzuteilen[2].

454 Die Kündigung durch einen der MAVO unterfallenden Arbeitgeber, die noch während des Laufs der in § 31 Abs. 2 MAVO vorgesehenen Frist ausgesprochen wird, ist unwirksam, es sei denn, die Mitarbeitervertretung hatte bereits ihre abschließende Stellungnahme abgegeben. Die Erklärung „Die Mitarbeitervertretung nimmt die Maßnahme zur Kenntnis" ist grundsätzlich nicht als eine solche abschließende Stellungnahme zu werten.

455 Verkürzt der Dienstgeber die der Mitarbeitervertretung in § 31 Abs. 2 MAVO eingeräumte Frist zur Stellungnahme über das zulässige Maß hinaus, ist bereits die Einleitung des Anhörungsverfahrens mangelhaft. Der Mangel wird nicht dadurch geheilt, dass die Mitarbeitervertretung noch innerhalb der zu kurzen Frist eine abschließende Stellungnahme abgibt, die nicht in einer ausdrücklichen Zustimmung besteht[3].

456 Will der Dienstgeber vorsorglich eine ordentliche Kündigung mit erklären, muss er auch die Anhörungs- und Mitberatungsregeln des § 30 MAVO beachten.

457 Ob ein Kündigungsgrund vorliegt, der zu einer außerordentlichen Kündigung berechtigt, richtet sich danach, ob ein Störungstatbestand vorliegt, der für einen Vertragsteil unter Berücksichtigung aller Umstände des Einzelfalls und unter Abwägung der Interessen beider Vertragsteile die Fortsetzung des Arbeitsverhältnisses unzumutbar macht. Ein Grund zur außerordentlichen

---

1 ArbG Hamburg v. 4.12.2007 – 20 Ca 105/07, BB 2008, 1348.
2 *Richardi*, Arbeitsrecht in der Kirche, § 18 Rz. 137.
3 LAG Köln v. 2.2.2001 – 11 Sa 1292/00, Bibliothek BAG = ZTR 2001, 375 = ArztR 2002, 21.

verhaltensbedingten Kündigung setzt nach § 626 BGB nicht nur die objektive und rechtswidrige Verletzung einer Vertragspflicht, sondern darüber hinaus auch ein schuldhaftes, vorwerfbares Verhalten des Arbeitnehmers voraus. Die Fortsetzung des Arbeitsverhältnisses kann beispielsweise unzumutbar sein, wenn eine Krankenhausärztin für ihren Ehemann wettbewerbswidrig tätig wird. Hierfür ist aber zu berücksichtigen, welche Auswirkungen der unerlaubte Wettbewerb für das Hospital hat, wie lange die Mitarbeiterin wettbewerbswidrig tätig geworden ist, die Schwere des Vorwurfs und ob dem Hospital ein messbarer Schaden entstanden ist[1].

Auch Loyalitätsverstöße i.S.d. Art. 5 GrO können zu einer außerordentlichen Kündigung berechtigen; bei den Mitarbeitern, die nicht pastoral, katechetisch oder leitend tätig sind, kommt regelmäßig nur eine ordentliche Kündigung in Betracht. So rechtfertigt nach Auffassung des ArbG Essen die kirchlich ungültige Eheschließung einer langjährigen Mitarbeiterin, die nur entfernt am Verkündigungsdienst der Kirche teilnimmt, nur eine ordentliche, nicht aber eine außerordentliche Kündigung[2].   458

Andererseits kann eine außerordentliche Kündigung bei Missachtung der ehelichen Treupflicht eines Kirchenbediensteten gerechtfertigt sein, wenn es gerade seine Aufgabe ist, im Rahmen der Öffentlichkeitsarbeit „mitzuhelfen, dass ein richtiges und wohlwollendes Verständnis für die Kirche entsteht und die Missionierung unterstützt wird"[3]. Eine außerordentliche Kündigung kann auch dann gerechtfertigt sein, wenn eine Mitarbeiterin in einem kirchlichen Kindergarten in der Öffentlichkeit werbend für eine andere Glaubensgemeinschaft eintritt und damit keine hinreichende Gewähr mehr dafür bietet, dass sie der arbeitsvertraglich übernommenen Loyalitätspflicht nachkommt[4]. Das BAG hat einen wichtigen Grund zur fristlosen Kündigung ebenfalls bejaht, wenn der Chefarzt eines katholischen Krankenhauses bei seiner ärztlichen Tätigkeit mit seinen Behandlungsmethoden gegen tragende Grundsätze des Kirchenrechts verstößt. Dies soll auch gelten, wenn es sich um Verstöße im Bereich der privat betriebenen Ambulanz in den Räumen und mit den Einrichtungen des Krankenhauses handelt[5].   459

dd) Massenentlassungen, § 30a MAVO

Zur Umsetzung der EG-Massenentlassungsrichtlinie (98/59/EG) trifft der neu vorgesehene § 30a MAVO eine Bestimmung über die Anhörung bei nach   460

1 BAG v. 10.12.1992 – 2 AZR 271/92, AP Nr. 41 zu Art. 140 GG = EzA § 611 BGB kirchliche Arbeitnehmer Nr. 38 = DB 1993, 1371 = NZA 1993, 593.
2 ArbG Essen v. 22.8.1985 – 3 Ca 2138/85, Bibliothek BAG, KirchE 24, 171.
3 Für einen bei der Kirche Jesu Christi der Heiligen der letzten Tage/Mormonen angestellten Kirchenbediensteten: BAG v. 24.4.1997 – 2 AZR 268/96, AP Nr. 27 zu § 611 BGB Kirchendienst = NZA 1998, 145 = DB 1997, 1878 = KirchE 35, 142.
4 Außerordentliche Kündigung einer Mitarbeiterin der evangelischen Kirche: BAG 21.2.2001 – 2 AZR 139/00, AP Nr. 29 zu § 611 BGB = NVwZ 2001, 1453 = NZA 2001, 1136.
5 BAG v. 7.10.1993 – 2 AZR 226/93, BAGE 74, 325 = AP Nr. 11 zu § 626 BGB = NZA 1994, 443 = NJW 1994, 3032.

§ 17 Abs. 1 KSchG anzeigepflichtigen Massenentlassungen[1]. Beabsichtigt
der Dienstgeber, eine nach § 17 KSchG anzeigepflichtige Massenentlassung
vorzunehmen, hat er der MAV rechtzeitig die zweckdienlichen Auskünfte
zu erteilen und sie insbesondere über die in § 30a Nr. 1–6 genannten Erfordernisse zu unterrichten[2].

11. Beteiligung der Mitarbeitervertretung in sozialen Angelegenheiten

461 Im Unterschied zu den personellen Angelegenheiten betreffen die sozialen
Angelegenheiten die **Arbeitsbedingungen** in der Einrichtung im weitesten
Sinn. Diese sind in der MAVO nicht in einem besonderen Katalog, sondern
als Unterformen der Beteiligung geregelt.

462 Die MAV hat in vielen Fällen ein **Anhörungs- und Mitberatungsrecht**, etwa
bei Maßnahmen innerbetrieblicher Information und Zusammenarbeit, bei
Regelungen bzgl. der täglichen Arbeitszeitverteilung, der Festlegung des
Stellenplanes, der Einführung und Einstellung von sozialen Zuwendungen,
der Überlassung von Mitarbeiterwohnungen und bei Maßnahmen zur Änderung von Arbeitsmethoden und Arbeitsablauf, § 29 Abs. 1 Nr. 1–4, 7, 8, 11,
13–16 MAVO. § 32 Abs. 1 MAVO gewährt der MAV ein entsprechendes als
Mitwirkungsrecht ausgestaltetes **Vorschlagsrecht** (§ 32 Abs. 1 MAVO). In bestimmten sozialen Angelegenheiten wird ihr ein **Zustimmungsrecht** und ein
als Mitbestimmungsrecht ausgestaltetes **Antragsrecht** eingeräumt, §§ 36, 37
MAVO.

463 Von dem Zustimmungs- und Antragsrecht, das der MAVO bei **Änderungen
von Beginn und Ende der täglichen Arbeitszeit** sowie der Verteilung der Arbeitszeit auf die einzelnen Wochentage zusteht (§§ 36 Abs. 1 Nr. 1, 37 Abs. 1
Nr. 1 MAVO), werden Mitarbeiter für pastorale Dienste oder religiöse Unterweisung, die zu ihrer Tätigkeit der ausdrücklichen bischöflichen Sendung
bedürfen, und Mitarbeiter im liturgischen Dienst explizit ausgenommen,
§ 36 Abs. 2 MAVO. Bei ihnen hat die MAV nur ein Anhörungs- und Mitberatungsrecht sowie ein Vorschlagsrecht, §§ 29 Abs. 1 Nr. 2, 32 Abs. 1 Nr. 2
MAVO. Das Zustimmungs- und Antragsrecht gilt auch nicht bei Änderungen der Dauer der wöchentlichen Arbeitszeit, sondern bezieht sich nur auf
die Aufteilung der festliegenden wöchentlichen Arbeitszeit auf die einzelnen
Wochentage. Die Einführung eines sog. „Ansparmodells", bei welchem die
über eine festgelegte Arbeitszeit hinausgehende Arbeitszeit angespart und
abgefeiert wird, unterliegt aber der Zustimmung der MAV[3].

464 Muss aufgrund unvorhersehbarer Erfordernisse die tägliche Arbeitszeit un-
regelmäßig oder kurzfristig festgesetzt werden, wird die Beteiligung der
MAV auf die Grundsätze für die Aufstellung der Dienstpläne, insbesondere

---

1 *Richardi*, Arbeitsrecht in der Kirche, § 18 Rz. 141.
2 Zu Einzelheiten s. *Bleistein/Thiel*, MAVO, § 30a Rz. 11 ff.
3 Schlichtungsstelle der Erzdiözese Köln, Beschl. v. 7.5.1990 – MAVO 6/90 n. v.; Schlichtungsstelle Paderborn, Beschl. v. 4.7.1990 – MAVO VI/89.

für die Anordnung von Arbeitsbereitschaft, Mehrarbeit und Überstunden beschränkt, § 36 Abs. 3 MAVO.

Ebenso wie bei den Regelungen der § 87 Abs. 1 Nr. 2 BetrVG und § 75 Abs. 3   465
Nr. 1 BPersVG, welche einen dem § 36 Abs. 1 Nr. 1 MAVO vergleichbaren
Inhalt haben, ist in § 36 Abs. 1 MAVO der Vorrang von kirchlichen Arbeits-
vertragsordnungen und kirchengesetzlichen Regelungen verankert[1].

Ähnlich wie in den §§ 87 Abs. 1 Nr. 5 BetrVG und 75 Abs. 3 Nr. 3 BPersVG   466
hat die MAV gem. §§ 36 Abs. 1 Nr. 2, 37 Abs. 1 Nr. 2 MAVO ein Zustim-
mungs- und ein Antragsrecht bei der **Festlegung von Richtlinien zum Urlaubsplan und zur Urlaubsregelung**. Gemeint sind damit die Grundsätze, die
nach der für den Mitarbeiter maßgeblichen Urlaubsregelung das Recht des
Dienstgebers beschränken, den Urlaub festzulegen. Inhaltlich können diese
Richtlinien allerdings nur die gesetzlichen Vorschriften über die Urlaubsgewährung nach dem BUrlG wiederholen, wenn sie nicht gegen gesetzliche
Vorschriften verstoßen wollen[2]. Die Richtlinien können daher im Ergebnis
nur auf dem Gebot des § 7 Abs. 1 BUrlG aufbauen, welcher vorsieht, dass bei
der zeitlichen Festlegung des Urlaubs die Wünsche des Arbeitnehmers zu berücksichtigen sind, wenn nicht ihrer Berücksichtigung dringende betriebliche Erfordernisse oder Urlaubswünsche anderer Arbeitnehmer, die unter sozialen Gesichtspunkten den Vorrang verdienen, entgegenstehen.

Zur Einführung von Betriebsferien in einer Einrichtung ist entschieden wor-   467
den, dass bei der Einführung die berechtigten Interessen des Dienstgebers gegen die Interessen der Mitarbeiter an einer individuellen Urlaubsgewährung
gegeneinander abzuwägen sind[3].

Das in den §§ 36 Abs. 1 Nr. 4, 37 Abs. 1 Nr. 4 MAVO geregelte Zustim-   468
mungs- und Antragsrecht bei **Errichtung, Verwaltung und Auflösung sozialer Einrichtungen** findet seine Entsprechung in § 75 Abs. 3 Nr. 5 BPersVG,
ist aber dem Betriebsverfassungsrecht unbekannt. **Sozialeinrichtungen** in
diesem Sinne sind auf Dauer angelegte, institutionalisierte Einrichtungen,
die der Dienstgeber errichtet, um den Mitarbeitern in ihrer Gesamtheit oder
einzelnen Gruppen soziale Vorteile zukommen zu lassen[4]. Hierzu gehören
beispielsweise Pensions- und Unterstützungskassen, Werksküchen, Kanti-
nen, Erholungsheime und Büchereien, nicht aber bloße Kostenzuschüsse
zum Essen oder ein verbilligter Warenbezug[5].

Zu berücksichtigen ist, dass der Dienstgeber ähnlich wie im Betriebsverfas-   469
sungs- und Personalvertretungsrecht im Wege des Mitbestimmungsverfahrens nicht zu einer Erweiterung des finanziellen Dotierungsrahmens ge-

---

1 *Richardi*, Arbeitsrecht in der Kirche, § 18 Rz. 147.
2 *Bleistein/Thiel*, MAVO, § 36 Rz. 42.
3 Schlichtungsstelle der Erzdiözese Köln, Beschl. v. 12.9.1996 – MAVO 14/96, ZMV
   1997, 37.
4 BAG v. 9.12.1980 – 1 ABR 80/77, AP Nr. 5 zu § 87 BetrVG = BAGE 34, 297 = ZIP 1981,
   416 = NJW 1982, 253.
5 *Bleistein/Thiel*, MAVO, § 36 Rz. 52 und 53.

zwungen werden kann[1]. Auch durch einen Beschluss der Einigungsstelle kann er nur insoweit gebunden werden, als für die Maßnahmen finanzielle Deckung in seinen Haushalts-, Wirtschafts- und Finanzierungsplänen ausgewiesen ist, § 47 Abs. 3 Satz 3 MAVO.

12. Beteiligung der Mitarbeitervertretung bei Betriebsänderungen

470   Wegen der wirtschaftlichen Nachteile, die für die Mitarbeiter bei einer Betriebsänderung entstehen können, räumt § 29 Abs. 1 Nr. 17 MAVO der MAV für diesen Fall ein Anhörungs- und Mitberatungsrecht ein (zur Ausübung vgl. Rz. 413 ff.). Im Unterschied zu § 111 BetrVG, welcher eine Beteiligung des Betriebsrates nur bejaht, wenn das Unternehmen in der Regel mehr als zwanzig wahlberechtigte Arbeitnehmer beschäftigt, besteht das Beteiligungsrecht nach der MAVO auch dann, wenn weniger Arbeitnehmer in der kirchlichen Einrichtung beschäftigt sind, wenn nur die Einrichtung überhaupt mitarbeitervertretungsfähig ist. Neben dem Anhörungs- und Mitberatungsrecht hat die MAV für Maßnahmen zum Ausgleich und zur Milderung von wesentlichen wirtschaftlichen Nachteilen sowohl ein Zustimmungsrecht nach § 36 Abs. 1 Nr. 11 MAVO als auch ein Antragsrecht nach § 37 Abs. 1 Nr. 11 MAVO. Auch wenn die MAVO in § 36 Abs. 1 Nr. 11 das Wort „Sozialplan" vermeidet, verwendet sie die Legaldefinition des § 112 Abs. 1 Satz 2 BetrVG und sieht damit die Möglichkeit eines solchen Sozialplans vor[2].

471   Unter den Oberbegriff der **Betriebsänderung** fallen alle Maßnahmen des Dienstgebers, die objektiv zu einer Beendigung oder Beschränkung der Tätigkeit der kirchlichen Einrichtung oder wesentlicher Teile davon führen können[3]. § 29 Abs. 1 Nr. 17 MAVO zählt als solche Maßnahmen Schließung, Einschränkung, Verlegung oder Zusammenlegung von Einrichtungen oder wesentlichen Teilen von ihnen auf. Eine **Schließung** ist die vollständige, planmäßige Einstellung der betreffenden Arbeitseinrichtung für einen von vornherein nicht überschaubaren und jedenfalls erheblichen Zeitraum unter Aufgabe des Zweckes der Einrichtung und der Entlassung der Mitarbeiter[4]. Unter **Einschränkung** ist die planmäßige, teilweise Einstellung der Arbeit ebenfalls für einen unübersehbaren, jedoch erheblichen Zeitraum zu verstehen. Darunter fallen die Verkleinerung der Einrichtung und die Herabsetzung der Zahl der Mitarbeiter[5].

472   Mit **Verlegung** i. S. d. § 29 MAVO ist eine Standortveränderung der Einrichtung ohne Änderung des Zwecks gemeint. Das Beteiligungsrecht besteht je-

---

1 *Richardi*, Arbeitsrecht in der Kirche, § 18 Rz. 153.
2 *Bleistein/Thiel*, MAVO, § 36 Rz. 115; *Richardi*, Arbeitsrecht in der Kirche, § 18 Rz. 155.
3 *Bleistein/Thiel*, MAVO, § 29 Rz. 69.
4 BAG v. 14.10.1982 – 2 AZR 568/80, BAGE 41, 72 = AP Nr. 1 zu § 1 KSchG 1969 = NJW 1984, 381; BAG v. 17.9.1957 – 1 AZR 352/56, AP Nr. 8 zu § 13 KSchG.
5 BAG v. 22.1.1980 – ABR 28/78, BAGE 32, 339 = DB 1980, 1402 = NJW 1980, 2094 = AP Nr. 7 zu § 111 BetrVG.

doch nur, wenn die Standortveränderung nicht so geringfügig ist, dass nachteilige Auswirkungen für die Mitarbeiter von vornherein ausgeschlossen
sind. Eine **Zusammenlegung** kann entweder erfolgen, indem eine Einrichtung in eine andere eingegliedert wird mit der Folge, dass nur letztere fortbesteht, oder durch Zusammenlegung mehrerer Einrichtungen zu einer neu-
en Einrichtung[1].

Das Beteiligungsrecht besteht nicht nur, wenn die gesamte Einrichtung   473
durch die Maßnahme berührt wird, sondern auch, wenn **wesentliche Teile**
betroffen sind, d. h. Teile der Einrichtung, die in einer objektiven Gesamt-
schau von erheblicher Bedeutung sind[2]. Für die Feststellung, ob wesentliche
Teile der Einrichtung betroffen sind, hat die Zahl der betroffenen Mitarbeiter
indizielle Bedeutung. Nach der Rechtsprechung des BAG sind hierzu die
Zahlen und Prozentsätze des § 17 KSchG heranzuziehen[3].

13. Kirchlicher Rechtsschutz im Einigungsverfahren

a) Funktionen der Einigungsstelle

Mit Inkrafttreten der Kirchlichen Arbeitsgerichtsordnung (KAGO) vom   474
1.7.2005[4] wird der kirchliche Rechtsschutz im Bereich des kollektiven Arbeitsrechts von kirchlichen Gerichten und von einer Einigungsstelle gewährt, die an die Stelle der bisherigen MAVO-Schlichtungsstellen treten. In
diesem Rahmen wurden die §§ 40–47 MAVO mit Hilfe der KAGO-Anpas-
sungsgesetze unter Aufhebung der bisherigen §§ 40–42 MAVO a. F. neu eingeführt.

Die ehemalige Schlichtungsstelle nach der MAVO erfüllte eine Doppelfunk-   475
tion. Aus den Kompetenzzuweisungen ergab sich, dass die Schlichtungsstelle sowohl Regelungs- als auch Rechtsstreitigkeiten entschied, also **schlich-
tende und rechtsprechende Funktionen** ausübte. Die **Schlichtungsaufgabe**
geht nunmehr auf die Einigungsstelle über[5].

Die Einigungsstelle dient der Vermittlung und der Entscheidung in den   476
in § 45 MAVO abschließend aufgeführten Regelungsstreitigkeiten[6]. § 45
MAVO enthält allerdings keine Reichweite, die mit § 76 BetrVG vergleichbar wäre[7]. Die Einigungsstelle ist weder Gericht noch Behörde, sondern vielmehr ein besonderes Organ des Mitarbeitervertretungsrechtes, dem kraft
Kirchengesetzes gewisse Befugnisse zur Beilegung von Meinungsverschiedenheiten übertragen sind[8]. Anders als die Einigungsstellen nach § 76 Abs. 1

---

1 *Bleistein/Thiel*, MAVO, § 29 Rz. 73.
2 So für eine Krankenhausapotheke: Schlichtungsstelle Köln, Beschl. v. 14.3.1996 –
  MAVO 6/96, ZMV 1996, 304.
3 BAG v. 22.5.1979, AP Nr. 4 zu § 111 BetrVG 1972; BAG v. 26.10.1982 – 1 ABR 11/81,
  DB 1983, 1766.
4 Vgl. ABl. des Erzbistums Köln 2005 Nr. 190 S. 225.
5 *Eder*, ZTR 2005, 350 (351).
6 *Bleistein/Thiel*, MAVO, § 40 Rz. 36; *Thiel*, ZMV 2005, 165 (167).
7 *Bleistein/Thiel*, MAVO, § 45 Rz. 3.
8 *Bleistein/Thiel*, MAVO, § 40 Rz. 64.

Satz 1 BetrVG sind die Einigungsstellen der MAVO als ständige Einrichtungen geschaffen worden. Aus dem Wortlaut des § 40 Abs. 2 MAVO ergibt sich, dass die Errichtung einer Einigungsstelle für die einzelnen Diözesen verpflichtend ist. Es bleibt den einzelnen Diözesen allerdings unbenommen, eine Einigungsstelle für mehrere Diözesen gemeinsam zu errichten[1].

b) Bildung und Zusammensetzung der Einigungsstelle, §§ 40, 41 MAVO

477   Vorgesehen ist, dass für den Bereich der Diözese eine Einigungsstelle besteht, die für alle Einrichtungen i. S. d. § 1 Abs. 1 MAVO zuständig ist, die ihren Sitz innerhalb der jeweiligen Diözese haben. Werden **überdiözesane Einrichtungen** in mehreren Diözesen tätig, ist – sofern nicht auf Antrag des Rechtsträgers im Einvernehmen mit den jeweiligen Diözesanbischöfen Abweichendes bestimmt wurde – die MAVO der Diözese anzuwenden, in der sich der Sitz der Hauptniederlassung befindet[2].

478   Die Einigungsstellen bestehen gem. § 41 Abs. 1 MAVO aus dem Vorsitzenden und seinem Stellvertreter sowie einer gleich großen Anzahl von Beisitzern aus Kreisen der Dienstgeber und der Mitarbeiter und zusätzlich aus für die Durchführung der konkreten Einigungsstellenverfahren von den Verfahrensbeteiligten benannten sog. Ad-hoc-Beisitzern. Tritt die Einigungsstelle zusammen entscheidet sie in der Besetzung mit dem Vorsitzenden, je einem Beisitzer aus der Liste der Dienstgeber und der Mitarbeiter sowie zweier Ad-hoc-Beisitzer; also insgesamt mit fünf Personen. Fehlt bei der mündlichen Verhandlung, Beratung und Entscheidung ein Mitglied der Einigungsstelle, kann sie nicht entscheiden und muss sich vertagen. Ansonsten ist ihre Entscheidung nicht bindend[3].

479   Allen Mitgliedern der Einigungsstelle ist gemein, dass sie gem. § 43 Abs. 1 MAVO der katholischen Kirche angehören müssen, an der Ausübung der allgemeinen Gliedschaftsrechte nicht gehindert sind (z. B. durch Verhängung einer Kirchenstrafe wie Exkommunikation, Interdikt oder Suspension) und für das kirchliche Gemeinwohl eintreten. Darüber hinaus darf kein Mitglied der Einigungsstelle als Richter eines kirchlichen Gerichtes für Arbeitssachen tätig sein, § 43 Abs. 1 Satz 2 MAVO.

480   Für den Vorsitzenden und seinen Stellvertreter ist zusätzlich erforderlich, dass er keinen kirchlichen Beruf ausübt. Im Gegensatz zur früheren Schlichtungsstelle braucht der Vorsitzende und sein Stellvertreter der Einigungsstelle allerdings nicht mehr die Befähigung zum Richteramt nach § 5 DriG zu besitzen. Es reicht aus, dass sie im Arbeitsrecht oder Personalwesen erfahrene Personen sind und dies nachweisen können, vgl. § 43 Abs. 2 MAVO.

481   Bei den Beisitzern und Ad-hoc-Beisitzern ist zu unterscheiden. Diejenigen, die aus den Listen der Dienstgeber stammen bzw. von den Dienstgebern be-

---

1 *Bleistein/Thiel*, MAVO, § 40 Rz. 61.
2 *Bleistein/Thiel*, MAVO, § 40 Rz. 58.
3 *Bleistein/Thiel*, MAVO, § 41 Rz. 16.

nannt wurden, dürfen nicht als Mitarbeiter i. S. d. § 3 Abs. 2 Nr. 1–5 MAVO
gelten, § 43 Abs. 3 Satz 1 MAVO. Die Beisitzer und Ad-hoc-Beisitzer aus den
Kreisen der Mitarbeiter können bestellt werden, wenn sie gem. § 8 MAVO
die Voraussetzungen für die Wählbarkeit in die Mitarbeitervertretung erfüllen und im Dienst eines kirchlichen Anstellungsträgers im Geltungsbereich
der MAVO stehen, § 43 Abs. 3 Satz 2 MAVO. Darüber hinaus ist zu beachten, dass Personen die im Personalwesen tätig sind oder mit der Rechtsberatung der Mitarbeitervertretungen betraut sind, nicht zum Listen-Beisitzer
bestellt werden können, § 43 Abs. 4 MAVO.

Die Bestellung des Vorsitzenden und seines Stellvertreters erfolgt durch den   482
Diözesanbischof aufgrund eines Vorschlags der ordnungsgemäß bestellten
Beisitzer, § 44 Abs. 1 MAVO. Die Abgabe eines Vorschlags bedarf einer
Zweidrittelmehrheit der Listenbeisitzer. Eine Ernennungspflicht besteht für
den Diözesanbischof nur, wenn die Bestellungsvoraussetzungen gem. § 43
Abs. 1 und 2 vorliegen. Ist dies nicht der Fall, weist er den Ernennungsvor-
schlag mit Begründung zurück.

Das vorzeitige Ausscheiden des Vorsitzenden oder seines Stellvertreters ist   483
für den Fall des Rücktritts oder der Feststellung des Wegfalls der Berufungs-
voraussetzungen durch den Diözesanbischof[1] in § 44 Abs. 3 MAVO geregelt.
Es obliegt dann dem Diözesanbischof einen Nachfolger für die Dauer der
verbleibenden Amtszeit zu ernennen. Die Abberufung eines Mitgliedes der
Einigungsstelle während der Amtszeit ist nicht eigens vorgesehen.

Die Bestellung der Listen-Beisitzer erfolgt gem. § 44 Abs. 2 MAVO aufgrund   484
von jeweils vom Generalvikar sowie den Vorständen der diözesanen Arbeitsgemeinschaften der Mitarbeitervertretungen zu erstellenden Beisitzerlisten.

Gemäß § 43 Abs. 5 MAVO beträgt die Amtszeit der Mitglieder der Schlich-   485
tungsstelle fünf Jahre. Für den Vorsitzenden und seinen Stellvertreter beginnt sie mit der Ernennung durch den Bischof, für die Beisitzer und ihre
Stellvertreter beginnt sie mit der Bestellung durch das zuständige Bestel-
lungsgremium, frühestens aber mit Ablauf der Amtszeit der noch im Amt
befindlichen Einigungsstelle. Sind bis zum Ende der Amtszeit weder der
neue Vorsitzende noch dessen Stellvertreter ernannt worden, führen der bisherige Vorsitzende und dessen Stellvertreter die Geschäfte bis zur Ernennung eines Nachfolgers weiter.

c) Rechtsstellung der Mitglieder

§ 42 Abs. 1 MAVO sieht vor, dass die Mitglieder der Einigungsstelle bei allen   486
Entscheidungen von Weisungen unabhängig und nur an das kirchliche und
staatliche Gesetz und Recht gebunden sind. Bei der Ausübung ihres Amtes
sind sie nur dem Recht und ihrem Gewissen unterworfen. Um die Unabhängigkeit der Entscheidung des Vorsitzenden zu gewährleisten, ist festgelegt,
dass er nicht im kirchlichen Dienst stehen darf.

---

1 Näher geregelt im diözesanen Recht.

487 Die Mitglieder der Einigungsstelle sind ehrenamtlich und damit unentgelt-
lich tätig. Sie erhalten lediglich Auslagenersatz nach den in der Diözese je-
weils geltenden reisekostenrechtlichen Vorschriften, § 42 Abs. 2 MAVO. Die
Beisitzer sind zur Ausübung ihrer Amtstätigkeit von ihrer dienstlichen
Tätigkeit unter Entgeltfortzahlung freizustellen, § 42 Abs. 3 MAVO. Die
Mitglieder der Einigungsstelle unterliegen sowohl während ihrer Amtszeit
als auch nach ihrem Ausscheiden der Schweigepflicht, § 42 Abs. 1 Satz 3
MAVO. Diese erstreckt insbesondere auf das Beratungsgeheimnis[1].

d) Zuständigkeiten

488 In welchen Angelegenheiten das Verfahren vor der Einigungsstelle stattfindet, regelt § 45 MAVO. Der abschließende Katalog des § 45 Abs. 1 MAVO begründet die Zuständigkeit der Einigungsstelle auf Antrag des Dienstgebers
für folgende Streitigkeiten:

- Änderung von Beginn und Ende der täglichen Arbeitszeit einschließlich
  der Pausen und der Verteilung der Arbeitszeit auf die einzelnen Wochentage (Nr. 1)

- Festlegung der Richtlinien zum Urlaubsplan und zur Urlaubsregelung
  (Nr. 2)

- Planung und Durchführung von Veranstaltungen für die Mitarbeiter
  (Nr. 3)

- Errichtung, Verwaltung und Auflösung sozialer Einrichtungen (Nr. 4)

- Inhalt von Personalfragebögen (Nr. 5)

- Beurteilungsrichtlinien für Mitarbeiter (Nr. 6)

- Richtlinien für die Gewährung von Unterstützungen, Vorschüssen, Darle-
  hen und entsprechenden sozialen Zuwendungen (Nr. 7)

- Durchführung der Ausbildung, soweit nicht durch Rechtsvorschriften
  oder Ausbildungsvertrag geregelt (Nr. 8)

- Einführung und Anwendung technischer Einrichtungen, die dazu bestimmt sind, das Verhalten oder die Leistung der Mitarbeiter zu überwachen (Nr. 9)

- Maßnahmen zur Verhütung von Dienst- und Arbeitsunfällen und sonstigen Gesundheitsschädigungen (Nr. 10)

- Maßnahmen zum Ausgleich und zur Milderung von wesentlichen wirtschaftlichen Nachteilen für die Mitarbeiter wegen Schließung, Einschränkung, Verlegung oder Zusammenlegung von Einrichtungen oder wesentlichen Teilen von ihnen (Nr. 11)

- Zuweisung zu den einzelnen Stufen des Bereitschaftsdienstes (Nr. 12).

---

1 *Bleistein/Thiel*, MAVO, § 42 Rz. 4.

Darüber hinaus findet das Verfahren vor der Einigungsstelle gem. § 45 Abs. 2   489
MAVO auf Antrag des Dienstgebers bei Streitigkeiten über die Versetzung,
Abordnung, Zuweisung oder Personalgestellung eines Mitglieds der Mit-
arbeitervertretung statt.

e) Ablauf des Verfahrens

Das Verfahren wird durch Antrag eingeleitet. Der Antrag ist schriftlich und   490
in doppelter Ausführung an die örtlich zuständige Geschäftsstelle der Einigungsstelle zu senden[1]. Er soll den Antragsteller, den Antragsgegner und den
Streitgegenstand bezeichnen und eine Begründung enthalten. Der Antrag
wird sodann an den Vorsitzenden der Einigungsstelle geleitet, der die Antragsschrift an den Antragsgegner übersendet und ihm eine Frist zur schriftlichen Antragserwiderung setzt, § 46 Abs. 1 Satz 3 und 4 MAVO. Erkennt
der Vorsitzende nach Prüfung die Möglichkeit einer Einigung der Beteiligten,
so unterbreitet er den Beteiligten einen schriftlichen und begründeten Einigungsvorschlag. Kommen die Beteiligten überein und nehmen den Einigungsvorschlag an, ist mit der Beurkundung der Einigung durch den Vorsitzenden das Einigungsverfahren beendet, § 46 Abs. 2 MAVO. Erfolgt keine
Einigung, bestimmt der Vorsitzende einen Termin zur mündlichen Verhandlung, § 46 Abs. 3 MAVO. Er veranlasst die Ladungen der Beteiligten und die
Benennung der Ad-hoc-Beisitzer. Die Verhandlung selbst vor der Einigungsstelle ist nicht öffentlich (§ 46 Abs. 4 Satz 1 MAVO) und wird unter Anwesenheit der Listen-Beisitzer und der Ad-hoc-Beisitzer vom Vorsitzenden ge-
leitetet. Er führt in den Sach- und Streitstand in der Sitzung ein (§ 46 Abs. 4
Satz 3 MAVO) und erörtert mit den Beteiligten den Streitgegenstand. Dabei
wird dem Grundsatz des rechtlichen Gehörs Geltung verschafft, indem den
Beteiligten Gelegenheit zur Stellungnahme durch mündlichen Vortrag eingeräumt wird, § 46 Abs. 4 Satz 4 MAVO.

Liegen gravierende Verstöße gegen zwingende allgemeine Verfahrensgrund-   491
sätze vor, so führt dies unter Umständen zur Nichtigkeit der Entscheidung
der Einigungsstelle. Sind beispielsweise nicht alle Beisitzer zur Sitzung er-
schienen, kann kein Spruch der Einigungsstelle ergehen. Ein solcher wäre
unwirksam[2].

Das unentschuldigte Ausbleiben des Antragstellers im Termin führt als   492
Konsequenz zur Abweisung des Antrags durch die Einigungsstelle[3].

Das Verfahren vor der Einigungsstelle ist kostenfrei, § 47 Abs. 5 Satz 1   493
MAVO. Die durch die Inanspruchnahme der Einigungsstelle entstehenden
Kosten trägt die Diözese, die die Einigungsstelle errichtet hat, § 47 Abs. 5
Satz 2 MAVO. Der Dienstgeber trägt seine Auslagen im Einigungsverfahren
selbst. Die beteiligte Mitarbeitervertretung hat hingegen Anspruch auf Er-

---

1 *Bleistein/Thiel*, MAVO, § 46 Rz. 3.
2 BAG v. 27.6.1995 – 1 ABR 3/95, NZA 1996, 161; *Bleistein/Thiel*, MAVO, § 46 Rz. 14.
3 *Bleistein/Thiel*, MAVO, § 46 Rz. 15.

stattung ihrer notwendigen Aufwendungen nebst bewilligter Rechtsberatung (§ 17 Abs. 1 MAVO)[1].

f) Entscheidung durch Einigungsspruch

494   Erst wenn der Einigungsvorschlag abgelehnt worden ist, kann die Einigungsstelle durch Beschluss entscheiden. Der Spruch der Einigungsstelle ergeht unter angemessener Berücksichtigung der Belange der Einrichtung des Dienstgebers sowie der betroffenen Mitarbeiter nach billigem Ermessen. Der Einigungsspruch wird mit der absoluten Stimmenmehrheit der fünf Mitglieder gefasst und ist zu verkünden, § 47 Abs. 2 MAVO. Er muss den zugrunde liegenden Sachverhalt enthalten und begründet werden. Der Spruch muss die Beteiligten und ihre Vertreter nennen. Die Verkündung erfolgt entweder im Anschluss an die mündliche Verhandlung oder durch Zustellung der Beschlussformel an die Beteiligten.

495   Der Spruch bindet die Beteiligten, § 47 Abs. 3 Satz 2 MAVO. Er ersetzt die nicht zustande gekommene Einigung der Beteiligten. Diese sind verpflichtet, die von der Schlichtungsstelle getroffene Entscheidung durchzuführen. Eine Beschränkung ergibt sich aus § 47 Abs. 3 Satz 3 MAVO, welcher den Rechtsgedanken des § 71 Abs. 3 BPersVG aufnimmt und vorsieht, dass der Dienstgeber nur insoweit gebunden wird, als für die Maßnahmen finanzielle Deckung in seinen Haushalts-, Wirtschafts- und Finanzierungsplänen ausgewiesen ist. Durch diese Regelung soll verhindert werden, dass die Einigungsstelle – als eine für die Wirtschaftlichkeit nicht verantwortliche Instanz – haushaltswirksame Beschlüsse fassen kann[2].

496   Allerdings kann der Dienstgeber aus § 47 Abs. 3 Satz 3 MAVO nicht das Recht herleiten, unter Berufung auf fehlende finanzielle Deckung Verhandlungen über den Abschluss von Regelungen nach § 36 MAVO – insbesondere bei der Aufstellung eines Sozialplanes (§ 36 Abs. 1 Nr. 11) – zu verweigern[3]. Zudem darf der Dienstgeber nicht dadurch die Entscheidungsbefugnis der Einigungsstelle unzulässig beschränken, dass er generell die Bereitstellung von Haushalts- und Finanzierungsmitteln für beschlossene Maßnahmen ablehnt[4].

g) Durchsetzung und Überprüfung der Entscheidung

497   Grundregeln für die **Durchsetzung** von Entscheidungen der Einigungsstellen im Bereich des Mitarbeitervertretungsrechts fehlen. Nach staatlichem Recht (§§ 704, 794 ZPO) ist der Beschluss der Einigungsstelle nicht gegen den Dienstgeber vollstreckungsfähig.

---

1 *Bleistein/Thiel*, MAVO, § 47 Rz. 21.
2 *Bleistein/Thiel*, MAVO, § 47 Rz. 12.
3 Vgl. VerwG.EKD, Beschl. v. 16.11.1996, ZMV 1996, 142.
4 *Bleistein/Thiel*, MAVO, § 47 Rz. 12.

Der Spruch der Einigungsstelle kann von den Beteiligten des Verfahrens vor   498
der Einigungsstelle gem. § 47 Abs. 4 MAVO i. V. m. § 2 Abs. 2 KAGO beim
Kirchlichen Arbeitsgericht angefochten werden, wenn der Spruch oder das
Verfahren selbst rechtsfehlerhaft war oder die Einigungsstelle ihr Ermessen
fehlerhaft ausgeübt hat.

Die Überschreitung der Grenzen des Ermessens durch die Einigungsstelle   499
kann nur binnen einer Frist von zwei Wochen nach Zugang des Spruches geltend gemacht werden, § 47 Abs. 4 Halbs. 2 MAVO. Hierbei handelt es sich
um eine materiellrechtliche Ausschlussfrist[1]. Beruft sich der Dienstgeber im
Fall des § 47 Abs. 3 Satz 3 MAVO auf die fehlende finanzielle Deckung, kann
dieser Einwand genauso wie andere rechtliche Mängel des Spruchs nur innerhalb einer vierwöchigen materiellrechtlichen Ausschlussfrist seit Zugang
des Spruches geltend gemacht werden.

**14. Kirchlicher Rechtsschutz durch das Kirchliche Arbeitsgericht erster
Instanz**

a) Allgemeines

Mit Einführung der KAGO am 1. Juli 2005 wurde eine eigene kirchliche Ar-   500
beitsgerichtsbarkeit geschaffen. § 14 Abs. 1 KAGO sieht in diesem Zusammenhang vor, dass für jedes Bistum ein Kirchliches Arbeitsgericht als Gericht erster Instanz geschaffen wird. Möglich ist es allerdings auch, dass
durch Vereinbarung der Diözesanbischöfe ein gemeinsames Kirchliches Arbeitsgericht für mehrere Diözesen errichtet wird, § 14 Abs. 2 KAGO. Beispielsweise wird im Bereich der sieben (Erz-)Diözesen in Bayern für alle
Streitigkeiten aus der MAVO ein gemeinsames Arbeitsgericht geschaffen.
Auch die fünf nordrhein-westfälischen Bistümer Aachen, Essen, Köln,
Münster und Paderborn haben sich auf die Errichtung eines gemeinsamen
Arbeitsgerichts erster Instanz in Köln verständigt.

b) Zusammensetzung der Kirchlichen Arbeitsgerichte erster Instanz

Die Kirchlichen Arbeitsgerichte erster Instanz bestehen aus dem Vorsitzen-   501
den, seinem Stellvertreter, sechs beisitzenden Richtern aus den Kreisen der
Dienstgeber, drei beisitzenden Richtern aus den Kreisen der Mitarbeitervertretungen und drei beisitzenden Richtern aus den Kreisen der KODA-Mit-
arbeiterseite, § 16 Abs. 1 KAGO. Das Kirchliche Arbeitsgericht entscheidet
in der Besetzung mit drei Personen, nämlich mit dem Vorsitzenden, einem
beisitzenden Richter aus den Kreisen der Dienstgeber und einem beisitzenden Richter aus den Kreisen der Mitarbeiter, § 16 Abs. 2 KAGO.

Alle Richter müssen katholischen Glaubens sein und nicht in der Ausübung   502
der allen Kirchenmitgliedern zustehenden Rechte behindert sein, sowie die
Gewähr dafür bieten, dass sie jederzeit für das kirchliche Gemeinwohl eintreten, § 18 Abs. 1 KAGO. Für den Vorsitzenden und dessen Stellvertreter

---

1 *Bleistein/Thiel*, MAVO, § 47 Rz. 15.

wird zusätzlich verlangt, dass er die Befähigung zum Richteramt nach dem Deutschen Richtergesetz besitzt. Er darf ferner weder einen anderen kirchlichen Dienst als den des Richters beruflich ausüben noch dem Leitungsorgan einer kirchlichen Einrichtung angehören und soll Erfahrung auf dem Gebiet des kanonischen Rechts und Berufserfahrung im Arbeitsrecht oder Personalwesen mitbringen, § 18 Abs. 2 KAGO. Der Vorsitzende und der stellvertretende Vorsitzende des Kirchlichen Arbeitsgerichts werden vom (Erz-)Bischof für die Dauer von **fünf Jahren** ernannt, § 19 KAGO. Die Amtszeit der beisitzenden Richter beträgt ebenfalls fünf Jahre. Die beisitzenden Richter aus den Kreisen der Dienstgeber werden auf Vorschlag des Domkapitels als Konsultorenkollegium und/oder des Diözesanvermögensverwaltungsrats, diejenigen aus den Kreisen der Mitarbeiter werden hingegen auf Vorschlag des Vorstands der diözesanen Arbeitsgemeinschaften und auf Vorschlag der Mitarbeitervertreter in der KODA vom (Erz-)Bischof ernannt, § 20 KAGO.

c) Rechtsstellung der Richter

503   Die Richter sind weisungsunabhängig und nur an Gesetz und Recht gebunden, § 17 Abs. 1 Satz 1 KAGO. Während dem Vorsitzenden und seinem Stellvertreter gem. § 17 Abs. 2 KAGO eine Vergütung gewährt werden kann, ist die Tätigkeit der beisitzenden Richter ehrenamtlicher Natur, § 17 Abs. 3 Satz 1 KAGO. Sie erhalten lediglich Auslagenersatz nach dem am Sitz des Gerichtes jeweils geltenden reisekostenrechtlichen Vorschriften, § 17 Abs. 3 Satz 2 KAGO. Die Beisitzer sind zur Ausübung ihrer Amtstätigkeit von ihrer dienstlichen Tätigkeit unter Entgeltfortzahlung freizustellen, § 17 Abs. 4 KAGO.

504   Alle Richter des kirchlichen Arbeitsgerichts unterliegen der **Schweigepflicht** auch nach dem Ausscheiden aus ihrem Amt, § 17 Abs. 1 Satz 3 KAGO.

d) Zuständigkeiten

505   Die **sachliche Zuständigkeit** des Kirchlichen Arbeitsgerichts ist in § 2 KAGO normiert. In diesem Zusammenhang ist besonders die Regelung des § 2 Abs. 2 KAGO von Bedeutung. Danach ist das Kirchliche Arbeitsgericht zuständig für alle Rechtsstreitigkeiten aus der MAVO. Dies betrifft alle Tatbestände, soweit sie nicht als Regelungsstreitigkeit definiert und der Einigungsstelle zugewiesen sind[1]. Die Zuständigkeit des Kirchlichen Arbeitsgerichts bezieht sich ausdrücklich auch auf die die MAVO ergänzenden Ordnungen[2] einschließlich des Wahlverfahrensrechts und des Verfahrens vor der Einigungsstelle.

506   Wichtige Rechtsstreitigkeiten, die die Zuständigkeit des Kirchlichen Arbeitsgerichts nach sich ziehen, sind z.B.[3]:

---

1 *Eder*, ZTR 2005, 350 (352).
2 Beispielsweise die Regelungen für die diözesanen Arbeitsgemeinschaften der Mitarbeitervertretungen (DiAG-MAV).
3 Katalog nach *Bleistein/Thiel*, MAVO, § 45 Rz. 26 ff.

- Fehlerhafte und rechtsmissbräuchliche Rechtsausübung bei der Festlegung der Einrichtung (§ 1a Abs. 2 MAVO)

- Pflichtverletzungen des Dienstgebers bei der Errichtung einer Mitarbeitervertretung (§ 10 MAVO)

- Anfechtung einer Mitarbeitervertretungswahl (§ 12 Abs. 3 MAVO)

- Auflösung der Mitarbeitervertretung (§ 13 Abs. 3 Nr. 6 MAVO)

- Erlöschen der Mitgliedschaft eines Mitgliedes in der MAV (§ 13c Nr. 2 und Nr. 4)

- Freistellung von Mitarbeitern von der Arbeit zur Teilnahme an einer Schulungsveranstaltung (§ 16 MAVO)

- Verstöße des Dienstgebers gegen Vorschriften der MAVO[1]

- Zulässigkeit von vorläufigen Regelungen (§ 33 Abs. 5 MAVO)

- Verstöße gegen eine Dienstvereinbarung (§ 38 MAVO)

- Verweigerung der Kostenübernahme für die Tätigkeit sachkundiger Personen (§ 17 Abs. 1 Satz 2, 2. Spiegelstrich)

- Rechtmäßige Berufung eines Mitarbeiters zum leitenden Mitarbeiter (§ 3 Abs. 2 Nr. 2–4 MAVO)

- Anfechtung eines Spruchs der Einigungsstelle (§ 47 Abs. 4 MAVO)

Die **örtliche Zuständigkeit** des Kirchlichen Arbeitsgerichts ist in § 3 KAGO geregelt. Grundsätzlich ist das Gericht, in dessen Dienstbezirk eine gem. § 8 KAGO beteiligungsfähige Person ihren Sitz hat, für alle gegen sie zu erhebenden Klagen zuständig, § 3 Abs. 1 Satz 1 KAGO. Ist der Beklagte eine natürliche Person, bestimmt sich der Gerichtsstand nach dem dienstlichen Einsatzort des Beklagten, § 3 Abs. 1 Satz 2 KAGO. Bei Angelegenheiten mehr- und überdiözesaner Einrichtungen, ist das Gericht grundsätzlich ausschließlich zuständig, in dessen Dienstbezirk sich der Sitz der Hauptniederlassung des Rechtsträgers eines Verfahrensbeteiligten befindet, soweit nicht durch Gesetz eine davon abweichende Regelung getroffen wurde, § 3 Abs. 3 KAGO. 507

e) Ablauf des Verfahrens

Auf das Verfahren vor den Kirchlichen Arbeitsgerichten im ersten Rechtszug finden gem. § 27 KAGO grundsätzlich die Vorschriften des Arbeitsgerichtsgesetzes über das Urteilsverfahren in ihrer jeweils geltenden Fassung Anwendung und damit über § 46 ArbGG auch die Vorschriften der ZPO, soweit die KAGO selbst keine abweichenden Regelungen enthält. 508

Das Verfahren vor dem Kirchlichen Arbeitsgericht wird durch Erhebung der Klage eingeleitet, § 28 Satz 1 KAGO. Die Klage muss den Kläger, den Beklagten und den Streitgegenstand bezeichnen sowie die Gründe für die Klage ent- 509

---

1 Vgl. im Einzelnen *Bleistein/Thiel*, MAVO, § 45 Rz. 47.

halten. Die Klage ist nur zulässig, wenn der Kläger gem. § 10 KAGO klagebefugt ist, d. h., wenn er die Verletzung eigener Rechte oder die Verletzung von Rechten eines Organs, dem er angehört, geltend macht.

510   Des Weiteren ist zur Zulässigkeit erforderlich, dass die Beteiligten nach § 8 Abs. 2 KAGO beteiligtenfähig sind. Die Beteiligten können gem. § 11 KAGO den Rechtsstreit selbst führen oder sich durch eine sach- und rechtskundige Person vertreten lassen.

511   Für die Kirchlichen Arbeitsgerichte gilt der Öffentlichkeitsgrundsatz, d. h., sowohl die mündliche Verhandlung vor dem erkennenden Gericht als auch die Verkündung der Urteile sind öffentlich. Weiterhin gelten der Grundsatz der Mündlichkeit und der schon im kanonischen Recht vorhandene und damit der traditionelle kirchliche Amtsermittlungsgrundsatz[1].

512   Gebühren werden für das Verfahren vor den kirchlichen Gerichten für Arbeitssachen nicht erhoben, § 12 Abs. 1 Satz 1 KAGO. Das Gericht entscheidet durch Urteil, ob Auslagen gemäß den KODA-Ordnungen und den mitarbeitervertretungsrechtlichen Vorschriften erstattet werden und wer diese zu tragen hat, § 12 Abs. 1 Satz 2 KAGO.

f) Entscheidung durch Urteil

513   Gemäß § 43 Abs. 1 KAGO entscheidet das Gericht nach dem Ende der mündlichen Verhandlung und der durchgeführten Beratung und Abstimmung (§ 42 Abs. 1 KAGO) nach seiner freien Überzeugung durch Urteil. Das Urteil ist unter Angabe der tatsächlichen und rechtlichen Gründe, die für die richterliche Entscheidung maßgebend gewesen sind, schriftlich abzufassen und von allem mitwirkenden Richtern zu unterschreiben, § 43 Abs. 1 Satz 2 und 3 KAGO. Dem Grundsatz rechtlichen Gehörs wird insoweit Geltung verschafft, als das Urteil nur auf solche Tatsachen und Beweisergebnisse gestützt werden darf, zu denen sich die Beteiligten auch äußern konnten, § 43 Abs. 2 KAGO.

514   Daneben hat die KAGO aber auch andere Beendigungsgründe wie den gerichtlichen Vergleich (§ 41 Abs. 1 KAGO), die übereinstimmende Erledigungserklärung (§ 41 Abs. 2, 3 KAGO) und die Klagerücknahme (§ 29 KAGO) eigenständig geregelt.

g) Durchsetzung und Überprüfung der Urteile

515   Erstmalig finden sich durch die KAGO Regelungen im kirchlichen Recht, die die Möglichkeit der Vollstreckung von Urteilen behandeln[2]. Wird ein Beteiligter rechtskräftig zu einer Leistung verpflichtet, so hat er dem Gericht innerhalb eines Monats nach Eintritt der Rechtskraft zu berichten, dass er die ihm auferlegte Verpflichtung erfüllt hat, § 53 Abs. 1 KAGO. Kommt der

---

1 *Eder*, ZTR 2005, 350 (352).
2 *Eder*, ZTR 2005, 350 (352).

Verpflichtete dieser Berichtspflicht nicht fristgerecht nach, so fordert ihn der Vorsitzende auf, die Verpflichtung unverzüglich zu erfüllen, § 53 Abs. 2 Satz 1 KAGO. Bleibt auch die Aufforderung seitens des Vorsitzenden ohne Erfolg, so ersucht das Gericht den kirchlichen Vorgesetzten des verpflichteten Beteiligten um Vollstreckungshilfe, § 53 Abs. 2 Satz 2 KAGO.

Bleiben all diese Maßnahmen erfolglos, so kann das Gericht auf Antrag gegen den säumigen Beteiligten eine Geldbuße bis zu 2500 Euro verhängen und anordnen, dass die Entscheidung des Gerichtes unter Nennung der Verfahrensbeteiligten im Amtsblatt des für den säumigen Beteiligten zuständigen Bistums zu veröffentlichen ist, § 53 Abs. 3 KAGO. Damit ist neben einer Geldstrafe durch die Veröffentlichung eine Art „kirchlicher Pranger" in die KAGO als Vollstreckungsmaßnahme eingeführt worden[1].   516

Für die Vollstreckung von Willenserklärungen hat die KAGO in § 54 KAGO eine mit § 894 Abs. 1 ZPO identische Vorschrift geschaffen. Danach gilt eine Willenserklärung mit Eintritt der Rechtskraft des Urteils als abgegeben.   517

Gegen die Urteile des Kirchlichen Arbeitsgerichts findet die Revision an den **Kirchlichen Arbeitsgerichtshof mit Sitz in Bonn** statt, wenn sie in dem Urteil des Kirchlichen Arbeitsgerichts zugelassen worden ist, § 47 Abs. 1 KAGO, oder der Kirchliche Arbeitsgerichtshof auf die beim Kirchlichen Arbeitsgericht eingelegte Revisionsbeschwerde des Revisionsführers die Revision durch Beschluss zugelassen hat, § 48 Abs. 5 Satz 1 KAGO.   518

Die Nichtzulassung der Revision kann durch Beschwerde angefochten werden (§ 48 Abs. 1 KAGO), die beim Kirchlichen Arbeitsgericht innerhalb eines Monats nach Zustellung des vollständigen Urteils mit seiner Bezeichnung einzulegen und innerhalb von zwei Monaten nach der Zustellung des vollständigen Urteils zu begründen ist, § 48 Abs. 2, 3 KAGO.   519

Hat das erstinstanzliche Gericht die Revision hingegen zugelassen, richtet sich das Verfahren nach §§ 50–51 KAGO unter Beachtung der in § 49 KAGO genannten Revisionsgründe und der Fristen des § 50 KAGO. Die Revision kann innerhalb eines Monats nach Zustellung des vollständigen Urteils bzw. des Beschlusses über die Zulassung der Revision entweder beim erstinstanzlichen Gericht oder beim Kirchlichen Arbeitsgerichtshof schriftlich eingelegt werden, § 50 Abs. 1 Satz 1 und 2 KAGO. Innerhalb von zwei Monaten seit Zustellung des vollständigen Urteils bzw. des Zulassungsbeschlusses ist die Revision zu begründen und die Begründung beim Kirchlichen Arbeitsgerichtshof einzureichen, § 50 Abs. 2 Satz 1 und 2 KAGO. Die Begründung muss einen bestimmten Antrag enthalten, die verletzte Rechtsnorm nennen und, soweit Verfahrensfehler gerügt werden, die Tatsachen angeben, die den Mangel ergeben, § 50 Abs. 2 Satz 4 KAGO. Ist die Revision unzulässig, wird sie vom Kirchlichen Arbeitsgerichthof durch Beschluss verworfen, § 51 Abs. 2 KAGO. Eine unbegründete Revision wird durch Urteil zurückgewiesen, § 51 Abs. 3 KAGO. Ist die Revision hingegen begründet, kann der Kirch-   520

---

1 So auch *Eder*, ZTR 2005, 350 (352).

liche Arbeitsgerichtshof entweder selbst in der Sache entscheiden oder das angefochtene Urteil aufheben und die Sache zur Entscheidung zurückverweisen, § 51 Abs. 4 KAGO.

VI. Die evangelische Kirche als Krankenhausträger

521   Die Befugnis, ein Mitarbeitervertretungsrecht zu schaffen und die Dienstverhältnisse der Angestellten zu regeln, hat nach der Kompetenzverteilung des Staatskirchenrechts die Religionsgemeinschaft, nicht die einzelne kirchliche Einrichtung[1].

522   Um eine **gemeinsame Rechtsgrundlage** für das Mitarbeitervertretungsrecht der evangelischen Landeskirchen zu schaffen, verabschiedete die Synode der Evangelischen Kirche in Deutschland gem. Art. 10 lit. b) der Grundordnung der EKD **das Kirchengesetz über Mitarbeitervertretungen (MVG), dessen Übernahme durch die Gliedkirchen vorgesehen** wurde[2]. Das Gesetz gilt in der Fassung der Neubekanntmachung vom 15. Januar 2010[3].

1. Geltung des MVG in den Gliedkirchen der EKD

523   § 1 Abs. 1 MVG schreibt die Bildung von Mitarbeitervertretungen für die Mitarbeiter und Mitarbeiterinnen der Dienststellen kirchlicher Körperschaften, Anstalten und Stiftungen der Evangelischen Kirche in Deutschland, der Gliedkirchen sowie ihrer Zusammenschlüsse und der Einrichtungen der Diakonie vor.

524   Zugleich ist der Anwendungsbereich des Gesetzes jedoch dadurch beschränkt, dass es nach § 64 Abs. 1 MVG nur mit Wirkung für den Bereich der Evangelischen Kirche in Deutschland (nicht aber für die Gliedkirchen) in Kraft getreten ist. Die Kirchenverfassung der Evangelischen Kirche in Deutschland schließt es nämlich aus, dass das Mitarbeitervertretungsgesetz unmittelbar für den Gesamtbereich der evangelischen Kirche erlassen wird. Unmittelbar gilt das Gesetz daher nur für einen geringen Teil der Mitarbeiterschaft der evangelischen Kirche, nämlich für den Teil, der von der EKD sowie von den Werken und Einrichtungen der EKD beschäftigt wird. Mit Wirkung für die Gliedkirchen und deren Einrichtungen, insbesondere deren Diakonischen Werke, soll das Gesetz nach § 64 Abs. 3 Satz 1 MVG erst dann in Kraft treten, wenn alle Gliedkirchen hierzu ihr Einverständnis erklärt haben. Dieses Einverständnis aller Gliedkirchen liegt allerdings bislang noch nicht vor. Jeder einzelnen Gliedkirche ist es jedoch unbenommen, das MVG für ihren Bereich zu einem früheren Zeitpunkt in Geltung zu setzen (§ 64

---

1 BVerfG, Beschl. v. 4.6.1985 – 2 BvR 1703/83, BVerfGE 70, 138 = DÖV 1985, 975 = NJW 1986, 367 = JZ 1986, 131; MünchArbR/*Richardi*, § 331 Rz. 10; *Schlichter/Hannemann*, KH 1994, 83 (83).
2 *Kienitz*, NZA 1996, 963 (963); *Richardi*, NZA 1998, 113 (114).
3 ABL. EKD S. 3.

Abs. 3 S. 3 MVG). Auf verschiedene Weise ist dies inzwischen in vielen der
22 Landeskirchen und ihren Zusammenschlüssen geschehen[1, 2].

Einige Gliedkirchen der EKD haben sich entschlossen, eigene ältere gesetzli-　525
che Regelungen beizubehalten[3] oder neue eigene, sich aber an das MVG an-
lehnende Mitarbeitervertretungsgesetze zu erlassen[4]. Andere Gliedkirchen
haben in besonderen Anwendungs- oder Ausführungsgesetzen von der in
§ 64 Abs. 3 Satz 3 MVG beschriebenen Möglichkeit Gebrauch gemacht und
das MVG für ihren Bereich für anwendbar erklärt (mittelbare Anwendung
des MVG) und gleichzeitig in verschiedenen Punkten modifiziert, wobei innerhalb dieser Gruppe die Gliedkirchen, die in ihren Anwendungsgesetzen
auf das MVG in seiner aktuellen Fassung verweisen[5], von der Gliedkirche zu
unterscheiden sind, die in ihren Anwendungsbestimmungen das MVG nur
in einer bestimmten Fassung für anwendbar erklärt hat[6].

---

1 *Hübner,* ZevKR Bd.45 (2000), 438 (439).
2 Die folgende Übersicht über die Rechtslage in den Gliedkirchen gibt den Stand im
April 2010 wider.
3 Mitarbeiterinnen- und Mitarbeitervertretungsordnung des **Diakonischen Werkes in
Hessen und Nassau** vom 26.3.2003, Kirchengesetz über Mitarbeitervertretungen in
der Evangelischen Kirche in **Hessen und Nassau** (ABl. 1989, S. 17).
4 Kirchengesetz über Mitarbeitervertretungen im Bereich der Evangelischen Kirche in **Kurhessen-Waldeck** vom 28.4.1999, KABl. 1999 S. 70, zuletzt geändert mit Gesetz vom
11.5.2001, KABl. 2001 S. 90; für die Landeskirchen in **Braunschweig, Hannover, Oldenburg** und **Schaumburg-Lippe** gilt das Mitarbeitervertretungsgesetz der Konföderation
evangelischer Kirchen in Niedersachsen in der Fassung der Bekanntmachung vom
21.4.2005 (KABl. 2005 S. 76), zuletzt geändert durch Verordnung vom 11.3.2006 (KABl.
2006 S. 30); Mitarbeitervertretungsgesetz für die Evangelische Landeskirche in **Württemberg** vom (ABl. 59 S. 159) zuletzt geändert durch Gesetz vom 16.3.2007 (ABl. 62 S. 359).
5 Kirchengesetz der Evangelischen Landeskirche **Anhalts** zur Ausführung des Mitarbeitervertretungsgesetzes der EKD vom 17.11.2009; Anwendungsgesetz der Evangelischen Kirche in **Baden** in der Neufassung vom 8.12.2004 (GVBl. 2005 Nr. 1a); Kirchengesetz über Mitarbeitervertretungen in der Evangelisch-Lutherischen Kirche in
Bayern (KABl. Bayern 1993, S. 346), zuletzt geändert durch Bekanntmachung vom
26.1.2004 (KABl. Bayern 2004, S. 48); MVG-Anwendungsgesetz Evangelische Kirche
Berlin-Brandenburg-schlesische Oberlausitz (KABl. 2005, S. 7), zuletzt geändert durch
Kirchengesetz vom 16./17.4.2010; MVG-Einführungsgesetz der **Lippischen** Landeskirche in der Fassung v. 25.11.1997 (Ges. u. VOBl. Bd. 11, S. 257); Übernahmegesetz der
Evangelisch-Lutherischen Landeskirche **Mecklenburgs** (KABl. 1995, S. 60) zuletzt geändert durch Gesetz vom 20.3.2010 (KABl. 2010, S. 17); Ausführungsgesetz der Evangelischen Kirche in **Mitteldeutschland** vom 16.11.2008 (ABl. 2008, S. 336); Zustim-
mungsgesetz der **Nordelbischen** Evangelisch-Lutherischen Kirche in der Neufassung
vom 7.12.2007 (GVOBl. 2008, S. 4); Übernahmegesetz der Evangelischen Kirche der
Pfalz (KABl. 1995 S. 199), zuletzt geändert durch Gesetz vom 14.11.2008 (KABl. 2008
S. 193), für die **Pommersche** Evangelische Kirche gilt das Ausführungsgesetz vom
18.4.2010 und noch das Kirchengesetz über das Mitarbeitervertretungsrecht in der
Union Evangelischer Kirchen in der EKD vom 5.6.1993 (ABl.EKD 1993, S. 447) zuletzt
geändert durch Gesetz vom 24.10.2009 (ABl.EKD 2010, S. 20); Anwendungsgesetz der
Evangelisch-reformierten Kirche (GVBl. Bd. 19, S. 58), zuletzt geändert durch Gesetz
vom 30.4.2010; Einführungsgesetz der Evangelischen Kirche in **Westfalen** (KABl. 1993
S. 295), zuletzt geändert durch Gesetz vom 13.11.2003 (KABl. 2003 S. 404).
6 Kirchengesetz über die Bildung von Mitarbeitervertretungen in der Evangelischen Kirche im **Rheinland** vom 12.1.1994 (KABl. 1994 S. 4), zuletzt geändert durch Gesetz
vom 14.1.2010 (KABl. 2010 S. 71).

526   Das Kirchengesetz über Mitarbeitervertretungen in der Evangelischen Kirche in Deutschland (Mitarbeitervertretungsgesetz – MVG) hat insofern zwar nicht zu der gewünschten Vereinheitlichung des Mitarbeitervertretungsrechts in der Evangelischen Kirche, wohl aber zu einer weitgehenden Angleichung der Regelungen geführt.

527   Da sich auch die allermeisten gliedkirchlichen Regelungen des Mitarbeitervertretungsrechts weitgehend am Mitarbeitervertretungs- gesetz der EKD orientieren, beziehen sich die weiteren Ausführungen auf das MVG der EKD. Aus Praktikabilitätsgründen kann nur in Ausnahmefällen auf in den Gliedkirchen geltendes abweichendes Recht hingewiesen werden.

2. Personeller Geltungsbereich des Mitarbeitervertretungsgesetzes (MVG)

528   Das MVG gilt gemäß § 1 Abs. 1 MVG für die Mitarbeiter und Mitarbeiterinnen der Dienststellen kirchlicher Körperschaften, Anstalten und Stiftungen sowie der Einrichtungen der Diakonie.

529   **Dienststellen** sind gem. § 3 Abs. 1 MVG die rechtlich selbstständigen Körperschaften, Anstalten, Stiftungen und Werke sowie die rechtlich selbstständigen Einrichtungen der Diakonie innerhalb der Evangelischen Kirche in Deutschland. Unter den in § 3 Abs. 2 MVG genannten Voraussetzungen gelten auch **Dienststellenteile** als Dienststelle.

530   Der Begriff des **Mitarbeiters** im Sinne des MVG umfasst alle, die in der kirchlichen Einrichtung in einem öffentlich- oder privatrechtlichen Dienst- und Arbeitsverhältnis oder sich in Ausbildung befinden, soweit die Beschäftigung oder Ausbildung nicht überwiegend der Heilung, Wiedereingewöhnung, beruflichen oder sozialen Rehabilitation oder der Erziehung dient (§ 2 Abs. 1 MVG). Dieser weite Mitarbeiterbegriff umfasst auch Pfarrerinnen und Pfarrer. § 2 Abs. 2 MVG sieht deshalb vor, dass für im **pfarramtlichen Dienst** stehende oder sich auf diesen Dienst vorbereitende Personen das gliedkirchliche Recht andere Regelungen treffen kann. Tatsächlich haben die meisten Gliedkirchen in ihren Regelungen den pfarramtlichen Dienst aus dem Anwendungsbereich des Mitarbeitervertretungsrechts herausgenommen. Dagegen zählen zum Begriff des Mitarbeiters im Sinne des MVG auch Personen, die **auf Grund von Gestellungsverträgen** beschäftigt werden (§ 2 Abs. 3 Satz 1 MVG). Bei den Gestellungsverträgen handelt es sich um Vereinbarungen zwischen einer in der Regel diakonischen Einrichtung und einem Gesteller, der meist eine Diakonenanstalt, ein Diakonissenmutterhaus oder eine sonstige Dienst- und Lebensgemeinschaft ist. Zur Wahrung des Autonomieanspruchs der Dienst- und Lebensgemeinschaften ist allerdings in § 2 Abs. 3 Satz 2 und Satz 3 MVG festgelegt, dass bei den gestellten Angehörigen die Einordnung unter den mitarbeitervertretungsrechtlichen Mitarbeiterbegriff nicht das Rechtsverhältnis mit der Dienst- und Lebensgemeinschaft berührt[1]. Die Rechte der Mitarbeitervertretung stehen daher in Bezug auf die

---

1 VerwG.EKD, Beschl. v. 5.8.1999 – 0124/D4-99, RsprB ABl.EKD 2000, 32; *Richardi*, NZA 2000, 1305 (1311).

gestellten Arbeitskräfte unter dem Vorbehalt der Ordnung der jeweiligen Dienst- und Lebensgemeinschaft. Soweit die Ordnungen der gestellenden Dienst- und Lebensgemeinschaft einer Zuordnung ihrer Mitglieder zur Mitarbeiterschaft entgegenstehen, kann die gestellte Person auch nicht als Mitarbeiter im Sinne des MVG betrachtet werden. Möchte die gestellende Lebensgemeinschaft vermeiden, dass ihre Mitglieder zu den Mitarbeitern im Sinne des MVG gezählt werden, so reicht es jedoch nicht aus, durch die Ordnungen der Gemeinschaft die Begründung eines Arbeitsverhältnisses zwischen der aufnehmenden Einrichtung und dem gestellten Mitglied auszuschließen. Die Lebensgemeinschaft muss vielmehr bestimmen, dass die gestellten Mitglieder nicht zu den Mitarbeitern im Sinne des MVG gezählt werden dürfen. Auf Grund eines Gestellungsvertrages beschäftigte Personen zählen nämlich zu den Mitarbeitern im Sinne des MVG, selbst wenn nach den Bestimmungen der gestellenden kirchlichen oder diakonischen Lebensgemeinschaft zur aufnehmenden Einrichtung kein Arbeitsverhältnis begründet wird[1]. Bei diesen gestellten Arbeitskräften kommt es zur Begründung der Mitarbeitereigenschaft nicht darauf an, dass die Dienstleistung der gestellten Person entgeltlich erbracht wird. Ausschlaggebend sind vielmehr die religiösen und caritativen Beweggründe[2].

3. Einrichtungen des Mitarbeitervertretungsgesetzes

a) Mitarbeitervertretung

Auf der Ebene der Dienststelle wird durch Wahl der Mitarbeitervertreter eine **Mitarbeitervertretung** gebildet, wenn die Zahl der wahlberechtigten Mitarbeiter in der Regel mindestens fünf beträgt, von denen mindestens drei wählbar sein müssen, § 5 Abs. 1 Satz 1 MVG. Im Einvernehmen zwischen allen beteiligten Dienststellen kann – auch wenn die Zahl der in Abs. 1 geforderten wahlberechtigten Mitarbeiter nicht erreicht wird – im Rahmen einer Wahlgemeinschaft eine **Gemeinsame Mitarbeitervertretung** für mehrere benachbarte Dienststellen gebildet werden (§ 5 Abs. 2 MVG). Von praktischer Bedeutung wird diese Möglichkeit insbesondere dann sein, wenn unter der Mitarbeiterschaft zu wenig Kirchenmitglieder und damit wählbare Mitarbeiterinnen und Mitarbeiter vorhanden sind[3]. Die Landeskirchen können darüber hinaus regeln, dass für einzelne Gruppen von Mitarbeitern **gesonderte Mitarbeitervertretungen** zu bilden sind, § 5 Abs. 1 Satz 2 MVG. 531

Nicht durch die Mitarbeitervertretung repräsentiert sind diejenigen Arbeitnehmer, die auf Grund ihrer Tätigkeit in eine Interessenpolarität zur Mitarbeitervertretung treten. Dabei handelt es sich um Personen, welche nach kirchlichem Selbstverständnis eine **leitende Funktion** ausüben, durch die sie 532

---

1 VerwG.EKD, Beschl. v. 25.4.1996 – 0124/11-95, RsprB ABl.EKD 1997, 30 = NZA 1998, 479 = ZMV 1996, 302.
2 *Andelewski/Kreuziger*, MVG.EKD, § 2 Rz. 29; *Bleistein/Thiel*, MAVO, § 3 Rz. 43.
3 Vgl. auch *Andelewski*, ZMV 2010, 6 (9).

Aufgaben und Tätigkeiten der kirchlichen Einrichtung beeinflussen können (§§ 9 Abs. 3 Satz 2, 10 MVG)[1].

b) Gesamtmitarbeitervertretung

533 Bestehen bei einer kirchlichen Körperschaft, Anstalt, Stiftung oder einem Werk oder bei einer Einrichtung der Diakonie mehrere Mitarbeitervertretungen, so ist auf Antrag der Mehrheit dieser Mitarbeitervertretungen eine **Gesamtmitarbeitervertretung** zu bilden, § 6 Abs. 1 MVG. Die Regelung des § 6 Abs. 2 MVG sieht vor, dass die Gesamtmitarbeitervertretung abschließend zuständig ist für die Aufgaben der Mitarbeitervertretung, soweit sie Mitarbeiter aus mehreren oder allen Dienststellen des jeweiligen Rechtsträgers betreffen. Eine Zuständigkeit der einzelnen Mitarbeitervertretung ist in diesem Bereich ausgeschlossen[2].

c) Gesamtmitarbeitervertretung im Dienststellenverbund

534 Eine Gesamtmitarbeitervertretung kann auch für einen Dienststellenverbund gebildet werden, § 6a MVG. Ein Dienststellenverbund ist die Verbindung mehrerer rechtlich selbständiger diakonischer Einrichtungen durch eine einheitliche Leitung. Die Gesamtmitarbeitervertretung des Dienststellenverbundes ist für alle Aufgaben der Mitarbeitervertretung zuständig, soweit sie Mitarbeiter aus mehreren oder allen Dienststellen des Dienststellenverbundes betreffen.

d) Mitarbeiterversammlung

535 Neben der Mitarbeitervertretung und der Gesamtmitarbeitervertretung zählt die Mitarbeiterversammlung zu den Einrichtungen des Mitarbeitervertretungsrechts. Die Mitarbeiterversammlung besteht gemäß § 31 Abs. 1 MVG aus allen Mitarbeitern und Mitarbeiterinnen der Dienststelle, soweit sie nicht zur Dienststellenleitung gehören. Eine **ordentliche Mitarbeiterversammlung**, bei welcher die Zeit der Teilnahme und die zusätzlichen Wegezeiten der Mitarbeiter als Arbeitszeit gelten, ist zwingend einmal im Jahr einzuberufen. Alle anderen Mitarbeiterversammlungen sind **außerordentliche Mitarbeiterversammlungen**, bei welchen die Zeit der Teilnahme nur dann als Arbeitszeit gilt, wenn dies zuvor mit der Dienststellenleitung vereinbart worden ist, § 31 Abs. 4 Satz 3 MVG[3].

536 Zu den Aufgaben der Mitarbeiterversammlung gehört es, den Tätigkeitsbericht der Mitarbeitervertretung entgegenzunehmen, § 32 Abs. 1 Satz 1 MVG. Zudem erörtert sie Angelegenheiten, die zum Aufgabenbereich der Mitarbeitervertretung gehören. Sie kann Anträge an die Mitarbeitervertre-

---

1 Vgl. BAG, Urt. v. 18.11.1999 – 2 AZR 903, DB 2000, 830 = NZA 2000, 427.
2 VerwG.EKD, Beschl. v. 9.3.2000 – 0124/D32-99, RsprB ABl.EKD 2000, 34; Münch-ArbR/*Richardi*, § 331 Rz. 24.
3 VerwG.EKD, Beschl. v. 23.8.2001 – II-0124/F24-01, RsprB ABl.EKD 2002, 34.

tung stellen und zu Beschlüssen der Mitarbeitervertretung Stellung nehmen, wodurch die Mitarbeitervertretung jedoch nicht gebunden wird. Im Unterschied zur Mitarbeiterversammlung des katholischen Mitarbeitervertretungsrechts kann die Mitarbeiterversammlung keine Neuwahlen erzwingen, indem sie der Mitarbeitervertretung das Misstrauen ausspricht[1].

e) Interessenvertretung besonderer Mitarbeitergruppen

Im MVG sind als zusätzliche betriebsverfassungsrechtliche Vertretungen die   537
Vertretung der Jugendlichen und der Auszubildenden (§ 49 MVG) und die
Vertrauensperson der Schwerbehinderten (§§ 50–52 MVG) genannt. Diese Interessenvertretungen haben keine Beteiligungsrechte. Sie sind der Mitarbeitervertretung zugeordnet. § 53 MVG i. V. m. § 37 des Zivildienstgesetzes
sieht die Wahl einer Vertrauensperson der Zivildienstleistenden vor, welche
an den Sitzungen der Mitarbeitervertretung beratend teilnimmt, soweit sie
Angelegenheiten der Zivildienstleistenden betreffen.

f) Gesamtausschuss der Mitarbeitervertretungen

Den Gliedkirchen ist es gemäß § 54 Abs. 1 MVG freigestellt, in ihren Rege-   538
lungen für den Bereich einer Gliedkirche, des jeweiligen Diakonischen
Werks oder für beide Bereiche gemeinsam die Bildung eines Gesamtausschusses der Mitarbeitervertretungen vorzusehen.

Aufgaben, Bildung und Zusammensetzung des Gesamtausschusses regelt   539
die jeweilige Gliedkirche. Die Gesamtausschüsse sind nicht als Repräsentanten für die Ausübung der Beteiligungsrechte vorgesehen; diese Kompetenz liegt ausschließlich bei der Mitarbeitervertretung[2].

4. Wahl der Mitarbeitervertretung

Die Mitarbeitervertretung wird in gleicher, freier, geheimer und unmittel-   540
barer Wahl und nach den Grundsätzen der Mehrheitswahl (Persönlichkeitswahl) gewählt, § 11 Abs. 1 Satz 1 MVG.

a) Wahlberechtigung und Wählbarkeit

Als Mitarbeitervertreter sind nur Mitarbeiter wählbar, die „Glieder einer   541
christlichen Kirche oder Gemeinschaft sind, die der Arbeitsgemeinschaft
Christlicher Kirchen in Deutschland angeschlossen ist". Allerdings bleibt
den Gliedkirchen die Möglichkeit einer anderweitigen Regelung vorbehalten, § 10 Abs. 1 lit. b) MVG.

---

1 Vgl. § 22 Abs. 2 MAVO.
2 MünchArbR/*Richardi*, § 331 Rz. 24.

b) Vorbereitung und Durchführung der Wahl

542 Der Ablauf der Wahl ist in der **Wahlordnung** der EKD (WahlO) vom 23. Juli 1993 geregelt[1]. Die Gliedkirchen haben für ihren Bereich eigene Wahlregelungen, die sich jedoch an den Bestimmungen der EKD-Wahlordnung orientieren. Vorbereitung und Durchführung der Wahl obliegen nach § 1 Abs. 1 WahlO dem Wahlvorstand. Da die Mitarbeitervertretung selbst bis zum Abschluss der Wahlen nicht Subjekt, sondern Objekt des Geschehens ist, wird bei Streitigkeiten hinsichtlich der Durchführung einer Mitarbeitervertretungswahl allein der Wahlausschuss als antragsbefugt angesehen[2]. In § 7 Abs. 2 der Wahlordnung wird gefordert, dass der Gesamtvorschlag doppelt soviel Namen enthalten muss, wie Mitglieder der Mitarbeitervertretung zu wählen sind. Jeder Wahlberechtigte hat das Recht, Wahlvorschläge zu machen, § 11 Abs. 1 Satz 2 MVG. Eine Repräsentation möglichst verschiedener Berufsgruppen und Arbeitsbereiche soll erreicht werden, § 12 Satz 1 MVG. Um geschlechtsspezifischer Diskriminierung vorzubeugen, soll bei den Wahlvorschlägen angestrebt werden, Frauen und Männer entsprechend ihren Anteilen in der Dienststelle zu berücksichtigen. Eine nicht den Zielbestimmungen des § 12 MVG entsprechende Zusammensetzung der Mitarbeitervertretung führt jedoch nicht zur Anfechtbarkeit von deren Wahl und zieht auch sonst keine Sanktionen nach sich[3].

543 Fraglich ist, ob der kirchliche Krankenhausträger **gewerkschaftliche Wahlwerbung** vor den Mitarbeitervertretungswahlen dulden muss. Nach Auffassung des BVerfG finden in dem kirchlichen Selbstbestimmungsrecht die sich aus dem Hausrecht der Anstalten (Art. 13 GG) und aus der Eigentumsgarantie (Art. 14 GG, Art. 140 GG i. V. m. Art. 138 Abs. 2 WRV) ergebenden Rechtspositionen und Abwehransprüche ihre Zusammenfassung und Konkretisierung[4]. Ein für alle geltendes Gesetz im Sinne von Art. 137 Abs. 3 WRV, das betriebsfremden Gewerkschaftsangehörigen ein Zutrittsrecht zu kirchlichen Einrichtungen einräumt, existiert nicht; insbesondere gewährleistet Art. 9 Abs. 3 GG kein allgemeines berufsverbandliches Zutrittsrecht für betriebsfremde Gewerkschaftsbeauftragte mit dem Ziel der Werbung, Informierung und Betreuung organisierter Belegschaftsmitglieder[5]. Der den Kirchen und der ihnen zugeordneten Einrichtungen gewährleistete Freiraum wirkt sich somit auf das Verhältnis zwischen kirchlichem Krankenhausträger und der Gewerkschaft aus[6]. Die durch Art. 9 Abs. 3 GG gewährleistete gewerkschaftliche Betätigung, die auch die Werbung neuer Mitglieder[7] und

---

1 In der Fassung der Neubekanntmachung vom 8.6.2004, ABl.EKD 2004, 347; zuletzt geändert durch Verordnung vom 3.12.2010, ABl.EKD 2010, 355.
2 VerwG.EKD, Beschl. v. 20.4.2001 – I-0124/F6-01, RsprB ABl.EKD 2002, 31.
3 *Andelewski/Schmidt*, MVG.EKD, § 12 Rz. 6 f.
4 BVerfG, Beschl. v. 17.2.1981 – 2 BVR 384/78, BVerfGE 57, 220 = DB 1981, 1467.
5 BVerfG, Beschl. v. 17.2.1981 – 2 BVR 384/78, BVerfGE 57, 220 = DB 1981, 1467.
6 BVerfG, Beschl. v. 17.2.1981 – 2 BVR 384/78, BVerfGE 57, 220 = DB 1981, 1467; *Schlichtner-Wicker/Hannemann*, KH 1991, 415 (421).
7 BVerfG, Beschl. v. 14.11.1995 – 1 BvR 601/92, BVerfGE 93, 352 = NZA 1996, 381; BVerfG, Beschl. v. 26.5.1970 – 2 BvR 664/65, BVerfGE 28, 295 = DB 1970, 1443 = NJW 1970, 1635.

die Werbung für Mitarbeitervertretungswahlen umfasst, stößt insoweit an Grenzen. Konflikte sind durch Abwägung im Einzelfall unter besonderer Berücksichtigung der Belange des Sozialpartners zu lösen[1]. Eine werbende und informierende Betätigung der gewerkschaftlich organisierten Betriebsangehörigen im Vorfeld der Wahlen zur Mitarbeitervertretung gehört hingegen zum Kerngehalt der Koalitionsbetätigung, so dass Einschränkungen hier regelmäßig auch bei kirchlichen Betrieben nicht gerechtfertigt werden können[2].

c) Wahlanfechtung

Eine Anfechtung des Wahl kann nur innerhalb von zwei Wochen, vom Tag der Bekanntgabe des Wahlergebnisses gerechnet, erfolgen, § 14 Abs. 1 MVG. Die Frist ist nur gewahrt, wenn der Anfechtende dem Kirchengericht die Anfechtungsgründe innerhalb der Frist insoweit darlegt, dass das Gericht in der Lage ist, über die Anfechtung zu entscheiden[3]. Das Verfahren der Anfechtung richtet sich gegen die Mitarbeitervertretung und nicht gegen den Wahlvorstand[4]. Verfahrensvoraussetzung ist, dass durch schriftliche Anfechtung von mindestens drei Wahlberechtigten oder der Dienststellenleitung gegenüber dem Kirchengericht geltend gemacht wird, dass gegen wesentliche Bestimmungen über die Wahlberechtigung, die Wählbarkeit oder das Wahlverfahren verstoßen worden ist. Diese Anfechtungsberechtigung ist eine prozessuale Antragsberechtigung. Aus diesem Grund kommt die kirchliche Gerichtsbarkeit in Übereinstimmung mit der Rechtsprechung des BAG zu dem Ergebnis, dass die Mindestzahl der drei wahlberechtigten anfechtenden Dienstnehmer während des gesamten Wahlanfechtungsverfahrens, und damit auch in der Beschwerdeinstanz, erhalten bleiben muss[5]. Zu beachten ist, dass das Wahlergebnis nur dann für ungültig erklärt wird und eine Wiederholung der Wahl angeordnet wird, wenn das Kirchengericht feststellt, dass durch den Verstoß eine Beeinflussung des Wahlergebnisses überhaupt möglich war, § 14 Abs. 2 MVG.

544

5. Zusammensetzung und Amtszeit der Mitarbeitervertretung

Die **Größe der Mitarbeitervertretung** richtet sich nach der Zahl der wahlberechtigten Mitglieder, § 8 MVG. Im Gegensatz zum staatlichen Recht gibt es keinen besonderen Gruppenschutz für Beamte, Arbeiter und Angestellte; dieser stünde in einem Wertungswiderspruch zu dem in der Präambel hervorgehobenen Grundsatz einer Dienstgemeinschaft aller Mitarbeiter, wonach jeder kirchliche Bedienstete dem Auftrag der Kirche verpflichtet ist und zu dessen Erfüllung beiträgt[6].

545

---

1 *Hammer*, ZTR 1997, 97 (106).
2 *Schlichtner-Wicker/Hannemann*, KH 1991, 415 (421).
3 KGH.EKD, Beschl. v. 25.2.2008 – II-0124/N63-07, ZMV 2008, 255.
4 VerwG.EKD, Beschl. v. 13.1.2000 – 0124/D34-99, RsprB ABl.EKD 2000, 32.
5 VerwG.EKD, Beschl. v. 10.4.1997 – 0124/B1-97, NZA 1998, 1135 = RsprB ABl.EKD 2000, 40.
6 *Hirschfeld*, Dienstgemeinschaft im Arbeitsrecht, S. 55; *Richardi*, Arbeitsrecht in der Kirche, S. 363.

546 Die **Amtszeit** der Mitarbeitervertretung beträgt vier Jahre, § 15 Abs. 1 MVG. In Anlehnung an das staatliche Recht bestimmt das Gesetz einen festen Zeitraum, in dem für alle Einrichtungen die Wahlen der Mitarbeitervertretung stattfinden: alle vier Jahre in der Zeit vom 1. Januar bis 30. April, § 15 Abs. 2 MVG. Bei **Beendigung** der Mitgliedschaft in der Mitarbeitervertretung sind von dem ehemaligen Mitglied alle in seinem Besitz befindlichen Unterlagen, die es im Zusammenhang mit seiner Tätigkeit in der Mitarbeitervertretung erhalten hat, an die neue Mitarbeitervertretung auszuhändigen, § 18 Abs. 5 MVG.

547 Entsprechend der Regelungen im staatlichen Personalvertretungs- und Betriebsverfassungsrecht kommt die Auflösung einer Mitarbeitervertretung nur wegen groben Missbrauchs von Befugnissen oder wegen grober Verletzung von Pflichten in Betracht, § 17 MVG. Erforderlich ist der schriftliche Antrag eines Viertels der Wahlberechtigten, der Mitarbeitervertretung oder der Dienststellenleitung. Das Recht zur Auflösung obliegt dem Kirchengericht.

548 Ein Mitglied der Mitarbeitervertretung kann nur ausgeschlossen werden, wenn ihm ein grober Missbrauch von Befugnissen oder eine grobe Pflichtverletzung vorzuwerfen ist. Das Kirchengericht beschließt auf Antrag den Ausschluss, § 17 MVG.

549 Als Gründe für ein **Erlöschen** der Mitgliedschaft in der Mitarbeitervertretung kommen neben dem Ablauf der Amtszeit oder einem Ausschlussbeschluss durch das Kirchengericht die Niederlegung des Amtes, die Beendigung des Dienst- oder Arbeitsverhältnisses, das Ausscheiden aus der Dienststelle und der Verlust der Wählbarkeit in Betracht, § 18 Abs. 1 MVG. Wahlbewerber, die im Wahlvorschlag aufgeführt waren, aber nicht eine zum Erhalt eines Mandats ausreichende Stimmenzahl erhielten, rücken im Verhältnis der erhaltenen Stimmen in den Fällen des § 18 Abs. 1 dauerhaft als Ersatzmitglied nach. Das Nachrücken eines Ersatzmitglieds ist in § 18 Abs. 3 MVG zwingend geregelt. Hierdurch soll die Kontinuität der Arbeit der Mitarbeitervertretung und deren Beschlussfähigkeit gewahrt werden.

550 Gemäß § 18 Abs. 2 MVG **ruht** die Mitgliedschaft in der Mitarbeitervertretung, wenn ein Mitglied voraussichtlich länger als drei Monate – z.B. wegen längerer Krankheit – an der Wahrnehmung seiner Dienstgeschäfte oder seines Amtes gehindert ist. Gleiches gilt, wenn ein Mitglied für länger als drei Monate beurlaubt wird oder wenn einem Mitglied die Führung der Dienstgeschäfte untersagt wird. Dies kann etwa infolge fristgemäßer Kündigung erfolgen, weil die Dienststelle die Zusammenarbeit mit dem Mitarbeiter bis zum Ablauf der Frist nicht hinnehmen will. Das Nachrücken eines Ersatzmitglieds ist in diesen Fällen nur für die Dauer vorgesehen, in der die Mitgliedschaft ruht. Ein Eintreten des Ersatzmitglieds in die Mitarbeitervertretung ist auch dann vorgesehen, wenn dies im Falle der bloßen Verhinderung eines oder mehrerer Mitglieder zur Sicherstellung der Beschlussfähigkeit erforderlich ist, § 18 Abs. 4 MVG.

6. Geschäftsführung der Mitarbeitervertretung

An die Wahl der Mitarbeitervertretung sind verschiedene Rechtsfolgen ge-   551
knüpft. Die Wahl eines Vorsitzenden ist bei einer mehrgliedrigen Mitarbeitervertretung zwingend vorgesehen, § 23 Abs. 1 Satz 1 MVG. Die Bildung
von Ausschüssen kann zwar gemäß § 23a MVG erfolgen, ist aber nicht obli-
gatorisch. In §§ 24–26 MVG sind der Ablauf der Sitzungen der Mitarbeitervertretung, die Teilnahme sowie die Beschlussfassung geregelt.

a) Vorsitz

In geheimer Wahl entscheidet die Mitarbeitervertretung über den Vorsitz,   552
§ 23 Abs. 1 Satz 1 MVG. Dieser hat die Aufgabe, die Mitarbeitervertretung
im Rahmen der von ihr gefassten Beschlüsse zu vertreten und die laufenden
Geschäfte zu führen. Die von der Mitarbeitervertretung festgelegte Reihenfolge der Vertreter des Vorsitzenden ist der Dienststellenleitung schriftlich
mitzuteilen, § 23 Abs. 1 Satz 4 MVG.

Besteht die Mitarbeitervertretung nur aus einer Person, wird diejenige Per-   553
son Stellvertreter, welche die nächst niedrige Stimmenzahl erhalten hat. Mit
dieser Person kann der (einzige) Mitarbeitervertreter alle Angelegenheiten
der Mitarbeitervertretung beraten, § 23 Abs. 2 MVG.

b) Ausschuss

Der Mitarbeitervertretung steht es frei, die Bildung von Ausschüssen zu be-   554
schließen. Einem Ausschuss müssen mindestens drei Mitglieder der Mitarbeitervertretung angehören. Mit Ausnahme des Abschlusses und der
Kündigung von Dienstvereinbarungen können diesen Ausschüssen alle Aufgaben der Mitarbeitervertretung zur selbständigen Erledigung übertragen
werden, § 23 Abs. 3 MVG. Die Übertragung von Aufgaben auf einen Ausschuss zur selbständigen Erledigung oder deren Widerruf erfordert eine Drei-
viertelmehrheit der Mitglieder der Mitarbeitervertretung und ist der Dienststellenleitung schriftlich anzuzeigen, § 23 Abs. 3 Satz 2 und Satz 3 MVG.

Für diakonische Einrichtungen mit mehr als 150 Mitarbeiter besteht die   555
Möglichkeit zur Bildung eines Ausschusses für Wirtschaftsfragen durch die
Mitarbeitervertretung, § 23a Abs. 2 MVG. Umstritten ist, ob die Einordnung
einer Einrichtung als diakonische Einrichtung davon abhängt, ob es sich um
eine der verfassten Kirche oder ein dem diakonischen Werk angehörende
Einrichtung handelt. Problematisch ist z.B. der Fall, wenn eine Kirchengemeinde ein Krankenhaus als Zweckbetrieb betreibt[1]. Der Ausschuss für
Wirtschaftsfragen hat die Mitarbeitervertretung über wirtschaftliche Angelegenheiten zu unterrichten. Damit er dies tun kann, ist die Dienststellenleitung verpflichtet, den Ausschuss rechtzeitig und umfassend über wirtschaft-

---

1 Für ein Abstellen auf den Charakter der Arbeit: *Leser*, ZMV 2004, 161; dagegen: *Ande-
  lewski/Küfer-Schmitt*, MVG.EKD, § 23a Rz. 16 und *Baumann-Czichon*, MVG.EKD,
  § 23a Rz. 9.

liche Angelegenheiten zu informieren. Die Information hat vor der Durchführung einer entsprechenden wirtschaftlichen Maßnahme zu erfolgen[1]. Zum Zweck der Information des Ausschusses berät sich die Dienststellenleitung mindestens einmal jährlich mit ihm über die wirtschaftliche Lage der Einrichtung, § 23a Abs. 2 Satz 5 MVG.

c) Sitzungen der Mitarbeitervertretung

556   Besteht die Mitarbeitervertretung aus mehreren Mitgliedern, so erfolgt die Willensbildung der Mitarbeitervertretung in deren Sitzungen durch Beschluss. Innerhalb einer Woche nach Bestandskraft der Wahl zur Mitarbeitervertretung hat der Wahlvorstand die Mitarbeitervertretung zu einer ersten Sitzung einzuberufen, auf welcher über den neuen Vorsitz entschieden wird, § 24 Abs. 1 MVG. Alle weiteren Sitzungen werden von dem Vorsitzenden der Mitarbeitervertretung anberaumt. Dieser setzt die Tagesordnung fest und leitet die Verhandlung, § 24 Abs. 2 Satz 2 MVG. Die Mitglieder der Mitarbeitervertretung, aber auch die Interessenvertretungen der Auszubildenden, der Schwerbehinderten und der Zivildienstleistenden, soweit sie ein Recht auf Teilnahme an der Sitzung haben, sind rechtzeitig unter Mitteilung der Tagesordnung zu laden, § 24 Abs. 2 Satz 3 MVG. Gemäß § 24 Abs. 3 MVG hat der Vorsitzende eine Sitzung einzuberufen und einen Gegenstand auf die Tagesordnung zu setzen, wenn dies ein Viertel der Mitglieder der Mitarbeitervertretung oder die Dienststellenleitung beantragt. Eine Sitzung der Mitarbeitervertretung ist ebenfalls einzuberufen, wenn die Vertretung der Auszubildenden oder die Vertrauensleute der Schwerbehinderten bzw. der Zivildienstleistenden dies beantragen und die Sache keinen Aufschub duldet.

557   Die Sitzungen finden in der Regel während der Arbeitszeit statt, § 24 Abs. 4 MVG. Insoweit ist bei der Einberufung auf dienstliche Notwendigkeiten Rücksicht zu nehmen und die Dienststellenleitung von Zeitpunkt und Ort der Sitzung zu verständigen. Kann ein Mitglied an der Sitzung nicht teilnehmen, so hat es dies unter Angabe von Gründen unverzüglich mitzuteilen, § 24 Abs. 2 Satz 4 MVG. Zu einzelnen Punkten der Tagesordnung können sachkundige Personen von der Mitarbeitervertretung geladen werden, § 25 Abs. 2 MVG. Hat die Dienststellenleitung die Einberaumung der Sitzung verlangt, so sind ihre Mitglieder berechtigt, an der Sitzung teilzunehmen. Sie kann zu diesen Sitzungen auch Sachverständige hinzuziehen, § 25 Abs. 1 Satz 1 und Satz 2. Auf Verlangen der Mitarbeitervertretung ist die Dienststellenleitung verpflichtet, an Sitzungen teilzunehmen.

558   Bei Anwesenheit der Mehrheit ihrer Mitglieder ist die Mitarbeitervertretung beschlussfähig. **Beschlüsse** werden mit der Mehrheit der Anwesenden gefasst. Bloß teilnehmende Interessenvertreter, Mitglieder der Dienststellenleitung oder sachkundige Personen dürfen bei der Beschlussfassung selbst nicht zugegen sein, § 26 Abs. 4 MVG. Zur Erleichterung der Erledigung ihrer

---

1 *Schielke*, ZMV 2009, 100 (102).

Aufgaben kann eine Mitarbeitervertretung in ihrer Geschäftsordnung fest-legen, dass Beschlüsse auch im Umlaufverfahren oder durch fernmündliche Absprachen gefasst werden können, sofern dabei Einstimmigkeit erzielt wird, § 26 Abs. 2 MVG. Um einen Interessenwiderstreit zu vermeiden, dür-fen Mitglieder der Mitarbeitervertretung weder an der Beratung noch an der Beschlussfassung teilnehmen, wenn der Beschluss ihnen nahe stehenden Personen bzw. einer von ihnen vertretenen Person einen Vor- oder Nachteil bringen kann. Die Nichtbeachtung dieser Verfahrensvorschriften führt zur Unwirksamkeit der Beschlüsse[1]. Wird von der Dienststellenleitung die Ord-nungsgemäßheit eines Beschlusses der Mitarbeitervertretung bestritten, so muss die Mitarbeitervertretung die Unterlagen vorlegen, aus der sich die Ordnungsgemäßheit ergeben soll[2].

Die **Sitzungsniederschrift**, welche über jede Sitzung der Mitarbeitervertre-   559
tung anzufertigen ist, muss zumindest die Namen der An- oder Abwesen-den, die Tagesordnung, die gefassten Beschlüsse, die Wahlergebnisse und die jeweiligen Stimmenverhältnisse enthalten, § 27 Abs. 1 MVG. Sie ist von dem Vorsitzenden und einem weiteren Mitglied zu unterzeichnen.

Hat auch die Dienststellenleitung an der Sitzung teilgenommen, so ist ihr ein Auszug über die Verhandlungspunkte zuzuleiten, die in ihrem Beisein verhandelt wurden, § 27 Abs. 2 MVG.

d) Geschäftsordnung

Einzelheiten der Geschäftsführung kann die Mitarbeitervertretung in einer   560
Geschäftsordnung regeln, § 29 MVG. Eine Verpflichtung hierzu besteht nicht. Bei der Ausarbeitung der Geschäftsordnung ist zu berücksichtigen, welche Besonderheiten der Betriebsablauf in der jeweiligen Dienststelle mit sich bringt.

e) Sprechstunden

Den Mitarbeitervertretern ist nicht nur das Recht gewährt, Mitarbeiter der   561
Dienststelle an ihren Arbeitsplätzen aufzusuchen, wenn dies zur Erfüllung ihrer Aufgaben erforderlich ist. Sie können auch während der Arbeitszeit Sprechstunden für die Mitarbeiter einrichten, § 28 Abs. 1 MVG. Ort und Zeit dieser Sprechstunden sind dann im Einvernehmen mit der Dienststellenlei-tung zu bestimmen. Besucht der Mitarbeiter diese Sprechstunde oder wird der Mitarbeiter während seiner Arbeitszeit durch Mitarbeitervertreter in An-spruch genommen, darf dies nicht zu einer Minderung seiner Bezüge führen.

f) Kosten

Wie im Bereich des staatlichen Personalvertretungsrechts, trägt auch nach   562
dem Mitarbeitervertretungsrecht der EKD die Dienststelle die durch die Tä-

---

1 *Fey/Rehren*, MVG.EKD § 26 Rz 8.
2 KGH.EKD, Beschl. v. 29.9.2006 – I-0124/M63-06, ZMV 2009, 40.

tigkeit der Mitarbeitervertretung entstehenden Kosten, § 30 Abs. 2 MVG[1]. Sie hat der Mitarbeitervertretung für deren laufende Geschäftsführung, für die Sitzungen und für die Einrichtung der Sprechstunden in erforderlichem Umfang Räume, sachliche Mittel und Büropersonal zur Verfügung zu stellen. Reisen von Mitarbeitervertretern bedürfen als Dienstreisen der Genehmigung. Wird diese trotz Notwendigkeit der Reise verweigert, entscheidet das Kirchengericht. Für eigenmächtig durchgeführte Reisen braucht die Dienststelle die Kosten nicht zu tragen[2]. Die Bestellung eines Rechtsanwaltes zur Vertretung der Mitarbeitervertretung im gerichtlichen Verfahren stellt keine Hinzuziehung eines sachverständigen Beraters dar. Die mit ihr verbundenen Kosten zählen, wenn die gesetzlichen Voraussetzungen gegeben sind, zu den erforderlichen Kosten i. S. d. § 30 Abs. 2 Satz 1 MVG[3].

7. Persönliche Rechtsstellung der Mitglieder der Mitarbeitervertretung

563 An der Ausführung von Tätigkeiten, die ihr Amt mit sich bringt, dürfen Mitarbeitervertreter nicht gehindert werden. Jegliche Benachteiligungen oder Begünstigungen wegen ihrer Tätigkeit sind verboten, § 19 Abs. 1 Satz 2 MVG. Durch die Regelung soll die notwendige Unabhängigkeit der Mitarbeitervertretung vom Dienstgeber gesichert werden[4].

a) Ehrenamtliche Tätigkeit

564 Die Mitglieder der Mitarbeitervertretung üben ihr Amt unentgeltlich als Ehrenamt aus, § 19 Abs. 1 Satz 1 MVG. Dem Mitarbeitervertreter dürfen daher wegen seiner Amtsführung weder vom Dienstgeber noch von anderen Personen eine Vergütung oder sonstige geldwerte Vorteile gewährt werden, soweit diese nicht kraft des MVG ausdrücklich vorgesehen sind.

b) Arbeitsbefreiung und Freizeitausgleich

565 So wie auch im staatlichen Betriebsverfassungs- und Personalvertretungsrecht ist die für die Amtstätigkeit notwendige Zeit den Mitgliedern der Mitarbeitervertretung ohne Minderung ihrer Bezüge innerhalb der allgemeinen Arbeitszeit zu gewähren, § 19 Abs. 2 MVG[5]. Darauf, ob die Tätigkeit in der Dienststelle oder außerhalb zu verrichten ist, kommt es nicht an. Die Arbeitsbefreiung setzt keine Zustimmung der Dienststelle voraus. Das Mitglied muss sich allerdings vor Verlassen des Arbeitsplatzes ordnungsgemäß abmelden[6]. Für eine Arbeitsbefreiung ist jedoch nur Raum, wenn die Aufgaben der Mitarbeitervertretung nicht von nach § 20 MVG freigestellten

---

1 Zu den Kostenansprüchen der Mitarbeitervertretung siehe *Blens*, ZMV 2009, 288.
2 VerwG.EKD, Beschl. v. 30.1.1997 – 0124/A10-96, RsprB ABl.EKD 2001, 40.
3 KGH.EKD, Beschl. v. 29.9.2006 – I-0124/M63-06, ZMV 2009, 40.
4 *Schmitz*, ZMV 2009, 291 (292).
5 *Thiel*, ZMV 2007, 290.
6 BAG, Urt. v. 15.7.1992 – 7 AZR 466/91, BB 1992, 2512 = NZA 1993, 220; BAG, Urt. v. 15.3.1995 – 7 AZR 643/94, BB 1995, 1744 = NZA 1995, 961; *Andelewski/Küfner-Schmitt*, MVG.EKD, § 19 Rz 18.

Mitgliedern der Mitarbeitervertretung erledigt werden können. Im Gegensatz zur Freistellung nach § 20 MVG bezieht sich die Arbeitsbefreiung nach § 19 Abs. 2 Satz 2 MVG auf eine Entlastung von den obliegenden Arbeitsaufgaben im Einzelfall, die ermöglicht werden soll, wenn die Erledigung der Mitarbeitervertretungsaufgaben nicht durch nach § 20 MVG freigestellte Mitarbeitervertretungsmitglieder übernommen werden kann; etwa weil es keine nach § 20 MVG freigestellte Mitarbeitervertreter gibt.

Soweit die Aufgaben der Mitarbeitervertretung aus dienstlichen Gründen nicht innerhalb der Arbeitszeit wahrgenommen werden können, erhalten die Mitarbeitervertreter für ihre Tätigkeit außerhalb der Arbeitszeit entsprechenden Freizeitausgleich.

566

c) Freistellung

§ 20 MVG stellt eine Konkretisierung der allgemeinen Arbeitsbefreiungsregelung nach § 19 Abs. 2 MVG dar. Der kirchliche Gesetzgeber geht davon aus, dass in Dienststellen ab einer bestimmten Größe immer ein gewisser Arbeitsausfall auf Grund von Tätigkeiten für die Mitarbeitervertretung gegeben sein wird. Zur Verminderung des Organisationsaufwandes gibt es nicht nur die Möglichkeit im konkreten Einzelfall die Arbeitsbefreiung nach § 19 Abs. 2 MVG in Anspruch zu nehmen, sondern nach § 20 MVG auch Mitglieder der Mitarbeitervertretung hälftig oder insgesamt von der Arbeitsleistung freizustellen. Vorrangiges Ziel der Regelung des MVG ist es, dass die Freistellung von Mitgliedern einvernehmlich durch Vereinbarung zwischen Mitarbeitervertretung und Dienststelle festgelegt wird. Für den Fall, dass eine solche Vereinbarung nicht zustande kommt, ist in § 20 Abs. 2 MVG eine nach Anzahl der Mitarbeiter gestaffelte Freistellungsregelung vorgesehen. Der Freistellungsanspruch der Mitarbeitervertretung ist dynamisch. Wenn sich die Größe der Mitarbeiterzahl während der Amtszeit in erheblichem Maße ändert, können auch während der Amtszeit weitere Freistellungen verlangt werden[1]. Nach Absprache mit der Dienststellenleitung und unter Berücksichtigung der dienstlichen Notwendigkeit werden die freizustellenden Mitarbeiter von der Mitarbeitervertretung bestimmt. Bei der Beurteilung der dienstlichen Notwendigkeit ist von der vorhandenen Arbeitskonzeption und -organisation und der Aufgabe des Mitarbeiters auszugehen. Dienstliche Notwendigkeiten stehen einer Freistellung nicht per se entgegen, sondern sind bei einer Abwägung aller Umstände des Einzelfalls zu berücksichtigen[2]. Ist eine Freistellung von der üblichen dienstlichen Tätigkeit erfolgt, so sind die Aufgaben der Mitarbeitervertretung vorrangig in der Zeit der Freistellung zu erledigen.

567

---

1 KGH.EKD, Beschl. v. 23.11.2009 – I-0124/R50-09, ZMV 2010, 92.
2 VerwG.EKD, Beschl. v. 11.3.1999 – 0124/C21-98, RsprB ABl.EKD 2001, 37: Es wird bejaht, dass der Freistellung eines Personalreferenten gewichtige arbeitsorganisatorische und -konzeptionelle Gründe entgegenstehen.

d) Teilnahme an Schulungsveranstaltungen

568   Zum Zwecke der Teilnahme an Tagungen und Lehrgängen müssen die Mitgliedern der Mitarbeitervertretung bis zur Dauer von insgesamt vier Wochen während einer Amtszeit von ihrer Arbeit freigestellt werden, wenn ihnen dort für die Tätigkeit in der Mitarbeitervertretung erforderliche Kenntnisse vermittelt werden, § 19 Abs. 3 MVG.

e) Schutzvorschriften

aa) Versetzungs- und Abordnungsschutz

569   Den Mitgliedern der Mitarbeitervertretung wird in § 21 MVG ein Versetzungs- und Abordnungsschutz garantiert. Mitglieder der Mitarbeitervertretung dürfen ohne ihre Zustimmung nur abgeordnet oder versetzt werden, wenn dies aus wichtigen dienstlichen Gründen unvermeidbar ist und die Mitarbeitervertretung zustimmt, § 21 Abs. 1 MVG. Versetzung im mitarbeitervertretungsrechtlichen Sinne ist die auf Dauer angelegte Übertragung einer anderen Beschäftigung in einer anderen Dienststelle.

570   Die auf Dauer angelegte Übertragung einer anderen Beschäftigung in derselben Dienststelle ohne gleichzeitigen Ortswechsel unterliegt als bloße Umsetzung hingegen nicht der Zustimmung der Mitarbeitervertretung[1].

bb) Besonderer Kündigungsschutz

571   Wenn es sich bei den Mitgliedern der Mitarbeitervertretung um Arbeitnehmer handelt, genießen diese einen besonderen Kündigungsschutz, § 21 Abs. 2 und 3 MVG.

572   Einem Mitglied der Mitarbeitervertretung darf nur gekündigt werden, wenn Tatsachen vorliegen, die den Dienstgeber zur außerordentlichen Kündigung berechtigen und wenn die Mitarbeitervertretung zustimmt. Bei der Prüfung der Frage, ob kündigungserhebliche Tatsachen vorliegen, müssen Mitarbeitervertretung und Kirchengericht wie ein Arbeitsgericht vorgehen und bei der Entscheidung alle Umstände des Einzelfalls berücksichtigen sowie eine Interessenabwägung vornehmen[2].

cc) Schutz bei Auflösung der Dienststelle

573   Wird eine Dienststelle ganz oder teilweise aufgelöst, darf dem Mitglied frühestens zum Zeitpunkt der Auflösung gekündigt werden, sofern nicht wegen zwingender betrieblicher Erfordernisse die Kündigung zu einem früheren Zeitpunkt erfolgen muss. Die Kündigung bedarf der Zustimmung der Mitarbeitervertretung. Besteht diese allein aus dem zu kündigenden Mitglied, muss die Ersatzperson zustimmen, § 21 Abs. 3 MVG.

---

1 VerwG.EKD, Beschl. v. 19.2.1998 – 0124/B27-97, NZA 1998, 576 = RsprB ABl.EKD 2000, 36.
2 VerwG.EKD, Beschl. v. 27.11.1998 – 0124/B19-97, RsprB ABl.EKD 1999, 27.

f) Schweigepflicht

In § 22 MVG ist die Pflicht der Personen normiert, die Aufgaben oder Befug-   574
nisse nach dem MVG wahrnehmen, über ihnen bekannt gewordene Angelegenheiten und Tatsachen Stillschweigen zu bewahren.

Die Schweigepflicht besteht nicht für Angelegenheiten oder Tatsachen, die   575
offenkundig sind oder ihrer Bedeutung nach keiner Geheimhaltung bedürfen.

Auch besteht die Schweigepflicht nicht gegenüber den anderen Mitgliedern   576
der Mitarbeitervertretung, § 22 Abs. 2 MVG.

8. Aufgaben und Befugnisse der Mitarbeitervertretung

a) Informationsrechte

Neben dem wechselseitigen Informationsanspruch über „Angelegenheiten,   577
die die Dienstgemeinschaft betreffen" (§ 33 Abs. 1 Satz 2 MVG), hat die
Mitarbeitervertretung gemäß § 34 MVG zur konkreten Durchführung ihrer
Aufgaben ein Recht auf **rechtzeitige und umfassende Information**[1]. Die erforderlichen Unterlagen sind ihr rechtzeitig zur Verfügung zu stellen. Sich
anlehnend an die Rechtsprechung des BAG zum gleichlautenden § 80 Abs. 2
Satz 2 BetrVG interpretierte das VerwG.EKD die Wendung „zur Verfügung
stellen" so, dass der Arbeitgeber die Unterlagen – zumindest in Abschrift –
dem Betriebsrat überlassen müsse, damit dieser sie ohne Beisein des Arbeitgebers auswerten könne[2].

Bei **Einstellungen** werden der Mitarbeitervertretung auf Verlangen sämtliche   578
Bewerbungsunterlagen vorgelegt. Um auch innerhalb des kirchlichen Krankenhauses die Persönlichkeitsrechte der Mitarbeiter zu schützen, kann die
Mitarbeitervertretung **Einsicht in die Personalakten** eines Mitarbeiters nur
dann verlangen, wenn dieser schriftlich zustimmt, § 34 Abs. 4 MVG.

b) Allgemeine Aufgaben

Die Mitarbeitervertretung wird als mitverantwortlich für das Gelingen des   579
kirchlichen Auftrags angesehen. Sie hat nicht nur die beruflichen, wirtschaftlichen und sozialen Belange der Mitarbeiter zu fördern. Ihr obliegt es
auch, das Verständnis für den Auftrag der Kirche zu stärken und für eine gute Zusammenarbeit unter den Mitarbeitern, aber auch zwischen Mitarbeitern und Dienstgeber einzutreten, § 35 Abs. 1 MVG. Wenn sie das Anliegen
als berechtigt erachtet, soll die Mitarbeitervertretung auf Veranlassung eines
Mitarbeiters oder einer Mitarbeiterin auch persönliche Interessen bei der
Dienststellenleitung vertreten.

---

1 VerwG.EKD, Beschl. v. 4.5.2000 – 0124/D40-99, RsprB ABl.EKD 2000, 41; zu den Informationsrechten siehe auch *Bartels*, ZMV 2008, 119.
2 VerwG.EKD, Beschl. v. 11.3.1999 – 0124/C25-98, NZA 1999, 836 = ZMV 1999, 143 =
RsprB ABl.EKD 2001, 38.

580 In dem Katalog des § 35 Abs. 3 MVG werden beispielhaft als Aufgaben der Mitarbeitervertretung die Gleichstellung von Frauen und Männern, die Integration ausländischer Mitarbeiter und die Eingliederung älterer oder behinderter Personen genannt.

Die Mitarbeitervertretung soll Maßnahmen anregen, die der Arbeit in der Dienststelle und den Mitarbeitern dienen und auf Beschwerden, Anfragen und Anregungen aus dem Kreise der Mitarbeiter eingehen. In Hinblick darauf, dass die Mitarbeitervertretung dafür einzutreten hat, dass die arbeits-, sozial- und dienstrechtlichen Bestimmungen, Vereinbarungen und Anordnungen eingehalten werden, darf sie gemäß § 61 Abs. 1 MVG vom Kirchengericht klären lassen, welche Arbeitsvertragsrichtlinien auf die Arbeitsverträge anzuwenden sind[1].

9. Grundlagen der Zusammenarbeit zwischen Arbeitgeber und der Mitarbeitervertretung

a) Grundsätze für die Zusammenarbeit

581 Für Mitarbeitervertretung und Dienststellenleitung gilt das betriebsverfassungsrechtliche **Gebot der vertrauensvollen Zusammenarbeit** (§ 33 Abs. 1 MVG). Dieser Grundsatz stellt die gesetzförmige Ausprägung der Zusammenarbeit in der **Dienstgemeinschaft** dar[2]. Jeder kirchliche Bedienstete ist dem Sendungsauftrag der Kirche verpflichtet und soll die Grundsätze der evangelischen Kirche leben[3]. Das gemeinsame christliche Interesse am Krankendienst erfordert eine vertrauensvolle, partnerschaftliche Zusammenarbeit von kirchlichen Leitungsorganen und kirchlichen Mitarbeitern[4]. Das Amt eines Mitarbeitervertreters wird nicht nur als eine Interessenvertretung, sondern zugleich als ein kirchliches Amt verstanden[5].

b) Recht des Dritten Weges

582 Mit Ausnahme der Nordelbischen Evangelisch-Lutherischen Kirche und der Evangelischen Kirche in Berlin-Brandenburg, sind die Landeskirchen den Empfehlungen der EKD gefolgt, keine Tarifverträge abzuschließen[6]. Tarifvertragssurrogat im kirchlichen Arbeitsrecht ist das sog. Arbeitsrechtsregelungsverfahren nach dem Modell des Dritten Weges. Dieses System versucht, eine Gestaltung von Arbeitsbedingungen und Mitarbeiterbeteiligung zu schaffen, die nicht nur dem Grundsatz der christlichen Dienstgemeinschaft entspricht, sondern auch eine zu weit gehende Isolierung vom allgemeinen Arbeitsrecht verhindert[7]. Kernstück des Verfahrens ist die **Arbeits-**

---

1 VerwG.EKD, Beschl. v. 7.12.2000 – 0124/E4-00, RsprB ABl.EKD 2002, 28.
2 VerwG.EKD, Beschl. v. 4.5.2000 – 0124/D40-99, RsprB ABl. 2000, 41.
3 *Hirschfeld*, Dienstgemeinschaft im Arbeitsrecht, S. 55; *Beckers*, ZTR 2000, 63 (64); *Thüsing*, RdA 1997, 163 (164).
4 *Hirschfeld*, Dienstgemeinschaft im Arbeitsrecht, S. 56.
5 *Richardi*, Arbeitsrecht in der Kirche, S. 366.
6 *Richardi*, RdA 1999, 112 (116).
7 *Beckers*, ZTR 2000, 63 (64).

rechtsrechtliche Kommission. Sie ist ein durch Kirchengesetz geschaffenes Gremium, das paritätisch mit Vertretern der Dienstgeber und der Mitarbeiter sowie anderen Trägern kirchlicher und diakonischer Einrichtungen besetzt ist. Ihre Aufgabe besteht darin, Vorgaben zu schaffen, die Abschluss, Inhalt und Beendigung der Arbeitsverhältnisse regeln[1]. Für den Bereich der evangelischen Kirche werden die Mitarbeitervertreter im Allgemeinen von den landeskirchlichen Mitarbeitervertretungen in die Arbeitsrechtliche Kommission entsandt[2]. Entsprechend dem Verbandsgrundsatz der Evangelischen Kirche haben die EKD als der Zusammenschluss der evangelischen Kirchen und die einzelnen Landeskirchen jeweils eigene Arbeitsrechtsregelungsgesetze[3]. Findet sich in der Arbeitsrechtlichen Kommission keine hinreichende Mehrheit für einen Regelungsvorschlag oder dringen Einwendungen in der Kommission nicht durch, entscheidet eine Schiedskommission unter neutralem Vorsitz. Auch wenn Aufgaben und Verfahrensweise der Schiedskommission gerichtsähnlich ausgestaltet sind, ist sie als Institution der Rechtssetzung, scharf zu trennen von den Einrichtungen zu Lösung von Rechtsanwendungsstreitigkeiten[4].

Nach der Rechtsprechung des BAG kommt den Arbeitsrechtsregelungen der Kommission keine normative Kraft zu; sie sollen stets der Umsetzung durch Vereinbarung ihrer Anwendbarkeit im Arbeitsvertrag bedürfen[5]. Dies begründet das BAG damit, dass der staatliche Gesetzgeber den kirchlichen Vorschriften – anders als Tarifverträgen und Betriebsvereinbarungen nach § 4 Abs. 1 TVG und § 77 Abs. 4 Satz 1 BetrVG – eine allgemeine Rechtsnormqualität nicht ausdrücklich zuerkannt habe. Die Gegenansicht geht von einer **normativen Wirkung** der Dienstvertragsordnungen aus und rechtfertigt dies mit dem kirchlichen Selbstbestimmungsrecht gemäß Art. 140 GG i. V. m. Art. 137 WRV[6]. Hierfür spricht, dass die Kirchen als Körperschaften des öffentlichen Rechts im Sinne des Art. 137 Abs. 5 WRV die Zuständigkeit für die abgeleitete Rechtssetzung selbst ordnen können. Wenn der Gesetzgeber in einzelnen Arbeitsgesetzen durch Öffnungsklauseln die Regelungen der Kirchen den tarifvertraglichen Bestimmungen gleichstellt, so wollte er damit die im Rahmen des Dritten Weges ergangenen Normierungen nicht ausschließen[7]. Andere wollen die normative Kraft der Regelungen dadurch legitimiert sehen, dass diese – wie die rechtlich verbindlichen Tarifverträge – durch ein Regelungssystem vertraglicher Verhandlung und Einigung zustande kommen, durch welches Mitglieder- und Verbandsinteressen wahrgenom-

583

---

1 *Richardi*, Zur arbeitsrechtlichen und sozialrechtlichen Stellung von Klerikern, Ordensangehörigen und kirchlichen Mitarbeitern in Österreich, 281 (295); *Richardi*, RdA 1999, 112 (116).
2 *Beckers*, ZTR 2000, 63 (64).
3 *Richardi*, Zur arbeitsrechtlichen und sozialrechtlichen Stellung von Klerikern, Ordensangehörigen und kirchlichen Mitarbeitern in Österreich, 281 (295 f.).
4 *Schliemann*, NZA 2000, 1311(1312).
5 BAG, Urt. v. 28.1.1998 – 4 AZR 491/96, AP Nr. 11 zu § 12 AVR = NZA-RR 1998, 424; BAG, Urt. v. 24.9.1997 – 4 AZR 452/96, ZTR 1998, 179 = ZMV 1998, 244; BAG, Urt. v. 6.11.1996 – 5 AZR 334/95, AP Nr. 1 zu § 10a AVR = BAGE 84, 282.
6 *Pahlke*, NJW 1986, 350 (354 f.); *Schilberg*, ZevKR 1996, 40 (42 f.).
7 *Schilberg*, ZevKR 1996, 40 (44).

men werden[1]. Der Meinungsstreit ist in der Praxis nur von untergeordneter Bedeutung, denn die Kirchen schließen im Regelfall ausschließlich Arbeitsverträge ab, die eine Bezugnahmeklausel auf die jeweils geltenden Arbeitsrechtsregelungen enthalten[2]. In den Kirchengesetzen der Gliedkirchen Rheinland, Westfalen und Lippe ist nunmehr ausdrücklich die normative Kraft der Arbeitsrechtsregelungen des Dritten Weges festgelegt. In den Krankenhäusern dieser Landeskirchen finden die Arbeitsrechtsregelungen daher unmittelbar und zwingend auf die einzelnen Arbeitsverhältnisse Anwendung[3].

c) Dienstvereinbarungen

584   Die Regelung in § 36 MVG verwendet den aus dem Sprachgebrauch des Personalvertretungsrechts bekannten Begriff der Dienstvereinbarung. Wie die in § 77 BetrVG vorgesehene Betriebsvereinbarung ist die Dienstvereinbarung ein Normenvertrag, der unmittelbar und zwingend auf die Arbeitsverhältnisse innerhalb der Dienststelle einwirkt. Da § 77 BetrVG der Regelung des § 36 MVG zum Vorbild diente, reichen Inhalt und Umfang der Dienstvereinbarungsautonomie ähnlich weit wie die Befugnis von Arbeitgeber Betriebsrat zum Abschluss von Betriebsvereinbarungen[4].

Sofern in der Dienstvereinbarung Rechte für Mitarbeiter begründet werden, ist in der Vereinbarung festzulegen, inwieweit diese Rechte bei Außerkrafttreten der Dienstvereinbarung fortgelten sollen. Eine darüber hinausgehende Nachwirkung ist ausgeschlossen, § 36 Abs. 4 MVG.

Da für einzelne kirchlichen Einrichtungen jeweils unterschiedliche Dienstvereinbarungen gelten, bietet sich ein Bild der Rechtszersplitterung[5]. Diese Unterschiede der rechtlichen Gestaltung sind dem Wesen und Auftrag der Kirche nach nicht geboten. Um die Einheit des kirchlichen Dienstes als Rechtsprinzip zu erhalten, wird nunmehr in § 36 MVG der Vorrang des kirchlichen Arbeitsrechtsregelungsverfahrens gewährleistet: Dienstvereinbarungen dürfen Regelungen weder erweitern, noch einschränken oder ausschließen, die auf Rechtsvorschriften, insbesondere Beschlüssen der Arbeitsrechtlichen Kommission, Tarifverträgen und Entscheidungen des Schlichtungsausschusses nach dem Arbeitsrechtsregelungsgesetz oder allgemeinverbindlichen Richtlinien der Kirche beruhen, § 36 Abs. 1 Satz 2 MVG. Werden durch die in Satz 2 genannten Regelungen Arbeitsentgelte oder sonstige Arbeitsbedingungen vereinbart oder üblicherweise, so können diese Regelungen nicht Gegenstand einer Dienstvereinbarung sein, es sei denn, die Regelung nach Satz 2 lässt eine Dienstvereinbarung ausdrücklich zu, § 36 Abs. 1 Satz 3 MVG. Eine solche Öffnungsklausel enthalten z. B. § 40

---

1 *Richardi*, Arbeitsrecht in der Kirche, S. 229 ff.
2 *Thüsing*, RdA 1997, 163 (166).
3 *Schliemann*, NZA 2000, 1311 (1312).
4 *Richardi*, Arbeitsrecht in der Kirche, S. 371.
5 *Richardi*, Festschrift für Kissel, 967 (980).

lit. m) MVG, § 17 AVR.DW.EKD für Dienstvereinbarungen zur Sicherung von Leistungsangeboten[1].

10. Beteiligungsrechte der Mitarbeitervertretung

Das Mitarbeitervertretungsgesetz richtet sich hinsichtlich der Ausgestaltung   585
der Mitwirkung und Mitbestimmung nicht nach dem Modell des Betriebsverfassungsrechts, sondern nach dem Modell des Personalvertretungsrechts.
Das MVG gliedert die Beteiligung der Mitarbeitervertretung in das Verfahren
der Mitbestimmung (§ 38 MVG), der eingeschränkten Mitbestimmung (§ 41
MVG) und der Mitberatung (§ 45 MVG). Entsprechend ordnet es die Beteiligungsfälle zu: §§ 39, 40 MVG enthalten die Fälle der Mitbestimmung,
§§ 42, 43 MVG die Fälle der eingeschränkten Mitbestimmung, und § 46
MVG zählt die Fälle der Mitberatung auf. Zu einer ordnungsgemäßen Beteiligung gehört insbesondere, dass die Dienststelle der Mitarbeitervertretung
alle Gründe mitteilt, welche sie zu der beabsichtigten Maßnahme bewegen.
Eine nicht ordnungsgemäße Beteiligung steht der Nichtbeteiligung der Mitarbeitervertretung gleich[2]. Die Mitarbeitervertretung ist jedoch dann nicht
zu beteiligen, wenn es um Personalangelegenheiten der Personen geht, die
entsprechend § 4 Abs. 2 MVG der Dienststellenleitung angehören, § 44 Satz 1
MVG. Dazu gehören auch kirchliche Mitarbeiter, die erst während ihres An-
stellungsverhältnisses in den Kirchenvorstand gewählt worden sind[3]. Es findet ebenfalls keine Beteiligung in Personalangelegenheiten der Personen
statt, die im pfarramtlichen Dienst[4] und in der Ausbildung oder Vorbereitung dazu stehen. Gleiches gilt für die Personalangelegenheiten der Lehren-
den an kirchlichen Hochschulen oder Fachhochschulen, § 44 Satz 2 MVG.

a) Mitbestimmung

Die Mitarbeitervertretung hat bei den in § 39 MVG genannten **allgemeinen**   586
personellen Angelegenheiten ein Mitbestimmungsrecht. Dazu zählen Maßnahmen wie die Aufstellung von Beurteilungsgrundsätzen für die Mitarbeiter, Auswahl der Teilnehmer[5] an Fortbildungsveranstaltungen[6] und die Ver-

---

1 Weitere Beispiele bei *Andelewski*, ZMV 2009, 107 (108 ff.).
2 *Richardi*, NZA 1998, 113 (115).
3 VerwG.EKD, Beschl. v. 10.6.1999 – 0124/D5-99, RsprB ABl.EKD 2000, 30.
4 VerwG.EKD, Beschl. v. 27.9.2000 – 1 VR MVG 3/2000, RsprB ABl.EKD 2002, 36: Der
   pfarramtliche Dienst ist für Gottesdienste und Amtshandlungen in der Kirchengemeinde zuständig und verfügt in diesem Rahmen über die dafür bestimmten Räume; allein die Mitwirkung an der Verkündung des Wortes Gottes und der Gestaltung
   des gemeindlichen Lebens lässt noch nicht darauf schließen, dass der Mitarbeiter im
   pfarramtlichen Dienst steht.
5 Schlichtungsstelle der Ev.Landeskirche in Baden, Beschl. v. 11.1.2000 – 1 Sch 37/98,
   RsprB ABl.EKD 2002, 35: Danach steht das Mitbestimmungsrecht der Mitarbeitervertretung nur bei der Auswahl der Teilnehmer an Fortbildungsveranstaltungen zu, nicht
   aber bei der Frage, ob die Dienststelle eine konkrete Veranstaltung in ihr Programm
   aufnimmt.
6 Zum Begriff der „Fortbildung" VerwG.EKD, Beschl. v. 30.1.1997 – 0124//A11-96,
   RsprB Amtsbl.EKD 1998, 28: Fortbildung liegt nur dann vor, wenn den Mitarbeitern

wendung von Personalfragebögen zur Erhebung personenbezogener Daten. Ein Mitbestimmungsrecht besteht aber auch in **organisatorischen und sozialen Angelegenheiten** im Sinne des § 40 MVG. Davon erfasst sind etwa Maßnahmen zur Leistungsüberwachung und zur Verhütung von Arbeitsunfällen[1], die Arbeitsplatzgestaltung[2], die Aufstellung von Sozialplänen, Regelungen der Wochenarbeitszeit[3], der Anordnung einer Rufbereitschaft im Krankenhaus[4] und Regelungen zur Gewährung von Zuwendungen, auf die kein Rechtsanspruch besteht.

587   Soweit eine Maßnahme der Mitbestimmung der Mitarbeitervertretung unterliegt, hat die Dienststellenleitung die Mitarbeitervertretung von der beabsichtigten Maßnahme zu unterrichten und ihre Zustimmung zu beantragen, § 38 Abs. 2 MVG. Die Maßnahme gilt gemäß § 38 Abs. 3 Satz 1 MVG als gebilligt, wenn die Mitarbeitervertretung nicht innerhalb von zwei Wochen die Zustimmung schriftlich verweigert oder eine mündliche Erörterung beantragt. Zwar hat die Mitarbeitervertretung eine Verweigerung der Zustimmung gegenüber der Dienststellenleitung schriftlich zu begründen; die Schlüssigkeit der Zustimmungsverweigerung ist hingegen nicht gefordert[5]. Unterbleibt die Zustimmung, ist die Maßnahme unwirksam und darf nicht vollzogen werden, § 38 Abs. 1 Satz 2 MVG. Jedoch kann die Dienststellenleitung innerhalb von zwei Wochen nach Abschluss der Erörterung oder nach Eingang der schriftlichen Weigerung das Kirchengericht anrufen, welches über die Ersetzung der Zustimmung der Mitarbeitervertretung entscheidet, §§ 38 Abs. 4, 60 Abs. 6 MVG.

588   *Richardi* vertritt mit der h. M. die Auffassung, die **generelle Anordnung der Unwirksamkeit** einer Maßnahme, für die keine Zustimmung vorlag, überschreite die Gesetzgebungsbefugnis der Kirche. Das gelte vor allem dann, wenn die Mitarbeitervertretung in Angelegenheiten mitzubestimmen habe, die durch ein Rechtsgeschäft mit einem Dritten individualvertraglich gestaltet werden[6]. Dem ist zuzustimmen.

589   Droht eine Verletzung des Mitbestimmungsrechts, kann die Mitarbeitervertretung das Kirchengericht anrufen und Unterlassung der mitbestimmungs-

---

eine über die bloße ordnungsgemäße Wahrnehmung ihrer bisherigen Aufgaben hinausgehende zusätzliche Qualifikation für das berufliche Fortkommen verschafft wird. Das Mitbestimmungsrecht soll sich nicht auf Vorgänge erstrecken, die zur täglichen Dienstausübung gehören und von ihr nicht zu trennen sind.

1 KGH.EKD, Beschl. v. 9.7.2007 – II-0124/N24-07, ZMV 2008, 26.
2 Zur Umwidmung von Mitarbeiterparkplätzen: KGH.EKD, Beschl. v. 7.4.2008 – I-0124/P5-08, ZMV 2009, 37.
3 *Zetl*, ZMV 2008, 285.
4 KGH.EKD, Beschl. v. 8.12.2008 – I-0124/P16-08, ZMV 2009, 100.
5 *Richardi*, NZA 1998, 113 (115).
6 *Richardi*, Arbeitsrecht in der Kirche, S. 368; *Fey/Rehren*, MVG.EKD, § 38 Rz. 40; *Andelewski*, MVG.EKD, § 38 Rz. 75; nach BAG, Urt. v. 2.7.1980 – 5 AZR 1241/79, AP Nr. 9 zu Art. 33 Abs. 2 GG = BAGE 34, 1 = RdA 1980, 341 ist der Abschluss eines Arbeitsverhältnisses auch ohne Beteiligung der Personalvertretung nicht nichtig, sondern voll wirksam.

widrigen Maßnahmen verlangen. Dieser Anspruch kann auch im Verfahren auf Erlass einer einstweiligen Verfügung verfolgt werden[1].

Duldet eine grundsätzlich der Mitbestimmung unterliegende Maßnahme keinen Aufschub, so muss die Dienststellenleitung nicht erst eine Entscheidung der Mitarbeitervertretung abwarten, sondern kann bis zu einer endgültigen Entscheidung vorläufige Regelungen treffen, § 38 Abs. 5 MVG. Keinen Aufschub duldet eine Maßnahme, wenn die Gründe, die für eine vorläufige Durchführung sprechen, so starkes Gewicht haben, dass sie das grundsätzliche Interesse an der Durchführung des Mitbestimmungsverfahrens überwiegen[2].

b) Eingeschränkte Mitbestimmung

Beim Verfahren der eingeschränkten Mitbestimmung (§§ 41 ff. MVG) handelt es sich um ein Zustimmungsverweigerungsrecht. Nur wenn bestimmte Gründe vorliegen, welche § 41 MVG ausdrücklich nennt, darf die Mitarbeitervertretung ihre Zustimmung verweigern. Diese Gründe sind   590

– ein Verstoß der Maßnahme gegen Vertrags- oder Rechtsvorschriften, etwa auch die Bestimmungen des § 81 SGB IX bei Einstellungen[3] oder eine rechtskräftige gerichtliche Entscheidung,

– die durch Tatsachen begründete Besorgnis, dass durch die Maßnahme der Betroffene oder andere Mitarbeiter ungerechtfertigt benachteiligt werden, wobei eine relevante Benachteiligung stets eine Rechtsverletzung voraussetzt[4],

– die durch Tatsachen begründete Besorgnis, dass durch eine Einstellung der Frieden in der Dienststelle gestört wird.

Fälle der eingeschränkten Mitbestimmung sind vor allem die personellen Einzelmaßnahmen der Einstellung, Ein- und Umgruppierung, Umsetzung und Versetzung, wie sie in § 99 BetrVG genannt sind[5]. Verweigert die Mitarbeitervertretung ihre Zustimmung, hat das Kirchengericht lediglich zu prüfen und festzustellen, ob ein Verweigerungsgrund vorliegt. Stellt das Kirchengericht fest, dass ein solcher Grund nicht gegeben ist, gilt die Zustimmung der Mitarbeitervertretung als ersetzt, §§ 38 Abs. 4, 42 Abs. 3, 60 Abs. 5 MVG. Ist die Zustimmung fingiert worden und hört die Dienststellenleitung die Mitarbeitervertretung gleichwohl nochmals zur selben Maßnahme im Sinne des § 42 MVG an, so wird hierdurch das Mitbestimmungsrecht nicht erneut ausgelöst[6].

---

1 VerwG.EKD, Beschl. v. 14.12.1999 – 0124/C1-98, RsprB Amtsb.EKD 1999, 28.
2 KGH.EKD, Beschl. v. 17.7.2009 – I-0124/R42-09, ZMV 2009, 320.
3 *Blens*, ZMV 2010, 61; Joussen, ZMV 2009, 6 (7).
4 KGH.EKD, Beschl. v. 22.6.2009 – I-0124/P89-08, ZMV 2009, 206.
5 *Richardi*, Festschrift für Kissel, 967 (978).
6 KGH.EKD, Beschl. v. 20.4.2009 – I0124/P49-08, ZMV 2009, 210.

aa) Einstellung

591 Unter Einstellung im Sinne des § 42 lit. a) bzw. § 43 lit. a) ist die **tatsächliche Eingliederung** des Mitarbeiters in den Betrieb zu verstehen. Wie im Betriebsverfassungsrecht ist dabei gleichgültig, ob der Mitarbeiter erstmalig eingestellt oder nach einer Unterbrechung wiedereingestellt wird[1]. Eine Einstellung soll nach Ansicht des früheren VerwG.EKD auch dann vorliegen, wenn etwa bei **Leiharbeitnehmern** zwar eine unmittelbare Bindung zwischen Dienstnehmer und Dienstgeber nicht begründet worden ist, der Dienstnehmer einer Fremdfirma aber derart in die Dienststelle eingegliedert ist, dass er zusammen mit anderen Dienstnehmern eine weisungsgebundene Tätigkeit zu verrichten hat, die der Verwirklichung des arbeitstechnischen Zwecks der Dienststelle dient und vom Dienstgeber organisiert werden muss[2]. Die Dienststellenleitung hat dabei die Grenzen der Zulässigkeit von Leiharbeit im kirchlichen und diakonischen Dienst zu beachten[3]. Unsicherheit besteht, ob die Umwandlung eines Teilzeitarbeitsverhältnisses in ein Vollzeitarbeitsverhältnis ebenfalls als Einstellung im Sinne des § 42 lit. a) MVG zu betrachten ist. Das VerwG.EKD war hier der Auffassung, dass die Umwandlung eines Teilzeitarbeitsverhältnisses in ein Vollzeitarbeitsverhältnis das Gesamtbild des Arbeitsverhältnisses verändert. Es sei daher eine der Neueinstellung vergleichbare Auswahlsituation gegeben, in welcher die Mitarbeitervertretung ein eingeschränktes Mitbestimmungsrecht habe[4]. Anders als bisher das VerwG.EKD[5] sieht die neuere staatliche Rechtsprechung die einfache Erhöhung der Wochenarbeitszeit eines Teilzeitbeschäftigten auf weniger als die volle wöchentliche Arbeitszeit inzwischen als mitbestimmungspflichtig an[6].

bb) Die ordentliche Kündigung nach Ablauf der Probezeit

592 Eine ordnungsgemäße Beteiligung im Fall der ordentlichen Kündigung erfordert, dass die Dienststellenleitung der Mitarbeitervertretung den Kündigungssachverhalt vollständig darlegt und alle Gesichtspunkte nennt, auf die sie ihren Kündigungsentschluss stützt[7]. Die Mitarbeitervertretung kann die Zustimmung verweigern, wenn die Kündigung gegen eine Rechtsvorschrift, eine arbeitsrechtliche Regelung, eine andere bindende Bestimmung oder eine rechtskräftige gerichtliche Entscheidung verstößt, § 41 Abs. 2 MVG. Mit

---

1 *Löwisch*, Betriebsverfassungsgesetz, § 99 Rz. 8.
2 VerwG.EKD, Beschl. v. 11.9.1997 – 0124/B11-97, RsprB ABl.EKD 1999, 29; VerwG.EKD, Beschl. v. 18.1.2001 – II-0124/E14-00, RsprB ABl.EKD 2002, 26; KGH.EKD, Beschl. v. 29.1.2007 – II-0124/M38-06, ZMV 2007, 197.
3 KGH.EKD, Beschl. v. 2.4.2008 – II-0124/N72-07, ZMV 2009, 39; KGH.EKD, Beschl. v. 9.10.2006 – II-0124/M35-06, ZMV 2007, 92.
4 VerwG.EKD, Beschl. v. 2.2.1998 – 0124/B22-97, NZA 1998, 1076 = RsprB ABl.EKD 1999, 22.
5 VerwG.EKD, Beschl. v. 2.2.1998 – 0124/B22-97, NZA 1998, 1076 = RsprB ABl.EKD 1999, 22.
6 BAG, Beschl. v. 25.1.2005 – 1 ABR 59/03, AP Nr. 114 zu § 87 BetrVG1972.
7 *Baumann-Czichon*, MVG.EKD, § 42 Rz. 42; *Richardi*, NZA 1998, 113 (115).

dem eingeschränkten Mitbestimmungsrecht ist daher faktisch ein Sperrecht für die Erklärung der Kündigung verbunden. Die Mitarbeitervertretung prüft inzident, ob ein Fall der sozial ungerechtfertigten Kündigung i.S.d. § 1 KSchG vorliegt, so dass der Kündigungsrechtsstreit bereits zum Gegenstand des Mitbestimmungsverfahrens wird[1]. Die Zustimmungsverweigerung ist schriftlich zu begründen. Die Verweigerung muss so verfasst sein, dass die Dienststellenleitung erkennen kann worauf es der Mitarbeitervertretung ankommt[2]. Fehlt die Zustimmung, so ist die Kündigung unwirksam, wenn sie nicht durch das Kirchengericht ersetzt worden ist, § 41 Abs. 3 i.V.m. § 38 Abs. 1 Satz 2 MVG.

Das Beteiligungsrecht der Mitarbeitervertretung im kirchlichen Krankenhaus geht somit über das bloße Anhörungsrecht hinaus, welches dem Betriebsrat nach § 102 BetrVG bei ordentlichen Kündigungen zugestanden wird. Es kann, auch wenn die Kündigung zulässig ist, zu einer erheblichen Verzögerung führen, weil in jedem Fall erst das Mitbestimmungsverfahren abgeschlossen sein muss, bevor eine Kündigung erklärt werden darf. Da es sich bei einer Kündigung nicht um eine vorläufige Regelung handelt, hilft es der Dienststellenleitung in diesem Fall auch nicht weiter, dass sie bei Maßnahmen, die keinen Aufschub dulden, vorläufige Regelungen treffen kann[3].

cc) Eingruppierung und Umgruppierung

Weitere Fälle der eingeschränkten Mitbestimmung sind gemäß § 42 lit. c) 593 die Eingruppierung und Umgruppierung von Mitarbeitern. Die Mitbestimmung bei **Eingruppierungen** ist lediglich als Kontrolle der Anwendung von Entlohnungsregelungen ausgestaltet. Der Mitarbeitervertretung steht nur zu, darauf zu achten, dass die Entlohnungsregelungen eingehalten werden, die der Dienststelle vorgegeben sind oder die die Dienststelle selbst aufgestellt hat. Diese Aufgaben schließen aber nicht ein, im Mitbestimmungsverfahren die Vereinbarkeit mit höherrangigem Recht und damit die Rechtmäßigkeit des Vergütungssystems selbst in Frage zu stellen. Dies muss der Auseinandersetzung des jeweiligen einzelnen Mitarbeiters mit seinem Dienstgeber vorbehalten bleiben[4]. Das Mitbestimmungsrecht erstreckt sich auch nicht auf die Zuordnung der Beschäftigten zu den Stufen der Entgelttabelle nach § 16 TV-L[5].

---

1 *Richardi*, Arbeitsrecht in der Kirche, S. 370.
2 KGH.EKD, Beschl. v. 7.4.2008 – I-0124/N80-07, ZMV 2008, 259.
3 *Richardi*, NZA 1998, 113 (115).
4 VerwG.EKD, Beschl. v. 4.5.2000 – 0124/D38-99, RsprB ABl.EKD 2000, 39; VerwG.EKD, Beschl. v. 4.5.2000 – 0124/D39-99; VerwG.EKD, Beschl. v. 10.8.2000 – 0124/E5-00, RsprB ABl.EKD 2000, 44.
5 KGH.EKD, Beschl. v. 14.1.2008 – I-0124/N33-07, ZMV 2008, 203; für das Personalvertretungsrecht davon abweichend: BVerwG, Beschl. v. 27.8.2008 – BVerwG 6 P 11.07, ZMV 2008, 329.

dd) Übertragung einer anders bewerteten Tätigkeit von mehr als drei Monaten

594   Aus Wortsinn und Zweck des § 42 lit. d) MVG ergibt sich, dass nicht nur die **befristete**, sondern auch die **dauernde** Übertragung einer höher oder niedriger bewerteten Tätigkeit mitbestimmungspflichtig ist. Ansonsten könnte die Mitarbeitervertretung ihre Zustimmung bei Verstoß gegen eine arbeitsrechtliche Bestimmung i. S. d. § 41 Abs. 2 MVG oder im Falle einer Benachteiligung nicht verweigern, obwohl sich der Normverstoß oder die Benachteiligung infolge dauerhaften Tätigkeitsübertragung als schwerwiegender erweisen dürfte[1].

c) Mitberatung

595   Die Mitberatung ist das schwächste Beteiligungsrecht der Mitarbeitervertretung, §§ 45, 46 MVG. In der Praxis gleicht dieses Beteiligungsrecht dem Anhörungsrecht nach dem BetrVG. Denn es ist nicht Sache der Dienststellenleitung, eine Beratung mit der Mitarbeitervertretung vorzunehmen, bevor sie die beabsichtigte Maßnahme durchführt[2]. Vielmehr hat die Dienststelle gemäß § 45 Abs. 1 MVG der Mitarbeitervertretung die beabsichtigte Maßnahme rechtzeitig vor der Durchführung bekannt zu geben und nur auf Verlangen mit ihr zu erörtern. Äußert sich die Mitarbeitervertretung nicht innerhalb von zwei Wochen oder hält sie bei der Erörterung ihre Einwendungen nicht aufrecht, so gilt die Maßnahme als gebilligt, § 45 Abs. 1 Satz 4 MVG. Verlangt die Mitarbeitervertretung in einem Fall der Mitberatung rechtzeitig eine Erörterung, so beginnt die Äußerungsfrist mit dem Erörterungstermin von neuem zu laufen[3]. Einigen sich Dienststellenleitung und Mitarbeitervertretung bei der gemeinsamen Erörterung nicht, so hat Dienststellenleitung oder die Mitarbeitervertretung die Erörterung für beendet zu erklären, § 45 Abs. 1 Satz 7 MVG. Die Dienststellenleitung hat dann ihren von der Auffassung der Mitarbeitervertretung abweichende Entscheidung gegenüber der Mitarbeitervertretung schriftlich zu begründen, § 45 Abs. 1 Satz 8 MVG.

Ist ein Mitberatungsrecht der Mitarbeitervertretung vorgesehen, so ist die Maßnahme unwirksam, wenn die Mitarbeitervertretung nicht ordnungsgemäß beteiligt worden ist, § 45 Abs. 2 MVG. Bedeutendste Fälle der Mitberatung sind die außerordentliche Kündigung und die Kündigung während der Probezeit, § 46 lit. b) und c) MVG.

aa) Die außerordentliche Kündigung

596   Im Falle der außerordentlichen Kündigung, welche nur innerhalb von zwei Wochen, nachdem der Kündigungsberechtigte Kenntnis von dem Kündigungsgrund erlangt hat, ausgesprochen werden kann, werden die Anforde-

---

1 VerwG.EKD, Beschl. v. 9.3.2000 – 0124/D31-99, RsprB ABl.EKD 2002, 26.
2 *Richardi*, Festschrift für Kissel, 967 (979).
3 VerwG.EKD, Beschl. v. 14.11.1996, 0124/A9-96, NZA-RR 1998, 528 = ZMV 1997, 134.

rungen an eine ordnungsgemäße Beteiligung der Mitarbeitervertretung reduziert. Wird die Frist für den Ausspruch der außerordentlichen Kündigung knapp, dürfen nach Auffassung des früheren VerwG.EKD an die Pflicht der Dienststellenleitung zur schriftlichen Begründung einer von der Auffassung der Mitarbeitervertretung abweichenden Entscheidung im Sinne des § 45 Abs. 1 Satz 8 MVG keine strengen Maßstäbe angelegt werden[1]. Abweichend von § 45 Abs. 1 Satz 2 MVG kann die Frist, innerhalb derer die Mitarbeitervertretung nach Bekanntgabe der beabsichtigten Maßnahme eine Erörterung verlangen kann, im Fall der außerordentlichen Kündigung auf bis zu drei Arbeitstage verkürzt werden, § 45 Abs. 1 Satz 3 MVG.

bb) Die ordentliche Kündigung innerhalb der Probezeit

Während der Probezeit ist der Kündigungsschutz des Arbeitnehmers stark   597
eingeschränkt; in Abweichung von der vierwöchigen Grundkündigungsfrist gilt gemäß § 622 Abs. 3 BGB eine Kündigungsfrist von zwei Wochen. Die Länge der Probezeit folgt entweder aus dem Gesetz (bei Berufsausbildungsverhältnissen nach § 13 BBiG mindestens ein Monat und höchstens drei Monate) oder aus dem Arbeitsvertrag. Zwar legt § 622 Abs. 3 BGB die Dauer der Probezeit auf höchstens sechs Monate fest. Das VerwG.EKD ließ aber eine Verlängerung zu, wenn dies zur Erreichung des Zwecks der Erprobung erforderlich ist. Die Anstellung auf Probe soll dem Arbeitgeber die Möglichkeit geben, sich ein Urteil darüber zu bilden, ob der Arbeitnehmer sich für die ihm zugedachte Stellung eignet[2]. Die anfängliche Vereinbarung einer längeren Probezeit oder eine Verlängerung der Probezeit kommen in Betracht, wenn wegen der großen Schwierigkeit oder der hohen Verantwortung, die mit der vorgesehenen Position verbunden ist, eine Probezeit von sechs Monaten nicht ausreicht oder wenn in der Person des Arbeitnehmers besondere Umstände (wie eine längere Erkrankung) nach Arbeitsaufnahme eingetreten sind. Dann kommt trotz einer Beschäftigungsdauer von mehr als sechs Monaten eine ordentliche Kündigung „innerhalb der Probezeit" gemäß § 46 lit. c) MVG in Betracht[3]. Da es sich bei der Anstellung auf Probe um eine Regelungsmaterie für das kircheneigene Arbeitsrecht-Regelungsverfahren nach dem „Dritten Weg" handelt, darf der kirchliche Dienstgeber die Dauer der Probezeit nicht willkürlich bestimmen[4].

cc) Auflösung, Einschränkung, Verlegung und Zusammenlegung von Dienststellen

Ein Mitberatungsrecht ist vorgesehen in den Fällen der Auflösung, Ein-   598
schränkung und Zusammenlegung von Dienststellen oder erheblichen Tei-

---

1 VerwG.EKD, Beschl. v. 27.4.1995, 0124/5-95, RsprB ABl.EKD 1996, 23 = ZMV 1996, 38.

2 VerwG.EKD, Beschl. v. 21.7.1998, 0124/C7-98, RsprB ABl.EKD 1999, 24 = ZMV 1998, 299.

3 VerwG.EKD, Beschl. v. 21.7.1998, 0124/C7-98, RsprB ABl.EKD 1999, 24 = ZMV 1998, 299.

4 *Richardi*, NZA 1998, 113 (114).

len von ihnen, § 46 lit. a) MVG. Mit der Zusammenlegung mehrerer Dienststellen oder der Aufspaltung einer Dienststelle zu mehreren selbständigen Stellen gehen die bisherigen Dienstgemeinschaften unter. Für die neu entstandenen Dienstgemeinschaften ist je eine neue Mitarbeitervertretung zu gründen. Die über ein eventuelles Übergangsmandat hinausgehende Beibehaltung einer bestehenden Mitarbeitervertretung bis zur nächsten Regelwahl kann nicht im Wege eines privatrechtlichen Vertrages vereinbart werden[1]. Der **Betriebsübergang** wird vom Tatbestand des § 46 lit. a) MVG ebenfalls erfasst, auch wenn in diesem Fall die Mitarbeitervertretung im Amt bleibt[2]. Ob es sich um die **Auflösung oder Verlegung** eines **erheblichen Teiles** einer Dienststelle handelt, richtet sich nicht allein danach, ob die Mitarbeiter unter einer einheitlichen Leitung organisatorisch zusammengefasst sind (z.B. eine Spezialabteilung eines Krankenhauses), sondern auch danach, ob in diesem Teil der Dienststelle ein erheblicher Teil der Belegschaft beschäftigt ist[3]. Wird ein Dienststellenteil auf einen anderen Rechtsträger übertragen, handelt es sich um die **Einschränkung** einer Dienststelle im Sinne von § 46a) MVG. Voraussetzung für ein Mitberatungsrecht ist, dass die Einschränkung „erheblich" ist. Dies bestimmt sich anhand des Maßstabes des § 17 KSchG[4].

d) Initiativrecht, § 47 MVG

599 Das Recht der Mitarbeitervertretung, in **allen Beteiligungsfällen** der Dienststellenleitung Maßnahmen schriftlich vorzuschlagen, ist in § 47 Abs. 1 MVG ausdrücklich erwähnt. Die Dienststellenleitung ist verpflichtet, zu den vorgeschlagenen Maßnahmen innerhalb eines Monats Stellung zu nehmen und eine Ablehnung schriftlich zu begründen, § 47 Abs. 1 Satz 2 und 3 MVG. Kommt in den Fällen der Mitbestimmung und der eingeschränkten Mitbestimmung (§§ 39, 40, 42, 43 MVG) keine Einigung mit der Dienststellenleitung zustande, so kann die Mitarbeitervertretung innerhalb von zwei Wochen nach Abschluss der Erörterung oder nach der Ablehnung das Kirchengericht anrufen, § 47 Abs. 2 Satz 1 MVG. Das Kirchengericht trifft gemäß § 60 Abs. 7 MVG eine Feststellung, ob die Weigerung der Dienststellenleitung, die von der Mitarbeitervertretung beantragte Maßnahme zu vollziehen, rechtswidrig ist[5]. Da die Entscheidung des Kirchengerichts verbindlich ist (vgl. § 60 Abs. 8 Satz 1 MVG), muss die Dienststellenleitung bei einem Obsiegen der Mitarbeitervertretung erneut über den Antrag der Mit-

---

1 VerwG.EKD, Beschl. v. 23.8.2001 – I-0124/F20-01, RsprB ABl.EKD 2002, 32.

2 *Reichold*, ZTR 2000, 57 (62).

3 Vgl. BAG, Beschl. v. 4.12.1988 – 1 ABR 47/87, BAGE 60, 237 = DB 1989, 883 = NZA 1989, 399: Ein erheblicher Teil der Belegschaft ist demnach anzunehmen, wenn mindestens fünf Prozent der Mitarbeiter in der Abteilung tätig sind.

4 VerwG.EKD, Beschl. v. 5.11.1998 – 0124/C16-98, RsprB Amtsbl.EKD 1999, 29.

5 VerwG.EKD, Beschl. v. 15.5.1998 – 0124/C3-98, RsprB Amtsbl.EKD 1999, 24: Initiativrecht der Mitarbeitervertretung bei Fragen der richtigen Eingruppierung eines Mitarbeiters nach § 42 lit. c) MVG.

arbeitervertretung entscheiden und dabei die Rechtsauffassung des Kirchengerichts berücksichtigen[1].

11. Kirchlicher Rechtsschutz

Bei Rechtsstreitigkeiten über die Anwendung des MVG ist zu unterscheiden,   600
ob nach dem Streitgegenstand eine **Streitigkeit aus dem Arbeitsverhältnis**
vorliegt oder ob es sich um eine **mitarbeitervertretungsrechtliche Streitigkeit** handelt.

Rechtsstreitigkeiten zwischen dem kirchlichen Krankenhausträger als Arbeitgeber und dem einzelnen Arbeitnehmer aus dem Arbeitsverhältnis entscheidet das Arbeitsgericht im Urteilsverfahren, § 2 Abs. 1 Nr. 3 und Abs. 5
ArbGG, wobei es auch kirchliches Recht anzuwenden hat. Eine Besonderheit ergibt sich in Kündigungsrechtsstreitigkeiten, wenn die Kündigung mit
einem Loyalitätsverstoß begründet wird. Die Arbeitsgerichte haben bei der
Würdigung des kündigungsrelevanten Verhaltens die von der Evangelischen
Kirche Deutschland und ihren Gliedkirchen anerkannten Maßstäbe und die
wesentlichen Grundsätze der Glaubenslehre zugrunde zu legen[2].

Da das **Mitarbeitervertretungsrecht** als Regelung einer eigenen Angelegenheit ein Ausdruck kirchlichen Selbstbestimmungsrechts ist, unterliegen
Streitigkeiten aus dem Mitarbeitervertretungsrecht nicht der Zuständigkeit
staatlicher Gerichte. Der Evangelischen Kirche ist durch Art. 140 GG i.V.m.
Art. 137 Abs. 3 WRV garantiert, den Rechtsschutz in diesem Bereich in eigener Verantwortung durchzuführen und das Verfahren zu regeln. Den staatlichen Arbeitsgerichten bleibt jedoch die Kompetenz zur Inzidentkontrolle,
soweit bei einem Streitgegenstand, für den sie zuständig sind, die Entscheidung von der Anwendung des kirchlichen Mitarbeitervertretungsrechts abhängt[3].

Zu gerichtlichen Entscheidungen nach dem MVG sind nach der Reform der
Organisation des Rechtsschutzes in erster Instanz das Kirchengericht und in
zweiter Instanz der Kirchengerichtshof der Evangelischen Kirche in Deutschland (KGH.EKD) berufen, § 56 MVG. Dabei kann die Bezeichnung für die
gliedkirchlichen Gerichte erster Instanz abweichen (§ 56 Satz 2 MVG). Dies
ist in den Kirchen, die sich für eine mittelbare Anwendung des MVG entschieden haben der Fall. Sie halten bislang an der bisherigen Bezeichnung als
Schlichtungsstelle oder Schiedsstelle fest.

In strittigen Fragen ist zunächst eine **Einigung** durch Aussprache zwischen   601
Dienststelle und Mitarbeitervertretung anzustreben, § 33 Abs. 3 MVG. Erst
wenn die Bemühungen um eine Einigung **in der Dienststelle** gescheitert
sind, dürfen andere Stellen im Rahmen der dafür geltenden Bestimmungen

---

1 *Richardi*, Arbeitsrecht in der Kirche, S. 370.
2 BVerfG, Beschl. v. 4.6.1985 – 2 BvR 1703/83, BVerfGE 70, 138 = DÖV 1985, 975 =
  NJW 1986, 367 = JZ 1986, 131.
3 *Richardi*, Arbeitsrecht in der Kirche, S. 377; *Richardi*, Zur arbeitsrechtlichen und sozialrechtlichen Stellung von Klerikern, Ordensangehörigen und kirchlichen Mitarbeitern in Österreich, 281 (297).

angerufen werden. Das Scheitern der Einigung muss von der Mitarbeitervertretung oder der Dienststellenleitung schriftlich erklärt werden, § 33 Abs. 3 Satz 2 MVG.

a) Kirchengericht erster Instanz

602 Das Kirchengericht der EKD und die ebenfalls als Kirchengerichte erster Instanz tätigen gliedkirchlichen Schlichtungs- oder Schiedsstellen sind Kirchengerichte mit sowohl schlichtender als auch rechtsprechender Funktion[1], welche für den Bereich der EKD und ihres Diakonischen Werkes, einer Gliedkirche und ihres Diakonischen Werkes oder für mehrere Gliedkirchen und ihre Diakonischen Werke zuständig sind. Als **eigenständige Kirchengerichte** sind sie – anders als die Einigungsstelle nach § 71 BPersVG – kein Bestandteil der Verwaltung[2]. Soweit im Verfahren der Mitbestimmung keine Einigung erzielt wird, nimmt das Kirchengericht aber auch **Aufgaben einer Einigungsstelle** bei Regelungs- und Interessenstreitigkeiten wahr[3]. Das ergibt sich bereits aus § 61 Abs. 5 Satz 5 MVG.

aa) Bildung und Zusammensetzung des Kirchengerichts

603 Das Kirchengericht besteht aus einer oder mehreren **Kammern**, § 57 Abs. 1 Satz 2 MVG. Vorbehaltlich anderer, von den Gliedkirchen für ihren Bereich vorgesehener Bestimmungen, besteht eine Kammer aus **drei Mitgliedern**. Für jedes Mitglied wird mindestens ein stellvertretendes Mitglied berufen, § 58 Abs. 1 Satz 5 MVG. Vorsitzende und beisitzende Mitglieder müssen zu kirchlichen Ämtern einer Gliedkirche der EKD wählbar sein, § 58 Abs. 1 Satz 3 MVG. Wenn ein Kirchengericht auch für Freikirchen zuständig ist, können auch deren Mitglieder berufen werden. **Vorsitzende** sowie deren Stellvertreter und Stellvertreterinnen müssen die Befähigung zum Richteramt haben, § 58 Abs. 2 Satz 1 MVG. Hierdurch soll sichergestellt sein, dass die Tätigkeit des Kirchengerichts bzw. der Schlichtungsstelle rechtsstaatlichen Anforderungen, wie sie an staatliche Gerichte gestellt werden, genügt[4]. Die Vorsitzenden und ihre Stellvertreter dürfen nicht in öffentlich-rechtlichen Dienstverhältnis oder privatrechtlichen Dienst- und Arbeitsverhältnis zu einer kirchlichen Körperschaft oder einer Einrichtung der Diakonie innerhalb der EKD stehen, § 58 Abs. 2 Satz 2 MVG. Ihre Berufung soll durch einen einvernehmlichen Vorschlag von Dienstgeber- und Dienstnehmerseite erfolgen, § 58 Abs. 3 MVG. Für jede Kammer werden als beisitzende Mitglieder mindestens je ein Vertreter der Mitarbeiter und der Dienstgeber berufen; dies gilt ebenso für die stellvertretenden Mitglieder, § 58 Abs. 4 MVG.

---

1 VerwG.EKD, Beschl. v. 11.9.1997 – 0124/B6-97, RsprB Amtsbl.EKD 1999, 20; *Richardi*, NZA 2000, 1305 (1309).
2 *Kienitz*, NZA 1996, 963 (968); *Gehring*, Kirchenjuristentag 1996, ZevKR Bd. 41 (1996), 442 (449).
3 *Richardi*, NZA 2000, 1305 (1309).
4 *Schliemann*, NZA 2000, 1311(1313).

bb) Rechtsstellung der Mitglieder

Die Mitglieder des Kirchengerichts sind wie Richter der staatlichen Gerichte   604
unabhängig und unterliegen der richterlichen **Schweigepflicht** (vgl. § 59
MVG). Sie sind an das Gesetz – dazu gehört auch das Kirchengesetz – und
ihr Gewissen gebunden, § 59 Abs. 1 Satz 1 MVG. Auch dann, wenn das Kirchengericht in einer ähnlichen Funktion wie eine Einigungsstelle tätig wird,
dürfen die am Mitbestimmungsstreit beteiligten Personen nicht Mitglieder
des Gerichtes sein. Dies gilt insbesondere für die **beisitzenden Mitglieder**,
die paritätisch von der Mitarbeiter- und der Dienstgeberseite berufen worden
sind[1]. So soll eine sachlichere Auseinandersetzung mit dem Streitstoff
erreicht werden als im Rahmen des staatlichen Betriebsverfassungs- und
Personalvertretungsrecht. Bei der Besetzung der staatlichen Einigungsstellen
ist nämlich nicht von vornherein ausgeschlossen, dass die Beteiligten eines
Mitbestimmungsstreits zugleich die Beisitzer in den Einigungsstellen sind[2].

Da eine richterliche Unabhängigkeit der Beisitzer nur möglich ist, wenn sie
in den Genuss des für Mitarbeitervertreter geltenden Kündigungsschutzes
kommen, erklärt § 59 Abs. 3 MVG die Kündigungsschutzbestimmung des
§ 21 MVG auf die Mitglieder des Kirchengerichts für anwendbar. Spezifisch
kirchlich ist die Forderung des § 59 Abs. 1 Satz 2 MVG, wonach die Mitglieder des Kirchengerichts das Verständnis für den Auftrag der Kirche zu stärken und auf eine gute Zusammenarbeit hinzuwirken haben.

Ihre **Amtszeit** beträgt sechs Jahre, § 59 Abs. 2 Satz 1 MVG. Um die Arbeitsfähigkeit der Kirchengerichte bzw. der Schlichtungs- oder Schiedsstellen zu
sichern, bleiben auch nach Ablauf der Amtszeit die Mitglieder im Amt, bis
eine Neubesetzung erfolgt.

cc) Aufgaben

Ursprünglich galt ein Enumerationsprinzip, welches die der früheren   605
Schlichtungsstelle der EKD zugewiesenen Aufgaben abschließend benannte.
Dieser von Anfang an kritisierte[3] Aufgabenkatalog wurde durch die **Generalklausel** des § 60 Abs. 1 MVG ersetzt: Das Kirchengericht entscheidet auf Antrag unbeschadet der Rechte der Mitarbeiter über alle Streitigkeiten, die sich
aus der Anwendung des Mitarbeitervertretungsgesetzes zwischen den jeweils Beteiligten ergeben. Das Kirchengericht wird dabei nicht nur zur Entscheidung von Rechtsstreitigkeiten, sondern wegen ihrer Funktion im Verfahren der Mitbestimmung auch zur Regelung von Interessenstreitigkeiten
tätig (vgl. § 60 Abs. 5 MVG)[4]. Insoweit hat das Kirchengericht die Funktion
einer Einigungsstelle im Sinne des Betriebsverfassungsrechts. Als wichtige
Aufgabenbereiche des Kirchengerichts sind daneben beispielhaft die Auslegung von Dienstvereinbarungen (§ 36 MVG), die Ersetzung der Zustim-

---

1 VerwG.EKD, Beschl. v. 11.9.1997 – 0124/B6-97, RsprB ABl.EKD 1999, 20 = NZA-RR
  1998, 671.
2 *Richardi*, NZA 2000, 1305 (1309).
3 *Kienitz*, NZA 1996, 963 (967).
4 *Kienitz*, NZA 1996, 963 (968); *Richardi*, Arbeitsrecht in der Kirche, S. 372.

mung der Mitarbeitervertretung nach § 38 Abs. 1 MVG, Streitigkeiten über Zusammensetzung (§ 5 MVG), Wahl und Informationsrechte der Mitarbeitervertretung (§ 34 MVG) und Streitigkeiten über die Rechtsstellung ihrer Mitglieder (§ 19 und § 20 MVG) zu nennen.

dd) Verfahren

606   Die **Frist zur Anrufung** des Kirchengerichtes beträgt zwei Monate, gerechnet von der Kenntnis der Maßnahme oder des Rechtsverstoßes, § 61 Abs. 1 MVG. Ein Versuch, eine Einigung in der Sache durch eine Aussprache nach § 33 Abs. 3 MVG zu erreichen, führt nicht zu einer Fristverlängerung[1]. Sind an anderer Stelle kürzere Fristen vorgesehen, genießen diese den Vorrang. Dies gilt insbesondere in den Fällen der eingeschränkten Mitbestimmung gemäß § 38 Abs. 4 MVG i. V. m. § 41 Abs. 3 MVG, in denen die Dienststellenleitung innerhalb von zwei Wochen nach Abschluss der Erörterung gemäß § 38 Abs. 2 Satz 2 MVG oder nach Eingang der schriftlichen Zustimmungsverweigerung der Mitarbeitervertretung gemäß § 38 Abs. 3 Satz 1 MVG das Kirchengericht anrufen muss. Auch in den Fällen der Verletzung des Mitberatungsrechtes muss die Mitarbeitervertretung innerhalb von zwei Wochen ab Kenntnis bzw. spätestens sechs Monate nach Durchführung der Maßnahme das Kirchengericht gemäß § 45 Abs. 2 MVG anrufen. Die zweiwöchige Frist zur Anrufung des Kirchengerichts nach § 38 Abs. 4 MVG gilt allerdings nicht für Fälle der Mitbestimmung bei der Eingruppierung[2].

607   Die Frist zur Anrufung des Kirchengerichts ist eine materielle Ausschlussfrist[3]. Das VerwG.EKD hat in seiner Entscheidung vom 13.1.2000 die Einhaltung der zweiwöchigen Wahlanfechtungsfrist nach § 14 Abs. 1 MVG erst – nach Bejahung der Zulässigkeit – in der Begründetheit des Beschlusses als materielle Ausschlussfrist geprüft[4]. Dies hat Folgen für die materielle Rechtskraft der Entscheidung (§ 62 MVG, §§ 46 Abs. 2, 80 Abs. 2 ArbGG, §§ 325, 495 ZPO) und schließt die Möglichkeit einer Wiedereinsetzung in den vorherigen Stand aus[5].

608   Der Vorsitzende der Kammer kann einen **offensichtlich unbegründeten Antrag** ohne mündliche Verhandlung zurückweisen, § 61 Abs. 8 Satz 1 MVG[6]. Das gleiche gilt, wenn das Kirchengericht für die Entscheidung über den Antrag offensichtlich unzuständig ist oder wenn die Antragsfrist versäumt ist. Die Zurückweisung ist in einem Bescheid zu begründen.

609   Subsidiär sind auf das Verfahren die Vorschriften des ArbGG über das Beschlussverfahren entsprechend anzuwenden, § 62 MVG.

---

1 KGH.EKD, Beschl. v. 7.4.2008 – I-0124/N75-07, ZMV 2008, 257.
2 KGH.EKD, Beschl. v. 22.6.2009 – I-0124/P89-08, ZMV 2009, 260.
3 *Fey/Rehren*, MVG.EKD § 61 Rz 1a.
4 VerwG.EKD, Beschl. v. 13.1.2000 – 0124/D34-99, ZMV 2000, 134.
5 *Schliemann*, NZA 2000, 1311 (1314).
6 Hierzu: *Sittinger*, ZMV 2010, 14.

Grundsätzlich **beteiligtenfähig** sind gemäß § 62 MVG i. V. m. §§ 10, 80 Abs. 2   610
ArbGG nicht nur natürliche oder juristische Personen, sondern auch Mitarbeitervertretungen als Vereinigungen, soweit ihnen ein Recht zustehen
kann. Die Beteiligtenfähigkeit der Mitarbeitervertretung besteht nicht mehr,
wenn ihre rechtliche Existenz etwa durch Zusammenlegung oder Auflösung
der Dienststelle beendet ist[1]. Am **Verfahren zu beteiligen** sind alle, die materiell in Rechten betroffen werden. Dies sind regelmäßig Antragsteller und
Antragsgegner. Notwendig zu beteiligen sind zudem Stellen oder Personen,
denen gegenüber die im Verfahren zu treffende Entscheidung in Rechtskraft
erwachsen oder zumindest präjudizielle Wirkung erzeugen kann[2]. Das
VerwG.EKD hat im Verfahren über die Ersetzung der Zustimmung der Mitarbeitervertretung zur außerordentlichen Kündigung eines ihrer Mitglieder
das betroffene Mitglied nicht beteiligt, da die Entscheidung des Kirchengerichts keine Bindungswirkung im individuellen Kündigungsrechtsstreit
vor den staatlichen Arbeitsgerichten entfalte. Diese Rechtsprechung hat der
KHG.EKD bekräftigt[3]. Mitarbeiter sind nur dann Beteiligte, wenn durch den
Streitgegenstand ihre mitarbeitervertretungsrechtliche Position betroffen
ist.

Besteht Streit darüber, ob die Mitarbeitervertretung oder die Gesamtmitarbeitervertretung zuständig ist, so sind neben der Dienststelle beide Vertre-
tungsorgane zu beteiligen[4].

Zuerst hat der Vorsitzende der Kammer im Rahmen eines **Einigungsge-**   611
sprächs auf eine gütliche Einigung hinzuwirken, § 61 Abs. 2 S. 1 MVG. Zur
Durchführung des Einigungsgesprächs ist erforderlich, dass den übrigen Beteiligten die Antragsschrift zugestellt ist und alle Beteiligten so rechtzeitig
zum Einigungsgespräch geladen werden, dass sie sich hierauf vorbereiten
können[5]. Das Einigungsgespräch, welches der arbeitsrechtlichen Güteverh-
handlung vergleichbar ist, findet unter Ausschluss der Öffentlichkeit statt,
§ 61 Abs. 3 MVG. Erst wenn eine gütliche Einigung nicht gelingt, ist die
Kammer einzuberufen. Im Einvernehmen der Beteiligten kann der oder die
Vorsitzende der Kammer auch auf die **Einberufung der Kammer** verzichten
und allein entscheiden. Um eine hinreichende Klärung des Sachverhalts zu
gewährleisten, sollten die Beteiligten dem Vorsitzenden nur dann die Befugnis zur **Alleinentscheidung** erteilen, wenn keine weitere Sachverhaltsaufklä-
rung mehr erforderlich und alle rechtlich relevanten Probleme unter den Beteiligten erörtert worden sind[6].

Im Falle des Scheiterns der gütlichen Einigung **entscheidet die Kammer.**   612
Auch wenn der Einigungsversuch fehlgeschlagen ist, soll die Kammer in jeder Lage des Verfahrens auf eine gütliche Einigung hinwirken, § 61 Abs. 5

---

1 VerwG.EKD, Beschl. v. 23.8.2001 – I-0124/F20-01, RsprB ABl.EKD 2002, 33.
2 VerwG.EKD, Beschl. v. 9.3.2000 – 0124/D37-99, ZMV 2000, 131.
3 KGH.EKD, Beschl. v. 30.9.2007 – II-0124/P48-08, ZMV 2010, 31.
4 VerwG.EKD, Beschl. v. 9.3.2000 – 0124/D32-99, ZMV 2000, 132.
5 *Schliemann*, NZA 2000, 1311 (1314).
6 *Schliemann*, NZA 2000, 1311 (1314).

Satz 5 MVG. Der Vorsitzende kann den Beteiligten aufgeben, ihr Vorbringen **schriftlich vorzubereiten** und **Beweise anzutreten**, § 61 Abs. 5 MVG.

Die weitere Sachverhaltsklärung und die Beweisaufnahme haben stets vor der Kammer stattzufinden. Insbesondere bei der Zeugenvernehmung soll sich das Kirchengericht selbst einen hinreichenden persönlichen Eindruck von der Aussage des Zeugen machen. Gemäß § 62 MVG, § 83 Abs. 1 ArbGG obliegt dem Kirchengericht grundsätzlich die Erforschung des Sachverhalts (Offizialmaxime). Diese Ermittlung kann jedoch kaum mit eigenen Mitteln geleistet werden, da das Kirchengericht, im Gegensatz zum Verwaltungsgericht, nicht auf die aktenmäßige Aufbereitung des Falles durch eine Behörde zurückgreifen kann[1]. Zudem stehen weder dem Kirchengericht noch dem Kirchengerichtshof Zwangsmittel zur Verfügung, so dass etwa die Vorführung eines Zeugen oder die Vorlage von Urkunden nicht erzwungen werden können[2]. Die Kammer entscheidet aufgrund einer von dem Vorsitzenden anberaumten, **mündlichen Verhandlung**, bei der alle Mitglieder der Kammer anwesend sein müssen. Entsprechend dem Grundsatz rechtlichen Gehörs erhalten die Mitarbeitervertretung und die Dienststellenleitung in der mündlichen Verhandlung Gelegenheit zur Äußerung, § 61 Abs. 5 Satz 4 MVG.

613   Gem. § 61 Abs. 4 MVG können die Beteiligten als **Beistand** eine Person hinzuziehen. Diese muss Mitglied einer Kirche sein, die der Arbeitsgemeinschaft christlicher Kirchen angehört[3].

Wird ein Rechtsanwalt beauftragt, so ist die Übernahme der hierdurch entstehenden **Kosten** zuvor bei der Dienststellenleitung genehmigen zu lassen, § 61 Abs. 4 Satz 2 i. V. m. § 30 Abs. 2 MVG. Anderenfalls kann die Dienststelle nicht mit den Kosten belastet werden[4]. Im Streitfall entscheidet der Kammervorsitzende über die Notwendigkeit der Hinzuziehung eines Rechtsanwalts. Die Notwendigkeit der Hinzuziehung eines Rechtsanwalts mit der Folge der Kostenübernahme durch die Dienststelle wird bejaht, wenn die andere Seite sich ihrerseits anwaltlich vertreten lässt oder wenn die tatsächliche und rechtliche Schwierigkeit des Falles derart groß ist, dass der Mitarbeitervertretung nicht zugemutet werden kann, ohne einen Rechtsbeistand aufzutreten[5]. Die Mehrkosten der Beauftragung eines nicht am Gerichtsort ansässigen Rechtsanwaltes sind nur erforderlich im Sinne des § 30 Abs. 2 Satz 1 MVG, wenn ein gleichqualifizierter Rechtsanwalt am Gerichtsort nicht gefunden werden kann[6].

614   Die Kammer tagt **öffentlich**, sofern nicht nach Feststellung durch die Kammer besondere Gründe den Ausschluss der Öffentlichkeit erfordern, § 61 Abs. 5 Satz 3 MVG. Im Einvernehmen mit den Beteiligten kann von einer

---

1 *Schliemann*, NZA 2000, 1311 (1316).
2 *Schliemann*, NZA 2000, 1311 (1316).
3 *Kienitz*, NZA 1996, 963 (965).
4 Schlichtungsstelle der Ev.Landeskirche in Baden, Beschl. v. 17.7.1998 – 1 Sch 21/98, RsprB ABl.EKD 1999, 19.
5 Schlichtungsstelle der Ev.Landeskirche in Baden, Beschl. v. 17.7.1998 – 1 Sch 21/98, RsprB ABl.EKD 1999, 19.
6 KGH.EKD, Beschl. v. 8.8.2007 – I-0124/N25, ZMV 2008, 32.

mündlichen Verhandlung abgesehen und ein Beschluss im schriftlichen Verfahren gefasst werden, § 61 Abs. 5 Satz 6 MVG.

Kann in **Eilfällen** die Kammer nicht rechtzeitig zusammentreten, trifft der   615
Vorsitzende auf Antrag einstweilige Verfügungen, § 61 Abs. 10 MVG. Voraussetzung ist, dass ein Verfügungsanspruch vorliegt, d. h. die Sache muss eilbedürftig sein und nicht im Wege eines regulären Verfahrens geregelt werden können[1]. Der Vorsitzende hat mit wertender Erkenntnis zu entscheiden, ob die Voraussetzungen vorliegen. Dabei steht ihm ein weiter Beurteilungs- und Entscheidungsspielraum zu[2]. Im Übrigen gelten die Vorschriften des ArbGG entsprechend, § 62 MVG. Über § 85 Abs. 2 ArbGG i. V. m. § 925 ZPO[3]. Gegen eine Entscheidung nach § 61 Abs. 10 MVG steht als Rechtsbehelf der Widerspruch zur Verfügung, nicht die Beschwerde an den KGH.EKD[4].

Für das Verfahren werden Gerichtskosten nicht erhoben, § 61 Abs. 9 MVG.   616
Gemäß § 61 Abs. 9 Satz 2 i. V. m. § 30 MVG trägt stets die Dienststellenleitung die notwendigen außergerichtlichen Kosten für Zeugen, Sachverständige und Beistände. Notwendig sind Rechtsanwaltskosten nicht bereits deshalb, weil die Dienststellenleitung gegen eine erstinstanzliche Entscheidung Beschwerde eingelegt hat. Die Erforderlichkeit setzt in solchen Fällen voraus, dass der KHG.EKD die Beschwerde angenommen oder die Mitarbeitervertretung zur Stellungnahme aufgefordert hat[5]. Über die Erforderlichkeit von Kosten sollte bereits vor der Ladung der Zeugen oder der Sachverständigen entschieden werden, damit beide Parteien ihre Kosten kalkulieren können[6] Gegen den Bescheid ist die Beschwerde zum Kirchengerichtshof der EKD statthaft[7].

ee) Prüfungsumfang

Der Prüfungs- und Entscheidungsumfang ist von dem Gegenstand des Verfahrens abhängig, über das das Kirchengericht zu entscheiden hat. Die Entscheidungsmöglichkeiten in der jeweiligen Fallgestaltung richtet sich nach § 60 MVG.   617

Wenn das Kirchengericht wegen des Abschlusses einer **Dienstvereinbarung**   618
angerufen wird, unterbreitet es einen Einigungsvorschlag, ohne streitentscheidend tätig zu werden, § 60 Abs. 3 MVG.

In den Fällen der **Mitberatung** (§ 46 MVG) trifft das Kirchengericht lediglich   619
die Feststellung, ob eine Beteiligung der Mitarbeitervertretung erfolgt ist.

---

1 Schlichtungsstelle der Ev.Landeskirche in Baden, Beschl. v. 7.11.1997 – 1 Sch 92/97, RsprB ABl.EKD 2001, 29.
2 KGH.EKD, Beschl. v. 17.7.2009 – I-0124/R42-09, ZMV 2009, 320.
3 VerwG.EKD, Beschl. v. 30.5.1996 – 0124/A5-96, RsprB ABl.EKD 1998, 25.
4 KHG.EKD, Beschl. v. 9.7.2007 – I-0124/31-07.
5 KHG.EKD, Beschl. v. 15.7.2009 – I-0124/R24-09, ZMV 2009, 324.
6 *Kienitz*, NZA 1996, 963 (966).
7 VerwG.EKD, Beschl. v. 11.9.1997 – 0124/B9-97, ZMV 1998, 33.

Fehlt es daran, hat dies die Unwirksamkeit der Maßnahme zur Folge, § 60 Abs. 4 MVG.

Liegt ein Fall der **eingeschränkten Mitbestimmung in personellen Einzelangelegenheiten** nach §§ 42, 43 MVG vor, so steht dem Kirchengericht ebenfalls nur ein eingeschränktes Prüfungsrecht zu. Es prüft, ob das Zustimmungsverfahren ordnungsgemäß eingeleitet wurde und ob ein Grund zur Verweigerung der Zustimmung vorliegt[1]. Stellt sie fest, dass ein Verweigerungsgrund nicht vorlag, gilt die Zustimmung als ersetzt. Ein auf die Feststellung des Fehlens eines Zustimmungsverweigerungsgrundes gerichteter Antrag der Dienststellenleitung ist allerdings unbegründet, wenn der an das Gericht gerichtete Antrag von dem an die Mitarbeitervertretung gerichteten Anhörungsantrag inhaltlich abweicht[2].

620   Geht es um die **Zustimmungsersetzung** in den Fällen der Mitbestimmung in personellen Angelegenheiten (§ 39 MVG) oder in organisatorischen und sozialen Angelegenheiten (§ 40 MVG), so hat sich die Entscheidung des Kirchengerichts im Rahmen der geltenden Rechtsvorschriften und im Rahmen der Anträge der Mitarbeitervertretung und Dienststellenleitung zu halten, § 60 Abs. 6 MVG. Die Entscheidung, welche das Kirchengericht hier nach billigem Ermessen zu treffen hat, hat nicht den Charakter einer reinen Rechtsentscheidung.

621   Liegt ein Fall der **Nichteinigung über Initiativen der Mitarbeitervertretung** gemäß § 47 Abs. 2 MVG vor, so stellt das Kirchengericht – in eindeutig richtender Funktion – fest, ob die Weigerung der Dienststellenleitung, die von der Mitarbeitervertretung beantragte Maßnahme zu vollziehen, rechtswidrig ist. Die Entscheidung des Kirchengerichts bindet die Dienststelle bei einer erneuten Beschlussfassung und erzeugt somit unmittelbar rechtliche Wirkung, § 60 Abs. 7 MVG.

ff) Entscheidung

622   Die Kammer entscheidet durch Beschluss, der aufgrund einer **geheimen Beratung** mit Stimmenmehrheit gefasst wird, § 61 Abs. 6 MVG. Da die Kammer an das Antragsprinzip – ne ultra petitum – gebunden ist, darf sie nicht etwa anstelle einer streitigen Entscheidung nur eine gutachterliche Stellungnahme abgeben oder gar nur eine Empfehlung aussprechen[3]. Dem Antrag kann aber gemäß § 61 Abs. 6 Satz 3 MVG auch teilweise entsprochen werden. Der mit einer **Begründung** zu versehende Beschluss wird mit Zustellung an die Beteiligten wirksam, § 61 Abs. 7 MVG. Um den Zeitpunkt der Wirksamkeit mit Rücksicht auf die Rechtsmittelfrist des § 63 Abs. 3 MVG genau bestimmen zu können, empfiehlt es sich, den Beschluss förmlich zuzustellen[4]. Ist die Entscheidung beschwerdefähig, so ist nach § 62 MVG

---

1 VerwG.EKD, Beschl. v. 14.5.1998 – 0124/C2-98, RsprB Amtsbl.EKD 1999, 23.
2 KGH.EKD, Beschl. v. 23.9.2009 – I-0124/R25-09, ZMV 2010, 33.
3 *Schliemann*, NZA 2000, 1311 (1316).
4 *Kienitz*, NZA 1996, 963 (966).

i. V. m. § 9 Abs. 5 Satz 1 ArbGG eine **Rechtsbehelfsbelehrung** zu erteilen. Ansonsten ist die Anfechtung innerhalb der Jahresfrist des § 9 Abs. 5 Satz 4 ArbGG möglich.

gg) Durchsetzung der Entscheidung des Kirchengerichts

Die Gliedkirchen können bestimmen, dass ein Aufsichtsorgan die Entscheidung eines Kirchengerichts auch durch Ersatzvornahme durchsetzen kann, sofern die Dienststellenleitung die Umsetzung der Entscheidung verweigert, § 60 Abs. 7 Satz 2 MVG.   623

Hiergegen wird vorgebracht, dass dies im Widerspruch zu dem Leitprinzip der „kirchlichen Dienstgemeinschaft" und dem kirchlichen Grundsatz, Maßnahmen nicht zwangsweise durchzusetzen, welcher für Entscheidungen des Kirchengerichts in § 62 Satz 2 MVG normiert ist, stehe[1].

Jedoch erfordern es rechtsstaatliche Grundsätze, dass Regelungen bestehen, die es etwa einer obsiegenden Mitarbeitervertretung ermöglichen, eine bestimmte Maßnahme oder ein Zwangsgeld auch gegen die säumige Dienststellenleitung zu erwirken und beitreiben zu lassen.

Solche Regelungen sind bislang nicht einheitlich durch das MVG getroffen worden. Die Einsetzung eines Aufsichtsorgans wurde in das Belieben der Gliedkirchen gestellt. An einem der Kirchenaufsicht entsprechenden Instrumentarium fehlt es bislang in den Einrichtungen der Diakonie. Es wäre daher wünschenswert, dass durch das MVG ein einheitliches Verfahren zur Durchsetzung der Entscheidungen des Kirchengerichts vorgesehen wird[2]. Als sachkundige oder Verfahrensbevollmächtigte tätig gewordene Personen können ihre Vergütungsansprüche, wenn die kirchengerichtlich zur Kostentragung verpflichtete Dienststellenleitung der Entscheidung nicht Folge leistet, vor den staatlichen Gerichten weiterverfolgen und gegebenenfalls auch durch den Staat zwangsvollstrecken lassen[3].

b) Kirchengerichtshof der Evangelischen Kirche in Deutschland (KGH.EKD)

Vor Inkrafttreten des MVG waren die Schlichtungsstellen die einzige Instanz, welche zur Entscheidung über mitarbeitervertretungsrechtliche Streitigkeiten aufgerufen waren. Dieses Fehlen einer zweiten Instanz wurde als den üblichen Rechtsschutzstandards nicht entsprechend kritisiert[4]. Das VerwG.EKD, welches dann durch Kirchengesetz vom 12. November 1993 errichtet wurde und seinen Sitz in Hannover hatte, wurde – um diesen Mangel zu beheben – als zweite und letzte Instanz für Beschwerden gegen Beschlüsse der Schlichtungsstellen eingerichtet. Mit der Reform der kirchlichen Gerichtsbarkeit der EKD ist an die Stelle des VerwG.EKD der KGH.EKD getre-   624

---

1 *Kienitz*, NZA 1996, 963 (969).
2 Im Hinblick auf besondere Probleme in der Diakonie *Fey/Rehren*, MVG.EKD § 62 Rz. 7; *Kienitz*, NZA 1996, 963 (969).
3 *Andelewski*, ZMV 2009, 10.
4 MünchArbR/*Richardi*, § 332 Rz. 5.

ten. Er ist nunmehr die Beschwerdeinstanz gegen Beschlüsse des Kirchengerichtes der EKD und die ihm entsprechenden Gerichte in den Gliedkirchen. Näheres über seine Organisation findet sich im Kirchengerichtsgesetz der Evangelischen Kirche in Deutschland (KiGG.EKD)[1].

aa) Zuständigkeit des Kirchengerichtshofs der EKD

625   Die Zuständigkeit des KGH.EKD zur Entscheidung über das Rechtsmittel der Beschwerde besteht für Einrichtungen der Landeskirchen nur, soweit die jeweilige Landeskirche dem MVG nach Art. 10 lit. b) GO.EKD zugestimmt oder das MVG.EKD für ihren Bereich übernommen hat. Landeskirchen, die den Regelungen des MVG über das VerwG.EKD nicht zustimmten, haben meist die Zuständigkeit dieses Gerichts vorgesehen[2]. Zum Teil sind auch durch gliedkirchliches Recht die Zuständigkeit des KGH.EKD als Beschwerdeinstanz begründet, aber für einzelne Streitigkeiten hiervon Ausnahmen vorgesehen, vgl. § 62 Abs. 5 Satz 1 MVG. Konföderation der evangelischen Kirchen in Niedersachsen.

bb) Aufbau des Gerichts

626   Gegenwärtig besteht der KGH.EKD aus **fünf Senaten**, von denen zwei für die Entscheidung über Beschwerden in Mitarbeitervertretungssachen zuständig sind. Gemäß § 3 Abs. 2 KiGG.EKD können bei Bedarf durch Verordnung des Rates der EKD weitere Senate gebildet werden.

cc) Zusammensetzung der Senate

627   Jeder Senat hat **drei Mitglieder**, wobei für jedes Mitglied ein erstes und ein zweites stellvertretendes Mitglied vorgesehen sind, § 9 Abs. 2 Satz 2 KiGG.EKD. Neben dem Vorsitzenden, für dessen Berufung ein einvernehmlicher Vorschlag der Dienstgeber- und der Dienstnehmerseite vorgelegt werden soll, gehören ein Dienstgeberbeisitzer und ein Mitarbeiterbeisitzer zu jedem Senat, § 59a MVG.

Die Mitglieder und die stellvertretenden Mitglieder der Senate des KGH.EKD dürfen nicht einem kirchenleitenden Organ der EKD oder gliedkirchlicher Zusammenschlüsse oder einem leitenden Organ des Diakonischen Werkes angehören, § 59a Abs. 3 MVG.

628   In § 9 Abs. 4 KiGG.EKD ist vorgesehen, dass die **Senatsvorsitzenden**, welche die Befähigung zum Richteramt besitzen müssen (§ 3 Abs. 1 Satz 2 KiGG.EKD), durch den Rat der EKD auf sechs Jahre berufen werden. Die Mitglieder des KGH.EKD wie auch des Kirchengerichtes werden ehrenamtlich tätig, § 12 Abs. 1 KiGG.EKD. Ihnen steht eine Aufwandsentschädigung und der Ersatz ihrer Reisekosten zu, § 12 Abs. 2 und 3 KiGG.EKD.

---

1 Amtsbl. EKD 2003, 408.
2 MünchArbR/*Richardi*, § 332 Rz. 7.

Vor Beginn ihrer Tätigkeit verpflichtet der Vorsitzende des Rates der EKD alle Mitglieder des Kirchengerichtshofes gemäß § 10 KiGG.EKD, ihr Richteramt in der Bindung an Gottes Wort sowie an Recht und Gesetz und unparteiisch auszuüben.

dd) Rechtsmittelverfahren

Das Rechtsmittel der **Beschwerde** ist nach § 63 Abs. 1 MVG gegen alle   629
verfahrensbeendende Beschlüsse des Kirchengerichtes statthaft. Auf Beschwerden gegen nicht verfahrensbeendende Beschlüsse findet § 78 ArbGG entsprechende Anwendung, § 63 Abs. 1 Satz 3 MVG. Da es sich bei einer einstweiligen Verfügung des Kammervorsitzenden in einem Eilfall nach § 61 Abs. 10 MVG rechtssystematisch ebenfalls um eine Entscheidung des Kirchengerichts handelt, ist auch gegen einen solchen Beschluss die Beschwerde nach § 63 Abs. 1 MVG statthaft[1].

Bei Einlegung der Beschwerde ist der anzufechtende Beschluss des Kirchen-   630
gerichts vollständig zu bezeichnen[2]. Die Beschwerde ist innerhalb eines Monats nach Zustellung des Beschlusses des Kirchengerichts schriftlich einzulegen, § 63 Abs. 7 MVG i.V.m. §§ 66 Abs. 1, 87 Abs. 2 ArbGG. Gemäß § 64 Abs. 6, 87 Abs. 2 ArbGG VwGO kann das Rechtsmittel sowohl beim Kirchengericht eingelegt werden als auch in dringenden Fällen beim KGH.EKD. Die Beschwerde ist nur statthaft, wenn der Beschwerdeführer durch die angefochtene Entscheidung in seinen Rechten beschwert ist[3].

Neben der Zulässigkeit der Beschwerde hat eine Entscheidung des   631
KHG.EKD zur Voraussetzung, dass der KHG.EKD die Beschwerde zur Entscheidung annimmt, § 63 Abs. 2 MVG. Die Beschwerde ist zwingend anzunehmen, wenn einer der drei in § 63 Abs. 2 MVG genannten besonderen Annahmegründe vorliegt. Liegt keiner der Gründe vor, steht die Annahme der Beschwerde im pflichtgemäßen Ermessen des KGH.EKD. Als besondere Annahmegründe nennt das Gesetz das Bestehen ernstlicher Zweifel an der Richtigkeit des erstinstanzlichen Beschlusses (§ 63 Abs. 2 Satz 2 Nr. 1 MVG), eine Grundsätzliche Bedeutung der zu klärenden Rechtsfrage (§ 63 Abs. 2 Satz 2 Nr. 2 MVG), ein Abweichen des erstinstanzlichen Beschlusses von der Rechtsprechung des KGH.EKD, eines Landesarbeitsgerichts oder eines Bundesgerichts (§ 63 Abs. 2 Satz 2 Nr. 3 MVG), sowie das Bestehen eines Verfahrensmangels, auf dem der erstinstanzliche Beschluss beruhen kann (§ 63 Abs. 2 Satz 2 Nr. 4 MVG). Ernstliche Zweifel an der Richtigkeit des erstinstanzlichen Beschlusses sind nicht bereits gegeben, wenn die bloße Möglichkeit einer gegenteiligen Entscheidung besteht. Erforderlich ist vielmehr, dass die Entscheidung mit überwiegender Wahrscheinlichkeit anders zu treffen sein wird[4].

---

1 VerwG.EKD, Beschl. v. 30.5.1996 – 0124/A5-96, RsprB ABl.EKD 1998, 25; VerwG.EKD, Beschl. v. 20.4.2001 – I-0124/F6-01, RsprB ABl.EKD 2002, 31.
2 VerwG.EKD, Beschl. v. 9.3.2000 – 0124/D37-99, RsprB ABl.EKD 2000, 37.
3 KGH.EKD, Beschl. v. 28.8.2006 – I-0124/M27-06, ZMV 2007, 35.
4 KGH.EKD, Beschl. v. 1.9.2009 – I-0124/R26-09, ZMV 2010, 34; weiter: *Andelewski/ Müller*, MVG.EKD § 63 Rz. 20.

Für das Beschwerdeverfahren erklärt § 63 Abs. 7 MVG die Vorschriften des ArbGG über die Beschwerde im Beschlussverfahren für entsprechend anwendbar. Durch die Bezugnahme des MVG auf die Vorschriften über die Beschwerde im Beschlussverfahren nach dem ArbGG wird klar, dass es sich bei dem Beschwerdeverfahren nach § 63 MVG um eine neue Tatsacheninstanz handelt.

12. Die Schlichtungsstelle für individualrechtliche Streitigkeiten des Diakonischen Werks

632   Die **Errichtung** von Schlichtungsstellen für individualarbeitsrechtliche Streitigkeiten ist nicht zwingend vorgesehen. Auf Grundlage von § 44 AVR DW.EKD sind in verschiedenen Diakonischen Werken solche Schlichtungsstellen eingerichtet worden. Im Unterschied zu den gliedkirchlichen Schlichtungsstellen für Fragen des Mitarbeitervertretungsrechts, die dem Kirchengericht der EKD nach § 56 MVG entsprechen, fehlt den Schlichtungsstellen für individualrechtliche Streitigkeiten die Kompetenz einer gerichtsförmigen Spruchentscheidung. Ihre Zuständigkeit beschränkt sich auf Vorschläge zur Vermittlung und Einigung[1]. In § 44 Satz 2 AVR DW.EDK wird klargestellt, dass die Behandlung eines Falles vor der Schlichtungsstelle den Rechtsweg zu den Arbeitsgerichten nicht ausschließt. Das Individualschlichtungsverfahren gewährt nicht einmal eine temporäre prozesshindernde Einrede[2].

Das **Verfahren**, welches rechtsstaatlichen Grundsätzen genügen soll, richtet sich nach den jeweiligen Schlichtungsordnungen. Es fehlt jedoch derzeit an einer allgemeinen kirchengesetzlichen Vorgabe[3].

---

1 *Schliemann*, NZA 2000, 1311 (1312).
2 BAG, Urt. v. 26.5.1993 – 4 AZR 130/93, AP Nr. 3 zu § 12 AVR.DW = BAGE 73, 191; BAG, Urt. v. 18.5.1999 – 9 AZR 682/98, AP Nr. 1 zu § 4 ArbGG 1979 = NZA 1999, 1350.
3 *Schliemann*, NZA 2000, 1311 (1313).

Teil 12
Übernahme und Umwandlung von Krankenhäusern

I. Einleitung

Krankenhausübernahmen und -umwandlungen haben erhebliche arbeits- 1
rechtliche Konsequenzen. Die Zahl von knapp 1,1 Millionen in deutschen
Krankenhäusern beschäftigten Menschen[1] verdeutlicht den hohen Stellenwert dieser Beschäftigtengruppe für den im Arbeitsrecht tätigen und beraten-
den Rechtsanwalt. Unterfinanzierte Krankenhäuser in meist staatlicher und
gemeinnütziger Trägerschaft werden zunehmend an private Krankenhausgesellschaften veräußert. Die gesetzgeberischen Maßnahmen – allen voran die
Einführung der Fallpauschalen – und die nur spärlich fließenden Landesför-
dermittel für die notwendigen Investitionen verstärken diese Entwicklung.
Sie ist indessen nicht nur den leeren Kassen der Gemeinden, sondern auch
einer sich über Parteigrenzen hinweg durchsetzenden Forderung nach einem
„schlanken Staat" geschuldet, wonach der Staat sich aller Aufgaben und
Leistungen entledigen soll, die Private effizienter und wirtschaftlicher anbieten können[2]. Öffentliche Krankenhäuser werden zum Zwecke besserer
Finanzierung zunehmend in private Trägerschaften überführt. Die meistge-
wählte Rechtsform ist hierbei die GmbH, die den Vorteil einer Haftungsbegrenzung auf das Gesellschaftsvermögen bietet[3] (zu den Rechtsformen der
Krankenhäuser ausführlich Teil 1 B Rz. 4 ff.); daneben versuchen die Kliniken, durch weitere Strategien wie die Lösung vom öffentlichen Tarifrecht
oder die Ausgliederung von Pensions- und Zusatzversorgungskassen ihre
Personalstrukturen effizienter zu gestalten und somit Kostenvorteile zu erlangen[4].

Neben der Rechtsformänderung öffentlich-rechtlicher und freigemeinnützi- 2
ger Krankenhäuser in – teils gemeinnützige – Gesellschaften mit beschränkter Haftung sind Verschmelzungen gemeindeeigener Krankenhäuser[5] bzw.

---

1 Statistisches Bundesamt, Grunddaten der Krankenhäuser 2008, Fachserie 12, Reihe
6.1.1: am 31.12.2008 waren 1 078 212 Personen in deutschen Krankenhäusern beschäftigt.
2 Dies beinhaltet an dieser Stelle allerdings nicht die Feststellung, dass diese Annahme
auch den tatsächlichen Gegebenheiten entspricht.
3 Die Rechtsform der GmbH trat einen regelrechten Siegeszug an. Nicht durchzusetzen
vermochte sich dagegen die Aktiengesellschaft, bei der die vergleichsweise geringe
Kontrollmöglichkeit der Gemeinde als misslich angesehen wird, vgl. *Thier*, KH 2001,
875 (884); *Wollenschläger*, NZA 2005, 1081 (1082).
4 Ausführlich *Quaas/Zuck*, § 24 Rz. 63; es wird bemängelt, dass kommunale Eigen-
und Regiebetriebe, aber auch freigemeinnützige, insbesondere kirchliche Krankenhäuser, häufig nicht hinreichend von den sie tragenden Körperschaften organisatorisch
und rechtlich getrennt seien, so dass die Gefahr sachfremder Einflussnahmen von politischer und kirchlicher Seite zu besorgen sei, vgl. *Kühle*, KH 2005, 583 (584); zur Problematik der Weitergeltung von Tarifverträgen bei der Privatisierung öffentlicher
Krankenhäuser *Krenz/Heither*, PersR 2006, 332.
5 *Güldner/Slomiany*, KH 1999, 848 berichten über die erfolgreiche Fusion der städtischen Krankenhäuser in Leipzig.

mit solchen benachbarter Gebietskörperschaften im Sinne eines inter-
kommunalen Zusammengehens zu beobachten[1]. Die Übernahme von
Krankenhäusern jedweder Trägerschaft durch vorrangig börsennotierte Kapitalgesellschaften stellt unterdessen keine Seltenheit mehr dar. Große Aufmerksamkeit erzeugte die Übernahme der LBK Krankenhäuser Hamburg
durch die Asklepios Kliniken GmbH im Jahre 2004[2], ihren vorläufigen Hö-
hepunkt erreichte die **Privatisierungswelle** mit dem – in dieser Form bislang
einzigartigen – Verkauf des Universitätsklinikums Gießen und Marburg
durch das Land Hessen an die Rhön-Klinikum AG zum 1.1.2006[3]. Für
Schlagzeilen sorgte zudem 2007 der Teilverkauf der Düsseldorfer Bezirks-
krankenhäuser Benrath und Gerresheim an die Sana Kliniken AG[4]. Die
Grenzen derartiger Übernahmen zeigte der Kartellsenat des BGH im Januar
2008 durch die Untersagung des Erwerbs der Kreiskrankenhäuser Bad Neu-
stadt/Saale und Mellrichstadt durch die Rhön-Klinikum AG auf[5]. Auch unter den gewerblichen Marktteilnehmern ist eine zunehmende Tendenz zur
Konzentration zu erkennen. So ließ Ende des Jahres 2005 der Erwerb der
HELIOS Kliniken GmbH durch die Fresenius AG zum Kaufpreis von 1,5
Mrd. Euro aufhorchen. Eine Ausnahme von dieser Privatisierungstendenz
stellt dabei der Erwerb der insolventen privaten Elisabeth-Klinik in Dortmund durch den Landschaftsverband Westfalen-Lippe im Dezember 2009
dar.

2a Angesichts strenger Fusionskontrollen durch die Kartellbehörden werden
private Investoren zunehmend zurückhaltender[6]. Als Alternative zu der Beteiligung privater Krankenhausbetreiber kommt insbesondere für öffentliche
Krankenhäuser die Bildung von Konzernstrukturen zum Zwecke einer Kos-
teneinsparung in Betracht. Das Modell sieht eine oft als GmbH ausgestaltete
Dach- bzw. Holdinggesellschaft vor, der die Führung des Krankenhauskon-
zerns obliegt und die Kapitalbeteiligungen an ihren rechtlich selbständigen
Tochtergesellschaften hält[7]. Prominentes Beispiel ist der im Jahre 2002 ge-
gründete kommunale Klinikverbund Gesundheit Nordhessen Holding AG
mit Sitz in Kassel.

Im Folgenden wird das Augenmerk hauptsächlich auf arbeitsrechtliche Fragestellungen gerichtet, die sich mit der Umwandlung und Übernahme von
Krankenhäusern ergeben.

---

1 Vgl. v. *Ahsen/Grashoff*, KH 2003, 369; *Bohle/Grau*, KH 2003, 698; zur Fusion des Uni-
versitätskrankenhauses Greifswald mit dem Kreiskrankenhaus Wolgast OLG Düsseldorf v. 7.5.2008 – VI-Kart 1/07 (V); vgl. dazu auch *Jungnickel*, ZKF 2008, 219.
2 Hamburger Abendblatt v. 16.12.2004.
3 *Sandberger*, WissR 2006, Beiheft 17, 1–62; vgl. Frankfurter Rundschau v. 1.2.2006,
S. 34.
4 Ehemals Sana Kliniken GmbH, Westfälische Zeitung v. 4.5.2007.
5 BGH v. 16.1.2008 – KVR 26/07, BGHZ 175, 333–359.
6 *Kalnbach/Schmidt*, KH 2005, 646.
7 Zum Holdingmodell ausführlich Lutter/*Jesse*, Holding-Handbuch, 4. Aufl. 2004;
Kirchner/Rüth/Torwegge, Holding und Beteiligung, 2009.

II. Begriffsbestimmungen

Krankenhausübernahmen erfolgen – unabhängig davon, ob öffentliche oder   3
private Träger Beteiligte des Kaufvertrags sind – entweder im Wege des asset
deal (Sachkauf), share deal (Anteilskauf) oder nach den Vorgaben des Umwandlungsgesetzes[1]. Beim **asset deal** wird das Unternehmen durch den Kauf
aller oder der wesentlichen Einzelwirtschaftsgüter erworben; allerdings verbleibt „der Mantel" der Gesellschaft – sofern existierend – beim Verkäufer.
Der **share deal** ist dadurch gekennzeichnet, dass die Gesellschaftsanteile
(„shares") – z. B. Aktien oder GmbH-Anteile – übertragen werden[2]. Es wird
das Recht am Unternehmen verkauft, typischerweise verbleibt hiervon
nichts beim Verkäufer. Die Anteile werden an der das Krankenhaus betreibenden Kapitalgesellschaft erworben. Die Erfüllung des Kaufvertrages erfolgt
durch Abtretung der Gesellschaftsanteile nach §§ 398, 413 BGB. Einer Ein-
zelübertragung der zum Krankenhaus gehörenden Wirtschaftsgüter, wie sie
beim asset deal erforderlich ist, bedarf es dabei nicht.

Krankenhäuser in öffentlich-rechtlicher Trägerschaft, die seither als Eigen-   4
oder Regiebetriebe geführt worden sind, können – soweit das Landeskom-
munal- und Krankenhausrecht dem nicht entgegenstehen – in eine privatrechtliche Rechtsform umgewandelt werden. Man spricht insoweit von der
die Trägerschaft nicht verändernden Rechtsform oder **formellen Privatisierung**[3]. Der öffentlich-rechtliche Träger bleibt weiterhin Betreiber und Ge-
währträger für die Verbindlichkeiten des Krankenhauses. Die Aufgabe der
Krankenhausversorgung wird lediglich auf eine organisatorisch und rechtlich verselbständigte und privatrechtliche Gesellschaft mit eigener Rechtspersönlichkeit übertragen.

Die vollständige oder teilweise Veräußerung von Gesellschaftsanteilen an ei-   5
nen Privaten nach Umwandlung eines öffentlich-rechtlichen Krankenhauses
in eine privatrechtliche Rechtsform wird als **materielle Privatisierung** bezeichnet[4]. Es tritt in der Regel der vollständige Verlust der Eigentümerpositi-
on ein. In einem solchen Fall erfolgt nicht nur ein Wechsel der rechtlichen
Handlungsform, sondern auch eine Aufgabenverlagerung auf einen privaten
Träger[5]. Die originär öffentliche Aufgabe der Sicherstellung der Krankenhausversorgung als Bestandteil der Daseinsvorsorge, die nach den Landeskrankenhausgesetzen dem Land und den Kommunen obliegt[6], nimmt fortan
ein privater Krankenhausträger wahr[7].

---

1 BGH v. 16.12.2004 – III ZR 119/04, NJW 2005, 753 (755); zu den verschiedenen Privati-
   sierungsformen *Hartmann*, Arbeitsrechtliche Gestaltungsmöglichkeiten bei Privatisierungen, 2008, S. 26 ff.
2 *Däubler/Lorenz*, § 3 TVG Rz. 132.
3 Vgl. *Ehlers*, DVBl. 1997, 137; *Quaas*, KH 2001, 40; *Rocke*, KH 2005, 733 (Fn. 4); *Stro-
   he/Meyer-Wyk/Köhler*, KH 2003, 882 (885); geläufig sind auch die Begriffe der Schein-
   oder Organisationsprivatisierung.
4 *Steuck*, NJW 1995, 2887.
5 *Sandberger*, WissR 2006, Beiheft 17, 1 (14 f.).
6 Vgl. § 3 Abs. 1 LKHG BW; § 3 Abs. 1 HKHG; § 1 Abs. 2 KHGG NRW; § 1 Abs. 3
   SächsKHG.
7 *Rocke*, KH 2005, 733 (734).

III. Krankenhausübernahmen im Wege des asset deal oder share deal

1. Feststellung des Unternehmenswertes und der Haftungsrisiken

6   Vor dem Erwerb des „Unternehmens Krankenhaus" wird der Kaufinteressent dessen Wert mit einer sog. **Due-Diligence-Prüfung**[1] zu bestimmen versuchen[2]. Mit ihr wird die aktuelle Situation und perspektivische Entwicklungs- und Wettbewerbsfähigkeit des Übernahmekandidaten analysiert, damit der Erwerber sich anhand der Prüfung ein möglichst genaues Bild über die finanzielle und rechtliche Situation des Krankenhauses machen kann[3]. Im Ergebnis soll die Due Diligence dem Käufer als Entscheidungshilfe dienen, ob sich der Unternehmenskauf für ihn rentiert[4]. Diese Frage hängt maßgeblich von den bestehenden und durch die Due-Diligence-Prüfung zu Tage tretenden **Haftungsrisiken** ab. Die Höhe des Kaufpreises muss insoweit immer in Relation zu den von der jeweiligen Vertragspartei zu vergegenwärtigenden Haftungsrisiken gesehen werden. Ergeben sich bei der Prüfung übermäßige Belastungen oder ein außerordentliches Haftungsrisiko für den Erwerber, die ihre Ursachen in dringend erforderlichem Sanierungsbedarf oder hohem Schuldendienst haben können, wird sich der Kaufpreis eher im unteren Bereich bewegen.

7   Die Ermittlung des **tatsächlichen Unternehmenswerts** richtet sich nach den von der Rechtsprechung anerkannten betriebswirtschaftlichen Bewertungsmodellen. Diesbezüglich werden in der Praxis entweder die Substanzwert- oder die **Ertragswertmethode** herangezogen, wobei die Wahl zunehmend zugunsten der Ertragswertmethode ausfällt[5]. Nach der Rechtsprechung des BGH entspricht der Wert eines Unternehmens nicht nur dem Ergebnis der Addition von Buchwert und der stillen Reserven. Vielmehr ist der Wert des Unternehmens auf der Grundlage des reellen Wertes des lebenden Unternehmens zu errechnen (Verkehrswert). Er ergibt sich im Allgemeinen aus dem Preis, der bei einem Verkauf des Unternehmens als Einheit am Markt erzielt würde[6]. Die Ertragswertmethode ermittelt die Höhe der künftigen Erträge durch Schätzung, indem die in der Vergangenheit erzielten Ergebnisse des Unternehmens anhand aussagefähiger Informationen – dazu zählen insbesondere die Jahresabschlüsse – analysiert werden[7]. Dieser Wert wird sodann mittels eines Kapitalisierungszinsfußes in Beziehung zu dem Bewer-

---

1 Zu deutsch: „notwendige Sorgfalt".
2 Zur Due Diligence beim Erwerb von Akut- und Rehakliniken *Bihr/Dürr*, KU 1999, 648.
3 Nach *Poll/Kolm*, KH 2004, 96 (99) sind insbesondere Jahresabschlüsse der letzten 3–5 Jahre, langfristige Verträge (z.B. Chefarztverträge), Wirtschaftspläne der kommenden 5 Jahre, Belegungsstatistiken und aktuelle Auslastung, Patientenstruktur, Konkurrenzsituation, Einsichtnahme in abgeschlossene Schiedsstellenverfahren und in das Handelsregister, Vorlage des Feststellungsbescheids, Prüfung der Konzession nach § 30 GewO und der Steuerbescheide, Investitionsbedarfe etc. in die Analyse mit einzubeziehen.
4 Hölters/*Widmann*, Teil II, Rz. 29.
5 BGH v. 16.12.1991 – II ZR 58/91, BGHZ 116, 359 (370).
6 BGH v. 24.9.1984 – II ZR 256/83, NJW 1985, 192.
7 Hölters/*Widmann*, Teil II, Rz. 141.

tungszeitpunkt gesetzt und evaluiert[1]. Das Ziel dieser Vorgehensweise ist, dass der Unternehmenserwerber seine Investition jedenfalls mit denjenigen Zinserträgen vergleichen kann, die er auf dem Kapitalmarkt für eine risikofreie Anlage (Basiszinssatz) erzielen könnte (Kapitalmarktrendite)[2]. Dabei ist der Zinssatz für den Kapitaleinsatz aufgrund der Übernahme des unternehmerischen Risikos durch einen Risikozuschlag zu erhöhen[3]. Folglich kann der potentielle Erwerber hierdurch ermitteln, ob die Investition unter Berücksichtigung der Haftungsrisiken und Erwerbsperspektiven insgesamt hinreichende Rendite verspricht, sofern für ihn nicht anderweitige – insbesondere altruistische – Erwägungen im Vordergrund stehen.

Der Erwerber wird auch den **good will** (Geschäftswert, ideeller Wert) des   8
Krankenhauses abgelten müssen. Nach der Rechtsprechung des BGH ist es „eine Erfahrungstatsache, dass gewerbliche Unternehmen vielfach einen inneren Wert haben, der sich darin äußert, dass der Erwerber eines solchen Unternehmens bereit ist, einen höheren Kaufpreis zu zahlen, als es dem reinen Sachwert der zum Unternehmen gehörenden Vermögensgegenstände entspricht"[4]. Dieser good will bestimmt sich z. B. durch das meist in Jahrzehnten gewachsene Image eines ganzen Krankenhauses oder einzelner Abteilungen, den Ruf und das Ansehen eines überregional oder sogar international renommierten Chefarztes, den Standort der Klinik und die Konkurrenzsituation.

2. Der Sachkauf, sog. asset deal

Der Unternehmenskauf kann auf verschiedene Arten vollzogen werden.   9
Beim Sachkauf – diesbezüglich hat sich der englische Begriff **asset deal** eingebürgert – veräußert der Verkäufer gem. § 453 Abs. 1 Alt. 2 i. V. m. § 433 BGB durch schuldrechtlichen Kaufvertrag sämtliche dem Krankenhausbetrieb zugehörigen Einzelwirtschafts- bzw. Vermögensgüter (assets) im Wege der **Einzelrechtsnachfolge (Singularsukzession)** an den Käufer[5]. Die Kaufvertragsparteien können dabei Vereinbarungen über Gegenstände wie z. B. die Übernahme eines Betriebsgrundstücks oder von Verbindlichkeiten treffen[6], notwendige Voraussetzung für einen wirksamen asset deal sind diese jedoch nicht.

Ob lediglich einzelne Vermögensgüter oder aber das Krankenhaus als ganzes   10
Unternehmen erworben werden, hängt von der **wirtschaftlichen Gesamtbetrachtung** des Rechtsgeschäfts ab: Nach der ständigen Rechtsprechung des

1 Erman/*Westermann*, § 738 BGB Rz. 5a.
2 Sudhoff/*Scherer*, § 17 Rz. 70.
3 Hölters/*Sahner*, Teil III, Rz. 24.
4 BGH v. 23.11.1977 – IV ZR 131/76, NJW 1978, 884 (885).
5 Hölters/*Bauer/v. Steinau-Steinrück*, Teil VI, Rz. 3; *Holzapfel/Pöllath*, Unternehmenskauf in Recht und Praxis, 14. Aufl. 2010, Rz. 131 ff.; Prütting/Wegen/Weinreich/ *Schmidt*, § 453 BGB Rz. 27; Semler/Volhard/*Koziczinski*, Arbeitshandbuch für Unternehmensübernahmen, 2001, § 13.
6 *Strohe/Meyer-Wyk/Köhler*, KH 2003, 991 (997).

BGH ist ein „Unternehmenskauf anzunehmen, wenn nicht nur einzelne Wirtschaftsgüter, sondern ein Inbegriff von Sachen, Rechten und sonstigen Vermögenswerten übertragen werden soll und der Erwerber dadurch in die Lage versetzt wird, das Unternehmen als solches weiterzuführen"[1]. Die Unterscheidung danach, ob lediglich die Übertragung einzelner Betriebsmittel oder aber des Betriebs als Ganzes erfolgt, ist von besonderer arbeitsrechtlicher Bedeutung, da nur die zweite Alternative einen Betriebsübergang i. S. d. § 613a BGB darstellt und somit den Eintritt in die Rechte und Pflichten bestehender Arbeitsverhältnisse zur Folge hat[2]. Weitere Folgewirkungen ergeben sich u. a. im Steuer-, Krankenhausplanungs- oder Gewerberecht.

11   Beim asset deal ist auf die Einhaltung des sachenrechtlichen Bestimmtheitsgrundsatzes zu achten. Denn der BGH verlangt, dass „bei der Übereignung einer Sachgesamtheit die zu übereignenden Gegenstände im Zeitpunkt der Einigung so bestimmt zu bezeichnen sind, dass jeder, der die Vereinbarungen der Vertragsparteien kennt, ohne Heranziehung weiterer Umstände feststellen kann, auf welche Gegenstände sie sich bezieht"[3]. Der Unternehmenskaufvertrag als Sachkauf führt zu der in der Praxis als nachteilig empfundenen Konsequenz, für sämtliche bestehenden Vertragsverhältnisse die **Zustimmungen der Vertragspartner** einholen zu müssen[4]. Im Bereich des Krankenhausrechts ergibt sich zudem das Erfordernis eines neuen Feststellungsbescheids über die Aufnahme in den Krankenhausplan als Voraussetzung für den Erhalt öffentlicher Fördermittel und die Möglichkeit der Behandlung GKV-Versicherter zu Lasten ihrer Krankenkasse, § 108 SGB V[5]. Eine erneute behördliche Entscheidung über die Aufnahme in den Krankenhausplan birgt dabei stets das Risiko eines Drittwiderspruchs durch einen Konkurrenten in sich.

3. Der Anteilskauf, sog. share deal

12   Beim Anteilskauf bzw. **share deal** erwirbt der Käufer die Beteiligungsrechte *an* der Gesellschaft mit allen Chancen und Risiken einschließlich aller Verbindlichkeiten[6]. Die Vermögenswerte des Krankenhauses verbleiben dabei unangetastet bei der Gesellschaft. Es findet lediglich ein **Wechsel der Inhaberschaft** an den Gesellschaftsrechten durch Übertragung der Anteile nach

1 BGH v 28.11.2001 – VIII ZR 37/01, NJW 2002, 1042 (1043) m. w. N.; Erman/*Grunewald*, § 453 BGB Rz. 19.
2 *Gaul*, § 3 Rz. 2.
3 BGH v. 4.10.1993 – II ZR 156/92, NJW 1994, 133 (134); in der Praxis gebräuchlich ist die sog. „All-Formel", nach der beispielsweise „alle im Eigentum des Krankenhauses XY stehenden medizinisch-technischen Geräte an den Erwerber verkauft werden". Bei der Übertragung von Forderungen genügt deren bloße Bestimmbarkeit.
4 *Pettereit/v. Boehmer*, KU 2004, 18 (19).
5 *Bohle/Grau*, KH 2003, 698 (698 f.); Buchta/Rädler, KH 2009, 32 (38).
6 Hölters/*Bauer/v. Steinau-Steinrück*, Teil VI, Rz. 3; Prütting/Wegen/Weinreich/*Schmidt*, § 453 BGB Rz. 28; Semler/Volhard/*Streyl*, Arbeitshandbuch für Unternehmensübernahmen, 2001, § 12.

§§ 398, 413 BGB unter Wahrung der Identität des Unternehmens statt[1]. Im Falle der Übertragung nach § 15 Abs. 1 GmbHG grundsätzlich frei veräußerbarer GmbH-Geschäftsanteile kann die Satzung allerdings bestimmen, dass die Abtretung der Geschäftsanteile an weitere Voraussetzungen geknüpft wird, etwa an die Genehmigung der Gesellschaft oder das Vorliegen bestimmter Eigenschaften in der Person des Erwerbers (vgl. § 15 Abs. 5 GmbHG).

In der Praxis ergibt sich beim share deal die Notwendigkeit, die Gesell- 13
schaftsform, den Anteil des Verkäufers und das Krankenhaus-Betriebsvermögen insgesamt zu ermitteln und zu beschreiben, um festzustellen, welchen wirtschaftlichen Wert der Käufer mit den Beteiligungsrechten erwirbt. Im Gegensatz zum asset deal ist der sachenrechtliche Vollzug beim Erwerb der Krankenhausbeteiligungsrechte relativ einfach, da diese lediglich nach den für sie geltenden Regeln übertragen werden[2]. Anders als beim asset deal entstehen beim share deal keine Notar- und Grundbuchkosten, wenn das Krankenhausgrundstück mit übertragen werden soll. Die zwei Erwerbsformen haben auch unterschiedliche steuerrechtliche Auswirkungen[3].

4. Arbeitsrechtliche Bedeutung der Unterscheidung

Ob der Unternehmenskauf in Form des asset deal oder share deal erfolgt, hat 14
unterschiedliche arbeitsrechtliche Auswirkungen. Von zentraler Bedeutung für den Unternehmenskauf ist hierbei die Vorschrift des § 613a BGB. Sie regelt die Überleitung und den Bestandsschutz von Arbeitsverhältnissen, die Haftung zwischen dem alten und neuen Arbeitgeber, den Bestand und die Wahrung des Betriebsrates, Fragen der Fortgeltung der Betriebsvereinbarung und des Tarifvertrages sowie das Widerspruchsrecht und den Unterrichtungsanspruch des Arbeitnehmers[4].

a) Arbeitsrechtliche Auswirkungen des Anteilskaufs

Beim share deal findet kein Betriebsübergang i. S. d. § 613a BGB statt. Nach 15
der Rechtsprechung des BAG sind beim share deal dessen Voraussetzungen nicht gegeben, da mangels Änderung der Identität der Gesellschaft kein Betriebsinhaberwechsel stattfindet[5]. Außerdem seien die Arbeitnehmer bei einem Verkauf des Unternehmens im Wege des share deal nicht schutzbedürftig i. S. d. § 613a BGB:

---

1 Umstritten ist dabei die Frage, wann dem Anteilskäufer kaufrechtliche Gewährleistungsansprüche zustehen. Nach wohl überwiegender Ansicht immer dann, wenn der Erwerber die Kontrolle über das Unternehmen erlangt. Bei der GmbH wird dies zumindest bei satzungsändernden Mehrheiten (75 % der Anteile) anzunehmen sein, vgl. § 53 Abs. 2 Satz 1 GmbHG; zur Vertiefung *Larisch*, Gewährleistungshaftung beim Unternehmens- und Beteiligungskauf, 2004, S. 180 f.; vgl. auch Erman/*Grunewald*, § 453 BGB Rz. 20.
2 Hölters/*Semler*, Teil VII, Rz. 7.
3 Hierzu detailliert Hölters/*Zieren*, Teil V.
4 Hölters/*Bauer/v. Steinau-Steinrück*, Teil VI, Rz. 2.
5 BAG v. 12.7.1990 – 2 AZR 39/90, NZA 1991, 63 (64).

„Für den Fall einer Betriebsveräußerung sollen die bestehenden Arbeitsplätze geschützt, die Kontinuität des amtierenden Betriebsrates gewährleistet und die Haftung des alten und neuen Arbeitgebers geregelt werden. [...] § 613a soll eine Lücke im System des Kündigungsschutzes schließen, die dadurch entsteht, dass der Betriebserwerber ohne eine entsprechende Sonderregelung nicht zur Übernahme der Arbeitnehmer verpflichtet ist"[1].

(vgl. auch Teil 13 zum Betriebsübergang gem. § 613a BGB). Die Arbeitnehmer des durch einen Anteilskauf übernommenen Krankenhauses sind auch ohne die Wirkung des § 613a BGB nach wie vor mit den gleichen Rechten und Pflichten bei dem in seinem **rechtlichen Bestand unveränderten Krankenhaus** beschäftigt[2]. Da mangels Betriebsübergangs § 613a BGB nicht einschlägig ist, kommt die Belegschaft auch nicht in den Genuss der durch § 613a BGB gewährten besonderen Rechte wie den Unterrichtungsanspruch und das Widerspruchsrecht gegen den Inhaberwechsel (vgl. zu diesen Rechten Teil 13 Rz. 27 ff.).

16 Da die Verschiebung der Anteilsrechte an der Krankenhausgesellschaft auf einen neuen Inhaber auch **keine Gestaltungsform der Umwandlung** (Spaltung oder Verschmelzung) i. S. d. Umwandlungsgesetzes darstellt, sind auch keine Unterrichtungs- und Teilhaberechte nach s § 126 Abs. 1 Nr. 11 und § 5 Abs. 1 Nr. 9 UmwG gegeben. Allerdings muss der Wirtschaftsausschuss gem. § 106 Abs. 1, 3 Nr. 9a BetrVG in Unternehmen mit in der Regel mehr als 100 Arbeitnehmern unterrichtet werden[3].

17 Auf Krankenhäuser in kirchlicher Trägerschaft ist das Betriebsverfassungsgesetz gem. § 118 Abs. 2 BetrVG nicht anwendbar. Für Arbeitnehmer katholischer Einrichtungen gilt die **Mitarbeitervertretungsordnung** (MAVO), in der das Verhältnis des Arbeitgebers zur Mitarbeitervertretung (MAV) geregelt ist. Der katholische Normgeber hat mit der Einfügung des § 27a MAVO im Jahre 2003, für den ersichtlich die Regelung des § 106 BetrVG Pate gestanden hat, Informationsansprüche der kirchlichen Arbeitnehmer in wirtschaftlichen Angelegenheiten geschaffen[4]. Das Kirchengesetz über Mitarbeitervertretungen in der Evangelischen Kirche in Deutschland (MVG.EKD) kennt hingegen keine entsprechend ausgestaltete Bestimmung[5].

18 **Beteiligungsrechte nach den Landespersonalvertretungsgesetzen** oder dem Bundespersonalvertretungsgesetz[6] stehen den Personalräten zu, wenn das Krankenhaus unmittelbar durch die öffentliche Hand als Regie- oder Eigen-

---

1 BAG v. 12.7.1990 – 2 AZR 39/90, NZA 1991, 63 (65).
2 Hölters/*Bauer*/v. *Steinau-Steinrück*, Teil VI, Rz. 3; *Rocke*, KH 2005, 733 (736); *Strohe*/
   Meyer-Wyk/*Köhler*, KH 2003, 991 (997); *Poll*/*Kolm*, KH 2004, 96 (Fn. 2).
3 *Gaul*, § 28 Rz. 3 ff.; Hölters/*Bauer*/*von Steinau-Steinrück*, Teil VI, Rz. 5.
4 *Münzel*, NZA 2005, 449 (451); zum Mitarbeitervertretungsrecht der katholischen Kirche ausführlich *Hammer*, S. 437 ff.; *Richardi*, Arbeitsrecht in der Kirche, § 18.
5 *Münzel*, NZA 2005, 449 (455, Fn. 2); zum Mitarbeitervertretungsrecht der evangelischen Kirche ausführlich *Hammer*, S. 487 ff.; *Richardi*, Arbeitsrecht in der Kirche, § 19.
6 BPersVG v. 15.3.1974, BGBl. I, 693, zuletzt geändert durch Art. 7 des Gesetzes v. 5.2.2009, BGBl. I, 160.

betrieb vorgehalten wird und eine formelle oder materielle Privatisierung realisiert werden soll. Die Beteiligungsrechte der Länder stellen sich in höchst unterschiedlicher Regelungstiefe dar. Die Bandbreite reicht von bloßer Anhörung bis hin zu Mitwirkungs- und Zustimmungsrechten des Personalrates: Formelle und materielle Privatisierungsmaßnahmen öffentlicher Krankenhäuser erfordern die Zustimmung des Personalrats in Nordrhein-Westfalen (§ 66 Abs. 1 des NWPersVG), Bremen (§ 58 Abs. 1 BremPersVG), Schleswig-Holstein (§ 52 SchlHMBG) und im Saarland (§ 73 Abs. 1 Saarl-PersVG). In anderen Bundesländern sehen die Landespersonalvertretungsgesetze Mitwirkungsrechte vor, die jedoch nicht als Zustimmungsrechte ausgestaltet sind[1]. Einige Landespersonalvertretungsgesetze gewähren lediglich Anhörungs- bzw. Erörterungsrechte[2]. Des Weiteren sind in allen Personalvertretungsgesetzen allgemeine **Unterrichtungsrechte** normiert, die vor allem in Bezug auf den Betriebsübergang nach § 613a BGB für die Arbeitnehmer Bedeutung erlangen können, damit die Beschäftigten bei zeitnaher und umfassender Kenntnisnahme und Information über die beabsichtigten Pläne geeignete Maßnahmen treffen können[3].

Versorgungsverpflichtungen bleiben vom Erwerb der Gesellschaftsanteile   19
unberührt; die Ansprüche der Versorgungsberechtigten aus den betrieblichen Altersversorgungsregelungen bestehen auch nach der Übernahme gegen das Unternehmen fort[4].

b) Arbeitsrechtliche Auswirkungen des Sachkaufs

Demgegenüber ist die Unternehmensveräußerung durch **Sachkauf (asset**   20
deal) in der Regel **gleichbedeutend mit dem Betriebsübergang** nach § 613a BGB, durch den der neue Betriebsinhaber zur Übernahme der im Zeitpunkt des Betriebsübergangs bestehenden Arbeitsverhältnisse verpflichtet wird[5]. Kündigungen, die wegen des Betriebsübergangs ausgesprochen werden, sind unwirksam. Indessen sind Kündigungen aus anderen als betriebsübergangsbedingten Gründen möglich (vgl. auch Teil 13).

Der Arbeitnehmer hat nach § 613a Abs. 5 BGB einen Unterrichtungs-   21
anspruch zu Fragen des Betriebsübergangs gegenüber dem bisherigen oder künftigen Arbeitgeber und ein Widerspruchsrecht gegen den Betriebsübergang nach § 613a Abs. 6 BGB (vgl. Teil 13 Rz. 27 ff.). Ob dem vom Betriebsübergang betroffenen Arbeitnehmer tatsächlich die Inanspruchnahme seines Widerspruchsrechts anzuraten ist, bedarf sorgfältiger Prüfung. Folge des Widerspruchs ist, dass das Arbeitsverhältnis nicht auf den neuen Betriebs-

---

1 Vgl. etwa § 81 Abs. 1 Satz 1 HessPersVG, § 68 Abs. 2 Nr. 2 BbgPersVG, § 77 Nr. 9 SächsPersVG, § 75a Abs. 2 Nr. 4 ThürPersVG.
2 § 75 Abs. 1 Nr. 12 NdsPersVG, § 80 Abs. 3 Nr. 6 BadWürttPersVG.
3 Vgl. exemplarisch Art. 69 Abs. 2 BayPersVG und § 65 Abs. 1 NWPersVG.
4 *Seel*, MDR 2009, 1260 (1261) zu den rechtlichen Folgen einer Unternehmenstransaktion für die betriebliche Altersversorgung.
5 Hölters/*Bauer/von Steinau-Steinrück*, Teil VI, Rz. 4; *Wolff/Conradi*, ZTR 2007, 290 (291).

inhaber übergeht, sondern weiterhin zu dem alten Arbeitgeber fortbesteht[1]. Hier läuft der Arbeitnehmer – zu ihnen zählt auch der Chefarzt – Gefahr, dass ihm von dem bisherigen Betriebsinhaber betriebsbedingt gekündigt wird, wenn die das Krankenhaus veräußernde Gesellschaft keine weiteren Krankenhäuser betreibt und somit keine Möglichkeit einer anderweitigen Beschäftigung besteht[2]. (Zu allen weiteren Rechtsfolgen des § 613a im Hinblick auf das Individual- und Kollektivarbeitsrecht vgl. Teil 13 Rz. 44 ff.).

22   Hinsichtlich der **betrieblichen Altersversorgung** muss der Käufer beim asset deal lediglich für diejenigen Arbeitnehmer – und künftige Rentner – einstehen, die im Zeitpunkt des Betriebsübergangs in einem Arbeitsverhältnis standen. Anders als im Falle des Unternehmenskaufs durch Erwerb der Gesellschaftsanteile haftet der Sachkäufer bei einem im Unternehmen bestehenden betrieblichen Altersversorgungssystem weder für laufende Rentenzahlungen noch für Anwartschaften ausgeschiedener Mitarbeiter. § 613a BGB sieht also keinen Betriebsübergang von Ansprüchen aus Ruhestandsverhältnissen vor, wenn der Betroffene zum Zeitpunkt des Betriebsübergangs bereits aus dem Arbeitsverhältnis ausgeschieden war[3]; diese Ansprüche aus dem Ruhestandsverhältnis verbleiben vielmehr bei dem bisherigen Betriebsinhaber[4].

IV. (Partielle) Gesamtrechtsnachfolge nach dem Umwandlungsgesetz

23   Krankenhäuser können auch nach den Vorschriften des Umwandlungsgesetzes (UmwG) auf den Erwerber übertragen werden. Hierfür bietet das Umwandlungsgesetz den Unternehmen ein durchaus handhabbares Programm an. Die Vermögensübertragung geschieht im Wege der (partiellen) Gesamtrechtsnachfolge. Sie hat gegenüber der Einzelrechtsnachfolge den großen Vorteil, dass die bestehenden rechtsgeschäftlichen Beziehungen zu Vertragspartnern – einschließlich der noch nicht erfüllten Verpflichtungen – auf die übernehmende Gesellschaft übertragen werden, ohne dass dafür die Zustimmungen der Vertragspartner eingeholt werden müssen[5].

1. Systematik des Umwandlungsgesetzes

24   Das Umwandlungsgesetz unterscheidet in § 1 Abs. 1 vier Gestaltungsformen: die **Verschmelzung, Spaltung, Vermögensübertragung und den Formwechsel**. Die für die Praxis bedeutsamsten Gestaltungsformen sind die Ver-

---

1 BAG v. 19.3.1998 – 8 AZR 139/97, BAGE 88, 196 (199).
2 *Rocke*, KH 2005, 733 (737).
3 BAG v. 14.9.1999 – 3 AZR 273/98; Fiebig/*Mestwerdt*, KSchG, § 613a BGB Rz. 75.
4 *Häger/Reschke*, S. 81 f.
5 Dauner-Lieb/Simon/*Dauner-Lieb*, Einl. A zum UmwG Rz. 18; *Petereit/v. Boehmer*, KU 2004, 18 (19); *Steuck*, NJW 1995, 2887; Sudhoff/*Berenbrok*, § 57 Rz. 3; man denke etwa an Leasingverträge (Gebäude, Geräte), Wartungsverträge (Medizintechnik, gesamter IT-Bereich), Dienstleistungsverträge (Beratungsverträge jeglicher Art), Bezugsverpflichtungen (Labor), Kooperationsverträge etc.

schmelzung und – als Unterform der Spaltung – die Abspaltung, auf die sich
die folgende Darstellung konzentriert.

a) Verschmelzungen (Fusionen) von Krankenhäusern

Bei der Verschmelzung vereinigen sich zwei Krankenhausträger[1]. Ver-   25
schmelzungen erfolgen auf der Grundlage eines zwischen den Gesellschaftern zu schließenden **Verschmelzungsvertrages**[2]. Die Verschmelzung erfolgt
entweder durch Aufnahme der übertragenden Gesellschaft durch den aufnehmenden, bereits bestehenden Rechtsträger (**Verschmelzung durch Aufnahme**, vgl. § 2 Nr. 1, § 4 ff. UmwG) oder indem beide Gesellschaften in
einer neu errichteten Gesellschaft aufgehen (**Verschmelzung durch Neugründung**, §§ 2 Nr. 2, 36 ff. UmwG)[3]. Durch die Verschmelzung erlischt der
übertragende Rechtsträger ohne Abwicklung. Mit den Verschmelzungsakten
können die Krankenhäuser gleichzeitig einen Rechtsformwechsel herbeiführen. So könnten zwei in der Rechtsform der GmbH geführte Häuser nachfolgend zu einer Personenhandelsgesellschaft verschmelzen[4].

b) Spaltung

Spaltung ist die Übertragung von Vermögen eines als Einheit bestehenden   26
Rechtsträgers bzw. Unternehmens auf einen oder mehrere andere Rechtsträger bzw. Unternehmen. § 123 UmwG unterscheidet wiederum die **Aufspaltung**, die **Abspaltung** und die **Ausgliederung**.

aa) Aufspaltung

Bei der Aufspaltung überträgt eine Krankenhausgesellschaft bei gleichzei-   27
tiger eigener Auflösung ihr **gesamtes aktives und passives Vermögen** entweder
auf eine andere bzw. mehrere bestehende Krankenhausgesellschaften oder
neu errichtete Krankenhausgesellschaften (§ 123 Abs. 1 UmwG). Dabei werden die Anteilsinhaber des übertragenden Rechtsträgers Anteilsinhaber des
übernehmenden Rechtsträgers.

bb) Abspaltung

Bei der Abspaltung geht der übertragende Rechtsträger anders als bei der   28
Aufspaltung nicht völlig unter, sondern bleibt in seiner Kernsubstanz bestehen. Doch **Teile seines Vermögens** gehen auf einen oder mehrere bereits vorhandene Rechtsträger über (Abspaltung durch Aufnahme). Das übertragende
Unternehmen kann aber auch durch die Abspaltung eigener Vermögensteile
ein neues Unternehmen oder mehrere neue Unternehmen errichten (Abspal-

---

1 Ausführlich zur Verschmelzung Dauner-Lieb/Simon/*Simon*, § 2 UmwG; Lutter/*Lut-
  ter/Drygala*, § 2 UmwG; Maulbetsch/Klumpp/Rose/Schäffler, UmwG, 2009, § 2
  UmwG; Semler/Stengel/*Stengel*, 2. Aufl. 2007, § 2 UmwG.
2 Kallmeyer/*Marsch-Barner*, § 4 UmwG Rz. 2.
3 Zu Einzelheiten vgl. Sudhoff/*Berenbrok*, § 64 Rz. 9 ff.
4 *Rose/Glorius-Rose*, Rz. 483.

tung durch Neugründung]. Die bisherigen Anteilseigner des übertragenden Unternehmens erhalten Anteile an dem bzw. den mit Vermögenswerten ausgestatteten übernehmenden Unternehmen.

cc) Ausgliederung

29 Ausgliederungen sind Übertragungen von Vermögensteilen des übertragenden Rechtsträgers auf einen oder mehrere übernehmende Rechtsträger gegen Gewährung von Anteilen des übernehmenden Rechtsträgers an den übertragenden Rechtsträger. Die Ausgliederung hat gegenüber der Auf- und Abspaltung die Besonderheit, dass die Anteile an den übernehmenden Rechtsträgern nicht unmittelbar den Gesellschaftern, sondern dem **Vermögen des übertragenden Rechtsträgers** zugeführt werden. Wie in den anderen beiden Varianten ist auch bei der Ausgliederung die Spaltung zur Aufnahme und zur Neugründung möglich (vgl. § 123 Abs. 3 Nr. 1 u. 2 UmwG).

2. Privatisierende Umwandlung öffentlich-rechtlicher Krankenhäuser

a) Ausgliederung nach § 168 UmwG

30 Die Umwandlung eines Krankenhauses in öffentlich-rechtlicher Betriebsform erfolgt nach der Systematik des Umwandlungsgesetzes in der Form der Ausgliederung gem. § 168 UmwG. Nach dieser Vorschrift kann die Ausgliederung eines Unternehmens, das von einer Gebietskörperschaft betrieben wird, aus dem Vermögen der Körperschaft zur **Aufnahme durch eine Kapitalgesellschaft** oder zur **Neugründung einer Kapitalgesellschaft** erfolgen, wenn das maßgebende Bundes- oder Landesrecht einer Ausgliederung nicht entgegensteht.

31 Die Gebietskörperschaft muss nicht notwendigerweise durch **Bar- oder Sachgründung** eine GmbH errichten, auf die der Krankenhausbetrieb dann – entweder alleine oder zum Zwecke einer Fusion gemeinsam mit einem weiteren Krankenhaus – übertragen wird. Das zum Vermögen der Gebietskörperschaft gehörende Krankenhaus kann *unmittelbar* mit Hilfe des Umwandlungsrechts durch **Übertragung auf einen privaten Erwerber** ausgegliedert werden.

32 Die **Wirkung der Ausgliederung** besteht im Übergang des ausgegliederten Teils des Vermögens des übertragenden Rechtsträgers einschließlich der Verbindlichkeiten als Gesamtheit auf den übernehmenden Rechtsträger (vgl. § 131 Abs. 1 Nr. 1 UmwG). Der neue Träger wird gem. § 171 UmwG mit der Eintragung der Ausgliederung oder der Eintragung des neuen Rechtsträgers in das zuständige Register Rechtsnachfolger des alten Trägers mit allen Rechten und Pflichten[1].

---

1 BAG v. 25.5.2000 – 8 AZR 416/99, NZA 2000, 1115 (1117).

b) Verfassungsrechtliche Vorbehalte

Die Zulässigkeit formeller Privatisierungen ist Ausdruck der **kommunalen**   33
Organisationshoheit und durch Art. 28 Abs. 2 GG verfassungsrechtlich geschützt. Auch wenn einige kritische Stimmen nicht zu Unrecht darauf
hinweisen, dass ein Zielkonflikt zwischen den auf dem Demokratieprinzip
basierenden Teilnahmerechten der Bürger einerseits und den Privatisie-
rungsbestrebungen der öffentlichen Hand andererseits bestehe und mit dem
kommunalen Kompetenzverlust auch ein Demokratieverlust einhergehe,
müssen diese Einschränkungen im Interesse der Wettbewerbsfähigkeit kommunaler Krankenhäuser in Kauf genommen werden[1]. Die Gemeinde ist insofern aufgerufen, die sich aus dem Recht der GmbH ergebenden Kontroll-
und Überwachungsmöglichkeiten umfassend auszuschöpfen und als Allein-
gesellschafterin alle bedeutsamen Entscheidungen selbst zu treffen[2].

Bei den materiellen Privatisierungen begibt sich der öffentliche Träger sämt-   34
licher Kontroll- und Steuerungsrechte. Daher wird die Meinung vertreten,
die Krankenhausversorgung lasse aufgrund ihres Charakters als kommunale
Pflichtaufgabe rechtlich eine materielle Privatisierung, also den Verkauf von
kommunalen Krankenhäusern, nicht zu[3]. Diese Ansicht verkennt allerdings, dass der zur bedarfsgerechten Versorgung der Bevölkerung mit leistungsfähigen Krankenhäusern verpflichtende **Sicherstellungsauftrag der**
Kommunen wieder auflebt, wenn der private Krankenhausträger den Krankenhausbetrieb aufgibt oder insolvent wird und damit die Krankenhausversorgung der Bevölkerung konkret gefährdet wird[4]. Diese Verpflichtung
des Staates zur Daseinsvorsorge erwächst aus der grundrechtlichen Schutzpflicht (Art. 2 Abs. 2 Satz 1 GG), sowie dem Sozialstaatsprinzip (Art. 20
Abs. 1 GG)[5]. Auf kommunaler Ebene gehört der Bereich der Daseinsvorsorge
ferner zum Selbstverwaltungsrecht der Gemeinden gem. Art. 28 Abs. 2 GG.

Auch die Privatisierung des Maßregelvollzugs wird teilweise kritisch gese-   34a
hen[6]. Die Rechtsprechung hat eine solche Aufgabenübertragung auf private
Klinikträger jedoch grundsätzlich gebilligt[7]. Aufgrund der erheblichen Grund-
rechtsbeeinträchtigungen bei den Patienten der Einrichtungen erweist sich
die ausreichende Legitimation der Maßnahmen des Klinkpersonals als be-

---

1 Kritisch *Ipsen*, DVBl. 1998, 801 (802).
2 Ausführlich *Altmeppen*, NJW 2003, 2561 (2562).
3 Vgl. etwa *Schönrock*, Beamtenüberleitung anlässlich der Privatisierung von öffentlichen Unternehmen, 2000, S. 31.
4 *Rocke*, KH 2005, 733 (734); Huster/Kaltenborn/*Lambrecht/Vollmöller*,§ 14 Rz. 11 f.
5 Dazu *Quaas/Zuck*, § 2 Rz. 24 ff., § 24 Rz. 23; *Ratzel/Luxenburger*, § 4 Rz. 10 f.; zum
  Einfluss des Sozialstaatsprinzips bei der Privatisierung öffentlicher Krankenhäuser
  Janoska/Thöni, RPG 2009, 90 (93).
6 Vgl. z.B. *Willenbruch/Bischoff*, NJW 2006, 1776.
7 Hierzu und im Folgenden: Niedersächsicher Staatsgerichtshof v. 5.12.2008 – StGH
  2/07, GesR 2009, 146 (*Höfling/Engels*). Das BVerfG (v. 21.9.2005 – 2 BvR 1338/05, juris) hat die Beschwerde einer Patientin wegen Unzulässigkeit nicht zur Entscheidung
  angenommen, da die Beschwerdeführerin nicht unmittelbar und gegenwärtig in ihren
  Rechten betroffen war.

sondere Hürde bei der Aufgabenübertragung. Grundsätzliche Bedenken gegen die Beleihung Privater mit Aufgaben des Maßregelvollzugs hat die Rechtsprechung nicht.

35 Daneben können beim Krankenhauskaufvertrag sog. Heimfallklauseln oder eine Erbbaurechtsbestellung vereinbart werden. Sie stellen sicher, dass die Kommune die **Rückübertragung sämtlicher Geschäftsanteile** an dem Krankenhaus verlangen kann, wenn der Erwerber z.B. vereinbarte Modernisierungsmaßnahmen unterlässt, das Krankenhausgrundstück für andere Zwecke nutzt oder schlicht den Krankenhausbetrieb einstellt[1]. Rechtliche Bedenken gegen die materielle Privatisierung von Universitätskliniken wegen Verstoßes gegen Art. 5 Abs. 3 Satz 1 GG[2] scheinen unterdessen durch den Verkauf der Universitätskliniken Gießen und Marburg an die Rhön-Klinikum AG von der Realität überholt worden zu sein[3].

3. Rechtsformwechsel kirchlicher Krankenhäuser

36 Die Vorschriften über die Ausgliederung aus dem Vermögen der Gebietskörperschaften knüpfen nach dem Wortlaut des § 168 UmwG an die Gebietskörperschaft oder den Zusammenschluss von Gebietskörperschaften, der seinerseits nicht Gebietskörperschaft ist, an. Obgleich sie in dieser Vorschrift nicht ausdrücklich bezeichnet werden, sind auch die **kirchlichen Gebietskörperschaften dem § 168 UmwG zuzuordnen**. Daher können Kirchengemeinden – nicht jedoch kirchliche Orden oder andere kirchliche Organisationen – die Möglichkeiten der partiellen Gesamtrechtsnachfolge durch Umwandlung des Betriebes in eine gemeinnützige GmbH nutzen[4].

4. Arbeitsrechtliche Aspekte bei Umwandlungen

a) Anwendbarkeit des § 613a BGB über die Verweisungsnorm des § 324 UmwG

37 Die Gesamtrechtsnachfolge nach dem Umwandlungsgesetz führt zur Anwendbarkeit der Regelungen des § 613a BGB (vgl. Teil 13 Rz. 6 ff. zu den Voraussetzungen des Betriebsübergangs). Zwar setzt § 613a Abs. 1 Satz 1 BGB voraus, dass ein Betrieb „durch Rechtsgeschäft" übergeht. Die Übertragungen nach dem Umwandlungsgesetz erfolgen jedoch nicht rechtsgeschäftlich, sondern im Wege der Gesamtrechtsnachfolge. Dennoch sind die arbeitsrechtlichen Vorschriften des § 613a Abs. 1, 4 bis 6 BGB wegen der **Rechtsgrundverweisung** in § 324 UmwG auf alle Gestaltungsformen der

---

1 *Quaas*, KH 2001, 40 (43); *Strohe/Meyer-Wyk/Köhler*, KH 2003, 991 (998); *Thier*, KH 2001, 875 (876).
2 Vgl. *Becker*, Das Recht der Hochschulmedizin, 2005, S. 158; *Karthaus/Schmehl*, MedR 2000, 299 (301).
3 Huster/Kaltenborn/*Lambrecht/Vollmöller*, § 14 Rz. 81.
4 Dauner-Lieb/Simon/*Leuering*, § 168 UmwG Rz. 16 ff.; *Kühle*, KH 2005, 583 (584); *Pfeiffer*, NJW 2000, 3694 f.

Umwandlung mit Ausnahme des Formwechsels (§§ 190–304 UmwG) anwendbar[1].

Mit Hilfe des **Formwechsels** können beispielsweise Krankenhäuser in der   38
Rechtsform eines Zweckverbandes oder der Anstalt des öffentlichen Rechts
– sofern dem das maßgebliche Bundes- oder Landesrecht nicht entgegensteht –
nach §§ 301 bis 304 UmwG in eine Kapitalgesellschaft umgewandelt werden. § 613a BGB findet dennoch auf eine formwechselnde Umwandlung
i. S. d. §§ 301–304 UmwG keine Anwendung[2]. Dies folgt daraus, dass ungeachtet des Rechtsformwechsels der Betrieb unverändert fortbesteht[3].

Weiterhin sind das Umwandlungsgesetz sowie die Bestimmungen über den   39
privatrechtlichen Betriebsübergang nach § 613a BGB unanwendbar, wenn
die Gebietskörperschaft den Krankenhausbetrieb nicht auf einen privaten,
sondern auf einen Träger öffentlichen Rechts – z. B. auf eine rechtsfähige Anstalt öffentlichen Rechts – überträgt. Den betroffenen Arbeitnehmern stehen
keine Widerspruchsrechte zu, da der bisherige Arbeitgeber weiterhin für alle
Verbindlichkeiten des neuen Arbeitgebers haftet[4].

Abgesehen von diesen Sonderfällen sind Krankenhausumwandlungen staat-   40
licher Träger wegen der Rechtsgrundverweisung in § 324 UmwG den Regelungen des § 613a Abs. 1, 4 bis 6 BGB unterworfen, deren Anwendbarkeit
das BAG im Falle der privatisierenden Umwandlung eines kommunalen
Krankenhauses ausdrücklich bejaht hat[5].

Nach der Rechtsprechung des BAG „ist die Umwandlung nicht der gegen-   41
über dem Betriebsübergang speziellere Tatbestand. Die Voraussetzungen des
§ 613a BGB sind auch im Zusammenhang mit einer Umwandlung selbständig zu prüfen"[6]. Ausgenommen von den Folgewirkungen des § 613a BGB
sind dessen Abs. 2 und 3 und somit Aspekte der gesamtschuldnerischen Haftung, weil sie nicht von der Rechtsgrundverweisung des § 324 UmwG umfasst werden.

b) Konkrete arbeitsrechtliche Folgewirkungen der Umwandlung

Die Bestimmungen des Umwandlungsgesetzes enthalten eine Reihe wei-   42
terer arbeitsrechtlich relevanter Vorschriften, die neben § 613a BGB gelten.
Zu nennen sind insbesondere die **Pflichten zur Unterrichtung des Betriebsrates** in allen die Arbeitnehmer und ihre Vertretungen betreffenden Angele-

---

1 Schmitt/Hörtnagl/Stratz/*Hörtnagl*, § 324 UmwG Rz. 1; *Rocke*, KH 2005, 733 (736);
   Huster/Kaltenborn/*Lambrecht/Vollmöller*, § 14 Rz. 46.
2 BAG v. 25.5.2000 – 8 AZR 416/99, NZA 2000, 1115 (1117).
3 *Rocke*, KH 2005, 733 (736); vgl. auch FG Niedersachsen v. 6.10.2005 – 6 K 195/03,
   EFG 2006, 717 ff., wonach die formwechselnde Umwandlung einer AöR in eine
   GmbH nach §§ 301 ff. UmwG nicht zu einer Änderung der Rechtspersönlichkeit
   führt.
4 BAG v. 8.5.2001 – 9 AZR 95/00, NZA 2001, 1200 (1202) (LBK Hamburg).
5 BAG v. 25.5.2000 – 8 AZR 416/9, NZA 2000, 1115 (1117).
6 BAG v. 25.5.2000 – 8 AZR 416/99, NZA 2000, 1115 (1117).

genheiten im Zusammenhang mit der Umwandlung durch Vorlage des Umwandlungsvertrages oder der Umwandlungsbeschlüsse (vgl. §§ 5 Abs. 3, 126 Abs. 3, 176 Abs. 1, 194 Abs. 2 UmwG). Der Umwandlungsvertrag oder der Umwandlungsentwurf ist spätestens einen Monat vor der Zusammenkunft der den Umwandlungsvertrag beschließenden Gesellschafterversammlung dem zuständigen Betriebsrat zuzuleiten[1].

43 Die privatisierende Umwandlung öffentlich-rechtlicher Krankenhäuser ist nach der Systematik und Terminologie des Umwandlungsgesetzes eine Ausgliederung gem. § 168 UmwG und somit ein Unterfall der Spaltung (vgl. oben Rz. 29). Nach § 126 Abs. 1 Nr. 11 UmwG muss der Spaltungs- und Übernahmevertrag die Folgen der Spaltung für die Arbeitnehmer und die Vertretungen sowie die insoweit vorgesehenen Maßnahmen bezeichnen. Indessen bestimmt § 126 Abs. 3 UmwG, dass der Spaltungsvertrag bzw. dessen Entwurf dem Betriebsrat zuzuleiten ist, ohne dass der Personalrat ausdrücklich erwähnt wird. Insofern besteht kein unmittelbarer Anspruch auf Zuleitung des Vertrags zum Zwecke der Unterrichtung der Beschäftigten gegenüber dem öffentlich-rechtlichen Krankenhausträger. Hier liegt jedoch eine planwidrige Regelungslücke vor, da kein Grund ersichtlich ist, warum dem Betriebsrat mehr Rechte einzuräumen sind als dem Personalrat. Daher soll der Personalrat analog § 126 Abs. 3 UmwG einen Unterrichtungsanspruch geltend machen können[2].

44 Diese Schlussfolgerung lässt sich jedoch nicht zweifelsfrei für den Fall ziehen, dass eine Kirchengemeinde das von ihr betriebene Krankenhaus in eine gemeinnützige Gesellschaft mit beschränkter Haftung ausgliedern will. Denn das von den Kirchen in Ausübung ihres verfassungsrechtlich garantierten Selbstbestimmungsrechts erlassene Mitarbeitervertretungsrecht ist Kirchenrecht und somit vom staatlichen Betriebsverfassungs- und Personalvertretungsgesetz deutlich abzugrenzen[3]. Folglich ist die Vorschrift des § 126 Abs. 3 UmwG hinsichtlich des kirchlichen Mitarbeitervertretungsrechts sowohl nach den Mitarbeitervertretungsordnungen der evangelischen Kirche in Deutschland (MVG.EKD) als auch der Rahmenordnung für eine Mitarbeitervertretungsordnung (MAVO) der katholischen Kirche nicht analogiefähig.

45 § 21a BetrVG regelt das **Übergangsmandat des Betriebsrates** bei Spaltung und Verschmelzung von Unternehmen (zur Spaltung und Verschmelzung vgl. zuvor Rz. 25–29). Mit Überleitung des nur für den übertragenden Rechtsträger gewählten Betriebsrates auf den übernehmenden Rechtsträger gewährleistet diese Arbeitnehmerschutzvorschrift für den Fall der **Spaltung nach § 21a Abs. 1 BetrVG** die Kontinuität des Betriebsrates. Andernfalls würden die von der Spaltung betroffenen Arbeitnehmer – soweit sie nicht in einen betriebsratsfähigen Betrieb eingegliedert werden, für den auch ein Betriebsrat

---

1 Vgl. Sudhoff/*Berenbrock* zu den Folgeproblemen der Unterrichtungspflichten bei Verschmelzungen, § 64 Rz. 42, § 66 Rz. 17 ff.
2 Ebenso *Gaul*, § 32 Rz. 17; *Wollenschläger/v. Harbou*, NZA 2005, 1081 (1087).
3 *Schliemann/Gehring/Thiele*, Arbeitsrecht im BGB, Anh. Kirchenarbeitsrecht, Rz. 170 ff.

gebildet ist – bis zur Neuwahl eines Betriebsrats betriebsverfassungsrechtlich nicht mehr repräsentiert. Voraussetzung für das Entstehen des Über-
gangsmandats ist, dass die Spaltung

„eine Änderung der bisherigen Betriebsidentität zur Folge hat, das Amt des Betriebsrats
endet oder er für einen Teil der bisher von ihm vertretenen Arbeitnehmer die Zuständigkeit verliert"[1].

Die Betriebsidentität ist insbesondere dann nicht mehr gewahrt, wenn keine
einheitliche Leitungsstruktur mehr besteht und ein Verlust der bisher einheitlichen arbeitstechnischen Organisation, des Unternehmenszwecks sowie der Belegschaftsstruktur eingetreten ist. Der Übergangsbetriebsrat führt
die Geschäfte für durch die Spaltung entstandene Betriebsteile kommis-
sarisch fort, längstens jedoch bis zu sechs Monaten (vgl. § 21a Abs. 1 Satz 3
BetrVG).

Bei **Verschmelzungen i. S. d. § 21a Abs. 2 BetrVG** nimmt der Betriebsrat, der   46
zahlenmäßig die meisten Arbeitnehmer repräsentiert, das Übergangsmandat
wahr. Dabei wird auf den Zeitpunkt der Verschmelzung und nicht auf den
der vormaligen Betriebsratswahl rekurriert[2].

Entfallen wegen der Spaltung des Betriebes Rechte oder Beteiligungsrechte   47
des Betriebsrates, können gem. **§ 325 Abs. 2 Satz 1 UmwG** durch Betriebsvereinbarung oder Tarifvertrag die Fortgeltung dieser Rechte und Beteiligungsrechte vereinbart werden.

Problematisch ist dagegen das rechtliche Schicksal der vor dem Betriebs-   48
übergang im öffentlich-rechtlich organisierten Krankenhaus amtierenden
Arbeitnehmervertretung (Personalrat), da nach dem Betriebsübergang auf eine Kapitalgesellschaft kein Betrieb im Sinne des Bundespersonalvertretungs-
gesetzes (BPersVG) fortbesteht[3]. Anders als in § 21a BetrVG besteht im Personalvertretungsgesetz keine Vorschrift, die ein **Übergangsmandat des
Personalrates** bis zur Errichtung einer neuen Arbeitnehmervertretung statuiert (vgl. Teil 13 Rz. 102 ff.). Trotz vergleichbarer Interessenlage ist die analoge Anwendbarkeit des § 21a BetrVG ausgeschlossen. Zwar besteht eine
Regelungslücke, sie ist jedoch nicht planwidrig, da der Gesetzgeber in
Kenntnis dieses Problems bewusst von einer dem § 21a BetrVG angelehnten
Regelung abgesehen hat. Bei der Privatisierung der Bundesbahn beispielsweise schuf der Gesetzgeber eine Sonderregelung für ein Übergangsmandat. Hätte er eine generelle Regelung gewollt, hätte er eine solche geschaffen[4].

**Kein Übergangsmandat für die Mitarbeitervertretung nach der Mitarbeiter-   49
vertretungsordnung (MAVO)** lässt sich aus den gleichen Erwägungen und zu-

---

1 BAG v. 31.5.2000 – 7 ABR 78/98, NZA 2000, 1350 (1353).
2 Hölters/*Bauer/v. Steinau-Steinrück*, Teil VI, Rz. 15.
3 *Bohle*, KH 1994, 461 (463).
4 A. A. *v. Ahsen/Grashoff*, KH 2003, 369 (376); *Schneider*, PflR 2001, 188 (190) mit dem
   Hinweis auf die Richtlinien 77/187/EWG, 98/50/EG und 2001/23/EG, nach denen
   der nationale Gesetzgeber zur Schaffung von Übergangsmandaten für Arbeitnehmer-
   vertretungen verpflichtet worden sei.

sätzlich aufgrund der besonderen Stellung der Kirchen im Verfassungsrecht über eine Analogie des § 21a Abs. 1 BetrVG herleiten. § 21a BetrVG regelt kein Übergangsmandat für Mitarbeitervertretungen nach den Mitarbeiter-vertretungsordnungen, sondern ausschließlich ein Übergangsmandat eines bereits im Amt befindlichen Betriebsrates bei Spaltung und Verschmelzung eines Rechtsträgers[1]. Daher ist ein durch § 21a BetrVG vermitteltes Über-gangsmandat ausgeschlossen. Diesem Problem kann aber begegnet werden, indem eine die arbeitsrechtlichen Folgen der Ausgliederung gestaltende Überleitungsvereinbarung das Übergangsmandat der Mitarbeitervertretung ausdrücklich bestimmt.

50 Zu beachten ist des Weiteren die Vorschrift des § 322 UmwG, die regelt, wann ein aus einer Spaltung bzw. Teilübertragung hervorgegangener Betrieb als ein mehreren Unternehmen zuzuordnender, **gemeinsamer Betrieb** anzu-sehen ist. Das Bestehen eines gemeinsamen Betriebs trotz Spaltung des Un-ternehmens wird in § 1 Abs. 2 Nr. 2 BetrVG dahingehend widerlegbar ver-mutet, dass die an der Spaltung beteiligten Unternehmen den Betrieb auch künftig als gemeinsamen Betrieb führen wollen[2]. Ein Gemeinschaftsbetrieb mehrerer rechtlich selbständiger Unternehmen liegt vor, wenn die beteilig-ten Unternehmen einen einheitlichen Leitungsapparat zur Erfüllung in der organisatorischen Einheit zu verfolgender arbeitstechnischer Zwecke ge-schaffen haben. Diese einheitliche Leitung muss sich auf die wesentlichen Arbeitgeberfunktionen in den sozialen und personellen Angelegenheiten er-strecken. Sie braucht nicht in einer einheitlichen vertraglichen Verein-barung der beteiligten Unternehmen geregelt zu sein. Vielmehr genügt es, dass sich ihre Existenz aus den tatsächlichen Umständen herleiten lässt. Er-geben die Umstände des Einzelfalles, dass der Kern der Arbeitgeberfunktio-nen im sozialen und personellen Bereich von derselben institutionellen Lei-tung ausgeübt wird, führt dies regelmäßig zu dem Schluss, dass eine konkludente Führungsvereinbarung vorliegt[3]. Solchenfalls gilt der gemein-same Betrieb als *ein* Betrieb i. S. d. Kündigungsschutzrechts.

51 Mithin ist für die Ermittlung der für die **Anwendbarkeit des KSchG** maß-geblichen Arbeitnehmeranzahl die **Gesamtzahl aller in dem gemeinsamen Betrieb der beteiligten Unternehmen beschäftigten Arbeitnehmer** entschei-dend. Es kommt daher gerade nicht darauf an, welchem der beteiligten Un-ternehmen die Arbeitnehmer individualvertraglich zugeordnet sind[4]. Wei-tere Konsequenz des § 322 UmwG ist, dass im Falle einer betriebsbedingten Kündigung innerhalb des gesamten gemeinsamen Betriebs zu prüfen ist, ob eine anderweitige Beschäftigungsmöglichkeit i. S. d. § 1 Abs. 2 Satz 2 Nr. 1 lit. b KSchG in Frage kommt. Demnach sind auch solche Beschäftigungs-möglichkeiten heranzuziehen, die rechtlich einem anderen der beteiligten Rechtsträger zugeordnet sind, solange diese jedenfalls Teil des gemeinsam geführten Betriebs sind. Zur Abgabe eines betriebsübergreifenden Angebots

---

1 Vgl. LAG Hamm v. 22.6.2001 – 10 TaBV 96/00.
2 Schmitt/Hörtnagl/Stratz/*Hörtnagl*, § 322 UmwG Rz. 2.
3 BAG v. 18.10.2000 – 2 AZR 494/99, NZA 2001, 321 (324).
4 BAG v. 18.11.1999 – IX ZR 420/97, NZA 2000, 214 (215).

ist indessen nur derjenige Arbeitgeber verpflichtet, zu dem der gekündigte
Arbeitnehmer in einem Arbeitsverhältnis steht[1].

§ 323 Abs. 1 UmwG bestimmt, dass die **kündigungsrechtliche Stellung** eines   52
Arbeitnehmers für **zwei Jahre** nach der Spaltung oder Teilübertragung beibehalten wird und dient insoweit dem Kündigungsschutz. Ausschlaggebend
für die Beurteilung kündigungsrechtlicher Sachverhalte ist der Zeitpunkt
vor der Spaltung bzw. Vermögensübertragung. Die durch die Umwandlung
für die Arbeitnehmer entstehenden kündigungsrechtlichen Nachteile werden einfach hinweggedacht[2]. Wenn etwa die Anzahl der Beschäftigten nach
der Vollziehung der Spaltung oder Teilübertragung sowohl im Betrieb des
übertragenden als auch des aufnehmenden Rechtsträgers regelmäßig unter
die durch § 23 Abs. 1 Satz 2 KSchG bestimmte Untergrenze hinabsinkt, behalten beide Belegschaften ungeachtet dessen weiterhin ihren Kündigungsschutz nach dem KSchG[3]. Daneben erfasst die Vorschrift auch tarifliche
Regelungen und Betriebsvereinbarungen, die den Arbeitnehmern vor der
Umwandlung eine günstigere kündigungsrechtliche Stellung vermittelten[4].
Das kündigungsrechtliche Verschlechterungsverbot nach § 323 Abs. 1
UmwG wirkt allerdings nur insoweit, als die Umwandlung i. S. d. Vorschrift
auch kausal für die Kündigung ist. Vor der unternehmerischen Entscheidung
beispielsweise zur Stilllegung des Krankenhauses bietet § 323 Abs. 1 UmwG
keinen Schutz[5].

§ 1 MitbestG unterwirft Unternehmen in der Rechtsform einer Aktienge-   53
sellschaft, einer Kommanditgesellschaft auf Aktien, einer Gesellschaft mit
beschränkter Haftung oder einer Genossenschaft mit in der Regel mehr als
2000 Arbeitnehmern der **paritätischen Mitbestimmung.** Für den Fall einer
Abspaltung oder Ausgliederung nach dem UmwG bestimmt § 325 Abs. 1
UmwG, dass es trotz Unterschreitens der für die paritätische Mitbestimmung erforderlichen Arbeitnehmeranzahl für einen Zeitraum von fünf Jahren bei der bisherigen Mitbestimmungsregelung verbleibt.

Nach der Umwandlung könnte das vormals öffentlich-rechtlich betriebene   54
Krankenhaus auf die **Tendenzschutzklausel** des § 118 Abs. 1 BetrVG rekur-
rieren. Dies hätte zur Folge, dass die Mitbestimmungsrechte nach dem Betriebsverfassungsgesetz in Teilbereichen eingeschränkt wären. Für die Erfüllung der Voraussetzungen eines karitativen Betriebs i. S. d. § 118 Abs. 1
Satz 1 Nr. 1 BetrVG sind keine hohen Hürden zu überwinden. In der Praxis
einigen sich in der Regel der Personalrat und der übertragende Rechtsträger
auf den Verzicht dieser Tendenzschutzklausel[6].

---

1 BAG v. 13.6.1985 – 2 AZR 452/84, AP KSchG 1969 § 1 Nr. 10.
2 Lutter/*Joost*, § 323 UmwG Rz. 10.
3 Kallmeyer/*Willemsen*, § 323 UmwG Rz. 11.
4 Kallmeyer/*Willemsen*, § 323 UmwG Rz. 16.
5 Lutter/*Joost*, § 323 UmwG Rz. 21.
6 Ausführlich zu den Beteiligungsrechten des Betriebsrates: *Bohle*, KH 1994, 461 (465);
  v. *Ahsen/Grashoff*, KH 2003, 369 (375).

55 Wichtiges Motiv für die Umwandlung öffentlich-rechtlicher Krankenhäuser in Gesellschaften mit beschränkter Haftung ist das Streben nach **Lösung von dem öffentlichen Tarifrecht** sowie den enormen Belastungen durch die Zusatzversorgungskassen[1]. Dem Arbeitgeber steht es nach der einjährigen Veränderungssperre des § 613a Abs. 1 Satz 2 BGB frei, aus dem kommunalen Arbeitgeberverband auszuscheren und einem anderen Verband beizutreten oder einen Haustarifvertrag abzuschließen[2]. Er ist als privatrechtlich organisierter Arbeitgeber nicht länger Mitglied des öffentlichen Dienstes, selbst dann nicht, wenn er den TVöD anwendet oder Gastmitglied im kommunalen Arbeitgeberverband ist[3].

56 Demgegenüber ist die **Beendigung der Mitgliedschaft in der Zusatzversorgungskasse** mit hohen Abschlagszahlungen verbunden, die ggf. mehrere Millionen Euro betragen können. Gleichwohl kann sich die Kündigung auf lange Sicht für den Arbeitgeber als günstiger erweisen[4].

57 Den Trend zur Umwandlung von Krankenhäusern in eine GmbH wird die viel beachtete Entscheidung des BAG vom 22.2.2005 zur **Ausgliederung von Pensionsverbindlichkeiten** weiter antreiben[5]. Darin stellt das Gericht fest, dass der übertragende Rechtsträger – also etwa die Kommune, aber auch jedes andere privatwirtschaftliche Unternehmen – nur noch innerhalb des Fünfjahreszeitraums des § 133 Abs. 3 UmwG nach der Aufspaltung, Abspaltung oder Ausgliederung des Krankenhauses in eine Kapitalgesellschaft für die bis dahin fällig gewordenen Verbindlichkeiten der Zusatzversorgungskasse neben der neu gegründeten Gesellschaft einstehen muss. Nach Ablauf dieser Zeit ist nur noch die **insolvenzfähige Gesellschaft** alleinige Schuldnerin der Pensionsverbindlichkeiten[6]. Daher sind Umwandlungen von Krankenhäusern in eine GmbH wegen der damit erreichbaren **Haftungsbegrenzung auf die Höhe der Stammeinlage** nicht nur für Unternehmen der Privatwirtschaft, sondern insbesondere für nicht insolvenzfähige öffentliche Träger sowie Kirchen und ihre Organisationen überlegenswert. Kirchen sind, soweit sie als Körperschaften des öffentlichen Rechts anerkannt sind, ebenfalls nicht insolvenzfähig[7].

---

1 *Rocke*, KH 2005, 733 (734); *Wollenschläger/v. Harbou*, NZA 2005, 1081 (1082).
2 *Strohe/Meyer-Wyk/Köhler*, KH 2004, 19 (22).
3 BAG v. 26.1.2005 – 10 AZR 299/04, NZA 2005, 655; nach Ansicht von *Quaas*, KH 2001, 40 (41) sind die Ängste der Belegschaft unbegründet, ihr Besitzstand werde nach der Formalprivatisierung nicht angetastet.
4 *Wollenschläger/v. Harbou*, NZA 2005, 1081 (1082); *Strohe/Meyer-Wyk/Köhler*, KH 2004, 19 (22).
5 BAG v. 22.2.2005 – 3 AZR 499/03, NJW 2005, 3371 f.
6 Allerdings gibt § 22 UmwG den Gläubigern bei Gefährdung der Erfüllung ihrer Forderungen ein Recht auf Sicherheitsleistung.
7 BVerfG v. 13.12.1983 – 2 BvL 13/82, NJW 1984, 2401; *Wollenschläger/v. Harbou*, NZA 2005, 1081 (1082); *Ipsen*, DVBl. 1998, 801 (802) zweifelt, ob eine Haftungsbegrenzung der Gemeinde in jedem Fall zulässig sein kann und erwägt zu Lasten der Gemeinde die Anwendbarkeit der vom BGH entwickelten Grundsätze zur Haftung im faktischen GmbH-Konzern.

V. Weitere wichtige Aspekte bei Übernahmen und Umwandlungen jenseits des Arbeitsrechts

1. Übergabe der Patientenunterlagen

Es ist strikt bei jedem Krankenhauskaufvertrag darauf zu achten, dass die pa-   58
tientenbezogenen Unterlagen ohne Verstoß gegen § 203 StGB an den Käufer
übergeben werden. Dessen Verletzung kann die **Nichtigkeit des gesamten
Vertrags** nach sich ziehen. Im Kern geht es um die ärztliche Schweigepflicht
(vgl. hierzu ausführlich Teil 2 B Rz. 15 ff.). Dem Krankenhausarzt obliegt die
Pflicht, die ihm anlässlich der Krankenhausbehandlung zur Kenntnis ge-
brachten Informationen über die gesundheitliche Verfassung des Patienten
geheim zu halten und nicht zur Kenntnis Unberufener gelangen zu lassen.
Bei Krankenhausübernahmen müssen notwendigerweise auch Patientendo-
kumentationen an den Käufer übergeben werden. Wenn sich in dem Krankenhauskaufvertrag keine hinreichenden – der Sicherung der Patientenkarteien dienenden – Vorkehrungen finden, begeben sich die Vertragsparteien in
die Gefahr, einen wegen Verstoßes gegen § 134 BGB nichtigen Kaufvertrag
zu schließen. Die im Zusammenhang mit ärztlichen Praxiskaufverträgen ergangenen Entscheidungen des BGH sind eindeutig und können wegen der
nahezu identischen Interessenslage auch auf Krankenhauskaufverträge übertragen werden. Nach der Rechtsprechung des BGH verletzt „eine Bestimmung in einem Vertrag über die Veräußerung einer Arztpraxis, die den Veräußerer auch ohne Einwilligung der betroffenen Patienten verpflichtet, die
Patienten- und Beratungskartei zu übergeben, das informationelle Selbstbestimmungsrecht der Patienten und die ärztliche Schweigepflicht (Art. 2
Abs. 1 GG, § 203 StGB). Bereits der Verstoß gegen den objektiven Tatbestand
des § 203 Abs. 1 Nr. 1 StGB hat gem. § 134 BGB die zivilrechtliche Sanktion
der Nichtigkeit sowohl des Erfüllungsgeschäfts, der Übergabe der Kartei, als
auch des zugrundeliegenden Verpflichtungsgeschäfts zur Folge"[1].

Es obliegt grundsätzlich dem Arzt, die Zustimmung des Patienten zu einer   59
Weitergabe der ärztlichen Unterlagen in eindeutiger und unmissverständli-
cher Weise einzuholen[2]. Da eine diesbezügliche Vorgehensweise gerade bei
Krankenhausübernahmen faktisch unmöglich erscheint und die Verwendung von salvatorischen Klauseln nicht zweifelsfrei in Abweichung von
§ 139 BGB die Wirksamkeit der übrigen Vertragsbestandteile zu gewährleisten vermag, sind besondere **vertragliche Sorgfaltspflichten im Umgang mit
Patientenkarteien** zu vereinbaren. Darin müssen strenge Aufbewahrungs-
pflichten und Einsichtnahmeregelungen ausbedungen werden.

2. Öffentlich-rechtliche Genehmigungen und Vereinbarungen

Die Umwandlung oder der Erwerb eines Krankenhauses erfordert die Be-   60
rücksichtigung einer Vielzahl von rechtlichen Besonderheiten. Es ist zu un-

---

1 BGH v. 11.10.1995 – VIII ZR 25/94, NJW 1996, 773 (774); vgl. auch BGH v. 11.12.1991
 – VIII ZR 4/91, BGHZ 116, 268 (272 ff.).
2 Vgl. *Hülsmann/Maser*, MDR 1997, 111.

tersuchen, ob der neue Krankenhausträger automatisch in alle **öffentlich-rechtlichen Beziehungen** des seitherigen Krankenhausträgers tritt und welche Genehmigungserfordernisse bestehen.

a) Kartellrechtliche Fusionskontrolle

61   Zusammenschlüsse von Krankenhäusern i. S. d. § 37 Abs. 1 GWB unterliegen gemäß § 35 GWB der Fusionskontrolle und sind vor deren Vollziehung dem Bundeskartellamt nach § 39 GWB anzuzeigen, wenn die beteiligten Unternehmen im letzten Geschäftsjahr vor dem Zusammenschluss insgesamt weltweit Umsatzerlöse von mehr als 500 Mio. Euro und im Inland mindestens ein beteiligtes Unternehmen Umsatzerlöse von mehr als 25 Mio. Euro und ein anderes beteiligtes Unternehmen Umsatzerlöse von mehr als 5 Mio. Euro erzielt haben und kein Fall des § 35 Abs. 2 GWB vorliegt[1]. Zunächst bestehende Zweifel an der Anwendung des Fusionskartellrechts auf Krankenhäuser überhaupt sind für die Rechtspraxis jedenfalls seit der grundlegenden Entscheidung des BGH[2] ausgeräumt, und zwar unabhängig davon, ob Behandlungsleistungen für gesetzlich oder privat versicherte Patienten angeboten werden[3].

b) Neuer Feststellungsbescheid und Konkurrentenklage

62   Fraglich ist, ob der **Feststellungsbescheid**, mit dem das bisherige Krankenhaus als Plankrankenhaus ausgewiesen und zur Krankenversorgung der gesetzlich Krankenversicherten zugelassen worden ist, bei einem Trägerwechsel unberührt bleibt. Grundsätzlich wird die Aufnahme und Nichtaufnahme in den Krankenhausplan gegenüber dem Krankenhausträger durch Bescheid der zuständigen Landesmittelbehörde festgestellt. Der Feststellungsbescheid begünstigt lediglich den unmittelbaren Adressaten[4]. Der neue Eigentümer bedarf also regelmäßig eines eigenen Feststellungsbescheides, da der alte Feststellungsbescheid keine dingliche Wirkung entfaltet und nur den darin konkret bestimmten Träger berechtigt und verpflichtet[5].

---

1 Hat das Zusammenschlussvorhaben gemeinschaftliche Bedeutung, ist vorrangig die Europäische Kommission nach § 35 Abs. 3 GWB i. V. m. Art. 1 Abs. 2 und 3, Art. 21 Abs. 3 der Verordnung (EG) Nr. 139/2004 des Rates vom 20.1.2004 über die Kontrolle von Unternehmenszusammenschlüssen (FKVO) zuständig. Dies scheitert im Krankenhaussektor in der Regel am fehlenden gemeinschaftsweiten Umsatz der Krankenhäuser von jeweils mehr als 250 Mio. Euro; auch erzielen Krankenhäuser nur selten Umsätze in anderen Mitgliedstaaten, vgl. auch Huster/Kaltenborn/*Bold*, § 9 Rz. 6.

2 Beschl. v. 16.1.2008 – KVR 26/07, BGHZ 175, 333 = GesR 2008, 484.

3 Vgl. zur Krankenhausfusionskontrolle weitergehend *Bangard*, ZWeR 2007, 183 (mit Darstellung der Praxis des Bundeskartellamts bis zum Veröffentlichungszeitpunkt); *Barthel/Drews/Schulze/Theusinger*, GesR 2008, 461 (464 ff.); *Bohle*, MedR 2006, 259; Huster/Kaltenborn/*Bold*, § 9 Rz. 7 ff.; *Bretthauer*, NJW 2006, 2884; *Kirchhoff*, GRUR 2009, 284; *Mareck*, GesR 2008, 352; *Münzel*, ZMGR 2009, 179.

4 VGH BW v. 28.11.2000 – 9 S 1976/98, MedR 2001, 466 (467).

5 *Bohle/Grau*, KH 2003, 698.

Die Landeskrankenhausgesetze bestimmen vielfach die Pflicht zum Antrag   63
auf Erlass eines neuen Feststellungsbescheids[1]. Beispielsweise bedeutet nach
der Systematik des § 16 Abs. 1 Satz 2 Nr. 2 KHGG NRW nicht nur der **Wechsel der Eigentümerstellung** eine Abweichung von den Feststellungen des
Krankenhausplans, sondern auch jede **Rechtsformänderung**. Der Trägerwechsel oder der bloße Rechtsformwechsel ohne entsprechende Änderung
des Feststellungsbescheids durch die zuständige Behörde kann daher die **Beendigung der Förderung** der Investitionskosten bedeuten[2]. Einen Anspruch
auf Aufnahme in den Krankenhausplan durch Erlass eines neuen Feststellungsbescheids hat der neue Krankenhausträger jedoch nicht. Vielmehr
muss die Behörde erneut prüfen, ob sämtliche Voraussetzungen hierfür noch
vorliegen, insbesondere, ob das Krankenhaus für die Bedarfsdeckung noch erforderlich ist[3].

Eine seit der Entscheidung des BVerfG vom 14.1.2004[4] grundsätzlich mög-   64
liche **Konkurrentenklage** ist diesbezüglich mit zu berücksichtigen (zur Zulässigkeit der Konkurrentenklage vgl. Teil 1 C Rz. 8). Gegen den Feststellungsbescheid zugunsten des neuen Trägers kann ein konkurrierendes
Krankenhaus Widerspruch einlegen und nachfolgend alle gegebenen Rechts-
schutzmöglichkeiten ausschöpfen[5]. Die Widerspruchsbefugnis ist allerdings
nur dann gegeben, wenn der Widerspruchsführer seine *eigene* Planaufnahme
statt der des Konkurrenten erreichen will[6]

c) Konzessionspflicht nach § 30 GewO

Der neue Krankenhausträger bedarf ebenfalls einer eigenen gewerberecht-   65
lichen Konzession nach § 30 GewO, da diese Gewerbeerlaubnis einen **per-
sonengebundenen Charakter** hat[7].

d) Der Versorgungsvertrag mit den Krankenkassen

Der Trägerwechsel wirkt sich auch auf den Versorgungsvertrag nach § 109   66
Abs. 1 SGB V aus (zum Versorgungsvertrag vgl. Teil 1 C Rz. 11 ff.). Zwar ist

---

1 Vgl. etwa § 25 Abs. 1 Satz 1 LKHG BW; §§ 14 Abs. 1 Nr. 2 i. V. m. Nr. 1 u. Satz 2
  LKGBbg; die Hamburgische Bürgerschaft hat am 27.9.2006 mit der Einführung des
  § 15 Abs. 9 HmbKHG – soweit ersichtlich – als erstes Bundesland einen anderen Weg
  beschritten: Der das Plankrankenhaus übernehmende Träger tritt in alle Rechte und
  Pflichten des bisherigen Trägers i. S. d. HmbKHG ein (vgl. Drucks. 18/4147 S. 6 der
  Hamburgischen Bürgerschaft).
2 *Prütting*, KHGG NRW, § 16 Rz. 66; a. A. wohl *Bohle/Grau*, KH 2003, 698, denen zufolge der Feststellungsbescheid im Falle von Verschmelzungen nach dem UmwG auch
  gegenüber dem neuen Träger gilt.
3 VGH BW v. 28.11.2000 – 9 S 1976/98, MedR 2001, 466 (467).
4 BVerfG v. 14.1.2004 – 1 BvR 506/03, GesR 2004, 85 (86) m. Anm. *Thomae*.
5 Vor allem das vorläufige Rechtsschutzverfahren wird das geeignete Rechtsmittel sein,
  vgl. *Thomae*, Krankenhausplanungsrecht, S. 158 f.
6 BVerwG v. 28.9.2008 – 3 C 35.07, GesR 2009, 27; gebilligt vom BVerfG v. 23.4.2009 –
  1 BvR 6 K 05/08, GesR 2009, 376.
7 *Tettinger/Wank*, GewO, § 30 Rz. 25.

bisher – soweit ersichtlich – keine höchstrichterliche Entscheidung zum rechtlichen Schicksal des Versorgungsvertrags bei Krankenhausübernahmen und somit zum Austausch des ursprünglichen Vertragspartners ergangen. Jedoch sind nach allgemeinen zivilrechtlichen Grundsätzen die Krankenkassen nicht mehr an den (öffentlich-rechtlichen) Vertrag gebunden[1]. Vertragspartner der Krankenkassen war der ausgeschiedene Träger und nur zwischen ihm und den Kassen gilt der Versorgungsvertrag[2]. Allerdings kann trotz § 109 Abs. 2 Satz 1 SGB V ein Rechtsanspruch auf Abschluss eines neuen Versorgungsvertrags bestehen[3].

e) Einheitliches Krankenhaus

67   Mit der wirtschaftlichen, rechtlichen und organisatorischen Zusammenführung (Fusion) mehrerer Krankenhäuser in räumlicher Nähe zueinander mit jeweils eigenen Betriebsstätten stellt sich die Frage, ob die Krankenhäuser als ein „einheitliches Krankenhaus" angesehen werden können[4]. Bejahendenfalls können sich für den Krankenhausträger wirtschaftliche Vorteile in förder- und pflegesatzrechtlicher Hinsicht ergeben[5]. Durch die Addition der Bettenzahlen der zusammengefassten Häuser könnte sich möglicherweise eine höhere Pauschalförderung ergeben[6]. Vorteilhaft könnte daneben auch die Zuerkennung eines einheitlichen Versorgungsauftrages i. S. d. Krankenhausplanungsrechts und eine pflegesatzrechtliche Besserstellung wegen des einheitlichen Krankenhausbudgets sein[7]. Nach der Rechtsprechung des BVerwG reicht es allerdings nicht aus, dass der Krankenhausträger die Krankenhäuser betriebswirtschaftlich und organisatorisch harmonisiert: „Die Zusammenfassung mehrerer bisher selbständiger Krankenhäuser durch einen Krankenhausträger führt nur dann zur Entstehung *eines* Krankenhauses im Sinne des Krankenhausfinanzierungsgesetzes, wenn die Einrichtungen auch zu einer **fachlich-medizinischen Einheit** zusammengeführt werden"[8].

f) Fördermittel

68   Der neue Krankenhausträger kann nicht ohne die Zustimmung der zuständigen Behörde Krankenhausabteilungen ausgliedern und verselbständigen. Die **Rückzahlung anteiliger Investitionsmittel** kommt bei Ausgliederungen von

---

1 So auch SG Stuttgart v. 13.12.1993 – S 10 Kr 589/93, KRS 93.037 1 (4), das eine Vertragsübernahme annimmt, für dessen Wirksamkeit allerdings das Einverständnis aller beteiligten Krankenkassen notwendig sei.
2 *Bohle*, KH 2000, 642 (644).
3 BSG v. 29.5.1996 – 3 RK 23/95, BSGE 78, 233; BSG v. 28.7.2008 – B 1 KR 5/08 R, BSGE 101, 177 = GesR 2008, 641.
4 Vgl. *Kraemer*, NZS 2003, 523 (526).
5 *Dietz/Quaas*, PKR 1999, 62.
6 *Quaas*, KH 2001, 40 (42); *Dietz/Quaas*, PKR 1999, 62 (65).
7 *Quaas*, KH 2001, 40 (42).
8 BVerwG v. 23.4.2001 – 3 B 15/01; NJW 2001, 3427; VGH BW v. 28.11.2000 – 9 S 1976/98, MedR 2001, 466.

mit staatlichen Mitteln finanzierten Krankenhausteilen in Betracht[1]. Dabei
können kommunale und kirchliche Träger trotz vollzogener Umwandlung
ihrer Krankenhäuser in die Rechtsform einer GmbH die Rückzahlung zu-
rückgeforderter Investitionsmittel nicht wegen der Insolvenz der Krankenhausgesellschaft verweigern.

---

1 Hierzu explizit § 22 Abs. 1 Satz 3 KHGG NRW. Vgl. Beispiel bei *Prütting*, KHGG,
§ 22 Rz. 9; Huster/Kaltenborn/*Lambrecht/Vollmöller*, § 14 Rz. 23.

Teil 13
Probleme des Outsourcings im Krankenhaus

I. Einleitung

Der Übergang eines Betriebes oder Betriebsteiles wirft vielfältige Fragen auf, die in § 613a BGB als zentraler Vorschrift des Arbeitsrechts behandelt sind. § 613a BGB findet nicht nur Anwendung bei den sog. „klassischen" Betriebsübergängen im Sinne einer Veräußerung, Verpachtung oder Vermietung eines Betriebes oder Betriebsteiles. Auch bei der Ausgliederung von Krankenhausleistungen und -abteilungen, also dem sog. Outsourcing, sowie bei Auftragsvergaben ist zu prüfen, ob ggf. ein Betriebsübergang i.S.d. § 613a BGB vorliegt. § 613a BGB ist ein Schutzgesetz zugunsten der Arbeitnehmer. Die Vorschrift will für den Fall eines Betriebsüberganges die bestehenden Arbeitsverhältnisse schützen und einen Übergang bewirken, unabhängig vom Willen der beteiligten Rechtsträger[1]. Es muss daher für jeden Einzelfall festgestellt werden, ob nach den Maßstäben der höchstrichterlichen Rechtsprechung im Rahmen einer Gesamtbewertung ein Vorgang als Betriebsübergang zu werten ist oder nicht. 1

§ 613a wurde 1972 im Zuge der BetrVG-Reform seinerzeit mit dem heutigen Abs. 1 Satz 1, Abs. 2 und 3 in das BGB eingefügt und seitdem in Umsetzung der EG-BetriebsübergangsRL 77/187 vom 14.2.1977[2] mehrfach zu der heutigen Fassung erweitert. Abs. 1 Sätze 2 bis 4 und Abs. 4 wurden durch das arbeitsrechtliche EG-Anpassungsgesetz vom 13.8.1980[3], Abs. 5 und 6 durch das Gesetz zur Änderung des SeemG und anderer Gesetze vom 23.3.2002[4] eingefügt. Abs. 3 wurde im Zuge des UmwG vom 28.10.1994 terminologisch angepasst[5]. Angesichts der umfangreichen Änderungen wurde die Richtlinie ohne inhaltliche Änderung durch die RL 2001/23/EG vom 12.3.2001 neu kodifiziert[6]. 1a

II. Anwendungsbereich des § 613a BGB

§ 613a BGB erfasst vom Wortlaut her Arbeitnehmer und Arbeitsverhältnisse aller Art, gilt also für Arbeiter und Angestellte einschließlich der leitenden Angestellten i.S.d. § 5 Abs. 3 BetrVG oder des § 14 Abs. 2 KSchG, für Teilzeitbeschäftigte, Arbeitnehmer in befristeten Arbeits- und Probearbeitsverhältnissen sowie für gekündigte Arbeitnehmer bis zum Ablauf der Kündigungsfrist[7], ferner für Volontäre und Praktikanten sowie Arbeitnehmer in 2

---

1 BAG v. 25.2.1981 – 5 AZR 991/78, AP Nr. 24 zu § 613a BGB; BAG v. 31.1.1985 – 2 AZR 530/83, NJW 1986, 87 (89).
2 ABL 1977 L 61/26; ersetzt durch RL 2001/23/EG v. 12.3.2001, ABl. L 82/16.
3 BGBl. I S. 1308.
4 BGBl. I S. 1163.
5 UmwG vom 28.10.1994, BGBl. I S. 3210.
6 ABl. 2001 L 82/16.
7 BAG v. 22.2.1978 – 5 AZR 800/76, BB 1987, 914.

ruhenden Arbeitsverhältnissen, also Mitarbeiter im Wehr- oder Ersatzdienst und in Elternzeit. Auch Arbeitnehmer, für die besondere Kündigungsschutzvorschriften gelten, wie Schwangere und Mütter, Schwerbehinderte und Auszubildende[1] sowie Mitglieder von Betriebs- oder Personalräten und Mitarbeitervertretungen, werden von § 613a BGB erfasst. Gleiches gilt für Arbeitnehmer, die sich in Altersteilzeit befinden, unabhängig davon, ob sie sich in der Arbeits- oder Freistellungsphase befinden. Entscheidend ist das Bestehen eines Arbeitsverhältnisses. Auch fehlerhafte Arbeitsverhältnisse gehen auf den neuen Inhaber über[2]. Unerheblich ist, ob der Arbeitnehmer im Zeitpunkt des Betriebsübergangs Kündigungsschutz genießt[3].

3   Nicht anzuwenden ist § 613a BGB auf Organmitglieder juristischer Personen (Geschäftsführer und Vorstände), freie Mitarbeiter, Werkvertragsnehmer und Handelsvertreter, Heimarbeiter und Arbeitnehmer im Ruhestand.

4   § 613a BGB differenziert nicht zwischen privatrechtlichen Betrieben und solchen der öffentlichen Hand. Unerheblich ist also, ob bisheriger oder neuer Betriebsinhaber eine juristische Person des öffentlichen Rechts ist – § 613a BGB findet in beiden Fällen Anwendung[4]. Darüber hinaus ist es für den Anwendungsbereich von § 613a BGB ohne Belang, ob der Betrieb privatrechtlich oder öffentlich-rechtlich organisiert ist. So steht nach Ansicht des BAG die Wahrnehmung hoheitlicher Aufgaben durch öffentlich-rechtlich organisierte Einheiten dem Begriff des Betriebs i.S.v. § 613a BGB nicht von vornherein entgegen[5].

5   Aus dieser Argumentation heraus ist es daher nur konsequent, dass § 613a BGB auch dann gilt, wenn ein Betrieb oder Betriebsteil von einem kirchlichen Rechtsträger übernommen wird[6] oder es zu einer Übertragung von einem kirchlichen Rechtsträger auf einen Rechtsträger privater Rechtsform kommt[7].

III. Voraussetzungen eines Betriebsübergangs

6   Nach dem Wortlaut des § 613a Abs. 1 Satz 1 BGB sind Voraussetzungen für einen Betriebsübergang der Übergang eines Betriebs oder Betriebsteils durch Rechtsgeschäft auf einen neuen Inhaber.

---

1 Vgl. hierzu BAG v. 13.7.2006 – 8 ALR 382/05, DB 2006, 2750.
2 Staudinger/*Annuß*, § 613a BGB Rz. 138; HWK/*Willemsen/Müller-Bonanni*, § 613a BGB Rz. 222.
3 Staudinger/*Annuß*, § 613a BGB Rz. 137; HWK/*Willemsen/Müller-Bonanni*, § 613a BGB Rz. 222.
4 BAG v. 25.5.2000 – 8 AZR 416/99, NZA 2000, 1115 (1117).
5 BAG v. 25.9.2003 – 8 AZR 421/02, NZA 2004, 316 (318).
6 *Richardi*, Arbeitsrecht in der Kirche, § 5 Rz. 11; *Thüsing*, Kirchliches Arbeitsrecht, 2006, S. 4 f.; *Reichold*, FS Richardi, 2007, S. 950.
7 VerwG.EKD, Beschl. v. 25.4.1996 – 0124/B23-97, NZA-RR 1998, 477 (479).

1. Betrieb oder Betriebsteil

Gegenstand des Inhaberwechsels kann nach dem Wortlaut des § 613a BGB   7
sowohl ein Betrieb als auch ein Betriebsteil sein. § 613a BGB definiert nicht,
was unter „Betrieb" bzw. „Betriebsteil" zu verstehen ist. Die RL 2001/23/EG
spricht in Art. 1 Abs. 1 lit. a von Unternehmen und Betrieben einerseits sowie von Unternehmens- bzw. Betriebsteilen andererseits, fasst diese aber sodann in Art. 1 Abs. 1 lit. b unter den Begriff der wirtschaftlichen Einheit zusammen. Der Begriff der Einheit bezieht sich nach der Rechtsprechung des
EuGH auf eine organisierte (strukturierte) Gesamtheit von Personen und Sachen zur Ausübung einer wirtschaftlichen Tätigkeit mit eigener Zielsetzung[1]. Dieser Begriff gelte unabhängig von der Rechtsform dieser Einheit
und der Art ihrer Finanzierung[2]. Diese Rechtsprechung hat der Richtlini-
engeber inzwischen nachgezeichnet, indem er die wirtschaftliche Einheit als
„organisierte Zusammenfassung von Ressourcen zur Verfolgung einer wirtschaftlichen Haupt- oder Nebentätigkeit" bezeichnet (Art. 1 Abs. 1 lit. b).
Betriebsteil ist eine Teileinheit (Teilorganisation) des Betriebs, mit dem bestimmte arbeitstechnische Teilaufgaben und Teilzwecke (weiter-)verfolgt
werden können, wobei eine eigenständige Organisation in Bezug auf die Erfüllung des Teilzweckes vorliegen muss[3]. Irrelevant ist es dabei, ob diese arbeitstechnischen Teilaufgaben für den Betrieb charakteristisch sind. Um einen Betriebsteil handelt es sich vielmehr bereits dann, wenn dieser nur
bloße Hilfsfunktionen für den Betrieb erfüllt[4]. Der 8. Senat des BAG definiert Betriebsteile als Teileinheiten des Betriebs. Bei übertragenen sächli-
chen und/oder immateriellen Betriebsmitteln müsse es sich um eine „organisatorische Untergliederung des Gesamtbetriebs handeln, mit der innerhalb
des betrieblichen Gesamtzweckes ein Teilzweck verfolgt wird, auch wenn
es sich dabei um eine untergeordnete Hilfsfunktion handelt"[5]. Nach einheit-
licher Auffassung ist es wegen des spezifischen Schutzzwecks von § 613a
BGB nicht erforderlich, dass der Betriebsteil die Voraussetzungen des § 4
BetrVG erfüllt[6]. Auch der Begriff des „wesentlichen Betriebsteils" in § 111
Satz 3 Nr. 1 und 2 BetrVG oder der in § 15 Abs. 5 Satz 1 KSchG verwendete
Begriff einer „Betriebsabteilung" ist vorliegend nicht einschlägig[7]. Von zentraler Bedeutung ist, ob die in Rede stehende Einheit sowohl hinsichtlich ihrer Organisation als auch hinsichtlich des mit ihr verfolgten Zwecks von
dem restlichen Betrieb abgrenzbar ist, was eine eigene, über die allgemeinen
betrieblichen Strukturen hinausgehende Arbeitsorganisation voraussetzt.

---

1 EuGH v. 19.9.1995 – Rs. C-48/94 (Rygaard), AP Nr. 133 zu § 613a BGB; EuGH v.
  11.3.1997 – Rs. C-13/95 (Ayse Süzen), AP Nr. 14 zu RL 77/187/EWG; EuGH v.
  2.12.1999 – Rs. C-234/98 (Allen u. a.), ZIP 1999, 2107.
2 EuGH v. 26.9.2009 – Rs. C-175/99 (Mayeur), AP Nr. 30 zu RL 77/187/EWG.
3 BAG v. 26.8.1999 – 8 AZR 718/98, NZA 2000, 144 (145).
4 BAG v. 8.8.2002 – 8 AZR 583/01, NZA 2003, 315 (317); BAG v. 16.5.2002 – 8 AZR
  319/01, NZA 2003, 93 (98).
5 BAG v. 25.9.2003 – 8 AZR 421/02, NZA 2004, 316 (Schießplatz); BAG v. 18.12.2003 –
  8 AZR 621/02, NZA 2004, 791 (Auslieferungslager).
6 BAG v. 16.10.1987 – 7 AZR 519/86, AP Nr. 69 zu § 613a BGB.
7 BAG v. 16.10.1987 – 7 AZR 519/86, AP Nr. 69 zu § 613a BGB.

8 Die Wäscherei, die Reinigung, die Kantine, das Krankenhauslabor oder einzelne abgrenzbare Funktionsbereiche erfüllen beispielsweise die Voraussetzungen eines Betriebsteils, da dort Personen und Sachmittel als organisierte Teileinheit des Krankenhauses zur Erfüllung einer wirtschaftlich abgrenzbaren Tätigkeit mit eigener Zielsetzung zusammengefasst sind.

2. Übergang eines Betriebes oder Betriebsteiles

9 Gegenüber der älteren Rechtsprechung des BAG hatte der EuGH in ständiger Rechtsprechung das Tatbestandsmerkmal des Betriebs- bzw. Betriebsteilübergangs anders ausgelegt. So hatte er bereits 1986 in der *Spijkers*-Entscheidung darauf abgestellt, dass es entscheidend darauf ankomme, ob eine wirtschaftliche Einheit vorhanden sei, die trotz des Inhaberwechsels ihre Identität bewahrt habe[1].

10 Diese Rechtsprechung blieb in Deutschland weitestgehend unbeachtet und wurde erst durch die *Christel-Schmidt*-Entscheidung bekannt, in der der EuGH bei der erstmaligen Fremdvergabe der bisher von einer einzigen angestellten Reinigungskraft erledigten Reinigungsaufgaben einen Betriebsübergang bejahte und die Kündigung dieser Arbeitnehmerin für unwirksam hielt[2].

11 Dieses Urteil führte zu erheblichen Diskussionen und deutlicher Kritik, bis im März 1997 der EuGH dem Begriff des Betriebsübergangs in einer neuen Entscheidung noch einmal eine andere Wendung gab und den Begriff der wirtschaftlichen Einheit konkretisierte. In diesem als *Ayse-Süzen*-Entscheidung bekannt gewordenen Urteil[3] führte das Gericht erneut aus, dass entscheidend für einen Betriebsübergang sei, ob die betriebliche Einheit ihre Identität bewahre, was dann zu bejahen sei, wenn der Betrieb tatsächlich weitergeführt oder wiederaufgenommen werde. Voraussetzung sei der Übergang einer auf Dauer angelegten wirtschaftlichen Einheit, deren Tätigkeit nicht auf die Ausführung eines bestimmten Vorhabens beschränkt sei. Der Begriff Einheit beziehe sich dabei auf eine organisierte Gesamtheit von Personen und Sachen zur Ausübung einer wirtschaftlichen Tätigkeit mit eigener Zielsetzung. Entscheidend sei eine Berücksichtigung und Gesamtwürdigung sämtlicher den betreffenden Vorgang kennzeichnenden Tatsachen. Maßgebliche Umstände seien z. B. die Art des betreffenden Betriebs oder Unternehmens, die Ähnlichkeit der Tätigkeit nach und vor dem Übergang, die Arbeitsorganisation, die Betriebs- bzw. Produktionsmethoden, der etwaige Übergang der materiellen Betriebsmittel wie Gebäude und bewegliche Güter sowie der Wert der immateriellen Aktiva im Zeitpunkt des Überganges, die etwaige Übernahme von Führungskräften und Personal (Übernahme der Hauptbelegschaft), der Übergang der Kundschaft und die Dauer der eventuellen Unterbrechung der Betriebstätigkeit.

---

1 EuGH v. 18.3.1986 – Rs. C-24/85, EAS Nr. 2 zu Art. 1 RL 77/187/EWG Rz. 1.
2 EuGH v. 14.4.1994 – Rs. C-392/92, NZA 1994, 545 f.
3 EuGH v. 11.3.1997 – Rs. C-13/95, NZA 1997, 433.

Das BAG hat die Rechtsprechung des EuGH aufgegriffen und weiterent- 12
wickelt. Es hat den vorgenannten Kriterienkatalog des EuGH übernommen
und nimmt für jeden Einzelfall eine **Gesamtbewertung aller Umstände** vor.
Hiervon ausgehend haben sich **verschiedene Fallkonstellationen** herausgebildet:

Das BAG hat wie der EuGH entschieden, dass in Branchen, in denen es im 13
Wesentlichen auf die menschliche Arbeitskraft ankommt (**betriebsmittelarme Betriebe**), die Übernahme einer organisierten Gesamtheit von Arbeitnehmern, die durch eine gemeinsame Tätigkeit dauerhaft verbunden ist, einen Betriebsübergang darstellen kann. Typische betriebsmittelarme Betriebe
sind in der Regel Gebäudereinigungs- und Bewachungsunternehmen[1]. Der
Erwerber muss also nicht nur die betreffende Tätigkeit weiterführen, sondern auch einen nach Zahl und Sachkunde wesentlichen Teil des Personals
(Hauptbelegschaft) übernehmen, das der Vorgänger gezielt bei seiner Tätigkeit eingesetzt hatte. Dann liegt ein identitätswahrender Übergang vor[2]. Von
der Struktur des Betriebs oder Betriebsteils hängt es ab, welcher nach Zahl
und Sachkunde zu bestimmende Teil der Belegschaft übernommen werden
muss. Je geringer die Qualifikation von Arbeitnehmern ist, desto höher
muss der Prozentsatz des übernommenen Personals sein[3]. Bei höherer Qualifikation von Arbeitnehmern ist auf möglicherweise zahlenmäßig nicht so
sehr ins Gewicht fallende qualifizierte Personen abzustellen[4].

Im Krankenhausbereich, in dem es im Wesentlichen auf die menschliche Ar- 14
beitskraft ankommt, hat es also der Übernehmer vom Grundsatz her weitestgehend in der Hand, einen Betriebsübergang herbeizuführen oder nicht,
in dem er entweder den Hauptanteil der Belegschaft übernimmt oder neues
Personal einstellt.

Ein Einsatz der früheren Belegschaftsangehörigen in geänderten, neuen Orga- 15
nisationszusammenhängen spricht jedoch gegen einen Betriebsübergang,
denn die Identität wird verändert, wenn die Ablauf- und Arbeitsorganisation
nicht übernommen bzw. in erheblichem Umfang verändert wird[5]. Wird zwar
der überwiegende Teil der Belegschaft übernommen, sind jedoch die Arbeitsbedingungen grundlegend anders, kann die Identität gebrochen sein.

---

1 HWK/*Willemsen*, § 613a BGB Rz. 38; ErfK/*Preis*, § 613a BGB Rz. 24 f.; im Gegensatz
   zu den betriebsmittelarmen Betrieben ist in den betriebsmittelgeprägten Betrieben
   des Produktions- und verarbeitenden Gewerbes primär auf den Übergang der Betriebsmittel, also insbesondere die Maschinen, Anlagen, Grundstücke, Warenlager, und
   der immateriellen Aktiva, wie z. B. Marken, Patente- und Gebrauchsmusterrechte, abzustellen, vgl. hierzu ErfK/*Preis*, § 613a BGB Rz. 18, 23; HWK/*Willemsen*, § 613a
   BGB Rz. 111.
2 BAG v. 10.12.1998 – 8 AZR 676/97, NZA 1999, 420 (421); BAG v. 24.5.2005 – 8 AZR
   333/04, NZA 2006, 31 f.; HWK/*Willemsen*, § 613a BGB Rz. 98.
3 Vgl. hierzu BAG v. 24.5.2005 – 8 AZR 333/04, NZA 2006, 31 f., wonach es sich nicht
   um die Übernahme der Hauptbelegschaft handelt, wenn bei der Vergabe eines Rei-
   nigungsauftrags etwa 60 % der Reinigungskräfte übernommen werden.
4 *Müller-Glöge*, NZA 1999, 449 (451); *Baeck/Lingemann*, NJW 1997, 2492 (2494).
5 BAG v. 10.12.1998 – 8 AZR 676/97, NZA 1999, 420 (421).

16 Kein Betriebsübergang war bislang die bloße Fortführung der Tätigkeit (sog. **Funktionsnachfolge**), wenn also nur die Tätigkeit ohne sonstige Betriebsmittel oder Belegschaft übernommen wird[1]. Entschließt sich daher ein Krankenhausträger dazu, kein eigenes Reinigungspersonal mehr einzusetzen und die Reinigung auf eine Fremdfirma zu übertragen, die weder Arbeitsmittel noch das bislang im Krankenhaus tätige Personal übernimmt, so liegt ein Betriebsübergang nach § 613a BGB nicht vor. Eine Funktionsnachfolge ist aber nur dann zu bejahen, wenn weder relevante materielle oder immaterielle Betriebsmittel noch ein nach Zahl und Sachkunde wesentlicher Teil des Personals übernommen werden[2]. Wird beispielsweise bei der Ausgliederung des Krankenhauslabors das gesamte Inventar einschließlich aller technischen Geräte im Zusammenhang mit der Ausgliederung auf den Übernehmer übertragen, liegt möglicherweise ein Betriebsübergang vor. Die Übernahme der materiellen Betriebsmittel kann ein wichtiges Indiz für die Wahrung der Identität einer wirtschaftlichen Einheit darstellen. Dabei bedarf es nicht eines Eigentumsübergangs an den Betriebsmitteln, um § 613a BGB zur Anwendung gelangen zu lassen. Das Recht zur Nutzung reicht aus, wobei die Nutzungsvereinbarung beispielsweise als Pacht oder Nießbrauch ausgestaltet sein kann. Entscheidend war jedoch nach alter Rechtsprechung des BAG, dass dem Berechtigten Betriebsmittel zur eigenwirtschaftlichen Nutzung überlassen werden[3].

17 Allerdings hat der EuGH mittlerweile dieses Abgrenzungskriterium verworfen und entschieden, dass die **eigenwirtschaftliche Nutzung** überlassener Betriebsmittel **keine notwendige Voraussetzung** für die Feststellung eines Übergangs dieser Mittel vom ursprünglichen Auftragnehmer auf den neuen Auftragnehmer sein soll[4]. Das BAG hat sich dieser Rechtsprechung zwischenzeitlich angeschlossen[5].

18 Nach Ansicht des EuGH kann in Betrieben, für deren Tätigkeit ein Inventar in beträchtlichem Umfang erforderlich ist, ein Betriebsübergang auch dann vorliegen, wenn allein **wesentliche Betriebsmittel** und dabei kein einziger Mitarbeiter übernommen wurden[6]. In dem der Entscheidung des EuGH zugrunde liegenden Sachverhalt hatte ein Krankenhaus ein Unternehmen mit der Lieferung und Versorgung mit Speisen für die Patienten und das Personal des Krankenhauses sowie für eine im Krankenhaus befindliche Cafeteria beauftragt. Die Räumlichkeiten, Wasser, Energie sowie das Groß- und Klein-

---

1 EuGH v. 11.3.1997 – Rs. C-13/95, MDR 1997, 654.
2 *Hauck*, Sonderbeilage zu NZA Heft 18/2004, 17 (18); HWK/*Willemsen*, § 613a BGB Rz. 172 f.
3 BAG v. 11.12.1997 – 8 AZR 426/94, NZA 1998, 532.
4 EuGH v. 15.12.2005 – Rs. C 232, 233/04 (Nurten Güney-Görres und Gul Demir/Securicor Aviation Germany Ltd. und Kötter Aviation Security GmbH und Co. KG), NZA 2006, 29; kritisch zu dieser EuGH-Entscheidung *Schlachter*, NZA 2006, 80.
5 BAG v. 2.3.2006– 8 AZR 147/05, AP Nr. 302 zu § 613a BGB; BAG v. 6.4.2006 – 8 AZR 222/04, AP Nr. 299 zu § 613a BGB; BAG v. 6.4.2006 – 8 AZR 249/04, AP Nr. 303 zu § 613a BGB.
6 EuGH v. 20.11.2003 – Rs. C-340/01 (Carlito Abler u.a./Sodexho MM Catering Gesellschaft mbH), NZA 2003, 1385 = NJW 2004, 45.

inventar stellte das Krankenhaus dem Unternehmen zur Verfügung. Nachdem das Krankenhaus den Vertrag mit dem Unternehmen gekündigt hatte, schloss es einen neuen Vertrag mit einem Nachfolgeunternehmen, das weder das bewegliche Inventar, noch das Warenlager und die Arbeitnehmer des Unternehmens übernahm, sondern lediglich das vom Krankenhaus gestellte unbewegliche Groß- und Kleininventar (Spülmaschinen, Herde) sowie die Räumlichkeiten.

Der EuGH bejahte – entgegen den Schlussanträgen des Generalanwaltes – einen Betriebsübergang. Ob der hierzu erforderliche Übergang einer auf Dauer angelegten wirtschaftlichen Einheit vorliege, sei anhand einer Gesamtbetrachtung der Art des Unternehmens, des Übergangs der materiellen Betriebsmittel, des Werts der immateriellen Aktiva, der Übernahme der Hauptbelegschaft und des Übergangs der Kundschaft zu ermitteln. Unerlässlich für die Tätigkeit des Nachfolgeunternehmens seien die Räumlichkeiten und das Inventar, das für die Zubereitung und Verteilung der Speisen benötigt werde. Beides habe das Nachfolgeunternehmen übernommen, so dass ein Übergang einer wirtschaftlichen Einheit stattgefunden habe[1]. Dass hingegen das Nachfolgeunternehmen kein Personal übernommen habe, sei nicht ausreichend, um den Übergang einer wirtschaftlichen Einheit zu verneinen; denn für die auszuführenden Tätigkeiten komme es für das Nachfolgeunternehmen im Wesentlichen auf das Inventar und weniger auf das Personal an[2]. 19

Der EuGH brachte damit zum Ausdruck, dass er die von einem Caterer übernommene Bewirtschaftungsaufgabe als betriebsmittelgeprägte Tätigkeit ansieht, so dass schon die Übernahme der Betriebsmittelgesamtheit für die Verwirklichung des Tatbestandes eines Betriebsübergangs ausreiche. Der EuGH wertete das Zur-Verfügung-Stellen von Betriebsmitteln durch den Auftraggeber ohne Einschränkung als Übergang von Aktiva auf den Auftragnehmer und betonte, dass unverzichtbare Betriebsmittel übernommen worden seien[3]. 20

Gründet ein Kommunalunternehmen, das ein Krankenhaus betreibt, eine Service-GmbH und übernimmt diese alle Reinigungskräfte dieses Krankenhauses, so liegt ein Betriebsteilübergang vor, wenn die Service-GmbH im Wege der Arbeitnehmerüberlassung alle übernommenen Reinigungskräfte an das Kommunalunternehmen „zurückverleiht" und diese dort die glei- 20a

---

1 EuGH v. 20.11.2003 – Rs. C-340/01, NJW 2004, 45 (46).
2 EuGH v. 20.11.2003 – Rs. C-340/01, NJW 2004, 45 (47); im Ergebnis zustimmend auch *Willemsen/Annuß*, DB 2004, 134 (135).
3 Kritisch hierzu mit beachtlichen Gründen *Bauer*, NZA 2004, 14 (16); vgl. auch *Schlachter*, NZA 2006, 80, 81. Dass in betriebsmittelgeprägten Betrieben ein Betriebsübergang auch ohne Übernahme von Personal vorliegen kann, wurde mittlerweile durch Urteile des BAG v. 22.7.2004 – 8 AZR 350/03, NZA 2004, 1383 (1386); v. 4.4.2006 – 8 AZR 222/04, NZA 2006, 723; v. 13.6.2006 – 8 AZR 271/05, NZA 2006, 1101; v. 15.2.2007 – 8 AZR 449/06, bestätigt. Jährliche Betriebsmittel sind danach wesentlich, wenn bei wertender Betrachtungsweise ihr Einsatz den eigentlichen Kern des zur Wertschöpfung erforderlichen Funktionszusammenhangs ausmacht und wenn sie somit unverzichtbar zur auftragsgemäßen Verrichtung der Tätigkeiten sind.

chen Tätigkeiten wie bisher verrichten. Reinigungsarbeiten in einem Krankenhaus erfüllen einen organisatorisch abgrenzbaren arbeitstechnischen Teilzweck und stellen damit einen Betriebsteil des Krankenhauses dar, der gem. § 613a Abs. 1 BGB auf einen Betriebserwerber übergehen kann[1]. Das BAG bejahte eine die Identität wahrende Fortführung mit der Begründung, die Service-GmbH erfülle mit dem vom Kommunalunternehmen übernommenen Reinigungspersonal den bisher erledigten Teilzweck im Rahmen der Betriebsorganisation des kommunalen Krankenhauses weiter, obwohl es sich bei der Service-GmbH nicht um ein Reinigungsunternehmen, sondern um ein Verleihunternehmen handelte und die Tätigkeit ihrer Reinigungskräfte vor Ort nicht selbst organisierte, sondern nur das dafür benötigte Personal zur Verfügung stellte. Wie das BAG selbst andeutet, läge wohl kein Betriebsteilübergang vor, wenn die Service-GmbH die von dem Kommunalunternehmen übernommenen Reinigungskräfte – wie bei Leiharbeitsunternehmen regelmäßig der Fall – nicht nur dem Kommunalunternehmen, sondern auch anderen Unternehmen (Entleihern) zur Arbeitsleistung überlassen würde. Das BAG bewertet diese Konstellation offenbar als Eingliederung in eine andere Betriebsstruktur unter Auflösung der wirtschaftlichen Einheit, was einen Betriebsteilübergang verhindern soll.

3. Inhaberwechsel

21 Weitere Voraussetzung für den Übergang eines Betriebes oder Betriebsteiles ist der Wechsel in der Betriebsinhaberschaft. Ein Wechsel in der Betriebsinhaberschaft setzt voraus, dass der neue Inhaber den Betrieb bzw. Betriebsteil im Wesentlichen unverändert fortführt. Ausschlaggebend ist der **Wechsel in der Leitungsmacht über die Betriebsmittel und die Arbeitnehmer**[2]. Entscheidend ist, dass der Nachfolger die arbeitsrechtlichen Weisungen gegenüber dem Personal mit Wirkung nach außen im eigenen Namen erteilt, sowie die umfassende Nutzung des Betriebs nach außen[3]. Der förmlichen Übertragung der betrieblichen Leitungsmacht bedarf es nicht; es reicht aus, dass der bisherige Betriebsinhaber seine wirtschaftliche Betätigung in dem Betrieb bzw. Betriebsteil einstellt und der neue Inhaber das so entstandene „Vakuum" künftig ausfüllt[4]. Der Übergang auf einen neuen Inhaber ist damit vollzogen. Der genaue Zeitpunkt hängt somit von der Übernahme der betrieblichen Leitungsmacht ab und kann nicht im Wege der Parteidisposition abweichend bestimmt werden; weder die Vereinbarung eines Rücktrittsrechts noch die Vereinbarung einer aufschiebenden Bedingung steht der Annahme eines Betriebsübergangs entgegen, wenn dieser vollzogen ist[5].

22 Entfaltet der Übernehmer tatsächlich keine betriebliche Tätigkeit, liegt ein Betriebsübergang nicht vor. Führt der Übernehmer die betriebliche Tätigkeit erst zu einem späteren Zeitpunkt fort, ist für die Frage des Vorliegens eines

---

1 BAG v. 21.5.2008 – 8 AZR 481/07, AP Nr. 354 zu § 613a BGB.
2 BAG v. 18.3.1999 – 8 AZR 159/98, NZA 1999, 704 (705).
3 BAG v. 31.1.2008 – 8 AZR 2/07, ZIP 2008, 2376.
4 HWK/*Willemsen*, § 613a BGB Rz. 64.
5 BAG v. 31.1.2008 – 8 AZR 2/07, ZIP 2008, 2376.

Betriebsüberganges mit Blick auf den Betriebszweck zu prüfen, wie lang die Unterbrechung angedauert hat. Als Richtschnur wird man im Zweifel bei einer Unterbrechung von mehr als sechs Monaten eine Neugründung und keine Fortsetzung der betrieblichen Tätigkeit annehmen können[1].

4. Rechtsgeschäftlicher Betriebsübergang

Nach dem Gesetzeswortlaut muss sich der Betriebsübergang durch Rechts- 23
geschäft vollziehen. Die BetriebsübergangsRL 2001/23/EG spricht in Art. 1 Abs. 1 von einem Übergang „durch vertragliche Übertragung oder durch Verschmelzung". Transaktionsgrundlage für den Übergang des Betriebs/Betriebsteils muss also ein Rechtsgeschäft im Sinne einer vertraglichen Einigung sein. Darüber, welchen Inhalt das zugrunde liegende Rechtsgeschäft haben muss, sagt der Gesetzeswortlaut nichts aus. Zum Teil sind die Voraussetzungen des Tatbestandsmerkmals „durch Rechtsgeschäft" umstritten und von der Rechtsprechung auch nicht abschließend geklärt. Über seine negative Abgrenzungsfunktion besteht jedoch grundsätzlich Einigkeit dahingehend, dass ein Übergang durch Rechtsgeschäft jedenfalls dann nicht vorliegt, wenn sich die Überleitung der Arbeitsverhältnisse **unmittelbar kraft Gesetzes** vollzieht (hierzu unter Rz. 25). Rechtsgeschäftlicher Betriebsinhaberwechsel bedeutet, dass die zum Betrieb gehörenden materiellen und immateriellen Betriebsmittel durch besondere Übertragungsakte – und nicht durch Gesamtrechtsnachfolge oder Hoheitsakt – auf den neuen Inhaber übertragen werden[2]. Der Inhalt des Rechtsgeschäfts muss darauf gerichtet sein, dem Erwerber die betriebliche Fortführungsmöglichkeit zu eröffnen. Hiervon ist das Rechtsgeschäft zu unterscheiden, das die Übertragung der Verfügungsgewalt legitimieren soll, also z.B. ein Kaufvertrag. Dabei ist die Rechtsnatur des Vertrages unerheblich[3]. In Betracht kommen neben Kauf-, Pacht- und Mietverträgen auch Schenkung, Vermächtnis, Nießbrauch und Gesellschaftsverträge[4]. Eine Eigentumsübertragung ist für den Übergang durch Rechtsgeschäft nicht erforderlich[5].

Unerheblich ist auch, ob das zugrunde liegende Rechtsgeschäft **unwirksam** 24
oder nichtig ist, sofern nicht unter dem Aspekt des Schutzes geschäftsunfähiger Personen Einschränkungen im Anwendungsbereich von § 613a BGB geboten sind[6]. Auch ein nichtiges oder unwirksames Rechtsgeschäft erfüllt daher grundsätzlich die Voraussetzungen des § 613a BGB. Sowohl in der Rechtsprechung des EuGH[7] als auch in der des BAG[8] ist es keine Voraussetzung, dass zwischen Veräußerer und Erwerber direkte vertragliche Beziehun-

---

1 *Gaul*, § 6 Rz. 209 m.w.N.
2 BAG v. 2.3.2006 – 8 AZR 147/05 – AP Nr. 302 zu § 613a BGB; BAG v. 6.4.2006 – 8 AZR 222/04 – AP Nr. 299 zu § 613a BGB; BAG v. 15.2.2007 – 8 AZR 449/06.
3 *Gaul*, § 7 Rz. 10 m.w.N.
4 ErfK/*Preis*, § 613a BGB Rz. 59.
5 *Gaul*, § 7 Rz. 13.
6 BAG v. 13.9.1994 – 3 AZR 148/94, NZA 1995, 740 (741); *Schiefer*, NZA 1998, 1095 (1103); HWK/*Willemsen*, § 613a BGB Rz. 207.
7 EuGH v. 20.11.2003 – Rs. C-340/01, NJW 2004, 45 (47).
8 BAG v. 20.3.1997 – 8 AZR 856/95, BB 1997, 1743 (1745).

gen bestehen. Dem Betriebsübergang steht also nicht entgegen, dass er durch Zwischenschaltung mehrerer Personen und damit durch eine Reihe von Rechtsgeschäften erfolgt[1]. Auch ein Geschäftsführungsvertrag oder ein Betriebspacht- und Betriebsüberlassungsvertrag wird vom Geltungsbereich des § 613a BGB umfasst, wenn damit ein Wechsel des Rechtsträgers verbunden ist, der den betroffenen Betrieb führt[2]. Gleiches gilt für einen Betriebsführungsvertrag[3]. Erforderlich ist allein, dass der Auftragnehmer im Innenverhältnis gegenüber den Arbeitnehmern des übernommenen Betriebes oder Betriebsteiles im eigenen Namen tätig wird, nicht im Namen des Auftraggebers[4].

5. Betriebsübergang im Wege der Gesamtrechtsnachfolge

25   Da § 613a BGB den Übergang eines Betriebs „durch Rechtsgeschäft" voraussetzt, sind vom sachlichen Geltungsbereich der Norm Betriebsübergänge ausgenommen, die im Wege der Gesamtrechtsnachfolge kraft Gesetzes oder eines sonstigen Hoheitsaktes vollzogen werden[5]. Bei der Gesamtrechtsnachfolge geht das Vermögen einschließlich der Schulden kraft Gesetzes vom bisherigen Inhaber auf den neuen Rechtsträger über. Gehört zu dem Vermögen ein Betrieb, tritt der neue Rechtsträger automatisch in die Rechtsposition des Rechtsinhabers ein, ohne dass es einer besonderen Übertragungshandlung bedarf[6]. So stellt die gesetzliche Ausgliederung von Krankenhaus-Betrieben aus dem Vermögen eines Landes auf eine Anstalt öffentlichen Rechts keinen Betriebsübergang dar[7]. Auch im Erbfall geht ein Betrieb des Erblassers einschließlich der dazugehörigen Arbeitsverhältnisse auf den oder die gesetzlichen oder testamentarischen Erben über. Selbst bei Vorliegen eines Testaments oder Erbvertrags ist nicht dieses, sondern die gesetzliche Anordnung des § 1922 BGB die Grundlage für den Übergang der Arbeitsverhältnisse, so dass § 613a ausscheidet[8]. Anders liegt es dagegen bei einem Vermächtnis, zu dessen Erfüllung ein Betrieb oder ein Betriebsteil seitens der Erben auf einen Dritten (Vermächtnisnehmer) im Wege der Singularsukzession übertragen wird[9].

26   Das Prinzip der Nichtanwendbarkeit des § 613a BGB bei der Gesamtrechtsnachfolge wird jedoch für den Fall der **Gesamtrechtsnachfolge i. S. d. § 324 UmwG** durchbrochen. Das UmwG stellt in § 324 klar, dass § 613a Abs. 1 und Abs. 4 BGB durch die Wirkungen der Eintragung einer Verschmelzung, Spaltung oder Vermögensübertragung unberührt bleibt. Bei diesen Formen

---

1 BAG v. 15.2.2007 – 8 AZR 449/06. *Hauck*, Sonderbeilage zu NZA Heft 18/2004, 17 (19); ErfK/*Preis*, § 613a BGB Rz. 60.
2 *Gaul*, § 7 Rz. 11.
3 *Weißmüller*, BB 2000, 1949 (1953).
4 *Gaul*, § 7 Rz. 11.
5 BAG v. 15.2.2007 – 8 AZR 449/06.
6 *Prange*, NZA 2002, 817 (818).
7 BAG v. 8.5.2001 – 9 AZR 95/00, NJW 2002, 916. (LBK Hamburg).
8 Vgl. BAG vom 25.2.1981 – 5 AZR 91/78, AP Nr. 24 zu § 613a BGB; BAG v. 14.10.1982 – 2 AZR 811/79, AP Nr. 36 zu § 613a BGB.
9 HWK/*Willemsen*, § 613a BGB Rz. 186.

der Umwandlung tritt durch Eintragung in das Handelsregister die Gesamt-rechtsnachfolge in das Vermögen oder die Vermögensteile des übertragenden Rechtsträgers ein. Wegen § 324 UmwG scheitert die Anwendbarkeit des § 613a BGB in den Fällen der Gesamtrechtsnachfolge bei Umwandlungen al-so nicht an dem fehlenden Merkmal einer Übertragung „durch Rechts-geschäft". In einem Unwandlungsfall sind daher die Voraussetzungen des § 613a BGB selbständig zu prüfen[1] (Näheres hierzu in Teil 12).

IV. Unterrichtungsanspruch und Widerspruchsrecht

Der Gesetzgeber hat mit Wirkung zum 1.4.2002 § 613a BGB ergänzt[2]. Die   27
Gesetzesänderung normiert in dem neu angefügten Abs. 5 eine Unterrich-tungspflicht durch den Arbeitgeber und in Abs. 6 ein Widerspruchsrecht des Arbeitnehmers gegen den Übergang seines Arbeitsverhältnisses. Mit Abs. 5 sollte Art. 7 Abs. 6 der BetriebsübergangsRL 2001/23/EG umgesetzt werden, dem zufolge die Mitgliedstaaten verpflichtet sind, eine Regelung zur Infor-mation der von einem Betriebsübergang betroffenen Arbeitnehmer über den Zeitpunkt, den Grund und die Folgen des Übergangs sowie die in Aussicht genommene Maßnahme zu treffen, wenn unabhängig vom Willen der Ar-beitnehmer im Betrieb oder Unternehmen keine Arbeitnehmervertretung besteht[3]. Die Abs. 5 und 6 gelten für alle Betriebe, unabhängig von der Be-triebsgröße oder vom Bestehen einer Arbeitnehmervertretung bzw. eines Be-triebsrats[4].

1. Unterrichtungsanspruch

Gemäß § 613a Abs. 5 BGB hat der bisherige Arbeitgeber oder der neue Inha-   28
ber die von einem Übergang betroffenen Arbeitnehmer vor dem Übergang in Textform zu unterrichten über den Zeitpunkt oder den geplanten Zeitpunkt des Übergangs, den Grund für den Übergang, die rechtlichen, wirtschaftli-chen und sozialen Folgen des Übergangs für die Arbeitnehmer und die hin-sichtlich der Arbeitnehmer in Aussicht genommenen Maßnahmen.

Die Unterrichtungspflicht des Arbeitgebers soll den Arbeitnehmern eine   29
Entscheidungsgrundlage für die Ausübung des Widerspruchsrechts verschaf-fen. Die umfassende Information soll die Beschäftigten in die Lage verset-zen, eine sachgerechte Entscheidung zu treffen. Den beteiligten Arbeitge-bern soll wiederum Klarheit darüber verschafft werden, mit welchen der betroffenen Arbeitnehmer sie weiterhin rechnen können und müssen[5].

---

1 BAG v. 25.5.2000 – 8 AZR 416/99, NZA 2000, 1115 (1117); Kallmeyer/*Willemsen*, § 324 UmwG Rz. 2.
2 BGBl. I, 1163.
3 BT-Drs. 14/7760, 19.
4 *Grobys*, BB 2002, 726; *Worzalla*, NZA 2002, 353.
5 BT-Drucks. 14/7760, 19.

a) Unterrichtung in Textform

30 Die Unterrichtung hat in **Textform** (§ 126b BGB) zu erfolgen. Textform bedeutet nicht Schriftform, d. h. zur Erfüllung der Textform bedarf es weder einer Urkunde noch einer eigenhändigen Unterschrift. Die Erklärung muss
aber so abgegeben werden, dass sie in Schriftzeichen lesbar ist, die Person
des Erklärenden angibt und den Abschluss der Erklärung erkennbar macht.
Arbeitgeber können daher die Unterrichtung in Textform durch Kopie, Telefax, E-Mail oder Intranet bewirken. Auch Rundschreiben erfüllen die Voraussetzung der Textform[1]. Ein bloßer Aushang genügt demgegenüber nicht,
weil die Unterrichtung dem Arbeitnehmer in Textform zugehen muss[2]. Da
der Arbeitgeber die Beweislast hinsichtlich des Zugangs der Unterrichtungs-
erklärung trägt, ist zu empfehlen, sich vom unterrichteten Arbeitnehmer eine Empfangsbestätigung quittieren zu lassen. Insbesondere ist an die nach-
weisbare Unterrichtung aktuell nicht tätiger Mitarbeiter (z. B. Elternzeit,
Mutterschutz, Dauerkrankheit) zu denken. Ob das Unterrichtungsschreiben
für Arbeitnehmer, die über keine ausreichenden Deutschkenntnisse verfügen, übersetzt werden muss, ist umstritten[3]. Dagegen spricht, dass eine
dahingehende Pflicht entgegen der allgemeinen Gesetzessystematik (vgl.
z. B. § 2 Abs. 5 WO BetrVG) nicht ausdrücklich angeordnet ist[4].

b) Zeitpunkt der Unterrichtung

31 § 613a Abs. 5 BGB sieht vor, dass die Arbeitnehmer **vor dem Betriebsübergang** unterrichtet werden müssen. Zweckmäßigerweise erfolgt die Unterrichtung spätestens einen Monat vor dem Zeitpunkt des Betriebsübergangs,
weil die Frist für den Widerspruch gegen den Übergang des Arbeitsverhältnisses einen Monat beträgt und erst mit der ordnungsgemäßen Unterrichtung gem. Abs. 5 zu laufen beginnt[5]. Die Unterrichtung kann aber auch noch
nach Betriebsübergang durchgeführt werden, was allerdings zu einem entsprechend späteren Fristbeginn für die Ausübung des Widerspruchsrechts
führt[6].

c) Inhalt der Unterrichtung

32 Die Unterrichtung erfordert eine verständliche, arbeitsplatzbezogene und
zutreffende Information[7]. Der Arbeitgeber hat den Arbeitnehmer im Rahmen des § 613a Abs. 5 BGB so zu informieren, dass jener sich über die Person
des Übernehmers und über die in § 613a Abs. 5 BGB genannten Umstände
ein Bild machen kann. Er soll durch die Unterrichtung eine ausreichende

---

1 *Grobys*, BB 2002, 726 (727); *Worzalla*, NZA 2002, 353 (356); *Willemsen/Lembke*,
   NJW 2002, 1159 (1164).
2 HWK/*Willemsen/Müller-Bonanni*, § 613a BGB Rz. 321.
3 Meinungsstand bei *Langner*, DB 2008, 2082.
4 HWK/*Willemsen/Müller-Bonanni*, § 613a BGB Rz. 321.
5 BAG v. 21.8.2008 – 8 AZR 407/07, NZA-RR 2009, 62.
6 BAG v. 14.12.2006 – 8 AZR 763/05, DB 2007, 975; *Gaul*, § 11 Rz. 27.
7 BAG v. 13.7.2006 – 8 AZR 305/05, AP Nr. 312 zu § 613a BGB; BAG v. 15.2.2007 –
   8 AZR 449/06.

Wissensgrundlage für die Ausübung oder Nichtausübung seines Widerspruchsrechts erhalten[1].

Die Arbeitnehmer müssen gem. § 613a Abs. 5 Nr. 1 BGB über den **Zeitpunkt**   33
oder den geplanten Zeitpunkt des Betriebsübergangs informiert werden. Mit Übergang ist der Übergang der Arbeitsverhältnisse gemeint. Dieser findet in dem Zeitpunkt statt, in dem der neue Betriebsinhaber im eigenen Namen die betriebliche Leitungsmacht über den veräußerten Betrieb oder Betriebsteil übernimmt.

Ferner ist gem. § 613a Abs. 5 Nr. 2 BGB der **Grund für den Übergang** anzuge-   34
ben. Offen ist dabei, ob der Gesetzgeber den rechtlichen Grund (z. B. Kaufvertrag) oder die Angabe der wirtschaftlichen Ursachen (z. B. dauerhafte Verluste oder Umstrukturierung des Unternehmens) gemeint hat. Richtig dürfte es sein, darunter die Angabe der rechtsgeschäftlichen Grundlage zu verstehen[2]. Die am Betriebsübergang Beteiligten sind eindeutig zu benennen, der Übernehmer grundsätzlich mit Firmenbezeichnung und Anschrift[3]. Daneben müssen jene unternehmerischen Gründe für den Betriebsübergang zumindest schlagwortartig mitgeteilt werden, die sich im Falle des Widerspruchs auf den Arbeitsplatz des Arbeitsnehmers auswirken können[4].

Nach § 613a Abs. 5 Nr. 3 BGB muss sich die Unterrichtung schließlich auf   35
die **rechtlichen, wirtschaftlichen und sozialen Folgen** des Übergangs für die Arbeitnehmer erstrecken. Nach der Begründung zum Gesetzesentwurf ergeben sich die rechtlichen, wirtschaftlichen und sozialen Folgen des Betriebsübergangs vor allem aus den unverändert weitergeltenden Regelungen des § 613a Abs. 1–4 BGB, einschließlich der Haftung des früheren Arbeitgebers und des Kündigungsschutzes[5]. Unter Berücksichtigung der Interessenlage sowohl der Arbeitnehmer als auch der Arbeitgeber wird man davon ausgehen können, dass Veräußerer und neuer Inhaber zunächst einmal nur diejenigen Umstände mitzuteilen haben, die zum Zeitpunkt der Unterrichtung konkret geplant oder zumindest wahrscheinlich sind. Da sich nach der Gesetzesbegründung Veräußerer und Erwerber verständigen sollen, ist auf den Wissensstand beider Seiten abzustellen[6]. Bloß vermutete Folgen sind nicht mitzuteilen[7]. Mitteilungspflichtige Angaben sind beispielsweise Informationen über das Bestehen oder Nichtbestehen einer Mitarbeitervertretung beim Erwerber, das Bestehen oder Nichtbestehen von gesetzlichem Kündigungsschutz, bevorstehende Umstrukturierungen beim Erwerber[8]. Ein pauschaler

---

1 BAG v. 14.12.2006 – 8 AZR 763/05, DB 2007, 975 unter Hinweis auf die Gesetzesbegründung.
2 BAG v. 14.12.2006 – 8 AZR 763/05, DB 2007, 975; *Grobys*, BB 2002, 726 (727); *Worzalla*, NZA 2002, 353 (354).
3 BAG v. 14.12.2006 – 8 AZR 763/05, DB 2007, 975.
4 BAG v. 14.12.2006 – 8 AZR 763/05, DB 2007, 975.
5 BT-Drucks. 14/7760, S. 19.
6 BAG v. 13.7.2006 – 8 AZR 305/05, NZA 2006, 1268; BAG v. 14.12.2006 – 8 AZR 763/05, DB 2007, 975–977.
7 *Grobys*, BB 2002, 726 (728).
8 *Grobys*, BB 2002, 726 (728).

Hinweis auf § 613a BGB oder das vollständige Abschreiben von dessen Wortlaut ist ungenügend. Als erforderlich wird man es anzusehen haben, vollständig sinngemäß darzustellen, was § 613a BGB anordnet[1].Die Unterrichtung über die rechtlichen Folgen beinhaltet den Hinweis auf den Eintritt des Übernehmers in die Rechte und Pflichten aus dem bestehenden Arbeitsverhältnis auf die Gesamtschuldnerschaft des Übernehmers und des Veräußeres und die anteilige Haftung nach § 613a Abs. 2 BGB sowie grundsätzlich auch auf die kündigungsrechtliche Situation, wenn Kündigungen im Raum stehen[2]. Die Rechtsprechung verlangt einen ausdrücklichen Hinweis darauf, dass der Erwerber kraft Gesetzes in die Rechte und Pflichten aus dem Arbeitsverhältnis eintritt[3]. Über die Identität des Erwerbers ist dem Arbeitnehmer Klarheit zu verschaffen. Bei juristischen Personen sind die Firma, der Sitz der Gesellschaft und die Anschrift mitzuteilen[4]. Die Angabe einer „neuen GmbH" genügt nicht[5]. Mit Blick auf Betriebsvereinbarungen und Tarifverträge ist anzugeben, ob diese bei dem neuen Inhaber unverändert kollektivrechtlich fortgelten, gem. Abs. 1 Satz 2 aufrechterhalten oder gem. Abs. 1 Satz 3 durch Betriebsvereinbarung oder Tarifvertrag des Erwerbers abgelöst werden[6]. Im Falle eines Tarifwechsels genügt ein Hinweis, dass und welchen anderen Tarifverträgen das Arbeitsverhältnis vom Zeitpunkt des Übergangs an unterliegt. Einer Einzeldarstellung der Konsequenzen des Tarifwechsels bedarf es nicht. Dem Arbeitnehmer ist es insoweit zumutbar, sich selbst ein Bild zu machen, ggf. unter Inanspruchnahme von Rechtsrat[7]. Auch einer detaillierten Bezeichnung einzelner Betriebsvereinbarungen bedarf es nicht[8]. Zur Unterrichtung über die Rechtsfolgen gehört auch eine Darstellung der Haftung des bisherigen und des neuen Betriebsinhabers über die Ansprüche der übergehenden Arbeitnehmer, insbesondere also der Regelungen der Abs. 2 und 3[9]. Die wirtschaftliche Lage des Erwerbers muss nicht dargestellt werden[10]. Wenn jedoch hierzu Angaben gemacht werden, müssen diese richtig sein[11]. Auf eine konkrete Insolvenzgefährdung muss hingewiesen werden[12]. Wird an den Betriebserwerber nur das bewegliche Vermögen, nicht jedoch das Betriebsgrundstück veräußert, muss auch hierauf hingewiesen

---

1 *Worzalla*, NZA 2002, 353 (355).
2 BAG v. 14.12.2006 – 8 AZR 763/05, DB 2007, 975.
3 BAG v. 27.11.2008 – 8 AZR 174/07, NZA 2009, 552; BAG v. 22.1.2009 – 8 AZR 808/07, NZA 2009, 547.
4 BAG v. 13.7.2006 – 8 AZR 305/05, NZA 2006, 1268; BAG v. 14.12.2006 – 8 AZR 763/05, DB 2007, 975.
5 BAG v. 21.8.2008 – 8 AZR 407/07, AP Nr. 348 zu § 613a BGB.
6 BAG v. 14.12.2006 – 8 AZR 763/05, DB 2007, 975, 977.
7 BAG v. 13.7.2006 – 8 AZR 305/05, NZA 2006, 1268.
8 BAG v. 13.7.2006 – 8 AZR 305/05, NZA 2006, 1268.
9 BAG v. 14.12.2006 – 8 AZR 763/05, DB 2007, 975; BAG v. 20.3.2008 – 8 AZR 1016/06, NZA 2008, 1354; BAG v. 21.8.2008 – 8 AZR 407/07, AP Nr. 347 zu § 613a BGB; BAG v. 22.1.2009 – 8 AZR 808/07, NZA 2009, 547.
10 *Reinhard*, NZA 2009, 63; HWK/*Willemsen/Müller-Bonanni*, § 613a BGB Rz. 328.
11 HWK/*Willemsen/Müller-Bonanni*, § 613a BGB Rz. 328.
12 *Warzella*, NZA 2002, 353, 355; HWK/*Willemsen/Müller-Bonanni*, § 613a BGB Rz. 328.

werden[1]. Einer Darstellung des wirtschaftlichen Potentials des Betriebserwerbers im Allgemeinen bedarf es jedoch nicht[2].

Wenn Kündigungen im Raum stehen oder sich Änderungen in der kün-   35a
digungsschutzrechtlichen Situation ergeben (also z. B. die Mindestbetriebs-
größe des § 23 Abs. 1 KSchG unterschritten wird)[3], ist darauf einzugehen, ob
die Arbeitsverhältnisse auch beim Erwerber dem KSchG unterliegen, und
die Unzulässigkeit von Kündigungen wegen des Betriebsübergangs anzuspre-
chen[4]. Ob über den Fortbestand des Betriebsrates bzw. der Arbeitnehmervertretung zu unterrichten ist, ist zweifelhaft. Hiergegen spricht ein Vergleich
mit den unwandlungsrechtlichen Unterrichtungspflichten (§§ 5 Abs. 1 Nr. 9,
126 Abs. 1 Nr. 11 UmwG), in denen die Folgen für die Arbeitnehmer „und
ihre Vertretungen" ausdrücklich angesprochen sind, während eine entsprechende Regelung in Abs. 5 fehlt)[5]. Auch über das Widerspruchsrecht ist zu
informieren[6].

Es müssen schließlich gem. § 613a Abs. 5 Nr. 4 BGB die **hinsichtlich der Ar-**   36
beitnehmer in Aussicht genommenen Maßnahmen erläutert werden. Die
Begründung zum Gesetzesentwurf nennt beispielhaft Weiterbildungsmaß-
nahmen im Zusammenhang mit geplanten Produktionsumstellungen oder
Umstrukturierungen und andere Maßnahmen, die die berufliche Entwicklung der Arbeitnehmer betreffen. Ein Unterschied zur Mitteilungspflicht
hinsichtlich wirtschaftlicher Folgen gem. § 613a Abs. 5 Nr. 3 BGB ist nicht
erkennbar. Ebenso wie in Abs. 5 Nr. 3 müssen nur die Maßnahmen angegeben werden, die aus Sicht von Veräußerer und Erwerber konkret geplant oder
wahrscheinlich sind.

Um im Rahmen der Unterrichtung fehlerhafte oder widersprüchliche   37
Angaben zu vermeiden, empfiehlt es sich, dass Veräußerer und Erwerber vor
Betriebsübergang eng kooperieren und sich über Art und Umfang der mit-
zuteilenden Informationen verständigen. Zu den Folgen unrichtiger, unvoll-
ständiger oder verspäteter Unterrichtung siehe Rz. 39.

2. Widerspruchsrecht

Nach § 613a Abs. 6 BGB müssen die Arbeitnehmer innerhalb eines Monats   38
nach Zugang der Unterrichtung schriftlich gegenüber ihrem bisherigen oder
dem neuen Arbeitgeber widersprechen, um den Übergang ihres Arbeitsverhältnisses auf den Erwerber zu verhindern. Das die Widerspruchsfrist aus-
lösende Ereignis ist der Zugang der Unterrichtung durch den Arbeitgeber.

---

1 BAG v. 31.1.2008 – 8 AZR 1116/06, AP Nr. 2 zu § 613a BGB – Unterrichtung, Ls. 2.
2 BAG v. 31.1.2008 – 8 AZR 116/06, AP Nr. 2 zu § 613a BGB – Unterrichtung.
3 Vgl. hierzu BAG v. 15.2.2007 – 8 AZR 397/06, NZA 2007, 739.
4 *Gaul*, § 11 Rz. 15.
5 HWK/*Willemsen/Müller-Bonanni*, § 613a BGB Rz. 331; *Gaul*, § 11 Rz. 17; hiergegen
   Franzen, RdA 2002, 258, 265; Staudinger/*Annuß*, § 613a BGB Rz. 161.
6 BAG v. 13.7.2006 – 8 AZR 305/05, NZA 2006, 1268; BAG v. 14.12.2006 – 8 AZR
   763/05, DB 2007, 975.

Das Widerspruchsrecht ist nach ständiger Rechtsprechung des BAG[1] ein Gestaltungsrecht in der Form eines Rechtsfolgenverweigerungsrechts, das durch eine einseitige empfangsbedürftige Willenserklärung ausgeübt wird.

a) Widerspruchsfrist

39   Nur eine ordnungsgemäße Unterrichtung setzt die **Widerspruchsfrist** in Gang[2]. Eine ordnungsgemäße Unterrichtung ist lediglich Voraussetzung für den Beginn der Widerspruchsfrist und nicht Voraussetzung für die Erklärung eines wirksamen Widerspruchs[3]. Ein tatsächlich erklärter Widerspruch ist daher auch dann wirksam, wenn die Unterrichtung nicht ordnungsgemäß war[4]. Bei einer fehlerhaften Unterrichtung muss unterschieden werden, ob die Unterrichtung erst nach dem Betriebsübergang erfolgt, d.h. verspätet ist, oder ob ihr Inhalt nicht den gesetzlichen Anforderungen genügt. Da der Gesetzgeber nur eine vollständige Unterrichtung verlangt, löst auch eine verspätete Unterrichtung die Widerspruchsfrist aus. Dagegen führt eine unterbliebene oder fehlerhafte bzw. unvollständige Unterrichtung dazu, dass der Lauf der Widerspruchsfrist nicht ausgelöst wird. Neben der Geltendmachung von Schadensersatzansprüchen durch den Arbeitnehmer aufgrund der fehlerhaften oder unvollständigen Unterrichtung aus § 280 Abs. 1 BGB gegen den bisherigen Arbeitgeber bzw. aus §§ 280 Abs. 1, 311 Abs. 2 Nr. 3, 241 Abs. 2 BGB gegen den neuen Arbeitgeber[5] muss letzterer in einem solchen Fall damit rechnen, dass Arbeitnehmer noch lange Zeit nach Betriebsübergang Widerspruch erheben. Dies hätte die Konsequenz der nachträglichen Lösung des Arbeitsverhältnisses mit dem Betriebserwerber[6]. Zur Unwirksamkeit der Kündigung führt eine Verletzung der Unterrichtungspflicht jedoch nicht[7]. Maßgeblich für die Beurteilung der Richtigkeit und Vollständigkeit der Information ist die Sachlage im Zeitpunkt der Unterrichtung, so dass nachträglich eintretende Änderungen eine ursprünglich zutreffende Unterrichtung nicht unrichtig machen. Eine Pflicht zur Nachbesserung besteht deshalb im Falle nachträglich eintretender Veränderungen nicht[8].

b) Verwirkung des Widerspruchsrechts

40   Der Arbeitnehmer kann sein Widerspruchsrecht verwirken. Die Verwirkung ist ein Sonderfall der unzulässigen Rechtsausübung i.S.v. § 242 BGB. Voraussetzung ist, dass der Arbeitnehmer sein Recht über längere Zeit nicht

---

1 BAG v. 30.9.2004 – 8 AZR 462/03, BAGE 112, 124; BAG v. 15.2.2007 – 8 AZR 449/06.
2 BAG v. 24.5.2005 – 8 AZR 398/04, NZA 2005, 1302 ff.; BAG v. 13.7.2006 – 8 AZR 305/05, NZA 2006, 1268; BAG v. 14.12.2006 – 8 AZR 763/05, DB 2007, 975.
3 BAG v. 15.2.2007 – 8 AZR 449/06.
4 *Grobys*, BB 2002, 726 (729).
5 HWK/*Willemsen/Müller-Bonanni*, § 613a BGB Rz. 338.
6 BAG v. 14.12.2006 – 8 AZR 763/05, DB 2007, 975; Gaul, § 11 Rz. 74; *Worzalla*, NZA 2002, 353 (355).
7 BAG v. 24.5.2005 – 8 AZR 398/04, NZA 2005, 1302.
8 LAG Düsseldorf v. 1.4.2005 – 18 Sa 1950/04, DB 2005, 1741; HWK/*Willemsen/Müller-Bonanni*, § 613a BGB Rz. 339.

geltend gemacht hat (Zeitmoment), und zwar unter Umständen, die das Vertrauen begründen, er werde dies auch zukünftig nicht tun (Umstandsmoment). Eine **Verwirkung** des Widerspruchsrechts kommt in Betracht, wenn der Arbeitnehmer den Widerspruch erst nach einem längeren Zeitraum erklärt. Diese Verwirkung kann nach Auffassung im Schrifttum eintreten, wenn der Arbeitnehmer erst nach 2,5[1], drei[2] oder sechs[3] Monaten ab Kenntnis des Übergangs bzw. der Unvollständigkeit der Unterrichtung widerspricht. Nach anderer Ansicht scheide eine Verwirkung des Widerspruchsrechts nach sechs oder weniger Monaten deshalb aus, da entsprechende Vorschläge für eine absolute Befristung des Widerspruchsrechts im Gesetzgebungsverfahren abgelehnt wurden[4]. Nach Rechtsprechung des BAG kann nicht auf eine feststehende Monatsfrist abgestellt werden. Entscheidend sind die konkreten Umstände des Einzelfalles, wobei bei schwierigen Sachverhalten die Rechte des Arbeitnehmers erst nach längerer Zeit der Untätigkeit verwirken können[5]. Hat der Arbeitnehmer dem Übergang seines Arbeitsverhältnisses erst 15 Monate nach der (fehlerhaften) Unterrichtung widersprochen und hat er innerhalb dieser Zeitspanne schon selbst über den Bestand seines Arbeitsverhältnisses disponiert, so kann das Recht zum Widerspruch verwirkt sein[6].

c) Schriftform des Widerspruchs

Der Widerspruch muss **schriftlich** erfolgen (§ 126 BGB). Ein ohne Beachtung   41
dieser Form erklärter Widerspruch (z. B. mündlich oder per Telefax) ist gem.
§ 125 Satz 1 BGB nichtig[7]. Durch die erforderliche eigenhändige Unterzeichnung des Widerspruchs soll dem Arbeitnehmer die Bedeutung seiner Erklärung vor Augen geführt werden[8]. Bloßes Schweigen kann daher nicht als Widerspruch angesehen werden. Adressat der Widerspruchserklärung kann sowohl der alte Arbeitgeber als auch der neue Inhaber sein. Der Arbeitnehmer hat ein Wahlrecht. Ob der Empfänger der Widerspruchserklärung verpflichtet ist, den Arbeitnehmer auf die Formunwirksamkeit seines Widerspruchs hinzuweisen, wenn der Widerspruch nachgeholt werden kann, ist unsicher[9]. Um dieser Unsicherheit zu entgehen, empfiehlt es sich, den Arbeitnehmer im Rahmen der Unterrichtung nach Abs. 5 auf das Schriftformerfordernis mit einer Erläuterung, was Schriftform bedeutet, hinzuweisen.

---

1 HWK/*Willemsen/Müller-Bonanni*, § 613a BGB Rz. 347.
2 *Bauer/v. Steinau-Steinrück*, ZIP 2002, 457 (464).
3 *Worzalla*, NZA 2002, 353 (357); *Grobys*, BB 2002, 726 (730); *Gaul*, § 11 Rz. 75; *Krügermeyer-Kalthoff/Reutershan*, MDR 2003, 541 (544).
4 *Rieble*, NZA 2004, 1 (4).
5 BAG v. 15.2.2007 – 8 AZR 449/06; in dieser Entscheidung hatte das BAG eine Verwirkung 16 Monate nach Betriebsübergang bejaht.
6 BAG v. 27.11.2008 – 8 AZR 174/07, NZA 2009, 552.
7 HWK/*Willemsen/Müller-Bonanni*, § 613a BGB Rz. 349; *Worzalla*, NZA 2002, 353, 356 f.
8 BT-Drucks. 14/7760, S. 20.
9 Ablehnend Staudinger/*Annuß*, § 613a BGB Rz. 181.

d) Rechtsfolge des Widerspruchs

42 **Rechtsfolge** des Widerspruchs ist, dass das Arbeitsverhältnis mit dem Betriebsveräußerer fortbesteht – es geht nicht auf den Erwerber über. Der Widerspruch wirkt auf den Zeitpunkt des Betriebsübergangs zurück. Auch wenn der Widerspruch erst nach Betriebsübergang erklärt worden ist, verhindert er das Entstehen eines Arbeitsverhältnisses zu dem Erwerber[1]. Seine zwischenzeitliche Arbeitsleistung bei dem neuen Betriebsinhaber erbringt der Arbeitnehmer auf der Grundlage eines faktischen Arbeitsverhältnisses[2]. Der veräußernde Arbeitgeber muss prüfen, ob er den Arbeitnehmer an einer anderen Stelle des verbleibenden Teilbetriebes weiterbeschäftigen kann. Ist eine Weiterbeschäftigung nicht möglich, kann der Arbeitgeber betriebsbedingt kündigen. Diese Kündigung ist nicht unwirksam wegen Verstoßes gegen das Kündigungsverbot gem. § 613a Abs. 4 BGB, da sie nicht auf dem Betriebsübergang beruht, sondern auf dem Widerspruch des Arbeitnehmers.

43 Hat ein Arbeitnehmer dem Übergang seines Arbeitsverhältnisses auf den Betriebserwerber wirksam widersprochen, so ist er an den Widerspruch gebunden und kann ihn nicht einseitig widerrufen[3]. Sofern der Betriebsübergang bereits erfolgt ist, können die Rechtsfolgen dieses Widerrufs nur durch dreiseitige Vereinbarung des alten und neuen Betriebsinhabers und des Arbeitnehmers geregelt werden[4].

V. Rechtsfolgen des Betriebsübergangs

1. Individualarbeitsrecht

44 Individualrechtliche Folge des Betriebsübergangs ist, dass das Arbeitsverhältnis mit allen Rechten und Pflichten auf den Erwerber übergeht, wenn der Arbeitnehmer dem Betriebsübergang nicht widersprochen hat. Die Übertragung eines Betriebsteils führt zum Übergang der Arbeitsverhältnisse derjenigen Mitarbeiter, die in diesem Betriebsteil beschäftigt sind[5]. Die Arbeitsverhältnisse zum übertragenden Rechtsträger enden mit Betriebsübergang. Der neue Betriebsinhaber tritt kraft Gesetzes „in die Rechte und Pflichten aus den im Zeitpunkt des Übergangs bestehenden Arbeitsverhältnissen ein", § 613a Abs. 1 Satz 1 BGB.

45 Der Betriebsübergang lässt den Zustand der Arbeitsverhältnisse unberührt. Der zum Zeitpunkt des Betriebsübergangs bestehende Besitzstand soll geschützt werden. Nach diesem Zeitpunkt können Änderungen nur noch im Verhältnis zwischen Arbeitnehmer und übernehmendem Rechtsträger bewirkt werden. Die bis zum Betriebsübergang erreichte Betriebszugehörigkeit

---

1 BAG v. 14.12.2006 – 8 AZR 763/05, DB 2007, 975.
2 ErfK/*Preis*, § 613a BGB Rz. 105; HWK/*Willemsen/Müller-Bonanni*, § 613a BGB Rz. 355.
3 BAG v. 30.10.2003 – 8 AZR 491/02, NZA 2004, 481 (483).
4 *Meyer*, NZA 2005, 9 (10).
5 BAG v. 22.7.2004 – 8 AZR 350/03, NZA 2004, 1383 (1385); BAG v. 13.11.1997 – 8 AZR 375/96, NZA 1998, 249.

bleibt erhalten und wird auch beim übernehmenden Rechtsträger angerechnet. Bedeutsam ist dies insbesondere für den Kündigungsschutz, für Urlaubsansprüche sowie Ansprüche auf betriebliche Altersversorgung und andere Sonderleistungen. Ein vor Betriebsübergang gekündigtes Arbeitsverhältnis bleibt ein solches und endet mit Ablauf der Kündigungsfrist[1]. Die Berechtigung des Betriebsveräußerers, den Arbeitsvertrag anzufechten oder zu kündigen, geht ebenfalls auf den neuen Arbeitgeber über. Der Betriebsübergang berührt den Lauf von Ausschlussfristen nicht[2]. Wenn ein Anspruch bereits beim bisherigen Arbeitgeber verjährt oder von einer Ausschlussfrist erfasst war, kann dies vom Übernehmer gegenüber dem Arbeitnehmer geltend gemacht werden[3]. Umgekehrt muss der Übernehmer es gegen sich gelten lassen, wenn der Anspruch bereits rechtzeitig gegenüber dem bisherigen Arbeitgeber geltend gemacht worden ist[4]. Verbindliche Zusagen z.B. über eine Versetzung oder Beförderung sind vom übernehmenden Rechtsträger einzuhalten. Änderungen diesbezüglich sind nur einvernehmlich möglich oder durch Änderungskündigung nach Maßgabe des Kündigungsschutzgesetzes. Der Übernehmer tritt ebenfalls in alle Verpflichtungen aus Altersteilzeitvereinbarungen ein, wobei unerheblich ist, ob sich die betroffenen Mitarbeiter zum Zeitpunkt des Betriebsüberganges in der Arbeits- oder in der Freistellungsphase befinden. Ob der Übernehmer auch Zuschüsse erhält, ist von der konkreten Fallgestaltung abhängig. Zu den übergehenden Ansprüchen gehören auch solche aus betrieblicher Übung[5]. Ist im Zeitpunkt des Betriebsübergangs noch keine Bindungswirkung eingetreten, so kann der neue Betriebsinhaber die Übung abbrechen und hierdurch das Entstehen individualvertraglicher Ansprüche verhindern. Setzt der neue Betriebsinhaber die im Entstehen begriffene Übung fort, muss er die vom bisherigen Inhaber gesetzten Vertrauenstatbestände gegen sich gelten lassen[6]. Der Betriebsübernehmer tritt nur in Ansprüche aus dem Arbeitsverhältnis ein. Bestanden beim bisherigen Betriebsinhaber und dem Arbeitnehmer Vertragsverhältnisse außerhalb des Arbeitsverhältnisses (Arbeitgeberdarlehen, Wohnraummietverträge etc.), so gehen derartige Vertragsbeziehungen grundsätzlich nicht zusammen mit dem Arbeitsverhältnis auf den neuen Betriebsinhaber über[7].

Auch bei einem Übergang der Arbeitsverhältnisse auf einen **kirchlichen Rechtsträger** bleibt es bei der unveränderten Fortgeltung der individualrechtlich begründeten Rechtsposition der Arbeitnehmer[8]. Die Übernahme eines Betriebes oder Betriebsteiles durch einen kirchlichen Rechtsträger ist nicht automatisch mit einer Veränderung der vertraglichen Loyalitätspflichten verbunden. Insoweit ist es das Risiko des kirchlichen Betriebserwerbers, 46

---

1 BAG v. 22.2.1978 – 5 AZR 800/76, AP Nr. 11 zu § 613a BGB.
2 BAG v. 21.3.1991 – 2 AZR 577/90, AP Nr. 49 zu § 615 BGB.
3 *Gaul*, § 13 Rz. 145.
4 BAG v. 21.3.1991 – 2 AZR 577/90, NZA 1991, 726 (727).
5 Schaub/*Koch*, § 111 Rz. 1 ff.; HWK/*Willemsen/Müller-Bonanni*, § 613a BGB Rz. 232.
6 ErfK/*Preis*, § 613a BGB Rz. 74; *Gaul*, § 13 Rz. 3.
7 HWK/*Willemsen/Müller-Bonanni*, § 613a BGB Rz. 233.
8 BAG v. 20.3.2002 – 4 AZR 101/01, AP Nr. 53 zu Art. 140 GG; *Thüsing*, Kirchliches Arbeitsrecht, 2006, S. 4 f.

wenn er mit der übernommenen Belegschaft ohne Vertragsänderung kirchliche Aufgaben nicht erfüllen kann. Gegebenenfalls muss der kirchliche Rechtsträger eine Veränderung des Arbeitsvertrages durch Vereinbarung oder aber durch eine Änderungs- oder Beendigungskündigung herbeiführen[1].

2. Kollektives Arbeitsrecht

47 Der Erwerber tritt nicht nur in die einzelarbeitsvertraglich geltende Rechte und Pflichten ein. Vielmehr können auch **kollektivrechtliche Regelungen**, also Betriebsvereinbarungen und Tarifnormen, übernommen werden. Dabei kann es zu einer kollektivrechtlichen oder aber auch zu einer individualrechtlichen Weitergeltung kommen. § 613a BGB sieht in Abs. 1 Satz 2 eine Transformation kollektivrechtlicher Regelungen in das Individualarbeitsverhältnis vor. Beim Veräußerer geltende Tarifverträge und/oder Betriebsvereinbarungen werden Inhalt des Arbeitsverhältnisses zwischen dem Übernehmer und dem Arbeitnehmer und dürfen nicht vor Ablauf eines Jahres nach dem Zeitpunkt des Übergangs zum Nachteil des Arbeitnehmers geändert werden. Diese gesetzlich vorgesehene Transformation wird jedoch ebenso wie die einjährige Änderungssperre in vielen Fällen durchbrochen und greift dann nicht ein, wenn eine kollektivrechtliche Weitergeltung möglich ist oder ein Ablösung durch andere, für den Rechtsnachfolger geltende Regelungen erfolgt.

a) Tarifverträge

aa) Kollektivrechtliche Fortgeltung von Tarifverträgen

48 Ein Tarifvertrag wirkt nach Betriebsübergang kollektivrechtlich fort, wenn der Erwerber an diesen Tarifvertrag durch seine Mitgliedschaft im tarifvertragsschließenden Arbeitgeberverband gebunden ist, also Veräußerer und Erwerber Mitglied im selben Arbeitgeberverband sind, ferner der Arbeitnehmer Gewerkschaftsmitglied ist und der betreffende Betrieb bzw. der Betriebsteil nach wie vor dem Geltungsbereich dieses Tarifvertrages unterfällt.

49 Eine kollektivrechtliche Fortgeltung kommt im Übrigen dann in Betracht, wenn der Tarifvertrag gem. § 5 TVG für allgemeinverbindlich erklärt worden ist und der Betriebserwerber dem räumlichen und sachlichen Geltungsbereich des Tarifvertrages zuzuordnen ist[2].

bb) Ablösung durch beim Erwerber geltende Tarifverträge

50 Tarifregelungen werden gem. § 613a Abs. 1 Satz 3 BGB nur dann individualrechtlich transformiert, wenn sie nicht durch einen bei dem Erwerber an-

---

1 *Gaul*, § 13 Rz. 161; differenziert zu den Loyalitätsanforderungen; *Reichold* in: FS Richardi, 2007, 953, der zwischen allgemeinen vertragsimmanenten Rücksichtnahmepflichten aus § 241 Abs. 2 BGB und den Loyalitätsobliegenheiten, die zu einer Einschränkung eigener Grundrechte führen können, unterscheidet.
2 *Prange*, NZA 2002, 817 (819).

wendbaren Tarifvertrag abgelöst werden. Gilt zum Zeitpunkt des Betriebsüberganges bereits ein Tarifvertrag beim Erwerber, kommt es erst gar nicht zu einer Transformation der beim Veräußerer geltenden kollektivrechtlichen Regelungen. Es kann aber auch der Fall eintreten, dass der zunächst individualrechtlich transformierte Tarifvertrag erst einige Zeit nach Betriebsübergang durch einen vorrangigen Tarifvertrag des Erwerbers abgelöst wird, der durch einen späteren Verbandseintritt des Erwerbers, Gewerkschaftsbeitritt des Arbeitnehmers oder etwa durch Allgemeinverbindlichkeitserklärung Geltung erlangt[1].

Eine Ablösung tritt jedenfalls nur dann ein, wenn die beim Erwerber geltenden Tarifnormen entweder gem. § 5 TVG für allgemeinverbindlich erklärt wurden oder aber wenn sowohl der Erwerber kraft Verbandsmitgliedschaft als auch die übernommenen Arbeitnehmer kraft Gewerkschaftszugehörigkeit an die einschlägigen beim Erwerber geltenden Tarifnormen gebunden sind[2]. 51

Umstritten war lange Zeit, ob eine Ablösung auch bei einer **bloß einseitigen Tarifbindung des Betriebserwerbers** erfolgt. Aufgrund der Rechtsprechung des BAG ist mittlerweile geklärt, dass die Ablösung eines vor dem Betriebsübergang normativ geltenden Tarifvertrages durch einen beim Betriebserwerber geltenden Tarifvertrag die beiderseitige Tarifgebundenheit des Erwerbers und des Arbeitnehmers voraussetzt[3]. Ist der Arbeitnehmer nicht Mitglied der Gewerkschaft, mit der der Erwerber den für ihn geltenden Tarifvertrag abgeschlossen hat, bleibt es bei der individualrechtlichen Transformation von Tarifregelungen nach Maßgabe des § 613a Abs. 1 Satz 2 BGB. 52

Zu einer Ablösung durch einen beim Erwerber geltenden Tarifvertrag kommt es nur dann, wenn der beim Rechtsnachfolger geltende Tarifvertrag die übernommenen Arbeitsverhältnisse von seinem **Geltungsbereich** her er**fasst**. Eine Ablösung kann also nur dann erfolgen, wenn die neuen Tarifnormen Regelungen betreffen, die denen des alten Tarifvertrages entsprechen. Dabei erfordert die Regelungsidentität keine vollkommene Deckungsgleichheit; es genügt bereits, wenn dieselbe Sachgruppe beim neuen Betriebsinhaber zumindest – wenn auch anders – geregelt ist, was auch durch Auslegung ermittelt werden kann. Im Gegensatz zu einer sog. Negativregelung, die nach Ansicht des BAG eine vorherige vertragliche Regelung ablösen kann[4], entspricht ein schlichtes Ausschweigen zu Sachgruppen jedoch nicht den Anforderungen einer Regelung[5]. 53

Die **Frage der Regelungsidentität** kann problematisch sein, beispielsweise beim Weihnachtsgeld, wenn der bisherige Tarifvertrag dieses ausdrücklich vorsieht, die beim Erwerber geltenden Tarifnormen jedoch keine diesbezügli- 54

---

1 Erfk/*Preis*, § 613a BGB Rz. 121; BAG v. 20.4.1994 – 4 AZR 342/93, AP Nr. 108 zu § 613a BGB.
2 HWK/*Willemsen/Müller-Bonanni*, § 613a BGB Rz. 268.
3 BAG v. 21.2.2001 – 4 AZR 18/00, NZA 2001, 1318 (1320 ff.).
4 BAG v. 22.1.2003 – 10 AZR 227/02, AP Nr. 242 zu 613a BGB.
5 ErfK/*Preis*, § 613a BGB Rz. 121; HWK/*Willemsen/Müller-Bonanni*, § 613a BGB Rz. 271.

che Regelung enthalten. Sieht z.B. der bisherige Tarifvertrag 13 Monatsgehälter vor und erwähnt der Erwerbertarifvertrag ein 13. Gehalt nicht, so
bleibt es beim 13. Monatsgehalt. Sind im Erwerbertarifvertrag lediglich 12,5
Monatsgehälter vereinbart, verdrängt diese Regelung die bisherige Vereinbarung[1]. Abgesehen von den Besonderheiten bei der betrieblichen Altersversorgung tritt eine Ablösung also auch dann ein, wenn der beim Erwerber
geltende Tarifvertrag für die übernommenen Arbeitnehmer ungünstigere Regelungen enthält, da das Günstigkeitsprinzip zwischen dem individualrechtlich fortgeltenden Recht und dem neuen Kollektivrecht beim Übernehmer
keine Anwendung findet[2].

cc) Einzelvertragliche Bezugnahme auf Tarifverträge

55   Wird im Arbeitsvertrag auf einen Tarifvertrag lediglich Bezug genommen, so
sind die Bestimmungen dieses Tarifvertrages Inhalt des Arbeitsvertrages, der
gem. § 613a Abs. 1 Satz 1 BGB zwischen dem Arbeitnehmer und Erwerber
fortgilt. Die Bezugnahmeklausel bleibt damit vom Grundsatz her unverändert auf individualrechtlicher Grundlage Bestandteil des auf den Erwerber
übergegangenen Arbeitsverhältnisses. Änderungen sind damit ohne Rücksicht auf die Einjahresfrist statthaft, allerdings nur im Einvernehmen mit
dem Arbeitnehmer durchsetzbar oder im Wege der Änderungskündigung
nach Maßgabe des Kündigungsschutzgesetzes. Werden individualrechtliche
Regelungen während des ersten Jahres nach dem Inhaberwechsel im Einvernehmen mit dem Arbeitnehmer zu dessen Nachteil geändert, bedarf es
insoweit entgegen der früheren Rechtsprechung nicht eines sachlichen
Grundes[3]. Betriebsbedingte Gründe, die den Ausspruch einer Änderungskündigung rechtfertigen, dürften im Regelfall nicht vorliegen; auch stellt
das Festhalten des Arbeitnehmers an vereinbarten Vertragsbedingungen keinen verhaltens- oder personenbedingten Kündigungsgrund dar[4].

56   Ändert sich durch den Betriebsübergang der im Betrieb anzuwendende Tarifvertrag, stellt sich die Frage, auf welche tarifliche Regelung die Bezugnahmeklausel verweist. Wenn **weder Veräußerer noch Erwerber tarifgebunden** sind,
verbleibt es nach dem Betriebsübergang bei der schuldrechtlichen Anwendbarkeit des Tarifvertrages, auf den Bezug genommen wird. Wenn Veräußerer
und Erwerber an den gleichen Tarifvertrag gebunden sind, gilt dasselbe. In
Bezug genommen wird auch hier nach wie vor der gleiche Tarifvertrag.

57   Ist der **Veräußerer tarifgebunden, nicht jedoch der Erwerber**, soll nach Ansicht des BAG die Bezugnahmeklausel ihre Wirkung verlieren. Dies gilt jedenfalls dann, wenn auf die (jeweils) anwendbaren Tarifverträge verwiesen

---

1 MünchKomm/*Schaub*, § 613a BGB Rz. 130.
2 *Prange*, NZA 2002, 817 (820) m.w.N.; *Kempen*, BB 1991, 2006 (2010); BAG v.
   20.4.1994 – 4 AZR 342/93, AP Nr. 108 zu § 613a BGB.
3 BAG v. 7.11.2007 – 5 AZR 1007/06, NJW 2008, 939; anders noch BAG v. 18.8.1976 –
   5 AZR 95/75, AP Nr. 4 zu § 613a BGB; BAG v. 26.1.1977 – 5 AZR 302/75, AP Nr. 5
   zu § 613a BGB.
4 *Gaul*, § 24 Rz. 75 m.w.N.

wird (große Bezugnahmeklausel), denn hierdurch soll eine Gleichstellung des Außenseiters mit den Gewerkschaftsmitgliedern bewirkt werden. Diese Gleichstellung kann nicht erreicht werden, wenn der Erwerber nicht tarifgebunden ist, also ein jeweils anwendbarer Tarifvertrag nicht existiert. Rechtsfolge ist nach Ansicht des BAG, dass sich die übergegangenen Arbeitsverhältnisse nach keinem Tarifvertrag richten, sondern nach den gesetzlichen Bestimmungen[1].

Wenn **sowohl Veräußerer als auch Erwerber tarifgebunden** sind, jedoch **unterschiedliche Tarifwerke** zur Anwendung kommen, ist die Frage, ob und ggf. welcher Tarifvertrag nach dem Betriebsübergang gilt, davon abhängig, um welche Art von Bezugnahmeklausel es sich handelt. Ist eine Bezugnahmeklausel im Arbeitsvertrag des Veräußerers derart gefasst, dass die Anwendung oder Geltung eines bestimmten, dort genannten Tarifvertrages vereinbart wird, spricht man von sog. kleinen Bezugnahmeklauseln. Dabei kann ein Tarifvertrag in einer bestimmten Fassung (sog. statische kleine Bezugnahmeklausel) oder in seiner jeweils geltenden Fassung (sog. dynamische kleine Bezugnahmeklausel) in Bezug genommen werden. Beispiel für eine statische kleine Bezugnahmeklausel ist: „Der Tarifvertrag für Arbeiter in Privatkrankenanstalten vom 11.12.1989 findet Anwendung". Eine dynamische kleine Bezugnahmeklausel ist: „Es finden die Tarifverträge für Arbeiter in Privatkrankenanstalten in ihrer jeweiligen Fassung Anwendung". 58

Liegt eine **statische kleine Bezugnahmeklausel** vor, kommt der beim Veräußerer geltende Tarifvertrag schuldrechtlich auch nach dem Betriebsübergang weiterhin zur Anwendung[2]. Der Erwerber muss daher den Arbeitnehmer nach tariflichen Bestimmungen behandeln, die in seinem Unternehmen z. B. wegen Branchenverschiedenheit nie Anwendung fanden. 59

Früher hatte das BAG bei **dynamischen kleinen Bezugnahmeklauseln** eine korrigierende Auslegung vorgenommen, da es bei den Arbeitsvertragsparteien bei Abschluss einer solchen Klausel maßgeblich darauf ankomme, die nicht gewerkschaftlich organisierten Arbeitnehmer mit den Gewerkschaftsmitgliedern gleichzustellen. Daher komme es bei einem Betriebsübergang zu einem Tarifwechsel, wenn der Betrieb oder Betriebsteil in den fachlichen/betrieblichen Geltungsbereich eines anderen Tarifs wechsele. Das BAG hat also die dynamisch kleine Bezugnahmeklausel korrigierend wie eine große Bezugnahmeklausel ausgelegt[3]. Diese Rechtsprechung hat das BAG aufgegeben und entschieden, dass eine kleine dynamische Bezugnahmeklausel nur dann als Bezugnahme auf einen im jeweiligen Betrieb fachlich/betrieblich anwendbaren Tarifvertrag ausgelegt werden könne, wenn sich dies aus besonderen Umständen ergebe. Der bloße Umstand, dass es sich um eine Gleichstellungsabrede handele, genüge hierfür nicht[4]. 60

---

1 BAG v. 4.8.1999 – 5 AZR 642/98, BB 2000, 1091; a. A. *Seitz/Werner*, NZA 2000, 1257 (1265); *Prange*, NZA 2002, 817 (822).
2 BAG v. 28.5.1997 – 4 AZR 663/95, NZA 1997, 1066 (1069 f.).
3 BAG v. 4.9.1996 – 4 AZR 135/95, NZA 1997, 271 (272).
4 BAG v. 30.8.2000 – 4 AZR 581/99, NZA 2001, 510 (511).

61   Bei dynamischen kleinen Bezugnahmeklauseln ist also zu prüfen, ob beson-
     dere Umstände die Annahme rechtfertigen, dass die beim Erwerber gelten-
     den Tarifverträge zur Anwendung kommen. Dies ist beispielsweise dann an-
     zunehmen, wenn die Parteien vorausschauend eine Regelung für den Fall
     des Tarifwechsels getroffen haben. Ist dies nicht der Fall, kommen auch wei-
     terhin die beim Veräußerer geltenden Tarifverträge zur Anwendung.

62   Aus dem Zweck der Bezugnahme, die gewerkschaftlich nicht organisierten
     Arbeitnehmer mit den Gewerkschaftsmitgliedern gleichzustellen, folgt je-
     denfalls, dass die übernommenen Arbeitnehmer grundsätzlich nicht an Ta-
     rifentwicklungen teilhaben. Die tariflichen Regelungen werden quasi „ein-
     gefroren", spätere tarifliche Änderungen werden nicht übernommen, denn
     für die Gewerkschaftsmitglieder gilt § 613a BGB Abs. 1 Satz 2 BGB. Für sie
     werden die tariflichen Regelungen in das Arbeitsverhältnis transformiert,
     ohne dass sie an weiteren Änderungen dieser Regelungen partizipieren
     könnten. Würde man den nicht gewerkschaftlich organisierten Arbeitneh-
     mern hingegen eine zeitliche Dynamik zusprechen, wären diese besser ge-
     stellt als die Gewerkschaftsmitglieder.

63   Vereinbart jedoch ein nicht tarifgebundener Arbeitgeber im Arbeitsvertrag
     die Anwendbarkeit eines Tarifvertrages, so ist dieser auch nach Betriebsüber-
     gang dynamisch auf das Arbeitsverhältnis anzuwenden, da die Vereinbarung
     mangels Tarifgebundenheit des Veräußerers keine Gleichstellungsabrede
     darstellt[1]. In diesem vom BAG entschiedenen Fall war die Klägerin ur-
     sprünglich in einem Krankenhaus als Köchin beschäftigt. In ihrem Arbeits-
     vertrag war die Anwendung des Bundesmanteltarifvertrages für die Arbeiter
     gemeindlicher Verwaltungen und Betriebe (BMT-G II) in der jeweils gültigen
     Fassung vereinbart worden. Der Krankenhausträger war nicht tarifgebunden.
     Die Küche des Krankenhauses wurde ausgegliedert, das Arbeitsverhältnis
     ging auf die Beklagte über, die dem Geltungsbereich der – teilweise für all-
     gemeinverbindlich erklärten – Tarifverträge für das Hotel- und Gaststätten-
     gewerbe Nordrhein-Westfalen unterfällt. Die Parteien stritten darüber, ob
     auf das übergegangene Arbeitsverhältnis der Klägerin auch nach Betriebs-
     übergang der – günstigere – BMT-G II dynamisch anzuwenden sei. Dies be-
     jahte das BAG mit der Begründung, der Krankenhausträger als Rechtsvorgän-
     ger sei nicht tarifgebunden gewesen. Nur im Falle der Tarifgebundenheit des
     Arbeitgebers sei die Bezugnahmeklausel als Gleichstellungsabrede zu verste-
     hen, also als eine Vereinbarung mit dem Zweck, die Gleichstellung nicht
     oder anders organisierter Arbeitnehmer mit Gewerkschaftsmitgliedern her-
     beizuführen. Nur bei einer solchen Abrede, die eine Tarifgebundenheit des
     Arbeitgebers voraussetze, gelte der in Bezug genommene Tarifvertrag als Sta-
     tus quo mit seinen zum Zeitpunkt des Betriebsübergangs gültigen Normen,
     ohne dass sich nachträgliche Änderungen auswirken.

63a Ob es sich um eine Gleichstellungsabrede oder eine konstitutive Zusage der
     Anwendung eines bestimmten Tarifvertrages handelt, macht die Rechtspre-
     chung bei formularmäßig vorformulierten Arbeitsverträgen, die vor dem

---

1 BAG v. 25.9.2002 – 4 AZR 294/01, NZA 2003, 807.

1.1.2002 geschlossen wurden, davon abhängig, ob der Arbeitgeber bei Abschluss des Arbeitsvertrages tarifgebunden war. In diesem Fall müsse ein verständiger Arbeitnehmer davon ausgehen, dass der Arbeitgeber lediglich deklaratorisch wiedergeben wolle, was für die tarifgebundenen Arbeitnehmer in seinem Unternehmen gelte[1]. Um eine konstitutive Zusage der Anwendung eines bestimmten Tarifvertrages handele es sich demgegenüber u. a., wenn im Arbeitsvertrag auf einen branchenfremden Tarifvertrag Bezug genommen werde[2]. Für Bezugnahmeklauseln, die nach dem 31.12.2001 in Formulararbeitsverträgen vereinbart worden sind, hat das BAG bereit im Jahr 2005 mit Blick auf §§ 305c Abs. 2, 307 Abs. 1 Satz 2 BGB und das Verbot der geltungserhaltenden Reduktion eine Abkehr von der bisherigen Rechtsprechung angekündigt[3]. Diese angekündigte Rechtsprechungsänderung hat das BAG zwischenzeitlich vollzogen. Eine einzelvertraglich vereinbarte dynamische Bezugnahme auf den beim Veräußerer geltenden Tarifvertrag soll demnach nur dann als Gleichstellungsabrede gelten, wenn der Fortbestand der Tarifbindung des Arbeitgebers in einer für den Arbeitnehmer erkennbaren Weise zur auflösenden Bedingung für die Vereinbarung gemacht worden sei[4]. Eine einzelvertraglich vereinbarte dynamische Bezugnahme auf die jeweils geltenden tariflichen Bestimmungen sei jedenfalls dann, wenn die Tarifgebundenheit des Arbeitgebers an die in Bezug genommenen Tarifverträge nicht in einer für den Arbeitnehmer erkennbaren Weise zur auflösenden Bedingung der Vereinbarung gemacht worden sei, eine konstitutive Verweisungsklausel, die durch einen Verbandsaustritt des Arbeitgebers oder einen sonstigen Wegfall der Tarifgebundenheit nicht berührt werde („unbedingte zeitdynamische Verweisung"). Eine individualvertragliche Klausel, die ihrem Wortlaut nach ohne Einschränkung auf einen bestimmten Tarifvertrag in seiner jeweiligen Fassung verweise, sei im Regelfall dahingehend auszulegen, dass dieser Tarifvertrag in seiner jeweiligen Fassung gelten soll und dass diese Geltung nicht von Faktoren abhängt, die nicht im Vertrag genannt oder sonst für beide Parteien ersichtlich zur Voraussetzung gemacht worden seien[5].

Allerdings kann – trotz Tarifgebundenheit des Arbeitgebers – ein **Krankenhauskaufvertrag** nach §§ 133, 157 BGB ausgehend vom Wortlaut und unter Berücksichtigung der Begleitumstände bei Vertragsschluss dahingehend ausgelegt werden, dass die dynamische Anwendbarkeit der arbeitsvertraglich in Bezug genommenen Vergütungstarifverträge nach dem Betriebsübergang zu-   64

---

1 BAG v. 4.9.1996 – 4 AZR 135/95, AP Nr. 5 zu § 1 TVG – Bezugnahme auf TV; BAG v. 4.8.1999 – 5 AZR 642/98, AP Nr. 14 zu § 1 TVG – Tarifverträge Papierindustrie.
2 BAG v. 25.10.2000 – 4 AZR 506/99, AP Nr. 13 zu § 1 TVG – Bezugnahme auf Tarifvertrag; BAG v. 28.5.1997 – 4 AZR 663/95, AP Nr. 6 zu § 1 TVG – Bezugnahme auf Tarifvertrag.
3 BAG v. 14.12.2005 – 4 AZR 536/04, AP Nr. 39 zu § 1 TVG – Bezugnahme auf Tarifvertrag.
4 BAG v. 18.4.2007 – 4 AZR 652/05, NZA 2007, 965; BAG v. 22.10.2008 – 4 AZR 793/07, NZA 2008, 323.
5 BAG v. 18.4.2007 – 4 AZR 652/05, NZA 2007, 965; BAG v. 22.10.2008 – 4 AZR 793/07, NZA 2008, 323.

gesichert werden soll[1]. Das BAG wertete einen Krankenhauskaufvertrag, an dem die betroffenen Arbeitnehmer nicht beteiligt waren, als Vertrag zugunsten Dritter, da diesen darin auch ein Abwahlrecht bzgl. des bislang geltenden Tarifwerks eingeräumt worden war. Die **Zusicherung der dynamischen Anwendbarkeit** der Vergütungstarifverträge nach dem Betriebsübergang begründete daher nach Ansicht des BAG trotz der Möglichkeit zukünftig verschlechternder Tarifverträge keine Lasten für die nicht am Vertrag beteiligten Arbeitnehmer.

65   Wenn eine Bezugnahmeklausel im Arbeitsvertrag so gefasst ist, dass die Anwendung von Tarifverträgen ohne näheren Bezug zu einer bestimmten Branche vorgesehen wird, spricht man von einer **großen Bezugnahmeklausel**. Auch diese kann statisch oder dynamisch sein. Beispiel für eine statische große Bezugnahmeklausel ist: „Es gelten die im Betrieb im Zeitpunkt des Vertragsschlusses anwendbaren Tarifverträge". Beispiel für eine dynamische große Bezugnahmeklausel ist: „Es gelten die im Betrieb anwendbaren Tarifverträge in ihrer jeweiligen Fassung".

66   Liegt eine dynamische Bezugnahmeklausel vor, kommt der beim Erwerber wegen Allgemeinverbindlichkeit oder aufgrund beiderseitiger Tarifbindung geltende Tarifvertrag auch für die nichtorganisierten Arbeitnehmer zur Anwendung. Anderenfalls wären diese Arbeitnehmer an den früheren Tarifvertrag stärker gebunden als die gewerkschaftlich organisierten Mitarbeiter, was zu einer ungerechtfertigten Besserstellung der Nichtorganisierten führen würde.

dd) Individualrechtliche Fortgeltung

67   Für den Fall, dass bei Betriebsübergang sowohl eine kollektivrechtliche Fortgeltung des Tarifvertrages als auch eine Ablösung desselben durch einen anderen, für den Erwerber geltenden Tarifvertrag ausscheidet, wird der beim früheren Inhaber geltende Tarifvertrag gem. § 613a Abs. 1 Satz 2 BGB Inhalt des Arbeitsvertrages. Die individualrechtlich transformierten Tarifnormen gelten auf Grundlage des Status Quo zum Zeitpunkt des Betriebsübergangs fort. Nachträgliche Änderungen des Tarifvertrages wirken sich auf die übergegangenen Arbeitsverhältnisse nicht aus[2]. Die individualrechtliche Weitergeltung bezieht sich außerdem nur auf den normativen Teil des Tarifvertrages, der die Rechte und Pflichten des zum Zeitpunkt des Übergangs bestehenden Arbeitsverhältnisses regelt. Die Abschlussnormen, betriebliche und betriebsverfassungsrechtliche Normen sowie Normen über gemeinsame Einrichtungen der Tarifvertragsparteien werden in das auf den Betriebsnachfolger übergehende Arbeitsverhältnis nicht transformiert[3]. § 613a Abs. 1

---

1 BAG v. 20.4.2005 – 4 AZR 292/04, NZA 2006, 281 f.
2 BAG v. 13.11.1985 – 4 AZR 309/84, BB 1986, 666; BAG v. 4.8.1999 – 5 AZR 642/98, NZA 2000, 154.
3 ErfK/*Preis*, § 613a BGB Rz. 114; *Kempen*, BB 1991, 2006 (2009).

Satz 2 BGB enthält eine Fortgeltungsanordnung sui generis[1]. In der Sache ähnelt die Fortgeltung nach § 613a Abs. 1 Satz 2 bei Tarifverträgen der Nachbindung gem. § 3 Abs. 3 TVG, nach Ablauf der Jahresfrist der Nachwirkung gem. § 4 Abs. 5 TVG[2].

Die individualrechtlich transformierten Tarifnormen unterliegen darüber hinaus einer **einjährigen Veränderungssperre**. Erst nach Ablauf der Jahresfrist kann der Erwerber die Tarifnormen auch zu Lasten der Arbeitnehmer ändern, und zwar entweder einvernehmlich mit dem betroffenen Arbeitnehmer durch Abschluss eines Änderungsvertrages oder aber gegen dessen Willen durch Ausspruch einer Änderungskündigung. Für eine solche Änderungskündigung muss jedoch ein Grund vorliegen, der die Kündigung sozial rechtfertigt, was vielfach nicht der Fall ist. Der Wunsch des Erwerbers, die Arbeitsvertragsbedingungen anzugleichen, stellt jedenfalls keinen Grund dar, der eine Änderungskündigung rechtfertigen könnte[3]. Andererseits ist der Erwerber nicht verpflichtet, aufgrund des arbeitsrechtlichen Gleichbehandlungsgrundsatzes die Arbeitsbedingungen zu vereinheitlichen. Die übernommenen Arbeitnehmer können aus dem Gleichbehandlungsgrundsatz keine Anpassung an die beim Erwerber bestehenden besseren Arbeitsbedingungen verlangen[4]. | 68

§ 613a Abs. 1 Satz 2 BGB verbietet nur Änderungen zum Nachteil des Arbeitnehmers. Änderungen, die zu keiner Verschlechterung führen, sind daher zulässig. Die Veränderungssperre endet vorzeitig, wenn der Tarifvertrag, dessen Fortgeltung § 613a Abs. 1 Satz 2 BGB anordnet, nicht mehr gilt. Dies betrifft den Fall, dass der Tarifvertrag innerhalb der Jahresfrist durch Kündigung oder Fristablauf geendet hat und nur noch gem. § 4 TVG nachwirkt. In diesem Fall kann gem. § 613a Abs. 1 Satz 4 Alt. 1 BGB auch schon vor Ablauf der Jahresfrist zwischen den Parteien des Arbeitsvertrages eine abweichende Vereinbarung getroffen werden[5]. | 69

Ferner können gem. § 613a Abs. 1 Satz 4 Alt. 2 BGB bei fehlender beiderseitiger Tarifgebundenheit im Geltungsbereich eines anderen Tarifvertrages Erwerber und Arbeitnehmer die im Gesetz angeordnete Weitergeltung des bisherigen Tarifvertrages durch die Vereinbarung ablösen, dass nunmehr der neue Tarifvertrag gelten soll. | 70

Denkbar ist es auch in diesen Fällen, dass ein Tarifvertrag durch eine Betriebs- oder Dienstvereinbarung abgelöst wird. Denn der Tarifvertrag des Betriebsveräußerers gilt nicht kollektiv, sondern lediglich individualrechtlich | 71

---

1 BAG v. 22.4.2009 – 4 AZR 100/08, DB 2009, 2605 unter ausdrücklicher Aufgabe der frühren Rechtsprechung; bestätigt durch BAG v. 26.8.2009 – 5 AZR 969/08, NZA 2010, 173.
2 BAG v. 22.4.2009 – 4 AZR 100/08, DB 2009, 2605; zur Nähe zu § 4 Abs. 5 TVG BAG v. 29.8.2001 – 4 AZR 332/00, AP Nr. 17 zu § 1 TVG – Bezugnahme auf Tarifvertrag.
3 BAG v. 28.4.1982 – 7 AZR 1139/79, AP Nr. 3 zu § 2 KSchG; *Prange*, NZA 2002, 817 (822).
4 BAG v. 31.8.2005 – 5 AZR 517/04, BB 2006, 440.
5 *Prange*, NZA 2002, 817 (822).

weiter fort, so dass diese individualvertraglichen Normen auch durch Betriebs- oder Dienstvereinbarung modifiziert werden können, sofern sie den gleichen Regelungsinhalt aufweisen[1].

b) Betriebsvereinbarungen

72   Das BAG geht davon aus, dass bei Wahrung der betrieblichen Identität beim Betriebsübergang Betriebsvereinbarungen auch bei einem Betriebsinhaberwechsel kollektivrechtlich fortgelten können[2]. Bei Erhaltung der Identität des übergegangenen Betriebes bleibt die Grundlage für die Fortgeltung der Betriebsvereinbarung vorhanden, so dass eine Transformation auf individualrechtlicher Ebene nicht zu erfolgen hat. Ein Betrieb verliert jedoch seine Identität und Eigenständigkeit, wenn er in einen anderen eingegliedert wird oder mit einem anderen Betrieb zu einem neuen Betrieb verschmolzen wird[3].

73   Bei der Ausgliederung und rechtlichen Verselbständigung von einzelnen Krankenhausabteilungen liegt in der Regel eine Teilbetriebsübernahme durch den neuen Erwerber vor, so dass bei der Eingliederung in einen anderen bestehenden Betrieb oder bei Verschmelzung zu einem neuen Betrieb ein Verlust der Eigenständigkeit zu bejahen ist. Gemäß § 613a Abs. 1 Satz 2 BGB gelten in diesen Fällen Betriebsvereinbarungen individualrechtlich weiter; sie werden in das Arbeitsverhältnis zwischen Arbeitnehmer und Erwerber transformiert[4]. Die Fortgeltung beschränkt sich auf die zum Zeitpunkt des Betriebsübergangs geltende Betriebsvereinbarung. Das bedeutet, dass der übernommene Arbeitnehmer an Weiterentwicklungen oder Änderungen der Betriebsvereinbarung im Veräußererbetrieb nicht teilnimmt. Der Besitzstand ist statisch.

74   Auch bezüglich Betriebsvereinbarungen gilt die **Änderungssperre** von einem Jahr. Einseitige oder einvernehmliche Änderungen zu Ungunsten des Arbeitnehmers sind innerhalb eines Jahres nach Betriebsübergang unzulässig; günstigere Vereinbarungen bleiben von der Änderungssperre unberührt.

75   Ebenso wie bei den Tarifverträgen können jedoch gem. § 613a Abs. 1 Satz 4 BGB vor Ablauf der Jahresfrist Änderungen vorgenommen werden, wenn die Betriebsvereinbarung aufgrund einer Kündigung seitens des Veräußerers oder aufgrund einer Befristung vor Ablauf eines Jahres seit dem Betriebsübergang endet. Der Arbeitnehmer muss den Änderungen zustimmen, oder der Übernehmer muss diese einseitig im Wege der Änderungskündigung umsetzen, wobei die Änderungskündigung wiederum sozial gerechtfertigt sein muss.

76   Besteht beim Erwerber bereits eine Betriebsvereinbarung, die den Inhalt der Betriebsvereinbarung des Veräußerers erfasst, so gilt diese für die übernom-

---

1 ErfK/*Preis*, § 613a BGB Rz. 122.
2 BAG v. 24.7.2001 – 3 AZR 660/00, NZA 2002, 520.
3 *Gaul*, § 25 Rz. 117.
4 *Fitting*, § 77 BetrVG Rz. 145; *Schiefer*, NJW 1998, 1817 (1820).

menen Arbeitnehmer unmittelbar und zwingend gem. § 613a Abs. 1 Satz 3 BGB. In diesem Fall kommt es nicht zu einer individualrechtlichen Fortgeltung der Betriebsvereinbarung des Veräußerers, und zwar auch dann nicht, wenn die Arbeitsbedingungen der übernommenen Arbeitnehmer durch die Regelung des Erwerbers verschlechtert werden.

c) Besonderheiten bei Regelungen des „Dritten Weges"

Im Krankenhausbereich sind aufgrund der Vielzahl der kirchlichen und kari-   77
tativen Träger Regelungen des sog. „Dritten Weges" (Arbeitsvertragsordnungen und Arbeitsvertragsrichtlinien der Kirchen und ihrer diakonischen oder karitativen Verbände) zu beachten. Das BAG nimmt in ständiger Rechtsprechung an, dass die Richtlinien für Arbeitsverträge in den Einrichtungen des Deutschen Caritasverbandes keine Tarifverträge sind[1]. Kirchliche Arbeitsvertragsregelungen finden nur kraft einzelvertraglicher Bezugnahme auf ein Arbeitsverhältnis Anwendung. Siehe zu den Besonderheiten in kirchlichen Einrichtungen insgesamt auch Teil 4.

aa) Übergang auf einen nichtkirchlichen Rechtsträger

Wenn der Erwerber der Kirche zugeordnet ist, bleibt der Arbeitnehmer im   78
kirchlichen Dienst. Erfüllt der neue Betriebsinhaber jedoch nicht mehr die staatskirchenrechtlichen Zuordnungskriterien, so tritt er kraft Gesetzes gem. § 613a Abs. 1 Satz 1 BGB in die bestehenden Arbeitsverträge ein. Die Bezugnahmeklausel gilt auch beim nichtkirchlichen Rechtsträger fort. Die einjährige Veränderungssperre des § 613a Abs. 1 Satz 2 BGB ist bei Bezugnahmeklauseln nicht anwendbar, da sie auf einzelvertragliche Regelungen keine Anwendung findet. Daher können die Arbeitsbedingungen der Arbeitnehmer unmittelbar nach Übergang der Arbeitsverhältnisse auch zu deren Nachteil abgeändert werden[2]. Die Abänderungen können jedoch nur mit Zustimmung der Arbeitnehmer erfolgen oder aber durch Ausspruch einer Änderungskündigung, die jedoch nach Maßgabe der §§ 1 und 2 KSchG sozial gerechtfertigt sein muss. Die Angleichung an die beim Erwerber geltenden Tarifregeln rechtfertigt eine Änderungskündigung nicht, so dass in der Praxis eine Verschlechterung der Arbeitsbedingungen nach Betriebsübergang im Regelfall nicht durchsetzbar sein dürfte.

Ist der (nichtkirchliche) Übernehmer tarifgebunden, so führt die Bezug-   79
nahme auf AVR bzw. Regelungen des „Dritten Weges" nicht zu einer Bezugnahme auf die beim Übernehmer geltenden Tarifverträge, denn die einzelvertragliche Bezugnahme wird man aufgrund der Besonderheiten des kirchlichen Arbeitsrechts als sachbezogen statische Verweisung zu verstehen haben[3].

---

1 BAG v. 24.9.1997 – 4 AZR 452/96, AP Nr. 10 zu § 12 AVR-Caritas; BAG v. 28.1.1998
  – 4 AZR 491/96, AP Nr. 11 zu § 12 AVR-Caritas; BAG v. 20.3.2002 – 4 AZR 101/01,
  NZA 2002, 1402.
2 *Seitz/Werner*, NZA 2000, 1257 (1264); *Gaul*, § 24 Rz. 75.
3 *Gaul*, § 26 Rz. 47.

bb) Übergang auf einen kirchlichen Rechtsträger

80 Waren die arbeitsvertraglichen Rechte und Pflichten beim bisherigen (nicht-kirchlichen) Arbeitgeber durch Tarifvertrag geregelt, werden diese gem. § 613a Abs. 1 Satz 2 BGB Bestandteil des Arbeitsverhältnisses und dürfen vor Ablauf eines Jahres nach Betriebsübergang nicht zu ihrem Nachteil abgeändert werden. Sofern einzelne kirchliche Rechtsträger Tarifverträge abgeschlossen haben (vgl. die Tarifverträge der Nordelbischen Kirche oder der Evangelischen Kirche in Berlin-Brandenburg[1]), können diese die bisher geltenden Tarifverträge ablösen gem. § 613a Abs. 1 Satz 3 BGB, sofern eine Regelungsidentität hinsichtlich des betreffenden Gegenstandes vorliegt. Insoweit kann auf die allgemeinen Ausführungen zur Ablösung durch beim Erwerber geltende Tarifverträge verwiesen werden (s. oben Rz. 50 ff.).

81 Gelten beim übernehmenden kirchlichen Rechtsträger hingegen Regelungen des Dritten Weges, also Arbeitsvertragsordnungen bzw. Arbeitsvertragsrichtlinien der Kirchen und ihrer diakonischen und karitativen Verbände, kommt eine Ablösung der beim bisherigen (nichtkirchlichen) Arbeitgeber geltenden Tarifverträge durch die Regelungen des „Dritten Weges" nicht in Betracht[2]. Da diese Regelungen nicht als Tarifverträge qualifiziert werden können, ist eine Gleichsetzung mit Kollektivvereinbarungen nicht möglich. Die Regelungen haben keinen normativen Charakter und erhalten ihre Geltung erst durch individualrechtliche Vereinbarung[3]. Aufgrund der unterschiedlichen Wirkungsweise von Regelungen des „Dritten Weges" und Tarifverträgen ist eine Ablösung bisher geltender Kollektivvereinbarungen analog § 613a Abs. 1 Satz 3 BGB ausgeschlossen. Dem kirchlichen Übernehmer bleibt nur die Möglichkeit, die Regelungen des „Dritten Weges" einvernehmlich zu vereinbaren, was auch innerhalb der Jahresfrist nach Betriebsübergang geschehen kann. Die entsprechende Änderungsbefugnis kann aus einer Analogie zu § 613a Abs. 1 Satz 4 Alt. 2 BGB hergeleitet werden, der bestimmt, dass im Geltungsbereich eines anderen Tarifvertrages dessen Anwendung mit dem Ziel einer Ablösung früherer Kollektivvereinbarungen vereinbart werden kann[4]. Kommt eine solche Vereinbarung mangels Einvernehmens der Arbeitnehmer nicht zustande, bleibt allein die Möglichkeit einer Änderungskündigung, die gem. §§ 1, 2 KSchG sozial gerechtfertigt sein muss.

82 Übernimmt ein kirchlicher Rechtsträger einen Betrieb oder Betriebsteil von einem nichtkirchlichen Arbeitgeber, gelten wegen der Rechtsfolgen bei einzelvertraglicher Bezugnahme auf Tarifverträge die allgemeinen Grundsätze, d. h., der Erwerber übernimmt die individualrechtlich geltenden Bezugnahmeklauseln gem. § 613a Abs. 1 Satz 1 BGB. Nur wenn eine sachbezogen dynamische Klausel vorliegt, können nach Betriebsübergang die beim kirchli-

---

1 *Richardi*, Arbeitsrecht in der Kirche, § 13 Rz. 13 ff.
2 BAG v. 20.3.2002 – 4 AZR 101/01 (zu AVR-DW-EKD), AP Nr. 53 zu Art. 140 GG mit Anm. *Richardi*.
3 BAG v. 28.10.1987 – 5 AZR 518/85, AP Nr. 1 zu § 7 AVR Caritasverband; BAG v. 20.3.2002 – 4 AZR 101/01, AP Nr. 53 zu Art. 140 GG; a. A. *Thüsing*, NZA 2002, 306 (311); *Mayer-Maly*, Anm. zu BAG, AP Nr. 1 zu § 7 AVR Caritasverband.
4 *Gaul*, § 26 Rz. 40.

chen Übernehmer geltenden Tarifverträge oder Regelungen des „Dritten Weges" Anwendung finden. Andernfalls bleibt es bei der Verpflichtung zur Anwendung der bisher geltenden Tarifverträge, wobei spätere Änderungen der im Arbeitsvertrag genannten Tarifverträge vom neuen Arbeitgeber nicht zu berücksichtigen sind[1].

Mit der Übertragung eines Betriebes oder Betriebsteiles auf einen kirchlichen oder öffentlich-rechtlichen Rechtsträger ist die kollektivrechtliche Fortgeltung einer Betriebsvereinbarung ausgeschlossen[2]. §§ 118 Abs. 2, 130 BetrVG steht einer Geltung des BetrVG im öffentlichen Dienst und in Religionsgemeinschaften und deren karitativen Einrichtungen entgegen, wovon auch die Betriebsvereinbarung umfasst wird. Die Rechte und Pflichten aus der Betriebsvereinbarung gelten allerdings gem. § 613a Abs. 1 Satz 2 BGB individualrechtlich fort und dürfen nicht vor Ablauf eines Jahres nach Betriebsübergang zum Nachteil des Arbeitnehmers abgeändert werden[3].   83

Entsprechendes gilt bei der Übernahme durch einen nichtkirchlichen Rechtsträger für Regelungen, die mit der MAV getroffen wurden. Eine Ablösung käme jedoch in Betracht, wenn beim Erwerber eine Betriebsvereinbarung besteht, die den Inhalt der Dienstvereinbarung des kirchlichen Veräußerers erfasst.   84

VI. Kündigungsschutz

1. Materiellrechtliche Bedeutung

§ 613a Abs. 4 Satz 1 BGB erklärt die Kündigung des Arbeitsverhältnisses durch den bisherigen Arbeitgeber oder durch den Erwerber wegen des Übergangs eines Betriebs- oder eines Betriebsteils für unwirksam. Das Kündigungsverbot wegen Betriebsübergangs ist ein eigenständiges Kündigungsverbot und findet deshalb auch dann Anwendung, wenn das Arbeitsverhältnis noch nicht länger als sechs Monate bestanden hat oder die Betriebsgröße des § 23 KSchG nicht erreicht ist. § 613a Abs. 4 Satz 1 BGB bezieht sich auf alle Arten der Kündigung, auch auf die Änderungskündigung.   85

Da § 613a Abs. 4 Satz 1 BGB zum Schutz des Arbeitnehmers zwingendes Recht enthält, kann der Eintritt des Übernehmers in die Rechte und Pflichten aus dem betroffenen Arbeitsverhältnis nicht durch Vertrag ausgeschlossen werden.   86

§ 613a Abs. 4 Satz 2 BGB stellt klar, dass eine **Kündigung aus anderen Gründen** möglich bleibt. Demnach ist eine Kündigung nur in dem Fall unwirksam, wenn das Motiv der Kündigung wesentlich durch den Betriebsübergang bedingt ist. Es ist daher immer zu prüfen, ob es neben dem Betriebsübergang   87

---

1 *Gaul*, § 26 Rz. 44.
2 BAG v. 9.2.1982 – 1 ABR 36/80, AP Nr. 24 zu § 118 BetrVG 1972; *Richardi*, Arbeitsrecht in der Kirche, § 16 Rz. 61.
3 *Gaul*, § 26 Rz. 31.

einen sachlichen Grund gibt, der aus sich heraus die Kündigung rechtfertigen kann, so dass der Betriebsübergang nur äußerlicher Anlass, nicht aber der tragende Grund für die Kündigung war. Eine Kündigung ist nicht gem. § 613a Abs. 4 BGB unwirksam, wenn der bisherige Betriebsinhaber einem Arbeitnehmer kündigt, der dem Übergang seines Arbeitsverhältnisses widersprochen hat, weil für ihn keine Beschäftigungsmöglichkeit mehr besteht[1].

88 Der im Arbeitsverhältnis mit dem Betriebsveräußerer aufgrund der Zahl der beschäftigten Arbeitnehmer erwachsene Kündigungsschutz geht nicht nach § 613c Abs. 1 Satz 1 BGB mit dem Arbeitsverhältnis auf den Betriebserwerber über, wenn in dessen Betrieb die Voraussetzungen des § 23 Abs. 1 KSchG nicht vorliegen[2]. Aufgrund des Schutzzwecks findet § 613a Abs. 4 Satz 1 BGB nicht nur auf Kündigungen Anwendung, sondern auch auf **sonstige Beendigungstatbestände**, die wegen des Betriebsübergangs veranlasst werden.

89 Zwar sind **Aufhebungsverträge** zwischen dem bisherigen und/oder neuen Arbeitgeber einerseits und dem Arbeitnehmer andererseits von § 613a Abs. 4 Satz 1 BGB nicht ausgeschlossen. So sind Vereinbarungen, die auf ein endgültiges Ausscheiden des Arbeitnehmers aus dem Betrieb gerichtet sind, wirksam. Dies gilt auch dann, wenn eine Beschäftigungs- und Qualifizierungsgesellschaft zwischengeschaltet ist[3]. Aufhebungsverträge sind jedoch wegen objektiver Gesetzesumgehung dann nichtig, wenn sie lediglich die Beseitigung der Kontinuität des Arbeitsverhältnisses bei gleichzeitigem Erhalt des Arbeitsplatzes bezwecken. Diesem Zweck dient der Abschluss eines Aufhebungsvertrages, wenn zugleich ein neues Arbeitsverhältnis zum Betriebsübernehmer vereinbart oder zumindest verbindlich in Aussicht gestellt wird[4].

90 Auch die **Befristung** eines Arbeitsverhältnisses wegen eines bevorstehenden oder vollzogenen Betriebsübergangs ist unzulässig, da die Befristung nicht sachlich gerechtfertigt ist, wenn sie darauf abzielt, den durch § 613a BGB bezweckten Bestandsschutz zu vereiteln[5].

2. Prozessuale Bedeutung

91 Hat der bisherige Inhaber das Arbeitsverhältnis vor dem Betriebsübergang gekündigt, so ist dieser für eine gegen die Kündigung gerichtete Kündigungsschutzklage passivlegitimiert[6]. Das im Kündigungsschutzprozess ergehende Urteil wirkt in entsprechender Anwendung der §§ 265, 325 ZPO grundsätz-

---

1 BAG v. 25.5.2000 – 8 AZR 416/99, NZA 2000, 1115 (1119).
2 BAG v. 15.2.2007 – 8 AZR 397/06.
3 BAG v. 18.8.2005 – 8 AZR 523/04, BB 2006, 665; BAG v. 23.11.2006 – 8 AZR 349/06, BB 2007, 1054 f.
4 BAG v. 11.12.1997 – 8 AZR 654/95, NZA 1999, 262; BAG v. 10.12.1998 – 8 AZR 324/97, NZA 1999, 422; BAG v. 18.8.2005 – 8 AZR 523/04, 665.
5 BAG v. 15.2.1995 – 7 AZR 680/94, BB 1995, 1300.
6 BAG v. 26.5.1983 – 2 AZR 477/81, AP Nr. 34 zu § 613a BGB; BAG v. 24.5.2005 – 8 AZR 246/04, AP Nr. 282 zu § 613a BGB.

lich auch für und gegen den neuen Betriebsinhaber[1]. Dies gilt dann nicht, wenn die Kündigungsschutzklage erst nach dem Betriebsübergang erhoben wird, weil der neue Betriebsinhaber in diesem Falle nicht, wie von § 325 ZPO gefordert, nach, sondern bereits vor Rechtshängigkeit Rechtsnachfolger des bisherigen Inhabers wird[2]. In prozessualer Hinsicht kann das eigenständige Kündigungsverbot aus § 613a Abs. 4 Satz 1 BGB nicht isoliert von den Normen des KSchG betrachtet werden. So wurde zum 1.1.2004 u. a. § 4 Satz 1 KSchG durch das Gesetz zu Reformen am Arbeitsmarkt vom 24.12.2003[3] geändert, wonach ein Arbeitnehmer nur noch innerhalb von drei Wochen nach Zugang einer Kündigung deren Unwirksamkeit wegen fehlender sozialer Rechtfertigung oder aus anderen Gründen im arbeitsgerichtlichen Klagewege feststellen lassen kann. Diese Gründe i. S. v. § 4 Satz 1 KSchG umfassen sämtliche Unwirksamkeitsgründe mit Ausnahme der unzureichenden Schriftform nach §§ 623, 126, 125 BGB[4].

Sofern der persönliche (§ 1 Abs. 1 KSchG) und sachliche (§ 23 Abs. 1 KSchG) Anwendungsbereich des KSchG eröffnet ist, muss ein Arbeitnehmer, dem unter Verstoß von § 613a Abs. 4 Satz 1 BGB wegen Betriebsübergangs gekündigt wurde, die materielle Präklusionsfrist nach § 4 Satz 1 KSchG beachten (zum Nichtübergang des § 23 Abs. 1 KSchG gem § 613a BGB auf den Erwerber vgl. Rz. 88). 92

Darüber hinaus ist die Präklusionsfrist aus § 4 Satz 1 KSchG auch für Arbeitnehmer beachtlich, die grundsätzlich nicht vom Anwendungsbereich des KSchG umfasst sind, sofern die Unwirksamkeit einer Kündigung geltend gemacht werden soll[5]. Denn würden sich Arbeitnehmer unbefristet auf eine Unwirksamkeit nach § 613a Abs. 4 Satz 1 BGB berufen können, so hätten sie einen sachlich nicht gerechtfertigten Vorteil gegenüber den Arbeitnehmern, die zum Anwendungsbereich des KSchG gehören. 93

VII. Haftung

1. Grundsätze

Gemäß § 613a Abs. 1 Satz 1 BGB tritt der **Erwerber** von Gesetzes wegen in Rechte und Pflichten aus den Arbeitsverhältnissen mit dem Veräußerer ein. Daraus folgt eine uneingeschränkte Haftung des Übernehmers für alle Ansprüche aus dem Arbeitsverhältnis[6]. Von der Haftung sind alle Ansprüche der Arbeitnehmer umfasst, auch solche, die vor dem Übergang entstanden oder fällig geworden sind. 94

---

1 BAG v. 4.3.1993 – 2 AZR 507/92, AP Nr. 101 zu § 613a BGB.
2 BAG v. 18.3.1999 – 8 AZR 306/98, AP Nr. 44 zu § 4 KSchG 1969.
3 BGBl. I, 3002.
4 *Willemsen/Annuß*, NJW 2004, 177 (183); HWK/*Quecke*, § 4 KSchG Rz. 1, 5; ErfK/*Ascheid*, § 4 KSchG Rz. 1.
5 ErfK/*Ascheid*, § 4 KSchG Rz. 1; HWK/*Quecke*, § 4 KSchG Rz. 3; *Bader*, NZA 2004, 65 (68).
6 HWK/*Willemsen/Müller-Bonanni*, § 613a BGB Rz. 295.

95 **Ansprüche früherer Arbeitnehmer**, deren Arbeitsverhältnis vor Betriebsübergang bereits beendet war oder zum Zeitpunkt des Betriebsübergangs endet, werden von der Haftung nicht erfasst. Gleiches gilt für die Arbeitnehmer, die dem Betriebsübergang widersprochen haben. Bei diesen bleibt allein der bisherige Arbeitgeber verpflichtet[1].

96 **Der bisherige Arbeitgeber** haftet neben dem Erwerber als Gesamtschuldner gem. § 613a Abs. 2 BGB für Verpflichtungen weiter, wenn diese vor dem Zeitpunkt des Betriebsübergangs entstanden sind und entweder bereits zu diesem Zeitpunkt fällig sind oder innerhalb eines Jahres nach diesem Zeitpunkt fällig werden. Werden solche Verpflichtungen erst nach Betriebsübergang fällig, so haftet der bisherige Arbeitgeber für sie jedoch nur in dem Umfang, der dem im Zeitpunkt des Übergangs abgelaufenen Teil ihres Bemessungszeitraums entspricht, § 613a Abs. 2 Satz 2 BGB. Dadurch soll sichergestellt werden, dass der bisherige Arbeitgeber nur für die Vergütung von Leistungen haftet, die bis zum Betriebsübergang erbracht wurden. Das bedeutet, dass die Haftung des alten Arbeitgebers zeitanteilig erfolgt, nämlich soweit der Bemessungszeitraum vor dem Betriebsübergang liegt. Als Beispiel sei hier der Anspruch auf Weihnachtsgratifikationen angeführt bei einem Betriebsübergang zum 30.6. eines Jahres. In diesem Fall ist die Gratifikation für dieses Kalenderjahr zur Hälfte von der Haftung des alten Arbeitgebers erfasst.

97 Die Haftung gem. § 613a Abs. 2 BGB betrifft das **Außenverhältnis**. Die gesamtschuldnerische Haftung des alten und des neuen Arbeitgebers bedeutet, dass der Arbeitnehmer nach seinem Belieben den Veräußerer oder den Erwerber in Anspruch nehmen kann. Jeder der beteiligten Rechtsträger ist verpflichtet, auf Verlangen ggf. die ganze Leistung zu bewirken.

98 Die Haftung im **Innenverhältnis** zwischen Veräußerer und Erwerber richtet sich nach § 426 Abs. 1 Satz 1 BGB, wonach sie als Gesamtschuldner im Verhältnis zueinander zu gleichen Anteilen verpflichtet sind, soweit beide vertraglich keine andere Vereinbarung über einen Ausgleich im Innenverhältnis getroffen haben[2].

99 Der Übernehmer tritt ebenfalls in die zum Zeitpunkt des Betriebsüberganges bestehenden Anwartschaften und/oder Ansprüche auf **betriebliche Alterversorgung** ein. Unproblematisch sind dabei unmittelbare Versorgungszusagen des bisherigen Arbeitgebers, also Versorgungsversprechen, bei dem der Arbeitgeber zugesagt hat, im Versorgungsfall selbst Leistungen gegenüber dem Arbeitnehmer, ggf. auch gegenüber den Hinterbliebenen, zu erbringen. Solchenfalls kann der Übernehmer in diese Verpflichtung eintreten.

100 Ist der bisherige Arbeitgeber jedoch nicht selbst Träger der Versorgungsleistungen, sondern wird die Altersversorgung beispielsweise unter Einbeziehung eines Pensionsfonds oder einer Unterstützungskasse abgewickelt,

---

1 *Gaul*, § 14 Rz. 8.
2 HWK/*Willemsen/Müller-Bonanni*, § 613a BGB Rz. 299.

kann der Betriebsübergang dazu führen, dass der Übernehmer die überge-
leiteten Versorgungsverpflichtungen nicht mehr unter Einbindung des bisherigen Versorgungsträgers gewähren kann. Dies gilt insbesondere bei Privatisierungen im **Bereich des öffentlichen Dienstes** bzw. bei Ausgliederungen
von Betrieben oder Betriebsteilen, die mit ihrer Veräußerung den Geltungsbereich eines Zusatzversorgungssystems verlassen, beispielsweise der **ZVK,
KZVK oder VBL**[1]. Kann der Übernehmer die Verpflichtungen bezüglich der
Altersversorgung nicht mehr unter Einbindung des bisherigen Versorgungsträgers erfüllen, ist er verpflichtet, dem Arbeitnehmer auf andere Art und
Weise eine inhalts- und wertgleiche Versorgung zu verschaffen. Der Betriebserwerber muss dem weiterbeschäftigten Arbeitnehmer aus dem arbeitsrechtlichen Grundverhältnis im Versorgungsfall die Leistungen verschaffen, die
er erhalten hätte, wenn er bei dem ursprünglichen Arbeitgeber verblieben
und entsprechend den ursprünglich vereinbarten Bedingungen versichert
worden wäre[2].

2. Sonderfall: Betriebsübergang in der Insolvenz

Einzuschränken ist die Übernehmerhaftung jedoch in den Fällen, in denen   101
der Betriebsübergang nach Eröffnung des Insolvenzverfahrens erfolgte.
§ 613a BGB ist auch in der Insolvenz grundsätzlich uneingeschränkt anwendbar. Keine Anwendung finden jedoch Haftungsregelungen des Betriebserwerbers. Andernfalls würden zum einen die Arbeitnehmer als Gläubiger
des bisherigen Betriebsinhabers gegenüber anderen Gläubigern bevorzugt, da
sie mit dem Übernehmer einen zweiten Schuldner hätten; zum anderen
würde der Übernehmer des insolventen Betriebes seine Haftung gegenüber
den Arbeitnehmern als Abzugsposten dem Kaufpreis entgegenstellen, so
dass die übrigen Gläubiger des bisherigen Betriebsinhabers ein weiteres Mal
benachteiligt würden[3]. Beides würde dem Grundsatz der gleichmäßigen ge-
meinschaftlichen Gläubigerbefriedigung nach § 1 Satz 1 InsO widersprechen, so dass auch die Rechtsprechung in diesen Fällen im Wege der teleolo-
gischen Reduktion eine Haftung des Betriebsübernehmers nach § 613a
Abs. 1 Satz 1 BGB verneint[4].

VIII. Betriebsübergang und Amt der Arbeitnehmervertretung

Die rechtliche Existenz der Arbeitnehmervertretung ist an das Vorhanden-   102
sein eines Betriebes gebunden. Nur solange die Identität dieses Betriebes

---

1 Seit Ende 2003 können auch katholische Einrichtungen bei der KZVK beteiligt werden, wenn sie Arbeitnehmer von bei der KZVK bereits beteiligten Einrichtungen übernehmen. Im Verhältnis zur KZVK gilt der Veräußerer allerdings weiterhin als Arbeitgeber des pflichtversicherten Arbeitnehmers.
2 BAG v. 18.9.2001 – 3 AZR 689/00, NZA 2002, 1391; BAG v. 5.10.1993 – 3 AZR 586/92,
  AP Nr. 42 zu § 1 BetrAVG Zusatzversorgungskassen.
3 HWK/*Willemsen/Müller-Bonanni*, § 613a BGB Rz. 363.
4 BAG v. 18.11.2003 – 9 AZR 347/03, NZI 2005, 120 (122); BAG v. 20.6.2002 – 8 AZR
  459/01, NZA 2003, 318 (322); BAG v. 13.11.1986 – 2 AZR 771/85, AP Nr. 57 zu 613a
  BGB.

fortbesteht, behält die Arbeitnehmervertretung das ihr aus ihrer Wahl übertragene Mandat. Verbleibt ein Mitglied der Arbeitnehmervertretung in dem nicht veräußerten Teilbetrieb, besteht sein Amt fort[1]. Die Mitgliedschaft in der Arbeitnehmervertretung erlischt, wenn ein Betriebsteil übertragen wird, in dem das Mitglied der Arbeitnehmervertretung arbeitet. Durch den Arbeitgeberwechsel endet das Amt, das Mitglied scheidet aus der für den nicht veräußerten Betriebsteil fortbestehenden Arbeitnehmervertretung aus, ein Ersatzmitglied rückt nach. Für das ausscheidende Mitglied greift der nachwirkende Kündigungsschutz. Geht das Arbeitsverhältnis wegen Widerspruchs nicht über, besteht das Amt in der Arbeitnehmervertretung des Veräußererbetriebs fort.

103   Bei der Übertragung eines Betriebsteils hat die Arbeitnehmervertretung des abgebenden Betriebs ein Mandat zur Wahrnehmung von Arbeitnehmervertretungsaufgaben gegenüber dem neuen Inhaber des übergegangenen Betriebsteils[2]. Das BAG hat mittlerweile ein solches **Übergangsmandat** in richterlicher Rechtsfortbildung anerkannt[3]. An einer klarstellenden Rechtsprechung des für personalvertretungsrechtliche Streitigkeiten in letzter Instanz zuständigen BVerwG (vgl. § 83 Abs. 1 BPersVG) zu einem allgemeinen Übergangsmandat des Personalrats bei privatisierenden Ausgliederungen fehlt es bislang[4].

104   Durch Betriebsteilübergang und Eingliederung beim Erwerber verringert sich die Arbeitnehmerzahl des Veräußerers und es erhöht sich die Arbeitnehmerzahl des Erwerbers. Dies kann zur Konsequenz haben, dass außerhalb des regelmäßigen Wahlzeitraumes **vorzeitige Wahlen** durchzuführen sind.

105   Das Betriebsverfassungsgesetz gilt nicht für Religionsgemeinschaften und ihre karitativen und erzieherischen Einrichtungen gem. **§ 118 Abs. 2 BetrVG.** Übernimmt ein kirchlicher Träger einen Betrieb oder Betriebsteil von einem nichtkirchlichen Träger, wird dieser Betrieb oder Betriebsteil allein durch den Trägerwechsel zu einer karitativen Einrichtung der Kirche i. S. d. § 118 Abs. 2 BetrVG mit der Folge, dass sich der Betriebsrat auflöst und die Arbeitnehmer die betrieblichen Mitwirkungs- und Mitbestimmungsrechte verlieren[5]. Ein Übergangsmandat ist wegen § 118 BetrVG i. V. m. Art. 140 GG, 137 WRV ausgeschlossen[6].

106   Geht der Betrieb oder der Betriebsteil von einem öffentlich-rechtlichen bzw. kirchlichen/karitativen Rechtsträger auf einen privatrechtlichen Rechtsträger über, endet umgekehrt die Geltung des Personalvertretungsrechts bzw. der MVG.EKD oder der MAVO und das Betriebsverfassungsgesetz gelangt

---

1 LAG Düsseldorf v. 25.11.1997 – 8 Sa 1358/97, BB 1998, 1317.
2 Ein Übergangsmandat des Personalrates verneinen *Wollenschläger/v. Harbou*, NZA 2005, 1081, 1091.
3 BAG v. 23.11.1988 – 7 ABR 78/98, NZA 2000, 1351; anders noch BAG v. 23.11.1988 – 7 AZR 121/88, NZA 1989, 433.
4 *Wollenschläger/v. Harbou*, NZA 2005, 1081, 1091.
5 BAG v. 9.2.1982 – 1 ABR 36/80, BB 1982, 924.
6 *Gaul*, § 27 Rz. 240.

zur Anwendung[1]. Das VerwG.EKD hat in einem Beschluss ein Übergangsmandat der MAV auch für den ausgegliederten Betriebsteil angenommen[2].

IX. Beteiligung der Arbeitnehmervertretung/Personalvertretung

Mitbestimmungsrechte werden durch einen Betriebsübergang alleine nicht   107
aufgelöst, denn im und am Betrieb ändert sich allein durch den Inhaberwechsel nichts. Nachteilen zu begegnen, die mit einem Schuldnerwechsel verbunden sind, ist nicht Gegenstand und Zweck der Beteiligung des Betriebsrates bzw. der Mitarbeitervertretung[3]. Nur wenn mit dem Wechsel des Betriebsinhabers weitere organisatorische Maßnahmen verbunden sind, die für sich genommen den Tatbestand einer Betriebsänderung erfüllen, gilt etwas anderes[4]. Entstehen infolge einer solchen Betriebsänderung wirtschaftlich Nachteile, kann Sozialplanpflichtigkeit bestehen. Im Übrigen besteht eine allgemeine Informationsverpflichtung der Arbeitnehmervertretung. Besteht im Unternehmen des Veräußerers ein Wirtschaftsausschuss, so ist auch dieser rechtzeitig und umfassend zu informieren.

Im Falle einer Funktionsnachfolge kann die Zahl der notwendigen Kündi   108
gungen je nach Umfang eine mitwirkungspflichtige Betriebsänderung darstellen, unabhängig von der bestehenden Mitwirkungspflicht der Arbeitnehmervertretung vor Ausspruch betriebsbedingter Kündigungen.

Die Beteiligung der Personalvertretungen in öffentlichen Krankenhäusern   109
ist in den einzelnen Landespersonalvertretungsgesetzen unterschiedlich geregelt. In einigen Ländern hat der Personalrat ein ausdrückliches Mitbestimmungs-, Mitwirkungs, Erörterungs- oder Anhörungsrecht bei der dauerhaften Übertragung von Arbeiten einer Dienststelle an Private. Jedoch kann der Personalrat letztlich in keinem Bundesland eine beschlossene Outsourcing-Maßnahme verhindern, da auch bei Bestehen eines Mitbestimmungsrechts diese eingeschränkt wird zugunsten einer Letztentscheidungsbefugnis der obersten Dienstbehörde. Auch bei Fehlen ausdrücklicher Regelungen können sich aus den allgemeinen Bestimmungen des jeweiligen Personalvertretungsgesetzes Beteiligungsrechte ergeben. In Betracht kommen im Hinblick auf Outsourcing-Maßnahmen mitbestimmungspflichtige Personalmaßnahmen und mitwirkungspflichtige Auflösungen bzw. Einschränkungen von Dienststellen bzw. -teilen[5].

---

1 *Bleistein/Thiel*, MAVO, § 13 Rz. 45 (zur MAVO Caritas).
2 VerwG.EKD, Beschl. v. 19.2.1998 – 0124/B23-97, NZA-RR 1998, 477 (478).
3 *Matthes*, NZA 2000, 1073.
4 BAG v. 16.6.1987 – 1 ABR 41/85, AP Nr. 19 zu § 111 BetrVG 1972; BAG v. 10.12.1996 – 1 ABR 32/96, AP Nr. 110 zu § 112 BetrVG 1972.
5 Vgl. zu den unterschiedlich ausgestalteten Landespersonalvertretungsgesetzen im Einzelnen *Wollenschläger/v. Harbou*, NZA 2005, 1081.

Anhang: Synoptische Darstellung der maßgebenden Tarifverträge

Einführung

Bis ins Jahr 2005 galt in der Mehrzahl der Kliniken fast einheitlich der Bundes-Angestelltentarifvertrag (**BAT**) mit seinen Sonderregelungen für Ärzte in Krankenhäusern (SR 2c BAT) und der Sonderregelung für Pflegekräfte (SR 2a BAT). Nach langen Verhandlungen und Arbeitskampfaktionen von Ärzten und Pflegepersonal gilt seit 2006 eine Vielzahl von neuen Tarifverträgen für den Krankenhausbereich, deren wesentliche Grundlagen hier wiedergegeben werden sollen. Auch wenn z. B. in Caritas und Diakonie eigene AVR – je nach Diözese/Landeskirche – geschaffen worden sind, lehnen sich diese doch häufig an die Muster des TVöD/TV-L an. Ähnliches gilt für die mit privaten Klinik-Konzernen abgeschlossenen Haustarifverträge.

Tarifverträge im Bereich Kommunale Kliniken

Der „**Tarifvertrag für den öffentlichen Dienst**" für Bund und kommunale Arbeitgeber, abgeschlossen zwischen Bund und VKA einerseits, den Gewerkschaften ver.di und dbb Tarifunion andererseits (**TVöD** vom 13.9.2005), enthält Sonderregelungen für den Krankenhausbereich und bezieht sich auf alle dort beschäftigten Arbeitnehmergruppen. In einer sog. „durchgeschriebenen Fassung" sind die Regelungen von TVöD-AT, TVöD BT-B und TVöD BT-K in einem „**TVöD-K**" zusammengefasst worden. Nach massiven Ärztestreiks im Frühjahr 2006 gelang es dem Marburger Bund (MB), mit der VKA einen eigenen „**Tarifvertrag für Ärztinnen und Ärzte an kommunalen Krankenhäusern**" im Bereich der VKA (**TV-Ärzte/VKA** vom 17.8.2006) abzuschließen.

Tarifverträge im Bereich Landeskliniken (inkl. Universitätskliniken)

Nach über dreijährigen Verhandlungen zwischen der TdL einerseits und den Gewerkschaften ver.di und dbb Tarifunion andererseits (und einem der längsten Streiks in der Geschichte des öffentlichen Dienstes) kam es im Mai 2006 zum Abschluss des „**Tarifvertrags für den öffentlichen Dienst der Länder**" (**TV-L** vom 12.10.2006). Besonders aufwändig gestaltete sich die Suche nach tragfähigen Lösungen bei der Arbeitszeit. Für jedes einzelne Bundesland im Tarifgebiet West musste eine länderspezifische Wochenarbeitszeit festgesetzt werden. Weil die Ärztegewerkschaft MB eigenständige Tarifverträge mit der VKA durchsetzen konnte, gelang auch der weitere Abschluss mit der TdL: der „**Tarifvertrag für Ärztinnen und Ärzte an Universitätskliniken**" (**TV-Ärzte** vom 30.10.2006) konnte fristgerecht am 1.11.2006 in Kraft treten.

Die folgenden Tarifrunden haben zu einer weitestgehenden Annäherung der Tarifwerke geführt. TV-L und TVöD regeln die meisten Sachfragen ähnlich und an systematisch vergleichbarer Stelle. Die Gewerkschaft ver.di hat sich bemüht, die vom Marburger Bund erreichten Vorteile für die Ärzteschaft auch für ihre Mitglieder in TV-L und TVöD aufzunehmen, so dass auch hier eine Angleichung stattgefunden hat[1]. Die wesentlichen Bestimmungen der vier genannten Tarifverträge sind in nachstehender Tabelle gegenübergestellt.

---

1 Hierzu *Reichold*, öAT 2010, 29.

TVöD-K, TV-Ärzte/VKA, TV-L und TV-Ärzte im Vergleich

	TVöD-K	TV-Ärzte/VKA	TV-L	TV-Ärzte
	Durchgeschriebene Fassung des TVöD für den Dienstleistungsbereich Krankenhäuser, Pflege- und Betreuungseinrichtungen im Bereich der Vereinigung der kommunalen Arbeitgeberverbände	Tarifvertrag für Ärztinnen und Ärzte an kommunalen Krankenhäusern im Bereich der Vereinigung der kommunalen Arbeitgeberverbände	Tarifvertrag für den öffentlichen Dienst der Länder	Tarifvertrag für Ärztinnen und Ärzte an Universitätskliniken
1. Tarifvertragsparteien				
a) Arbeitgeberseite	Bundesrepublik Deutschland, Vereinigung der kommunalen Arbeitgeberverbände	Vereinigung der kommunalen Arbeitgeberverbände	Tarifgemeinschaft deutscher Länder	Tarifgemeinschaft deutscher Länder
b) Arbeitnehmerseite	ver.di, zugleich handelnd für Gewerkschaft der Polizei, IG Bauen – Agrar – Umwelt, GEW	Marburger Bund	ver.di, dbb tarifunion, GEW, IG Bauen – Agrar – Umwelt, Gewerkschaft der Polizei	Marburger Bund
2. Allgemeine Vorschriften				
a) Geltungsbereich	§ 1 Abs. 1: – Alle Beschäftigten in – Krankenhäusern, einschließlich psychiatrischer Fachkrankenhäuser – medizinischen Instituten von Krankenhäusern – sonstigen Einrichtungen (z. B. Reha-Einrichtungen, Kureinrichtungen), in denen die betreuten Personen in ärztlicher Behandlung stehen, wenn die Behandlung durch	§ 1 Abs. 1 – Ärzte und Ärztinnen – Zahnärzte und Zahnärztinnen an – Krankenhäusern einschließlich psychiatrischer Kliniken und psychiatrischer Krankenhäuser, – medizinischen Instituten von Krankenhäusern/Kliniken – sonstigen Einrichtungen und Heimen (z. B. Reha-Einrichtungen), in denen die betreuten Personen in	§ 1 Abs. 1 Alle Beschäftigte, die in einem Arbeitsverhältnis zu einem Mitglied der TdL stehen. § 1 Abs. 4: Sonderregeln für – Ärztinnen und Ärzte an Universitätskliniken (§ 41), – Ärztinnen und Ärzte außerhalb von Universitätskliniken (§ 42),	§ 1 Abs. 1 – Ärzte und Ärztinnen – Zahnärzte und Zahnärztinnen an – Universitätskliniken und – den Justizvollzugskrankenhäusern Fröndenberg und Hohenasperg **Nicht für:** Chefärzte und Ärzte mit AT-Gehältern

TVöD-K	TV-Ärzte/VKA	TV-L	TV-Ärzte
in den Einrichtungen selbst beschäftigte Ärztinnen oder Ärzte stattfindet **Nicht für:** Chefärzte und leitende Angestellte, deren Verträge individuell ausgehandelt sind	teilstationärer oder stationärer ärztlicher Behandlung stehen, wenn die ärztliche Behandlung in den Einrichtungen selbst stattfindet **Nicht für:** Chefärzte und Chefärztinnen, deren Verträge individuell ausgehandelt sind	– Nichtärztliche Beschäftigte in Universitätskliniken und Krankenhäusern (§ 43), **Nicht für:** Chefärzte und leitende Angestellte, deren Verträge individuell ausgehandelt sind	
b) Nebenpflichten			
Allgemeine Arbeitsbedingungen in § 3 geregelt, daneben in § 3.1 Sonderregelungen für Ärzte § 5 enthält im Wesentlichen Absichtserklärung zur Mitarbeiter-**Qualifizierung**, § 5.1 gibt Sonderregelungen für Ärzte vor.	Allgemeine Arbeitsbedingungen in § 3, ärztliche Pflichten in § 4 § 6: Qualifizierungsmaßnamen	**Allgemeine Arbeitsbedingungen** in § 3 geregelt; § 5 enthält im Wesentlichen Absichtserklärung zur Mitarbeiter-**Qualifizierung.** § 41 Nr. 3: besondere Fassung von § 3 für Ärzte und Ärztinnen an Universitätskliniken; § 42 Nr. 3 und 4: besondere Fassungen von §§ 3 und 5 für Ärzte und Ärztinnen außerhalb von Universitätskliniken; § 43 Nr. 2: besondere Fassung von § 3 Abs. 5 für nichtärztliche Beschäftigte	Allgemeine Arbeitsbedingungen und ärztliche Pflichten in § 3
c) Ausschlussfristen			
1. Stufe: schriftlich 6 Monate nach Fälligkeit (§ 37 Abs. 1) 2. Stufe: –	1. Stufe: schriftlich 6 Monate nach Fälligkeit (§ 37 Abs. 1) 2. Stufe: –	1. Stufe: schriftlich 6 Monate nach Fälligkeit (§ 37 Abs. 1) 2. Stufe: –	1. Stufe: schriftlich 6 Monate nach Fälligkeit (§ 37 Abs. 1) 2. Stufe: –

TVöD-K	TV-Ärzte/VKA	TV-L	TV-Ärzte
3. Arbeitszeit			
a) Regelmäßige Arbeitszeit			
West: **38,5 Std.**/Woche (§ 6 Abs. 1 S. 1 lit. b) [BaWü: **39,0 Std.**/Woche (§ 6 Abs. 1 S. 1.1)] Ost: **40,0 Std.**/Woche (§ 6 Abs. 1 S. 1 lit. b) Ärzte: **40,0 Std.**/Woche (§ 6 Abs. 1.1)	**40,0 Std.**/Woche (§ 7 Abs. 1 S. 1)	West: **38,5 Std.**/Woche (§ 6 Abs. 1 S. 1 lit. b) Ost: **40,0 Std.**/Woche (§ 6 Abs. 1 S. 1 lit. c) Ärzte: **42 Std.**/Woche (§ 6 Abs. 1 S. 1 lit. d)	**42,0 Std.**/Woche (§ 6 Abs. 1 S. 1)
Ausgleichszeitraum: 1 Jahr (§ 6 Abs. 2 Satz 1), bei Wechselschicht- oder Schichtarbeit auch längerer Zeitraum möglich (§ 6 Abs. 2 Satz 2)	**Ausgleichszeitraum:** 1 Jahr (§ 7 Abs. 2 Satz 1), bei Wechselschicht- oder Schichtarbeit auch längerer Zeitraum möglich (§ 7 Abs. 2 Satz 2)	**Ausgleichszeitraum:** 1 Jahr (§ 6 Abs. 2 Satz 1), bei Wechselschicht-/Schichtarbeit oder iRv sog. Sabbatjahrmodellen auch längerer Zeitraum möglich (§ 6 Abs. 2 Satz 2)	**Ausgleichszeitraum:** 1 Jahr (§ 6 Abs. 2 Satz 1), bei Wechselschicht- oder Schichtarbeit auch längerer Zeitraum möglich (§ 6 Abs. 2 Satz 2)
Verteilung der Arbeitszeit auf 5 Tage, aus notwendigen betrieblichen/dienstlichen Gründen auf 6 Tage (§ 6 Abs. 1 Satz 3)	**Verteilung der Arbeitszeit** auf 5 Tage, aus notwendigen betrieblichen/dienstlichen Gründen auf 6 Tage (§ 7 Abs. 1 Satz 2)	**Verteilung der Arbeitszeit** auf 5 Tage, aus notwendigen betrieblichen/dienstlichen Gründen auf 6 Tage (§ 6 Abs. 1 Satz 3)	**Verteilung der Arbeitszeit** auf 5 Tage, aus notwendigen betrieblichen/dienstlichen Gründen auf 6 Tage (§ 6 Abs. 1 Satz 2)
Tägl. Höchstarbeitszeit: nicht geregelt, richtet sich nach § 3 ArbZG, Möglichkeit der Abweichung vom ArbZG nach § 6 Abs. 4; 12 Std. für Ärztinnen und Ärzte im Schichtdienst (§ 6 Abs. 4.1 Satz 1)	**Tägl. Höchstarbeitszeit:** 12 Std. im Schichtdienst (§ 7 Abs. 5 Satz 1), Möglichkeit der Abweichung vom ArbZG nach § 7 Abs. 4	**Tägl. Höchstarbeitszeit:** 12 Std. im Schichtdienst unter den Voraussetzungen des ArbZG und des ArbSchG (§ 6 Abs. 10), Möglichkeit der Abweichung vom ArbZG nach § 6 Abs. 4	**Tägl. Höchstarbeitszeit:** 12 Std. im Schichtdienst unter den Voraussetzungen des ArbZG und des ArbSchG (§ 7 Abs. 3 Satz 1), Möglichkeit der Abweichung vom ArbZG nach § 6 Abs. 4

TVöD-K	TV-Ärzte/VKA	TV-L	TV-Ärzte
Möglichkeit der Einführung eines wöchentlichen **Arbeitszeitkorridors** von bis zu 45 Std. (§ 6 Abs. 6) oder einer täglichen **Rahmenzeit** von bis zu 12 Std. (§ 6 Abs. 7) durch Betriebs-/Dienstvereinbarung	Möglichkeit der Einführung eines wöchentlichen **Arbeitszeitkorridors** von bis zu 45 Std. (§ 7 Abs. 7) oder einer täglichen **Rahmenzeit** von bis zu 12 Std. (§ 7 Abs. 8) durch Betriebs-/Dienstvereinbarung	Möglichkeit der Einführung eines wöchentlichen **Arbeitszeitkorridors** von bis zu 45 Std. (§ 6 Abs. 6) oder einer täglichen **Rahmenzeit** von bis zu 12 Std. (§ 6 Abs. 7) durch Betriebs-/Dienstvereinbarung	Möglichkeit der Einführung eines wöchentlichen **Arbeitszeitkorridors** von bis zu 45 Std. (§ 6 Abs. 6) oder einer täglichen **Rahmenzeit** von bis zu 12 Std. (§ 6 Abs. 7) durch Tarifvertrag auf Landesebene
Freizeitausgleich der Arbeitszeit an einem gesetzlichen Feiertag, der auf einen Werktag fällt, durch entsprechende Freistellung an einem anderen Werktag bis zum Ende des 3. Kalendermonats (§ 6.1 Abs. 1)	Freizeitausgleich der Arbeitszeit an einem gesetzlichen Feiertag, der auf einen Werktag fällt, durch entsprechende Freistellung an einem anderen Werktag bis zum Ende des 3. Kalendermonats (§ 8 Abs. 1 Satz 1)	Freizeitausgleich der Arbeitszeit an einem gesetzlichen Feiertag, der auf einen Werktag fällt, durch entsprechende Freistellung an einem anderen Werktag bis zum Ende des 3. Kalendermonats (§ 6 Abs. 3 Satz 4)	Freizeitausgleich der Arbeitszeit an einem gesetzlichen Feiertag, der auf einen Werktag fällt, durch entsprechende Freistellung an einem anderen Werktag bis zum Ende des 3. Kalendermonats (§ 6 Abs. 3 Satz 4)

b) Bereitschaftsdienst/Rufbereitschaft

TVöD-K	TV-Ärzte/VKA	TV-L	TV-Ärzte
Bereitschaftsdienstentgelt (§ 8.1 Abs. 1) Stufe I: bis zu 25 % Arbeitsleistung entsprechen **60 %** Arbeitsentgelt Stufe II: bis zu 40 % Arbeitsleistung entsprechen **75 %** Arbeitsentgelt Stufe III: bis zu 49 % Arbeitsleistung entsprechen **90 %** Arbeitsentgelt	**Bereitschaftsdienstentgelt** (§ 12 Abs. 1) Stufe I: bis zu 25 % Arbeitsleistung entsprechen **60 %** Arbeitsentgelt Stufe II: bis zu 40 % Arbeitsleistung entsprechen **75 %** Arbeitsentgelt Stufe III: bis zu 49 % Arbeitsleistung entsprechen **90 %** Arbeitsentgelt	**Bereitschaftsdienstentgelt** (§ 8 Abs. 6) Stufe I: bis zu 25 % Arbeitsleistung entsprechen **60 %** Arbeitsentgelt Stufe II: bis zu 49 % Arbeitsleistung entsprechen **95 %** Arbeitsentgelt	**Bereitschaftsdienstentgelt** (§ 9 Abs. 2) Stufe I: bis zu 25 % Arbeitsleistung entsprechen **60 %** Arbeitsentgelt Stufe II: bis zu 49 % Arbeitsleistung entsprechen **95 %** Arbeitsentgelt
Verlängerung der täglichen Arbeitszeit abweichend vom ArbZG über 8 Std. hinaus möglich, wenn mind. die 8 Std. überschreitende Zeit im Rahmen von Bereitschaftsdienst geleistet wird (§ 7.1 Abs. 2): – In Stufe I bis 16 Std./Tag – In Stufen II/III bis 13 Std./Tag	**Verlängerung der täglichen Arbeitszeit** abweichend vom ArbZG über 8 Std. hinaus möglich, wenn mind. die 8 Std. überschreitende Zeit im Rahmen von Bereitschaftsdienst – der Stufen I/II geleistet wird und in die Arbeitszeit regelmäßig und in erheblichem Umfang Bereitschaftsdienst der Stufen I/II fällt, auf bis zu 24 Std./Tag (§ 10 Abs. 2)	**Verlängerung der täglichen Arbeitszeit** abweichend vom ArbZG über 8 Std. hinaus auf bis zu 24 Std. möglich, wenn mind. die 8 Std. überschreitende Zeit im Rahmen von Bereitschaftsdienst abgeleistet wird, wenn in die Arbeitszeit regelmäßig und in erheblichem Umfang Bereitschaftsdienst fällt und wenn die Voraussetzungen des § 7	**Verlängerung der täglichen Arbeitszeit** abweichend vom ArbZG über 8 Std. hinaus auf bis zu 24 Std. möglich, wenn mind. die 8 Std. überschreitende Zeit im Rahmen von Bereitschaftsdienst abgeleistet wird, wenn in die Arbeitszeit regelmäßig und in erheblichem Umfang Bereitschaftsdienst fällt und wenn die Voraussetzungen des § 7

TVöD-K	TV-Ärzte/VKA	TV-L	TV-Ärzte
Durch Betriebs-/Dienstvereinbarung weitere Verlängerung auf max. 24 Std./Tag unter den Voraussetzungen des § 7.1 Abs. 3 Satz 1 lit. a, b, c möglich, wenn in die Arbeitszeit regelmäßig und in erheblichem Umfang Bereitschaftsdienst fällt (§ 7.1 Abs. 3). Unter denselben Voraussetzungen Verlängerung **ohne Ausgleich** (§ 7 Abs. 2a ArbZG) möglich („opt out"): – In Stufe I bis 58 Std./Woche – In Stufe II/III bis 54 Std./Woche	– der Stufe III geleistet wird und in die Arbeitszeit regelmäßig und in erheblichem Umfang Bereitschaftsdienst der Stufe III fällt, auf bis zu 18 Std./Tag (§ 10 Abs. 3) → Die Voraussetzungen des § 10 Abs. 2, 3 Satz 1 müssen dabei vorliegen. Durch Betriebs-/Dienstvereinbarung ist bei Ableistung von Bereitschaftsdienst der Stufe III eine Verlängerung auf bis zu 24 Std. möglich (§ 10 Abs. 3 Satz 2). Verlängerung **ohne Ausgleich** (§ 7 Abs. 2a ArbZG) innerhalb der Grenzwerte nach den Abs. 2 und 3 auf bis zu 60 Std./Woche, durch Tarifvertrag auf Landesebene in Einzelfällen bis zu 66 Std./Woche (§ 10 Abs. 5) möglich.	Abs. 9 Satz 2 lit. a, b, c vorliegen (§ 7 Abs. 9). Verlängerung **ohne Ausgleich** (§ 7 Abs. 2a ArbZG) innerhalb der Grenzwerte des Abs. 9 unter den Voraussetzungen des § 7 Abs. 9 Satz 2 lit. a, b, c möglich (§ 7 Abs. 10 Satz 1 und 2): – In Stufe I bis 58 Std./Woche – In Stufe II bis 54 Std./Woche Durch Tarifvertrag auf Landesebene in Einzelfällen Verlängerung bis 66 Std./Woche möglich (§ 7 Abs. 10 Satz 3).	Abs. 4 Satz 4 lit. a, b, c vorliegen (§ 7 Abs. 4 Satz 3). Verlängerung **ohne Ausgleich** (§ 7 Abs. 2a ArbZG) innerhalb der Grenzwerte des Abs. 4 unter den Voraussetzungen des § 7 Abs. 4 Satz 4 lit. a, b, c möglich (§ 7 Abs. 5 Satz 1 und 2): – In Stufe I bis 58 Std./Woche – In Stufe II bis 54 Std./Woche Durch Tarifvertrag auf Landesebene in Einzelfällen Verlängerung bis 66 Std./Woche möglich (§ 7 Abs. 5 Satz 3).
	Bei Ableistung ausschließlich von Bereitschaftsdiensten an Samstagen, Sonn- und Feiertagen bis zu 24 Std./Tag, wenn dadurch für den Einzelnen mehr Wochenenden und Feiertage frei sind (§ 10 Abs. 4).	Bei Ableistung ausschließlich von Bereitschaftsdiensten an Samstagen, Sonn- und Feiertagen bis zu 24 Std./Tag, wenn dadurch für den Einzelnen mehr Wochenenden und Feiertage frei sind (§ 7 Abs. 9 Satz 3).	Bei Ableistung ausschließlich von Bereitschaftsdiensten an Samstagen, Sonn- und Feiertagen bis zu 24 Std./Tag, wenn dadurch für den Einzelnen mehr Wochenenden und Feiertage frei sind (§ 7 Abs. 4 Satz 5).
Durch tatsächliche Arbeitsleistung innerhalb der **Rufbereitschaft** kann die tägliche Höchstarbeitszeit iSd ArbZG überschritten werden (§ 8.1 Abs. 8 Satz 2).	Durch tatsächliche Arbeitsleistung innerhalb der **Rufbereitschaft** kann die tägliche Höchstarbeitszeit iSd ArbZG überschritten werden (§ 10 Abs. 8 Satz 4).	Durch tatsächliche Arbeitsleistung innerhalb der **Rufbereitschaft** kann die tägliche Höchstarbeitszeit iSd ArbZG überschritten werden (§ 7 Abs. 4 Satz 4).	Durch tatsächliche Arbeitsleistung innerhalb der **Rufbereitschaft** kann die tägliche Höchstarbeitszeit iSd ArbZG überschritten werden (§ 7 Abs. 6 Satz 4).

	TVöD-K	TV-Ärzte/VKA	TV-L	TV-Ärzte
4. Eingruppierung/Entgelt				
a) Eingruppierung	Derzeit noch keine eigenen Eingruppierungsregelungen für Beschäftigte (§ 12); <u>Ärzte:</u> Eingruppierung in 2 Entgeltgruppen Funktionszulage als Leitender Oberarzt und Funktionsbereichsleiter (§ 12.1 Abs. 3–5)	Eingruppierung in 4 Entgeltgruppen (§ 16); Zulage bei vorübergehender Übertragung einer höherwertigen Tätigkeit (§ 17)	Derzeit noch keine eigenen Eingruppierungsregelungen für Beschäftigte (§ 12); Extragruppe für Beschäftigte im Pflegedienst (§ 43): „E 9 b" <u>Ärzte an Universitätskliniken:</u> 4 Entgeltgruppen (§ 41 Nr. 7) Zulage bei vorübergehender Übertragung einer höherwertigen Tätigkeit (§ 41 Nr. 9)	Eingruppierung in 4 Entgeltgruppen (§ 12); Zulage bei Überschreiten der Mindestweiterbildungszeit (§ 13) und vorübergehender Übertragung einer höherwertigen Tätigkeit (§ 14)
b) Entgelt	§ 16: 15 Entgeltgruppen – 6 Stufen Ausnahme: Gruppe 1 – 5 Stufen Einstiegsgehalt: 1415,99 Euro – 3639,58 Euro <u>Ärzte:</u> 2 Entgeltgruppen – 5/4 Stufen Einstiegsgehalt: 3655,92 Euro/4609,94 Euro (§ 12 Abs. 1) § 18: Leistungsentgelt § 20: Jahressonderzahlung (außer für Ärzte, § 20 Abs. 1.1): 60–90 %	§ 19: Entgeltgruppe 1 + 2: 5 Stufen Entgeltgruppe 2: 2 Stufen Einstiegsgehalt: 3662,66 Euro – 7122,65 Euro Derzeit kein Leistungsentgelt (§ 18); keine Jahressonderzahlung, aber VWL, Jubiläumsgeld, Sterbegeld (§ 24)	§ 16: Gruppe 1: 5 Stufen Gruppen 2–8: 6 Stufen Gruppen 9–15: 5 Stufen Einstiegsgehalt: 1422,82 Euro – 3674,32 Euro Gesonderte Gehälter für Beschäftigte im Pflegedienst (§ 43) auch in den einzelnen Entgeltgruppen und -stufen. <u>Ärzte an Universitätskliniken:</u> Gruppe 1: 5 Stufen Gruppen 2–4: 3 Stufen Einstiegsgehalt: 3903,64 Euro – 7551,90 Euro	§ 16: Gruppe 1: 5 Stufen Gruppe 2: 4 Stufen Gruppen 3 + 4: 3 Stufen Einstiegsgehalt: 3891,94 Euro – 7568,54 Euro Keine Jahressonderzahlung, aber VWL, Jubiläumsgeld, Sterbegeld (§ 23)

TVöD-K	TV-Ärzte/VKA	TV-L	TV-Ärzte

5. Urlaub

a Erholungsurlaub

TVöD-K	TV-Ärzte/VKA	TV-L	TV-Ärzte
§ 26 Abs. 1: bis zum vollendeten 30. Lebensjahr: 26 Tage bis zum vollendeten 40. Lebensjahr: 29 Tage nach dem vollendeten 40. Lebensjahr: 30 Tage (5 Tagewoche)	§ 27 Abs. 1: bis zum vollendeten 30. Lebensjahr: 26 Tage bis zum vollendeten 40. Lebensjahr: 29 Tage nach dem vollendeten 40. Lebensjahr: 30 Tage (5 Tagewoche)	§ 26 Abs. 1: bis zum vollendeten 30. Lebensjahr: 26 Tage bis zum vollendeten 40. Lebensjahr: 29 Tage nach dem vollendeten 40. Lebensjahr: 30 Tage (5 Tagewoche)	§ 27 Abs. 1: bis zum vollendeten 30. Lebensjahr: 26 Tage bis zum vollendeten 40. Lebensjahr: 29 Tage nach dem vollendeten 40. Lebensjahr: 30 Tage (5 Tagewoche)

b) Zusatzurlaub

TVöD-K	TV-Ärzte/VKA	TV-L	TV-Ärzte
Schicht/Wechselschicht: 1 Tag pro 4/2 Monate (§ 27 Abs. 1) Nachtarbeit:150–600 Nachtarbeitstage → 1–4 Tage (§ 27 Abs. 3)	Schicht/Wechselschicht: 1 Tag pro 4/2 Monate (28 Abs. 1) Nachtarbeit:150–600 Nachtarbeitstage → 1–4 Tage (§ 28 Abs. 3)	Schicht/Wechselschicht: 1 Tag pro 4/2 Monate (27 Abs. 2) Nachtarbeit:150–600 Nachtarbeitstage → 1–4 Tage (§ 27 Abs. 6 iVm § 41 Nr. 17/§ 42 Nr. 8/§ 43 Nr. 7)	Schicht/Wechselschicht: 1 Tag pro 4/2 Monate (27 Abs. 2) Nachtarbeit:150–600 Nachtarbeitstage → 1–4 Tage (§ 27 Abs. 6)

c) Arbeitsbefreiung

TVöD-K	TV-Ärzte/VKA	TV-L	TV-Ärzte
§ 29: Niederkunft d. Partnerin: 1 Tag Tod Familienangehöriger: 2 Tage Dienstlicher Umzug: 1 Tag 25/40-jähriges Jubiläum: 1 Tag Krankheit Angehöriger: bis 4 Tage § 5.1 Abs. 4: Teilnahme an Ärztekongressen, Fachtagungen usw. bis 3 Tage	§ 30: Niederkunft d. Partnerin: 1 Tag Tod Familienangehöriger: 2 Tage Dienstlicher Umzug: 1 Tag 25/40-jähriges Jubiläum: 1 Tag Krankheit Angehöriger: bis 4 Tage § 6 Abs. 9: Teilnahme an Ärztekongressen, Fachtagungen usw. bis 3 Tage	§ 29: Niederkunft d. Partnerin: 1 Tag Tod Familienangehöriger: 2 Tage Dienstlicher Umzug: 1 Tag 25/40-jähriges Jubiläum: 1 Tag Krankheit Angehöriger: bis 4 Tage Ärzte an Universitätskliniken: Teilnahme an Ärztekongressen, Fachtagungen usw. bis 3 Tage (§ 29 Abs. 6)	§ 29: Niederkunft d. Partnerin: 1 Tag Tod Familienangehöriger: 2 Tage Dienstlicher Umzug: 1 Tag 25/40-jähriges Jubiläum: 1 Tag Krankheit Angehöriger: bis 4 Tage Abs. 6: Teilnahme an Ärztekongressen, Fachtagungen usw. bis 3 Tage

Reichold | 945

	TVöD-K	TV-Ärzte/VKA	TV-L	TV-Ärzte
6. Beendigung				
a) Befristung	West: max. 5 Jahre (§ 30 Abs. 2) min. 6 Monate (§ 30 Abs. 3) Ost: Regelungen des TzBfG ohne Modifikation (§ 30 Abs. 1)	West: max. 5 Jahre (§ 31 Abs. 2) min. 6 Monate (§ 31 Abs. 3) Ost: Regelungen des TzBfG ohne Modifikation (§ 31 Abs. 1)	West: max. 5 Jahre (§ 30 Abs. 2) min. 6 Monate (§ 30 Abs. 3) Ärzte an Universitätskliniken: max. 7 Jahre (§ 41 Nr. 19) Ost: Regelungen des TzBfG ohne Modifikation (§ 30 Abs. 1)	Regelungen des TzBfG ohne Modifikation (§ 30 Abs. 1)
b) Beendigung ohne Kündigung	§ 33 Abs. 1 lit. a Erreichen des Eintrittsalters der gesetzlichen Rentenversicherung	§ 34 Abs. 1 lit. a Erreichen des 65. Lebensjahrs	§ 33 Abs. 1 lit. a Erreichen des Eintrittsalters der gesetzlichen Rentenversicherung	§ 33 Abs. 1 lit. a Erreichen des Eintrittsalters der gesetzlichen Rentenversicherung
c) Kündigungsfristen	§ 34 Abs. 1 erste 6 Monate: 2 Wochen zum Monatsende; danach bei Beschäftigung bis zu einem Jahr: ein Monat zum Monatsende; danach bei Beschäftigungsdauer von mehr als einem Jahr: 6 Wochen, von mindestens 5 Jahren: 3 Monate, von mindestens 8 Jahren: 4 Monate, von mindestens 10 Jahren: 5 Monate, von mindestens 12 Jahren: 6 Monate; jeweils zum Quartalsende West: Unkündbarkeit mit 40 Jahren nach 15 Jahren Beschäftigungszeit (§ 34 Abs. 2)	§ 35 Abs. 1 erste 6 Monate: 2 Wochen zum Monatsende; danach bei Beschäftigung bis zu einem Jahr: ein Monat zum Monatsende; danach bei Beschäftigungsdauer von mehr als einem Jahr: 6 Wochen, von mindestens 5 Jahren: 3 Monate, von mindestens 8 Jahren: 4 Monate, von mindestens 10 Jahren: 5 Monate, von mindestens 12 Jahren: 6 Monate; jeweils zum Quartalsende West: Unkündbarkeit mit 40 Jahren nach 15 Jahren Beschäftigungszeit (§ 35 Abs. 2)	§ 34 Abs. 1 erste 6 Monate: 2 Wochen zum Monatsende; danach bei Beschäftigung bis zu einem Jahr: ein Monat zum Monatsende; danach bei Beschäftigungsdauer von mehr als einem Jahr: 6 Wochen, von mindestens 5 Jahren: 3 Monate, von mindestens 8 Jahren: 4 Monate, von mindestens 10 Jahren: 5 Monate, von mindestens 12 Jahren: 6 Monate; jeweils zum Quartalsende West: Unkündbarkeit mit 40 Jahren nach 15 Jahren Beschäftigungszeit (§ 34 Abs. 2)	§ 34 Abs. 1 erste 6 Monate: 2 Wochen zum Monatsende; danach bei Beschäftigung bis zu einem Jahr: ein Monat zum Monatsende; danach bei Beschäftigungsdauer von mehr als einem Jahr: 6 Wochen, von mindestens 5 Jahren: 3 Monate, von mindestens 8 Jahren: 4 Monate, von mindestens 10 Jahren: 5 Monate, von mindestens 12 Jahren: 6 Monate; jeweils zum Quartalsende West: Unkündbarkeit mit 40 Jahren nach 15 Jahren Beschäftigungszeit (§ 34 Abs. 2)

Stichwortverzeichnis

Fett gedruckte Ziffern und Buchstaben verweisen auf den Teil, magere Ziffern auf die Randziffern des Teils.

- MAVO **11** 395 f., 404 f.
- MVG **11** 581
Verwaltungspersonal 7 1 ff.
- allgemeine Verwaltung **7** 12
- Betriebsdienste **7** 4
- Eingruppierung **9 C** 3 ff.
- Finanzwesen **7** 11
- Handeln der Verwaltung **7** 5
- Hilfsfunktion **7** 2
- Küche **7** 13
- Patienten **7** 3
- Patientenverwaltung **7** 8
- Personalsachbearbeiter **7** 10
- Sozialdienst **7** 9
Verweisungsklauseln
siehe Bezugnahmeklauseln
Vorschlagsrechte
- Mitarbeitervertretung (katholische Kirche) **11** 417 f.
Vorstrafe
- Frage des Arbeitgebers **3 F** 14
Vorvertrag 3 B 59 ff.

Wahlärztliche Behandlung
- gesetzliche Beschränkungen des Liquidationsrechts **5 B** 5 ff.
- Kostenerstattung **5 B** 6 ff.
- Liquidationsrechte **5 B** 2 ff.
- Mitarbeiterbeteiligung bei Privatliquidation **5 B** 14 ff.
- persönliche Betreuung **3 E** 3
- Pflichten des Krankenhausträgers bei Privatliquidation **5 B** 22 f.
- vertragliche Beschränkungen des Liquidationsrechts **5 B** 10 ff.
- Vorteilsausgleich bei Privatliquidation **5 B** 10 ff.
Wechselschichtarbeit 10 B 16
- und Feiertagsarbeit nach TVöD-K **10 B** 59
- Zusatzurlaub **3 D** 40
Weisungsrecht
siehe Direktionsrecht
Weiterbeschäftigung
- auf anderem Arbeitsplatz statt betriebsbedingter Kündigung **3 F** 156 f.

- nach Beendigung des Berufsausbildungsverhältnisses im Bereich der katholischen Kirche **11** 393
- nach Beendigung des Berufsausbildungsverhältnisses bei Mitglied der Jugendvertretung, des Betriebsrats usw. **11** 145 ff.
- nach Fortbildung und Umschulung statt betriebsbedingter Kündigung **3 F** 159
- zu geänderten Arbeitsbedingungen statt betriebsbedingter Kündigung **3 F** 158
Werkswohnungen
- Mitbestimmung **11** 274 f.
Widerrufsvorbehalt
- AGB-Kontrolle **3 C** 76 f.
- Aufhebungsvertrag **3 F** 253, 255
Wiedereinstellung
- nach betriebsbedingter Kündigung **3 F** 160 ff.
- Verdachtskündigung **3 F** 206
Wirtschaftsausschuss 11 95, 309

Zulage
- Änderungsvorbehalt hinsichtlich Anrechnung übertariflicher ~n **3 C** 46
Zusatzurlaub
- Wechselschicht- oder Schichtarbeit nach TVöD/TV-L **3 D** 40
Zuschlag
- Sonn- und Feiertagsarbeit nach TVöD/TV-L **10 B** 61
Zustimmungsrechte
- Mitarbeitervertretung (katholische Kirche) **11** 419 ff.
Zustimmungsverweigerung
- Betriebsrat **11** 234, 301
- Mitarbeitervertretung (evangelisch) **11** 590 ff.
Zuweisung
- TVöD-K **3 E** 25 f.
Zweckbetrieb 1 B 14 ff.

Weth/Thomae/Reichold (Hrsg.), **Arbeitsrecht im Krankenhaus**, 2. Auflage

• Hinweise und Anregungen: _____

_____

_____

_____

_____

• Auf Seite _____ Teil _____ Rz. _____ Zeile _____ von oben/unten

muss es statt _____

_____

_____

richtig heißen _____

_____

_____

Weth/Thomae/Reichold (Hrsg.), **Arbeitsrecht im Krankenhaus**, 2. Auflage

• Hinweise und Anregungen: _____

_____

_____

_____

_____

• Auf Seite _____ Teil _____ Rz. _____ Zeile _____ von oben/unten

muss es statt _____

_____

_____

richtig heißen _____

_____

_____